◉毎月の行事〔年中重宝記〕

正月	元日。若水、屠蘇酒、四方拝、元日節会、蓬莱、大服、歯固、雑煮、門松、歯朶楪、注連縄。
	二日。飛馬初、水懸。七日。七種弁ニ若菜。
	十日。十日夷。
	十五日。上元、爆竹《さぎちょう》、小豆粥。
	二十日。初顔祝(女鏡台の祝鏡餅を開く)。
二月	彼岸(二月の中の節、春分より三日目)、初午日。
三月	三日。上巳、節句、草餅、雛遊び。
四月	朔日。五月四日迄袷を着る。
	八日。灌仏。十五日。仏者の結夏(七月十五日迄)。
五月	五日。端午粽、艾葉を採り薬を調練する、単衣を着る。
	十三日。竹酔(迷)日。
	梅雨(芒種後壬日を入梅、小暑後壬日を出梅とする)。
六月	朔日。氷室。
	この月。虫払い(土用干し)、九夏三伏。
七月	七日。節句、七夕。
	十三日。今宵より十六日まで聖霊祭。これより前、生玉の祝儀(親へ蓮の飯、樽肴を贈る)。
	十五日。中元。十六日。聖霊の送り火。
	この月も虫払い。
八月	朔日。八朔(たのみの朔日)の祝儀。
	彼岸(中より一日前)。
	十五日。仲秋(明月)。
九月	朔日。今日より八日迄袷を着る。
	九日。重陽、栗飯を食い菊花酒を飲む。今日より綿入を着る。
	十三日。名月。
十月	朔日。炉を開く。
	五日。今日より十五日まで浄土宗の寺々で十夜の法事。
	十五日。下元。
	二十日。夷講。
十一月	朔日。明年の暦を天皇に奉り、民間にも大経師暦を今日より売り出す。
	二十一日。二十八日迄報恩講。
	当月諸社民間で火焼《ほたき》。
十二月	煤掃き、餅搗き、節季候等、取り集めた事が多い。
	三十日。除夜、歳暮の礼、禁中追儺、商人は掛乞いに夜半過ぎ迄走り歩く。

◉江戸時代年号表

年号	西暦
文禄 1-4	1592-1595
慶長 1-19	1596-1614
元和 1-9	1615-1623
寛永 1-20	1624-1643
正保 1-4	1644-1647
慶安 1-4	1648-1651
承応 1-3	1652-1654
明暦 1-3	1655-1657
万治 1-3	1658-1660
寛文 1-12	1661-1672
延宝 1-8	1673-1680
天和 1-3	1681-1683
貞享 1-4	1684-1687
元禄 1-16	1688-1703
宝永 1-7	1704-1710
正徳 1-5	1711-1715
享保 1-20	1716-1735
元文 1-5	1736-1740
寛保 1-3	1741-1743
延享 1-4	1744-1747
寛延 1-3	1748-1750
宝暦 1-13	1751-1763
明和 1-8	1764-1771
安永 1-9	1772-1780
天明 1-8	1781-1788
寛政 1-12	1789-1800
享和 1-3	1801-1803
文化 1-14	1804-1817
文政 1-12	1818-1829
天保 1-14	1830-1843
弘化 1-4	1844-1847
嘉永 1-6	1848-1853
安政 1-6	1854-1859
万延 1-1	1860-1860
文久 1-3	1861-1863
元治 1-1	1864-1864
慶応 1-3	1865-1867
明治 1-44	1868-1911

江戸時代初期出版年表
天正十九年〜明暦四年

出版文化の黎明期、どのような本が刷られ、読まれていたのか。江戸文化を記憶し、今に伝える版本の情報を網羅掲載。広大な江戸出版の様相を知る。

岡雅彦 ほか編・本体二五〇〇〇円（＋税）

元禄・正徳 板元別出版書総覧

元禄九年から正徳五年に流通していた七四〇〇に及ぶ出版物を、四八〇以上の板元ごとに分類し、ジャンル別に網羅掲載。諸分野に有用な基礎資料。

市古夏生 編・本体一五〇〇〇円（＋税）

近世・近代初期書籍研究文献目録

前近代から近代初期における書物・出版に関わる、のべ一四〇〇〇以上の研究文献を網羅的に分類・整理。日本文化史・思想史研究必備の書。

鈴木俊幸 編・本体八〇〇〇円（＋税）

書物学 第1〜12巻（以下続刊）

これまでに蓄積されてきた書物をめぐる精緻な書誌学、文献学の富を人間の学に呼び戻し、愛書家とともに、古今東西にわたる書物論議を展開する。

編集部 編・本体一五〇〇円（＋税）

編著者略歴
長友千代治（ながとも・ちよじ）

昭和11年宮崎市生まれ。35年佐賀大学卒業、45年大阪市立大学大学院博士課程修了。大阪府立図書館司書、愛知県立大学・京都府立大学・佛教大学教授を歴任。
著書に、『近世貸本屋の研究』（昭和57年）、『近世上方作家・書肆研究』（平成6年）、『近世上方浄瑠璃本の研究』（平成11年）、『江戸時代の書物と読書』（平成13年。以上東京堂出版）、『江戸時代の図書流通』（思文閣出版、平成14年）、『江戸庶民の読書と学び』（勉誠出版、平成29年）など。編書に、『重宝記資料集成』全45巻別巻総索引（臨川書店、平成16〜21年）など。

江戸《えど》時代《じだい》生活《せいかつ》文化《ぶんか》事典《じてん》
——重宝記が伝える江戸の智恵
下巻　た〜わ行
（平成二十九年度日本学術振興会科学研究費補助金「研究成果公開促進費」助成出版）

編著者　長友千代治
発行者　池嶋洋次
発行所　勉誠出版㈱
〒101-0051 東京都千代田区神田神保町三―一〇―二
電話　〇三―五二一五―九〇二一㈹

二〇一八年二月二十日　初版発行
二〇一八年五月二十五日　第二刷発行

印刷
製本　太平印刷社

【二冊揃】　ISBN978-4-585-20062-8　C1000

掲載項目一覧

《あ》

掲載項目一覧

《い》

《う》

《え》

《お》

《か》

《き》

《く》

《け》

《こ》

《さ》

《し》

《す》

《せ》

《そ》

《た》

《ち》

《つ》

《て》

《な》

《ぬ》

《ね》

《ひ》

《へ》

《ほ》

《む》

《や》

《ゆ》

《よ》

《ら》

《り》

《る》

《れ》

《ろ》

《わ》

《ゐ》

《ゑ》

《を》

◉方位と時刻

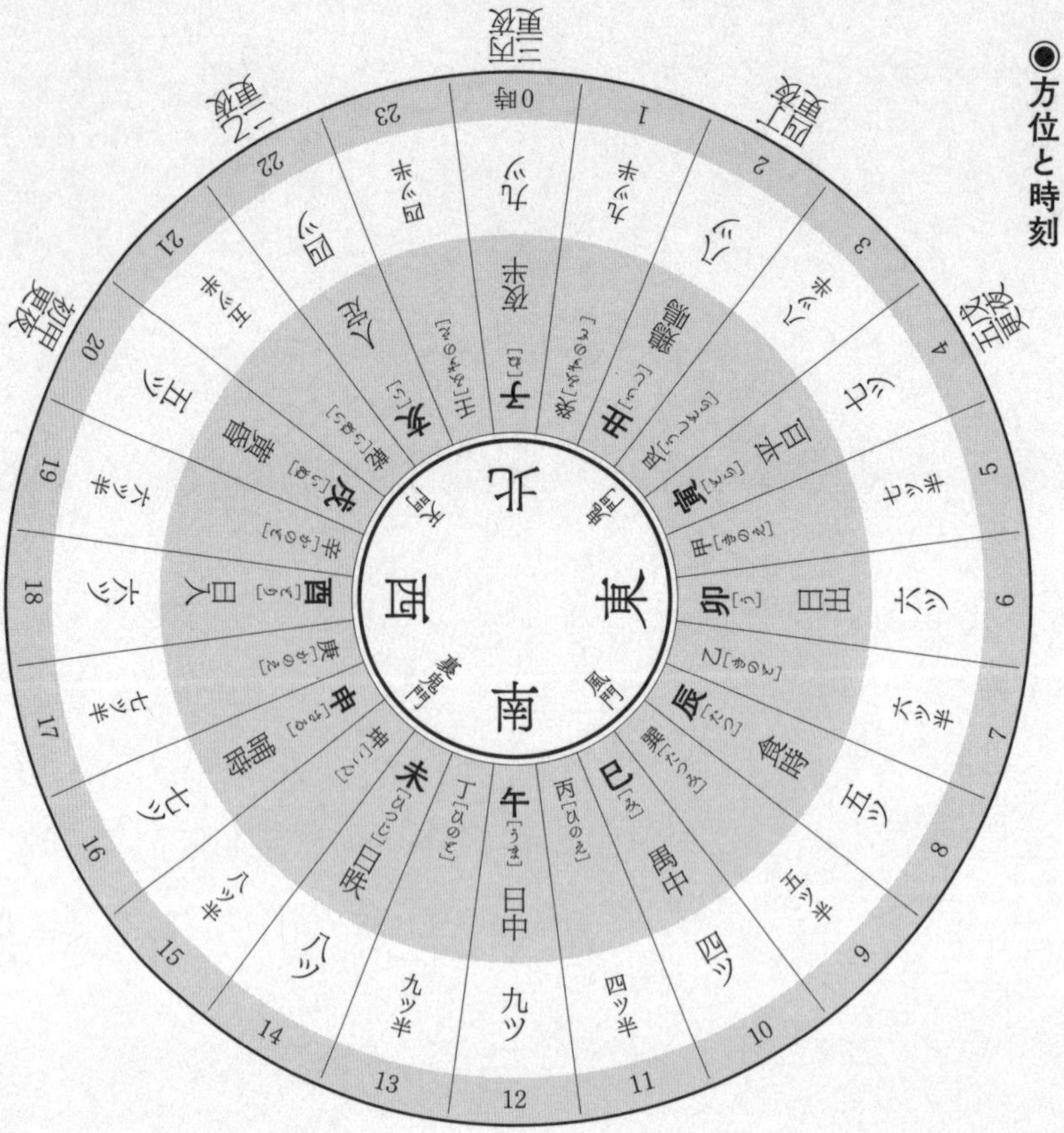

◉三貨換算表

金 定量貨幣四進法	銭 定量貨幣十進法	銀 秤量貨幣十進法
一両(＝四歩(分))	四貫(＝四千文)	六十四匁
三歩(分)	三千文	四十八匁
二歩(分)	二千文	三十二匁
一歩(分)(＝四朱)	一貫文(＝一千文(九六〇文))	十六匁
三朱	七二〇文	十二匁
二朱	四八〇文	八匁
一朱	二四〇文	四匁
	六十文	一匁(＝十分)
	四十八文	八分
	四十二文	七分
	三十六文	六分
	三十文	五分
	二十四文	四分
	十八文	三分
	十二文	二分
	六文	一分(＝十厘)

・江戸時代は金・銀・銭の三貨が通用、変動相場制。
・金は高額貨幣で、銀や銭と両替して使用した。
・金一両は銭四貫文、銀六十四匁替の時の相場割を試算した。
・但し、銭千文は実質九六〇文で使用する。
・江戸時代は米遣いの経済故、米一石を金一両、銀六十匁替えが当座の目安である。

長友千代治［編著］

江戸時代生活文化事典

重宝記が伝える江戸の智恵

下［た〜わ］

勉誠出版

目次

凡例

一、本書は、著者編の『重宝記資料集成 四十五巻・別巻索引』（臨川書店 平成十六〜二十一年）と、同叢書に未収録の「重宝」「重法」「調宝」「調法」等の語を標題に含む書物から、江戸時代の日常生活に関する諸記事を採録して解説とし、『江戸時代生活文化事典』として編集したものである。

二、見出し項目は、主として『重宝記資料集成 別巻・総索引』（平成二十一年）に採録した項目を基準にしているが、次の処理をした。

①見出し項目の排列は五十音順とした。濁音・半濁音・促音・拗音は清音とみなして排列している。

②見出し項目の標記が、漢字や仮名標記等で異なりながら同一内容の記事については、最も適切と考えられる見出し項目を選び、現代通行の表記法で立項、排列した。

③上位の項目を親見出しとして作り、子項目を分出した。例えば、親項目として「脈の事」を立項して概要を解説し、次に「四季の脈」「五臓の脈」「六死の脈」「七死の脈」「七表の脈」「八要の脈」「八裏の脈」「九道の脈」「中風の脈」等をそれぞれ総覧し、解説はそこに記されている個々の項目の記事により行なった。

④③とは異なり全体を総括しながら解説した項目もある。例えば「生花の事」では、「花器」「薄板」「嫌う花」「生け様法度」「借葉／借花」「生花見様」「生花心得」等の説明を総合して行った。一方で、立花に関連する項目、「心《しん》」「胴作り」等は別項目とした。
また、例えば「茶の事」では、〈異名〉〈薬性〉〈製法〉〈茶進じ様〉〈茶飲み様〉〈茶の酔い〉〈斤目〉〈茶を白湯にする〉〈茶染み〉〈紋様〉の見出しを設定し、一括して解説し、「茶の湯」等の事項は別項目とした。

⑤同種類の項目で、その意味の違いを区別する必要のある場合は総括して立項し、一方は送り項目とした。例えば、「駕籠」「乗物」「篗輿《あんだ》」は、「乗物と駕籠」の項で一括して詳しく解説し、「篗輿」「駕籠」は送り項目にした。

⑥内容の関連する項目についてはその事を含めて解説した。例えば、「離縁」については、「離縁状」で「三行半《みくだりはん》」も含めて、女の再婚には「三行半」が必要な事の解説をし、「婦人七去」を参照にするなど、関連事項にも配慮した。「婦人七去」には「三ツの去らざる法」も含めて解説するなどの配慮をした。

⑦下巻末尾に「掲載項目一覧」を附した。

三、解説は次の要領によった。

①項目の解説は、依拠する「重宝記」の記事を忠実に活かしながら現代語訳することを旨としたが、平易な文章については原文をそのまま引用した場合もある。表記は現在通行体の漢字や仮名遣いを用いた。引用文も同様の処理をした場合がある。記事中に理解不明の箇所などがあった場合は原本の記述を尊重した箇所がある。

②記事が、複数の「重宝記」に記載されていて同趣旨の場合は、最も適切と思われる一書を選んで解説とした。「重宝記」名は〔 〕（亀甲括弧）に記している。なお、『改正増補昼夜重宝記（安永七刊）』を〔昼夜重宝記・安永七〕とするなど、書名を一部省略して示している場合がある。解説を理解し易く、また詳細にするために、別の「重宝記」で補完した箇所もあるが、繁雑さを避けて「重宝記」名を省略した場合もある。

③反対に、「重宝記」の記事内容が異なり、矛盾などのある場合は、その依拠する「重宝記」名を逐一記して解説した。当然のことながら街道の記事は刊行時期により相違があるが、本書での解説は特定の「重宝記」を用いることにした。

④同類の事物や品目が並列 列記されている場合は、出来るだけ網羅することにしたが、省略した場合は〇〇等何種（品目）と、なるべくその点数を示した。

⑤「重宝記」の記事だけでは理解し難いと考えた場合は、「節用集」や近世の「辞書」類など、関係資料類により補完し、その典拠名を『 』（二重括弧）に示した。また、必要な範囲で追加加筆した場合もある。

⑥記事に注記が必要と考えた場合は、その語句の意味、年号・年代、引用歌、古典作品名等を（ ）（小括弧）に入れて補記した。但し、典拠が明らかにならないものも多い。

⑦解説文中の語句で、別項目にて解説しているものについては、対象となる語の末尾に＊（星印）を付けた。例えば「四季の脈*」は「四季の脈」を、「五臓*の脈」は「五臓」のみを対象にしている。但し、必ずしも項目名を示すものではないので、関連項目も参照していただきたい。また、同意の記事や語句、送り項目については「ヲ見ル」、参考記事や関連記事等は「参照」等と記した。

⑧読み易く、理解し易くすることを考えて、長い解説文は適宜改行して段落を付けた外、〈 〉（山括弧）、「 」（鍵括弧）、〇（〇印）、◇（四角印）を付けて記事を区切り、見易くした。また、記事を要約した場合もある。一般辞書のように、本義から分化した形式ではなく、併記である。

⑨解説記述は必ずしも「重宝記」の成立年代順ではない。関連づけながら解説したため、年次の前後する場合がある。尚、解説中、「今」とか「当時」等というのは、その資料の成立時点を言うものであり、今日現代とは区別する。

⑩「中国」というのは日本の中国地方を指すのであり（例『男重宝記』）、唐の国を言う中国は「シナ」と表記した。

⑪菓子名の説明に、上・中・下とあるが、その菓子の上部位・中部位・下部位を示すものである。

⑫本書は『重宝記資料集成』について、江戸期の「解説索引」としても利用して頂きたいと念じている。解説の不可解な点や確認については、同書の閲読をお願いしたい。

⑬本文の依拠資料の表示は、本題名のみを記して、割書や副題名に記す「重宝記」等の一文を省略した場合がある。長く繁雑になるのを避けたためである。

⑭原本の破損や刷りの状況などで難読の箇所は□で示している個所がある。

四、図版は、「重宝記」の記事に掲載する図画を掲げた。記事と同等の意味があるので、必要な範囲で極力収録した。

五、現在からすれば、身分や男女 性差に関する記事が見られるが、歴史資料を理解する上から、そのまま記述していることを御理解賜りたい。但し、全体を詳細に検討して頂ければ、上は下を労わり、下は上に報いるという基本思想がある。

主要依拠資料

『重宝記資料集成』所収のものを中心に掲げた。
配列は五十音順としたが、内容が類似するものは、一部纏めたものもある。

「重宝記」の部

標題に「重宝記」や「調法記」の語を含むもの

医術調法記弁料理書（明和六写）
医道重宝記（嘉永二改補刊）
医道療治重宝記（万延元求版）
牛療治調宝記（宝暦六刊）
占調法記（元禄十三刊）
永代調法記宝庫（文政六刊）
永代日暦重宝記（慶応二写）
（新版／不正／誤字）小野𥶡譃字尽平生不用妄書人間無重宝記（文化三刊）
音信重宝記（天保三刊）
教訓女大学教草童女重宝記（幕末頃刊）
女重宝記（元禄十五刊）
新板増補女調法記（宝永八頃刊）
絵入日用女重宝記（弘化四刊）
女寺子調法記（天保十三刊）
女文翰重宝記（享保五刊）
改算重宝記（元禄頃刊本の文化以降後印）
懐中重宝記（弘化五刊）
改補外科調宝記（文化三刊）
斎民外科調宝記（延享三刊）
江戸流行万買物重宝記肇輯（一枚摺）
万買物調方記（元禄五刊）
格致重宝記（宝暦三刊）
菓子調法集（天保三写）
家伝調方記（天保八写）
金持重宝記（元禄七刊）
紙漉重宝記（寛政四刊）
江戸神仏願懸重宝記（文化十一刊）
願懸重宝記初編（大坂）（文化十刊）
丸散重宝記（天明二序刊本の後印）
江戸町中喰物重法記（天明七刊）
家内重宝記（元禄二刊）
絹布重宝記（天明九刊）
倹約重宝記（天保四頃刊）
耕作重宝記（文化十序刊）
好色重宝記（元禄九頃刊）
胡椒一味重宝記（嘉永七刊）
金神方位重宝記（文政七刊）
算学重宝記（万延元刊）
古今増補算法重宝記改正（正徳五刊）
地方重宝記（明治三刊）
色道重宝記（安政三頃刊）
初心手習重宝記（元禄頃刊）
酒造重宝記（寛政元写）
呪咀調法記（元禄十二刊）
続呪咀調法記（元禄十四刊）
増補呪咀調法記大全（安永十刊）
新撰呪咀調法記大全（天保十三刊）
万まじない調宝記（弘化四写）
消息調宝記（天保三序写）
掌中年代重宝記（文政十一頃刊）
小児療治調法記（正徳五刊）
書札調法記（明和四刊）
女中仕立物調方記
諸人重宝記（元禄八刊）
女用智恵鑑宝織（明和六刊）
諸礼調法記大全（天保九刊）
鍼灸重宝記綱目（寛延二刊）
鍼灸日用重宝記（文化十三刊）
進物調法記（寛政七刊）
人倫重宝記（元禄九刊）
数量字尽重宝記（文久元刊）
俳諧之重宝記すり火うち（元禄五刊）
世界万宝調法記（元禄九刊）
世話重宝記（元禄八刊）
文政新刻俗家重宝法集（文政七刊）
常用奇法俗家重宝集（文政十刊）
染物重宝記（天明五刊）（文化八刊）
算盤調法記（弘化三刊）
大広益字尽重宝記綱目（寛延二刊）
童子調宝記大全世話千字文（幕末刊）
大増補万代重宝記（文久元刊）
烟草一式重宝記（一枚摺）（寛政五刊）
茶屋諸分調方記（元禄十一刊）
昼夜調法記（正徳四刊）
昼夜重宝記（安永七刊）
（重宝記）（宝永元序刊）
（ちやうほう記）（文化七写）
重宝記永代鑑（慶応頃刊）
調法記四十ゟ（江戸後期写）
調法記四十七ゟ五十七迄（江戸後期写）
秘伝手染重宝記（一枚物 万笈堂英平吉板）
寺子調法記（元治二刊）
田畑重宝記（延享五刊）
東街道中重宝記（寛政三刊）
男重宝記（元禄六刊）
新板増補男重宝記（元禄十五刊）

男女御土産重宝記（元禄十三刊）
男女日用重宝記（元禄十五刊）
新板日夜重宝記（両面摺　明和六頃刊）
日用重宝記（文政十二写）
新板 秘伝 日用重宝記（文政十二刊）
女筆調法記（元禄十刊）
庭木重宝記（江戸中期刊）
年中重宝記（元禄七刊）
農家調宝記初編（安政三再刻）
同二・三編（安政四再刻）
同付録・同続録（安政四以降後印）
新撰農家重宝記（明治十三活版）
馬医調法記（元禄四写）
洛中 洛外 売薬重宝記（安永六刊）
囃子謡重宝記（元禄十二刊）
算盤調法記（文政十二刊）
馬療調法記（明和九刊）
篇冠字引重宝記（安永三刊）
万代重宝記（安政四頃刊）
万物絵本大全調法記（元禄六刊）
万民調宝記（元禄五刊）
万用重宝記（寛政四刊）
筆海重宝記（元文元刊）
大成筆海重宝記（寛政九刊）
備中重宝記（天保十四写）
秘伝日用重宝記初編（一枚摺）（天保六刊）
秘法重宝記（江戸後期写）
秘密妙知伝重宝記（天保八写）
広嶋調法記（弘化四写）
武家重宝記（元禄七刊）
不断重宝記大全（元禄四刊）

稗史家不重宝記（享和二刊）
舟乗重宝記（文政元奥書）
染物重宝記（文化八刊）
麗玉百人一首吾妻錦 婦人日用重宝記 毎事心得袖文庫（文化八刊）
聞香重宝記（寛文九奥書）
文章指南調法記（安永十刊）
方角重宝記（明和五刊）
宝訓女大学 百家必用 女用重宝記（江戸後期刊）
古易 方位 万代調法記（嘉永五刊）
新撰 広益 妙薬重宝記（明治十三刊）
紋絵重宝記（元禄十刊）
薬種重宝記（正徳四刊）
薬種日用重宝記授（安政七写）
薬法重宝記（天明五写）
養蚕重宝記（天保十一刊）
嫁娶調宝記（元禄十刊）
翻訳 必要 蘭学重宝記（嘉永三刊）
里俗節用重宝記（江戸中期写）
永代 必用 両面重宝記（寛延四刊）
料理重法記（江戸後期編綴刊）
料理調法集（文政ー天保頃、近代写）
和物之部・田夫類之部・煎物之部・寄物之部・漬物之部・焙炉之部・蒲鉾之部・半弁之部・玉子之部・魚鳥貝時節記・焼物之部・野菜時節記・口伝之部・秘事之部・汁之部・煮出煎酒　酢之部・囲方之部・煮物之部・麩之部・国産之部・家方物之部・塩魚之部・干魚之部・川魚料理之部・つまり酒菜（詰魚）之部・貝類之部・諸鳥人数分料・諸鳥之部・造醸之部・調製味噌・汁之部・囲方之部・豆腐之部・麺類之部・塩辛之部・料理酒之部・法論味噌之部・味噌之部・飯之部・鮨之部・醴餅・真薯

和漢年代重宝記（嘉永元刊）
和漢年暦調法記（安政三刊）

「重宝」の部

標題に「重宝」や「調法」の語を含むもの

万民重宝 改正 大ざつ書（文化十三刊）
重宝 女訓 女今川操文庫（天保四刊）
日用 重宝 女大学（寛政二刊）
日用重宝 万物図解 嘉永大雑書三世相（嘉永四刊）
童子重法 字註絵抄 御成敗式目（江戸中期刊）
算学調法塵劫記（文政九刊）
万家 重宝 女用花鳥文章（明和三刊）
幼童諸礼手引草 懐中 重宝（嘉永元刊）
日用 調法 人家必用（天保八序刊）
日時 調法 通用文則（寛政九刊）
日用 重宝 童訓古状揃（天保十四刊）
懐中 重宝 日用早覧初編（文久元刊）
（百姓／日用／重宝）農人往来（文政新改）
新成復古 日夜重宝 俳席両面鑑
正風俳諧 日夜重宝 二面鏡小筌（両面）（弘化四補刻）
平常 重宝 万徳大雑書（江戸後期後印）
初学 必用 万宝古状揃大全 新撰童子調宝（天保十四刊）
万法重宝秘伝集（享和元刊）
新板絵入 童子重宝 万用字尽教鑑（元禄板の後印）
改正刪補 日夜重宝 万暦両面鑑
昼夜重宝 両面雑書 増補永暦小筌（両面）（慶応二刊）

た

兌【だ】 八卦*の一。〔永代必用両面重宝記・寛延四〕に次がある。図上断の象(図294)。酉年一代の卦。守本尊は不動明王、御縁日は三日と二十八日。兌の卦は刃の金を司る年ゆえ、物事は剣を抱く心持で大事にするのがよい。君子大人にもてはやされ、位の高い人に交わるので、立身することがある。三日月を信ずるとよい。正・十二月は主従の間の口説は堪忍するがよい(八卦の本尊*は絶対)。二月は住所に障りがある(同上、絶対)。三・四月は川を慎むとよい(同上、遊魂)。五月は火事を慎む(同上、天医)。六・七月は万ずの望み事が叶う(同上、福徳)。八月は縁組によい(同上、遊年)。九・十月は家を求め、神を信じるのがよい(同上、生家)。十一月は女に心を許すな(同上、禍害)。

図294 「兌」(〈永代／必用〉両面重宝記・寛延四)

退【たい】 十四の鍼法*の一。〔鍼灸重宝記綱目〕に退は、補瀉*をして針を出そうとする時、まず針を三分程抜き掛け、また却って針を留めて抜き出す。

鯛【たい】 〈名称〉〔万物絵本大全調法記・下〕に「鯛 てう／たひ」「黄檣わうしよく／はなをれだひ」「烏頰 うけう／すみやきだひ」「彪魚 ばうぎよ／くろだひ」等がある。〔料理調法集・口伝之部〕には鯛の小さいのを小鯛、はり切、その次を小小鯛、小へいけ、木の葉という。〈異名〉〔書札調法記・六〕に鯛の異名に、棘鬛魚《きよくりよう》 奇鬛魚《きりよう》 赤鯮《せきそう》がある。〈薬性〉〔医道重宝記〕に鯛は温で毒なく、腫れを消し、小便を通じ、癪を破り、痔を治し、虚労によい。〈料理仕様〉〔諸人重宝記・四〕に鯛は、浜焼* 杉焼* 蒲鉾 鱠 刺身 汁 田楽 吸物 酒浸《さかびて》 鮨、この外色々に使う。腸子は鯘鮧《なしもの》(塩辛)によい。

○「鯛料理」。語頭に「鯛」が付く以外の鯛を主とする料理に次がある。他の魚を用いることもある。荒塩焼* 煎鯛* 魚饂飩* 魚素麵* 魚田楽* 魚豆腐* 魚味噌* 魚飯* 潮煮* 打付焼* 沖漬* 紅毛煮《おらんだに》* かき煎* 掻き鯛* 掛鯛《かけだい》* 蒲鉾* 高麗煮* こけら鮨* 魚《さかな》ふわふわ* 刺身* 塩釜焼* 苦焼* 塩辛* 塩鯛* 霜降* 白和え* 吸物 昼夜焼《ちゆうや》* 天麩羅* 当座鮨* 苫焼《とまやき》* 丼物* 鯘鮧《なしもの》* 鍋* 南蛮煮* 煮物* 人参汁* 根深汁* 浜汁* 浜焼* 干鯛《ひだい》* 鰭糝薯* ふくめ* 紅焼《べにやき》* 巻鮨* 松前煎* 味噌漬蒲鉾* 焼鯛* 大和焼*。

台【だい】 〔武家重宝記・四〕には、台は鉄砲の筒を受け持つので言い、樫の木で作った分の総名である。これに差し入れ置いた細い木を込矢《こみや》(=玉薬を込み入れる物)という。〈茶湯名物持来記〉〔不断重宝記大全〕に「台《だい》」の「尼が崎」は尾張殿・紀伊殿・松平右衛門佐・松平加賀守ら六家に、「かうれう」は奈良じせう坊に伝来する。

大阿伽陀円【だいあかだえん】 〔昼夜重宝記・安永七〕に大阿伽陀円は、小児の五疳*冷瀉等によい。陳皮・茯苓・人参・良姜・胡椒(各三匁)、桂心(五匁)、沈香(一匁五分)、大黄・藿香・鬱金・川芎・檳榔子・木香(各五分)、青皮・甘草(各二分)を末(粉)して蜜で丸ずる。〔昼夜調法宝記・正徳四〕とは分量が異なる。

大悪日【だいあくにち】 日取吉凶。〔諸人重宝記・五〕に大悪日《だいあくにち》に次がある。春三月の甲子《きのえ》・乙亥《きのと》の日、名を八龍日*という。夏三月の丙子《ひのえ》・丁亥《ひのと》の日、七鳥日*という。秋三月の庚子《かのえ》・辛亥《かのと》の日、九虎日*という。冬三月の壬子《みずのえ》・癸亥《みずのと》の日、六蛇日*という。滅亡日* 没日* 大禍日* 往亡日* 帰忌日* 狼藉日* 天火日* 地火日*も大悪日である。

大安日【だいあんにち】 六曜*の第五。〔大増補万代重宝記〕に五月・十一月の朔日を大安日として、以下順に赤口《しやくこう》* 先勝《せんしよう》* 友引《ともびき》* 先負《せんぶ》* 仏滅《ぶつめつ》*と繰る。大吉で万事によい。旅立ち、移徙《わたまし》、嫁取り、商始め、店開きと何にもよい。

大医【たいい】 〔人倫重宝記・三〕には次がある。昔の大医は渋紙に薬を包

んで辺土を廻り、病巧を積り上手となって後に上ツ方へ召し出され、官位に任じ下されて後に世に大医と称する。今の世に言う大医は、医学もなく、病巧もなく、乗物*に乗り、官位を望み受け、金銀さえ持てば、夜の間に大医の真似をするのを、世の人も大医と呼ぶ。我が方より大医と呼ばすように拵えた医者である。

滞頤【たいい】〔小児療治調法記〕に滞頤《たいい》は、常に涎を流して頤頷《おとがい》を漬《ひた》すものである。冷熱を分ちて治す。薬には、温脾丸*通心飲*がある。

太乙【たいいつ】〈経絡要穴 心腹部〉二穴。太乙《たいいつ》は直に関門*の下一寸にある。灸五壮。針八分。胸煩れ、癲癇、狂乱、舌を出すのを治す。〔鍼灸重宝記綱目〕

大乙丸【だいいつがん】〔重宝記・宝永元序刊〕に大乙丸《だいいつがん》は、熱虫種によい。大戟（炒り焼く）、黄柏（小生）、胡椒（少）、苦参・金鈴子・大黄・楊梅皮（各大）を末（粉）して、丸にする。

太乙膏【たいいつこう】癰疽の薬。〔改補外科調宝記〕は太乙《たいいつ》膏に二方がある。①玄参・白芷・当帰・肉桂・赤芍薬・生地黄・大黄・木鼈子（各二両）、阿魏（三戔）、軽粉（四戔）、槐枝・柳枝（各三両）、血余（一両）、黄丹（四十両）、乳香・没薬（各三戔）。槐枝・柳枝は胡麻油（五斤）の中に入れて煎じ、残りは粉にして油の内に入れ布袋で濾し滓を去り文火《ゆるび》で煎じ、血余・乳香・没薬は後に入れ、また練って烟が尽き、黄丹を加える。②玄参・白芷・当帰・肉桂・大黄・赤芍薬・生地黄（各一両）を胡麻油（二斤半）に浸す。夏は三日、冬は十日、秋は七日で、練り様は銅鍋に入れ漫火《ゆるび》で煎じ、薬が枯れ黒くなった時布で濾し滓を去り、黄丹（十二両）を入れ桃の枝で手を止めずよく掻き合せ、水に滴り出ると玉となる。軟くなく硬くないように練る。〈効能〉○発背には腫物を湯で洗い拭い、木綿に延べて付ける外、丸じて水で呑ます。○血気の通じないのには酒で用いる。○女人の白血長血には当帰を煎じて用いる。○一切の血風風丸には大陽の穴に貼り、外には山梔子の煎じ汁で用いる。○膝の痛みに付けてよく、他は塩湯で用いる。○月水の滞り、血塊に付けてよい。○湿瘡 肥癬の類には胡麻油を少し加え延べて付ける。○瘰癧 漏瘡 癧毒 梅瘡等の潰れ爛れたのにはまず塩湯で洗い清めて付け、幷に温酒で三五十粒用いる。○虫や獣の咬み付き、湯火傷 打撲 金瘡によい。この膏薬は十年も蓄え置いて損ぜず、久しい程よい。

太乙保和湯【たいいつほわとう】〔小児療治調法記〕に太乙《たいいつ》保和湯は、専ら血熱の痘病を治す。十神解毒湯*で内外がよくなり、紅点を見《あらわ》し三日後変わらず、長大粗肌のものに用いると元気を保和し、血を活し、毒を解し、漿《みず》を盛り、痂《かせ》を落し易い。桔梗・紫草・川芎・山査子・木通・人参・紅花・生地黄・甘草・糯米（五十粒）に、灯心（七根）・生姜（一片）を入れ、水で煎ずる。尚、症状により加減が色々ある。

大威徳呪【だいいとくじゅ】真言陀羅尼*の一。〔呪咀調法記〕に「大威徳咒とは、大威徳陀羅尼」とある。陀羅尼を伝授し、「をんあくうん」と唱える。

大陰神【だいいんじん】暦。「だいおんじん」とも読む。八将神*の一。〔永代調法記宝庫・五〕に、本地は正観音。歳星は土曜星。この方角に向いて産をせず、殊に夫婦縁辺を定めるのは悪い。子の年は戌（西西北）の方角、丑の年は亥（北北西）の方角、寅の年は子（北）の方角へと順に移って行く。

太陰日【たいいんにち】生れ日吉凶。〔大増補万代重宝記〕に太陰日は、二日・八日・十四日・二十日・二十六日で、この日に生れる人は、住所を度々変わり、養子に行くことがある。衣食に縁があり、芸能に達し、人に敬われる。若年の内は辛労が多いが、中年より幸せよくなり、年寄る程富貴繁昌する。

大羽【たいう】「強間《きょうかん》」ニ同ジ

胎運【たいうん】十二運*の一。〔金神方位重宝記〕に胎運は、木性は八月

(酉)、火性は十一月(子)、土・水性は五月(午)、金性は二月(卯)生れで、果報があり、当分苦労があっても末程よい。親に孝行するのがよい。〔両面重宝記・寛延六年〕に胎運の人は大吉、心優しく、智恵深く、初めは苦労するが後は人に敬われ繁盛する。「いつか又よき隠れ家を立ち出でて都の花と月を眺めん」とある。〔和漢年暦調法記〕には智恵才覚があり、仕合せがある。夫婦仲はよいが苦労がある。旅へ行くのがよい。夫婦は隔てているのがよい。信心するのがよいとある。〔日用重宝万物図解嘉永大雑書三世相〕に胎運の生れの人は夫婦に縁なく、仲悪く、もしよければ住所を動くとよい。旅や他国して互いに思い事絶えず、二三度も縁が変って後に和合の妻を得る。また兄弟少なく、互いに睦まじからず、力とはなり難い。しかし家は繁昌する。

大雲院【だいうんいん】 京名所。〔東街道中重宝記・七ざい所巡道しるべ〕に、浄土宗でこの寺の椽板は厚さ五寸程の楠の板である。祇園の御旅所近くにある。今、下京区寺町通四条下る貞安前之町。〔年中重宝記〕に、二月十五日 大雲院中将姫練供養。六月二十一日大雲院虫払い。

退翳散【たいえいさん】 〔小児療治調法記〕に退翳散は、「痘後の余症*」で、痘疹が眼に入るのを治す。人参・牛房子(各等分)を末(粉)とし、毎服一匁を糯米飲で用いる。

太淵【たいえん】 〈経絡要穴 肘手部〉二穴。太淵《たいえん》は掌の後ろ陥みの中、魚際と寸口との間にある。灸三壮。針三分 留むること二呼。胸痺 逆気 嘔吐 咳嗽 転筋 忽ち冷え忽ち熱し 胸 肩 背臂 痛み 喘息 咳血 吐血 狂言 遺溺の色変わり 遺失度なき等を治す。〔鍼灸重宝記綱目〕

胎黄【たいおう】 〔小児療治調法記〕に胎黄は、児が胎にある時母が湿熱を受けて児に伝え、生れ落ちて総身面目皆黄色で金のようであり、大小便ともに通ぜず、乳食進まず、泣き止まないのをいう。また着物が甚だ暖か過ぎてこの症をなすとも言い、段々に着物を減ずるとともに、胎黄の薬 生地黄湯*を飲ますとよい。

大黄【だいおう】 〔薬種重宝記・上〕に唐草、「大黄 だいわう/をほし。下行せしむるには生にて用ゆ。水に一夜浸し洗ひ刻み、酒に浸し炒る」。〈薬性〉〔医道重宝記〕に大黄は苦く寒、瘀血を消し、積聚を除き、結熱を去り、腸胃を通じ、宿食(胃に残る不消化の食物)停痰を治す。そのまま刻み、酒に浸して炒る。〔新撰咒咀調法記大全〕に大黄は、「苦菜《にがな》」また「をほし」、凍足《あかがり》の薬。二月始めて生じ、三月に花黄、五月に黒実、八月に実を採る等とある。

大横【だいおう】 〈経絡要穴 心腹部〉二穴。大横《だいおう》は直に腹哀の下三寸五分。『十四経』に臍の傍らとあるが臍の上一寸で、水分の傍ら四寸五分にあたる。灸三壮。気逆して悲しむこと多く、手足働かず、泄利するのを治す。〔鍼灸日用重宝記・二〕

大黄膏【だいおうこう】 〔小児療治調法記〕に大黄膏は、癖疾*の薬とある。朴硝・大黄(各等分)を末(粉)し、大蒜を擂り交ぜて膏とし、帛・木綿の類に伸べて痞癖に貼る。自然と柔らかになり消える。〔改補外科調宝記〕は付骨疽、或はどの腫物、虚症、手足の痿え、脚気、筋気にもよい。榁の皮(火で炒り 粉にし三匁)、はぶてこうふう(一匁五分。無い時は南天を遣う)、明礬(一匁五分)、繁縷の汁(三匁)、胡麻油(二十匁)、蠟(十五匁)。この油を煎じ、どの薬も一ツに擂り合せ一度に入れ、そろそろ掻き混ぜて蠟を入れ、加減を見て練り上げる。

大黄升麻湯【だいおうしょうまとう】 〔改補外科調宝記〕に大黄升麻湯は、疔疽*の内薬である。大黄・芍薬・升麻・甘草(各等分)を煎じて用いる。

大黄湯【だいおうとう】 〔改補外科調宝記〕に大黄湯は、腸癰*で脈が遅緊、まだ膿のないものを下す。大黄・朴硝・瓜蔞仁・桃仁(各一匁)、牡丹皮(二匁)を煎じて服する。

大過【たいか】 病脈。〔斎民外科調宝記〕に大過とは、脈の来るのが強 実な

のをいう。病は外にある。

鯛が香【たいがか】〔料理調法集・田夫之部〕に鯛が香は、鯛を卸し皮血合を去り、塩を振り暫く置き湯煮して、湯の中でよくよく揉みほぐし、布に入れ水気を絞り、水嚢で濾し、煎り酒でぱらぱらとなる程に煎り上げ、醤油で塩梅する。鱈 甘鯛の類がよい。青昆布 生姜等を加えて、鯛田夫、或は鱈田夫等ともいう。

大和丸【たいかがん】〔丸散重宝記〕に大和丸《たいかがん》は、脾胃虚損し飲食を思わず、肌体疲れ瘦せ、四肢力なく、面色萎黄するのによい。気を補い 血を生じ 脾を健やかにし 胃を養い 胸を開き 膈を快くし 鬱を散じ 痰を消し 食を消化し 気を廻らし 心を鎮める。人参・木香（各五戔）、白朮（四十戔）、茯苓・芍薬・神麴・麦芽（各十五戔）、陳皮・黄連・山楂子（各十戔）、半夏（十二戔）、枳実・当帰・香附子（各二十戔）、白豆蔲・竜眼肉（各十三戔）、甘草（七戔）を、蓮の葉の焼飯で丸ずる。

大学【だいがく】〔日用重宝記・一〕に『大学』は、孔子が弟子曾子へ伝えた詞を経一章とし、曾子が自分の意により経の旨を述べたものを伝の十章とした。曾子の門人が記したものである。「四書」参照

大覚寺【だいかくじ】〔男重宝記・一〕に大覚寺は嵯峨にある宮門跡。法諱、性真。知行、千十六石余。真言宗で東寺の門跡である。

大霍乱の治法【だいかくらんのじほう】〔文政新刻俗家重宝集〕に大霍乱の治法は、手の小指の先の真ん中、爪より三厘程離れて灸を三火する。大きさは▲この位にする。「霍乱の事」モ見ル

大学寮【だいがくりょう】〔万民調宝記〕に大学寮は民部省*に属し、二条の南朱雀の大路の東 神泉苑の西にある。儒道名誉の人を任ずる。

だい頭【だいがしら】「かしらき鴫」ニ同ジ

大活血丸【だいかっけつがん】〔骨継療治重宝記・下〕に大活血丸は、打撲、傷損、骨を折り筋を砕き瘀血、腫痛、萎え痺れ、四肢痺れ痛み、一切の痛風等の症を治す。青桑灰（一斤）、栗間・骨砕補・南星（製）・白芍薬・牛漆・川烏（炮）・黒豆（酒で煮る）（各一両六銭）、自然銅・木鼈子（各八銭）、細辛（一両）、降真香・節風香（各三銭）、乳香・没薬・血竭（各六銭）を末（粉）し、酢で秫米粉を煮て糊で手で揉み丸ずる。緩い時は弾け裂けるのを弾子の大きさに乾くのを見て、生漆で衣とする。毎用一丸を無灰酒で磨りおろして服する。

大禍日【たいかにち】暦下段。〔永代調法記宝庫・五〕に大禍日は、家造り葬送 公事 訴訟に大いに悪く、また舟に乗ってはならない。〔昼夜重宝両面雑書増補永暦小筌・天保十一重刻〕に大禍日は次の各日とある。正月は亥の日。二月は午の日。三月は丑の日。四月は申の日。五月は卯の日。六月は戌の日。七月は巳の日。八月は子の日。九月は未の日。十月は寅の日。十一月は酉の日。十二月は辰の日。「大禍」は「三箇《さんが》の悪日」ヲ見ル

大火の事【たいかのこと】〔重宝記・礒部家写本〕に江戸中期 諸国大火の事がある。○明和九年（一七七二）二月二十九日・晦日、江戸大火。目黒行人坂より浅草迄、凡そ四里の道法。○安永六年（一七七七）冬、大坂大火。凡そ一万二千程焼失の由。○天明三年（一七八三）十月、大坂御城内出火。○同年十一月、江戸小伝馬町より出火 大伝馬町、凡そ八百四方焼失。○同年十一月六日、夜八時より一身田御殿出火。御書院 対面所焼失。○同四年十二月二十六日より二十七日、江戸大火事。○同六年二月、江戸大火事。○同八年正月、京都大火事。○寛政三年（一七九二）十月九日 夜二時より十一日朝八時迄、大坂大火。凡そ一万二三千程焼失の由。また京大火事。○同四年五月十六日 夜六時より十七日零時まで大坂大火、凡そ二万余焼失の由。○同四年七月、江戸大出火。○同九年、江戸大火事。○同十年七月、京大仏本堂 二王門残らず焼失。「火事の事」参照

鯛皮付【たいかわつき】〔料理調法集・口伝之部〕に鯛の皮付きの大きなのは、

暖気の節は用いない。全て、大鯛は夏は用いず、小鯛、木の葉鯛を用いる。

胎寒【たいかん】〔小児療治調法記〕に胎寒は、小児が胎中で寒を受け、生れ落ちて顔青く手足冷え、大便青く腹引き攣り痛み、寒け立つのをいう。当帰散*で治す。

大寒【だいかん】二十四節*の一。〔重宝記永代鏡〕に十二月中、昼四十一刻半余 夜五十八刻余。大寒とは十二月中 地中の陽気愈々老陰を負い迫り、寒気の甚だしいことからいう。鶏乳《にわとりにゅう》す（卵を産む事）、征鳥励しく疾し（鷹が壮んに諸鳥を捕る事）、水沢腹堅し（水の裏も氷り厚い事）、重陰の極まり等とある。〈耕作〉〔新撰農家重宝記・初編〕に、新暦では一月二十日。酒糟を水で溶き、葡萄の肥しにすると至極よい。蚕種を一夜水に浸す。月末に麦、菜種に肥しをする。

代官【だいかん】武家名目。〔男重宝記・一〕等に代官は、守護人の下官《したつかさ》で、一国の守護人は巨細に国政を行い難いので、郡《ぐん》にも郷《さと》にも代官を置いて、一郡一郷の仕置《しおき》を司らせた。〔武家重宝記・一〕に代官は、公方給人の代官がいて、年貢 知行方を裁き、百姓の公事訴訟を聞く役とある。

大願成就日【たいがんじょうじゅにち】日取吉凶。〔重宝記永代鏡〕に大願成就日は、祈禱や立願をするのに大吉日。春は巳・午の日。夏は午・未の日。秋は亥・子の日。冬は寅・卯の日。

大観通宝【たいがんつうほう】銭の事。銭占*。〔万用重宝記〕に大観通宝は、シナ北宋太観年中（一一〇七～一〇）に鋳造された銭（図295）。この銭で、鼻血の出る時鼻頭を撫でて南無観世音と三遍唱えると忽ち止る。

図295「大観通宝」（万用重宝記）

大吉事来る符【だいきちじくるふ】大吉事が来るとして、「万事此符立よ」とある（図296）。〔増補呪咀調法記大全〕

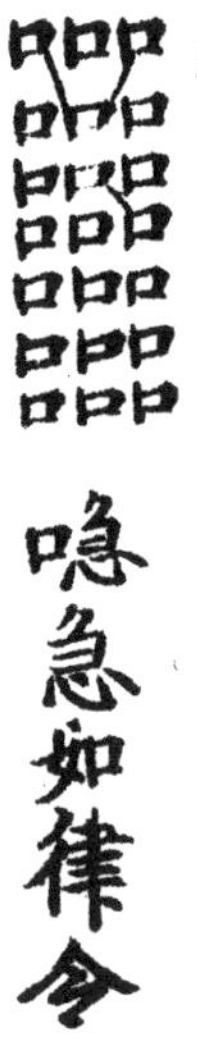

図296「大吉事来る符」（増補呪咀調法記大全）

大吉日【だいきちにち】〔古易方位万代調法記〕に「旅立 移徙 願望 心願 掛合 何事にも大吉日也」として次がある。○正月は、寅申巳丑の日。○二月は、亥巳午寅の日。○三月は、寅巳未卯の日。○四月は、寅卯辰亥の日。○五月は、寅卯酉巳の日。○六月は、亥巳午戌の日。○七月は、亥未卯申の日。○八月は、寅亥申子の日。○九月は、巳酉卯丑の日。○十月は、子寅戌亥の日。○十一月は、卯巳申亥の日。○十二月は、子寅卯辰の日。この日は天福日*地福日*七難即滅日*七福即生日年徳日*といい、皆吉日である。暦の中段、建《たつ》*成《なる》*納《おさん》*は吉。閉《とず》*は凶。下段往亡日《おうもう》*は大いに凶。凶会日《くえにち》*黒日*滅門*の日は少し気をつけるとよい。

大芎黄湯【だいきゅうおうとう】〔医道重宝記〕に大芎黄湯は、破傷風の邪気が裏《り》にあるのを治す。川芎（一匁）、黄芩・大黄・羌活（各一匁半）の四味を煎じ、大便の下るのを度として薬を止める。実症の者に用い、気血虚弱の者には八物湯*十全《じつぜん》大補湯*の類を用いて風邪《ふうじゃ》を去る薬を加えるのがよい。

代灸散【だいきゅうさん】〔改補外科調宝記〕に代灸散は、瘰癧*が潰れ爛れ臭くて久しく癒えないのを治す。①軽粉（水銀粉）・雄黄（各一匁）、銀朱（五分）、麝香（三分）を粉にし、槐の皮一枚に針で孔《あな》を開けて腫物の上に置き、粉薬を一撮《つまみ》捻り炭火で炙る。薬気は自然と瘡の内に通り、痛みは熱して止む。重症は三度程、軽症は二度程で癒える。②瘰癧の痛みが耐え難いのに用いる。黄連・黄栢・鬱金・片脳・朱砂・乳香・没薬（各一匁）、白芷。各々等分を粉にして、水で練り固め、陰干にして孔の内

へ入れると痛みは止む。

胎怯【たいきょう】〔小児療治調法記〕に胎怯は、生れ落ちより痩せて白く、面《おもて》に精光のないのをいう。

胎驚【たいきょう】〔小児療治調法記〕に胎驚は、児が胎中にある時母の身持が悪く、飲食 色欲を恣にし、或は怒り驚き、外風邪を感ずると、その気が胎中の児に移り生れ落ちて一月も経たぬ内に驚を発し、目は上視《そらめづかい》し、腹硬く手足びくつき 反り返り、痰涎《よだれ》が盛んに出る。一方に、辰砂(研)牛黄(少許)を用いる。『回春』には麝香(少許)を入れると最も効があるという。これ等を乳汁で調え、口中に入れると甚だ妙である。薬に、至聖保命丹*がある。母は防風通聖散*を服するとよい。

大経師【だいきょうじ】〔万買物調方記〕に「大経師」は、京 室町松本町 内匠とある。「暦の事」参照

胎教の事【たいきょうのこと】〔女用智恵鑑宝織〕に胎教の事がある。女の大節(重大な操《みさお》)は懐妊 産育の道にあり、懐胎が決ったら、胎教として聖賢の道を知っている人に聞き、目に悪いことを見ず、邪《よこしま》な振舞いをせず、人を憐み、慈悲を専らとし、心を静かに身を忙しく使うのがよい。正しい道を行う時は、胎内に肖《あやか》り、生れる子は幸いがあり、孝行で仁愛深く、富み栄えて貴く、名を四方に顕す。〔麗玉百人一首吾妻錦〕に『小学』にも胎教を示す等として次がある。座するに片寄らず、片足立ちせず、邪味を食せず、席が正しからざれば居らず、切り目正しくなければ食せず、目に邪色を見ず、耳に淫声を聞かず、傲言せず等とある。女は孕んでからは身持が大切であり、難産は身持や行儀が悪いからである。子の命を落すこともある。懐胎して月水の止った時から男女の交わりを固く慎み、性により悪阻《つわり》があるが薬は用いない方がよく、三月目に腹中に強く動けば薬を用いる。五月目には吉日を選び夫から女房へ腹帯*を渡すのを岩田帯*といい、神功皇后が応仁天皇を宿した時よりの吉事とし、シナでもするという。七八月より児は手を動かして腹中は静まらず、悪くすると胎漏(血下る)・子煩(身内熱めく)・子懸(胸へ突き上げ)・胎水(腫れる)・子癇(癲癇の類)・子淋(淋病の類)・子瘖(物言わぬ類)等があるので、心を正しく持ち落ち付いて養生すると障りなく、容易に安産する。

大極の論【たいきょくのろん】〔鍼灸重宝記綱目〕に大極の論がある。まだ無分別の大極が分れて、陰陽天地を生じ、これより寒 暑 燥 湿 風 木 火 土 金 水 千変万化となる。針はもと金《かね》 虚無の体 細少無心の物、千変万化の病を治す。これは針者が術を得て、補瀉* 迎髄* 温冷寒熱 病に随い明手を施すこと、大極の口伝があるが、極めて秘密なので分明には著《あら》わし難い。針の道によく適う時は到達できるとし、言述しても心に落ちず、心得ても言述しがたい。

大空亡日【だいくうぼうにち】「空亡の事」ヲ見ル

大工の事【だいくのこと】〔万物絵本大全調法記・上〕に「工 こう/く/たくみ。俗に云、大工。匠人 しやうじん。木匠 もくしやう。並同」。〔掌中年代重宝記〕に「工人《くじん》の祖先」は、手置帆負《たおいほおきのみこと》(小屋安明神)・彦狭《ひこさ》知命《ちのみこと》(宮殿神社)の二神が家を造る事を始めた。推古帝の時、聖徳太子*が職人の官を定めた。所謂、工匠・番匠・内匠・木工・大目・小工・大工等である。〔人倫重宝記・一〕は殿閣屋作りをする者を大工といい、大工は唐土では尭舜の代に多く、日本では『神代巻』に素戔烏命が家を建て稲田姫を置いたとあるので大工の技もあったと思われ、神武天皇は日向の橘に宮造りしたとあり、その後 聖徳太子が難波に天王寺を建立した事等が始めとなる。木工修理職は禁裏の造営を司り、主水《もんど》 木工《もく》は将軍の公用を務める。古は飛騨の国に大工が多く、禁裏へ参り木工頭《もくのかみ》を勤めたので「飛騨の工《たくみ》*」という。また一切の器物《うつわもの》を造る匠を細工*という。〔男重宝記・二〕には四民階級(士*農*工*商*)の第三、諸々の細工を行う者で、唐土では舜、我が国では聖徳太子が教えたとし、工も学問し理に

通ずる時は新しい物を作り出す。〈大工頭〉〔万買物調方記〕に「京御大工頭」御幸町通姉小路上ル 中井主水（高五百石）」。「江戸御大工頭」神田橋外 木原内匠、同 鈴木長兵衛、平内 七郎左衛門、木挽木二丁目 田郎豊前、おが町 靏飛騨。「大坂大工頭」釣鐘街 山村助右衛門（高百石）同手代 庄三郎・二郎兵へ、博労町年寄 与右衛門、立売堀同 九左衛門、近江町同 八左衛門。

帯下【たいげ】〔医道重宝記〕には「こしけ（腰気）」ともいう。湿熱凝り滞り、帯脈を過ぎて淋《そそ》ぎ下るゆえに帯下《たいげ》という。白いものが下るのは気に属し、赤いものが下るのは血に属する。薬は升麻滲湿湯*五積散*加減十全《じつぜん》大補湯*を用いる。〔女重宝記・四〕は帯下《こしけ》の薬として、梅干（七ツ黒焼）・昆布（一匁黒焼）・はらや（軽粉五分）を丸薬にし●これ程に丸じて絹に包み、糸をつけて湯具に結びつけ陰に入れて三日程置くと悪物は皆下る。藜の黒焼を酒で用いてもよい。牛蒡を酒で漬けて置き柔らかに砕ける程煮て用いてもよい。正真のオットセイを味噌汁で用いるとよい。〔万用重宝記〕は帯下 疝気の悩みに、陳薇《ひねぜんまい》を食わせると忽ち治る。〔妙薬調方記〕は川原蓬を煎じ腰湯にすると極めて妙である。〔懐中調宝記・牛村氏写本〕は五月五日 屋上に挿した艾葉を黒焼にして白湯で服する。〔調宝記・文政八写〕は「腰痛帯下《こしけ》」に、芹を常に食するとよい。「赤白帯下《ながちしらち》」に三ツ葉・空木《うつぎ》を黒焼きにし、空木の煎じ汁で用いる。罌粟花を陰干にして粉にし、或は煎じて用いる。鶏頭花を白血には白を、長血には赤を煎じて用いる。灯心を大豆程に丸じ酢で用いるのも妙である。〔丸散重宝記〕は崩漏*の方に同じとある。〔薬家秘伝妙方調法記〕は赤帯下には香付子・蒲黄を、白帯下には黄芪・当帰を使う。〔懐中重宝記・慶応四〕に「血病 こしけ 白血 長血」の妙薬は、香付子（二匁五分）、芍薬（一匁三分）、干姜（六匁）、甘草（二分）、阿膠（八分）を水で煎じて用いる。又方、玉子の黄身ばかりを黒焼きにして一日に一匙ずつ用いるのもよい。

〈帯下崩漏食物宜禁〉〔世界万法調法記・下〕に「宜い物」は粟 大麦 芹 乾柿 牛蒡 鰻 五茄 山芋 杏 枸杞 酢 鯉 鯖 鰺 青海苔 蛸 蛎 烏賊 雲雀 雁 炒海鼠。「禁物」は麺類 蕎麦 芹 蕨 黄瓜 茄《うこぎ》 冬瓜 生菓 藕 梨 柿 烏芋 胡瓜 飴 小豆 鮎 鮒 鶏 雉。「白血《しらち》長血」モ見ル

大迎【たいけい】〈経絡要穴 頭面部〉二穴。大迎《たいけい》は耳の下、曲がった頤《おとがい》の角より一寸三分前の動脈のある骨の割れ目、口を動かすとあがく番い目である。灸三壮。針三分、留むること七呼。口噤《くいつめ》開かず、頬腫れ歯痛むのを治す。〔鍼灸重宝記綱目〕

大谿【たいけい】〈経絡要穴 腿脚部〉〔鍼灸重宝記〕二穴。大谿は足の内踝の後ろ五分、跟骨の上動脈のある処である。針三分。灸三壮。久しい瘧心痛 足冷萎え 喘息等を治す。〔斎民外科調宝記〕は病の重い時はこの脈を診て死生を知る。元気はここに集まるので、この脈が無いと死ぬ。危くてもなお治す。太谿とも書く。

大戟【たいげき】〔薬種重宝記・上〕に和草、「大戟 たいげき／はまひとくさ。泔《しろみず》*に浸し、蘆頭を去り刻む、傍らに付く物を用ひず」とある。

大戟散【たいげきさん】〔牛療治調法記〕に太戟散は、牛の腹脹るのに用いる。多くは草に傷《やぶ》られる。天気が炎暑し水が湯に似、冷熱和せず、口中より涎を吐き舌を長く出すのを治す。大戟・滑石・甘遂・牽牛・黄蓍・巴豆・大黄を末（粉）し毎服一両半に、猪脂（半斤）・朴硝（一両）を水一升に和して煎じ、灌ぐ。

たいけん【たいけん】片言。「短檠《たんけい》を、たいけん」という。〔世話重宝記・三〕

だいこ【だいこ】片言。「大根《だいこん》を、だいこ」という。〔世話重宝記・三〕

対口【たいこう】「脳疽《のうそ》」ヲ見ル

太閤検【たいこうけん】〔四民格致重宝記〕に太閤検は一反 三百六十歩と言い伝えているが、天正年中（一五七三～九二）の水帳*を見ると三百歩で、畝

はなく、一領、大歩（二百歩）、小歩（百歩）、半歩（百五十歩）、八十歩、九十歩等とある。今、世間の人が言う太閤検は三百六十歩故、今検に合せると二割の余計になるが、天正の縄は三百歩であるので余計はなく、今の間に直すと一反は三百五十二歩に当り、一割七歩余の余計になる。

大黒【だいこく】「妙《みょう》」ニ同ジ

醍醐味経【だいごみきょう】大和詞。〔女用智恵鑑宝織〕に「だいごみきやう（醍醐味経）とは、ほけ（法華）経一部の一名」である。

大金剛輪印【だいこんごうりんいん】〔新撰咒咀調法記大全〕に大金剛輪印は真言密教の手による印契の一。「九字《くじ》の大事《だいじ》」「兵《ひょう》」ヲ見ル

蘿蔔で甜瓜を造る法【だいこんでまくわをつくるほう】〔里俗節用重宝記・上〕に蘿蔔（大根）で甜瓜《まくわ》を造る法は、蘿蔔の内を刳り抜き、蜜柑を丸ながら入れて、六角に大根を剝いて小口より切ると、真桑瓜を生やしたようである。

大根の事【だいこんのこと】〔万物絵本大全調法記・下〕に「萊菔 らいふく／おほね。大根 だいこん也」。**〈異名〉**〔書札調法記・六〕に大根の異名に、萊菔 蘿菔 土酥《どそ》がある。〔薬種重宝記・中〕に和菜、「萊菔らいふく／だいこん。脚気 走痛に湯に煎じ洗ふ」。また「蘿蔔子らふし／だいこんのみ。炒り末（粉）す。或は生にて研り用ゆ」。**〈薬性〉**〔医道重宝記〕に大根は温で毒なく、気を下し、食を消し、痰を去り、酒毒を消す。多食すると気を動かす。生姜はよく大根の毒を消す。〔永代調法記宝庫・四〕に蘿蔔《だいこん》煮は、人参汁を好む。腎の薬、百病によい。また豆腐 麵類によく、毒を消す。人を肥して肌を白くする。**〈口伝〉**〔万用重宝記〕に「大根の絞り汁」を提灯や雨障子に掃くと油に勝って水を弾く。

〈貯え様〉〔料理調法記・上〕に「萊菔《だいこん》を貯ふ法」は、肥えたのを水で洗わず、頭の青みの所を切り去り、鉄火箸《かなひばし》を焼いて赤くし、大根の切口を摺って焼き、壺の中へ入れ、別に茶碗に水を盛り壺の口をこれで覆う。もし水が漏れ減る時は気を付けて水を入れて置く。春の頃取り出して遣うと新しく採ったようである。**〈しなやかに剝く〉**〔諸民秘伝重宝記〕に春の大根は日に干し和らげて遣う。大方は大根の水を乾かし、塩をあてて遣う。急ぐ時は火に焙り、又は熱い灰に埋めて和らげて遣う。**〈辛味出し様〉**〔調法記・四十五〕に常の絞り汁を深い器に入れ、塩を合せ、箸で休まず久しく振りたてると、辛くなる。**〈大根卸〉**〔俗家重宝集・後編〕大根卸をよく効かせるには、大根をそのまま温灰《ぬくばい》に入れ、引き出して洗い、卸す。口伝である。**〈大根飯〉**〔料理調法集・飯之部〕に信濃飯は、大根を繊にしてよく湯煮し、飯の上に盛って出す〔『大根料理秘伝抄』『都鄙安逸伝』ニモ大根飯ノ方ガアル〕。〔懐中料理重宝記〕は大根を白髪のように打ち、飯の吹きあげる時上に置き、蒸して、移す時交ぜる。大根は沢山がよい。

〈大根漬〉〔男女日用重宝記〕に大根の漬け方が色々ある。①大根百本に塩一升五合、麴五合を入れる。当座漬は、塩と麴を等分にする。②大根が細い時は塩一升三合、麴五合を入れるが、春迄置く時は三合にする。煎り豆五合を四ツに挽き割り、以上の塩に麴を合わせ桶底に霜が降ったように振り、その上に大根を並べ、また塩 麴を振り、一重ね一重ねに振り、押しを掛ける。③冬の内の小糠一斗を煎り、塩二升と麴三升に水を少し湿し入れて、細い大根を一重ね一重ねに漬け、押しを置く。④大根を簾《すだれ》に編み掛け干にし、嫋々となった時桶に並べ、霜の降ったように塩を振り、また大根を並べ、前のように塩を振り掛け、押しをよくかけ、春迄置く。また寒の内の水を置いて春になってその水を大根漬にたぶたぶと入れて置き夏になって使うとよい。⑤大根百本に小糠一斗と塩二升とをよく揉み合わせ、大根を桶に並べその上に前の小糠を広げ、又大根小糠を前のように段々に漬けて押しをよく掛け置くと殊の外よい。「沢庵漬の事」「大坂守口漬《おおさかもりぐちづけ》」参照

〈種時〉〔男女日用重宝記・下〕に大根の蒔き様は、三日間 荏の油に浸

けて置き、二日干して蒔く。虫も食わずによい。〔農家調宝記・初編〕には二月彼岸中、夏大根、茄子、番椒《とうがらし》の種を蒔く。六月土用明けに、蘿《だい》蔔《こん》胡蘿蔔《にんじん》の類を蒔く。〈虫除け〉〔万用重宝記〕に大根 蕪に虫の付いた時は、油糟と石灰を振り懸けると一切の虫は死ぬ。〈諸国言葉〉〔男重宝記・五〕京で「大根葉《だいこんば》」、大坂では「おほねば（大根葉）」という。〈何が不足で癇癪の枕言葉〉〔小野篵譃字尽〕に「下手、だいこん」という。

大柴胡湯【だいさいことう】〔医道重宝記〕に大柴胡湯は傷寒の表証がまだ退かないのに、裏証がまた急にして寒熱往来し、脇痛み 口苦く 大便固く通じないのを治す。柴胡（四匁）、黄芩・芍薬（各二匁半）、半夏・大黄（各二匁）、枳実（一匁半）に、生姜・棗を入れて煎じる。大便が通ずれば薬を止む等、加減もある。

大最期日【だいさいごにち】〔重宝記永代鏡〕に大最期日は、病人には忌むべき日である。朔日、九日、十七日、二十五日をいう。

大歳神【だいさいじん】暦。八将神*の一。〔永代調法記宝庫・五〕に大歳神の本地は薬師仏。歳星は木曜星。この方角に向かい、草木を切ることを忌む。造作、移徙《わたまし》、その他は吉。その年の干支《えと》の方角、子《ね》年なら子（北）の方角、丑《うし》年なら丑（北北東）の方角である。

大歳の社【たいさいのやしろ】大坂願所。〔願懸重宝記・初〕に大歳の社は、住吉四社（「住吉大明神の事」*）の本殿の南 浅沢の末 野中にあるが、諸人はよく知っていて、月参 信心する者が多い。この神に立願すると、商人・職人は節季毎の売り掛けは滞らず、損銀なしと言い伝える。

大殺日【だいさつにち】〔重宝記永代鏡〕に大殺日は、遠くへ行ってはならない日である。正・四・七・十月は、酉の日。二・五・八・十一月は、巳の日。三・六・九・十二月は、丑の日。「十死日《じっしび》」ニ同ジ

第三句【だいさんく】連俳用語。連句で脇句*につける第三句。〔俳諧之重宝記すり火うち〕に、細かに付かなくても一句の丈高く、大様にして爽やかに仕立てるが、ひたすら脇につけなければならない。よくよく「て」留めを知ることである。脇に下知の仮名*があれば「て」留めをしないのもよく、「はね（らん留）」字にするのがよい。発句に「哉」とあれば「にて」と留めることとは分別すべきである。脇に名留めがなければ「ませ」「て」「を」「は」にすることがある外、功者の仕様もある。〔筆海重宝記〕には丈高く心をつけ句を転ずる。句の心は発句へ戻らないようにする。春秋の発句なら第三句迄は同季、夏冬の発句なら第三句は雑にする。留まりは「らん」「もなし」とあるが、初心の内は「て」留めがよい。

大散火矢【だいさんひや】「炮摝火矢《ほうろくひや》」ヲ見ル

大姉【たいし】「かいみょう（戒名）」ヲ見ル

太子【たいし】「春宮《とうぐう》」ヲ見ル

胎死【たいし】〈薬方〉〔調宝記・文政八写〕に次がある。①「逆産 胎死 胞衣横産何によらず好」として、六月土用中前 山椒の葉を採り陰干にして、伊勢海苔を薄くたてて用いると妙である。②「胎死 腹中痛」に、鹿角を黒焼きにして酒で用いる。③当帰・川芎・益母草を等分に刻み、一服二匁程に合せ、常のように煎じて用いる。この薬は帯下づくのに用いると産を軽くする。〈胎死を下すに〉〔丸散重宝記〕には「死胎を下す」には、①冬葵子の末（粉）を酒で調えて下す。②熱病を患えて胎児が死んだのを下すには、紅花を酒で煎じて汁を二三合飲むとよい。胞衣《えな》を下すのにもよい。〔増補咒詛調法記大全〕に「腹の内で子が死したる符」がある（図297①）。この符で必ず生れるという。また「子生れず腹の内で子が死したる時呑ます符」（図297②）もある。

図297 胎死
①「腹の内にて子死したる符」（増補咒咀調法記大全）

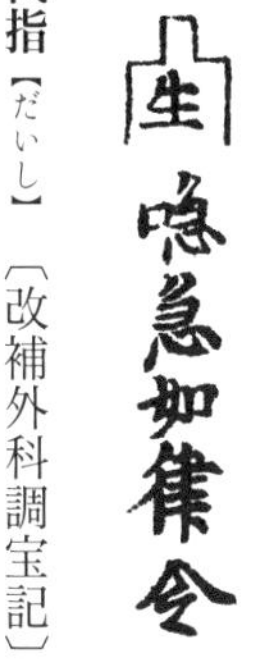

②「子生れず腹の内で子が死したる時呑ます符」〔増補咒咀調法記大全〕

代指【だいし】〔改補外科調宝記〕に代指《だいし》は甲疽《こうそ》ともいい、手足の甲に生じ、爪甲の前を穿ち、毒気が手足の指を攻め、努肉《どにく》を纏い、指の甲に昇り、疼き痛み膿血を出し、瘡の中に虫がおり、或は甲を削り、肌を破り、腫痛をなす。○洗薬の方は、芒硝・烏梅（各五分）を酢に浸して温め、腫れた指をその中に入れると忽ち痛みは止まる。○甲疽 及び一切の腫物努肉には、烏梅を搗いて蜜を加え餅のようにし、銭の厚さ程にして付ける。また硫黄を粉にして薄々と付ける。また豚の油に蚯蚓《みみず》を入れて搗き爛らかして付ける。○薬方に緑礬散*等がある。〔丸散重宝記〕は代指で十の指が代わる代わる腫れ痛むのには、楡《じゅ》の煎じ汁に浸すとよい。

大師犬伏の伝【だいしいぬぶせのでん】〔清書重宝記〕に大師犬伏の伝は、左手の翫びに戌亥子丑寅と五指の五高を切り、大子極楽金剛に帰る、犬が遠くに居るなら、寅丑子亥戌と戻れ、と唱える。

大紫金皮散【だいしきんひさん】〔骨継療治重宝記・下〕に大紫金皮散は、打撲 折傷 内肺 肝損を治す。紫金皮・降真香・補骨脂・無名異（焼き紅にし酒に七度淬ぐ）・川続断・琥珀（別に研す）・牛漆（酒に一宿浸す）・桃仁（皮を去り 炒る）・当帰（洗い焙る）・蒲黄（各一両）、大黄（湿紙に裹み煨る）・朴硝（別に研す）（各一両半）を細末（粉）し、毎服二銭を食前に濃く煎じた蘇木 当帰を酒で調えて服する。

大師講【だいしこう】〔年中重宝記・四〕に、十一月二十四日は大師《だいし》講とある。叡山 三井寺 愛宕で、天台の智者大師の忌日を勤める。赤小豆粥を焚く。

大七気湯【だいしちきとう】〔医道重宝記〕に大七気湯は、積聚*が気に従って上へ升り、心《むね》腹 痛み、小腹《ほがみ》腹 脹るのを治す。三稜・莪朮・青皮・陳皮・香付子・藿香・桔梗・肉桂・益智（各等分）、甘草（少）に生姜を入れて煎ずる。この方は未だ虚せざる者の積聚を治す。脾胃弱く 気血衰える者には用いない。「指迷七気湯」ともいう。〔医道療治重宝記〕には「四七湯、一名 大七気湯」とし、七情節ならず、臓腑不平、心腹脹満するのを治す。また七情*が気鬱 結集して痰涎が咽喉にあり、吐いても呑んでも動かず、或は中脘肥満、上気喘急するのを治す。半夏（五匁）、茯苓（四匁）、厚朴（三匁）、紫蘇（二匁）に生姜を入れ、煎服する。症状により加減、補薬がある。

代赭石【たいしゃせき】〔薬種重宝記・上〕に唐石、「代赭石 たいしやせき／はにいし。焼いて錯に浸す事三度す。或は水飛す」。

大守【たいしゅ】〔男重宝記・一〕に大守は我が国の大名相当の、唐における名目。

大樹【たいじゅ】武家名目。〔武家重宝記・一〕に大樹は、将軍*の異名とある。

退腫膏【たいしゅこう】〔骨継療治重宝記・下〕に退腫膏は、頭脳の傷損、或は跌き破り、又は刀斧 杖 棒等で傷《やぶ》るものを治す。芙蓉葉・地薄荷・耳草葉・沢蘭葉・金桐葉・赤牛膝・大黄（別に研り粉にする）（各等分）をすり爛らし傷部につけ、真中に孔を留め、気を出し、沢蘭葉を用い、一日に一度薬を代え、茶で傷部が浮腫すれば小青葉を搗いて付ける。後に、尻池葉・地薄荷を搗いて付ける。後に痛みが止まなければ葛葉・毛藤葉・楓葉尾を擂り付けて痛みを止める。

大潤腸丸【だいじゅんちょうがん】〔丸散重宝記〕に大潤腸丸は、脾胃にふく火があり、大便閉じ、或は乾燥して閉塞し、全く不食 及び風結、血閉に、共によい。桃仁・麻仁（各一匁）、当帰・大黄・羌活（各五匁）を蜜で丸ずる。

大暑【たいしょ】二十四節*の一。〔重宝記永代鏡〕に六月中、昼五十八刻余夜四十一刻余。大暑とは老陽迫り、暑気の甚だしいことからいう。腐草が化して蛍と為る、土潤 溽星（あぶらでり）、大雨 時に行う。

〈耕作〉〔新撰農家重宝記・初編〕に新暦七月二十三日。大根 ほうれん草を蒔いてよい。綿・胡麻のを止めてよい。煙草の葉を掻き始めてよい。柿の渋を採ってよい。

大抒【だいじょ】〈経絡要穴 肩背部〉〔医道重宝記〕に二穴。大抒《だいじょ》は背の第一椎の下左右へ二寸ずつ陥《くぼ》んだ所にある。頭痛、項《うなじ》強ばり、背骨が痛み、目眩い、喉痺、咳嗽、傷寒、汗が出ない等を治す。針の刺は三分。灸は禁穴、急症には五壮。〔鍼灸日用重宝記・三〕には二穴、背の第一椎の下両方へ背骨を去ること各一寸五分か二寸ずつ開いてとる。正しく座する。大抒より下十七穴 白環迄は寸法同じ。ともに足の太陽 膀胱の穴である。普通は禁灸とするが、膝が痛み伸びないもの、傷寒で汗の出ないもの、腰背が痛み胸中が鬱し、鬱熱甚だしく止まず、頭風 目眩 癲疾等を治す。〈灸穴要歌〉〔永代調法記宝庫・三〕に「うなじ痛み 起き伏しならず 頸痛み捻じ向かれずは 大抒なるべし」。

大衝【たいしょう】 太衝とも書く。〈経絡要穴 腿脚部〉〔鍼灸重宝記綱目〕には二穴。大衝《たいしょう》は足の大指の側ら本節の後ろ二寸にある。針三分。灸三壮。心痛、小便渋り、腰より小腹《ほがみ》に引き痛み、婦人漏下《こしけ》等を治す。〔斎民外科調宝記〕に太衝は足の大指の外側、陥んだ中に動脈があり、病が重い時はこの脈で死生を決する。衰えない時は生き、婦人はこの脈を窺うのを主とする。

大鐘【だいしょう】〈経絡要穴 腿脚部〉二穴。大鐘は内踝の後ろ跟骨の上廉《かど》、跟と踝との中央に点をする。灸三壮。針二分、留むること七呼。嘔吐 喘息 淋病 舌強ばり 膈噎《かくいつ》（＝胃 食道の癌）を治す。〔鍼灸重宝記綱目〕

大乗院【だいじょういん】〔男重宝記・一〕に大乗院は、一乗院と共に南都の両門という。法諱、信雅。摂家門跡。知行、九百十石。法相宗を兼ねる。

大嘗会【だいじょうえ】〔男重宝記・一〕に大嘗会は、即位*のことを日本の神々へ告げられることをいう。即位が七月より内なら大嘗会は年内にあり、七月より以後なら翌年にある。

大聖歓喜天【だいしょうかんぎてん】 大坂願所。大聖歓喜天を祈るには、禁忌斎戒のことが多い。よく信を凝らして敬うと、冥遍に応じ、諸願を満て七福を生ずる。岩屋宝山寺、山崎観音寺、近くは南田辺村法楽寺、天下茶屋村正円寺、その外 生玉、天王寺、東小橋より天満、北野、長柄、浜の寺、三番、浦江等、歓喜天巡りは六ケ所と二十一ケ所がある。地名や寺号は『大坂寺社順拝記』に載せている。〔願懸重宝記・初〕

大将棊【だいしょうぎ】〔男重宝記・三〕に、大《だい》将棊は竪横各十五目、駒数は両陣で百三十枚。指し様は分らない。「大《おお》将棊」と区別する。

大承気湯【だいじょうきとう】〔医道療治重宝記〕に大承気湯は、胃実して譫《たわ》語《ごと》し 五六日大便せず 腹満し 煩渇し 舌乾き口燥き 日暮に発熱し 脈の沈実なのを治す。大黄（七匁半）、厚朴・枳実（各十匁）、芒硝（半合）。まず厚朴・枳実を煎じて粕を去り、大黄を入れて再び煎じ、芒硝を入れ、更に一二沸煎じて服し、利するのを限度とする外、諸症により加減、補薬の方もある。

大将軍【だいしょうぐん】 八将神*の一。〈暦〉〔永代調法記宝庫・五〕に大将軍の本地は他家自在天、歳星は金曜星（太白）の精とあり、この方角に死人を送らず、造作 移徙 釜塗等万の事に忌むが、遊行日がある。一方角に三年ずつ いる故、三年塞《さんねんふさがり》の方という。亥 子 丑の年は酉（西）。寅 卯 辰の年は子（北）。巳 午 未の年は卯（東）。申 酉 戌の年は午（南）の方角である。〈遊行日〉〔和漢年暦調法記〕には三年塞の大将軍は、春三月は甲《きのえ》子の日から五日の間は東の方にあって己《つちのと》巳の日に本宮に帰る。夏三月は丙《ひのえ》子の日から五日の間は南の方にあって庚《かのえ》巳の日に本宮に帰る。秋三月は庚《かのえ》子の日から五日の間は西の方にあって乙《きのと》巳の日に本宮に帰る。冬三月は壬《みずのえ》子の日から五日の間は北の方にあって丁《ひのと》巳の日に本宮に帰る。四季土用、戊《つちのえ》子の日から五日の間は中央にあって癸《みずのと》巳の日に本宮に帰る。

この遊行日より五日の間はその方は塞がりである。この遊行日の間は、本宮の方で修造をなすのに障りはない。

大将軍の社【だいしょうぐんのやしろ】　京名所。大将軍*の社は大徳寺*の前にある。〔東街道中重宝記・七ざい所巡道しるべ〕

大相国清盛末葉【だいしょうこくきよもりばつよう】　諸氏名字。白河院御子を養う。平家北条執権末葉。小松 池 門脇 八条 阿多見 北条 江間 名越 陸奥 駿河 伊具 相模 江間 桜田 阿曾 備前 赤橋 塩田 甘名宇 周防 遠江 苅田 常盤 佐介 越後 武蔵 金沢 大仏《おさらぎ》ら二十八名字が出ている。〔筆海重宝記〕

太政大臣【だいじょうだいじん】〔万民調宝記〕に、三公（太政大臣と左・右大臣。また左・右・内大臣）の内で、上《かみ》である。三十九代天智帝（六六八〜六七一）の時に初めて太政大臣を置く。〔男重宝記・一〕は令外の官で、職掌はない。太政大臣は、天子*の師範として、一天下の要となる役である。

太上亭院【だいじょうていいん】「院の事」ヲ見ル

たいじょうにち【たいじょうにち】　片言。「誕生日《たんじやうにち》を、たいじやう日《にち》」という。〔世話重宝記・三〕

大乗の数【だいじょうのすう】〔算学調法塵劫記〕に、今の万々を億*とし、万々億を兆*とし、万々兆を京《けい》*とするのは秦の時に改めたもので、これを「大乗《たいじょう》の数」という。「小乗の数」参照

大小の月【だいしょうのつき】〔童女重宝記〕に「大小の月の事」として次がある。周天度三百六十五度余を日は一昼夜に一度行き、月は十三度余を行く。それゆえ日が二十七日に二十七度行く時、月は天度を一周するが、日が又二日に二度行く時、月は日に届く。この二十九日余で日月が会し、これを晦《つごもり》とする。このように日月ともに一昼夜の行度に定まりがあるけれども、季節によって日の行に盈縮《みちちぢみ》があって平行ではなく、月の行にも遅疾《おそいはやい》があって平行ではなく、共に加減して朔日を定める。故に、三十日で会するのを大と定め、二十九日で会するのを小と定める。「うるうづき（閏月）」参照

大将の六具【たいしょうのろくぐ】　六具*の一。〔武家重宝記・四〕に大将の六具は鎧、太刀、采幣《さいはい》、鞭《むち》、囲《かこい》、扇をいう。また母羅《ほろ》、旛《はた》、韘《ゆがけ》、団《うちわ》、扇、策《むち》をいう。

大小便秘結【だいしょうべんひけつ】〔医道重宝記〕に「小便閉」は、寒熱が膀胱に宿り 気閉じて通じないものである。「大便閉」は、風寒 湿気が腸胃の間に塞がり滞り 気渋り 大便秘結するものである。二症ともに或は諸虚 失血等品々あり、誤って治してはならない。脈は小便閉は浮眩で濇、大便閉は多くは沈 伏である。薬は小便閉に八正散*、大便閉に潤燥湯*がある。〔丸散重宝記〕は大小便共に結し腹脹り悶えるのには、軽粉（一分）を生胡麻油（一合）に和して服する。〔調宝記・文政八写〕に「大小便閉薬」は、○明礬の粉を糊で丸じ、臍の中に入れ紙で蓋をして置く。○滑石の粉を糊で臍の下一寸に貼る。○蒼葉（黒焼 三匁）、葛粉（一匁）を粉にして酒で用いる。「小便閉薬」は、○菅を煎じ腰湯をする。○田螺の肉を擦り臍に貼る。○沈香（四匁）、甘草（二匁）を煎じて用いる。○枇杷の葉を煎じて用いる。○文蛤貝のよく曝れたのを粉にして陰茎の口に入れる。○女は紙につけて貼る。〔家伝調方記〕に大小便が通じない時は、接骨木《にわとこ》の葉を煎じて用いる。〔小児療治調法記〕に○初生児が大小便通ぜず腹脹り死にそうなのには急に婦人に熱湯で口を漱がせ、大小便道、臍の下、両手の内真中、両足の裏真中の七ヶ所を吸うて吐き、また口濯いで吐き、紅赤の色を吸い出す迄三五度もすると暫くして自ずから通ずる。○生れてから大便不通には、葱の尖《さき》を肛門に入る程入れ、次に牛黄散*で硃砂丸*を送るとよい。○小便が赤く渋るには大連翹飲*（湯）甘露飲を、大便秘結し内煩 外熱するには小柴胡湯*に加減する。

〈**大小便堪える法**〉〔文政新刻俗家重宝集〕に大小便を堪える妙法は、蜜柑の種を上々の古酒に漬けて置き陰干にして、その時一粒を飲むと即効があ

る。腹の減った時に呑むのがよい。張った時呑むと必ず空く。〔鍼灸重宝記綱目〕は大便不通に、大腸俞 神闕に灸、小便不通には関元 石門 中極に針する。〈呪い〉〔増補咒咀調法記大全〕に「大小便通ぜざる符」がある（図298）。「小便の事」「大便の諸症」参照

図298 「大小便通ぜざる符」（増補咒咀調法記大全）

大織冠【たいしょかん】〔年中重宝記・五〕に、十月十六日は大織冠の御忌日ゆえ 十日より十六日迄 南都 興福寺*で唯摩会がある。大織冠は藤原鎌足（推古二十二～天智八、六一四～六六九）。

大鍼（針）【だいしん】〔鍼灸日用重宝記・一〕に、大鍼（針）は長さ四寸。大気関節を刺す。「鍼（針）の事」参照

大臣【だいじん】〔万物絵本大全調法記・上〕に「人物 公 こう／く／きみ。大臣 だいじん也」。〈大臣家〉〔世界万宝調法記・上〕に「大臣家、三条・中院《なかのいん》・西《にし》三条、已上三家」。

大秦艽湯【だいじんきょうとう】〔医道重宝記〕に大秦艽湯は、中風で手足叶わず 舌強ばり 言語の叶わないのを治す。この薬を用いて血を養う時は、筋は自ら栄える。秦艽・羌活・独活・防風・白芷・白朮・石膏・黄芩・芍薬・生地黄・熟地黄（各二匁）、茯苓（一匁）、川芎・細莘・甘草（各五分）を煎じる。天曇り 雨が降る時は、生姜を入れて煎じる。一方に、当帰*を加える。他に六経（人体をめぐる経脈）の症を現わさず、ただ血弱く筋を養うことのできないのを治す。血を養い 気を通ずる。〔医道療治重宝記〕には諸症により加減の法がある。

代針膏【だいしんこう】 和蘭陀流膏薬の方。*〔改補外科調宝記〕に代針膏は、瘡癰の膿が熟して潰えないのによい。乳香（二分）、白丁香（細く直なもの）・巴豆（殻を去り炒り焦がす）・碱（各五分）を末（粉）し、熱水で調え、瘡の頭に塗る。常に碱水で潤し、乾かさない。

大豆【だいず】〔万物絵本大全調法記・下〕に「菽 しゆく／まめ。大豆 だいづ 也。秋」。〈薬性〉〔医道重宝記〕に大豆《まめ》は温で毒なく、気を下し、内を寛《ゆる》くし、腫れを消し、大便を通ずる。多食すると気を塞ぎ、痰を生ずる。〔永代調法記宝庫・四〕に大豆《まめ》は煮て腎を補い、産後に多食すると目眩いする。〈種蒔〉〔農家調宝記・初編〕に大豆《まめ》 小豆 刀豆《なたまめ》の種は、八十八夜前後に蒔く。「からなっとう（唐納豆）」「だいずおうけん（大豆黄巻）」参照

胎水【たいすい】「懐妊／懐胎の事」ヲ見ル

大椎を定める法【だいずいをさだめるほう】〔医道重宝記〕に大椎《だいずい》は、肩と同じ通りの大骨節、或は頭を振り動かして動かない骨を大椎という。大椎を定める法は、項《うなじ》の髪際《かみぎわ》から押し尋ねて項骨《こうこつ》の三推といい、大椎より上に小椎三ツがあるもの ないもの、また一ツ二ツあるもの ないものがあるので、よく考え合せて定める。小椎は頸について動く。背骨二十一椎の第一椎上の穴である。〈経絡要穴 肩背部〉〔鍼灸重宝記綱目〕に一穴。大椎は背の一の椎の上陥《くぼみ》の中にある。針五分、留めること三呼、瀉五吸。灸三十壮から五十壮。肺脹、嘔吐、五労七傷力なく、温瘧、肩背引き攣り、頭首強ばり振り返られず、目眩い、胸痞え等、多くの症状に針をして治す。

大数【たいすう】〔改算重宝記〕に「大数の名」として、一・十・百・千・万の上に次がある。億*兆*京《けい》*垓《がい》*秄《ちょ》［秭《し》］*穣《じょう》*溝《こう》*澗《かん》*正《せい》*載《さい》*極《ごく》*恒河沙《ごうがしゃ》*阿僧《あそう》祇《ぎ》*那由他《なゆた》*不可思議《ふかしぎ》*無量《むりょう》*大数《たいすう》*。万万無量を大数という。十大数、百大数、千大数。数を唱えるのに「小乗の数」*と「大乗の数」*と二様がある。「小数の単位」参照

大豆黄巻【だいずおうけん】〔薬種重宝記・上〕に和穀、「大豆黄巻 だいづわうけん／まめのもやし。黒豆を水に浸し一日一夜にして、藁苞に入れ芽

を生ずる時干して皮と芽を去り、豆を炒り刻み用ゆ」る。

鯛鮨【たいずし】〔料理調法集・鮨之部〕に鯛鮨は、鯛を三枚に卸し、塩二升と水一升を合せ、二升に煎じ詰め よく冷まし、鯛を漬け押しを掛け、二三日置く。次に玄米一升を飯に炊き、糀一升を合せ、鯛を擦れ合わないように漬ける。冬は十五日、夏は七日でよい。但し、塩引く類にはよく塩を出してから漬ける。〔ちやうほう記〕には、鯛を一夜塩にして翌日よく洗い 水気を去り、飯を和らかに炊き、水で洗い、食い塩にして、飯一通り鯛一通りを桶に漬け、押しを懸けて上へ水が漏れた時がよい。

大豆豉【だいずし】「からなっとう（唐納豆）」ヲ見ル

大頭腫【だいずしゅ】〔改補外科調宝記〕に大頭腫は、頭・顔が痛み大きく腫れ、甚だしいのは咽が塞がり死ぬ。冬、暖かな後に多くこの症を病む。傷寒にして寒熱、身痛む。脈が浮で表症ならば 清心湯*又は荊防敗毒散*を、脈が沈ならば羗黄湯*を用いる。

大豆飯【だいずめし】〔料理調法集・飯之部〕に大豆飯は、大豆*を煎って 熱湯に漬けて置き、和らかくなったのを皮を去り米に交ぜて炊く。

大青膏【だいせいこう】〔小児療治調法記〕に大青膏は、小児の傷風*吐瀉*で、心《むね》の温なのが忽ち涼《さ》め 忽ち熱するのを治す。天麻・青黛（各一匁）、白付子（一匁半）、烏蛇肉（酒に浸し焙り乾す）・蝎尾・硃砂・天竺黄・麝香（各一字）を末（粉）にし、生蜜《しょうみつ》に和《ま》ぜ膏となし、毎服 半分の皂《さいかちのみ》子の大きさ、或は一皂子の大きさ、生後一月内の児には粳米の大きさ、牛黄膏*と同じく薄荷湯で化《とろか》して一緒に用いる。五歳以上の児には 甘露飲（一名、玉露散*）と同じように飲ます。

大成湯【たいせいとう】〔改補外科調宝記〕に大成湯は、高所より落ちて昏沈し 醒めず、二便通じないのに用いる。陳皮・当帰・蘇木・木通・紅花・厚朴・甘草（各一匁）、枳殻・朴硝（各二匁）、大黄（三匁）を煎じ、蜜を加えて熱い時に用いる。

大赫【たいせき】〈経絡要穴 心腹部〉二穴。大赫《たいせき》は直に気穴の下一寸。灸三壮 又は五壮をする。虚労精少なく、陰経《へのこ》（陰茎）の痛むのを治す。〔鍼灸日用重宝記・二〕

大雪【たいせつ】二十四節*の一。〔重宝記永代鏡〕に大雪は、十一月節の頃雪が益々降ることから言い、中を冬至という。昼四十刻半 夜五十九刻半。鶡鴠《かったん》（寒苦鳥＝雪山の鳥）鳴かず、茘挺《おおにら》が出る。〈耕作〉〔新撰農家重宝記・初編〕に、新暦では十二月七日。この月に入る頃、独活 三ツ葉のごみ（込みヵ）を欠き、果物に雪除けをする。梔子を取る。七日頃 慈姑 蓮を掘る。松 桐を伐ってよい。十五日前から大根を抜き始める。落葉を掻き 薪を伐り、一月の用意をする。

大膳職【だいぜんしき】〔万民調宝記〕に大膳職は宮内省*に属し、諸国より奉る雑物、御膳諸食物等の司である。太夫一人、長官がいる。

台膳の据え様【だいぜんのすえよう】〔麗玉百人一首吾妻錦〕に台膳の据え様は、左手を向こうの穴より押し入れ、手の平で台を載せ、右手で台の縁を持ち下に置き、まず左手を抜き、両手で台を置く。右手で前褄を取り、後《あと》へ少し退き、膝を立てて立つ。

だいせんの丸【だいせんのまろ】片言。〔男重宝記・五〕に「だいせんの丸《まろ》は、団扇《だんせん》の丸《まろ》」という。〔世話重宝記・三〕に「団扇《だんせん》を、だいせんの丸」という。

体堕【たいだ】〔骨継療治重宝記・上〕は『霊枢』を引き、身傷《やぶ》れ血の出ることが多く、却って風寒に中り 墜堕する所があるようで肢が懈惰《ゆるま》り 収まらないのを、名づけて体堕《たいだ》という。小腹、臍下、三結交（関元の穴）を取る。陽明は太陰である。臍下三寸は関元である。

橙【だいだい】〈薬性〉〔永代調法記宝庫・四〕に橙子《だいだい》は、寸白《すばく》（＝サナダ虫等の寄生虫病）や胃の風によく食を消す。多食は禁物である。『重訂本草綱目啓蒙・二十六』に「橙 クネンボ。香橙。（中略）本邦にて古より橙を

ダイダイと訓ずれども、ダイダイは皮に臭気ありて味苦く食用に堪ず。その形はクネンボより大にして皮肌細くしてその蔕二重なる故、俗にダイダイと云。また冬熟して黄色に変じ、春にいたれば緑色に回り、幾年もかくの如く年を経て落ちず。形大になる故ダイダイと名づくと云。因て漢名回青橙云」などとある。「九年母《くねんぼ》」参照

大々将棊【だいだいしょうぎ】〔男重宝記・三〕に大々将棊は、竪横各十七目、駒数は両陣で百九十二枚。指し様は分らない。

大誕の賀【だいたんのが】八十に満つる時、大誕の賀という。「年賀の事」ヲ見ル

大胆者【だいたんもの】勇《ゆう》勝れ、胆《きも》太い者をいう。〔世話重宝記・三〕に『霊枢・論勇篇』に「勇士は肝《きも》太く、胆《きも》満つ」より出た字という。また孫思邈の語に「心は小《すこしき》ならんことを欲し、胆《きも》は大《おほい》ならんことを欲す」ともいう。また臓の肝 胆は勇を掌り物に怒り易い。勇気の勝れた者は大胆なことが知られている。

大杼【たいちょ】「だいじょ（大杼）」ヲ見ル

大腸の事【だいちょうのこと】〔鍼灸重宝記綱目〕に大腸は重さ二斤十二両、長さ二丈一尺、広さ四寸、径一寸。臍の下一寸、水分の辺に当り、右へ廻り畳んで重なること十六曲り。五穀を盛ること一斗、水七升半。上《かみ》の口は小腸の下《しも》の口近く、水穀の糟粕はここから大腸へ入り、伝導の官で食物を変化し、広腸 直腸を経て肛門から大便を出す（図299）。

図299 「大腸の事」
（鍼灸重宝記綱目）

〈切り疵〉〔改補外科調宝記〕に大腸を切った時は、疵の口から大便が出る。疵の浅い時は常のように療治するが、深手で胴に血が落ち入った時は血を思う程出して、疵を縫い 頭疵と同じ付薬をする。疵の廻りには花の油、蚯蚓の油をつける。腸を包む皮が疵口へ出る時は冷えない前に入れる。もし遅くて冷えた時は酒を温めて洗い後を縫う。

大腸兪【だいちょうのゆ】〈経絡要穴 肩背部〉二穴。大腸兪《だいちょうのゆ》は第十六椎の下左右へ各一寸五分ずつ開く処にある。灸は一日に三壮。針は三分、留むること六呼。中燥 背強ばり、腰 腹痛み、腹鳴り、多食し身痩せ、大小便固く、腹下り痢病等を治す。〔鍼灸重宝記綱目〕

太一紫金錠【たいつしきんじょう】「万金丹《まんきんたん》」ニ同ジ

田一反に付年中入用【たいったんにつきねんじゅういりよう】〔田畑重宝記・下〕に「田一反に付年中行事仕付入用大積りの事」として次がある。○種子米に直し ＝米四升。○苗場打ち起し人足 ＝一升。○苗代入用 ＝三升。○苗場肥し ＝二升。○春田起し人足 ＝四升。○春田打返し人足 ＝三升。○田植代馬 ＝四升。○田植早乙女 ＝四升。○田地肥し ＝一斗五升。○田草二三度取り ＝六升。○稲苅場 運人足 稲扱 米摺 ＝一斗五升。○縄俵 入用 ＝三升。合せて六斗四升。国々により過不足もあるが、大概である。

たいつめ【たいつめ】片言。「たいつめは、誰奴《たいっ》」である。〔不断重宝記大全〕

鯛田夫【たいでんぶ】「鯛《たい》が香《か》」ヲ見ル

大都【たいと】〈経絡要穴 腿脚〉二穴。足の大指の本節の前、赤白肉の堺に点をする。即ち、大指を屈めて折目の頭にある。針三分。灸三壮。熱病に汗出ず、眠らず、身重く、骨痛み、傷寒、手足冷え、胸・腹満ち、嘔吐、悶乱、目眩い、小児の怯え等を治す。〔鍼灸重宝記綱目〕

胎動【たいどう】「懐妊／懐胎の事」ヲ見ル

胎動出血【たいどうしゅっけつ】〔丸散重宝記〕に妊婦が驚き、胎動して血の出

るのには、黄連の末（粉）（一戔）を温酒で下す。

大同小異文字【だいどうしょういもじ】〔改正数量字尽重宝記〕に「大同小異文字」がある（図300）。

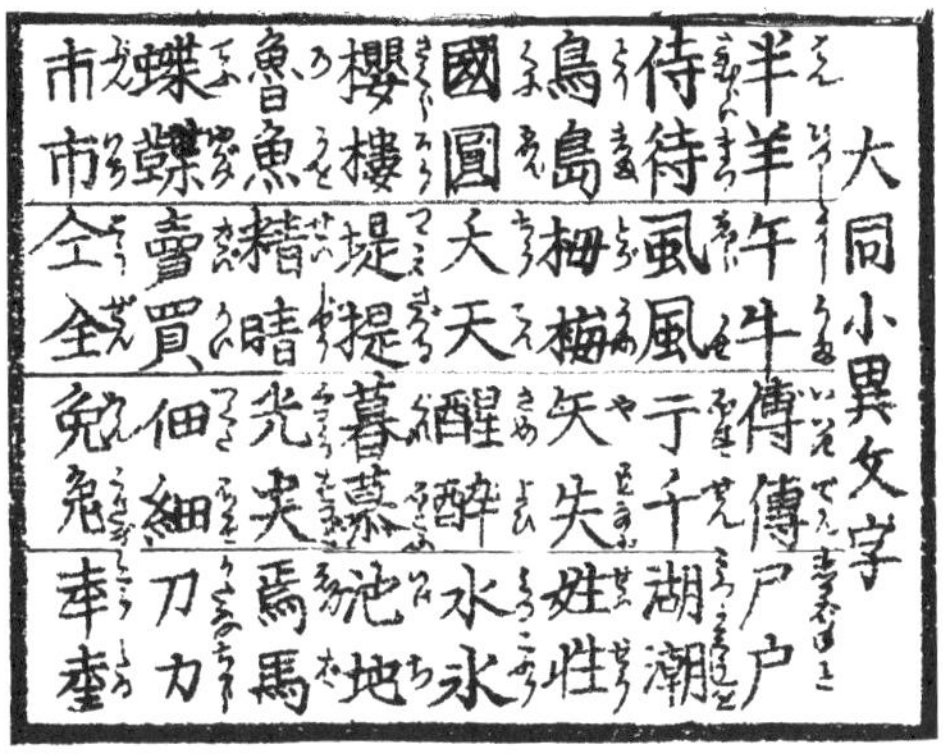

図300　「大同小異文字」（改正数量字尽重宝記）

胎毒【たいどく】〔改補外科調宝記〕に胎毒は、小児の頭に生ずる瘡をいう。生艾《もぐさ》・白芷・大腹皮を粉にし、葱の煎じ湯で瘡を洗い清め 拭い乾かし、生藍の葉に蜜を入れて搗き膏薬のようにして薬を入れ、付ける。紅餅瘡ともいう。

大徳寺【だいとくじ】　京名所。〔東街道中重宝記・七ざい所巡道しるべ〕に、禅宗の大寺で境内は甚だ広く、塔頭が数多くある。真珠庵には一休和尚の像がある。〔年中重宝記〕に、七月七日は大徳寺虫払い。十二月二十二日は大徳寺開山忌。

大徳寺煮豆腐【だいとくじにどうふ】〔料理調法集・煮物之部〕に大徳寺煮豆腐は、豆腐をよい程に切り形して、酒と白水*でよく煮て、懸け汁か海苔餡を懸けて出す。大徳寺豆腐ともいう。

大徳日【だいとくにち】「りとくにち（利徳日）」ヲ見ル

大敦【だいとん】〈経絡要穴 腿脚部〉二穴。大敦《だいとん》は足の大指の外側、爪の生え際を一分去る処にある。針三分。灸三壮。五淋、七疝、陰茎痛み、頓死、婦人の血崩を治す。〔鍼灸重宝記綱目〕

大鈍【だいとん】　唐人世話詞。〔男重宝記・五〕に「あほうといふ事を、大《たい》鈍《とん》」という。

胎内の子【たいないのこ】「懐妊／懐胎の事」ヲ見ル

大納言【だいなごん】〔万民調宝記〕に大納言は人臣の重職で、大臣に登る人はこれに任ずる。〔男重宝記・一〕に大臣に代って万事を執り行う役である。

大二小三の事【だいにしょうさんのこと】〔秘密妙知伝重宝記〕に「大二小三」というのは次のことである。前の月が大の月なら、二日に月が見える。前の月が小の月なら、三日に月が見える。

大日膏【だいにちこう】〔洛中洛外売薬重宝記・上〕に大日膏は、江戸本町二丁目玉井弥右衛門にある。一貝一匁。第一に癰疔、総じて腫れ物によい。

大日真言【だいにちしんごん】　真言陀羅尼*の一。〔新撰呪咀調法記大全〕に「胎蔵界」は「唵阿尾羅吽欠《おんあびらうんけん》」と唱える。「金剛界」は「唵嚩日羅駄都《おんばざらだど》鑁《ばん》」と唱える。

大日如来【だいにちにょらい】〔永代必用両面重宝記・寛延四〕に大日如来は、未申《ひつじさる》年生れの守り本尊で、御縁日は八日、真言は「唵阿尾羅吽欠娑婆訶」、卦は坤皆断。坤*は陰の卦で陽にしたがう。陰の徳が盛んであり、主親兄弟等万事人にしたがうとよい。驕る心があると悪い。親類か下人に卯（東）の方に口舌があるが信心があるとよい。

大弐三位の詞【だいにのさんみのことば】〔御家宝訓女大学〕に大弐三位は後一条院之御乳母で、源氏物語を書いた紫式部の娘である。その詞に世の人のよく忘れる物は、第一に我が身。第二に色好み。第三に忠孝の道。第

四に病。第五に貧しかった時のこと。第六に嬉しがった時のこと。第七に物の我に従わなかった時のこと。第八に万の情心《じょうこころ》。第九は後生の道。第十は我が年寄ったこと。この詞は安らかに聞こえ 聖の教えにも叶うので代々伝えて称美される。女の嗜むべきことである。「百人一首歌」に大弐三位の歌、「有馬山ゐなのさゝはら風吹けば いでそよ人をわすれやはする」（後拾遺集・恋二）がある。

大日本国【だいにほんこく】〔諸人重宝記・一〕に、両部神道*で天照皇大神の御本地は大日如来で、我が日の本を大日本国と名づけるのは、即ち大日の本国のためとある。「日本国」モ見ル

胎熱【たいねつ】〔小児療治調法記〕に小児が胎中で熱を受け、生れ落ちて身熱し 顔赤く 眼を閉じ、口中の気熱し、焦がれ泣き、燥渇する時の治薬は、甘草（一匁）、黒豆（二匁）、淡竹葉（五枚）を刻んで一剤にし、灯心（七根）を入れて水で煎じて度々少しずつ呑ませるとよい。また、乳母に多く呑ませるとよい。

退熱散【たいねつさん】〔骨継療治重宝記・下〕に退熱散は、斫磕《しゃくかい》（打ち敲き切る）打傷を治す。但し、大指と中指とは命を傷《やぶ》る。他指は妨げなし。山《さん》布《ふ》瓜《か》根（多く）・景天草・沢蘭葉・地薄荷・魚桐根皮を擣き爛らして冷やし、傷部を縛る。大いに身の熱《ほとり》の寒熱を退ける。

鯛練味噌【たいねりみそ】〔料理調法集・調製味噌之部〕に鯛練り味噌は、鯛を崩し身にし、上酒でふわふわと炭火でよく煮、擂鉢で擂り練り、漉し味噌を程よく合せ、堅くなるようにゆるゆると練り詰める。

鯛の潮煮【たいのうしおに】〔世界万宝調法記・下〕に鯛の潮煮は、鯛を身も骨も常のように切り、古酒をひたひたに入れ、火を細くして煮る。酒の匂いがなくなる時、その上へ水を入れ、塩ばかりで仕立てる。鱸の汁には醤油を少し加える。

台の手綱【だいのたづな】「手綱の事」〈手綱執り様〉ヲ見ル

台物【だいのもの】〔料理調法集・諸祝儀床飾并ニ献立〕に「台物 柏 押トクサ 口広錫」の覚書きに、床に飾り置く引き渡しは 昆布五切れ、勝栗五ツ、長熨斗五本。どれも離して糊でつけず 銘々角に柏葉を改め敷きにして置く。即ち、三々九度御祝いの肴である。具足 鏡餅の上に海老類は用いず、裏白の表を上に向けて敷く。裏を見せないという心である。御料理にも海老は禁ずる。柏は朴柏を用いる。柏の台の物は押玄白木である。

対屋【たいのや】〔男重宝記・一〕に対屋《たいのや》は、禁中*の女中の部屋をいう。

大白【たいはく】〈経絡要穴 腿脚部〉二穴。大白は足の大指の外側本節の後ろ下、円い骨の下 白肉と赤肉との堺めに点をする。針三分。灸三壮。腹脹り、食化せず、泄瀉、嘔吐、腰痛み、腹一しきり一しきり痛むのを治す。〔鍼灸重宝記綱目〕

大白【たいはく】〔絹布重宝記〕に次がある。大白《たいはく》と真白《まじろ》は二銘一品で、御召地、極上品の絹の惣名である。元来は唐糸の大白で織った名である。三四十年以来、和産の糸は格別で、舶来の糸にも勝る故、日本糸ばかりで織るが、名は故実を留めている。白張《しらはり》（御下召地のこなし〔扱〕）、練《ねり》卸《おろし》張（下帯地等のこなし）、素練《すねり》（染下地）は皆白羽二重の地入のこなしである。この外、三分練、五分練、伏毛《けぶせ》*、吹かし、ナヤシ等絹の使い方により差別がある。全て白絹生け物類は青み張と白張《しらはり》と二品がある。絹に青みを着けると手数が入り、持ち古しになっても古びは見えない。青みを着けた絹は本紅《ほんもみ》 桃色 朱鷺色等に染めるのは悪く、反対に紋付表地類は態々青みを練物屋で着ける。羽二重だけは皆白張で青みは着けない。羽二重の糸性は元来白くて汚れがなく真に大白なためである。常巾は呉服尺で一尺巾、五分巾は（同）一尺五分巾、直理は（同）一尺一寸巾である。この直理羽二重は 御召御時服地、御白無《しためし》垢地である。御召に五分巾は用いることもあるが、常巾は時服には用いない。十疋箱

入献上物は皆この直理《なおり》羽二重であり（五分巾、常巾は箱に入れない）、本紅も献上物は直理紅に限る（箱入に仕立てる）。

太白星【たいはくせい】〔万物絵本大全調法記・上〕に「太白 たいはく／あかほし。明星也。金星、日に先にして出れば、則ち啓明と云」。〔農家調宝記・初編〕に太白星は、浜方等で飛騰《とびあがり》といい、日に先立つて昇るのをいう。晨に日に先立って見えるのを啓明といい、昏《くれ》に日に後れて見えるのを長庚という。共に一星である。俗に暁の明星、宵の明星といい、元は一ツ太白星で、暁に飛騰を見る頃は夕べ西に見えず、宵の明星があれば飛騰は見えない。

大馬歯膏【だいばしこう】〔改補外科調宝記〕に大馬歯膏は、風癬《たむし》*の薬。馬歯《ばし》《すべり》草《そう》《ひゆ》（洗い乾かし五匁）、軽粉（一匁）を粉にして胡麻油で練り、紙に広げて付ける。

大半【たいはん】 明異名訣*。三分の二を大半とする。〔古今増補算法重宝記改正・上〕

大判事【だいはんじ】〔万民調宝記〕に大判事は刑部省*に属し、一人。罪科の軽重悪を記し、諸の争い、訴えの事を判断する。

台盤所【だいばんどころ】 禁中*の御台所をいう。〔男重宝記・一〕

大般若経【だいはんにゃきょう】〔万買物調方記〕に「（京ニテ）植字の大般若経」は、昔時 烏丸の経師屋数家で経営した。「（京ニテ）新板の大般若経」六百巻は、寺町五条上ル 藤屋中野小左衛門、同町 同惣左衛門にある。

大風【たいふう】「癩病《らいびょう》」ヲ見ル

大風子【だいふうし】〔薬種重宝記・上〕に唐木、「大風子 かったいぐすり。殻を去り、刻み、炒る」。

大福院【だいふくいん】 大坂願所。白髪町観音堂 大福院で毎年四月八日、潅仏の甘茶を諸人に施すのを請け帰って手足に塗って置くと、冬に凍風（霜焼）に痛むことはない。毎年この日を記憶していて手足に塗るとよい。〔願懸重宝記・初〕

大福茶【だいふくちゃ】〔料理調法集・年中嘉祝之飾〕に大福茶は、公卿に五斗土器を置き、梅干を盛って奉る。その後から大福の茶を調進する。茶通の役である。

大腹皮【だいふくひ】〔薬種重宝記・上〕に唐果、「大腹皮（だい）ふくひ。火を忌む、内の皮《あらかは》を去り、黒豆の汁にて洗ひ、汁を絞り去り、刻み、干す」。〈薬性〉〔医道重宝記〕に大腹皮は辛く微温、一切の気を下し、水腫、悶脹を消し、胃を開き、中を調える。水に浸してよく洗い、内の堅い皮、外の黒い皮を去り、毛ばかりを黒豆の煮汁でよく洗い、又酒で洗い刻み用いる。

鯛鰒擬【たいふぐもどき】〔料理調法集・汁之部〕に鯛鰒擬《たいふぐもどき》は、中味噌にどぶ*を差し、鯛を入れ、干し鰒の皮を入れる。

大不成就日【だいふじょうじゅにち】「不成就日」ヲ見ル

大歩／小歩【だいぶ／しょうぶ】「けんち（検地）」ヲ見ル

大仏殿【だいぶつでん】 京名所。〔東街道中重宝記・七ざい所巡道しるべ〕に次がある。尊像 御長十間 座壇共。御面相 三間。後光 高さ十八間、横九間。御堂 南北四十五間半、東西五十八間。棟 高二十五間。二王門 南北十五間半、東西六間余。二王 御長二丈八尺二寸。回廊 東西九十一間南北百二十三間半。釣鐘 高さ一丈四尺、口の渡り九尺二寸、厚さ九寸。大仏殿の後ろは妙法院御門跡。方広寺という。

大仏餅【だいぶつもち】 京都 方広寺前で 同寺の大仏に因んで 大仏餅と称した名物の餅。風味がよく、三都にも売り店が現れた。〈売り店〉〔万買物調方記〕に「京ニテ大仏餅屋」五条橋通寺町西へ入町、大仏正面筋角、柳馬場六角ノ角。「江戸ニテ大仏餅屋」芝ノ三田町 靍や。「大坂ニテ大仏餅、粽」天満難波橋筋。〔江戸町中喰物重法記〕には「大仏餅 浅草並木町 両国屋清左衛門」、「（江都名物）根元大ぶつもち 芝神明前町両国屋清左衛

門」がある。

太平弓【たいへいきゅう】 八張弓*の一。〔武家重宝記・二〕に太平弓は式の籐《と》の弓である。この籐に応じないものは略の籐である。式とは鏑籐《かぶらと》*、矢《や》摺籐《すりと》、鏑扣籐《かぶらたたきと》などである。鏑籐は上下にあり、これを違い籐とも、戻り籐とも言う。矢摺 鏑の上下には匂い籐を使う。四足弓に三十六の籐、二十八の籐があるのも、皆式の籐の外の数である。式の籐を入れては数えない。何弓でもこの籐を使うので式の籐という。籐は使うと言い、巻くとは言わない（図301）。

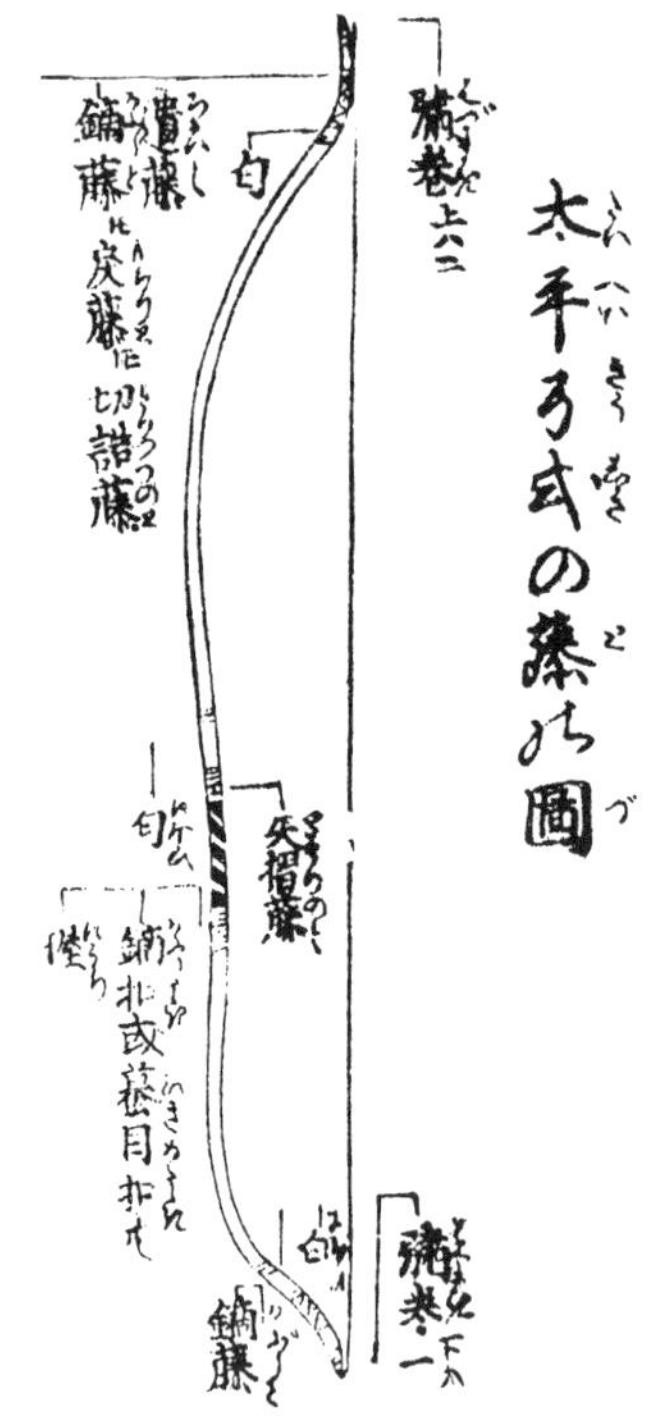

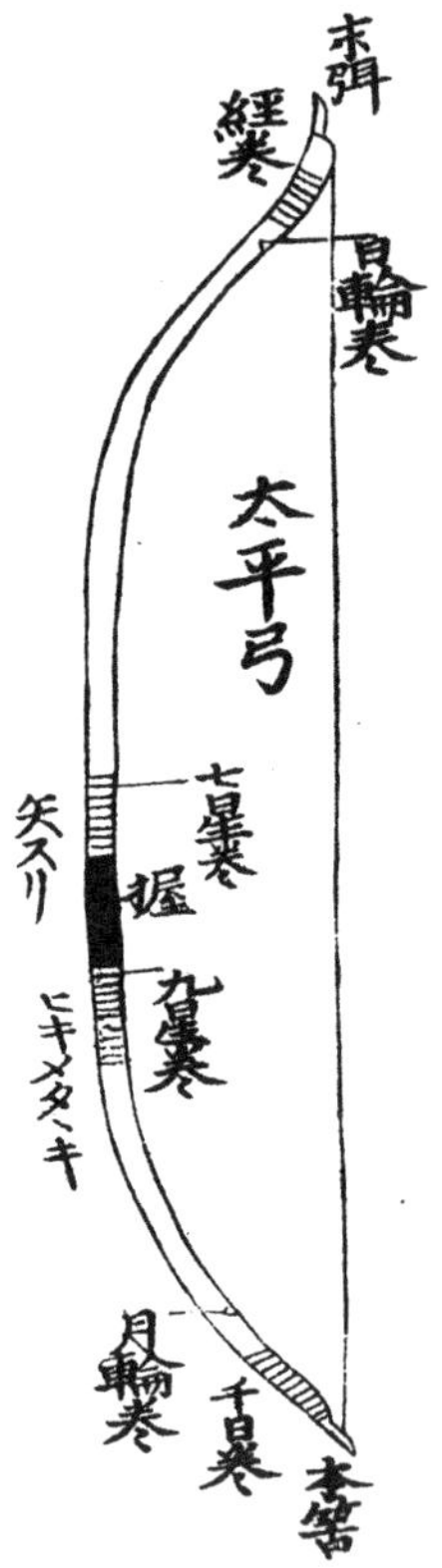

図301 太平弓 ①（武家重宝記） ②（弓馬重宝記）

太平膏【たいへいこう】〔改補外科調宝記〕に太平膏は、瘰癧*の膏薬。片脳（一匁）、軽粉（水銀粉）・乳香・没薬（各一匁）、麝香を粉にし、胡麻油（十両）、葱（七根）を鍋に入れて煎じ、葱の色が黄になる時葱を去り、黄丹（五両）を入れ、柳の篦で手を止めず掻き回して煎じ膏となる時、前の粉を入れて練り合せる。

大便の諸症【だいべんのしょしょう】〈大便閉〉〔医道重宝記〕に「大便閉」は、風寒 湿気が腸胃の間に塞り滞り、気が渋り秘結することで、諸虚 失血するものである。脈は多くは沈 伏である。薬は潤燥湯*を用いる。大腸の血が少なく燥いて不通のものを治す。元気 或は虚弱のものには用いない。大便結し実熱には大黄・牽牛子を、血虚し燥くのには当帰・麻仁・桃仁を、気を導くには枳殻・梹榔子を、虚には黄芪・陳皮・人参・枳殻を加える。〔家内重宝記・元禄二〕に大便結には牽牛子を半分は煎り、半分は生で末（粉）して服する。大黄を等分に加えたのもよい。牽牛子と皂莢子を末（粉）して丸じ服するのも甚だ妙である。〔万用重宝記〕には刈安《かりやす》*を煎じ出し、その湯で腰を温める。〔里俗節用重宝記・下〕に秘結は通る穴が腫れて乾き不通であり、穴へ蜜導（潤し導くこと）を用い、塩をした鯖の目玉に大黄の粉に梅の肉を押し交ぜて塗り、尻の穴へ蜜を塗り、目玉を入れて置くとやがて下るか通ずる。〔調宝記・文政八写〕は、○青苦葉《あおきば》（黒焼三匁）、葛粉（一匁）を酒で用いる。○牽牛子・大黄・桃仁を粉にし、赤飴を伸べて長く丸じ、肛門に差し込む。○大小便の閉薬として、明礬の粉を糊で丸じ臍の中に入れ、紙で蓋をして置く。○滑石の粉を糊で臍の下一寸に貼って置くのもよい。

〈大便止〉〔諸民秘伝重宝記〕は大便の下りるのを止める伝として、石榴（丸のままの黒焼き）・渋柿（色付いたのを黒焼き）（各等分）に合せ粉にして白湯で呑む。〔日用調法人家必用〕は「大便を催したのを暫く止める呪」に、途中で急に催し厠を借りる所もない時は柚《ゆず》の種を兼ねて用意して置き、

一粒を鵜呑みにすると暫時の間は通期を忘れる。〈大便諸症薬〉〔小児療治調法記〕は大便の諸症に、十神解毒湯*を加減して用いる。〈大便食物宜禁〉〔家内重宝記・元禄二〕に大便秘結に「宜い物」は粟 蒲公英 滑り莧 薑。「禁物」は芥子 麵類 餅 蕎麦 小豆 蕨 酢 鯛 鮎。

大包【たいほう】〈経絡要穴 心腹部〉二穴。大包は直に脇壺の下六寸、淵腋の下三寸、脇腹の筋骨陥みの間にある。『銅人』を引き、灸三壮、針三分。胸脇痛み、喘息するのを治す。〔鍼灸日用重宝記・二〕

大豊作【だいほうさく】〔重宝記・礒部家写本〕に、享和三年（一八〇三）亥年は大豊年とある。米は金十両につき三十石余（亀山米）とあり、追々下値となる。何によらず作り物大出来、綿 麦 大根 芋 蕎麦、等の諸物。浜も大漁、鰯 鯷《ひしこ》は特に獲れる。伊勢浜で二三万両という。

大鳳髄丹【たいほうずいたん】〔丸散重宝記〕は『宝鑑』を引き、大鳳髄丹は心火壮《さか》り、腎水不足を快くする。淫する時に速やかに感じ、早く精の漏れるのは虚労のためであり、大鳳髄丹を用いる。黄栢（炒 二十匁）、辰砂（十匁）、甘草（五匁）、半夏・猪苓・茯苓・れんずい（蘂）・益智（各二匁五分）を塩糊で丸じる。塩湯で送り下すのもよい。

大防風湯【だいぼうふうとう】〔医道療治重宝記〕に大防風湯は、風を去り、気を順《めぐ》らし、血を活し、筋を壮《さかん》にし、また痢風*を治す。一切の麻痺《しびれ》、萎《な》軟《え》、風湿、虚をさし挟むものに服するとよく、効は神のようである。白朮（一匁半）、熟地黄・防風・当帰・黄芪・芍薬・杜仲（各一匁）、川芎・付子（各七分半）、人参・羌活・牛膝・甘草に生姜と棗を入れて煎ずる。諸症により加減がある。〔改補外科調宝記〕は量目を変えて付骨疽*鶴膝風*にもよい。付子・牛膝（各一匁）、白朮・羌活・人参・防風・川芎（各一匁五分）、黄芪・白芍・杜中・熟地黄・甘草（各五分）を生姜を入れて煎じ用いる。

大宝油【たいほうゆ】〔洛中洛外売薬重宝記・上〕に大宝油は、（住所不記）大生堂にある。火傷、打ち身、切り傷、脱肛、ひび、皸、面皰、一切によい。

大補丸【たいほがん】〔丸散重宝記〕に大補丸は下焦の火を瀉す。陰火盛んにして萎え痺れに、陰虚して足が常に熱するのに、或は湿熱が下焦に入り一身が悉く痛むのによい。黄栢（炒 一斤）を糊で丸ずる。血虚には四物湯*で、気虚には四君子湯*で下す。

玳瑁【たいまい】〔万物絵本大全調法記・上〕に「玳瑁《たいまい》。瑇瑁《たいまい》同。亀の甲に文《もん》あるをいふ」。〔薬種重宝記・上〕に唐介、「瑇瑁 たいまい／をがめ。生なる者を用ゆ。鮫（鮫の皮）に擦りて末（粉）す」る。

大麻風【だいまふう】「癩病《らいびょう》」ヲ見ル

鯛味噌【たいみそ】〔料理調法集・調製味噌之部〕に鯛味噌は、一尺五六寸の鯛一枚、首尾 鱗もそのままで腸持《わたもち》の所を開け砂を取り洗い、味噌一升、古酒二升五合、醬油五合を交ぜ合せ、鍋に入れ、炭火でゆらゆらと鯛の溶けるまで煮る。

帯脈【たいみゃく】〈経絡要穴 心腹部〉二穴。帯脈は直に小章門の下一寸八分にある。陥みの中、足の少陽帯脈に二脈の会。『銅人』を引き、針六分、灸五壮。明堂に灸七壮。腰腹力なく、婦人小腹《ほがみ》痛み、痢病、月水調わず、赤・白帯下を治す。〔鍼灸日用重宝記・二〕

大脈【だいみゃく】八要の脈*の一。〔斎民外科調宝記〕に大脈は、指の下一杯に満ちて大である。熱を主《つかさど》り、病が進む。外邪相侵す。

代脈【だいみゃく】九道の脈*の一。〔医道重宝記〕に代脈は、半ば止んで還らず、また動く（とくとくと打つ）。悪脈で打ち切れする。少壮者は死ぬが、老人には悪くはない。〔昼夜調法記・正徳四〕に代脈は、中頃止み 自ら還る事ができず、やや久しくして正に来るものを言う。臓と気が衰え、下元欠け 腹疼 絏痢を主《つかさど》る。

大みよう【だいみよう】「大赤頭《おおあかがしら》」ヲ見ル

大名御席付【だいみょうおんせきづけ】〔重宝記・幕末頃写〕に「御席付」と

して、宝暦六年（一七五六）春改正、江戸城中での諸大名の席付がある。

◇「大廊下 上之御部屋」○紀伊大納言殿（従二位 紀州和歌山五十五万五千石 市麴丁 法華池上本門寺）。○尾張中納言殿（従三位 尾州名古屋六十一万九千石 市ケ谷 浄土西久保天徳寺）。○水戸宰相殿（従三位 常州水戸三十五万石 小石川御門外 浄土水戸西山常福寺 法花□木久昌寺）。

◇「大廊下 下之御部屋」○松平加賀守（正四位下少将 加州金沢百二万二千七百石 本郷五丁目 大徳寺派下谷広徳寺）。○松平越前守（従四位上少将 越前福井三十万石 常盤橋 浄土深川霊岸寺）。

◇「御黒書院溜之間」○井伊掃部頭（正四位上中将 江州彦根三十五万石 外桜田御門外 禅宗世田谷豪福寺）。○松平讃岐守（少将 讃州高松十二万石 小石川御門内 浄土、江戸に寺なし）。○酒井雅楽頭（侍従 播州姫路十五万石 大手角 禅宗浅草崇福寺）。○松平亀五郎（奥州会津 二十三万石 和田蔵御門内 大徳寺派下谷広徳寺）。○酒井讃岐守（侍従 若州小浜十二万三千石 浜丁禅宗牛込屋鋪内長安寺）。○松平右京太夫（四品 上州高崎七万二千石 大名小路 大徳寺派武州野火留平林寺）。

◇「大広間松之間」○松平陸奥守（従四位下中将 奥州仙台六十二万五千石 芝口 妙心寺派芝東禅寺）。○松平左京大夫（少将 予州西条三万石 百人丁 法花池上本門寺）。○松平中務大輔（少将 濃州高須三万石 四ツ谷 浄土西窪天徳寺）。○藤堂和泉守（少将 勢州阿濃津三十二万三千石 向柳原 天台当時精進院）。○松平筑前守（少将 筑前福岡五十二万石 外桜田 大徳寺派渋谷祥雲寺）。○松平式部大夫（侍従 上州日野一万石 ヤゲン坂 浄土西窪天徳寺）。○松平土佐守（侍従 土州高知二十四万二千石 鍛冶橋内 禅宗貝塚青松寺）。

○有馬中務大輔（侍従 筑後久留米二十二万石 三田 大徳寺派渋谷祥雲寺）。○松平丹後守（侍従 肥前佐賀三十五万石 山下御門内 禅宗麻布賢宗寺）。○松平出羽頭（侍従 雲州松江十八万六千石 赤坂御門 浄土西窪天徳寺）。○松平大学頭（侍従 奥州森山二万石 吹上村 浄土浅草法伝寺 水戸常福寺）。○松平播磨守（侍従 常州府中二万石 伝通院後ろ 浄土水戸常福寺）。○上杉大炊頭（侍従 羽州米沢十五万石 外桜田 真言浅草宝蔵院）。○細川越中守（侍従 肥後熊本五十四万五千石 大名小路 大徳寺派品川東海寺）。○松平伊予守（侍従 備前岡山三十一万五千二百石 大名小路 妙心寺派東禅寺）。○松平安芸守（侍従 芸州広嶋四十二万六千石 外桜田 禅宗貝塚青松寺）。○松平越後守（侍従 作州津山五万石 鍛冶橋御門 浄土西窪天徳寺）。○松平大膳大夫（侍従 長州萩三十六万九千石 日比谷御門 禅宗貝塚青松寺）。

○宗対馬守（侍従 対州府中十万石 格下谷 天台下谷養玉院）。○伊達遠江守（侍従 予州宇和島十万石 龍土 妙心寺派芝東禅寺）。○佐竹右京太夫（侍従 羽州秋田二十万五千石 下谷 禅宗橋場総泉寺）。○松平又三郎（薩州鹿児島七十七万八百石 禅宗高輪大円寺）。○松平勝五郎（因州鳥取三十二万五千石 八代洲河岸 黄檗牛島弘福寺）。○織田兵部大輔（四品 上州小幡二万石 鍛冶橋内 奈良村派駒込高林寺）。○松平出雲守（四品 越中富山十万石 池ノ端 大徳寺派下谷広徳寺）。○松平佐兵衛督（四品 播州明石六万石 半蔵門外 浄土下谷幡髄院）。○松平大和守（四品 上州前橋十五万石 溜池 禅宗下谷泰宗寺）。○立花左近将監（四品 筑後柳川十一万九千六百石 下谷 大徳寺派下谷広徳寺）。○丹波若狭守（四品 奥州二本松十万七百石 永田馬場 禅宗芝泉岳寺）。○松平阿波守（四品 阿州徳島二十五万七千九百石 梶橋 妙心寺派浅草海禅寺）。○松平備後守（四品 加州大聖寺七万石 池ノ端 大徳寺派下谷広徳寺）。

◇「柳の間 四位以上松の間」○南部信濃守（奥州森岡十万石 外桜田 五山派金地院）。○中川脩理太夫（豊後岡七万四千石 芝口 禅宗貝塚青松寺）。○松浦肥前守（肥前平戸六万三千石 鳥越 禅宗石原天祥寺）。○加藤左近将監（予州大州六万石 下谷 妙心寺派浅草海禅寺）。○仙石越前守（但州出石五万八千石 西窪 浄土駒込光源寺 禅宗芝東禅寺）。○京極佐渡守（讃州丸亀六万三千石 アタラシ橋 妙心寺派駒込音光寺）。○伊藤修理大夫（日向飫肥五万千石 外桜田 妙心寺派芝東禅寺）。○溝口出雲守（越後新発田五万石 大名小路 禅宗駒込吉祥寺）。○稲葉右京亮（豊後臼杵五万石 虎の御門外 妙心寺派芝東禅寺）。○藤堂佐渡守（勢州久居五万三千石 柳原 天台本郷真光寺）。○黒田甲斐守（筑前秋月五万石 芝新堀 大徳寺派渋谷祥雲寺）。

○津軽土佐守（奥州弘前四万七千石 本所 天台上野津梁院）。○亀井能登守（石州津和野四万三千石 外桜田 禅宗貝塚青松寺）。○大村弾正少弼（肥前大村二万七千九百石 久保丁 法華二本榎承教寺）。○秋月佐渡守（日向高鍋三万石 麻布百姓丁大徳寺派下谷広徳寺）。○木下大和守（豊後日出二万五千石 愛宕下 禅宗芝泉岳寺）。○嶋津淡路守（日向佐土原二万七千七十石 三田 浄土下谷幡随院）。○相良志磨守（肥後人吉二万二千石 愛宕下 浄土深川霊岸寺）。○六郷兵庫頭（羽州本庄二万石 浅草観音後ろ 禅宗浅草万隆寺）。○森和泉守（播州赤穂二万石 芝神明丁 大徳寺派渋谷祥雲寺）。○堀大和守（信州飯田二万石 呉服橋 時宗浅草日輪寺）。○毛利周防守（豊後佐伯二万石 愛宕下 妙心寺派芝東禅寺）。○太田原出雲守（下野大田原一万四千二十石 麻布 禅宗芝泉岳寺）。

○遠山出羽守（濃州本巣一万二千石 芝新堀 妙心寺派芝東禅寺）。○松前若狭守（奥州松前 無高 下谷寺丁）。○鍋島紀伊守（肥前小城七万四千石 幸丁 禅宗麻布賢宗寺）。○鍋島甲斐守（肥前蓮池五万三千石 龍土 禅宗麻布賢宗寺）。○毛利文之助（長州長府五万石 日がくぼ 禅宗芝泉岳寺）。○九鬼長門守（摂州三田三万六千石 霞が関 禅宗下谷泰宗寺）。○細川若狭守（肥後熊本新田三万五千石 霞が関 大徳寺派品川東海寺妙解院）。○松平摂津守（因州新田三万石 本芝 妙心寺派芝東禅寺）。○毛利山城守（周州徳山三万石 赤坂今井 禅宗貝塚青松寺）。○田村右京（奥州一ノ関三万石 愛宕下 妙心寺派芝東禅寺）。○伊達紀伊守（予州吉田三万石南八丁堀 妙心寺派芝東禅寺）。○堀丹波守（越後村松三万石 下谷広小路 天台上野元光院）。

○細川豊前守（肥後宇土三万石 久保丁 妙心寺派品川東海寺中清光院）。○松平兵部少輔（芸州新田三万石 本田 禅宗貝塚青松寺）。○池田信濃守（備前新田二万五千石 鳥越 妙心寺派芝東禅寺）。○木下宮内少輔（備中薹森二万五千石 市兵衛町 禅宗芝泉岳寺）。○分部隼人正（江州大溝二万石　愛宕下 芝東福寺）。○佐竹壱岐守（羽州新田二万石 鳥越 禅宗総泉寺）。○鍋嶋備前守（肥前鹿島二万石 麻布龍土 禅宗麻布賢宗寺）。○織田山城守（丹波柏原二万石 浅草寺町 大徳寺派下谷広徳寺）。○南部遠江守（奥州八戸二万石 市兵衛町 五山派金池院）。○岩城伊予守（羽州亀田二万石 御台所町 大徳寺派下谷広徳寺）。○関播磨守（備中新見二万石 増上寺海手 黄檗白金瑞聖寺）。○九鬼河内守（丹波綾部二万石 北八丁堀 禅宗浅草心日院）。

○大関伊予守（下野黒羽根一万八千石 下谷広小路 禅宗三田功運寺）。○市橋下総守（江州仁正寺一万八千石 元誓願寺 妙心寺派谷中南泉寺）。○細川玄番頭（常州矢田部一万六千石 誓願寺 禅宗下谷広徳寺）。○京極甲斐守（但州豊岡一万五千石 麴丁 弘福寺法花妙高寺）。○松平兵庫頭（因州新田二万石 鉄砲洲 芝東禅字）。○森対馬守（播州三日月一万五千石 行人坂 池上本門寺）。○池田中務少輔（備前の内新田一万五千石 愛宕下 芝東禅字）。○五嶋淡路守（肥前五島一万二千六百石 六本木 禅宗駒込吉祥寺）。○片桐孫之丞（和州小泉一万千石 愛宕下 京大徳寺中高林庵渋谷祥雲寺）。

○土方備中守（勢州薦野一万二千石 愛宕下 妙心寺派湯嶋麟祥寺）。○伊東若狭守（備中岡田一万三千石 さるかへ丁 妙心寺派駒込高林寺）。○谷出羽守（丹波山家一万石 麻布龍土 禅宗芝泉岳寺）。○前田大和守（上州七日市一万石 半蔵御門外 禅宗駒込吉祥寺）。○青木美濃守（摂州浅田一万石 からけ丁 黄檗白金瑞聖寺）。○加藤出雲守（予州新谷二万石 浅草新堀 妙心寺派 浅草海禅寺）。○松浦大和守（肥前の内新田一万石 本庄石原 妙心寺派麻布光林寺）。○毛利讃岐守（長州清末一万石 白金台 禅宗芝泉岳寺）。○建部丹波守（播州林田一万石 神田明神下 妙心寺派芝東禅寺）。○織田丹後守（和州岩田一万石 飯倉下 芝東禅寺）。

○京極出羽守（讃州多度津一万石 麻布六本木 妙心寺派駒込竜光寺）。○北条美濃守（河州狭山一万石 外桜田 大徳寺派渋谷祥雲寺）。○新庄主計（常州麻布一万石 はま丁　禅宗駒込吉禅寺）。○一柳土佐守（摂州小野一万石 愛宕下 大徳寺派渋谷祥雲寺）。○織田信濃守（和州柳本一万石 芝新堀 渋谷祥雲寺）。○一柳美濃守（予州小松一万石 愛宕下 妙心寺派猿町寿昌寺）。○立花和泉守（筑後三池一万石 湯島天神下 大徳寺派下谷広徳寺）。○上杉駿河守（羽州の内新田一万石 市兵衛

丁 真言浅草宝蔵院）。

◇「御白書院帝鑑之間 御譜代大名同並は（ ）内に▽印」○松平隠岐守（侍従 予州松山十五万石 愛宕下 浄土芝済海寺）。○松平美濃守（四品 和州郡山十五万二百八十八石 幸橋 禅宗市谷月桂寺）。○松平下総守（四品 勢州桑名十万石 わたくら内 妙心寺派谷中天眼寺）。○松平越中守（四品 奥州白川十一万石 北八丁堀 浄土深川霊岸寺）。○小笠原伊予守（四品 豊前小倉十五［万］石 神田橋内 妙心寺派 浅草海禅寺）。○榊原式部大輔（四品 越後高田十五［万］石 神田橋内 浄土深川霊岸寺）。○松平和泉守（羽州山形六万石 大名小路 浄土西窪天徳寺）。○松平遠江守（摂州尼崎四万石 鉄砲洲 浄土深川霊岸寺）。○大久保出羽守（相州小田原十一万三千百二十八石 六本木 天台青山教学院）。○戸田采女正（濃州大垣十万石 呉服橋 禅宗駒込 蓮光院）。○奥平大膳大夫（豊前中津十万石 木挽丁品川 東海寺中清光院）。○真田豊松（信州松代十万二千石 谷丁 禅宗赤坂盛徳寺）。○牧野駿河守（越後長岡七万四千石 浄土芝済海寺）。○内藤備後守（日向延岡七万石 虎の御門 禅宗新堀天覧院）。

○松平主殿頭（下野宇都宮七万石 すき橋 禅宗青山玉窓寺）。○戸沢上総介（羽州新庄六万八千二百石 森本丁 浄土浅草誓願寺）。○相馬弾正少弼（▽奥州中村六万石 外桜田 禅宗駒込宝泉寺）。○小笠原内膳（奥州棚倉六万五千石 外桜田 妙心寺派駒込竜光寺）。○松平丹波守（信州松本七万石 呉服橋 妙心寺派小石川祥雲寺）。○本多下総守（江州膳所六万石 南八丁堀 浄土深川霊岸寺）。○岡部美濃守（泉州岸和田五万三千石 山王 浄土深川霊岸寺）。○松平伊賀守（信州上田五万八千石 正平橋内 浄土西窪天徳寺）。○脇坂中務少輔（▽播州立野五万三千石 芝口 禅宗青山清源寺）。○内藤紀伊守（越後村上五万石 永田馬場 浄土小石川無量院）。○本多美濃守（下総古河五万石 日比谷御門内 浄土浅草誓願寺）。○有馬日向守（越前丸岡五万石 幸橋外 天台上野本覚院）。○秋田主水正（▽奥州三春五万石 愛宕の下 妙心寺派浅草海禅寺）。○松平筑後守（予州今治三万五千石 麴丁 浄土深川霊岸寺）。○松平市正（豊後杵築三万三千石 呉服橋 妙心寺派浅草海禅寺）。○諏訪因播守（信州高崎三万二千石 愛宕下 妙心寺派芝東禅寺）。○松平山城守（羽州上ノ山 三万石 三田新堀 浄土二本榎松光寺）。○加藤佐渡守（江州水口二万五千石 藪小路 東本願寺）。○小笠原飛騨守（越前勝山三万三千石 神田橋外 妙心寺派浅草海禅寺）。○松平主膳正（豊後府内二万二千石 筋違橋内 浄土小石川伝通院）。○植村出羽守（和州高取二万五千石 愛宕下 天台芝如来寺）。○本多豊後守（信州飯山三万五千石 永田馬場 浄土六本木教善院）。○内藤金一郎（三州挙母二万石 半蔵御門外 浄土三田光台院）。○水野日向守（下総結城一万八千石 南部坂 禅宗三田常林寺）。○本多丹後守（勢州神戸一万五千石 西御丸下 浄土深川霊岸寺）。○三宅出羽守（三州田原一万二千石 江戸見坂 禅宗浅草松源寺）。

○土岐頼母（上州沼田三万五千石 西御丸下 大徳寺派東海寺中青留庵）。○松平式部少輔（雲州広瀬三万石 市谷本村 浄土西窪天徳寺）。○保科越前守（上総飯野二万石 芝新堀端 禅宗伊皿子大円寺）。○井伊兵部少輔（越後与板二万石 数寄屋橋 黄檗牛島弘福寺）。○本多弾正少弼（奥州泉一万五千石 浅草 黄檗牛島弘福寺）。○内藤銀一郎（奥州湯長一万石 百姓丁 禅宗新堀天暁院）。○丹羽和泉守（越後高柳一万石 外桜田 禅宗浅草海雲寺）。○松平志摩守（雲州母里一万石 青山宿 浄土西窪天徳寺）。○松平弾正少弼（越後三日市一万石 三味線堀 禅宗市谷月桂寺）。○松平大炊頭（常州宍戸一万石 目白台 妙心寺派芝東禅寺）。○小笠原信濃守（播州安志村一万石 鳶坂下 大徳寺派下谷広徳寺）。○柳沢民部少輔（越後黒川一万石 牛込 禅宗市谷月桂寺）。○松平日向守（越後糸魚川一万石 溜池 浄土西窪天徳寺）。○小笠原備後守（豊前新田一万石 鉄砲洲 妙心寺派浅草海禅寺）。○松平備中守（予州ノ内新田一万石 二本榎 浄土芝済海寺）。○本多大和守（播州宍粟一万石 浜丁 浄土浅草灯明寺）。

◇「雁之間 御詰衆」○稲葉丹後守（四品 山州淀十万三千石 小川丁 黄檗牛島弘福寺）。○土屋能登守（常州土浦九万五千石 小川丁 妙心寺派浅草海禅寺）。○牧野越中守（常州笠間八万石 ひしや御門 禅宗深川要津寺）。○戸田因播守（肥前島原七万八千石 筋違橋 妙心寺派牛込松源寺）。○松平伊豆守（三州吉田七万石 鍛

治橋内 大徳寺派武州野火留平林寺）。○土井大炊頭（肥前唐津七万石 大名小路 浄土浅草誓願寺）。○松平富之助（遠州浜松七万石 一ッ橋外 浄土浅草誓願寺）。○久世出雲守（下総関宿六万三千石 一ッ橋外 法花 丸山本妙寺）。○石川主殿頭（勢州亀山六万石 下谷広小路 法花箕輪大久寺）。○水野織部正（三州岡崎六万石 小川丁 禅宗牛込宝泉寺）。○安藤勝蔵（濃州加納五万石 かきがら丁 大徳寺派麴町晒岸院）。○板倉美濃守（備中松山五万石 外桜田 禅宗駒込吉祥寺）。○間部若狭守（越前鯖江五万石 三田小山 浄土浅草花川戸九品寺）。○青山大膳亮（丹後宮津四万八千石 日比谷御門 浄土青山梅窓院 摂州八田辺安養寺）。○土井岩之助（越前大野四万石 三味線堀 浄土浅草誓願寺）。○永井近江守（摂州高槻三万六千石 数寄屋橋 禅宗品川東海寺中清光院）。○枚野豊前守（丹後田辺 三万五千石 江戸橋向 浄土石川無量院）。○稲垣対馬守（志摩鳥羽三万石 麴丁 禅宗駒込保善寺）。○板倉内膳正（奥州福島三万石 浅草寺丁 禅宗牛込宝泉寺）。○大久保山城守（下野鳥山三万石 浅草寺丁 天台青山教学院）。○松平能登守（濃州岩村三万石 鍛冶橋内 天台上野春性院）。○三浦主計頭（三州西尾 二万三千石 外桜田 浄土浅草誓願寺）。○土井伊予守（三州刈屋二万三千石 赤坂御門内 浄土浅草誓願寺）。○増山対馬守（勢州長嶋二万三千石 外桜田 天台上野観善院）。○松平備前守（上総小田喜二万石 駿河台 大徳寺派武州野火留平林寺）。○石川若狭守（上州館三万石 れいなん坂 法花箕輪大久寺）。○阿部山城守（上総佐貫一万六千石 外桜田 天台浅草東光院）。○牧野内膳正（信州小諸一万五千石 水道橋 浄土下谷幡随院）。○堀田出羽守（江州宮川一万三千石 一番丁 天台浅草金蔵寺宗日輪寺）。○小堀和泉守（江州八宝一万六百三十石 常盤橋 大徳寺派下谷広徳寺）。

◇「雁之間 御縁側」○戸田大炊頭（下野足利一万千石 小川丁 妙心寺派牛込松源寺）。○遠藤備前守（江州三上一万石 神田橋外 東本願寺派長□寺）。

◇「芙蓉之間 御奏者番の内寺社奉行は（ ）内に▽印」○阿部飛驒守（武州忍十万石 増上寺切通 浄土浅草西福寺）。○阿部伊予守（備後福山十万石 山下御門 浄土浅草西福寺）。○井上河内守（▽奥州岩城六万石 数寄屋橋 法花丸山浄心寺）。○松平周防守（石州浜田五万四百石 虎御門内 浄土西窪天徳寺）。○太田摂津守（遠州掛川五万三千七石 外桜田 法花谷中本行寺）。○松平紀伊守（丹波亀山五万石 一ッ橋外 浄土芝済海寺）。○金森兵部少輔（濃州郡上三万八千八百石 将監橋 大徳寺派渋谷景徳寺）。○内藤大和守（信州高遠三万三千石 小川丁 浄土内藤宿間大宗寺）。○永井伊賀守（武州岩付三万二千石 外桜田禅宗功運寺）。○朽木土佐守（丹波福知山三万二千石 虎御門 禅宗芝泉岳寺）。○鳥居伊賀守（▽下野壬生三万石 半蔵門外 禅宗駒込江岸寺）。○黒田大和守（上総久留里二万石 下谷広小路 禅宗武州中山能仁寺）。○酒井下野守（上州伊勢崎三万石 愛宕下 禅宗浅草崇福寺）。○井上遠江守（常州下妻一万石 雉子橋外 法花丸山浄心寺）。○本多長門守（▽遠州相良一万石、筋違橋 大徳寺派近江浄心寺）。○森川兵部少輔（上総生実一万石 日がくぼ 禅宗西窪忠岸院）。○堀長門守（信州須坂一万石 はま丁 大徳寺派赤坂種徳寺）。○青山因幡守（丹波笹山五万石 鍛冶橋内 大徳寺派東海寺中玄性院）。

◇「菊之間 交代寄合代々此の席」○最上左京（五千石 本所石原）。○水野肥前守（房州北条二万五千石 外桜田 浄土小石川伝通院）。○久留嶋信濃守（豊後森一万二千五百石 芝元札辻 黄檗白金瑞聖寺）。○酒井飛驒守（越前敦賀一万石 愛宕下 禅宗貝塚青松寺）。○山口修理亮（常州卯宿一万石 溜池 妙心寺派平尾曹渓寺）。○有馬備後守（勢州西条一万石 幸橋内 大徳寺派渋谷祥雲寺）。○加納大和守（勢州八田一万石 外桜田 法花四谷戒行寺）。○堀田若狭守（江州堅田一万石 広尾 大徳寺渋谷祥雲寺）。○大岡越前守（上総内一万石 外桜田）。

◇「菊之間 御縁側」○安部丹波守（武州岡部二万二百五十石 永田馬場 大徳寺派渋谷景徳院）。○板倉摂津守（備中庭瀬二万七千石 池ノ端 禅宗牛込玉泉寺）。○松平縫殿助（三州奥殿一万六千石 龍土 大徳寺派渋谷祥雲寺中景徳院）。○内藤美濃守（信州岩村田一万五千石 神田明神下 浄土小石川無量院）。○渡辺越中守（泉州泊田一万三千七百石 永田丁 浄土深川霊岸寺）。○稲垣周防守（江州山上一万三千石 市兵衛丁 禅宗牛込宝泉寺上州天増寺）。○大久保吉之丞（駿州松永一

万六千石 一番丁 天台青山教学院）。○米津越中守（武州久岐一万千石 虎の御門内 禅宗武州前法村米津寺）。○米倉丹後守（武州金沢一万二千石 牛込御門内 禅宗渋谷長谷寺）。○松平豊前守（下総多古一万二千石 鳶坂 禅宗下谷白泉寺）。○酒井大和守（房州加知山一万二千石下谷 禅宗貝塚青松寺）。○京極備後守（丹後峯山一万千石 木挽丁 浄土深川霊岸寺）。○井上山城守（下総高岡一万石下谷広小路 法花丸山浄心寺）。○松平安房守（駿州小島一万石 鳶坂 浄土下谷坂本英信寺）。○永井信濃守（和州新庄一万石 麴丁 禅宗三田功運寺古河永井寺）。○柳生備前守（和州柳生一万石 木挽丁 大徳寺派下谷広徳寺）。○本庄和泉守（濃州高分一万石小川丁 天台下谷養玉院）。○内田主殿頭（下総小見川一万石 ひがくほ 浄土浅草龍宝寺）。○堀大膳亮（越後椎谷一万石 諏訪町 妙心寺派駒込養浄寺）。○高木主水（河内丹南一万石 虎の御門内 浄土麴町栖岸院）。

◇「柳之間（交代寄合内 帝鑑之間は（ ）内に▽印）」○本堂大蔵（八千石 愛宕下）。○菅沼織部正（七千石 新大橋）。○生駒主殿（八千石 下谷御徒丁）。○山名中務（七千石 本所四ツ目）。○松平三次（六千石 愛宕下）。○松平主水（五千石 高輪の台）。○山崎兵部（五千石 麻布一本松）。○平野主水（五千石 愛宕下）。○戸川内膳（五千石 麻布永坂）。○竹中主膳（五千石 愛宕下）。○木下大蔵（五千石 木挽丁築地）。○溝口弾正（五千石 小川丁）。○朽木監物（四千百石 江戸見坂）。○近藤縫殿助（五千石 下谷坂下）。○五島修理（三千石 鉄砲洲）。○金森左京（三千石 魚籃下）。○伊東主殿（三千石 築地門跡前）。○榊原越中守（八千石 鉄砲洲）。○那須与一（千石本所二ツ目）。

◇「御老中方 無席」○堀田相模守（侍従 下総佐倉十万石 西御丸下 天台浅草金蔵寺）。○酒井左衛門尉（侍従 羽州庄内十四万石 神田橋内 浄土増上寺清光院。○本多伯耆守（侍従 駿州田中四万石 龍の口 東本願寺中徳本寺廟下屋鋪）。○松平右近将監（侍従 上州館林五万五千石 西御丸下 法華谷中善性寺）。○西尾隠岐守（侍従 遠州横須賀三万五千石 龍口 禅宗四谷勝光寺）。○秋元但馬守（侍従 武州川越六万石 神田橋内 天台上野護国院）。○板倉佐渡守（上州安中二万石 西御丸下 大徳寺派下谷広徳寺）。○小出信濃守（丹波園部二万八千石 西御丸下 大徳寺派下谷広徳寺）。○松平宮内少輔（上州上山二万石 呉服橋の内 黄檗牛島弘福寺）。○大岡出雲守（上総勝浦一万四千石 常盤橋の内）。○酒井石見守（羽州松山二万石大□角 浄土牛込宝性寺）。○戸田淡路守（濃州新田一万石 西御丸下 妙心寺派三田常林寺）。

「御間付」◇「殿上の間御上段（七賢九老 狩野右近孝信）」御摂家方 親王方。◇「殿上の間御下段」公家衆 御門跡方。◇「殿上の間御下段御次」同家来 地下之者。◇「大広間松の間（松鶴 雪柳鳥 探幽）」国持大名表四品以上。◇「大廊下上の御部屋（雪柳鳥 狩野采女）御三家方 日光御門跡 増上寺方丈（大増上 以前ハ下の御部屋）。◇「大廊下下の御部屋」御三家御賢息 松平加賀守 松平越前守 伝通院。◇「御黒書院溜の間（唐山水西湖 探幽）」溜詰京都諸司代。◇「御黒書院溜の間御次」大御留守居 大坂御城代。◇「竹の間（海北友雪）」御両殿。◇「雁の間（蘆鴈 狩野利右衛門 吹雪松鳥 同一性）」高家衆 詰衆。◇「雁の間縁側」大坂御定番。◇「御白書院帝鑑間（永真）」御譜代大名同並榊原中。◇「柳の間（大廊下同断 狩野采女）」表大名四品以上は松の間 嘉定御祝儀の節三千石以上の寄合◇「柳の間御次」御側衆 御留守居 大番頭の嫡子 法印 法眼 医師。◇「柳の間西の御縁側居」この節波の間脇右席江参らるる様に御目付申し達しの由。◇「柳の間縁側」職惣検校。

◇「雁之間 高家衆」○堀川兵部大輔（五百石 永田馬場 従四位上少将）。○前田信濃守（千石 本郷御弓丁 従四位少将）。○織田対馬守（二千七百石 本所柳原御弓丁 従四位下侍従）。○由良播磨守（千石 茗荷谷 従四位下侍従）。○畠山紀伊守（五千石 麻布市之丁 従四位下侍従）。○畠山飛驒守（三千石 木挽丁 従四位下侍従）。○長沢壱岐守（千四百石 本郷御茶水 従五位下侍従）。○前田伊豆守（千五百石 本郷御弓丁 従五位下侍従）。○前田出羽守（千四百石 本郷御茶水 従五位下侍従）。○横瀬駿河守（千石 本誓願寺前 従五位下侍従）。○戸田遠江守

（二千石 小川丁 従五位下侍従）。◇「菊の間（籬に菊 狩野弥左衛門）」詰衆嫡子 大御番頭 御書院番頭 御小姓組番頭。◇「南の方御襖際」御使番 御書院番組頭 御小性組与頭。◇「南の方敷居の外」御旗奉行 百人組の頭 御鎗奉行 御持弓御持筒頭 定火消。◇「南の方縁側」詰衆並詰衆嫡子 駿府御城代。◇「芙蓉の間（狩野二渓）」御奏者番 寺社奉行 伏見奉行 御留守居 大目付 町奉行 御勘定奉行 御作事奉行 御普請奉行 甲州勤番頭 長崎奉行 京都町奉行 大坂町奉行 駿府御城番 禁裏付 院付 堺奉行 奈良奉行 山田奉行 日光奉行 駿府町奉行 佐渡奉行 浦賀奉行。◇「山吹の間（狩野采女）」中奥御小性 中奥御番。◇「羽目の間」独礼医師。◇「中の間（狩野采女）」小普請奉行 西丸御留守居 小普請組支配 新御番頭 御留守居番 伊奈半左衛門 御勘定吟味役。◇「桔梗の間」御老中登城の節御目付出座 新御番組頭 御番医師 御女中様付の御用人もこの席へ出る。◇「躑躅の間（長谷川等徹）」御弓御鉄砲頭 右衛門督殿 御物頭 西丸御裏門番の頭 御徒頭 小十人頭 御舟手 大坂御舟手。◇「躑躅の間 東御襖際」中川御番 御鉄砲方 大御番組頭 美濃御郡代。◇「躑躅の間 敷居の外」道奉行 屋鋪改。◇「紅葉の間（檜紅葉 狩野宗仙）」御小姓組。◇「虎之間」御書院番。◇「土圭の間」新御番。◇「檜の間（水鳥 水車 遠里法橋）」小十人組。◇「焼火の間（探幽弟子）」二丸御留居 御納戸頭 御腰物奉行 御鷹匠頭 御裏門番の頭 西丸御切手番の頭 御広鋪番の頭 右衛門督殿 御徒頭 小十人頭 御納戸組頭 御鉄砲玉薬奉行 御鉄砲御単筒奉行 御弓矢鎗奉行 御天守番の頭 冨士見御宝蔵番の頭 御具足奉行 御幕奉行 御書物奉行（諏訪部文右衛門・同文九郎）御腰物方 御納戸方 御馬方 御勘定組頭 御代官 御切米手改 御蔵奉行組頭 御蔵奉行 御金奉行 御細工頭 御材木石奉行 小普請方 浜御殿奉行 吹上御花畑奉行 小石川御薬園奉行 御畳奉行 漆奉行 林奉行（藪田助右衛門）御勘定 御鳥見組頭 馬医 御作事吟味薬。◇「御納戸前廊下」八王子千人頭 御大工頭 小普請方改役 中井主水 御作事方下奉行 御鳥見 御舟上乗 御馬方（斉藤三右衛門）右衛門督殿 御馬方（小田所左衛門）後藤 本阿弥 狩野 幸阿弥。◇「御台所前廊下」御徒目付組頭 火の番組頭 小細工奉行 御貝太鼓役人 黒鍬の者頭 御掃除者頭 御犬牽頭 御定所番 伊阿弥 畳屋修理 御翠簾屋。◇「御台所下の方」御中間頭 御小人頭 御駕籠者頭 伝奏屋鋪番。◇「御玄関（獅子ニ牡丹 狩野右近孝信）」御徒組頭 御徒。◇「無席」御老中 若年寄 御側衆 御目付。

大名衆遣い言葉【だいみょうしゅうつかいことば】 大名衆に遣う言葉の抄録。御成《おなり》* 御申* 勤息* 御機嫌窺う 在江《ざいえ》* 在国・在府* 参勤* 逝去* 着府* 登城《とうじょう》* 日勤* 入国・入府* 不例《ふれい》* 発駕《はつが》* 等の語について解説があり、下に居る者は御の字をつけるのがよい。〔重宝記・一〕

大明日【だいみょうにち】 暦下段。〔重宝記永代鏡〕に大明日に次の解説がある。『礼記』に曰くとし、「大明東に生ず、月は西に生ず。此の陰陽の分夫婦の位也」。この義を取って大明日と言う。但し、大明とは日輪のことである。陰陽和合の大吉日で、造作、移徙《わたまし》、出行、衣服を裁ち、嫁娶によい。例え、滅日* 没日* 往亡日* 天火日* 狼藉日* 地火日* 等の悪日に当っても、大明日にあえば少しも恐れることはない。甲《きのえ》寅・辰・午・申の日。乙《きのと》巳・未・酉の日。丙《ひのえ》辰・午の日。丁《ひのと》丑・卯・未・亥の日。戊《つちのえ》辰の日。己《つちのと》丑・巳・未・酉の日。庚《かのえ》辰・午・申・戌の日。辛《かのと》未・酉・亥の日。壬《みずのえ》辰・午・申・酉の日。癸《みずのと》丑・巳・辰・酉・亥の日。〔童女重宝記〕には甲申・辰。乙未・巳。丙午・辰。丁丑・亥。己卯・酉・未。庚戌・申。辛未・亥・酉。壬申・午・辰・寅。癸酉。この二十一日をあげ、異説があるがそれは用いてはならないとある。

大名の江戸の寺【だいみょうのえどのてら】 「大名御席付」ヲ見ル。「石高」モ付載

大名の事【だいみょうのこと】 武家名目。〔男重宝記・一〕に大名は、大人《たいじん》の

名を尊び呼んだものと言い、唐で大守州牧《しゅうぼく》或は諸侯というのは諸大名というようなものである。古く、禁中より国《くにつかさ》々に置いたものを国司、頼朝が六十六ケ国の惣追捕使となり国々に守護を置いてから、国司は衰え守護大名ばかりになった。〔武家重宝記・一〕に大名は、唐では諸侯という。日本の上代には国造《こくぞう》、後に改めて国守《くにつかさ》国司ともいう。〔人倫重宝記・一〕は大名に品々出所があり、将軍一家の者（親藩）、代々将軍家に付属する者（譜代）、一旦の軍功によって大国を領知する者（外様）、将軍家の取り立てで大名となり城主となる者等、様々ある。いずれも姓は源平藤橘を離れず、名氏は先祖より伝来してつけ、多くは在名である。諸大名は幕下の御在城江戸に妻子を置き、一年間は我が国へ勤息といい帰り、翌年は又参勤といい江戸に行く。

大明膏【だいみんこう】〔洛中洛外売薬重宝記・上〕に大明膏は、小野田三郎兵へにある。取り次は、京都では大宮松原下ル丁いづつや左兵へ、御池室町東へ入木や市兵へ等五軒、大坂では嶋の内長堀橋南へ入象牙屋伝兵へ、内平野丁御祓筋丁字や甚介等三軒がある。根太横根下疳瘰疽癰疔によい。

代物高直【だいもつこうじき】女詞遣。「あたゐ（値）むつかしきといふを、代物高直（だいもつこうぢき）といふは聞にくし」〔女重宝記・一〕

大物は削り取り【だいもつははつりとり】〔世話重宝記・三〕に『日記故事』に出るとして次がある。大きな玉石を小さい器物にするには少しずつ切磋し、急にすると砕けてしまう。一切の事は効を積んで成就し、俄にはならない。唐の李白が学文に倦んで家に帰る道中に媼が鉄の杵を石で磨ぐのを見て、何にするのかと問うた答えに、鍼《はり》にするという。李白は感じて、引き返して再び学問し、遂に博学の名を得た。これは学問の大物を削り取りにする故事である。

大門【だいもん】高野山名所。大門《だいもん》は、高野山の西の入口である。額は古筆。二王の御丈は一丈五尺、湛慶作。ここから矢立《やたて》の茶店まで五十丁は下り坂で、見るべき所が多い。大門から二丁下って下馬。十三間下って咲松《えみまつ》。二丁下って七本松。四丁下って関屋、この辺に影桜《かげざくら》がある。五間程下《くだり》に鳴神岩、不動岩がある。一丁下って護摩壇。一丁下って鳴子川。二丁下って鏡石。六丁下って御筆石。五丁下って広庭。三丁下って七色木。一丁半下って猿渡。五丁下って角石《かどいし》。八丁下って押上石《おしあげいし》。半丁程下って捻石。一丁下って袈裟掛石。〔東街道中重宝記・七ざい所巡道しるべ〕

大文字【だいもんじ】「しょうりょうのおくりび（聖霊の送火）」ヲ見ル

大射干湯【だいやかんとう】〔改補外科調宝記〕に大射干湯は、胃口癰*で瘀血の下し薬である。射干・山梔子・赤茯苓・升麻（各一匁）、赤芍薬（一匁五分）、白朮（五分）を水で煎じ、蜜少しと地黄の汁を入れて用いる。

太邑元宝【たいゆうげんぽう】銭の事*銭占。〔万用重宝記〕に「太邑元宝《だいゆうげんぽう》」の銭を持つと、怪我あやまちがない。鋳湊い銭か参考文献に見出せない。シナの大有元年は九二八年（図302）。

図302「太邑元宝」（万用重宝記）

大癰【だいよう】癰*の一種。〔改補外科調宝記〕に大癰は、頸の廻りに出る癰で、あまり高くなく、巾広（濶広）になり、紫色で頭に銹のような物があり、底はしたたるく痒い。

大洋洲【たいようしゅう】「（おうすたりー）澳太利」ニ同ジ

大陽日【たいようにち】生れ日吉凶。〔大増補万代重宝記〕に大陽日《たいようにち》は、朔日・七日・十三日・十九日・二十五日。この日に生れる人は繁盛し、知行財宝に縁があり、物の頭になって人を多く引き回し威勢がある。諸

芸*を習っても成就せず、また若年の内に父母に離れて孤児となることがある。よく信心するとよい。

太陽病【たいようびょう】〔鍼灸日用重宝記・二〕に仲景が云うとして次がある。太陽の病（頭頂が強く痛み悪寒のする病）は、初め桂枝湯*を服する。反って煩い解しないものには、風池風府に針をする。

大養保童円【だいようほうどうえん】〔洛中洛外売薬重宝記・上〕に大養保童円は、六条的場室町西へ入丁 永楽堂にある。第一に大人 小児の気つけ、毒消しによい。

太陽暦【たいようれき】〔開化調宝記〕に太陽暦は、明治五年十二月三日を明治六年一月一日と定める。皇祖 神武天皇紀元より二千五百三十三年に当り、西洋一千八百七十三年である。〔日要調宝記〕に、地球は三百六十五日五時四十八分五十秒で日輪（太陽）を一周する。これが一年である。一年は三百六十五日、閏年は三百六十六日。大の月（一・三・五・八・十・十二月）は三十一日、小の月（二〔平年は二十八日 閏年は二十九日〕・四・六・九・十一月）は三十日、閏年は中三年を置き四年目毎に一日あり、二月に限る。

平【たいら】 十二直*の一。暦中段。〔童女重宝記〕に平《たいら》は、天上会曹万物平分する日等とある。〔重宝記永代鏡〕に平《たいら》の日は、天帝が諸々の官人を召し集めて人間に万の物を平らに分け与えられるので平らと名付ける。婚礼、移徙、道を作り、壁塗りに吉日。溝を掘り、種蒔き等に忌む。

平 中村へ水戸よりの道【たいら なかむらへみとよりのみち】〔家内重宝記・元禄二〕に「水戸より平 中村の道筋」として、次がある。水戸―枝川―沢―石上―大橋―森山―孫―助川―沖津―愛宕―荒川―足洗―神岡―関田―渡田―新田―舟尾―湯本―平である。水戸より平まで二十三里、平より三春へ十一里、平より棚倉へ十一里とある。平―四谷―久浜―広野―木戸―富岡―熊川―高野宿―小田―鹿嶋―中村。平より中村迄道程二十四里、これより仙台へ十六里。

平氏【たいらうじ】「平家元祖」ヲ見ル

玉珧の事【たいらぎのこと】 硨磲とも書く。〔万物絵本大全調法記・下〕に「玉珧 ぎよくえう／たいらぎ」。〈薬性〉〔医道重宝記〕に硨磲《たいらぎ》は大寒で毒なく、渇《かわき》を止め、五臓を潤し、痢病を治す。〈料理仕様〉〔諸人重宝記・四〕に玉珧は、山葵和え 串焼き 煮物 汁 鱠 わた（腸）は刺身。〈蒲鉾〉〔料理調法集・蒲鉾之部〕に玉珧蒲鉾は、玉珧を薄く皮と白い所を去り、鮑蒲鉾*のようにする。但し、卸した露を零《こぼ》れぬように取り入れる。〈刺身など〉〔諸人重宝記・四〕に「刺身仕様」は、玉珧を造って湯掻き山葵に酢味噌がよい。「腸和え」は、わた（腸）を湯掻き、切って生姜味噌 或は山椒味噌でも和える。玉珧もいためる。

たいらく【たいらく】 片言。「大略《たいりゃく》を、たいらく」という。〔世話重宝記・三〕

平清盛【たいらのきよもり】〔大増補万代重宝記〕に平清盛は、保元の乱（一一五六年）平治の乱（一一五九年）に源氏と戦い、遂に源為義、義朝を殺した。その後、威勢を全国に振い、官上台に登った。一族迄も琬栄 驕富し、人は皆目をそばめた。養和元年（一一八一）、六十四歳没。〔年中重宝記・一〕に、二月四日 六波羅密寺に平清盛忌がある。

平惟茂【たいらのこれもち】〔大増補万代重宝記〕に平惟茂《これもち》は余五将軍と号する（行列の順番が十五番目ゆえ）。かって奥州にあり、藤原諸任に攻められ、幸いに死を免れ、遂に諸任を殺し、その威を東北に振るう。惟茂は信州戸隠山に入り、妖鬼を討ったという伝説がある。八十歳没と伝えるが生没年不詳。

平貞盛【たいらのさだもり】〔大増補万代重宝記〕に平貞盛は朱雀帝の時（九三〇～九四六）、兵を進めて平将門と戦い、矢を放って将門を斃し、以て朝敵を誅し、かつ父の仇を討った。

平重盛【たいらのしげもり】〔大増補万代重宝記〕に平重盛は清盛の長子。平

治の乱（一一五九）に禁中を守り、義平と戦うこと数回、遂に軍功を立て、官階登庸内府に任じ、左大将を兼ねて、人々の仰ぎ見るところとなったが、不幸にして早世した。治承三年（一一七九）、四十二歳没。

平時頼【たいらのときより】〔大増補万代重宝記〕に平時頼は、智略 戚量《せきりょう》があり、賞して泰村の密謀を察して殺し、遂に将軍頼嗣を廃し、宗尊を迎えて幕府とした。世に副元帥と称する。後に、最明寺道崇と号した。

平正盛【たいらのまさもり】〔大増補万代重宝記〕に平正盛は平族の俊。命を奉り、源義親を討った時は康和年中（一〇九九～一一〇四）である。〔大増補万代重宝記〕

平泰時【たいらのやすとき】〔大増補万代重宝記〕に平泰時は北条義政の子。累世、権を幕下に執る故に、世に副元帥と称する。承久の役（一二二一年）で敵を破り、宇治川を渡り、洛に入る。その子時氏は、三帝に従い寇敵を殺し、即ち天子を立て、六波羅において京都を守り、その後鎌倉に帰る。

大利日【だいりにち】〔諸人重宝記・五〕に大利日は、利を儲くる日で次の各日である。正月は巳の日。二月は申の日。三月は未の日。四月は午の日。五月は酉の日。六月は辰の日。七月は卯の日。八月は酉の日。九月は丑の日。十月は子の日。十一月は亥の日。十二月は戌の日。〔懐中重宝日用早覧初編〕に「百事利日」として次の各日をいう。戊子《つちのえ》・寅の日。庚子《かのえ》の日。己卯《つちのと》の日。丙子《ひのえ》・午・辰・戌の日。辛丑《かのと》の日。癸巳《みずのと》の日。この日は「百事吉」とある。「利徳日《りとくにち》」参照

大陵【たいりょう】〈経絡要穴 肘手部〉二穴。大陵は掌の後ろ腕の横筋の中、両筋の間にある。灸三壮。針五分か六分、留むること七呼。熱病に汗が出ず、掌が熱し、肘が引き攣り痛み、脇が腫れ、胸が煩れ、心痛、目赤く、小便赤く、喉痺、口乾き、息短く、胸脇痛み、疥癬等を治す。心胞絡の実は瀉すのがよい。〔鍼灸重宝記綱目〕

大力子【たいりょくし】〔男重宝記・二〕に、大力子《たいりょくし》は悪実*（牛房子）で、亀の尿や蒼耳*の自然汁と同じく、汁を用いて石木に物を書きつけると、後世まで消えないという説がある。

大連翹飲【だいれんぎょういん】〔小児療治調法記〕に大連翹飲に三方がある。①熱で顖門《おどり》*の腫れ起《あが》ったのを治す。連翹・瞿麦・蟬蛻・炙甘草・荊芥・木通・防風・当帰・赤芍・柴胡（各一匁）、梔子・黄芩（各五分）を、水で煎じ、或は紫草を加え、熱が甚だしいのには大黄を加える。②小児の傷風、感冒で発熱し、痰塞がり、風熱丹毒腫れ痛み、頸項《くび》に核があり頸赤く、癰節眼目赤く腫れ、口舌に瘡を生じ咽喉疼み、小便淋瀝し、胎毒痘疹の余毒、その他一切の熱毒を治す。柴胡・黄芩・荊芥（各一匁二分）、甘草（一匁六分）、連翹・瞿麦・滑石・車前子・赤芍・大力（各八分）、蟬蛻（五分）、梔子・木通・当帰・防風（各四分）。これ等に竹葉、燈心草を入れ水で煎ずる。③結痂《ふたづくる》*の余症で斑*を発するのは余熱が肉分を煎熬《いりへらす》もので、爛れるのが甚だしい時に用いる。結痂の落ちないものには余熱が害をなすので、大連翹飲に地骨皮を加える。遍身は焦落《かれおち》し頭面の落ちないのには、白芷を加える。

胎漏【たいろ】「懐妊／懐胎の事」ヲ見ル

大老【たいろう】武家名目。〔武家重宝記・一〕に次がある。応安（一三六八～七五）の頃 上杉 畠山等の時は管領と言い、北条の時は執権*とも後見とも言い、京都将軍の時は執事*、近来は大老と言う。〔男重宝記・一〕にも、大老《たいろう》は昔は管領といい、執権 執事などという。天下の事、大小となく、管《す》え領《あずか》り執《と》り権《はか》るという意。今は老中*と言う。

大蘆会（薈）丸【だいろかいがん】〔丸散重宝記〕に大蘆会丸は、疳を治し、虫を殺し、胃を和し、瀉を止める。香連・黄連・蕪荑・蘆会・鶴虱・木香・雷丸・青皮（各五匁）、麝香（二匁）の九味を粟米糊で丸じ、米飲で下す。『薜子』を引いて、肝脾の疳癪、食癪、発熱、目に雲翳《かかりもの》があり、

疳熱で首筋に結核を生じ、或は耳の内に瘡を生じ、肌肉消瘦し、発熱して渇をなし、飲食少なく腹脹大するもの、或は牙齦《きばのね》蝕落（虫食）頬 顋が腐れ爛れるもの、或は陰囊 陰茎に瘡を生じるもの、或は胸脇 小腹痛むものには青皮 麝香を去り竜胆を加えるとよい。『銭子』を引いて、○肝疳は白膜睛《しろのひとみ》を遮り、或は青内障《あおそこひ》、或は下血して痩せるものは六味地黄丸*とともによい。○心疳は顔は黄で頬赤く、身体が壮熱するものは安神丸*とともによい。○脾疳は身体が黄に痩せ、膚枯れ 瘡疥《かさ》を生じ 腹が大きく、好んで土を食うものは益黄散*とともによい。○腎疳は肢体が黄に痩せ膚が枯れ、一身に瘡疥を生じ、好んで臥すのには地黄丸*とともによい。○肺疳は喘嗽 気促し、口鼻に瘡を生ずるには益黄散*とともによい。大蘆会丸の方は五疳*ともによい。〔小児療治調法記〕に「大蘆薈丸」は、脊疳《せきかん》*の薬として、木香・蕪荑・青黛・檳榔・黄連・蘆会（各一両）、蟬蛻（二十一箇）、胡黄連（五匁）、麝香（少許）を末（粉）して、猪胆二箇の汁を取って糕（団子）を浸して丸じ、米飲で用いる。

鯛腸塩辛【たいわたしおから】〔ちやうほう記〕に鯛腸塩辛は、鯛腸一升に塩三合とある。

田植【たうえ】「苗代《なわしろ》の事」「稲の事」「掛干」ヲ見ル

当麻の事【たえまのこと】大和寺名。〔東街道中重宝記・七ざい所巡道しるべ〕に次がある。二上山当麻寺《にじょうさんとうまじ》と号する。本尊は曼陀羅である。宸筆の額がある。中将姫が曼荼羅を織った所があり、本尊は観世音菩薩であるが、曼陀羅出現より以前の本尊であろう。中将姫の御影がある。塔が二基あり、役《えんの》行者《ぎょうじゃ》の建立で、九輪が八ツある。柱土台は楠で、土より三四尺は半ばは石になっている。本堂の前に大きい松があり、根は南北に長く、東にはない。奥の院がある。達磨寺から当麻へ入る四五丁前にある染寺は当麻の境内である。中将姫が蓮糸を染めた所という。染殿の井、糸掛け桜がある。〔年中重宝記・二〕に、四月上申日に当麻祭、十四日に当麻練供養とある。

体覆【たおおい】太覆とも書く。馬具。〔武家重宝記・五〕に体覆《たおおい》は馬の臀《しり》の上に掛けるものとある。緉懸《あかけ》、畦縫《うねぬい》等があり、大小、長短、方円等がある。

手弱女【たおやめ】大和詞。〔不断重宝記大全〕には「たをやめとは、たをやかなる女」。〔女用智恵鑑宝織〕には「たをやめとは、よき娘 よき女を云」。

高【たか】「田畑《でんばた》六分違いという事」ヲ見ル

高市王子【たかいちおうじ】〔大増補万代重宝記〕に高市王子《たかいちおうじ》（たけちのおうじトモ。持統十年〔六九八〕四十六歳没）は、清見原の帝と大友皇子との戦い（壬申の乱）の時、大友の軍を破り、大いに功があった。

高雄（尾）山の事【たかおさんのこと】京名所。〔東街道中重宝記・七ざい所巡道しるべ〕に神護国祚寺と号する。本尊は薬師如来。元は八幡宮の御託宣による造立の寺で、後に弘法大師に賜わり、その後文覚上人が再興した。八幡宮御筆の弘法大師の御影がある。五鈷の松があり、紅葉の名所である。〔年中重宝記〕に、三月十日高雄の法華会、伝教大師より始る。六月三日から九日迄、高尾虫払い。十月高雄紅葉見、幷に地蔵院の庭上より数丈の谷へ土器《かわらけ》を投げて慰む。

高観音【たかかんのん】「三井寺《みいでら》」ヲ見ル

高木波餅【たかきなみもち】菓子名。高木波餅、上黄ながし物、下白ながし物。〔男重宝記・四〕

高倉の岩窟【たかくらのいわや】伊勢名所。外宮の前の高倉山*の頂きにある岩窟である。俗に、天の岩戸といい、古くはこの山に十二の岩窟があり、大己貴命《おおあなむちのみこと》と天日別命《あめのひわけのみこと》の居所という。春日戸《かすがと》高座《たかくらの》神 伊勢津彦等の岩窟ともいう。いつの頃からか天の岩戸となづけたので、知らない人は大神の入られた天岩窟《あまのいわや》と思い、又この後ろを高天原《たかまがはら》となづけたので、

八百万神《やおろずのかみ》が集った所と思っている。〔東街道中重宝記・七ざい所巡道しるべ〕

高倉山【たかくらやま】 伊勢名所。外宮の前の山をいう。高佐山《たかさ》、日鷲山、峰佐貴山、音無山《おとなし》、鳥鷲かぬ山、郭公声せぬ山等ともいう。〔東街道中重宝記・七ざい所巡道しるべ〕

高崎より板鼻へ【たかさきよりいたはなへ】 木曾海道宿駅*。一里三十丁。本荷八十二文、軽尻五十三文、人足四十文。高崎の城が左にあり、城主は松平右京太夫殿、御知行八万二千石。上州煙草品々、木綿が名物。烏川は橋があり、この川は高崎の城を取り回す。宿より一里余である。この川は二度渡ると前橋領で酒井雅楽頭殿の領分である。右方に佐野の宿 舟橋の跡がある。『後撰集・恋』に「あづま路の佐野の舟橋かけてのみ思ひわたると知る人のなき」(源等)。ここが昔は入り海であったというのは、峯に蛎蛤の貝殻が、今も付いているからである。松山があり 右大将頼朝公の朝夕の肴をここから上げたので肴山という。石井村 藤塚村 岩田村に川がある。〔東街道中重宝記・木曾道中重宝記六十九次 享和二〕

高砂【たかさご】〈人物〉〔万物絵本大全調法記・上〕に「東番 とうばん／たかさご。東番夷也《とうばんい》」。〈謡曲名〉〔男重宝記・二〕に謡は「高砂」一番を三十日も五十日も習うと、名のり 出端《では》 サシ クセ 数百番の謡に通じて速やかに謡いの上手になるものであり、それは、いろはを書き習うと能書となるのと同じとある。〔万代重宝記〕等色々の本に当流の小謡*として「高砂」も出る。

高砂煎餅【たかさごせんべい】 「高砂せんべい」は、神田三川丁新道 高砂や半右衛門にある。〔江戸町中喰物重法記〕

高砂の台【たかさごのだい】〔童女重宝記〕に「高砂の台」と「蕗の台」の絵図がある(図303)。「高砂の台」は婚礼に長寿をことほぎ、蝶足の上に相生の松を立て、樹影に尉《じょう》と姥《うば》を飾った。「蕗の台」は「富貴の台」とも書き、三三九度の時の嫁の肴台である。蝶足の上に作り物の蕗を立て、その下に昆布・鯣・勝栗などを盛る。

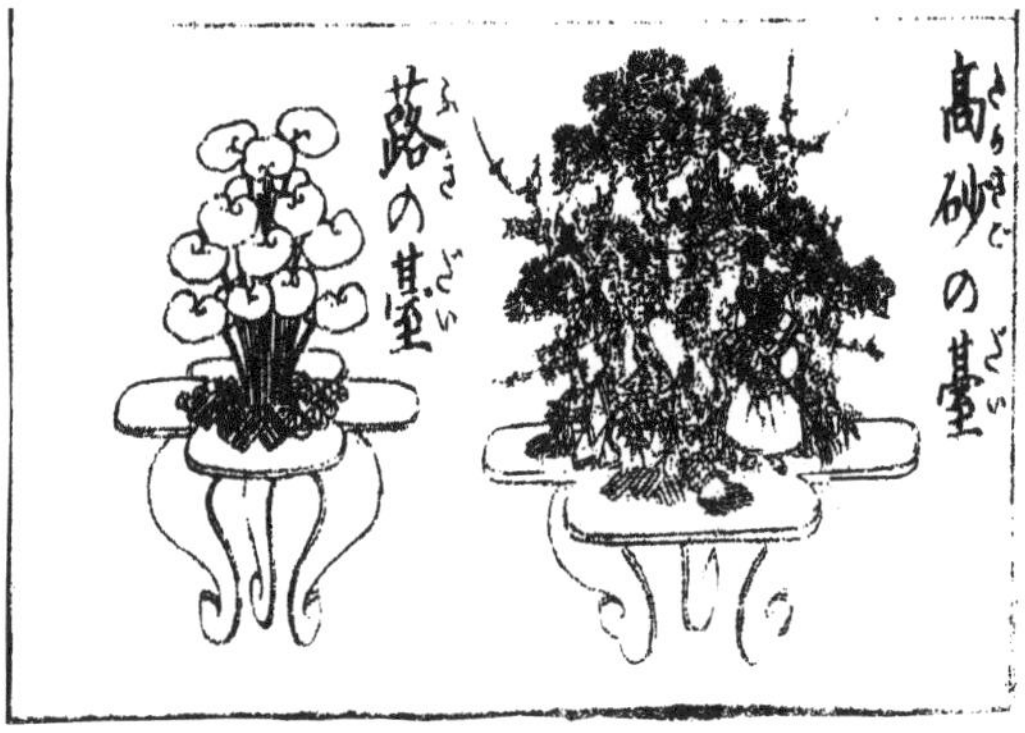

図303 「高砂の台」(童女重宝記)

鷹匠【たかじょう】 武家名目。〔武家重宝記・一〕に鷹匠は、家によって文字違いがあるとして、以下の表記がある。鷹師、鷹将、鷹尉、鷹居、鷹飼、鷹翁、鷹成、鷹常、鷹生。鷹を飼養、訓練して、鷹狩に従う役である。

田数の事【たかずのこと】〔童蒙単語字尽重宝記〕には次がある。「田《た》」、⊟は土を耕す名、口は田の四方の構え、中の十の字は田の溝の意とある。〈田数の単位〉〔永代調法記宝庫・首〕〔大成筆海重宝記〕等に次がある。町《ちょう》*反・段《たん》*畝《せ》*歩《ぶ》*分《ふん》*釐・厘《りん》*毫・毛*絲《し》*忽《こつ》*微《び》*。太閤検地頃を境に長さ 広さに規準が変わった。〔算学調法塵劫記〕には間《けん》*も加えてあり、古は六尺四方を一歩《つぼ》とし、七歩《つぼ》二分《ぶ》を一代《ひとしろ》という。五代《しろ》は即ち一畝《せ》である。〔掌中年代重宝記〕には、田を一町一畝と定めたのは三十七代孝徳帝六年(六五〇)十一月より始るという。〈紋様〉〔紋絵重宝記・上〕には〇に田

の紋様、また「田」の字の意匠がある。

高瀬舟【たかせぶね】 大和詞。〔不断重宝記大全〕に「たかせ舟とは、小さき舟」である。高瀬を漕ぎ渡る舟で、小さく底は平で浅い。

高苧【たかそ】 〔紙漉重宝記〕に次がある。高苧《たかそ》は「こうぞ（楮苧）」*と同じ種類であるが、紙の性は少し悪い。木は至って尺高く、根分けをせず挽き切った木を植えて置く（挿し木）。肥しも楮苧*のように要らず田地水辺を構わず 農家の心労も要らずよく出来 紙も少なくなく、寛政（一七八九～一八〇一）の初頃より専ら用いる。普通は、掛け目一貫目に付 代銀二匁五分五六厘である。

鷹司殿【たかつかさどの】 五摂家*の一。〔男重宝記・一〕に鷹司殿は、家領千五百石である。〔人倫重宝記・一〕に近衛殿が別れて鷹司殿がある。

鷹の事【たかのこと】 〔万物絵本大全調法記・下〕に「鷹よう／たか」。

〈異名〉〔書札調法記・六〉に鷹の異名に、青骹 星眸 雄姿がある。

〈鷹狩伝来〉〔武家重宝記・五〕に、唐土の聖人は鷹を放ち鳥を狩った。弓を射て獣を逐《お》うのは、皆田畠の五穀を妨げるからである。これを武技とするのは軍場の足固《あしがため》の稽古で、泰平の世にする。日本の鷹狩の始めは仁徳天皇四十三年九月、依納《よさむ》の屯倉《みやけ》の阿弭古《あにこ》という人が異 鳥《あやしきとり》を奉り、同時に百済の王子 酒《さけのきみ》君が来て、この鳥を和泉国百舌野《もずの》の御狩に据え出て、雉を獲ったのを最初とする。今に鷹を飼うことが伝わり、交野少《かたのの》将の『鷹成録』、菟道《うじ》殿の『日本来記』、持明院の『三考伝』、定家卿の『鷹歌』、基房の『四方伝』等の旧記がある。鷹匠の流義にも諏訪流、宇津宮流、祢津流がある。

〈鷹が鳥を祭る〉〔料理調法集・鷹の雁注解〕の「鷹の事」に、鷹は陰類で天性として鳥を獲り殺生するが、処暑*に陰の殺伐の気に乗じ 羽うち飛び 大沢の中の鳥を殺し 沢の四面に並べて置くのを、鷹が鳥を祭るという。〈鷹の鈴師・鉢師〉〔万買物調方記〕に「京の鷹の鈴師」三条橋東 明珍宗長、同白川橋 明珍三郎兵衛、丸太町新町西へ入丁（氏名ナシ）。「鷹鉢師」麩屋町松原下ル丁（氏名ナシ）。「江戸」「大坂」には鷹についての記事はない。〈紋様〉〔紋絵重宝記〕の上には「鷹羽」の字と羽の意匠、下には「鷹の羽に花菱」の紋がある。鷹の名所の図がある。

鷹野すゝ切鳥【たかのすすきりどり】 〔料理調法集・諸鳥之部〕に鷹野すゝ切鳥は、何鳥でも毛を去り、肉骨ともに細かに叩き、血を肉に懸けてよく交ぜて、腸 股毛を丸ながら入れ、この量の半分程塩を加えてよく揉み交ぜて壺に入れ、十日程で取り出し、糀を鳥の身程よく揉み、粕を焦げ色に煎り臼で挽き、糀の花と一ツにして鳥によく交ぜ古酒を加え、また叩いて和らかい漬にし、壺に入れ風が入らないように口張りして置く。八日程経るとよい。

鷹の爪【たかのつめ】 鷹の名所。*〔武家重宝記・五〕に鷹の爪は、掛爪《かけつめ》、打《うち》爪《つめ》、捕居《とすえ》、反子《かえるこ》、鬼平《おにひら》等がある。十字のように股間《またあい》の開いたのがよいとし、これを蛛手分《くもてわかれ》という。

鷹の名所【たかのなどころ】 〔武家重宝記・五〕に鷹の名所を 七翼、身寄の方（鷹の右側）、徒前（ただ先）の方（鷹をとまら左手先）の図（図304）とその主要部の説明がある。主要なものは立項した。

鷹の羽蒲鉾【たかのはかまぼこ】 〔料理調法集・蒲鉾之部〕に鷹の羽蒲鉾は、蒲鉾の山を低くつけ、斜《はす》に三筋 荒布でも青い擂身でも入れ、蒸し上げて切り形をして二枚合せ、盛り形をする。

高の宮【たかのみや】 伊勢名所。外宮 大宮の前、南の山の上にある外宮第一の別宮である。別宮はどこも茅葺で千木《ちぎ》 鰹木 御門 御垣 御炊殿*がある。この御山を檜尾《ひのきを》、坂をおりべ坂といい、坂中に袖引き石 袖摺り石の名石がある。〔東街道中重宝記・七ざい所巡道しるべ〕

鶻は死ぬれど穂を摘まず【たかはしぬれどほをつまず】 〔世話重宝記・三〕に、鶻《たか》（はいたか類）は死んでも己が餌食の小鳥より外 米の穂を食うことはない

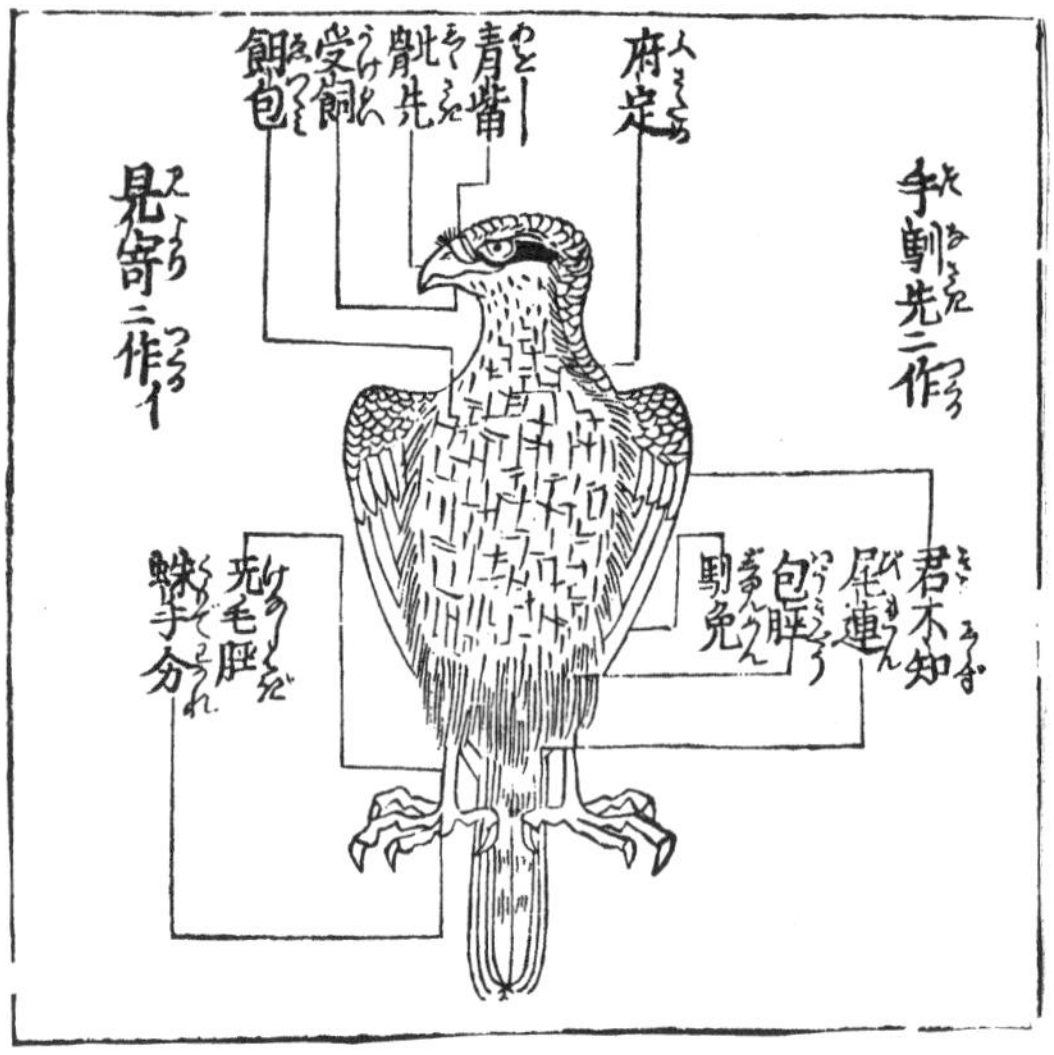

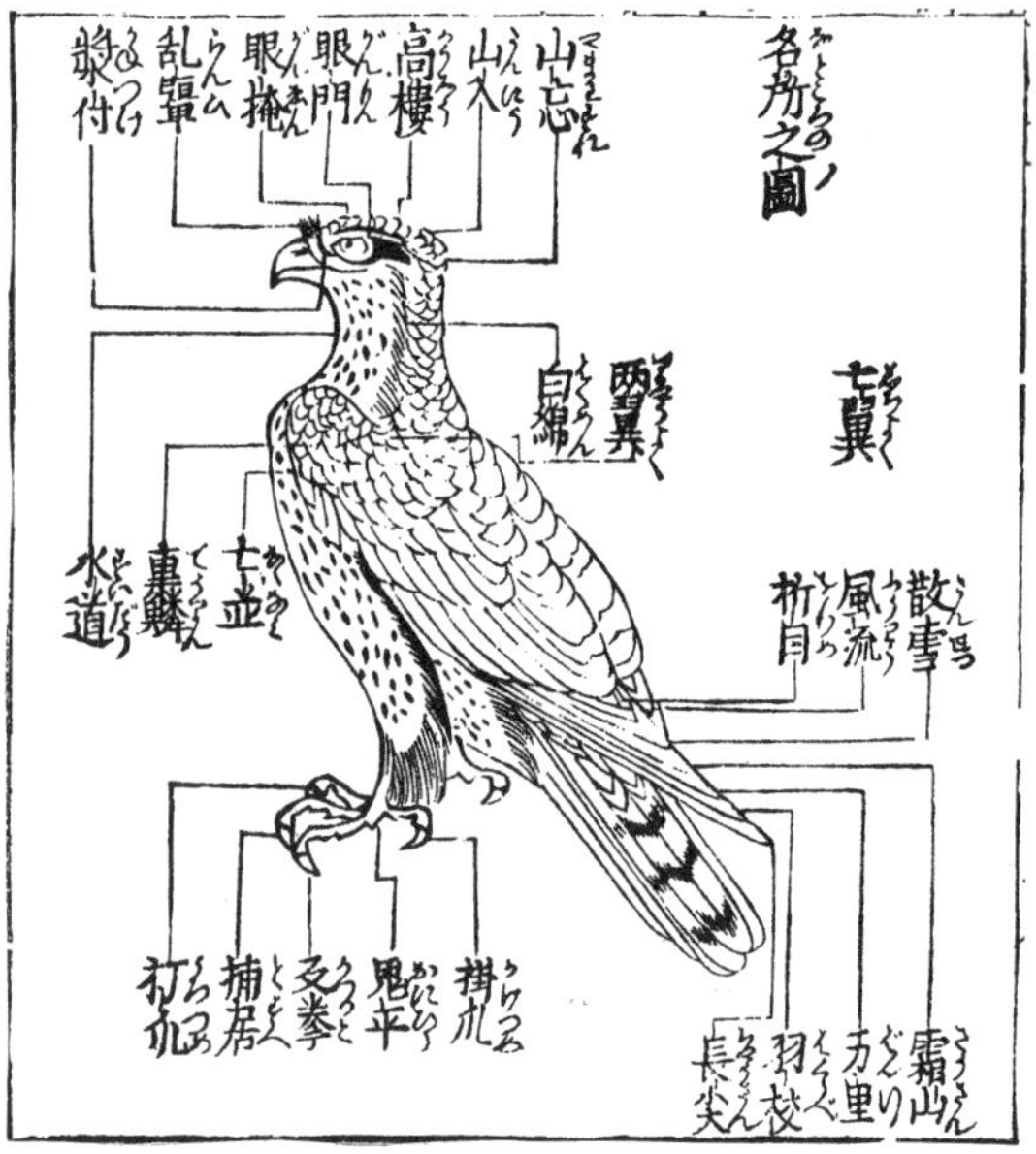

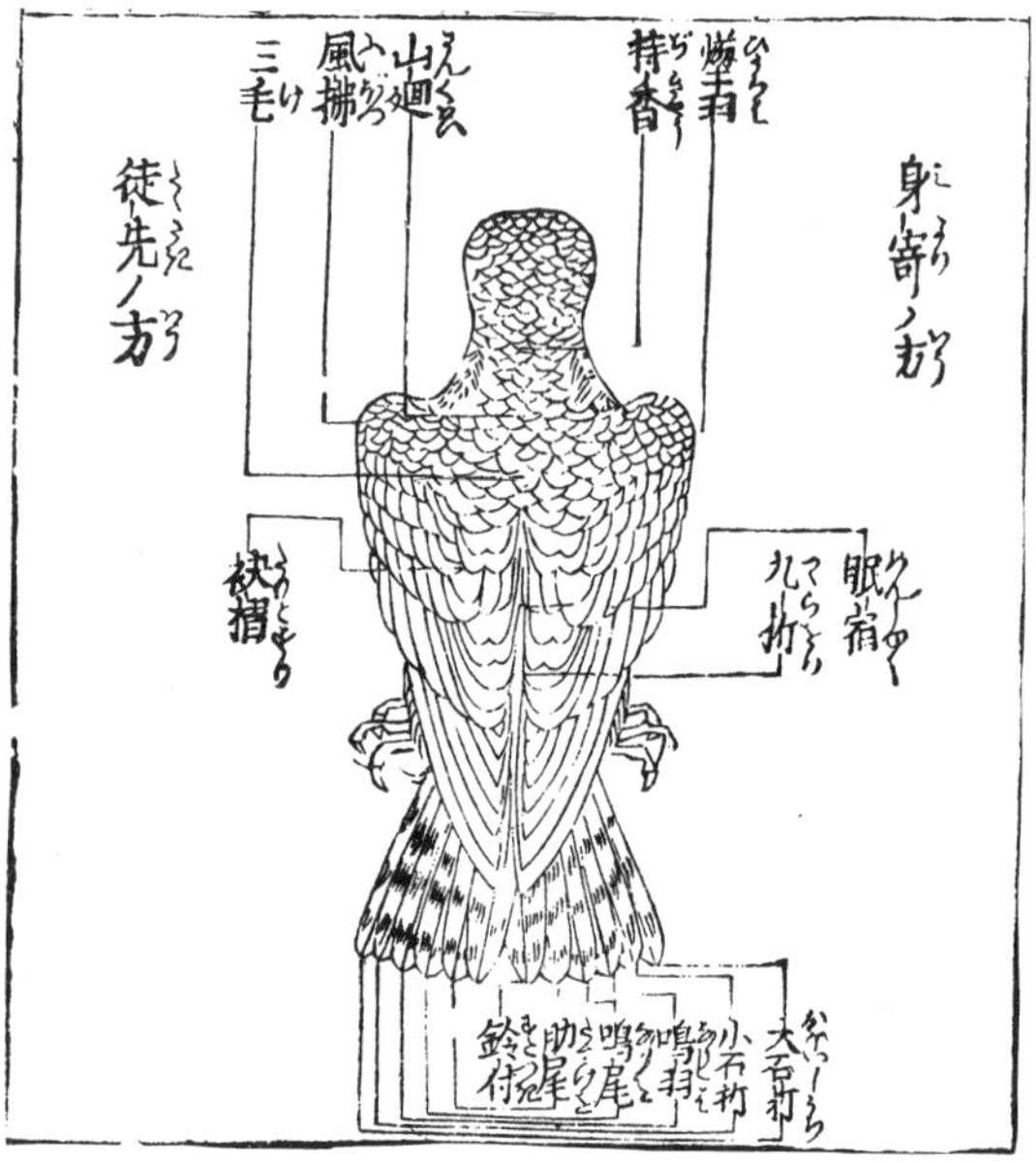

図304 「鷹の名所」(武家重宝記)

ということから、義を守る武士は餓《かつえ》に及んでも不義の俸禄は受けないという譬えとする。

高引【たかびけ】〔新撰農家重宝記・初編〕に高引《たかびけ》とは、旧高《きゅうだか》に不足するものの名で、二種がある。○年々引《ねんねんびき》は、人力で作為した郷蔵敷 堤敷 道代等で、起き返すこともなく年々引高に直る。○連々引《れんれんびき》は、山崩 川欠等の天変で、連々起き返すべき引高の分をいう。

高紐【たかひも】鎧*名所。〔武家重宝記・三〕に高紐《たかひも》は、鎧の打ち合せ双方に付く紐である。引合緒《ひきあわせのお》ともいう。

たかべ【たかべ】「小鴨」ヲ見ル

たか牧餅【たかまきもち】菓子名。たか牧餅、上しめし物、下ながし物、白ささげ入り。〔男重宝記・四〕

高間山【たかまやま】大和所名。高間山は葛城山*に近く、麓に高間寺がある。昔、鶯が来て和歌を囀ったという梅がある。〔東街道中重宝記・七ざい所巡道しるべ〕

高座【たかみくら】〔男重宝記・一〕高座《たかみくら》は、天子*の御座所をいう。

高宮嶋【たかみやじま】〔童女重宝記〕に高宮嶋は、近江の高宮から出る布をいう。

高宮より愛知川へ【たかみやよりえちがわへ】木曾海道*宿駅。二里八丁。本荷九十二文、軽尻六十一文、人足四十七文。宿も道もよい。この宿から彦根へ掛り 守山も上洛道である。高宮は嶋布類が多い。高宮川は徒歩渡りである。中程左に多賀大明神の石の大鳥居があり 社迄二十丁ある。直に鳥居本へ抜け道がある。荒神山が右方にあり、山続きに山崎があり、信長公の時 山崎源太左衛門の居城である。葛籠町 葛籠細工をする所である。四十九院村、石畑村、仙石村、移多村、土橋村 鍛冶が多い。宇曾川に橋がある。〔東街道中重宝記・木曾道中重宝記六十九次 享和二〕

高免【たかめん】〔農家調宝記・初編〕に高免《たかめん》は、定式《じょうしき》の取米《とりまい》を土高《つちたか》（=分米*ニ同ジ）に割り、幾つ物成《ものなり》（=収穫）*に当ると知るのが高免である。年々に変わらない。

高望王の御霊【たかもちのおうきみのみれい】〔農家調宝記・二編〕に高望王《たかもちのおうきみ》の霊《みれい》は、平《たいら》姓の氏神*である。

高山へ金沢よりの道【たかやまへかなざわよりのみち】〔家内重宝記・元禄二〕に、「加州金沢より飛驒高山の道」がある。金沢〈十一里〉高岡〈二里〉三戸田〈二里〉長沢〈二里〉八尾・城の尾〈三里〉ぬれ原〈二里〉かたけ〈二里〉かん寺〈一里〉唐沢〈二里〉小豆沢〈四里〉三川原〈一里〉のくひ〈一里〉落合〈三里半〉古川〈三里〉高山である。

宝粔【たからおこし】宝おこし（粔）は、大門通り亀屋にある。〔江戸町中喰物重法記〕

宝貝【たからがい】「ばい（貝）」ヲ見ル

宝の市【たからのいち】〔女用知恵鏡宝織〕に「住吉の神事《じんじ》、宝《たから》の市《いち》と云。（九月）十三日」。

宝の第一【たからのだいいち】〔農家調宝記・三編〕には『日本紀』を引き、百姓の文字を御宝《おおんたから》と訓ずる。金銀珠玉は飢えても食うことはできず、宝の第一は穀である。その穀は百姓の骨折りで作り出すもので、「たから」と訓ずる。「農《たみ》は国の本」参照

宝船【たからぶね】〔年中重宝記・四〕に節分*の夜に宝船を紙に画いて褥《しとね》（=敷布団）の下に敷くことは、白居易が貘《ばく》の賛に、「其の皮に寝れば湿を避け、其の形を図すれば邪を避く」ということがあり、貘を画いて枕褥の下に敷くと、湿邪 悪夢を避けるという。これを真似て、今は宝物や福神を画いて褥に敷くことになった。

宝を納むるのに忌む日【たからをおさむるのにいむひ】〔万民重宝改正大ざつ書〕に「宝を納むるに忌む日の事」は、春は甲寅《きのえ》、乙卯《きのと》の日。夏は丙午《ひのえ》、丁巳《ひのと》の日。秋は庚申《かのえ》、辛酉《かのと》の日。冬は壬子《みずのえ》、癸亥《みずのと》の日。〔昼夜重宝両面雑書増補永暦小筌・慶

応二〕には「収財悪日《たからおさめあくにち》」とある。

多願玉女【たがんぎょくにょ】〔大増補万代重宝記〕に多願玉女《たがんぎょくにょ》は、三鏡宝珠*の左にあり、出行、舟乗、旅立などにもこの方を用いてよい。正・四・十一月は乾《いぬい》、戌亥（西北の方）。二・五月は庚《かのえ》、申酉（西々南の方）。三・六月は丁《ひのと》、午未（南々西の方）。七・十月は艮《うしとら》、丑寅（北東の方）。八月は巽《たつみ》、辰巳（東南の方）。九・十二月は癸《みずのと》、子丑（北々東の方）。

たかんじょう【たかんじょう】片言。〔世話重宝記・三〕に「鷹匠《たかじやう》を、たかんじやう」という。

たき川【たきがわ】百人一首読曲。「たき川」は、「がわ」と濁って読む。〔麗玉百人一首吾妻錦〕

薪【たきぎ】〈取り置〉〔農家調宝記・初編〕に薪《たきぎ》は、十一月から心掛け、来春までの間に年中の薪を取り置く。〈量目〉〔筆海重宝記〕薪一掛は、二十〆目とある。

薪の能【たきぎのう】「申楽／猿楽の能」ヲ見ル

薪の能【たきぎのう】〔年中重宝記・一〕に、二月七日より十四日迄、南都薪の能。四座の申楽が隔年に務める。〔人倫重宝記・三〕に、春二月に南都東大寺楼門の前で薪の能といい、四座の申楽は一代に一度、勧進能*を勤めるのは家例である。

滝の水【たきのみず】大和詞。「たきのみづ（滝水）とは、をと（音）のみして見えぬを云」。〔不断重宝記大全〕

薫物【たきもの】種々の香木の粉を蜜で練り合わせた香料を、燻らして用いるもの。〈薫物の方〉〔好色重宝記・下〕は沈香・丁子（各十匁）、貝香（五匁二分）、薫陸・麝香（三匁七分）、白檀（二匁五分）。〔昼夜調法記・正徳四〕は量目が若干異なる。これ等を蜜で練り合せ、萩の木の黒焼きで黒め、焼き塩を少し入れ、よくよく壺に入れ、白米の中に三十日置き、取り出して薫く。〔女重宝記・四〕には、仙人* 黒方* 梅花* 若草*の方がある。〈拵様〉〔男女御土産重宝記〕には、「薫物香具拵様」が以下の十三種出ている。丁子* 白檀* 薫陸* 甘松* 藿香* 榧の木* 楠木* 榧の木* 香付子* 梅の木* 沈香* 麝香* 貝合《かいこう》。*〔里俗節用重宝記・上〕に炷物《たきもの》は、合すとは言わず、「たたむ」*と言う。「伏籠《ふせご》」参照

薫物五種香の方【たきものごしゅこうのほう】〔男女御土産重宝記〕に「御薫物五種香之方」がある。第一 松根《しょうこん》は青色にして黒い筋が苦く立つ。第二 羅国は黄色にして赤い筋が甘く立つ。第三 伽羅は黒く白い筋が鹹はゆく（塩辛く）甘く立つ。第四 まなばん（真南蛮）は赤色にして白い筋が立つ。第五 しやせつは白色にして火末の色が変わらず渋く甘い。このようにして、五味の立ち香を知る。

沢庵漬の事【たくあんづけのこと】〔料理調法集・漬物之部〕に「沢庵漬」は、大根百本を二十日程干して糠一斗五升と塩三升で漬け、押しを強くする。長く置くには塩五升、その余も考えて入れる。麹を三升程加えてもよい。〔料理重法記・下〕に「沢庵土用漬」は、小糠一斗、塩三升を土用の水でぱらぱらするように捏ね、桶に入れ、風引かぬようにして置く。冬、大根をよく干しその糠で漬けて重しを強くして置くと、夏迄味は変わらない。〔新板秘伝日用重宝記〕に「沢庵百本漬」は、大根百本を霜げ（霜で萎びる）ぬように干し、塩と糀を各三升、糠一斗で、常の沢庵のように漬ける。尤も、糠五升は生で遣い、五升は煎って遣う。「大根《だいこん》の事」〈大根漬〉「大坂守口漬」「守口大根漬」参照

沢瀉【たくしゃ】〔薬種重宝記・上〕に和・唐草、「沢瀉 たくしや／なちひみづなき。土を洗ひ、毛を去り、刻み、焙る。酒制することも有」る。〈薬性〉〔医道重宝記〕には甘く塩はゆく微寒、水道を通じ、淋瀝、腫脹を治し、湿を除き熱を泄《も》らす。皮を去り刻み焙る。

宅神を祭る吉日【たくしんをまつるきちじつ】〔懐中重宝日用早覧初編〕に宅神を祭る吉日に次がある。宅神 神体は屋舟という。甲《きのえ》申の日。乙《きのと》丑・亥・酉・

卯の日。丙子《ひのえ》・酉・戌・卯の日。丁卯《ひのと》の日。戊申《つちのえ》の日。己丑《つちのと》の日。庚《かのえ》午・申の日。壬子《みずのえ》の日。癸卯《みずのと》の日。

田口十内【たぐちじゅうない】 異類異名尽。「□」。□口十内。田の字の内に十の字がないから口になった」。〔小野篤謔字尽〕

宅中方位【たくちゅうほうい】〔重宝記永代鏡〕に宅中方位は、方位を定めるには、家の正中《ただなか》を中位として磁石で方位を測る。宅中の大黒柱や主人の居間から方位を定めるのは悪い。

栲縄【たくなわ】 大和詞。「たくなは（栲縄）とは、あま（海女）のたぐる縄」である。〔不断重宝記大全〕

内匠寮【たくみりょう】〔万民調宝記〕に内匠寮は中務省*に属し、作事を司る。頭《かみ》一人。

沢蘭【たくらん】〔薬種重宝記・上〕に和草、「沢蘭 たくらん／さはあららきしろね。刻み干す」。〈草花作り様〉〔昼夜重宝記・安永七〕に沢蘭の花は白である。土は白 赤土に白砂を等分に交ぜて用いる。肥しは蘭*に同じ。

沢蘭散【たくらんさん】〔骨継療治重宝記・下〕に沢蘭散は、跌撲 咬傷 手指の咬傷 刀斧傷を治す。芙蓉葉・沢蘭葉・白仏桑葉・地薄荷・耳草葉を搗き爛らし、冷して傷部を縛り、口を止め、気を通じ、七葉・楊香葉、或は地黄葉を熱い茶で盪《た》き、柔らかにしてつけ、止める。

托裏温中湯【たくりうんちゅうとう】〔改補外科調宝記〕に托裏温中湯は、癰疽の薬である。付子（四匁）、乾姜・羌活（各三匁）、益智・丁香・沈香・木香・茴香・陳皮（各一匁）、甘草（二匁）、乾姜（三戔）に、生姜を入れて煎じ用いる。この薬は癰疽が陽虚寒じ、腸鳴り急に痛み、大便泄《くだ》り、或は噦《しゃくり》するのを治す。

托裏益気湯【たくりえききとう】〔改補外科調宝記〕に托裏益気湯は、一切の腫物 血気 内傷を治す。白朮（二匁）、人参・茯苓・貝母・陳皮・香付子・芍薬・当帰・熟地黄（各一匁）、桔梗・甘草（各五分）を煎じて服する。

托裏散【たくりさん】〔医道重宝記〕に托裏散は、癰疽で気血が虚して発症せず、或は腐り潰えて斂《おさま》り難く、或は肌肉を生じないのを治す。人参・黄芪（各二匁）、白朮・陳皮・当帰・熟地黄・芍薬・茯苓（各一匁五分）、甘草（一匁）を煎ずる。陽気が下に陥り、元気の虚するものには補中益気湯*を用いるとよい。癰疽の膿が大いに出た後は、八物湯*十全《じつぜん》大補湯*の類を用いて調え理める。虚の甚だしいもの、冬寒ずる月には、乾姜や付子を加える。

托裏消毒散【たくりしょうどくさん】〔改補外科調宝記〕に托裏消毒散は、胃気弱く、腐肉等の潰れ散り難いのを潰し、散らす。人参・黄芪（塩制）・当帰（酒）・川芎・芍薬・白朮・茯苓（各一戔）、甘草炙・連翹（各五分）、白芷・金銀花（各七戔）。胃の消化が悪いのによく、また腐肉を去り新肉の生ずるのに妙である。腫れ上り、引張り、痛むのには黄連を加える。頭痛発熱するのは邪気が表にあり、羌活を加える。発熱し水を飲み、大便結するのは内熱があり、人参・当帰・白朮を去り、大黄を加える。「托裏消毒飲」ともいう。

托裏大補湯【たくりだいほとう】〔改補外科調宝記〕に托裏大補湯は、脱疽*の薬で、針灸をして後膿んだのに用いる。当帰・芍薬・川芎・熟地黄・人参・白朮・茯苓・甘草・防風・連翹・金銀花・黄芪（各等分）を煎じて用いる。足の五指が爛れて足の甲まで上り、火傷のようになって痛み、立ち居もならないのには陳皮の煎じ湯に足を浸し、甲肉が開く時 肉の中の爪甲を切り去り、蛇退（一条）を黒焼きにし 雄黄（四匁）を粉にし、乾かして練り掛ける。腫物が乾くのには胡麻油で溶いて付け、その上に膏薬を塗る。又の方は、枯凡（五匁）、石膏（炒る）・軽粉・黄丹（各三匁）を粉にし、腫物を湯で洗浄して薬を塗り、膏薬を塗る。

たぐる【たぐる】「咳嗽《がいそう》」ヲ見ル

貯え方【たくわえかた】 諸食品の保存法である。「貯え様」「置き様」「囲い方」「持ち様」等の言い方がある。

竹木等の折れ込みに【たけきなどのおれこみに】「釘針《くぎはり》等の折れ込みに」ヲ見ル

竹木を切る日の善悪【たけきをきるひのぜんあく】〔調法記・四十五〕に竹木を切る日の善悪がある。掲出図（図305）を見て、星の右方が黒いのは木を虫食《ば》む日。左方が黒いのは竹を虫食む日。皆黒いのは竹木共に虫食《は》む日。皆白いのは竹木共に虫食ばまない吉日。

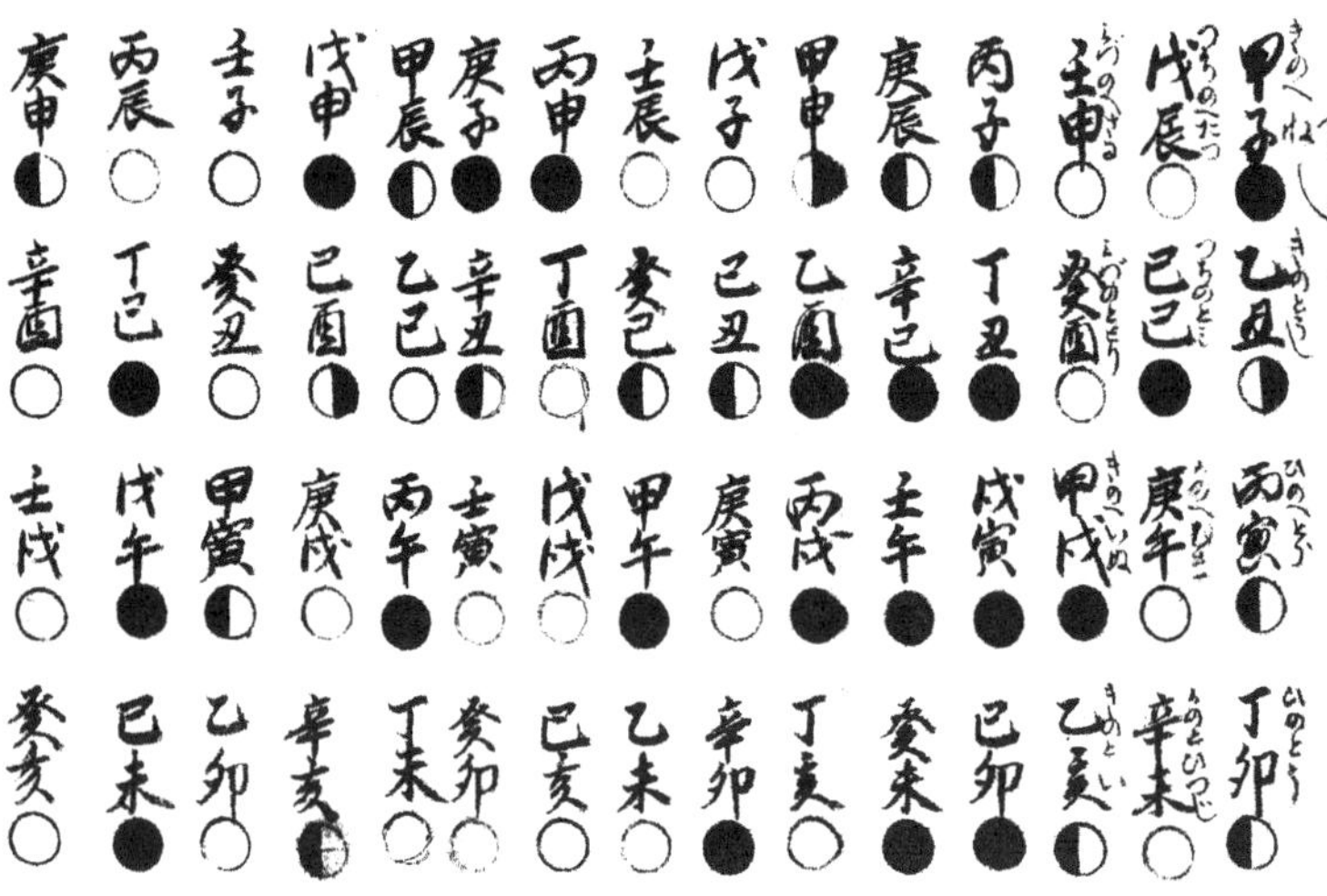

図305 「竹木を切る日の善悪」（調法記・四十五）

竹笹の類植替【たけささのるいうえかえ】 植替。紫竹 八竹 麻竹 矢竹 女竹 金竹 銀竹 大名竹 鳳凰竹 唐竹 乳児笹 根笹 熊笹 焼葉笹、この外竹笹の類は四月より九月迄に植え替えるとよい。九月は特によい。〔庭木重宝記〕

武嶋百合【たけしまゆり】 草花作り様。武嶋《たけしま》百合の花は朽葉色である。土は白赤土に、白砂を等分にする。肥しは茶殻の粉を夏中根に置く。分植は春、秋がよい。〔昼夜重宝記・安永七〕

武田軍配六曜の伝【たけだぐんばいろくようのでん】〔掌中年代重宝記〕に次がある（図306）。軍陣 門出 武芸の稽古 出入事 勝負等にこの星を繰り、日取を考える。繰り様はその月の星を朔日とし、二日三日と順に繰る。○先勝日*正・七月。急ぐ事 公事沙汰 願い事によい。八ツ（十四時）より暮の六ツ（十八時）迄は悪い。○友引日*二・八月。朝晩はよい。午の刻（十二時）は悪い。相引《あいびき》といい、勝ち負けはない。○先負日*三・九月。静かなことに用いてよい。午の刻から酉（十八時）迄はよい。○仏滅日*四・十月。何事にも悪い。○大安日*五・十一月 出陣 門出 移徙《わたまし》、何事に用いても大吉。○赤口日*六・十二月。万事に用いて悪い。油断があると愈々悪い。午の時は少しよい。「軍配六気伝」「六曜*」ともいう。

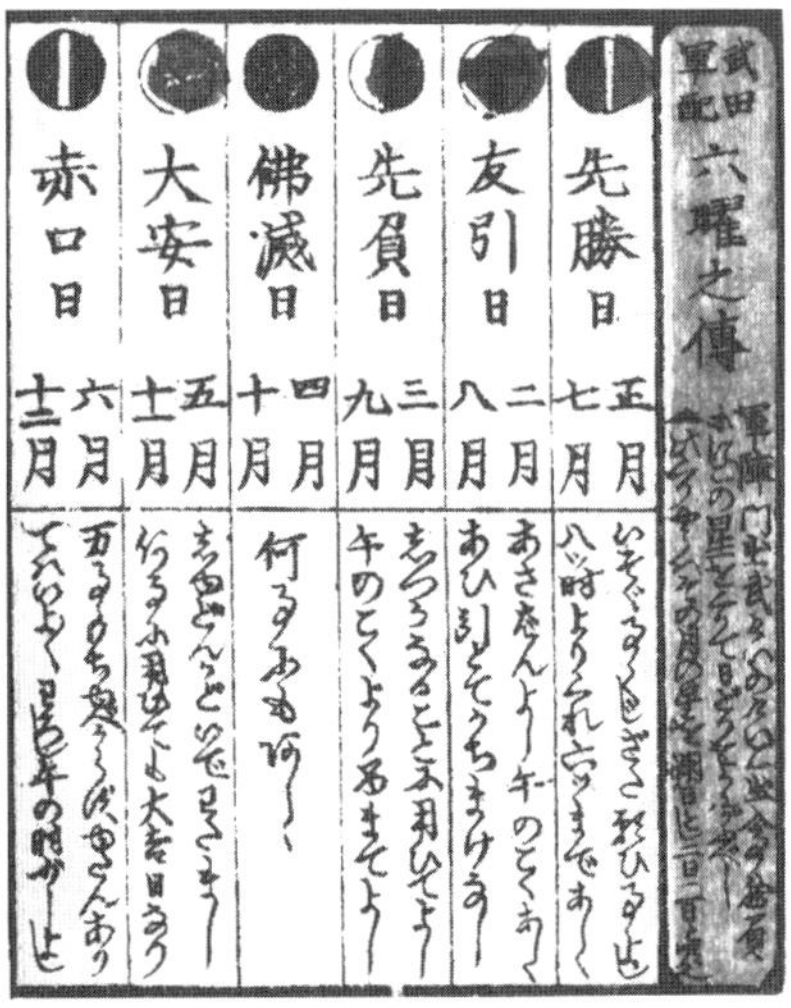

図306 「武田軍配六曜の伝」（掌中年代重宝記）

武田信玄【たけだしんげん】〔大増補万代重宝記〕に武田信玄は、初めは晴信、新羅三郎の後裔である。勇にして兵を用い、村上義清、小笠原長時を破り、その邑を領した。北条氏康*織田信長*と戦い、その地を争い、世々その謀策を称える。長尾謙信*はその相手である。天正元年（一五七三）、五十三歳没。

唾血【だけつ】〔鍼灸重宝記綱目〕に唾血（唾に交じって血を吐く）咯血《らくけつ》（＝咯血*）は、〔病根ハ〕腎より出る。唾血の針灸点は肝兪にある。

武淳川別命【たけぬなかわけのみこと】〔大増補万代重宝記〕に武淳川別命《たけぬなかわけのみこと》は、崇神天皇が将軍を四道（四道の将軍）に遣わす時、印綬を賜わり、東海将軍となった。

武内宿祢【たけのうちのすくね】〔大増補万代重宝記〕に武内宿祢は紀氏の祖。景行帝より仁徳帝を経て、六朝に仕えた。享年三百余歳。その間棟梁の臣となり、神功皇后の三韓の役で調度の労がもっとも多い。また、忍《おし》熊王《くまおう》を攻め殺した。

筍（竹の子）【たけのこ】〔万物絵本大全調法記・下〕に「筍しゅん／たかんな／たかな／たけのこ。夏」。〈薬性〉〔医道重宝記〕に竹筍《たけのこ》は、微寒で毒なく胸を利し気を下し熱を去り痰を消す。多食すると冷血及び気を発する。〔永代調法記宝庫・四〕は不眠眼病目眩懐妊等によく、小便を利し気を増す。〈料理〉〔料理調法集・鱧餅真薯之部〕に「料理竹の子」は、竹の子の本を切り内をよく刳り、擂り身を結い、本を塞いで火に入れ、蒸し焼きにして切り形をし、煮物或は肴物によい。

〈白粉の出ぬ煮様〉〔日用調法人家必用〕に「竹の子白粉《しろこ》の出ぬ煮様」は、煮上げの時梅干を一ツ入れて直ぐに取り出すと白い粉は生じない。

〈貯え様〉〔男女日用重宝記・下〕は、①新しい竹の子を皮ともに、大釜で湯を沸かして中に立て並べてよく煮えた時取り揚げ、皮ともに藁で包み軒下か干棚にに吊して置くと一年も持つ。②小糠と塩（各一升）を合せて桶に振り、竹の子の皮を取り突き合わないように並べ、小糠を振りかけてよく押しを掛けて置く。③生竹の子を長く貯えるには、桶に入れて流れの速い河の瀬に埋めて石を錘に懸けて置く。④塩に漬け様は、皮を剝き二ツに割り、塩を十分に入れて漬け押しを懸けて置く。翌日の用には宵から塩を出す。〔世界万宝調法記・下〕は、笋の先の細い所を退けて漬ける。同じくは、痩せた笋を二ツに割り、或は輪切りにしても、中を貫いても、白い塩で摺れ合わないようにし、中を抜いたのには中へ塩を入れる。〔ちやうほう記〕は、○皮ともに元を切り、竹串で末まで通し、熱湯を一遍通し、取り上げて逆様に並べ、炒った塩を中へ入れる。菰に包んで置き、遣う時はよい加減に切り塩出しをする。○漬け様は、皮を取り水一升に塩四合で一旦茹で、この湯を冷まし並べて漬ける。○なるだけ新しい竹の子を皮共に大釜に竪に入れてよく茹で、その侭取り上げ皮の葉に包み火棚に釣って置く。〔重宝記・礒部家写本〕は、○竹の子の皮付のまま浜の水打ち際の砂に漬けて置く。○皮付を二ツに割り塩を中へ詰めて漬ける。

〈漬物〉〔料理調法集・漬物之部〕は、漬物として竹の子を湯煮して皮を去り、水一升塩四合を六合に煎じ詰め、冷やして竹の子が浮き上るようにして漬け、風が入らないように押しをして置く。〔料理調法集・囲方之部〕は、○竹の子をよく湯煮して皮を去り、甘酒に塩を食い加減より辛目に入れて漬けて置くと、いつまでも色が変わらない。○竹の子を切干としてどのようにも切り、塩湯で煮、よく干して壺に入れて置くと、翌年迄色が変らない。九・十月頃また取り出し、干してもよい。○生で切り、干して壺に入れ置いてもよく、これも九・十月頃、二三遍干してもよい。

〈食合せ〉〔万用重宝記〕は、竹の子に雉子の鳥鮒砂糖菊の花は食い合わせとある。〔重宝記・礒部家写本〕は、笋に中った時は甘草二三匁を

煎じて用いると奇妙である。荒目もよい。〈肥し〉〔万用重宝記〕は、竹の子を沢山出すには菜種の殻と麦藁を肥しにすると翌年からよく出る。大和詞。〔女重宝記・二〕「竹のこは、たけ」。〈紋様〉〔紋絵重宝記・下〕に違い筍の意匠がある。「竹の事」は別項

竹の事【たけのこと】〈異名〉〔書札調法記・六〕に竹の異名に、鳳尾《ほうび》 碧玉《へきぎょく》 不秋草《ふしゅうそう》 此君《しくん》 寒碧《かんぺき》 鸞尾《らんび》がある。〈竹を植える〉〔農家調宝記・初〕は五月十三日を、古今竹を植える吉日とする。農家には藪がなければ不自由故、屋敷の西北に仕つけて夏冬の凌ぎによいとする。〈節を抜く法〉〔重宝記・礒部家写本〕に竹の節を末迄抜く法は、末の節三ツ程抜き水を入れ、本《もと》の方を石に当てて突くと悉く抜ける。〈竹笹類の植替〉〔享保四年大雑書・草木植替重宝記〕に、唐竹 金竹 銀竹 紫竹 大名竹 八竹 鳳凰竹 麻竹《まだけ》 女竹 矢竹、熊笹 稚児笹 根笹 焼は笹、この外竹 笹ともに四月から九月迄がよい。特に六月がよい。〈水揚の伝〉〔調法記・四十七ゟ五十七迄〕には二法がある。①朝日が出る前に切って用いる。切口の水に挿す方を鋸で挽き、切口に明礬を塗りつけて活ける。また茄子の木を挿し込んで活けると久しく保つ。葉には水を打たない。②切り口をささら（簓）のようにして焼明礬を擂り込む。又そこに墨を塗って活ける。これも葉には水を打たないのがよく、巻き葉も段々に開き、何時竹を切ってもよい。朝早く切るとなおよく、色々あるがこの法がもっとも勝れてよい。〈竹葉の凋まぬ伝〉〔新板秘伝日用重宝記〕に「竹葉の凋まぬ伝」は、塩と白砂糖を振り掛けて菰に包み、日陰に置き、土気を受けさせ、その後活ける。〈斑竹にする伝〉〔日用調法人家必用〕に「竹を斑にする伝」は、硼砂（五十目、擂り細かにする）、緑礬（三十目、同）、胆礬（二十目、同）、石灰（五匁）を調合、水で和し、何でも模様を描いて乾いた時洗い落すと、その斑紋は自然と生じたように鮮やかに残る。〈色つけ等〉〔調法記・四十ゟ〕に「竹の色付」は、竹の皮に繋り白水*を塗ると模様や無地の煤竹となる。裏にそそけ（ほつれ）をつけるには、孟宗竹の中の皮を繋り砥草、椋の葉でよく磨き、後に蠟を塗りよく拭う。〈竹を和らげる法〉〔重宝記・礒部家写本〕に甘草で煮ると、惣体竹を和らげる。〈薬種〉〔薬種重宝記〕には竹葉《ちくよう》*（＝淡竹葉）、竹茹《ちくじょ》*（＝竹の甘肌）、竹瀝《ちくれき》*（＝竹の焙り汁）、天竺黄*（竹の黄汁）を薬種とする。〈紋様〉〔紋絵重宝記〕には、①竹の文字と竹の図様を意匠したものと、竹の丸に雀を意匠したものがある。「竹の子」は別項。

竹の鹿【たけのしし】〔人倫重宝記・四〕に竹竿の上に登って戯《たわむれ》をする芸を、唐土では都盧《とろ》（＝一種の軽業師）、日本では竹の鹿《しし》という。

武野紹鷗【たけのじょうおう】〔人倫重宝記・三〕に武野紹鷗は、泉州堺出身の茶の湯者。始め中村と号した。茶のみならず和歌 香 禅にも通じた。東山殿*に仕え、官庫の宝物を珠光とともに掌った。緋衣（朝廷に出る時着る服。四位は深緋色 五位は浅緋色）の列につき、因州の守に任ぜられた。後に泉南に退いて茶を嗜み、遂に数寄の名を得た。自らは大国庵一閑居士と号した。弟子に千利休*がいる。弘治元年（一五五五）、五十四歳没。

竹の心【たけのしん】立花。*〔昼夜重宝記・安永七〕に竹の心《しん》は、枯れ止まりなら枝より上長さ四寸余はよく、枯れ止まりでない時は一寸余の長さで直に切る。枝は一ツ 二ツ 三ツでも恰好次第、枝の葉先は床の角へ背け、副《そえ》*は枝のなびきの方に挿すのがよい。薄や柳の枝垂れた類を嫌う。

竹節【たけふし】〔絹布重宝記〕に竹節《たけふし》は縮緬類の病である。緯（横糸）の縷が懸からないのを織り込むと、そこだけは経（縦糸）の絞だけがあり、絹縮のようになる。絹局（呉服屋）は裁ち合せて遣うが、小紋に染めると見えないこともあるが、甚だしいのは目立つ。生《き》縮緬の時は目立たない。唐縮緬には特に多く、丹波縮緬にもままあり、美濃縮緬*にも少々あり、浜縮緬*には至って稀で、京縮緬*には全くない。

たげる【たげる】〈何が不足で癇癪の枕言葉〉「物買、たげる」。〔小野篡謔字尽〕

竹割玉子【たけわりたまご】〔料理調法集・鶏卵之部〕に竹割玉子は、小口差し渡し一寸位の青竹を下に節をつけて長さ四寸程に切り、中をよく洗い、新しい玉子を黄身の乱れないように三ツずつ割って入れ、口をして蒸籠の中に立てて蒸し、冷めてから竹を割って出す。

蛸蒲鉾【たこかまぼこ】〔料理調法集・蒲鉾之部〕に蛸蒲鉾は、蛸を湯煮して足を二寸程に切り、茸篦で身と皮の間を離し、身を取って皮の中へ擂身を詰め、蒸して切り形をする。

多骨疽【たこっそ】〔改補外科調宝記〕に多骨疽は、腫物より骨が出る症である。腫物が久しく潰え口が治まらず、気血が虚して行歩できず、多骨疽となり内から朽ちた骨が多く抜け出る。治方はまず脾胃を補い、元気を調え、朝は十全《じつぜん》大補湯*、晩には六味地黄丸*を用いる。初めに葱の白・艾葉・干山椒・甘草を煎じて毎日腫物を洗い、次に付子餅の灸法をする。付子をよく搗き餅にし、腫物の上に毎日灸をする。薬には十生肌玉紅膏*、チャン膏（=白玉万能膏*）も用いる。

蛸南蛮煮【たこなんばんに】〔世界万宝調法記・下〕に蛸南蛮煮は蛸をよく洗い、板の上で擂粉木でよく叩いて和らげ、心次第に切り、酒ばかりで久しく煮ると、十分和らかになる。その上へ醤油を差し、また煮て取り出し、心次第に切り、汁なしに出す。山葵・生姜・酢をかけるとよい。

田子の浦【たごのうら】　大和詞。〔不断重宝記大全〕に「たごのうら（田子浦）とは、ほのかなる人を云」。又「江尻より府中」「由井より興津」参照

蛸の事【たこのこと】　章魚とも書く。〔万物絵本大全調法記・下〕に「章挙しやうきよ／たこ」。〈薬性〉〔医道重宝記〕に章魚《たこ》は寒で毒なく、血を養い気を増す。消化し難く、多食してはならない。〈料理仕様〉〔諸人重宝記・四〕に蛸は、桜煎 駿河煮 鱠、この外色々に遣う。飯《いい》蛸ヲ吸物に、蜘蛛《くも》蛸を肴に使う。〈和らか煮様〉〔男女御土産重宝記〕に蛸和らか煮様は、○味噌汁で煮るのがよい。○煎じ茶を少し入れてもよい。〔諸民秘伝重宝記〕に、○蛸を煮る時、備前擂鉢の欠けを入れて蒸《ゆ》でると箸で挟み切れる。○大根卸しを入れてもよい。○醤油加減をして茶を加えて煮ると和かになる。○新藁を五六本入れて蒸でると最も和らかになる。〔万まじない調宝記〕に、○煮る時、海羅《ふのり》を鍋の上より三遍廻すと和かになる。もし鍋の中に取り落すと蛸はとろける。〈駿河煮〉〔諸人重宝記・四〕は「蛸の駿河煮」として、出汁 溜りに酢を少し加え疣の落つる程よく煮る。黒煮ともいう。〈食合せ〉〔家伝調方記〕は蛸に心太を食い合せると、男は膈症（食物が胸に痞える胃癌の類）、女は血の道となる。〈毒消し〉〔医術調法記幷料理書〕に蛸の中り名薬は、青蓬に甘草二匁を煎じる。〈干蛸を生にする伝〉〔日用調法人家必用〕に「干蛸を生の如くする伝」は、赤土に埋めて一昼夜程置いて出すとよい。

脚胝の治法【たこのじほう】〔調法記・四十ゟ〕に脚胝《たこ》の治法は、葱の太いのを火で焙り、裂き開いて付けると即座に癒える。〔新選広益妙薬重宝記〕に胝の治薬は、生姜・半夏の二味を粉にして、水で溶いて塗れば治る。

出汁【だし】〔料理調法集・煮出煎酒之部〕に出汁《だし》は、諸煮汁を製するのにまず水を選び よく煮返し 冷まし 澄まし、絹で濾す。鰹出汁* 干瓢出汁* 五種出汁* 昆布出汁* 椎茸出汁* 出し酒* どぶ汁* 生垂* 秘伝出汁* 水出汁* がある。〔ちやうほう記〕には妙心寺管長の伝として、極上の醤油一升に疵のない赤く干した唐辛子数百を入れて交ぜ、ゆる火で箸で挟める迄煮詰めて貯えて置き、料理の出汁に用いる。出汁の最上等である。〈精進出汁〉〔諸人重宝記・四〕に「精進の出汁」は干瓢、昆布、干蓼、餅米（袋に入る）、干し蕪、干し大根を取り合せるとよい。

鉄漿の煎じ様【だしかねのせんじよう】〔万用重宝記〕に鉄漿《だしかね》の煎じ様は、鉄の銑屑（五十匁）に水（一升）と酢（五合）を入れ、八合に煎じ詰めた汁を使

う。染斑《そめむら》をなくす法は、絹布木綿、何でもその染地を湯に浸しよく絞り、染汁をその分量程入れて置いて、糊を着類にずんぶりと入れて染める。染汁の少ないのは必ず斑《むら》ができるのでたっぷりと多いのがよい。

田鴫【たしぎ】「ぼと鴫」「尾黒中鴫《おぐろちゅうしぎ》」参照

出汁酒【だしさけ】〔料理調法集・煮出煎酒之部〕に出汁酒《だしさけ》は、酒に鰹節を削り、塩を少し入れ、二泡程ふかせ濾し冷ます。

嗜み事【たしなみごと】「行儀嗜み事」「妻の嗜み事」ヲ見ル

但馬【たじま】但州。〔重宝記永代鏡〕には、朝来《あさこ》、石美、養父、城崎、美含《みふくみ》、二方《ふたかた》、気多《けた》、七美《ななつみ》の八郡をあげ、城下は出石《いずし》、一ノ宮は粟鹿《くりが》である。〔万民調宝記〕に居城知行高は、出石・小出備前四万四千石、豊岡・京極甲斐三万五千石。〔大増補万代重宝記〕には石美がなく出石があり、上管、四方二十二里。田数八千十六町、知行高十二万三千九百六十一石。〔重宝記・幕末頃写〕には上管、東西二日、田は厚く広く、粟稗・柴木は繁多である。豊岡県から、今の兵庫県の北部にあたる。〈名物〉〔万買物調方記〕に小人参、芍薬、黄連、茜、糸綿、干蕨、縄、柳行李、温石、銀、朝倉山椒、出石絹など。

たしわこと【たしわこと】〈何が不足で癇癪の枕言葉〉「下女、たしわこと」。〔小野篡譃字尽〕

他心宗【たしんしゅう】「浄土宗」ニ同ジ

手助【たすけ】馬具。〔武家重宝記・五〕に手助《たすけ》（図307）は、馬髦《ふりがみ》の上の飾り、面懸《おもかい》*の余り総《ふさ》、打緒《うちお》である。緈《たすけ》とも書く。一懸《ひとかけ》という。

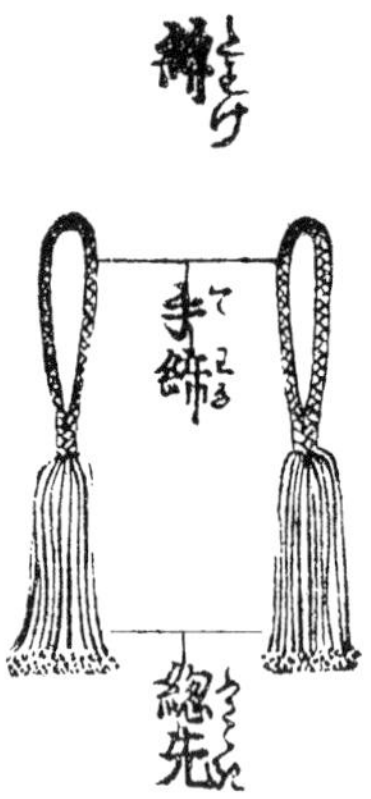
図307 「手助」（武家重宝記）

黄昏草【たそがれぐさ】大和詞。「たそかれ草とは、夕がほ（顔）の事」である。〔不断重宝記大全〕

黄昏時【たそがれどき】大和詞。「たそかれどきとは、ゆふぐれ（夕暮）を云」。〔女重宝記・五〕

堕胎【だたい】〔里俗節用重宝記・上〕に堕胎は子を堕すこと。不仁の第一であるが、やむをえず破胎することは古今数多い。小児を破る薬故、婦人には愈々中《あた》るが、その効は少ない。四ケ月より差し薬をし、それ以前は胎でないので脱血をする。牛膝《いのこずち》・牛蒡《ごぼう》・大根の様な物がよく、この先に麝香をつけて差す。「流し薬」参照

叩き鮑【たたきあわび】〔料理調法集・貝類之部〕に叩き鮑の鮑は、女貝がよい。殻を離し、腸を取り、葛水に暫く漬けて置き、その後葛粉を鮑に揉みつけ、そろそろとよく叩きつけて、蒸貝 煎貝 酢貝 脹煮《ふくらに》 田楽 酢貝等によい。

叩き汁【たたきじる】〔料理調法集・汁之部〕に叩き汁は、小鳥を叩き、豆腐 菜を細かに切る。味噌汁を立てる時、豆腐 菜共に入れてよく煮、鳥を入れて塩梅する。

叩き土の仕様【たたきつちのしょう】〔諸民秘伝重宝記〕に叩き土の仕様は、埴《へな》土《つち》（粘土）一升、石灰五升、塩三升の分量をよく練り合せて、一時（二時間）ばかりも筵を懸け踏みつけ、寝させて、下地をよく固めて置き、叩きつけて塗るとよい。

多田家末葉【ただけばつよう】諸氏名字。〔筆海重宝記〕に次がある。○多田家嫡流（本家の家筋・正系）末葉は、源《げん》 多田 土岐 出羽 田尻 大河内《おおこうち》 浅野 太田 伊豆 手嶋 堀 深沢 原 金山 土屋 松崎 飯倉ら三十七名字が出る。○多田家庶流（分家・別家の家筋）末葉は、戸嶋《としま》 鳥山 柏原 檜坂《ひさか》 太田 安木の六名字が出る。

忠度の短冊箙【ただのりのたんじゃくえびら】「えびら（箙）」ヲ見ル

畳【たたみ】 特に、芝居等の座席をいう。〔遊里不調法記〕に「舞子《まいこ》の会には行かずと、畳は買ふてやれ」。

畳筵の新しいのを敷く吉凶日【たたみむしろのあたらしいのをしくきっきょうび】〔万民重宝改正大ざつ書〕に畳筵を新しく敷く吉凶日がある。○「吉日」乙《きのと》寅の日。庚《かのえ》子の日。辛《かのと》戌の日。壬《みずのえ》寅・申の日。癸《みずのと》卯の日。○「凶日」巳・午の日。己《つちのと》戌・亥の日。丙《ひのえ》・丁《ひのと》・戊《つちのえ》・己《つちのと》の日。〔重宝記永代鏡〕に「悪日」は、地殺日*とある。

畳鰯【たたみいわし】〔料理調法集・干魚調理之部〕に畳鰯《たたみいわし》は、しらす〔白子〕という魚を干したもので、醤油をつけて焼くのが常とある。〈吸物〉畳鰯を水に二日程漬けて置き、生の色に戻った時、はしりの白魚のように使う。

畳具足【たたみぐそく】「しまいかねのどう〔四枚金胴〕」ニ同ジ

畳染み抜き【たたみしみぬき】〈油染み〉〔男女日用重宝記・上〕に畳に油が着いた時は、○石灰を篩い掛けて一夜押しを掛けて置くと石灰に染んで取れる。○続飯〔飯粒の糊〕を紙にぴたっと付けて、油の着いた所に一夜置くと取れる。〔永代調法記宝庫・三〕には、○土器《かわらけ》を粉にして厚く振りかけ、その上に紙を蓋にして続飯で厚く貼りつけて置くと抜ける。○石灰を掛けて圧しを掛けて置くと色あるものは皆抜け落ちる。〔諸民秘伝重宝記〕は零れた畳の油の上に水を掛けると油が水に浮くので、湿し拭い取る。○墨は何度も清水を注いで軽く拭き取る。但し、少し間があくと落ちなくなるので前者の法による。〔文政新刻俗家重宝集〕は海苔《ふのり》を煮て掛けて置くと落ちる。〈酒染み〉〔麗玉百人一首吾妻錦〕は畳その他何でも酒の掛ったのには、豆腐の湯で洗うとよい。〈墨染み〉〔新咒咀調法記大全〕は墨の零れたのをそのままにして置き、乾燥した時、新しい草履で擦ると全て落ちる。

畳大工【たたみだいく】〔万買物調方記〕に「京ニテ畳大工」烏丸御池上ル 大針加賀、同六角下ル 大針備後、同四条上ル 伊阿弥筑後、油小路二条下ル 伊阿弥長門がおり、この外畳刺は堀川 中立売より丸太町の間に多い。「江戸ニテ畳大工」内河岸 伊阿弥角之丞、中橋おが町 渡部与三左衛門、同広小路 中村弥太夫、鍛冶橋通畳町 早川勘右衛門、南大工町 喜兵衛ら九人がおり、この外新橋より南、日本橋北西、中通ノ北神田ノ田町、京橋南西、中通滝ノ山町、同惣十郎町、石町通、小伝馬町、同鉄砲町の所々に多い。「大坂ニテ畳屋」道修町、道頓堀をあげ、この所に数多いるという。

たたむ【たたむ】〔里俗節用重宝記・上〕に、炷物《たきもの》は合すとは言わず、「たたむ」と言う。「たたむ」については、家々に種々の仕方、分量の差し控えなど、秘事秘伝が多い。

漂う【ただよう】 大和詞。「たゞよふとは、雲 水の風に動くを云」。〔不断重宝記大全〕

鬼疾邪瘧を除く法【たたりやまいつきものおこりをのぞくほう】〔新撰咒咀調法記大全〕に「家に鬼《たゝり》 疾《やまひ》 邪《つきもの》 瘧《おこり》を除く法」がある。鬼蟹《しまむらがに》*の殻を家の四方に掛けて置くと、諸々の祟り、流行病《はやりやまい》、又は狐 狸 人の霊《おもい》疫 瘧《おこり》等一切の怪しみを除くという。〔万用重宝記〕には狐狸、その他獣《けもの》が人に憑いたのを退ける法は、その病人を縛って置き、火鉢に「けいくわんのおうおう〔鶏冠雄黄〕」を焚き薫べると、自然と退屈して退去するという。〔万法重宝秘伝集〕に「狐狸、惣而憑き物を去る名灸」は、図版〔図308〕のようにして艾の大きさ四分程にして、両爪の角と肉との四所に当て灸を七壮か十四壮する。病狸 狐の類なら泣いて自ら去ると言うのを験しにする。

爛れ目【ただれめ】「目の諸症」ヲ見ル

兌端【だたん】〈経絡要穴 頭面部〉一穴。兌端《だたん》は上唇の赤い肉と白い肉との境目にある。針二分。灸三壮。癲癇、小便黄、舌乾き、消渇、鼻血、唇

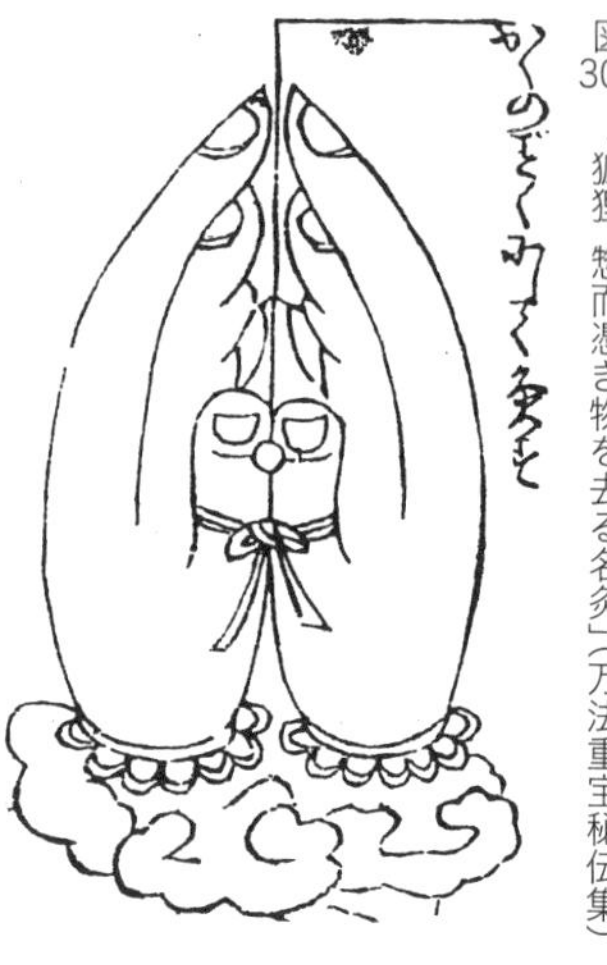

図308 「狐狸、惣而憑き物を去る名灸」（万法重宝秘伝集）

強ばり、歯齦痛み、鼻塞がり、痰涎口噤を主《つかさど》る。〔鍼灸重宝記綱目〕

太刀 刀 指物 具足 着初め吉日【たち かたな さしもの ぐそく きそめきちにち】〔諸人重宝記・五〕に「太刀 刀 指物 脇差 具足 着初めに吉日」がある。壬子《みずのえ》・寅・辰・午・申の日。癸卯《みずのと》・酉の日。戊寅《つちのえ》・辰・午・申の日。己卯《つちのと》・巳・酉の日。辛丑《かのと》の日。「衣服の事」モ見ル

立射様【たちいよう】〔弓馬重宝記・上〕に立射様《たちいよう》がある。矢一手《ひとて》（＝甲矢・乙矢の二本一組の矢）を取り添えて持ち出、前の座に蹲い、前弓下座を見渡し、後弓と見合せて一度に立ち、その時勢子も立ち左足より踏出し三足半に歩み寄り、足踏みを定めながら弓を右へ取り直し、大中辺を持ち足と三《み》ツ鼎《つがなわ》に立ち、差し俯き肩を抜き衣紋袖下緒を納める。但し、肌抜ぎ様に習いがある。次に甲矢を使い乙矢を逆様にし、高指に持ち衣紋を繕い乙矢を右小指で持ち打上げて射る。ここに習教がある。次に足を一所に寄せ、弓を右へ取り肩を入れ、取り直し、退《しさ》って蹲う。次に上座より次第々々に一人ずつ出て、逆羽《さかば》を打つ。口伝。矢代の前に行き跪き我が矢が下矢ならば弓を右の方へやり、こし弓の上より右手を越し上矢の筈を指二ツで捕り、上座の方へ寄せ置いて弓を左へ開き、我が矢の筈を取り引き出し、箆中の上にとくと組んで置きそのまま並べ置くのもよい。また我が矢が上矢なら直ぐに弓を左へ開き、我が矢の筈を取り、引き出し上座の方に並べて置く。口伝。

太刀折紙の事【たちおりかみのこと】〔改正増補字尽重宝記綱目〕等に進上用として太刀折紙の事がある（図309）。○「料紙」将軍家 参議以上は大高檀紙一枚、その次は備中紙小高檀紙一重、大方の衆は小引合《こひきあわせ》又は杉原紙。その人体により用いる。○「折り様」横に二ツ折りした物を三ツに畳み、初折に「進上」、中折に「目録色立て」、「末折」は以上と名を書く。上位へは上前の合せ口三分、下前の合せ口一分。中位へは上前の合せ口五分、下前の合せ口三分。下位へは上前の合せ口九分、下前の合せ口五分。○「書き様」「進上・御太刀・御馬」、「一腰」「一疋」は同じ字頭に書く。「進上」を少し下げる流もある。「以上」は少し下げて書き、「上」の字の沓《くつ》と名字の冠《かむり》と同じ通りに、名の下の守《かみ》の字の冠と名乗の上の字の冠と同じ高さに書く。太刀の銘は一腰の下に銘を書き、無名の時は「持」と書く。○「傍付（脇書）」のない時は金馬代と知る。金銀なら万疋とか五千疋とか真中に書く。真行草により上中下の分ちがあり、貴人へは真字で書く。「御」の字は同輩へは行文字、下位へは草文字に書かない。

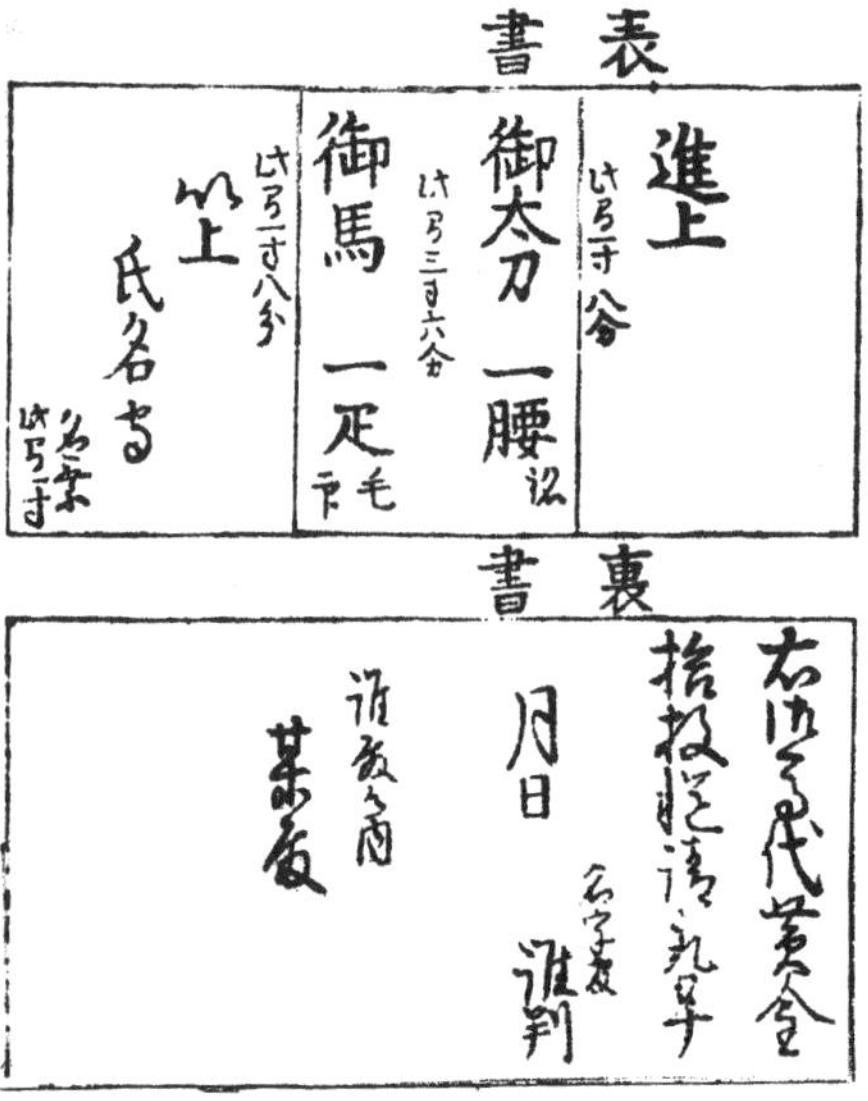

図309 「太刀折紙の書法」（改正増補字尽重宝記綱目）

折紙の裏書は上古はなく、普光院殿の御代に始った。伊勢守殿流は「以上」に点を掛けて遣すが、当代は専ら裏書を用いる。〈猿楽等に遣す時〉〔不断重宝記大全〕は「進上」「御」の字、また傍付を書かない。

〈受取り渡し様〉〔諸礼調法記大全・天〕に次がある。太刀を右に捧げ、折紙を懐中し、奏者を乞い、出会えば一礼して左手で折紙を抜き出し、右の太刀を持った指に挟み添え右膝の脇に置き太刀をその上に置く。口上を述べ、左で折紙を取り 右で太刀を取り、折紙を太刀の鍔の下に持ち添え 目六分に渡す。奏者は右手で太刀を取り 左手を右の下へ遣り違えて折紙を取り、左右へ引き分け、また太刀の刃の方 足の上大指に挟み、右膝の脇に押し立て左手を突き、使者の名を尋ねて立ち行く。使者は太刀を奏者へ渡し 後へ退る時、奏者の名字を尋ねるのに 辞せずに我が名を言う。故実や口伝が多い。〔書札調法記・五〕〔武家重宝記・一〕〔重宝記〕にも解説がある。

立君【たちぎみ】「夜鷹《よたか》」ニ同ジ

立ち眩み【たちぐらみ】 立っている時、或は立ち上がる時に目眩いがすること。〈立ち眩み食物宜禁〉〔家内重宝記・元禄二〕に「宜い物」は茶 菊の葉 大根 辛子 莧 独活。「禁物」は餅米 麺類 蕎麦 蕨 油。

立毛【たちげ】〔農家調宝記・初編〕に立毛《たちげ》は、収穫前の米麦等の農作物をいう。米の場合、上田一坪当り一升を石盛の仕出しとする。

太刀の事【たちのこと】〔武家重宝記・四〕に次がある。太刀はもと御剣《ぎょけん》である。旧記に鉄刀《たち》帯刀《たち》横刀《たち》と書き、和名は与古波岐《よこはぎ》という。『七種神名帳』の疏に曰くとし、宝剣を太刀と称する。昔、素盞烏尊が出雲国で剣で大蛇《おろち》の尾を裂くと中に剣があり、これを天村雲剣《あまのむらくものけん》といい、即ち三《み》種《くさ》の神器《かみうつわ》*の一ツである。よって剣をば太蛇《たち》という。鞘をその蛇形とし、御剣の割切《がいせつ》に比して一の切目《せめ》二の切目と呼ぶ。今又 陰陽の両義を具す。一刃《いちじん》を破刃《やいば》といい、刀頭《とうとう》は火に属して物を摧破し、これは陽の形である。脊《むね》を死遁義《しのぎ》として水に属して陰を表示し、物を和する形である。既に両刃であるのを分けて字の形に作る。刀は▷に従う故という（図310）。或『粗談』を引き、陣太刀は長いのを用いず、帯き様には習いがある。或る書には足がなく大きいのを野太刀《のだち》といい、上古に鷹野等に持たせたというが、野に持つからではなく、帯取《おびとり》もなく 異体なので鄙野《ひや》の義かという。天子方では宝剣といい、将軍方では御帯刀《おんはかせ》という。鞘のないのを一振《ひとふり》といい、鞘に納めたのを一腰《ひとこし》という。

〔弓馬重宝記・下〕には太刀は［日本］尊武の時、草薙の剣より初め二尺五寸である。十束剣と云い、六具*の内である。

〈太刀目録〉〔重宝記・宝永元序刊〕に太刀目録の料紙は、書状料紙（四寸五分より五寸）と大体同じであるが、それよりは二三分程も広いのがよい。平人が高檀紙で太刀目録を調えるのは斟酌すべきである。平侍でも先祖が歴々等であれば相応の料紙に書く。

〈渡し様〉〔武家重宝記・一〕に太刀 折紙を人に渡し様は、まず奏者に申すべきことを言い、その間は太刀は右手に 柄《つか》は前へなし、帯取を右の方にして膝の上に持つ。又それ程申すことが無ければ太刀の石突《いしづき》を突いても言う。折紙は左手に折った方を先にして持ち、渡す時は両手で折紙を広げて奏者に見せて渡す。渡し様は折紙を下、太刀を上に、足間《あしあい》の所を折紙の上に置いて渡す。受け取り様は左手で折紙を取り、右手太刀を入れて受け取る。太刀の下へ手を入れて取る。足間である。もし渡す人が折紙を広げて見せなければ、受け取って使いの前で折紙を取り直し広げて見る。太刀ばかりならば左手を柄《つか》に添えて渡す。なお、口伝故実が多い。太刀を下に置いては渡さず、中《ちゅう》で渡す。

〈太刀屋〉〔万買物調方記〕は、「京ニテ太刀屋」元誓願寺小川ヲ下 藤原播摩、烏丸長者町下ル 藤原和泉、其外三条通 紙屋にある。「江戸ニテ太刀屋」石町岩付町 京下リ 播磨加右衛門、石町一丁目 又左衛門。「大坂」に

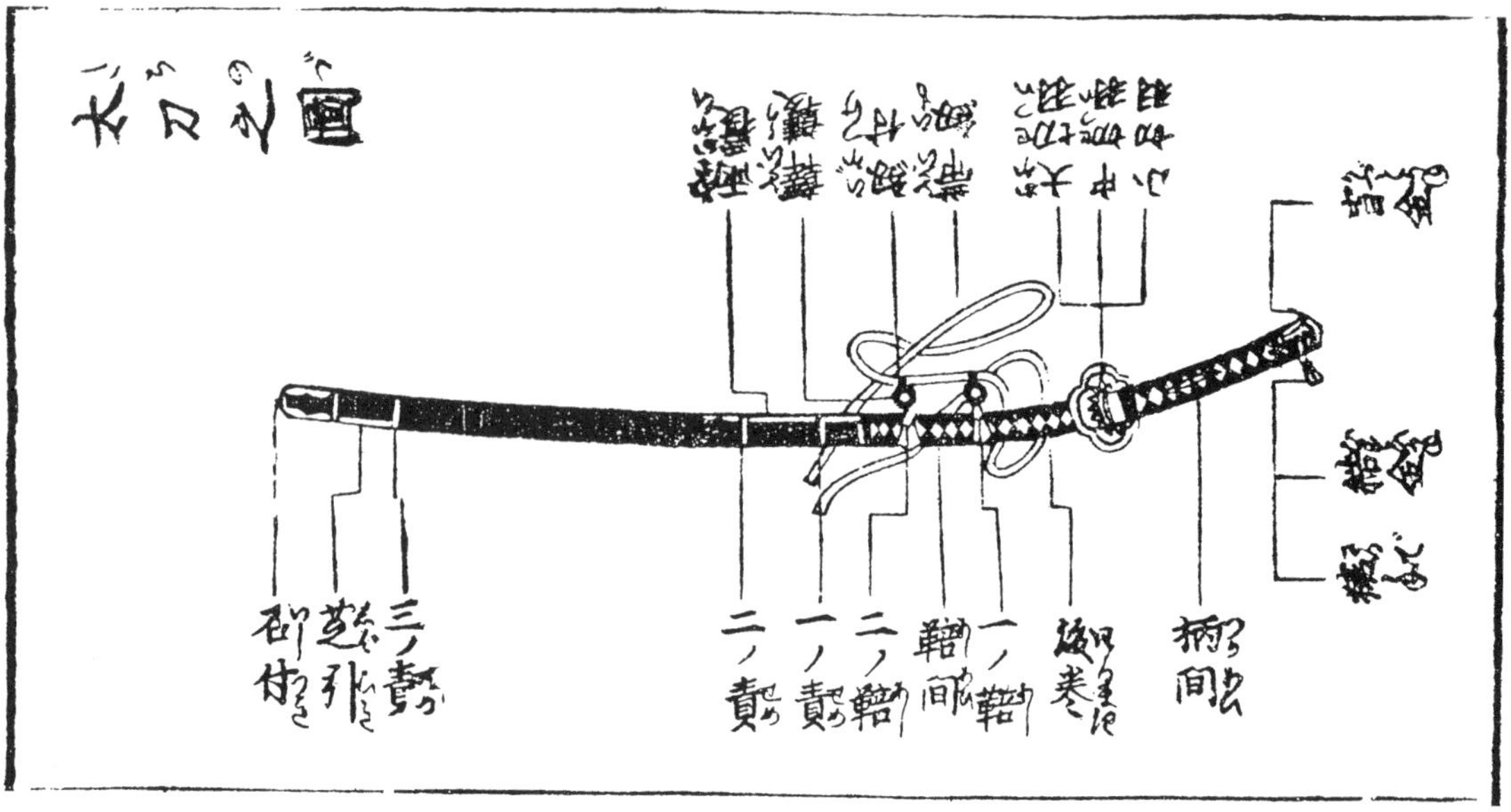

図310　「太刀の図」（武家重宝記）

はない。「刀の事」「小刀の事」「刀剣脇差」「脇差の事」「腰の物」モ見ル

橘【たちばな】〔万物絵本大全調法記・下〕に「橘きつ／たちはな。又蜜柑みつかん」。〈異名〉〔書札調法記・六〕に橘《たちばな》の異名に、木奴《もくど》霜飽《そうほう》薄波《はくは》遺母《いぼ》洞庭子《どうていし》がある。〈大和詞〉〔消息調宝記・二〕に「たちばなは、古き恋也」とある。〈紋様〉〔紋絵重宝記・上〕には二重丸の中に橘の葉と実を組み合わせ、及び「橘」字の意匠がある。「諸氏名字」は「きつし（橘氏）」ヲ見ル。「蜜柑の事」モ見ル

橘玉子【たちばなたまご】〔料理調法集・鶏卵之部〕に橘玉子《たちばなたまご》は、煮抜玉子の黄身を壊れないように取り出し、細い串の先に差し、生の黄身を懸けて火に取りつけ、葉を押して出す。

橘月【たちばなづき】大和詞。「たち花月とは、五月の事*」。〔不断重宝記大全〕

橘寺【たちばなでら】大和の橘寺は天台宗。仏頂山菩提寺と号する。本尊は観世音菩薩。聖徳太子誕生の寺と伝え、太子の二歳、十六歳、三十五歳の御影がある。蓮華塚があり、地わり塚ともいう。きんなん石の灯籠があり、三光石がある。この辺は昔の橘寺の宮の跡である。岡へ行く道の川は飛鳥川である。岡へ八丁。〔東街道中重宝記・七ざい所巡道しるべ〕

橘遠保【たちばなのとおやす】〔大増補万代重宝記〕に橘遠保《たちばなのとおやす》は官兵を励まし、天慶（九三八～九四七）年中に藤原純友を討ち、捕虜にした。楠正成*は後裔である。

橘姫【たちばなひめ】賢女。〔重宝女訓女今川操文庫〕に橘姫は、日本武尊《やまとたけのみこと》が東《とう》夷《い》を征伐し、相模国から上総へ渡る船中で尊に慢心の兆しがあるのを、海神が咎めてか俄に波風が荒くなり舟が難破しそうな様子に、御伴の橘姫がこれを見て海神に尊の恙ないことを祈り、自らは入水すると程なく波風も治まり無事に着岸した。尊は姫の忠烈を慕い、碓日《うすひ》坂から巽（東南）を眺め「吾嬬《あづま》はや吾嬬はや」と三度嘆げかれてより東国を「あづま（東*）」と言い始めたという。

立ち吹く風【たちふくかぜ】 大和詞。「たちふくかぜとは、身にしむを云」。〔不断重宝記大全〕

立ち舞うべくもなし【たちまうべくもなし】 大和詞。〔不断重宝記大全〕に「立まふべくもなしとは、物思ふ事なり。（歌）物思ふ（に）立まふべくもあらぬ身の袖うちふれし心しるし（き）や（源氏・紅葉賀）」とある。

立待月【たちまちのつき】 大和詞。〔不断重宝記大全〕に「たちまちの月とは、十七夜の月」をいう。〔重宝記永代鏡〕に立待《たちまち》は、十七日の月をいう。

裁物縫針【たちものぬいばり】 「衣服の事」ヲ見ル

辰【たつ】 十二支*の一。〔年中重宝記・六〕等から集成すると次の通り。辰《たつ》《しん》（龍）。〈月〉三月とする。辰は震、三月は陽気動き 雷電震い農事をなす意。〈時刻〉辰《たつ》の時は朝（昼）の五ツ、八時及びこの前後二時間である。〈方角〉東南東。〔永代調法記宝庫・首〕に辰の異名は執《しつ》徐《じょ》・食時《しょくじ》とある。「辰の日／月」参照

建【たつ】 十二直*の一。暦中段。〔童女重宝記〕には、北斗七星 破軍星建向の建所《おざす》の名とする。万物生じ何事に用いても大吉日である。〔和漢年暦調法記〕等に吉日とし、神を祭り、棟上げ、柱立て、入学、元服、衣類着始め、金銀の取り立て、婚礼、旅立ち、種蒔等によい。舟乗り始め、土を動かすを忌む。

卓子【たつう】 唐人世話詞。「飯台《はんだい》を、卓子《たつう》と云」。〔男重宝記・五〕

脱衣散【だつえさん】 〔医道療治重宝記〕に脱衣散は、胞衣《えな》の下らないのを治す。滑石（四匁）、牛膝・木通（各三匁）、冬葵子（二匁半）、当帰尾（二匁）、枳殻（三匁）を煎じて服する。一方に、枳殻を去り、瞿麦（三匁）を加え胎衣を出す。臍 腹堅く脹り、急痛するのは人を殺す。これを服して、胞衣《えな》ちぎれて死胎を下す。

獺肝丸【だっかんがん】 〔洛中洛外売薬重宝記・上〕に獺肝丸は、三条通松の木町 大こくや六兵へ にある。癆瘵、疳の虫の薬である。

脱金鈎治法【だっきんこうじほう】 「頤《おとがい》の事」〈頤の外れ治法〉ヲ見ル

田作【たづくり】 「䱇《ごまめ》の事」ヲ見ル

脱肛【だっこう】 〔医道重宝記〕に脱肛は、肛門の抜け出るのをいう。肺気が虚寒し、大腸の気が引き提げる力のない時この症をなす。或は痔漏下血 久痢の後、或は産婦の息詰み、小児の叫び泣き、皆 脱肛をなす。脈の小緩なのは治し易く、これに反するものは治し難い。薬に参芪湯*《じんぎ》升陽除湿湯*があり、諸症により敗毒散* 四物湯* 補中益気湯* 八物湯*等を用い、加減がある。〔改補外科調宝記〕に「脱肛 しりご（尻の穴）抜け出る」のは男女小児によらず、気が血虚して気が下陥する症である。新しい長いによらず、加味参芪湯を用いる。薬方に、脱肛洗薬* 脱肛敷薬《しきぐすり》*がある。灸方に神闕 長強 百会 下髎がある。脱肛が久しく冷えて入り兼ねる時は、赤い薔薇の花・生蓬《なまよもぎ》・白角豆《しろささげ》（各一掴み）、石榴の花（半掴み）、乳香を葡萄酒と水（各五合）で煎じ、手拭に浸し 脱肛を湿布し 温めて内へ押し込む。温まる程何回も湿布するとよい。〔鍼灸重宝記綱目〕には灸を命門兪 腎兪 長強 百会 膀胱にする。

〔調法記・四十ち〕に脱肛を治すには、○鮒の頭の黒焼きを酒で用いる。○白胡麻油で溶いてつける。○黄連を冷水で溶いてつけるのもよい。○葱の太いのを火で炙り裂いてつけると即治する。〔諸民秘伝重宝記〕には○臍の尾を湯に浸け その汁を脱肛に塗ると治る。○蝸牛の身を擂り潰して酢でつけてもよい。〔調宝記・文政八写〕にも諸方がある。○蛤貝を煎じた汁で洗う。○蚯蚓の土をよく取り味噌汁でよく煮て汁だけを二夜用いる。○鼈甲を酢に浸して干し 粉にしてつける。○田螺の黒焼を粉にして胡麻の油でつける。○古草履を火で温め痛む所に当てると痛みは止る。〔医術調法記幷料理書〕に「たっこ（脱肛）の名薬」として、○かしわの鶏の肝の味噌汁で治す。名薬である。〔小児療治調法記〕に脱肛は、小児が久しく瀉痢を患い 大腸が虚して滑らかになり 糞門より

脱け出て収まらないのをいう。〇蓖麻子を搗き爛らし頂上に付けると収まり、入ると取り去る。〇五倍子を末（粉）してつけ頻りに押し入れる。〇赤石・伏龍肝（竈の下の焼け土。各等分）を末（粉）として糞門の出たのにつける。薬には提肛散*脱肛洗薬がある。

脱肛敷薬【だっこうしきぐすり】〔改補外科調宝記〕に脱肛敷薬は、白粉・干した石榴の花・松脂・明礬（各少）を粉にしてつけ、押し入れる。

脱肛洗薬【だっこうせんやく】〔改補外科調宝記〕に脱肛洗薬は、葱の白根を煎じて洗い、芭蕉の葉で押し入れる。芭蕉がなければ蜜を塗って入れる。〇槿《むくげ》の葉を煎じて洗い、五倍子・明礬の粉をつける。〔小児療治調法記〕は苦参・五倍子・陳壁土（各等分）を水で煎じた湯で洗い、木賊の末（粉）を用いて塗り、柔かに押し入れる。〇五倍子を末（粉）してつけ、頻りに押し入れる。〇小児瀉痢後糞門の収まらないのを治す。赤石・伏龍肝（竈の下の焼け土）（各等分）を末（粉）として、糞門の出たのにつける。

脱肛虫薬【だっこむしぐすり】〔里俗節代調宝記・下〕に「だつこむし（脱肛虫薬、産後多くある事也」とし、茄子（木葉共に）・忍冬・石硝・すべり莧（各等分）にして、水三升を二升に煎じ、桶に入れて尻をよく蒸す。

達者薬【たっしゃぐすり】〔調法記・全七十〕に達者薬として、半夏*を懐中する。草鞋食、鼻緒擦、豆などが出来て傷《やぶ》れ痛むのに、半夏の生の丸粒を削って粉をつけると即ち妙である。

脱疽【だっそ】〔改補外科調宝記〕に脱疽は、疔*の類で脚背発*とも言い、多く足や足指に出て重いのは五指が潰れて抜ける。手や手指に出るのは蛀《ちゅう》節疔《せっちょう》*という。脱疽は酒食や厚味で脾を破り、房労で腎を損じ、渇して患い又患って後に渇する症である。手足共に始めは粟粒のようなものが出、やがて腐り膿づく。汁が出ても見た目は渇いたようである。少し腫れて甚だ赤く、後に黒く蔓延る。五本の指から足の甲に上り疼き痛み、湯火傷のように鼻も向けられない臭気がある。脈強く食進み気色のよい人は治るが、十死一生の悪腫である。色赤く痛み自から潰れるのは治らない。赤いのは湿毒盛んゆえ大蒜《にんにく》を敷いて灸をし、内薬は活命飲（散）*托裏散*十全《じつぜん》大補湯*加味八味丸を用いる。色黒く痛まないのは腎気が敗れて虚火盛んであり、大蒜《にんにく》を敷き灸をし、十全大補湯加味八味丸を用いると毒気は上らず生を保つ。重い症はその筋を切り離すとよい。初め粟粒程の時灸をすると毒気は上らず膿をなすので膏薬を貼る。

〇外治は、生姜・胡椒・小麦粉を練り合せて糊にし、木綿につけて温めて巻き、一日に一度ずつ貼け替える。四五日目に指先の所を竪に四五分程割って悪血を出し、その後に太乙膏*かチャン膏（＝白玉万能膏*）を付ける。五本指が爛れ、足の甲に上り、火傷のように痛み、立ち居の出来ないのには陳皮を煎じ、その湯で足を浸し、暫くして甲肉が離れ開く時手で軽く肉の中の爪甲を切り去り、蛇退一条を黒焼にし雄黄四匁を乾かし、捻り掛ける。腫物が乾けば胡麻油を溶いてつけ、上に膏薬を付ける。一方は、枯礬（五匁）、石膏炒・軽分・黄丹（各三匁）を粉にして、腫物を湯で洗い浄め、薬を塗り、上には膏薬を塗る。〇脱疽の薬は、解毒済生湯*托裏大補湯*補中益気湯*活命飲（散）托裏散を用いる。〇「脱疽下し薬」は、大黄・蕎麦粉（各一匁）を蜜で丸じ用いる。又一方は、粕を黒焼にして朱少を糠油で練り付ける。〇「脱疽散し薬」は、大麦粉と蜂蜜を膏薬のように練り付ける。この薬で散り難いのは下し薬を用いる。

「脚背発《きゃくはいはつ》」参照

龍田【たった】奈良龍田に龍田大明神がある。宮町の中程にあるのは新宮で、本宮は半里程西の立野にあり、小野道風筆の額がある。龍田川は龍田の町の西の出口にあり、本宮に行くには龍田川を渡って行く。川下に神南《かみなみ》山、三室《みむろ》の岸がある。達磨寺へ一里。〔東街道中重宝記・七ざい所巡道しるべ〕

龍田草【たつたぐさ】　大和詞。「たつたぐさ（龍田草）とは、もみぢ（紅葉）を云」。〔不断重宝記大全〕

立田ながし【たつたながし】　菓子名。立田ながし、上しめし物、下ながし物、山芋入り。〔男重宝記・四〕

立田餅【たつたもち】　菓子名。立田餅、上ながし物、下こね物、中山の芋入り。〔男重宝記・四〕

手綱の事【たづなのこと】　〈手綱〉〔万物絵本大全調法記・上〕に「韁 きやう／くつはづら／たづな」。〔武家重宝記・五〕に「たづな」は鞚 轙 韁とも書く。長さは八尺、又は九尺二三寸であるが、伝がある。一筋、二筋と数える。即ち、馬をあやつるために轡《くつわ》*につけた縄である。

〈手綱執り様〉〔武家重宝記・五〕には手綱執り様に、流水、大《だい》十文字、小《こ》十文字、日月《じつげつ》、大掛結《おおかけむすび》、おきとり、償手綱《つぐのい》がある。○流水の手綱の執り様は、三重に執る。陽《よう》の口の時執る。○十文字の手綱は、手綱を中《ちゅう》で結び十文字になす。○日月の手綱は両方に輪を執る。これは宿入《しゅくいり》の手綱である。駒返しの時執る。朝夕乗る時のことである。執り様は大掛に手綱をかけて執る。○台の手綱は常の時執る。○小掛の手綱は、小指に掛けて執る。

脱嚢【だつのう】　〔小児療治調法記〕に脱嚢は、陰嚢が腫れて大きく墜ち下がり収まらないのをいう。また嚢の皮を脱して爛れるものもある。当帰・黄連・黄芩・木通・甘草を水で煎ずる。嚢の爛れを治すには、野紫蘇の葉（表青く背の紅のもの）を末（粉）とし、香油で調えてつける。嚢に湿りがあれば捻り掛ける。また皮が脱し両丸が露われるものは、薬をつけて外を青い荷葉《はすのは》で包むと自ずから皮を生ずる。

辰の時生れ【たつのときうまれ】　〔大増補万代重宝記〕に辰時（八時）に生れる人は、心広く大気とある。悪事に遭っても吉事に変じ、兄弟の縁は薄く力を得難い。妻の縁は度々替ることがあるので、慈悲善根をなし神仏を信心すれば、次第に繁盛する。〔女用智恵鑑宝織〕で特記する事は次である。心広く悪事も吉事とするが、夫の縁は変わる。正直にして夫を敬い主君と思って仕えると、金銀が集り繁盛する。

辰の年生れ【たつのとしうまれ】　〔大増補万代重宝記〕に「辰年生れ」の人は一代の守本尊は普賢菩薩*。前生は黒帝の子で、北斗の廉貞星より米二石七斗と金子五貫目を受けて今世に生れた。天性智恵賢く、友朋輩の交わりは深切である。身上繁盛して衣食は余りあり、夫婦の縁は度々替る。子は六人あり三人の力を得る。命は七十五歳で終る。毘沙門は寿命を守り、薬師は福徳を授け、龍樹菩薩は智恵を授けるので、いずれも一代の内深く信心するのがよい。一説に、生得心巧み気が短く父母兄弟の力を得難い。末に至り衣食足り、四十九歳の時、水の災いがある。善を行えば免れ長命である。〔女用智恵鑑宝織〕に「女一代八卦」での特記する事は、前世では北浄国の王子で、北斗の星から金子五貫匁を受けて此の世に生れた。衣食住共に満足の生れである。縁付もよい。心悪しく邪慳であると悪事が来る。夫を大切にし、少しでも後ろ暗い心があると命は短い。子は男子があり、産は易い。人の言うことを悪く思い、身の誤りを弁えず、悪い事はないと思うゆえに苦労がある。心入れのよい人を見習い、仕合せがよくなっても高ぶらないのがよい。〔日用重宝万物図解嘉永大雑書三世相〕にも辰歳の守本尊は普賢菩薩、卦は巽下断とある。

龍の歯／骨【たつのは／ほね】　〔薬種重宝記・上〕に唐鱗、「龍歯（りう）し／たつのは。醋《す》に浸し煆《や》く」。また唐鱗、「龍骨 たつのほね。塩をまぜ、土器にて炒り、塩を捨て用ゆ。鉄を忌む」。

辰の日／月【たつのひ／つき】　〈日〉〔家内重宝記・元禄二〕に「日用雑書」として次がある。辰の日には人を弔わない。釜の鳴るのは吉。耳の鳴るのは大吉。八専*の間日。北が塞がり。犬の長吠は人が五人来る。病は男は

重く女は軽い。人神*は腿にある。味噌に凶。行方は東・北は半吉、南は悪、西は吉。正月辰の日は坎日*、また遠行すると帰らない。正月二日は亡ぶ日*。正・四・七・十月辰の日は神外*にあり凶。三・六・九・十二月辰の日は神内*にあり吉。二月辰の日は黒日*。三月辰の日は運虚日*千億日*外（下）食日*。三・九月辰の日は衣装を裁ち着ない。六月辰の日は一粒万倍日*。四・五月辰の日は仏神に詣でない。四・八・十二月辰の日はは地福日*。五月辰の日は万福日*。

甲辰の日は神吉日*。甲《きのえ》・丙《ひのえ》・壬《みずのえ》の辰の日は利銭商いに吉。甲・戊《つちのえ》の辰の日は釜塗りに吉。甲・丙・戊・壬の辰の日は大明日*。戊辰の日は入学に吉。土公神*は戊辰の日は北に、庚《かのえ》辰の日は東にある。戊・壬の辰の日は太刀 武具を初めて着て吉。庚辰の日は灸をしない。壬辰の日は井掘に吉、また伐（罰）日*。

〔重宝記・宝永元序刊〕に辰は龍で、この日は神祭り 倉建て 田植え 種蒔に吉。舟乗り始め 柱建て 屋造り 病人を見る等は凶。

〈月〉〔日用重宝 万物図解嘉永大雑書三世相〕は「辰《たつ》、三月、執除《しつじょ》」とある。辰《しん》は震《しん》で、陽気既に盛んに震い、諸木花を開かす心である。この日は仏事、人の死を弔うことを忌む。

龍の眼【たつのめ】〔薬種重宝記・上〕に唐菓、「龍眼肉（りう）がんにく／たつのめ。肉を用ゆ、又酒蜜に浸する」。

たっぽ【たっぽ】〈何が不足で癇癪の枕言葉〉「肴、たっぽ」。〔小野篁謔字尽〕

辰巳【たつみ】〈十二支の辰と巳*〉〔日用重宝記・二〕に、辰と巳は陽起り変化する物。龍《たつ》蛇《み》は相似ている。〈八卦の守本尊〉〔永代必要両面重宝記・寛延四〕に辰巳の守本尊は普賢菩薩とある。

奪命散【だつめいさん】〔骨継療治重宝記・下〕に奪命散は、刀刃に傷られ 或は高所より墜《おち》下 木石による圧損で瘀血が凝り積み、胸腹疼痛し 大小便の通じないのを治す。水蛭（石灰を用いて掻き混ぜ緩る火で炒り乾かし黄色にして半両）を末（粉）し、毎服二銭を熱酒に調え、下 約《しむる》に行くこと四五里、再び熱酒を用いて黒牽牛の末（粉）二銭を調え、これを催して悪血塊を下し尽きるのを以って限度とする。

奪命丹【だつめいたん】〔小児療治調法記〕に奪命丹は、急驚風で人事を見知らず、目見つめ 歯食い縛り 唇白く、或は黒いのを治す。南星・半夏（各四匁。粉とし生姜汁で和ぜ 餅として焙り乾かす）、珠砂（四匁）、巴豆（油を去り 一匁）、珍珠（新しい白い物二匁）、金鉑・銀鉑（各十片）、軽粉（水銀粉）・麝香（各半匁）。これ等を末（粉）として、麦糊で黍の大きさに丸じ、一歳児には一丸を、灯心の煎じ湯で用いる。

蓼【たで】〔万物絵本大全調法記・下〕に「蓼れう／たで、秋」。

〈薬性〉〔医道重宝記〕は、蓼《たで》は温で毒なく、大小腸の邪気を除き、中《うち》を利し、虫を殺す。多食すると胃を破り、胸を痛む。〔永代調法記宝庫・四〕は、目を明らかにし、霍乱や瘍瘰癧の腫れ物によい。二月は腎を破り筋骨を損ずるので多食を禁ずる。〔料理調法集・口伝之部〕は、蓼や紫蘇は三四月を賞玩とする。〈貯え様〉〔男女日用重宝記・下〕に、辛く貯え様はよく擂って固め、北向きの雨・露・日の当らない壁に着けて置くとよい。

だて【だて】「稲の事」〈掛干〉ヲ見ル

鬣【たてがみ】 馬形名所*。〔武家重宝記・五〕に鬣《たてがみ》は項《うなじ》の上の長い毛をいう。今は「とりかみ」、また鬐甲《きこう》という。

蓼喰う虫も好き好き【たでくうむしもすきずき】〔世話重宝記・三〕に「蓼くふ虫もすきずき」という世話は『白氏文集』に出るとして、苦しみを苦とせず、却って楽しむという譬えとある。「蓼虫はにがきことを知らず」「蝍蛆《くそむし》は臭き事をしらず」という語もある。

竪文【たてぶみ】 書札。〔諸礼調法記大全・地〕に竪文《たてぶみ》は、杉原紙*全紙をそのまま用いて書く正式の書状。二ツ折にし折目を下にして用いる通常略

式の折文《おりぶみ》*に対する。礼状に多く用い、留りは双方の名を書かず恐惶謹言とばかり書き、日付の下に花押（書判）*ばかりを書く。返状には上中下輩によらず脇付を書く。手紙*にし、中の文は畳んで二枚重ねにする。「書状の事」「捻り結び文」参照

立物【たてもの】 甲冑*名所。〔武家重宝記・三〕立物《たてもの》は、威容誇示のために冑につける飾りで、前立《まえだて》、脇立、後立《うしろだて》等がある。立物の図に品々があるとし、六十八例図が出る（図311）。

竪横十太【たてよこじゅうだ】 異類異名尽。「十。竪から読んでも横から読んでもこいつは十だ」。〔小野𥶡譃字尽〕

畳紙師【たとうがみし】 〔万買物調方記〕に次がある。「京ニテ畳紙師」下長者町新町西へ入 城殿和泉、同町 藤原但馬、烏丸下立売上ル 城殿出雲。外に、「眉作師」*「雛張り子 童顔元結 貝桶 諸の化粧の具」〔子供玩び物*として掲出〕。以上の品々を「江戸」では通銀町 大戸近江、日本橋南二丁目 中野仁兵へ、同四丁 木戸和泉、京橋南二丁目 万や五兵衛、同四丁目 同長兵衛。「大坂ニテ畳紙師」御堂の前ひなや町 奥村加賀、同町 雛や八兵へ、同本町ノ角 小浜や七郎兵へ、本町五丁目 京雛や源右衛門。『日葡辞書』に「Tatŏgami.（畳紙）金箔のついた紙や絵のついた紙を折り畳んだもので、婦人が化粧品やその他種々の物を挿むもの」。

棚菓子屋【たながしや】 〔万買物調方記〕に、「京ニテ棚菓子屋」室町五条丁下ル町に、数多ある。「江戸ニテ棚菓子屋」浅草かや町にある。「大坂ニテ棚菓子屋」南久宝寺町にある。

店の事【たなのこと】 〔万物絵本大全調法記・上〕に「店 てん／いちぐら／たな。店舎也」。即ち、商売のできる表通りの店、或は借家をいう。〈店請状要旨〉〔重宝記永代鏡〕等の範例文の要旨。「店請状之事／一、此の誰と申す者 生国従り能く存知慥成る者ニ付我ら請人ニ相立 貴殿店借り受け差し置き申す処実正也。店賃之儀は毎月晦日限り相違なく済まさせ申す可く候。若し滞り候はゞ何程ニ而も請人方より相済まし申すべく候。此の者何方よりも構ひ出入り等之れ無く候。一、宗旨之儀は何宗ニ而 寺は何町何院旦那ニ紛れ御座無く候。若し御法度之宗旨と申す者之れあり候はゞ 何方迄も罷り出申し抜き仕る可く候。則ち寺受状我ら方江取り置き候（中略）。一、御公儀様御法度之儀は申すに及ばず町並之儀 急度相守らせ申すべく候（中略）仮令親類たり共貴殿江御届け申さず一夜の宿も堅く致させ間敷候。尤も火之元大切ニ守らせ申すべく候。（下略）」。即ち、契約 法度 慣習等を守らせ、又どんな難しい問題が出来しても、保証人が引き受け解決するとの保証を書く。年号月日を入れ、店受人と店借主連名で家主宛へ書く。

七夕の事【たなばたのこと】 〔万物絵本大全調法記・上〕に「織女 しよくぢよ／たなばたつめ。秋」。〈異名〉〔書札調法記・五〕に七夕の異名に、綺《き》節《せつ》 星会《せいかい》 巧夕《こうせき》 乞巧夕 乞願夕 穿絲巧夕 天孫佳節 河鞁《かく》 地記 水精 折木《せつぼく》 黄姑《きこ》がある。〔増補新版名代町法記・上だん（冗談）の言葉〕に「七夕とは、たまたまの事」とある。〔年中重宝記・三〕は牽牛*と織女*が相会する夜で、『淮南子』を引き烏鵲《かささぎ》が天の川に来て群れて翼を伸べて橋となり、織女を渡すといい、又『続斉諧記』を引き 桂陽城の武丁が仙道を得て弟に七月七日に織女が河を渡ることがあるというのを、弟がなぜかと問うと、織女は暫く牽牛に詣するのだと答えた。これを世間では牽牛に織女が嫁ぐ夜と伝えている。七夕を乞巧*ともいう。〔女用智恵鑑宝織〕にも七月七日の夜、二星の契ることは唐土の書に記して詩に作り、日本では歌に詠んでいる。夫は牛を引くので牽牛といい、妻は機を織るので織女という。今宵二星を祭り、ただ一事を祈ると何事も叶う。祭り方は庭を清め、茅萱《ちがや》の葉を敷き、瓜 茄子を手向け、器に水を入れ、星影を映して拝む。竹を七尺に切って左右に立て、先に糸を七筋ずつ掛け願いの糸と言う。又小袖*を懸けるのは衣をかすという謂れ

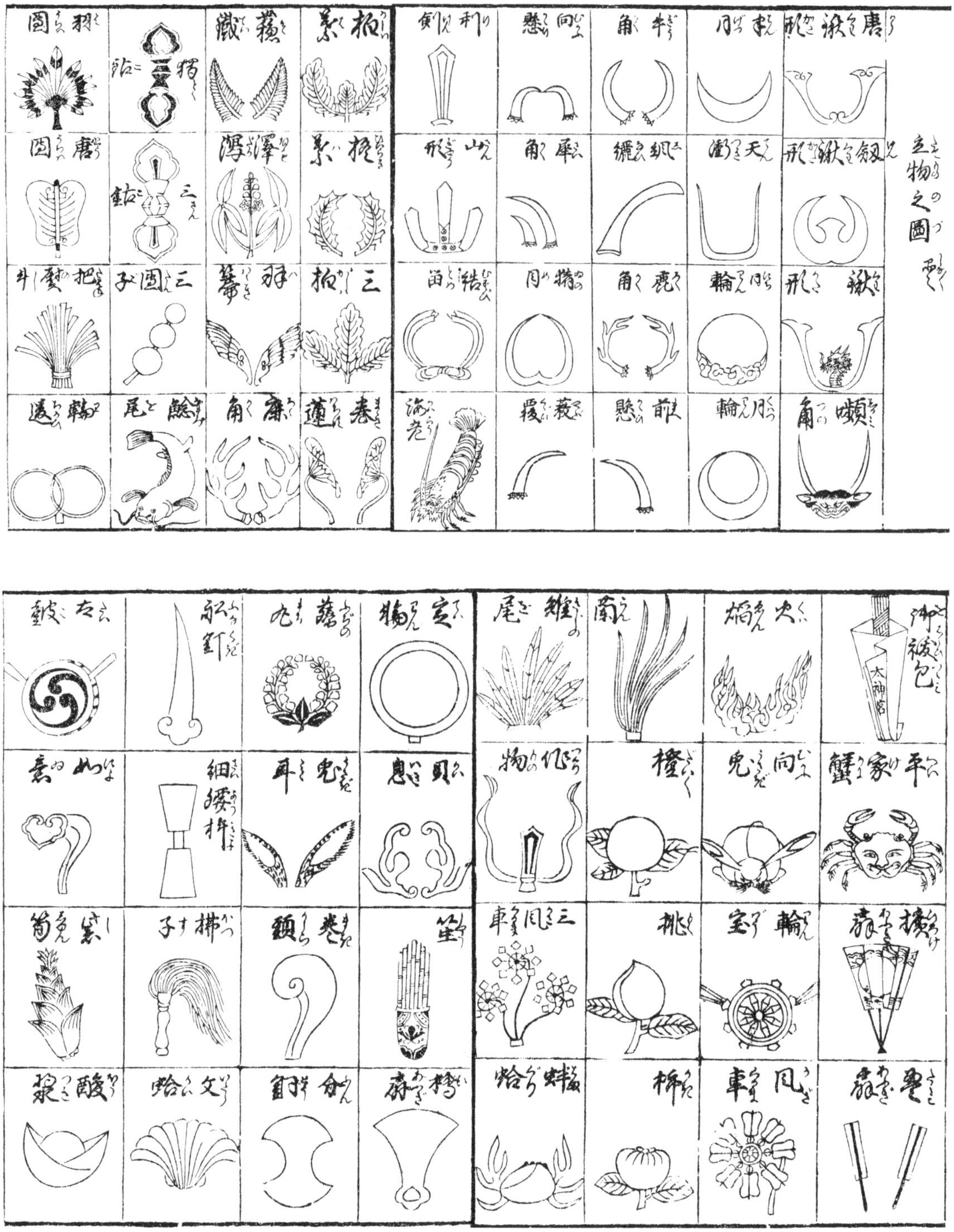

図311 「立物」(武家重宝記)

である。香を焚き琴を弾じて手向け、七夕の歌尽がある。
〔諸礼調法記大全・天〕は七月七日の称を乞巧奠《きっこうでん》ともいい、今夜牽牛と織女の夫婦の星が天の川を渡り、一年に一度相会するのを祭る。この時、庭を掃除し、机・筵《むしろ》等を用意し、酒菓を供えて念ずると、願望は必ず成就する。中国の乞巧奠の行事に始り、日本では天平勝宝七年（七五五）に始る。素麺を食する。「七夕の花」は梶の葉、仙翁花（剪紅羅）、桔梗。〔日用重宝記・二〕は七月七日は陽と陰と相交わり、万物を生育する時なので祝し祭る。
〔筆海重宝記〕に七夕の詩歌尽があり、「二星 適たま逢ふて未だ別緒に叙べず、依々たるの恨み五夜将に明けんとす、頻りに驚く涼風颯々の声」。「一とせを中にへだて丶あい見まく星の契りのおもひつきせぬ」「二星契久／あまの川今行末のあふ瀬にも とをき神代の秋やかぞへん」等があり、〔女中重宝記〕には「七夕のうた百首」があり、諸書にも七夕の詩歌尽がある。

手馴れ草【たなれぐさ】 大和詞。「手なれ草とは、あふぎ（扇）の事」である。〔不断重宝記大全〕

手馴の駒【たなれのこま】 大和詞。「たなれの駒とは、手なれの駒なり。『後撰集・恋二』に「我かどの一むら薄刈りかはん君が手馴れの駒もこぬかな」。〔不断重宝記大全〕

蜏蟞【だに】 牛病。〔牛療治調法記〕に、牛が蜏蟞《ダニ》を生ずると、だんだん痩せて柴のように頭を揺り動かし 尾を巻き 脚は軟らかく 蜏蟞が肚の内へ入り災いをなす。「青塩散」*を用いる。

谷越【たにごし】 〔諸礼調法記大全・地〕に谷越《たにごし》とは、本膳の汁を吸って二の膳の菜を食い、二の膳の汁を吸って三の膳の菜を食うことで、品の悪い食いようである。

田螺【たにし】 〔万物絵本大全調法記・下〕に「田螺 たにし」。〈薬性〉〔医道重宝記〕に田螺は、大寒で毒なく、熱を除き、渇《かわき》を止め、目を赤くして痛むのを治し、酒毒を解す。多食すると、腹中が冷え痛む。〈料理〉〔里俗節用重宝記・上〕は田螺を生姜で煎りつけにして食う。水にあてない。〈食合せ〉〔万用重宝記〕は田螺に辛子を食い合わせると、忽ち腹が脹り死ぬ。

木虱【だにに】 〔万物絵本大全調法記・下〕に「木虱 もくしつ／だにに」。〔諸民秘伝重宝記〕に「だにに食われたのを直す伝」は、食われた所へ酒を塗るとよい。また煙草の脂をつけてもよい。

谷の氷【たにのこおり】 大和詞。「たにのこほりとは、とけ（溶）やらぬ事」をいう。〔不断重宝記大全〕

他人【たにん】 〔農家調宝記・二編〕に、「いとこちがい（従弟違）」*の子からは他人という。「九族《きゅうぞく》」参照

狸【たぬき】 〔万物絵本大全調法記・下〕に「狸 り／たぬき」。〈異名〉〔書札調法記・六〕に狸の異名に、玉面牛尾《ぎょくめんぎゅうび》がある。〈化されぬ伝〉〔調法記・四十ら〕に「狐*狸の類に化かされぬ伝」は、図の符（「狐の事」ニ掲ゲタ）を朱紙に認めて男は左、女は右の袖に入れて置くと怪しいことがあっても滅し、狐狸に惑わされることはない。〈化けたのを顕し、又退ける伝〉〔新撰咒咀調法記大全〕に狐狸の化けたのを見顕す方は、古い鏡にその姿を写して見ると必ず本相が写る。〔万用重宝記〕に人に狸、狢《むじな》、猫又、その他獣類が憑いてそれが何か判らない時、鹿の角を粉にして膠を水で呑ませると自然とその品を言う。又狐狸 その他獣が人に憑いたのを退ける法は、その気狂を縛って置き、火鉢に鶏冠の盛んなのを焚き伏せて、煙を病人に扇ぎ掛けると、自然と退き妙に去る。

狸汁【たぬきじる】 〔料理調法集・汁之部〕に狸汁は、野走りは皮を剥ぐ、貒《み》狸《たぬき》（＝穴熊）は焼き剥ぎがよい。中味噌で用いる。妻は牛蒡 大根。吸い口は大蒜《にんにく》とある。

狸の睾丸八丈敷【たぬきのきんたまはちじょうじき】〈平生ソレよく言う言語〉狸の睾丸がとても大きいことを、「狸の睾丸八丈敷」という。〔小野𥱋譃字尽〕

狸飯【たぬきめし】〔料理調法集・飯之部〕に狸飯は、豆腐をあられに切り塩湯でさっと煮、網杓子で椀に盛り、その上に飯を盛って出す。

種浸（漬）【たねかし】 暦下段。〔重宝記永代鏡〕に種浸（漬）［たねかし］とは、稲の種等の種物を、水に浸すことである。

種蒔きの事【たねまきのこと】〈種蒔き時節〉〔農家調宝記・初編〕により種蒔き時節は個別に掲出しているが、ここは時節で纏めた。時節は土地により遅早もある。○二月被岸中 ＝夏大根 茄子 番椒など。被岸過 ＝里芋を伏す。○三月土用頃より ＝麻。梨の花咲く頃 ＝籾種を浸す（夏至より五十日前と積る所もある）。八十八夜前後 ＝蜀黍 粟 稗 木棉 大豆 小豆 瓜 刀《なた》豆《まめ》の類。○四月末迄に ＝大角豆《さゝげ》 胡麻 荏《え》の類。○五月十三日 ＝竹を植える吉日。○六月土用中 ＝牛蒡。土用明け ＝蘿蔔《だいこん》 胡蘿蔔《にんじん》 蕎麦の類。○七月末二百十日の頃 ＝菜種。○八月秋の被岸の頃より ＝罌子。○九月秋土用の頃 ＝小麦。○十月秋土用明け二十日程の間日和次第 ＝大麦 蠶豆《そらまめ》。「二十四節《にじゅうしせつ》」ノ各々モ見ル

〈男種女種〉〔懐中重宝記・慶応四〕に次がある（図312）。万物に男女の差別があり、五穀 竹 木に至る迄女種を植えると莫大の益がある。尤も田地の善悪、その年の豊凶により多少の違いはあるが、田地一反に付き米一斗四五升も余計になる。国中に平均すると大きな益になる。

〈男女の区別〉○稲 麦 稗 粟 黍 豆類は男は本枝が一本 女枝は二本出る。○豆 榧の類の実は男は長く女は丸い。○瓢 瓜 蜜柑 柿 梨 などの実は丸いのが女である。○里芋 牛蒡の茎の男は左巻、女は右巻。○里芋は女種は八ツ、男種は二ツ蒔く。○油菜は女種ばかり蒔く。○大根は男は先細り尖り硬く葉は少し強い、女は先太く丸く葉も柔かい。晴天の日中は葉が萎れる。○牛蒡 大根は女種を蒔く。○綿 男種は皮は厚く尖り長い。女種は丸く皮が薄い。

〈種蒔吉凶日〉○「種蒔吉日」。〔重宝記永代鏡〕には、天福日* 天地和合日* 日月和合日* 国家和合日* 山河和合日* 人民和合日* 天蔵日* 五穀成就日*（五穀の事）等が吉日である。〔昼夜重宝両面雑書増補永暦小筌・慶応二〕に吉日は、甲子《きのえ》の日。乙未《きのと》の日。戊子《つちのえ》・寅・辰・申の日。己巳《つちのと》・酉の日。庚辰《かのえ》・午の日。辛巳《かのと》の日。壬子《みずのえ》の日。癸丑《みずのと》・未の日。○「種蒔悪日」。〔重宝記永代鏡〕に不熟日*、又種不生日《たねふしょうにち》*は丙寅《ひのえ》の日。丁卯《ひのと》の日。庚辰《かのえ》の日。辛巳《かのと》の日。戊子《つちのえ》・午の日。己丑《つちのと》・未の日。甲午《きのえ》の日。乙巳《きのと》・未の日が凶日とある。

〈生え難い物の種蒔き〉〔日用調法人家必用〕には、①檀独（檀特 カンナ科）のような堅い実は、小刀で上皮を削って蒔き、水を絶えず掛ける。②牡丹 桜草等は「取蒔《とりまき》」と言い、稔ったら直ぐにその侭蒔きつけて置くのがよい。③縷紅草（ヒルガオ科）等は、蒔付から朝夕水の絶えない程注がないと、例えよく生えても時節が遅れて花の咲かない内に秋冷を催す。打ち捨て置くとその年は生えず、翌年思いもよらぬ時に生えることがある。④刀豆《なたまめ》は、蛤貝を一ツずつ被せて蒔くと腐ることはない。⑤蚕豆《そらまめ》等は、三日ばかり水に漬けて置いて蒔くと、芽を極めて早く出す。他はこれに準じて考える。

たのき【たのき】 片言。「たのき、狸たぬき」である。〔不断重宝記大全〕

たのし【たのし】 片言。「たのしは、田蠃《たにし》」である。〔不断重宝記大全〕

憑み【たのみ】 「頼」とも書く。「結納」ヲ見ル

田の実の朔日【たのみのついたち】 「たのむのかしゅく（田面嘉祝）」ともいう。「はっさく（八朔）」ヲ見ル

たのむ【たのむ】 片言。「たのむは、頼母《たのも》」である。〔不断重宝記大全〕

田の虫の事【たのむしのこと】 田の虫は蝗《いなご》*をいう。〔農家調宝記・初編〕に、○「田の蝗《むし》を去る油」は、鯨*の油を最上とし、雑魚油、綿核の油、菜種

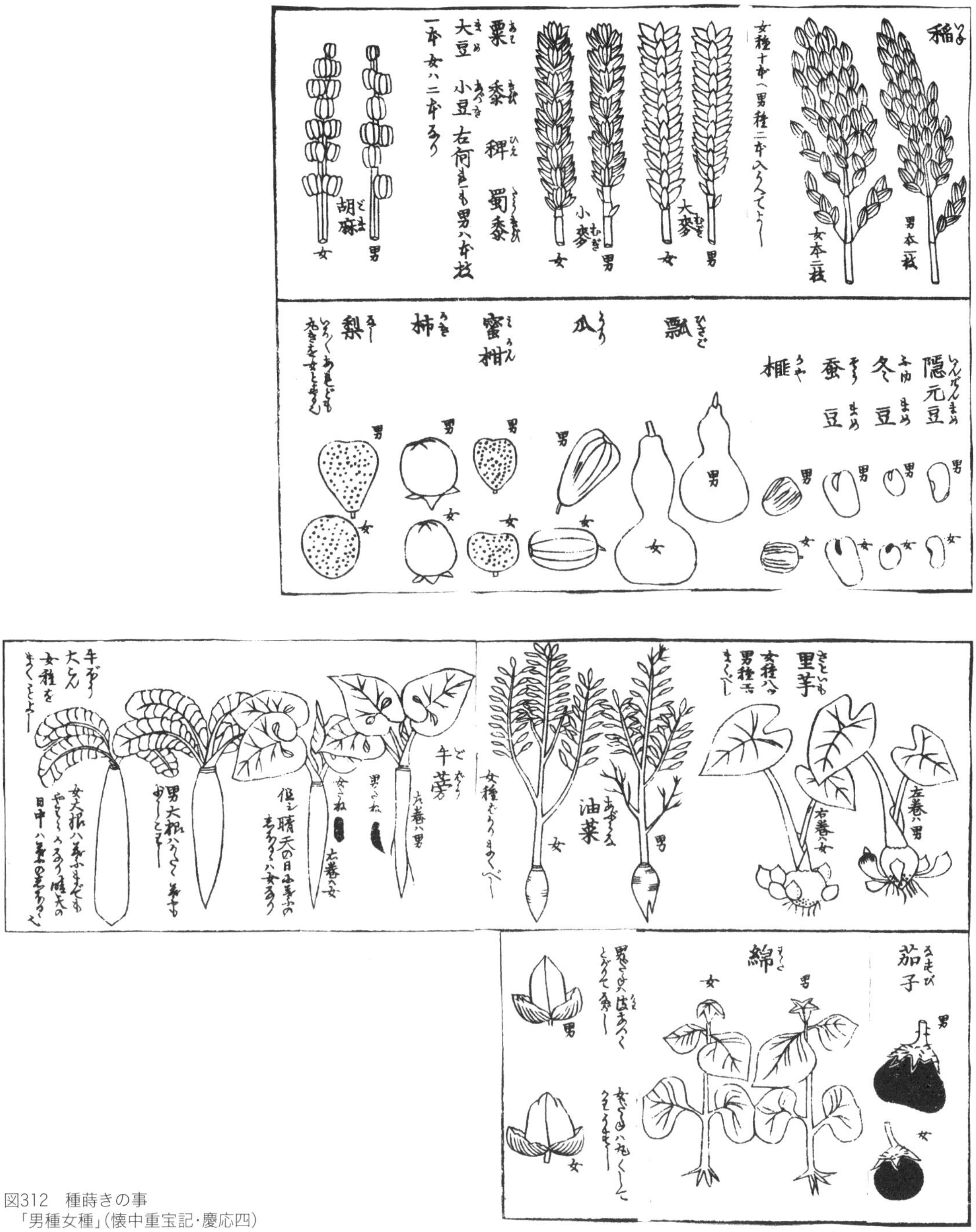

図312　種蒔きの事
「男種女種」(懐中重宝記・慶応四)

図313　田の虫の事

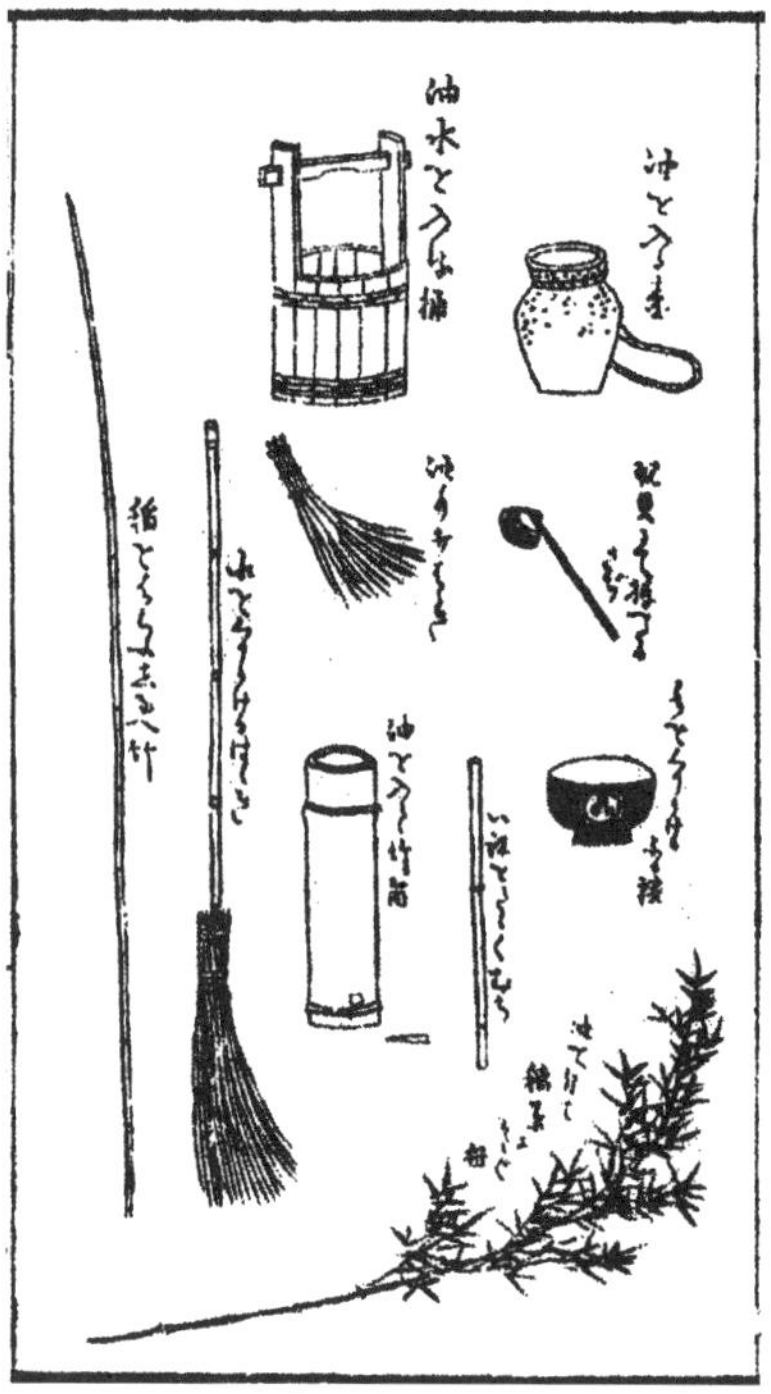

①「田の虫を捕る道具」

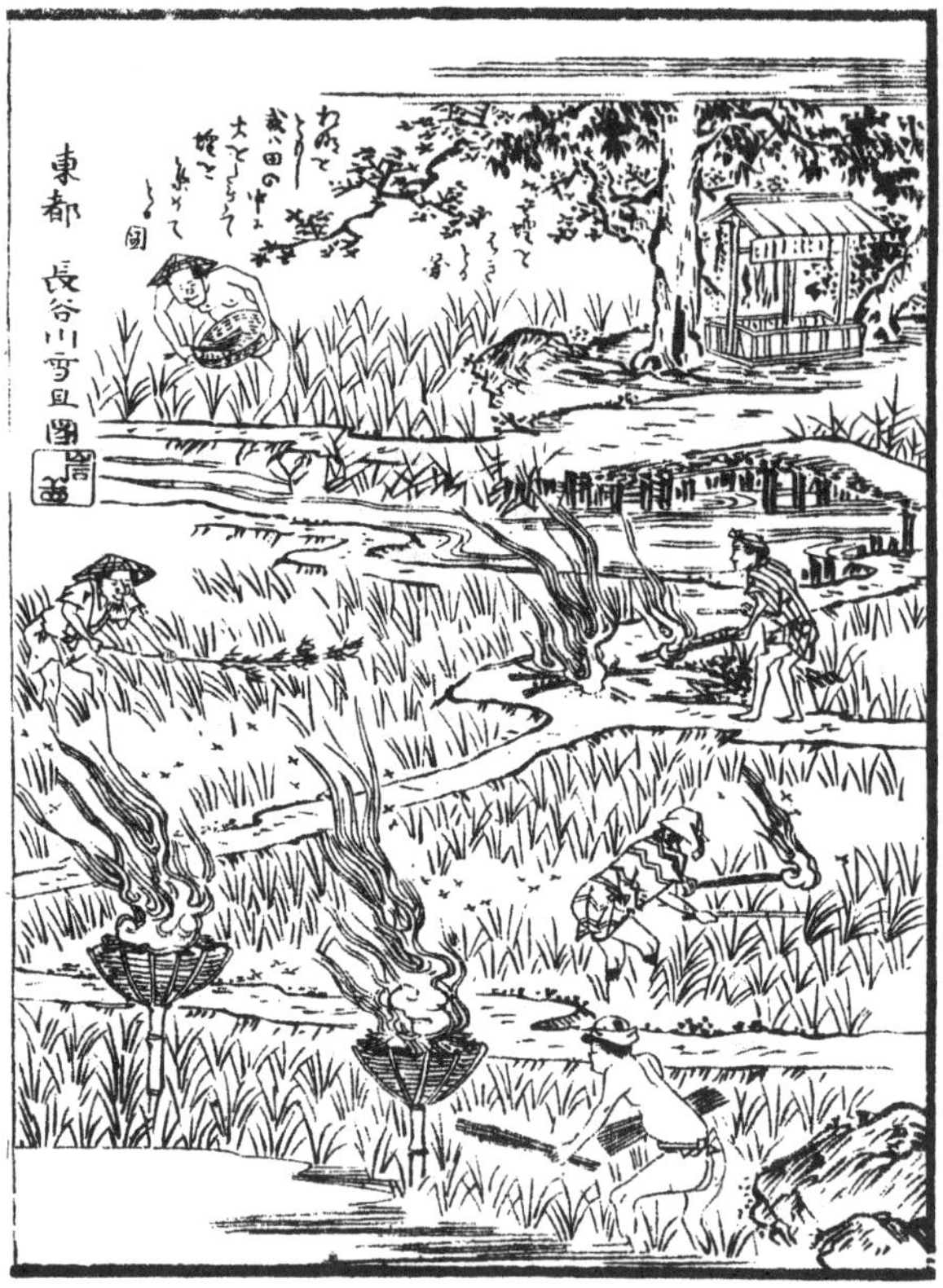

②「松明で蝗を集め焼き殺す図」

子油等がある。田一反に鯨油なら三四合から五合（値段は一升に付き銀二匁五分）、菜種子油その他の油なら六七合、雑魚油は一升もそれ以上も入れる。綿核の油は鯨油に効用も値段も劣らず、蝗の少ない時は塩の苦汁を入れて菜種子油を入れる。〇「油入るる方」は、草稲に蝗の生じた時、昼の四ツ（十時）から八ツ半（三時）迄、日勢強く田水が湯のように暖くなった時、田一杯に水を湛え、左手に油壺を下げ右手で蜆貝の一匕を一坪に入れると油が散るのを、後から藁の曲がったのを持って水をくるくる混ぜると油は一層散り、稲の中に入るようにする。その後から又一人が撓え竹で稲を左右に押し倒しながら逃げ登る虫を洗い落す。その後から又、柄の長い藁の箒で水を繰り掛け繰り掛けして葉に落ち残った蝗を洗い落す。一刻（二時間）程過ぎて水下を切って落とし、死んだ蝗は水勢に従い流す。その後に水を溜め、三四日してまだ蝗の残りが多い時は、油三四合も入れて去る。早ければ大体二度、纔の油で済み、油は肥しにもなる。遅れると鯨油でも六七合ずつ四五度も入れないと蝗は成長して精が強くなる。蝗の多少や稲の生長、田の情況に応じ油の入れ方は色々に方法がある。

〇「松明《たいまつ》を炊く方」は、夜四ツ（十時）頃から田の畦に松明を燃やして蝗を集め焼き殺す。又松明を中分に持ち、穂の上を撓い竹で動かして松明を垂らし火に集めて焼き殺す。又田の中にのように拵えて中に土を塗り一反に五七本立て、その中に肥松《こえまつ》灯し蝗を集めて焼き殺す（図313）。

〈呪い〉〔家伝調方記〕に「田の虫を除る方」は、年越の豆十二粒、閏年は十三粒を、田の水口へ埋めると稲に虫は付かない。

たばう【たばう】片言。物を「たばふ」て置くとは、「貯はふ」ことである。〔不断重宝記大全〕

タバコ膏【たばここう】〔昼夜調法記・正徳四〕にタバコ膏は、諸々の腫物が膿多く、膿の取れない時に付ける。悪肉 悪膿を取り、痛みを去り、跡

を癒す。

煙草の事【たばこのこと】〈煙草の始〉〔掌中年代重宝記〕に煙草の始めは、慶長十年（一六〇五）南蛮国より渡る。〈葉に虫付かぬ伝〉〔調法記・全七十〕に「煙草畠に虫付かぬ伝」として煙草の種を鰻の皮に包んで植えるとよく、葉が出来てからも虫が食わない。〔家伝調方記〕は鰻の骨を黒焼きにして、餅米の糠と等分にして振り掛けるとよい。

〈煙草盆〉〔諸礼調法記大全・天〕に煙草盆の直し様は、左手でしっかり縁を抱え、右手を添えて持って出、少し前方で膝をつき、下に置き、左の手先を添え、少し差し入れて退く。煙草盆の置き様は、客の左に煙草入と灰吹、右に火入である。煙管は客の方に寄せて、一対を火皿の方を右へして縁に掛けて置く。三鉄輪《みつがなわ》（＝三本足の五徳）の時は向うに灰吹、前の右に火入、左に煙草入である。〔女寺子調法記〕には煙草盆は、膳の据え様に同じとある。

〈喫い様〉〔開化実益現今児童重宝記〕は上輩の前では煙草は喫わない。もし喫うことがあれば挨拶してから喫うのがよい。煙管の吸殻を敲くには上輩へは勿論、同輩の前でも直に灰吹を敲くことは失礼である。まず掌《てのひら》で敲く。譬え直に敲くことがあっても音がしないようにする。

〈酔いを醒す〉〔男女御土産重宝記〕は辛い煙草を呑んで苦しい時は、水でも薄い煎じ茶でも飲むと忽ち癒る。〈脂を落とす伝〉〔調法記・全七十〕は煙草の脂《やに》が手に着いたら急には落ちないが、桐の葉を揉んで着けると忽ち落ちる。農作人が畑の煙草を取る時手に着いた脂を洗い取るのにもよい。〔女用智恵鑑宝織〕は脂の落し様に白砂糖を煎じて洗うとよく、また味噌を揉みつけて洗うのもよい。〔新撰咒咀調法記大全〕は煙草の吸殻の灰で洗うのもよいし、西瓜の汁で洗ってもよく落ちるという。〔江戸町中喰物重法記〕に「[国]御煙艸所」江戸本町二丁目 氏原七郎左衛門にある。「箱詰名葉荒増値段」は、○名葉組香御多葉古、一箱十五匁より。○四季之花 四種入、七匁五分より。○六歌仙、十五匁より。○箱詰国府、一斤入三匁五分、半巾入一匁八分。○五節句の花、六匁五分。○夜の靏、一斤に付二十匁。○まつ嶋、十五匁。その外品々とある。「茶 煙草」モ見ル

〈煙草商〉〔江戸流行買物重宝記・肇輯〕に「羊羹 煙草入」日本橋四日市竹屋清蔵、小網町二丁メ 壺屋久五郎ら七人。「煙草葉刻《きざみ》」昌平橋外 内田太右衛門、馬喰労町一丁メ 辰巳屋半兵衛ら十八人がいる。

〈煙草の符帳*〉〔早算調法記〕に、イ（一）、ロ（クチと唱える）（二）、ハ（三）、ニ（四）、ホ（五）、ヘ（ヤネと唱える）（六）、ト（七）、チ（八）、リ（九）、ヌ（マタと唱える）（十）とある。〔泰平武将年代重宝記〕には、ノ（一）、○（二）、山（三）、レ（四）、丸（五）、⊖（六）、吉（七）、目（八）、巾（九）と使う。

〈煙草に女を吹かす〉〔南蛮国伝来／煙草一式重宝記〕は煙草屋も営んだ山東京伝著の○「煙草の煙で女の姿吹く伝（反魂香 或は反魂丹を水に掻き混ぜて煙草の葉に引きよく乾し上げて刻み呑むと煙の中から美女の姿が顕れる）」。○「煙草入一ツで長者になる伝（世界中の御方が京伝が煙草入を毎年御一人で一ツずつ御求め下さると忽ち京伝が長者になること妙）」等との戯作文がある。

たばこの葉【たばこのは】「丹後縮緬」ヲ見ル

たばづけ【たばづけ】大和詞。「たばづけとは、乱れたる髪」である。〔女用智恵鑑宝織〕

手飯【たはん】仏道修行の僧が受ける食事を手飯という。〔人倫重宝記・五〕に「薦僧は歴々の侍にて仏道修行のために歩く。手飯《たはん》にのぞみは強いてなし」とある。「打飯《たはん》」は僧の食事である。

韈【たび】足袋とも書く。〔人倫重宝記・四〕に、皮韈《かわたび》は夏・殷・周の三代の時分に始り、絹韈《きぬたび》・木綿韈《もめんたび》は魏の文帝の后 呉妃《ごひ》が始めて縫い履いたことから始ったという。〔万まじない調宝記〕に「暑の入りは足の甲な

り用心に夏たびを履け弱き人」とある。

荼毘【だび】「葬礼」ヲ見ル

旅の事【たびのこと】〈**旅行用心の事**〉〔男女日用重宝記・上〕に、○味噌を旅へ持って行くには味噌をよく擂って天日に干し、粉にして紙袋に入れて置くと、一二年置いても少しも味は変らない。○塩は酒で擂り焼き固めて持って行く。〈**薬**〉〔里俗節用重宝記・上〕に、○毎朝早天に生姜一ツを口に含むと霧・露・湿気・嵐・山気の邪気を受けない。○硫黄を懐中すると足に豆が出来ない。〔諸民秘伝重宝記〕は、○暑気の旅行に生姜を臍に当てて置くと暑邪を受けない。○足の痛まない方は宿を出る時足の裏と甲に胡麻の油を塗ると草臥れない。○宿に着いたら洗足後に塩を嚙み、足裏に塗り、火で炙ると草臥れない。

〈**方角吉凶**〉〔重宝記永代鏡〕に次がある。○「子の日」東へ行けば財《たから》を得る。西へ行けば酒を飲む。南へ行けば吉。北へ行けば凶。○「丑の日」東へ行けば半吉。西へ行けば大吉。南・北へ行けば凶。○「寅の日」東へ行けば財を得る。西・北へ行けば大吉。南へ行けば凶。○「卯の日」東・北へ行けば大吉。西へ行けば病がある。南へ行けば財を得る。○「辰の日」東へ行けば半吉。西へ行けば吉。南へ行けば凶。北へ行けば大吉。○「巳の日」東へ行けば病がある。西へ行けば口舌がある。南へ行けば凶。北へ行けば少し吉。○「午の日」東へ行けば災いがある。西・北へ行けば凶。南へ行けば病がある。○「未の日」東へ行けば病があり。西へ行けば凶。南へ行けば大吉。北へ行けば宝を得る。○「申の日」東・南へ行けば病がある。西へ行けば大吉。北へ行けば財を得る。○「酉の日」東へ行けば災いがある。西・南へ行けば吉。北へ行けば病がある。○「戌の日」東へ行けば財を得る。西へ行けば少し吉。南へ行けば病がある。北へ行けば大吉。○「亥の日」東・西・北へ行けば大吉、南へ行けば病がある。

〈**旅立ち吉凶日**〉〔同書〕に次がある。○「旅立吉日」は、二・三・十・十一・十八・十九・二十六・二十七日。白虎頭*白虎脇*で出行によい。○「旅立忌日」は、遠く旅立ちすると再び帰らない日は、九月申の日、十月未の日、十一月午の日、十二月巳の日。○「旅立悪日」は、壬《みずのえ》子の日、乙《きのと》卯の日、戊《つちのえ》午の日、辛《かのと》酉の日、往亡日*三伏日*。末伏《ばつぷく》*は特に旅立ちに忌む。四逆日*大殺《たいさつ》日*も悪日。

〔懐中重宝記・弘化五〕にも「旅立吉凶日」がある。○「吉日」は、正月は寅・申・巳・丑の日。二月は亥・巳・午・寅の日。三月は寅・巳・未・卯の日。四月は寅・卯・辰・亥の日。五月は寅・卯・辰・巳の日。六月は亥・巳・午・戌の日。七月は亥・未・卯・申の日。八月は寅・亥・申・子の日。九月は巳・酉・卯・丑の日。十月は子・寅・戌・亥の日。十一月は卯・巳・申・亥の日。十二月は子・寅・卯・寅の日。これは「天地五徳日」「七難即滅日」「年徳日」と言って旅立ちによい。○「凶日」は、最期の日。報いの日。正月は四・七日。二月は三・十四日。三月は二・二十一日。四月は朔・八日。五月は八・十六日。六月は七・二十四日。七月は六・九日。八月は五・十八日。九月は四・九日。十月は三・十日。十一月は二・二十日。十二月は朔・九日。○「月に一日他行・遠行せぬ日」正月は寅・辰の日。二月は巳・卯の日。三月は申の日。四月は亥・丑の日。五月は卯・子の日。六月は午・亥の日。七月は酉・戌の日。八月は子・酉の日。九月は辰・申の日。十月は未の日。十一月は戌・午の日。十二月は巳・申の日。

〈**旅立つ人へ遣わす状**〉〔大成筆海重宝記〕等に旅行挨拶状の範例がある。「御用に就き尾州表江御下向之由 御繁用之事察し入り奉り候。御留守中之儀万端遠慮無く仰聞され下さる可く候。当晩刻御暇乞い申し上ぐべく候。不具」。返事には、遠路の旅ゆえ日数の定まらないこと、留守中は御世話になること、とくに老体の親には別して御心添え願いたいこと、

友人へ御状があれば届けます、等を書きつけている。

〈餞別〉〔音信重宝記〕には、刻み煙草 梅枝田麩 套味噌 御歯黒漆 弓張挑灯 手帳 その道筋の紀行 小桶で香の物 掻き餅 腹薬 砂糖 金平糖 鰹節の醬油煮メ 干鱈の切身等。〈餞別の歌〉「忘るなよ程は雲井に隔つ（なりぬ）とも空行く月の廻り会うまで」（伊勢物語・十一）

〈呪い〉〔増補呪咀調法記大全〕は「遠国《おんごく》へ旅立の時の符」を帯の中へ縫い込むと、千里万里の山川を越え行くとも災いは少しもない（図314）。〔万まじない調宝記〕には旅立ちに「鬼」という字を全身に書いて行くと道中の災難はない。旅行には田螺の殻の粉を水の替りに白湯で飲むとよい。〔新撰咒咀調法記大全〕は旅の山中で方角を失い道に迷った時には、水の流れのある所を尋ね、それに従って下るとよい。野道には沢《おも》潟《だか》を捜し、葉の向いた方が人里の近い所と知る。「しゅつぎょう（出行）」モ見ル

図314「遠国へ旅立の時の符」（増補咒咀調法記大全）

田平子飯【たびらこめし】〔料理調法集・飯之部〕に〔田平子〕は母子草と云う物の事である。葉を摘んで湯煮し、暫く水に漬けて置き、細かく刻んで飯に交ぜる。「春の七草*」は、蘩蔞《はこべ》をたびらこ、鼠麴草（蒿 よもぎ）を母子草という。

太布布拵え様【たふぬのこしらえよう】 楮や梶の木等の皮の繊維を紡いで織った荒い布を太布布という。〔男女日用重宝記・上〕は藤の一握り程の直な所を切って、上の黒皮を剝ぎ捨て中の柔かな皮を天日によく干し、槇の灰を灰汁にして灰共にふしを合せてよく濯ぎ上げて天日に干し、よく叩き麻のように捻る。また、椢の木等を切って上の黒皮を取り捨て、その後木なら天日によく干して皮を剝ぎ、よく叩いて、麻のように捻る。

食べる【たべる】 御所言葉。「ものくふ（物食）はあがる。我が事はたべる」。〔女用智恵鑑宝織〕

打撲【だぼく】「うちみ（打撲）の事」ヲ見ル

玉【たま】〔万物絵本大全調法記・上〕に「玉 ぎょく／たま。石の美なる物也」。〈軽重数〉〔改算重宝記〕は一寸四方六方の重みを、九十五匁、〔童蒙単語字尽重宝記〕は百二十目とする。

玉井餅【たまいのもち】 菓子名。玉井餅、中羊羹、ながし物。〔男重宝記・四〕

瑞垣を造る吉日【たまがきをつくるきちじつ】「神社を造る吉日」ヲ見ル

玉柏【たまがしわ】 大和詞。「玉かしはとは、石の事なり」。「難波江の藻に埋もるる玉がしは 現れてだに人の恋ひめや（千載集・恋一）」。〔不断重宝記大全〕

旦暮勘者【たまかもの】〔世話重宝記・三〕に、総じて渡世の法は九年の貯えを兼ねてするとよいという本文があるので、旦《あした》は暮の儲けを心掛け、暮は旦の貯えを用意し勘《かんが》える者を、旦暮勘者《たまかもの》という。

玉川煮鯉【たまがわにごい】〔料理調法集・煮物之部〕に玉川《たまがわ》煮鯉は、鯉を筒切りにして出汁 溜りで煮、玉子の黄身ばかりを出汁でよく掻き交ぜ、葛溜りのように練り、鯉の上にとろりと懸ける。

玉川練【たまがわねり】「玉子下汁《したじる》」ヲ見ル

玉茎【たまぐき】「陰茎の諸症」ヲ見ル

玉櫛笥【たまくしげ】 大和詞。「玉くしげとは、あかつき（曉）を云」。〔不断重宝記大全〕

玉串御門【たまくしごもん】 伊勢名所。〔東街道中重宝記・七ざい所巡道しるべ〕に次がある。諸国の参宮人はこの御門の前で拝する。玉垣御門へ付いており、この御垣の続き 裏の方にも御門がある。白絹が垂れてあり、内宮は神号なく、外宮は大文字で神号が書いてある。正面からは第四の

御門である。

手枕【たまくら】 匂袋の方。〔女用智恵鑑宝織〕に手枕の方として、丁子・甘松（各四匁）、藿香（三匁）、竜脳・麝香（各一匁）。匂袋や衣服の間に入れて置く。

玉子色付【たまごいろつけ】〔秘密妙知伝重宝記〕に玉子に色つけの方は、生の時に少し穴を開け、紅を差して茹でる。

玉子菓子【たまごがし】〔ちやうほう記〕に玉子菓子の方は、砂糖（十匁）、玉子（二ツ）、道明寺粉（三分）をよく交ぜ、一時（二時間）程置き冷やし蒸し、その後よく冷まして切り、上に白砂糖（半斤）を置く。

玉子蒲鉾【たまごかまぼこ】〔料理調法集・鶏卵之部〕に玉子蒲鉾は、煮抜き玉子の黄身を水嚢で裏濾しにして、生玉子の黄身でよい程に練り、板につけて蒸す。

卵切【たまごきり】「らんきり（卵切）」ヲ見ル

玉子酒【たまござけ】〔料理調法集・料理酒之部〕に鶏卵酒《たまござけ》は、卵を割り冷酒を少しずつ入れ よく掻き混ぜ 溶けた時、よい程酒を入れ 燗をして出す。白砂糖を加えたのは練酒*という。卵一ツに、酒は中椀三盃でよい。〔ちやうほう記〕の玉子酒の方は、玉子一ツ、酒小盃三盃。冷酒でよく溶き、塩を少し入れ、間を置いて用いる。〔好色重宝記・下〕は男女ともに虚症に玉子酒を用いると、腎張《じんばり》（精力絶倫）になる。

鶏卵塩【たまごしお】〔料理調法集・国産之部〕に鶏卵塩は、塩二合程に玉子五ツの白身ばかり（黄身は除く）に、水四合程で一ツに合せ、擂鉢で擂り合わせ、鍋に入れて煮て玉子が固まった時布で濾し、その水を炒る。炒り過ぎると気澄み悪く、生炒りでは湿る。湿ったのは入用の節に炒って用いる。

玉子下汁【たまごしたしる】〔料理調法集・鶏卵之部〕に玉子下汁《たまごしたしる》は、煮物の下汁を塩梅して、一人前に玉子を一ツ割り、葛水一合でよく溶き合せ、出す前に下汁へ入れて鍋でよく練り交ぜる。古酒で同じように練ったのを玉川練という。蒸し鮭、蒸し鮃の類に掛ける。

鶏卵煎餅【たまごせんべい】〔諸民秘伝重宝記〕に鶏卵《たまご》煎餅は、砂糖一斤、饂飩粉一升、鶏卵六ツ、粳米の粉少々をよい程に練り合せて焼く。

玉子雑炊【たまごぞうすい】〔里俗節用重宝記・上〕は長病後に力が付かないのは、玉子雑炊がよいとして食するが、腹下りで死んだ人が多い。

玉子索麺【たまごそうめん】〔世界万宝調法記・下〕に玉子索麺の方は、鶏卵五十と鶩《あひる》の卵五ツの白身を取り、赤身ばかりを木綿で濾し、よく混ぜ、上々の太白砂糖四斤を水二升に混ぜ合せ、卵十五の白身ばかりを入れて煎じ、水嚢で濾し、また煎じ、煮え上りに蟹泡が立つ位の時、卵の殻によい加減に穴を明けて落す。次に卵掬いの杓子で上げ、砂糖の汁をよく絞り上げ乱く。索麺を上げる時、杓子に二盃程取り水を入れて上げる。〔料理調法集・鶏卵之部〕に、①玉子の黄身ばかりに塩を少し入れて掻き混ぜ、布で濾し、茹で湯水一升に塩五合を入れ少し煮え立った時、小さい漏斗で玉子を引く。夏秋は玉子十に鶩の玉子二ツを入れる。春冬は茹で湯水一升に塩三合でよい。②玉子二十を煮抜き、黄身ばかりに葛粉五合を絹篩いし、黄身に揉み交ぜ熱湯で捏ねて玉にし、湯煮してよく煮えた時取り上げ、捏ねて饂飩のように細く打つ。〔菓子調法集〕は、①玉子を潰して掻き混ぜ、鍋に砂糖を煎じて置き、玉子を貝杓子で細く糸のように落して、取り上げ冷ます。②鶏卵の黄身五十に鶩の玉子の黄身二ツ半を合せて、赤（銅）手鍋へ水を仕掛け、水に泡の浮くのを合図に、玉子の殻に穴を明けて流す。秘伝がある。

卵積む伝【たまごつむでん】 手品。〔清書重宝記〕塗盆の上に卵を積む伝は、卵の極上々を選んで塩を少々置いてその上に置くと、立ち居るのは妙である。

玉子田楽【たまごでんがく】〔料理調法集・焼物之部〕に玉子田楽は、玉子を

割って掻き混ぜ、薄鍋で焼き、算木等の形に切って、山椒味噌をつけて焼く。

玉子豆腐【たまごとうふ】〔料理調法集・鶏卵之部〕に玉子豆腐は、豆腐の水をよく絞って擂り、玉子の白身で和らかく伸べて煮返し、酒を少し加え、濾して箱に入れ、蒸す。

鶏卵の油【たまごのあぶら】〔斉民外科調宝記〕に鶏卵の油の取り様は、鶏卵の黄身だけを鍋に入れて煎ずる時、初め脆くなったのをひたと焼くと油が出る。白身を取る時も同じようにして、後に女の髪を入れると水のように白くなるのを日に干し、木綿に包み 火で焙り 絞り取る。鶏卵の油性は温で、諸々の痛みを止め、固まりを解く。小児の頭の腫物の跡に髪が生え兼ねるには、また顔の火焼《ほやけ》に切々つけてよく、痰の塊りにつけると散る。第一に疝気によく、腫物につけてよい。

玉子の動く伝【たまごのうごくでん】手品。〔調宝記・文政八写〕玉子の動く伝は、玉子の中身を抜き、中へ蛙を入れて置く。

玉子の角造り【たまごのかくづくり】〔万用重宝記〕に玉子の角造りの方は、皮共に切り、肴等に使う。①玉子を酢でよく煎り抜くと、皮共によく切れる。②三角四角等にする法は、玉子を酢の中に二三月浸けて置き、指で押して柔かになった時、三角には三方から、四角には四方から、薄板を当て藁で括り、それを常の煮抜きにして、板を取り皮を剝いて遣う。珍品とする。

卵の事【たまごのこと】玉子とも書く。〔万物絵本大全調法記・下〕に「卵 らんすう／かいご。又、たまご」。〈**薬性**〉〔医道重宝記〕に鶏卵《にわとりのたまご》は、平で毒なく、熱を除き、陰を補い、風を去り、痺れを治し、腎を温め肺を潤す。痢病によい。〈**貯え様**〉〔ちやうほう記〕には鶏卵の置き様として、赤土に塩四合を壺に入れて掻き混ぜ、玉子を浸けて置く。〈**食い合せ**〉〔世界万宝調法記・下〕に、懐妊中に鶏の卵と乾し魚を食うと、生れる子は瘡が多くなる。〔調法記・四十ゟ〕に、生葱 大蒜《にんにく》 辛子 李 糯米 鯉は、鶏卵とは差し合である。〔万用重宝記〕は玉子に中った時は米の酢を飲み、毒を消す。〈**売り店**〉〔江戸町中喰物重法記〕に「御用玉子所」は、四谷塩町 田口屋源五郎が称している。

鶏卵の守札【たまごのまもりふだ】江戸願所。八代洲《やよす》河岸 大名小路織田侯の屋敷内熊井戸氏から奇妙の守札が出る。これを常に信ずると、誤って高所から転落しても少しも怪我はない。これを試すに、鶏卵にこの守札を括り添えて落すと全く砕けることはないと言い伝え、世人は鶏卵《たまご》の守りという。〔江戸神仏願懸重宝記〕

玉子蓮【たまごはす】〔諸人重宝記・四〕に玉子蓮は、蓮の中へ卵の黄な所を流し入れ、口をして茹でて切る。

玉子半平【たまごはんぺい】〔料理調法集・鶏卵之部〕に玉子半平は、玉子を割り、山の芋を卸し、玉子の量の半分を入れてよく擂り交ぜ、小皿に美濃紙を濡らして敷き、玉子を入れ一ツ一ツ蒸す。

卵飛龍頭【たまごひりょうず】〔料理調法集・鶏卵之部〕に卵飛龍頭《たまごひりょうず》は、玉子蒲鉾*のようにしたのに木茸繊小口、銀杏、裂き海老等交ぜて程よく丸め、胡麻の油で揚げる。

卵浮和浮和【たまごふわふわ】〔世界万宝調法記・下〕に卵浮和浮和《たまごふわふわ》は、卵を潰し 水醤油か出汁醤油を入れ 常のようにするが、酒を入れると鍋に強く焦げつく。大方よく出来た時、鍋の卵にあちこち穴を開け、煎り酒を水で薄く伸べて注ぎ込み、少し煮るとよい。〔諸人重宝記・四〕は玉子をあけて玉子の量三分の一、出汁溜り煎酒を入れてよく噴かせて出す。固いと悪い。鯔《いな》（＝ボラの中位の幼魚）の臼、鳥の股の臓等を入れて、野《のぶ》衾《すま》*ともいう。

玉子味噌【たまごみそ】〔料理調法集・鶏卵之部〕に玉子味噌は、白味噌一合をよく擂り 裏濾しにして、煮抜き玉子の黄身七ツを濾し、混ぜ合せ、

味醂で練る。

鶏卵飯【たまごめし】〔料理調法集・飯之部〕に鶏卵飯《たまごめし》は、鶏卵を潰して掻き立てて置き、飯の水の引き際に入れ、移す時よく掻き交ぜる。〔懐中料理重宝記〕は飯を盛ってその上に匙で掬い懸ける。交ぜるには及ばない。

卵料理【たまごりょうり】 語頭に「たまご（卵・玉子・鶏卵）」を冠する以外の「たまごの料理」に次がある。泡雪玉子* 筏玉子* 伊勢玉子* 糸切玉子* 煎り鶏卵* 請け玉子* 海老玉子* 大鳥玉子* 角玉子* 菓子玉子* 粕漬玉子* 殻切玉子* 菊玉子* 黄身返し玉子* 切り玉子* 金糸玉子* 胡桃玉子* 鶏卵餅《けいらん》* 源氏玉子* 小板玉子* 沙羅沙玉子* 塩辛玉子* 薯蕷卵* すだち玉子* 煎餅玉子* 園の雪* 竹割玉子* 橘玉子* 玉手箱* 団子玉子* 粽卵* 茶入り玉子* 茶巾玉子* 苞《つと》玉子* 田楽泡雪* 錦玉子* 煮抜玉子* 練《ねり》玉子* 花玉子* ひご玉子* 吹寄せ玉子* 服紗玉子* 袋玉子* 麩の焼玉子* ふわふわ玉子* 紅《べに》玉子* 焙色《ほいろ》鶏卵* 巻き泡雪* 巻き卵* 松風玉子* 剝き玉子* 結び泡雪* 杢目玉子* 蜀黍《もろこし》玉子* 柚金ふわふわ* 縒り玉子* 卵切《らんきり》* 利休玉子* 林檎玉子*。

玉衣【たまごろも】 大和詞。「玉ころもとは、柳を云」。〔不断重宝記大全〕

玉子を菊、桔梗に仕様【たまごをきく、ききょうにしよう】〔料理重法記・上〕に「玉子を菊 桔梗に仕様」は、朝顔形の茶碗か猪口の内へ半紙を底から皺のないように敷き、玉子の殻を割って直に入れ、紙を五ツに襞を取ると桔梗になり、多く取ると菊になる。襞の所を紙縒で括り熱湯《にえゆ》に浸け紙縒と紙の端を指で持ち、少しも傾むかないようにして茹で、引き上げ冷まし紙を取る。

玉子を小口切にする【たまごをこぐちきりにする】〔万用重宝記〕に玉子を小口切にするには、玉子を酢で炊くと切れる。

玉子を肴に遣う【たまごをさかなにつかう】「玉子の角造り」ヲ見ル

玉細工【たまざいく】〔万買物調方記〕に「京ニテ玉細工」は目鏡・珠蓮華・石緒締がある。御幸町蛸薬師上ル下ル二丁、蛸薬師御幸町西東二丁、四条川原町西へ入町。「江戸ニテ玉細工」南伝馬町一丁目 玉や庄左衛門、神明前三嶋町。「大坂ニテ玉細工」備後町 うちわや忠兵へ、伏見町八丁目八郎兵へがいる。

玉笹【たまざさ】「玉笹 新粉あん入り」は、京橋南なべ丁 柳屋治郎兵衛にある。〔江戸町中喰物重法記〕

魂の数を知る歌【たましいのかずをしるうた】 五行*、木 火 土 金 水による魂の数を分り易く歌に示した。「木九（聞く）からに火三ツ（秘密）の山に土《つち》一ツ七ツ金《かね》とは五水（御推）量あれ」。〔和漢年暦調法記〕

玉汁【たましる】 雑汁。〔永代調法記宝庫・六〕に玉汁は、小鳥 蒲鉾 蕗（小口切にし）竹の子 独活 牛蒡 細大根をいかにも細かに切り、小豆を入れる。

玉章【たまずさ】〔万家重宝女用花鳥文章〕に「たまづさ 文章」。〔重宝女訓女今川操文庫〕に「文《ふみ》を玉づさ」。

玉章餅【たまずさもち】 菓子名。玉章餅、上下しめし物、二通りながし物。〔男重宝記・四〕

玉簾餅【たますだれもち】 菓子名。玉簾餅、上ながし物、中しめし物、下ながし物。〔男重宝記・四〕

たませえ【たませえ】「魂《たましゐ》は、たませへ」。〔小野篡譃字尽・かまど詞大概〕

玉垂る声【たまたるこえ】 大和詞。「たまたる声とは、なまり（訛）たる声」である。〔不断重宝記大全〕

玉垂【たまだれ】 大和詞。「玉だれとは、玉の簾」である。〔不断重宝記大全〕

玉手箱【たまてばこ】〔料理調法集・鶏卵之部〕に、剝き玉子*のようにして、中の黄身を抜き、小梅干を入れる。

玉の池【たまのいけ】 大和詞。「玉の池とは、すゞり（硯）の事」である。〔不断重宝記大全〕

玉の井焼【たまのいやき】 玉の井焼は、本郷三丁目 玉の井伊兵衛にある。〔江戸町中喰物重法記〕

玉の台【たまのうてな】 大和詞。「たまのうてなとは、天子の御座［所］」で

ある。〔不断重宝記大全〕

玉の緒【たまのお】　大和詞。〔不断重宝記大全〕には「玉のをとは、いのち（命）の事」。〔消息調宝記・二〕には「たまのをがはとは、いのちの事也」。

玉緒餅【たまのおもち】　菓子名。玉緒餅、上しめし物、中うき物、下羊羹、山の芋入り。〔男重宝記・四〕

玉の声【たまのこえ】　大和詞。「玉の声とは、書き残し置く文なり。情みせて残せる文の玉の声 主をとどむる物にぞ有りけり（玉葉集・雑三）」。〔不断重宝記大全〕

玉花【たまはな】　大和詞。「たまはなとは、あられゆき（霰雪）」である。〔不断重宝記大全〕

玉火水中へ入りて消えぬ法【たまびすいちゅうへいりてきえぬほう】　樟脳（半斤）、煙硝（五分）、硫黄（三分）を麩糊で練り固め、火を灯すと消えず、不思議である。〔万用重宝記〕

玉鉾【たまぼこ】　大和詞。〔不断重宝記大全〕に「玉ぼことは、道の枕詞」。〔女重宝記・五〕には「道」をいう。

玉（霊）祭【たままつり】　「しょうりょうまつり（聖霊祭）」ヲ見ル

玉水【たまみず】　〔万用重宝記・下〕に玉水とは、甘酒のしたみ（湑＝したたり）汁である。

玉水羹【たまみずかん】　菓子名。〔調法集〕に玉水羹は、葛と水（各一合）に蜜を少し合せ、鍋に入れてどろどろに練り、紙の袋に入れ、鍋の中に釣って煮る。三盃水でよく、袋は三重でよい。金玉水と吉野葛（各一盃半）、梔子水（一盃六分）、氷砂糖を煎じて八分程入れて三分の一に練り立て、追々三分一の葛水を入れて交ぜ合せ、水嚢で濾し紙で丸く包嚢する。

玉味噌【たまみそ】　〔料理調法集・造醸之部〕に玉味噌は、豆をよく煮て搗き、茶碗程の大きさに固め、縄に通し、軒に吊って置き、半年程経て砕き、塩水四合を入れて造る。

玉柳【たまやなぎ】　花火の方。〔男女御土産重宝記〕に玉柳は、煙硝（十匁）、硫黄（一匁五分）、灰（五匁）、鉄（十三匁）の四色を用いる。

溜醤油【たまりしょうゆ】　〔男女日用重宝記・下〕に溜醤油の拵え様として、味噌を煮た下に豆の汁が一斗あれば糀五升 塩三升を入れる。塩三升に水七升程を入れて煎じ、糀は少し煎り、石臼で挽いて入れる。味噌の汁だけでは少ないので豆がよく煮えた時、別の水を豆に入れてくらくらと煮立て、その汁を前のように入れ、甕に入れ、ならせて置く。〔料理調法集・造醸之部〕に溜醤油は、①大豆を煮た汁一斗（これを飴という）、糀五升を挽き、塩三升、水七升五合を煎じて仕込む。②小麦醤油を仕込んだ後、桶の中に籠を入れ、その中に溜まった物を汲み取り用いる。古くは布袋に入れて絞ることなく籠簀を立て、その中にたまるのを溜り豆油と言った。今でも国により、麦味噌等の仕込みに豆液を多く入れて緩々と製し、その中に籠簀を立て中へたまるのを溜りという。〈薬性〉〔永代調法記宝庫・四〕に溜りは諸病、脾胃によく、過ざると虫を起す。

田丸越【たまるごえ】　伊勢の山田から大和へ行く三道筋（青越*奈良越*）の一ツ。〔東街道中重宝記・七ざい所巡道しるべ〕に田丸越は、伊勢山田から和歌山に至る街道の田丸から、長谷へ行く道筋をいう。「青越《あおごえ》*」モ見ル

玉を吹く薬【たまをふくくすり】　手品。〔清書重宝記〕に玉を吹く薬は、煙草の骨を焼いて水に漬け、その奥の中へシャボン*を入れて吹く。

田道夫婦【たみちふうふ】　〈田道〉〔大増補万代重宝記〕仁徳帝の時、将軍田《た》道《みち》は新羅を討って功があったが、その後蝦夷《えびす》を攻めて利なく、戦死した。その霊は化して蛇となった。夷人が来て過ぎる者は、多くは毒気にあたって死ぬという。〈妻〉〔重宝女訓女今川操文庫〕に仁徳天皇の時蝦夷島の夷の日本侵攻に、田道は勅命を受けて戦ったが討死し、郎等は都に帰り田道の妻へ形見に馬の手綱を渡した。妻は注進の郎等に金銀を与えて厚く労い、それより仏間に入り夫の後生を弔い、自ら手綱で首を括って死

んだ。すると夫婦の霊魂は大蛇となり、遂に夷を退けた。

農は国の本【たみはくにのもと】 農《たみ》は百姓とも書く。〔農家調宝記・初編〕に『尚書』を引いて、農《たみ》は国の本《もと》、本固《かた》ければ国安しとあり、和漢ともに農《のう》を重んずる理由とする。〔田畑重宝記〕には貢物《みつぎもの》を納め、上下万民を養う故、百姓《たみ》は国の柱《はしら》とも、杖ともなる目出たい者、よって武《もののふ》に続く格とある。「宝の第一」参照

手向草【たむけぐさ】 大和詞。「手むけ草とは、桜を云。また松共」とある。〔不断重宝記大全〕

手向けの枝【たむけのえだ】 立花*。〔昼夜重宝記・安永七〕に、仏前では流枝《ながし》*を「手向《たむけ》の枝」という。仏の面前に構わぬように挿し、一瓶の中で見事なのを用いる。これは神前も同じ。「神前仏前の花」参照

風癬【たむし】 「いんきん田虫*」の略で、「陰金」「陰癬」とも書く。陰嚢周辺に発する白癬皮膚病。「たむし」は頑癬 及び斑状白癬の俗称。甚だ痒い。〔懐中重宝記・慶応四〕に「いんきん たむし」は荊芥・当帰（各二匁）、慈姑《くわい》花《か》・硫黄（一匁）、丹礬（五分）を水で煎じ度々洗うとよい。〔秘密妙知伝重宝記〕に「ゐんきん」には糠味噌を付けるとよい。〔調法記・四十七ゟ五十七迄〕に「陰癬《いんきん》の妙薬伝」は、○大風子・大黄・雷丸を粉にして酢で溶き、二三度つけると治す。○当帰（二匁）、荊芥（一匁五分）、大黄・硫黄・槐花（各一匁）、丹礬（五分）を水で煎じ、度々洗う。但し、陰癬を追い込むと害毒をなす。付薬等をしたら必ず発表の剤を飲むのがよい。〔改補外科調宝記〕に風癬《たむし》は、脾 胃 肝の湿熱で、荊防敗毒散*を用いる。○風癬を塩湯で洗い、小刀で掻き破り丹礬・明礬・硫黄（各等分）を粉にして酢で練って付ける。○よく擦り剥いて大黄を粉にして酢で練り合せ、布で包んで擦り付ける。○膠を練って付け 紙で蓋をして、二時（四時間）ばかり置いて蓋を取り、白銀屋《しろかねや》のいで酢を付ける。○ぎしぎし（羊蹄）の草の根を切り木口で擦る。黒くなると木口をひたすら切って擦り付けるのもよい。○薬は簡易散*大馬歯膏*を用いる。〔世界万宝調法記・中〕には鉄の錆を取り、水で溶き、つけ火で炙ると妙薬。〔懐中重宝記・慶応四〕には脇差の錆を落し酢で溶き付ける。〔男女御土産重宝記〕に「ぜにがさ」の薬は楊梅皮（〔筆海重宝記〕は「桃皮」）（一匁）、丹礬（三分）、巴豆（一粒）を粉にして水で練り付ける。〔胡椒一味重宝記〕に風癬には胡椒の粉を付ける。○川烏頭《せんうず》（大）、胡椒（小）を煎じて風癬だけを洗う。〔大増補万代重宝記〕には鰹節を削り揉んで粉にし飯に押し交ぜて付けると妙である。又大黄に砥の粉を交ぜ胡麻油で付けるのもよい。〔調宝記・文政八写〕は硫黄・大黄・明礬（等分）を粉にし酢で溶いて付ける。二三日は湯水に漬けない。〔鍼灸重宝記綱目〕は「癬瘡《せんそう》」には曲池 支溝 後谿 崑崙 大陵に灸する。

〈呪い〉〔調法記・四十七ゟ五十七迄〕に、①田虫を木に移す咒いは、藁で田虫の大きさに寸を取り、その藁の罠を栴檀の木に当てつけ、その罠の廻りを小刀の先で丸く筋目をつけ、中にさらに又十文字に引き目をつける。後を振り返って見てはならない。奇妙に治る（〔続咒咀調法記〕）。②草大黄を三十三に剝いで、切り目に小刀の先で「虫」の字を書き、その大黄で田虫の食う所をさすりながら三遍次の歌を詠む。「三日月を死ねと呪ふは田虫なり 殺してた（賜）べよ十五夜の月」。③水銀粉・上茶（粉）を胡麻油で練りつけ、火で炙り、痒くなるのが止まる迄炙る。〔増補咒咀調法記大全〕に田虫の食った所へ「南」の字を一字書き（〔新撰咒詛調法記大全〕は三字）、その上を墨で塗ると奇妙に癒える。半分治したければ半分に南の字を書く。尤も元のように田虫を置きたければ「北」の一字を書いて墨で塗る。〔調宝記・文政八写〕には「鴫」と三字書き墨を塗って置く。〔諸民秘伝重宝記〕には生きた青蛙を捕り、殺さないように手に持って背でも腹でも田虫の上を擦り、蛙は元へ放す。この法は

いんきん田虫に最も妙である。又方、田虫の所を指先で中に田虫と書いてその人の鼻紙を貰い、書いた指を拭い、その紙を包み捻って川へ流し捨てる。幾所出来た田虫でも一所一所同じようにすると妙である〔日用調法人家必用〕に「たむしの呪」は小刀の先でたむしの上に「犬」の字を幾つも書くとよい。又方は、白箸で榎へ取り移す真似を三度すれば、その木は気触《かぶれ》、こちらのたむしは消える。一説に、たむしを榎にうつすには飴でたむしをひたひたと撫で、その飴を榎に塗りつけて置くとよく染る。蝿捕り餅でするのもよい。「血風瘡《けっぷうそう》」*モ見ル

た文字【たもじ】 大和詞。〔女重宝記・一〕に「たこ（蛸）は、たもじ」。〔女用智恵鑑宝織〕に「たもじは、足袋」。

袂摺りの毛【たもとずりのけ】 鷹の名所。*〔武家重宝記・五〕に袂摺りの毛は、鷹の翼の中間、折り目境にある毛をいう。風持《かざもち》の毛*ともいう。

多門【たもん】 〔武家重宝記・一〕に「多門《たもん》今は長屋を多門といふ。松永久秀（天正五年、一五七七。六十八歳没）より始る言葉」とある。『書言字考節用集・一』に「多門《たもん》本名は塁壁。俗に見付と云。松永久秀 城を和州東大寺の北 多門山に築く。始て殿守を造り、又 塁を遶り 楼を構て、之を多門作《つくり》と謂」。

垂乳男【たらちお】 大和詞。「たらちをとは、父の事」である。〔不断重宝記大全〕

垂乳根【たらちね】 大和詞。〔女重宝記・五〕には「たらちねとは、父母《ちゝはゝ》のこと」。〔女用智恵鑑宝織〕には「たらちねは、母の事なり。また、もりの事をも云」。

垂乳女【たらちめ】 大和詞。「たらちめとは、母の事」である。〔不断重宝記大全〕

鱈田夫【たらでんぶ】 「鯛《たい》が香《か》」ヲ見ル

鱈の事【たらのこと】 〈薬性〉〔医道重宝記〕に鱈《たら》は、平にして小毒があり、風邪を去り、水腫を治し、小便を通じる。多食してはならない。人に益はない。〔胡椒一味重宝記〕は世人が酒を酌むのに鱈魚を食し、胡椒粉を入れるのは、鱈は酒毒を消し、胡椒は鱈の毒を消すからという。〈料理仕様〉〔諸人重宝記・四〕に鱈は、汁 鮨 酒浸《さかびて》乾して色々に遣う。〈鱈の子〉〔料理調法集・塩魚之部〕に鱈の子は煮え湯に通し上げて手で揉みほぐして遣う。その侭小口より薄く畳み酒を掛けてもよい。○「吸物」は塩を出し、湯に通さず 丸の侭薄小口に切り 椀に入れ 下汁を掛ける。取合せは神田藻《ほんだわら》、とろろ昆布等がよい。〈鱈半平〉〔料理調法集・鱧餅真薯之部〕に鱈半平は、鱈の口塩の随分よいのを吟味して卸し、塩を出し 崩してよく擂り、鱈の身五合に鯛の擂り身一合程、薯蕷に玉子白身をよい程合せ常のように仕立てる。鱈の臭いがあってよい。

だりつき馬養生の事【だりつきうまようじょうのこと】 〔馬療調法記〕にだりつき馬（馬が空腹で歩けないこと）の養生は、曲池（前肘辺の針穴）に針を刺して血を出す。いかにもよく冷やし、水銀を少し加えた四足平癒*を油断なく付ける。

垂井より関ヶ原へ【たるいよりせきがはらへ】 木曾海道*宿駅。一里半。本荷七十文、軽尻四十六文、人足三十六文。宿より西南の山を南宮山という。この宿より越前街道（敦賀より小浜への道）が出て、福井へ二十一里、加賀金沢へ五十一里半。尾州宮へ十五里、京都へ二十四里三十丁。野上の里名所である。鶏籠山《けいろうのやま》があり、斑女花子《はんじょはなご》（＝能楽「斑女」の原拠とされる遊女）の在所で、斑女の絵姿が伝来する寺がある。大の山から江州、尾州、当国とも残らず見える。〔東街道中重宝記・木曾道中重宝記六十九次 享和二〕

達磨隠し【だるまがくし】 〔料理調法集・鱧餅真薯之部〕に「達磨隠し」は、九年母の皮を、巾二分位 長さよい程に切り、擂り身で包み、湯煮して火取りする。

達磨寺【だるまじ】　奈良の寺名。片岡《へんこう》山達磨寺と号する。本尊は達磨大師と聖徳太子。達磨石、春日石がある。ここには片岡、片岡山、近くには朝《あした》の原という名所がある。〔東街道中重宝記・七ざい所巡道しるべ〕

達磨宗【だるましゅう】　「禅宗」ヲ見ル

垂布掛る吉日【たれぬのかくるきちにち】　〔諸人重宝記・五〕に室内を仕切り隔をする垂れ布を掛ける吉日は、次の各日。乙丑《きのと》の日。丙子《ひのえ》の日。丁丑《ひのと》・卯の日。戊子《つちのえ》・辰の日。己丑《つちのと》の日。壬《みずのえ》の日。癸卯《みずのと》の日。

垂れ味噌【たれみそ】　〔諸人重宝記・四〕に垂れ味噌は、味噌一升に水三升五合を入れて煎じ、三升になった時 袋に入れて垂れる。〔料理調法集・煮出煎酒之部〕には、味噌一升に水三升、鰹節一ツを削り入れ、よく煮返し、袋に入れて垂らす。凝《こごり》に用いるには、水二升五合でよい。

太郎【たろう】　〈何が不足で癇癪の枕言葉〉「鯉を、たらう（太郎）」という。〔小野簒譃字尽〕

太郎四郎【たろうしろう】　〈何が不足で癇癪の枕言葉〉「あほう（阿保）、きんたろ／たろしらう」という。〔小野簒譃字尽〕

たろく【たろく】　〈何が不足で癇癪の枕言葉〉「湯屋、浄瑠璃、たろく」という。〔小野簒譃字尽〕

戯け【たわけ】　百姓が子供に田を分けるのに、例えば、百石の田地を惣領に五十石、次男に三十石、三男に二十石に分けると、大家も二三男の家も共に潰れ、田を分けて元を失う。労して功のないことを、俗に「たわけ」というのは、これより起るかとある。〔田畑重宝記・上〕

戯語／事【たわごと】　〔薬家秘伝妙方調法記〕にたわごと（戯語）をするには、辰砂・棗・遠志《おんじ》を与える。

丹【たん】　〈絵具製法　礬砂の加減〉〔万物絵本大全調法記・上〕に丹の製法は、丹（朱砂）を水飛して用いる。但し、水飛なしに用いることがあれば、薄膠を交ぜて水を少しずつ入れ、とろりとして油を少し入れて用いる。原料は鉛に硫黄と硝石を焼いたもの。黄色を帯びた赤色。〈病症〉〔小児療治調法記〕に「丹」は、血の余りで片赤《へんしゃく》をなし、雲頭のようにして出るものをいうが、療治法等は、「斑《はん》」を参照。

反【たん】　〈田数の単位〉「段」とも書く。〔永代調法記宝庫・首〕一反は十畝をいう。昔は三百六十坪、今（太閤検地後）は三百坪を言う。〈絹布の数の単位〉「端」とも書く。〔永代調法記宝庫・首〕に「端たん 布絹半匹《はんびき》」。衣服一着分の料で、鯨尺で二丈八尺、幅九寸五分である。〔算学調法塵劫記〕には、二丈六尺をいう。

単【たん】　唐人世話詞。「膳《ぜん》を、単《たん》」という。〔男重宝記・五〕

胆【たん】　〔鍼灸重宝記綱目〕に胆の臓は、重さ三両三銖、形は瓠《ひさご》のようである。肝の臓葉の間に隠れている。背中の第十椎に付き、精汁を包むこと三合、その味は苦《にが》い。精汁とは水穀の精液で、水穀の穢濁のものは受けない。それ故、中正の官で物を定め、決断することを主《つかさど》る。出入の口がないので吐下を忌む。〈胆の兪、灸穴要歌〉〔永代調法記宝庫・三〕に「脇胸も支えて舌の強ばりも嘔吐不食も胆の兪をせよ」。

段【だん】　数の累目《かさねめ》をいう。例えば、ある数の五ツ寄せたのをその数 五段という類である。〔算学調法塵劫記〕

弾【だん】　十四の鍼法*の一。〔鍼灸重宝記綱目〕に弾は、補う時大指の甲《つめ》で軽く針を弾《くじ》き、気を速やかにめぐらさす。

痰飲【たんいん】　四飲*の症の一。「かすはき（滓吐）」ともいう。〔医道重宝記〕に痰飲は、脾気が健やかでなく、飲食を消化せず、津液《つばしる》を化せず、胃中に滞って湿痰を生ずる。或は肺が燥いで、或は腎水が上に浮かんで痰をなす。稠《ねばる》のを痰、稀《うすい》のを飲《いん》という。脈は弦にして沈、滑を兼ねるの痰とする。薬は二陳湯*瓜蔞枳実湯*を用いる。加減の方は、○湿痰には半夏・陳皮・茯苓を、○風痰には天南星・白伏子を、○燥痰には貝母・阿膠・瓜蔞仁を、○痰が塞がるには枳実・厚朴・桔梗を、○気痰に

は檳榔子・枳殻・陳皮を、それぞれ加える。
〔鍼灸日用重宝記・五〕は痰飲の由来を、気脈が閉じて塞がり、津液が通ぜず、水飲が停留、結して痰となる。或は胃の気が虚弱で水穀を廻らさず、酒後に水を飲み脾胃に留まり、風寒の湿が脾臓に入り相縛《うち》して痰となるものがある。脾胃は倉廩で穀を入れ、脾虚し穀気を運行しないので、気血は滋養を失い周流せず、中焦は穀を消してこなさず、遂に滞る。或は七情*、飲食、労役により湿熱が内に発り、風寒が外より侵すと、皆痰飲となる。痰により、頭痛 眩暈 口眼等が諸病を発する等、四飲の症*がある。針灸点には、不容 承満 幽門 通谷 風門 膈兪 肝兪等がある。
〔昼夜調法記・正徳四〕は痰飲・寒熱・瘧を主《つかさ》どる病は肝にあるという。
〔永代調法記宝庫・三〕は痰症には白芥子・白朮・紫蘇子・蘿蔔子を粉にして薄糊で丸じて飲むとどこに滞る痰でも治す。痰が痞えて吐逆するには陳皮・檳榔子を粉にして湯で煎じて飲む。
〈痰飲食物宜禁〉〔家内重宝記・元禄二〕に「宜い物」は生姜 大根 独活 山椒 大麦 粟 黍 滑り莧 枸杞 牡蠣 鮑 海月。「禁物」は小麦 蕎麦 飴 砂糖 油 桃 杏 枇杷 胡椒 林檎 鮒 鯛 鯨 雉 鮎 鶏。

痰鬱【たんうつ】 六鬱*の一。〔鍼灸重宝記綱目〕に痰鬱は、喘満《ぜりつき》・気急《すたき》・痰《たん》嗽《せき》し、胸脇が痛み、脈は滑である。針灸の穴は膏肓 神道 肝兪 不容 梁門にある。

単音【たんおん】「ちょくおん（直音）」ニ同ジ

短歌【たんか】 歌学用語。現在の文学史では五・七・五・七・七の五句からなる歌をいうが、『古今集・十九雑体』に長歌を「短歌」としていることから長歌を短歌という。〔男重宝記・二〕には「短歌といふは、五《いつ》文字七《なな》文字と続けて長く詠めども、心切れて短き故なり」とあり、〔諸人重宝記・一〕には『古今集』も短歌を長《なが》歌とあるが、短歌である。これは長く言葉を言い続けていても詞を言い尽くして始めは序になり、前の事は廃《すた》って長いと言っても短い。五・七・五・七と詠み続けていくと十二・十二になり、短くなる。最後を、長歌*五・七・五・七・七の三十一字の詠歌のように詠む。

痰核【たんかく】〔鍼灸重宝記綱目〕に痰核は、瘰癧*の結核《かたまり》が項《うなじ》・臂・腋にあって、紅《あか》からず、痛まず、膿のないものをいう。肩井 曲池に針をする。

談（檀）家汁【だんかじる】〔ちやうほう記〕に談（檀）家汁は、豆腐をよく擂り常の納豆汁のようにする。山芋 青菜 椎茸 岩茸の類を細く切り煮る。

痰癇【たんかん】 癲癇*の一。〔鍼灸重宝記綱目〕に痰癇は、狂《ものぐるい》のごとく、耳は聞こえず、目は見えず、夢のようであり、酔うたようである。

弾丸の大きさ【だんがんのおおきさ】 丸薬量。〔医道重宝記〕に「弾丸の大きさ」というのは、梧桐子四十粒にあたる。

短気【たんき】〔鍼灸日用重宝記・四〕に短気には、大陵 尺沢に灸をする。

断機の誡【だんきのいましめ】「孟母の三遷」ヲ見ル

丹後【たんご】 丹州。〔重宝記永代鏡〕には加佐 丹波 与謝 熊野 竹野の五郡をあげ、城下は宮津 田辺で、一ノ宮は篭守《こもり》である。〔万民調宝記〕に居城知行高は、宮津 安部対馬九万九千石、田辺 牧野因幡三万五千石。〔大増補万代重宝記〕には丹波がなく中があり、中管、四方二十里。田数八千二百五十町、知行高十二万石。〔重宝記・幕末頃写〕には五穀高十二万石、魚労や精好等が国慶とあり、国広く中上国である。豊岡県から、今の京都府の北部にあたる。〈名物〉〔万買物調方記〕に胡麻、葛籠、撰糸、紬（単物に用いる）、切戸の文殊珠貝（海松食ともいう）、伊根浦の鰤・鰯・ほや・海鼠など、沖嶋のはやぶさ、内堅海苔などが名物。

談合谷【だんごうのたに】「ししがたに（鹿ヶ谷）」ヲ見ル

丹後絹【たんごぎぬ】〔絹布重宝記〕に丹後絹は、丹後より織り出す絹で加賀*絹より余程下品である。紋付の表等には一切できず、裏地は下染 小裁《こだち》に多く仕入れる。買廻し 目廻り*である。生絹で京へ出す。丹後嶋は現

在は京西陣で織る。相印は「ハ」。

団子玉子【だんごたまご】〔料理調法集・鶏卵之部〕に団子玉子は、矮鶏《ちゃぼ》や鶏の玉子を煮抜きにして殻を取り、湯に漬け 蒸して 手で丸く直し、汁飴の中へ入れて引き上げ、小豆餡をつける。

丹後縮緬【たんごちりめん】〔絹布重宝記〕に丹後縮緬は、丹後より織り出す縮緬。全体、糸の縷《より》は若く 絞《しぼ》は低い。絹の性も柔らかで万事唐屋形縮*緬に似た所が多い。地性は余り強くなく、中でも勝れぬ絹は着用して毛むく立つ。加屋 宮津から出るのは至って粗品である。大野はこれに勝り、岩瀧峯山は上品であり、極上絹に「栄専」の銘 朱印が地の端に押してあり、丹後縮緬中の佳品である。上包の文庫にもこの大きな判が押してあり、京都の絹局（呉服屋）では「たばこの葉」という。似寄りに「永仙」があり栄専に次ぐ佳品である。丈は六丈より六丈二三尺に限る。国から練って来る。五疋ずつ文庫に入れ上書に『源氏』『狭衣』めいた銘をつけて、十反入（二反で一疋であるが、疋物で一反の値段を言うのは疋では値の元が高く、反別に値を言うらしい）と書きつける。畳まず手繰って袋に入れたのは粗品である。丹後縮緬には中巾、二巾はない。狭《せば》十丈物は野品《やすもの》である。染付黒が大体であり、薄色は特によく、緋縮緬・藍類・茶類もよく、唐縮緬と並んで染付の麗しいことは類がない。白に生けて遣う時は白みがさっぱりとしないので少し赤み青みを付けて遣う。丹後縮緬は当買《あてがい》*で、五疋ずつ押し込み買い出すので、絹局で糸目を掛けて分けそれぞれに値打ちを分ける

丹後煮鮑【たんごにあわび】〔料理調法集・煮物之部〕に丹後煮鮑は、鮑の貝を離し丸ながら掻き立て味噌でよく煮、取り上げて薄く切り、澄しにする。

端午の事【たんごのこと】 五節句の一*。〈異名〉〔書札調法記・五〕に端午の異名に、重五《ちょうご》 重午《ちょうご》 端陽 地臘 蒲節 艾節がある。〔年中調法記・二〕に「五月五日の事」を端午と言うのは、昔は端《はし》の午の日に当る故に言うかとある。端は正、午は五月が午の月なので言うともある。五が重なるので重五ともいう。

〈艾と菖蒲の事〉〔同書〕にこの日艾 菖蒲を人形に結い、戸上に掛けると毒気を祓うと言い、禁中主殿寮内裏の殿舎にも、民家にも葺く。○菖蒲酒を飲み、また薬玉《くすだま》*と言い艾 菖蒲を五色の糸に貫き臂に掛ける事が禁裏にある。○婦人女子が艾 菖蒲を簪にし 腰に纏うのは、瘟疫邪毒の病を避けるためである。○菖蒲湯を浴び 艾を拵えるのも陽気を援け 齢を延ぶるものである。これらは天平十九年（七四七）に始るという。

〈冑幟の事〉〔同書〕に光仁天皇は天応元年（七八一）に異国より日本侵攻のことを聞き、第二の御子 早良親王を大将に退治の宣旨をし、親王は「藤の森大明神」*に祈誓して五月五日に出陣、容易に滅ぼした。これを真似して、今日家々に冑幟を立て、童子が菖蒲刀 木刀を持って印地石打（二手に別れて石を投げ合う子供遊戯）をし、治平の目出たい験しとした。

〔諸礼調法記大全〕には「菖蒲と粽の事」を、五月五日に屈原が汨羅《べきら》に身を投げた中国の故事による風とする説をあげ、菖蒲の粽を食う（「粽《ちまき》の事」参照）。菖蒲を採り、酒に浸し雄黄《おおう》を少し入れて呑むと、一切の悪事を除く。また婦人は菖蒲を簪にし 腰に纏い、或は門戸 几帳 御簾等に掛けると一年中の邪気を去る。○「立花」には、菖蒲 竹の類 石竹を使う。

〈採薬と調剤〉〔懐中重宝記・弘化五〕に次がある。○五月五日午刻（十二時）に蓬を採り、陰干し煎じて用い万病を治す。○菖蒲の根を一寸ずつに切り、七本を酒に浸して呑むと打ち身を治す。○百草の嫩苗《わかなえ》を汁に搗き石灰に混ぜて餅にし陰干にして置き、粉にして金瘡・打ち身・挫きにつけると直に癒える。○午の時に、朱で「茶」の字を書き門柱に逆様に貼ると悪虫は入らない。○「儀方」の二字を書いて逆様に貼ると蠅は入らない。○この日 萍を採り陰干にして焼き烟らすと蚊を去る。○葵

の実を炒り 粉にして淋病に用いると治す。飲み様は一匁を酒で用いる。○この日 明礬一塊を朝から晒し晩に取り入れ、悪虫に嚙まれた時つけるとすぐに癒える。○一切の果物を食しない。食うと病を発す。〈呪い〉〔増補咒咀調法記大全〕に「五月五日門に押せよ」とある符を押すと祥がある（図315）。〔秘密妙知伝重宝記〕には五月五日午刻に、「儀方」の二字を書き四方の柱に逆様に貼るとその間蚊はいない。○「目則白」の字を四柱に貼ると、その間蝿は来ない（東坡の説）。○同刻に採った枇杷の葉は霍乱* 痢疾（「痢病《りびょう》」参照）を治す。〔料理調法集・食物禁戒条々〕は端午に鯉に韮を食い合わせない。この日は「藤の森祭」*「賀茂の競馬」*があり、「粽」*を食う。「五月《ごがつ》」参照

図315 端午の事
「五月五日門に押せよ」（増補咒咀調法記大全）

痰瘤【たんこぶ】 「こぶ（瘤）の事」ヲ見ル

短冊の事【たんざくのこと】 〈寸法〉〔重宝記・宝永元序刊〕に「短尺の寸法」は、○平人短冊は、幅 一寸八分、長 一尺一寸五分。又幅 一寸六分、長 一尺一寸二分にも。○御製を平人が書く時は、幅 一寸九分、又一寸八分にも。長 一尺一寸六分、又一分短くも。○御製宸筆の時 幅二寸、長 一尺一寸八分。〔諸人重宝記・二〕にはよい内曇《うちぐもり》程丈長く、紙次第による。巾は一寸八分。白い鳥の子紙もよいのは用いる。〔消息重宝記・四〕には竪は一尺二寸、横は一寸八分。二条家は長は一尺二寸、横は一寸。冷泉家は長は一尺三寸、横は一寸七分。〔万代重宝記・安政六頃刊〕には口伝があるとし、それは八枚截《やひらたち》と九枚截とに分ける。八枚截は巾は二寸、長は一尺一寸八分で上の方に用い、九枚截は一寸八分、長は一尺一寸五分で下の方に用いるのを例とする。猶、種々定めがあるがここに出すのが標準と知るがよい。〔女筆調法記・四〕に、半短尺を用いるが、定まる法はなく、用いる時は見よい様にするとよいとある。〈書き様〉〔万代重宝記・安政六頃刊〕に、○「書き様」は上 中 下三段に折り、中段より上へ一字頭を上げて上の句を書き出し、下段の七ツ目で書き止め、下の句は上の句より一字下げて書く。但し、古歌と女子の歌は名を記さないので、下は上の句と同じく並べて書き留める。自詠は下の句は上の句より一字あげて書き留める。名前は丁寧に書く。〔諸人重宝記・二〕には次がある。○「散らし書」は、下よりも上へ散らして書き、字配りは歌が二首なら始めの歌は三行に、後のは四行に、全部七行に書く。一首でも七行に書いてよい。○「短冊に古歌を書いて送る時」の返歌は、相応の旧歌を短冊に書いて返し、新しく詠んで返歌はしない。○「墨の継ぎ様」は、歌は五句故、一句で筆を染め二句迄書き、三句で染めて四句迄書き、五句で染めて書く。作者名は真に書き、仮初めにも草に名字を書くのは尾籠の至りである。○「題を書く程合」は、一字題 二字題は少し変って上段に三四分ばかりずつ下げる。三字題から七字題は両方へ分けて散し書きのように書き、歌は中段より三分下げて書き出し、書き留めは 上下の句ともに 四分上げて書き留る外は同じである。題のないのは下句を一字程下げて書くのは常で、同様でもよい。〔女筆調法記・四〕には題を書く辺に、或は人名 また何でも言いたいことを一言書くのは常の事である。○「閉じ様」は、常のごとく上を突き揃えて閉じる。〈折形図〉〔麗玉百人一首吾妻錦〕には「小笠原流折形図」が二種あり、一には「短冊《たんざく》中を水引にて結ぶ」。折形の記載法は他書にも多い。〈紋絵〉〔紋絵重宝記・下〕には短冊の意匠がある。「懐紙の事」「色紙の事」参照

唐山一両【たんさんいいりゃん】 唐人世話詞。「唐《から》の一両《りやう》といふ事を、唐山一《たんさんい》、両《りやん》といふ。十匁也」。〔男重宝記・五〕

檀紙【だんし】　檀紙は、楮《こうぞ》を原料として漉いた最高品位の紙。色は清らかな白、厚くふくよかで年月が経つと黄ばむ。消息紙や詩歌、公文書、また懐紙等多方面に用いられた。〔重宝記・宝永元序刊〕には、昔陸奥で漉いたので陸奥紙《みちのくがみ》という。また、引合《ひきあわせ》ともいうのは男女の思いの色を遣わし、終には妹背となる念慮を遂ぐるのに、この料紙を用いることからいう。

男子一代の総論【だんしいちだいのそうろん】　〔男重宝記・一〕に『礼記・内則篇』を引き次がある。男子が六歳になれば数と方の名を教える。七歳になれば男女同座せず、飲食を共にしない。八歳になれば座敷について飲食の作法 躾け方を、九歳になれば日を数えることを教える。十歳になれば師について手習 算用を学ぶ。十三歳になれば詩を読み 楽を学び 射御《ゆみい》《のりかた》を習う。二十歳になれば初めて礼儀を学び、孝行を心掛け、三十歳になれば妻を迎え、男の事を修める。四十歳になれば思慮分別を弁え、五十歳になれば政《まつりごと》を修める。七十歳になれば職事をいたし修める。聖人の教えには八歳で小学校に入り 洒掃《はきそうじ》 応対 進退、十五歳を成長の始として大学校に入り己を修め 人を治める。〔日用重宝記〕に人は男女共に万物の霊、男は女に優れて霊の霊である。男は陰陽の陽、天地の天、前後の前、左右の左、上下の上、大小の大、貴賤の貴、剛柔の剛であり、鳥獣草木魚虫に至る迄、「男女の別」*があるのは天地自然の理とある。

男子に変える法【だんしにかえるほう】　〔里俗節用重宝記・上〕に「男子に変える法」は、『古今医統』『博物志』に出るとして次がある。懐妊後三月以内に夫の衣服か 頭巾か 冠でも、早天に着して井戸を三度廻り、その後我が影を井の内に写し見返ることなく、口の中で女は陰 男は陽、女は災い多く 男は幸い多いと信心をし、この文を唱えるとよい。次に井戸に蓋をして、三日の間水を汲まず、このようにすると男子に生れる。

男女相性【だんじょあいしょう】　〈男女相性に忌む〉〔女用智恵鑑宝織〕に、○「男を殺す女」として甲寅《きのえ》、壬子《みずのえ》、庚申《かのえ》。○「女を殺す男」として丙《ひのえ》午、己亥《つちのと》、癸酉《みずのと》。このような年をよく吟味して夫妻の契りをするとよい。（「女に祟る男」「四悪十悪《しあくじゅうあく》」「丙午《ひのえうま》」参照）。

〈占〉男女の生年を木 火 土 金 水の五行に合わせ、相性《あいしょう》 相克順《そうこくじゅん》 逆《ぎゃく》の道理を考えて吉凶を推断すること。一般男女の縁定めから、遊里における相方にまでおよぶが、〔諸人重宝記・五〕〔永代調法記宝庫・五〕等諸書の記事は大方は共通するものの必ずしも一致しない。ここではまず〔平常重宝万徳大雑書・弘化四〕の「男女相性吉凶の事」を出し（図316）、説明は記事の多い〔重宝記永代鏡〕によった。

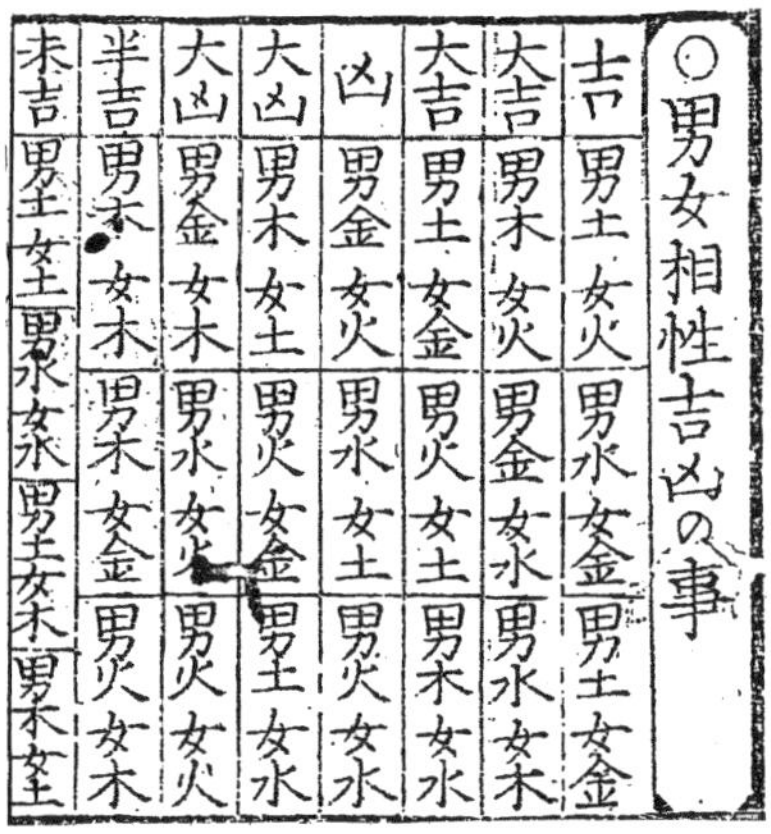

○男女相性吉凶の事

吉	男土 女火	男水 女金	男土 女金	
大吉	男木 女火	男金 女水	男水 女木	
大吉	男土 女金	男火 女土	男木 女水	
凶	男金 女火	男水 女土	男火 女水	
大凶	男木 女土	男火 女金	男土 女水	
大凶	男金 女木	男水 女火	男火 女火	
半吉	男木 女木	男木 女金	男火 女木	
末吉	男土 女土	男水 女水	男土 女木	男木 女土

図316　「男女相性吉凶の事」
（（平常／重宝）万徳大雑書・弘化四）

〈男木性の相〉○「女木性」は、「木旺木《もくおうもく》」と言い木を並べると林となる理で吉であるが、木と木が相摺れて火を生じ 相焼けるように常に口舌ごとが絶えず、また病の恐れがある。氏神 三宝荒神を深く信心するとよい。子は生まれても短命、そうでなくても不孝である。「千早振る神も憐れと思すらん斎垣の内を頼む我が身を」。○「女火性」は、木生火《もくしょうか》」で順の相生で吉。一旦 氏神の咎めで口舌事があるが、後々は大福が来て命長く、牛馬に縁があり富貴である。子は七人である。「古の神の結びしえにしにも思ふままなる身こそ楽しき」。○「女土性」は、「木《もく》

克土《こくど》」と克するが、もと土は木を養うこと、母が子を養うのに辛苦するのと同じで、この相克は吉。これは順で夫婦仲良く、財宝があってよい。但し 思い事があって子に縁が薄い。「我が世こそ多くの人に勝れたれ万の宝乏しからねば」。○「女金性」は、「金克木《きんこくもく》」と下より克するが吉。金は木に添うて用をなす。槍 長刀 鋤 鍬等も木という柄が添うことにより用を達し、用の中の相性という。信心深く、慈悲善根するのがよい。子は三人である。「逢ひ初めしその夕べこそ嬉しけれ契り絶えせぬ妹と背の仲」。○「女水性」は、「水生木《すいしょうもく》」でも下より相生ずるので逆の相性と言い半吉。信心深く 家業を怠らなければ、末ほど繁昌し田畑牛馬に縁がある。子は三人である。「物思ひせしも昔とはやなりて安く世をふることぞ楽しき」。

〈男火性の相〉○「女木性」は、逆の相性で半吉。女に差し出る心があると悪い。始めは思い事があるが末程繁昌し名も高く人に知られる。女が差し出、また夫婦不信心では仕合せは悪い。子は三人で、難はない。「風に折るるさし出の磯の松が枝をためしにひきて身につつしまめ」。○「女火性」は、「火旺火《かおうか》」と言い大凶。火に火を重ねて炎となり胸を焦がす理で、比和の内でも悪い。夫婦に争いが絶えず、よくよく身を慎んで信ずるのがよい。子はいても不孝である。「蜑が家に塩木こりたく夕煙り住む甲斐もなく我が世悲しき」。○「女土性」は、順の相生で大吉。夫婦仲和合し命長く 財宝が集まり、官人は位高く 富貴する。子は沢山ある内、二人の力を得る。「栄え行く松の双葉の末かけて 相生契る仲ぞ楽しき」。○「女金性」は、「火克金《かこくきん》」と順の克で半吉。金は火に逢い光りを増す理で、女も世に誉れを上げるが常に口舌が絶えない。不信心なら老いて貧となる。子は二人いて知恵も賢い。「深山路の隠れの真金《まがね》世に出でてかひある時に逢ふぞ楽しき」。○「女水性」は、下より逆に克して大凶。夫婦は常に諍いが絶えない。女は夫を敬わず嫉み心が深い。衣食乏しく貧である。身を慎んで信心すれば末はよい。子は三人いても力になりがたい。「夕餉炊く賤の生柴《なましば》燃え兼ねて涙ひまなき身こそ侘びしき」。

〈男土性の相〉○「女木性」は、下より逆に克し不和の克と言い大凶。ややもすれば女から争いを仕出し、財宝乏しく貧である。夫婦が心を正直に持ち、信心すれば末はよい。子は沢山いるが育ち難い。「荒金《あらかね》の土もまばらに破壁《やれかべ》の荒められたる我が身なりけり」。○「女火性」は、逆の相性で半吉。女の力で世渡りしても思い事は絶えない。財宝には縁があるが、子の縁は薄い。慈悲善根をし 神仏を信心すれば末程栄え、身は安楽である。「数ならぬ憂き身も神の恵みにてその日安らに送るうれしき」。○「女土性」は、「土旺土」と比和するが半吉。始めはよく後は悪い。とかく病い事が絶えない。よくよく養生を慎み、神仏を祈り慈悲施しをすれば、仕合せが直る。「気力なき風の柳のいく日にも心とさばく憂き身なりける」。○「女金性」。順の相性で大吉。財宝も下人も多く、田畑 牛馬に縁がある。信心深く人に情けをかけると、末程富貴になる。子は五人で、見目形よく 知恵芸能があり 孝行である。「塗籠めの数さえ勝る子宝に楽しみ尽きぬ我が身なりけり」。○「女水性」は、天刑《てんけい》と言い順の克で半吉。女の心が荒く男を軽くすると、始めはよくても次第に貧になる。万ずを慎み信心深ければ、後々は仕合せが直る。子は二人である。「川の瀬の埋れてのみは過ごさじやまた立ち返る波もある世に」。

〈男金性の相〉○「女木性」は、天刑と言い順の克で半吉。始めは貧であるが末はよい。不信心なら次第に貧になる。一代のうちよく天満宮を信心するとよい。子は二三人であるが、その内一人は病身である。「深山路の杣《そま》の伐るてふ松柏世に出づる時のありともこそよれ」。○「女火性」は、下より逆に克して大凶。夫婦仲は睦まじくない。財宝が貯まっ

てもまた乏しくなる。男は病身となる。心を正直に持ち信心すれば、仕合が直り 末はよい。子はいても愚かで力にはなり難い。「むば玉の闇路に頼むともし火を吹きすさむなる風ぞつれなき」。○「女土性」は、逆の相性で半吉。女の威勢が男に勝り、ややもすると夫を軽くするので財宝は保ち難い。この心を慎めばよい子ができ、末には田畑 下人 牛馬に縁があり栄える。不信心であれば悪い。「常磐木を巻きな枯らしそ藤かづらかくてぞ花の吹く春もあれ」。○「女金性」は、「金旺金《きんおうきん》」と比和しながら凶。金と金と打ち合す理で、争い事が絶えない。始めはよくても後悪く、家内に病い事が絶えず貧になる。よくよく心を改め 神仏を祈るとよい。子は三人である。「世を渡る蜑《あま》の小船の危うしや沖津波風たたぬ日ぞなき」。○「女水性」は、「金生水《きんじょうすい》」で大吉。財宝多く田畑牛馬に縁があり、願望は悉く叶う。慈悲の心深く 人を憐み 信心深ければいよいよ富貴になり、子孫は長く栄える。子は五人で長生きする。「初春に植ゑてし庭の姫小松枝葉栄ふる宿ぞめでたき」。

〈男水性の相〉○「女木性」は、順の相性で大吉。金銀 田畑 牛馬に縁があり、下人は多い。長生きして何事も意のままであるが、不信心で富に誇る心があると衰える。慎むがよい。子は五人か三人である。「わが宿の垣ほの梅の咲く匂ひ人に知らるる春ぞ楽しき」。○「女火性」は、相克ながら順の克で半吉。女の心荒く常に夫と不和である。不信心であれば末ほど貧になり、思い通りにゆかず、短命である。よくよく身を慎み信心すれば 仕合せが直る。子は一人か三人である。「秋の野にありもはてざる女郎花 風にくねるぞ哀れなりけり」。○「女土性」は、逆の克で大凶。病い事繁く 財宝なく 口舌が多い。夫婦は邪見な心を慎み、氏神・福神を祈ると少しは仕合せが直り、後々は世を安く暮らす。子は四人。「いつの世に徒なる種を蒔き初めて憂さのみ繁る我が身なるらん」。○「女金性」は、逆の相性ながら吉。財宝多く、眷属《けんぞく》に縁がある。子も多く末ほど繁昌する。信心強く 施しをすると愈々よい。「塵もなき岩井の清水底清くさりゆく松の影を留めけり」。○「女水性」は、比和するが、水に水を添え洪水が妨げをなす理で大凶。なすこと心のままにならず苦労多く貧する。よくよく信心して福を祈るのがよい。子は五人いても親に背き不孝である。「濁り江に濁りを添ゆる雨水の浪には写る月陰もなし」。

痰症【たんしょう】〔家内重宝記・元禄二〕に万の痰症は、白芥子・白朮・紫蘇子・蘿蔔子を末（粉）し、薄い糊で丸じ服する。どこに渋滞した痰飲でも治すこと妙である。

弾正【だんしょう】〔男重宝記・一〕に弾正は、京中の非義を正す役職。風俗や役人の不正を取り締まる役である。

誕生石【たんじょうせき】大坂願所。住吉の誕生石の傍らの小石を三ツ拾って帰り、懐胎の婦人が信心すると安産して母子ともに凶事はない。御礼には拾って帰った小石に添えて、随分清浄な土地の小石を三ツ拾い、以前の石と共に誕生石の傍らに納める。〔願懸重宝記・初〕

弾正台【だんじょうだい】〔万民調宝記〕に弾正台は宮内省*に属し、武官の頭である。尹《かみ》一人。大弼《ひつ》一人（尹官の役目の助けをする）。

丹生大明神【たんしょうだいみょうじん】高野山名所。高野大明神の御社である。御廟*の西にある。〔東街道中重宝記・七ざい所巡道しるべ〕

誕生日【たんじょうび】〔嫁娶調宝記・三〕に次がある。小児が日々に成長し、翌年何月何日が誕生日と極る。その前に歩くことがあれば餅を搗き、つきたおすということを世俗に言い伝えて来ているが、餅を搗いた人もないので、祝言葉であろう。誕生日には餅を搗いて一門の面々に配り、家内では皆で祝う。〔女筆調法記・五〕に誕生日は、分に応じて祝い、一族一類を呼び集め、式三献がある。子の身を浄め、新しい衣服を着せ座敷へ出し、男子には弓矢 太刀 刀の類、女子には糸竹 種々の作り物書

物 双紙 碁 将棋類を、玩び物に入れて混ぜ、その子の心に任せに取らせ、その時始めて取りつく物を、年長けて後に器用になると試みる。〈贈物〉〔進物調法記〕に「誕生日（生辰日とも）」は、二歳の年の生れ日を祝う。一代この日を祝い、守り袋 守り刀 筒守 人形類 玩び物がある。

単青皮湯【たんしょうひとう】〔改補外科調宝記〕に単青皮湯は、乳癌*の薬。青皮一味を煎じて服する。

男女交会の事【だんじょこうかいのこと】〈交会数〉〔続咒咀調法記〕に次がある。男二十歳後は三日目に一度ずつ。三十歳後は五日目に一度ずつ。四十歳後は七日目に一度ずつ。六十歳後は濫りに漏らしてはならない。また酒など過して腎水を漏らす時は命に障りがある。「しゅんさん（春三）」参照。〈交会忌日〉〔続咒咀調法記〕に次の日がある。天地震動、大風大雨、雷電する日。朔日、晦日、日食、月食、庚申、甲子、節変りの日。神仏の前、聖賢の御影の前。井戸、竃、雪隠の辺。日月の光の下。このような所で男女が交わると鬼神の祟りがあり、慎むのがよく、〔女筆調法記・五〕には生れる子は不具、悪人、病者、大毒等必ず災いがあり、命は短いという。〈交会禁日〉〔懐中重宝日用早覧初編〕には三月朔日、五月十四日に交会すると、三年内に死ぬとし（『医心方』）、ある説には五月十六日も同断とする。

男女名頭相性文字【だんじょながしらあいしょうもじ】〔女文翰重宝記〕に、男女が性によって用ゆべき字尽がある。〇男の名の字。右衛門 左衛門 兵衛 太夫 丞 介 太郎 三郎は皆通じた号であるが、上の一字を選ぶ。〇女の名の字。女に「お」の字をつけるのを「御」「阿」というのは誤りで悪い。男を「大」とし女を「小」とするので「小」の字の意である。〈木性の人〉㊚長 定 六 丹 太 大 重 治 田 丑等六十四字。㊛六《ろく》 鐺《なべ》 長《ちょう》 蔦 藤 楽《らく》 多《たあ》 田《でん》 冬《ふゆ》 冨《とみ》等四十五字。〈火性の人〉㊚伊 和 安《やす》 易《やす》 宇 一 喜 虎 乙 幸《こう》等五十六字。㊛虎 益 由《よし》 安《やす》 易《やす》 永《ひさ》 香《にお》 華 熊 為等五十九字。〈土性の人〉㊚新 只 津 増 清 庄 作 二 三 千 甚 宗 常等六十一字。㊛才《さい》 初《はつ》 春 辰 勝《かち》 常 妻 糸 正 倉 松等六十三字。〈金性の人〉㊚半 茂《も》 本《もと》 弥 武《ぶ》 八 文《ぶん》 万 福 卯 兵《ひょう》等三十一字。㊛八《やつ》 百《ひゃく》 万 福 冨 米《よね》 満《まん》 明《あき》 品《しな》 梅 半 華等五十一字。〈水性の人〉㊚義 儀 宜 九 久 元 源 菊 玉 五《みつ》等三十九字。㊛吉《きち》 軽 久 吟 兼 岩 宮 玉 光《みつ》 亀等五十三字。他人《たにん》 余所《よそ》 長命《ちょうめい》等という名は訳があってのことで、姓には係らない。

男女の別【だんじょのべつ】〔童女重宝記〕には、男女の別を、女子は稚い時から正しくし、仮初めにも戯れた事を見聞かせてはならない。昔の礼に、男女は席を同じくせず、衣裳も同じ所に置かず、同じ所で浴《ゆあみ》せず、物の受け渡しも手から手へ直にせず、夜行く時は必ず灯火を消して行く。他人はもとより、夫婦兄弟でも、別を正しくする。今時の民家はこのような法を知らず、行儀を乱りにし名を汚す。

短人国【たんじんこく】「こびと（小人）」ヲ見ル

箪笥／長持【たんす／ながもち】塗長持《ぬりながもち》（漆塗りの長持）には寝道具や小袖等を入れる。木地大長持には色々取り交ぜて道具や家具、重箱等を入れる。運搬に用い、又格納にする。〔農家調宝記・三編〕に「長持 六尺に三尺、深さ二尺五寸」の寸法がある。〔江戸流行買物重宝記・肇輯〕に「箪笥長持」は小伝馬町一丁目 三河屋大助、同 長嶋屋次郎兵衛、同二丁目 三河屋善蔵、京橋金六町 井上屋茂兵衛、同 住吉屋利助、同 仙台屋善蔵。〔嫁娶調宝記・二〕には箪笥と長持の絵図がある（図317）。箪笥は引出があって小袖等着物類を、長持は蓋のある長方形の箱で塗り木地があり、寝道具 小袖等、着物 調度類等、諸物を入れて整理する。

丹豆散【たんずさん】〔改補外科調宝記〕に丹豆散は、鵝口瘡*の薬。黄丹（一両）、巴豆（三十粒）を炙り焦がし、巴豆を去り、丹ばかりをつける。

弾ずる【たんずる】女の柔かな詞遣。琴を弾くことを、「弾《たん》ずる」という。〔女重宝記・一〕

図317 「箪笥／長持」（嫁娶調宝記）

弾石【たんせき】 七死の脈*の一。〔医道重宝記〕に弾石の脈は、筋肉皮から来て、弾丸石を撃つようで数が多く次第がない。肺死の脈という。〈六死の脈*〉〔斎民外科調宝記〕に弾石は、脈の来るのは筋骨の間にあり硬く、尋ねると散ずる。石を指が弾くようである。腎の絶脈である。

痰咳薬【たんせきぐすり】 〔調法記・四十ち〕に「たんせき（痰咳）妙薬」は、良姜・乾姜（半両）、薄荷（一両）を細末（粉）にし蜜で練り用いる。〔妙薬調方記〕に「痰と咳を治す薬」は、榁《むろ》の実と桔梗の根を煎じて飲む。〔懐中重宝記・慶応四〕に「痰咳の薬」は、白刀豆・山薬・橙皮（各十二匁）、桂枝・甘草（四匁五分）、白砂糖（二十匁）を末（粉）にし白湯で用いる。〔重宝記〕には、「じんそいん（参蘇飲）」*がある。

胆臓【たんぞう】 〔鍼灸重宝記綱目〕に胆臓（胆の腑）は、重さ三両三銖、形は瓢《ひさご》のようで、肝臓の臓葉の間にある。背の第十椎に付く。精汁三合を包み、精汁の味は苦く火に属する。胆は肝の府で木に属する。精汁とは水穀の精液である。また飲食の穢れや濁ったものは受けないため中正の官で、物を定め決断する。また出入口がないため吐下を忌む（図318）。

探題【たんだいま】 「しょしだい（所司代）」ヲ見ル

たんだいま【たんだいま】 片言。「只今《ただいま》を、たんだ今《いま》」という。〔世話重宝記・三〕

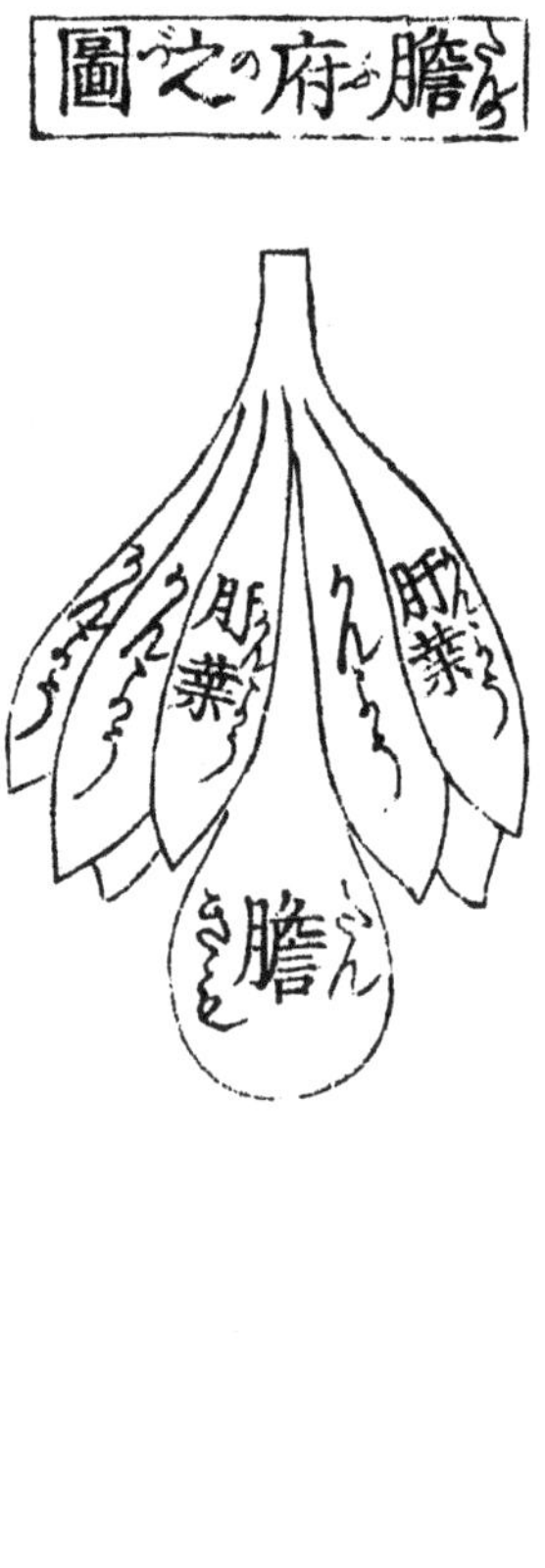

図318 「胆腑の図」〔鍼灸重宝記綱目〕

反高場【たんたかば】 〔新撰農家重宝記・初編〕に悪地、或は池沼堤などの外で出水流失の患《うれい》のある場所、或は反別だけで取箇《とりか》（＝年貢*）を付し高に入れない田地を、反高場《たんたかば》という。要するに、災害等受け安い土地は、反別を改めて、低率の年貢を課したことをいう。

段だら餅【だんだらもち】 菓子名。段だら餅、上羊羹、中しめし物、下こね物。〔男重宝記・四〕

膻中【だんちゅう】 檀中とも亶中とも書く。〔鍼灸重宝記綱目〕に一穴、両乳の間、胸の真中の通り、陥みにある。灸は一日七壮ずつ、七日に五十壮する。禁鍼。中気 喘息 咳嗽 噎膈 上気 肺癰 不食、胸痛み、乳汁の少ない、等を治す。〈灸穴要歌〉〔永代調法記宝庫・三〕に「胸痞へ 咳逆 短気 咽も鳴り 乳の足らざるは 檀中の穴」。気痞え、渇き、噎せるのにもよい。元児《げんに》ともいう。

痰強く熱のあるのを治す【たんつよくねつのあるのをじす】 〔調法記・四十ち〕に、痰強く熱のあるのを治すには、三方がある。①蓮根の汁と梨子の汁とを等分にして用いる。②竹の葉（大）、黒豆（中）、甘草（小）の三品を煎じて用いると即効がある。③飴を豆腐の湯で煎じて頻りに呑む。④竹の油を用いる。

丹田【たんでん】「石門《せきもん》」ヲ見ル

丹毒【たんどく】〔改補外科調宝記〕に丹毒は「くさ」とある。丹毒は小児に多く、湿熱より発し、また肝臓の不足で血が定まらず、或は母が五辛（大蒜 辞韮 葱 韮 蒜）、厚味を食し、熱によって火盛んに総身赤白く斑になり、悶えて腹脹り、その熱が火のようになり、陰丸《ふぐり》に入るのは死ぬ。薬には銭氏通用散*栢葉散*青泥散*升麻葛根湯*人参敗毒散*化斑解毒湯*除湿胃苓湯*等がある。〔嫁娶調宝記・二〕には生れ子の襁褓・衣服を夜に入る迄外に干して置き、また火に炙りそのまま着せると丹毒を患う。〔家内重宝記・元禄二〕には小児の「はやくさ」が腹に入ると必ず死ぬ。○白芷・寒水石を末（粉）し葱の汁で調えて練る。○牛膝・甘草・伏竜肝を末（粉）して塗る。○湯で洗った後で小豆の粉を塗る。〔重宝記・儀部家写本〕に丹毒《たんどく》《はやくさ》の面《おもて》紅くして啼き驚くのを治すには、升麻・葛根・芍薬・柴胡・黄芩・山梔子（各一匁）、木通・甘草（各五匁）を水洗し母子ともに服する。〈丹毒食物宜禁〉〔家内重宝記・元禄二〕に「宜い物」は大麦 粟 小豆 酢 生昆布 苣 柑子 柘榴 独活 白瓜 蓮 竹の子 苺 砂糖 干鮎 鯵 鰻 田螺 鶉 白鳥 牛蒡 若布等四十数種。「禁物」は麺類 油 蕨 豆腐 瓜 葱 山桃 林檎 茄子 梨 鮎 鯖 鰈 鯨 飯 蛸 鰻 鰹 蜆 蝦 鰯 雉子 鷺 兎 狸 鹿 猪等八十余種あり、「癰疽《ひようそ》」「癤／根太」等ト同ジ。

檀特山【だんどくせん】〈草花作り様〉〔昼夜重宝記・安永七〕に檀特山《だんどくせん》の花は白、薄色。豊後百合ともいう。土は白 赤土に砂を交ぜて用いる。肥しは茶殻を干し粉にして根廻りに置く。分植は春、秋ともによい。〈水揚げ伝〉〔調法記・四十七ら五十七迄〕には河骨《こうぼね》*と同じで、水鉄砲で薬を注ぎあげて後、尻の方をよく削り、茎へ詰め込み、活ける。単に、檀特ともいう。

反取米【たんとりまい】〔日用調法人家必用〕に一反の年貢米*を、反取米《たんとりまい》と言う。

炭団【たんどん】〔万物絵本大全調法記・上〕に「炭団 かうへい［香餅］。炭団 たんどん也。炭餅 たんへい。炭墼 たんげき。並に同じ」（図319）。〔聞香重宝記〕に「たんどんの事」として、○木綿《きわた》を焼き粉にし、楤《たら》の木の中の白みを去って焼き、二種を等分に合せ粉にして置き、香炉に入れ火を着ける。○香炉の灰に、池の菱の蔓と葉を干して焼き用いると火は久しく堪える。○香炉の灰に大豆の殻を焼きまた炒り、ぜうにして用いる。○香炉の火に、楤の木を四ツに割り白みを去り灰汁で煮て、鉄砲の薬の炭のように焼き粉にして用いる。「香炉の事」参照

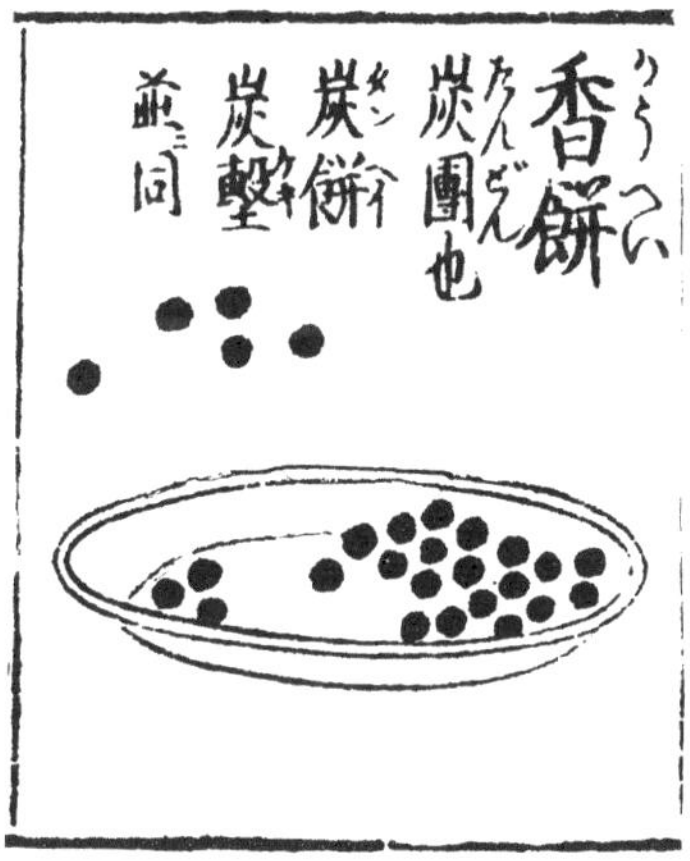

図319 「炭団」(万物絵本大全調法記)

だんない【だんない】片言。「大事《だいじ》ないを、だんない」という。〔世話重宝記・三〕

だんなん【だんなん】〔世話重宝記・三〕に、「檀那《だんな》を、だんなんとはねていふ。悪い。檀那《だんな》といふは、僧家《そうけ》にばかりいふ言《こと》也。主《しゆう》を旦那《だんな》といふは然《しか》るべからず」。

痰の事【たんのこと】〈痰の薬〉〔新撰咒咀調法記大全〕に痰の薬は、○干姜と胡桃を粉にして用いる。○胡桃を磨り潰し蜜で練り一匁ずつ毎日白湯で用いる。〔重宝記・儀部家写本〕に、①「痰の妙法」に松平備州伝がある。青梨の汁・古酒・生姜汁（各々天目に三盃宛て）を大方に練り詰める時分に、貝母（十二匁）、白朮（六匁）を粉にして入れ、また少し練り

詰める。但し、炭火を緩くして自然に練る。②「たんの妙薬」は、鷗(男は女鳥、女は男鳥)を陰干しにし甘草を入れて煎じ用いる。〔調法記四十七ゟ五十七迄〕は「痰の名法 大秘伝」として、大梨子汁・生姜汁・焼酎(中天目各三盃)、白蜜(一盃半)の汁を唐金鍋で練り詰める。但し、人参(一両半)、貝母(三両 殻貝を去る)の上品を粉にして入れ練り合せて用いる。痰一通りの妙方である。○竹の葉(大)、黒豆(中)、甘草(小)を煎じて用いると即効がある。○蓮根汁と梨子汁を等分にして用いてもよい。○餳《あめ》を豆腐の湯で煎じて頻りに飲む。○竹の油を取り、用いてもよい。〔万まじない調宝記〕は痰が胸へ攻め上ったら、梔子と上茶を煎じて呑む。〔胡椒一味重宝記〕は痰《たんき》に、胡椒の粉を生姜汁で溶いて用いる。

〈併発〉〔鍼灸日用重宝記・五〕に痰による諸病の併発は、頭痛 眩暈、口眼・眉稜・咳喘・耳輪等痛み痒く、手足腫れ、肩項《うなじ》が痛むに似て痛まず、咽に物があって吐けども出ず、呑めども下らず、心(胸)の下が水のように冷え、身は鯁芒《のぎはしか》に臥すようである。眼は渋り痒く、胸は躍り騒ぎ、肘が痛み挙らないのは、皆痰の仕業である。鍼灸点は不容 承満 幽門 通谷 風門 膈兪 肝兪。〈痰による痃癖の奇方〉〔文政新刻俗家重宝集〕に「痰で肩張り詰め痃癖の奇方」は、古生姜を山葵卸《わさびおろし》で卸し、その侭布切に包み痛む所へ度々搞《たた》きつけると即効がある。

〔懐中重宝記・慶応四〕に痰で声が出ないのは、竹の葉(十匁)、黒豆(五匁)、甘草(一匁)を煎じて用いる。痰の練り薬は、蛸(黒焼)・黒胡麻(炒る)・白砂糖(各等分)を蜂蜜で練り用いる。痰で塞ぎのつかないのは、生姜の絞り汁に明礬を少し入れて用いる。

檀の躑躅【だんのつつじ】〔年中重宝記・五〕に上賀茂 南の山に檀という所があり、春の末 夏の始めに花咲き乱れ、景勝は類なく、これを檀の躑躅といい洛中の人が見物に行く。〈立花〉〔昼夜重宝記・安永七〕は賀茂の檀の山の躑躅の花を移した体とし、或は副え受けに使い、それより胴作りにも用いる。色々の変った花を混ぜて使うのがよい。同じく躑躅を使うのに習いがある。躑躅を賞玩する業である。

丹波【たんば】丹州。〔重宝記永代鏡〕には桑田《くわだ》、船井、氷上《ひかみ》、天田《あまた》、多記《たき》、何鹿《いかるが》の六郡をあげ、城下は亀山、篠山、福智山をあげ、一ノ宮は出雲である。〔万民調宝記〕に居城知行高は、亀山・久世出雲五万石、篠山・松平豊前五万石、園部・小出伊勢二万九千石、峯山・京極主殿六万石、福知山・朽木伊予三万石、綾部・九鬼大隅二万石、山家・谷出羽一万石。〔大増補万代重宝記〕には上管、四方二十四里。田数一万八百五十町、知行高二十八万五千七十石。〔重宝記・幕末頃写〕には、四方二日。王城に付置し、穀米・柴薪多く、中上国である。京都府と豊岡県から、現在の京都府の西部と兵庫県の中西部があたる。〈名物〉〔万買物調方記〕に半丁分の記載は、桔梗、茯苓、似人参、刈安*、椿の灰、蠟燭、松茸、大納言の小豆、林檎、梨、鮎、山椒魚、鹿の皮、畳の表、筆柿、煎じ茶、てて打ち栗(丹波栗のこと)、ののむら煙草、太布、前垂、蚊帳など。

丹波市【たんばいち】大和所名。石《いそ》の上《かみ》へ一里。この間、道から東に内山の永久寺という大寺がある。後醍醐天皇は笠置の城を落ちた後、この寺に入り大塔の宮の大般若の箱に隠れられた。紀有常宅跡は、石の上の町より四五丁前、別所村の畑の中にある。つね田には 筒井筒の跡が残っている。〔東街道中重宝記・七ざい所巡道しるべ〕

胆礬【たんばん】〔万物絵本大全調法記・上〕に「石胆、胆礬也」。〔薬種重宝記・上〕に唐・和石、「胆礬 たんはん／いしのい。東流水にて煮る事二昼夜、干して砕く」。〈油取様〉〔改補外科調宝記〕には粉にして胡麻油に浸し 日に三十日程干し 布で濾し 湯煎して取る。この油は性が強いゆえ一味では用いない。長く癒え兼ねる疵、下疳、蓮根、その他悪肉の瘖えた腫物の癒え兼ねる物によい。癰の腐った肉をよく取り、冷えて膿が底

にあって痛むのによい。金瘡の膿が痞えて膿の出るのにもよい。尻の蓮根の口が塞がり、内に膿があるのに少し入れるとよい。

たんびこつと【たんびこつと】〔世話重宝記・三〕に、「度毎《たびごと》を、たんびこつと」という。

湯婆【たんほ】 酒の燗をする容器。〔女用智恵鑑宝織〕に、京でちろり（銚釐）、大坂でたんほ（湯婆）という。

痰仏【たんぼとけ】 江戸願所。本所押上村 法恩寺境内に痰の仏というのがある。痰 咳に苦しむ者が平癒を願うと、験《しるし》は速やかである。一七日（一週間）精進して、塔婆を供して礼拝する。これを法恩寺の痰仏（痰仏）という。〔江戸神仏願懸重宝記〕

蒲公英【たんぽぽ】 〔万物絵本大全調法記・下〕に「蒲英 ほえい／ふぢな／たんぽぽ／つづみぐさ」。〔薬種重宝記・上〕は和草、「蒲公英 ほこうえい／たんぽぽ、婦人の乳癰に水に煮て汁を呑ましむ」。〈薬性〉〔医道重宝記〕に蒲公英は平で毒なく、水腫を治し、疝気によく、女の乳癰を治す。〔改補外科調宝記〕に、乳癰や結核の強い痛みを散じ、熱毒を冷ますには蒲公英酒《ほこうえいしゅ》*を用いるとよい。〈草花作り様〉〔昼夜重宝記・安永七〕に「皷小花」は「たんぽぽ」とし、花は黄白があり、小輪で三月頃に咲く。野土と肥土《こえつち》を等分に合せて用いる。肥しは茶殻を粉にして用い、分植は春がよい。〔料理調法集・口伝之部〕に「鞁草とはたんぽぽノ古名」の事也」とある。「蒲公英酒《ほこうえいしゅ》」モ参照

短脈【たんみゃく】 九道の脈*の一。〔医道重宝記〕に短脈は、短く些《ちい》さい脈。気が塞がり食を消化しない。〔昼夜調法記・正徳四〕には来去乖《そむ》き張る脈をいい、不及の病を主《つかさど》る。〔昼夜重宝記・安永七〕に短脈は、指の両辺にあたって指の腹には覚え難い。難しい脈である。

胆兪【たんゆ】 〈経絡要穴 肩背部〉二穴。胆兪は第十椎の下左右へ各一寸五分ずつ開く処にある。針は三分五分、留むること七呼。針刺して胆に当ると一日で死ぬ。灸は一日に三壮より五壮。頭痛、胸脹れ、咽痛、骨蒸、労熱、不食等を治す。四花の上二穴は膈兪*下二穴が胆兪である。〔鍼灸重宝記綱目〕

痰癰【たんよう】 〔薬家秘伝妙方調法記〕にたんよう（痰癰）には、桑白皮・半夏を用いる。

段落【だんらく】 〔大成筆海重宝記〕に段落は、「」」（カギ括弧）」。文一段の読み切りである。

檀林皇后【だんりんこうごう】 和国賢女。〔麗玉百人一首吾妻錦〕に次がある。檀林皇后は嵯峨天皇の后、名は嘉智子《かちし》。慈悲深く、天皇が遊猟を好まれるのを悉く諫め、常に仏法に厚く帰依して檀林寺を建立、時の人は檀林皇后と称した。ある時の詠歌「唐土の山のあなたに立つ雲は ここに炊く火の烟成けり」を、唐土の斎安国師が伝え聞き、仏道を深く悟る人と讃し、身は婦人であるが 心は大丈夫の者と言ったという。嘉祥三年（八五〇）。六十五歳薨ず。

痰癧【たんれき】 〔改補外科調宝記〕に痰癧は、押し動かすとぐりぐりと柔らかである。痰をとらかし気を巡らすように、芩連二陳湯*を用いる。

ち

血【ち】 〔鍼灸日用重宝記・一〕に血《ち》は診脈*で指を少し沈めてとり、力があり、そっと沈なのは血の実、力なく渋り弱いのは血の虚である。これを栄《えい》を窺うという。血は筋の内（血管）を流れて肌膚を潤す。血は陰栄《いんえい》である。指を浮けてとるのが気*である。

地【ち】 〈地面〉天地の地。〈異名〉〔書札調法記・六〕に地の異名に、磅礴《ほうはく》坤儀方輿《ほうよ》がある。〈算盤位〉〔算学重宝記・嘉永四〕に算盤の下の段を地といい、粒《つぶ》は一ツが一で五粒詰まって上の段の一ツに相当する。〈紋様〉〔紋絵重宝記・上〕に〇に「地」の字の紋、また地の字の意匠がある。

徴【ち】〈五行の音〉〔万まじない調宝記〕に徴《ち》は、火に配し舌を動かして発する声（〔同〕舌で唱えるヤ行・ラ行・ナ行の字）とある。〈謡分け〉〔囃子謡重宝記〕に「徴」は舌で出す息なので盤渋、冬の調子である。また「五音謡分の事／哀傷 白風」とし、哀傷は、もはや花も散り、身も老い、面白いことなく、皆失せ果て、哀れな家に草茫々として虫の声かすかに聞え、寂しい様である。しかし、呂律に習いがあって難しく、あまり哀れな心を含んで謡うと哀れ過ぎて聞かれず、ただ枯野に霜の足を見るように葉は凋まずに、心に哀傷を含んで謡うとよい。

血荒【ちあれ】 服忌。〔大増補万代重宝記〕に、○父は五日（〔昼夜重宝記・安永七〕ハ七日）、○母は十日。形のある胎児の死産を流産、*形のないのを血荒《ちあれ》という。

血忌日【ちいみび】 暦下段。〔重宝記永代鏡〕に梗河星という悪星の精で、星に三ツの名があり殺忌《せっと》日、日忌《にっと》、血忌《けっと》という。この日は鍼灸を忌む。また魚鳥獣を殺し、その他血を流すことを大いに忌む。〔年中重宝記・六〕に血忌《ちいみ》という事は、第六天の魔王が肉親の血を取って帝釈天に供える日なので、この日は人馬の身から血を取らず、灸鍼を忌むので血忌日という。〔鍼灸重宝記綱目〕に血忌《ちいみ》日は次の各日とある。正月は丑の日。二月は未の日。三月は寅の日。四月は申の日。五月は卯の日。六月は酉の日。七月は辰の日。八月は戌の日。九月は巳の日。十月は亥の日。十一月は午の日。十二月は子の日。（〔年中重宝記・六〕では十一月は子、十二月は午の日である）〔諸民秘伝重宝記〕には「血忌の日を歌に詠みなし覚える伝」がある。「正は丑 二未 三寅 四申なり 五は卯に六は酉と知るべし」「七は辰 八戌 九巳に十亥なり 霜は午にて 極は子と知れ」。

千尋【ちいろ】 「千尋《ちひろ》の海」「千尋の底」ヲ見ル

知音【ちいん】 〔世話重宝記・二〕に『烈子』『蒙求』引き、知音とは親しき友をいう。唐の伯牙は琴をよく弾き、友の腫子《しょうし》期《ぎ》は伯牙の琴の音を聞き知り、思う所を理解したという。これより心の友を知音という。腫子期の死後は伯牙は音を知る者なしと言って琴を割り 絃を絶ち 死ぬ迄、再び琴を弾くことはなかった。

千枝の杉【ちえだのすぎ】 伊勢名所。外宮、風の宮*の東 暗谷口の辺にある。大宮司 千枝という人が植えたのでこの謂われがある。古くは僧尼の拝所の辺に五百枝《いおえ》の杉というのがあった。外宮の御神木と言い伝えたが、今はない。〔東街道中重宝記・七ざい所巡道しるべ〕

智恵熱【ちえぼとおり】 「ちえぼとり」ともいう。「へんじょう（変蒸）」ヲ見ル

賎【ちえんてきん】 唐人世話詞。〔男重宝記・五〕に「直段《ねだん》安き事を、ちゑんてきん（賎）」という。〔新板増補男重宝記・五〕には「ちゑんてんきん（賎）」という。

知恩院【ちおんいん】 〔男重宝記・一〕に浄土宗、東山にある。宮門跡。知行、千石。〔東街道中重宝記・七ざい所巡道しるべ〕には、知恩院、浄土宗日本惣本山。惣門を入って道の中に慈鎮石がある。本堂は南向き、東西二十六間、南北二十二間。本堂の本尊は円光大師（法然）である。遥か高所に唐作りの阿弥陀堂があり、堂の右方に一心院という寺がある。阿弥陀堂の東の奥には、円光大師の御墓の上に建てた聖至堂がある。堂の右の山際に紫雲水があり、山の傍に円光大師の御廟があり、坂を下ると経蔵がある。鐘楼には大仏の鐘より大きな鐘がある。山門の額は宸筆である。〔年中重宝記〕に、六月下旬 知恩院虫払、七月十五日 知恩院山門にて大施餓鬼がある。

智恩寺【ちおんじ】 「百万遍」ヲ見ル

近い所へ遣る文【ちかいところへやるふみ】 〔女筆重宝記・三〕に近辺で切々会う人の所へは、余り細かならず、さらりさらりと書くとよい。日付も要らないが、もし大事の用事等を言う時には月日を書く。「遠い所へ遣る文」参照

乳風の事【ちかぜのこと】〔改補外科調宝記〕に乳風には、水魚《ふな》の黒焼と楡白皮（各二両）を、各々粉にして水で付ける。〈呪い〉〔増補咒咀調法記大全〕に「乳風の呪」は「鯉」の字を腫れた所に一字書き、墨で塗る。〔斎民外科調宝記〕には「にうふう（乳風）」とある。

近付の方への文【ちかづきのかたへのふみ】「男への文」ヲ見ル

千賀の塩竈【ちかのしおがま】大和詞。〔不断重宝記大全〕に「ちかのしほがまとは、近けれど会はぬを云」。「謡曲・融」に「融の大臣《おとど》陸奥の千賀《ちか》の塩竈《しおがま》を都のうちに移されたる海辺なれば」。

逆鞧【ちからがわ】馬具。〔武家重宝記・五〕に逆鞧《ちからがわ》は、今の蛸頭《たこがしら》をいう。馬に乗って足を圧《いと》う所で、円形である。本来は鐙を居木《いき》に掛けて吊り下げる革をいう。鐙鞧《あぶみつり》。「靳《ちからがは》」「力革」等とも書く。一登《いっとう》とも一掛《ひとかけ》という（図320）。

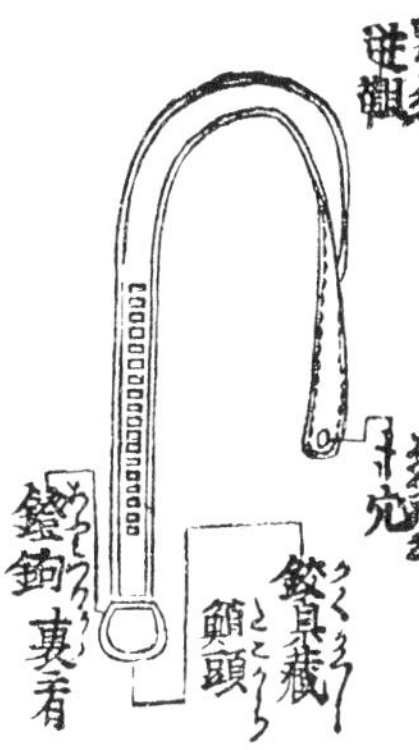

図320「逆鞧」（武家重宝記）

地機【ちき】〈経絡要穴 腿脚部〉二穴。地機《ちき》は膝の下五分、足を伸べてとる。針三分。灸三壮。腰痛み、腹下り、水腫脹り堅く小便通ぜず、不食等を治す。〔鍼灸重宝記綱目〕

徴気【ちき】〈五音の気で吉凶を知る〉〔重宝記・幕末頃写〕に徴気《ちき》は、夏を司る気で黄鐘《おうじき》である。古履《ふるぐつ》を薫すぶるようで、煙が元で煙が巻いて末に登るのを徴気と言う。中の気である。「徴《ち》」参照

知行高【ちぎょうだか】〈知行高何貫文と云う事〉〔農家調宝記・初編〕に次がある。古《いにしえ》は知行高 何万何千石と云う唱えはない。相模守入道平高時二十八万七千貫の領地とある。近世の書に鎌倉時代の畠山 梶原らの領知高何十万石と記すのは今に引き当てて言うものである。この高一貫反別何程 石高何程に当るという。諸説区々であるが、一定の説は田一千歩（三反三畝十歩）を一貫とする。そうすると、知行高で一万貫は田で一千万歩、町歩は三千三百三十三町三反三畝十歩である。現在に引き当てると高三万石位の反別である。田畑を交え、千歩を一貫とするをいうことである。〈知行高〉〔田畑重宝記・上〕の狂歌に「知行高 昔は町よ中頃は永に積りて 今は石高。町永石」とある。町は前に言う田畑による。永は室町時代年貢を永楽銭に換算して納める。石は太閤検地より始り、検地して上・中・下に分けて石盛を極め、それぞれを合算した石高、即ち村高である。

契り【ちぎり】大和詞。「ちぎりとは、約束する事」である。〔女用智恵鑑宝織〕

ちく【ちく】〈何が不足で癇癪の枕言葉〉「口、ちく（口ノ倒語）」。〔小野篡譃字尽〕

筑後【ちくご】筑州。〔重宝記永代鏡〕は御原《みはら》、生葉《いくは》、竹野、山本、御井《みい》、三潴《みうま》、上妻《かみつま》、下妻《しもつま》、山門《やまかど》、三毛《みけ》の十郡をあげ、城下は柳川、久留米で、一ノ宮は高良《こうら》である。〔万民調宝記〕に居城知行高は、久留米・有馬中務二十一万石、柳川・立花飛騨十万九千六百石、三池・立花主膳一万石。〔大増補万代重宝記〕には、上管、四方三十里。田数一万千三百七十七町、知行高三十万二千八十七石。〔重宝記・幕末頃写〕に、南北五日。魚鼈等多く、大中国である。三瀦県から、今の福岡県西南部にあたる。〈名物〉〔万買物調方記〕に紅花、辛子、芳米《かばしこ》（芳香のある米）、洪武《ころ》銭《せん》、塩鴨、海茸、三条鯉（九州には当国のみ）、三池かるた。

乳草【ちくさ】〔改補外科調宝記〕に乳草は、乳の腫物。赤白仁《あずき》を粉にして藍汁で付けると妙である。水魚《ふな》の腸をそのまま擂って付けるのもよい。

千種姫【ちくさひめ】〔重宝綱目女要婦見硯〕に千種姫は、橘逸成の娘である。父の逸成は唐土まで名を上げた能筆、本朝入木道（書道）の達人、三筆*の第一である。父の能書を請け継ぎ、和朝三筆女の一人である。父の為法華経を書写して今に在ると云う。

竹茹【ちくじょ】〔薬種重宝記・上〕に和竹、「竹茹 たけのあまはだ。唐竹の青上皮を去り、その下をこそげ用ゆ」る。

竹酔日【ちくすいにち】〔年中重宝記・二〕に五月十三日を、竹酔日《ちくすいにち》とも竹迷日《ちくめいにち》ともいう。この日に竹を植えると必ず活くと『晋書』に見える。

筑前【ちくぜん】筑州。〔重宝記永代鏡〕は志摩、早良、那珂、席田《むしろた》、糟屋、怡土《いど》、宗像、鞍手、嘉麻、穂浪、上坐《しょうざ》、下坐《げざ》、三笠、遠賀《おしか》、夜須の十五郡をあげ、城下は福岡、秋月で、一ノ宮は箱崎である。〔万民調宝記〕は居城知行高を、秋月・黒田甲斐五万石とある。〔大増補万代重宝記〕に上管、四方三十五里。田数一万九千七百六十町、知行高五十二万二千五百十二石。〔重宝記・幕末頃写〕に、南北四日。米粟珍宝、果菜を備う、中上国等とある。今の福岡県の主要部にあたる。〈名物〉〔万買物調方記〕に野鴈、玉嶋川の鮎、金さき鮑、しび（鮪の大きいもの）、名《めい》の浜塩、博方の練り酒、松露、帯（絹浮紋がある）、嶋の織物、牛蒡餅など。

筑前の内船路【ちくぜんのうちふなじ】「西国《さいごく》船路大坂より」ヲ見ル

築賓【ちくひん】〈経絡要穴 腿脚部〉二穴。築賓《ちくひん》は内踝の上五寸、両筋の間にある。針三分。灸三壮か五壮。疝気、癲癇、足の腨《こむら》が痛むのを治す。〔鍼灸重宝記綱目〕

竹迷日【ちくめいにち】「竹酔日《ちくすいにち》」ニ同ジ

竹葉【ちくよう】〔女用智恵鏡宝織〕に「竹葉《ちくよう》は酒の事也。女ことばにさゝと云う。竹葉には故事有」。「はちくのたけのは（淡竹葉）」ヲ見ル

畜類を飼う吉凶日【ちくるいをかうきちきょうび】俗信。〔重宝記永代鏡〕に牛馬鶏を含め一切の生類を飼う吉凶日がある。○「吉日」正月・二月・三月と順に子・丑・寅の十二支の日を吉とする。また、甲子《きのえ》・巳の日。乙《きのと》丑・卯の日。丙辰《ひのえ》・巳の日。丁午《ひのと》の日。戊未《つちのえ》の日。己申《つちのと》の日。庚酉《かのえ》の日。辛戌《かのと》・亥の日。壬子《みずのえ》の日。癸丑《みずのと》の日。建《たつ》*の日、平《たいら》*の日。○「凶日」破る*の日。危《あやぶ》*の日。

竹瀝【ちくれき】〔薬種重宝記・上〕に和竹、「竹瀝（ちく）れき／竹の焙り汁。淡竹《はちく》の節を去り四ツに割り炭火に焙り切口より出るを取る」。

竹輪蒲鉾【ちくわかまぼこ】〔料理調法集・蒲鉾之部〕に竹輪《ちくわ》蒲鉾は、常の擂身を俎板の上によい程に伸し置き、煙管のらう（羅宇）程の竹にくるりと付け、外を手に水を付けて撫で、後先を切り廻し取って、竹を持って焼き上げる。また竹を短くして同じように付け、外を紙に包んで蒸すこともある。いずれも仕立てた竹を廻して抜く。

竹輪玉子【ちくわたまご】「苞《つと》玉子」ヲ見ル

智拳印【ちけんいん】〔新撰咒咀調法記大全〕に智拳印《ちけんいん》は、真言密教の手による印契の一。「九字《くじ》の大事《だいじ》」ヲ見ル

地骨皮【ちこっぴ】〔薬種重宝記・上〕に和木、「地骨皮 くこのね。心《しん》を去り洗い、刻み焙る」。

ちこ日【ちこにち】暦下段。〔諸人重宝記・五〕に「ちこ日」は、事によっては吉、事によっては悪の日である。

乳児の腹痛【ちごのふくつう】〔小児療治調法記〕に乳児の腹痛に、次の方がある。○胎中で寒を受け腹痛み乳を呑まないのには白姜散*、○腹痛み口中の気《いき》が温かく顔色が黄色く目に精彩なく大便の臭いのには消積丸*、甚だしいのには白餅子*、○胃を和らげるには白朮散*を、それぞれ用いる。○腹痛の多くは飲食によるが、治する一方は、白朮（一匁半）、山査子・神麹・砂仁・麦芽（各一匁）、陳皮・青皮（各七分）、炙甘草（半匁）を末（粉）して、飯の取り湯（重湯）或は白湯で用いる。寒があれば藿香・呉茱萸を、熱があれば黄芩を加える。

児花【ちごばな】〔昼夜重宝記・安永七〕に児花《ちごばな》は、花の紫から児《ちご》ともいう。野に多い。作り様は、野土を用いる。分植は春がよい。「翁草」ともいう。

萵苣【ちさ】〔万物絵本大全調法記・下〕に「苣 きよ／ちさ／せんば／きじのを。春」。〈薬性〉〔医道重宝記〕に萵苣《ちさ》は冷で微毒がある。胸を開き、筋骨を堅くし、五臓を通じ、虫を殺し、小便を通ずる。多食すると目を昏くする。〔永代調法記宝庫・四〕には経絡通じ気を下すが、中を冷やす。〈食合せ〉〔重宝記永代鏡〕は萵に、飴 蜜 砂糖を食い合わせると悪い。

乳核【ちざね】「にゅうかく（乳核）」ヲ見ル

ちぢかなる【ちぢかなる】片言。「ちぢかなる、踡跼 ちぢかまる」という。〔不断重宝記大全〕

知死期【ちしご】〔年中重宝記・六〕に次がある。人の生と死にかかわる時刻で、生れるにも死ぬにもこの時を離れない。しかし、月に大小があり行度に遅速があるので、詳細にはしがたい。生れる時は知死期の頭《かしら》に生れ、死ぬ時は終りに死ぬ。知死期に外れて生れる子は命が短く、夜の子の刻（零時）に生れなければ翌日の午の刻（十二時）と心得る。上旬の一二九十日・中旬の六七八日・下旬の三四五日は、九ツ時子刻（零時）、九ツ時午刻（十二時）、六ツ時卯刻（六時）、六ツ時酉刻（十八時）〔九九六六と覚える、以下同じ〕。上旬の三四五日・中旬の一二九十日・下旬の六七八日は、八ツ時丑刻（二時）、八ツ時未刻（十四時）、五ツ時辰刻（八時）、五ツ時戌刻（二十時）〔八八五五〕。上旬の六七八日・中旬の三四五日・下旬の一二九十日は、七ツ時寅刻（四時）、七ツ時申刻（十六時）、四ツ時巳刻（十時）、四ツ時亥刻（二十二時）〔七七四四〕である。

ちしゃ刀【ちしゃかたな】片言。「ちいさ刀《かたな》を、ちしや刀《かたな》」という。〔世話重宝記・二〕

智積院【ちしゃくいん】京名所。〔東街道中重宝記・七ざい所巡道しるべ〕に真言宗の学林とある。〔年中重宝記〕に、十月朔日から十二日迄 論議がある。十二月朔日から十二日迄 智積院開山 覚鑁《かくばん》忌（これも報恩講という）。十二月八日 論議があり、その後酒宴がある。

智者の辺の童は習わぬ経を読む【ちしゃのへんのわらべはならわぬきょうをよむ】「勧学院の雀は蒙求を囀る」ヲ見ル

地性の善悪【ちしょうのぜんあく】〔四民格致重宝記〕に地性の善悪を知る法がある。○地性の善い田は、稲草の丈が揃い、穂は長く垂れ下り、小出来のように見えても取り実が多い。稲が青海波のように乱れて伏すのは藁の性が強く穂が重い。○地性の悪い田は、肥しの性力ばかりで、出来た田は夥しく見えても取り実はない。雌鳥羽《めんどりば》のように、穂先が地に着くようにぴっしと着いたのは藁の性が弱く、風によって伏したものである。

地神五代の事【ちじんごだいのこと】「じじんごだいのこと（地神五代の事）」ヲ見ル

地図記号【ちずきごう】〔蘭学重宝記〕には図版のようにある（図321）。

地蒼【ちそう】〈経絡要穴 頭面部〉二穴。地蒼《ちそう》は両口吻《くちわき》の傍ら、唇の赤い肉より四分程去り、動脈のある処にある。針三分半、留むること五呼、気を得て瀉す。灸十四壮、病の重いのは四十九壮する。艾を小さくする。大きいと却って口が歪むが、承漿に灸四十九壮をすると治る。中風で半身遂わず、口歪み、目閉じ昏み、声出ず、飲食の収まらないのを主《つかさど》る。〔鍼灸重宝記綱目〕

馳走の事【ちそうのこと】〔世話重宝記・一〕に「馳走」の字は、馳せ走ると読む。客のために亭主があれこれと馳せ走り、饗応《もてな》すことをいう。「奔走」*の字も同じである。〈御馳走礼状〉〔諸礼調法記大全・地〕の例文は次の通り。「誠ニ 昨日は参上仕リ候所 存じも寄らず種々御馳走成し下され千万忝く仕合せ存じ奉リ候。早速 参を以って御礼申し上ぐ可き処 拠ろ無き用向き御座候ニ付 其儀無く失敬御用捨成し下さる可く候。先ハ

図321 「地図記号」(蘭学重宝記)

右御礼申し上げ度く此の如く御座候。尚、万々参を以って御礼申し上ぐ可く候」。

千々に物こそ【ちぢにものこそ】 百人一首読曲。「月みればちゞに物こそ」は、「ちゞ」と濁る。〔麗玉百人一首吾妻錦〕

千々の金【ちぢのこがね】 大和詞。「ちゞのこがねとは、千両のこがね〔金子〕」である。〔不断重宝記大全〕

乳の諸症【ちちのしょしょう】 〈乳の破れ〉〔増補呪咀調法記大全〕に乳が破れて痛む薬は、茄子の陳《ひ》ねたのを焼き、破れた所へ塗る。また丁子を粉にして水で飲むとよい。〔里俗節用重宝記・上〕は茄子の陳ねたのを焼いて、丁子の粉を水で飲みながら再々塗るとよい。〈乳を緩める薬〉〔調宝記・文政八写〕に乳の中に固まりがあるのを緩める薬として、羚羊角〔二匁五分〕、広東人参〔二匁〕を煎じて用いる。〈乳を飲ます薬〉〔家内重宝記・元禄二〕に乳を飲み残す時には、○莪朮・緑豆を煎じ乳を交ぜて飲ます。○牛王を少し入れるのもよい。○柿の核・蔕を共に黒焼にして湯で飲ますのもよい。〔里俗節用重宝記・上〕は藿香〔一目〕を入れ、麝香を入れず、また連翹〔二匁五分〕を加え丁子を去るのもよい。渇きのあるのには人参〔五分〕を加える。〔小児療治調法記〕に児が生れて初めて乳を呑まず、大便もしないのには葱乳湯*茯苓丸*を用いる。

〈呪い〉〔増補呪咀調法記大全〕に乳を呑ます呪いは、「我は北傅」の文字を心に観念して〔歌二〕「乳をみきる歌をよむ 山は三ツ石は九ツ これやこの鬼の栖《す》みぬる岩屋成りけり」。又「思ひきや朝日に晴るゝ腫物は根も葉も枯れて跡は絶へぬる」。

〈乳首の療治〉〔斎民外科調宝記〕に乳首の療治は、○乳首が破れ裂け、或は児が乳を吹くのに血が乾き、自然と裂け開き痛むのには丁香散*を用いる。丁香一味を粉にして付け、乾くと唾を塗るとよい。○乳の下に穴が開き膿が出乳首等が裂けるのには、秋の末の茄子の花を陰干にして胡麻油で溶いて付ける。○秋茄子の裂け開いたのを陰干にして黒焼き粉にし、水で溶いて付ける。〔里俗節用重宝記・上〕は乳首を切り痛むのには、鮒の黒焼を水で付ける。〔新選広益妙薬重宝記〕は乳首の裂け破れ痛むのには、燕脂と海蛤《されはまぐり》を粉にして付けると速やかに治る。

〈乳腫痛み〉〔新撰呪咀調法記大全〕に「乳腫れ痛むを治する方」は、生の山薬〔山芋〕を搗き爛らかして付ける。腫れが引いたら洗い落す。〔文政新刻俗家重宝集〕は燕の糞を末〔粉〕にして痛む所へ糊で貼る。藍玉を末〔粉〕にして酢で溶き付けても妙である。〔俗家重宝集・後編〕は犬の糞の雨落ちのしゃれ〔晒乾〕たのを黒焼きにして、硫黄五分を入れ、松脂を胡麻油で柔かに練り、二味をゆるゆると練り用いる。黒焼の仕様は小焙烙に入れ蓋に●程の穴を開けて栓を差し、折々栓を抜いて煙が少し薄く

なった時に焙烙をおろし、よくよく二味を末（粉）にして交ぜて用いる。〔里俗節用重宝記・中〕は乳の腫物に、ハイトリモチを酢で付けて用いる。〔大増補万代重宝記〕は蛍を続飯（飯粒糊）で和して付けると妙とある。〈乳腫呪い〉〔新撰咒咀調法記大全〕に「乳腫物《しゅもつ》の符」がある（図322）。

図322「乳腫物の符」（新撰咒咀調法記大全）

〈乳腫潰れ〉〔男女御土産重宝記〕には次がある。○乳が腫れ痛み潰れるのは、十に九ツ迄は産後で、殊に初産の時に多い。○揉み和らげ人に毒乳を吸い尽くさせると憂いはない。○堅く腫れた時は白丁香を粉にして一度に二匁ずつ酒で用いると二服を過ぎず乳も出、腫れも妙に引く。〔女重宝記・三〕は産後に乳が腫れ痛み、寒熱して乳が出ないのには、○葱《ひともじ》の白根を鬚ともに擂り爛らし、乳の腫れた上に厚く塗り、その上に紙を敷き、温石を焼いて布に包み、葱の上に覆うと汗が出て癒える。○少しの腫れには生姜の汁を温め、何回も鳥の羽で引くと妙である。○白丁香を粉にして二匁ずつ酒で用いるのもよい。〔秘密妙知伝重宝記〕は乳が腫れ痛むのには、○小豆を煎って粉にして付ける。小児の口へ入れても害はない。○乳のしこりには、十能を暖めて日頃使う束子《たわし》を付けて暖め、しこりに押し付けるとよい。

〔薬家秘伝妙方調法記〕に乳の腫は、○牛の歯を粉にし続飯（飯粒糊）に混ぜて付けるとやがて引く。○破れて後には粉を口に捻りかける。○何の腫物でも破れ口に粉を捻りかけると妙である。〔諸民秘伝重宝記〕は乳が腫れ痛むのを治すには「鯉」という字を腫れた所へ書き、その上を墨で丸く塗って置くと奇妙に治る。〔調法記・全七十〕は患者の後ろへ廻り新しい筆で乳豆《ちまめ》の右方に「鯉」、左方に「鮒」の字を三遍ずつ書く。墨は鯉と鮒の鱗の皮二味を別々に焼いて墨に磨り交ぜて書く。その時「さやの国 越後ばうひげさやの小刀」と三遍書き、口でも唱えながら書く。〈乳腫れ食物宜禁〉〔家内重宝記・元禄二〕に「宜い物」は粟 小豆 蒲公英《たんぽぽ》 昆布 大根。「禁物」は麵類 蕎麦 蕨 芋 茄子 鯛 鮭。

乳の出ない子の育て方【ちちのでないこ】〔秘密妙知伝重宝記〕に母に乳の出ない子を育てるには、白米をよく擂って砂糖を入れ、よく煮とろかして飲ませて育てる。

乳の出る薬餌【ちちのでるやくじ】〈乳の出る薬〉〔男女御土産重宝記〕に乳の出る薬は、○蓮の葉・甘草（各等分）を常のように煎じて用いる。○小豆の汁を再々用いると乳はよく出る。○粳稲米・大唐米（各一合）を粥にし、苣《ちさ》の実（一匁）、檳榔子（七分）、甘草（三分）の薬を粉にし、粥に入れて用いる。粥は飯椀に水五盃入れて煮、一日の内に残らず用いる。〔女重宝記・三〕は乳の垂る薬として、○小豆の汁を再々飲む。○露蜂房の黒焼を酒で用いる等妙である。○鯉の字を乳の上に書くのも妙である。○古箕《ふるみの》を火にくべ、その火で乳を焙る。〔丸散重宝記〕は乳汁の通じないのには、白蚕《はくきょうさん》の末（粉）を酒で服し、暫くして良い茶を飲み、髪を数十度も梳くと、白水のように出る。〔諸民秘伝重宝記〕は蜂の巣の黒焼を粉にして食後に甘酒で用いると、乳が出る。

〔里俗節用重宝記・上〕は乳の垂る法に、当帰・白芍薬・桔梗・川芎・白茯苓・天下粉・木通・穿山甲（各等分）を常のように煎じて用いる。〔同・中〕には、○苣《ちさ》の実（少焙一匁三分）、檳榔子（七分）、薏苡仁（其侭一分五厘）、甘草（三分少し炒）を細末（粉）にし合せて一剤とし、九ツに分包する。糯米・粳米（各等分を粥にする）。椀一杯に一包薬を掻き交ぜて呑み汁とし、一剤を二日に用いる。この通りにして十八包程服用すると奇妙である。○肉桂を散薬にして麦の取り湯で用いる。○芹・川芎・桔梗・続断・括蔞仁（各等分 続断・川芎は大いに加えてもよい）に甘草を少

し入れ煎じて用いる。○四物湯に麦門冬（二匁）、括蔞根（一匁）を加え、煎じて用いる。

〔童女重宝記〕は四物湯*を加減して用いる。○当帰・川芎・芍薬・地黄・天花粉*・王不留行・穿山甲・鯉・鮒・桐の葉を煎じて用いる。〔新撰咒咀調法記大全〕は「乳の少いのをよく出るようにする方」に、○穿山甲の細末（粉）を目方二匁程泔《しろみず》*に交ぜて用いる。○冬葵子《とうきし》を水で煎じて用いる。○鯉魚を黒焼きにし一匁を酒で用いる。○「（乳）出ずして寒熱《さむけ》するを治る方」は、麦芽を炒り粉にして二匁程を白湯で用いる。「乳出ざるに呑む符」もある（図323）。〔大増補万代重宝記〕には穿山甲を焙り粉にし酒で用い、乳の上を櫛で撫で下ろしすると乳は泉のように出る。○伊予牛房種（一合）・白砂糖（二合）を香色に炒り末（粉）にして白湯で用いる。〔懐中調宝記・牛村氏写本〕は牛房子（一摘）、黒餅米（五勺）、茅根（二両）、蜂巣（十五匁）、白砂糖（少）を極細末（粉）にして、一廻り（七日間）白湯で空き腹に飲む。〔薬種日用重宝記授与〕の乳の妙薬は、ロウホウ（八匁）、白姜蚕（五匁）、糯米（炒、五匁）を細末（粉）して用いる。他にも色々ある。

図323 「乳出ざるに呑む符」（新撰咒咀調法記大全）

〔日用重宝万物図解嘉永大雑書三世相〕に「乳の足らぬによき物」は苣 蒲公英 鯉 鯣 飛魚 鮞 小豆粥 白粥 甘酒である。〈乳の出る呪い〉〔同書〕に産前九《ここ》ノ月《のつき》九日《ここのひ》に甘酒を、茶碗でも猪口でも、九ツに分けて飲むとよい。また九月《ここのつき》の間、生貝を一ツ如何様にも炊き、他に食わさず一人で食うとよい。この二ツの呪いは奇妙である。〔嫁娶調宝記・二〕に乳の足らない時には、麦の飯、桐の葉、山芋等、〔童女重宝記〕は飯は麦飯がよく、露蜂房を煎じて用い、麪条魚（白魚）を生で呑むのもよいとある。

秩父絹【ちちぶぎぬ】〔絹布重宝記〕に関東 秩父より織り出す絹で、相印は「チ」。加賀絹と共に使い口が多い。地合は むさ黒く 表地には成り難く、裏絹である。絹性は粘りのない方である。巾広 巾狭があり 定まらないが、全体地太で強い。染付は御納戸茶が特によく、萌黄ははんなりとせず、黒は一向に悪い。耳は細い。買廻しは当買《あてがい》*である。

縮み【ちぢみ】 俳言の仙傍（訕謗）。「婆ゝヲ ちゞみ」という。〔新成復古日夜重宝俳席両面鑑〕

縮布【ちぢみ】〔童女重宝記〕に縮布《ちゞみ》は、越後から出「おちやら」という。昔は明石からも出たので明石縮ともいう。〔里俗節用重宝記・下〕に「ちゝみ薄かたびら着る事」に、土用に入り まず老中方が着ると、後日に諸士も着初める。近年は暑強く、二三日前より着初める。当今も、古風な家では暑中も薄帷子は召されないが、どこも式服は暑中ともに晒し麻帷子である。

縮髪の治方【ちぢみがみのじほう】〔新撰咒咀調法記大全〕に縮髪の治方は、麻の葉と桑の葉を等分に煎じて常に洗うと奇妙に髪は延びる。

縮む紙に墨移り伝【ちぢむかみにすみうつりでん】〔筆海重宝記〕に縮む紙に字を書くのに墨移りする伝は、墨に酢を加えて書くとよい。

蜘蛛の網【ちちゅうのあみ】〔世話重宝記・二〕に蜘蛛の網は物の弱いことを譬えるが、『筆談』を引き刘易《りゅうい》が王屋山に隠居して次の事を見たと記している。大きな蜂が蜘蛛の網に掛り、捕ろうとした蜘蛛が却って蜂に刺されて地に落ち、暫くは腹が腫れ腸は裂けそうであったが、草地に這い入り芋の茎を食い破り、疵に擦りつけて癒し元のように馳せ歩いた。その後、蜂に螫される者は芋の茎を擦りつけて癒えないものはないという。「くも（蜘蛛）」参照

ちちろむし【ちちろむし】 大和詞。「ちちろむしとは、きりぎりす*」である。〔不断重宝記大全〕

帙【ちつ】「書物の事」ヲ見ル

秩辺【ちつへん】〈経絡要穴 肩背部〉二穴。秩辺は第二十椎の下左右へ三寸ずつ開く処にある。針三分か五分。灸三壮。五痔、*小便赤く、腰の痛むのを治す。〔鍼灸重宝記綱目〕

千歳蕎麦【ちとせそば】「千歳そば」は、神田明神前、松屋にある。〔江戸町中喰物重法記〕

千歳の坂【ちとせのさか】大和詞。「ちとせの坂とは、年老ひ越ゆる事」をいう。〔不断重宝記大全〕

千歳餅【ちとせもち】千年餅とも書く。菓子名。〔男重宝記・四〕に千年餅、上うき物、中もろこし、下ながし物。〔料理調法集・麵類之部〕に千歳餅は、伸餅《のしもち》を大采（賽）の目に切り、浮麩のようにして出す。膳の向うは酢菜、砂糖を付ける。汁には半潰しの小豆を入れ、餅には小豆の絞り粉を入れるとよい。〈売り店〉〔江戸町中喰物重法記〕に「（風流）千とせもち」は市谷佐内坂上 鶴屋折助に、「（御膳）千とせ餅」は幸橋御門前大黒屋善兵衛にある。「汁粉餅」参照

血止め薬【ちどめぐすり】〔妙薬調法記〕に血止め薬は、乳香・牡蠣・紫檀・鶏卵（白身）（各等分）を皿に入れ日に干して刮《こそ》げ、粉にして用いる。〔懐中調宝記・牛村氏写本〕に血止め薬は、黄栢粉（一匁）、柿実（黒焼三匁）、阿仙薬（二匁）とある。〔文政新刻俗家重宝集〕に血留めの奇方は、古酒をよく燗をして洗うと血も止まり傷跡もない。〔重宝記・宝永元序刊〕に血止めの妙方は、○松の緑、古せの麻の黒焼を、生地黄の煎じ汁で用いる。○五八草（『譬喩尽』に「五八草《ごはつさう》といふ薬銘は乾蝮《ひぼしのまむし》也」）を血の出る先へ捻りかけるとそのまま止まる。〔重宝記・儀部家写本〕には麒麟竭*を傷につけると直に血が止まるのは甚だ妙である。〔調宝記・文政八写〕に打ち傷 切り傷の血を止め 一切の痛みを和らげる薬は、乳香とむつ薬がよい。〔懐中重宝記・慶応四〕には筋を切り血が止まらない時は、○土竜《もぐら》が上げた土を続飯で練り、紙に延べて貼るとよい。○蟹の味噌を取って布につけ、しっかり結んで置くと追々止る。〔万家調法呪詛伝授嚢〕に金瘡で多く出血するのには、灯心を傷口の大小に合わせて早くしっかり押し付け、布で巻いて置く。〔世界万宝調法記・中〕に血止めは杉原紙*を香色に焙って付ける。〔昼夜弁要万宝二面鑑・寛政十二〕には杉原紙を焙り粉にしてつける。

〈呪い〉〔調法記・四十七ゟ五十七迄〕には、①何草でも三草を採り、手で揉み付ける。但し、一草毎に天に向かい手を合せて唱える歌「朝日が下の三ツ葉草付けると留る血が止る／アビラウンケンソハカ」。歌は一度、アビラは三度唱えると忽ち止まる。②その人の額に「我大宝」の三字を書くと忽ち止まる。③鼻血 切傷 何の血でも紙を四方に切って竪横ともに三ツに折り、血の出る所へ暫く押さえて置くと止まる。〔万用重宝記〕に手負い血止めの呪いは、手水嗽をして次の二首の歌、「あつたやちゝのちまたにのけふしてたいふしすれどいたからん」「血の道は父と母との始めなり 血の道返せ血の道の神」を、手負に向い三遍傷口へ唱えると痛みを去り、血を止めること奇妙、疑うべからず。〔家伝調方記〕は「血留めの歌」として「血やするや父と母との血の身血を血止めて給へ 血の身血の神」がある。

衟乗【ちどりがけ】算法。〔農家調宝記・三編〕に八算*の練習題の一ツとして、十二万三千四百五十六石七斗八升九合を、二に割り三を掛けるようにして、偶数は割り奇数は掛けて九に至り、今度はこれを三に割り二を掛け、五に割り四を掛けるようにして、偶数は掛け奇数は割って、最後に八を掛けると、元に還る。

千鳥せんべい【ちどりせんべい】「千鳥せんべい」は、八丁堀小嶋丁 吉野屋庄次郎、また市谷佐内坂 藤岡太兵衛にある。〔江戸町中喰物重法記〕

千鳥蕎麦【ちどりそば】「千鳥そば」は、久松丁 十一屋にある。〔江戸町中喰

物重法記〕

千鳥味噌【ちどりみそ】〔料理調法集・調製味噌之部〕に千鳥味噌は、白味噌百六十匁をよく擂り濾して、芥子・白胡麻・山椒の粉各十匁をよく交ぜ合せ、板の上に荒い布を敷き、その上に芥子と胡麻を振り、味噌をその上に庖丁で薄く伸べ、上にも芥子と胡麻を振り、又その上に布を掛け手で斑なく撫で、上下に打ち返し布を取り、長さ四五寸 幅二三寸程に切り、焙炉《ほいろ》に掛ける。火が強いと焦げて悪しく、大方乾いたのをどのようにも好きに切り、また焙炉にかける。

地にあらば連理の枝【ちにあらばれんりのえだ】「連理の枝」ヲ見ル

鯆【ちぬ】 薬性。〔医道重宝記〕に鯆《ちぬ》は温で毒なく、胃を暖め、下痢を治す。多食すると風熱を動かし、瘡皮癬を生ずる。

血の落し様【ちのおとしよう】 染み抜き。羽二重*帷子*など白地の物に血朱の付いたのを落す法。〔男女日用重宝記・上〕〔染物重宝記・文化八〕等に次の法がある。①飯をつけ揉みつけて洗う。また続飯《そくい》（＝飯を押し潰した糊）を上に塗って置くのもよい。②生姜《しょうが》を薄く剝いで上に置くと移って抜ける。③灯心を唾《つばき》で濡らして擂ると皆落ちる。④大根の絞り汁で洗う。⑤含み水で洗うとよく、熱い湯に漬けても落ちない。〔秘伝手染重宝記〕に「血付たるおとしやう」は、まず古い湯に漬け 乳を入れ 物に溜め、血の付いた所へ銜水（含み水）で落す。その跡を湯で濯ぐ。少し付いたのは楊枝の先に乳を付けても落ちる。譬え、人倫の外でも同然である。

ぢの仮名【ぢのかな】 次の類は皆「ぢ」文字の仮名遣いである。紅葉＝もみぢ。通路＝かよひぢ。辻＝つぢ。筋＝すぢ。鍛冶＝かぢ。梶＝かぢ。祖父＝おほぢ。味＝あぢはひ。印地＝ゐんぢ。藤＝ふぢ。氏姓＝うぢ。〔万民調宝記〕

地五会【ちのごえ】〈禁灸の穴*〉二穴。地五会は足の薬指の外側本節の後へにある。ここに灸をすると三年内に死ぬ。〈経絡要穴 腿却部 足少陽胆経〉二穴。夾谿を一寸去る。針一分。禁灸。腋痛み、内損、唾血、足の外潤いなく乳癰を治す。〔鍼灸重宝記綱目〕

血の差し引くには【ちのさしひくには】〔薬家秘伝妙方調法記〕に血の差し引くに二方がある。①黄芩に前胡（根）を加える。②前胡（根）に当帰を加える。

地の体【ちのてい】「さんざんろっかいいちへいち（三山六海一平地）」ヲ見ル

血の道【ちのみち】〔鍼灸重宝記綱目〕に血の道は、目眩い 頭痛 発熱 嘔吐して不食する。不容 風府 大椎 大杼に灸をする。〔妙薬調方記〕には「血の道で色々悩む女中には鹿の袋子 黒焼で飲め」とある。

血の病【ちのやまい】〔万まじない調宝記〕に血の病は、山草を黒焼きにして付けるとよい。

茅の輪【ちのわ】「みなづきばらえ（水無月祓）*」ヲ見ル

千葉介常胤【ちばのすけつねたね】〔大増補万代重宝記〕に千葉介常胤《すけつねたね》は鎌倉幕府の老臣、士林の甲族（名門）である。幕府草創の時、頼朝は父母のように依存、恃《たの》みにした。西海、東奥の戦功は評判が高い。

千早振【ちはやぶる】 大和詞。〔不断重宝記大全〕には「ちはやふるとは、久しき事をいふ」。〔女重宝記・五〕には、「ちはやふるとは神といふ枕詞」とある。

血腫れ【ちばれ】 呪い。〔万まじない調宝記〕に「血ばれ」の者には、その人の後ろに「鯉」という字を逆様に掛けるとよい。

ちびた【ちびた】〔小野篹譃字尽・かまど詞大概〕に「地は、ちびた」という。

千尋の海【ちひろのうみ】 大和詞。〔不断重宝記大全〕に「ちひろの海とは、深き海」である。「ちいろのうみ」トモ

千尋の底【ちひろのそこ】 大和詞。〔女用智恵鑑宝織〕に「ちひろの底とは、恋に沈むを云」。「ちいろのそこ」トモ

地普請【ちふしん】〔四民格致重宝記〕に地普請のことがある。正月三ケ日

の規式が過ぎたら急ぎ日限を選び、家老か郡奉行所に代官方が寄り合いして、堤、川除《かわよけ》、堰《せき》、用水、井掘等の普請、並びに年中執行の沙汰を決める。その状況判断や対策、留意点についての書き留もある。前記の普請は正月十五日頃から始め二月十五日限りに仕舞うとよい。普請により、損得、善悪、勝手不勝手、土地の軽重等も出来し、諸人の恨みが多く、掟の障りにもなる。十分な配慮を要する。◇普請割の算法例。〇土（一尺立方／十貫目程）米二斗目か。〇砂（一尺立方／十一貫目）米三斗二升目程。〇石（一尺立方／十七貫目）米三斗目か。〇水（一尺立方／七貫六百目）米二斗三升目か。〇栗石（六尺立方）三千貫目程。〇米一升 三百三十五匁か。

粽葛【ちまきくず】〔菓子調法集〕に粽葛は、上葛粉と氷砂糖の粉を水でずいぶん堅く捏ね、よい笹で包んで古縄で図版のように巻く（図324）。巻き加減は湯煮等をして出す。

図324「粽葛」（菓子調法集）

粽卵【ちまきたまご】〔料理調法集・鶏卵之部〕に粽卵《ちまきたまご》は、仙花紙で粽の形に袋を拵え、合せ目を二ツ折りにして両脇と底を絹糸で縫い、卵を割って塩と砂糖で塩梅し、出汁を割りよく交ぜ濾して、袋の口から小さい漏斗で突き入れ、口を糸で括り湯煮して、水の中で紙を放し、笹で巻き蒸す。

粽の事【ちまきのこと】〈粽を食う説〉〔年中重宝記・二〕に、唐の屈原が五月五日に汨羅《べきら》という江に身を投げて死に、所の人が憐れみ毎年五月五日に小竹筒に米を入れ、江内に投げて祭った。漢の武帝の時、欧回が江の辺を通ると屈原が出て、自分は毎年祭られるが蛟竜に食物を盗まれるので今後は楝樹《おうち》の葉で上を包み、五色の糸で縛って江の内に入れるように頼んだ。楝の葉と五色の糸は蛟竜が恐れる物といい、今の粽はこの真似という（『続斉階記』）。また粽は悪鬼に象り、捻じ切って食うのは鬼を降伏する意という（安倍清明の説）。

〈粽拵え様〉〔男女日用重宝記・下〕は上白の餅米を白水でよく洗い、その後 椿の灰汁を垂れ、一番灰汁はそのまま置き、二番灰汁に一夜浸して取り上げ、露を引かせ蒸かして上げ、前の一番灰汁でよく染めて巻きに結い、その後灰汁に水を三倍合せて粽にする。〈粽餅拵え様〉〔菓子調法集〕は餅米を蒸し、搗いて梔子の汁を入れ、よい程で菰に包んでまた蒸す。或は餅の粉六分、粳の粉四分を捏ねて包んで煮るともある。

〈薬性〉〔永代調法記宝庫・四〕には胸と顔が熱《いき》り、頭痛、空嘔《からえず》きする人に用いる。

〈粽食い様〉〔女重宝記・二〕には草でも笹でも葉先を右の方にし、箸を取り副えて持ち、草の元の方を上にして左に持ち、右で巻き目を解いて食う。また刀目を筋違いに二通り入れ、三ツ切りにして出す事もある。〔女用智恵鑑宝織〕に粽は膳に箸も副えて出る。巻いた葉先を左にし左手で持ち、右手で巻き目を解き、取り直して頭から挟み切って食う。食い終ったら葉を二ツに折り、巻き緒で巻いて膳に置く。頭から解き、下の方から食ってはならない。また粽を葉を解いて器に盛り、砂糖や黄な粉等を取り合せて楊枝を副えて出す時は、餅と同じ食い方になる。〔諸礼調法記大全・天〕に粽を食う次第は、頭を二ツ三ツ解いて下へ押し下げ、箸に挿して食う。塩を箸で刺し三度に食う。また采の若布等は手に取って食う。〔麗玉百人一首吾妻錦〕は頭から包みを剥いて筋違いに三ツに切り、片木に載せて差し上げる。〈粽屋〉〔万買物調法記〕に「京ニテ粽屋」烏丸新在家上ル道喜・同通四条角津田近江。「大坂ニテ大仏餅・粽」天満難波橋筋にある。

茅巻の柱【ちまきのはしら】 大和詞。「ちまきのはしら、丸き柱」である。〔不断重宝記大全〕

衢【ちまた】〔万物絵本大全調法記〕に「衢く／ちまた。街同」。〔童蒙単語字尽重宝記〕に「衢 ちまた、四達《したつ》の道なり。よって十字街といふ。ちまたなり」。

魑魅【ちみ】〔万物絵本大全調法記・上〕に「魑魅 ちみ／すたま。又 山鬼さんき／やまづみ。鬼き／をに」。

遅脈【ちみゃく】八裏の脈*の一。〔医道重宝記〕に遅脈は、一息の間に脈が三度来て極めて緩い。陽虚とする。腎虚の脈である。寒を主《つかさど》る。〔斎民外科調宝記〕には一息の間に三度あり、臓にあり、寒とし冷とする。〔昼夜調法記・正徳四〕には遅で、力のあるのは痛み、力のないのは冷えとある。

知命の毛【ちめいのけ】鷹の名所。*鷹の肩のつけ根、羽骨の本《もと》の上に生ずる毛をいう。〔武家重宝記・五〕

知母【ちも】〔薬種重宝記・上〕に唐草、「知母 ちも／やまし。鉄を忌む、皮毛を去り刻み焙る、或は酒にて炒る」。〈薬性〉〔医道重宝記〕に知母《ちも》は苦く寒、熱渇を除き、骨蒸（虚労内熱の症）汗のあるのを治す。陰火を瀉し、痰咳を療する。毛と皮とを去り、刻み焙る。鉄を忌む。胃火を瀉するには生で用い、腎火を瀉するには酒で炒る。

知母茯苓湯【ちもぶくりょうとう】〔改補外科調宝記〕に知母茯苓湯は、肺痿肺癰の薬である。知母・五味子・人参・薄荷・半夏・麦門冬・柴胡・白朮・蕗・桔梗・白芷・黄芩（各半両）、茯苓・炙甘草（各一両）、川芎・阿膠（各三匁）に生姜を入れて、食後に用いる。

乳守の宮【ちもりのみや】大坂願所。堺の乳守の宮へ信を凝らして参詣すると、婦人の乳がよく出るように守られると言い伝え、参詣人が多い。〔願懸重宝記・初〕

茶 煙草【ちゃ たばこ】〔江戸町中喰物重法記〕に、「永茶多葉粉大安売 御進物折詰 御望次第」「赤坂伝馬町二丁目 松坂屋文右衛門」にある。

ちゃあふう【ちゃあふう】妄書かな遣。「ちやあふう、や（止）めにしたる事をいふ」。〔小野篡譃字尽〕

茶入り玉子【ちゃいりたまご】〔料理調法集・鶏卵之部〕に茶入り玉子は、玉子を割り、葛の粉を少しと濃い茶を少し入れ、掻き交ぜて薄鍋で焼く。

茶入／茶碗飾り様【ちゃいれ／ちゃわんかざりよう】〔昼夜重宝記・安永七〕に茶の湯書は多いが当流の書伝を改めて記すとして次がある。○茶入を盆に載せて床に飾ったら軸は脇に飾る。中立の時からは降し、水指の前に置く。台天目でも同じことである。○茶碗ばかりを飾るのは悪い。茶入が添わるなら飾る。しかし、貴人より拝領するか 或は人に所望して、その主を呼んで茶を立てる時は茶碗ばかりのこともある。

茶色染の事【ちゃいろぞめのこと】〈茶色染物〉〔男女日用重宝記・上〕に茶色染物は、渋木（山桃の異名）を煎じ七八遍染めて後に、米の酢を織部盃に一ツ入れ、煎屑茶一服程煎じ、水三升程を熱く煮やかし、青明礬と緑礬半両を細かに卸しよく混ぜ合せ、酢とこの二色ながら半分宛入れよく合せて、絹を繰り入れ群《むら》のないように染め、干して色を見る。黒味をつけたい時はまた青明礬を加えて染める。但し、染め押さえにはひささき（柃）の灰汁を引く。また茶染は渋木の汁に青明磐を入れ下地を染め、椿の灰汁を押さえに掛ける。〔麗玉百人一首吾妻錦〕には樒《しきみ》を煎じ七八遍も染め、煎屑明礬を入れて又染める。

〈茶染 地の為に良し悪しの事〉〔染物重宝記・天明五〕に茶染が地の為に良し悪しは、○黄唐茶 桑茶 鶸茶 土器茶等の類は、地の為によい。○蒲茶 相伝茶 濃げ茶 栗皮茶 唐茶等は、地の為に良くも悪くもない。○藍海松茶 納戸茶 藍媚茶 千斎茶等、下染茶類は地の為に大いに強い。○白茶素海松茶 昆布茶鶯茶等は、地の為に弱い。

〈茶色 染め直し〉〔染物重宝記・天明五〉に茶色 染め直しは、○当世茶薄丁子茶は、少し色を抜くと柳茶 素海松茶《すみるちゃ》 昆布茶に大概よい。下染茶

類になる色もあるが地のためには悪い。○鶸《ひわ》茶は、丁子茶 濃茶 栗皮茶類がよい。柳茶 素海松茶 昆布茶 当世茶に大概よい。色を抜くと下染茶類に大概よい。○柳茶は、当世茶によい。素海松茶は、丁子茶によい。昆布茶は、焦茶によい。○灰汁茶類は、鳶色に大概よい。下染め類には、地のため大いに悪い。○藍海松茶 納戸茶 前栽茶 下染めのある茶類は、濃い鳶色類によい。但し、紫鳶 赤鳶には悪い。○鼠類は、何茶でも大概染まる。○総体の茶色類は、藍に染まらないのはよく知られている。

〈茶色地を紋ばかり白に染め抜く法〉〔里俗節用重宝記・上〕には紋なりに橙の汁で書いて乾かして置くと、白地に抜ける。

〈茶染惣名に品ある事〉〔染物重宝記・天明五〕に、濃茶《こいちゃ》* 薄茶* 灰汁茶* 下染茶*等がある。色上げ等の時に参考になる。〈茶染落とし様〉〔女用智恵鑑宝織〕に茶染落とし様は、麻の屑の灰の灰汁《あく》で洗うとよい。また酒と水で染み物を煮ると元のように白くなる。〔麗玉百人一首吾妻鑑〕は溜り水で煮ると白くなる。

茶菓子【ちゃがし】〈製法〉〔ちやうほう記〕に、①山芋を湯煮してよく擂り、赤小豆の粉を濾し粉にして砂糖に入れ、山芋の中へ入れ、形は好み次第に丸くし、上を柿の葉で押し付けて蒸す。②糯米粉、粳米粉を等分にして、醤油を伸べ 砂糖を入れ 平たく丸くして蒸す。山椒を粉にして置き、蒸れた餅に綿棒で伸べる。③饂飩粉一升、砂糖半斤、玉子五ツ。これを練り餅のようにして味噌汁で煮て、板の上で形は好み次第に切る。

「心天《ところてん》」モ見ル

〈作法〉〔諸礼調法記大全・上下〕は茶菓子に餅 饅頭 羊羹の類がある。縁高《ふちたか》に入れ、向うに口取《くちとり》の煮染物等に付け、前には杉楊枝を置く。左右の手でささげ出、膳を据えるのと同じにし、濃い茶より先に出す。饅頭ならば直ぐに手に取り、左右の手でよく握り二ツに割り、右の方を下に置き、左の方を食い終い 右の方を食う。その後は口取を楊枝に刺して食う。手水《ちょうず》に立ってその場で楊枝を二ツに折り、盥の中 濡縁等に投げ捨てる。楊枝の遣い様は貴人の面前ではしない。同輩でも口に手を覆い、人前を背けてする。

〈茶菓子の類、同煮染物〉〔嫁娶調宝記・五〕に四十種程ある。金団餅／にしめ川竹。花紅葉餅／にしめ くわえ（慈姑）。羊羹切重ね／にしめきくらげ（木耳）。外郎餅／にしめ小椎茸。釣柿餡餅／煮しめ椎茸。藤の花餅／にしめ焼き松茸。搗ち栗餅／にしめ岩茸。すいひ餅・にしめ銀杏。宗及餅／にしめ山の芋。切団子色々／にしめくわえ。まき餅／にしめ百合の根。牛蒡餅／にしめ木耳《きくらげ》。鶉餅／にしめ焼栗。

茶巾蒲鉾【ちゃきんかまぼこ】〔料理調法集・蒲鉾之部〕に茶巾《ちゃきん》蒲鉾は、常の擂身を薄く板に付けて焼き上げ、よい程に切り形し、中へ練味噌の類を少し入れ、廻りから茶巾餅のように包んだ所に擂身を少しつけ、紙縒で さっと結び、少し蒸す。蒸し上げてから紙縒を解く。

茶巾玉子【ちゃきんたまご】〔料理調法集・鶏卵之部〕に茶巾《ちゃきん》玉子は、煮抜き玉子の殻を取り、美濃紙に包み上を布に包むなどして少し押しつける。

茶巾餅【ちゃきんもち】「浪波名物 新製 に茶巾餅」は、浅草御蔵前 紀伊国屋市兵衛にある。〔江戸町中喰物重法記〕

着座の事【ちゃくざのこと】〔武家重宝記・一〕に侍が人中で交わるには慇懃にあるべきとして着座の事がある。まず戸の口に居て皆に礼をし、我があるべき座よりも下がって居るのが躾けである。身の程を知らず上座するのは浅ましく、田舎人のわざである。座の次第は主人の御前で定まる。座を立って帰り、本座に直る時は、我が下《しも》に居る人に辞宜をする。評定や連歌等の席では、左右へばかり辞宜をする。

茶具の値段【ちゃぐのねだん】〔江戸町中喰物重法記〕に銀座町一丁目 河合七兵衛に次がある。○御茶磨 一晒。目立直シ代 四匁五分。真木入替代 三匁五分。○御濃茶。目方十匁ニ付 代十四匁、十五匁。○御薄茶。同 代

一匁、三匁。○佐倉炭。大俵三匁より三匁五六分。○その外、茶器類品々がある。

着府【ちゃくふ】 大名衆遣い詞。〔男重宝記・一〕に大名が国に下り着くのを着府《ちゃくふ》という。「ぢゃくふ」とも。下の人が言う時は「御」の字をつける。

嫡母継母の服忌【ちゃくぼけいぼのぶっき】〔日用重宝記・一〕に嫡母継母の服忌。○嫡母は父の本妻で、後妻の子 又は妾腹の子（庶子）から、本妻を嫡母という。嫡母が死ぬと庶子は忌十日、服三十日の定めである。○本妻に子があって死に、父が後妻を迎える時は、子には継母である。○幼少で父が命じて後妻に養育させ、継母を養母とする届けをすると定式の母子に変りないが、その心得ながら届けをしていないで死ぬと継母となる。継母も死ぬと忌十日、服三十日である。○継母が長命で継子が先に死する時、その子の代であれば、継母は厄介で死んでも忌服はない。○但し、享保年中（一七一六～三六）よりは妾を妻にすることは、その親遠類等の服忌の事もあり、制禁となる。「継子の慈愛」参照

茶香【ちゃこう】〔里俗節用重宝記・下〕に茶香は、上茶を沢山に煎じ出して濃いのを取り分け、湯煎《ゆせん》に土鍋でする（火加減がある）。香茶が煎じ詰った時、どろどろになる上葛を少し打ち込み飴程に固める。それを器に入れて置き、熱湯に少しずつ入れて掻き立てて出すと、煎じ茶のように色も匂も変わることはない。

茶筅【ちゃせん】〔万物絵本大全調法記・上〕に「筅／茶筅ちやせん」。〈片言〉〔世話重宝記・二〕に「茶筅《ちゃせん》を、ちやつせん」という。「茶の湯道具類」「はちたたき（鉢叩き）」参照

茶煎じ様【ちゃせんじよう】〔里俗節用重宝記・下〕に茶煎じ様がある。焙烙をよく焼き、火が強くないようようにして茶を入れ、初め静かに湿《しとり》を取り、乾かしたのを焦げないように、手を弛みなく念入りに炒る。よい水を濾し 湯が煮えざわざわと音がし 玉の割れ立つ時をよしとし、相応の分量の茶を入れて蓋を締め、一沸きして火から降ろし、少し熟し湯が煮え治まるのをよしとする。水は、塩気のある水 堀井の水 流水 滝水等、茶も上茶 下茶、気の強い茶 軽い茶、また産地等によりそれぞれに扱い方があり、加減がある。茶は初めの一盃に極まり、次に飲む時はまた違う。一度煎じた跡へ水を差すのは悪く、湯の煮えたのを茶を入れて差す。大客の時、一日同じ茶を出す法は、手廻しによる。茶一斤程をよく炒り、熱のある中に汲み立ての水に入れて一夜置き、濃いよい茶が出た時その冷え茶を椀に入れ、拵えて置いた熱湯を差し入れ常体の色に延べて出す。

茶筌餅【ちゃせんもち】 菓子名。茶筌餅、皆 しめし物、白ささげ入り。〔男重宝記・四〕

茶巾【ちゃっきん】 片言。「茶巾《ちゃきん》を、ちやつきん」という。〔世話重宝記・二〕

ちゃっとうせおれ【ちゃっとうせおれ】 卑語。「早ふ行けをちゃっとうせおれ」という。〔女用智恵鑑宝織〕

茶の樹の稲荷【ちゃのきのいなり】 江戸願所。市谷八幡宮正面の坂を上り半ばより左に茶の樹稲荷の祠があり、眼の患がある者が心願を懸け、七日間煎じ茶を絶つと速やかに平癒する。願成就後に幟一本を奉納すると、再び眼を患うことはない。但し、遠路の人は我が家で、正一位茶樹大明神と念じ、同じように茶絶ちし、平癒の上参詣する。願成就は疑いがない。〔江戸神仏願懸重宝記〕

茶の子【ちゃのこ】「仏事法事の配り物」ヲ見ル

茶の事【ちゃのこと】〔万物絵本大全調法記・下〕に「茶た／ちや」。〈異名〉〔音信重宝記〕に茶異名に、雲芽 官焙 茗花 醒媒《せいい》 鷹爪がある。〔薬種重宝記・下〕に和果、「茗めい／ちやのき。苦水《にがみず》を去り用ゆ。若葉を絞りて水を去る」。〈薬性〉〔永代調法記宝庫・四〕に茶は食を消し小便通じ 上気も去り 瘴熱（熱病）の眠りもよく冷ます。頭痛 白痢 赤痢瘡等を癒すが、ぬるい茶は常に胆の毒である。

〈製法〉①若葉のまだ開かない時に摘み洗い乾かし鍋へ入れて掻き廻し大方塩で茹でた様になった時、そのまま焙炉に掛ける。炭火に焙炉を掛け上に袋紙を敷いて茶を置き、又その上にも置いて四方へ重しを置いて上に小布団のような物でも掛け息の抜けないようにし時々掻き立て打ち返しよく乾いた時壺に入れる。②早稲藁の灰汁を濾しその侭さっと煮て笊へ取り冷まし乾かし長持の中等へ火を鉢に入れて置き焙炉に掛け焙じ上げる。③②の方により、初め少し揉み絞って焙炉に掛ける。④四月初め余程開いた時摘み洗い鍋で水気のあるまま掻き廻し取り上げ揉み絞りまた鍋に入れて余程掻き廻し揉み絞り、温紙に広げ五七日陰干にして十分乾いた時壺に入れる。〔ちやうほう記〕には各氏の秘伝として、①を「喜多村伝」、②を「友花伝」、③を「萩原伝」として載せている。

〔日用重宝女大学〕に田舎向きは手間の要らぬように拵えるのを「おくごみ」という。まず摘んで蒸し上げ、暫し筵様の物を掛けて、後に揉み揃え焙炉に掛けて干し上げる。皆女の辛労である。茶は苦く甘みがあり少し寒性があり多飲は良くない。しかし、小便を利し痰熱を去り渇きを止め眠りを少なくし頭を涼しくし頭痛を止める。

〈茶進じ様〉〔女寺子調法記〕に茶を参らすには右で持ち出、客へ出す時両手を掛ける。〔小笠原諸礼調法記大全・天〕には茶を取る図、薄茶参らす図がある（図325）。〈茶飲み様〉〔女重宝記・二〕に常の茶を飲み様は、台に据えて来るのを右で取って飲み、左に取り直し下に置く。通いの女が取って台に載せて帰る。茶の熱い時啜り飲み、茶碗などを振り廻してはならない。〔女用智恵鑑宝織〕に相客のない時は、茶台ともに左手で取り、右手で茶碗を取り、台を下に置いて飲み、元のように台に据えて置く。相客があれば茶碗ばかりを右手で取って飲む。相客への挨拶は茶碗を取らない先にする。茶碗を取って後、お上がりなさい等の挨拶は無礼と心得ること。〈茶の酔い〉〔男女御土産重宝記〕に空腹時に煎茶を飲むと悪くなる物であるが、酔いを醒すには米粒を少し食うとよい。

〈斤目〉〔重宝記・宝永元序刊〕に茶一袋は二十目。一斤は二百目。一斤一ツとは二百二十目。半一ツとは十匁。一袋とは半二ツを言う。〔算学重宝記・嘉永四〕に「茶一斤二百五十目、挽茶は二百目」とある。

〈茶を白湯にする〉〔清書重宝記〕に茶を白湯にするには、胆礬を少し粉にして入れると妙である。〈茶染み〉〔染物重宝記・文化八〕に白い物の茶の染みを落すには、飯の取り湯で洗うとよい。〈紋様〉〔紋絵重宝記・上〕に二重輪の中に茶の実三個を意匠がある。「茗《めい》」「名茶《めいちゃ》」参照

①「茶をとる図」（小笠原諸礼調法記大全）

②「薄茶参らする図」（小笠原諸礼調法記大全）

図325　茶の事

茶の湯回状書き様【ちゃのゆかいじょうかきよう】〔昼夜重宝記・安永七〕には「当流の書伝」とする範例文がある。○兼日、亭主方よりの書状は、「来ル十六日之朝御茶進シ申度候御来臨ニ於ては本望たるべく候」。○客方よりの返事は、何日の朝昼を書き、御茶下さる可き由忝し、と互いの高下を弁え、文法を整え、書簡でするのがよい。名物の道具等があれば、「名物拝見御茶下され種々御馳走忝し」と書き遣わす。貴人高位には、慮外と口上で言うのは大いに悪い。〔不断重宝記大全〕には貴客賤主、貴主賤客なら自身礼に行くのがよい。

茶の湯座敷の事【ちゃのゆざしきのこと】 茶席の事は、主として亭主の側から〔不断重宝記大全〕等に解説があるが、〔昼夜重宝記・安永七〕は次がある。○約束の日、時刻に路地口迄行き、相客を待ち合せ揃った時案内を申し入れ、二重《ふたえ》路地があれば外《そと》路地に入って待ち合す。貴人 高位の御相伴なら外道へお向いに出て、お供をして入る。○亭主は時刻の少し前に路地に水を打ち（冬朝の寒い時はせぬ）、手水鉢の水も入れ、柄杓を置く。路地の内で声繕いをし、客に聞える様に迎いに出、潜りの懸金を外し少し戸を開け、客方を見、次にさらさらと皆開け、今日は忝しと礼儀し御入りなさいと言い、戸を少し手の入る程に差して入る。羽箒や手拭を持って出て拭うこともある。

○客方は、亭主が潜りを差し入る時、相客と礼儀があるのは前後の定めである。上客になる人は潜りに掛り、声繕いして戸を少し開け内を見て、内の仕廻いがあれば皆戸を開け、石の据え様 腰掛等の様子に万事に心をつける。次の客も同前に入り、仕廻う時分に御手水と互いに礼儀し、手水鉢に掛り 捨石等 柄杓の置き様をよく見合せ、手水を使い柄杓を元のように置く。次の客も同じである。○次に刀掛にかかり、刀脇差を置いて、躙り上りの口へ寄る。次の客は、上客が刀掛にかかり手水を仕廻うようにする。長路地等は上客が路地を半分行く時、手水を仕舞う。むさと声を立てて誉めず心の感じを専らとする。○次の客が手水を仕廻い 路地半ば迄来た時、躙り上りの戸をいかにも静かに少し開けて内を見、次に皆開けて入り、履物を置く。床に掛り、床縁《とこぶち》から一尺程前に居て、懸物 花入等の置き合せをよく見、次の客が躙り上り口を入る時床前を立って、炉の釜の様子 火相《ひあい》 釜の蓋の締め様等を見、棚に置き合せがあればよく見て、座に着く。次の客も同じである。

○亭主方は、客が座に着き 声繕いしたら、また亭主も声繕いし、袱紗物を腰に挟み、通い口の際《きわ》に居、障子をさらさらと開け一礼し、陸《ろく》（＝胡座を掻く）にして下さいと時の挨拶を述べ、障子を閉め 勝手に入り、料理のよい時分に炭取を持って炉の右方に置き、釜の蓋を直し、羽箒を炭取の前に置き、鐶を取り右より掛け左も掛け、次に釜敷を取り出し、左の方に置いて釜を上げ 左の鐶よりはずし右もはずし、揃えて釜の左方に置いて羽箒を取り、炉際から内迄ゴミを払い、本の所に置く。○火箸を取り下火を熾し、炭取を右方へにじり退けることも その侭置くこともある。○勝手の障子際に灰 焙烙を置いたのを取り出し、障子を閉め、炭取と炉縁《ろぶち》との間に置き、灰を撒き炉の内をよくし、即ち灰 焙烙は炭取の前に直し、炭取を炉縁の際へ寄せて大きな炭を手で直し、炭を次第々々に置き、仕廻に薫物《たきもの》をくべて仕廻う時、勝手へ入り水を持ち出し、釜へよい頃に差して勝手へ入り、釜を掛け炭取へ鐶を入れ、勝手へ入って羽箒でゴミを払う。○陸《ろく》（あぐらをかくなど楽に居る）にして下さいと言い、料理は勝手次第にしますと同輩衆へ言うのはよいが、高位貴人へは言わず、御前はよいかと、御相伴衆へそっと伺う。

○客方は座敷入りを仕廻い、座に着き、声繕いし、亭主が出たら一礼し、時の話等を上座よりする。亭主は勝手に入り 炭取を持ち出し、釜を開け、羽箒を仕廻う時、炉際に寄り炉の内の火相《ひあい》を見、少し後へ退く時下火を起し 灰を撒き、大方の時分にまた寄り炉の内を見て、また少し退き、炭の大角を置かせ、化粧炭の時差し寄り留めの炭まで見る。これもむさと褒めず心の感じが専用である。○亭主方は炭を仕廻い 勝手へ入り 膳部をよく見て、通い口を開け 膳を持ち出し、次第々々に据える。心安い客なら 給仕と互い違いに据えることもある。膳の次に香物《こうのもの》を出し、次に重箱を出し、飯櫃《めしつぎ》を出し、汁を代え、その侭酒を出し、肴は見合せて次第に出す。次に湯を出し、膳をあげ、菓子を出す内に、中立の水を路地に打つ。

○客方は、亭主が膳を持って出たら膝を立て受け取り頂くのは、互いの

位による。香物を亭主が持ち出したら、少し御出し下さいと一礼して受け取る。膳部は汁から先に食べる。飯櫃が出る時、そのまま汁を出すので汁より食べる。膳部を仕廻い、菓子を出し、路地の水を仕廻ったら、上座の人は又 床を見て中立に出る。下座の人は菓子入を勝手の方の目に入る所に直し、よくよく後を見て出る。○亭主は客が中立したら座敷を掃き、道具を置き合わせ仕廻い、腰掛が近くに在れば御入りなさいと言うか、遠くなら給仕人を遣わすか、喚鐘などその場の構えにより招き入れる。○客が中立して亭主が御入り下さいと言うか 喚鐘など聞いたら、次の客へ御手水等と一礼して雪隠等見手水を使い躙り上りへ掛り、始めのように床に掛り、道具の置き合せをよく見て座に着く。○亭主は客が座に着いたら前のように声繕い等して障子を開け、御茶を立てますと言い、水零《みずこぼし》 蓋置 茶碗 茶入でも、置き合せの道具の次第により、用いて立てる。

〔大成筆海重宝記・寛政九〕にも「茶席客の心得」がある。○茶の湯に呼ばれるのは常の饗応と違い心得が要る。朝茶湯、両飯後、夜話、跡見（茶会後その席に入り茶を請うこと）、口切、炉の名残、風呂の名残等の名目があり、且座《しゃざ》（＝茶の湯七事式の一）、花月等の式もあり、詳しくは師について学ぶのがよい。茶事に不案内ならば、正客末座《しょうきゃくばつざ》は人に譲り、中座になるのが最もよい。○「幾日の日、御茶進じ度候由にて相客誰々」の書状（「茶の湯回状書き様」参照）が来たら、礼に行く事を前礼という。当日は相客を誘って同道し、亭主は迎いに出て互いに一礼し、上下《かみしも》御取りと挨拶があれば取る。路次《ろじ》には正客の跡について入り、この時手水《ちょうず》を使うことがあり、正客の通りにする。正客が刀掛へ腰の物を掛け、二三の客のその次に掛けて置く。扇子は茶室へ持って入るが使わず、腰に挿さない。○正客の次に、段石の上へ履物を脱ぎ揃え、躙り上りの戸を静かに明け、内の様子を見、畳に両手を突き、膝を上げ、滑り入りさまに片膝を入れ、きりりと廻る。上り口の方へねじ向き脱いだ履物を潜りの下、正客の履物の次へ立て掛けて置く。ちょっと懐へ手を入れ 鼻紙を指で撫で 手を清める心をする。跡で戸を閉てて置く。これを初の座入りという。○正客が潜りを入り 床を見仕舞い 棚の置き合せを見る時、次の客が床前へ行き 両手を付いて座り 掛物を見る。次に炉前に廻り 釜また棚の置き合せを見る。座に着いてから亭主が出て一通りの挨拶が済んで後、正客が膝を直す時、時宜により陸に居る。亭主が炭に掛ると、客一同が躙り寄り、まず下火を見、灰を見る。上客が後へ寄れば、同じく後へ寄る。亭主が薫《たきもの》をくべ、香合《こうあわせ》の蓋をする時、正客が所望して見る。次へ廻すのを正客がした通りに念を入れて見、次へ廻す。

○膳を出しますと挨拶して亭主が持ち出る時、膝を直し中で受け取り下に置く。御給仕は御通《おかよい》に仰せつけ下さいと挨拶する。亭主が銚子を持ち出る時、御酌は御無用と挨拶する。喰い仕廻い 椀皿の類を綺麗にして膳の内へ組み入れて置く事は 正客の通りにしてよい。箸も舐ったり鼻紙で拭ったりして綺麗にし、膳の中へ入れて置く。茶菓子が出た時は取って廻す。木具 又は片木《へぎ》で出る菓子は喰い残しても苦しくない。塗《ぬり》物《もの》で出る時は喰い残りの物を紙に包み懐中する。○手水に出るのを中立ちという。潜りを出、正客よりだんだん腰掛へ出、待ち合す。亭主は座敷の置き合せが出来た時、前と同じように相図をして、正客より前の通りに潜りに入るのを後の座入りという。

○床に花が活けてあるのを見、炉前の置合を見るのは、初めのようである。亭主が出て茶を立てましょうかと窺い、正客がそうして下さいと言う時、亭主は柄杓を直し茶を立てて出すのを正客が飲み、次へ廻す。次の客は、茶碗を右手で取り 左指の上に茶碗の高台（脚部）を乗せ 大指を縁に掛け、右手を茶碗の脇へ添えて色を見、とくと戴き飲む。袱紗絹が付いて出たら自分の前へ引き寄せて置き、茶碗が熱くても後に七八分残

して置き、飲んで戴き下に置き、次へ渡す。亭主が茶碗を収める時客より所望して見る事がある。名物等ならば両臂を畳へつけて見、戴いて次へ渡す。諸道具が勝手へ入り、菓子が出て食い終り、亭主は火を直し、薄茶を立てる。客は一服と所望し、ゆるゆると飲んで物語するのがよい。これで茶事の終りである。宅へ帰って後、客と亭主からそれぞれ互いに礼に行くのを、後礼《ごれい》という。

茶の湯者の始り【ちゃのゆしゃのはじまり】〔人倫重宝記・三〕に、唐土で陸翁が茶を嗜み『茶経』を作り、日本では源義政が東山 東求堂に閑居して古筆を集め 古い茶道具を玩び 数寄をしてから流行り出し、東山殿*また銀閣寺*と号し、その時相阿彌弥 能彌弥の茶の湯者が侍し、宝物を司った。武野紹鷗*は数寄の名を得、千利休*は太閤秀吉が大徳寺の古渓に命じて利休居士の号を授けられた。利休の高弟 古田織部*は器の物数寄が多い。世の諺に、武士と傾城とは義で固めた*といい、茶の湯と伊勢の御師とは礼で固めたといい、茶の湯の掃き掃除 進退《たちいふるまい》は曲礼にもかない、小学校の教えとも言える。和漢上古から今に至る迄流行るのはもっともであり、人により損益百倍する。

茶の湯立て様【ちゃのゆたてよう】〔昼夜重宝記・安永七〕に茶の湯書は多いが、当流の書伝を、改めて記している。○まず柄杓を左手に預け、右で蓋置を取り、常の所に置き、柄杓を掛け、陸《ろく》（＝胡座）にして下さいと客へ一礼し、茶碗を直し 茶入を取って 茶碗と自分の前の間に置き、左手で押え 右手で緒を解き、緒の留めの方を左へなし 即ち左で緒をよい頃に抜き出し、両手の指で袋の締った口を両方ともに展ばし、また留めの緒を先へ廻し、右手で袋共に茶入を取り出し、袋は左に持ちながら茶入は下に置き、袋を折釘に掛け、袱紗を捌き、茶入のゴミを払い、茶入の座に置き、茶杓を取り、袱紗で清め、茶入に掛け、茶筅を直し、茶碗を直し、茶巾は水差の蓋の上に置き、柄杓を取り 湯を汲み、茶釜を清め、湯を捨て、茶巾を取り 茶碗を拭き、下に置き 茶巾捌きして右の所に置き、茶杓を取り、次に茶入を取り、茶を掬い入れ 湯を汲み茶を立てる。○茶筅は中で廻し、切りに取って下に置いて居直り、茶碗を出す。袱紗を添えて出すこともある。次に釜の蓋をする。茶巾 袱紗捌きは色々ある。他は修行による。

茶の湯茶飲み様【ちゃのゆちゃのみよう】〔男重宝記・三〕に茶の湯飲み様は、客方は御茶が出た時（「茶の湯立て様」参照）、上座の客は次の仁《じん》へ一礼し、すり寄り 茶碗を取り、我が座に居直り 次の客へそっと礼儀し、茶碗を取り頭を下げて戴き、茶色 湯の上等を見て二口にも 三口にも飲む。我こそはと法度知り顔に式代（会釈）し 俄に跪《ひざまづ》き 或は茶を吹き揺り立て茶を啜る音高くする等は見苦しく 嗜むべきである。次の客へ茶碗を渡し、次の客が受け取って戴き一口飲み 茶色を見、次第に渡して飲み仕廻い、上座の客へ茶碗を返すのを 上座が受け取って跡を見、息《いき》（＝香）等聞いて、また次の客へ渡す。次の客はまず息を聞き、次に茶の跡を見、茶碗も見る。その下《しも》は同前である。次に見仕廻い、また上座の客へ返す。上客が受け取り、躙り寄り 戴き、亭主の置いた所に置き、すり退く。亭主が茶碗を取り直す時、忝いと互いに一礼し、亭主が陸《ろく》（＝胡座）にして下さいと言い、柄杓を取り 釜の蓋を取り 湯を汲み、その時茶巾を蓋の上に置き、水指の蓋を取り、水を汲み、温《ぬる》くうめ、茶が付いたら指で洗い落し捨て、清《きよ》濯ぎして仕廻う。そのまま薄茶*を立てることもある。客方は、このように亭主が茶碗を取り、始めの濯ぎの時、まず御仕廻いなさいと言う時仕廻っても、又は薄茶を立てても、茶入を乞う所は水指の蓋をして、そのまま御茶入と乞うのである。また薄茶をそのまま立つる時そのようにすれば、御茶入を代えてその御茶入は出しなさいということは中古より言って来た。貴人高位にはこのことはないと思われる。

茶の湯道具類【ちゃのゆどうぐるい】〔万買物調方記〕に京・江戸・大坂の茶

道具品々の売り店がある。◇京では次のようである。○「茶入 袋師弁壺の綱」釜座二条上ル 豊後ら三軒。○「茶入繕師」室町綾小路下ル 藤重藤伯ら三軒。○「茶入蓋師弁角細工」寺町二条上ル 井上大和ら三軒。○「茶杓弁自在竹師」寺町二条上ル 一斉ら三軒。○「火箸弁灰掬ひ」竹屋町東洞院東へ入 宗与。○「茶柄杓師」東洞院丸太町下ル 宗元ら三軒。○「袱紗所」三条烏丸東へ入 塩瀬九郎右衛門ら三軒。○「すきやの灰屋」柳馬場姉小路上ル 寿庵。○「奈良風炉屋」車屋町五条上ル（氏名なし）。○「茶湯麁《あら》道具屋」四条なら物町 万屋治左衛門。○「釜屋」三条釜の座 弥七郎ら三所（一軒は氏名なし）。○「高山茶筅屋」蛸薬師御幸西へ入 米屋ら三軒。○「すきや杉道具師」烏丸中立売上ル 源四郎ら三軒（他の二所は氏名なし）。○「香炉の灰屋」室町近衛の町 龍田屋。○「すきやの蘆屋」衣棚丸太町上ル 宗勝ら三所（他の二所は氏名なし）。○「すきや宮付の煤屋」因幡薬師の前（氏名なし）。○「茶臼屋」四条高倉東へ入町、富小路四がある。○「十炷香之道具師」四条御旅町 森下長右衛門ら二軒。◇江戸では次がある。○「茶入袋師」西こんや町 川上袋子ら五軒。○「茶入繕師」南まき町 藤重当元ら二軒。○「茶入蓋師」霊岸嶋長崎町 池嶋立作ら四軒。○「茶湯道具直し」京橋金六町 四郎兵へ等二軒。○「袱紗所」日本橋南一丁目 塩瀬山城ら三軒。○「すきや道具所」御ほりばた通すきや河岸。○「釜屋」南なべ町 山しろ等二軒。○「茶臼なをし」は京橋南四丁目（指名なし）。○「茶筅所」浅草観音寺内。○「茶室道具」〔江戸流行買物重宝記・肇輯〕には日本橋通二丁目 山本三四郎、大伝馬丁三丁目 水戸屋伊兵衛、横山町三丁目新道 石井小兵衛ら五軒。◇大坂では次がある。○「茶入袋屋」「茶の湯道具」伏見町 藤重一甫。○「釜屋」玉造 弥右衛門。○「すきや伊予簾」心斎橋（氏名なし）。○「茶杓 茶柄 杓茶筅」心斎橋 竹屋。○「茶入之目利」高麗橋（氏名なし）。

茶の湯の事【ちゃのゆのこと】〔昼夜重宝記・安永七〕に、茶の湯書は多いが「当流茶湯指南」として当流の書伝を愚蒙のために改めて記すとして次がある。「（御）茶立て様」（「茶の湯座敷の事」参照）「（御）茶飲み様」（「茶の湯座敷の事」参照）「天目置き合せ」*「風炉前の事」*「花入見様」*「茶入 茶碗見様」（「茶の湯座敷の事」参照）「茶の湯法度《はっと》覚書」*等。〔里俗節用重宝記・中〕には薄茶*濃茶*点心*等の事がある。〔新板増補男重宝記・三〕に「数寄屋にて茶の湯する所、囲の体」がある（図326）。「躙り上り」「待合 腰掛」「さる戸（猿戸）」のほか、手水に柄杓がある。

図326「茶の湯の事」（〔新板/増補〕男重宝記）

茶の湯法度覚書【ちゃのゆはっとおぼえがき】〔昼夜重宝記・安永七〕に、茶の湯書は多いが当流の書伝を改めて記すとある。○手首の折れるのは第一の悪い事である。手が十文字に入れ違う事は悪い。○袱紗に巾着付と言って片脇につけるのは悪い。○柄杓に仏《ほとけ》起しと言って、すぐに左手へ移す事は悪い。捩じ向けるのがよい。杓を使う、杓に使わるる、ということ

がある。捻りである。○風炉に杓を引く。炉には置柄杓である。○大目《だいもく》の時、釜の蓋角《すみ》の方を上る。一畳半風炉前の時は向うを上ぐる。○四畳半の時は向うと角との中を上ぐる。○中つぎの時は蓋は捻り抜く。棗《なつめ》の時は蓋は向うへ取る。○茶入は廻して拭く。茶入の蓋は柄杓に掛けて置く。○茶入の時は茶杓は掛けて置く。他は掛けない。○水指《みずさし》の蓋の上に茶入袋を置くのは塗蓋の時である。焼物、金《かね》等の時なら無い。○茶碗を濯ぐ時、汲んだ湯は又釜へ入れない。但し、茶を立てる時は別である。○風炉には沈《じん》、炉には薫物《たきもの》である。○茶巾を畳んで上のふくら（脹）の潰れないようにする。

茶の湯名物御持来之記【ちゃのゆめいぶつごじらいのき】〔不断重宝記大全〕の外〔万民調宝記〕にも「茶湯名物御持来之記 大名高家地家等載之」がある。○「肩衝《かたつき》之分」は「しこ肩衝」（尾張殿）。「朱の衣」（紀伊殿）。「新田」（水戸殿）。「きつ屋」（松平加賀守）等四十六品。○「唐物小壺」は「大尻脹」（尾張殿）。「たうたか」（紀伊殿）。「もゝふんりん」（水戸殿）。「つる付」（土井周防守）等四十品。○「瀬戸肩衝」は「筒井」（尾張殿）。「あさぢ」（松平加賀守）。「山内」（松平土佐守）。「松前」（佐竹右京太夫）等九品。○「掛物」は「円悟」（尾張殿）。「虚堂」（紀伊殿）。「南甫」（尾張殿）。「せいせつ」（松平陸奥守）等二十五品。○「定家之色紙」は「恋すてふ」（尾張殿）。「こぬ人を」（紀伊殿）。「ゆらの戸を」（紀伊殿）。「あし引の」（近衛殿）等二十三品。○「東山殿御掛物 小軸」は「遠浦帰帆 玉澗筆」（尾張殿）「漁村夕照 同」（西本願寺）「洞庭秋月 同」（金森出雲守）。「山市清嵐 同」（松平加賀守）の四品。○「東山殿掛物 大軸」は「江天暮雪 牧渓筆」（佐竹右京太夫）。「瀟湘夜雨」（松平大蔵大夫）。「洞庭秋月」（土井周防守）。「遠寺晩鐘」（松平肥前守）等七品。○「東山殿御掛物」は「三幅一対 壬渠自画自筆 左せい王きう 中達磨 右いくさんしゆ 亀悟克勒　将軍家尾張中納言」（成瀬隼人正）。○「同 牧渓筆 左虎 右龍 中観音」（大徳寺）。「踊布袋 了海筆 賛さいたいせん」（尾張殿）等二十八品。○「花生」は「きねのおれ」（尾張殿）。「碪 青磁」（紀伊殿）。「せいかいは（青海波）」（水戸殿）。「大そろり」（土井周防守）等十五品。○「茶碗」は「わり香台」（松平加賀守）。「三嶋桶」（尾張殿）。「しほけ」（松平肥前守）等十三品。○「釜」は「筋釜」（尾張殿）。「霰姥口」（紀伊殿）。「おとごせ」（松平伯耆守）。「雷電」（松平右衛門佐）等十品。○「水指」は「大いもかしら」（尾張殿）。「つは耳付」（紀伊殿）。「肥前いも頭」（紀伊殿）。「破桶《やぶれおけ》」（松平右衛門佐）等六品。○「茶杓」は「なみだ」（尾張殿）。「虫喰」（紀伊殿）。「おもかげ」（藤重藤巌）。○「香箱」は「堆朱布袋」（尾張殿 紀伊殿 松平陸奥守 堀田下総守）。○「聞香炉」は「千鳥」（尾張殿）。「朝ねかみ」（紀伊殿）。「此世高麗」（小堀和泉守）等六品。○「盆」は「内赤」（紀伊殿 山本道具）。「若狭」（紀伊殿 松平加賀守 酒井靭肩佐ら）等十品。○「天目」は「白天目」（尾張殿）。「たいひさん」（紀伊殿）。「ようへん」（松平右衛門佐）等十三品。○「台」は「尼が崎」（尾張殿 紀伊殿 松平右衛門佐ら）。「かうれう」（奈良じせう坊）等七品。○「硯」は「高麗」（尾張殿）。「丸硯 東山殿御物」（松平加賀守）。「りとう」（小堀和泉守）。○「茶壺」は「きぬた」（禁裏様）。「佐保姫」（仙洞様）「十五夜」（女院様）。「にし」（尾張殿）等七十二品。○「茶入」は「ぶんりん」（春藤源七）。「土田丸壺」（桔梗屋七郎右衛門）。○「墨跡」は「大燈国師」（浅野式部少輔）。「円悟克勤」（尾張殿）。「欲了庵」（松平刑部太夫）。「芝霊石」（松平播磨守）等十六品。以上のように高貴御物、珍器の伝来所蔵者の列挙である。

茶ビロード【ちゃびろうど】染色。〔秘伝手染重宝記〕に「ちゃびろうどう」は、下地を花色に染め、刈安*を三度引き、湯一升に明礬を粉にして入れ、一度引き、水で濯ぐ。

茶ぶし【ちゃぶし】「どうちゅうはやがね（道中早金）」ヲ見ル

ちやまが【ちやまが】「茶釜《ちゃがま》は、ちやまが」。〔小野簒譃字尽・かまど詞大概〕

茶飯【ちゃめし】〔料理調法集・飯之部〕に茶飯は、極上々の煎茶を煎じ出し殻を去り、塩を少し加え、これで上白米をすっくりと飯に炊き、又茶を煎じた釜へ甑をかけて蒸す。〔懐中料理重宝記〕には茶を焙じて、細かに揉み、飯が蒸れて交ぜる。

茶屋女郎揚代【ちゃやじょろうあげだい】〔茶屋諸分調方記〕に、大坂色茶屋の女郎の名前と揚代が出る。○「後家」は六分の女郎一人。八分の女郎三人。一匁の女郎三人。一匁二分の女郎一人。○「詰袖 振袖」は六分の女郎四人。八分の女郎十二人。一匁の女郎三人。一匁二分の女郎二人。

茶蘭【ちゃらん】〔享保四年大雑書・草木植替重宝記〕に茶蘭の指し目(芽)は四月がよい。〈植替〉植え替えは、十月より内に入れば十八夜を過ぎて出し、植え替えてよい。〔庭木重宝記〕には「茶蘭指目 五月吉」、また「茶蘭指目《ちゃらんさしめ》 六月吉」とある。

茶類手染の事【ちゃるいてぞめのこと】〔染物重宝記・文化八〕に茶類手染の事が次がある。○反物は染まり兼ね 帯ぐらいは染まる。さら(新)は染め難く、色上げならばよい。○当世茶は梅や渋に桃皮を少し入れ、干しつけて、石灰水に浸けるとよい。○丁字茶は、桃皮の汁に殻を少し入れて染め、干し付けて石灰水に梅や渋を入れて染める。○焦茶煤竹茶には、桃皮に緑礬を入れ、二返干し付けて石灰水を掛けるとよい。

茶碗の事【ちゃわんのこと】〈始り〉〔人倫重宝記・二〕に次がある。茶碗焼を唐土では陶冶《すえものつくり》といい、『周書』には神農が焼き出し、『事物紀原』には皇帝の時 甯《ねい》の封人が挻埴《はに》して焼き出し、その後古書に舜も陶冶作りしたことが見える。日本では神代に土師《はし》 忌部《いんべ》の両神が焼き始め、人の世となって西国に多く焼き出して伊万里 唐津 瀬戸 萩、都では御室 音羽 粟田口焼などの名作があり、嵯峨 深草 畑枝など土器焼《かわらけやき》まで皆陶冶の流れである。禁裏には水火には穢れなく 器物には穢れがあるとして、茶碗 天目 土器の焼物を用いられ、今に嵯峨 深草の両所から年の暮には烏帽子 素袍で参内し、献上しており、彼等の家には巻物系図がある。〈茶湯茶碗飾り様〉〔昼夜重宝記・安永七〕に茶の湯で茶碗の飾り様は、茶碗ばかりを飾ることは悪く、茶入が添わる時は共に飾る。但し、貴人から拝領するか 或は人に所望した時、その主を呼んで茶立てする時は茶碗ばかりのこともある。〔茶屋諸分調方記〕には茶碗棚の図がある。〈手品〉〔清書重宝記〕に茶碗を使った手品に次がある。①茶碗より水を出す伝。我が身の片膝を立てて鰒の皮に管をつけて水を入れ、茶碗の前へつけるか底に穴を明けて置くかして、袋を踏む。手はつけない方がよい。②茶碗に水を入れて手拭に包む。茶碗の縁に白臘を塗り、手拭でよく平らに包むと水は零れない。③茶碗の内に碁石を隠すには、茶碗の内に紙で隠し所を作って貼り、藍で模様を描いて併せる。

茶碗盛【ちゃわんもり】〈料理〉〔懐中料理重宝記〕に精進料理としてちゃわん(茶碗盛)がある。蓋付茶碗に一二種を入れて、汁仕立てにしたもの。例えば、春「沫雪豆腐、山葵味噌掛けて」。夏「漬松茸笠ばかり蒸して、生姜味噌」。秋「衣被芋、胡椒味噌にて」。冬「蕪輪切りにして餡かけ、蒸して辛子」。

茶を白湯にする伝【ちゃをさゆにするでん】手品。〔清書重宝記〕に茶を白湯にするには、胆礬を少し粉にして入れると妙である。

チャン膏【チャンこう】「白玉万能膏《はくぎょくまんのうこう》」ニ同ジ

ちゃんちゃん【ちゃんちゃん】妄書かな遣。「ちゃんちゃむ、ぼうず(坊主)大笑だ」。大笑の洒落。「ちゃんちゃむぼうず」とも。〔小野篤謔字尽〕

茶ん袋【ちゃんぶくろ】片言。「茶袋《ちゃぶくろ》を、ちゃんぶくろ」という。〔世話重宝記・二〕

長老【ちゃんろう】唐人世話詞。「長老を、長老《ちゃんらう》」という。〔男重宝記・五〕

酒【ちゅう】唐人世話詞。「さけ(酒)を、酒《ちう》」という。〔男重宝記・五〕

中悪【ちゅうあく】〔鍼灸日用重宝記・四〕に中悪《ちゅうあく》とは、人の精神(魂)が衰

え弱り、鬼邪の気に俄かに中《あた》るのをいう。病症は、俄に胸腹さし痛み、悶乱して死ぬ。或は吐血する者もある。まず幽門 百会 関元 気海に灸をする。また安息香を豆粒程火に入れて煙を呑ませる。〔鍼灸重宝記綱目〕には、中悪 狐憑 驚風には鬼哭に灸をする。〔小児療治調法記〕に中悪とは、小児が不正の邪気に犯され、心腹さし痛み 悶乱して死にそうになること。また「中悪《ちゅうお》 悪しき物にあてらるる」ともある。治方に、葱白を大便道 幷に鼻の中に入れると立ち所に癒える。

中央【ちゅうおう】「七道」ヲ見ル

中華餅【ちゅうかびょう】〔小児療治調法記〕に中華餅《ちゅうかびょう》は、小児の顔色が黄で肌痩せ 腹大きく 青筋が出 腹泄《くだ》り 不食し 諸々の積を治す。山薬・薏苡仁（炒る）・史君子（炒る）（各二両）、神麹・麦芽・蓮肉・白扁豆（各一両半）、白茯苓・芡実（蓮の実）・白朮・白芍薬（酒炒）（各一両）、桔梗（五匁半）、三稜（煨す）・山査子・甘草（各五匁）を末（粉）し 白麵《うどんこ》（四両）に薬の末（粉）（一両半）、白蜜（二両）、香油（小許）を水に和《ま》ぜ餅として炙り熟して食わす。小児に最も益がある。

中脘【ちゅうかん】〈経絡要穴 心腹部〉一穴。中脘は上脘*の下一寸、臍の上四寸にある。針は一寸二分 或は二分、留むること七呼。瀉し、五吸早く針を出す。灸は日々に十四壮より三四百壮まで。翻胃 不食 喘息 積聚 傷寒 霍乱 下り腹等を治す。〔鍼灸重宝記綱目〕

中寒【ちゅうかん】〔医道重宝記〕に中寒《ちゅうかん》は、寒気が中《あた》り陽気が虚し、寒邪が虚に応じて入る。夏冬の分ちなく皮膚から俄かに臓腑に入り、症は中風に似るが、歯緊《きび》しく 手足が攣り 痛み動かず 悪寒するのが異なる。脈は緊*濇*寸*尺*ともに緊なのは寒を受ける。薬に五積散*理中湯*四逆湯*回陽救急湯*がある。〈中寒針灸治例〉〔鍼灸重宝記綱目〕は寒《かん》は天地殺厲《さつれい》の気で虚する者が中ったら昏冒（死に入り）、口噤み 手足すくばり引き攣り痛み 悪寒し、或は発熱 顔赤く 汗が出、或は熱・頭痛がなく手足冷え、或は腹痛み吐瀉し涎沫を吐き、或は戦慄して顔痛み 着物を引き倦み臥して脈は遅である。気海 関元に針灸し、或は腎俞 肝俞に灸する。昏《くら》み人が分らなければ神闕に灸する。

虫疳【ちゅうかん】「脾疳《ひかん》」ト同ジ

中気【ちゅうき】「中風《ちゅうぶ》の事」ニ同ジ

中極【ちゅうきょく】〔鍼灸重宝記綱目〕に一穴。中極は臍の下四寸にある。灸は一日に五壮ずつ百壮まで。針の刺しは六分、留めること十呼。気を得て瀉す。積塊、心に上り疝気、産後悪露廻らず、胎衣下らず、また淋病等を治す。子のない女に四度針をすると子が生まれる。孕み女には忌む。〈灸穴要歌〉〔永代調法記宝庫・三〕に「手足冷え 積聚 嘔《えずき》し 物喰わず 小腹《ほがみ》固くば 中極の穴」。小便の通じないのによい。また「玉泉」「気原」トモ言ウ

中宮【ちゅうぐう】「后」ニ同ジ

中啓【ちゅうけい】「ごめい／ちゅうけい（五明／中啓）」ヲ見ル

中元【ちゅうげん】三元《さんげん》*の一。〔年中重宝記・四〕に七月十五日を中元という。三元*の上・下元に対する。〔日用重宝記・二〕には皆祓をしたが今、日本には上元 下元のことは言わないとある。〔消息調宝記・三〕に七月十五日 中元の時は、魂祭の節で、両親が揃っている者は生身霊《いきみたま》といい特に祝う。他国の慣わしでは、中元と年の暮には、医師や諸芸*の師匠に身分相応の礼謝をする。〈中元に遣す状〉〔万家日用調法記〕に○中元に遣す範例状。「盆之御祝儀迄に索麵五十把 鯖十刺 進入せしめ候。当秋は御愛子様 御成長ニ而乞巧奠之御歌御認め献ぜられ候由 一入御悦び之御事ニ御座候」。○同 返事。「中元之御嘉例として品々送り下され幾久しく収納致し候。世倅共大山参詣存じ立ち 扨々閙敷事ニ而候。猶盆中緩々之御礼申し謝す可く候也」。

中間【ちゅうげん】武家名目。〔武家重宝記・一〕に中間《ちゅうげん》は、内外諸々の

人々を通じて事を弁じ、使わるる故に、中間夫《なかまおとこ》という意味である。

忠言耳に逆う【ちゅうげんみみにさかう】〔世話重宝記・二〕に『孔子家語』『前漢書・張良伝』に、良薬は口に苦がけれども病に利あり、忠言は耳に逆えども行うに利あり、これより出たという。

忠孝の歌【ちゅうこうのうた】〔童子調宝記〕に次がある。○「忠」とは主人に仕える意である。例え、主人に無理があってもそれを非難せず従う事をいう。「上つ方は無理言ふものと心得て勤る事を奉公といふ」。○「孝」とは親に仕える意である。ただ何事も快く子供の時親を尋ね慕った心になって分け隔てなく、一図に従う心である。「おろかなと思へば我も腹立たず気に入るやうにするが孝行」。

中国【ちゅうごく】〔万物絵本大全調法記・上〕に「中国 ちゅうごく／から／もろこし。中華ちゅうくわ。同」。古代シナで、自国を中国 中華*と称し、文化が最も進んであり、四方外は南蛮*東夷*北狄 西戎と言い、蛮族がそれぞれにいるとした。

中根【ちゅうこん】〔男重宝記・二〕に手習で、筆法の書に上根《じょうこん》*は千字を習い、中根《ちゅうこん》は七百字を学び、以下は五百字を学ぶという。

中山国【ちゅうざんこく】「琉球」ヲ見ル

中指寸【ちゅうしすん】「鍼灸の事」の内「鍼灸穴法分寸」ヲ見ル

中湿【ちゅうしつ】〔医道重宝記〕に中湿の要因に、内外二ツがある。①低湿地に居、或は道中で風雨に冒され、或は汗の出た着物をそのまま着て、湿を外から受けて中《あた》るもの。②酒 醬等を多く飲み、或は瓜菓の類を食して、湿に内から傷《やぶ》られるもの。脈の浮にして緩は湿は表にあり、沈にして緩は湿は裏にある。濡《じゅ》緩が湿の脈である。薬に、羌活勝湿湯*独活寄生湯*不換金正気散*五苓散*等がある。

駐車丸【ちゅうしゃがん】〔丸散重宝記〕に駐車丸は、一切の下痢、冷熱調わず、日夜何度も腹痛の甚だしいのによい。『正伝』を引き、症後、余毒によって下痢する時は黄連解毒湯*阿膠丸*駐車丸を用いる。或は、休息痢、腸胃虚弱により赤白相交って下痢し、忽ち起りまた止むのによい。調合は、黄連（三十匁）、阿膠・当帰（各十五匁）、干姜（十匁）を末（粉）し、酢糊で丸ずる。休息痢には四物湯*で下す。〔小児療治調法記〕は「痘後の余症」*で下痢するものに、麻実の大きさに丸じて用いる。

中寿【ちゅうじゅ】中寿は、百歳をいう。「年賀の事」ヲ見ル

中渚【ちゅうしょ】〈経絡要穴 肘手部〉二穴。中渚《ちゅうしょ》は、手の小指と薬指との間、薬指の本節の後ろ陥みの中、即ち腋門の後ろ一寸程にある。灸二壮か三壮。針二分、留むること三呼。熱病に汗出ず、目眩い、頭痛、咽腫れ、耳聴こえず、目瞙《めまけ》を生じ、瘧、肘手の指痛み屈伸出来ないのを治す。三焦の虚を補すのがよい。〔鍼灸重宝記綱目〕

中暑【ちゅうしょ】〔医道重宝記〕に夏の暑邪《しょじゃ》がまず心《しん》に着き、肺を傷《やぶ》り、中暑の症をなす。○中熱、中暑の別があり、静かにして得るのを中暑とし陰症である。動にして得るのを中熱とし陽症である。○暑湿の気に中《あて》られ霍乱*乾霍乱*ともなり治し難い。○脈が虚で微弱、或は浮大にして散、或は隠れて見えず、身の熱するものを傷暑《しょうしょ》という。薬に五苓散*十味香薷飲*清暑益気湯*生脈散*藿香正気散*がある。

〈中暑食物宜禁〉〔世界万宝調法記・下〕に「宜い物」は粟 粱 大麦 葛粉 葫《にんにく》生姜 山椒。「禁物」は麵類 糯 蕎麦 豆腐 笋 瓜 諸肉。

中衝【ちゅうしょう】〈経絡要穴 肘手部〉二穴。中衝は手の中指の内側《かたわら》、爪の生え際より一分、陥みの中にある。針一分、留ること三呼。灸一壮。或は禁灸。いきれ悶え汗出ず、掌の中熱し身は火のようで、心痛 舌強ばるのを治す。心胞絡の虚を補す。〔鍼灸重宝記綱目〕

中将【ちゅうじょう】〔男重宝記・一〕に中将に左中将と右中将がある。兵杖を帯し、箙を負い、弓を持ち、天子を近くから守る役。宰相ともいう。

中将棊【ちゅうしょうぎ】〔諸人重宝記・三〕に中将棊は、竪横十二間の盤に

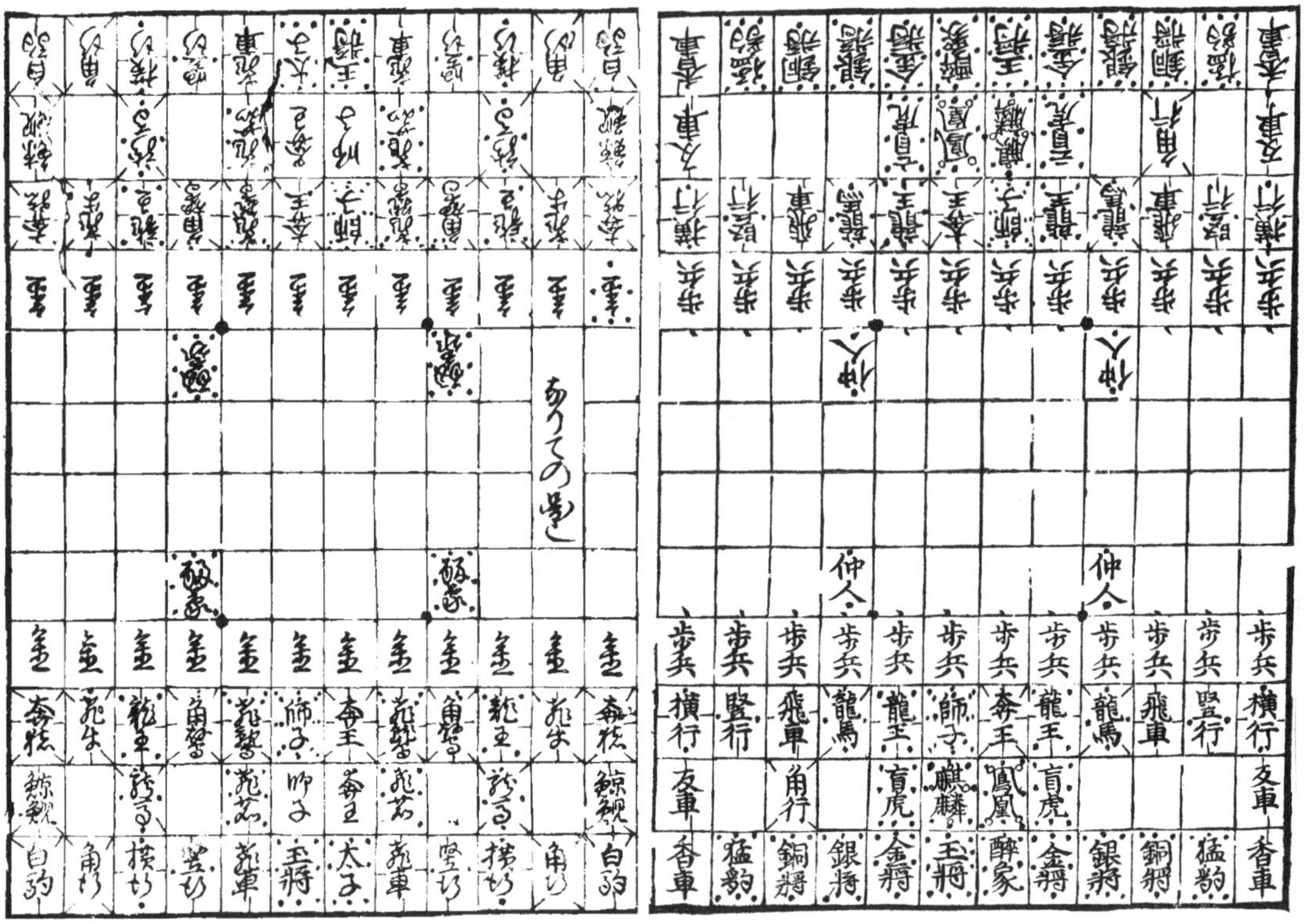

図327 「中将棊の図」（諸人重宝記）（左が「成りての図」）

駒数四十六個（両陣で九十二個。図は「なりて」とも）で、これを両陣が取り捨てにする。中将基 馬の行き方図がある。「師子」は二間四方は我が侭にし、一間四方は居食《いぐい》（＝動かずに敵の駒を取ること）する。二間四方は我侭に行く。「鳳凰」は角四方《すみ》は二間あい（＝王手が掛った時防ぎに間に打つ駒）にも構わず敵地へ入り「奔王」になる。「麒麟」は後先横二間はあいに構わず敵地へ入ると「師子」になる。「角鷹」は頭は二間、残りは走る。頭一間は居食い。「飛鷲」は先の角《すみ》二方は二間、残りは走る。二間の角は居食である。「角鷹」「飛鷲」両方共に馬替え次第取り捨てである。「歩」の成り金一枚で「玉」を詰めるのは法度（禁止）である。「太子」があれば「玉将」はなくてもよい。中将基の盤相《ばんあい》と成りての図（図327）。・印は一間、・・印は二間ずつ行く。→印は走る。「大《おお》将基」「小将基」参照

注進状【ちゅうしんじょう】 事件の上申、或は要用の事を報告する書付。〔不断重宝記大全〕には事件 上申の折文*の範例文、〔農家調宝記・初編〕には要用の事を報告する竪文*の範例文がある。注進届けの類は十干*を書き入れる必要はなく（重いことは年号を書き入れる）、（何の）何月とばかり書く。後者には、時々の事は軽く、後々迄証拠となることは聊かのことでも念を入れて書くとある。字形丁寧に（宛字を書かず、うろ覚えの字は仮名で書く等）、墨黒く、敬いを旨とする。「願書」「手形証文の事」ヲ参照

忠臣は二君に仕えず【ちゅうしんはじくんにつかえず】〔世話重宝記・二〕に『史記に』出るとして次がある。唐の王蠋は斉王に仕え、正しくないのを戒めたが用いられず、国の乱れるのを恐れて退き農人となった。その後燕の国から斉を攻めて斉王は亡んだ。燕王は王蠋の賢なのを聞き、大将に求めたが固辞して言うには、忠臣は二君に仕えず、正女は二夫に目見えず、今斉の国が滅び、燕の国に仕えるのは不義である、生きて義であるよりは早く死ぬのがましと言って遂に自縊した。

仲臍【ちゅうせい】〔牛療治調法記〕に仲臍《ちゅうせい》は、牛に産気が付いて腹が痛み難産するのをいう。①牛が子を産むのに生れないのには莨宕子（三合）を末（粉）して秫《たいとうごめ》 米を粥にし相和《あいまぜ》して灌ぐ。②六月六日に車前子（一合）を取り酒で相和して灌ぐ。③雄黄（一匁）と莉蘆（半匁）を末（粉）にし白絞り（白胡麻の油）で臍の上へ塗る。④桑柴灰と石灰を等分にして臍の下へ塗る。

蛀節疔【ちゅうせつちょう】〔改補外科調宝記〕に、脱疽*が手に出るのを蛀節疔という。重いのは指の節が腐り、軽いのは筋が引き攣る。初めは粟粒のような物が出、やがて腐り膿づく。汁が出ても見た目は乾いたようで、少し腫れ、甚だ赤く、後に黒くはびこる。五ツの指より次第に足の甲に上り、疼き痛み、湯火傷*のように鼻も向け難い程の臭気があり、脈が強く食が進み気色のよい人は治すが、まずは十死一生の悪腫である。内薬に活命散*托裏散*等がある。

中地風【ちゅうぢふう】〔小児療治調法記〕に中地風は、「痘後の余症」*で痘疹が癒えて後、忽ち総身青く或は黒く、手足冷え口噤み、鋸を引くように涎喘するものをいう。これは病後まだ栄衛（血液と生気）がなお弱く、俄に時令の寒暑 風雨 地気に感じ、毒気が入るからである。消風散*蟬蛻（粉）（各二匁）を三服に分ち、酒・生姜・薄荷の汁四五滴ずつを湯に入れて調え、服する。二三服で醒める。或は少し汗をして解し、或は再び癮診を出して癒える。

中注【ちゅうちゅう】〈経絡要穴 心腹部〉二穴。中注は直に肓兪の下一寸。灸五壮。小腹《ほがみ》熱し、大便固く、腰骨痛み、月水の調わないのを治す。〔鍼灸日用重宝記・二〕

中庭の穴【ちゅうていのけつ】灸穴要歌。〔永代調法記宝庫・三〕に「物喰はず喰ひても又は吐き出し膈の気あらば中庭の穴」。中庭は両乳の真中より一寸下、物に噎せるのになおよい。

中田海道【ちゅうでんかいどう】〔家内重宝記・元禄二〕に北陸海道*の内、今石《いまいす》動《るぎ》から富山に至る道筋。今石動から富山には「岩瀬海道」*もある。今石動〈四里〉中田〈一里〉黒川〈三里〉富山である。

中都【ちゅうと】〈経絡要穴 腿脚部〉二穴。中都《ちゅうと》は蠡溝《れいこう》*の上二寸にある。針三分。灸五壮。腹下り、疝気、婦人の血崩を治す。〔鍼灸重宝記綱目〕

中瀆【ちゅうとく】〈経絡要穴 腿却部〉二穴。環跳*の下腿の外、膝の折目の上五寸、分肉の間にある。灸五壮。針五分、留むること七呼。寒に感じ腿・膝痺れ、痛むのを治す。〔鍼灸重宝記綱目〕

中毒【ちゅうどく】「食物の毒中《どくあた》り」「毒中り」ヲ見ル

虫毒【ちゅうどく】〔家内重宝記・元禄二〕に、蝮《はみ》（＝まむし）*蛇《へび》*蜂《はち》*に螫された虫毒には、貝母*また雄黄*を酒で呑むとよい。螫した所に蒜《にんにく》*を敷き、灸をするのもよい。

中流枝【ちゅうながし】「受け流枝の事」ヲ見ル

中納言【ちゅうなごん】〔男重宝記・一〕に中納言は大臣 大納言*の言葉を下へ述べ、上へあげる役。

中日【ちゅうにち】「ひがん（彼岸）」ヲ見ル

中の上に使う草木【ちゅうのうえにつかうくさき】立花。*正心《しょうしん》より流枝《ながし》の上迄に使う草木。〔昼夜重宝記・安永七〕には水仙 紫陽花 女郎花 芍薬 杜若 大輪の菊 桔梗 大手鞠 山吹 連翹 鳳仙花 鶏頭花 鬼百合 庭桜 桃 紫躑躅 石楠花 竹 檜木など四十三種を挙げており、この類は多いので推量せよとある。

中半【ちゅうはん】明異名訣。*二分の一を中半とする。〔古今増補算法重宝記改正・上〕

中府【ちゅうふ】〈経絡要穴 心腹部〉〔鍼灸重宝記綱目〕に二穴。中府は雲門の下一寸にある。灸五壮。針三分、留むること五呼。腹脹り、手足腫れ、食下らず、喘気、胸痞え、肩背痛み、しゃくり、肺系引き攣り、肺の寒熱、胸震い、顔浮き、気短くして臥すことならず、傷寒胸中熱し、

頓死等を主《つかさど》る。〈灸穴要歌〉〔永代調法記宝庫・三〕に「胸膨れ 息だわしくて食に噎せ 皮膚の痛みは中府なるべし」。中府は、咽の高骨より下へ五寸それより脇へ六寸。

中伏【ちゅうふく】「さんぶくにち（三伏日）」ヲ見ル

中風の事【ちゅうぶのこと】 中気ともいう。〔鍼灸重宝記綱目〕には風《かぜ》に中《あて》られ中風となる。風は百病の長でその変化は極りないとして列挙がある。○風の変化・偏枯《へんこ》は、半身の叶わぬもの。○風痱は、身に痛みがなく四肢の収まらないもの。○風懿《ふうい》は、眩み冒して人事を知らないもの。○風《ふう》痺《ひ》は、痺れて奮えるもの。皆 元気虚弱し、栄（血）衛（気）調護を失い、或は憂え 思いを過し 真気耗《へ》り散じ、 腠理《はだえ》密《とじ》ずに風邪《ふうじゃ》に当る。

〈五臓*による中風の識別〉〔同書〕に、○肝の中風は、筋脈攣り手足が叶わず 汗が出て風を悪む。○心《しん》の中風は、発熱し 舌強ばり物を言わない。○脾の中風は、顔黄色で口歪み 言葉が渋り 手足がだるく 肌肉を身とも覚えず 胸いきれ 心《むね》の酔うようである。○肺の中風は、正気虚して息苦しく 身揺るぎ 声嗄れ 手足が萎える。○腎の中風は、腰が痛み 俯仰できず 顔黒くうそ腫れ 骨節《ほねふし》が痺れ 耳鳴り 声が濁る。○血脈の中風は、三証の分別 口眼が歪み すじる。○六腑*の中風は、手足叶わず 身節萎え 竦む。○臓の中風は、耳口鼻滞り 舌強ばり声が出ない。○血虚は、左半身が叶わない。○気虚は、右半身が叶わない。○卒中風の善悪は、俄に倒れて中風となり 眼を開き 口を閉じ 手足首が反らず 指広がらず 涎が出ても咽《のど》の鳴らないものは生きる。沫《あわ》を吐き 頭を振り 空を見 頭顔青く 遺尿し 人を見分けず 咽が鋸のように鳴り 口開き 手が広がり 汗が玉のように出て流れないものは死ぬ。

〔昼夜調法記・正徳四〕には次がある。○中風の脈の大法は、浮 遅なのは吉、急 疾 大数なのは凶。中風で寒《かん》をさし挟む時は浮 遅を帯び、暑をさし挟む時は虚し、湿をさし挟む時は浮 濇《しょく》する。○中風は、口・眼歪み、手・足叶わず、舌強ばり 物言うことができず、身に熱のある風は真の中風と言い、まず八味順気散*か木香流気飲*を用いて気を廻らす。その後、駆風湯*か小続命湯*を見合わせて用いる。○身が冷えて脈沈、口に痰沫のないのは類《るい》の中風といい、心持ち違う。浮んで脈に力がなければ四君子湯*又は四物湯*を用いる。浮んでも押しても力がなければ十全《じつぜん》大補湯*を与える。○左半身が叶わないのは血虚で、四物湯に桃仁・肉桂・紅花・生姜を加えて用いる。○右半身の叶わないのは気と痰で二陳湯*と四君子湯とをうち合せて生姜を入れて用いる。○肥えた人は痰があり、二陳湯を用いる。○痩せた人は血虚で、四君子湯に黄栢・知母を加えて用いる。○熱症には敗毒散*に黄芩（酒で炒って）・防風・薄荷・桑白皮を加えて用いる。どの中風にも木香流気飲を五六日に一度ずつ一包か二包か用いて気を廻らす。

〈中風の薬〉〔医道療治重宝記〕に中風の薬は症状に応じて、八味順気散 烏薬順気散* 防風通聖散* 小続命湯 大秦艽湯* 加減除湿湯* 加減潤燥湯* 匀気散*の八種がある。**〈針灸諸病の治例〉**〔鍼灸重宝記綱目〕に中風に灸針の穴は多いが、第一に用いるのは神闕 風池 百会 曲池 翳風 風市 環跳 肩髃の八穴である。どの中風でも腹に塊があるのには、それに針をすると必ず鎮まる。○「針」卒中風には天府 少商 中脘 大敦 百会に針する。人事が分からないのには、中衝 大敦 百会に、口が噤むのには頰車 風池 承漿 合谷に針する。不仁（痺れ）には魚際 尺沢 少海 委中に針する。○「灸」百会 風池 大推 肩井 間使 曲池 三里に灸する。人事と口が噤み物を言わないのには「針」に同じ。不仁には風市 肘髎 中渚 太沖 環跳 三陰交に灸する。

〔永代調法記宝庫・三〕には、○中風で俄かに口の歪んだのには、天南星を粉にして生姜汁で付ける。○手足が萎え竦んだのには、水萍《うきくさ》を陰干し粉にし蜜丸を酒で常に呑む。○老人の中風で骨が引き攣り 痛み痺れ

年久しく煩うのには、牛蒡の根の皮を去り細かに切り一升を晒し乾かし搗き砕き粉にし、白米四合を入れて飯に炊き、豆豉（味噌）の汁を入れ葱山椒を入れ、味噌を加え、毎朝食すると奇妙である。〔丸散重宝記〕には中風で、口噤み 手足竦み 反り返り、或は血運して心《しん》をつき気を失い 頂背禁急《ちょうはいきんきゅう》引き攣り 空目痞え びくつき 吐瀉し死にそうなのには、荊芥穂を少し焙って末（粉）し、豆淋酒で調えて服すると大効がある。○口噤みには歯を押し開き注ぐと神効がある。そのため如聖散《にょせいさん》*とも、独行散とも、華佗愈風散ともいう。

〔調宝記・文政八写〕は諸の中風に吉として、○晩蚕砂（蚕の糞）を良い酒に浸し干し粉にして、湯か酒で用いる。虚症には晩蚕の蝶になったのを加えて用いる。○桑の葉五十目に湯を掛けて干し、黒胡麻百目を少し炒り皮を去り、粉薬 蜜薬 丸薬等にして湯か酒で用いる。〔調法記・四十ゟ〕は中風で半身の叶わないものには、五倍子十目を酒二合に浸し、一杯ずつ隔日に用いる。また桑の木の若生えの枝を濃く煎じ空き腹に多く呑む。〔万用重宝記〕は牛蒡を常に食し気を澄まし血を増すとよい。〔調宝記・文政八写〕に「中気の妙薬」は竹のぼけ・田打ごみ・桜の皮・柳・桑・小麦粉・甘草をどれも細かくしてよく煎じ出し、或は呑み 或は食に掛け、また病所に濃いのをつける。尤も甘草は高料品故、少々入れるとよい。

〔胡椒一味重宝記〕に中風で半身の叶わないものには、胡椒の粉を酢で鼻へ入れる。胡椒を鼻へ入れてもよい。中風眩暈には皂角（大）・胡椒（中）を鼻へ入れる。〔懐中重宝記・慶応四〕に中風で倒れたのには、○胡椒の粉を鼻の中へ吹き込む。また雀の糞を丸薬にし●位に丸じて用いる。○口の歪んだのには、紙に集る衣魚《しみ》を、左へ歪んだのには右耳へ、右へ歪んだのには左耳に擦りつける。○活緑礬（一匁）を末（粉）して二三度鼻の穴へ吹き込み、涎を出すと治る。○半身の叶わないのには、唐付子十匁を上酒二合半に浸して七日置き、一盃ずつ隔日に飲むとよい。○諸の中風を治す妙薬に桑の木の宿り木の桑寄星があるが、得難いので薬店で立木に生える木の子一味を煎じて用いる。○桑の葉を採って干し末（粉）にし一日に五六匁ずつ上酒で二十日も用いると必ず効能がある。〔重宝記・儀部家写本〕には中風薬として「道三翁の伝」があり、左片身が叶わないのには肉桂・赤芍薬・茯苓（各小）、赤茯苓（当帰）・陳皮（各中）、地黄・桃仁・紅花（各大）、右片身が叶わないのには人参・白朮・烏薬・青皮・茯苓・地黄（各中）、芍薬（小）を用いる。加減（但し、左右ともに）があり、熱があり骨節の痛むのには芍薬を、冷えて骨節の痛むのには肉桂を、胸の内が熱して物に驚くのには犀角を鮫皮で卸して、腹の内が冷えて下るのには白朮を、足膝の強いのには牛膝を、腰の痛むのには秦艽を、声の出兼ねるのには杏仁をそれぞれ加える。〔馬医調法記〕に人の中風の薬は、梨の木の端を黒焼きにし甘草を粉にして等分に合せて用いる口伝がある。

〈薬と予防の呪い〉〔調法記・四十七ゟ五十七迄〕に「中気を治す并中気せぬ呪い」は、○桑の木の南へ出た根を採ってよく洗い、日に干して刻み煎じ、蚕砂を細末（粉）にして散薬とし、これを桑の根の煎じ汁で度々用いると中気一切の煩いに妙である。但し、調合の時は不浄を除ける。○桑の葉の若生の枝を水で濃く煎じ、空腹時に多く呑むと妙である。○五月五日の早天に榎の実を取り、東方の掘井戸の水で飲むと、疑いなく中気はしない。

〈中風食物宜禁〉〔家内重宝記・元禄二〕に「宜い物」は大麦 黒豆 牛蒡 枸杞 五加 葱 韮 山芋 苺 葛 橘 辛夷 生姜 牡蠣貝 鰻 鱧 海月 田螺 鶴 鯉 鱸 鮭 雁 鹿。「禁物」は麺類 油 蕎麦 豆腐 蕨 蓼 冬瓜 菌 餅 粟 山椒 胡桃 海老 鮒 鮎 干鮑 猪。

中封【ちゅうほう】〈経絡要穴 腿脚部〉二穴。中封は足の内踝の前一寸、即ち

大指と人差指との間の通りに点をする。針五分。灸三壮。瘧、疝気、腰痛み、或は陰嚢が縮み腹に入り相引き痛むのを主《つかさど》る。〔鍼灸重宝記綱目〕

中紅染め様【ちゅうもみそめよう】〔家内重宝記・元禄二〕に中紅《ちゅうもみ》染め様がある。蘇芳百目、黄蘗四十目、肥松二十目、いずれも削り一ツに煎じ、染める時生姜を栗の大きさ程入れて染める。天日によく干す。天気の悪い時分に染めると色が悪い。但し、蘇芳は絹の目次第であり、黄蘗と肥松も蘇芳の割り積りにする。「紅《くれない》の遣い様」「地紅の遣い様」参照

中門【ちゅうもん】 高野山名所。中門は金堂*前にある。多聞天、持国天の像があり、名作である。ここから大門*まで七丁ある。〔東街道中重宝記・七ざい所巡道しるべ〕

注文書【ちゅうもんがき】〔万代重宝記・安政六頃刊〕や〔重宝記永代鏡〕等に注文とは巨細《こさい》に記すのをいう（図328）。○口に注文とは書かない。注文・目録*共に、上に一と書く時は下には数は書かない。下に数を書く時は一ツ書きはしない。書き様は、衣裳の類は値段の高い物を奥に書く。巻物の数は一巻二巻、また一端二端とも書く。羽二重・絹は一疋二疋と書く。○小袖を呉服と書くのは、禁中 将軍家との贈呈下賜について使い、その外は書かない。小袖とは下で用いる意である。「目録箱書の事」参照

昼夜の事【ちゅうやのこと】 十二刻。〔農家調宝記・二編〕に次がある。暦は昼夜百刻を十二時に別つ故、一時に八刻三十三分三十三秒ずつである。時の鐘・太鼓・時計等は、昼夜十二時百二十分で、一時は十分ずつである。これを一尺とし、その一分を一寸と言う。暦の午の四刻十六分余の処で昼の九ツ（十二時）を敲《う》つので、暦と鐘とはいつも半時の進退がある。夜半子の四刻十六分余の処で夜の九ツを敲つのが「昨日と今日の界《さかい》」*である。九ツを過ぎると今暁《こんぎょう》、明け六ツ（六時）より今朝《こんちょう》、今夜《こんや》というのは子の刻（零時）前である。

〈昼夜吉凶時の占〉〔昼夜懐要〕両面重宝記・寛延六〕に「秘伝昼夜吉凶時之占」として次がある（図329）。繰り様は、例えば五月十五日午の時に占うには、五月の所を朔日と定め、左横へ二日三日と繰り十二月で詰ると正月より繰る。十五日は即ち七月に当る。そこを下へ見て「むま（午）」の時刻に合わせると「王」に当る。閏月は前月を以って占う。その吉凶を略抄すると次の通り。○「王」大吉の時。昼夜十二時の内、大吉の時。この時に当ってなすことは万事首尾よく整い一切に危ぶみなし。但し、常々慎み信心するがよい。○「囚」大凶の時。昼夜十二時の内大悪の時。身命にも障る時なので慎むとよい。○「老」中吉の時。この時は大凶でもなく大吉でもなく、中分の時である。但し、吉に近い。総じて人の来る時であり、約束等で「老」と「相」の時に来る。○「〇」中吉の時。この時は大吉でもなく凶でもなく、中分の時である。但し、吉に近い。○「相」吉の時。「王」の時と等しい吉の時で、「王」の時を用い難い事があれば、この時を一切に用いてよい。○「死」中吉の時。この時は大吉でもなく大凶でもなく、中分の時である。但し、悪の方に近い。

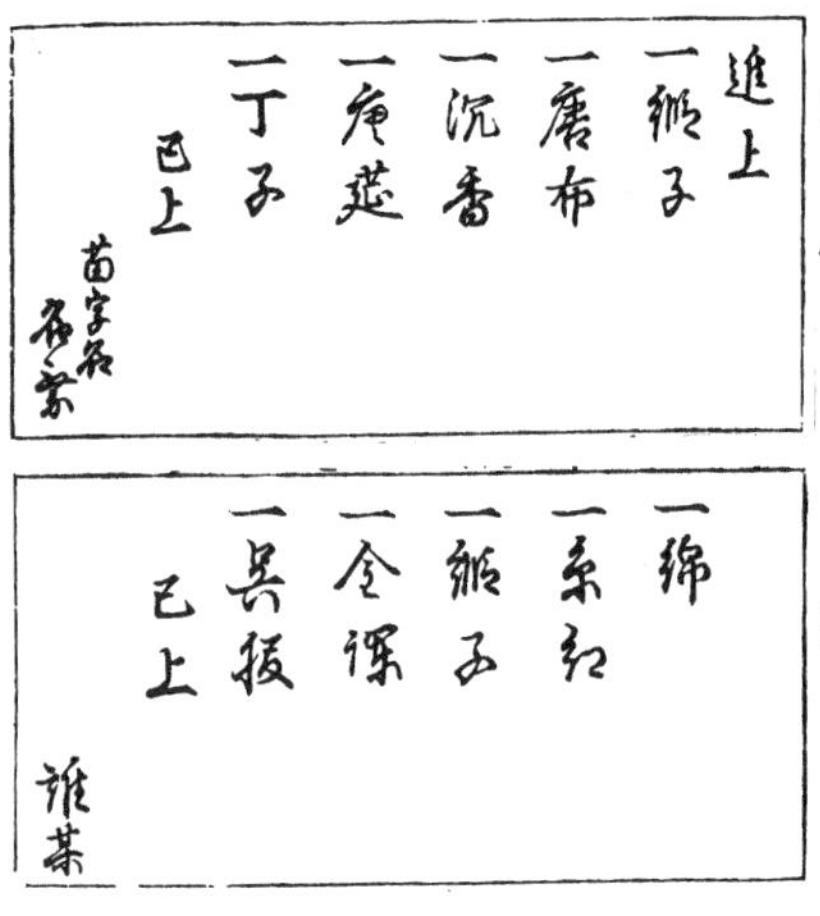
図328 「注文書」（万代重宝記）

秘《ひ》傳《でん》晝《ちう》夜《や》吉凶時之占

	正月	二月	三月	四月	五月	六月	七月	八月	九月	十月	十一月	十二月
子時	王	相	死	囚	老	○	王	相	死	囚	老	○
丑時	相	死	囚	老	○	王	相	死	囚	老	○	王
寅時	死	囚	老	○	王	相	死	囚	老	○	王	相
卯時	囚	老	○	王	相	死	囚	老	○	王	相	死
辰時	老	○	王	相	死	囚	老	○	王	相	死	囚
巳時	○	王	相	死	囚	老	○	王	相	死	囚	老
午時	王	相	死	囚	老	○	王	相	死	囚	老	○
未時	相	死	囚	老	○	王	相	死	囚	老	○	王
申時	死	囚	老	○	王	相	死	囚	老	○	王	相
酉時	囚	老	○	王	相	死	囚	老	○	王	相	死
戌時	老	○	王	相	死	囚	老	○	王	相	死	囚
亥時	○	王	相	死	囚	老	○	王	相	死	囚	老

図329　「昼夜吉凶時の占」（（昼夜／懐要）両面重宝記・寛延六）

昼夜焼【ちゅうややき】〔料理調法集・焼物之部〕に昼夜焼は、鯛や鮎など何魚でも、片面は色付き焼き、片面は白焼きにするのをいう。

中庸【ちゅうよう】〔日用重宝記・一〕に、『中庸』は孔子の孫子思が、聖人の道が衰え廃るのを悲しんで作った書とある。『大学』と『中庸』はもと『礼記』の中に入っていたのを、宋代になって河南の程子兄弟が、聖人の道の奥儀はこれに過ぐるものはないと雑編の中から抜き出したものである。「四書」参照

虫癰【ちゅうよう】癰*の一種。〔改補外科調宝記〕に虫癰《ちゅうよう》は、手足に出る癰である。

中流に舟を失えば一瓠も千金【ちゅうりゅうにふねをうしなえばいっこもせんきん】〔世話重宝記・二〕に次がある。渡河中に破艘し命も危い時、一瓠を腰に着けると水底に沈むことはなく、命も安全である。この時は一瓠も値千金に越えるもので、何事も時に従い所によって役に立つという意である。

人等をば、悪いと言って避け捨ててはならない、ということである。

中膂内兪【ちゅうりょないのゆ】〈経絡要穴 背部〉二穴。中膂内兪《ちゅうりょないのゆ》は第二十椎の下左右各一寸五分ずつ、伏してとる。『銅人』に針三分、留むること十呼。灸三壮。『明堂』に腰痛み、背の裏《うち》を挟んで痛み上下して押すと応えるもの、項《うなじ》よりこの穴に至り痛むもの、皆灸をしてよい。腎虚、消渇、腰背強ばり、赤白痢、疝気、腹脹り、脇痛を治す。〔鍼灸日用重宝記・三〕

突尼斯【ちゅにーす】〔童蒙単語字尽重宝記〕に突尼斯《ちゅにーす》酋長。阿爾及《ちゅにーす》とも書く。広さ七万坪、民は二百五十万人。突尼斯 民十三万人。〔童蒙単語字尽重宝記〕

秄【ちょ】大数*の単位。〔算法重宝記改成・上〕に、万万垓（垓は京の一万倍）を秄《ちょ》という。十秄《ちょ》、百秄《ちょ》、千秄《ちょ》。正しくは秭《し》。〔算学調法塵劫記〕には「秭《し》」を「秄《ちょ》」とするものは誤りとあり、通行も秭《し》とある。

竹鞋【ちょあい】唐人世話詞。「竹のかわざうり（皮草履）を、竹鞋《ちょあい》と云」。〔男重宝記・五〕

ちょう【ちょう】〈片言〉〔不断重宝記大全〕に「手をてうと云」。〈諸国言葉〉〔男重宝記・五〕に備前備中美作の言葉で、手を「てう」という。

ちょう【ちょう】大和詞。「てふとは、いふという事。（恋すてふ）」のように使う。〔女重宝記・五〕

兆【ちょう】大数*の単位。一億の一万倍を兆という。十兆、百兆、千兆。〔改算重宝記〕

調胃承気湯【ちょういじょうきとう】〔医道療治重宝記〕に調胃承気湯は、大陽陽明が悪感せず、反って悪熱する。邪が中焦にあって満となり、大便秘し譫語嘔噦するのを治す。大黄（六匁半）、甘草（三匁）、芒硝（一匁）。前二味を水煎して芒硝を入れ、一沸して服する。この方は下すことが軽いもので、小承気湯*よりは重い。これは口決の一である。

帳上書【ちょううわがき】〔文章指南調法記・四〕に「帳上書《うわがき》の文」がある。「諸帳面の標書（上書）の儀古（故）実御繹《たず》ね、承知せしめ候。武士僧家には何の障禁《さりきらい》無く候。町家の式大福帳のみ吉凶《よしあし》の操《あや》御座候。外帳《ほかちょう》は墨緇《すみぐろ》に早晩《いつ》とても能書ニテ書き候より外秘奥《おくふかき》儀之無く候。本朝に於て下馬の儀筆硯の族点法事口説口才申し候得共是又能き手恰好釣合能く染筆の外之無く候」。〔茶屋諸分調方記〕には「帳てう」とあり「銀入帳」「掛帳」の絵がある（図330）。「簿《ぼ》」参照。

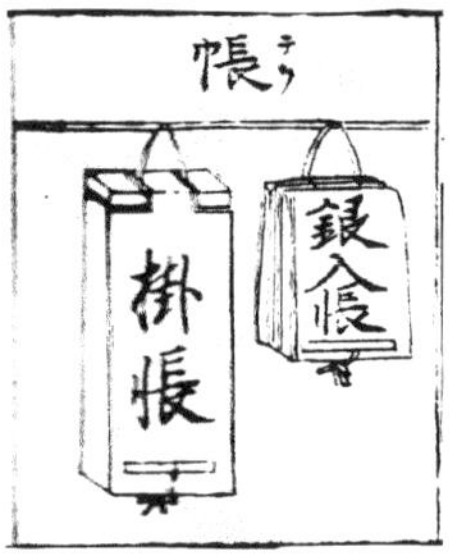

図330 「帳」（茶屋諸分調方記）

長運【ちょううん】　十二運*の一。〔金神方位重宝記〕に長運は、木性は十月（亥）、火性は正月（寅）、土・水性は七月（申）、金性は四月（巳）生れで、命長く果報があり、仕合せよく、弟でも親の跡を取る。〔両面重宝記・寛延六〕に長運の人は大吉、末子も惣領になる。正直で智恵があり、万事願いごとは叶う生れである。「谷深く住処を出ずる鶯の初めて立つる声のするかな」とある。〔和漢年暦調法記〕には命長く、夫婦仲よく、家栄え、万によい。あちらこちら駆け回り家業に精出してよく、不精なら却って悪い。「おさ」ともいう。〔日用重宝万物図解嘉永大雑書三世相〕にこの生れは夫婦仲睦まじく、富貴で命長く下人を多く使う。常に夫婦は酒宴等して楽しみは深い。若い時はあちらこちら駆け回ることがある。中年から老年に至り愈々よい。

聴会【ちょうえ】〈経絡要穴 頭面部〉二穴。〔鍼灸重宝記綱目〕に耳の前、珠子《みみだま》の下、少し前陥みの中、口を開いて陥む処にある。針は三分、或は七分、留むること三呼、気を得て瀉す。灸は三壮、また毎日五壮ずつ四日間灸して、十日程間を置いてまた五壮灸する。耳鳴り、耳聾《みみつぶれ》、聤耳《みみだれ》、頤《おとがい》抜け離れ、歯痛み、中風、口歪み、手足の遂わないのを主《つかさど》る。〔鍼灸日用重宝記・二〕には聴会《ちょうかい》、一名多所聞《たしょぶん》とある。

蝶折立【ちょうおりかた】〔料理調法集・銚子提子名所〕に蝶折形《ちょうおりかた》がある。大銚子は蝶紙三尺、中銚子は蝶紙八寸七分、小銚子は蝶紙八寸である。提子の女蝶大は八寸五分、中は八寸、小は七寸三分。但し、提子の蝶は少しずつ搔き合せ小さいのを吉とする。男蝶は背の筋を表へ立て、形優に折り返し、口は八分程に折る。女蝶は背筋を裏へ立て、形賢く折り返し、口は五分程に折る。髭には水玉一ツずつをつける。折形は男蝶はむっくりと、女蝶は少しぴったりとある様に折り返す。

長歌【ちょうか】　歌学用語。現在の文学史では『万葉集・三三四五左注』等を根拠に、五・七音を三度以上繰り返し終りに七音の句をつけ、この後に一首から数首の反歌（前歌の大意や反覆を歌う）をつけた形式とする。また平安時代の歌学から中世には短歌（五・七・五・七・七音）を長歌というようにもなっている。〔男重宝記・二〕には「長歌といふは三十一字の歌をいふ。心長ければなり」とある。〔諸人重宝記・一〕には長歌とは常の五句の歌三十一字あるのをいう。これは短いとはいえ、始めの五文字から言い出した趣きを少しも切らずに詠むからである。五・七・五・七・七の五句とある。

長夏【ちょうか】　大和詞。「てうか（長夏）とは、六月の土用」である。〔不断重宝記大全〕

癥瘕【ちょうか】〔鍼灸重宝記綱目〕に癥瘕は、月水が調わず塊となるのをいう。関元に灸をする。

調和飲【ちょうかいん】〔昼夜重宝記・安永七〕に調和飲《ちょうかいん》は、痢病が久しく癒

えないのに用いる。芍薬（三匁）、当帰（一匁五分）、川芎・黄連・黄芩・桃仁（各一匁）、升麻（五分）を、水で煎じる。赤痢《しゃくり》には本方がよい。白《びゃく》痢《り》なら呉茱萸を加える。赤白が交わり下るのには、白朮・茯苓・陳皮・香付子を加える。

調気散【ちょうきさん】〔小児療治調法記〕に調気散は、変蒸*で吐瀉し、乳を飲まず、多く泣くのを治す。木香・香付・厚朴・人参・陳皮・藿香・炙甘草（各一匁）を水で煎ずる。

聴宮【ちょうきゅう】〈経絡要穴 頭面部〉聴宮は二穴。耳の前に円くびらつく尖りを珠子《しゅし》といい、その前に小豆を入れる程の陥みのある所である。針三分。灸三壮。癲癇、胸腹痞え声が出ず、耳垂れ、耳鳴り、耳塞がりを治す。〔鍼灸重宝記綱目〕

長強【ちょうきょう】〈経絡要穴 肩背部〉に一穴。長強は背の骶骨の端、俗に亀の尾という処である。針の刺しは二分、止《とど》めるのは七呼。灸は一日に五壮ずつ、三十壮から二百壮迄。痔の根本である。腸風、下血、腰背痛み、大小便の堅いの等を治す。督脈の別名である。〔鍼灸重宝記綱目〕

頂強【ちょうきょう】〔家内重宝記・元禄二〕に首が疼くのを頂強という。痛み竦み後ろを振り返られないのには、防風を末（粉）して服する。

頭巾【ちょうきん】唐人世話詞。「づきん（頭巾）を、頭《てう》-巾《きん》と云」。〔男重宝記・五〕

疔禁好物【ちょうきんこうもつ】「癰疽」「丹毒」「瘡毒」「瘭癰禁好物」ヲ見ル

朝覲の行幸【ちょうきんのぎょうこう】〔男重宝記・一〕に朝覲《ちょうきん》の行幸とは、天子*の仙洞*への御出をいう。

ちょうけい【ちょうけい】〈何が不足で癇癪の枕言葉〉「後家、てうけい」。〔小野篡譃字尽〕

調経散【ちょうけいさん】〔骨継療治重宝記・下〕に調経散は、跌撲損傷を治す。すかしめぐら（踈利）して後、この薬で調え理める。川芎・当帰・芍薬・黄芪（各一銭半）、青皮・烏薬・陳皮・熟地黄・乳香（別に研る）・茴香（各一銭）。以上を一服とし、水二鍾《しょう》を煎じて一鍾にし、いつでも服する。

調解散【ちょうげさん】〔小児療治調法記〕に調解《ちょうげ》散は、冬三月の寒期に痘の紅斑が初めて見《あらわ》れた（「出瘡《でそろう》*」）のに用いる。青皮・陳皮・枳殻・桔梗（炒）・人参・半夏・川芎・木通・葛根（各四分）、甘草・紫蘇（各二分）に、生姜（三片）と棗（一ツ）を入れ、水で煎ずる。

調元散【ちょうげんさん】〔小児療治調法記〕に調元散は、小児が生まれつき元気が不足して、頭の縫目が開解《ひらき》し、肌痩せ腹大きく腫れ、物言い・歩行・歯の生えるのが遅く、手足が筒のようで、神色昏慢するのを治す。山薬（五分）、人参・茯苓・茯神（各三匁）、白芍・熟地黄・川芎・当帰・白朮・黄芪（蜜炙）（各二匁半）、菖蒲（一匁）、甘草（二匁半）に、生姜と棗を入れて水で煎じ、児と乳母が同じように飲むとよい。

町間の数の名【ちょうけんのかずのな】〔古今増補算法重宝記改成・上〕に町間の数の名に、里*町《ちょう》*間《けん》*丈*尺*寸*分*厘*毛*絲《し》*忽*がある。

町見の法【ちょうけんのほう】測量法。離れた所までの距離、高低を測る法。〔古今増補算法重宝記改正・下〕に、例えば六尺四方の台で向うの樹の根を図版（図331）のように見うつし、中の目当てが上三寸に当る時、六尺で割ると一尺に付き五分となる。この五分で下の五尺七寸を割ると十一丈四尺となる。これを六尺五寸（京での一間の長さ）で割ると十七間三尺五寸となる（正しくは十七間五尺三寸）。目当てに見違いのないよう念を極めることが必要で、その場に居合せる人に見て貰い、もし違えば平均で見積るのがよい。この法を応用して遠見の術、立木見様などが色々に発達した。

長庚【ちょうこう】星の名。〔農家調宝記・初〕に長庚は、夕方日が沈んでから見える星をいう。宵明星。金星。太白星*。

丁香散【ちょうこうさん】〔改補外科調宝記〕に丁香散は、乳頭の破裂、或は児が乳を吸うのに血が乾き自ら裂け開き多く痛むのに用いる。丁香一味

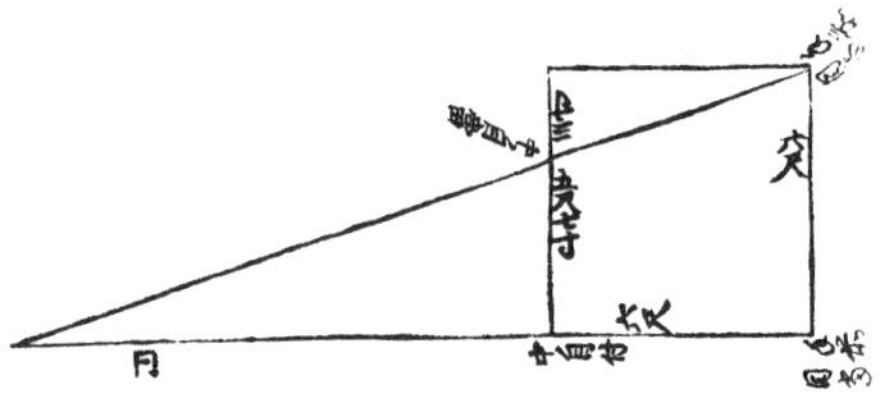

図331　「町見の法」（古今増補算法重宝記改正）

を末（粉）として付ける。乾くと唾で調えて付ける。

丁香柿蔕湯【ちょうこうしていとう】〔医道重宝記〕に丁香柿蔕湯は、胃口が冷え手足等も冷えて呃逆*するのを治す。丁子・柿蔕・良姜・肉桂・半夏・沈香・茴香・藿香・厚朴・縮砂・陳皮・木香（各等分）、甘草（半減）、乳香末（粉）に、生姜を入れて煎ずる。胃中に寒のあるものを治す。大病の後に呃逆するのは危く、この薬は効かない。大いに胃を暖めて元気を補うのがよい。

丁香皮【ちょうこうひ】〔薬種重宝記・中〕に唐木、「丁香皮 てうじの木のかは。火を忌む、麁皮を去り、刻む」。

丁香脾癪丸【ちょうこうひしゃくがん】〔丸散重宝記〕に丁香脾癪丸は、諸々の食癪、気の滞り、胸満ち塞がり、心腹さし痛むのに、或は吐酸、脹満によい。丁子・木香・巴豆・良姜・皀角（各一匁）、青皮（二匁）、三稜（四匁）、莪蒁（六匁）、百草霜《なべずみ》（三分）を糊で丸ずる。吐酸には生姜湯で、嘔吐には霍香甘草湯で、小腸気痛には炒茴香酒で、婦人気血でさし痛むのには酸湯で、それぞれ下す。

張口病【ちょうこうびょう】〔牛療治調法記〕に張口病は、牛が口を張る病で、死症である。白礬（三匁）を醋漿《すしょう》に二日浸し食の前後に論なく与え啖《くらわ》す。

長ごんどう【ちょうごんどう】片言。「長ごんだうは、長講堂《ちやうかうだう》」である。〔不断重宝記大全〕

長斎五斗味噌【ちょうさいごとみそ】〔料理調法集・造醸之部〕に長斎五斗味噌は、大豆一斗を煮て、上に小糠一斗を置き、蒸して粕一斗、塩八升、糀二斗を合せて仕込む。

長座の客を帰す法【ちょうざのきゃくをかえすほう】〔文政新刻俗家重宝集〕に長座の人を早く帰す法は、棕櫚箒を立てるのは古風である。釜の蓋を少し開けて、中へ擂粉木の先を入れて置くとよい。〔俗家重宝集・後編〕に長座の客を帰す法は、障子の桟の煤を茶の中へ入れて飲ませると急いで帰る。

丁子【ちょうじ】〔薬種重宝記・中〕に唐木、「丁《てう》子 てうじ。火を忌み花を去り刻む」。「丁香皮、丁子の木の皮。火を忌み粗皮を去り刻む」。〈薬性〉〔医道重宝記〕に丁子《ちょうじ》は辛く熱、寒嘔を除き、心腹《むね》の痛みによく、胃を暖める。花と角とを去り、そのまま刻む。火を忌む。〈薫物香具拵え様〉〔男女御土産重宝記〕には丁子の花を去り、粉にして篩い、極く細かにして、火を忌む。〈紋絵〉〔紋絵重宝記・上〕には、丸に丁子の花を六ツ、また文字を意匠した紋章がある。

腸痔【ちょうじ】〔鍼灸日用重宝記・四〕に腸痔は、尻（肛門）の奥が結核し、血が出て寒熱往来し、便所に行くごとに脱肛する。太白 陥谷 大腸兪、もし脱肛するのには百会に灸を七壮する。臍の中に年の数程灸をするのもよい。

丁子円【ちょうじえん】〔昼夜重宝記・安永七〕に丁子円は、虫によく、腹冷え痛むのにはなおよい。酒を過ごして後むかつくのによく、胸の痞え、癪の痞、痰に用いる。丁子・莪朮・陳皮・乾姜（各三匁）、青皮・沈香・砂仁（各二匁）、甘草（五分）を細末（粉）して蜜で練る。

〔丸散重宝記〕には卒病の気つけとある。嘔吐霍乱吐瀉、手足の冷え、冷え腹痛み、冷え痢疾によい。医書『大全』には心《むね》、腹の痛みを治す。良姜（二十匁）、白朮（八匁）、莪蒁・干姜・訶子・丁子（各四匁）、甘草（一匁）を蜜で丸ずる。「丁子丸」ともいう。

丁子染色【ちょうじぞめいろ】 〔秘伝手染重宝記〕に丁子染色は、絹でも帷子でも、薬種屋にある猿頬を細かにして水に漬け、少しも渣《かす》の無いように切って、よく濾す。豆三合程を水に漬けてよく磨り、墨を鼠色になる程加減し、前の猿頬を入れてよく磨り、濃い薄いは望み通りに一度でも二度でもよく染めて乾し、また水で濯いで乾し、その上を丁子で二三度程よく煎じ、二度程引くとよく出来る。

銚子の事【ちょうしのこと】 長柄銚子の略である。酒を入れて杯に注ぐ道具。又それで注ぐ人で、酌 本酌ともいう。酒は瓶子から提子《ひさげ》（＝加え）*に移し、銚子に入れて杯に注ぐ。〔万物絵本大全調法記・上〕に「銅銚 どうてい／銚子 てうし也」とあり、〔料理調法集・銚子提子名所〕には式正の物は長柄であり、元来は片口で、両口は後世の物とし、図がある（図332）。銚子寸法は、大は高さ三寸八分、渡し五寸五分、口二寸五分、長柄一尺二寸。小は高さ三寸五分、渡し五寸五分、口二寸五分、長柄一尺。〔嫁娶調宝記・二〕には、銚子の飾りは複雑であるが男蝶を飾り、持ち様は右手は菊金の際《きわ》折目の上責《せめ》の際へ親指を寄せて持ち、左手は畳みすり上げ折目の内の方へ人差指より下四本を掛け、身の真中に持ち、下に居る。左膝は畳んで畳に付け、右膝は立て、中腰にキット腰を据える。男の酌は、間中程まで出ている本酌が、三方の際までより、両膝を畳に付けて前へ居かかり謹んで酌をする。立ち帰る時加えも寄り、銚子を下げたのを見て、提子《ひさげ》*より加える。その時は両人共に膝を畳へ付ける。本酌が御前へ参る時は加えは本座へ帰り、本酌が右へ往けば加えは左へ帰り、本酌が左へ往けば加えは右の方へ帰る。例えて、本酌は結べども加

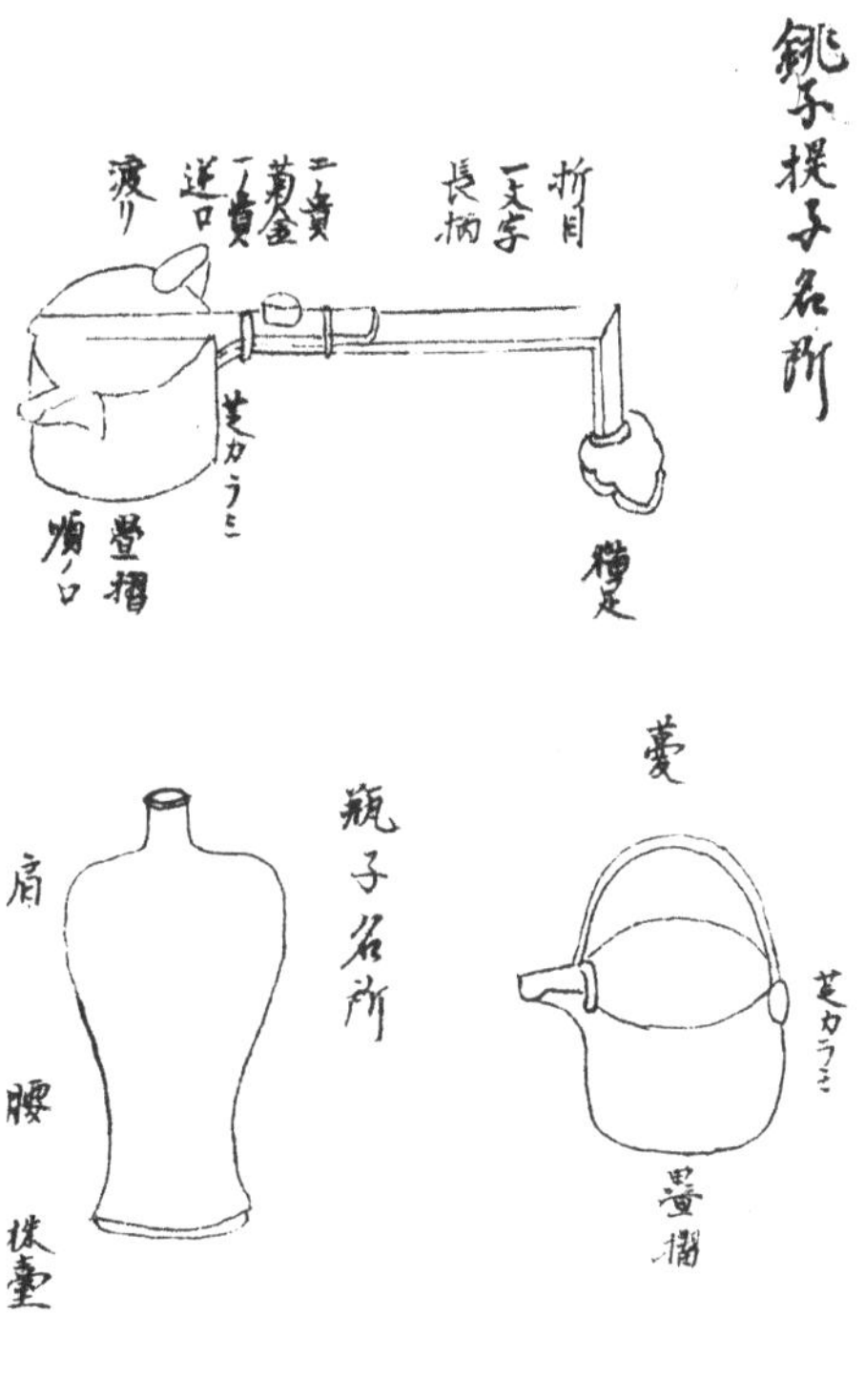

図332 銚子の事
①「銚子提子名所」（料理調法集・銚子 提子名所）

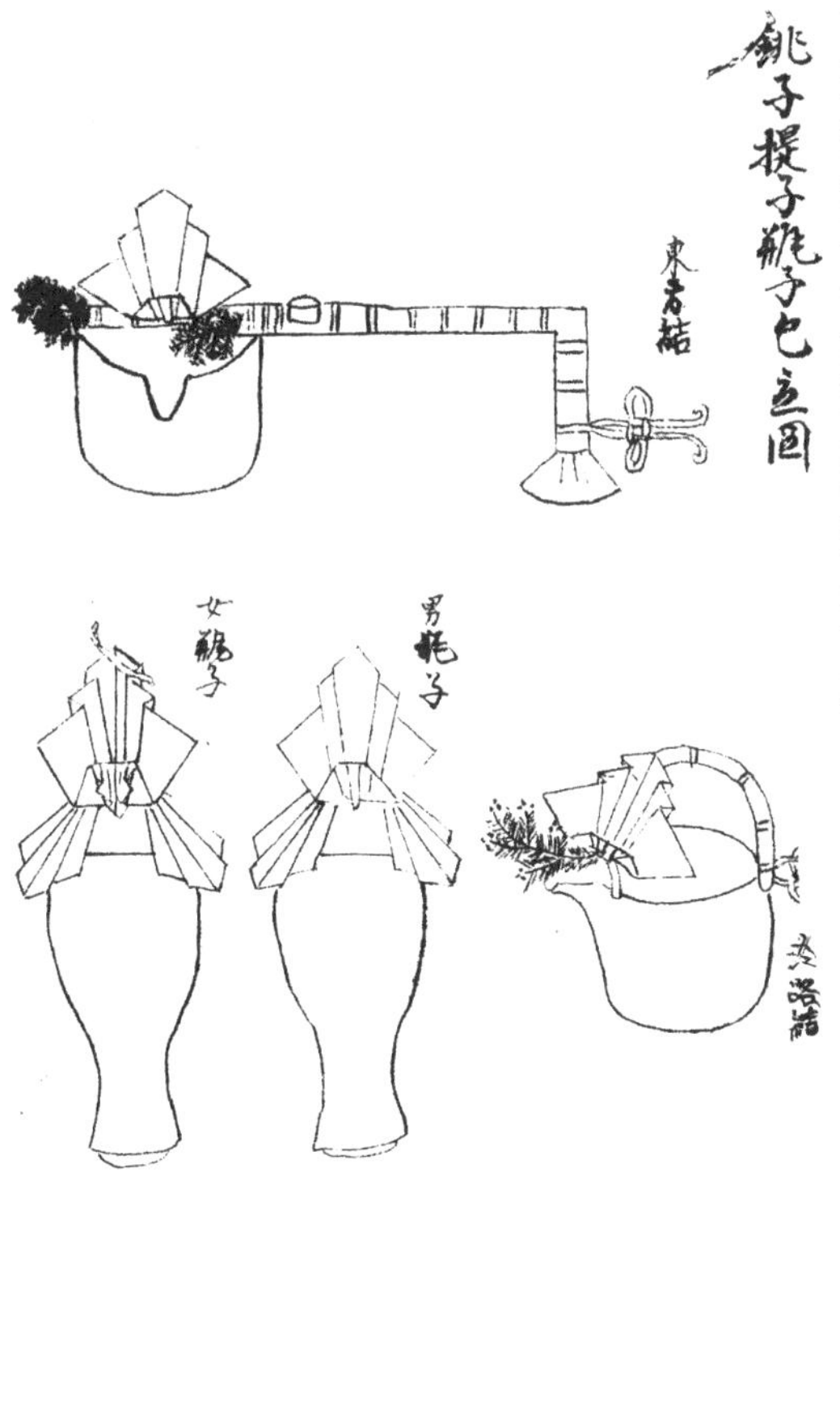

② 銚子提子瓶子色立図（料理調法集・銚子 提子名所）

えはほど（解）くとは、このことをいう。〔女重宝記・二〕には次がある。嫁取の酌は二足歩んで加え、加《くわえ》は六足往く。聟入の酌は一足、加は七足と心得る。長柄銚子は十二所巻き、閏月には十三所巻く。左手を着き 右手に長柄の酒の口を我が右にし、横に長柄を持ち、酒は先へ注ぐ。式三献の酌はどれも三度ずつ加える。常の酌に結ぶことは大いに忌む。例えば、右方に盃が下る時は酌の左方へ行く。又その盃が結ぶ座へ渡る時は右の方へ向く。この時その侭左方へ向い 上座を後ろにすれば結ぶという。末座まで上座を後ろにしないようにする。向う座へ行く時は左右ともに上座の方へ向いて末座まで戻る。祝言の時はどれも結び酌であり、提子も同じである。嫁取の酌と提子は、銚子の口と提子の口とが合うように留意する。〈通い〉〔永代調法記宝庫・一〕に銚子の通いは、銚子を持ち出 貴人へ向い参る様にして中座に蹲う。亭主の目遣いがあってから立ち、盃を取る時左の膝を突いて銚子を下に置き、両手で盃を取り、次に銚子も取り、後ろ様に三足程退《しさ》り、その後下座へ向いて歩み 前のように蹲う。貴人の御方を見合せ目遣いがあれば持って参る。三度の御礼があって後に中座に控え、詞の弱い方へ参る。もちろん甲乙《こうおつ》であるがすぐに貴人へ持って参る。この時は見合すに及ばず、いずれも左膝より突き、次に盛りざまに両膝を寄せる。また客人が下輩なら見合せ、中座に控え立つ時 差し寄って盛る。

〈銚子各種〉〔料理調法集・銚子 提子名所〕に、御成貴人招請の銚子*佳節の銚子*帰陣の銚子*元服*等祝儀の銚子 産所の銚子*出陣*の銚子*神社祭礼の銚子*弔堂供養の銚子*移徙*の銚子などがある。

庁舎【ちょうしゃ】 伊勢名所。「外宮」の記載に、庁舎は神事を執り行なう所とあり、「内宮」は庁舎は二の鳥居を入って左方にある。〔東街道中重宝記・七ざい所巡道しるべ〕

長者教の歌【ちょうじゃきょうのうた】 長者になる教訓と禁制を歌文に似せて書いたもの。〔諸人重宝記・一〕にはこの歌をよく味わい常に嗜めという。〈長者教の歌〉「長者山望まば千代と心得て 仮にも無常を観ずべからず」「親よりの譲りは早く失せ易し 我がかいりきに富を求めよ」「長者山に登る麓の道多し 中なる道を直ぐに行くべし」「儲けても心の侭に遣ひなば 塩にて渕を埋めるなるべし」「金銀は神や仏よ 主君と恐れ尊み 遣ふべからず」「若きより年終る迄楽しむは 金取る道に及《し》く物はなし」「寝ざめにも有徳の道を思案せよ 徒ら事を案ずべからず」「要らぬ物何と易くと買はずして よく思案して要る物を買へ」「損の道面白くとも差し置いて 徳ある事は苦しくとせよ」「徳尽きて栄えぬる共驕るなよ 夏暑ければ冬の寒むけさ」。

〈長者になる禁制の歌〉「公事好み 講会 短慮 常しきに物諍ひや喧嘩 禁制」「差し出もの 人の口入れ 手柄だて 天道まかせやぶりげを忌め」「長居して我が身耽りの長咄 願望立てや 退屈を忌め」「善悪の人の難癖言ひ散らし 賢人だての自慢禁制」「不行儀に夫婦諍い 遠歩き 女房去るは大の禁制」「正直に無欲の人の富めるこそ 有徳の道のよき手本なれ」「直ぐに行く道をば知らで 人ごとに横道行きて踏み迷ふかな」「身の内の心は主人 目は奉行 手は奴子ぞと 油断ばしすな」「老の後豊かに住むぞ羨まし 忙々《せはせは》しきは見るも侘びしき」「心をば遣うことなく休め置き 身をば暇なく遣うべきなり」「直に聞き我見て人を恨むべし とかく偽り多き世の中」「身の仇は博奕 大酒 色好み 非公事 貪欲 とく好む人」「人柄のよきかはきたる犬もあり 面《おもて》にめでて 心許すな」。

鳥銃【ちょうじゅう】「鳥嘴銃」ともいう。「鉄砲の事」ヲ見ル

長寿日【ちょうじゅにち】 日取吉凶。〔重宝記永代鏡〕に長寿日は、延命日*と同じく病を療じ、薬を飲み、鍼灸等するのに吉日。正・五・九月は午の日。二・六・十月は寅の日。三・七・十一月は子の日。四・八・十二月は申の日。

長春【ちょうしゅん】　草花作り様。〔昼夜重宝記・安永七〕に長春《ちょうしゅん》の花は赤色、薄色である。土は真土に肥土、砂を少し交ぜる。肥しは雨前に小便を少し根廻りに掛ける。分植に時期はない。

長鍼（針）【ちょうしん】　〔鍼灸日用重宝記・一〕に長鍼（針）は、長さ七寸。深い病、遠い痺《しびれ》、痛みを取るのに用いる。「鍼（針）の事」参照

洗手所【ちょうずどころ】　伊勢参宮の手洗い場。〔東街道中重宝記・七ざい所巡道しるべ〕に「内宮」の一の鳥居を入り右方の流水である。これは五十鈴川で、宇治橋の川上にある。五十鈴川は大宮と風の宮との間の谷から流れ出るのに、更に鏡石の方から流れ来る川が流れ入るものであり、この辺を河合《かわあい》という。鏡石の方から流れ来る川は鏡石辺から出るのではなく、遥か南の鸚鵡石のある所から出て、御裳濯《みもすそ》川という。五十鈴川を御裳濯川ともいうことは『倭姫命世紀』にも見えている。「外宮」は山田から右方の道を行き、小橋を渡ると僧尼 山伏の拝所がある。外宮三の鳥居前、流水の傍で、御池もある。小川を隔てて拝する。御正殿《みしょうでん》（＝外宮）に向っていて、御正殿までは一丁余ある。

手水の事【ちょうずのこと】　手や顔を洗い清めること。特に、社寺参拝にいう。〔諸礼調法記大全・天〕に貴人へ手洗水を掛けることは、貴人が我が左方なら右手で柄杓の柄の中程を持ち、左手は杓の末を持ち、少しも水を切らさずさらさらと掛ける。我が右方ならば左手で杓を取り、順逆は前の仕儀による。手拭は扇に乗せて差し出す（図333）。〈客方心得〉〔永代調法記宝庫・一〕に手水又は茶の水では足を洗わないとある。〈手水の粉〉〔女重宝記・二〕に洗い粉は、紅葉《もみじ》（＝小麦の挽き糟）待兼《まちかね》（＝小糠）よりは、小豆の粉 縁豆《ぶんどう》の粉を用いるのがよく、肌は細やかになり、汗疣 皰《にきび》等は出ないという。〈女中御所詞〉〔麗玉百人一首吾妻錦〕に「大小用に行くは、てうず（手水）にまいる」という。

洗手鉢【ちょうずばち】　高野山名所。洗手鉢《ちょうずばち》の傍に、法然上人 親鸞上人*の石塔がある。ここから少し行き分かれ、道を左へ少し行くと本阿彌の七本卒塔婆がある。〔東街道中重宝記・七ざい所巡道しるべ〕

図333　「御手水を掛る図」（諸礼調法記大全）

洗手鉢に苔を生す事【ちょうずばちにこけをはやすこと】　〔大増補万代重宝記〕に石燈籠*手水鉢に苔をつけるには、蝸牛を砕き 汁を石の上に引き 木陰に置きせっせと水を灌ぐと、見事に苔が生ずる。

癥疝【ちょうせん】　七疝*の一。〔鍼灸日用重宝記・五〕に癥疝は、腹中に気が積もり固まり、臂の長さのようである。

朝鮮朝顔の事【ちょうせんあさがおのこと】　〔調法記・四十ゟ〕に朝鮮朝顔の花は、まんだら花ともいう。花は笑い 泣き 怒りになる。粉にして呑ます。木も根も疝の薬、打ち身の薬になる。実は粉にして用いる。

朝鮮干牛丸【ちょうせんひぎゅうがん】　〔洛中洛外売薬重宝記・上〕に朝鮮干牛《ひぎゅう》丸《がん》に二種がある。①四条通小橋西へ入丁 回生堂のものは、第一に脾胃を調え、元気を増す。取次は、京では烏丸竹屋町上ル丁 丸や善兵へ等三軒、江州では八まん鍛治屋町 かまや七郎兵へ等四軒、遠州浜松田町なべや五郎兵へ、備後福山福井町 広嶋や新介、江戸本白銀町二丁め 会津や七兵へ、勢州津分部町 大和屋新五郎等二軒、羽州秋田 いせや五郎

兵へ等二軒がある。②五条橋通高倉東へ入塩かま丁 北村四兵へ のものは、第一に脾胃を調え、元気を増し、気を廻らし、肌肉を肥し、行歩を健やかにし、百様を治す。取次は、ささや丁通千本西へ入 池田や佐兵へ、三条通河原町西へ入 正本屋吉兵へ、富小路四条上ル丁 鱗形や次郎右衛門等、十軒がある。

朝鮮焼【ちょうせんやき】〔料理調法集・焼物之部〕に朝鮮焼は、何魚でも卸し身にして、古酒一升に極上の粕を少し、砂糖を百目程入れ、梔子を煎じて合せ、魚を一日漬けて置いてから焼く。

疔疽【ちょうそ】〔改補外科調宝記〕に疔疽の発症は全く飲食の毒気で生じ、或は自死した獣を食った毒を中に蘊《つつ》んで、或は大風・大寒・大暑・大霧の邪気が経絡に中った毒によるもの等がある。疔疽は外科の危急の症で、朝に発症し夕べに死ぬものから、三五日ないし一月内に死ぬもの等がある。『内経』を引き、白疔は右鼻に、赤《しゃく》疔は舌根に、黄疔は口唇に、黒疔は耳の前に、青疔は耳の下に発症するものという。この五色は五臓*に応ずるのみで、発症する所は定まらない。手足頭顔骨の節の間に出るのは最も急で、他は少し緩い。五疔*十三疔*火疔*熱疔*等がある。〈諸疔〉は、初めは上に膿が少しあり硬く鋭いが、癰と同じく発熱する。疔疽が左にあると左半分が叶わず出た方の身が竦む。顔に出たのは心経より出た疔が多く灸をしてはならない。手足の疔は寒熱のないのは灸をし、寒熱のあるのは灸を忌む。疔は針か剃刀で瘡を十文字に裁ち割り中の古綿のようなものを挟み切り、その跡に艾を広げて灸をし 青膏*をつける。一夜の内に悪肉が去り白筋が出るので、その肉を挟み切り、また青膏を付ける等の治療法があり、疔を切るのが遅いと毒が腹に入って死ぬ。〈秘伝の灸法〉まず藁蘂《わらしべ》を首に懸けて前へ回し、乳の上に端を揃えて切り、次に蘂を喉骨に懸けて背へ廻し蘂の先端に仮に点をし、また骨を差し挟み両方へ五分ずつ開き点をする。口伝に、骨の際を灸する。これは頭 顔に出た症の引き灸の妙法である。又手足の疔は腫物の筋を押して見て六七寸上の方を二三壮灸する。〈疔疽の寒熱を見分ける口伝〉青泥丹を付けてみて熱疔は頭から早く乾き、冷疔は廻りからむらむらと遅く乾く。〈薬〉追疔湯*大黄升麻湯*九珍散*五香連翹湯*化疔内消散*解毒大青湯*束毒金箍散*塞金丹*提疔錠子*旋丁散*がある。外治の軽いものは蟾酥を粉にして白麵を黄丹に練り合せ麦粒程に丸じ、針で腫物を破りその後へ一粒を入れて置くと妙である。

〔鍼灸重宝記綱目〕は「疔瘡」として、疔は顔手足に生ずる。顔上と口の角に生ずるのは合谷に、手には曲池に、背中には肩井《けんせい》 三里 委中 臨泣 行間 通里 少海 大中に、足には行間 三里 委中 臨泣に、掌の後の横筋に、男は左 女は右に灸七壮をすると癒える。〔丸散重宝記〕に疔瘡の始めて起るには、白芷・酒（各一戔）、生姜（十戔）を搗き交ぜて、暖め服して汗を出す。〔新撰咒咀調法記大全〕に疔の奇方《くすり》は、枯礬（明礬の焼き返し）・桃仁（粉にして）（各等分）乳で溶き付ける。〔重宝記〕はさらに、熊胆を水で溶き鷹の羽で再々引く。木瓜の黒焼を胡麻油で溶いて付ける。日数を経た橙は妙薬である。〔懐中調宝記・牛村氏写本〕に疔痛甚しい奇方は、餅米粉・黄栢粉（各等分）を繁縷《はこべ》の汁で練り付ける。

ちょうたんにち【ちょうたんにち】〔万民重法改正大ざつ書〕に「ちやうたん日の事」として次がある。正月は七日・二十一日。二月は四日・九日。三月は十日・二十五日。四月は九日・二十五日。五月は二十二日・二十五日。六月は十日・二十日。七月は八日・二十三日。八月は十八日・二十三日。九月は九日・十四日。十月は一日・三日。十一月は十二日・二十三日。十二月は九日・二十三日。これらの日は、よい事が滅して悪事となる。神仏に仕えて悪い。

提灯【ちょうちん】〔万物絵本大全調法記・上〕に「提燈 ていとう／てうちん。提灯也」。〔重宝記・儀部家写本〕に提灯には、大根の卸し汁を塗り、

油の代わりにするとあり、〔万用重宝記〕には提灯 雨障子に油の替りに大根の絞り汁を刷くと、油に勝り水を弾くとある。〔嫁娶調宝記・一〕には家紋をつけた紋付提灯の絵がある。〈唐人世話詞〉〔男重宝記・五〕に「ちやうちん（挑燈）を、挑《ちやう》燈《てん》と云」。

丁沈円【ちょうちんえん】〔丸散重宝記〕に丁沈円は、虫、或は冷えによる腹痛み、酒の二日酔、酔吐によい。また反胃の初発に用いる。丁子・莪蒁・陳皮・干姜（各三匁）、青皮（二匁）、沈香（一匁五分）、甘草（五分）を蜜で丸ずる。〔医道重宝記〕には、これらに砂仁（二匁）を加えた方がある。

朝廷遥拝所【ちょうていようはいしょ】 伊勢名所。朝廷遥拝所は、「内宮」では桜の宮*の西の方の石積み、「外宮」ではこしば垣*である。〔東街道中重宝記・七ざい所巡道しるべ〕

張天師失物占【ちょうてんしうせものうらない】〔昼夜重宝両面雑書増補永暦小筌・慶応二〕に張天師《ちょうてんし》失物《うせもの》 占《うらない》図がある。この占は失せ物を尋ね出すのに、日により吉凶のあることを示す。図の内 囲の日に失せた物は尋ねて出る。例えば、朔日・二日・十日。また外囲、四日・五日等は出難い。

ちょうとあたる【ちょうとあたる】 矢音詞遣。*〔武家重宝記・二〕に的《まと》に中った時の矢音は、「てうと当る」という。

釣藤飲【ちょうどういん】〔小児療治調法記〕に釣藤飲に二方がある。①吐反瀉痢 脾胃の気弱く、虚風 慢驚を治す。釣藤鉤（半匁）、蟬蛻・防風・人参・麻黄（節を去）・天麻・姜蚕・蝎尾（炒）（各二分）、炙甘・川芎（各一匁半）を水で煎ずる。虚寒の者には付子（半匁）を加える。②天弔* 潮熱を治す。釣藤・人参（各半匁）、全蝎・天麻（各一匁）、犀角・炙疳（各半匁）を末（粉）とし、毎服一匁を水で煎ずる。

弔堂供養の銚子【ちょうどうくようのちょうし】〔料理調法集・銚子提子名所〕に「弔堂供養銚子之事」として次がある。白紙一枚でする。結び数は長柄九ツ 渡り六ツ 提子は九ツ。花にはおよばない。但し、弔いの銚子には各結び切にする。

調度掛の事【ちょうどがけのこと】〔弓馬重宝記・下〕に調度掛の事がある。○「調度の事」或る伝に、将軍が弓箭を帯したものを調度というので、道具のこととする。総じて、道具は重器を言い、平士は鎗を道具と言い、将軍が道具とするのは弓箭を上とするからである。それ故、武士を弓取ともいう。武家は矢弓を重宝とするのが古今の法である。公方様の矢を御調度というのは昔は篦竹がなく、朴の木を削って拵えたことによるが、秘事が多い。弓を多羅枝《たらし》、矢を調度と言うのは、古今の辞である。○「調度掛」弓矢を掛けて置く飾り台。大小があり、掛け方に規式がある。弓は陰陽の双弓二張を立て、中盛である。秘事が多い（図334）。「矢をさして左右に弓を調度掛け 奥の習ひは家によるべし」。

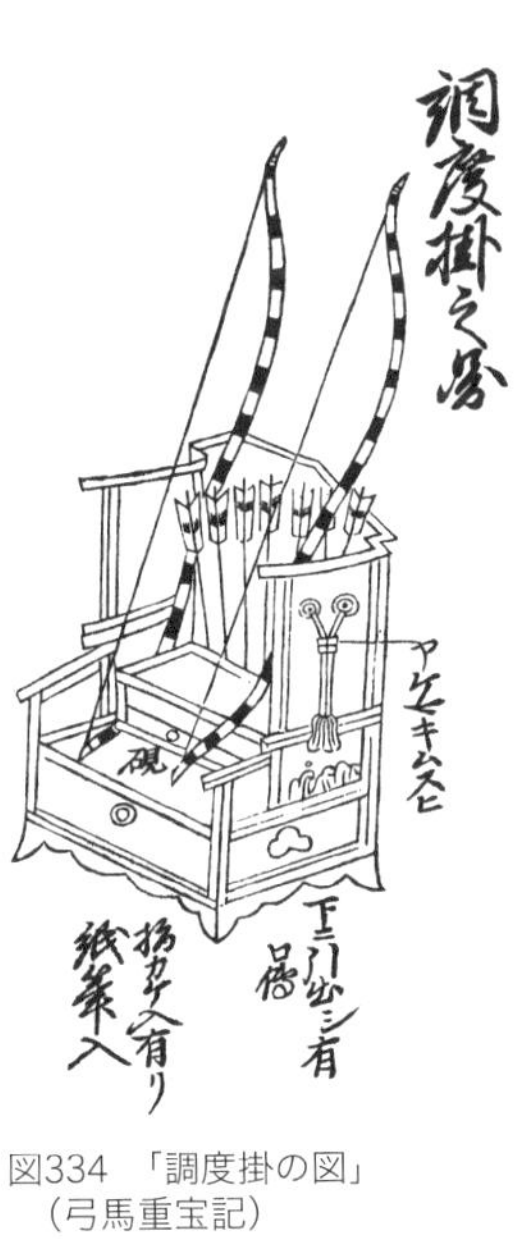

図334 「調度掛の図」
（弓馬重宝記）

町内の内【ちょうないのうち】 片言。「町内《てうない》のうち、町内の重言」*である。〔男重宝記・五〕

潮熱【ちょうねつ】〔小児療治調法記〕に潮熱は、時を違えずに水の潮が差し引きするような発熱である。渇きを発するのに時がある。

町の事【ちょうのこと】〈町間の単位〉〔古今増補算法重宝記改成・上〕に「一町 六十間」（一〇九・〇九〇九メートル）とある。〈田数*の単位〉〔古今増補算法重宝記改成・上〕に「町《てう》 古ハ三千六百歩、今ハ三千歩」。〔算学重宝記・嘉永四〕には「一町《てう》、六十間四方也。一間といふは六尺五寸也。或

は六尺間もあ」る。〔大成筆海重宝記〕には「一町、但し六十間四方也。一間とは或は六尺、或は六尺三寸、或は六尺五寸」とある。〔算盤調法記・文政元序〕には「古は六十間四方、今は長六十間、横五十間」とある。丁とも書く。十反をいう。「まち（町）」参照

蝶の事【ちょうのこと】〔万物絵本大全調法記・下〕に「蝶 てう／かはひらこ。又あげは」。〔紋絵重宝記・上〕に丸に蝶の絵、また蝶の字の意匠がある。

朝拝朝賀【ちょうはいちょうが】〔年中重宝記・一〕に朝拝朝賀は、諸臣が元日の賀を奏して天子を拝し奉ることである。常の人も、元日は上下《かみしも》を着して、臣は君を、子は親を、朋友は互いに、それぞれに拝礼して年始の嘉儀を述べるのを俗に「礼にあり（歩）く」*という。

長病日の事【ちょうびょうにちのこと】 長病日は、鍼灸や薬を飲み始めるのを忌む日。但し、急病はこれによらない。〔万民重宝改正大ざつ書〕に「長病日の事」として、一日、五日、六日、十四日、十八日、二十三日、二十四日、二十六日、二十七日、二十九日がある。〔鍼灸日用重宝記・五〕に毎月の六日、十五日、十八日、二十三日、二十四日、二十八日、二十九日。これを常に上（上旬の事）六、中五八、下三四八九と覚える。〔重宝記永代鏡〕には、正・五・九月は巳の日。二・六・十月は寅の日。三・七・十一月は亥の日。四・八・十二月は申の日とある。

長病の符【ちょうびょうのふ】〔増補咒咀調法記大全〕に、①「長き病気止むるの符」。②「長病人餓鬼祭りの事」の符（図335）があり、符の中に「鬼」の字を餓鬼の数程書く。次に人形《ひとがた》を作りこの符と一所に置く。この符より前に病人の年の数程餅を求めて供養し、不動の陀羅尼を百遍唱える。次に符と餅を一ツにし、土器に水一杯入れて一緒に川へ流す。餓鬼の数は子年の人には一人。丑年の人には八人。寅年の人には七人。卯・巳・午・申・酉年の人には五人。辰年の人には二人。未年の人には九人。戌年の人には二人。亥年の人には二人。それぞれ付ける。

図335 長病の符
①「長き病気止むるの符」（増補咒咀調法記大全）
②「長病人餓鬼祭りの事」（増補咒咀調法記大全）

腸風の事【ちょうふうのこと】〔丸散重宝記〕に次がある。○「腸風」日夜何度も起こるのを治すには、黄連・呉茱萸（各等分）を焦り細末（粉）にして粟飯で丸じ甘草湯で下す。○「腸風下血」に二法がある。①白芷の末（粉）（二戔）を米飲で下すと神効がある。②諸薬効のないのには南星・石灰（各等分）を煎り、黄色になる時末（粉）して酒をうった糊で丸じ酒で下す。

腸澼【ちょうへき】「痢病の事」ヲ見ル

重宝散【ちょうほうさん】〔洛中洛外売薬重宝記・上〕に重宝散は、六角むろ町西へ入丁 済生堂にある。あかぎれ（皸）、火傷、切り傷、霜焼け、その他一切の出来物の塊によい。第一に傷によい。痛みを止め癒えるのは神のようである。

鳥馬【ちょうま】「つぐみ（鶫）」ヲ見ル

脹満【ちょうまん】〔鍼灸日用重宝記・五〕に寒 暑 食に傷《やぶ》られ、陰 陽が升降せず胸中に塞がり結して脹満をなす。朝緩く暮に急なのは血虚、逆の症状は気虚、終日急なのは気血ともに虚する。総身が腫れ満ち 長病で食物の熟《こな》れないのには、腎兪に灸百壮をする。〔鍼灸重宝記綱目〕に「脹満かめばら」は、腎を水とし脾土を堤とするので、脾腎が虚する時は腫脹をなす。総身の腫れるのを水腫とし、腹ばかりが大きく鼓のようで、顔目手足の腫れないのを脹満とも蠱脹《こちょう》ともいう。脈の洪 大なのはよく、

微細なのは悪い。針は上脘 三里 章門 陰谷 関元等十一点、灸は三里 章門 脾兪 承満にする。〈薬〉〔懐中重宝記・慶応四〕に脹満の薬は、陳皮(四十匁)・白朮(二十匁)を末(粉)し、酒と飯で練り丸薬にし●位に丸じ、一日に六十粒ずつ木香の煎じ湯で用いる。〈脹満食物禁好〉〔世界万宝調法記・下〕に「宜い物」は粟 大麦 大根 山椒 小豆 狗 黒豆 山芋 葱 牛蒡 葫 昆布 生姜 芹 藕 鯉 鮎 鯛 鮭 鱧 鱸 鴈。「禁物」は麪類 菘菜 蕎麦 茄子 瓜 笋 蕨 榧 栗 芋 山芋 芥子 茗荷 蒜 苣 菌《くさびら》 棗 柿 柑子 胡瓜 酒 酢。「水腫」参照

長脈【ちょうみゃく】 九道の脈*の一。〔医道重宝記〕に長脈は、長くして竿のようであり、三焦の熱を主《つかさど》る。〔昼夜調法記・正徳四〕には陽毒とし、癲狂とする。有余の病を主《つかさど》る。〔昼夜重宝記・安永七〕には陽脈で、外へ長く躍る。この脈が顕れると身が痛むことがある。口伝。

長命丸【ちょうめいがん】 「にょえつきみょうがん(女悦奇妙丸)」ニ同ジ

長命酒【ちょうめいしゅ】 〔里俗節用重宝記・上〕に長命酒の方は、酒一升、氷砂糖百目、梅干二十か三十をよく洗い、一緒に壺に入れ封をよくして、五十日か百日程土中に埋めて置く。

長命の法【ちょうめいのほう】 〔万用重宝記〕に長命を保つ法は、病は口より生ずる理を弁え 朝夕の野菜 魚類の能毒をよく知って食すると、薬に勝る得という。〈長命法〉〔薬法重宝記〕には卯月(四月)九日の日が入る時分に入浴すると長命する。〈長命の歌〉〔調宝記・文政八写〕に「面影の変わらぬ時はいかばかり 変わりてだにも命惜しさよ」(蜷川新右衛門)。

ちょうめんじ【ちょうめんじ】 片言。「ちやうめんじは、頂妙《てうめう》寺」である。〔不断重宝記大全〕

鳥目【ちょうもく】 〔農家調宝記・初編〕に銭をいう。古くは鳥の象の銭を鋳て、目に穴があり、ここへ緡を貫いて使ったこからいう。〔人倫重宝記・二〕に、唐土での銭の異名という。

腸癰【ちょうよう】 〔改補外科調宝記〕に次がある。○腸癰は、湿熱・瘀血が小腸に流れ入ったもので、小腹《ほがみ》を強く押すと痛みがある。小便は淋病のようであり、或は汗が出て寒けだち、腹は腫れるようで寝返り背くと鳴り、甚だしいのは臍の周りに瘡が出、或は臍から膿が出、また大便に下る。○脈の遅 緊なのはまだ膿はなく、大黄湯*で下す。○小腹が痛み大便結し 小便が淋病のようなのは、加味大黄湯*を和らげて下す。○既に膿となり腹中が痛み 脹満 不食し 小便する時刺すように痛むのは、薏苡《よくい》仁湯《にんとう》*を用いる。○脈が数《さく》で外に熱なく 内に痞えがなく 腹が脹り 押すと軟らかなのは、内が虚して冷淡が集り、既に癰となるものである。或は穴の上が痛み 小便の通じないものは膿の滞りで、共に牡丹皮散*を用いる。○臍から膿が出て顔が白く疲れたのは、気血共に虚したもので八珍湯*に黄芪・肉桂を加える。○膿が下り 脈弱く不食すれば、十全《じつぜん》大補湯*或は八物湯*を用いる。○これ等の症が小腸に出るのは治るが、大腸や肛門近くに出るのは治し難く、肛門の破れるもの、或は潰れて膿が腥く虚熱があり、不食する等は死ぬ。○大方は腹癰の療治に同じで玉紅膏*をつける。

重陽の事【ちょうようのこと】 五節句*の一。〔年中重宝記・三〕に次がある。九月九日を重陽《ちょうよう》というのは、月日ともに老 陽の数に叶うからである。重九《ちょうきゅう》ともいう。今日から絮《わた》衣を着る。また栗子飯《くりいい》を食い、菊花酒《きくかしゅ》を飲む。禁中には菊花の宴があり、重陽の宴という。菊花酒を飲むことは、唐の仙人費長房が汝南の桓景に、今年九月九日にはその家に災いがあるから絳嚢《あかいふくろ》を縫い、中に茱萸《ぐみ》を盛り 臂にかけ 山に登り 菊酒を飲めば災いを消すとの教えに従い、災いを逃れたが、家中の鶏 犬 牛 羊は皆死んだ。これより菊酒を飲むことが始まったという。〔諸礼調法記大全・天〕は九月九日の称、陽数の九が重なる意とある。民間で艾《よもぎ》 菖蒲《しょうぶ》を玉にし、五色の糸で飾るのを薬玉《くすだま》*という。菊花を酒に

浸して呑むと悪気を去り、寿福を得る。重陽の花は菊 天竺花（萩）鶏頭花である。〔料理調法集・年中嘉祝之飾〕に「九月九日 重陽」とあり、重陽の飾餅一重、上に熨斗包、菊の花を包んで飾る。菊酒の事、菊水延命、彭祖という仙人は菊を愛して一千年を祝った。銚子の渡り（径）につけ、盃台の向うに菊一枝を紙に包んで置く。菊は黄菊を第一とし、白赤はその次とする。

〈異名〉〔書札調法記・五〕等に重陽の異名に、重九《ちょうきゅう》、陽九、九九《きゅうきゅう》、菊節、登高《とうこう》、令節、茱萸会《しゅゆのかい》、落帽節、陽数節、菊景、菊天、茱節等がある。

〈当流小謡〉〔万代重宝記・安政六頃刊〕等に「九月九日」がある。

長楽寺【ちょうらくじ】 京名所。長楽寺は、丸山安養寺*の吉水の内である。御堂があり、本尊は観世音菩薩。〔東街道中重宝記・七ざい所巡道しるべ〕

張良草【ちょうりょうそう】 草花作り様。張良草の花は薄色、また黄色。後に大車ともいう。土は肥土に野土を交ぜて用いる。肥しは雨前に小便を注ぐ。分植は春、秋にする。〔昼夜重宝記・安永七〕

張良の事【ちょうりょうのこと】〔日用重宝記・三〕に張良は、姓は張、名は良、字は子房。下邳《かひ》の圯《つちばし》で黄石公が落した沓《くつ》を取って遣り、軍学の奥儀を授かり、『三略』の書を作り、今に伝わる。漢の高祖に仕え丞相となった。

〈張良虎之巻〉〔懐中重宝記・慶応四〕には図版（図336）のように「張良虎之巻」があり、繰り様は月の上の星を朔日とし、正月なら二月の方へ占う日を繰る。●印の日は万事向うへ進んでよい。出陣 公事沙汰に勝利する。●印の日は万事向うへ行くのは負け、待って勝利を得る。■印は万事用いない。

重鱗の毛【ちょうりんのけ】 鷹の名所。*「重鱗《てうりん》の毛」は、鷹の肩の上の小羽《こは》をいう。今言う、鱗毛《うろこげ》、肩覆《かたおおい》の毛である。〔武家重宝記・五〕

調和飲【ちょうわいん】〔医道重宝記〕に調和飲は、痢病の久しく癒えないもの、或は湿熱のまだ退かないものを治す。芍薬（三匁）、当帰・桃仁（各一戔）、黄連・黄芩・川芎（各二匁）、升麻（五分）を煎ずる。〔医道療治重宝記〕には諸症により加減、補薬がある。

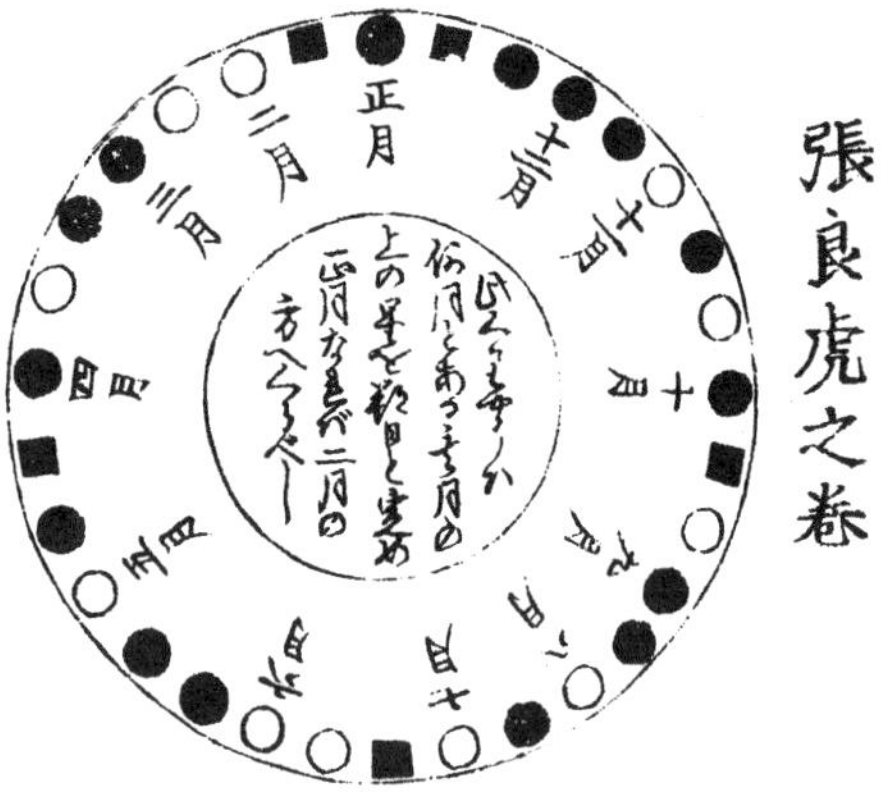

図336 「張良虎之巻」（懐中重宝記・慶応四）

猪癇【ちょかん】 五癇*の一。〔小児療治調法記〕に猪癇は、屍《しかばね》のようで沫《あわ》を吐き、猪の叫びをする。これは腎の災いである。〔鍼灸重宝記綱目〕は死に入るように沫《あわ》を吐き、猪の鳴き声をするのは腎の災いである。巨闕に三壮して全く効があり、巨闕に二壮する。

千代木【ちよき】 大和詞。「ちよき（千代木）とは、松の事」である。〔不断重宝記大全〕

猪牙船乗り様【ちょきぶねのりよう】 猪牙船《ちょきぶね》は、猪の牙の形をした細長い小形の高速舟。江戸墨田川で、特に山谷（新吉原遊郭）通いに用いられた。〔小野篡譃字尽譃〕に「猪牙船乗り様」は三人ならば一人は真向き、二人は左右に向い合う。一人なら勝手次第である。

勅【ちょく】 天子*の御事には、「勅」「叡」の字をつける。勅許、勅裁、勅使、勅撰和歌集*、叡断、叡覧など。〔男重宝記・一〕

直音【ちょくおん】〔万まじない調宝記〕に、あいうえお等の五十字。あか

あくあは等と直に呼ぶ音のこと。単音ともいう。拗音*や促音でない普通の音のこと。

勅撰和歌集【ちょくせんわかしゅう】〔消息調宝記・四〕には次がある。『古今和歌集』より『新続古今和歌集』迄世々勅撰の二十一代集がある。この内三代集もしくは八代集迄は万人取り用いるが、後の十三代集は議論に渡る輩が多い。殊に三代集『古今和歌集』*『後撰和歌集』*『拾遺和歌集』はいずれも秀逸、女中はよく読み覚えて置き一首も書くようにすべきである。この後に『後拾遺和歌集』『金葉和歌集』『詞花和歌集』『千載和歌集』『新古今和歌集』を合せて八代集があり、歌道はよく連続している。さらに十三代集*があり、追々世下り歌の様も前に似ず、諸家紛々の議論があり、目を通すのはよいが、強いて取り用いてはならない。

直盧【ちょくろ】「ちよくろ（直盧）とは、関白 休息し給ふ所」。〔消息調宝記・二〕

儲君【ちょくん】「春宮《とうぐう》」ヲ見ル

猪膏散【ちょこうさん】〔牛療治調法記〕に猪膏散は、野の山草の乾れに傷《やぶ》られ、その上重荷で傷残《やぶら》れ、毛色が焦れて枯れ、糞は硬く、日々疲労して、脚の軟らかに渋るのを治す。滑石・牽牛・粉草・大黄・肉桂・甘遂・大戟・白芷・丰地・続綏・楡皮。これ等を末（粉）し毎服一両に、水（三升）・猪油（半斤）・蜜（一両）を和し煎じて潅ぐ。

猪日【ちょじつ】シナでは正月四日の称である（高承撰『事物紀原 巻一正朔暦数部人日』に東方朔の占書を引く）が、〔諸礼調法記大全〕は「猪日」は正月二日（〔重宝記・宝永元序刊〕モ同ジ）、〔年中重宝記・一〕は正月三日とある。「人日《じんじつ》」参照

猪実子【ちょじつし】〔薬種重宝記・上〕に和木、「猪実子 ちよじつし／こうぞ。洗い砂をゆり、干して炒る」。

箸子【ちょつう】唐人世話詞。箸を「箸《ちょ》‐子《つう》」という。〔男重宝記・五〕

直姜蚕【ちょっきょうさん】〔小児療治調法記〕に直姜蚕は、小児の臍帯《へそのお》を切るのに法の通りにならず、七日の内に風《かぜ》の出ることがあれば用いる。直姜蚕を炒り、末（粉）とし、蜜で調え、口につけ、或は乳頭の上でも帯の下でもよい。

ちょっことした【ちょっことした】大和詞。物の小さいのを、「ちよつことしたと云は、蟄居ちつこ」とある。〔不断重宝記大全〕

千米餅【ちよねもち】菓子名。千米餅、上ながし物、中うき物、下しめし物。〔男重宝記・四〕

ちょべい【ちょべい】妄書かな遣。「ちょべい、ちやうびやうゐ。長兵衛」。〔小野篁謔字尽〕

千代万歳の亀餅【ちよよろずよのかめもち】菓子名。千代万歳の亀餅、上しめし芋入り、下ながし小豆入り。〔男重宝記・四〕

猪苓【ちょれい】〔薬種重宝記・上〕に唐木、「猪苓（ちよ）れい／いのくそくき」。〈薬性〉〔医道重宝記〕に猪苓は味は淡く、水を利し、淋を通ずる。腫を消し、湿を除く。黒皮を去り、米泔《しろみず》（＝米の磨ぎ汁）に一夜浸し、刻み、乾かす。鉄も火も忌む。

中金一枚【ちょんきんいいはん】唐人世話詞。〔男重宝記・五〕に小判一両を「中金一枚《ちょんきんいいぱん》」という。〔新板増補男重宝記・五〕には「ちえんきんい〻はん」という。

ちょんちょむ【ちょんちょむ】妄書かな遣。「ちょんちょむ、芝居のひやうしまく（拍子幕）也」。〔小野篁謔字尽〕

ちょんの【ちょんの】片言。「釿《ておの》を、ちょんの」という。〔世話重宝記・四〕

埓【ちり】的場の施設。〔弓馬重宝記・上〕に、埓《ちり》《かき》は、射場の埓（＝かき）で、櫟芝《くぬぎしば》で造る故実がある。当世は大方竹で造る。高さ二尺八寸、横ぶち三通り。射場の方を次第に広くする。但し、城中のは格別で、口伝がある。「垜《あずち》」の図参照。

智利【ちり】〔童蒙単語字尽重宝記〕に智利《ちり》は連邦。広さ十七万坪、民は百二十万人。散地牙峨《さんちきご》民は八千人。

塵が積りて山となる【ちりがつもりてやまとなる】〔世話重宝記・二〕に「塵が積りて山となる」という詞は『説苑』に「土積りて山と成るときは橡樟生ず」に出るとし、『古今和歌集』の序「高き山も麓の塵《ちり》泥《ひぢ》よりなりて、天雲たなびくまで、おひのぼれる如く」も、同じ出所とある。僅かな物でも積もり積もれば、高大なものになる譬え。

身柱【ちりけ】散気とも書く。〈経絡要穴 肩背部〉〔鍼灸重宝記綱目〕に一穴。第三椎の下、身柱《ちりけ》は四椎の上にある。癲癇、狂乱、腰や背の痛み等、また小児の驚癇、五疳*等を治す。一日に三壮ずつより百壮迄。〔医道重宝記〕に針刺しは五分。灸は一日に七壮より百壮に至る。〈灸穴要歌〉〔永代調法記宝庫・三〕に「癲狂や走り歩きて猶《あり》怒り 小児狂癲身柱《しんちう》の穴」とある。

塵泥【ちりひじ】大和詞。「ちりひじとは、少しの事」である。〔不断重宝記大全〕

塵ぼい【ちりぼい】大和詞。「ちりぼひとは、落ちぶれたる事。又、ちりみだるゝ事」。〔消息調宝記・二〕

的黎波里【ちりぽり】〔童蒙単語字尽重宝記〕に的黎波里《ちりぽり》は魯領。広さ十万五千坪、民は百五十万人。的黎波里《ちりぽり》民は二万人。

縮緬雑魚【ちりめんざこ】「白干小鰷《しらぼしこはや》」「鰯魚《こあい》」ヲ見ル

縮緬絞り【ちりめんしぼり】〔秘伝手染重宝記〕に「ちりめんしぼり（縮緬絞）」は、強いかなびき（鉄引＝いちび）の苧で合わせ糸にし、間を三分程置き絹目を見合わせ 細かに縫い、一方は罠にして皆縫い揃え 締め寄せて染める。

縮緬豆腐【ちりめんどうふ】〔ちやうほう記〕に縮緬豆腐は、常の豆腐をよく絞り、汁を取り、山芋を擂り、豆腐と一ツに擂り合せ、長く丸じて胡麻油で揚げ、赤く色付いた時上げる。薄垂味噌で煮る。

縮緬の事【ちりめんのこと】〔万物絵本大全調法記・上〕に「縠 こく／こめ／ちりめん。縐紗《しうしや》也」。〔絹布重宝記〕には「縮緬 六丈物、十丈物」として、次の列挙がある。大広二巾物（金二尺三四寸巾）。中広（同（金）二尺巾）。唐西庄縮緬*（同断）。屋形常巾（同 一尺六寸定）。狭十丈物（同）。買廻し当買《あてかい》*は次の物である。唐縮緬。上州縮緬。丹後縮緬*（これは反別で値を入れる）。目廻《めまわり》*は次の物である。京縮緬* 浜縮緬* 美濃縮緬*。〇全て縮緬類には竹の節*という病があり、染み物の落し様*がある。〈張り様〉〔万用重宝記〕に張り様は、縮緬は糊を少し菖蒲を五分入れて溶き、布で濾して刷毛で引く。〈積み様〉〔麗玉百人一首吾妻錦〕に積み様は、三巻を縦に並べる。◇縮緬は、横糸を縒った生糸、縦糸は縒りのない生糸で平織りにし、練って縮ませたもの。細かいしぼがある。

知立より鳴海【ちりゅうよりなるみ】東海道宿駅*。二里半十三丁。本荷百七十六文、軽尻百十九文、人足八十五文。左に刈谷の城が見える。御館の跡がある。知立明神の社がある。御手洗の池に鯉鮒が多い。あいつま川に土橋がある。八丁縄手右に猿投明神社がある。一里山村、今岡村に茶屋、芋川に麺類があり 道中一である。境川橋があり 橋は尾州方半分は板、三河方半分は下柴である。田楽 鰹。桶狭間 あのう村は六月朔日から新米が出る。有松は木綿の風呂敷 浴衣を染めて売る。道の右方に鳴海大明神がある。〔東街道中重宝記・寛政三〕

地炉【ちろ】唐人世話詞。「火燵《こたつ》を、地炉《ちろ》と云」。〔男重宝記・五〕

銚釐【ちろり】酒の燗をする容器。〔女用智恵鑑宝織〕に、京でちろり（銚釐）、大坂でたんほ（湯婆）という。

智を試みる【ちをこころみる】〔進物調法記〕に、ある書に出るとして次がある。児が三歳の生れ日に、また常の戯れにも、男子なら六芸*になぞらえて扇子 笛 弓 筆 十露盤《そろばん》 豆絵本 米俵 秤 鍬 鎌などを取り並べ、女子なら

団扇 糸巻 物差《ものさし》 手鞠 雛本 琴の爪 櫛 簪 針 長刀などを取り並べ、玩びの外に菓子や饅頭も混ぜて置き、児が心の侭に取り上げた物を見て、賢いと愚かなのを知る。例えば、米俵を取れば農業を、十露盤なら商人とする。この試しは唐書にも出るというが、著者は未考とある。「児試み」ともいう。

乳を飲まぬ時【ちをのまぬとき】〔家内重宝記・元禄二〕に小児が乳を飲まない時は、甘草を煎じて飲ますとよい。また韮の汁を絞り出して飲ます。古血を吐き出し病はないという。〔里俗節用重宝記・上〕に小児が舌の先を傷め乳を飲まない時は、天南星の細末を酢で溶き、足の土踏まずに付けてその上を紙で貼り、飲みついたら取る。

狆【ちん】狆《ちん》はシナ渡来の愛玩犬。姿形は短矮、長毛、頬は平たく、目は丸く鼻と横並びである。〈病奇方〉〔文政新刻俗家重宝集〕に狆の病の奇方は、辰砂・無名異（各等分）を、狆の舐める所につけるとよい。〈吠えを止める法〉〔俗家重宝集・後編〕に、◯「狆が吠えるのを止めさせる法」は、胡麻油を蜆貝に一ツ程耳に差し入るれと吠えることはない。◯「鼠を捕らせる法」は狆が生まれて四五日経つ時、艾で鼻の先を燻らせると、成人して鼠を捕る。

鎮驚散【ちんきょうさん】〔小児療治調法記〕に鎮驚散は、急驚風 風搐 搦痰 嗽喘で熱するものを治す要方である。天南星・防風・蟬脱・薄荷（各等分）、甘草（少）に生姜を入れて煎ずる。加減の方もあり、血虚肝火には四物湯*を用い、釣藤鈎を加える。

珍皇寺【ちんこうじ】〔年中重宝記・三〕に次がある。東山建仁寺の南に珍皇《ちんわう》寺《じ》があり、建仁寺の内 大昌院の支配で、弘法大師の開基。元は葬場であった。小堂に薬師如来、閻魔王の像があり、庭に地蔵の石像が数多ある。ここを世に六道《ろくだう》という。諸人は七月九日夜から明日まで参詣し、迎《むかい》鐘《かね》といって鐘を撞き、聖霊が槇の葉に乗って来るといい、槇の枝を求めて帰る（「六道参《ろくどうまいり》」参照）。経に依《え》草《そう》付《ふ》木《ぼく》を説く心である。小野篁が死んで冥途を見て帰り、蘇生したという所があり、方一間ばかりの地に芝を伏せている。〔東街道中重宝記・七ざい所巡道しるべ〕は珍《ちん》皇《くわう》寺《じ》を六道という。小野篁の像がある。庭に方二間程芝が植えてあり、ここから篁が地獄へ通ったという。

診候の術【ちんこうのじゅつ】〔鍼灸重宝記綱目〕には望*聞*問*の三ツを尽し、その後脈*を窺い、病の虚 実を弁え、陰 陽 寒 熱を詳らかにし、生 死 吉 凶を定めるのを診候（ちんこう＝チンは漢音）の術という。

沈細【ちんさい】寸関尺*の脈法。〔鍼灸重宝記綱目〕に沈細は、冷えとする。

珍財金財をなぐる【ちんざいこんざいをなぐる】大和詞。「物に泥《なづ》み入りたるを、ちんざいこんざいをなぐると云は、珍財金財なるにや」とある。〔不断重宝記大全〕

沈実【ちんじつ】寸関尺*の脈法。〔鍼灸重宝記綱目〕に沈実は、癪*である。

疢疾中夭【ちんじつちゅうよう】〔世話重宝記・二〕には疫病《やくびょう》のような疢《わざわい》の疾《やまい》に罹り、中年にして夭《いのちみじかき》をいう文字の意とある。また、わざわいにあたる（中夭）とも読む。俗に「ちんじちゅうよう」というのは誤りである。また、怪我過ちを「ちんじちゅうよう」と心得るのも悪い。

沈麝丹【ちんじゃたん】薬名。「沈麝丹」「沈寿丹」は、共に豊心丹*の異名である。

鎮守【ちんじゅ】〔農家調宝記・二編〕に鎮守は、その生れた土地 居村の神ゆえ、生土神《うぶすな》*という。村々に鎮守と仰ぎ祀る諸神は古来の鎮座、中興の勧請、夥しい中には神号も耳慣れないものがある。往古も『延喜式・神名帳』等にも出ない不正の神社は、淫祀として無用のものと定められている。名のある神社百八十余社の列挙がある。

鎮神丸【ちんしんがん】〔丸散重宝記〕に鎮神丸は、物忘れする者によい。当帰・地黄・陳皮（各一戔）、芍薬（一戔六分）、黄芩・菖蒲（各七分）、川

芎・半夏・肉桂・黄連・甘草を、糊で丸ずる。

鎮西八郎為朝の絵馬【ちんぜいはちろうためとものえま】　大坂願所。大坂市中 辻々の地蔵堂に懸ける鎮西八郎為朝の絵馬があれば乞い請けて帰り、門口の上に釣って置くと、家の小児は疱瘡を奇妙に軽くする。疱瘡の神送りが済んで後、この絵馬に添えて新しく鎮西八郎為朝の絵馬を奉納するとよい。〔願懸重宝記・初〕

沈遅【ちんち】　寸関尺*の脈法。沈遅は、虚である。〔鍼灸重宝記綱目〕

清浄好【ちんちんほう】　唐人世話詞。「きれいなといふ事を、清浄好《ちんちんはう》といふ」という。〔男重宝記・五〕

陳皮【ちんぴ】　〔薬種重宝記・上〕に和・唐木、「陳皮 ちんひ／みかんのかは（蜜柑の皮）。水に浸し、臍の白《しろみ》を去り、刻み焙る」。

〈薬性〉〔医道重宝記〕に陳皮は辛く微温。気を順《めぐ》らし、膈《むね》を緩くし、脾を和らげ、痰を消す。米泔《しろみず》に一夜浸し、臍と裏の白身とを去り刻み、日に干し、炒って用いる。

ちんぴん【ちんぴん】　片言。〔不断重宝記大全〕に「ちんぴんは、陳皮 ちんぴ」である。〔世話重宝記・二〕に「陳皮《ちんぴ》を、ちんぴん、又ちんぴんの皮」という。「陳皮」参照

珍墨【ちんぼ】　唐人世話詞。よい墨を「珍墨《ちんぼ》」という。〔男重宝記・五〕

ちんぼう【ちんぼう】　陰茎ニ同ジ

沈脈【ちんみゃく】　〈八裏の脈*の一〉〔医道重宝記〕に軽く押すと弱く、重く押すと強い。病は肌肉の下にあり、冷気 水病 湿泄を主《つかさど》る。

〈八要の脈*の一〉〔斎民外科調宝記〕には指の下に無いようで、押して見ると余りがあり、陰とする。病は裏にあり、湿とし 実とする。臓を窺う。〔昼夜調法記・正徳四〕には積聚、疝気、腰痛を主《つかさど》るともあり、沈にして力のあるものは癪、力のないものは気とある。

聞寮【ちんりょう】　唐人世話詞。雪隠を「聞《ちん》寮《りやう》」という。〔男重宝記・五〕

つ

津【つ】　〔万物絵本大全調法記・上〕に「津 しん／つ／わたし／わたり。泊 はく／とまり」。地名の「津より久保田／雲津」は別項。

草鞋【つああい】　唐人世話詞。わら草履を「草《つあ》鞋《あい》」という。〔男重宝記・五〕

茶持来【つあならい】　唐人世話詞。茶持って来いということを「茶持来《つあならい》」という。〔男重宝記・五〕

茶瓶【つあぴん】　唐人世話詞。茶瓶を「茶《ざ》瓶《ぴん》」という。〔男重宝記・五〕

茶碗【つあわん】　唐人世話詞。茶碗を「茶《つあ》椀《わん》」という。〔男重宝記・五〕

ついころばし【ついころばし】　「夜鷹《よたか》」ニ同ジ

追積丹【ついしゃくたん】　〔洛中洛外売薬重宝記・上〕に追積丹は、二条通高倉東へ入る 柊屋十左衛門にある。薬料二十四文。第一に癪、小児の五疳*によい。

堆朱彫物師【ついしゅほりものし】　〔万買物調方記〕に「京ニテ椎（堆）朱彫物師」柳の馬場 権兵衛、智恩院古門前 庄兵衛、五条さや町 長寛。東洞院五条上ル町（町名ノミ）。「江戸ニテ堆朱彫物師」南大工町 養清。

追善の花【ついぜんのはな】　追善は死者の冥福を祈る供善。〔昼夜重宝記・安永七〕に追前の花は、三十五日の内は赤い花を用いず、白い花を用いる。三年の内は苔 曝《しゃれ》を用いず、三年忌以後は苔 曝の真の花*を用いる。帰り花*残花*などを嫌う。

〈付句心得〉〔俳諧之重宝記すり火うち〕に「追善に用捨」として迷闇、堕獄等の沙汰、苦しみ悲しみ等の沙汰、等がある。

ついたち【ついたち】　俳言の仙傍（訕謗）。「青物ヲ ついたち」。〔新成復古日夜重宝俳席両面鑑〕

朔日直【ついたちなおり】　〔耕作重宝記〕に朔日直《ついたちなおり》とは、朔日が晴天であれば日和が続くことをいう。

追虫湯【ついちゅうとう】〔薬種日用重宝記授〕に追虫湯は、海人草・苦連皮（大）、半夏・陳皮・白朮・便君子・百部根（各中）、梹榔子・甘草・山椒（各小）を煎じて用いる。大人・小児の虫に大いに妙である。外に、摂綿《セメン》支那《シナ》（＝サントニン）もよい。

追疔湯【ついちょうとう】〔改補外科調宝記〕に追疔湯は、疔疽*の内薬とある。この薬は表症の多いのによい。羗活・独活・青皮・赤芍薬・防風・黄連・細辛・甘草節・蟬退・姜蚕・独脚蓮（各五分）。まず沢蘭葉・金銀花・金線・重楼（各一匁）に生姜を酒で擂り、又は水で擂って酒に入れ、充分熱く煮て用いる。その後、生姜（十片程）を入れ酒と水と等分にして、先の十一味の薬を煎じ熱くして用い、着物を被せ汗を出す。膿があれば何首烏・白芷を加える。下す時は、青木香・大黄を加える。脚に出れば木瓜を加える。病が少し軽くなったら煎薬に大黄（二匁）を加えて余毒を去る。

ついど【ついど】〔世話重宝記・三〕に、「終《つゐ》に といふべきを、つゐど、ついしか、などといふはあしゝ」。

追儺の事【ついなのこと】〔年中重宝記・四〕に『公事根源抄』を引き次がある。大晦日の夜、大舎人寮《おおとねりりょう》の人が鬼を勤め、陰陽寮《おんようりょう》が祭文を南殿の辺で読む。上卿以下が鬼を追い、殿上人は御屋の方に立ち、桃の弓 葦の矢で射る。仙花門より入り 東庭を経て滝口の戸に出る。今夜、御前に灯《ともしび》を多く灯し、東庭の朝餉 台盤所前の砌に灯台を隙なく立てて灯す。追儺というのは年中の疫気を払う意で、鬼は方相氏《ほうしょうし》の事である。四目で恐しい面《おもて》をし、手に楯矛を持つ。また侲子《しんし》といい二十人、紺の布衣《ほい》を着た者を卒して内裏の四門を守る。慶雲二年（七〇五）十二月に始るのは、この年多くの百姓が疫癘に悩んだためという。今、民間にも今宵豆を抛《なげう》って鬼を追い出すのは追儺の真似である事は唐の『後漢書』の注や古詩にも見え、豆を抛つのは鬼の眼を打ち潰す事という。鬼は角《つの》等の生えた夜叉《やしゃ》の事ではなく陰邪《いんじゃ》の事で、陰《をん》の字を鬼と読んだものである。明くると春なので陽を尊んで陰を憎む意で、陰鬼《おに》を払うという。『埃嚢抄』には、節分の夜に大豆を抛つのは宇多天皇（八八七〜八九七）に始るという美曾路池の鬼神伝説もある。追儺を「おにやらい」というのは鬼を追《やろう》という意である。又「なやろう」ともいうのは儺を追《やろう》という意である。又『埃嚢抄』に今夜 嗅鼻《かぐはな》という鬼が人を喰らうのを、鰯の炙串《やきぐし》を家々の門に差すと鬼は人を取らないというのは、毘沙門の示現である。〔料理調法集・年中嘉祝之飾〕に追儺には、立春の前夜 家々に大豆を炒り、軒に柊魚の頭を差す。これは邪気を追い 正気を迎える祝である。大豆を打つ年男は家例による。三方《さんぼう》に升を置き 炒り大豆を入れ 熨斗《のし》を添えて年男が務める。その後、升の豆を敷紙して盛り 三方に据え 熨斗を添えて貴人へ奉る。その後、雑煮 三献の御祝がある。年男へ御盃を下され 引出物がある。

対の花【ついのはな】 立花*。直心《すぐしん》、除心《のぞきしん》でも、心*正心 副《そえ》*受《うけ》*流枝《ながし》*迄は同じふりの同じ道具を用いるのがよく、その外でも苦しくない。流枝は両方共に内へ取るのがよい。また松と竹、竹と梅等で対の花をする事は口伝がある。三幅対の懸物の前に花を三瓶する時は、両方に対の花を挿し、中に真の花を挿す。或は中には中央の属《たぐい》を飾ってもよい。〔昼夜重宝記・安永七〕

啄む【ついばむ】 大和詞。「ついばむとは、鳥の物をはむ（食）ことである。〔不断重宝記大全〕

続松【ついまつ】 大和詞。〔不断重宝記大全〕に「ついまつとは、たいまつ（松明）の事」。〔女用智恵鑑宝織〕には「歌がるたは つい松とる」。「歌加留多《がるた》」参照

終行く道【ついゆくみち】 大和詞。「つゐゆくみち（終行道）とは、別れを云」。〔不断重宝記大全〕

墜落し筋骨疼痛の止まぬのを治す方【ついらくしきんこつとうつうのやまぬのをじすほう】〔骨継療治重宝記・下〕に車馬より墜落し、筋骨疼痛の止まないのを治す方は、玄胡索（一両）を搗いて篩い、散とし、豆淋酒で調え、二銭を直に服し、下す。

通油入左衛門【ついりさえもん】〔重宝記・宝永元序刊〕に河内の通油入左衛《ついりさえ》門《もん》の家に水の涌き出る説話として出る。左衛門の先祖に美麗の娘がいて近隣に評判であったが、御門《みかど》に召されて寵愛を受けたが、少しの患いから次第に重り祈薬も効なく親元へ返された。帰って直ぐに死ぬ折は五月雨、通油入りの節で、親兄弟も嘆き惜しみ、居屋敷内に埋めた。その後、世移り 年積り 五月雨の頃を忘れないのか、入梅雨の時は必ずその家より水が涌き出した。河内国ではこの家に水が出ると梅雨入りを知り、これを通油入左衛門と名づけた。

紙【つう】 唐人世話詞。紙を「紙《つう》」という。〔男重宝記・五〕

通音【つうおん】 五十音図中の同行 或は同段の音が相通して変化することをいう。〔万まじない調宝記〕にはこのことを説明して、例えば次の例が出ている。魚は「うを」「いを」というのは、アイウエオの中で同喉音だからである。孤を「きつね」「くつね」「けつね」というのは、カキクケコの中で同牙音だからである。横の段では祖父を「ぢぢ」「ぢい」、夫を「おっと」「をっと」という類。

通関散【つうかんさん】〔医道重宝記〕に通関散は、喉痺が腫れ痛み、物言いの出来ないのを治す。人参・白朮・茯苓・甘草（各一匁）、防風・荊芥・薄荷・乾姜（各五匁）、桔梗（二匁）に付子を加えて煎ずる。慌てて寒涼の薬を用いると必ず死ぬ。急な時は腫れた所を突き破り、血を採るのを妙とする。喉痺は急症ゆえ遅なわると救われない。〔改補外科調宝記〕は通関散を頭瘡*の薬とする。細辛・牙皂（各等分）、藜蘆・羊躑躅（各少）を細末（粉）し鼻に吹き、もし久しく癒えず膿になるのは托裏消毒飲（散）*を用いる。もし潰えて後に腫れ 赤く散らず 膿澄み 色白く出るのには、六君子湯*に桔梗・川芎・当帰を加える。

通気散【つうきさん】 家方。〔昼夜重宝記・安永七〕に通気散は、当帰・黄芩・沈香・川芎（各一両）、茯苓・芍薬・大黄を末（粉）して服する。下し薬である。

通気防風湯【つうきぼうふうとう】〔医道重宝記〕に通気防風湯は、肩背痛*で首の動き難いのを治す。羌活・独活（各一匁）、藁本・防風・川芎（各一戔）、甘草・蔓荊子（各六分）を煎ずる。〔医道療治重宝記〕には諸症により加減がある。

通竅飲【つうきょういん】〔医道療治重宝記〕に通竅飲《つうきょういん》は、鼻に香臭を聞き分けないのを治す。細辛・白芷・防風・羌活・当帰・川芎・半夏・桔梗・陳皮・茯苓（各一匁）、薄苛（三匁）を煎じて食後に服する。この方は肺経の風熱を治す。もし、顔白く肺が虚すると、益気湯に麦門冬・山梔子を加えて用いる。

通経丸【つうけいがん】〔丸散重宝記〕に通経丸は、婦人 室女（処女）の経行の通じない者に、或は血瘕痛みの甚だしい者によい。肉桂・青皮・大黄・山椒・莪蒁・乾姜・川烏頭・乾漆・当帰・桃仁の十味を、糊で丸ずる。

通穴湯【つうけつとう】〔改補外科調宝記〕に通穴湯は、耳鳴りして聞こえない等に用いる。地黄（三分）、黄栢・麦門冬（各二分）、当帰・桂心（各一分）を煎じて服する。

通谷【つうこく】〈経絡要穴 心腹部〉〔鍼灸重宝記綱目〕に通谷《つうこく》は二穴。幽門の下一寸、上脘の左右へ五分ずつにある。針五分。灸三壮か五壮。口歪み、物言わず、心耄《ほ》れ、目赤く痛み、痰飲、嘔吐、積聚を治す。〈経絡要穴 腿却部 足太陽膀胱経〉足の小指の外側本節の前陥みの中にある。灸三壮。針二分、留むること五呼。頭重く、目眩い、項《うなじ》痛み、胸満ち、食の不消化を治す。〈灸穴要歌〉〔永代調法記宝庫・三〕に「嘔吐し

て口も歪みて欠伸して俄に唖となるは通谷」。

通じ丸【つうじがん】〔薬種日用重宝記授〕に通じ丸は、大黄（三十目）、川芎（十二目）、山梔子（五匁）、黄芩・黄伯（三目）を調合する。

通心飲【つうしんいん】〔小児療治調法記〕に通心飲は、夜泣*滞頤*を治す。また心気を通じ、水穀を分かち、熱を退け、利す。木通・連翹・瞿麦・山梔子・黄芩・甘草（各等分）を水で煎じる。

通天【つうてん】〈経絡要穴 頭面部〉通天は二穴。曲差より後ろへ三寸半。百会《ひゃくえ》の左右へ一寸半ずつ開く所。灸三壮。針三分、留むること七呼。癭《こ》瘤《ぶ》、鼻血、清涕《みずばな》を出し、頭ふらつき、項《うなじ》の痛むのを主《つかさど》る。〔鍼灸重宝記綱目〕

痛脾【つうひ】「痛風の事」ヲ見ル

痛風の事【つうふうのこと】〔医道重宝記〕に「痛風付脾症」は、風寒湿の気に侵されて痛みをなし、脾をなす。古くは痛脾という。虎が咬むようにあちらこちら痛むので白虎歴節風*ともいう。脈が弦で緊であるのを痛風とし、火濇で緊であるのを脾とする。薬に羌活湯*大防風湯*がある。〔家伝調方記・天保八写〕には巴豆（二三個位 油を去る）、牽牛子（一匁 焙烙で炒り細粉）を用いる。〔懐中重宝記・慶応四〕に通風の薬は、腫れ痛むのには煤を酢で溶いてつける。〔鍼灸重宝記〕に痛風は身内の骨節《ほねふし》に走り注ぎして痛む。気血虚弱し、風寒湿に感じ、或は痰が経絡に流れ注ぎ、関節に利しない。針は百会 環跳に刺す。灸は肩 臂が痛む時は、肩髃（懸具）曲池にする。〔万用重宝記〕は痛風 湿気の皮肉の間の痒がりに独活に過ぎる薬はないという。〈呪い〉〔新撰咒咀調法記大全〕に「痛風に呑む符」がある（図337）。

図337「痛風に呑む符」〔新撰咒咀調法記大全〕

〈痛風食物宜禁〉〔世界万法調法記・下〕に「痛風に宜い物」大根 牛房 粱《きび》 山椒 枸杞 芹。「禁物」麪類 油 蕨 蕎麦 黄瓜 莧 茗荷。

通明利気湯【つうめいりきとう】〔医道療治重宝記〕に通明利気湯は、虚火升上して痰気が耳中に欝し、或は閉じ、或は鳴り、痰火盛んにして憂鬱痞満し、咽喉利せず煩悶して不快なのを治す。言わば、気閉じ耳聾の薬である。貝母（三匁）、陳皮（塩）、黄檗・山梔子・玄参（各二匁）、蒼朮・白朮・香付子・生地黄・檳榔・黄連・黄芩（各一匁）、川芎（八分）、木香・甘草（各五分）に姜を入れて煎じ、竹瀝*を加えて服する。

通用の草木【つうようのくさき】立花。*〔昼夜重宝記・安永七〕に通用の草木は、草と木に通し用いるとして竹 山吹 連蕘 藤 隈篠 刈萱 吾亦紅 千両 竜胆 万年青 一ツ葉 南天 紫陽花 手鞠 牡丹 石楠花など二十九種が挙っていて、この類は多いので推量せよとある。

通用味噌【つうようみそ】〔料理調法集・造醸之部〕に通用味噌は、大豆一斗、糀一斗、塩四升で常のように仕込む。

通利の薬【つうりのくすり】経験方。〔丸散重宝記〕に通利の薬は、沈香・木香（各等分）を空き腹に白湯で調える。通ずるのを限度とする。房事や小便を強いて忍ぶと、転胞して小便が通ぜず、通利の薬は効がない。その気を廻らすのがよい。

通霊散【つうれいさん】〔牛療治調法記〕に通霊散は、細辛（二両）、蒼朮（一両三匁）、肉桂（一両一匁）、芍薬・茴香・茵陳（各一両八分）、桂心・青皮・陳皮・藁本（各一両）を末（粉）し、毎服一両に酒（一升）・葱白湯（葱根の煎じ汁）に和して煎じ、調えると即効がある。冷気が脾胃を攻め 毛焦れ 口鼻冷え 起き臥しに脚は虚しく、腰の頻りなのは、脾胃を和するのがよい。

杖の事【つえのこと】〔万物絵本大全調法記・上〕に「杖 ぢやう／つえ。枴 かい。かせつえ。あかざのつえ。鳩杖 きうぢやう／はとのつえ。柱杖

しゆぢやう」。〈異名〉〔書札調法記・六〕に杖の異名に、鳥藤《ちょうとう》短杖《たんじょう》扶老 霊寿 木蛇《もくじゃ》 古策がある。〈杖の言葉〉〔進物調法記〕に次がある。五十歳にして家に杖突く。六十歳にして郷に杖突く。七十歳にして国に杖突く。八十歳にして朝に杖突く。〈杖打撲傷〉〔骨継療治重宝記・中〕に杖で打たれ痛み腫れ、まだ破れないのには稜針《ひらばり》で血を出し、破れたのは血を出してはならない。撒地金銭・山薄荷・生地黄・地薄荷・猪殃《ちょぼ》嚀葉《ねいよう》・沢蘭葉・血見愁《けつけんしゅう》を搗いて敷貼《つ》ける。もし打たれ瘡となったのは、黒膏薬 白膏薬 紅膏薬 太乙膏* 中指膏を敷貼ける。

つえぼし【つえぼし】 諸国言葉。杖棒を「つえぼし」というのは京の詞である。〔不断重宝記大全〕

柄【つか】 欛とも書く。刀剣等の手で握る部分。〔万物絵本大全調法記・上〕に「欛 は／つか」とある。〈長さ〉〔里俗節用重宝記・上〕に柄の長は鞘の三分一をよいとする。柄木は柚樫の木がよい。

痞の薬【つかえのくすり】 「しゃくつかえのくすり（癪痞の薬）」ヲ見ル

柄鮫【つかさめ】 刀脇差名所。〔武家重宝記・四〕に柄鮫《つかさめ》は、刀脇差の柄《つか》*を巻くのに用いる鮫の皮のことである。親粒《おやつぶ》 睨《にらみ》 走《はしり》 鮎鮫《あゆさめ》などがある。〈鮫屋〉〔万買物調方記〕に「京ニテ鮫屋」二条通東西に多い。「江戸ニテ鮫屋」白銀町通 長左衛門、京橋北一丁目 弥兵へ、同四丁目 彦兵へ 八兵へ 又四郎の外、通筋に多い。「大坂ニテ鮫屋」近江町 茨木屋吉兵へ、高麗橋一丁目、同両替町。

柄巻屋【つかまきや】 〔万買物調方記〕に次がある。「京ニテ柄巻屋」二条通東西にある。但し、西洞院より西に多い。佐伯 岩田 徳田 沢田 三上佐内。油小路二条上ル 羽田 伊田。他に四軒がある。「江戸ニテ柄巻屋」上野黒門前 伝左衛門、銀町二丁目 三郎左衛門、伝通院前 伝右衛門、山下町 黒崎権左衛門 黒崎権右衛門 入江作左衛門。「大坂ニテ柄巻屋」南新町一丁め 御柄巻平井休夢、谷町 紀ノ国や平内 むらし利右衛門。

つかみ酒【つかみざけ】 〔料理調法集・料理酒之部〕につかみ酒は、雉子のわた（腸）を扱き 味噌を少し加え よく叩き合せて、一足の足に一本ずつ串を刺し、叩いた腸味噌《わたみそ》を指の中へ入れて焙るとよくにぎ（膩）る。中までよく焙れた時、指の際から切り、又よく叩き 少し煎って 酒を入れ燗をして出す。

つがもない【つがもない】 諸国言葉。「わけもない」ということを、但馬では「つがもない」、中国では「しもない」という。〔不断重宝記大全〕

津軽百合【つがるゆり】 草花作り様。津軽百合の花は赤色。四月に、天目百合*のように空向きに咲く。土は赤土、肥しはこの土に馬糞を干して粉にし、交ぜ合せて根廻りへ散らす。分植は春 秋、又は六月土用中がよい。〔昼夜重宝記・安永七〕

つき【つき】 俳言の仙傍（訕謗）。「七ヲ つき」という。〔新成復古日夜重宝俳席両面鑑〕

月笠【つきがさ】 〔耕作重宝記〕に、月の回りに輪があり、黒いのを月笠という。雨が降る。「日笠」参照

鐘【つきがね】 〔万物絵本大全調法記・上〕に「鐘 しょう／かね／おほがね／つきがね」。〈異名〉〔書札調法記・六〕に鐘《つきがね》の異名に、花鯨《かげい》 閑鯨《かんげい》 金童 霜乳《そうにゅう》 寸筵《すんえん》がある。

突き疵の処置【つききずのしょち】 〔改補外科調宝記〕に次がある。〈突き疵の処置〉に次がある。○焼酎でよく洗い、油薬を専一に塗り、疵口へ差し入れ、その上に玉子の白身に椰子油を合せて木綿に延べ、上に酢と水と合せて付ける。疵より肉を開くようにする。○突き疵の深い時は、水注で肉を洗う。初め血をよい加減に出す。早く止めるのも遅く止めるのも悪い。突き疵の血を早く止めるか、或は疵の口が狭くて血が出ず腹がせく時は、女篠《めざさ》を煎じて飲ませると忽ち出、また大便に下る。○大方手負の血は早く止めてはならない。理由は、後に疵の所へ血を寄せないためで、血の多い時は疵に血が寄り、疵癰となり、甚だ難しくなる。血を

抜いて疵が癒えた後に血を増す薬を用いる。〈突き疵の油薬〉豚油・人油・生松脂（各一両）、椰子油（二両）、竜脳・軽粉（各一匁）。この三味の油に松脂を入れ、煎じ泡が立ち止む時、竜脳を入れて掻き交ぜ布で濾し、冷まし、軽粉を入れて交ぜ合せ用いる。

接木の事【つぎきのこと】 継木とも書く。〈接木に用いる薬方伝〉〔調法記・四十七ゟ五七迄〕に「継ぎ木 挿木《さしき》*に用いる伝」がある。○青葉の藿香（一両）、蓮肉（半両）、人参（五分）を粉にして水に溶き、継ぎ穂の削ぎ目に塗るとよく継げる。○挿し芽の木の切り口に塗るとよく根を下ろし育つ。○生花の切り口に塗ると花は久しく保つ。○蜜陀僧一匁を卵白三ツで練り合せ、日に干して固めて置き、継ぐ時水で溶き継ぎ穂の切り口に漬けるとよく継ぐ。○膠を水で溶いて付けるのもよい。○蜜柑 金柑等実が生ったまま継ぐ法は、餅米を飯に炊いて続飯に練り、鶏糞を少し混ぜ、また湯風呂の底に人の垢の溜ったきらきらした物を少し取って練り合せ、継ぎ木と削ぎ目に付けて継ぐ時は、何の木でも十日も立たない内によく継げる。〔新板秘伝日用重宝記〕には切口をよく口に含み、台の木へ人油を付け、苧で巻き、雨に当てないようにするとよい。

〈接木相性〉〔大雑書 草木植替重宝記・享保四〕に接木相性がある。○杏子 紅梅 白梅 越中梅 豊後梅 箙梅等梅の類は、桃と梅とに正月二月に継ぐとよい。○海棠に林檎を継ぐ。○山梨に青梨、古河梨を継ぐ。○柴栗に大栗を継ぐ。○山梨に色藤を継ぐ。○渋柿に木練《こねり》 木醂《きざわし》を継ぐ。○緋寒桜に京桜を継ぐ。○山桜に一切の色桜を継ぐ。○山紅葉に一切の色紅葉を継ぐ。これ等は正月二月が旬である。〔庭木重宝記〕には加えて蜜柑 橙 柑子 橘 久年母 柚の類は、木斛の台に三月から四月迄継ぐ。○椿 山茶花の類の寄せ継ぎは、三月から四月迄がよい。○指目は三月から四月迄がよい。○水つきは六月土用が過ぎてよい。○「木継様之哥」があり、穂の長さは三寸とあり、「継ぎ台の肉と皮とのその間《あい》を削りその伜唾《つばけ》塗るなり」「穂の本を半分削り唾塗り 締めるに明きは心なりけり」とある。

搗栗【つきぐり】 「搗栗」は「かちぐり（勝栗）」*の誤りという。

月毎に慎しむべき事【つきごとにつつしむべきこと】 〔万民重宝改正大ざつ書〕に月ごとに色々と慎むことがある。○正月中には水を飲まない。○二月の節には物の命を取らない。○三月の節は神事、その他万に忌む。○四月の節には種を蒔かない。○五・六月の節には薬 灸をせず、医者に診せない。○七・八・十二月の節には男女の道をしない。○九月の節には酒を造らず、出行は悪い。○十月中に湯を浴びると病となる。○十一月の節には男女の道をせず、万ず病を発する悪しき日である。

月に一日出ない日【つきにいちにちでないひ】 〔万民重宝改正大ざつ書〕に「月に一日出ぬ日の事」がある。正月は寅の日。二月は巳の日。三月は申の日。四月は亥の日。五月は卯の日。六月は午の日。七月は酉の日。八月は子の日。九月は辰の日。十月は未の日。十一月は戌の日。十二月は丑の日。

月の一字異名【つきのいちじいみょう】 「一字異名」ヲ見ル

月の異名【つきのいみょう】 「正月」*「二月」*「三月」*以下、各月ヲ見ル

月の桂【つきのかつら】 大和詞。〔不断重宝記大全〕に「月のかつらとは、手に取られぬ事」をいう。（歌）目には見て手には取られぬ月の内の桂のごとき君にぞ有りける（伊勢・七十三）」。

月の事【つきのこと】 〔万物絵本大全調法記・上〕に「月 げつ／ぐわつ／つき。月 日の光りをうく、日照ざる所 魄《はく》と云」。〈異名〉〔書札調法記・六〕に月の異名に玉兎《ぎょくと》 盈缺 円魄 夜魄がある。〔日用重宝万物図解嘉永大雑書三世相〕に玉蟾《ぎょくせん》 氷輪 玉盤《ぎょくばん》。月は水陰の精で中に限りがあり月兎という。〔童女重宝記〕に「月天子《ぐわってんし》、名義集に云、蘇摩《そま》、此《こゝ》には月神《げつじん》と云」。〔消息調宝記・三〕に春に朧月、夏に月の霜氷に見立て、冬に冴ゆる月と云。冴ゆるは鐘の音等もいう。四時の内に秋を第一とするのは金気の時節な

のて別して光を称美し、月の清む月、月清かなど 皆清の字、その清光は秋を専らとするからである。〈月見〉〔重宝記・宝永元序刊〕に八月十五夜・九月十三夜の二夜、月光すぐれて清明なのを翫ぶ。八月十五夜の月見は中華 本朝ともに同じ、詩歌は多い。九月十三夜の月は日本で翫び、九月十五夜の月も賞する。〈連俳用語〉〔男重宝記・四〕には百韻*では七句目が「月の定座」で秋の月がよいが他の月でもよい。七句目までに差し合いがある時は、零《こぼ》れ月といい八句目でも月を出すが、同じことならしない方がよい。

〈月により日和を知る〉〔耕作重宝記〕には、○「晴の予測」三日月が尖ると晴天、北の方が一段と尖ると日和は長く続く。四日月が特に尖って光り輝くとその一ヶ月は照る。また光りが薄く月の中が満月のような光りがないと一ケ月は雨が繁い。○月の笠（日笠*月笠*）の破れた方から風が吹き、破れずに消えると照る。笠の回りに星があると雨は遅い。月に添い星があると雨が早い。輪の内 外によらず星が一ツあると一日照り、二ツあると二日照る。その星の数程天気はよい。その後は風雨になる。秋冬は雨繁く、春夏は風が繁く、その輪が消えた方から風が吹く。

〈月輪を見て風雨を知る事〉〔船乗重宝記〕には、○三日月と二十八日の月が栗色に見えると大風が吹く。また同じ色の暈が見えるのも大風が吹く。三日月の下に雲が横たわると翌日は雨が降る。○四日月の角先が太く見えるとその一ケ月は西風が強い。四日の月に栗色の輪があると風。○月の出入に栗色で光らなければ三日目に大風。月に黒い輪があり、青く赤く沢山の所が中切に見えるのは大風。月の丸い時に輪があり、その内に少し雲があると大風。○二十七日二十八日三日の月の角先が厚く大きく尖らず動くように見えるのは大風の徴。○いつでも月の傍らに黒雲が起るのは大水の徴。○白気が月を貫くのは、夏は大水、秋は風。○黒気が月を貫くのは春は大水、夏秋も水、又は雲る。○一ト月悉く雨が降らないと来月初めは必ず風雨。○月の上下を黄の雲が覆うと大風。月に暈がある時は風。必ず暈の欠けた方から風が吹く。

〈月輪を見て吉凶を知る〉〔重宝記・幕末頃写〕に次がある。○月が日の中にあり 東方に見えるのは 天下国家太平の瑞兆。○月が二ツ並び出るのは大凶。月に二輪があると必ず雨が降る。○月の回りに三星があり鼎の三足のように見えるのは大凶、十日内に災いがある。赤い雲が角のようなのは大凶。黄の雲が角のようなのは国は大吉。白く黒い雲が角のようなのは二年内に大疫病がある。○三ヶ月の下に星が一ツあり 光明なのは大悪。三日四日の月で両尖りに星があると人民は煩い死ぬ。○月が出て五星の中に入ると八月に大霜が降り、五穀は稔らず、民は飢え、盗賊が起る。八月末にあれば来年八月に起る。四星の中に入ると国中に災いがあり餓死する。両脇に二星があると大凶、国中に盗賊が多い。○月初十五日より前の満月は大凶。十五日より後の満月は六十日内に災いがある。また十四日十五日の夜に月が満たないと大日旱。○月に四角の暈があると国中飢饉し人が多く死ぬ。その暈色が赤いと大凶、人の身に祟る。○月の色が黄で青いのは飢饉、大風が吹く。赤いのは火災、黒いのは水災。○満月が二ツに破れて見えるのは 国家大凶。○月蝕に色の赤いのは 大日旱。触の間に大風があると疫病が流行り、風雪があると来年は飢饉、人民は煩い死ぬ。月触が十分で彗星が出ると六十日以内に災いがある。

月の三箇【つきのさんか】「三箇の悪日」ヲ見ル

月の出【つきので】「しおのみちひ（潮汐の満干）」ヲ見ル

月の名残【つきのなごり】「後《のち》の名月」ニ同ジ。九月十三夜。

月日付【つきひづけ】「書状の事」ヲ見ル

月塞りの方位【つきふさがりのほうい】金神*のうち、「月塞りの方位」ヲ見ル

月不成就日【つきふじょうじゅにち】〔新板増補男重宝記・五〕に次がある。○毎月

四日、十一日、十八日、二十五日。暮の六ツ（六時）より夜の九ツ（零時）迄。○毎月八日、十五日、二十二日、二十九日。卯の刻（六時）より午の刻（十二時）迄。これらの日は、物を仕初むるにも、また人に物を言い掛けても、成就しない。「不成就日」参照

月俣がり【つきまたがり】 「月俣《また》がり」は月経をいう。「月水《がっすい》の事」ヲ見ル

突き目の事【つきめのこと】 治方。〔文政新刻俗家重宝集〕に突き目の奇方は、蝿の眼玉を取り乳汁で押し交ぜて付けると妙でる。〔調法記・四十七ゟ五七迄〕に目を突いて星などが俄に生ずる時の方がある。○蝿の頭を飯と乳汁で練り合せ、とろりとして目に差すと即効がある。○杏仁を摺り潰し、乳に浸して度々差す。○薊草を搗き、その汁に鉄漿を少し入れ、紙で濾し差す。○稲の芒《のぎ》が目に入った時は、茗荷の根の汁を絞って入れるとよい。麦の芒にもよい。〔重宝記・儀部家写本〕には突き目には、水仙花の根を潰し茶碗に入れ、少し水を入れて付けると妙である。数人に与えて度々験があった。〔新撰咒咀調法記大全〕に突き目には、○栄螺の蓋の雨にしゃれたのを白焼きにし、明礬の焼き返しを少し加えて粉にし、少し差すとよい。○杏仁を潰し乳汁に浸して度々差すのもよい。〔調宝記・文政八写〕に「突き目 上翳《うわひ》 底翳《そこひ》 刺立ち」には、菱草《まこも》（黒焼）・上野砥《こうずけと》（各等分）をよく摺り合せて点《さ》すとよい。

月本越【つきもとごえ】 「奈良越」ヲ見ル

継物の法【つぎもののほう】 〔新撰咒咀調法記大全〕に「継ぎ物の法」は、○饂飩粉一升をさわさわと煮立て、石灰二合を細末（粉）にして入れて搗き合せて置き、これで焼物や塗物を継ぐと離れない。○卵の白身に石灰を交ぜて継ぐ。○庭石に色を付けるのにも、これに煤を交ぜて引くとよい。〔万用重宝記〕に漆を使わずに割れ物を継ぐには、鰾膠木《にべのき》（＝糊空木）の皮を摺り潰して何でも継ぐといつまでも持つ。「いしうるし」*「せしめうるし」*「焼物継ぎ様」モ見ル

邪を除く法【つきものをのぞくほう】 「鬼疾《たゝりやまひ》 邪瘧《つきものおこり》を除く法」*ヲ見ル

月役【つきやく】 「がっすい（月水）の事」ニ同ジ

月雪花【つきゆきはな】 〔消息調宝記・三〕月《つき》雪《ゆき》花《はな》は景物の最上とする。四時の内は、秋を第一とする。〔音信重宝記〕には雪月花とある。

月夜【つきよ】 大和詞。「いひすし（飯鮨）は、つき（月）よ」という。〔女重宝記・一〕

月読神【つきよみのかみ】 ①大和詞。〔不断重宝記大全〕には「月よみの神とは、春日明神」とある。②〈疱瘡神〉〔年中重宝記・五〕に、松尾の東南にある月読神に毎年はやる疱瘡を祈るとよい。『文徳実録』を引いて、仁寿三年（八五三）春から夏に疱瘡がはやって児童が死んだのを天皇が諸神に祈られた時、大堰川の辺に宮居する月読神が形を現わされ、我が居は川近くで洪水の憂いがある。もし、我が居を松尾の南に移せば疱瘡の災厄をなくすとの言葉に喜ばれ、即ち今の所に移されたという。

月読宮【つきよみのみや】 「月よみの宮とは、伊勢の外宮」である。〔不断重宝記大全〕

月読宮遥拝所【つきよみのみやようはいしょ】 伊勢名所。外宮第三の別宮である。土の宮*の鳥居を出て左にある。御本宮は宮後町《みやしりまち》の北にある。〔東街道中重宝記・七ざい所巡道しるべ〕

紙衾【つきん】 唐人世話詞。「ふすま（衾）を、紙衾《つきん》」という。〔男重宝記・五〕

釚【つく】 釓《つく》とも書く。〔武家重宝記・二〕に釚《つく》は、握*の上前の方にある。矢毀《やこぼし》を制するためである。

つく【つく】 大和詞。「つくつくし（土筆）*は、つく」という。〔女重宝記・一〕

几【つくえ】 〔万物絵本大全調法記・下〕に「几き／をしまづき（脇息）。凴《へう》几《き》也。又机《き》に作る」。「案あん／つくゑ。卓たく、梟たくま。並に同。几に亦通ず」。〈異名〉〔書札調法記・六〕に几の異名に、竹奴《ちくど》鳥皮《ちょうひ》竹夫《ちくふ》

人《じん》がある。

筑紫船【つくしぶね】　大和詞。「つくしぶねとは、会はでこが（焦）るる事」である。〔不断重宝記大全〕

筑紫鎧【つくしよろい】　〔武家重宝記・三〕に神武帝が日向の宮崎で始めて作らせた鎧を世に筑紫鎧という。

土筆【つくづくし】　〈薬性〉〔医道重宝記〕に土筆《つくつくし》は温で毒なく、風寒を散ずる。〔永代調法記宝庫・四〕につくつくしは、傷の毒、目も霞み、疱瘡の後に食うと死ぬ。〔黒本本節用集〕に「土筆 ツクヅクシ／天花菜 つくづくし 医書に此字を用いる」。

築土の疣地蔵【つくどのいぼじぞう】　江戸願所。牛込築土明神の境内に疣地蔵があり、疣 黒子《ほくろ》が面体へ出て難儀する者が願懸け精進すると一七日（一週間）の間に跡もなく速やかに平癒する。願成就の時に塩を供し 拝すると、霊験著しい。〔江戸神仏願懸重宝記〕

つくのけごろも【つくのけごろも】　「つくのけごろもとは、しづかにあはんと云心」である。〔消息調宝記・二〕

菟玖波集【つくばしゅう】　連歌撰集。『菟玖波集』は二十巻。二条良基公撰。天子 諸官の連歌を集め、後嵯峨院の句を巻頭になし、皆二句ずつで長く連続しない。日本武尊の「にいばりつくばを過ぎて幾夜かねつる」という歌を踏まえて付句したのを連歌の始めとすると序に書いてある。この後 連歌の書が様々出た。〔消息重宝記・四〕

つくはね【つくはね】　百人一首読曲。「つくはね」は、「は」の字は澄む。〔麗玉百人一首吾妻錦〕

つくばね煎餅【つくはねせんべい】　「つくばねせんべい」は、深川やくら下 いなけや伝四郎にある。〔江戸町中喰物重法記〕

筑摩祭【つくままつり】　〔年中重宝記・二〕に、四月朔日、江州 筑摩祭。この所の氏子のまだ嫁しない女が密かに男にあった懺悔として、鍋を被り今日の祭に渡る。昔 淫婦が数多くの男に会ったのを恥ずかしく思い、大鍋の内に小鍋を入れて被って来て躓き倒れ顕れたということもある。「近江なる筑摩の祭とくせなん つれなき人の鍋の数見む」と『伊勢物語・百二十』にあるが、今はない。

鶫の事【つぐみのこと】　〔万物絵本大全調法記・下〕に「鶫 とう／つぐみ」。〈薬性〉〔永代調法記宝庫・四〕には淋病、腎虚によく、諸病に用いてそれほど障らないとある。〈料理仕様〉〔諸人重宝記・四〕に鶫は、汁、焼いて ころばかし（転煮、ころ）。〔料理調法集・諸鳥人数分料〕に鶫は、八月から三月迄いる。料理には二三月の時分が風味よい。焼鳥で二ツ割にする。一名、ちょうま（鳥馬）。

江浦草髪【つくもがみ】　大和詞。「つくもがみとは、ばけもの（化物）の事」である。〔不断重宝記大全〕

作り黄土【つくりおうど】　絵具製法 礬砂の加減。〔万物絵本大全調法記・上〕に作り黄土の加減は、丹*に藤黄《しおう》*を目分量に入れ、薄くして使う。

旁字尽【つくりじづくし】　「篇冠構 旁字尽」ヲ見ル

作り花師【つくりはなし】　〔万買物調方記〕に次がある。「京ニテ祝言の糸花屋 端午 もり物」一条烏丸西へ入町、堺町蛸薬師下ル。「京ニテ色紙の作り花」寺町椹木町下ル丁、同二条上ル町、建仁寺通三条下ル、松原通川より東（共ニ氏名ナシ）。「江戸ニテ作り花師」本所 祝言方 九左衛門、浅草かや町一丁目 惣左衛門、尾張町一丁目 甚右衛門。「京下り」下谷広小路 別春、浅草並木町 常春、同かや町二丁目 正次、正信。「大坂ニテ作り花師」天満鳥居筋、御堂の前（共ニ氏名ナシ）。

黄楊 木櫛 笄【つげ きぐし こうがい】　〔万物絵本大全調法記・下〕に「黄楊 わうやう／つげ」。〈売り店〉〔江戸流行買物重宝記・肇輯〕に「黄楊 木櫛 笄」芝神明前 荒木松五郎 桔梗屋喜右衛門、日本橋通一丁メ 伊勢屋藤兵衛、同二丁メ 錫屋武兵衛、いせ町 万屋徳兵衛、両ごく吉川町 伊勢屋徳

三郎、てりふり町亀屋清兵衛ら二十人がいる。

付合【つけあい】 連俳用語。前句に付句を、関係のある語でつけること。色々に複雑であるが、簡潔には、例えば〔筆海重宝記〕に春秋の句は三句から五句迄つけ、二句では捨てない。夏冬の句は一句から三句迄。恋の句は二句から五句迄続け、一句では捨てず、三句隔ててまたつけてもよいが、恋の句に限る。詳しくは〔俳諧之重宝記すり火うち〕に親句 疎句、*同字別吟、祝言、新宅、元服、袴着、病家、追善等種々解説がある。「去り嫌い」参照。

付鉄漿【つけがね】 「御歯黒の事」「元服の事」ヲ見ル

付木【つけぎ】 〔万物絵本大全調法記・上〕に「つけ木」とある。檜や杉の薄片を長さ五寸 巾五分位に切り、一端に硫黄を塗り燃え易くし 火口から火を取って他に移すのに用いた。〈早付木〉〔里俗節用重宝記・上〕は二方がある。①糊を引いて、硫黄（一匁五分）、樟脳（三匁）、灰（四匁）、煙硝（一匁）を合せて細かにし 篩い掛け、また紙に糊を付けて合せ貼って乾かし、巾五分ばかりに切って用いると風にも消えない。②硫黄（十匁）、樟脳（二匁）、煙硝（五匁）、丹（七分）、丹礬（二匁）を細かにし、焼酎を糊に交ぜて紙に引く。薬を掛けて同じようにする。

つけ薬【つけぐすり】 〔薬種日用重宝記授〕には「奇腫 腫物 ツケクスリ」として、神麪・唐土（各三匁）、カルメル（三分）の三品を極く細末（粉）にして、玉子の白身で練り、白紙に付けて貼る。

漬大角豆【つけささげ】 〔世界万宝調法記・下〕に漬大角豆《つけささげ》は、大角豆（十拕）、黒米飯（一升四合）、糀（四合）を、鮨をするように漬け、少し重しを懸けて置くと、甘酒になっていつ迄もある。大角豆の出立ちに漬けて置き、遣う時に塩を出し、鍋煮の時節、大角豆（三拕）に銭（二百文）ばかりの積りに入れて茹でると実に青くなる。

漬しめじ【つけしめじ】 〔世界万宝調法記・下〕に漬《つけ》しめじは、新しいしめじの石突を切り捨て、虫食いのないのをよく湯煮し、一夜板に並べて冷まし、擦れ合わないように漬ける。押しを少し掛けて置く。

漬初茸【つけはつたけ】 〔世界万宝調法記・下〕に漬初茸は、初茸の開いたのばかりを取り、石突を切り捨て、よく湯煮して雫を垂らし、いかにも白い塩で摺れ合わないように漬ける。桶の底に錐を通し、塩気を垂らすのがよい。

漬松茸【つけまつたけ】 〔世界万宝調法記・下〕に漬松茸は、松茸の蕾んだのを石突を切り捨て、十分よく湯煮して、開いたのは笠と茎と別に煮て同じ煮加減にし、雫を垂らしてよく冷まし、いかにも白い塩を桶の下に置いて、その上に松茸を擦れ合わないように並べ、また塩を松茸の隠る程振り、生松茸を間々に置く。このようにして上まで段々に漬け、桶の底四所に錐を通し、塩気を垂らす。水が溜ると松茸に悪い。

漬物の事【つけもののこと】 〔男女日用重宝記・上〕に「万漬物の事」として味噌 香の物漬け様がある。①大根 瓜でも塩をして押して染みた時、まず生味噌に入れて百日も置いて取り出し、味噌を扱き落し、よい味噌に入れて置くと味噌の味は変わらない。②生で醤油だけに入れよく染みた時に入れる法もあり、これは和らかになる。〔男女日用重宝記・下〕にも「色々漬物漬け様」がある。①寒の内の雪（一斗）に塩（三升）を入れて置き、竹の子 松茸 瓜 茄子 青梅、その他何でも久しく貯えたい物をこの水に入れて置く。②鳥や魚を漬けたい時は、水を汲み分け、別に漬けて置く。〔ちやうほう記〕にも「万漬物」が、①酒・酢・醤油（各一升）に菜でも魚でも鮨のように漬けて置く。②雪中の雪（五升）・塩（一升五合）に竹の子 松茸 瓜 茄子 青梅 刀豆 紫蘇 蓼 唐辛子 生姜の他色々ある。〈寒水塩加減〉〔料理調法集・漬物之部〕に、漬物に寒水塩加減は寒の水一斗に塩三升を入れて煎じ、魚鳥菜類までも漬けて置く。〈売り店〉〔江戸町中喰物重法記〕に「漬物品々」は日のや久兵衛（さめ

かはし千日谷）、小田原屋吉右衛門、伊勢屋治右衛門（糀丁五丁目）等。〈漬物の色々〉青梅漬*青（茄子・瓜・豇豆）漬*青柚漬*浅（大根）漬*阿茶羅漬*甘漬漬*甘漬鯆《はららご》*梅漬*梅干漬*沖（小鯛・小鯵）漬*粕漬*粕漬玉子*辛子漬*祇園漬*菊味《きくみ》漬*紀州漬*岐阜塩漬鮎*切漬鯖*金平漬茄子*糀漬*高麗漬物*五盃酢*鮭甘子漬*砂糖漬梅*砂糖漬鰹*沙羅沙梅*塩漬*沢庵漬*筍漬*とねり*茄子漬*奈良漬瓜*奈良漬大根漬*南蛮漬鳥*羽衣漬*松茸漬*丸山梅漬*水浅漬*味噌漬*和らか漬鮑*など。

漬柚【つけゆ】〔世界万宝調法記・下〕に漬柚は、水一斗の中へ塩三升を入れ、よく揉み砕き、銅鍋へ入れて煎じ、また唐金銅の鉢へ入れ冷まして二三日置く。よく冷えた時、壺へ入れて柚を漬ける。同じことなら唐金道具がよい。柚（百本、葉付き）、同（二十、輪切にする）。李《すもも》程の青柚はこのように、柑子《こうじ》蜜柑程の大きさにして、百の内を二十切るとよい。この塩水へ入れ、壺を半分程出して土に埋めて置く。もっとも壺の口をよく包んで置くと来年迄持つ。

つける【つける】俳言の仙傍（訕謗）。「喰ヲ つける」。〔新成復古日夜重宝俳席両面鑑〕

晦日【つごもり】〔万物絵本大全調法記・上〕に「晦 くわい／つごもり」。〈世話〉〔世話重宝記・三〕に晦日《つごもり》の夜は、月が暗い夜なので「つごもり」という。月こもるの意である。「つもごり」というのは誤りである。昔ある人が、伊勢の津に大小の橋というのがあるというのに訳を聞くと、津にこもったという意味で名づけたという。「歳暮《せいぼ》」参照

辻占を聞く事【つじうらをきくこと】〔調法記・全七十〕に何でも占いたいことがある時は、四ツ辻に出て、歌「もも辻やよ辻が浦のいちの辻 うらまさしかれ辻うらの神」。この歌を三遍唱え、三人目の人の言うことを聞いて思い合せて占う。但し、人目と言っても連《つれ》の人がいないと物を言わないので、物言う人の三人目である。〔調宝記・文政八写〕には「辻浦考 秘伝歌」として「辻やづし 四辻がうらの一四辻 つじまさ［辻正］光れ つじうらの神」とある。

辻君【つじぎみ】「夜鷹《よたか》」ニ同ジ

対馬【つしま】対州。〔重宝記永代鏡〕には上県、下県の二郡をあげ、城下は府中、一ノ宮は和田都美である。〔万民調宝記〕に居城知行高を、宗対馬二万石とある。〔大増補万代重宝記〕には下管、四方十八里。田数は六百町とし、知行高は未詳である。〔重宝記・幕末頃写〕は知行高を二万五千石とし、四方一日。日本を離れる故、異珍の類があり、探題職を置く、小下国等とある。今の長崎県対馬が当る。〈名物〉〔万買物調方記〕に椎、椎茸、昆布、海苔、青砥（塗師研ぎ屋が用る）、鰤、熨斗（鮑）。

鼓草【つずみぐさ】「たんぽぽ（蒲公英）」ヲ見ル

蔦【つた】〔薬種重宝記・中〕に和草、「絡石 らくせき／つた。毛を拭き去り、刻みあぶる」。〔紋絵重宝記・上〕には扇に蔦の意匠、丸に蔦の葉の紋、蔦の字の意匠がある。〔同・下〕には「つたがらくさ」の紋がある。「ていかかずら（定家葛）」参照

蔦葛【つたかずら】大和詞。「つたかづら（蔦葛）とは、舟の綱にする物」である。〔不断重宝記大全〕

拙し【つたなし】大和詞。「つたなし（拙）とは、いやしき事」である。〔不断重宝記大全〕

呪吐【つたみ】大和詞。「つたみ（呪吐）とは、小児の乳をあま（戻）す」ことである。〔不断重宝記大全〕

土【つち】〈軽重数〉〔改算重宝記〕は一尺四方六方の重みを十二貫七百六十匁。〔童蒙単語字尽重宝記〕は十一貫目。〔算学調法塵劫記〕は十貫八百目。〔算学重宝記・弘化三〕一寸四方高さを八十目。〈草花作りによい土*〉〔昼夜重宝記・安永七〕に以下の土がある。○真土《まつち》（植栽に良質の土）。○砂真土。○野土《のづち》（腐植土）。○赤土《あかつち》（火山灰が風化した赤色の土）。○肥土《こえつち》*。○砂。○田土《たつち》。○合土《あわせつち》*。○しのぶ土*。

斑鳩【つちくればと】〈薬性〉〔医道重宝記〕に斑鳩《つちくればと》は、平で毒がなく、気を増し、虚を補い、目を明らかにし、陰陽を和し、喧《か》病《むせやまい》を生じない。〈料理〉〔料理調法集・諸鳥之部〕には「真鳩 一名つちくれ」として、九月より出て、鳩の内では風味よく、鴨の代りになり、雑炊に遣うとまことによい。煎鳥にもよい。

土高【つちたか】「ぶんまい（分米）」ニ同ジ

土鳴る日【つちなるひ】〔永代日暦重宝記・慶応元写〕に土鳴る日は、地の鳴動する日である。大の月は一日、五日。小の月は、十三日。

戊【つちのえ】 十干*の第五。戊《つちのえ》《ぼ》。〔日用重宝万物図解嘉永大雑書三世相〕には戊《ぼ》《つちのえ》、著雍《ちょよう》とある。戊《ぼ》は茂《しげる》で、六月頃は草木の殊更茂る意である。この日病人を訪い、着物を裁ち、田を耕すことを忌む。

戊己【つちのえつちのと】〔重宝記・宝永元序刊〕に戊己は土神。この日は田畑を耕さず、壁を塗らず、古井を浚わず、葬礼を出さず、諸病を療治せず、死人を弔わず、寺廟に詣でず、武具を造らない。小児の手習初め、嫁取、五穀刈初めによい。物裁ちはよくない。〔日用重宝記・二〕には戊己は気の化とある。

戊年生れの吉凶【つちのえとしうまれのきっきょう】〔日用重宝万物図解嘉永大雑書三世相・嘉永四〕に、○「戊《つちのえ》（散高の枝）」に生れる人は、十方より宝を得る。人に尊まれ 貴人に愛され 物売る人に卑しめられず 心猛く巧みである。田畠に縁があるが、住所があっても物を思う。常に女子を扱う。前世は大和国国分寺の蟻で、花の枝を食い折ったので人に生れた。来世は天上に生れる。日の食白米三斗がある。春の生れは大福があり、常に住所が定まらない。夏の生れは命が長いが、身は貧な事もあり心深い。秋の生れは命長く大福がある。冬の生れは短気である。六歳で病があり、十三歳で大禍があり、親に離れるか身上に大事がある。十七八歳で口舌 又は病がある。二十二三歳で一門に煩いがあり、二十四五歳で夫妻に口舌がある。二十八歳を過ぎて物を貯え、三十三歳で少しよく、三十五歳で知行を増す。三十七歳で病があり、また家を出る事がある。四十歳で福が来る。五十三歳、六十四五歳で病がある。命は七十三歳の八月壬《みずのえ》癸《みずのと》の日、巳（十時）午（十二時）の時に死ぬ。大日薬師を信じるとよい。〔女用智恵鑑宝織〕には次がある。戊年生れの女は十方から恋われ貴人の妻となる。人に用いられる。子は五人か七人、末子は女子で富貴心、慳貪、不信心で思い事は叶わない。前世は大和国国分寺の蟻である。日の食 白米が三斗ある。春生れは大福があるが常に心が定まらず、思い事がある。夏秋生れは命長く、冬生れは短気である。十二三歳で災いがあり、十八九歳で口舌、二十二三歳で一門に口舌、二十四五歳で夫に疑われる事があり慎むとよい。二十八九歳で財が集り、三十三歳で少し吉。但し、命が危い。三十五歳で夫が思いの外の財を儲ける。四十二三歳で大福が来る。寿命は七十三歳。大日薬師を信じるとよい。

戊の日【つちのえのひ】〔世界万宝調法記・下〕に毎日之日取がある。○「戊《つちのえ》辰の日」万によい日。三宝吉日*。大明日*。天地福徳日。甘露日*。立願、宝を人に出し、遠行、万によい。○「戊寅の日」万によい日。金剛部日*。三宝下吉日。立願、宝納め、遠行、万によい。起請 誓文をせず、鐘の緒を掛けない。○「戊子の日」十方暮*。天地和合日*。元服、嫁取、移徙、人を置く、船乗、出行、宝納め、人に物を取らせ、馬牛等を飼い、倉に物を納める等、万によい。○「戊戌の日」天地和合日。大敗日。井掘、門建、移徙、船乗、出行、新しい枕をするのによい。○「戊申の日」万によい日。三宝下吉日。金剛部日。鎧冑着始め、倉に物を納めるのによい。○「戊午の日」天地ふくこく日。三宝吉日。金剛部日。立願、人置くに吉。八専間日*。船乗、旅出は悪い。

土神【つちのかみ】「つちのえつちのと（戊己）」ヲ見ル

槌の事【つちのこと】〔万物絵本大全調法記・上〕に木槌《こづち》、柊槌《さいづち》、椓槌《あいづち》がある。

重量のある円柱状の物に柄を直角に付けて物を打ち叩くのに用いる。

〈暦日による生れ日善悪〉〔年中重宝記・六〕には生れ日の善し悪しをいう。庚午《かのえうま》（＝即ち庚申より十一日目）の日から七日間を大槌といい、中の槌は丁丑《ひのとうし》で間日*とし、次の戊寅《つちのえとら》から七日間を小槌という。以上の十五日で、大槌に生れる子は短命、小槌は大槌より軽く、間日に生れる子は寿命長く智恵賢く宝も多い。槌とは金神の遊行日で悪日とする。槌に生れる子は、他人《たにん》とも、槌《つち》とも名をつけ、神を祭るとよい。金神七殺*といい物を破り害をなす神なので、槌で物を打ち破る心でこの日を槌と名づけるのかという。〔女用智恵鑑宝庫〕には槌の呪いとして、槌に入る前日に水を汲んで鉄槌《かなづち》を入れて置き、槌の間に生れる子の産湯に少し入れると長命という。犯土《はんど》《つち》、土公《つち》とも書く。〈紋絵〉〔紋絵重宝記・上〕に、槌及び槌の字を意匠した紋絵がある。

土の性の善悪を知る法【つちのしょうのぜんあくをしるほう】〔四民格致重宝記〕の土の性の善悪を知る法。○常に沼田の地でも、その淤泥《どろ》が干て重いのは上地、軽いのは下地である。小石交りも同じ。○真土に小石交りは上田であるが、上中下がある。上地は土に粘りがあり日に負けない土（肥しがよく効き、草木も五穀*もよく生じ、味がよい）。中地は小石交りでも粘りが少なく日に負ける土（葛の苗木 植物まで中である）。下地は小石と真土と思い合わない痩せ地で早く日に焼ける。○白真土は上田で、これにも品々ある。上地は日に強く、色のよい土（竹木も五穀もよく生じて石高多く味もよい）。下地は粘りなく日に負ける。○黒真土にも色々あり、麝香色を上地とする（草木はよく生じ五穀は色白く味がよい）。「草花作りによい土」参照

己【つちのと】 十干*の第六。己《つちのと》《き》。〔日用重宝万物図解嘉永大雑書三世相〕に己《き》《つちのと》、屠維《とい》とある。つちのとは起《おこ》るで、万の物が土より起き立つ意をいう。この干《かん》は丙と同じく殊更よく、病に罹らないと暦にある日である。〔永代日暦重宝記・慶応元写〕に己には物を破ってはならない。

己年生れの吉凶【つちのとどしうまれのきっきょう】〔日用重宝万物図解嘉永大雑書三世相・嘉永四〕に、○「戊《つちのと》（天高の枝）」に生れる人は、上の心静かにして下心深く、無口で偽りを言わず、福があり命は長い。貧しい人に物を惜しまず、先祖に位ある人の筋である。他人の財宝を得て若い時は福があるが、老いて貧な事がある。前世は越中立山の牛で国用寺より大般若経を負い山寺に登ったので人間に生れた。その証には、腰の下にすり（歪 ずりカ）というものがあり、また肩の上脇の下に黒子がある。来世は田家に生れる。春の生れは福があり、日の食豆五升がある。夏の生れは無病で、日の食米一斗がある。秋の生れは心よいが短気である。日の食白米六升がある。冬の生れは耕作に縁があり、日の食豆三斗がある。三歳また七八歳で煩いがあり、十八九歳で家を出る事があり、二十一歳で大福があり、二十四五歳の男女に災いがある。二十八歳で海川を慎み、三十五歳で危いことがある。目を病み四十三四歳で口舌があり、眷属に驚くことがある。六十三歳で位を増す。命は八十三歳で死ぬ。地蔵薬師を念ずるとよい。但し、竹杖を忌む。

〔女用智恵鑑宝織〕には次がある。己の年生れの女は正直で命は長く、他人の財を得ることがある。子は育ち難いが氏神を祭り信心すればよい。前世は越中の馬で、人を乗せ荷を負って助けたので人に生れた。春生れは福があり、日の食豆五升がある。夏生れは病なく、日の食米一斗がある。秋は短気で、日の食米一斗がある。冬は食い分は多い。常に信心するとよい。八九歳で病があり、十三四歳で神の祟り、十八九歳で男の事で家を出ることがある。二十三歳で大福が来、二十四五歳で刃物を慎むのがよい。二十八九歳で海川を渡ってはならず、三十三四歳で命が危い。四十三四歳で口舌、四十七八歳で仕合せがよい。五十一歳で大福があり、六十三歳で愈々よい。寿命は八十三歳である。

己の日の事【つちのとのひのこと】〔世界万宝調法記・下〕に毎日の日取がある。○「己《つちのと》丑の日」。十方暮* 金剛部日* 十悪大敗日 屋根葺 田植 嫁取 蔵開き 井掘 宝納め 遠行など万によい。○「己卯の日」。万によい日。大明日* 天恩日* 神事 太刀・刀差し始め、遠行 宝納めなど万によい。○「己巳の日」。万によい日。大明日 天恩日 船乗 神事 立願 出行 人を置く 元服 田植 釜塗 宝納め万などによい。○「己未の日」。万によい日。大明日 金剛部日 天地和合日* 天恩日 馬・牛飼い 立願 出行 田植 人を置くなど万によい。三国相応日、起請 誓文をせず、鐘の緒を掛けない。○「己酉の日」。甘露日* 大明日 天恩日 遠行、乳児の髪剃、新しい枕をする、三国相応日、屋根葺、物を買わず、人を置くのによい日。○「己亥の日」。金剛部日 立願 船乗 釜塗 神事によい。但し、旅出は悪い日。

土の筆【つちのふで】 大和詞。「つちのふでとは、つくつくし*」である。〔不断重宝記大全〕

土の宮【つちのみや】 伊勢名所。外宮第二の別宮である。高の宮*の坂を下り、左にある。〔東街道中重宝記・七ざい所巡道しるべ〕

土山より水口【つちやまよりみなくち】 東海道宿駅*。二里半七丁。本荷百七十六文、軽尻百十七文、人足八十五文。時とを村、松の尾川 橋はなく舟渡し。松の尾村 麵類があり、道中一番の名物である。前の野村 甘酒がある。市ば村、大野村、左側を徳はら村という。大野、片町、今宿、いな川 土の小橋があり、この水を景清が手洗水という。〔東街道中重宝記・寛政三〕

突掛ける【つつかける】「押《おさ》え」ヲ見ル

恙なし【つつがなし】〔世話重宝記・三〕に『事物紀原』『風俗通』等に出るとして次がある。上古には家を造って住まず、地を掘り穴に住んでいたが、地中に恙虫がいて人を螫した。人の無事なことを恙なしやというのは、恙虫に螫されることもなく堅固ですかという意である。俗に「つがもない」というのも、恙ないの中略である。

躑躅の事【つつじのこと】〔万物絵本大全調法記・下〕に「躑躅 てきちよく／つゝじ。春」。〈立花〉〔昼夜重宝記・安永七〕に躑躅を副《そえ》*受《うけ》*に使い、それより胴作りに用いる。色々の変った花を交ぜて使う。同じ躑躅を使うことに習いがある。上賀茂の檀の山の花（檀の躑躅*）を写した体とする。〈植栽〉〔享保四年大雑書・草木植替重宝記〕に○「躑躅の植替」は、は霧島 皐月 躑躅の類は年中植え替えてよく、中でも四月 五月がよい。○「継ぎ旬 指し目」は、琉球（躑躅）台に継いでよい。指し目ともに五月がよい。○「土の拵え様」は、黒墟（腐植土）砂 山土 忍ぶ土を等分にするとよい。〔調法記・四十ら〕に躑躅と串柿は食合せという。本草に云う羊躑躅《ようてきちょく》は蓮華つつじのことで、葉も花の色も美であるが、別して毒がある。

包み【つつみ】 包みは、真綿六百目程、ほうれい一貫目程。〔女中仕立物調方記〕

包井【つつみい】 大和詞。「つつみ井とは、春の若水」である。〔不断重宝記大全〕

包烏賊【つつみいか】〔里俗節用重宝記・中〕に包烏賊は、袋烏賊 障泥烏賊《あおりいか》の甲を抜き、内へは擂り身に玉子を擂り交ぜて詰め、焼栗 鳥の五臓《ももけ》等を入れ、口を結び切り、湯煮をして、小口切りにし、何か外に取り合わせる。煮物などによい。

鞁草【つづみぐさ】「たんぽぽ（蒲公英）」ニ同ジ

鼓小花【つづみこばな】「たんぽぽ（蒲公英）」ニ同ジ

鼓の事【つづみのこと】〔万物絵本大全調法記・上〕に「鼓こ／つゞみ。太鼓也」。また「抱ふ／つゝみのばち。太鼓抱」とある。

〈紋様〉〔紋絵重宝記・下〕に「たいこのぶち 笠銭」の紋絵がある。

〈売り店〉〔万買物調方記〕に「京ニテ鼓屋 しらべ忍緒」二条通烏丸左へ

入 加賀や大和、烏丸六角下 三木長兵へ、同町南 同作兵衛。「京ニテ鼓の筒師」蛸薬師烏丸西へ入 折居弥助、三条大橋の東 天野金十郎、同町山本彦五郎。「江戸ニテ鼓屋 しらべ忍緒」日本橋南四丁目 赤堀上総、京橋南二丁目 大和や作兵へ、同北一丁目 三木長兵へ等五軒がある。「江戸ニテ太鼓の台師」やり屋町 小細工屋清左。「大坂ニテ鼓屋」堺筋道修町治兵へ、真斎橋すぢ（店名ナシ）。

〈鼓皮の事〉〔重宝記・能〕に鼓をよく打ち聞くのに、皮の薄い所があると音が悪いので喰い裂き紙を宛るとよい音が出る。夏に皮の弛むのには裏に薄皮を一杯に丸く切りつけ、又その上にも小さい皮を切りつけると弛みがなく、よい音が出る。冬は皮が張るので裏皮は削り取る。よい音を出すには手の内を随分柔かに、小指から段々に中指が離れるようにするとよい。打つ時は竪横の締め緒を随分吟味し、熱湯を一服呑む間置くとよい程に張り、よい音が出る。締め緒は常は随分軽く締めて置くとよく、強いと鼓の腰が折れて悪くなる。小鼓は緒を皮の上から、太鼓は皮の下から通す。新九郎流は竪緒を緩く締め、横緒を強く締める。幸流は竪緒を強く締め、横緒を随分緩く締める。鼓の古作品はマクズ・アマ・アハ、新作品は金十郎・弥助、等品々ある。能鼓の一挺」は「江口」「三井寺」である。後幸流で二十番出来する。

鼓舞打ち様の事【つづみまいうちようのこと】〔重宝記・能〕に鼓舞打ち様の事がある。能の一挺は「江口」「三井寺」である。後幸流で二十番出来する。鼓の拍子は、何程諷が遅く、また早くても雨垂れ拍子には合わないということはない。大小共に、伸び縮んだ所を色々手を変えて打つ。それ故、間の拍子は大鼓である。大鼓を請けて小鼓は打つ。大鼓は無拍子では悪い事である。もっとも声を第一とする。カタ地と云うのは（大鼓）「●イヤ」、（小鼓）「○●○ハヤハ」と請け打つ。この間の意で、トリも五地も外の手も同じ事である。「鼓」の図がある（図338①）。〔囃子謡重

図338 ①「鼓」（重宝記・能） 鼓の事

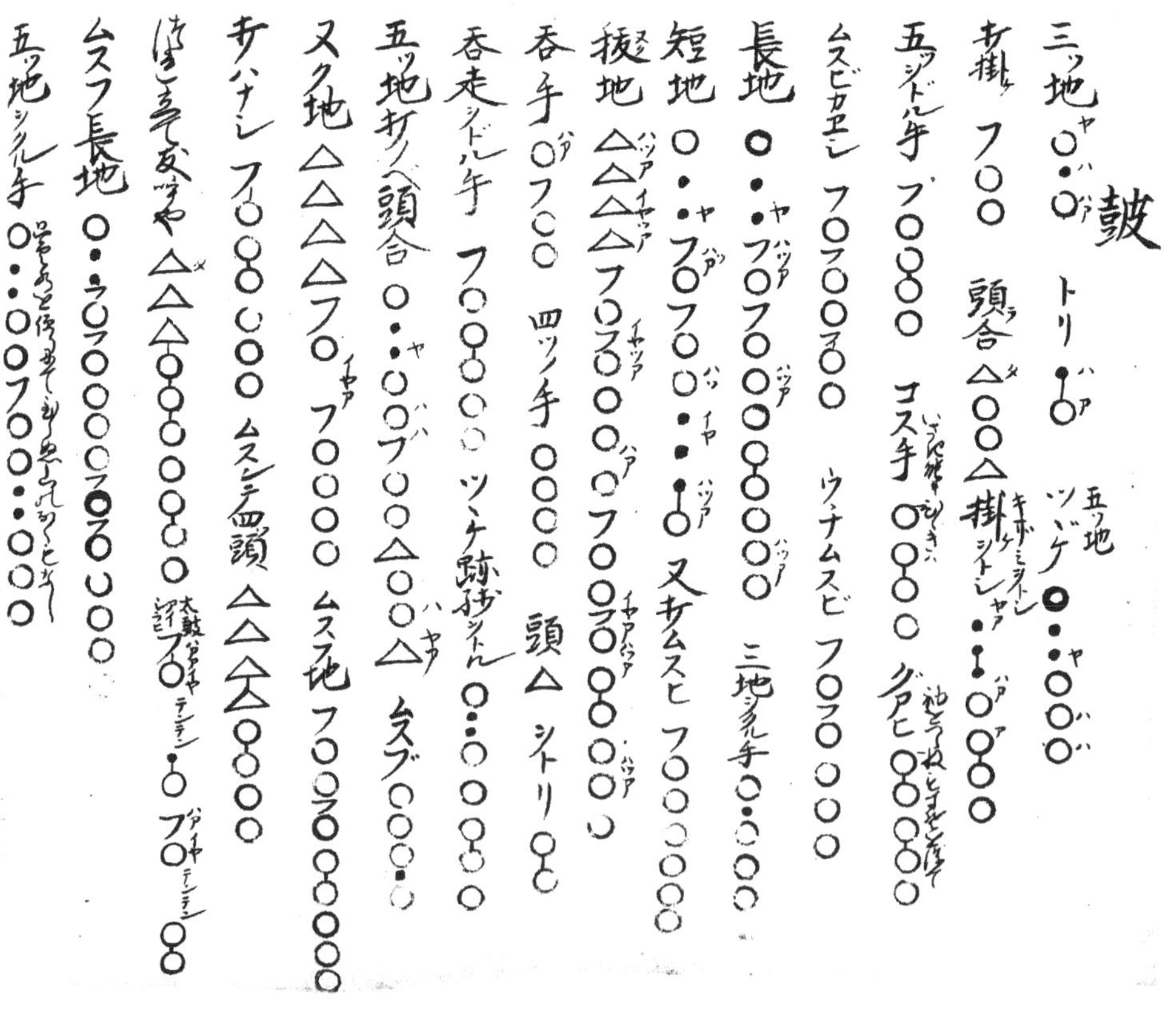

②「小鼓舞打様の事」（囃子謡重宝記）

○小鼓舞打様之事
序ノ舞 序西ツ乙テ打上ス乙テ大地二ツ
ツヽケ地一ツ頭地走地ツヽケ地ノコシ
打上 初段
三ツ地走地六ツ地ムヌブ地走地ムヌフ走地打上テ
二段 ○○ ○○○ ムヌブ地 ●●●●◓○ ハア
○○○ ムヌフ地走地 地ス打上三段 ◎◎○○8
ムヌブ地ムヌフ走地地ス乙ヲロシテ留打シ
カツコ 打上 ス● ◓○ ○○ ヲロシテ走地又地
ヲロシテムヌフ走地 打上 二段 ○◓ ○ムヌフ地
ヌク地ムヌフ走地打上三段 ⊗⊗○○○○
ムヌフ地ヌク地乙テ留シムヌフ地ムヲ
走地地ス乙テ留打シ
楽 序 大地二ツ六ツ地頭地系地大地頭打

走地打上 初段 ○○○○走地ムヌ地
頭地ヲロシムヌフ走地打上 二段 ○◓○合ヲ
地●●●●◓○ ツチヨン ハア○ ○○ムヌフ地三ツ
ヲドツテ 大小掛合 ス ▲○▲⊗⊗○○○○ヲロ
レテ走地ヌク地 ◓○ ○◓○○○○○ハ
●ス三段 ⊗⊗○○○○ ムヌフ地▲▲▲▲○○
8○○○ハ ○◓ ムヌフ地三ツヲドツテ 大小掛合
▲▲▲⊗⊗○○○○ヲロシテムヌフ走地
打上 四段 ⊗⊗○○○○○ ヲロシテ◓○○○◓
○○○○○地ス乙テコイ合留打シ 又
打上九ヽ不ムヌフ地三テ
カケリ ヌク地ヲロシテヌク地ムヌ走

カケリスヲロシテ◓○○◓○○○○
地ス乙テ ムヌフ地コイ合留打シ
一セイ 大地二ツヲロシテムヌフ走地三テ
打上三ツ地走地 ▲▲ ○○○◓○○○○
○○ヤ▲ヤヲ○○ハ●ス 三ツ地二ツヲロシテ
ムヌフ走地打上 ○●○◓○ ヲロシテム
ヌフ走地コイ合留打シ
ハノ舞 ⊗⊗○○○○ 九色ヽ走地又頭
◓○ ○○ ○○○○○地スムヌフ地
打上留打シ

③「太鼓舞の事」（囃子謡重宝記）

宝記〕に「小鼓舞打様の事」「大鼓舞の事」がある（図338②③）。

包物折形【つつみものおりかた】「おりかた（折形）」ヲ見ル

約める【つづめる】 算法用字。〔算学調法塵劫記〕に「之を約《つゞ》める」とは、多数のものを畳み宿める意で、繁を省くの類をいう。

九折【つづらおり】 鷹の名所。*〔武家重宝記・五〕に九折は、鷹の眠宿《めんしゅく》*辺から尾本《おもと》迄をいう。

葛屋【つづらや】〔万買物調方記〕に「京ニテ葛屋」は寺町蛸薬師下ル丁仕立中買、同四条下ル町（皮籠塗）塗仕立屋、烏丸中立売より下三丁目同、室町一条上ル町。「同つづらくみ（下地）」は高倉高辻下ル町。「江戸ニテ葛屋」は日本橋南三丁目 仁兵へ、同南四丁目 庄右衛門、南伝馬町一丁目仁右衛門。「大坂ニテ葛屋」は平の町堺筋西入 住吉や長兵衛、難波橋筋（氏名ナシ）。

集う【つどう】 大和詞。「つどふとは、人の集る事」である。〔不断重宝記大全〕

苞蒲鉾【つとかまぼこ】〔料理調法集・蒲鉾之部〕に苞蒲鉾は、常の擂身を俎板の上で長さ太さともによい程に庖丁で丸くし、皮を水で濡らして包み、蒸籠に入れてさっと蒸したところで皮を一遍離し、また皮に包み蒸すと皮を離れやすくしてよい。

苞玉子【つとたまご】〔料理調法集・鶏卵之部〕に苞玉子は、玉子蒲鉾*のようにして苞に包み、蒸す。竹輪玉子も同じ仕方である。

苞豆腐【つとどうふ】〔料理調法集・豆腐之部〕に苞豆腐は、豆腐一丁を水気を去って擂り、束芋《つくねいも》一ツを擂り、饂飩粉を少し加えて品々擂り合せ、藁に包み湯煮して、後に締め、切り形は好み次第にして、煮物盛り合せ等に遣う。また塩と醬油を擂り交ぜて仕立てるのもよい。〔医術調法記并料理書〕には田楽程に切り、苞に括り茹でて、水に入れて冷ます。

繋ぐ【つなぐ】〈何が不足で癇癪の枕言葉〉「見る事／聞く事、つな（繋）

ぐ」。〔小野篁謔字尽〕

つなさがる【つなさがる】 片言。「つらさがるは、連下 つらさがる」である。「つなさがる」は悪い。〔不断重宝記大全〕

つなし【つなし】 「このしろ（鰶）」ヲ見ル

綱敷天神【つなしきてんじん】 〔万宝古状大成〕に次がある。菅原道真*が筑紫へ流される時、筑前国袖の湊に舟が着き、暫く舟より上りなされと言っても、敷く物もなかった。海人も労しく思い、釣舟の綱を手繰り輪として敷かせたと言い、後にそこに社を建て縄輪《なわわ》天神と崇めたが、今は綱敷天神という。また讃州滝宮の里人は、今に七月二十五日に踏歌《とうか》をして祀り奉るのを、「たきのみや宮踊」と言い、近国よりも参る。

綱引【つなひき】 「そうだんねつ（相煖熱）」ヲ見ル

常の文書き様【つねのふみかきよう】 〔女筆重宝記・三〕に常の文は、奉書でも杉原でも一重でも一枚でも、心のままに書くのがよい。散らし書はしおらしいものである。並べ書きも一行は墨黒に、一行は薄くかすらせて書くのがよい。

経盛返状【つねもりへんじょう】 「熊谷直実送状」*に対する返状。寿永三年（一一八四）二月十四日付 平経盛より熊谷次郎殿宛。一の谷の戦（寿永三年［一一八四］）で、直実に討たれた敦盛（経盛の子）の死骸幷に遺物が届けられた芳恩に感じ、戦場に出た者が再び帰ること等決して思わない中にも、安否を気にしていた事、死骸にも生きて帰って来た思いをしたと言い、怨敵の死骸を送り届けられる等和漢にその例を聞かない等々の心情を書いている。「熊谷直実送状」とともに寺小屋等の学習教材にされた。〔童学重宝記〕

づの仮名【づのかな】 〔万民調宝記〕に、次の類は皆「づ」文字の仮名遣いとある。葛＝かづら。賤＝しづ。澪標＝みをづくし。窮屈＝くづをる。自＝をのづから。水＝みづ。沈枕＝しづゐ。潦＝にはたづみ。携＝たづさはる。手水＝てうづ。

角木矢【つのきのや】 〔武家重宝記・一〕に角木矢《つのきのや》は、巻き藁を射る矢である。根を鹿の角で作る。

角象牙類の加工【つのぞうげるいのかこう】 〈角 象牙類の加工〉〔万用重宝記〕に角 象牙類を柔らかにして自由に使う伝は、げじげじ*虫を沢山捕って一緒に湯に入れ よくよく焚くと柔らかになる。〔秘密妙知伝重宝記〕に角を柔らかにして遣うには、餅米になめくじを入れて煮るとよい。〔新板秘伝日用重宝記〕は角を鱈の骨でも肉でも少し入れて煮ると、細工物に遣うのに柔らかになる。〈角 貝類摸様付〉〔新板秘伝日用重宝記〕に角や貝類に摸様をつける伝は、漆で書いて乾いた時に梅剝《うめむき》（＝「梅酢」参照）の酢に三日程漬けて置き、その後磨き洗うと漆で書いた所に摸様が付く。〔調法記・四十ら〕に角類を赤く染める伝は、染草（牛の歯もぎ草の根）の根を採り 酢を入れ 角とともに煮ると、象牙は珊瑚樹、鹿は少し赤い色になる。

角直すとて牛殺す【つのなおすとてうしころす】 〈世話〉「角直すとて牛殺す」とは、病の枝を治すと言って本病で死ぬことを知らぬ譬えにいう。〔世話重宝記・三〕に『郁離子』に出るとして、唐に癭《こぶ》を患う者がいて、郢《えい》の国から来た医者が割（切）り取って治そうというのに、人が癭は割るものではないと言っても聞かずに割ると、果してその夜に死んだ。皆が医者を叱責すると、医者は自分は癭をこそ療治したが命の療治はしなかった。本人は死んだが自分が請け合った癭はなくなったと言った。

角本【つのもと】 甲冑*名所。〔武家重宝記・三〕に、角本《つのもと》は定った法はない。立物《たてもの》*を立てるためである。貫《くだ》にしたのを祓建《はらいたて》ともいう。猛獣の角をかたどるゆえに角本という。

角類細工【つのるいさいく】 「貝類細工の事」ヲ見ル

鍔【つば】 鐔とも書く。刀脇差名所。〔武家重宝記・四〕に鍔は、柄と刀身

の間に嵌めて手を防護する金具である。無地 透《すかし》 覆輪 象眼 置紋がある。〈鐔色付〉〔里俗節用重宝記・上〕に鐔に色を付けるには、上茶を煎じ練り詰めて塗りつけるのがよい。〈鐔師幷象眼〉〔万買物調方記〕に「江戸ニテ鐔師幷象眼」白銀町 正阿弥 奈良小四郎、新橋竹川町 鉄人、滝山町 長六、芝三嶋町 (鍔かじ) 埋忠彦右衛門、備前町 村松又左衛門がいる。「大坂」には道頓堀 堺筋の東、御堂の前にいる。〈鍔屋〉〔万買物調方記〕に同じように「京ニテ鍔屋」寺町二条より五条迄の間に拵えの新鍔、また古鍔がある。二条通麩屋町より西に象眼鍍金の拵え鍔がある。四条寺町の東に古鍔屋がある。新鍔鍛冶は上立売 埋忠、麩屋町四条下ル 鍛冶甚右衛門。「江戸ニテ古鍔屋」西紺屋町 鍔屋権兵衛、同所 後藤九右衛門、京橋南一丁目 又十郎、下谷池の端 松嶋利兵へ。「大坂ニテ鍔屋」堺筋靭町 甚右衛門、心斎橋 (氏名ナシ)。

椿 山茶花の事【つばき さざんかのこと】〔万物絵本大全調法記・下〕に「山茶 さんざ／つばき。春」。〔享保四年大雑書・草木植替重宝記〕に、○「植替椿 山茶花」は二月から五月迄、また八月九月に植え替えるとよい。○「継ぎ旬」は三月から六月までがよい。○「指し芽」は三月より五月迄がよく、水継ぎは六月土用が過ぎてよい。○「土拵え様」は黒壚 (腐植土) と砂を等分にする。〈椿の葉に斑入り拵え様〉〔調法記・四十七ゟ五十七迄〕を杉葉を細く削り、硫黄を火で解いて塗り付け、これに火を点し椿の葉に何なりとも書くと白々となり、斑入りのようである。また付木《つけき》の硫黄に火をつけて書くのもよい。〈花落ちぬ伝〉〔諸民秘伝重宝記〕に椿の花が落ちない伝は、花の蘂《しべ》の中へ塩を少し入れて置くとよい。木に当る花も花の輪が落ちることはない。〈紋様〉〔紋絵重宝記・下〕には、椿に虫の意匠がある。

椿味噌【つばきみそ】〔料理調法集・調製味噌之部〕に椿味噌は、赤味噌五合を擂り濾して、寒晒の粳の粉一升、太白砂糖一斤を交ぜ合せ、厚さ五分程に伸し、枝胡桃の渋皮を剝いて味噌の上に程よく置いて蒸し上げ、胡桃の間を角に切り形をする。

椿餅【つばきもち】 菓子名。〔男重宝記・四〕に椿餅は、上ういろう餅に餡入り、椿の葉に載せる。〔菓子調法集〕に椿餅は、餅の粉に粳《うる》の粉一割半を入れ、溜りを少し入れ とろとろに練り、薄箱に入れ、胡桃を置き蒸し上げる。

茅【つばな】〔万物絵本大全調法記・下〕に「茅 ばう／つばな。冬」。〔薬種重宝記・上〕に和草、「茅根 ばうこん／つばなちがや。洗い皮を去り、刻み焙る」。

燕【つばめ】〔万物絵本大全調法記・下〕に「燕 ゑん／つばくらめ／つばめ。鷰 ゑん。同」。〈異名〉〔書札調法記・六〕に燕の異名に、雪乙《せついつ》 乙鳥《いっちょう》 玄鳥がある。〈燕の来ぬ伝〉〔諸民秘伝重宝記〕に燕の来ぬ伝は、燕の巣の辺に戊《つちのえ》という字を書いて貼ると、巣には再び来ない。

開【つび】 陰門ニ同ジ

開虱【つびじらみ】「いんもうじらみ (陰毛虱)」ヲ見ル

つべたき【つべたき】 片言。「つめたきを、つべたき」という。〔世話重宝記・三〕

坪【つぼ】 壺とも書く。膳部で坪 (壺皿) に盛る料理。〔万代重宝記・安政六頃刊〕には四季の部と四季精進の部があり、それぞれ四種類ずつあるが、各一種ずつを挙げる。○「坪 春の部」敷味噌 合せ細魚 根芋 短冊独活。「同 精進の部」煮込み へぎ松露 銀杏 揃え貝割。○「坪 夏の部」煮込み 重ね鰈 蓮芋 生麩。「同 精進の部」敷味噌 茶せん茄子 夏独活 貝割菜。○「坪 秋の部」清まし 鴫くづし 青はち 蓮芋せん。「同 精進の部」蒸し焼松茸 餡掛け 辛子。○「坪 冬の部」敷味噌 赤貝 炙栗《やきくり》 銀杏。「同 精進の部」敷味噌 茶きん薩摩芋 小豆。

歩【つぼ】 坪とも書く。田法。〔算学調法塵劫記〕に「歩《つぼ》 六尺三寸四方を

云」。古は六尺四方を一歩《つぼ》とし、七歩《つぼ》二分《ぶ》を一代《ひとしろ》という。五代《しろ》は即ち一畝である。「歩《ぶ》」ヲ見ル

坪刈【つぼがり】「ぶがり（歩刈）」ニ同ジ

坪前栽【つぼせんざい】大和詞。「つぼせんざいとは、桐壺の一名」である。〔不断重宝記大全〕

壺碑【つぼのいしぶみ】〔農家調法記・初編〕に、神亀元年（七二四）に奥州多賀城が建てられ、壺碑《つぼのいしぶみ》が市川邑に残り、天平宝字六年（七六二）の月日がある。多賀城より諸国を去る遠近里数を記しており、京は一千五百里数を去るという。これよりして、道程一里の里数は漢土の六町を用いたことがあったと思われるという。

壺胡簶【つぼやなぐい】〔弓馬重宝記・下〕に壺胡簶《つぼやなぐい》の図がある（図339）。「えびら（箙）」ヲ見ル

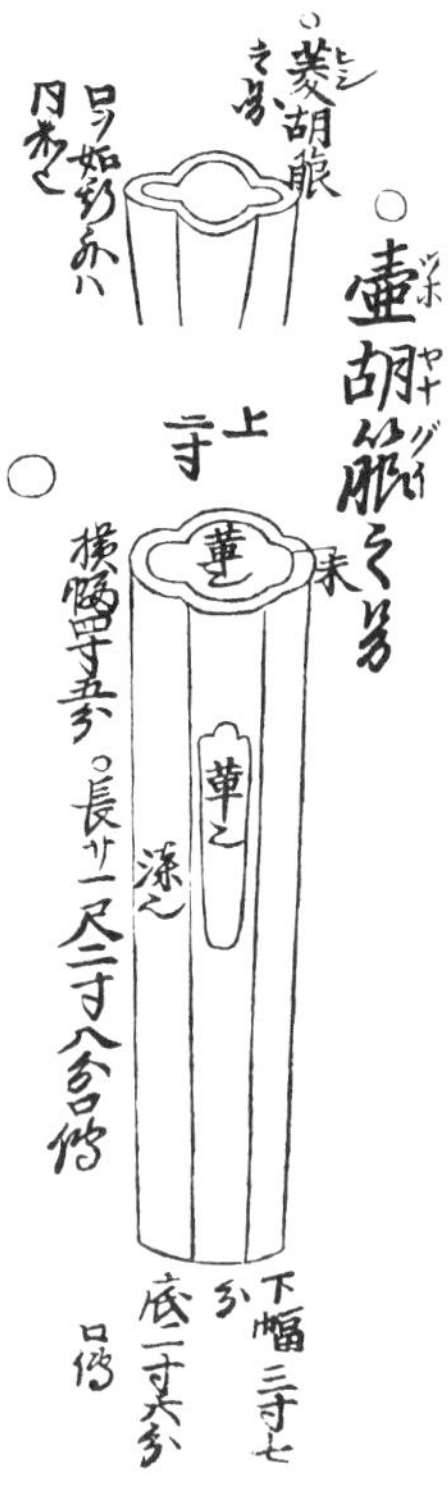

図339 「壺胡簶」（弓馬重宝記）

妻が他の男に目見えぬ様にする事【つまがほかのおとこにまみえぬようにすること】〔男女御土産重宝記〕に「我が妻 他の男にまみえぬようにする事」は、妻の肘《ひじ》に宮守《いもり》の血を塗りつけて置くと、我にまみえぬ内はどれ程洗っても落ちることはない。悋気深い男は我が妻に隠してするので、妻は心得べきことである。

つまき【つまき】片言。「粽《ちまき》といふべきを、つまき」という。〔世話重宝記・二〕

つまぎ【つまぎ】大和詞。〔不断重宝記大全〕に「つまぎとは、物にこりたるを云」。〔消息調宝記・二〕に「つまぎとは、こり（樵）たる木を云」。

妻籠より馬込へ【つまごよりまごめへ】木曾海道宿駅*。二里。本荷百二十四文、軽尻七十七文、人足六十文。名古屋領。木曾の内に竹はないが、この村には大薮 大竹がある。恋が岩という大岩が道の脇にある。下りはみな山谷 坂道である。左方にないそ（南木曾）が嶽が見え、馬籠峠に茶屋があり、木曾御坂ともいう。ここから深山の入口である。宿より半里左に女滝、男滝の二筋がある。〔東街道中重宝記・木曾道中重宝記六十九次 享和二〕

妻の嗜み事【つまのたしなみごと】〈妻室の称〉〔女重宝記・一〕に人の妻の称がある。○女御《にょご》・后《きさき》（＝天子の妃）。○御台所《みだいどころ》・北の御方《おんかた》（＝大樹将軍の妻。祝言の夜西枕北向きに御寝ある）。○奥様（大名の妻）。○御方《おかた》・蘭鞋《いわらじ》（＝百姓の妻。蘭鞋は、下女には藁鞋《わらわらじ》を履かすという意）。○内義《ないぎ》（＝町人の妻。内の義則を治めるという意）。○咡《かか》（＝下様の妻）。○子《こ》持《もち》（＝子供のある人）。○火車《かしゃ》（＝揚屋や茶屋の妻。花車《キャシャ》ではなく恐ろしいという名）。○嫗《ばば》（＝年寄ってからの名）。○後家《ごけ》・後室《こうしつ》（＝夫が亡くなってからの名）。○妙《みょう》・大黒《だいこく》（＝寺方の隠し妻）。○心ばえ風俗まで違いがあり、賢きより賢きに移して我より上の心ばえ風俗を見習うのがよい。〔大増補万代重宝記〕には、内室 内方 内儀 内政 内証《ないしょう》 奥様 奥方 令室 令閨など。さらに文字は、真行草に書いて軽重を表す。

〈人の妻となって重宝〉〔女筆調法記・四〕に次がある。①舅 姑には実父母よりも大切に仕えること。舅姑は嫁を愛しむこと。②「三従の道」*の内、夫に従う理をよく弁えて大事に仕え、夫の死後も貞心を守り二夫にまみえないこと。継子は我が子の兄弟と思い愛憐を尽すこと。③他の男に心を懸けられないこと。親元に居る時から男に目見えないようにし、嫁いでからは義理正しく操を立て、物見遊山等にも人に差し出ないようにする。④夫には柔順に仕え、もし夫の言動に悪いことがあればよく慰め 諫めて、大事にならないように計らう。女の心が正しければ

夫は不義も洗い直し清める。これを貞節という。⑤身拵えは我が身相応に出立つこと。過ぎたのも不足なのも理に叶わない。花見 神参り等晴れの場は、伊達なのもよいが、過ぎたのは悪く、病人見舞 仏参り等へは地味な出立ちがよい。⑥人に出向うには慎むこと。人の妻になっては仮初めにも他の男にまみえず、是非に会う時は親類兄弟でも間《ま》を隔てて対面するか、席を遠く構える。物言うには人の言葉をよく聞き、答えをよく心得て後、十の内三ツか四ツを答える。夫の客人と物言う時は、仮にも差し出て物言うてはならず、夫が問う時は知ったことなら言い聞かせてもよい。初客が会いたいという時は大方は使で済ます。夫が呼び出す時は間を隔てるか、同じ間でも敷居の元で窺う。座に出る時、裾 褄を押し沈め、座に就いて物言う時は先の人の顔を打ち上げて見てはならず、慇懃に扱うべき人なら我が手を畳の上に指先を後にして突く。大抵の人には手を膝の上に置く。懐手等は慮外である。大方受け答えして辞宜を言い奥へ入る。

⑦夫に捨てられないよう心得ること。朝夕 夫の心をよく考えて悟り、夫の寵愛が愈々深まれば 愈々慎むのがよい。夫が邪見にする時は一大事と心得、夫の心に背かず仕えると必ず妻の心に恥じて反省し、寵愛は深くなる。⑧悋気心を起さないこと。夫が外へ向う時は何によらず共に拵え、留守居をよく慎み、帰ると喜びを色に表して嬉しく仕えると。夫は恥じて外歩きを止める。夫の習いで、召使の女等を思い、本妻を側めると、妾は主人の威光を借りて本妻を蔑ろにするが、腹を立ててはならない。男の習いと心得て堪忍し、夫の心に逆らわず、憎い女も側めず、恩物を取らせて懐かしく語らい、家を大事と昼夜心掛け、例え出入の者が聞いても言い紛らかし今後出逢わないようにすると、夫は恥ずかしく元の契りに返る。妾も恥じて自ら退く。家は栄え、賢女とされる。婦人の読み習う『源氏物語』の紫の上、『伊勢物語』の井筒の女（二十三段）、『大和物語』百五十八段の女が、その状況により嫉妬の心を色に出さず、包み過すのは今に愛しい。⑨言葉を慎むべきこと。言葉は出ると返らず、仮にも怒り言い過してはならない。口は善悪の門、舌は禍の根ともいう。女の字を二ツ書いて（奻）かしまし、三ツ書いて（姦）かまびすしと読む。物言うより言わないのが勝り、物言わない人は心根が知れないので、恥ずかしくも恐ろしくも思われる。

⑩人を使うには慈悲心深く、恨み仇《うらま》ないようにするのがよい。賢い者には猶恵み、心に叶わない者には咎を挙げずよく言い教えると、家は和睦して婦人の徳は愈々表れる。⑪万の所作を怠らないこと。一事をなすには余事を捨て勤むべきこと。朝早く起きて髪梳り、身拵えを急ぎ、家業に掛り、夕べには人より遅く寝て明日の業を心掛けるのが肝要である。⑫一族によく親しむべきこと。中にも妯娌《あいよめ》小姑《こじゅうとめ》にはよく慎み親しむのがよい。「女教訓躾嗜み」「行儀嗜み事」「嫁入り前に教ゆべき十三ヶ条」参照

代指【つまばらみ】「代指《だいし》」ヲ見ル

摘み芋餅【つまみいももち】菓子名。摘み芋餅は長芋を湯煮して濾し、粉にし、中へ餡を包み、布で摘む。栗、薩摩芋、何首烏等も同じ。〔菓子調法集〕

摘羊羹【つまみようかん】菓子名。摘羊羹、小型で頭に摘みを象ったもの。〔男重宝記・四〕

摘み入り【つみいり】〔料理調法集・鱧餅真薯之部〕に摘み入は、魚の擂り身七分 薯蕷三分を、半平のように擂り合せ、鉢に塩水を濾して溜め置き、刺身庖丁の先で丸くなるように取り入れ、湯煮する。米摘み入*し の摘み入* 氷柱《つらら》摘み入* 山吹摘み入* 等がある。〔ちやうほう記〕に摘み入りは饂飩粉をゆるく練り、味噌汁に貝杓子で入れると固まる。請入《うけいり》*ともいう。『古今料理集』に摘み入りとは、煮汁へ蒲鉾を箸で摘んで摘み入れることを箸摘み入れという。切り摘み入れとは包丁に付けて箸で中ふ

くらに摘み切ることをいう。

摘み入豆腐【つみいれどうふ】〔諸民秘伝重宝記〕に摘み入豆腐は、豆腐の水をよく絞り、葛の粉を少し入れてよく擂り交ぜ、鍋に湯を煮立てた中へ摘み入れする。

摘み田【つみた】〔四民格致重宝記〕に摘み田は、深田の稲作で、棒などで穴を突いて籾を摘《つま》み入れ、成長後、植田のように五六寸間にちょぼちょぼと一株切に摘むもの。取り実は蒔田*よりなお少ない。

積み様の事【つみようのこと】〔諸礼調法記大全〕に「台と折に諸物積み様の事」の図がある（図340）。調達や贈物の時の嗜みである。右上から下へ順に。○小袖。○巻物。上は多い時 下は少ない時。〔永代調法記宝庫・巻首〕に巻物は三巻程は表へ巻き返し紙を三ツに折り巻物を包み、中に襞を取り水引で結ぶ。数多い時は縦に並べて積む。○素麵。○上下（裃）。○帯。○糸。上は多い時 下は少ない時。○扇。○熨斗。○鰹節。○魚。海魚は腹を向うへなす。〔同〕に、川魚は背中を向うへ頭を持って出る者の右へなして積む。数が多い時は背中を右へ頭を向うへなし縦に並べて積む。○鳥は頭を左の羽の間へ折りいくつも並べて積む。春夏は雌鳥を先へすすませて積む。○婚礼の時の魚は腹を合せて積む。数が多くても必ず腹を合す。○鶴 白鳥等の大鳥一羽を積む時は頭を御前の左にして披露する。

〔永代調法記宝庫・巻首〕には次がある（図340①～⑩）。①衣服。昔からこの外に積み様はない。②裃。広蓋に裃を積む時は持って出る者の左へ腰をなして、肩衣は竪に二ツに折り小袖のに置く。③袴だけを積むには、前腰を上へ仰向けに積む。④台に肩衣 袴を積むには、どれも向う主人の御前となるよう心得る。⑤小袖に太刀を組み添えるには、右袖左に襟を持ち、うわ前を上へ並べて折り右より左へ積む。このように袖を返し太刀 折紙は常のように置く。⑥祝言の時向い小袖は二ツに折り、襟と襟とを合せて摘む。⑦木具台に小袖を積むには下前を上へなし二ツに折り左より右へ並べ、袖を一ツずつ折る。但し、初めの一ツの袖は二ツ返す。のしは上に置く。⑧鶴は春夏は雌鳥を先へ積む。祝言の時は一ツの頭を左の羽の間へ、一ツの頭を右の羽の間へ折入れて頭を相向うように積む。⑨台に諸鳥の積み様は鳥の頭を左の羽の間へ折り入れて並べて積む。⑩海魚を多く積む時。川魚は頭を向うへなし背中を持ち出る者の左へなして積む。

〔女用智恵鑑宝織〕には次がある（図340⑪～⑭）。⑪広蓋に小袖を積み出る時は常の如く下前を上へ二ツに折り襟をなし持ち出袖をおろして出す。受け取る者は袖を返し広蓋を回して受け取る。⑫裃を積む時は持ち出る者の左へ腰をなし肩衣は竪に二ツに折り小袖の心で置く。小袖と羽織は、羽織を上に置き下前を上になす。⑬肩衣 袴 小袖は向うその人の御前なりよく心得る。⑭道服 袴は図の通り。〔大成筆海重宝記〕（図340⑮～⑱）には⑮樽。⑯菓子。⑰真綿。⑱紙。重複もあるがこの外に〔新板増補女調宝記・五〕〔大増補万代重宝記〕にも出る。

紬【つむぎ】〔絹布重宝記〕に紬は、真綿（絹綿）又は屑繭から取った糸で織った絹織物。結城紬*信州紬*加賀紬*山繭紬*、甲州紬、飛驒紬がある。また紬には太織《ふとり》紬*もある。

紬の練り様【つむぎのねりよう】〔男女日用重宝記・上〕に紬*の練り様は、白水*で練るが、練り加減は「絹の練り様」*と同じ。

爪擣刀【つめうちかたな】〔武家重宝記・五〕に爪擣刀《つめうちかたな》は、馬の爪切り刀である。爪擣包丁《つめうちほうちょう》ともいう。寸法は九寸三分、広さは三寸一分とある。

爪擣槌【つめうちつち】〔武家重宝記・五〕に爪擣槌《つめうちつち》は、馬の爪擣刀《つめうちかたな》*を叩く槌。寸法は頭の大きさ九寸三分、長さ二寸一分、柄の長さは九寸八分とある。

爪疵【つめきず】〔秘密妙知伝重宝記〕に爪で疵をつけた時は、貝母の細末

（粉）を塗る。〔新選広益妙薬重宝記〕には薄荷の葉を搗いた汁を度々塗るとよいという。鼠や猫に咬まれた時も同じ。

つ文字【つもじ】　内裏仙洞詞。「鶫《つぐみ》は つもじ」。〔女用智恵鑑宝織〕

津綟子【つもじ】〔絹布重宝記〕に津綟子《つもじ》は、肩衣地の野品《やすもの》である。伊勢の安濃津より織り出し、汗拭《あせぬぐい》に最上品として京に来、また半分そぎ染めなどにして夥しく江戸へ行く。肩衣は折目より切れやすい。

艶張【つやばり】〔万用重宝記〕に艶張《つやばり》は、白胡麻五分を擂り布へ煮て濾し、その汁で糊を溶くとよい。艶がよく出て、しっとりと地合がよくなる。

露／霜【つゆ／しも】〔万物絵本大全調法記〕には「露 ろ／つゆ。露結んで霜と為る。しも。冬」。〈異名〉〔書札調法記・六〕に露の異名に、玉露《ぎょくろ》神漿《しんよう》洞容《つゆ》がある。霜の異名に、姿麼《しも》霜花《そうか》爛銀《らんぎん》呉花《ごか》がある。

つゆのおつけ【つゆのおつけ】　大和詞。「ずいき（芋茎）汁は、つゆのおつけ」という。〔女重宝記・一〕

梅雨の事【つゆのこと】〔年中重宝記・二〕に『本草綱目』により次がある。五月に淫雨《いんう》の降るのを梅雨《つゆ》といい、黴雨《つゆ》《かびあめ》とも書く。入梅出梅《にゅうばいしゅつばい》に諸説があるが、芒種*の後 壬《みずのえ》に当る日を入梅、小暑*の後 壬に当る日を出梅とする（三十一日間）説がよい。この節は雨湿が物に徹《とお》り箱中の衣類まで黴を生ずる。『茶譜』を引き梅雨の水を瓶に貯蔵して茶を煎ずると甚だ美とし、また癬疥《ひぜんがさ》を洗うと跡がなく、醤油を作ると熟しやすく、衣類を洗うのに用いると灰汁のようである。〔大増補万代重宝記〕にも同じ入梅出梅の説を引いて後、この節は梅の実が熟するので梅雨《つゆ》と名づけ、又この頃の雨は皆黴さすので黴雨《びう》とも書く。四月に鈍陽が昇り極まり、この頃変化し陰雨となって降る。例え霖雨がなく、乾入梅《からつゆ》でも、芒種 夏至の間は地に雨湿の時候なので、物皆黴を生ずる。人身も雨に当ったり、湿気の病を受けないように、養生するのがよい。梅雨に黴びた物は、梅の葉の煎じ汁で洗うと落ちる。〔重宝記 暦之下段〕に「入梅 つゆに入を知る事」がある。甲 乙《きのえきのと》の年は五月節に来て第二壬《みずのえ》に入り二十一日の間である。丙 丁《ひのえひのと》の年は五月節に来て、第二庚に入り十四日の間である。戊 己《つちのえつちのと》の年は五月節に来て、第二甲に入り七日の間である。庚 辛《かのえかのと》の年は五月節に来て、第二戊に入り九日の間である。壬 癸《みずのえみずのと》の年は五月節に来て、第二丙に入り二十一日の間である。〔田畑重宝記〕には「本草綱目入梅式」としての記載がある。また諸書に黄雨 黄梅雨 栗花落（墮）通油とも書き、草 木 竹を植えてよく、衣類 書物黴びた物は梅の葉の煎じ湯で湯のさめぬ内に洗うとよい。は土用干*をする。

露払【つゆはらい】〔世話重宝記・三〕は『壒囊抄』を引き、禁裏で鞠《まり》の会がある時、必ず賀茂の人が来て天子の出御以前に先ず鞠を蹴って懸りの露を払い落す。これより物の最初、諸芸*の始りを、露払いという。

津より久保田【つよりくぼた】　伊勢道中宿駅*。参宮後の京上り道。津迄戻り関へ出て一里半。町より五丁ばかり右に阿漕塚がある。町の出離れに八幡宮、国府の阿弥陀堂がある。また右の方に観音がある。ごうせい川、冬は橋があり、夏は徒歩渡りである。左に薬師堂 伝教大師の作があり、右に一身田が見える。〔東街道中重宝記・寛政三〕

津より雲津【つよりくもづ】　伊勢道中宿駅。〔東街道中重宝記・寛政三*〕には二里、（松坂迄）本荷百九十一文、軽尻百二十五文、人足九十四文。この間は雲津へかかる道に鳴海という宿がある。左方に薬師の清水という霊水があり、諸病によいと言い伝える。冬は水がない。宿中に閻魔堂がある。城主は藤堂和泉守である。「七ざい所巡道しるべ」には津の中程に国府の阿弥陀如来があり、太神宮が我を見たいと思うなら、阿弥陀如来を拝めとの御告げがあったという。開帳は百銭である。御堂の天井に金で梵字があり、無類の天井である。

顔【つら】　卑語。「顔を つら」という。〔女用智恵鑑宝織〕

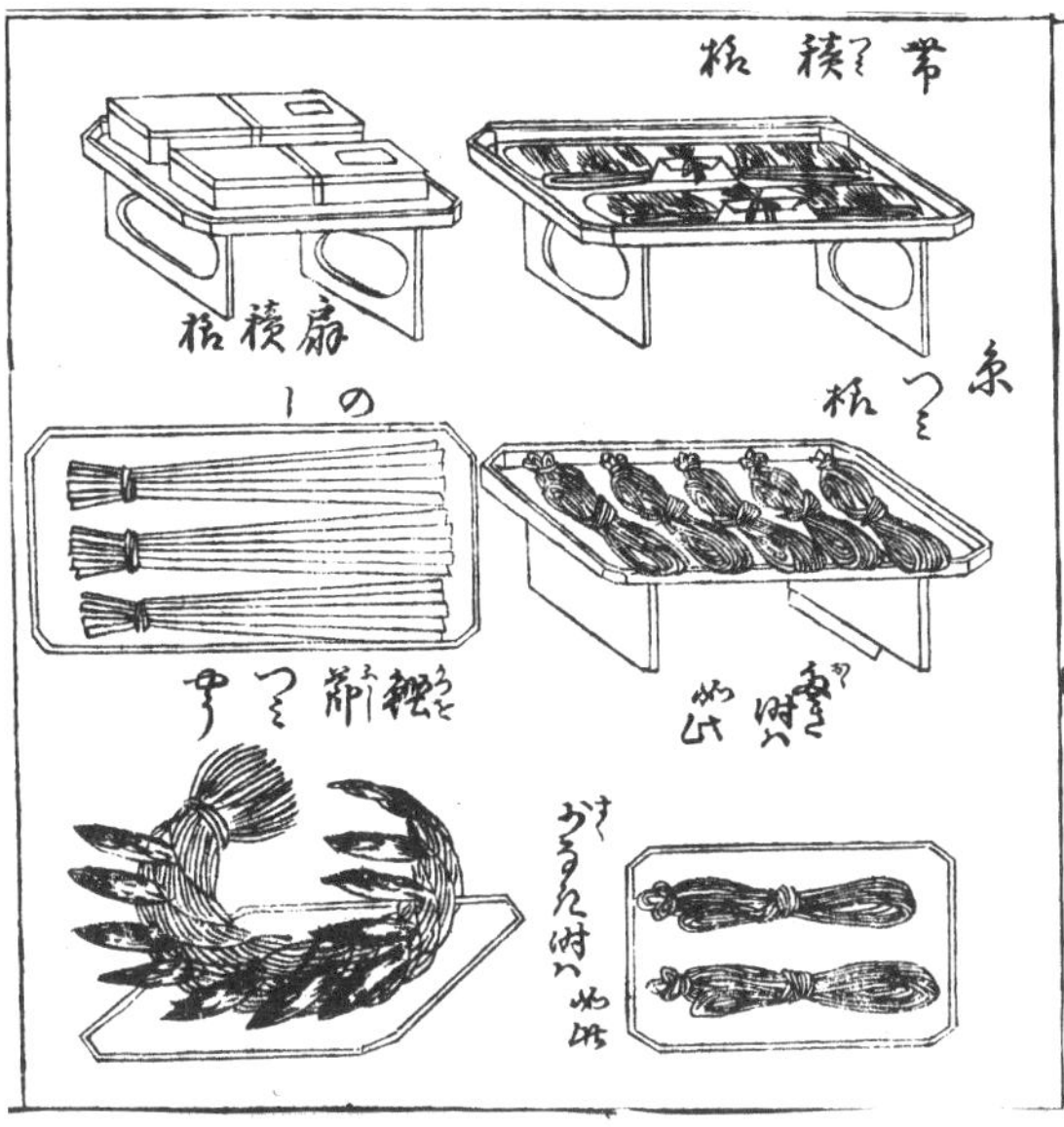

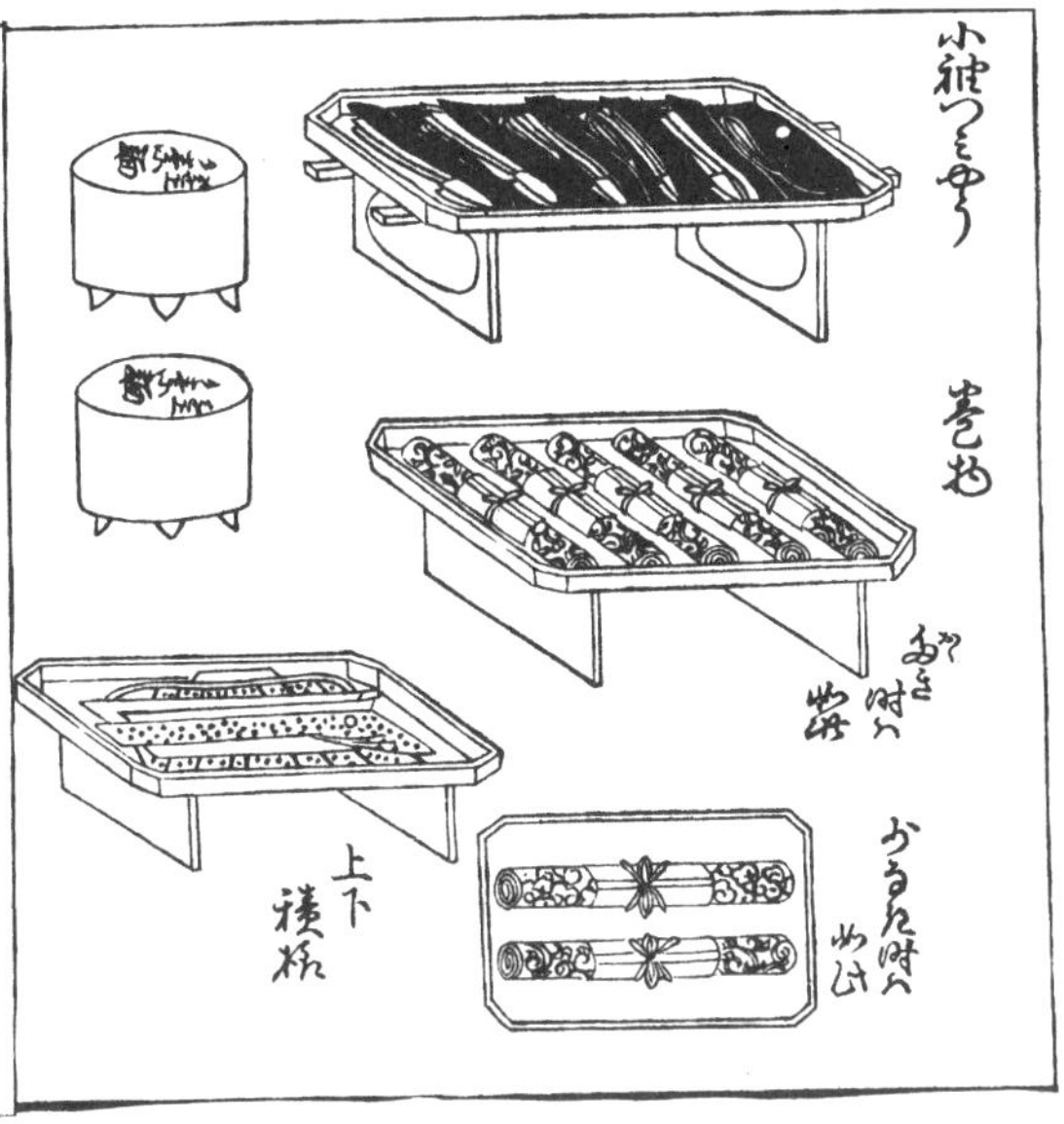

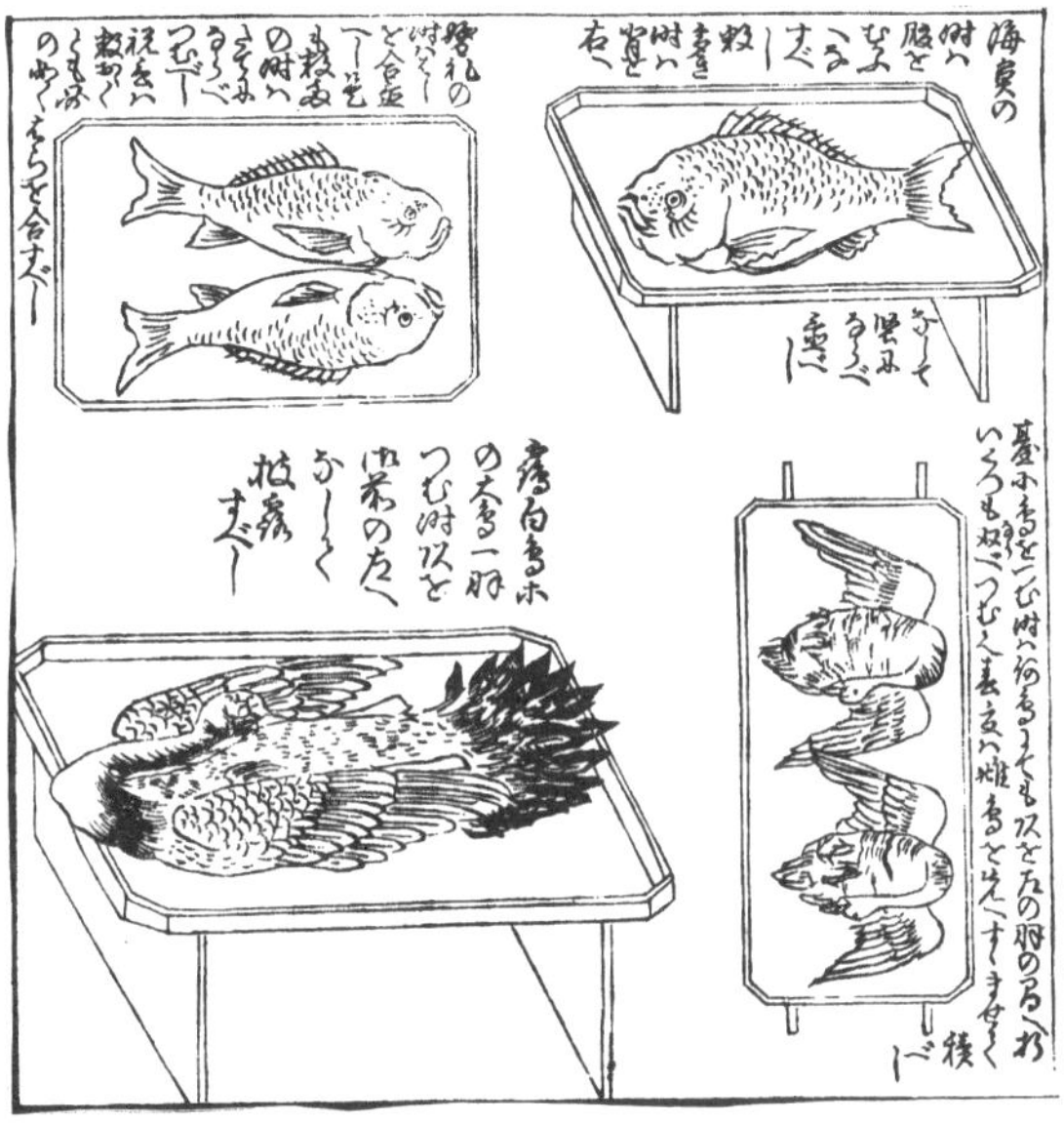

「諸物積み様」（諸礼調法記大全）

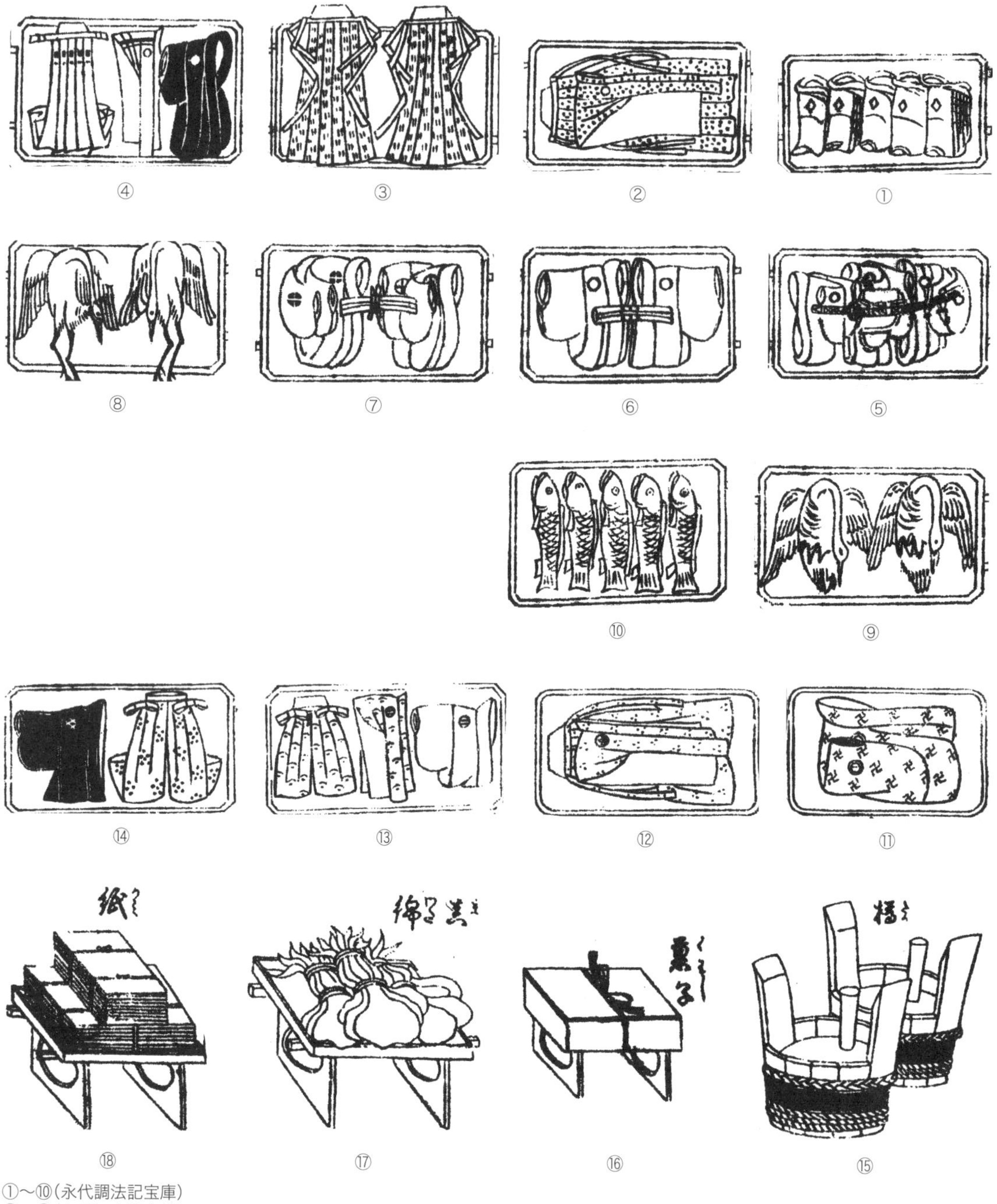

①〜⑩(永代調法記宝庫)
⑪〜⑭(女用智恵鑑宝織)
⑮〜⑱(大成筆海重宝記)

図340　積み様の事

つらかばち【つらかばち】 片言。「つらかばちは、中国の詞なり。輔車《つらがまち》なり。つらだましいはあづま(東)の詞なり」。〔不断重宝記大全〕

つらがまち【つらがまち】 中国では輔車《つらがまち》(＝頬骨)ということを「つらかばち」といい、東《あずま》では「つらだましい」、又「ほうかばち」という。〔男重宝記・五〕

つらだましい【つらだましい】 片言。「つらかばちは、中国の詞なり。輔車《つらがまち》なり。つらだましいはあづまの詞なり」。〔不断重宝記大全〕

連なる枝【つらなるえだ】 大和詞。「つらなるえだとは、兄弟の事」である。〔不断重宝記大全〕「れんし(連枝)」とも。

貫く玉【つらぬくたま】 大和詞。「つらぬく玉とは、数しらぬ事を云」。〔消息調宝記・二〕

氷柱摘み入【つららつみいり】 〔料理調法集・鱧餅真薯之部〕に氷柱《つらら》摘み入りは、葛を粉にして篩って置き、篠摘み入*を取りながら、葛粉の上に転ばかして、そのまま湯煮する。

釣鐘草【つりがねそう】 草花作り様。釣鐘草の花は白と青がある。土は合せ土*がよい。肥しは魚の洗い汁を用いる。分植は春がよい。〔昼夜重宝記・安永七〕

釣豆腐【つりとうふ】 〔料理調法集・豆腐之部〕に釣豆腐は夏の料理。豆腐を色紙に切り、白煮又は薄澄ましに煮て、柚子を切り入れ匂いを取り、鍋ながら井戸へ吊り冷ます。葛溜も冷まして懸ける。盛り合せは蒸し玉子、裂き海老等がよい。

釣殿【つりどの】 禁中*の御亭《おちん》を、釣殿《つりどの》という。〔男重宝記・一〕

釣に魚を寄せる法【つりにうおをよせるほう】 〔万法重宝秘伝集〕に「釣する時魚を寄せる伝」は、小糠と道明寺[味噌]*を炒り、釣をする所へ撒くとよい。

釣舟【つりふね】 花生《はないけ》。〔新板増補男重宝記・三〕に釣舟は、枝葉花を舟の内へ出す時は、櫓櫂の心《しん》にあしらう。釣った鎖が切れないようにする。置花生*にも舟がある(図341)。

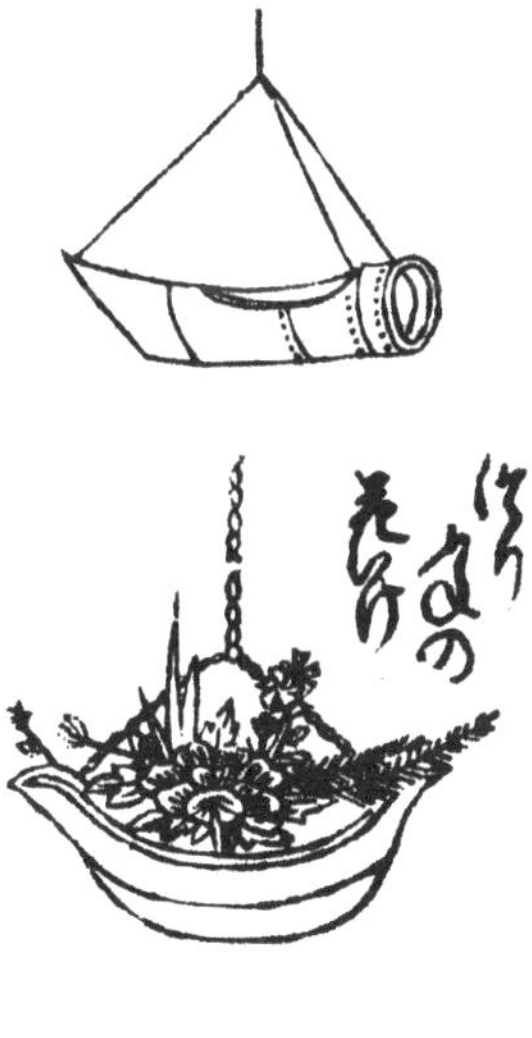

図341 「釣舟」(上:昼夜重宝記・下:(新板/増補)女調法記)

鶴岡へ江戸よりの道【つるおかへえどよりのみち】 街道。〔家内重宝記・元禄二〕に「江戸より出羽庄内鶴岡への道筋」が二筋ある。①は江戸より瀬上迄は仙台道*に同じ、その後の道程。瀬上〈一里半〉桑折〈一里半〉小坂〈一里半〉金山〈一里〉戸沢〈一里〉渡り瀬〈一里半〉関(瀬木)〈一里〉滑川〈一里〉峠田〈一里〉湯原〈三里〉ならけ〈二里〉上の山〈一里半〉はせん道〈一里半〉山の辺〈一里〉長崎〈一里半〉寒川江〈一里半〉白岩〈二里〉海塩〈一里半〉水沢〈一里半〉本道寺〈一里〉砂道〈二里〉志津〈六里〉麦股〈一里〉大網〈三里〉松根〈三里〉鶴岡である。②は川口通りで、桑折迄は仙台道*に同じ、これ迄は七十五里半十丁である。桑折〈一里半〉藤田〈一里半〉貝田〈一里〉越す河〈一里半〉斉川〈一里半〉白石〈一里半〉葛田の宮〈一里半〉長の川〈一里半〉猿花〈二里〉川崎〈一里〉熊坂〈二里〉笹屋〈一里半〉関根(あこやの松)〈半里〉挽山〈二里半〉山形〈三里〉天道(童)〈三里〉六田〈一里半〉立岡〈一里半〉飯(仮)田〈一里半〉尾羽(花)沢〈一里半〉なぎ沢〈一里半〉舟方〈三里〉清水〈二里〉相貝(白糸の滝あり)〈一里〉古江〈一里〉清川〈一里半〉刈川〈二里〉藤嶋〈二里〉鶴岡である。

弦絹【つるきぬ】〔武家重宝記・二〕に弦絹《つるきぬ》は、弦輪*の仕掛紙をいう。色々の絹を用いることがある。四季に応ずる色の紙を用いるという。

靏膏【つるこう】〔洛中洛外売薬重宝記・上〕に靏膏《つるこう》は、冨小路押小路下ル丁 水谷玄信にある。第一に癰 疔 疽、脱疽、その他一切の腫物によい。〔洛中洛外売薬重宝記・上〕

つるし柿【つるしがき】〈吊し柿貯え様〉〔新撰咒咀調法記大全〕に吊し柿の貯え様は、葉茶壺の底へ柿を並べて置くとよい。茶も味は変らない。〈菓子名〉〔男重宝記・四〕に、つるし柿は、上もろこし肉桂入り、中へ餡入り、上に葛付きである。

鶴鳴【つるしぎ】〔料理調法集・諸鳥人数分料〕に鶴鳴は、一ツ焼鳥にする。脂がのると煎鳥にもよい。春に多い鳥である。

鶴印酒【つるじるしさけ】〔料理調法集・料理酒之部〕に鶴印酒《つるじるしさけ》は、玉子を割り 冷酒を少しずつ入れ よく掻き混ぜ、溶けた時よい程酒を入れ 燗をして出す。白砂糖を加えたのは練酒*という。玉子一ツに酒中椀に三盃でよい。

鶴の毛衣【つるのけごろも】 大和詞。「つるのけごろもとは、静かにあはん」との意である。〔不断重宝記大全〕

弦の事【つるのこと】 弓に張る苧《お》の撚り糸をいう。ゆづる。ゆみづる。〔武家重宝記・二〕に弦について、○名称は、上の弦輪《つるわ》*（上《うわ》仕掛）、中の搜《さぐり》*、下は休弦《やすめつる》（本《もと》仕掛）の名がある（図342）。○数え方は、一筋《すじ》二筋といい、七筋で一張《ちょう》といい、二十一筋を一桶《おけ》と数える。口伝である。○拵え様は、色々あるが、古くは漆で塗り、中頃からは薬練《くすね》（＝松脂を油に和して製る。革に塗り、天鼠革《クスネガワ》という）で固めたものがあり、中頃 南蛮人が天鼠《もり》の油で弦を固めたのは利得であるがよくない。○虎口《こう》（城郭 軍陣等での要所の出入口）では、弦を脱《はず》すと言わず、休むるという。常に敵対の心得が必要である。〔弓馬調法記・中〕は物を射抜く時の弦には鉛を入れ、軍陣の弦には色々の仕様があるが、記述はしないとある。

図342「弦の図」（武家重宝記）

鶴の事【つるのこと】〔万物絵本大全調法記・下〕に「鶴 くわく／つる／たづ」。〈異名〉〔書札調法記・六〕に鶴の異名に、仙禽 丹歌 仙客 舞風がある。〈薬性〉〔医道重宝記〕に鶴は平で毒なく、気力を増し、虚を補い、風を去り、肺を補う。〈料理仕様〉〔諸人重宝記・四〕に鶴は汁、船場（煮）、酒浸て、この外色々。同、ももげ、腸、吸物、骨は黒塩。〔料理調法集・汁之部〕に鶴汁は 出汁に骨を入れて煎じ、差し味噌で仕立てる。妻は松茸がよい。いつも筋を置く。〈積み様〉〔諸礼調法記大全・天〕は鶴 鴈等を御目に掛けるには、頭を左の羽交《はがえ》の下へ押し入れ、左の羽交を上にして台に据え、頭を自分の前にして、御目にかける。〔麗玉百人一首吾妻錦〕は台に鶴、鴈の積み様の図会が祝言の時と常の時とそれぞれにある。〈紋章〉〔紋絵重宝記・上下〕には、鶴を左右向かい合わせ、また上下に向かい合せた鶴菱の紋絵がある。

靏の子焼【つるのこやき】「靏の子やき」は、麴町一町目 三河屋山城にある。〔江戸町中喰物重法記〕

鶴弾【つるはじき】 大和詞。「つるはじきとは、ゆがけ（弓懸）を云」。〔不断重宝記大全〕

釣瓶鮨【つるべずし】〔料理調法集・口伝之部〕に釣瓶鮨は、桶に漬け 青竹に挟み 縄を懸けて締めた物である。進物等に押しを懸けたまま用いるためである。

〈売り店〉〔江戸町中喰物重法記〕に、①「（御膳）つるべ寿し」は、日本

橋通四丁目 よしの屋久蔵にある。②「御上リつるべずし」は、本家大和国下市村 弥助、浅草かや町二丁目 すしや弥三右衛門にある。③「(吉野) 御つるべ鮓所」は、本家 大和国吉野郡下市村/横山町二丁目 御鮓屋弥右衛門にある。

弦持【つるもち】 弓の事*張弓名所。弦*を支え持つ所をいう。ここに刀目《かたなめ》をつける。〔武家重宝記・二〕

弦輪【つるわ】 〔武家重宝記・二〕に弦輪は、弭《はず》*に掛ける輪である。休め弦は本の弦輪にある。弦をはずして掛けて置く。

連れ鷺【つれさぎ】 草花作り様。連れ鷺の花は白色である。湿気の地を好む。土は肥土に砂を少し交ぜて用いる。肥しは茶殻の粉を少しずつ根廻りに置くとよい。分植は春にする。〔昼夜重宝記・安永七〕

徒然草の事【つれづれぐさのこと】 〔日用重宝記・三〕に次がある。『徒然草』二巻。兼好作。諸抄(注釈書) 多く、『野槌』十三巻、『諸抄大成』二十巻、『大全長頭丸抄』『古今大意』等はその代表。高屋近文が言う、兼好は儒・釈・道に於いて些か許されまじく、釈教も少乗劣機の法で凡慮の者である。老荘を片端 書き記しているが、和語をもって記しているのみである。彼の文盲では句読も覚束なく、もとより儒門に暗く、神祇祀官の家に生れながら九牛が一毛も知らない。しかし、広く人に用いられ、先人の注解を受けるのは不相応ながら大きな面目である。『徒然草奥儀抄』六巻を著して兼好を誇りながら一部を注しているのは尤である。

〈徒然三ケの秘事〉〔消息調宝記・四〕に「徒然三ケの秘事」は松永貞徳より云い出したものである。①「放免の着物《つけもの》」(二百二十一段) は、祭礼の時 禁色も免され、大臣の位でも着ることである。②「布のもかう(帽額)」(二十八段) は、家居の廻りに高く懸る物、今商家に懸る布の様である。③「白うるり」(六十段) は、その物はない。近来の俳諧宗匠の句に「あるならば雪女もやしろうるり」の秀吟がある。この三ツを秘事とする由であるが歌道には言わず、信用しがたい。特に、兼好がただ南朝に志を寄せた至忠は人の許す所、その余は文道有力の人物に非ず、『徒然草』の外にはない。但し、歌道は用いられている。

つれないの舌を出し【つれないのしたをだし】 〈平生ソレよく言う言語〉つれない、薄情だの意。「つれない」に、蛇が「紅の舌」をちょろちょろ出すのを言い掛けた。〔小野篡譃字尽〕

橐【つわ】 草花作り様。橐《つわ》の花は、黄色である。土は合せ土*を用いる。分植は春、秋がよい。〔昼夜重宝記・安永七〕

悪阻【つわり】 〔女重宝記・三〕に、懐妊と決まって、胸悪く嘔吐し痰を吐き食を選び頭ふらつき寒熱するものを、悪阻《おそ》《つわり》と名づける。薬を飲まなくても、月を越えると治るものである。〔麗玉百人一首吾妻鑑〕にも悪阻は人の性によって色々あるが、大方薬は用いない。〔大増補万代重宝記〕は悪阻の薬に、香付子・藿香・甘草(各等分) を末(粉) にして二匁ずつ塩湯で用いると妙とある。

耳聾【つんぼ】 〔丸散重宝記〕は諸の耳聾《つんぼ》に、細辛の末(粉) を蠟で鼠糞大に丸じて耳に差し入れ、一日に二三度取り替えると効がある。〔新選広益妙薬重宝記〕に耳聾を治す薬は、亀の尿を耳の中へ入れる。病後の聾には、菖蒲の根を搗いて絞り汁を耳へ入れるとよい。

て

手【て】 「猿猴《えんこう》」ヲ見ル

出会茶屋【であいぢゃや】 〔色道重宝記〕に出会茶屋は、男女が密会に使う茶屋を出会茶屋という。江戸では、昔は池の茶屋といい不忍池の縁に女と男の出会いの茶屋があり、蓮飯*が名物であった。

手足の諸症【てあしのしょしょう】 〈手足の定寸〉〔鍼灸日用重宝記・一〕に、○「手」は肩より肘迄一尺七寸。肘より腕肱《うでくび》迄一尺二寸。腕肱より中指

の本節《ふし》迄四寸。中指の本節より指頭《ゆびさき》迄四寸半。○「足」は内輔《うちかまち》の上廉より下廉迄三寸半。内輔の下廉より内踝迄一尺三寸。膝から内踝迄一尺六寸。内踝より地に至り三寸。足の掌の長さ一尺二寸。足の広さ四寸。

〈痺れ〉〔薬家秘伝妙方調法記〕は痺れには桂心と秦艽を用いる。

〈痛み〉〔諸民秘伝重宝記〕は手足が俄に痛むのを直す伝は、桔梗《ききょう》の粉と氷卸（氷砂糖の細末）を等分に合せて飲ます。〔重宝記・礒部家写本〕は手が弛《たる》く痛い時は、杉の若葉を随分煎じ詰め、葱の白根を入れて洗う。

〈筋骨傷妙法〉〔医術調法記幷料理書〕には手足筋骨傷妙法として、木瓜の木と川柳甘肌（但し、実は猫柳）を煎じ、はこひ草（衝羽根）で痛む所を洗うとよいとある。

〈挫き〉〔調法記・全七十〕は手足挫きに、○芭蕉を根葉共に粉にして続飯に押し混ぜて付ける。○水仙の根葉共に黒焼きにして梅干と続飯に押し合せて貼る。○古糸を火に入れて煙で燻べる。**〈裂け腫れ治方〉**〔文政新刻俗家重宝集〕は手足の踵の裂け腫れの治方に、鶏の糞一合に水一升を入れ煎じて洗うと妙に治す。**〈杭を抜く薬〉**〔世界万宝調法記・中〕は手足に杭の立つのを抜く薬に、柚の核と甘草を等分に細かく粉にして続飯で練り付ける。一夜の内に杭は抜け、痛みはそのままよい。

〈豆を直す呪い〉〔諸民秘伝重宝記〕は手足の豆を直す伝に、「そつかうそつかう」と三遍唱えながら小刀の先で突く真似を三度し、その次に念仏を三遍唱えると治る。また半夏を続飯に押し交ぜて貼るとよい。

〈手足の骨の治法〉〔骨継療治重宝記・中〕は、○手の骨が出て左の方に向けば、医師の右手で抜いて入れる。右なら左手でする。一度は伸ばし一度は縮め二三度押し動かし、その後接骨膏、定痛膏*を付けて挟み縛って置く。○手足の骨の一方だけが断れる時は治るが両方断れる時は治せない。手足の骨の断れた時は中間《まんなか》一所は緩く、両頭を緊《きび》しく縛るのは気血が断れた処に集り癒え易くするためである。○手を接ぎ縛る時截れ目の前の方を、足は截れ目の下の方を緩く縛るのは、血を前に巡り行かせるためである。

〈手足の凍えぬ方〉〔里俗節用重宝記・上〕に夜手足の凍えぬ方は、乾姜（百目）、胡椒（十匁）、牛油（少）に、上酒一升を三合に煎じ詰め、薬を溶き、手袋 足袋に九遍ばかり染め、干して用いると凍えることはない。久しく経過したのは効かない。用いる時、胡椒七粒を飲むとよい。〔調法記・四十ち〕には雪中幷寒夜に手足の凍えぬ伝は、胡椒を二ツに割り焙烙でよく炒り、紙に気の抜けないように包んで臍に当てて置く。また榁の実を生酒《きさけ》に三日浸して置き、陰干にして粉にし、手足に塗るとよい。

手荒れ薬【てあれぐすり】〔重宝記・礒部家写本〕に手の荒れる妙薬は、黄蠟（三十二匁）、髪油（五匁）、粉甘草（十五匁）である。

でい【でい】 諸国詞。近江の言葉で「ざしき（座敷）を、でい」という。〔男重宝記・五〕

帝運【ていうん】 十二運*の一。「みかど」ともいう。〔金神方位重宝記〕に木性は、二月（卯）、火性は五月（午）、土・水性は十一月（子）、金性は八月（酉）生れで、諸人の敬いを受けて頭となり、財宝は心のままに富む。〔両面重宝記・寛延六年〕は帝運の人は大吉、末子も惣領になる。しかし、親の死に遇わないこともある。慈悲心があればとてもよい。「玉の身になりての後は自ずから民を育くむ心なりけり」とある。〔和漢年暦調法記〕には人によく思われ、入り婿等によい。人を憐れむならば、その身も愈々よい。心正しくないと、ややもすると害がある。〔日用重宝万物図解嘉永大雑書三世相〕は帝運生れの人は多く入り婿の縁がある。女も夫に別れ再び養子の縁がある。この縁は大いによく家は繁昌する。尤も、家業は宮仕え或は医者 儒者等が大いによい。卑しい業をすると身上は悪い。慈悲心を専らにするとよい。

定家【ていか】〔麗玉百人一首吾妻錦〕に藤原定家卿は、俊成*朝臣の子、正

三位中納言。『新古今和歌集』五人の撰者の一人。後に『新勅撰和歌集』を撰んだのは歌の風儀が正体でないことを嘆いてのことという。二条家の祖と仰がれる。『百人一首』を小倉山荘で撰んで歌の本意を後世に伝えた。歌の道を嗜む人は、俊成とともに崇敬すべき近代の歌聖である。仁治二年（一二四一）八月二十日、八十歳没。

〈色紙〉〔不断重宝記大全〕「茶湯名物御持来之記」には「定家の色紙」を二十三家で伝えている。例えば「恋すてふ（尾張殿）」。「こぬ人を／此たびは（紀伊殿）」。「立わかれ（東本願寺）」。「いにしへの（後藤庄三郎）」等。

定家葛【ていかかずら】〔万物絵本大全調法記・下〕に「絡石 らくせき／つた／ていかかづら」。〔薬種重宝記・中〕に和草、「絡石 らくせき／つた／ていかかづら。毛を拭ひ去り 刻み焙る」。「つた（蔦）」参照

定家煮【ていかに】「小倉山清《す》まし」ヲ見ル

丁奚疳【ていけいかん】〔小児療治調法記〕に丁奚疳《ていけいかん》は、手足と首は極めて細く、尻は高く、肉は削るがごとくに痩せ、臍は突き出て胸陥み、或は穀癥を生じ、生米を好んで食らうのをいう。薬に十全丹*がある。

提肛散【ていこうさん】〔小児療治調法記〕に提肛散《ていこうさん》は、小児の大腸が虚し糞門の抜け出るのを治す。竜骨（二匁半）、訶子・没石子・赤石・罌粟（酢で炙り）（各等分）を末（粉）とし、米飲《めしのゆ》で食前に飲ませ、また葱の湯で噴門の出た所を洗い、柔らかに押し入れるとよい。

聤耳【ていじ】「耳の事」ヲ見ル

亭主【ていしゅ】茶道亭主の心得。〔永代調法記宝庫・一〕に「亭主方心得の事」がある。客が来た時、遅く出合うのは無礼である。賞翫の客、貴人、高人へは迎いに出るのが礼である。いかにも物静かにするのが馳走である。座敷に屏風を立てる時は墨絵を上《かみ》に、彩色絵を次にする。亭主には、膳の事*搔敷《かいしき》重箱*食籠《じきろう》小串*物を挟み参らす事*初物*など心得がある。

亭主の男【ていしゅのおとこ】重言。「との（殿）又は御《ご》亭《てい》主《しゅ》の男《おとこ》と云は さもしゝ」。〔女重宝記・一〕

提鍼（針）【ていしん】〔鍼灸日用重宝記・一〕に提鍼針は、長さ三寸五分。脈を按《お》し気を取って邪気を出すのに用いる。「鍼（針）の事」参照

提疔錠子【ていちょうじょうし】〔改補外科調宝記〕に疔疽*の外治の重いものには提疔錠子を用いる。雄黄・朱砂（各一両）、青塩・砒霜・白丁香・軽粉・斑猫（一匁五分）・蟾蜍《せんそ》・麝香（各一匁）、蓖麻子（二十粒）を粉にし、黄蠟を蕩かして練り、梧子の大きさに押し広め、針で疔の上に付ける。また四方を針で刺し、血を出し、膏薬をつける。

弟子【ていつう】唐人世話詞。「でし（弟子）を弟子《ていつう》」という。〔男重宝記・五〕

ていど／てつき【ていど／てつき】「ていど 又 てつきとは、的斗《てきと》也」。〔不断重宝記大全〕

貞徳流【ていとくりゅう】俳人・歌人・歌学者である松永貞徳（承応二年〔一六五三〕、八十三歳没）の俳諧仕様。*〔男重宝記・二〕にそのかみ貞徳は「俳言」を用いる俳諧の名人であったが、今の世にはこれを古流とし、中頃宗因流*が起り、今はまた風が変わって景気付となった。（前句）「杉戸あくればにほふ梅が香」というに、（貞徳流付句）「鶯の歌の友だち尋ねきて」、（宗因流）「春の夜の闇はあやなし手水鉢」、（此比の景気付）「薄がすみ箒はなさぬ朝ぼらけ」。このような変化とある。

定風散【ていふうさん】〔牛療治調法記〕に定風散《ていふう》は、熱積が久しく脳中に聚《あつま》るのは盤のように身は転じ、旋風を作《な》し、眼は黒く沫《あわ》を吐くものに用いる。天竹黄・防丰《ぼうき》・人参・川芎《せんかつ》・地黄・天麻・沙参《しゃじん》・麻黄・甘草・黒付子・白蒺莉《びゃくしつり》を末（粉）し、毎服半両に、水一升に蜜（二両半）を入れて攪拌し、温服する。

葶藶【ていれき】〔薬種重宝記・中〕に和草、「葶藶 ていれき／あしなずな。少し炒る」。

手打蕎麦の事【てうちそばのこと】〈手打蕎麦〉〔江戸町中喰物重法記〕に次があ

る。○「手打蕎麦」米沢町一丁目ニ 若松屋。元矢のくらニ 松坂や。人形丁ニ 翁屋。目黒ニ 紫江庵（尚、紫江庵より道法付があり、御そば三人詰南鐐一片（二朱銀）御土産物箱入二匁より段々。御吸物 口肴は蕎麦召し上られ次第三人で南鐐一片）。○「御そば所」麹丁元四丁目ニ 瓢箪屋。「蕎麦の事」〈蕎麦切打方〉参照

〈手打生蕎麦〉〔江戸町中喰物重法記〕に次がある。○「手打生蕎麦」は、麻布谷丁ニ 上総屋。筋違橋外ニ 東屋。赤坂御門外ニ 上総屋市右衛門。糀丁五丁目大よこ丁ニ 大野屋。同天神前ニ 三亀屋。同所ニ 田中屋。元飯田丁片丁ニ 伊勢屋九郎兵衛。新大川橋ニ 薪屋。鎌倉河岸龍閑はしニ 東向庵。○「（御膳）手打生蕎麦所」は、西久保天徳寺門前ニ 小倉平兵衛。○「（名代／蘭めん／御膳／三原）手打生蕎麦所」は、糀町五丁目ニ 和泉屋佐右衛門。

〈手打生蕎麦折詰品々〉〔江戸町中喰物重法記〕に次がある。○「手打生蕎麦折詰品々」本所みどり一丁目ニ 東翁庵。小伝馬丁新道ニ あづま屋。筑土明神下ニ 鸖屋十三郎。神楽坂上ニ 池田屋。牛込寺町ニ 鈴木屋。同所ニ 嶋屋。赤坂新店ニ 大和屋吉右衛門。同田町四丁目ニ 松葉屋半四郎。深川土橋 三春屋。市谷御堀はたニ 小泉屋。虎御門外ニ みなと屋。西ノ久保熊野丁ニ 池田屋。浅草田原丁三軒丁ニ 伊勢屋。よこ山丁一丁目ニ 東向庵出店。神田須田丁二丁目ニ 松屋利兵衛。新川ニ 松葉屋。同所ニ 岸田屋安兵衛。

手腕の失落治法【てうでのしつらくじほう】〔骨継療治重宝記・中〕に手腕の失落治法がある。①手の筋骨 手腕の骨が抜けたら、真っ直ぐに引き出し、医師の手で手の筋骨 手腕を持ち上げ、本身は医師の膝頭に下げて置き、患者の首筋肩の辺を押し下ろすと臼に塡《はま》るのを、小書簿で上下で挟み安静にして置き、その後定痛膏*、接骨膏を貼ける。②手腕が抜け落ちて上か下かにある場合、手で引き伸ばし捻って留め置き、定痛膏、接骨膏を貼けて縛って置く。

手負い馬の薬事【ておいうまのやくじ】〔馬療調法記〕に手負い馬の内治薬と外治薬がある。①内治薬は、瓜蔞根・へいつうさん・せんつう・芍薬（半戔）を粉にして用いるが、馬が熱する等したら大黄を加える。飼い汁には薄酒でも忍冬でも、また出水でも用いる。②外治薬は、切り疵等で疵口の広いのは藤瘤を濃く煎じ、天南星を粉にして貼ける。鎗疵や矢疵等で穴の深いのは糟湯で洗い、山芋を穴へ入る程に削り、藤瘤の濃い煎じ汁を山芋で何度も入れる。口へは乾栗《かちぐり》を粉にして梅干の肉で練り合せて貼け、紙を張って置く。

手負の事【ておいのこと】〔大増補万代重宝記〕に手負疵を治す法は、松の甘皮をよい酒で浸し、その酒を酔う程呑むとよい。〔斎民外科調宝記〕は手負に反り気があれば、百会 檀中に灸するとよい。遺精*があれば、塩を酒で擂り合せて土器に入れ半日程焼いて取り出し、このように三度焼いて粉にし茶一服程水で用いる。〈下し薬〉〔薬家秘伝妙方調法記〕は「手負の下し薬」に、白茶（極上新芽製の茶）一服程、刀の錆半服等を合せ、繁縷の汁で天目七分に入れて呑むとよい。〈食物〉〔改補外科調宝記〕は頭疵の手負にもよるが、食物は消化し易い物、初めには冷いものがよく熱のあるものは悪い。例えば、大麦の糊粥・苣・梨子・榲桲《まるめろ》・石榴、その後鶏のひよこ、山鳥がよい。

〈血止め呪い〉〔万用重宝記〕は手負血止めの呪いに、手水《ちょうず》、うがい（嗽）をして、二首の歌「あつたやちちのちまたにのけふして たいふくすれどいたからんきず」「血の道は父と母との始めなり血の道返せ血の道の神」と、二首の歌を手負に向い三遍唱えると疵の痛みを去り、血を止めることは奇妙、ゆめゆめ疑ってはならないとある。

手斧【ておの】「おのておのまさかり（斧手斧鉞）」ヲ見ル

手鑑経師【てかがみきょうじ】「経師屋《きょうじや》」ヲ見ル

手掛菓子【てがけかし】手掛は結婚の席の右方に、二重《にじゅう》*（＝左）と共に置く。

或は、祝儀の時に出す取り肴である。〔童女重宝記〕に手掛は、松は五葉三枝、其元に鰯二ツを腹合せにして、紙に鬘を取り、水引で結ぶ。頭の方を膳の方へ横に据える。串海鼠《くしこ》、串鮑、巻鯣、小鳥焼、結び鮨、蒲鉾である。〔嫁娶調宝記・一〕には新しい三方に、手がけ菓子を拵え、座敷に出して置くとあり、「手掛菓子図」がある（図343）。「引き渡し」参照

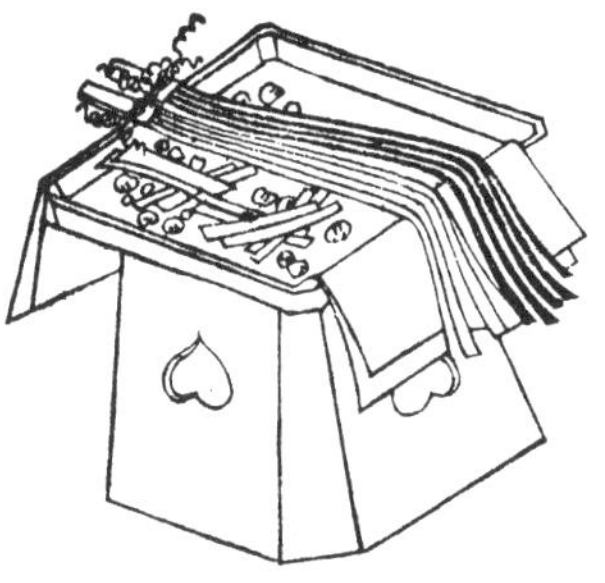
図343 「手掛菓子図」（嫁娶調宝記）

手が竦み疼くには【てがすくみうずくには】〔薬家秘伝妙方調法記〕に手が竦み疼くには、烏薬 檳榔子を用いる。

手形証文の事【てがたしょうもんのこと】 証文作成の仕方である。〈案文例〉〔大増補万代重宝記〕の例。「請取申米之事／合三千俵は 京升四斗入／右は当酉知行米之内受取申処／実正也 仍而如件／年号月日 何之誰／何之誰殿」。大体このように書き、例えば右の手を押したような形になる。昔は手の型を押したのを手形と言っていた。

手形証文 請（受）状類の各種案文は〔昼夜重宝記・安永七〕〔重宝記永代鏡〕〔大増補万代重宝記〕等にあり、〔書札調法記・五〕の「万手形尽」には○金銀預手形／預申金子之事*（図344）。○破賦《わっぷ》手形之事。○養子一札。○乳母《おち》抱一札。○年切奉公人請状。○半季奉公人請状。○借屋請状之事。○寺請状之事。○譲状之事。○永代売渡家屋敷之事。○家屋敷買請状。○売渡申田地之事。○質物預ヶ手形。○売上申一札之事。○書状請取手形。○荷物送状。○道具売手形などがある。〔農家調宝記・初編〕には○田方定免請証文振合。○用水御普請村請負証文振合。○畑川欠御年具御免請証文振合。○博奕御制禁御請証文振合。○田畑質入金子借用の証文案紙。○出水押ニ付御年貢引願書願書振合。○村内神社祭礼願書振合。○百姓出奔御届書振合。○村内行倒者御届書振合 など。〔農家調宝記・二編〕には○店請状之事。○地請状之事。○拾ヶ年季売渡申家屋敷之事。○家守受状之事。○入置申一札之事。○送一札。○落着一札。○離縁状*。○内済一札之事。○侘一札之事 など。尚、案文は大概で、定まったものではなく、国所によって少々替りがあるとの注記がある。

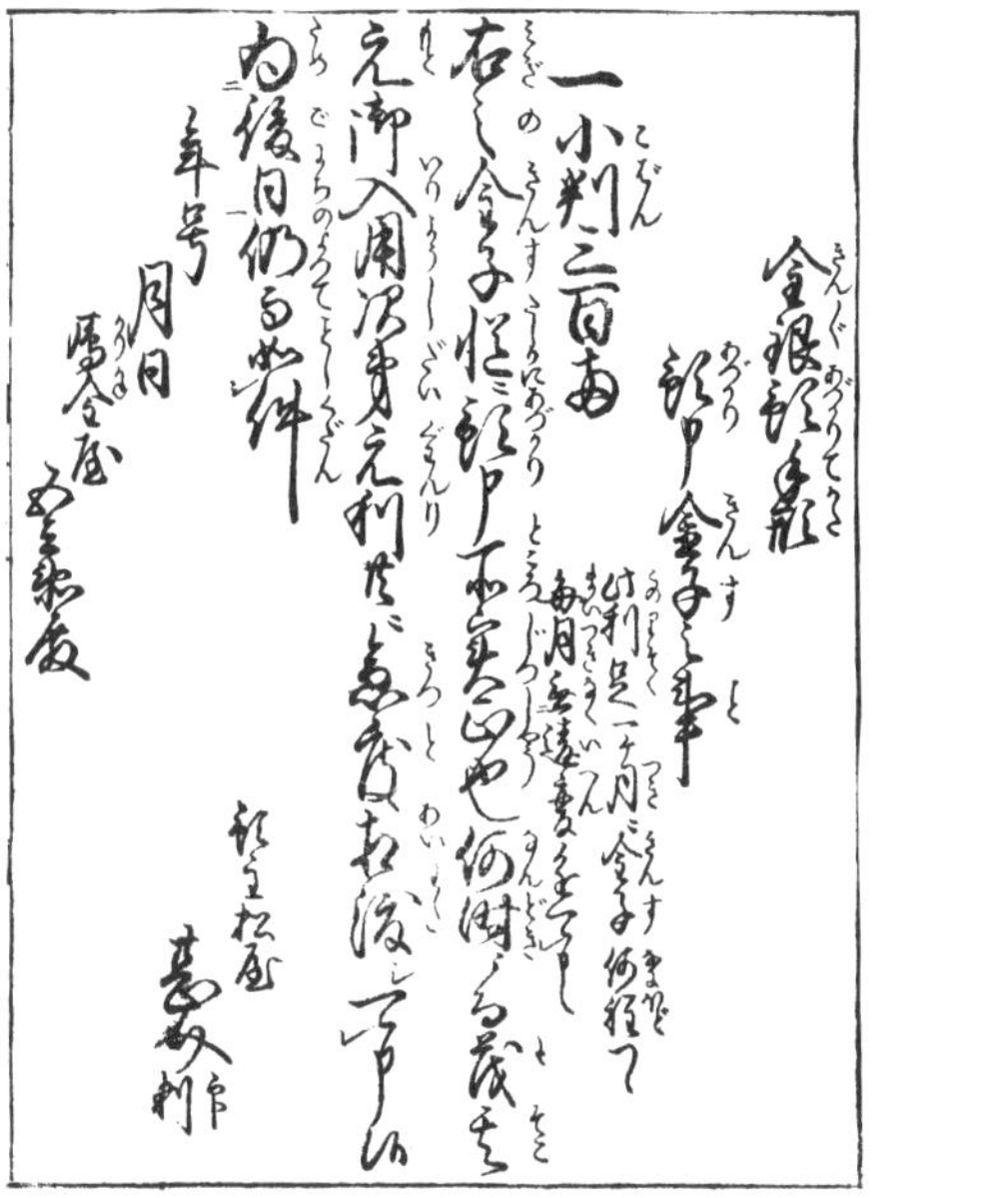
図344 「金銀預手形」（書札調法記）

証文の畳み方は、折目から破れるので、判形の処へ折目が行かないように畳む。訴状等は御奉行様という処へ折目の掛らないように畳む。証文は一字でも書き損じがあれば書き直す。削ったり墨で繕ったりしてはならない。仮名で書くと誤ることが多く、また当字は書かず、正字を調べて書く。

〈偽造注意〉〔男女御土産重宝記〕に烏賊の黒墨に粉糊を磨り交ぜた偽

りの墨色の手形（三年後には白紙になる）に注意せよと言っているように、手形証文の偽造はその発生時から多く、『曾根崎心中』のような事件を惹き起した。

〔農家調宝記・初編〕に証文類は、年号干支月日とも認める。重要なことには年号を入れ、時々のことは軽く書くが、後々の証拠となることには聊のことでも念を入れて書けとある。字形は丁寧に、墨は薄からぬように、全て敬いを心とする。「預《あずかり》手形」「願書」参照

〈書法〉〔昼夜重宝記・安永七〕に手形紙は美濃紙がよく、奉書 杉原紙の土気粉等のある紙は用いない。墨黒く墨継ぎは黒白々々と書き、このほか専用の処で墨を継ぎ、御公儀様、貴人という処では欠字*をする。片言（不完全な言い回し）や略字は使わない。「如件」は半にならないように書き、下に書き詰めない。宛名は殿を書くのが式法で、印判は大きいのは慮外、小さいのがよく、儡紙《らいし》（汚れた紙）は五分 一寸でも切り取るのがよい。一二三の字は壱弐参、十二十も拾 弐拾と書く。「一 私之事」等と口に書く時は、紙の端より一寸八分置いて書く。高さは紙の大小と高下を見計い 恰好相応に書く。事の字は上から読み続かないように書く。年号月日は条々より一字下げて書く。証文は紙一枚に約めて書くが、長い文言は紙を継いで書き、紙の継ぎ目には裏から印判を押す。

手紙【てがみ】〔農家調宝記・三編〕に近い所への文通を手紙といい、他国との文通を書状*という。〔改正数量字尽重宝記 甲・乙〕の「懐中手紙案文集」には年始・歳暮状、暑・寒・留守・安産・病気・火事等の見舞状、店開きに遣す状、旅立餞別状、医者断り状、弔い状、死去悔状、金子恩借文等がある。○「病気見舞」を読み下し文にすると次の通り。「貴所様御儀、此の間中御不快の趣き承り申し候。御様子如何御座候や、御尋ね申し上げ候。猶 近日御見舞申し上ぐ可く候。折角御加養成され候様専一に存じ奉り候 以上」（甲）。○「弔状之事」は「剪紙を以って申し上げ候。愚父儀 久々病気に罷り在り候ふて色々加養仕り候得ども、養生相叶はず 今晩死去仕り候。これに依って旧来の御馴染故御知らせ申し候。尤も葬礼の儀は明日何時に相定め候得共、御見送りの儀は御断り申し上げ候」（乙）。

手絡み【てがらみ】「てがらみとは てをくむ（手を組）也」。〔消息調宝記・二〕

溺死／水死【できし／すいし】「おぼれし（溺れ死）」ヲ見ル

擲銭占【てきせんうらない】〔改正中興年号重宝記・天保四〕に次がある。銭三文を手に持って投げ放り、裏表の数を見て願い事の善し悪しを、歌の心を以って考える（図345）。○全部表「戦に弓矢を得たるが如し／弓矢とる人をば守る男山 末も久しき岩清水かな」。○上二表下裏「恋する人の如し／忘られば我も心の変れかし など憂き人の恋しかるらん」。○上下表中裏「月に雲のかかるが如し／信あれば心の雲も晴れぬべし 信なき時は月も隠るる」。○上裏下二表「万ず心に叶ふ如し／楽しみも又喜びも身に余り 心はいつも花の都に」。○上下裏中表「水なき海の如し／いかにせん浮き身の果は定めなき 風にはもろき秋のもみぢ葉」。○上表下二裏「玉の光なきが如し／白銀や黄金の玉といふとても 磨かぬ時は光りなきもの」。○上二裏下表「鳥に羽なきが如し／飛ぶ鳥の飛び行く鳥もとどりに 木には止らず土に落つらん」。○全部裏は「車の輪のなきが如し／いかにせん忍び車の片輪にて やるかたもなきことぞ悲しき」。

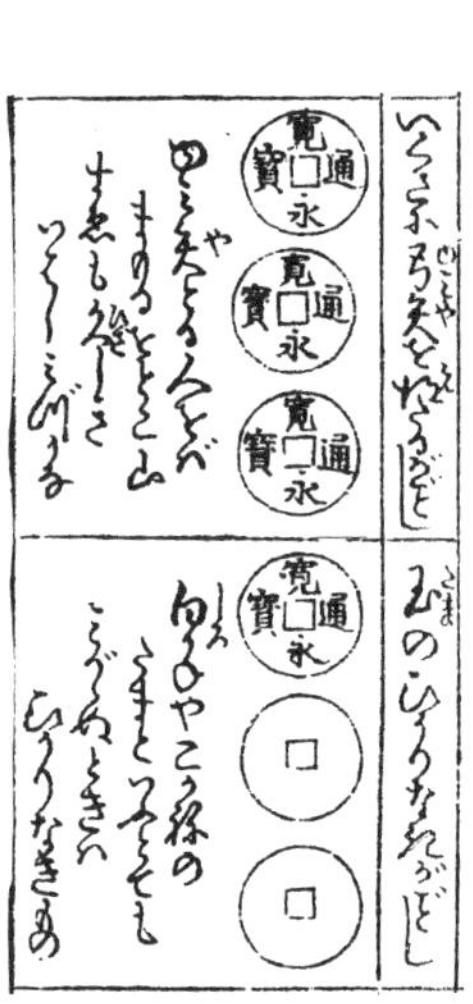

図345「擲銭占」（改正／中興）年号重宝記・天保四）

溺濁【できだく】〔鍼灸重宝記綱目〕に溺濁は、小便の濁るものをいう。○赤濁は血に属し 思慮を過し 心虚して熱するもの。○白濁は気に属し 房労を過し 腎虚して寒ずるもの。腎兪 気海 関元 脾兪 三里 三陰交に鍼灸点がある。〔医道療治重宝記〕に「溺濁付遺尿」には、滋栄養衛湯* 参耆湯（参芪湯*）がある。

適等【てきとう】 算法用字。数が等しく揃ったのをいう。〔算学調法塵劫記〕

できのぼう【できのぼう】 片言。傀儡子《くはいらいし》を、「でくるぼう」「でくのばう」「でく」、東《あずま》には「でこ」、中国では「できのばう」という。〔不断重宝記大全〕

天蚕糸拵え様【てぐすこしらえよう】〔調法記・四十七〕に日本で天蚕糸《てぐす》を拵える伝として、栗の木の虫を取って箱に入れ糞を残らずした時、酢の中に入れ暫く置いて出し、また新しい酢に少し入れて出し、釘に掛けて引き伸ばす。

手ぐすみ引【てぐすみひく】 片言。〔男重宝記・五〕に「手ぐすみは、手天《てぐす》鼠《ね》」である。〔不断重宝記大全〕に「手ぐすみ引は、手天鼠 てぐすね」である。

でくのぼう【でくのぼう】「できのぼう／でく／でこ」ヲ見ル

でくる坊舞わし【でくるぼうまわし】「にんぎょうあやつりからくり（人形操機）」ヲ見ル

でけた【でけた】 片言。「出来たをでけた」という。〔世話重宝記・四〕

でこ【でこ】 諸国詞。〔男重宝記・五〕に物の多いことを中国では「ゐとといひ、又でこ」という。〔不断重宝記大全〕に傀儡子《くはいらいし》を、東《あずま》では「でこ」という。「できのぼう」「でくのぼう」モ見ル

てこい【てこい】〈何が不足で癇癪の枕言葉〉「小さい、てこい」。〔小野簒譃字尽〕

てこねる【てこねる】 卑語。「死ぬるを、ごねるてこねる」。〔女用智恵鑑宝織〕

出しほ餅【でしおもち】 菓子名。出しほ餅、上うき物、山の芋入り、下ながしもの。〔男重宝記・四〕

手下【てした】 弓の事* 張弓名所。関板《せきいた》*と握下《にぎりした》*の中間をさしていう。〔武家重宝記・二〕

手筋骨の抜けたのを治法【てすじぼねのぬけたのをじほう】〔骨継療治重宝記・中〕に手の筋骨が抜け出たら、丸い椅《こしかけ》を用い 横さまにして上に向け、医師の足で椅を踏み止め、患者の手を椅の横に置き曲げて 手首の内に入れる。小さい書簿で上下を挟み安静にして置き、定痛膏* 接骨膏を付け、絹布て縛り 掌《てのひら》が上を向くようにして置く。

出瘡【でそろう】「出瘡《でそろう》」は「ほとおり（痘発熱）」*の後に出る。〔小児療治調法記〕に次がある。〈症状〉頭から出て足に至るのを順とし、足から出て頭に至るのを逆とする。○初めて出る時、胸に稠《しげ》く出れば消毒飲*に山査子・黄芩（酒炒）・紫草を加えて用いる。食が減ずれば人参を加える。痘が初めて出るのに三五相連なって出るのは必ず稠密で、単形なのは決まって少ない。又『保赤』を引き、痘が初めて出て色貴く 明潤で鮮やかなのが、もし頭が焦れ 黒みを帯びているのには涼血化毒散*を用いる。色白く皮の薄いのは気分にあり、困陽散火湯*の内 生地黄を去り、白朮・茯苓を加えて用いる。急に治らないと痒塌《かきつぶ》して死ぬ。この二症を宜しく治すなら、白色は転じて紅活となり、黒色は淡紅となり、「やまあぐる（起脹）」*「みずもる（貫膿）」*「かせる（収靨）」*も安心である。○「出瘡」の症で痘が出、もし稀（少な）くても肉色と一連で紅暈のないのは保元湯*に川芎・当帰・紫草・紅花を加えて用いる。○「出瘡」の症が初めて出、自汗のあるのは熱気が燻蒸して出るのである。但し、汗が出て表虚すると恐らく収靨*が難である。保元湯に黄芪を倍し表を実する。熱があれば炒黄芩・炒黄連を加えて用いる。
〈死症〉出瘡して三日に生死を決する例。○痘が頭面に少なく、胸背には皆無、根窠《ねまわり》が紅く潤い、頂が高く、手に障り、水珠のような光沢のあるのは薬を用いなくてもよい。○痘が出る時、腰腹が疼んで止まら

ず、口気が大いに臭く、痘の色が紫黒なのは必ず死ぬ。○痘が出て色白く、皮が薄くて光り、根に全く紅色がなく、或は根に少し紅色があっても三五日で菉豆《ぶんどう》のようなのは決して貫膿ができず、後に一泡の清水をなし、擦り破り即死する。妄りに下し薬を与えてはならない。○痘が出て起脹ができず、湯泡《やけど》及び灯心火で焼くようなのは、十日後に掻き潰して必ず死ぬ。○痘が出て口鼻耳が鮮紅で血の止まらないのは死ぬ。○痘が出て紅斑を生じ、紋のあるのは六日後に必ず死ぬ。○痘が出て黒班を生じ、痣のように肌肉が塊をなして黒いのは、即座に死ぬ。

〈諸薬〉○症により、清地退火湯* 秦艽湯《じんぎょうとう》* 化毒湯《けどくとう》* 連翹升麻湯* 解毒《げどく》托裏湯* 紫草透肌湯* 消毒陰 紫草湯* 四聖散* 十神解毒湯* 太乙保和湯* 羗活散鬱湯* 益元透肌散* 九味神功散* 五積散* 正気《しょうき》散* 調解《ちょうげ》散* 小柴胡湯* 人参白虎湯* 肉荳蔲《にくずく》丸* 絲瓜《しか》湯* 阮氏万全散* 当帰散* 解毒《げどく》防風湯* 十奇散* 如聖《じょせい》湯* 甘露飲子*がある。

鉄釜を早く磨く法【てつがまをはやくみがくほう】〔里俗節用重宝記・上〕に新しい鉄釜を早く磨き入れるには、酢の絞り糟で度々磨くとよい。磨いて直ぐに水で洗い落す。

てっきゅう【てっきゅう】 片言。「てつきうは、鉄橋 てつきやう」である。〔不断重宝記大全〕

鉄気を忌む薬【てつきをいむくすり】〔医道療治重宝記〕に「鉄気を忌む薬」として次がある。香付子 牡丹皮 芍薬 茜根 龍胆 麻黄 遠志 何首烏 麦門冬 木瓜 雷丸 桑寄生 桑白皮 杏仁 五味子 知母 茅根 猪苓 石菖蒲 皂角 山薬 地骨皮 桃仁 槐花 瓜蔞根 同仁 藜蘆 商陸 蒺莉子 柘榴皮 雄黄。

重五とした【でっくりとした】 双六より出た言葉。〔男重宝記・三〕に「重五《でっくり》とした」は、双六で振った二ツのさいころに揃って五の目が出ることをいう。肥満して重い様にいう。

貼顖【でっしん】〔小児療治調法記〕に貼顖《でっしん》がある。○小児が生れ落ちる時風を引いて鼻が塞がったら、一方に天南星を末（粉）して生姜の汁で調え、膏とし顖《おどり》の上に貼り、病が去れば取り除ける。○或は、初めて生れ鼻塞がり乳食が下らなければ、一方に牙皁《げそう》と草烏を葱の汁で搗き、膏とし顖に貼ると甚だ効がある。

鉄線花【てっせんか】 草花作り様。〔昼夜重宝記・安永七〕に鉄線花の花は白、中紫である。土は肥土に砂を交ぜ合わせる。肥しは魚の洗い汁がよい。分植は春、秋にする。〈紋様〉〔紋絵重宝記・上〕には八ツ鉄線と、「鉄線」の文字の意匠がある。

鉄仙ながし【てっせんながし】 菓子名。鉄仙ながし、上しめし物、豆入り、中羊羹、下ながし物。〔男重宝記・四〕

重一【でっち】 双六より出た言葉。〔男重宝記・三〕に「小者を二才《さい》といふより重一《でっち》といふ名」が出る。重一は、双六で振った二ツのさいころに揃って一の目が出ること。

鉄長【てっちゃん】 唐人世話詞。〔男重宝記・五〕に賤しい育ちを「鉄《て》‐長《ちゃん》」という。〔新板増補男重宝記・五〕には「鉄《てっ》‐長《ちゃん》」とある。

鉄桶膏【てっとうこう】〔改補外科調宝記〕に、鉄桶膏《てっとうこう》は敷薬である。蕎麦稿《そばがら》の灰の淋汁《あく》二椀を一椀に煎じ詰め、血竭・乳香・没薬（各三分）を粉とし、煎じ汁を入れてまた煎じ、半分になったのがよく冷えた時、黄丹・雄黄・辰砂（各八分）、石灰（八匁）をよく細末（粉）し、煎じ汁の内へ入れ膏薬のように練り、焼き物に入れ、口をよく閉じて貯えて置く。腫物をよく見合せ、三稜の針で刺し破り、内へこの薬を深く底へ入れる。四五度用いたらよく癒える妙方である。

鉄の事【てつのこと】〔万物絵本大全調法記・上〕に「鉄 てつ／くろかね。黒金也」。〈軽重数〉〔算法重宝記改正〕に一寸四方六方の重みを六十匁とする。〈鉄錆落す法〉〔俗家重宝集・後編〕には皁莢《さいかち》の莢を煎じた汁で洗うとよい。

てっへい【てっへい】 片言。「てつへいは 手返（手扁）」である。〔不断重宝

記大全〕

鉄砲の事【てっぽうのこと】〔万物絵本大全調法記・上〕に「銃 じう／鉄砲 てつぱう也。鳥銃 てうじう。同」。〈鉄砲の始〉〔武家重宝記・四〕に次がある。○鉄砲は、鳥銃とも鳥嘴銃ともいう。『武備志』を引き、鳥銃は西蕃波羅多伽児国より出、仏来釈古が始めて作った。或る書からとして、西夷の蛮に出て大民の太祖皇帝へ洪武年中（一三六八～九八）に木鶏子国より献上した。太祖はこの銃を得て後は敵する者がなく神器となし、無敵大将軍と号した。日本には亀山院の文永二年（一二六五）に大元の兵船七万余艘が筑紫博多に来襲（通説八、文永十一年）鉄砲を放ちて始めて知り、その後文亀元年（一五〇一）秋に南蛮国より渡るともいう。甲斐武田家の説には、大永六年（一五二六）西国浪人 井上新左衛門が信虎公に献じて甲斐国中に教え広めたという。北条家の説には、永正七年（一五一〇）に始めて日本に渡り 西国に流布し、和泉堺に鍛工がいて相模小田原の山伏玉滝防法印頼慶が亨禄元年（一五二九）に堺津で求めて氏綱公に献上、氏康公の時 再び泉南の鍛工国安を招来し数丁を調えさせ、翌年には根来僧三人を招請、銃の指南をさせた。銃の妙術が世に広まると、軍家には仕寄《しより》（＝攻略に構える臨時の塀や柵）ができた。○その後、天文年中（一五三二～五五）に南蛮の大船一艘が種子島に漂着、翌年また蛮船が漂着して鉄砲の鍛人を得て伝来し、往々利用に応じて銃を造ることになった。〔掌中年代重宝記〕には弘治元年（一五五五）南蛮国より氏宇《ていう》志倶智《しくしゃ》という者が渡来し、近江国友村に住して鉄砲を造る。

〈鉄砲の図〉〔武家重宝記・四〕に小筒の図（図346）があり、大筒も金具などは同じであるが台は異なる。馬上筒は異なる。

〈諸流〉〔文章指南調法記・五〕に「鳥銃《てつほう》」は稲留《いなとめ》流、外記流、駒杵《こまきね》流がある。

〈鉄砲師〉〔万買物調方記〕に「江戸ニテ鉄砲師」鉄砲町 孤胸八郎、同町 大塚忠次郎、京橋南四丁目 柄並勘右衛門、松や弥右衛門、塩町 松屋伝四郎がいる。「堺ニテ鉄砲師」安立町に鉄砲鍛冶がいる。

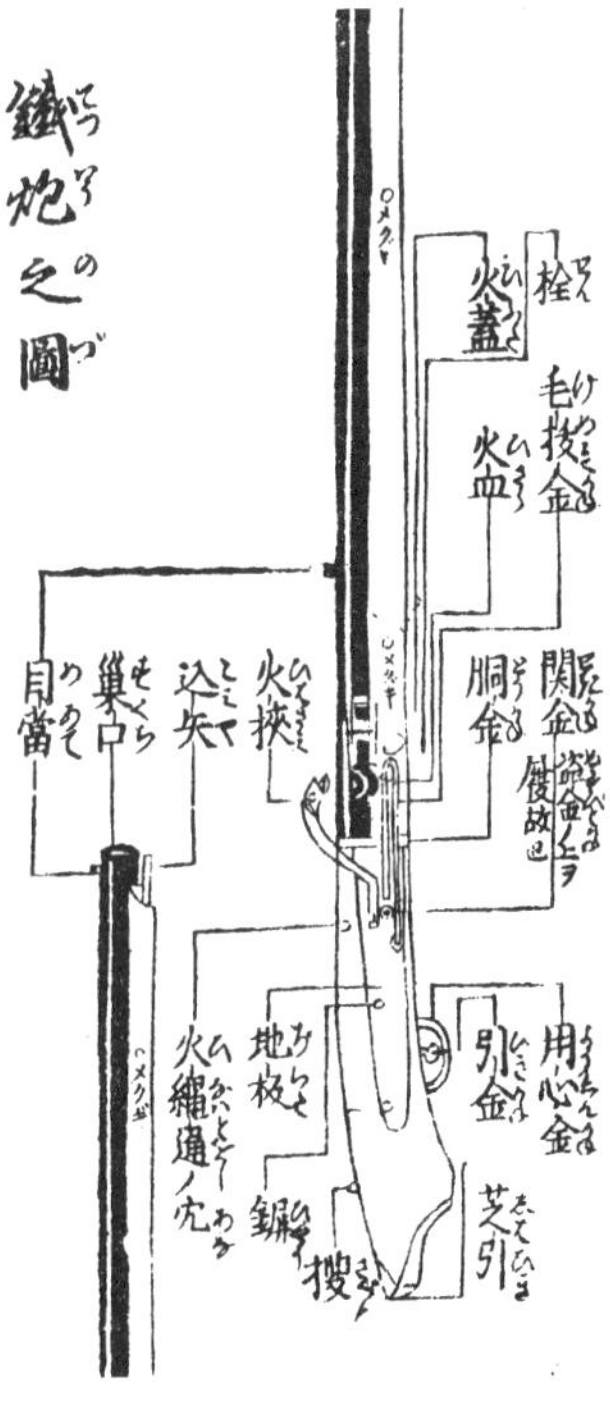

図346「鉄砲の図」（武家重宝記）

鉄砲風呂【てっぽうぶろ】「据《すえ》風呂徳用の事」ヲ見ル

跌撲【てっぼく】「うちみ（打撲）」ヲ見ル

鉄本色錆付【てつほんいろさびつけ】〔里俗節用重宝記・上〕に神田継平の伝法として鉄本色錆付は、くりのこ土（十匁）、丹磐・硫黄（各五分）の三味を水で練る。古い程よい。初め、丹磐・硫黄で鉄を煮、錆が出る時藁で落す。火で焙り乾いたのを三味の水を鳥の羽で塗り付ける。尤も上澄がよい。

鉄／鉄針を呑んだ時【てつ／てつばりをのんだとき】〈鉄を呑んだ時〉〔斎民外科調宝記〕に誤って鉄を呑んだ時は、万病解毒丸*を用いる。万病解毒丸は一切の毒を解す。毒にあたり手足、顔青く、時を過ごすものは死ぬ。〈鉄針を呑んだ時〉〔斎民外科調宝記〕に誤って鉄針を呑んだ時は、蚕豆を煮熟し、韮汁と同じく用いると、鉄針と菜と大便に出る。

出出虫【ででむし】「かたつぶり（蝸牛螺）」ヲ見ル

ててら【ててら】「おとり（囮）」ヲ見ル

手取田楽【てどりでんがく】〔料理調法集・焼物之部〕に手取田楽は、玉子の白身を泡雪に掻き立て、板につけて蒸し、切り形して串に刺し、梅醤《うめひしお》

を付けて焼く。

手長【てなが】〔筆海重宝記〕に手長《てなが》は、膳夫より膳を取り次いで、かよい（通いの事*）給仕人*）へ渡す役である。渡し様は、まず膳の中を改め、脇を張る様に持って渡す。

手習の事【てならいのこと】〈寺入り〉〔嫁娶調宝記・三〕に次がある。十歳を幼という。外へ出て手習・算用・朝夕の躾方を習わせる。当世は十歳まで待たず、八歳から手習に遣わす。師匠を頼み、寺入ということがあり、身代によっては赤飯を蒸し 樽肴を添え 金子百疋二百疋を紙につけ 親同道で師匠の方へ行く。机 文庫を持参し、初めて師匠が手を取って教える。その日は一門の面々へも赤飯を配るとよい。〈寺入吉日〉〔女用智恵鑑宝織〕には次がある。甲《きのえ》子・申・戌の日。乙《きのと》亥の日。丁《ひのと》丑・卯の日。戊《つちのえ》子・寅・辰の日。庚《かのえ》 壬《みずのえ》寅・午の日。暦の中段で建《たつ》*成《なる》*開《ひらく》*の日が寺入りによい。〈祝儀物〉〔進物調法記〕に「手習寺入」の祝儀物は、机 座布団 文庫 硯箱 油煙墨 硯石 水入 筆 清書巻 折手本 杉原 絵奉書 塵劫記 謡本 童子教 実語教 女今川 女大学 琴の歌本 琴の糸 針等二十六品がある。〈手習祝文〉〔女中重宝記〕には「手習始めの文」の範例があり、御子息の手習い始めに祝意を表し、「麁相の品には御座候へども手本紙千枚 筆百対 墨十挺 御祝い申し上候」のことがある。〈手習始め〉〔男重宝記・二〕には『高砂』一番を三十日も五十日も習うと速やかに上手になるように、手習もいろは（「いろはの事」参照）をよく書き習えば万の字に筆勢が移り、上根*・能書となるのでよく学ぶことが大切である。〔女重宝記・四〕には手習の始めには先ず「いろは」より書き習って、後には文章を連ね、男文字（漢字）も覚える。人は字は美しくなくても文章を連ね、文字を読むことを第一とするが、能書ならなおさらであり、文を見ると姿心まで優しく艶に思い遣られるので、女中の芸の第一は手を書くこととある。〔童女重宝記〕には「いろは」のない前は「難波津に咲くやこの花冬ごもり今を春べと咲くやこの花」（古今集・仮名序）「浅香山影さえ見ゆる山の井のあさ久は人をおもふ物かは（浅き心をわが思はなくに＝万葉集・三八〇七）」の歌を手習う初めに書いて習わせた。〔麗玉百人一首吾妻錦〕も文字を書くことは男女共に修業すべきことで女は芸の第一とする。幼い時から朝夕心掛け、よい手本を求めて懸命に書き習うのがよい。物を書かないと文字を知らず、文字を知らないと自ずから愚かにして、物の本や仮名草子等に向っても壁に向うようである。筆が美しくないと文章も拙く、文字を読んでも無念である。水茎の跡（筆跡）を見て男が心を寄せた例は多い（図347）。「入学吉日」「学問手習」モ見ル

図347 「手習」（麗玉百人一首吾妻錦）

手馴草【てなれぐさ】 大和詞。「手なれ草とは、あふぎ（扇）の事」である。〔不断重宝記大全〕「たなれぐさ」とも。

手縄【てなわ】 人を捕縛する縄。〔弓馬重宝記・下〕に「手縄七尺五寸 兵具也」とある（図348）。

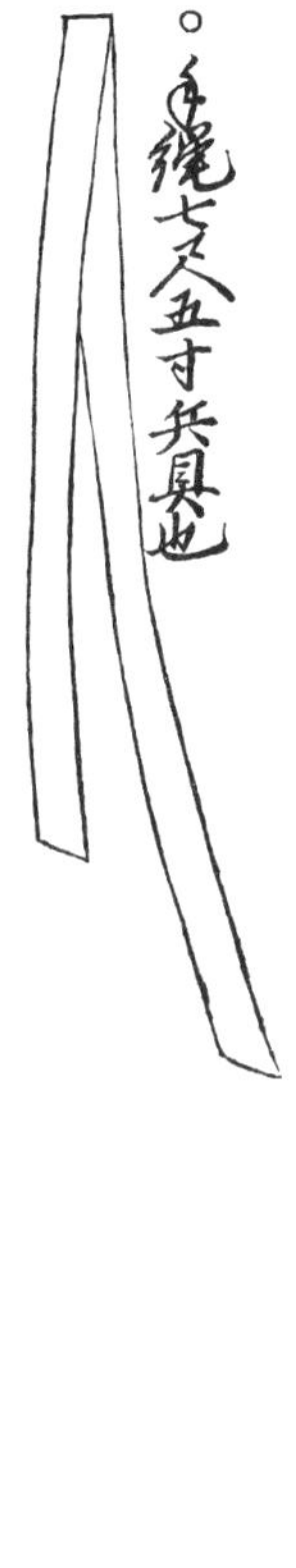

図348 「手縄」（弓馬重宝記）

手に握った物を左右に在るを知る法【てににぎったものをさゆうにあるをしるほう】 遊戯。〔里俗節用重宝記・上〕に手に握った物を左右どちらにに在るかを知る法は、手の中左右一方に握った方を点に、古哥を何でも覚えて歌の中の「の」の字を数えて、半（奇数）であれば左に、丁（偶数）であれば右にある。

てぬぐい【てぬぐい】 〔万物絵本大全調法記・上〕に「帨 せい／たのごひ／てのごひ／たのごひかけ」。〈片言〉〔世話重宝記・四〕に「手拭《てのごい》を、てぬぐい、てぬごい」。〈手品〉〔調法記・四十ゟ〕に「手拭に火をつけ所々燃えても跡付かぬ伝」は、焼酎で何なりとも書いて置き、火をつける。やたら燃えても、手拭はそのままである。

嚏馬【でねまるく】 〔童蒙単語字尽重宝記〕に嚏馬《でねまるく》は、王国。広さ一万五千九百坪、民は一百六十万八千一百人。「丁抹」「埭尼」とも書く。可本海硜《こっぺんはーけん》、民は十五万五千百四十三人。

手のある【てのある】 「て（手）のあるとは、面白ひ事」のあるのをいう。〔増補新版名代町法記・上だん（冗談）の言葉〕

手の鬼眼【てのきがん】 「鬼哭《きこく》」ヲ見ル

手の厥陰心包絡の脈【てのけついんしんほうらくのみゃく】 〈十四経脈 動所生病〉胸中に起って出、心包に属し、膈《むね》を下って三焦を絡《まと》う。その支《えだ》は胸をめぐり脇に出、三寸腋の下に出て上腋の下に至り、下臑《かいな》の内をめぐり太陰少陰の間に行き、肘の中に入り臂《うで》に下り、両筋の間に行き掌中に入り、中指をめぐり、その端に出る。支《えだ》の分れは掌中より小指の次の指をめぐってその端に出る。この経は気は少なく血は多い。動ずる時は手の内が熱し、臂肘は攣り 腋が腫れる。甚だしい時は胸 脇痞え満ち、心中澹々として大いに動く。顔は赤く 目は黄に 笑って止まない。生ずる病は煩心心痛し 掌中が熱する。〔鍼灸重宝記綱目〕

手拭付【てのごいつけ】 「さいはいつけのかん（采幣付鐶）」ヲ見ル

てのこっぽうする【てのこっぽうする】 「手の甲するは、てのこっぽうする」と言う。〔小野篡譃字尽・かまど詞大概〕

手三里【てのさんり】 〈経絡要穴 肘手部〉手三里は二穴。曲池*の下二寸、押すと指の四方の肉高く起る所にある。針の刺しは二分、灸は三壮。中風で口歪み、手足叶わず、霍乱、遺失、声出ず、歯疼く等を治す。〔鍼灸重宝記綱目〕

手の指骨【てのしこつ】 〔骨継療治重宝記・中〕に次がある。○「手の指骨《しこつ》」は掌《てのひら》から三段、親指は二段である。どれも上は臼《うす》下は杵《きね》のようで差し込みがあり、首の骨から出た髄に似た小骨の動きである。○「損傷治法」手の指を跌き 撲ち 刃物で切るか打ち砕くには、鶏卵の黄身の油で潤し、次に封口薬*の末（粉）を振り掛け、その上に散血膏*を貼《つ》けて絹布で縛る。跌撲 咬傷には沢蘭散*を貼け、寒熱があれば退熱散*を貼ける。手の内の根《もと》の脱臼は骨が入り組み、絡み、ごたごたに出る。これは絡んだ骨を握り締めて窠《あな》に帰《はいら》す。或は出る骨の内 外を見定め、手で握りしめて入れる。引き切る時は入れ難く、十に七八は痼疾となることがある。接骨膏、定痛膏*を貼ける。〈鍼灸療治〉〔鍼灸重宝記綱目〕に、手の指の痛みは痰 風湿による。老人は気血衰弱して手足の生理不能による。腕

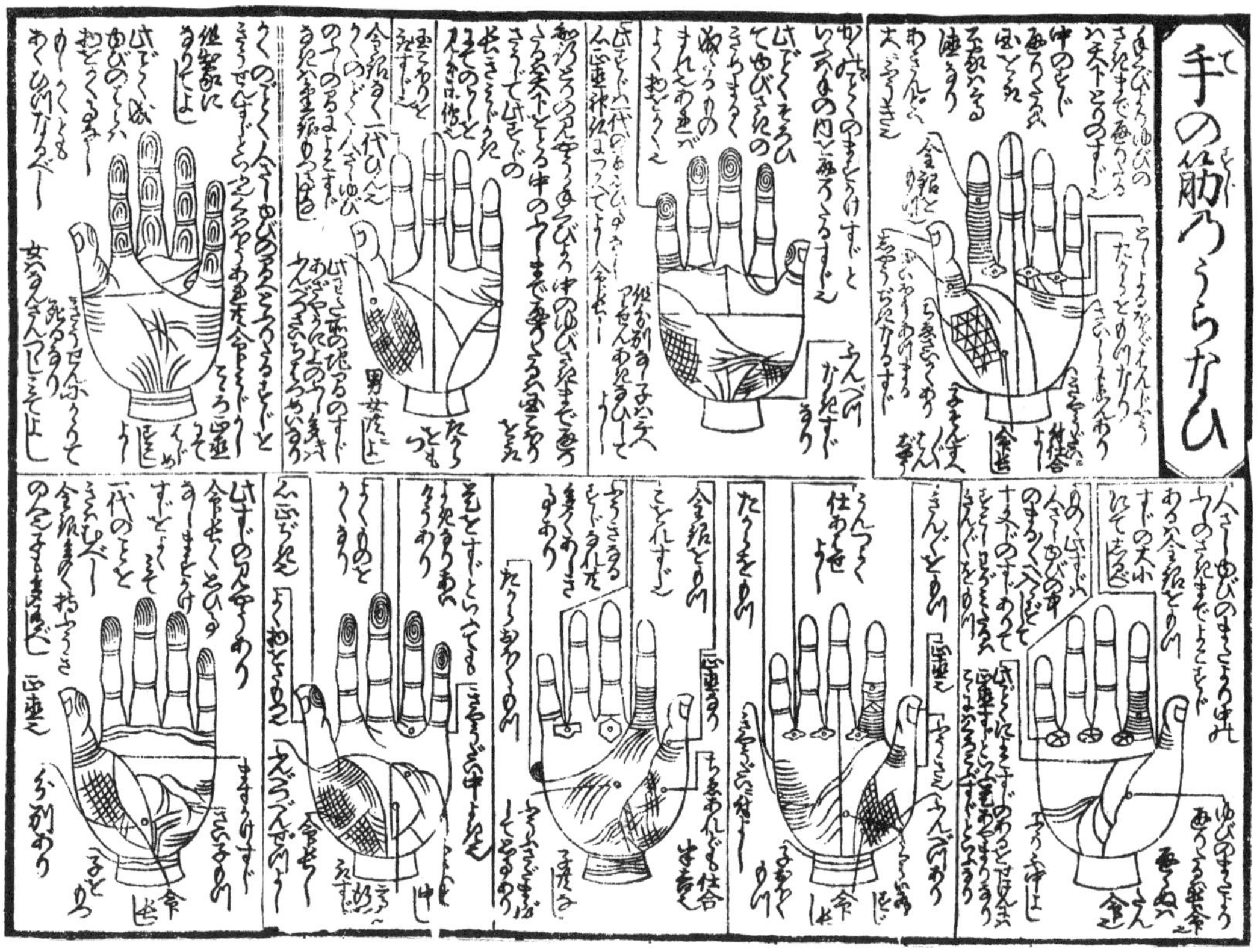

図349「手の筋占」（昼夜／懐要）両面重宝記・寛延六）

指の骨節太り過ぎ、節間が細くなるのは、痰と血の不足である。鍼灸点は曲池 手の三里 肩髃 列缺 尺沢である。

手の少陰の脈【てのしょういんのみゃく】〈十四経脈 動所生病〉〔鍼灸重宝記綱目〕に、心中に起り 心系に属し膈《むね》を下って小腸を絡《まと》う。その支《えだ》は心系より上って咽を挟み 目に系《かか》る。その直《すぐ》なものは、心系よりかえって肺に上り 腋の下に出、下って臑《かいな》内 後ろ廉《かど》をめぐり 太陰 心主の後ろに行き肘の内廉に下り、臂の内 後ろ廉をめぐり 掌の後ろ兌骨の端に至り、掌の内廉に入り 小指の内をめぐり その端に出る。この経は気 血ともに多い。動ずる時は、口嗌《のど》渇き、心痛を生ずる。生ずる病は、目黄ばみ、脇痛み、臑臂の内の後ろ廉痛み、厥すると掌の中が熱して痛む。

手の少陽三焦の脈【てのしょうようさんしょうのみゃく】〈十四経脈 動所生病〉〔鍼灸重宝記綱目〕に、小指の次の指の端に起り、上って薬指の間に出て、手の表腕をめぐり臂の外両骨の間に出、上って肘を貫き臑《かいな》の外をめぐり、肩に上って足の少陽の後ろに交じり出て缺盆に入り、膻中に交じる。散じて心包を絡《まと》い 膈《むね》に下って 偏に三焦に属する。その支《えだ》は膻中より上って缺盆に出て項《うなじ》に上り 耳の後ろを挟み 直に上って耳の上角に出て 屈んで頬に下り 目の下に至る。その支は耳の後ろより耳の中に入り、還って出て目の眥《まなじり》に至る。この経は気は多く血は少ない。動ずる時は耳聞こえず、咽腫れ、喉痺、気を主《つかさど》る。生ずる病は、汗が出、目の眥 頬が痛み、肩 臑《かいな》 肘臂の外、みな痛む。薬指は使えない。

手心主【てのしんしゅ】「しんほうらく（心包絡）」ヲ見ル

手の筋占【てのすじうらない】〔昼夜懐要両面重宝記・寛延六〕に次がある（図349）。◇（上段左へ）①手首より指先迄筋の通るのは天下取の筋。中の筋の通るのは国を取る。公家は高徳、商人は大富貴となる。（右から左へ通る筋は）年寄る程繁昌。宝を持つ。妻子に離縁する。兄弟につき仕合せがよい。命が長い。子孫末々繁昌。智恵才覚がある。財宝が集る。正直の筋。②

図版のように升掻け筋とは手の内を通った筋である。図版のように揃って指先の肌目《きめ》が丸くなったのは稀で、あればよく物を書く。この筋は一代の間思い事なし。心正直神仏に仕えるとよい。命は長い。但し、分別なし。子は三人、利銭商いしてよい。(下右) 分別なき筋である。③知行取の見様は、手首より中指先まで通ったのは天下を取る。中の節まで通ったのは国郡を取る。総じてこの筋の長短で節を見る。国郡を取る筋。金銀なく一代の貧。このように人差指の節の間に横筋のないのは金銀を持つことはない。(下中から) 宝を持つ。男女共によい。このわた所の地間の筋鮮やかに上の節の多いのは分別 才智 発明である。④図版のように人差指の間へ通った筋を弓箭筋という。果報があるが命は短い。心正直にして始め少し良い。但し、出家になるとよい。図のような指の腹は物を書くことはなく、書いても悪筆である。(左中下) 弓箭に掛って死ぬ。女は難産するので、慎むとよい。

◇(下段左へ) ⑤人差指の股より中の節の先まで横筋のあるのは金銀を持つ。筋の大小で知る。ⓧ物のこの筋は人差指の中の◯◯《まるまる》へ入らずに十文字の筋があって少し歪んだのは金銀を持つ。(下右から左へ) 指の股から通ったのは長命、通らぬのは短命。夫婦仲がよい。図版のように横筋のあるのを世間で正直筋というのは誤り、黒瘤筋という。⑥金銀を持つ。運強く仕合よい。宝を持つ。(中下右から左へ) 正直で、富貴である。分別がある。位ある筋。命が長い。子を多く持つ。兄弟に付きよい。⑦金銀を持つ。こをれ筋である。富貴の筋であるが多く悪い事がある。宝を多く持つ。(中下右から左へ) 正直である。智恵はあるが仕合せは半吉。子供はない。夫婦定まらず、思うことがある。⑧これを筋と言ってもよく、愛敬がある。よく物を書く。心正直である。よく物を保つ。(中下右から左へ) 兄弟仲がよい。夫妻仲よし。高知行を取る筋。命が長い。分別 弁舌がよい。⑨この筋に見様がある。命長く 思い事はない。升掻け筋をよく見て一代のことを究めるとよい。金銀を多く持ち富貴の人である。子も多くある。正直である。(下右から左へ) 升掻け筋。妻子を持つ。命は長い。子を持つ。分別がある。

手の寸【てのすん】〈灸分寸を定むる法〉〔医道重宝記〕に曲池 (肘内裏横筋) より肩髃*迄の寸を取り、それを十に折って一ツを一寸とし肩から肘迄の寸に用いる。また曲池から腕首の横筋迄の寸を取り、それを十に折って一ツを一寸とし、肘より先の寸に用いる。〔鍼灸日用重宝記・一〕に手の寸は、肩より肘迄一尺七寸、肘より腕肱《うでくび》迄一尺二寸、腕肱より中指の本節迄四寸、中指の本節より指頭迄四寸半とある。

手の損傷治法【てのそんしょうじほう】〔骨継療治重宝記・中〕手の損傷治法。手に四折骨、六出臼がある。手臂の臼《あな》の出たのは、この上段《うえのかた》の骨は臼、下段《したのかた》の骨は杵《ほぞ》で、脱臼すると四辺《ぐるり》の筋脈を剉《きざきざ》に傷《やぶ》り損なう。それゆえ脱臼したらこの骨を手で引き直す。一人が引けばも一人は手で握り締めて置き骨を搦《とりし》めて臼に戻す。骨が出たのを見たら、その辺に竹一片を用いて一辺を挿み定め、一辺は挟まず屈伸する所に置いて挟む。わずかに薬を呑んで後は放置せず時々この筋を屈伸するのがよい。多く薬を呑んで後に屈伸しなければ病となり、遂には屈伸できなくなる。

手の太陰の脈【てのたいいんのみゃく】〈十四経脈 動所生病〉中焦 (臍の上四寸) に起り下り大腸を絡《まと》い、還って胃口を循《めぐ》り、膈《むね》に上り、肺に属する。肺の系より横に腋下に出て下って腕の内に循り、少陰 心主の前に行って臂の内 上骨の下廉《かど》を循り、寸口 (手の脈) より魚際に上り、魚際より大指の端に出、その支《えだ》は腕の後より直ちに人差指の内廉に達し、その端に出て手の陽明の経に交わる。この経は気は多く 血は少ない。動ずる時は肺脹満し 喘咳し 欠盆痛み両手を交えて竦む。生ずる病は咳嗽 上気 喘喝 煩心 胸満ち、臑臂《かいな》の内に痛み、肩背が痛む。実は風寒 汗が出、中風する。虚は少気、尿色が変じ 遺失する。〔鍼灸重宝記綱目〕

手の太陽の脈【てのたいようのみゃく】〈十四経脈 動所生病〉小指の端に起り手の外側を循《めぐ》り、腕に上り踝の中に出て、直に上って臂骨の下廉《かど》を循り、肘の内側両骨の間に出て上って臑《かいな》の外の後ろ廉《かど》を循り、肩の角に出て肩胛《ほね》を循り、肩の上に交わり欽盆に入り、心を絡《まと》い 咽をめぐり 膈《むね》に下り胃に垂れて小腸に属する。その支《えだ》は鈌盆より分れて頸を循り、頰を上り目の鋭眥《まなじり》に至り、還って耳の中に入る。その支は頰を分れて目の下に上り 鼻に至り 目頭に至る。この経は血多く気は少ない。動ずる時は嗌《のど》が痛み 頷《おとがい》が腫れ 振り返えられない。肩は抜け、臑は折れるようである。生ずる病は耳聾い、目黄ばみ、頰腫れ、頸 頷 肩 肘などの外《そと》 後ろ 廉《かど》が痛む。〔鍼灸重宝記綱目〕

手の道具飾り様【てのどうぐかざりよう】〔女重宝記・二 弘化四〕に祝言の夜「手の道具飾り様」がある。床には簾台掛、床の右脇には衣桁 浴衣 手拭を掛ける。袱紗を結びつける。手拭掛は黒棚*の左の方に置く。床の簾台には薄絹を当座の打掛に置く。これは輿《こし》座入りがあって化粧直しの間の飾りである。奥の化粧の間の飾は十二の手箱*、寝所の床に貝桶*を飾る。手箱は左、貝桶は右に置き合す。寝間の灯火は行燈、枕は北枕が本式である。

手の平で火を燃す伝【てのひらでひをもやすでん】手品。〔調法記・幕末頃刊〕に焰硝を粉にし打綿に降り掛けて交ぜ合せ、これを手の平に置き火をつけると熱いことは少しもない。「手の平に茶碗をつける伝」「手の平に灰を塗り字を現す伝」もあるが、仕掛けの記述がない。

掌の脱臼治法【てのひらのだっきゅうじほう】〔骨継療治重宝記・中〕に次がある。①掌が脱臼したら、牽き伸ばすのは悪い。ただ着物を下に向かせて受け置き、外面に向けて押し動かし揉み平正《たいらか》にし、定痛膏*接骨膏を貼《つ》けて挟み縛り、下は絹を重ねて挟むのがよい。②掌が脱臼して下に向けば、その掌を上に向け、医師は損ね動いた処を曲げて外面にやり、押し直して平生にし、接骨膏 定痛膏を貼ける。尤も挟む物をまず掌の背に貼け、一片は長く下げて背の外面に置き、掌の面に貼ける。一片は短く下げて掌の接いだ処に置き、小指に貼ける。一片は長く下げて指の曲った処に置き、大指に貼ける。一片は短く下げて高骨の処に置き、三度縛る。

手の骨損傷治法【てのほねそんしょうじほう】「足手の骨損傷治法」ヲ見ル

手の指で諸事を知る法【てのゆびでしょじをしるほう】〔調法記・全七十〕に次がある（図350）。①「雨天に晴れるか降るかを知る伝」は、左手指四本で子指の頭から人差指の頭へ、さらに二筋目から三筋目へ、子丑寅卯と順に十二支を繰り、歌「子は長く 丑は一日 寅は半 卯の一時と返してぞ繰る」と覚えて置き、歌に引き合せて繰る。即ち、子（零時）辰（八時）申（十六時）の刻の振り出しは長降と知る。
②「災難*（原表記ハ「地震」）を繰り占ふ伝」は、左手指四本を立て、子指より乱（朔日）病（二日）水（三日）火（四日）、又乱の字の指を五日、病の字の指を六日と、先繰に順に繰り廻し、その日が乱と当ったら口論喧嘩等と知り、病に当ったら煩いと知り、水に当ったら雨が繁く、火に当ったら火事か日照と知る。
③「五性を知る」には、十干*の数と十二支*の数を合せて、数が五より多ければ五ツを払い、余る数を手の中に引き合わせて数える。余る数が一ツなら木、二なら金、三ツなら水、四ツなら火、五ツなら土である。十干の数は甲乙は一、丙丁は二、戊己は三、庚辛は四、壬癸は五である。十二支の数は子丑午未は一、寅卯申酉は二、辰巳戌亥は三である。例えば、三十八の人は何性かと問うのに、癸未ならば癸は五なのでこれへ未の一を加え六ツになる。五ツを払い一ツ残り、木性と知る。
④「十干*を知る法」は、左手の五指、子指の指頭 基部、薬指の指頭 基部に、順に甲㈩ 乙㈨ 丙㈧ 丁㈦から壬㈡ 癸㈠を当て、例えば文政六年癸の年の三十八歳の人が何の年かと問うのに、三十を除けて八ばかりを当

て、年の干癸より後へ八ツ目である。即ち、庚己戊丁丙乙甲癸と八ツ目、癸ならば三十八歳の人は癸と知る。

⑤「何歳の人は何年と知る法」は、十二支*を左手人差指の下の横筋（子）から指頭（卯）へ、さらに中指の指頭から小指の指頭へ、小指の下横筋へ下り、薬指、中指（亥）の基筋に十二支を宛て、例えば文政六年三十八歳の人が何年かを知るには今年は申年（七年）故申と繰り始め酉戌と二ツ越して亥を十と数え、子を越して丑を二十と数え寅を越して卯を三十と数え、寅より後ろへ八ツ数えると三十八で未の年になる。

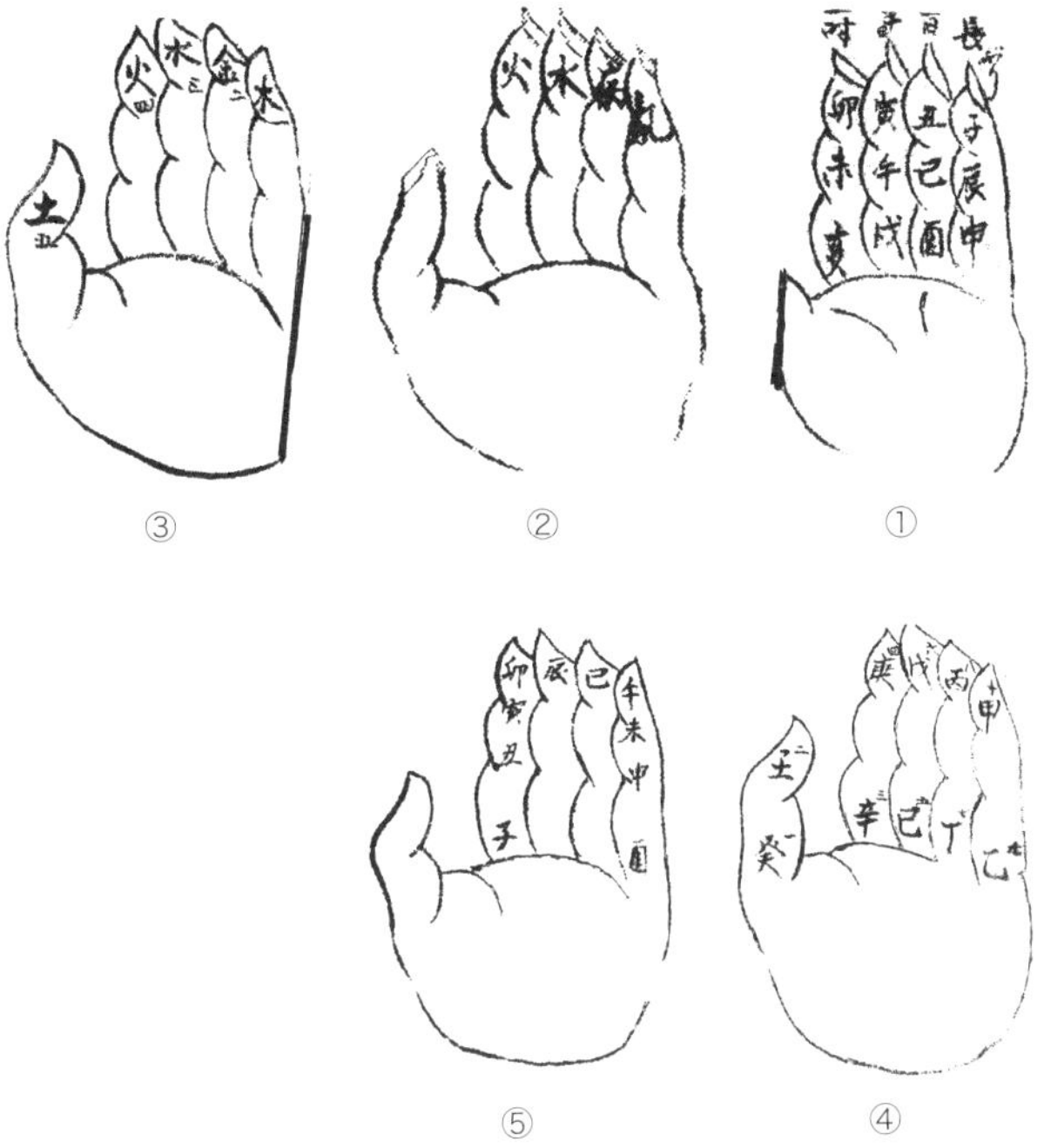

図350 「手の指で諸事を知る法」（調法記・全七十）

手の陽明の脈【てのようめいのみゃく】〈十四経脈 動所生病〉手の陽明の脈は、大指の次の指の端に起り、指の上廉《かど》を循《めぐ》って合谷《ごうこく》の両骨の間に出て、上って両筋の中に入り 臂の上廉《うわかど》を循って肘の外廉に入り、腕の外側の前廉を循って肩に上り、髃骨《かたさきのほね》の前廉に出て上柱骨の会上《えのかみ》に出て、下って鈌盆に入り肺を絡《まと》い膈《むね》に下り、大腸に属する。その支《えだ》は鈌盆より頸に上り、頬を貫き下歯の根の中に入り、還って口を挟み 左右に交わり、上って鼻の孔を挟む。この経は気血ともに多く、動ずる時は歯が痛み、頸が腫れる。生ずる病は、目は黄ばみ口は乾き鼻血喉痺、或は肩先臑人差指が痛む。実する時は熱腫れ、虚する時は寒慄して、本復しない。〔鍼灸重宝記綱目〕

手糊張【てばり】「やすけぎぬ（夜須計絹）」ヲ見ル

手袋 めりやす洗い様【てぶくろ めりやすあらいよう】〔日用調法人家必用〕に手袋 めりやす洗い様は、湯煮して洗うとどれ程汚れていても元のように白くなる。又方は、暫く水に浸して置いて俎板様の上に載せて擂粉木程の棒で、片端から次第にそろそろと叩くと、垢汁が取れて白くなる。但し、手加減よくしないと地を痛める。

てぶり三条殿【てぶりさんじょうどの】 片言。「てぶり三条殿は、転法輪《てんぽうりん》三条*」である。〔不断重宝記大全〕

天辺【てへん】 甲冑名所*。〔武家重宝記・三〕に天辺は、天空*の辺という意で、電辺《てへん》とも書く。真向《まっこう》*鎬垂《しのたれ》*より上辺をいう。

手本の習い【てほんのならい】〔重宝記・宝永元序刊〕に次がある。◯「手本習ある事」は、手本一巻を一度に首尾習うことはよくない。まず歌でも詩でも一首も二首も、取り返し取り返し、数日もすると、手本のおもかげ（風・様子）がさわさわと意に浮かび、晴（正式）に書く時も相違ないようになる。次第々々に奥をも習うのが手本習いの秘事である。◯「手本用捨の事」は、三賢（三蹟*）の御筆であっても、初心者が先達にも伺わず、この手本は面白いと心に任せて習う時は、必ず手跡悪く損ずるものである。初心者には学ぶ、学ばないの風体があるので、よくよく分別するのがよい。

毬餅【てまりもち】 菓子名。毬餅《てまりもち》は、上白こねもの。上に強飯《こわいい》付。餡入り。〔男重宝記・四〕

出目高【でめだか】 〔新撰農家重宝記・初編〕に、往古《おうこ》の検地で村高二千石あるのを、訳があって新検した時二千三百石あると、二千石は古高にし、三百石を出目高《でめだか》という。

手もたゆく【てもたゆく】 大和詞。「手もたゆくとは、手のだるき事」をいう。〔不断重宝記大全〕

手指／手首の事【てゆび／てくびのこと】 〈手指の名〉〔鍼灸日用重宝記・一〕に母指《ぼし》、食指《しょくし》、中指《ちゅうし》、無名指《むみょうし》、小指《しょうし》という。手首の横紋を腕肱《わんこう》の紋という。手の内を掌《たなごころ》といい、手の外を腕甲《わんこう》という。

〈諸症〉〔鍼灸日用重宝記・四〕○手の痛むのは、痰湿によって痛む。少壮の人が病むのは稀であり、労衰の人が気血衰弱してよく病む。○骨指節が太く節間が細くなるのには、痰の仕業血の不足である。曲池 手三里 肩髃 尺沢 少海 大淵 陽谷 合谷 液門等十二点に、痛みに従い次第に行う。○肘《かいな》が冷えるのは、曲沢 神門に灸する。○肘《ひじ》の内廉《かど》が痛むのには大淵に灸する。○手首が震うのには曲沢に、手首の力のないのには列缺に、肘手指の屈み難いのには曲池 三里 下関 中渚に、手肘冷え痛むのには肩井 曲池 下廉に、手が熱すれば曲池 内関 曲沢 列缺 中沖等九点に灸する。○肘が腫れた時は経渠 曲池 通里 液門 手三里等七点に灸すると立ち所に治る。○五指ともに疼《いた》む時は外関に灸する。

入学吉日【てらいりきちにち】 「入学《にゅうがく》吉日」ヲ見ル

衒う【てらう】 「てら（衒）ふは、うる（売）也」。〔消息調宝記・二〕

寺請状の事【てらうけじょうのこと】 寺の檀家がキリシタンではなく自寺の檀家であることを証明する文書である。移転 奉公 買家 借家 結婚（嫁方の檀那寺から聟方の檀那寺へ）旅行等に必要とした。〔書札調法記・五〕から範例文を読み下す。「寺請状之事／何之通何之町何屋誰殿御家ニ何屋何右衛門と申仁借屋仕り居申され候。此仁何宗旨ニ而代々当寺之旦那ニ紛れ御座無く候。御法度之切支丹又はころびたる人之子孫ニ而も之無く候。若し御法度之宗門と申者之有に於ては 御公儀様江拙僧罷り出相済し御町中家主へ少しも御難懸け申す間敷く候。仍而後日の為寺請状件の如し／年号月日／何寺末寺 何寺名判／何之通何町何右衛門殿 町中参」。

寺子【てらこ】 〔日用重宝記・四〕に、昔は児童が手習*する時は全て寺に上せて住持の弟子としたので、今でも手習子を寺子《てらこ》と呼ぶ。牛若丸は鞍馬山へ登せ、箱王丸は箱根の別当を師とし、菅公は比叡山の尊意僧正を師とした。四民*も皆その通りで、今も在方で農家の子は皆寺に登り、手跡を習うのを手習と呼び、字を書くのを手を書くと呼ぶ（図351）。

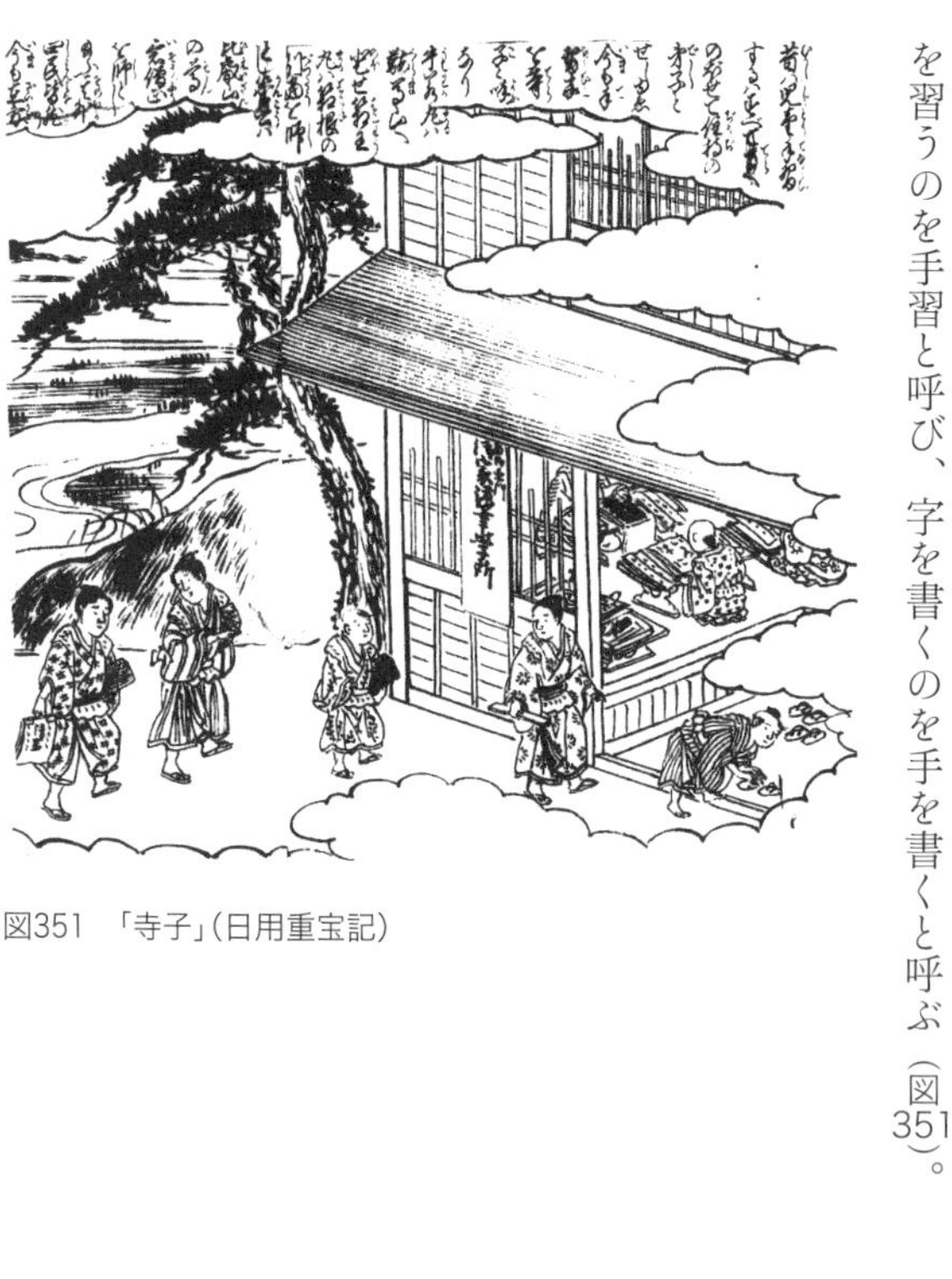

図351 「寺子」（日用重宝記）

寺の寺法【てらのじほう】 重言。「寺《てら》の寺法《じはう》は、寺法《じはう》の重言*」である。〔男重宝記・五〕

照り柿【てりがき】 染色。照り柿は熟し色をいう。〔秘伝手染重宝記〕に「て

りがき」は、梅二升に石灰を手一合程入れ、草箒で振り立て七八度引く。豆を磨り粉にして、二度程引き、よく乾し、水で二度程濡らして乾す。

照鰹【てりがつお】「焙炉《ほいろ》の料理」の内「焙炉鰹《ほいろかつお》」ヲ見ル

てりさり【てりさり】大和詞。「てりさりとは、ぼたん（牡丹）の事」である。〔不断重宝記大全〕

てれめんていこちりめんちんこ【てれめんていこちりめんちんこ】妄書かな遣。「てれめんていこちりめんちんこ、てれめんは芝口 ちりめんは下メ《しめ》」。即ち、芝口の松坂屋で売った縮緬の下締かという。〔小野𥶡謔字尽〕

てれめんていな【てれめんていな】〔改補外科調宝記〕に「てれめんていな」の油取り様は、甑《こしき》で蒸して取る。腫物とも、又何とも分り難いのにつけてよい。第一に癰によい。湿を去り、疵の腐りを止め、癒え肉を上げ、悪血を去り、中風、脚気、骨の痛みを治す。

出羽【でわ】羽州。〔重宝記永代鏡〕に最上《もがみ》、村山、置賜《おきたま》、雄勝《おかつ》、平鹿《ひらが》、山本、飽海《あくみ》、河辺、田河、出羽、由利、秋田をあげ、城下は米沢、山形、上山《かみやま》、本庄、庄内、新庄で、一ノ宮は大者忌《おおものいみ》にある。〔万民調宝記〕に居城知行高は、山形・松平大和十万石、秋田・佐竹右京二十万五千石、庄内・酒井左衛門十四万石、庄内・戸沢能登六万八千石、佐原・酒井石見二万石、亀田・岩城伊予二万石、村山・本多越前一万石、上山・土岐伊予二万五千石、松前・津軽越中四万七千石。〔大増補万代重宝記〕には出羽がなく、上管、四方百里。田数三万八千六百二十八町、知行高八十七万石。〔重宝記・幕末頃写〕には東西五十日、暖気早く、穀物厚く、大上々国。羽前 羽後から、今の山形県 秋田県にあたる。〈名物〉〔万買物調方記〕に最上《もがみ》の紅花、青苧（奈良布に用る）、蠟、漆、油紙（諸国に行く）、秋田に紫の根・干し蕨、鰰《はたはた》鮨、鹿の皮、錫・鉛・銀、串鮑、昆布、庄内米など。

手を打って蛙を鳴かす【てをうってかえるをなかす】手品。〔調法記・四十ゟ〕に「手を打って蛙を鳴かす伝」は、茶碗の底を合わして擦る。

天【てん】十字の秘術の一。〔万家調法呪詛伝授嚢〕に「天」の文字を、大名・高家・大官人の御前に出る時、左の手の内に書くとよい。日月*の二字を合せて念じる。気遅れすることはない。

癲【てん】「てんかん（癲癇）の事」ヲ見ル

天一神【てんいちじん】〔和漢年暦調法記〕に天一星という星で、八方を廻り天一天上*する。水の神で北辰の眷族である。天上*から己《つちのと》酉の日に下界し、四十四日の間四方を廻るので、この方を向いて産をせず、喧嘩口論、争い事、弓射ること等を慎む。○天一神が地を廻る方は、庚《かのえ》戌の日から甲《きのえ》寅の日迄は艮《うしとら》（＝東北）に、以下順に乙《きのと》卯の日から己《つちのと》未迄は東に、庚《かのえ》申の日から甲《きのえ》丑迄は巽《たつみ》（＝東南）に、丙《ひのえ》寅の日から庚《かのえ》午の日迄は南に、辛《かのと》未の日から丙子の日迄は坤《ひつじさる》（＝西南）に、丁《ひのと》丑の日から辛《かのと》巳の日迄は西に、壬《みずのえ》午の日から丁《ひのと》亥の日迄は乾《いぬい》（＝西北）に、戊《つちのえ》子の日から壬《みずのえ》辰の日迄は北に、四方には五日ずつ、四隅には六日ずつ滞在し、合せて四十四日いて、それより癸《みずのと》巳の日に北から天上して十六日間天上にいて、また下界する。〔年号重宝記・天保四〕等には四方 四隅共に五日間と記すのもある。「さすがみ（指神）の方の事」参照

天一天上日【てんいちてんじょうび】暦中段。〔年中重宝記・六〕には天一星という星で、天一神*が八方を廻り天上に登る日をいう。天一神は癸《みずのと》巳の日から戊《つちのえ》申の日迄十六日間は天に登るので障りはないが、この間は天一神の臣下の日遊神《にちゆうじん》*が下り、地を守り人間の家に住するので、家内は掃除し清浄にしないと祟る。女人の産は別室でし、家の毀ち、造作、殺生、嫁取等を忌む。〈日和見〉〔船乗重宝記〕には、天一天上の内、甲《きのえ》午の日・庚《かのと》戌の日に雨が降ると、久しく晴れないという。

天医日の事【てんいにちのこと】〔年代重宝記・天保十四〕に天医日は、医者を呼び服薬するとどんなに重い病でも治る吉日。正月は卯の日。二月は

寅の日。三月は丑の日。四月は子の日。五月は亥の日。六月は戌の日。七月は酉の日。八月は申の日。九月は未の日。十月は巳の日。十一月は午の日。十二月は辰の日。〔諸民秘伝重宝記〕には「天医日を歌に詠みなし覚える伝」がある。「正の卯と二寅三丑四は子にて 五は亥に六は戌と知るべし」「七は酉八は申の日九は未十は巳 霜午極は辰なり」。この月の干支の日が医者を頼み、病の治る吉日である。

〈八宅八命*の占〉〔懐中調宝記・牛村氏写本〕には吉方であるが、生気*延年*よりは少し劣るとあり、病のある時に医薬を求めるのによいという。庭園 築山 土蔵 穴蔵などにもよい。夫婦の合命は吉で病難を除く。

点印の始り【てんいんのはじまり】〔新成復古 日夜重宝 俳席両面鑑〕に、○点式は貞室に始り、○朱墨両点は沾徳に起り、○青肉は淡々に成る、とある。

天悦日【てんえつにち】〔万民重宝 改正 大ざつ書〕に天悦日《てんえつにち》は仏神供養によい日で、春は午（〔重宝記永代鏡〕ハ戌）の日、夏は丑の日、秋は辰の日、冬は未の日、とある。

天応の穴【ねんおうのけつ】「阿是の穴」に同じ。

天恩日【てんおんにち】 暦下段。〔重宝記永代鏡〕に天恩日は天より恩沢を下す日で、婚礼、元服、官に登り、家督譲り、種蒔き、その他諸礼義ごとに極めて大吉日である。甲《きのえ》子・己《つちのと》卯・己《つちのと》酉の各日より、それぞれ五日間続く。但し、〔昼夜重宝 両面雑書 増補永暦小筌・天保十一重刻〕には、丙《ひのえ》寅・庚《かのえ》戌・辛《かのと》戌の各日も加わる。〔童女重宝記〕には、己酉は己巳の日に替り、以下 庚《かのえ》戌の日から四日間とある。

甜瓜【てんか】「まくわうり（甜瓜／真桑爪）」ヲ見ル

天蓋仕立屋【てんがいしたてや】「幡天蓋仕立屋」ヲ見ル

田楽【でんがく】『日葡辞書』に、「Dengacu.（田楽）味噌をつけ、串に刺して炙った豆腐」。後には、蒟蒻・魚類・茄子等にも味噌をつけて炙る料理になった。〈食い様〉〔永代調法記宝庫・一〕に田楽の食い様は、串ながら食うのは悪く、串を抜いて食うのがよい。〈薬性〉〔同・四〕に田楽は、脾胃に薬で食を進めるが、傷瘡目には毒である。魚田楽*箙田楽*雲英田楽*鳥田楽*玉子田楽*手取田楽*麩田楽*紅葉田楽*である。

田楽泡雪【でんがくあわゆき】〔料理調法集・鶏卵之部〕に田楽泡雪は、泡雪玉子*を板につけて蒸し、切り形して細串に刺し、梅醤《うめひしお》或は蓼味噌等をつけて火取り、串を抜いて肴物又は吸物にもよい。

天下泰平【てんかたいへい】〔人倫重宝記・五〕に次がある。天下は泰平に治まり、人倫安楽の世になり、諸国豊かに上下賑わしく、特に京・江戸・大坂は天下の御城下で物事は自由で、何一ツ 事欠くことはない。上々方は寺社を敬い、貴僧 神職を信じ、下々は門談義 神道講釈を居ながらに聴聞している。上々方の御病気には法印 法眼の大医が仕候し、下々の気煩いや腹痛みには辻々に錦袋円* 定斎の豊心丹*、根太《ねぶと》*腫物*には藤の丸の膏薬があり事欠くことはない。上々方は万ず芸の慰みを召し寄せられて御覧あり、下々は能 謡 狂言 浄瑠璃 三味線 音曲 兵法 相撲が招かずともやって来て、慰み楽しむのは上ツ方にも勝る。これは泰平の世の証拠であるが、一ツ事欠く物は金《かね》である。

天火日【てんかにち】 暦中段。〔永代調法記宝庫・五〕に天火日は、屋根葺き、家造り、移徙《わたまし》等に大いに凶の日である。正・五・九月は子の日。二・六・十月は卯の日。三・七・十一月は午の日。四・八・十二月は酉の日である。「じかにち（地火日）」参照

天火／天光の出現【てんか／てんこうのしゅつげん】〔重宝記・礒部家写本〕に次の現象を伝えている。①明和六年（一七六九）夏、七不思議 稲星・扇星、その外色々。②同七年七月二十八日、夜空遠方に出、火のように見え、町中大騒ぎし、八時過ぎに甚だしく赤く見え 段々広がり、十一時半頃から十二時に 西東へ別れ光り、二時過に消えた。珍しいことである。③安永九年（一七八〇）八月、金銀星（夜十時過ぎ）開運星（夜八時過

ぎ）御来光。④天明八年（一七八八）四月十一日、夜八時 天火落ち、国中同時刻に光る。これは、古今不思議、不思議。「彗星」「綿星《わたぼし》」参照

天花粉【てんかふん】〔薬種重宝記・中〕に和草、「天花粉* からすうり、水飛して用ゆ」る。〈薬性〉〔医道重宝記〕に天花粉《てんかふん》*は性は寒、渇を止め、煩を去り、熱を退け、痰を化し、膈《むね》を利し、腫毒を消す。塵を去り、そのまま用いる。鉄を忌む。「からすうり（甜瓜）」*の根から採った白色の澱粉。

癲癇の事【てんかんのこと】〔鍼灸重宝記綱目〕に「驚癇《きやうかん》 てんかん／くつち」とあり、大人は癲といい、小児は癇*という。その症は目眩き、搐搦《ちくでき》《びくめき》し、涎《よだれ》沫《あわ》を吐き、忽ち地に倒れて誰か分らなくなる。癲癇は、元母の胎内に在って驚を受け、五種あって五臓*に応ずるが、心の一臓に帰す。驚く時は神 舎《ありか》を守らず、舎が空しい時は痰 涎が心の竅《あな》に迷い塞ぎ、魂が出入りせず、俄に倒れ臥し、手足をびくめかし、口眼引き攣り、或は叫び呼ばわり、沫を吐き、暫くして蘇る。針は大椎 水溝 百会 神門 金門等九穴、灸は百会 鳩尾 上脘 陽蹻（昼発るに）陰蹻（夜発るに）にする。また風癇* 驚癇* 食癇* 飲癇* 痰癇* 犬癇* 牛癇* 猪癇* 鶏癇* 羊癇* 五癇*がある。〔小児療治調法記〕には初生十五日の内に頭を立てて抱いて出ると癲癇に罹ることがあり、襁褓《むつき》の類に包み束ねて臥せて置くのがよい。

〔医道重宝記〕は癲癇について、○癲は或は狂い 或は静かであり、泣き笑うこと常ならず、物言いは首尾一貫しない。これは志が大で、願望が叶わず、心血が不足しての発症である。○癇は時々に発症し、また止む。この症は或は驚き 或は怒によって痰火を動かし、目眩き 倒れ 引き攣りびくつき、必ず涎 沫を吐く。また幼少時に大いに驚き感じ触れて後に発る。脈の大 滑は吉、沈 小 緊 急は凶である。薬に養血清心湯* 清心抑胆湯*がある。〔妙薬調方記〕に癲癇は火屋で焼いた餅を分らないように食わせるとよいという。〔永代調法記宝庫・三〕に癲癇 驚風の類は、烏を黒焼きにして辰砂を少し入れて用いる。十日の内に治す。〔調法記・四十ゟ〕に「癲癇を治す伝」は、明礬の末（粉）（十匁）、挽茶（五匁）を蜜で大豆の大きさに丸じて茶で用いる（〔大増補万代重宝記〕は蜜で丸じ六十粒ずつ茶湯で用いる）。○芭蕉の油を呑むのもよい。油の採り様は漆の採り様に同じ。〔懐中重宝記・慶応四〕は癲癇の薬に、首を括った縄を黒焼きにして白湯で用いる。

〔調宝記・文政八写〕に「癇の薬、俗に『てんがう』と云事」として次がある。①烏鴉《ふとからす》を寒中に捕り 觜爪を去り、黒焼き粉にして用いる。②蟾蜍《ひきがえる》を捕り黒焼き粉にして用いる。③藜蘆（万年青の根）を白水*に浸して干し、粉にして丸じ、毎日三度ずつ四十九日用いる。④羅石草《ひるも》の葉を取って干し、粉にし湯で用いる。⑤人を焼き、釜の内に煙の固まったのを取り丸じ金箔を衣にし十粒ずつ湯で用いる。⑥白蛇を生で用いる。

〈癲癇食物宜禁〉〔家内重宝記・元禄二〕に癲癇には鬱金と明礬を丸じて用いる。「宜い物」は生姜 山椒 莧 牛蒡。「禁物」は餅 蕎麦 蕨 砂糖 串柿 枇杷 菌 諸肉。

天気の事【てんきのこと】〈天気を知る歌〉〔文政新刻金神方位重宝記〕に天気の善悪を知る歌は、「五月西 春は南に 秋は北 いつも東風《こち》にて雨降ると知れ」。

〈天気の考え大概〉〔米商買相場人調宝記〕の四十余の挙例から抜抄する。

○「雨と晴を知る」には、暁の天気と日の出る時を伺う。日の出る時赤いのは風、黒いのは雨、青白いのは風雨。また日の出る時晴れてやがて曇り 或は風雨となる。○「明日の日和を知る」には、今晩の日の入る時に見る。日没に照るのは翌日快晴。日が雲の中に入るのは夜半 又は明日必ず雨。日入りて後 漸く紅粉《べに》のように白やかに色の変るのは風。また雨が日の入る時薄くなって消えるのはよい。雲が日の入りに続くのは明日の天気はよくない。西に黒雲があっても、日の入る時雲がなく日の形が見えて雲の外に入れば、雲は晴れ明日は晴天である。

○「日和よきを知る」には、日の出る時、雲が日に向い、東の方へ行く。

日の出る時、虹が立つ。朔日の日和は三日迄、望月は十二三日程続く。三ケ月の先が尖り、或は月の光が白い時、或は日の入り、或は西方の赤い空等は日和。○「風吹くを知る」には、日の出る時の色が常より赤い時。日の出る前に日足が差すのは雨か風。天気がよいのに虹が二ツ立つのは大風。○「雨降るを知る」には、日の出に色の黒い時、日の笠があり或は夕日の曇る時、雲が北斗を覆うのは大雨。黒気が北斗を覆い或は遮り見えないのは三日の内雨。黒気が厚く覆えば明日雨が降る。青気が覆うのは五日の内に雨。○「寒の大雪」は、夏土用中に南風が吹き北の方へ吹き返しがないのは寒の内に大雪が降る。○「虫の蔓延」は、冬に霜が物を枯らさないと、来年は虫入りが多く雑穀を害し飢饉となる。

〈晴雨風を知る事〉〔古易方位万代調法記〕に「春夏秋冬 晴雨《てんき》風を知る事」として図表があり（図352）、次の解説がある。この繰り様は当る月の頭字を朔日として順々に繰る。十二月よりは正月に帰る。地火風水陰陽和合して、その事全て大小長短を知る。○地陰《いん》（＝静かなり 又和らかなる事）。○火陽《やう》（＝生《おい》たちし 直《すぐ》なる 熾んなる 烈しき事）。○風陽（＝騒がしき 急な険しき事）。○水陰（＝緩やか 長き 至而強き事）。○正月小（＝曇る 降り出し折々止む事がある）。二月大（＝天気悪い 風になる）。三月大（＝しぐれ 大風 晴天）。四月小（＝半日曇る 続いて降る）。五月小（＝一日降らず 夜より雨風）。六月大（＝晴れる 穏やかに続く）。七月大（少し風があり 吹き降り）。八月小（天気 又雨風となる）。九月小（＝しぐれ 夕方晴れる）。十月大（＝一日曇る 晴雨知れず）。十一月（＝しぐれ 大荒れにて後天気）。十二月小（＝曇る 時に雨降る 強くなる）。「雨風《あめかぜ》の事」「雨の事」「農家四季の占」「日の事」「日和の事」参照

天行病【てんぎょうびょう】「えきれい（疫癘）」ヲ見ル

転筋【てんきん】「転筋《こむらがえり》」が腹に入った場合、「霍乱《かくらん》の事」ヲ見ル

天空【てんくう】甲冑名所*。〔武家重宝記・三〕に天空《てんくう》は、息出しの穴である。昇る気を散ずる。神霊所在の処とし、それ故 指を入れるのを禁ずる。また息払《いきはらい》ともいう。

天宮神【てんぐうじん】〔永代調法記宝庫・五〕に天宮神《てんぐうじん》は、豹尾神《ひょうびじん》*といつも向い合っていて、天宮神が酉（西）の方なら豹尾は申（西々南）の方である。豹尾は入る事を忌むが、天宮神は物を出す事を忌む。

天狗団扇【てんぐうちわ】天狗団扇《てんぐうちわ》は、八ツ手の葉を意匠した紋絵である。〔紋絵重宝記・下〕

天狗酒盛【てんぐさかもり】〔年中重宝記・一〕に正月二日に、清水坂の弦師どもが愛宕寺《おたぎじ》（洛陽三十三番札所*、十六番）で酒宴を催し、太鼓を打ち、貝を吹き、騒がしいので、天狗酒盛という。

天君【てんくん】〔里俗節用重宝記・下〕に心《しん》は、人身の主となるもの故天君という。天君が五官*を使うのが順で、五官で天君を使うのは逆である。

天香湯【てんこうとう】〔薬種日用重宝記授〕に天香湯は血を巡らす。香付子・紫蘇（各大）、干姜（中）、烏薬・陳皮・甘草（各小）。

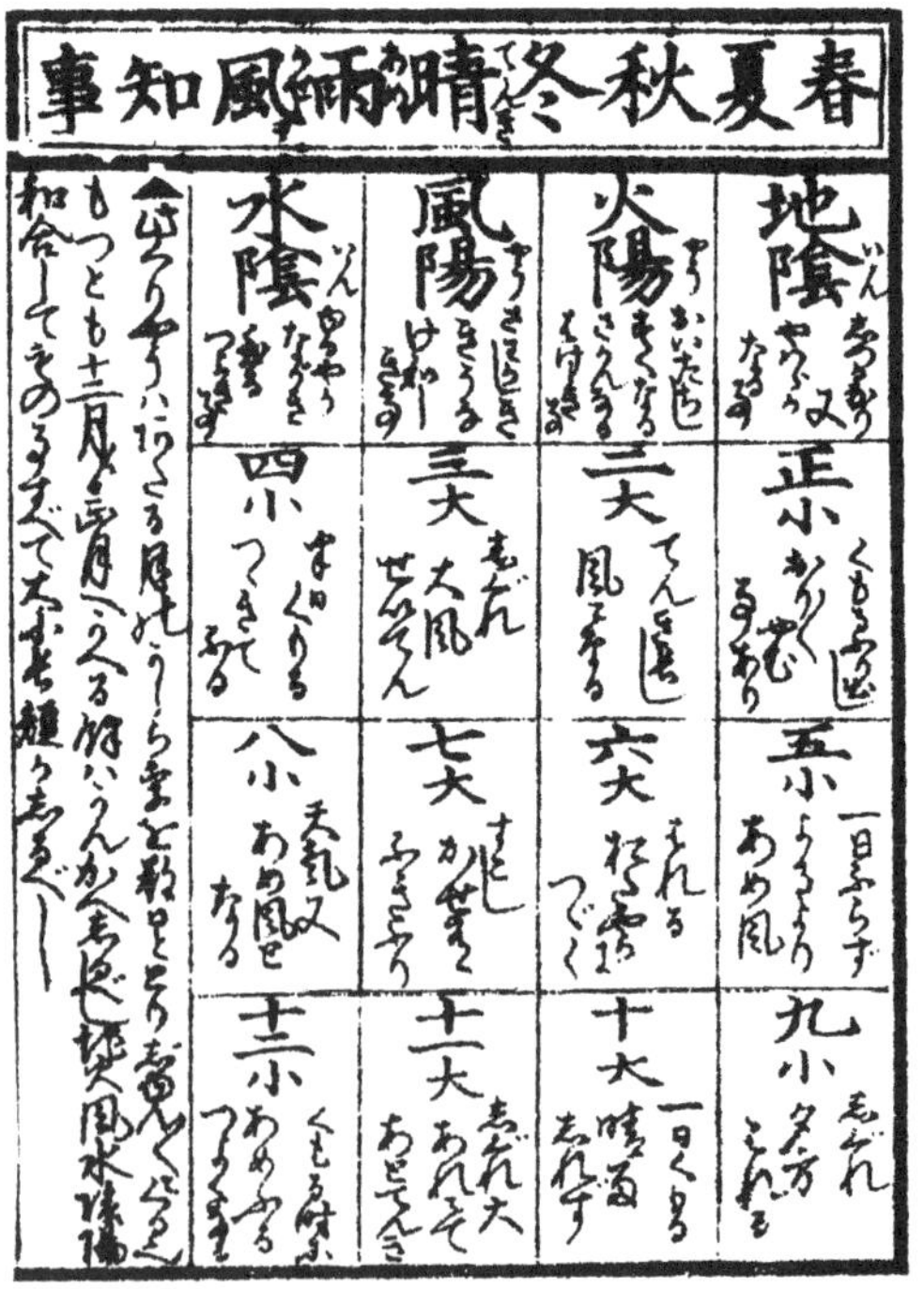

図352 「春夏秋冬 晴雨風を知る事」
（〔古易／方位〕万代調法記）

天皇日【てんこうにち】 生れ日吉凶。〔大増補万代重宝記〕に天皇日《てんこうにち》は、六日・十二日・十八日・二十四日・晦日。この日に生れる人は男はよい妻を持ち、女は貴い夫に添う。この生れは威勢強く、位ある性である。但し、親の家は立て難く、立てると祟りがある。父母にも縁薄く、別に家屋敷を持てば富貴繁昌し、末も栄える。

天熬日【てんごうにち】 「じっしび（十死日）」ニ同ジ

纏喉風【てんこうふう】 経験方。〔丸散重宝記〕に纏喉風で、喉の内が腫れ塞がり水食が通ぜず死にそうなのには、紫苑一根を喉の中に差し入れて、悪い涎を取り出すと、即座に癒える。妙である。

てんごうまつる【てんごうまつる】 卑語。「用にたたぬことをするを てんがうまつる」という。〔女用智恵鑑宝織〕

天行眼薬【てんこうめぐすり】 〔洛中洛外売薬重宝記・上〕に天行眼薬は、室町四条上ル丁 早川氏にある。一貝十五文。目薬。

伝尸【でんし】 〔鍼灸重宝記綱目〕に伝尸《でんし》（労瘵*の一）には、労虫（肺病を伝染する虫）がいて、骨を喰らい、相伝えて親類を滅ぼすという。療治は労瘵に同じ。〔薬家秘伝妙方調法記〕に「でんし」には木香 秦艽《しんぎょう》を用いる。

〈食物宜禁〉〔世界万宝調法記・下〕に「宜い物」は栗 椎 零余《むかご》 柿 姜《はじかみ》 薊 芹 藕 牛蒡 韮 葱 大根 大豆 角豆 和布《わかめ》 青海苔 葛粉 蕗 野老《ところ》 菊 山芋 苺 大麦 蕗 菊 鯉 鮭 鮎 蜆 鰯 鯛 鰹 鴨 雲雀 蠣。「禁物」は石榴 杏 梨 棗 胡瓜 烏芋《くわい》 蕨 餅 蕎麦 蓼 芥子《からし》 笋 醤 小豆 飴 蒟蒻 油物 酸物《すのもの》 大蒜 山冷 山鶏 猪。

天竺黄【てんじくおう】 〔薬種重宝記・中〕に唐竹、「天竺黄《ちくわう》 たけのきしる。そのまま用ゆ」る。

天竺の事【てんじくのこと】 〔万物絵本大全調法記・上〕に「天竺 てんじく。乾毒 けんどく。身毒 しんどく。印度 いんど。並同」。〈広さ〉〔掌中年代重宝記〕に天竺の広さは、東西二千里 南北千里余。〈天竺五山〉〔万民調宝記〕に天竺の五山は、祇園精舎（舎衛国）。竹林精舎（王舎城の中）。大林精舎。逝多林精舎（昆那离城に有）。舎那蘭陀寺（同）。精舎は清い家で、即ち寺。「印度」モ見ル

天子の事【てんしのこと】 〔人倫重宝記・一〕に天子の出所について、日本は神国で、天地開闢しその中に国常立尊《くにとこたちのみこと》がいて人間の始めとなる。その後、伊弉諾尊《いざなぎの》 伊弉冉尊《いざなみの》の陰陽《めお》の二神が出生、天の浮橋のもとで交媾《みとのまくばい》をして天照太神を生み、天下を治められた。天神相続いて七代（天神七代*）、それより地神に伝わって五代（地神五代*）、それより人皇《にんおう》の代となり、忝くも今上皇帝まで皇統恙無く続いて、いとも畏い御位を保たれている。〔男重宝記・一〕に「天子の御事弁禁中の故実」として諸解説があり、天子とは当今《とうぎん》（＝当代の天皇）を申し奉る。また皇帝・主上・天皇・皇《すべらき》・御門《みかど》・内《うち》・御位《おくらい》・陛下・一人《いちじん》等と言う。実名を御諱《おんいみな》（＝俗に名乗のこと）という。天子は龍《りょう》・天・日に例える。

天蛇頭【てんじゃとう】 〔改補外科調宝記〕に手足の指の頭に出る天蛇頭は、心《しん》火が盛んに動き、手足の指の頭が蛇の頭のように腫れ、痛み疼き、心に通る。治方は、灸を五壮程して後に雄黄散*を塗り、玉紅膏*を付ける。内薬は荊防敗毒散*を用いる。

天赦日【てんしゃにち】 暦下段。〔重宝記永代鏡〕に天赦日は、最上の大吉日で万によい。春は戊寅《つちのえ》の日。夏は甲午《きのえ》の日。秋は戊申《つちのえ》の日。冬は甲子《きのえ》の日。皆干支《かんし》が相生《そうじょう》の日なので吉日とする。天が万の物を養い育て、その罪を赦《ゆる》す日と言い、何事に用いても咎めはない。この日は悪日に当ることも稀で、もし六月中に当る時は黒日*に当っても天赦の力により障りはない。

〈天赦日を知る歌〉〔昼夜重宝両面雑書増補永暦小筌・慶応二〕に「天赦日 春戊寅に 夏木むま 秋土さるに 冬は甲子」。

天守／殿主【てんしゅ】 〔武家重宝記・一〕に、公方*の御城では天守と書き、国主の居城では殿主と書く。我が国では天正四年（一五七六）正月

に、信長が近江の安土山に築いたのが始めである。

天衝【てんしょう】〈経絡要穴 頭面部〉天衝《てんしょう》は二穴。耳の後ろの通り、髪際を竪に入ること二寸上少し三分程前へよせめに点ずる。灸三壮、或は七壮。針三分。癲癇、よく驚き恐れ、頭痛、牙齦《はぐき》の腫れ痛むのを治す。〔鍼灸重宝記綱目〕

巓上【てんじょう】「百会《ひゃくえ》」ニ同ジ

天照大神【てんしょうだいじん】「あまてるおおんかみ（天照大神）」を見ル

天井の事【てんじょうのこと】〔万物絵本大全調法記・上〕に「藻井 さうせい。天井 てんじやう也」。〔武家重宝記・一〕に家に天井 蟇股《かえるまた》 鴨居などとなづけるのは、皆水の縁を取って、火災を避ける呪いである。

殿上人【てんじょうびと】四位、五位（中・少将、侍従等）をいう。雲客ともいう。〔男重宝記・一〕

天井綟子【てんじょうもじ】〔絹布重宝記〕には、万事 京絽《ろ》*の織切肩衣地*同様の類とある。穀織《こめ》、井筒紗も同じ。

てんじょく【てんじょく】「天は、てんぢよく」。〔小野篁謔字尽・かまど詞大概〕

天知る地知る【てんしるちしる】〔世話重宝記・四〕に『後漢書』を引き、次がある。王蜜は 後漢の楊震に恩を蒙ったことがあり、ある夜礼に黄金十斤を贈るのに楊震は受けなかった。王蜜が夜なので知る者はいないと言うと、楊震は 天知る 地知る 汝知る 我知る。どうして知る者がないというのかと言ったことより起ったという。

てんじん【てんじん】片言。「転手《てんじゅ》（＝三味線の）、てんじん」という。〔世話重宝記・四〕

天神御十号【てんじんごじゅうごう】〔文章指南調法記・四〕に次がある。好去《よしつね》。道良《みちよし》。道信《みちのぶ》。道直《みちなお》。道真《みちなり》。広幾《ひろちか》。真直《さねなお》。真道《さねみち》。道実《みちよし》。良道《よしみち》。この御十号を一日に一遍ずつ唱えるといかなる願も成就し、厖 褫《おおいなるさいわい》を得る。但し、非道の願には神も与《くみ》しない。

天神七代【てんじんしちだい】〔掌中年代重宝記〕に次がある。○第一代 天地開闢 国常立 尊《くにとこたちのみこと》 江州日吉二の宮 小比叡峯明神。○第二代 国挟槌尊《くにさつちの》 江州日吉 八王寺宮 百億万歳。○第三代 国斟渟尊《とよくんぬの》 江州日吉三の宮 百億万歳。○第四代 泥土煮尊《ういじにの》 勢州山田 月読宮・沙土煮尊《すいじにの》 志州伊射波の社、二百億万歳。○第五代 大戸道尊《おおとのじの》 越州羽太社・大戸辺尊《おおとのべの》 豆州あの丶社二百億万歳。○第六代 面足尊《おもたるの》 勢州田戸の社・惶根尊《かしこねの》 越州中はらの社二百億万歳。○第七代 伊弉諾尊《いざなぎの》 江州たかの社・伊弉冊尊《いざなみの》 加州白山比咩の峯。この時より夫婦の道が始り 国土山川草木まで産んだ。二万三千四十歳。［この七代は『日本書紀』による。『古事記』とは用字法が異なる］〔諸人重宝記・一〕には第三代までは純男《お》の神、その後は偶生《ぐうしょう》二神、第五代までは形も現されず、第六代より陰陽の機があり、第七代は五行《ぎょう》を備え事相全体円妙の神、色々の事を現し、この国を草創した。天神七代は天 地 人の始りとある。〈年数〉〔日夜懐要両面重宝記〕に天神七代凡そ年数は、八百億二万三千五十九年になるという。「天地人の事」参照

点心の事【てんじんのこと】〔里俗節用重宝記・中〕に薄茶* 濃茶*共に、餅菓子を茶受《ちゃうけ》に出すのを点心という。煎じ茶を出す時は、総菓子に干菓子様の物である。薄茶 濃茶は料理肉食の後に、必ず口を濯ぐために遣うものである。〈三点心〉〔料理調法集・点心之巻〕に三点心と言う時は羊羹、饅頭、蒸麦である。三羹三麺以下もすべてこれを言うとある。

天神の社【てんじんのやしろ】 大坂願所。天下茶屋村南の出口に天神の社がある。懐胎の婦人が安産の立願を込め御膳を供えると、母子ともに凶事はない。〔願懸重宝記・初〕

天水散【てんすいさん】〔重宝記・礒部家写本〕に天水散は、夏の水飲み薬である。滑石（一両）、甘草（二匁）を粉にして混ぜ合せ、水に入れて飲む。暑を払い、身を冷やし、気が爽やかになる。暑気に小便する時に痛く、また淋病の痛みにも甚だよい薬である。

天衰日【てんすいにち】「葬送に忌む日」ヲ見ル

天枢【てんすう】〈経絡要穴 心腹部〉二穴。〔医道重宝記〕に天枢は、臍の真中より左右各二寸にある。泄瀉 痢病 霍乱 腹痛、また婦人の崩漏、帯下、血塊を治す。針の刺しは五分、灸は百壮。〔鍼灸重宝記綱目〕には禁針とあり、〔鍼灸日用重宝記・二〕には諸書の処置を引用している。〈灸穴要歌〉〔永代調法記宝庫・三〕に「積《しゃく》臍に赤 白帯《しゃくびゃく》に食消えず面《おもて》青くは天枢をせよ」。天枢は、臍の広さを一寸に定めて脇へ一寸ずつ。

点頭散【てんずさん】〔丸散重宝記〕に点頭散《てんずさん》は偏頭痛に用いる。川芎（二戔）、香附子（四戔）を細末（粉）にし、白湯で用いる。痛みが甚だしく、眼に連なり痛むのには石膏、牛蒡を加える。

天井【てんせい】〈経絡要穴 肘手部〉天井《てんせい》は二穴。肘しりの尖り骨の後ろ一寸両筋の間、肘の番《つがい》陥みの中にある。針三分 或は一寸、留むること七呼。灸三壮か五壮。心痛 咳嗽 上気 驚悸 癲癇 中風 喉痺、打ち身、耳聴こえず、耳後・肘・腰・項《うなじ》・頸痛み、唾に膿血が交じり不食、寒熱し臥すことならず、脚気等を治す。〔鍼灸重宝記綱目〕

天性【てんせい】 諸国詞。自然 天然のことを、京では「てんせい（天性）」等という。中国では「てんねんはう（天然法）」という。〔不断重宝記大全〕

臀疽【でんそ】〔改補外科調宝記〕に臀疽は臀癰*より軽いとし、初めは粟粒のようで甚だ痒い。内に虫がおり、掻くとたわ汁（瘡瘍の膿汁）が出る。薬は防風膏*を付ける。

天宗【てんそう】〈経絡要穴 肩部〉天宗《てんそう》は二穴。臑俞の後ろの上秉風の後ろの少し下、肩胛の骨の内陥みの中にある。『銅人』を引き、針五分 留むること六呼。灸三壮。肩臂痺れ、肘痛み、頬頷の腫れるのを治す。〔鍼灸日用重宝記・二〕

天蔵日【てんぞうにち】〔重宝記永代鏡〕に天蔵日は種蒔によい日である。正・二月は亥の日。三・四月は寅・酉の日。五・六月は辰の日。七・八月は午の日。九・十月は申の日。十一・十二月は戌の日。

天台宗【てんだいしゅう】〔農家調宝記・二編〕に天台宗は八宗*の一。法花宗ともいう。三論宗*と同じく、釈尊より第十四祖龍樹菩薩が宗門を立て、唐土では北斉の恵文《えもん》、日本では桓武天皇の延暦年中（七八二〜八〇六）に最澄が入唐して宗門を学び、帰朝後比叡山を開いて始祖となった。〔年中重宝記・一〕に三月十一日、今明両日 天台礼拝講、日吉 八王子 拝殿でこれを修する。〈華洛寺院名籍一覧〉〔万代重宝記・安政六頃刊〕に「山門寺門天台宗之部」に、本名は法華宗で、智者大師唐土天台山にあってこの宗を立て、これより通称を天台宗という。比叡山延暦寺一乗止観院（山城と近江の境、寺領五千石）、東山養源院（洛東大仏の南、寺領三百石）、松尾山鞍馬寺（洛北、寺領百二十六石）、西岩倉金蔵寺（洛西灰方の南、寺領二百石）、常世寺（寺町の上荒神口、寺領六百石）等四十六ケ寺が載る。

転宅【てんたく】「わたまし（移徙）」ヲ見ル

天地開闢年数【てんちかいびゃくねんすう】〔日夜懐要両面重宝記〕に天地開闢より、年数として、天明元年丑年（一七八一）迄、凡そ八百億万二百三十五万九千四百十二年になるという。

天地三神霊妙香【てんちさんじんれいみょうこう】〔調法記・全七十〕に「天地三神霊妙香」（三公山 燕済真人製）の功能は、天に向いこの香を焚くと諸々の望みが叶う。山中で焚くと猛獣 毒蛇 毒虫は恐れて近寄らず、常に焚くと盗賊幷に刀の難を免れ、船中で炊けば風波の難を逃る。疫癘幷に流行病を受けず、一切の不浄を払う。仏神の前で焚くと仏神影向の奇瑞があり、雷の鳴る時はその近辺には落ちない。常に守袋に入れて身を離さなければ霊験は限りがない。沈香・乳香・丁香・白檀・甘松・元参（各二匁）、遠志（一匁）、藁本・白芷（各三匁）、零陵香・大黄・降真香・木香・茅香（茅根）・白芨・三奈（各二匁五分）を甲子の日に一味ずつ別々に刻み、丙子の日に別々に細末（粉）し、戊子の日に懸け合わせ、庚子の

日に白蜜で練り、壬子の日に押し平め、寒水石を粉にし衣として丸ずる。但し、調合の日は精進潔斎して天井のある座敷で合わす。不具の人、月水のある女、或は鳥獣に見せてはならない。〔懐中調宝記・牛村氏写本〕には、沈香（四匁）、白檀・遠志・三奈・藁本（各三匁）、丁子・甘松・木香・降真香・零陵香・玄参・白芷・白芨・大黄・茅根・乳香（各二匁）、石膏（一匁五分）を庚申の日に薬味を製し、甲子の日に調合する。口伝秘すべし、とある。

天地人の事【てんちじんのこと】〔万物絵本大全調法記・上〕に「天 地 人を三才《さい》と云」。〈始り〉〔諸人重宝記・一〕に天地万物の主君を神明という。天地を開闢《ひらけ》て、山海を生産《あれま》し、春夏秋冬や雨風草木が年々時を違えないのは、主君の神明 天御中主尊《あめみなかぬしのみこと》 執り行いである。太古に、清 陽 者《すみあきらかなもの》が棚引き昇るのを天とし、重 陰 者《かさなりにごるもの》を縮めて地となされてより、天地《あめつち》の漂いは定った。その中に葦牙《あしかび》の現れるように神となり、これを国常 立 尊《くにとこたちの》と申し、次に国狭槌尊《くにさつちの》、次に豊斟渟尊《とよくむぬの》、この三神《みはしら》は純男《お》の神である。次に偶生《ぐうしょう》といい二神ずつ現れた。泥土煮尊《ういじにの》・沙煮尊《すいじにの》、次に大戸之道尊《おおとのちの》・大苫辺尊《おおとまべの》［これ迄は御形を現さず］、面足尊《おもたるの》・惶根尊《かしこねの》［初めて陰陽の機がある］」、次に伊弉諾尊《いざなきの》・伊弉冉尊《いざなみの》迄、これを神世七代《かみのよななよ》という。伊弉諾尊・伊弉冉尊は五行*を備え、事相全体円妙の神で、色々のことを現し始め、日本を草創した。これを天神七代《てんじんしちだい》*、又は天地人の始りとする。〈鍼灸法〉〔鍼灸重宝記綱目〕に「天 地 人男女の法」として、人にも針にも天地人の三才がある。人の胸より上を天とし針を軽く浅く刺す。胸から臍までを人とし、針を中様に用いる。臍から下を地とし重く深く刺す。特に、胸から上に刺すのは大事である。胸は心《しん》の兪、神《たましい》の宿る所に近いからである。天の針刺は針を伏せて浅く軽く捻る（過ちがあれば病人の顔を袖で被い、口鼻の息を温め、顔に風邪を当てず、男は足の三里*崑崙*女は三陰交*、次に男女ともに臍の下一寸五分気海*の穴を刺し補瀉をすると蘇る）。針にも天地人の三才があり、刺して皮肉に至るのを天、肉内に至るのを人、筋骨に至るのを地という。『難経』を引き春夏は浅く秋冬は深く、また男は浅く女は深く、午前は男は浅く女は深く、午後は男は深く女は浅く刺す。針灸には行年 宜忌 人神の在処を定め、五行の理に従うのがよい。

天地二十四山方位即鑑【てんちにじゅうしさんほういそくかん】「天地二十四山方位即鑑」として次の図がある（図353）。〔古易方位万代調法記〕

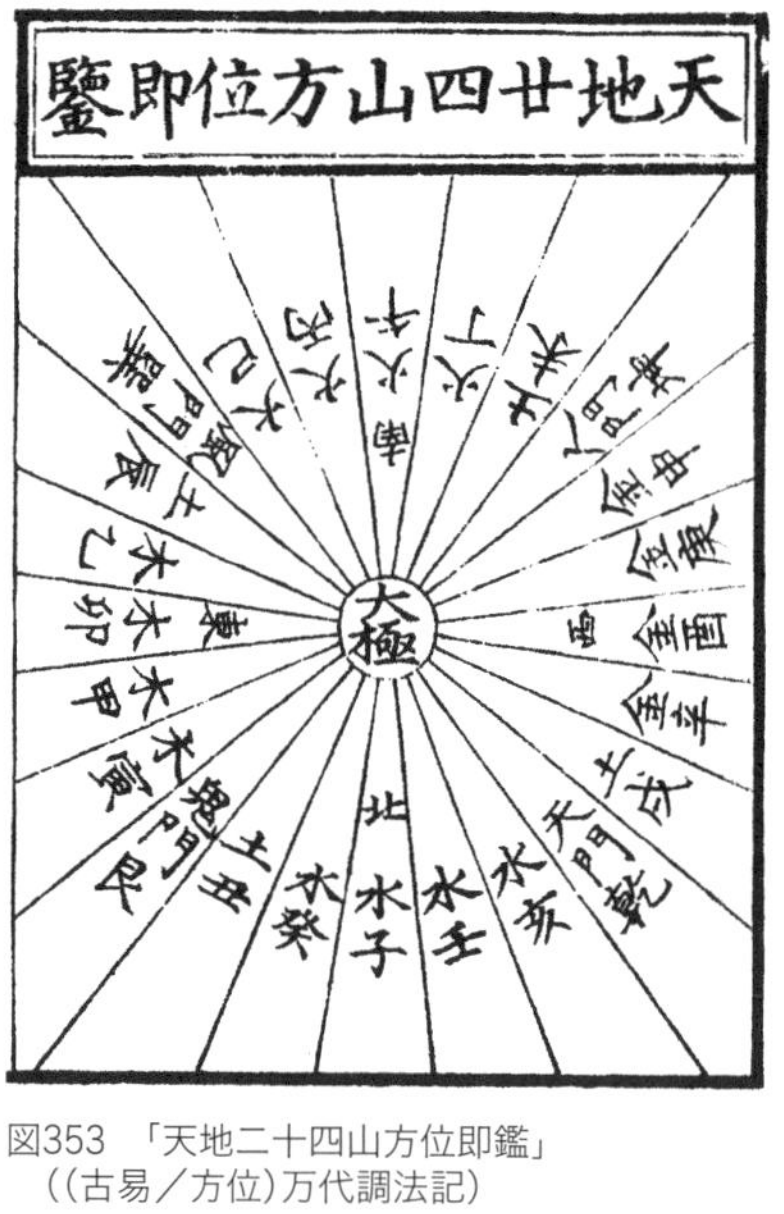

図353 「天地二十四山方位即鑑」
（〈古易／方位〉万代調法記）

天地の病【てんちのやまい】 飢饉は天災であるが、天地の病である。天も地も大病で、その働きが成り難いのである。〔綟約重宝記〕

天柱【てんちゅう】〈禁灸*の穴〉〔鍼灸日用重宝記・二〕に二穴。天柱《てんちゅう》は瘂門*の両方へ一寸ずつ開く処にある。但し、頭ふらつき痛むには七壮迄はするとよい。〈経絡要穴 頭面部〉〔鍼灸重宝記綱目〕には二穴、項《うなじ》の後ろの髪際の中行《まんなか》より左右へ一寸三分ずつ開いて、大筋の外廉《そとかど》の陥みの中にある。針二分五分、留むること三呼して、瀉すること五吸。頭風、鼻匂いを聞かず、頭ふらつき、脳痛み重く、項強《うなじこわ》るのを主《つかさど》る。

天釣【てんちょう】 天弔とも書く。〔小児療治調法記〕に天釣は、乳母が酒食を過し、煎炒《いりもの》・鹹《からい》・酸《すい》物を食い過し、毒気が乳に入ったのを児に呑ませ

て心肺に熱を生じ、外に天風を感じ、俄に熱壮んに、眼が翻り騰《あが》り、手足掣《ひきつ》り搐《びくめ》き、魚が釣針にかかったようになるのをいう。薬に九龍控涎散*、釣藤飲*がある。

天地離別日【てんちりべつにち】 五離日*の一。〔懐中調宝記・牛村氏写本〕に天地離別日は、耕作に凶である。甲申《きのえ》の日、乙酉《きのと》の日。〔重宝記永代鏡〕には「天地離日」とあり、種蒔 耕作 船乗 国入 和合に忌む。

天地和合時【てんちわごうじ】 日取吉凶。〔金神方位重宝記〕に天地和合時は、何をするにもよい時刻である。甲《きのえ》 乙《きのと》の日は、亥（二十二時）・子（零時）の時。丙《ひのえ》 丁《ひのと》日は、寅（四時）・卯（六時）の時。戊《つちのえ》 己《つちのと》日は、巳（十時）・午（十二時）の時。庚《かのえ》 辛《かのと》の日は、丑（二時）・辰（八時）・未（十四時）・戌（二十時）の時。壬《みずのえ》 癸《みずのと》の日は申（十六時）・酉（十八時）の時。

天地和合日【てんちわごうにち】 五和合日*の一。〔重宝記永代鏡〕に天地和合日は、婚礼に大吉日、その他万によい日である。①甲寅《きのえ》・乙卯《きのと》の日で、耕作に吉。②正・七月は亥・子の日。二・八月は巳・未の日。三・九月は戌・子の日。四・十月は巳・未の日。五・十一月は戌・子の日。六・十二月は巳・未の日。

天帝日【てんていにち】 生れ日吉凶。〔大増補万代重宝記〕に天帝日は、五日・十一日・十七日・二十三日・二十九日。この日に生れる男はよい妻を持ち、女は夫に祟り離れることがある。どちらも気立て正しく、賤しい心は持たず、また営みも卑しい業は相応せず、随分綺麗な家業をするならば、身上よく繁盛する。

天童丸【てんどうがん】 〔丸散重宝記〕に、天童丸は癲癇*の妙方である。莪莁（七匁七分）、三稜・青皮（各六匁六分）、苦参（四匁四分）、丁子（三匁三分）、天童・胡黄連・海人草（各二匁二分）、牛膝・蕪荑仁・蘆会（各一匁六分五厘）、檳榔子（一匁四分）、黄連・沈香（各一匁一分）、甘松（一匁）、肉桂（八分五厘）を糊で丸ずる。

天道神／天徳神【てんとうじん／てんとくじん】 〔和漢年暦調法記〕に「年中よき方角の事」として、天道 天徳といい誠に吉方で、天星玉女 色星玉女 多願玉女が毎年毎月巡る方で、鬼門その他悪い方角でも天道 天徳の巡る方は差し構いはない。〔永代調法記宝庫・五〕に「天道神とは牛頭天皇とあり、万事用いて大いによく、この方に向かい胞衣を納め、鞍置き初め、一切の求める所は成就しないことはない。〔改正中興年号重宝記・天保四〕に天道 天徳の方は、陰陽開通 転災福徳の方であり、従って仕方なく凶方に造作をなす時は、二星の廻る時を待って取り掛るとよい。正・九月は南。二月は西南。三・七月は北。四・十二月は西。五月は西北。八月は北東。六・十月は東。十一月は東南、の各方にある（図354）。

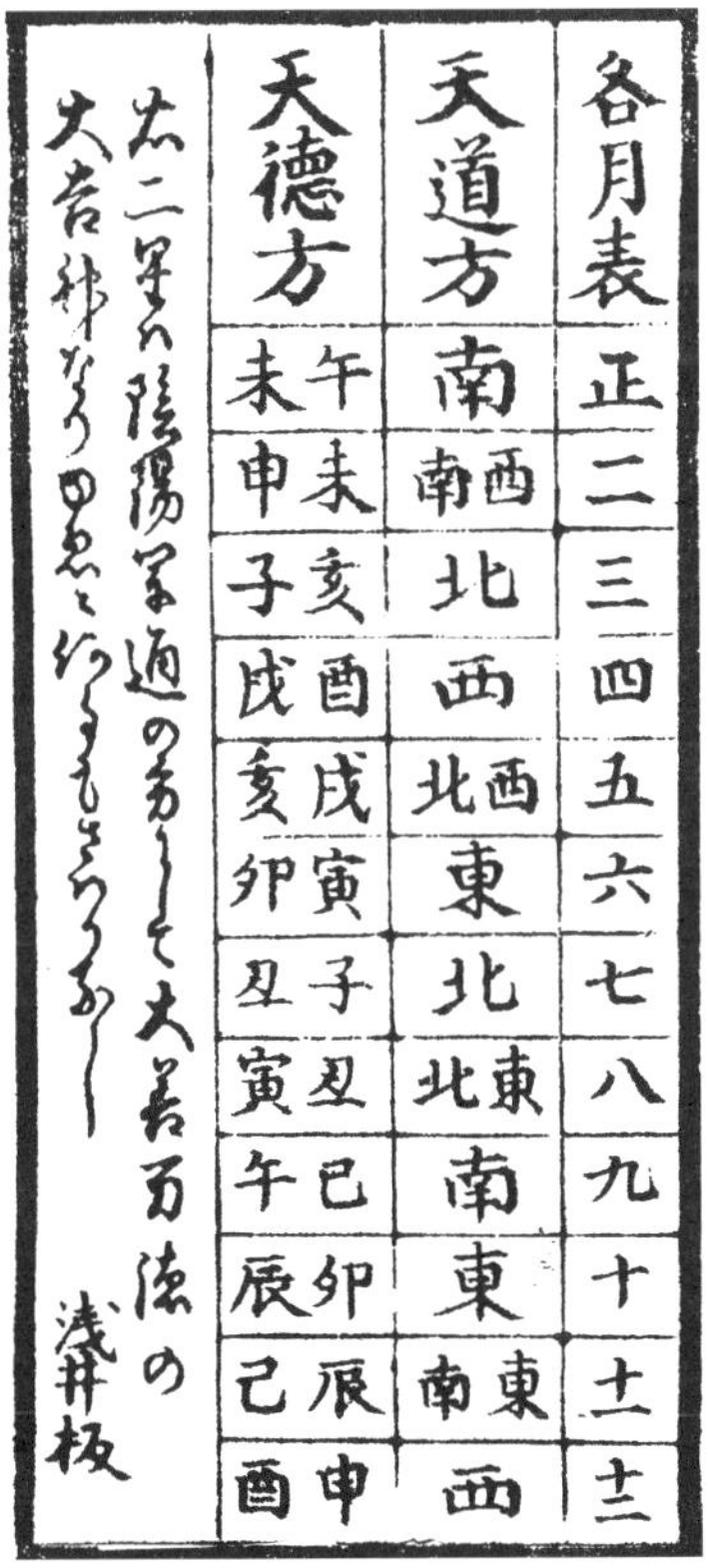

各月表	正	二	三	四	五	六	七	八	九	十	十一	十二
天道方	南	西南	北	西	西北	東	北	東北	南	東	東南	西
天徳方	午 未	未 申	亥 子	酉 戌	戌 亥	寅 卯	子 丑	丑 寅	巳 午	卯 辰	辰 巳	申 酉

図354 「天道方／天徳方」（方角重宝記）

天突【てんとつ】 〔鍼灸重宝記綱目〕に、一名天瞿。一穴。頸の結喉の下四寸宛とした中にある。灸三壮か五壮。針一分か五分、留むること三呼。気を得て瀉す。もし針を直に下し手を垂るる時は五臓*の気が傷《やぶ》れ短命である。顔が熱し上気、しゃくり、気が俄に喘《すだ》きし、咽の諸症により物が言えず、寒熱し、胸と背と相引いて痛み、膈噎、嘔吐を治す。〈灸穴要歌〉〔永代調法記宝庫・三〕に「咳逆し喘気《むせけ》をしつつ咽も鳴り 胸に気せ

かば 天突の穴」とある。

天南星【てんなんしょう】〔薬種重宝記・中〕に和・唐草、「天南星（てん）なんしやう／をゝそひ。炮《つつみや》きして刻み、姜製して焙る」。〈薬性〉〔医道重宝記〕には辛く温、風痰を除き、中風、麻痺、口噤み、身強《こわが》るのを治し、小児の驚搐 及び破傷風を治す。熱湯で洗い、浸し、皮を去り、刻み、姜汁を搔き廻し、乾かし、焙る。〔小児療治調法記〕は貼顖《でっしん》*解顱《かいろ》*の薬とある。

天にあらば比翼の鳥【てんにあらばひよくのとり】〔世話重宝記・四〕に『白氏文集・長恨歌』に出るとして、唐の玄宗皇帝と楊貴妃が七月七日夜に誓った詞とする。『山海経』に比翼の鳥は形は鳧《かも》に似て色は青 赤く、一翼一目で、一名を蠻蠻《ばんばん》といい、雌雄並び飛び、並ばないと飛ぶことが出来ない。男女の契りが深く、睦まじい譬えとする。「連理の枝」参照

天然法【てんねんほう】 諸国詞。京では「自然の事 天然《てんねん》の事 てんせい（天性）な」というのを、中国方では「てんねんはう（天然法）」という。〔不断重宝記大全〕

天皇玉女【てんのうぎょくにょ】〔大増補万代重宝記〕には三鏡宝珠*の中央にあり、諸願成就し全て祈禱にこの方を用いてよい。方位は一ケ月毎に次のように替る。正・三月は、乙《きのと》卯辰（東々南の方）。二・五・六月は、甲《きのえ》寅卯（東々北の方）。四月は、丁《ひのと》午未（南々西）。七・十月は、坤《ひつじさる》未申（南西の方）。八・十一月は、壬《みずのえ》亥子（北々西の方）。九月は、辛《かのと》酉戌（西々北の方）。十二月は、庚《かのえ》申酉（西々南の方）。〔童女重宝記〕には天星《てんせい》玉女とある。

天王寺【てんのうじ】「四天王寺」ヲ見ル

天の事【てんのこと】〈異名〉〔書札調法記・六〕に天の異名に、上玄、重玄《ちょうげん》、碧落、大素、清玄がある。〈天の高さ〉〔掌中年代重宝記〕に「天の高さは」は十五万六千五百四十六里である。〈十字の秘術*の一〉〔増補咒咀調法記大全〕に大名 高家 大官人が御前等に出る時、左の手の内に「天」の字を書いて日月*の二字を合せて念じ、出ることをいう。臆しない。〈紋様〉〔紋絵重宝記・上〕に二重丸に「天」、また天の字の意匠がある。

天の酒【てんのさけ】 大和詞。「てんのさけとは、霜の事」である。〔不断重宝記大全〕

天正月【てんのしょうがつ】 シナ周の世に、十一月を正月とすることを暦家で天正月《てんのしょうがつ》いう。「暦の事」参照。〔年中重宝記・四〕

田畑一二分の事【でんばたいちぶにぶのこと】〔田畑重宝記〕に次がある。例えば、高三百石で、二百石は田方、百石は畑方で、田方三分二、畑方三分一のある所は、大概は百姓は勝手のよい場所という。但し、田畑は不揃で、田方がよければ畑方が悪く、雑穀を作る諸状況等々複雑である。

田畑六分違いという事【でんばたろくぶちがいということ】〔農家調宝記・初編〕に田畑六分違いという事は、相当を考え合せた名である。高を結ぶ（収穫量による課税基準の定め）には、田ばかり 畑ばかりの所でも、田畑々々と結ぶ法である。百石の地なら五十石は田、五十石は畑として結ぶ。高百石で五ツ取で五十石の時、田方 畑方二十五石ずつに定める。田方の物成（年貢）二十五石は本米、畑方の物成 二十五石は仮米である。六分違いの六を乗じ十五石となり、田畑合せて四十石で、これを五ツ成 四十石という。十五石は畑高永十貫文と定め、両に一石五斗替に当る。それ故、畑永二十貫百石という。四十石五ツ成というのは虚厘である。田畑二十石五ずつと対して五ツ成になるためである。畑方六分違いで四十石となれば実厘四ツである。

天秤【てんびん】 天平とも書く。〔万物絵本大全調法記・上〕に「天平 てんへい／てんびん。法馬 はうば／分銅 ふんどう」。中央から棹の両端に吊した皿に一方には量る物を、反対の方には分銅を置き、水平をとり、精密に量ることができる（図355）。「はかり（秤）の事」参照

天府【てんふ】〈経絡要穴 肘手部〉天府は二穴。極泉の下三寸、筋骨の間に

動脈のある所にある。下の尺沢を目当てにして点ずる。針四分、留めること七呼、或は三呼。卒中風の邪気、憑き物、目眩、瘻気を治す。禁灸*。〔鍼灸重宝記綱目〕

田夫／田麩【でんぶ】〈農人〉〔万物絵本大全調法記・上〕に「農人《のうにん》農夫《のうふ》田夫《でんぶ》」。

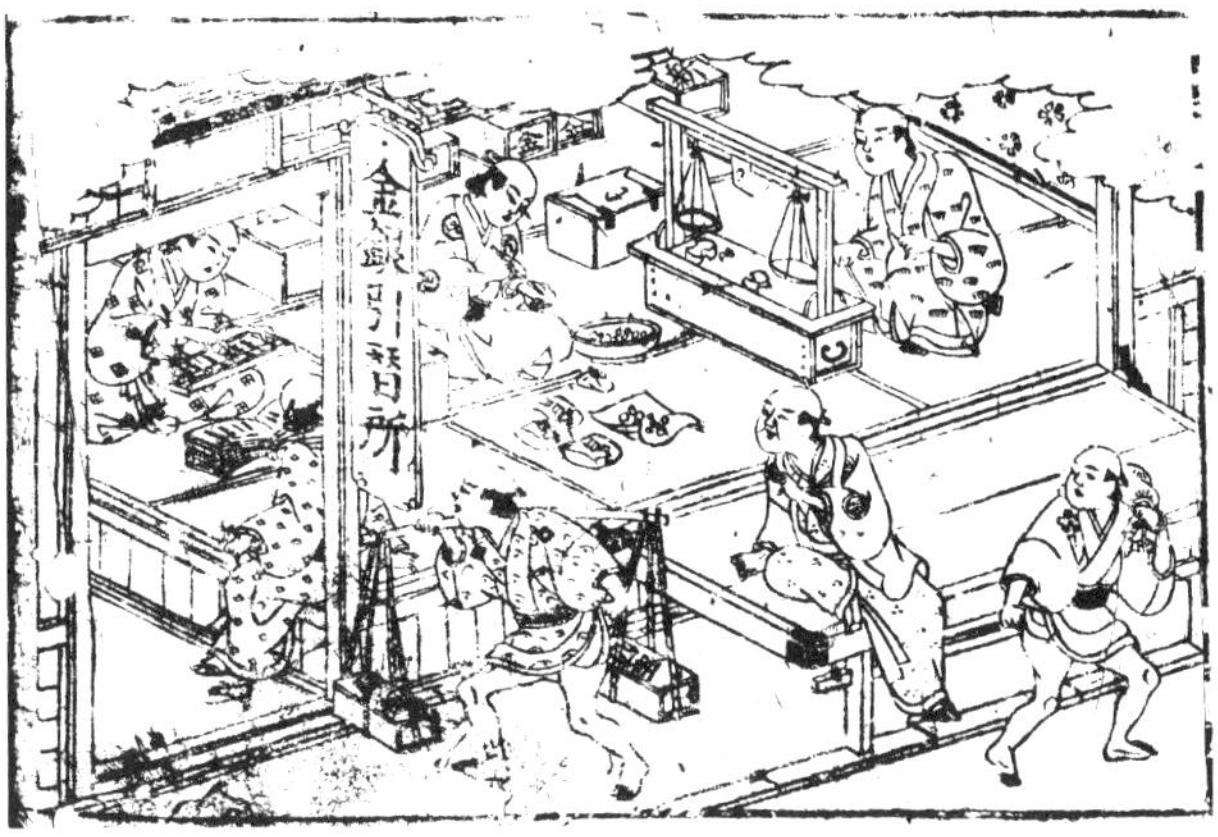

「金銀引替所」（古今増補算法重宝記改成）

「天秤」（万物絵本大全調法記）

図355 「天秤」

〈料理〉〔料理調法集・田夫類之部〕に田夫は、鰑を薄く剝《へ》ぎ繊《せん》にして、酒溜りでぱらぱらと煮上げ、煎り掛け、塩を振るとよい。〇「種類」には松が枝田夫*梅が枝田夫*煮豆*都春錦*鯛皮*梅が香*梅が香梅仕様*梅ひしほ*紋沙羅沙*鱲子ひしほ*が出る

癜風【でんふう】「なまず（癜）の事」ヲ見ル

天福日【てんぷくにち】日取吉凶。〔童女重宝記〕に天福日《てんぷくにち》は天より福の来る日である。正月は未の日。二月は申の日。三月は丑の日。四月は戌の日。五月は亥の日。六月は子の日。七月は卯の日。八月は寅の日。九月は卯の日。十月は辰の日。十一月は巳の日。十二月は午の日。〔重宝記永代鏡〕には天より福を下す日で、種蒔きによい日とある。正・五・九月は寅の日。二・六・十月は亥の日。三・七・十一月は申の日。四・八・十二月は巳の日。

天父日【てんぷにち】生れ日吉凶。〔大増補万代重宝記〕に天父日《てんぷにち》に生れる人は長命である。若い間は苦労が多いが、年寄る程金銀財宝が集り、栄華がある。慈悲心深く、善根をすれば悪事災難を逃れ、子孫は繁盛する。神仏をよく信心するとよい。三日。九日。十五日。二十一日。二十七日。「天母日《てんぼにち》」参照

天麩羅【てんぷら】〔医術調法記幷料理書〕に天麩羅は、鯛の切身を油揚にして、具と炊き込む。

でんぼ【でんぼ】〔女用智恵鑑宝織〕に、「京に腫《はれ》もの、大坂 てんぼ（濁点ナシ）」とある。見出しは濁点をつけた。

転胞の牛【てんぼうのうし】〔牛療治調法記〕に転胞の牛は、子を孕み小便の通じないのをいう。脾胃の破れで、起臥は安からず水草を食し難く小便の通じないもので、滑石散*を用いる。

転法輪三条【てんぽうりんさんじょう】〔男重宝記・一〕に転法輪三条は、七清花*の一。花族《くわしよく》の君達《きんだち》ともいい、藤氏《ふじうじ》である。家領四百六十九石。

擲撲筋断骨折を治す方【てんぼくきんだんこっせつをじすほう】〔骨継療治重宝記・下〕に擲撲筋断骨折を治す方に二方があり、いずれも神効がある。①粟米（半升）、木鼈子（二十個）、半夏（半両）、婦人髪（一団）、葱白鬚（一小束）。以上を同じく炒り煙が尽きて性《しょう》を残し、末（粉）にし熱酢に調えて縛る。②糯米（一升）、皂角（切砕き半升）、銅銭（百箇）。以上を同じく炒り半ば焦がし黒くなる時銅銭を去り末（粉）とし、好酒で膏を調え厚紙に伸ばし患部に貼りつける。

擲撲傷骨折及び血黯を治す方【てんぼくしょうこっせつおよびけつあんをじすほう】〔骨継療治重宝記・下〕に擲撲傷骨折及び血黯を治す方に二方がある。①益元散（七分）を用い人参湯で調え、次に薑汁、好い酢二盞を用い、肥皂（四箇）を敲き砕き揉み、薑汁を酢中で調え交ぜ、綿で濾し渣を去り、煎じて膏薬とする。身内にもよい。②柑橘葉と白酒の糟を搗き細かにし、痛部を縛る。或は全身の痛むのには火で地を焼いて赤くし、酢幷に米泔《しろみず》*を地の上に注ぎ、急に菰を敷いて患者を臥せて蒸し、汗を出させる。内には薬を服し、外には薬をつけて罨うと治しやすい。

擲撲傷損の方【てんぼくしょうそんのほう】〔骨継療治重宝記・下〕に擲撲傷損の方は、松節を酒に煎じて飲むとよい。擲撲重く傷れるには、生薑の自然酒と香油（各四両）を用いて調え、無灰酒を熱して調え、下す。

天母日【てんぼにち】生れ日吉凶。〔大増補万代重宝記〕に天母日《てんぼにち》に生れる人は、富貴の家に生れ、衣食は満ち、財産も富み栄える。憐れみ深く義理を重んじ、大気で金銀を惜しまないので、金銀を貯え難い。もし悋嗇の心があると度々損をし、また患い事がある。慎むとよい。四日。十日。十六日。二十二日。二十八日。「天父日《てんぷにち》」参照

天麻【てんま】〔薬種重宝記・中〕に唐草、「天麻 てんま／をとをとし／とちとち。洗い煨（埋み火で焼く）して刻み、酒に一夜浸し焙る」。〈薬性〉〔医道重宝記〕には辛く温、風虚の眩暈 麻痺を治し、小児の驚癇 拘攣を治す。酒に一夜浸し刻み焙る。

天麻丸【てんまがん】〔小児療治調法記〕に天麻丸は、小児の肝疳 風疳 眼疳を治す。青黛・黄連・天麻・五霊子・川芎・夜明砂・蘆薈（各一分）、竜胆・防風・蟬脱（足を去る）（各一分半）、全蝎焙（二枚）、麝香（少許）を末（粉）し、猪胆汁に糕を浸して丸じ、薄荷湯で用いる。〔丸散重宝記〕は風を消し、痰を化し、頭目を清くし、胸を開き、頭暈《ずうん》、眩暈《げんうん》、肩・背中引き攣り、睡《ねむ》り多く、手足の節痛み、皮膚痒く、或は偏正の頭痛、顔浮き腫れ、頭の重たいのによい。方は、天麻（五分）と川芎（二戔）を末（粉）して蜜で丸じ、茶酒で下す。

天麻散【てんまさん】〈馬療治薬〉〔昼夜重宝記・安永七〕に天麻散は、馬の諸風病を治す。天麻［「昼夜調法記・正徳四」八十匁］・白付子・蔓荊子・半夏（各五匁）、川烏頭（三匁）、麻黄・乾蝎（炒）・烏蛇（酒浸）・硃砂（水飛）（各一匁）を末（粉）とし、毎服三匁、硃砂の末（粉）とともに掻き調え、豆淋酒半盞に調えて用いる。〈牛療治薬〉〔牛療治調法記〕に天麻散は、牛の破傷風*に用いる。天麻・黄檎・川芎・蝎梢・半夏・烏蛇（各一両）、知母（九匁半）、硃砂（少計）を末（粉）とし、毎服一両に、良い酒二升に和して煎じて冷まし灌ぐ。

天満大自在天神【てんまだいじざいてんじん】「北野天満宮の事」ヲ見ル

天満天神【てんまのてんじん】大坂名所。〔東街道中重宝記・七ざい所巡道しるべ〕に天満天神は、村上天皇の詔で斎《いわ》ったといい、絵馬が数多くある。〔年中重宝記〕に、六月二十五日大坂天満天神御祓。九月二十五日（同）流鏑馬。

天魔の時【てんまのとき】天魔は、仏法を害し人の智恵善根を失わせ悪に誘い込む天上の悪魔。〔懐中調宝記・牛村氏写本〕に「天魔の時」は凶で、次がある。甲乙《きのえきのと》の日、辰（八時）の時。丙丁《ひのえひのと》の日午（十二時）の時。戊己《つちのえつちのと》の日子（零時）の時。庚辛《かのえかのと》の日戌（二十時）の時。壬癸《みずのえみずのと》の日酉（十八時）の時。

天麻餅子【てんまべいし】〔改補外科調宝記〕に天麻餅子は、脳漏*の薬とする。草烏頭・川烏頭（共に湯に焙ずる）・天麻・細辛・蒼朮・甘草・薄荷・甘松香・防風・白芷・付子（各三両）、雄黄・全蝎（各一匁）を粉にし、饂飩粉で赤豆《あずき》程に丸じ、毎日二十五粒ずつ藿香の煎じ汁で用いる。久しい症には補中益気湯*六味地黄丸*を用いる。

天満【てんまん】「百会《ひゃくえ》」ニ同ジ

天目の事【てんもくのこと】〈天目置き合せ〉〔昼夜重宝記・安永七〕に茶の湯書は数多いが、初心の為に当流の書伝を改めて記すという。○水指は、中柱と地敷居との間、真中右の縁より、七目 九目 十一目 十三目に置く。但し、水指の大小による。○茶入は、水差の前の腹と茶入の腹と脇より見てすりはらいである。三分一もかける。茶入と水指の間は五目七目である。○茶碗は、茶入と四目に置く。いずれも大小の違いがある。総じての置き合せは、いずれも畳の目と道具の兼ねとを ろくに置き合す。○釣棚が二重あれば上に炭取、下に鐶 羽箒、又は香箱でも 或は茶入でも置き合せ、色々ある。○初の口切の時分は路地 雪隠の戸とも よく湿し、路地へも水をたぶたぶと打つ。数寄屋の窓共に内には障子、外は簾を掛けることもある。茶を立てる時には簾を取る。人数のない侘茶等は中立の時取って置く。中立の水と言って菓子を出す時、また水を打つ。立水と言い また水打するのは、以上三度である。侘びにはこれも心得がいる。

〈天目 建盞 台に据えて出す事〉〔幼童諸礼手引草懐中重宝〕には右手で茶碗を持ち左手で茶台を持って受け取り、右方にちょっと置き、取り上げて飲む。大勢同席の時は茶台へ左手を添えて茶碗ばかりを取り右脇に置き、それより取り上げて飲む。通いの人は茶碗を取ったらすぐに立って引く。

〈天目名物伝来〉〔不断重宝記大全〕に「茶湯名物御持来之記」として白天目 灰被《はいかずき》等は、尾張殿。たいひさん 紀伊殿。窯変は松平右衛門佐 毛利甲斐守。せきやう にしは奈良しせう坊等が出る。

天目百合【てんもくゆり】草花作り様。天目百合の花色は深紅色。四月に花が空向きに、蓮華のように咲くので天目百合という。土は赤土、肥しはこの土に馬糞を干して粉にし交ぜ合せて根廻りへ散らす。分植は春 秋、又は六月土用中がよい。〔昼夜重宝記・安永七〕

天門【てんもん】〔男女重法日用明鑑万々雑書三世相大全〕に「五性と生れ月で吉凶を知る事」*に、天門の人は富貴で心豊か、利根発明、学問の志もあり、下ツ方の人は背が高く命が長い。女人は心忙しく、幼少からあちらこちら流浪することがある。利根な夫を持ち、その家の名は高くなる。老女が家の内へ来て富貴繁昌する。天道を信心するとよい。「鬼門の事」参照

天門冬【てんもんどう】〔薬種重宝記・中〕に和草、「天門冬（てん）もん（とう）／すべるぐさ。洗い 心《しん》を去り蒸し、日に干し焙る。或は酒に浸す」。〈薬性〉〔医道重宝記〕には甘く寒、燥《かわ》くを潤し、肺を保ち、喘を定め、嗽を止め、燥火の痰を治し、肺痿、肺癰を治す。湯に浸し、所々にある皮を去り、二ツに引き割き、心を去り、日に干して刻む。鉄を忌む。

天文博士【てんもんはかせ】〔万民調宝記〕に天文博士は中務省*に属し、天文の景色を窺い、異のある時は、密かに奏する。

てんや【てんや】片言。〔男重宝記・五〕には「てん屋は貞安《ていあん》なり、大雲院《うんゐん》の事」。

典薬【てんやく】〈典薬寮〉〔万民調宝記〕に典薬寮は、宮内省*に属し 薬の納まる所とある。頭《かみ》一人。諸々の薬物、病を療治する司で、医博士*女医《い》博士*針《しん》博士*侍医*医師*がいる。〈御典薬〉〔万買物調方記〕に「京ニテ御典薬」烏丸中立売下ル 典薬頭盧安法印、同上立売下ル 典薬頭盛方院、同一条下ル 典薬頭施薬院、新在家東洞院西 典薬頭寿徳院、五条柳ばゝ西へ入 北尾法庵法印、新町下立売下 山脇道隆法眼、三条室町東へ入 竹田式部卿法印、烏丸新在家上ル 河村玄東法橋 福井是安法眼、さかい町

四条下 高林正員、新町姉小路 南保元達ら二十人がいる。「江戸ニテ御典薬」本猿楽町 典薬頭半井内匠、同 半井通仙院法印、鷹匠町坂 上智院法印、神田橋外 養安院法印、愛宕下広小路 吉田盛方院法印、ひもの町 安倍長徳院法印、同 山田泰安法眼、同 北村安英法眼、御弓町 余吾古安法眼、同 三雲施薬院、同 半井省安、幸町 井上玄徹ら三十四人がいる。

天雄【てんゆう】〔薬種重宝記・中〕に唐草、「天雄（てん）おう／をうのすゝりく。付子の頭長くして、三四寸なる物也。製は付子と同じ（熱灰に煨め臍を去り刻む。或は便製する）」とある。

天牖【てんよう】〈禁灸の穴*〉天牖《てんよう》は二穴。天牖は両耳の後ろ、骨の下のはずれにある。〈経絡要穴 頭面部〉には、二穴、風池の後へ、項《うなじ》の竪の髪の生え際瘂門*の両傍、針灸ともに禁穴。〔鍼灸日用重宝記・二〕

臀癰【でんよう】〔改補外科調宝記〕に臀癰は足の腓《こむら》に出るとし、右の方へ出るのを癰、左の方へ出るのを座馬癰という。臀癰は大腸 膀胱経に生ずる陰虚 湿熱の症である。多血少気というが血の来るのは稀である。初発に膿のないのは腫物の上に大蒜《にんにく》を敷いて灸をし、次に葱の白根を搗き爛らかし 火で蒸し 腫物の上を熨し、冷えたら取り替える。膿が熟し破れないのは針で口を開く。膏薬は太乙膏* 鶏蓮膏*を付ける。膿む時には内托羗活湯* 人参敗毒散*等を用いる。痛みが強い時は活命飲*、腫れが硬く痛むのには托裏消毒散*、内傷 房事の症で腫物が左右に出大小便の通じないのには八物湯*に黄芪・車前子・牛膝・小茴香等を加える。○二十歳位の男に出て痛みが甚だしいのには、乳香・没薬・薫陸を粉にして、黒砂糖を煎じて内に入れて蒸すと次第に止む。チャン膏（＝白玉万能膏*）を卵の黄身・乳香を粉にして板の上でよく押し合わして付け、針を刺し膿が出て皮肉を生じ、膏薬を付けて癒える。○五十余の男で初めは常の腫物のようで次第に大きく腫れ 五十日余で色赤く痛みが強いのは、針を刺して膿を抜き、又その後口を二ツ開き、薄い血が出て止まらないのには白膏薬を下に付け、上にチャン膏を付けて早く膿ませ、針を刺し薬を付けると全く癒える。

天竜丸【てんりゅうがん】〔懐中重宝記・弘化五〕の刊行者岡村庄助が、天竜丸の広告をしている。小児が生れてから常に用いて脾胃を健やかにし、熱を解し、よく胎毒を下し、疱瘡 麻疹《はしか》を軽くし、五疳* 驚風 虫気の根を切り、弱い生れ付きの小児が常に用いて健やかになるのは神のようで、誠に小児最上の妙薬である。「大人／小児 天龍丸 ○五粒入百文。○十一粒入二百文。○二十五粒入 四百文。○五十五粒入 七匁五分」。

天竜寺【てんりゅうじ】京名所。〔東街道中重宝記・七ざい所巡道しるべ〕に天竜寺は禅宗五山*の一である。天竜寺の上の山は亀の尾山、法界門の辺に歌つめ橋がある。寺の前に流れる小溝をせり川といい、名所である。〔年中重宝記・三〕七月七日は、天竜寺虫払い。

天窌【てんりょう】〈経絡要穴 肩部〉二穴。肩の缺盆の中 肩井の前の上頸の根際を押すと 頸の方より指の形をした骨の外れ陥みの上にある。『銅人』に針八分、灸三壮。この穴は缺盆の陥みの上 肉の高い処である。誤って陥みの処に針すると五臓の気を破り頓死する。胸の中 煩れ悶え、肩肘痺れ痛み、頸項《うなじ》急に寒熱するのを治す。〔鍼灸日用重宝記・二〕

天老日【てんろうにち】「隠居の事」〈隠居する吉凶日〉ヲ見ル

天牢日【てんろうにち】日取吉凶。〔重宝記永代鏡〕に天牢神は帝釈の右の方に居る神官であるため、この日奉公人を定め、諸役を命ずるのに吉日とする。天牢日は、正月は巳の日。二月は午の日。三・六・十月は寅の日。四月は亥の日。五月は辰の日。七・十一・十二月は卯の日。八月は未の日。九月は酉の日。

点を打つ【てんをうつ】書道。〔重宝記・宝永元序刊〕に「点を打つ」には、筆の先を巻き 腰を打ちつくるようにして、また毛先でひっ取って撥ねるとよいとある。

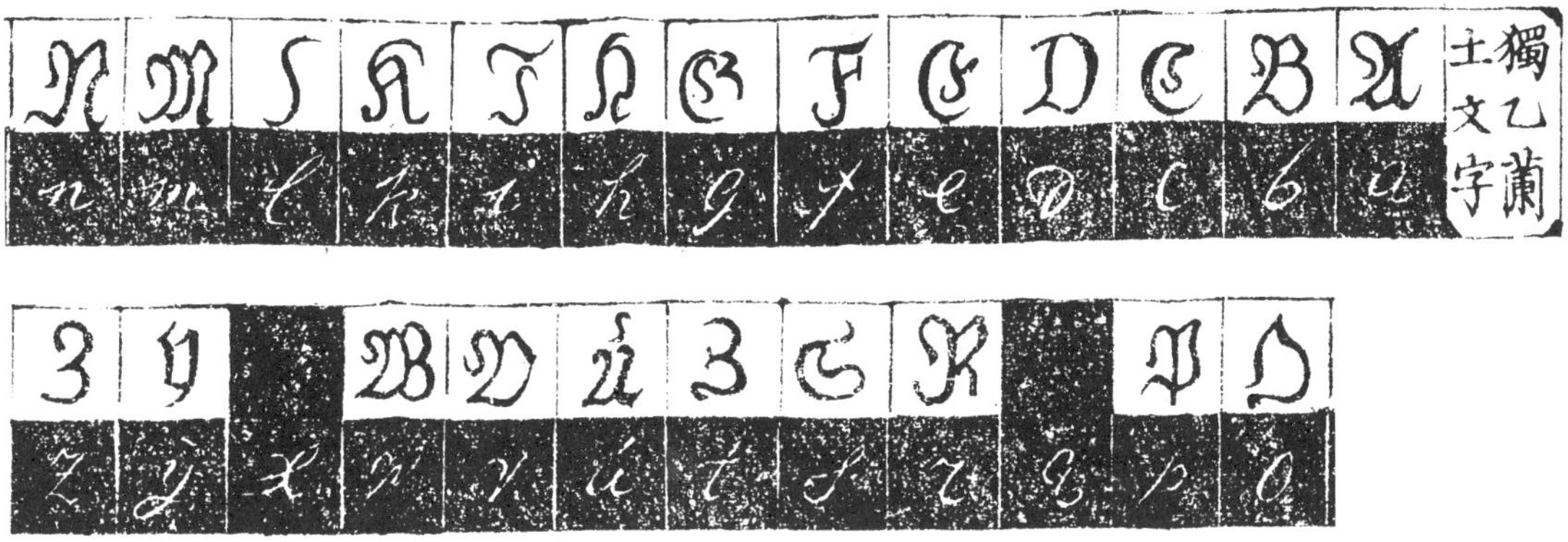

図356　「ドイツ文字」（蘭学重宝記）

度【ど】〔古今増補算法重宝記改正・下〕に度は、長短を知ることである。〔童蒙単語字尽重宝記〕に「度」に丈*（十尺）、尺*（十寸）、寸*（十分）、分*（十釐）、釐*毫*絲*忽*匹*等とある。

怒【ど】七情*の一。〔女文翰重宝記〕に怒ること、人が腹を立てる時は、顔恐ろしく気味が悪い。女の嫉妬のありさまは、黒髪も乱れ、美しい顔も気色が変わり、ついには夫にも見限られる。西明寺入道殿の狂歌に「人の女《め》のあまり悋気のおはりこそ二人の恥をあらはしにけり」がある。〔永代調法記宝庫・二〕には百病は皆気より起るとし、怒る時は気が逆《のぼ》り、甚だしい時は肝臓を破る。

戸明け水【とあけみず】「はすい（破水）」ヲ見ル

問難み【といがたみ】大和詞。「とひがたみとは、とひがたしと云う心」である。〔不断重宝記大全〕

砥石【といし】砥石は刃物や石材等を研ぎ、また磨く石。〔万物絵本大全調法記・上〕に、○「礪れい／と／あらと。また青砥あをと」。一番研ぎ荒研ぎに用いる砥石。○「砥し／と／あはせど」。石質密で仕上げに用いる砥石。

ドイツ文字【どいつもじ】〔蘭学重宝記〕には図版のようにある（図356）。

豆【とう】「かてのたんい（糧の単位）」ヲ見ル

螣【とう】「さねもりむし（実盛虫）」ヲ見ル

鬪【とう】〔新撰咒咀調法記大全〕「九字の大事」*の一「鬪」。外《げ》獅子印。*持国天王。

動【どう】十四の鍼法*の一。気の行《めぐ》らないのに、針を伸べ提《ひっさ》げして動かし、気をめぐらす。〔鍼灸重宝記綱目〕

驧【どう】馬子通辞。*〔武家重宝記・五〕に「驧《どう》」と言うと、馬が留まる。

銅鉄地金【どうてつじがね】「銅鉄地金」の売り店は、神田塗師町紀伊国屋正三郎、同岩井町 銅屋嘉七らがいる。〔江戸流行買物重宝記・肇輯〕

東夷【とうい】〔万物絵本大全調法記・上〕に「東夷 とうい／ひがしのゑびす」。「中国」参照

どういうもんだ／広徳寺の門だ【どういうもんだ／こうとくじのもんだ】〈平生ソレよく言う言語〉「どういうもんだ」の問に「こういうもんだ」と答える所を、「広徳寺の門だ」と言いはぐらした洒落。広徳寺は下谷車坂町にあり加賀前田侯百万石の旦那寺であるが、門前は私娼窟である。〔小野𥶡譃字尽〕

唐一行禅師旅立日取【とういっこうぜんじたびたちひどり】 一行は唐代の高僧で、玄宗皇帝の信頼を得た。天門暦算に詳しく、多くの仏書を記した。〔文政新刻金神方位重宝記〕に次がある（図357）。〈正・四・七・十月〉次の通り。○朔・七・十三・十九・二十五日は、万事心に叶い、祥門を開く、大吉。○二・八・十四・二十・二十六日は、門を出ない、四方万事大凶。○三・九・十五・二十一・二十七日は、尊い人に仰がれ、万事心に叶う、大吉。○四・十・十六・二十二・二十八日は、千里心に叶い、喜びに逢う、大吉。○五・十一・十七・二十三・二十九日は、万事皆大吉。○六・十二・十八・二十四・三十日は、十方心に叶い、喜びがある、大吉。〈二・五・八・十一月〉次の通り。○朔・九・十七・二十五日は、死絶あり、万事大凶。○二・十・十八・二十六日は、心にある事、万事幸いがあり、大吉。○三・十一・十九・二十七日は、宝を失い、憂いがあり、万事大凶。○四・十二・二十・二十八日は、人に仰がれ、一切心に叶う、大吉。○五・十三・二十一・二十九日は、茶飯口に余り、商売に徳がある、大吉。○六・七・十四・十五・二十二・二十三・三十日は、十里の外へ行ってはならず、災いに逢う、大凶。○八・十六・二十四日は、酒飯の喜びに逢う、商売に利がある、大吉。〈三・六・九・十二月〉次の通り。○朔・九・十七・二十五日は、険難口舌があり、宝を失う、大凶。○二・十・十八・二十六日は、安穏にして驚くことなく、宝を得る、大吉。○三・十一・十九・二十七日は、四方心に叶い、宝を得る、大吉。○四・十二・二十・二十八日は、盗賊に逢い、宝を失う、大凶。○五・十三・二十一・二十九日は、火難弓矢の難に逢い、家に帰らない、大凶。○六・七・十四・十五・二十二・二十三日は、十方の人に仰がれ、酒飯に逢う、大吉。○八・十六・二十四日は、女の口舌があり、遠く行き家に帰らない、大凶。但し、諸書の記述には若干の相違がある。

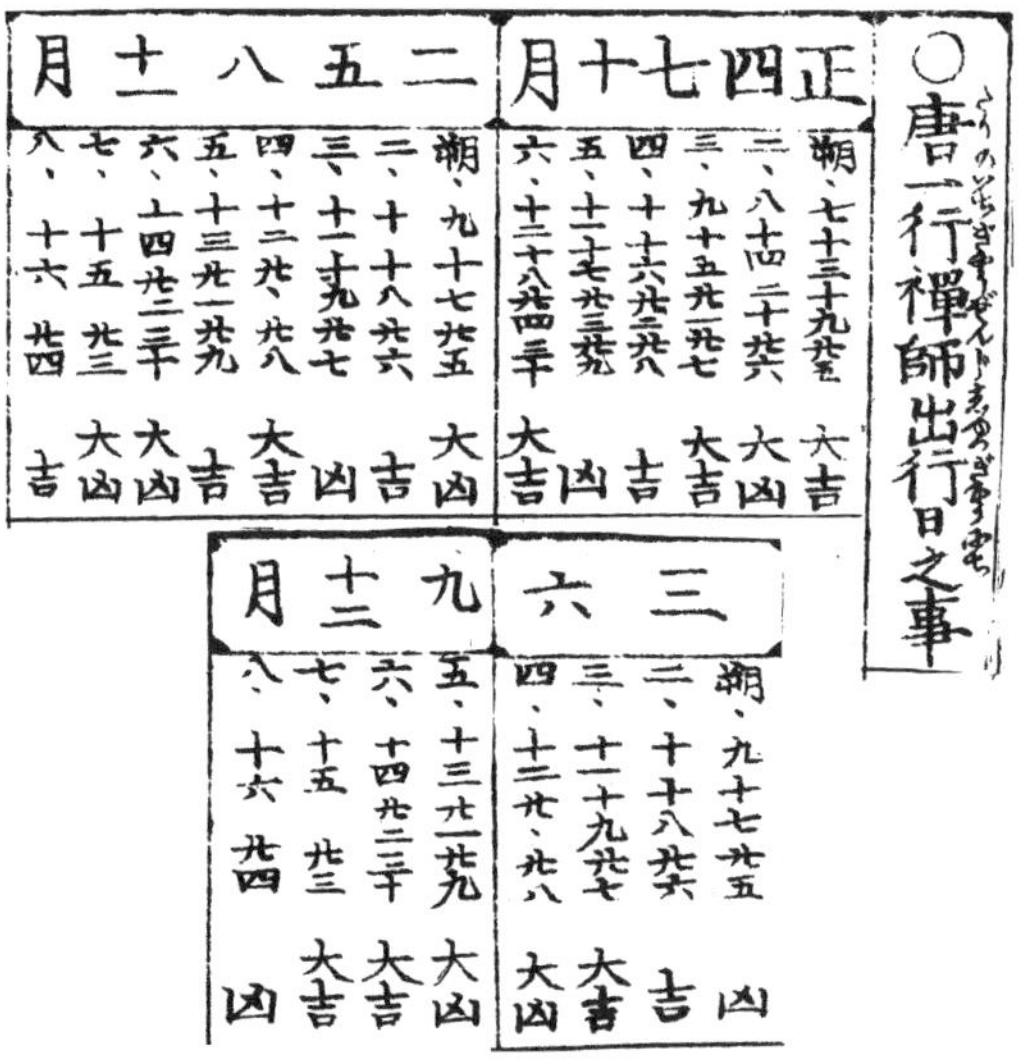

図357「唐一行禅師旅立日取」（懐中重宝記・慶応四）

唐音を知る時【とういんをしるとき】〔男重宝記・五〕に「唐人と物語仕様の事」として次がある。唐音は常にも多く、看経《かんきん》看房《かんぼう》段子《どんす》等である。唐音は次の二首の歌で知る。①「一は五に四は二に通ひ五は三に二三の時は本座返しぞ」とある。「一は五」とはア（一）イウエヲ（五）、和

アンはヲン唐。「四は二」とはカキ（二）クケ（四）コ、和ケンはキン唐。「五は三」とはサシス（三）セソ（五）、和ソンはスン唐。「二三の本座」とはタチ（二）ツ（三）テト、和チンはチン唐・和ツンはツン唐。②「引くは撥ね撥ぬるは撥ぬる入声《にっしゃう》の足を切り捨て三字中略」。東（とう／ツン。「とう」と引くは「ツン」と撥ねる）。珍（ちん／チン。「ちん」と撥ぬるは「チン」撥ぬる）。格（かく／カ。「かく」「たつ」等詰るのが入声、「か」「つ」の下の字を捨てて言うのを足切るという）。玉（ぎょく／キク。「きょく」の三字中の「よ」を略して「きく」）。

冬瓜【とうが】「かもうり（冬瓜）の事」ヲ見ル

東海道【とうかいどう】〈国名〉〔重宝記永代鏡〕に伊賀*伊勢*志摩*尾張*三河*遠江*駿河*甲斐*伊豆*相模*武蔵*安房*上総*下総*常陸*の十五ヶ国をいう。〈行程〉例えば〔家内重宝記・元禄二〕には京より江戸日本橋迄五十三宿を掲げる。京〈三里。本駄賃百十六メ。軽尻六十メ。人足三十七メ。以下、この順〉大津〈三里半六丁。百十四メ。五十五メ。三十七メ〉草津〈二里半十四丁。九十三メ。四十六メ。三十一メ〉石部〈三里半六丁。百メ。四十八メ。三十八メ〉水口〈二里半八丁。八十四メ。四十二メ。二十八メ〉土山〈二里半。百十六メ。五十六メ。三十八メ〉坂下〈一里二十八丁。七十メ。三十五メ。二十四メ〉関地蔵〈一里半。四十七メ。三十九メ。十九メ〉亀山〈二里。五十九メ。三十メ。二十メ〉庄野〈二十三丁。二十三メ。十二メ。八メ〉薬師〈二里半八丁。八十四メ。四十二メ。二十八メ〉四日市〈三里八丁。百四メ。五十メ。三十四メ〉桑名〈七里舟渡*〉宮〈一里半十二丁。四十七メ。二十四メ。十六メ〉鳴海〈二里半十三丁。八十四メ。四十二メ。二十八メ〉池鯉鮒〈三里四丁。百二十メ。五十八メ。三十九メ〉岡崎〈一里半九丁。五十三メ。二十七メ。十八メ〉藤川〈二里九丁。七十メ。三十五メ。二十四メ〉赤坂〈十六丁。十六メ。八メ。六メ〉呉由〈二里半九丁。七十八メ。三十九メ。二十六メ〉吉田〈一里半四丁。五十メ。二十五メ。十八メ〉ふた川〈二里十二丁。六十二メ。三十一メ。二十一メ〉白すか〈一里十丁。四十メ。二十メ。十二メ〉荒井〈前坂へ二十三丁。舟渡し＝一駄荷十六メ。のり下十一メ。一人前六メ〉前坂〈二里半十二丁。八十三メ。四十二メ。二十四メ〉浜松〈三里半。百五十八メ。七十七メ。五十二メ〉見付〈一里半。四十七メ。二十四メ。十六メ〉袋井〈二里半。七十四メ。三十七メ。二十五メ〉掛川〈一里二十九丁。五十六メ。二十八メ。十九メ〉新坂〈二里。東より上りは本駄六十四メ。百二十メ。五十八メ。三十九メ〉金谷〈一里。五十四メ。二十七メ。十八メ。大井川がある〉嶋田〈二里。八十四メ。四十二メ。二十八メ〉藤枝〈一里二十六丁。五十四メ。二十七メ。十九メ〉岡部〈二里九丁。五十五メ。二十八メ。十九メ〉鞠子〈一里半。五十六メ。二十八メ。十九メ〉府中〈二里二十三丁。八十メ。四十メ。二十七メ〉江尻〈一里三丁。三十二メ。十六メ。十一メ〉沖津〈二里。八十八メ。四十四メ。二十九メ〉由井〈一里。三十メ。十五メ。十メ〉神原〈二里二十九丁。百六メ。五十メ。三十三メ〉吉原〈二里十六丁。八十八メ。四十四メ。三十メ〉波良〈一里半。四十六メ。二十三メ。十六メ〉沼津〈一里半。四十六メ。二十三メ。十六メ〉三嶋〈三里三十丁。二百六十七メ。百三十四メ。八十七メ。東より上りは二百八十五メ〉箱根〈四里。三百十六メ。百五十六メ。百六十メ。東より上りは二百九十四メ〉小田原〈四里。百二十六メ。六十一メ。四十一メ〉大磯〈二十六丁。二十三メ。十二メ。八メ〉平塚〈三里十四丁。百十メ。五十三メ。三十六メ〉藤沢〈二里。五十九メ。三十メ。二十メ〉戸塚〈二里九丁。七十一メ。三十六メ。二十四メ〉新町〈一里。三十四メ。十七メ。十二メ〉金川〈二里半。七十六メ。三十八メ。二十六メ〉川崎〈二里半。七十六メ。三十八メ。二十六メ〉品川〈二里。六十四メ。三十二メ。二十二メ〉日本橋である。

〈京より江戸迄の全行程〉合百二十二里半三丁。本駄合四貫四百六メ。軽尻《からじり》合二貫百九十五メ。人足合一貫四百六十三メ。但し、日銭を出す。〔万民調宝記・元禄五〕は京より江戸迄の道法合せ百二十二里半三町。本馬四貫九百八文目出シ。軽尻合二貫二百六十九匁。人足合二貫四百六十匁。〔東街道中重宝記・寛政三〕は日本橋より京迄の道筋と各宿場辺の情況説明がある（宿駅別に掲出）が、本荷合九貫百八十文。軽尻合六貫八文。人足合四貫九百五十二文。

十日夷【とうかえびす】〔年中重宝記・一〕に、正月十日 摂津国今宮夷参、俗にこれを十日夷という。

唐瘡【とうがさ】「ようばいそう（楊梅瘡）」ヲ見ル

桃花散【とうかさん】〔丸散重宝記〕に桃花散は、大便秘結 腹満 水腫によい。桃花（六戔）、大黄（四戔）を散にする。

唐菓子幷樹菓の事【とうがしならびにじゅかのこと】 唐から渡った果実や菓子の類をいう。〔男重宝記・四〕には「唐菓子の類幷ニ樹果」として十五種の果物の名がある。龍眼肉《れうがんにく》。無花果《いちぢく》。枳椇《けんほのなし》。荔枝《れいし》。海松子《からまつのみ》。巴旦杏《あめんたう》。榲《まる》桲《めろ》。枸櫞《ぶしゅかん》。唐胡桃《たうくるみ》。阿月渾子《ふすたしう》。雪梨餻《せつりかう》。切沙糖。天門冬漬。蜜漬類。南蛮菓子。〈唐菓子屋〉〔江戸町中喰物重宝記〕には江戸赤坂表伝馬町一丁目小池敦充製として「唐菓子品々」に巻煎餅、梅枝でんぶ、さらさ梅、甘露梅、浪の花、つくた土産がある。

湯火傷【とうかしょう】「やけど（火傷）の事」ヲ見ル

桃花縮緬【とうかちりめん】〔絹布重宝記〕に桃花縮緬は、薄羽織地で生《き》縮緬、京より織り出す。色は煤竹、飛び色で、他の色は見あたらない。

踏歌の節会【とうかのせちえ】〔年中重宝記・一〕に正月十六日に、昔 京中の男女の声よく歌う者を召して、年始の祝詞を作り、舞を舞わせたので踏歌という。「あらればしりの豊明《とよのあかり》」ともいう。

筒が弱い【どうがよわい】 双六より出た言葉。〔男重宝記・三〕に「筒《どう》が弱い」とは、性根がすわらぬ意である。筒は双六で、賽《さい》を入れて振り出す竹の筒である。

番椒【とうがらし】〔万物絵本大全調法記・下〕に「番椒 ばんせう／たうがらし」。〈薬性〉〔医道重宝記〕に番椒《とうがらし》は温で毒があり、疝気を治し 虫を殺す、多食してはならない。〔女重宝記・二〕に番椒を食うと顔に物ができる。〔里俗節用重宝記・上〕に西瓜の毒を消す。〈種蒔〉〔農家調宝記・初編〕は二月 彼岸中、大根 茄子 番椒等の種を蒔く。〔女用智恵鑑宝織〕に「京に高麗胡椒、大坂 とうがらし」という。「胡椒」「黒胡椒」「白胡椒《しろごしょう》」参照

盗汗【とうかん】「汗の事」「寝汗」ヲ見ル

等閑【とうかん】 片言。〔男重宝記・四〕に「等閑《とうかん》とは なをざりと読む。なげやりにする事也。世に人と懇《ねんごろ》にする事を等閑《たうかん》するといふは大なる誤り也。等閑なくする」と言うべきである。〔世話重宝記・一〕は「等閑」は疎略にすることで、「等閑のうする」というのがよい。

当帰【とうき】〔薬種重宝記・上〕に和・唐草、「当帰 たうき／やまぜり」。一斤は百八十目である。〈薬性〉〔医道重宝記〕に当帰《たうき》は辛く温、心を補い 血を生じ 瘀を去り 新血を生じ 中を温め 腸を潤す。土気を洗い 蘆頭を去り刻み焙る。

銅器 鑄物【どうき いもの】〔江戸流行買物重宝記・肇輯〕に「銅器 鑄物」の売り店は、神田鍛冶町二丁目 西村和泉、同鍋町 粉川市正がある。

唐菊餅【とうきくもち】 菓子名。唐菊餅《とうきくもち》、上ながし物、中山の芋、下しめし物。〔男重宝記・四〕

当帰散【とうきさん】〔小児療治調法記〕に当帰散は、①胎寒*の薬とする。当帰・肉桂・白姜蚕（炮）・香付子・木香・甘草（各等分）を末（粉）にして一度に一字（二分五厘）ずつ乳汁に調え一日に三度ずつ与える。②小児

の腹痛み、夜泣き、顋《おどり》の陥むのを治す。炙甘草・桔梗・陳皮・当帰（各等分）を水で煎ずる。〔薬家秘伝妙方調法記〕に当帰散は、膿が出ても出ない先でも痛むのを治す。当帰・木香・黄芪・栝楼根・黄蓮（各二匁）を煎じて用いる。

〈牛療治薬〉〔牛療治調法記〕に当帰散は、芍薬・没薬・茱萸・牛膝・芭戟・甘草・地骨皮・秦膠・蓬羅戍を末（粉）し、毎服一両に、紅花湯で下す。流行《はやり》瘟病《やくびょう》*の薬である。

透肌散【とうきさん】〔医道重宝記〕に透肌散は、気弱く痘《いも》（「痘瘡の事」参照）が出尽くさないのを治す。熱邪を大小便より利する方である。熱のないもの、大小便の下るものに用いてはならない。紫草（二匁）、木通（一匁半）、芍薬・人参・蟬蛻・升麻・甘草（各五分）を煎ずる。〔小児療治調法記〕に、①小児腹痛み、夜泣き、顋陥《おどりくぼ》むのを治す。炙甘草・桔梗・陳皮・当帰（各等分）を水で煎ずる。②痘が出て（出瘡《でそろう》*）外実する人、皮膚厚く肉腠密で毒気の泄れ難いのに用いる。紫草茸・緑升麻・甘草（各一匁）、粳米（五十粒）を水で煎ずる。症状により加減の方もある。

冬葵子【とうきし】〔薬種重宝記・上〕に和草、「冬葵子　とうきし／こあふひ。少し焙る」。

当帰地黄湯【とうきじおうとう】〔医道療治重宝記〕に当帰地黄湯は、盗汗気血の両虚に属するものを治す。当帰・熟《じゅく》地黄・生地黄・芍薬・白朮・茯苓・黄芪・木香（各一両）・黄栢・知母・陳皮（各八分）・人参（五分）・甘草（三分）に棗・浮麦を入れ、煎じて服する。症状により加減がある。

当帰順血散【とうきじゅんけつさん】〔昼夜調法記・正徳四〕に当帰順血散は、産前産後の諸病に加減して用いる。川芎（五分）、人参・沈香（各二分）、白朮（一分）、甘草（五厘）、当帰・芍薬（一匁）に生姜を入れ、水で煎じる。加減の例は、子が腹中で死んだのには牡丹皮を加える。産前に小便の通じないのには沢瀉・猪苓を加える、等々。

当帰導滞散【とうきどうたいさん】〔骨継療治重宝記・下〕に当帰導滞散は、打撲損傷 馬車より落ち瘀血があり大便通ぜず、紅く腫れ 青黒く 疼痛し悶え 畜血が内に塞がり、死にそうなのを治す。大黄（一両）、当帰（二銭半）、麝香（少許）。麝香を除いて別に研《けず》り 極細末（粉）とし 麝香を入れて調え、毎服三銭、熱酒一銭を調えて下す。もし前内瘀血去り、或は骨節傷《やぶ》れ折れ 疼痛し耐え難いのは定痛接骨紫金丹*で治す。

当帰粘痛湯【とうきねんつうとう】〔医道重宝記〕に当帰粘痛湯は、湿熱の脚気で手足の節骨《ふしほね》 煩《いき》れ痛み、肩や背中重く、総身痛み、脛赤く腫れ、或は瘡を生ずるのを治す。羌活・当帰・猪苓・知母・白朮・沢瀉（各六分）、人参・苦参・升麻・葛根・防風・蒼朮（各四分）、茵陳・黄芩（各五分）、甘草（三分）を煎ずる。

当帰補血湯【とうきほけつとう】〔骨継療治重宝記・下〕に当帰補血湯は、金刃傷 磕傷 打撲 皮肉傷損 出血過多を治し、止め、兼ねて補す。皮肉を損じないものは瘀血を停積して治す。当帰・川芎・白芍薬・熟苄・防風・連翹・羌活・独活・乳香・没薬・白芷・続断・杜仲に、生地黄を煎じ童便を入れて調え服する。酒は用いない。気虚には人参・白朮・黄芪を加える。血を補うには参芪を用いて第一とする。

当帰養血湯【とうきようけつとう】〔医道療治重宝記〕に当帰養血湯は、年老の人が陰血枯槁し、痰大気結し升って下らず、飲食の下らないものを治す。これは膈噎《かくいつ》*となる。当帰・芍薬・熟地黄・茯苓（各一匁）、貝母・瓜蔞・枳実・陳皮・香付子・川芎・紫蘇子（各七分）、黄蓮（黒焼八分）、沈香（五分）に姜と棗を入れ水で煎じ、竹瀝*で沈香を磨し調えて用いる。症状により加減がある。

唐桐【とうきり】〔享保四年大雑書・草木植替重宝記〕に唐桐の指し芽と植え替えは、三月がよい。十月より内に入れたのを十八夜を過ぎて出し、植え替えてよい。肥しは水藻がよい。〈紋様〉〔紋絵重宝記・下〕に、唐

桐の葉と花三ツ（乱れ桐風）の意匠がある。

当帰六黄湯【とうきりくおうとう】〔医道重宝記〕に当帰六黄湯は、陰虚して盗汗《ねあせ》するのを治す。苦寒の薬は胃虚にはよくない。火が実し気の強いのに用いる。当帰・黄芪（各一匁）、黄栢・生地黄・熟地黄・黄芩・黄連（各七分）を煎じて用いる。〔小児療治調法記〕は麻疹発熱の時、総身汗の出るのは当帰六黄湯に浮小麦を用いて汗を止め、鼻血が出て止まらないのは茅花湯*に玄参・百草の霜を加えて用いる。当帰六黄湯の方は当帰・黄芪・黄芩・黄連・黄栢・生地黄・熟地黄（各等分）を水で煎じる。

当帰龍薈丸【とうきりゅうかいがん】〔丸散重宝記〕に当帰龍薈《とうきりゅうかい》丸は、左金丸*の治症、即ち肝火が盛り好んで怒り、胸痛み、咳嗽上気、泄瀉、眩暈は等。更に『方考』を引き、風熱蓄癪が時に起り、驚悸筋引き攣り、咽が塞がり通らず、腸胃が渇き大便秘結するのによい。当帰・竜胆・山梔子・黄連・黄栢・黄芩（各一戔）、木香・麝香・大黄酒浸・青黛・蘆薈（各五匁）を蜜で丸ずる。

当帰連翹湯【とうきれんぎょうとう】〔小児療治調法記〕に当帰連翹湯は、重舌*幷に唇の両方の傍に瘡を生ずるのを治す。当帰尾・連翹・白芷（各三匁）、大黄（煨す）・炙甘草（各一匁）を水で煎じ、食後に頻りに呑ませる。

頭巾【ときん】片言。〔世話重宝記・一〕に「頭巾《ずきん》を、ときん」という。

当今【とうぎん】「天子の事」ニ同ジ

春宮【とうぐう】東宮とも書く。〔男重宝記・一〕に春宮《とうぐう》は、皇子の内で御世を継がれる方をいう。太子とも儲君ともいう。御所を坊という。「親王」参照

東宮傅【とうぐうふ】〔万民調宝記〕に東宮傅は宮内省*に属し、東宮*（皇太子）を守り奉る司である。学士二人、東宮の御師範である。東宮大夫がいる。

道戯【どうけ】〔人倫重宝記・四〕に、おかしいことを言って狂言するのを唐土では俳優《はいゆう》といい、日本では道戯《どうけ》という。戯《たわむれ》を道《い》うという義であろう。

刀圭【とうけい】合薬秤量。〔医道重宝記〕に一刀圭は、方寸匕《ほうすんひ》*の十分の一である。

どうけいん【どうけいん】片言。〔不断重宝記大全〕に「どうけゐんは、曇華《どんげ》院」。〔世話重宝記・二〕には「曇華院《どんけゐん》を、どうけゐん」という。

唐犬【とうけん】〔万物絵本大全調法記・下〕に「獒犬 がうけん／おほいぬ。唐犬《たうけん》也」。

刀剣 脇差【とうけん わきざし】〔江戸流行買物重宝記・肇輯〕に「刀剣 脇差」の店は、京橋銀座一丁目 網屋惣兵衛、芝口二丁目 村田治兵衛、本石町四丁メ 足立屋卯右衛門、金吹町 中田屋留次郎、池端仲町 山田屋七蔵、東坂田町二丁メ 伊藤金十郎ら十二軒がある。

倒懸救器【とうけんくき】〔年中重宝記・三〕に倒懸救器は梵語、盂蘭盆*の訳語。倒懸《とうけん》は逆様に懸くる意で、逆様に吊るされる餓鬼の苦しみ。救器《くき》はこの餓鬼の苦しみを救う器物。仏弟子の目連は、初めて六通*を得て母の在所を見ると、餓鬼の中にいたのを悲しみ、釈尊にこの苦しみを救う法を尋ねると、七月十五日に自恣の僧を供養すれば解脱すると説いた。

俵子【とうご】〔女用智恵鑑宝織〕に、「京に海鼠《なまこ》、大坂 俵子《とうご》」、「ひょうし」ともいう。

陶工【とうこう】〔万物絵本大全調法記・下〕に「陶家 たうか／すへものづくり。陶人 たうじん。陶工 たうこう。陶者 たうしや。甄者 しんしや。並同」。

当合【とうごう】〔日用調法人家必用〕に、一坪の出来粉を、当合《たうがふ》と言う。「当り合見様《ごうみよう》」参照

道号【どうごう】「戒名」ヲ見ル

痘後の余症薬方【とうごのよしょうやくほう】〔小児療治調法記〕に「還元《げんげん》 付余毒痘後の余症」に次の薬方がある。八物湯* 十全《じつぜん》大補湯* 牛房子飲* 五福化毒湯丹*（飲）五香連翹湯* 十六味流気飲* 黄連解毒湯* 小承気湯* 黄連阿膠丸* 駐

車丸* 吹雲散《すいうん》* 化毒散《けどく》* 決明散* 撥雲散* 退翳散《たいえい》* 蟬菊散* 涼肝明目散* 望月砂散* 麦門冬飲* 清金散* 射干湯《やかん》* 犀角黄連湯* 走馬《そうば》牙疳の薬* 清風散*。

唐独楽【とうごま】〔万物絵本大全調法記・上〕に、「空鐘 くうしよう／たうごま」。

東西東西の事【とうざいとうざいのこと】〔世話重宝記・一〕に、東西々々と言って騒動を静める事がある。東西南北静まれということを、南北を略して東西と言うか。一年を春秋といい、夏冬を略し込めて、東西というようなものである。但し、日は東に出て生《しょう》にとり、極楽世界は西方にあって死にとる。古より、戦争《たたかいあらそう》事は南北といい、東西と言うことは稀である。今、相撲 物見の場の騒動を下知する時、東西々々と言い、南北とは言わない。戦争の方を避けるのは自然の理である。又『鶴林玉露』に仙道を言う者は蓬萊といい東であり、仏を言う者は天竺といい西であり、よって東西の詞が出たという。

東西もと暗し【とうざいもとくらし】「とうだいもとくらし（灯台下暗し）」を、東西もとくらし」と駄洒落る。〔小野篁譃字尽・かまど詞大概〕

当座煎海鼠【とうざいりこ】〔世界万宝調法記・下〕に、生海鼠《なまこ》の腸《わた》が有るのも抜いたのも取り交ぜて、鍋に一寸程摺り糠を敷き、その上へ生海鼠を置き、又その上に二寸程糠を敷き、水を入れずによく煮る。取り出して腸を抜き、どのようにも料理に使う。

東作業【とうさくぎょう】〔田畑重宝記・上〕に東作業《とうさくぎょう》とは、稲や諸作 草木ともに、春に東南より陽《よう》を請けて生長し、東から青みの来ることをいう。春は東より青みが来ることからいうのである。

当座鮨【とうざずし】〔料理調法集・鮨之部〕に当座鮨は、魚は小々鯛 鱚《きす》 細魚《さより》 鰺 鯖 鮑 玉珧《たいらぎ》 海松食《みるくい》 赤貝 川海老 蛸の類二三種を取り合せ、投作《なげづくり》（＝薄作りの刺身）短冊様にして、酢に塩と酒を少し加えて漬けて置く。和らかに炊いた飯にも塩を少し辛目にして一遍敷き、魚を並べ、又飯を置く。これに魚を漬けて置いた汁を露のように打って段々に幾通りにも漬ける。菜類の内 茗荷の根 生姜 蓼 木茸等 身だけを漬け交ぜる。凡そ十時（二十時間）程でよく、急ぐ時は魚の酢は強く 飯の酢と塩を少し控えて漬けて押しを強くする。二時（四時間）程でよい。〔料理重法記・下〕には酢・酒・塩（各茶碗に一ツ）をよく煮やし冷まして後、何魚でも浸して置く。次に飯をよく洗い酒を掛け、水嚢に入れ酒気を垂らし、塩を入れずに漬ける。〔ちやうほう記〕には醬油・酢（各一合）を合せ、大小に限らず何魚でも常の通りに拵え、桶に並べ押しをして置く。朝漬けて置くと晩にはよい。飯は出す時に押し拉ぎ出す。魚の多少により懸け汁を加減する。「鮨の事」参照

礬水の製法【どうさのせいほう】〔重宝記・礒部家写本〕に礬水《どうさ》（＝紙や絹等に引き、絵の具や墨汁の滲むのを防ぐ）の製法に二法がある。①膠（六匁）、明礬（六分）、水（一升）を入れて煎じる。②明礬（四匁）、膠（二匁）、水（九合）。但し、膠が溶けるまで煮る。

当座醤【とうざひしお】〔料理調法集・調製味噌之部〕に当座醤は、上赤味噌を擂らずに水で洗い味噌漉で漉すと、豆と麴が搖り出すのを水を垂らして置き、次に古味醂酒を煮詰めて、これで暫く煮つけ仕上げに砂糖を加え、甘味をよいほどにする。

当座福多味【とうざふくだめ】〔料理調法集・塩辛仕様〕に当座福多味は、鮑の青腸の砂のない所を擂り 濾し 塩加減を見合せて入れ、古酒を少し加え、玉珧《たいらぎ》を短冊と小賽形に切り塩酢に暫く漬けて置き、取り上げて腸で和えそのまま用いる。

当座味噌【とうざみそ】〔昼夜重宝記・安永七〕に当座味噌の方は、大麦三升をよく搗き、黒豆八升を少し炒って二ツ割りし、これを蒸して麴に寝させ、一日干してよく冷ます。水一斗に塩五升を合せ、水の中で塩をよく揉み摺り漉して煎じ、二日程冷まし、前の二色を入れてよく混ぜ合せ、

桶に入れて時々掻き混ぜ、風を引かないようにして五十日程過ぎて色々の物を合せる。○黒豆の粉三升を少し炒り引く。○白砂糖一升。○生姜を小米程に刻み一升。○餅米の粉三升を少し炒りて。○胡桃・榧実の渋皮を取り小米程に拵え二升。○干山椒四升を二ツに割る。浜山椒なら塩を出し一粒ずつにする。又は殻皮を刻み二升、山椒二升でも。○陳皮一升の白実を剝き細かに刻み一升。○紫蘇を細かに刻み一升。○白胡麻二升を少し炒って。○黒胡麻三升同断。この分を前の味噌の中へ入れよく搗き合わせ、桶に仕込み押し付け、風を引かないようにし十日程して使う。

当座柚干【とうざゆずぼし】〔料理調法集・調製味噌之部〕に当座柚干《ゆずぼし》は、道明寺糒《ほしいい》一合、上赤味噌七匁、砂糖二十五匁、溜り見合せ、この四品を捏ね合せ蒸して搗き、柚を釜に詰め、又蒸して干して置く。

唐三七【とうさんしち】草花作り様。唐三七の花は黄色である。土は肥土に砂、肥しは魚の洗い汁を用いる。分植に時期はない。〔昼夜重宝記・安永七〕

東山道【とうさんどう】〔重宝記永代鏡〕に東山道は、近江*美濃*飛驒*信濃*上野*下野*陸奥*出羽*の八ヶ国をいう。「木曽海道」ヲ見ル

冬至【とうじ】二十四節*の一。〔重宝記永代鏡〕に冬至とは、十一月中太陽が黄道の南の端を廻り、日の短日に至り、冬の気全く調う。昼四十刻余 夜五十九刻半余。蚯蚓結ぶ、麋（鹿の種類）角解《おつ》る、水泉動く等とある。〔大増補万代重宝記〕には十月に陰極まり十一月に地に一陽生ずるのを、一陽来復という。冬至は日輪行道の始めで、唐土では先祖を祭り、日本でも尊貴の家では冬至を祝う。今日天気が長閑であれば来年の麦作がよく、南風が吹くと日旱という。全ての祝い事に用いてよい。〔年中重宝記・四〕に、冬至は一陽来復で陰気極まり、陽気初めて至る。日は南に至り、今日より陽気初めて生じ 日も長くなる。漢の宮女が糸を繰るのに、冬至より糸一筋だけ日長く覚るという。〔女用智恵鑑宝織〕に冬至は陽気が地下に初めて来る日であり、事によっては忌む。この日迄日輪は南へ行き、これより又北へ行く。唐土では一陽来復と言い、正月事始に用いる。〔重宝記・宝永元序刊〕には次の一年の暦の算術の始めに冬至を用いるとし、シナでは関を閉じて商旅の往来を止め 安静存養して陽気安穏を育する。〈耕作〉〔新撰農家重宝記・初編〕に、新暦では十二月二十二日。この頃から立春*の頃迄田畑の手入れを忌む。「朔旦冬至」参照

東寺【とうじ】京名所。御影堂、前に独鈷松《どくこのまつ》がある。見返不動尊がある。八幡宮の額は弘法大師の御筆である。有名な五重塔がある。この脇の門を、俗に羅生門という。〔東街道中重宝記・七ざい所巡道しるべ〕

湯治【とうじ】「温泉の事」ヲ見ル

等寺院【とうじいん】京名所。等寺院には足利十五代の木像がある。この上の山が衣笠山である。ここからは京町続きで、北野天神*の森へ出る。〔東街道中重宝記・七ざい所巡道しるべ〕

冬至梅【とうじうめ】菓子名。作り様は、橘皮羹を求肥に包み、氷卸をかける。〔菓子調法集〕

童子教【どうじきょう】『実語教』*にならって鎌倉時代に作られたといわれながら、一方では作者に白居易や弘法大師（『運歩色葉集』）が当てられて、未詳である。「老を敬ふには父母の如くし、幼を愛すには子弟の如くす、我他人を敬へば、他人も亦我を敬ふ」等のように、仏教や儒教による通俗的処世訓を漢文五言三百二十句に記している。室町時代から江戸時代を通じて寺小屋等の教科書として広く流布した。〔寺子調法記〕

童子初生の薬【どうじしょせいのくすり】〔重宝記・礒部家写本〕には、種々の薬方があるが、次の方がよいとする。甘草（二分）と黄連（一分五厘）を振り出し、口内の悪露《おろ》をよく拭い取って用いる。まくり（海人草）*を入れるということもあるがそれは悪い。

同指寸【どうしすん】〈鍼灸の尺寸を定むる法〉〔医道重宝記〕に男は左手、女は右手を用い、中指を三ツに折り曲げて大指で押さえ、中指の上と下の折目の端の間を取って身の一寸とする。しかし、この寸法は人の肥瘦により違いがあるので用いてはならず、同身寸*を用いる。「鍼灸の事」の内「鍼灸穴法分寸」モ見ル

童子天神【どうじてんじん】〔万宝古状大成〕に童子天神とは菅原道真*の幼少時をいう。道真は、本地は十一面観音で、仮にこの土に現じたのは、人王五十四代仁明天皇承和十二年（八四五）二月乙丑 菅原の家であり、父は是善卿、母は伴氏である。五歳の春に手習を始めて、その詠「見る石のおもてに物は書かぬ物 竹の楊枝も使はざりける」がある。硯は文殊の面《おもて》なので、仮にも物は書ないものという戒めで、守るべきである。「北野天満宮の事」参照

唐紙に墨移り伝【とうしにすみうつりでん】〔筆海重宝記〕に唐紙に墨移り伝があり、唐紙の縮む紙には、紙を風に曝し、乾かして書く。墨に酢を加えるのもよい。

凍死の事【とうしのこと】〔懐中重宝記・慶応四〕に凍えて死にそうな時の手当は、酒を温め、生姜の絞り汁を入れて飲ませるとよい。決して火で焙ってはならない。

とうしみ【とうしみ】片言。〔世話重宝記・一〕に「灯心《とうしん》を、とうしみ」という。

導赤散【どうしゃくさん】〔小児療治調法記〕に導赤《どうしゃく》散は、夜に入り灯を見ると泣き、小便は赤く、口中 腹が熱し、汗があり、身を仰のけて泣き、朝になって止むのを治す。生乾地黄・木通・甘草（各等分）の一服を二三匁にして、淡竹葉（七片）を入れ煎じて用いる。この症に黄芩を加えて用いる。これでもまだ効がない時は、通心飲*に麦門冬・車前子・燈心・薄荷を加えて用いる。麻疹が出て、うわ言を言い、小便の閉じるのによい。

唐尺の事【とうじゃくのこと】〔万民調宝記〕に唐尺《とうじゃく》は、曲尺《かねじゃく》*の一尺二寸を八ツに割り一寸五分を一寸と定め、これを単位にし繰り返して計測する法である。一寸の各間には上から、財《ざい》（タカラ）、病《びょう》（ヤマイ）、離《り》（ハナル）、義《ぎ》（ヨシ）、官《かん》（ツカサ）、劫《こう》（劫《きょう》オビヤカス）、害《がい》（ソコナウ コロス）、吉《きつ》（ヨシ）の八文字を配当して吉凶を占う（図358）。財・義・官・吉の文字に当るのは吉、病・離・劫・害は凶である。八文字を八卦で言う時は、財は福徳、病は絶命、離は遊魂、義は遊年、官は天医、劫は禍害、害は絶対、吉は生家となる。〔調宝記・文政八写〕には「唐尺 劫害」がある。口舌凶（くちしたの災い）。病臨凶（やまいにのぞむ災い）。死絶凶（しにたゆる災い）。災至凶（禍にいたる災い）。失財凶（たからをうしなう災い）。離郷凶（さとをはなるる災い）。退口凶（くちにてしりぞく災い）。死別凶（しにわかる災い）がある。〔文政新刻金神方位重宝記〕には次の説明がある。○財の寸に当れば、家・倉・門を建て全て道具を作るのによい。宝が集り富貴する。○義の寸に当れば、刀 脇差の寸法を定めるのによい。家内常に喜び繁昌する。○官の寸は、門を建て堂塔宮社、神仏の御丈を差すのによい。官位が進み、商人百姓は分限よくなり人に用いられる。○吉の寸は、万の物を差すのに用いてよい。この寸に当ると家内は良いことのみ続き楽しみが多い。○病の寸は、家に病人が絶えず災いが多い。○離の寸は、家内兄弟に離れ、山林田畑に離れる。○劫の寸は、家内は損失多く、盗人に遭い、人に難を受ける。○害の寸は、死人が出、葬礼は度々で、悲しみは絶えない。現代では、宮大工が天星尺として用いる。

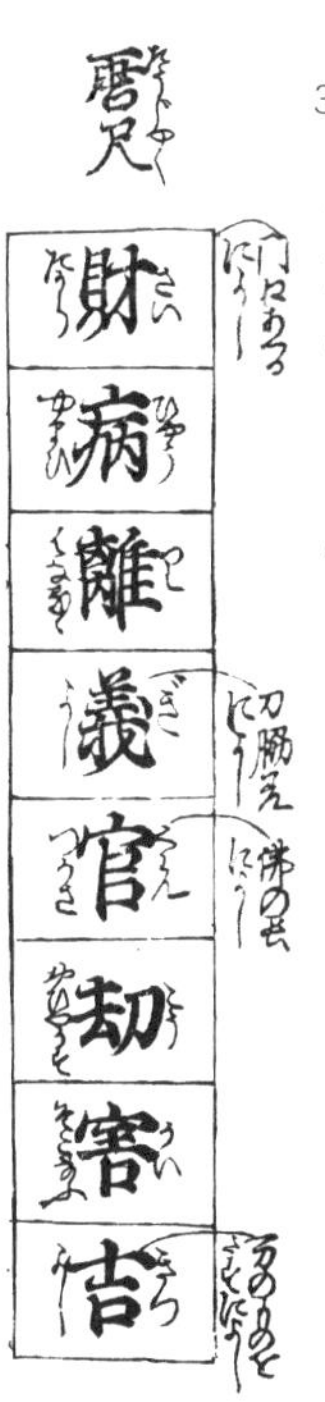

図358 「唐尺」（永代調法記宝庫）

同宿【どうじゅく】〈何が不足で癇癪の枕言葉〉「友だち、どうじゆく（同宿）」。〔小野篡謔字尽〕

登城【とうじょう】大名衆遣い詞。〔男重宝記・一〕に、大名が江戸に居て日勤するのを登城という。下の人が言う時は「御」の字をつける。

堂上衆【どうしょうしゅう】〔男重宝記・一〕に、禁中*内裏《だいり》御殿の内で天子に仕える衆中を、堂上衆《どうしょうしゅう》という。御殿の外で仕えるのを地下《じげ》*という。

闘諍日【とうじょうにち】日取吉凶。〔大増補万代重宝記〕に闘諍日《とうじょうにち》は、忌み避ける日である。正月は午の日。二・五月は寅の日。三・七月は戌の日。四月は辰の日。六月は未の日。八月は申の日。九月は丑の日。十月は巳の日。十一月は子の日。十二月は酉の日。

道正の解毒円【どうしょうのげどくえん】「解毒円」ヲ見ル

等身【とうしん】「五等親」ヲ見ル

同心【どうしん】歌学用語。〔男重宝記・二〕に同心は、歌の病*である。詞は変っても同じ心のある歌をいう。一首の内に渚《なぎさ》と汀《みぎわ》を詠み入れる類である。◯「与力同心」モ見ル

擣心散【とうしんさん】〔牛療治調法記〕に擣心《とうしん》散は、人参・茯苓・草藍・青黛・大黄・甘草・梔子を末（粉）し服ごとに一両、蜜四両、水二升で調えて灌ぐ。心《しん》の病を得るものは、走って顚狂し眼目を開き尾を掉《う》張《か》し牛が火となり火が来て火を攻め防ぎ難い。熱気久しく蒸し、臟腑に伝わるのに用いる。

道心者【どうしんじゃ】〔人倫重宝記・五〕に次がある。坊主*に対して道心者は、忌日命日に持仏堂の掃除をさせるより外一ツも役はなく、国家の遊民である。俗姓を尋ねると、親に勘当され、主を倒し、身上倒れ等のなれの果てで、生業も元手もなく、頭をこそ（刮）げて西念求願などと改名して門前の町屋に借宅し、昔の知音枢機の門に出入し、仏念仏《ほとけねんぶつ》を笠に着て忝いとも言わず、利恩に斎《とき》非時《ひじ》に腹をふくらます。或は、旦那に寝泊まりして、、人の妻室息女召使の下女に迄心を掛ける類は十に八九はある。世渡りの悪性坊主に念仏させては亡者のためにもよくない。道心者は皆若くて健やかであり、彼等を遊び暮らさせることは冥加ないことである。

どうしんしょう【どうしんしょう】「どふしんせうとは、物前に言ふ事」である。〔増補新版名代町法記・不断の言葉〕

同身寸【どうしんすん】〔医道重宝記〕に同身寸《どうしんすん》は「鍼灸の分寸を定むる法」*であり、頭の穴《けつ》には頭の寸（頭の事*頭竪横分寸）を、腹の穴には腹の寸を、竪には竪の寸を、横には「横の寸」*を正として用いる。頭《かしら》*手*胸腹*脇*肋骨*背*股脛*、膝踝*の寸については別掲。

灯心の事【とうしんのこと】〔万物絵本大全調法記・下〕に「藺りん／ゐ。灯心草とうしんさう也」。〔万用重宝記〕に有明の灯心が少しでも消えない呪いは、油の中へ豆を一粒入れて置くと奇妙である。

痘疹の事【とうしんのこと】〔小児療治調法記〕に痘疹は、痘瘡《もがさ》*の発疹である。ただ身熱があり傷寒に似て痘疹か明らかにならない時は、まず惺々散*或は参蘇飲*を用いる。熱の甚だしいのには升麻葛根湯*人参敗毒散*を与える。もし紅点を表すのには葛根湯*を忌む。表虚を恐れてのことである。疑似が明らかにならない時の診療はこの外にもある。痘瘡初出の時、身発熱し、耳と尻が冷え、欠伸《あくび》し、咳嗽し、顔の赤いのは、必ず痘を出す症である。升麻葛根湯に山査子・牛房子を加えて用いると痘は少なく癒えやすい。〈予防薬〉〔家内重宝記・元禄二〕に痘疹がはやる時、黒豆・小豆・文豆に甘草を少し加えてよく煮、汁を呑ますと必ず逃れるという。例え出ても軽く気遣いはない。

〈痘疹食物宜禁〉〔世界万宝調法記・下〕に「宜い物」は粟葛大根牛蒡蒲公馬莧枸杞五加独活芽針《つばな》海月鰞田螺。「禁物」は糯麵類蕎麦豆腐御米油《けしあぶら》砂糖瓜五辛笋蓼蒟蒻菌茄子山芋蝦蛤鯛生菓子鱧鮎。

○「穢気を忌む事」は、腋下狐臭気 行遠労汗気 硫黄蚊烟気 誤頭髪焼気 葱蒜韮等の気 酔酒葷腥気 房中淫液気 溝糞濁悪気 吹滅灯燭気 柴烟魚骨気 煎炒油烟気 麝香燥穢気。○又「禁忌」は、生人往来 詈罵呼怒、頭梳搔痒 地掃 荒言 飲食 歌楽は禁。これら穢気 禁忌の諸事を慎むと重い者は変じて軽くなり、慎まないと軽い者は重くなる。

とうすみ【とうすみ】 片言。「とうすみは、灯心 とうしん」である。〔不断重宝記大全〕

当世【とうせい】〔万物絵本大全調法記・上〕に「当世 たうせい／うかれめ*」とある。

当世絵書【とうせいえかき】「浮世絵師」ヲ見ル

唐西庄縮緬【とうせいしょうちりめん】〔絹布重宝記〕は「唐西庄縮緬」は全二尺巾である。至って絞《しぼ》高く 地厚にして 結構な絹である。今は舶来《もちわたり》は稀である。

当世茶の事【とうせいちゃのこと】〔染物重宝記・文化八〕に、○「茶類手染めの事」。とうせい（当世）茶は梅や渋に桃皮を少し入れ、干しつけて、石灰水に漬けるとよい。○「色上げ染直し茶鳶色」。とうせい（当世）茶薄丁子茶は、少し色を抜けば柳茶 すみるちゃ（素海松茶）こぶちゃ（昆布茶）に大概よい。

当世料理仕立方【とうせいりょうりしたてかた】〔大増補万代重宝記〕に当世料理仕立方に次がある。○白髪独活は、細く打つ。○蝦摘み入れは、身をとり卵の白身と塩で練り、汁へ摘まみ込む。○長芋色紙は、厚さ二分程にして色紙の形に切る。

唐扇子【とうせんす】「扇の事」の「扇屋」ヲ見ル

闘諍日【とうそうにち】 日取吉凶。〔重宝記永代鏡〕に闘諍日《とうそうにち》は、万に宜しくなく 忌み避ける日で、次の各日である。正月は午の日。二月は寅の日。三・七月は戌の日。四月は辰の日。五・十二月は酉の日。六月は未の日。八月は申の日。九月は丑の日。十月は巳の日。十一月は子の日。

痘瘡の事【とうそうのこと】〈痘瘡の真疑〉〔永代調法記宝庫・二〕に診察法は、○俄に寒く俄に熱して悶え、欠伸し驚き騒ぎ、嗽《しわぶき》し嚔《はな》ひ両顎赤く、耳の冷ゆるのは痘瘡の熱である。○総身 熱盛んになり、戯言《たわごと》を言い、口鼻から血を出し、驚き搐《ひしめ》き目を回し、死にそうでまた甦るのは痘瘡の実熱が内にある。〔小児療治調法記〕は『内経』を引き、諸々が痛み痒い瘡は、皆心火に属する。小児の痘疹（痘瘡の発疹）の症は、最も酷疾で不日の間に死生掌《たなごころ》を反すようである。胎毒が命門に蔵《かく》れていて、歳火の大過 熱毒の流行の年に遇う時は、痘毒がこれにより発作《おこ》る。○「真疑」は、小児の疱瘡《もがさ》は大抵傷寒に似て発熱 煩燥し、頰は赤く唇は紅に、身痛み 頭疼き、忽ち寒く 忽ち熱し、嚔噴《はなひ》り 欠伸し、喘嗽痰涎する。初発の時は、傷風 傷寒、時気 伝染、傷食 発熱 嘔吐、跌撲 驚恐、口下 咽喉 吐腹疼み、煩燥 狂悶 昏睡 自汗 下痢 発熱等多端で、俄に痘瘡とは判じ難いが、痘瘡の症は必ず耳と尻が冷える。瘡疹は、陽に属し腎の臓には症なく、耳と尻は共に腎に属するので関係なく冷える。耳の後ろを見て、紅脈 赤縷（筋）があれば真の痘瘡である。

〈内外の弁治〉 罹患して未だ発症せず発搐《びくつ》く時は、外風寒邪を感じ内に心熱を発する。惺々散* 升麻葛根湯* 木香参蘇飲*を用いる。痘瘡が出そうで出ず、吐痢する時は中焦に寒が滞り四君子湯* 和中散*を用いる。○「治法」。痘症の初熱は大抵傷寒に似る。但し、傷寒が表より裏に入り一経の形相を表すのに対し、痘症は裏より表に出て五臓の症が皆現れる。○欠伸 煩《いき》れ 悶えて肝の症の多い時は、川芎 山梔子 青皮の類を用いる。○忽ち冷え 忽ち熱し、手足がやや冷え、多く眠る脾症の多い時は、防風 甘草の類を用いる。○顔燥《かわ》き 腮赤く 咳嗽 嚔噴《はなひ》の肺症の多い時は、黄芩 知母 地骨皮の類を用いる。○驚悸して心症の多い時は、黄連 木痛の類を用いる。○腎は耳 尻が冷えるのを平症とするが、もし耳 尻が熱

する時は腎に邪があるので、黄栢 木通 茯苓 猪苓の類を用いる。この外、症状に対応してその薬方が種々ある。○痘瘡の流行時に発熱すれば、毒を解し 発表の剤を用いるのを第一とするが、これは出ても少なくし軽くするためである。解毒 発散に手抜きがあると痘瘡は危うい。○痘瘡が出るか出ない時、辰砂を細末（粉）し児の大小を見て一匁 或は半匁を蜜水で調えて服すると、痘に掛る時は少なくなり、少ない時はなくなる。○痘瘡発熱の時、牛房子を末（粉）して蜜に整え、顖門《おどり》の上に貼ると、痘瘡が眼に入るのを免れる。○痘瘡の気虚の補薬には、人参 白朮に解毒の薬を加える。酒炒の黄芩 黄蓮には、清涼解毒の能があり、痘瘡に用いて毒を消す。○平治の大法は、血を活かし気を調え、表を安んじ中を和し、軽清 消毒 温涼の剤を兼ねて治する。温は黄耆 当帰 木香、涼は前胡 葛根 升麻の類、これを援けるのに川芎 白芍 枳殻 桔梗 羌活 木通 紫草で調適する。

○大小便を診て、小便が赤く渋る時は、大連翹飲*（湯）甘露飲（＝玉露散*）を用いる。大便が秘結し 内煩《いき》れ 外が熱する時は、小柴胡湯*に枳殻を加える。或は少し四順清涼飲子*を与える。大便の黄黒なのは、毒気が既に盛ん故 熱剤を多く与えてはならず、化毒湯《けどくとう》*を与えるとよいが 与えなくてもよい。二便が秘結する時は、腸胃が塞がり 脈が結ぼれ 気が滞り、毒気が漏れず 目閉じ 声涸れ 肌肉は黄黒くなる。四順散* 紫草化毒丹（湯）*五苓散*を用いる。

〈痘瘡の経過〉〔小児療治調法記〕に小児痘疹の症は、最も酷疾であり日ならずして容態は急変し、次の経過を辿る。発熱《ほとおり》*。出瘡《でそろう》*。起脹《やまあぐる》*。貫膿《みずもる》*。収靨《かせる》*。結痂《ふたづくる》*。〔医道重宝記〕には痘瘡発症は、小児が胎内にいる時、妊婦が穢らわしい物を食い、五臓*の血がその毒を子の命門に伏し隠し、出生後時の熱に遇い、或は乳食に破られ 又驚き恐れにより、毒気が外に発したものである。痘瘡の日数は、○発熱《ほっねつ》《ほとおり》三日。〔消息調宝記・三〕には女はただ世俗の言葉を用いよとして「痔《じょ》やみ」「ぞやみ」とある」。○見点《けんてん》《でそろう》三日。〔同。「発痘《ほっとう》」「点検」「出揃《でそろう》」〕。○起脹《きちょう》《やまあぐる》三日。〔同。「水うみ」〕。○貫膿《かんのう》《みずもる》三日。〔同。本うみ〕。○収靨《しゅうよう》《かせる》三日。〔同。「かせ」〕。これは日数の常で、病の軽いものは早く、重いものは遅い。○脈は起張《きちょう》までは浮 大にして数《さく》を吉とし、沈 細で遅は悪い。収靨《しゅうよう》の後は和 緩なのを吉とし、洪 数《こう さく》なのを悪とする。

〈予防と改善法〉〔小児療治調法記〕に隣郷に流行する時は、三豆湯*（大黒豆・赤小豆・緑豆）を用いる。〔男女御土産重宝記〕は黒大豆・赤小豆・豌豆（各等分）を刻み煎じて用いる。色々変っても悪くなっても妙薬である。〔永代調法記宝庫・二〕にも大黒豆・赤小豆・緑豆《ぶんどう》（各一盞）、甘草（十匁細に切る）の四味をよく煮て柔らげ、毎日児に食わせ、煮た湯も飲ますと症状が改善する。

〈軽くする法〉〔文政新刻俗家重宝集〕に「疱瘡を軽くする法」は産湯の中へ鶏卵を一ツ割って入れ、よく搔き混ぜて洗うと、一生疱瘡をせず、万一しても軽い。

〈痘が出て不快の五症〉〔小児療治調法記〕に出瘡《でそろう》の症がある。①厳寒の時節に寒気に挫かれ起脹できないのには、宜しく寒を散じ 表を温めて用いる。冬三月厳寒に紅斑が初めて現れる時は、五積散* 正気散* 参蘇飲* 調解散《ちょうげ》* 木香散*がよい。②炎天の時節に煩《いき》れ 渇き 昏迷し 不快なのには、辰砂五苓散（五苓散*に辰砂を加えて細末（粉）したもの）を生地黄 麦門冬の煎湯で調えて用いる。熱の甚しいのには、小柴胡湯に生地黄を加える。煩れが渇き大便の固いのには、人参白虎湯*、軽いのには人参 竹葉湯に生地黄を加えて煎じ服する。③涼薬を服して脾胃を損傷し、或は胃虚して吐利するのには中を温めて気を増し理中湯*を用い、吐利の甚だしいのには、付子を加える。或は異功散* 木香荳蔲丸 肉荳蔲丸*を用いる。④血

疱をなし半分なお紅点があるのには、毒気発越するどく透《とお》らず必ず食べられない。大便が常のようなのは半《なか》ば裏《り》を暖め半ば助養の剤を用い、四聖散*を用いて加減する。紫草木香湯 絲瓜湯* 阮氏万全散* 安斑湯がよい。

⑤皮膚厚く肉腠密で外の実するのには、毒気は泄《も》れ難い。痘の出難いのには消毒飲* 透肌散*がよい。大便が秘するには、消毒飲に大黄・山梔子を加えて煎じ服する。痘が甚だ繁く出るのには犀角地黄湯* 解毒《げどく》防風湯*がよい。血気が不足なら十奇散*がよい。咽が嗌《む》せるのには、如聖湯*に枳殻・薄荷を加えて用いる。口中の気が熱し 咽痛み 口舌に瘡が出たら甘露飲子を用いる。

〈痘後の事〉〔小児療治調法記〕に、○痘後に声を失うのには、天花粉*・桔梗・白茯苓・柯子肉・甘草・石菖蒲を末（粉）し、水で調え半匙を碗の内に入れ、他に小竹（七茎）・黄荊（七条）を縛り一束として煎じ寝る時に服する。○痘後の壅毒は、どの経でも初めて紅腫を起す時、黒豆・菉豆・小豆の三豆を、きぶい（味が渋い）酢に浸して擂った漿を鵝の羽で刷くと効がある。

〈痘瘡悪症〉〔小児療治調法記〕に、「悪疾 不治の症」。○初めて出た時勇壮なもの。○隙間なく出て蚕種《かいこのたね》を布くようなもの。○次々に出ては没するもの。○蚊虫の咬んだようなもの。○気血の相失するもの。○倒出するもの。○水を飲んで鼻に促《つま》るようになるもの。○痒塌《かきつぶし》 寒戦《ふるい》 咬牙《はぎり》 渇きの止まないもの。○痘の色が紫黒で喘ぎ渇き 安からぬもの。○灰白色で痘の頂が陥み 腹の脹るもの。○頭は温く 足は冷え 悶乱して水を飲むもの。○息短く 泄瀉して渇くもの。

〈重篤の症〉○瘡《そう》が出て吐痢するのは苦しむ。○瘡が出て譫語《うわごと》の止まないのは悪候である。○下血して乳食を消化せず、そのままなのは脾虚ですぐに死ぬ。○瘡が爛れて血を瀉し 膿の無いのは治らない。○大小便が秘結し 目閉じ 声嗄れ 肌黒いのは死ぬ。○顔色の青いのは死ぬ。○痘後に驚《きょう》を発するのは危い。○顔黒く 鼻に黒気のあるのは治らない。○燥渇《いきれかわき》し 小便渋り 泄瀉し 不食するのは危い。○頭面が腫れ悉く掻き破り 臭く爛れて近寄れず、或は足が冷えて膝にいたるのは治らない。○痘瘡が黒く焦がれ 風《かぜ》が頤頷《あご》を攻め、唇首が腫れて硬く、或は胸膈が高く出るのは治らない。

〈痘瘡の穢気、禁忌〉〔小児療治調法記〕に痘瘡の穢気・禁気の諸条を守る時は重いのは軽くなり、守らない時は軽いのも重くなる。「穢気」。○腋臭の臭気。○房中淫液の気。○労役・遠行の汗気。○溝泥 糞穢 濁悪の気。○婦人経水の気。○諸瘡腥臭の気。○硫黄 蚊烟《かふすべ》の気。○蠟燭 灯火を吹き消した気。○誤って頭髪を焼く気。○紫烟 魚骨の気。○葱 蒜 韮の気。○油で物を炒る気。○酒に酔い 葷く腥い気。○麝香燥穢の気。この外、服を着た僧尼を忌み、屋内を掃き叩きをしない等。「禁忌」。○生人往来といい、見慣れない人の往来、或は産所房室、喪に出た人が来たり、総じて穢気ある人を恐れ忌む。○詈罵《しかり》 怒ること。○対して、頭を梳り 痒がりを掻き 荒言すること。○掃除すること。○飲食 歌舞すること。○僧 道師 巫の房に入ること。○仲景の曰くとして、小児痘《もがさ》の時乳香を焼いて悪気を避け、○『正伝』には大黄 蒼朮を焼いて悪気を避け、沈 檀 乳香 降真 竜脳 麝香は焼かない。○帷帳の内に胡荽《こすい》（一年草、こえんどろ）を掛け、或は胡荽を酒に漬《ひた》し 床帳に噴き掛け、幷びに木香を炊くのもよいという。

〈痘瘡の薬〉〔医道重宝記〕に痘瘡の薬は、升麻葛根湯* 参蘇飲* 惺々散* 十神解毒湯* 透肌散* 神功散* 保元湯* 内托散* 起死回生散* 回天甘露飲* 消毒飲*がある。〔重宝記・儀部家写本〕に疱瘡の妙薬は、紅花・牛蒡子（各四匁）、枳殻（六匁）、陳皮（二十匁）、桑木・桃（栢）木（各長さ壱尺 切口三分）、黒大豆・青大豆（各二十粒。別に袋に入れ煎じ多少によらず食わす）、当歳子（［嬰児］ならば母か乳母に食わす）に水三升を入れて煎じ、まだ疱瘡しない子の

総身をよくよく洗うとよい。この剤は一人分であるが何年過ぎても療治するのは妙である。これは土屋但馬守様領分の三百人余が用いているので相違なく、京都二条様御伝（寛政十三年三月）である。

〔丸散重宝記〕には、小児の疱瘡が三四日陰々として出兼ね、血熱毒盛んで色赤く大便秘するのには紫草*（二戔）を煎じて服する。疱瘡の色黒く頂の凹んだのには牛黄（一戔）、朱砂（一分）を末（粉）して蜜で丸ずる。

〔大増補万代重宝記〕は、○南天の木・葉・実（各等分）を煎じ度々浴《ゆあみ》させる。数百人に試して皆楽になった。○夏日に鱧《はも》一尾を湯にして浴させるのも奇妙の一術である。鱧は川へ流す。○男女共 疱瘡報痘《やまあぐる》して後、家鴨《あひる》の卵の白身を顔へ塗り乾くとぼろぼろと落ち、跡は少しも付かず、日を経ると顔は美玉のようである。○瘡気《くさけ》交じりで出兼ねるのには、松茸の石突きを一ツ刻み、焙炉《ほいろ》に少しかけ、白湯で用いる。〔懐中重宝記・慶応四〕に、○鶏卵に穴を開けて生蚯蚓《みみず》を入れて穴を紙で塞ぎ、飯を炊き引き水の時鶏卵を載せて蒸し、中の蚯蚓を捨てて鶏卵を小児に食わせるとよい。○疱瘡が出兼ねるには、犬に集る蝿を一匹捕って擂り潰し、白砂糖湯に交ぜて呑ませると半時（一時間）過ぎて山をあげるのは妙である。○瘡蓋が落ち兼ねるのには、白砂糖湯を呑むとよい。疱瘡が目に入りそうな時は辛子の粉を練り紙につけて両足の土踏まずに貼るとよい。○疱瘡の寄ったのには、鼠の糞を上酒で溶いて付ける。○痒いのには荊芥を頻りに燻す。

〔万用重宝記〕は疱瘡の間、毎日蜂蜜を塗るとどれ程出た疱瘡でも少しも怪我はなく、顔に跡の着くこともない。〔家伝調方記〕には「疱瘡 はしかの除方」として、小児の臍の紐を黒焼にして呑ますと軽い。〔調宝記・文政八写〕は、○小児疱瘡薬として赤牛の歯を粉にして用いる。○疱瘡が目に入るには、ぬるで（白膠木 五倍子の別名）の脂を乳で溶き、目の中に少し点ずる。○雀苧桶《すずめのおごけ》を採り 殻を去り 内に居る虫だけを擂り爛らかし 露を点ずるとよい。〔諸民必用懐中咒咀調法記〕に痒がるのには、乳香を燻べる。また小豆もよい。

〈痘瘡治例三法〉〔小児療治調法記〕に『肯定大成』による記述がある。①気虚の症。初発時に身熱し手足冷え、忽ち寒く忽ち熱し、精神倦怠 肌肉晄白 飲食減少 四肢倦れ 睡臥安静で便清く自ら調うのは虚症である。まだ紅点の見《あら》われない前に参芪飲*に紫蘇 防風 白芷等の軽剤の発散薬を加える。紅点が見われて後は軽剤の川芎、桔梗を加える。四日後には重く参芪飲を用い、病に従い加減する。七八日漿《みず》もった後は、保嬰百補湯*で気血を調え養う。この症でまだ瘡蓋を作らないものは多くは木香散*異功散*で治める。

②血熱の症。初発時に身盛んに熱し、腮 瞼紅く、毛焦れ 色枯れ、煩燥し 渇き 水を飲み、日夜啼哭し、睡臥安からず好んで冷える所に臥し、小便赤く 渋るのは、熱症である。紅点の出ない前は升麻葛根湯*升麻流気飲*がよいが、十神解毒湯*に及ばない。紅点を見《あら》わして三四日後、熱症を平らげ勢い漿《みず》もる時、太乙保和湯*を用い、八九日後漿《みず》もってからは保嬰百補湯を用いる。七八日の間に紫黒色に乾き枯れ、青灰《しろ》く乾き黒く陥むのには奪命五毒丹 大造保童丸 談笑博金丹 一字金丹 百祥丸*牛李膏 猪尾膏 独神散等の方を皆審らかに用いる。ただ泄瀉があって後に黒く陥み乾き紅のものは木香散 異功散に従い治す。

③熱毒擁遏《ようあつ》（＝ふさがる）の症。初発時の症は、身盛んに熱し 腮は紅 瞼は赤 毛焦れ 皮燥き 気粗《あら》く 喘満し 腹脹り煩燥し 狂言譫語し、睡臥寧《やす》からず 大便秘結し 小便赤く渋り 面浮き 眼脹れ 泣き怒ることが多い。紅点の出ない内は升麻葛根湯*一服を用い、次に羌活散鬱湯*を用いる。紅点が出たら三日の内に諸症は平になり漿《みず》が出る時に、益元透肌散*を加減して用いる。漿が出た後は保嬰百補湯*で調養する。六七日後 紫黒色で乾き枯れ 或は青灰に乾き白く陥むものがある。奪命五毒丹 大造保童丸 談

笑博金丹 一字金丹 百祥丸* 牛李膏 猪尾膏 独神散等の諸方を皆審らかに用いる。但し、前に泄瀉のあったものには木香散 異功散を用いて治す。

〈呪い〉〔増補咒咀調法記大全〕に、①「疱瘡の符守」は、延喜帝の時痘《も》瘡《がさ》が流行り、この紋を書いて門にも押し守りにも掛け、符も飲ませた。歌に「みどり子を漏らさで包め苔衣 岩尾の帯で締めば長命」「昔より伝りなればもはしかのやまでしなばや神門《かみかど》のうち」を、いずれも三遍唱えるとよい。②「疱瘡《はうさう》の神祭る秘事」は、枇杷の木の東へ差し出た枝の葉の傷のないのを取りその人の年の数に切り、大納言 小豆 黒豆を年の数程入れ、天目に水一杯を七分程に煎じ、枇杷の葉の切り目を揃え煎じた汁を疱瘡に塗る。その後行水をさせて火を浄め煎じ用いる。男子には朝、女子には夕方に用いる。眉 両頬 鼻先、次に両手の内にそれぞれ三度ずつ、臍も三度であるが、よくよく濡らす。次に両足の平に三度ずつ、但し疱《いも》の出た時また煎じ用いる。もし死体に見えるなら前の枇杷 大豆 小豆の道具の中へ茶筅の穂を三ツ入れて煎じて用いる。三時（六時間）の内ならば生き返る。大事に思うなら梨の実を刻み 水に漬けて臍を濡らす。何回もそろそろ塗り、「唵雪女伝《おんせつによでん》々々」と唱える。次に、図の符守②を首に掛けさせる（図359）。歌に「昔より約束なればいもはしかを病むとも死なじ神垣の内」と三遍詠む。

〔新撰咒咀調法記大全〕に、○「疱瘡《ほうさう》を避る呪」は、男子は墨 女子は紅で、小児の手の平に符のように書いて口の中で「あびらうんけんそわか」と三遍唱えると疱瘡はせず、疱瘡しても至って軽い（図360）。○「逃《のが》るる呪」は、「南無さまたぼこなんぱん」と三遍書いて守りにもし、また枕の中へも入れると奇妙に免れる。○「軽くする呪」は、南天の木・葉・実の三色を煎じ行水に挿すとよい。数百人に用いて皆良い。又、南天の木で小さな横槌の形を拵え守り袋に入れ、或は帯に括り、常に持たせると奇妙に軽い。○「軽くする時の呪」は、実子のまだ出来ない家の釜箒を人に分らないように取って帰り清い所に置き、ほとおり（熱）より猩々と共に祭ると奇妙である。但し、疱瘡 湯掛の後に元の家へ戻す。○「流行る時の呪」は、枇杷の葉を二ツ半に折って一ツは捨て、小豆・大豆（各十粒）の三品を煎じて飲ませ、その後枇杷の葉で頭頂から撫でながら「てんによてんてん」と言って左より右へ懸ける真似をする。次に「越前国猪尾峠の茶やの孫嫡子（誰とその名を書く）」の符を書いて守に入れて置くとよい。〔万家調法呪詛伝授嚢〕には琵琶葉は「六ツ半」に折

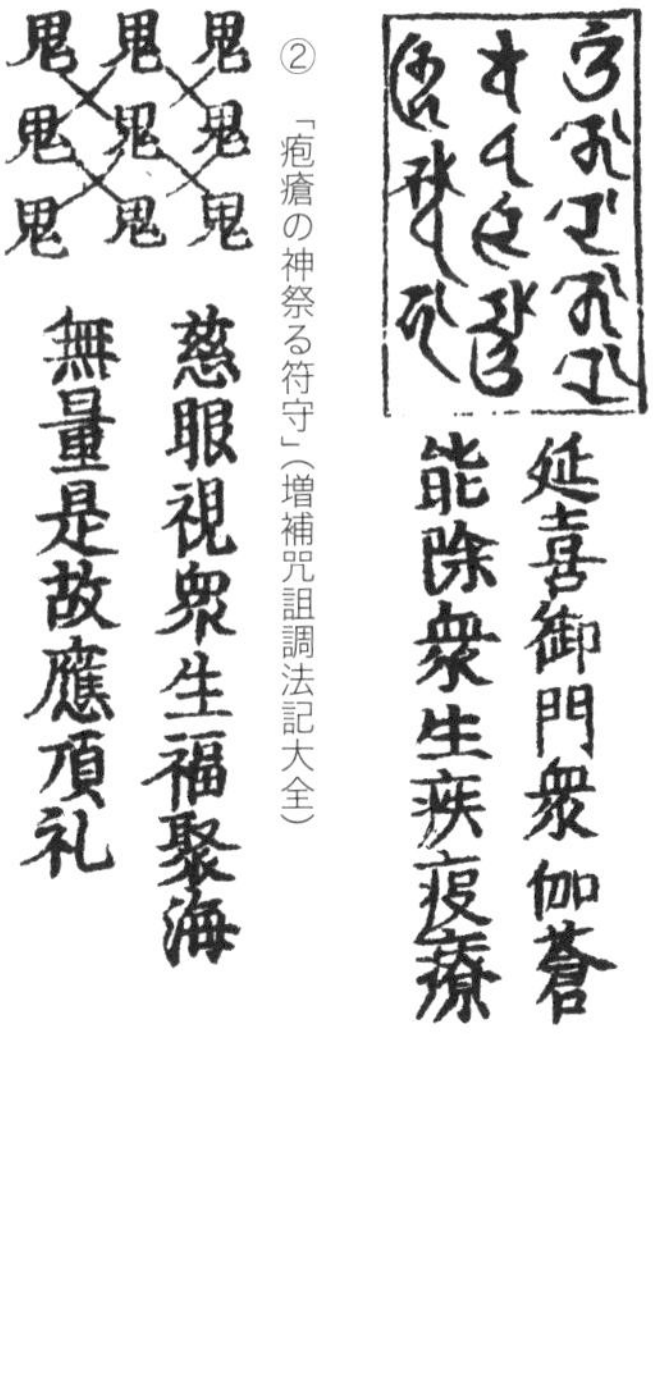

図359 痘瘡の事
①「疱瘡の符守」（増補咒咀調法記大全）
②「疱瘡の神祭る符守」（増補咒詛調法記大全）

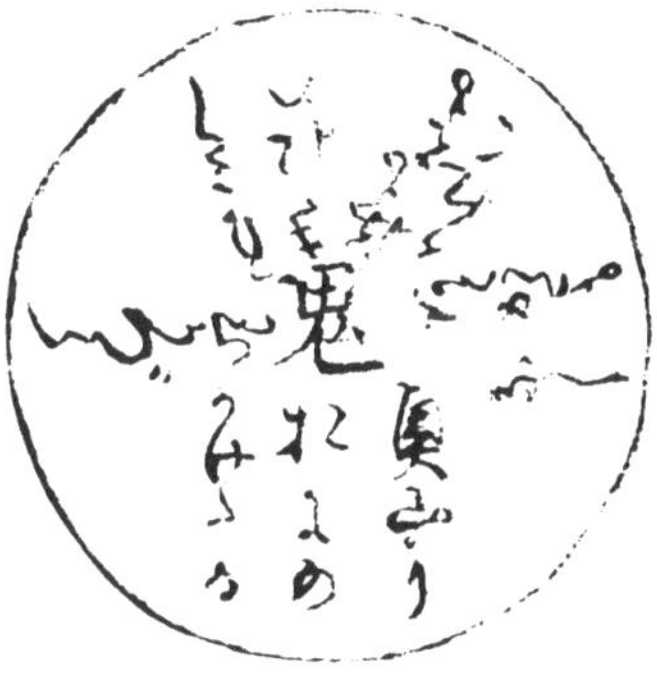
図360「疱瘡を避る呪」（新撰咒咀調法記大全）

り、符の「嫡子」は「赤子」とある。○「目に入らぬ呪」は、白芥子を(〔諸民必用懐中咒咀調法記〕には煎じて)足の裏に塗ると。目ぶち 鼻の下にも塗り、一口飲ますと、舌 咽《のんど》に出来ない。○「目に入った時」は、白膠木《ぬるで》の木の脂を乳で溶き指すとよい〔重宝綱目女要婦見硯〕。○「跡の着かぬ呪」は、山上《やまあぐる》*(=疱瘡で最も危険な時期を過ること)を終って後に家鴨の卵の白実を取り、顔に残らず塗る。重い出物でも跡は着かない。○「瘡気《くさけ》交じり出兼る治方」は、松茸の石突一ツを刻み 焙《ほいろ》に掛け 粉にし 湯に振り出して用いると、その侭出るのは奇妙である。○「溜りを治する方」は、溜《たまり》の穴へ、鶏卵の白実を落し入れるとどんなに深くても奇妙である。

〈疱瘡見舞〉〔進物調法記〕に「痘瘡見舞」の品目四十八を列記するが、紅扇子 紅菓子類 紅木綿 赤い布で作った蛍篭等、赤色の品目が十二もある。〔音信重宝記〕にも人形類は記すに及ばずとして、紅絹 紅木綿 赤い器に生亀を入れ、夏にはビイドロの徳利に金魚を入れ、朱唐紙で手紙等を書く等、〔女文翰重宝記〕には「疱瘡見廻の文」の範例がある。

道俗七衆【どうぞくしちしゅ】「しちしゅ(七衆)」ヲ見ル

導滞散【どうたいさん】〔骨継療治重宝記・下〕に導滞散は、重い物に圧され、高所より落ち、吐血が止まらず、瘀血が内にあり、胸腹が脹り満ち喘促し、気の短いのを治す。当帰・大黄(各二両)を、細末(粉)とし、毎服三銭を時に拘わらず温酒で調え服する。

東大寺【とうだいじ】 奈良名所。〔東街道中重宝記・七ざい所巡道しるべ〕に、東大寺 境内は八丁四方あり、八幡宮、十三重の石塔は聖武天皇剃髪の納所である。二月堂の本尊は観世音菩薩で名高い。御堂は大きく生駒山が見えて佳景。前に若狭井、滝、良弁杉があり、この辺に御堂が数多あり、俊乗坊御影堂には諸国勧進の時の笠杖がある。大仏殿 尊像は御丈五丈五尺五寸、御面相は一尺六寸、後光高さ八丈三尺。御堂は南向き、東西五十間、南北三十一間、高さ十五丈六尺、回廊は東西九十間、南北百間ある。他に鐘楼、勧進所、戒壇院、南大門は聖武天皇の建立で大きな仁王像がある。北向の荒神辺は飛火野という名所で、猿沢の池の方へ帰る。〔日用重宝記・一〕は聖武天皇勅願で、天平勝宝元年(七四九)、金銅十六丈の盧遮那仏を鋳成し、十二月七日供養等の寺史があり、〔年中重宝記〕は九月二日和州東大寺八幡祭り舞楽とある。

導滞湯【どうたいとう】〔医道重宝記〕に導滞湯は、打ち撲《うた》れ 内に瘀血《おけつ》があり痛み腫れるのを治す。瘀血を攻め下す方である。熟地黄・赤芍薬(各二匁)、黄芩・檳榔子・牡丹皮(各一匁半)、当帰尾(一匁)、桃仁(八分)、紅花(三分)を煎ずる。酒で蒸した大黄(一匁)を加えると最も効がある。実人に用い、虚症には八物湯*[補中]益気湯*の類を用い瘀血を去る薬を加える。

導痰湯【どうたんとう】〔医道療治重宝記〕に導痰湯は、風痰 湿痰、一切の痰涎 壅《ふさぐ》 盛《さかん》、或は胸膈に留飲し痰の塞がるのを治す。半夏・天南星・枳実・茯苓・陳皮(各四匁)、甘草(半匁)に生姜を入れ、煎じ服す。症状により加減の法がある。

唐萵苣【とうぢしゃ】〔万物絵本大全調法記・下〕に「莙薘 くんたつ/たうぢさ」。〔料理調法集・口伝之部〕に唐萵苣、藜は七月が賞玩である。三の汁、また和え物にしてよい。〈食合せ〉〔重宝記永代鏡〕唐萵苣《とうじさ》に芥子は食い合わせである。

道中中【どうちゅうじゅう】 重言。「道中中《だうちうぢう》は、道中の重言*」である。〔男重宝記・五〕

道中荷物人足割【どうちゅうにもつにんそくわり】 算法。今京から江戸まで百二十里と定め、荷持三荷を人足五人で持ち行く時、一人何里ずつか。又何里ごとに持ち替えるか。答え、一人の持ち道七十二里、持ち替えは十四里九丁ずつ。解は、百二十里に三荷を掛け三百六十里となり、これを五人

で割ると七十二里ずつ持つことになる。七十二里を五人で割ると十四里四歩（九丁）ずつになる。〔古今増補算法重宝記改正・上〕

道中の事【どうちゅうのこと】 道中とは旅の事である。〔大増補万代重宝記〕に、○「道中に出る用意」は、衣類着替の外、脇差 頭巾 足袋 甲掛 扇子 矢立 胴巻 巾着 小刀 耳掻 錐 小硯箱 算盤 秤 等二十品目の外、「懐中調法記」として心得手帳、薬は丸薬・煎薬・膏薬・血止・風薬・延齢丹・熊胆等、茶袋 針糸 物差 挑灯 蠟燭 付木 弁当籠 等二十品目がある。○「山中を行く時の心得」は、深山の大勢道中連はともかく一人旅では、道端に伏す獣が俄に驚き咬み付くこともあるので、特に夜等は竹杖の先を割り道を叩きながら行くと全て蝮 病犬等まで恐れて逃げる。逃げ場を失い人に咬み付く熊 狼 病犬等に出合っても慌てて騒いではならず、蛇や毒虫にも近付いて打ち叩き急き立ててはならず、逃げるに任せておくのがよい。〈道中達者薬〉〔男女御土産重宝記〕に、草烏頭・細辛・防風（各等分）を粉にして水で溶き草鞋の表に塗って履くとよく、どれほどの遠行にも足は腫れず、草臥れない。〔薬種日用重宝記授〕の「道中早金（一名、茶だし）」は、五倍子《ふし》の粉（二匁）、ロウハ（緑礬、四分）を極細末（粉）に合すとよい。

〈道中の留意〉〔新板秘伝日用重宝記〕に、○足痛みには天南星を擦りつけ、また足の裏に半夏 塩を塗る。○草鞋の擦り傷には、黄蘗の粉を付けて置く。○病の予防は、朝宿を出る時生姜を一ツ口に含むと霧 露 湿気等の邪気に中てられず、病も受けない。○暑気の時分には生姜を臍に当てて置くとよい。

〈道中呪い〉〔調宝記・文政八写〕に「損じなや をかしな竹に十文字 四方八方あひらうんけん」「血止め歌／難波津に咲くや此花冬籠 おんあひらうんけんそはら」と唱える。

道中早金【どうちゅうはやがね】 〔薬種日用重宝記授〕に道中早金は、五倍子の粉（二匁）、ロウハ（緑礬 四分）。極く細末（粉）にして合せ、茶で付ける。一名は、茶ぶし。

刀ヨ【とうちょう】 「ぎょろとうちょう（魚魯刀ヨ）」ヲ見ル

痘疔【とうちょう】 痘疔は「疱瘡」の滞りである。「小児痘疔」ヲ見ル

胴作【どうつくり】 立花。*〔昼夜重宝記・安永七〕に胴作は、花形《かぎょう》の眼《まなこ》とある。花でも葉でも籠《こも》った物がよく、牡丹・笹・蔓珠沙華・躑躅《つつじ》等がよいが、それぞれに挿し様にあしらい・習いがある。牡丹は胴より外に遣うことがなく、芍薬の葉を借り葉（「借葉／借花」）*に用いることがある。

藤蔓の花【とうづるのはな】 立花。*〔昼夜重宝記・安永七〕に藤蔓の花は、盛楼 床の下に砂の物、上に藤蔓の花とし、他にすることはない。（しん）は除《のきしん》とする。砂の物にも、花にも、床のあしらい、その他口伝がある。

どうでござすの干物で御茶漬さらさら【どうでござすのひものでおちゃづけさらさら】 〈平生ソレよく言う言語〉〔小野篡譃字尽〕に「どうでござすの干物で御茶漬さらさら」とある。何でもない日常茶飯事のことの意。『酩酊気質・下』には「妙でござすの干物でお茶漬さらさの風呂敷包」ともある。

銅鉄を忌む薬【どうてつをいむくすり】 〔医道療治重宝記〕に銅鉄ともに忌む薬として、玄参、肉豆蔲、地黄、益母草がある。辰砂は銅火を忌み、鉄は忌まない。

銅鉄を呑んだ時【どうてつをのんだとき】 〔斎民外科調宝記〕に銅鉄を呑んだ時は、万病解毒丸*を用いる。毒にあたり、手足 顔の色青く、時を過ごす者は死ぬ。

東塔【とうとう】 「比叡山」ヲ見ル

陶道【とうどう】 〈経絡要穴 背部〉一穴。大椎の節の下 二推の上の間にある。背を屈めてとる。足の太陽督脈の会。『銅人』に灸五壮、針五分。痎瘧悪寒し、背骨強ばり、頭重く、目眩いを治す。〔鍼灸日用重宝記・三〕

とうとうたらり【とうとうたらり】 妄書かな遣。「とうたう、たらり たらり と

う」。笛や鼓の譜をいう。〔小野篤謔字尽〕

痘毒【とうどく】「きょうしん（夾疹）」ヲ見ル

道頓堀【どうとんぼり】大坂名所。芝居が数多くある。その中にからくり芝居が二所あり、他に比類なく、見るべきである。〔東街道中重宝記・七ざい所巡道しるべ〕

唐納豆【とうなっとう】「からなっとう（唐納豆）」ヲ見ル

どうに迷う【どうにまよう】片言。「途に迷ふといふを、どうに迷ふ」という。〔世話重宝記・一〕

桃仁【とうにん】〔薬種重宝記・上〕に和木、「桃仁 たうにん／もものさね。湯に浸し、皮尖りを去り刻み炒る」。〈薬性〉〔医道重宝記〕に桃仁は甘く寒で、大腸を潤し、瘀血を破り、経を通じ、血瘕を治す。湯に浸し、皮と尖りを去って刻み、焙る。両仁《ふたご》のあるのを用いてはならない。

頭人【とうにん】「ものがしら（物頭）」ヲ見ル

桃仁丸【とうにんがん】〔丸散重宝記〕に桃仁丸は、労瘵や骨蒸（共に肺結核）が、日久しく止まないのに、この一味を搗き丸じて用いる。

桃仁承気湯【とうにんじょうきとう】〔医道療治重宝記〕に桃仁承気湯は、瘀血があり、小腹急痛し、大便利せず、小便自利し、或は譫語し、口乾き、通身黄ばみ、或は血結胸中にあり、手も腹に近付け難く、寒熱 昏迷して狂するようなのを治す。大黄（炒十匁）、桃仁（五匁）、甘草（二匁）、桂枝（一匁）に生姜を入れて煎じ、五更（四時）に服する。症状により加減の法が多い。

どうねぎ鴫【どうねぎしぎ】〔料理調法集・諸鳥人数分料〕に どうねぎ鴫は、一ツ焼鳥である。小さいので甲斐なく見える。『重訂本草綱目・四十四』に「鷸…どうねごしぎ。一名どうねぎしぎ」。

唐の芋茎漬【とうのいもがらつけ】〔男女日用重宝記・下〕に唐の芋茎漬は、芋茎の皮を剝き二ツに割り、桶に並べ 塩を振り、その上に蓼を置き塩を振り、段々に前のように漬け、五日も十日も二十日も置く。その汁で洗い上げ 水気を乾かし、味噌に漬けて押しを置く。

銅の事【どうのこと】〔万物絵本大全調法記・上〕に「銅 どう／あかがね。赤金《せききん》也」、又「緑青 ろくしやう／あかがねのさび。銅緑 どうろく。同」。〈軽重数〉一寸四方六方の重みを〔古今増補算法重宝記改成・上〕は六十三匁、〔重宝記永代鏡〕は七十五匁とある。〈腐らしの伝〉〔万法重宝秘伝集〕に「赤銅 真鍮腐らしの伝」は、丹礬・鼠糞（各一匁）を塩水で練り、その内へ真鍮でも赤銅でも埋めて置くと腐る。文字や絵を出したい時はよく磨き、何でも石漆《せしめうるし》*（＝いしうるし*）で書いて埋めて置くと漆のない所だけが腐る。〔新板秘伝日用重宝記〕に「赤銅腐らしの伝」は、硫黄・松脂・丹礬・鼠糞を入れ、梅酢で擂り合せて塗る。下絵は漆で書く。真鍮も同じ。〈銹取り様の伝〉〔新板秘伝日用重宝記〕に「唐金 銅《あかがね》 真鍮の銹取り様の伝」として米糊の強いのを金物の上につけて紙を貼り、日に干して紙を取り去る。〔秘伝重宝記〕には「垢落し様」として梅酢で洗うと新品のようになる。酢には塩気があるので跡を水で十分に洗う。〈鋳掛法〉〔万用重宝記〕には器具の疵口に松脂を少し置き、また白鑞《しろめ》（＝錫と鉛の合金）を少し置き 竹に火を着けて焼くと疵口に流れ込み、鋳掛の早わざとなる。〈毒〉〔万用重宝記〕に、銅の類に竹の火を焚くと大毒になる。「銅 鉄 地金」参照

多武の峯【とうのみね】大和所名。〔東街道中重宝記・七ざい所巡道しるべ〕に多武の峯は、談山《かたらいやま》ともいい、大織冠*の御社があり、社の後ろの山は美景である。社の西に十三重の有名な小塔があり、この塔の材木は唐土より取ってきたものである。細嶺《ほそとうげ》へ一里。〈氏神〉〔農家調宝記・二編〕に、藤原姓は談山権現及び春日社とある。

問うは一旦の恥問わぬは末代の恥【とうはいったんのはじとわぬはまつだいのはじ】〔世話重宝記・一〕に「問うは一旦の恥問はぬは末代の恥」については、

孔子が大廟に入り、悉く問うたこと等を思い合すとよいという。

唐蓮【とうはす】〔享保四年大雑書・草木植替重宝記〕に唐蓮は、三月に植え替えるとよい。蓮肉の後先、皮を削ぎ取り、水波の出て泥に植える。肥しは白豆を砕いて入れるとよい。日当たりに置くとよい。

唐藕餅【とうはすもち】菓子名。唐藕餅《とうはすもち》は、はすに上はまき物、中のようへ黄ながし入る、上に罌粟を付る。〔男重宝記・四〕

東番【とうばん】〔万物絵本大全調法記・上〕に、「東番 とうばん／たかさご。東番夷 とうばんい也」。シナから見て東方の蛮族をいう。

東福寺【とうふくじ】伏見名所。〔東街道中重宝記・七ざい所巡道しるべ〕に、禅宗五山*の内である。寺の材木は唐木といい、寺創立のまま火災がない。通天橋の下は紅葉の名所である。甘露井という名水がある。東福寺の南の太子堂前の石橋は京と伏見の境である。〔年中重宝記〕に、二月四日東福寺の内五大堂から「夛」の字を書いた札を出し、家々の門戸に貼って置くと疫気を除くという。二月十四・十五日東福寺涅槃会 兆伝子筆。十月十六日東福寺開山忌 聖一国師を葬送する儀式がある等の記述がある。

豆腐汁【とうふじる】〔料理調法集・汁之部〕に豆腐汁は、豆腐ともに酒の糟、又は濁り酒を味噌汁へ加える。

豆腐の事【とうふのこと】〈製法〉〔料理調法集・豆腐之部〕に豆腐製法は、大豆の白いのをよく洗い一夜水に浸し石臼で挽き、釜に湯を煮立てて挽いた豆を入れ、蓋をして噴いた時泡消しの油の糟を少し入れて消し、二噴きする時に桶に布袋を入れて汲み込み、絞って苦汁《にがり》を少し入れ、絞って蓋をして置くと豆腐が寄るのを、四方に底に透かしのある箱に布を敷いて汲み入れ、余った布を上に懸け落し、蓋を入れ重しを置き湯を去る。〔ちやうほう記〕は十丁作る時は大豆五升を洗い、水に一夜浸け、石臼で挽き割り、釜で煮、泡切りに胡麻油を少し入れ、布袋で濾し桶に入れ塩を少し合せ、箱に入れ布を敷き入れて蓋をして、一斗五升目程の重しを置く。直ぐの豆腐には、豆腐十丁積りに大豆五升を挽き割り皮を去り、水に浸け、石臼で挽き、袋で絞り、桶で二度少しずつ寄せる時 杓子で掬い上げ、水に入れて冷ます。〈薬性〉〔医道重宝記〕は豆腐《とうふ》には寒で小毒がある。中《うち》を寛くし 脾胃を和《か》し 大腸の気を下す。多食してはならない。大根はよく豆腐の毒を消す。〔永代調法記宝庫・四〕は気を動かし 瘡の毒 心気の頭風が起るという。〈中毒治法〉〔医術調法記幷料理書〕は豆腐に中《あた》った時は大根の卸し汁がよく、〔万まじない調宝記〕は豆腐の毒には生豆腐を食わせるとよいという。〈切り様〉〔料理重宝記・下〕に豆腐を細く切り様は、豆腐を箱の二方の角へ押し当て左手をあて、極く薄刃で細く切り、直ぐに横へ取り直して同じように切る。煮る時葛を少し入れると千切れることはない。葛の替りに糯米七粒でもよい。〔料理調法集・秘事之部〕は薄刃庖丁に酢を塗って切ると薄く切れる。水に入れ酢気を去る。〈豆腐結び様〉〔万用重宝記〕に豆腐を結ぶには、水の中へ椿木の葉を四五枚入れ、豆腐を薄く切って入れ、ともによく煮て、これを生ぬるく冷まし、その湯の中でそろそろと結ぶ。吸物に至極よい。

豆腐飯【とうふめし】〔料理調法集・飯之部〕に豆腐飯は、煎り豆腐を荒い金通しで濾し、常の如く炊いた飯に交ぜる。〔懐中料理重宝記〕には豆腐を崩して絞り、細かに揉み、薄醤油と酒塩で味をつけ、よく蒸れて飯に交ぜる。

豆腐料理【とうふりょうり】語頭に「豆腐」を冠する以外の料理に次がある。伊勢豆腐*　糸豆腐*　今出川豆腐*　煎り豆腐*　魚豆腐*　饂飩豆腐*　黄檗豆腐*　織部豆腐*　懐中豆腐*　かごめ豆腐*　歌書豆腐*　粕貞羅《かすていら》豆腐*　唐《から》豆腐*　祇園豆腐*　菊豆腐*　義《ぎ》勢《せい》豆腐*　肝《きも》豆腐*　九二四《くにし》豆腐*　胡桃豆腐*　源氏豆腐*　氷豆腐*　凝《こごり》豆腐*　九重《ここのえ》豆腐*　胡麻豆腐*　沙羅沙豆腐*　塩焼豆腐*　嶋豆腐*　摺揚豆腐*　白煮《しろに》豆腐*　索麺豆腐*　蕎麦切豆腐*　大徳寺豆腐*　玉子豆腐*　苞《つと》豆腐*　摘入《つみいり》豆腐*　釣《つり》豆腐*　縮緬豆腐*　南京豆腐*

南禅寺豆腐* 煮抜豆腐* 煮寄豆腐* 八盃豆腐* 初霜豆腐* 肥後豆腐* 麩の焼豆腐* 振焼豆腐* 浮和々豆腐* 弁慶豆腐* 松皮豆腐* 結び豆腐* 布巻《めまき》豆腐* 焼き泡雪豆腐* 利休豆腐*。

銅粉丸【どうふんがん】〔改補外科調宝記〕に銅粉丸は、唇風*の薬にする。緑青（五分）、胡粉（三匁）、明礬・軽粉（一匁五分）、麝香・竜脳（各一分五厘）等を粉にする。まず黄連（一両）を刻み煎じ詰めて膏薬のようにし、先の粉薬を練り合せて小豆の大きさに丸じ、毎日一粒ずつ湯で溶いて腫物を洗う。内薬には荊防敗毒散*を用いる。

湯餅【とうへい】「索麺《そうめん》の事」ヲ見ル

東壁土【とうへきど】〔薬種重宝記・上〕に和土、「東壁土 とうへきど／ひがしのかべつち」。久しく古いのを用いる。水に掻き立て、砂を去り、日に干す。

童便の方【どうべんのほう】〔骨継療治重宝記・下〕に童便の方は、童便を煎じて服する。一服一升とする。卒血 或は胸を打たれ内に瘀血のあるのを治す。

唐変木【とうへんぼく】 妄書かな遣。「ごろにやん／たうへんぼく（唐変木）、ばか（馬鹿）なやらう（野郎）だ」。〔小野篡謔字尽〕

同朋【どうぼう】 武家名目。童坊とも書く。〔男重宝記・一〕に同朋は、坊主の形で、殿中の御用に侍る意。足利義満将軍*幼君の頃から始ったという。

胴骨【どうぼね】〔骨継療治重宝記・上〕に次がある。胴骨の番《つがい》々より双方へ筋一条が出て、この筋は総数六十一筋あり、一方に三十筋あり、一筋は骶《かめのを》尾骨より通る大筋である。◇右 内から外の線へ。①総名を腰の髖骨という。②この二穴は股の叉骨（叉骨）、歩行動作を自由にする。③二十一節の下の細小骨を骶尾《ていび》骨、俗に亀の尾という。○中央。大一椎を大椎という。その上に天柱骨が三ツある。人により一ツも二ツもある。◇左 内から外の線へ。④腰部八窌の穴辺に窌がある。ここから腰骨後ろへ張り出がある。皮肉がある内は見えない。⑤この穴は底があり、又骨は抜け通らない。⑥この穴は底がない（図361）。

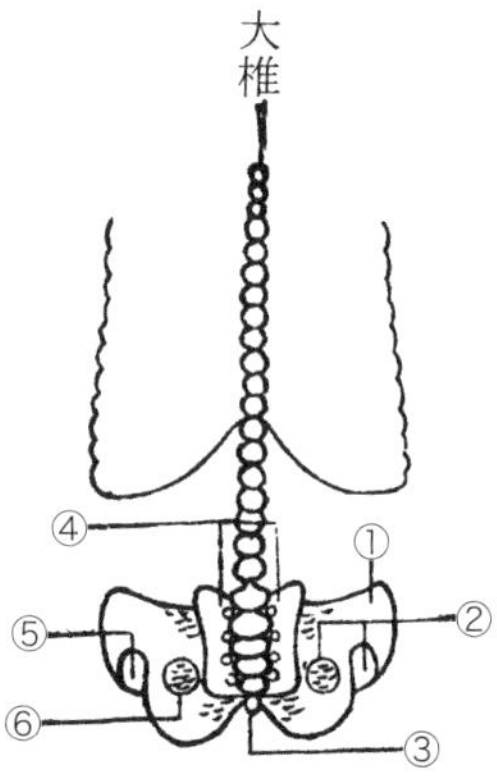

図361 「胴骨」
（骨継療治重宝記）

唐本屋【とうほんや】 中国渡来の漢籍を売買する本屋。学者へは貸本もする。〔万買物調方記〕に次がある。「京ニテ唐本屋」衣の棚竹や町上ル 山形や清兵衛、同二条上ル 同善兵衛、二条通西洞院角 壺屋宇兵衛。「江戸ニテ唐本屋」呉服町一丁目 山形や太兵衛、日本橋南一丁目 大野木市兵衛。「大坂ニテ唐本屋」真斎橋 秋田屋大野木市兵衛。

唐豆【とうまめ】「はくへんず（白偏豆）」ヲ見ル

胴丸【どうまる】 鎧*名所。筒丸とも書く。歩兵用の簡略軽装の鎧。〔武家重宝記・三〕に揺実《ゆるぎさね》毛《け》引番《ひきつがい》はないので胴丸という。大荒目《おおあらめ》の胴丸というのは、縫い延べにしたものである。

動脈【どうみゃく】 九道の脈*の一。〔医道重宝記〕に動脈は、微動《すこしうごく》、豆のようで、来もせず 行きもしない。虚労 血崩 痢病をなす。〔昼夜調法記・正徳四〕には数脈《さくみゃく》が関部に表れて、上下に頭も尾もなく、豆の大きさのように動揺するのを動という。痛と驚とを主《つかさど》り、男は亡精し 婦人は崩漏する。

道明寺酢【どうみょうじすし】〔料理調法集・煮出煎酒之部〕に道明寺酢は、道明《どうみょう》寺《じ》乾飯《ほしいい》（＝河内道明寺で糯米を蒸して乾飯にしたもの）を水に浸し、よい程に柔かくなった時、よく洗い滑りを取り、合せ酢で支える。

道明寺味噌【どうみょうじみそ】〔料理調法集・調製味噌之部〕に道明寺味噌は、道明寺糒《ほしいい》一升、上赤味噌五合を擂り濾して、太白砂糖一斤を交ぜ合せ、板へ蒲鉾形でも角でも好き次第に付けて蒸し上げる。但し、白味噌を濾してこのように交ぜ合せ、にしきにつけたのもよい。

道明寺屋引飯【どうみょうじやひきいい】引飯《ひきいい》は、糒《ほしいい》をいう。〔万買物調方記〕に、大坂で道明寺屋（引飯）は、北久太郎町 福嶋や、堺筋弁過書町にある。

どうもり【どうもり】「ども（吃）は、どうもり」。〔小野篁謔字尽・かまど詞大概〕

唐紋縮緬【とうもんちりめん】〔絹布重宝記〕に唐紋縮緬は、近年の船来は稀であり至って貴品である。和産の絹はとても及ばない。紋柄は浮華鮮明で浮いているように見える。和と唐の紋縮緬は、絹の裏が特に違うので注意すべきである。

唐屋形縮緬【とうやかたちりめん】〔絹布重宝記〕に唐屋形《とうやかた》縮緬は、全一尺六寸巾である。格別よい絹はない。丈は六丈を過ぎず、短いものは五丈七八尺ばかりである。巾に狭い絹があり、前襟立に成り難い絹があり、注意すべきである。絞《しぼ》は丹後縮緬*の今一ト位若い縒《より》である。染付白生《いけ》物は冴《さ》えず、その他の色は何に染めてもはんなりとしたことは他の絹に勝る。織留には唐縮緬の験しに銭緡《ぜにざし》程の物を織り入れており、奸商が贋物に朱印を据えて仕入れることがあるので、銭緡の織留を見るのがよい。十五疋を杉の長崎箱に入れて取り扱う。

当薬【とうやく】「胡黄蓮」ヲ見ル

湯薬【とうやく】〔料理調法集・点心之巻〕に、点心*にはまず湯薬を参らす。甘味は虫の毒なので、虫に当らないように用いる。薬方は、肉桂・圭心・丁子・白檀・乾姜・陳皮・胡椒（各等分）。又の方に、肉桂・山椒・胡椒（各小）、陳皮・白朮（各大）を細末（粉）し、或は紙に少し包み三方に組みつけ、中に湯土器、前に椿茶匙を置き、面々に出し、金色にて湯を引く等の方がある。

灯油の事【とうゆのこと】〈軽重数〉〔算学調法塵劫記〕に、灯油一升の重さは四百三十匁。〈氷らぬ方〉〔日用調法人家必用〕に「灯油寒中に氷らぬ伝」は、荏の油を少し差して使うと氷ることはない。

桐油の事【とうゆのこと】〈桐油漆〉〔調法記・四十ぅ〕に桐油《とうゆ》漆の伝は、荏の油一升を八合に煎じ、丹一両を入れ 油の色が黒くなった時、火を去り冷まして置き、絵の具を何色でも塗る度に合せ、布濾の漆を刷毛で一遍塗って乾かし、また一遍塗る。〈粘りを去る法〉〔秘密妙知伝重宝記〕に桐油合羽の粘りを去る法は、大根の卸し汁一合に鶏卵一ツを入れて掻き混ぜ、火で少し焙め、卵が固まらない程で上げ、合羽の表に刷毛で引くと合羽の粘りを去る。〈合羽屋〉〔江戸流行買物重宝記・肇輯〕に「桐油合羽屋」神田はたご丁一丁メ 鳫金屋徳兵衛、同柳原 殿蔵屋勘九郎、本石町十軒店 奥田屋喜右衛門、銀座二丁メ 加ね屋半蔵、馬喰労町三丁メ 山田屋吉兵衛、本郷三丁メ 桑名屋忠兵衛ら九軒がいる。

胴欲に【どうよくに】「嶢《ぎょう》な／仰山な」ヲ見ル

道理で南瓜が唐茄子だ【どうりでかぼちゃがとうなすだ】〈平生ソレよく言う言語〉「どうりでかぼちゃがとうなすだ」は、似たりよったり、五十歩百歩の意。南瓜の小型が唐茄子の意。〔小野篁謔字尽〕

当流躾方五十一箇条【とうりゅうしつけかたごじゅういっかじょう】足利尊氏（源尊氏*）将軍の孫、鹿苑院義満（くぼう「公方*」）将軍の時（一三六八～九四）、今川左京太夫氏頼・小笠原兵庫助長秀・伊勢武蔵守満忠の三人に命じ、武家故実書を編集させ躾方を定めた。躾方には今川流・小笠原流・伊勢流の三流があり、小笠原流を当流とし、〔男重宝記・五〕に「当流躾方五十一箇条」として載る。内容は民間礼儀作法を中心に生活万般に及ぶが、基本は上ツ方や相手方を尊重し 我が身を慎みながらも諂わず、また内容や目的を理解して筋道の通った行動をすることにある。その主だった

事項は躾方心得として、独立 流布しているものもが多い。

東林寺瓜漬様【とうりんじうりつけよう】〔男女日用重宝記・上〕に東林寺瓜漬様は、盛りの瓜の内をよく取り、塩を七分入れ、押しを掛け一夜置き、その汁で洗い上げ、天日に干す。新しい糟一斗に塩二升を合せて籐簀子を桶の底に三寸敷き、その上に瓜を俯向けに並べて置き、瓜の見えないように糟を置き、その上に小糠を二寸置く。

刀鎌疔【とうれんちょう】十三疔の一*。〔改補外科調宝記〕に刀鎌疔《とうれんちょう》は、腫れが広がり、韮の葉の大きさのようである。

蟷螂が斧【とうろうがおの】〔世話重宝記・三〕に『淮南子』に出るとして次がある。斉の荘公の猟《かり》の道で、蟷螂が足を上げて荘公の車に向って怒る気色に、荘公は小勇も侮ってはならないと言って車を返した。蟷螂が両足を上げたのが人が斧を持ち上げたのに似ているので言い、力の及ばないのに、立ち向かうことを蟷螂が斧という。

灯籠見物【とうろうけんぶつ】〔年中重宝記・三〕に七月十四日 十五日、禁裏及び両本願寺で灯篭見物。十四日は、禁裏で盂蘭盆会。後には十三日から十六日迄をいうようになった。

灯籠堂【とうろうどう】 高野山名所。横六七間、長さ二十六七間の万灯籠がある。北東の方には経蔵がある。〔東街道中重宝記・七ざい所巡道しるべ〕

灯籠を灯す事【とうろうをとぼすこと】〔重宝記・宝永元序刊〕に、燈籠を張り上げることは藤原定家の『明月記』にあり、寛喜二年（一二三〇）「七月」十四日、近年今宵 民家に長い竿に燈籠を結び上げ精霊を迎える。その数多く、流星 人魂に似るという。〔年中重宝記・三〕は、今日（七月十五日）先祖の廟に参詣し燈籠を灯し、自らの家にも当月中燈籠を灯す。ここでも『明月記』の記事を指摘している。

独逸【どえつ】〔童蒙単語字尽重宝記〕に独逸《どえつ》は列国。諸州合して広さ六万八千八百五十万坪、民は七百十八万二千三百五十人。翰堡《はんびゅるく》 民は十七万五千六百八十三人。〔蘭学重宝記〕に「独乙蘭土文字」がある。

遠い所へ遣る文【とおいところへやるふみ】〔女筆重宝記・三〕に遠い所へ遣る文は、横文《よこぶみ》（＝料紙を半折し折り目を下にして書いた書状。折り紙）に随分細やかに書いて遣る。「めでたくかしこ」と留めて、次に月日を書く。〔文章指南調法記・五〕には「遠所見廻」、〔同・一〕には「遠所付届之返書」の範例文がある。「近い所へ遣る文」参照

十日【とおか】〔消息調宝記・二〕に、「とをかのひは、十日。とをかむゆかは、十六日。とをかやうかは、十八日」。

十日夷【とおかえびす】〔年中重宝記・一〕に、一月十日、摂津国今宮夷参り、俗にこれを十日夷《とおかえびす》という。

遠くへ行くを忌む日【とおくへゆくをいむひ】〔昼夜重宝両面雑書増補永暦小筌・慶応二〕に遠くへ行くを忌む日がある。正・四・七・十月は酉の日。二・五・八・十一月は申の日。三・六・九・十二月は丑の日。

遠く行きて帰らぬ日【とおくゆきてかえらぬひ】〔万民重宝改正大ざつ書〕に遠く行きて帰らぬ日がある。決して遠くへ行ってはならない。九月は申の日。十月は未の日。十一月は午の日。十二月は巳の日。

通し矢【とおしや】「おおやかず（大矢数）」ヲ見ル

遠江【とおとうみ】 遠州。〔重宝記永代鏡〕には浜名、敷智《ふち》、豊田、長上《ちょうのかみ》、長下《ちょうのしも》、磐田《いわた》、山名《やまな》、榛原《はいばら》、引佐、麁玉《あらたま》、周智《すち》、城飼《きがう》、山香《やまが》、佐野の十四郡をあげ、城下は横須賀、掛川、浜松で、一ノ宮は事任《ことのまち》である。〔万民調宝記〕に居城知行高は、掛川・井伊伯耆三万五千石、浜松・青山下野五万石、横須賀・西尾隠岐二万五千石とある。〔大増補万代重宝記〕には浜名に替り渥美がある。上管、大上々国、東西二日半。田数一万二千九百六十四町、知行高二十八万石。〔重宝記・幕末頃写〕には山河郷里相交り、地七尺、種は千倍・万倍に至る。浜松県から、今の静岡県西部があたる。〈名物〉〔万買物調方記〕に乾姜、茜、紫、浜松蜜柑、けが

鮒、掛川の葛布、日坂の葛餅（蕨餅という）、浜名の納豆、菊川酒、新居の鰻など。

遠道に足の痛まぬ法【とおみちにあしのいたまぬほう】〔里俗節用重宝記・上〕に遠道に足の痛まぬ法がある。○草烏頭・細辛・防風（各等分）を合せ、草鞋を水に浸し、この粉を塗りつけて踏むと甚だよい。○足の腫れたのには、半夏の粉を水で溶いて付ける。○足を擦り腫れたのには、蚯蚓をつけるとよく、兎の毛もよい。五倍子《ふし》を楮の油で溶いて付けるのもよい。○豆を切るには、角石・黄連・朱（各等分）を合せ、鶏糞を少し加え椰子油で溶き、苧に針を付け、糸に薬を塗って豆に通し、糸の後先を切って引くとそのまま癒える。

遠山染【とおやまぞめ】〔秘伝手染重宝記〕に「とをやまぞめ（遠山染）」は白鬱金、浅黄、薄柿によい。山の形に紙を切り抜き、絵の具は「沙羅紗染」*の通りに拵え、大きな竹を三寸程に二十本程切り、碁盤縞に組み篊《とおし》を拵え、小竹で山の峯の方は濃く、いつともなくぼかしのように刷毛を廻し打つ。巧者の出る程見事に出来る。紙で稽古するとよい。

遠山の花【とおやまのはな】 大和詞。「とを山の花とは、恋しき事」である。〔不断重宝記大全〕

とおよる【とおよる】「とをよるとは、たはは（撓）による（寄）也。枝も撓《たわ》む迄、果《このみ》なる也」。〔消息調宝記・二〕

通り符帳【とおりふちょう】「符帳」ヲ見ル

とかき【とかき】 片言。「竜子《とかげ》を、とかき」という。〔世話重宝記・一〕

兎角【とかく】〔世話重宝記・一〕に兎角は『三教指帰』から出たとして次がある。亀毛《きもう》先生、兎角《とかく》公、蛭牙《しつが》公子と言って、兎に角、亀に毛、蛭に角等それぞれ無き物を出して名とした。詞に、兎角言うに及ばず、兎角案じ廻らす等というのは、物を言い持てゆけば無いこと迄言い、物を思い廻らせば無いこと迄案じ続ける故、兎角と言うのである。兎も角もと書くのは悪い。『日本紀』には取捨《ともかくも》、『万葉集』には左右《ともかくも》と書いている。また左往右往《ささまこうざま》、東行西行《とさまこうざま》とも書く。

戸隠大明神【とがくしだいみょうじん】 大坂願所。平野町御霊の社内宝城寺に戸隠大明神の社がある。歯の痛み強く難儀の人が、無言で参詣し、三年間梨を食わないことを誓って立願すると、忽ち平癒する。御礼参には、梨に年数を記して献ずるか、絵馬或は何の絵馬でも奉納するとよい。御縁日は十八日、二十三日、二十四日、二十九日。〔願懸重宝記・初〕

栂尾山【とがのおさん】 京名所。〔東街道中重宝記・七ざい所巡道しるべ〕に高山寺と号する。法性坊尊意僧正開基。中興は明恵上人である。〔年中重宝記〕に、六月二十二日から二十七日迄、栂尾虫払い。十月十二・十三日は、栂尾虫供養。

尖矢【とがりや】〔武家重宝記・二〕に尖矢は、腸《わたくり》（＝腸を抉る意からの称）のある根を差したのをいう。図ハ「矢の事」ニ出ス

とき【とき】 矢音詞遣。* 犬懸（犬追物）で中った時の矢音は「とき」という。〔武家重宝記・二〕

時取善悪の事【ときどりぜんあくのこと】〔懐中調宝記・牛村氏写本〕に「時取善悪の事」が図のようにある（図362）。

時の下食日【ときのげじきにち】 暦下段。〔重宝記永代鏡〕に時の下食日は、その一時（約二時間）を忌むもので、一日を忌むのではない。髪、月代《さかやき》の扱い、沐浴する事。また五穀、草木を植えるのを忌む。他は妨げはない。正月は未の日 亥の時（二十二時）。二月は戌の日 子の時（零時）。三月は辰の日 丑の時（二時）。四月は寅の日 寅の時（四時）。五月は午の日 卯の時（六時）。六月は子の日 辰の時（八時）。七月は申の日 巳の時（十時）。八月は酉の日 午の時（十二時）。九月は巳の日 未の時（十四時）。十月は亥の日 申の時（十六時）。十一月は丑の日 酉の時（十八時）。十二月は卯の日 戌の時（二十時）。

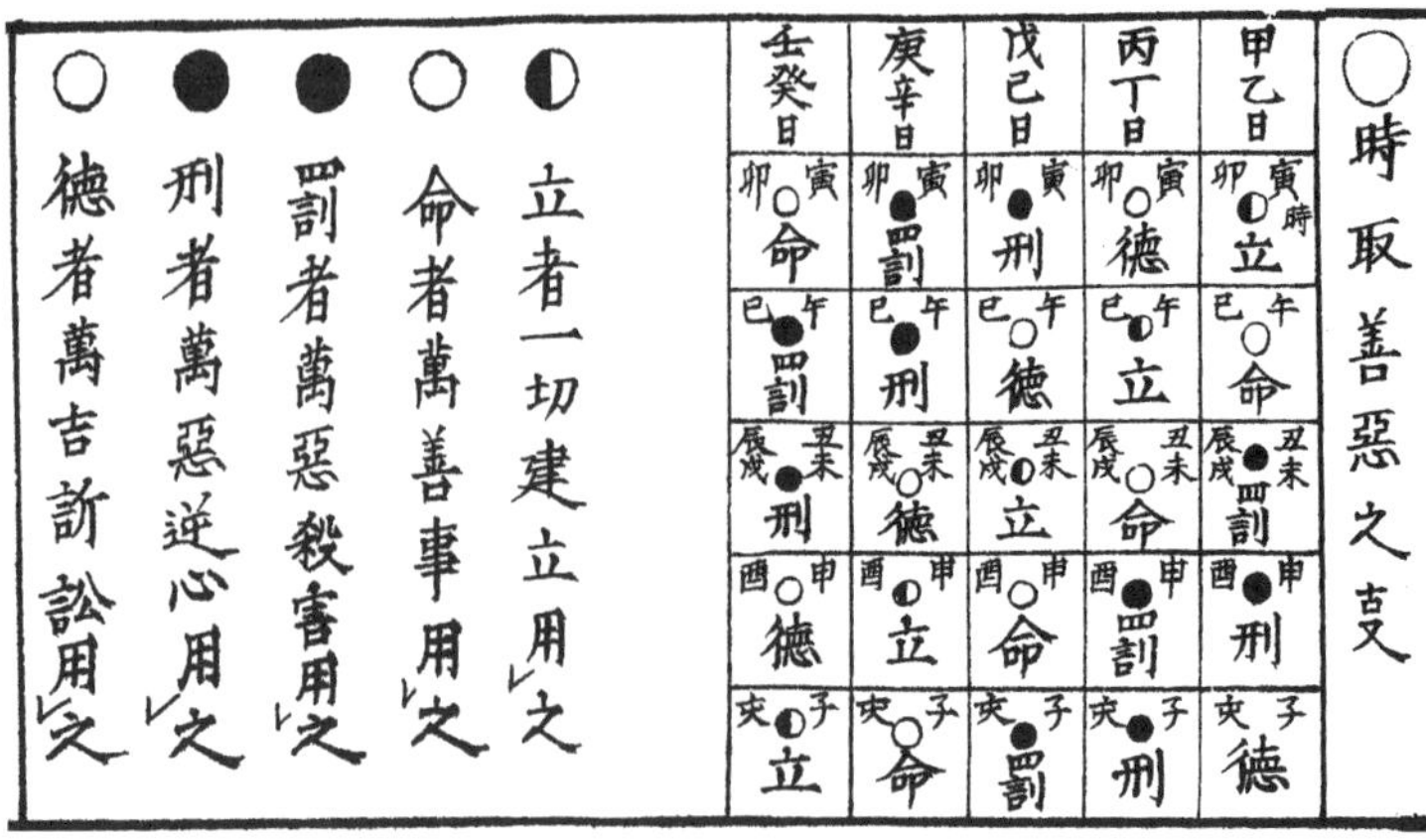
時取善悪之事
立者一切建立用之
命者萬善事用之
罰者萬悪殺害用之
刑者萬悪逆心用之
徳者萬吉訴訟用之

図362 「時取善悪の事」（懐中重宝記・牛村氏写本）

時の三箇【ときのさんか】「三箇《さんが》の悪日」ヲ見ル

時塞りの方位【ときふさがりのほうい】金神*のうち、「時塞りの方位」ヲ見ル

吐逆／反胃【とぎゃく／ほんい】「嘔吐 反胃 吐逆 呑酸」ヲ見ル

常盤木【ときわぎ】大和詞。「ときは木《ぎ》とは、松《まつ》の事」である。〔女重宝記・五〕

常盤草【ときわぐさ】草花作り様。常盤草の花は白色。土は肥土に砂を少し交ぜるとよい。肥しは雨前に根に小便、また茶殻の粉を用いる。分植は春、秋にする。寒葵である。〔昼夜重宝記・安永七〕

常盤黒【ときわぐろ】〔染物重宝記・天明五〕に常盤黒は、下染は瑠璃 花色にして、生伏子《きぶし》少なく、桃皮を第一に使う。色が変わらないため、常盤染ともいう。梹榔子染*憲法染*とともに、黒の上品とする。

常盤御前【ときわごぜん】賢女。源義朝*の室 常盤は、平治の乱で夫義朝を始め一類悉く討死して、今若・牛若・乙若の三人の子を抱え伏見をさまよう時、弥平兵衛宗清に生け捕られた。平清盛は常盤の美貌を兼ねて聞いており、心に随うよう責めたが、三人の子さえ助命《たすけ》ればと言うのに喜んで助け、常盤は女の操を捨てて清盛に随った。その後長子の（源）頼朝*、弟の（源）義経*（源）範頼等が東国に旗上げし、遂に平家を西海に滅ぼし、天下太平の基を開いた。頼朝の戦功ではあるが、元は常盤が貞を捨て、貞を立てたのによる。〔重宝女訓女今川操文庫〕

常盤五郎義政末葉【ときわごろうよしまさばつよう】諸氏名字。常陸源氏。常葉《ときわ》国《くに》囲《い》の二名字が出ている。常陸源氏ともいう。〔筆海重宝記〕

常盤の山【ときわのやま】大和詞。「ときはの山とは、物のかはらぬ事」である。〔不断重宝記大全〕

常盤味噌【ときわみそ】〔料理調法集・調製味噌之部〕に常盤味噌は、漉し白味噌三合、漉し赤味噌一合、薄口酒四合、古伊丹酒二合、氷おろし五十匁。両様の味噌を酒で解き、炭火で練り、大概詰る時分、氷おろしを入れ練り詰め、よい時分に胡桃二合、芥子一合、黒胡麻一合の三品を見合せて入れ、練り交ぜる。〔料理重法記・下〕は、白味噌・赤味噌各二合五勺、砂糖二合、古酒四合、胡桃三十、胡麻五勺の六味を一緒に合せ、生姜を少し擂り入れ、炭火で練り、壺に入れて置く。

毒中り【どくあたり】〈**毒気を知る心得**〉〔男女御土産重宝記〕に湯 茶 酒は勿論、総じて汁のある物に向い我が影が写らないのはその中に毒があると知る。〈**毒中り**〉〔改補外科調宝記〕は諸毒に中《あた》り脈の洪大なものは生き、微細なものは死に、洪大で遅いものは生き、微細で数《さく》多いものは死ぬ。〈**毒消し**〉〔家内重宝記・元禄二〕は「万ず金石の毒」に中った時は、甘

草の節を胡麻油に浸し噛み砕き汁を飲む。総じて「一切の百毒」に何でも中った時は、緑豆《ぶんどう》と甘草を煎じて飲むと奇妙である。〔永代調法記宝庫・三〕は毒消しに、桜の皮、破れ鼓皮、鵠を等分に黒焼きにし、一銭を水で与えると必ず吐逆して苦しまない。〔新撰咒咀調法記大全〕は毒消しの方に、羅石草《らせきそう》（=川にある蛭藻）を陰干にし粉にして用いる。鉄を忌む。石臼で挽く。〔丸散重宝記〕に諸毒に中って大熱 悩乱する時は、甘草と大豆を煎じて用いる。その他、巴豆や烏頭等は百薬の毒を皆治す。〔万家調法呪詛伝授囊〕は、○諸薬毒に中ったのを解す法は、急に藍の葉を搗き、絞り汁を多く用いる。生藍がない時は藍物の紺を洗い、その汁を用いる。○薬毒には甘草（一匁）、黒豆（二匁）を煎じて用いる。〔鍼灸重宝記綱目〕は砒霜石、班猫の毒、その他諸々の毒に中った者は、中脘に深く針をして吐かせる。水溝に針しても妙である。

〈呪い〉〔新撰咒咀重宝記大全〕は「毒に中り死するを生かす方」は、次の符を水で飲ませるとよい（図363）。また一枚書いて頭の上に頂かせて置き、祈念するとよい。「食物の毒中り」参照

図363 「毒に中り死するを生かす方」（新撰咒咀重宝記大全）

土公神【どくうじん】「どこうじん（土公神）」ヲ見ル

独活【どくかつ】「うど（独活）」ヲ見ル

独活寄生湯【どくかつきせいとう】〔医道重宝記〕に独活《どくかつ》寄生湯は、腎気の虚した者が湿地に臥し、腰 背中が攣り、筋骨が痛み、或は半身が叶わず、冷え痺れるのを治す。独活（三両）、牛膝・杜仲・秦艽・細辛・肉桂・川芎・芍薬・桑寄生・茯苓・人参・当帰・防風・熟地黄・甘草（各二両）を煎じ、空き腹に服する。桑寄生のない時は、続断に替える。〔医道療治重宝記〕には諸症により加減補薬があり、〔改補外科調宝記〕は量目を替えて、付骨疽*の既に潰れるものに用いる。

独古印【とくこいん】〔新撰咒咀調法記大全〕に独古印は真言密教の手による印契の一。「九字《くじ》の大事」ヲ見ル

徳合日【とくごうにち】日取吉凶。〔重宝記永代鏡〕に徳合日《とくごうにち》は、万に用いて吉日である。正・五・九月は己《つちのと》の日。二・六・十月は辛《かのと》の日。三・七・十一月は乙《きのと》の日。四・八・十二月は丁《ひのと》の日。

木賊【とくさ】草花作り様。〔昼夜重宝記・安永七〕に木賊《とくさ》の花は中浅黄色である。土は合せ土*を用い、肥しは魚の洗い汁がよい。分植は春、秋がよい。〔薬種重宝記・下〕に和草、「木賊 もくぞく／とくさ。節を去り、刻み、少し炙る」。〔寺子調法記〕等に小謡「木賊」が載る。

木賊蒲鉾【とくさかまぼこ】〔料理調法集・蒲鉾之部〕に木賊《とくさ》蒲鉾は、青い擂身を篠蒲鉾*のようにして、二寸余に切り形をする。

木賊餅【とくさもち】〔菓子調法集〕に木賊《とくさ》餅は、紅梅餅*と同じ仕方でよせ菜で色をつけ、竹の筒で絞める。四分六でもよい。〈売り店〉木賊餅は、柴口源助丁 近江屋半七が、椿餅・鶴子餅・ねね子餅・杢目餅・鹿子餅などとともに売っている。

独勝散【どくしょうさん】〔改補外科調宝記〕に独勝散は、高所より落ちて筋骨を破り、血の止まらないのに用いる。大黄（一両）と石灰（炙る 六両）を大蒜《にんにく》と搗き交ぜて血の出る所に付ける。この外、一切の血止めに妙である。

読書の法【どくしょのほう】文章の読み方の問題として、句読*・段落*・批点*、さらに「書物朱引の歌*」の説明がある。〔大成筆海重宝記〕

独参湯【どくじんとう】〔医道重宝記〕に独参湯《どくじんとう》は、陰虚し陽俄かに絶し目眩いし倒れる者を治す。真陽虚し脱《もぬ》け 出血の甚しいものには、諸病ともに必ず独参湯を用いる。手足冷え 元陽虚する者には付子（五分）を加

え、これを参付湯《じんぷとう》という。人参（二匁）、水（一合）を入れ、半合に煎じ、温めて服する。或は生姜（五分）を加える。〔改補外科調宝記〕に打撲《うちみ》*の薬とし、処方を人参（二両）、大棗（一枚）、生姜（十片）を水で煎じ、しずしず（徐々）と服する。気付《きつけ》の妙薬。

毒草の毒【どくそうのどく】〔斎民外科調宝記〕に毒草を食し諸々の毒にあたり死にそうな時は、板藍根（四両）、貫衆・青黛・生甘草（各一両）を粉にし、餅で梧子の大きさに丸じ、別に青黛を衣にし、急に十五丸を嚙み砕き、汲み立ての水で用いる。

徳田【とくた】定田の盛石《もりこく》、年貢の定めに対し、それ以上の収穫のある事をいう。〔地方調法記・下〕「徳田の訳の事」に、徳田《とくた》というのは第一は地広《ちひろ》である。これは検地で緩やかに竿を入れるか、また芝間《しばま》・溜井《ためい》・土《ど》手《て》等の竿除《さおよけ》の分を後に起き帰りにするか、又至極上田でも先年より下免になるのもあり、或は検地の節は下田で盛り石の低いのが後に井が懸って上地になり、昔の竿のために徳田になる訳がある。「そんだ（損田）」*の対

徳大寺【とくだいじ】七清花*の一。〔男重宝記・一〕に徳大寺は、家領四百十石である。

どくだて【どくだて】片言。「どくだて、絶毒 どくだち」である。〔不断重宝記大全〕

徳日【とくにち】日取吉凶。〔重宝記永代鏡〕に徳日《とくにち》は、財《たから》を納むるには吉日、財を出すには凶日である。正・七月は午の日。二・八月は丑の日。三・九月は巳の日。四・十月は未の日。五・十一月は酉の日。六・十二月は亥の日。

犢鼻【とくび】〈経絡要穴 腿却部〉二穴。膝頭の下骱骨の上陥み、即ち三里の上三寸にある。針六分か三分。或は禁灸。灸二壮。脚気、膝腫れ痛むのを治す。膝が腫れて潰れると治らない。〔鍼灸重宝記綱目〕

徳本家秘方【とくほんけひほう】徳本家秘方に次がある。「狂乱を治す」*「辰砂散*（血の道）」「大乙丸*（熱虫種）」「木香丸*（冷虫種）」。

督脈【とくみゃく】〈十四経脈〉督脈は、下極の腧（＝ありのとわたり。二陰の間）に起り 背裏《せなか》にそって上り風府に至り脳に入る。頂《いただき》に上り 額《ひたい》を循《めぐ》り鼻柱に至り 陽脈の海《かい》に属する。これを病む時は背が強ばり 反り返る。その絡は性器を循り 纂間に合し 纂後《しりえ》を循り 別に臀《しり》を循り 少陰と巨陽《こよう》に至る。中絡は少陰に合し 腹の内後ろ廉《かど》に上り 背を貫き 腎に属し 太陽と目頭《まがしら》に起り 額に上り 頂に交じり入り 脳を絡《まと》い 還り出て別に項《うなじ》を下って肩髆《かた》を循り 背を挟み 腰中に入って背を循り 腎を絡う。その小腹《ほがみ》より直に上るものは 臍の中央を貫き上って 心を貫き 喉に入り 頤あ（おとがい）に上り 唇を循り 上って両目の中に係る。この病は小腹より上って心《むね》に衝《つ》いて痛み 大小便は通ぜず衝疝《せんき》となる。痢病 痔 遺溺 喉が乾く。背を挟み 項《うなじ》に上り 肩胛《かたせな》の左右に当り 別に太陽に走り入って背を貫く。実する時は背中が強ばり、虚する時は頭が重い。これを所別に取る。督脈の別名を長強*ともいう。〔鍼灸重宝記綱目〕

毒虫の事【どくむしのこと】〈療治〉〔大増補万代重宝記〕に毒虫に刺されたのを治すには、〇胡椒の粉を続飯（飯粒糊）に押し交ぜて付ける。〇里芋を擂り付ける。〔万用重宝記〕に一切の毒虫・獣に螫し嚙まれたのには、鶏冠の雄黄（松脂）を粉にして水で飲み、疵口に唾で付けると早速癒え肉を上げる。〔俗家重宝集・後編〕に毒虫・蝮に螫された時は、煙草の葉を湯に入れ 揉み出して洗うと妙である。〔重宝記・儀部家写本〕は毒虫・蝮の妙薬は、朝顔の花と葉があり、〔妙薬調方記〕は煙草の脂《やに》をつけて妙、〔家伝調方記〕は毒虫・蜂に螫された時は煙草の吹殻を梅干の皮に付けて貼る。〔調法記・四十ら〕に毒虫に螫されぬ伝として、肌着に薫陸を留め、また胡椒を懐中に入れて置くと害はない。〈呪い〉〔秘密妙知伝重宝記〕毒虫が身の近所に近寄らぬ法として、足元

にある石瓦を裏返し、その上に片足で踏まえている時は妙に近寄らない。〔万まじない調宝記〕は毒虫が刺した時は、その所にある物を何でも俯けにするとよい。〔文政新刻俗家重宝記〕は四月八日の灌物仏会に供える甘茶で、小さい紙へ「大龍王茶」と書いて張ると毒虫を去る。

徳山振出【とくやまふりだし】〔薬種日用重宝記〕に徳山ふりだしは、当帰・地黄・川芎・芍薬・白朮・陳皮（各十五匁）、木通・香付子・茯苓（各二十匁）、木香・蒼朮・肉桂・甘草（各三匁）、大黄・紫蘇（各五匁）、紅花・人参（各二匁五分）、丁子（三匁）を用いる。

時計【とけい】〔童蒙単語字尽重宝記〕に時計に次がある。掛時計（紐時計とも云）。櫓時計。水牛尺時計。尺時計（柱時計）。金（銀）側根付時計。片（両）厚ガラス根付時計。正九ツ見《けん》（西洋十二字）。〈時計師〉〔万買物調方記〕に「京ニテ時計師」御幸町押小路下ル 平山武蔵、堀川一条上ル 法橋元佐、二条富小路 三宅勝次。「江戸ニテ時計師」弓町 理右衛門、かぢ橋のかし 近江守元信、神田乗物町北よこ丁 藤原正次。「大坂ニテ時計師」は記載なし。〈時計自鳴〉〔江戸流行買物重宝記・肇輯〕には本町二丁メ 金田市兵衛、池ノ端仲町 加藤伝兵衛、浅草十八町 畑中佐吉、上の町一丁メ 鈴木松五郎ら六人がいる。

吐血の事【とけつのこと】 経験方。〔鍼灸重宝記・五〕に吐血《とけつ》は、胃から血を吐く症をいう。○涎と痰に血が混じって出るのは、清血で熱が燥して出る。○一椀程吐いて別に患わないは、腹中の宛血（鬱血）で折柄熱が破ったもので、問題はない。陽が壮んで陰が虚するため血は下に行かず炎上の勢いにより上り出る。○灸点は曲沢 神門 魚際にする。〔丸散重宝記〕は吐血 鼻血には貫首（数珠）の末（粉）を水で服する。吐血には涼薬を、好んで用いない。肉桂の末（粉）を酒で服すると妙、鼻血*の方に同じ。〔家内重宝記・元禄二〕は、○茜根《せんこん》を煎じて服する。○黒豆・甘草を加えて服しても妙である。○鍋墨《なべすみ》をよくよく焦し二盞を水で服する（〔懐中調宝記・慶応四〕は上酒）。○鼻血や下血にも、小便に血の下るのにもよい。〔調宝記・文政八写〕は吐血薬は、○串柿の黒焼を粉にして酒（〔新撰呪咀調法記大全〕は湯）で用いる。○烏鴉を黒焼し粉にし湯で用いる。○無花果を生で食するとよく、下血・衂血《はなぢ》にもよい。〔万用重宝記〕は折々吐血する者は、蓮の若根を食する。〔大増補万代重宝記〕は茯苓の末（粉）・附子の末（粉）（各一匁）を米飲で用いる。○韮を搗いて汁を取り三四杯を服する。胸の中が悶えるのにもよい。○黒豆（一合）、紫蘇（一匁）を煎じて用いる。○平日酒を好む者の吐血は、大根の絞り汁を塩を少し入れて用いる。○どんな症の吐血でも、髪の毛の油を洗い去り焼き灰とし、酢（或は白湯）で服する。〔丸散重宝記〕は吐血に、荊芥と辰砂を末（粉）し陳皮湯に童便を加えて服する。〈吐血食物宜禁〉〔世界万宝調法記〕に衂血（鼻血）・下血に「宜い物」は韮 梔花 大根 芹 山芋 葛粉 零余子《むかご》 栗 昆布 青海苔 莇 牛房 蕗 大麦 乾し柿 枸杞 鹿 蛎 鰻 鯉 独活 鳫 鳩 海月。「禁物」は酒 麺 油 蕎麦 菌《くさびら》 糯 柿 菱 芥子 柘榴 梨 瓜 芋 小麦 棗 大根 茗荷 酢 鱠 鰯 鮎 鱒 鯛 鮭 鮒 雉 鶉 猪。

刺抜きの事【とげぬきのこと】〔家内重宝記・元禄二〕は釘 竹 木が肉に入ったのに、○鼠の頭の白いのを塗る。○折れて隠《こも》ったのに、人の爪と酸棗仁を等分に末（粉）して塗ると翌日出る。〔改補外科調宝記〕は竹木の刺《そげ》が肉に深く入り 抜けないのに、○甘草の粉と膠を練り付けて置くと自ずと抜ける。○象牙の粉を梅の肉に搗き交ぜて付ける。○象牙と琥珀の粉を付ける。○針や釘等の折れて抜けないのには、磁尺に琥珀を粉にして練って付ける。〔諸民秘伝重宝記〕は、○木 竹が身に入ったのを直すには、瞿麦の粉を水で呑むと自然に抜け出る。嚙み砕いて付けてもよい。○甘草を人に嚙ませて付ける。○松の緑を擦り付ける（〔万家調法呪詛伝授嚢〕）。もっとも何の刺 竹 木等でも頭が見えたら毛抜や釘抜で早速引き抜き、

その跡へ薬を付ける。〔昼夜弁要万宝二面鑑・寛政十二〕に「そげ抜き」にはくわい（慈姑）を卸して付ける。〔丸散重宝記〕は竹や木が肉の中に折れ込んだのを抜くには、地黄を搗き爛らかして付ける。〔胡椒一味重宝記〕は蜣蜋《くそむし》（大）と胡椒（小）を練り合せて付ける。〔文政新刻俗家重宝集〕は簽刺《とげふみぬき》の奇方は、甘草と鰹節の末（粉）を糊に交ぜ、つけ紙に張ると妙に治る。〔重宝記・礒部家写本〕は何でも物の立った妙薬は、くちなわいちご（蛇苺）を付けて大妙薬とする。〔万代重宝記・安政六頃刊〕は木や竹の簽《そげ》の立つた時は松の緑を摺り付ける。矢の根や釘が立った時は螻蛄《けら》を続飯《そくい》に摺り交ぜて付けると奇妙である。〔懐中呪咀調法記〕は足の踏抜《ふみぬき》は、雪隠虫を黒焼きにして続飯で練り付ける。針の立った時は蚯蚓《みみず》の腹の土をしごき、蚯蚓をそのまま練り付ける。

〔調法記・四十七ゟ五十七迄〕は、○蟷螂の頭をそのまま 或は陰干にして麦飯と練り合せて付ける。○梅干の肉を擦り付ける。○胡椒の粉を飯で練り合せて付ける。○柚子の種を飯で練り合せて付ける。〔懐中重宝記・慶応四〕は刺抜き薬に、○蟷螂を黒焼にして糊に混ぜて貼る。○蟾蜍《ひきがえる》の皮を貼るのもよい。〔童女重宝記〕は竹や木の刺が肉へ入り抜けないのには、○頭の垢を塗る。○王不留行を水で煎じて飲む。根を粉にして貼る。〈呪い〉〔新撰咒咀調法記大全〕にそげぬき（簽刺抜）の呪いは、茶碗に水を入れ指先で「九龍八音神護身」の文字を水面に三遍書いて呑ます。〈薬店〉〔洛中洛外売薬重宝記〕に「簽刺抜速康散」が西洞院五条下ル丁 久保田氏にある。取り次は、西六条花や丁新町 馬淵氏。大坂天満蜆橋北詰 高橋新八郎がいる。釘や針の立ったのによい。「釘針等の折れ込みに」モ見ル

床入り【とこいり】〔女重宝記・二 弘化四〕に、祝言が終り夫婦が寝間に入る事で、奥の化粧の間の飾りは十二の手箱を左、寝所の床に貝桶を右に置き、灯は行燈、枕は北枕を本式とし、床入は介添の働きで枕元に愛染の守を掛けて夫婦を寝させ、銚子盃を置く。床入の盃は夫婦ともに飲むが、真・草の祝儀ともに同じで、草の時は盃事迄である。床の時分は年寄がよく心得がある。〔茶屋諸分調方記〕には遊里での床入、斟酌、遣り繰りの事がある。お山は床入り前に用（厠）に行き仕掛けをする。床入りの次第は女を左の方に寝させ、男は右に寝る。女が帯を解かない前に男が慌てて帯を解いてはならず、これは自然女の心に合わないことになる。嫌らしい客、憎い客、また愛しい客との交わり様に違いのある事を知るべきである。

土公神【どこうじん】 諸書多くは土公神《どこうじん》と読むが、〔年中重宝記・六〕には土公神《どくうじん》と読み、『簠簋』を引き次がある。三千世界の主《あるじ》、本地は堅牢地神の事といい、これを三宝荒神*と崇め、大地を頂き、諸々の不浄を受けて、三熱（熱風熱砂で皮・肉・骨髄を焼かれる苦悩）の苦しみがある。心猛く御形は恐しく物の咎めが多く、そのため竈を荒神となづけて家々に祠《まつ》る。土公神は土中に居て春は竈《かまど》、夏は門《かど》、秋は井《ゐど》、冬は庭に居る。それ故春に竈を塗り、夏に門の普請をする等その居る所を決して犯してはならず、祟《たたり》は甚だ速やかである。〈土公遊行の日〉〔永代日暦重宝記・慶応元写〕に甲子の日から六日間は北方に遊行、小土（犯土＝忌み）。庚午の日から八日間は本所に帰在、大土。戊寅の日から六日間は東方に遊行、小土。甲午の日から六日間は南方に遊行、小土。戊申の日から六日間は西方に遊行、小土。甲申の日から十日間は本所に帰在、大土。庚子の日から八日間は本所に帰在、大土。甲寅の日から十日間は本所に帰在、大土。これらの日を犯せば三年の内に祟りを得る。

とこしえ草【とこしえぐさ】〔消息調宝記・二〕には「とこしへ草《くさ》とは、むぎをいふ」。これは「年越草」*の訛言か。

何処ぞの達磨の縁の下【どこぞのだるまのえんのした】〈平生ソレよく言う言語〉

「何処へ行くのか」と尋ねられたのに、「何処ぞの達磨の縁の下」と行く先をごまかす戯語。〔小野篁謔字尽〕

常つ御門【とこつみかど】　大和詞。「とこつみかどとは、帝王の御在所」をいう。〔不断重宝記大全〕

常夏【とこなつ】　大和詞。「とこなつとは、撫子の事」。〔不断重宝記大全〕

床の海【とこのうみ】　大和詞。「床の海とは、涙を云」。〔不断重宝記大全〕

床の塵【とこのちり】　大和詞。「とこのちりとは、問はれぬ事を云」。〔不断重宝記大全〕

とこぼえる【とこぼえる】　卑語。「泣くをとこぼへる、ほへる」と言う。〔女用智恵鑑宝織〕

とこめ【とこめ】　大和詞。「とこめとは、水と石との事」である。〔不断重宝記大全〕

とこ世煎餅【とこよせんべい】　「(御菓子司)とこ世煎餅／木葉煎べい」は、糀町山本丁 菊屋丹後掾にある。〔江戸町中喰物重法記〕

萆薢【ところ】　〔万物絵本大全調法記・下〕に「薢 かい／ところ。春」。〔薬種重宝記・下〕に和草、「萆薢（ひ）かい／をにところ。刻み、焙る」。〈薬性〉〔医道重宝記〕に萆薢《ところ》は平で毒なく、精を益し目を明らかにし骨節《ふし》を強くし、腰 背骨の痛みによい。肝腎を補う。〔永代調法記宝庫・四〕には下腹の毒気を散らす。暴食を消し 虫を養う。中虚の人には深く忌む。

心太【ところてん】　〔万物絵本大全調法記・下〕に「石花 せきくわ／こゝろぶと。又 ところてん」。〔料理調法記・下〕には「茶菓子 心天」の方として、角寒天十三本、水五升。寒天を銅鍋で煮る。泡が浮く時は 茶筅で泡を去り、通しでよく冷まし、茶菓子にしてよい。心天の匂いはなく、水晶のようである。

土佐【とさ】　土州。〔重宝記永代鏡〕には安芸 香美《かがみ》 長岡 土佐 吾河《あがわ》 高岡 幡多《はたた》の七郡をあげ、城下は高智《こうち》、一ノ宮は高賀茂である。〔万民調宝記〕は居城知行高を高知・松平土佐二十二万石、中村・山内大膳三万石。〔大増補万代重宝記〕は中管、四方六十五里。田数一万九千七百六十町、知行高五十二万二千五百十二石。〔重宝記・幕末頃写〕は東西二日、土肥え、五穀熟し、良材多く、中上国等とある。今の高知県にあたる。〈名物〉〔万買物調方記〕に駒、猿、鰹節、しくち（魚、目奈陀の異名）、同塩引、同からすみ（鰆の子より良い）、笊貝、布海苔、大湯餅（白米）、太布、色紙、白髪山の檜木柱、檜皮（この外諸木が多い）、帆柱、野根山の薄板、葛藤《つづらふじ》等。

鶏冠海苔【とさかのり】　〔男女日用重宝記・下〕に鶏冠海苔《とさかのり》の寄せ様は、鶏冠海苔一升に、酢か酒かを二合程入れて煎じ、心太《ところてん》*のように寄せる。白く寄せる時は、夜昼共に家の上などに置いて晒し白くなったのを寄せる。〈薬性〉〔永代調法記宝庫・四〕は常に食するのがよい、多食すると血を破る。目の薬、心肺の臓を補い、大小便通じ、癪を消す。

土佐雑煮【とさぞうに】　〔料理調法集・家方物之部〕に土佐雑煮は、糯米を寒の内に二日程水に浸して置き、取り上げよく干して微塵粉にして置き、始終この粉を遣う。土佐糯米細を入用の時一夜水に浸し、翌日蒸籠へ懸けてよく蒸けた時、粉を蒸籠の内強飯の上へ雪が降るように水嚢で篩い懸け、粉に湯気が通る時分に臼へ取り、極く微塵に搗いて板の上に上げ、この粉で伸し取り固め冷まして切る。下煮は水沢山に醤油 酒も沢山にして餅を入れ、箸でそろそろと掻き回し、付き合わないよう 溶けないように煮る。また別に下汁を分けて置きよく冷まし 内へ餅を入れて置く。加薬の下汁は、三年酒に出汁 溜りをよい程に加減して煮詰める。雑煮の下盛は、賽形四方焼豆腐、里芋を各一ツで、この上に餅一切れを盛る。餅の大きさはは四寸五分四方位。上置は串海鼠*短冊一枚、煮貝一切れ、茎菜三筋を盛る。先の下汁を懸けて出す。極秘伝である。

土佐煮汁餅【とさにじるもち】〔料理調法集・家方物之部〕に土佐煮汁餅は、三年酒を煎り酒にして五合、水出汁三合、溜り二合五勺、醤油二杓、垂れ三合を取り合せ、汁にする。極々秘である。

土佐麩【とさふ】〔料理調法集・麩之部〕に土佐麩は、生麩七十目、饂飩粉二合をよく揉み合せ、酒を手に少しずつ付けて随分引き和らげ十二に千切り、次に土佐鰹節二本を削り、水六升を入れ三升に煎じ詰めて漉し、三年酒六合を入れ十二の麩を煮る。尤も絶えず木杓子で麩が釜へ当らないように掻き回し、よい程に煮えたと思う時、藁のが障りなく通ればよい。出す時醤油で塩梅し、鉋鰹《かんなかつお》を上置きして出す。〔料理調法集・家方物之部〕は生麩五ツに、饂飩粉五勺、寒晒し餅粉一勺をよく挽き交ぜて千切り、釜に下汁を水沢山に、醤油・酒の加減を見合せて入れ、よく煮立て麩を入れ、浮蓋をして一時半（三時間）程煮る。煮立ったら浮蓋で何度も掻き廻し丸くなるように煮、よい時分に火を引き、熾《おき》だけを置いて出すまでよく煮る。下汁出汁に酒を煮詰め、溜り醤油で塩梅して花鰹を置いて出す。

土佐堀疱瘡人形【とさぼりほうそうにんぎょう】大坂願所。土佐堀二丁目 かぎや裏大路次表 西角の町家 今井屋仁右衛門方へ、まだ疱瘡に罹らない小児が常に玩ぶ土人形を持って行って頼み、一夜預けて置き翌朝取りに行き、一礼を述べて持って帰り、すぐさま疱瘡の神と称して神棚を調え祭って置くと、後日家の小児が疱瘡に罹っても疑いなく軽い。但し、土人形は小児が裃《かみしも》を着て座したのがよく、この人形を商う家は今井屋の近隣にあるので尋ねて求めるとよい。〔願懸重宝記〕

外様【とざま】武家名目。〔武家重宝記・一〕に外様は、主君から遠く外に仕える武士をいう。近習*の対。習は狎《なる》るである。

土佐餅法【とさもちほう】〔料理調法集・家方物之部〕に土佐餅法は、上餅米一升を一夜水に浸し、蒸籠で蒸し半蒸の時、粳の粉二合を振り掛け、蒸し上《あが》り、臼で搗きくれ、半搗きの時、葛粉三合を入れて搗き交ぜる。

杜氏【とじ】〔世話重宝記・一〕に杜氏《とじ》とは、酒を造る男の惣名とある。シナ唐で杜康《とこう》が初めて酒を造り出し（『蒙求』）、これより日本でも酒を造る者を酒杜氏《さかとじ》という。或る説に昔、藤次郎という者がよく酒を造るので今に酒屋の男を酒藤次《さかとうじ》というとある。

年越草【としこえぐさ】大和詞。〔不断重宝記大全〕に「としこへ（年越）草とは、麦を云」。「とこしえ草」モ見ル

としこばい【としこばい】片言。「としこばい、年齢 としばい」である。〔不断重宝記大全〕

菟絲子【としし】〔薬種重宝記・上〕に和草、「菟絲子（とし）し／ねなしかづら。酒に浸し、ふくら（膨）して、湿りたる時卸す」。

年玉【としだま】「いんしんもの（音信物）の事」ヲ見ル

年徳恵方【としとくえほう】その年の福徳の方角を司る神。〔年中重宝記・一〕に、え（兄）・と（弟）の十干*の内、兄《え》五干は甲《きのえ》・丙《ひのえ》・戊《つちのえ》・庚《かのえ》・壬《みずのえ》は陽徳、え（吉・恵）方、年徳とする。弟《と》五干は乙《きのと》・丁《ひのと》・己《つちのと》・辛《かのと》・癸《みずのと》は陰徳とする。〔和漢年暦調法記〕もこれによる。〔年中重宝記・八〕に『簠簋内伝』を引き次がある。牛頭天王が、南海の娑竭羅龍王の娘天下第一の美人頗梨采女《はりさいにょ》を娶って妻とし八将神*を産み、この八将神は年により司る方位が変る。〇年徳神も同じで甲己の年は寅卯の間（東々北）にいて万に吉。丙戊辛癸の年は巳午の間（南々東）が万に吉。庚乙の年は申酉の間（西々南）が万に吉。壬丁の年は亥子の間（北々西）が万に吉。これを年徳とも、え（吉・恵）方ともいい、年の始めにその方に向って神を拝し、年中を祝い、門出等諸事に用いて大吉とする。

年徳日【としとくにち】日取吉凶。〔重宝記永代鏡〕に年徳日は、諸事に用いて吉日である日。正・五・九月は甲《きのえ》の日。二・六・十月は丙《ひのえ》の日。三・七・十一月は庚《かのえ》の日。四・八・十二月は壬《みずのえ》の日。

年鏡【としのかがみ】〔小笠原諸礼調法記・天〕に年鏡について次がある。鏡は神明の正体なので、餅で鏡の形を写し、年の始めに迎い奉る。まず君父に備え、宗族の方に送り、互いに寿きをなす。この鏡に向かう時に大伴黒主の歌を吟詠するという。「近江路や［あふみのや］鏡の山を立てれば兼ねてぞ見ゆる君が千とせは（古今集・大歌所御歌）」。

年の三箇【としのさんか】「三箇《さんが》の悪日」ヲ見ル

年の半【としのなかば】大和詞。「としのなかばとは、六月をさして云」。〔不断重宝記大全〕

とじめごと【とじめごと】「とぢめ（綴目）ごととは、さうそう（匆々）を云」。〔消息調宝記・一〕

吐瀉【としゃ】〔鍼灸重宝記綱目〕に「吐瀉　あげくだし」とあり、○食傷の吐瀉、腹痛には、上中脘に刺《はりさ》す。○俄に腹痛み皮が青黒いのは、臍の上下 左右、各半寸ずつ四穴 灸三壮ずつ、鳩尾一寸に三壮する。○瀉痢には神闕、冷痢には臍穴より二寸三寸に刺する。○吐乳には、中庭に灸一壮、又亶中にする。〔小児療治調法記〕に、○小児初生時に吐くのは口中の穢れ物をよく拭い尽くさず、喉中に呑み入るためで木瓜丸*で治す。○初生児三日の内 吐瀉壮熱して乳を飲まず、乳を消化せず、大便に白色等あるのは食に傷《やぶ》られるもので、下して後に胃を和す。下すには白餅子《はくびんす》*、和すには益黄散*を用いる。○黄な物を瀉するのは熱のある乳に傷られるもので、白餅子で下し玉露散*を用いる。○青い物を瀉するのは冷たい乳に傷られるもので白餅子で下し、益黄散 温中丸*を用いる。○小児の吐瀉は脾胃共に傷《そこな》うものである等、症状により硃砂丸*朱沈煎*白朮散*助胃膏*啓脾丸*参苓白朮散*等を用いる。

屠者【としゃ】「えとり（屠児）」ヲ見ル

度障散【どしょうさん】屠蘇酒*の内の一。〔昼夜重宝記・安永七〕に度障散は、萆薢・胡椒（各六分）、細辛・防風・桔梗・乾姜・白朮・肉桂（各三分）を細末（粉）にする。

鰌の事【どじょうのこと】〈薬性〉〔医道重宝記〕に鰌魚《どじょう》は平で毒なく、中《うち》を暖め、気を増し、渇《かわき》を止め、酒毒を解す。〈柳葉〉〔料理調法集・川魚之部〕に柳葉という鰌の小さなものは、骨柔らかで生きている内に酒で炒め、汁で煮る。蒲焼や鰌鍋には、大きい物を割いて用いる。〈鰌汁〉〔料理調法集・汁之部〕に鰌汁は、中味噌に出汁《だし》を加え、よく煮、どぶ（酒の粕を摺り煮て濾した出汁）を差してもよい。長く煮ると味噌の味が悪くなることがあるが、新しく味噌をたて差してもよい。つま（具）に牛蒡、吸口に山椒等を入れる。〔里俗節用重宝記・中〕に鰌汁は鰌を管のように切り、尾頭を切り取って焼き、油揚にして、時節の物を合せて入れ煮る。また葛の粉、玉子を入れ、鰌を包み、油で揚げる。〈食合せ〉〔重宝記永代鏡〕には鰌に甘茶を呑み合わせると悪い。

屠所の羊【としょのひつじ】「羊の歩み」ヲ見ル

年寄らぬ法【としよらぬほう】〈年寄らぬ法〉〔薬法重宝記〕は九月九日に枸杞の実を酒に浸して置き、その酒を飲むと年寄らず、白髪も生えない。〈年寄らぬ歌〉〔調宝記・文政八写〕に「面影の変らで年の積れかし例へ命に限りありとも」（薫風雑話集・二）の小野小町の歌を、俗に年寄らぬ歌という。

閉【とず】十二直*の一。暦中段。〔童女重宝記〕に閉は、嘆星となづけ、閉じ塞いで万事通ぜず等とある。〔和漢年暦調宝記〕等には凶日とあるが、金銀を納め、墓や雪隠を建て、穴を塞ぎ、池を埋め、堤を築き、水を堰く等には吉である。鍼灸、家造り等は凶である。

妒精瘡／妬清瘡【とせいそう】〔改補外科調宝記〕に「妒精瘡」は、長く房事がなく、淫欲が動き、精を破り、初め粟粒のように赤く腫れ爛れて窪み入り、痛み痒いのを妒精瘡という。治方は、①地骨皮と蛇床子を煎じた湯で玉茎を薫じ洗った後、黄連・欸冬花（各等分）を末（粉）にして唾で

つける。②青黛・欵冬花（各等分）、麝香（少）を末（粉）にして、地骨皮と桑白皮の煎じ湯で洗い、拭い乾かし、唾で黄連・欵冬花の末（粉）を練りつける。〔永代調法記宝庫・三〕には「妬清瘡」とあり、男女の陰が腫れる病で、男女ともに馬鞭草・桃仁（各等分）を擂り合せて付ける。神効がある。

読書【とそ】 唐人世話詞。「ものよみ（物読）する事を、読書《とそ》」という。〔男重宝記・五〕

屠蘇酒【とそしゅ】 〔昼夜重宝記・安永七〕に『相伝』に曰くとして、屠蘇白散*を正月元日に一人が呑むと一家は無病、一家が呑むと一里無病、若い頃から呑むと老いても無病、命が長い。また玄治が曰くとして、諸説が多く、屠は鬼気を去り 蘇は神気を生ずる、この義が最もよいという。○屠蘇は、玄朔より玄治法印へ御相伝の正方である。白朮・桔梗・川椒（各三分）、肉桂（一分）・大黄（一分、今はこれを去る）を細末（粉）にして紅絹《もみ》の袋に入れる。〔料理調法集・年中嘉祝之飾〕には、屠蘇は医師が奉り、役人が受け取る。屠蘇は紅の袋に入れ柳の枝につけ、歳暮五ツ時（夜十時）生気の方の井の内水面より一尺程おいて吊り置き、元旦寅の刻（朝四時）に取り上げ、御銚子の酒に浸して置く。三ツ土器を出し、上の土器で屠蘇三献、次の盃で屠（度）障散三献、次の土器で白散三献を奉る。屠蘇は銚子の渡りに結いつける。〔諸礼調法記大全・天〕にも正月朔日、三酒、屠蘇・白散・度障散*を奉るという。屠蘇は紅の袋に入れ、晦日の亥の刻（夜十時）に井戸水一尺程上に吊り下げ、元朝寅の刻に取り上げ、柳の枝に結い付けて酒の中へ入れ、柳の枝を長柄に持ち添えて御酌に参る。三ツ盃を主人が上の盃一ツで三献飲む。座中の少年より飲み始める。〔重宝記・礒部家写本〕には「屠」の字は「戸」冠りがよく、「尸」冠りは悪い。白朮・桔梗・山椒・防風・肉桂（各三匁）、細辛（一匁）、紅花（五分）の七味とする。

屠蘇白散の図【とそびゃくさんのず】 薬方。〔昼夜重宝記・安永七〕には屠蘇*白散*膏薬*を図版（図364）のように整えて、正月元日に一家各々、若い者から次第に呑み始め、出入する者にも呑ませるのが大きな嘉例とある。玉ぶち四方一尺四寸、高さ八寸九分。合せ観世紙縒りで結う。上書は、白散一具と真中に書く。

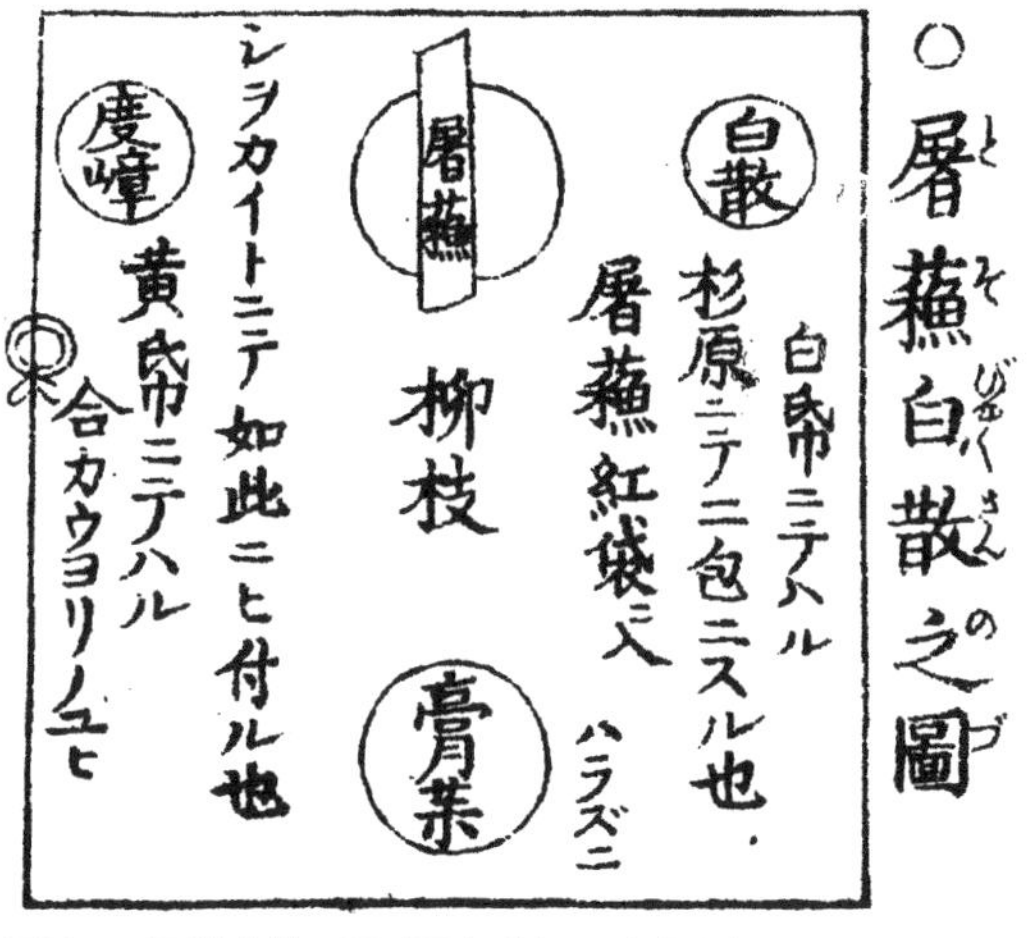

図364 「屠蘇白散の図」（昼夜重宝記・安永七）

斗代【とだい】 一反の収穫量の内 公納分をいう。「ごこうごみん（五公五民）」を参照

土大黄膏【どだいおうこう】 〔改補外科調宝記〕に土大黄膏は、一切の肥癬瘡*に新旧に拘わらず用いる。明礬（四両）、硫黄・川椒（各二両）を粉にして、土大黄《どだいおう》（＝大黄*の異名）の根を搗いて汁を絞り煎じ膏薬のようになる時、粉薬を入れ軽粉《はらや》を少し加え、練り交ぜて塗る。年久しい肥癬には酢を加える。

橡【とち】 〔薬種重宝記・下〕に和果、「橡しやうじつ／とち。殻を去り 実

より末（粉）に至り蒸す」。

土地の善悪見様【とちのぜんあくみよう】〔田畑重宝記・上〕に土地の善悪見様は、大概は石盛*で、上・中・下・下々の四段階がある。○上の村は、北が高く東南低に陽を受け、水の流れも南・南東へ流れる場所を上とし、諸作は多分によい。○西低は、晩稲によい。○東低は、早稲・中稲《なかて》によい。○春は東から青みが来るので東作業《とうさくぎょう》*といい、稲も諸作木共に東南より陽を受けて生長する。○北向きの場所にも、早稲・中稲を作るのもある。○諸作共に木陰に作るのはよくない。詳らかにするには、親しくその土地を注意して見るべきである。

杜仲【とちゅう】〔薬種重宝記・上〕に唐木、「杜仲 とちゅう／はひまゆみ。麁皮《あらかわ》を去り 刻み 生姜の汁に浸し 糸の切るる程炒る」。〈薬性〉〔医道重宝記〕に、杜中《とちゅう》は辛く温で筋を強くし、骨を壮《さか》んにする。足 腰の痛むのに、小便の淋 瀝《しぶ》るのに用いる。粗皮《あらかわ》を去り 刻み 塩を入れた酒に浸し干して糸の尽きる程炒る。

独活【どっかつ】〔薬種重宝記・上〕に和草、「独活 どくくはつ／つちたらうど。洗ひ黒き処を去り、刻み焙る」。〈薬性〉〔医道重宝記〕に独活は甘く苦く、頸項《くびうなじ》の延び難いのに、両足の湿痺に、諸風をよく除く。土気を洗い、腐りを去る。刻み焙る。

戸塚より藤沢【とつかよりふじさわ】東海道*宿駅。二里。本荷百二十四文、軽尻八十一文、人足六十二文。八幡町右に八幡の宮がある。あふ坂、白土坂 茶屋がある。原宿町 野はずれより鎌倉山 玉縄が見える。昔、藤九郎盛長の住所である。観音堂、かげとり、茶屋がある。から沢、道じょう坂。〔東街道中重宝記・寛政三〕

帰ぐ【とつぐ】「婚礼の事」ヲ見ル

とっくり【とっくり】片言。「とつくり、陶 とくり」である。〔不断重宝記大全〕

独行散【どっこうさん】「如聖散《にょせいさん》」ニ同ジ。中風*諸症の妙薬。〔丸散重宝記〕

とっし寄【とっしより】片言。「年寄を、とつしよりとも、としょりとも」という。〔世話重宝記・一〕

鳥取へ大坂よりの道【とっとりへおおさかよりのみち】街道。〔家内重宝記・元禄二〕に「大坂より因州鳥取の道」がある。三ヶ月までは「松江へ大坂よりの道」*に同じ。それから先が次である。平服（福）（この間に峠がある。因州と作州の境）〈三里〉小原〈三里〉坂根〈一里〉駒帰り〈三里〉智頭〈三里半〉持ヶ瀬〈四里〉鳥取である。〔同〕に又、

鳥取へ岡山よりの道【とっとりへおかやまよりのみち】街道。〔家内重宝記・元禄二〕に、「備前岡山より因幡鳥取道」がある。岡山〈四里〉かん田〈五里〉すさい〈三里〉倉敷〈五里〉関本〈五里〉智頭〈三里〉持ヶ瀬〈四里半〉鳥取である。鳥取より京へ、若狭越え四十三里、難所がある。

土手が寒かろう【どてがさむかろう】「どてがさむからふとは、客に愛想の事」。〔増補新版名代町法記・不断の言葉〕

多【とてきん】唐人世話詞。「おゝきといふ事を、多《とてきん》と云」。〔男重宝記・五〕

魚【とと】女の柔かな詞遣。「うを（魚）は、とと」という。〔女重宝記・一〕

渡唐天神【ととうてんじん】聖一国師（円爾弁円の勅諡）が筑紫承天寺に住持の時、天神（菅原道真*）が夢中に見えて、師の禅法の弟子になりたいというのに、国師は答えて、唐の金山寺の賢い仏縕禅師につけという。翌日の夢中にまた現じ、我が神力で唐に渡り仏縕の法要を授かったということによる。〔万宝古状大成〕

禁鳥【とどめどり】大和詞。「とどめ鳥とは、鶯の事」。〔不断重宝記大全〕

どともとい【どともとい】片言。「どともといは、童頭《どうとう》 髻《もとゆひ》なり。童子の髪置に用る」。〔不断重宝記大全〕

轟く【とどろく】大和詞。「とどろくとは、物の鳴る音」である。〔不断重宝記大全〕

妒乳【とにゅう】〔改補外科調宝記〕に妒《と》乳《にう》は、乳頭に出来る腫物をいう。黄連胡粉膏*を付ける。

礲【とねり】「口取《くちとり》」ニ同ジ

石檀【とねりこ】石楠・梣とも書く（『天正本節用集』）。また秦皮とも。〔万物絵本大全調法記・下〕に「石檀　せきたん／とねりこ」。〔薬種重宝記・下〕に和木、「秦木　しんき／とねりこのき。麁皮を去り刻む」。

とねり漬【とねりづけ】〔料理調法集・漬物之部〕にとねり漬は、青小梅を四五日塩に漬けて置き、二ツに割りかけ 内の仁（核）を去り、粒胡椒を一ツずつ入れ、三日程塩出汁に漬けた紫蘇の葉に包み、壺に詰め上に焼酎をひたひたに入れ、砂糖を見計い入れて口張りして置く。また焼酎を入れずに砂糖ばかりでも漬ける。

殿【との】女詞遣。〔女重宝記・一〕に「との（殿）又は御亭《ごてい》等と云べきを、亭主の 男の と云はさもし」い。「殿《どの》の字高下《じこうげ》」参照

殿油【とのあぶら】大和詞。「とのあぶらとは、寝屋のともしび」である。〔不断重宝記大全〕

宿直【とのい】宿直は、禁中*の御番をいう。〔男重宝記・一〕

礪の茶【とのちゃ】礪の茶は、赤黒味のかかった茶色。〔万用重宝記〕に礪《と》の茶は、桃皮で二遍染め、また桃皮に鉄漿《だしかね》と明礬を入れて染める。

殿の字高下【どののじこうげ】簡礼書法。〔大増補万代重宝記〕に「殿」の字を真・行・草に書き分け、真は上方に、行は同輩に、草は下輩に宛てて書き、又、それぞれも行 草のくずし方により上中下に分つ。家来等には仮名に書く。〔改正増補字尽重宝記〕には昔はみな殿と書き、様と書くのは唐代より始るといい、式正は殿、略儀は様とある。殿は関白殿に限ることであるが、今は普通に用いている。大方は画数多く、楷書から行書、略書になるほど敬意が下る。「様 殿 御 候 中の字高下書き様」ヲ見ル

主殿【とのもり】大和詞。①〔不断重宝記大全〕に「御殿の庭など掃除する者なり。（歌）［との守のとものみやつこ心あらばこの春ばかり朝ぎよめすな］」（公忠集・春）とある。②〔女重宝記・五〕に「とのもりとは、御殿の番をする」こととある。

主殿寮【とのもりょう】〔万民調宝記〕に主殿寮は宮内省*に属し、掃除 松明 篝火《かがり》等の司である。頭《かみ》一人。供御 輿 輦 蓋笠（車の具）徹扇 帷帳 灯燭 松柴 炭 燎 湯沐等の司である。

吐鳩【どばと】〔料理調法集・諸鳥人数分料〕に吐《ど》鳩《ばと》は、料理に遣うことはあまりないが、軽い料理等には さかりてと言い、鳩骨抜き等に遣ってもよい。晴れには用いない。

外張【とばり】〔武家重宝記・一〕に外《と》張《ばり》は、陣場の遠い廻りをいう。「けだし（蹴出し）」参照

飛謄【とびあがり】星の名。〔農家調宝記・初〕に飛謄《とびあがり》とは、浜方等で太白星*（金星）のことをいう。

鳶色染の事【とびいろぞめのこと】〔染物重宝記・文化八〕に「色上げ染直し鳶色の分」として次がある。○鳶色の類は、上を茶類、また藍に染めるのは悪い。大概染まる色もあるが、大いに地を損ずる。〔女用智恵鑑宝織〕は桃皮で一遍染め、水に鉄漿《だしかね》を混ぜて二三遍染め、その上を三遍染め、留には水に明礬を少し入れて染める。

鳶色類紋付洗い様【とびいろるいもんつきあらいよう】〔秘伝手染重宝記〕に「とびいろ類 もん付」は、黒飛檜皮の紋付の洗い様を知らずに洗うと紋所が垢ばしる。これは紋所を竹の皮で包み脇をよく洗い、この洗い汁を捨て竹の皮を取り、大水にして紋所にシャボン*を塗りさっと洗う。紋の水気をよく取り、日の当たる所に干すとよい。

飛魚【とびうお】文鰩とも書く。〔万物絵本大全調法記・下〕に「鰩　えう／とびを。飛魚　ひぎよ。同」。〈薬性〉〔医道重宝記〕に文鰩《とびうを》は毒なく、難産によい。狂を治し、痔を癒やす。〔永代調法記宝庫・四〕に鰩魚《とびうを》は脾

胃を調え、食を進め、陰を強くし、五臓*五痔*労瘵積聚脚気によく、孕み女には難産胞衣《えな》の障りもなく、百病によく命を延べ身を軽くするので常に食うのがよい。

鳶が鷹生む【とびがたかうむ】〔世話重宝記・一〕に典拠未見とし、『詩経』の注に鳲鳩《みそさんざい》が鷹《たか》を生むとあるという。鳶が鷹を生む如きということであるが、人を鳥類に譬えて言うことなので、如何に誉める挨拶としても遠慮すべきである。他に誉める詞はいくらでもある。

土肥衆【どひしゅう】「さるがくののう（申楽／猿楽の能）」ヲ見ル

鳶の事【とびのこと】〔万物絵本大全調法記・下〕に「鳶 ゑん／とび」。〔増補呪咀調法記大全〕に「鳶家の内へ入りたるに立てよ」の符がある（図365）。

図365「鳶家の内へ入りたるに立てよ」（増補呪咀調法記大全）

土肥次郎実平【どひのじろうさねひら】〔大増補万代重宝記〕に土肥次郎実平《どひのじろうさねひら》は、頼朝に従い、石橋山或は房州等、到る所で軍功があり、遂に一の谷の戦（一一八四年）で正面を攻める。

飛虫【とびむし】稲虫。〔農家調宝記・付録〕に飛虫は、始めは至って小さく色赤く蚤が飛ぶようである。脱皮して栗色に変じ小蜘の尻に似て、両脇に飛ぶ足がある。螣《とう》*とともに群衆する。羽は至って短い。防虫法は油が一番である。

とびゃくしょう【とびゃくしょう】片言。「とびやくせうは、調拍子とびやうし」である。〔不断重宝記大全〕

土俵靫【どひょううつぼ】靫*の一種。土俵靫は、穂の形が土俵に似て大きいことからの名である。〔弓馬重宝記・下〕に「道俵」とあり、或は蜷川家より始るとも、秀次公の代とも、上様形ともあり、図がある（図366）。

図366「土俵（道俵）靫の図」（弓馬重宝記）

土瓶の漏りを止める法【どびんのもりをとめるほう】〔俗家重宝集・後編〕に土瓶の漏りを止める法は、饂飩の粉を入れて煮ると止まる。〔秘密妙知伝重宝記〕には榧の実と豆をよく潰して割れ目に塗ると止まる。

土茯苓【どぶくりょう】「さんきらい（山帰来）」ヲ見ル

鳥総立【とぶさたて】大和詞。「とぶさたてとは、木の末なり。木を切りたる跡に、其木の末を立てて置く事なり」。〔不断重宝記大全〕

どぶ汁の事【どぶじるのこと】〔料理調法集・煮出煎酒之部〕にどぶは、留粕《とめかす》（＝甘酒の糟）に酒を少し入れ、摑み立て絞る。濁り酒はよくない。〔料理調法集・汁之部〕にどぶ汁は、酒の粕又は濁り酒を、味噌汁へ加えた汁である。

土府神【どふじん】暦下段。〔永代調法記宝庫・五〕に土府神は、山を築き、井を掘り、地を平均《なら》し、草木を植える等、全て土を動かすことを忌む。必ず子孫に祟る。正月は丑（北北東）。二月は巳（南南東）。三月は酉（西）。四月は寅（東東北）。五月は午（南）。六月は戌（西西北）。七月は卯（東）。八月は未（南南西）。九月は亥（北北西）。十月は辰（東東南）。十一月は申（西西南）。十二月は子（北）。土公神*ともに同じである。

兎糞【とふん】〔小児療治調法記〕に兎糞は、「痘後の余症」*で翳眼を治す。兎糞《うさぎのくそ》、四五丸を水で煎じて用いる。

鍋螺【とべたかい】 薬性。〔永代調法記宝庫・四〕に「とべたかい」は、脾胃を調え痰を消し、虫癪血塊の薬にする。『書言字考節用集・五』に「鍋螺とべたがい／つめたがい」。

蜻蛉【とぼう】 「とんぼう」ヲ見ル

点す【とぼす】 〔色道重宝記〕に、開《ぼぼ》（陰門）*を開いて、その間へ陰茎《まら》を突っ込むことを「とぼす（点）」という。

苫手【とまで】 大和詞。「とま手とは、田を刈る手」である。〔不断重宝記大全〕

苫焼【とまやき】 〔料理調法集・焼物之部〕に苫焼《とまやき》は、鯛を鱗のまま腸を抜いて藁で巻き、巻き上げに土を塗り付け、火中にくべて焼く。口から竹を挿し込み、竹から醤油を差す。

とまり草【とまりぐさ】 大和詞。「とまり草とは、なでしこの事」である。〔不断重宝記大全〕

泊り舟【とまりぶね】 大和詞。「とまり船」とは、繋がれた船をいう。繋がれていることである。〔不断重宝記大全〕

弔状の事【とむらいじょうのこと】 〔不断重宝記大全〕に弔状は、竪文*折文*共に二行目か四行目から書き始める。弔状 祝言状*は短い文体にその事ばかりに作り、大方は四行目から薄厚の墨色（初行は上墨、以下は薄墨）ですって半（奇数）に書き、長い時は二行目から調えるが、長文であっても裏面に返さず片面で書き留める。「御力落し」と書くのは俗、「御愁傷」と書くのは雅、「為御悔如此」と書き留める。他の事は書かず、在る時は別紙に書き送る。上下の空き様は上下同じにする。封じ目は表にあり（〔男重宝記・四〕には封じはしないものとし、遠路へ行く時にのみ「〆」と略書する）、脇付*袖書*はしない。捻り文*の時は封じ目は左へ寄せる。文中には、返す返す、いよいよ、決して、猶々、以上、より、等の語は書かない。返事は書かないが、他の用事があれば、さらさらと短く封じ目なしに書く。弔状を他国へ送る時、二三通重ね、括る紙縒を半（奇数）に廻し、右脇で結ぶ。〔大増補万代重宝記〕にも、端作*はなく、直ぐに誰様御儀と書き、墨色薄く、恐惶謹言は本行にひっそいて詰めて書く。〈範例文〉〔書札調法記・四〕にも墨はなるほど薄く、文字は勢いなく書くとして、貴人宛は、「御老父様御儀御病気叶ひ難く終に御逝去遊ばされ候由驚き入り存じ奉り候。貴公様御愁嘆 憚り乍ら察し奉り候。仍て香奠として金子千疋仏前に捧げ度く候」。同返事「一筆啓上奉り候。然れば先頃は老父相果て候ニ付御悔みとして尊書成し下され 過分至極に存じ奉り候。右御礼の為 斯の如く御座候。恐惶謹言」。〔消息調宝記・三〕〔改正増補字尽重宝記綱目〕〔女中重宝記〕等にも範例文は多い。総じて返書はしない。〈異名〉〔音信重宝記〕に弔状の異名に、計諸 台海 計章 弔慰がある。〔男重宝記・四〕に「弔状之法式」として次がある。崩御（天子の死）。薨御（后皇・宮・内親王の死。＝〔男重宝記・一〕）。他界・薨去・逝去（公方・将軍）。遷化・入寂・入滅（長老・御尚）。遠行《えんぎょう》・卒去・死去（平人上）。果《はつる》（平人下）。〔音信重宝記〕にも天子の死を崩御、或は涼闇。公方の死を他界。関白家を薨去。諸大夫の死を不禄。諸士の死を終去・卒去等という。この余の平人の死を、死去・遠行・凶変・逝去・帰泉・違世・就木・易簀《えきさく》という。僧の死を遷化・予寂という。〔不断重宝記大全〕にも記載があり、同じように遠行は平人、士は卒すというが、大方は死去・遠行もよい。仏は入滅・入涅槃、智識・長老は遷化・入寂とある。

留【とめ】 「かきどまり（書留り）」ヲ見ル

杜明菊【とめいぎく】 草花作り様。杜明菊の花は紫色である。土は肥土に砂を交ぜ、野土も加えて用いる。肥しは田作りの粉、また雨前に小便を根廻りに掛ける。分植は春がよい。〔昼夜重宝記・安永七〕

とめる【とめる】 片言。「中国の詞に物を尋るを とめると云は、もとめるの

上略の詞なるべし。（歌）「花ちれる水のまにまにとめくれば山には春もなくなりにけり」（古今・春歌下）」。〔不断重宝記大全〕

と文字【ともじ】 女中詞。「父《とゝ》を ともじ」という。〔重宝女訓女今川操文庫〕

灯火【ともしび】 「あぶらひ（油火）の事」ヲ見ル

灯火へ虫入らざる呪【ともしびへむしいらざるまじない】 〔増補咒咀調法記大全〕に灯火油へ虫の入らぬ呪いは、「イシフシヱンリンキリフクヱンフクリン」と片仮名で書いて行灯《あんどう》に貼って置くとよい。また、四月八日灌仏の甘茶に、三味線草（薺 なずな）*を浸して置き、行灯に吊り下げて置くと、虫は寄らない。

友千鳥【ともちどり】 大和詞。「友ちどりとは、友達を云」。〔不断重宝記大全〕

友とする人【ともとするひと】 〔諸人重宝記・一〕に、人は一代に三度は身の大事が出来するものなので、思案のある人と常に因みを持つとよいとある。総じて友とする人には、智者 医者 福者の三ツがある。

とものそめぎ【とものそめぎ】 大和詞。「とものそめぎとは、さかしき事」である。〔不断重宝記大全〕

友引日【ともびきにち】 〔大増補万代重宝記〕に「友引日」がある。六曜*の第二。二月・八月は朔日。正月・七月は二日。六月・十二月は三日。五月・十一月は四日。四月・十月は五日。三月・九月は六日を、友引日として、以下順に先負《せんぶ》* 仏滅《ぶつめつ》* 大安《だいあん》* 赤口《しゃくこう》* 先勝《せんしょう》* と順に繰る。朝夕が大いに吉。午（十二時）の刻ばかりは大いに悪く、相引きといい、勝ち負けはない。「ゆういんにち」「三ツ引」ともいう。

友引の方【ともびきのほう】 〔万民重宝改正大ざつ書〕に「友引の方」がある。○子・午・卯・酉の日は卯（東）の方にある。○丑・未・辰・戌の日は辰（東東南）の方にある。○寅・辰・巳・亥の日は巳（南南東）の方にある。諸事宝を納めてよい。移徙《わたまし》や家移りには深く忌む。

どやす【どやす】 卑語。「叩くを くらはす、どやす」という。〔女用智恵鑑宝織〕

土用十八十九の説【どようじゅうはちじゅうくのせつ】 〔農家調宝記・三編〕に次の説明がある。一年の日数を五ツに割り、春夏秋冬の分と、残りを四ツに割り十八日二時《とき》余を春夏秋冬の後へ足す。そうすると、例えば夏の土用の明けと七月立秋が一時になって、四時の土用は皆このようになる。夜の子（零時）の二刻土用に入ると夜半迄僅かの間を一日として十九日立ち、その翌卯（六時）の三刻に明るので十九という。暁の子の五刻に入ると十八日立ち、その翌日卯の五刻に明けるので十八という。一説に、土用の日数はいつも定っていて、入る時の遅い早いによって変わることで、庚申の日の有無で十八十九の差別があるというのは誤りとする。

土曜星【どようしょう】 七曜星*の一。〔重宝記永代鏡〕には土に属し、大吉、鎮星と名づける。この日は田宅の売買、薬の合せ、寺建て、竈作り、厠建て等によい。婚礼、柱建て、土を動かし、井戸掘り、耕作始めには悪い。五月五日がこの星に当る年は土功が多い。この星は四季の土用七十二日を主《つかさど》る。昼見えると旱《ひでり》する。この星に生まれる人は朋友に信があり、名は四方に聞こえ誉れ高く、仕合せがよい。〈九曜星*の一〉〔昼夜懐要両面重宝記・寛延六〕に祭りは十九日、家屋敷を離れることがある。海川を慎む。特に三・六・九月を慎む。〔懐中重宝記・弘化五〕には月の十五日、未の時（十四時）丑の方（北北東）に祭る。この星に当る人は住所に障りがある。人と口論、病事、口舌がある。男は腫物が出、女は孕むことがある。また無病ならば家内に患い事がある。八・九月、夫婦の仲の口舌事は慎むがよい。子の方（北）は塞りである。

土用酢【どようず】 〔男女日用重宝記・下〕に二法がある。①「土用酢」は、米一斗を飯に炊きよく冷まし、水一斗 糀五升を合せて、菰でよく巻いた桶に入れ、台に据えて外に置く。柿紙で口を包み七日目毎に掻き廻し、三十五日目に内へ入れる。②「土用酢 八月酢据え様」は、米一斗に水

二斗六升、糀三升五合。麹と水をよく揉み合せ桶に入れ、二〜四時間後飯の熱い時入れて掻き合わせ、その上に雉子の尾羽と蛤貝・火熾《ひおき》各一ツを入れ、火を打ち掛けてよく蓋をして風を引かないようにし、二十一日過ぎて内に入れる。米一石を作るのも同じであるが、冬は人肌に温めて作る。

土用に氷を作る【どようにこおりをつくる】〔重宝記・礒部家写本〕に土用中に氷を作るには、湯玉の立つ湯を徳利へ入れ、掘井戸へ一夜浸けて置くと氷が張る。

土用の事【どようのこと】〔童女重宝記〕に次がある。土用は土旺で、旺はさかんと読む。一年、春夏秋冬の四時各三月の日数九十日の内十八日を土用とする。春は木に象《かたど》り木が尽き土となる。同じように夏は火、秋は金、冬は水のそれぞれが尽き土に旺ずる。この春（木）夏（火）秋（金）冬（水）の二百八十八日に、土用の七十二日を合せて一年三百六十日となる。これにより木火土金水の五行が皆一年に備わり、三・六・九・十二月の節に入り十三日目に土用となる。〔農家調宝記・三編〕は五常の内、仁義礼智を、春（東）夏（南）秋（西）冬（北）に、信を中央の土に配して土旺とする。仁 義 礼 智は信がなければ五常ともに成り立たず、仁義礼智の四ツにわたり春夏秋冬の四時の季に各々土旺があり、耕作の時節に当るのは五常の信に同じく、自然の妙理とする。〈夏の土用〉〔年中重宝記・二〕に夏の土用（六月未《ひつじ》の月）は火と金の間にあり、土は火に生ぜらるる故、夏の土用を正しく土旺《つちおう》する時とする。土よく金を生ずる故に秋の金を土より生ずる。又一年の中間なので中央の土用という。夏の土用が特に旺する時なので人は患い痛む。土用は土を主《つかさど》る時なので造作をせず、墓を築かず、土を動かすと悪いが、土用の間日《まび》*には差し支えない。○春の土用の間日は巳・午・酉の日。○夏の土用の間日は卯・辰・申の日。○秋の土用の間日は未・酉・亥の日。○冬の土用の間日は卯・巳・寅の日とする。〈日和見〉〔船乗重宝記〕に、春の土用に時化《しけ》ると秋の土用に時化る、夏の土用に時化ると冬の土用に時化る。〈土用入初日祝言〉〔料理調法集・年中嘉祝之説〕に「同（六月）土用入初日祝言」として、赤小豆と大蒜《にんにく》を水で飲むと五臓の邪気を除く。小皿又は五器に大蒜を細かく刻み 赤小豆を少し盛り合せる。赤小豆餅を食うのは養生のためである。〈土用に生れる子〉〔女用智恵鑑宝織〕に四季土用中に生れる子は短命である。但し、四ツ足の物の名を象ってなづけるとよい。例えば、熊 虎 鹿等の類である。また槌《つち》*の内に生れる子も短命である。暦中段。〈土用の気を見て吉凶を知る〉〔重宝記・幕末頃写〕には、土用は土で黄色とある。丑（二時）未（十四時）辰（八時）戌（二十時）に東へ土用の気が立つと、子を生ずる喜びがある。南へ靡くのは家内中悪く、西へ立つと喜びがあり大いによい。北へ立つと口舌があり悪い。真直ぐに高く立つのは喜びがあり大いによい。

土用の脈【どようのみゃく】四季の脈*の一。〔斎民外科調宝記〕に土用の脈は、微緩を平脈とする。胃の気がある。但し、緩を病脈とする。

土用干【どようぼし】〔年中重宝記・二〕に土用干は、梅雨の内に黴びた衣服*や諸道具を取り出し、日に干すことをいう。その折に衣服の色付 変色、黴、油、漆、血の付などについて修復の方があり、また書物* 画軸* 筆*などの虫干についての法もある。それぞれ個別に掲出。虫払いともいう。

豊岡姫【とよおかひめ】〔農家調宝記・初編〕に豊岡姫は、養蚕の祖神とある。天児屋根命《あまのこやねのみこと》の姉 天市千魂姫《あまのいちちたまひめ》に、天祖が命じて天の豊岡を開き、桑を植えて蚕《こがい》することを主《つかさど》らせた。今、象瀉《きさがた》豊岡の神祠に祀る。

豊臣秀次【とよとみひでつぐ】武将。豊臣秀次は、秀吉*の長男。実は、三位法印（三好吉房）の子で、秀吉の妹が産む。天正九年（一五八一）に関白に任ずる。文禄四年（一五九五）、秀吉の意に違い、高野山に入り自殺。年

二十八歳。〔万代重宝記・安政六頃刊〕

豊臣秀吉【とよとみひでよし】〔大増補万代重宝記〕に豊臣秀吉は尾州愛智郡中村に、匹夫（低い身分）より身を発し、初めは織田信長*に仕えて勲功があり、その後明智光秀 毛利元就* 嶋津義久 柴田勝家*を滅ぼして天下を掌握、位に登り官を歴任して関白となり、これを子秀次*に譲って太閤と称した。いわゆる太閤検*など検地も行った。慶長三年（一五九八）、六十三歳没。「慶長豊臣四天王」参照

豊臣秀頼【とよとみひでより】〔大増補万代重宝記〕に豊臣秀頼は秀吉*の二男。慶長八年（一六〇三）、正二位内大臣。元和元年（一六一五）、大坂城中で自害。年二十三歳。豊臣家三世合わせて三十三年にして亡ぶ。〔万代重宝記・安政六頃刊〕

響み【どよみ】 大和詞。〔不断重宝記大全〕には「どよみとは、どっと笑ふ」ことである。「とよみ」とも。

豊宮崎【とよみやざき】 伊勢名所。豊宮崎は宮山の東の方の尾崎にある。山々が廻り、その間に田畑があり、前につづみが岳、東に神道山《かみちやま》、西に鷲霊山《しゅうれいさん》がある。また御常供田といって御饌《みけ》（＝供物）に供える稲を作る御田もその間にある。〔東街道中重宝記・七ざい所巡道しるべ〕

虎一御饅頭【とらいちおまんじゅう】「虎一御饅頭」は、両国やげん堀 とら一屋伊織にある。〔江戸町中喰物重法記〕

寅卯【とらう】 十二支の寅*と卯*。寅と卯は、長養。〔日用重宝記・二〕

虎嘯けば風生ず【とらうそぶけばかぜしょうず】〔世話重宝記・一〕に、古文得賢臣の頌に「虎嘯けば風烈し」とある。易の乾卦《けんのけ》の文言に「風は虎に従ふ」とある。

寅の事【とらのこと】〔万物絵本大全調法記・下〕に「虎 こ／とら」。〈異名〉〔書札調法記・六〕に虎の異名に、山君一 於兎 白額候がある。〔永代調法記宝庫・首〕は寅の異名に、摂提格、平旦がある。〔薬種重宝記・中〕に唐獣、「虎骨 ここつ／とらのほね。破《わ》りて酒を塗り焙り刻み末（粉）す」る。〔年中重宝記・六〕等から集成すると以下の通り。○「十二支」で第三。寅（とら・いん・虎）。○「月」は正月。寅は髕、正月は陽気正に出そうで地を去ること髕《ひつかがみ》に達せずという意。また寅は演《えん》・のべる、既に陽正きざし地上に萌え出るのを言葉に述べる意である。○「時刻」で寅《とら》の時は夜の七ツ。午前四時前後の二時間。平旦という。○「方角」で寅の方は東北東。〈十字の秘術*の一〉〔増補咒咀調法記大全〕「虎」の字を、原 野 深山へ行く時、左手に書いて持つとよい。日月*の二字を合せて念ずる。「寅の日」参照

寅の時生れ【とらのときうまれ】〔大増補万代重宝記〕には寅時（四時）に生れる人は、若年の頃あちこち駆け廻り苦労が多く、年寄る程仕合せがよくなり繁盛する。武家奉公の身は出世して知行財宝心の侭で、諸人に敬われ威勢がある。〔女用智恵鑑宝織〕にも、若い内はあちこちから無実を受け苦労があるが、神仏を信心すれば仕合せよく夫婦仲睦まじく繁盛する。宮仕え等するとよい縁がある。

寅の年生れ【とらのとしうまれ】〔大増補万代重宝記〕に寅年生れの人は、一代の守本尊は虚空蔵菩薩*。前世は青帝の子で、北斗の祿存星である。米二石と金子六貫目を受けて今世に生れる。前生で殺生を好み鳥獣を殺したので、今生では災難が多く、病身である。しかし、三十歳過ぎて仕合せよくなり知行財宝に縁がある。夫婦の縁は度々替るが同年なら長く保つ。子の縁は前生での殺生の報いで育ち難い。仏に祈り求めるのがよい。また養子をしてよい。三十五六歳で大きな災難がある。五十八九歳で命が危く、六十六歳か七十七歳で終る。毘沙門は寿命を守り、大日は福徳を与え、不動尊は智恵を授けるのでよく信心するとよい。一説に、学問を好み聡明で貴い。また手に芸があり、人に重んぜられ、衣食は足る。〔女用智恵鑑宝織〕の「女一代八卦」にも次がある。前世は東都国の王

子で、父母の善根で天より米二石と金子六貫目を受け得て今世に生れた。前世で物の命を取ることが多かったので今世では災難・煩いが多いが、憐れみ善根を積むと逃れる。慎み深く、我より年長の人の妻になるのがよい。若い時我侭心に身を持ってはならない。父母又は他人でも人の指図を受けると始めは悪いようであるが、後にはよい。年下に添っても誠を尽くし勤めれば富貴満足する。〔日用重宝万物図解嘉永大雑書三世相〕に寅歳の守本尊は虚空蔵菩薩、卦は艮上連とある。

寅の日【とらのひ】〔家内重宝記・元禄二〕に「日用雑書」として次がある。寅の日に耳が鳴ると口舌がある。犬が長吠すると人が死ぬ。病は男は重く女は軽い。人神*は背中にある。乳母を取るのによい。仏神に仕えない。南が塞がり。行方は東には宝を得、西・北は大吉、南は悪。正月寅の日は千億日*、また願成就日*。正・七月寅の日は衣装を裁ち着ない。また報い日*。正月七日、七月九日も報い日。二月寅の日は一粒万倍日*。二・五・八・十一月寅の日は神内*にあり吉。三・六・九・十二月寅の日は神外*にあり凶。三月寅の日は万福日*。

〈日〉寅の日 丑・未・酉年の人は屋造りは凶。甲・戊の寅の日は井掘に吉。この日は神祭り、家内掃除を忌む。甲の寅の日は大明日*。甲・丙・壬の寅の日は利銭商いに吉。甲・丙の寅の日は灸をしない。土公は、丙寅の日は北に、戊寅の日は東にある。戊寅の日は伐（罰）日*。戊・庚の寅の日は入学に吉。戊・壬の寅の日は太刀 武具初めて着るに吉。庚寅の日は三宝吉日。壬寅の日は屋造りによい。戊寅の日より七日小槌に入る。〔重宝記・宝永元序刊〕寅の日は虎である。この日、出行は大吉。出軍や一切の願始めによい。物裁ち初め、嫁取り、聟取りはよくない。

虎豹の皮【とらひょうのかわ】〔幼童諸礼手引草懐中重宝〕に虎豹の皮等を出す時は、表の方を二ツに折り、櫛上《くしがみ》（＝敷革の上部）の方を上になるようにして出す。

華表の事【とりいのこと】〔万物絵本大全調法記・上〕に「華表 くわへう／とりゐ」。〔重宝記永代鏡〕に華表を建る吉日は、乙巳《きのと》の日。丙子《ひのえ》の日。辛酉《かのと》の日。壬申《みずのえ》の日。〈紋様〉〔紋絵重宝記・上〕には華表の絵柄と華表の字の意匠がある。

鳥煎り皮【とりいりかわ】〔料理調法集・諸鳥之部〕に鳥煎り皮は、鴈でも鴨でも身を卸し造って酒を懸けて置き、空鍋に油皮を入れて煎りつけ、油皮を捨て醤油をよい程入れ、煮立て出汁を差し、鳥へ懸けて置いた酒を加えて塩梅し、取り合せた具を入れる。鳥は小鍋に酒醤油ばかりで煮立て、造り身を入れ、煮過ぎないようにして、盛り合わせる。

鳥魚の油血落し様【とりうおのあぶらちおとしよう】〔染物重宝記・文化八〕に衣服に着いた鳥魚の油 血を落し、また染みの抜き様は、蕪《かぶら》を圧し潰して、その汁で洗うとよい。

鳥打【とりうち】弓の事*。張弓名所。〔武家重宝記・二〕に鳥打《とりうち》は、弓の上彇《うわはず》*から一尺二三寸の所をいう。天智天皇の御宇、魔怪の鳥を打ち殺した部所という。上部の大鳥打と、その下の小鳥打とがある。

取箇【とりか】「年貢」ヲ見ル

鳥貝【とりがい】〔諸人重宝記・四〕に鳥貝の刺身仕様は、鳥貝を造って湯搔き、山葵に酢味噌がよい。

取梶【とりかじ】舟の詞。〔男女御土産重宝記〕に「左へ行くを、取梶《とりかぢ》」という。右へ行くのはおもかじ（表梶*）という。

鳥頭【とりかぶと】〔万物絵本大全調法記・下〕に「鳥頭 うづ／とりかぶと」。花は桔梗色。〔薬種重宝記・中〕に唐草、「鳥頭 うづ／をゝのはゝ」。製法は付子と同じく、熱灰に煨《うず》めて臍を去り刻む。又は便製する。

鳥蒲鉾【とりかまぼこ】〔料理調法集・蒲鉾之部〕に鳥蒲鉾は、雉子でも何鳥でも、身を擂り崩して魚の擂り身を二分程合せ、常のように仕立てる。

取髪【とりがみ】「たてがみ（鬣）」ヲ見ル

鳥濃醤【とりこくしょう】〔料理調法集・諸鳥之部〕に鳥濃醤《とりこくしょう》は、味噌をよく擂り水に酒を三分加えて延べ、濾す。次に鳥を細かに叩き、擂り濾した味噌でよい程に緩めて鍋に入れ、煮立てて交ぜ掻き回す。具は何でも作意次第にし、粉は山椒がよい。

とりころも【とりころも】大和詞。「とりころもとは、つばくら（燕）を云」。〔不断重宝記大全〕

鳥塩辛【とりしおから】〔料理調法集・諸鳥之部〕に鳥塩辛は、小鳥類の身を卸し皮を引き、一夜酒に漬けて翌日取り上げて叩き、腸も入れてよく叩き、焼塩で壺へ仕込む。三四日経てまた取り出し、塩を少し入れるとよい。

鳥塩の仕様【とりしおのしよう】〔世界万宝調法記・下〕に鳥塩の仕様は、白鳥 鴈 鴨の外何鳥でも汁をよく取り、尻を切り捨て、三ツに卸し胴殻を除け、油皮 足ともに塩にし、塩俵に巻いて置く。遠路へ遣るには鳥が擦れ合わないように塩で桶に漬ける。料理の時、そのまま洗い、油皮を付けながら塩を出して遣う。

鳥汁【とりじる】〔料理調法集・汁之部〕に鳥汁は、味噌でも清ましでもするが、塩鳥は清まし、生鳥は味噌がよい。

鳥そぼろ【とりそぼろ】〔料理調法集・諸鳥之部〕に鳥そぼろは、小鴨 鶉鴨の類の尾頭と羽を去り、尾骨を返して腹の内をよく去り、身 皮 尾骨ともに細かによく叩き、塩梅して下汁にし、ほろほろになるように煮る。

鳥積み様【とりつみよう】「積み様の事」ヲ見ル

捕手の三道具【とりてのみつどうぐ】〔武家重宝記・四〕に捕手の三道具は、十手、万力《まんりき》、鼻捏《はなねじ》をいう。

鳥田楽【とりでんがく】〔料理調法集・諸鳥之部〕に鳥田楽は、何鳥でも身を卸し、半時（一時間）程味噌に漬けて置き、味噌をよく拭って皮を去り、酒を懸けて焼き、山椒味噌や山葵の類をつけ、松串で出すとよい。

鳥無い里の蝙蝠【とりないさとのこうもり】〔世話重宝記・一〕に『夫木和歌集』泉式部の歌「人もなく鳥のなからん嶋にては この蝙蝠も君を尋ねん」から出たかという。勝れた者のいない所では、つまらないものが威張る譬え。

鳥鱠【とりなます】〔諸人重宝記・四〕に鳥鱠は、どの鳥でも、造りばかりを酢でいため、その後に鯛かその他何でも入れ、山葵を加え、酢で和える。

鳥の足跡（形）【とりのあしあと／かた】〈文字を書く〉〔女重宝記・四〕に、文字は唐土の蒼頡*が鳥の足跡を見て始めて作り出し、これより手（文字）を少し書くことを鳥の足跡を学ぶという。〈悪筆〉〔人倫重宝記・二〕には、蒼頡が鳥の足跡を見て文字を作り出したことから、悪筆を鳥の足形という。「そうけつ（蒼頡）」ヲ見ル

鳥の土器焼【とりのかわらけやき】〔世界万宝調法記・下〕に鳥の土器焼は、鳥濃醤*のように味噌と鳥とを等分に交ぜて揉み 鰹を入れ、酒を加えた中へ入れ、炭火の上で杉焼*のようにする。魚も少し加えるとよい。

酉の事【とりのこと】鳥とも書く。〔年中重宝記・六〕等から集成すると以下のようになる。○十二支の第十、酉（とり・ゆう・鶏）。○「月」では八月。酉《ゆう》は就《しゅう》、八月は黍《あわ》が就《な》り酎《さけ》に造る時の意。五穀成就する故に酉《なる》とする。○「時刻」では暮の六ツ。六時の前後二時間である。日入《にちじ》という。○「方角」では西。〈異名〉〔永代調法記宝庫・首〕に酉の異名に、作噩《さくがく》、日入《じつじゅ》がある。「酉の日」参照

鳥の事【とりのこと】〈字尽〉〔童蒙単語字尽重宝記〕に鳥の字を集めて、約百八十語がある。〔料理調法集・口伝之部〕に鳥とばかりいうのは、雉子のことである。冬は他の鳥はその名を称する。〈貯え様〉〔料理調法集・囲方之部〕に、①胡麻油を煮返し、よく冷まし、塩を煎って篩い、油一升に塩二合を入れ、鳥を壺に漬け、口張して貯える。②鳥の身を卸し、雪花菜《きらず》一升に塩三合を入れ、鮨のように段々に重ねて桶に漬け、竹

の皮で覆い蓋をして押しを懸けて置く。長く置いても風味は生鳥に変わらない。〔ちやうほう記〕に、酒一升に塩三合を合わせて九合に煎じ、諸鳥の身を取り漬けて置く。〈毒消し〉〔懐中重宝記・慶応四〕に鳥の毒消しは、白藊豆を末（粉）にして水で飲むとよい。

〈鳥料理品々〉語頭に「鳥」の付かない料理を〔料理調法集・諸鳥之部〕〔同・諸鳥人数分料〕から次に記す。あいさ* 赤頭鴨* 青鷺* 足高鴨* 赤水鶏《くいな》* 赤くらめき鴨* 赤中鴨* 足鴨* あじ鴨* 礒鷺* 煎（熟）鳥* 鶉* 卯の花雉子* 海鳫* 大赤頭* 大鷭* 大鷺* 尾黒中鴨* おし鳥（鴛鴦）* 尾白鴨* 懸鳥* かさゝぎ* かしらき鴨* 粕貞良鳥* 蟹食鴨* 川喰鴨* 鳫鴨叩き* 黄足鷺* 黍鴨* 京女鴨* 葛菱喰* くびだま鴨* 口鴨* くらめき鴨* 鳧《けり》* 黒鴨* 黒鶴* 小鴨* 小蝶鴨* 小鳥* 小鳥団子* 小鳥南蛮料理* 菰水鶏* こん鳥* さんか鵐《ほおじろ》* 塩鳥* 塩鳥仕様* 鴫* 鴫あじ鴨* しやくなぎ鴨* 白雀鴨* じんない水鶏* じんない鶫* 鈴鴨* 雀鴨* 背黒鵐《ほおじろ》* せゝり鷺* 僧鴨* そり鴨* 伸し鳥* 班鳩《つちくれ》* 鷹野すゝ切鳥* 鶫* どうねぎ鴨* 吐鳩《どばと》* 鶏飯《にわとりめし》* 伸《の》し鳥* 白鳫* 白鳥* 羽白霜降鴨* 八幡鳩* 初鶴* 羽斑鴨* ひでりけつけ鴨* 雲雀* 雲雀鴨* びんしょう鴨* へら鷺* ほしの親鵐《ほおじろ》* ぼと鴨（＝ほど鴨）* 骨抜き鳥* 真鴨* 真鳫* 巻き鳥* 真崎鴨* まじゅう鴨* 真鶴* 真鳩* 神子鴨* 御子どうねぎ鴨* みとごい* むしばみ鴨* 毛琉《もうりゅう》* 鵙鴨* 野鳫* 焼鳥そぼろ* 焼骨入鳥* 野禽小鳥* 山あいさ 山鳥* 山鳧* 山鴨* 山鳩* 吉崎鴨* よし鵐《ほおじろ》* 寄せ小鳥* 茹で鳥* など。

酉の時生れ【とりのときうまれ】〔大増補万代重宝記〕に酉時（十八時）に生れる人は、衣食余り、武士は文武に達し出頭して知行財宝に富み諸人に敬われ大切にされる。但し、家に居てはよくなく、外勤して朋友と交わってよく、中年に父母に離れる。〔女用智恵鑑宝織〕で特記する事は、衣食金銀多く、諸人に敬われ、良縁がある。しかし、高ぶる心があり夫を蔑ろにすると、遂には追い出され、親兄弟に恥を与え、思い通りには行かない。よくよく信心するとよい。

酉の年生れ【とりのとしうまれ】〔大増補万代重宝記〕に酉年生れの人は、一代の守本尊は不動明王*である。前生は白帝の子で、北斗の文曲星より白米二石と金子七貫目を受けて今世に生れる。生質心敏く、親に孝行、君に忠、学問を好み、是非をよく弁え知る。しかし親兄弟に縁薄く孤児《みなしご》となる事がある。子は三人あり、若年の内はよく、中年は悪く、老いては仕合せよく、富貴繁盛する。四十二三歳で大いに災いがある、よく慎むとよい。六十三歳で命危く、七十七歳で命が終る。毘沙門天は寿命を守り、阿弥陀如来は福徳を与え、虚空蔵は智恵を授ける。よく信心するとよい。一説に、一生財禄満ち、人の為になる事が多い。また身に病があり、養生するのがよい。二十二三歳で厄があり、善根を施して免れると命は長い。

〔女用智恵鑑宝織〕にも前生は西都国の王子で、天から白米二石と金子七貫匁を受けて生れる。縁付はよい。奉公人となれば主人の目に止り立身するが、慎みがないと人の嫉みを受け、無実の難がある。誠の心を守り、身を高ぶってはならない。子は一人か九人ある。不養生であれば産は難しい。常々養生がよければ八十二三歳迄生き、一生人に敬われ、衣食は多い。〔日用重宝万物図解嘉永大雑書三世相〕に守本尊は不動明王。卦は兌上断。

酉の日【とりのひ】〈日〉〔家内重宝記・元禄二〕に日用雑書として次がある。酉の日は弓矢太刀を作らない。耳の鳴るのは吉。犬の長吠は口舌がある。乳母を取るのに吉。味噌に凶。病は男は軽く女は重い。人神*は耳にある。酉が塞がりである。子午の年の人は屋造りに凶。行方は東・北は病、南は大吉、西は吉。正月酉の日は衣装を裁ち着ない。正・四・七・十月酉の日は神内*にあり吉。二・五・八・十一月酉の日は神外*にあり凶。正・二月酉の日は亡ぶ日*。正・十二月酉の日は仏神に詣でない。正・二・六・十二月酉の日は師旦絶命日*。二・六・九・十月酉の日は一粒万倍日*。二・六・十月酉の日は万億日*。五月酉の日は六合日*、また大利日*。

五・十一月酉の日は福徳日。* 六月酉の日は血忌日。* 七月酉の日は運虚日、* また坎日。* 八月酉の日は千億日、* また外（下）食日。* また遠行すると帰らない。十月酉の日は万福日。*

春秋冬の酉の日は土用の間日。* 冬酉の日は母倉日。* 乙酉の日は屋造りに吉。利銭商いに吉。また伐（罰）日。* 乙・癸の酉の日は神吉日。* 乙・己の酉の日は釜塗るのに吉。乙・己・辛・癸の酉の日は大明日。* 丁酉の日は三宝吉日。丁・己の酉の日は井掘に吉。土公は丁酉の日は南に、己酉の日は西にある。己酉の日は東西に門を建るに吉。辛酉の日は北に門を建るのに吉。癸酉の日は南北に門建てるのに吉。己・癸の酉の日は太刀武具初めて着るのに吉。〔重宝記・宝永元序刊〕酉は鶏であり、この日は諸役 奉公人 官位受領によい。嫁取 聟取によい。

鶏の日【とりのひ】 暦。〔諸礼調法記大全〕に正月朔日をいう。「鶏日」とも「鶏旦」ともいう。「正月八が日の名」参照

取母【とりはは】 「とりはは（取母）とは、やうぼ（養母）の事」である。〔消息調宝記・一〕

鳥醤【とりひしお】 〔料理調法集・諸鳥之部〕に鳥醤《とりひしお》四方がある。①鶉でも雲雀でも塩を強くして十四五日置き、身を卸し 皮を引き 細かく叩いたのを二盃に、糀を香色に煎り 粉にして一盃交ぜ合せ、味醂酒 焼酎で緩める。雉子、鴨の類も仕方は同じ。②何の小鳥でも骨を細かに叩き、塩糀を交ぜ合せ古酒で緩め 寝かせて置く。③雉子一羽の筋を除き、骨ともに叩き、塩を煎り、薬研で卸し茶碗に一盃に、糀を煎り粉にして一盃交ぜ合せ、濁り酒一盃半を入れて交ぜて置く。④雉子をよく叩き、酒で緩め十日程置いて、糀の花を篩い香色に煎って粉にし、この花を合せ塩加減して、品々よく合せて置く。生姜等、あられ（霰）に切り交ぜるとよい。

鳥浮和々々【とりふわふわ】 〔料理調法集・諸鳥之部〕に鳥浮和々々《とりふわふわ》は、鴨や鶉の類の身を卸し、皮を引き 身をこそげ 叩き よく擂って、玉子で伸べ、湯に塩梅した下汁で煮立てて、流し入れる。

鳥部野【とりべの】 京遺跡。清水寺西南辺の丘陵地を鳥部野という。京中の墓所である。〔東街道中重宝記・七ざい所巡道しるべ〕

鳥法論味噌【とりほろみそ】 〔料理調法集・諸鳥之部〕に鳥法論味噌《とりほろみそ》は、寒の内に雉子 或は鳩、その他小鳥でも、身骨ともいかにもよく細かに叩き、次に味噌をよく擂り濾して、酒と水で緩く伸べ、鳥と味噌を等分にして鍋に入れ、炭火で掻き交ぜ、煎る。割山椒 黒胡麻、その他何でも好み次第に加え、三時（六時間）程いかにも静かに油断なく焦げつかないように煎り上げ、ほろほろとなり、水気の乾いた時よく冷まして壺に入れて置くと、翌年までも持つ。

取米見様【とりまいみよう】 〔農家調宝記・初編〕に取米見様《とりまいみよう》は、中田《ちゅうでん》八反五畝十二歩、当年の坪刈平均八合毛《け》（＝収穫量）に取る時は、合毛《ごうけ》へ七五を掛け六斗となるのが一反の取米である。中田の反別を置き（但し、十二歩ばかり田法三に割る）、一反の取《とり》六斗を掛け、五石一斗二升四合である。

取交鰘【とりまぜうるか】 〔料理調法集・塩辛仕様〕に取交鰘《とりまぜうるか》は、腸と栗子と一ツにして、白子は擂鉢でよく擂り、腸 栗子によく交ぜ、その量一升に塩四合を交ぜ、壺に入れ押しつけて置く。但し、渋鰘は鮎身ばかりを作り、白子を潰し塩を合せる。子鰘は栗子に塩ばかりを合せ置く。

鳥味噌【とりみそ】 〔料理調法集・諸鳥之部〕に鳥味噌に三方がある。①何鳥でも身骨とも細かに叩き、味噌を擂り濾し、鳥と等分に合せ、酒と水で緩くし程よく練って蒸し、薯蕷 風呂吹大根等に懸ける。また練り詰めると法論味噌*になる。②何鳥でも身を造り、酒でよく煎り、冷める時よく擂り、味噌を等分に合せ、また擂り濾し、水で緩め湯に入れて練る。③鶏黄脚の若鳥を毛を引き、頭足を去り、腸を掻き出してよく洗い、丸ながら鳥一羽に酒一升を入れ、炭火で終日煮て肉が和らかくなった時、

骨を取り身を崩し味噌汁で緩く伸べ、醤油を少し加えてよく煮る。

鳥目【とりめ】 夜盲症をいう。〔新撰咒咀調法記大全〕にとり（鳥）目の治方は、鯛の塩辛、八ツ目鰻を食うとよい。また鱏《えい》の脂腸《あぶらわた》を煮て食うとよく、鰻の腸もよい。〔筆海重宝記〕には蒼朮を粉にして湯で用いる。また箒木の葉を煎じ、目を洗うとよい。〔諸民秘伝重宝記〕は蛇苺の焼灰を乳で溶き、差すとよい。なた八ツ目鰻を味噌汁に煮て食するとよい。○「呪い」鳥目を治す呪いは、暮れ方に雀の宿る所へ連れて行って雀を見させ、竹竿で雀を打ち驚かせて飛び立つ時、「紫公々々我還汝還明我」とよむ。毎日こうすると治ること妙である。〔懐中重宝記〕は生きた鰻を青竹の中に入れて蓋をして黒焼きにし、粉に丸じて用いると奇効がある。黒焼には鍛冶屋の鞴の口にする焼瓦を用いるとよい。また鳥目の灸は右手の表、親指と人差指の間の根本にするとよい（図367）。

図367「鳥目の名灸」（懐中重宝記・牛村氏写本）

鳥餅【とりもち】 〔料理重法記・下〕に鳥餅は、大鳥でも小鳥でも細かに叩き、小鳥は骨も入れ、味噌でも醤油でも汁のないように煎り上げ、餅をよく焼きいかにも薄い垂れでざっと煮て、鳥を椀の中の餅の上に置く。〔料理調法集・諸鳥之部〕は鴈でも鴨でも身を卸し細かに叩き、小鳥は骨ともに細かに叩き、味噌汁でも又は醤油でも煎り上げ、餅を薄い垂れ味噌で煮て盛り、煎った鳥を上に懸けて出す。

鳥黐の落し様【とりもちのおとしよう】 鳥黐《とりもち》はモチノキの樹皮から採った粘着性物質で捕鳥等に用いる。〔永代調法記宝庫・三〕に鳥黐の落し様は、早稲藁の灰汁で濯ぐと落ちる。〔染物重宝記〕は泥鰌《どじょう》の滑《ぬめり》で洗う。〔大増補万代重宝記〕は芥子で洗うと落ちるという。

鳥本より高宮へ【とりもとよりたかみやへ】 木曾海道宿駅。[*] 一里半。本荷七十一文、軽尻四十八文、人足三十六文。宿はよい。ここから彦根へ一里。多賀大明神へ一里。多賀より直に高宮へ二十丁余。小野村に小野の細道、宿の出離れ右に小町の墓《つか》、原村の右に八幡宮鳥居がある。彦根城が湖水に張り出て見える。地蔵川村。大堀川は徒歩渡り、大堀村の左方に鷹の御山が見える。〔東街道中重宝記・木曾道中重宝記六十九次 享和二〕

鳥焼き叩き【とりやきたたき】 〔料理調法集・諸鳥之部〕に鳥焼き叩きは、小鴨 鶉 鴫の類の身を卸し、皮を引いて串に刺し、醤油で付け焼きにして細かに叩く。この類は蓋茶碗物、澄まし仕立てに取り合すとよい。

どりやどりや【どりやどりや】 片言。「どれどれを、どりやどりや」という。〔世話重宝記・一〕

登龍丸【とりゅうがん】 「天下一方登龍丸」は青雲堂英文（江戸下谷御成道。江戸中後期、東叡山御用書物所）製。一包 代百文。一巡リ（七日）代六百五十文。天下一方の秘法で、痰 咳 留飲一通りの妙薬である。軽症は一粒、重症は一巡リ、数年来の難症は三巡リも用いると全く癒える。数万人に試用して効験の大なること、古今無双稀代不思議の妙薬である。効は、十年二十年来の喘息。労症の咳。引き風邪の咳。空咳。咽喉ぜりつき。痰飲取りめ声出ず。痰に血混じり。痰飲吐いても出ず。動悸強く怔忡《むなさわぎ》。小児百日咳。婦人産前産後の咳。溜飲で胸痛み・気塞ぎ、併発する一切の病。音声を使う人が時々用いると、声を立てる事奇妙である。〔日用調法人家必用〕

土龍膏【どりょうこう】 和蘭陀流膏薬の方。[*] 〔改補外科調宝記〕に土龍膏は、腫物の肉を上げてよく癒す。中にも古傷、瘡毒、下疳の癒え兼ねるのに付けてよい。土竜《うごろもち》（黒焼き五匁）、牛の油（黒焼き二匁）、猪の肉《ぶた》（黒焼き三匁）、胡麻油（一合半）、蠟（二十匁）。この油を煎じ取り 土竜、猪の身、三の油を一ツにして、そろそろと入れ、蠟で加減して練り上げる。

度量考【どりょうこう】〔蘭学重宝記〕に西洋の「新制度量考略」がある。フランスで近頃新に度量の制があり旧制に頗る異なり、地球全径の四分の一数に基づく。オランダでも一八一七年に令して旧制を改めた。

〈長さ〉まず会尓《エル》を立て、一会尓は京師の念仏尺《ねんぶつじゃく》（一尺が曲尺の一尺二厘二毛に当る。工匠が用いた竹尺の二）の三尺三寸位。諳厄利亜（英国の旧称）の四十寸に当る。会尓の十分一を「デシメートル」といい、一掌ともいい、本邦の三寸三分である。諳厄利亜の四寸に当る。会尓の百分一を「センチメートル」、千分一を「ミルリメートル」という（図368）。

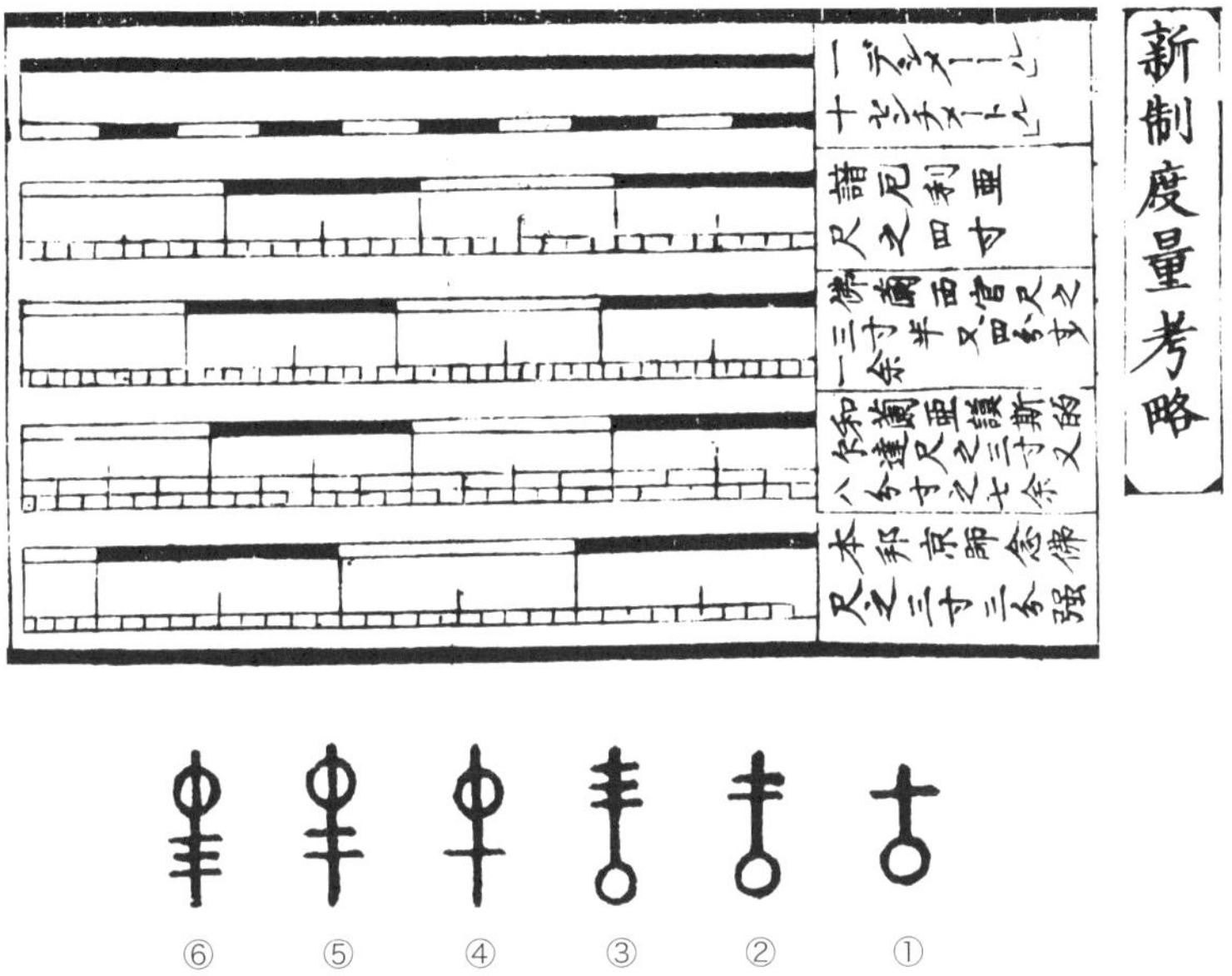

図368 「新制度量考」（蘭学重宝記）

〈量〉瓦蘭馬《ガラムマ》を立て、諸量の基とする。瓦蘭馬一千を新制の「ポンド」とする。一瓦蘭馬は本邦の二分五厘七毛位に当る。一ポンドの蒸留水を入れる器は念仏尺の六寸一分二厘立方に当る。瓦蘭馬を増減して種々の法馬《フンド》を造り薬剤などを精しく秤量する。△瓦蘭馬を増した法馬は、徳加《テカ》瓦蘭馬は十瓦蘭馬、記号は図①。歇加多《ヘカト》瓦蘭馬は百瓦蘭馬、記号は図②。幾里《キリ》瓦蘭馬は即ち一「ポンド」、千瓦蘭馬、記号は図③。▽瓦蘭馬を減じた法馬は、弟済《デシ》瓦蘭馬は十分一瓦蘭馬、記号は図④。旃智《セチ》瓦蘭馬は百分一瓦蘭馬、記号は図⑤。密尓里《ミルリ》瓦蘭馬は千分一瓦蘭馬、記号は図⑥。

「斤目量」の「旧制薬秤分量表」参照

取りわき【とりわき】「とりわき、取分。今はとりわけと云」。〔消息調宝記・二〕

取る【とる】〈御所言葉〉〈女用智恵鑑宝織〉に「果物の皮を剥くは、とる（取）」という。〈女の柔かな詞遣〉〈女重宝記・一〉に「うたかるた（歌留多）は、とる」という。

執る【とる】取とも書く。十二直*の一。暦中段。〔童女重宝記〕に「執る」は、斗柄の前の五辰で万物を執断し半吉の日等とある。〔和漢年暦調法記〕等は、○小吉とし神事祭礼、入学、聟取り、婚礼、種蒔き、井戸掘り、家造りに吉である。○移徙《わたまし》、出行、金銀を出す等は、凶である。

達爾給斯丹【とるくすたん】〔童蒙単語字尽重宝記〕に達爾給斯丹《とるくすたん》は土酋の分治。広さ四十二万坪、民は五百万人。

土耳其【とるこ】①亜細亜の土耳其《とるこ》は、帝国（欧羅波の土耳其と同帝）。広さ六十八万坪、民は一千六百万人。「都児格」とも書く。②欧羅波の土耳其も、帝国。広さ二十万三千六百坪、民は一千五百七十二万五千人。孔士旦（君士但丁、こんすたんちほる）民は七十一万五千人。（品川海より）四千百六十七里。〔童蒙単語字尽重宝記〕

泥付地蔵【どろつきのじぞう】〔改正字尽重宝記綱目〕に泥付地蔵は、洛陽寺

町五条橋の西、本覚寺に鎮座ある霊験あらたかな菩薩である。

とろろ草【とろろくさ】〔俳諧之重宝記すり火うち〕に「とろゝの花、紙すきに用いる草也」。〔紙漉重宝記〕に二種出る（図369）。①は綿木のようで春生じ、花実は小さく六角で胡麻か虱に似る。花実は用なく根を用いる。山とろろは自然に生えるのもある。塵紙等を漉くのに用いる。紙色は赤くなる。②花の萎れる時根を引き抜き、五月梅雨の間に干して貯える。根の大きさは八分位、牛蒡のようである。石原に出来るのは短い。根の髭 皮を刮げ取り、叩いて薯蕷《とろろ》汁のように製し、水を差し入れる程柔かになる。紙漉は一舟に一升程入れる。水嚢で濾し小桶に入れて必要分を遣う。売買は、銀一匁に掛目百二十目、安い時は一匁に掛目五百目。

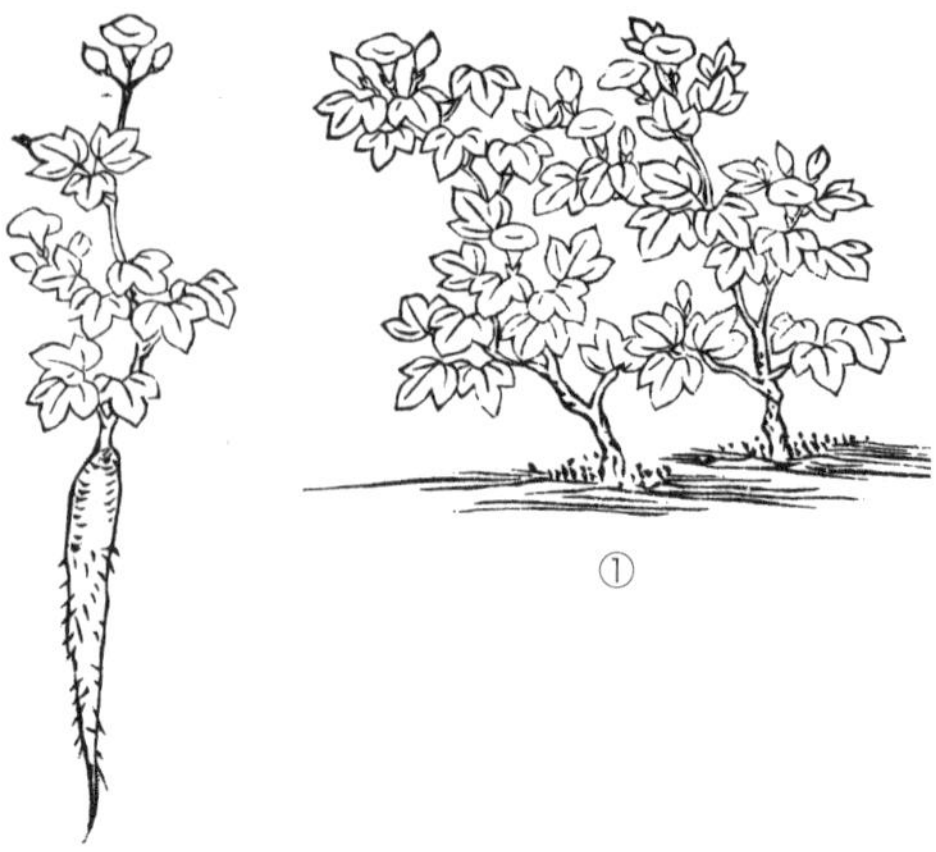

図369 「とろろ草」（紙漉重宝記）

薯蕷汁【とろろじる】〔料理調法集・汁之部〕に薯蕷汁は、煮抜きにするとよい。山の芋を卸し 細かに擂り 青海苔を色よい程入れる。吸い口は胡椒の粉。但し、生栗を一ツ卸して芋に合せて入れると芋は切れない。〈熱くする法〉〔新撰咒咀調法記大全〕に、①生栗を一ツ卸し芋に交ぜて擂り、加減して温める。②昆布出汁で加減するとよく、どちらも粘りが抜けない。〈熱くして切れぬ法〉〔料理重法記・下〕に冬薯蕷汁を熱くして切れない法は、高麗焼の器物に入れて炊くと少しも切れず、荒布を一本入れて炊くとどれほど熱くしても粘る。〔昼夜懐要両面重宝記・寛延六〕にとろろは、味噌汁に昆布を少し入れると粘りがよい。〈薬性〉〔永代調法記宝庫・四〕に薯蕷汁は、折々少し食すると脾腎の薬、気虚を補う。

どん【どん】〈何が不足で癇癪の枕言葉〉「たいこもち（幇間）、どん」。〔小野篁謔字尽〕

頓宮神【どんぐうじん】江戸願所。本所亀井戸天満宮の境内に頓宮神《とんぐうじん》がある。爺と婆の木像があり、後ろで赤・青鬼が爺を縄で括ろうとしている。菅公が筑紫左遷の時、婆が松の葉に飯を載せて朝夕奉ったので、「志は松の葉」という諺（「志は木〔笹／椎〕の葉に包め」とも＝贈り主の真心がこもっていれば小さな物でも立派な贈り物の意）が起ったといい、爺は辛く当ったので現在も罰を蒙ると縁起にある。末世に至り、この爺を頓宮神と願掛けすると悉く成就するという。願掛する時、鬼が持っている縄を爺の体に纏い七日間信じ、満願の時に縄を解く。〔江戸神仏願懸重宝記〕

呑酸【どんさん】「嘔吐 反胃 呃逆 呑酸」ヲ見ル

呑酸嘈囃【どんさんそうざつ】〔家内重宝記・元禄二〕に呑酸嘈囃《どんさんそうざつ》は、すいおくび（呑酸）し、胸掻き息切れ、水を吐き、胸悪く痛むようで痛まず、痒いようで痒くなく、何とも心悪いのに、陳皮と檳郎子を末（粉）して服する。

頓死の蘇生法【とんしのそせいほう】〔鍼灸重宝記綱目〕に頓死は、俄に死することをいう。○驚いて死に胸が暖かならば、医者が針を口中で温め尻骨を刺し、静かに抜いて穴を揉むと生き返る。○悲しんで泣いて死に手足が冷えても口身が温かならば、水溝に針して百会に灸を七壮するとよい。○目神《めのしん》が廻らず、口に涎がなく、舌・へのこ（陰茎）が縮まらな

ければ、合谷に針を刺して治す。また湧泉 神道 会陰に針をする。〔万用重宝記〕に頓死者に気付に勝る薬は、半夏と生姜を粉にして鼻穴へ吹き込むと蘇生することもある。〔懐中重宝記・慶応四〕は頓死には葱の心の黄な所を鼻の穴に四五寸差し込んでみて、血の出る人は生き返るが、出ない人は死ぬ。男は左、女は右である。「救急」モ見ル

胴銭百銭一貫【とんちえんへいちえんいいへん】 唐人世話詞。「銭《ぜに》百文《もん》一貫《くはん》を、胴《とん》‐銭百《ちゑんへい》‐銭一《ちゑんい、》‐貫《へん》と云」。〔男重宝記・五〕

どんちゃん【どんちゃん】 妄書かな遣。「どんちゃん、いそがしくてならねへ」。繁忙なさま。〔小野篡譃字尽〕

緞帳【どんちょう】 〈大和詞〉〔女重宝記・一〕に「どんすかや（緞子蚊帳）は、どんちやう」。〈女中御所詞〉〔麗玉百人一首吾妻錦〕に「どんすのは、どんちやう」。〔女中仕立物調方記〕に総白緞子などでも、また種々の色を一布ずつ交ぜて用いる。縁には板の物を用い、裾に畳縁はつけない。

童子【どんつう】 唐人世話詞。「若衆《わかしゆ》をば、童子《とんつう》といふ。また少年《しやうねん》と云」。〔男重宝記・五〕

飛んで火に入る夏の虫【とんでひにいるなつのむし】 「愚人《ぐにん》夏の虫飛んで火に入る」ヲ見ル

とんび【とんび】 片言。「鳶《とび》を、とんび」という。〔世話重宝記・一〕

頓病の符【とんびょうのふ】 〔増補咒咀調法記大全〕に「頓病に呑ますべし」として呪いの符がある（図370）。

図370 「頓病に呑ます符」（増補咒咀調法記大全）

丼物【どんぶりもの】 〔万代重宝記・安政六頃刊〕に丼物は、精進を含め四季各四例ずつが出ている。各二例を出す。○春（丼物）「花いか 蕨 松露 煮染め」「みる貝 ちょろぎ 木の芽和え」。（精進）「干大根 嫁菜 浸し物」「若布 土筆 浸し物」。○夏（丼物）「和らか煮鮑 里芋」「平目 隠元豆 鉄砲和え」。（精進）「二葉焼 茄子 花鰹」「竹の子 角麩 銀杏うまに」。○秋（丼物）「和らか煮章魚 自然薯」「蒲焼 から漬 千生姜」。（精進）「松茸 茄子 辛子和え」「花きり 薩摩芋 菊 昆布」。○冬（丼物）「牡蠣 蕗の薹 うま煮」「大鯛切身 百合の根」。（精進）「蒸し立て大蕪 辛子味噌」「とう煮蜜柑 蕗うま煮」。

とんぼう【とんぼう】 〔万物絵本大全調法記・下〕に「蜻蛉 せいれい／かげろふ／あきつむし／とばう。夏」。また「紺蠜 かんはん／かねつけとばう。夏」「赤卒 せきそつ／あかゑんば。夏」とある。「かげろう（蜻蛉）」ヲ見ル

とんぼさき【とんぼさき】 片言。木竹の末を「とんぼさき」というのは京の詞である。中国では「ゑほ」という。〔不断重宝記大全〕

とんむ【とんむ】 片言。「とんむは、鳶《とび》」である。〔不断重宝記大全〕

な

内疳【ないかん】〈上顎病〉〔改補外科調宝記〕に内疳は、口の上顎に元気不足により瘡を生ずる。初めは蓮花のように茎が小さく下へ垂れ、大きくなる。治方は、鎌でその根を切り破り 火針で血を止め 雄黄散*を付ける。一・二刻（二・四時間）すると口は自ずから合う。翌日膿を出し、生肌散*を付ける。〈小児病〉〔小児療治調法記〕に内疳は、目腫れ 腹脹り 痢色定まらず、或は沫（泡）青白く段々に痩せ弱る。これは冷症で木香丸*で治す。

内記【ないき】〔万民調宝記〕に内記は中務省*に属し、左兵衛の陣の南にある〔男重宝記・一〕は禁中において、勅書や宣命等の下書を司る役とある。

内義【ないぎ】〔女重宝記・一〕に町人の妻を内義という。内の義則《きまり》を治めるという意である。内義《ないぎ》を内室《ないしつ》等というのは堅い。

内宮外宮参宮【ないくうげくうさんぐう】〔東街道中重宝記・七ざい所巡道しるべ一〕に次がある。内宮は宇治、外宮は山田*にあり、内宮と外宮は同異があり、留意して拝見すべきである。内宮にも外宮にも一二三の鳥居があり、いずれも白木で、笠木は直《すぐ》、貫《ぬき》は柱内《はしらうち》、額束《がくつか》はなく、他の鳥居と同じではない。一二三の鳥居の外に外宮には小鳥居、内宮には冠木《かぶき》の鳥居がある。内宮にも外宮にも御門が四ツある。その内 玉串御門に垂れてある白絹に、内宮には神号が書いてあり、外宮には神号はない。内宮も外宮も御正殿 御門等は白木で茅葺である。千木《ちぎ》 鰹木《かつおぎ》があり、内宮は御正殿は十、御門等は六ツ、外宮は御正殿は九ツ、御門等は五ツである。千木は内宮は横に削ぎ、外宮は竪に削ぐ。内宮は東宝殿 西宝殿御正殿に並んでおり、外宮は瑞垣御門*の左右にある。案内人を頼んだら、巡拝所が数多く道程も長いので、詳しく丁寧に言い合わせて置かないと外れることが多い。外宮は一の鳥居から参詣する旨を言って置かないと近道から案内する。山田に宿した人は外宮巡りを済ましてまず内宮へ行き、帰りに宮崎や天の岩戸の風景をゆっくりと見るのがよい。宇治に宿した人も勿論である。内宮と外宮、朝熊《あさま》を一日にするには大き過ぎるので、案内人も心急ぎ足早になり、また道筋が主になり、あちらこちら外すことがある。参宮を三宮と誤り、両宮に朝熊を添えると思い、また磯辺*を添えて三ツと思う人があり、甚だしい誤りである。

内宮遥拝所【ないくうようはいしょ】伊勢名所。内宮遥拝所は、外宮 高の宮*の御炊殿の東にあり、内宮を拝し 次に別宮を拝する。〔東街道中重宝記・七ざい所巡道しるべ〕

内固清心散【ないこせいしんさん】〔改補外科調宝記〕に内固清心散は、心癰*で大便の結するのに用いる。辰砂・茯苓・人参・雄黄・麝香・白豆蔻・菉豆・皂角・朴硝・甘草（各等分）を細末（粉）とし、蜜湯で一戔を飲み下す。

内痔【ないじ】〔改補外科調宝記〕に内痔には、黄連・枳殻・川芎・漏蘆・槐角・地楡・呉茱萸・芡実・川山甲・蒲黄・枝子・甘草（各等分）を煎じて用いる。また、滑莧《すべりひゆ》の煎じたのと替り替りに用いる。薬を用いて五日すると外に出る。

ないしき【ないしき】大和詞。「ないしきとは、みやこ（都）の事」である。〔不断重宝記大全〕

内獅子印【ないししいん】〔新撰咒咀調法記大全〕に内獅子印は真言密教の手による印契の一。「九字の大事」ヲ見ル

内室【ないしつ】「ないぎ（内義）」ニ同ジ

内侍所【ないしどころ】〔人倫重宝記・一〕に、八咫鏡《やたのかがみ》は「みくさのかみうつわ（三種神器）」*の一ツであるが、この鏡を安置してある所を内侍所という。村上天皇天徳四年（九六〇）九月二十四日、内裏炎上の時、この鏡は温明殿にあったが自ら飛び出て南殿の桜の枝に掛った。内侍典の女房

が袖に受けてより、この鏡を内侍所という。我が国の鏡*はこの鏡に始る。〔年中重宝記・四〕に、十月十七日内侍所の御神楽がある。

内傷【ないしょう】〔医道重宝記〕に内傷は、飲食や労倦により内脾・胃の気を傷り、気高ぶり身熱し手足怠惰《だるい》等の諸症がある。脈は浮大で力なく、或は気口の脈が人迎《じんげい》*より大なのを皆内傷とする。薬に補中益気湯*升陽補気湯*七味白朮散*参苓白朮散*がある。〈内傷食物宜禁〉〔家内重宝記・元禄二〕に「宜い物」は大麦 粟 大根 生姜 山椒 牛蒡 麩。「禁物」は麵類 餅 飴 豆腐 瓜 蓼 茄子 竹の子 蕨 魚 鳥の類。

内親王【ないしんのう】皇女が親王*の宣旨を受けられることを、内親王という。〔人倫重宝記・一〕

内吹【ないすい】〔改補外科調宝記〕に懐妊中の婦人の乳病を内吹《ないすい》という。鹿角を粉にして酒で多く用いる。

内膳司【ないぜんのつかさ】〔万民調宝記〕に内膳司は、宮内省*に属し、天子の供御を奉行し、御膳の具をここに納める。

内踈黄連湯【ないそおうれんとう】〔改補外科調宝記〕に内踈黄連湯は、龍泉疽*虎鬚疽*の療治で裏症のあるものに用いる。木香・黄連・山梔子・当帰・芍薬・薄荷・桔梗・檳榔子・連翹（各二匁）、大旺（三匁）、甘草（少）に蜜を加え、煎じ用いる。

内大臣【ないだいじん】〔万民調宝記〕に内大臣は藤氏の元祖で、元は中臣の姓とある。〔男重宝記・一〕に令外の官で、職掌はない。左右大臣に次ぐ位置である。

内托芪柴湯【ないたくぎさいとう】〔改補外科調宝記〕に内托芪柴湯《ないたくぎさいとう》は、付骨疽*の薬である。内股 膝内の浮き腫れるものによい。黄芪（二匁）、柴胡（一匁）、羌活（五分）、連翹（一匁五分）、土瓜蔞（酒で洗い一匁）、当帰（七分半）、肉桂（三分）、生地黄・黄栢（各二匁）。これらに水の三分一酒を加え、煎じて用いる。

内托羌活湯【ないたくきょうかつとう】〔改補外科調宝記〕に内托羌活湯は、臀癰*付骨疽*石疽*等の薬である。羌活・黄栢（各二匁）、防風・当帰・藁本（各一匁）、連翹・甘草炙・蒼朮・陳皮（各五分）を水と酒を等分に入れて煎じ、食前に用いる。

内托散【ないたくさん】〔小児療治調法記〕に内托散は、貫膿《みずもる》*に用いる。気血虚損し、或は風邪 穢毒 沖傷し、瘡毒が内に陥伏して出さず、或は出て等しくないのを治す。この薬は血を活かし、気や胃を調え、虚を補い、瘡毒を押し出し、収靨《かせる》*のを易くする。黄芪・人参・当帰（各二匁）、川芎・防風・桔梗・厚朴・白芷・生甘草（各一匁）、木香・肉桂（各三分）を末（粉）とし、毎服一匁、或は二匁を温酒で調えて用いる。水で煎じてもよい。加減内托散ともいう。木香を去って十奇散、十宣散、十補散という。諸症状により加減が色々にある。例えば、貫膿するようでしないのには内托散に人参・黄芪・当帰を倍し、煎熟して人乳・好酒を入れて温服するのは巧法である。

内托酒煎湯【ないたくしゅせんとう】〔改補外科調宝記〕に内托酒煎湯は、付骨疽*の薬とある。股の外に出たのによい。黄芪・当帰（各二匁）、柴胡（一匁五分）、肉桂・大力子（各一匁）、升麻・黄栢・甘草（各五分）に生姜二片、酒を加えて、煎じ用いる。

内托升麻湯【ないたくしょうまとう】〔改補外科調宝記〕に内托升麻湯は、乳癰*が潰れず両乳の間に瘡の出るのに用いる。葛根・升麻・連翹（各一匁五分）、黄芪・当帰・炙甘草（各一匁）、鼠粘子（五匁）、肉桂・黄栢（各二分）に、水二杯に酒一杯を入れて煎じ用いる。

ない竹【ないたけ】片言。「なひ竹は、蘆竹 なよ竹」である。〔不断重宝記大全〕

内庭【ないてい】〈経絡要穴 腿却部〉二穴。足の人差指の外間の陥みの中に

ある。灸三壮。針三分、留むること十呼。傷寒汗出ず、瘧疾、不食、赤白痢、手足冷え上り、腹張り、悪寒、咽痛み、口歪み、上歯虫食い、皮膚痛み、鼻血、人の声を聞くのを忌むのを治す。〔鍼灸重宝記綱目〕

内縛印【ないばくいん】〔新撰咒咀調法記大全〕に内縛印は真言密教の手による印契の一。「九字の大事」ヲ見ル

内服方薬【ないふくほうやく】〔骨継療治重宝記・下〕に次がある。表脈の浮緊、症の発熱 悪寒、体の痛むのは外邪の挟む物で発散させる。四季傷損の発散は春は五積散* 香蘇散*、夏は香薷飲 五苓散*、秋は正気散*、冬は和解散*で加減する。寒熱には柴胡・前胡・黄芩を加える。頭痛には川芎・白芷を加える。脚気には白芷・檳榔・木香を加える。痰には南星・半夏・烏梅を加える。気喘には人参・木香・沈香を加える。寒には蒼朮・半夏・陳皮を加える。以上を等分に咬みこなし葱白を煎じて空腹に服する。

内弁【ないべん】〔万民調宝記〕に内弁《ないべん》は、節会を行う役名で、大臣である。

内補散【ないほさん】〔牛療治調法記〕に内補散は、牛が子を下して後に補う。当帰・川続断（各酒に浸し）・牡丹皮・蒼朮・赤白芍薬・五加皮・蒲黄・烏頭を合せて炒り、末（粉）し、酒で調えて下す。「十宣散」ノ別名

内羅【ないら】「馬の内羅」ヲ見ル

痿え【なえ】〔鍼灸重宝記綱目〕に痿《なえ》には、疾熱 痰 血虚 気弱 瘀血 腎虚があり、内関 肩髃 曲池 風市 陽陵泉、また萎ゆる処に針を刺して気をひき、血を動かす。中瀆 環跳に針し、停めて気を二時（四時間）待ち、三里 肺兪に灸をする。〔鍼灸日用重宝記・四〕は人の陰血が衰弱し筋を養わない為、筋が痿えて手足の叶わないのを近代の医者は皆中風と見立て風薬で治す。『素論』により痿は性腎が衰えて乏しく五臓に邪を受けて発するとし次がある。○脈痿は心気が熱して生じ、足弱く地が踏めない。○筋痿は肝気が熱して生じ、宗筋が緩まる。○肉痿は脾気が熱して生じ、痺れて知覚がない。○骨痿は腎気が熱して生じ、足は身に従わない。○諸痿病は脾肺が熱し破れ、一身を営まない。療治は〔鍼灸重宝記綱目〕にほぼ同じである。〈痿病食物宜禁〉〔家内重宝記・元禄二〕に「宜物」は枸杞 五加皮 苺 牛蒡 芹 榧 独活 莧 鰻 鱧 田螺。「禁物」は餅 麺類 蕎麦 小豆 蕨 茄子 瓢 真桑瓜 冬瓜 蓼 繁縷 菌《くさびら》 胡椒 杏 李 林檎 山桃 鯛 鱒 鮎 雉子。

苗虫【なえむし】稲虫。〔農家調宝記・付録〕に苗虫は、尺蠖《しゃくとりむし》の類で年により苗代に群生し、葉末から食い下り甚だ害がある。或は葉を包んで中に入り、脱皮して羽が生じ飛ぶ。始めの駆除法は、水を深くして虫が葉末に登るのを笊《いかき》様の物を敷いて置き、箒で払い取る。

等閑【なおざり】大和詞。「なをざりとは、ねんごろ（懇）になき心」である。〔不断重宝記大全〕

直す【なおす】女中御所詞。「物着ることは、なおす」。〔麗玉百人一首吾妻錦〕

猶々書【なおなおがき】簡礼書法。「尚々書」とも書く。「袖書《そでがき》」ヲ見ル

直理羽二重【なおりはぶたえ】〔絹布重宝記〕に直理京羽二重は、御召御時服地で、御白無垢《しためし》地もこれである。御召に五分巾は用いることもあるが、常巾は時服には用いない。呉服尺 一尺一寸巾である。また本直理以下として鯨尺で次がある。○本直理一尺二寸五分、長六丈五尺より七丈迄。○中巾一尺二寸。直理一尺一寸。同一尺五分。長六丈五尺位。○常巾九寸。長五丈四尺より六丈位。総じて鯨尺の物を呉服差に直すには、一〇五を掛ける。

長芋【ながいも】「山の芋／薯蕷」ヲ見ル

長柄銚子【ながえちょうし】「ちょうし（銚子）の事」ヲ見ル

長尾謙信【ながおけんしん】〔大増補万代重宝記〕に長尾謙信は兵を越後に起し、武田信玄*と戦い、北条と相挑む。鎌倉に入りよく久しく保つ。氏を改めて上杉という。天正六年（一五七八）、四十九歳没。

長蒲鉾【ながかまぼこ】〔料理調法集・蒲鉾之部〕に長《なが》蒲鉾は、擂身鯛一枚、烏賊十、玉子白身十五を煮抜きにして延べ、板へ竪に付けて蒸し上げ、まげ盛にする。

長上下の積り【ながかみしものつもり】〔麗玉百人一首吾妻錦〕に長上下《ながかみしも》の積りは、上八尺九寸、下三丈四尺。四尺五寸ずつ六幅《の》六尺、脇紐まち。

名書の法【ながきのほう】〔永代調法記宝庫・一〕に書札の名書きの法は、「先の名字名脇付*」、此の方は表に小さく名乗、裏に名字名を書く。

長窪より和田へ【ながくぼよりわだへ】木曾海道*宿駅。二里。本荷百十文、軽尻六十四文、人足四十九文。この宿も悪く、うね坂、道は谷川である。ここから和田迄小県《ちいさがた》郡である。下和田村、三ヶ村、和田の入口でおい川橋がある。〔東街道中重宝記・木曾道中重宝記六十九次 享和二〕

中心【なかご】刀脇差名所。なかご（中心）は、「心」「柄心」等とも書く。〔武家重宝記・四〕に中心は、刀剣が柄《つか》の中に入った部分、作者の銘を入れる。鎚目《つちめ》横下《よこした》一文字真崎《まつさき》等、色々ある。鑢《やすり》（＝矛が柄の中に入った部分）とともに図例がある（図371）。

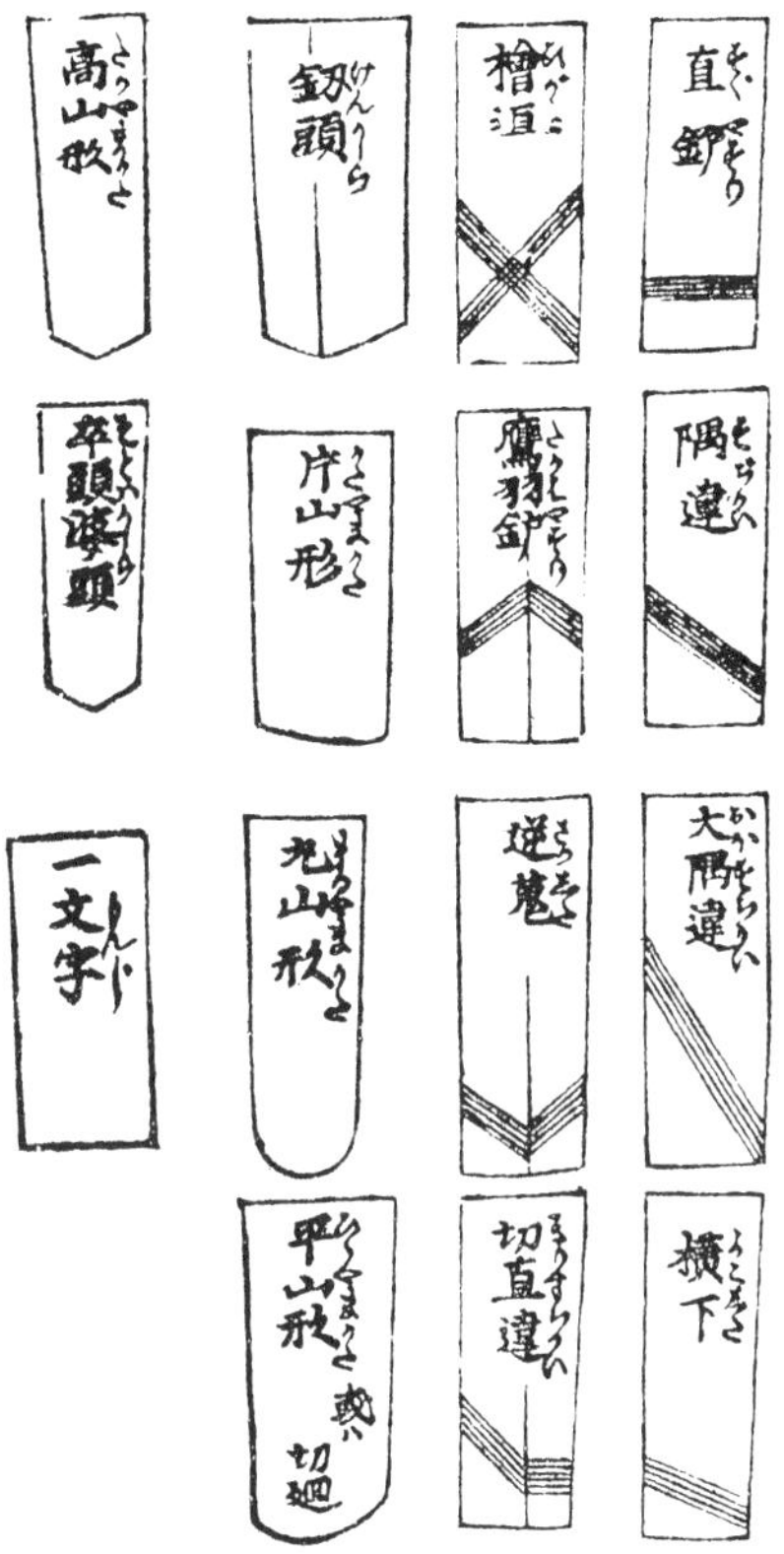

図371「中心・鑢の図」（武家重宝記）

長崎煮生姜【ながさきにしょうが】〔料理調法集・煮物之部〕に長崎煮生姜は、生姜を剥ぎ砂糖醤油で煮、道明寺*を懸ける。

長崎へ小倉よりの道【ながさきへこくらよりのみち】〔家内重宝記・元禄二〕に、「豊前小倉より長崎道」がある。小倉〈三里〉黒崎〈五里〉木屋瀬［筑前］〈三里〉飯塚〈三里〉内野〈三里〉山江（家）［筑後］〈三里〉松崎〈三里〉久留米〈五里〉柳川〈舟渡し〉長崎［諫早より七里］である。

長崎見世【ながさきみせ】〔万買物調方記〕に「京ニテ唐物屋 ながさき（長崎）見せ」。「唐物屋」ヲ見ル

中刺【なかさし】〔武家重宝記・二〕に中刺《なかさし》は、定まった矢ではなく征行の矢をいう。中《なか》とは、中《あた》るという祝意である。上刺矢《うわさしのや》があるので中刺という。根は平根《ひらね》剣尻《けんじり》等がある。

長さの単位【ながさのたんい】「町間の数の名」ヲ見ル

流枝【ながし】立花*。流枝《ながし》は、受《うけ》*の下に出す木や草花で、高さは受と花瓶の口の中程、梢は前へ振らせるとよい。木や草花の様態や長さは受や副《そえ》*と取り合わせる。例えば、長さが三尺なら、流枝は二尺か二尺余がよい。〔男重宝記・三〕

中潮（塩）【なかしお】「しおのみちひ（潮汐の満干）」ヲ見ル

長潮（塩）【ながしお】「しおのみちひ（潮汐の満干）」ヲ見ル

流し薬【ながしぐすり】〔調法記・四十5〕に流し薬は、棕櫚・綿実（この二品は炭焼き）・唐大黄の三味を、極細末（粉）にして、各六匁ずつに麝香（二匁）を加え、酒で飲ます。「堕胎」参照

流し糝薯【ながししんじょ】〔料理調法集・饂餅真薯之部〕に流し糝薯に二方がある。①糝薯*の擂り合せたのを鍋に湯を煮立てて流し入れ、煮えた時、杓子でよい程に掬い、下汁に入れて出す。一段とよい。②玉子の白身を加え、常のように仕立てる。

中山道の事【なかせんどうのこと】「木曽海道」「美濃海道」ヲ見ル

長血【ながち】〔麗玉百人一首吾妻錦〕に「長血を治する符」があり、この符を呑んで加持には観音経三巻、文殊の呪・如意輪の呪・荒神の呪 各千遍、また氏神へ立願するとよい。「白血を治する符」もある。「白血長血」「帯下」「女の符／守」参照

中務省【なかつかさしょう】 八省*の一。〔万民調宝記〕に以下の諸官がある。侍従* 内舎人《うちのとねり》* 内記* 監物《けんもつ》* 四宮職《しぐうしき》* 大舎人寮《おおとねりりょう》* 図書寮《ずしょりょう》* 内蔵寮《くらりょう》* 縫殿寮《ぬいのかみ》* 陰陽寮《おんようりょう》*［陰陽博士《おんようはかせ》* 陰陽師《おんようじ》* 暦博士《れきはかせ》* 天文博士《てんもんはかせ》* 漏刻博士《ろうこくはかせ》*］内匠寮《たくみりょう》*。

中津川より大井へ【なかつがわよりおおいへ】 木曾海道*宿駅。二里。本荷百二十七文、軽尻七十八文、人足六十一文。宿はよく、宿の出離れに橋がある。すきの（手金野）村、こまんば（駒場）村 坂の上り口より苗木城が見える。大森八幡宮がある。千た（旦）林村、茄子川村、山中にある。岩瀬村 茶屋がある。大井の宿入口左方に根津甚平の石塔がある。この辺は山の峯道である。街道より左に岩村の城が見える、道法半里。追分がある。名古屋へ十八里、釜戸宿へ三里半。〔東街道中重宝記・木曾道中重宝記六十九次 享和二〕

中次錫鉢【なかつぎすずばち】〔江戸流行買物重宝記・肇輯〕に、「中次錫鉢」数寄屋河岸に錫屋勇左衛門・錫屋九左衛門、中橋に錫屋喜兵衛、浅草に錫屋万吉がいる。

長手樽の積【ながてだるのつもり】〔改算重宝記〕に、一升から五升までと、一斗がある。○一升は口 四寸三分四厘七毛、底 三寸六分八厘七毛、深 五寸○七厘四毛。○五升は口 七寸四分三厘三毛、底 六寸三分○五毛、深 八寸六分七厘六毛。○一斗は口 九寸三分六厘五毛、底 七寸九分四厘三毛、深 一尺○九分三厘一毛。

長門【ながと】 長州。〔重宝記永代鏡〕に厚狭 豊浦 美祢 大津 阿武 見嶋の六郡があり、城下は長府 府中 萩で、一ノ宮は住吉である。〔万民調宝記〕に居城知行高を、萩 松平長門三十六万九千石、萩 毛利甲斐五万石。〔大増補万代重宝記〕に上管、四方二十二里。田数四千七百六十四町、知行高十三万四千五十九石。〔重宝記・幕末頃写〕には中管、東西二日半。南は海、北は山、魚や鼈充ち、稷穀他国に倍する。中々国。今の山口県の西北部にあたる。〈名物〉〔万買物調方記〕に銀、銅、萩の焼物、銭（諸国参宮道者が用いる）、蜜柑、長府素麺、下の関のふくと（河豚魚）・鮹・かせぶり、紫硯・水入、櫛（太閤薩摩入りの時天下一に号す）、早鞆明神の布刈、はぶ烏賊、ひうち鮑、よし見川のたぐり鮎など。

中々【なかなか】「中々《なかなか》は一向也。又なまじひの意もある」。〔消息重宝記・四〕

中の地蔵【なかのじぞう】 伊勢名所。古市場*の次の町である。古市場の差し入りから中の地蔵の末まで、一道の嶺が長く連なっているので両町を合せて長嶺という。内宮 外宮の間にある山ゆえ間《あい》の山ともいう。左方の大道より二町程東につづら石という大石がある。〔東街道中重宝記・七ざい所巡道しるべ〕

中霜餅【なかのしももち】 菓子名。中霜餅、上うき物、中 羊羹、下 ながし物。〔男重宝記・四〕

中の橋【なかのはし】 高野山名所。ここに汗かき地蔵尊があり、御影の井は薬井《やくい》ともいい、棺掛桜《かんかけさくら》があり、中の橋から一丁行くと覚鑁堂《かくばん》がある。〔東街道中重宝記・七ざい所巡道しるべ〕

長橋局【ながはしのつぼね】「こうとうのないし（勾当内侍）」ヲ見ル

長話する人を早く返す呪い【ながばなしするひとをはやくかえすまじない】〔続咒咀調法記〕に当方に用事のある時何の用もない人が来て、長話するのを早く返したい時は、その人の草履 雪駄等一足に「月」の字を楊枝の先で書き、その楊枝で草履を外へ突き出すようにすると、その人は早く我が家へ帰りたい心が起る。

長虫を除くる伝【ながむしをよくるでん】 長虫はヘビの類。〈呪い〉〔清書重宝記〕に「長虫を除る伝」は紙に「谷の宮様」と書いて懐中するとよい。

〔秘密妙知伝重宝記〕に「長虫の家に入らぬ伝」は、五月五日の午の時（十二時）に朱砂で「茶」の字を書いて門口に貼って置くとよい。

長持【ながもち】「箪笥／長持」ヲ見ル

長屋【ながや】「たもん（多聞）」ニ同ジ

中休の矢【なかやすみのや】「えびら（箙）」ヲ見ル

長柄の橋【ながらのはし】大和詞。「ながらのはしとは、くちはて（朽果）ぬ事」をいう。〔不断重宝記大全〕

長柄の橋の跡【ながらのはしのあと】大坂名所。大坂の北東一里程の長柄村にある。長柄の渡しのある所は昔の橋の跡ではない。京へ行く時は京橋を渡るが、長柄へ回って行くのがよく、これは天神橋を渡って長柄へ回り守口へ行くが、半里程の回りになる。長柄橋筋の北の末、長柄へ行く道筋に、女夫町 女夫池がある。〔東街道中重宝記・七ざい所巡道しるべ〕

流るる水【ながるるみず】大和詞。「ながるる水とは、定めなきを云」。〔不断重宝記大全〕

ながれかんじょ【ながれかんじょ】片言。「流灌頂を、ながれかんぢよ」という。〔世話重宝記・三〕

流木【ながれぎ】大和詞。「ながれ木とは、流罪の人なり。（歌）ながれ木と立る浪と焼く塩といづれかからきわたづみの底（新古今・雑歌下）」である。〔不断重宝記大全〕

渚【なぎさ】〔万物絵本大全調法記・上〕に「洲 しう／す。水中にあるを州*と云。小洲を渚《しょ》と云。なぎさ」。

長刀【なぎなた】〔万物絵本大全調法記・上〕に「長鉇 てうけん／なぎなた」。〈始り〉〔武家重宝記・四〕に次がある。長刀は鏻《なぎなた》 偃月刀《えんげつとう》 眉尖刀《びせんとう》 薙刄《ちじん》とも唱え書く。本朝神代には長刀はなく鋒《ほこ》を軍用とした。後代 片刃に作り 太刀を止むるを兼ねた。一説に、元は太刀で、柄をつけて作るので長刀と書いて「なぎなた」と訓じ、一振《ひとふり》という。また光仁天皇（七七〇〜七八一）が異国の兵器によって長刀を作らせ、宝亀十年（七七九）東夷征伐の時長刀を軍用としたのが起りかといい、また平清盛が長刀の利を嘆美し 一門皆用いたという。○「長刀請け取り渡し」は、長刀は右に引き提げて出、左膝と左手をついて意趣を言う。立《た》ち様《さま》に振り返して、石突《いしつき》を先へなし、刃を我が方へなし、刀背《むね》を人の方にして置く。請け取り様は、鞘の方へ少しすみかけて寄り、左膝と左手をつき、右手を上より帽子の所に掛け、そっと引き出し、次に下へやり石突を畳につけて長刀を持ち越す心得で右膝をつき、左膝を立てて納める。鎗*と同じである。「長刀の名所」「柄を虫に食わせぬ呪い」も鎗に同じである。〈助数詞〉〔重宝記・宝永元序刊〕に長刀は「一枝」「一振」「一朶《えだ》」という。ある説に、「一振」とは佩かぬ野太刀 長太刀をいい、佩く太刀は一腰と書く。御腰物の時はただ一ツという。一腰とある返事に、この方より太刀を遣す時は一振と書くのは常のことである。

なぎのは餅【なぎのはもち】菓子名。なぎのは餅、上下 ながし物、中 羊羹入り。〔男重宝記・四〕

なくくり【なくくり】大和詞。「なくくりとは、わだ（曲）の事」である。〔不断重宝記大全〕

なくなえ【なくなえ】「なくなへはなくからに也」。〔消息重宝記・四〕

なくなった【なくなった】片言。「東の言葉に、物のみなに成たるを、なくなつたといへり。（歌）花ちれる水のまにまにとめくれば山には春もなくなりにけり（古今集・春歌下）」。〔不断重宝記大全〕

鳴虫寄る【なくむしよる】大和詞。「なくむしよるとは、いはで恋するを云」。〔不断重宝記大全〕

なぐりおし【なぐりおし】片言。「なぐりおし、なごりおし 余波 名残」である。〔不断重宝記大全〕

無げ【なげ】大和詞。「なげとは、なしと云事」である。〔不断重宝記大全〕

投入【なげいれ】 立花*。抛入とも書く。生花投入ともいう。〔男重宝記・三〕に「なげ入の事」はさして定式はなく、ただ模様よく活ける。花枝葉の伸びた物には約《つづま》やかな物を採り組み、太い物には細いのをあしらう作意である。数も定まりはなく、大抵一種二種も、また三種五種も活ける。心得は花入（花生*）によるが、竹瓢簞籠徳利等様々ある。例えば、口の細い物には細い茎を活け、茎の弱い物には竹でも木でもよく取り合った物を削り、茎に挟んで挿す。その木や竹は水より下にあるようにする。「生花の事」参照

夏越の祓【なごしのはらえ】「みなづきばらえ（水無月祓）」ニ同ジ

なご屋【なごや】 大和詞。「なごやとは、人の入る牢の事」である。〔不断重宝記大全〕

名残の霜【なごりのしも】 八十八夜*に降る霜をいう。「余波霜」とも書く。

名塩漉【なじおすき】「生漉《きすき》」ヲ見ル

梨地【なしぢ】「金銀焼幷鍍金の事」ヲ見ル

梨壺の五歌仙【なしつぼのごかせん】〔童子調宝記大全世話千字文〕に梨壺の五歌仙は、赤染衛門、和泉式部、紫式部、馬内侍、伊勢太輔をいう。「梨壺の五人」参照

梨壺の五人【なしつぼのごにん】〔消息重宝記・四〕に照（昭）陽舎五人（なしつぼのごにん）として源順、大中臣能宣、清原元輔、坂上望城、紀時文は、『万葉集』（二十巻 四千三百十五首は諸本不同 決定せず）に和点を加えた。これを古点といい、その後 法成寺関白道長公以来の点を新点という。梨壺は、宮中の昭陽舎の中庭に梨が植えてあることから言い、天暦五年（九五一）村上天皇の勅で和歌所を置き、『万葉集』の和点の外、『後撰集』の編纂に当らせたとある。「梨壺の五歌仙」参照

梨子の香り拵え様【なしのかおりこしらえよう】〔里俗節用重宝記・中〕に梨子の香り拵え様がある。蓮の根（一本）、上梨子（二ツ。常の梨子なら数を増す）、生生姜（分量を見計い）を山葵卸でおろし、水嚢で濾し、粕は残す。土鍋に入れて柔かい炭火でとろとろと掻き廻し、煮えると水飴より固く、よい時に降ろし、冷めたのに砂糖を合す。塵と塊を取り、土焼器に入れて置くと数日持つ。痰咳によい。

梨子の事【なしのこと】〔万物絵本大全調法記・下〕に「梨り／なし」。〈異名〉〔書札調法記・六〕に梨の異名に、映菓 玉客《ぎょくかく》 大谷《だいこく》 紅消《こうしょう》がある。〈薬性〉〔医道重宝記〕に梨は寒で毒はなく、熱を去り、渇《かわき》を止め、痰を消し、咳を治し、大小便を通じ、瘡毒や酒毒を解す。〔永代調法記宝庫・四〕に梨は多食すると中が冷え、必ず絞り腹を病む。ただ汁を絞って疱瘡の芽の出たのに入れるとよい。〔万用重宝記〕に梨は、疱瘡の時これに過ぎた薬はない。〈梨を食わす心得〉〔日用調法人家必用〕に病人に梨子を喰わす時の心得は、紙に水を湿して梨子を包み、炭火の中に入れて温まった時引き出し皮を剝いて与える。温かいのを嫌うなら大根卸でおろして与えるとよい。病気で脾胃が弱った所へ生のまま食わすと消化し兼ねてよくない。〈貯え様〉〔昼夜重宝記・安永七〕に梨子の貯え様は、①尉《じょう》が髭《ひげ》（＝蛇髭）草のよく繁ったのを根ともに掘り、草の中に梨一個を包み、よく乾燥した地を掘り、尉が髭を入れ上に板の蓋を梨に擦れ合わないようにして、その上に土を五寸程置くとよい。②青梨を直接捥ぎ取り、生小豆の中へ擦れ合わないようにして置くといつ迄も持つ。十の内七八は生り立ちの梨のようである。地へ叩き落した梨は悪い。〔料理調法集・囲方之部〕には、①梨の葉で梨子をよく包み、その上を藁で包み、家の内の高い所を掘り砂を間に置いて、触れ合わないように隔てて置く。②青梨を霜の懸らない前に取り、赤土で厚く塗り日に干し、雨の懸らないように庭の内に砂に埋めて置くと、翌年まで時節のように持つ。〔料理重法記〕には鬆《す》の入っていない大根に、少しも損傷のない梨の臍の茎を挿し込み、

上を紙に包んで暖かな所に置く。蜜柑も同じ。〈漬け様〉〔庶民秘伝重宝記〕には傷のない果物を生渋《きしぶ》に漬けて置く。渋はその果物に少しも染むことはなく、味わいは何時までもよい。〈皮とり様〉〔麗玉百人一首吾妻錦〕には頭の方から剝いて、枝つきを残す。「青梨子漬け様」参照

鱁鮧【なしもの】〔料理調法集・口伝之部〕に「なしもの」とは塩辛*のことをいう。〔諸人重宝記・四〕に「なし物」として次がある。鯛の子。鯛のわた（腸）。鯖のせわた。ふくだめ。鰯。海栗《うに》。うるか（鱁鮧）。うるか子。鴨のわた。鮭のわた。はらら（魚卵）。鰹叩き。雲雀。鶉。この外色々。〈鱁鮧砂取り様〉〔料理重法記・下〕には、鱁鮧を入れた壺の中へ文銭を一文入れて置くと、文銭が壺の底へ沈み、砂もこれに随って悉く壺の底へ溜る。

なじょう【なじょう】 大和詞。「なでうとは、何事もいはぬ」ことである。〔女用智恵鑑宝織〕

薺【なずな】 七草*の一。〔万物絵本大全調法記・下〕に「薺 せい／なづな。春」。〔新撰咒咀調法記大全〕には薺は冬至の後に苗を生じ、早春にようやく葉を生ずる。花が咲き実の形は三角で三味線の撥のようで三味線草という。灯心の立て床にすると蚊や餓を去るという。〈薬性〉〔永代調法記宝庫・四〕に薺の実は目を明らかにし、痛みを止め、卯月八日に採り葉を食う。

茄子の事【なすびのこと】〔万物絵本大全調法記・下〕に「茄子 か／なすび／かし」。〈異名〉〔書札調法記・六〕に茄子の異名に、七斑《しちはん》銀茄《ぎんか》紫昆侖《しこんろん》がある。〈大和詞〉〔女重宝記・一〕に「なすび（茄子）は、なす」。〈薬性〉〔医道重宝記〕に茄子《なすび》は寒で毒なく、熱を去り、腸を寛くし、血を散じ、痛みを止め、労気によい。多く食うと気を動かし、人を損ずる。〔永代調法記宝庫・四〕には胃の腑を損じ、瘡の毒ともなる。〈時植生〉〔懐中重宝記・慶応四〕に、〇茄子の植え方は女の種を蒔く（女茄子は丸く、男茄子は大きく角ばる）。茄子 唐辛子を蒔くには来年の蒔く場所を今年より心掛け、六月土用中に土を細かくし下肥《しもごえ》（＝人の糞尿）で練り 菰を掛けて置く。冬になって又寒肥で練り 菰を掛けて置く。二月に土を細かにし、高さ一尺横二尺程にして、その土を半分入れて均し、小石を並べて蒔く。〇植え替える時は半分残った土を大椀に二ツずつ置き均し、その上に植えると早く根づく。〈苗育〉〔男女日用重宝記・下〕に、〇三月の初雨に伏せると、正月中に伏せるよりも育ちが早くよくなる。〇早蒔は茄子種を正月から箱の内に伏せ、昼は日にあて、夜は内に入れる。〇虫が木を食い折ったのを接ぐ法は、青山椒を嚙み砕いて接け、竹の皮で巻き付けて置く。〇早く生らす法は、初め花を皆切り捨て、茄子の終い時分に雪 霜 雨 風に当らないように藁で套を作って懸けて置き、三月頃藁を取って日を当てるとよい。〇初めからよく肥しをすると早く芽を出し 育ちよく 多く生る。〈茄子の木枯れぬ伝〉〔調法記・四十ゟ〕に、木が枯れない法は柿の葉を一枚ずつ入れて共に植えるとよい。〈呪い〉〔万用重宝記〕に茄子を沢山生らす呪いは、花の時一葉取って四辻に捨て置き、その葉に灰を丸く置いて葉と灰を人に踏ませるとよい。〈齏物〉〔ちやうほう記〕に茄子饅齏《ぬたあえ》は、茄子を四角に切り、胡麻の油で揚げ、青大豆を摺り、饅齏にする。〈茄子飯〉〔料理調法集・飯之部〕に茄子を炭火でよく焼き、水に入れて皮を取り、細かく裂いて椀へ盛り、上に飯を盛って出す。

〈漬け様〉〔男女日用重宝記・上〕に香の物漬け様は、米・糀各一斗、塩七升五合を合せ、甘酒に造り一夜置き、七月時分の新しい茄子を一重ね並べては甘酒を一寸程置き、叩きつけそのまま置く。〔料理調法集・漬物之部〕は白米五升を強飯に炊いて冷し、糀五升を揉み交ぜて桶に入れ、三日程置くと甘味が出、塩二升を入れて茄子を漬ける。春迄囲うには八月頃冷気になってから漬ける。

〈青漬〉〔諸民秘伝重宝記〕は青漬の伝として、雪花菜《きらず》五升 塩三升を揉み合わせ、風が入らないようにして漬けて置くと生のように青い。
〈甘漬〉〔男女日用重宝記・上〕に甘漬は、黒米一斗を酒飯のように炊いて掻き廻しよく冷まし、糀一斗を入れて揉み合わせ、半切桶に一夜置くと翌日十時過ぎには甘味が付く。塩八升を入れて斑のないように揉み合わせて茄子を漬ける。八九日過ぎて塩六升を入れ、また四五六十日も過ぎて塩を七升も七升五合も入れ、日数の経る程塩を増す。来年四五月迄置くには塩八升を入れる。茄子は疵のないのがよい。前の甘造りを桶の底に二寸程に押し均し、茄子の茎を上に擦り合わないように並べ、その上にまた甘造りを一寸程押し広げ、茄子の間にも押し込み、これを順にする。総じて秋茄子の霜の掛ったのがよく、蓋は軽く茄子を取ると次第に下がるのがよく、埃取りの蓋は別にする。茗荷、豇豆《ささげ》、鉈豆も漬ける。
〈貯え様〉〔調法記・全七十〕は一年貯える法に二法がある。①茎を着けて切り、桶に柿渋を入れ渋より一寸程上に穴の明いた掛け子を入れ、穴へ茄子の茎を差し込んで渋に浸るように置くと、色はいつまでも変わらない。尤も桶の口を息の出ないようにして置く。②茄子の取り立てを、砂一斗に塩四升を入れて、砂を一篩置いて茄子を置き、先繰りに漬けて置くと、色はいつ迄も変らない。〔重宝記・儀部家写本〕には小麦の挽き糟をよく蒸して冷まし、塩を等分に混ぜて漬けて置くと、いつ迄も青く生のようである。〔料理重宝記・下〕は出立ての疵のない茄子を、大ならば二十、小ならば三十を灯し油（一書に、荏油）に漬けて置くといつまでも持つ。料理には湯煮をして使い、後の油も使える。〔料理調法集・囲方之部〕は秋茄子を枝を少し着けて切り、枝に糸をつけ、庭の雨の懸らない所を深く掘り、竹を渡して茄子が擦り合わないように吊るし、息の出ないように塗り込めて置くと、翌年迄持つ。〔里俗節用重宝記・中〕は穴を掘り、藁をよく打ち薄く敷いて、中段に細く竹簀を掛けて間から茄子の付いた木のまま根共逆さに、藁にも土にも着かないように下げ、根を逆様に植える心持ちで竹簀に土を細かに振って置く。次にその上に土を懸けて埋め、雨覆いをし水の通らないようにして置くと、土中で花も咲く。〔万用重宝記〕は瓜や茄子ともに年中生で貯えるには、寒の内の潮水に漬けて置くと損ずることはない。
〈食合せ〉〔里俗節用重宝記・上〕に秋後八九月の茄子に、生姜は宜くない。また唐辛子の三品を多く食う時は目を損なう。

茄子餅【なすびもち】 菓子名。茄子餅、上外郎餅、中へ餡入り。〔男重宝記・四〕

なせ【なせ】 大和詞。「なせとは、弟」をいう。〔不断重宝記大全〕

何故の神が奴を振る【なぜのかみがやっこをふる】〈平生ソレよく言う言語〉「何故の神が奴を振る」とは、なぜと問われて答えられない時、或は答える必要のない時に、言い返す戯語という。「奴《やっこ》を振る」は大名行列で奴が槍や挟箱を持ち、手を振るように歩くこと。〔小野𥶡譃字尽〕

灘【なだ】 大和詞。「なだとは、海川の落ち合い」をいう。〔不断重宝記大全〕

菜種【なたね】 蒔き様。〔農家調宝記・初篇〕には七月末、二百十日の頃、菜種を蒔く。〔男女日用重宝記・下〕に菜種の蒔き様は、菜種を熱い湯に入れて湯の冷める迄置き、天日に干して蒔くと、虫も食わず、薹《とう》も立たない。

菜種箱【なたねばこ】 手品。〔清書重宝記〕に菜種箱の膳は、底板が二枚あって、上は砂、下の花又蓋の四方に鬢付をつけ、下から出すと上に付く。

鉈豆【なたまめ】〔万物絵本大全調法記・下〕に「刀豆 たうづ／なたまめ。夏」。〈薬性〉〔医道重宝記〕に刀豆《なたまめ》は平にして毒なく、中《うち》を温め、気を下し、腸胃を通ずる。〔永代調法記宝庫・四〕に鉈豆は、瘍疔瘡の薬になる。淋病又は心《しん》の毒になる。
〈種蒔〉〔農家調宝記・初編〕に大豆《まめ》 小豆 刀豆の種は、八十八夜前後に蒔く。〔男女日用重宝記・下〕に植え様は、三月の初めに一夜水に入れ、

取り上げ、砂を高く均して芽を下にして極く浅く植え、古い筵を上に懸けて置くと十五日で生える。水を懸けると腐る。○「漬け様」も同書に、豇豆《ささげ》*同様に漬けて後、味噌へ入れて漬ける。

那達爾【なだる】〔童蒙単語字尽重宝記〕に那達爾《なだる》は英領。広さ二万二千坪、民は二十五万人。

なっかなっか【なっかなっか】 片言。〔世話重宝記・三〕に「中々を、なっかなっか」という。促音を入れた強意。

夏菊【なつぎく】 草花作り様。夏菊の花は色々である。土は合せ土*を用いる。肥しは田作り（ごまめ）を粉にして根廻りに用いる。また油土器《かわらけ》を粉にして、雨前を見合せ小便を少しずつ根廻りに注ぐ。分植は九月前がよい。〔昼夜重宝記・安永七〕

夏雪草【なつくさ】 草花作り様。夏雪草《なつくさ》の花は白色である。土は合せ土*、肥しは魚の洗い汁がよい。分植は春にする。〔昼夜重宝記・安永七〕

菜漬け様【なつけよう】〔男女日用重宝記・上〕に菜漬け様は、摘みたての新しい菜を蕪を少しつけて切り、よく洗い一日陰干しにする。糟を水でゆるゆると溶き、塩加減を食塩に合せ、菜を入れて一株ずつ扱き上げ、桶に入れて並べ段々に置き、押しを懸けて置くと、夏迄変わらず持つ。

夏酒の事【なつざけのこと】〔醸造重宝記・下〕に「夏酒を持ち損なう」ということがあるが、これは別儀はなく、「酒の煮様（煮加減）」*による。子細は一番煮の節は未だ炎気も忽《ゆるが》せで火を温《ぬる》く入れることがあり、大抵温い分は二番煮に早く気をつけるとそれ程にも風味は落ちないが、もし大変温く煮る酒は、二番煮に早く気をつける間を待たず風味が変わるので、素人細工には温いよりは熱い方がましである。但し、少しずつ再々出して吟味し、火を入れ、煮る時期を知ることである。

夏陣の蚊帳【なつじんのかや】〔万用重宝記〕に「楠陣蚊屋の仕法」として、夏陣の時の野陣の蚊帳がある。細引と樫の木を一緒に釜に入れて水で煎じ、細引が黄色に染まった時引き上げて日によく干し、次に生きた蝙蝠を摺り潰して細引に塗りつけ、四方へ張り廻すと蚊は内へ一匹も中へ入らない。誠に奇妙不思議である。

納音の法【なっちんのほう】〔算法重宝記改正・下〕に「納音《なっちん》之法 捷径」がある。干支の数を合せて五行*を定める法。甲・乙＝一。丙・丁＝二。戊・己＝三。庚・辛＝四。壬・癸＝空。また、子・丑・午・未＝一。寅・卯・申・酉＝二。辰・巳・戌・亥＝三。この干支の数を合せる。例えば、庚辰の歳は、庚の四と辰の三を合せて七ツから五を去ると残は二になり、金である。即ち、このように一が余れば木、二が余れば金、三が余れば木、四が余れば火、五に満れば土とする。

なってん【なってん】〔万物絵本大全調法記・下〕に「南燭 なんしよく／なつてん。南天燭 なんてんしよく也」。〈片言〉〔不断重宝記大全〕に「なつてんは、南天 なんてん」。

納豆【なっとう】〈造り様〉〔料理調法集・造醸之部〕に三製法がある。①大豆一升を味噌のように煮、大麦五升をよく搗き炒って挽き割り、小麦も同じく挽き割り、一ツに交ぜ合せて糀に寝かし、よく花がつく時三日程干し、塩三升 水七升を煎じてよく冷まし、糀を交ぜ合せ、生姜 辛皮 紫蘇の実等を入れてよく交ぜ合せ、桶に詰めてよく押しつけ重しを置き、桶ともに三日 日に干して二十日程経つとよい。その後風の入らぬようにして置くと何時迄経っても風味は変わらない。蓋の上に汁が溜まったら押しを弛める。②白大麦一斗を一夜水に浸して蒸し、大豆一斗を煮、饂飩粉二升を交ぜて醤油のように寝かし、花がついてよく干し、塩三升をよく炒って水九升に入れて煮返しよく冷まし、糀を掻き合せ 押しを掛け、二十一日程経て紫蘇の実、生姜を細かに切り、二品とも醤油で湿し納豆に入れ、又押しを掛け、十四日するとよい。③大豆一斗を皮を去り 挽き割り よく洗い、味噌豆のように蒸して冷まし、大麦五升 小麦

五升をよく搗き洗い、日に干して炒り、さっと挽き割り、大豆に交ぜ糀に寝かし花がよくついた時、固くなるまで日に干し、寒の内の塩二升五合 水八升を煮返らし、冷まして糀に掻き混ぜ、桶に切り 蓋をして重い押しを掛け、五十日程経つとよい。その時交ぜる品は、殻皮を醬油で煮しめ、生姜を切り干し、紫蘇の実も葉も砂を去りよく洗い干し、陳皮の内皮を取り、醬油で煮染めて納豆に漬け込む。六月土用中に仕込む。始終押しを置く。〔ちやうほう記〕は豆一升を味噌のように煮て、饂飩粉を振り掛けて交ぜ、よく寝させた後、日に三日程干して作り込む。蓋の上から石を置き水が上る時取り上げて煮ると、春は風味がよい。上ったのは皆取る。水が尽きた時、辛皮 蓼 生姜 昆布 紫蘇 麻の実等を入れる。いつもは少し軽い石で押しをして置く。〈食い様〉〔昼夜懐要両面重宝記・寛延六〕に納豆を摺鉢へ入れ大根で搗くと早速よい。〈薬性〉〔永代調法記宝庫・四〕に納豆は瘡 腫物や傷の毒、諸病の毒に深く忌む。

納豆汁／納豆もどき汁【なっとうじる／なっとうもどきじる】〈納豆汁〉〔料理調法集・汁之部〕に納豆汁は、味噌を濃くし 納豆は出汁でよく擂り延べる。菜 豆腐をいかにも細かく切るとよい。小鳥を叩いて入れるのもよい。吸い口は芥子 柚子 根深である。〈納豆もどき汁〉〔里俗節用重宝記・中〕に納豆もどき汁は、豆腐を擂り 味噌汁で緩め、また味噌汁を固く擂り鰹出汁で解き、豆腐も入れ、よい程にして、ざくざく青味を入れて煮立てる。小鳥を入れてもよい。吸い口を入れる。

納豆味噌擂り様【なっとうみそすりよう】〔ちやうほう記〕に納豆味噌の擂り様は、擂鉢へ納豆を入れ、大根を擂り廻すとよく擂れる。

夏に雪の伝【なつにゆきのでん】手品。〔清書重宝記〕に夏に雪の舞う伝は、無患子《むくろじ》の皮を粉にして糠袋に入れ、水に漬けて置いて使う。

夏の凝魚【なつのこごり】〔世界万宝調法記・下〕に夏の凝魚《こごり》は、鯉 鮒でも、また精進物でも、垂れ汁で煮る時、中へ心太《ところてん》の四角なのを五ツ程入れてよく煮て鉢へ入れ、水で冷やす。

夏の事【なつのこと】〔永代調法記宝庫・四〕に夏《か》《なつ》は、仮《か》《おほい》であり、万物の仮が大いに長ずる時であり、朱明となづけ、陽気盛んである。和語に「なつ」というのは「あつ」という意で、「あ」と「な」は五音相通じ、「暑《あつ》熱《し》」の意とある。四・五・六月。〈暑気に遣す状〉〔書札調法記・二〕の同輩宛「甚暑何方《いずかた》も御同意 難儀候。仍而此瓜 世上沢山珍しからず候得共進上申し候。御賞味に於ては喜悦たるべく候」。同返事「貴札忝く拝見。仰せの如く旱ニ而 病身殊更難儀仕り候。殊に家居打ち覆ひ心鬱く申し候」。範例文は諸書に数多い。〈音信物〉〔音進重宝記〕は、青鷺 五位鷺 雲雀 鮎白干 真魚鰹 鮒 鱸 砂糖類 西瓜 葛切 枕蚊帳 芭蕉布 蚊遣香など。〔紋絵重宝記・上〕には夏の字の紋章と意匠がある。

〈夏の気を見て吉凶を知る〉〔重宝記・幕末頃写〕に次がある。夏は火で赤色である。巳午（十～十二時）に東へ夏の気が立つと、家内に死人があり、下人に口舌がある。南へ夏の気が靡くと、口舌があり、中でも丙丁の日は凶である。西へ夏の気が靡くのは大いによい。北へ夏の気が靡くと災難があり、南西へ立つのも大凶、真直ぐに高く立つのも悪事がある。〈異名〉〔俳諧之重宝記すり火うち〕に朱天 昊天とある。

夏の脈【なつのみゃく】 四季の脈*の一。〔斎民外科調宝記〕に夏の脈は、微 洪を平脈とする。胃の気がある。但し、洪を病脈とする。脈の沈 濇なのを四時の逆脈という。

夏の飯悪くならぬ法【なつのめしわるくならぬほう】〔世界万宝調法記・下〕に、夏日 暑気の時分は飯は一日は持たず臭く粘り等が出て、遊山や道中に難儀する。この時は上白米を常より強く拵え、煮えた時火を引きそのまま温まりの冷めぬ内に器物に移し、押しつけて湯気の冷めないように蓋をして置くと二日は持つ。〔重宝記・礒部家写本〕は夏日飯が饐《す》えるの

には、飯の上に唐辛子を一ツ載せて置くと二日は保つ。〔ちやうほう記〕は器物に飯を入れ、その上に梅干を並べて置くと饐えない。常の重器なら二ツ三ツを置く。

夏引の糸【なつびきのいと】 大和詞。「なつびきの糸とは、思ひなよりそ（思いをよせるな）」の意である。〔不断重宝記大全〕

夏節養生【なつぶしようじょう】〔世界万宝調法記・中〕に小児の頭に夏節（夏沸＝なつぶし）という腫物ができて痛み、後には膿が出る。何も見えない時に頭を再々剃り、葛の粉を繁縷《はこべ》の汁で溶いて塗るとよい。腫物が出た時は、楡木の皮を粉にして米酢で溶いて付けるとよい。又は帚木の実を粉にして繁縷の汁で溶いて塗るとよい。

夏虫【なつむし】 大和詞。「なつむしとは、玉虫」である。〔不断重宝記大全〕

棗蒲鉾【なつめかまぼこ】〔料理調法集・蒲鉾之部〕に棗蒲鉾は、紅の擂身を棗のように丸め、一ツずつ細い串に刺して焼き上げる。

棗の事【なつめのこと】〔薬種重宝記・上〕に和果、「大棗（だい）さう／なつめ。唐の棗を用いてよし。核《さね》を去り、焙る」。〈異名〉〔書札調法記・六〕に棗《なつめ》の異名に、狗斗《くど》雞心 牛尾 羊角 紅雛《こうしゅう》 玉交《ぎょくこう》がある。〈薬性〉〔医道重宝記〕に棗《なつめ》は熱にして毒がない。脾に病のある者によく、生《なま》を多食してはならず、蒸したのは脾気を養い津液《うるおい》を生ずる。〔永代調法記宝庫・下〕に棗は、虚を補い気力を増し、腹痛を止め、脾胃を養う。〈食合せ〉〔料理調法集・当流献方食物禁戒条々〕に棗を食い蟹、一文字（葱）、繁縷《はこべ》の食い合せを忌む。

夏物成【なつものなり】「麦の事」〈麦年貢納《い》れ始め〉ヲ見ル

夏痩【なつやせ】〔鍼灸重宝記綱目〕に夏痩するには、臍の上一寸に七壮灸をする。

撫子の事【なでしこのこと】〔万物絵本大全調法記・下〕に「石竹 せきちく／なでしこ／とこなつ」。〔薬種重宝記・中〕に和草、「瞿麦 くばく／なでしこ。そのまま用いる」。〈草花作り様〉〔昼夜重宝記・安永七〕に撫子《なでしこ》の花は薄色一重、白赤の八重、色々ある。今年蒔いた苗は、来年咲く。根は一年切に枯れる。土は肥土に砂を交ぜて用いる。肥しは茶殻の粉を根に置く。分植は春の頃にする。〔紋絵重宝記・上〕に撫子の絵と文字の意匠がある。「石竹」参照

名とり煎餅【なとりせんべい】 ○「名とり煎餅」は、池の端中丁 井上半兵衛にある。○「名とりせんべい」は目白坂中程 丸屋金兵衛にある。〔江戸町中喰物重法記〕

七色の土産【なないろのみやげ】〔新板増補女調法記・二〕に祝言の夜色直しの時、嫁から聟へ持参する土産を「七色の土産」という。熨斗目。* 白無垢一重ね。帯。畳紙《たとうがみ》（＝鼻紙といい七折に折り）。扇子一本。麻上下《あさかみしも》。この土産は、聟はその夜に用いる。

七草【ななくさ】「秋の七草」「春の七草」ヲ見ル

七種粥【ななくさがゆ】〔年中重宝記・一〕一月七日人日《じんじつ》*は五節句*の始めで、今日の「七草弁若菜」に七種の菜粥《さいじゅく》《ながゆ》を食う。また正月上の子の日に若菜七種を奉るのは宇多天皇の御宇より始る。七草は歌に「芹 なずな（薺）五形 はこべら（蘩蔞）仏の座 すずな（菘）すずしろ（蘿蔔）これぞ七種」とある。〔料理調法集・年中嘉祝之飾〕は白粥に七草の類を入れ、これを食すると百病なく、長命という。丸小餅を真に入れ向菜 高盛 鱠 吸物 銚子 土器を奉る。人日の祝い。

七草煎餅【ななくさせんべい】「七草せんべい」は、浅草並木丁 扇屋伊勢にある。〔江戸町中喰物重法記〕

七種菜【ななくさのな】「七草」ニ同ジ

七種味噌【ななくさみそ】〔料理調法集・調製味噌之部〕に七種味噌は、唐辛子粉、卸し生姜、粉山椒、陳皮粉、黒・白胡麻、蕗の薹、赤味噌を好き次第に見合せて擂り、濾し、鍋に入れ、古酒で練って詰める。練り上げ

て麻の実、紫蘇の実を炒って交ぜ合せてもよい。

斜子【ななこ】 二本以上の絹糸を揃えた縦 横糸で平織にし、織り目が魚卵のように打ち違いに見えるもの。〔絹布重宝記〕に、斜子《ななこ》は、白着尺 地こなしは、大体亀綾《かめあや》*と同様と心得るとよい。

七庚申を守【ななこうしんをまもる】「庚申待」ヲ見ル

七小町の事【ななこまちのこと】 美貌の歌人小野小町*の伝説を題材とする七ツの謡曲。〈小町伝〉〔童女重宝記〕に小野小町は姓氏不詳。出羽の郡司秀澄（一説に常澄）の娘という。或は小野良実の娘ともいう。三光院の説は出羽の郡司 当澄の娘という。仁明帝 承和（八三四～八四八）の頃の人。衰えた体は清行《きよつら》の『玉造《たまつくり》』という書に見える。その説は区々で一人のことでもないという。『古今集・序』にも入り、歌の評は高い。七小町も一定せず「雨乞小町」を除き「山本小町」を加えたのもある。読み歌等は思い思いに書き加えたものである。〇「草紙洗小町」。「まかなくに何を種とて浮草の 浪のうねうね生ひ茂るらむ」。〇「通小町」。「色見えで移ろふものは世の中の 人の心の花にぞありける」。〇「雨乞小町」。「千早振る神も見まさば立騒ぎ 天の戸川の樋口あけ給へ」。〇「鸚鵡小町」。「雲の上はありし昔に変らねど 見し玉垂れの内ぞ悲しき」。〇「関寺小町」。「面影の変らで年の積れかし たとへ命に限りあるとも」。〇「卒塔婆小町」。「極楽の内ならばこそ悪しからめ そとは何かは苦しかるべき」。〇「清水小町」。「何をして身のいたずらに老にけん 滝の景色は変らぬものぞ」。

『譬喩尽』に、〇「七小町《ななこまち》、通小町・卒塔婆小町・鸚鵡小町・関寺小町（以上四ハ内百謡）。草紙洗小町 外百。清水小町・雨乞小町。以上都合七小町也。此外山本小町。」とある。〇「七小町哥の事」では次が異なる。通小町の歌は「思ひきや賎が端垣書詰めて百夜も同じ丸寝せんとは」。関寺小町の歌は、「侘びぬれば身を浮草の根を絶えて誘ふ水あらば往《い》なんとぞ思ふ」。雨乞小町の歌は、「断りや日の本なれば照もせめさりとては又雨が下とは」。

七歳の教え【ななさいのおしえ】〔童女重宝記〕に女が七歳になったら次の事を教える。〇物の数。一二三四五六七八九十、百千万億の類。〇方角。東西南北。〇十干*十二支*の類。〇物の受け取り渡し、給仕の仕様。〇手習い。物読みの師匠を求めて学ばす。〇朝寝、掴き髪、あがき狂い口、我が侭を言い諍い 人を打ち叩く等のことを必ず堅く戒める。あまり強く戒めると内気になり病になると言い、闇に迷う親心であれば他人がやわらかにする位がよい。折檻すると成長して正しい人となり、親の名を上げ、家を起す。今の人の子育ては愛すると言って、却って悪い。幼い時、親が師を取って学ばせないため一生文盲愚智になることが多く、年取って学ばなかったことを後悔し 親を恨む等のことは、養育の善悪による。「紐解き」参照

七度尋ねて人疑え【ななたびたずねてひとうたがえ】〔世話重宝記・三〕に『列子』に出るとして次がある。唐のある人が鉄《よき》（＝斧）を失い、隣の子を疑い気をつけて見ると、足元、顔色、物言い、立ち振舞等全て盗む体であった。次の日、溝を浚えたところ鉄が出た。その後、隣の子の様子を見ると盗む体は一ツもなかった。この類のことを、七度尋ねて人を疑えというのである。

七以呂波【なないろは】〔万代重宝記・安政六頃刊〕には、いろはの各字を片仮名・平仮名・七種の漢字と、漢数字の字音から始る字を集めている。見出しを篆書で記し、漢字の万葉仮名は行書体、その訓読みと意味を両脇に記している（図372）。幼児の初等教科書とした。「いろはの事」参照

七ツ道具【ななつどうぐ】 立花*。『槐記』に「心 小心 受流し 添 控 前置、是を七ツ道具と云。是が具らねば立華に非ず」とあり、〔男重宝記・三〕

図372「七以呂波」（万代重宝記）

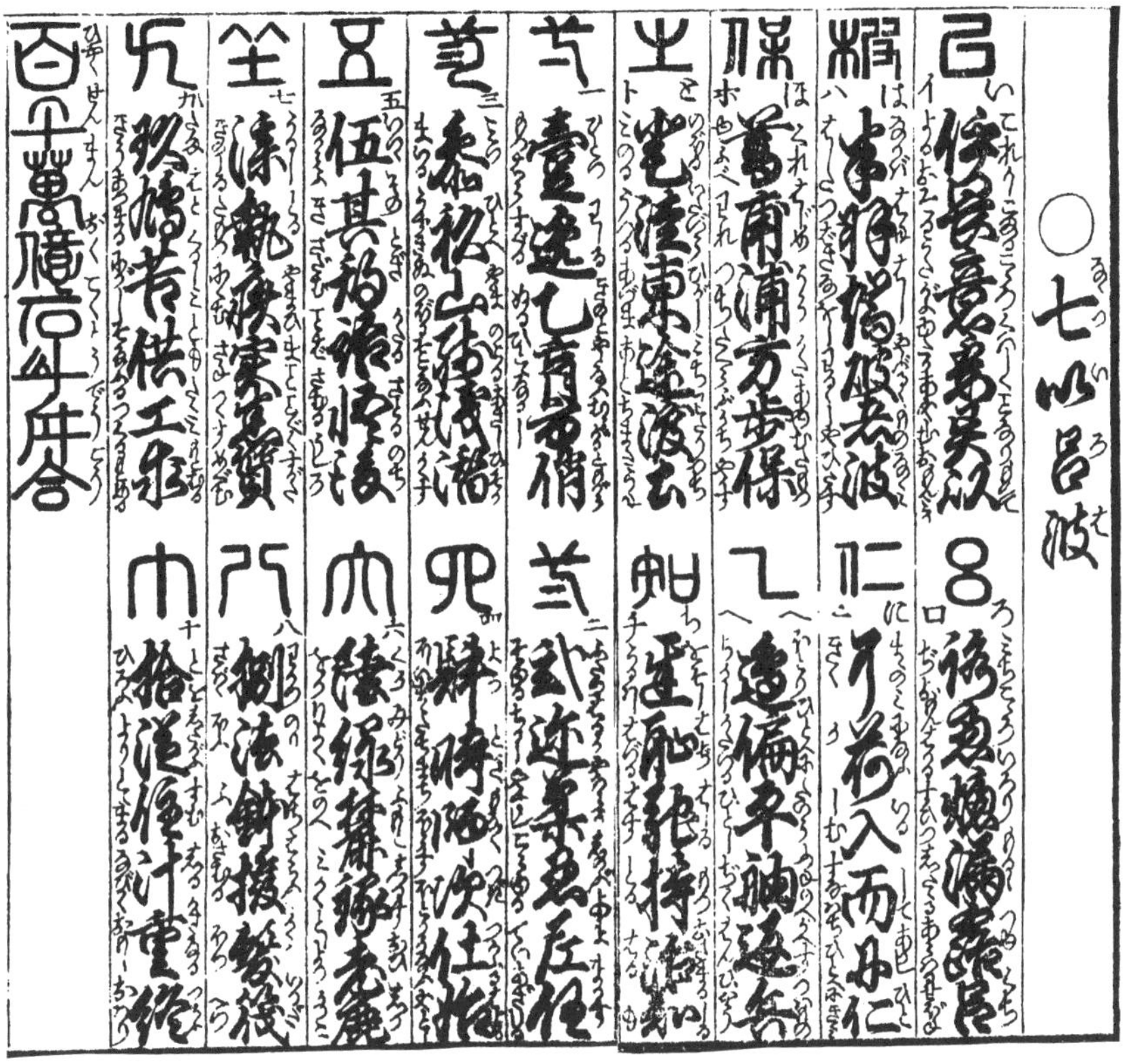

〔昼夜重宝記・安永七〕〔小笠原諸礼調法記・天保九〕等に「七ツ道具」の図がある。「立花の事」参照

七並の毛【なななみのけ】 鷹の名所*。〔武家重宝記・五〕に鷹の七並《なゝなみ》の毛《け》は、重鱗《ちょうりん》の毛*の次にある別れた毛をいう。

七野社【なゝのやしろ】 京の神社。〔年中重宝記・五〕願立する人が白砂を七《なゝ》野社《のやしろ》の社前に置くのは、宇多天皇の后が寵を失ってから当社を祈られ、霊夢によって白砂で大和三笠山の形を築いて寵愛を取り戻されたことから起った。七野社は洛北の船岡山*の東南にある。〔東街道中重宝記・七ざい所巡道しるべ〕に七野社は御本社は春日大明神で、染殿の后の御願による勧請。伊勢 八幡 加茂 松尾 平野 稲荷の六社は冷泉院の勅願による勧請。合せて七社ゆゑこのように奉じる。

ななめ【ななめ】「なのめならず」ヲ見ル

何としましたから【なにとしましたから】 諸国詞。〔男重宝記・五〕に「何《なに》とした故にといふ事を、伊勢関東の詞に何《なに》としましたから」という。「からとは 故といふ心なるべし。歌に「吹からに秋の草木のしほるれば むべ山風を嵐といふらん」（古今・秋歌下）とある。

難波葦【なにわあし】 大和詞。「なにはあしとは、危き家」である。〔不断重宝記大全〕

難波だんご【なにわだんご】「難波だんご」は、三河町五丁目 天濃屋久次郎にある。〔江戸町中喰物重法記〕

難波寺【なにわでら】 大和詞。「なには寺とは、天王寺」である。〔不断重宝記大全〕

難波の葦は伊勢の浜荻【なにわのあしはいせのはまおぎ】〔女用智恵鑑宝織〕に「物の名も所によりて変るなり 難波の葦は伊勢の浜荻」とある。元は『菟玖波集・雑三』に「草の名も所によりて変るなり」とあるより、所によって物の呼び名、風俗や習慣が異なる譬えとする。

名主【なぬし】 一里《さと》*、即ち村*の長をいう。「庄屋」ヲ見ル

名の事【なのこと】〔武家重宝記・一〕は、幼い時に呼ぶのを名という。他に、字《あざな》* 諱《いみな》* 官名《かんみょう》*がある。〈名付〉〔女重宝記・三〕に名付は、唐では生後三月で妻子が父に目見え、父は子の手を取って笑い、名を付けたといい、我が国では子が生れて七夜の内とする。まだ決まらない時は七夜の

内に仮名《かりな》でも付けるのを祝儀とする。〔嫁娶調宝記・二〕は、男子・女子に拘わらず取り上げ婆がまず名を付け、七夜の祝*に祖父母の方より樽肴に産着を添えて遣わし、祖父よりは奉書を二枚重ねて太刀目録のように三ツに折り、真中に孫の名を書き付け、七夜より祝いの上、名を広める。孫に祖父母の名を付けるが、父方の祖父母がない時は 母方の祖父母の名を付ける。

菜の御飯【なのごはん】 女詞遣。「なめし（菜飯*）を、なのごはん」という。〔女寺子調法記・天保十〕

菜の葉切り漬【なのはきりつけ】 漬け様。〔男女日用重宝記・上〕に菜の葉切り漬は、ざくざくのように切り、少し干して桶に一遍置き、上へ塩を振り、段々に何程も押しを置く。

なのめならず【なのめならず】 片言。〔世話重宝記・三〕に次がある。「斜《なゝめ》ならずを、なのめならずといふはわろし。斜《なゝめ》とは正しからず、ゆがみたる事を云。斜《なゝめ》ならずといふはゆがまずして正しきをいふ。ある説に斜《なゝめ》ならずとは、七つめならずと云事也。十分《ぶん》のもの七分《ぶん》めをなゝめといふ。七分目《ぶんめ》ならず十分なりといふ義也」。

名乗【なのり】「諱《いみな》」ヲ見ル

名乗字【なのりじ】 元服*に当たって新たにつける名前、諱*、実名に用いてよい文字。五行*（木・火・土・金・水）の判断によるが、家によって通字があればその内の一字を使ってもよい。〔童蒙単語字尽重宝記〕には五性*の吉凶をつけて画数順に二千百字余が出ている。〔和漢年暦調法記〕の挙例は次のようである。○木性の人。幾喜《ひさよし》。経広。経広《つねひろ》。業友《みちとも》。謙真《のりさね》。昆吉《やすよし》。郡時《くにとき》。雅休《まさやす》。朝光《ともみつ》。重成《しげなり》。愛民《ちかたみ》。頼章《よりあきら》。良知《よしとも》。能充《よしみつ》等二十四名字。○火性の人。信量《のぶかつ》。正賢《まさかた》。慶福《よしとみ》。積善《かつよし》。質盛《すけもり》。孝之《たかゆき》。温興《やすおき》。忠則《ただのり》。安定《やすさだ》。篤美《あつよし》。基宜《もとよし》。栄政《なかまさ》。友規《ともたか》。義次《よしつぐ》。廉守《かねもり》。通持《みちもち》。将英《まさひで》。家卿《いえさと》。茂富《しげとみ》等二十四名字。○土性の人。実時《さねとき》。衡匡《ひらまさ》。徳寧《よしやす》。宣誉《のぶよし》。宗直《むねなを》。充親《みつちか》。嘉幸《よしゆき》。泰明《やすあき》。倫任《とものり》。永吉《ながよし》。祐矩《これのり》。簡要《やすむね》。伊寿《これとし》。厚隆《あつたか》。元固《もとかた》。紀道《のりみち》。尭春《たかはる》。庸備《つねよし》等二十四名字。○金性の人。為継《ためつぐ》。綱賀《つなよし》。是則《これのり》。章臣《あやとみ》。方辰《みちとき》。貞良《さだよし》。与敬《ともたか》。理則《みちのり》。容言《いえとき》。令宜《のりよし》。尊睦《たかとも》。和儀《やすよし》。昌訓《まさのり》。節義《のりよし》。内明《うちあきら》。典相《かねとも》。世高《ときたか》等二十四字。○水性の人。修照《みちてる》。綏燿《やすてる》。利政《としまさ》。一布《かずよし》。満房《みつふさ》。古寿《ひさとし》。金重《かねしげ》。直懂《なおのり》。質素《すけもと》。正中《まさなか》。理新《まさとき》。務本《かねもと》。営匡《もとまさ》。功時《おさとき》。納平《はるひら》。好文《よしふみ》。豊邑《とよむら》等二十二名字がある。「五性相性名乗字」ともいう。

名乗りするは木の丸【なのりするはきのまろ】〔世話重宝記・三〕に天智天皇が九州御在の時、世を恐れて刈萱の関を据え、往来の人を名乗らせて通した。天皇は民の患いを思う心があり、草茎も切られず、御殿の柱も材木を削らず、丸ながら造らせられたので木の丸殿と申し奉った。名乗りするは木の丸とは、このことである。

名乗判形【なのりはんぎょう】 簡礼書法。〔大増補万代重宝記〕に、貴人へは判を引き下げ、小さく、名乗もよく見えるように、判の一文字は沓より下がる位に書く。同輩へは沓通りに、下輩へは上へ引き上げ、名乗・判ともに太く据える。

名張【なばり】 所名。榛原へ四里。最明寺時頼が植えて置いたという三本松がある。根は一本で末は三本になったものである。この間に伊賀大和の境があり、山中に境地蔵がある。山辺《やまのべ》という所は赤人の出た所という。〔東街道中重宝記・七ざい所巡道しるべ〕

鍋釜の事【なべかまのこと】〈鉄気を止む法〉〔諸民秘伝重宝記〕に新しい鍋釜の鉄気《かなけ》を止むる法は、その中で藁を灰となる迄焚き、冷ましてから灰を取り捨て、その中へ油でも漆でも一度引き、温火《ぬるび》で乾かすと即座に使える。〔万用重宝記〕には新しい鍋釜に初めて火を焚く時、鍋釜の中に葛藤を少し丸げて入れ 水を一杯入れ、下に湯玉が立つ程藁を炊くとその後は何程火を細く炊いても忽ち煮ゆる。鉄気《かなけ》も抜けて奇妙である。〔大

〔増補万代重宝記〕には鍋 釜共にその口に一火灸をすると、鉄気《かなけ》を奇妙に去る。〔日用調法人家必用〕には梅干を両三度湯煮すると鉄気は出ないとある。〈漏りを止める法〉〔万用重宝記〕に鍋 釜の漏る時は、白鑞《しろめ》*を少し鉄の皿の類で沸かし漏る所へ流し込むと、忽ち鋳掛の早技となる。また鍋 釜 土瓶の漏りを防ぐには、懐中雨笠*拵え様の蒟蒻糊を使うと甚だ妙である。〔新板秘伝日用重宝記〕は豆の粉に瀬占漆《せしめうるし》（＝いしうるし）*を混ぜて塗る。

〔万法重宝秘伝集〕に、○「鍋釜鋳掛の仕様」は鋳掛る所を少し金槌で掻き、そこへ麩糊で固めた砂を擦り合せて土でつけ、同じく粘土で金を継ぐ口を拵え、その後赤銅でも真鍮でも沸かして継ぎ込むとよい。○薬缶・銅壺の漏りの止め様は、枯れた竹を細く割って火を点《つ》け漏る所へ内より当て、外から松脂を塗り、その後ハンダロウ（盤陀蠟）を手早く塗りつける。「釜の事」「鋳物師《いもじ》」参照

鍋鐺【なべかむり】 鍋鐺《なべかむり》は、久遠成院《くおんじょういん》日親をいう。「日蓮宗」参照

並べて【なべて】 大和詞。〔不断重宝記大全〕に「なべてとは、みな（皆）と云」こと。〔消息調宝記・二〕には「なべとはみなといふこと」とある。

鍋焼【なべやき】 〔料理調法集・焼物之部〕に鍋焼は、まず鍋に何も入れずに、鍋をよく焼いて芹や三ツ葉の類を生でよい程に切り、鍋で煎りつけ、下汁を差し、貝を入れて塩梅する。「勢州焼」「三ツ葉焼」ともいう。

生芋を食う法【なまいもをくうほう】 〔調宝記・文政八写〕に生芋を食う法は、左手を置いて、皮を剝くのがよい。

生魚を貯える酢の方【なまうおをたくわえるすのほう】 〔里俗節用重宝記・上〕に生魚を貯える酢の方は、酢（三盃）酒（一盃）塩（大分目）を合せ煮て冷まし、造った魚鮑類でも、暮れて遣うには朝から漬けて置く。切り目正しく、引き寄せず、遣い残りの生魚も造って漬けて置くと、暑気時分も三十日ばかりは損ぜず、酢も濁らない。

生梅に砂糖【なまうめにさとう】 食い合せ。〔家伝調方記〕に生梅に砂糖を食い合せると、将来痢病になる。

名前字【なまえじ】 「男の名頭字」「女の名頭字」「名乗字」ヲ見ル

名前つけ【なまえつけ】 「ひとしちや（一七夜）」を見ル

生皮煎【なまかわいり】 〔料理調法集・煮物之部〕に生皮煎は、鳫でも鴨でも身 皮とも細作りにして、下汁 出汁 煎酒 醬油で塩梅して煮立て、身皮とも入れ、じぶじぶといい、曲がる時がよい。具は松茸 松露 根深の類、吸口は山葵 或は柚等がよい。

鈍【なまくら】 「刀 脇差の事」ヲ見ル

海鼠【なまこ】 〔万物絵本大全調法記・下〕に「土肉 どにく／ど／なまこ」。〈異名〉〔書札調法記・六〕に海鼠《なまこ》の異名に、土肉《どにく》 砂潠《しゃそん》 海参《かいしん》がある。〈薬性〉〔医道重宝記〕に海参《なまこ》は平にして毒なく、元気を補い、臓腑を潤し、三焦*（上焦は心臓と胃の間、中焦は胃の中、下焦は膀胱の上にあり、消化排泄を行う）の熱を去る。〔永代調法記宝庫・四〕は諸病の毒、その中で腎には薬、少しずつ食うとよい。〈貯え様〉〔料理調法集・囲方之部〕に貯え様は、生海鼠を二ツに割り、内の筋 砂を取り 水を乾かし、塩を煎って篩い、真胴と極上はらや（水銀粉）を灰汁を取り、塩に交ぜて漬けて置く。〔日用調法人家必用〕に「夏迄貯え様」は、青竹一節の中へ海鼠二ツ程ずつ入れて固く口に栓をして日の当らない山の木陰等の、余り水の過ぎない地に埋めて置くとよい。極暑になっても変らない。〈仕様〉〔諸人重宝記・四〕に海鼠の仕様は、鱠。ふくらいり（張熬）。こだたみ（海鼠湛味）。すこ（酢海鼠）。糸煮造り。煮物。和え物。水和え。腸《わた》吸物。煎酒を掛けてよく、熬海鼠は削り物など、色々ある。

海鼠畳汁【なまこたたみじる】 「海鼠料理」ヲ見ル

海鼠膾【なまこなます】 〔世界万宝調法記・下〕に海鼠膾は、酢に魚の骨を入れて煮出し、骨を取り、酒を加え 塩を入れ 花鰹を入れ 温く冷まし、海

鼠魚鳥臓《ももけ》（＝鳥の五臓）等、どれも細く作り和える。

生米【なまごめ】〔永代調法記宝庫・四〕に生米は、血の道によい。産前産後、手負い、目の眩う時に食う。「こめ（米）の事」モ見ル

海鼠料理【なまこりょうり】〈煮様〉〔料理調法集・秘事之部〕に煮様は、生海鼠をふりこにし暫く塩をしませて置いて煮ると、箸で挟み切るように煮える。〈小畳に切る〉〔料理重法記・下〕に小畳に切るは、海鼠を笊《いかき》へ入れてよく振り、腸を取り俎板《まないた》の上に半紙を二枚敷き、その上に海鼠を載せて薄く剝ぐと思うままに剝げ、滑らない。〈畳汁〉〔料理調法集・汁之部〕に畳汁は、煮抜きで仕立て汁を暖めて、出す時糸海鼠に蒲鉾、そぼろ、青海苔等入れ、吸い合わせて出す。〈吸物〉〔世界万法調法記・下〕に吸物は、海鼠を二ツに割って洗い、大きく切って銅鍋で煎り、温い湯に漬けて置く。出す時に椀に柚の輪を敷いて、用意の煮汁を海鼠に掛けて出す。芹を置いてもよい。

海鼠腸蒲鉾【なまこわたかまぼこ】「このわたかまぼこ（海鼠腸蒲鉾）」ヲ見ル

なましの寺【なましのてら】大和詞。「なましの寺とは、くらま寺の事」である。〔不断重宝記大全〕

鯰絵【なまずえ】「地震の事」ヲ見ル

鱠の事【なますのこと】「鱠」の字は魚貝類を用い、「膾」の字は精進に用いる。野菜を細かく切り刻んで調味した酢で和える。〔家内重宝記〕〔昼夜重宝記〕〔永代調法記宝庫・六〕等は十二ケ月の献立を出し、〔嫁娶調宝記・五〕〔懐中料理重宝記〕等は四季で献立を出している。〔諸人重宝記・四〕に料理鱠は時々の肴を取り合せ、卸し等を加え、膳を出す時に和える。塩加減が大事で一度に入れるのがよく、再々入れると加減が悪くなる。けん（つま）は時々の物にする。鳥鱠*沖鱠*山葵和え*がぜち（疎怒）和え*水和え*等がある。〈鱠の酢〉〔女用智恵鑑宝織〕に鱠の酢は決して吸うてはならず、けんも食うてはならない。〈久しく損じない鱠〉〔世界万宝調法記・下〕は何魚でも塩と酢でばかりで和え、その酢にそのまま浸して置くと半日過ぎてもよい。出す前に酢をひたひたより少な目に捨て、酒を少し沢山差し、時によっては水を加えてもよい。また酢の中から魚を取り出し酒ばかりで和えてもよい。〈取合せ〉〔料理調法集・口伝之部〕に鱠に防風を用いるのは、冬より初春までを賞玩とする。但し、茸類の毒を消すので汁に茸類を遣う時は、必ず鱠に取り合せる。〈献立〉〔永代調法記宝庫・六〕に十二ケ月の献立がある。○正月は「鯛 栄螺 山葵 栗 防風 生姜 蜜柑」の外八献立。○二月は「白魚 青酢 車海老 さより 独活 土筆 栗 生姜 蜜柑」の外八献立。○三月は「さき鮎 栗 蓼 生姜」の外十献立。○四月は「真魚鰹 蓼 花柚 葉生姜」の外五献立。○五月は「鰹 柚 生姜 切蓼 紫蘇」の外七献立。○六月は「きすご 海老 豆 海月 柚 蓼穂 生姜」の外七献立。○七月は「いな（ぼら）鰤 栗 柚 葉生姜 蓼酢」の外七献立。○八月は「鮭の氷頭 鯛 海月 山葵 栗 生姜 柚」の外八献立。○九月は「鮭 同焼皮 栗 柚 柚 独活 茗荷 生姜 芋茎 大根 平茸」の外四献立。○十月は「鱚子 海鼠 栗 山葵 独活 生姜 ももげ（鳥の内臓）」の外四献立。○十一・十二月は「焼鮒 芹 豆 人参 大根 栗 生姜」「真魚鰹 烏賊 海月 栗 生姜 金柑」の外十三献立。

癜の事【なまずのこと】〔家内重宝記・元禄二〕は白癜《しろなまず》* 黒癜《くろなまず》*共に、付子と硫黄を末（粉）し生姜汁で調え癜の上を布で擦り向き、茄子を二ツに割って擦り塗ると甚だ妙である。〔改補外科調宝記〕に白癜 紫癜《くろなまず》は、風湿に侵され気血が廻らないため起るとし、生姜の絞り汁で癜を擦り剝き、三黄散*を生姜汁に浸して塗る。後に黒くなるのを翌日また塗って黒味がなくなる時は癒える。薬は他に青黄散*付子散*木香散*胡麻丸*がある。〔女重宝記・四〕に癜の薬は、硫黄・なもみ（葈耳）（各大）、雄黄（少）、胡椒（中）を布に包み、熱い湯で洗う。〔増補咒咀調法記大全〕に「白なまず 黒なまずの大事」として、知母《ちも》を酢で塗る。また毎夜、杏仁を塗

る。〔新撰咒咀調法記大全〕は癜に、茗荷を刻み明礬・硫黄（各少）に丹を、布切に包み擦り付ける。〔妙薬調方記〕は硫黄と丹礬を酢でよく練って付けると妙とある。〔重宝記・儀部家写本〕は丹礬・硫黄・大黄（各等分）を袋に入れ、桃の木の皮を束ねて小口で擦り剝き、薬を付ける。〔妙薬調法記〕に癜の薬は、めなもみ（雌生揉）の葉・胡桃の葉・硫黄の花をよく擂り、葉汁共に付ける。また蕎麦の葉を煎じよく洗い、硫黄・梔子（各等分）を合せて付け、程経て洗い落す。〔秘方重宝記〕は続髄子茎の汁で顔の黒子《ほくろ》等を洗うと黒物は去り、白付子を酒に練ってつけると顔の諸病を治す。癜風《なまず》等の黒い瘤等見苦しいものも自ずから落ちる。〔胡椒一味重宝記〕は癬《なまづ》に、胡椒の粉を生姜の汁で練り付ける。〔諸民必用懐中咒咀調法記〕は癜の方に、蒟蒻玉をそのまま山葵卸でおろし、度々付ける。〔懐中重宝記・慶応四〕は癜の薬に、生胡桃（二ツ）・巴豆（十一皮を去る）を擂り潰し、癜の皮が剝ける程擦って付ける。

〈呪い〉〔万用重宝記〕は癜の呪いに、線香の煙で燻べると奇妙とある。

鯰の事【なまずのこと】〔万物絵本大全調法記・下〕に「鯐い／なまづ」。

〈薬性〉〔医道重宝記〕に鯐《なまず》は温で毒なく、補養の効が多い。諸病に害はない。〔永代調法記宝庫・四〕は水腫によく、小便が通ずるが、多くの食い合わせがある。〈料理仕様〉〔諸人重宝記・四〕に鯰は、汁、蒲鉾、鍋焼き、杉焼きにする。〔料理調法集・川魚料理之部〕に蒲焼が普通とある。皮を剝き赤味噌を濃漿《こくしょう》にして平に遣う。干し山椒を入れる。○「蒲鉾」は鯰の身を鋤き取り叩き擂り、玉子の白身を入れて寄せる。

〈食合せ〉〔料理調法集・当流献方食物禁戒条々〕は鯰に蓼の食い合せを忌む。また鯰を食い水を呑むのを忌む。

癜禿【なまずはげ】〔調法記・四十七ゟ五十七迄〕に癜禿《なまずはげ》を治すには、明礬・硫黄・蜜陀僧（各二匁）、はく丹（一匁）を粉にし、茗荷を擂った絞り汁で練り合せ絹に包み、二三度擦り塗ると速やかに治る。蛇の衣を黒焼にして酢で溶き付けるのもよい。

生垂れ【なまだれ】出汁。〔諸人重宝記・四〕に生垂《なまだれ》は、味噌一升に水三升を入れて揉み立て、袋で垂れる。〔料理調法集・煮出煎酒之部〕に生垂は、味噌一升に水二升五合を入れて揉み立て、袋に入れて垂らす。

生麩の拵え様【なまふのこしらえよう】〔料理重法記・下〕に直ぐに生麩の拵え様として、饂飩の粉を団子より少し和らかに捏ね、塗り物の内へ蓋をして一時（二時間）程置き、その後水でそろそろと何回も洗う。後に、強く揉み塩を少し入れる。

生干煎海鼠【なまぼしいりこ】〔世界万宝調法記・下〕に生干煎海鼠《なまぼしいりこ》は、海鼠の腸をよく取り白水*で二沫《あわ》程煮立て、酒を沢山に差し、また二沫ほど煮、串に刺し、日に干す。

艶く【なまめく】大和詞。〔不断重宝記大全〕に「なまめく（艶）とは、美しき人」である。〔女重宝記・五 弘化四〕には「なまめくとは、うつくしきを云」。

鉛【なまり】〔万物絵本大全調法記・上〕に「鉛 えん／なまり。青金 せいきん也」。〈軽重数〉一寸四方六方の重みは、〔古今増補算法重宝記改成・上〕に八十五匁、〔重宝記永代鏡〕には九十五匁とある。

鈍り箸【なまりはし】〔諸礼調法記大全・地〕は、焼物を食わうか刺身を食わうかと、うろたえるのは見苦しい。飯食《はんしょく》の時に、手のなま（鈍）るのをなまり（鈍）箸《はし》と言って嫌う。

生り節【なまりぶし】〔料理調法集・干魚調理之部〕に生《なま》り節《ぶし》は、鰹の皮血合を去り、中賽形に切り、卸し大根や擂り山葵等で時節により、向こうに遣うとよい。○「小蓋物」は、鰹の身のよい所を細かに裂き、照り焼きにして擂り、柚等を懸けて遣う。

波【なみ】〔万物絵本大全調法記・上〕に「波 は／なみ。浪瀾 らうらん。並同。大波を涛《たう》と云。さゝなみ」。〔童蒙単語字尽重宝記〕に「風 水を

うって紋をなすを波《なみ》といふ。水波は水紋《もん》なり。大波を涛《とう》と［云う］。又漣《れん》はさゞなみなり」。〈紋様〉〔紋絵重宝記・上〕には、丸に波がしらの紋と、波浪の字の意匠がある。

波の契り【なみのちぎり】 大和詞。「なみのちぎりとは、遠き事」をいう。〔不断重宝記大全〕

波の花【なみのはな】 大和詞。「しほ（塩）は、なみのはな」という。〔女重宝記・一〕

蛞蝓【なめくじ】 〔万物絵本大全調法記・下〕に「蛞蝓 くわつゆ／なめくぢ。夏」。〔新撰咒咀調法記大全〕に「なめくじらを去る呪ひ」は、五月五日に「滑《くはつ》」の字を書いて貼るとよい。

菜飯【なめし】 〔料理調法集・飯之部〕に菜飯《なめし》に二方がある。①菜を細かに刻み洗って後、水嚢で水を去り、米一遍に菜一遍を振りかけ、よく廻るようにして、水加減はいつも通りにして炊く。②菜を細かに刻み、熱湯を掛けよく絞って水気を去り、焼塩を振り交ぜて置き、常の通りに炊いた飯を器へ移す時、よく交ぜる。

嘗物造り様【なめものつくりよう】 〔諸民秘伝重宝記〕に手製《しゅせい》嘗物造り様の伝がある。大麦・小麦（各一升 共に上搗き）を一夜水に漬けて置き、大豆（一升五合）をよく炒り皮を捨て、麦を笊に取り上げて豆と一緒に交ぜ合せ、釜に掛けよく蒸して冷まし薄い箱の蓋か筵の上に薄々に広げ、その上に筵か菰で蓋をして糀に寝さす。青い花が付いたら取り出し、日によく干し貯えて置く。糀を仕込むのは土用の内がよい。嘗物を仕込む時はこの糀一升に水六合、味醂五勺、塩二合を入れて、冬は三十日も寝させて置いて遣う。尤も水に塩を入れて煮立て、冷ましてから仕込むとよい。糀さえ拵えて貯えて置くと、何時でも仕込める。

なめり【なめり】 〔料理調法集・口伝之部〕に、「なめり」とは、鯉の小さいのをいう。

蒼耳【なもみ】 「おなもみ（蒼耳）」参照

儺を追う【なやろう】 「ついな（追儺）の事」ニ同ジ

那由他【なゆた】 大数*の単位。千億。万万阿僧祇を那由他という。十那由他、百那由他、千那由他。〔改算重宝記〕

鯔【なよし】 〔万物絵本大全調法記・下〕に「鯔 し／なよし。又 ぼら」。「ぼら（鯔）の事」ヲ見ル

蘆竹【なよたけ】 〔万物絵本大全調法記・下〕に「蘆竹 ろちく／なよたけ／にがたけ」。

奈良【なら】 所名。〔東街道中重宝記・七ざい所巡道しるべ〕に名所巡覧の事がある。奈良は元明天皇（七〇七～七一五）から恒武天皇（七八一～八〇六）迄七代の都［七九四年平安京遷都］であるが、昔の都の跡は興福寺の西二条にあった。四方八丁あり、内裏の跡に松がある。大方の人はここは巡らない。奈良は拝所や見所が多く案内者を必要とするが、案内者任せでは見所を外すこともあり、宿に着いたら早速呼んで道筋次第を相談するのがよい。案内の板行紙は、猿沢の池を始めとして春日社、東大寺辺迄で、これは大方の人が廻る道筋であるが、まずこれを買って案内者に道筋を聞き、ここに載っていない所も見たいと思うなら、案内者とよく相談するのがよい。宿は猿沢の池の端がよい。〇「奈良見廻る次第」猿沢の池 采女の宮。衣懸柳。菩提院 本尊阿弥陀如来。児《ちご》観音、十三鐘がある。興福寺* 春日大明神* 東大寺* 元興寺* 眉間寺* 不退寺* 般若寺*等については個別に記す。「南京八景」参照

奈良 長谷 泊瀬 吉野へ、京よりの道【なら はせ はつせ よしのへ、きょうよりのみち】 〔家内重宝記・元禄二〕に「京から奈良・長谷・泊瀬・吉野への道」がある。①京・奈良道。京〈三里〉淀〈四里〉天神森〈五里〉郡山〈五十丁〉奈良。郡山〈一里〉小泉〈一里〉法隆寺〈六丁〉竜田〈四里〉当麻〈六里半〉泊瀬〈二里〉三輪〈五里〉奈良。②京より奈良・長谷道。

京〈三里〉伏見〈三里〉長池〈一里半〉玉水〈二里〉木津〈一里半〉奈良〈三里〉丹波市〈二里〉三輪〈二里〉長谷〈三里〉多武峯〈三里〉吉野。③京より泊瀬・吉野道。京から玉水までは②に同じ。玉水〈一里〉細野〈一里〉はぜ〈一里半〉哥姫〈一里半〉郡山〈一里〉筒井〈半里〉二階堂〈一里半〉俵本〈一里余〉野牛〈二里〉とさ〈二里〉六田〈二里〉吉野。

奈良和え【ならあえ】〔料理調法集・和物之部〕に、赤芋の茎を細長に切り、さっと湯煮して取り上げ、直ぐに酢に入れると色がよく出る。次に酢を滴み、醤油塩を塩梅して青豆、葉生姜等を置き合す。

奈良井より藪原へ【ならいよりやぶわらへ】木曾海道*宿駅。一里半。本荷八十八文、軽尻五十六文、人足四十六文。宿は山の間にあり、近辺には竹がなく、檜物や細工が多い。ここから川の流れは本山の方へ行く。鳥居峠右方は高山の険しい坂で雪がある。ある説に、ここは昔は木曾の架け橋の跡といい、谷間に大木を渡して二三町程土を築き上げたが、今はなく平地のようでその跡とも思われない。木曾川は左へ流れ、右は高山で細道である。藪原の入口の味吹川に橋がある。〔東街道中重宝記・木曾道中重宝記六十九次 享和二〕

奈良越【ならごえ】伊勢の山田から大和へ行く三道筋（青越*田丸越*）の一ツ。奈良越は、月本から伊賀上野を通り奈良へ出る道筋をいう。この道を通るなら、必ず笠置寺*へ上るのがよい。〔東街道中重宝記・七ざい所巡道しるべ〕

奈良坂【ならざか】奈良名所。般若寺の北にある。これは奈良の北の口で、古歌に詠んでいるのはここではなく、奈良の西にある日蓮宗喜見院の前の坂を奈良坂という。〔東街道中重宝記・七ざい所巡道しるべ〕

奈良曝布【ならざらし】〔童女重宝記〕に布は南都を第一とし、奈良曝布《ならざらし》という。苧《お》*を選び、織りたてて後、灰汁《あく》で煮て木臼で搗き、洗い清めて曝す。曝さないのを木布《きびら》（＝生平）という。そのまま用いるので木《き》（＝生）という。

奈良漬瓜【ならづけうり】〔男女日用重宝記・上〕には奈良漬瓜に三方がある。①新しい瓜を二ツに割り 核を取り、槇の灰を一杯ずつ盛って並べ置き、灰が皆湿り上った時払い落し、塩を同じように瓜の上に一杯宛入れ、桶端に粕を薄く置き俯伏せに並べ、粕を一片一片に置き風を引かないように蓋をよくする。当座使いには塩を少し控えて瓜の水気を取る。②「せんかんさう」を煎じた汁と、青い瓜の中をよく取って入れ、少しの間置き、取り上げ桶をよく乾らげて漬ける。何度漬けてもよい。③瓜を二ツに割り核を取り、少しも甘みのないように刮げ洗い、水気のないように乾かし、塩を八分目入れ、厚いのは九分目を入れ、桶に入れよく押しを掛けて中の塩が消えた頃取り出し、前の塩水で洗い日に干す。瓜の縁が少し内に捲れた時、糟をよく塗り、桶に瓜の突き合わないように俯向けて並べ、上に塩を霜が降ったように置く。糟には塩を混ぜず、風を引かないように蓋をして包む。出来れば赤土で上を塗り付けるのがよい。〔諸民秘伝重宝記〕は白瓜を二ツに割り種をよく取り拭い、瓜の中へ塩を半分詰め、その上に粕を塗り付けて桶へ入れ、風が入らないように蓋をして置く。〔料理調法集・漬物之部〕は白瓜を吟味して二ツに割り中を深く取り、塩を厚くして一刻（二時間）ばかり干し、塩の流れた水を捨て瓜を冷まし、粕に食い塩の加減をして、粕一貫目に瓜二ツの積りで桶の底に糠に塩を交ぜ多く敷き漬けると、瓜はいつまでも堅い。桶に中蓋をして段々押し付けて置く。瓜に茄子等を漬け交ぜるのは悪い。○「生漬」白瓜を二ツ割にして洗い よく乾かし、塩七分ずつ程詰め、粕を酒で少し和らかにして瓜を伏せて漬ける。○「押漬」瓜を二ツに割り塩を七分程詰め、二日程石を懸け押し水が上り、菰の上に並べて乾かし、粕の上に並べ塩を振りつける。〈売り店〉〔江戸町中喰物重法記〕に「（御膳）奈良漬」を、糀町六町目 紀伊国屋長兵衛に売る。

奈良漬大根漬【ならづけだいこんづけ】〔男女日用重宝記・上〕に奈良漬大根漬は、海の塩水か又は塩俵に水を入れ、その水に大根を土ながら入れ一夜置き、翌る朝大根がしなしなとなったのを漬ける。粕は食い塩にして桶はだに敷き、その上に大根を並べ上に薄塩を振り、また粕を敷いて段々に漬け、風を引かないように口をよく包む。大きな桶がよい。大根は水気がないように洗うのがよい。

奈良伝授【ならでんじゅ】〔男重宝記・二〕に歌道相伝（古今伝授）について、宗祇より牡丹花肖柏へ伝えた流（堺伝授*）を、さらに南都（奈良）の饅頭屋（林宗二）へ伝えたのを奈良伝授という。

奈良緑青【ならろくしょう】絵具製法 礬砂の加減。〔万物絵本大全調法記・上〕に奈良緑青（奈良から産する緑青）は、よく磨って膠を交ぜ、とろりとして油を少し加えて使う。〔重訂本草綱目啓蒙・四〕に「銅青 ならろくせう／あかがねのろくせう」は和州奈良で造る故に奈良緑青と言い、画家が彩色にも用いる。銅に酢をつけ火で温めると青い銹を生ずるのを刮げ取って水飛する。

なり【なり】 俳言の仙傍（訕謗）。「四ヲ なり」。〔新成復古日夜重宝俳席両面鑑〕

成箇【なりか】 「年貢」ヲ見ル

菓木に実を多く生らす伝【なりきにみをおおくならすでん】〔男女御土産重宝記〕に「万の生り木年切れのなき様にする事」として、木の根元より一尺上に縄を回し、その縄を地より延ばした外れに灸を三火するとよい。来年より木の実は沢山生る。〔調法記・四十七ゟ五十七迄〕は「菓木《なりき》に実を多く生らす伝」として、木を上《かみ》十五日に植えると実は多く生る。下《しも》十五日に植えると少ない。また木に水を掛けると毛虫が生じず、松の枯れるのには川芎を煎じて根に注ぐと忽ち葉は茂る。

生り瓢【なりひさご】 大和詞。「なりひさごとは、ふくべ（瓢）の事」である。〔不断重宝記大全〕

成る【なる】 十二直*の一。暦中段。〔童女重宝記〕には斗柄に向い、主記となづける。何事も成就する吉日である。〔和漢年暦調法記〕等に小吉。五穀の種蒔き、家造り、婚礼、店出し、入学、頼み事、移徙《わたまし》、出行に吉。遊び事、訴訟には凶である。

鳴る神【なるかみ】 大和詞。「なるかみとは、思ふ仲を隔つる」意である。〔不断重宝記大全〕

なるたけ【なるたけ】 片言。「なるたけは、鳴滝《なるたき》」である。〔不断重宝記大全〕

なるてん【なるてん】〔小野篁謔字尽・かまど詞大概〕に「南天は、なるてん」。「なってん」ヲ見ル

鳴戸蒲鉾【なるとかまぼこ】〔料理調法集・蒲鉾之部〕に鳴戸蒲鉾は、巻蒲鉾のように薄く白と青をつけ合せ、中より片々を内へ巻き、片々は外へ巻き、蒸して蒲鉾の中へ入れて蒸す。

鳴海より宮【なるみよりみや】 東海道宿駅*。一里半十二丁。本荷百一文、軽尻六十三文、人足四十九文。星崎の城跡がある。田畑橋は長さ七間。左に天王の宮がある。氏雲という小刀鍛治がある。笠寺観音堂は笠を召した木像があり、笠覆寺という。戸部村、山崎橋、湯浴地蔵がある。右に名古屋の城が見え、また仙人塚がある。〔東街道中重宝記・寛政三〕

なれども【なれども】「なれども、これもうそ」である。〔増補新版名代町法記・上だん（冗談）の言葉〕

縄打【なわうち】 間縄（一間ごとに目を盛った測量縄）の検地縄。「検地」ヲ見ル

苗代の事【なわしろのこと】〈水田の苗代〉〔農家調宝記・続録〕に次がある。○諸国で苗代を旧地《いやち》にする所が多いが、年々替えて蒔くと苗の生育がよく根も茂り田に移しても葉の伸び方がよい。○苗代の耕作に、水を宛て煙草の骨を刻んでよく踏み込んで籾を蒔くと、田に移して蝗《むし》が生じないという口伝がある。○苗床は前年の冬耕して塊をよく砕き、畝を立て水が抜けて乾くようにして置き、益々細かに砕き均して水を入れて籾を

蒔く。九州辺では山芝を刈り込んで土に踏み込み、水を入れてからは踏まないのがよく、上土を均して蒔く。○種籾は雌穂の籾から取る。雌穂は穂に股があり粒が多く着いている。○籾は薄く蒔のがよく、秋の穂も早く出、稔もよい。蒔き着けて七日程後に一日よい日和に会うとよく、干すとすぐに雨が降る時は水を入れて籾が埋もれないようにし、また干し直す。実干は二日を限りとする。○苗を干して拵えるのは、本植して旱魃等に痛まない用意である。○未だ生えない内に水を深くするのは鳥類に啄ばまれないためで、生えて後に浅くするのは育ち易いためである。○苗は逞しく育て、深く植えると生育がよい。

〈畑の苗代〉〔農家調宝記・続録〕に、旱魃に苦しむ地は畑に苗代を拵えて蒔く。水のない所で成長した苗を水中に植えると、元来水に育つべき性質なので、生育は速やかで何程の旱魃にも枯れることはない。苗床にする地は上畑を選ぶか、或は上田に水を入れず畑にして蒔いてもよい。苗代は、前年に耕し塊《つちくれ》を細かに砕き、畝を立てて置き、蒔く時に均し益々細かに砕き、糞水を乾かし、籾を三日程水に漬けて蒔く。覆い土は肥良の土を採り、日に乾かし細かに砕き、湿気のない所に囲い、上に覆いをして置くか 灰小屋等に入れて置き、籾蒔きしてその土に灰を和し、籾の上から振り掛けて覆う。追々見合せ 肥しをすると勢いよく育つ。畑に育てた苗は、始終水に浸り通しの所は稲が損ずるので折々水を外して干せる所に植えるのがよい。

苗代水【なわしろみず】 大和詞。「なはしろ水とは、ひく方多き」意である。〔不断重宝記大全〕

畷【なわて】 縄手とも書く。〔万物絵本大全調法記・上〕に「畷 せつ／なはて。田の間の道也」。〈地名〉「京色茶屋独案内」ヲ見ル

那和長年【なわながとし】 〔大増補万代重宝記〕に那和長年は伯耆国の豪族で、元弘年中（一三三一～三四）、後醍醐帝が隠岐から逃げ出し伯耆に上陸すると、長年は迎えて船上山を行宮《あんぐう》とし、賊兵を破った。よって因幡、伯耆を給う。建武の役で最も軍労があり、延元元年（一三三六）に戦死した。享年不詳。

縄輪天神【なわわてんじん】 「綱敷天神」ヲ見ル

南海道【なんかいどう】 紀伊* 淡路* 阿波* 讃岐* 伊予* 土佐*の六ヶ国をいう。〔重宝記永代鏡〕

南京八景【なんきょうはっけい】 南京は南都の奈良*。「奈良八景」とも。○南円堂＝藤。「藤波は神の言葉の花なれば 八千代をかけて猶ぞ栄えむ（大政大臣二条良基）」。○佐保川＝蛍。「飛ぶ蛍影を映して佐保川の 浅瀬に深き心をぞ知る（前内大臣三条公忠公）」。○猿沢池＝月。「長閑なる浪にぞ氷る猿沢の浪より遠く月は澄めと（左近衛権少将藤原雅幸朝臣）」。○春日野＝鹿。「春日山峯の嵐や寒からむ 麓の野辺に鹿ぞ鳴なる（権中納言公勝）」。○三笠山＝雪。「三笠山さしてたのべば白雪の 深き心を神や知るらん（前右大臣西園寺実俊公）」。○雲井坂＝雨。「村雨の晴れ間にここよ雲井坂 三笠の山は程近くとも（権中納言為重卿）」。○東大寺＝鐘。「置く霜の花いつくしき名も高し 降りぬる寺の鐘の響きに（前大納言四辻入道善成卿）」。○轟橋＝行人。「打ち渡る人目も立たず行く駒の ふみこそならせとどろきの橋（前中納言小倉実遠卿）」。〔日用重宝女大学〕

南京海老根【なんきんえびね】 草花作り様。南京海老根は、えびね（海老根*）と同じ植生である。分植は秋がよい。〔昼夜重宝記・安永七〕

南京御所落雁【なんきんごしょらくがん】 「（根元）南京御所らくがん」は、南鍋町二丁目 柳屋治郎兵衛にある。〔江戸町中喰物重法記〕

南京豆腐【なんきんとうふ】 「（御膳）なんきんとうふ」「（御膳）かご目とうふ」は、麹町五丁目 かしわや伊兵衛にある。〔江戸町中喰物重法記〕

南京に辛子【なんきんにからし】 食い合せ。南京に辛子は食い合わせである。〔調宝記・文政八写〕

南京醤【なんきんひしお】〔永代調法記宝庫・六〕に南京醤は、小糠二升（よく篩い粉米を去り、内半分は炒り半分は生でかき回す）、醤油一升（極上を選ぶ）。小糠を入れてよく捏ね、壺に貯え、風ひかぬように口を紙で張り、五十日ばかりで用いる。

南京落雁【なんきんらくがん】「（根本）南京らくがん」は、南鍋町二丁目 あづまや清五郎にある。〔江戸町中喰物重法記〕

南京流蜜淋酒【なんきんりゅうみりんしゅ】〔料理調法集・造醸之部〕に南京流蜜淋酒は、上白餅米一斗を挽き割り一夜水に浸してよく蒸し、白米糀一斗、上白酒一斗、上焼酎二升（一書は「斗」）に、夏は餅米の蒸したのをよく冷まし、冬は温かい内に壺に入れて掻き交ぜ、夏は一日に十度 冬は五度ずつ十四日間よく掻き交ぜて後風が入らないよう口張りし、五十日目に蓋を取ると米は底に沈み 酒は上に清み浮かむのを静かに汲み取り、粕はそのまま置く。また、餅米、糀、酒等を入れ、同じようにして用いる。

楠家壁書【なんけへきしょ】 楠家壁書は、「楠政成*金剛山《こんごうせん》壁書」として知られる。「一、唯今日無事ならん事を思へ。万物一体の理を守らざる故万病生ず。一、利を見て義を思はず。人我の心深ふして人に勝ん事を思ふべからず。一、身を愛して人の愁を知らず。上に諂ひ下を卑しむ。一、猥りに人を誇り、身の非を省みず。一、外を正直に荘《かざ》り、内に邪心を含む。一、欲心熾《さか》んにして心常に散乱す。一、善を作《な》すとも身の為にせず。身の為に善を作《な》すは善に似て悪なり。一、人の善悪を明らさまに言はず。一、己が邪を専らにして物の道理を知らず。一、怒りて理を昧《くらま》し、愛しては非を知らず。一、国の為 諸人に怨あるべきを禁ずべし。一、我に怨あるを報ぜんと言ふ事なかれ。一、珍膳も毎日向へば味ならず。一、遊びも度《たび》重なれば楽しみならず。一、高直《こうじき》の奇物を求めず。一、余情《よせい》の馬何かせん。長《たけ》三寸《みき》（＝「馬尺」で「馬の事」ヲ見ル）ばかり有って遠行僋《つかれ》ず、足の早きを以て良《よし》とす。一、太刀は骨を切るを以て善《よし》とす。作《さく》を好まず。一、鎧兜は札《さね》のよきを良とす。毛を飾るべからず。一、時に隋ひて直《ちょく》有る事を知らず。偏に直にして却て不直をなす。」

難効方【なんこうほう】 牛療治薬。〔牛療治調法記〕に難効方は、青箱子《せいそうし》・石決明・草決明・草龍胆・玄精石・木賊・黄芩を末（粉）にし、毎服一両に蜜（四両）・朴硝（三両）を和し、水一升で煎じる。胆張の牛病が軽くなく、或は起き、或は臥し、奔走往来《はしりゆきき》して脚を留めず、耳急に、口の青いのには難効方を用いる。

男根爛れの奇方【なんこんただれのきほう】「陰嚢諸症」〈爛れ〉ヲ見ル

南山【なんざん】 特に、「高野山」*ヲ言ウ

難産の事【なんざんのこと】 難産は懐妊の時 身持ちが悪いと起るとし、〔永代調法記宝庫・二〕には口伝として大風 大雨 雷電 地震の時、或は仏神聖像の前で懐妊すると難産になり、生れる子は命が短い。また〔同・五〕に難産の秘見に、両死月* 母死月* 子死月* 子壺月《こつぼづき》*がある。産に臨み時節至らず早く息むと、逆産* 横産*する。どんな難産でも慌て騒がず、産婦を驚かしてはならない。

〈臨産対応〉〔女重宝記・三〕に、○海にいる海馬《かいば》を産婦の手に握らせると難産しない。子安貝に催生《はやめ》*を入れて飲むと平産する（図373）。○子が腹の内で死に生れ兼ねるには、鹿の角の黒焼を酒で用いるとすぐに生れる。また麝香（五分）肉桂（三匁）を粉にして酒で用いる。○子が腹の内で死ぬ目利きは、母の舌の黒いのが証である。○子の生れ兼ねる呪には「伊勢」の字を紙に書いて信心し、産婦に水で呑ませる。伊勢の字は「人尹生丸力《ひとこれうまるるはまろがちから》」と読むので神力で生れる理がある。○熊の手で腹腰を撫で下ろすと生まれる。○産婦の右足の小指の尖りの頭に麦粒程三炷灸すると、どんな難産でもそのまま生れ平産する。○腰の十六の推に並べ三所を灸する。手・足を出したら細い針で子の手の内、足の裏に深さ二

分ばかりに針を刺し、塩を塗ると手足を内へ引くので、その時産門に向かわせ息む。

図373「海馬・子安貝」（女重宝記）

〈難産対応〉〔改補外科調宝記〕に難産の時子宮が外へ出て納まらないのには、烏賊（三分）黄石（二分）五倍子（一分）を粉にし、石灰の煮え湯を冷まして子宮を洗い、粉をつけて押し入れる。或は真葛《さねかずら》を搗き爛らして絞った汁で洗うのもよい。〔嫁娶調宝記・三〕は茴の茎（一匁）胡瓜の蔓（一匁）楊梅皮（三分）に甘草（少し）を加え煎じて用いると、どんな難産も忽ち治る。〔麗玉百人一首〕は難産に薏苡仁を粉にして挽き茶一服程用いる。また鹿の角と柚の核とを黒焼にして呑むとよい。〔里俗節用重宝記・上〕は難産で子が生れないのには、雲母の粉を暖め酒で溶き口に入れる。〔同・中〕は難産の催生薬《はやめ》は、桃仁・赤芍薬・牡丹皮・肉桂・白茯苓（各五分）を煎じて用いる。〔万用重宝記〕は朴硝（二匁）を酒で飲ませると忽ち安産する。難産や経水の滞りで様々悩む時は、鼈《すっぽん》を汁にして食わす。〔万まじない調宝記〕には飛び魚の黒焼をよい酒で飲ます。〔日用重宝記〕に難産を救う伝は、桃仁を二ツに割り、伊勢の字を書き、合せて飲ます。

〔調宝記・文政八写〕に胎死*横産・逆産・胞衣*の下りない難産には、六月土用中前の山椒の葉を採り陰干粉にして、伊勢海苔を薄くたてて用いると妙である。又、師走の兎の頭を黒焼きにして粉にし、葱の白根を煎じて用いる。〔俗家重宝集・後編〕に難産の奇薬は、鶏卵一ツ二ツを薄味噌の汁で煮汁と共に用いると即座に生まれる。又、夫の唾を十四五度呑ませるのは即効の奇薬である。〔鍼灸重宝記綱目〕に難産 横産 死胎には合谷を補し、二度瀉す。三陰交 太沖に灸をする。また難産には至陰、太衝に各三壮する。

〈難産考例の事〉〔永代日暦重宝記・慶応元写〕に「大坪（母滅）」は、十三・十九・二十五・三十一・三十七・四十三歳。「小坪（子滅）」は、十六・二十二・二十八・三十四・四十歳。〈呪い〉〔新撰咒咀調法記大全〕には「難産の符」（図374）があり、①②の符は呑ます。③は産婦の足の下に置く。蛇退（蛇の脱殻）を炙り粉にして一匁を酒で用いる。伏龍丹（肝）（古竈の内の赤く焼けた土）を粉にして酒で用いる。「出産の事」「催生《はやめ》の事」モ見ル

図374「難産の符」（新撰咒咀調法記大全）

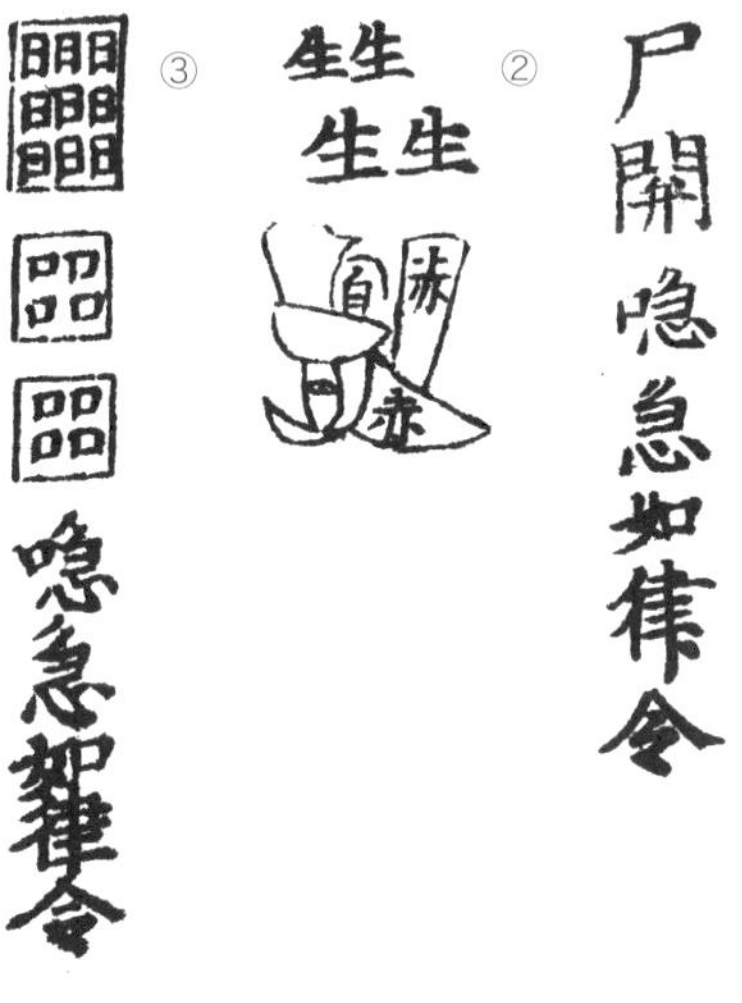

南星膏【なんしょうこう】〔改補外科調宝記〕に南星膏は、骨瘤*の膏薬である。天南星の生を細かに擂り粘くし、よい酢を加えて膏とする。天南星の生がなければ渇いたのを粉にし、酢で練り瘤の上に小針を刺し気を通して薬を付ける。痒みがあれば再々付ける。

南禅寺【なんぜんじ】 京名所。〔東街道中重宝記・七ざい所巡道しるべ〕に南禅寺は禅宗惣禄。大きな石塔があり、庭に瑪瑙の手水鉢がある。門前に豆腐の名物がある。〔年中重宝記・四〕に十二月十二日、南禅寺大明国師忌。

南禅寺豆腐【なんぜんじどうふ】〔料理調法集・豆腐之部〕に南禅寺豆腐は、豆腐を小判形に切り香色に焼き、出汁は酒でよく煮、掛け汁は煎酒に醤油を塩梅して煮置き、豆腐の上になる方の皮をとり盛って懸け汁をかける。上置きは、刻み胡桃 青海苔を揉み 木耳を細々 山葵を置き合せて出す。

南蔵院の縄地蔵【なんぞういんのなわじぞう】 江戸願所。本所中の郷 業平橋西詰南蔵院に石の地蔵尊があり、心願ある者が行って地蔵尊の体を縄で括り、帰る時に、一七日（一週間）の間に願望成就なさしめよ、成就の時は縄を解き参らすと祈念し、成就後に縄を解いて花を供する。特に毎月二十四日に願懸けする人が多い。〔江戸神仏願懸重宝記〕

なんだ【なんだ】 諸国言葉。〔男重宝記・五〕に関東では、「何ぞといふ事をあんだ*といひ、なんだとはぬる」。「ざった」（諸国言葉）ヲ見ル

南朝年号【なんちょうねんごう】〔昼夜重宝両面雑書増補永暦小筌・天保十一重刻〕に「南朝年号」として次がある。○は年数である。建武㊁（一三三四～）。興国㊆（一三四〇～）。正平（二十四）（一三四六～）。建徳㊁（一三七〇～）。文中㊂（一三七二～）。天授㊅（一三七五～）。弘治㊂（一三八一～）。元中㊈（一三八四～）。凡そ五十六年、とある。〔現在の南朝年表ハ、元弘㊂（一三三一～三三）。建武㊁（一三三四～三五）。延元㊃（一三三六～三九）。興国㊅（一三四〇～四五）。正平（二十四）（一三四六～六九）。建徳㊁（一三七〇～七一）。文中㊂（一三七二～七四）。天授㊅（一三七五～八〇）。弘和㊂（一三八一～八三）。元中㊇（一三八四～九二）〕。

難読熟字【なんどくじゅくじ】〔改正数量字尽重宝記〕に「難読熟字」がある（図375）。十六島《そりふるい》。薬袋《たたなわき》。大仏《おきじげ》。白里（九十九里）。行々林《おどうばやし》。潮来《いたこ》。龍耳《つんぼ》。百々《とど》。東風《こち》。西風《ならい》。我孫子《あびこ》。虎耳《ゆきのした》。日下《くさか》。八朔《はっさく》。一二《つまびらか》。池鯉鮒《ちりふ》。西瓜《すいか》。土方《ひじかた》。半井《なからゐ》。一々《つらつら》。一尺八寸《ろまつう》。南瓜《とうが》。東雲《しのゝめ》。不斗入《いりやまず》。月見里《やまなし》。五十嵐《いがらし》。神戸《ごうと》。一口《いもあらい》。泥子《ひじこ》。下川《すそかわ》。行方《なめかた》。小竹本《しのもと》。不知火《しらぬひ》。丁子《そぼろご》。二十五里《へいひじ》。

図375 「難読熟字」（改正数量字尽重宝記）

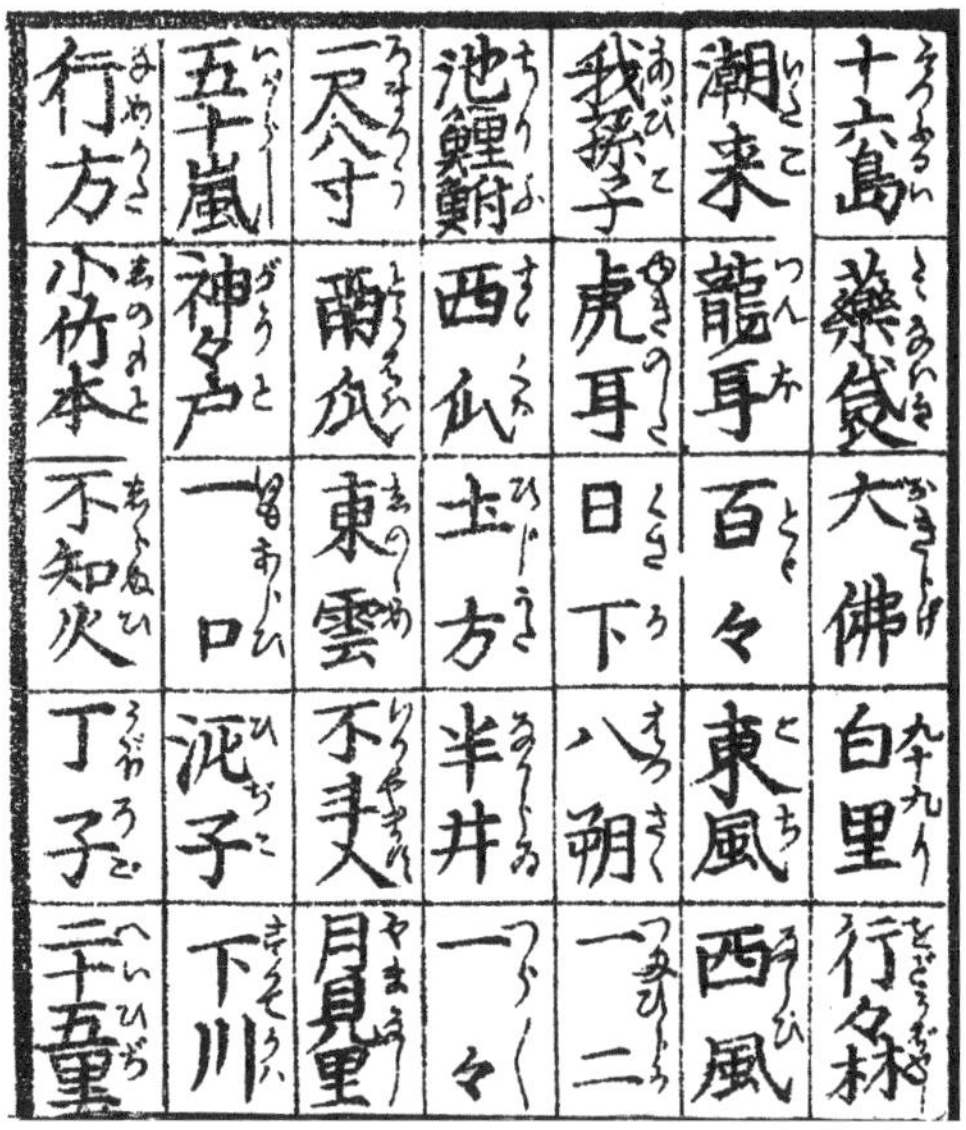

納戸茶【なんどちゃ】 染色。〔染物重宝記・文化八〕に納戸茶は、青と緑の中間色とある。下染茶*には木附子《きふし》の煎じ汁に桃皮、老葉を少しずつ入れる。〔秘伝手染重宝記〕に「おなんどちや」は、白地に渋木（山桃）百目、ずみ二十目、明礬二匁、老葉□匁を入れ、よく煎じて染め、乾して張る。

南都の両門【なんとのりょうもん】 一乗院*と大乗院*の二箇寺は、南都（奈良）の両門という。法相宗を兼ねる。〔男重宝記・一〕

南都八景【なんとはっけい】『書言字考節用集・十三』には、「南都八景」として「南京八景*」が載る。

男女【なんにょ】「だんじょ（男女）」ヲ見ル。「男女一代守本尊」ヲ「一代守本尊」ノ如ク省略スル項目モアル。「男」ト「女」ハ関連項目モ参照

なんのたべ【なんのたべ】 片言。「何ンのたべは、何のため」である。〔不断重宝記大全〕

難波餅【なんばもち】 菓子名。難波餅、中羊羹、端をもろこしにて包み、脇ながし物。〔男重宝記・四〕

難波療治筋違骨接所【なんばりょうじすじたがいほねつぎどころ】〔洛中洛外売薬重宝記・上〕に「難波療治筋違骨接所」は、大仏伏見海道正面上ル丁 さかゐや治兵衛である。筋骨離れ砕けたのにも甚だ妙で、人の命のある内は元のように早速全快させること請け合いとある。

南蛮【なんばん】〔万物絵本大全調法記・上〕に「南蛮 なんばん／みなみのゑびす」。「中国」参照

なんばんうに【なんばんうに】「(御膳) なんばんうに」は、総州ちご郡 亀屋六兵衛にある。売弘めに、尾張丁一丁目 上総屋六兵衛がいる。

南蛮汁【なんばんじる】〔料理調法集・汁之部〕に南蛮汁は、鶏の羽を引き 頭足を取り 尻を切り、洗い鍋に入れ、大根を大きく切ったのに水をひたひたより上へ入れ、大根は十分和らかになる迄煮て、鶏を上げて細かに挘り、本の汁へ影を落し(醤油を差す)、また大根を煮て吸い合わせ出す時、鳥酒 塩を入れ 吸口は葫《にんにく》、味噌でする時は具《つま》は平茸 根深等がよい。

南蛮酢【なんばんず】〔料理調法集・煮出煎酒之部〕に南蛮酢は、酢(六分)、古味醂酒(四分)、醤油(三分)。魚の骨、又は鳥の胴殻を入れて煮返し、冷まして遣う。

南蛮漬鳥【なんばんづけとり】〔料理調法集・漬物之部〕に南蛮漬鳥は、鳥を卸し、油皮を煎り、油を美濃紙へ引き、次に塩を煎り よく冷まして鳥の身にまぶし、この油紙に包んでおく。

南蛮煮【なんばんに】〔料理調法集・煮物之部〕に南蛮煮は、鯛を白焼きにして豚の油で揚げ、湯引きして出汁溜りで塩梅する。酢を少し加えるとよい。

南蛮骨継膏薬【なんばんほねつぎこうやく】〔洛中洛外売薬重宝記・上〕に「なんはんほねつきかうやく〔南蛮骨継膏薬〕」(売薬店名等ナシ)は、打ち傷 切り傷 脚気 腰の痛み等、一切によい。

南蛮松脂【なんばんまつやに】「くんろく(薫陸)」及ビ「にゅうこう(乳香)」ヲ見ル

南蛮焼【なんばんやき】〔料理調法集・焼物之部〕に南蛮焼は、海老でも魚でも塩振り焼きにして、煎り酒でよく煮、擂り胡桃を掛けて又焼く。

南蛮薬刀【なんばんやくとう】「京ニテ南蛮薬刀」は、寺町綾小路角 鳥子や十左衛門にある。〔万買物調方記〕

南蛮百合【なんばんゆり】 草花作り様。南蛮百合の花は紅色。土は白 赤土に、白砂と等分にする。肥しは茶殻の粉を夏中根に置く。分植は春、秋がよい。〔昼夜重宝記・安永七〕

南部絹【なんぶぎぬ】〔絹布重宝記〕に南部絹の様子は一様ではなく、大体は川越*に似た所もあるが、絹に光沢《つや》があり、地性も強いという。元来、素人工(手織)なので絹の趣きに定まりがない。染付色ははんなりとするが艶がない。言わば、羽二重 加賀の上所を色上げしたように見える。立筋が多く出るが、小紋は申し分ない。無地に染めるのに、地入に心得がいる。

南北【なんぼく】「東西東西の事」ヲ見ル

南明砂散【なんめいしゃさん】 牛療治薬。〔牛療治調法記〕に南明砂散《なんめいしゃ》は、発熱し 喉骨が脹れ 涎血が膿となり 声音の響くのを治す。薄荷・川芎・南明砂・桔梗・白礬・黄栢・甘草・青黛・人参・黄連を末(粉)し、毎服二両に蜜酒で水二升に調えて潅ぐ。効能は「骨砕散*」と同じ。

南楼【なんろう】「ふじばかま(藤袴)」ヲ見ル

に

煮藍染【にあいぞめ】〔男女日用重宝記・上〕に にあい(煮藍)染は、八月末

九月頃に藍を葉茎共に刈り取り、葉は扱き取り、茎を一尋一尺の縄で結い、一束に水手桶一ツ半分程入れ一桶に煎じ詰めて、前の葉を揉み出して紺を染める。一日で染色が薄ければ二日も染める。『日葡辞書』に「Niai.（煮藍）藍草を煮たもので、物を染めるのに用いるもの、すなわち、青色の染料」とある。

煮和【にあえ】 和物*の一。煮和は、浸し物を温めた物である。玉珧《たいらぎ》、海松《みる》食《くい》、玉子煎、鮭の皮、枸杞《くこ》、菊菜、芥子葉の類を取り合せて温め、栗、胡桃等を上置きにして蓋茶碗か坪皿に盛り、醤油酒で塩梅し、品により酢を加え、また煎り酒でも仕込む。〔料理調法集・和物之部〕

女人【にいじん】 唐人世話詞。「をんな（女）を、女人《にいじん》」という。〔男重宝記・五〕

女人客【にいじんきゃ】 唐人世話詞。「をんな（女）の客《きやく》を、女人客《にいじんきや》」という。〔男重宝記・五〕

尼僧【にいすえん】 唐人世話詞。「あま（尼）の事を、尼僧《にいすゑん》」という。〔男重宝記・五〕

新玉津島【にいたまつしま】 〔改正字尽重宝記綱目〕に新玉津島は、洛陽松原室町の東にあり、太夫俊成卿の勧請である。

女子【にいつう】 唐人世話詞。「むすめ（娘）を、女子《にいつう》」という。〔男重宝記・五〕

新枕【にいまくらのこと】 〈大和詞〉〔不断重宝記大全〕に「にゐ枕とは、始めて契るを云」。〈匂袋*の方〉〔男女御土産重宝記〕には沈香（四匁二分）、丁子・藿香（各一匁）、薫陸（三分）、白檀・麝香（各二分）を袋に入れて調合する。〈薫物の方〉〔昼夜調法記・正徳四〕には沈香（四十匁）、丁子（二十匁）、白檀・薫陸（二匁五分）、甘松（八分）、麝香（五匁）。合せ様は、薫物の方*に同じ。

煮梅【にうめ】 〔料理調法集・煮物之部〕煮梅は、大梅干をよく煮出し、次に出汁に酒を多く入れよく煮て溜りを少し加えて塩梅する。

贄川より奈良井へ【にえがわよりならいへ】 木曾海道宿駅*。一里半。本荷八十四文、軽尻五十五文、人足四十一文。西は名古屋領。宿の出離れに小川があり橋がある。御番所があり名古屋持ち。押込《おしこみ》むり楊枝木を売る。板橋がある。諏訪坂があり、峠の左方に諏訪明神社がある。平沢村この辺には檜細工が多い。〔東街道中重宝記・木曾道中重宝記六十九次享和二〕

匂い煙草【においたばこ】 「君が袖」ヲ見ル

匂鳥【においどり】 大和詞。「にほひ鳥とは、うぐひすの事」である。〔不断重宝記大全〕

匂の玉【においのたま】 〔万物絵本大全調法記・上〕に「佩香 はいかう／にほひのたま」。〔紋絵重宝記・下〕には匂いの玉の意匠がある。

匂袋【においぶくろ】 〔女用智恵鑑宝織〕に匂袋は、袋に入れ長い紐を付けて懐中するのもよい。これは身嗜みのためばかりでなく、夏は毒虫を払い蚤や蚊を避けるためであり、さらには身の匂いの悪いのを隠すため女中は全て持つと心得、湯使い、手水《ちょうず》、嗽《うがい》等に怠らず何事にも気を付ける。〈匂袋の方〉〔諸民秘伝重宝記〕に「匂袋の伝」として甘松・木香・青木香・白檀・丁香・阿仙薬・安息香・薫陸・良姜・片脳・麝香・竜脳・茴香の十三味を刻み合せ、掛《かけ》（懸）香《こう》*にする。〔男女御土産重宝記〕には「匂袋の方」として梅花香*新枕*八重一重*八重桜*寝乱髪*松風*がある。〔女重宝記・五〕等に「匂袋」の包み物、折り方の図（「小笠原流折形図」参照）がある。掛香に同じである。

二王【におう】 〔日時調法通用文則〕に次がある。①二王《わう》、右弼金剛・左輔金剛。②二王、王羲之・王献之。

におてる【におてる】 大和詞。「にほてるとは、みづうみ（湖）の事」である。〔女用智恵鑑宝織〕

二月【にがつ】 〈異名〉〔改正増補字尽重宝記綱目〕を中心に他の重宝記か

らも集成すると次の通り。二月《きさらぎ》 衣更着《きさらぎ》 如月《じょげつ》 春和《しゅんか》 春濃《しゅんじょう》 春半 春中 春分 殷春 仲春 仲陽 陽中 中和《ちゅうか》 夾鐘《きょうしょう》 交鐘《こうしょう》 降婁《こうろう》 花景 花月 花朝 踏青 青律 鳴蜩《めいちょう》 四陽 美景《びけい》 星鳥《せいちょう》 老鶯 令月《きさらぎ》 梅見月《うめみづき》 初花《はつはな》月 雪消《ゆきげ》月 雁風帰《かりかえり》月 小草《おぐさ》 生《おい》月 仲の春 啓蟄。〈一字異名〉如《きさらぎ》。〈二月食物宜禁〉〔年中重宝記・二〕等に、この月韮を食うと大いによい。蓼 小蒜 梨子 鶏 鶏卵 兎、生冷えの物は悪い。黄花菜、古い漬物を食うと痼疹を、日陰の流水を飲むと瘧瘴を発す。

〈年中養生〉〔懐中重宝記・弘化五〕は二月二日 枸杞湯を浴びると、身に艶を出し、痒くなく一生無病、不老。六日七日 沐浴斉《ものいみ》すると天より幸を得る。八日 魚 亀を食わない。九日 又庚《かのえ》寅の日 魚類を食うと大いに悪い。十日前に灸を据えて吉。十四日 旅立ち船に乗らず。当月 韮を食うと精気を増す。蓼 卵を食うと腎気を破る。

二月生れ吉凶【にがつうまれきっきょう】〔大増補万代重宝記〕に二月生れの人は、前生で経百巻を寺へ上げた功徳で人に愛せられ 貴人と交わり 衣食に余りがある。前生で牛一疋を殺した報いで父母に早く別れることがあり、子供に祟り育ち難いが、物の命を助け善根を施すとよい。〔女用智恵鑑宝織〕も同様であるが、二月生れの女は今生で人を憐れみ、人に憎まれることをせず、神仏を信心すれば、何事も繁盛する。

二月堂行法【にがつどうぎょうぼう】〔年中重宝記・一〕に次がある。○二月朔日 今日より十四日迄 南都二月堂の行法。○二月七日 二月堂水取行法、夜に入る。良弁僧正の弟子 実忠和尚が難波浦を通る時、閼伽器《あかのうつわもの》が浪に浮かんで来、中に丈七寸の十一面観音の銅像があり、人の肌のように暖かった。聖武帝（七二四～七四九）は東大寺に安置し、実忠和尚は毎年二月一日より十四日間この像に行を修した。二月堂の行《おこない》という。和尚が諸神を請じ名を読む時、若州 遠敷明神《おんふのみょうじん》が我は閼伽の水を献ずるというと、忽ち黒白の二鵜が石地を穿って甘泉を出した。ある年、日旱《ひでり》で二月会の閼伽水がなく、衆僧が水辺で若州に向って持念すると水は忽ち出た。遠敷明神の前の川の流れは絶えて音無《おとなし》川という。○十二日 二月堂大続松《おおたいまつ》。

苦手【にがて】〔世話重宝記・二〕に『霊枢』に出るとして、爪が苦《にが》く手毒《てどく》のある者が、試みに亀を器の下に置きその上を按《お》すと五十日で亀は死んだ。手の甘い者は死ななかった。この苦手で、人の癪を按じ、痺を押さえさせるとよい。

尼加拉瓜【にからぐあ】〔童蒙単語字尽重宝記〕に尼加拉瓜《にからぐあ》は連邦。広さ四万六千二百坪、民は二十五万七千人。

膠【にかわ】 絵具製法 礬砂の加減。〔万物絵本大全調法記・上〕に膠の製法は、冬春は膠一両に明礬一両、水を常の天目に四盃とする。但し、膠を先へ入れて充分に鎔《とろか》し 明礬は後から入れる。夏秋は天目の水加減は一盃少なくする。原料は獣の皮 骨 腸である。多くは接着材にする。

二儀【にぎ】 二儀《にぎ》 また両儀《りやうぎ》というのは、天と地をいう。〔童子調宝記大全世話千字文〕

面皰【にきび】〔斎民外科調宝記〕に面皰《にきび》は、川槿皮・硫黄（各二両）、軽粉《はらや》（二匁）、杏仁（尖り皮を去り一両）、麝香（少を粉にして）を卵白で溶いてつける。〔女用智恵鑑宝織〕は面皰の薬として、密陀草を粉にして乳汁で溶き、寝る時顔に塗り、翌日洗い落す。四五度塗ると癒える。〔妙薬調法記〕に疣 黒子 面皰の抜き薬は、藜の灰を水で溶き、銅の鍋で煮て膏薬のようにし、針で少し突き破ってつけると三度は罷らない。また続髄子*の生《なま》を潰してつける。〔新撰呪咀調法記大全〕にも「にきび 痣」を抜くには、続髄子の茎の汁で洗う。〔万用重宝記〕は「顔の面皰 面瘡《おもくさ》 出来物の類の薬」に、昆布に勝る物はない。「そばかすの薬」参照

握の事【にぎりのこと】 弓の事*。〔武家重宝記・二〕に握《にぎり》は、弓を握る弓柄《ゆんづか》の事で、「弛」「弣」とも書く。〈握り革〉〔弓馬重宝記・上〕は握《にぎり》の革を巻いた所をいう。革は色々用いるが、黒革を本式とし、紫皮は弓では巻い

てはならない。巻き様も色々あり、外竹の左の方より巻き始め右方で巻き止め、七ツから十一迄半（奇数）に巻くが、産の弓には用いない。古来、巻き合の間をあけるのを法とするが、古法にはなく、射ての利用に出るものである。〈握り下〉〔武家重宝記・二〕に握り下は、弓を握る下の所を指していう。別儀はない。

肉色【にくいろ】 絵具製法 礬砂の加減。〔万物絵本大全調法記・上〕に肉色の製法は、胡粉*の加減に似た物である。人の肌色。

肉瘿【にくえい】 〔改補外科調宝記〕に肉瘿は、肉色と変わらない瘿*をいう。

二句去の歌【にくざりのうた】 連歌式目歌。〔大成筆海重宝記〕に二句去の歌に、二首がある。①「月日星 木と草と 竹虫と鳥 獣《けだもの》の分、二句去と知れ」。②「迄 迚《とても》 扨《さて》こそ それも 二句嫌《きらう》、本《もと》下 陰《かげ》も同じ隔《へだて》ぞ」。〔万民調宝記〕に二句去は、変わった植物、獣と虫のように変わった生類、鳥魚、朝時分と夕時分、月日星変わって天象の間とある。

肉蓯蓉【にくじゅよう】 〔薬種重宝記・上〕に唐草、「肉蓯蓉（にく）じゆよう／きもらたけ。酒に浸すこと一夜、日に乾かして焙る。土気を酒にて洗ひ去る」。

肉食の忌【にくしょくのいみ】 雑穢。〔永代調法記宝庫・首〕に「肉食の忌」に次がある。①羊 狼 兎 狸類を食する者、五日を忌む。②鹿 狐 猿 猪 犬を食する者は、七十日を忌む。③牛 馬を食する者は、百五十日を忌む。

肉豆蔲【にくずく】 〔薬種重宝記・上〕に唐草、「肉豆蔲 にくづく／しゝづく。麵の粉を醋《す》にて捏ね 豆蔲を包み煨《うい》して麵を去り用ゆ。銅鉄を忌む」。〈薬性〉〔医道重宝記〕に肉豆蔲は辛く温。中《うち》を温め、食を消し、嘔《えずき》を止め、虫を殺し、瀉痢の久しく止まないのを治す。麵の粉を捏ねて包み、熱灰に埋み炮して、麵を去る。打ち砕いて用いる。銅鉄ともに忌む。

肉荳蔲丸【にくずくがん】 〔小児療治調法記〕に、痘が出るのに（出瘡「でそろ*」）涼薬を服して脾胃を損傷し、或は胃虚して吐痢する時は、肉荳蔲《にくずく》丸を用いて中を温め、気を益す（加減に、中を温め気を益すには理中湯*を、吐痢の甚しいのには付子を加え、或は陳氏 異功散*、また木香荳蔲丸を用いる）。薬剤は、木香・砂仁・白龍骨・訶子肉（各五銭）、赤石脂・枯白礬（各七銭半）、肉荳蔲（＝五銭 煨す）を細末（粉）し、麵糊で黍米の大きさに丸じ、三十丸から五十丸迄、胃功散を煎じて送り下す。

肉説【にくせつ】 〔骨継療治重宝記・上〕に『経脈篇』を引き「肉説」がある。人の生はまず精をなし、精がなって脳髄が生ずる。骨を幹《かん》とし、脈を営とし、筋を剛とし、肉を牆《かき》とする。人身の牆として肉の損傷の憂いは軽くなく、肉は一面ではなく脾胃に属し、肉中には血脈《ちすじ》筋絡《すじまとい》がある。正骨者（骨継療治者）は骨違いを治すには理をよく考え、肉を損じないようにする。

にくちに【にくちに】 片言。物の夥しいことを、伊勢では「にくちに」という。〔不断重宝記大全〕

肉虫【にくちゅう】 九虫*の一。〔鍼灸重宝記綱目〕に肉虫は、爛れた杏のようである。人を煩満させる。

悪【にくむ】 七情*の一。〔女文翰重宝記〕に悪は、憎むことである。女は面《おもて》は菩薩《ぼさつ》のようで、心は夜叉《やしゃ》のようである。面には嫉妬の気色はなくても、心は滝の瀬のように湧き返って、憎いと思う人に心が通うのはよくない。「風吹けば沖つ白波たつた山 夜半にや君がひとりこゆらん」（伊勢物語・二十三）の歌の心を考え常に学べとある。「妻の嗜み事」参照

憎む可き詩【にくむべきし】 〔里俗節用重宝記・中〕に、呉の僧、元の泊子庭の憎むべき詩として出る。「憎む可き詩／世間何物か最も憎むに堪えたる　蚤 虱 蚊 蝿 鼠 賊 僧 船脚《せんどう》 車夫 弁 晩母《としよりばば》 湿柴《しめるしば》 爆炭《はねるすみ》 水油《みずのいった》 灯《ともしび》」。

肉瘤【にくりゅう】 〔改補外科調宝記〕に肉瘤は、療治できない瘤*とある。

似げなき【にげなき】 大和詞。「にげなきとは、につかぬ事」である。〔不断重宝記大全〕

二毛の馬【にげのうま】「ぶち（駁）」ヲ見ル

逃げ走る人を呼び戻す伝【にげはしるひとをよびもどすでん】〔新撰咒咀調法記大全〕に二法がある。①幅二寸五分の紙に図版のように書き（図376）、三ツに折り中を結び、逃走した人が不断行った雪隠の丑寅（北東）の角の屋根の小舞に挟んで置く。②紙に磁石を包んで、逃走した人の衣服、又は帯に包み、井戸の中程に下げて置くと奇妙である。〔調法記・四十ゟ〕は、さらに加えて逃走人の草履を竈の前に釘で打って置くと、遠方へ行かずに帰って来る。

図376 「逃げ走る人を呼び戻す呪い」（新撰咒咀調法記大全）

にけり【にけり】 俳言の仙傍（訕謗）。「飯ヲ にけり」。〔新成復古日夜重宝俳席両面鑑〕

濁酒【にごりざけ】〔ちやうほう記〕に濁酒《にごりざけ》の醸造法がある。①米一斗を水でよく洗い、三日三夜菰に包んで置き、その後蒸して冷まし、糀六升水一斗を入れてよく交ぜる。酒が沸き上がったら一日に一度ずつ十四日掻き交ぜるとよい。②糀 板糀二升より揉んで、米二升、しと三合、水二升。米を蒸かして、暑い時は冷まし、寒気の時は熱い侭で作る。三四日過ぎて桶にしこる時、掻き廻してそのまま置き飲ますことあるが、四日も経て飲む方がよい。〈薬性〉〔永代調法記宝庫・四〕に濁酒は、五臓を潤し気血をもよく廻らし二日酔にもよい。

にごん染【にごんぞめ】〔男女日用重宝記・上〕ににごん染は、鉄の銑屑八十目と付子二十目を合せて布袋に包み、釜に水を入れた中へ袋を入れ、絹でも何でも染める物を入れて火を焚くと、染まる。上げ冷ましにより、色は望み次第になる。

煮山椒【にさんしょう】〔料理調法集・煮物之部〕に煮山椒は、浅倉干山椒を枝ながら内側を取り、よく湯煮して、味醂醤油を煮返して置いて漬け込みにする。また焙炉するにはその侭酒醤で煎りつけ、内皮を去り焙炉に懸ける。先に湯へ漬け、内側を取ると苦みがあって悪い。

虹【にじ】〔万物絵本大全調法記・上〕に「虹 こう／にじ。螮蝀 ていとう。同」。〈異名〉〔書札調法記・六〕に虹異名に挈貳《けつじ》 剣影《けんえい》 橋形《きょうえい》 天弓がある。

〈虹により日和を知る〉〔耕作重宝記〕に、○「晴の予測」。雨の中に虹が立つと照る。晴天に立つと日和を損ずる。しかし、虹の後に降る雨は短い。四季ともに同じ。日の上りに虹が立つと晴天、風雨があっても照る。○「雨の予測」。晴天で入り日に虹が立つと雨が降る。○「風の予測」。雨風がなく虹が二ツ立てば必ず大風が吹く。なお、朔日の昼より内に雨に添う虹は日和が長く続く。○北西に立つ虹は日和を長く損ずる。南をかたどった虹は風を含む。北をかたどった虹は雨を含む。西をかたどった虹は西風が吹く。東をかたどった虹は東風が吹く。雨が添う〔昼夜重宝両面雑書増補永暦小筌・慶応二〕には「虹の考」がある。早く消えるのは風が強い。雨が降れば風はない。後先 中が早く消えるのは、大風か大雨である。西の方に立つと雨はなく、風が吹く。入日に東 南に立つのは大風である。

〈虹に豊凶作を知る〉〔重宝記・幕末頃写〕に、○虹が西にあると明日は必ず雨が降る。東は雨は降らず風が吹く。虹が立ち切々に光り散るのは風が大いに吹く。日暮に東南に虹が立つと必ず大風が吹く。○二月、西に虹が立つと五穀は高値。○三月朔日の虹は米高値。○四月節の虹は米麦 大豆 小豆は高値。○五月の虹は大麦 小麦は高値。○六月に虹があると秋に大いに米価高値。○七月に虹があると五穀は高い。○八月に虹があると粟が高い。○十月に虹があると田畑不作。○十二月に虹があると

人民が煩う。虹が再々あると大豆は高値。

西石掛町【にしいしがけちょう】「京色茶屋独案内」ヲ見ル

西近江海道【にしおうみかいどう】〔家内重宝記・元禄二〕に北陸道*の内、大津から琵琶湖の西を辿り、今庄（南越前町）に至る道筋である。西近江海道は東近江海道*よりも三里近いが、水・川多く、砂道で悪い。京〈三里〉大津〈一里半〉坂本〈二里〉絹（衣）川〈三里〉和尓〈一里〉小松〈二里半〉新庄〈二里半〉今津〈三里〉海津〈二里半〉駄口〈一里〉疋田〈二里〉湯の川〈一里半〉榛原〈二里〉二ツ屋〈二里〉今庄である。

西風【にしかぜ】舟の詞。「にしかぜとは、西風（＝まじ）也」である。〔男女御土産重宝記〕

辛螺辛味汁【にしからみじる】〔料理調法集・汁之部〕に辛螺《にし》辛味汁は、辛味をよく叩き擂鉢で擂り、酒塩醤油で加減して出す。出す時焼味噌を立てて塩梅する。冷ますと辛味が失せるので、拵えるとそのまま出す。

錦【にしき】〔万物絵本大全調法記・上〕に「錦きん／にしき。金襴の類なり」。〔現今児童重宝記〕に錦は織物中の最上品で、金銀五色の糸で、種々の形象を模し織り調える。他品に優れて美麗なので金襴というとある。〈紋様〉〔紋絵重宝記・上〕に丸に錦の紋章と、錦の字の意匠がある。

錦梅煎餅【にしきうめせんべい】「錦梅せんべい」は、神田明神前 大坂屋伊兵衛にある。〔江戸町中喰物重法記〕

錦絵【にしきえ】「草紙錦絵」ヲ見ル

錦蒲鉾【にしきかまぼこ】〔料理調法集・蒲鉾之部〕に錦蒲鉾は、白と青でも、又は白とからの蒲鉾でも、筋違いに一々えぐって付き合せる。

錦川【にしきがわ】大和詞。「にしき川とは、かつら川を云」。〔不断重宝記大全〕

錦木【にしきぎ】〔万物絵本大全調法記・上〕に「衛矛 ゑいぼう／くそまゆみ。又にしきゞ」。〈大和詞〉〔不断重宝記大全〕には「にしき木とは、恋のそめ木とも」いう。陸奥で人を恋う時、木をその門に立てて置く。恋することである。〔女重宝記・弘化四〕にも「恋することなり」とある。〔女筆調法記・三〕には「にしき木とは、つれなき事」とある。

錦木餅【にしきぎもち】菓子名。〔男重宝記・四〕に錦木餅、上しめし物、下ながし物、中山の芋入り。〔江戸町中喰物重法記〕に「にしき餅／九重餅」が、神田明神下通旅籠町 あたらしや五郎兵衛にある。

錦相良布【にしきさがらめ】〔料理調法集・鱧餅真薯之部〕に錦相良布は、相良布（搗目《かじめ》）を湯煮して薄味をつけ、露をよく拭って擂り身を薄くつけ、蒸して切り形をする。

錦更科【にしきさらしな】「にしきさらしな」は、市谷田丁一丁目 にした屋にある。〔江戸町中喰物重法記〕

錦寿司【にしきずし】「（三国一流）にしきずし」は、人形町通田所町 すしや六右衛門」にある。他に、「おまんずし」「笹巻ずし」「折ずし」等がある。〔江戸町中喰物重法記〕

錦玉子【にしきたまご】〔料理調法集・鶏卵之部〕に錦玉子は、玉子を割って黄身と白身とを分け、黄身一合に出汁一合五勺を入れよく溶き合せて布で濾し、箱に入れて蒸し、上に白身を布で濾し入れ、蒸し上げて切り形をする。

錦鳥【にしきどり】大和詞。〔不断重宝記大全〕に「にしき鳥とは、恋のなかだちなり」。（歌）「三年までかひ育てたる錦鳥我が思ふことたよりよくせよ」。

錦餅／九重餅【にしきもち／ここのえもち】「にしき餅」「九重餅」は神田明神下通旅籠町一丁目 あたらしや五郎兵衛にある。外に、「若松せんべい」「花山かるやき」「干菓子しなじな」等二十品がある。〔江戸町中喰物重法記〕

錦を着て故郷に帰る【にしきをきてこきょうにかえる】〔世話重宝記・一〕に『左

伝』『史記』に出るとして、錦を着て故郷に帰るという詞は「富貴にして故郷に帰らず、繡《にしき》を衣《き》て夜行くが如し」という語から出ている。成功出世して故郷に帰る意である。

にし肴【にしざかな】〈女用智恵鑑宝織〉に京で「にしざかな」、大坂で「蓬莱」*という。「食い積み」*をいう

西陣【にしじん】「今宮」「機織」ヲ見ル

西の内紙【にしのうちがみ】〈調法記・四十七ゟ五十七迄〉に江戸西の内紙寸法として、「丈一尺二寸五分、巾八寸七分」とある。『紙譜』には「西ノ内は、常陸水戸より出…程村、紙厚し」、『孔雀楼筆記・二』には「西の内と云紙あり」、これを水打《みずうち》(=紙に水を打ち滲まぬようにすること)するか、雲母《きらら》を引いたのを用いると、清雅甚だしいという。

西の京【にしのきょう】〈奈良名所〉〈東街道中重宝記・七ざい所巡道しるべ〉に西の京には薬師寺があり、大きな御堂の本尊は薬師如来、丈六の尊像がある。御堂の屋根、瓦の形《なり》は表と裏の方は別である。一方は行基が、一方は智光が手ずから瓦を造って葺いたと言い伝える。六重の塔がある。郡山へ八丁である。〈京名所〉〈東街道中重宝記・七ざい所巡道しるべ〉に京では、神泉苑辺*に西の京がある。金襴緞子等の織物屋がある。見たい旨を言うと見せるので一二軒を見て急ぐのがよい。織物を見るには思いの外時間がかかる。〈新板絵入童子重宝万用字尽教鑑〉の江戸後期の後印本に、「西の京町の名」をあげ、今は絶えて無しという。野寺《のてら》町。細井大路。宇多小路。馬代《ましろ》。恵立《えたち》小路。木辻。菖蒲小路。山小路。無武《むぶ》小路。音町。西土御門。筑紫町。西近衛。松井。西中御門。木蘭。馬寮《めりょう》大路。経師町。

螺の事【にしのこと】〈万物絵本大全調法記・下〉に「辛螺 しんら／にし。又ながにし」。〈薬性〉〈医道重宝記〉に蓼螺《にし》は平で毒なく、労虫(肺病菌)を去り、蠱毒《こどく》(=毒殺薬の毒)を治す。多食してはならない。〈永代調法記宝庫・四〉に螺は目の痛みの止まらないのによく、小螺は殻ともによく擂り砕き多食すると寸白によい。〈料理仕様〉〈諸人重宝記・四〉に螺の仕様に、貝焼き ころばかし(転煮)がある。辛味は冷汁に入れる。〈食合せ〉〈女重宝記・三〉は懐妊中に螺肉を食うと難産する。〈料理調法集・当流献方食物禁戒条々〉は辛螺に蒟蒻の食い合せを忌み、辛螺と菜の食い合せを凶とする。〈重宝記永代鏡〉は辛螺に小豆の食い合わせは悪い。〈紋様〉〈紋絵重宝記・上〉には螺の形状を意匠した紋絵がある。

西の鳥居【にしのとりい】伊勢名所。内宮の玉串御門*の、外幣殿*の傍にある。古くは内宮外宮ともに、東西北にも御門鳥居があったが、今はこの鳥居のみが残っている。〈東街道中重宝記・七ざい所巡道しるべ〉

西八条大権現【にしはちじょうだいごんげん】京名所。この御神は六孫王である(現在、南区の六孫王神社)。別当を大通寺遍照心院という。俗に尼寺という。庭は甚だ美である。(満仲の産湯にしたと伝える)誕生水という名水がある。御本地堂があり本尊は不動尊である。〈東街道中重宝記・七ざい所巡道しるべ〉

二字反音【にじはんおん】賦物*の一。〈重宝記・宝永元序刊〉に二字反音は、二音の語を反読して意味のある体言を得るものをいう。賦物の中、花を縄、夏を綱、水を罪など。

二四不同二六対【にしふどうにろくつい】漢詩用語。〈世界万宝調法記・上〉に、○「二四不同」は五言で、四句ともに上より第二字と第四字とは四声*の同じ声の字を用いるのを嫌う。上が平字《ひょうじ》なら下は仄字《そくじ》、上が仄字なら下は平字を使うこと。○「二六対」は七言で、四句ともに上より第二字と第六字とは四声の同じ声の字を用いる。第二字が仄字《そくじ》なら第六字も仄字《そくじ》を用い、上が平字なら下も平字を用いて対にする。

西本願寺【にしほんがんじ】京名所。一向宗。本堂は南北三十三間余、東西二十五間。西本願寺の墓所は鳥部野辺*にあり、甚だ美である。〈東街道中重宝記・七ざい所巡道しるべ〉「東本願寺」参照

二重【にじゅう】 結婚の席の左方に、手掛《てがけ》(＝右)*と共に置く。或は祝儀の時に出す取り肴。〔童女重宝記〕には、海老・昆布(各二)、柑子・栗・柿(各三)、餅の上に黒豆・青豆、鰯とある。

二十一史【にじゅういっし】 中国の古代から元に至る迄の二十一部の正史。次の二十二史から明史《みんし》を除いたものである。〔日用重宝記・三〕には以下がある。①『史記』前漢の司馬遷。索隠は唐の司馬貞。正義は張守節。集解は宗の裴駰の各作。本紀十二。年表十。書八。世家三十。列伝七十。三皇より漢武迄。②『前漢書』後漢の斑固。註は唐の顔師古の各作。本紀十三。年表十。志十八。列伝七十九。漢の高祖より平帝迄。③『後漢書』劉宋の范曄。註は唐の章懐太子の各作。本紀十二。年表八。志三十。列伝八十。光武より賢帝迄。④『三国志』晋の陳寿。註は宋の斐松之の各作。魏志三十巻五主。蜀志十五巻二主。呉志二十巻四主。⑤『晋書』唐の太宗皇帝作。註ナシ。帝紀十。志二十。列伝七十。載戦記三十。武帝より西晋四主 東晋元帝より恭帝迄。⑥『宋書』梁の沈約作。本紀十。志三十。列伝六十。劉裕 東晋を奪うより順帝迄。⑦『南斉書』梁の蕭子顕作。本紀八。志十一。列伝四十。南斉の高帝宋を奪うより五主の間。⑧『梁書』唐の姚思廉作。本紀六。列伝五十一。志ナシ。梁の武帝南斉を奪うより四主の間。⑨『陳書』唐の姚思廉作。本紀六。列伝三十。志ナシ。陳五主 隋に亡ぼされる。⑩『魏書』北斉の魏収作。帝紀十四。列伝九十六。志二十。北朝の書。太祖より光武迄。⑪『北斉書』隋の李百薬作。本紀八。列伝四十二。志ナシ。東魏一主で亡ぶ。北斉五主隋に亡ぶ。⑫『周書』唐の令狐 徳芬等作。本紀八。列伝四十二。志ナシ。西魏三主 後周立ち五主にて隋に譲る。⑬『南史』唐の李延寿作。帝紀十。列伝八十。⑭北史。唐の李延寿作。本紀十二。列伝四八十八。⑮『隋書』唐の魏徴作。帝紀五。志三十。列伝五十。隋が立ち 後梁一統し 隋三主で唐に亡ぶ。⑯『唐書』宋の歐陽修作。本紀十。志五十。年表十五。列伝百五十。音釈一。曹 魏 漢を奪うより晋 宋 斉 梁 陳互いに纂立し、唐の太宗 仁義の軍を起し三百年の基礎関を開く。文華盛んにして初盛晩唐の名がある。李白 杜子美 李世勣 魏徴 顔師古 房玄齢 孔穎達 韓退之 白居易 司馬貞等人物が多い。唐二十一主 二百八十九年の書である。⑰『五代史』宋の歐陽修作。本紀十二。列伝四十五。詞天考 職方考三。世家十四。四夷附録三。唐亡び天下大乱、日本応仁の如し。五代十三主五十四年は後梁二主 後唐四主 後晋二主 後漢二主 後周三主。この外 呉 越 閩 楚 後蜀 南唐 南漢 南平等の国々 思々相争う五十余年の大乱である。⑱『宋史』元の脱々作。本紀四十七。志百六十二。年表三十二。列伝二百五十五。南北宋五代十国の乱を平げ、一統太祖より北宋九主高宗 南に都して南宋九主で亡ぶ。⑲『遼史』元の脱々作。本紀三十。志三十一。年表八。列伝四十五。五代の後漢の時遼立ち南宋の時亡ぶ。また西遼記 南宋寧宗の時遼亡ぶ。⑳『金史』元の脱々作。本紀十九。志三十九。年表四。列伝七十三。北宋の徽宗の時金国号を立て、南宋の理宗の時元の太宗に亡ぼされる。十主。㉑『元史』明の宋濂作。二百十巻。元々宋と南北に分れ十四主百六十二年は一統せず。宋を亡ぼし一統し九主で明に亡ぼされる。㉒『明史』清の王鴻作。本紀十五。志七十七。年表九。列伝二百五。大明十六主。

二重切花生【にじゅうぎりはないけ】 花生。〔新板増補男重宝記・三〕に二重切花生に挿す時は、上の重《じゅう》に花を活け、下の重には水ばかりを見るものであるが、下の重は上より勢いが自然と移るようにあしらうのが肝要である。「掛花生」ニ図版ヲ出ス

二汁五菜／二汁七菜【にじゅうごさい／にじゅうしちさい】 飯の他に、本膳と二の膳のどちらにも、汁一と菜二品をつけ、別に焼物を添えたのが二汁五菜。これに菜二品の脇の膳をつけたのが二汁七菜である。二汁五菜は普通の場合の丁重なもてなし。二汁七菜は極く丁重なもてなし。「膳の事」ヲ

見ル

二十五菩薩【にじゅうごのぼさつ】 阿弥陀仏を念じて極楽往生を願う者を守り、仏が遣わし臨終の時に迎えに来る二十五人の菩薩。〔改正増補字尽重宝記綱目〕には次がある。観音。勢至。薬王。薬上。普賢。文殊。日蔵。月蔵。日照。金剛蔵。宝蔵。珠宝。陀羅尼。師子吼。虚空蔵。仙海会(地蔵)。華厳王。宝月。宿王。無辺身。宝性。金剛。日光。蓮華王。無尽意。

二十五味薬【にじゅうごみやく】 〔骨継療治重宝記・下〕に二十五味薬は、攧《てん》撲、損傷、骨砕け折れ、筋断れ、刺し痛むのを、軽重を問わず皆治す。赤香白芷・紫金皮・破胡紙(各酢で炒る)・劉寄奴・川当帰(塩で炒る)・赤芍薬(米泔に浸す)・黒牽牛・川牛漆(茶水に浸す)・生地黄(塩水に浸し炒る)・川芎・乳香・没薬・木通・自然銅(骨を砕かないなら不用 好い時に臨んで用いる)・草烏(酢で炒る 孕み婦には不用)・木香・川烏(火に煨る 孕み婦には不用)・藿香・骨砕補・木賊・甘桂・羗活・独活(以上、各一両)。熟地黄(塩水に炒る)・杜牛膝(茶水に炒る 各半両)。金刀傷、挫臼するもの、又は骨砕け、骨の折れるものには自然銅を去る等、症状により方がある。病が上にあれば食後に、下にあれば食前に、中にあれば時に拘わらずに、用いる。

二十四穴【にじゅうしけつ】 「針灸の事」「ゆ(兪)」ヲ見ル

二十四節【にじゅうしせつ】 〔重宝記永代鏡〕に次がある。二十四節七十二候は『礼記・月令』に定めている。中華暦には一年に配しているが日本の暦は二十四節のみを載せ、七十二候は略している。周天三百六十五日余を一年とし、これを二十四に分けて二十四気となり、一気は各々十五日(二気で一月)二十一刻余となる。一気を三ツに分けて三候となる。即ち、一候は五日余、三候を二十四合して七十二候となる。四季各季を三分して三長節とし、さらに各節を二分して気候を表象する言葉を宛てた。一年中の雨風霜雪の変、鳥獣草木の化を観て、寒暑の遅速、陰陽の過不及を窺う。立春* 雨水* 啓蟄* 春分* 晴明* 穀雨* 立夏* 小満* 芒種* 夏至* 小暑* 大暑* 立秋* 処暑* 白露* 秋分* 寒露* 霜降* 立冬* 小雪* 大雪* 冬至* 小寒* 大寒*である。二十四気ともいい、十二節(奇数項)と十二中(偶数項)からなる。

二十四脈【にじゅうしみゃく】 「七表の脈」*「八裏の脈」*「九道《きゅうどう》の脈」*を合わせて二十四脈という。〔鍼灸重宝記綱目〕

二十四文【にじゅうしもん】 「よたか(夜鷹)」ヲ見ル

二十二社【にじゅうにしゃ】 国家の守護神として恒例に、また国家の重大事や天変地異に、朝廷から奉幣使を立てた神社。永保元年(一〇八一)白川天皇の制定という。〔万代重宝記・安政六頃刊〕には次の各神社をいう。(勢州)伊勢(内・外)。(洛東加茂川の北下上)加茂。(山城綴喜)石清水。(洛西)松尾。(洛唐神楽岡)吉田。(山城伏見)稲荷。(洛陽乾)平野。(洛西)大原野。(洛西梅津)梅宮。(山城鞍馬の西)貴布祢。(洛東真葛原)祇園。(洛陽乾)北野。(和州)春日。(大和)大神《みわ》。(大和)大和《やまと》。(大和)石上《いそのかみ》。(山城狐川の北)広瀬。(大和)丹生《にゅう》。(大和)竜田。(摂州堺)住吉。(摂州)広田。日本六十余州には、大小神総数は三千一百三十二座。社数一千八百六十一所とある。この二十二社に倣って、京都や大坂等地方にも二十二社を定めている。

二十八宿【にじゅうはっしゅく】 シナの宇宙観で、天球の黄道・赤道付近を二十八に区分した星宿。太陽・月、春分・冬至点等を示すほか、陰陽道で日の吉凶等を示すのに用い、暦の下段に記される。〔万物絵本大全調法記・上〕に「列宿 れつしゆく、二十八宿也。四方各七星を経星と云」。〔和漢年暦調法記〕には東北西南の七星の星座がある(図377)。○東方 角《かく》(学問始 嫁取 元服 出行に吉。吉凶ハ〔童女重宝記〕ニヨル。以下同ジ)。亢《こう》(種蒔 馬乗等に吉)。心《しん》(敵を破り争い事に吉)。尾《び》(心ニ同ジ)。氐《てい》(家作 葬礼に吉)。房《ぼう》(角ニ同ジ)。箕《き》(弓を射 神を祭るに吉。他は凶)。○北方 斗《と》(家作 種蒔 仏

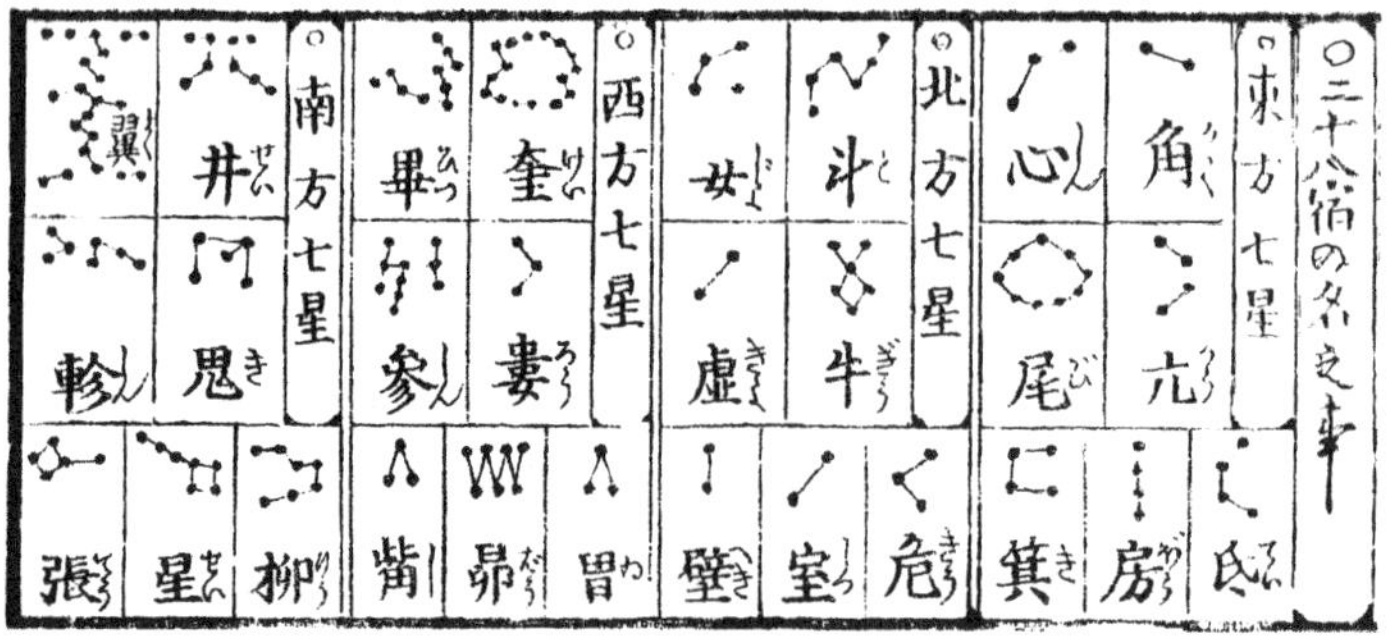

図377 「二十八宿の名の事」(和漢年暦調法記)

事に吉)。牛《ぎゅう》(最上吉日 万事吉)。女《じょ》(亢ニ同ジ)。虚《きょ》(亢ニ同ジ)。危《きう》(亢ニ同ジ)。室《しつ》(箕ニ同ジ)。壁《へき》(斗ニ同ジ)。○西方奎《けい》(房ニ同ジ)。婁《ろう》。畢《ひつ》(斗ニ同ジ)。参《しん》(心ニ同ジ)。胃《い》(出行入学薬を始めるに吉)。昴《ぼう》(氐ニ同ジ)。觜《し》(房ニ同ジ)。○南方井《せい》(亢ニ同ジ)。鬼《き》(胃ニ同ジ)。「翼《よく》(斗ニ同ジ)。軫《しん》(胃ニ同ジ)。柳《りゅう》(心ニ同ジ)。星《せい》(箕ニ同ジ)。張《ちょう》(箕ニ同ジ)。〔改正増補字尽重宝記綱目〕では「○北方」と「○西方」の七星が入れ変るのは誤ったか。〈連俳様式〉〔正風俳諧日夜重宝二面鏡小筌〕に前記の「星宿」によるもので、二十八句からなる。表六句(五句目月)・裏八句(七句目迄に月(花カ)をする)・二折表八句(七句目月)・二折裏六句(五句目花)。

二上が嶽【にじょうがだけ】 大和所名。達磨寺*と当麻《たえま》*の間は二里で、この間右の方に二上が嶽が見える。雄嶽と雌岳が二ツ並んでいる山である。この外に大山が続いて見える。〔東街道中重宝記・七ざい所巡道しるべ〕

二条家【にじょうけ】 歌道に、二条家と冷泉家《れいぜんけ》*とがある。もと定家卿の住所が二条通と冷泉通《れいぜんどおり》(=今の夷川通)と裏・表の家であり、それを二ツにして表の二条の方に為家が居たので二条家といい、裏の冷泉の方に為相卿が居たので冷泉家という。〔男重宝記・二〕

にしょうした【にしょうした】〈何が不足で癇癪の枕言葉〉「家出したるを、にしやうした」という。〔小野簒譃字尽〕

二条城【にじょうじょう】 京名所。二条城は徳川家康が京都警衛のために慶長八年(一六〇三)に創建した城。城の東に流れる川を堀川という。二条城の東を北へ二条通まで上り、二条通を東へ室町通まで行き、室町通を南へ下ると六角堂*へ出る。二条通 室町通は京の町の中でも特によい町ゆえ通ってみるのがよい。〔東街道中重宝記・七ざい所巡道しるべ〕

二条殿【にじょうどの】 五摂家*の一。〔男重宝記・一〕に二条殿は、家領千七百八石とある。〔人倫重宝記・一〕に九条殿より別れて一条家、二条家がある。

鰊【にしん】〔料理調法集・干魚調理之部〕に鰊《にしん》は、下品であるが白水*に四五日漬け、度々水を替えよく油を洗い取って遣う。「中皿」にはよくふやけたのを花鰹を沢山入れて煮浸しにし、「小鉢」には青昆布に巻き酒醤油でよく煮る。京二条高倉では鰊の昆布巻といって名代とする。また荒布でも巻く等とある。〈食合せ〉〔料理調法集・当流献方食物禁戒条々〕に鰊に胡椒は食い合わせとある。

二心【にしん】 立花*。〔昼夜調法記・正徳四〕に二心《にしん》は心《しん》*が二ツあり、高さは同じである。松と竹がよく、草等は悪い。松は花の左の方、竹は右の方、副《そえ》*は竹の方に挿す等、口伝や作法が色々ある。

二親【にしん】〔改正増補字尽重宝記綱目・数量門〕に二親は、父と母をいう。

似紫【にせむらさき】 偽紫とも書く。〔男女日用重宝記・上〕に二法がある。①蘇木《すおう》一斤を常に物を染めるように煎じ出し、透き明礬を入れ、常のように合せて桶へ入れ、一日一夜人の歩かぬ所に置いて上澄を取り、何でも染物を下染して干し、その後に正味の汁に煙草葉を一合入れてよく合せて染める。また干した後に濁り明礬を一匁粉にして熱い湯に入れて掻き立て、色が過ぎる程にして上染をし、また習いがある。湯沢山にして何度も染め、色は好みにする。染めに湯が少ない時は斑染《むらぞめ》になる。②蘇木を充分濃く煎じ、一番染めをなるだけ濃くして、次に芋殻の干したのを炊いて二番蘇木で灰汁《あく》に垂れ、その灰汁を染物の上へ斑のないように空ける。色が薄ければ灰汁を掛ける。本紫に紛いなく、何時までも色の変わることはない。〔女用智恵鑑宝織〕に似紫は、下地を浅黄に染めて中染は茜で三遍染め、又その上を茜に鉄漿《だしかね》を少し入れて一遍染め、上の留めはむしやしやき（蚊母鳥カ）の灰汁で染めるとよい。「本紫染」参照

二仙湯【にせんとう】〔小児療治調法記〕に二仙湯は、麻疹が出没し 或は皆出尽さず、心慌 哭啼止まず、十分の危急死が須臾にあり 或は下痢 腹痛するものに用いる。二仙湯《にせんとう》は黄芩・白芍（生を用いる）（各等分）を水煎し、温服する。神効がある。

耳瘡【にそう】「耳の事」ヲ見ル

煮染物【にそめもの】 煮染物は口取《くちとり》である。〔日用調法人家必用〕に「煮染物 味変らぬ伝」は、何でも水飴を少し入れて煮る時は、暑中でも味が変ることはなく、乾びる事も遅い。

二尊院【にそんいん】 京名所。小倉山にある。本尊は阿弥陀如来と釈迦如来、よって寺号を二尊院という。円光大師の「足引の御影」（画像）があり、寺の後ろに定家卿の古跡があり、また名木 軒端の松がある。〔東街道中重宝記・七ざい所巡道しるべ〕

日息が廻る【にちいきがまわる】〈何が不足で癇癪の枕言葉〉「風がふくは、日いきが廻る」という。〔小野篁謳字尽〕

日がせぶる【にちがせぶる】〈何が不足で癇癪の枕言葉〉「日がくれるは、日《にち》がせぶる」という。〔小野篁謳字尽〕

日が引っ付く【にちがひっづく】〈何が不足で癇癪の枕言葉〉「雨がふるは、日《にち》がひッづく」という。〔小野篁謳字尽〕

日遊神【にちゆうじん】〔男女重法日用明鑑万々雑書三世相大全〕に「日遊神《にちゆうじん》」は、日の光の精である。○戊戌《つちのえ》の一日は家の内 真ん中にある。○癸巳《みずのと》、甲午《きのえ》、乙未《きのと》、丙申《ひのえ》、丁酉《ひのと》の五日間は家の内北方にある。○庚子《かのえ》、庚丑、壬《みずのえ》寅の三日間は家の内 南方にある。○癸卯一日は家の内 西方にある。○甲辰 乙巳 丙午 丁未の四日間は家の内 東方にある。○戊申の一日は家の内 真ん中にある。「天一天上日」参照

日曜星【にちようしょう】〈七曜星*の一〉〔重宝記永代鏡〕に日曜星は、火に属し大吉、太陽と名づく。この日は神を拝し 仏事 作善を営み、元服 婚礼 隠居始め、薬を合せ 財を納め 入学、移徙 橋掛け 厩作り 井戸掘り 衣服裁ち等によいが、家普請は悪い。五月五日にこの星が当る年は豊年である。この星に生まれる人は智恵があり、貌は麗しいが、短命な事がある。慎むとよい。

〈九曜星*の一〉〔昼夜懐要両面重宝記・寛延六〕に日曜星の祭り日は二十七日。万ず吉であるが、妻子に口舌がある。旅へ出て吉。〔懐中重宝記・弘化五〕は月の十六日、子の時（零時）亥の方（北北西）に祭る。この星に当る人は万事大吉である。財宝に縁があり、また下人を多く抱え、子孫は繁盛する。商人は利徳十分の年。冬月に病がある。信心するとよい。西方一ヶ年は塞り。

にちりんさま【にちりんさま】「日蓮様《にちれんさま》は、にちりんさま」。〔小野篁謳字尽・かまど詞大概〕

日輪放光印【にちりんほうこういん】〔新撰咒咀調法記大全〕に日輪放光印は真言密教の手による印契の一。「九字の大事」ヲ見ル

日輪を見て風雨を知る【にちりんをみてふううをしる】「日の事」ヲ見ル

日蓮宗【にちれんしゅう】宗外*の一。〔農家調宝記・二編〕〔日用重宝記・四〕等に凡そ次がある。世俗に法華宗といい、日蓮が起立《きりゅう》した。日蓮は房州清澄山に入り密宗を学び、また比叡山や高野山等で顕学を修し、千辛万苦を経て、建長五年（一二五三）初めて七字（南無妙法蓮華経）の題目を唱え、『立正安国論』を述べて北条時頼に進めたが、讒者もあり、伊東や佐渡に流され、大赦があって鎌倉に帰り身延山を建立、武州池上で弘安五年（一二八二）六十一歳で寂した。死の直前に日朗 日昭らの高弟六老僧を定め、諸方に散在して題目を唱え、不惜身命の行を勤め、漸く宗門は弘通した。その後、洛北妙顕寺の妙実は雨乞の験があり、後醍醐帝（暦応二年［一三三九］、年五十二）は日蓮大菩薩の号を勅賜された。今、本山と号する寺は身延山久遠寺妙法華院、武州の池上長栄山本門寺は高祖の開基。駿州富士山大石寺は日興聖人の開基。久遠成院《くおんじょういん》の日親も大いに盛んにしたが、艱難は宗祖に等しく世に鍋鑵《なべかむり》という。京の妙満寺の開山日什《にちじゅう》聖人も一派の祖で什門《じゅうもん》という。

〈法事等〉〔年中重宝記〕に二月十六日 本満寺日蓮上人像開帳。十月十三日 日蓮上人御影供、俗に御名講《おめいこう》といい、所々の法花宗の寺で供物を供える法事。〈華洛寺院名籍一覧〉〔万代重宝記・安政六頃刊〕に「一致勝劣日蓮宗之部」は、一致派は大光山本国寺妙法華院（堀川松原ノ南、寺領百五十石余）、深草山法塔寺（末寺城南深草村、寺領四石）、勝劣派は妙塔山妙満寺（寺町二条）、勝劣派は慧光山本隆寺（智恵光院五辻上ル）等二十ケ寺がある。

二陳湯【にちんとう】〔医道重宝記〕に二陳湯は、諸病 痰飲*のあるものを治す。陳皮・茯苓（各一匁）、半夏（二匁）、甘草（五分）に生姜を入れて煎ずる。脾胃の湿痰を治する要方である。〔医道療治重宝記〕等では調方が異なり、諸症により加減、補薬がある。

入海の骨【にっかいのほね】「こうきょう（高胸）」ニ同ジ

肉桂【にっけい】〔薬種重宝記〕に唐木、「肉桂 につけい／かつら。麁皮《くろ》《あらかは》を去り刻む、火を忌む」。又「官桂 くわんけい。肉桂なり。火を忌む。麁皮を去り刻む」。又 和木「桂心 けいしん／かつら。（同法）」。又 唐木「薄桂（はつ）けい／かつら、桂枝也。（同法）」とある。〈薬性〉〔医道重宝記〕に肉桂《にくけい》は辛く熱があり、血脈を通ずる。腹が痛むのに瘀血を行《めぐ》らし、虚寒を温め、補するのに不可欠である。粗皮《あらかわ》を去り、刻む。火を忌む。合薬秤目として、肉桂一尺とは、粗皮《あらかわ》を削り去り、半両に当る。

肉桂餅【にっけいもち】菓子名。肉桂餅、上うき物、中羊羹、下ながし物、羊羹、肉桂入り。〔男重宝記・四〕

日光海道【にっこうかいどう】〔家内重宝記・元禄二〕に、日光山本道と仙台道 宇都宮からの二道がある。①江戸より日光山の本道。江戸〈二里半〉上尾〈一板橋〈二里十丁〉蕨〈一里半〉浦和〈一里十丁〉大宮〈二里〉上尾〈一里〉桶川〈一里三十丁〉鴻ノ巣〈二里半〉行田〈二里六丁〉川股〈一里半〉立（館）林［足利へ三里アリ］〈二里〉佐野〈三里半〉留（富）田〈一里半〉栃の木〈一里〉戦場〈二里二丁〉金崎〈二里〉楡木〈半里〉笠原〈一里〉鹿沼〈二里〉文挟《ふはさめ》〈一里二十六丁〉板橋〈一里二十八丁〉今市〈二里〉日光山（東照大権現様御宮御座）。②仙台道*宇都宮からの道。宇津（都）の宮〈三里六丁〉徳二良〈二里〉大沢〈二里〉日光。③倉が野から日光へ行く道は「足利 倉が野へ江戸よりの道」参照。

日光山【にっこうざん】名所。〔日用重宝記・一〕に下野の二荒山は、ふたあれ山ともいい、豊城入彦命《とよきいりひのみこと》を祀り、黒髪山ともいう。元和（一六一五～二四）後 駿州久能山より家康の尊骸を改葬、山を日光山と改め、六十余州海外までも神徳の至らぬ所はない。貴賤男女みなこの神のありがたいことを弁え、内外の神に並べて崇め尊めとある。家康は応仁の乱より続

いた戦乱を治め、今や太平年久しく、人民は莫大の恩徳を蒙る。

日光菅【にっこうすげ】草花作り様。日光菅の花は黄色である。土は合せ土*がよく、肥しは魚の洗い汁を根に注ぐ。分植は八九月にする。〔昼夜重宝記・安永七〕

日光油【にっこうゆ】〔洛中洛外売薬重宝記・上〕に日光油は、一条通千本西へ入る二丁目 田中氏春重にある。一貝十文。火傷、脚気、痃癖、打ち身、頭痛、霜焼に効く。

日坂より掛川【にっさかよりかけがわ】東海道宿駅*。一里二十九丁。（上り）本荷百三十六文、軽尻八十五文、人足六十六文。（下り）本荷百十九文、軽尻七十四文、人足五十九文。ふる宮、茶屋道、宮村、誉田の八幡社、左に銀杏の木がある。右方に嫁が田、五丁程行くと舅の畑、左に女鯨山、男鯨山があり、塩井川、ぬめり川、諏訪村、大仙寺、中橋。左にくらほねの池が見える。それ川村、成竹村、馬喰町。〔東街道中重宝記・寛政三〕

入声の事【にっしょうのこと】〔万まじない調宝記〕に「入声の事」がある。漢字音のクツキウ、屋（オク）徳（トク）室（シツ）達（タツ）石（セキ）益（エキ）集（シフ［ウ］）葉（エフ［ウ］）などで、二字を詰めて一音のように呼んで収まる響きである。クは喉内に、ツは舌音、キは牙音、フ［ウ］は唇に収まる響きである。但し、呉音「ウ」を「チ」、「キ」を「ク」に変えて呼ぶ。全て仄字である。

日蝕【にっしょく】〔和漢年暦調法記〕に日蝕は、日と月と相連れ廻り、大地から見る時は 日の光が大地へ映る中を月で隔てて、日の光は地へ映さず、その掛り次第で何分の食という。日の火を月の水で濃くするのでその気に当るのを悪いとする。日食は朔日か二日とある（図378）。〔永代調法記宝庫・五〕には月蝕*とともに大悪日とし、万事に用いない。房事を慎む。〔童女重宝記〕は天の一周は三百六十五度余あり、日は一日に一度、月は十三度余行き、二十九日余で月は日に追い及び会するのを三十日といい、また行の始めを朔日という。日は月の上にあり、月は日の下にあり、この時同じ交わりに出会う時、日が月を覆うのを日食、月が日を覆うのを月食という。日蝕は朔日に限るが、朔日毎に日月が会度しても両道が交わらないと食しない。「日帯蝕」「月食《がっしょく》」参照

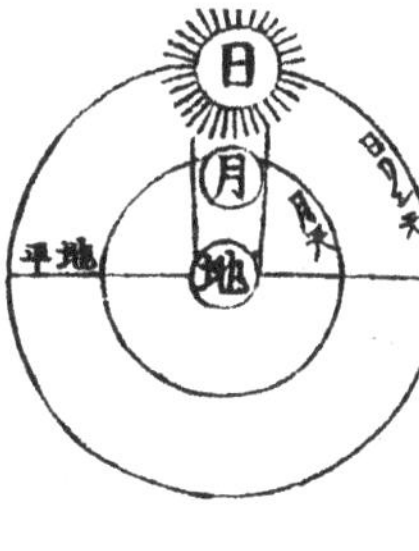

図378「日蝕」（和漢年暦調法記）

新田足利末葉【にったあしかがばつよう】「清和源氏新田足利末葉」ヲ見ル

日帯蝕【にったいしょく】日帯蝕とは日の出入りの時刻に蝕するのをいう。それは平地を離れる半ばにその日体の上を蝕し、日の形が帯の形に見えるからである。〔童女重宝記〕「日蝕」「月帯蝕《がったいしょく》」参照

新田忠常の妻【にったただつねのつま】賢女。〔重宝女訓女今川操文庫〕に次がある。①新田忠常は仁田四郎《にたんのしろう》と称し、妻は形も心も優にやさしく夫婦仲も睦まじかったが、忠常はふっと大磯の遊女を請出し館に入れ、本妻に暇《いとま》を遣ると言うと、妻は恨む気色もなくこれまでの御厚情こそ有り難いと一礼し、遊女に後の事等頼んで館を出ようとする時、遊女は袂に縋り、こんな類のない賢女を去り卑しい我が身ごときに心を移すのこそ頼みない人心と、髪を切り尼になったという。②新田忠常が瀕死の時、妻は悲しんで三島明神に祈願し、我が命を以って夫忠常に替えることを乞うと、明神は貞心に感応してか本復した。その後夫婦が明神へ参詣の折、江尻の渡しで俄に難風が吹き起り 瞬く内に舟を覆し、従者・船人まで沈む時、助け船が来て一人残らず助かった。妻は自分は一度夫の命に替ろう

と立願しながら生きて居て、再び夫に災いがあればどうしようと、そのまま入水したという。

新田義興【にったよしおき】〔大増補万代重宝記〕に新田義興は義貞の二男。かつて鎌倉に入り義詮を破り、また京に至って八幡《やわた》を守り、やがて東州に帰った。正平年中（一三四六〜七〇）、源尊氏*と戦い、再び鎌倉を破った。その勇に伏す。後に竹沢氏に誘われ、膠舟《にかわぶね》で没した。正平十三年、二十八歳没。

日天【にってん】「たどん（炭団）、につてん（日天）」。〔小野篁謔字尽〕

日天子【にってんし】「ひ（日）の事」ヲ見ル

にて留め【にてどめ】連俳用語。一句の終りを「にて」で留めること、普通は第三句の体である。〔俳諧之重宝記すり火うち〕に「にて留、おさえ字、をはもからぬさへだにめか、これ等がなくては『にて』と留らず」とある。

二嶋【にとう】〔重宝記永代鏡〕に壱岐*と対馬*をいう。日本六十六州の外であったが、二嶋を国に加えて六十八州とした。

煮鳥【にどり】〔料理調法集・煮物之部〕に煮鳥は、大鳥は卸し、小鳥は無骨を返し、出汁 醤油でよく煮る。煮酒を加えて塩梅する。〔料理調法集・口伝之部〕に煮鳥 煎焼の類は、全て冬鳥を用いる。正月末まで遣う。春の彼岸からは貴人の料理には遣わないものである。

蜷【にな】〔永代調法記宝庫・四〕に蜷《にな》は、冷え、血の道、耳鳴りによい。目を明らかにし、性を強くする。『日葡辞書』に「Mina.（蜷）Nina.（蜷）に同じ。貽貝《いがい》、または蜷《にし》。卑語。」とある。

二無き【になき】大和詞。〔不断重宝記大全〕に「二なき、一ツにと云心」。〔女重宝記・五〕に「になきとは、ならび（並）なきといふ事」とある。

煮抜汁【にぬきじる】〔諸人重宝記・四〕に煮抜汁は、生垂*に鰹を入れて煎じて濾す。〔料理調法集・口伝之部〕に煮抜き汁とは、垂れ味噌（料理用の汁）*に仕立てたものである。麺類の汁に甘汁*もいう。「煮抜」ともいう。

煮抜玉子【にぬきたまご】〔料理調法集・鶏卵之部〕に煮抜玉子は、鍋に水を多くして玉子を入れ、煮立つ頃まで箸でそっと掻き回して煮ると黄身は片寄らない。何によらず、煮抜丸煮と言って遣うのでこのようにする。湯から引き上げ直ぐに乾くと、茹で上ったと心得る。

煮抜豆腐【にぬきどうふ】〔料理調法集・豆腐之部〕に煮抜豆腐は、豆腐を好み次第に長く切り、角を取り昆布に巻き、干瓢でもよく結び、すの立つ程湯煮して昆布を解き 切り形をして、また薄下汁でよく煮、取り合せして遣う。

煮海苔【にのり】〔料理調法集・煮物之部〕に煮海苔は、堅海苔をよく洗い、古酒で煮る。また砂糖で煮てもよい。

二八月灸すべき論【にはちがつきゅうすべきろん】〔年中重宝記・六〕に多年の養生には、二月 八月に灸*することを欠いてはならない。二月は陽気の盛んに旺ずる時であり、八月は陰気の盛んに旺ずる時で、共に寒暑の偏らない時節故、灸治によい。但し、世俗に人神*瘟日*等灸をしない日がある。

二半【にはん】「二半《はん》不定の言」。〔日時調法通用文則〕

二百十日【にひゃくとうか】〔和漢年暦調法記〕に二百十日は、九月節で立春の初日より二百十日めに当る日で、この日は秋の金気盛ん 大風等が吹く時節であり、この前後に大風が吹くと稲に障り、稔りが悪いと恐れる。二百二十日 放生会*の時分は、早稲《わせ》中稲《なかて》 晩稲《おくて》の花盛りの時分である。〔農家調宝記・初編〕は七月盆後、稗・早粟を刈る。同月末、二百十日の頃菜種を蒔く。この頃、田方に大風を厭う。二百十日、二百二十日、八朔の風雨を厭うのは早稲 中稲 晩稲の花の頃、数日雨が降ると洪水の恐れがある。〔田畑重宝記・上〕に二百十日迄は、風は地を吹き走り、二百二十日時分からは空を吹き行くとかいい、この境を時化《しけ》日というが、二百十日に定まって風が吹く事はない筈である。この時節は早稲

は焼米《やきごめ》を過ぎるが、中稲は鈴花、晩稲は孕穂によって風を厭うのである。〈日和見〉〔船乗重宝記〕に八十八夜二百十日前後の天気には十分に気をつけよ、とある。〈耕作〉〔新撰農家重宝記・初編〕に新暦では九月一日。この頃は洪水の恐れがあり、水防土俵を心懸ける。柿の渋を取る。寒国では菜蕪の類を蒔き始める。桑の結い立てをする。

にぶ【にぶ】 片言。「にぶは、壬生《みぶ》」である。〔不断重宝記大全〕

煮蕗【にぶき】〔料理調法集・煮物之部〕に煮蕗は、蕗百本を唐辛子二升（但し種を除き）、醤油三升を炭火で三日程ゆるゆる煮て、蕗の色が黒くなったら取り上げ、日陰に干す。色が黒くならない時は、四日も煮る。日に当てるのは悪い。

二幅対【にふくつい】「掛物の事」ヲ見ル

仁平次【にへいじ】 俳言の仙傍（訕謗）。「僧ヲ仁平次」。〔新成復古日夜重宝俳席両面鑑〕

二宝散【にほうさん】〔小児療治調法記〕に二宝散は、初熱の薬とする。犀角と玳瑁を水で擂り、頓に服する。初熱に四肢強直《すくばり》し動かす事が出来ないのには、四君子湯*に川芎・当帰・羌活・独活・天麻・蟬退・全蝎（炒）・姜蚕（炒）・木香を加えて用いる。

日本国【にほんこく】〈日本国勢〉〔日用重宝記・四〕に次がある。○我が日本は豊受太神宮より七代（天神七代*）、天照皇大神より五代（地神七代*）、人皇神武天皇を人代の始めとして連綿し、それより以来永世百王不易にして（人皇略伝記*）、国の名は日本、人は神の裔で、天子は姓を変えたことはない。〔和漢年代重宝記〕には「大日本開闢の大略説」を『日本紀・神代巻』で略説するが、人王十三代成務天皇の御宇に諸国に造長《みやつこ》を置き、県邑に稲城《いなき》を置き、山河を隔て国郡境を分ち百四十四とした。また崇俊天皇（『日本書紀』では五九二没）二年に諸国の郡境をあらためたと旧記にある。〔大増補万代重宝記〕に「大日本国」は、○天の高さは十五万六千五百四十六里。○東西は五百里、南北は三百三十里余。用明天皇の御宇（『日本書紀』では五八五～五八七）に五畿を分ち、○元明帝の時（七〇七～七一五）諸国の郡郷の名を定め、淳和帝の時（八二三～八三三）七道を分けた。○郡数は六百三十郡。郷数は一万三千余郷。村数は九十万八千八百五十八村。○石高は二千二百八万五千四百八十石。○御城は百四十八城。○神社は三千八百六十一社。○寺院は九十五万九千四十二ケ寺。○公方号の始りは百一代後小松の時足利義満（一三五八～一四〇八）より始る（〔掌中年代重宝記〕にも同様な記述があり、寺院は四十五万九千四十四ケ寺とある）。〔人倫重宝記・一〕は日本国中高合せ二千二百五十二万九千二百六十二石、田数合せ九千四万七千八百一町とある。〔掌中年代重宝記〕に年号は、大化（六四五）より寛政迄二百二十一になる。年数は神武天皇の元年より寛政十年（一七九八）迄凡そ二千四百六十一年になる。王代は神武天皇より寛政 今上皇帝迄百十九代である。〔童蒙単語字尽重宝記〕は「大日本帝国」として、広さ二十七万坪、民二千五百万人、英語で「ジャバン」という。

〈日本国州〉〔重宝記永代鏡〕には、六十六州*に壱岐*対馬*の二嶋を国に加えて六十八州とし、各州名がある。国別に掲出。〈男女の数〉〔万家日用調法記〕に「日本国中男女の数」は男数は合せて十九億九万四千八百二十八人。女数は合せて二十九億四千八百二十人。但し、この億は小乗の数で十万を億という。

〈日本国図〉〔筆海重宝記〕〔大成筆海重宝記〕に「南瞻部州大日本図」、〔日用重宝記〕に「日本国図」、一枚物では〔太平武将重宝年代記・安永二〕に「日本図」、〔新増改正中興年代重宝記・文化二〕に「大日本略図」、〔文政改正年代重宝記・天保十四〕に「地底鯰大日本国略之図」、〔泰平武将年代重宝記・文久元〕に「大日本図」（付：「海なきは山城 大和 伊賀 河内 筑紫に筑後 丹波 美作」「近江路や美濃 飛騨 信濃 甲斐の国 上野 下野これら

海なし」とある）等のように日本国図を入れていて、時代が下る程精確さを増し、現在の日本地図に近づく。

〈異名〉〔改正増補字尽重宝記綱目〕に日本の異名として次がある。豊葦原。東姫氏国《とうきしこく》。殷馭慮島《おのころしま》。和人国。浦安国《うらやすのくに》。君子国《くんしこく》。野馬台《やまと》《やばだい》。文物国《ぶんもつこく》。秋津洲《あきつす》（また秋津島）。細戈千足国《さいかせんぞくこく》。礒輪上秀真《きりんじょうしゅうしん》。水穂国《みずほのくに》。日域《じちいき》。扶桑《ふそう》。敷島。外にも〔新板日夜重宝記・明和六頃〕には瑞穂国《みずほのくに》。豊秋津洲《とよあきつす》。大《おお》八洲《やしまの》国。秀直《ほつまの》国。玉垣内《たまがきうちの》国。大和国。〔万家日用調法記〕に、姫氏《きし》国。倭国。〔諸人綸約重宝記〕に日本の土地は、赤道を北へ三十度より四十度迄で、気候よく調い、熱からず寒からず、常に天地の気正しく、最上の上地である。この国の人は正直で忠孝を重んずる風儀故、その土地を耕しその人の作出する物は、五穀ともに上品で四海万国に秀でている。

日本の…【にほんの…】〔日用重宝記〕は、○「日本四姓」は、源平藤橘とある。〔掌中年代重宝記・梅柏堂版〕は、○「日本儒道*の始」は人皇十六代応神天皇二十五年甲辰の年に、四書* 五経*が初めて渡来。○「日本医道の始」は、神代 少彦名尊 淡嶋大明神同大己貴命 三輪大明神、欽明天皇（『日本書紀』では五十～五七十）十五年に、百済国より医術の博士三人が来たのが始めである。○医書は『千金方』という書が初めて日本に渡った。〔掌中年代重宝記・別本〕は、○「日本仏法の始」は、三十代欽明帝（同前）壬申十三年百済国より渡来。○「日本宗旨の始」は、三十四代推古帝三十三年（六二五）高麗国の僧恵灌が来朝し、南都で三論宗を弘めた。○「日本寺の始」は、三十代欽明帝の御宇 蘇我大臣稲目が大和国に向原寺《むくはらでら》を建てて本朝伽藍の始めとなる。○「日本武神の始」は、武甕槌命《たけみかずちのみこと》（鹿島神宮）経津主命《ふつぬしのみこと》（香取神宮）で、軍神の棟梁である。○「日本農祖神の始」は、大己貴命《おおあなむち》（出雲大社）、保食命《うけもち》（稲荷大明神）である。○「日本疱瘡の始」は、四十五代聖武帝天平年中（七二九～七四八）筑紫の人が新羅国へ吹き流され染《うつ》って来てより始る。

〔万代重宝記・安政六頃刊〕に、○「日本三岳」は、富士（駿河）。白山《しらやま》（加賀）。立山（越中 和歌には越のしらねとも詠んでいる）。○「日本十八高山」は、筑波（つくばね共言う 常陸）。白峯（伊予）。湯殿（出羽）。浅間（信州）。御嶽（同上）。駒嶽（同上）。日光（二荒山共言う 下野）。妙香（越後）。膽吹（伊吹 近江）。比叡（同上）。金峯（和州大峯 また釈迦嶽）。葛城（金剛山共言う同上）。大山（伯州）。雲辺（讃州）。背振（筑前）。彦山（豊前）。阿蘇（肥後）。霧島（日向）。

日本の七美【にほんのしちび】〔元治改正恵々暁頂宝記〕に「日本の七美」は、①時候正しく、②穀食美味く、③器服備わり、④民の風俗清らかで、⑤法度厳しく、⑥外からの悔む事なく、⑦文字によく通ずる。これを七美という。日本を君子国ともいい（中華人も我が皇国を尊び君子国と讃え）、文国と称する。それのみならず、風土山川の美もまた万国に勝る。

日本橋の欄檻【にほんばしのらんかん】江戸願所。「京橋の欄檻*」と同じである。〔江戸神仏願懸重宝記〕

日本橋より板橋へ【にほんばしよりいたばしへ】木曾海道*宿駅。但し、日本橋は江戸より諸国街道の基点である。二里。本荷百十二文、軽尻七十文、人足五十四文。伝馬役は、毎月上十五日は大伝馬町、下十五日は南伝馬町。日本橋より左の方に御城が残らず見える。橋を渡ると右は本船町、左は品川町浦河岸。宝町三丁、十間棚、白銀町今川橋三間、神田乗物町、鍛治町二丁、鍋町、新石町、須田町通りを出て右に筋違橋御門。ここ迄日本橋から十二丁。広小路 左に昌平橋 聖堂。直に行くと湯嶋の天神池の端。左方は板橋街道で坂を登って右に神田明神社があり、ここは湯嶋五丁目で五丁ある。四丁目左に馬場、右に寺がある。本郷は六町ある。森川宿。追分を右へ行くと駒込通り、王子通り、岩淵道、日光街道。左は板橋街道。竹町を七八町行くと左に坂、右に白山権現の宮。右方は駒込の末で染井へも富士の社へも行く。竹町より直に行くと御駕篭町。巣

鴨町、左の地蔵は江戸の入口にある六地蔵。巣鴨町を出ると板橋迄左右は畑で、左に行く道は四ッ谷 赤坂辺へ行く近道、近くは雑司ヶ谷 護国寺観音へ行く道。板橋近くに左に一里塚がある。平尾の入口左に川越街道があり、秩父へも行く。〔東街道中重宝記・木曾道中重宝記六十九次〕

日本橋より近辺道法【にほんばしよりきんぺんみちのり】〔大成筆海重宝記〕に日本橋より近辺道法がある。日本橋は江戸より諸国街道の基点である。富士は一里六丁。角田川は一里十三丁。小松川は一里八丁。上野は三十丁。本郷追分は一里。四ツ谷追分は一里。品川は二里。浅草観音は一里。池上は三里。鉄砲洲は二十丁。千手は二里。目白は一里七丁。深川は十六丁。箕輪橋は一里。板橋は二里。目黒は二里。曾司谷は一里十丁。葛西は二里半。高井戸は三里。亀井戸は一里半。

日本橋より品川へ【にほんばしよりしながわへ】東海道宿駅*。二里。本荷九十四文、軽尻六十一文、人足四十七文。日本橋長さ四十三間。右の方に御城、富士山が見える。左は肴河岸、江戸橋、中橋 橋はない。京橋は長さ十二間。新橋の右に愛宕が見える。源介橋、宇田川橋の右の方に神明宮、増上寺は浄土宗十八檀林の惣本寺である。金杉橋、芝橋元、札の辻ここは柴田町の四丁目で日本橋から一里である。右に三田八幡 牛町といい、これより品川片町で、左は海である。安房 上総が見える。右に泉岳寺四十七騎の墓所があり、この辺を高輪という。八ツ山は町屋の裏にあり、新町 品川の入口である。左に稲荷の祠がある。この浦を芝浦という。〔東街道中重宝記・寛政三〕

煮豆【にまめ】〔料理調法集・田夫之部〕に煮豆は、黒豆を洗い湯煮して汁をよく滴《した》み、醤油ばかり入れて煮て汁が少しになった時酒を打ち 掻き交ぜ 煮上げる。片ぎ生姜 房山椒 麩 氷蒟蒻 銀杏等を入れるのもよい。但し、豆を堅く煮るには湯煮せず、直ぐに酒 醤油をひたひたに入れて煮、汁を多く残して汁の詰る程に煮るとよい。至極堅くできる。常の青鉈豆でも煮る。

荷物掛目御定めの覚【にもちかけめおさだめのおぼえ】〔大増補万代重宝記〕に道中*心得として「荷物掛目御定めの覚」がある。○一駄 ＝三十六貫目。○乗掛下 ＝十貫目より十八貫目まで。○軽尻《からじり》＝三貫目より六貫目まで。○人足荷 ＝五貫目まで。駄賃付は本駄賃を記す。人足は記し置いた半分である。軽尻は本駄賃を二ツ合せて三に割る。例えば、本駄賃百文なら、これを二ツ合せて二百文、三ツに割ると六十四文、これが軽尻の駄賃である。他はこれに準ずる。

二物湯【にもつとう】〔小児療治調法記〕に二物湯は、蟬蛻（洗い浄めて二十二）、炙甘草（二両）を水で煎じ、時々服する。「貫膿《みずもる》」*は諸痒虚するものであり、また毒物を食って痒いのには、二物湯で治す。

煮物の事【にもののこと】食材を調理して煮ること。〔里俗節用重宝記・中〕に「煮物によい物」は、鰤《はららご》 小豆 むかご 赤貝等。〔万まじない調宝記〕に「煮物焦げ付かぬ法」は、煮え立つ時蓋を取り、手の大指を人差指と中指の中に入れて挟み、陰門の形にし、鍋のぐるりを中で三遍回して置くと妙である。〔家内重宝記・元禄二〕等には一年十二ヶ月の献立が、〔嫁娶調宝記・五〕等には四季の献立がある。〔永代調法記宝庫・六〕の十二ヶ月の献立の例示。○正月は白魚 小鳥 根深 割り山椒の外に七献立。○二月は鮑 銀杏 三ツ葉 芹の外に十献立。○三月は小鳥 鮭の皮 牛蒡の外に九献立。○四月は焼鮎 竹の子の外に十献立。○五月は雲雀 ささげ 削り牛蒡の外に八献立。○六月七月は焼鮒 蕨 串海鼠、また鮑 鱓 削り牛蒡 糸昆布の外に九献立。○八月は鴨 葱 大根 粒山椒の外に六献立。○九月は小鳥 鯛 独活 焼栗 玉子の外に七献立。○十月は鴨 根深 大根 平茸の外に七献立。○十一月は鰹 田作 鯣 削り牛蒡 芹 生姜の外に七献立。○十二月は鯛 鴨 伊勢海老 小蛤の外に八献立。

〈煮物料理〉例えば、甘酒煮* 磯煮* 潮煮* 紅毛煮《おらんだ》* 紅毛鶏* 高麗煮《こうらい》* 五斎煮* 凝

り煮* 衣煮鯉* 相良布* 桜煮蛸* 船場煮* 猪煮《ししに》* 白煮豆腐* 墨煮烏賊* 駿河煮* 宗旦煮鰌* 玉川煮鯉* 大徳寺煮豆腐* 生皮煮* 長崎煮生姜* 南蛮煮* 鱧子煎* ふくら煎* ほた煮蛸* 松前煮* 三塩煮笋* 味噌煮氷* 味噌煮豆腐* 味噌煮笋* 煮梅* 煮山椒* 煮鳥* 煮蕗* 煮海苔* 柚香煮* 丹後煮蚫* 利休煮* 腸《わた》煮蚫* 和らか煮蚫* 和らか煮蛸* 和らか煮赤貝* 和らか煮鱈* 若狭煮昆布* わすれ煮茄子*などがある。

耳門【にもん】 〈経絡要穴 頭面部〉二穴。耳の前珠子の上、起る肉の欠けた処、陥みの中にある。針三分。禁灸。耳鳴り、耳垂れ、耳瘡、虫食い歯、唇の歪むのを治す。〔鍼灸重宝記綱目〕

にやく【にやく】 〈片言〉〔不断重宝記大全〕に「にやくは、脈《みやく》」。〈大和詞〉〔女重宝記・一〕に「こんにやく（蒟蒻）は、にやく」。

乳核【にゅうかく】 「ちざね」ともいう。〔改補外科調宝記〕に乳核には、牛皮膠を火で溶き、腫れの大小程に青い絹布を切り広げて付けると立ちどころに効がある。

入学吉日【にゅうがくきちにち】 入学は学門に限らず一切の道を習い始めるのをいう。〔重宝綱目女要婦見硯〕には男女ともに八歳より手習の師をとり、仁 義 礼 智 信の道を習わせる。これは人間の肝要である。〈入学吉日〉〔万民重宝改正大ざつ書〕に入学吉日は、甲子《きのえ》（春は忌む）・戌・申の日。乙亥《きのと》の日。丁亥《ひのと》・丑・卯の日。戊子《つちのえ》・寅・辰の日。己巳《つちのと》・卯・未の日。庚《かのえ》午・寅の日。壬《みずのえ》午・寅の日。但し、〔諸人重宝記・五〕〔筆海重宝記〕等とは若干異同がある。暦の中段、建《たつ》* 成《なる》* 開《ひらく》*の日も学問始めによい。〈祝儀物〉〔進物調法記〕に「入学学問初」に見台 文鎮 各種の筆墨紙手本 石摺本 机払い 小刀 書灯等四十種がある。〈祝文〉〔文章指南調法記・四〕には「入学《にふがく》文章」の範例文があり、読書講習共に間断なく出精すること、詩文は拙くとも苦しくないが、ただ経書、四書*の要儀ばかりを学ぶと忠孝の道に限りなく利益があると学文をする意義を説いている。〈入学忌日〉〔重宝記永代鏡〕には暦の中段 破《やぶる》*除《のぞく》*の日を忌む。「手習の事」参照

乳癌【にゅうがん】 〔改補外科調宝記〕に乳癧*が長くなると乳癌となり、百死一生の症である。乳核*が碁石の大きさで、痛まず痒からず、五七年して外へ腫れ出て紫黒色になり、内は爛れて潰れる。たわ汁（瘡瘍の膿汁）が出て膿は流れず、瘡の口に付いていて、口は次第に広く堅くなり、岩穴を見るようである。四十以後の癌は治し難く、気血滴り尽きて死ぬ。治方は、白百合草の油（一匁）、椰子油（一匁五分）、白蠟（見合せに入る）を、柔らかに膏薬のように練り合せ、乳に毎日練り付ける。乳房が塊次第柔らかになり、濁り水の膿が乳汁になって出て癒える。乳癌の症には十六味流気飲*か単青皮湯*を用いる。虚するものには清肝解鬱湯*を用いる。年久しいのは乳の下に穴が空き膿が出る。乳頭等の裂けたのには、秋の末の茄子の花を陰干にして胡麻油で溶いてつける。或は秋茄子の裂け開いたのを陰干にして霜（黒焼）になし粉にし、水で溶きつけるとよい。

乳香【にゅうこう】 〔薬種重宝記・上〕に唐木、「乳香 にうかう／なんばんまつやに。砕いて用ゆ。丹薬に入るゝは少し炒る」。〈薬性〉〔医道重宝記〕に乳香《にゅうこう》は辛く苦く、微温。諸々の悪瘡を療ずる。肌を生じ、痛みを止め、よく諸経の痛みを治す。木の皮、石等を選び去り、そのまま刻む。火を忌む。

乳香膏【にゅうこうこう】 〔改補外科調宝記〕に「和蘭陀流膏薬の方」*として乳香膏は、一切の疵の癒え兼ぬるものによく、また腫物の痛むのによい。気腫 瘰癧の口が開き 長く腐り 痛みもなく癒えないのによい。蠟（十匁）、薫陸（粉にして 八匁五分）、松脂（六匁）、乳香・没薬（各粉にし五匁）、畦唐菜の油（三十匁）。この油を入れて煎じ、脂《やに》を入れて蕩けた時、薫陸を入れて蠟で加減をみる。乳香・没薬は後に鍋を下ろして入れ、布で濾し滓を去る。〔骨継療治調法記・下〕に乳香膏は、打撲損傷を治す。乳香・松香・楓香・五倍子・狗骨（煆）（各一両）、鍋底墨・小麦麵（各五両）を

末（粉）にし、好酒で調え、糊のようにして熱し、痛部に貼り、傷部には貼らない。もし傷《やぶ》れ 爛れたのには、ただ鳳尾草を末（粉）にして振り掛ける。

乳香散【にゅうこうさん】〔小児療治調法記〕に乳香散は、盤腸気痛*を治す。乳香・没薬（各等分）を末（粉）とし、木香の煎じ湯で調えて用いる。

入国／入府【にゅうこく／にゅうぶ】 大名衆遣い詞。〔男重宝記・一〕に大名が家督始めに国に入るのを入国とも入府ともいう。下の人が言う時は「御」の字をつける。

乳根の穴【にゅうこんのけつ】 灸穴要歌。〔永代調法記宝庫・三〕に乳根の穴は、乳より一寸六分下の窪みにある。仰向けてとる。「胸ふくれ 噎せ気もありて 食物の下らぬ人は乳根の穴」とある。

入耳虫【にゅうじむし】〔万まじない調宝記〕に蚰蜒《げじげじ》*がよく耳へ入ることから、入耳虫と言う。

乳汁の事【にゅうじゅうのこと】〔薬種重宝記・上〕に和人、「乳汁 にうじう／ちしる。薬には、初めて男子を産む女の乳を用ゆ。白きを用ゆ」る。〈乳汁を通すに〉〔丸散重宝記〕に乳汁の通じないのには、白膠散末（粉）を酒で服し、暫くして好い茶を飲み 髪を数十度梳くと、白水のようである。

乳頭散【にゅうずさん】〔小児療治調法記〕に乳頭散は、夜泣*腹痛*を治す。黄芪・甘草・当帰・赤芍・木香（各等分）を末（粉）し、乳の頭に塗り吸わせる。

乳中【にゅうちゅう】 禁灸*の穴。〔鍼灸重宝記綱目〕に乳中は、二穴。乳頭の少し内廉《かど》にある。

乳病【にゅうびょう】〈女子乳病〉〔永代調法記宝庫・二〕に産後に、○児が乳を飲まず 乳が腫れ 痛む時は、神麹を炒り散薬にし二匁ずつ酒で一日に二度用いると痛みを解く。○乳汁が通ぜず 餅のようで散らず 身熱し寒けだち痛む時は、早く揉み散らさないと乳癰*になる。葱の根髭ともに餅のように搗いて乳の上に塗り、次に熱灰を物に包み葱を塗った上を覆うと、忽ち汗が出て消える。○産後に乳児と離れて乳が腫れ煩い、乳を上げる時には、大麦の萌やし二両を炒り、散薬にして五分ずつ白湯で用いる。〔改補外科調宝記〕に産後に児の口気に吹かれ 乳汁が通ぜず 腫れ痛む時は、手で揉み 和らげ 乳を出し、天南星を煎じ温めてつける。○乳頭が破れ裂け、或は児が乳を吸うのに血渇き、自ずから裂け開き痛む時は丁香散*を用いる。

〈男子乳病〉〔改補外科調宝記〕に男子の乳病は、腎虚し 血渇き上に廻らず 痰滞り 核を生ずる。両乳の腫れる時は十六味流気飲*を用いる。左の乳が痛む時は八珍（物）湯*に山梔子・牡丹皮を加える。或は清肝解鬱湯*を用い、火壮んに風熱があれば竜胆（炒る 五分）を加える。不食・空《から》嘔吐《えづき》し、胸痛 頭痛 小便の渋る時は、六君子湯*に川芎・当帰・柴胡・山梔子を加える。潰れ爛れ痛む時は十全大補湯《じつぜんたいほとう》*を用いる。

入府入【にゅうぶいり】 重言。「入府《にうぶ》を、入府入《にうぶいり》といふは、重言*」である。〔世話重宝記・一〕

入部所知入吉日【にゅうぶしょちいりきちにち】〔重宝記永代鏡〕に「入部所知入吉日」は、所領を受けた者が初めて所領入りする吉日をいう。甲寅《きのえ》の日。丙午《ひのえ》の日。己酉《つちのと》の日。壬寅《みずのえ》・戌の日。癸巳《みずのと》の日。庚寅《かのえ》の日。辛卯《かのと》の日。

孕婦の咳嗽【にゅうふのがいそう】 経験方。〔丸散重宝記〕に孕婦《にゅうふ》（乳婦）の咳嗽には、貝母の心を去り、麪《むぎ》に掻き混ぜ、炒って黄色になった時末（粉）し、砂糖で芡《みずぶきのみ》子の大きさに丸じ、一丸を呑み下すとよく効く。

入木の事【にゅうぼくのこと】〔人倫重宝記・二〕に上古には筆がなく、「木の先を削りて文字を書きけるにや筆道《ひつだう》をば入木《にうぼく》ともいふ。今の世にも残りて、木筆《ぼくひつ》とて木の先を削りて字を書く事 真言家にあり」という。本義は、王羲之が書く字は筆勢強く、墨が三分も深く木に浸み込んだという

故事（入木三分）から、筆力の雄健なことをいう。「じゅぼく」「きにいる」ともいう。〔男重宝記・二〕には後世に「筆道を残し置かれたるを入木道《にうぼくだう》と云」とある。

煮麺【にゅうめん】〔料理調法集・麺類之部〕に煮麺《にゅうめん》は、まず索麺をよい程に切り湯煮してさらりと洗い、垂れ味噌 また薄味噌に出汁を加え煮立て入れる。小茄子、ささげ（豇）、茗荷、小菜等を取り合せるとよい。近世は出汁醤油で塩梅して出す。膳の向うは花鰹や香をつけてもよい。薬味は枝山椒、擂り柚等がよい。時節により、冷索麺は青味を入れ、水を溜甘汁を冷まして出す。「索麺の事」参照

乳癰【にゅうよう】〔改補外科調宝記〕に乳癰は婦人の乳に出る腫物で、厚味を食し 或は気鬱が結ぼれ、胃火乳房に上り 乳汁が濁り 凝り 核となり腫れたもので、肝経の気が滞って乳孔に塞がり 激しく痛む。○乳頭が腫れて痛む時は、葱の白根を熱灰に入れて熨《の》すとよい。濫りに鍼をしてはならない。もし、乳房を破ったら初めに大蒜《にんにく》を敷いて灸をする外、症状により処方がある。○乳核が長く内に張り痛み、外に腫れて堅く手もつけられないのが乳癰で、瓜蔞湯*を用い、或は潰れそうで両乳の間に瘡が出るのは内托升麻湯*、既に潰れたのには十宣散*、〔補中〕益気湯*の類を用いる。○乳癰に結核があり 強く痛むのを散じ 熱毒を醒ますには、蒲公英酒《ほこうえいしゅ》*を用いる。○硬くて散らないのには陳皮と半夏を粉にして丸じ、青黛を衣にして、菱霄花を煎じて飲み汁とし三四十粒用いる。酒で飲んでもよい。

〔丸散重宝記〕は、①初発には、貝母・白芷（各等分）を温酒で用いる。②同じく初発に貝母の末（粉）（二戔）を酒で服し、乳を人に吸わす。③乳癰 背癰の初発には、天花粉*・赤小豆（各等分）を末（粉）して酢でつける。〔新撰咒咀調法記大全〕は、○「乳癰とならんとするを治る方」は、益母草を生《なま》で搗いてつける。乾いて搗き難いのは粉にし水で溶いてつける。蒲公英《たんぽぽ》を搗いてつけてもよく、水で煎じて服用してもよい。○「乳癰治る方」は、山芋を擦りつける。やまべ（山女）という魚を擦りつけてもよい。〔文政新刻俗家重宝集〕は葱の白根を鬚ともに摺り爛らかし、腫れた上に塗り紙を貼り、温石を焼いて木綿布で包み上を撫でると汗が出て治る。〔鍼灸重宝記綱目〕に乳癰は、天枢 水泉 肩井 臨泣 夾谿に灸する。〈乳癰食物宜禁〉〔改補外科調宝記〕に「宜い物」は栗 小豆 昆布 蒲公英 大根。「禁物」は麺類 蕎麦 蕨 芋 豆腐 茄子 鯛 酒。

乳瘻【にゅうろ】〔斎民外科調宝記〕に乳瘻は、薜練散*を用いる。

努比阿【にゅびや】〔童蒙単語字尽重宝記〕に努比阿《にゅびや》は王国。広さ三十二万坪、民は五十万人。

如意円満の時【にょいえんまんのとき】〔懐中調宝記・牛村氏写本〕に如意円満の時は、子 丑 寅 卯の十二支に、それぞれ申（十六時）酉（十八時）戌（二十時）亥（二十二時）の時を順に当てる。

如意金黄散【にょいきんおうさん】〔改補外科調宝記〕に如意金黄散は、龍泉疽*虎鬚疽*眼丹*の療治で、太乙膏*等を蓋にし 四方が熱《ほ》めき腫れるのに用いる。天瓜粉（十匁）、黄栢・大黄・姜黄（各五匁）、白芷（四匁）、厚朴・陳皮・甘草・蒼朮・天南星（各二匁）を粉にし蜜で練り付ける。

如意越【にょいごえ】京師間道*の一。〔万民調宝記〕に洛東如意が嶽から近江国園城寺の上に出る道である。

如意丹【にょいたん】よがり薬*。〔続咒咀調法記〕に如意丹は、男女共によいとある。牛膝・石榴皮・木香・蛇床子（各等分）を粉にし唾で練り、交合の時玉茎にとろりと塗り、玉門へ入れると前後を忘れて悦喜する。

如意日【にょいにち】日取吉凶。〔重宝記永代鏡〕に如意日は、蔵開《くらひらき》 売買等、万事し始めて意《こころ》の如く成就する日である。如意宝珠*は、竜宮で罌粟程の珠から無量の財宝を湧き出すものといい、神仏も宝として持っているというが、これは方便の説である。如意宝珠は人々の善心を指していうも

のであり、人が善心を抱く時は万宝は意の欲する如くに来るとの教えという。正・五・九月は亥の日。二・六・十月は丑の日。三・七・十一月は申の日。四・八・十二月は巳の日。「三鏡宝珠」参照

女医博士【にょいはかせ】〔万民調宝記〕に女医《にょい》博士は宮内省 典薬寮*に属し、女中の療治を奉行する。

如意宝珠【にょいほうじゅ】如意宝珠は「三鏡宝珠」、如意宝珠日は「如意日」ヲ見ル

如意輪寺【にょいりんじ】吉野名所。如意輪寺は、勝手の社から八丁程東にある。後醍醐天皇御自作の木像がある。その御厨子の扉絵は巨勢の金岡の筆で、その上に同帝宸筆の讃がある。〔東街道中重宝記・七ざい所巡道しるべ〕

女院【にょいん】「国母」ニ同ジ

女陰【にょいん】「陰門の諸症」ヲ見ル

女御【にょうご】天子*の寝所に侍した后*以外の女官。准后*更衣*もいる。〔女重宝記・一〕

にょうねょう【にょうねょう】妄書かな遣。「にやうねふ、からす」。鴉*の鳴く声。〔小野篡謔字尽〕

女房経水【にょうぼうけいすい】雑穢。七日の間を忌む。〔永代調法記宝庫・首〕

女悦鴛鴦丹【にょえつえんおうたん】「蘭方女悦鴛鴦丹」ヲ見ル

女悦奇妙丸【にょえつきみょうがん】よがり薬*。〔茶屋諸分調方記〕に「よがりくすり事、女悦奇妙丸（心の深き女に用べし）」とあり、人参・付子《ふし》・龍骨・烏賊甲・細辛・山椒・明礬・麝香・丁子・石龍皮・牛膝・肉桂（各等分）を粉にして水に続飯、また餅の糊を少し混ぜ無患子《むくろじ》程に丸じ、行う時に玉門の内へ入れる。この薬に勝るものはない。〔続咒咀調法記〕には同じ調合で「女悦音妙の秘法」として「蜜を続飯糊にしてよし」とある。

如亀々々【にょきにょき】「にょこにょこ（如虎々々）」ヲ見ル

如虎々々【にょこにょこ】〔世話重宝記・一〕に、「にょこにょこと云は、如虎々々。如亀々々。如鷺々々」である。

女子を男子となす法【にょしをなんしとなすほう】〔昼夜重宝記・安永七〕に女子《にょし》を転じて男子《なんし》となす法は、その親が予ねて人に知らせず東南の桃の枝を切り、荒打の斧の柄を作って置き、孕婦の床の下に刃を上に向けて置くと男子を産む。人に見せてはならない。試みに、○鶏の巣の下にこのようにすると一巣の卵は悉く雄である。○雄鶏の長尾を二茎抜き孕婦の床の下に隠して置くと転じて男となる。○弓の弦を百日腰に帯すると女を男子に定まる。これ等のことはみな応験があると医書にある。

如聖散【にょせいさん】〔改補外科調宝記〕に如聖散は、破傷風*の薬。蒼朮・細辛・川芎・白芷・防風（各一匁）を粉にし、五七分ずつを酒で用いる。禁物は酒気の類、五辛*生魚 麵類を忌む。熱があれば茶で用い、汗を出す。○金瘡で血が止まらなければ、乾かして捻り掛ける。○悪瘡が長く癒えないのには、水を含んで洗い、布で拭い乾かし、捻り掛ける。○犬や蝮に咬まれたのには、口に塩水を含んで洗い、頻りにつける。○火傷で皮の爛れたのには新汲水で練り、鳥の羽で付ける。○肥前には胡麻油で付ける。〔丸散重宝記〕には中風*諸症の妙薬とある。

煮寄豆腐【にょせどうふ】〔料理調法集・豆腐之部〕に煮寄豆腐は、豆腐を細かによく崩して湯煮すると、煮立つに従って固まり寄るのを杓子で掬い下汁に移して出す。

女人堂【にょにんどう】高野山名所。女人堂（女子が参篭・念仏する堂。女人結界）に内の不動堂があり、俗にきりもみ不動という。ここから寺続きで、壇上の東の端の東塔迄十丁、奥の院入り口の一の橋*迄二十二丁。まず奥の院へ行くのが道の次第である。〔東街道中重宝記・七ざい所巡道しるべ〕

女人は地獄の使い【にょにんはじごくのつかい】〔女重宝記・一〕に女は天照大《あまてるおおん》神《かみ》*の流れなので、上代の女は素直で邪《よこしま》はなかったが、末の世 今の世と

なって、女の心は日々に悪くなり、人を嫉み妬み身を慢じ色深く偽り限りなく欲心多く優しい心はなくて情けを知らず女人は地獄の使いである。仏の種を断ち、外面は菩薩に似て内心は夜叉の如くと釈迦も経に説き、女子は近づけると不遜と、孔子も論語に述べている。天竺唐の昔から僻んだ女の心なので、今、末の世に女の心の正しい筈はないが、心掛け嗜めば、少しは素直な心になり神慮の正直な心にも叶う。

似寄りの字【にょりのじ】〔日用重宝記・五〕に「似寄りの字を書きて心付かざる事」として聊かの例として一丁半強出る。現代からすれば、多くは正字と旧字、通行字・略字の相違の類もある。①点を落して心付かぬ類。諸、者、臭など。②点のない字に点を打ち、その他画を増して心付かぬ類。③論・愈の上は「人」ではなく「入」である。挾は「从」、陜は「入入」である。図に一部を掲出した（図379）。「大同小異文字」「烏焉馬」「魚魯刀刁《ぎょろとうちょう》」参照

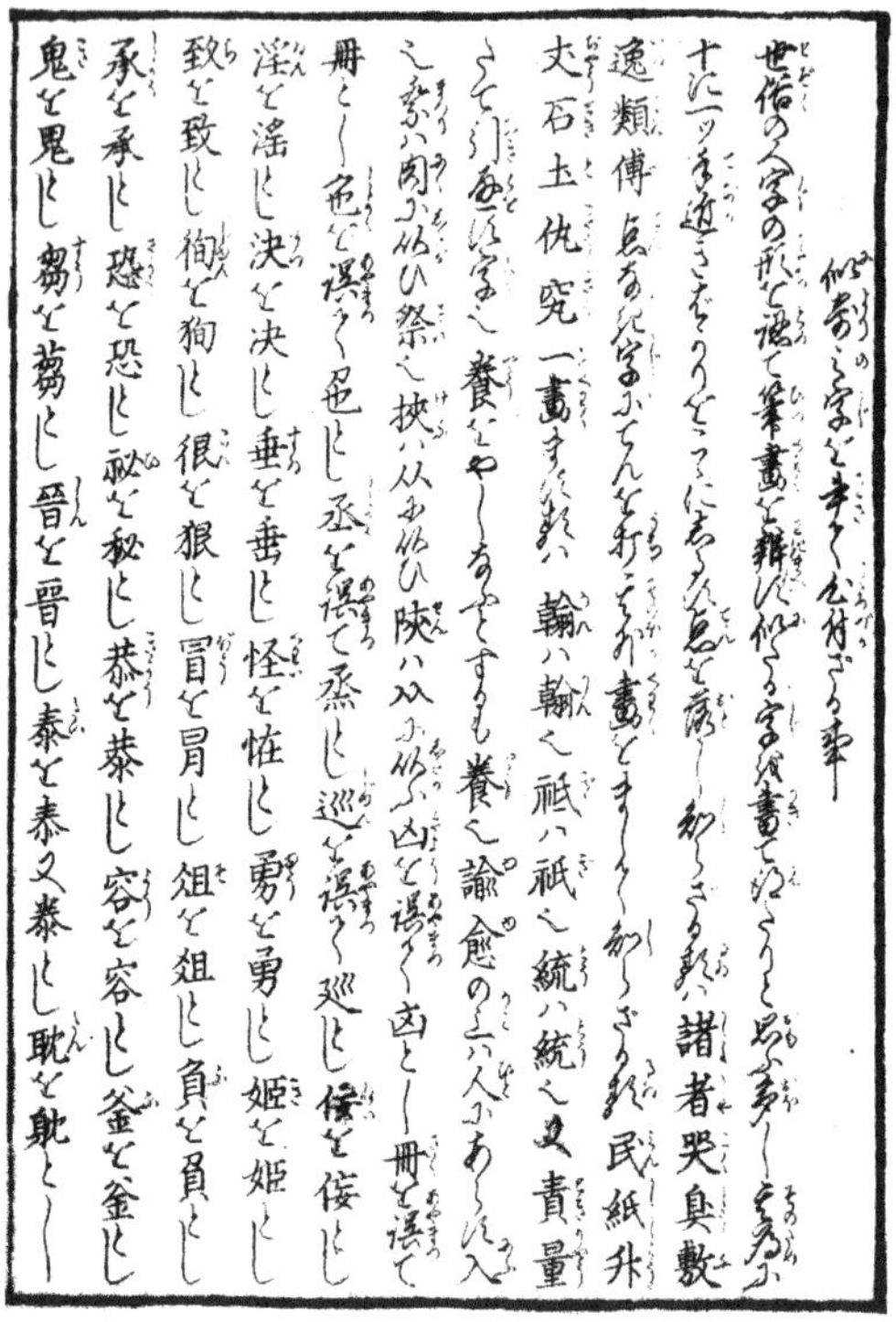

図379 「似寄りの字」（日用重宝記）

如鷺々々【にょろにょろ】「にょこにょこ（如虎々々）」ヲ見ル

韮【にら】〔万物絵本大全調法記・下〕に「韮 きう／みら／にら。春」、又「薤 かい／おほにら。春」。〔薬種重宝記・下〕に和菜、「韮子 きうし／にら。少し炒る」。〈薬性〉〔永代調法記宝庫・四〕に韮を多食すると眼を暗くする。ただ、腰膝をよく温め、五臓を和らげ虚を補う。〔万用重宝記〕は韮は腹薬とある。〈食合せ〉〔料理調法集・当流献方食物禁戒条々〕は韮に甘草を大いに忌み、葛水 水菜 冬葱の食い合せを忌む。〔万用重宝記〕は韮に水芥子 鶏は食い合せとする。〔重宝記永代鏡〕は韮に蜜 牛蒡を食い合わせるのは悪い。〈韮臭きを去る呪い〉〔新撰咒咀調法記大全〕は「韮 大蒜 葱を食して口中の臭きを去る呪」に、食後に紙を口で嚙むとよい。砂糖を舐めるのもよく、飴を食うのもよく、どれも忽ち臭気を去る。〔里俗節用重宝記・上〕は良い酢を沸かして口中を漱ぐと、臭みを去るのは妙である。

韮髪【にらがみ】〔大増補万代重宝記〕に韮の根のように捻じれ縮んだ韮髪は、蕪菁《かぶらな》の種子の油を頭に塗ると、常の髪になる。

二倫【にりん】〔改正増補字尽重宝記綱目・数量門〕に二倫は、兄弟とある。〔日時調法通用文則〕に「二倫《りん》兄弟なり」。「じりん」ともいう。

二連湯【にれんとう】〔改補外科調宝記〕に二連湯は、厚味を食して胃熱のあるのに用いる薬。黄連・連翹・升麻・牛房子・白芷（各等分）を煎じて用いる。

二六対【にろくつい】「二四不同二六対」ヲ見ル

庭石に苔や色を着ける【にわいしにこけやいろをつける】〔諸民秘伝重宝記〕に庭石に苔を着けたい時は、石を牛蒡の切り口で四五度も擦りつけると苔は妙に出来る。○庭石に色を着けたい時は「継ぎ物の法」*により、煤を交ぜて引くとよい。「苔の事」モ見ル

俄聾の薬【にわかつんぼのくすり】〔妙薬調法記（『御成敗式目』所収）〕に俄聾には、

硫黄・雄黄〔各等分〕を粉にし、綿に包んで耳を塞いで置くと日数を経て聞える。総じて、耳の薬は髪の油を用いるとよい。

庭竈【にわかまど】〔重宝記・宝永元序刊〕に庭竈は、京都で埴〔庭〕竈といい、元日から三日迄台所の土間に藁を散らし敷いて、三日程上へあがらず祝うことをいう。これは『五雑俎』に記す 閩中という所の風俗に、正月三ヶ日間掃除をせず、五日に塵を車に乗せて野外に捨て、石を車に乗せて帰り、宝を得て来たと祝うと言い、庭竈はこれより起ったかという。

にわがよい【にわがよい】 片言。〔不断重宝記大全〕に「にわがよい」というのは海辺の詞で、「日和《にわ》」と書き「ひより」とも読む。津の国播磨浦辺の詞である。〔消息重宝記・四〕に「庭《には》よし 天気能き也」。

庭木作る旬【にわきつくるしゅん】 庭木作り様の歌。〔庭木重宝記〕に「込み木ならば六月過ぎに刈りて吉、若芽の立つは梅雨の後先き」とある。

庭桜【にわざくら】 草花作り様。庭桜の花は白薄色、八重、一重の三色がある。草花ではない。三月に咲く。土は真土に砂を用いる。肥しは雨前に小便を少し根に注ぐとよい。植え分けは春、秋がよい。〔昼夜重宝記・安永七〕

甘遂【にわそ】〔薬種重宝記・上〕に唐草、「甘遂〔かん〕すい／にはそ。麵《こむぎ》の粉に包み、煨〔うずみ焼き〕して刻む」。

接骨【にわとこ】〔万物絵本大全調法記・下〕に「接骨 せつこつ／みやつこぎ／にはとこ」とある。〈油取様〉〔改補外科調宝記〕に接骨木の油取り様は、陰干にして酒に十四日浸し、その後胡麻油を入れ掻き交ぜ煎じ、酒気のない時 布で濾す。打撲《うちみ》によい。内よりは酒一盃にこの油を十滴程入れて用いる。

鶏合せ【にわとりあわせ】〔年中重宝記・二〕は三月三日に、禁裏において鶏《にわとり》合《あわせ》が、今に毎年ある。唐の玄宗皇帝が、戯れに鶏を闘わせてから程なく位についたので、小児五百人を選び治鶏坊という所を建て、鶏を飼わせた事にもとづく。

鶏の事【にわとりのこと】〔万物絵本大全調法記・下〕に「雞 けい／にわとり。鶏 けい、同」。〈異名〉〔書札調法記・六〕に雞の異名に、翰音《かんいん》 徳禽 朱《しゅ》翁《おう》 巽羽《せんう》 喚起 芥羽《かいう》がある。〈薬性〉〔医道重宝記〕に雞《にわとり》は温で毒なく、中《うち》を暖め虚を補い邪を逃れ去る。〔永代調法記宝庫・四〕に雄黄鶏は中を暖め 気力を増し虚を補い瘡を癒す。雌黄鶏は小便の繁いのによく五臓を補い 絞り腹を止める。脂雄鶏も小便の繁いのによく 耳の聞こえないのに薬。脂雌鶏は産後の古血が下り過ぎ痩せ衰えた人によい。白雄鶏は五臓を鎮め 気を下し 狂乱を止め 中を補う。〈卵を産ます法〉〔俗家重宝集・後編〕麻仁《あさのみ》を食わせると毎日絶えず生む。〈時を作る〉〔男女御土産重宝記〕に、○鶏に何時でも時を作らせるには鳥屋《とや》の止まり竹の節を抜いて中に湯を通すといつでも時を作る。悪い宿屋では客を追い出し 待ち伏して切り殺し 物を取る等のことがある。○雌鶏は八ツ〔二時〕の時は作らないものであるが、昼の八ツに時を作るのはその家の絶える徴《しるし》である。祈禱等させるとよい。〈宵鳴呪の歌〉〔大増補万代重宝記〕に「鶏《とり》の宵鳴呪の歌」に「よみつ鳥わが垣本《かきのもと》に鳴にけり 人みなきつゝゆくたまもあらじ」〔よみつ鳥は黄泉鳥で鵺《ぬえ》のこと〕。

〈鶏の五徳〉〔新撰咒咀調法記大全〕に鶏の五徳は、①頭に冠を戴くのは文。②蹴爪を打つのは武。③敵と闘うのは勇。④食を見て相呼ぶのは仁。⑤夜を守り時を告ぐるのは信。

〈料理口伝〉〔料理調法集・口伝之部〕に鶏に防風を用いるのは初春迄の賞翫である。茸の類の毒を消すので汁に茸類を使う時は鱠に取り合せる。

〈食合せ〉〔永代調法記宝庫・二〕は懐妊中に鶏と糯米を食い合わせると生れる子は寸白*〔サナダムシ等の寄生虫から起る病気〕を病む。懐妊中に鶏の卵と鯉 鮎 乾鮭を食い合わせると生れる子は雁瘡*〔慢性の痒い皮膚病。湿疹等〕を病む。〔女重宝記・三〕は懐妊中に鶏の卵と桑の実を食い合せる

と、逆子《さかご》を産む。〔料理調法集・当流献方食物禁戒条々〕は鶏に鱈を食い合せると、三病（『日葡辞書』には癩病・くっち・癲狂をいう。『倭訓栞』には癩病をいう）を煩う。〔里俗節用重宝記・上〕に鶏に鯉 生葱 餅は食い合せ。〈鶏汁食合〉〔料理調法集・当流献方食物禁戒条々〕に鶏汁に蕨餅 唐桃 玉子の食い合せを忌む。

鶏飯【にわとりめし】〔料理調法集・飯之部〕に鶏飯は、かしわ（黄鶏）の雄若鳥がよい。毛と腸を去り、丸ながら湯煮して、その湯で飯を炊き、鶏の身を細かく裂き、味をつけて飯の上に盛り、出す。

庭の木草の虫除け、花見の事【にわのきくさのむしよけ、はなみのこと】〈木草虫除去法〉〔男女日用重宝記・下〕に、①木草に虫の付いた時は、田螺を煮てその湯を掛けると喰わない。②木草に油虫の付いた時は、熊皮を黒焼にし熊の胆《くまのい》を少し入れ水で振り立て、虫の付いた所に振り掛けるとよい。木草が二ツ葉三ツ葉になる時ふりかけてもよい。〈木草花見様〉〔女用智恵鑑宝織〕に庭の草木の花見様は、花が美しいと言って余り傍へ寄って息の掛る程にせず、まして手等添えてはならない。

庭火【にわび】 大和詞。「には火とは、夜の神楽に炊く火」である。〔不断重宝記大全〕

庭を見る【にわをみる】〔永代調法記宝庫・二〕に客方が庭を見るには、石を立てた庭なら草履を脱いで庭に入り、瀧があれば瀧頭《たきがしら》から見下し、岩《いわ》石《いし》を見、山々を見、泉水を見る。

人形操機【にんぎょうあやつりからくり】〔人倫重宝記・四〕に「人形操《あやつり》からくり并浄瑠璃の始り」として次がある。○人形は唐では傀儡《かいらい》という。漢の高祖の臣下陳平が、木を刻み 美人を作り 城の上に建て 冒頓《ぼっとつ》の戎を欺く謀《はかりごと》にしたことから始ったというが、黄帝は蚩尤と戦う時 指南車の上に南を指す人形を立てた。機《からくり》人形は、周の穆王の時 偃師《えんし》が作って歌舞をさせ、穆王は数多の后たちと見物、舞い終って人形は后たちに瞬《まばたき》して招いた。穆王は怒り 偃師を殺そうとするので、恐れて人形を打ち割ると丹墨 膠 漆で作った機だったので、偃師は咎を許されたことが烈子に見える。時計機《からくり》は人形の始めであり、水機は魏の明帝の時馬鈞《ばきん》が作り始めた。これらを日本に伝え南京機 水機 砂時計 木時計 狗脊《ぜんまい》時計等ができた。人形を舞わし、浄瑠璃を語ることは、唐では宋の仁宗の時 影戯が市人に三国の戦を語ったと、『事物紀原』に見える。〈日本〉摂津西の宮の戎三郎殿が、子供を笑い勇ませ、富貴を守る託宣と言い、春の始めに都や在々を人形を舞わして歩くことから始った。これを「戎舁き」「でくる坊舞わし」ともいい、『庭訓』には「傀儡子《かいらいし》」とある。今 戎舁きは淡路嶋より出るといい、その後は芝居で居ながらに人形を廻すことになった。また浄瑠璃は美濃国逢墓《おうはか》の長の娘 浄瑠璃御前に、義経が一夜の情けを掛けたのを継母が咎め尼になった哀れな次第を、後に節《ふし》をつけて語ったのを浄瑠璃を語るといい、今に至り別の事を語っても浄瑠璃を語るという。浄瑠璃の節は昔から様々の流があり、中頃には左内 宮内 越後 上総、今の世には文弥 角太夫 嘉太夫らが一家を起し互いに鋒《ほこさき》を争う。これを学ぶ門弟子は自分の好む方を贔屓して褒めるので勝劣は決し難いが、浄瑠璃は節の学び易いのと学び難いのにより勝劣が知られる。

人形小細工【にんぎょうこざいく】〔万物絵本大全調法記・上〕に「木禺 もくぐう／人形《にんぎやう》也。木人 もくじん。傀儡子 くわいらいし。窟礧子 くつらいし。並同」。〔万買物調方記〕に次がある。○「京ニテ人形小細工」は寺町御霊前 富嶋和泉、寺町二条上ル 森田加賀、烏丸下立売上ル 河内大掾、寺町下御霊前 虎屋加賀、五条ふや町 あしだや。「京ニテ胴人形師」は新町四条下ル 林道伯、八幡町御幸町西へ入 安兵衛。「京ニテ木魚唐物小細工」は八幡町富小路 金盛子。○「江戸ニテ人形小細工」は日本橋南四丁目 丹後守、堺町横町 竹岡豊前。「江戸ニテからくり人形并ぜんま

い」は大坂町 南京清左衛門、人形町 松や庄兵へ。「江戸ニテ銅人形師」は京橋北一丁目 大蔵長房。「江戸ニテ土人形」は浅くさ橋通かや町。○「大坂ニテ人形屋（京大坂中買）」は京ひいな、京はり子、京水引、雛道具、金太鼓、金団輪、書物、絵草子、太夫本、その他一切の子供道具が残らずある。御堂の前 升屋加賀、同筋 小浜や七郎兵へ、同筋 雛や八兵衛。

にんぐわち【にんぐわち】 片言。「二月《にぐわつ》と云べきを、にんぐわち」という。〔世話重宝記・一〕

にんげな【にんげな】 「にんげな、人外」である。〔万家重宝女用花鳥文章〕

人間第一の事【にんげんだいちのこと】 〔金持重宝記〕に「人間第一の急務」は金とある。「金がなくては、さらにおかしくも面白くもあるまじ。たゞ世の中は黄金にてこそ天も土もそなはり、万物皆々これがなす所にして、人間最第一の急務にて侍る」とある。〔童女重宝記〕には「人間第一の嗜は読み書き也」とある。殊に女児は、室に居て仮名冊子《かなぶみ》でも読むことを教えると物の哀れを知るので最上の芸とある。次には手跡を学ぶことが肝要であり、例え百の容儀ある美人でも木が折れたような手跡なら心ざまも卑しまれる。唐の書はさし置き、伊勢・源氏の物語、歌書、或は貞女・孝婦の教訓の書を常に見るのがよい。もとより縫針は婦人に嗜む業である。

人間万事塞翁が馬【にんげんばんじさいおうがうま】 〔世話重宝記・一〕に『淮南子』晦機師の詩に出るとして次がある。唐 塞上に翁がいて、ある時馬を失い 人が皆弔うのに、塞翁はこれは転じて福となると言う。程 経て馬はよい馬を連れて帰って来た。人皆これを祝い喜ぶのに、塞翁は禍《わざわい》となると言う。塞翁の子が馬に乗ることを好み落馬して腿の骨を折った。人皆これを弔うのに、塞翁は転じて福となると言う。その後一年ばかりして胡人が塞を攻め健康な者は公役にされ皆戦死したが、足に疵ついた子は公役にされず戦死を免れた。善悪禍福はともに極められず、塞翁が馬のように心得よという意とする。歌に「心をば北の翁にならへども、又立ち帰る駒だにもなし」と詠んでいる。

人間を升数に積る【にんげんをますかずにつもる】 〔秘術改撰算学重宝記・万延元〕に人間を升数に積もる法は、風呂桶に水を一杯入れて人を入れ、水面に験しをつけ、上がった後へ水面の跡迄水を升で量って入れる。或る人の場合、二斗一升五合あった。

人中【にんじゅう】 「水溝」ニ同ジ

人生上中下元の事【にんしょうじょうちゅうげげんのこと】 「本卦／本番」ヲ見ル

妊娠【にんしん】 「懐妊／懐胎の事」ヲ見ル

人参【にんじん】 〔万物絵本大全調法記・下〕に「胡蔔 こふく／にんじん」。〔薬種重宝記・上〕には唐草、「人参 にんじん。頭部を去り、刻み、焙る」。〈種蒔〉〔農家調宝記・初編〕に六月土用明けに蘿蔔《だいこん》 胡蘿蔔《にんじん》の類を蒔く。〈薬性〉〔医道重宝記〕に人参《にんじん》は甘く温、大いに元気を補い、津液《うるおい》を生じ、渇を止め気を養い、血を調える。蘆頭を去り刻み、少し焙る。鉄を忌む。〈食性 能毒〉胡蘿《にんじん》は温で毒はなく、気を増し 中《なか》を補い 食を進め 胸の間 及び腸胃の気を廻らし、五臓を安んずる。〈人参問屋〉〔万買物調方記〕には京・江戸・大坂ともに「木薬屋」に「人参屋」や「和人参所」があるが、「江戸ニテ人参問屋」は日本橋北二丁目 いせや孫八郎、松岡伊左衛門である。「独参湯」参照

人神【にんじん】 〔鍼灸重宝記綱目〕に人神は、人の精神（魂）をいう。一日一夜の内に一身を巡るものといい、人神のある所には灸針を避ける。四季の人神*十干の人神*十二支の人神*十二時の人神*毎日の人神*がある。解説は諸書若干の相違がある。

人参打身湯【にんじんうちみとう】 〔洛中洛外売薬重宝記・上〕に人参打身湯は、今出川寺町東へ入る 駒井氏にある。大人小児ともに用いる。打ち身、骨違いの類、或は打ち転け所々骨痛み、手足が物に挟まれ 捻じれ

挫く類によい。

人参羌活散【にんじんきょうかつさん】〔小児療治調法記〕に人参羌活散は、発《ほと》熱《おり》*瘀甚だしく、譫語《うわごと》昏迷し驚搐するもの、外は風寒に感じ内は心熱を発するものに用いる。人参・羌活・独活・柴胡・前胡・防風・荊芥・黄芩・甘草・枳殻・桔梗・川芎・茯苓・紫草・地骨皮・牛房子・蟬退。一方には、独活がなく、猪苓・沢瀉があり、水で煎ずる。

人参軽骨散【にんじんけいこつさん】牛療治薬。〔牛療治調法記〕に人参軽骨散は、四時の牛瘴*を治す。軽骨散（一貼）、五苓散・八正散（二貼）、洗心散（二両）、寒水石（四両）、大葉薄荷・車前子・竜脳薄荷（一把）を相和し、冷泉水で調え、滝ぎ下すと即効がある。但し、黄牛《あめうし》*には水三斗を用いる。

人参固肌湯【にんじんこきとう】〔小児療治調法記〕に人参固肌湯は、人参・黄芪・甘草・当帰・蟬退（各等分）に、糯米を入れて煎じ服する。痘の結痂《ふたづくる》*が半月から一月も肉に着いて落ちず、痒がりの表発するのは収斂する力がないからである。猶、余症が出るのには八物湯*升麻葛根湯*で加減する。

人参巨勝子円【にんじんこしょうしえん】〔洛中洛外売薬重宝記・上〕に人参巨勝子円は、五条橋通松や丁紀伊国や勘兵へにある。五臓を補い、六腑を達し、諸労一切の痰血、痎を止める。虚熱を冷まし、諸虚一切によい。

人参五臓円【にんじんごぞうえん】〔懐中調宝記・牛村氏写本〕に人参五臓円は、諸病に有効である。人参・甘草（各五両）、丁子・草発（各二両）、香付子・良姜・茯苓・忍冬（各百目）、青皮・陳皮・乾姜・牡蠣（各五十目）、桂枝・厚朴（各三十匁）。

人参散【にんじんさん】〔牛療治調法記〕に人参散に二方がある。①人参・茯苓・黄栢・升麻・鬱金・青黛・甘草・板藍根を末（粉）し毎服に、生姜（三）を水一升と和し煎じ酒で滝ぐ。五臓積熱喘急は、多くは肺気を攻むるのに因る。口中から涎を流し眼腫れ総身に瘡芥を生ずるのは、地に臥し難い。②甘草・芍薬・人参・黄芩・貝母・知母・防風・白礬・黄連・鬱金・桔梗・瓜蔞・大黄・山梔子を末（粉）し、毎服二両に、砂糖（一両）・姜水二升に和し滝ぐ。瘟疫*に用い、胆脹には用いない。〔小児療治調法記〕に人参散は、変蒸*で骨熱し、心煩泣き叫ぶのを治す。人参・炙甘草・麦門・柴胡（各□匁）、龍胆・防風（各一匁）を水で煎ずる。

人参三国円【にんじんさんごくえん】〔洛中洛外売薬重宝記・上〕に「人参三国円」は、寺町通三条上る二丁目高橋氏にある。脾胃を調え、腎精を増し、気力を廻らす。その他、湿一切の諸病によい。

人参三蔵円【にんじんさんぞうえん】〔洛中洛外売薬重宝記・上〕に人参三蔵円は、大坂鰻谷三休橋西へ入丁法橋吉野五運にある。出店は、寺町通姉小路上ル丁（薬店名なし）。第一に大いに腎精を増す妙薬である。

人参地黄丸【にんじんじおうがん】〔小児療治調法記〕に人参地黄丸は、解顱《かいろ》*の薬である。人参（二匁）、熟地黄（四匁）、鹿茸・山薬・白茯苓・牡丹皮・山茱萸（各二匁）を末（粉）とし、練蜜で芡実の大きさに丸じ、人参の煎湯で擂り蕩かし、空腹に飲ますとよい。

人参赤粒子【にんじんしゃくりゅうし】〔洛中洛外売薬重宝記・上〕に人参赤粒子は、大宮通下立売上ル丁指月堂にある。第一に気つけ、一切の食傷によい。

人参麝香丸【にんじんじゃこうがん】〔洛中洛外売薬重宝記・上〕に人参麝香丸は、よしや町下立売上る三丁目金原や善兵へにある。気つけ、頓病、吐却によい。

人参汁【にんじんじる】〔料理調法集・汁之部〕に人参汁は、人参の大根《おおね》を大きく切り、一ト塩の鯛を入れ、中味噌で仕立てる。

人参瑱珠円【にんじんしんじゅえん】〔洛中洛外売薬重宝記・上〕に人参瑱珠円は、寺町三条上ル丁宮崎平兵衛にある。取り次は、四条堀川東へ入丁みのや惣助、祇園町縄手の角茶碗や六兵へ、今出川寺町東へ入中川源

蔵、北野下の森東町 鯉や又兵へ高瀬五条下ル 山城や六兵へがある。瘡毒、痼疾の妙薬である。

人参湯【にんじんとう】〔小児療治調法記〕に人参湯は、もっともよく驚を治す。柴胡・黄芩・人参・半夏・枳殻・防風・甘草を、水で煎ずる。これは小柴胡湯*に枳殻 防風を加えたものである。

人参内托散【にんじんないたくさん】〔改補外科調宝記〕に人参内托散は、鬢疽*の薬である。当帰・芍薬・川芎・熟地黄・黄芪・陳皮・白朮・山薬・茯苓・牡丹皮・地骨皮・人参・甘草・肉桂・付子に生姜を入れて煎ずる。

人参南蛮膏【にんじんなんばんこう】〔洛中洛外売薬重宝記・上〕に人参南蛮膏は、寺町今出川上る七丁目、ゑびすや文蔵にある。功能は癰疔・根太・一切の腫物につけてよい。

人参敗毒散【にんじんはいどくさん】〔医道重宝記〕に人参敗毒散は、四時の傷寒、瘟疫《やくびょう》、寒多く熱強く、項《うなじ》強ばり、身疼むのを治す。羌活・独活・前胡・柴胡・枳殻・川芎・桔梗・茯苓・人参（各一匁）、甘草（五分）に生姜を入れて煎じる。〔医道療治重宝記〕に諸症により加減、補薬がある。

人参白虎湯【にんじんびゃくことう】〔小児療治調法記〕に人参白虎湯は、白虎湯*に人参*を加えたものである。知母（六匁）、甘草（二匁）、石膏（一両二分）、人参（二匁）、粳米（五勺）を水で煎じ、米の熟するのを待って温服する。老人・小児 及び虚弱なものに与える外、炎天の時節に痘が出て（「出《で》瘡《そろう》」*）熱の甚だしいものには生地黄*を加え、煩れ 渇き 大便の実するには 人参白虎湯、軽いのには人参竹葉湯に生地黄を加えて煎じ服する。

人参茯苓湯【にんじんふくりょうとう】〔洛中洛外売薬重宝記・上〕に二方がある。①人参茯苓湯は、泉州堺了心寺 佐々木正悦にある。疾、疳、瘡《そう》、横根、肥前、瘡《かさ》、淋病、痔疾、雁瘡等一切によい。取り次は河原町四条上ル丁 越後や伊兵へ、江戸中橋南さや町 いせや六兵へ。②人参茯苓湯は、東洞院三条上ル丁 河内屋清助にある。取り次は江戸本町四丁目 増田屋庄兵へがある。冷え、疾の病根を切ること請け合いの薬。

人参平肺飲【にんじんへいはいいん】〔改補外科調宝記〕に人参平肺飲は、肺痿肺癰の薬。桑白皮（一戔）、知母（七分）、甘草・地骨皮・陳皮（各五分）、五味子（三十粒）、茯苓・青皮・人参・天門冬（各四分）に生姜を入れて煎じ用いる。もし膿血があり癰となるには紫苑を加える。

人参餅【にんじんもち】 菓子名。人参餅、上うき物、下 ながし物。〔男重宝記・四〕

人参養胃湯【にんじんよういとう】〔医道重宝記〕に人参養胃湯は、脾胃が虚し弱い人の瘧が起るのを治す。半夏・厚朴・陳皮・藿香・草果・茯苓・人参・蒼朮（各八分）、烏梅（一分）、甘草（少）に、生姜・棗を入れて煎ずる。外風寒に感じ、内生冷に傷《やぶら》れて瘧をなすのを治す。〔医道療治重宝記〕等では分量が異なり、諸症により加減、補薬がある。

人参養血湯【にんじんようけつとう】〔洛中洛外売薬重宝記・上〕に人参養血湯は、四条醒ヶ井の角 近江屋佐兵衛にある。小服は二十四文。打ち身、切り傷、筋骨の痛み、或は堕ち 骨砕け痛みの甚しいのに早速用いて妙に神功がある。取り次に、六角室町西へ入る 茶碗や平兵衛がいる。

任ず【にんず】〔男重宝記・一〕に官に昇るを、任ずという。位に昇るを、叙すという。位には昇りやすく、官には昇り難い。

人相【にんそう】〔万法重宝秘伝集〕に人相に、①厚相*②威相*③清相*④古相*⑤孤相*⑥薄相*⑦悪相*⑧俗相*がある（図380）。〔小野篁謔字尽・人間無重宝記〕に人心は顔だちのように人それぞれ異なり、人相は人心に変らず、人心も顔に従う。金を貸すのは大面《おおづら》、借りるのは侘び面。借りる時の地蔵の相、返す時の閻魔相。貰った時は遣手も仏の相、遊んで帰りは女房も鬼の相となる。〈人相図解〉一ニ厚、二ニ威、三ニ清、四ニ古、五ニ孤、六ニ薄、七ニ悪、八ニ俗。これを八相とし、男女ともにこの大概を以って知るとよいとし、金があり相、吝き相、やかまし相、腹を

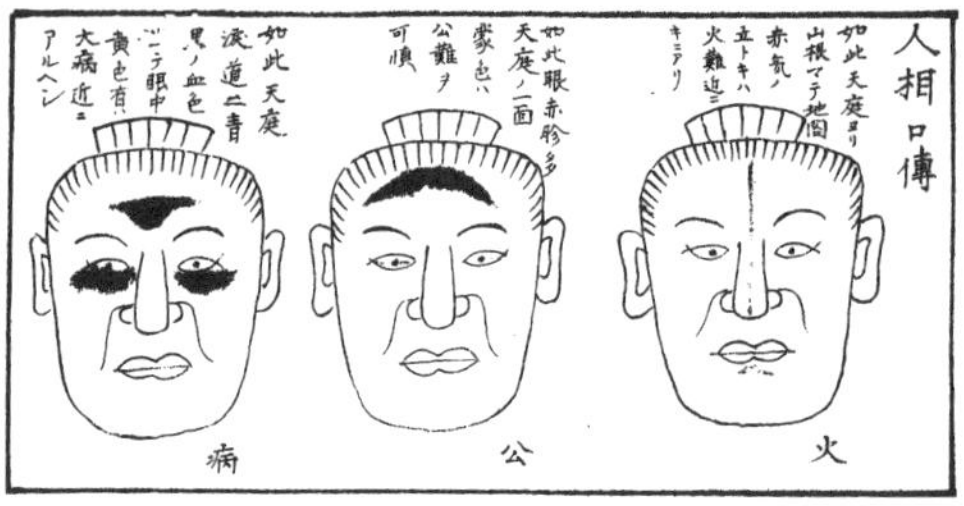

図381　「人相公伝」(懐中調宝記・牛村氏写本)

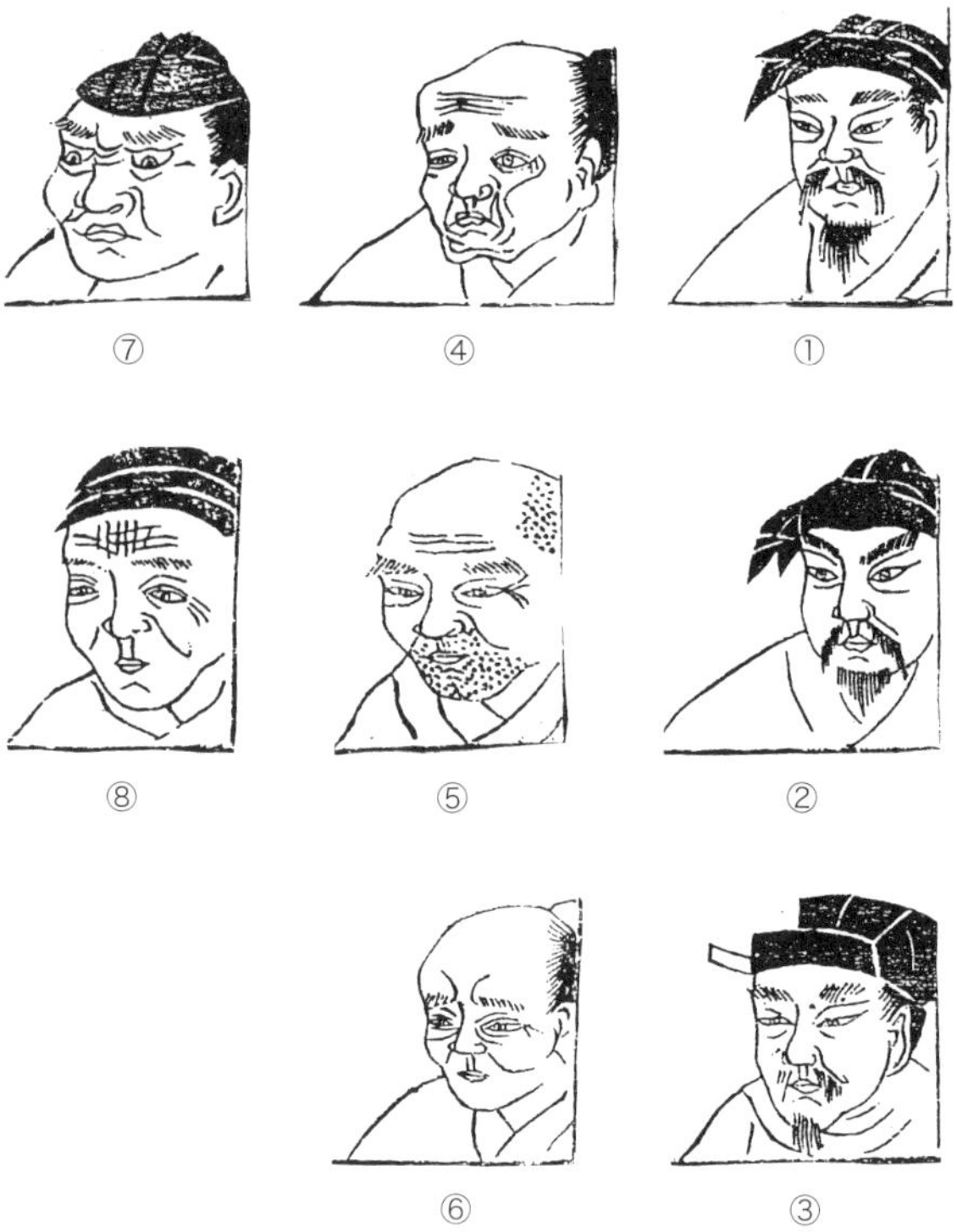

図380　「人相」(万法重宝秘伝集)

立ち相、気が短か相、うま相、おとなし相、す丶ど相、にく相、貧し相、気がよき相、足らね相の十二相が描かれている。〔色道重宝記〕の「人相小鑑」には、女を口説くには女の相を見ることが肝要であり、「はじかれ相」等には必ず言い出してはならないとあり、好き相など六ツの相が出ている。〔懐中調宝記・牛村氏写本〕には火難、公難、病難の相がある(図381)。

人足荷【にんそくに】「荷物掛目御定めの覚」ヲ見ル

人中黄【にんちゅうおう】〔薬種重宝記・上〕に和人、「人中黄 ひとのくそ(人の糞)」とし、『医学正伝』を引いて、冬竹を筒に切り両方に節を留め、中に穴を開け、上の青みを削り去り、甘草の太いのを粉にして筒に入れ、竹釘で穴を塞ぎ、糞の中に二三ヶ月浸して置いて取り出し、晒し、乾かして用いる。〔小児療治調法記〕は甘草の末(粉)を竹筒に入れ、木で両方を塞ぎ、冬に糞舟に浸して立春に取り出し、甘草を陰干にして晒し、乾かして用いる。「人中白」参照

人中白【にんちゅうはく】〔薬種重宝記・上〕に和人、「人中白 いばりのをり(尿の下)」とし、風日に久しく乾くものを用いる。瓦に入れて焼いて用いるとよい。「人中黄」参照

忍冬【にんどう】〔薬種重宝記・上〕に和草、「忍冬 にんどう/すいかづら。皮を削り刻む」。「金銀花」ヲ見ル。

忍冬酒【にんどうしゅ】〈造り様〉〔昼夜調法記・正徳四〕に忍冬酒は、焼酎一斗、上白糯四升、同二升糀に作り、忍冬花と白茨を各三十日陰干にして桶や壺等に仕込み、蓋をして渋紙で包み、七日毎に掻き混ぜて元のように蓋をして置き、三十五日目に掻き納め、五十日で口を明ける。〔昼夜重宝記・安永七〕には「上白糯四升、同二升糀に作る」の外は、記載がない。〔男女日用重宝記・下〕は焼酎一斗、糯白五升、糀一升五合、忍冬の花五両、茨の花三両、肉桂・白朮の焙り一両、香付子・白芍薬一

両を一度に作り、入れ壺半分を土に埋めて置き、七日目、春夏は二十一日目、冬は三十五日目毎によく混ぜる。明け様は常のごとくし、苺等を入れると弥々よいという。〔料理調法集・料理酒之部〕には、①忍冬花糀六升、糯八升を弛飯にして焼酎一斗に浸して七日置き、次に花を絞り粕を捨て、七升、茨の花三升を焼酎に掻き混ぜ、三十日の間二日に一度ずつ書き回す。②焼酎一斗、糯七升を七日水に浸し、一日に三度ずつ水を替え、七日目に弛飯に蒸して、糀五升、茨花・忍冬花各十両、肉桂二両、皮を去り刻み、丁子二両刻み、一度に入れてよく掻き混ぜ、壺に作り込み、蓋をしてよく封じ、春は三十五日目、夏は二十一日目で出来る。作り込む日から七日毎に一度ずつ描き回す。

仁和寺【にんなじ】〔男重宝記・一〕仁和寺は御室ともいう。法諱、義永。宮門跡。知行千五百二石余。〔東街道中重宝記〕に本尊阿弥陀如来、光孝天皇（在位、八八四～八七）等身の尊象があるという。真言宗で東寺の門跡である。〔年中重宝記〕は元日に仁和寺牛王加持があり、夜に入る。六月中旬に虫払、霊宝が出る。

忍辱の行【にんにくのぎょう】大和詞。「にんにくの行、堪人（堪忍）の行也」。〔不断重宝記大全〕

蒜の事【にんにくのこと】〔万物絵本大全調法記・下〕に「蒜 さん／ひる。又にんにく。春」。又「山葱 さんそう／ぎやうじや／にんにく」。〔薬種重宝記・上〕に和菜、「大蒜 だいさん／にんにく」。〈薬性〉〔万用重宝記〕に、蒜は疝気の病に奇妙である。〔永代調法記宝庫・四〕は久しく好み食してはならず肺肝が破れ 痰を生ずる。足の裏に塗ると鼻血を止め、霍乱 瘧腹によく、瘍 腫物 瘡を散らす。〈食合せ〉〔万用重宝記〕に蒜と鯖の鮓は食い合わせ。〔里俗節用重宝記・上〕に大蒜と蜜 牛は食い合わせ。〈口臭を去る呪い〉〔男女日用重宝記・下〕に蒜を食い臭いを隠すには、辛夷《こぶし》の花を煎じて飲むと消す。〔男女御土産重宝記〕は蒜や葱を食い臭いを止めるにはよい酢を沸かし、嗽をすると去る。〔新撰咒咀調法記大全〕は「韮 大蒜 葱を食して口中の臭きを去る呪」は、紙を口で嚙み、砂糖を舐め、飴を食うのもよく、どれでも忽ち臭気を去る。

人皇略伝記【にんのうりゃくでんき】〔掌中年代重宝記〕により、人皇一代神武天皇以降の歴代の天皇を江戸末迄記した。百二十二代孝明天皇の記事は墨書きで即位、在位、寿のみであるが、記事に倣って書き足した。全体に寿は墨書き、また現在とは代数などに相違がある。「天神七代」「地神五代の事」参照

○一代 神武天皇は鸕鷀《うがや》草《ふき》葺不合《あわせず》尊《の》（地神第五）の第四皇子。諱は、神日本磐彦尊《かんやまといわわれひこのみこと》。日向国宮崎在時、長髄彦《ながすねひこ》が甘間見《あまみ》の皇子をすすめて天皇へ敵対したので軍船を発して戦い 長髄彦を始め大敵を亡ぼし、十ケ年を経て大和国畝傍山を開き 内裏を建て橿原の宮という。即位、辛酉元年。この国の名を秋津洲《あきつしま》と号す。在位七十六年。寿百二十七。唐は周の恵王の代。釈迦入滅より三百年。天種子命《あまのたねこ》 天富子命が執政。二千四百七十年になる。○二代 綏靖《すいせい》天皇。神武帝第三皇子。先帝崩御後別腹の兄 手研耳命《たきしみみ》が世を奪う志があるのを射、庚辰元年即位、在位三十三年。寿八十四。大和国葛城高丘宮。唐は周の霊王三十一年、孔子が魯に生る。呉越軍談。○三代 安寧《あんねい》天皇。先帝の太子。癸丑元年即位、在位三十八年、寿五十七。同国 片塩浮穴宮。孔子が春秋を作る。○四代 懿徳《いとく》天皇。先帝の太子。辛卯元年即位、在位三十四年、寿七十七。同国 曲峡《まがりお》宮。荘子が生る。○五代 孝昭天皇。先帝の太子。丙寅元年即位、在位八十三年。寿百十四。同国 池心《いけこころ》宮。孟子が生る。○六代 孝安天皇。先帝の子。巳丑元年即位、在位百二年。寿百三十七。同国 秋津嶋宮。出雲の大社建つ。庚申九十二年富士山初めて見ゆる（『富士縁起』）。○七代 孝霊天皇。先帝の子。辛未元年即位、在位七十六年。寿百二十八。同国 黒田宮。乙亥五年近江国地裂け湖になる。駿

河国に富士山現れる。儒書 梵字渡来。秦の始皇帝の時に当る。徐福来朝。○八代 孝元天皇。先帝の子。丁亥元年即位、在位五十七年。寿百十六。同国 境原《さかいばら》宮。信州戸隠の神出現。漢の高祖の時に当る。○九代 開化天皇。先帝の子。癸未元年即位、在位六十年。寿百十五。同国 率《いざ》川《かわ》宮。漢の武帝の時初めて年号を建元《けんげん》という。○十代 崇神天皇。先帝の子。甲申元年即位、在位六十八年。寿百二十。同国 瑞籬《みずがき》宮。四道の将軍*の始り。異国より貢物を奉る始め。初めて舟を造らせた。玄猪の式始る。鏡と剣を鋳て神代の霊器を別殿に置く。天照大神 帝との同床五百六十余年。諸国に大社国社を定む。三輪神出現。伊勢斎宮始め。○十一代 垂仁天皇。先帝の第三王子。壬辰元年即位、在位九十九年。寿百四十。同国 珠城《たまき》宮。天照太神伊勢に鎮座。野見宿祢と当麻蹶速が力を争う（相撲の始め）。唐後漢の明帝永平七年天竺より唐へ仏法渡る。白馬寺建つ。日本紀、二十八年殉死を止む。○十二代 景行天皇。先帝の第三王子。辛未元年即位、在位六十年、寿百四十三。同国 高穴穂《たかあなほ》宮。近江国竹生嶋湧き出る。王子日本武尊 東夷を平らげ、武具を秩父山に納む。武蔵の国号始る。○十三代 成務天皇。先帝の第四王子。辛未元年即位、在位六十年。寿百七。宮は前に同じ。日本武尊第二の王子を太子とする。○十四代 仲哀天皇。日本武尊第二の王子。壬申元年即位、在位九年。寿五十二。越前国笥飯宮。武内宿祢を大臣とする（大臣の始め）。筑紫橿日宮で崩御、気比明神というのはこれである。○十五代 神《じん》功《ぐ》皇后。気長《いきなが》宿祢の女（先帝の后。女帝の始め）。治世六十九年、寿百。大和国 若桜宮。三韓を討ち従える。［現在ノ通説ハ、十五代神功皇后ハ記紀編纂時ニ作ラレタ架空ノ説話トスル。従ッテ年表ニハ載セズ一代ヲ減ジテイル］

○十六代 応神天皇。仲哀帝の第四の王子。庚寅元年即位、在位四十一年。寿百十。同国 豊明宮。八幡宮である。百済国から易・論語を、呉国から呉羽・綾羽の織姫（縫、機織の始め）を奉る。○十七代 仁徳天皇。先帝の第四王子。先帝崩御後弟の莵道若郎子と互に位を譲り合う事三年、遂に癸酉元年即位、在位八十七年。寿百十。摂津 高津宮。民の貧しいのを見て三年の貢を許し賑わす。浪速堀江を始む。五月初めて菖蒲を献ずる。夏の氷室が始る。鷹を据え鳥を捕らせる。武内大臣薨ずる、三百六十歳。景行以下六朝に仕える。○十八代 履中天皇。先帝の第一王子。庚子元年即位、在位六年、寿 七十。大和 若桜宮。○十九代 反正天皇。先帝の弟。功があるにより履中帝の譲りを受け丙午元年即位、在位六年。寿 六十。河内 柴籬《しばがき》宮。○二十代 允恭天皇。先帝の弟。群臣の勧めにより壬子元年即位、在位四十二年、寿七十八。大和 飛鳥宮。諸家の姓《うじ》を定む。衣通姫を后とし玉津島神という。唐土晋懐帝。

○二十一代 安康天皇。先帝の第二王子。兄軽王子を押し退け甲午元年即位、在位三年。寿 五十六。大和 朝倉宮。軽王子の子 眉輪王弑す。○二十二代 雄略天皇。先帝の弟。眉輪王を弑す。丁酉元年即位、在位二十三年。寿 六十二。大和 朝倉宮。后に蚕を飼わせ、諸国に桑を植え、女の業を習わせた。豊受太神宮を伊勢に祀る（外宮という）。浦島の子が蓬萊山へ至る。○二十三代 清寧天皇。先帝の第三皇子。庚申元年即位、在位五年。寿 四十一。大和 甕栗宮。○二十四代 顕宗天皇。先帝に子なく、履中帝の孫市辺《いちのべ》王子の子に譲り乙丑元年即位、在位三年。寿 三十八。大和 八《や》釣《つり》宮。穀相場が始めて立つ。曲水の宴始めて開く。○二十五代 仁賢天皇。先帝の兄。戊辰元年即位、在位十一年。寿 五十一。大和 広高宮。宋、孝帝。

○二十六代 武烈天皇。先帝の第一皇子。己卯元年即位、在位八年。寿五十七。大和 列《つら》城宮。心荒々しく悪逆を好む。○二十七代 継体天皇。応神帝五世の孫 彦主人王の子。武烈帝に子なく群臣が近江から迎え丁亥元年即位、在位二十五年。寿 八十二。山城 筒城宮、同 乙国宮、大和

玉穂宮。○二十八代 安閑天皇。先帝の第一王子。甲寅元年即位、在位二年、寿七十一。大和 勾金橋《まがりかねはし》宮。新羅 任那と戦い、大伴狭手彦を遣わして治める。松浦佐用姫 石となる。上毛抜鉾明神現ずる。○二十九代 宣化天皇。先帝の弟。丙辰元年即位、在位四年。寿七十三。大和 廬《いお》入野《いりの》宮。諸国に倉を建て糧を入れて民を救う。○三十代 欽明天皇。継体帝の第十八王子。庚申元年即位、在位三十二年。寿六十三。大和 金《かな》刺《ざし》宮。百済国から五経博士、暦博士、医博士、沙門、仏法等渡来。物部《もののべ》の射左希 火矢《ひや》を作る。

○三十一代 敏達《びだつ》天皇。先帝の第二王子。壬辰元年即位、在位十四年。寿四十八。大和 幸玉《さきたま》宮。二年癸巳正月一日正徳太子誕生。用明帝の子、母は澗人皇后。乙巳十四年 物部守屋仏像を焼き、或は堀に捨てる。○三十二代 用明天皇。欽明帝の第四王子。丙午元年即位、在位二年。寿六十九。大和 双槻《なみつき》宮。生花・鞠の始り。弓削守屋河内国稲村の城に籠る。○三十三代 崇峻天皇。欽明帝の第十二王子。先帝崩御後守屋は用明帝の弟君穴穂辺王子を位につけると言うのに蘇我大臣は従わず、守屋を殺して戊申元年に位に立つ。在位五年で東 漢 直駒《あぐのあたいこま》が弑する。寿七十三。大和 倉梯《くらはし》宮。諸国の境を定める。瓦の工を置く。○三十四代 推古天皇。欽明帝の皇女、敏達帝の后。癸丑元年（五九三）即位、在位三十六年。寿七十五。大和 小墾田《おはるだ》宮。聖徳を太子とする。初めて絵を画く。女帝の始り。江戸浅草寺の始り。暦が渡る。二十九年二月五日聖徳太子薨ずる。遣唐使始る。観勤《かんごん》を僧正とし僧官を定めて。仏法に宗旨始る。売買の術を定め、誓って蛭子神を祭る。唐は隋の煬帝《ようだい》の時に当る。○三十五代 舒明天皇。敏達帝の孫押坂彦人の王子の子。己丑元年（六二九）即位、在位十三年。寿四十九。大和 岡本宮。津の国有馬の湯初めて湧出。僧恵隠内裏で無量寿経を講ずる。仏教を講ずる始め。

○三十六代 皇極天皇。敏達帝の曽孫茅渟の王の子舒明帝の后。壬寅元年（六四二）即位、在位四年。孝寿八十八。大和 小墾田宮。孝徳帝に譲る。譲位の始り。○三十七代 孝徳天皇。皇極帝の弟。乙巳元年（六四五）即位、在位十年。寿五十九。摂津 豊崎宮。年号を初めて立て大化元年（六四五）とする。諸国の人別を改め、諸国に関所を建つ。葬礼の式を定む。八省百官を置く。蝦夷神代の記録を聞く。僧道昭 法相宗を広む。○三十八代 斉明天皇。皇極帝重祚。乙卯元年（六五五）即位、在位七年。寿六十八。土佐 朝倉宮。新羅国が叛くにより土佐国に御幸して征した。有馬王子の謀反を平らげた。盂蘭盆会を初めて行う。○三十九代 天智天皇。舒明天皇の第一王子。壬戌元年（六六二）即位、在位十年。寿四十六。近江 志賀宮。鎌足、姓《うじ》を藤原と改む。天智帝崩御後大友王子位を争い合戦があり、王子が打ち負け近江に崩ず。（墨書き＝三十九代 弘文天皇。天智帝の王子、在位一年。寿二十五）○四十代 天武天皇。舒明帝の第二王子。白鳳元年（六七二）即位、在位十五年。寿六十五。大和 浄見原宮。対馬国より初めて白銀出る。初めて一切経を写す。初めて車を造る。

○四十一代 持統天皇。天智帝の第二皇女。丁亥元年（六八七）即位。在位十年。寿五十八。大和 藤原宮。白粉を製す。女官の始め。太上帝の始め。○四十二代 文武天皇。天武帝の孫草壁王子の子。丁酉元年（六九七）即位、在位十一年。寿二十五。大和 藤原宮。役行者を伊豆に流す。秤と升を定む。木曾山を開く。初めて追儺を行う。紀清則印判を用いる。○四十三代 元明天皇。天智帝の皇女。和銅元年（七〇八）即位、在位七年。寿六十一。大和 平城《たいらき》宮。陸奥国を分けて出羽を、丹波を分けて丹後を、備前を分けて美作を、日向を分けて大隅とする。武蔵から銅が出る。「和銅珍開」*の銭を鋳る。保食命《うけもち》を稲荷とする。○四十四代 元正天皇。天武帝の孫草壁王子の娘。霊亀元年（七一五）即位、在位九年。寿六十九。大和 平城宮。美濃国養老滝に酒湧出。越前を分

けて能登、上総を分けて安房とする。舎人親王が日本紀を奉る。仲麻呂 吉備入唐。〇四十五代　聖武天皇。文武帝の第一王子。神亀元年（七二四）即位、在位二十五年。寿五十六。摂津 難波宮。初めて疱瘡を病む。奥州から初めて黄金《こがね》を奉る。諸国に国分寺建つ。冬至の賀が始る。

〇四十六代　孝謙天皇。先武の皇女。天平勝宝元年（七四九）即位、在位十年。寿五十三。摂津 難波宮。恵美押勝を右大臣とする。安芸国から白い鳥を奉る。初めて黄金《おうごん》が出る。河内を分けて和泉とする。七夕の式が始まる。〇四十七代　淡路廃帝。天武帝の孫舎人《とねり》親王の子。天平宝字三年即位、在位六年。孝謙のために淡路に移され、三十三で淡路で崩御。近江、保良《ほら》宮。恵美押勝謀反。光明皇后崩ず。中将姫曼荼羅供養。〇四十八代　称徳天皇。孝謙帝重祚。天平神護元年（七六五）即位、在位六年。寿五十三。近江 保良宮。弓削道鏡を大政大臣とし、又法王とする。和気清麻呂を大隅国へ流す。日光山、西大寺建つ。〇四十九代　光仁天皇。天智帝の孫施基王子の子。宝亀元年（七七〇）即位、在位十二年。寿七十三。近江 保良宮。吉備大臣薨ず。中将姫卒。空海生る。

〇五十代　桓武天皇。先帝第一の王子。延暦元年（七八二）即位、在位二十五年。寿七十。山城 平安城。田村丸東夷を征伐。比叡山建つ。富士山焼ける。箱根の道を開く。空海・最澄入唐。東寺建つ。鞍馬寺、清水寺、将軍塚建つ。

〇五十一代　平城天皇。先帝第一の王子。大同元年（八〇六）即位、在位四年。寿五十一。是より都を移すことなし。空海帰朝。重陽の式始る。空海いろはを選ぶ。〇五十二代　嵯峨天皇。桓武帝第二の王子。弘仁元年（八一〇）即位、在位十四年。寿五十七。空海高野山を開く。伝教大師（最澄）遷化。越前国を分けて加賀とする。皇子に源の姓《うじ》を給う。信楽《しがらき》より茶を奉る。新羅日本を襲う。遠江で七百人誅す。〇五十三代　淳和天皇。桓武帝第三の王子。天長元年（八二四）即位、在位十年。寿五十五。水車を作る。浦島が子三百余年を経て蓬莱より帰る。〇五十四代　仁明天皇。嵯峨帝第二の王子。承和元年（八三四）即位、在位十七年。寿四十一。弘法大師遷化。宮田麻呂謀反。菅丞相生る。嘉定の式始る。〇五十五代　文徳天皇。先帝第一の王子。仁寿元年（八五一）即位、在位八年。寿三十二。美作国から白亀を奉る。小野篁卒。惟高と惟人位を争う。

〇五十六代　清和天皇。先帝第四の王子。貞観元年（八五九）即位、在位十八年。寿三十一。八幡宮を男山に祀る。富士山焼ける。祇園社建つ。春日祭始る。伝教（最澄）、慈覚大師号に諡する。〇五十七代　陽成天皇。先帝第一の王子。元慶元年（八七七）即位、在位八年。寿八十二。在原業平卒。紀貫之生る。先帝落飾。〇五十八代　光孝天皇。仁明帝第三の王子。仁和元年（八八五）即位、在位三年。寿五十八。巨勢金岡禁中の絵を書く。唐の僖宗帝、光格元年に当る。〇五十九代　宇多天皇。先帝第十七の王子。仁和四年（八八八）即位、在位十年。寿六十五。僧正遍照遷化。七草粥の始り。在原行平卒。小野道風生る。〇六十代　醍醐天皇。先帝第一の王子。昌泰元年（八九八）即位、在位三十三年。寿四十六。菅丞相を筑紫へ流す。時平薨ず。貫之古今集を奉る。先帝を太上法皇と号す。空海を弘法と諡する。鷺に五位を給う。

〇六十一代　朱雀天皇。先帝第十一の王子。承平元年（九三一）即位、在位十六年。寿三十。純友・将門謀反。富士山焼ける。貫之卒。鶏合せ始る。庚申の御遊あり。〇六十二代　村上天皇。醍醐帝第十四の王子。天暦元年（九四七）即位、在位二十一年。寿四十二。北野に松千本一夜に生ず。菅丞相を天満宮と祀る。道風卒。頼光生る。〇六十三代　冷泉院。先帝第二の王子。安和元年（九六八）即位、在位二年。寿六十二。天子、院号の始り。祇園会の始り。〇六十四代　円融院。村上帝第五の王子。天禄元年（九七〇）即位、在位十五年。寿三十二。源順卒。宗太

祖開宝元年に当る。○六十五代　花山院。冷泉院第一の王子。寛和元年（九八五）即位、在位二年。寿 四十一。帝位を退れ花山寺に入る。平野祭始る。拾遺集成る。

○六十六代　一条院。円融院第一の王子。永延元年（九八七）即位、在位二十五年。寿 三十三。多田満仲卒。安倍晴明卒。頼光が大江山の賊を討つ。嵯峨清涼寺の釈迦像この時来朝。○六十七代　三条院。冷泉院第二の王子。長和元年（一〇一二）即位、在位五年。寿 四十二。新羅と戦う。因幡堂京へ移る。○六十八代　後一条院。一条院第二の王子。寛仁元年（一〇一七）即位、在位二十年。寿 二十九。平忠常の謀反を源頼信討つ。富士山焼ける。阿闍梨の僧官始る。頼光卒。○六十九代　後朱雀院。一条院第三の王子。長暦元年（一〇三七）即位、在位九年。寿 三十七。比叡山の僧強訴。大納言公任卒。大平仁海雨を祈る、又雨降る。両頭の牛出る。源義家生る。○七十代　後冷泉院。後朱雀院第一の王子。永承元年（一〇四六）即位、在位二十三年。寿 四十四。源義家が安倍貞任を討つ。鶴岡八幡宮建つ。宇治平等院建つ。

○七十一代　後三条院。後朱雀院第二の王子。延久元年（一〇六九）即位、在位四年。寿 四十。比叡山の僧が三井寺と戦う。宋六代 神宗の熈《き》寧《ねい》二年に当る。○七十二代　白河院。後三条院第一の王子。延久五年（一〇七三）即位、在位十四年。寿 七十七。源頼義卒。富士山焼ける。法勝寺九重の塔建つ。○七十三代　堀河院。先帝第二の王子。寛治元年（一〇八七）即位、在位二十一年。寿 二十九。源義家が清原武衡・家衡を討つ。源義親謀反。○七十四代　鳥羽院。先帝第一の王子。天仁元年（一一八〇）即位、在位十六年。寿 五十四。源義家卒。大江匡房卒。源義綱甲賀山に立て籠る。○七十五代　崇徳《じゅとく》院。先帝第一の王子。天治元年（一一二四）即位、在位十八年。寿 四十六。源義光卒。三十三間堂を建て千体仏を置く。

○七十六代　近衛院。鳥羽院第六の王子。康治元年（一一四二）即位、在位十四年。寿 十七。平忠盛卒。頼政鵺を射る。下野国那須の野に狐を狩る。○七十七代　後白河院。鳥羽院第四の王子。保元元年（一一五六）即位、在位三年。寿 六十六。崇徳院謀反、讃岐国へ流す。源為義平忠正を誅す。源為朝を伊豆国へ流す。○七十八代　二条院。後白河院第一の王子。平治元年（一一五九）即位、在位七年。寿 二十三。義朝謀反を清盛が討つ。頼朝を伊豆に流す。○七十九代　六条院。先帝第一の王子。仁安元年（一一六六）即位、在位三年。寿 十三。平清盛を大政大臣とする。南宋 孝宗乾道二年に当る。○八十代　高倉院。後白河院第三の王子。嘉応元年（一一六九）即位、在位十二年。寿 二十一。源為朝を殺す。平重盛薨ず。源頼政平等院に戦う。頼朝、義仲 義兵を起す。嘉応二、承安四、安元二、治承四。摂津。福原宮。

○八十一代　安徳天皇。高倉院第一の王子。養和元年（一一八一）即位、在位三年。寿 八歳。清盛薨ず。江ノ島弁天建つ。義仲都に入る。平家西国へ落ち行く。また都を平安城に遷す。○八十二代　後鳥羽院。高倉院第四の王子。元暦元年（一一八四）即位、在位十五年。寿 六十。義仲粟津に死す。平家壇ノ浦に亡ぶ。源頼朝日本総追捕使となる。武将の始り。曾我兄弟祐経を討つ。○八十三代　土御門院。先帝第一の王子。正治元年（一一九九）即位、在位十二年。寿 三十七。頼朝薨じ、頼家継ぐ。頼家を伊豆に移し、実朝継ぐ。時政 頼家を弑す。法然上人を流す。熊谷蓮生寂。○八十四代　順徳院。後鳥羽院第二の王子。建暦元年（一二一一）即位、在位十一年。寿 四十六。法然上人遷化。後鳥羽院鎌倉を滅ぼそうとして成らず。実朝薨ず。○八十五代　後堀河院。高倉院の孫守貞親王の子。貞応元年（一二二二）即位、在位十一年。寿 二十三。藤原頼経将軍となる。北条義時死す、同三代泰時執権と成る。尼将軍政子逝去。（墨書き＝八十五代 仲恭院。在位一年。寿 十七）。

○八十六代　四条院。先帝第一の王子。天福元年（一二三三）即位、在位十年。寿十二。定家伊勢物語を講ず。将軍藤原（九条）頼経上洛。東福寺建つ。定家卒。○八十七代　後嵯峨院。土御門院第二の王子。寛元元年（一二四三）即位、在位四年。寿五十三。藤原頼嗣将軍となる。泰時死し、同四代経時執権。○八十八代　後深草院。先帝第三の王子。宝治元年（一二四七）即位、在位十三年。寿六十二。宗尊親王将軍と成る。建長寺建つ。経時死す。五代時頼執権。宝治合戦（三浦泰村は北条時頼と鎌倉で戦い敗れ、北条氏の独裁体制が確立した）。○八十九代　亀山院。後嵯峨院第四の王子。文応元年（一二六〇）即位、在位十五年。寿五十七。日蓮上人を流す。惟康親王将軍。日蓮宗を立つる。親鸞寂。本願寺建つ。時頼死去。同六代時宗執権。○九十代　後宇多院。先帝第二の王子。建治元年（一二七五）即位、在位十三年。寿五十八。蒙古襲来、神風に会い皆滅。一遍上人時宗を広む。日蓮寂。時宗死す。同七代貞時執権。

○九十一代　伏見院。後深草院第二の王子。正応元年（一二八八）即位、在位十一年。寿五十三。久明親王将軍。南禅寺建つ。天王寺石の鳥居建つ。○九十二代　後伏見院。先帝第二の王子。正安元年（一二八八）即位、在位三年。寿四十九。八代北条（赤橋）師時執権（鎌倉幕府最後の執権）。○九十三代　後二条院。後宇多院第一の王子。乾元元年（一三〇二）即位、在位七年。寿二十四。足利尊氏生る。○九十四代　花園院。伏見院第二の王子。延慶元年（一三〇九）即位、在位十年。寿五十二。守邦親王将軍。師時、貞時死す。九代高時執権。○九十五代　後醍醐天皇。後宇多院第二の王子。元応元年（一三一九）即位、在位前後十六年。寿五十二。相模入道（北条高時）滅ぶ。護良親王将軍。善阿上人百万遍を始むという。

○九十六代　光厳院（北朝）。後伏見院第一の王子。正慶元年（一三三二）即位、在位二年。寿五十三。足利直義《ただよし》大塔宮護良親王を弑す。成良親王将軍。後醍醐帝重祚の後、吉野へ遷るのを南朝（「南朝年号」参照）という。楠正成討死。義貞北国で打ち死に。○九十七代　光明院（北朝）。後伏見院第二の王子。延元二年（一三三七）即位、在位十二年。寿六十。天竜寺建つ。源尊氏*将軍。師直塩谷判官を斬す。楠正行討死に。（墨書き＝南朝後村上天皇。寿四十一）。○九十八代　崇光院（北朝）。光厳院第一の王子。貞和五年（一三四九）即位、在位四年。寿六十五。師直を誅す。吉田兼好死す。直義死す。○九十九代　後光厳院（北朝）。光厳院第二の王子。文和元年（一三五二）即位、在位十九年。寿三十七。赤松則祐死す。尊氏卒。義詮将軍。南朝は長慶院、在位一三六八～八三、義満将軍。○百代　後円融院（北朝）。後光厳院第一の王子。応安五年（一三七二）即位、在位十一年。寿三十六。（墨書き＝南朝　後亀山院［南朝第四代で最後］。在位二十三年［現在は一三八三～九二］。寿七十八）。

○百一代　後小松院（北朝）。先帝第一の王子。永徳三年（一三八三）即位、在位三十年。寿五十七。相国寺を建つ。義持将軍。南朝と和睦。

○百二代　称光院。先帝第一の王子。応永二十一年（一四一四）即位、在位十六年。寿二十八。義量将軍。上杉叛く。朝鮮国より一切経を貢ぐ。○百三代　後花園院。後小松院第二の王子。永享元年（一四二九）即位、在位三十六年。寿五十二。赤松満祐将軍義教を弑す。鎌倉持氏を滅す。義勝将軍。義政将軍。今川了俊誓詞を作る。太田道灌江戸城を築く。勧進能始る。○百四代　後土御門院。後花園院第一の王子。寛正六年（一四六五）即位、在位三十六年。寿五十九。義尚将軍。細川勝元と山名宗全戦う。一休禅師遷化。義稙将軍。義澄将軍。江戸湯島天神建つ。道灌死す。○百五代　後柏原院。後土御門院第一の王子。文亀元年（一五〇一）即位、在位二十六年。寿六十三。宗祇法師死す。義晴将軍。細川高国尼崎の城成る。北条早雲死す。北条氏綱が上杉朝興を滅す。

○百六代　後奈良院。後柏原院第一の王子。大永七年（一五二七）即位、

在位三十一年。寿六十二。義輝将軍。鉄砲を始めて作る。○百七代　正親町《おおぎまち》院。後奈良院第一の王子。永禄元年（一五五八）即位、在位二十九年。寿七十五。三好叛く。松永久秀が将軍義輝を弑す。義昭将軍。姉川の合戦。浅井・朝倉滅ぶ。信長将軍。琉球国より三味線渡る。秀吉関白に任ず。○百八代　後陽成院。正親町の孫陽光院の子。天正十五年（一五八七）即位、在位二十五年。寿四十七。秀次関白。小田原陣。朝鮮征伐。大谷刑部管鎗を作る。関ケ原陣。○百九代　後水尾院。後陽成院子第四王子。慶長十七年（一六一二）即位、在位十八年。寿八十五。大坂在番始る。○百十代　明正院。後水尾院の皇女。寛永七年（一六三〇）即位、在位十四年。寿七十四。大名参勤始る。安宅丸《あたけまる》の船、伊豆国から江戸へ来る。

○百十一代　後光明院。後水尾院第一の王子。正保元年（一六四四）即位、在位十一年。寿二十二。隠元禅師来朝。○百十二代　後西院。後水尾院第七の王子。明暦元年（一六五五）即位、在位九年。寿四十九。江戸に猪牙舟を作る。○百十三代　霊元院。後水尾院の第十七王子。寛文三年（一六六三）即位、在位二十四年。寿七十九。長崎で線香を製す。○百十四代　東山院。霊元院第四の王子。貞享四年（一六八七）即位、在位二十二年。寿三十五。十文銭通用。○百十五代　中御門院。東山院第六の王子。宝永七年（一七一〇）即位、在位二十六年。寿三十七。相州浦賀船改め始る。

○百十六代　桜町院。中御門院第一の王子。元文元年（一七三六）即位、在位十二年。寿三十一。江戸で鉄銭通用。○百十七代　桃園院。桜町院第一の王子。延享四年（一七四七）即位、在位十九年。寿二十二。東叡山仁王門再び建立。暦改まる。○百十八代　後桜町院。桜町院第一の皇女。宝暦十三年（一七六三）即位、在位八年。寿七十四。四文銭通用。○百十九代　後桃園院。桃園院第一の王子。明和八年（一七七一）即位、在位十年。寿二十二。南鐐銀通用。○百二十代　光格天皇。閑院帥宮第五の王子。安永九年（一七八〇）即位、在位三十八年。寿七十。奥州仙台で撫角《なでがく》の鉄を鋳る。

○百二十一代　仁孝天皇。孝格帝第四の王子。文化十四年（一八一七）即位、在位二十九年。寿四十七。○百二十二代　孝明天皇。仁孝天皇第四王子。弘化三年（一八四六）即位、在位二十年。寿三十六。幕末の多難に遭遇、攘夷を熱望、討幕に反対、妹和宮を降嫁し、明治維新を見ずに薨ず。

にんぶ【にんぶ】　片言。「にんぶは、民部《みんぶ》」である。〔不断重宝記大全〕

妊婦諸症【にんぷしょしょう】〔丸散重宝記〕に妊婦が、胎気が安からず、気《き》升《しょう》降らず、呑酸嘔吐する等の諸症には、香付子・藿香・甘草等を粉末とし塩湯で調える。○妊婦が腫満して脚より腹に至り、小便通ぜず、少しく渇するには、猪苓の末（粉）を白湯で服する。〔鍼灸重宝記綱目〕は妊婦が俄に倒れたり、胎動して安からず、或は胎衝き上げ、心を攻め腹の痛むのには、巨闕 三陰交に針をする。〈食合せ〉〔万用重宝記〕に孕み女には、黒鯛　滑《すべり》莧《ひゆ》を忌む。三四月になる子は流産する。

人別改め【にんべつあらため】〔四民格致重宝記〕に人別改めは、男女の人別《にんべつ》を改め、牛馬迄明細に、大小の百姓を帳につけて、改める帳面の次第である。高何十石 何右衛門。人数何十人。何右衛門・女房・男子（名前）・娘（名前）・下人（各人の名前）・下女（各人の名前）。各人それぞれの年齢、下人と下女は年齢と普代・年季・一年居の別を記す。この外、娘一人何村の誰に縁付く。馬・牛の数。家四ツ内（居屋 産所 馬屋 物置）。樹木（蜜柑 柿 葡萄 栗の各本数）。この通り明細に改める。百姓の外 諸職でもあれば、子細に詳しく帳につけると以後に大きな利がある。『宗門人別帳』とともに正確な戸籍となった。

人本図【にんほんず】〔増補新版名代廓法記〕に「人本図」があり、遊里、傾城、

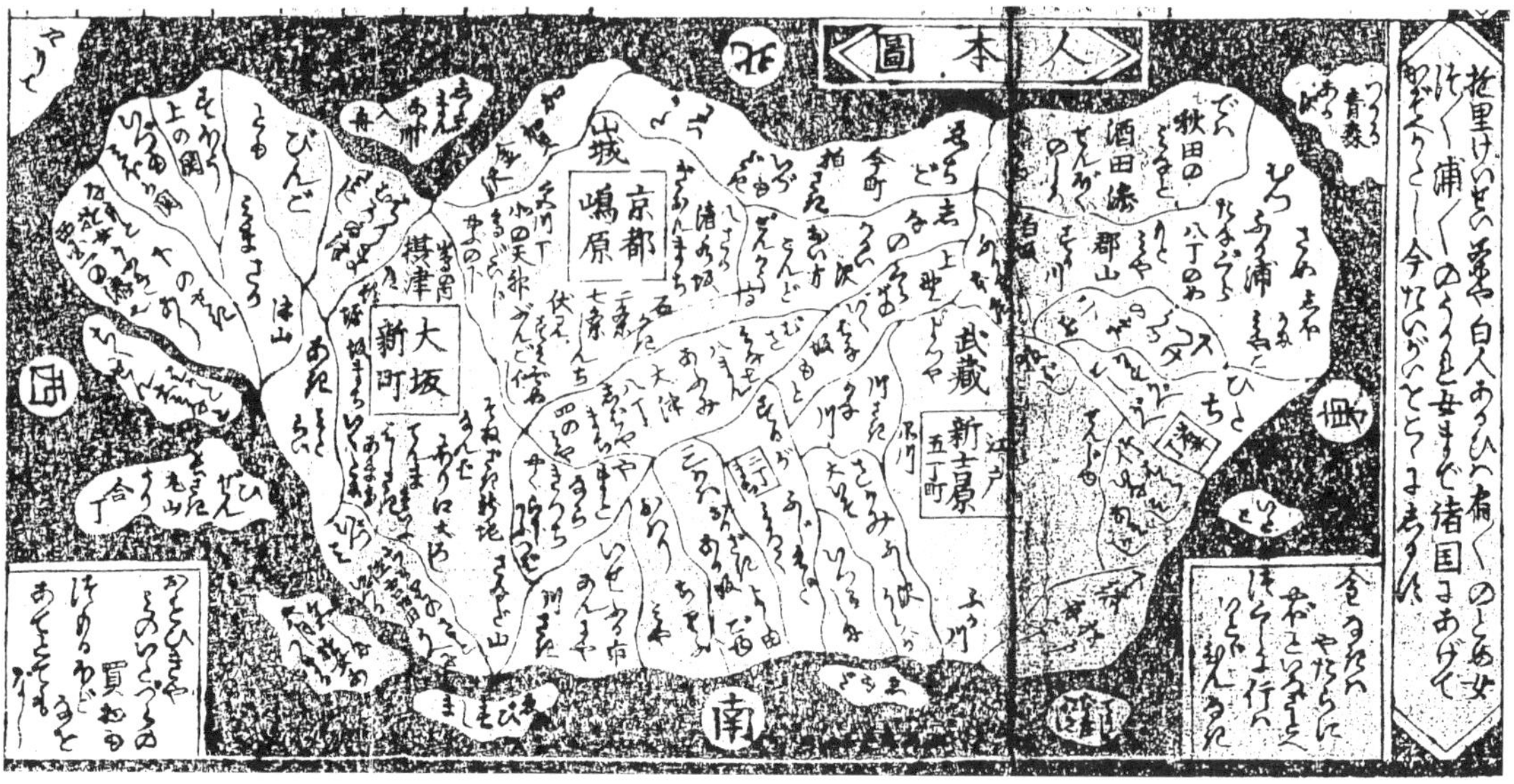

図382　「人本図」（（増補／新版）名代廓法記）

茶屋、白人、或は宿々の留め女、津々浦々の浮かれ女まで、諸国あげて数え難く、今その大概を記すという。「日本図」のもじり。図は、鶴屋惣助・長門屋専助板（図382）。

任脈【にんみゃく】〈十四経脈〉に任脈は、中極《ちゅうごく》の下に起って毛際《けはえぎわ》に上り腹の裏を廻り関元（臍の下三寸）に上り喉嚨《のど》に至り陰脈の海に属する。又云、胞中に起って背の裏を循《めぐ》る経絡の海である。その浮んで外のものは腹を循って上り行きて咽喉に会し、分れて唇口を絡《まと》う。血気の盛んな時は肌肉熱し、血独り盛んな時は毫毛《け》を生ずる。その病は男子は七疝（疝気の事）、女子は滞下*瘕*聚（血塊）をする。〔鍼灸重宝記綱目〕

ぬ

縫鹿子入り洗い様【ぬいかのこいりあらいよう】〔秘伝手染重宝記〕に「ぬいかのこ入りあらい（縫鹿子入洗）」がある。絹紗綾縮緬羽二重綸子龍紋飛紗綾の類に縫鹿子入りは、一ツ一ツに解きよく張り、伸子《しんし》の間は一尺ずつ置き、刺し縫鹿子に水の掛らないように小さい刷毛で温湯を引き、垢の付く所へシャボン*を塗り、染刷毛で縫鹿子の際まで念を入れて洗うと垢は落ちる。その跡を湯か水で、刷毛でシャボンが残らないように洗い、細かな所は楊枝の先で洗い、木綿布で水気をよく湿し、干して張る。

縫殿寮【ぬいのかみ】〔万民調宝記〕に縫殿寮《ぬいのかみ》は中務省*に属し、衣服の裁ち縫いを司る。頭《かみ》一人、禁中の女官 女房等の名帳を考え、衣服を裁ち縫う司《つかさ》である。「縫殿寮《ぬいのかみ》」とあるのを「ぬいりょう」と改めた。〔人倫重宝記・一〕には天子の装束は縫殿《ぬいどの》より調進し、故実は広橋殿 高倉殿 清閑寺殿等の家にある。

縫針／縫物【ぬいばり／ぬいもの】〈縫物始め〉〔人倫重宝記・二〕に次がある。縫物は、吉備大臣*が遣唐使の時、唐帝の大臣が才智の程を試すのに野馬台《やばだい》の詩を作って読ませた。吉備大臣は長谷の観音に祈誓した所 蜘

蛛となり糸を引いて読まされ、大臣は死を逃れた上賞美に七ツの宝を得、縫のことも相伝し、帰朝後は帝へ奉上した。帝は上達部 殿上人に指南させ、縫い所を縫殿となづけ 内裏に今もある。これより世に広まり、大臣より伝わるので縫物屋は今も男の縫う技であり、吉備大臣は御霊八所の明神の一座に斎《いわ》われ、縫物屋は下御霊へ社参する。東山、黒谷三十三所の観音堂に吉備大臣の木像があるのは、縫物法度により縫物屋が衰微したため京中の縫物屋が集り、結構な厨子を寄進して尊く拝んだからという。栄枯盛衰があった。

〔童女重宝記〕に次がある。唐土では大昊帝が九針を作り、『礼記』には針に紐を付けて縫うたとある。我が朝では大己貴神《おおあなむちのかみ》が大陶祇《おおすえつみ》の娘活玉《いくたま》依姫《よりひめ》に通う時、父母は神人を見顕そうと績麻《うみお》を縁《へり》に作り針で短裳に掛け、翌朝糸に従い三諸山に尋ね求めているので神代には既に針 績麻があった事が分る。縫針は女子第一の技であり、手習と同じく早く教えるのがよい。世間には双六 小歌 琴 三味線を習い、裁ち縫いの出来ない女子がいる。例え家が富み、物縫う女を置く身でも、少しは慰みにも縫うべきである。物を裁ち縫うには申の日は悪く、衣裳を裁つ時唱える歌もある。「千早振る神の教えを我ぞする 此の宿よりも富ぞふりぬる」「あさ姫の教え初めしから衣 裁つ度びごとに喜びぞする」「朝日さすあひしの宮の教えにて 男の上着今ぞ裁つなり」。急ぎ物裁つ時の歌は「津の国に悪しき夷の衣《きぬ》裁ちて 入り日も時も嫌はざりけり」「皇国のあられ夷の衣なれば時をも日をも嫌はざりけり」。

〔女重宝記・四 弘化四〕には次がある。縫針の技は、往古は后妃 北の方簾中の歴々も自らした。後世は御物師《おものし》針名《しんみょう》等がいるが、四民の妻女は一日も欠かせない勤めで、功者に頼り 何をおいても心掛けるべきである。両親 夫子供に汚れ綻びた物を着せて置くのは妻一人の恥となる。夏の洗濯、冬の蒲団迄、見苦しからぬように注意するのは妻の働きによる。娘は今の間に人の妻となり老婆 隠居となるので、少女の内から心掛けて後悔しないようにすべきである。

〈縫物秘伝〉〔女寺子調法記〕には木綿裁ち、絹裁ちの図がある（図383）。

〇「広物で小裁ちの仕様」は、身は着長《きたけ》に裁ち、切り、前より衽《おくび》をとり、後ろより衿をとる。袖は貝割りである。〇「紗綾 綸子 縮緬 綾 緞子等の裁ち様」は、袖はその人の尺《たけ》に合せて脇より衿をとり、衽は前よりとる。衿は四寸の縫い立て、衽は袖で巾六寸、身は八寸にして、袖はその人の肩の裄《ゆき》に合せて縫いたてる。〇「羽二重その他絹の類」は、袖は袖、衿は衿、身は身として裁つ。縫い様は背筋 脇は上から下へ縫い下げ、衽は上へ縫い上げる。「衣服の事」「針／縫針の事」参照

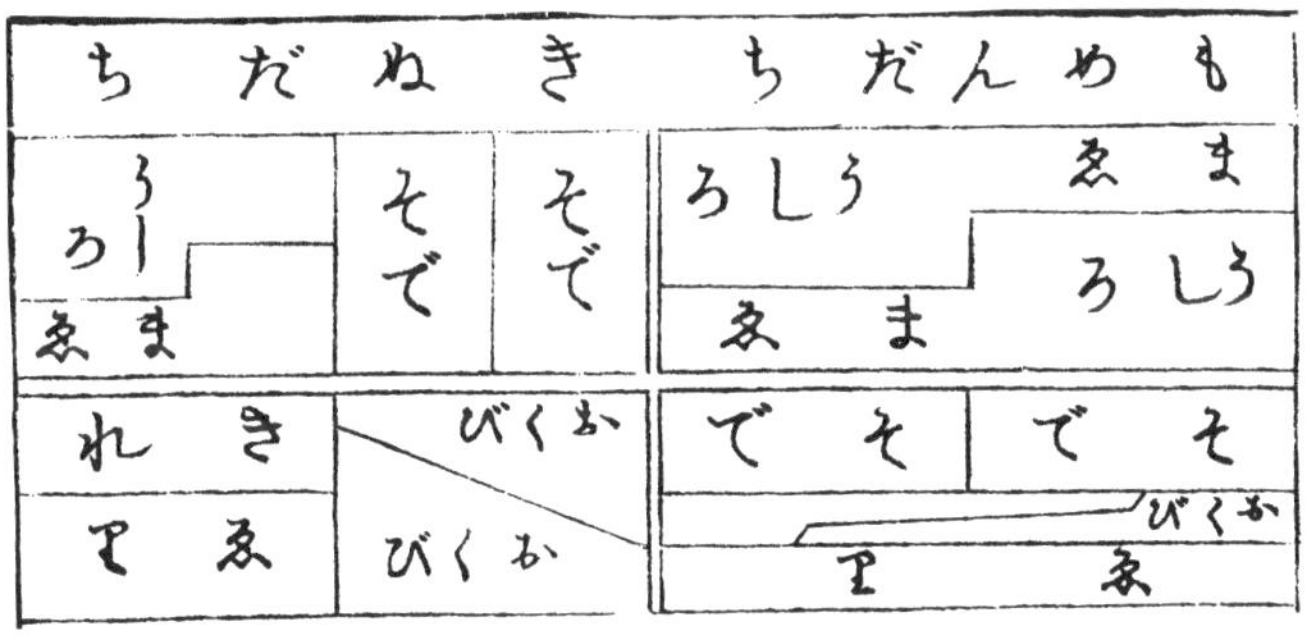
図383 「木綿裁ち／絹裁ち」（女寺子調法記）

額突【ぬかずく】 大和詞。「ぬかづくとは、神仏をおがむ事」である。〔女用智恵鑑宝織〕

ぬかすな【ぬかすな】 卑語。「言ふなをぬかすな」という。〔女用智恵鑑宝織〕

額玉【ぬかたま】 「ぬか玉は、ゆめ（夢）をいふ也」。〔消息調宝記・二〕

糠付【ぬかつき】 馬形名所。〔武家重宝記・五〕に糠付《ぬかつき》は、上口《うわくち》をいう。吹《ふき》嵐《あらし》*の下のはずれである。糠弄《ぬかせせり》 糠振《ぬかぶり》ともいう。

糠味噌【ぬかみそ】 〈製法〉〔料理調法集・造醸之部〕に六方がある。①糖の糠をよく篩い一斗を蒸し、大豆三升を煎り、糀三升、塩三升二合を常の味噌のように仕込む。但し、糠は熱い湯を入れ箸で掻き廻しよく捏ねぼろぼろになるようにして、蒸し上げる。塊を蒸籠へ入れると湯気が上らないので蒸籠の内を緩くする。三月程するとよい。②糯糠一斗、塩一升を飯の取り湯で練り、色が赤くなる程蒸して桶に入れ十五日程置いて、赤味噌三升、糀三升を搗き交ぜて四五日経るとよい。③糠一斗を絹篩いにして蒸し、塩一升五合、糀三升、粕二升の四品を搗き交ぜ、豆を煮た飴で捏ね、常のように寒の内に仕込む。④糯糠一斗、糀五升、塩四升、大豆三升を煮て、糠を味噌の飴でよく練り、残り三品をまた搗き交ぜ桶に仕込み、風が入らないようにして一年を経て用いる。⑤糯糠一斗、糀五升、塩二升五合、水三升を入れ、よく搗き合せ桶に仕込む。⑥糯糠を絹篩いにして一斗蒸し、塩五合を揉み合わせ、桶に仕込む。風が入らないように封をして置き、熟れて遣う時に酒塩で塩梅する。〔ちやうほう記〕に糠味噌は、餅米の糠五合、塩三合を壺に入れ、蓋をして置く。尤も寒の糠がよい。

〈味を直す法〉〔秘密妙知伝重宝記〕に糠味噌の味を直すには、吉田灰汁（吉田灰は東国地方で藍建に使う）を入れてよく掻き廻すとよい。**〈匂いを去る法〉**〔俗家重宝集・後編〕に糠味噌の臭いを去る法は、紙を火に焼《く》べてその煙で燻すとよい。**〈薬性〉**〔永代調法記宝庫・四〕に糠味噌は虫癪によい。胃を開き胸をすかして、食を進める。目の患いには深く忌む。霞み渋り、後は見えない。

泥滑【ぬかる】 〔世話重宝記・二〕に泥滑《ぬかる》とは、雨後に道が潤い、泥の深いことをいう。鷓鴣《しゃこ》が鳴く時は必ず雨が降り、声は泥滑々《ていかつ》と泣く。これから雨が降って後、泥の多いことを泥滑というかとある。また人の気の優《ゆたか》なのを泥滑というのも、泥のように柔らかで、堅固でない気を譬えていうかとある。

ぬきぐさ【ぬきぐさ】 大和詞。「ぬきくさ（幣草）とは、あさ（麻）の一名」である。〔不断重宝記大全〕

抜薬【ぬきぐすり】 〔改補外科調宝記〕に抜薬は、瘤が初めて出てまだ破れず、根が小さく散らない時に貼る。白砒霜・礦砂・黄丹・軽粉・雄黄・乳香・没薬・硼砂（各一匁）、斑猫（二十）、田螺（大の殻を去り一ツ日に曝し干して切る）。これらを細末（粉）にして糯米の粥で練り合わせ碁石のように固め日に干し、瘤の上には灸を三火してこの薬を付け、その上に黄柏の粉を水で練り付け蓋にし十日余で瘤は自然に枯れ落ちる。その後に斂瘤膏*を付ける。

抜白付子【ぬきしろぶし】 草花作り様。抜白付子《ぬきしろぶし》の花は白色である。土は肥土に砂を交ぜて用いる。肥しは魚の洗い汁を根廻りに掛ける。樹下に植えるとよい。分植は秋にする。〔昼夜重宝記・安永七〕

ぬきすの水【ぬきすのみず】 「御歯黒の事」ヲ見ル

温い【ぬくい】 諸国詞。「京にあたゝか（暖）、大坂ぬくひ（温）」という。〔女用智恵鑑宝織〕

幣【ぬさ】 大和詞。〔不断重宝記大全〕に「ぬさ、神へ捧る物」をいう。〔消息調宝記・二〕に「ぬさとは、神へまゐらす物を云」。〔女重宝記・五弘化四〕に「ぬさとは、神の御へいを云」。

塗師の事【ぬしのこと】 〔万物絵本大全調法記・上〕に「漆匠 しつしやう／

ぬし。髹工 きうこう。同」。〔重宝記・儀部家写本〕に塗師《ぬし》の事として、○春慶は、梔子で染め 古渋を三遍引き 漆を塗る。○黒は、墨で塗り 渋を三遍引き漆を塗る。○上々黒塗りは、水をつけ擦り乾かし、砥の粉に渋を交ぜて塗り、漆に砥の粉と灰墨を交ぜて塗る。○上々赤は、下地は同じくして漆にベンガラ砥の粉を交ぜて漆を塗る。いずれも下地は同じで、漆に砥の粉に、その色々を交ぜて塗る。〔万買物調方記〕に「京都ニテ塗師屋」烏丸通錦上ル 道恵、綾小路新町西へ入 道志、八幡町東洞院西へ入る 鷹羽屋、車屋町押小路角 清兵へ、その外車屋町通二条下ル等がいる。「江戸ニテ塗師屋」蒔絵とともに南大工町 幸阿弥与三兵へ、同 駒休意、ごふく町 分銅や忠左衛門等二十軒ある。「大坂ニテ塗師屋」順慶町、難波橋筋、心斎橋筋 野村徳兵衛がいる。「塗物の事」「蒔絵師」参照

盗金【ぬすびとがね】〔武家重宝記・四〕に、鉄砲の盗金《ぬすびとがね》*は、毛抜金《けぬきがね》*を押さえるものである。

盗人の事【ぬすびとのこと】〈呪い〉〔新撰咒咀調法記大全〕に次がある（図384）。①「盗人の跡に立て顕はる符」。②「盗人の足跡に立る符」。③「盗人の家へ這入らぬ呪」は表裏の方を向いて書く真似をして寝ると、盗人は入らない。他行《たぎょう》にも書いて締りをする。④「盗み隠したる人を顕す呪」は、その年の年徳棚（「年徳恵方」参照）へ供えた昆布を黒焼きにして酒の中へ入れ、疑わしく思う人に飲ますと盗んだ人なら忽ち顔に顕れる。〔万まじない調宝記〕に盗人避けの歌、「夜の内にもしも怪しき事あらば ひき驚かせ我が枕神」を門口裏口に貼るとよい。〔調宝記・文政八写〕に、盗人避けに「ヲンヲノリビシヤチビラホヂヤラヲホトヲホトニホヂヤラホニハンコキツリヨヤウヘンソモコ」がある。〔清書重宝記〕に盗人を家に入らせない伝は、「十文字四方八方あびらうんけんそわか」と柴垣に書いて門口の戸に貼って置くとよい。〔日用重宝童訓古状揃〕に「盗人用心の呪い。とつ犬《そはか》しみん中たい」と表裏の方に向って書く真似をして寝ると、盗人が入っても得盗らないという。

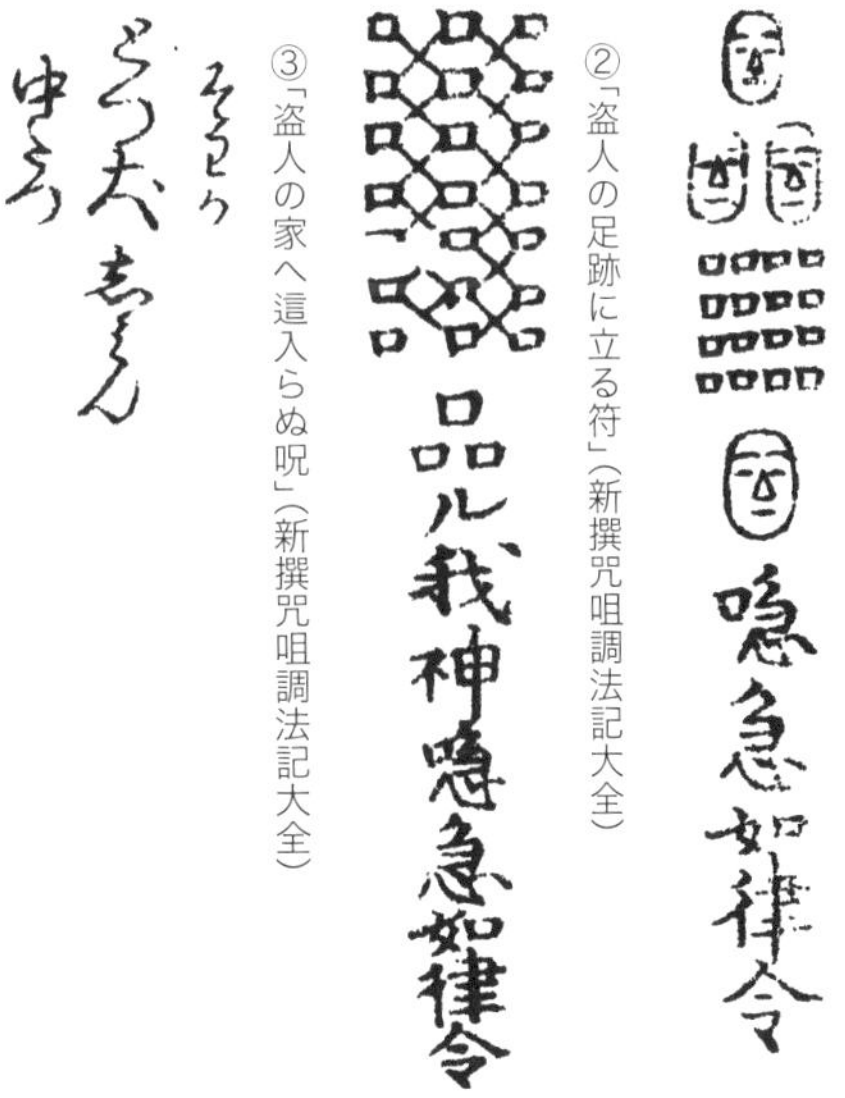

図384 盗人の事
①「盗人の跡に立て顕はる符」（新撰咒咀調法記大全）
②「盗人の足跡に立る符」（新撰咒咀調法記大全）
③「盗人の家へ這入らぬ呪」（新撰咒咀調法記大全）

〈世話〉〔世話重宝記・二〕「盗人に鑰預くる」は、災いの本を助長することの譬えである。『史記・李斯伝』に「盗《ぬすびと》に糧《かて》を齎す」という語はあるが「鑰」の語は見えないので、多分言い違えとする。〔大増補万代重宝記〕に「盗人《ぞくにん》よけの歌」として、「うき草の一葉なりとも磯がくれ 心にかけそ沖津しらなみ」（新古今集・釈教）がある。

盗人祭【ぬすびとまつり】〔年中重宝記・三〕に九月九日、長谷《ながたに》の内 中村祭は夜に入るので、俗に盗人まつりという。

沼田【ぬた】「ぬた（沼田）は、しゝ（猪）のふし（伏）所《ど》也」。〔消息調宝記・二〕

ぬた和え【ぬたあえ】〔料理調法集・和物之部〕にぬた和えは、枝豆を湯煮して擂り漉し何でも和える。粕沼田《かすぬた》は、粕で和える。豆の粉ぬたは、豆の粉で和える。近世は味噌を擂り、酒酢で延べ和える。

ぬて【ぬて】〔万物絵本大全調法記・下〕に「楠木 ばいぼく／ぬで／ぬるで」。〔消息調宝記・二〕に「ぬてとは、悪木の名也」。

ぬどう【ぬどう】〔世話重宝記・二〕に「奴童《ぬだう》を、入道《ぬだう》と心得たるは悪し」とある。

沼縄【ぬなわ】 大和詞。〔消息調宝記・二〕に「ぬなはとは、水くさ、じゅんさい（蓴菜）也」。〔女用智恵鑑宝織〕には「ぬなばとは、水くさの事也」。

布子の事【ぬのこのこと】〔世話重宝記・二〕に木綿の衣服を布子《ぬのこ》というのは、或る説に木綿《きわた》が本朝に伝わった永禄（一五五八〜六九）天正（一五七三〜九二）の頃からという。上古から永禄頃迄下民の衣服は麻葛《あさくず》の類で、卑しい者の衣服を布子という。上代の麻布《あさぬの》の遺語である。しかし『輟耕録』『続博物志』を見ると、閩広《みんこう》に多く木綿を植えて紡み績いで布《ぬの》とするとあるので、木綿をも布というのであろう。また吉貝《きつばい》ともいう。江戸時代普通は、木綿の綿入*を言う。「木綿の事」参照

布の事【ぬののこと】〔人倫重宝記・二〕に、布は唐土では黄帝が自ら麻を植えて布を取ることを始め、日本では奥州より織り始め、これを今日の細《ほそ》布《ぬの》というとあり、〔童女重宝記〕には布を造る図、及び機を織る図がある。〈布晒し様〉〔男女日用重宝記・上〕に布晒し様は、六尋《ひろ》でも七尋でもその尋の数程 灰汁藁を焚き湯にして、よい天気に二日程灰汁の残らないように漬けて晒し、その後水で灰汁を再々漬けて晒し、いかにも白くなった時 繁縷を入れ青くなる程布に擣き染め、その後水ばかりで白くなる程擣き落し、よく水に晒して貼る。前の灰汁を漬けて晒す内に、三四日程夜晒しに貼る。

布の帽額【ぬののもこう】〔消息調宝記・二〕に「ぬのゝもかう（布帽額）、倚《い》盧《ろ》の御所に布のみづ引をひく、徒然草三ケの秘事の一ツと云」（『徒然草・二十八段』）。

布木綿の書画【ぬのもめんのしょが】〈墨写りよくする伝〉〔筆海重宝記〕には布木綿に書画を書く時、少し水を吹き湿して書くと、墨写りがよいという。強く湿ると縮むので、程よく拵えるのがよい。また墨に麩糊を加えてもよい。〈書画に物書き散らぬ法〉〔文政新刻俗家重宝集〕に布へ書画を書いて散らぬ法として、耳の垢を取り 少し墨に交ぜて磨って書くとよい。〈濡れ布に滲まぬ伝〉〔調法記・全七十〕に濡れた布に物書くに滲まぬ伝は、耳の垢を墨に磨り交ぜて書くと少しも滲まない。

ぬばたま【ぬばたま】 大和詞。「ぬばたまとは、夢を云。又、やみ（闇）くろ（黒）きの枕詞」。〔消息調宝記・二〕

沼【ぬま】 大和詞。「ぬまとは、水の濁る溜り水」である。〔女用智恵鑑宝織〕

沼津より原【ぬまずよりはら】 東海道*宿駅。一里半。本荷九十五文、軽尻六十二文、人足四十八文。三枚橋入口町、ここは昔は城地である。川くま町、千本の松原、宿はずれ左方にある。昔 六代（平維盛の子。剃髪後 妙覚と言う）を切ろうとした所である。五反田 ここから原迄大方村続きである。東間門《まかど》、右に足高山 小ずわ明神があり、大ずわ、松永、今沢、三本松、大塚と続く。〔東街道中重宝記・寛政三〕

絓【ぬめ】〔絹布重宝記〕は絓《ぬめ》に、大広 中広 常巾がある。買廻しは、白生《き》物《もの》及び染め地は目廻《めまわり》*、黒仕入れ 絓は当買《あてがい》*である。こなし（扱い）は大体綸子*と同様である。絓は生糸《きいと》で織り、練って染め張りする。繻子は練糸で織るので光沢《つや》に抜群の相違がある。

絓紗綾【ぬめさや】〔絹布重宝記〕に絓紗綾《ぬめさや》は、丈 巾は龍紗綾同様で、無門の唐紗綾である。

ぬめり者【ぬめりもの】 片言。「ぬめり者、遊恣」である。〔不断重宝記大全〕

塗盆に卵積む伝【ぬりぼんにたまごをつむでん】 手品。〔清書重宝記〕に塗盆（漆塗りした盆）の上に卵を積む伝は、卵の上々なのを選び、塩を少々置いて、その上に置くと妙に立つ。

塗物の事【ぬりもののこと】 漆塗りした物をいう。〔新撰咒咀調法記大全〕に、○「塗物早く乾かす呪ひ」は、山椒の粉を少し入れて塗ると乾きが早い。また箱等の塗ったのには茶碗に酒を酌み入れて置くと早く乾く。○「塗

物に紙を貼る呪ひ」は、糊に五倍子《ふし》の粉を練り混ぜて貼るとよい。○「塗物の魚の油気を落す方」は、塗物 焼物でも魚の油気の落ちないのには、菜の葉で洗うとよい。〈漆負け〉〔妙薬調方記〕に塗物や漆に被れたら、蟹を煎じた汁で洗うとよい。

〈塗物道具煤け取り様〉〔万家調法呪詛伝授囊〕に塗物道具の煤けを洗っても落ちないのには、糯米の藁灰汁を布切に浸して洗うとよく落ちる。その後乾いた時油でよく拭くと妙に新しくなる。〈売り店〉〔江戸流行買物重宝記・肇輯〕に「堅地塗物」は日本橋通一丁メ 黒江屋太兵衛、同二丁メ 藤木喜兵衛、青物町 会津屋徳兵衛、本郷五丁メ 日光屋弥惣兵衛、麹町五丁メ 山口屋藤兵衛ら十四軒がある。「膳椀の色」参照

塗り弓【ぬりゆみ】〔武家重宝記・二〕に弓の両側木《そばき》を漆で黒く塗るのは、軍中 又は道路往来に雨露を防ぐためである。的矢の紙作《かみはぎ》を雨雪のために漆作《うるしはぎ》にするのと同じである。

寝魂【ぬるたま】 大和詞。「ぬる玉、夢」である。〔不断重宝記大全〕

温麦食い様【ぬるむぎくいよう】「冷麦食い様」ニ同ジ

濡衣【ぬれぎぬ】 大和詞。〔女用智恵鑑宝織〕に「ぬれぎぬとは、とが（咎）なき事に とがを受けるをいふ」。〔消息調宝記・二〕には「ぬれぎぬとは、なき名立つなり」。

ね

子【ね】 十二支の第一。〔年中重宝記・六〕等から集成すると次の通り。子（ね・し・鼠）。〔永代調法記宝庫・首〕に子の異名は困敦《こんとん》、夜半。○「月」は十一月。子《ね》は孳《しげる》で、十一月は陽気が動き万物孳々として生ずる意。○「時刻」で子の時は夜の九ツ。零時及びこの前後二時間。夜半という。○「方角」は北。また下。「子の時生れ」「子の年生れ」「子の日／月」参照

寝汗【ねあせ】〔妙薬調法記〕に寝汗には、五倍子を粉にして水で練り、臍中によく詰めて蓋をし、二三夜も腹帯をして寝ると、いつとなく止む。〔家内重宝記・元禄二〕に寝汗の出るには、艾葉・茯神・烏梅の三味を煎じて服する。汗を止めるには、麻黄根を末（粉）しても、煎じても服すると妙である。〔妙薬調方記〕は寝汗をかいて夢等見るには、長芋ばかりを煮て食うとよい。〔日用人家必用〕は明礬の粉とお歯黒五倍子の粉を等分にして、当人の唾で練り、臍へ入れるとよい。臍の下に塗るのもよい。「汗の事」参照

寧志丸【ねいしがん】〔丸散重宝記〕に寧志丸《ねいしがん》は、気血が衰え 夢中に多く驚く者によい。人参・茯苓・酸棗仁（酒浸し炒）・当帰・遠志・栢仁・琥珀（各五戔）、乳香、菖蒲・硃砂（各一戔五分）を蜜で丸ずる。

子丑【ねうし】 十二支の子*と丑*。子と丑は、幽陰。〔日用重宝記・二〕

願書【ねがいしょ】〔農家調宝記・初編〕に願書《ねがいしょ》の類は一定するに非ず、国所・地方役人の取り扱って来た風によって変るとし、「出水押ニ付御年貢引願書振合 乍恐以書付奉願上候」等五ツの範例文がある。願書・注進届の類には、十干*を書き入れるには及ばず、何月とばかり書く。〔不断重宝記大全・二〕には「願《ぐわん》書調へやうの事」が図版のようにあり（図385）、「敬白」を肩書に調えるのもあり、或は肩書に拝上と調えるのもあ

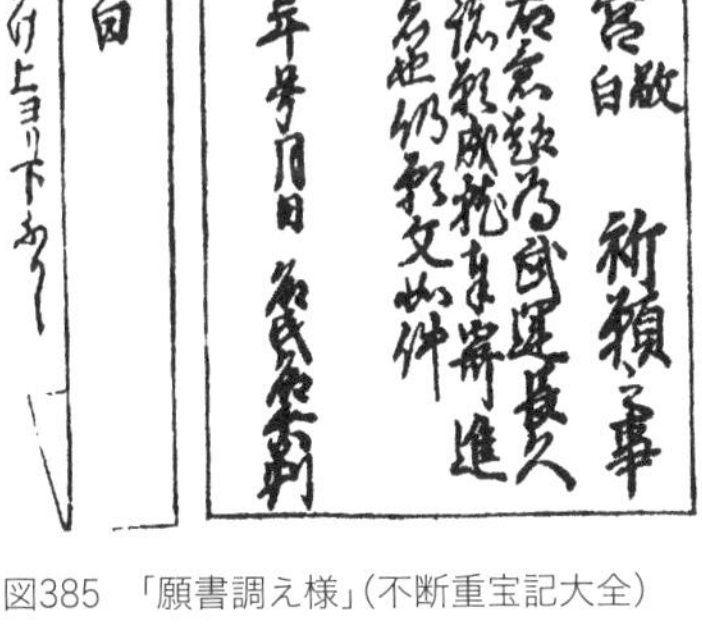

図385 「願書調え様」（不断重宝記大全）

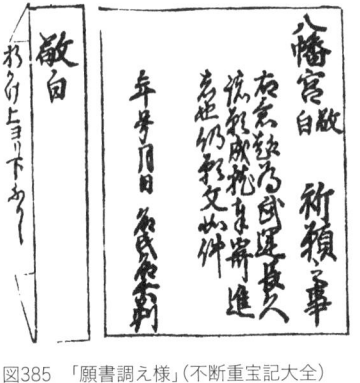

り、品によるとする。「注進状」「手形証文の事」参照

根懸／花簪【ねがけ／はなかんざし】「根懸／花簪」は、人形町 東花堂次郎兵衛が売る。〔江戸流行買物重宝記・肇輯〕

寝瘡【ねがさ】〔永代調法記宝庫・三〕に寝瘡《ねがさ》で、掻き破って癒えず、跡が瘡となって強く痛む時は、寒水石と天花粉*（等分）を粉にして水で練り合わせて付けるとよい。

葱【ねぎ】「ひともじ（葱）」ヲ見ル

祈事【ねぎごと】大和詞。「ねぎごととは、神に物申す事」である。〔不断重宝記大全〕

禰宜の宿館【ねぎのしゅくかん】伊勢名所。「外宮」の記載に、天下国家の御祈禱をここで執り行うとある。「内宮」は一の鳥居の左方にある。禰宜は、伊勢神宮では、宮司のもとで祭事を行う神官をいう。〔東街道中重宝記・七ざい所巡道しるべ〕

葱飯【ねぎめし】〔料理調法集・飯之部〕に葱飯は、葱の白根を細く裂き湯煮をして、長さをよい程に切り蒸して、椀に飯を盛った上に置いて出す。〔懐中料理重宝記〕に葱飯は、葱の白根を繊に打ち、茹でて吹き上げる時、上に置き、蒸し上げる。

塒【ねぐら】大和詞。①〔不断重宝記大全〕に「ねぐらとは、鳥の寝る所」。②〔女重宝記・五〕に「ねぐらとは、ね（寝）たる床」である。

寝言の事【ねごとのこと】〈寝言を言わぬ呪い〉〔調法記四十七ゟ五十七迄〕に「寝言を言わぬ呪」は、歌「禍の門口しめて寝るが夜《よ》の夜《よる》のあだ口語るなよ夢」。この歌を三遍詠んで寝ると寝言をいうことはない。〈寝言に言わす法〉〔万用重宝記〕に「心に包み隠す事 現《うつつ》寝言に言はせる楠肝胆の謀の法」として以下の事がある。毎月十五夜の月光を酒に写し、鶏の雄鳥の羽を黒焼にして酒に入れて飲ませ、南天の木の二股をよい程に切り、枕の中に仕込んで寝せると、その夜 心に包み隠すことを、現《うつつ》にいう。誠に奇妙とある。

猫の事【ねこのこと】〔万物絵本大全調法記・下〕に「猫 めう／ねこま／ねこ」。〈異名〉〔書札調法記・六〕に猫の異名に、蒙貴 烏園《うえん》 銜蟬《せん》がある。〈猫の病を治す薬〉〔俗家重宝集・後編〕に猫の病は、大きな虱を六七疋呑ませると奇妙に治る。〔調法記・四十ゟ〕は烏薬を粉にして水で飲ますと忽ち治る。〔諸民秘伝重宝記〕は卵を割った汁で烏薬の粉一匁を交ぜ合せて飲ます。水で呑ますのもよい。〈咬傷〉〔家内重宝記・元禄二〕に熊 猪と同じく猫の咬んだのには、粟を嚙み砕いて貼る。薄荷の汁を塗る。〔筆海重宝記〕は薄荷を煎じて塗る。〔諸民秘伝重宝記〕は麝香の粉を唾でつける。〈猫の飼い方〉〔文政新刻俗家重宝集〕に、〇猫が外へ逃げない法は、猫を貰ったら擂鉢を少しの間 覆せて置いて出すと外へは逃げない。〇猫子の鳴くのを止める法は、陳皮《ちんぴ》を粉にして鼻の先へつけると妙である。〇猫が子を産まない法は、盛りがついた時（発情）に繁縷《はこべ》をよく揉んで猫の陰門へ付けるとよい。〈逃げ猫呪い〉〔俗家重宝集・後編〕に猫が逃げたら、逃げた日の暦を墨で塗ると帰って来る。〈猫の目で時を知る事〉〔万民重宝改正大ざつ書〕は、六ツ（六・十八時）は丸く、五ツ（八・二十時）は卵に、四ツ（十・二十二時）八ツ（二・十四時）は柿の種にて、九ツ（零・十二時）は針、となる。〔掌中年代重宝記〕は、子・午（零・十二時）の時は針、卯・酉（六・十八時）は丸く、寅・巳・申・亥は（四・十・十六・二十二時）は鶏卵、丑・辰・未・戌（二・八・十四・二十時）は柿の核の如しとある。〔和漢年暦調法記〕の歌は、「六ツまろく 五七卵に 四ツ七ツ柿の種にて 九ツは針」とある。〔増補新版名代廓法記〕に「睦（十八時）まじく（丸く）、色よ恋よと狂言を柿の種（二十時）なり、心（九ツ＝零時）には針」とあるのは、猫の目（時間）に合せて遊女の心の変化を言いかけたものである。

ねこま【ねこま】「猫の事」ニ同ジ

猫又の憑いた時【ねこまたのついたとき】 俗信。〔万用重宝記〕に、人に狸・狢《むじな》・猫又、その外獣類が憑いてそれが何か判らない時は、鹿の角を粉にして膠を水で呑ませると自然とその品を言う。

根古屋絹【ねこやぎぬ】 〔絹布重宝記〕に根古屋絹は、秩父郡内根古屋より織り出す絹である。秩父絹*に似て巾も広いが、全体絹の地性よく品もあり、秩父とは大分の違いがある。大坂で根古屋絹と呼ぶ物は皆秩父絹で、上方には正真の根古屋はあまり沢山はない。

ねざめずし【ねざめずし】 「(御膳) ねざめずし」は、本石町一丁目北側中程冨山の裏 美濃屋喜八にある。〔江戸町中喰物重法記〕

寝覚鳥【ねざめどり】 大和詞。「ねざめ鳥とは、鶏の事」である。〔不断重宝記大全〕

拗け人【ねじけびと】 大和詞。〔不断重宝記大全〕に「ねぢけ人とは、あく(悪)人」をいう。〔女用智恵鑑宝織〕に「ねぢけ人とは、心ねじけたる人」の事である。

寝小便の事【ねしょうべんのこと】 〔女重宝記・四〕に夜忘れて小便を垂れるのには、破故紙・茴香 (各等分) を粉にして白湯で用いる。この外の病は、医者に頼んでも恥ずかしくない。〔諸民秘伝重宝記〕に寝小便を直す伝は、○萆薢《ところ》を粉にして塩湯で飲ます。○子供には丸じて飲ましてもよい。○大人の小便繁く 或は渋る等するには、粉にして飲ます。〔清書重宝記〕に柿の蔕一合を水五合に入れよく煎じて飲む。柿の蔕を粉にして煎じて飲むのもよい。〔万用重宝記〕に子供の夜尿《よばり》には、男の子は鳩の雄鳥、女の子は雌鳥の糞を煎じて飲ますと奇妙である。〔新撰咒咀調法記大全〕に夜小便《よばり》の奇方は、○鶏の腸《はらわた》を黒焼きにし白湯で飲ます。○萆薢《ところ》を煎じて用いる。○益知を細末 (粉) して塩湯で用いる。○薔薇《いばらしょうびん》の芽を二匁酒で煎じて用いる。〔新板日用重宝記〕は地鳥の糞、また猫の糞を丸じて用いると忽ち奇妙である。〔懐中重宝記・慶応四〕は、蚕の糞 (十匁)、鶏の白糞 (五分) を丸薬にして、金箔の衣を掛け二十 三十粒ずつ白湯で用いる。兎の糞もよい。〔万まじない調宝記〕は、①夜尿垂れは蓬萊の萱《かや》と大麦を炒って挽き粉にして呑む。②小便を垂れる人の布団の下へ紙を敷いて、夜尿で濡れたのを黒焼きにして飲ませると治る。〔胡椒一味重宝記〕は胡椒(大) と榧の実 (中) を粉にして服するとよい。〔算盤調法記〕に「寝小便の大黄奇薬」の本家調合所は、江戸書林 中橋広小路町 西宮弥兵衛とあり、広告に「一包料三百文」「世の中の売買とは違ひ、少しにても偽りなし。奇妙の良方故疑ひの心を生ぜず用ひて、其病苦を助かり給へ」とある。「遺精/遺尿」「小児諸症」モミル

鼠茸【ねずたけ】 食性。〔永代調法記宝庫・四〕に鼠茸は、下腹に忌む。虫、積聚、かたかい等、百病によい。

鼠色【ねずみいろ】 絹の練り様。〔家内重宝記・元禄二〕に鼠色は、胡桃を丸ながら黒焼きにして粉にし、豆のご (豆汁) で溶いて地を張り、刷毛で引くとよい。〔秘伝手染重宝記〕に鼠色は、白いご (豆汁) の中へ墨を少し入れ、色合を加減して二度引く。濃い薄いは望みに色合を見合わせて染める。

鼠色膏【ねずみいろこう】 和蘭流膏薬の方。〔改補外科調宝記〕に鼠色膏《ねずみいろこう》は、一切実症の腫物の痛み、便毒腫に硬みがあり痛むもの、毒虫に螫され色赤く痛むものによい。金と銀の炉滓・白粉 (水干して) (各四十匁)、樟脳 (七匁)、鶏卵白身 (十)、酢 (二合)、畦唐菜の油 (三合)。これらを油と酢で煎じ蕩かし、薬味を入れて練り、蠟で加減を見る。

鼠瘡の妙薬【ねずみかさのみょうやく】 〔重宝記・宝永元序刊〕に鼠瘡《ねずみかさ》の妙薬は、蕎麦の殻を黒焼きにして、髪の油で付ける。

鼠算【ねずみざん】 算法。〔古今増補算法重宝記改正・上〕に鼠算《ねずみざん》がある。正月に鼠の父母が子を十二匹産むと親ともに十四匹になる。この鼠が二月に子も又十二匹ずつ産むと九十四匹になる。このようにして月に一度

ずつ、親子孫曾孫と、月々十二匹ずつ産む時、十二月では何程になるかという問。答え、二百七十六億八千二百五十七万四千四百二匹。この鼠が一日に米半合食いにすると、千三百八十四万千二百八十七石二斗一合になる。この鼠が尾に食い付き食い付きした長さは、七十八万八千六百七十七里十二丁八寸。

鼠南京にする伝【ねずみなんきんにするでん】 鼠南京《ねずみなんきん》は体調の小さい愛玩用鼠。南京鼠ともいう。〔清書重宝記〕に鼠を南京にする伝は、生れた時から辛子を食わせて置けば育たないという。

鼠の事【ねずみのこと】〔万物絵本大全調法記・下〕に「鼠そ／ねづみ」。**〈異名〉**〔書札調法記・六〕に鼠の異名に、社君《しゃくん》家兎《かと》家鹿《かろく》がある。〔新撰咒咀調法記大全〕に鼠は北方に位し、夜九ツを司る。○前足の指は四ツ、後足の指は五ツ、合せて九ツ、即ち九ツの数である。○色の黒いのは北の方、夜陰《よる》の色である。○身の丈《たけ》と尾の長さの同じなのは、日暮と夜明と等分、昼夜の理である。○屎は牡《おす》は尖りが三ツ連なり、牝《めす》は丸くして続かない。**〈薬性〉**〔永代調法記宝庫・四〕に鼠の肝は聾の薬、よく料理して食うとよい。

〈鼠に咬まれた時〉〔秘密妙知伝重宝記〕に鼠に咬まれ爪で疵付いた時等の鼠毒は、緩やかではあるが身命を失う程である。○貝母の細末(粉)をすぐに塗り、○禊萩《みそはぎ》の陰干を煎じて茶のようにして呑む。〔改補外科調宝記〕は○猫の毛を灰にし麝香を少し加え、唾で練り付ける。或は、猫の糞をつける。〔続咒咀調法記〕は○狸を食うとよい。○付け薬に猫の頭の灰、また猫の毛の灰を塗るとよい。○麝香を塗る。〔諸民必用懐中咒咀調法記〕は、○猫の毛を取り灰に焼き唾で付けるとよい。○蝿の頭に石菖の根を摺り交ぜて付ける。〔俗家重宝集・後編〕は腫れても痛んでも禊萩《みそはぎ》を根葉ともに煎じて洗うと妙である。〔新撰咒咀調法記大全〕は、猫の涎を塗ると妙に治する。猫の涎は生姜の卸し汁を鼻に塗ると出る。〔懐中重宝記・慶応四〕は、○石榴の皮を煎じて飲む。付けるのもよい。○紫の布で結ぶ。○紫蘇を煎じて飲む。白砂糖水で飲むのもよい。○桜の皮を煎じて飲む。

〈鼠の小便が目に入った時〉〔重宝記・儀部家写本〕に鼠の小便には、猫の小便を目に塗るとよい。そうしないと目が潰れる。生姜を卸し猫の牙に塗ると直に小便をする。

〈鼠を去る法〉〔日用調法人家必用〕に鼠の歩くのを止る伝は、蒟蒻玉を干して燻すとよい。〔調法記・四十5〕には、○鼠の通う穴に蒟蒻玉を入れて置くと恐れて二度と来ない。○器物を咬むには雄黄を塗って置くとよい。○甘草を塗っても二度と来ない。○正月始めの辰の日、幷に毎月庚《かのえ》寅の日、壬《みずのえ》辰の日、暦上段の満*の日に、鼠の穴を塞ぐとよい。○三月庚《かのえ》午の日に鼠を捕り、尾を切ってその血を家の梁《うつばり》に塗ると鼠は来ない。〔万用重宝記〕には砂糖水を大黒柱にせつせつと塗るとよい。〔大増補万代重宝記〕には蒟蒻玉等と同じく、蓮の茎もよい。**〈鼠を殺す薬〉**〔万用重宝記〕に鼠を殺す薬は、蒟蒻玉を搗き潰し飯に交ぜて食わす。

〈鼠の穴を塞ぐ〉〔文政新刻俗家重宝集〕に鼠の穴を塞ぐ法は、土に鶏の糞を混ぜて穴を塞ぐと開けない。

〈鼠を寄せる法〉〔秘密妙知伝重宝記〕に鼠を寄せる法は、千日草の花か実を火に焼《く》べると寄り集る。〔清書重宝記〕は沢蟹を煮物にし味噌を少し飯に交ぜ、鼠の出る所へ置いて、皮を火鉢で薫べると鼠が出て飯を食い逃げ出す。〔万家調法呪詛伝授嚢〕は蟹を煙に焼くと、鼠は甚だ妙に集まり出る。**〈鼠懐ける事〉**〔調宝記・文政八写〕に鼠を懐《なつ》ける法は、鉄鎚《かなづち》で頭を叩くとよい。

〈鼠の手捕え法〉〔俗家重宝集・後編〕に鼠を手捕えにする法は、蟹の味噌と石漆《せしめうるし》*を焼いて煙すと、鼠が集り手捕りになる。

〈鼠に芸を仕つける法〉〔万法重宝秘伝集〕に鼠を梯子に登る芸を仕付る

には、手で捉えて梯子に度々のぼせると末には手放しで登る。その時鰻を食わせるとどんな芸でも随分覚える。尤も随分気長にしないと出来ない。〈呪い〉〔増補咒咀調法記大全〕に①「鼠道具に疵つけ荒れる時の呪」を四方に貼る。②「鼠家の内に置かぬ符」がある（図386）。〈紋絵〉〔紋絵重宝記・上〕には鼠の字、また向い鼠にした丸紋の意匠がある。

図386 鼠の事
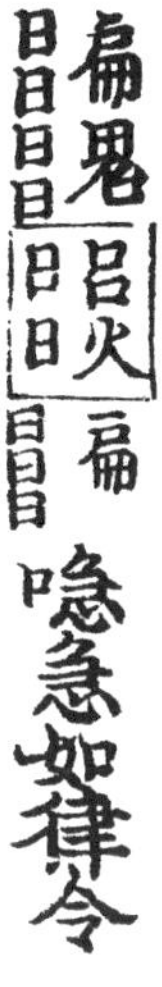
①「鼠道具に疵つけ荒れる時の呪」（増補咒咀調法記大全）

②「鼠家の内に置かぬ符」（増補咒咀調法記大全）

鼠の願い【ねずみのねがい】〔女筆調法記・五〕に鼠の願いは、いわゆる「鼠の嫁入」の話。夫婦の鼠が一人娘に天下一の婿を取ろうと思い、太陽の所に行くと、自分を覆い隠す雲を薦める。雲の所に行くと、自分を吹き散らす風を薦める。風の所に行くと、自分にたじろがぬ築地を薦める。築地の所に行くと、自分を崩してしまう鼠を薦める。かくして元の鼠に戻ったという話。

鼠半切算【ねずみばんきりさん】鼠半切《ねずみばんきり》は、漉き返した鼠色の安価な半切紙。〔農家調宝記・三編〕に鼠半切算《ねずみはんきりさん》がある。①江戸より京へ百二十五里（但し、一里三十六丁。一丁六十間。一間六尺）、鼠半切を継ぎ立て届かせる時、紙の丈《たけ》曲尺一尺一寸五分、継代《つぎしろ》五厘ずつ引いて、何枚で届くかという問。答え、百四十一万四千八百四十七枚と一寸八分五厘。②半切一束九十六枚、代二十八文ずつの時、その代はいくらになるかという問。答え、六十三両七百六十七文七分五厘七毛（相場、一両に付銭六貫八百文替）。これは慰み同前の隙費えであるが、位の取りようを覚える為にする迄である。

女楨【ねずもち】〔万物絵本大全調法記・下〕に「女楨 ぢよてい／ひめつばき。又ねずもち。春」。〈植替旬〉〔庭木重宝記〕に暑木の「鼠梓《ねづみもち》木斛木犀榊」等の植え替えは三月より五月迄、又八月より九月迄がよい。下肥（人の糞尿）を少し置く。

熱鬱【ねつうつ】六鬱*の一。〔鍼灸重宝記綱目〕に熱鬱は、小便赤く渋り、五心熱し、口苦《にが》く、舌乾き、脈は数《さく》である。針灸の穴は、膏肓 神道 肝兪 不容 梁門にある。

熱疳【ねつかん】〔小児療治調法記〕に熱疳は、腸熱が火のようで大便渋り滞り、肌肉黄ばみ痩せ、鳥目なのをいう。薬に胡黄蓮丸*がある。

熱厥の心痛【ねっけつのしんつう】経験方。〔丸散重宝記〕に熱厥の心痛が起こり、冷めているもの、兼ねて小児の小便の通じないものに、延胡索・川《せん》楝子《れんし》（各等分）を末（粉）し、酒或は白湯で用いる。

熱冷し【ねつさまし】〔家伝調方記・天保八写〕に熱冷しは、梨の皮（五匁）、古米（三勺程）、水（三盃）を、二盃に煎じて用いる。熱が内にあるのを発するのは妙である。

熱症の事【ねっしょうのこと】〔鍼灸日用重宝記・五〕に次がある。〈五臓*の熱症〉○肺が熱すれば、皮毛が熱して喘咳が寒熱する。○心が熱すれば、脈が熱し、胸いきれ心痛し手の内が熱する。○脾が熱すれば、肌肉が熱し 夜は非常によだるく手足は治まらない。○肝が熱すれば、筋が熱し 寅（四時）卯（六時）の刻は甚だしい。脈は弦で 多く怒り 手足は熱して筋は萎える。○腎が熱すると、骨髄が熱し 骨の中を虫が喰らうようで起きて居られない。

〈諸経の熱症〉○面（顔）の熱するのは、足の陽明。○口が熱し 舌の乾くのは、足の少陰。○耳の前が熱するのは、手の大陽。○掌《たなごころ》の熱するのは、手の三陰。○足の下が熱し痛むのは、足の少陰。○身が熱し肌の痛

むのは、手の少陰。○洒淅《シャセツ》（＝すすぎあらい）して寒熱すれば、手の太陰。○中熱し喘するのは、足の少陰。○身の前が熱するのは、足の陽明。○一身熱し 狂に乱し 譫語《たわごと》つくのは、足の陽明。○肩 背中 足の小指の外が熱するのは、足の太陽。肩の上の熱するのは、手の太陽。○昼に熱し夜静かなのは、陽が自ずから陽分に旺ずる。昼静かで夜熱するのは陽で陰中陥下する。○熱血が室に入り昼夜同じく熱するのは重陽 無陰である。陰を補い陽を瀉する。梁門 承満 天枢 気海に針を何度も刺す。また尺沢 委中より血を採る。

〈小児の熱症〉〔小児療治調法記〕の諸熱は次の通り。驚風* 傷風* 傷食* 傷寒* 痘疹* 変蒸* の各熱。また客《かく》熱*。疳熱* 寒熱* 血熱* 驚熱* 虚熱* 食熱* 積熱* 壮熱* 潮熱* 煩熱* 癖熱* 風熱* 余熱* 夜熱*。

熱疔【ねっちょう】 疔疽*の一。〔改補外科調宝記〕に熱疔で熱が甚だしく堪え難いのを冷やす方は、桶の泣輪（最下部に締める竹輪）のもとに穴を明け、桶を懸け腫物には藍染めの物を当て、その上へ水を懸けて震える程冷やす。熱疔のつけ薬は赤白仁《あずき》 寒水石《かんすいせき》*、又は石膏等を加えて水で溶き、羽毛で度々引く。内薬で毒気の浅いのには大黄升麻湯* 九珍散などがよく、重いのは五香連翹湯*を用いる。

熱湯の中に魚を生かす【ねっとうにうおをいかす】 手品。〔清書重宝記〕に熱湯の中に魚を生かすには、鉄砲（据え風呂 桶釜様の筒）に金網籠を拵えて火を入れ、口元に掛け、湯の中で金魚が泳ぐのは奇妙奇態である。

熱毒の赤痢【ねつどくのしゃくり】 経験方。〔丸散重宝記〕に熱毒の赤痢は、焦過した黄連（二戔）と当帰（一戔）を末（粉）して、麝香（一分）を入れ、毎服二戔を陳倉米湯《ひねこめのとりゆ》で下す。

熱毒擁遏の症【ねつどくようあくのしょう】 「痘瘡の事」ヲ見ル。痘瘡治例三法*の一。

熱秘【ねつひ】 「ひけつ（秘結）」ヲ見ル

熱病後の禁食【ねつびょうごのきんしょく】 〔里俗節用重宝記・上〕に熱病の後七十五日は、山椒を食わない。「傷寒」ヲ見ル

熱風【ねつふう】 皮膚の小腫物。〔鍼灸重宝記綱目〕に熱風は、癮疹とともに肩髃 曲沢 曲池 環跳 合谷 湧泉に灸をする。

熱脈【ねつみゃく】 「寒脈と熱脈」ヲ見ル

根舐【ねつり】 馬具。〔武家重宝記・五〕に根《ね》舐《つり》は、馬の頭上の首掛《こうかけ》*の両脇から喉の方に廻り、靶《はなかい》*の両脇にわたる索《なわ》をいう。

熱淋【ねつりん】 五淋*の一。〔鍼灸重宝記綱目〕に熱淋は、小便が赤く渋り、痛みが甚だしい。療治は、「五淋」参照。

熱癧【ねつれき】 〔改補外科調宝記〕に熱癧は、動めき腫れて色が赤い。脾を清くし 熱を下すように、連翹消毒飲（散）*を用いる。血癧に同じである。

寝て吐く唾は身にかかる【ねてはくつばきはみにかかる】 〔世話重宝記・三〕に「寝て吐く唾は身にかかる」は、『四十二章経』の「悪人の賢者を害せんと欲するは 天に仰いで唾吐くごとし、唾天を汚さず 還って己が面《かほ》を汚す」から出ているという。人を害しようとして、却って己が身を損なうという譬えである。

寝所を取る事【ねどころをとること】 「主人の御寝所を取る事」は、俗に北枕は忌むというが、枕は南北へ向けるに限る。東の方へ床を取る時は南枕にする。西の方へ床を取る時は北枕にする。

子の権現【ねのごんげん】 大坂願所。上福島岡松寺の西 光智院 元三大師堂の内に安置の子《ね》の権現へ五痔* 淋病* 消渇*を患う人が立願すると忽ち平癒する。全て帯下《たいげ》*を治す。御礼参りの節は寺中へ頼んで御膳を供する。御縁日は十日、甲子の日。〔願懸重宝記・初〕

子の時生れ【ねのときうまれ】 〔大増補万代重宝記〕に子時（零時）に生れる人は命が長いが、父母に早く別れることがある。兄弟は睦まじくなく、互いに力にならない。諸芸*を習っても末遂げ難い。衣食には縁があるが、とかく淋しい所に住むことを好む性がある。〔女用智恵鑑宝織〕に特記

する事は、氏神を信心し、慈悲の心で下々を憐れみ、夫によく仕えると末は繁盛するとある。

子の年生れ【ねのとしうまれ】〔大増補万代重宝記〕に子年生れの人に次がある。一代の守本尊は千手観音。*前生では黒帝の子で、北斗の貪狼星より白米一石と金子五貫目を受けて今生に生れる。前生で死罪の人を助けた功徳で今世は衣食に縁がある。常に閑静な所に住むのを好む。子は損《そん》虫《ちゅう》といい、人から憎しみを受けることがある。慎むのがよい。夫婦の縁は初めの縁が替り、後の縁が定まる。子は四人あり二人の力を得る。三十五より前は身上に妨げがあり苦労が多いが、年寄る程豊かになる。七十三歳か八十三歳で終る。妙見は寿命を守り、彌勒は智恵を授け、勢至は福徳を与えるので、一代の内よく信心するとよい。一説に、君子は位が進み、小人は財宝を保つ。但し、生れつき性急で、二十九歳で厄がある。慎むとよい。〔日用重宝万物図解〕嘉永大雑書三世相〕にも同趣の事が記され、卦は坎中連である。

子の日／月【ねのひ／つき】〈日〉〔家内重宝記・元禄二〕に「日用雑書」として次がある。子の日には門を建てない。北が塞がりである。病は男は重く、女は軽い。味噌は凶。耳の鳴るのは客人が来る。犬の長吠は人が多く来る。人神*は目にある。行方は東は宝を得る、西は酒を得る、南は吉、北は凶。この日、占い 又御籤を取り吉凶を定る事は悪い。正月子の日は万福日。*甲子《きのえ》 庚子《かのえ》 壬子《みずのえ》の日は屋造りに吉。但し、甲子は春凶、庚子は秋凶、壬子は冬凶。土公は甲子に北、壬子に西にある。甲子 戊子《つちのえ》は入学に吉。但し、春は甲子を用いない。甲子は井掘 釜塗に吉。丙子《ひのえ》の日は、伐（罰）日*に起請 誓文をしない。戊子 庚子の日は利銭商いに吉。壬子の日は武具を初めて着るのに吉。〔重宝記・宝永元序刊〕には子の日は鼠。出行 元服 井掘 入学に吉。屋造 倉建 嫁娶 移徙 稲刈 初穂掛に凶。〈月〉〔消息調宝記・三〕に十一月は子の月。周の代には子の月を正月とした。このため冬至を唐の正月と覚えている人もいる。一年十二月を、子*を十一月、丑*を十二月、寅*を正月と、十二支*に順に当てる。〔日用重宝万物図解〕嘉永大雑書三世相〕に「子《ね》《し》、十一月、困敦《こんとん》」。子《し》は孳《ずい》で産むと読む。この月は陽気動き万物孳々《じじ》として生ずるをいう。

子の聖神【ねのひじり】江戸願所。芝増上寺御山内より赤羽根へ出る所に子《ね》の聖《ひじり》の祠がある。全て腰から下《しも》の患い、疝気、脚気、腰の痛み等、例え上の患いでも病症により下にさがったのを、この神に祈願すると忽ち平癒する。御縁日は八日。願成就後は幟を献じ、御供米を納める者がある。〔江戸神仏願懸重宝記〕

子の日の遊び【ねのひのあそび】〔年中重宝記・一〕に正月七日、昔の人々は野辺に出て子の日をするといい、松を引くことがあった。主上にも出御があった。今は絶えている。〔日用重宝記・二〕に子の日の遊びは、春の生気を引いて寿き祝うものとある。

寝石／寝浜【ねばま】碁より出た言葉。〔男重宝記・三〕に「ねばまがある」といい、ねばま（寝石／寝浜）は石を隠し持って不当な利を得ること。即ち、不正を働くことをいう。

涅槃会【ねはんえ】〔年中重宝記・一〕に二月十五日、諸寺涅槃会。この日は、釈迦如来入滅日、年は七十九歳。

根深【ねぶか】「ひともじ（葱）」ヲ見ル

根深汁【ねぶかじる】〔料理調法集・汁之部〕に根深汁は、一塩の鯛を入れ、中味噌でよい。

癤／根太【ねぶと】〔新撰咒咀調法記大全〕に「ねぶと（癤／根太）」を治す方は、杉脂と胡椒を等分に擂り合わせてつけ、蓋をして置く。また醬油の極めて濃いのを鳥の羽で度々付けるとよい。〔胡椒一味重宝記〕に胡椒の粉（大）を繁縷《はこべ》の汁で溶いて付ける。〔大増補万代重宝記〕に「子《ね》太《ぶと》の妙薬」は、牛房の葉を付ける。また、山椒を粉にして竈の下の土

と擦って細かにし、酢で溶いて塗る。〔調法記・四十七ゟ五十七迄〕に便毒《よこね》*癤《ねぶと》を治す伝は、○下し薬 玄牛子《けんごし》（朝顔の実）の生を煎り過ぎず、粉にして散薬に用いる。○胡桃の肉を焼き粉にして用いる。○癤には葛の蔓を黒焼にして付ける。〔妙薬調方記〕に癰疔や癤の類で痛むのは、熊の油を付けると妙である。〔万用重宝記〕に癤や腫れ物に早く口を開けるには、牛房の実を呑み、腫物の上に丹礬を少し付けると即座に膿が出る。〔懐中重宝記・慶応四〕に根太は、小豆の粉を繁縷の汁で溶き、飯糊で貼るとよい。〔鍼灸重宝記綱目〕は瘍腫《ねぶとはれもの》には、少海に灸する。

〈癤食物宜禁〉〔家内重宝記・元禄二〕に「宜い物」は大麦 小豆 酢 昆布（但し生）独活 柿 麹 柘榴 棗 白瓜 蓮 竹の子 青海苔 苺 山芋 葛 砂糖 干梅 葱 鯉 鯛 鯵 牡蠣貝 鰻 田螺 炒り子 海月 鮒 海鼠 紫蘇 牛蒡 若布 鶉 白鳥等四十種。「禁物」は麺類 油 蕎麦 蕨 酒 豆腐 葱 瓜 芋 菌《くさびら》 生菓子 栗 梨 枇杷 桃 林檎 文豆 豇豆 飴 蒟蒻 茗荷 芹 大蒜 茄子 黍 餅 蛸 鰯 鱸 鮎 鱒 鮭 鯖 鰈 鯨 鮟 蛤 鰹 海老 螺 雉 鷺 兎 狸 猪 鹿 犬 生姜 鱠 鮓 等八十一種がある。

癰疽・瘡・丹毒共に用いる。

寝惚けさす伝【ねぼけさすでん】 呪い。〔新板秘伝日用重宝記〕に人を寝惚けさす伝は、寝入った人の目に赤い紙を貼り、灯火を所々に置いて起こすと寝惚ける。〔清書重宝記〕は猫という字を三ツ紙に書いて、その人の上に置くと寝惚ける。

寝待月【ねまちづき】 大和詞。〔不断重宝記大全〕に「ねまち月とは、十九日の夜の月」をいう。〔重宝記永代鏡〕には寝宵《ねまち》、二十日の月をいう。亥中の月ともいうとある。

子祭【ねまつり】 〔年中重宝記・四〕に十一月子の日、大黒天を祭ることを子祭《ねまつり》という。この日に灯心を諸人が買うのを「子灯心《ねとうしん》」というが、どういう訳か知り難く、国風《こくふう》である。

寝乱髪【ねみだれがみ】 匂袋の方。〔男女御土産重宝記〕に寝乱髪は、麝香・竜脳（各一匁二分）、桔梗（一匁八厘）、茴香（八分）、白檀・薫陸・木香・阿仙薬・とう草（各四分）、霊良香（二分）。この十味は八宮《みや》御家の御方である。

合歓の木【ねむのき】 〔万物絵本大全調法記・下〕に「合歓 がうくはん／ねぶりのき」。〔薬種重宝記・上〕に和木、「合歓 がうくはん／ねふのき。皮を用ゆ。麁皮《あらかわ》を去り、刻み、炙る」。

眠り落【ねむりおち】 〔弓馬重宝記・上〕に眠り落ちは、勢子の足踏のことである。口伝。

眠り薬【ねむりぐすり】 〔調法記・四十ゟ〕に眠り薬は、湯を熱く沸かして茶碗に入れ、阿片*を少し落して掻き回して飲むと眠りが来る。

ねめ【ねめ】 俳言の仙傍（訕謗）。「子供ヲ ねめ」。〔新成復古日夜重宝俳席両面鑑〕

ね文字の箸【ねもじのはし】 大和詞。「白はし（しら箸）は、ねもじのはし」。〔女重宝記・一〕

寝屋【ねや】 〔万物絵本大全調法記・上〕に「臥房 ぐわばう／ねや。寝室 しんしつ／むろ。並に同」。また「閨 けい／ねや」。

閨の扇【ねやのおうぎ】 大和詞。「ねやのあふぎ（閨扇）とは、かたみ（形見）を云」。〔不断重宝記大全〕

ねよのかね【ねよのかね】 大和詞。〔不断重宝記大全〕には「ねよのかねとは、初夜の鐘（現在の午後八時頃にする仏事）」。〔消息調宝記・二〕には「ねよと（ママ）のかねは、しよやのかね」とある。

練絹【ねりぎぬ】 〔絹布重宝記〕に練絹は、生糸を練って織った絹布。砧《きぬた》で打ったり灰汁《あく》で煮たりして和らかく精製する。生絹の時は糊気《のりけ》があるので、練ると絹の目方は凡そ三割半ばかり減る。

練酒【ねりざけ】 〔料理調法集・料理酒之部〕に練酒は、薯蕷（山の芋）を火床《ほど》蒸《むし》（濡紙に包み灰中で蒸焼する）にして濾し、三年酒で延べる。何首烏練酒、百合練酒も同じである。〔ちやうほう記〕には練酒の方として、玉子（一

ツ)、砂糖(一盃)、酒(三盃)。冷や酒でよく溶き、固めて置いて用いる。

練玉子【ねりたまご】〔料理調法集・鶏卵之部〕に練玉子は、玉子十を割り、塩 砂糖 煮酒を入れて掻き交ぜて濾し、白角天《かくてん》一本を水に漬け、水二合を入れて煎じ、一遍濾し鍋へ入れ、玉子を練り込み、箱に上げて冷まし、切り形をする。

練雲雀【ねりひばり】〔料理調法集・諸鳥人数分料〕にねり(練)雲雀とは、六月土用の内の子雲雀である。汁、煎り鳥、焼き鳥いずれにもよい。

練味噌【ねりみそ】〔料理調法集・調製味噌之部〕に練味噌は、味噌一合、豆腐半分、葛四分一を擂り合せて濾し、上酒でよくよく練る。

ねりやす煎餅【ねりやすせんべい】「ねりやすせん餅」は、南伝馬丁二丁目角袋屋式部掾にある。〔江戸町中喰物重法記〕

年賀の事【ねんがのこと】〔進物調法記〕に次がある。〈年賀の称〉○三十歳を成立《せいりつ》、また央《おう》。○四十歳を不惑、また初老。○五十歳を知命。○六十歳を耳順。○六十一歳を還暦。○七十歳を古稀。○八十歳を耆老《きろう》。○八十八歳を米年《まいねん》。○九十歳を鳩杖《はとのつえ》、白年《はくねん》とある。なお、○七十七歳を喜寿、○八十歳を仐寿《さんじゅ》、○九十九歳を白寿とするのは俗字を当てたり俗解したりしたものである。

〈年賀〉年賀は、或る書に曰くとして、四十歳より後十に満ちた年を寿くこととし、各々その年に叶った席(敷物)、詩歌を短冊 色紙に書いて送る。また寄松祝《よりまつ》 寄鶴祝 寄亀祝の類もよい。頭巾 鳩の杖* 生魚 鰹節 酒 商品切手類もよい。

〔料理調法集・年賀之式〕には次がある。〈年賀〉四十歳に満つる年を老人の始めとして初めて賀をなす。これ迄の寿算を数え、老いを延ぶる祝である。四十の響きを忌み「五八の賀」という。これより次第に十年が満つる時「五十の賀」「六十の賀」「七十の賀」「八十の賀」「九十の賀」「百の賀」もある。昔は「上寿」は百二十歳、「中寿」は百歳という。人生七十古今稀とかいう。その為八十に満つる時「大誕の賀」、一に「人の祝」である。八十八に満つると「米の賀」というのは米の字を八十八と書くからである。なお寿命長久の人は九十の賀を祝う人もある。高貴の人の年数を「宝算」という。

〈禁中の賀祝の始め〉天皇の賀は仁明天皇 嘉祥二年(八四九)三月、太上天皇の賀は淳和天皇 天長三年(八二六)十一月に五八の賀を祝うのが初めてという。禁中では余命を祈るために『薬師経』『寿命経』等供養の作善があり、また宝算の年数に応じて四十寺・五十寺・六十寺などに読経がある。父母の賀は子孫より祝い、師匠の賀は弟子より祝う。

〈賀を祝う月〉○寅・卯・辰の年は正・二・三月の内、我が生れの年日を祝う。これを花の賀という。○巳・午・未の年は四・五・六月の内、同じように祝うのを、扇の賀という。○申・酉・戌の年は七・八・九月の内、同じように祝うのを、紅葉の賀という。○亥・子・丑の年は十・十一・十二月の内、同じように祝うのを、雪の賀という。

〈子より進物〉○父の賀には、小袖 裃《かみしも》 腰の物。○母の賀には、小袖 巻物 樽肴。○両親へは、この外折重 饂飩 盃台 押台 屏風 懸物などを捧げる。いずれにも鶴亀松竹梅等目出度い意匠をし、捧げ方もある。

〈祝の法用〉○本式は賀人へ、式三献 雑煮三献 三々九度の盃事がある。○略は取肴で三献 五献の祝がある。○祝の膳は、錺七五三、賀人へ出す時は食料の五々三付きである。○常の料理でもよく分限に従う。○賀人へは夏冬の褥(敷物)を贈り、床の花 懸物 香炉 飾物も分限による。

年忌【ねんき】「忌辰称呼」ヲ見ル

年貢【ねんぐ】〔新撰農家重宝記・二〕に年貢は、「租税に関する旧慣称呼。租税 是は年貢 取箇《とりか》 成箇《なりか》 物成《ものなり》ともいう。皆田畑より収むる貢物《みつぎもの》の名」とある。〔四民格致重宝記〕には秋の初めから厳しく年貢の事を触れるのがよく、百姓は油断せず 雑穀もむさと散らさず、大事に務める。

〔田畑重宝記・上〕に取箇は、前々からの免状を見合せ、検見の坪刈に構わず、土地の善悪 陽気の寒暖 水旱 風損、百姓の豊凶等を見合せて取り計らう。

年月日時の運【ねんげつにちじのうん】〔掌中年代重宝記〕に年 月 日 時の運を知る事は図の通り（図387）。年の運は、日時の運にも当てる。「臨」「長」「病」などの十二運*は個別に立項した。

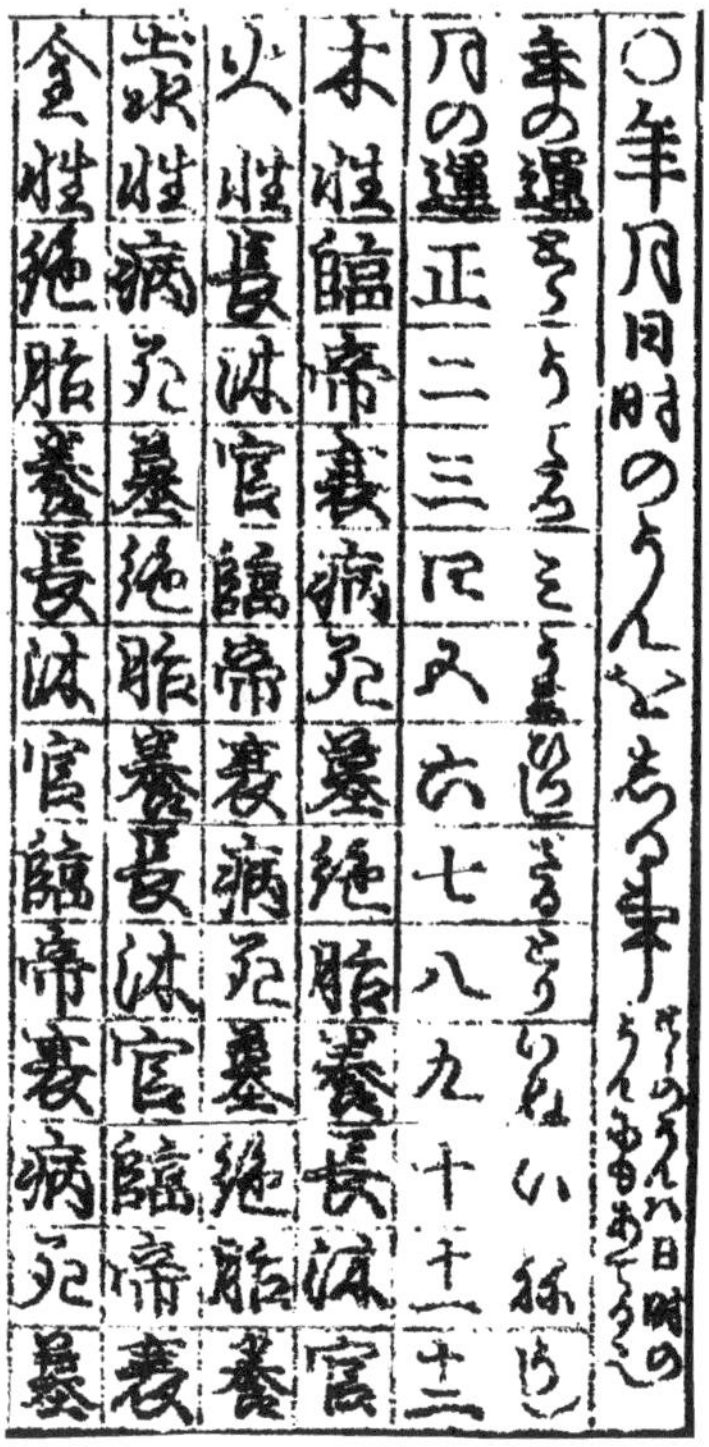

図387 「年月日時の運」（掌中年代重宝記）

年号【ねんごう】〔掌中年代重宝記・梅柏堂等板〕に「本朝年号用字」として次の六十六字を挙げている。天元乾建延安仁《にん》万神雲文《ぶん》寛観長養老久中祥勝昌正承応宝保同銅衡康享弘慶永明《めい》《みょう》貞霊泰平禎斎景大化宇嘉祚福徳吉禄録暦《れき》《りゃく》白雉鳳朱鳥亀和寿至護治政喜。〔改正刪補日夜重宝万暦両面鑑・慶応二〕は「神武天皇元年より皇統三十六代年計千三百四年の間年号なし。三十七代（現在ハ三十六代）孝徳帝（六四五〜六五四）より始て大化と号す。是より連綿す。但シ、南朝の年号略す。載せず」とあり、次のようにある［但し、「南朝年号」は別項。○の数字は年数。（）には西暦を補った。］

〈年号〉大化⑤（六四五〜）。白雉㉒（六五〇〜）。白鳳⑭（六七二〜）。朱鳥《しゅちょう》⑮（六八六）。［現在ノ年表ハコノ間ニ次ヲ建テル。斉明《655〜》、天智《662〜》、弘文《672〜》天文、朱鳥《686》、持統《687〜》、文武《697〜》］。大宝③（七〇一〜）。慶雲④（七〇四〜）。和銅⑦（七〇八〜）。霊亀②（七一五〜）。養老⑦（七一七〜）。神亀⑤（七二四〜）。天平⑳（七二九〜）。天平勝宝⑧（七四九〜）。天平宝字⑧（七五七〜）。天平神護②（七六五〜）。神護景雲③（七六七〜）。宝亀⑪（七七〇〜）。天応①（七八一）。延暦㉔（七八二〜）。

［平安遷都《794年》］大同③（八〇六〜）。弘仁⑭（八一〇〜）。天長⑩（八二四〜）。承和⑭（八三四〜）。嘉祥③（八四八〜）。仁寿③（八五一）。斎衡《さいこう》③（八五四〜）。天安②（八五七〜）。貞観《じょうがん》⑱（八五九〜）。元慶⑱（八七七〜）。仁和《にんな》④（八八五〜）。寛平《かんぴょう》⑨（八八九〜）。昌泰③（八九八〜）。延喜㉒（九〇一〜）。延長⑧（九二三〜）。承平⑦（九三一〜）。天慶⑨（九三八〜）。天暦⑩（九四七〜）。天徳④（九五七〜）。応和③（九六一〜）。康保④（九六四〜）。安和②（九六八〜）。天禄③（九七〇〜）。天延③（九七三〜）。貞元《じょうげん》②（九七六〜）。天元⑤（九七八〜）。永観②（九八三〜）。寛和②（九八五〜）。永延②（九八七〜）。永祚①（九八九〜）。正暦⑤（九九〇〜）。長徳④（九九五〜）。長保⑤（九九九〜）。観弘⑧（一〇〇四〜）。長和⑤（一〇一二〜）。寛仁④（一〇一七〜）。治安③（一〇二一〜）。万寿④（一〇二四〜）。長元⑨（一〇二八〜）。長暦③（一〇三七〜）。長久④（一〇四〇〜）。寛徳②（一〇四四〜）。永承⑦（一〇四六〜）。天喜⑤（一〇五三〜）。康平⑦（一〇五八〜）。治暦④（一〇六五〜）。延久⑤（一〇六九〜）。承保⑦（一〇七四〜）。承暦④（一〇七七〜）。永保③（一〇八一〜）。応徳③（一〇八四〜）。寛治⑦（一〇八七〜）。嘉保㊁（一〇九四〜）。永長㊀（一〇九六）。承徳㊁（一〇九七〜）。康和㊄（一〇九九〜）。長治㊁（一一〇四〜）。嘉承②（一一〇六〜）。天仁②（一一〇八〜）。天永③（一一一〇〜）。永久⑤（一一一三〜）。元永②（一一一八〜）。保安④（一一二〇〜）。天治②（一一二四〜）。大治⑤（一一二六〜）。天承①（一一三一）。長承③（一一三二〜）。保延⑥（一一三五〜）。永治①（一一四一）。康

治②（一一四二～）。天養①（一一四四）。久安⑥（一一四五～）。仁平③（一一五一～）。久寿②（一一五四～）。保元③（一一五六～）。平治①（一一五九）。永暦①（一一六〇）。応保②（一一六一～）。長寛②（一一六三～）。永万①（一一六五）。仁安③（一一六六～）。嘉応②（一一六九～）。承安④（一一七一～）。安元②（一一七五～）。治承④（一一七七～）。養和①（一一八一～）。寿永②（一一八二～）。元暦①（一一八四）。文治⑤（一一八五～）。建久⑨（一一九〇～）。

[鎌倉幕府《1192年》] 正治②（一一九九～）。建仁③（一二〇一～）。元久②（一二〇四～）。建永①（一二〇六）。承元④（一二〇七～）。建暦②（一二一一～）。建保⑥（一二一三～）。承久③（一二一九～）。貞応②（一二二二～）。元仁①（一二二四）。嘉禄②（一二二五～）。安貞②（一二二七～）。寛喜③（一二二九～）。貞永①（一二三二）。天福①（一二三三）。文暦①（一二三四）。嘉禎③（一二三五～）。暦仁①（一二三八）。延応①（一二三九）。仁治③（一二四〇～）。寛元④（一二四三～）。宝治②（一二四七～）。建長⑦（一二四九～）。康元①（一二五六）。正嘉②（一二五七～）。正元①（一二五九）。文応①（一二六〇）。弘長③（一二六一～）。文永⑪（一二六四～）。建治③（一二七五～）。弘安⑩（一二七八～）。正応⑤（一二八八～）。永仁⑥（一二九三～）。正安③（一二九九～）。乾元①（一三〇二）。嘉元③（一三〇三～）。徳治②（一三〇六～）。延慶③（一三〇八～）。応長①（一三一一）。正和⑤（一三一二～）。文保②（一三一七～）。元応②（一三一九～）。元亨③（一三二一～）。正中①（一三二四）。嘉暦③（一三二六～）。元徳③（一三二九～）。正慶《しょうきょう》④（一三三二）。

[室町幕府《1338年》] 暦応④（一三三八～）。康永③（一三四二～）。貞和⑤（一三四五～）。観応②（一三五〇～）。文和④（一三五二～）。延文⑤（一三五六～）。康安①（一三六一）。貞治⑥（一三六二～）。応安⑦（一三六八～）。永和④（一三七五～）。康暦②（一三七九～）。永徳③（一三八一～）。至徳③（一三八四～）。嘉慶②（一三八七～）。康応①（一三八九）。明徳④（一三九〇～）。応永㉞（一三九四～）。正長《しょうちょう》①（一四二八）。永享⑫（一四二九～）。嘉吉③（一四四一～）。文安⑤（一四四四～）。宝徳③（一四四九～）。享徳③（一四五二～）。康正《こうしょう》②（一四五五～）。長禄③（一四五七～）。寛正《かんしょう》⑥（一四六〇～）。文正《ぶんしょう》①（一四六六）。応仁②（一四六七）。文明⑱（一四六九～）。長享《ちょうきょう》②（一四八七～）。延徳③（一四八九～）。明応⑨（一四九二～）。文亀③（一五〇一～）。永正《えいしょう》⑰（一五〇四～）。大永⑦（一五二一～）。享禄④（一五二八～）。天文《てんぶん》㉓（一五三二～）。弘治③（一五五五～）。永禄⑫（一五五八～）。元亀③（一五七〇～）。天正⑲（一五七三～）。文禄④（一五九二～）。

[江戸幕府《1603年》] 慶長⑲（一五九六～）。元和《げんな》⑨（一六一五～）。寛永⑳（一六二四～）。正保④（一六四四～）。慶安④（一六四八～）。承応③（一六五二～）。明暦③（一六五五～）。万治③（一六五八～）。寛文⑫（一六六一～）。延宝⑧（一六七三～）。天和③（一六八一）。貞享《じょうきょう》④（一六八四～）。元禄⑯（一六八八～）。宝永⑦（一七〇四～）。正徳⑤（一七一一～）。享保⑳（一七一六～）。元文⑤（一七三六～）。寛保③（一七四一～）。延享④（一七四四～）。寛延③（一七四八～）。宝暦⑬（一七五一～）。明和⑧（一七六四～）。安永⑨（一七七二～）。天明⑧（一七八一～）。寛政⑫（一七八九～）。享和③（一八〇一～）。文化⑭（一八〇四～）。文政⑫（一八一八～）。天保⑭（一八三〇～）。弘化④（一八四四～）。嘉永⑥（一八四八～）。安政⑥（一八五四～）。万延①（一八六〇）。文久③（一八六一～）。元治①（一八六四）。慶応③（一八六五）。明治㊺（一八六八～）。

年号改元月日【ねんごうかいげんがっぴ】〔重宝記永代鏡〕には天正以降について下記のようにあるが、諸書に相違もある。年号の次に西暦を、月日の後には現在の通説を（）に記した。元治、慶応、明治は補記した。天正（一五七三）七月二十五日（二十八日）。文禄（一五九二）十二月二十八日。慶長（一五九六）十一月十七日（十月二十七日）。元和（一六一五）七月十三日。寛永（一六二四）二月晦日。正保（一六四四）十二月十六日。慶安（一

六四八）十一月〔和漢年暦調法記〕八二月）二十六日（二月十五日）。承応（一六五二）九月二十八日（十八日）。明暦（一六五五）四月十三日。万治（一六五八）七月二十日〔同〕二十三日）（二十三日）。寛文（一六六一）四月二十五日。延宝（一六七三）九月二十一日。天和（一六八一）十月九日（九月二十九日）。貞享（一六八四）二月二十一日。元禄（一六八八）九月晦日。宝永（一七〇四）三月晦日（十三日）。正徳（一七一一）四月二十五日。享保（一七一六）七月朔日（六月二十二日）。元文（一七三六）五月七日（四月二十八日）。寛保（一七四一）三月三日（二月二十七日）。延享（一七四四）二月二十八日（二十一日）。寛延（一七四八）七月十八日（十二日）。宝暦（一七五一）十一月三日（十月二十七日）。明和（一七六四）六月十三日（二日）。安永（一七七二）十一月二十五日（十六日）。天明（一七八一）二月十三日〔同〕四月二十日）（四月二日）。寛政（一七八九）二月三日〔同〕二月十日）（一月二十五日）。享和（一八〇一）二月十三日〔同〕二十一日）（五日）。文化（一八〇四）二月十九日（十一日）。文政（一八一八）五月四日（四月二十二日）。天保（一八三〇）十二月十六日〔同〕十日）（十日）。弘化（一八四四）十二月十三日〔同〕二日）（二日）。嘉永（一八四八）三月十五日〔同〕二月二十八日）（二月二十八日）。安政（一八五四）十二月五日（十一月二十七日）。万延（一八六〇）閏三月朔日（三月十八日）。文久（一八六一）三月二日（二月十九日）。元治（一八六四）二月二十日。慶応（一八六五）四月七日。明治（一八六八）九月八日。

年号月日【ねんごうがっぴ】　簡礼書法。〔大増補万代重宝記〕に竪紙《たてがみ》に年号を書く時は、月日まで書き下しに書く。折紙に書く時は、「文久三年／九月九日」（二行書きで、二行目は一字下げ）のように、本文より一字下げで書く。年号月日に干支《えと》を書くことは古法には一切なかった。制札*には現在もなく、また起請文の牛王の裏書に干支は書かない。

然谷【ねんこく】〈経絡要穴　腿脚部〉二穴。然谷は足の内踝の前、大指の本節の後ろの側らの小高い骨に点をする。針三分、留むること三呼。針刺しして血を出さない。灸三壮。足萎え痺れ、男子精漏れ易く、婦人子なく陰戸出、月水調わず、小児の臍風、口噤を治す。〔鍼灸重宝記綱目〕

年始状【ねんしじょう】〔書札調法記・一〕等に、年始に遣す書状は杉原奉書紙を二ツ折にして書く。文章の書き様は、返事ともに、貴人へは文字を正しく行文字で書き、中人へは少しやつして書き、下人へは大いにやつして書く。又それぞれに用字の替え字の例示もある。〔諸礼調法記大全・地〕には貴人の文例に、中人下人への言い替えもあるので掲出した（図388）。「年頭状」ともいう。「年賀の事」*とは区別する。

年始床飾【ねんしとこかざり】〔料理調法集・年中嘉祝之飾〕に図示があり、

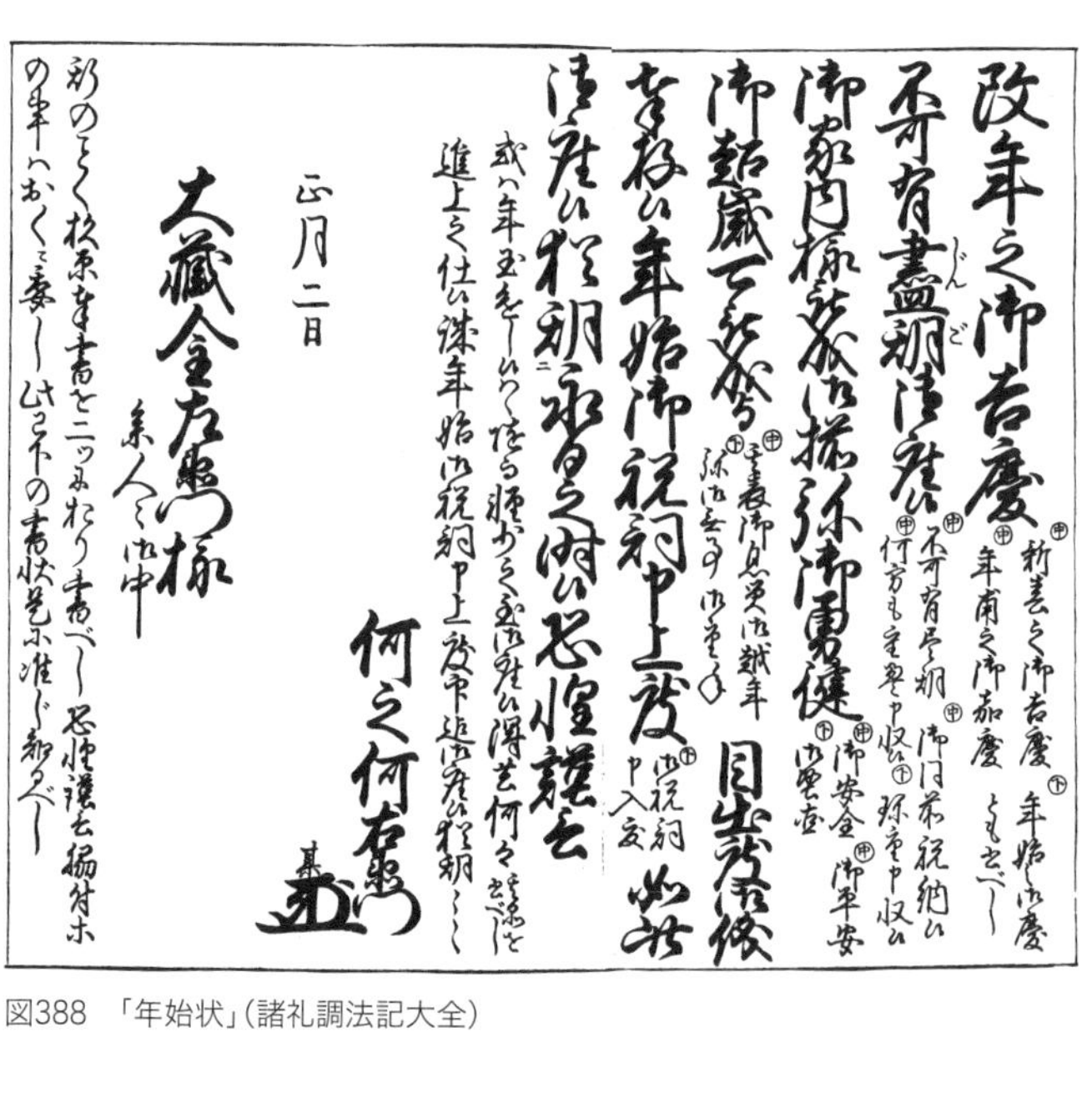

図388　「年始状」（諸礼調法記大全）

次の説明がある（図389）。○床に三幅対 花瓶。○置鶴の台 三方 株立の中にはぜ（爆米＝糯を炒りはぜさせたもの）を敷く。鶴香を作り立てる。○歯固の餅一重 中に三枝の松梅を立て、菱餅十二枚、色餅の赤小豆餅*二枚ずつ六枚を取り交ぜ、亀甲に組み合わせる。包熨斗 包榧 搗栗 昆布を同じく飾る。また蜜柑 伊勢海老の類を取り合せて置く。串柿等はこれも紙に包む。松梅は陽気春を迎える心で龍虎に表し、松は虎、梅は龍の位である。○年始の鏡餅は、吉容（めでたいかたち）ある物を取り揃えて餝る。上餝は橙《だいだい》 伊勢海老 穂俵の花 蜜柑 藪柑子 栢 搗栗 勝栗 熨斗昆布の紙包 串柿など。根松 藪柑子は花包みにする。裏白 杠葉を改めて敷く。

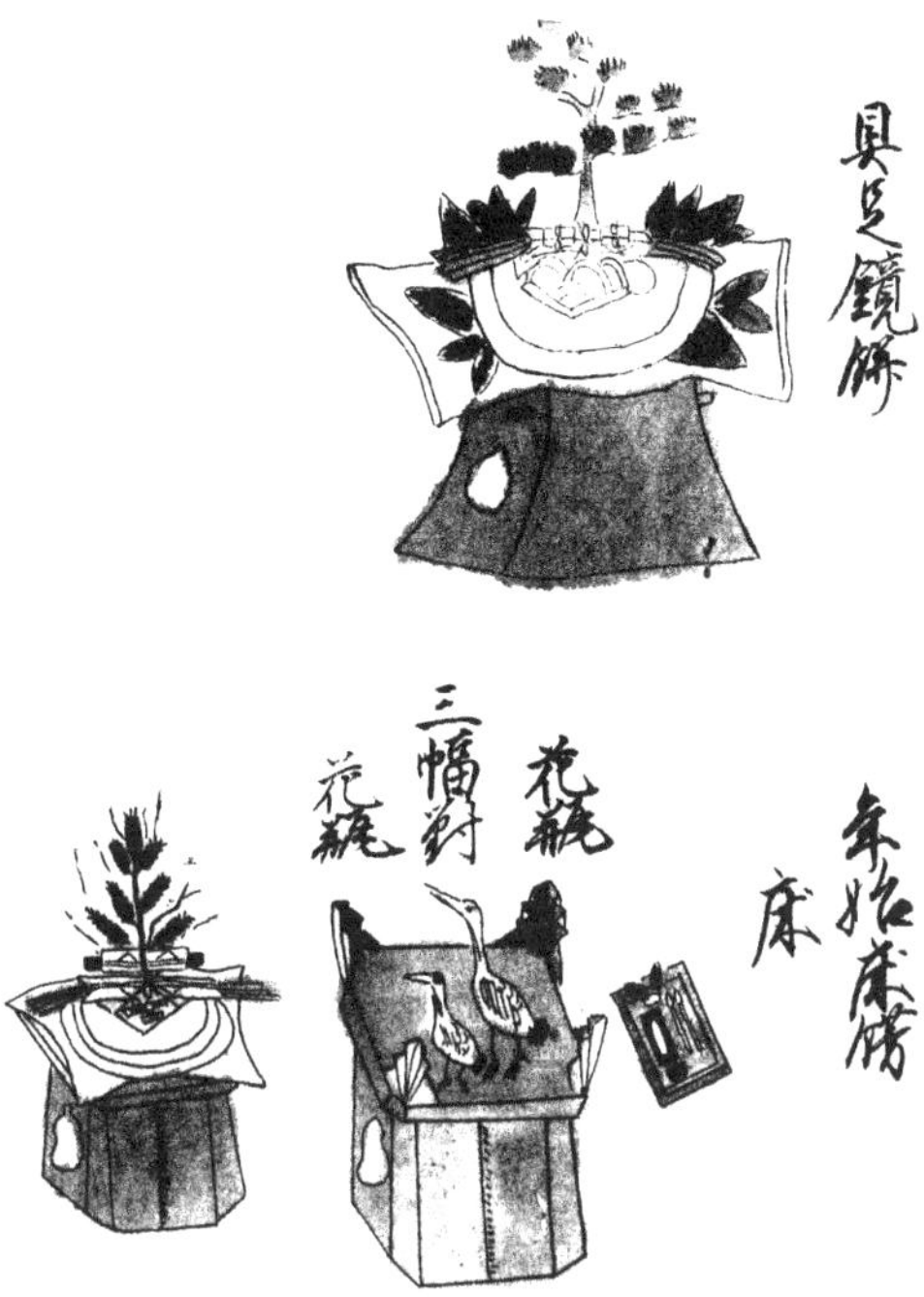
図389 「年始床飾」（料理調法集・年中嘉祝之飾）

年始の始【ねんしのはじめ】 重言。「年しの始、重言*なり。つたなし（拙）」。〔不断重宝記大全〕

念珠【ねんじゅ】 「珠数の事」ヲ見ル

年中よい方角【ねんじゅうよいほうがく】 〔和漢年暦調法記〕には、次の図示に説明がある（図390）。天道 天徳神は年中吉方である。天星玉女 色星玉女 多願玉女、この三凶は毎年、毎月回る方で鬼門、その外 悪い方でも天道 天徳神の回る方は差し構いなしという。

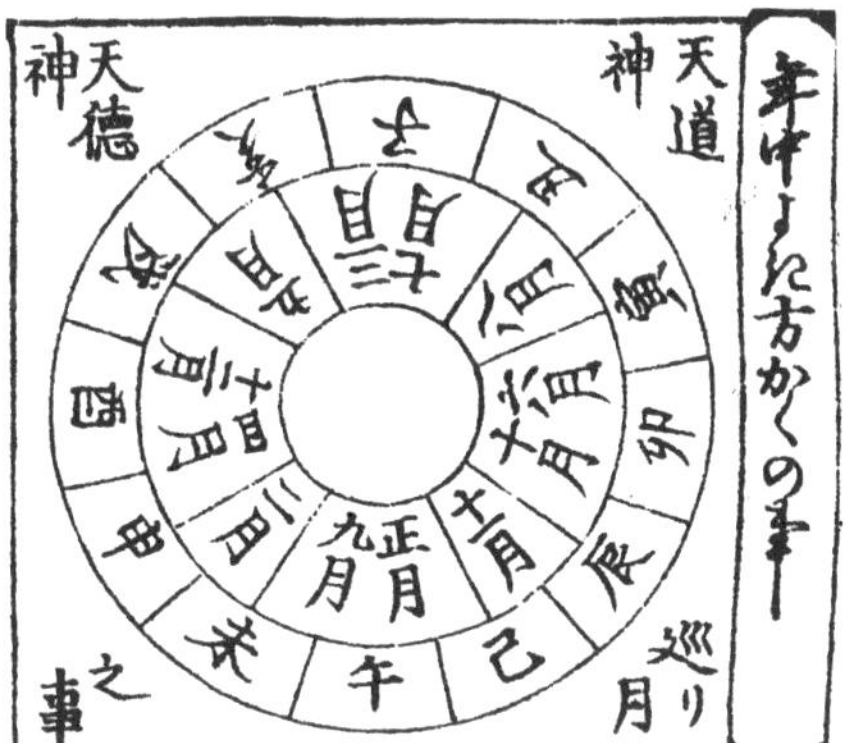
図390 「年中よい方角」（和漢年暦調法記）

念じ佗【ねんじわび】 大和詞。「ねんじわびとは、堪忍したき心」をいう。〔不断重宝記大全〕

拈痛湯【ねんつうとう】 〔改補外科調宝記〕に拈痛湯《ねんつうとう》は、楊梅瘡*を治す。瘡毒で五年も十年も爛れ、骨が見えるようになり疼き痛み、行歩のできないのに用いてよい。防風・荊芥・連翹・麻黄・皂角刺・生地黄・熟地黄・牙硝を粉にし、土茯苓（二両半）を毎日二服ずつ用いると七日程して効験がある。

年頭に用いる品々【ねんとうにもちいるしなじな】 〔料理調法集・祝儀用之巻〕に年頭に用いる品々は六十七品がある。鯉 鯛 鱸 鯨 鮒 鮎 田作 のし鮑 鱒 鰈 海月 栄螺 鮑 蛤 海老 鶴 雉子 雁 鴨 白鳥 鴫 鶫 鶉 雲雀 柚子 串柿 梅干 根深 昆布 納豆 強飯 清まし汁 搗栗 水菜 芹 里芋 大根 野老 栗 橘 裏白 柳 松葉 根引松 竹梅、等々。

念仏寺【ねんぶつじ】 京名所。念仏寺の本尊は観世音菩薩。愛宕《おたぎ》の観音と称

し奉る。〔東街道中重宝記・七ざい所巡道しるべ〕

念仏宗【ねんぶつしゅう】「浄土宗」ニ同ジ

念力は岩を透す【ねんりきはいわをとおす】〔世話重宝記・三〕に『韓詩外伝』に出るとして次がある。唐の熊渠子という人が夜道を行く時、路辺に虎に似た大石があり、真の虎と思って弓を引くと手応えがあり、近寄って見ると矢は一杯入っていた。虎と思う念力で石に矢が立ったと言った。

年齢を知る方【ねんれいをしるほう】〔重宝記・儀部家写本〕に銭で人の年を知る法は、銭十二文を持たせ年の数程数えさせ、残り銭で三年先の干支より繰る。

の

蓖【の】〔武家重宝記・二〕に蓖《の》は矢柄《やがら》であり、色々ある。白《しら》蓖、拭《のごい》蓖、節陰《ふしかげ》蓖、焦《こがし》蓖、炙《あぶり》蓖、皮目塗《かわめぬり》蓖、渋《さび》蓖、黒蓖等々。

能【のう】「申楽／猿楽の能」ヲ見ル

のううう【のううう】 妄書かな遣。「のううう、中村のう蔵の口癖也」。〔小野簒譃字尽〕

能烏帽子【のうえぼし】〔童学重宝記〕に能烏帽子《ゑぼし》として次がある。翁ゑぼし。立ゑぼし。大臣ゑぼし。烏帽子。透冠《すきかぶり》。唐冠《とうかぶり》。

農家穀神【のうかこくじん】〔農家調宝記・初編〕に農家穀神がある。○大己《おおあな》貴命《むちのみこと》* 少彦名命《すくなひこなのみこと》*は、神代に国作りの功が大きい神である。○稚彦霊命《わかみむすびのみこと》は、蚕 桑 穀の神である。○豊岡姫《とよおかひめ》*は、養蚕の祖神である。○稲荷大明神*は、穀神である。

農家四季の占【のうかしきのうらない】〔百姓／日用／重宝 農人往来文政新改発兌〕に「田家四時占候《のうかよつのときのうらない》」があり、これは唐土の確かな書に出る農民の最も覚え知るべき事とある。○春、甲《きのえ》子の雨は旱《ひでり》である。○夏、甲子の雨は大水である。○秋、甲子の雨は豊年である。○冬、甲子の雨は牛馬が凍死する。○春、丙《ひのえ》日晴れると水が無い。○夏、丙日晴れると稲を枯らす。○秋、丙日晴れると水無し。○冬、丙日晴れると雪霜は無い。○三月、卯《う》日が三ツあると凶年である。○三月三日、雨が降ると桑はなく、晴れると桑は沢山ある。○夏至、雷が鳴ると夏は寒い。○重陽、雨が降ると冬中暖かい。○秋分が、社日*より前にあると米価は高く、後にあると安い。○九月十三夜、晴れると久しく雨は降らない。○十月朔日、曇ると柴 炭の値段が高い。○十二月、霜霧があると水が無い。○除夜、犬が吠えなければ来年は疫病は無い。「雨風の事」「雨の事」「天気の事」「日の事」「日和の事」参照

農家の事【のうかのこと】〔万物絵本大全調法記・上〕に「農 のう／ものつくり。農人 のうにん。農夫 のうふ。田夫 でんぶ。耕夫 かうふ。並ニ同」。〈農人の始り〉〔人倫重宝記・一〕に次がある。農業耕作は、唐では神農が五穀*を植えて耕す事、鋤鍬の作り方を教えた。我が国では、神代の時保食《うけもち》の神が死ぬと、額に粟、眼中に稗、腹中に稲、陰中に麦 大豆 小豆が生じた。これを天熊人《あめくまひとの》神が採って天照大神へ奉ると、蒼生《あおひとくさ》（＝庶民）が食い生くべきものとして、粟 稗 麦 豆は陸田種子《はたつもの》、稲は水田種子《みなつもの》として植えたと『神代巻』にある。仏法の渡来後、種を文殊菩薩、苗を地蔵菩薩、稲を虚空蔵菩薩、穂を普賢菩薩、飯を観世音菩薩と号し、耕作は尾沙門天が始めたとある。誠に農人は天邑君《あまのむらきみ》より伝え 神代の流れを受け、三時（朝・昼・晩）に辛労して、上は天子公卿より、下は諸民匹夫までを養う職なので、四民（士 農 工 商）の第二に定め置かれたのはもっともである。今、世間に農民百姓がうつけ話に侮られても、その職は侮ってはならない。〔男重宝記・一〕には次がある。唐土では黄帝が稼穡（農作）し、禹王・后稷は自ら耕し、倪寛・高鳳は耕作しながら学文した。農は四時の農業耕作に従事するものとし、暇があれば学問すべきである。〔農家調宝記・初編〕に農は士に次ぎ、工商の上に立ち、農が稼穡耕作をしない

と国に食はなく、『尚書』には農《たみ》は国の本、本が固ければ国安しとあり、和漢共に農を重んじている。身に綴《つづれ》を纏い、肩に糞《こやし》を担げ、雨に浴し風に梳《くしけず》り、見る所賤しさの至り、力を労する極みであるが、農家に生れたら己が業を専らにし、他を志してはならない。また「農始めの日」は年礼が終って十一日十五日とあり、耕作を始めるのではなく、鋤 鍬等農具を始め、畚《もっこ》 簣《あじろ》 牛馬の荷鞍 荷縄 小綱等、些かの品までも藁で作り、或は修復するのである。「種蒔きの事」「百姓」参照

〈農家筆道心掛の事〉〔農家調宝記・初編〕に次がある。農民は、無算 無筆でも耕作を怠るのに増すが、庄司《しょうや》（庄屋）*年寄《としより》 名主《なぬし》* 組頭《くみがしら》の役儀も勤める身は芸能は各別、用を便ずる程は読み書きもしなければならない。そのため軽い農民も寺へ上げ、手習もさせるが、筆学は万用を達する根本ゆえ、農家等は当用専一に学ぶことである。当字《あてじ》を書かず、仮名を書いても通用によい方を思い、届書 注進願書*などに擬字（あて字）があっては義理が通じず 滞りの基である。特に公事《くじ》* 訴訟*等では文体約《つづま》やかに理非が速やかに分かるように書くのを巧者とする。正道明白に書き、道理を貫き、非分に落ちないように心掛け、勝つのではなく、負けないようにする。

〈農家心得〉〔農家調宝記・続録〕にも次がある。○植え物の時を外さず適地を選ぶ事。○下人を使うには働き者を抱え褒美を取らせること。○牛を飼い深く耕すこと、農具は切れるのを用いること。○地堺、或は道をせせ（削）るな。盗賊にまさる罪である。○十四、五歳以上の子女には「まつぼり作り」*をさせよ、等とある。

脳疳【のうかん】〔小児療治調法記〕に脳疳は、頭悶え、脳熱し、頭内に瘡を生じ、身に汗し、顋《おどり》腫れ、腮が高いものである。竜胆丸*で治す。

農具【のうぐ】〔人倫重宝記・一〕に犂《からすき》* 磑《ももすりうす》* 杵臼《きねうす》* 碓《からうす》* 等の農具は皆唐で作り始めて、代々に渡来して日本中に広まった。〔農家調宝記・続録〕に「農家心得」*の一ツに、農具は切れる物を使え、とある。図（図391）は上から下へ、○杏葉万能草削り。○遠州浜松辺で用いる備中。○油揚万能草削り。○尾州海東郡辺で用いる備中を載せる。

図391「農具」（農家調宝記・続録）

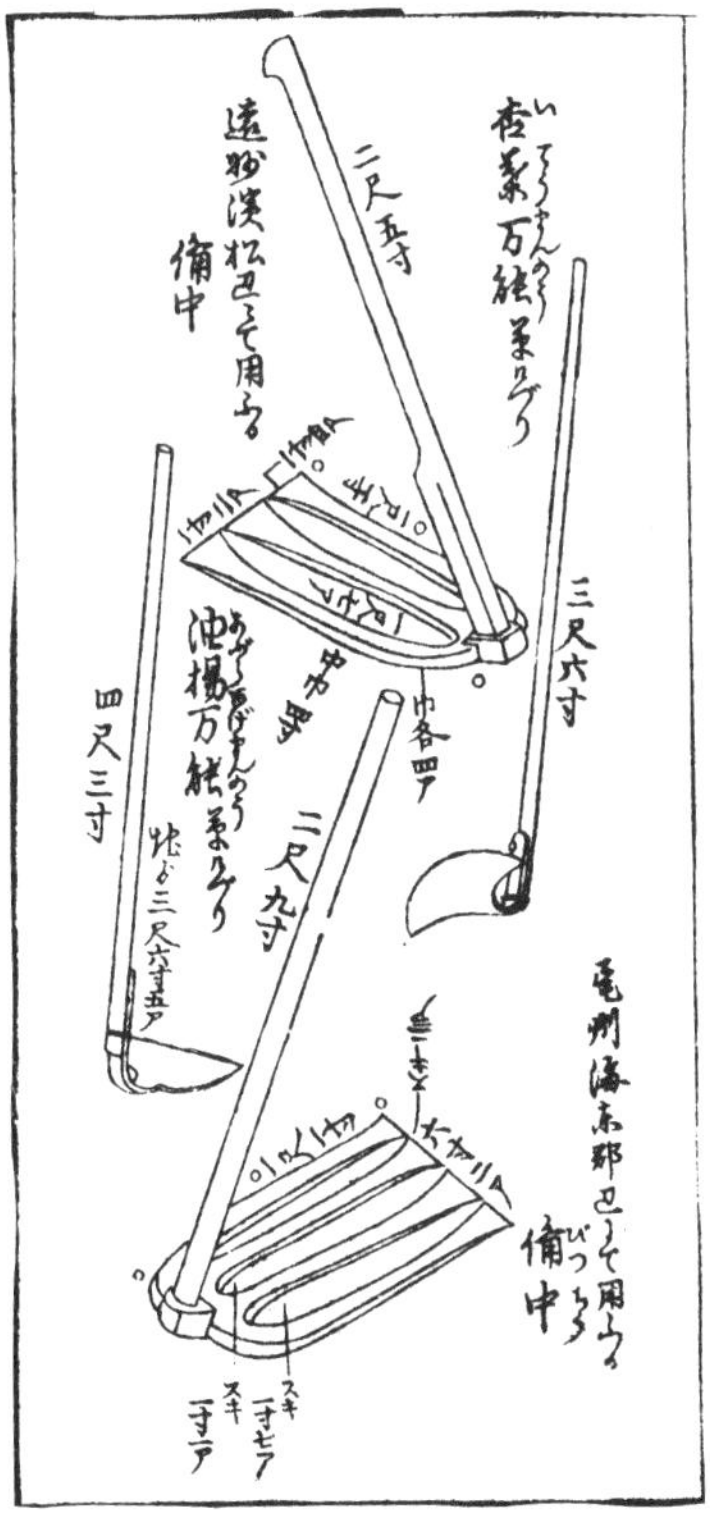

脳空【のうくう】〈鍼灸要穴〉二穴。脳空は黒睛《くろまなこ》の通り、前の髪際より五寸半上である。項《うなじ》強ばり、頭痛、耳鳴り、鼻血、目眩い窓を治す。針の刺しは五分、灸は三壮とする。〔医道重宝記〕

脳戸【のうこ】禁針（鍼）*の穴。一穴。脳戸《のうこ》は百会の後ろ四寸半、後ろの髪《かみの》際《はえぎわ》より二寸、前の髪際より九寸五分にある。この穴に灸をすると唖になり、針をすると死ぬ。一名は、合顱。〔鍼灸重宝記綱目〕

陵苕【のうぜん】〔万物絵本大全調法記・下〕に「陵苕 れうてう／のうせう／のうぜん／まかやぎ」。

脳疽【のうそ】〔改補外科調宝記〕に脳疽は、俗に対口《たいこう》ともいう。腫れ出る源は二ツあり、湿熱を受けて外から感ずるものは軽く、五臓*に結ぼれて内より発するものは重い。○心に発するものは、胸煩れ悶え血が壮んに頭に上り 寒水が戦い腫れをなす。○肝に発するものは、肝を傷《やぶ》り血脈滞り 筋塞がり 頭痛み 腫物は紫に黒味があり 堅く腫れてはびこり血水を流し、或は痛み膿がない。○脾に発するものは、飲食胃を損じ 中脘

塞がり 気廻らず肉裏《うち》に逆して腫れる。口舌渇き 不食し 手足は痒い。○肺に発するものは、毛穴塞がり腫れ 腫物の色淡く潤いなく 皮朽ちず黄水流れ 痰を生じ 咳が壮んに出る。○腎に発するものは、腎破れ相火昂り 津液渇き 形痩せ声弱く 腫物の色は紫に黒み 脈は甚だ数《さく》で 口渇き湯水を好む。治方は、腫物の上に大蒜《にんにく》を敷き灸をする。○百会*に発生するものは、四方赤く腫れ 堅く耳に連なり 寒熱があり 痛みが強い。○頭後に生ずるものは、瘡の口は上に向い 根に蜂の巣のような孔《あな》があり 蜂窠発といい、高く腫れ上るのは治し易い。急に托裏散*に升麻 桔梗を加える。もし腫れて痛み 口渇き 心悶え 水を好むものには、痰火 湿熱の薬を加える。活命散 或は黄連消毒散*に天花粉*を加える。熱湯を好むものは腎虚の症で、托裏消毒散* 托裏益気湯*を用いる。○八十余歳の女の大頭癰の初めは、粟粒のようで、大推より前頂まで腐る。治方は下地には砂糖チャン膏（＝白玉万能膏*）薬を樋の油で和らかに溶き塗る。蓋膏には、百合草膏薬で大略癒え、癒し薬をつけて全く癒える。○三十歳ばかり男が百会に脳癰が発し 耳の根まで腐り 脳蓋あらわれ死証とするものの療治は、鉛の粉・麒麟蝎の粉・没薬の粉の三色を腐った内へ入れ、上にはチャン膏を蓋にして数日で癒える。

能の道具【のうのどうぐ】〈能面の図式〉〔万代重宝記・安政六頃刊〕に次の面がある（図392）。①おきな（翁）。②さんば（三番）。③ぢやう（尉）。④うば（姥）。⑤釣眼《つりまなこ》。⑥わしはなあくぜう（鷲鼻悪尉）。⑦にやくなん（若男）。⑧小おもて（小面）。⑨大《おお》へつし（大癋見）。⑩へいだ（平太）。⑪ふくじん（福神）。⑫てんぐ（天狗）。⑬はんにや（般若）。⑭なまなり（生成）。⑮やせおんな（痩女）。⑯こじ（居士）。⑰をに（鬼）。⑱やまのかみ（山神）。⑲大とびで（大飛出）。⑳やせをとこ（痩男）。㉑げだう（外男）。㉒おかめ（お亀）。〔新板増補男重宝記・一〕には、㉓小尉。㉔姥。㉕邯鄲男。㉖三光。㉗平太。㉘小面。㉙増《ぞう》。㉚獅々口。㉛大癋見《へつしみ》。〔童学重宝記〕には、㉜翁。㉝三番叟。㉞笑尉。㉟皺尉。㊱父尉。㊲姥。㊳老女。㊴深《ふかい》が出る。〈能烏帽子〉〔童学重宝記〕には、①翁烏帽子。②立烏帽子。③大臣烏帽子。④烏帽子。⑤透明《すきかふり》。⑥唐冠《とうかふり》、が出る（図393）。〈能作り物〉〔新板増補男重宝記・一〕に作り物の図が出る（図394）。①高砂。②江口。③紅葉狩。④是界。〔童学重宝記〕には、⑤三輪。⑥羽衣。⑦加茂。⑧三笑。〈能小道具〉〔新板増補男重宝記・一〕には、ときん（頭巾）、〔童学重宝記〕には舞扇子《まいおうぎ》、皷が出る（図395）。

能舞台【のうぶたい】〔童学重宝記〕に舞台の広さは一丈八尺、居座は一丈。昔は置き舞台である。板敷の高さは八尺、近代は八尺二寸。橋懸は五尺、十一間、又九間、或は七間。但し、故実、口伝がある。

嚢癰【のうよう】〔改補外科調宝記〕に嚢癰 腎瘋の症は、肝腎の二経に属し、陰虚 湿熱より発する。小児にもこの症がある。○一般に腫れ潰えて後、陰嚢の内へ入るのは大事である。誤って疝気となし、熱薬を用いてはならない。治法は陰を補い湿熱を涼しくする。○水疝で皮の色が光り、熱なく赤からず、脹れ痛み、時により陰嚢の内に水が溜まるのは針で取去る。内薬は十全《じつぜん》大補湯*に山薬・山茱萸・牡丹皮・沢瀉を加え、つけ薬は太乙膏* 雞連膏がよい。○陰嚢が腫れて大小便の通じないのは、白芷（二両）、白朮・桑白皮炙・木通（各五匁）を粉にし、生姜湯で二匁程の積りに用いる。小児は五分程である。○腫れ痛み 熱強く膿が潰えるのは、滋陰内托散*を用いる。○膿が潰え陰嚢が腐り玉茎が半分腐ったのは、托裏散*に破胡紙・黄耆・五味子・兎絲子を加える。或は補中益気湯*に人参・黄芪・当帰・白朮を加える。つけ薬は白蠟膏をつける。○陰嚢の痒いのは、蒼朮・紫蘇の煎じ湯で洗う。○痒く 掻き爛らかし たわ汁（瘡瘍の膿汁）の出るのは、黄連・細茶・鳳凰窠を粉にして木油で溶いて塗る。○腎嚢に瘡を生じて痒く後に水を出して痛むのは、川椒・蛇床子・

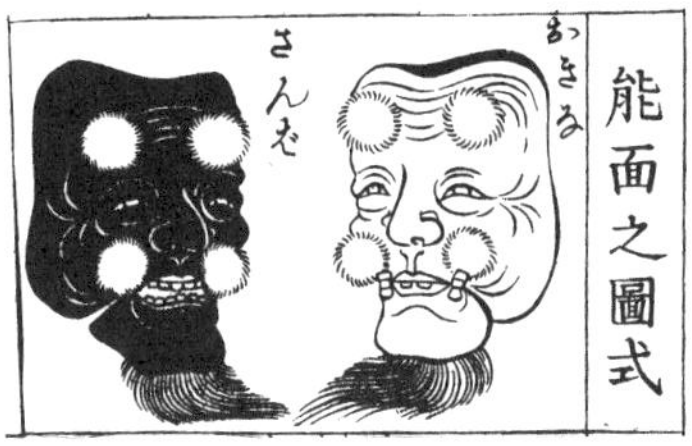

② ①

④ ③

⑥ ⑤

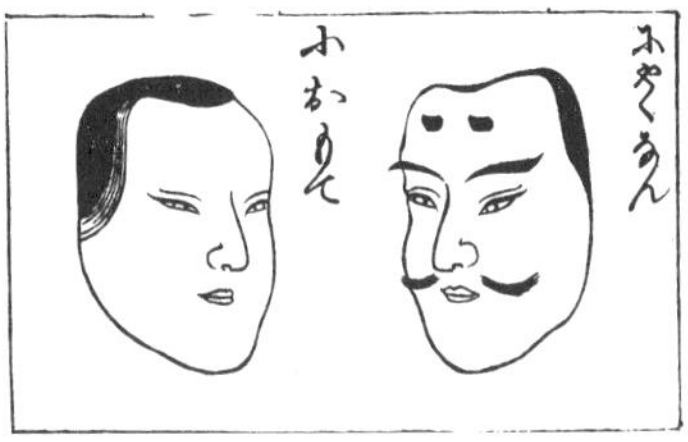

⑧ ⑦

⑩ ⑨

⑫ ⑪

⑭ ⑬

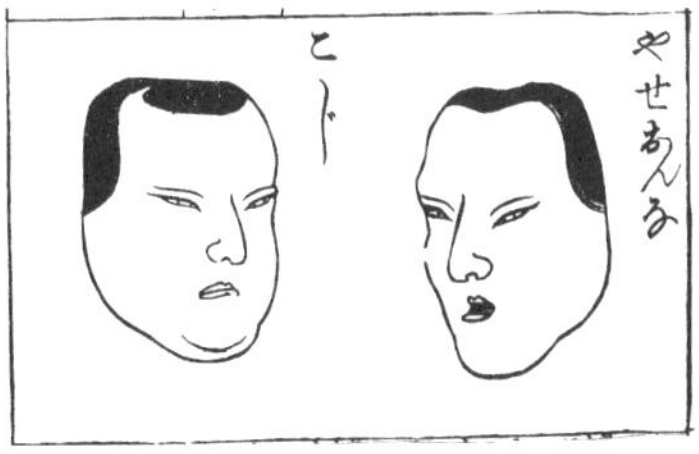

⑯ ⑮

⑱ ⑰

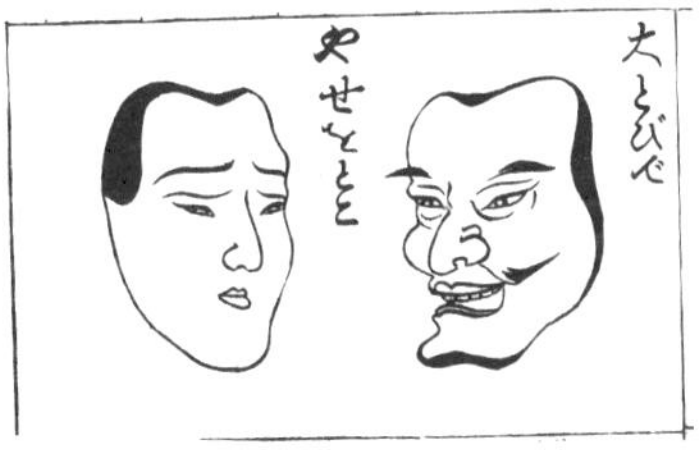

⑳ ⑲

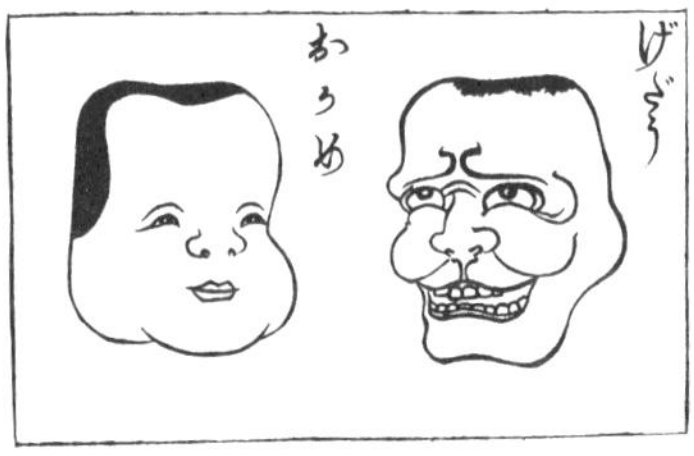

㉒ ㉑

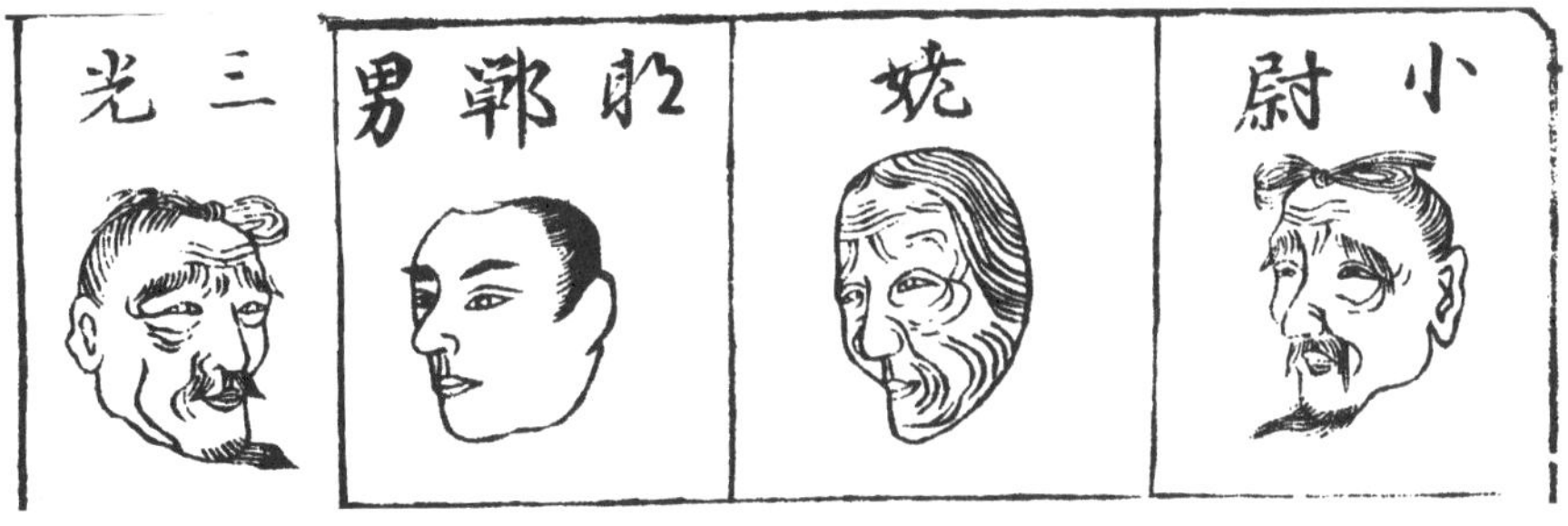

㉖ ㉕ ㉔ ㉓

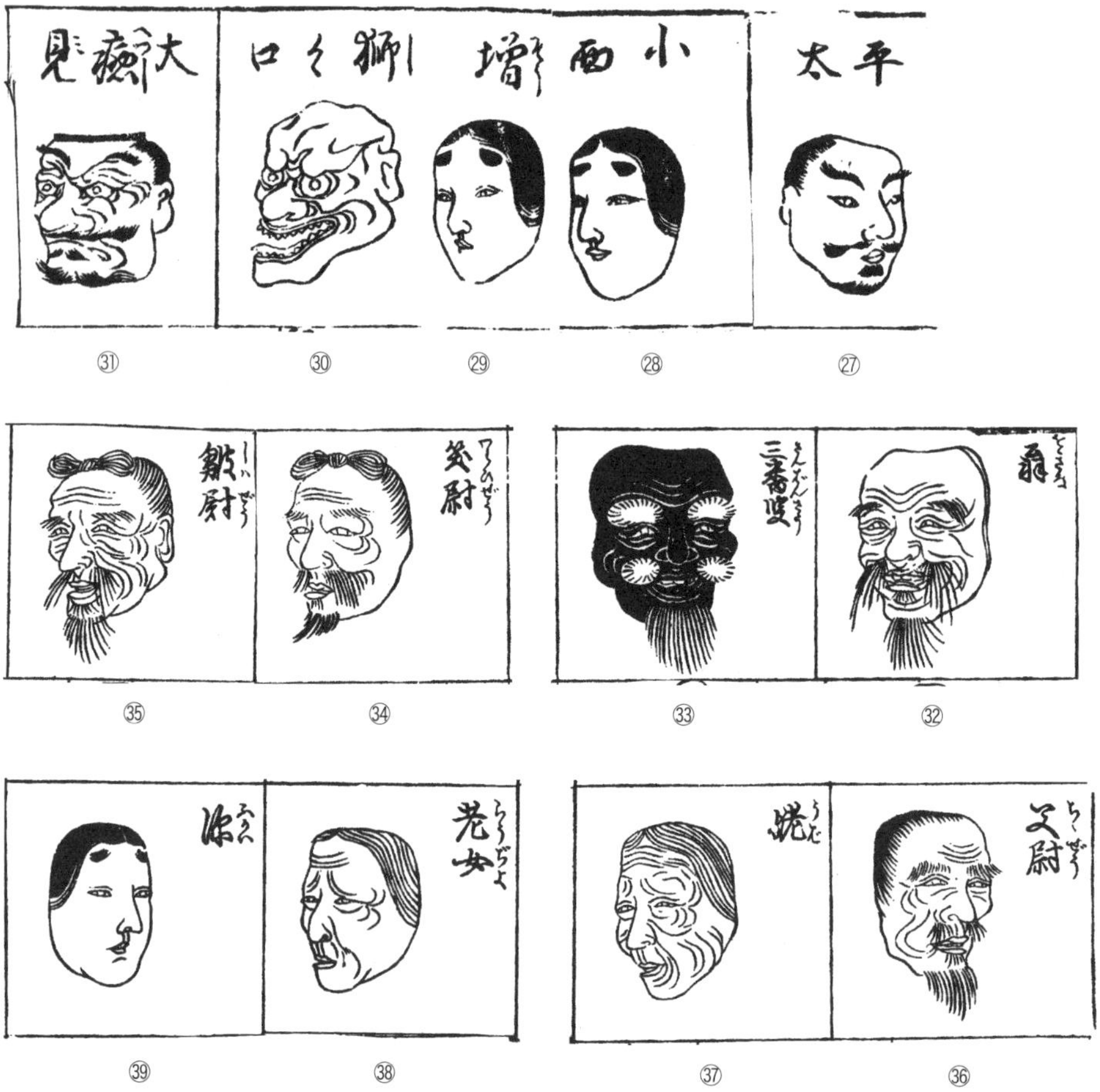

図392　能の道具
「能面の図式」
①〜㉒(万代重宝記)
㉓〜㉛((新板／増補)男重宝記)
㉜〜㊴(童学重宝記)

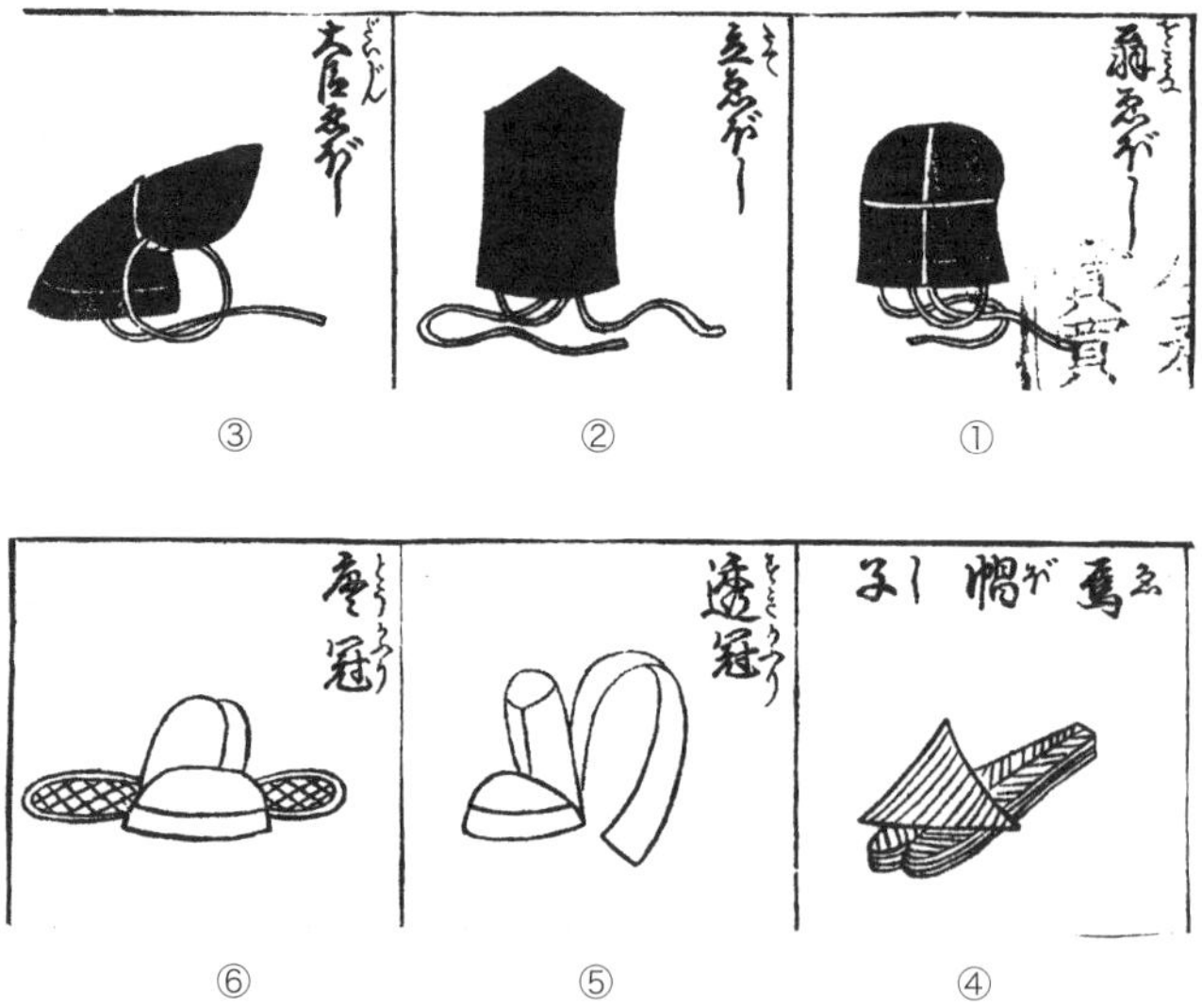

図393　能の道具
「能烏帽子」(童学重宝記)

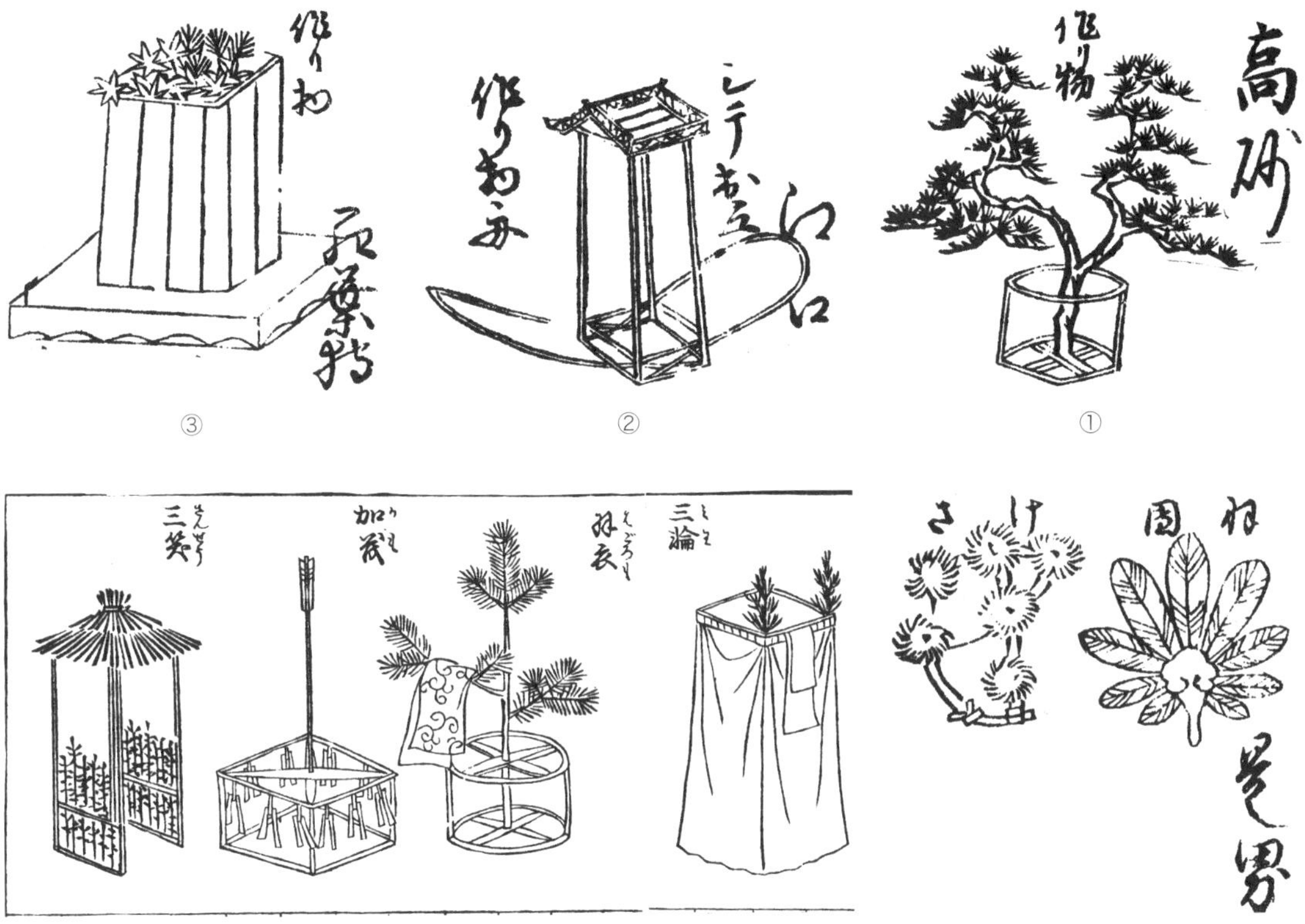

③ ② ①

⑧ ⑦ ⑥ ⑤ ④

図394　能の道具
「能作り物」
①～④（（新板／増補）男重宝記）
⑤～⑧（童学重宝記）

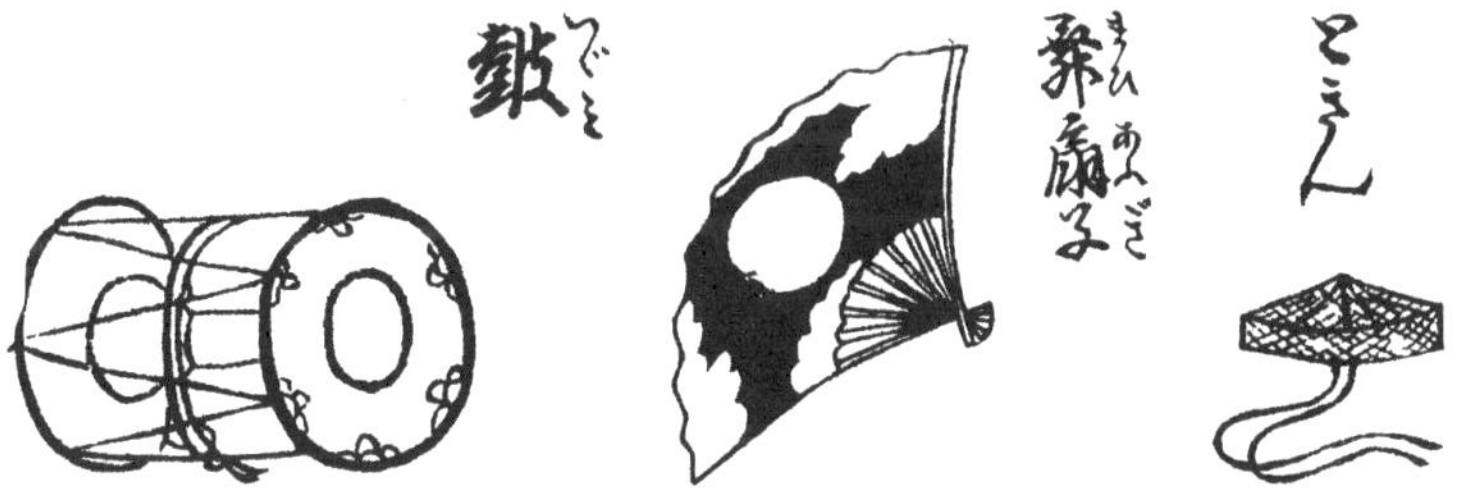

③ ② ①

図395　能の道具
「能小道具」
①（（新板／増補）男重宝記）
②③（童学重宝記）

荊芥・槐・柳枝・茄根（各等分）を煎じ、その湯で嚢を蒸し洗い、後に朴硝の粉を塗る。○陰嚢の両方に瘡を生じ湿り甚だ痒がるのは、牡蠣・黄丹（各一両）、枯礬（二両）を粉にして塗る。○小児の外腎が腫れるには、牡蠣（三匁）、乾地黄（一匁）を粉にして唾で溶いてつける。○熱するのは、玉子の白身で溶いてつける。腫れ痛み 熱があるのは、蚯蚓の糞を甘草の汁で溶いてつける。○嚢癰*の消毒治薬は、荷葉・車前子・温責《はこべ》を等分に煎じ洗う。〔鍼灸重宝記綱目〕には嚢癰で陰の腫れるのは、崑崙に灸三壮、久しく病み陰腫れるのは、水分に灸をする。

脳漏【のうろ】〔改補外科調宝記〕に常々鼻の多く出るのを脳漏《のうろ》という。全て、風寒が脳に入って、或は大陽の湿熱が上って蒸すのである。常に濁った水渶《みずばな》、或は たわ汁（瘡瘍の膿汁）のようなものを流し、鼻の下が常に湿り乾かず、久しい時は頭が痛み、目眩い、立ち暗みが止まらない。薬は天麻餅子* 補中益気湯* 六味地黄丸*を用いる。一名を、鼻淵《びえん》という。但し、〔鍼灸重宝記綱目〕では「脳漏」と「鼻淵」とは区別している。「鼻の事」参照

野風【のかぜ】 薫物の方。〔昼夜重宝記・安永七〕に野風は、沈香（四十匁）、白檀（二十五匁）、丁子（二十匁）、薫陸・麝香（二匁五分）、貝香（十匁）、甘松（三匁）。

野鴈【のがん】〔料理調法集・諸鳥人数分料〕に野鴈は、当地にはいなかったので料理に使うことを知らない。羽鳥が見事なもので、数寄屋の羽箒等に用いる。

野菊【のぎく】 草花作り様。野菊の花は浅黄色である。土は肥土に砂を交ぜ、野土も加えて用いる。肥しは田作りの粉、また雨前に小便を根廻りに掛ける。分植は春がよい。〔昼夜重宝記・安永七〕

野狐の符【のぎつねのふ】 呪い。〔増補咒咀調法記大全〕に「野狐憑きたる時の符」を書いて慈救咒（不動明王真言）*で加持し、額にもこの符を書くとよい（図396）。「孤の事」参照

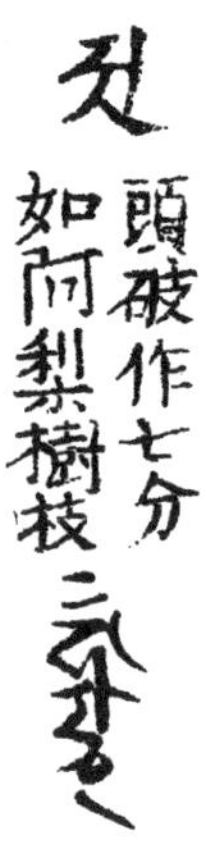

図396 「野狐憑きたる時の符」（増補咒咀調法記大全）

軒の玉水【のきのたまみず】 大和詞。〔不断重宝記大全〕には「のきの玉水とは、とくとくあは（会）ん」の意。〔女用智恵鑑宝織〕には「数知らぬを云」。

軒端の草【のきばのくさ】 大和詞。〔不断重宝記大全〕に「のきばのくさとは、人を悪く云ふ心なり。（歌）何にこの忍ぶにあらでふる里の軒端に生ふる草の名ぞ憂き」。

鋸【のこぎり】〔万物絵本大全調法記・上〕に「鋸 きよ／のぼぎり／のこぎり」。

鋸草【のこぎりぐさ】〔薬種重宝記・上〕に和草、「地楡 のこぎりぐさ／やまふぢ。蘆頭《ろづ》を去り、洗ひ刻む」。

残り草【のこりぐさ】 大和詞。「のこりぐさとは、菊の花」である。〔不断重宝記大全〕

野差矢【のさしや】「さしや（差矢）」ヲ見ル

野晒の鷹【のされのたか】 大和詞。「のされのたかとは、冬の鳥屋の鷹」である。〔不断重宝記大全〕

伸し鳥【のしどり】〔料理調法集・諸鳥之部〕に伸し鳥は、鴨その他 何鳥でも身を崩してよく擂り、玉子の白身を交ぜ、煮酒醤油で塩梅し、板に薄くつけ、蒸して板を離し、切り形をする。

熨斗の事【のしのこと】〈薬性〉〔永代調法記宝庫・四〕に熨《の》斗鮑《しあわび》（＝鮑の肉を薄く削ぎ伸ばし干した物）は、目を明らかにし虚労を治す。諸病に用いて気力を増す。〈祝儀品〉〔嫁娶調宝記・一〕に引渡*の三方に七筋を、昆布、搗ち栗とともに置く。同じ頃合のを七筋揃え半分程迄熨斗の肌に糊をつけて順重ねにする。本は奉書紙で折形をして包み 上を水引《みずひき》七筋で括る。

その余りを箸を細く削り巻きつけてそっと抜くと縮みが着く。一筋ずつこのようにしてから、三方の真中へ木釘で見えない様に打ちつける。〔新板増補女調法記・五〕〔麗玉百人一首吾妻錦〕等に出る「熨斗包の図（真行草）」は祝儀の食品として贈答されたのが、後世に形式化して贈答品につける飾物になった。〈包み方〉〔農家調宝記・三編〕には（図397）①「親類盃事の熨斗」があるが、農家は質素が肝要とし、②のように横長のまま二筋折って長熨斗を入れ中水引を二筋ずつ合せ結び切り縮《ちぢれ》を掛けたのが「夫婦熨斗」である。③「両親その外盃事の熨斗」も紙を横長のまま図版のように折り点線より折り紙の両端を別々に④のように折る。水引の結び方は図示は難しいが、小間結《こまむすび》にしてもよい。表が石畳になると裏は小間結である。但し、先へこの結《むすび》を拵え⑤、熨斗包にかけ裏で結い切り、端は伸ばして置く。「ひのし（火熨）」参照

熨斗目【のしめ】　江戸時代、熨斗目は武家礼服の麻上下《あさかみしも》の下着とした。縦糸は生糸、横糸は練り糸で、袖の下部或は腰辺だけを縞に織り出した無地織物。

野尻より三留野へ【のしりよりみとのへ】　木曾海道宿駅*。二里半。本荷百四十七文、軽尻九十二文、人足七十一文。名古屋領。宿はよい。宿の入口にくら坂という大坂がある。十二ケ根村左に駒が嶽が見える。与川橋がある。まき沢に架け橋がある。がてん坂大難所である。ふみかけ村この筋は架け橋のある所が多い。山中に中川という一軒屋がある。土場村、在家村、芝山村、尾越村坂道である。かずえ坂旅人は渇《かつ》え坂といい、山中に一軒屋がある。十二郷村家が二三軒ある。〔東街道中重宝記・木曾道中重宝記六十九次享和二〕

野瀬餅【のせもち】〔年中重宝記・四〕に、十月、中の子の日、摂州野瀬より野瀬餅を禁裏に献上する。

載せる【のせる】〈何が不足で癇癪の枕言葉〉「食《く》ふ、の（載）せる」という。

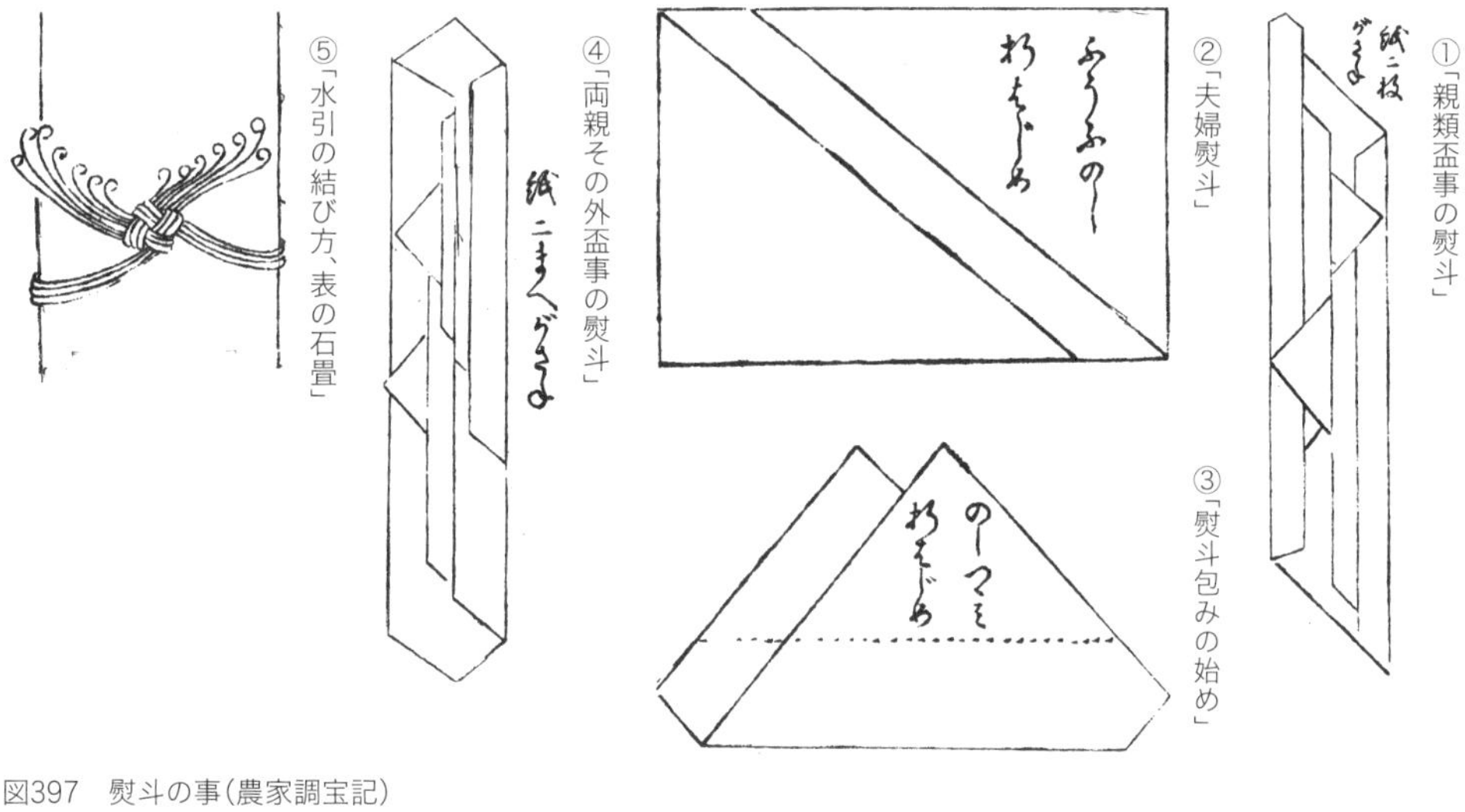

②「夫婦熨斗」
③「熨斗包みの始め」
④「両親その外盃事の熨斗」
⑤「水引の結び方、表の石畳」

図397　熨斗の事（農家調宝記）

〔小野篁譃字尽〕

徐く【のぞく】　十二直*の一。暦中段。〔童女重宝記〕に斗柄の前の辰、百凶を除き去る日等とある。〔和漢年暦調法記〕等に半吉とし、神事祭礼、

不浄を払い、沐浴、薬飲み始め、種蒔き等に吉。金銀を出すこと、また婚礼出行井掘等は忌む。

のたあえ【のたあえ】 片言。「滑韲《ぬたあへ》を、のたあえ」という。〔世話重宝記・二〕

後産【のちざん】 後産《のちざん》は後の物とも言い、出産*後に出る胎盤や卵膜等をいう。〔文政新刻俗家重宝集〕に後産を下す奇方は、茄子の蔕を黒焼きにして糊に押し交ぜ、足の裏に貼ると妙に下る。〔俗家重宝集・下〕に后産《のちざん》の下りない時は、葵の花を陰干し、末（粉）して白湯で飲む。また唐胡麻を摺り潰して足の裏へ飯粒糊で貼ると忽ち下る。下ったら早々に剝がし取る。〈呪い〉〔増補咒咀調法記〕に後の物が下りない時の符がある（図398）。①の符を呑む。②の符を呑むには井の土を手の届く程を取って水にたてて呑ます。土は男に取り寄せさせる。③はこの字を書いて鶏の鶏冠の血を取って水にたてて呑む。（②は「胞衣《えな》くだらざる符」*ト混同ガアル）〔家伝調方記〕には「産の軽き方」として、孕み女の御器等に「三百三の紐を解けり」と書き、柚子の種を包み呑ますと、下ること妙である。

図398 ①「後の物下らざる符」（増補咒咀調法記大全）

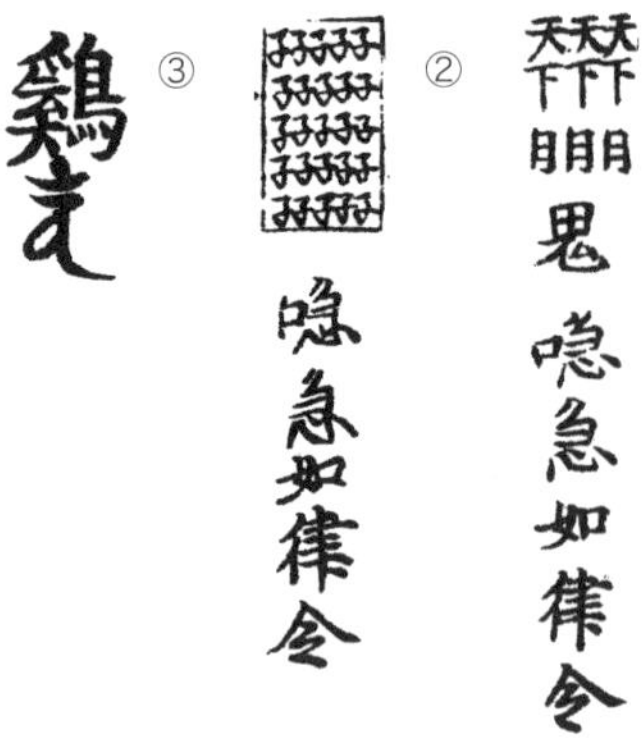

後の朝【のちのあした】 大和詞。「のちのあしたとは、別れたるあした（朝）である。〔不断重宝記大全〕

後の名月【のちのめいげつ】 〔女用智恵鑑宝織〕に「後《のち》の名月《めいげつ》、（九月）十三日。まめ名月、栗名月、ふたよ月、月の名残」。〔消息調宝記・三〕に九月十三夜は後《のち》の月という。月*は清明であるが冷ややか過る頃なので、八月十五夜（名月）*には及ばない。

のっぺいとう【のっぺいとう】 煮方仕様。〔諸人重宝記・四〕に「のっぺいとう」は、鴨を煎り鳥のように造り、出汁溜りで煮え立つ時、加減を吸い合せ、饂飩粉を出汁で溶き粘る程差し、煮え立つ時出す。

能登【のと】 能州。〔重宝記永代鏡〕には羽咋《はけび》、能登、鳳至《ほうじ》、珠洲《すず》の四郡をあげ、一ノ宮は気多《けた》である。〔大増補万代重宝記〕には能登がなく鹿嶋をあげ、中管、四方二十里。田数八千四百七十九町、知行高二十一万六千八百九十一石。〔重宝記・幕末頃写〕には東西二日半、土冷えて五穀遅く、鉄の大器を作り、桑多く、上国。今の石川県の能登半島地方にあたる。〈名物〉〔万買物調方記〕に鯖、同背腸（塩辛）、烏賊の黒漬、熊引《つのじ》（鮫）、内の海の鱰《しいら》、経の紐糊、輪島素麵、釜が名物である。

野床の人【のどこのひと】 大和詞。「のどこ（野床）の人とは、の（野）の狩人」である。〔不断重宝記大全〕

能登守教経【のとのかみのりつね】 〔大増補万代重宝記〕に能登守教経は平氏の勇将で、射《しゃ》の巧者である。西海、南海の逆戦に戦う。壇の浦の役（一一八五）に義経を拒もうとしたがならず、遂に奮い叫んで海に投じ、二十六歳で死んだ。

咽喉の諸症【のどのしょしょう】 〔医道重宝記〕に喉《こう》は気を通じて肺に繫がり、咽《いん》は物を嚥《の》み胃に通じる器官で、五臓（肺 心 肝 脾 腎）の熱する時は腫れ塞がって通ぜず、六腑（大腸 小腸 胃 胆 膀胱 三焦）の寒ずる時は縮まり硬く物があるようである。或は虚火上升し 或は風痰上り塞がって腫れ痛む。脈が実 滑なのはよく、微にして伏するのは治し難い。症状により清涼散*、牛房子湯*、通関散*がある。〔鍼灸重宝記綱目〕に喉は、肺に通じて気の

往来を主《つかさど》り、気鬱結して上に昇り、頸《くび》の間に血熱を蓄え、血が余って喉痺を病む。また手の少陰 少陽の二脈も喉の気に並ぶ。火は腫れ 脹るのを主とするので、熱が上焦に宿して咽が脹れる。或は腫れ痛み 瘡を生じ紅く腫れて結核し痛み、閉じ塞って物言うこができない。これは全て風熱 痰火である。尺沢 瘂門より血を取り、口を開き 喉の腫れた所を捻り針で突き抜き 血を取る。喉が塞がり急症には、三稜針を少商に刺して毒血を出す。食が下らないのには亶中に灸する等、症状により鍼灸点がある。

〔改補外科調宝記〕に咽喉の病は、八種というが十八種ある。みな風熱痰火のせいで喉痺 腫痛 咽瘡《のんどがさ》 紅く腫れ等する。○咽瘡で汗するのは忌む。ただ針をして血を出せば癒える。もし息切れして胸脇が錐で刺したように痛み 大小便結するのは危く、紫証散*地黄散*を用い、痰が多い時は金鎖匙《きんさじ》*を用いる。○腫痛にはよい酢を含ませ 少商の穴から血を出し吹き薬をするが、この症は腫れもせず赤くなり、痛みで唾も通らない。○咽喉に瘡が出、或は腫れ塞がり赤く、又は白いのには、地黄散 金鎖匙を用いる。○瘡が痛み甚しいのには辰砂（五分）、硼砂・牙硝（各四分）、青黛（三分）、黄連・薄荷（各二分）、龍脳（五厘）を粉にして、瘡の出た所へ管で吹き入れる。○咽喉一切の症には、清涼散を用いる。○魚鳥等の硬骨が咽に立った時の薬は、砂仁・甘草（各等分）を粉にし絹に少し包んで飲むとやや久しくして骨は痰とともに出る。人の指の爪を焼き粉にして咽に吹き入れるとよい。硼砂を含むと骨は自ずから出る。薬には神仙釣骨丹*がある。

〈経験方〉色々ある中から若干例を出す。〔丸散重宝記〕に、○咽の内が塞がったようで不快な時は、荊芥の末（粉）を白湯で下す。○咽の内が懸癰で舌腫れ塞がり痛む時は、五倍子・白姜蚕・甘草（各等分）を白梅肉に搗いて丸じ含むと、癰は自然と破れる。○咽喉が腫れ痛み水・食の通じない時は、白姜蚕の末（粉）を生姜汁に調えて下すと妙である。

○痘瘡*が喉にできた時は、牛房子（二戔）、桔梗（一戔）、甘草（七分）を煎じて服する。〔妙薬調方記〕に「のど腫れて痛みてならぬ」時は、桔梗と甘草を煎じて呑む。〔薬種日用重宝記授〕に「ノドの痛み 腐りを止める法」は、神麹（三匁）、カルメル（三分）、焼酎（二合）を合せ、一日に一吸ずつ三度用い、十日に飲む。〔重宝記・礒部家写本〕に喉が腫れて痛む時は、桔梗・枳穀・半夏（各等分）、甘草（少）を絹に包んで含む。好薬である。〔俗家重宝集・後〕に、○咽に物の詰ったのを直す法は、青烏芋を卸し絞り汁を呑む。○咽に骨の立ったのを治す薬は、白鳳仙花の実を呑むと奇妙である。〔庶民秘伝重宝記〕に喉痺を直す伝は、○俄に喉の塞がった時 酒に塩を加え 口中に含み少しずつ呑むと破れず、腫れは次第に治る。○灯心草を灰に焼き、塩と等分に合せて吹き入れる。○喉へ魚の骨の立ったのを直す伝は、「鵜の喉《のんど》 鵜の喉」と何遍も言って喉を撫でると抜ける。○象牙で喉を撫でても抜ける。

〈加減例〉〔医道重宝記〕咽の痛みには、桔梗・甘草を加えるが、肺熱には黄芩、風熱には桔梗・荊芥・薄荷、風痰には羌活・桔梗・天南星を加える等五例がある。

〈咽喉腫れ〉〔大増補万代重宝記〕に、○咽喉が腫れて痛む妙薬は、山繭の黒焼きを絹に包んで含む。また山梔子一味を煎じて用いる。○俄かに喉が腫れて塞がり、水も通らず、話もできない時には早く上酢を口中に含み、とっくりと飲み下す。数度嗽をすると痰・涎を吐き出して癒える。酢がなければ冷水で嗽してもよい。○山牛蒡を多少によらず刻み、酢で濃く煎じて結び、喉の外に塗る。○大根の絞り汁を除々に飲み下す。○甘草の末（粉）一匁ばかりを管で喉へ吹き入れる。○鍼・灸共に効のないのには、乾いた漆を焼いて煙を管で鼻から吸い入れる。漆がない時は塗り物（漆）を焼く。○俄かに声の出ない時は、大根、或は生姜の絞り汁を和《やわ》らかにそろそろと服する。〔増補咒咀調法記大全〕に喉の痛む

大事は、甘草を蜜に浸し、焙り、煎じて呑む。喉痺の大事は、急々に取り詰めるには灯心草を灰に焼き、塩を等分に粉にし、管でよく吹き入れる。〔調法記・全七十〕には咽喉が腫れ塞り呼吸が通ぜず死にそうな時は、葛苣《ちさ》の根を黒焼にして茶碗に入れてよく擂り細末（粉）にし、管で咽喉に吹き入れると奇妙である。〔懐中重宝記・慶応四〕に喉の腫れには、甘草の粉に耳の垢を混ぜて管で吹きこむ。喉気《のどけ》にはダボ鯊を黒焼きにして管で吹きこむ。

〈咽に魚鳥骨や刺が立った時〉〔世界万宝調法記・中〕は喉に刺の立った時の薬に、人の爪一匁を煎じて用いる。〔家内重宝記・元禄二〕は喉に芒《のぎ》の立った時に、胡麻を擂り砕き酒か湯で飲む。或は飴を含み、汁を呑む。〔懐中重宝記・慶応四〕は、○芒が懸った時は白飴を多く食う。○毛が懸った時は髪の毛を黒焼きして白湯で用い、或は粥を頻りに食う。〔改補外科調宝記〕は何でも咽に骨の立った時の方は、①砂仁・甘草（各等分）を粉にして絹に少し包んで飲むと、やや久しくして骨は痰とともに出る。②人の指爪を焼き、粉にし咽に吹き入れる。③硼砂を含むと骨は自ずから出る。④神仙釣骨丹を用いる。〔昼夜弁要万宝二面鑑・寛政十二〕は骨の立った時に鳳仙花の実を呑むとよい。又、その魚の骨を頭に載せると妙である。〔胡椒一味重宝記〕は咽に魚骨の立った時、飴を丸じ胡椒（小）を入れて呑む。〔妙薬調法記〕に、○鯉の鱗をよく焙り粉にして水で呑むと忽ち抜けるとある外、○榎の実を粉にして呑む。○蜜柑の実を黒焼きにして水で呑む。○白鶏頭花・榧の実を煎じて呑むなどがある。〔里俗節用重宝記・下〕は野蒜の黒焼きを吹き入れる。〔大成筆海重宝記〕は咽喉が閉じ、又諸骨の立った時の薬は酢を呑む。○百芷・半夏（各五分）と合せ粉にして呑む。

〈喉傷治法〉〔骨継療治重宝記・中〕に、○喉を割《き》った時の縫い合わせ、打ち歪められた時の処置の外、喉傷の深く断たれたのは治し難く、湯を飲ませて腹へ至らず外へ流れ出るのは治らない。○喉《のどぶえ》を割《き》った人の損傷治法は、その人の頭項《うなじ》に馬乗りになり、織り糸でまず縫い合わせて置き、喉管に押し込み、次に外皮を縫い合わせ、封口薬*を塗りつけ、散血膏*をつける。○喉を人に打ち歪められたら、手で動かし正し、散血膏をつける。○喉が傷《やぶ》、深く切れたのは治し難い。

〈呪い〉〔咒咀重宝記〕は喉痺の呪いとして、「生」の字を指で、墨をつけずに三字書いて、指で押さえ、歌「うのみこのうゑくうことをのうにしてこうのふちゑぞちやうと入けり」を三遍詠むとよい。〔童女重宝記〕は魚鳥類の骨が咽に立った時、帯を解いて立ち、頭を下げ股の間を覗き見るようにすると、抜けて咽に下る。〔増補咒咀調法記大全〕は「咽に物たちたる呪に」（図399）、①の図版を盃の中に書き水で溶いて呑ます。②の図版は左手の内に書き口中へ絞り入れるようにして三度呑ますと実に奇妙である。○咽に餅の詰まった呪いは、急に酒を温めてその人の鼻へ吹き込むとすぐに吐き出す。○咽の乾かぬ呪いは、大蒜《にんにく》を鼻の穴に塗るとよい。雪中には大いに寒気を防ぐ。〔重宝記・儀部家写本〕には咽喉に骨の立った時、骨の立った人に向かい脇差を少し抜きかけ、小柄の小刀を俯けて脇差を脇へ差し、心に先の人の喉の骨を絶ち切る思いをなし、柄頭を叩いて抜きかけの脇差をさすと忽ち骨は喉を下る。

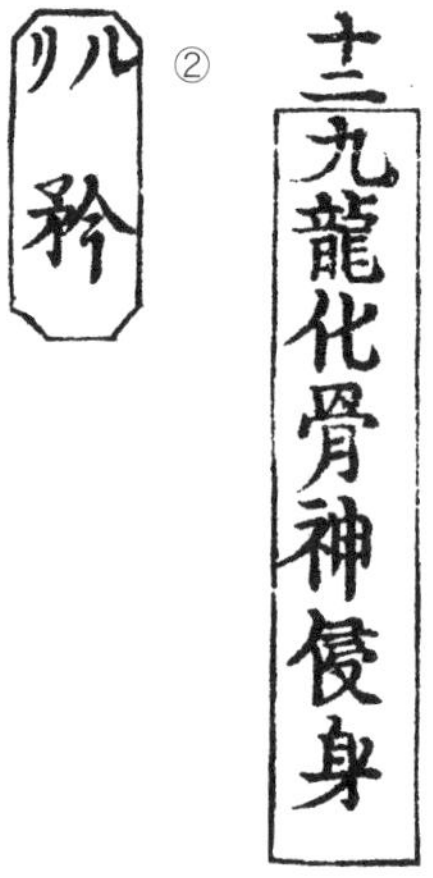

図399 ①「咽に物たちたる呪」（増補咒咀調法記大全） ②

〈咽病に食物宜禁〉〔改補外科調宝記〕に「宜い物」は梨 山の芋 牛房 蓮根 干し蕨。「禁物」は桃 すもも（李）餅 生姜 大根 蕎麦 胡瓜 茄子。

喉輪【のどわ】 喉部の防護具。〔武家重宝記・三〕に喉輪の絵図がある（図400）。

図400 「喉輪」（武家重宝記）

野鼠／土竜／蛇除け歌【のねずみ／むぐら／へびよけうた】 〔家伝調方記〕に「野鼠むぐら（土竜）蛇除け歌」として次がある。「虫むぐら半夏が畑へ来るならば田守の神ぞ成敗をする」。この歌を書き、半夏生*に畑の中に立てる。

のの【のの】 片言。「布《ぬの》を、のゝ」という。〔世話重宝記・二〕

野の宮【ののみや】 京名所。〔東街道中重宝記・七ざい所巡道しるべ〕に野の宮は、黒木の鳥居、小柴垣がある。嵯峨野にある。〈伊丹郷諸事控〉〔正心調法記〕には「野の宮神事割高」があり、合二千三百五石七斗、とある。

のびる【のびる】 俳言の仙傍（訕謗）。「するヲ のびる」。〔新成復古日夜重宝俳席両面鑑〕

野風俗【のふず】 〈世話〉〔世話重宝記・三〕に、人が無礼で行儀作法も知らず、身持が田夫野人のようなのを野風俗《のふず》という。野はいやしと読み、いやしい風俗である。「のら者」参照

野衾【のぶすま】 煮方仕様。〔諸人重宝記・四〕に野衾は、小鳥を叩いて船場煮*のようにざっと煮、鯛を掻いて細かに叩き、煮え湯を掛けて上げて置き、大鮑を薄く剝いでしらめると袋のようになる。この時、出汁溜りを加減して入れ噴き立つ時、先の三色を入れて掻き合せると袋の中へ包まれる。玉子のそぼろは上置きによい。吸い口は色々である。

延米【のべまい】 〔農家調宝記・初編〕に、三斗五升に升目を切り量り、国所により異なりはしたものの、大抵は二升を加えて一俵とした。この二升を延米《のべまい》という。

逆上の薬【のぼせのくすり】 〔懐中重宝記・慶応四〕に のぼせ（逆上）下げ薬は、大黄（四匁）、黄金・黄連・天石（各二匁）、川芎（五分）。これらを丸薬にして用いる。

幟冑の始め【のぼりかぶとのはじめ】 〔世界万宝調法記・上〕に幟冑の始めは、昔 蒙古の夷がわが国を奪わうとした時、五月五日に筑紫で戦って勝った吉例で、甲冑を帯し兵具を調え旗印を家々に立てたという。

幟簱仕立様【のぼりはたしたてよう】 〔大増補万代重宝記〕に幟簱は、簱の横へ乳《ち》をつけたものであり、幟簱を略してのぼり（幟）という（図401）。○神仏へ奉納の時は乳を右にする。軍陣に用いるのは乳を左にする。但し、端午の幟簱は軍陣に準ずる。

図401 「幟簱仕立様」（大増補万代重宝）

呑過の毘沙門【のみすぎのびしゃもん】 〈平生ソレよく言う言語〉「呑過の毘沙門」は、呑み過ぎ浴びる意を、毘沙門天に言い掛けた。〔小野篡譃字尽〕

蚤の息が天へ登る【のみのいきがてんへのぼる】 〔世話重宝記・三〕に「蚤の息が天へ登る」の詞は、農民の息が天へ登るということを、誤って言ったものという。尭舜の世は、雨塊《つちくれ》を動かさず、風枝を鳴らさず（共に太平の世

の譬え）という。政治が悪く 農民を虐げ 課役を懸け 年貢を高く取り 苦しめる時は、農民の患い苦しむ息が天に登り、水旱《すいかん》時を失い、五穀稔らず、客星（彗星などの新星）が現れ、時疫が流行る等、様々の天変がある。

蚤の事【のみのこと】 蚤は赤褐色、虱*は白色で、共に人の皮膚の血を吸い跡が着き痒い。〔万物絵本大全調法記・下〕に「蚤さう／のみ」。〔男女御土産重宝記〕に蚤虱禁物の事があり、江戸等は人込みの大分な所故、洗（銭）湯等で必ず染《うつ》る。常に樟脳 石菖を嗜むと重宝である。〔年中重宝記・二〕に蚤の多い所では菖蒲の末（粉）を蓆《むしろ》の下に捻《ひね》り、葉を集めて床に敷くとよい。〔秘密妙知伝重宝記〕に蚤がたからぬ秘伝は、菖蒲の末（粉）と枳殻《からたち》を懐中して避ける。〔大増補万代重宝記〕に蚤を去る法は○布団の下 或は莫蓙の下に苦参《くしん》を敷くと悉く去る。○芸香《うんこう》の葉を畳の下に置くと蚤の生ずる事はない。○小児の肌着に当薬（千振）を煎じ染めるのは蚤虱を去る妙方である。〔新板秘伝日用重宝記〕は苦塩《にがしお》を床の下の土へ打つと蚤虱は湧かない。〈去る呪い〉〔新撰咒咀調法記大全〕は紙に「欠我青州木爪銭」と七字書いて床の下に貼ると、蚤虱は去り集まらない。〈耳に入った時〉〔新撰咒咀調法記大全〕は蚤虱が耳に入った時は、石菖で耳を塞ぐと必ず出る。「虱の事」モ見ル

の文字【のもじ】 〔女重宝記・一〕に、大和詞「のり（海苔）は、のもじ」。〔万家重宝女用花鳥文章〕に「のもじ、残のこりおおきの事」。

野守鏡【のもりのかがみ】 大和詞。〔不断重宝記大全〕には「のもりのかがみとは、よそ（余所）に見んと云ふ心」である。〔女重宝記・五 弘化四〕には「たまり水のこと也」とある。

野山の道に迷わぬ呪【のやまのみちにまよわぬまじない】 〔万まじない調宝記〕には、旅立に「〓」の文字を書き所持すると、野山の道に迷わない。

野良豆【のらまめ】 「豌豆」ヲ見ル

のら者【のらもの】 〈世話〉〔世話重宝記・三〕に「のら者」は、何の所作もなく遊び歩く者をいう。『万葉集』に、草の字を「のら」と読ませている。のらとは野原のことである。うつけ者は、野原に草の生えて徒に渺々として景もないようなという譬えである。遍昭の歌に「里は荒れて人はふりにし跡なれや庭もまがきも秋ののらなる」（古今集・秋上）。「野《の》風俗《ふず》」参照

糊置の事【のりおきのこと】 〔染物重宝記・天明五〕に「糊置き心得の事」がある。○薄茶 藤色類は、灰糊の強いのは悪い。○鬱金色 紅鬱金 黄唐茶 桑茶類は、糯糊がよい。○灰糊は、紋摸様の出来上がりが悪い。○藍染屋物は、灰糊の強いのがよい。○絹類 茶下に、いけ糊は悪い。この貼り糊置きの事は、素人には用いない事ながら、上がりが悪いと 染先の粗相となり、又は悉皆取り次の難儀となる事がある。互いに心得るべき事である。

乗掛下【のりかけした】 「荷物掛目御定めの覚」ヲ見ル

海苔蒲鉾【のりかまぼこ】 〔料理調法集・蒲鉾之部〕に海苔蒲鉾は、水前寺海苔を水に浸し、薄味に煮て露を拭き取り、同じ厚さに常の擂身をつけ巻いて蒸す。この類は、外を竹皮で巻くとよい。

乗敷【のりしき】 「せきりょう（脊梁）」ヲ見ル

乗初【のりそめ】 〔年中重宝記・一〕正月二日、舟人が乗り始めする日である。

粘の事【のりのこと】 〈貯え様〉〔文政新刻俗家重宝集〕は「貯粘の法」として、生塩を少し粘に入れて交ぜ、器に入れ、上に木の葉を蓋にして置いて使うと冬は三十日余、夏も二十日余も保つ。〈貼り物を鼠の食わぬ伝〉〔新板秘伝日用重宝記〕に粘で貼った物を鼠の食わぬ伝は、粘の中へ蒟蒻を摺り交ぜて貼ると鼠が嫌い、決して付かぬ。〔諸民秘伝重宝記〕は粘に蒟蒻玉を少し加えるとよく、また竈の灰を少し加えるのもよいとある。〈封状粘付け〉〔改正増補字尽重宝記綱目〕に封状の粘は多く付けてはならず、少し付けて心易く離されるように付ける。多くは慮外である。「姫糊拵え様」参照

法皇【のりのすべらき】 大和詞。「のりのすべらき、法皇の御事」である。〔不断重宝記大全〕

海苔巻鮨【のりまきずし】 「こけら笹巻鮨ほか」ヲ見ル

海苔飯【のりめし】 〔料理調法集・飯之部〕に海苔飯は、新干の海苔を真砂に刻み焙炉《ほいろ》で火取り、常のように炊いた飯に交ぜる。〔懐中料理重宝記〕に海苔飯は、浅草海苔を焙炉にかけ、細かに揉んで岡交ぜ（後から材料を入れ先の材料と交ぜる）する。但し、金水嚢で篩うとよい。

乗物と駕籠【のりものとかご】 ○「乗物」は駕籠に引戸をつけた上製の物をいう。乗物には、武家 僧侶 儒者 医者 婦女、或は特に許された者以外は乗れない。〔女重宝記・一〕は「のり（乗）物を、御こし」という。○「駕籠」は一般男子に供され、始めは竹で 後には木で作り、出入り口は垂れ布で、上には轅《ながえ》を前後から通し、底部の狭い所に人を載せて舁く。駕籠の簡略な物に、○「籃輿《あんだ》」*があり、箱形の駕籠に編み板を敷き、天井はなく、棒を突き通して舁く。

〈乗物蒲団〉〔女中仕立物調方記〕に乗物蒲団の鏡蒲団は、緞子 繻珍等に縁《ふち》には唐織金入天鵞絨などを用い、縁巾は 一幅を二重に折って用い、四方なげし合。横巾は一尺四五寸、長さは二尺二三寸。略儀の鏡蒲団は、緋紗綾 縮緬 緋綸子の類である。縁は繻珍 繻子金入も用いる。

〈乗物 騎馬へ礼の事〉〔小笠原諸礼調法記・天〕は駕籠を右に見なして礼をする。同輩 又は少し貴人なら左で礼をする。騎馬は高貴であってもいつも左になして礼をする。「四ツ手籠乗り様」参照

乗物酔【のりものよい】 「乗物酔」として「馬」「駕籠」「舟」、又「舟 駕籠」を並記するものを集め、「舟酔い」単独は「舟の事」に記した。〔新板秘伝日用重宝記〕に、○「馬 駕籠 舟に酔わぬ伝」は硫黄を臍に入れ 紙でよく封して置くとよい。火をつけ 鼻に嗅ぎ込むと決して酔わない。○「舟駕に酔ひたるを直す伝」は、酔った時梅干を食うと即座に覚める。○「舟駕」に酔わぬ方として、蚯蚓の首と尾を切り、中の土の気を扱き出し四五匹水にひたひたにして置き、一両日過ぎて蚯蚓がふやけた時取り出し、後の水を布で濾し眼を洗うと治る。〔妙薬調方記〕は舟や駕籠に酔った時の妙薬は、鼠の糞を白湯で飲むとよい。〔諸民秘伝重宝記〕は駕籠に酔わぬ伝は、駕籠に乗る時付木（硫黄を塗り着けた火つけの薄片木）一枚を駕に敷いて乗ると酔わない。〔日用調法人家必用〕は硫黄の付木を懐中するとよい。また何でも甘い菓子を少しずつ口に含んでいる時は気を点じ酔わない。〈呪い〉〔新撰咒咀調法記大全〕に「駕に暈《よは》ぬ呪」は、盃（或は織部盃など）を紙に包み、封して乗る人の袂に入れて置くと奇妙である。〔諸民必用懐中咒咀調法記〕は土を紙に包んで入れて置くとよい。

那威【のるうえー】 〔童蒙単語字尽重宝記〕に那威《のるうえー》は端典《すえーでん》に属する。広さ十二万三千四百坪、民は一百三十二万八千五百人。基督亜尼民《きりすちなあにや》は五万七千三百八十一人、（品川海より）五千九十里。

暖簾看板掛くる吉日【のれんかんばんかくるきちにち】 〔重宝記永代鏡〕に暖簾看板を掛くる吉日は、乙丑《きのと》の日。丙子《ひのえ》の日。丁丑《ひのと》・卯の日。戊子《つちのえ》の日。己《つちのと》丑の日。癸寅《みずのと》の日。

狼煙【のろし】 相図の六具*の一。『書言字考節用集・一』に「狼煙《のろし》、烽火に狼糞を用いる。煙は直に上りて聚《つま》り、風と雖も斜めならず」とある。〈雨風時の炬火《のろし》製法〉〔里俗節用重宝記・上〕に、煙硝（三十匁）、硫黄（九匁）、麻の灰（一匁五分）、樟脳（九匁）を交ぜ麩固めにして、八寸廻りの竹筒に付き込み、上皮を削り紙で張って用いる。

のろし／のろせ【のろし／のろせ】 〔農家調宝記・続録〕に畿内*北国辺で、田の畦に榛《はしばみ》の木を植え、その木と木の間に竹を結いつけて、刈り取った稲を束ね、株を上に穂を下に掛けて干す。これを「のろせ」に掛くるとも「のろし」に掛くるともいう。

は

羽蟻の事【はありのこと】〔万物絵本大全調法記・下〕に「蟁い／はあり。飛蟻也。春」。〔新撰咒咀調法記大全〕に「羽蟻出るを止める呪」は、「はありとは山のくち木にすむ虫の 里へ出《いづ》るはおのがひがこと」の歌を書いて、出る所へ逆様に貼ると二度と出ない。

貝【ばい】海贏とも書く。〔万物絵本大全調法記・下〕に「貝 ばい／たからがひ。紫貝、むまのくぼがい」。〔薬種重宝記・上〕に和虫、「貝子 ばいし／たからがい。焼いて研《くだ》き、細末（粉）」にする。〈薬性〉〔医道重宝記〕に海贏《ばい》は冷にして毒なく、目の痛みを止め、心痛を治す。〈料理仕様〉〔諸人重宝記・四〕にばいは、ころばかし（転煮。コロ煮）煮物殻焼きにする。

倍【ばい】〔算学調法塵劫記〕に「倍 ばい／之を倍す」とある。原《もと》の数を二ツ寄せる事をいう。即ち、一倍にすること。「之を三たびす」も同じく原の数を三ツ寄せることをいう。いくつ寄せても同じことである。

灰入り酒と蟹【はいいりさけとかに】食い合せ。〔料理調法集・当流献方食物禁戒条々〕に灰入り酒を吞み、蟹を食うと忽ち血を吐く。

俳諧歌【はいかいか】歌学用語。〔諸人重宝記・一〕に俳諧歌は、三十一文字で常の歌であるが、狂歌体に詠む。「散りぬれど後は芥となる花を 思ひも知らすもまどふてふかな（遍昭集・春）」のような歌。

俳諧会日【はいかいかいび】諸芸*洛陽会日の一。〔万民調宝記〕に俳諧会日がある。○月次。九日・二十三日、新町六角下町 池西言水。○月次。十六日・二十五日。万句は四・八の日で月に六日ある、四条道場内 斎藤如泉。万句。五・十の日 東洞院仏光寺上ル町 我黒。○月次。二十四日、間の町二条下町 北村湖春。万句。三三・九九の日 新町六角下 中村良詮。

誹諧漢和の法【はいかいかんわのほう】連俳用語。聯句《れんぐ》と長連歌が結合して成った連句文芸。和句と漢句を交互につけて行く。狭義には発句が漢句で始るのを漢和《かんわ》、和句で始るのを和漢《わかん》といい、広義にはこれらを総称して「和漢連句」という。〔俳諧之重宝記〕すり火うち」に「誹諧漢和之法」があり、例えば次のようである。○端作は、「誹諧之漢和 或ハ滑稽之漢和」と書く。○唱句は、四仄一平を嫌う、第二字と第四字とは同声を用いない。物に感じて心を興し、目前の美景を珍敷く仕立て、その時の季を違えず、前人の作意に似ないのを良しとする。○第唱句出来の時（その唱句の内の平字韻を除き）入韻の字が定まる。誹諧の漢和には入韻字といい定まる字はないが、常に持ち扱う正しい平字を入韻の字に定める。○面八句は、漢四句 和四句。内 漢の対句一所を要する。大法は 漢和の唱句なら八句目は和であり、和漢の時は八句目は漢である。挙句もこの例である。和漢の時は和に韻字はなく、また韻用もある。○百句は、和漢五十句ずつであるが、一二句の多少はよい。○花四本、和二句 漢二句は隔番にする。○月七ツ、和漢にする。或は和三句続いても、漢ばかり三句四句続いてもよい。○雪 四の和漢にする。一方でもよい。○二句の物は、漢一句 和一句。その外に異名等で出るのは和漢 出がちに一句する。○通り字は上の字ばかり嫌う、下の字はよい。○韻に用いない文字は和漢共に遠慮して用いる。○五句去り 七句去りの物は、韻字でも使う。或は船の字 先の韻であっても五句去れば用いる。○名残の裏は漢の対はなくてもよい。○漢句に同字を嫌う。○漢の対句の所なら和の方は遠慮する。対の難しい所では和の方で引き取ってする。○漢句は尋常の五言を用い、或は六言七言にもする。当時の漢句 今の誹諧の趣きを用い、色々の作字様々の卑詞を用いるのを好まない、等のことがある。

俳諧仕様【はいかいしよう】俳諧について、〔男重宝記・二〕に連歌が和歌の詞を用いて美しく仕立てたのに対し、俳諧は俗語を交えておかしく仕立てたもので、愚かな女童までもする。昔は貞徳が名人であったが今は古

流として用いず、中頃宗因が出て一流を起し当流として諸国に移り、今また風が変り、発句も 付句も 景気《けいき》移りを肝要として、句柄巧みに細かにつけることを嫌う等とある。〔新成復古日夜重宝俳席両面鑑〕には俳諧の称に九名称が出る。俳諧。誹諧。俳詼。滑稽。諧讔。謎字。空戯。鄙諺。狂言。「掟」は○法礼停止。○出会遠近。○一句一直。○小語低声。○月花二座。○日月以上。

俳諧仕様の分出項目は、発句《ほっく》*切れ字*下知《げじ》の仮名*脇句*第三句*四句目*五句目*七句目*八句目*句作付合*米字《よねじ》*百韻*七十二候*源氏六十*五十韻*四十《よよ》四《し》*歌仙*二十八宿*半歌仙*首尾*裏白*（表白）など。

梅花蒲鉾【ばいかかまぼこ】〔料理調法集・蒲鉾之部〕に梅花蒲鉾は、擂身の蒸したのを梅の花に剝いて（長いと剝きにくいので 一枚の長さを三ツ四ツに切り剝いて切る）紅に煮、蒲鉾の中へ入れて蒸す。但し、梅花の蕊を交ぜてもよい。

梅花香【ばいかこう】〈匂袋*の方〉〔男女御土産重宝記〕にある御方の名方として次がある。甘松（二匁）、丁字（一匁五分）、青木香（五分）、竜脳（三分）、白檀・大茴香・麝香・梅の花（各二分）、樟脳・杉の木の赤身（各一分）、榧の木（少）の十一味を刻み合せる。薫りが少し艶にやさしいので梅花という。〈掛香*の方〉〔女重宝記・四〕に梅花香は、竜脳（八分）、梅仁（一匁二分）、麝香（六分）、丁子（二両）、甘松（三匁）、白檀（二匁）。又の方は、伽羅（二匁）、白檀（一匁）、甘松（一匁）、竜脳（三分）。〈薫物の方〉〔女重宝記・四〕に薫物の方として、沈香（八両）、丁子（三両二分）、泉香（一分二朱）、貝（三匁）、甘松（一分）、白檀（三分）、麝香（二分）、薫陸（一分）。〔昼夜重宝記・安永七〕は、沈香（十匁）、丁子・鬱金（各五匁）、貝香（二匁五分）、甘松（二匁一分）、麝香・白檀・薫陸・塩（各一匁）を蜜三匁程で調合する。又の方は、沈香（四十匁）、白檀（二十五匁）、丁子（二十匁）、麝香（五匁）、薫陸・貝香（二匁五分）。

拝上書【はいじょうがき】「謹上書」①ヲ見ル

倍臣【ばいしん】武家名目。〔男重宝記・一〕に、今いう「又うちの侍」*とある。『字彙』には重臣とあるという。諸大名の家臣である。

外人【ぱいしん】唐人世話詞。〔男重宝記・五〕に「穢多《えた》を、外人《ぱいしん》」、〔新板増補男重宝記・五〕には「ばいじん」とある。

梅豆湯【ばいずとう】〔改補外科調宝記〕に梅豆湯は、大いに気血を補う。黒豆・烏梅・薏苡仁を水で煎じ、阿膠・蒲黄を入れて再び煎じて用いる。

孛星【はいせい】〔万物絵本大全調法記・上〕に「孛 はい／ぼつ。孛星 はいせい也」。孛は丸く囲んで見える。彗星*と合せ彗孛《すいはい》*と称し、偶々天に現れるのを、乱や火災の兆しとする。

俳席本式会の図【はいせきほんしきかいのず】連俳の席。〔正風俳諧日夜重宝二面鏡小筌〕に俳席の「本式会の図」がある（図402）。（右から）宗匠 脇宗匠 香元 講師 吟声 座配 執筆《しゅひつ》座。（中）文ダイ 執筆 入口。（左）貴人ノ座／床之方 連衆ノ座 執事座。

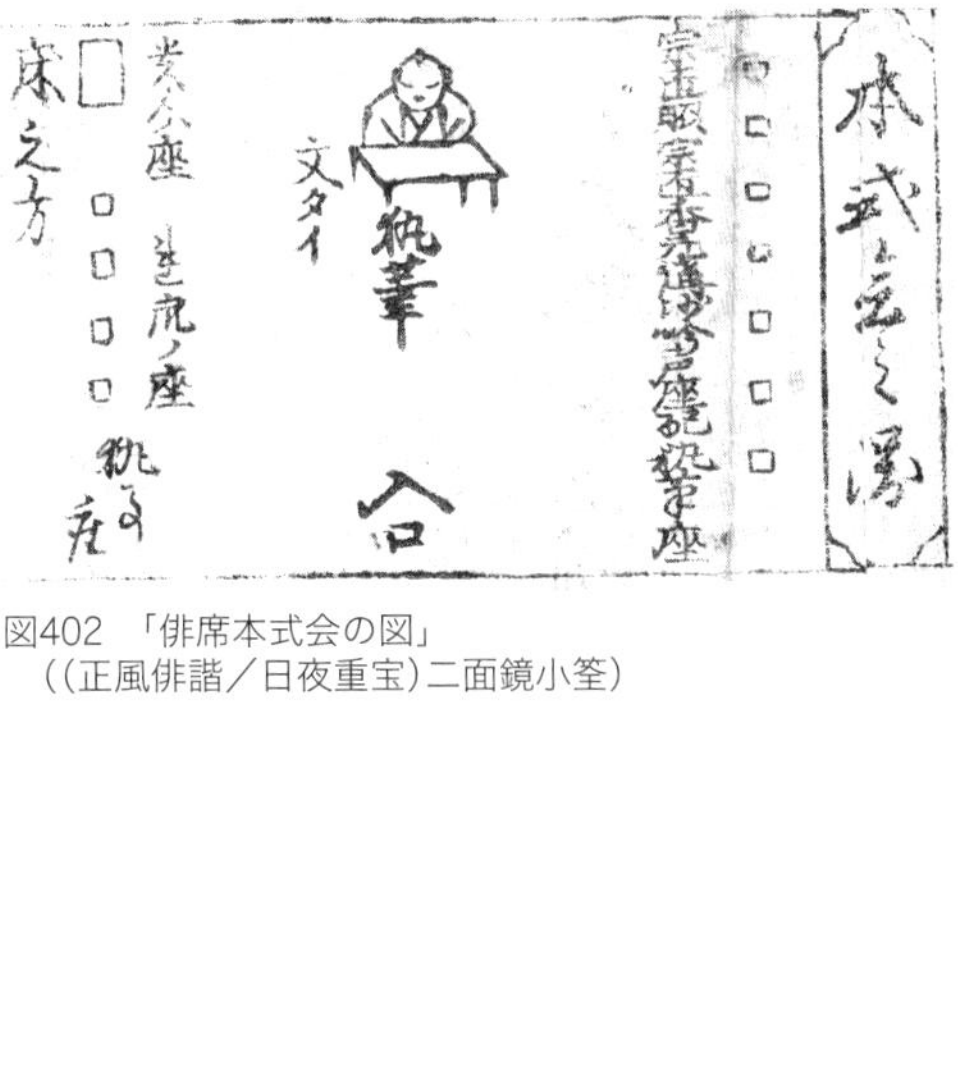

図402 「俳席本式会の図」
（〔正風俳諧／日夜重宝〕二面鏡小筌）

牌前焼香の事【はいぜんしょうこうのこと】〔諸礼調法記大全・天〕に牌前焼香の事がある。卓《しょく》の前に出て、高い卓なら立ったまま、右の袖から香を出し卓の上で香を包んだ紙を広げ左手に持ち、右手で沈《じん》を撮み火の上にかっと掛け、香包を畳み左の袖の中に納め、後へ退き素礼をする。卓の低い時は、卓前で膝を突き躙り寄り、香を焚き、退いて拝礼をする。

背瘡【はいそう】経験方。〔丸散重宝記〕に背瘡 癰疽 腫毒ともに、豨薟草《めなもみ》*の葉を末（粉）して熱酒で下す。妙である。

敗草散【はいそうさん】〔小児療治調法記〕に「貫膿《みずもる》*」は諸痒虚であり、また毒物を食って痒いのを、敗草散で治す。家を葺き、或は壁の背上でも、年久しい茅の腐ったのを洗い浄めて焙り乾かし、細末（粉）とし、帛《きぬ》に包んで撲《はら》う。また、床《とこ》に敷くのもよい。

歯痛【はいた】「歯の諸症」ヲ見ル

佩楯【はいだて】鎧名所*。〔武家重宝記・三〕に佩楯《はいだて》は、鎧の下に着て、腰の前から左右に垂れ、股から膝を覆う（図403）。

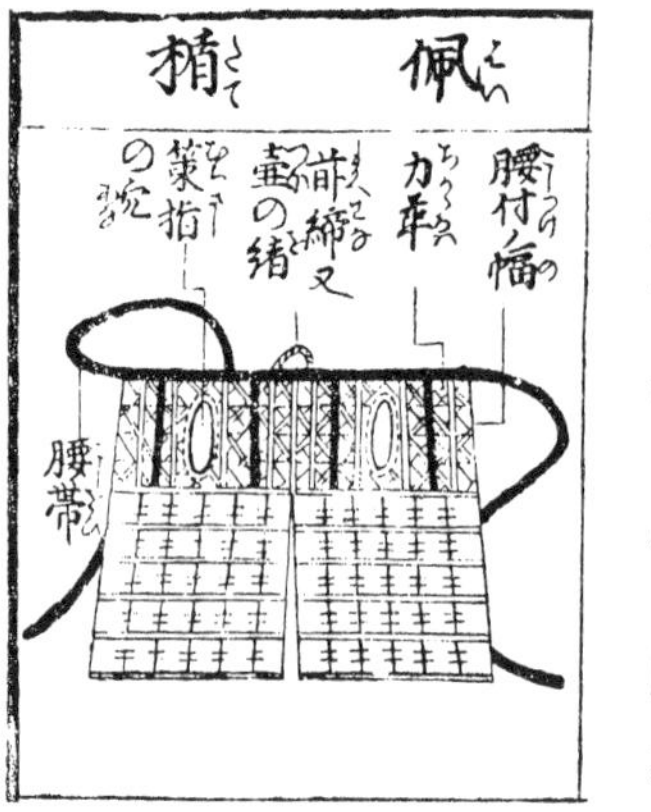

図403 「佩楯」（武家重宝記）

貝多羅葉【ばいたらよう】〔紙漉重宝記〕に天竺で古えに、経文を木の葉に書いた梵語を貝多羅葉という。シュロに似て、厚くて堅い貝多羅を乾かし、葉面に針で経文を刻み、墨を流して保存した。幅は五〜六糎、長さ三十〜六十糎という。

拝殿舞台を造る吉日【はいでんぶたいをつくるきちにち】〔重宝記永代鏡〕に拝殿舞台を造る吉日は、甲午《きのえ》の日。戊寅《つちのえ》の日。庚子《かのえ》の日。壬午《みずのえ》の日。癸酉《みずのと》の日。

はいと【はいと】片言。「はいとは、隼人《はやと》」である。〔不断重宝記大全〕

梅毒【ばいどく】「楊梅瘡《ようばいそう》」ヲ見ル

敗毒散【はいどくさん】〔昼夜重宝記・安永七〕に人参敗毒散*と同じ方組があるが、〔好色重宝記・下〕には人参の入る薬方を人参敗毒散とし、敗毒散には人参を入れず、軽い風邪には人参を除いて用いる。〔小児療治調法記〕は急驚風*が初めて起り、発熱し、手足搐搦《びくつき》、眼上視《そらめづかい》等の症を治し、一切の風寒、痘疹の発症の搐《びくつ》きを治す。人参・羗活・独活・柴胡・前胡・茯苓・枳殻・桔梗・川芎・天麻・全蝎・地骨皮・白付子・姜蚕・甘草に生姜を入れて煎ずるとある外、諸症により加減、補薬がある。また〔同書〕に敗毒散を発熱の薬として、升麻・葛根・紫蘇・川芎・羗活・防風・荊芥・前胡・薄荷・桔梗・枳殻・牛房子・蟬退・山査子・地骨皮・甘草に生姜一片を入れ、水で煎ずる。熱の甚しいのには柴胡・黄芩を加える。夏は香薷、冬は麻黄を加え、瀉があれば猪苓・沢瀉を加える。さらに証煩《いき》れ渇き、譫語《うわごと》があり、小便は火のようで、鬼祟《たたり》を見るようなのは敗毒散に辰砂益元散*を用いるとよい。

はいどく太補湯【はいどくたいふとう】〔洛中洛外売薬重宝記・上〕に「はいどく太補湯」は、上御霊前鳥居上る 大谷義平にある。腫物類、瘡の類、痛みによい。取り次は室町頭下柳原丁 中村や吉兵へ、今出川寺町東へ入内田や吉兵へ、鞍馬中の町 いづつや五兵へ等七軒がある。

梅肉丸【ばいにくがん】〔丸散重宝記〕に梅肉丸は、諸悪毒 瘡毒 便毒 横痃、或は骨疼きによい。梅肉・山梔子（各黒焼 各三戔）、巴豆（一戔）、軽粉（八戔）の四味を糊で丸じ、或は散にする。

梅肉の敷酢【ばいにくのしきず】〔里俗節用重宝記・中〕に梅肉の敷酢は、梅肉を擂り布で濾し、砂糖を煮返し蜜にし、梅肉を薄く伸べ、その上に白

竹・柏葉形等々を置く。

肺の事【はいのこと】 肺臓。〔鍼灸重宝記綱目〕に肺の重さは三斤、背中第三椎に付き、形は八葉の蓮華が開いたようで、三葉が前と後ろに垂れ、小葉二ツが左右に垂れて人の両耳のようである。一葉に三ツずつ、合せて二十四の穴がある。呼（出る息）の時は気孔から出て肺葉は虚し、吸（入る息）の時は気孔より入り肺葉は実する。諸臓の清濁、陰陽の気等はこれに従い、周身に分け布く。五臓*の華蓋《てんがい》とする。相伝の官で治節を出し、諸臓の気を廻らす（図404）。

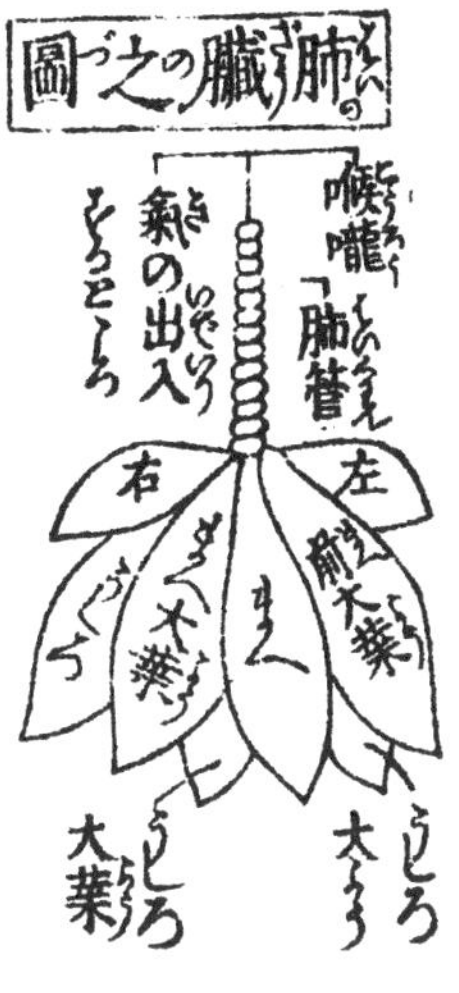

図404「肺臓の図」〔鍼灸重宝記綱目〕

〈五臓の色脈症候虚実〉○肺は気を蔵《かく》して魄《はく》を舎《やど》し、皮毛は燥《かわき》を主《つかさど》る。西方の金に属し、秋に旺し、脈は毛のようで浮である。○外候は鼻にあり、声は哭《な》くようで臭は腥《なまぐさ》い。味は辛く、汁は涕《はな》に、色は白、志は憂《うれ》う。変動は咳《しわぶき》である。○経は手の太陰、府は大腸、積は息賁《そくふん》、右の脇の辺にある。○肺気の盛んな時は喘咳 上気 肩背が痛み、汗が出、尻 陰 股 膝 踹 脛 足と皆痛む。宜しくこれを瀉するとよい。不足する時は少し息が短く、息が出来ず、耳は聞えず、咽が乾き、尿の色が変わり、俄に遺失し、度数も多い。宜しくこれを補うとよい。〔斎民外科調宝記〕に肺の脈は、浮濇で、短である。「肺の諸症」「五臓の事」〈五臓の色体〉モ見ル

肺の諸症【はいのしょしょう】 〈肺の症〉〔小児療治調法記〕に肺の症は、顔燥《かわ》き 腮《ほほ》赤く 咳嗽し 嚏噴《はなひ》る。〔改補外科調宝記〕には肺臓へ中《あた》った疵は、呼吸が自由にならず顔面は黄色になり熱する。酢を飲ましてはならない。

〈肺熱〉〔鍼灸日用重宝記・五〕は肺が熱する（五臓*の熱症）と、皮毛熱し 喘咳《せんがい》し 寒熱する、とある。〈寿保按摩法〉〔医道重宝記〕は肺臓の風邪《ふうじゃ》積聚《しゃくじゅ》の疲れを去る按摩*の法に、①平らかに座し 両手を畳につけ 身を縮め 背中を曲めて 三度向上《みあげ》る。②肺臓 胸臆《むね》の間の風毒を去るには、平らかに座して拳を返し、背中を左右 各々三五（十五）度打ち、その後息を閉め 目を塞ぎ 唾を呑み、三度歯を叩き鳴らすとよい。

〈肺痿〉〔改補外科調宝記〕に肺痿は、年久しく咳嗽《せき》し、熱が極して肺火乾き、甚しい時は腐り腫れて膿血をなし癰となる、先の知れ難い症である。問薬《といぐすり》（＝試薬）は、黄豆根を粉にし 水で飲ませて、受けるものは肺癰である。肺痿は寸口*の脈が数《さく》で、実咳が繁く出、寒熱 自汗するのには知母茯苓湯*の麦門冬を去り用いる。脈の微緊なのは膿はなく、緊数なのは膿がある。脈の短濇なのは生き、浮大なのは死ぬ。年久しく肺が焦がれ、咳が甚だしく、口喉が乾き胸痛み、膿血を吐いて粳米の粥のようなのは死ぬ。麦冬平肺湯*を用いる等症状により療治法がある。薬は紫苑散*人参平肺飲*消膿飲*甘桔湯*梅豆湯*太乙膏*等がある。

〈肺癰〉〔改補外科調宝記〕に肺癰は、咳が止まず、胸中が痛み、痰に血が混じり膿が出、痰が臭い。小麻仁・ころは（各三十匁）、野菊花（少）、南蛮柿（十）、白角豆（二十匁）を粉にし、焼酎で膏薬のように練り合せ、麻の実の油（十五匁）を入れてよく練り合わせ、胸の痛む所に付ける。〔丸散重宝記〕に肺癰は、肺が潤い乾き、長い間咳嗽した後、肺中に物が出来るので痛み 息は臭く 口から濃血を出す。桔梗・甘草（各等分）を煎じて服する。〔調宝記・文政八写〕は緋鯉を小便で煮て食うとよく、又桔梗（一匁）、甘草（二匁）に水三盃を入れ 一盃に煎じて用いる。

〈肺癰食物宜禁〉〔世界万宝調法記・下〕に「宜い物」は生姜 大根 牛房 款冬 枸杞 小豆 独活。「禁物」は麵類 胡椒 冬瓜《かもうり》 茄子 蕨 桃 杏 林檎 蕎麦

豆腐 五辛。

〈肺疳〉〔小児療治調法記〕に肺疳は気癇ともいい、咳嗽 気逆上し、多く喘ぎ、鼻を揉《いら》い、爪を嚙み、寒熱往来する。脾を補うとよく、益黄散*清肺湯*化《け》チク丸*蝦蟇丸*を用いる。〔薬家秘伝妙方調法記〕に肺臓の疳は腹脹り、骨痛み、声が変わり、爪・歯・眼の色が変わり病多く、時々虫や血を下す。木通・沢瀉・防已・猪苓・桔梗（各二分）、木香・檳榔子・丁子・半夏（各二分）、大腹皮・五佳（各小）を粉にし丸じて湯で用いる。○下し薬は、炒り粉（黒焼）・黄芩・牽牛子（各二分）、巴豆（五粒）、甘草（少）を丸じて湯で用いる。○振り薬（振出薬）は、紅花・沈香・丁子・人参（各二分）、肉桂（一分）を刻み絹に包み、熱い湯で成分を振り出して用いる。〔鍼灸重宝記綱目〕に肺疳は五疳*の一であり、咳嗽多く、喘《すた》き、鼻を揉み、爪を咬み、寒熱往来し、鼻瘡、身白色、腹脹る等の症があり、肝兪 籔兪 不容 章門に灸する。

〈肺癪〉〔鍼灸日用重宝記・四〕に肺の癪は、右の脇にあり、顔は白く、背中が痛み、膚が冷え、皮の内が時に痛み、虫が這うようである。息賁《そくほん》と名付ける。治法は脈と症により三里 陰谷 解谿 肺兪 膈兪等に針をする。

〈肺絶〉〔医道重宝記〕に肺絶は、死証*の一である。口を張って魚のようで、息が出て返らない。胸中に気満じ、息喘ぎ、皮毛は乾き焦がれ、髪は直《た》ち毛折れをする。〈肺虫〉〔鍼灸日用重宝記・四〕に肺虫は九虫*の一で、形は蚕のようであり、咳嗽を惹き起す。治法は脈と症により三陰交 三里 内関 太白 気海 天枢等に針をする。〈肺の中風〉〔鍼灸日用重宝記・一〕に肺の中風は、正気が虚して息づかい苦しく、身は揺るぎ、声嗄れ、手足は痿え、症状により神闕 風池 百会 曲池 風市等々に針灸点がある。「ちゅうぶ（中風）の事」参照

〈肺脾の黄疸〉〔薬家秘伝妙方調法記〕に肺脾の黄疸は、遠志 柴胡 秦艽を用いる。〈肺風〉〔改補外科調宝記〕に肺風、粉刺（鼻に細かな物が出る）、酒皶鼻《しゅさび》（石榴鼻）の、三種三名は、同種である。肺風と粉刺は肺に属し、酒皶鼻は脾に属する。全て血熱が滞り、内にあって外に現れる。薬に真君妙頂散*黄芩清肺散*がある。付け薬は、大黄・朴硝・雄黄・軽粉《はらや》を粉にして酢で付ける。「労咳の事」モ見ル

肺の兪【はいのゆ】〈鍼灸要穴〉〔鍼灸重宝記綱目〕に二穴。肺の兪は第三椎の下、両傍へ一寸五分ずつ。針の刺しは三分五分、留めること七呼。気を得て瀉す。針を刺し肺に当ると三日の内に死ぬ。灸は百壮 また五十壮。労瘵、口舌乾き、口背中が強ばり、寒熱喘満、肺痿、咳嗽、嘔吐、不食などを治す。太陽と少陽と併病、頭 項強ばり痛み、或は目暈し自ら痞え硬いのには太陽の経の肺兪、肝兪を針する。俗に、狭膏肓《せばこうこう》という。〈灸穴要歌〉〔永代調法記宝庫・三〕に「咳唾《せきつばき》 肺痿 喘嗽 胸膨れ寝《いね》ず 食せず 冷えば肺の兪」。

沛沛【はいはい】〔世話重宝記・一〕に、「沛々《はいはい》」と言うのは警蹕《さきをおう》の時の詞とある。『文選』に沛艾《はいがい》の字を「いさめり」とも「おどりあがる」とも読んでいる。今按ずるに、馬子の詞に人を退けるのに「はい馬よ」というのも沛艾の沛の字を略して「沛艾の馬よ」という意かとある。この例から馬でなくても、先を払う時「はいはい」という。

売買吉凶日【ばいばいきっきょうにち】〔重宝記永代鏡〕に売買吉凶日がある。○大吉日は、吉慶日*幽微日*万徳日*活幽日*利徳日*である。売買に吉日は暦中段の成《なる》*定《さだん》*納《おさん》*の日である。○売買に凶日は、破《やぶる》*除《のぞく》*の日である。

肺病【はいびょう】「労咳の事」ヲ見ル

排風散【はいふうさん】牛療治薬。這風散とも書く。〔牛療治調法記〕に排風散は、牛が暑に傷《やぶ》られ、湿病 脚風 水草の食《は》みは常のようで、前脚は舒《ゆる》く後脚を地に引くのに用いる。烏蛇・乾蝎・蟬殼・厚朴・当帰・麻黄・川芎・烏頭・桂心・防風・白付子・天門冬を末（粉）にし、毎服一両に酒二升を潅ぐ。

灰吹両替屋【はいふきりょうがえや】「両替屋」ヲ見ル

肺脈【はいみゃく】 六脈*の一。〔鍼灸日用重宝記・一〕に医者の左手の食指《くすりゆび》の下は肺脈という。〈五臓の脈の一〉〔斎民外科調宝記〕に肺脈は、浮濇で短なのを平脈とする。

貝母【ばいも】〔薬種重宝記・上〕に唐草、「貝母 ばいも／はゝくさ。二ツに割れぬを用いず、刻み姜製して焙る」。〈薬性〉〔医道重宝記〕に貝母《ばいも》は微寒、嗽《しわぶき》を止め、燥痰を化し、肺萎 肺癰によく、鬱をひらき、煩を除く。心と蒂《ほぞ》とを去り、刻み、姜汁に浸し、日に干して少し焙る。二ツに割れないものには大毒があり用いてはならない。

駓除【はいよ】 馬子通辞*。〔武家重宝記・五〕に「駓除《はいよ》」という。駓は音《こえ》は丕《はい》で、走《はしる》の貌。

背癰【はいよう】〈背癰〉〔改補外科調宝記〕に背癰は背に出る癰*の一種である。〈初発〉〔丸散重宝記〕に背に出る癰*乳癰*の初発には、天花粉*・赤小豆（各等分）を末（粉）にして、酢で付ける。

鮠【はえ】 参鰷とも書く。〈薬性〉〔医道重宝記〕に参鰷《はえ》は平で毒なく、人に益はない。多食してはならない。〔永代調法記宝庫・四〕に鮠《はえ》は平、脾胃を調え、虚の薬、疳気の虫に用いてよい。〈食合せ〉〔家内重宝記・元禄二〕に、「はえ」に雉子を食い合わすと癩病を生ずる。

端永【はえい】〔農家調宝記・初編〕に端永《はえい》は、何毛《なんもう》以下、五から上は一毛と撥ね上げ、四勺から下は捨てること。四捨五入*をいう。

蝿の事【はえのこと】〈蝿を去る薬〉〔年中重宝記・二〕に『居家必用』を引用、蒼朮（四匁）、木鱉仁（二十個）、雄黄（二匁半）を細末（粉）にして蜜で丸じて焚くとよい。〈蝿を払う呪い〉〔新撰咒咀調法記大全〕に、○五月五日午の時（十二時）に「儀方」の二字を紙に書いて門戸に逆様に貼ると蝿は来ない。○「蟲」の字を同日に書いて、粽を糊にして逆様に貼るのもよい（「儀方」を貼る所は、〔諸民必用懐中咒咀調法記〕は門口その他出這入りの所、〔秘密妙知伝重宝記〕は四方の柱（『一書』には柱の四方）に貼る等色々である）。〔万用重宝記〕に蝿を去る呪いは、天井へ酒を少し振り掛けて置くと妙とある。〔秘密妙知伝重宝記〕は茶殻を干して燻す。〔大増補万代重宝記〕は十二月大寒の節前後に、苦楝子を水で濃く煎じた汁を壺に入れ泥でよく封じて置き、夏日に布 木綿の類をよく洗い、先の水に浸して乾かし蝿の集る物に掛けて置くと蝿は近付かない。雪水を貯えて置き、同じようにしても蝿は来ない。

葉落つる木の植替【はおつるきのうえかえ】「植木植替、中入の事」ヲ見ル

羽織【はおり】 羽織は着物の上に丈短く帯をしないで着る物。〔小笠原諸礼調法記・天〕に羽織は近代の製で礼服ではなく、今武家に専ら用いて肩衣《ぎぬ》*の代りにする。〈仕立て様〉〔女寺子調法記・天保十三〕仕立て様は、その人の着尺《きたけ》に裁ちて前で二寸の下《さがり》を入れる。次に袖を裁つ。衿は裏に付く故、表で絎《く》ける。脇入は袖をのけて後でつける。〔嫁娶調宝記・一之二〕には例えば絹巾一尺二寸あるのを羽織に裁つ時は、二丈七尺二寸五分いる。丈三尺、袖下一尺六寸の積りにして裁ち様の図がある。〈遊女の着せ様〉〔遊里不調法記〕に「羽織の着せ様」は、左の手より引《ひっ》かけて「いつきなます」と約束し、絆《ほだし》を打って送る。

墓【はか】〔万物絵本大全調法記・上〕に「墓 ぼ／はか。塋 同」。

博士【はかせ】〔万民調宝記〕に博士《はかせ》は大学寮*に属し、二人。明経博士（経書の通達者）である。

博多織物【はかたおりもの】 博多織物は、小舟町三丁目 大坂屋武兵衛、同所升屋清兵衛、日本橋通一丁目 谷口庄蔵の三軒がある。〔江戸流行買物重宝記・肇輯〕

博多まで宮腰より舟路【はかたまでみやこしよりふなじ】 海路。〔家内重宝記・元禄二〕に「加州宮腰より筑前博多まで舟路」。宮腰（越）〈十八里〉三国〈二十八里〉つのかみ〈二十五里〉たいさ〈三十六里〉津山〈十八里〉

いるかみ〈三十五里〉三保〈二十里〉かゝし〈二十八里〉瓜生〈十八里〉ゐ（湯）の津〈三十一里〉ゑすの高山〈三十里〉千崎〈二十三里〉備郡〈十五里〉もろいそ〈十三里〉あいの嶋〈二十一里〉あいの嶋〈八里〉博多。

歯固【はがため】〔年中重宝記・一〕に歯固《はがため》とは、正月元日に鏡餅に向うこととあり、歯の固いのは若やぐ心である。唐土でも元日に膠牙餳《こうがせい》を食うことがあり、膠固《こうこ》《にかわかたし》の意で、日本の歯固と同意とある。〔重宝記永代鏡〕に正月の鏡餅*を食する祝言をいう。歯は齢《よわい》と同じで、正月三日の内 吉日を選んで鏡餅を食し、歯を固め、齢を延べる。殿上方の行いであるが、平人でも祝い寿くべきとする。〔日用重宝記〕に歯固めは、食い初めに用いるとする。〔料理調法集・年中嘉祝之飾〕に「御居歯固」は菱二枚赤白。年始の鏡餅である。上飾は橙 伊勢海老 穂俵 野老 蜜柑 薮柑子 栢搗栗（紙包）串柿 熨斗昆布（紙包）根松 薮柑子（花包）裏白 杜葉（改め敷）。

歯固擦牙散【はがためさつげさん】〔改補外科調宝記〕に歯固擦牙散《はがためさつげさん》は、歯を固くする薬。香付子（炒り十両）、甘松（三両）、石羔（火で炒り一斤）。各々を粉にして歯に塗るとよい。

歯堅大明神【はがためだいみょうじん】大坂願所。天王寺東門の東 歯堅《はがため》大明神は世に歯神《はがみ》という。歯の痛みに立願すると忽ち平癒する。御礼には絵馬を奉納する。〔願懸重宝記・初〕

博多百合【はかたゆり】草花作り様。博多百合の花は白色である。土は白 赤土に、白砂と等分にする。肥しは茶殻の粉を夏中根に置く。分植は春、秋にする。〔昼夜重宝記・安永七〕

はかなみ【はかなみ】大和詞。「はかなみとは、はかなしと云う事」である。〔不断重宝記大全〕

馬鹿にする【ばかにする】〔世話重宝記・一〕には『史記』より出るとして次がある。唐秦の宰相趙高は、主君胡亥の愚かなのを見て天下を奪おうと思い、まず諸臣が自分に従うかどうかを試みるために、鹿を馬と言って胡亥へ奉ったら鹿というのに、趙高が争い、それなら諸人に問えと言うと、趙高に諂い恐れて馬と言う者が多かった。偶々、鹿と言う者がいると密に殺した。後に、果して趙高は天下を奪った。また、馬嫁《ばか》（＝うまととつぐ）、破家《ばか》（＝いえをやぶる）と各説がある。無智なことを言って、人を侮ることを言うのである。

歯が生えて生れる子【はがはえてうまれるこ】〔里俗節用重宝記・上〕に歯が生えて生れる子は大吉相とある。七夜過ぎると歯は自然と落ちて、以後は常のように生ずる。鬼と言って捨てるのは愚の骨頂である。

袴【はかま】〈袴裁ち様〉〔嫁娶調宝記・三〕に袴裁ち様は、例えば 惣尺三丈六尺三寸、巾一尺二寸あるのを袴に裁つ図がある。〔里俗節用重宝記・上〕に「袴寸法」は、かた衣二尺四寸、前下り三寸、襟形三寸五分。前おとしを襟に遣う。前紐は布巾で五尺五寸である。腰は布巾で五寸、後ろ紐は半巾で二尺三寸である。下の丈は三尺に裁つ。

袴着の事【はかまぎのこと】〔嫁娶調宝記・三〕（図405）小児五歳の正月より袴着をさせる。父方か母方の祖父《じい》より、着物一襲・上下（裃）に末広を添えて贈る。正月松飾のある内にでも吉日を選び定め、前以て袴着の役人としてその家や一門の老人、或はよい手代等を頼み、当日は座敷を改め、その日の「玉女の方」*へ碁盤を向けて置く。広蓋か大文庫の蓋に一襲の小袖・上下を長々と置き、上に末広を置いて熨斗昆布を添えて持ち出し、碁盤の脇に置く。乳母が小児を連れて出、二ツの小袖を着せ替えさせる時、袴を着せる翁が出て白石・黒石各三ツ持ち出し、左足の下に黒石を三ツ踏ませ、右足の下に白石を三ツ踏ませ、碁盤上に上げ、玉女の方に向かわせ、肩衣を着せ前で挟み、袴を着せる。紐を結び脇差をささせ、下へ降ろして熨斗と昆布を食わせる。上下の紋は子持筋 鶴亀 松竹の内に家の紋を付ける。両親の前へ連れ出し礼をさせ、それより祖父

母へ伴い、氏神へ参ることもある。〔女用智恵鑑宝織〕に被初《かずきぞめ》*、男子は袴着、五歳の正月、今は霜月を用いる。上ツ方では法式があるが、下々ではただ親類朋友を呼んで式々の酒事料理をし、外よりは祝儀と称して、心々に贈物をする。

図405「袴着」（嫁娶調宝記）

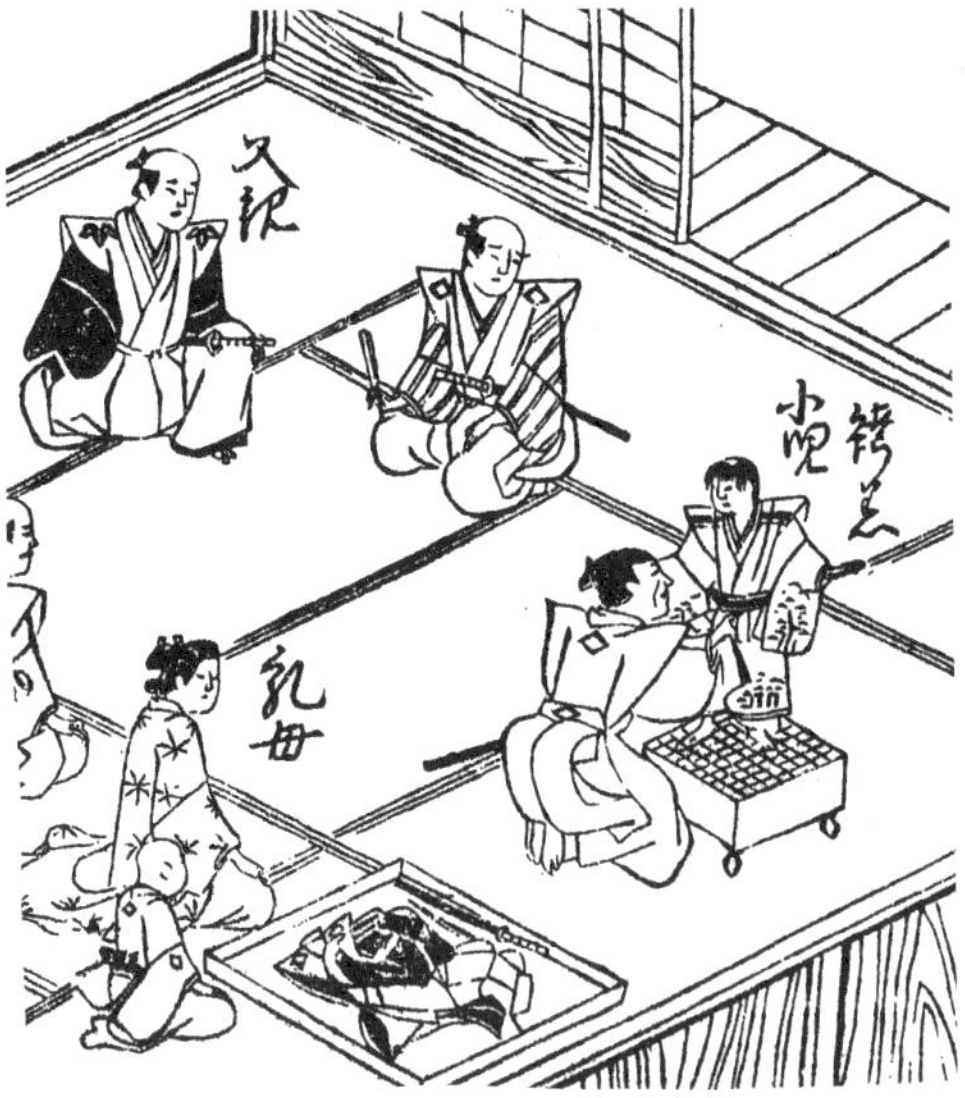

〔進物調法記〕に袴着は、男子五歳の歳十一月吉日を選び産神へ詣る。或る書には五歳の正月、或は十一月十五日ともある。進物は上下 扇子 印籠 巾着 頭巾 羽織 羽織紐 履物 足袋 腹宛 笠 唐笠。

〈吉凶日〉〔重宝記永代鏡〕に元服*髪置*とともに、袴着の吉凶日がある（異なる記載をする書もある）。〇吉日は甲午《きのえ》の日。乙巳《きのと》の日。丙丑《ひのえ》・未の日。丁午《ひのと》の日。庚子《かのえ》の日。辛亥《かのと》の日。壬寅《みずのえ》の日。癸卯《みずのと》の日。また暦中段 建《たつ》*成《なる》*の日がよい。〇凶日は暦中段 除《のぞく》*閉《とず》*の日。〔俳諧之重宝記すり火うち〕には袴着に嫌物として肌寒 丸裸 薄肌 こけ衣の類 つゝりさせてふ がある。〔大成筆海重宝記〕には袴着祝儀状の範例文がある。また、〔料理調法集〕に「袴着床飾」が載る（図406）。

図406「袴着床飾」（料理調法集・諸祝儀床飾并ニ献立）

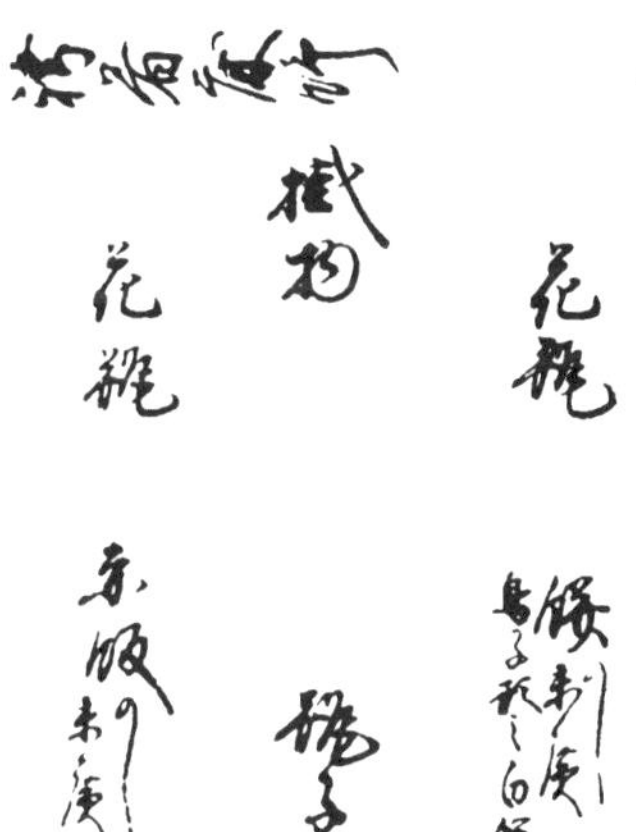

歯神様【はがみさま】 大坂願所。千日墓所霊場の傍らに上人堂という小堂があり、歯神様と唱えて諸人はよく知っている。歯痛で難儀する人が無言で参詣すれば、忽ち痛みを忘れる。平癒後御礼には絵馬を献ずる。〔願懸重宝記・初〕

破顔【はがむ】 〔世話重宝記・二〕に「はがん」というべきを「はがむ」という。天竺で釈尊が一枝の金婆羅華を拈《ひね》じて大衆に向われると、迦葉《かしょう》一人が破顔微笑《はがんみしょう》した。それより釈迦一代の説法は迦葉に授けられたという。釈迦が青連目《しょうれんもく》をめぐらして破顔微笑すということは、禅の語録にある。顔を和らげて少し笑うことをいう。

馬鹿らしい【ばからしい】 「ばからしいとは、一度切の客に言ふ事」。〔増補新版名代町法記・不断の言葉〕

秤師／秤屋【はかりし／はかりや】 〔大成筆海重宝記〕に、秤司《はかりし》、東国は守随、西国は神善四郎。江戸の守隋は代々彦太郎を襲名東三十三国、洛下の神善四郎は西三十三国のそれぞれの秤の製作・検定等の支配を許された。〔万買物調方記〕に「京ニテ秤屋」二条通玉屋町 神善四郎。「江戸ニテ秤屋」日本橋南四丁目 守随彦太郎。「大坂ニテ秤屋」高麗橋一丁目 善四郎。

計立て【はかりだて】〔農家調宝記・初編〕に、例えば三十五石一斗（本米*口米*とも）を俵にする時、百俵は延米《のべ》*を入れて四斗入る。端米*一斗にも延の割が懸るので、一斗一升四合二勺八才を納むる。この計算上の斗量を計立《はかりだて》という。書面にも何百何十何俵何斗何升、この計り立て何斗何升と脇に認める。これらは国所によって一定せず、俵の入りも色々である。

秤の事【はかりのこと】〔万物絵本大全調法記・上〕に「秤 せう／はかり。錘 すい／はかりのおもし」。〔大成筆海重宝記〕に「鼈等之事《れいてぐ》 銀秤《かねはかり》也」図がある（図407）。その説明は右から凡そ以下のようである。○本緒《もとお》という。この目はここの向うにある。この差し口は五十匁、小星一匁ずつ二百目掛る。○中緒という。これは手前にある星である。差し口は十匁、小星は二分、間は一分、五十匁迄掛る。○上緒という。これは上にある星である。差し口は無駄目といい、何も入れず矯め合せ二ツ目より掛ける。一分星である。間は十五匁まで掛る。○この図は中緒で五十目まで掛る秤である。又中緒で六十目掛る秤がある。小星は変らない。○秤司（秤師*）、東国は守随、西国は神善四郎。〈秤の目盛る伝〉〔調法記・四十ち〕には、水銀と錫とを合わせ、土器でよく焼いて盛る。〈秤目売買〉〔秘術改撰算学重宝記・嘉永四〕に綿実綿銀茶薪油沈香伽羅人参などの秤目売買計算例がある。「てんびん（天秤）」参照

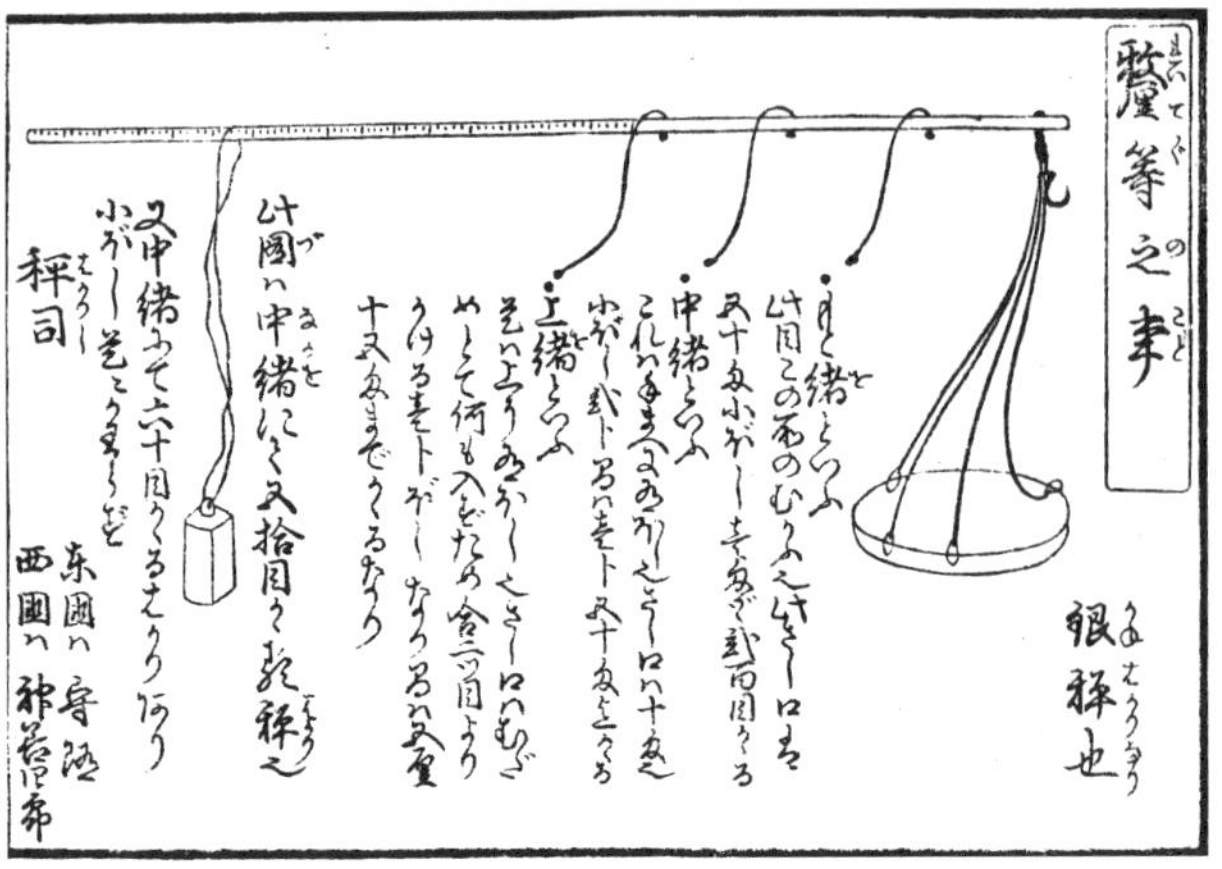

図407 「鼈等の事」（大成筆海重宝記）

〈秤目名目〉〔算学調法塵劫記〕に「衡数 こうすう／はかりめ」は歴代異なり、一ツではないが記すのは一例のみとして次がある。衡は黍《しょ》より起り、黍（＝黒色の黍〔粟の如し〕）一粒の重さ。十黍＝一纍《るい》《らい》（二厘半）。十纍＝一朱（銖しゅ）。六銖＝一分《ふん》。四分＝一両。十六匁＝一斤。十斤＝一衡。十五斤＝一秤。三十斤＝一鈞《こう》。一鈞＝三衡。四鈞＝一石（碩＝せき）。一鼓＝四石。

馬癇【ばかん】〔鍼灸重宝記綱目〕に馬癇《ばかん》（驚癇*の一）は、僕参《ぼくしん》、風府臍中に、各三壮する。

萩が花妻【はぎがはなづま】〔消息調宝記・一〕に「はぎが花づまとは、なでしこにも云へり」。本来は萩の異名。

歯軋り【はぎしり】「歯切《はぎ》りの直る呪い」ヲ見ル

萩名【はぎな】「嫁菜《よめな》」ヲ見ル

馬衣【ばきぬ】 馬具。〔武家重宝記・五〕に馬衣《ばきぬ》は馬に掛ける衣とある。上古は太布《ふとぬの》を使い、近代は美粧にして絵絹、彩紋等品々ある。長《たけ》は馬尺によるが、五尺或は四尺三五寸である。一服《いっぷく》と数える。

萩の事【はぎのこと】 草花作り様。〔昼夜重宝記・安永七〕に萩の花は白色、紫色がある。土は肥土に砂を交ぜて用いる。肥しは雨前に小便を根廻りへ掛ける。分植は実を春蒔く。苗に伏せても置く。〈水揚げ伝〉〔調法記・四十七ち五十七迄〕に萩は水の揚らぬ物で、切って持ち帰る間に葉

は萎れるが、萎れても根を湯で煮て、後に冷水を葉へ吹き、また冷水に浸して置くと、葉の絞りは元のようになり、勢いは以前に十倍する。

萩の花【はぎのはな】「ぼたもち（牡丹餅*）」の異名。

履物【はきもの】「履《くつ》」「雪駄《せちだ》の事」「草履《ぞうり》」「草鞋《わらじ》の事」ヲ見ル

吐き疾【はきやまい】〔胡椒一味重宝記〕に吐《は》き疾《やまい》には、胡椒の粉を酢で練り合せて飲む。

馬形名所【ばぎょうなどころ】〔武家重宝記・五〕に馬の全体を描き、部位の名称を記した「馬形名所の図」がある。掲出図は〔弓馬重宝記〕による（図408）。

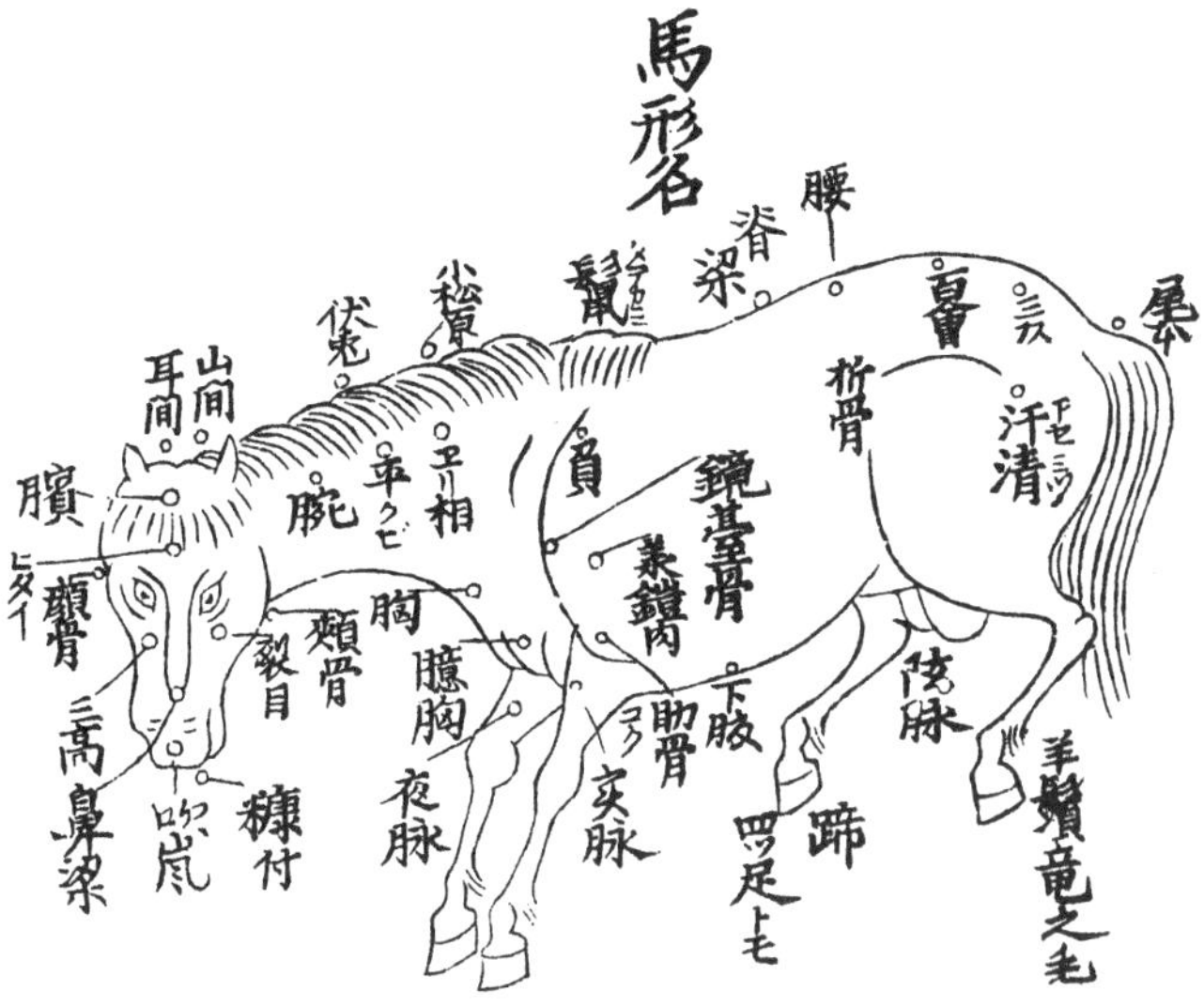

図408　「馬形名所」（弓馬重宝記）

歯切りの直る呪い【はぎりのなおるまじない】齘歯《はぎり》は夜寝て歯ぎりすること。〔万家調法呪詛伝授嚢〕に「歯切り止る呪い」は、①その人が常に寝る下の土を採って粉にして細かに篩い、その人が寝入った時口へ入れるとよい。また腮《おとがい》に塗るとよい。②米を一掴み左手に握って雪隠に入り、右手に移して食うとよい。〔万まじない調宝記〕に神馬小屋に廃ってある豆を擂り挽き細かにし、本人に知らせず、食物に混ぜて食わすと止まる。「はぎしり（歯軋）」ともいう。

魄【はく】「月《つき》の事」ヲ見ル

矯【はぐ】〔武家重宝記・二〕に矯《はぐ》とは矢を製することで、矧《はぐ》とも作《はぐ》とも書く。偃矯《しきりはぎ》、樵作《こりはぎ》、丸作《まるはぎ》、刮作《こきはぎ》、剥作《むくりはぎ》等がある。

漠【ばく】小数の単位*。渺*の十分の一。一の一兆分の一。この下は、「小数の単位」参照。〔童蒙単語字尽重宝記〕

馬具【ばぐ】「武器 馬具」ヲ見ル

白衣の垢洗い落し様【はくいのあかあらいおとしよう】〔年中重宝記・二〕に衣服の白衣を洗うには、大根（蘿蔔）の絞り汁か、又は菖蒲を細末（粉）にして水に入れて洗うと白くなる。〔秘伝手染重宝記〕に「白衣のあかおとしやう」は、赤小豆の粉でも、また煎じ汁で洗うのもよい。

白環【はくかん】禁灸*の穴。二穴。白環は第二十一椎の下左右へ二寸ずつ開く所にある。この穴は俯きに足を伸べて伏せ手を重ねて額《ひたい》に当てさせる。こうしないと穴が分らない。腰が痛む時は二三壮する。その他は忌む。〔鍼灸日用重宝記・一〕

白鳫【はくがん】〔料理調法集・諸鳥人数分料〕に白鳫は、鳫の内では下鳥である。大きさは真鳫に同じい。割り鳥にして真鴨二羽に当る。風味は葛菱喰*に同じく、汁にして十七八人前、煎鳥にして十四五人前に遣う。脂は真鳫に同じい。

白蟻瘡【はくぎそう】〔改補外科調宝記〕に白蟻瘡《はくぎそう》は、咽《のんど》或は鼻の孔に瘡が生じ腫れ爛れる。梅干（一ツ黒焼き）、枯礬（一匁）、雄黄・川山甲（炒り玉となるを取り五分）を、管で吹き入れる。

白玉糕【はくぎょくこう】 薬菓子。〔昼夜重法記・正徳四〕に白玉糕は、大いに脾胃を養い 元気を助ける。薏苡仁・蓮肉・鶏頭実・白蒺藜・百合・山薬をよく製し、細末（粉）にする。薬末（粉）（一升）、白砂糖（二升）、上白粳米（二三升）の三色を掻き合せ、捏ねて蒸籠で蒸し、薬末（粉）を合わせ、薄く剝ぎ 干し乾かし、器物に入れ、用次第に服する。但し、炒り米湯で飲む。

白玉万能膏【はくぎょくまんのうこう】〔改補外科調宝記〕に白玉万能膏は、脳疽*の薬である。また、痰で腫れた腫物、やや久しく沈んだ腫物を上にあげるのによい。久しい打ち身、瘡毒が固まり痛む等にもよい。チャン（百目）、蠟（五十目）、麒麟蝎（五匁）、杉脂・阿仙薬・ウキン（各三匁）、白砂糖（一匁）、松脂（二十匁）、胡麻油（五合）。この油とチャン脂ともに入れ煎じ蕩かし、その後薬を入れて練る。蠟は入れて加減を見る。「チャン膏」ともいう。

麦芽【ばくげ】 薬性。〔医道重宝記〕に麦芽《ばくげ》は甘く温、宿食（未消化の前日の飯）を消し、心《むね》腹が膨れ脹れるのに血を廻らし 滞りを散ずる。よく炒り揉み、芽を篩い去り刻み、団扇で扇いで皮を去る。

魄戸【はくこ】〈経絡要穴 背部〉二穴。魄戸《はくこ》は第三椎の下、左右へ各三寸ずつ開く処にある。『銅人』に針五分。気を得て瀉す。長く針を留めるとよい。日に灸七壮ずつ、百壮に至る。『素註』には灸五壮とある。背痛み虚労 肺痿 喘息 嘔吐等を治す。〔鍼灸日用重宝記・三〕

歯草【はくさ】「はくさ」は歯疳・歯腫・牙疳とも書く。〔改補外科調宝記〕に歯草は、霍乱・蛞竜・温青《はこべ》（各等分 黒焼き）に丹を少し加え、まず柚の葉・蜂房《はちのす》（各等分）に塩を少し入れて煎じ洗い、その跡へこの薬を付ける。〔薬家秘伝妙方調法記〕にはくさの薬は、①藜を黒焼にして塗る。②猪苓（黒焼）・明礬（各等分）を腫れた所に塗る。③梔子（黒焼）・明礬・甘草（各等分）を末（粉）して付ける。④はくさの内薬は、四物湯・桔梗・雄黄・紫檀・木通（各等分）、甘草（少）を用いる。〔新撰咒咀調法記大全〕に歯ぐさの奇方は、尾長蛆を黒焼きにして枯礬（明礬の焼返し）を少し加え、粉にして付ける。〔懐中調宝記・牛村氏写本〕に歯腫《はくさ》の薬は、黒胡麻・松脂・象牙粉・ハコベ汁（各等分）をよい加減に練り、口中に付ける。

葉草【はくさ】 大和詞。「はくさとは、こまかな草」である。〔不断重宝記大全〕

柏子仁【はくしにん】〔薬種重宝記・上〕に唐木、「柏子仁 はくしにん／かえ。蒸し熟し、殻を去り、炒り用ゆ」る。

栢子仁散【はくしにんさん】〔小児療治調法記〕に栢子仁散は、解顱*の薬。防風（一匁半）、栢子（一匁）を末（粉）とし、乳汁で調え、顖門《おどり》（＝ひよめき）に塗る。

白雀鳴【はくじゃくしぎ】 料理調法集・諸鳥人数分料〕に白雀鳴は、尾白鳴*同前のものであるが、冬にも脂がない。

白蛇丹【はくじゃたん】〔懐中調宝記・牛村氏写本〕に白蛇丹は、癩病（癩風）の奇法である。癩風 風毒腫 蛾掌風 蛾掌癬を治す。白蛇（酒に浸し一宿 骨を去り一両）、樟脳（五匁）、苦参（十匁）、大風子（一斤、殻とも黒焼）を末（粉）にして、糊で丸ずる。癩病には桑白皮で用いる。

伯叔【はくしゅく】〔農家調宝記・二編〕に伯 叔は、兄弟の順をいい、例えば自分の父の兄なら何人いても伯父《はくふ》、弟なら叔父《しゅくふ》といい、上下に書き分ける。今、日本ではただ伯叔の二字を用い、元来 兄弟が四人なら伯父仲父 叔父 季父に分つのに異なる。母の兄弟 姉妹についてもこれに同じ。

白刃疔【はくじんちょう】 五疔*の一。〔改補外科調宝記〕に白刃疔は、肺経に発し初めは泡のようで色白く、瘡の頭硬く根穿ち破れ脂水《あぶらみず》が流れ 痒く腐れ易く 陥み易い。重いのは腮《あご》を損じ 咽が焦がれ 肌は熱し、咳して痰に膿を吐き鼻息が急である。

白水膏【はくすいこう】〔懐中調宝記・牛村氏写本〕に白水膏は、三河島の伝

方とある。竜脳（二分五厘）、石膏（一分）、軽粉（二分五厘）、滑石・炉甘石（五分）を極く末（粉）にして、白蜜で練る。

白雪糕【はくせっこう】 薬菓子。〔昼夜調法記・正徳四〕に白雪糕は、よく元気を養い、脾胃を健やかにし、効能は尽くし難い。白茯苓・山薬・芡実仁・蓮肉（各二十匁）を、製法をよく調え共に細末（粉）する。粳米（一升）、糯米（五合）を細末（粉）にする。白砂糖（一斤半）。粳と糯の粉を一ツに合せ布袋に入れ、甑《こしき》でよく蒸し、熱い内に砂糖を合せ、よく搗き、薬末（粉）を合せ、また搗いて餅にし打ち延べて薄く切り片ぎ、菓子鍋に並べ乾かす。よい天気に干して乾かすのもよい。〔諸民秘伝重宝記〕にも同趣の法がある。粳米・糯米（各一升）、山薬（炒り）・蓮肉（皮を去る）・芡実（各四両）を細末（粉）にして、白砂糖（一斤半）を入れて掻き混ぜ、よく蒸し上げ、冷まして置くと白雪糕になる。これをよい程に切り、少し干して貯えて置く。〈売り店〉〔江戸町中喰物重法記〕に「白雪糕」は神田豊崎丁二丁目に米屋七兵衛がいる。

白雪煎餅【はくせつせんべい】〔里俗節用重宝記・中〕に白雪煎餅は、上白糯米の粉一升を絹篩で通し、湯で捏ね、充分蒸しの通った時に白砂糖一斤を入れ合せて餅に搗き、伸し餅のように薄く延ばして切る。取り粉は豆の粉がよい。五七日天気に干して焼く。

麦銭散【ばくせんさん】〔改補外科調宝記〕に麦銭散《ばくせんさん》は、小児痘風瘡*の薬とする。小麦（一升炙る）、硫黄（四両）、山椒・明礬（各二両）を粉にして、胡麻の油で練りつける。

薄相【はくそう】 人相*の一。〔万法重宝秘伝集〕に薄相は、容《かたち》弱く心薄く一生危いことが多い。例えば、大海に一葉を浮かべたようである。とかく、口舌が絶えず、一生貧しい相である。

白舌【はくたい】〔万まじない調宝記〕に白舌（苔 はくたい）は、舌の白いことをいう。小豆の粉を酢で塗るとよい。

白沢真形の図【はくたくしんぎょうのず】〔大増補万代重宝記〕に白沢真形《はくたくしんぎょう》の図（図409）を懐中すると、善事を進め悪事を退け、山海の災難病苦を免れ、開運昇進の祥瑞があると古今言い伝える。旅中大いに尊信すると大利徳を得る。

図409 「白沢真形の図」（大増補万代重宝記）

博奕打勝つ守【ばくちうちかつまもり】〔増補咒咀調法記大全〕に「博奕打勝《ばくちうち》つ守」がある（図410）。

図410 「博奕打勝つ守」（増補咒咀調法記大全）

博奕汁【ばくちじる】〔料理調法集・汁之部〕に博奕汁《ばくちじる》は、豆腐を采の目に切ること。味噌汁に出汁を加える。

博奕の事【ばくちのこと】〔人倫重宝記・三〕に、世に博奕は加留多であるが、始めは双六であった。大分の金銀を賭にして勝負をする。孔子が戒めた博奕は采《さい》を打ってする賭勝負であった。〔農家調宝記・初編〕の「博奕御制禁御請一札之事」は、「博奕賭之諸勝負前々従り御法度之旨村中堅く相守り、村役人よりも急度申しつけ置き候。然る所猶又此度宝引之類、

其外勝負賭事に似寄り候類も一統堅く仕間敷き旨厳敷く御法度仰渡され、村役人は申すに及ばず 組合ニ而も互ニ相改め申す可き旨 是又畏り奉り候。且又 農業不精ニ而何之渡世も仕らず罷り在候者は早速申し出る可き旨 逐一畏り奉り候。之に依て村一同連印を以て御請け申上候処、仍て件如し／何国何郡何領之内何村／組合判頭《はんがしら》／誰印／（惣百姓誰々連印）（以下省略）」の届けを「御地頭所／御役人衆中」へ出している。

白虫円【はくちゅうえん】〔丸散重宝記〕に白虫円《はくちゅうえん》は、寸白虫《すんばくむし》の至方とする。寸白《すんばく》とは婦人の病で、女は陰を表にして、陽を裏に蓄える。そのため下焦は必ず虚冷し、上焦は常に火多く、眩暈 頭痛を苦しむ。下焦の冷気が腰中に積んで虫を生じ、或は痛み 腹満ち 面色黄瘦 白物を下し 足が痛む。これを寸白虫といい、虫の形は白で寸に満たないものである。調合に二方がある。①川芎・人参・茯苓・細辛・肉桂・槟榔（各一匁）、良姜（五分）を丸じ塩湯で用いる。②槟榔・良姜（各一匁）、山茱萸・陳皮・桔梗・茯苓・莪蒁・茴香・肉桂（各五分）を丸ずる。

白丁香【はくちょうこう】〔薬種重宝記・上〕に和鳥、「白丁香（はく）てうかう／すゞめのたちふん。甘草水に浸し晒し乾かす」。

白朝散【はくちょうさん】〔改補外科調宝記〕に白朝散は、一切の金瘡、打撲、産前・産後に妙とある。人参・木香（各二両）、紫蘇・縮砂・白茯苓・大黄・当帰・芍薬・地黄・川芎・沈香・陳皮（各一両）、藿香・白芷・甘草を散薬と煎薬にして用いる。一服を二匁五分程にし、振り薬（振り出し薬）の時は後に水八分を入れ煎じて用いる。春は当帰を、夏は芍薬を、秋は地黄を、冬は川芎をそれぞれ大にする。症により加減がある。○大便結には芍薬を去り、桃仁・枳殻を加え、大黄を大にする。○小便不通には沢瀉・木通を加え、茯苓を大にする。○頭痛には川芎・白芷を大にする。○熱があるには黄芩・柴胡を、胸騒ぎには麦門冬・遠志を、疵癰には桔梗・黄芩を、疵に膿けがあれば黄芪・沈香・黄芩を、そりがあれば独活・防風を、痛むには羌活・防風を、不食には縮砂・枳殻を、胴へ血の落ち垂るには牡丹皮・柚実・桃仁を、顔色が赤いのは車前子を、それぞれ加える。○咳には陳皮を大にして桔梗・半夏を加える。○腹下りには肉豆蔲を加え、大黄を去る。○疵口が広いのは当帰・地黄を倍にする。○吐逆には干姜を加え、腫気があれば大黄・芍薬を倍にする。○冷えて痛むのは白朮・干姜を加え陳皮を大にする。

白鳥の事【はくちょうのこと】〔万物絵本大全調法記・下〕に「鵠 かう／くゞひ／はくてう」。〈料理仕様〉〔諸人重宝記・四〕に白鳥は、汁 煎り鳥 茹で鳥 串焼き 酒浸て、色々に用いる。〔料理調法集・諸鳥人数分料〕に水鳥の内で大鳥で、割り鳥にすると真鴨*四羽、又は四羽半にもなる。

麦兜散【ばくとうさん】〔骨継療治重宝記・下〕に麦兜散《ばくとうさん》は、接骨薬で二方がある。①半両銭・自然銅（各煆えて酢に七度淬《にら》ぐ）、地鼈虫（焙り乾かす）（各等分）を毎服酒に一分を調える。多くしてはならず、多い時は骨が高く起る。②五銖銭を用い、煆《や》き 淬《にら》ぎ 研《けず》り 細かにして、毎服一麦穀ばかり、しゃ（鹿の下に虫）蟲漿で調え下す。

麦冬平肺湯【ばくとうへいはいとう】〔斎民外科調宝記〕に麦冬平肺湯は肺痿*肺癰*（共に「肺の諸症」参照）の薬である。人参・麦門冬・芍薬・槟榔子・茯苓・陳皮・桔梗・甘草に、生姜二片を入れる。

箔に文字を書く法【はくにもじをかくほう】〔万物絵本大全調法記〕に箔には金箔 銀箔 銅箔がある。〔俗家重宝集・後編〕に箔の上に文字を書く法は、箔の上に息を吹き掛けて燈心で拭って書くと墨が乗る。〔万まじない調宝記〕にビロードで拭って書くと墨は走らない。或は、小豆灰を紙に包んで書くのも大いによい。〔筆海重宝記〕に箔置きに物を書く時は油気があり文字の墨が走るので、真綿でよくよく拭って書くとよい。

白梅香歯磨【はくばいこうはみがき】〔調宝記・文政八写〕白梅香《はくばいこう》歯磨《はみがき》は、龍脳・丁子・茴香・肉桂・さんおん・甘松・坊州砂の七味を調合する。

白梅散歯磨【はくばいさんはみがき】〔薬種日用重宝記授〕に白梅散歯磨《はくばいさんはみがき》は、寒水石（二十目）、丁子（二分）、薄荷・三奈（各一分）の四味を調合する。

白礬散【はくばんさん】〔牛療治調法記〕に白礬《はくばん》散は、白芷・白礬・貝母・黄連・鬱金・黄芩・大黄・甘草・亭藶《なずな》を末（粉）し、毎服一両に、蜜（四両）と猪肺（半斤）を研《すり》調《ととの》え潅ぐと即効がある。喉中から悪臭が出、吼え声が頻りなのは肺毒で、みな熱積に因る。喉骨が大になる薬を用いるのがよい。骨の張るのは治し難く、白礬散を用いる。

白餅子【はくびんす】〔小児療治調法記〕に白餅子《はくびんす》は、小児の腹中に癖《へき》があり、乳を飲むのに嗽し、痰を生ずるのを治す。滑石・軽粉・半夏・南星（各一分）、巴豆（二十四粒 皮膜を去る）を、水一升で水の尽きるまで煮る。一方に、水三升とする。巴豆を磨り調え衆薬を入れ、糯の飯で菉豆の大きさに丸じ、三歳以上には三五餅、三歳以下は一二餅を、薄荷湯で用いる。

幕府【ばくふ】 武家名目。〔武家重宝記・一〕に幕府は、将軍*の異名である。幕下ともいう。

白付子【はくぶし】 草花作り様。白付子《はくぶし》の花は白色である。土は肥土に砂を交ぜて用いる。肥しは魚の洗い汁を根廻りに掛ける。分植は春、秋にする。〔昼夜重宝記・安永七〕

伯父母【はくふぼ】〔農家調宝記・二編〕に伯父は、父母の兄。伯母はその妻。

白粉散【はくふんさん】〔小児療治調法記〕に白粉散は、外疳*の薬。烏賊骨の末（粉）・軽粉（各一匁）、白芨の末（粉）（三匁）を混ぜ調え、まず清漿水*で瘡を洗い乾かして付ける。

白偏豆【はくへんず】〔薬種重宝記・上〕に和穀、「白偏豆 はくへんず／たうまめ。水に浸し、皮を去り、刻み、炒る。姜製、炒る」。〈薬性〉〔医道重宝記〕に白偏豆《はくへんづ》は甘く微涼、転筋、吐瀉、気をくだし、中を和らげ、酒毒を化す。〈草花作り様〉〔昼夜重宝記・安永七〕に白偏豆の花は白色である。土は真土に肥土、これに砂を交ぜて用いる。肥しは雨前に小便を根廻りへ掛ける。分植は四月に実を蒔き、苗植えをする。

白末子【はくまつし】〔骨継療治重宝記・下〕に白末子の治症は大活血丸*に同じである。白芷・南星製・白朮・何首烏・桔梗・羌活・独活・白芍薬・白楊皮・川芎・白茯苓・白斂・当帰・薏苡仁炒・骨砕補・牛膝・続断・川烏炮・細辛・肉桂・楓香・乳香・没薬（各一両）を末（粉）とし、調えて下す。良いと思われる際に自然銅製一両を加えるのは骨折に限る。

白明散【はくめいさん】〔重宝記・宝永元序刊〕に白明散は「甲斐徳本白さまし」といい、奇妙の方である。よてろく米寒ざらし。但し、黄栢を煎じその汁に漬け晒す。その後取り上げよく干し、細末（粉）して用いる。産後、産熱のある病人に白明散を五分ずつ白湯で用いると妙に熱が醒める。

白綿の毛【はくめんのけ】 鷹の名所。*〔武家重宝記・五〕に白綿の毛は、鷹の咽から両方の翼の根元へ取り巻く毛をいう。

麦門冬【ばくもんどう】〔万物絵本大全調法記・下〕に「門冬 もんどう／やますげ。又 ぜうがひげ。麦門冬 ばくもんどう也」。〔薬種重宝記・上〕に和草、「麦門冬 ばくもんとう／ぜうがひげ。心《しん》を去り、刻み焙る」。〈薬性〉〔医道重宝記〕に麦門冬《ばくもんどう》は甘く寒、渇を止め、煩悶を去り、心を補い、肺を清くし、虚熱を解す。内の心を去り、刻み、焙る。鉄を忌む。じょうがひげ。

麦門冬飲【ばくもんとういん】〔小児療治調法記〕に「痘後の余症」*で、麦門冬飲は痘毒で発熱し 渇をなし 咽の痛むのを治す。麦門冬（四分）、黄芩・人参・玄参（各三分）、甘草・金銀花（各五分）を水で煎じ、咽の痛むのには桔梗（五分）を加える。

栢葉散【はくようさん】〔改補外科調宝記〕に栢葉散は、丹毒*の薬とする。側《そく》栢葉《はくよう》（このてがしわ。炙り粉にし 五匁）、蚯の糞・大黄・小豆・軽粉・黄栢（各四匁）を粉にし、水でつける。

はぐら【はぐら】〔料理調法集・口伝之部〕に鱸《すずき》*の小さいのを、はね、はぐら、せいごともいう。また銀魚ともいう。

舶来唐物【はくらいとうぶつ】舶来唐物は、神田紺屋町二丁目 中村金助、本町四丁目 河村弥兵衛、堀留町 丁子屋甚兵衛、葺屋町 美濃屋藤次郎、南伝馬町二丁目 布屋正助、同一丁目 中嶋屋久兵衛ら十一軒にある。〔江戸流行買物重宝記・肇輯〕

はくらん【はくらん】片言。「霍乱を、はくらん」という。〔世話重宝記・三〕

百了【はくりょう】「合谷疔《ごうこくちょう》」ニ同ジ

白龍膏【はくりょうこう】〔薬種日用重宝記授〕に白龍膏は、葛貞麻（十五匁）、白蠟（三匁）（夏ハ四匁）、龍脳（二分）に、龜石（白焼）（一匁）と唐土の二品を後から加えてよくよく炊く。

白露【はくろ】二十四節の一。*〔重宝記永代鏡〕に八月節、昼五十二刻半 夜四十七刻半。白露とは秋は西を主《つかさど》り、色は白とし、降《くだ》る露が色の白いことから八月の節をいう。鴻鴈来る、玄鳥（燕）去る、群鳥養差（食物貯え）、等という。〈耕作〉〔新撰農家重宝記・初編〕に、新暦では九月八日。葱 芥子を蒔く。蒟蒻の根分けをする。十三日頃から桑苗を植える。菜の類を蒔く。二十日（秋彼岸）に茸出始める。

破軍星【はぐんせい】〔万物絵本大全調法記・上〕に北斗七星*の七番目の星。揺光を破軍星という。〔日用重宝記・二〕に破軍星というのは軍学者流の説かとし、揺光を剣先というのは揺光の向う方は昼夜天に従って一周し、向う方を建《おぎす》といい、暦には毎月暮の六時に沈む方を記すという。〔年中重宝記・六〕に大悪星で、この方に向えば勝負に弱く、軍陣 公事口論に利がないとして忌む。繰り様は、正月は五ツ目。二月は六ツ目。三月は七ツ目。四月は八ツ目。五月は九ツ目。六月は十目。七月は十一目。八月は十二目。九月は一ツ目。十月は二ツ目。十一月は三ツ目。十二月は四ツ目。これを正五九一と覚える。正月五ツ目とは、正月中はいく日でもその時から五ツめということで、例えば子の時（零時）ならこれより子丑寅卯辰と五ツ繰って当たる所、辰（東々南）の方が破軍の剣先である。九一とは子の時なら一ツ目、子（北）の方が破軍の剣先である。

巴戟【はげき】〔薬種重宝記・上〕に唐草、「巴戟 はげき／さよもぐさ。皮を削り心を去り焙る」。

巴戟湯【はげきとう】〔骨継療治重宝記・下〕に巴戟湯は、高所より落ちて打撲内損 目眩み、臥すことを好み、飲食できないものを治す。これは血閉じ、臓腑の通じないものである。巴戟（心を去る）・大黄（各半両）、当帰・地黄・芍薬・川芎（各一両）を末（粉）し、水で煎じる。利するのを限度とする。

はげしお【はげしお】片言。「半夏生《はんげしやう》を、はげしほ」という。〔世話重宝記・二〕

馬牙硝【ばげしょう】〔薬種重宝記・上〕に唐石、「馬牙硝（ばげ）せう／つらゝえんせう」。芒消*を製する法は、まず湯煎して盆に入れ、凝結して芒のように盆の廻りに生ずるのを芒消といい、牙のように生ずるのを馬牙硝という。色が黄・赤なのは人を損ずるので、用いてはならない。唐斤百六十匁。

破血消痛湯【はけつしょうつうとう】〔骨継療治重宝記・下〕に破血消痛湯は、馬に乗って損傷《けが》し、背骨を跌き、悪血流れ下り、脇下痛み苦しみ、転側《まろ》べず、飲食を妨げるのを治す。羌活・防風・官桂（各一両）、蘇木（一銭半）、柴胡・連翹・当帰身・麝香（各二銭）、水蛭（三銭炒って煙を去り尽して別に研す）。以上を、荒い末（粉）にし、ただ一服、酒（二大盞）、水（一盞）、水蛭と麝香を別に研《おろ》して泥のようにし、余薬を煎じて一大盞になる時火を去り少し熱し、二味を服する。二服で直ぐに癒える。

破血薬【はけつやく】〔骨継療治重宝記・下〕に破血薬は、打撲、落馬し、或は高所より落下し、皮肉の破れないのを治す。これは瘀血が内に停り積り攻めて 物言うことができず、或は譫語《たわごと》するのを攻め下すのを先に

するのがよい。皮が破れ血の流れるものは金瘡亡血過多の治法と同様にして治す。柴胡・黄芩・五霊脂・枳実・当帰・赤芍薬・川芎・生地黄・大黄・朴硝・桃仁・紅花・蘇木を水煎し、酒と童便を入れて調えて服する。皮が破れ血の流れるのには酒を用いない。

化物現す伝【ばけものあらわすでん】 手品。〔清書重宝記〕に次がある（図411）。①竹の節を抜き、紙をよく揉んで竹の裏へつけ、目口を書き、障子から出して吹く。②手燭の蠟燭に、竹か鯨を薄く図①のようにし、下はよく留めて置き、丸の所へ色々の化物をつける。蠟燭が燃えるに随って弾いて火を消し、化物が図②のように揺れて物凄い。

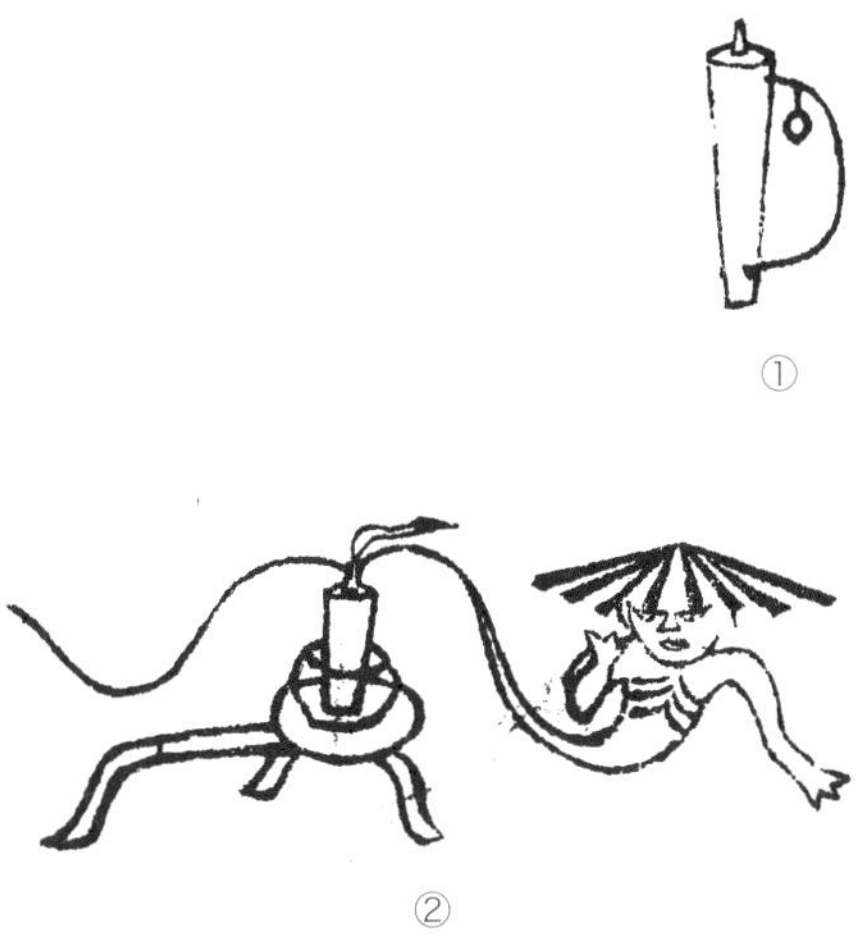

図411 「化物現す伝」（清書重宝記）

禿げ山に木を生ずる呪【はげやまにきをしょうずるまじない】 〔新撰咒咀調法記大全〕に米俵を山の禿げた処へ敷いて置くと、自然に雨露に朽ちて、木竹が生ずる。

刷毛類【はけるい】 諸職刷類として、「刷毛類」は湯嶋切通シ 江戸屋利八、大伝馬町二丁メ 江戸屋利兵衛、小伝馬町二丁メ 京屋鉄五郎ら五軒にある。〔江戸流行買物重宝記・肇輯〕

禿を治す方【はげをなおすほう】 〔陰陽師調法記〕に天窓《あたま》の禿げたのを生やす秘事は、○丹礬・朱砂（各等分）を粉にし硇砂を少し入れて猪の油で塗る。○緑礬・苦楝子（各々を灰にし等分）を塗るのも奇妙である。〔女重宝記・一〕に禿げた所、又は薄い所に髪の生える薬は、産髪・水銀粉《はらや》・松脂・鼠の糞・臍の緒をよく粉にし胡麻の油で練り付ける。〔昼夜重宝記・安永七〕に生禿烏雲油*を一日に三度ずつ禿げた跡、或は髪のない所に塗るとよい。この油の掛った跡はどこでも髪が生えるので、無用の所には雫でも注意が要る。〔調法記・四十ゟ〕に、○蝮を黒焼きし粉にして酢で練り紙に延べ、七日ばかり付けて置くと妙に生える。○禿には鼠の赤子・蛭・真菰の根を黒焼きして胡麻の油で付ける。〔万用重宝記〕は蓮の葉・真菰（各一両）を黒焼きにして胡麻の油で練り付け、或は禿げた所を栗の殻で突いた跡へ付けて置くと、妙に生える。〔文政新刻俗家重宝集〕に禿を直すには、鼠の糞と艾の葉を黒焼にし、髪の油で溶き付ける。〔俗家重宝集・後編〕には麻仁《あさのみ》を黒焼きにして末（粉）し、禿げた所へ塗る。〔里俗節用重宝記・上〕に髪の生える薬法は、真桑瓜の葉を搗いて絞り汁を頭に塗る。〔諸民秘伝重宝記〕は枳殻《きこく》（からたち）を丸のまま黒焼きにし、真菰の墨を等分に合せて髪の油で溶いて付ける。禿げた所には栗の毬《いが》でしくしく突いて付ける。〔薬家秘伝妙方調法記〕は禿頭の薬として、六月に小便を曲物《わげもの》に入れて置くと後には塩のようになる。十分に乾して後、禿げ頭の毛を一筋もないように抜き、酒で二三度洗い、小便の乾したのを塗るとよい。小便は多年のものがよい。「毛生え薬」参照

破故紙【はこし】 〔医道重宝記〕に破故紙《はこし》は、辛く温、腰膝の痺れ痛むのによい。陽を興《おこ》し精を固くする。枝皮を選り去り塩酒に一夜浸し刻み少し炒る。〈書言字考節用集・六〉に本名は「補骨脂」、葉は薄荷に似て花は微紫色、実は麻子のようである。

破故紙散【はこしさん】〔小児療治調法記〕に破故紙散は、小児の遺尿《いばり》を治す。破故紙*（炒り一両）を末（粉）して熱湯で用いる。

はこす【はこす】「はこすとは、く（苦）をひ（干）ると云事」である。〔消息調宝記・一〕

箱玉子【はこたまご】料理。〔清書重宝記〕に箱玉子は、かるた箱に玉子を五ツばかり入れ、中に紙を敷き包み、木耳《きくらげ》等入れ、箱で蒸し上げ、水で久しく冷ます。

箱根より三嶋【はこねよりみしま】東海道*宿駅。三里二十八丁。（上り）本荷六百六十九文、軽尻四百三十六文、人足三百三十五文。（下り）本荷五百五十六文、軽尻三百五十二文、人足二百七十七文。ここは霧の深い所ゆえ蚊蝿がいない。町の半分は相模国、半分は伊豆国である。しやくし町、向う坂、赤石坂、堅石坂、風越 境木 伊豆 相模の境である。原が平、韮山の城跡が見える。甲石坂に甲石という石がある。石割、大枯木、小枯木、山中茶屋がある。これより三嶋へ二里、長坂、大時雨、笹原、下長坂、三ツ屋茶屋がある。くに沢 法花寺である。常経堂七面がある。一の山茶屋、塚原茶屋がある。はつねが原、今井坂、愛宕の社がある。かわら町、これより三嶋の入口で小橋がある。〔東街道中重宝記・寛政三〕

箱の事【はこのこと】〈箱色つけ〉〔諸民秘伝重宝記〕に箱の色付は、鉄漿へ石灰をよい程入れて掻き混ぜ、斑なく箱に塗り付け、日に干し乾かして後に摺り落し、曝し、蠟でも油でも擦り付け、その跡を柔らかい藁で摺り磨いて出す。〈箱書の仕様〉〔音信重宝記〕に箱書は、足のない箱は板目の通りに書き、足のある箱は板目を横に書く。「目録箱書の事」参照
〈手品〉〔清書重宝記〕に「箱より長竹を出す伝」は、葉付の青竹の枝を針金で繋ぎ合せ、節々を叩き潰し、塩水に浸し、たぐめ紙に包み、端から段々に出すと竹は二間も三間も出る。

繁縷【はこべ】〔万物絵本大全調法記・上〕に「蘩蔞 はんる／はこべ」。春の七草*の一。〈薬性〉〔永代調法記宝庫*・四〕に繁縷は久しい瘡の薬になり、あかはら（垢痢＝赤痢）を止め、古血を破る。毒はないものの、久しく食うと血が減る。

繁縷塩【はこべしお】〔薬種日用重宝記授〕にはこべ塩は、焼塩十六匁、繁縷の葉ばかり二分である。

繁縷汁【はこべじる】〔料理調法集・汁之部〕に繁縷汁は、繁縷*を切り、洗い揉んで、三月大根等を加え、味噌に出汁を加える。

羽衣せんべい【はごろもせんべい】「羽衣せんべい」（外九種）は、両国米沢町三丁目井筒や与兵衛にある。〔江戸町中喰物重法記〕

羽衣漬【はごろもづけ】「羽衣漬」外二十二品の漬物品々は、芝三嶋町 文字屋にある。〔江戸町中喰物重法記〕

はさ／はぜ／はて【はさ／はぜ／はて】「稲の事」〈掛干〉ヲ見ル

鋏【はさみ】〔万物絵本大全調法記・上〕に「剪 せん／はさみ。剪摺 せんしう。銀剪 かなばさみ」。〔万買物調方記〕に「京ニテ剃刀 小刀 鋏鍛冶」は二条土橋に伯耆守金義ら二軒、岩上御池上ル町橋に金高ら六軒、岩上御池下ルに貞命ら四軒、伏見通五条下 鉄五郎盛国ら二軒があり、他も合せて十六軒ある。「大坂ニテ鋏毛抜鍛冶」は堺筋、長堀より三丁半南方は久太郎町にある。

挟み紙【はさみがみ】〔色道重宝記〕に挟み紙は、紙玉を拵えて開《かい》*（ぼぼ）の奥へ入れて置く物で、挟んで置くのではない。〔避妊や性病の予防に〕玄人（売人）が用いたが、此頃は素人も見聞きして入れて置く。

挿肴【はさみざかな】〔料理調法集・口伝之部〕に挿肴《はさみざかな》は大皿等に盛って出し、各自に取り分ける酒の肴。「ごん切《ぎり》」参照

挿箱【はさみばこ】〔茶屋諸分調方記〕に挿箱《はさみばこ》は衣服などを入れて置く箱。中央両脇に金輪の取手が付き、これに棒を通して従者に担がせもした（図412）。狭箱とも。〔万買物調方記〕には「文庫 挿箱」*として製作所が見える。

図412　挿箱
「挟箱」（茶屋諸分調方記）

端【はし】「京にて店を端《はし》と云、大坂にて見世《みせ》と云」。〔女用智恵鑑宝織〕

麻疹【はしか】〔医道重宝記〕に麻疹《はしか》は、六腑*腸胃の熱毒が肺を蒸し、外は風寒に感じ、或は乳食の調わないのに因り熱が外に発して麻疹《はしか》となる。表《ひょう》は疱瘡《ほうそう》に似るが、裏《り》は別物で、治すにはよく外に出すのがよい。生死は多くは外に出ない前にある。余毒は解し易い。薬は升麻葛根湯*消毒飲*犀角解毒湯*十仙湯*がある。〔小児療治調法記〕に麻疹《はしか》は、痘は内実によいので補剤を用い、疹*は内実を忌むので解散《げさん》がよい。初発の時は相似るので罹患後、痘は気を補い血を生じ、疹《しん》は陰を補い陽を制する。疹熱の甚だしい時は陰分の熬煎《いりへらす》を受けて血が多く虚耗するので、治すには清火滋陰を主とし、少しも気を動かしてはならず、燥悍の剤は首尾深く忌む。薬は二仙湯*防風通聖散*柴苓湯*当帰六黄湯*茅花湯*四物湯*瀉白散*黄連杏仁湯*平胃散*三黄丸*香連丸*黄芩湯*がある。〔家伝調方記〕に「疱瘡はしかの除方」は、小児の臍の紐を黒焼にして呑ますと軽い。〔永代調法記宝庫・二〕に麻疹《はしか》の初発は傷寒*に似るが、麻疹は顔赤く手の中指が冷える。初見は耳の後ろ、頂きの上、腰の回りにまず見え、その形は頂《いただき》は尖り長からず小さく約やかなのは必ず吉である。麻疹が既に顔に出て一面になる時、風や寒気に当るのを必ず忌む。一度風寒に当る時は肌膚は閉じ、毒気が漏れないので色は青紫になり、どんな薬でも治せず忽ち死ぬ。麻疹を病む家庭では人を叱り、打擲、高声な物言い、酒宴、病人の痒い所を掻き、近所で頭髪を梳る等を禁ずる。慎む時は軽くなり、慎まないと軽いのも重くなる。〈麻疹を軽くする方〉〔諸民必用懐中咒咀調法記〕には緑豆《やえなり》・赤小豆・黒豆（各等分）に甘草を少し入れ常の茶のように煎じ、麻疹の流行る時朝夕用いるとよい。〈呪い〉〔新撰咒咀調法記大全〕麻疹流行の時、次の符並びに歌（図413）を書いて門戸に貼ると流行を逃れる。①「昔より約束なれば［い］もはしかも病むとは知らず神垣の内」。②「最上川流れて清き水なれば芥は沈む主は栄へる」。③の御符を水で飲むと麻疹は軽い。

図413　麻疹
①②「麻疹を逃がるゝ呪ひ」（新撰咒咀調法記大全）

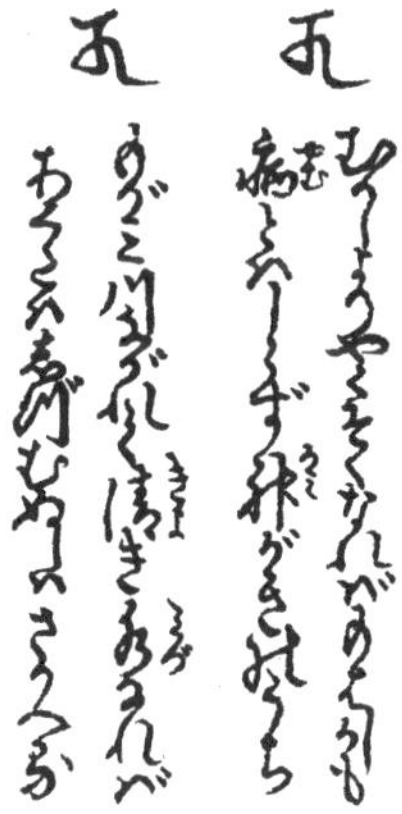

③「「同」水で呑む」（新撰咒咀調法記大全）

橋懸りの事【はしがかりのこと】〈橋懸りの長さ〉〔囃子謡重宝記〕に橋懸りは、長さ十五間、十三間、十一間、九間、七間、五間、何間でもよく、所による。横は五尺で、人間の身に表したものである。もっとも貴人の前の舞台には、正面の真中に庭へ向けて階《きざはし》を掛ける。舞の内に御前へ太夫を召す時のためである。階の通りには人を置かない。〈橋懸りの松〉〔囃子謡重宝記〕に橋懸り*に松を植えることは、松は永しなえに千歳万歳の緑をなし、目出たいものとして植える。三本を植えるのは天・地・人の三才を表し、また序・破・急ともいう。一本目の松を袖返しの松*、二本

目の松を寿きの松、＊三本目の松を吹き返し＊という。

端書【はしがき】「袖書《そでがき》」ニ同ジ

薑【はじかみ】「しょうが（生姜）」ヲ見ル

はしたか【はしたか】大和詞。「はしたかとは、恋する人也」。〔不断重宝記大全〕

馬日【ばじつ】正月六日の称。〔年中重宝記・一〕に正月「六日 馬日《ばじつ》といふ」。「人日《じんじつ》」参照

端作【はしづくり】〈書札書出〉〔新板増補男重宝記・四〕に端作《はしづくり》 初口書出しは、二行空けて三行目から書く。「常礼《じょうれい》」「書状と手紙の端作＊」参照
〔大増補万代重宝記〕一筆啓上、貴札拝見等の文《ふみ》の書き出しで、「一筆奉啓上候」の端作りは極上々、下々への「一筆申候」迄、差し出す相手の上中下により、又それぞれを上中下に分けて文言と書体（真行草）、墨付等、相手を見合わせて書く。略書し少し媚びて書く時は、「以愚札」「以手紙」「任幸便」等とする。端作を書かないのは急用事の時で、直ぐにそのことを書き出す。死去の知らせ、悔み状、医師への病状書類である。
〈誹諧漢和の法〉〔俳諧之重宝記すり火うち〕に誹諧漢和の法で端作は、「誹諧之漢和 或は滑稽之漢和」と書く。

箸の事【はしのこと】〈箸の取り様〉〔開化実益現今児童重宝記〕に、右手で箸を取り左手を添えて持ち直し、それより物を食う。箸を休める時は元の方を膳の右の縁に掛けて置き、食い終り膳を下げる時は、縁へ掛けずに内へ入れて置く。〔永代調法記宝庫・一〕には膳に座り、箸は人より遅く取り、人より早く置くのがよい。但し、余りにも早く余りにも遅いと、料理の加減が違ってくる。物を食う時は箸は深く濡らさず、小箸に挟んで幾度も食う。〔女用智恵鑑宝織〕は湯が出たら箸を取って湯を受けて飲む。箸でよく掻き立て箸を濯ぐ。貴人の挨拶があり、また菜《さい》を戴くことがあれば慎んで礼し、箸等持った時は持ちながら飯碗の陰に隠れるように持つとよい。度々箸を下に置くのは悪く、また食い続けるのも見苦しい。〈香箸〉〔聞香重宝記〕に、香の箸は杉の芽の細かい直ぐな木で拵えるとよい。

橋姫の社【はしひめのやしろ】山城名所。宇治橋を守る女神の社で、この前の橋を夢の浮橋という。槇の嶋もこの辺である。見所はない。〔東街道中重宝記・七ざい所巡道しるべ〕

鴉【はしぶと】「鴉の事」ヲ見ル

箸目【はしめ】〔聞香重宝記〕に香炉の灰の箸目の押し様がある（図414）。①鴨・鴛・獅の香炉の灰六合の箸目。②六合の箸目。③五合の箸目。④四方香炉の箸目。⑤粗相な箸目。置目の足より付け始め。○「灰の押し様」は、春は「一」、夏は「二」、秋は「キ」、冬は「井」とある。

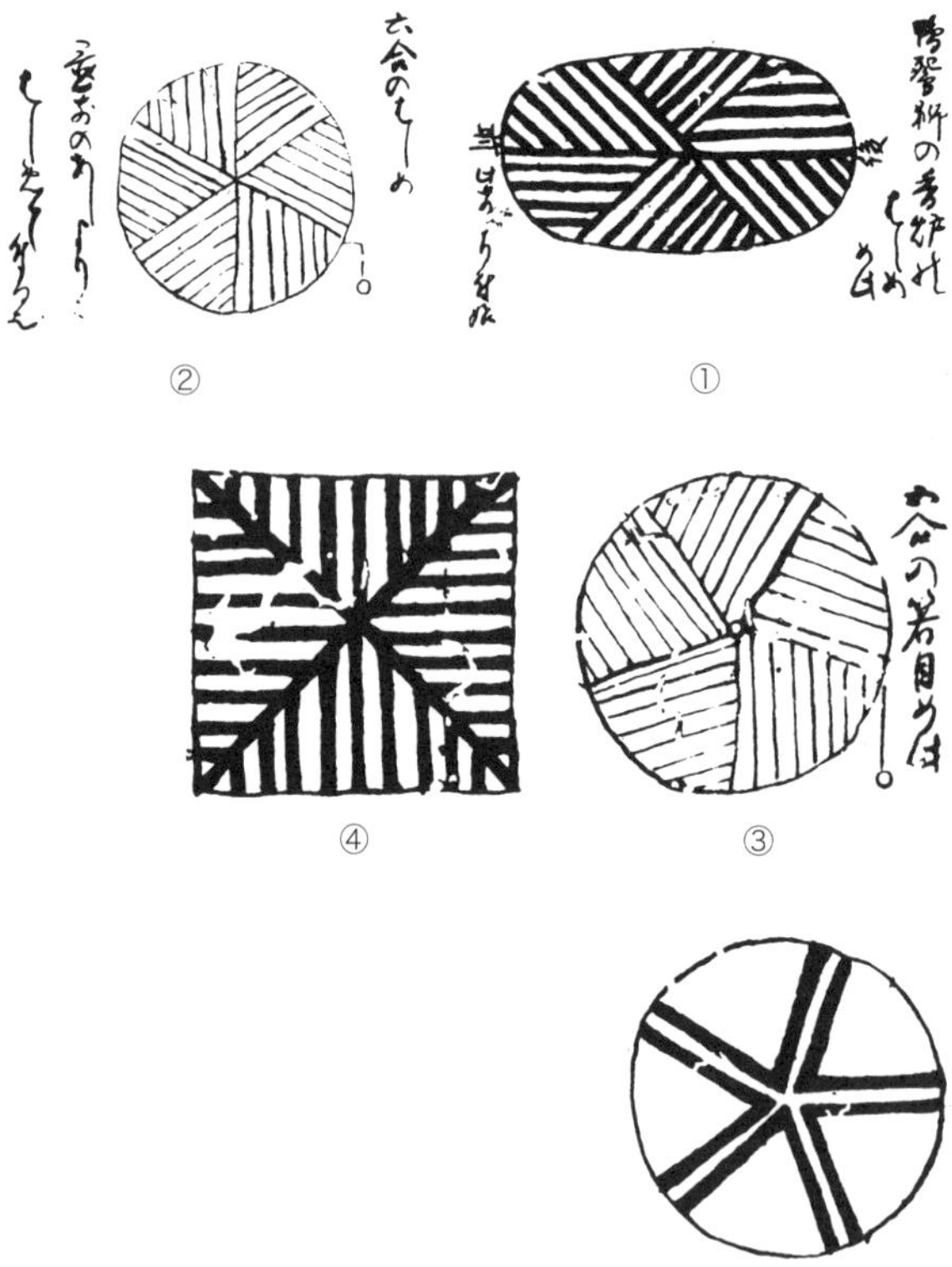

図414 「箸目」（聞香重宝記）

橋本【はしもと】〔東街道中重宝記・七ざい所巡道しるべ〕に橋本は、淀川に臨み、淀川を舟で渡り山崎へは十八丁、淀*へ直ぐに行けば一里である。「橋本」の地名は多く、他に紀州高野道にあり、江州大津・草津間にもある。

巴蛇【はじゃ】〔万物絵本大全調法記・下〕に「巴蛇　はじや。象を食ひ三年にして骨を吐く。君子食し、疾なし」(図415)。

図415　「巴蛇」(万物絵本大全調法記)

馬尺【ばしゃく】「馬の事」ヲ見ル

破邪湯【はじゃとう】〔改補外科調宝記〕に破邪湯は、楊梅瘡*を治す。また骨疼き、筋気、全ての瘡に用いる。二方がある。①防風・薏苡仁・木瓜・木通・白鮮皮(各五分)、皂角刺(四分)、忍冬(一匁)、土茯苓(四匁)に、水五盃を入れて三盃に煎じ、二番に三盃を二盃に煎じて用いる。禁物は茶酒魚鳥塩、何でも青葉の類である。②紅花・防風・天下粉・金銀花。毎服に土茯苓四両を同じく煎じて空き腹に用いる。

芭蕉【ばしょう】〔万物絵本大全調法記・下〕に「芭蕉　ばせう／ばせを。秋」。〈草花作り様〉〔昼夜重宝記・安永七〕に芭蕉の花は少し黄色。土は真土肥土砂を用いる。肥しは小便を根に注ぐ。分植は秋にする。〈馬形名所*〉〔武家重宝記・五〕に馬の股《もも》の付根を芭蕉という。〔紋絵重宝記・上〕には芭蕉葉と文字の意匠があり、また〔寺子調法記〕等には小謡が載る。「芭蕉の事」(俳諧作者)は別項

葉生姜【はしょうが】〔料理調法集・口伝之部〕に葉生姜を用いるのは、三四月である。夏以後は、葉を少し付けて遣う。末夏以後は針生姜を用いる。針栗生姜は不断用いる。

芭蕉の事【ばしょうのこと】〔新成復古日夜重宝俳席両面鑑〕に次がある。〈略歴〉芭蕉翁は伊賀の人。武名松尾甚七郎。藤堂家に奉仕、壮年に官を辞し、風雅を業とする。桃青という。俳諧正風中興の大祖と尊敬する。三十七歳で江戸深川芭蕉庵に入る。天下これより蕉翁と称する。東西南北に遊び、風雅を説き、諸門人を助け、弟子全て三千人に余る。国中悉く蕉風に靡く。浪華の花屋で寂す。元禄七年(一六九四)五十一歳没、近江義仲寺に葬る。夏に配して「道のべの木槿は馬にくはれけり」。〈芭蕉の五件〉①蓮の茎。切れ易くしてしかも糸を引く。つけ方はこれに等しい。第三等は深い意味がある。案じてつける。②五尺の菖蒲。一句の形は五尺の菖蒲が水中よりすらすらと出たようにする。③夜の柱。前句の内、何なりとも目当てを拵えてそれより趣向にかかる。④人の顔。句作りに本拠もない無駄事を言ってつけたのは横に目鼻のついたようなものである。⑤乞食の壺。森羅万象皆趣向のことなので、何でも胸中に貯えて置く。〈古哲金言〉芭蕉の言が色々ある。○付句は、大木を倒すが如し。鍔元に切り込むが如し。西瓜を切るが如し。梨子食う口つきの如し。○歌仙は、三十六句とも遺句である。また三十六歩である。一足も後へは引かぬ。○句は、七八分に言い詰めるより五六分の句は何時迄も聞き飽かぬ。○格は守る、守らないのは法外である。格を得て格外に遊ぶのがよい。

○句を案ずることは、題の中より案じてはならず、題の外を尋ねよ。○春雨の柳は連歌、田螺を捕る鳥は俳諧である。その境を知る事。○句は、天下の人に叶うことは易く、一人に叶うことは難い。○格を定め理を知る人は、風雅の中位に至る。又云う、格を放れ理を忘れる人はこの道の仙と言ってよい。○東海道の一筋も見ない人は風雅は覚束ない。○見て悪い書はない。儒仏道より国史草紙物語は勿論、謡浄瑠璃歌の書に至る迄も見るがよい。皆俳諧の道具である。「四家宗匠伝《しかそうでん》」モ見ル ○又云う、他門と交わっても苦しからず、悪いのは博奕である。

〈芭蕉翁行脚掟〉「蕉翁行脚掟十八ケ条」がある。芭蕉が門人に示した行脚の心得であるが、定本もなく条文も区々で、現在は偽作とされる。その要旨。①船宿すべからず。暖めざる筵を思え。②腰に寸鉄たりとも帯するな。惣じて物の命を捕るな。③君父の讎あるものは門外に遊ぶこと。倶に戴かず踏まぬの道、忍ばざるの心があるからである。④魚鳥獣の肉を好んで食うな。美食珍味に耽る人は作事もふれ易い。菜根を咬み百事なすべき語を思え。⑤衣類 笠は、財相応にすべきである。過ぎたのはよくなく足らぬのもよくない。⑥人の求めもないのに自分々々の句を出してはならない。望むに背くのもよくない。⑦譬え嶮岨の境でも所労の心を起してはならない。起ったら忽ち帰るのがよい。⑧馬 籠に乗ってはならない。一枝の枯杖を己が補脚と思え。⑨好んで酒を飲んではならない。饗応により固辞し難い時は微酔で止めよ。酒乱の戒めを知り、慎め。⑩舟銭 茶代を忘れるな。⑪夕を思い、旦《あした》を思え。日暮の行脚は人に労を掛けることがあり、数重なると人に疎ぜられる事を思え。⑫他の短所を揚げ、己が長所を顕してはならない。甚だ卑しいことである。⑬俳諧の外雑談してはならない。雑談が出たら居眠りして労を養え。⑭女性俳友に親しんではならない。師にも弟子にも要らぬ事。もし親炙する者があれば人を介して伝えよ。全て男女の道は嗣をなすのみ。俳諧の道は主一無遍がよく、能々己を省みるがよい。⑮主ある物は、針一草たりとも取ってはならない。山川江沢にも主がある。慎め。⑯山川旧跡に親しく尋ね入るのがよいが、新しく私に名前を付けてはならない。⑰一字の師でも忘れてはならず、一句の理さえ解せずに人の師となってはならない。人に教えるのは己をなした上でのことである。⑱一宿一飯の主も疎かにしてはならず、だからと言って媚諂ってはならない。俳諧の道に入る者は俳諧の道の人と交わるのがよい。(『続学舎叢書一・桃青翁行脚掟』と対照しても異同がある)

破傷風【はしょうふう】〔医道重宝記〕等に破傷風の症候は、金瘡や腫物が口を合さず風邪《ふうじゃ》を引き込み、或は産後に前より風邪が内に入り、或は湯を使い灸をしその湯火の毒が内に入るのも破傷風である。風邪《ふうじゃ》を経絡に伝え、裏《うち》に入り寒熱甚しく口を噤み牙《きば》を嚙み、身竦み反り返り、粘い沫《あわ》を吐き、陰に入る時は身冷え自汗し傷《やぶ》れた所が凹み入る。悪くすれば忽ち死ぬ。治方は傷寒と同じで、症が表にあれば汗を出し、裏にあれば下し、半表半裏にあれば和解《わげ》するのがよい。薬方は如聖散* 羌活防風湯* 白朮湯* 大芎黄湯*を用いる。〔懐中重宝記・慶応四〕に破傷風は、切り傷 又は打ち破った所に風が当り、或は水気等が入ると腫れて痛み、その毒気が腹に入ると命が危ない。槐《えんじゅ》の日陰の方に出た枝の皮を採り、傷の上に敷きその上に灸を百壮程据える。灸が痛まない時は再び据える。或は、饂飩粉と焼塩を等分にして清水で溶き、度々つける。〔丸散重宝記〕には、①蟬の蛻《ぬけがら》を煎り、末(粉)して酒で服する。また末(粉)を葱を涎のように調え傷に塗ると、悪水が出て害がない。②破傷風で反張《そりかえ》るのには、羌活の末(粉)を温め、酒で下す。或は荊芥穂を少し焙って末(粉)し、豆淋酒*か童便で下す。

芭蕉餅【ばしょうもち】菓子名。芭蕉餅、上こね物、中しめし物、下ながし

物。〔男重宝記・四〕

柱立の事【はしらたてのこと】〈柱立吉日〉〔諸人重宝記・五〕に柱立の吉日は、甲子《きのえ》・寅・辰の日。乙丑《きのと》・卯の日［重宝記永代鏡は未・酉の日］。戊子《つちのえ》・戌の日［同書は申の日］。己酉《つちのと》の日。庚子《かのえ》・戌の日［同書は午の日も入る］。辛卯《かのと》の日。壬子《みずのえ》・卯・寅の日。癸丑《みずのと》・卯の日。〈四季柱立〉〔金神方位重宝記〕に春は南・北・西・東と、夏は北・南・東・西と、秋は東・西・南・北と、冬は西・東・北・南とそれぞれ立ててよい。〈柱立に唱る文〉は「南無阿加戸 阿羅漢」、次に不動の慈救の文を七遍唱え、中の柱の根を三ツ打つとよい。〈手品・柱へ茶碗をつける伝〉〔調宝記・文政八写〕に蜜蠟を火で温め、それを付ける。

走瘡【はしりくさ】〔薬家秘伝妙方調法記〕に走瘡《はしりくさ》は、丹毒*の俗称である。大黄・荊芥を用いる。

バジリ膏【ばじりこう】〔薬種日用重宝記授〕にバジリ膏は、松脂（二匁）、黄蠟（三匁）、チヤン（四匁）、葛貞麻（五匁）、胡麻油（六匁）、光明丹（四分）、酢（少々）をよく炊いて、後に酢を加える。

走り痔【はしりじ】「痔の事」参照

走り人を止る法【はしりびとをとめるほう】俗信。〔文政新刻俗家重宝集〕に走り人を止る法は、走り人（出奔人）の足袋でも何でも、履いたものを釘で竈の下へ打ちつけるとよい。痛んで歩行出来なくなる。その内に占わせ、方角を訪ねるとよい。

走り櫓【はしりやぐら】「たもん（多門）」ヲ見ル

走る時喉乾かず息切れぬ伝【はしるときのどかわかずいききれぬでん】「息の事」ヲ見ル

羽白霜降鴨【はじろしもふりがも】〔料理調法集・諸鳥人数分料〕に羽白霜降鴨を料理に遣う時は、渡りがけの「びん」*に同じである。割鳥も同じである。海鴨なのでびんよりも下のものである。とかく晴れの料理には遣い難い。脂も沖より来るので悪い。真羽白鴨という。

鈹鍼（針）【はしん】〔鍼灸重宝記綱目〕に鈹鍼（針はしん）は、長さ四寸、巾二分半。癰腫に刺し、大膿を採るのに用いる。〔鍼灸日用重宝記・一〕では「ひしん（鈹針）」と読み、巾は「巾二寸半」である。「鍼（針）の事」参照

巴豆【はず】〔薬種重宝記・上〕に唐木、「巴豆 はづ／あしものまめ。皮と膜と心《しん》を去り、紙に包み砕き、油の尽るまで取り、黒く煎る」。〔外科調宝記〕には巴豆一味をよく煎り焦がし、搗き爛らかし、膏薬のようにして用いる。その場で拵えてよく、乾かしてはならない。悪瘡 鎌瘡の口が治まり、内に毒があれば紙を捻って膏を浸し内へ入れると、毒は抜け去り治る。〈巴豆の毒を解す法〉〔斎民外科調宝記〕に巴豆の毒にあたって大いに腹くだり、或は吐き、いきれ、渇き、発熱するには、急に黄連・黄栢を煎じ冷まして用い、他に冷水で手足の掌を冷やす。或は、黄連大豆 菖蒲を煎じ冷まして用いる。熱湯《にえゆ》 熱性のものを忌む。〔医道療治重宝記〕に巴豆の毒を解すには、口渇き、瞼《ほほ》赤く五心煩熱し、痢泄の止まぬのには干姜（炮）・黄連（炒）（各等分）を末（粉）し、毎三匁を冷水で調え、服する。また寒水石を水に磨し服する。〔懐中重宝記・慶応四〕に巴豆の毒消は黒豆を煎じて飲む。〔馬療調法記〕に、〇「巴豆の毒を去る法」は、瘡の外何の病でも、或は頭の悪瘡を下すには巴豆一粒に豆一粒を添えて 酢で二度煮て、その後油をはる。〇「中符の熱を下す」には、巴豆を紙に包み熱灰の内へ埋め 暫くして取り出し、香色になった時少し油を取り、また紙に包み 熱湯に入れて焙ずる。〇「下符の熱を下す」には、巴豆の皮を去り、二夜塩に漬けて取り上げ、垂れ味噌に浸し、日に三度干す。但し、油を去ることはない。

破水【はすい】〔女重宝記・三〕に既に子が生れる前に産門から水が下ることを破水《はすい》といい、俗に「戸あけの水」という。そのまま催生《はやめ》*の薬を用い

るが、下らぬ前に用いてはならない。〔新板増補女調法記・三〕には「戸あけ水」とある。

歯隙く時【はすくとき】〔増補呪咀重宝記大全〕に歯が隙く時は、生地黄*の汁で漱ぐとよい。

巴豆膏【はずこう】〔改補外科調宝記〕に巴豆膏は、巴豆一味をよく炒《あぶ》り焦がし搗き爛らかし膏薬のようにして用いる。当座に拵えてよく、乾かしてはならない。悪瘡 臁瘡の口が治まり、内に毒が肉へ入る。毒の根が抜け去り癒える。

はずす【はずす】 俳言の仙傍（訕謗）。「呑ヲ はづす」。〔新成復古日夜重宝俳席両面鑑〕

筈溜【はずだまり】 「さぐり（捜）」ヲ見ル

軟節【はすね】 癰節とも書く。〔世界万宝調法記・中〕に「はすね（軟節）」は、小児に出来る瘡である。○頭にはすねが出来て腫れ上った時の養生は、周りへ人の骨の焼いたのを粉にして紺屋糊で練り合せて貼って置き、腫れの真中に牛房子を粉にして続飯に押し交ぜて付けて置くと、早く潰れて跡はよく癒える。○もし出兼ねる時は、剃刀で真中を深入りしないように十文字に切り、膿を取るとよい。〔改補外科調宝記〕に軟節ははすねで、父の精と母の血とが毒を盖《おお》て生ずる。破れないのは針で破り鶏糞散*を付ける。〔妙薬調法記〕癰根《はすね》の妙薬は、黄栢を粉にして里芋に擂り交ぜ、麝香を少し入れ、繁縷《はこべ》の汁を絞り入れ、髪油でよく練り交ぜて、その大きさ程に紙をむしり厚く伸ばして付けて置くと膿を吸い出して癒す。〔薬家秘伝妙法調法記〕はすねの薬は、大葉子の根の蕪を根も葉も去り蕪ばかりを擂って付ける。「小児軟節《しょうになんせつ》」参照

蓮の事【はす／はちすのこと】 荷《はす》とも書く。荷は沼地に生える多年生水草。実を蓮、根を藕と言い［「ぐうふん（藕粉）」参照］、共に食用とする。

〔万物絵本大全調法記・下〕に「蓮れん／はちす。夏」。

〈異名〉〔書札調法記・六〕に「蓮《はちす》」の異名に、花君子《かくんし》 碧園《へきえん》 水芝《すいし》 孔竅《こうきょう》がある。「荷《はちす》」の異名は青銭《せいせん》 青鈿《せいでん》 玉饡《ぎょくさん》がある。〔薬種重宝記・上〕に蓮に関連して以下がある。○「荷葉 かよう 和草 はすの（は）焙る」○「連肉《にく》 和果 はすのみ。皮中尖り 青心去り 炒る」○「蓮蕋《ずい》 和果 はすの花しべ」○「蓮花（和果）はすのはな」○「蓮房《れんぼう》 和果 はすのみぬけがら」。

〈薬性〉〔医道重宝記〕に蓮《はす》根は平で毒なく、熱・血を去り、食を消し、渇を止め、酒毒を消す。〔永代調法記宝庫・四〕に蓮の根は五臓を補い虫によい。多食すると気を塞ぐ。労瘵 痰 渇き 血を吐くのによく、咳に忌む。

〈料理〉〔ちやうほう記〕に蓮根を酢の物に使うのに白く用いるには、蓮根の頭の方一節を刻み、水の中に燈明器を入れて搔き廻し晒し暫く置き、茹でてまた水へ入れて晒し、酢の中焼きの粉を入れその中に刻んだ蓮を入れ、よく浸し、絞り切り、さらに酢を掛け、砂糖を掛ける。庖丁の磨ぎ立ては悪い。「れんにく（蓮肉）」参照
〈立花 蓮一色の事〉〔昼夜重宝記・安永七〕は心（しん）に、花でも葉でも用いる。蘆の外に時節の草花等、何を挿し交ぜてもよい。合せ葉は水仙*のようによく考え、両方同じ高さは悪い。開いた葉でもするが、よくない。開いた花を胴より脇へ長く出してはならない。紅白を挿し交ぜする時は、色移りに注意する。前置きは花でも葉でもよい。

〈水揚げ伝〉〔調法記・四十七ゟ五十七迄〕に河骨《こうぼね》*と同じであるが、茎が太く薬が忽ち戻るので水鉄砲で焼明礬等の薬を突き上げ、その後で泥か砂を搔き混ぜてさらに突き上げる。河骨と違って葉が萎れた後は水の揚ることはない。切ったら手回しよく早く水揚げする。

弭の事【はずのこと】〔武家重宝記・二〕に弭《はず》は、弓の弦《つる》*を引っ掛ける上・下の末《スエ》の部所を言い、弭 彇 消 弭 牙とも書く。弓弭。上を末彇《うらはず》と言い陰《いん》に属し兎口《とこう》《うさぎ》に准え月に表する。下を本彇《もとはず》と言い陽《よう》に属し烏の烏嘴に准え日に表する。

筈の事【はずのこと】〔武家重宝記・二〕に筈は、矢が弦《つる》*を受ける所である。矢筈。①続《つぎの》筈《つぎはず》は的矢* 角木《つのぎ》* 神頭*等の筈である。笠筈・滑田《ぬた》筈・節《ふし》筈ともいう。皮目を残す。②箆筈《よはず》は征矢《そや》*に用い、竹の箆《よ》(=筒)をすぐに筈に作る。また野筈《のはず》 繰《くり》筈ともいう。③射手筈は、筈先に角《かど》を持たせて浅く作った近代のもので、角筈とも切筈ともいう。図がある(図416)。

図416「筈の図」(武家重宝記)

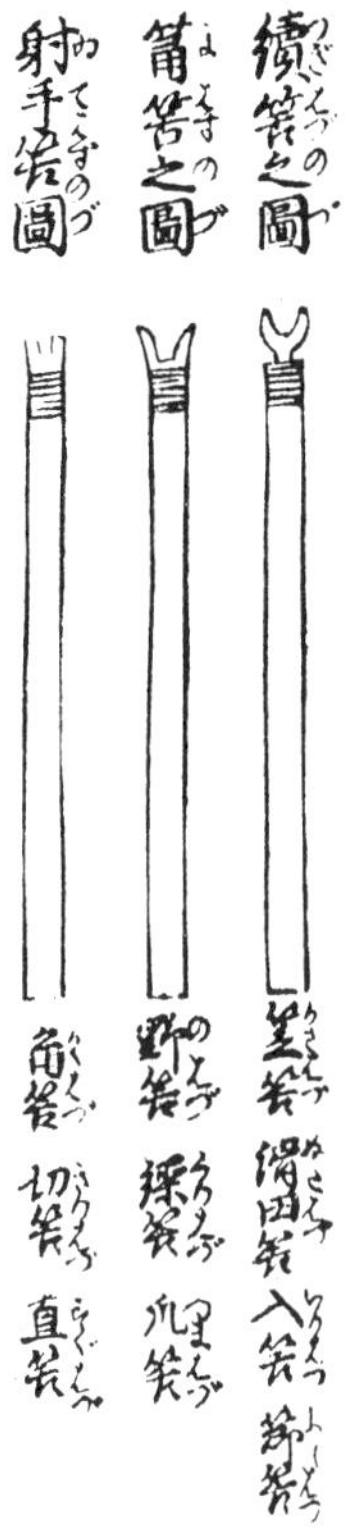

蓮飯【はすめし】〔料理調法集・飯之部〕に、①蓮葉を煎じその汁で炊く。②蓮の若葉を細かに切り 湯を掛け 水気を去り 焼塩を振り 常の飯に交ぜる。塩がない時は澄まし汁を添えて出してもよい。新蓮根の薄打を薄醤油でさっと煮染め、若葉と交ぜ飯に入れてもよい。鉢盆に豆腐を澄ましを添えてもよい。〔里俗節用重宝記・下〕に蓮の葉を摺って水を入れ、摺れ葉を細かく刻み入れて炊く。包み物は蓮の葉を日に干して飯を包み、上にも蓋をする。〔料理調法集・年中嘉祝之部〕に七月十五日、公卿に蓮の飯を居え、向こうに鯖一刺を蓮に包んで飾る。蓮飯は、蓮の葉に強飯を包んで蒸し、白い紙縒《こより》の心《しん》に藁を入れ十文字に結び捻って挟んで置く。また鯖一刺を蓮の葉に包み向うに置く。これは両親、親方等に奉るものであり、各人が居り祝うものでもある。

はずれ雪煎餅【はずれゆきせんべい】「はづれ雪せんべい」は、人形丁 和泉屋長吉にある。〔江戸町中喰物重法記〕

長谷【はせ】 大和所名。御堂本尊は観世音菩薩で、巡礼所である。尊像の御丈は二丈六尺、開帳は金一枚である。御堂は南向き八棟《やつむね》作り、九尺間《ま》十三間《けん》に九間《けん》、舞台十三間に九間。麓から御堂迄は上り坂で石の階段があり、その上は瓦葺の長廊で、九尺間《ま》七十六間《けん》 無類の廊である。本堂正面 両方に、橋弁慶の絵馬は狩野古法眼筆、文字は尊朝親王筆である。仁王門の額は後白河院の宸筆であり、蔵王堂の前に名木 貫之《つらゆき》の梅がある。山上は佳景で、本堂の脇右 左から上る道がある。はつせ川は町を流れる名所である。御堂より東南一町に二本の杉があり、古河《ふるかわ》野辺は名所である。三輪への道は二里で、北の芝原《しばはら》は磯《し》城嶋の地で南の傍らに田があり、字《あざな》を雲の上と言い、ここに欽明天皇の都 金刺《かなさし》の宮があった。三輪が崎(三輪山の尾崎)佐野の渡《わたり》もこの辺である。〔東街道中重宝記・七ざい所巡道しるべ〕

鯊【はぜ】〔日用調法人家必用〕に「鮒 鯊の類早く骨柔らか煮様」は、湯煮の時、鍋蓋の廻りへ紙に水を湿し二三枚通り目張りして一二度煮立てた後に、火を活け込み温い炭火で三時(六時間)程置き、その上で醤油と味醂酒を差して煮上げると、骨抜きのように柔らかになる。〔年中重宝記〕(明治二十七年刊)に鯊は上品で汁にしてよく、吸口は山椒 根深等がよい。焼いて煮付、或は田楽にして蕃椒の粉を付けたのがよい。汁には、大根 根深 牛房等をあしらうとよい。

長谷越【はせごえ】「あおごえ(青越)」「たまるごえ(田丸越)」ヲ見ル

馬氈【ばせん】〔武家重宝記・五〕に馬氈《ばせん》は、鞍の上の被《おおい》をいう。韉《ばせん》とも書く。前後の輪へ掛るようにしたのがある。「敷皮鞍幪《しきかわのくらおおい》」という。板馬氈の外は、一敷《いっしき》という(図417)。

馬癬【ばせん】〔改補外科調宝記〕に馬癬《ばせん》は、少し痒く白斑のある肥癬をいう。肥癬* 疥癢癬*の一。馬鞭草*を鉄器を用いずに搗いて絞り、その汁を半盃用いると十日以内に癒える。永年癒えず体の壮《さかん》な人には、頑癬丸*を用いる。

はた【はた】 俳言の仙傍(訕謗)。「馬ヲ はた」。〔新成復古日夜重宝俳席両面鑑〕

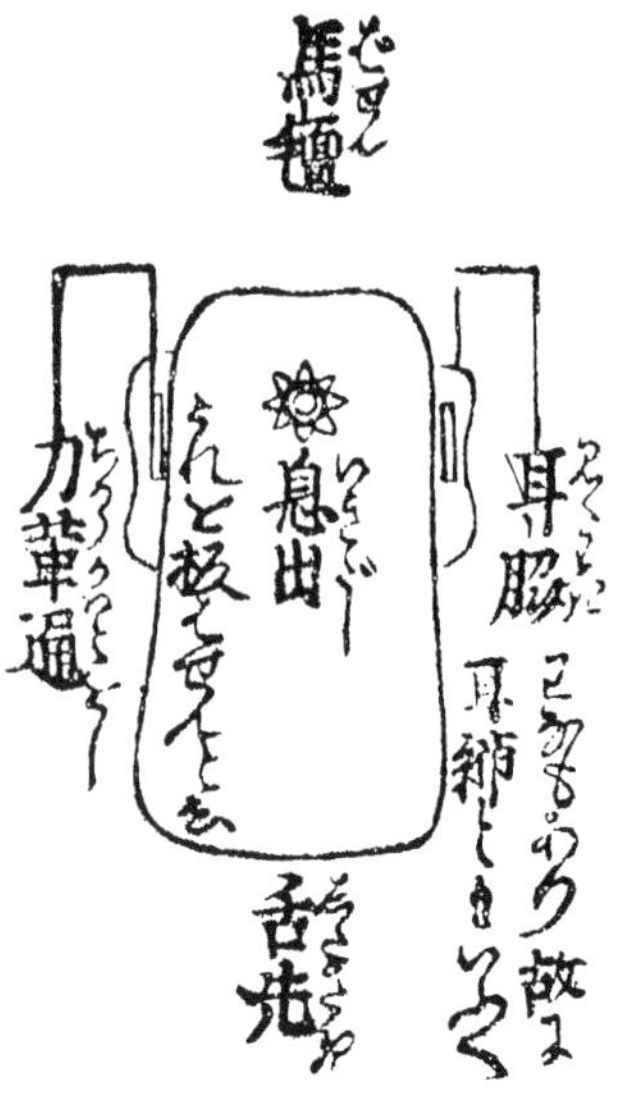

①「馬氈」（武家重宝記）

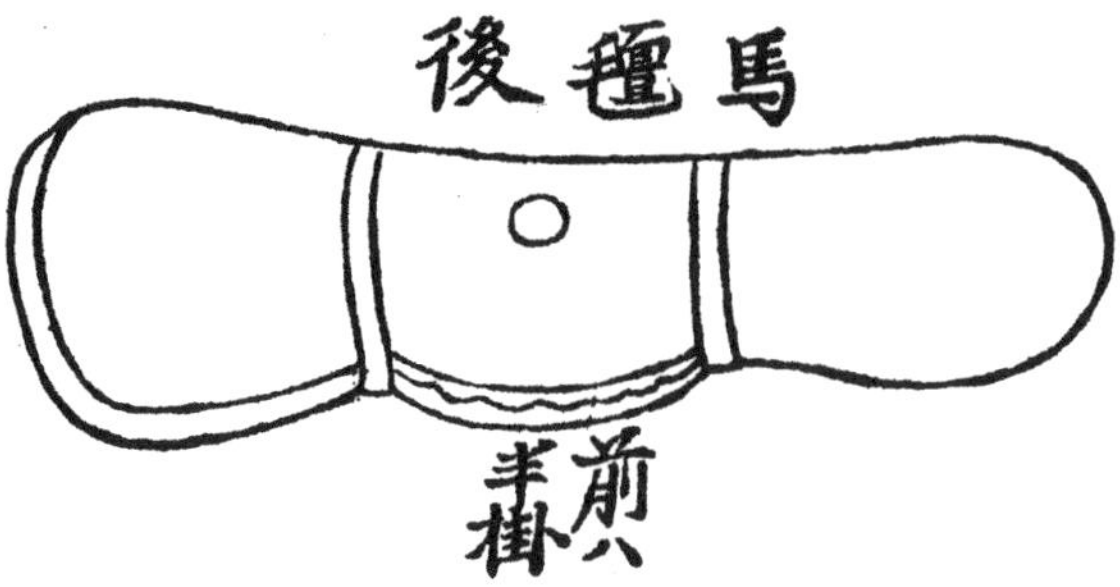

②「馬氈後」（弓馬重宝記）

図417　「馬氈」

はた【はた】　矢音詞遣。*「かけす」から中った時の矢音は、「はた」という。〔武家重宝記・二〕

旗【はた】　〔万物絵本大全調法記・上〕に「旗き／はた。旗は はた の総名也。幟し。はたじるし」。

幡 天蓋仕立屋【はた てんがいしたてや】　〔万買物調方記〕に「京ニテ幡 天蓋仕立屋」は、さかい町誓願寺下ル町、六角堂前、新町三条下ル町にある。「江戸ニテ幡 天蓋仕立屋」は、芝増上寺片町 神明前、博労町土手にある。

肌洗い粉【はだあらいこ】　〔男女御土産重宝記〕に肌洗い粉は、豌豆（五合）、滑石・白付子・白芷・白檀・甘松（各一両）、竜脳（三匁）を細かく粉にして、行水の時身に塗って洗うと艶が出て玉のようになり、肌は細やかになる。汗疣や皰等に奇妙によい。この方を玉肌散*という。〔女用智恵鑑宝織〕にも肌荒れの女性、また面皰《にきび》、汗疣等によいとし、同じ方がある。〔丸散重宝記〕には肌が荒く蛇の鱗のようなのには、白《はく》蚕の末《きょうさん》（粉）で洗うと妙である。〔大増補万代重宝記〕に肌が面皰・雀斑・鮫肌の類には、滑石（三匁）・白檀（一両）・小豆（五合）を細末（粉）にし肌に塗り洗うと、身に光りが出て汗疣の類は治し妙に美しくなる。

畑稲【はたいね】　〔農家調宝記・続録〕に、畑がちの地で田の少ない所は、畑稲を植える。種類は色々あり、粳 糯もある。『農業全書』に占城稲田《ちゃんぱんいね》は糯で米は白く粒は太いとあり、九州ではこれを「ぼんでん」という。餅に搗いて少しも粒なく、食して味よく軽く病人が食しても痞えることはない。稲の穂の長さは一尺二三寸で、柄は高く葦の葉のようである。粳は常の稲のようなのがあり、その外の種類もある。作り様は『農業全書』にあり、収納も田稲に変わらず多いという。

機織【はたおり】　〔万物絵本大全調法記・上〕に「機女 きぢよ／はたをり。織婦 しよくふ／織女（しよく）ぢよ。並同」。〔人倫重宝記・二〕に機織は唐土の黄帝が始め、筬《おさ》は臣下の伯余が始めた。日本では天照大神が自ら織ったことが日本紀に見える。その後代々を経て、布は越後 丹波 江州、絹は上州 加賀 丹後、綿は甲州 飛騨 越前 江州 諸国に広まり、名物となった。機《はた》は諸国にあるが、京西陣の機屋の金襴緞子など様々に織る機が他国に勝る。西陣は昔は「西の市」と言い、機を織る者を「絹屋

の御《お》へこ」と言い、今宮*の氏子である。今宮は昔 京中に疫病が流行った時、禁裏から疫病を洛北紫野に送り今宮社を立て、御神体は御幣で、「御幣の氏子」という意である。「おへこ」と言うとあほらしく思うのは違う。

畑方の作物【はたかたのさくもつ】〔四民格致重宝記〕に次がある。畑方に何を作るかは、銘々分量がいる。作物により作徳に高下がある。○悪地に大麦は不出来故収納は少ないが、小麦を作るとよい。○「畑方 上の作物」は、麻 藍 木綿がよく、これらは金子を取る。大方は肥しが大分に入る。○「畑方 中の作物」は、芋 大豆 菜 大根などを作る。大方は地さえ深く作肥しをして作るとよく出来る。○「畑方 下の作物」は、小豆 大角豆 荏 唐粟 蕎麦の類である。大方、地を選ばず作り易い。○「蒟蒻玉 紫根」等は、当るとよい金を取るものの、地に選びはずれがあり普く作るものではない。

畑に虫のつかぬ呪い【はたけにむしのつかぬまじない】〔新撰咒咀調法記大全〕に「畑に虫のつかざる呪ひ」は、畑の四方の角へ馬の爪の切ったのを埋めると、虫は極めて付かない。

畠山重忠【はたけやましげただ】〔大増補万代重宝記〕に畠山重忠は勇にして力があり、頼朝が目をかけることは、もっとも篤かった。常に先駆となり、宇治川の戦、一の谷の戦（一一八四）、奥州の役（一一八九）に、みな軍忠があった。その後、北条時政に殺された。建久二年（一一九一）、四十二歳没。

畠山基国【はたけやまもとくに】〔大増補万代重宝記〕に畠山基国は義満の管領である。応永年中、大内義弘*の泉州堺での謀反に、行って攻め誅殺した。応永十三年（一四〇六）没。

畑を田にした時【はたけをたにしたとき】〔四民格致重宝記〕に畑を田にした時は、三年間は最前の畑高 畑年貢、四年目から田の年貢となるのが大法である。尤も田の畝歩に改める。

巴太温【ぱたごん】〔童蒙単語字尽重宝記〕に巴太温《ぱたごん》は連邦。巴的俄尼亜《ぱたごにや》とも書く。広さ三十万坪、民は十二万人。朱圭沙加《しゆくゆいさか》民は二万三千九百七十九人。

肌の帯【はだのおび】女中詞。「ふどし（褌）を、はだのおび」という。〔女寺子調法記・文化三〕

端廻り【はたまわり】片言。「物のふち廻りを、はたまはり」というのは京の詞である。播磨では「わち」という。〔不断重宝記大全〕

籏本【はたもと】武家名目。〔武家重宝記・一〕に籏本は将軍直参の人をいう。籏本とは、将軍を幕下*とも 麾下*ともいう言葉による名目とある。万石以下、御目見以上の家格を持つ上級者。

畑物に虫付かぬ伝【はたものにむしつかぬでん】「植田《うえだ》に虫付かぬ伝」ヲ見ル

はたる【はたる】片言。「はたる、懲《はたる》の字なり。責《はたる》〔神代巻〕。関東四国の詞、下人をせたぐる（虐）を云う」。〔不断重宝記大全〕

鉢【はち】甲冑*名所。〔武家重宝記・三〕に冑の形品は数多く尽くせないが、上代は頭成《ずなり》 作成《さくなり》 椎成《しいなり》の類であり、近世ではその大概として百四図が出ている。「冑《かぶと》の事」ヲ見る

撥【ばち】片言。「撥《ばち》といふは太鞁《たいこ》の撥なり。太鞁のぶちといふは悪ろし」。〔世話重宝記・一〕

八王寺絹【はちおうじぎぬ】〔絹布重宝記〕に八王寺絹は、八王寺より織り出す絹である。秩父絹に似て粗物である。

八王日【はちおうにち】〔年中重宝記・五〕に八王日は、立春* 春分* 立夏* 夏至* 立秋* 秋分* 立冬* 冬至*の各日をいう。この日、天地の諸神が結番して人間のことを司るのに番替りする日である。従ってこの日は殊に善根を修すべき日という。

八ケ月味噌【はちかげつみそ】〔料理調法集・造醸之部〕に八ケ月味噌は、大

豆一斗、糀一斗、塩五升（一書ニ五合）を常のように仕込む。八ケ月の間毎月仕込み、日に一度ずつ搗き、八ケ月過ぎて用いる。

八月【はちがつ】〈異名〉〔改正増補字尽重宝記綱目〕を中心に他の重宝記からも集成すると凡そ以下の通り。八月 葉月《はづき》（ようげつ／はげつ／はづき。草木の葉もみじする故に云う）葉染月 仲秋 秋半《しゅうはん》 秋分 秋高《しゅうこう》 秋清 秋風月 王秋 正秋 清秋 秋涼 深秋《じんしゅう》 桂秋 桂月《けいげつ》 西穎《せいえい》 西顥 西影 鳫初来《はつき》 萩月 月見月《つきみづき》 剝棗《はくそう》 豆雨《とうう》 鳫来《がんらい》 南呂《なんりょ》 迎寒 白露 月夕《げっせき》 壮月《そうげつ》 商音《しょういん》 中律 仲商 秋社《しゅうそう》 寿星 紅葉《もみじ》月 簫瑟《しょうしつ》 蘋風 水涸《すいがく》 燕去《えんきょ》 金律 竹春《ちくしゅん》 橘《はつき》春。〈一字異名〉壮《はつき》。なお〔年中重宝記・三〕に八月を葉月《はづき》というのは木の葉が紅葉して落ちるので葉落ち月というのを略して葉月という（奥儀抄による）。〈八月禁食〉〔料理調法集・食物禁戒条々〕等には、○芹に生姜 韮 小蒜《にんにく》は食い合わせない。○飴を食い 鰍の食い合わせを忌む。○胡桃に木の実 鶏は食い合わせない。○蜜を舐めて水を飲むのを忌む。○雉、獐《くじか》、蟹を食わない。〔年中重宝記・三〕には他にも、○芹と鶏子も食わない。○犬の肉を食うと人の神気を損なうとある。〈年中重宝〉〔懐中重宝記・弘化五〕に、○朔日に足と腰を温めるとよい。○上旬 日を選び灸をするとよい。○八月に韮を食うとよい。○大酒は悪く、薑《はじかみ》 玉子 蜜 芹 果物を食うと瘡を生ずる。

八月生れ吉凶【はちがつうまれきっきょう】〔大増補万代重宝記〕に八月生れの人は、前生で身を投げて死ぬ者を助けた功徳で、今世では衣食に縁がある。しかし、前生で僧に金を借りて返さない報いで、子の縁が薄い。身上を破ることがあり、僧に金を施し因果を払えば繁盛する。〔女用智恵鑑宝織〕で上記外に八月生れの女に記す事は、同じ理由から衣食に余りがあるが、人を中傷して人仲を裂いた報いで夫婦離別することがある。この世で、姑相嫁等堪忍して慎めば末はよいという。

八月十五日【はちがつじゅうごにち】〔年中重宝記・三〕に今日（八月十五日）、牡丹を移し栽える。但し、根を酒でよく洗うのがよい。また今夜罌粟を蒔くと花が盛んに着き、多く稔る（『月令広義』）。今夜を仲秋という。「名《めい》月《げつ》」参照

八月酢の事【はちがつすのこと】〔男女日用重宝記・下〕に次がある。①「八月酢の造り様」は、米一斗を酒飯より和らかく炊いて冷ます。糀五升を十分よく砕き 極めて清い水二斗五升に、熾炭《おこしずみ》 雉子の羽等、その他の呪も酢*のように拵えて入れ、七日目毎に口を開けて日を当て、また口を結い、二十一日が過ぎて内に入れると上々の酢になる。②「八月酢の拵え様」は、米一斗に水二斗六升、麴三升五合。麴と水とをよく揉み合わせ、桶に入れ、一二時（二～四時間）過ぎ飯の熱い時に入れ、掻き合わせ、その上に雉の尾羽と蛤貝一ツ、火の熾《おき》一ツを入れ、火を打ち掛けてよく蓋をし風を引かないようにして、二十一日過ぎて内に入れる。米一石で造るのも同じで、冬は水を人肌に温めて造る。

八月朔日【はちがつついたち】「八朔」ヲ見ル

八虐【はちぎゃく】〔日時調法通用文則〕に八虐《はちぎゃく》を、謀反《むへん》・大逆（謀大逆）・不道・不孝・大不孝（敬）・不義・悪逆をあげるが、これは『大宝律』規定の八ツの大罪をいう。『易林本節用集』には、「八虐 謀反・大逆・不道・不孝・大不教・不義・悪逆」をいう。どちらも謀叛《むほん》が抜けている。

淡竹葉【はちくのたけのは】〔薬種重宝記・上〕に和竹、「淡竹葉 たんちくよう／はちくのたけのは。両の尖りを去り、洗い刻む」。

八句目【はちくめ】連俳用語。連句で第八句。〔俳諧之重宝記すり火うち〕には、第七句目*の月が差し合う時はこぼれ月といい、自然あるべきである。ここまでが表八句*である。神祇 釈教 恋 無常 述懐 名所 同名字 古人の名 同字等を嫌う。発句にある時は脇句にも発句の心でつける。親子 女 鬼 恵比寿 大黒等は句作により表に嫌わない。〔世界万法調法記・中〕には、面の中で同字を嫌うといって「に」「を」「は」の仮名は二句去とある。

八解散【はちげさん】〔医道重宝記〕に八解散《はちげさん》は、脾胃虚弱して飲食進まず、

或は食消せず 風寒の外邪を挟んだものを治す。人参・白朮・陳皮・半夏・厚朴・藿香・茯苓（各一匁）、甘草（二分）に、生姜を入れて煎ずる。〔医道療治重宝記〕には諸症により加減、補薬がある。

八軒町【はちけんちょう】「京色《きょういろ》茶屋独案内」ヲ見ル

八十八の賀の事【はちじゅうはちのがのこと】 八十八の長寿を、米の字の形から八木《はちぼく》、米の年、米年《べいねん》、米寿として祝う。祝儀文の範例は〔文章指南調法記・一〕〔消息調宝記・三〕等に祝い文と返事の範例がある。珍しい長寿、御一統に肖りたいこと、百歳の峠の卓越をされること等を書き、養老酒等々の贈り物を添える。

八十八夜【はちじゅうはちや】〔和漢年暦調法記〕に八十八夜は、正月の節 立春の初日より八十八日目に当る日で、俗に八十八夜の名残の霜というようにこの日迄は霜が降り、特に八十八夜の霜に作物が当ると痛むのでこの夜迄は被い等して霜を厭うのがよく、この日を過ぎてから種を蒔くとよい。〔大増補万代重宝記〕に八十八の霜は余波《なごり》霜とも別れの霜とも言い、この節になって降り止む。八十八は米の字の形なので、農家はこの日に苗代を営み、綿種を下ろし、特にこの日を祝い重んずる。〈種蒔〉〔農家調宝記・初編〕は八十八夜前後には蜀黍《もろこし》 粟 稗 木綿 大豆 小豆 瓜 刀豆の類を蒔く。また蚕の飼い方が始り半夏生《はんげしょう》*頃迄に終る。〈耕作〉〔新撰農家重宝記・初編〕に新暦五月二日に晩稲の種を蒔く。寒国では豌豆 蚕豆を蒔く。牛蒡 胡麻 豇を蒔く。夏蕎麦は牡丹の花を見て蒔く。蜜柑 金柑類の接木はこの節にする。〈日和見〉〔船乗重宝記〕に八十八夜、二百十日前後の天気は充分留意せよとある。

八大地獄【はちだいじごく】〔日時調法通用文則〕に八種の熱地獄をいう。等活・黒縄《こくじょう》・衆合・叫喚《きょうかん》・大叫喚・焦熱・大焦熱・無間《むけん》、の各地獄である。

八代集【はちだいしゅう】〔女重宝記・四〕に、『古今和歌集』*『後撰和歌集』*『拾遺和歌集』*『後拾遺和歌集』*『金葉和歌集』*『詞花和歌集』*『千載和歌集』*『新古今和歌集』*を、八代集という。

鉢叩き【はちたたき】〈始り〉〔人倫重宝記・五〕に次がある。鉢叩は空也上*人の流れである。空也は、飛花落葉に無常を感じ、洛北鞍馬山に隠遁し、朝夕念仏を怠らず、鹿 猿が常に来て馴れ親しみ、貞家 光景も毎日来て空也の教えを聞いていたが、或る夜の帰りに鹿を見掛けて射殺した。空也は、いつもの鹿と知って悲しみ嘆き、鹿を衣に包み念比に弔い、貞家光景に殺生の罪を説き聞かせると仏道に帰依、弟子となり修行した。茶筅*というものを二人に教え、朝夕の営みにさせた。今の鉢叩は貞家 光景の流れで、生業に茶筅の外に鑵子の蓋置、田楽の串まで作って宿で売った。鉢叩は蛸薬師堀川空也堂の門内に住んでいる。「空也忌《くうやき》」参照（〔年中重宝記・四〕ノ説ト異ナル）〈鉢叩〉〔年中重宝記〕に正月八日 空也堂鉢叩出初めの儀式。十一月十三日の空也忌より四十八夜、暁毎に洛中洛外の墓所、葬場を廻り高声に無常の願文を唱えて修行する。十二月二十八日鉢叩結願、極楽寺本堂で踊り念仏がある。

鉢付の板【はちつけのいた】 甲冑名所*。〔武家重宝記・三〕に鉢付の板は、冑の鉢に付いた所である。鋲《びょう》を錣付《しころつけ》の鋲、また鉢付の鋲という。錣*とは鉢下の総名である。

鉢の木水掛け【はちのきみずかけ】〔享保四年大雑書・草木植替重宝記〕に鉢の木は水掛けが、悪いことはない。三月迄は内に置き、三月より四月迄に植え替えてよい。もっとも砂に植え替えて、下肥《しもごえ》（＝人の糞尿）より外は肥しはしない。八月に掛けてよい。

蜂の事【はちのこと】〔万物絵本大全調法記・下〕に、「蜂 ほう／はち。総名也。夏」。〈蜂に螫された時〉〔新撰咒咀調法記大全〕に「蜂に螫された時の呪い」として次がある。○葱の白根を敷き 灸をする。○螫された所の有り合せの物、竹でも何でもよいが、地上に「丙丁火」と書いて口

で七遍念じその土を採り、螫された所に塗ると痛みは即座に治す。○蓼の汁を付ける。○蒼耳《おなもみ》*の葉を揉んで付ける。○生の里芋を卸して付けるのもよい。○螫された所を度々擦り、口で度々吸うのもよい。〔調法記・四十七ゟ五十七迄〕には外に、○渋を塗る。○蟹の黒焼を付ける。○地にある小石を引っ繰り返すと忽ち痛みは治す。〔薬家秘伝妙方調法記〕は、○顔を蜂が螫したのには梅酢を付ける。○麻の葉を揉み髪の油を少し入れて付ける。〔改補外科調宝記〕は、頭の垢・油を付ける。或は塩を付け、又は雄黄の粉を酢で付けるのもよい。〔筆海重宝記〕は蜂の巣を煎じて洗う。〔重宝記・儀部家写本〕は山椒の葉を絞り汁を付けるのを妙薬とする。〔万用重宝記〕は線香を粉にして唾で溶いて付ける。蜂の刺した毒消には臭い油を塗るのがよい。〔家伝調方記〕は蜂毒虫に刺された時は、煙草の吹殻を梅干の皮に付けて貼るとよい。〔里俗節用重宝記・中〕は蜂・蜘蛛・蛇の螫した時は、○芋の葉・茎を擦りつける（「蜘蛛の網」参照）。○蜂には直に包丁を砥ぐと妙である。○蜂・蛇の類には醬油でもよい。〔新板秘伝日用重宝記〕に蜂・百足の螫したのを直す伝は、○螫した所へ歯糞をつける。○小便で洗ってもよい。○豆の葉をよく揉んで付けてもよい。〔懐中重宝記・慶応四〕に蜂に螫されたのには、蜂の巣を煎じて洗うのもよい。

〈呪い〉〔万まじない調宝記〕に蜂に螫されたのを治す法は、螫された人の足元にある石瓦、或は瀬戸物の割れ、草履藁でも、有り合せの物を裏返して踏まえて居れば治る。〈紋様〉〔紋様重宝記・下〕の「蜂に盃」は蜂が盃の縁に止まって傾けている図柄である。

蜂の巣【はちのす】〔薬種重宝記・上〕に和虫、「露蜂房 ろはうばう／はちのす。能く洗ひ、酒に一夜浸し、刻み焙る。秘薬」。

八盃豆腐【はちはいとうふ】〔料理調法集・豆腐之部〕に八盃豆腐は、豆腐を細かく切り、水六盃、醬油一盃、酒一盃で煮る。

蜂吹【はちふき】〔消息調宝記・一〕に「はちふき（蜂吹）とは、いな（否）むを云」。

鉢坊主／鉢尼【はちぼうず／はちあま】〔人倫重宝記・五〕に次がある。道心者*に対して、鉢坊主・鉢尼は非人である。仏衣を着るので僧のように思われ、ひたすら物を貰うことを貪り、東西南北を駆け回り、ここの米の呉れ様は一抓み涙程、あそこは色が黒い等と悪口を言って毎日を渡るが、飢え死にしたことも聞かないのは、仏法の浸み渡ったもので世界は広い。

八幡座【はちまんざ】甲冑名所*。〔武家重宝記・三〕に上玉《あげたま》*の濃菊《こう》、透菊《すき》の二座より上を全て八幡座という。或る書に、八幡太郎義家がこの穴を制し始めたので、後世に学んで八幡座と名付けたという。

八幡鳩【はちまんばと】〔料理調法集・諸鳥人数分料〕に八幡鳩《はちまんばと》は、風味のよいものであるが、八幡鳩というので人は料理に嫌う。

八幡放生会【はちまんほうじょうえ】「放生会《ほうじょうえ》」ヲ見ル

八幡菩薩【はちまんぼさつ】〔改正増補字尽重宝記綱目〕に八幡《はちまん》大菩薩、また誉田《ほんだ》八幡という。伊勢・石清水・宇佐・鶴岡・筥（箱）崎の八幡は共に一体である。〔人倫重宝記・二〕に、やはた八幡宮を弓矢の神と崇め、武家の祖神とする。八幡宮は神功皇后の御子応仁天皇を祭神とする。侍の誓言*に「弓矢八幡」というのはこのためである。〔永代必用両面重宝記・寛延四〕等に、八幡大菩薩とも言い、戌亥年生れの守り本尊で、御縁日は十五日、真言は「唵阿蜜喋多帝際賀羅吽」。卦は乾皆連。乾*の卦は陽で天、円く、うず高く、万物を恵む故、心正しく日月を信ずれば望みごとは叶い、不信心で驕る心があれば天罰を受ける、八幡を信じるとよい。

八味地黄丸【はちみじおうがん】〔丸散重宝記〕に八味地黄丸は、腎間の火虚、四肢酸疼（激痛）、諸々の不足に、大いに功がある。大抵、虚損の至宝であり、或は老い耄れの者によい。始め少々ずつ用い、段々に増して服する。熟地黄（八十匁）、山薬・山茱（各四十匁）、茯苓・沢瀉・牡丹皮（各三

十匁）（以上は六味地黄丸*）と附子・肉桂（各十匁）を蜜で丸ずる。脚気が腹に入っての気急 腹痛 上気 喘急には、木瓜檳榔湯で下す。〔薬種日用重宝記授〕に腎の水火共に虚したのは、また命門の火が衰えて脾胃の虚寒するのに用いる。

〈売店〉〔洛中洛外売薬重宝記・上〕に八味地黄丸・六味地黄丸は、京の下御霊前講堂前 川端陸奥大掾にある。第一に心を温め、脾を補い、食を進ますのは妙である。「八味丸」ともいう。「本方八味地黄丸《ほんぽうはちみじおうがん》」参照

八味順気散【はちみじゅんきさん】〔医道重宝記〕に八味順気散は、中風を治すのに用いる。まずこの薬を服して気を順《めぐ》らし、次に風を治す薬を用いる。陳皮・白朮・茯苓・青皮・烏薬・白芷・人参（各二匁）、甘草（二分）を煎じ服する。真気の虚する者には用い難い。

八味逍遥散【はちみしょうようさん】〔改補外科調宝記〕に八味逍遥散は、翻花草* 耳瘡*等の薬である。当帰・白芍薬・茯苓・白朮・柴胡・車前子・牡丹皮・甘草・枝子仁を煎じて用いる。

八物湯【はちもつとう】〔医道重宝記〕に八物湯は、気血ともに虚するのを治す。大病後、或は生れ付き気血虚弱の者、小児の結痂の血気虚し力のない者等を治す。気虚に四君子湯*を用いて気満たず、血虚に四物湯*を用いて血の満たない者を治す。当帰・川芎・芍薬・人参・白朮・茯苓・熟地黄（各等分）・甘草（少）に生姜と棗を入れて煎ずる。〔昼夜重宝記・安永七〕は崩漏* 発熱に用いる。熱の甚しい時は乾姜を加える。気血には補中益気湯*を、陽気俄に損じ既に死にそうな時は独参湯*を大服して用いる。〔医道療治重宝記〕には諸症により加減 補薬が詳しくある。

〔小児療治調法記〕は「痘後の余症薬方」*で痂《ふた》が落ちても血気がなお虚し力のない者に用いるが、薬量に少異がある。一名を、「八珍湯」「付子八珍湯」*ともいう。

八要の脈【はちようのみゃく】八要の脈は、緩脈* 濇脈* 遅脈* 沈脈* 数《さく》脈* 大脈* 滑脈* 浮脈*をいう。〔斎民外科調宝記〕

八裏の脈【はちりのみゃく】八裏の脈は、緩脈* 濇脈* 遅脈* 沈脈* 濡《じゅ》脈* 弱脈* 微脈* 伏脈*をいう。陰に属する。〔医道重宝記〕

八龍日【はちりょうにち】日取吉凶。四季悪日*の一。万に忌む。春の甲子《きのえ》日、乙《きのと》亥の日。〔重宝記永代鏡〕

八をかめる【はちをかめる】〈何が不足で癇癪の枕言葉〉〔小野簒譃字尽〕に「質《しち》入、はち（八）をかめる」という。「はちにかませる」ともいう。「かめる」「かませる」は（叺デロヲ開ケテ入レル袋）入れる意。

初鶯【はつうぐいす】大和詞。「初うぐひすとは、めずらしき事」をいう。〔不断重宝記大全〕

初午参【はつうままいり】「稲荷の社」ヲ見ル

撥雲散【はつうんさん】〔小児療治調法記〕に「痘後の余症」*で、痘疹が眼に入るのを治す。撥雲散は羌活・防風・柴胡・炙甘（各等分）を末（粉）とし水で煎ずる。或は薄荷汁・茶精、或は菊花苗の煎じ湯で用いるのもよい。〔小児療治調法記〕

薄荷【はっか】〔薬種重宝記・上〕に唐木、「薄荷 はつか／をほあらき。枝を去り葉を用ゆ、火を忌む」。〈薬性〉〔医道重宝記〕に薄苛《はくか》は、味は辛く、頭目を清くし、風邪を去る。痰を化し、骨蒸（虚労内熱の症）に用いる。葉ばかり日に干し、揉み砕き、砂を篩い去り、用いる。火を忌む。

幕下【ばっか】「幕府」ニ同ジ

初顔祝【はつかおいわい】〔年中重宝記・一〕に正月二十日、女が鏡台に供えた祝いの鏡餅を開くのを、初顔祝という。「はつかをいわう」意で二十日である。

白花蛇【はっかじゃ】〔薬種重宝記・上〕に唐虫、「白花蛇（はく）くはじや。頭と尾三寸づつ、皮骨を去り、酒に能く浸し、焦げ色に焙る」。

二十日夜【はつかよ】　大和詞。「はつか夜とは、月なき事」をいう。〔不断重宝記大全〕

白寒膏【はっかんこう】　和蘭陀流膏薬の方。* 〔改補外科調宝記〕に白寒膏は第一に肉をあげ、皮を生じ、痛を去り癒す。火傷によい。鹿角（焼き粉にし十五匁）、白粉（水干 六十匁）、軽粉（一匁五分）、白蠟・椰子油（各二十匁）、ぽるとがるの油（三十匁）。二色の油を煎じ、薬味を入れてよく交ぜ、蠟を入れ、加減を見る。

白環兪【はっかんのゆ】　〈経絡要穴 背部〉二穴。第二十一椎の下左右各一寸五分ずつ、伏して身を伸べ手を重ねて額にあて身を緩やかにしてとる。『素註』に針五分。気を得てまず瀉し、後に多く補す。禁灸。『明堂』に灸三壮。手足の不仁（しびれ）、腰背骨の痛み、疝気の痛み、大小便結、脚膝叶わず、温瘧、労損を治す。〔鍼灸日用重宝記・三〕

白膠【はっきょう】　「鹿角膠《ろっかくきょう》」ニ同ジ。

白胸牛相【はっきょうぎゅうそう】　牛相。〔牛療治調法記〕に白胸牛相は、黄牛《あめうし》の胸の前に掌《くるぶし》大の大きさの白斑がある。これは上相の牛で、大吉とする。

白膠香散【はっきょうこうさん】　〔骨継療治重宝記・下〕に白膠香散は、皮が破れ筋の断《き》れたのを治す。二方がある。①白膠香を末（粉）にして付ける。②金沸草根の擂り汁を筋に塗り、口を封じ、痛を止める。

はっく【はっく】　片言。「抜群《ばつくん》といふべきを、はっく」という。〔世話重宝記・一〕

八苦【はっく】　〔女筆調法記・五〕に八苦は次を言う。生苦《しょうく》。老苦。病苦。死苦。愛別離苦。五陰盛苦《ごおんじょうく》。求不得苦《ぐふとくく》。怨憎会苦《おんぞうえく》。女はこの苦一ツに、各々八ツずつの苦を添えるという。『易林本節用集』には次のようにある。「(八《はっ》)苦《つく》　生苦・老苦・病苦・死苦・愛別離を五苦と名づく也。更に三句を加れば即ち八苦と成る。一は五盛陰苦、二は求不得苦、三は怨憎会苦。捴名八苦なり」。

八卦【はっけ】　〈八卦〉〔改正増補字尽重宝記綱目・数量門〕に「八卦」は、乾《けん》*天。坤《こん》*地。震《しん》*雷。艮《ごん》*山。離《り》*火。坎《かん》*水。兌《だ》*沢。巽《そん》*風（図418）。

〈八卦の本尊〉〔永代必用両面重宝記・寛延四〕に「八卦の本尊并吉凶」は、○生家《しょうけ》（艮）吉＝玉女神。○絶体（坤）凶＝当年星。○福徳（巽）吉＝宇賀神。○絶命（兌）凶＝大荒神。○遊年（坎）吉＝大歳神。○遊魂（乾）凶＝大黒点。○天医（震）吉＝牛頭天王。○禍害（離）凶＝兵武神。「本卦／本番」参照

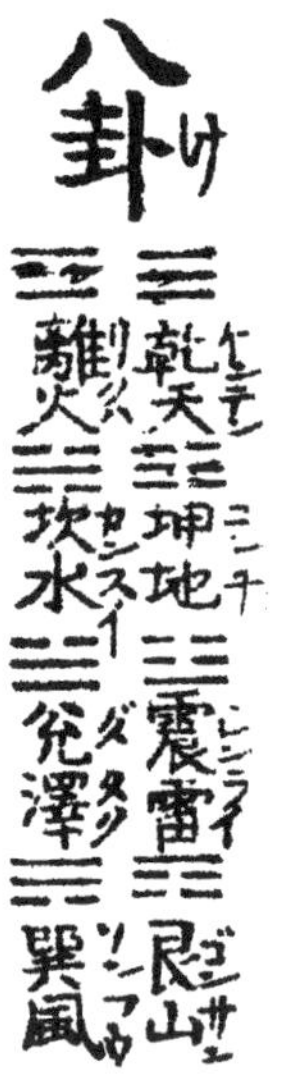

図418　「八卦」（改正増補字尽重宝記綱目）

はっけい【はっけい】　片言。「はつけいは、八卦*である。〔不断重宝記大全〕

八景【はっけい】　唐の「瀟湘《しょうじょう》八景」、日本の「近江八景」「南京《なんきょう》八景」「身持《みもち》八景」を立項。

薄桂【はっけい】　〔薬種重宝記・上〕に唐木、「薄桂（はく）けい／かつら。桂《けい》枝《し》なり。荒皮を去り、刻む。火を忌むなり」。

白茎【はっけい】　「苦参《くらら》」ヲ見ル

八景煎餅【はっけいせんべい】　①「八景せんべい」は、北八丁堀中橋通 近江屋伝六にある。②「八けいせんべい」は、村松丁 村井千賀喜にある。〔江戸町中喰物重法記〕

八講【はっこう】　八講は加賀国から出る布をいう。昔、法花八講の布施にこの布を多く用いたことからその名とした。〔童女重宝記〕

発熕【はっこう】　「いしびや（石火矢）」「火矢の事」ヲ見ル

初声を胎内で出す子【はつごえをたいないでだすこ】　〔里俗節用重宝記・上〕に初声を胎内で出す子は、歯が生えて生れる子と同じように、大吉である。

髪際を定むる法【はっさいをさだめるほう】　灸の分寸を定める法。髪が抜けて生え際の知れないのは、両眉の眉の真中より三寸上を前の生え際とする。背の大椎より三寸上を後ろの生え際と定める。〔鍼灸重宝記綱目〕

八朔【はっさく】〔不断重宝記大全〕に「八朔は、八月の朔日」。この日の礼義は昔はなく、建長（一二四九～五六）の頃から始るといい、「其年の秋の田の稔ることを祝ふ故に、田《た》の面《も》の朔日と云」。〔年中重宝記・三〕にも八月一日を八朔とし、「たのみの朔日《ついたち》」といい、物を送酬して祝儀とするが、『公事根源』等により、始った確かな年期は不明ながらも、『四季物語』の小松帝（光孝天皇＝在位八三〇～三七）の即位以前に奉り始めたとあるのを引き、当世は禁裏と将軍家がそれぞれ物を贈り合い、町人よりも将軍家へ御礼するとある。〔小笠原諸礼調法記・天〕に八朔《はっさく》、稲を初めて刈り収め、今日まずこれを君に奉り、父に備え、自ら田の実の節供という。「たのみ」「たのむ」、「み」と「む」は五音相通である。俗間はなおさら節供を重んずる。市中稲のない所では饅頭 桃柳 梨 葡萄の類を送る。官家では馬 太刀及び金 銀 青銅を送る。〔料理調法集・年中嘉祝之節〕に「八月朔日 田面嘉祝」とあり、田面の祝は武家が専ら祝う事で地神の正月ともいう。秋の五穀成就の祝である。民家はなお祝う。餅一重、上に菱餅三枚、熨斗に稲を包み添えて上に飾る。八朔の御祝は当代も諸家ともに祝う。〈祝儀状〉〔消息調宝記〕等に、「八朔の文」「(同) 返事」の範例文がある。

八算割声【はっさんわりごえ】　算盤で一桁割算の九九で、二の段から九の段迄であるため八算という。10÷2＝5を「二一天作の五」、10÷3＝3…1を「三一三十の一」というように、除数・被除数・商・余りの順に唱える。割り始めは頭からである（図419）。〔万代重宝記・安政六頃刊〕には以下のように割声がある。〇二の段、二一天作の五（一を五に作る）、二沈の一進（十）（二を引いて上へ一をあぐる）。〇三の段、三一三十の一（一を三にして下へ一を加える）、三二六十の二（二を六にして下へ二を加える）、三沈一進（三を掃い上へ一をあぐる）。〇四の段、四一二十の二（一を二十に作り下へ二を加える）、四二天作の五（二を五に作る）、四三七十の二（三を七に作り下へ二を加える）、四沈一進（四を掃い上へ一を加える）。〇五の段、五一加（倍とも）一（一の所へ又一を加える）、五二加二（二の所へまた二を加える）、五三加三（三の所へ又三を加える）、五四加四（四の所へ又四を加える）、五沈一進（五を掃い上へ一を加える）。〇六の段、六一加《か》下《か》の四（一をそのまま置き下へ四を加える）、六二三十の二（二を三とし下へ二を加える）、六三天作の五（三を五に作る）、六四六十の四（四を六とし下へ四を加える）、六五八十の二（五を八とし下へ二を加える）、六沈一進（六を掃い上へ一を加える）。〇七の段、七一加下の三（一はそのまま置き下へ三を加える）、七二加下の六（二はそのまま置き下へ六を加える）、七三四十の二（三を四とし下へ二を加える）、七四五十の五（四を五とし下へ五を加える）、七五七十の一（五を七とし下へ一を加える）、七六八十の四（六を八とし下へ四を加える）、七沈一進（七を掃い上へ一を加える）。〇八の段、八一加下の二（一はそのまま置き下へ二を加える）、八二加下の四（二はそのまま置き二の次へ四を加える）、八三加下の六（三はそのまま置き三の次へ六を加える）、八四天作の五（四を五に作る）、八五六十の二（五を六とし下へ二を加える）、八六七十の四（六を七とし下へ四を加える）、八七八十の六（七を八とし下へ六を加える）、八沈一進（八を掃い上へ一を加える）。〇九の段、九一加下の一（一はそのまま置き下へ一を加える）、九二加下の二（二はそのまま置き次へ二を加える）、九三加下の三（三はそのまま置き次へ三を加える）、九四加下の四（四はそのまま置き次へ四を加える）、九五加下の五（五はそのまま置き次へ五を加える）、九六加下の六（六はそのまま置き次へ六を加える）、九七加下の七（七はそのまま置き次へ七を加える）、九八加下の八（八はそのまま置き次へ八を加える）、九沈一進（九を掃い上へ一を加える）。△

なお、六沈の二進は三沈の一進を二度、八沈の四進は二沈の一進を四度、九沈の三進は三沈の一進を三度合していうものである。〔農家調宝記・三編〕は未熟の内は、毎日朝夕に算盤を置いて一ヶ月も続け怠らなければ甚だ達者になる。その練習題は十二万三千四百五十六石七斗八升九合を二から九で割ったり、鵆乗《ちどりがけ》*にしたりする。「亀井算」「見一割声《けんいちわりごえ》」参照

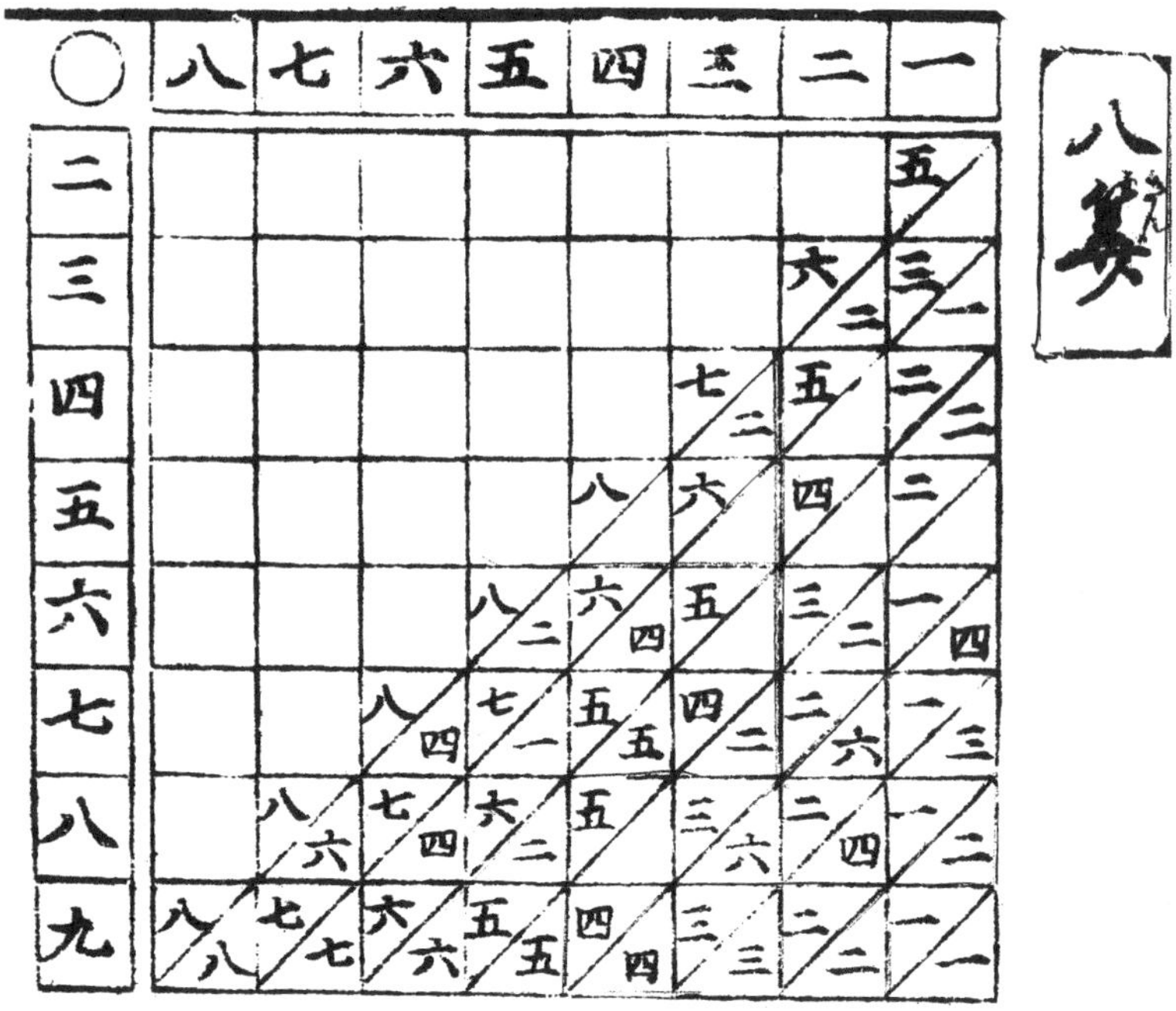

図419 「八算の図」(古今増補算法重宝記改成)

はっし【はっし】 矢音詞遣。*立て板に中った時の矢音は「はつし」という。〔武家重宝記・二〕

菝葜【はっしつ】〔薬種重宝記・上〕に唐草、「菝葜 はつしつ／えびついばら。米泔《しろみず》*に浸し、皮を削り焙る」。

初霜【はつしも】 菓子名。初霜、皆しめし物、中山の芋に羊羹付き。〔男重宝記・四〕

はつしも／おだまき【はつしも／おだまき】 湯嶋裏門通り かんべ屋にある。〔江戸町中喰物重法記〕

初霜鰑【はつしもするめ】「御膳初霜鰑」、外鰑色々の製は、神田三川丁三丁目新道 万屋太郎兵衛にある。〔江戸町中喰物重法記〕

初霜豆腐【はつしもとうふ】「はつ霜とうふ」、他に豆腐色々の製は、牛込つく土明神下 山屋市右衛門にある。〔江戸町中喰物重法記〕

八宗【はっしゅう】 八宗は、律宗*三論宗*天台宗*真言宗*華厳宗*唯識宗*倶舎宗*成実宗*をいう。〔農家調宝記・二編〕

八宗兼学【はっしゅけんがく】〔農家調宝記・二編〕に次の解説がある。八宗*の内で、今は寺もない者が、釈氏の法が絶えることを憂い、大寺で兼学をすることとし、京都の泉涌寺等は八宗兼学という。八宗兼学の説明は、他宗の経典 戒律等を学んで立てた宗旨、また一宗の一祖となるものが衰え、後に兼学として名だけが残っている、等の説明がある。

八省【はっしょう】〔万民調宝記〕に八省は太政官に属し、八省院ともいい、公事を行う所である。中務省*式部省*治部省*民部省*兵部省*刑部省*大蔵省*宮内省*である。

〈四分〉〔男重宝記・一〕に八省の四分には、卿《かみ》。輔《すけ》(大小の権官《ゴンカン》がある)。丞《じょう》。録《さかん》がある。〔筆海重宝記〕に八省《せい》 卿《きょう》・大輔《ゆう》・少輔・正《かみ》・允《じょう》・丞の官がある。(左右) 市正《いちのかみ》。(左右) 権頭《ごんのかみ》。(大小) 外記《げき》。大学。(左右) 京・近《こん》・馬《ま》。将監。造酒《みき》。蔵人《くらんど》。主膳。帯刀《たてわき》。数馬《かずま》。主水《もんど》。求女《もとめ》など四十余

が挙っている。

八正散【はっしょうさん】〔昼夜重宝記・安永七〕に八正散は、小便が赤く渋って通じないもの、熱淋や血淋を治す。或は酒後房事を行い病むものを治す。車前子・瞿麦・扁蓄・滑石・木通・山梔子・大黄（各等分）・甘草（少）に灯心草を入れて水で煎じる。〔医道療治重宝記〕には心経に熱を包み、臓腑閉結して小便赤く渋り隆閉して不通、及び熱淋 血淋を治す。欲に耽り、小便が出そうで痛み、或は出てから痒いのに用いるが、本書での方は前書の瞿麦に替えて桃仁がある。下焦の積熱、二便閉渋、多渇、咽乾き、口瘡、腫痛等にも効があり、その加減も記す。〔医道重宝記〕には小便が通ぜず、少腹《ほがみ》の痛むのを治す。湿熱が下に注ぎ小便が通じそうで遂に通じないのを治す。脾胃が弱く腎虚する者には用いない。また淋病にも用いる。処方は前〔医道療治重宝記〕と同じ。

八将神【はっしょうじん】〔大増補万代重宝記〕には伝として、素戔鳴尊と稲田姫、或は頗梨賽女（『簠簋内伝』には南海の娑蝎羅龍王の娘で天下第一の美人という）との間に生れたといわれる大歳神《だいさいじん》*大将軍《だいしょうぐん》*大陰神《だいい〔おん〕じん》*歳刑神《さいけいじん》*歳破神《さいはじん》*歳殺神《さいせつじん》*黄幡神《おうばんじん》*豹尾神《ひょうびじん》*の八将神をいう。暦例にする時は、五星の精が異なる。

八所御霊【はっしょごりょう】〔改正増補字尽重宝記綱目・数量門〕に八所御霊として次がある。吉備聖霊。崇道天皇。伊予親王。藤原太夫。藤大夫。橘大夫。文大夫。火雷天神。

初代草【はつしろぐさ】 大和詞。「はつしろ（初代）草とは、正月の門松」をいう。「はつ代草《よくさ》」ともいう。〔不断重宝記大全〕

八新【はっしん】〈薬種〉〔医道療治重宝記〕に八新は、新しいのを用いるのが効力があるという八ツの薬種。薄荷*欵冬花（蕗）*紅花*桃花 沢蘭*赤小豆 菊花*紫蘇*。この八種は新しいのを用い、年を越えて古いのは薬力がない。総じて花類は、白梅も同じく、より新しいのを用いるのがよい。〔医道重宝記〕には、紅花に替えて、槐花がある。

八寸【はっすん】 八寸四方の折敷や膳をいう。〔嫁娶調宝記・一〕に八寸は、嫁取で中人以下の婿方の用意すべきものとして出る（中人以上は三方）。表《おもて》は八寸四方、足の高さ七寸として、一は台に輪を敷き土器を載せて反り鮒一ツ、二も同じく敷輪の上の土器に伊勢鯉の皮を引いた平作《ひらつくり》を丸く高盛りにして人数に合わせ拵えて置く。「鯉の事」ニ図ヲ出ス〈料理〉〔嫁娶調宝記・五〕には「敷紙、八寸物 雉子引裂き焼き 塩山椒」、「榧《へぎ》、八寸物 小鮒開き山椒味噌のつけ焼き、一塩の鯛を切り焼き 去り串」のように、十六種が出ている。

発声円【はっせいえん】 薬名。〔文政新刻俗家重宝集〕に発声円は、欵冬《ふき》の花（一両）、百合（三匁）、甘草（七分）の三味を、蜜で練り、湯で逆《ぎゃく》す。

八仙糕【はっせんこう】 薬菓子。〔里俗節用重宝記・中〕に八仙糕は、大きに脾胃を養い、元気を助ける。上白粳米一斗を清水で十分洗い 乾かし粉にして絹篩で細かに篩い 甑（蒸籠）で蒸す。人参（心持ち次第）、白茯苓・山薬・芡実仁・蓮肉・白朮（各二十目）を細末（粉）にして、蒸した米粉に合せて入れ、よく搗き交ぜて又蒸し、熱い内に太白砂糖四斤を合せて搗き交ぜ餅とし、菓子鍋に入れて乾かす。米・薬種・砂糖は皆よく篩わないと口中に当る。米・薬種の粉は絹篩、砂糖は毛篩を用いるのがよい。

八専日【はっせんにち】 暦中段。〔年中重宝記・四〕に八専は、壬子《みずのえ》の日に入り癸亥《みずのと》の日に終る十二日間である。その間に間日《まび》*が四日あるので八日となる。一年に六回ある。壬子の日は炎魔天歓喜会、甲寅《きのえ》の日は地天歓喜会、乙卯《きのと》の日は水天般若会、丁巳《ひのと》の日は火天諸天会、己未《つちのと》の日は羅刹天不動会、庚申《かのえ》の日は風天歓喜会仁王会、辛酉《かのと》の日は吉祥天豊楽天、癸亥《みずのと》の日は多門天成仏会をいう。この日、冥衆悉く天に昇る故に下界の仏事において聖衆の影向がなく、嫁取 造作等に忌まれた。俗に、八専には灸 鍼を忌む。〔昼夜弁要万宝二面鑑・文化十三〕に「八専を覚る歌」がある。「みずのえのね（壬子）に入りい（亥）の日に明く。内のいぬ（戌）たつ

（辰）うし（丑）うま（午）に八専の間日」。〈日和見〉〔船乗重宝記〕は八専に入り翌日癸丑《みずのと》に風が定まると八専中変らない。六日目で変るのを片八専という。片八専から二十四日吹くのを八専返しという。但し、八専に入り初日に降ると晴が続き、初日に日和がよいと翌日雨が降り 雨天が続く。照る八専は降り、降る八専は照るという。

八草【はっそう】〈草花作り様〉〔昼夜重宝記・安永七〕に八草の花は紫色、二重、白もある。三月に咲く。土は野土と肥土を等分にし、肥しは茶殻の粉がよい。分植は春、秋にする。八草は不詳であり、「いちはつ（一八・鳶尾）」をさすという。〈名数〉〔童子調宝記大全世話千字文〕に「八草」は菖蒲、艾葉、芣苡《おおばこ》、荷葉《はすにのは》、蒼耳《なもみ》、忍冬《すいかずら》、蘩蔞《はこべら》、馬鞭草をいう。

八相成道【はっそうじょうどう】 釈迦が衆生を救うためにこの世に出現して示した八種の相。〔改正増補字尽重宝記綱目・数量門〕には、生天《しょうてん》、都卒、下天、詫胎《たくたい》、出胎、出家、降魔《ごうま》、成道《じょうどう》をいう。『書言字考節用集・十三』には続けて「転法輪、入涅槃」を入れて「八相成道」としている。

はった【はった】 矢音詞遣*。武具の物の具*に中った時の矢音は「はった」という。〔武家重宝記・二〕

八宅八命【はったくはちめい】 八宅八命の占。唐の揚筠松の輯述で、河図洪範五行の数より起る。西四命 東四命の別があり、吉凶も同じである（図420）。繰撰は例えば、〇弘化二（一八四五）乙巳年生の子は男は艮命*、女は巽命*である。〇三十三歳癸酉の人は、その年の干支癸酉から八卦を尋ね、年の数程上へ数えると、男は兌命、女は艮命を知る。これは生涯の八命である。〇八宅の撰は、北を後ろにして南表なのは坎宅という。後ろが戌亥、表が辰巳ならば乾宅という。他はこれに准う。生気*延年*天医*伏位*五鬼*絶命*六殺《りくさつ》*禍害*がある。〔懐中調宝記・牛村氏写本〕

初茸の事【はったけのこと】〈漬け様〉〔男女日用重宝記・下〕に初茸の漬け様は、小糠一斗と塩五升をよく合せ、初茸は湯搔き上げ 冷まし 水気をよく取る。合せ小糠を桶の底へ一重敷き、初茸も一重に並べ置き、合せ小糠を上に懸けて見えないようにし、このように一重ごとにして漬け、押しを懸ける。〔料理重法記・下〕には、水一升と塩四合を一緒に煎じ、ざわざわと煮やし、初茸を入れ、そのまま桶に入れ蓋をして置く。料理の時に一夜塩をして遣う。但し、漬け加減はひたひたに漬けるとよい。〈囲い様〉〔重宝記・礒部家写本〕には初茸類は塩水で漬ける。また溜りでも漬ける。

初茸飯【はったけめし】〔料理調法集・飯之部〕に初茸飯は、初茸の砂をよく去り、洗って塩焼きにし、中賽形に切り、飯に交ぜて出す。

はつたれ【はつたれ】 大和詞。「はつたれとは、始めて塩焼く事」をいう。〔不断重宝記大全〕

発搐【はっちく】〔小児療治調法記〕に発搐は、手足が竦《すく》み 手を握り びくめく。男の発搐は、目に左を視るのに声がなく、右を視るのは声があり、女の発搐は逆になる。〇寅（四時）卯（六時）辰（八時）に搐を発し、潮熱し空目づかいし手足を動かし口に熱い涎を流し頸筋の急なのは、肝木の甚だ旺んなためで、地黄丸*で腎を補い 瀉青丸*で肝を抑える。〇巳（十時）午（十二時）未（十四時）に搐を発し、潮熱し 驚悸し 空目づかいし白目赤く 歯食い縛り 口に涎を流し手足を動かすのは、心火甚だ旺んなためで、地黄丸で肝を補い 導赤散*涼驚丸*で心を瀉する。〇申（十六時）酉（十八時）戌（二十時）に搐を発し、潮熱し 喘ぎ 少し斜視し 眠る時睛を露し手足冷え 大便淡黄で水を下すのは、肺病である。益黄散*で脾を補い、導赤散で心を、瀉青丸で肝を抑える。〇亥（二十二時）子（零時）丑（二時）に搐を発し、潮熱し 搐に堪えず臥して穏やかならず 身温かで壮熱なく 斜視し 喉中に痰があり 大便銀褐色で乳食を消さず 多く睡り醒めないのは、益黄散で脾を補い、導赤散 涼驚丸で心を抑える。〇傷風の発搐は、口中の氣《いき》が熱して欠伸し 悶え 手足の動かないのは、

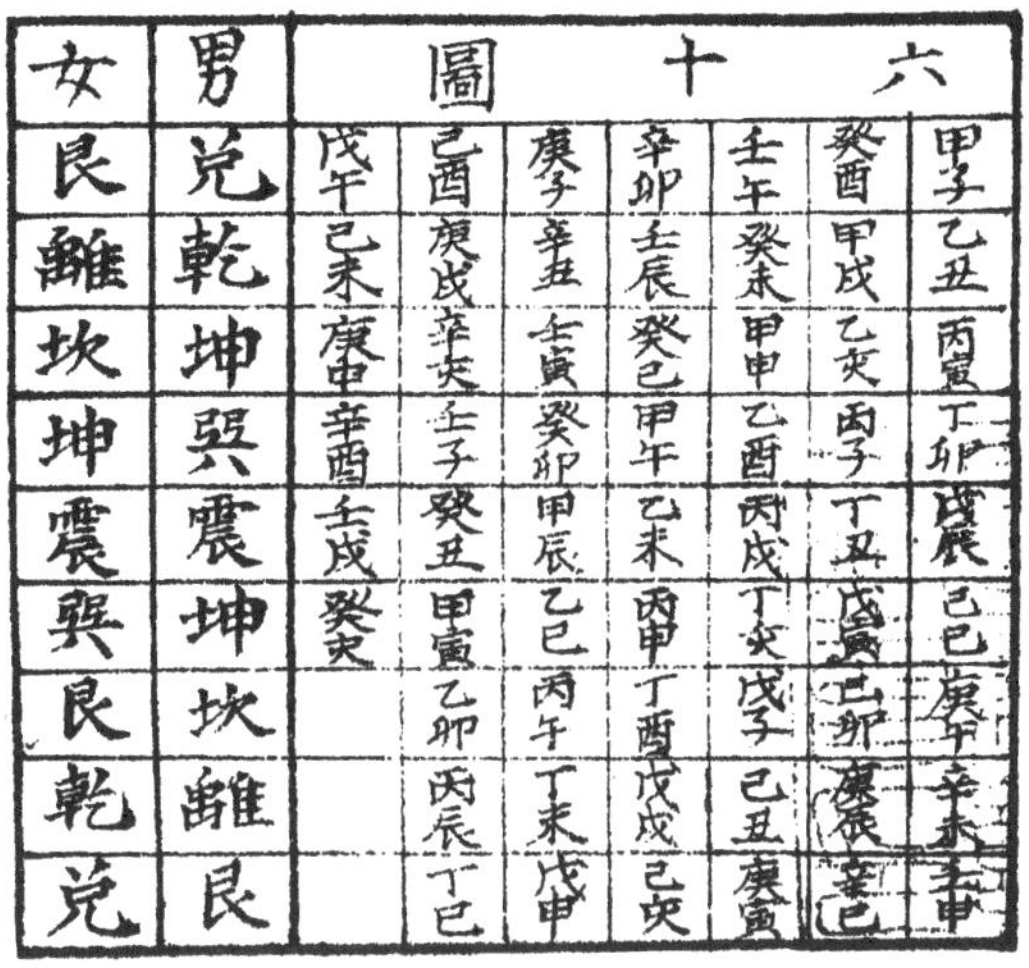

六十圖							男	女
甲子	癸酉	壬午	辛卯	庚子	己酉	戊午	兌	艮
乙丑	甲戌	癸未	壬辰	辛丑	庚戌	己未	乾	離
丙寅	乙亥	甲申	癸巳	壬寅	辛亥	庚申	坤	坎
丁卯	丙子	乙酉	甲午	癸卯	壬子	辛酉	巽	坤
戊辰	丁丑	丙戌	乙未	甲辰	癸丑	壬戌	震	震
己巳	戊寅	丁亥	丙申	乙巳	甲寅	癸亥	坤	巽
庚午	己卯	戊子	丁酉	丙午	乙卯		坎	艮
辛未	庚辰	己丑	戊戌	丁未	丙辰		離	乾
壬申	辛巳	庚寅	己亥	戊申	丁巳		艮	兌

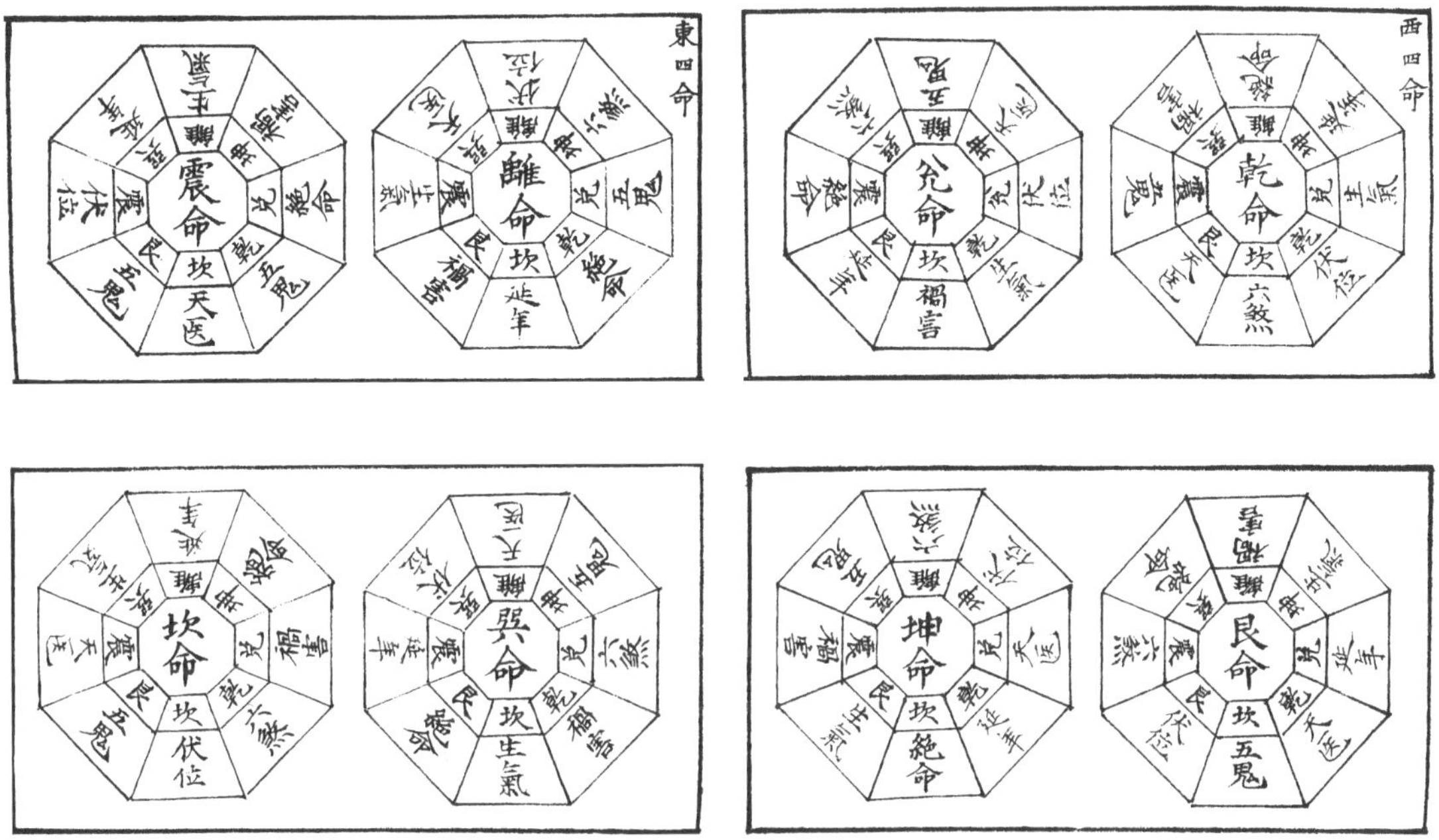

図420　「八宅八命の占」（懐中調宝記・牛村氏写本）

大青膏*で発散する。これは生れつき弱い小児が多く発する。○傷食で発搐し、身温かに多く睡り多く唾し、或は吐し不食して発搐するのは、まず搐を診定し搐が退いて後に白餅子*を用い、その後安神丸*を用いる。○百日の内の発搐には、真仮の二症がある。真なのは内に驚癇を生じ、二三度を過ごさず必ず死ぬ。仮なのは重くなく血気がまだ実しないためで、外風邪に破られて発搐し、口中気（息）出て熱するもので大青膏で発散し、塗顖《ずしん》の法*浴体の法*を用いる。

八張弓【はっちょうきゅう】〔武家重宝記・二〕に八張《はっちょうきゅう》弓は、弓を製法によって八種に区分したものである。いずれも籐を使う。①太平弓*。②蛇形《じゃぎょう》弓*。③羅形《らぎょう》弓*。④相位弓*。⑤四足《しそく》弓*。⑥陰陽弓*。⑦福蔵弓*。⑧世平《せいへい》弓*。

発陳【はっちん】〔永代調法記宝庫・二〕春の三月《みつき》を発陳《はっちん》といい、天地ともに気を生じ万物栄ゆる時である。夜遅く伏して早く起き、庭などを歩むのがよい。「四気調神大論事」参照

八珍湯【はっちんとう】「八物湯《はちもつとう》」ヲ見ル

伐日【ばつにち】日取吉凶。〔諸人重宝記・五〕に伐日《ばつにち》は、起請誓文をせず、鐘の緒を懸けず、よくよく忌む日である。甲申《きのえ》の日。乙寅《きのと》の日。丙子《ひのえ》・午の日。丁亥《ひのと》の日。戊寅《つちのえ》の日。己未《つちのと》の日。庚午《かのえ》の日。辛巳《かのと》の日。壬辰《みずのえ》・戌の日。癸丑《みずのと》の日。〔重宝記永代鏡〕には上《かみ》を克《こく》する悪日で、万事に憚《はばか》る。前記とは乙午の日、丙亥の日、己卯の日、癸丑・未の日が異なる。

初音【はつね】大和詞。「はつねとは、鶯の事」である。〔不断重宝記大全〕

初音鮨【はつねずし】「御膳初音すし」は、吹屋町かしたんばや市右衛門にある。折詰重詰桶詰、その外御誂え御好み次第に仕る。〔江戸町中喰物重法記〕

発熱【はつねつ】加減例*。〔医道重宝記〕に発熱があれば柴胡・黄芩を加えるが、症例により加減がある。○実熱には黄芩・黄連・大黄。○虚熱には人参・黄芪・生甘草・白朮。○肌肉熱には升麻・葛根。○血熱には生地黄・牡丹皮・芍薬。○肺火の瀉には黄芩・桑白皮。○肝火の瀉には柴胡・山梔子・龍胆。○鬱熱には香付子・山梔子。○労熱汗のあるには黄芪・地骨皮・知母。○汗のないのには牡丹皮・地骨皮。○咽の渇きが熱によれば葛根・天瓜粉麦門。○津液の乾きによれば人参・烏梅。○胸煩れて渇くのには烏梅天瓜粉。○酒熱で渇くのには葛根・黄連・烏梅。これら十八例が挙っている。「ほとおり」ともいう。

発斑【はっはん】「はん（斑）」ヲ見ル

初鷭【はつばん】〔料理調法集・諸鳥人数分料〕に初鷭《はつばん》は、三月から四月中に出る。料理に遣うのに、夏の内は夏鳫といい誠に重宝である。汁にして二三人前、煎鳥にして二人前、焼鳥にするには四ツに切るので四人前である。鷭は二季に出て、春渡りがけには脂もなく身も小さく、八九月はよく脂がのり肥えていて一羽で一人前余の違いがある。

髪髲【はつひ】「剃り髪」ヲ見ル

法被むき【はっぴむき】〈何が不足で癇癪の枕言葉〉「羽おり、はっぴむき」。〔小野篤譃字尽〕

八風【はっぷう】〔料理調法集・鷹之雁注解〕に八風は、八方の風をいう。東方を明庶風。東南を清明風。南方を景風。西南を涼風。西方を閶闔風。西北を不周風。北方を広莫風。東北を融風。風動は虫を生ずる故、虫は八日で化す。〈書言字考節用集・十三〉には外に、炎風（東北）、條風（東）、景風（東南）、巨風（南）、涼風（西南）、飂風（西）、麗風（西北）、寒風（北）がある。

八風日【はっぷうにち】〔諸人重宝記・五〕に八風日は、四季により家作りに忌む日である。春三月は甲子《きのえ》の日。夏三月は丙子《ひのえ》の日。秋三月は庚子《かのえ》の日。冬三月は壬子《みずのえ》の日。

初穂【はつほ】〔世話重宝記・一〕に初穂《はつほ》という言葉は、稲の穂の初めて出たのをまず神に供え奠《まつ》るゆえ初穂という説がある。唐には正月に獺魚《おそ》

を捕って天帝に祭ることがあり（『礼記』）、日本の俗にその縁を取り神明へ捧げる物を初尾《はつを》といい、初魚《はつを》と書く説もある。又、花の最初に咲き出たのを採って神に手向けるのを最華《はつを》と書く説もある。〔日用重宝記・二〕には新穀の初穂を神に備えることは古来よりあるが、銭を奉ることも起ったという。

八方行燈【はっぽうあんどう】〔茶屋諸分調方記〕に八方行燈《あんどん》は吊行燈の一で、笠を竹籤《たけひご》や木で八角方等に区切って覆紙を貼り、油壺の上に掛けたもの。八間《はちけん》ともいう。「行燈の事」ニ図示スル

八法具【はっぽうぐ】律*度*量*衡*規*矩*準*縄*をいう。〔古今増補算法重宝記改正・下〕

八方膏【はっぽうこう】〔薬種日用重宝記授〕に八方膏は、バジリ膏（四匁）、反明（一匁）、丹礬（六分）、巴豆（三分）、線青（六分）。〆五味、目方六匁五分。

発泡の伝【はっぽうのでん】〔調法記・四十七ゟ五十七迄〕に「発泡の伝」は、癬《たむし》瘡、銭瘡、肥前の妙薬。豆・斑猫を粉にして和らかな油薬に交ぜ、或は梅干に擂り交ぜて病巣に貼り付け、一夜すると水膨れになるのを鍼で破って水を出し、上皮を取ると跡なく癒える。甚しいのは二三度貼り代える。又諸々の痛む所の上に貼ると気を黙し、痛みを和らげ、妙に治す。

初物【はつもの】〔永代調法記宝庫・一〕に初物や珍しい物は、少ないのが賞翫とある。一般に、物ふつつか（下品に沢山）に盛ったのは見苦しい。

初雪【はつゆき】大和詞。「はつゆきとは、まちとを（待遠）成るを云」。〔不断重宝記大全〕

初夢漬【はつゆめづけ】「朝国初夢漬」は、麻布出店／糀丁二丁目 青柳堂にある。〔江戸町中喰物重法記〕

初代草【はつよぐさ】大和詞。「はつ代草《よくさ》とは、正月の門松《かどまつ》」である。「はつしろくさ」ともいう。〔女重宝記・五〕

髪瘤【はつりゅう】〔改補外科調宝記〕に髪瘤は、耳の後ろ髪の下に出る柔らかで押しても痛まない瘤*である。針で破って脂粉（麸糊状）や髪毛を押し出し、膏薬を付ける。

はて【はて】「はて」は「はさ」の転訛である。「掛干《かけぼし》」参照

はてなき【はてなき】大和詞。「はてなきとは、一思ひするを云」。〔不断重宝記大全〕

はと書く仮名【はとかくかな】「は」と書く仮名。夜半《よは》。岩《いは》。沫雪《あはゆき》。庭《には》。沢《さは》。汀《みぎは》。柏《かしは》。縄《なは》。常盤井《ときはゐ》。音羽川《をとはがは》等々。この外際限はなく、大要を記すのみとある。〔女筆調法記・三〕

鳩の飼の咄【はとのかいのはなし】〔人倫重宝記・五〕に次がある。鳩《はと》の飼《かい》と言い、順礼を歌い門付けをし、女ばかりの所では茶や煙草を所望して取り入り、四国 西国を巡った恐ろしい話に殊勝な事を取り交ぜて語って銭銀を取り、また白山 立山の地獄の話をして血の地獄とは女の地獄とすさまじい話をして、首筋の髪の毛三筋を引き抜き銀を添えて託《ことづ》けるのを、血の地獄に投げ入れて供養してやろうと誑す。また、産まず地獄は子を産まない女が灯心で竹の根を掘らされると語るのに、才覚そうな女が子が死んで一生子のない者も同じ事かと問うと、それは蘭殻《いがら》で掘らされるという。鳩の飼という名は、熊野の新宮 本宮の事を語って鳩の飼い料を進ぜられよと言い、銭を取ったことより名がついた。即ち、口先で人を誑かす詐欺師をいう。

鳩の事【はとのこと】〔万物絵本大全調法記・下〕に「鳩 きう／はと。総名」、また「鴿 かふ／いへばと」。〈異名〉〔書札調法記・六〕に鳩の異名に、雎鳩《しょきゅう》 玉鳩《ぎょくきゅう》 皤都《はんと》 褐羽《かつう》がある。〈薬性〉〔永代調法記宝庫・四〕に鳩は五臓を補い、諸々の瘡、腫物の膿を引かす。〔昼夜重宝記・安永七〕には気を増し、虚を補い、目を明らかにし、陰陽を和し、むせ病を起こす。〈料理仕様〉〔諸人重宝記・四〕に鳩は、茹で鳥 丸焼き 船場（煮）濃漿

酒にする。〈鳩汁〉〔料理調法集・汁之部〕に、小鳥汁のように、寒の内の油気の多いのがよい。〈鳩酒〉〔昼夜重宝記・安永七〕に鳩酒は、真鳩の皮を剝き、鷺食わずという骨を去り、その外の骨を細かに叩き、擂鉢でよく擂る。山椒味噌を、鳩一羽に梅干程入れる。酒は鳩一羽に当て盞に七盃程入れてよく擂り合せ、さわさわと煮て出す。〔料理調法集・料理酒之部〕は鳩をよく叩き酒で溶き置いて、鍋に味噌を少し入れて炒りつけ、鳩も酒も入れる。鳩を醤油で炒りつけて入れてもよい。山椒胡椒山葵等を少し加えてもよい。

鳩の杖【はとのつえ】〔万物絵本大全調法記・上〕に「杖 ぢやう／つえ。鳩杖 きうぢやう／はとのつえ」。〔料理調法集・年賀之式〕に鳩の杖は杖の頭に鳩を置くもので、杖はどのようにも物好みしてよい。鳩は老いを養うという。五八の賀（四十歳）には杖はしない。「年賀の事」ヲ見ル

鳩胸【はとむね】「ききょう（亀胸）」ヲ見ル

馬兜鈴【ばとれい】〔薬種重宝記・上〕に和草、「馬兜鈴 ばとれい／うまのすゞ。日に干し、そのまま刻む」。

花あやめ【はなあやめ】 菓子名。花あやめ、皆しめし物。〔男重宝記・四〕

花菖蒲【はなあやめ】 草花作り様。花菖蒲の花は紫、白、浅黄、薄色、絞り、飛び入りがある。土は合せ土*がよい。肥しは溝水土を干し、粉にして根に置く。分植は春にする。〔昼夜重宝記・安永七〕

鼻息で時を知る歌【はないきでときをしるうた】〔昼夜重宝両面雑書増補永暦小筌・慶応二〕に鼻息で時を知る歌がある。「亥（二十二時）子（零時）は左。丑（二時）卯（六時）巳（十時）未（十四時）酉（十八時）は右。寅（四時）辰（八時）午（十二時）に申（十六時）戌（二十時）は左」。

花入の事【はないれのこと】 花生《はないけ》（花活）ともいう。〔万物絵本大全調法記・上〕に「觚 こ。花瓶 くわびん 也。花觚 くわこ といふ。又 はないけ」。〈花入見様〉〔昼夜重宝記・安永七〕に、〇「名物花入見様」は、名物等は花には大して目を着けず、花入を心静かに眺める。それ程でない花入や鉢は花を専らに眺めるので早く開いたのがよい。或は、色枝つきを褒め感じて何となく見る風情がよい。目遣いと感情とを亭主がよく見知っているので、うっとりと見なしては益がない。板床には、薄板等は置かず そのまま直きに花入を置く。〇「花生種類」に、置花生* 掛花生* 耳弦の花生* 角花生* 籠花生* 薄板 釣舟* 二重切花生*等がある。〈花入花開かせ様〉〔女重宝記・三〕は花瓶の口が開いたのには上で、中口には中位で、細口には水際で開かせる。〈花生け水の腐らぬ法〉〔俗家重宝集・後編〕に夏日花生の水の腐らぬ法は、土器《かわらけ》の欠けを焼いて真赤にして花生の中に入れ水を注いで活ける時は二三日保つ。〔里俗節用重宝記・中〕は青磁・籠・瓢・古銅などの花入には水は打たない。〈名物花生〉〔不断重宝記大全〕は「茶湯名物御持来之記 大名 高家 地下等」の「花生」に、きねのおれ 尾張殿。礶青磁 紀伊殿。青海波 水戸殿。鞁の筒 阿部対馬守。等、約十五種がある。

花色衣【はないろごろも】 大和詞。「花色衣とは、うつろひやすき事」をいう。〔不断重宝記大全〕

花色餅【はないろもち】 菓子名。花色餅、白砂糖、梔子、ながし物。〔男重宝記・四〕

花箙【はなえびら】「えびら（箙）」ヲ見ル

鼻緒擦れ【はなおずれ】〔懐中重宝記・慶応四〕に、鼻緒擦れ・草鞋食いには、赤螺の粉をつけるとよい。

靶【はなかい】 馬具。〔武家重宝記・五〕に靶《はなかい》は、馬の鼻上を覆う革である。〇頭上にあるのを首掛《こうかけ》という。〇首掛と靶にわたる索《なわ》を亘舐《わたりつり》という。〇喉に廻るのを根舐《ねつり》という。〇頤《おとがい》の下にあるのを施索《すきなわ》という。鉄鐶につける。〇一間《けん》二間、一掛《かけ》二掛と数える（図421）。

花筐【はながたみ】 大和詞。〔不断重宝記大全〕に次がある。①「花がたみ

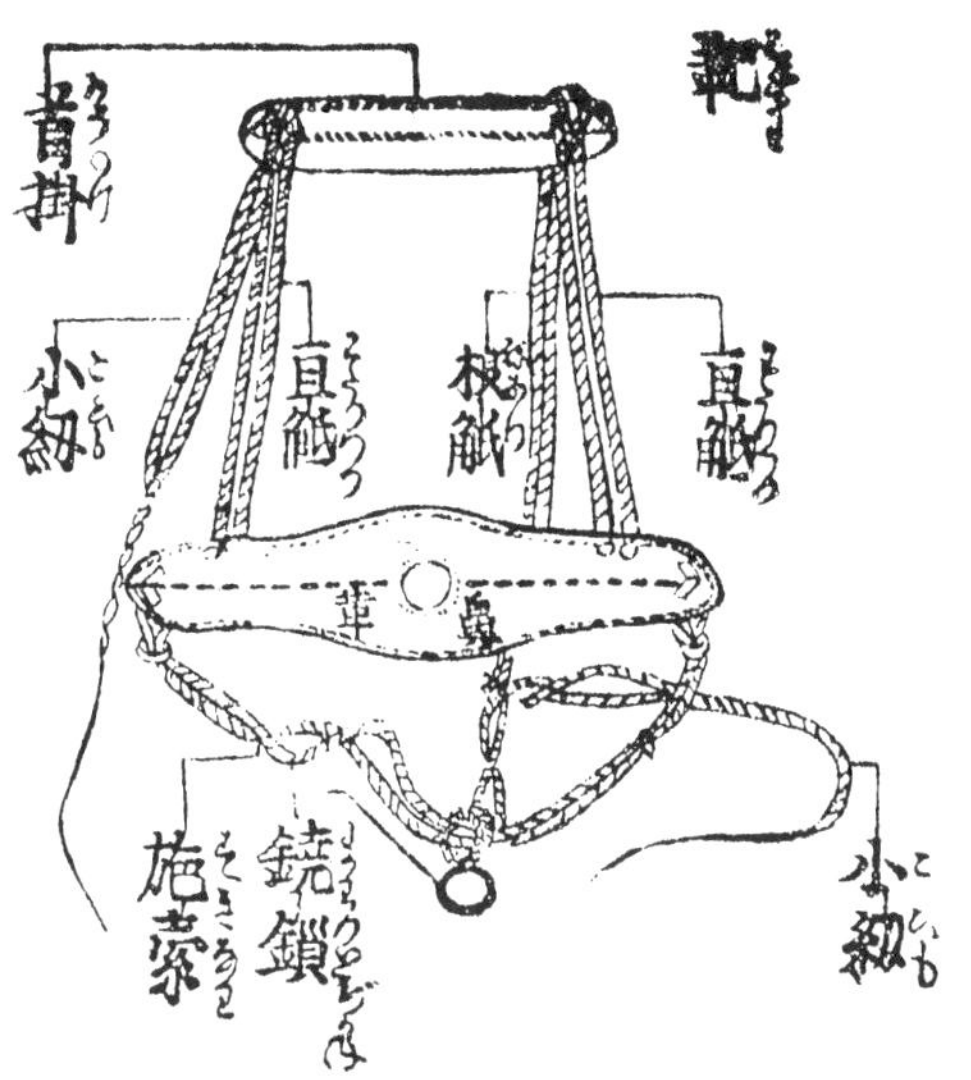

図421 「靶」（武家重宝記）

（筐）とは、花摘む籠」をいう。②「花がたみとは、かたらひ（語い＝男女が契を交すこと）を云」。③「（同）、片思ひを云」。

花鰹の掻き様【はなかつおのかきよう】〔料理重法記・上〕に、秘伝 鰹節掻き様として、良い鰹一節を茶碗の破れの尖った所で、その鰹を内へ引き掻きにする。細く薄く、至極見事に掻けるのは妙である。

花勝見【はながつみ】 大和詞。〔不断重宝記大全〕に「花かつみとは、まこも草」をいう。〔消息調宝記・二〕には「花かつみ、奥州あさまの沢によむ花菖蒲に似て口ひらのもの」とある。

鼻紙【はながみ】〔幼童諸礼手引草懐中重宝〕に主人へ花紙参らせ様は、右手で持ち主人の左袖の下の所へ差し出し、御手へ直に参らす。〔諸礼調法記大全・天〕に鼻を咬む図がある（図422）。

花かるやき【はなかるやき】「花かるやき」は、糀丁三丁目よこ丁 桔梗屋太兵衛にある。〔江戸町中喰物重法記〕

花簪【はなかんざし】「根懸《ねがけ》／花簪」ヲ見ル

図422 「鼻を咬む図」（諸礼調法記大全）

花車【はなくるま】 菓子名。花車、脇ながし物、中へ山の芋菊に切り、入る。〔男重宝記・四〕

花ごりやう【はなごりょう】「黒鴨」ヲ見ル

花紺青【はなこんじょう】 絵具製法 礬砂の加減。〔万物絵本大全調法記・上〕に花紺青の製法は、花紺青は水をしたしたに入れ、後に薄膠をとろりとして少し入れ、火に温めて用いる。但し、膠は上に浮く。原料は、コバルト粉末（粉）に加里と珪石である。青色である。

花紫蘇【はなしそ】〔料理調法集・口伝之部〕に花紫蘇は、九月頃まで用いる。

花煎餅【はなせんべい】「花せんべい」ほか煎餅色々は、京ばし南へ四町め 翁屋東紫軒にある。〔江戸町中喰物重法記〕

花千重【はなせんよ】 草花作り様。花千重《はなせんよ》の花は紫色。土は合せ土*がよい。肥しは、溝水土を干して粉にし、根に置く。分植は春にする。〔昼夜重宝記・安永七〕

縹色【はなだいろ】 大和詞。「はなだ（縹）色とは、空色を云」。〔不断重宝記大全〕

鼻茸【はなたけ】「鼻痔《びじ》」ヲ見ル

花橘【はなたちばな】〈大和詞〉〔新板増補女調法記・五〕に「花たち花とは、昔を偲ぶこと」をいう。〈匂袋の方〉〔女用智恵鑑宝織〕に「花橘の方」として、丁子（三匁）、沈香（四匁）、薫陸・麝香（各一匁）、甘松・白檀（各二匁）。これ等を荒々と刻み、包み袋、或は誰袖《たがそで》（匂袋。袖形に縫い紐を着けて二つ連ね袂落しのようにして持つ）等に入れ、衣服の間に入れて置く。〈歌学用語。歌の病*〉〔男重宝記・二〕に「花橘」というのは、名物の題を隠して詠むことを嫌う。〈紋様〉〔紋絵重宝記・下〕には、橘の花 葉 実の意匠がある。

縹の帯【はなだのおび】大和詞。「はなだの帯とは、同じ心を云」。〔不断重宝記大全〕

花玉子【はなたまご】〔料理調法集・鶏卵之部〕に花玉子は、煮抜き玉子の殻を取り、湯に漬けて置いて紙に包み、五所箸を当てて結びしめて冷まし、箸紙を取り、外を紅で煮て、切り形をする。

鼻血【はなぢ】衄血《じくけつ》ともいう。鼻血を止める方は吐血とも合せ、諸書に色々あるが主なものを記す。〔永代調法記宝庫・三〕に、○衄血《じくけつ》《はなぢ》吐血《とけつ》《ちをはく》には茜根《せんこん》を煎じて服する。○黒豆・甘草を加えて丸じ服するのも妙である。〔妙薬調法記御成敗式目所収〕に鼻血には、○竜骨の粉を鼻に吹き入れる。○天南星を砕いて食飯《そくい》で練り交ぜ、足の裏に付けると忽ち止まる。〔改補外科調宝記〕に衄血は、○百葉の石榴花（晒し乾かし）を粉にして鼻に吹き入れると直ぐに止まる。○山梔子の仁を炒って粉にして入れる。○生の蒲黄一味を湯で用いる。〔丸散重宝記〕に衄血の止まらない時は、○芍薬の末（粉）（二戔）を水で煎じて服する。○衄血・吐血・唇血には、荊芥・辰砂（等分）を末（粉）して陳皮湯に童便を加えて服する。〔胡椒一味重宝記〕は胡椒（小）鼠糞（大）を紙に包んで鼻にさす。〔大増補万代重宝記〕にどんな薬でも鼻血が止まらない時は、○唐の随分古い川芎を細末（粉）にし鼻の中へ入れると直ぐに止まる。○石榴の花で鼻の穴を塞ぎ、大根の絞り汁 蓮の根の搗き砕いた汁を鼻の穴へ入れる。○墻《かき》の苔を採り 鼻の穴へ入れる。○灯心を鼻の穴一杯に塞ぐ。○強くない鼻血には足の先を左なら左足、右なら右足を冷やす。○百薬の効のない時は、鼻血の出ない方の手の中指の節の所を固く括る。○鼻血が涌くように出て止まらない時は、大白紙一二枚を幾重にも畳み、十余枚重ねて厚くし、汲み立ての水によく湿して髪を分けて頭の天辺の真ん中に貼り、その上から火熨《ひのし》*か温石《おんじゃく》で伸ばし火気が通ると止まる。○酒後の鼻血には、胡椒の末（粉）を温酒で少しばかり呑む。○入浴後の鼻血には、辰砂の末（粉）を一二分白湯で呑む。○打ち身 落馬の鼻血には、明礬一塊をそのまま病人に咬んで呑ます。〔秘伝日用重宝記・初〕は、○冷水に足を浸す。○棕櫚の毛を火にくべ、その煙を嗅ぐと止まる。〔万家調法呪詛伝授囊〕に「鼻血が滝の如く出る」には、棕箒櫚の毛先を切り出る方の穴へ、両方なら両穴へ差し込むと神効を得る。〔鍼灸重宝記綱目〕には衄血の穴に、二間・三間・風府・委中・合刻等がある。〈呪い〉〔新撰咒咀調法記大全〕は額《ひたい》に、梵字を書いて上の点を人差指で押して心経を三遍読む。梵字を書いて呑ませ、「きちきちときちめく浦に騒ぐ血もこの声聞けば流れて留まる」と三遍読むと奇妙である。○足の絶骨に灸を三火据えるのもよい。〔庶民秘伝重宝記〕は盆窪（首の後ろの凹の所）の毛を二三本抜けば止まる。〔調法記・四十七ゟ五十七迄〕に鼻血の呪いは、○「熱田の宮の木隠れに色ある娘止らざりけり」と三遍唱えると止まる。○鼻血の出る人の前に向かい、右の鼻から出る時は我が金玉の左を懐から握る、左から出る時は右を、その人が見ないように握ると直に止まる。〔万用重宝記〕は鼻血が右から出る時は右の小指に、左から出る時は左の小指を、きっと括る。〔調宝記・文政八写〕は「いろはにほへと」と心中に詠んで、「と」文字を鼻の上へ当

てる。また「ちりぬるおわか」と同じようにする。〔万まじない調宝記〕には紙に指で賦の字を書いて鼻を嚙む。

〈鼻血食物宜禁〉〔家内重宝記・元禄二〕に「宜い物」は梔子の花 韮 大根 芹 山芋 葛 粟 青海苔 昆布 牛蒡 蕗 大麦 串柿 枸杞 独活 烏賊 牡蠣 鯉 海月 鰻 鴈 鳩。「禁物」は酒 麵類 油 蕎麦 菌《くさびら》 餅 柿 辛子 柘榴 梨 瓜 茄子 芋 小麦 棗 大根 茗荷 寿司 鱠 鰯 鮎 鱒 鯛 鮭 雉子 鮒 鶉 猪。「吐血の事」「下血《げけつ》」モ同ジ

放髪【はなちがみ】 大和詞。「はなち髪とは、みだれがみを云」。〔不断重宝記大全〕

花に鳴く鶯【はなになくうぐいす】 大和詞。〔不断重宝記大全〕に「花に鳴く鶯とは、歌詠む人」。「水にすむかわづ（蛙）も同じ事」とある。『古今集・序』に「花に鳴く鶯、水に住む蛙の声を聞けば、生きとし生ける者、いづれか歌を詠まざりける」とあるのによる。

花の賀【はなのが】 「年賀の事」ヲ見ル

花の鏡【はなのかがみ】 大和詞。「花のかがみとは、花の影映る水」をいう。〔不断重宝記大全〕

花の君【はなのきみ】 大和詞。「花のきみとは、かきつばたを云」。〔不断重宝記大全〕

花の事【はなのこと】 〔調法記・四十ら〕に、○花を催す伝は馬糞を水に浸して注ぐとよく、四五日で開き、花も次の日に悉く開く。○草木生花水上げの伝は、青葉の藿香（一両）、蓮肉（半両）、人参（五分）を粉にして水で溶き、生花の切り口に付けて用いると久しく保つ。○総じて生花は、人参を煎じ出しよく冷ました水に活ける時は、何でも水を上げる。○花木の蟻を去る伝は根元に竹の皮を巻き鳥黐を塗り回して置く。

〔新板秘伝日用重宝記〕に、○花に色をつける伝は、何の花でも硫黄で薫べると心まかせに色が付く。〔男重宝記・三〕に、○花の受け渡しは、木の花は花を上にし、草の花は下へする。但し、草花でも茎の強い花は横たえて渡す。主人へ御目に掛けるのも、持ち歩くのも同じである。〔幼童諸礼手引草懐中重宝〕には左手で持ち出て一礼し、右手に持ち替えて渡す。両手で受け取り、左手に持ち替え、挨拶して引く。

〈賞翫の花〉〔里俗節用重宝記・中〕に、○奇花を好むのは俗情。不珍の花でも切り立ての艶々しいのは潔く浮きやかである。珍花でも二十日を経ると不快である。○花は美しく麗よいのを第一の賞翫とする。○四季絶えない花は賞せず、時々の走り咲を賞する。○嫌う花。凋み易く、散り易く、刺のある花、葉のない花、花なく葉ばかりの花、一花一葉。○花と葉数が、丁（偶数）と半（奇数）はよく、丁と丁は嫌い、半と半は不吉。○花には水を打たず、葉ばかりを湿す。○床に三瓶ある時は、懸物*同様、花を中から左・右へと順に見る〔幼童諸礼手引草懐中重宝〕。

〈持ち運びに花の散らぬ伝〉〔日用調法人家必用〕に「牡丹 山茶《つばき》類を遠路を持ち運び花の散らぬ伝」は、大輪の花等はどんなに揺れないよう注意しても散り落ちるが、花の真ん中へ酢を少し注いで副え竹に結びつけて持たすと、揺れても大抵落ちることはない。

〈紋様〉〔紋絵重宝記・下〕に花の付く意匠、「花傘」「花扇」「花に蝶」等がある。「桜花」については「さくら（桜）の事」ヲ見ル

鼻の事【はなのこと】 〔鍼灸重宝記綱目〕に鼻は肺の候で、和する時は香り臭みをよく分別する。鼻の病に次がある。○七情*が内に鬱し六淫*が外を破ると、飲み食いに労役し、鼻気が調わず、清道が塞がり病をなす。○熱邪は、鼻が塞がり濁涕《おおばな》を流す。○寒邪は、清涕《みずばな》を流す。○香臭を聞かないのは、肺に風熱があるからである。○鼻淵《びえん》は、濁涕 清涕の止まらないもので、風熱が脳を破り、脳気が固からず液が自ずから滲《も》るのである。○脳漏は、臭い膿水《うみ》が流れ出る。○酒皶鼻は、熱血が肺に入り鼻の赤いのをいう。○肺虚は、顔が白く清涕を流し香臭を聞かない。○鼻頭

の紫黒なのは、風寒により血が冷え凝《こ》り滞り散じないものである。○鼻の鍼灸治は、一般には百会 上星 肺兪 風門に、鼻の塞がるには上星臨泣に針を七壮する。上星 厲兌 前谷に灸をする。清涕には人中 上星 風府 風門に灸をする。脳漏*の臭い濁涕には曲差 上星に、久しく流れて止まらないのには百会に灸する。息肉は迎香、鼻血は風門 風府 風池 二間 前谷 申脈 三里等十二点に、鼻瘡《はなくさ》には上星 百会 風府に灸する。

〈鼻諸症薬〉〔薬家秘伝妙方調法記〕に、○「鼻内の瘡薬」は、当帰（弐分）、どぶの土（一分）を粉にして付ける。○鼻の下が赤いのを治すには、梔子・芍薬・川芎・葛根・黄蓮（各一分）を用い、煎じようは常のようにする。〔増補呪咀調法記大全〕に、○「ざくろ鼻（酒皶鼻）の大事」は、おなもみ（葈耳。〔万家調法呪詛伝授嚢〕ニハ「おもと」トアル）の葉を酒で蒸して焙り粉にして呑ます。枇杷の葉と山梔子を粉にして飲んでもよい。○「鼻きかざる大事」は石菖・皂莢を各等分にして鼻を塞ぐ。〔胡椒一味重宝記〕に「鼻の爛れ」は胡椒の粉（小）と白粉《おしろい》（大）を水で練り付ける。

〈外傷〉〔骨継療治重宝記・中〕に、○鼻両穴が破れて凹《くぼ》んだのは、血が出ても治る。○鼻梁《はなばしら》を打つか圧すかして凹み落ち込んだのは、補肉膏を付ける。○両穴を破り開くのは、封口薬*を振り掛けた上に散血膏*を付けて腫れを引かす。鼻痔《びじ》* 鼻疽* 鼻瘡《びそう》* 鼻血《はなぢ》* 鼻茸《はなたけ》*は別項。

〈形色による診断法〉〔小児療治調法記〕に「小児面部形色（顔色の事）」による診断法があり、鼻は脾に属し、色の黄なのを順、青いのを逆とする。赤いのは脾経の虚熱を主《つかさど》る。深黄なのは小便通ぜず、或は鼻乾き衂血（鼻血）が出る。

鼻の損傷治法【はなのそんしょうじほう】「唇《くちびる》耳《みみ》鼻《はな》の損傷治法」ヲ見ル

花の露【はなのつゆ】〈顔等に塗る婦人嗜み薬。化粧品〉〔昼夜重宝記・安永七〕に花の露は、唐蠟・胡桃の油（各五十匁の油）をよく煎じ、拘杞の葉を陰干にして粉にしたのを入れ、又よく煎じ、布で濾し糟を去る。香《におい》には麝香・竜脳・丁子・白檀・甘松をよく細末（粉）して入れる。〔男女御土産重宝記〕に花の露拵え様は、蜜蠟・杉脂（各等分）を合せて煎じ、よい固さに加減して、胡麻油を少しと、匂いに竜脳を少し入れ、合せ様は伽羅油*と同じようにする。〔好色重宝記・下〕に花の露は、伽羅油*の練り様に、枸杞の葉を陰干し粉にしたのを入れる。

〈薬方〉〔薬種日用重宝記授〕は甘松・大茴香・白檀（各八匁）、丁子（五匁）、唐桂枝（三匁）、龍脳（二匁）。〈売り店〉〔万買物調方記〕に「江戸にて伽羅油屋幷花の露」神明前 大好庵、門前町 林喜左衛門、宇田川町 林法喜、馬喰町 伝平衛 同 伊兵衛。〈菓子名〉〔男重宝記・四〕に花の露、上しめし物、下こね物、中へ小豆入りである。

花友餅【はなのともちち】菓子名。花友《はなのとも》餅、上白ながし物、中へ芋入り、下羊羹。〔男重宝記・四〕

花下十五英【はなのもとじゅうごえい】〔新成復古日夜重宝俳席両面鑑〕に「花下《はなのもと》十五英」として次が出る。心敬（僧都）。宗倡（枚原氏）。兼栽（文明［一四六九～八七］頃。奥州岩城の人）。宗養（慶長［一五九六～一五］頃）。肖柏（牡丹花。文亀［一五〇一～〇四］頃）。宗碩（祇門の高弟）。能阿（法師）。専碩（文明頃）。周桂（永禄［一五九二～九六］頃。堺の住。宗碩子）。慶友（半井氏）。智温（蜷川氏。応永頃）。行助（法師）。宗牧（永禄［一五五八～七〇］頃）。昌休。宗専（文亀頃）。

花梅花【はなばいか】菓子名。花梅花、上しろ、中黒、中黄。〔男重宝記・四〕

花白千重【はなはくせんよ】草花作り様。花白千重《はなはくせんよ》の花は白色。土は合せ土*がよい。肥しは溝水土を干し、粉にして、根に置く。分植は春にする。〔昼夜重宝記・安永七〕

花火【はなび】〔万物絵本大全調法記・上〕に「烟火 ゑんくわ／はなび。花火也」。〔男女御土産重宝記〕に花火の方として、車火* 孔雀* 牡丹* 桜* 玉柳*

流星綱火＊流星＊がある。花火口薬は、煙硝・灰（各一匁八分）、硫黄（四分）を用いる。江戸深川で立てた方である。〔万法重宝秘伝集〕に「万花火の拵え様」がある。○牡丹（煙硝十匁、灰八分、硫黄七分、鉄の粉八分）。○大雪（煙硝十匁、灰三匁、硫黄三匁、鉄七分）。○蓮花（煙硝十匁、灰四匁、硫黄七匁、鉄七匁）。○下り藤（煙硝十匁、灰六匁、硫黄二匁五分、鉄の粉九匁）。○孔雀（煙硝十匁、灰一匁七分、硫黄四匁九分、鉄十一匁）。○大雨（煙硝十匁、灰四匁五分、硫黄三匁、鉄三十匁）の外、十種が出ている。これらの調合を古い竹筒等に、薬を片方に詰めて口へ真綿を煙硝でよくよく揉み込み、捻って小口へ差し込み、紙を貼る。灰は、桐の木の炭でも苧殻の炭でも、よくよく細かにして使う。

〈花火 煙硝に焼けた時〉〔里俗節用重宝記・中〕に花火や煙硝に焼けた時は、桑の葉、桑の甘皮を擦り付けると、色は元のようになる。

鼻淵【はなぶち】「脳漏《のうろ》」ニ同ジ

花見酒重詰【はなみざけじゅうづめ】〔懐中料理重宝記〕に花見酒重詰は四段組が、例えば次がある。①細魚蒲焼・蛸桜煮・唐の芋・人参・蕨・玉章牛蒡・木耳。②鯥《むつ》の刺身・大根短冊・芥若菜・詰合せ・干し大根はりはり・独活・嫁菜・野芹。③唐の芋の子・烏賊ふき・煮つけ・木の芽上に置いて見合せにして。④おぼろ饅頭・山椒餅・蓬新香・藤の花・花ぼろ・煎餅。

花見どり【はなみどり】菓子名。花見どり。下こね物、中うき物、上しめし物。〔男重宝記・四〕

花紅葉【はなもみじ】「紅葉の事」〈立花 紅葉一色の事〉ヲ見ル

花屋【はなや】〔万買物調方記〕に「江戸ニテ花屋」は、京橋南一丁目横町道円、同所 七郎右衛門がいる。「作り花師」＊は三都にいる。

花より月【はなよりつき】大和詞。「花より月とは、思ひ絶えたるを云」。〔不断重宝記大全〕

花をそう【はなをそう】「はなをそふ、古今の序にあり、花を玩ぶの落字ならんといへり」。〔消息調宝記・二〕

埴生の小屋【はにゅうのこや】大和詞。「はにふのこやどは、いやしき家」である。〔不断重宝記大全〕

はね【はね】〔料理調法集・口伝之部〕に鱸《すずき》の小さなのを、はね、はぐら、せいごともいう。また銀魚ともいう。

羽【はね】「矢の事」〈矢の羽の事〉ヲ見ル

綽かくる【はねかくる】碁より出た言葉。〔男重宝記・三〕に「人《ひと》に綽《はね》る《はねかく》」とある。綽は、両方の石の先端が相手の石に接した時、相手の石を止める形で、自分の石から一ツ斜めで、相手の石の先端に打つ手。即ち、相手の利得を撥ねること。

はねる【はねる】俳言の仙傍（訕謗）。「三ヲはねる」。〔新成復古日夜重宝俳席両面鑑〕

撥ねる仮名【はねるかな】片言。撥ねる仮名の「ん」を「に」と留めるのは、読み癖である。蘭を「らに」、紫苑を「しおに」とする等である。〔不断重宝記大全〕

はの仮名【はのかな】〔万民調宝記〕に二字の仮名或は三字の仮名の中、下に書くのは皆「は」を書き、「わ」は書かない。夜半＝よは。岩＝いは。巌＝いはほ。淡雪＝あはゆき。汀＝みぎは。阡陌＝なはて。俵＝たはら。器＝うつは物。

葉供御【はのぐご】大和詞。「なめし（菜飯）は、はのぐご」という。〔女重宝記・一〕

葉の事【はのこと】立花＊。〔男重宝記・三〕に葉について次がある。葉のある物を花ばかり、実ばかりは立てない。一葉一花、四葉四花、六葉六花を嫌う。葉は花ともに丁（偶数）に使わず、葉の表と表が向い合うのはよく、裏と裏が向い合うのは悪い。「大葉の事」参照

歯の諸症【はのしょしょう】〔骨継療治重宝記〕に歯は、骨の余りで腎が主《つかさど》り、

性は寒 燥である。歯の数は三十二枚であるが、二十八枚もある。歯痛は、髄より歯根に通る筋が痛み、腎の臓へ通る。〔鍼灸重宝記綱目〕にも歯は骨の余りで腎が主るとし、上の前歯は督脈に属し下の前歯は任脈に属する。両顎の上歯茎は手の陽明大腸、下歯茎は足の陽明 胃の経が絡《まと》う。風を吸う時に痛みの甚しいのは腸胃の風邪《ふうじゃ》、腫れて痛むのは陽明の風熱、臭く穢らわしいのは腸胃に熱がある。動き揺らぐのは腎元の虚である。血が火に遇う時は沸き出て宣《の》び露われる。熱が極まり歯の縫目から血が出るのは虚熱。虫食歯に穴があるのは腸胃の湿熱である。走馬下疳は即時に腐り落ち、真陰未だならず、熱が盛んである。少海 合谷 内庭 上廉 大淵 三間 陽白等九点があり、歯痛は商陽、牙《きば》痛は陽谿 少海 曲池等、下歯通は竜玄 側腕 交刃等血熱が胃口にあり、咽歯に引き痛む時は浮白 内庭 合谷に、頬が腫れ牙が痛む時は頬車 曲池に、虫牙の痛む時は歯の通りの歯茎に刺《はりさ》す。虫食牙に瘡が生じ爛れた時は承漿に灸七壮をし、牙疳《はくさ》は承漿に針 灸をする。

〈歯の相の事〉〔昼夜重宝両面雑書増補永暦小筌・慶応二〕に次がある。○女子は七ケ月、男子は八ケ月で歯が生える。○女子は七歳で、男子は八歳で生え替る。○歯が短く欠ける者は愚かである。○物言うのに歯を見せない者は富貴である。○歯が落ちる者は命が縮まる。○歯が柘榴子のようなのは福禄である。○剣の鉾のようなのは貴 寿である。

〈歯の生えぬに〉〔増補咒咀重宝記大全〕に歯が生えない時は、男鼠の背骨を粉にして擦り塗ると甚だ妙に生ずる。〔小児療治調法記〕に歯が遅く生える時は、雄鼠の糞（二十一粒。両方尖ったのがよい）を毎日一粒ずつ歯の根の上に磨ると、二十一日目に生える。

〈損傷治法〉〔骨継療治重宝記・中〕に、○牙歯《おくば》が人に打たれるか、跌いて打つか、石等で打つかして抜けたら、補肌散 また封口薬*を振り掛ける。内薬には破血薬*や止痛薬*を服する。水で煎じ酒を用いるのは悪い。

○歯茎を打つか突くかして牙歯が動かなければ、芙蓉膏*の末（粉）を振り掛ける。○歯が動く時は蒺藜根を焼いて付けると固まる。〔増補咒咀重宝記大全〕に〔歯の隙く時〕は生地黄の汁で濯ぐと妙である。

〈歯疔〉〔家伝調方記・天保八写〕に「歯疔」の妙薬は、三ツ葉空木の根・羅石草・紅花・赤松皮（大）・香付子・甘草を、酒で煎じて洗う。

〈牙歯 歯病〉〔改補外科調宝記〕「牙歯《げし》 きば 歯の病」に歯は腎の余りとし、下歯茎は大腸の経 上歯茎は胃の経で、みな腸胃の中に風邪 湿があって虫を生ずる。歯茎が腫れ痛み口が臭いのは腸胃の積熱、歯の根が空いて動くのは腎の虚とする。諸症により処方がある。①上下の歯が強く痛み 頭脳に引き 顔が発熱し大いに痛むのは、過食辛熱の業である。当木・生地黄・黄連・牡丹皮（核二匁）、升麻（一両）を煎じ、よく冷まして用いる。痛みが強い時は石膏（二匁）、細辛（三分）、黄芩（一匁）、細茶（三匁）を加える。腫れるのには防風・荊芥（各一匁）を加える。②歯の根が臭く 爛れて黒い虫がいて痛むのには、玉子の黄身（一匁）、白芷（五分）、麝香（一字）を粉にして付ける。［〔万家調法呪詛伝授嚢〕には塩湯を随分熱くして度々含み漱ぐ］③歯痛の甚しい時は、虫歯に限らず、蒼耳子・陳浮麦・芫花根・花椒・蜂巣・蒺藜（各等分）を合せ古い酢で長く煎じ、紙を蓋にして温かなのを口に注ぐと、二三度目に薬水とともに痰が自然と出る。薬を呑んではならず、用いる時は決して風に当らない。④牙癰（歯草）*には、地黄散*金鎖匙*紫証散*を用いる。⑤歯を抜く薬は、紅花実（一両）、胆凡・硼砂（各五匁）を粉にして歯に塗り、手を打つと即ち落ちる。

〔薬種日用重宝記授〕に○歯の痛み下し薬は石膏・大黄（各大）、麦門冬・桔梗・細辛・白朮（各中）、甘草（小）、大戟（二ツ）。○歯痛み銜み妙薬は黄伯・薄荷（各大）、五梅子・細辛・曼荊子（各中）、磨石（小）を煎じ、痛む所へよく銜み吐き出すとよい。〔万用重宝記〕に草烏頭・蓽

撥（各半匁）、山椒・細辛（各三両）を細末（粉）にして揺るぐ歯の裏表に塗り暫くすると痛みなく抜ける。歯を硬くするには、歯固擦牙散*がある。

〈歯の揺るぎ 歯茎の痛み〉〔調法記・四十ゟ〕に歯の揺るぐ妙薬は、仙人草を酢で一夜浸し、影干にし粉にして付ける。〔大増補万代調宝記〕に歯の根が動き痛む時は、塩湯を熱くして何度も含み濯ぐ。〔懐中調宝記・牛村氏写本〕に歯の座り薬は、桃皮（手一束に切り一ッ）、硫黄（一匁）を水に合せて入れ一合に煎じ、少しずつ口中に含む。〔秘伝日用重宝記・初〕に歯が痛み歯茎の腫れを治す伝は、白強蚕（二匁）、五倍子（五分）、甘草（二分）を細かに刻み合せ、口中によい程絹切に包んで拭く。口熱を冷まし、揺るぐ歯を据え、腫れ痛むのによい。〔丸散重宝記〕に歯（牙）が抜け動き痛む時は、地黄を綿に包んで銜え、汁を歯茎に浸し飲む。一日に五六度替えると良く効く。〔懐中重宝記・慶応四〕に、○歯茎が臭い時は杏仁（一ッ皮を剥き）、塩（一匁五分）、水（二合半）を入れ、泡の出る程煎じて含む。○腫れ痛む時は、牛蒡根（百六十匁）を搗いて汁を取り、塩（一匁）を入れて煮詰め、三四度も付ける。〔重宝記・儀部家写本〕に歯が揺ぐ時は、香付子・川芎・藿香（各粉にし）・焼塩（各等分）を合せて付けると歯は座る。〔大増補万代重宝記〕に歯茎の瘡を治すには、吊し柿の霜と蔕を等分に黒焼にして付ける。〔薬種日用重宝記授〕に口中弁牙歯には、玄参升麻湯*清胃保中湯*を用いる。

〈歯痛の諸薬〉〔永代調法記宝庫・三〕に、○熱気のある歯痛には、黄連を粉にして歯に塗る。○俄に痛み堪え難いのには、丁子・胡椒・草撥・全蝎を粉にして塗ると妙である。〔昼夜重宝記・安永七〕に歯の薬は、香付子（黒焼 一匁）、七度焼の塩（三分）を細末（粉）にしてつける。〔新選広益妙薬調法記〕に歯痛止めの妙薬は、○塩漬の茄子を黒焼きにしてつけると速やかに治る。○醬油で嗽《うがい》をするのもよい。〔童女重宝記〕に、○急な歯痛には苦竹《にがたけ》を火で炙り瀝《あぶら》を取り歯に塗る。○虫歯には石灰を粉にして砂糖で丸じ痛む歯の穴に入れる。○虫食歯の穴は、山椒（五十粒）、巴豆（一枚）を飯糊で丸じ布に包んで塞ぐ。○痛みの強い虫歯は、乾姜（一両）、雄黄（三戔）を粉にして塗ると忽ちに止む。○歯が痛み諸薬の効かないのは、甘草を濃く煎じて含み、口嗽ぎを度々すると三五日で癒える。山椒を煎じて口漱ぐのもよい。〔万用重宝記〕に歯痛の呪いは、青竹の中へ塩を入れて火に焼いてつけると即座に奇妙に治る。〔調法記・四十七ゟ五十七迄〕に歯を痛まずに抜くには、草烏頭・蓽撥（各半両）、山椒・細辛（各三両）を細末（粉）して、裏表に塗り、暫くして抜くと痛みなく抜ける。

〔調法記・四十ゟ〕は、○黄檗粉・白明礬粉・焼塩（各等分）を痛む歯につける。○萵《ちしや》の根を黒焼きにし塩を入れて用いる。○歯の揺るぐには、仙人草を酢に一夜浸し、陰干にし粉にしてつける等の方がある。

〔大増補万代重宝記〕に歯痛を治す妙法は、○明礬・蜂巣（各等分）を水で煎じ、含み冷えると吐き、何回もすると治る。○右歯なら右耳、左歯なら左耳の灸点に七炷する。どれほど長い歯痛も七日間灸をすると根を切り治る。〔懐中調宝記・牛村氏写本〕に、○歯痛の妙薬は、古礬・昆布霜・細辛を極く末（粉）して痛む所に入れる。○歯腫《はぐさ》の薬は、黒胡麻・松脂・象牙粉・繁縷汁（各等分）をよい加減に練り口中につける。〔新撰咒咀調法記大全〕は、○藜・昆布（各、黒焼き 等分）を合せて粉にしてつける。○紫旦の粉を塗る。○蝮の骨を痛む歯で嚙みしめる。○石榴の皮を嚙みしめる。○生姜の絞り汁を痛む方の耳に入れると虫食歯に特によい。〔懐中重宝記・慶応四〕は、○歯痛には香付子・艾（各等分）を煎じ、口中に含み漱いで後、香付子の粉を痛む歯につける。○歯の浮いたのには、葛の芽出しを陰干にして煎じて含む。又いぼた（水蠟樹）の木の葉を煎じて含む。○歯を固めるには、生の繁縷を塩で揉み汁を採り、赤螺の粉を練りつけて竹に詰めて焼き、これで毎朝歯を磨く。

〈虫歯の諸薬〉〔改補外科調宝記〕に、○虫歯が甚だしく痛む時は、乳香・山椒・鶴虱（各一分）、巴豆（一粒）を粉にし、丸薬とし●程に丸じ痛む穴に入れて置くとよい。〔諸民必用懐中咒咀調法記〕に虫歯を直す方は、焼酎で口中を漱ぐ。また常香・油煙を丸じ洞《うろ》に入れるとよい。〔文政新刻俗家重宝集〕に、○虫歯 逆上歯《のぼせば》の痛みを止める方は、朝倉山椒（刻み）・木付子《きぶし》の粉（各等分）を合せ、紅切《べにぎれ》に包み含むと即座に止まる。○虫歯の根を切る方は、常に朝夕に針 釘等鉄の楊枝を使うとよい。虫歯は出ず根を切る。〔里俗節用重宝記〕に虫歯の痛む薬は、○硫黄・塩（各等分）を黒焼きにしてつける。○蒂木の実を含んでもよい。酒で用いるのもよい。〔秘密妙知伝重宝記〕は銭をお捻りのように紙に包み、火で温め頬へつけると即座に治す。

〔大増補万代重宝記〕に虫歯の妙方は、○古茄子を灰にして痛む歯に塗ると即効がある。○杉脂、檜脂を丸じて虫歯の穴に入れるとよい。○古壁の石灰を刮げ採り、細く粉にし蜜で梧桐子の大きさに丸じて火でよく焼き、また蜜で潤し、虫歯の穴の中へ入れると即効がある。〔胡椒一味重宝記〕に虫歯薬は、胡椒（中）・蓽薆（大）を粉にして含むとよい。〔妙薬調法記〕は、山椒（二分）、巴豆（半両を油を抜き）を粉にし食飯で丸じ、穴の中へ入れる。○韮の葉を揉んで塩を少し入れ、虫食歯に加える。〔薬家秘伝妙方調法記〕は、○丁子・人参・甘草（各等分）を槿《むくげ》の実をよく揉んで調合する。○蓖麻子を擂り丸薬とし●程に丸じて金箔を衣にし、病む歯に咥え涎を流す。〔昼夜重宝記・安永七〕は、○蝼蛄を黒焼きにして鼻の穴へ入れ、髪の油を煎じてその上に掛けると妙である。○烏賊の甲一両（鉄を忌む）を竹の箆でこそげ柔らかな所を用いる。〔重宝記・儀部家写本〕は、○露蜂房（熊蜂巣）・冬葵子（葵の実）・香付子・朝倉山椒（各等分）を常の如く煎じて含む。○鬼芹を揉み手の脈につけると、少々腫れる歯の痛みは立ち所に治す。〔懐中咒咀調法記〕は、○焼酎で口中を漱ぎ含むとよい。○じょうふる油煙を丸じ、洞《うろ》に入れるとよい。〔薬法重宝記〕に痛みの強い虫食歯には、○蛇退皮を少し絹に包み痛む歯に加えると即効がある。○落雷の木の裂けたのを削って置いて銜えさすとよい。〔懐中重宝記・慶応四〕は、杏仁を焼いて擂り潰し、髪の毛に包み虫歯の穴へ入れて置くとよい。

〈呪い〉〔諸民秘伝重宝記〕に虫歯その他一切の歯の痛みには、白豆三粒を針に刺して焼き、石地蔵の前に埋め、この豆に芽の出る迄歯の痛みを止め給えと立願すると、立ち所に治る。〔新撰咒咀調法記大全〕に「虫食ひ歯の痛を治す呪」は、①紙に指の大きさ程に「虫是江南虫《むしはこれこうなんのむし》 却来喰吾歯《かえりきたりわがはをくらう》／釘在縁頭上《くぎはえんとうじょうにあり》 永世不還家《えいせいいえにかえらず》」（但し、二行に書く）。いかにも小さく書いて七重に畳み、鉄釘で虫という字の頭を柱の高い所へ打ちつけて置き、猶又この文を七遍程唱える。但し、多く唱える程よい。胡椒一粒を湯に浸し上皮を取り、布《きれ》に包んで含むとよい。②「虫食歯の痛を治する符」（図423）を呑み祈念すると痛みは止まる。〔秘密妙知伝重宝記〕に虫歯の呪いは、そらもの豆（空豆カ）の豆を三粒程蓮の根へ名前と年を書いて埋めるとよい。〔万用重宝記〕は、白紙の上へ両足を載せてのように足型に顔を書き、次に上下の歯の数を書き、痛む歯へ釘を刺し湯殿の壁に打ち付けて置き、そこで痛む人の尻をぽんと叩くと即座に妙に治る。〔調宝記・文政八写〕に虫歯の妙方は、「蚊蛇及蝮蝎」何歳何男として、棟《はしら》の南に釘打するとよい。又、虫歯の妙薬は大根卸し・黄檗粉・塩を紙に湿し、痛む歯で食い絞める。

図423「虫食歯の痛を治する符」（新撰咒咀調法記大全）

〔増補咒咀調法記大全〕は、①東へ差した桑の木を楊枝に削り、男は四寸、女は三寸、皮を助けて三刃に削り、口に歯という字を書いて、歯の

数を幾つと数えて虫の食《くら》う歯にうつし、よくなって抜いて火の中に入れる。祈念には観音の真言を唱える。②紙に上下全体の歯型を書き、我が歯何枚と数え、にもその数ほど書き、その痛む歯に鉄釘《かなくぎ》で柱に打ち付ける。痛みが止んだらその釘を抜く。③「天竺の天野川原で葉を喰らう虫の供養」と三遍読んで、次に梅の木の楊枝を痛む歯に啌えさせ、その楊枝の先に灸を三火する。④「歯の病に呑む符」、⑤「虫喰歯に呑む符」がある。また、〔調宝記・全〕に⑥「虫歯妙方」の符がある（図424）。

図424　歯の諸症

④「歯の病に呑む符」（増補呪咀調法記大全）

⑤「虫喰歯に呑む符」（増補呪咀調法記大全）

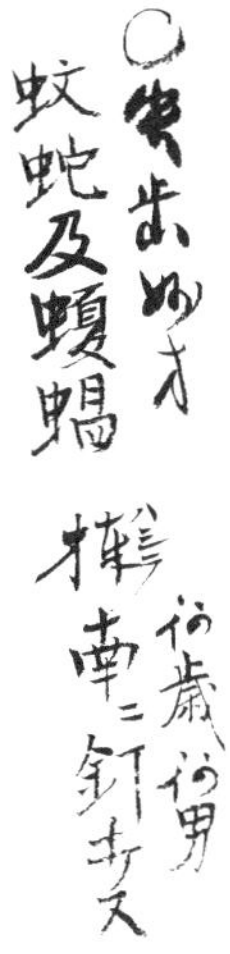
⑥「虫歯妙方」（調宝記・全）

〈歯の保健〉〔新撰咒詛調法記大全〕に歯を病まない養生は、平生甘い物や肉食を好む人は歯が早く悪くなる。鳥獣を食したら生姜 或は生大根を少し食うとよい。食後に温い湯で口中を漱ぐのも歯の養生である。歯痛の堪え難いのには、右なら右手、左なら左手の曲池に灸をするとよい。〔里俗節用重宝記・上〕に、擬宝珠と鳳仙花は歯の大毒、鹿を食うと歯を損ずる。〈歯食物宜禁〉〔改補外科調宝記〕に歯病に「宜い物」は牛房 胡桃 萵 薊 蓮の根 山椒。「禁物」は石榴 梅 棗 柿 杏 山桃 胡瓜 葱 蕎麦 砂糖 油揚 川魚 鴈 鴨 牡蠣 蛤等十八品。「歯遅《しち》」モ見ル

はのや【はのや】 俳言の仙傍（訕謗）。「一ツヲ はのや」という。〔新成復古日夜重宝俳席両面鑑〕

婟【ばば】 人の妻で、年寄ってからは婟《ばば》という。〔女重宝記・一〕

臁瘡【はばきがさ】 〔改補外科調宝記〕に臁瘡について次がある。○両の向う脛に瘡が出来 初めは熱《ほめ》き 腫れ 痛み 寒熱するには、檳蘇散* 加味敗毒散*を用いる。○毒が盛んで寒熱膿を流し 口渇き 不食するには、「補中」益気湯*に茯苓と芍薬を加える。○治方は、常の洗い薬に胆礬を大いに加え、皮の剝ける程洗い、没薬・乳香・茯苓・甘草（各等分）に焼明礬を少し加え、粉にして上に篩いかけ、上に膏薬を貼る。翌日剝ぐと膿は薬について取れ、その跡は赤い。その時、駒引草（菫*）の花の油に酢を少し加え、温めて瘡の上に塗り、膏薬だけを付ける。○臁瘡が強く痛むには、金花隔紙膏* 四応膏*を一日に一度ずつ付け替え、水で洗わず瘡に風をあてずに付ける。もし膿が乾き愈々肉が上がれば、替えずに元の膏薬を貼る。痒みには生姜の汁を塗るか、膏薬に混ぜて付ける。また生姜、葱の煎じ汁で瘡を洗ってから膏薬を付ける。○瘡が虚し、痒からず痛みもないのには、付子 肉桂を粉にし、少し瘡の口に塗り、上に膏薬を塗る。○長年の臁瘡で内外の肉が爛れたのは、大根一斤を切り剝ぎ、葱四両を入れ、煮熟し、その湯で瘡を洗い、大根と葱を搗き爛らかして付ける。一日に一度洗い、付け替え、油紙を隔てて絹で包み縛り五日を過ぎて後に四応膏*を付ける。〔臁廉〕瘡の口が久しく癒えず、或は爛れ痛み甚だ臭いのは、隔紙白玉膏*を付け、内薬には蠟凡丸を用いる。足を上げて端座し余りに歩かしてはならない。○脚に腫物が出 痛痒があり、掻き破ると汁を流し、また打撲の所が瘡となるのは、猪糞（火で炒る）・槟榔子（各五分）、片脳（一分）、花椒・竜骨（各三分）、膿があれば軽粉（一匁）を加える。湿る時は捻り掛け、乾く時は胡麻油で溶いて塗る。他にも症状に応じて治療法や加減がある。○「経験方」は、甘草を湯で洗い、荊

芥の霜《くろやき》を葱の汁で付ける。〔妙薬調法記〕には五倍子を炒り、粉にして、百草或は苗の霜を加え、胡麻の油で付ける。〔新撰咒咀調法記大全〕には纏脚瘡をよく洗い、山梔子《くちなし》を水で摺って付ける。「雁瘡《がんがさ》」モ見ル

はばきがんがさ薬【はばきがんがさぐすり】〔洛中洛外売薬重宝記・上〕に「日本無二はゞきがんがさ薬」は、五条橋東四丁目遠藤氏にある。湿熱、膿血を吸い出す一代根切りの妙方である。

帚木【ははきぎ】地膚とも書く。〔万物絵本大全調法記・下〕に「地膚 ちふ／はゝきゞ／にはくさ。春」。〔薬種重宝記・上〕に和草、「地膚子 はゞきゝ。洗ひ砂を去り、酒に浸し焙る」。〈薬性〉〔医道重宝記〕に地膚《はうきゞ》は寒にして毒なし、泄瀉を止め、悪瘡の毒を消し、気を和らげ、小便を通ずる。〈大和詞〉〔不断重宝記大全〕に「はゝ木々とは、有とみへてあはぬことをいう。（歌）園原やふせ屋に生るはゝきゝのありとはみへてあはぬ君かな（新古今・恋二）」。

帚星【ははきぼし】「すいせい（帚星）」ヲ見ル

母屋【ははや】大和詞。「はゝやとは、本の家」である。〔不断重宝記大全〕

馬脾風【ばひふう】〔小児療治調法記〕に次がある。小児の肺が腫れて喘満し、胸膈《むね》の息が急し、両脇が動き陥んで坑《あな》をなし、鼻の穴が腫れて悶乱嗽渇し、声が嗄れて泣かず、痰涎が閉塞するのを暴喘《ぼうぜん》《にわかにあえぐ》といい、俗に馬脾《ばひ》風《ふう》という。急に治さないと、旦夕に死ぬことがある。牛黄奪命散*無価《むげ》散*がある。大小便の硬いのは牛黄奪命散*で下し、次に白虎湯*で平らげる。

葉広草【はひろくさ】大和詞。「はひろ草とは、瓜の事」をいう。〔不断重宝記大全〕

羽節和え【はぶしあえ】〔料理調法集・和物之部〕に羽節和えは、雉子の羽節（羽茎）を細かに叩き、煮返えらし、擂り、山葵を懸けて出す。

羽節酒【はぶしざけ】〔料理調法集・料理酒之部〕に羽節酒は、雉子の羽節（羽茎）を細かに叩き、酒に塩を少し入れて煎り、酒を入れ、よい燗をして出す。身を遣う時は醬油を少し加えるとよい。

はぶたい【はぶたい】片言。「羽二重《はぶたへ》*を、はぶたい」という。〔世話重宝記・二〕

羽二重【はぶたえ】〔絹布重宝記〕に羽二重の相印は「ヨ」、これは羽の字の篇を取ったもので、覆い紙 符帖等に他の絹と区別する目印にする。羽二重の糸性は、加賀絹*程粘りがなく少し弱い。黒染 藍類 茶類にして、品《ひん》は並ぶものがない。値段付は目廻り*である。羽二重は絹目方の軽重による故、織留は少しでも太い糸を織留とする。上布に夥しく糊付を引くのは目方のみばかりでなく、羽二重は真っ白を尊むので、墨 蠅糞 煙脂《やに》等が付いたのを落しよくするためである。羽二重の絹巾は鯨尺*で、本直《なお》理《り》一尺二寸五分長六丈五尺より七丈迄。中巾一尺二寸、直理一尺一寸、同一寸五分、長六丈五尺位。羽二重絹の耳は、曲尺《かねざし》*凡そ一分程で、際立《きわだち》耳は厚い。羽二重の耳をよく見覚えると他の絹はそれぞれ見分けられる。織屋は西陣に限らず、東陣、水火天神、七野社木の下、鞍馬口等所々にある。中買は諸方にいるが、西陣には撰糸*の店が軒を連ねている。「裁ち様」については「絹の事」「縫針／縫物」参照

羽二重撰糸羽織地【はぶたえせんじはおりぢ】〔絹布重宝記〕に羽二重撰糸羽織地は、常の撰糸*よりは手薄く織ったものである。全て「ぼたせんじ（保田撰糸）」*に同じである。

祝り【はふり】〔万物絵本大全調法記・上〕に「祝 しく／はふり。廟祝 べうしく也」。

祝子【はふりこ】大和詞。「はふり子とは、神人（神主）の事」である。〔不断重宝記大全〕

馬鞭草【ばべんそう】〔薬種重宝記・上〕に和草、「馬鞭《ばべん》草 くまづら。日に干し、刻む、火を忌む」。〈薬性〉〔新撰咒咀調法記大全〕には馬鞭草は春に苗を生じ、六七月に細かな紫色の花穂が開く。車前子《おおばこ》のような実を結

ぶ。陰嚢が腫れ痛むには搗き爛らして付けるとよい。

破泡【はほう】〔小児療治調法記〕に破泡《はほう》は、小児が生れ落ちて即死するような時、急いで口中の上顎を見て白泡粒状の物があれば指で摘み破り、綿で拭い浄めると生きる。その悪い汁が喉に入ると治らない。毎日風のない所で白泡を注意して、出たら摘み破り浄める。

端米【はまい】〔農家調宝記・初編〕に端米《はまい》は、米を升ではかるのに五勺から上は一合とし、四勺から下は捨てること。米について四捨五入*することをいう。

浜菊【はまぎく】草花作り様。〔昼夜重宝記・安永七〕に浜菊の花は台は白、内は黄である。土は肥土に砂を交ぜ、野土も加えて用いる。肥しは田作りの粉がよく、雨前に小便を根廻りに掛けるとよい。分植は秋にする。

蛤の事【はまぐりのこと】〔万物絵本大全調法記・下〕に「蛤 かう／はまぐり。蛤蜊 かうり／文蛤 ぶんかう」。〈異名〉〔書札調法記・六〕に蛤《はまぐり》の異名に、文蛤《ぶんかう》 花蛤《かこう》がある。〈薬性〉〔医道重宝記〕に文蛤《はまぐり》は平で毒なく、熱を去り 胃を開き 渇を止め、小便を通じ、湿熱 脚気を治し、酒毒を消す。〔永代調法記宝庫・四〕に蛤は虫の毒、渇きの病、熱毒によく、また虚労、痔、目の薬になり、性欲を強くし腎を補う。〔昼夜重宝記・安永七〕には、渇を止め小便を通ずる。〈料理仕様〉〔諸人重宝記・四〕に蛤は、蒸し 酢 鍋焼き 汁焼いて使う。〈蛤の柱取様〉〔料理重法記・上〕に蛤の柱取り様は、蛤を煮る時、粳米を七八粒入れると柱はよく取れる。〈蛤塩辛〉〔料理調法集・塩辛仕様〕に蛤塩辛は、小蛤の剝き味一升に塩三合を入れ、搔き合せ、笊に入れて振ると悪水が出、滑りが取れるのをよく雫を垂らし、糀二合をその侭、塩二合、古酒二合、柚子の絞り汁を少し加えて搔き合せ、壺に入れて置き、七日程過ぎて用いる。〈蛤漬様〉〔ちやうほう記〕に蛤漬様は、貝を去り、熱湯を懸け よく冷まし、蛤一升五合に塩三合半を入れて漬ける。押しをして置く。また菰包みを固く結い置くのもよい。〈蛤の吸物〉〔世界万宝調法記・下〕蛤の吸物は、蛤の剝き身を手の内で少し絞り、次に酒と水を等分に入れ、酒が臭くない程によく煮、焼き塩で仕立てる。〈蛤飯〉〔料理調法集・飯之部〕に蛤飯は、蛤を煮た汁で常のように加減して炊く。〈貝合の貝〉〔麗玉百人一首吾妻錦〕に貝合の貝になる事を、「蛤／今ぞ知る二見の浦の蛤を貝合せとぞ思ふなりけり」とある。〔紋絵重宝記・上〕には蛤貝の開いた二枚と蛤の字の意匠がある。

葉捲り虫【はまくりむし】稲虫。蝸《くわむし》の種類か。菜虫に似て色は薄青く、稲 粟等の葉を食い、後ろ口から糸を出し葉を巻き、中に蟄《ちつ》する。この虫は旱魃の時生ずる。駆除法は、苦参を煎じ、笹箒で水を打つように二三日度々すると去る。但し、大風があると巣を吹き破り、自ずから除くことがある。又は羽化して蚊のうばの類の小蝶となるが、害は浅い。〔農家調宝記・付録〕

はま鴫【はましぎ】「かしらき鴫」ニ同ジ

浜十丈物狭縮緬【はまじゅうじょうものせまちりめん】〔絹布重宝記〕に浜十丈物狭《せま》縮緬《ちりめん》は、近江長浜より織り出す。上品である。巾も丹後の狭《せま》より広く、色白く、絹はよい。

浜田へ広嶋よりの道【はまだへひろしまよりのみち】〔家内重宝記・元禄二〕に、「安芸広嶋より石見浜田への道」として次がある。広嶋〈四里〉可部〈四里〉本地〈三里〉中山〈四里〉市本〈四里〉今市〈四里〉浜田、である。

羽斑鴫【はまだらしぎ】〔料理調法集・諸鳥人数分料〕に羽斑鴫の鳥の大きさは、小蝶鴫*位で、浜鴫である。あまり多くはいないので料理に使うことは稀である。風味は悪くない。脂のりも同じである。

魬【はまち】〈薬性〉〔永代調法記宝庫・四〕に、魬《はまち》は脾胃を調え、虚にもよい。過ぎると虫気、瘡を生ずる。『物類称呼・二』に「鰤 ぶり…*一尺余

リ二尺にも至るを江戸にていなだと云。北陸道及奥州にてふくらぎと云。関西にてはまちと云…霜月の頃三四尺五六尺となる、是即ちぶりなり」。

浜千鳥【はまちどり】〈大和詞〉〔不断重宝記大全〕に「はまちどり（浜千鳥）とは、あと（跡）を見る事」をいう。〈菓子名〉〔男重宝記・四〕に、浜千鳥、上黄こね物、小豆粒の下白こね物。

浜縮緬【はまちりめん】〔絹布重宝記〕に次がある。浜縮緬は近江長浜より織り出す縮緬で、糸の縷《より》が強いので絞《しぼ》は至って高く地は厚で、単羽織《ひとえばおり》にしてしっかり重く覚ゆる程の地合もある。随分下直な所、大体丹後縮緬の極上の所に准ずる。あまり粗品はない。丈は六丈物と言っても長いのは七丈四五尺もある。目廻《めまわり》*故長短は一概には定め難い。染付の黒はよく、薄色類は色に映《はえ》がなく、少しこっくりした方である。「浜羽二重《はまはぶたえ》」参照

浜撫子【はまなでしこ】 草花作り様。浜撫子の花は薄色で、赤白がある。今年蒔いた苗は来年咲く。根は一年切りに枯れる。土は肥土に砂を交ぜて用いる。根は茶殻の粉を根に置く。分植は春の頃にする。〔昼夜重宝記・安永七〕

浜名納豆【はまななっとう】 浜松納豆、浜納豆ともいう。〔男女日用重宝記・下〕に浜名納豆は、豆一斗、大麦一斗、塩六升。豆を味噌豆程に煮て、麦を少し炒って粉にし、大豆の熱い内に交ぜて筵を掛けて一夜置き、翌日取り出し糀に寝させて後、塩を入れ水はひたひたに入れ、七日なら（均）かし辛皮山椒紫蘇の実も葉も入れ、三日押しを掛けて置く。取り出し日に干し、また押しを掛けて出た水を付け干しにする。白胡麻も少し入れる。大麦を止めて小麦を入れるのもある。〔永代調法記宝庫・六〕は、上白大豆一斗をよく洗い、味噌大豆のようによく煮て釜に一夜置き、翌日筵四枚に広げ干し、饂飩粉六升を篩いかけてよく交ぜ、強飯程に日に干し、筵二枚に広げ白膠木《ぬるで》の葉を薄く上に置き、醤油糀のようによく寝さす。脇へ取り直しばらばらと揉み砕き三日程置き、強飯程に日に干す。十二三日程半桶に広げる。水一斗に塩三升を入れ一沫煎じ水嚢で濾し、よく冷まし仕込む。殻皮二升を作り仕込む時、塩を食い加減に合せて煮る。これも冷まして皆一時に仕込み、よく交ぜ合せ蓋をして一夜置き、翌日重しを置き、三十日過ぎて取り出しよい加減に干し、よく冷まして元の桶に入れ置き、用次第に遣う。〔料理調法集・造醸之部〕には、①大豆一斗をよく煮、小麦一斗五升を粉にして篩い、豆に交ぜ四日程寝かして上下に返し、又三日程寝かし、次によい日和に三日程干し、ぱらぱらすれば五日も干す。塩三升水七升を煎じ二日程冷まし、糀に交ぜ桶に作り込む。鮨のように重し一斗五升程を掛ける。三十四五日程で取り出し、五日程して辛皮一升上皮を刮げて干し、生姜一升を切り干し、紫蘇の葉一升の三品を交ぜ合せ押しを掛け、七十五日程経てよい。風を引かぬように渋紙で包んで置く。②大麦二升を炒り粉にし、大豆一斗を一日煮て笊に上げ露を取り、麦の粉に交ぜ糀に寝かし六日の内度々打ち返し毛の生える程にし、よい日和に三日程干し、辛皮二升を五分程に切り、塩二升、水一斗三升の品々を交ぜ合せ作り込む。重しを掛け五十日程経て水を滴《した》み二日程干す。〔ちやうほう記〕には小麦・大麦・大豆・塩を使った仕様がある。

浜羽二重【はまはぶたえ】〔絹布重宝記〕に、浜羽二重の相印は「八」。はま絹という。近江長浜より織り出す絹で、何によらず上品である。加賀絹*よりは格別糸性がよく、羽二重*の上品の替りになるため下直なものはない。耳は羽二重程の厚さで加賀絹の耳に似ている。丈は長いが定まりがない。染付は羽二重同様に光沢《つや》があり、至って絹性は器用である。値段目廻り*のものは丈の長短は測り難い。「浜縮緬」参照

浜松納豆【はままつなっとう】「浜名納豆」ヲ見ル

浜松より舞坂【はままつよりまいさか】 東海道宿駅*。二里半十二丁。本荷百七十三文、軽尻百十五文、人足百八十五文。右に城があり、城の脇に五社大

明神 諏訪大明神がある。左に大きな池があり、池の向うに名木のざざんざの松がある。坪井村、馬郡村、この辺は砂が高い。〔東街道中重宝記・寛政三〕

浜紋縮緬【はまもんちりめん】〔絹布重宝記〕に浜紋縮緬は、全て近江長浜より織り出す。京織に次いで上品である。縮緬類は生絹《きぎぬ》で京都へ出し、京都で練る。浜縮緬の練物屋は二軒に限る。

浜焼【はまやき】〔料理調法集・焼物之部〕に浜焼は、大鯛を常のように洗い、串に刺し塩を振って焼き、掛汁をする。掛汁は酒溜りで塩梅する。

浜木綿【はまゆう】草花作り様。浜木綿《はまゆう》の花は白色である。土は真土・肥土・砂を合せて用いる。肥しは雨前に小便がよい。分植は春、秋にする。〔昼夜重宝記・安永七〕

浜蘆水揚伝【はまよしみずあげでん】〔調法記・四十七ゟ五十七迄〕に浜蘆《はまよし》水揚伝は、根をよく塩で揉み、その後水に暫く入れて置き、活ける。

歯磨【はみがき】「楊枝の事」ヲ見ル

破免【はめん】〔農家調宝記・初編〕に破免は、定免《じょうめん》*の制があり水損 旱損等格外で三分以上の損毛がある時、当合《あたりごう》*の内を引き、残合《のこりごう》と坪刈の合とが対様《たいよう》すれば破免を願うことができる。但し、坪刈で籾の多いのは破免にならない。この減免の手続きをいう。

はも【はも】大和詞。「はもとは、物を尋ぬる心」である。〔不断重宝記大全〕

鱧子煎【はもこいり】〔料理調法集・煎物之部〕に鱧子煎《はもこいり》は、鱧*を刺身より大きく作り、出汁 溜りで塩梅し、子も腸も入れる。酢を少し差したのもよい。

は文字【はもじ】女中詞。「恥しきを はもじ」という。〔重宝女訓女今川操文庫〕

鱧の事【はものこと】〔万物絵本大全調法記・下〕に「海鰻 かいまん／はも／はむ」。〈異名〉〔書札調法記・六〕に鱧の異名に、海鰻 狗魚《くぎょ》 文魚がある。〈薬性〉〔医道重宝記〕に海鰻《はも》は平で毒はなく、悪瘡を治し痔を癒す。多食してはならず、補養の効はない。〔永代調法記宝庫・四〕に鱧《はも》は百病によく、水腫や顔の腫、小便通じ、疾気を去る。脾胃を補い、食を進め、脚気、痔、風邪、孕み女も折々は食うとよい。〈料理仕様〉〔諸人重宝記・四〕に鱧の料理は、鱠 蒲鉾 ごんぎり（五寸切）、この外色々ある。

刃物の事【はもののこと】〈錆びぬ伝〉〔諸民秘伝重宝記〕に刃物の錆付かぬ伝は、米糠を炒って箱に入れ、その中へ差し込んで置くといつ迄も錆付かない。〈売り店〉〔江戸流行買物重宝記・肇輯〕に「刃物打物」として、通油町 炭屋七右衛門、芝三嶋町 木瓜屋重兵衛、江戸橋 今津屋平右衛門、てりふり町 名古屋久次郎、室町二丁メ 木屋伊助、浅草並木町 伊坂屋忠兵衛、本石町四丁メ 岩井屋平吉、室町二丁メ 木屋伊助、通新石町 枡屋萬蔵、など十一軒がある。

葉守の神【はもりのかみ】〔俳諧之重宝記すり火うち〕に「葉守《はもり》の神。一ツ、植え物に嫌ふ。雑也」とある。『俊頼髄脳』に「葉守の神とは木の葉を守る神の木にはおはする」。『大和物語・六八』に「かしは木に葉守の神のましけるを知らでぞ折りし、祟りなさるな」。

鮠【はや】「はえ（鮠）」ヲ見ル

早泡雪【はやあわゆき】「泡雪玉子」参照

早煎海鼠【はやいりこ】「はやいりなまこ（早煎海鼠）」ヲ見ル

早煎酒【はやいりざけ】〔料理調法集・煮出煎酒之部〕に早煎酒に二法がある。①古酒四盃、醬油一盃、酢半盃を炭火で一泡煮て、そのまま降ろし、箸で掻き回し、人肌に冷めた時また煮返し、これを三遍するとよい。②古酒五盃、醬油一盃、塩少し、砂糖十匁。各々合せて煮返し、酒の香が去った時がよい。〔新撰咒咀調法記大全〕に煎酒を早く拵える方は、酒八盃、醬油三盃、酢一盃の分量で酒を煮立て、醬油を入れてまた煮立て、酢を入れて煮立て、砂糖を少し入れて掻き立てる。また早く拵えるには砂糖に酢を加えて掻き混ぜて用いる。「煎酒」「極煎酒」「精進煎酒」参照

早煎海鼠【はやいりなまこ】〔料理調法集・煎物之部〕に早煎海鼠《はやいりなまこ》は、生海鼠の大きなのを二ツに割り、裏をよく取り筋違いに三ツ四ツに切り、鉢に塩を沢山入れ生海鼠を掻き交ぜ暫く置き、煮え湯を鉢一杯に入れ塩が出切らぬ内に遣うと和らかである。

早外郎【はやういろう】「外郎《ういろう》餅」ヲ見ル

早打ち肩【はやうちかた】現在の狭心症の事という。〔文政新刻俗家重宝集〕に早打ち肩の療治は、○紅花《べにばな》を湯で揉み出し、汁を用いて洗う。○よく切れる小刀で肩に青すじの張る所をよく見すまし、突いて血を出すと即治する。

早掛造り様【はやがけつくりよう】〔醸造重宝記・上〕に早掛《はやがけ》は、早く酒造することであるが、好んでしない方がよい。突然に酒が急用で、一日でも早く出来るのを取り柄にすることである。仕様はだき（暖気入れ。酒醸造中酒母に加温する一操作）を抜くと、そのまま蒸しを仕掛けて添米を掛ける。掛米は大方だきの抜けるくらいを見立て、その前日より米を洗い置く。以下詳しい造り様が続くが省略する。

早求肥【はやぎゅうひ】「求肥飴」ヲ見ル

はやくさ【はやくさ】「丹毒」ヲ見ル

早く煮立てる事【はやくにたてること】〔男女御土産重宝記〕に物を早く煮立てる事は、篠や杉の生葉を焚くと奇妙である。

林崎文庫【はやしざきぶんこ】伊勢名所。林崎文庫は、大橋の西の山腹 林崎という所にある。つづみが嶽の東の尾崎である。所用は宮崎文庫*（外宮）と同じである。〔東街道中重宝記・七ざい所巡道しるべ〕

林の鐘【はやしのかね】大和詞。〔不断重宝記大全〕に「はやしのかね（林鐘）とは、六月なり」。

林の事【はやしのこと】〔万物絵本大全調法記・上〕に「林 りん／はやし。叢そう、同。又くさむら」。〔四民格致重宝記〕に次がある。野原の広い所には、まず地普請に用いるため、雑木 竹 萱などを植えて置くのがよい。その外、薪のために櫟《くぬぎ》小楢《こなら》松 杉の林を仕立てるのがよい。こんなことは百姓も骨を折り、その上草刈場も狭《せば》まるので、小百姓は嫌う。将来は百姓の勝手もよくなるようにし、山野に費えのないようにするのが専一である。「古林《ふるばやし》切りの事」参照

はやたつ【はやたつ】大和詞。〔不断重宝記大全〕に「はやたつとは、川の名の事」とある。川の異称である。

早継ぎの法【はやつぎのほう】〔重宝記・礒部家写本〕に万早継ぎの法として、卵の白身で饂飩粉の粉を練り付けるとよい。

早造り…【はやづくり…】「早飴」「早造り甘酒」「早造り味噌」「早付木」等は、それぞれ「飴」「甘酒」「味噌の事」「付木《つけぎ》」等ヲ見ル

隼人司【はやとのつかさ】〔万民調宝記〕に隼人司《はやとのつかさ》は兵部省*に属し、禁中門外の警護を司る。

早糊の重宝【はやのりのちょうほう】〔調法記・全七十〕に早糊の重宝は、はぜ（糀＝籾を炒った物）を少し焙って粉となし、紙袋に入れて置き、使う時水で溶くと糊になる。

はやむさ【はやむさ】片言。「はやむさは、隼《はやぶさ》」である。〔不断重宝記大全〕

催生の事【はやめのこと】出産の早めである。〈薬〉〔昼夜調法記・正徳四〕に、○産に臨んで産をしないのに用いる催生薬《はやめぐすり》は、催生飲《さいせいいん》* 催生散《さいせいさん》* 催生湯《さいせいとう》*がある。○子が腹中で死んだ時には、平胃散*に芒硝を加えて用いる。○産して後に産門が閉じないのは気血の虚で、十全《じつぜん》大補湯*を用いる。〔里俗節用重宝記〕に産に臨み早める薬は、当帰・川芎・大腹皮・枳殻・白芷（各五分）を煎じる。〈呪い〉〔麗玉百人一首吾妻錦〕に「催《はや》生《め》の符」を書いて、赤紙と白紙で図版（図425）のように結び、子の生れ兼ぬるのに呑ませると速やかに生まれる。「難産の事」モ見ル

逸か【はやりか】大和詞。「はやりかとは、口早に物云う事」である。〔不断重宝記大全〕

図425「催生の符」（麗玉百人一首吾妻錦）

流行り言葉【はやりことば】　女詞遣。〔女重宝記・一〕に「時の流行り言葉」は、よい女中は一言も言ってはならない。例えば、「憎い奴。誰め。すきと。しかと。ひどい。げびる。やゝ。いきぢ。きざし。すい。気の通《とおる》。おもわく（思惑）。そふした事。おてき（御敵）」等。

流行り目【はやりめ】　「目の諸症」ヲ見ル

流行り病【はやりやまい】　「時疫《じえき》」ヲ見ル

原【はら】　百人一首読曲。「在原」は氏《うじ》の時は、「はら」と読む。〔麗玉百人一首吾妻錦〕

腹痛み【はらいたみ】　「腹痛／腹病」ヲ見ル

祓所【はらいどころ】　伊勢名所。「内宮」の一の鳥居より指し向う行き当りの石積みである。祓所、洗手場《ちょうずば》の辺を大庭《おおば》という。〔東街道中重宝記・七ざい所巡道しるべ〕

払いの矢【はらいのや】　「えびら（箙）」ヲ見ル

祓の弓【はらいのゆみ】　〔弓馬重宝記・上〕に祓の弓の事は、矢代が立つと出て射場の真中より少し前で蹲い、例式のように肩を抜き、矢を番《つが》い、弦を抱え、立射をする。

祓を切る秘事【はらいをきるひじ】　〔増補咒咀調法記大全〕に「万の事祓ひ切る秘事」として小刀を手に持ち次の七首の歌を詠む。「手に取りて三刀《みとう》は何と言ふやらん 文殊のつくり不動くりから」。「此串は高天原におる串を 神代のおりにあひにけるかな」。「紙とりて神門《かみかど》立てて祓ひして蛇になりてぞ神や住むらん」。「三ツ五ツ七ツの節《ふし》に神立ちて 障りの神は早く退け」。「尾を巻きてひれ伏す形《すがた》恐しや 姿を見れば不動くりから」。「祈念して高間が原で祓ひする 今より後《のち》は残る所なし」。「年をえ（経）て身を妨ぐる荒御前 さか木捨つるぞ祟りなすなよ」。詠み終り幣を持って祓う。「幣加持の事」参照

祓を修する事【はらいをしゅうすること】　〔諸人重宝記・一〕に次がある。日本で生命を受けた人は解除《はらい》を務むべきである。祓《はらい》は中臣《なかとみ》祓、六根清浄祓があり、例え何宗でも常に祓を修すべきである。我々が日々夜々作る罪、咎、祟りを神明へ申し上げ、祓い清める心である。但し、物忌み 不浄《けがれ》等は服忌令*がある。常には三種《みくさ》の大祓を修する。祓いの本を求め、神職に習うのがよい。「六月の名越の祓する人は千歳の命延ぶとこそ聞け」。

腹帯の事【はらおびのこと】　〈腹帯の祝い〉〔女重宝記・三〕に、懐妊すると五月目より胎内で人の形を備えるので、その前に帯をする。胎内の子は上へ突き昇らないので難産をしない。帯は生絹《すずし》を八尺にして四ツに畳み、男の左袖から女の右手へ渡すのが祝儀である。誕生後はこの絹に蟹鳥をつけて浅葱に染め産着にする。子を何人も産んだ人から貰ってするのも祝儀である。帯をするのに三献（正式の饗宴）の祝があって後、よい方角に向いてする。この帯は後に取り替えて他の帯にする。〔進物調法記〕は或書を引いて言う。帯の祝には 生絹《すずし》 羽二重 紅絹《もみ》 加賀 小つま、どれでも八尺ずつである。始めに結び初めた帯は誕生後に練って、肩に鶴亀を浅黄に染め 白を裏に付け生れ子に着せるが、これは産着ではない。〔女用智恵鑑宝織〕は常には出入する善い人の帯を貰うが、望まれた女は直ぐに樽肴（鯉か鮒）を添えて遣わすのが産によく、安産後は薄浅黄に染め鶴亀をつけて着せるが、帯の祝には身分相応の礼物を贈る。〔教訓女大学教草〕は帯は八尺で一ト幅端縫（たちぬい）はしない。古法

は夫の役目であるが、中古からはその家の目出たい男の役であり、婦人は産土神の方へ向い居て、帯は四ツに折り、婦人の右袖へ渡し自ら結ぶ。式三献 雑煮 吸物が出、その役を勤めた男へ引出物があり、祝が過ぎると帯は解き、薄浅黄に染めて肩に蟹と鳥を付け、誕生の小児に着せる。

〈腹帯をする吉日〉〔教訓女大学教草〕には懐妊してから五ヶ月目の十五日に、悪日でも祝う。但し、中人以下は戌の日を用いて本式はない。また次の日に帯をすると難産はない。甲《きのえ》子・戌の日。乙《きのと》丑・未・辰の日。戊《つちのえ》午・子・戌の日。己《つちのと》丑の日。庚《かのえ》申・戌の日。辛《かのと》卯・酉の日。丙《ひのえ》午・戌の日。〔諸人重宝記・四〕には甲子の日。乙丑・未・辰の日。戊午の日。辛酉の日。丙午の日。庚子の日。辛卯の日。戊戌の日。己丑の日。又、暦中段 開《ひらく》*成《なる》*平《たいら》*も大いに吉日とする。

〈腹帯する日に向いて善い方〉〔女用智恵鑑宝織〕は次の方角に向かうと親子ともに難がないという。正・四・七・八月は未（南々西）。二・十一月は戌（西々北）。三月は丑（北々東）。五月は辰（東々南）。六月は午（南）。九・十月は申（西々南）。十二月は寅（東々北）。〔和漢年暦調法記〕には「帯する時吉方」を、正・九・十一月は南。二・四・十二月は西。三・五・七月は北。六・八・十月は東、とある。尚、吉日を甲・庚の子の日、壬・丙の午の日、戊・庚の戌の日とする。

〈腹帯をせぬ日〉〔懐中重宝記・弘化五〕に五墓日* 血忌日、*暦中段の破《やぶる》*除《のぞく》*危《あやむ》*の日は腹帯をすると悪い。

〈古方医家の説〉〔女重宝記・三〕に古方医家香川の書の紹介がある。着帯は、神功皇后が懐胎して三韓征伐の時、御子が驚くのを恐れて腹帯を締め、応神天皇を平産してより平民まで腹帯をする習わしとなったが、帯を堅く締めて転倒する時は胎児の痛みになり産が重い。常の産に帯を結ぶ時は気血を廻らさず却って悪い。また産婦を起して置くと悪く、枕を高くして心安く休めると血も早く治まる。シナには『婦人産帯記』があってこの説を記す。

はらか【はらか】女中御所詞。〔麗玉百人一首吾妻錦〕に「ます（鱒）は、はらか」という。

腹懸【はらかけ】馬具。〔武家重宝記・五〕に腹懸は、馬の平伏を禁ずるために、馬屋の上へ繋ぎ上げる縄をいう。

はらかた【はらかた】「このしろ（鰶）」ヲ見ル

腹赤贄【はらかのにえ】〔年中重宝記・一〕に腹赤贄《はらかのにえ》は、禁中元日の作法である。腹赤《はらか》*とは、筑紫（大宰府）より腹赤の魚を奉る。鱒の魚のことである。「元日節会」*のついでに行う。

同胞【はらから】大和詞。「はらからとは、おととい（兄弟姉妹）の事」をいう。〔不断重宝記大全〕

巴拉圭【はらきゅえい】〔童蒙単語字尽重宝記〕に巴拉圭《はらきゅえい》は連邦。広さ八万四千坪、民は一百万人。「巴魯圭」とも書く。

腹下り【はらくだり】「痢病の事」ヲ見ル

はらぐろう【はらぐろう】「はらぐらうとは、腹黒と書、意地わろき也」。〔消息調宝記・一〕

腹の塊【はらのかたまり】「しゃくじゅ（積聚）の事」ヲ見ル

腹の諸症【はらのしょしょう】〈内科診察法〉〔鍼灸重宝記綱目〕に腹の見様がある。○病人を仰臥させ、足を伸べ、両手を股の脇に付けさせ、男は左女は右の乳の下を手の平で押え、病人の心を鎮め、五六呼吸程して手を下し上脘より押えて静かに左右を窺い見る。○男は左 女は右を先に見て、心の弱いのは虚、押えて痛むのは実である。○軽く押えて痛めば、邪は表《うえ》に、重く押えて痛めば裏《うち》にある。○臍から胸の間が空いて臍下が脹れ、押え応えのあるのは腎精の実で無病、胸の下が脹れて臍下が空くのは腎虚*である。○臍の上下が慣れ合い、何の障りもなく、押さえ応えのあるのは平常である。堅く或は柔かく、木の枝等を袋に入れて探るよ

うなのは苦しみがなくても病がある。○左右の立つ筋が張っているのは、性気の虚である。○生死を窺うには、臍下三寸関元*の穴《けつ》を手先で押えて力がなく空虚で、指を動かし、中窪で竪に溝があり、指が陥るようなのは死ぬ。三焦*の一元の気をよく窺い、有無を知る時は生死を弁え知る。胸の下が堅く石を撫でるようなのは必ず死ぬ。外にも秘密は色々ある。

〈腹病薬〉〔調法記・四十ら〕に腹の病の薬に二方がある。①甘草・蕨香・膝黄・蜜臘・てつほん（鉄粉カ）。これを当分七帖で目方十四匁。尤も地腹病、虫腹病には硫黄で飲ます。青腹病、丹腹病に用いる。②牡殻（焼き粉にして水飛する 四十目）、芩（よく炒る）・甘草（各五匁）を調合して、一廻り（七日）に十目ずつ酒で用いる。〔懐中調宝記・牛村氏写本〕には「フク病の奇法」として、鉄粉・葛粉（十匁）、小麦粉（二十匁）を極上酒で練り合せ、土中に三日置いて、一匁五分ずつ塩湯で服する。

〈腹脹り〉〔鍼灸重宝記綱目〕に「腹脹り手足の腫れ」たのには臍の上一寸に七壮する。〔胡椒一味重宝記〕に「腹脹る」には胡椒（中）桂枝（大）を煎じて用いるとよい。〔薬家秘伝妙方調法記〕に、○腹薬、赤に吉として膠（一両）、大連（二両）、茯苓（二）を合せ丸薬とし、●これ程に丸じて、湯で用いる。○同、白には乾姜・山桃・天南星・甘草・桂心を加える。○産後なら天南星、風邪なら乾姜・甘草は入れない。とりやう（土龍カ）の灰を少し入れる。このほか、腹薬の記載は多い。

〈名薬所〉〔万買物調方記〕に「京ニテ腹薬」柳の馬場松原上る 法橋堀長順／池長安にある。「江戸ニテ腹薬」京橋南三丁目 池長安にある。「腹痛《ふくつう》／服病」モ見ル

〈鍼を立てずに腹の痛みを止める伝〉〔調法記・四十ら〕に次がある。男は図版（図ハ「陰鍼の伝」ニ掲出）のように真中で立て納め、女は上で立て納める。紙に人形を書き、鳩尾の下に星を四ツ、両脇に二ツ書いて、病人をその形に仰向けに臥させる。男なら上より左回しに中で立て納め、女は中より右へ回し上で立て納める。病人の寝させようさえ聞けば、その形に図を置いて立てると、隣で立てても治るのは妙である。この針はどんなに痛む腹でも皆治る。「かげばり（陰針）の伝」モ見ル

〈呪い〉〔増補咒詛調法記大全〕に、腹の病に呑む男女の符がある（図426）。

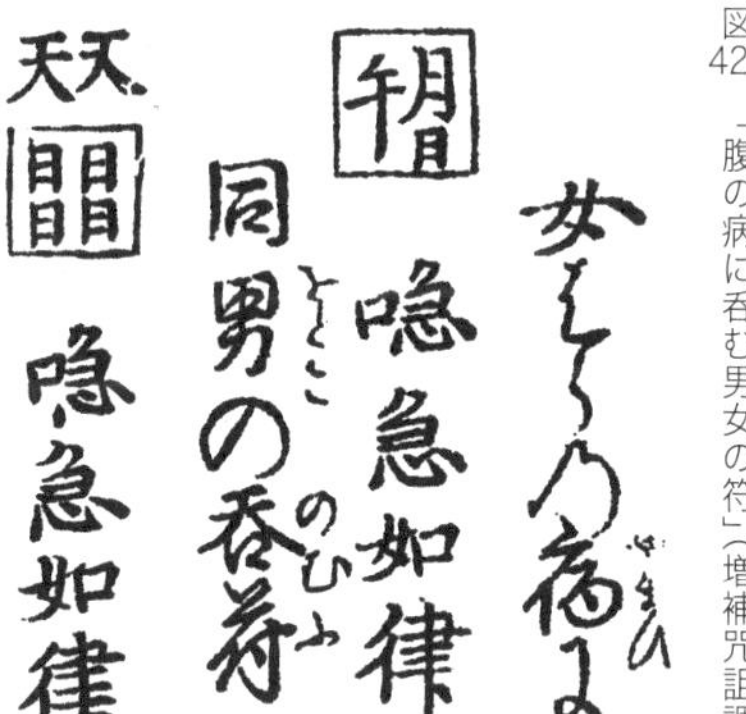

図426「腹の病に呑む男女の符」（増補咒詛調法記大全）

〈外科損傷治法〉〔改補外科調宝記〕に「腹を切り腸が出た時」は、まず手に椰子油を塗り出た腸を手に乗せ、傷の上下をよく見、腸も損ねず手負も衰えなければ、腸に糞の臭いのないのを確かめ、焼酎で出た腸を洗い、押し入れて縫う。桁の間は三四分ずつ、付薬は玉子白身・椰子油（各等分）を用い、木綿は一反程で腹を巻き、後ろへ物に寄り掛からせて置く。傷が癒えて後に糸を抜く。

〔骨継療治重宝記・中〕には次がある。①刀斧などで腹の皮を破り腸《はらわた》の出る傷には、まず清心の薬に童便を加えて服する。独清散を用い、次に止痛薬*を用いる。出血過多は当帰・川芎を水煎して服し、次に白芍薬・熟地黄・羌活・独活・防風・荊芥・白芷・続断を加え、水煎して乳香・没薬の末（粉）を調えて服する。この末（粉）はよく血を散らし痛みを止める。②肚（胃嚢）の上に傷を受けて皮が破れ腸が出て外にあり、

破れて断《き》れていない時は皆治る。全く断れた時は治し難い。③腸が出たら、患者の手を医師の肩に置き、左右に従って収め、胡麻油で瘡口を潤し調えて腹に入れる。通関散*を鼻に吹き込みくしゃみをさせると腸は自ずから入る。桑白皮を糸にして皮の内面より縫い合わせ、後に封口薬*を塗る。外面には補肌散を、鶏卵の白身で調えて付ける。散血膏*も妙である。縫い合わせた糸の上は花乳石散を付ける。④腹の皮が裂けて開いたのは、麻縷《あさいと》を糸にし或は桑白皮を槌《う》った糸で縫い合わせ、上に花乳石散を付け、裏から肚の皮を重ねて縫う（外面を縫ってはならない）。重ねて外面の皮を留め開き、薬を振り掛け瘜肉《いえじし》の生《あが》るのを待つ。もし腸の上に少し傷《やぶ》れた孔《あな》があれば、それを灯火に照らして見て腸中に空気があり灯を射るようなのは治らない。⑤腸が出た患者は、手を吊り上げて酢で山豆根の汁を煎じて呑ませ一口から二口になる頃針を病人の頭上に一度刺すと、腸は自ずから入る。⑥肚の皮が傷《やぶ》れて孔が大きく肚腸と脂膏《あぶら》と共に出たら、内に入れる時は縫う。孔が小さくただ膏が出ることがあれば、手で膏を取り去り縫う。膏の出るものは何のことはなく、また入れてはならない。肚の内に傷を受けるものは専ら大小腸を下し、秘してはならない。

腹巻【はらまき】 鎧*名所。〔武家重宝記・三〕に腹巻は神功皇后より始まり（「腹帯の事」参照）、後ろで合せる分具足《わりぐそく》で、肩と腰とに引き合わせの緒がある。

孕む【はらむ】 「懐妊／懐胎の事」ヲ見ル

水銀粉の事【はらやのこと】 〔薬種重宝記・上〕に和金《かね》、「軽粉 けいふん／はらや／いせをしろひ（伊勢白粉）。そのまま用ゆ」。〔同・下〕に「水銀粉（すいきん）ふん／和玉／はらや」とある。〈薬毒を抜く法〉〔万用重宝記〕に「けいふんの薬毒抜く様」は、茄子の木の干したのと甘草と美濃の上茶を等分にして用いると、小便が白くなって奇妙に下りる。また「はらやの毒消」は黄連を煎じて飲むと奇妙である。〔家伝調方記・天保八写〕に「軽ふん毒抜」は、白蘚皮・山帰来・大黄・木香・黄芩・柴胡・当帰・川芎・唐木通・忍冬・連翹・白芷。後で呑むとよい。「水銀《みずかね》を飲んだ治方」モ見ル

原より吉原【はらよりよしわらへ】 東海道*宿駅。三里六丁。本荷百八十六文、軽尻百二十二文、人足九十一文。右に興国寺の城跡、浮島が原、今は原村で沼が少しある。介兵衛新田 柏原は鰻を焼いて売る。檜村 大野新田、元吉原、川井の橋二十九間。富士の裾野は原と吉原の間をいう。この山は三国無双の名山である。富士の白酒は名物である。足高山の頂上を裾が嶽という。富士山の裾野に富士の人穴がある。〔東街道中重宝記・寛政三〕

はらら汁【はららじる】 〔料理調法集・汁之部〕にはらら汁は、鮭のはらら子（卵）を薄身浸《ひ》ずにし、卸し等入れるとよい。中味噌で仕立てる。

腸【はらわた】 「腹の事」モ見ル

腸を断つ【はらわたをたつ】 〔消息調宝記・一〕には「はらわた（腸）を断つ、大に笑うことから、文字詩句の意《こころ》とは違へり」とある。『菅家後集』に「秋思詩篇独断腸」（悲痛な気持に耐えられないさま）がある。

鍼【はり】 「はりきゅう（鍼灸）の事」ヲ見ル

張方【はりかた】 〔色道重宝記〕に張方《はりかた》は、水牛の角を陰茎《へのこのかたち》に細工したもので、両国薬研堀四ツ目屋に行けば、格好の太細長短、好み次第の品がある。これは遊女の一人寝を慰める道具である。

針金【はりがね】 〔万物絵本大全調法記・上〕に「鉄線 てつせん／はりかね。又銅線 どうせん／あかゝね」。〔万買物調方記〕に「江戸ニテ針金物鍛冶」神田かぢ町 助左衛門、ぬし町 佐市、くぼ町 かぢ町 山崎五兵衛にある。「江戸ニテ針金師」浅草九丁目 弥兵衛、同所十二丁目 若右衛門にある。「大坂ニテ針金屋」道頓堀、堺筋の東、御堂の前にある。

鍼灸の事【はりきゅうのこと】 針灸とも書く。〈針灸概説〉〔鍼灸重宝記綱目〕

に、○「針灸医の道を勤むる人」は、大酒色欲を慎み、貪り嫉み憎む心を生ぜず、慈仁の心を存し、利欲を忘れ広く施し、衆人を救えとある。○針灸の穴は一身に三百六十穴あり、その針する要穴は六十穴である。即ち、人の経は十二経あり各経に五穴があり、井《せい》栄《えい》兪《ゆ》経《けい》合《ごう》で六十穴となる。その要《かなめ》は、腑の病には各経によりその経の十二兪に刺《はりさ》し、臓の病には各経によりその経の十二合に刺し、二十四穴となる。兪は各経の本原ゆえ原穴ともなづけ、経に病がある時はその経の原穴を刺して治す。実する時は瀉し虚する時は補する（「補瀉《はしゃ》」参照）。〔医道重宝記〕は「鍼灸の要穴」を「頭面の部」「胸腹の部」「背腰の部」「手の部」「足の部」に分けており、各要穴ごとに立項した。〔鍼灸日用重宝記・二〕に、○「鍼灸穴法分寸」は図版（図427）のように男は左、女は右の中指を屈め、中指一の節と二の節の折目の間を取って身の一寸とし、同指寸*とも中指寸ともいう。これは『明堂灸経』に出るが『十四経発揮』には人に大小長短、身体の肥瘦があり、一概には当てはめられないとある。〔鍼灸重宝記綱目〕は、○神灸 神針の方法として『本草綱目』を引き、五月五日に東へ差した桃の木の枝を採って削り木の針とする。鶏卵のように長さ五六寸にして乾かし、用いる時綿紙《かみ》三五層で患部に敷き、襯《しき》針で胡麻油に浸し、火をつけて吹き消し、熱に乗じて鍼にする。又、艾葉《もぐさ》一種を糊で粘《ねや》し紙に包み箸のようにし、日に乾かして用いる。灸する時紙を四重に畳み表裏に墨を点じて灸穴にあて、火針に火をつけ、墨の点にあてて押す。口伝がある。「雷火神針法」参照。○針灸を誤り経絡を傷《やぶ》り膿血が出て痛みの止まらないのには、黄芪（八両）、当帰（三両）、肉桂・木香・乳香（別に擂る）・沈香（粉）（各一両）、菉豆の粉（四両）を、菫汁《すみれめる》に和して糊とし、梧子大に丸じ、五十丸ずつ熱湯で用いる。

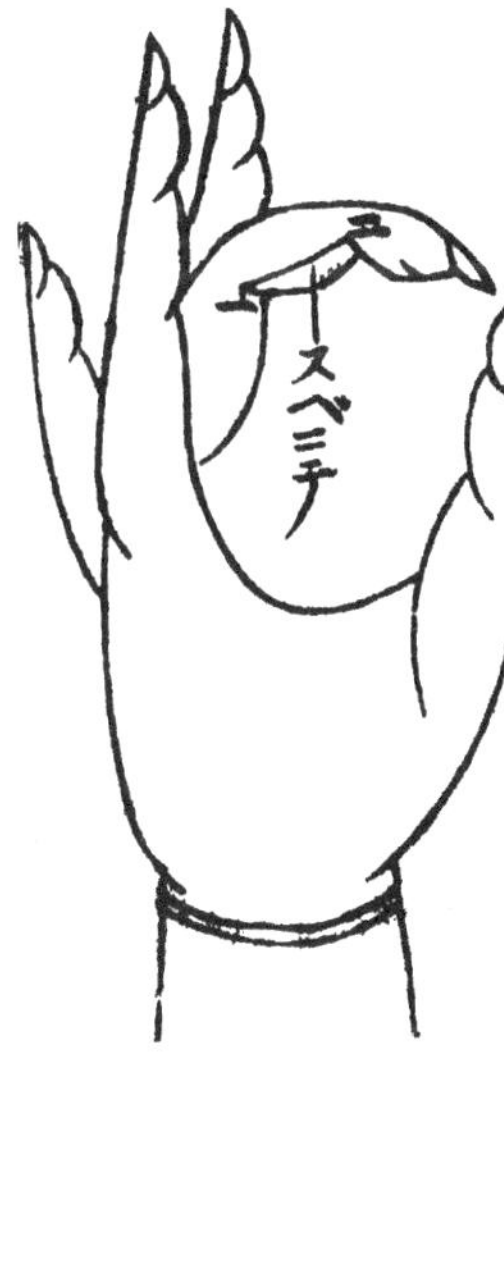

図427「鍼灸穴法分寸」（鍼灸日用重宝記）

〈針灸吉凶日〉〔重宝記永代鏡〕に、○鍼灸の吉日。甲《きのえ》戌・申・辰の日。乙《きのと》巳の日。丙《ひのえ》子（夏は忌む）・戌・申・辰の日。丁《ひのと》亥（夏は忌む）・卯・丑の日。戊《つちのえ》申（男は忌む）の日。己《つちのと》亥（女は忌む）の日。庚《かのえ》午・亥（秋は忌む）の日。辛《かのと》卯・丑の日。壬《みずのえ》午・辰・戌の日。癸《みずのと》丑の日。○鍼灸の凶日。上記の内でも血忌日*受死日*十死日*四季悪日、暦中段の満《みつ》*閉《とず》*等は忌む。男は除《のぞく》*戊《つちのえ》の日。戌の日。女は破《やぶる》*日。己の日。巳の日。男女とも四季の土用中*八専*の日等は忌む。〔万法重宝秘伝集〕に、「毎月針灸をせざる日の事」は正月は丑の日。二月は未の日。三月は寅の日。四月は申の日。五月は卯の日。六月は酉の日。七月は辰の日。八月は戌の日。九月は巳の日。十月は亥の日。十一月は午の日。十二月は子の日。〔昼夜重宝 両面雑書 増補永暦小筌・慶応二〕に、○吉日は、甲の子・戌の日。乙の丑の日。丙の午・戌の日。戊と庚の子・戌の日。辛の酉の日。○悪日は、甲の寅の日。乙の卯の日。己の巳の日。血忌日*。男は除く日*。女は破る日*。

〈針灸禁忌〉〔鍼灸日用重宝記・一〕に、○針灸の禁忌は、針をする者は前後三日淫房を慎まないと験がない。灸をする者は前三日より、灸後は七日を忌む。針灸の時には怒ってはならず、怒ることがあれば暫く気を鎮めて後に行う。風寒を禁じ、窓際を閉じて行う。甚だしく飢え、飽食、酒酔、疲労時には針灸をしない。灸後は三日風呂に入らず、洗足は翌日よりする。厚味大酒を忌み、房労は最も忌み、禁忌を守りよく保養するのがよい。

針急労【はりきゅうろう】〔馬療調法記〕に針口が大いに腫れて煩うのを針急《はりきゅう》労《ろう》という。巴豆の油を飼う。○又方、蕎麦殻の灰汁と鉄漿水を等分に合せて付ける。

はりきり【はりきり】〔料理調法集・口伝之部〕に、鯛の小さなのを小鯛、はり切。この次を小々鯛、小平家、木の葉ともいう。

針口屋【はりぐちや】 針口屋は天秤《てんびん》*の製作業者をいう。「京ニテ針口屋」両替町錦小路上ル 堺与三兵へ、御池東洞院西へ入 同与一郎、同町 同与十郎、松原室町西へ入 同与三左衛門、大宮一条下ル町 同長兵衛。「江戸ニテ針口屋」堺与一郎。「大坂ニテ針口屋」高麗橋東詰 同与七郎、今橋二丁目 同甚九郎、同町東 同孫兵へ、高麗橋一丁目 同吉兵へ、同町西 同若太郎、過書町 同甚四郎、梶木町淀屋橋角 同甚九郎がいる。

鍼口を閉ずる【はりぐちをとずる】「鍼（針）の事」ヲ見ル

針栗生姜【はりくりしょうが】〔料理調法集・口伝之部〕に針栗生姜は、不断に用いる。

ばりこく【ばりこく】 卑語。「小便するを ばりこく」という。〔女用智恵鑑宝織〕

針刺箱【はりさしはこ】〔里俗節用重宝記・下〕に「針刺箱」は、枯れた桐の木の材がよく、漆を塗っても木地でもよい。但し、木地で用いる時は木を採った時煤色付にして仕立て、よく拭き入れ、胡桃を布に包んで拭い、又よく拭き入れる。総鯨尺の寸法。二ツ割の引出しの下 通し引出し。反物二反を入れる。横引出しに差金を入れる（図428）。

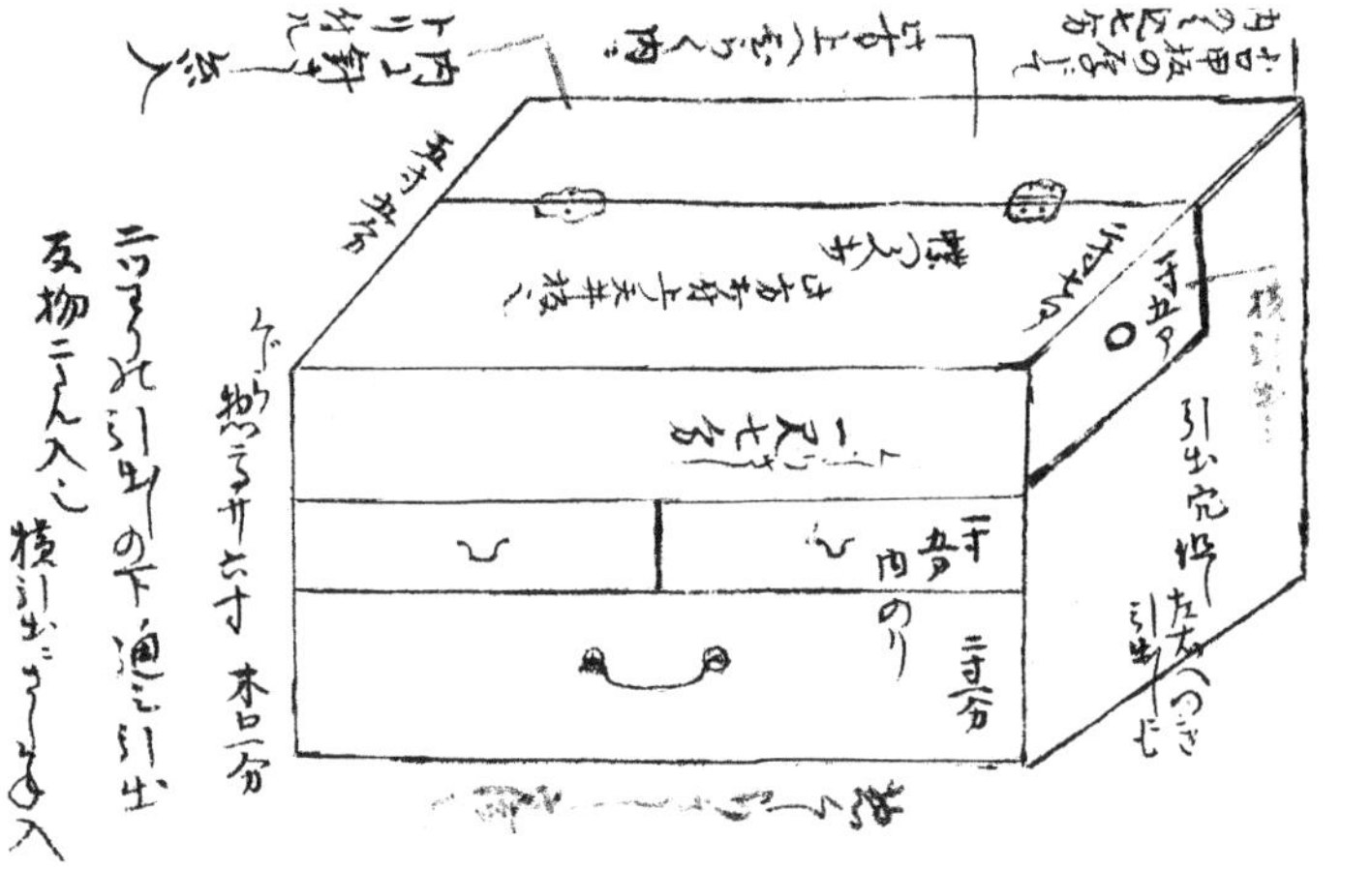

図428 「針刺箱」（里俗節用重宝記）

百里斯【ばりす】〔童蒙単語字尽重宝記〕に百里斯《ばりす》は英領。広さ一万八千五百坪、民は一万九千人とある。

鍼（針）の事【はりのこと】〈鍼立の始り〉〔人倫重宝記・三〕に、唐の黄帝が岐伯と病を論じて、九鍼を作らせたことから始ったという。日本へは元正天皇の養老年中（七一七～七二四）に針医が渡来して広まったが、槌針《ついしん》《うちばり》撚針《ねんしん》《ひねりばり》だけで他は伝わらなかった。近頃の石針は『素問』九鍼にいう石針ではなく、名を借りたばかりである。針は補瀉*迎《こう》*随*を知って治すべきであるが、今の世は瀉ばかりで食積 血塊 胸の痞 腹の痛みに針二三本を立てて上手と言われ、気 腎虚を補い治した上手は広い唐にも聞かない。多くは昼行灯《ひるあんどう》*の針立が多いという。

〈針立医〉〔万買物調方記〕に「京ニテ針立」意伯九郎左衛門。「江ニテ戸針立」山本慶益 坂寿庵 坂立雪 岡本玄詰 海津躬真 杉山検校の外に二十九人がいる。「大坂ニテ針立」南御堂の前 鈴木宗賢 松岡仙庵、内淡路町 佐野養甫、藤右衛門町 森川堅伯、博労丁 中川三悦 松岡正庵がいる。

〔万物絵本大全調法記・上〕に「針しん／はり。鍼しん。箴しん。並ニ同」。〈諸鍼〉〔鍼灸重宝記綱目〕に九鍼と三稜針の図式がある（図429）。鑱鍼《ざんしん》*（針）円鍼*（針）提鍼《ていしん》*（針）鋒鍼《ほうしん》*（針）鈹鍼《ひしん》*（針）円利鍼*（針）毫鍼《ごうしん》*（針）長鍼*（針）大鍼*（針）（以上九鍼の説は『素問』九鍼論に詳しい）砭鍼《へんしん》《いしばり》* 撚針《ひねりばり》* 打針《うちばり》* 管針《くだばり》*。

〈禁針〉〔鍼灸重宝記綱目〕の「禁針（鍼）」の「禁針禁灸の図」ヲ見ル

〈鍼灸浅深の論〉〔鍼灸重宝記綱目〕には、春夏は陽気上り人の気も浮ぶので鍼を浅く刺す。秋冬は陽気下り人の気も沈むので鍼を深く刺す。陽分には伏せて刺す。陰分には左手で鍼する所の栄命を按し撫で 気を散じて刺す。これを栄《えい》を刺すに衛《え》を破ることなく、衛を刺すに栄を破ることなしという。なお「補瀉迎随温涼寒熱の刺し様」*を見る。

〈鍼口を閉ずる〉〔鍼灸重宝記綱目〕に針を抜く時、少し抜き出して持ち直し、抜き放し、中指で針の口を押し揉む事を針口を閉ずるという。

〈鍼の抜けないのを抜く法〉〔鍼灸重宝記綱目〕には鍼が肉内に四五分入り出難いのは、皮肉が鍼先に纏いついたためである。抜き様は息の出る時指に力を入れて一競《ひときおい》にすっと抜く。また一二寸も捻り下して出ないのは、臓腑の邪気が運動して鍼先に集り、纏い着いたためである。進退動揺させて邪気を散し、指に力を入れて心静かに抜く。病者も鍼者も出難いと驚くと、いよいよ抜けない。或は傍らに鍼刺して気を散し、後に抜くのもよい。

〈天地人の法術〉〔鍼灸日用重宝記・二〕に「男女天地人之法術」として次がある。天地人三才の術は、人の胸より上を天《てん》とし鍼を伏せて軽く浅く刺す。深く刺すと人を殺す。胸から臍迄を人《じん》とし浅深の中間を用いる。臍から下を地《ち》とし重く深く刺す。天は心兪《しんのゆ》 魂の宿る所が近く、もし鍼を刺して過ちがあれば病人の顔を袖で覆い 口鼻の息を温め 顔に風を当てず 男は足の三里 崑崙、女は三陰交、次に男女ともに臍の下一寸気海の穴を刺して補瀉すると必ず蘇生する。鍼を刺して皮肉に入るのを天といい、筋骨の間に入るのを地 才《さい》という。前記の季節に加えて、男は浅く女は深く、午前は浅く午後は深く、女がこれに変ずるのは陰陽の法等である。「はりきゅう（鍼灸）の事」参照

〈折鍼を抜く方〉〔鍼灸日用重宝記・二〕に鍼（針）が折れて肉中から出ない時は、壮鼠《こねずみ》の肝と脳を搗き砕いて針口に塗る。何によらず肉に入って抜けない時は、象牙を粉にして水で溶いて貼《つけ》ると忽ち出る。

〔童女重宝記〕に鍼が肉に入って出ないのには、車軸の油を取って貼け、紙を貼って置き、黒豆を擦り貼る。大豆の煎じ湯に浸し、松脂の粉を貼け布で包んで置く等がよい。「陰鍼《かげばり》の伝」モ見ル

針／縫針の事【はり／ぬいばりのこと】〔万物絵本大全調法記・上〕に「針しん／はり。鍼しん。箴しん。並ニ同」。〈錆〉〔万まじない調宝記〕に針の錆びない法は、糠を炒って箱に入れ、その中へ針を入れて置く。庖丁小刀でも同じ。〈針が立って抜けぬ時〉〔改補外科調宝記〕に針や釘等が折れて抜けない時は、磁石と琥珀を粉にして練って付ける。〔調法記・四十ら〕に針が立った時は蚯蚓《みみず》の土を去り練りつけると即座に治る。〔諸民秘伝重宝記〕に針が皮膚に折れ入ったのを抜く伝は、酸棗仁（さねぶとなつめの核）を黒焼きにして温酒で呑む。上にあれば食後に、下にあれば食前に用いる。〔懐中重宝記・慶応四〕に針が肉を刺した時は益智《やくち》*を煎じて用いる。甘草の粉に蝿の頭を擦り潰し飯糊で貼るのこよい。

〈針を呑んだ時〉〔斎民外科調宝記〕に誤って鍼を呑んだ時は蚕豆を煮熟し、韮汁と同じく用いると針と菜は大便に出る。

〈針の呪い〉〔文政新刻俗家重宝集〕に、○「針の失せたのが出る法」は「清水の音羽の滝は止るとも失せたる針の出ぬ事なし」と口の中で詠みながら、両手で下から上へ腹を掻くと出る。○「針咎め（針で指先を傷めること）の治法」は、口の中で「針がボボした針がものした」と唱え、息を

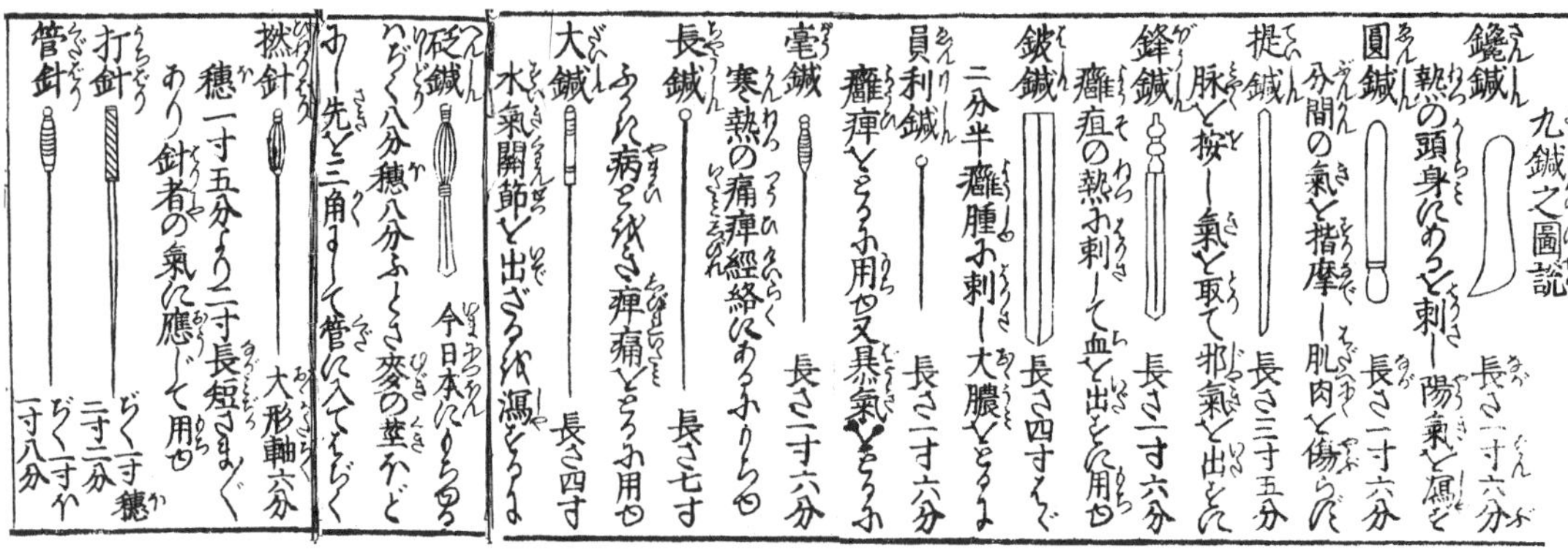

図429　「九鍼と砭鍼等の図説」（鍼灸重宝記綱目）

吹きかけると治る。〈針を曲げる呪い〉〔清書重宝記〕に「リンヒウトウシヤカイシンゼツサイゼン」と念じ、九字を切り曲げる。

〈針屋〉〔万買物調方記〕に「京ニテ物縫い磨き針屋」三条川原町角 福井伊与、同向い角 富永伊勢、同丑寅ノ角 井口大和、四条御旅町 徳永大和、油小路五条下ル 服部丹波しょう、同町 武田五郎左衛門。山科大谷池の川はり、大津街道 田辺はりま。其外此所ニ受領の針屋又多い名物である。「江戸ニテ物縫い磨き針」京橋四方棚 藤原正重、同所 大和掾、新橋北竹川町 五郎兵へ、京橋四方棚 宗広。「大坂ニテ物縫針師」堺筋に多い。〔日用重宝女大学〕には聖徳太子の姉宮は局料として針所《はりどころ》を持ち、諸国から買い請けるので姉が小路の家を元とする。近年は山科の東大谷で作る家が多く、これを池の川の針屋という。また三条河原町の東御簾屋から出るのを上針ともてはやし、所々に御簾屋を看板にして諸国へ売る。針は品々ある。

播磨【はりま】　播州。〔重宝記永代鏡〕には明石、賀古、三木、佐用、多可、揖保《いほ》、飾磨《しかま》、宍粟《しそう》、赤穂、神埼、加茂の十一郡をあげ、城下は姫路・竜野・明石・赤穂で、一ノ宮は伊和にある。〔万民調宝記〕には居城知行高を、姫路・本多中務十五万石、明石・松平若狭六万石、赤穂・浅野内匠五万石、竜野・脇坂淡路五万三千石、宍粟・本多肥後一万石。〔大増補万代重宝記〕には十六郡をあげ揖保、加茂、飾磨、神埼がなく、揖東、揖西、印南、加西、加東、神東、神西、飾西、飾東がある。上管、四方三十里。田数二万千二百三十六町、知行高五十二万千三百石。〔重宝記・幕末頃写〕には四方三日半。土は暖く、雹霰をみず、絹布紙帛多く、衣食足る。大上国。飾磨県から、今の兵庫県西南部にあたる。〈名物〉〔万買物調方記〕に野里鍋、小塩鏡、宍粟鉄、鋤、鍬、栗柱、煎じ茶、北条蓆、飾磨のかちん（褐色）染、杉原、室の鞣・枕・馬皮、高砂の飯蛸、二見の蜘蛛蛸、明石の赤眼張・碁石貝（赤貝）、赤穂塩、立野

米、津田の帆立（四季にある）など。

針目魚に吸われた薬【はりめうおにすわれたくすり】〔馬療調法記〕に馬が針目魚に吸われた薬は、赤螺・犬ノ頭（各黒焼）・五倍子・胡椒（少）。これ等を粉にして鉄漿《かね》で溶き、疵の所へ度々付ける。まやのこい又水を忌む。再々塩湯で薬を付けるのもよい。

張物類の煠け【はりものるいのすすけ】〔調法記・四十ち〕に張物類の煠けが浮き出ない伝は、渋を引き、その上に紙を貼るとよい。

春霞【はるがすみ】菓子名。春霞、角、春霞、上下ながし物、中小豆、うき物。〔男重宝記・四〕

春木屋吉兵衛【はるきやきちべえ】「放生会《ほうじょうえ》」「老牛馬放生所」ヲ見ル

春駒【はるこま】「白馬《あおば》の節会」ヲ見ル

春霜餅【はるしももち】菓子名。春霜餅、皆ながし物、中へ山の芋入り。〔男重宝記・四〕

春千草【はるちぐさ】大和詞。「はるちくさとは、冬の梅を云」。〔不断重宝記大全〕

春告草【はるつげくさ】大和詞。「春つけ草とは、梅花」をいう。〔不断重宝記大全〕

春の事【はるのこと】〔年中重宝記・一〕に次がある。春は四時の始め、陽気始めて動き万物発生の時で、深山の梢も芽《きざ》し、垣根の草も萌え出、蟄虫奮い出、鳥獣は孳尾《おもいつるみ》をする。人間もまた同じである。夏*秋*冬*に勝れてもっとも賞すべき季節である。一日の計は鶏鳴にあり、一年の計は初春にあると古語にもいう。上は天子より、下は士農工商に至るまで、年中になすべき各人の事業の計画は春にある。〔永代調法記宝庫・四〕に春は四時の初めで青陽となづけ、陽の数は三になるので三月ずつを分けて一時とする。陽の数は九に極まるのですべて九十日ある。春夏秋冬の四時はいずれも同じ事である。また和語に「はる」というのは、冬の陰気がやや開けて陽気至り空も麗らかに日の色輝き晴るるという意である。一・二・三月。〈音信物〉〔音進重宝記〕に「年玉」として小風呂敷 羽箒 羽織の紐 香煎 浅蜊 干鱈 蛤 若和布 菅笠など。〔紋絵重宝記・上〕には春の字の紋章と文字の意匠がある。

〈春の気を見て吉凶を知る〉〔重宝記・幕末頃写〕に次がある。春は気で青色である。寅卯（四～六時）に東へ靡くと家内に口舌があり、南へ靡くと死人がある。中でも丙辰の日は凶である。西へ靡くと家内に災難があり、北へ靡くと子細なく大いによく宝を得る。真直ぐに立つのは長久の証である。未申の方（南西）へ靡くのは子を生ずる。〈異名〉〔俳諧之重宝記すり火うち〕に陽春 青陽 立春 孟春 東君 蒼天など。

春の七草【はるのななくさ】〔年中重宝記・一〕に、正月七日、七種并若菜として、今日七草*の菜粥を食う。正月上の子の日に若菜七草を奉ることは宇多天皇の御宇（仁和三～寛平九、八八七～八九七）に始る。七草は歌に「芹なづな 五形 はこべら 仏の座 鈴菜 すずしろ これぞ七草」とある。〔掌中年代重宝記〕に七種《ななくさ》を、芹・薺（和名 奈都那）・鼠麹草（五形 蒿《よもぎ》。又母子草）・蘩蔞（たひらこ。あさしらけ。めんすり。はこべ）・仏座《おんばく》・菘（俗に略して、菜。菜はさいの惣名である）・蘿蔔（だいこん、又らふ、という）。七種の粥は宇多帝寛平二年（八九〇）に始る。〔重宝記・宝永元序刊〕には、中国書『荊楚歳時記』から正月七日、七種を羹《あつもの》にして食えば百病はなく、『大宗家訓』から諸神祖先に奉りその後自ら食えば諸病を免れ、我が魂魄の気力を増し寿命長延という。〔改正増補字尽重宝記綱目・数量門〕には「七草菜」とある。「秋の七草」参照

春の脈【はるのみゃく】四季の脈の一*。〔斎民外科調宝記〕に春の脈は、微弦を平脈とする。胃の気がある。但し、弦を病脈とする。脈の沈濇なのを、四時の逆脈という。

張るは滅るという事【はるはめるということ】〔男重宝記・二〕に謡で「はるは

める」ということは、声をはり（張）て高く謡う時は、心をめり（滅）て謡う。声をめりてひき（低）く謡うには、心をはりて謡う。

纕【はるび】 馬具。〔武家重宝記・五〕に纕《はるび》は馬の腹帯をいう。八尺あるいは九尺三寸位であるが、馬に合せる。

春山蒲鉾【はるやまかまぼこ】〔料理調法集・蒲鉾之部〕に春山蒲鉾は、蒲鉾を常のようにつけ蒸して、上に青い擂身を薄くつけて、また蒸す。

腫れの用薬【はれのようやく】〔骨継療治重宝記・中〕に腫れは血のなすものである。熱薬を用い、水に泡《ひた》して洗い、貼り付ける等の草薬を急に得難い時は、ただ理傷膏*を付けると最も便りがある。〈腫れ痛み〉〔万まじない調宝記〕に腫れ痛む時は、山草を煎じて用いる。〈腫れ気〉〔万用重宝記〕に腫れ気を通ずる薬は、蓮の葉を黒焼きにして呑ます。山牛蒡の類もよい。〈腫れ病〉〔調宝記・文政八写〕に腫れ病は、芭蕉根を煎じて用いる。一切の流行り風に用いてよい。〔家伝調方記・天保八写〕に腫れ病妙薬は、綿花（陰干し一分）、大麦・小豆（各一合）、唐黍（五分）、山牛房・芭蕉の根（各二匁五分）、とうしめ草（灯心草）。水一升を入れ五合に土鍋で詰める。

腫物【はれもの】「しゅもつ（腫物）の事」ヲ見ル

晴れる方角で天気を知る【はれるほうがくでてんきをしる】〔耕作重宝記〕に晴れる方角で天気を知る。春に東が晴れると、三方が曇っても日和がよい。夏に南が晴れると、三方が曇っても照る。秋は北、冬は西が晴れると晴天である。「春東夏は南に、秋は北、冬西晴れに照るとこそ知れ」。

馬簾【ばれん】 草花作り様。馬簾の花は紫色で、三月に咲く。土は野土、肥しを等分にする。肥しは茶殻の粉がよい。分植は春、秋にする。〔昼夜重宝記・安永七〕

瓦炉【はろ】 唐人世話詞。「火鉢《ひばち》を、瓦炉《はろ》と云」。〔男重宝記・五〕

斑【はん】〔小児療治調法記〕に斑《はん》は血の余りで、色点があり頭粒がなく、出没は随時である。血の過多で気が及ばず栄衛が護りを失い、血が三焦に任じ、浮遊の火が皮膚の間に散漫するのである。玄参升麻湯*・黄連解毒湯*・大連翹飲*・生肌散*を用いる。陽毒の発斑は、壮熱 渇燥し、両目は火の如く、脈は洪で力がある。紅赤色のものは胃熱、紫黒色のものは胃爛、内外の熱を挟んで発斑をなす。玄参升麻湯や白虎湯*を服する。陰症の発斑は手足指爪共に青く、脈は沈 細で急である。微紅色のものは無根の火が胃に聚り、肺を薫じ、皮膚に伝えて発斑をなす。升麻鱉甲湯*を用いる。

盤【ばん】 十四の鍼法*の一。腹部に針をするのに、穴の内で軽く盤《めぐ》らし搖《ゆる》がす。中脘*・関元*等にまず刺《はりさ》して二寸五分入れ、一寸退き出し、一寸五分を留め、内に置いて盤らし搖がす。〔鍼灸重宝記綱目〕

礬【ばん】〔万物絵本大全調法記・上〕に「礬 ばん」とあり、光のあるのを明礬《みょうばん》といい、黒色なのを黒礬、又は「ろうは」という。

秧鶏【ばん】〔医道重宝記〕に秧鶏《ばん》は、温にして毒なく、人に益功はない。多食してはならない。〈料理仕様〉〔諸人重宝記・四〕に秧鶏は、汁焼鳥、色々に使う。

万安湯【ばんあんとう】〔昼夜重宝記・安永七〕に傷寒に病み疲れ、寒薬でもさめず、煩いが深くなったら、万安湯を与えて見合すとよい。人参・白朮・茯苓・陳皮・半夏・藿香・桔梗・厚朴・羌活（各等分）、甘草（少）に生姜と棗を入れて煎ずる。

半襟【はんえり】「まげひもはんえり（曲紐半襟）」ヲ見ル

礬黄散【ばんおうさん】 敷薬。〔改補外科調宝記〕に礬黄散は、努肉があって癒えず、何を付けても膿となり、効のないものに付け、努肉を腐らかす。腫物の色が赤くなるまで付けるとよい。努肉が無いものに用いてはならない。明礬（生）・大黄・胆礬（各大）、石膏・朱（各中）、竜骨（小）（努肉の浅い者は焼いて中、努肉の深い者は生で大）。この六味をよく粉にして捻り

掛ける。

反音【はんおん】〔万まじない調宝記〕に次がある。反は翻で、二字相摩し一音に翻《かえ》ることをいう。例えば、「けり」を「き」、「といふ」を「ちふ」或は「てふ」という。また河内《かわうち》を「かふち」、淡海《あはうみ》を「あふみ」という類である。また常の言葉にも余所《よしょ》を「よそ」、最愛気《いとあいけ》を「いたいけ」、酒《さか》代《だい》を「さかて」という類で、際限がない。反音を知るには五十音を熟知するとよい。「けり」を反《かえ》すには「け」はカ行牙音であり、「り」はラ行第二等啓口に呼ぶ図である。この二字の口律を調えて牙音の「け」をその侭「け」の如く啓口を以って呼ぶと「き」と反る。母音音節が前にある音節と結合して先行の音節を脱落させて別の音節を作る等も含め、反切・反語・縮言などともいう。

挽可【ばんか】書道。〔重宝記・宝永元序刊〕に挽可《ばんか》は、急に引き捨てるようでもなく、序でに漸々となだらかに引き下した体でもなく、いかにもじりじりとわななき、引き兼ねたように引きつむるように引き取り撥ねるようにおさめる。

蕃垣御門【ばんがきごもん】伊勢名所。〔東街道中重宝記・七ざい所巡道しるべ〕に蕃垣御門《ばんがきごもん》は外宮・内宮ともにあり、俗に猿頭《さるがしら》御門といい、屋根が猿頭により、千木《ちぎ》、鰹木もない。正面からは、第二重の門である。

半歌仙【はんかせん】連俳様式。十八句（歌仙*の半分）。表六句（五句目花）・裏十二句（七句目月、十一句目花）。〔正風俳諧日夜重宝二面鏡小筌〕

樊姫【はんき】婦人心得の故事。〔女用智恵鑑宝織〕に樊姫《はんき》は春秋時代、楚の荘王の賢夫人。荘王が常に狩猟を好んで政《まつりごと》を怠るのを、樊姫《はんき》は獲物を食わずに戒めた。また或時、朝帰りの訳を問うと賢人虞丘子と物語していたと答えるのに、虞丘子が推挙した者は親類兄弟ばかり、そのため王を覆い 賢の道を防ぐ不忠の人物と諭した。これより仁政を行い、楚国は大いに治まったという。

板木屋【はんぎや】本屋や暦屋の委託により、板摺物の板木に彫刻・細工を業とする者。板木屋を称しながらその勝手から書物の板行販売をする者もいた。〔万買物調法記〕に「京ニテ板木屋」大宮通 六左衛門、出水通九兵へ、蛸薬師 柳馬場東 勘兵へ。この外下立売 堀川より西に数多ある。また所々に細工数知らずとある。「江戸ニテ板木屋」日本橋南二丁目 新介、川瀬石町 川崎七郎兵へ、堺町 市左衛門、通油町 甚九郎、同所 四郎右衛門。「大坂ニテ板木屋」天神橋平野町 伊右衛門、同所御蔵の前 伊兵へ、同所 小兵へ、同所 五兵へ、平野町 市兵へ、同所 半兵へ、本町四丁目 徳左衛門、心斎橋北久太郎町 五郎右衛門、同博労町 市郎兵へ、同三郎兵衛、金田町 長左衛門、南谷町 嘉右衛門、道頓堀 半兵へ、天満 宇衛門がいる。

半夏【はんげ】〔薬種重宝記・上〕に和草、「半夏 はんげ／からすびしゃく。熱湯で七度洗ひ擣き砕き、生姜を十分一を加へて擣き合せ丸め、麴に寝させ日に乾し焙る」。〈薬性〉〔医道重宝記〕に、半夏《はんげ》は辛く温、脾を健やかにし、湿を燥かし、痰厥の頭痛 嗽嘔に用いる。脾胃の湿痰を主とする。熱湯に浸し、七八度よく洗い、滑《ぬめ》りのない時少し乾かして刻み干し、生姜の汁を四分の一入れて掻き混ぜ、干して少し焙る。

半夏散【はんげさん】〈中毒〉〔改補外科調宝記〕に半夏の毒には、生姜の絞り汁を用いる。〔牛療治調法記〕に半夏《はんげ》散は、川芎（一両一匁）、半夏・知母・蕪荑・胡粉（一両）、蒼朮・細辛（一両五分）、白芷（一両四分）、貝母（一両三分）、仙苓脾・酒（各一升）、生姜（半両）を等しく煎じて潅ぐと、即効がある。膊が腫れて歩行が難しく、日々に乾し痩せ、腫れが蹄に出るのは治し難い。

半夏瀉心湯【はんげしゃしんとう】〔秘方重宝記〕に半夏瀉心湯は、胸の塞がりを去り 水気を逐《お》う剤とある。半夏・黄芩（各大）、乾姜・黄連（各中）、人参・甘草（各小）、大棗（三片）を煎じて服する。人参は胸痞えの甚し

のには減じて用いる。又は吉野人参か種人参を少し加える。

半夏生【はんげしょう】　暦中段。俗に誤って「はんげしを」という。〔年中重宝記・二〕に半夏生は、五月の中《ちゅう》（夏至*）より十一日目をいう。この日は善根をなし不浄を行わない日。淫欲を犯さず、五辛*酒肉を喰わない。今日は毒の霜が降るので青菜を食わない。一年七十二候の内、夏至の第三候 半夏生《はんげおう》という節なので、半夏生《はんげしょう》となづけたという。〔懐中重宝記・慶応四〕等に、この日は天より毒気が降るので井戸へ蓋をし、半夏*という毒草が生じ、農民は田を植え納め、諸々の種を蒔かず、この日採った菜を食わず、善根をなす日とある。〈耕作〉〔新撰農家重宝記・初編〕に新暦七月二日、綿の肥しはこの節迄にする、草を採る。早藍を刈る。大《にん》蒜《にく》を蒔いてよい。田植後十五日、或は二十日程に一番草を採る。

半夏白朮天麻湯【はんげびゃくじゅつてんまとう】〔医道重宝記〕に半夏白朮天麻湯は、脾胃が生れつき弱く、飲食に傷《やぶ》られ、脾湿痰を生じ 頭痛 眩暈を治す。外邪の頭痛 及び気血虚するのには用いない。半夏・麦芽・陳皮（各七分半）、白朮・神麹（各五分）、人参・蒼朮・茯苓・天麻・黄芪・沢瀉（各三分半）、乾姜（三分）、黄栢（一分半）に、生姜を入れて煎ずる。

はんごうの事【はんごうのこと】〔料理調法集・口伝之部〕に「はんがう」とは、箒木《ははきぎ》*（地膚）の若葉をいう。三四月頃、汁や和え物等に使う。但し、献立には箒葉とは書かず、「はんがう」と書くのがよい。〈はんごう飯〉〔料理調法集・飯之部〕に箒の新葉を細かに刻み、よく汁を絞り、焼き塩を加えて置く。菜飯のように飯に交ぜる。

反魂香の伝【はんごんこうのでん】〔清書重宝記〕に煙硝・胆礬・灰墨（胡麻・菜種油の油煙）を混ぜて紙によく引き、その上に紅殻で書く。反魂香は、死者の魂を呼び返し、その姿を煙の中に現すという霊香。

返魂丹【はんごんたん】〔医道重宝記〕に返魂丹《はんごんたん》は、家方秘伝。心痛、腹痛、小児の五疳*五噎、五膈*癲癇*の症を治す。噎 膈とは食にむせる膈の病である。その他、気付に妙である。熊胆（熱い湯で溶く）・陳皮・黄連・雄黄・麝香・木香・鶴虱・雷丸・莪朮・三稜（各一匁二分）、大黄（酒に浸し、五分二厘）、胡黄連（生）・黒牽牛（半は生、半は炒）（各六分五厘）、丁子・乳香・枳殻・黄芩・青皮（各二分二厘）、赤小豆（三十七粒生で末（粉）す）、白丁香（赤小豆の重さ）、甘草（二分五厘）。これ等を細末（粉）とし、麺の粉と蕎麦の粉を等分に合せて丸じ、辰砂を衣とする。〈売り店〉〔洛中洛外売薬重宝記・上〕に①「反魂丹」は五条東洞院東へ入る万や治郎兵へにある。虫、癪、痞え、胸、腹の痛み、下り腹によい。②「反魂丹」は新町三条下ル丁丸山仙遊子にある。第一気付、毒消によい。

礬砂【ばんさ】「日傘で雨を凌ぐ法」ヲ見ル

はんざき【はんざき】「山椒魚」ヲ見ル

はんさし【はんさし】　片言。「筈刺《はづさし》を、はんさし」という。〔世話重宝記・一〕

半紙【はんし】「紙漉の事」ヲ見ル

盤渉【ばんしき】〔囃子謡重宝記〕に盤渉《ばんしき》は、冬三月の調子である。方角では北、人の臓では腎臓である。その色は黒く、味は鹹く、水性である。耳に通ずる。〈四季五行に当てる時〉〔諸人重宝記・二〕には「冬・水、唇の声」とある。

万事の事【ばんじのこと】　重言。「万事《ばんじ》の事といふは、重言*なり。諸事の事と云も、重言也」。〔世話重宝記・一〕

万事は夢【ばんじはゆめ】〔世話重宝記・一〕に菅丞相時平（菅原道真）大臣が讒言により、昌泰四年（九〇一）正月二十日太宰の権の帥に流された時作った詩による。「家を離れて三四月、涙を落す百千行、万事は皆夢の如し、時々彼蒼を仰ぐ」。

蕃莠【ばんしゅう】〔永代調法記宝庫・二〕に夏の三月《みつき》を蕃莠《ばんしゅう》といい、天地の気交わり 万物花咲く盛んな時とある。夜遅く伏して暁の鶏とともに起きる。「四気調神大論」参照

盤上の事【ばんじょうのこと】 盤上とは碁（囲碁）*将棋*双六*等をいう。〈置き様〉〔小笠原諸礼調法記・天〕に「碁 将棋 双六盤の置き様」は碁盤を直すには客の方に黒を置くのがよい。但し、夜は白石が上である。これは陰陽の心得であるが、主人の御意に任すとよい。将棋 双六盤もその心得である。〔人倫重宝記・三〕にある人の見立として、碁と法論《ほろ》味噌*とは老人めいたもの、象戯（将棋）と饅頭とは少人めいたもの、双六と饂飩*は女めいたもの、加留多*の遊びは男女共に見苦しい等とある。

番所の六具【ばんしょのろくぐ】 六具*の一。〔武家重宝記・四〕に番所の六具は、釻棒《つくぼう》、挟股《さすまた》（今は柱「ことじ」という）、捻《ひねり》（「ねじ」ともいう）、寄棒《よりぼう》、早縄《はやなわ》、松明《たいまつ》をいう。

はんしょはんしょ【はんしょはんしょ】「半死半生《はんしはんせう》を、はんしよはんしよ」。〔小野篁謔字尽・かまど詞大概〕

半身の中風【はんしんのちゅうぶ】〔薬家秘伝妙方調法記〕に半身の中風には、蒺蔾子《しつりし》*に麻黄を加えて使う。

半すべらかし【はんすべらかし】〔嫁娶調宝記・四〕に「半すべらかし」は、前髪を結い分け 後ろをすべらかし 中で曲《わ》げ返し 色元結で括る。これは大名の御姫様方が縁付前の振袖の時分に結う。本式にはなく、湯上り又は夕方などに結う（図430）。

図430 「半すべらかし」（嫁娶調宝記）

反摂【はんせつ】〔農家調宝記・二編〕に「潮汐の満干」*で、月の出に満つるのを正摂《せいせつ》、入るに満つるのを反摂《はんせつ》という。

盤疝【ばんせん】 七疝*の一。〔鍼灸日用重宝記・五〕に盤疝は、腹中痛み、臍の傍らに引く。

半短冊【はんたんじゃく】〔女筆調法記・三〕に半短尺（冊）といい、短いのを用いる。定まる法はなく、時に随って用いるには、見よいようにする。「短冊の事」参照

盤腸気痛【ばんちょうきつう】〔小児療治調法記〕に小児の盤腸気痛は、冷気に搏《う》たれて腹が痛むものである。腰が曲がり、乾泣《からな》きし、額の上に汗があり、口を閉じ 脚が冷え、或は大便が青色で緩く、上唇が乾く。これは多くは生れ落ちて洗うのが遅く、風冷を感じ受けて起る。急いで葱の湯で腹を洗い、葱を揉み、臍腹の間を熨すとよい。やや久くして尿が自ずから湧き出ると痛みは止む。乳香散*茴香散*木香散*を用いる。

半天河【はんてんが】〔薬種重宝記・上〕に和水、「半天河 はんてんが／きのうつろのたまりみづ（木洞溜水）。補薬を用ゆるに、この水を以って煎ずる」。

犯土【はんど】「つち（槌）の事」ヲ見ル

坂東の称【ばんどうのしょう】〔農家調宝記・初編〕に次がある。昔は日本六十六ケ国を東西二ツに分け、逢坂の関（「大津より京」参照）を据えてこの関から東は関東、また坂東の国々三十三とする。坂より東という意である。関西も三十三ケ国である。現在は関がないので箱根より東を関東八州*とする。坂東の名は現在は当らないというべきである。

番所の三道具【ばんどころのみつどうぐ】 武具。〔武家重宝記・四〕に番所の三道具は、釻棒《つくぼう》、挟股《さすまた》（今は柱「ことじ」という）、捻止《ねじ》（「ひねり」ともいう）をいう。

般若寺【はんにゃじ】 奈良名所。〔東街道中重宝記・七ざい所巡道しるべ〕に、般若寺の本尊は文殊菩薩で丈六の尊像がある。般若寺坂の辺は癩人の家があり、道の傍らに円石が多い。これに腰を掛けると癩人仲間へ入るという。〔年中重宝記・一〕に、三月二十五日 南都般若寺 文殊会がある。

般若心経【はんにゃしんぎょう】 真言陀羅尼*の一。「掲諦掲諦《ぎゃていぎゃてい》。波羅掲諦《はらぎゃてい》。波羅《はら》僧掲諦《そうぎゃてい》。菩娑婆賀《ほじそは》」と唱える。〔新撰咒咀調法記大全〕

煩熱【はんねつ】 〔小児療治調法記〕に煩熱は、心燥して安からず、とある。

万能猪勢油【ばんのうちょせいゆ】 〔万用重宝記〕に万能猪勢《ちょせい》油は、楠即効散*を油膏薬にしたものである。その薬味を、猪の脂（一斤）、蜜臘・椰子（各五両）を鍋に入れ炭火で炊き蕩かし、その中へ黄蘗（五両）、光明丹（一両）、半夏・青木の葉・雄松の緑（各三両）、樟脳・硫黄・唐の土（鉛白）（各二両）を入れてよく混ぜ炊きしめる。何でも効く油薬である。

番の風【ばんのかぜ】 〔耕作重宝記〕に番の風は、春は西風《まじ》、夏は南風、秋は北風、冬はあなじ（乾風）が吹くのをいう。番の風に向って風が吹くとやがて雨が降る。

判の事【はんのこと】 「花押」ヲ見ル

ばんば【ばんば】 片言。〔不断重宝記大全〕に「二条のばんばは、馬場《ばゝ》」。〔男重宝記・五〕「ばんばは、馬場《ばゞ》」。

番場の女夫石【ばんばのみょうといし】 江戸願所。本所石原より番場へ行く河岸通の石工（石屋）の家に男女並び座した石像があり、花茶湯を供すると夫婦中は睦まじいと言い伝える。また男女、それぞれ縁のない者が祈ると幸いの縁を得るという。これを番場《ばんば》の女夫石《めうといし》という。〔江戸神仏願懸重宝記〕

番馬（場）より鳥本へ【ばんばよりとりもとへ】 木曾海道*宿駅。一里六丁。本荷五十四文、軽尻三十四文、人足二十八文。宿は悪い。山坂道である。摺針峠 茶屋があり、磨砂が名物である。この峠から佐和山の名月を見渡し、湖水の左方に八木という出嶋がある。竹生島が見え、差し渡し五里という。大摺針、小摺針。本番馬村 摺針上り口に夫婦石という大岩が二ツ、左にある。糟《そう》村。くら（蔵）川は橋がある。この橋詰から右へ川につく細道の北国街道（北陸道*）がある。賤ヶ嶽、柳ヶ瀬へ掛り行く越前道である。〔東街道中重宝記・木曾道中重宝記六十九次 享和二〕

はんび【はんび】 「蛇の事」「五八草《ごはっそう》」ヲ見ル

万福日【ばんぷくにち】 『日葡辞書』に「Banbucu.（富貴万福）あらゆる繁栄と幸運と」とあり。それが実現する日をいうか。

はんべい【はんべい】 〈何が不足で癇癪の枕言葉〉「わるき事、はんべい」。〔小野篤譃字尽〕

半平【はんぺい】 「はんべん」ともいう。〔世界万宝調法記・下〕に「はんぺん」は山の芋・豆腐（各一盃擂りて）、魚（六分擂りて）をよく擂り合わせて塩加減し、好み次第に料理する。〔料理調法集・鱧餅真薯之部〕に「はんぺい」は、魚擂り身（一盃）、束芋（卸しよく擂り六分）、粳米の粉（絹篩いにして四分）をよく擂り合せ、和らかさは見合せ、出汁で伸べ、水嚢で漉し、椀の量で取り、湯煮する。玉子の白身を加えるとよい。餅はんぺい*霰はんぺい*花はんぺい*結はんぺい*松皮はんぺい*皮付はんぺい*唐草はんぺい*水引はんぺい*雲丹はんぺい*鱈はんぺい*鴨はんぺい*等がある。

斑猫【はんみょう】 〔万物絵本大全調法記・下〕に「斑蝥 はんばう。斑猫 はんめう也」。〔薬種重宝記・上〕に唐虫、「斑猫 はんみやう／まだらむし。糯米の泔《しろみず》*に浸し、羽と足を去り、また米を交ぜ、炒りて米を去る」。〈毒消し〉〔斎民外科調宝記〕には斑猫の毒には、急に緑豆、或は烏頭、或は糯米を煎じて用いる。一方に、沢蘭葉*を搗いて汁を用いる。もし乾いたら粉を白湯で用いる。班猫は、砒霜石と共に猛毒物である。

番木鼈【ばんもくべつ】 〔薬種重宝記・上〕に番木鼈《ばんもくべつ》は、馬銭《まちん》*の本名とある。

班竜丸【はんりゅうがん】 薬名。〔丸散重宝記〕に班竜丸を常に服すると年を延べ、精を増し、気を壮んにする。鹿角膠・鹿角霜・菟絲子・柏子仁・熟地黄（各八十戔）、茯苓・破故紙（各四十戔）を酒糊で丸じ、薑塩湯で下す。

ひ

比【ひ】「りくぎ（六義）」ヲ見ル

悲【ひ】〔永代調法記宝庫・二〕に、百病は皆気より起るとし、悲しむ時は気が消え、甚しい時は心胞絡を破る。

微【び】〈小数の単位*〉〔童蒙単語字尽重宝記〕に微は、忽*の十分の一。一の百万分の一。十繊*をいう。〈田数*の単位〉〔永代調法記宝庫・首〕に微は、長さ六厘五毛 広さ六厘五毛。〔算学調法塵劫記〕には六厘三毛四方をいう。

贔屓偏頗【ひいきへんば】〔世話重宝記・一〕に贔屓偏頗の偏頗は、片頗とも書く。偏に片向いて人の依怙《えこ》するのをいう。

曾祖父／曾祖母【ひいじじ／ひいばば】〔農家調宝記・二編〕に曾祖父《ひいじじ》 曾祖母《ひいばば》は、祖父《そふ》曾母《そぼ》の父母をいう。

硝子の事【びいどろのこと】〔万物絵本大全調法記・上〕に「水精 すいしやう／みづとるたま。水晶 すいしやう。水玉 すいぎよく。並同。又びいどろ」。〈切る法〉〔俗家重宝集・後編〕には、煙草庖丁の柄の方を向うへ回して持ち、切ろうと考える通りに筋をつけてそっと押すと、妙に切れる。〈細工〉〔江戸流行買物重宝記・肇輯〕には通塩町上総屋栄次郎、両国薬研堀 大橋嘉兵衛、芝神明前 田中屋平右衛門がある。

脾胃の病【ひいのやまい】〔医道重宝記〕に「脾胃の湿加減*例」は、半夏・茯苓・蒼朮を加える。

〈脾胃養い虫気毒気を退くには〉〔里俗節用重宝記・上〕に脾胃虫気 毒気の薬は、五香湯*は火を忌む故、肉湯の振り出しを細かに刻むとよい。丁香・木香・沈香・乳香（各五分）、麝香（一分五厘）。「胃の事」モ見ル

ひいふつ【ひいふつ】 矢音詞遣*。流鏑馬《やぶさめ》（＝乗馬し走りながら三ツの方的板を繁籐*の弓を使い鏑矢*で射る。射手は水干 綾藺笠をつける）で中った時の矢音を「ひいふつ」という。〔武家重宝記・二〕

柊【ひいらぎ】〔万物絵本大全調法記・下〕に「枸骨 こうこつ／ひゝらぎ。柊、春」。〈紋様〉〔紋絵重宝記・上〕には抱き柊の紋と、柊の字の意匠がある。

火入れの火貯える法【ひいれのひたくわえるほう】〔俗家重宝集・後編〕に火入《ひいれ》（煙草の火種を入れて置く小器）の火を貯える法は、薩摩芋を火にして活けて置くとよい。

火打石を割る法【ひうちいしをわるほう】〔俗家重宝集・後編〕に火打石を割る法は、火打石を中に持ち、落ちる所を草箒《くさぼうき》で打つと割れる。

火打の権現【ひうちのごんげん】「あたごさん（愛宕山）」ヲ見ル

火打羽【ひうちば】 鷹の名所*。〔武家重宝記・五〕に火打羽は、鷹の羽節《はぶし》（＝羽の茎）の先の三ツ重ねた所の小羽《こは》をいう。墜羽（火うち場）とも書く。

比叡山【ひえいざん】〔東街道中重宝記・七ざい所巡道しるべ〕に次がある。東塔 西塔 横川があってこれを三塔という。山上から坂本へ三十丁、下る坂からも湖水や湖水辺の諸所が眼下に見えて絶景、言語に絶する。○横川 本尊は阿弥陀如来と観世音菩薩。伝教大師（最澄）の御廟がある。飯室《いいむろ》に元三大師（良源）の御廟がある。○西塔 黒谷青龍寺は円光大師（法然）十八歳から四十三歳迄住居の地である。円光大師 鏡の御影がある。相輪樘 一見しこの風に当る衆生は、長く三悪道を離れ遂に仏果を得るという。金堂 本尊は釈迦如来。この辺から京都その他諸所が眼下に見えて佳景である。この辺に弁慶道がある。○東塔 中堂 本尊は薬師如来。ここから坂下へ下る。その間に山王大権現の御宮があり、鳥居は常とは変っている。〔年中重宝記・一〕に、正月元日より四日迄、比叡山東塔の修正会。横川 西塔は三日迄。

稗の事【ひえのこと】〔万物絵本大全調法記・下〕に「稗 はい／ひえ」。〈薬性〉〔永代調法記宝庫・四〕に稗は気力を増し、脾胃によい。多食する

と身が熱《いき》る。〈稗飯〉〔料理調法集・飯之部〕に稗飯は、稗をよく水に浸けて米に交ぜ合せて炊く。菜を絞って色を着けたのもよい。〈農作〉〔農家調宝記・初編〕には稗の種は八十八夜前後に蒔き、七月盆後に刈る。

冷えの諸症【ひえのしょしょう】〔万用重宝記〕に、○「冷え症」の薬は、気の衰えにも、黄鶏《かしわ》に勝る薬はない。三十三の効き道がある。○「冷え咳」で胸の苦しい時は石亀を汁にして食わすとよい。〔薬家秘伝妙方調法記〕に、○「冷えて月水の多き」には当帰・黄芪を、○「冷えて血の差し引く」には桂心・麻黄を用いる。〔妙薬調方記〕に、○「ひえしつでかしら（頭）の痛む其時は、鳶《とび》の頭を煎じ飲むべし」とある。〈薬方〉〔薬種日用重宝記授〕に「ひえしつ／七服薬」があり、山帰来・忍冬（各五十匁）、木通・大黄（各二十五匁）、防風・山梔子（各十匁）を調合する。「中寒《ちゅうかん》*」ハ別項

鼻淵【びえん】「脳漏」ヲ見ル

引折の日【ひおりのひ】　大和詞。〔不断重宝記大全〕には「日おりの日とは、五月五日也」。〔女重宝記・五 弘化四〕には「日をりの日とは、五月五日 かも祭に云」とある。『倭訓栞』に「ひをりのひ」、古今集真名本に、「射礼日と塡り、引折の日の義也」とある。

萆薢【ひかい】〔薬種重宝記・下〕に和草、「萆薢 ひかい／をにところ。刻み焙る」。

控【ひかえ】　扣枝とも書く。立花*。〔男重宝記・三〕には副《そえ》*の下へ出して、受《うけ》*を控えたもの。流枝《ながし》*と同じ順に上から下に出して、副と高下を見計らう。

ひがく【ひがく】　大和詞。「餅《もち》を串《くし》にさして焼《や》くは、ひがく」という。〔女重宝記・一〕

日影の毛【ひかげのけ】　鷹の名所*。〔武家重宝記・五〕に日影の毛は、鷹の翼の総名としていう。

日笠【ひがさ】〔耕作重宝記〕に、月の回りに輪があり、赤いのを日笠という。晴れる。「月笠《つきがさ》」参照

日傘で雨を凌ぐ法【ひがさであめをしのぐほう】〔文政新刻俗家重宝集〕に日傘へ礬砂を引くと雨は通らず、重宝である。礬砂の法は、水（一升）、膠（八匁）、明礬（四匁）とする。〔日用調法人家必用〕に「日傘雨に逢ひて離れざる伝」は、張立《はりたて》に裏表から礬砂を二三遍引くとよい。

ひがし【ひがし】　俳言の仙傍（訕謗）。「ふとんヲ ひがし」。〔新成復古日夜重宝俳席両面鑑〕

干菓子【ひがし】　水分を少なく製した菓子。〔新板増補男重宝記・四〕には四十六種の干菓子名がある。大《おほ》菊。落鳫。算餅《さんもち》。藤実《ふじのみ》。煎餅。白雪糕《はくせつかう》。大みどり。唐《から》みどり。石ばし。かすていら。砂糖栢《かや》。しやうりん。達磨。胡麻ぼうる。源氏豆。げんじ栢。こんへいたう（金平糖）。あるへいとう。板ぼうる。しのぶ。花せうが。幾世の友。から糸。すいしかん。さゞ浪。さくら玉。有明。軽やき。豆ぼうる。松かぜ。幾代餅。あわ雪。若餅。めうが餅。しら玉。みそ松風。梅林《ばいりん》。いり栢。車輪とう。ほのが。水から。あさ地飴。白したう。人参たう。砂糖豆である。〔諸礼調法記大全・天〕に干菓子は、磁気皿《やきものさら》に盛る。

東石掛町【ひがしいしがけちょう】「京色《きょういろ》茶屋独案内」ヲ見ル

東岩倉山【ひがしいわくらやま】　京名所。東岩倉山の山の上に大日如来、麓に神明の宮がある。この山の下に南禅寺が見える。〔東街道中重宝記・七ざい所巡道しるべ〕

東近江海道【ひがしおうみかいどう】　街道。北陸道*の内、大津から琵琶湖の東岸をたどり今庄（南越前町）に至る道筋。東近江海道は西近江海道*よりも三里遠いものの道はよい。京〈三里〉大津〈二里半〉草津〈一里〉守山〈三里半〉武佐〈二里半〉越（愛）知川〈二里〉高宮〈一里半〉鳥（井）本〈一里〉前（米）原〈二里半〉長浜〈三里半〉木の本〈二里半〉簗ヶ瀬〈一里〉づはい（椿市）〈一里九丁〉中河内〈二里〉板鳥〈二里〉今庄である。〔家内重宝記・元禄二〕

東本願寺【ひがしほんがんじ】 京名所。一向宗で、本堂は南北三十七間半、東西二十七間半。東本願寺の墓所は丸山辺にあり、甚だ美である。〔東街道中重宝記・七ざい所巡道しるべ〕「西本願寺」参照

東山掻き餅【ひがしやまかきもち】〔調法記・全七十〕に東山掻き餅は、餅に塩を入れてよく搗き、欠き餅の厚さに押し、生干《なまび》（生乾き）の時小口切に切り下に並べて干し、反らない内に切々に打ち返し打ち返しして後、火加減よく焦げないように炙り、壺に入れ貯えて置く。

東山殿【ひがしやまどの】〔人倫重宝記・三〕に源（足利）義政（延徳三年〔一四九〇〕、五十五歳没）は、職を子息 義直に譲って後、京東山東求堂に閑居し、古筆を集め、古い茶碗 天目 茶器を玩び数奇をしてより世に流行り出した。これを東山殿と言い、銀閣を作ったので銀閣寺ともいう。その時、茶の湯者 相阿弥 能阿弥が東山殿に侍り、官庫の宝物を掌り、また珠光 武野紹鷗もいた。〈茶湯名物御持来之記〉〔不断重宝記大全〕には「東山殿御掛物小軸」に「遠浦帰 玉閑筆 尾張殿」「漁村夕照同西本願寺」等四軸、「東山殿御掛物大軸」に「江天暮雪 牧渓筆 左竹右京大夫」「瀟湘夜雨 松平大蔵太夫」「洞庭秋月 土井周防守」等七軸があり、「東山殿御掛物」には「三幅一対」九種等を含め、二十八軸がある。

東山煮梅【ひがしやまにうめ】〔調法記・全七十〕に「東山煮梅之伝」は、生梅を水一升に塩三合を入れ、よく煮て取り上げ、その梅を半分程壺の内で摑み砕き、残る梅を砕いた梅の中へ入れて壺の口に蓋をして置く。「青梅《あおうめ》置き様」参照

日方吹く【ひかたふく】「日方《ひかた》ふく、こち（東風）吹き止まぬ也」。〔消息重宝記・四〕

ひかめの神【ひかめのかみ】 大和詞。「ひかめの神とは、天照大神の御事」である。〔不断重宝記大全〕

日傘【ひからかさ】「からかさ（傘）の事」ヲ見ル

脾疳【ひかん】〔鍼灸重宝記綱目〕に脾疳は、身が黄ばみ、肚《はら》太り、泄瀉、不食し、土を食らい、地に臥すのを好む等の症があり、五疳ともに肝兪 脾兪 不容 章門に灸をし、症により方がある。〔小児療治調法記〕には虫疳ともいい、腹脹り、気粗《あら》く、酸臭い物を瀉し、泥土を愛し食らう。これには脾を補う。薬には霊脂丸*五疳保童丸*益黄丸（散*）がある。〔薬家秘伝妙方調法記〕に脾臓の疳には、別に顔色は黄で、不食して肴物を愈々好み、後には身は黄に見え、耳より汁が出、羅（陰経）に穴が明き緩む、熱気があり眠りを好む等の症がある。薬は、莪朮・木通・白鶏頭の実・白朮・茯神・竜胆（各一匁）、芥子の殻（二分）、肉豆蔲（一分）、大腹皮・軽石の粉・苦参・薏苡仁・黄檗・香付子・升麻・甘草（各小）を粉にし丸じ湯で用いる。〇下し薬は、雪の下・とりう・軽粉・木香（各等分）、巴豆（五粒）等。丸じて湯で用いる。〇振り薬は、沈香・木香・丁子・藿香・乳香（各等分）を絹に包み、熱湯で振り出して用いる。

髀関【ひかん】〈経絡要穴 腿却部〉二穴。膝の上一尺二寸、跪座すると股の付根の少し下に横筋があり、その中に点をする。針六分。灸三壮。腰痛み、足膝遂わず萎え痺れ、小腹《はがみ》より喉へ引いて痛むのを治す。〔鍼灸重宝記綱目〕

彼岸【ひがん】〔年中重宝記〕に二・八月の中の節を、それぞれ春分*秋分*といい、三日目より七日間を彼岸といい、第四日目を中日《ちゅうにち》とも時正《じしょう》ともいう。この日は昼夜の長短の正しい時節で、時正の節といい、東の真中より日月が出、西の真中に入る。東は此岸、西は彼岸で浄土をいう。『龍樹菩薩記』を引き、都卒天の傍にある樹の花紫は二月に七日七夜で落ち、八月に七日間に果《このみ》が生る。七日の間は摩醯首羅 梵天 帝釈が集り、人間の善悪を知るといい、諸天神も善根をなすので人間も善業を修し、寺々の談義に詣ずるのがよい。〔童女重宝記〕には〔年中重宝記〕に記す三日の間に没日《もつにち》があれば、四日目に記すが今の暦にはないという。今

の暦では春は二月、秋は八月の中より前六日目が彼岸になるという。この日は仏事をなし、善事を行う。仏家で専ら用いる。

暦中段。〔新板日夜重宝記・明和六〕に彼岸入りは二月の中より七日前、八月の中より三日前とあり、〔和漢年暦調法記・安政三〕には二月の中より六日前、八月の中より一日前に入り、七日の間とし、物種を下ろすのは彼岸の中日を節とし、〔掌中年代重宝記〕にも同じ日取りで一粒万倍日*といい、竹木を伐らず、慈悲を専らとし善を行う。〈耕作〉〔新撰農家重宝記・初編〕に春の彼岸（新暦三月十八日）の前後から春大根 鶯菜 神麴 胡瓜 茄子 唐辛子 煙草 蜀黍 糸瓜を蒔き始める。茗荷の根分けをしてよい。箒瓢を蒔く。秋の彼岸（新暦九月二十日）、茸《きのこ》が出始める。

微緩【びかん】〔斎民外科調宝記〕に四季「土用の脈」は、微緩を平脈とする。胃の気《き》があり、但《たん》緩《かん》を病脈とする。

鼻疳【びかん】〔小児療治調法記〕に鼻疳は、上焦塞がり滞り、疳虫が鼻の中に上り食らい、赤く痒く壮熱して泣き叫び、皮毛は乾き焦がれ、肌膚は痩せ削るようで、鼻の下から唇に連なって瘡を生じ、赤く爛れるのをいう。薬は麝香散*を用いる。

美顔洗い粉の法【びがんあらいこのほう】〔大増補万代重宝記〕に美顔洗い粉の法がある。文豆（五合）、龍脳（二匁）、滑石・白付子・白檀・白芷・甘松（各一両）を細末（粉）にして顔を洗うと麗しく色を白くする。又方は、赤小豆（五合）、滑石（二匁）、白檀（一両、丁子にても）を細末（粉）にして用いる。但し、滑石を去り、枸杞の葉を加えるのもよい。

彼岸の茶の子物【ひがんのちゃのこもの】「仏事法事の配り物」ヲ見ル

匹【ひき】 疋とも書く。〈絹布の数の単位〉〔永代調法記宝庫・首〕等に二端（反）*を一匹とする。鯨尺で五丈六尺。〔算学調法塵劫記〕には五丈二尺とある。〈銭の単位〉〔農家調宝記・初編〕には十文を一疋、百文を十疋、一貫文を百疋という。古くはこの時、駒牽銭*を鋳て十文ずつの緡の間に加えることがあった。また金一歩（分）を一貫文に定めていて、金一歩も百疋という。〔四貫文を一両とする〕〈目録書き様〉〔万代重宝記・安政六頃刊〕に目録の書き様で、銭《ぜに》の異称を疋といい、「万疋」「千疋」「百疋」と書き、進上も官位も書かない。男より女中方へは、「万ひき」のように仮名書にする。

引合【ひきあわせ】 将軍家女房詞。「引合《ひきあわせ》をひきと申す（中略）引合とは大たか檀紙《だんし》*のこと」。〔女用智恵鑑宝織〕

引落しの菜【ひきおとしのさい】〔女用智恵鑑宝織〕に引落し（膳部に添えて出す肴）の菜は、笠（蓋）を取って引く。笠を客の方から差し出したら手に掛けて盛り、下に置く。もし、菜を引く人が主人なら、客はこれを取って戴く。

引金【ひきがね】〔武家重宝記・四〕に引金は、鉄砲の台の本《もと》下の裏にあって、盗金《ぬすびとがね》*に通す。

引き盃【ひきさかずき】〔諸礼調法記大全・天〕に引き盃は、饗宴の席で各人に配る盃をいう。足打《あしうち》（＝足付のこと）の台に、二重に積んで出る。上座から二重に積んだのを代る代る引き、末座に下る。

引き肴【ひきざかな】 引き肴は膳部に添えて出す引き物の肴。〔懐中料理重宝記〕の「精進」の部に四季各二例があり、その一例。○春は、揚げ昆布 人参 天麩羅。○夏は、蓮根 唐辛子 味噌漬け焼。○秋は、菊の葉天麩羅 結び素麵油揚。○冬は、長芋生姜味噌 田楽。

引茶所【ひきちゃどころ】〔万買物調方記〕に「京ニテ引茶所」川原町三条上ル町、同天性寺ノ辻子西へ入る所、四条寺町東へ入町にある。「江戸ニテ引茶所」新橋南一丁目 上林牛賀、本町一丁目川岸 宮村権太夫、浮世小路角 桑原清左衛門、南伝馬町一丁目 山田庄三郎、同所 岡村市右衛門、京橋南四丁目 祝権七、同所 林五兵衛がいる。「大坂ニテ引茶所」堺筋 過書町 舟町。なお〔江戸流行買物重宝記・肇輯〕には「葉茗挽茶」

があり、日本橋通二丁目 山本嘉兵衛、人形町 増田屋喜十郎、松坂町 伊勢屋治兵衛、飯田町中坂 山本半兵衛、同所万弥六之助ら十八名がいる。「引茶所」は茶の葉を碾いて抹茶にする店。

引手釘隠【ひきてくぎかくし】「引手釘隠」（売り店）として、小伝馬町二丁メ中嶋屋藤兵衛がいる。〔江戸流行買物重宝記・肇輯〕

皺文【ひきはだ】「ひきはだ」は「引膚」「蟇皮」「波文」とも書く。刀脇差名所。〔武家重宝記・四〕に皺文は、刀の鞘を保護する袋で、蟇《ひき》の背皮のような疣と皺のある革で作ったもの。皺《そう》は「しわ」、波《は》は「なみ」と読む。共に塗り革の上に皺があるからである。今は直袋《すぶくろ》という。

蟇目【ひきめ】矢の名所。〔武家重宝記・二〕に次がある（図431）。諸魔は調子を窺うものであるが、蟇《ひき》（ひきがえる）の声は調子に応じない。それ故蟇の声を表して蟇目《ひきめ》を作る。羽《は》は鷹の羽である。産屋の蟇目には鶴の本《もと》白《しろ》を用いる。柄《がら》は的矢のようである。蟇目の長さは七寸、桐の木で作る。蟇の目、猪の目の二物には秘伝がある。

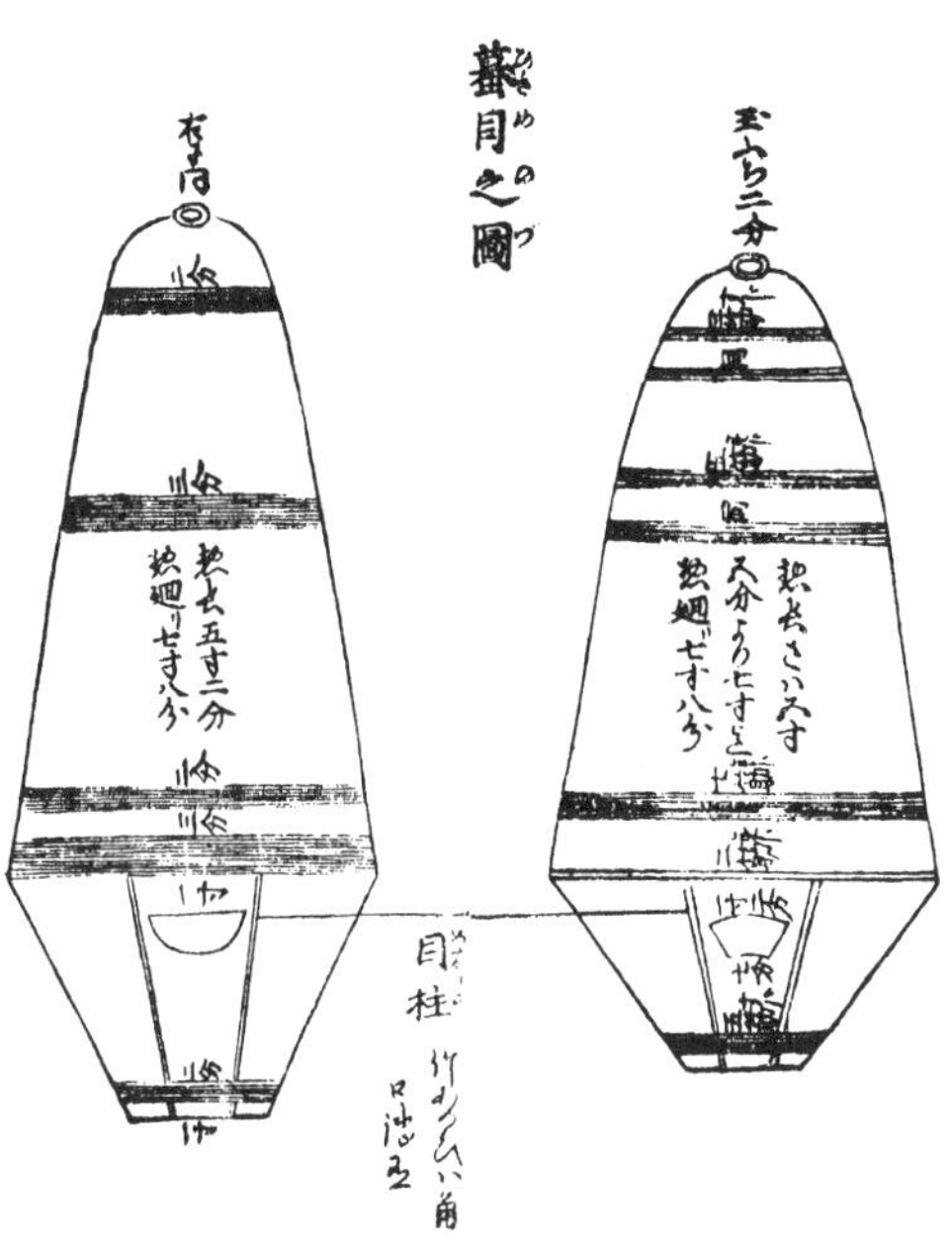

図431 「蟇目の図」（武家重宝記）

脾瘧【ひぎゃく】「七味清脾湯」ヲ見ル

秘灸【ひきゅう】灸穴要歌。〔永代調法記宝庫・三〕に○一火。「足の筋 俄に痛み引き攣りて 腓《こぶらがえり》返は秘灸一壮」。足の内《うち》の筋 外《そと》の筋が痛むにはそれぞれ内外の踝に一火すると妙である。○三火。「癲狂や邪気に侵され児の五疳秘灸の三火にしく灸ぞなき」。両手の大指を結い合せ 押し屈めて爪と肉の角をかけて灸をする。

備救円【びきゅうえん】〔丸散重宝記〕に『治論』を引き、備救円は心 腹痛、諸々の卒暴（俄か病）、中悪、脹満、刀で切るような痛み、気急《せま》り迫切、口噤み、乾霍乱、吐瀉なく悶絶、死胎を下し、経閉を通じる等諸々の急症に用いて功を得ることが多い。常備すべきものである。調合は干姜・巴豆・大黄（各八匁）を丸ずる。

脾虚脹満【ひきょちょうまん】経験方。〔丸散重宝記〕に脾虚が脹満し、冷気が胃中にあり、小便が通じないのには、寛中散*がよい。

日限地蔵【ひぎりじぞう】江戸願所。白金三鈷坂下遊行寺安置の地蔵菩薩を日限《ひぎり》地蔵といい、諸人が何事によらず日数を限り、いつ何日迄にと固く願を込めるのに、仏力応護は疑いない。日本橋西河岸町にもある。〔江戸神仏願懸重宝記〕

引き両【ひきりょう】〔武家重宝記・一〕に次がある。紋*の数は多いが、一引《ひき》二引等は、もと天子から日 月の紋を下した紋である。○に一ツ引きは日という字、○に二ツ引きは月という字である。これを引両《ひきりょう》という。

引き渡し【ひきわたし】本膳に盃を三ツ添えた膳。〔嫁娶調宝記・一〕には三方を拵え、熨斗《のし》*七筋、搗栗《かちくり》五ツ、昆布を大切りにして一切れを三ツ組にし、白土器《かわらけ》の内には鶴 亀 松 竹を描かす（図432）。熨斗七筋は同じ頃なのを半分程迄糊をつけ順重ねにし、元は奉書で折形をして包み、水引七筋で括り、余りは箸を細く削って蒔き付けて各筋に縮みをつけ、三方の真ん中に木釘で見えないように打ち付ける。搗栗も昆布も小角に載せる。

搗栗はよい頃なのを少しの間水に漬けて柔らいだ時丸みを上にして半ばより薄刃で二ツに割り、小角に糊で付ける。昆布は裏を梳き、これも糊で付ける。〔女重宝記・二〕に引き渡しは、一献に栗、二献に昆布を食うとあるが、今は食わない。

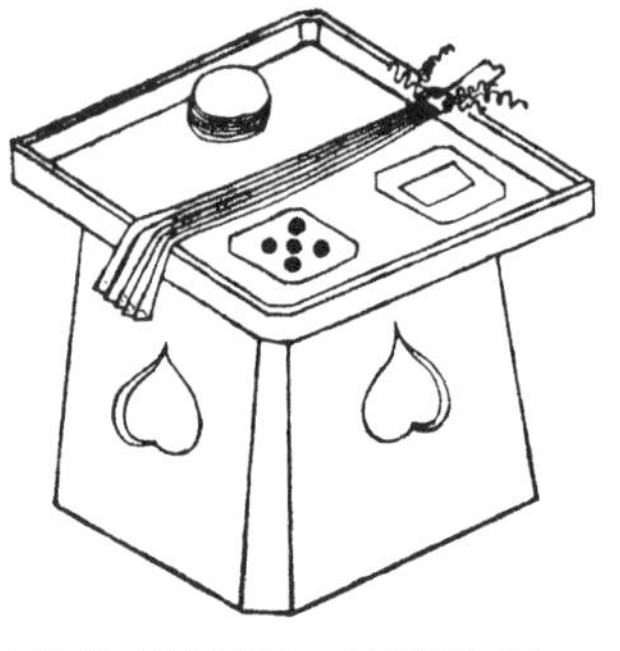
図432　「引き渡し」（嫁娶調宝記）

引割麦飯【ひきわりむぎめし】　「麦飯の事」ヲ見ル

比丘【びく】　〔万物絵本大全調法記・上〕に「尼じ／に。あま。比丘尼 びくに、尼姑 じこ、女僧 ぢよそう。並同」。また「比丘 びく。桑門 さうもん」とある。

火口早く火付け様【ひくちはやくひつけよう】　〔男女御土産重宝記〕には「火朽《ひくち》早く火付様の事」があり、煙草の茎（黒焼きにして）（五匁）、煙硝（一匁）を細かにして火打箱に入れて置くと、一打ちで奇妙に火が着くという。

びくにん【びくにん】　片言。「びくにんは、比丘尼」である。〔不断重宝記大全〕

日暮し【ひぐらし】　大和詞。「日ぐらしとは、朝より夕までを云」。〔不断重宝記大全〕

日繰の図【ひくりのず】　〔文政新刻金神方位重宝記〕に「日繰の図」（図433）があり次の説明が付く。この繰り様は、例えば朔日が戊午《つちのえうま》ならばその日の干《え》支《と》より左へ二日三日と順に数えると、即ち三日は庚申《かのえさる》に当ると知る。〈印 ＝腹帯吉。*●印 ＝天恩日。*▲印 ＝大明日。*■印 ＝鍛冶祈禱吉。×印 ＝五墓日。*◇印 ＝釜塗りに吉。〇稲光で天気占い方の事。坤（南西）の方に見えると天気がよい。乾（北西）の方に見えると雨が降る。乱れて閃くのは雨が晴れて風もない。夏風は稲光の方より吹く。秋の風は稲光の方へ吹く。

〈天気の善し悪しを知る歌〉「五月西 春は南に秋は北 いつも東風《こち》にて雨降ると知れ」。

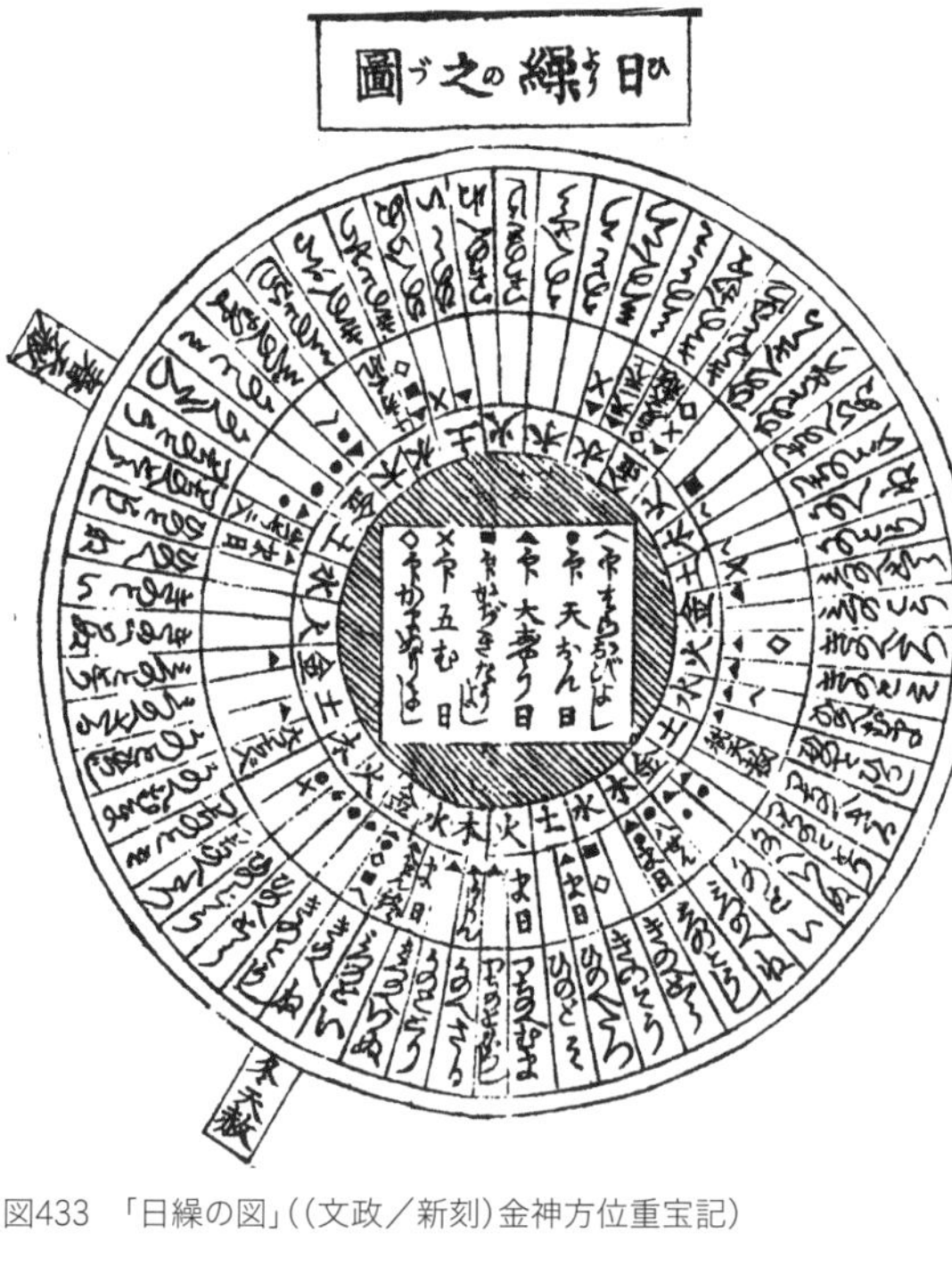

図433　「日繰の図」（〔文政／新刻〕金神方位重宝記）

引定免【ひけじょうめん】　「じょうめん（定免）」ヲ見ル

秘結【ひけつ】　〔鍼灸重宝記綱目〕に秘結は、大便の通じないことをいう。〇風秘は、風痰が大腸に結して通じないもので、風を発散する。〇気秘は、気滞り尻重く迫り痛み煩れ悶《いき》え脹満するもので、気を廻らすとよい。〇寒秘は、腹冷え痃癖結り滞るもので、温補する。〇虚秘は、津液虚し血少なくして乾き渋るもので、潤し滑らかにする。〇熱秘は、実熱気塞

がり胸満ち腹脹り煩れ渇するもので、熱を涼しくする。〈療治〉灸は肝兪 胆湯 腎兪 大腸兪 関元にする。針は天枢 滑肉門 石門 陰交 承山にする。〔まじない調法記〕には「老人 虚人 女産後秘結の事」は、麻の実を粥に煮て用いるとよい。〔万まじない調宝記〕に秘結には、黄連・黄芩・大黄を三黄湯といい、妙薬とする。

髭の事【ひげのこと】〈髭を和らげる方〉〔日用調法人家必用〕に「髭幷ニ月代を和らげる方」は、蜜柑の皮を湯漬し、その皮でよく揉むとよい。〈髭の生えぬ薬〉〔俗家重宝集・後編〕髭を抜いた跡へ白蜜を塗ると髭は生えない。◯「髭を黒くする方」は「鬢髭《びんひげ》を黒くする方」ヲ見ル

引け水【ひけみず】 大和詞。「ひけみづとは、つつむ（包）思ひを云」。〔不断重宝記大全〕

微弦【びげん】〔斎民外科調宝記〕に四季「春の脈」は、微 弦を平脈とする。胃の気《き》があり但 弦を病脈とする。〔昼夜重法記・正徳四〕に春は弦脈が平脈である意は、弦は肝の本脈であり、肝は木である。春は肝が旺ずるので、弦脈を春の平脈とする。微とはいかにも厳しく、弦の形が少しあるかないかというような意である。

肥後【ひご】 肥州。〔重宝記永代鏡〕に、玉名 山鹿 菊池 阿蘇 合志 山本 飽田 詫摩 益城《ましき》 宇土 八代 天草 葦北 球磨の十四郡をあげ、城下は熊本 国町 八代 原田で、一ノ宮は阿蘇である。〔万民調宝記〕には居城知行高を、熊本・細川越中五十四万五千石、宇土・細川丹後三万石。〔大増補万代重宝記〕には中管、四方四十里。田数一万三千四百六十二町、知行高五十七万二千九百八十五石。〔重宝記・幕末頃写〕には大管、四方五日。材木 柴 薪豊か、五穀 魚鼈 紙綿多く、大中国等とある。白川県から、今の熊本県となる。〈名物〉〔万買物調方記〕に、熊本煙管 皮籠 焼物 野鴈 潮煮貝、八代蜜柑 あいきょう（鰀鯽。鮎の子籠の塩引）切潤香（前者を笹の葉に巻き置き用る）、霊府の板（天より降る板木と云）、御免革（錦韋のようである。武具 又鞦の革に用る）、相良の焼物 漆 布、高瀬の絞り木綿（当所から始る）、長洲の腹赤鯛（浜焼にして京や江戸へ遣す）、菊池海苔（川にある）、蜈蚣海苔（海にある）、天草砥（同上）、櫓櫂（舟具）、久保田の野大根など。

非恋の詞【ひこいのことば】 俳諧で恋にならない詞。〔筆海重宝記〕に髪 黒髪 鏡 鬢髪 紅粉 櫛 結《ゆう》 帯 伽羅 薫、日月星仏を祈る、泣《なく》、嘆《なげく》、手枕、学の文、猿の文、同夢 浮世 浮身 由縁 宿執 褌 三味線 奥様 内儀 女房 中居 半婦《はした》、下女 ごぜ 後家 市女 下女 天乙女 早乙女 膝枕が挙っている。

微洪【びこう】〔斎民外科調宝記〕に四季「夏の脈」は微 洪を平脈とする。胃の気《き》があり但 洪を病脈とする。〔昼夜重法記・正徳四〕に洪脈は心の本脈であり、夏は心火が旺ずるゆえに、微 洪を夏の平脈とする。微とはいかにも厳しく、弦の形が少しあるかないかというような意である。

被甲護身印【ひこうごしんいん】 護身法大事*の一。〔新撰咒咀調法記大全〕に被甲護身印 真言五返 図がある。唵嚩日羅銀鉢羅捻跛跢也《をんはさらあきにはらちはたやそはか》。

ひこう方【ひこうほう】 よがり薬*。〔調法記・四十ゟ〕に「ひかう方」として、五味子* 遠志《おんじ》* 蛇床子*を粉にし、蛤の汁を取り丸薬とし、◯これ程に丸じて、一会に一粒玉門へ入れる。

肥後煤竹【ひごすすたけ】 染色。〔秘伝手染重宝記〕に「ひごすゝたけ」は、渋木（山桃）を一度引き、蘇芳に明礬を少し入れ、また梅を一度引き、よく乾し、また水八合程に素鉄二合程入れて引き、よく乾し張る。

平江帯【ひごだい】 草花作り様。〔昼夜重宝記・安永七〕に平江帯《ひごだい》の花は浅黄、薄色の紫がある。土は合せ土*がよい。肥しは茶殻の粉がよい。分植は春にする。

ひご玉子【ひごたまご】〔料理調法集・鶏卵之部〕に ひご玉子は、玉子蒲鉾*のようにして、仕方はひご蒲鉾に同じ。

肥後豆腐【ひごどうふ】〔料理調法集・豆腐之部〕に肥後豆腐は、豆腐を絞り水気を取り、よく擂り濾して板へ一分程の厚さに付けた上に、竹の籤《ひご》を

間二分程にして並べ、また豆腐を一分程につけて蒸し上げ、簸の間を庖丁で渡し切ると二分四方程になるのを板を離し、刺身庖丁で串を挿したまま面を取ると丸くなるのを、少し火取りすると真丸になるのを煮染め、長く揃え、硯蓋や盛り合せ等によい。火取りして串は抜く。

彦根三体付け方【ひこねさんたいつけかた】〔正風俳諧日夜重宝二面鏡小筌〕に「彦根三体付け方」として次がある。○俤の付け。「月影に鎧とやらを見透して／尼になるべき宵のきぬぎぬ」。○思いなしの付け。「半分は鎧はぬ人も打交り／舟追のけて章魚の喰あき」。○景色付け。「乗かけの丁ちんしめす朝をろし／汐さしかゝる星川の宿」。

肥後守頼清末葉【ひごのかみよりきよばつよう】 諸氏名字。信濃源氏。〔筆海重宝記〕に次の二十二名字が出ている。井上 山城 安藤 三川 北白河 村上 皆川 下条 屋代 山田 今里 吾妻 飯田 栗田 小野 千田 岡田ら。

久方【ひさかた】 大和詞。「久《ひさ》かたとは、天 空 雲などのまくらことば（枕詞）」である。〔女重宝記・五 弘化四〕

久方（の）月【ひさかた（の）つき】 大和詞。「久かた（の）月とは、いつもと（問）はれんと云ふ事」である。〔不断重宝記大全〕

久方餅【ひさかたもち】 菓子名。久方餅、上しめし物、中もろこし物、下ながし物。〔男重宝記・四〕

販婦【ひさぎめ】〔万物絵本大全調法記・上〕に「販婦 はんふ／ひさきめ。売婆 ばいば。同」。行商女をいう。

提子【ひさげ】〔万物絵本大全調法記・上〕に「銅提 どうてい／ひさげ」。〔童女重宝記〕には「提子 ひさげ。加くわへと云。提《ひさげ》の手 銚子*の通りに十二に巻く也」。〔料理調法集・銚子 提子名所〕には絵があり（「銚子の事」ニ出ス）、提子の寸法は、大は高さ三寸八分 渡し五寸五分 口二寸六分 中曲三寸五分。小は、高さ三寸五分 渡し五寸五分 口二寸五分 中曲三寸五分である。

〈酌の取り様〉〔嫁娶調宝記・二〕に提子の飾りの蝶は女蝶を飾る。○「男の酌の取り様」は、提子は弦の中程を右手で持ち、左手は提子の前縁に大指を掛け、腰を据え踵と踵とを合せ両膝は立てて置く。○「女房の取り様」は、燗鍋を持つようにして横に置き、加える時は本酌*の後ろに居り、本酌より返ると銚子を下に置くと取り上げて加える。〔女重宝記・二〕は、左手は右手の下へ重ねて持つか、大指 人差指 中指で提子の縁と外とを持ち、提子の返り様は銚子が左へ返るなら右へ返る。銚子が右へ返るなら左へ返る。例え本酌は結ぶとも加えは本のごとく、とはこのことである。このために酌人はあれども加えはないとかいう。尚、酒は瓶子から提子に移し、銚子に入れて杯に注ぐ。「加えの習」参照

膝直し【ひざなおし】〔嫁娶調宝記・二〕に膝直しは、祝言後 舅の方へ夫婦ともに呼ぶことである。本式は七日目であるが、お互いに隙が入れば九日 十日目でもよい。この時は裃《かみしも》も着ず袴ばかりで、常の一汁三菜（飯に汁一と菜三、鱠・煮物・焼物等を添えた献立）の料理でよい。一門の内でも若い衆の心易い方、また聟の友達四五人を呼ぶ。膳の前でも後でも、奥へ通り姑にも対面する。この時は菓子で事済む。酒盛があり、人によっては囃子や座頭等も呼び、音曲が様々ある。聟の方へもこのようにして呼ぶことがある。

膝の蓋の損傷治法【ひざのさらのそんしょうじほう】〔骨継療治重宝記・中〕に次の方がある。○膝の蓋《さら》が損じ断《き》れた時は、手で押し込み 突き込み 平正《たいらか》にし、後に接骨膏 定痛膏* 理傷膏*をつける。次に桑白皮で挟み結え、四截《きれ》として縛る。○膝蓋の骨が挫跌《くじけ》開く時は、竹箍《たけのわ》を入れ定薬《しめぐすり》を付け、挟むのは四截として結うと膝の蓋は開かない。○腫れ痛む時は、針刀《ひらばり》で血を出し、薬を付けて挟むものを用いる。

火皿【ひさら】〔武家重宝記・四〕に火皿は、鉄砲の口薬《くちくすり》の皿をいう。横に開く金具を火蓋《ひぶた》という。又は両覆という小さい栓《せん》がある。栓を管《くだ》のよう

にして、火隠《ひかくし》をさすことがある。

非参議【ひさんぎ】〔男重宝記・一〕に非参議は位は二位三位で、公*卿*の官に任じられない者をいう。一般に、位には登りやすく、官には登り難い。

菱【ひし】〔万物絵本大全調法記・下〕に「菱 れう／ひし」。〈薬性〉〔永代調法記宝庫・四〕には五臓を補うが、陽気を損ない、陰が萎える。〈紋様〉〔紋絵重宝記〕に「違い菱」（上）と、「ひしくづし」（下）の紋様、菱の字の意匠（上）がある。

鼻痔【びじ】 俗に鼻茸という。〔改補外科調宝記〕に鼻痔は、風湿が肺蔵に滞り、肺気が濁って生ずる。鼻内に石榴の子のようなものが生じ、次第に大きくなり、鼻外へ垂れ下がり、鼻穴は塞がり痛み、息遣いが苦しくなる。重いものは鼻齆ともいう。治方は、辛夷（大）、細辛・杏仁（各少）を粉にして膏薬のように練りよく冷まし、雄黄・明礬・軽粉・麝香を少しずつ粉にして丸じ、綿で包み 鼻を塞ぐと 六七日して腫物は抜ける。甚だしいのは硇砂を加える。

醤汁【ひしおじる】〔料理調法集・汁之部〕に醤汁《ひしおじる》は、雉子に、山の芋 海苔を入れる。醤が煮えたら酒ばかりで煮て後、差し味噌をして塩梅する。

醤の事【ひしおのこと】〔料理調法集・造醸之部〕に醤《ひしお》に三製法がある。①上白麦一斗をよく焦がし、大豆三升を二ツに挽き割り皮を去る。麦と交ぜ合せ蒸して醤油の糀のように二三日寝させて花が付いたのを、上下に返し置き七日目に取り出し、よい日和に二日程干して揉み砕き、塩二升七合と水一斗を三沫《あわ》程煮返して濾し、花糀三升をこの塩水で揉み絞り粕を去り、初めの麦糀に交ぜ合せ桶に入れ、よい日和に干し、一日に三度程ずつ三四日の内は掻き交ぜる。後は度々掻き交ぜると粘ってよくない。天気がよければ五日程で出来る。②小麦一斗をよく炊き、餅白米四升を交ぜ合せ、一夜水に浸しよく洗い蒸し、大豆五合を炒り挽き割り皮を去り粉にして篩い、荒い所を蒸した二品と交ぜ合せ、細かいのを上にかけ寝かして置く。よい時分に取り出し、小麦が固くなる程日に干して冷まし、塩二升二合五勺と水一斗をよく煮返して冷まし、これらを交ぜ合せ桶に入れ、昼は蓋を取り絹を掛けて置き、一日に三度ずつ掻き交ぜ、夜は蓋をして置く。③大麦一斗、糯米二升を強飯にし、大豆三升をよく煎り粉にし、前の二品に交ぜて七日程寝かし、塩三升と水八升を煎じて冷まし、これを桶に仕込み日向に置く。

〔男女日用重宝記・下〕は丸山小麦一斗をよく搗き、豆四升を煎り荒々と挽き割り、皮を剥き出し粉にし、糯米三升をよく搗いて白め、小麦と合せてよく洗い、一夜冷やして強飯程に蒸し、豆の粉を衣に掛けて寝させ、花をつけて日に干す。蒸す時は斑煮《むらにえ》のないように、斑煮であると熟れて後にも堅いものが出来、花が悪く付き、醤は黒くなる。水八升と塩三升を合せ 煎じ冷まし 糀を入れて掻き合せ、一日に三度掻き合せ、始めは日に当て後は内に入れる。〔料理重法記・下〕には小麦一斗を水に漬けよく蒸し、手で握り固まる時分に大豆の粉と合わす。大豆五升を割って皮を去り 挽き割り用いる。塩二升五合、水八升五合、塩と水と合せ煎じ冷まし、次に小麦と大豆と合せ、日陰に置き、毎日掻き廻す。〔昼夜調法記・正徳四〕は円心寺というとし、小麦一斗をよく搗いて一日一夜水に漬け蒸す。大豆二升、糯米一升を煎って粉にする。この三色をよく交ぜ合せ糀に寝させ 取り出し 揉み砕き、二日程日に干しよく冷まし 仕込む。塩二升一合と水七升を煎じてよく冷まし、先の糀を仕込む。始めは手で上下へ掻き、後は柄ふりで毎日掻く。日には少しも当てない。七十日程でよくなる。夏に仕込み上げる。二月迄よい。〔ちやうほう記〕は、①大麦一升を水に浸して蒸す。大豆一升を紅色に煎り挽き割り細かになったのを、大麦へ振り掛け寝させ、荒い豆は大麦と一ツにして蒸す。水一升、塩四合、水と塩を一ツによく煎じて冷まし、仕込む。大麦を小麦にするのもよい。日に二日干し仕込む。②大麦二升をそのま

ま蒸す。豆一升を煎り挽き割る。塩四合、水七合、塩と水とを煎じる。〈食合せ〉〔女重宝記・三〕に懐妊中、醬と豆の葉を食うと胎が落ちる。

肘笠雨【ひじかさあめ】 大和詞。〔不断重宝記大全〕に「ひぢかさ雨、俄雨に袖を笠にする」をいう。〔女用智恵鑑宝織〕には「ひじかさ」とある。

引敷【ひしき】 「くさずり（草摺）」ヲ見ル

海藻【ひじき】 鹿尾菜とも書く。〈薬性〉〔医道重宝記〕に海藻《ひじき》は、寒で毒はない。結核、積聚《しゃくじゅ》（＝さしこみ）を消す。多食してはならない。

海藻藻【ひじきも】 大和詞。〔不断重宝記大全〕に「ひじきもとは、海の藻草」である。〔薬種重宝記・下〕に「ヒスキモ 鹿尾菜《ろくびさい》」。

鯷鰯漬様【ひしこいわしつけよう】 〔ちやうほう記〕に鯷鰯《ひしこいわし》（＝片口鰯）の漬け様は、鯷鰯一升、塩三合とする。生姜や茄子を漬けるのもよい。

鯷醤油【ひしこしょうゆ】 〔料理調法集・造醸之部〕に鯷醤油《ひしこしょうゆ》は、生鯷一升、海塩三合、糀三合、古酒一合を桶に漬け込む。六十日程経ってその汁を布袋で濾す。

鯷飯【ひしこめし】 〔料理調法集・飯之部〕に鯷飯《ひしこめし》は、鯷（鰯の属也。相模 及西国にて かたくちいわしと云。又片口とも）を当座に塩をして置き、鰯飯*のように、分量を考えて炊く。

肘の秘薬【ひじのひやく】 〔増補咒咀調法記大全〕に「肘痛むに名誉の秘事」は、天南星と蒼朮を煎じて飲むと痛みは止む。また、芥子の実を擂り痛む所に塗ると奇妙である。

臂骨の損傷治法【ひじぼねのそんしょうじほう】 〔骨継療治重宝記・中〕に臂骨の損傷治法は、つい両手の臂骨を打ち折ったものには砕けた骨がある。趺き折れた物には砕けた骨はない。これは弁えるべきことである。どれも定痛膏*接骨膏をつける。

肘持【ひじもち】 「ひぢもちとは、ひぢ（肘）をはる事」である。〔消息調宝記・二〕

痞積【ひしゃく】 「疳癖《かんぺき》」ヲ見ル

脾積【ひしゃく】 五積*の一。〔鍼灸重宝記綱目〕に脾積は、痞気といい、臍の真中の通りにある。顔は黄色で飢える時は隠れ、飽く時は顕れる。常に腸や足が脹れ、泄瀉 嘔逆し、肉を削るように痩せる。〔薬家秘伝妙方調法記〕は木香にしゃくしゃ（『物類称呼』に「沙参 しゃじん／和名つりがねにんじん…越中にて、しゃぐしゃ」）。〔薬種重宝記・下〕に和唐草、「沙参 しゃしん／とゝぎ。刻み焙る」を加える。

毘沙門【びしゃもん】 大坂願所。毘沙門を信じ、富貴を祈り 家業繁昌を願うのがよい。御縁日は、毎月三・八・十五日。信貴山は道程五里。長町大乗坊を始め、下寺町、生玉、天満寺町、北野村に巡拝所が十五所ある。詳しくは『大坂寺社順拝記』にある。〔顔懸重宝記・初〕

臂臑【びじゅ】 〈経絡要穴 肘手部〉臂臑は二穴。直に曲池の上七寸 肩髃を目あてにとる。筋骨の間陥みの中にある。灸は日に七壮、二百壮に至る。針はよくなく、もし針をするなら三分より深くはしない。肘細く力なく肘が痛み、瘰癧、頸項《うなじ》の引き攣るのを治す。〔鍼灸重宝記綱目〕

卑称【ひしょう】 「我家を言う」「我身を言う」等参照

痺証【ひしょう】 〔世界万宝調法記・下〕に「痺証 付麻木（共にしびれ、麻痺）」の「食物宜禁」がある。「宜い物」は黒豆 小豆 大根 蒜 芥子 生姜 山椒 葡萄 独活 鱧 鰻 鴈 黒雌。「禁物」は蕨 蕎麦 麵類 油 糯 醋 海老 鮎 鯽 鰤 鯛。

鈹針【ひしん】 「鈹鍼《はしん》（針）の事」ヲ見ル

秘真丸【ひしんがん】 〔丸散重宝記〕に秘真丸は、遺尿 失禁、或は思うこと叶わず、願うこと遂げず、淫乱、白濁、宗筋弛縦、はずして筋萎となるのを治す。多く服してはならない。病が治してから止める。竜骨（十匁）、訶子・砂仁（各五匁）、辰砂（二匁）を糊で丸じ、空き腹に温酒で下す。

美人草【びじんそう】 〔万物絵本大全調法記・下〕に「麗春 れいしゅん／びじんそう。春」。〔男重宝記・五〕「さねかずら（真葛）を大坂にてはびじ

んさう〔美人草〕」「おほねば」、京では「大根葉《だいこんば》」という。
〈草花作り様〉〔昼夜重宝記・安永七〕に美人草《びじんそう》の花は万葉 千葉 八葉がある。花は芥子である。土は合せ土*で、肥しは入れない。実を採り、春に蒔く。〔庭木重宝記〕には、八月に種を蒔くとよいとある。

美人の終りは猿になる【びじんのおわりはさるになる】〔世話重宝記・五〕に『太平広記』に出るとして次がある。唐の代宗の広徳年中、孫恪は洛陽で袁氏の貌が麗しいのを見て妻とした。十年余添い、孫恪は官に仕えて長安へ行くのに袁氏も伴ったが、瑞州で袁氏は決山寺の僧に久しく会わないので行きたいと言う。決山寺では案内知ってすぐに碧玉環〔緑の玉の輪〕を取り出して僧に授け、これはこの寺の旧物だと言う。僧は解らず飯斉《はんせい》（＝飯と醤に交ぜて食べるなます）の過ぐる時、数十匹の猿が臂を連ねて松に下り鳴き叫ぶのを見て袁氏は悲しみ、「しかず伴《とも》を遂ふて山に帰り、去らんには長嘯一声煙霧深し」の詩を書いて壁に貼り、孫恪に向かい、これより長い別れになると言い、着ていた衣裳を引き裂くと忽ち老猿となり、木の上に躍り去った。孫恪は魂を失い、暫くして老僧に尋ねると、昔を思い出して言った。沙弥（小僧）の時、この猿を飼っていて、玄宗の開元年中に高力士が寺に来て、猿の賢いのを見て絹を猿に換えて京に帰り玄宗に奉り、上陽宮に飼い懐けた。その後、安禄山の乱に猿は行方不明となったが、今日再びその猿に会って怪しいことを見た。この碧玉環は常に猿の首に掛けて置いた物だという。孫恪は愈々悲しみ泣き泣き帰った。

脾腎の気【ひじんのき】経験方。〔丸散重宝記〕に脾腎の気が虚脱して腹脹れ、大いに瀉し、日夜止まらないのには、益智《やくち》*を濃く煎じて用いる。

非人倫【ひじんりん】〈連俳式目〉〔俳諧之重宝記すり火うち〕に「人倫ニあらず」から抄出。一門、一家、一類、人間、法皇、本院、女院、東宮、花を友、本道、六親、如来、菩薩、我君、王、留守居、地頭、長老、和尚、太子、司、公家、老若、外科、眷属、山姫、座頭、順礼、雑兵、宿老、酒の酔、給仕、飛脚、勢揃など。〔筆海重宝記〕にも「非人倫」として次がある（重複を避けた）。禁中高官名の分、入道、仙人、眷属、六親、奉行、雑色、典薬、下戸、上戸、祖師、旦那、師匠、百性、橋姫、本道、外科、老、若、俗、盲目、代官、月の友、私、某、出家が出る。

飛頭【ひず】〔料理調法集・口伝之部〕に飛頭《ひず》とは、魚の頭の背通りである。鮭の飛頭は鱠、汁などによい。鯛、鰆は汁等によい。

翡翠の毛【ひすいのけ】鷹の名所*。〔武家重宝記・五〕に翡翠の毛とは、鷹がくつろぐ時、肩から出す赤い毛をいう。

ひずる【ひずる】片言。「ひづるは、菠蔆 ひづり」である。〔不断重宝記大全〕

微石【びせき】「微沈《びちん》」ヲ見ル

皮説【ひせつ】〔骨継療治重宝記・上〕は『内経』を引き、皮は肺の合、毛は肺の栄とする。また肺は皮毛《ひもう》を主《つかさど》り、臓にあっては肺、体にあっては皮毛とする。但し、総身の皮は筋三色（後出）で合せていて、皮は身の仇となるものを防ぎ、痛みを覚えて総身に伝え、身に悪い物を払う。皮の性は、寒 熱 湿 燥をよく和合している。内の方には極く薄い皮があり、血の上ずみより出る腫物、くさ・かさ（瘡）の類はここから出る。三色の筋は、①は肝臓から血を一身に渡す筋で、性は寒で燥、固まった一重の筋である。②は心臓から血を一身に渡す筋で、皮は二重、肝臓より出る筋よりも堅く、肝臓の筋と多分に重なり合って行く時、下から出る。③は丸く内に素《す》もなく血もない筋で、総身の動《どう》を覚えるもので頭の髄又は骨の番々《つがい》から出る筋である。性は寒にして燥、胴骨の髄も頭髄も一ツである。

脾絶【ひぜつ】死証*の一。〔医道重宝記〕に脾絶は、浮き腫れ 腹泄《くだ》し 度数なく、鼻の中満ち、唇・口は乾き焦がれ、唇青く 体冷え 遺尿し、食を見て背く。

肥前【ひぜん】 肥州。〔重宝記永代鏡〕には基肄《きい》、養父《やぶ》、三根、神埼、佐嘉《さが》（佐賀）、小城《おぎ》、松浦《まつら》、杵嶋、藤沢、彼杵《そのぎ》、高来《たかく》の十一郡をあげ、城下は佐嘉、唐津、大村、嶋原、長崎で、一ノ宮は川上である。〔万民調宝記〕に居城知行高を、福岡・松平肥前五十二万石、佐賀・松平丹後三十五万石、水城・鍋島紀伊七万四千石、平戸・松浦肥前六万三千石、唐津・松平和泉七万石、嶋原・松平主殿七万石、五嶋・五嶋佐渡一万二千石、大村・大村因幡二万七千石、蓮池・鍋島摂津五万二千石、久嶋・鍋島備前二万石。〔大増補万代重宝記〕に上管、四方六十里。田数一万三千四百六十二町、知行高五十六万千四百三十七石。〔重宝記・幕末頃写〕には南北五日。土肥え種生百倍、桑柘農衣厚く、魚鳥食に備え、中上国等とある。長崎県から壱岐と対馬を除いた、今の佐賀県と長崎県があたる。

○「肥前の内船路」は、「西国船路大坂より」ヲ見ル

〈名物〉〔万買物調方記〕に一丁弱程に記載、白太米《しろたいとう》、土器《かわらけ》（秀吉公薩摩入りの時天下に許す）、佐賀に畳の表、束の刀（これを奈良に上す）、有馬鉄砲、唐津・伊万里の焼物、長崎木綿・畦刺足袋、元結紙、紙衾、時計細工、絵筵、算盤、白煙草、蜜漬の生姜、仏手柑、マルメロ、蜜柑、葡萄、西瓜、ほうれん草、五嶋鯣、雲丹、あご鯆、鯨の油、和布、布海苔、車の輪、平戸の串鮑、あかばな（鰤に似た魚）、野母の小鯛、寺井の海茸・海月・あみ（海老の子。所にて薄紅梅と云）、しくち（目奈陀）、真魚鰹など。

肥癬【ひぜん】〔医道重宝記〕に肥癬は疥瘡とも言い、風熱或は湿をさし挟み、皮膚の間に宿り生じ、薬は升麻和気飲*を用いる。〔改補外科調宝記〕に肥癬は疥癬瘡《かいせんそう》と言い、「五疥五癬」*或は「肥癬疥癢癬」*では肥癬乾癬等の説明がある。洗薬は荊芥・黄栢・苦参（各等分）を、痛み腫れるのには山椒芽、痒いのには蛇床子を加え煎じて洗う。疥霊丹*便易散*合掌散*加味荊防敗毒散*土大黄膏*もある。〔里俗節用重宝記・上〕にも疥癬瘡は五根湯*を一貼十匁ずつとし、行水湯の中に入れ煎じて洗うと不祥の気を去り、胎毒瘡疥《かいせん》を生じない。桃・柳・梅・槐の根、桑木、苦参、白芷を加える。〔家内重宝記・元禄二〕に疥癬は、悪瘡が身中に出、痒いのには萍草を煎じて服する。〔鍼灸重宝記綱目〕に初生の疥癬には曲池 支溝 陽谿 陽谷 大陵 合谷 後谿 委中 三里 陽輔 崑崙等の針灸点がある。

〈加減例*〉〔医道重宝記〕湿は身重く、羗活・蒼朮・防已（下用）・木通（上用）を加える。

〈肥癬薬〉薬剤処方は諸書に多いが若干例を示す。〔薬家秘伝妙方調法記〕は檳榔子（大）、硫黄・水銀粉《はらや》・土器粉（各少）を合せ、髪の油で溶いて付ける。〔薬種日用重宝記授〕は蛇床子・荊芥（各十六匁）、大口硫黄（八十匁）を湯で塗る。〔胡椒一味重宝記〕は湿瘡《ひぜん》に胡椒の粉を付けるとよい。〔調法記・四十七ゟ五十七迄〕は、①黄栢・湯の花（各一匁）、光明丹（少）を胡麻油で練り付ける。②硫黄の末（粉）を生玉子で煎じ詰め胡麻油で溶いて付けるのも妙である。〔家伝調方記・天保八写〕に「ひぜん叩き薬」は、硫黄・湯の花・軽粉・白煙硝・黄栢・大黄を細末（粉）にし、生姜と大根を卸し、交ぜて酢で炊き、薬を白木綿で絞り、叩き付ける。

〔懐中重宝記・慶応四〕に肥癬の薬は、大黄・当帰（各十匁）、前胡・蒼朮・厚朴・山帰来・烏葛（各五匁）、桂枝（四匁）、忍冬（二十五匁）、湯の花（六十匁）、紫蘇の葉（十五匁）、芍薬（四十匁）を二ツに分けて木綿袋に入れ、据え風呂に入れて揉み出し、四日入湯すると内にある湿気は悉く出す。後四日の入湯で妙に治る。〈肥前内攻妙薬〉〔調法記・四十ゟ〕に、桃花（一両）、木通（二両）を刻み、常のように煎じて用いると妙である。〔調宝記全〕に、赤牛の便に甘草を入れ煎じて用いるのは大妙薬である。〔万まじない調宝記〕は、○桃花（一両）、木通（二両）を各々刻み七服に分け、常のように煎じて用いると妙である。○蓬莱の海老を煎じて用いる。○「〔同（ひぜん）〕手の平薬」として大風子薬（正二匁）、硝石（五

分)、水銀(一分三厘)、竜脳(二分五厘)、胡桃(二粒)を細末(粉)にして用いる。この薬は両手の平で男女ともに急所を避けて用いる。○肥癬ならちやぼでという帚木に灯心を入れて煎じて飲むとよい。〔調宝記・文政八写〕には次がある。①「肥癬瘡薬」は沾滓《しろみず》*を取って付ける。皂角《さいかく》の葉を水で卸して洗うとよい。また藜蘆《おもと》の葉を根ともに煎じて洗うとよい。②「肥癬の妙薬」は大黄・皮豆(各等分)を粉にして胡麻油で付ける。③蛇床子・荊芥(各十六匁)、火口硫黄(八十目)を湯で塗るとよい。〔新撰咒咀調法記大全〕に「ひぜん追出し薬」は鼠の黒焼を粉にして白湯で用いると皆追い出し、再び気ざさぬ。〔万用重宝記〕には「肥癬掻き爛れ痛む」には、古い毛氈を焼いて胡麻油で付けると忽ち治す。また茴香を塩と合せて炒り熱い内に布に包み痛む所にのせる。また七月十五日の早天に汲み立ての水で饂飩粉を捏《こ》ね●これ程に丸じて呑むとよい。〔重宝記・宝永元序刊〕に「肥癬の揉み薬」は、蛇骨皮(一両)、明礬(一匁)を雷丸*の油で溶き、布に包み度々揉む。

〈薬店〉〔万買物調方記〕に「江戸ニテひぜんがさくすり」は湯嶋明神下とりや孫兵へがある。「肥癬疥癢癬《ひぜんかいようせん》」モ見ル

備前【びぜん】 備州。〔重宝記永代鏡〕に和気、磐梨《いわなし》、赤坂、上道《かみのみち》、邑《おう》久《く》、御野《みの》、津高、児島の八郡をあげ、城下は岡山で、一ノ宮は魂《みたま》である。〔万民調宝記〕に居城知行高は、岡山・松平伊予三十万石、新田・池田信濃二万五十石、新田・池田丹波一万五千石。〔大増補万代重宝記〕に上管、四方十九里。一ノ宮は安仁。田数一万三千二百六町、知行高二十八万六千二百石。〔重宝記・幕末頃写〕は小島《おしま》、佐野、小足、釜嶋を加えて十一郡である。四方三日余。南に海をおび暖気、草木五穀よく、まず秋に貢す。刃・戟がよく、帛も多い。中上国。今の岡山県東南部。〈名物〉〔万買物調方記〕に海月、あみ(海老)、白魚、真魚鰹、藤戸海苔、川口の鰻・鯉、牛窓の烏賊、小嶋の酒、いんべ(伊部)の焼物(酒甕 藍壺 徳利鉢)、岡山素麺、刀など。

肥癬疥癢癬【ひぜんかいようせん】〔改補外科調宝記〕に肥癬疥癢癬は癬瘡《かいせんそう》の一とし、「五疥五癬」*と同じく、熱燥風毒が皮肉にこもって生ずるものとし、乾癬*湿癬*頑癬*牛癬*馬癬*がある。治方はどれでも、まず加味荊防敗毒散*を用い、体の虚したのに風毒を用いてはならない。年久しく癒えず、元気な人には頑癬丸*を用いるのがよい。

鼻瘡【びそう】〔改補外科調宝記〕に鼻瘡は、鼻の内が痛み瘡を生じたもの。辛夷を粉にし麝香少しを入れた綿に包み、鼻を塞ぐとよい。

砒霜石【ひそうせき】〔万物絵本大全調法記・上〕に「砒 ひ。砒石 ひせき 也。大毒《どく》あるを砒霜《ひさう》石とす。砒霜」とある。「信石の毒」ヲ見ル

脾臓の事【ひぞうのこと】〔鍼灸重宝記綱目〕に脾臓は重さ二斤三両、広さ三寸、長さ五寸、内に散膏半斤がある。血を裹《つつ》む事を主《つかさど》り、五臓*を温める(図434)。背中の第十一椎に付き、形は馬蹄・壺盧・刀鎌のようで、胃の上に重なり蔽《おお》う。常によく運動して胃中の水穀を消化し、水穀は胃から脾に行き、脾から五臓六腑に配り、一身を養い、皮毛肌肉筋骨を充たす。倉廩の官で五味を出す。○「五臓の色脈症候虚実」脾は営(一日智)を蔵《かく》して意《こころ》を舎《やど》す。肌肉 労《つかれ》 倦《くたびれ》 湿《しつ》とを主どる。中央の土に属し、長夏に旺し、脈は緩、外候は唇口にあり、声は歌う。臭は香《こうば》し、味は甘く、汁は涎《よだれ》、色は黄、志は思《おもう》。○経は足の太陰、府は胃、変動は噦《しやくり》の癪は痞

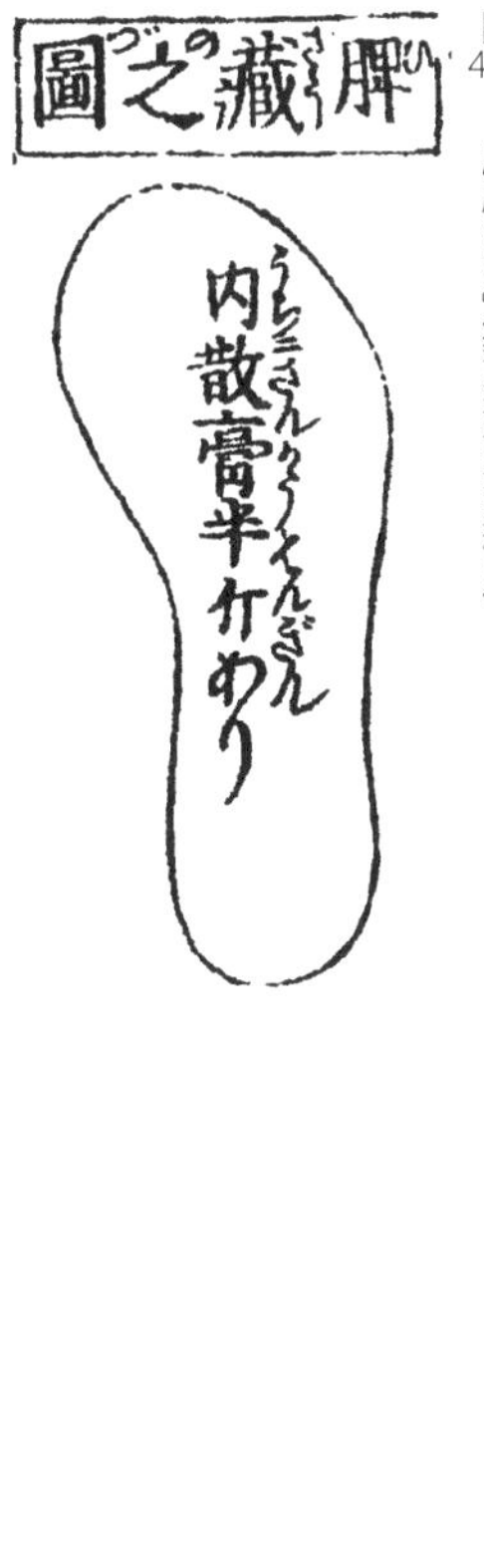

図434「脾臓の図」(鍼灸重宝記綱目)

気胃管にあり、覆い大にして盤のようである。○脾気の盛んな時は腹痛み 腹脹り、溲利《いばり》せず、身は重く、甚だ飢え、足は萎えて収まらず、行く時はよく瘈《しじま》り、脚下が痛む。宜しく瀉するとよい。○不足する時は怠堕して臥すのを好む。四肢用いられず、食少なく、消化せず、嘔逆、腹脹、腸鳴などがある。宜しく補うとよい。

〈脾臓の疵〉〔改補外科調宝記〕に脾臓を切った時は疵は左脇下、股の付け際にある。〈脾臓の疳〉〔薬家秘伝妙方調法記〕には顔色は黄で不食し、肴物を愈々好み、後には必ず身が黄になり耳から汁が出、羅（陰茎）に穴が開き緩む。熱気があり 眠り 水を好む。莪朮・木通・白鶏頭の実・白朮・茯神・竜胆（各一匁）、芥子の殻（二分）、肉豆蔲（一分）、大腹皮・軽石の粉・苦参・薏苡仁・黄栢・香付子・升麻・甘草（各小）を熱湯で振り出して用いる。「五臓の事」〈五臓の色体〉参照

〈寿保按摩法〉〔医道重宝記〕に脾臓の積聚 風邪を去り、食を進む按摩*は、大座して片足は伸べ、片足は屈め、両手を後ろで相組み、背中を十五度反って槌つ。

鼻疽禁好物【びそきんこうもつ】〈食物禁好物〉〔改補外科調宝記〕に鼻の疽《そ》*に「宜い物」は柿 薊 芥子 茄子 莧 蓮根があり、「禁物」は蜜柑 石榴 蕨 梨 胡瓜 蕎麦 麦 胡麻 韮 餅 黒豆 椎がある。

ひそく【ひそく】 片言。「ひそくは、紙燭*しそく」である。〔不断重宝記大全〕

飛騨【ひだ】 飛州。〔重宝記永代鏡〕に大野、荒城、益田《ましだ》、大原の四郡をあげ、城下は高山、一ノ宮は水無《みずなし》にある。〔万民調宝記〕に居城知行高は、高山・金森出雲三万八千石である。〔大増補万代重宝記〕に、下管、二十六里。田数六千六百五十六町、知行高三万八千七百六十四石。〔重宝記・幕末頃写〕に南北二日。山深く材木多く、敬貢する。柴薪多く、塩味は稀少、五穀熟せず、下々国とある。筑摩県から、今の岐阜県の北部があたる。

〈名物〉〔万買物調方記〕に綿 焰硝 銀 銅 枉物（根本）楊枝木 欅 勝栗など。

鐚【びた】 室町末期から江戸初期に流通した悪質の銅銭。また江戸末期の鉄銭の称。〔農家調宝記・初編〕には次がある。錏《びた》（＝鐚）とは永楽銭に混《こん》じない唱えであり、金《かね》偏に亞《つ》ぐと書く。字意は金に亞ぐ通用の宝である。元は長銭《ちょうせん》であったが、百文を六ツ八ツ等に割る時端《はし》が出て差し支えがあるので、九十六文にすると算用に便利（異説もあり、「銭の事」参照）とした。遠国には今も調（長）銭通用の地がある。古は、鐚四貫文を金一両に通用し、金銭の相場各々その位によって高下を備えた。「ぜに（銭）の事」「駒牽銭《こまひきぜに》」参照

肥胎【ひたい】〔小児療治調法記〕に肥胎は、生れ落ちるより大いに肥えていることをいう。

額木【ひたいぎ】 弓の事*。張弓名所。〔武家重宝記・二〕に額木《ひたいぎ》は、弓の弦*を掛けた内側上下の両端に板片をつけた上の所をいう。下を関板《せきいた》*という。

額の髪縮【ひたいのかみしく】 大和詞。「ひたいのかみしくとは、女の髪縮《かみちぢむ》を云」。〔不断重宝記大全〕

額の事【ひたいのこと】〈小児の「面部形色（顔色の事*）」による診断法〉〔小児療治調法記〕に額は心《しん》に属し、その色の赤いのを順とし、黒いのを逆とする。もし青黒いのは驚風 腹痛 瘛瘲《ひきつり》、啼くのを主《つかさど》り、少し黄なのは盗《ね》汗《あせ》、頭髪乾き、驚疳、骨熱の症である。〈額の禿を生やす方〉〔新撰咒咀調法記大全〕に額の禿げたのを髪生やす方は、蛇《くちなわ》の衣《きぬ》を禿げただけ切り、饂飩の粉を水で捏ねて衣に塗ってつける。〈女の化粧〉〔女重宝記・一〕に女の額のつくり様は、大額 小額 丸額*火塔額*剃り上げ額は、皆人の生れ付に応じて大顔 小顔 丸顔 長い顔 短い顔を考えてつくる。

ひたたけ【ひたたけ】 大和詞。〔不断重宝記大全〕に「ひたゝ（混）けとは、はびこりひろき心」である。〔消息調宝記・二〕には「ひたゝげとは、めにたつ（目立）こと」とある。

常陸【ひたち】 常州。〔重宝記永代鏡〕には新治《にいはる》、真壁《まかべ》、筑波、河内、信太《しのだ》、茨木、行方《なめかた》、鹿嶋、那珂、久慈《くじ》、多珂《たか》の十一郡をあげ、城下は水戸、笠岡、下館、土浦。一ノ宮は鹿嶋である。〔万民調宝記〕に居城知行高は、水戸・水戸宰相二十八万石、額田・松平形部太夫二万石、松平播磨二万石、茂木《もてぎ》・細川玄番一万六千石、笠間・井上中務五万石、土浦・土屋相模六万五千石、下館・増山兵部三万三千石。〔大増補万代重宝記〕には大管、大々中国、南北三日。田数四万二千三十八町、知行高七十五万三千六百石。〔重宝記・幕末頃写〕には四方四日、田宅・市鄽は日毎に盛んになり、牛馬は牧に充ち、蚕は多く、綿も豊かである。茨木県、新治県から、ほぼ今の茨城県があたる。〈名物〉〔万買物調方記〕に当帰 黒鮫 箕輪田鯉（極月上にたゞ一日捕り 江戸に多く到来する）水戸の浮木（魚）銭（新銭の始めと云）筑波山の笊《めどき》 小杉原など。

常陸帯【ひたちおび】 大和詞。「ひたちおびとは、ちぎりむすぶ（契結）を云」。〔不断重宝記大全〕

飛騨の工【ひだのたくみ】 〔人倫重宝記・一〕に古は飛騨の国には大工が多く、禁裏へ参り木工頭《もくのかみ》を勤めたので飛騨の工《たくみ》という。『拾遺集・雑恋』国持の歌に「宮造る飛騨の工の手斧音 ほどほどしかるめをも見し哉」。

直路【ひたみち】 大和詞。「ひたみちとは、ただ一向と云ふ事」。〔不断重宝記大全〕

左萎え右竦むには【ひだりなえみぎすくむには】 〔薬家秘伝妙方調法記〕に左が萎え、右が竦むには、当帰・天麻・蒺莉を使う。

左流枝の事【ひだりながしのこと】 立花。*〔昼夜重宝記・安永七〕に*の一の枝がない時、受け*の方へ枝を長く出して、受けあしらいを強くし、控えで一瓶を釣合すのを左流枝《ひだりながし》という。〔男重宝記・三〕は左流枝は稀のこととする。左へ流す時は副《そえ》の下 控枝《ひかえ》のある所へ使う。控枝はない。

左縄【ひだりなわ】 〔年中重宝記・一〕に注連縄《しめなわ》*は、左縄（左綯）に綯《な》う。

脾虫【ひちゅう】 「すんばく（寸白）」ヲ見ル

飛打【ひちょう】 鷹の名所。*〔武家重宝記・五〕に飛打《ひちょう》は、鷹の両翼の下脇の所をいう。

蓽澄茄【ひちょうか】 「黒胡椒《くろごしょう》」ヲ見ル

篳篥【ひちりき】 〔万物絵本大全調法記・下〕に「篳篥 ひつりつ／ひちりき。觱《ひつ》篥 同」。「売り店」については「笛 篳篥《ひちりき》 尺八」ヲ見ル。『易林本節用集』に「觱篥《ひちりき》、觱《ひつ》又篳に作」。

微沈【びちん】 〔昼夜重法記・正徳四〕〔鍼灸日用重宝記・一〕に四季「冬の脈」は微 沈とある。沈脈*は腎の本脈である。故に沈脈を冬腎水の本脈とする。微とはいかにも厳しく、弦の形が少しあるか ないかという ような意である。〔斎民外科調宝記〕には冬の平脈は微 石を平脈とし、胃の気《き》があり、但石《たんせき》を病脈とするとある。

痺痛【ひつう】 針灸諸病治例。〔鍼灸重宝記綱目〕に痺《しびれ》は皆気血の虚で、栄衛が渋り、経絡が通じないためである。曲池 風市、痺れる処に針刺して血をめぐらす。風痺には尺沢 陽輔に、痰痺には膈兪に、寒痺*には曲池委中風市に、厥逆*には列缺に針刺する。

未【ひつじ】 十二支*の一。〔年中重宝記・六〕等から集成すると凡そ以下の通り。未（ひつじ・び・羊）。〈月〉六月とする。六月は草木滋味を生ずる意。〈時刻〉未の時は昼の八ツ。午後二時前後の二時間である。〈方角〉南南西。〔永代調法記宝庫・首〕に未の異名は協洽《きょうこう》・日映《じつえい》とある。「未の日／月」参照

羊【ひつじ】 〔万物絵本大全調法記・下〕に「羊やう／ひつじ」。〈異名〉〔書札調法記・六〕に羊の異名に、主簿 羝羊 氈根《せんこん》がある。

稲孫【ひつじ】 大和詞。「ひつぢ（稲孫）とは、刈りたる田に又生る稲」である。〔不断重宝記大全〕

白鮮皮【ひつじぐさ】 〔薬種重宝記・上〕に唐草、「白鮮皮 はくせんひ／ひつ

じくさ。白水*に浸し、黒皮を去り、刻み焙る」。

羊の歩み【ひつじのあゆみ】〔世話重宝記・五〕に『摩耶経』に出るとして次がある。羊の歩みというのは、羊を殺しに連れて行くのは、一歩二歩と進むに随い死に近づく。これを屠所の羊という。屠所は羊を殺す場である。人の無常に譬える。

未の時生れ【ひつじのときうまれ】〔大増補万代重宝記〕に未時（十四時）に生れる人は、身代の浮沈は度々である。若い時は苦労が多く、年寄る程よい。貴人に近付き栄華するのがよく、また田舎遠国を駆け廻って稼げば金銀財宝は心の侭に集り、無病で仕合せがよい。〔女用智恵鑑宝織〕での特に記すことは、自分より位の高い夫を持つのがよく、心が素直でなければ祟って夫に離れ、身上に浮沈がある。慈悲心を持つと栄華がある。

未の年生れ【ひつじのとしうまれ】〔大増補万代重宝記〕に「未年生れ」の人は、一代の守本尊は大日如来*である。前生は黄帝の子で、北斗の武曲星より米一石二斗と金子五貫目を受けて今世に生れた。前生で物の命を多く断った報いで今世では子に縁が薄い。それ故、物の命を助け 神仏を祈り 養子をするとよい。二十六歳 三十六歳で財を得、四十歳過ぎて身上が祟ることがある。五十歳過ぎて仕合せが直る。一生の内衣食に事欠かず、六十三歳で命危く、七十一歳で命を終る。阿弥陀は寿命を守り、摩利支天は福徳を与え、観音は智恵を授ける。一代の内よく信心するとよい。一説に、若い時は財禄定まらず、驚き怕《おそ》れることがある。三十八歳過ぎて妻の縁が定まり、諸事心の侭になる。天性 智恵深く人の為になる生れである。

〔女用智恵鑑宝織〕「女一代八卦」にも同趣の事がある。前世では中都国の王子で、父母の善心により北斗の星より米一石三斗 金子五貫匁を受けて生れる。前世で物の命を取ったので子に祟りごとがある。縁付はよく、夫は指折りの人である。我が親類に不仕合の人があり、面目ないことがあるが、世の習いと諦め 心を正しく持ち、夫を大切に 何事も相談し、力になるようにするのがよい。後々は一門繁盛し 二十五六歳で財を得 四十歳過ぎて身上に祟ることがある。老人を敬ってよく 五十歳過ぎると命は七十一 又は九十歳迄続く。〔日用重宝 万物図解 嘉永大雑書三世相〕に未歳の守本尊は大日如来。卦は坤皆断。

未の日／月【ひつじのひ／つき】〈日〉〔家内重宝記・元禄二〕に「日用雑書」として次がある。未の日は薬を用いず、灸鍼をしない。耳の鳴るのは吉、犬の長吠は万に凶である。病は男は軽く、女は重い。人神*は頭にある。東が塞がりである。寅申の年の人は屋造りは凶である。行方は東は病、南は大吉、西は悪、北は宝を得る。正月未の日は運虚日*、外（下）食日*、天福日*。正・四・七・十月未の日は神外*にあり凶である。二月未の日は報い日* 血忌日*、二月十六日も報い日。二・四月未の日は坎日*。三月未の日は大利日*、また仏神に詣でない。三・四月未の日は亡ぶ日*。三・六・九・十二月未の日は神内*にあり吉。四・十月未の日は福徳日*。五月未の日は師旦絶命日*。五・十一月未の日は家を買わない。六月未の日は千億日*。七月未の日は六合日*、また仏神に詣でない。八月未の日は万福日*。

春の未の日は屋根を葺かない。夏・秋・冬の未の日には人を出さない。秋の未の日は土用の間日*。冬の未の日は天悦日*、また門を建てるのに吉。乙《きのと》巳の未の日は釜を塗るのに吉、また南に門を建てるのに吉。己《つちのと》未の日は北に門を建てるのに吉。土公は乙未の日は南に、癸《みずのと》未の日は東にある。乙・丁《ひのと》・己・辛《かのと》の未の日は大明日*。己未の日は入学に吉、また伐（罰）日*。辛未の日は井掘に吉。〔重宝記・宝永元序刊〕に未は羊とあり、この日は万事不吉、用いてはならない。兵法の稽古始めにはよい。

〈月〉〔日用重宝 万物図解 嘉永大雑書三世相〕に「未《ひつじ》《び》、六月、協洽《きょうこう》」。未は味《び》《み》で、この月は諸木の実が味を生ずることからなづける。この日は婚礼、移徙、

薬飲み初めは凶である。

備中【びっちゅう】　備州。〔重宝記永代鏡〕には都宇、賀夜《かや》、窪屋《くぼや》、浅口、小田、後月《ごつき》、哲多、下道《しものみち》、英賀《えいが》上・下の九郡をあげ、城下は松山、庭瀬で、一ノ宮は吉備津である。〔万民調宝記〕は居城知行高を、松山・水谷出羽五万石、足森・木下肥後二万五千石。〔大増補万代重宝記〕は十一郡とし、上房、阿賀、川上が加わる。上管、四方二十里。田数一万八百十三町、知行高二十万七千八百九十四石。〔重宝記・幕末頃写〕には東西三日半。刀・犂等多く、五穀・藻・布充満して美食に飽く。大上国である。小田県から、今の岡山県西部があたる。〈名物〉〔万買物調方記〕に檀紙（大高 小高）杉原 小菊紙 柳行李 蒸栗 鉄 帝釈天盆山の敷砂。

備中鍬【びっちゅうぐわ】　〔農家調宝記・続録〕に土を深く耕す歯のある鍬を備中鍬（「農具」*ニ画図ヲ出ス）と言うが、遠州浜松辺の三本歯に対し、尾参遠で用いるのは窓鍬《まどくわ》と言い、四本歯の大形で深く土に入り、便利がよい。

ひって／ひっとい【ひって／ひっとい】　片言。「一日《ひとひ》を、ひって、ひっとい」という。〔世話重宝記・五〕

ひってい【ひってい】　片言。「過つる事をひつていと云は、日外《ひとひ》」のことである。〔不断重宝記大全〕

筆道の事【ひつどうのこと】　〔日用重宝記・四〕に「筆道の事」として、凡そ筆学は人間の万用を達する根本なので、幼年より男女とも学ぶ。天子を始め、後世まで書風を称する者は多く、三筆*三蹟*四墨*を挙げ、この外に定家流 近衛流 嵯峨流 上代流等三十四流派名が挙り、さらに唐様 或はシナ人の高名者も出ている。「にゅうぼく（入木）の事」モ見ル

〔農家調宝記・初編〕には「農家筆道心掛」として、農民は無算 無筆でも耕作を怠るには勝るが、庄屋 年寄 名主 組頭の等の役儀を勤める身は、他の芸能とは異なり、用を便ずるには読み書きが必用であり、軽い農民も男子は寺へ上げて手習をさせるべきである。筆学は万用を達する根本なので、特に当用を専一に学ぶべきである。宛字は書かず、知らない事を国字に書いても通用よい方を書く。届書 注進書 願書等で宛字を書いては義理は通用せず、滞りの原因となる。特に公事 訴訟等に至っては文体は簡潔に、理非を速やかに理解されるように書くのを功者とする。正道明白に書き取り、理を持ち、非分に落ちないように心掛け、人に勝つことを思わず、負けないようにするのがよい。「永字八法」参照

ひっとつ【ひっとつ】　片言。「一《ひと》つを、ひつとつ」という。〔世話重宝記・五〕

ヒツトリ【ひっとり】　「謡鞁《つづみ》のこと」ヲ見ル

櫃の飯保ち様【ひつのいいたもちよう】　〔料理重法記・上〕に夏日に物の味がよく損じる時、櫃《ひつ》の飯保ち様は、飯の上に番椒《とうがらし》を一ツ載せて置くとよい。二日後も饐《す》えない。

筆法点画図【ひっぽうてんかくず】　〔大成筆海重宝記〕に筆法点画図がある（図435）。①「四画」。○「筆法はこの点より出る」。②「（四画）変形《へんぎょう》」。③「永字八法*変形」。

筆法六様【ひっぽうろくよう】　〔男重宝記・二〕に次の五が出る。懸針（竪画の下先端を尖った針のように次第に細くする）。垂露（竪に引く線の末を押えて止める）。廻鸞《かいらん》。魚鱗。虎爪（王羲之の龍爪書に摸したもの）。

日照けつけ鴨【ひでりけつけがも】　〔料理調法集・諸鳥人数分料〕に「ひでりけつけ鴨」は、渡りがけの鳥は汁に遣うと三四人前、煎鳥にして三人前とある。脂は羽白霜降鴨*に同じ。脂はあまりよくない。羽白霜降鴨*の内である。

日旱の事【ひでりのこと】　〔大増補万代重宝記〕に日旱を知る事として、五月朔日に大雨が降るとその年は水が少なく、また寒中に度々雨が降らないと日照りする。〔重宝記・儀部家写本〕に次がある。○明和七年（一七七〇）は諸国大ひでり。綿作豊作。○天明五年（一七八五）は五月より、諸方大日旱。

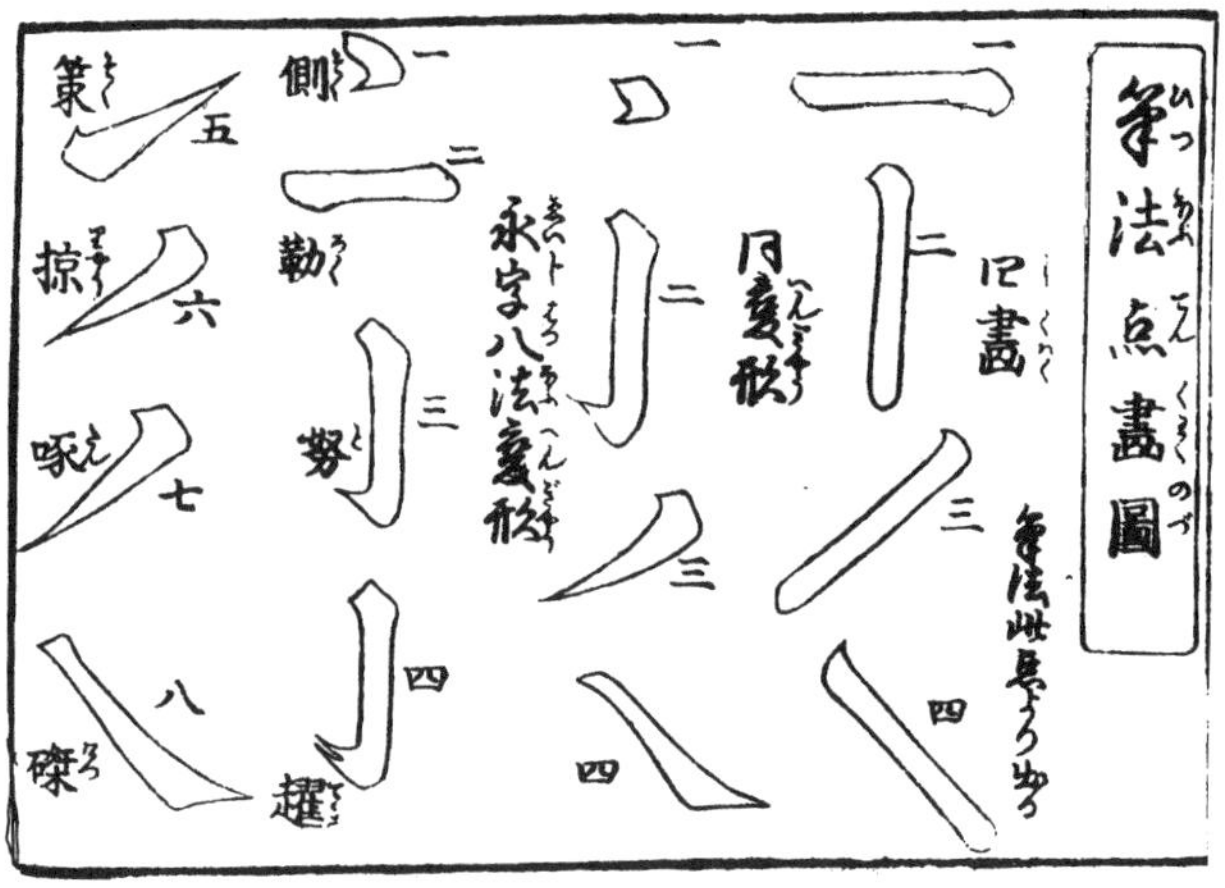

図435　「筆法点画図」（大成筆海重宝記）

批点【ひてん】〔大成筆海重宝記〕に批点は「◎◎」とある。文に墨圏で書き入れた印である。

秘伝出汁【ひでんだし】〔料理調法集・煮出煎酒之部〕に秘伝出汁の製法がある。夏秋に甜瓜（真桑瓜*）の皮を取り、糸で繋ぎ風の吹く中に陰干しにして、用いる時よく洗い十匁に水二升で一升余になった時用いる。精進諸々の煮汁に少しずつ加えると、風味は甘美である。又、この出汁一品で仕立ても汁は澄み、椀中は清く、味わいもよい。

秘伝保安丸【ひでんほあんがん】〔小児療治調法記〕に秘伝保安丸は、小児の五疳*、八痢、吐瀉、腹に大いに青筋があり、顔黄ばみ、肌痩せ、疳癪等の疾を治す。白朮（陳壁の土を篩い和ぜ炒り土を去る）・蒼朮（各二両）、神麹・木香・檳榔・茯苓・三稜・使君・厚朴・荸薺・甘草・陳皮・枳実・人参・莪朮（各一両半）、黄連（猪丹汁に浸し）・砂仁・麦芽・益智・肉豆蔲・藿香・白豆蔲（各五匁）。これ等を末（粉）とし蜜で龍眼肉の大きさに丸じ、毎服一丸を米飲に蕩かして用いる。

秘伝万能膏【ひでんまんのうこう】〔改補外科調宝記〕に秘伝万能膏は、脳癰の薬とする。蠟（八十匁）、松脂（三百匁）、チャン（百匁）、胡麻油（七合）。油を煎じ、チャンを蕩かし松脂を入れ溶けた時、蠟を入れ加減を見て布で濾す。

一重切【ひとえぎり】「ひとよぎり（一節切）」ニ同ジ

単細【ひとえにさい】寸関尺*の脈法。〔鍼灸重宝記綱目〕に単細《ひとえにさい》は、疳労*とある。

単物【ひとえもの】〔諸礼調法記大全・天〕に単物《ひとえもの》（＝裏がなく表着の下に着る）は、古法にはなく、上下《かみしも》の下には着ない、礼服ではない。

人置悪日【ひとおきあくにち】〔昼夜重宝両面雑書増補永暦小筌・慶応二〕に人置悪日は次の日とする。○春は丙《ひのえ》・辛《かのと》の丑・戌の日。○夏は丁《ひのと》・辛の丑・辰の日。○秋は己《つちのと》・辛の辰・未の日。冬は己《つちのと》・壬《みずのえ》の未・戌の日。

一折【ひとおり】女の柔かな詞遣。〔女重宝記・一〕に進上物を数える助数詞、「しん上物（進しやうもの）は、一折《ひとおり》」という。

一重ね【ひとかさね】女の柔かな詞遣。〔女重宝記・一〕に「二《ふた》つを、一《ひと》かさね（重）」という。〔女寺子調法記・文化三〕には「小袖二ツを一かさね」という。

一木の松【ひときのまつ】大和詞。「一木のまつとは、たよりなき身」である。〔不断重宝記大全〕

人食い犬を防ぐ呪い【ひとくいいぬをふせぐまじない】人食い犬を防ぐ呪いは、歌「我は虎 いかに鳴くとも犬は犬 獅子の歯がみを恐れざらめや」、この歌を三遍唱える。次に読むのは「いぬ（戌）亥子丑寅」と大指より五ツの指を握る。

人喰い馬を鎮むる事【ひとくいうまをしずむること】〔馬療調法記〕に「兼連《けんれん》之棒」がある。長さ四尺二寸で六角に作り、頭は三寸六分で長さ二尺二歩の幣を切り掛け、六角頭に大すがり（蜂カ、蟻カ）の生を五ツ擂り潰し、犬の油を合せた薬をつける。悪馬が人を喰らう時この棒をすがや（鈴茅）で燻べ端綱《はづな》（＝馬の口につけて引く綱）を極めて強くして馬を繋ぎ棒を隠し持って馬の陰陽に寄り左右から立ち寄り端綱を取ると、例の如く馬は嘊《いが》み怒り人を喰う。この時棒で、鎖喉《さこう》（＝喉笛の下の旋毛）を突き痛めると馬が頭を欹《そばだ》てて少し退る。この時六角の頭を口の中に差し入れ、強《したた》かに繋ぎ留める。その後馬が困って見える時立ち退き、棒を隠して暫くして左手で端綱を取り、右手に棒を隠して立ち寄ると、馬は鎮まる。少しでも馬が荒く見えれば、棒を突き出してまた鎖喉に当てると、その後は馬は自由になる。馬を引き出して、もし他人を見て険しく荒く見えたら、一尺二寸の弊串に八寸の枝垂を切りつけ、腰に差して出る。その時馬がどれほど険しく見えても、御幣を見ると以前の棒と思って次第に鎮まる。妙である。

一口茄子の事【ひとくちなすのこと】〔料理調法集・口伝之部〕に一口茄子とは、末秋の言葉である。終りになり小さいのをいう。〈漬け様〉〔里俗節用重宝記・下〕に一口茄子漬け様は、何に漬けるにしても、色のよいのを一夜ばかり糠味噌に入れて取り出し、洗い乾かし合せ、漬ける。色を青くするだけなら、時候により半夜又は三時（六時間）とする。漬け様は、醤油、酢、酒の上、塩に生で漬け、また煮返しもする。当座に用いる時は、煮立った熱のまま打ちこんでもよい。但し、割合は醤油一合が煮えて、酢一合半を入れて冷まし、漬け込むのもよい等、他の方もある。

人くんじょ【ひとくんじょ】片言。「人《ひと》くんじょは、群集《くんじゅ》」である。〔不断重宝記大全〕

人事言わば莚敷け【ひとごといわばむしろしけ】片言。〔世話重宝記・五〕に「人《ひと》事《ごと》いはば目代《めしろ》（＝見張番）置けを、むしろしけ」という。人の噂をすると必ずその人が現れので莚を敷いて待ての意。

一言主の神【ひとことぬしのかみ】大和詞。〔不断重宝記大全〕「一言主の神、かづらき（葛城）の神」である。「一柱の神」とも。

一七夜【ひとしちや】「うぶぎのこと（産着の事）」ヲ見ル

一筋【ひとすじ】大和詞。「銭《ぜに》百は、ひと筋《すじ》」という。〔女重宝記・一〕

人頼め【ひとたのめ】大和詞。〔不断重宝記大全〕には「人たのめ、いつはり（偽）を云」とある。〔女用智恵鑑宝織〕にも「人のためとは、いつわりをいふ」とある。

人魂を見た時の歌【ひとだまをみたときのうた】〔麗玉百人一首吾妻錦〕には、「玉はみつ主は誰とも知らねども結び留めたる下がへの褄」（袋草紙・二九〇）の歌を唱えて、着ている衣の褄を結ぶ。男は左の下褄、女は右である。〔大増補万代重宝記〕には「人魂の主は誰とも知らねども結び留めたる下がへの褄」と読んで、下がえの褄をそっと結ぶ。

一ツ【ひとつ】女の柔かな詞遣。「いつ杯《ぱい》を、ひとつ」という。〔女重宝記・一〕

独梁【ひとつばし】「丸木《まるき》橋」ヲ見ル

一ツ二ツ【ひとつふたつ】大和詞。「一文二文は、一ツ二ツ」という。〔女重宝記・一〕

一ツ身の裁ち様【ひとつみのたちよう】〔女寺子調法記〕に一ツ身の裁ち様として、切れ（布）八尺ある時は半分は身に取り、残りは小道具になると心得るとよい。一ツ身は後身頃を一布幅とし裁つ子供の着物。

ひとつもり【ひとつもり】大和詞。「ひとつもりとは、雲の事」である。〔不断重宝記大全〕

一ツ焼【ひとつやき】〔料理調法集・焼物之部〕に一ツ焼は、小鯛鰈鮎並《あゆなめ》魴《ほう》鮄《ぼう》等の類に、塩を振り焼にしてかげ（醤油）で出すもの。

一手【ひとて】「的矢《まとや》／的弓」ヲ見ル

人中で場おてせぬ法【ひとなかでばおてせぬほう】〔新板秘伝日用重宝記〕に人の中にて場おて（あがる）しない伝は、大黒天を小さく刻み懐中すれば人中で場おてせず、また芸能を仕損なうことはない。

人に咬み破られた時【ひとにかみやぶられたとき】〔増補咒咀調法記大全〕に人に咬まれて大事の時は、亀板《きはん》の灰を塗る。〔改補外科調宝記〕に人に咬み傷《やぶ》られたら、亀の甲、又は鼈甲を霜《や》いて粉とし、油で練って付けるとよい。

人に知られで【ひとにしられで】百人一首読曲。「人にしられでくるよしもかな」は、「で」の字は濁る。〔麗玉百人一首吾妻錦〕

人の祝【ひとのいわい】八十を、人の祝という。「年賀の事」ヲ見ル

人の糞【ひとのくそ】「にんちゅうおう（人中黄）」ヲ見ル

人の口を止むる符【ひとのくちをやむるふ】〔増補咒咀調法記大全〕に「人の口をやむる符」がある（図436）。

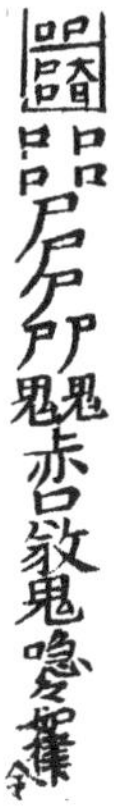

図436「人の口を止むる符」（増補咒咀調法記大全）

人の事を言う【ひとのことをいう】「先の事を言う」ヲ見ル

人の瀬越【ひとのせごし】〔女筆重宝記・五〕に「二八の比（十六歳）より二十《はたち》あまりは人のせごしとかや」とあり、まず伴う人をよく選び交じらわせよ、心は移り易く精気壮んの時なので、物事善悪に進み易く危きを省みないので、大事と慎むべきである。徒《いたずら》に育つと放埒になる。

人の嗜むべき事【ひとのたしなむべきこと】「行儀嗜み事」ヲ見ル

人の仲を治す符【ひとのなかをなおすふ】呪い。〔新撰咒咀調法記大全〕に人の中（仲）が悪いのを直すには、青紙で幣を七五三に切り、①「人の中悪しきを直す符」を書いて幣串に結い付け、上を白紙で結び清浄な所に立てて置き、加持に観音経三十三巻 心経七巻を読み、愛染の真言を千遍唱え、祈念が終って、②の符を書いて守りにする（図437）。

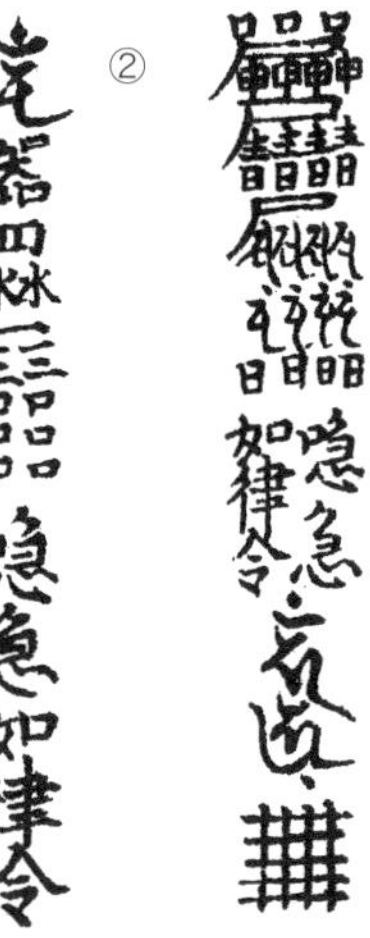

図437 ①②「人の仲悪しきを直す符」（新撰咒咀調法記大全）

人の日【ひとのひ】大和詞。〔不断重宝記大全〕に「人の日とは、正月七日である。「人日《じんじつ》」参照

人の方より物を取らぬ日【ひとのほうよりものをとらぬひ】〔改正万民重宝大ざつ書〕に、人の方より物を取らぬ日に次がある。正・十月は戌の日。二月は亥の日。三月は辰の日。四・五・八月は未の日。六月は巳の日。七月は辰の日。九月は丑の日。十一・十二月は酉の日。〔諸人重宝記・五〕では、七月は申の日。十一月は寅の日である。

人のよく忘れる物【ひとのよくわすれるもの】「大弐三位の詞」ヲ見ル

一柱の神【ひとはしらのかみ】大和詞。〔不断重宝記大全〕「一はしらの神、葛城の神」である。「一言主の神」とも。

一升【ひとます】女の柔かな詞遣。「一升《いっしょう》を、ひと升《ます》」という。〔女重宝記・一〕

人麿大明神【ひとまろだいみょうじん】「柿本人麿」ヲ見ル

一群薄【ひとむらずすき】大和詞。「一むらすすき、ほ（穂）に出ぬを云」。〔不断重宝記大全〕

葱【ひともじ】一文字とも葱（本字）とも書く。〔万物絵本大全調法記・下〕に「葱 そう／ひともじ」。〈内裏仙洞詞〉〔女用智恵鑑宝織〕「葱《ひともじ》は、うつぼ」。〔薬種重宝記・上〕に和菜、「葱白《そう》 ひともじのしろね」。〈薬性〉〔医道重宝記〕に葱《ひともじ》は温にして毒なく、風寒、湿を去り、中《うち》を温め、毒を消す。人に大いに益があり、虚気昇り、汗の出る者は多く

食ってはならない。〔永代調法記宝庫・四〕には中風や傷寒の頭痛によく、汗が出る。〈食合せ〉〔懐中重宝記・弘化五〕には葱に李 白朮 鶏は食い合せである。〈口臭を消す伝〉〔男女御土産重宝記〕には大蒜《にんにく》ともに、食って臭いのを止めるには、よい酢を沸かして嗽《うがい》をすると臭みは去る。〈呪い〉〔新撰咒咀調法記大全〕には「韮、大蒜、葱を食して口中の臭きをさる呪」として、紙を噛み、砂糖を舐め、飴を食うのもよく、どれも忽ち臭気を去る。

一本【ひともと】　女の柔かな詞遣。花を数える助数詞。「花一本《ぼん》を、ひと本《もと》」という。〔女重宝記・一〕

一節切【ひとよぎり】　〔諸人重宝記・二〕に一節切《ひとよぎり》というのは、楽器とする竹を節一ツを込めて、一尺八分に切ることからいう。節から下は七寸、上は三寸八分である。但し、竹の太《ふと》細《ほそ》により調子が違うので、決った寸は定まらない。筒音《つつね》を黄鐘《おうじき》の調子に合わせたものである。音色は篁《しょう》のようであり、指使いは篳篥《ひちりき》に似ている。歌口の締めようは笛同前であり、指使いは三十二ある。「一節切惣穴の音知る事」の解説もある。〔人倫重宝記・五〕に一重切《ひとえぎり》（＝ヒトヨギリの訛音）は洞簫《とうしょう》という。「恋慕ながし」「吉野すがかき」「滝落し」「輪説」「鶴の巣ごもり」等は後世に吹き出したものである。

一夜鮓【ひとよずし】　「御膳飛と夜ずし／笹まきずし」は、日本橋北さや町 いつや平七の仕出しである。〔江戸町中喰物重法記〕

一人かもねん【ひとりかもねん】　百人一首読曲。「ひとりかもねん」は、上の「ひとり」へ「かも」をつけて読む。〔麗玉百人一首吾妻錦〕

火取玉【ひとりたま】　〔万物絵本大全調法記・上〕に「火精 ぐわしやう／ひとりたま。火齊 くわせい。同」。太陽光線を集めて火を取った玉。水晶の類。

火取鱠【ひどりなます】　〔ちやうほう記〕に火取鱠《ひどりなます》は、鰹 目《め》仁《じ》奈《な》（グレ）渦輪鰹を、膾によい程に身を取り、藁で焼き、そのまま冷水に入れて冷やし、暫く過ぎて作る。

日取の極秘虎の巻【ひどりのごくひとらのまき】　〔調法記・四十ら〕に次の図がある（図438）。星の下にある月々の頭を朔日にあて、順に数えて当る日の星の色で掛《かけ》待《まち》の勝負を知る。◐（半右黒星）は掛の勝、待の負。○は待の勝、掛の負。●は忌む。但し、日を後にする。日に向い掛けてはならない。閏月は初めの節による。例えば、三月十八日◐（半右黒星）は八島で源氏掛の勝、平氏待の負。このように諸事の吉凶を図に合わして知る。

図438　「日取の極秘虎の巻」（調法記・四十ら）

人を出さぬ日【ひとをださぬひ】　〔万民重宝改正大ざつ書〕に人を出さぬ日に次がある。○春三月（正・二・三月）は、甲子《きのえ》、乙丑《きのと》・戌・亥の日は凶。この日一人出すと七人出る。○夏三月（四・五・六月）は、丙子《ひのえ》、丁亥《ひのと》の日、丑・辰・未・戌の日。この日一人出すと七人出る。○秋（七・八・九月）は、辛《かのと》の亥の日、庚子《かのえ》・未の日。この日一人出すと九人出る。○冬

（十・十一・十二月）は、壬子《みずのえ》の日、癸未《みずのと》・戌・亥の日。この日一人出すと九人出る。〔重宝記永大鏡〕には、各季の最後の日、乙亥、丑戌、庚未、癸戌・亥の各日は載せていない。

人を早く帰す法【ひとをはやくかえすほう】「長座の客を帰す法」ヲ見ル

人を升目に積る事【ひとをますめにつもること】 桶に水一杯を入れて、その中へ人を入れ、上った後へまた水を入れて、升で測り入れる升数で知る。二斗一升五合あればこれがその人の升数である。〔永代調法記宝庫・巻首〕

ひなたぶくり／ひなたぼとり【ひなたぶくり／ひなたぼとり】「ひなたぼこう」ニ同ジ

ひなたぼこう【ひなたぼこう】 片言。「日南北向《ひなたぼかふ》を、ひなたぼとり、ひなたぶくり」という。〔世話重宝記・五〕

雛の飯櫃【ひなのいいびつ】 節句に用いる檜の曲物の飯櫃。三月には桃・柳・松、九月には菊・鶴等を絵具で描き、草餅や赤飯を入れた。〔女用智恵鑑宝織〕には「京にゐびつ・ひなのいいびつ。大坂 おだいひつ」とある。

雛張子の類売り店【ひなはりこのるいうりみせ】〔万買物調方記〕に「京ニテ雛張り子 童顔元結 貝桶 諸の化粧の具」として、烏丸丸太町 与菱屋、東洞院二条の上、烏丸二条より中立売迄に多い。

火縄の事【ひなわのこと】 火縄。〔調法記・四十ち〕に「雨中に消えぬ火縄の伝」があり、常の火縄を鉄漿《はぐろ》を沸かして中へ入れよく染まった時に出し日に乾して用いると、雨が掛っても火は消えない。また焚火縄を鉄漿で染めるとよく火が着く。〔武家重宝記・四〕に「火縄通／火縄消」がある。鉄砲で台の本に横穴があり火縄通の穴といい、同じく台の裏にも穴があり火縄消という。火縄通は彫り抜き、火縄消は彫留めである。

肥児丸【ひにがん】〔丸散重宝記〕に、肥児丸に二方がある。①『医鑑』を引いて、疳を消し、癪を化し、癖を磨し、熱を涼しくし、脾を補い、食を進め、虫を殺し、高ぶる気を鎮め養う。胡黄連（五匁）、使君子（四匁）、人参・黄連・神麴・麦芽・山楂子（各三匁五分）、白朮・茯苓（各三戔）、蘆薈（二戔五分）、甘草（三分）を粟糊で丸ずる。②『得効方』を引いて、諸々の疳を治す。乳が少なく食物を早くたべ 胃虚損する者、その症は腹大きく 痩せ衰え 発熱して精神の衰える等によい。黄連・神麴（各十戔）、麦芽（五戔）、檳榔（三戔）、使君子・草豆蔲（各五戔）を糊で丸ずる。〔小児療治調法記〕にも二方があり調合は大体同じである。

避妊【ひにん】「懐妊／懐胎の事」「避妊」ヲ見ル

脾熱【ひねつ】 五臓*の熱症。〔鍼灸日用重宝記・五〕に脾が熱すると、肌肉熱し、夜甚だしく怠惰《よだる》くして、手足が収まらない。

撚針の事【ひねりばりのこと】〔鍼灸日用重宝記・一〕撚針《ひねりばり》は長短種々である。針医の好みで用いるが長いのはよくない。大方は軸六分、穂一寸五分より二寸までが通用である。〇撚針の手法は、志を正しくし病人に心をつけて針に思いを移し、外を見ず人と語らず、左足を敷き右膝を立て、針先を口に含んで温め、左手で腹を窺い針する穴《けつ》を定め、まず左の大指の爪の角で息五六数の間その穴を押す。次に中指と大指を合せて穴の上に置き、右の肘を膝に載せて針を穴に当て、左中指で針口を押さえ、人差指と大指を上げて針の中を持ち、右の人差指と大指で軽く針を捻り下す。急に捻り下すと痛みは堪え難い。息の出入に従って左右の人差指と大指で和かに押し下す。もっとも補瀉*迎随*温涼寒熱の刺しようがある。刺し留めるのは、春夏は二十四息、秋冬は三十六息で針を出す。但し、老少衰弱の人には五六息で針を抜く。針の抜き方は、まず少し抜き出し、次に持ち直して抜き離す。中指で針口を閉ずる。血が出たら（栄衛を破る）*何度も穴を揉み閉じる。肥えた人には深く、痩せた人には浅く針を刺す。大人には太い針、小児には細い針を用いる。初めて針を学ぶ人はまず自分の腹に刺して針の通り様を試して人に用いるのがよい。金針は

最上で諸病に効速く、銀針は鈍い。鉄針は悪く久しく用いると肉の中で折れるので、用いないのがよい。図絵がある（図439）。「鍼（針）の事」「打針の事」「管針の事」参照

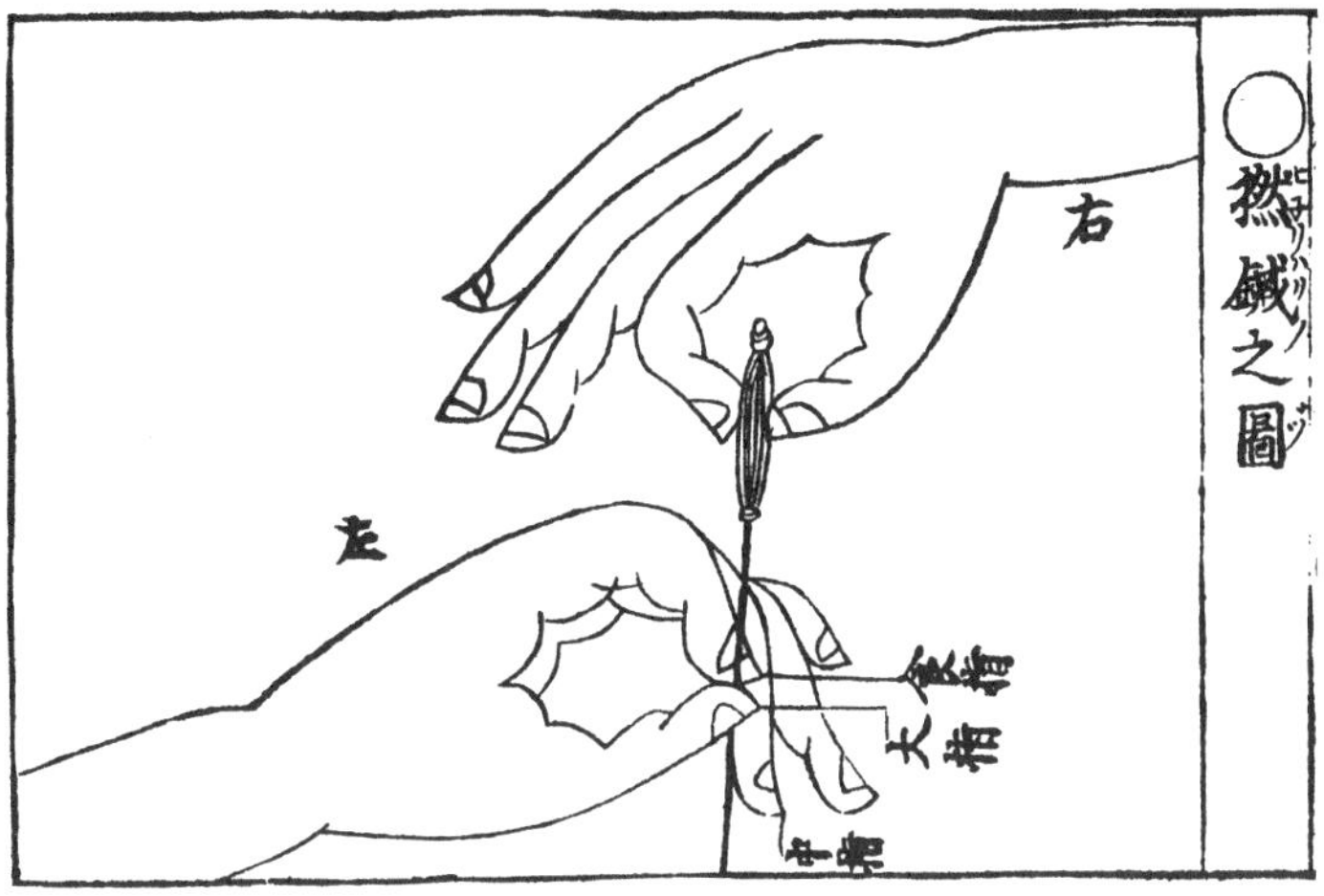

図439「撚針の事」（鍼灸日用重宝記）

捻り結び文【ひねりむすびぶみ】〔消息重宝記・四〕に、謹上書*一通の包を略して、捻文（状）とした。元来は全紙を用いた書状の上下部を捻ったが、近世では上部のみを捻った。表には宛名と自分の名乗を、裏には自分の名を書いた。本式の書状で、目上 或は同輩へも用いる。〔世界万宝調法記・上〕に捻り様は、鯉の口のように捻り、捻りの程は文章の上の間を捻り、奥の折り様は一寸八分程置いて折り出す。〔書札調法記・五〕に捻り文（状）を簡略にして結び文とし、捻り結び文ともいう（図440）。全紙を用いた書状を細長く巻き畳んで、上方 或は中部で折り結んだもの。書き様は、捻って字頭が捻りに掛らないように書いた。封じ紙は上方を左、右、裏と鯉魚の頭のように折り、表には宛名と自分の名乗を、裏には名を書く。封じ目は、表の方にして裏にはせず、目上へは真ん中に書かず、右へ寄せて詰めて書くのを敬いとし、長く書くのは下ざま向けである。多くの場合 恋文に用いられた。『貞丈雑記・九』には結び状は昔はなく、艶書等には結んだとある。「竪文」参照

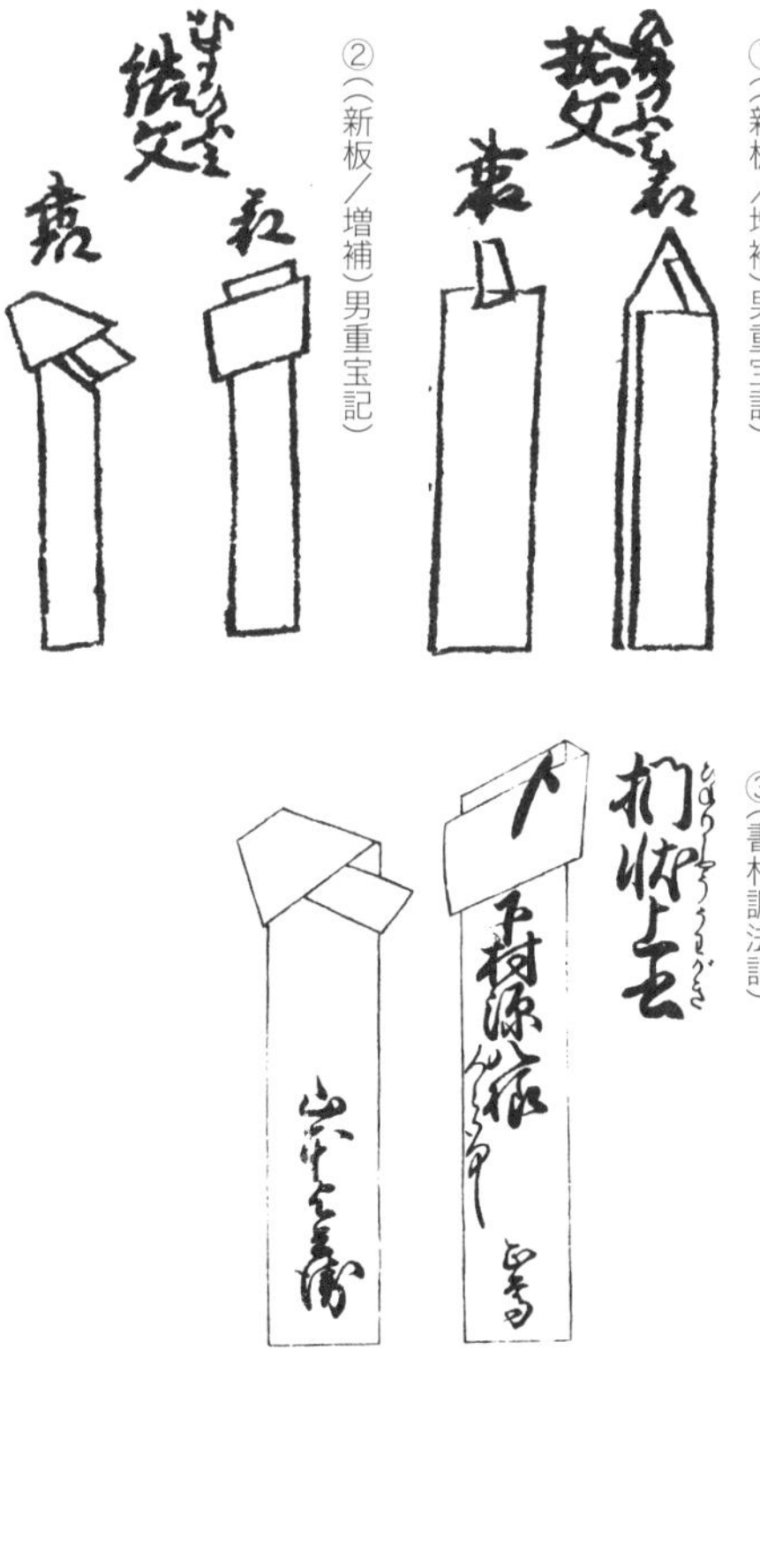
図440「捻り結び文」①（新板／増補）男重宝記 ②（新板／増補）男重宝記 ③（書札調法記）

日の一字異名【ひのいちじいみょう】〔書札調法記・五〕に、日の一字異名として次がある。一日は吉《ついたち》。十日は旬《とおか》。二十日は念《はつか》。三十日は習《つごもり》提月（同）。

日の異名【ひのいみょう】〔書札調法記・五〕に、毎日の異名がある。吉日（事をするのによい日）の異名には吉辰 吉旦 良辰 穀旦 穀日等がある。○上旬の、朔日は陽日《ようじつ》。二日は陰日。三日は潤《じゅん》日。四日は初風前《しょふうぜん》。五日は

初風日。六日は初風後。七日は人日《じん》。八日は仏日。九日は初雨前《しょう》。十日は初雨日。○中旬の、十一日は初雨後。十二日は一国日《いっこく》。十三日は水日《すい》。十四日は半所《はんしょ》。十五日は半日。十六日は黒頭《こくとう》。十七日は上日。十八日は生松《しょうしょう》。十九日は月滅《げつげん》。二十日は念日《ねんじつ》。○下旬の、二十一日は後元《ごげん》。二十二日は下天《かてん》。二十三日は下地《かち》。二十四日は終風前。二十五日は文日《ぶん》。二十六日は恵日《けい》。二十七日は神来《じんらい》。二十八日は宿日《しゅく》。二十九日は定未《ていび》。三十日は晦日《かい》。

火の異名【ひのいみょう】〔書札調法記・六〕に火の異名に、丁女《ていじょ》 丙丁《へいてい》 童子星児《せいじ》がある。

丙【ひのえ】十干*の第三。丙《ひのえ》。〔日用重宝万物図解嘉永大雑書三世相〕には丙《へい》、柔兆《じゅうちょう》とある。丙は炳《もゆ》る。草木枝葉が既に盛んにもゆる意である。この日《ひのえ》は柱立、竃塗、女の衣裁《きぬたち》、船乗等を忌む。

丙午【ひのえうま】干支《えと》の組み合わせで第四十三番目。〔日用重宝記・二〕にはこの干支に生まれる女子を娶ると男に難があるというのが通説であるが、三世相や雑書にはこの取るに足らぬ誤りを載せて世に毒を流すとある。一方で、〔女用智恵鑑宝織〕〔文政新刻金神方位重宝記〕等にはこの丙午に生まれる男が女を殺すとある。

丙年生れの吉凶【ひのえどしうまれのきっきょう】〔日用重宝万物図解嘉永大雑書三世相・嘉永四〕に、○「丙《ひのえ》（千歳の枝）」に生れる人は、富貴で官の相があり、心清くして高い人に愛され物事に賢いが、親に従わない心を戒めるとよい。色白であれば富貴になり、背が高いと高位に登る。春の生れは仏神に仕えるとよい。日の食白米三斗があり、後世は犬に生れるので信心してこの果を逃れるとよい。前生は信濃浅間嶽の蜂熊の主である。この人は水辺を慎むとよく、若い時は住所は定まり難く、年寄って豊かである。十七歳で男女につき口舌があり、三十七八歳で煩い、住所につき様々の苦労がある。四十二三歳で火難、四十八歳で病があり、五十歳過ぎて初めて富貴を求めるのがよい。命は六十一歳か七十三歳で死ぬ。常々観世音を信心し、心を正直に持ち、人を憐れみ施しを専らとすると、諸々の災難を逃れ子孫は繁昌する。〔女用智恵鑑宝織〕も大同小異であるが次がある。春の生れは病があり、夏の生れは大福があり、秋冬の生れは神仏の祟りがある。日の食白米三斗がある。前世は信濃国善光寺の蜂で、如来の前で念仏を聞いたので人間に生れた。若い時は苦労があり、年寄って富貴になる。十六七歳で男について口舌があり、二十四五歳で大病があるが氏神を守るとよい。三十歳頃大福が来、三十四五歳で災難があり、三十八九歳で煩い、また夫と諍いがあるが慎み堪忍するとよい。四十三歳で病があり、盗人に遇い、四十八歳で病があり、五十歳より大富貴になる。寿命は七十三歳。観音を信じるとよい。

丙の日【ひのえのひ】〔世界万宝調法記・下〕に「毎日之日取」として凡そ次がある。元服、立願に吉。天地和合日*。起請誓文《わたまし》をしない。鐘の緒を掛けない。○「丙寅の日」万によい日。門建、移徙、元服、三宝下日。人民王日（和合日カ）。立願、宝納めに吉。旅に出ず。金剛部日*。灸をせず、人に物を出さない。○「丙辰の日」万によい日。大明日*。一騎当千日。門建、移徙、婿取、嫁取、元服、人置く等万に吉。八専間日*。○「丙午の日」万によい日。大明日。三宝吉日*。金剛宝日。移徙、出行、耕作に吉。鐘の緒を掛けず、起請誓文をしない。○「丙申の日」十悪大敗日。神事、物種取るに吉。遠行、長旅に悪い。○「丙戌の日」十方暮*。一粒万倍日*。甘露日*。五墓日*。新物を食い始めるのに吉。

丙丁【ひのえひのと】〔重宝記・宝永元序刊〕に丙丁《ひのえひのと》は火神。この日は家を造らず、屋敷を求めず、五穀の種を蒔かず、財宝を求めず、市立ちをせず、葬礼を忌む。知行領地へ入部せず、灸を忌み、小児の髪を剃らず、囲炉裏の灰を取らず、舟に乗らず、川を渡らず、井を掘らず、馬を求め

ない。〔日用重宝記・二〕は丙丁は気の壮《さかん》とある。

火の火気【ひのかき】 重言。「火《ひ》の火気《くはき》、火気《くはき》の重言」*である。〔男重宝記・五〕

日の神【ひのかみ】 天照《あまてらす》大神《おおみかみ》をいう。〔諸人重宝記・一〕には次がある。伊奘諾尊・伊奘冉尊は、国土 山川 草木を産んだ後に、清浄の真心で日の神を産んだ。その姿は麗しく国を照徴《てりかがやか》し、天照《あまてる》大神《おおんかみ》*という。次に月読神《つきよみのかみ》*を産み、この二神は美しく下界に置くべきではないと、天上のことを授けた。

火神【ひのかみ】「ひのえひのと（丙丁）」ヲ見ル

檜 白檀類植替【ひのき びゃくだんるいうえかえ】 檜、檜当檜《あすなろ》、白檀、あてび（当檜）、手柏の類の植え替えは、十月から二月迄がよい。〔享保四年大雑書・草木植替重宝記〕

檜板に墨移り伝【ひのきいたにすみうつりでん】〔筆海重宝記〕に檜板に墨移り伝は、檜には油気があるので、五倍子《ふし》の粉で板を擦すると滲まない。

檜軽重数【ひのきけいじゅうすう】〈軽重数〉檜の一寸四方六方の重みを、〔改算重宝記〕には三匁五分。〔童蒙単語字尽重宝記〕には三匁二分とする。

日野絹【ひのぎぬ】 元は近江日野から産した絹布をいう。〔絹布重宝記〕に上州産の藤岡絹（大鹿間絹）富岡絹（キ印）の総名を上州絹*といい、これを日野絹というのは、元江州日野より出る絹に似ているからである。絹局《ごふくや》で絹とばかり言うのはこの類で、この二品は升《よみ》（＝機の筬目）緯《ぬき》（＝織物の横糸）共によく揃い、加賀絹の艶がなく地性の弱い物と思えばよく、染めつけは大体で、紋付 表地にも用いられる外、何でもこなしのよい絹である。紛紅《ちゅうもみ》に染めるのはこの絹で、裏地にも多く遣う。関東で練り、さっと手糊をして京着し、京都で練房《ねりものや》へ遣わし湯《ふか》して染張の地入をする。石餅付《こくもちつき》（＝黒餅の紋をつけること）或は紋付表に仕入れ置く時、紋所の裏から指し糊をすると甚だ移りがよい。全体を吟出張《ぎんでばり》（＝糊張法の一）に貼るが巧者 不巧者がある。耳は至って細く、有るか無いかのようなものさえある。

日の事【ひのこと】〔万物絵本大全調法記・上〕に「日じつ／にち／ひ。日光を景《けい》と曰ふ。ひかげ。晷き。同」。〈異名〉〔書札調法記・六〕に日の異名に、霊耀 東方《とうぼう》 義輪 金烏がある。〔日用重宝 万物図解嘉永大雑書三世相〕には曜烏 陽烏 紅輪があり、日は太陽の精、中に黒い気がありこれを烏という。〔童女重宝記〕には「日天子《にってんし》。白虎通に云、日の径《わた》り千里、周《めぐ》り三千里、天より下ること七千里」とある。

〈日の出入の時〉〔和漢年暦調法記〕に次がある。○正・十月節は、卯（六時）の八分に出、酉（十八時）の二分に入る。○正・九月中は、卯の七分に出、酉の三分に入る。○二・九月節は、卯の六分に出、酉の四分に入る。○二・八月中は、卯の五分に出、酉の五分に入る。○三・八月節は、卯の四分に出、酉の六分に入る。○三・七月中は、卯の三分に出、酉の七分に入る。○四・七月節は、卯の二分に出、酉の八分に入る。○四・六月中は、卯の一分に出、酉の九分に入る。○五・六月節は、卯の時に出、戌（二十時）の時に入る。○五月中は、寅（四時）の九分に出、戌の一分に入る。○十・十二月中は、卯の九分に出、酉の一分に入る。○十一・十二月節は、辰（八時）の時に出、酉の時に入る。○十一月中は辰の一分に出、申（十六時）の九分に入る。

〈日による天気予測〉〔耕作重宝記〕に次がある。○「晴の予測」。日に向って風が吹く時は晴。浮雲なく光りがある時は晴。日の前後に紫色の雲が立つと晴天、青雲は風。日が入るのに障る雲がなく常に変わらず、麗かなら照る。○「雨の予測」。朝焼けは雨。東に黒雲があり その中に赤色があると長雨。西の山際に黒雲があり日が高く入ると雨が降る。白雲も同じであるが、白雲の中に入ると降っても長雨ではない。もしその雲が焼けて色の赤い雲があれば照る。○「風雨の予測」。雲色赤 青日ならば風雨。尤も春は風が茂く、夏は雨が茂く、秋は晴れることがあり、

冬は雪。○「風の予測」。日の色が鮮やかでなく回りが黒ずむのは風である。日の色が黄なら大風の験し、四季ともに同じ。日に連れて横雲が立ち上がると、東風が吹く。日の回りに輪のような光りがあり日の色が青いのは大風の験しで、光りの薄い方から風が起る。また日の回りの輪が赤白くむら（斑）なく薄く消え失せるのは日和の験しである。輪が二重あって内輪が赤く外輪が黄色で、外から破れた時はその方から風が吹く。即時に吹かなくても一二日の間に風が起る。日の入りに東の底に青雲がある時は、東東北・東・東東南の方角から風が起る。

〈日の気による吉凶〉〔重宝記・幕末頃写〕には凡そ次がある。○日が出て黄の雲が三方に耳のように突き出るのは、天下太平 国家安穏の験し。○日が二ツ並び出るのは、四海太平 天下長久の験し。昔 舜帝の即位の時に出て大いに治まった。○五色の雲が出て日を載せ奉げるのは、天下太平、五穀成就、万物豊かで、民は大いに栄える験し。○日の近い所に黄の雲が潤い立つのは、吉祥雲といい、天下国家太平で、隣国の者が来て随う瑞雲である。○日が出て火焔の気が上に登ることがあれば、大いに日旱する。雲気の形が蛇のようで、日を貫き色の青いのは疫病が流行り、白いのは大凶である。日が出て光りがなく、赤く血のようなのは国の飢饉である。○日が半分黒く半分白いのは、大凶。人民が多く死ぬ。日の色が黒く光りのないのは、万民万物に祟り、害《そこな》い破る。○日が二ツ出て一所に擦れ合い重なり掛ることがあれば、国に大いに祟る。○日と月と一所に出て、日が既に月の中に重なり入ることがあれば、大凶である。秦の子嬰の時にあった。○白い雲が出て日を貫くと凶。万民は餓死し、貫き通らなければ死なない。日の下に黒雲の形が鶏の如く、或は戦う体の雲があれば火災があり、また大いに日旱する。○日の暈の一重は小雨、二重は雨風、三重は大凶である。○日の色が黒く光りがなく、日蝕に似て出るのは百八十日内に人民が煩い大いに死ぬ。○日の出に雲が日の両脇に着いたら大風が吹く。申の時（午後四時）より後にあるのは明日雨が降る。○日の片方に雲があるのは半（奇数）の日に雨が降り止み、両脇にあるのは丁（偶数）の日に降り止む。午時前（午前中）に日の暈があれば北風が吹き、午後にあれば風は静かである。○日の暈が朝に白く暮に赤いと、大風が砂を飛ばし石を動かす。日の入りに黒く赤い色のあるのは雨はなく、風がある。○朝日が赤く天を焦すのは風が吹く。朝日が赤く地を焼くのは小雨が降る。○日が光り輝くのは風が吹く。

〔船乗り重宝記・文政元〕には次がある。○大風は、日の出前に雲が日の出る方に数多集る時。日が細く出る時。日が色々の輪を被り、数多の輪があり、また一ツになる時。日の出る時黄色く大きく明らかに見えれば雷大風になる。○風雨は、日の出前に紫雲が南北へ散る時。日の出る時に赤いのは風、黒いのは雨、白く細いのは風雨。日の出る時出る所が晴れてやがて曇り 晴れない時。日没後の紅の色が直ぐに変わる時。○雨は、朝日が焼けると風が吹く、夕日が焼けると翌日は雨になる。日の入るのに照るのは晴。雲の中に入るのは夜半過に雨、明日は必ず雨になる。日の色が赤く、夜月の色が白いのは雨の兆し。日の色が青く、夜月の色が青いのは寒の兆し。○晴は、日の上下に赤い雲気がある時は大風。但し、色が変わらず漸く薄くなる時は晴れて風も吹く。日が長く下へ垂れるのは久しく晴れる兆し。日没時に雲が赤くても、色が変わらず薄く消えるのはよい。「雨風の事」「雨の事」「農家四季の占」「日和の事」モ見ル

日の三箇【ひのさんか】「三箇の悪日」ヲ見ル

火熨【ひのし】〔万物絵本大全調法記・上〕に「熨 い／のし、又 ひのし」。〔童女重宝記〕には衣帛を熨《の》ぶる道具で、衣裳を仕立てるのに用いる。悪王と言われる殷の紂王が、刑具に熨斗《うつと》の火入を作り 罪人に抱かせて焼け爛れるのを 妃妲己とともに笑い戯れたのに始るとするのは疑わし

いが、器具の説明には叶う。

痺の症の事【ひのしょうのこと】〈痺の論治〉〔鍼灸日用重宝記・四〕に五痺*の症は、皆気血の虚で栄*衛*が渋り経絡の通じないためとある。寒に遭えば急になり、緩むとゆるむ。肝兪 膈兪 胆兪 腎兪 曲池 風市に灸し、痺れる所に針を刺し血を廻らす。風痺には尺沢 陽輔に、痰痺には膈兪に、寒痺には曲池 列缺 風市 環跳 委中等七点に灸する。寒厥には大淵 腋門に、萎厥には丘墟に、尸厥で死にそうで正気がないのには厲兌に灸三壮する。厥逆には列厥 中沖 金門 大都 内庭等八点に灸する。〈脾の症〉〔小児療治調法記〕に脾の症は、忽ちに冷え熱し、手足がやや冷え、多く眠る。この症の多い時は防風・甘草を用いる。〈脾の脈〉〔斎民外科調宝記〕に脾の脈（五臓*の脈の二）は緩 大で、敦なのを平脈とする。

〈脾の中風〉〔鍼灸日用重宝記綱目・一〕に脾の中風は、顔色は黄で口歪み、言葉が渋り手足だるく、肌肉を身とも覚えず、心煩《むねいき》れ心が酔ったようである。「ちゅうぶ（中風）の事」モ見ル

〈脾の兪〉〔永代調法記宝庫・三〕脾の兪灸穴要歌、「腹も張り食事もありて手足痩せ だるく熱《ほめ》きてよく寝ば 脾よ」。〈経絡要穴 肩背部〉〔鍼灸重宝記綱目〕に二穴。痺は、第十一椎の下左右へ各一寸五分ずつ開く処にある。針は三分、留むること七呼。針刺して脾に当ると呑酸《すいおくび》して一日で死ぬ。灸は一日に三壮五壮。多食して身痩せ塩はゆい汁を吐き、痃癖、積聚、寒熱、黄疸、不食を治す。

氷の様【ひのためし】〈大和詞〉〔不断重宝記大全〕には「ひのためしとは、氷にて世を知る」。〔女重宝記・五 弘化四〕には「ひのためしとは、氷のあつみをとる」。

〈禁中元日の作法〉〔年中重宝記・一〕に氷様《ひのためし》は、去年の氷を納めた所々の状況を「元日の節会」*のついでに奏する事とある。『易林本節用集』に「氷様《ひのためし》 氷池《ひのいけ》と云ふ池にて凍《こほ》らせ奏する也」。氷の厚薄を豊凶の兆しとする。

丁【ひのと】十干*の第四。丁《ひのと》《てい》。〔日用重宝万物図解嘉永大雑書三世相〕には丁《てい》《ひのと》、彊圉《きょうご》とある。丁は寧《ねんごろ》と読む。草木の枝葉よく懇ろに茂り栄えるのをいう。この日は丙《ひのえ》に同じく、柱立、竈塗、女の衣裁《きぬたち》、船乗等を忌む。〔永代日暦重宝記・慶応元写〕には紙を漉いてはならないとある。

丁年生れの吉凶【ひのとどしうまれのきっきょう】〔日用重宝万物図解嘉永大雑書三世相・嘉永四〕に、○「丁《ひのと》（銀宝の枝）」に生れる人は、よい人の覚えがあり、高位の人の寵愛を蒙るが、耕作に縁がある。日の食米一斗がある。春の生れは病があるが身上はよい。夏の生れは耕作してよい。秋の生れは身上に浮き沈みが多い。冬の生れは神仏に仕えるとよい。前世は尾張熱田宮の鷲熊鷹で、その証は肩の廻りに黒子がある。来世は狸に生れる。この苦しみにより常に思い事が絶えず、よく掘って衣《きぬ》に塗り、本明星を祭ると二世安楽である。若い時は貧であるが年寄ると福がある。但し、この枝に生れる人は親の気に違う事があり、よく孝の道を守るとよい。十七八歳で男女につき煩いがあり、二十八九歳で家を出る事があるか、病がある。三十一二三歳で福が来、三十四歳で目を病む事があり、三十七八歳で風の病、五十二歳で火難がある。命は七十八歳の正月乙亥《きのと》の日に死ぬ。

〔女用智恵鑑宝織〕も同趣の事がある。丁年生れの女はよい人の妻となる。着類に縁がある。前世は伊予国の鴨で、その証しには肩の周りに黒子《ほくろ》がある。抜いて絹に包み星を祭るとよい。若い時は思うようにならなくても年寄る程富貴になり、子は三人か七人ある。五十二三歳で夫に口舌か、盗人に遇うか、病がある。寿命は七十八歳。観音を信じるとよい。

丁の日【ひのとのひ】〔世界万宝調法記・下〕に「毎日之日取」として次がある。○「丁丑の日」万によい日。大明日*甘露日*金剛部日*移徙、立願、神事、男の物裁つ、万に吉。○「丁卯の日」天恩日*万によい日。金剛部

日大明日 移徙、歩き、宝を出す 三宝吉日* 万によい 元服、人民和合日。*
○「丁巳の日」甘露日 金剛部日、二・四・六・八・十・十二月の六ケ月とも二事により忌む。宝を出し、耕作始めによい。○「丁未の日」万によい日。大明日、仏滅日、*三宝下吉日、金剛部日、人を置く、出行、倉に物を納めない。○「丁酉の日」万によい日。三国相応日、ふついつ日。井掘、家を毀つは秋がよい。乳児の髪剃、旅へ出、新しい枕をする。万によい。○「丁亥の日」十方暮* 十悪* 万によい日。大明日、大敗日、金剛部日。人を置く、新物を食い始めに吉。起請、誓文をせず、鐘の緒を掛けない。

日野羽二重【ひのはぶたえ】「京ニテ撰絲絹の類」は日野羽二重 御池通り柳ノ馬場より烏丸迄にある。〔万買物調方記〕

日の本【ひのもと】 大和詞。「日のもととは、本朝の事」である。〔不断重宝記大全〕

火の用心懐中火縄【ひのようじんかいちゅうひなわ】〔清書重宝記〕に火の用心懐中火縄は、台は糊入の紙をよく揉み［長煙炭］を切って包み、石の紙を一面によく打って、縄を絢い火をつけて懐中する。息の出ないように紙に包む。

干葉【ひば】 大和詞。〔女重宝記・一〕に「ほしな（干菜）は、ひば」。〔料理調法集・口伝之部〕には、干菜《ひば》はかげ菜ともいう。冬より春まで用いる。杜鵑の声を聞くと用いない。

引剥ぎ【ひはぎ】〔消息調宝記・二〕に「ひはぎは、とうぞく（盗賊）也」。「引剥ぎ」の音便。

火挟【ひはさみ】〔武家重宝記・四〕に鉄砲*の火縄持の金具を、火挟《ひはさみ》という。

火箸の事【ひばしのこと】 炭火を挟む銅や鉄で作った箸。〔茶道具〕〔万買物調方記〕に「火箸并灰掬ひ」として京竹屋町東洞院東へ入 宗与がいる。
〈火箸曲る伝〉〔調法記・幕末頃刊〕には「荒神の止り給ふ金火箸なまり給へや心一ツに」と三遍唱え、左手で握り右指で曲げる。

火鉢【ひばち】 金属や陶器製等があり、中に灰を入れ、その上に熾り炭を置いた暖房用具。〔小笠原諸礼調法記・天〕に「直し様」は足を二ツ貴人の方へ向けて置く。〔幼童諸礼手引草懐中重宝〕にも足のある火鉢は足二本を貴人の方へ向けて据える。環付・手付の火鉢で足のない火鉢は、左右になして貴人の前に置く。この時は火箸を貴人の右の方になるように置く。

蓽撥【ひはつ】〔薬種重宝記・下〕に唐草、「蓽撥 ひはつ／ありかた。湯によく洗い 刻み 火を忌む」。〔胡椒一味重宝記〕に蓽撥《ひはつ》は、按ずるに蒟醤《くしょう》の大きいもので、『南方草木状』には大きく紫のものを蓽茇《ひばつ》といい、小にして蒼いものを蒟醤という。これは紀州 薩州 肥後に最も多く産する。その葉は胡椒のようで木藜蘆《うじくさ》の花のようである。

雲雀【ひばり】〔万物絵本大全調法記・下〕に「雲雀 うんじやく／ひばり」。
〈薬性〉〔医道重宝記〕に雲雀《ひばり》は温にして毒なく、中《うち》を補い 精を増し 虚労（衰弱）内損を治し 痢病によい。〔永代調法記宝庫・四〕にも虚を補い、気を増し、手足の叶わない人によいとある。
〈料理仕様〉〔諸人重宝記・四〕に雲雀は、汁、ころばかし（転煮、ころ）、船場（煮）、濃漿、叩きに遣う。〔料理調法集・諸鳥人数分料〕には不断に少しずつあるが、重宝するのは夏からである。ねり雲雀とは六月土用中の子雲雀である。盛んに出るのは九月中で、汁にも煎鳥にも遣う。焼鳥にして一ツ焼きである。鶉*よりは下のものである。

雲雀鴫【ひばりしぎ】〔料理調法集・諸鳥人数分料〕に雲雀鴫の形状は、雲雀より少し大きく、焼鳥の上鳥で、一ツ焼きにする。油がのると、汁や煎り鳥にも遣う。とてもよい鳥である。

皮痺【ひひ】 五痺*の一。〔鍼灸日用重宝記綱目・四〕に皮痺《ひひ》は、煩満して皮とも覚えず、嘔逆《からえずき》する。肝兪 膈兪 胆兪 腎兪 曲池 風市等痺れる処に針を刺し、血を廻らす。

皹皸【ひびぁかぎれ】「あかぎれ（皸）の事」ヲ見ル

罅目接ぎ様【ひびきめつぎよう】〔新撰咒咀調法記大全〕に罅目《ひびき》の入ったのを接ぎ様は、罅《ひび》の外に漆を塗り、内の方に蓖麻子を摺り潰して塗ると漆を中へ吸い通す。

雛祭の事【ひひなまつりのこと】〈故事〉〔消息調宝記・三〕に次がある。「ひひな」は鳥の子の「ひひなき」を略して「ひひな」といい、「ひな」というのは誤りで、「ひいな」の仮名書きは悪く「ひゝな」である。三月三日を祝うのは半の数（奇数）陽の重なるのを祝するので上巳《じょうし》*という。巳《み》は「し」の音であるが「み」と読むのが通例である。花月《はなづき》 桜月《さくらづき》ともいい、桃の御節句は弥生の祝儀とも書く。「御娘子様初の御雛《ひひな》にて御にぎにぎしく御祝ひ」とも書く。〈雛遊〉〔諸礼調法記大全〕には三月三日の上巳*の女児の遊びとする。『源氏物語』『枕草子』にも出るがいつ始ったかは不明。聖徳太子に始るという説は信じ難い。女は内を治める者なので、家内の品々の器物、調度等の玩具を揃えて、夫婦の睦まじい道、家を治める雑事を知らしめる。礼節を尽くして乱れたことは少しもさせない。〈雛道具〉〔万買物調方記〕に京・江戸に「人形小細工」*があり、「大坂ニテ人形屋（京大坂中買）」は京雛 京張子 雛道具 金太鼓 書物 絵草子等、子供道具一切があるという。

〈組重〉〔懐中料理重宝記〕に雛祭四重組がある。○初重八種＝鱚《きす》・鯥《むつ》の子・花いか・紅水母・海苔焼・卵・蒲鉾・鮑。○二重七種＝くわえ（慈姑）・はなきけ・ししたけ（鹿茸）・さかふ・銀杏・長芋・早蕨・百合の根。○三重七種＝鮃・赤貝・蓮根・山葵・合せ細魚・岩茸・独活短冊切。○四重五種＝源氏豆・初昔・かせいた（梨餻）・有平糖・紅梅糖。

微浮【びふ】〔昼夜重法記・正徳四〕〔鍼灸日用重宝記・一〕等に秋の平脈は微浮とある。浮脈は肺の本脈である。秋は肺金が旺ずるためである。微とはいかにも厳しく弦の形が少しあるか ないかというような意とある。〔斎民外科調宝記〕に秋の脈は微毛を平脈、胃の気《き》があり、但毛《たんもう》を病脈とする。

脾風【ひふう】「慢脾風《まんひふう》」ヲ見ル

火吹き達磨【ひふきだるま】手品。〔清書重宝記〕に火吹き達磨は、茅の皮共を心《しん》にして外を大鋸屑《おがくず》に炭を入れ、煙硝を少し入れ、麩糊で固めて、口に細い穴を開けて尻を焼くと煙を吹き、その先へ火が燃える（図441）。

図441 「火吹き達磨」（清書重宝記）

日塞【ひふさがり】「金神《こんじん》の事」*〈日塞りの方位〉ヲ見ル

火伏の符【ひぶせのふ】火伏は火災を防ぐこと。〔新撰咒咀調法記大全〕に火ぶせの符がある（図442）。

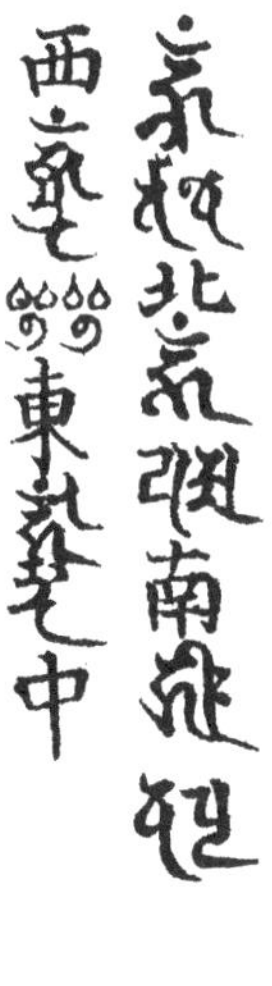

図442 「火ぶせの符」（新撰咒咀調法記大全）

火痂が落ちて後洗う方【ひぶたがおちてのちあらうほう】〔鍼灸重宝記綱目〕に火《ひ》痂《ぶた》が落ちて洗う方がある。○桃の枝、柳の皮（共に東へ差した枝）を刻み煎じて火痂が落ちて後洗い温めると、風を去り気血を循《めぐ》らし病を治す。○灸瘡が熕《うぐ》い［灸の跡が腫れ膿み爛れる事］爛れて痛みの甚しいのには、

胡荽《こすい》《こにし》と黄連を等分に煎じて洗う。○血が出て止まらないのには、百草霜《なべずみ》を付ける。○煩い爛れて癒え難いのには、無名異を鉄漿《おはぐろ》に溶いて付ける。○馬の脂を付けるのもよい。「灸瘡*の治法」モ見ル

美物【びぶつ】　昔の言葉に美物というのは、魚鳥のことである。〔料理調法集・口伝之部〕

ひふり【ひふり】　大和詞。「ひふりとは、いかづち（雷）を云」。〔不断重宝記大全〕

日降坂【ひふりさか】　京名所。〔年中重宝記・五〕に日降坂《ひふりさか》は、東中山吉田の社にあり、古くは日輪降臨の所ともいう。また、臘月除夜と正月十九日の夜 御祓いの時、参詣の人が松明を振りたてるので、ひふり坂と言うともある。

秘方六効丸【ひほうろっこうがん】〔洛中洛外売薬重宝記・上〕に秘方六効丸は、油小路出水上ル丁 柴崎氏にある。疝癪が臍を廻り、腰へ引き攣り、腹固く、大便の秘結するのによい。

蓖麻子【ひまし】〔万物絵本大全調法記・下〕に「蓖麻 ひま／からかしは／からえ。又、たうごま」。〔薬種重宝記・下〕に和草、「蓖麻（ひま）子たうごま／からかしら。塩湯に煮て皮を去る」。〔小児療治調法記〕に脱肛の薬とし、搗き爛らかし頂上に貼け、治まり入ったら取り去る。〔新撰咒咀調法記大全〕には和名「からかしは」、夏苗葉を生ずる。葉は麻の葉に似て五股、秋に実を結ぶ。

日待【ひまち】　潔斎して徹夜し、日の出を待って拝み、供物を捧げ祈願する行事。夜を明かすために親類や朋友を集めて飲酒遊芸したが、後には単に遊興の寄合になった。月待も同趣である。〔文章指南調法記・五〕に「日待に人呼ぶ」範例文がある。「明晩は嘉例ニ而十七夜之影待《かげまち》興行仕候。脱節《ぬけぶし》之浄瑠璃 下手の小盲目瞽女《ごぜ》等も入湊《いりつどい》申候。若し御手透きニも御座候ハヾ宵之内御出御話被下間敷や。精進之会席 囲碁之外無之候故強而御駕を屈し難く候」。〔永代日暦重宝記・慶応元写〕には「日待の事」として次がある。正月三日（八千日に当る）。二月七日（五千日に当る）。三月四日（二千日に当る）。四月五日（五千日に当る）。五月は無用。六月十一日（一万日に当る）。七月二十四日（五千日に当る）。八月十日（五千日に当る）。九月八日（一万日に当る）。十月十五日（一万日に当る）。十一月六日（四千日に当る）。十二月十三日（五千日に当る）。

隙の駒【ひまのこま】〔世話重宝記・五〕に『史記』に出るとして次がある。日月の過ぎ行くのは、戸障子の隙《ひま》隙間《すきま》を駒が走り過ぎるよりも速いという意である。光陰の移りやすいことをいう。

痞満【ひまん】「傷食」ヲ見ル

脾脈【ひみゃく】　六脈*の一。〔鍼灸日用重宝記・一〕に脾脈は、医者の左手の中指の下の脈をいう。

微脈【びみゃく】　八裏の脈*の一。〔医道重宝記〕に微脈は、極めて細にして有るようであり無いような脈である。気血不足して痞えを主《つかさど》る。〔昼夜調法記・正徳四〕には血気不足とし、寒熱 労極とする。

火虫の事【ひむしのこと】『日葡辞書』に「Fimuxi.（ひ虫）。馬の蹄をむしばむ、ある虫」とある。〔馬医調法記〕には「火虫の薬 日本一大事也。秘すべし云々」とあり、「霊天蓋を卸して捻り掛ける。塩湯で洗い、剝ける程茹でて拭い乾かして、硫黄を粉にしてひで（松脂）で溶き付ける。○犬の頭・草（翁草）に塩を入れて煎じ、その湯で洗い石灰を付ける。ふつ蛭藻（各黒焼）、石灰（四分）を良い酢・胡麻油（少し入れ）で溶き合せて付ける等の方がある。○「ひ虫」とは「水際の瘡」*のように瘡が出るが、瘡は少し高く抜け出る。薬は松脂を掛けて鉄で焼く。水際の瘡薬と同じで水を忌む。○火虫は夏中に増し出るのが例で、寒に入ると止み、何の薬でも陽日の間は治し難い。寒に四足平癒*の薬を塗り、夜目（よめハ節目の義＝前脚中関節の背部にある白毛の所）の節に塩袋（絹に塩を入れ結び

保つ）を付ける。

氷室【ひむろ】〔年中重宝記・二〕に六月朔日、氷を禁中に献ずる。この始めを『日本書紀』により、仁徳天皇六十二年五月に額田大中彦皇子が闘《つ》鶏《げ》という所の狩で見つけ、土を一丈余掘り草を葺き蘆萱等を集めて敷き、氷を納めた氷室はどんな日旱にも溶けない。その後、季冬ごとに国々に氷室が置かれ、近世まで丹波の奥、富士山、伯耆の大山等からも献じた。民間では、去冬の餅を貯えて置き今日食い、氷を食う真似をする。〔料理調法集・年中嘉祝之飾〕には「六月朔日 氷室」とあり、公武共に、この日氷を氷室守より奉る。その氷を真似て氷餅*を祝とする。公卿へ敷紙に氷餅を盛り包み、熨斗を添えて奉る。

姫鰯【ひめいわし】〔料理調法集・干魚調理之部〕に姫鰯は一品の物で、加賀国産である。長皿で会席の焼物等によい。

姫萱草【ひめかんぞう】草花作り様。姫萱草の花は薄色、朽葉色である。土は野土と肥土を等分に用いる。肥しは魚の洗い汁がよい。分植は春と秋にする。〔昼夜重宝記・安永七〕

姫御前【ひめごぜ】御所言葉。「娘は ひめごぜ（姫御前）、女郎の御子」。〔女用智恵鑑宝織〕

姫金神【ひめこんじん】姫金神は大将軍*に向う方にある。例えば、子《ね》の年 大将軍が酉（西）の方にあれば卯（東）の方を姫金神とし、寅の年 大将軍が子（北）の方にあれば午（南）の方を姫金神とする。金神ほどには重くはないが物によってはこの方位をも恐れ慎むのがよい。〔金神方位重宝記〕

姫路より諸所への道【ひめじよりしょしょへのみち】**〈姫路より岡山 広島へ〉**〔家内重宝記・元禄二〕に、播州姫路より備前岡山、備後福山、安芸広島への道がある。姫路〈四里〉片嶋〈二里半〉宇根（有年）〈三里〉三石〈一里〉滝山〈二里〉かたかみ〈一里半〉かがと〈四里半〉岡山［備前］〈四里半〉くろ（な）ゐ—川辺—屋（矢）掛—ほりこし—いつゐ—神辺［〈半里〉福山］—鞆—三原—西条—海田—広嶋［〈四里〉可部—吉田—三吉］—広嶋—草津—二十日市—久場（玖波）—三口—岩国［この間に周防—長門の境有］—陸（玖河）—久保市—高森—今市—あひ坂（呼坂）—のがみ—富田—平野—といし—冨海—うけ野—天神のかう（山）［これより徳山の城へ一里あり］—山口—笹浪—萩である。（後世の地誌に照らし、久保市等の位置があわぬ）

〈姫路より各地へ道法〉〔播州重宝記〕から抄出。○書写山・広嶺・飾万津へ一里。○龍野・加古川・高砂へ四里。○室津・山崎へ六里。○明石へ九里。兵庫へ十四里。○大坂へ二十四里。○京へ三十七里。○伊勢山田へ六十八里。○江戸へ百六十六里。○長崎へ百九十五里など。

姫反【ひめそり】弓の事*。張弓名所。〔武家重宝記・二〕に姫反《ひめそり》は、弓の上部相打《あいうち》*の上部にある額木《ひたいぎ》*の末の少し反った所をいう。四寸反《すんそり》ともいう。

姫糊拵え様【ひめのりこしらえよう】〔永代調法記宝庫・三〕に姫糊拵え様は、米を一夜水に潤《ほとばか》してから擂り、細かな絹で濾す。堅糊《かたのり》は、当座に練り青木葉を掛けて置く。しるき糊は紙を蓋に掛ける。これらを布海苔で練る。糊は腐ったのがよく、春秋冬は六七日も腐らかす。「摺箔《すりはく》の事」参照

飛馬始【ひめはじめ】「御馬乗初」などともいう。〔年中重宝記・一〕に正月二日、「飛馬初」とは武家の馬乗り初めである。今日武家は弓射初め、農家は鋤き初め、商人は売り初めをする。〔重宝記永代鏡〕にも諸説をあげるが、重複を避けて記すと、「姫初」として女が縫い績ぎを初める日、又「火水始」として女の仕事始めの日（男女交合の初めと俗解した）、「飛馬初」として馬を走らして産神《うぶがみ》へ参る日、「編糅始」として粥のこと、等がある。〔料理調法集・年中嘉祝之飾〕に「馬乗始」は馬場の亭へ惣引渡 冷酒を出す。錫で、口を包むに及ばない。

姫饅頭【ひめまんじゅう】「江戸ニテ菓子所」の内、「姫まんじゅう」は大伝馬

町二丁目にある。〔万買物調方記〕

姫百合【ひめゆり】〔万物絵本大全調法記・下〕に「山丹 さんたん／ひめゆり 夏」。〈草花作り様〉〔昼夜重宝記・安永七〕に姫百合の作り様は、花は赤色、白は稀である。土は白 赤土に、白砂を等分にする。肥しは茶殻の粉を夏中根に置く。分植は春、秋にする。

微毛【びもう】「微浮《びふ》」ヲ見ル

氷面鏡【ひもかがみ】 大和詞。「ひもかゞみ、氷の事」である。〔不断重宝記大全〕

ひもず【ひもず】 大和詞。「ひもずとは、山がらの鳥」である。〔不断重宝記大全〕

ひもす鳥【ひもすどり】 大和詞。「ひもす鳥とは、からす（鴉の事）*の事なり。（歌）日暮れぬと駒をはやむる深山路に 心やすくも鳴くひもすとり　人丸（古今打聞・中）」。〔不断重宝記大全〕

紐解き【ひもとき】〔消息調宝記・三〕に紐解は、女子七歳の祝である。それまでのつけ帯を取って普通の帯をする。紐解を帯解《おびとき》という所もあるが、本朝の習わしで十一月十五日に祝う者が多く、そうでなくとも十一月中にする。〔進物調法記〕には「有書に女子七歳の賀といふ」とあり、帯 小針箱 小鋏 畳紙に小布を入れて、等の進物がある。『日葡辞書』に「Fimotoqi.（紐解き）子どもの帯を取り替える際に行われる祝い」とある。「七歳の教え」参照

干物和らげ様【ひものやわらげよう】〔世界万宝調法記・下〕に干物和らげ様は、干鯛 干鱈、何の干魚でも水に浸し、切々水を替え 三日程置き、取り上げて焼物によい。余りにも塩が抜けたら、酒に塩を入れて醤油を付けてなりとも焼く。また、和らかになった干魚を水の中から取り出して、水気をよく取り酒糟に漬けてもよい。「干魚《ほしうお》」参照

胙【ひもろぎ】「ひもろぎ（胙）は、神まつりの にく（肉）を云」。〔消息調宝記・二〕

びや【びや】 片言。「びやは、枇杷 びは」である。〔不断重宝記大全〕

百韻【ひゃくいん】 連俳様式。発句*から挙句*迄、一巻が百句ある形式。千句万句も、百韻を繰り返す基本の形式である。懐紙の横半折（折目が下）の折紙四枚（初・二・三・名残の折）に記される。〔俳諧之重宝記すり火うち〕には次の句割がある。○初折。表八句で七句目が月の定座である。もし発句が秋の月なら第三句迄に月を引き上げてもよい。裏十四句*で十句目が月、[但し、〔筆海重宝記〕には各裏の月は十一句目」、十三句目が花の定座。○二の折。表十四句で月は十三句目が定座。裏十四句で月は十句目、花は十三句目が定座。○三の折。表十四句で月は十三句目が定座。裏十四句で月は十句目、花は十三句目が定座。○名残の折。表十四句で月は十三句目が定座。裏八句で花は七句目が定座。〔筆海重宝記〕にはこれを匂いの花といい特に賞翫の花を読み、この花の句をつける時 亭主は香を焚く。また一巻に月七句、花が四句ある。花の句は二人で二句はしない。百韻の中でこぼれ月と言って一所は十四句目にもすることがある。また月と花とを一句にすることもある。これは拍子により月の句が出ない時十三句目にする。百韻では、初表には神祇 釈教 恋 無常 述懐 名所 人名を除く。但し、発句にあれば脇又は発句の心でつける。

百会【ひゃくえ】〔鍼灸重宝記綱目〕に「経絡要穴 頭面部」一穴として、鼻筋の通り前頂の後ろへ一寸五分、前の髪の生え際より五寸上、旋毛《つじ》の中、両耳の尖りの通る頭の真中にある。針の刺しは二分 又は四分。灸は七壮 或は三五壮。頭痛、中風、脱肛、口噤み、半身叶わず、目眩い、頓死等、百病を治す。一名を、三陽五会 巓上天満等という。〈灸穴要歌〉〔永代調法記宝庫・三〕に「脳重く 頭痛 目眩し力なく 肛門出でば 百会に灸せよ」。〈馬形名所*〉〔武家重宝記・五〕に馬の背の「後の高き所*」、鞍端の通り、

低いのがよい。〔馬療調法記〕に百会《ひやくゑ》は諸病に用い、寒ならば針を刺して灸する。熱ならば刺して水を取る。

白槐散【びゃくかいさん】〔牛療治調法記〕に白槐散は、牛の肺病*に用いる。甘草・馬《ば》兜鈴《とれい》・烏薬・貝母・桑白皮・黄芩・白礬・知母。これ等を末（粉）し毎服半両に、水二升に塩を和して煎じ潅ぐ。

脾約丸【ひやくがん】〔丸散重宝記〕に脾約丸は、大便の通じないのによい。麻仁（十戔）、大黄（酒で蒸す 四戔）、杏仁（一戔二分）、芍薬（酒炒）・枳味・厚朴（各三戔）を、蜜で丸ずる。

百合【ひやくごう】「ゆり（百合）」ヲ見ル

百合丹【ひやくごうたん】〔小児療治調法記〕に百合丹《ひやくごうたん》は、亀胸*を治す。大黄・天門冬・杏仁・甜葶藶・石膏・木通・桑白・百合（各等分）を末（粉）とし、練蜜で菉豆の大きさに丸じ、一度に五丸を 食後に寝る時、湯で飲ますとよい。

百五減の法【ひやくごげんのほう】〔秘術改撰算学重宝記・嘉永四〕に「百五減の法」は、端銭《はしたぜに》を聞いて総数を知る法である。例えば、懐中に銭を隠し持ち、七文ずつ引く時は二文残り、五文ずつ引く時は一文残り、三文ずつ引く時は二文残る。この総数は何程と問う。答えは、八十六文。七文ずつ引く時の端銭一文を十五と立て二文なので三十文を置き、五文ずつ引く時の端銭一文を二十一と置き一文なので二十一文を置き、また三文ずつ引く時の端銭一文を七十と立て二文なので百四十文と置く。この三口を合すと百九十一文となり、これより百五文を払うと八十六文を得る。もし百より内なら引くことはなく、三口合したままが総数である。

白散【びゃくさん】〔昼夜重宝記・安永七〕に白散《びゃくさん》は、屠蘇酒*に入れて新年に無病息を念じて吞む。白朮・桔梗・細辛（各二分半）を細末（粉）にして酒に入れる。

びゃくし【びゃくし】 片言。「びやくし、柏槇 びやくしん」である。〔不断重宝記大全〕

白芷【びゃくし】〔薬種重宝記・下〕に和・唐草、「白芷（ひやく）し／よろひぐさ、火を忌む、蘆頭 皮を去る」。〈薬性〉〔医道重宝記〕に白芷《びゃくし》は辛く温である。風邪を去り、眼涙が出、歯が痛むのによい。陽明の頭痛を治し、金瘡 乳癰の痛みを止め、膿を除く。婦人の血風 血暈《ちぶるい》を治す。水に浸し、よく洗い、刻み、乾かす。火を忌む。

白朮【びゃくじゅつ】〔薬種重宝記・下〕に和唐草、「白朮 ひやくじゅつ／しろおけら。泔《しろみず》*に浸すこと二夜三日、毎日水を替え、皮を去り、刻み、よく干し、焙る」。〈薬性〉〔医道重宝記〕に白朮《びゃくじゅつ》は甘く温、脾を健やかにし、胃を補い、穀を消し、食を進め、湿を除き、瀉を止め、痰痞えを消し、胎を安んずる。製法は蒼朮*と同じ。

白朮散【びゃくじゅつさん】〔小児療治調法記〕に銭氏白朮散とし、癪の痛みを治し、胃を和し、津《うるおい》を生じ、渇を止め、頻りに瀉痢して慢驚風*になるものに効能がある。人参・白朮・白茯・木香・藿香・炙甘草（各一匁）、乾渇（二匁）を水で煎じる。丹渓（元の医家）は、山薬・白扁豆・肉豆蔲（各一匁）を加え、生姜（一片）を入れ煎じて用いる。もし慢驚風が起ったら 細辛・天麻（各一匁）、全蝎（三枚）、白付子を麺に包んで煨した八分を加え、同じく煎じて用いる。一方に、慢驚風を治すには子母ともに用いる。

白朮湯【びゃくじゅつとう】〔医道重宝記〕に白朮湯は、破傷風で汗が大いに出て止まず、筋が引き攣り 手足の搐搦《びくつく》のを治す。芍薬（四匁）、白朮・葛根（各二匁）、升麻・黄芩（各一匁）、甘草（五分）を煎ずる。実症の者に用い、気血 虚弱の者には八物湯* 十全《じつぜん》大補湯*の類を用いて風邪《ふうじゃ》を去る薬を加えるのがよい。

百姓【ひゃくしょう】 身分。〔男重宝記・一〕に次がある。①人民《じんみん》の意を表す。五行の水 火 木 金 土を二十五ずつ、春 夏 秋 冬に加えて百姓と言って

いる。また源 平 藤 橘の四姓に分かれて既に百姓《ひやくしやう》となる。その内、二十氏は公家に、八十氏は武家にあり、そのため人民《じんみん》を百姓と言っている。②今は田を作る者だけを百姓と言い習わしている。『日本紀』では「百姓《おんたから》」と読んでいる。一夫が田を作らなければ天下は飢えを受けるというのは、百姓は国家の宝という意味である。

百祥丸【ひやくしょうがん】〔小児療治調法記〕に百祥丸は、起脹《やまあぐる》*に用いる薬で、黒陥・青紫の疸に甚だよい。紅牙大戟を陰干しにして水で煮軟らげ、骨を去り日に乾かし、また汁の中に入れて汁の尽きた時、焙り乾かし末（粉）とする。この一味を蒸し、餅で粟の大きさに丸じ、毎服三十丸を赤芝麻湯で用いる。

百事利日【ひやくじりにち】「大利日《だいりにち》」ヲ見ル

白瑞香【びやくずいこう】〔胡正一味重宝記〕に胡椒樹は白瑞香（和名 おにしばり）で、夏に白い花が開き、実は赤く、熟すと地錦《やぶつた》の実のようで、胡椒の気がある。食する時は半日ばかり煩悶する。武州の道灌山にあり、甲州に最も多い。

白荳蔲【びやくずく】〔薬種重宝記・下〕に唐草、「白荳蔲（ひやく）づく／しろづく。皮を去り、炒る」。〈薬性〉〔医道重宝記〕に白荳蔲《びやくずく》は辛く温、霍乱を治し、冷積を消し、胸を緩くし、食を進め、嘔吐 反胃を治す。皮を去り、袋に入れ、押し揉んで障子を去り、少し炒る。

白濁【びやくだく】「できだく（溺濁）」ヲ見ル

白檀【びやくだん】〔薬種重宝記・下〕に唐木、「白檀（ひやく）だん。火を忌む、そのまま刻む」。〈薫物香具拵様〉〔男女御土産重宝記〕には白檀は、木の色黄にして香色なのをよいとする。切り目を紙程に刻み、丁子より細かにするとよい。

百毒を消す【ひやくどくをけす】〔永代調法記宝庫・三〕に一切の百毒、又何でも中《あた》った時は、緑豆《ぶんどう》・甘草《かんぞう》を煎じて飲むと甚だ妙である。

百にし【ひやくにし】 片言。「百人《ひやくにん》一首*を、百にし」という。〔世話重宝記・五〕

百人一首の事【ひやくにんいっしゅのこと】〈成立〉〔女重宝記・四〕には定家卿が洛西小倉に住み、山荘の障子 色紙に書いた百人の名歌という。〈訓釈〉〔日用重宝記・三〕に百人一首の諸抄（注釈書）は『宗祇抄』（別名『百人一首抄』）写本一冊を始め夥しくあり、『古説』写本四巻を春満と真淵の師弟が著す。注釈書は数多い。「教養・教習」の各種重宝記には百人一首の歌と歌人の肖像を掲出している。〈『百人一首』五ケの秘哥〉〔麗玉百人一首吾妻錦〕に次がある。①は柿本人麿「あし曳の山どりの尾のしだりをの ながながし世をひとりかもねん」。②は喜撰法師「わが庵は都のたつみしかぞすむ 世を宇治山と人はいふなり」。③は安部仲麿「天の原ふりさけみればかすがなる みかさの山に出し月かも」。④は壬生忠岑「有明のつれなくみへし別れより あかつきばかりうき物はなし」。⑤は権中納言定家「こぬ人をまつほの浦の夕凪にやくやもしほの身もこがれつゝ」。〈『百人一首』読曲《よみくせ》〉〔麗玉百人一首吾妻錦〕に次がある。○「百人一首」を「ひやくにんいっしゅ」とは読まず「ひやくにんしゅ」とつめて読む等以下の事がある。○天地天皇は「てんぢ天皇」と濁る。○持統天皇は「ぢどう」と二字共に濁る。○山辺赤人は「やまべ」と読む。○喜撰法師は「ほっし」と詰めて読む。○「丸《まる》」はいずれも「まろ」と読む。○陽成院《ようぜいいん》は「ようじやうゐん」と読む。「やうぜゐん」と読む流もある。○文室は「ふんや」と澄む。「文屋」は俗字である。○在原は氏《うじ》の時は「はら」と読む。○壬生忠峯《みぶのたゞみね》は、氏《うじ》の時は澄み、名所の時は濁る。○坂上は「さかのへ」と読み、「さかのうへ」とは読まない。○深養父は「深やぶとは読まず、ふかよふ」と読む。○文室朝康は「あさやす」と読む。○赤染」は「あかぞめ」と濁る。○行尊は「ぎやうそん」と濁る。○権中納言は「ごんぢうなごん」と濁る。○崇徳院は「す

とく」と読む。○祐子内親王家紀伊は「いえのきい」と読む。○天の香久山は「かぐ山」と濁る。○ひとりかもねんは「上のひとりへかもをつけて読む」。○人に知られで来るよしもがな、「て」の字は濁る。○つくはね、「は」の字は澄む。○有明の月を待ち出るかなは「いでる哉」と読む。○月見ればちゝに物こそは、「ちゞ」と濁る。○人知れずこそ思ひそめしか、「か」の字は澄む。○かたみに袖をしぼりつゝは、「しをりつゝ」と読む。

○あふことの絶えてしなくは、「し」文字は上へつけて乙音に読む。○たき川は、「がわ」と濁る。○ゐやはいぶきは、「いうき」と読み、明らかに「いぶき」とは読まない。

〈百人一首呪い〉〔万用重宝記〕に迷い道で尋ねる人もない時、「百人一首」で何でも口に浮んだ歌一首を読んで「の」字の数が丁（偶数）であれば右へ行き、半（奇数）であれば左へ行く。これに限らず万事に一首の歌で右（丁）左（半）を立てて、万に一ツも相違なく、心を安堵するのは和歌の利益である。和歌を詠むには仮名遣*を心得ることである。

百部根【ひゃくぶこん】〔薬種重宝記・下〕に唐草、「百部根（ひゃく）ぶこん／ほとつら。竹刀にて麁皮《あらかは》を去り、酒に浸しきざみ焙る」。

白付子【びゃくふし】〔薬種重宝記・下〕に唐草、「白付子（ひゃく）ぶ（し）／しろをふ。炮（包み焼）して用ゆ」。〈薬性〉〔医道重宝記〕に白付子《ひやくふし》は辛く温。顔の諸病を治し、風痰を去り、血痺 風瘡 中風の諸症を治す。炮って刻み、用いる。

百部草【びゃくぶそう】草花作り様。百部草の花は紫色である。土は肥土に砂を交ぜて用いる。肥しは茶殻の粉がよい。分植は春にする。〔昼夜重宝記・安永七〕

百万遍【ひゃくまんべん】京名所。〔年中重宝記〕に百万遍智恩寺は、元は賀茂の神宮寺であった。昔、賀茂の神職が法然上人を請じてここに住ませ、その後弟子の勢観坊源智が住職となり、浄土専念宗の道場とし、後に智恩寺と改めた。これより当寺は賀茂大明神を鎮守とする。毎年十一月の賀茂大明神の庭燎《ほたき》の日、賀茂の社司が来て勤めるのが旧例である。正・五・九月十六日、及び二月三日 百万遍念珠出る。〔東街道中重宝記・七ざい所巡道しるべ〕に、浄土宗四箇の本寺の内であり、本堂 本尊は円光大師（法然）、自作とある。

百矢台【ひゃくやだい】「弓矢台」ヲ見ル

白蘞【びゃくれん】〔薬種重宝記・下〕に唐草、「白蘞（ひゃく）れん／かゝみくさ／やまかかみほと。その侭用ゆ」る。〈油取様〉〔改補外科調宝記〕には、例えば白蘞の粉ならば胡麻油六合を入れて七日置き絞り取る。咽の内が腫れて痛むのに少し用いる。鼻内の瘡には丹礬の油を少し付け、後へこの油を塗る。鼻茸には解《ほつし》木綿に塗って差し入れる。

白緑【びゃくろく】白六とも書く。絵具製法 礬砂の加減。〔万物絵本大全調法記・上〕に白緑の製法は胡粉*の加減に似た物である。白緑青の略で、混じりけのない緑。孔雀石を原料とする。

火火傷【ひやけど】「やけど（火傷）の事」ヲ見ル

日焼け身の薬【ひやけみのくすり】〔薬家秘伝妙方調法記〕に日焼け身の薬は、桑の木の枯れ枝を胡麻の油で付けるとよい。

冷御【ひやご】女詞遣。「ひやめしを、ひやご」という。〔女寺子調法記・天保十〕

冷酒に飴【ひやざけにあめ】食い合せ。〔家伝調方記〕に冷酒に飴を食い合せると、吐血する。

冷汁【ひやじる】〔料理調法集・汁之部〕に冷汁は、何でも煮抜*で仕立てる。土筆 甘海苔 栗 生姜 茗荷 蒲鉾、作意次第である。

白芥子【びゃっかいし】〔薬種重宝記・下〕に和菜、「白芥子（ひゃく）かい（し）／しろがらし。少し炒る」。

百花膏【ひゃっかこう】「貫膿《みずもる》」*は諸痒虚であり、また毒物を食って痒いのを百花膏で治す。石蜜を多少によらず、ほぼ湯で和《ま》ぜ、時々鵝翎で瘡の痒い所を刷《は》くと、痂も落ち易い。〔小児療治調法記〕

百官名【ひゃっかんな】 諸官 諸職の名尽し。〔永代調法記宝庫・巻之首〕には「百官名尽」、〔大増補万代重宝記〕には「百官諸職名尽」、〔筆海重宝記〕には「百 官名《ひやくくわんな》」とある。摂政 関白 左大臣 中務《なかつかさ》 治部 大部《だいぶ》 主税《ちから》など。

百鬼夜行日【ひゃっきやぎょうにち】 日取吉凶。〔重宝記永代鏡〕に百鬼夜行日は、暦に夜行かずと記した日をいう。この夜、九ツ時（子の刻、零時）には隣へ行ってはならず、必ず禍がある。但し、九ツ時のみを忌み、その余は障りはない。

白芨【びゃっきゅう】〔薬種重宝記・下〕に唐草、「白芨（ひやく）きう／かゝみくさ。洗い刻む」。

白姜蚕【びゃっきょうさん】〔薬種重宝記・下〕に和・唐虫、「白殭蠶（ひやく）きやうり／しろきたらしかいこ。子と糸綿を去り、よく炒る」。〔医道重宝記〕に白姜蚕《ひやくきやうさん》とある。辛く塩はゆい。中風の諸症を治し、諸瘡の瘢《あ》痕《と》を去り、癮疹《いんしん》（「皮膚の小腫物」）諸瘡を治し、小児の驚癇を治す。泔《しろみず》*に浸し洗い、嘴《くちばし》を去り、刻み、少し、焙る。〔小児療治調法記〕には白姜《びやくきやう》蠶《ざん》とあり、「項軟筋軟」の薬には末（粉）にして、三歳児には半分、薄苛酒で調えて飲ませ、その後に生筋散*を用いて貼る。

白姜散【びゃっきょうさん】〔小児療治調法記〕に白姜散は、○児が胎中で寒を受けて腹痛み、乳を呑まないのを治す。木香・陳皮・槟榔子（各一分）、肉桂・白姜（＝干姜）・炙甘草（各半分）を、水で煎じ綿に浸して呑ませる。もし嘔す時は丁香、木香を加える。○腹の痛みの多くは飲食に傷られるので、一方は白朮（一匁半）、山査子・神麹・砂仁・麦芽（各一匁）、陳皮・青皮（各七分）、炙甘草（半匁）。寒があると藿香、呉茱萸を加え、熱があると黄芩を加える。

白虎【びゃっこ】〔改補外科調宝記〕に白虎《びやっこ》とは、痛みが甚しくして虎などが嚙んで骨の砕けるようなことから名づける。龍尸《りゅうし》や歴節風*は、白虎に比べると痛みは少し軽い。

白虎湯【びゃっことう】 人参白虎湯*の人参を抜いたものである。〔医道重宝記〕に白虎湯は、傷寒が胃に入り悪寒せず反って熱を憎み、汗があり渇し、脈の長大なものを治す。また傷寒汗 吐下の後に心胸《むね》が煩悶 渇して水を欲し、脈の洪大なのを治す。石膏（二匁六分）、甘草（四分）、知母（一匁二分）、粳米（一撮）を煎じる。〔医道療治重宝記〕には諸症により加減 補薬がある。〔小児療治調法記〕には陽毒の斑*に服用する。

白虎頭【びゃっことう】〔重宝記永代鏡〕に白虎頭《びやっことう》は、家作に吉日である。二日。十日。十八日。二十六日の各日。

白虎歴節風【びゃっこれきせつふう】「痛風の事」ヲ見ル

白虎脇【びゃっこわき】〔重宝記永代鏡〕に白虎脇《びやっこわき》は、家作に凶日である。三日。十一日。十九日。二十七日の各日。〔重宝記永代鏡〕

百疋【ひゃっぴき】 大和詞。「金一歩《ぶ》は、百疋《ひき》」という。〔女重宝記・二〕

火矢の事【ひやのこと】〔武家重宝記・四〕に次がある。唐土では火矢《ひや》は、火《か》隊《すい》といい、敵の陣屋へ火箭《かせん》を射て櫓を焼くのをいう。火矢には棒火矢石火矢*大国火矢 炮擲《ほうろく》火矢*等、異形 別名が多い。石火矢は唐土では発熕《はっこう》とも西洋砲ともいう。日本渡来の始めは天文二十年（一五五一）に南蛮国の房酋《ほうゆう》が大友に発熕を献じてから広まった。また周防国に明石内蔵之助高基が伝えた火矢を明石火矢と言い、また播州明石の三木茂太夫が伝えたものを明石火矢という。近世に盛んになり、名人多く、品々に別れ、内海火矢 鎌田火矢になった。大散《たいさん》火矢は炮擲火矢（唐土では団熕という）の一名である。炮擲火矢は焙擲に打ち合せて中へ薬を仕込み、木筒《きづつ》で飛ばすのである。火矢の羽は鉄、矢は樫の木に焼薬《やきぐすり》を付ける。

冷麦中り【ひやむぎあたり】〔重宝記永代鏡〕に素麵や冷麦に中ったのには、

真桑瓜を食うとよい。なければ白瓜でもよい。

冷麦食い様【ひやむぎくいよう】〔諸礼調法記大全・天〕に「ぬる麦 冷麦の事」の食し様がある。麦は茶碗か皿などに盛って二ツも三ツも座る。二ツの時は右から左へ、三ツの時は右中左へと食う。再進は空き皿より引き、前の汁で食ってはならず、汁を替える。切り麦も同じである。

下々人【ひゃんひゃじん】唐人世話詞。「下々《したじた》の者といふことを、下々人《ひゃんひゃじん》」という。〔男重宝記・五〕

香炉【ひゃんろ】唐人世話詞。「香炉《かうろ》を、焼香《ひゃんろ》」という。〔男重宝記・五〕

莧【ひゆ】〔万物絵本大全調法記・下〕に「莧けん／ひゆ／まびゆ／くさびゆ。夏」。〈薬性〉〔医道重宝記〕に莧《ひゆ》は冷で毒なく、熱を去り、虫毒を消し、大小便を通ずる。痢病によい。〔永代調法記宝庫・四〕は気を補い精を増す。また難産の薬である。

〈食合せ〉〔万用重宝記〕に莧に蕨、亀は食い合わせである。

日向【ひゅうが】日州。向州。〔重宝記永代鏡〕には臼杵 児湯 那珂 宮崎 諸《もろ》県《かた》の五郡をあげ、城下は佐土原 高鍋 延岡 飫肥で、一ノ宮は都濃である。〔万民調宝記〕には居城知行高を、吾田・有馬左衛門五万三千石、飫肥・伊藤出雲五万千石、佐土嶋（原）・嶋津式部三万石、磯部・秋月長門三万石。〔大増補万代重宝記〕には中管、四方二十二里。田数八千二百十八町、知行高二十八万八千五百八十九石とある。〔重宝記・幕末頃写〕に四方三日。桑麻五穀平均に乏しく飢寒、中々国等とある。今の宮崎県にあたる。〈名物〉〔万買物調方記〕に、赤大米《あかだいとう》（日向 大隅 薩摩の三国に作る）、五倍子《ふし》、黄栢《きはだ》、にが（苦）竹、松の角物・松板、五器、籐のこり枕（籐で作った枕）。

日向葵【ひゅうがあおい】草花作り様。日向葵の花は白色、大輪である。土は田土を用いて水を溜める。肥しは塵《ごみ》 埃《ほこり》を根に入れる。植分は実を採り、春蒔く。〔昼夜重宝記・安永七〕

緋百合【ひゆり】草花作り様。緋百合の花は赤色である。土は白 赤土に白砂を等分にする。肥しは茶殻の粉を夏中根に置く。分植は春、秋にする。〔昼夜重宝記・安永七〕

ひょう【ひょう】片言。「ひやうは、莧ひゆ*」である。〔不断重宝記大全〕

兵【ひょう】「九字の大事」の一。〔新撰咒咀調法記大全〕「九字の大事*」の一「兵《ひょう》」。降三世明王。大金剛輪印*。

瘭【ひょう】〔改補外科調法記〕に瘭《ひょう》は、腫物の四方に縁があり、牛の唇のように黒く硬い。癌*瘤*瘭は治し難い。

飛揚【ひよう】〈経絡要穴 腿却部〉二穴。承山と相並ぶ。承山は膕《ひつつかみ》の中央通りの下、飛揚は外踝の後ろの通りの上、踝の上七寸に点をする。灸三壮。針三分。痔腫れ痛み体重く、脚の腨《こむら》腫れ痛み、目眩い、目痛み、癲癇、寒瘧《おこり》を治す。〔鍼灸重宝記綱目〕

渺【びょう】小数の単位*。埃*の十分の一。一の千億分の一。十漠*をいう。〔童蒙単語字尽重宝記〕。

氷夷【ひょうい】〔万物絵本大全調法記・下〕に氷夷は川の神、人面で雨龍*に乗る。『書』に四面各霊車に乗る、『山海経』の内の図には、山神 水神があり、四時に現れ、時に隠れ、常に定まらず現れる、とある。

病運【びょううん】十二運*の一。〔金神方位重宝記〕には、木性は四月（巳）、火性は七月（申）、土・水性は正月（寅）、金性は十月（亥）生れで、富貴なれども病身で心に任せない。町人は身の上が定まらない。また病は八卦で絶命、この寸に当ればその家は病人絶えず、災いが多い。〔両面重宝記・寛延六〕にこの運の人は半吉、身の上が富貴であれば病者絶えず、無病であれば貧である。兄弟の力を得なければ大いによい。「皆人は生るこそ身の宝なれ死しての後は元の住処《すみか》に」。〔和漢年暦調法記〕には家が富気なので苦労が多い。病事絶えず、夫婦の縁は薄く、妻を嫌いまた妻にも疎まれ、或は発心無常の気が起ることがある。互に慎み仲よ

くすると大いに吉である。〔日用重宝万物図解嘉永大雑書三世相〕に病運の生れは、病身で常に患いが絶えず、夫婦の縁は始めは替り後の縁が定まる。兄弟仲が悪く、力は得難い。しかし、人の憐れみがあり末々はよい。子は男女三人である。「やまい」ともいう。

病気見舞【びょうきみまい】〔進物調法記〕には次の品物が出ている。寒晒し粉 氷餅 煮豆 読本 飛び魚 赤貝 干鮎 豌豆飯 栗飯等七十種余の品物が出ている外、家によっては白米 鳥目(銭)を遣《つかわ》すのもよい。〔音信重宝記〕には「病人見舞」として、砂糖漬類 軽い肴 干饂飩等は決り物であるが、砂糖蜜 青麦引き割り甘酒。或は慰み物の類、紙の折り方 歌書 譬かるた。又は伽の人へ遣わす物、夜食の類の品物が出ている。「やまい(病)の事」参照

瓢金(軽)【ひょうきん】〔世話重宝記・五〕に瓢軽《ひょうきん》とは、威なく軽はずみなことをいう。ある説に、秀頼公が大坂落城の時、金の瓢箪の指物《さしもの》の馬に乗って大手へ出る時、瓢箪がひょこひょこと見えたことから、瓢金という詞が始ったともいう。

兵具【ひょうぐ】 武具。六具*の一。兵卒《へいそつ》の六具*をいう。〔武家重宝記・四〕

表具師【ひょうぐし】 表装を業とする者をいう。〔万物絵本大全調法記・上〕に「褙匠 はいしやう/へうぐし」とある。〔万物買物調方記・上〕に「京ニテ表具師」下長者町鷹司丁 宗有、烏丸綾小路下ル 中尾宗元、元誓願寺油小路 久左衛門、高倉竹屋町上ル 法橋幸善、麩屋町蛸薬師上ル 庄右衛門がいる。「京ニテ表補 絵師」西六条御前通油小路東へ入 土蔵但馬、同元太この番所 土佐、西御堂の前 五郎右衛門、同所 忠右衛門、同所 七郎衛門ら九人がいる。「江戸ニテ表具師」石町四丁目 伊丹宗恵、銀町四丁目 今井有斎、すきや町 伊藤宗仙、くぼ町 中尾道久、南八丁堀 辻養作、南大工町二丁目 井上与庵いる。「江戸ニテ絵繕い師」前記の伊藤宗仙 辻養作 井上与庵の三人が上手とある。「大坂ニテ表具屋」御堂の前 左兵衛、嶋屋町 中西教言、南かさや町 雪林治兵衛の外に、高麗橋上人町、心斎橋とある。

表紙【ひょうし】「書物の事」ヲ見ル

氷獅散【ひょうしさん】〔改補外科調宝記〕に氷獅散は、翻花瘡《ほんかそう》*の薬である。田螺(五ツ 殻を捨て日に干し粉にする)、砒霜石(一匁二分 饂飩粉に包み焼く)、竜脳(一分)、硼砂(二分)を粉にし唾で練り、腫物に塗り、上を柔らかな油紙で包み、瘡の蔕の細い所を糸で強く括って置くと十日程して菌《くさびら》のような瘡が自ずから落ちる。後は珍珠散《しんじゅさん》*を塗ると癒える。

病者人【びょうじゃにん】片言。「病者を、病者もの、病者人」という。〔世話重宝記・五〕

病者を家より出す事【びょうじゃをいえよりだすこと】〔諸人重宝記・五〕に病者を家から出すには、図の各月の方を見て出す(図443)。●は悪くこの方へ出すと死ぬ。○はよい。◑(半黒半白)長引くが苦しくはない。よくよく見て出すとよい。図は方角である。下が子・北。左回りに、丑寅。東・卯。辰巳。上が南・午。未申。酉・酉。戌亥である。

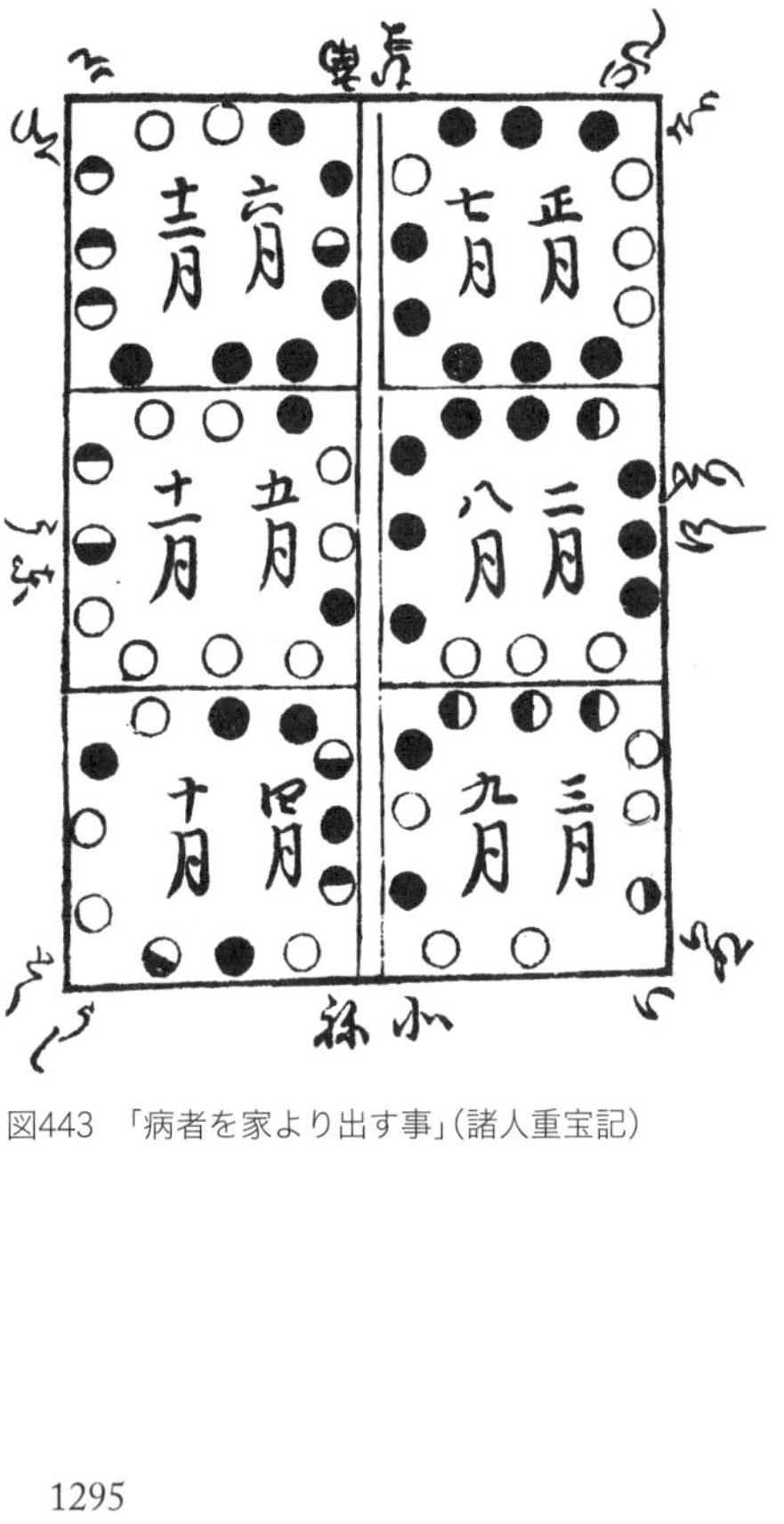

図443 「病者を家より出す事」(諸人重宝記)

氷醬【ひょうしょう】 食い合せ。〔世界万宝調法記・下〕に懐妊中氷醬を食うと、絶産する。

平調【ひょうじょう】〔囃子謡重宝記〕に平調は、秋三月の調子である。方角は西、人の臓では肺臓である。その色は白く、味は辛く、鼻に通る。火性である。〈四季五行に当てる時〉〔諸人重宝記・二〕には「秋・金、舌の声」とある。

病症を見立てる法【びょうしょうをみたてるほう】 「しち（四知）」ヲ見ル

俵数【ひょうすう】〔農家調宝記・初編〕に俵数は、本米*に合せ三斗五升に升目を切り量り、俵数何程としこれを四斗一俵とする。納める場合は、一俵に五升の延米《のべまい》*となる。普通は三斗五升に二升の延米を入れて三斗七升を一俵とする。

俵杉算【ひょうすぎざん】〔永代調法記宝蔵・巻之首〕俵が一番下が十三俵、一番上が一俵ある時の全部の総数は何程か。答え、九十一俵。右に十三俵、左にも十三俵と置いて、これに上の一俵を加えると十四俵となる。これを掛け合せて百八十二俵となるのを二ツに割ると九十一俵を得る。〔改算重宝記〕に、俵を杉の木の形に積むこと。「杉算」「杉形算《すぎなり》」ともいう。

瘭疽【ひょうそ】〔改補外科調宝記〕に瘭疽は蛇瘴ともいい、多くは手足の指に生ずるが、腕臂口歯脇腹等定まらない。初発は粟豆粒位、大きいのは梅李程になる。最初は手足の指の間に出て赤く、次には黒く、また青白く変じて根は深く筋骨を貫き肌肉に入り、腎に走って腫れ上り、毒血滞り肉を爛らかし、骨を現し血を出すことが多い。痛みの甚だしいのは狂言《たわごと》を言う。痛みが心《しん》に入るもの、外腎を穿ち出るものは死ぬ。この腫物は風邪を引くのを忌む。療法は癰疽*の法のようにすると誤らない。〈敷薬〉朱砂（半両を磨り焼き灰を用いる）、寒水石（二朱）、柿の核（二朱 黒焼）を粉にして酢で付ける。○小麦藁（黒焼 一匁）、軽粉（五分）を粉にして付ける。○茄子の花を黒焼きにして胡麻の油で付ける。○柊の緑（黒焼）・軽粉（少）を酢で付ける。○大黄根葉（黒焼）を胡麻油で付ける。〈洗い薬〉荊芥・白芷・山椒（各二匁）、葱白（二十本）、白塩（三匁）を煎じ、日に三度ずつ洗い付け薬にする。〈酒洗の法〉乳香・没薬・五霊脂・皂角刺（等分）を粉にして、瓜蔞根を酒で煎じた汁で毒を下す。手足の指に出たのは指の根を厳しく括る。毒が外へ出ると危い。○蠟礬丸*を冷酒で用いる。〈膏薬〉天南星・半夏・白芷・硫黄・雄黄（各等分）粉にして黄蠟と練り合せて付ける。

〈治方〉〔世界万宝調法記・中〕は瘭疽を、俗に「ゆびすすき」という。蚯蚓を潰して付ける。〔男女御土産重宝記〕に「瘭疽の薬」は、ごはっそう（五八草＝蝮の黒焼）を粉とし鳥黐《とりもち》にし練り合わせ、指の先を巻き切《きれ》で包み、その上を紙で包み息が出ないようにする。〔新撰咒咀調法記大全〕は朱（大）・餅糠を焼いて、梅干で練り付ける。○ひき蛙或は青蛙の皮を指に巻き付ける。○山辺*という魚の皮を巻き付ける。黒焼きにして胡麻の油で溶き付けてもよい。〔万まじない調宝記〕は肥虫（蛆虫）の皮、また蚯蚓の皮で巻くのもよい。〔俗家重宝集・後編〕は瘭疽の妙薬に、蝗の陰干の末（粉）を胡麻の油で溶いて塗る。○川蜷の白焼と三年茄子の香の物の皮を、細かに磨り交ぜて付ける。〔妙薬調方記〕に指が腫れ瘭疽の類で痛むのは、薄荷を焼いて付けると妙である。〔調法記・四十七ゟ五十七迄〕は糞に鍋炭を練り合せて付けると即座に痛みは止む。〔懐中重宝記・慶応四〕に瘭疽の薬は牛の糞を付ける。

平仄【ひょうそく】 「絶句」「律詩」ヲ見ル

米滴【ひょうたれ】〔世話重宝記・一〕に米滴《へうたれ》は、増水（雑炊）の異名。米に水を多く入れ汁気を多く炊いた物で、米の滴《した》る水の食の意である。

瓢簞で鯰を押さゆる【ひょうたんでなまずをおさゆる】〔世話重宝記・一〕に「瓢《へう》簞《たん》で鯰を押さゆる」の世話は、仏書の「胡蘆子 鯰尾《ねんび》を擦《おさゆ》るが如し」か

ら出ているが、胡蘆子とは夕顔の実である。要領をえず、とりとめのない譬えである。

瓢箪の歩く法【ひょうたんのあるくほう】 手品。座敷で瓢箪の歩く法は中に泥鰌を四五匹入れて置く仕掛けをする。〔重宝記・儀部家写本〕

ひょうつく【ひょうつく】 矢音詞遣*。征矢*《そや》かけに中った時の矢音は、「ひやうつく」という。〔武家重宝記・二〕

平等院【びょうどういん】 山城名所。本堂の屋根に唐金の鳳凰があり、後ろの廊下を釣殿という。朝鮮から来た釣鐘がある。扇の芝、馬繋ぎの松*がある。寺の前は宇治川で、南から北へ流れていて、「頼政」の謡に南北の岸というのは違う。川向いに朝日山が見える。〔東街道中重宝記・七ざい所巡道しるべ〕

病人の事【びょうにんのこと】 〔重宝記永代鏡〕には次がある。〇「本復祈禱吉日」は、神吉日*・三宝吉日*・加護日*・大願成就日*は大いによい。このほか暦で日を選んでよい。〇「本復祈禱凶日」は、忌む日は七・八月は申、九月は亥、十一月は午の各日。悪日は正・七月は巳・亥、二・八月は午・子、三・九月は未・丑、四・十月は申・寅、五・十一月はは酉・卯、六・十二月は戌・辰の各日。また願亡ぶ日*・障碍日*・不修法日*の各日。〇「病人を見て生死を知る」には、面《おもて》が黄色で目の赤いのは吉、面が黒く目の白いのは吉、面が赤く目が白ければ死ぬ。また目の黒いのは死ぬ。〇「病人の死ぬのを見る」には、病人が必ず左手を使って常に左手にかえるのは必ず死ぬものと知り、祈念は無用である。

〈病人の向う方で験ある日を知る法〉〔重宝記永代鏡〕に、〇病人が臥して、或は座して、向う方を見て験《しるし》ある日を知る法。辰巳（東南）の方は、申・子・辰の日から吉。南の方は、亥・卯・未の日から吉。未申（西南）丑寅〈東北〉の方は、巳・酉・丑の日から吉。〈病人に魚類を食す心得〉〔日用調法人家必用〕に、〇「熱気のある病人に魚類を喰す時の心得」は塩焼か潮煮《うしおに》にして与えると必ず食べ易い。醬油を加えて煮る時は、熱気ある人の舌に障って喰い兼ねる。弁えて置くべきである。

〈病人慣例〉〔万民重宝改正大ざつ書〕に、〇「病人が本復後手足洗う吉日」は、子寅卯午申戌の日は大吉日とする。〇「病人を家より出す方吉図」は、図（図ハ「病者を家より出す事」ヲ見ル）の●は凶でこの方へ出すと死ぬ。〇は吉である。半白黒丸は長引くが苦しくない。よくよく見て執り行う。

〈呪い〉〔増補呪咀調法記大全〕に、「病人の物言はざる時呑む符」は①②。「病人不食に呑む符」は③。「吐逆に呑む符」は④。「病者吐逆によし」は⑤である（図444）。

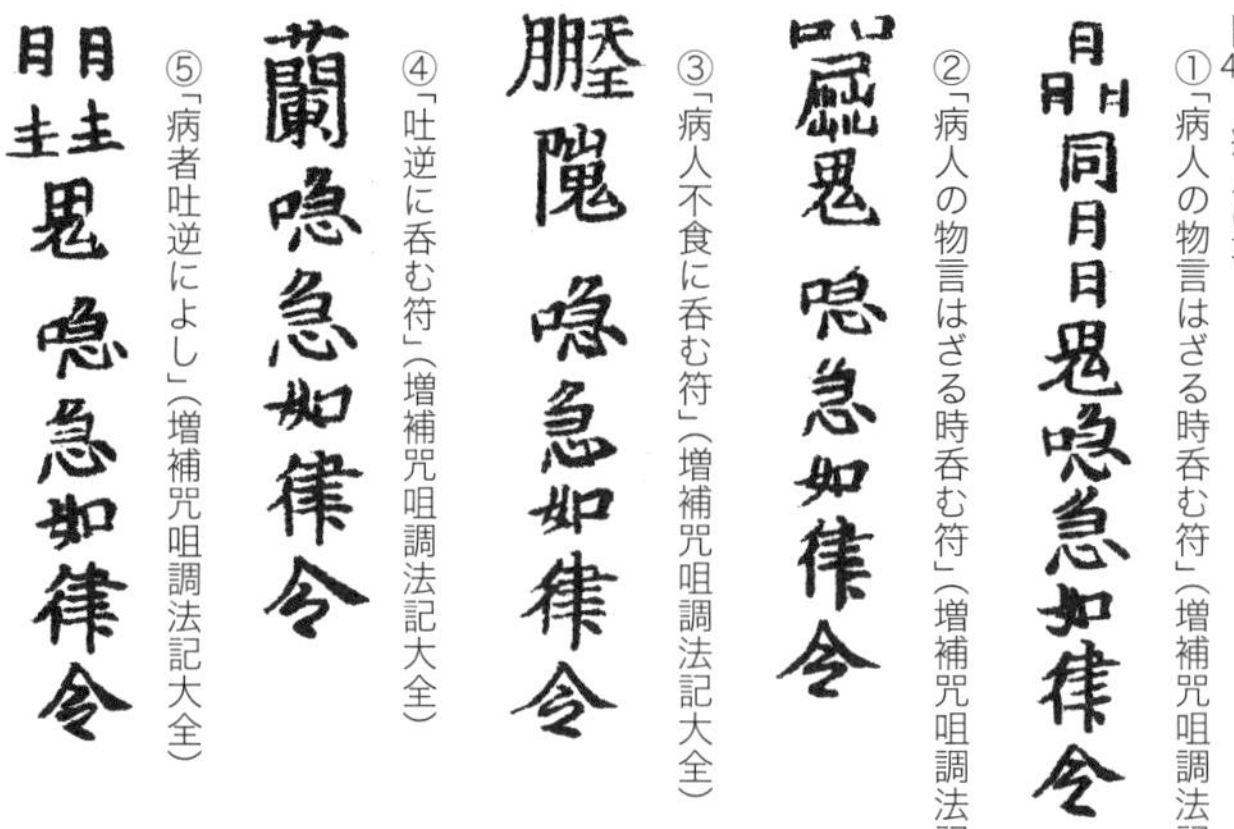

図444 病人の事
①「病人の物言はざる時呑む符」（増補呪咀調法記大全）
②「病人の物言はざる時呑む符」（増補呪咀調法記大全）
③「病人不食に呑む符」（増補呪咀調法記大全）
④「吐逆に呑む符」（増補呪咀調法記大全）
⑤「病者吐逆によし」（増補呪咀調法記大全）

〈見舞状〉〔改正増補字尽重宝記綱目〕等に見舞状の範例文がある。「貴様御儀、頃日ハ御持病気ニ而御引籠成され候由 寒天之砌御心元無く存じ奉り候。御油断成されず随分針灸等 又は煎薬御服用ニ而御養生専一ニ御座候。御本復成され候者 御保養乍御出成さるべく候」。「病者人《びょうしゃにん》」参照

豹の皮【ひょうのかわ】「虎豹《とらひょう》の皮」ヲ見ル

病馬の診断法【びょうばのしんだんほう】〔馬療調法記〕に「病馬を相する事」として次がある。①馬を臥せて腰の抜けたのを知るには、尾の本に触ってみて尾に力のないのは腰を抜かしたものである。②馬を臥せて股の患いを知るには、烏《からすがしらの》頭ノ骨《ほね》（＝馬の後脚の外へ出た骨）のけいし けいとうの間を針刺すと、股を患う馬は必ず頭を反らし 涙目で肢に力がない。③馬の血を取り亡血《ぼうけつ》を知るには、血筋を押して見て散らけて血道が皮肉の内へ入るのは亡血である。④身を打ったのを知るには、めなだ（涙）をし、鞘を出し、耳の根に汗が出る。⑤人が長く扱い損じた馬は、何の病でもその薬を飼ってはならない。毒を去る薬を飼って、その後に病を治すのがよい。⑥虫・寸白には、なめらかなことを禁じ かつことを用いる。⑦筋け 又は消渇には、かつことを禁じ なめらかな薬を用いる。⑧老馬には薬は大服にして、薬の間が繁くてはならない。⑨駒には小服にして、薬の間は近いのがよい。⑩生死を知る事は、おいの下の毛を抜いて見て、毛の根に白い物が付いているのはその病は治し易く、白い物がないのは大切である。

豹尾神【ひょうびじん】八将神*の一。〈暦〉〔永代調法記宝庫・五〕に豹尾神の本地は三宝荒神*。歳星は計都星*。この方角に向いて畜類尾のある物を求めず、大小便等一切の不浄をせず、嫁取 臨産を忌む。また、この方に向かって入る事を忌む。子の年は戌（西西北）の方角、丑の年は未（南南西）の方角が豹尾である。以下、寅・卯・辰・巳・午・未・申・酉・戌・亥の年は、それぞれ辰・丑・戌・未・辰・丑・戌・未・辰・丑の方角である。

兵部卿【ひょうぶきょう】〈香の名〉〔昼夜調法記・正徳四〕に兵部卿は、麝香・甘松（各二匁五分）、竜脳（二匁）、丁子（五匁）、唐の土（三匁そのまま）を雷丸の油で練る。〈兵部卿の油拵え様〉〔男女御土産重宝記〕に、胡桃の油（一合）、竜脳・丁子・麝香を総目八匁にして、合わせ様は伽羅の油*同前、綿湿しの油という。綿に湿して置くからである。

兵部省【ひょうぶしょう】八省*の一。〔万民調宝記〕に兵部省は、武官の頭である。卿《かみ》一人は公卿以上の兼官である。大輔《たゆう》一人、少輔《しょうゆう》一人は名家の五位の任である。公達も任ずる。隼人司《はやとのつかさ》*がある。

屏風と商人は直には立てられぬ【びょうぶとあきんどはすぐにはたてられぬ】〔世話重宝記・二〕に商人は利を取って身上を立てるのを習いとし、買い値に利を取らなければ商人は立ち行かない意である。これを商人は空値《そらね》を言い、誑《たぶらか》して高利を取り、正直では世に立たないこととして、屏風がすぐに立つことが出来ないのと同じことと理解するのは誤りとある。

屏風の事【びょうぶのこと】〔万物絵本大全調法記・下〕に「屏へい／びやう。屏風びやうぶ也」。〈異名〉〔書札調法記・六〕に屏風の異名に、虹《こう》霓屏《げいへい》 瑠璃屏がある。〈立て様〉〔女筆調法記・六〕に真中を二ツに分け左へ開く。古筆と墨絵があれば古筆を上《かみ》に墨絵を次にする。墨絵と彩色絵があれば墨絵を上に立てる。〈油付き落し様〉〔万用重宝記〕は屏風や襖の類に油の掛ることがあれば、本石灰を振り掛けて重しを置くと落ちる。〈屏風屋〉〔万買物調方記〕に「京ニテ屏風屋」四条室町東へ入沼津、室町四条下ル 輪違や、烏丸丸太町与蓑や、東洞院丸太町日下部喜左衛門ら八名がいる。「江戸ニテ屏風屋」京橋南一丁目 万屋五兵衛等ら六名、同二丁目 大崎三郎兵へら二名がいる。「大坂ニテ屏風屋」高麗橋上人町（店名ナシ）にある。

氷硼散【ひょうほうさん】〔改補外科調宝記〕に氷硼散は、鵝口瘡*の薬。咽、牙、口中の病を治す。竜脳（五分）、辰砂（六分）、硼砂・玄明粉（各五分）、これ等を粉にして付ける。

病脈【びょうみゃく】「四季の脈」*の平脈に対する脈。各季にそれぞれ合せて記した。

鉼矢【びょうや】〔武家重宝記・二〕に鉼矢は、矢尻に図版（図445）のような鋲を挿《す》げた矢で、矢文《やぶみ》等に用いる。

図445 「鉼矢」（武家重宝記）

火避けの事【ひよけのこと】〈火避け幕〉〔里俗節用重宝記・上〕に「火避け幕の方」は、明礬一斤を水一升に入れて煮、冷ます。まめご（豆汁。豆を浸し柔かくし挽いた物）を摺り立て濾し、合せて温め布に何度も染めつける。〈呪い〉〔調法記・四十ち〕に「火難除けの伝」は、正月初辰に辰の方（東南東）より水を上げるとよい。

学書【ひよそ】唐人世話詞。「手ならひ（習）する事を、学書《ひよそ》」という。〔男重宝記・五〕

日和の事【ひよりのこと】〔耕作重宝記〕風*雲*月*日*虹*老月*若月*による日和を見る法は個別に記しているが、〔船乗重宝記・文政元〕にも次がある。○日和を見るにはまず暁の天気を窺い、日の出日の入をよく見る。次に汐の満干*一ケ月の内節替り、十方暮*天一天上*土用*八専*子丑申酉、或は八十八夜*二百十日*の前後、その節々を引き合わせて考える。○天の気は入り日に定む、禍は月の出入になす。○天の色の黄なのは風、白薄いのは風雨、また西北赤く気の清いのは明日は晴れ。○朝に白気或は黒気が雲のように潤うのは雨。○天高く見え気白きは風雨は少なく、天低く見え気暗いのは三日の内に雨が降る。○正月二十八・九・晦日に大風がないと、二月四・五日に大風が吹く。○概して朔日が晴天であるとその月は晴れが多く、雨天であると曇りがちで雨が多い。但し、朔日前より降り続いたのは軽い。○毎月初・三日晴れると晴が続く。十五日・二十七日の晴も久しく降らない。○毎月晦日に雨が降らないと、来月始め頃に必ず風雨がある。○春中の日和は、雨が上ると西北の風が強く吹き、その風がない時は同じく雨になる。また雨が上り昼より南風《まぜ》になると日和が続く。○春雨が上り四方に雲なく霞ばかりで黒く見える時は、一両日中に雨が降る。霞が赤く見える時は、日和が続く。○春の夕焼けは必ず雨になる。春の暈はしけ（時化）る。○春の夜いかにも晴天なのは、近く雨になる。○春は卯辰（東東南）にしけ（時化）、夏秋は子丑（北北東）にしけ、冬は申酉（西西南）にしける。○春は南風、夏は北風、秋は西風、冬は東風は必ず雨が降る。○東風は雨に縁のある風であるが、梅雨・土用の内に東風が吹くと晴れる。夏まぜ（南風）が吹くと晴れ、秋の夜北風が吹くと晴れる。「雨風の事」「雨の事」「農家四季の占」「日輪を見て風雨を知る」「日の事」参照

平おこし【ひらおこし】菓子名。平おこし、上うき物、下ながし物、米の強飯入り。〔男重宝記・四〕

平かけ【ひらかけ】〔人倫重宝記・四〕に平かけという木屐《ぼくり》は、若狭国に作る。西塔の武蔵坊弁慶が、播磨の書写山の本堂で昼寝したのを、衆徒どもが弁慶の顔に平かけを落書したことが『義経記・三』（但し、ひらあしだトアル）に見える。歯の浅い下駄。

平仮名【ひらがな】〔麗玉百人一首吾妻錦〕に平仮名は日本語表記のために、万葉仮名の草体を極端に簡略化して作られた音節文字である。平仮名は幼い時から女業《おんなわざ》として習うが、片仮名（「片仮名の原字」）*も唐書等を読む

には、書き覚えなければならない。

開き【ひらき】 舟の詞。「ひらきとは、脇より吹く風」をいう。〔男女御土産重宝記〕

ひらぎ【ひらぎ】 片言。「たいらぎを、ひらぎは わろ（悪）し」。〔不断重宝記大全〕

開【ひらく】 十二直*の一。暦中段。〔童女重宝記〕には斗柄の前に居る天険を開き、後を通ずることからいう等とある。〔和漢年暦調法記〕等には半吉の日とある。井戸掘り、門を立て、家造り、種蒔き、婚礼、移徙《わたまし》、入学、元服、店出しに障りはない。また諸芸*を学び、庫開き、下人を抱えるに吉日。葬礼、不浄のことには凶である。

平頸【ひらくび】 馬形名所。*〔武家重宝記・五〕に平頸《ひらくび》は、頭と肩との間の総名である。肉少なく長いのがよい。顔は竃馬頬《こうろぎつら》がよい。

平平平平【ひらだいらひらへい】 異類異名尽。「平平平平。ひらだいらひらへい」。〔小野篡譃字尽〕

平茸【ひらたけ】 「磨菰蕈」とも書く。〈薬性〉〔医道重宝記〕に磨菰蕈《ひらたけ》は寒で毒なく、気を理《おさ》め、痰を化し、腸 胃を増す。多食すると気を動かし、病を発する。〔永代調法記宝庫・四〕に「ひらたけ」は、痰 咳《すはぶき》 虫 積聚 癖疾《かたかい》*の毒となる。夜光るのは忌む。

平樽積り 并大樽積り【ひらだるつもり ならびにおおだるつもり】 〔改算重宝記〕に次がある。○三升枡は、口は七寸九分○厘七毛八糸、底は七寸三分八厘、深さは四寸二分一厘一毛五六。○五升枡は、口は九寸三分七厘五毛、底は八寸七分五厘、深さは四寸九分九厘三毛四。○一斗枡は、口は一尺一寸八分一厘三毛、底は一尺一寸○分二厘四毛、深さは六寸二分九厘一毛三糸。

平塚より大磯【ひらつかよりおおいそ】 東海道宿駅。*二十七丁。本荷四十八文、軽尻三十二文、人足二十五文。左に高麗寺山、権現の宮がある。花水橋長さ四十三間。もろこしが原 名所である。化粧坂 昔鎌倉の盛んな時にはここの長者の家に遊女が多かった。古道に長者屋敷の跡があり、虎が木像 虎が釜という石がある。この辺は皆こま砂である。〔東街道中重宝記・寛政三〕

比良暮雪【ひらのぼせつ】 近江八景*の一。〔麗玉百人一首吾妻錦〕比良暮雪。和歌「雪はるる比良の高根の夕ぐれは花の盛りに過る比かな」。〔年中重宝記・一〕に、二月二十四日 江州比良八講。

平野明神【ひらのみょうじん】 京名所。〔東街道中重宝記〕に京の平野大明神は二十二社の内で、前に流れる川を紙屋川（「紙屋紙《かみやがみ》」参照）という。北へ行くと金閣寺。*〔年中重宝記・二〕は四月上の申の日は平野祭。

平野目【ひらのめ】 斤目で一斤を二百二十目とすること。〔泰平武将年代重宝記・文久元〕には「実綿 同（一斤）二百二十目、是を平野目と云。摂津 河内の内多くは三百目一斤でこれを三ツ目という。他国にては百六十目もあり、不同也」とある。

鼻梁【びりょう】 馬形名所。*〔武家重宝記・五〕に鼻梁《びりょう》は、鼻の中道 はなばしらである。俗に、鼻峰という。

飛龍頭【ひりょうず】 〔昼夜調法記・正徳四〕菓子類仕様に、鍋に水を入れて煮やし、麦か米の粉を入れて蒸《ふ》かせ、後に湯をしたみ、捏ね合せ、玉子の黄身を入れて鉢で擂り、それを油で揚げる。但し、粳の粉七合・糯の粉三合を細かに叩いたのがよい。この粉一升に玉子を七ツ程入れ、砂糖の煎じ汁に浸して置き出す。砂糖の煎じ様は氷砂糖一斤に水一升を入れ、七分内に煎じる。油で揚げる時は大匙で掬い 鍋へ入れて揚げる。形は匙加減で色々になる。〔菓子調法集〕には小麦粉一升に玉子三十五を入れて捏ね、胡麻油で揚げ、煎じ砂糖を懸ける。また糯粉二合 粳粉五合 饂飩粉三合をどれも捏ねて玉子を入れ、蒲鉾の加減にして丸め榧油で揚げ煎じ蜜を懸ける。『書言字考節用集』は「飛龍子《ひれうず》、田楽之製」とある。

蒜【ひる】 〔万物絵本大全調法記・下〕に「蒜 さん／ひる。又 にんにく。

春」。〈食合せ〉〔重宝記永代鏡〕に蒜《ひる》に蜜を食い合わせると悪い。

昼行灯【ひるあんどう】〔人倫重宝記・三〕に次がある。近頃迄何やらしていた人が、俄に月代《さかやき》を伸ばして四方髪《しほうがみ》（＝長く伸ばした髪を周りから掻き上げて後ろで束ねた男子髪型。医者・学者・浪人等が結った）となり器用さにまかせて、例えば針立（鍼医）と号する。この異名を昼行灯《ひるあんどう》という。その意味は、四方かみ（紙）で内が闇いということである。

ひる馬に薬の事【ひるうまにくすりのこと】〔馬療調法記〕に「ひる馬に薬の事」として、串柿（三）、蕎麦の粉（七銭）、榎木ノ皮（干十銭）を粉にして合せ、暁に寅の方（東北東）の水で延べ、皮薬を掻き立て、碗に二杯で飼う。また水を掛ける。

昼顔【ひるがお】〔万物絵本大全調法記・下〕に「皷子 ひるがほ。夏」。〈草花作り様〉〔昼夜重宝記・安永七〕に昼顔の花は白色、紫色である。土は真土、肥土、砂を等分にする。肥しは雨前に小便を根廻りに注ぐ。分植は実を採り春に蒔く。

昼軽く夜瘧るには【ひるかるくよるおこるには】〔薬家秘伝妙方重法記〕に昼軽く夜瘧《おこ》るには、柴胡・枳穀を使う。

昼供御【ひるぐご】女の柔かな詞遣。「ひるめし（昼飯）を、ひるぐご」という。〔女重宝記・一〕

昼供御【ひるこご】御所言葉。「めし（飯）をおこご。ひるめしをひるこゞ（昼供御）」という。〔女用智恵鑑宝織〕

緬甸【びるま】〔童蒙単語字尽重宝記〕に緬甸《びるま》は帝国。広さ二十万坪、民は五百万人。東京《とんきん》、柬浦寨《かんほしや》市がある。阿瓦《あうあ》三万人。

水蛭を食した時【ひるをしょくしたとき】〔改補外科調宝記〕に誤って水蛭《ひる》を食し腹に入り、久しい時は、腹中で子を生じ、肝血を食う故、腹痛耐えがたく、顔は黄に痩せて食することならず、早く治さないと死ぬ。治方は、田の土の乾いたのと、何でも死んだ小魚三匹とを、猪の油を入れて搗き爛らし、また巴豆十粒を搗き爛らして泥の中に入れて丸とし、田の中の水で十粒ほど用いる。暫くすると、大小の水蛭は悉く下る。その後、四物湯*に黄芪を加えて煎じ用い、血を生じ脾胃を補うとよい。〔新撰咒咀調法記大全〕に水蛭を食した時は、蓼の汁を飲む。滑莧《すべりひゆ》を揉んで汁を飲むのもよい。

鰭糝薯【ひれしんじょ】〔料理調法集・鱧餅真薯之部〕に鰭糝薯《ひれしんじょ》は、鯛の尾を二ツに剝がし松葉のひれのようにし、塩に包んで置いてよく洗い、鰭の元の方へ糝薯*を包み入れのように付け、蒸して吸物等に遣う。

尾連の毛【びれんのけ】鷹の名所。*〔武家重宝記・五〕に尾連の毛は、鷹の尾の毛をいう。尾花毛 馴交《じゅんこう》尾抱《おかかえ》蓑先 尾助ともいう。また狭衣《さごろも》の毛ともいう。

尋【ひろ】度数。〔算学調法塵劫記〕に尋《じん》は、二仞《じん》*をいう。八尺である。

尾籠【びろう】〔世話重宝記・五〕に『埃嚢抄』を引いて、尾籠《びろう》という詞は応神天皇は龍神の末で龍の尾があり、それを隠すため装束に裾《きょ》という物を作り引いて隠していた。ある時出御の折、内侍は裾が内にあるのを未だ知らず障子に閉《た》て込めたので、天皇が「尾籠なり」と言われたことから、尾籠という詞が始ったという。不作法、無礼の意である。

披露状【ひろうじょう】〔永代調法記宝庫・一〕に次がある。貴人高人へは直札《じきさつ》（＝親展の書状）は憚られるので、文体は直札の文に敬って書き、終りにその家来、寺院なら弟子の宛にして、「誰殿」と書き「御披露」と書く。例えば、「今度御鷹之鳥御拝領之由、恐れ乍目出度く存じ奉り候。夫れに就き 来る何日御料理下さる可き之旨 忝く存じ奉り候。追付 参を以って御礼申し上ぐ可く候（これ迄直札の体。真字で書く）。右の旨宜しく御披露頼み入り候 恐惶謹言／（家来の宛所）誰殿 御披露」。これは至極の敬いであるが直札の心がある。宛所誰殿と書くので主人へ披見に入れる。この上を一位敬って書く時は、文章は余り敬わず、書留《かきどまり》*に「宜しく御

取り成し頼み奉り候」か「恐惶謹言」等と敬い、宛所家来の名に「様」を書き、「右脇付披露」とする。〔不断重宝記大全〕には「披露状書留の事」、上中下の範例文がある。「披露文」「内状」「宛状」ともいう。

飛鹿日【ひろくにち】 家作に悪日である。正月は辰の日、二月は巳の日、三月は午の日、以後もこの十二支の順による。〔重宝記永代鏡〕

広沢の池【ひろさわのいけ】 京名所。〔東街道中重宝記・七ざい所巡道しるべ〕に月の名所とある。〔年中重宝記・五〕に八月十五六日の間、嵯峨の北千代の古道の西にある広沢の池は、月を賞する所である。池の西に月見の壇があり、洛人が来てここで遊覧する。月が東山に出る時、その影が池水に映るのに二ツ、或は三ツに見えるのは、萍藻《うきくさ》のない所に浮かぶからである。

広田の社【ひろたのやしろ】 大坂願所。今宮の森 広田の社へ五痔*を患う人が参詣し、幾年でも心持次第あかえの魚（赤鱝*）を絶つと、どんな痔病でも忽ち平癒する。御礼には赤鱝を描いた絵馬を奉納する。〔願懸重宝記・初〕

比和【ひわ】 五行陰陽説。五行同位*の原理。〔諸人重宝記・三〕に次がある。木に木を加え（「木加木」）、火に火を加え（「火加日」。以下同）、土に土を加え、金に金を加え、水に水を加えることをいう。相互の関係は相加えて、大吉となる。「相生《そうしょう》」「相剋《そうこく》」ヲ見ル

枇杷【びわ】 〔万物絵本大全調法記・下〕に「枇杷 ひは／こふくべ。夏。又びは。花は冬」。〈**薬性**〉〔医道重宝記〕に枇杷《びわ》は平で毒なく、気を下し、胸を利し、熱を去り、渇《かわき》を止め、多食すると痰を生じ、脾を傷《やぶ》る。〔永代調法記宝庫・四〕に「ひわ」は冷え肺を潤し、五臓を利す。毒はないが多食を禁ずる。〈**食合せ**〉〔懐中重宝記・弘化五〕には枇杷に、饂飩 蕎麦 小麦は食い合せである。〔料理調法集・当流献方食物禁戒条々〕には枇杷に李の核の食い合せを忌む。

鶸色染め様【ひわいろそめよう】 染色。〔男女日用重宝記・上〕に鶸色《ひわいろ》染め様は、黄蘗《きわだ》で下を染め、その上を浅黄に染めるとよい。

檜皮色【ひわだいろ】 染色。〔万用重宝記〕に檜皮色は、桃皮の汁で一遍染め、中染めは茜で三遍染め、上の留めには明礬を少し入れ、水に掻き立てて染める。〔秘伝手染重宝記〕に「ひわだいろ」は、白い布の上を刈安*で三度引き、また蘇芳をよく煎じ四度程引き、また湯一升程に明礬を粉にして引く。茶三服程入れ、斑無く引くと色よく出来る。

檜皮屋【ひわだや】 〔万買物調方記〕に「京ニテ御ひわだ屋」は、烏丸万寿寺下ル 久右衛門がいる。「江戸ニテ御ひわだ屋」は、喜兵衛がいる。

鶸茶【ひわちゃ】 染色。〔染物重宝記〕に鶸茶は、鶸色がかった茶色。下染めは薄浅黄にする。

琵琶の事【びわのこと】 〔万物絵本大全調法記・上〕に「琵琶 びは。胡琴。同」（図446）。又「琵琶」「軫《しん》琴 琵琶等に有之」「琵琶柱」「琵琶撥」。〈**異名**〉〔書札調法記・六〕に琵琶の異名に、玉柱《ぎょくちゅう》胡琴がある。〈**琵琶法師の始り**〉〔人倫重宝記・四〕に次がある。唐漢の公主烏孫が夷国へ嫁す時、道すがら馬上で弾ずるために造り出した。甲の膝すりを蟻道、眉を隠月という。撥面には雲間の月を絵に書く。糸四筋を架けるのは四季を象る。日本には仁明天皇嘉祥三年（八五〇）三月掃部守貞敏が入唐し玄象・獅子丸・青山の琵琶を渡したが、海上で龍神に獅子丸を取られ、今は二面を我が朝の累代の宝物とする。楽人の琵琶は爪で弾じ、盲法師の琵琶は撥で驒ずる。琵琶では琴柱《ことじ》と言わず柱《じゅう》といい、楽の琵琶柱は四ツあり、盲法師の柱は五ツある。盲法師が琵琶を弾いて『平家物語』を語るのは後鳥羽院（一一八三〜一一九八）時代から始る。信濃前司行長が『平家』を作って盲目の生仏《しょうぶつ》に教えて語らせ、今の琵琶法師も生仏の生れつきの真似をして鼻声で唸るように語る。

〈**琵琶渡し様**〉〔麗玉百人一首吾妻錦〕に琵琶を主人へ渡すには、驒かれ

るように抱いて頭を左に立て、右で撥、面の上を腰、磯の方を畳みに立てて押し廻し仰向けにし、海老尾の方を左になるように渡す。〈琵琶師〉〔買物調方記〕に「京ニテ琵琶師」東洞院仏光寺上ル長田内記がいる。

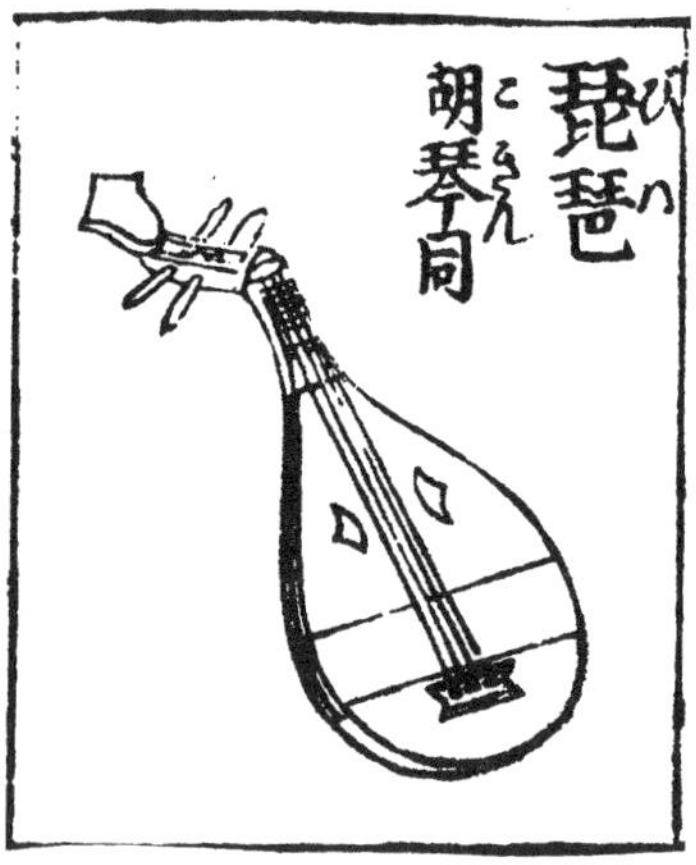

図446 「琵琶」(万物絵本大全調法記)

琵琶股【びわもも】 馬形名所。* 〔武家重宝記・五〕に琵琶股は、後足の上股《うわもも》根肉高く広平な所をいう。この下、狭い所を二股《にのもも》という。また烏帽子形内股は裏にある。

枇杷葉湯【びわようとう】 〔薬種重宝記・下〕に和木、「枇杷葉 びはやう。焙り、毛を拭ひ、筋を去り、刻む」。〈薬方〉〔重宝記・儀部家写本〕には枇杷葉湯、振り出だし。食傷、腹・虫の痛み、むかつきによく、処方は枇杷葉・肉桂・藿香・木香・莪朮・呉朱萸(各二分)に、甘草を少し入れてもよい。〔薬種日用重宝記授〕は、枇杷葉(十匁)、肉桂(一匁六分)、木香・藿香・莪朮・呉朱萸・縮砂(各八分)、丁子(六分)、甘草(四分)、三奈(二分)、益智(一分)。これらを極く細末(粉)にする。

火を忌む薬【ひをいむくすり】 〔医道療治重宝記〕に火を忌む薬は、木香、藿香、丁香、白檀、乳香、沈香、紫檀、肉桂、柴胡、菊花、川芎、香薷、麝香、甘松、辰砂(火を見れば人を殺す)、茵陳、青黛、犀角、羚羊角、檳榔子、芒硝、馬鞭草、滑石、白芷、牛黄、薄苛、胡椒《ごま》、薫陸、紫草等三十種が挙っている。

火を食う【ひをくう】 手品。〔清書重宝記〕に火を食うには、消し炭に樟脳をよくよく塗って火を燃やして食う。〔調法記・幕末頃刊〕には、唐黍殻を炭にして懐中し、これを人の知らぬように火に入れて食うと、少しも熱いことはない。

火を貯える方【ひをたくわえるほう】 〔新撰咒咀調法記大全〕に火を久しく貯える方は、胡桃一ツを火にくべ半分燃やして火になった時、熱灰《あつばい》の中に埋めて置くと、四五日も消えずに持つ。

餅【ひん】 唐人世話詞。「もち(餅)を、白糕《ぺゑつう》といふ。又餅《ひん》とも」と云う。〔男重宝記・五〕

びん【びん】 「赤頭鴨《あかがしらかも》」ヲ見ル

ひんがん【ひんがん】 片言。「彼岸《ひがん》を、ひんがん、ひんぐはん」という。〔世話重宝記・五〕

備後【びんご】 備州。〔重宝記永代鏡〕には、安那《あな》深津 神石《こうし》奴可《ぬか》沼隈 葦田 甲奴《こうぬ》三上 恵蘇《えそ》御調《みつぎ》品治《ほんじ》三谿《みたに》世羅 三次《みよし》の十四郡で、城下は福山、一ノ宮は吉備津である。〔万民調宝記〕に居城知行高は、福山・水野美作十万石、三次・浅野式部五万石。〔大増補万代重宝記〕に上管、四方二十二里。田数九千二百九十八町、知行高二十三万八千八百九十六石とある。〔重宝記・幕末頃写〕には東西二日余。田畔長く、五穀早熟、酒醞久し、中上国等とある。小田県と広島県から、今の広島県東部である。〈名物〉〔万買物調方記〕に畳の表、柳行李、矢の嶋の篦竹、鞆《とも》尻切《しきれ》(=上草履)、網笠、尾の道酒、三原酒、田嶋鯛(二月大網で多く捕る)、酒など。〔広嶋調法記〕に次がある。御調郡(五十九ヶ村)高二万九千二百六十九石一斗八升。この内七百九十六石五斗八升、吉和 二野 三沢領。世羅郡(四十九ヶ村)高二万九千五百七十三石四斗二升五合。この内千二百八十七石四斗七升三合、加茂 三沢領。三谿郡(三十八ヶ村)高一万八千百

五十六石二斗五升五合。三上郡（十七ヶ村）高一万二千七百八十八石一斗三升五合。怒賀郡（三十八ヶ村）高一万七千四百六十八石一斗三升六合。甲怒郡（八ヶ村）高四千五百十三石四斗七升九合。三沢郡（四十二ヶ村）高二万二千九百五十石七升三合。高合せ十五万七千二十一石六斗九升。この内、十万九千九百石綱長公。四万七千百二十一石六斗九升。

鬢公【びんこう】〈何が不足で癇癪の枕言葉〉「男、びんこう」。〔小野篤謔字尽〕

牝痔【ひんじ】〔鍼灸日用重宝記・四〕に牝痔は、穴のはたに瘡を生じ腫れ痛み、四五日で膿が潰え散る。

梹紫散【びんしさん】〔薬種日用重宝記授〕に梹紫散《びんしさん》は、沢瀉・木通・防巳（各大）、陳皮・紫蘇・車前・白朮・香付子（各中）、梹榔子・木瓜・生姜・甘草（各小）。かすり傷によい。

びんしょう鴨【びんしょうかも】〔料理調法集・諸鳥人数分料〕にびんしょう鴨は、黒鴨*同前にするが、少し小さい。羽白霜降鴨*によく似ていて紛らわしいが、味は格別違い悪い。

鬢疽【びんそ】〔改補外科調宝記〕に鬢疽は、肝気が滞り腎虚し、血乾き脾疲れ、或は風熱を受けて両の小鬢に出る。初め寒熱して頭痛し耳目ともに痛む。療治には針灸を忌み、付薬は琥珀膏*をつける。○初発で寒多く熱少なく口渇き熱湯を好むのは、真気が虚し邪気が実する人である。脈が虚数《さく》で力なく、瘡が痛まず潰えず膿まぬのは、瘡根が流れ散るのである。托裏消毒散*清肝湯を用いる。○気実して邪虚の人は、初め熱多く寒少なく頭痛し口舌渇き水を好み大小便渋り脈は沈実で力があり瘡ほ（火）めき腫れ疼き身熱し腐れ膿み易いのは、瘡の根が開かないからである。荊防敗毒散*梔子清肝湯*鼠粘子湯*を用いる。○鬢疽で頭痛し顔・頬腫れ、或は潰えず或は膿んで元気虚弱の人には、清肝養血湯*を用いる。○鬢疽になり硬く潰えず或は潰えて収まらず、久しくして気血ともに虚し、身冷え脈が細《さい》で不食し痩せる者には、参苓内托散*を用いる。

檳蘇散【びんそさん】〔改補外科調宝記〕に檳蘇散は、臁瘡《はばきがさ》*の薬である。檳榔・紫蘇・木瓜・香付・陳皮・大腹皮（各一匁）、木香（三分）、羌活（五分）、生姜（三片）、葱白（三根）を入れ水で煎じ、空き腹に服する。

鬢疽単方【びんそたんほう】〔改補外科調宝記〕に鬢疽単方は、鬢疽*の薬である。頭髪の黒焼を胡麻油で溶いて付ける。

行単【ひんたん】唐人世話詞。「飯《めし》つぎを、行《ひん》単《たん》といふ」。〔男重宝記・五〕

鬢髪【びんはつ】〔家内重宝記・元禄二〕に鬢髪で髪の抜けるのには、榧子・胡桃・側柏葉を水に浸し、鬢水に使えば抜けない。黒豆を酢で煎じ白髭白髪*を染める。また酢石榴の皮で染めるのも妙である。

鬢髭を黒くする方【びんひげをくろくするほう】〔新撰咒咀調法記大全〕に鬢髭を黒くする方は、皂莢・地黄を生姜の汁に付けて炙り、粉にし、歯に塗ると即ち黒くなる。

秉風【ひんふう】〈経絡要穴 肩部〉二穴。秉風《ひんふう》は天窌穴の外、肩骨の上臂を上げると空のある処にある。『銅人』を引き、針五分、灸五壮。肩が痛んで挙らないのを治す。〔鍼灸日用重宝記・二〕

檳榔散【びんろうさん】〔牛療治調法記〕に檳榔散は、牛が気怯《つたな》く、頻りに地に臥し、喘息に涎を流し、水草を喰らわないのに肚張り、歩行は酔った狗のようで全く力がないのに用いる。檳榔・紅豆《あずき》・豆蔻・芍薬・乾姜・甘草・縮砂・青皮・肉桂・白芷・陳皮を末（粉）し、毎服一両に棗一枚と水二升を和し、煎じて潅ぐ。

檳榔子の事【びんろうじのこと】〔薬種重宝記・下〕に唐木、「檳榔子 びんらう（じ）／あぢまさ。皮臍《かわほぞ》を去り刻む。火を忌む」。〈薬性〉〔医道重宝記〕に梹榔子《びんろうじ》は辛く温、気を下し、滞を破り、穀を消し、瘴癘（マラリアの類）を防ぐ。後重を治すること神のようである。皮蔕を去り刻む。火を忌む。

〈檳榔子染め〉〔染物重宝記・文化八〕に梹榔子は薬種の名であるが、これを煎じて染めるのをびんろうじ（梹榔子）という。夜気を受けず、諸毒不浄を去る。染代が安くないので、本梹廊子染を好む人も染める者も今の世は稀である。憲法染（吉岡染*）、常盤黒*（染）とともに黒の上品とする。〔秘伝手染重宝記〕に「びんろうじ」は、絹一反を下地を藍でよく染めさせ、木付子五合に梹榔子五ツを刻み、水三升程入れ二升程に煎じ出し、絹に三度引く。その上を常の酢一升、水一升五合を交ぜ、鉄《くろかね》の古鉄を百目程入れ二升になるまでよく煎じ、その侭一日一夜置き、鉄を取り出し絹に一度引く。その侭水でよく濯ぎ乾し、色合が薄い時は二度も引く。素鉄で黒めを掛けると上の染《そめ》になる。木綿はこの染め汁を四度引き、一度素鉄で引き、同じように濯ぎ乾す。紗綾、縮緬、綸子、紬は絹と同じである。〔麗玉百人一首吾妻錦〕には、下地を紺にして布の目方を掛け、梹榔子と五倍子《ふし》をその目程入れ、煎屑と桃皮を二十目ずつ入れて煎じ、四五遍も染め、日に干し、上の留めには明礬の水で留める。〔重宝綱目女要婦硯〕には、梹榔子染は絹でも綿でも藍に染めて煎屑をよく煎じ出し、布袋で濾して置き、木付子（五倍子の俗称）を砕いて柘榴の皮と混ぜて煎じ、これで下染めにして干し、前の鉄漿《だしがね》（五倍子）で二遍染めてよく洗うと甚だ色がよい。

ふ

釜【ふ】「かてのたんい（糧の単位）」ヲ見ル

賦【ふ】「りくぎ（六義）」ヲ見ル

歩【ぶ】分とも書く。〈通貨金単位〉〔万家日用調法記〕に、金一両*の四分の一。又、四朱*をいう。重さは一匁一分九厘である。〈田数*の単位〉〔永代調法記宝庫・首〕に一坪をいう。六尺、或は六尺五寸四方である。〔農家調宝記・初編〕に慶長（一五九六～一六一五）の頃の検地は三百歩を一反、二百歩を大歩、百歩を小歩、五十歩を半歩とした。今これをも古代の検地として所々に残る。〔算学調法塵劫記〕には、「分《ぶ》」長さ六尺三寸広さ六寸三分とある。〈度数〉〔永代調法記宝庫・首〕に釐*の十倍、寸*の十分の一とある。〈合薬秤量〉〔医道重宝記〕には一分《ぶ》とは、二匁五分である。

蕪荑丸【ぶいがん】「化虫丸《けちゅうがん》」ヲ見ル

鞴の事【ふいごうのこと】〔万物絵本大全調法記・上〕に「鞴 はい／ふきがは。又ふいがう」。〈韋嚢祭〉〔年中重宝記・四〕に十一月八日、稲荷の庭燎《ほたき》、俗に韋嚢《ふいがう》祭と号し、鍛冶 金細工人が特に祝う。

ふいご焼【ふいごやき】餅屋。「江戸ニテふいご焼」は、浅草文殊院前 ゐびすやにある。〔万買物調方記〕

蕪荑仁【ぶいにん】〔薬種重宝記・中〕に唐木、「蕪荑仁 ぶいにん／やにれ。少し炒る」。〔薬家秘伝妙方調法記〕には、虫（焼イテ）、吐却（味噌汁デ）、瘧（ナマ湯デ）、疳（抹香湯デ）に用いる外、霍乱、立眩みへの薬方もある。

蕪荑仁丸【ぶいにんがん】〔重宝記・宝永元序刊〕に「板坂家 蕪荑仁丸」は、第一に労瘵（肺結核）によいとする。人参・青黛・蘆薈・雄黄・辰砂・柴霜・禹余・甘遂・牛黄・白蕪荑（磨ル）・犀角・蝦蟇（炙ル）・麝香・赤石脂・大戟皮・巴豆（各一匁）、蟾頭（一枚炙リ黄色ニスル）蜈蚣・芫青《ホタル》・石折蜴（イモリ 四寸アルノヲ選ブ）。以上、二十種を細かに末（粉）して蜜で練り大豆程に丸じて用いる。

風【ふう】「りくぎ（六義）」ヲ見ル

風懿【ふうい】「ちゅうぶ（中風）の事」ヲ見ル

風雨の事【ふううのこと】「雨風の事」ヲ見ル

風疳【ふうかん】「肝疳《かんかん》」ト同ジ

風関【ふうかん】小児の診断法。「ここうさんかん（虎口三関）」ヲ見ル

風痫【ふうかん】〔鍼灸重宝記綱目〕に風痫（手足を投げ出し口が歪む）、中風、反りかえり、多く泣き 物言いを選ばず、発《おこ》るのに時節がなく、盛んな時に涎《よだれ》沫《あわ》を吐く時には、百会に七壮する。指を屈めて物を数えるようなのには、鼻上の通り髪際に三壮する。

風眼【ふうがん】 風眼は膿漏眼。風のように早く失明することからいう。主として淋病による。『日葡辞書』に「Fūgann.（風眼）風、あるいは、空気がもとで起る眼病」。〔調宝記・文政八写〕に風眼は、黄芩（一匁）、黄連（二匁）、大黄（三匁）を粉にし糊で丸じ用いる。煎じて用いてもよい。散薬にはしない、飲み薬がよい。〈食物宜禁〉〔世界万法調法記〕に風眼に「宜い物」は、葱《ひともじ》 芥《からし》 独活《うど》 山芋。

風化硝【ふうけしょう】〔薬種重宝記・中〕に唐石、「風化硝 ふうけせう／にえんせう、朴硝を風に乾かして粉に成」ったのをいう。

風月の守【ふうげつのまもり】 大和詞。「風月の守りとは、歌道の事」である。〔不断重宝記大全〕

風市【ふうじ】〈秘伝の穴〉二穴。〔鍼灸重宝記綱目〕に風市《ふうじ》は、立って身を真っ直ぐにし両手を等しく下ろし、中指の頭の届く凹みの中、腿の外の真ん中、膝上七寸にある。灸は五十壮から百壮する。腰 腿 脛 痺れ痛み、脚気 中風で、半身の叶わないのを治す。〔医道重宝記〕に針の刺しは五分、灸は二十壮より百壮に至る。〈灸穴要歌〉〔永代調法記宝庫・三〕に「腿膝も 腰尻脛も 重く冷え痺れ竦みて叶はぬは風市」。

風痔薬【ふうじぐすり】〔調法記・四十ゟ〕に風痔薬は、甘草（十目）、青松葉（二十目）、水（杓に一杯半）を一杯に煎じて用いる。

封じ状【ふうじじょう】 書札。〔日用重宝記〕に折文*等の包み様で、封じ目の下がる程下輩宛となる。折目には、宛名が掛らないように書き、自分の名は掛ってもよい。糊は薄くつける。極々上々には表に自分の名乗を書き、裏に自分の名を書く。上々以下には自分の名を表に書き、下輩には名字を省略して名前だけになる。弔状は封じ目は表にあり、脇付*はしない。

封じ目【ふうじめ】「封《ふう》」「〆《しめ》」は封じの合わせ目に相手の上中下の格を考え、真行草に書く。〔大増補万代重宝記〕に①「封印の事」は「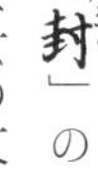」の字は印をするには及ばないということで用いた。②「」は女の文の封じに限り男文には用いない。③「」は短い方が敬いである。封じ目の端より上に少し上ったのを上輩とし、真中を中、下ったのを下輩とする。〔不断重宝記大全〕に④「」の字は常礼の折文*には使わず、文の中に何でも包み物を添える時に使う。⑤「」は敬う方へ使い（篇《へん》旁《つくり》の略）。⑥「」も篇旁の略。同輩か少し敬う方へ使う。⑦「」も下輩へ引き下げて使う。⑧弔の時は大方封じ目をせず、遠路で封じ目をする時は、「」のように上下方を放してかすって点を離す。〔農家調宝記・三編〕には主人親方へは「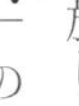」の字を書き、その他へは封字目の三角の尖りに「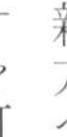」を打つのが定法とある。

風邪には【ふうじゃには】 加減*例。〔医道重宝記〕に本方の薬品を考えて、風邪があれば紫蘇・羌活・防風を加える。

風腫【ふうしゅ】〔改補外科調宝記〕に風腫 風毒* 風毒腫*の三ツは相似たものとある。風腫は、尻腰 外股の肉の厚い所に出、形は浮いて強く痛まず、或は痒く色も付かず、どことなくしたたるく痛み、久しく病む。三十余歳の男の腹の二十日余に膿となるもの、五十余歳の男の尻べたが腫れ大熱があり十二三日で膿むもの、四十八九歳の男の両足腫れ初熱甚しく三十日余に赤く色付き 竪に長く裂け 膿の出るもの等、各治症方がある。「薬方」については「腫物《しゆもつ》の事」ヲ見ル

風俗【ふうぞく】〔女重宝記・一〕に「風俗とは立居 振舞の事」と言い、心ばえ風俗は賢きより賢きに移して自分より上ざまの人を見習い、仮にも下ざまを見習ってはならない。だからと言って結構な衣装を見習えというのではなく、それぞれの位に過ぎないのをよしとする。

ふうたきい【ふうたきい】 妄書かな遣。「ふうたきい、き（利）いた風のとぐり（倒置）」。〔小野篡譃字尽〕

風痰【ふうたん】 〔丸散重宝記〕に経験方として、○風痰・喘嗽 或は酒後の咳に、白姜蚕《びゃっきょうさん》*の末（粉）を良い茶で末（粉）し等分にして白湯で下すと妙である。○風痰・温痰《うんたん》を治すには、青壺丸・半夏（一斤）、南星（五戔）を末（粉）し生姜汁に和して搗き、焙り乾かし、神麴（五戔）・白朮・枳実（各二十戔）を入れ、生姜汁をうった麦糊で丸じ、生姜湯で下す。

風池【ふうち】 〈鍼灸要穴〉二穴。風池は耳の下面《したつら》の通り脳空*の穴の後ろ項《うなじ》の竪の髪際の中、押すと耳の中へ応える所である。針の刺しは三四分或は七分、留めること三呼。灸は七壮。傷寒寒熱 温病で汗が出ず、目眩き 或は偏正の頭痛、痎《おこり》逆、頸項《くびうなじ》が抜けるように痛いのを治す。陥《うしろくぼみ》の中にある。〔鍼灸重宝記綱目〕

風藤蔓【ふうとうかずら】 〔胡椒一味重宝記〕に紀州の風藤蔓《ふうとうかずら》は、漢名は蒟醤《くしょう》、葉は胡椒に似て実胡椒のようで、食する時は半日ばかり煩悶する。甚だ胡椒に近い。按ずるに、大きな実を蓽蕟《ひはつ》、小さな実を蒟醤とする。

風毒【ふうどく】 〔改補外科調宝記〕に風毒 風毒腫* 風腫*の三ツは相似たものとある。風毒は肉の厚い所に出る。気鬱から発し、初め傷寒のようで甚だ頭痛発熱し、後には腫物が赤く色づいて潰れる。腹に出ると忽ちに死ぬ。風毒の初発に頭痛し堪え難いのには下し薬、雌黄と野菊各七分を粉にして湯で食前に用い、冷えないようにする。これで止まらない時には次々に処方がある。〔家内重宝記・元禄二〕に「風毒 脚気 老人の中風」で、○骨引き攣り痛み痺れ 三十年も痛むには、牛王の根の皮を去り細かに切り一升を晒し乾かし、搗き砕き粉にし、白米四合を入れて飯に炊き、豆豉の汁と葱山椒を入れ味噌を加えて煮、毎朝食うと甚だよい。○牛蒡の根を切り一升に大豆《まめ》一升を炒って袋に入れ、よい酒一升に入れて五六日浸し、空き腹に二三盃ずつ一日に二度程飲むのも妙である。〔万用重宝記〕に「疝気風毒中風」の病には、豆腐を常に食すると気・血を増し、目の薬ともなる。さらに「薬方」については、「腫物《しゅもつ》の事」ヲ見ル

風毒腫【ふうどくしゅ】 〔改補外科調宝記〕に風毒腫 風腫* 風毒*は相似たものである。風毒腫は骨の節間に出、腰の付け際、肩の廻り、足の節々に出る。初め少しずつ骨痛み、次第に腫れ上り、赤味が付き、後に膿み潰れる。「薬方」については「腫物《しゅもつ》の事」ヲ見ル

風熱【ふうねつ】 〔小児療治調法記〕に風熱は、身熱し益々よく食し、唇は紅に頬は赤く、大小便秘し通じ難い。

風秘【ふうひ】 〔丸散重宝記〕に老人の風秘《ふうひ》 虚秘《きょひ》*には、麻仁・蘇子（各等分）を粥で食するとよい。「ひけつ（秘結）」モ見ル

風痱／風痺【ふうひ】 「ちゅうぶ（中風）の事」ヲ見ル

風府【ふうふ】 禁灸*の穴。一穴。風府は後ろの髪際の真中より一寸半上にある。〈経絡要穴 頭面部〉一穴。一名舌本。強間の後ろ二寸五分。後ろの髪際より一寸。針三四分、留むること三呼、禁灸である。中風で舌緩り語らず、震い寒く汗が出て身重く 悪寒 頭痛 項《うなじ》強ばり振り返られず、中風半身叶わず、鼻血、咽喉腫れ痛み、傷寒、狂い走り、目妄りに視るのを治す。頭の百病、黄疸を主る。傷寒、頭痛、発熱、身の痛むもの、或は耳聾、脇痛み、嘔吐して口苦く、寒熱往来するもの、並びに風池、風府に針をするとよい。〔鍼灸重宝記綱目〕

夫婦婚姻の調度飾り【ふうふこんいんのちょうどかざり】 〔諸礼調法記大全・地〕に夫婦婚姻の調度飾りは、床の上は手懸 饗膳 鶺鴒の台 蓬萊の台 置鳥 置鯉 瓶子 三ツ盃 銚子 提子《ひさげ》等である。男の衣桁には品々の衣服を掛ける。女房の調度は前日より事に馴れた女中が来て飾るのがよい。貝桶はその夜、床の上に飾る。書物は書棚、違い棚に飾る。御厨子 黒棚は勝手により床の左右に飾る。女房の衣桁はその数その夜は七ツ、三ツ目には取り替えて五ツ、五ツ目にまた取り替えて三ツ掛ける。婦人の心にもより、

仕儀に従い究めるのがよい。

夫婦の事【ふうふのこと】〈縁を求める〉〔女用智恵鑑宝織〕に夫婦の縁を求めるには、我が分限より軽きをよしとする。嫁の家が富貴なら聟の家を侮り、舅姑にも仕えず、夫を軽しめ、我侭で家の得にはならない。また娘を縁付けるには富貴のみを好まず、ただ聟の心正しく家業をよく努める人の方へ嫁すると、行く末栄え目出たいとし、太公望の覆水盆に返らずの故事を引用する。〔諸礼調法記大全・地・口画〕に夫婦の縁を結ぶのは家相続のためで、相応を守るのがよい。分限には品があり、見合《みあい》も強ち美目形《みめかたち》の見合をするのではなく、それ相応の所作を見合わすのがよい。費《ついえ》がなくても過分のことはせず、また余りに倹約も不相応である。

〈夫婦に別ある事〉〔里俗節用重宝記・下〕に夫婦には別（礼儀）があり、女子は縫針は言うまでもなく、柔和を本とし、貞信に徳を以ってし、寵愛に誇らず父母に仕え、夫に従い、僕《しもべ》を懐け、家内を和らかに整え、他の仕合せを羨まず、夫婦睦まじい中にも男女の差別《しゃべつ》（＝礼儀）を本とする。男は外を、女は内を治め、男は内さまの遊びを好まず、女は表向きのことに関係せず、互いに和らぎ、当面の職分を努めて、日々に良いことを行うのがよい。『同書・中』には『荘子』を引いて「夫婦は衣服の如しと云事」として兄弟は手足、夫婦は衣服の如しといい、衣服が破れた時はさらに新しいのを得るが、手足を断つ時は再び継ぎ難い。〔女用智恵鑑宝織〕に「万葉集の歌に、楽しみは夕顔棚の下涼み 男はててら女はふたの」しての歌は、夫婦の仲睦まじく賤の身でも夫を敬い婦を愛しみ、昼の努めを怠らず、夕べには庭に出て互いに楽しむさまを詠んだ歌とする（この歌は『万葉集』にはなく橘南谿の『北窓瑣談』等に庶民の気楽な生活を詠んだ歌として出る。元々は木下長嘯子作で上の句が「夕顔の咲ける軒端の下涼み」という）。

〈夫婦交合禁日〉〔永代調法記宝庫・二〕に夫婦陰陽の交合は、五倫の始め子孫があるのを以って孝の第一とする等とあり、〔懐中重宝記〕は『漢書敬信録』を引き夫婦交合は人間第一の大本であり、淫らな時は福寿無病の徳を失う、よくよく慎めとある。〔金神方位重宝記〕には禁日がある。月水の内。朔日、十五日、二十八日。日蝕。月蝕。天一天上日。* 血忌日。* 二月九日。四月一日。四月八日は瘖《おし》の子、又は吐血して育ち難く、病が多い。五月六・七・十三〜十六・二十五〜二十七日は夫婦共に命が危く、三ケ年の内に病を惹起する。心中死の人は、この日初めて逢い初めた人が多い。〔女筆調法記・五〕は、雷・稲光のする時。大雨の降る時。大地の動く時。賢人・聖人の御影の前。仏神の前。厠の辺。節の変り。甲子《きのえ》・庚申《かのえ》の日を忌む。この夜に出来た子は、悪人か不具、大毒で命は短いとある。

〈呪い〉〔増補咒咀調法記大全〕に、①「夫妻仲よくする符〔新撰咒咀調法記大全〕は「男 女《をとこをんな》和合の符」」。②「夫妻愛敬の符」がある（図447）。「男と女の符／守」「男女相性」「婚礼の事」参照

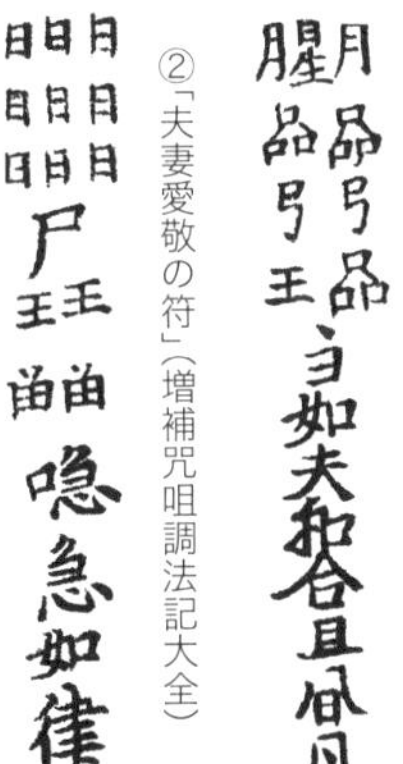

図447 夫婦の事
①「夫妻仲よくする符」（増補咒咀調法記大全）
②「夫妻愛敬の符」（増補咒咀調法記大全）

風門【ふうもん】〈経絡要穴 肩背部〉〔鍼灸重宝記綱目〕に二穴。風門は背の第二椎の下左右へ一寸五分ずつ開く処にある。針は五分三分、留むるのは七呼。灸は五壮。瘧疽、身熱し上気、息短く、胸背痛み、熱する等を治す。〈灸穴要歌〉〔永代調法記宝庫・三〕に「頭風《づふう》病み目眩や鼻血止《や》まずしてすずばな（洟）垂らば風門をせよ」。「鬼門の事」参照

風癘【ふうらい】　経験方。〔丸散重宝記〕に三十年来の風癘（癩病*）を治すには、白蜜（一斤）、生姜汁（二斤）を銅鍋の中で掻き混ぜて微火で煎じ、蜜（一斤）の重さに練り詰め、日に三度五分ずつ温酒で下す。生冷の物、酢麺、臭物、魚鳥を忌む。横産 逆産にも、蜜・麻油（各等分）を温服させる。

風流嶋台屋【ふうりゅうしまだいや】　〔万買物調方記〕に「大坂ニテ風流嶋台屋」は、両替町 篠村越後がいる。

風癧【ふうれき】　〔改補外科調宝記〕に風癧は、瘰癧*の尖って小さいものである。風湿を散ずるように、防風解毒湯*を用いる。

笛 篳篥 尺八【ふえ ひちりき しゃくはち】　〔万物絵本大全調法記・上〕に「笛 てき／ふえ／よこぶえ」。「尺八」。「笙 しやう／しやうのふえ」。「簫 せう／せうのふえ。管 数多あり」。「律 りつ／づだけ。十二律といふ也」。〈異名〉〔書札調法記・六〕に笛の異名に、竜鬢《りょうしゅ》 猿声《えんせい》 鶴骨《かっこつ》 鳴軋《めいあつ》 遏雲《あつうん》 柯《か》亭《てい》 胡笳《こか》がある。〔万買物調方記〕に「京ニテ笛 篳篥 尺八」室町松原上町 獅子田太兵へ、新町下立売下 指田伝兵へ、五条常楽寺前 林元信。「江戸ニテ笛 篳篥 尺八」は中橋広小路 指田伝竹、南大工町 佐藤太郎左衛門、芝久右衛門町二丁目 笛師久右衛門、本郷 清左衛門。「大坂ニテ笛 尺八」真斎橋筋南（名前なし）にある。

笛竹【ふえたけ】　大和詞。「ふえたけとは、一夜の契り」をいう。〔不断重宝記大全〕

笛の笙歌【ふえのしょうか】　〔囃子謡重宝記〕に「笛のしやうかの事」がある。○序ノ舞（初段）▲イヤ。ヒヤヒヤリ。ヒウヤラリ。ヒウルリウイ。ヒヤリウイ。二段も初段に同じ等とある。さらに、○楽の段の事、○神楽、○羯鞁などについても例示がある。

笛巻汁【ふえまきじる】　〔料理調法集・汁之部〕に笛巻汁は、魚の擦り身を尺八竹程の竹につけよく煮て水に冷し、はす（斜）にも小口にも切る。汁はすめみそ（清味噌）一盃に三番の白水*一盃を合せて、鰹を削って袋に入れ煮立て、袋を取り上げ、笛巻を入れて煮る。上置きは芹、又ははぎな（嫁菜）、吸い口は柚子の葉、冬ははじかみ（薑）である。

浮漚【ふおう】　〔万物絵本大全調法記・上〕に「漚 くわ／うづ。泡 はう／あは。浮漚 ふをう 同。沫 まつ／しらあわ」。〈浮漚疔〉〔改補外科調宝記〕に浮漚は十三疔*の一である。肉は黄で、外は黒く、針をしても痛まない。黄なところは痛む。

不可思議【ふかしぎ】　大数*の単位。那由他の上、無量大数の下に位する数。万那由他《まんなゆた》を不可思議《ふかしぎ》という。十不可思議、百不可思議、千不可思議となる。〔改算重宝記〕

鱶の事【ふかのこと】　〔万物絵本大全調法記・下〕に「鱣 てん／ふか（鱶）」。〔諸人重宝記・四〕に鱶の指身仕様は、皮を引き、ざっと湯掻き、生姜酢でよい。〈料理仕様〉〔諸人重宝記・四〕に鱶は、刺身 田楽にする。

深見草【ふかみくさ】　「ふかみぐさ（深見草）は、牡丹*にて、二十日草とも云」。〔消息調宝記・二〕

深見草餅【ふかみくさもち】　菓子名。〔男重宝記・四〕に深見草餅は、上しめし物、下羊羹とある。「ぼたん（牡丹）の事」参照

深谷より本庄へ【ふかやよりほんじょうへ】　木曾海道*宿駅。二里二十九丁。本荷百二十七文、軽尻八十二文、人足六十一文。宿の根村、茅場村、岡部村は宿の内二十丁余あり 岡部六弥太忠澄の出所で、右方に忠澄の菩提寺禅寺源正院があり 宿の外に墓所がある。八九丁行くと岡の郷があり、ここから新田へ四里、世良田へ三里半 下り坂である。左に地蔵がある。小山川は常は水不足、徒歩渡りであるが水が増すと渡り難い。掘田村、もくさい（牧西）村 左に八幡宮がある。傍尔堂村は武州と上州の境で、昔 境に堂を建てていたのでいう。右方に道があり、ここから前橋へ六里、五料御関所へ二里、五料から江戸へは舟回りである。この街

道は沼田へも伊香保へも行く。この辺から日光の中禅寺、上州赤木山榛名山、信州浅間山が見える。〔東街道中重宝記・木曾道中重宝記六十九次 享和二〕

深養父【ふかよう】 百人一首読曲。「深養父」は「ふかやぶ」とは読まず、「ふかよう」と読む。〔麗玉百人一首吾妻錦〕

歩刈【ぶがり】 〔農家調宝記・初編〕は、その年の上中下田の一坪*あたりの稲を刈り取って平均し、取米《とりまい》（＝賦課率）の石数を算定することをいう。〔四民格致重宝記〕は、一坪の積りを一反に、それを村中に推し広めるものであるが、一反の内にも毛（作物）は色々であり、仕損いもある。また朝と夕では、藁や穂首の見合せも異なるので慎重を要する。

ふかわりの事【ふかわりのこと】 〔馬療調法記〕にふかわりとは、馬が臥す時も、また堀 橋を渡る時でも、俄に倒れ臥して嘶《いば》うように転げ叫ぶもので、そのまま起きないものもある。また漸々起きて煩うのもある。白檀・紫蘇・五倍子・山梔子・杏仁・沈香・辰砂を等分に合せ、せせなき（細流）の水で飼う。

不換金正気散【ふかんきんしょうきさん】 〔医道重宝記〕に不換金正気散は、四時の傷寒、瘟疫《やくびょう》、或は深山 山嵐の気、海辺の瘴気を感じて寒熱往来霍乱吐瀉、或は遠方の出水の中《あた》るのを治す。蒼朮・厚朴・陳皮・半夏・藿香（各二匁）、甘草（五分）に、生姜・棗を入れて煎ずる。〔医道療治重宝記〕には、諸症により加減、補薬もある。

蕗【ふき】 欵冬とも書く。〈薬性〉〔医道重宝記〕に欵冬《ふき》は温で毒なく、咳《がい》嗽《そう》を止め、喘息を鎮め、熱を去り、痰を消し、心肺を潤し、五臓を増す。〔女重宝記・三〕には子が生まれたら海人草《まくり》・甘草・蕗の根を煎じ、寒の紅を入れて呑ますと腹中の胎毒が下り、疱瘡が軽い。〔永代調法記宝庫・四〕に「蕗の薹」は血痰によく、胸騒ぎ咳を止め、目の薬である。

武器 馬具【ぶきばぐ】 〔江戸流行買物重宝記・肇輯〕に「武器 馬具」、御成海道 伊賀屋市兵衛、同名主屋重兵衛、同伊勢屋治兵衛、金沢町 半田屋十兵衛、大伝馬町三町メ 伊勢屋伝兵衛、四谷塩町 萩谷庄兵衛、芝宇田川町 笹屋清右衛門、赤坂田町二 近江屋藤助、銀座四町メ 山城屋久兵衛、本所亀沢町 酢川屋林蔵、ら十四軒がいる。

吹上曲【ふきあげわげ】 〔嫁娶調宝記・四〕に吹上曲《ふきあげわげ》は、根を島田曲*のように結い、上へ丸く吹き上げる。これは十二三歳より十四五歳迄に結い、これを過ると島田曲に結う。武家にも町方にも結う（図448）。

図448 「吹上曲」
（嫁娶調宝記）

吹嵐【ふきあらし】 馬形名所*。〔武家重宝記・五〕に吹嵐《ふきあらし》は、鼻の穴両の前、或は鼻の総名とする。

吹き返し【ふきかえし】 〈能舞台〉〔囃子謡重宝記〕に橋懸りの三本目幕の際の松を吹き返しという。又、「つまがくしの松」という。これは、一セイでも次第でも幕を上げて出る時、或は衣裳の裾が捲れ、また着落しもあるので後見が見つけて直す。その間、この松の陰で見物に見えないので「爪間蔵の松」と書く。又、みそがたのまつ（見初形松）というのは見物衆中が待ち兼ね、今や今やと思う時に幕を上げ、この松陰で姿を見初めるからである。

〈甲冑*名所〉〔武家重宝記・三〕に吹き返しは、冑耳《かぶとみみ》ともいう。鉢付《はちつけ》の板*の余りであるが、風に吹き返された意である。これに家紋をつけることがある。吹返をしないのもある。蝶番《ちょうつがい》にするのもある。射手がする。

蕗の台【ふきのだい】 「高砂の台」ヲ見ル

不及【ふぎゅう】 病脈。〔斎民外科調宝記〕に不及は、脈の来るのが虚 微なのをいう。病は内にある。

奉行【ぶぎょう】 武家名目。〔男重宝記・一〕等には、経説を引いて奉行の由来を説明した後に、奉行とは上の仰せを承り下に行う意であり、この故に奉行は守護の下司とある。〔大増補万代重宝記〕に作事をはじめ一切のことに奉行がある。その勤めを油断なく、上の仰せを承り下に行なう意である。

吹寄蒲鉾【ふきよせかまぼこ】 〔料理調法集・蒲鉾之部〕に吹寄蒲鉾は、青い擂身を板に薄く付けて蒸し、まず楓等の葉に切り蒲鉾を付けて上に貼りつけて蒸し上げ、切り形をして、盛る時十四五枚重ねたまま少し押し開いて盛ると簾に模様のあるように見える。

吹寄せ玉子【ふきよせたまご】 〔料理調法集・鶏卵之部〕に吹寄せ玉子は、煮抜き玉子の黄身を水嚢で漉し、白身はよく細かに刻み、焼塩を氷 卸《こおりおろし》で塩梅し、箱に入れそっと押し付けさっと蒸し、冷めて切り形をする。

腹哀【ふくあい】 〈経絡要穴 心腹部〉二穴。腹哀《ふくあい》は期門の下二寸、腹の中行を去ること四寸半にある。針三分。中寒、食化せず、大便に膿血を下すのを主《つかさど》る。禁灸。〔鍼灸日用重宝記・三〕には両乳より二枚目の肋骨より二寸下。足の太陰、脾経の穴である。『銅人』により、針三分。寒中、食こなれず大便濃血を治すとある。

伏位【ふくい】 方位。〔懐中調宝記・牛村氏写本〕に伏位は、吉方で諸事に用いてよく、婚姻等は特によい。仏壇 神棚 自身の手道具等を納め置くのによく、この方の縁を求めて自ずから官爵に進む故、夫婦の合命は至極よい。

伏飲【ふくいん】 六症*の一。〔鍼灸日用重宝記綱目・五〕に伏飲は、膈《むね》痞え、嘔吐《からえずき》し、喘咳する。起る時は寒熱して腰が痛み、涙が出る。

河豚皮【ふぐかわ】 〔料理調法集・干魚調理之部〕に河豚皮は、白水*に漬けて置き 湯煮して遣う。〇「小井」細かに切り、味醂酒と醤油で煮、梅が香に掻き混ぜる。〇「焙炉」照り皮を短冊にも菱形にも切り、酒と醤油を煮返し、茶筅で振り掛け、遠火で焙る。

武具着せ様【ぶぐきせよう】 「ぐそく（具足）の事」ヲ見ル

服忌令【ぶくきりょう】 貞享元年（一六八四）二月三十日に、父母 親戚の死亡について、忌 服の期間を定めた法令。「忌」の期間は門を閉じて出仕せず、魚肉を食わず、髭髪を剃らず、神社参詣を止める。「服」の期間は喪服を着て家に籠り、調度も黒や鈍色を使い、明けると禊《みそぎ》をする。元禄四年（一六九一）の『伊勢太神宮服仮令の略』には「父母のいみぶく一年。但し、むかはり（一周忌）十三ケ月也。此内初め五十日をいみと云。残日数のけがれをぶくと云」。元文元年（一七三六）九月等に御改めがあり、大きな相違は注記することとして、ここでは記載の詳しい〔大増補万代重宝記〕による。

〇高祖父母＝忌十日、服三十日〔〔新板日夜重宝記・明和六〕ハ忌十日服五十日〕。〇曾祖父母＝忌二十日、服九十日。〇外祖父母 忌二十日、服九十日（母の父母）。

〇父母＝忌五十日、服十三月（但し、閏月は数えない）。〇夫＝忌五十日、服十三月（但し、閏月は数えない）〔〔永代調法記宝庫・首〕ハ忌三十日、服一ヶ年〕。〇夫の父母＝忌二十日、服九十日（舅・姑。その余の親類は相互いに服忌なし）〔〔永代調法記宝庫・首〕ハ忌三十日、服百五十日〕。〇養父母＝忌三十日、服百五十日。（但し、遺跡相続 分地配当する者は実父母に同じ。同姓 異姓でも、養方の親類は皆定式の忌服である。実の父母は定式の忌服を受け、兄弟姉妹 伯叔父姑は半減の忌服である。このほか実の親類は忌服なし。半減とは三十 百五十日の忌服は忌十五日 服七十五日で、以下はこれにならう。もっとも三日の忌は二日、七日の服は四日である。女子の他への縁付は養子とは別で、父母を始め全て里方の親類の定式の忌服である。夫の方は舅姑のほか忌服はない）。

○継父＝忌十日、服三十日。（継父とは実父死去後母の再嫁した夫をいう。しかし始めから同居しなければ忌服はない）。○継母＝忌十日、服三十日。（父の後妻。但し、父死後他へ嫁するのは服忌はない）。○離別の母＝忌三十日、服百五十日［〈永代調法記宝庫・首〉は忌五十日、服一ヶ年］。（実母でも父が離別したため忌服は一等軽くなる。但し、離別の母の親類の服忌は皆半減する。離別の祖母は半減の服忌である）。○嫡母＝忌十日、服三十日。（妾腹の子から、父の本妻を嫡母という。但し、父死去後他へ縁付くか、また父存生中に離別すると、妾の子は服忌を受けない）。○伯父姑＝忌二十日、服九十日。（父の兄弟姉妹をいう。外親をば舅姨と書く。忌十日。服三十日）。○兄弟姉妹＝忌二十日、服九十日。○異父兄弟＝忌十日、服三十日（異父とは胤替りである。腹替りの兄弟姉妹も服忌の差別はない）。

○嫡子＝忌二十日、服九十日。（俗にいう惣領。例え末子でも家督と定むる時は嫡子に準ずる）。○末子＝女子 忌十日、服三十日［〈昼夜重宝記・安永七〉ハ忌十日、服九十日］。（女子は初生でも末子に準ずる。他へ縁付いても諸親類服忌に差別はない。義絶の子でも服忌に差別はない。惣領でも末子に準ずる）。

○養子＝忌十日、服三十日。（家督と定むる時は嫡子に準ずる。或は従弟その他を養子となす時一人の為に両様の所因となるのは重い方に従う。例えば、兄の準養子となる時はこれまでの嫂《あによめ》は即ち養母で、養母の服忌を受ける。その他の親類はこれに準ずる）。○孫＝忌十日、服三十日。（女孫は末孫に準じて忌三日、服七日である）真。○末孫＝忌三日、服七日。○曾孫＝忌三日、服七日。○玄孫＝忌三日、服七日。○妻＝忌二十日、服九十日。（妻の親類は父母でも服忌なし）。○妾＝服忌なし。但し、子のある者は遠慮三日。○甥姪、忌三日、服七日。○外甥姪＝忌三日、服七日。○従弟兄弟《いとこ》＝忌三日、服七日。○従弟姉妹《いとこめ》＝忌三日、服七日。「九族」参照

〈女中方服忌令〉〔女重宝記・三〕に次がある。○月水の穢れは七日を憚る。十日目より神へ参る。○産の穢れは父は七日、母は三十五日。八日目よりは出入 同座 同火（同居の生活者）は、二夜三日を隔てて神に参る。○産み流しの穢れ。三月迄は月水に同じ。四・五月になると父は五日、母は十日、神事に憚る。

〈服忌の重なる事〉〔大増補万代重宝記〕に服忌の重なる事について、例えば父の忌服がまだ終わらない内に、さらに母の忌服を受ける者は、母が死んだ日から定式 忌五十日 服十三月を受ける。二年に及ばない。但し、重い服忌の内に軽い服忌があり、日数が終ったら、重ねて受けるには及ばない。もし、日数に余りがあれば、残る方の服忌を受ける。或は軽い服忌の内に重い服忌を受けると、その日から重い方の服忌を受ける。「五等親」参照

腹結【ふくけつ】〈経絡要穴 心腹部〉二穴。腹結は腹哀の下四寸八分にある。針七分。灸五壮。しゃくり。腹冷え、臍痛み、泄瀉、心痛を治す。〔鍼灸重宝記綱目〕

復元活血湯【ふくげんかっけつとう】〔骨継療治重宝記・下〕に復元活血湯は、高所より落ち悪血が脇下に流れ、疼痛の耐え難いのを治す。柴胡（五銭）・当帰・穿山甲（炮）・括蔞根（各三両）、甘草・紅花（各二両）、桃仁（皮尖りを去る 五十箇）、大黄（酒に浸す 一両）。桃仁を研《おろ》し爛らし余薬を刻み麻豆の大のようにして、毎服一両、水（一鍾）酒（半盞）を煎じて七分にし、滓を去り大いに温め服する。食前に利すのを限度とする。利を得て後痛み、或は痛みが尽きなければ、乳香神応散を服する。

〔改補外科調宝記〕に復元活血湯は、高所より落ちて昏沈し、大成湯*を用いても醒めず、軽いのに用いる。当帰・芍薬・川芎・蘇木・牡丹皮・枳殻・瓜蔞・桃仁・檳榔子（各六分）、大黄（二両）を煎じて用いる。

復原通気散【ふくげんつうきさん】〔骨継療治重宝記・下〕に復原通気散は、打撲や傷損で痛み、或は乳癰や便毒の初発、或は気滞り痛みを治す。木香・茴香（炒）・青皮（白を去る）・穿山甲（酢で炙る）・陳皮・白芷・甘

草・漏蘆・貝母（各等分）を末（粉）にし、毎服十一銭を温酒で調え下す。

服紗玉子【ふくさたまご】〔料理調法集・鶏卵之部〕に服紗玉子は、錦玉子*を薄く蒸したものである。切り形は取合せによる。

袱紗所【ふくさどころ】 茶の湯で、茶器を拭い、茶碗を受けるのに用いる九寸四方位の絹布。普通、男は紫色 女は紅色を用いる。〔万買物調方記〕に「京ニテ幅紗所」三条烏丸東へ入 塩瀬九郎右衛門。「江戸ニテ幅紗所」日本橋南一丁目 塩瀬山城、南まき町 藤重当元、京橋南四丁目 祝権七がいる。「茶の湯道具類」「塩瀬《しおぜ》服沙《ふくさ》地《じ》羽二重《はぶたえ》」参照

福島絹【ふくしまぎぬ】〔絹布重宝記〕に「福島絹」は、糸目軽く器用に織った絹で、耳は端より二分程内に太い糸が一筋織り入れてあり、平絹ともいう。小紋 薄羽織地 本紅等使いよい絹である。染付は、関東より織り出す物の内第一である。また「福嶋（龍紋）」として、たて ぬき（経 緯）とも揃って細口の絹で、着尺羽織地等にする。安中より出る物は、両所（桐生*、福嶋）より出る物に譲らず上品である。

福島より上松へ【ふくしまよりあげまつへ】 木曾海道宿駅*。二里半。本荷百六十文、軽尻百六文、人足七十七文。名古屋領。この宿はよい。木曾の府で、山坂道、毎日市が立ち 干瓢が名物である。右方の茂った山の室は義仲の城山で、織田信長の時代迄は木曾義政の居城で、景地である。山村甚兵衛尉が居住、知行七千四百石、侍屋敷や町屋もある。禅寺万松山長福寺は七堂伽藍で山村氏の菩提寺である。松川村 右に八幡宮がある。河渡村 板敷村 川渕村 下板敷村 かぶち（神渕）村 歌野 鳥居村 御嶌の鳥居が右方にある。ふみかけ村 福島より一里半余 小坂 細道である。右はいせが沢、左は深山が生い茂っている。木曾の架け橋 右方は高山峯を並べ、左方は岩石鋭く 木曾の大河が漲る谷 数十丈の中、大木を選り入れ角木を並べて架け橋をする。実に危い難所である。上代は今の所より上に道があり、その後新たに修復があり、七十五間の架け橋で、川の方に欄干があり、慶安三年九月二十六日に成就したという。右方の高山は御嶽といいい、本尊は不動尊で鳥居があり、この山々の谷から流れ出て木曾の大河となる。〔東街道中重宝記・木曾道中重宝記六十九次 享和二〕

福寿草【ふくじゅそう】 草花作り様。福寿草の花は黄色で小輪である。正月始めより花が咲く。元日草、朔日草、福づく草ともいう。土は肥土《こえつち》に砂を少し加えて交ぜ合せ、篩うとよい。肥しは茶殻を干し粉にして土に交ぜる。分植は二月末から三月節迄、八月末から九月節迄にする。〔昼夜重宝記・安永七〕

福生菓【ふくしょうか】〔年中重宝記・一〕に餅は福の体故、内裏には餅の異称を福生菓《ふくしょうか》とする。

茯神【ぶくじん】〔薬種重宝記・中〕に和木、「茯神 心《しん》のあるのを茯神と云」。製法は茯苓*と同じで、皮を去り刻み、水に浸して研《す》り 水飛して筋を去り炙る。〈薬性〉〔医道重宝記〕には心を補い 神を養い 智を益す。怒りを除き驚悸や健忘を治す。

復心丸【ふくしんがん】〔丸散重宝記〕に復心丸は、痰火によって顚狂し、心を失う者によい。黄連・鬱金・半夏・南星・枯礬・辰砂を糊で丸ずる。

茯神丸【ぶくじんがん】〔小児療治調法記〕に茯神丸は、心疳*を治す。茯神・蘆薈・琥珀・黄連・赤茯苓（各三匁）、遠志（姜炒）・釣藤・蝦蟇（炒）（各二匁）、菖蒲（一匁）、麝香（少許）を末（粉）とし、粟の糊で麻子の大きさに丸じ、薄荷湯で十丸ずつ用いる。

福蔵弓【ふくぞうきゅう】 八張弓*の一。〔弓馬重宝記・下〕に福蔵弓《ふくぞうきゅう》は、軍中で持つ弓である。

ふくだみ【ふくだみ】「ふくだみとは、髪のみだれ（乱）たる也」。〔消息調宝記・二〕

福多味【ふくだめ】〔料理調法集・塩辛仕様〕に福多味は、鮑を海より獲り上げた所で直ぐに塩辛に漬け込んだものである。仕様は、殻を離し、皮

を去り、短冊又は賽形に切り、次に腸の砂のない所ばかりを扱き出して濾し、この腸一升に塩三合を入れ、鮑を交ぜ、壺に漬けて置く。

伏虫【ふくちゅう】 九虫*の一。〔鍼灸重宝記綱目〕に伏虫は、長さ四寸（〔鍼灸日用重宝記・四〕には四分）、諸虫の長《かしら》である。

腹痛／腹病【ふくつう／ふくびょう】 〔医道重宝記〕に次がある。腹痛《ふくつう》には寒・熱・死血・湿痰・食積等があり、皆よく腹の痛みをなす。○脈の沈弦細動は皆痛みの症で、関部*にある。薬に、開鬱導気湯*がある。○「腹痛加減の例」熱によって痛むのには黄芩・芍薬を用いる。寒には良姜・肉桂・呉茱萸を、食積には神麹・山査子・麦芽を、瘀血には肉桂・延胡索・紅花を、気痛には香付子・木香を、血痛には当帰・川芎・延胡索を、虫痛には莪朮・青皮・蕪荑仁・檳榔子を、それぞれ加える。〔妙薬調方記〕には腹痛、或は下絞るには芍薬の根に甘草を飲む。〔新撰咒咀調法記大全〕は、○腹の痛むのを治する方は、小麦藁を黒焼きにして二匕《さじ》ばかり白湯で用いる。○胸や腹が小脹り死にそうな時の治方は、延胡索を粉にして酒で飲む。全く治らないのには川楝子の粉を等分に入れる。干姜の細末（粉）を白水*で用いるのもよい。〔妙薬調方記〕には、「腹痛み或は下渋るな［ら］ば芍薬の根に甘草を飲め」とある。〔文政新刻俗家重宝集〕は、白砂糖（一匁）に水（二盃）を入れて一碗《いっぱい》に煎じて飲むと妙である。〔胡椒一味重宝記〕は、○胡椒の粉を生姜の汁で付ける。○胡椒（大）・木香（小）を粉にして湯で飲む。○腹が脹るのは胡椒（中）・桂枝（大）を煎じて用いる。〔小児療治調法記〕に、○児が胎中で寒を受けて腹痛み乳を飲まない者、或は飲食に破られ腹痛の多い者には、白姜散*を用いる。○腹痛み口中の気《いき》が温く顔色が黄にして目に精彩がなく、或は白睛《しろめ》がちに多く眠り不食し大便に酸の酸臭《すくさ》い者は消積丸*を、甚しい者は白餅子*で下し、その後胃を和らげるには白朮散*を用いる。

〈鍼灸〉〔鍼灸重宝記綱目〕は腹痛《ふくつう》《はらのいたみ》に九種あるとし、八種が出ている。○宿食（食時に痛み泄後に痛み減ずる）。○熱痛（忽ち痛み忽ち止む）。○虫痛（時に痛み時に止み、顔白く唇紅く飢える時は非常に痛み、大食すると暫く止む）。○死血（痛処の移らぬもの）。○痰飲（脇下が引き痛み音の鳴るもの）。○虚（手で腹を押すと柔らかくなり痛みの和らぐもの）。○実痛（腹硬く手で押すと愈々痛むもの）。どの腹痛みにもまず腹に針灸をすると却って痛みを増す。まず足の穴に針して痛みを和らげ、腹に刺する。尋常の軽い腹痛にはまず腹滑肉門を重く押さえて刺すのがよい。もし腹痛が甚だしく目眩いし死にそうな時は、隠白 湧泉に刺して正気を付ける。鍼灸点は上脘 中脘 不容 章門 崑崙 大淵 参陰交等十一点がある。「陰鍼《かげばり》の伝」モ参照〔童女重宝記〕に腹痛は生姜を摺って臍に敷きその上に灸をする。

〈呪い〉〔増補呪咀調法記大全〕に、①「人の腹の病に呑む符」、②「女腹の病に呑む符」がある（図449）。

図449 腹痛／腹病

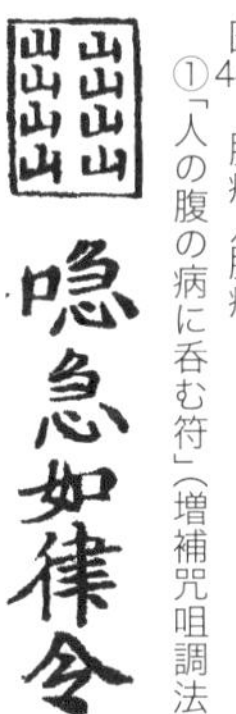

①「人の腹の病に呑む符」（増補咒咀調法記大全）

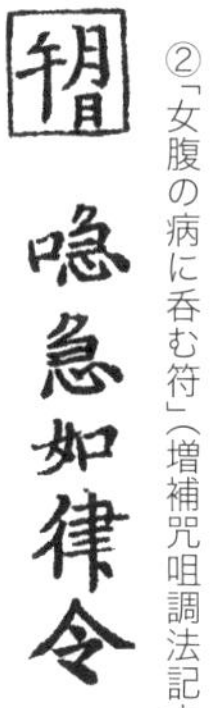

②「女腹の病に呑む符」（増補咒咀調法記大全）

〈心腹痛食物宜禁〉〔家内重宝記・元禄二〕に「心腹痛」に「宜い物」は粟 大根 生姜 韮 葱 山芋 牛房 豆 大蒜 酢 鯛 鮎 鮭 鯖 蠣 烏賊 鳫。「禁物」は餅 麵類 蕎麦 飴 棗 餅 柿 梨 慈姑 菱 蓼 瓜 竹の子 茄子 砂糖 蕨 生菓子 小麦 冬瓜 真桑瓜。「腹薬」「心腹諸痛《しんふくしょつう》」参照

伏兎【ふくと】 〈経絡要穴 股脚部〉〔鍼灸日用重宝記・三〕に二穴。伏兎は

正座して膝より六寸程上に肉高く起り、兎の伏したような所の中である。『此事難知』から癰疽死地の分を九ツ定めて伏兎はその中の一ツとする。脈絡の集まる所である。膝が冷え温まらず、風労、風ほろし、手引き攣り、腹張り、頭重く、脚気を主る。禁灸である。『千金方』に邪祟の症に灸百壮、或は五十壮を灸する。〈馬形名所〉*〔武家重宝記・五〕頭髪のあとにさし上げて小高い所である。

河豚魚汁【ふぐとうじる】〔料理調法集・汁之部〕に河豚魚汁《ふぐとうじる》は、鰒《ふぐ》の皮を剝ぎ腸を捨て、頭にある隠し胆をよく取って血気のない程よく洗い切り、先ずどぶ*に漬け置き、酒も入れる。次に中味噌より薄く煮立て魚を入れ、一泡でどぶを差し、出す。

福徳日【ふくとくにち】〔諸人重宝記・五〕に福徳日は、物を出さず、我が方へ取る吉日。正・七月は午の日。二・八月は丑の日。三・九月は巳の日。四・十月は未の日。五・十一月は酉の日。六・十二月は亥の日。

復日【ふくにち】 暦下段。〔重宝記永代鏡〕に復日《ふくにち》は、吉事にはよく、凶事には悪い日とする。正・七月は甲《きのえ》・庚《かのえ》の日。二・八月は乙《きのと》・辛《かのと》の日。三・六・九・十二月は戊《つちのえ》・己《つちのと》の日。四・十月は丙《ひのえ》・壬《みずのえ》の日。五・十一月は丁《ひのと》・癸《みずのと》の日。〔和漢年暦調法記〕には福日ではなく復日と書き、覆い重ねる意。金銀の取り扱い、旅立ち等にはよく、婚礼 葬礼等に忌む。〔童女重宝記〕に「ふく日、復日《ふくにち》」。伏すると云う日なので善事に用いて幸いし、悪事に用いて愈々災いを増す。覆い重ぬる意で、福日ではない。〔重宝記・礒部家写本〕には「重日 復日」として、種蒔 祝言 薬の飲み始め、火鍼に忌む。物裁ち、新しい衣裳を着初めるのに吉日とする。

河豚の事【ふぐのこと】 鰒とも書く。〔万物絵本大全調法記・下〕に「河狆 ふくべ。河豚 かとん也。ふぐ」とあり、「ふぐとう」ともいう。〈異名〉〔書札調法記・六〕に河豚の異名に、河狆《かとん》 鯸鮐《こうい》がある。〈薬性〉〔永代調法記宝庫・四〕に「ふぐ」はただ痔の薬であるが、毒がある。腰膝を強くし虚を補う。〈料理仕様〉〔諸人重宝記・四〕に「ふくとう」は、汁 杉焼き 田楽 干河豚など色々ある。〔新撰咒咀調法記大全〕に河豚は、ふくるるの略言で、怒る時は腹を膨らかして水上に浮かぶ。人はその美味を知って身の害を知らないという。〈毒消〉〔家内重宝記・元禄二〕にふぐとうの毒には、五倍子と白磐を等分に粉にして水で服すると甚だ妙である。白偏豆の末（粉）を水で呑み、紫蘇の汁を呑むのもよい。〔斎民外科調宝記〕に急に清油（白礬の粉も一書に可とする）を用いると吐き出す。槐花の粉、竜脳の粉、至宝丹もよい。甚しいのは金を煎じて用いる。〔諸民秘伝重宝記〕に河豚の毒にあたらない煮様は、よく洗い 煮る時 山査子を少し入れて煮ると中らない。河豚や他の魚の毒に中ったら、生蠟《なまろう》一両を白湯に溶かし、呑み加減にして用いる。また胡麻の油を飲むと吐き出す。〔新撰咒咀調法記大全〕は樟脳を粉にして白湯で用いる。糞を水に掻き立て用いるのもよい。〔文政新刻俗家重宝集〕は無患子《むくろじ》の皮ばかりを黒焼きにして白湯で用いると万人に一人も死なない。鳥獣に用いても死なない。〔大増補万代重宝記〕は、○黄金の煎じ汁。○鰑を煎じて用いる。○鶏の鶏冠《とさか》の血を飲む。○紺屋の藍汁は大変よい。○藍汁は菌《くさびら》にもよく、大毒消である。〔調宝記・文政八写〕は、○桜の木の皮。○蘆の根を刻み煎じて用いる。○椿の葉を揉み絞り汁を用いる。○南天の葉を揉み絞り汁を茶碗に一ツ用いる。○鉄砲薬を湯で用いるのもよい。〔重宝記永代鏡〕に、○鰒に中ったら胡麻の油、或は黒大豆の汁を飲むとよい。〈食合せ〉〔料理調法集・当流献方食物禁戒条々〕は鰒に海老の鮓 菊花 甘草 防風の食い合せを忌む。○夏の生鰒に茄子は食い合せである。〔懐中重宝記・弘化五〕は鰒に石持魚 桔梗 甘草 附子 烏頭 荊芥は食い合せである。〔家伝調方記〕は鰒を食い八味地黄を呑むのは大毒とある。

〔万用重宝記〕は鰒の腹の中にいるせみという虫を食うと死ぬ。「干鰒《ほしふぐ》に莧《ひゆ》」モ見ル

福病【ふくびょう】〔世話重宝記・四〕に福病《ふくびょう》は、一身黄ばみ腫れる病をいう。後一条院の長元二年（一〇二九）に京中に流行り、人が福来病と言ったことから始り、腫れ病を福病という。

覆盆子【ふくぼんし】「いちご（苺）の事」ヲ見ル

含状【ふくみじょう】「義経含状《ふくみじょう》」ヲ見ル

伏脈【ふくみゃく】八裏の脈*の一。〔医道重宝記〕に伏脈は、軽く押すと脈がなく、極めて重く押すと脈がある。痞え 塞がり、物が聚るのを主《つかさど》る。〔昼夜調法記・正徳四〕は、積聚 疝瘕とし、少気 憂思 痛みの甚だしいのを主るとある。

ふくめの仕様【ふくめのしょう】〔諸人重宝記・四〕に ふくめの仕様は、干鯛を焙り板の上でそっと叩き、毟り、擂る。魳《かます》鱚子《きすご》 鮫 塩引等、何魚でもする。

腹癰【ふくよう】〔改補外科調宝記〕に腹癰は、脇腹 又は皮内に出る。膏《あぶら》の濃厚なものを常に多食し、或は七情*の鬱火が盛んで脾虚し、気滞り小腹《ほがみ》が腫れて硬く、身の色は変らず熱があり、或は脈の遅 緊なのはまだ膿はない。四君子湯*に川芎・白芷・当帰を加える。托裏散*もよい。○もし腫が柔らかで色赤く或は脈の洪 数《さく》なのは陽症で、既に膿んだのは托裏消毒散*を用いる。もし膿があっても腫物の潰えないのは気血の虚で、針を伏せて刺す。○腫が高く痛みの強いのは邪気深く、まず活命飲（散）*を用い、瘡の上に大蒜《にんにく》を敷いて灸をし毒気を退け、後には托裏散を用い、その気を補う。治方は癰疽のようで、玉紅膏*等がよい。

ふくら【ふくら】「せせり鷺」ヲ見ル

脹煎【ふくらいり】〔料理調法集・煎物之部〕にふくらいり（脹煎）は、生海鼠を大きく切り、出汁 醬油を煮立て、出す時に生海鼠を入れる。鮑 烏賊でも同じである。

ふくら餅【ふくらもち】菓子名。ふくら餅、中羊羹に山芋入り、脇ながし物。〔男重宝記・四〕

陰囊【ふぐり】「いんのう（陰囊）」ニ同ジ

ぶくり【ぶくり】片言。「木履《ぼくり》を、ぶくり」という。〔世話重宝記・一〕

復溜【ふくりゅう】二穴。復溜は足内踝の後ろの通り、踝の上二寸、筋骨の陥みの中前の傍らにある。針は三分、止むる事七呼吸。灸は五壮か七壮。腰背の内が引き痛み、舌が渇き、胃が熱し、虫が疼き、足が萎ゆる等、また十種の水病、血痔等を治す。〔鍼灸日用重宝・三〕

伏竜肝【ふくりゅうかん】〔薬種重宝記・中〕に和土、「伏竜肝 ふくりうかん／かまどのひたいのつち。水飛して使ふ」。

茯苓【ぶくりょう】〔薬種重宝記・中〕に和木、「茯苓 ふくれう／まつほと。皮を去り刻む、水に浸し研《す》り、水飛して、筋を去り、焙る」。〈薬性〉〔医道重宝記〕に茯苓《ふくりやう》は甘く淡い。胃を補い、小便を利し、湿を去り、痰を消し、肺を保ち、神を安んずる。皮筋を去り、刻み、焙る。〈片言〉〔不断重宝記大全〕「ぶくりうは、茯苓 ふくりやう也」。

茯苓丸【ぶくりょうがん】〔小児療治調法記〕に初生児の口中を拭うのが清浄でなく、穢悪《けがらわしいもの》が腹に入り 腹満ち 息短く 乳を呑むことのできないものを、茯苓丸で治す。赤茯苓・黄連・枳殼（各等分）を末（粉）とし、練り蜜で丸じ 乳汁で呑ませる。

茯苓半夏湯【ぶくりょうはんげとう】〔丸散重宝記〕に茯苓半夏湯は、結痰《けったん》*の薬である。半夏（五戔）、茯苓（二戔）、生姜（七分）を煎じて服する。

茯苓補心湯【ぶくりょうほしんとう】〔医道療治重宝記〕に茯苓補心湯は、次の症に用いる。○男女 血虚し、汗なく、潮熱 咳嗽して顔色のないのを治す。○心虚し、邪気のために破られ、吐血に用いる。○心気虚し、顔黄瘁し 血虚 潮熱 五心煩熱し汗なく、咳嗽 唾血に用いる。○婦人心胸 嘈

雑吐血 咳嗽 発熱 口渇き喘急 胸膈痞悶 嘔吐痰水に用いる。○婦人亡血過多、或は気逆 心悶 月水の絶えないのに用いる。○女子血虚して汗があり、潮熱する者等、色々に用いる。

袋烏賊【ふくろいか】〔永代調法記宝庫・六〕に正月の煮物として袋烏賊がある。障泥《あおり》烏賊《いか》の甲を抜き、その中へ魚や卵を擂り交ぜて入れ、鳥の五臓《ももけ》や焼栗などを入れて口を結い、湯煮をし輪切に切り、取り合せには木の実などを入れる。「つつみいか（包烏賊）」参照

袋井より見付【ふくろいよりみつけ】東海道*宿駅。一里半。本荷百一文、軽尻六十三文、人足四十九文。町外れに橋があり、長さ十三間。ここから右へ半里行くと可睡斎という寺がある。川井村、木原村、右方に熊野権現の山門がある。西嶋町。〔東街道中重宝記・寛政三〕

梟【ふくろう】大和詞。「ふくろうとは、荒れたる家」である。〔不断重宝記大全〕

袋香【ふくろこう】酒を造る時の酒袋の悪香をいう。「酒造の事」〈酒に香りのせぬ造り様〉ヲ見ル

袋玉子【ふくろたまご】〔料理調法集・鶏卵之部〕に袋玉子は、白身を銀糸玉子*のように焼き、よい程に切って中に金糸玉子*を包み、包み目に擂り身を少しつけて、外を縒《より》で仮に結び、さっと蒸して縒を解いて遣う。

ふくろびる【ふくろびる】片言。「綻《ほころびる》を、ふくろびる」という。〔世話重宝記・一〕

浮郄【ふげき】〈足太陽膀胱経〉二穴。浮郄《ふげき》は委陽の上一寸にある。針五分。灸三壮。霍乱、転筋《こむらがえり》、大小便熱し堅く、脛の外痛み、髀枢の遂《かな》わないのを治す。〔鍼灸重宝記綱目〕

武家諸役名目【ぶけしょやくみょうもく】「武士」ヲ見ル

頭屑の薬【ふけのくすり】〔俗家重宝集・後編〕に風屑《ふけ》を去る薬として、菊の葉を浸して置いた水を櫛の歯につけて髪を梳くとよい。〔胡椒一味重宝記〕に頭屑《ふけ》に、黒大豆《くろまめ》（大）胡椒（小）を煎じて洗うとよい。

更待月【ふけまちのつき】大和詞。「ふけ待の月とは、二十日の夜の事」である。〔不断重宝記大全〕

ふけらかす【ふけらかす】片言。「ひけらかす、唂 ふけらかす」である。〔不断重宝記大全〕

婦言【ふげん】女に四ツの行い*の一。〔女用智恵鑑宝織〕に「婦言」は、言葉は卑しからず、尋常で偽りを言わず、人を謗らず、中言《なかごと》（＝中傷）を言わず、濫りに雑談《ぞうたん》を言わないこと。「女の四徳」参照

普賢真言【ふげんしんごん】真言陀羅尼*の一。〔新撰咒咀調法記大全〕に普賢真言は、「唵三摩野沙怛鑁《おんさんまやさとばん》」と唱える。

普賢菩薩【ふげんぼさつ】〔永代必用両面重宝記・寛延四〕等に普賢菩薩は、辰《たつ》巳年生れの守り本尊で、御縁日は二十四日。真言は「唵三摩耶沙怛鑁」、卦は巽下断。巽*の卦は易に順と言い、したがうという読みである。目上の人に順い 下人には敬いをなし、子は親に孝をなし 弟は兄に順えば、愈々天の恵みは深く心のままに叶う。慎まなければ天理に違い 大いに悪い。特に、女は男に順わなければ大いに悪い。

婦功【ふこう】女の四ツの行い*の一。〔女用智恵鑑宝織〕に婦功は女の努める技《わざ》で、織り縫いして衣服を整え、朝夕の食事を調え、夫に仕え、召し使う人をも懐け、家の内をよく治める。仮初めにも戯れ 遊び 笑ってはならない。「女の四徳」参照

無辜疳【ぶこかん】〔小児療治調法記〕に、小児の着物や敷物を昼乾して置き忘れ、無辜という夜飛ぶ鳥がこの着物に羽を落すか通り過ぎ、その着物を小児に着せると無辜疳を起す。症状は脳 首の辺に核を生じ、押すと転動して痛まず、中には米の粉のような虫がいる。すぐに針で刺して破り、膏薬をつけて癒す。もし刺して破らないと、虫は熱気に従い流散し、臓腑を淫蝕し、癰瘡を生じ、便や尿に膿血を下し痩せ衰える。

付骨疽【ふこっそ】〔改補外科調宝記〕に付骨疽は、気体の虚弱な人に寒湿の邪気が骨に入り、或は夏秋に夜気を受けて寝 寒湿に侵されて発症する。○初発は寒けだち 発熱し 風邪に似て、次第に臀・小腹《ほがみ》・股・陰嚢・筋骨が痛むが、付骨疽は風毒腫*と違い骨に通るので腫れない。初発に寒熱があり 腫れと肉の境もなく濫りに腫れて、身体手足が強ばり 竦み痛み骨に付くのは危い。また腫れた所も熱せず赤からず膿み兼ねたのも危い。甚しいのは伸び屈みや寝返りができず、日を経て陰は変じ陽となり、熱の甚しいのは肉が腐って膿となる。

○古方は、初発には蒼皮・甘草の節を煎じて用いる。或は大蒜《にんにく》を敷いて灸を百壮し、七日程して灸瘡の上を三稜の針で一寸程刺し、膿のあるものは火針を刺して内を潰やす。○口が明いて膿がさらりと水のように出て、匂いが臭く 痛みが止まず 腫れが引かず、日々に痩せ衰えて食が進まず、口の渇きが止まらない者は死ぬ。この症のない者は重症でも治る。○療治薬は、雷火神針の法* 五積散* 大防風湯* 内托羌活湯* 内托芪柴湯* 内托酒煎湯* 付子八珍湯* 参芪四物湯* 五積交加散* 独活寄生湯* 八珍湯* 洗い薬がある。〈洗薬〉〔改補外科調宝記〕は付骨疽の療治を、膏薬を付けて膿んで後、針を刺して悪血も膿も止まってから洗い、薬を用いる。蘆薈・没薬（各三匁半）、青丹礬（五分）、韮実（六匁）、阿仙薬（二匁）、焼酎（百十六目）をよく煮て溶ける迄煎じて洗う。穴が深いと水注《みずつぎ》で注いで洗い、癒え膏薬を付ける。

〈秘伝の方〉〔改補外科調宝記〕に付骨疽秘伝の方は、野菊花・這子草・小葵花（各二匁）、大葵根（三匁）、大青葉（二匁）を刻み、水で煎じ渣を去る。コロハの粉・小麻仁の粉を細末（粉）にし先の煎薬の汁で糊加減に練り合せる。腫物に、下にはチャン膏（＝白玉万能膏*）を銭程に延べて付け、上に先の練り薬を木綿に着け充分温めて付けると腫れ上って膿む。膿の口をよく見分けて針をし、口が開いたら常の癰のように療治する。

歩竿【ぶさお】〔四民格致重宝記〕に歩竿《ぶさお》は検地*の竿、間竿《けんざお》をいう。長さは一丈二尺二歩で一尺ずつに目を盛る。近辺の代官方の竿を写して用いるのもよい。竿の打ち様は、我が立つ丈の高さに竿をとり、肘を脇につけて動かさず、腕先ばかりで打つ。但し、歩行を定める。田畑のどんな所でも横と竪と二竿からなり、竪を先に打たせ、その真中程を十文字になるように横竿を打つ。

塞りの符／守【ふさがりのまもり／ふ】〔増補咒咀調法記大全〕に、①「塞りの方へ行く時の符と、表に書く梵字、また裏に書く」。②「塞りの方へ越ゆる符」。③「塞りへ行く守」。④「悪しき日悪しき方へ行く時の符」がある（図450）。

〈方祟りを除く呪文〉〔新撰咒咀調法記大全〕に方祟りを除く呪文は、毎朝天に向い次の呪文を唱える。「南無当年星《なむとうねんじやう》／南無本命星／南無元辰星／南無北斗七星／諸宿曜等諸災消除遠離」。この呪文を唱え信心すれば、犯した方祟りを逃れる。例え方位を犯さなくても、常にこの文を唱え天を拝すると、家の祈禱にもなる。「方角善悪」モ見ル

鬱ぎの虫や赤蛙【ふさぎのむしやあかがえる】〈平生ソレよく言う言語〉「鬱ぎの虫や赤蛙」は憂鬱だの意。虫が気を塞ぐものとして、単に「鬱ぎの虫」ともいう。〔小野簒譃字尽〕

浮数【ふさく】寸関尺*の脈法。〔鍼灸重宝記綱目〕に浮数《ふさく》は、発熱 風熱の脈である。

府定【ふさだめ】鷹の名所*。〔武家重宝記・五〕に府定《ふさだめ》は、鷹の肩翼の通り前の中間、胸と腹の間、餌包《えつつみ》*の上の部分をいう。

ふし【ふし】矢音詞遣*。〔武家重宝記・二〕に、四半 九半（小折敷〔八寸四方の板〕をそれぞれ四ツ、九ツに切った物。射芸の夾物の一で、夾む串は地上四寸）に中った時の矢音を、「ふし」という。

五倍子【ふし】〔薬種重宝記・中〕に和木、「五倍子（ご）ばいし／ふし。そ

図450 塞りの符／守
①「塞りの方へ行く時の符と、表に書く梵字、また裏に書く」（増補咒咀調法記大全）
②「塞りの方へ越ゆる符」（増補咒咀調法記大全）
③「塞りへ行く守」（増補咒咀調法記大全）
④「悪しき日悪しき方へ行く時の符」（増補咒咀調法記大全）

のまま用ゆ。茎と中の虫とを去り、刻む。一斤は百三十目」。〔小児療治調法記〕は、○脱肛の薬として末（粉）して付け、頻りに押し入れる。○水瀉の治薬として末（粉）し、古い酢で緩く調え乾して煎り、膏となし、臍に付けると止まる。粉を御歯黒*に用いる。

付子【ぶし】〔薬種重宝記・中〕に唐草、「付子 ふし／をふふ／すいも。熱灰に煨（埋み焼）して、臍を去り、刻む。或は便製す」る。〈薬性〉〔医道重宝記〕に付子《ぶし》は辛く熱があり、臓腑の沈寒、四肢の厥逆、心腹《むね》が冷えて痛むのに、寒湿や痿躄を治し、小児慢驚、胃寒、蚘《むし》の動くのを治す。敗陽をめぐらし、虚陽を補う。紙に包んで湿し、熱灰で炮り、皮と臍を去り、四ツに切り、甘草水に一夜浸し、刻み、乾かす。〈毒消〉〔懐中重宝記・慶応四〕に付子の毒消しは、黒豆・上茶・山椒を煎じて飲む。

武士【ぶし】〈身分〉〔掌中年代重宝記〕に武士の始として、神武帝辛酉一年、宇麻志麻治命《うましまじ》・道臣命《みちのおん》両人は、武功が勝れているにより軍兵をさずけて内裏を警護させた。道臣の司るのを来目部《くめぶ》といい、宇麻治の司るのを物部《もののふ》といい、武士を「もののふ」という始めとする。〈名目〉〔武家重宝記・一〕には「武家諸役名目」の解説がある（図451）。将軍* 大老* 大名* 守護* 所司代* 目付* 大番《おおばん》* 奉行* 物頭《ものがしら》* 旗本* 近習《きんじゅう》* 小姓* 右筆《ゆうひつ》* 地頭《じとう》* 代官* 物見* 忍者《しのびのもの》* 与力《よりき》 同心* 徒《かち》* 若党* 警護* 足軽* 宰領* 小人《こびと》* 中間* 口取* 鷹匠《たかじょう》* 列卒《せこ》等。

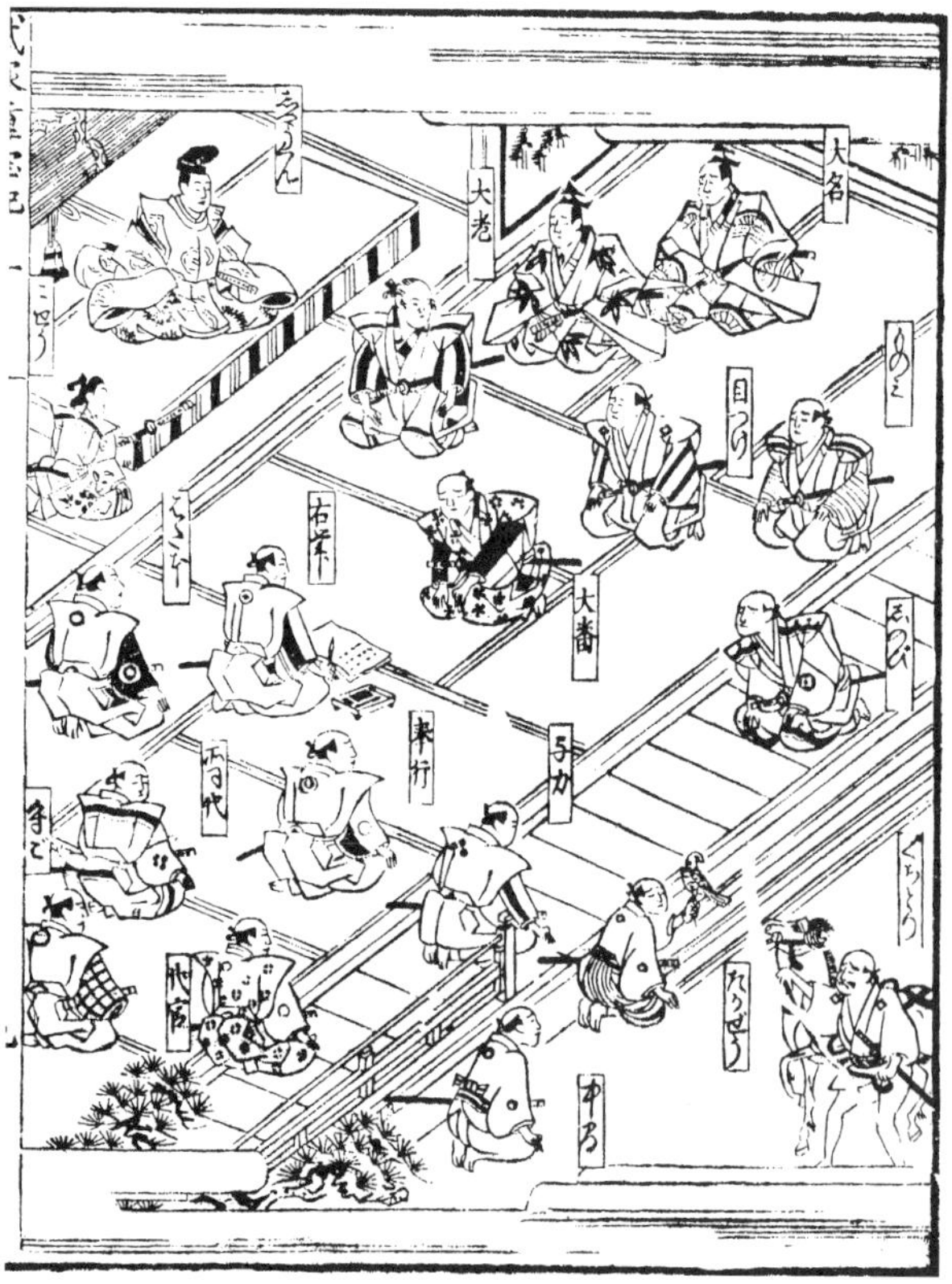

図451「武家諸役名目」（武家重宝記）

〔男重宝記・一〕には、士は弓馬剣術ばかりでなく文道の理のあること、文武二道の備えを要する。士は武力を持ち、四民階級の第一で、平民としての農*工*商*の上に立つ。〔永代調法記宝庫・巻之首〕〔重宝記永代鏡〕等にも「武家諸役名目」が三十弱ある。〔農家調宝記・初編〕には、士は帯刀以上官位の高貴までを込めて言い、士は上に位して農工商の三民を治める者である。「侍《さむらい》」「物部《もののふ》」モ見ル

藤色染【ふじいろそめ】〈藤色染〉〔麗玉百人一首吾妻錦〕に藤色は、茜にむしゃしゃきの灰汁と鉄漿《おはぐろ》を少し交ぜて二遍染める。〔秘伝手染重宝記〕に「ふじいろそめ」は、豆二合程を水に漬け摺鉢に磨り、水一升程を入れ、木綿布でよく濾し、その内へ蘇芳の煎じたのを二合程入れ、石灰を少し程入れ、色を見合わせ、斑無く刷毛で引き、よく乾す。〈藤色染め直し〉〔染物重宝記・文化八〕に「色上げ染直し 藤色の分」として次がある。○藤色の上は、納戸茶 鳶色の類によい。薄茶 濃茶に悪い。

藤氏【ふじうじ】「藤原氏」ヲ見ル

藤枝より嶋田【ふじえだよりしまだ】東海道宿駅*。二里八丁。本荷百七十六文、軽尻百十七文、人足八十五文。田中の大手、町中の左方にある。右方十四五丁にゑぼし岩がある。瀬戸川は徒歩渡しで、藤枝の出口である。志太村、大木の橋、南あらや、まかり山、水の上、六地蔵村に地蔵堂がある。青嶋、瀬戸茶屋があり 瀬戸の染飯《そめいい》が名物である。二軒屋、三軒屋、八ツ橋、細嶋、道悦村、御かりや村。〔東街道中重宝記・寛政三〕

藤岡絹【ふじおかぎぬ】「月野絹」ヲ見ル

ふしおつけ【ふしおつけ】大和詞。「いものは（芋の葉）にあづき（小豆）の汁《しる》は、ふしおつけ」という。〔女重宝記・一〕

五倍子鉄漿落し様【ふしかねおとしよう】〈染み物〉〔永代調法記宝庫・三〕に五倍子鉄漿染（五倍子《ふし》*を用いて黒色に染めた物）を落すには、米の酢を煎じて洗うとよい。「おはぐろ（御羽黒）の事」モ見ル

節蒲鉾【ふしかまぼこ】「蟹蒲鉾」ヲ見ル

富士蒲鉾【ふじかまぼこ】〔料理調法集・蒲鉾之部〕に富士蒲鉾は、薄い青蒲鉾を板につけ、三筋程霞のように付け、上を富士山の形に蒲鉾を付け上げて、蒸す。

藤川より岡崎【ふじかわよりおかざき】東海道宿駅*。一里半七丁。本荷百十三文、軽尻七十一文、人足五十五文。かんばさき、村境、松坂、左に吉良、西尾へ行く道がある。小豆坂、坂の内二三丁があり、古戦場である。岡の郷、竜泉寺川、庄田の郷、大平川橋 四十三間、右に御館の跡がある。大平村 茶屋があり、ここは霊芝多く、売る。かけ村 茶屋がある。〔東街道中重宝記・寛政三〕

ふじ丸かうやく【ふじがんこうやく】〔洛中洛外売薬重宝記・上〕に「ふじ丸かうやく」は、烏丸四条下ル二丁目 藤屋権兵へ にある。第一に癰疔 腫物根太 灸瘡の外、打ち傷切り傷によい。

藤衣【ふじごろも】〔日用重宝記・一〕に、古は白衣を喪服とし藤衣という。「限りあれば今日脱ぎ捨てつふぢ衣 はてなき物は涙なりけり」（拾遺集・二十）とある。〔消息調宝記・二〕には「ふぢごろもは、ぶく（服）ある時のきるもの（着物）」とある。大和詞。〔不断重宝記大全〕に「ふぢ衣とは、いやしき（卑）衣」である。「そうふく（喪服）」参照

藤沢より平塚【ふじさわよりひらつか】東海道宿駅*。三里半。本荷二百二十六文、軽尻百四十五文、人足百十三文。宿の内に鎌倉への道があり二里、江の嶋へ一里九丁。宿の内に橋があり長さ十六間。右に藤沢山清浄光寺、遊行寺がある。この寺に小栗の御影、十人の殿原の石塔がある。ひ[し]きじ、は[つ]とり、四ツ谷 茶屋がある。右に大山へ行く道がある。左方に江の島が見える。小幡、ちか崎、十景坂、高すな、するが町といい 港がある。南江によい茶屋がある。馬入は舟渡しで舟賃は十四

文、この川は相模川で、川上は甲斐のある橋から流れる。この十四五丁手前に白幡村があり、白幡大明神は義経を祭る社である。また弁慶の首を埋めた塚があり、今はかねこの宮という八幡町八幡の宮がある。ここにも大山道があり、この道から中仙道 熊谷へ出る。〔東街道中重宝記・寛政三〕

付子散【ぶしさん】〔改補外科調宝記〕に付子散《ぶしさん》は、癜《なまず》*の薬とある。付子・黄石《いおう》(各等分)を粉にし、癜を布で擦り、その跡を茄子の蔕で擦り剝いで付ける。

藤煤竹【ふじすすたけ】 染色。〔秘伝手染重宝記〕に「ふじすゝたけ」は、白いご(豆汁)の中へ、丹石《にいし》・墨・蘇芳を各々少し入れ、色合を見合わせ三度引き、水を一度引き、よく乾す。

節竹【ふしたけ】 大和詞。「ふし竹とは、たへ(絶)ぬ思ひを云」。〔不断重宝記大全〕

ふしとい切る【ふしといきる】 矢音詞遣。* 扇に中った時の矢音は「ふしとい切る」という。〔武家重宝記・二〕

武士と傾城とは義で固める【ぶしとけいせいとはぎでかためる】〔人倫重宝記・三〕に世の諺に、武士と傾城とは義で固め、茶の湯と伊勢の御師とは礼で固めたという。誠に茶の湯の掃き掃除進退《たちふるまい》は曲礼にも適い、小学校の教えとも言える。和漢上古から今に至る迄流行るのは尤もである。

藤錦餅【ふじにしきもち】 菓子名。藤錦餅、上うき物、中あずき入り、下羊羹ながし物。〔男重宝記・四〕

藤鼠【ふじねずみ】 染色。〔秘伝手染重宝記〕にふじねずみ(藤鼠)は、白地にご(豆汁)をよく磨り、墨と蘇芳を加減して藤の色に見合わせ、一度引き、水を一度引き、よく乾す。

富士の煙【ふじのけむり】 大和詞。「ふじのけふり(煙)とは、たへ(絶)ぬ思ひ」をいう。〔不断重宝記大全〕

藤の花【ふじのはな】 大和詞。「豇《さゝげ》のついた糝粉《しんこ》は、ふじの花」という。〔女重宝記・一〕

藤の花の事【ふじのはなのこと】〈藤の花〉〔調法記・四十七ゟ五十七迄〕に次がある。○花房長く咲かす伝は、藤の根へ酒を掛け、或は酒の糟を入れると花房が長く麗しく咲く。○花が咲いてからは、花房の下へ盃に酒を入れ三寸程間を空けて置く。花が長くなるに従い次第に盃を下げると、花は長く見事に咲く。○水揚げ伝は、藤の花の水揚げは根を酒でよく煮、その後水に移して置き、水が揚った時分に活ける。〈立花〉〔昼夜重宝記・安永七〕に藤のは、松の葉が少なく木の古くなったのに纏い掛けさせる等がよい。薄や柳の枝垂れた類を嫌う。また副《そえ》*受《うけ》*にも用いる。一方にのみは用いず、副《そえ》受《うけ》の松に纏わすことはよくない。〈紋様〉〔紋絵重宝記〕に藤花の意匠二種、また藤菱、藤の丸に小の字等がある。

藤の森大明神【ふじのもりだいみょうじん】 伏見名所。〔年中重宝記・二〕に五月五日、深草の里、藤の森祭に競馬があり、鎧を着することは、早良《そうら》親王の異国退治の様を真似たものである。神は真幡寸《まはたき》の神である。また早良親王、伊予親王、井上内親王の三所の皇子も別に祭る。〔東街道中重宝記・七ざい所巡道しるべ〕に、ここから京六角堂前へ二里、道筋に稲荷大明神(後ろの山は美景)、これより東福寺へ十一丁である。

富士の山【ふじのやま】 本朝勝景。駿河国の山。「富士の嶺《ね》のならぬ思ひに燃えばもえ 神だにけたぬむなし煙を」(古今集・雑体)の歌を挙げて、駿河湾岸から望む富士山の風景画がある。〔麗玉百人一首吾妻錦〕

藤の若葉【ふじのわかば】〔料理調法集・口伝之部〕に藤の若葉は、三月を賞玩とする。吸物に取り合せ、また飯にも交ぜ、和え物にもよい。

藤袴【ふじばかま】〈薬種〉〔薬種重宝記・中〕に和草、「蘭草 らん(そう)/ふじばかま。新しきをそのまゝ刻み、用ゆ」る。〈草花作り様〉〔昼夜重宝記・安永七〕に藤袴は南楼《なんろう》ともいい、花は白色である。肥しは肥土に

砂を交ぜて用いる。分植は春にする。〈菓子名〉〔男重宝記・四〕に、藤袴、角、上赤しめし物、白ながし物、小豆粒入り。

付子八珍湯【ぶしはっちんとう】〔斎民外科調宝記〕に付子《ぶし》八珍湯は、付骨疽*等が年久しく癒えず、房事の後に寒を受けて腫れ、塊を生じ、総身股膝の痛むのによい。当帰・芍薬・熟地黄・人参・白朮・茯苓・甘草・付子・肉桂・木香（各等分）に生姜三片を入れ、煎じて用いる。八珍湯*八物湯ともいう。

ぶしぶし【ぶしぶし】片言。「節々《ふしぶし》を、ぶしぶし」という。〔世話重宝記・四〕

伏待の月【ふしまちのつき】大和詞。〔不断重宝記大全〕に「ふし待の月とは、十九夜の月」を言う。〔重宝記永代鏡〕には、伏待《ふしまち》は、十八日の月を言うとある。

富士松植替【ふじまつうえかえ】植替。富士松は正月より二月迄に植え替えるとよい。但し、挿し芽は二月より四月迄がよい。〔庭木重宝記〕

伏見【ふしみ】所名。〔東街道中重宝記・七ざい所巡道しるべ〕に伏見は広い所で、見所が多く見廻る次第を、豊後橋*城跡山*墨染寺*藤の森大明神*稲荷大明神*東福寺*等とする。〔茶屋諸分調方記〕に「伏見街道」稲荷の前西側東側（喧しい昼狐、どうじや）とある。〔万代重宝記・安政六頃刊〕には「当流小謡」として「伏見」が載る。

五倍子水【ふしみず】「御歯黒の事」「元服の事」ヲ見ル

富士見せんべい【ふじみせんべい】「富士見せんべい」は、四ッ谷長安寺門前千代倉和泉にある。〔江戸町中喰物重法記〕

伏見の野辺【ふしみののべ】大和詞。「ふしみののべとは、もらす（漏）など云ふ事」である。〔不断重宝記大全〕

伏見より太田へ【ふしみよりおおたへ】木曾海道宿駅*。二里。本荷百十二文、軽尻七十文、人足五十四文。名古屋領。宿は悪い。よなた（米田）嶋、今渡村、土田村。太田川 大渡し幅一町余、水上は木曾川、川上に渡しがあり、太田村があり、川下は鵜沼 笠松 萩原 神輿の渡しへ流れ、太田の渡しを渡らずそのまま川舟で下る。〔東街道中重宝記・木曾道中重宝記六十九次 享和二〕

藤飯【ふじめし】〔料理調法集・飯之部〕に藤飯は、黒豆を煮た渋で飯を炊くと藤色になる。飯鉢へ盛り移す時に、藤の若葉を敷く。四五月の頃に出す。

賦物【ふしもの】連俳用語。連歌俳諧の賦物五ケ（最も多く用いられるもの）は、山路木船人。山は伊勢、路は住吉、木は春日、船は玉津嶋、人は人丸。また、一字露顕*二字反音*三字中略*四字上下略*などもある。〔重宝記・宝永元序刊〕

府舎【ふしゃ】〈経絡要穴 心腹部〉二穴。直に腹結の下三寸。灸五壮。疝気が胸に上り痛む、霍乱、積気を治す。〔鍼灸日用重宝記・二〕

浮腫下し方【ふしゅくだしほう】療治。〔文政新刻俗家重宝集〕に浮腫の下し方は、細魚《さより》の眼の玉を取り、丹《たん》を衣に掛けて干して置き、一粒は呑み、一粒は臍の中へ入れ、上に紙で蓋をする。

不熟日【ふじゅくにち】暦日吉凶。〔重宝記永代鏡〕に不熟日は、種蒔に大悪日である。正・七・十月は子の日。二・五・八・十一月は午の日。三・六・九・十二月は酉の日である。

不修法日【ふしゅほうにち】暦日吉凶。〔重宝記永代鏡〕に不修法日は祈禱するのに忌む日である。正・八月は子の日。二・三月は午の日。四・五・六・七月は丑の日。九・十・十一月は申の日。十二月は巳の日。

不消化【ふしょうか】〈加減例*〉〔医道重宝記〕に不消化の加減の方がある。○飲食の不消化には縮砂と青皮を加える。○肉食には山査子と草果を、○魚類には橄欖を、○穀食には神麴と麦芽を、○麵類には杏仁を、○瓜菓の類には青皮・乾姜・肉桂を、○酒毒には黄連・葛根・烏梅・枳実を、○水漿の類には米麴を加える。

武将治世略年代【ぶしょうじせいりゃくねんだい】〔泰平武将年代重宝記・文久元〕には「泰平武将略年代記」として、人王五十六代清和天皇第六皇子貞純親王初めて源姓を賜る。◎六孫王—多田満中—頼光—頼信—頼義—義家—為義—義朝（三男頼朝）としてあるのを、〔増補新板年号重宝記・文化八〕の「中興武将御治世幷北条九代略伝記」から記す。年齢等若干を、辞典や年表から改めた所がある。

○第一 頼朝（鎌倉幕府初代）。源義朝三男。治世二十年。正治元年（一一九九）正月十三日薨ず。五十三歳。○第二 頼家（同二代）。頼朝長子。治世五年。元久元年（一二〇四）七月十八日薨ず。二十三歳。▷執権 時政在職七年。承元三年（一二〇九）正月より。建保三年（一二一五）正月六日卒。七十八歳。「北条家執権九代」参照。以下同。○第三 実朝（同三代）。頼朝二男。治世七年。承久三年（一二二一）正月二十二日薨ず。二十八歳。▷執権 義時在職二十年。承久三年閏二月二日より。元仁元年（一二二四）八月十三日、六十三歳。○第四 頼経（同四代）。左大臣道家子。治世十八年。康元元年（一二五六）八月十一日薨ず。三十九歳。▷執権 泰時在職十八年。元仁元年六月より。仁治三年（一二四二）六月十三日、六十歳。○第五 頼嗣（同五代）。頼経二男。治世八年。康元元年（一二五六）八月十四日薨ず。十八歳。▷執権 経時在職五年。仁治三年（一二四二）七月より。寛元四年（一二四三）閏四月朔日。二十二歳。

○第六 宗尊《むねたか》親王（同六代）。後嵯峨院第四皇子。治世十五年。文永十年（一二七三）八月朔日薨ず。二十三歳。▷執権 時頼在職十八年。寛元四年（一二四六）より。弘長三年（一二六三）年三月二十二日没。三十七歳。○第七 惟康《これやす》親王（同七代）。宗尊親王長子。治世二十四年。正中二年（一三二五）十月薨ず。六十二歳。▷執権 時宗。現在は長時とする。「北条家執権九代」参照。○第八 久明《ひさあきら》親王（同八代）。後深草院皇子。治世二十年。嘉暦三年（一三二八）十月十四日薨ず。五十五歳。▷執権 貞時在職十八年。現在は政村とする。「北条家執権九代」参照。○第九 守邦《もりくに》親王（同九代）。久明親王長子。治政二十五年。（北朝）正慶二年（一三三三）七月薨ず。三十三歳。▷執権 師時在職十年・高時在職十八年。現在は時宗とする。高時については、在職十八年。正和五年七月より。（南朝）元弘三年（一三三三）五月二十三日自害、三十一歳。「北条家執権九代」参照。○第十 護良《もりよし》親王。初め尊雲。御醍醐帝第一皇子。治世二年。建武二年（一三三五）七月十七日薨ず。二十八歳。大塔宮と云う。

○第十一 成良《なりよし》親王。後醍醐帝第四皇子。治世三年。暦応三年（一三四〇）正月薨ず。現在は興国五年（一三四四）、十九歳没。○第十二 足利尊氏（源尊氏*）（室町幕府初代）。清和帝後胤。治世二十五年。延文三年（一三五八）四月二十九日薨ず。五十四歳。号、等持院。○第十三 義詮《よしのり》（同二代）。尊氏三男。治世十年。貞治六年（一三六七）十二月七日薨ず。三十八歳。号、宝篋院。○第十四 義満（同三代）。義詮長男。治世四十年。応永十五年（一四〇八）五月六日薨ず。五十一歳。号、鹿苑院。○第十五 義持（同四代）。義満長男。治世二十一年。正長元年（一四二八）正月十八日薨ず。四十三歳。号、勝定院。

○第十六 義量《よしかづ》（同五代）。義持長男。治世三年。応永三十二年二月二十七日薨ず。十九歳。号、長得院。○第十七 義教《よしのり》（同六代）。初め天台義円。還俗義宣。義満三男。治世十四年。嘉吉元年（一四四一）六月二十四日薨ず。四十八歳。号、普広院。○第十八 義勝《よしかつ》（同七代）。義教長男。治世三年。嘉吉三年七月二十一日薨ず。十歳。号、慶雲院。○第十九 義政（同八代）。初め義成。義教二男。治世四十九年。延徳二年（一四九〇）正月七日薨ず。五十六歳。号、慈昭院。○第二十 義熈《よしひろ》（同九代）。初め義尚。義政二男。治世二十年。延徳元年（一四八九）正月二十六日薨ず。二十五歳。号、常徳院。

○第二十一 義稙《よしさね》（同十代）。義教孫義視子。初め義村、中国にて義尹と

改む。中絶十六年。治世合せて十八年。大永三年（一五二三）四月九日薨ず。五十八歳。号、恵林院。〇第二十二 義澄（同十一代）。初め義通、後に義高。伊豆公方政知子。治世十四年。義尹の中分。永正八年（一五一一）八月十四日薨ず。三十二歳。号、法注院。〇第二十三 義晴（同十二代）。義澄男。治世三十年。天文十九年（一五五〇）五月四日薨ず。四十歳。号、万松院。〇第二十四 義輝《よしてる》（同十三代）。初め義藤。義晴子。治世十六年。永禄八年（一四八九）五月十九日薨ず。三十歳。号、光源院。〇第二十五 義栄《よしひで》（同十四代）。義澄孫義維長子。治世四年。永禄十一年（一五六八）九月薨ず。八十九歳、号、光徳院。〇第二十六 義昭《よしあき》（同十五代）。義晴二男。治世五年。慶長二年（一五九七）八月二十八日薨ず。六十歳。号、霊陽院。〇第二十七 織田信長。平清盛二十一代孫。治世十年。天正十年（一五八二）六月二日薨ず。四十九歳。号、惣見院。〇第二十八 秀信。信長孫信忠長子。治世三年。慶長四年（一五九九）高野山に入る云々。事跡未詳。〇第二十九 豊臣秀吉。筑阿彌子。治世十五年。慶長三年八月十八日薨ず。六十三歳。号、豊国大明神。〇第三十 秀次。三好山城守孫。治世三十九年。文禄四年（一五九五）七月十五日高野山に入り自殺。二十八歳。〇第三十一 秀頼。秀吉二男。治世十八年。元和元年（一六一五）五月八日薨ず。二十三歳。〇第三十二 家康公（徳川幕府初代）。清和帝後裔。治世四年。元和二年四月十七日薨ず。七十三歳。号、安国院。謚、東照宮。〇第三十三 秀忠公（同二代）。治世十八年。寛永九年（一六三二）正月二十四日薨ず。五十四歳。号、台徳院。〇第三十四 家光公（同三代）。治世二十年。慶安四年（一六五一）四月二十日薨ず。四十八歳。号、大猷院。〇第三十五 家綱公（同四代）。治世三十年。延宝八年（一六八〇）五月八日薨ず。四十歳。号、厳有院。〇第三十六 綱吉公（同五代）。治世三十年。宝永六年（一七〇九）正月十日薨ず。六十四歳。号、常憲院。〇第三十七 家宣《いえのぶ》公（同六代）。治世四年。正徳二年（一七一二）十月十四日薨ず。五十一歳。号、文昭院。〇第三十八 家継《いえつぐ》公（同七代）。治世四年。享保元年（一七一六）四月三十日薨ず。八歳。号、有章院。〇第三十九 吉宗公（同八代）。治世三十一年。寛延四年（一七五〇）六月二十日薨ず。六十八歳。号、有徳院。〇第四十 家重公（同九代）。治世十六年。宝暦十一年（一七六一）六月十二日薨ず。五十一歳。号、惇信院。〇第四十一 家治公（同十代）。治世二十七年（同十代）。天明六年（一七六二）九月八日薨ず。五十歳。号、浚明院。「以下は〔泰平武将年代重宝記〕による」〇第四十二 家齊《いえなり》公（同十一代）。治世五十一年。天保十二年（一八四一）正月晦日薨ず。六十九歳。号、文恭院。〇第四十三 家慶《いえよし》公（同十二代）。治世十七年。嘉永六年（一八五八）七月二十二日薨ず。六十一歳。号、慎徳院。〇第四十四 家定公（同十二代）。治世六年。安政五年（一八五八）八月八日薨ず。三十五歳。号、温恭院。〇第四十五 家茂《いえもち》公（同十四代）。治世九年。慶応二年（一八六六）月日薨ず。二十一歳。号、昭徳院。〇第四十六 慶喜《よしのぶ》（同十五代）。治世十二年。大正二年薨ず。七十七歳。

不成就時【ふじょうじゅとき】〔掌中年代重宝記〕に不成就時は、物事を仕始めるのにも人に物を言い掛けるのにも使わない悪い時として、毎月の四・十一・十八・二十五日の酉（十八時）から子（零時）迄（これは夜ばかり）。また八・十五・二十二・二十九日の卯（六時）から午（十二時）迄（これは昼ばかり）。〔重宝記永大鏡〕は二十二日はない。「不成就日《ふじょうじゅにち》」参照

不成就日【ふじょうじゅにち】 暦下段。〔永代調法記宝庫・五〕に「一切不成就日」は、物を仕初むるのにも、人に物を言い掛けても調わず、強いて思い立つ時は災難がその身に来る。〇正・七月は、三・十一・十九・二十七日。〇二・八月は、二・十・十八・二十六日。〇三・九月は、一・九・十七・二十五日。〇四・十月は、四・十二・二十・二十八日。〇

五・十一月は、五・十三・二十一・二十九日。〇六・十二月は、六・十四・二十二・三十日。（以上が〔新板増補男重宝記・五〕には「大不成就日」として出る）〇五霜は五・十三・二十一・二十九日。〇六極は六・十四・二十二・晦日。〔古調法記〕には宿曜経に見えて、大不成就日で悪くよく見て用いるのがよいとし、異説も掲げているが、それは〔掌中年代重宝記〕に「不成就時*」として出る。〔掌中年代重宝記〕は、なす事全て調わぬ日とするが、神仏へ祈誓し、薬を製し、竹木を植え、蔵の内の物を出し初め、家内の掃除等には障りはない。繰り様は、月を正・七、二・八、三・九と六ツに覚え、日は正月より三二一、四五六と覚えて、九日目九日目である。

不如帰【ふじょき】 大和詞。「ふじょきとは、ほととぎす」である。〔不断重宝記大全〕

不食の事【ふしょくのこと】〈不食食物宜禁〉〔家内重宝記・元禄二〕に「不食に宜い物」は、蓮 榧《かや》 山桃 胡桃 栗 小豆 大麦 茄子 芹 生姜 葱 大根 韮 大《にん》蒜《にく》 酢 海月 鮒 雲雀 雁 炒子《いりこ》。「禁物」は、杏子 桃 白瓜 麵類 油 茄子 芋 蓼 餅 酒 若布 蕪 辛子 柚 李《すもも》 柿 野老 鯉。〔医道重宝記〕には加減例*があり、不食には木香 白朮 藿香 縮砂を加える。

〈符〉〔増補呪咀調法記大全〕には「不食の時呑む符形」がある（図452）。

図452 「不食の時呑む符形」（増補呪咀調法記大全）

付子理中湯*【ぶしりちゅうとう】〔医道重宝記〕に付子《ぶし》理中湯は、理中湯*の処方に付子*を加えたものである。寒の甚しいものに用いる。〔小児療治調法記〕には収《かせる》齧*の症で、奮え歯ぎりする等の症によいとする。大付子（三匁）、人参・白朮・乾姜（黒く炒）（各二匁）を水で煎ずる。十一二日で血尽き 毒解し 気が調うのは自然の理で、もし湿潤して治《おさま》らないのは内虚である。異功散*に丁香を加え、収齧、結痂《ふたづくる》*するのによい。

藤原氏【ふじわらし】 諸氏名字。〔筆海重宝記〕に、元祖は大織冠鎌足公（推古二十二～天智八年。六一四～六六九）、鎌足公が臨終にあたり天智天皇から大織冠の位と藤原姓を与えられた。その枝流に、工藤 伊藤 狩野 曾我 坂本 上条 中山 茂木《しげき》 宍戸 小田 船越 原 二階堂 白川 安達 城《じょう》 田原 近藤 太田 新田 林 吉原 河合 加藤 嶋田 大友 水谷 小谷《おだに》 首藤 佐藤 中野 池田 鎌田 松田 川尻 伊賀 稲葉 足利 進藤 上野 藤井 竹田ら百二十五名字が出ている。四姓*の一。

藤原清衡【ふじわらのきよひら】〔大増補万代重宝記〕に藤原清衡は、武衡や家衡が命を拒む時、義家に属して軍労があり、成功の後、義家は陸奥の押領使にした。その子が基衡、その子が秀衡、その子が泰衡である。大治元年（一一二六）没。

藤原蔵下麻呂【ふじわらのくらじまろ】〔大増補万代重宝記〕に藤原蔵下麻呂《くらじまろ》は孝謙帝の時、恵美押勝が江州に反逆したのに諸将に討たせたが利あらず、蔵下麻呂《くらじまろ》は急に進んで押勝を討ち、斬った。宝亀六年（七七五）、四十二歳没。

藤原忠文【ふじわらのただぶん】〔大増補万代重宝記〕に藤原忠文《ただぶん》は、承平の将門の反逆（九三五）と、天慶の純友の反逆（九三九）の時、共に追討使の詔《みことのり》を受けたが、藤原実頼と仲悪く、賞に与らなかった。

藤原利仁【ふじわらのとしひと】〔大増補万代重宝記〕に藤原利仁《としひと》は、延喜（九〇一～九二三）の世に、兵を率いて奥州賊を討った。風雪の夜、敵の備えのないのに乗じて襲い討ち平らげた。

藤原秀郷【ふじわらのひでさと】〔大増補万代重宝記〕に藤原秀郷《ひでさと》は、平将門を斬り（九四〇）、その首を得、武名をもって世に顕れた。生没年不詳。

普請【ふしん】〔世話重宝記・四〕に普請は、禅家で作事方を主《つかさど》る僧官が、普く番匠を請じて家を作るという意である。〈普請地突き始め〉〔進物調

法記〕に普請地突きの始めには、当家よりは赤飯 大餅 小餅、勝手により鰹節 生魚等も配る。他家からの音物は鰹節 生魚 干し魚 鯣 酒 切手でも紙類でもよい。〔女文翰重宝記〕などには「普請出来祝之文」「同返事」の範例文が「祝儀の験《しるし》までに樽肴送り進じ参らせ候」等と出ている。

不尽【ふじん】 算法用字。〔算学調法塵劫記〕に不尽は、割り残りの数をいう。割り尽きずということである。「有奇」「不満」ともいう。

婦人衣服時節【ふじんいふくじせつ】〔里俗節用重宝記・下〕に婦人衣服着用の時節がある。○「正月」。中老（中呂、四月）迄搔取《かいどり》、地黒地白、袷着、模様赤地、綸子、縮緬、紗綾［虫不明］を用いない。十五日迄も祝儀様である。帯留め素模様。以下の着用は緋縮緬、色に［虫不明］、異様模様なし、袱紗帯等。○「三月」。綸子、白に紅絹裏の袷着、緋紅絹色綸子摸様、搔い取り。以下は、紗綾縮緬、無地緋に袷着白。常は一通りの上服袷白。○「四月」。朔日より五月四日迄綸子模様地黒地白の袷、下に白羽二重袷、綸子等の物下帯。以下は、袱紗袷、白羽二重下帯。○「五月」。五日より単《ひとえ》、白黒地模様、白単物《ひとえもの》。以下は単物、帷子《かたびら》、絹縮み単に裁つ。六月 土用中 縮み等、これに順じる。○「七月」。七日、黒地白帷子、白帷子袷。以下は、茶屋辻伊達染等。○「八朔」。白帷子、箔模様、白ノ下。以下伊達染、茶辻。○「九月」。朔日より八日迄袷。重陽、地白地黒、袷白。以下、これに順じて着る。○「十月」。猪子（十月初の猪の日）より二月中迄袷着、赤。○祝儀様の時は、四季ともに足袋を履く。絽の物はまず単物で五月より着るのが着替え等で、常用の草服である。モウル、黒繻子、緞子は袖口にさえ用いない。

婦人顔手足を洗う薬【ふじんかおてあしをあらうくすり】「金国宮 中洗面八百散《きんこくきゅうちゅうせんめんはっぴゃくさん》」ヲ見ル

婦人血症散【ふじんけっしょうさん】〔薬種日用重宝記授〕に婦人血症散は、女中の月血の滞りを下す妙薬である。芍薬・当帰・川芎・生地黄・桃仁・香付子・根皮・莪朮・蘇木・木通（各中）、紅花・甘草（各小）。

婦人心ざま悪しき五ツの病【ふじんこころざまあしきいつつのやまい】〔女用智恵鑑宝織〕に「婦人心ざま悪しき五ツの病」がある。①和らぎ従わないこと。②怒り恨むこと。③人を謗ること。④物嫉みすること。⑤智恵の浅いこと。この病は婦人十人中 七八人には必ずあるので、反省 自戒するのがよい。中でも智恵の浅いことに基ずくので、人に侮られないように慎み嗜むのがよい。

婦人七去【ふじんしちきょ】〔嫁娶調宝記・四〕には『大戴礼・本命』によるとして次がある。①舅 姑に順わない（不孝な）女は去る（離縁）。②子のない女は去る。妻を娶るのは子孫相続のためであり、婦人の心が正しく行儀よく妬む心がなければ去らずに、同姓の子を養うとよい。或は妾《てかけ》に子があれば去ることはない。③淫乱であれば去る。④悋気（嫉み心）が深ければ去る。⑤悪疾があれば去る。⑥多言で慎みがなければ去る。⑦物盗みする心があるのは去る。但し、「三ツの去らざる法」がある。①嫁に呼んだ時は両親がいたが、今は親もなく跡絶えて帰る所のない者は去ってはならない。酷いことである。②舅 姑に孝行を勤めてよく仕え、舅姑が死去して五十日の喪もよく勤めた者を、その後気に入らないと言って去るのは法に背くことである。③貧賤の後に随分稼ぎ出し富貴になってから、気に入らないと言って去るのは法に背くことで、どのようなことがあっても去ってはならない。「離縁状」参照

婦人諸病薬【ふじんしょびょうやく】〔丸散重宝記〕に婦人諸病薬に次がある。婦人の血鬱には四物湯*。気鬱には四君子湯*。痰鬱には二陳湯*。帯下の鬱には［補中］益気湯*。胸痞え・噫腐《あいふ》・呑酸・頭痛・脈の沈等には越鞠丸*等がある。

普請中仮家の方角【ふしんちゅうかりやのほうがく】 吉凶。〔重宝記永代鏡〕に普請中仮家住居へ移る時は、吉日を選んで移るが、この仮家へ移って四十

五日の内は、本宅で吉日を選んで定める。仮家へ移って四十五日を過ぎたら、仮家が本宅となる。主人の方位は仮家を本宅として定める。

婦人の諸症【ふじんのしょしょう】〔昼夜調法記・正徳四〕に婦人というのは、女の惣名であり、十四歳より月水が時を以て下る。これは月の満ち欠けの如くであり、整わないと諸々の病になる。脈は左の尺脈が正しく、乱れがなければ経閉の脈である。〔医道療治重宝記〕に手足麻痺 悪心 頭痛 嘔吐 腹中血塊等の婦人雑病には、四物調経湯*を用い、症状により処方もある。また崩漏* 帯下《たいげ》* 妊娠* 産前・産後*も重要である。〈諸腫瘡〉〔医道重宝記〕に諸腫瘡の症がある。○黧黒斑《りこくはん》は血虚色枯れて潤いがない。○鈕甲風は項《うなじ》 背に出る。○乳癌*は中は岩穴のようである。○乳癰*は赤く腫れて疼き痛む。○乳疽は硬くして崩れる。〈血塊〉〔丸散重宝記〕に婦人の血塊には、牛膝を末（粉）して、酒で煎じて服する。〔調法記・四十ら〕には赤貝の殻を黒焼きにして酢で丸じ、白湯で用いる。○守宮《いもり》三疋を饂飩と一ツに搗き、又は摺り、火で焙り呑むとよい。〈血の気〉〔薬家秘伝妙方調法記〕に婦人の血の気には、防風・薄荷・荊芥を加える。〔丸散重宝記〕に経験方として次がある。○「血労困倦」。婦人が気少なく痩せ疲れ、発熱し汗多く、口渇き舌渋り、不食するものを、常に服しよく肥満させるには五加皮・牡丹・芍薬・当帰（各等分）を末（粉）し黒胡麻を入れて蜜で丸ずる。○「小便詰り」。小便が俄に詰るのは紫苑を末（粉）にし、井花水《せいかすい》（＝丑寅の刻［二〜四時］に汲む清冽な水）で調える。○「虚冷白濁」。虚冷白濁には鹿角膠を酒で服する。○「陰疾」。陰痛には牛膝（五戔）を酒（五合）に煎じて服し、また五味子の末（粉）を唾で丸じて陰戸に入れる。

〈婦人脚了〉〔改補外科調宝記〕に婦人の足に瘡を生じるのは、三陽の風湿が下に滞り散らないために痒みをなし、後にたわ汁（瘡瘍の膿汁）が出て爛れる。土踏まず 或は腓《こむら》等にも生ずる。熱い湯で洗った後に枯礬丸*をつける。脚了は足の裏にも出る。

〈婦人鍼灸〉〔鍼灸重宝記綱目〕に婦人は十四歳で月水めぐり四十九歳で絶える。その病は大抵男子と同じであるが、胎前 産後に月経調わず癥瘕* 崩漏* 帯下*が異なる。常に血虚し、気鬱し易い。○経行の時に傷寒を病めば、期門に針をする。○臍腹が冷え痛み 脇下に引き痛む時は中庭球に二十一壮する。○諸節々が疼《いた》む時は陽輔に、○腨腓《こむら》の病には崑崙・承山に、○腰が痛めば僕参弐に三壮、○膝より上が痛む時は環跳・風市、踝より下には昭海に、○一切の冷え疲れには関元に、それぞれ灸する。〔鍼灸日用重宝記・五〕にも婦人諸症の鍼灸点がある。○漏血には太沖 三陰交に、○血崩には気海 陰谷 中極等七点に、○瘕聚には関元に、○赤白の帯下には白環 帯脈 気海等六点に、○小腹の堅には帯脈に、○子無しには三丘 中極に、○産後の悪露には気海 関元に、○産後の諸病には期門に、○乳癰には下廉 三里 委中 臨泣等七点に、○乳腫れ痛むには足の臨泣に、○難産には合谷を補し再び瀉す、○横産 死胎には太沖 合谷 三陰交に、○乳無しには亶中 少沢に、○血塊には復溜 三里 気海 丹田等六点に、それぞれ灸する。

婦人の娶らぬ者五ツ【ふじんのめとらぬものいつつ】〔童子調宝記大全世話千字文〕に婦人を娶らぬ五ツは、①逆家（主君に叛いた家）の子は娶らない。②乱家（破倫の家）の子は娶らない。③刑人がある家の子は娶らない。④悪疾があれば娶らない。⑤父を喪う長子は娶らない。

婦人腿骨陰門辺に抜け出たのは【ふじんふとももほねいんもんのほとりにぬけでたのは】〔骨継療治重宝記・中〕に婦人の腿の骨が陰門辺に出進《ぬけでる》したのを治すには、寝台相当の台の上に綿衣を敷いて臥せ、医師は手でその足を引き伸ばし、一度押し上げ、適切な足の辺に置くと、その足骨は元のように入る。その時、接骨膏、定痛膏*を付ける。

ふずくむ【ふずくむ】「ふづく（憤）むとは、いかりうらむ（怒り恨）也」。

〔消息調宝記・二〕

被【ふすま】〔万物絵本大全調法記・上〕に「被ひ／ふすま。睡襖《すいあう》」。

襖【ふすま】 鷹の名所。* 〔武家重宝記・五〕に襖《ふすま》は、鷹の背中の総名としていう。

麩醤【ふすまひしお】〔ちやうほう記〕に麩醤《ふすまひしお》の醸造法がある。麩一斗三升、或は一斗四五升入。大麦二斗を水に一夜浸し、或は三升も、又挽き割り麦もよい。大豆二斗三四升も入。大豆を炒り挽き割り、荒い篩《ふるい》で粉を取り、次に皮を掻き出し、荒いのは麩と大麦へ交ぜ、水を入れ手でよく交ぜ合せ、握ってぱらぱらとなる程にして蒸す。醤に寝かせ様は、戸板の上に莫蓙を敷き 押入等に寝かせて上下を打返し、糀になった時二日程日に干し、饂飩粉を水で溶き 煮立てて冷まし、干した醤と合せ手で交ぜ、一夜押し付けて置きよく日に干し、石臼で挽き、用いる時は饂飩粉の中へ塩を好き次第に入れ、水で薄く溶き、煮立てよく冷まし、箸で掻く等の方がある。

伏籠【ふせご】〔万物絵本大全調法記・上〕に「薫籠 くんろう／たきものかご／ふせご」（図453）。〈片言〉〔不断重宝記大全〕に「ふせがうは、薫《ふせ》籠《ご》」といい、「伏香」とも書く。〔世話重宝記・四〕には「臥籠《ふせご》を、ふせごう」という。

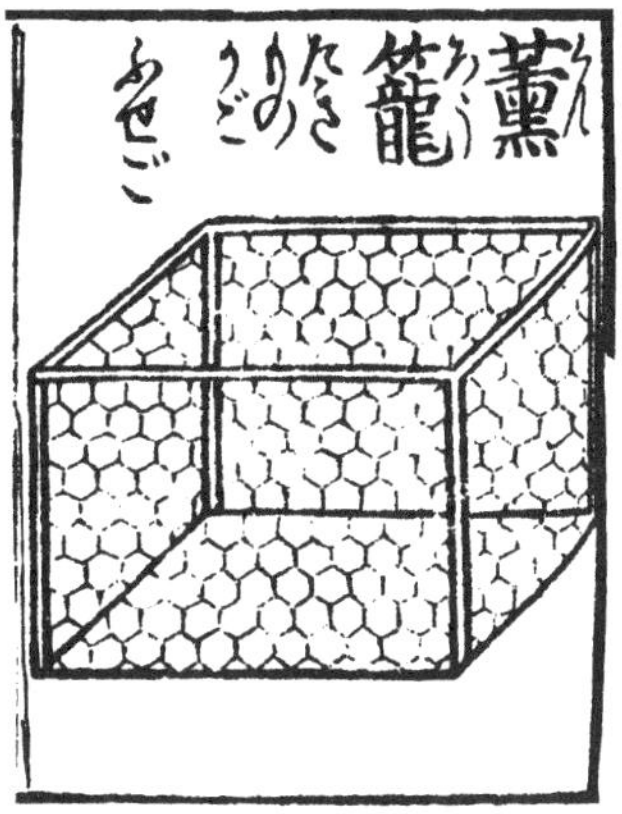

図453 「伏籠」（万物絵本大全調法記）

布施物を受けて後唱える文【ふせもつをうけてのちとなえるもん】〔男女御土産重宝記〕に、出家が布施物を受けて後に唱える文《もん》の事。但し、俗ならば斎《とき》（＝仏家の食時で正午以前にする）が過ぎて後に唱える。「少財布施／多罪消滅／受用忍伝／決定成仏」と唱える。歌「三輪川が清き流れのからころもたぶとをぼすな取ると思はじ（＝三輪川の清き唐衣 来ると思ふな 得と思はじ）」（『後撰集・雑歌一』がある）を三遍詠む。この通り、信心を起して唱えると御祝を受けるのは疑いない。もし唱えない者は阿鼻地獄へ落ちると経典に見える。

付疝【ふせん】 七疝の一。* 〔鍼灸日用重宝記・五〕に付疝は、腹痛み、臍の下に連なり、積聚がある。

付蟬【ふせん】「まえあし（前脚）」ヲ見ル

豊前【ぶぜん】 豊州。〔重宝記永代鏡〕に豊州は田河、企救《きく》、京都《みやこ》、仲津《なかつ》、筑城《ついき》、上毛《かみつけ》、下毛《しつけ》の八郡とし（宇佐を不記）、城下は小倉と仲津で、一ノ宮は宇佐である。〔万民調宝記〕に居城知行高は、小倉・小笠原遠江十五万石、仲津・小笠原修理八万石。〔大増補万代重宝記〕に上管、四方二十八里。田数七千五百七十町、知行高三十二万千六百八十石。〔重宝記・幕末頃写〕に南北四日。鱗 唐菜種等充ち、綿帛を貢とし、大中国等とある。小倉県から、今の福岡県東半部と大分県北部が当る。〈名物〉〔万買物調方記〕に、芳米《かばしこ》（芳香のある米）、小倉酒、木綿嶋・帯、だいりまて（馬刀。外よりよい）、門司の関の硯石（紫）、水晶、赤の焼物、彦山のめどき（蓍萩）、湯の嶽の硫黄など。

腐草が蛍となる【ふそうがほたるとなる】〔世話重宝記・四〕に、「腐草 化して蛍となる」こと歴然という。変ずるものは化し化すものは変ずる習い、変化の理をいう。

舞台【ぶたい】〔囃子謡重宝記〕に次がある。［能の］舞台 板敷居、高さは地より五尺である。舞台の脇は一間ばかり空けて竹垣を結う。あまり舞

台の際《きわ》で見ると見物も悪く、着流し等の能は太夫の裾を見上げて、あれこれと悪い。そのため舞台際へ寄せないように結う。但し、舞台は所によるので、二間半四方も二間四方もある。庇も舞台相応である。板敷の高さも同断である。

不退寺【ふたいじ】 奈良名所。不退寺は、東大寺から十五丁ほど西北にある。平常天皇が住まれた宮の跡という。〔東街道中重宝記・七ざい所巡道しるべ〕

二重の衣【ふたえのころも】 大和詞。「ふたへの衣とは、かさ（重）ねてこ（来）ひ」との意である。〔不断重宝記大全〕

二河より吉田【ふたがわよりよしだ】 東海道宿駅*。一里半二丁。本荷百六文、軽尻六十六文、人足五十文。ここの出口の方を大岩という。小岩、大岩、岩谷観音がある。火打坂、少し先に女夫石がある。二軒茶屋、いむれ茶屋がある。右に石まき山、かわらけ町。〔東街道中重宝記・寛政三〕

二し重【ふたしえ】 大和詞。「二しへとは、ふたやう（二様）と云ふ事」である。〔不断重宝記大全〕

再び之を自する【ふたたびこれをじする】 算盤の用字。〔古今増補算法重宝記改成・上〕に「再び之を自する」とは、同数を二度掛けることをいう。

二度飯【ふたたびめし】 〔料理調法集・飯之部〕に「二たび（度）飯」は、飯を常より少し強わく炊き上げ 酒を少し振って蒸す。米は極上白を選ぶ。また酒を降らずにも蒸す。

結痂【ふたづくる】 〔小児療治調法記〕に結痂《ふたづくる》は、痘が瘡蓋を作り落ちることをいう。痘瘡が貫膿《みずもる》*を満足し、収靨《かせる》* 結痂し、期内に脱落すれば実に吉である。しかし、異状があって落ちず長引き、或は落ちても斉《ひとし》くないもの、或は痘後の血気を損じたり余毒があれば、審らかに最もよく診察すべきである。収靨の後に痂《ふた》が厚く、落ちるのが遅く、肉を離れて粘るもの、痂が落ちた痕が紅色を帯びて凸凹や他症がなく、二便が常のようなのはよい。自ら痘の痂を食《くら》うものは他症があっても死なない。結痂して落ちないものは余熱があり、害をなす。大連翹飲*に地骨皮を加える。総身が焦がれ落ちて、頭顔の落ちないのには大連翹飲に白芷を加える。この外、症状による薬方に人参固肌湯*補中益気湯*加味保元湯*がある。

二ツの海【ふたつのうみ】 大和詞。〔不断重宝記大全〕には「ふたつの海とは、生死の海（生ト死ノ二ツノ世界ヲイウ）」のことである。〔女筆調法記・三〕には「ふたつのうみ 生死《しやうじ》の事也」とある。

札場【ふだば】 村々の制札*を立てて置く所。〔四民格致重宝記〕には「御公儀の御札場は伊豆石か栗石垣」で、破損したら元のように仕直し、矢来竹縄目なども古くなったら再々新しく仕直し、常々きれいにして置く。不掃除であると見苦しく、古びて文字が見えない時は、御指図を受けて書き直すこともある。

ふたばどう【ふたばどう】 妄書かな遣。「ふたばどう、かぶろ（禿）の声。どんととふべからず」。〔小野篁謡字尽〕

二葉の紅葉【ふたばのもみじ】 大和詞。「ふたばの紅葉とは、いたどり（虎杖）」である。〔不断重宝記大全〕

二見【ふたみ】 伊勢名所。〔東街道中重宝記・七ざい所巡道しるべ〕に、○二見は、山田からは北東の方、宇治からは北でやや東へ寄っている。六郷があり、総名を二見という。北は大海であり、西南東は入り江で帯のように廻っている。東は入り江の東 松下村、その東は大海と入り海である。松下村は北南へ長く、村の北方では北も東も大海、南の方では東は入り海である。○二見立石浜。ここまで山田よりは河崎へ出て二里、宇治よりは六十丁。○塩合の渡。北と東の海から満ち来る潮がここで行き合うので塩合の浜という。二見の西の方の入り江の中程より南に渡し場があり茶店がある。潮干の時は歩行する。渡から左方に両太神宮へ供える塩を取る浜が見え、浜には鳥居 御垣がある。右方にわれ石という

大石が見える。渡を越えて山田原村があり、右方に立烏帽子 折烏帽子の岩が見え、それより南に西行谷という所がある。右方に五峯山が見える。○次に三津村があり、伊勢の三郎が学問したという寺がある。硯岩 伊勢の三郎鎧掛松等は案内者が言い出したことが多い。名所が多く、中でも倭姫命の旧跡が多い。江には片葉の蘆の名草の浜荻がある。○三津村の東は江村で、両村の境に続く松原があり、山の上には江の神社、潮音山大江寺がある。○三津村の通り筋にある立石村は、皆茶屋で強飯と飴が名産である。前記の山田原村の入口から御塩殿へ参ると この村の入口へ出る。村の出離れ右方に堅田の社が見える。○御塩殿。庄村の北にあり、両太神宮へ供える塩を納めて置く所で、両太神宮を新造する年にはここも同じように新造する。二見へ来た人は必ず寄る。御塩山は音無山とも言い、絶頂に一本の松があり国見の松とも言い、遠近国の山々を見渡し四方の絶景の地で、松は渡海の船の目標である。この山も必ず登ってみるのがよい。

○立石浜。二見へ行くというのはここを指して言うのである。大石が二ツ並び立つ勝景の地で清い渚がある。諸人はここで垢離をするが、参宮後二見の浦を見に行った人は垢離をしないでもよい。この石から二町程沖に おき玉石が見えるが、潮が満ちると見えない。右方にまないた石等名石が見える。○江村の川尻の江を船で渡ると松下村で、渡しの左の方に さるがく石という大石があり、向いに蘇民の社がある。少し行くと こうさきの神社があり、笏立て石は毎年六月十五日内宮の禰宜がこの浜に出てこの石に笏を立て置いて 荒蠣 海松《みる》等を採って供える。この辺を祓い嶋という。○くぐり嶋。立石浜より八丁東方にあり 離れ島ではなく 山の尾崎にある洞穴で諸人がくぐるのでいう。潮が満ちると洞の口まで海になる。

○阿波良岐嶋。くぐり嶋から海上半里程東の離れ島で八嶋が並んでいる。くぐり嶋と阿波良岐嶋との間を千尋の海と言い、千尋の浜とは伊介の郷の浜を言うようである。○五十鈴の川尻の江。二見の南の方 東の方の入り江を言う。山田原村、三津村、江村についてある。名所旧跡が数多くある。○一色村。二見の西北の隅の村で西は入江、御塩を取る浜は西方の入り江である。北は大海で高城《たかしろ》の浜と言い、伊介の浦から高城の浜辺までを清 渚《きよきなぎさ》と言い、毎年九月十三日外宮の禰宜がこの浜に出て、修祓し潮を浴び清まる浜である。○打越の浜。前に続く浜で父母の喪を清める時に清渚の内三所で潮を潜る。初めはこの浜で、終りに立石浜で潜る。○大湊。高城浜の向かい西北の海にある。渡海の船の寄る繁昌の所で、鷲取の清水という名水がある。○落合。二見の西の方の入り江の南の端で五十鈴川と落ち合う所を言う。倭姫命が宮川から大湊の北の海を経て二見の沖を通り五十鈴川の末の落合に至り、その流れから御船入りし今の御宮地に至ったという所である。

○二見へ舟で行くには、勢田川の河崎の大橋から二見の西北方の海へ乗り出し、それより二見の西の方の入り江へ乗り入れる。左方に御塩浜を見、塩合浜を越え、右方に落合を見、それより南方に五十鈴の川尻の江の見所を見て、くぐり嶋に至り、池の浦と千尋の海を見渡し、立石浜に至り、御塩山へ上り、御塩殿へ参り、また舟に乗って打越の浜、高城の浜の前を通り 大湊を右方に見る。

二夜月【ふたよつき】「後の名月」ニ同ジ。九月十三夜。

不断の行儀【ふだんのぎょうぎ】「行儀嗜み事」ヲ見ル

ぶち【ぶち】片言。〈鞭〉〈撥〉〔男重宝記・五〕に「太鼓《たいこ》のぶちは、撥《ばち》」である。〈鞭〉〔世話重宝記・三〕に「鞭《むち》は馬に云。鷹 猿には ぶち」という。〔増補新版名代町法記・上だん（冗談）の言葉〕「ぶちとは、なぐさみしの事」。

駁【ぶち】 馬の毛色。〔武家重宝記・五〕に駁《ぶち》は、駮《ぶち》とも騞《ぶち》（駹カ）とも書く。斑馬《はんば》である。両色が交わるので二毛《にげ》の馬ともいう。

府中より丸子【ふちゅうよりまるこ】　東海道宿駅*。一里十六丁。本荷百十九文、軽尻七十四文、人足五十九文。御城の右に浅間の社があり、浅間の上の山を賎機《しずはた》山という。山中に城跡があり、臨済寺には今川家の菩提所がある。町の内に浄土宗の大寺 宝蔵院がある。阿部川は紙子と餅が名物で、茶屋があり、川は徒歩渡りである。盆山石はここから出る。北の方の蘆久保は茶の名所である。四五丁川上に名所 古枯杜《こがらしのもり》がある。また建穂寺菩提樹院という大寺がある。手越村は昔遊女の千寿の前が出た所である。さわたり。〔東街道中重宝記・寛政三〕

符帳【ふちょう】　賦帳とも書く。日本国中の同業者 或は個人商家で、商品の値段を示すため、一から九まで、或はその他特定の数字を、通用暗号として示したもの。太物店* 荒物* 薬種* 煙草* 瀬戸物* 紙問屋* 書物* 魚《さかな》* 青物ボテイ* 小間物* 宮地商人等*である。「通り符帳」ともいう。〔早算調法記〕〔泰平武将年代重宝記〕〔万法重宝秘伝集〕等に出る（図454）。

ぶちょうづら【ぶちょうづら】　片言。「ぶっちょうづらは、不寵頬《ふてうつら》」である。〔不断重宝記大全〕

無朝榜【ぶちょうほう】〔世話重宝記・四〕に『埃嚢抄』に出るとして次がある。上古は、蒔絵師 銅細工師等はみな朝家より榜《ほう》（＝カケフダ）を下さり、細工に堪え難い者は榜はなかった。榜は町人の受領*免許の札の類である。世に悪い細工を無朝榜《ぶちょうほう》というのは、朝家より榜を許されることがないという意である。「無調法」と書く出所は見ないとある。

不浄【ぷちんぷちん】　唐人世話詞。「むさいといふ事を、不浄《ぷちん》々々」という。〔男重宝記・五〕

袱子【ふっ】　唐人世話詞。〔男重宝記・五〕に「風呂敷《ふろしき》を、袱子《ふつ》と云」。〔新板増補男重宝記・五〕の「ちつ」は誤刻カ〕

不通養子手形【ふつうようしてがた】〔諸礼調法記大全・地〕に範例文がある。「不通養子手形／一、御自分男子何之介義、此度手前へ不通之約束ニ而貰い申す所実正也。即ち樽代として、銀何枚慥に受取り、残り何枚は何月迄之内、両度ニ請取り申す筈ニ相極め候。此後我等実子設け候共、此誰惣領ニ相立家財残らず相譲り申す可く候。若し身上不如意ニ罷り成り奉公ニ出し候共、野郎等ニ遣し候義仕間敷く候。後日の為に依て件の如し／年号月日／何屋誰判／何屋誰殿」。「不通の約束」は、親子縁切りの取決め。

仏絵師【ぶつえし】〔万買物調方記〕に次がある。「京ニテ仏絵師」室町誓丸寺下ル 木村了琢法橋、室町錦上ル 木村左京、錦小路室町西へ入 同徳応。蛸薬師室町東へ入 永玄。「江戸ニテ仏絵師」京橋内町 細金善兵衛、中橋広小路 馬場金右衛門。「大坂ニテ仏絵師」天満堀川越後町 徹西（甲子ノ年三面大黒三千幅の筆者）。

二日酔の薬【ふつかよいのくすり】〔妙薬調方記〕に、「酒過ぎて二日酔には、肉桂と丁子を煎じ熱いのを飲め」とある。〔里俗節用重宝記・上〕には、平胃散*を総目二目なら山査子を二匁、黄連を山査子の目片三分一程入れて常の如く煎じて用いると二日酔も醒め、胸中も安らかでよい。

伏羲【ふっき】　シナ古代の伝説上の帝王。〔金持重宝記〕に伏羲は、天地万物の道理をもって易を作った外、文字を作り、初めて民に漁労や牧畜を教えた。木の徳を持つという。

文月【ふづき】　大和詞。「ふづきとは、文月 七月」。〔不断重宝記大全〕

ぶっき【ぶっき】　矢音詞遣*。切的《きりまと》（＝鉋掛板を四半〔二寸四方〕に切り、縁を残し、後ろの方へ成し立てる。串の長さ一尺、木口を五分割り挟み、地に三寸五分入る）に中った時の矢音は「ぶつき」という。〔武家重宝記・二〕

打つ切りの事【ぶっきりのこと】〔馬療調法記〕に「打つ切りの事」がある。馬の爪に割れ目の立った時、上の方の止りに錐《きり》で少し穴を揉み明け、その穴の通りに小刀で横に引き目をつけ、明けた穴の内へはかとう（莪藤）の黒味を釘に削り、静かに打ち込む。爪と一ツに上を切る。

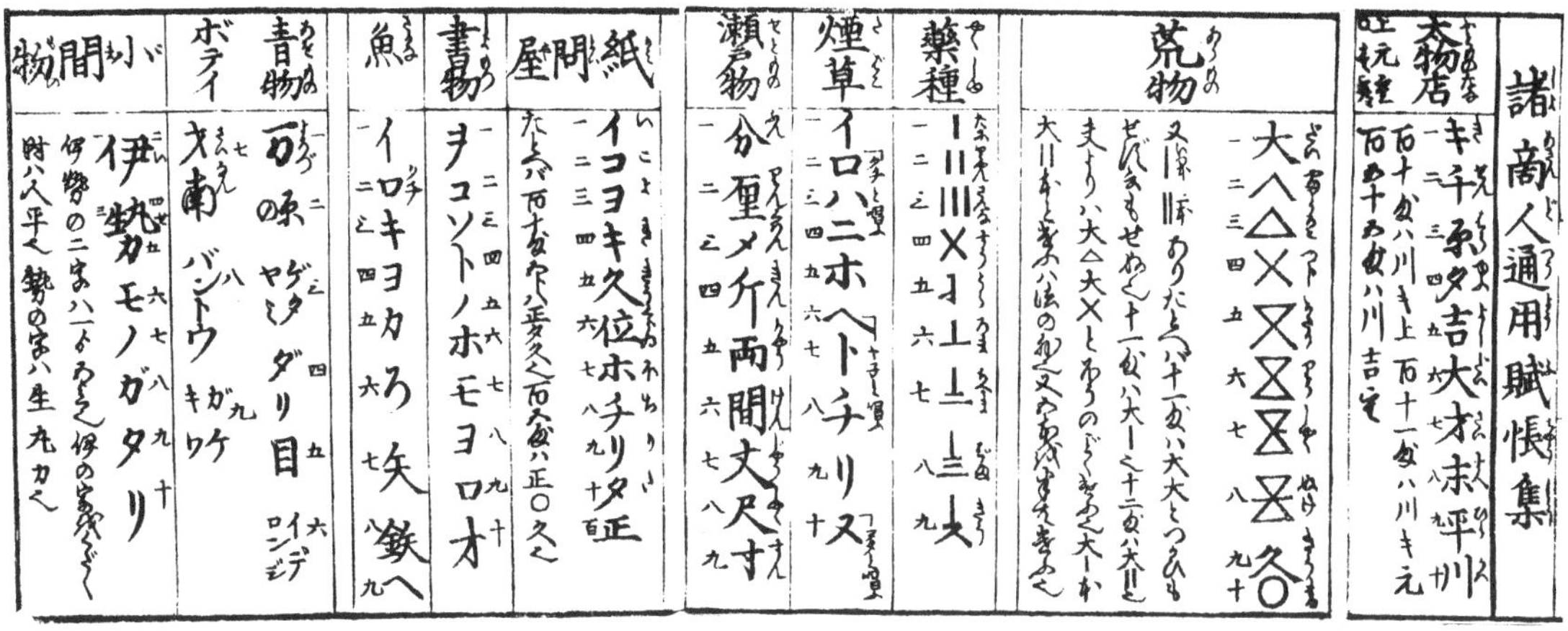

①（早算調法記）

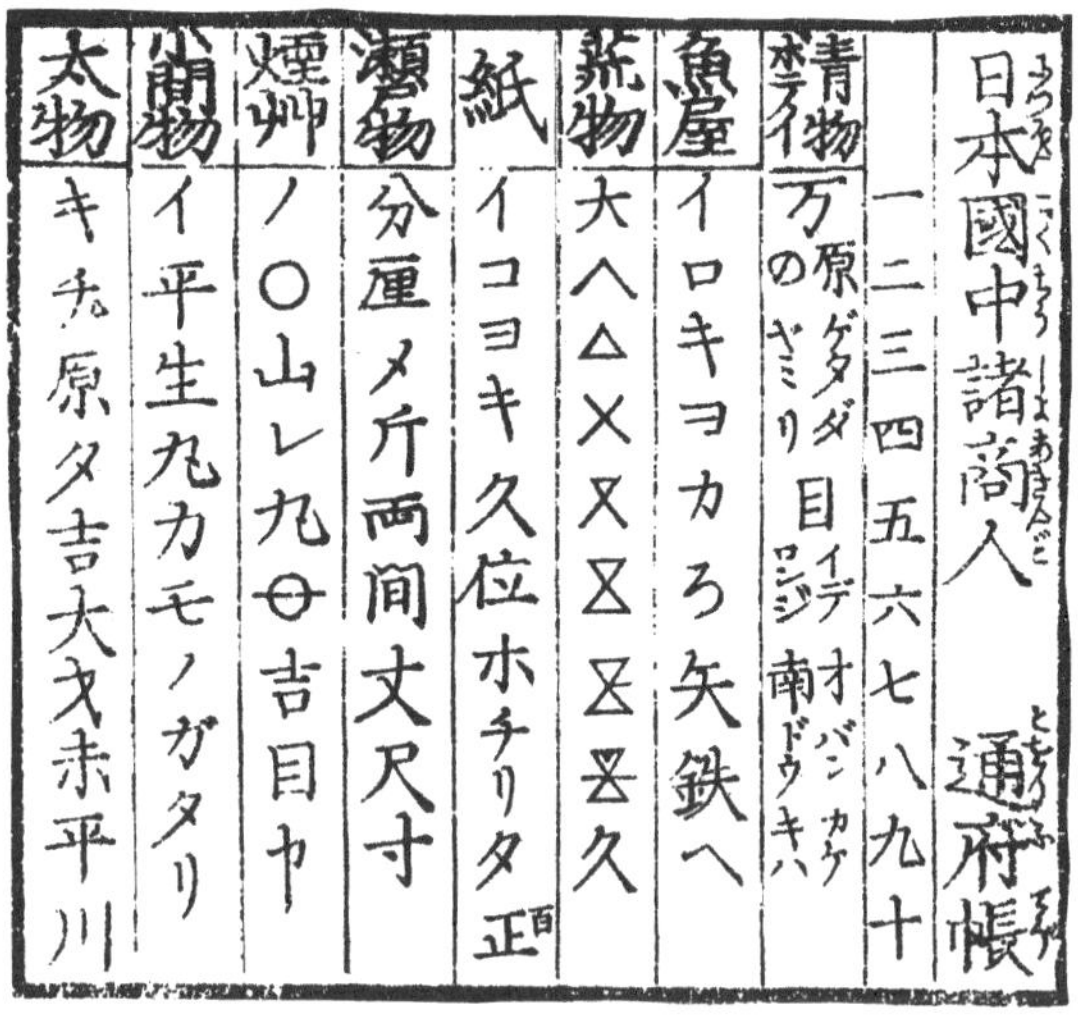

②（泰平武将年代重宝記）

図454 「符帳」

③（万法重宝秘伝集）

仏具【ぶつぐ】〔万買物調方記〕に「京ニテ仏具師」室町竹屋町下 出羽宗味、堀川綾小路下 筑後常味、七条新町西へ入 西村右近、新町西ノ洞院中通五条下 山田陸奥、同町 出羽大掾ら九人がいる。「大坂ニテ仏具屋」御堂筋本町（氏名不記）、堺筋 出羽宗味がいる。「江戸ニテ鋳物師弁仏具」神田鍋町 椎名伊予、南鍋町 はせ川越後、神田鍛冶町 和泉守時重、同所小沼播磨。〔江戸流行買物重宝記・肇輯〕に「仏具神主《ぶつぐいはい》」は本銀町一丁メ万屋茂兵衛、同三丁メ 万屋半兵衛、大伝間町三丁メ 万屋利兵衛、通油町 万屋伊八ら七軒がある。

仏光寺【ぶっこうじ】 京名所。東洞院仏光寺、一向宗本尊阿弥陀如来は名高い尊像である。〔東街道中重宝記・七ざい所巡道しるべ〕

仏参に珠数等渡し様【ぶっさんにじゅずなどわたしよう】〔幼童諸礼手引草懐中重宝〕に、主人が御仏参 御社参の時珠数を参らすには、扇に載せて主人の左から差し出す。香《こう》は右の方へ差し出す。これは陰陽の心得である。

仏師【ぶっし】〔人倫重宝記・四〕に仏師の濫觴として、天竺では仏工に毘首羯摩がいて釈迦如来の像を刻んだ。中国では仏法の渡来以前に黄帝の臣左徹が黄帝の木像を作り、諸侯を来朝させたのが木像の始めである。越王勾践の臣范蠡が越王の金像を鋳たのが金像の始めである。後漢の明帝の時、仏法が初めて唐に渡ってからは仏工が多く出た。日本では聖徳太子の時仏像が渡来、仏工に権作・人作があり、行基 恵心 運慶 湛慶 定朝ら多くの仏工が出、今の大仏師は皆定朝の流という。昔の神々は仏師もしたと思われて天照大神・春日・八幡・天神等という仏がある。
〈大仏師〉〔万買物調方記〕に「京ニテ大仏師」法眼には柳馬場二条上ル 左京法眼康祐。法橋は四条室町東へ入 法橋康慶ら十一人がいる。大仏師は室町一条上ル 大仏師右京ら十四人がいる。「江戸ニテ大仏師」京橋南一丁目 左京ら四人、法橋は京橋南二丁目 法橋祐正ら三人がいる。「大坂ニテ大仏師」谷町 運阿弥、米屋町八丁目 定慶ら五人がいる。法橋には本町五丁目 法橋宮内がいる。

仏事法事の配り物【ぶつじほうじのくばりもの】〔音信重宝記〕に仏事法事の配り物は、小蠟燭 煎じ茶 昆布 麩 干し大根 饂飩の粉 蕨の粉 豆の類 湯葉 油揚げ 氷り蒟蒻 諸味漬 山の芋に青海苔を添え、外に十数種が出ている。〔進物調法記〕には「中陰見舞 弁入院 法事 仏事 彼岸の茶の子物」として同趣の物が百四十種弱が出ている。〔大成筆海重宝記〕には「仏事之差紙（案内状）」文例がある。〔消息重宝記・一〕に仏事法事の贈り物の返事は、賞味 賞玩は取り合わず、ただ「皆打寄りいただき被参せ候」と書くのがよい。

仏生会【ぶっしょうえ】「灌仏」ヲ見ル

仏神加護日【ぶつじんかごび】〔万民重宝大ざつ書改正〕に仏神加護日は、春は寅（〔重宝記永代鏡〕ハ辰、〔調法記・四十ち〕ハ酉）・午の日。夏は丑・午の日。秋は申・子の日。冬は寅・子の日。

仏心宗【ぶっしんしゅう】「禅宗」ヲ見ル

仏前焼香の方【ぶつぜんしょうこうのほう】〔男女御土産重宝記〕に仏前焼香の方は、白檀・沈香・甘松・丁子・薫陸をよく洗い 細かに刻み 等分にして仏前に供える。清浄五種香という。

ふっと【ふっと】 片言。「不斗を、ふつと」という。〔世話重宝記・四〕

ふつに【ふつに】「ふつにとは、ことごとく（悉）にと云こと」。〔消息調宝記・二〕

仏耳草【ぶつにそう】〔薬種重宝記・中〕に和草、「仏耳草 ぶつにそう／ほおひくさ。そのまま刻む、火を忌む」。

仏部三昧耶印【ぶつぶさんまやいん】 護身法大事*の一。〔新撰咒咀調法記大全〕に、「仏部三昧耶印 真言三遍」がある。「唵《をん》怛《た》他《ゝ》櫱《ぎゃ》都《と》納《ど》婆《はん》嚩《は》也《や》婆《そ》婆《わ》訶《か》」。

仏法【ぶっぽう】〔諸人重宝記・一〕太古は仏法の名目はなかったが、欽明天皇（『日本書紀』では五一〇～七〇）の時聖徳太子が初めて仏教を広めて

より相続いて法燈は絶ゆることもなく、伝教（最澄）弘法（空海）の二大師より習合となった。〈諸国詞〉〔男重宝記・五〕に米を、遠江天竜川の川上の山家の言葉で「仏法」という。この地は米もない所で、患うことがあると米を求めて薬とし、万の病を癒すからである。

仏滅日【ぶつめつにち】 六曜*の第四。〔大増補万代重宝記〕に仏滅日は、四月・十月の朔日を仏滅日とする。二日以降は、順に大安《だいあん》* 赤口《しゃくこう》* 先勝《せんしょう》* 友《とも》引《びき》* 先負《せんぶ》*と順に繰る。仏滅日は大悪日で、この日は万事大いに忌み、何事にも用いてはならない。患い付くと長引く。

筆立て様【ふでたてよう】 「書状の事」〈書法〉ヲ見ル

鉄蹄【ふてつ】 牛相。〔牛療治調法記〕に、牛の前脚の蹄《ひづめ》が弓のようで大きく青く黒く紫なのを鉄蹄《ふてつ》といい、吉とする。

筆の事【ふでのこと】 〔万物絵本大全調法記・上〕に「筆 ひつ／ふで。笔 ひつ 同。筆管 ひつくはん／ふでのつか。筆帽 ひつばう／ふでのさや」、「筆工 ひつこう／ふでゆい」、「筆架 ひつか／筆格 ひつかく。同」。〈異名〉〔書札調法記・六〕に筆の異名に、鼠髯《そぜん》 鼠鬚《そしゅ》 管城 狸毛《せいもう》 墨頭《ぼくとう》 錐《すい》毛《もう》がある。〈筆屋の始り〉〔人倫重宝記・二〕は『博物志』を引き、舜が初めて筆を作ったとし、その後秦代に蒙括《もうてん》が鹿の毛を柱《しん》に羊の毛を被《うわけ》に木を管《じく》として結い、この功により管城の守護になったので、筆の異名を管城公とも管城子ともいう。日本では天照大神が天下を治める時高天原に白兎一疋が生じ、朔日から一ケ月に三十茎の毛が生え、翌月から別にまた三十茎が生えて、初めの毛は抜け落ちたのでこの毛を筆に結った。又『夜雨物語』（不明）には、丹州の野崎与松が手習を好み、久世戸の文殊菩薩に祈誓すると文殊は乳児となり、篠の管《じく》に鹿毛を集めて筆を作り、教えた。〔女寺子調法記〕には筆は文殊菩薩の指に表した物といい、軸の長さは四寸二分、筆の形は爪を象る。古くは木を削って文字を書いたので書を入木《にゅうぼく》という。

〈保存法〉〔男重宝記・二〕に、夏は笠《さや》を挿さず冬は挿す。常に塩水で洗って所持すると毛は柔らかになり虫が食わない。〔年中重宝記・二〕には次がある。○黄連の煎じ汁に軽粉を入れて筆頭と軸を浸し、乾かし、函《はこ》に入れて置く（東坡の説）。○山椒と黄連の煎じ汁で墨を磨って筆を染めて納めて置く（山谷の説）。○韮 黄柏の汁に浸して干して置いてもよい。〈筆練り返し〉〔調法記・四十ゟ〕に「遣った筆を練り返しよく書ける伝」は、湯でよく振り 麩海苔をつけて筆を捺えるように練ると、元のように使えるので捨ててはならない。〈筆の用い方〉〔重宝記・宝永元序刊〕には手習にもよい筆を用い、手本相応の筆がよい。筆の用い方は料紙により、打紙（光沢紙）には兎毛、打たぬ紙には鹿毛、檀紙には冬毛、杉原には夏毛、絹には木筆《きふで》がよい。〈筆師〉〔万買物調方記〕に、「京ニテ筆師」は川原町二条下る 法橋祐以、同祐仁、寺町松原下る 裏辻和泉、六角高倉西へ入る 同出店等二十八軒ある。「（同）絵筆屋」は新町竹屋町下る 西嶋七右衛門、油小路綾小路下る 笠や伝左衛門、御幸町二条下る 岩田喜兵へ等六軒がある。「（同）蒔絵筆屋」は御幸町 椹木町下にある。「江戸ニテ筆師」は日本橋南一丁目福用理兵へ、同所 中嶋佐渡、常盤橋ノ前 速水祐仁等八軒の外、通町南北所々に」ある。「同石筆屋」は南伝馬町一丁目十左衛門がいる。「大坂ニテ筆師幷墨」は備後町堺筋 福原丹後、同四丁目 福嶋筑後、大手筋 浦辻河内、両替町 福用出雲等七軒の外、所々に多い。〈筆硯〉〔江戸流行買物重宝記・肇輯〕に「和漢筆硯」日本橋通一丁メ古梅園和泉掾、同二丁メ 文魁堂弥兵衛、五丁メ 静好堂勘兵衛、牛込神楽坂 静一堂吉兵衛、大伝馬町三丁メ 高木五郎兵衛ら九軒ある。〈筆の取り方〉〔重宝記・宝永元序刊〕に中指と人差指の尖りに筆を置き、頭指《かしらゆび》の傍と大指の腹で押して取る。薬指と小指は握らずに中指の下に差し寄せて中指の力にし、掌《たなごころ》の内は空《うつろ》にする。大指の節を立てたのも

落したのも見苦しく、よい程にする。これは始めは取り難いようであるが、後はよくなり字は自由によく書ける。筆の取り方が悪いと字型も悪くなるので、稽古始めから取り定めるのがよく、悪くなると修正は難しい。〔寺子調法記・元治二〕に図（図455）があり、真（書）は水際より一寸に取る。行は水際より二寸に取る。草は水際より三寸に取る。「真行草の事」〈手法〉モ見ル

〈紋絵〉〔紋絵重宝記・上〕には、筆の字と、筆の意匠がある。

図455 「筆の取り方」(寺子調法記)

ふてる【ふてる】片言。「ふてるは 捨るである」〔不断重宝記大全〕

麩田楽【ふでんがく】〔料理調法集・麩之部〕に麩田楽は、合せ麩*を少し固めに仕立て、湯煮して、酒醤油でよく煮しめ、豆腐田楽の形に切り串に刺し、少し火取りして擂り、胡桃を付けて出す。青串を刺すとよい。〔料理調法集・焼物之部〕に麩田楽は、生麩へ濾し豆腐を合せ、擂り交ぜて湯煮し、また酒醤油煮にして田楽の形に切り、少し焼いて擂り、胡桃をつけて出す。

普天の下卒土の浜【ふてんのしたそっとのひん】〔世話重宝記・四〕に「普天の下卒土の浜《ひん》」は『詩経』に出るとして、普く天の下土の内に住む者は、皆帝王の臣下でない者はないという意とある。浜《ひん》とはほとりの意。

葡萄酒【ぶどうしゅ】醸造法。〔昼夜重宝記・安永七〕は葡萄を一粒ずつ押し潰して汁をよく絞り溜め、鍋に入れ、炭火でそろそろと煎じ、その後よく冷まして、焼酎でも泡盛でも三分の一程加える。葡萄は酸いのも甘いのも一ツにする。また竜眼の果実の皮を去り、焼酎にひたひたに漬けて十四日程置くと醤油のように出る。その時果実を取り上げ、布で絞り粕を捨てる。この二色を心次第に交ぜて濃漿《こんず》のようになったのを、前のように二色別々に壺に入れて置くといつまでも持つ。

〔料理調法集・料理酒之部〕には葡萄のよく熟したのを皮を去り汁四盃、氷砂糖の粉三盃、竜眼の果実一盃、古酒三盃、焼酎三盃を一ツに合せて置き、七日を経て遣う。また葡萄を千切り、焼酎に浸し、三日過ぎて焼酎を捨て、葡萄の皮を去り、竜眼の果実の皮と種を去り、葡萄と等分にして、新しい焼酎をひたひたに入れ、壺に詰め、二十一日を経るとよい。

葡萄疔【ぶどうちょう】〔調法記・全七十〕に葡萄疔は、葡萄のようなものが一夜の内に出来、療治を知らないと一日の内に死ぬ。灸を据えても熱からず、生の豆を食わしてみて何とも香ばしいのは、この疔である。葡萄疔には、大蒜《にんにく》を黒焼にして糊に交ぜて付けると速やかに癒え、命は助かる。この薬の外には、どんな名医の外療内薬でも治し難い。

葡萄の事【ぶどうのこと】〔万物絵本大全調法記・下〕に「葡萄 ほたう／えび／ぶだう」。〈薬性〉〔医道重宝記〕に葡萄《ぶどう》は平で毒なく、筋骨を養い湿痺を治し 気を増し 力を強くし 小便を通ずる。〔永代調法記宝庫・四〕に葡萄は霍乱 吐脚 二日酔 筋骨の痛み 痺れによい。また、疱瘡 麻疹の出兼ねるのに少し食するとよい。

〈貯え様〉〔永代調法記宝庫・六〕に貯え様は、余り熟さない時に採り、一房ずつにし、次に乾いた地を掘り下から二寸程半に竹の簀《す》を掛け、擦れ合わないようにして並べて置き、上を透かして板を敷き、その上に土

を五寸程置くとよい。

不動明王真言【ふどうみょうおうしんごん】〈真言陀羅尼の一*〉〔続呪咀調法記〕に「曩莫《なうまく》。三曼多《さんまんだ》。嚩日赦《ばざらたん》。戦拏《せんだ》。摩訶盧灑拏《まかろしやだ》。娑頗吒耶《そわたや》。吽怛羅吒《うんたらた》。唅鋡」と唱える。「慈救呪《じくのじゅ》」ともいう。〔永代必用両面重宝記・寛延四〕に不動明王は、酉年生れの守り本尊で、御縁日は三日・二十八日。真言は「曩莫三曼多縛日羅赦戦拏摩訶盧灑拏娑頗吒耶吽怛羅吒唅鋡」。卦は兌上断。

葡萄餅【ぶどうもち】 菓子名。葡萄餅、白ながし物、黒豆を入れて。〔男重宝記・四〕

婦徳【ふとく】 女の四ツの行い*の一。〔女用智恵鑑宝織〕に婦徳は、心立よく、心正しく、潔くして邪ならず、和らぎ順い、我侭でないこと。「女の四徳」参照

太物店符帳【ふとものたなふちょう】 太物は「木綿・麻織物」類の総称。〔早算調法記〕に符帳*として次がある。キ《き》(一)。千《せん》(二)。原《はら》(三)。夕《ゆう》(四)。吉《よし》(五)。大《だい》(六)。才《さい》(七)。末《すへ》(八)。平《ひら》(九)。川《かわ》(十)と使う。百十匁は川キ上、百十一匁は川キ元、百五十五匁は川吉重とし、この場合、上はもと重ねとする。「符帳」参照

太股の擦れ【ふとものすれ】〔妙薬調方記〕に、歩く時太股が擦れて困るには、生姜を卸して塗ると妙である。

太織紬【ふとりつむぎ】〔絹布重宝記〕に太織紬《ふとりつむぎ》は、太く撚《よ》った絹糸で織った織物をいう。丈夫で粗野、身にまつわらない肌触りが特色。帯地にも用いる。目《め》専《せん》太織* 郡内太織* 釘抜太織* 絹太織*等がある。

蒲団【ふとん】 寝る時の敷き物。〔女中仕立物調方記〕に下蒲団、中蒲団、上蒲団がある。①下蒲団は、繻子 緞子 綸子 繻珍等で、形は巾は鯨尺で大方一尺二三寸を四巾程にし、金入唐織天鵞絨などで縁を取る。一巾を二重に取りつける。長さは六尺か六尺五寸。②中蒲団は、綸子紅白浅黄、縮緬同断、紗綾同断など。但し 一枚かたの模様物 巾は五巾か四巾半、但し 縮緬紗綾 巾一尺程もある物は四巾にも見合せ、とにかく下蒲団と重ね合せ四方ともに五分程短くなるようにする。もっとも貝の口にする。③上蒲団は、紅浅黄羽二重、紫羽二重、縞羽二重の類の物。巾五巾か四巾半で貝の口にする。これも中蒲団に四方五分程短くなるようにする。これは夫婦の夜の物とし、客用は一人前ずつに積る。〔茶屋諸分調方記〕に絵がある。

ふどんどう【ふどんどう】 片言。「ふとんを、蒲団《ふとん》」と言う。〈唐人世話詞〉〔男重宝記・五〕に「ふどんどうは、不動堂《ふどうだう》」である。〔不断重宝記大全〕

船岡山【ふなおかやま】 京名所。低く長い松山である。京中の墓所である。この山に入ってからは神社への参詣を憚る。船岡山はあれと見て、通り過ぎるのがよい。〔東街道中重宝記・七ざい所巡道しるべ〕

船切【ふなきり】 蕎麦 饂飩の打ったのを切って、茹でないままに槽《ふね》に並べたのを船切という。〔江戸町中喰物重法記〕には「船きり」は、下谷山崎丁入口 浜名屋にある。

鮒昆布巻【ふなこんぶまき】「御膳御膳長門鮓／鮒こんぶ巻」は、銀座三丁目鎌倉屋丈右衛門にある。〔江戸町中喰物重法記〕

鮒の事【ふなのこと】〔万物絵本大全調法記・下〕に「鯽 せき／ふな。鰿魚 せきぎよ。鮒魚 ふぎよ。並に同」。〈異名〉〔書札調法記・六〕に鮒の異名に、鯽 逆鱗魚がある。〈薬性〉〔医道重宝記〕に鮒《ふな》は温で毒なく、胃を補い食を進め、痔を癒し痢病を治す。〔永代調法記宝庫・四〕には気虚を補うとある。〈柔か煮様〉〔諸民秘伝重宝記〕に鮒の和か煮様の伝は、白水*に醬油を加減して煮ると、頭骨までも和かになる。〔日用調法人家必用〕に鮒・鯊の類早く骨柔らか煮様は、湯煮の時鍋蓋の廻りへ紙に水を湿し二三枚通り目張りして、一二度煮立てた後に火を活け込み、温い炭火で三時（六時間）程置き、その上で醬油と味醂酒を差して煮上げると、骨

抜きのように柔らかになる。

〈料理仕様〉〔諸人重宝記・四〕に鮒は、鱠 汁 煮浸し 小鳥焼 吸物 こごり（凝）粕漬、色々に遣う。〔料理調法集・汁之部〕に鮒汁がある。①鮒を若和布か搗布《かじめ》でも巻いて、甘味の少ない時は擂り鰹を入れ、出汁が出ると身を出汁で煮立てる。よく煮て酒塩を差し、吸い口は山椒の粉がよい。②鮒汁を急ぐ時は、白砂糖に酢を少し加えると即時に煮える。久しく置くと砂糖の甘味が知れる。但し、十人前には砂糖貝杓子二盃、酢半分を入れるとよい。③鯉 鮒の汁は、古酒をひたひたに入れ酒ばかりで煮て酒の匂いがなくなった時分、味噌を立て差して出汁袋を入れる。味噌が濃い時は取り湯を差すとよい。小味がなければ醤油をさすとよい。〔世界万宝調法記・下〕に鮒鱠は、鮒が子を持たない前に酒を少しかけて一遍和え、酒を滑《した》み臭みを取る。酢 煎酒 塩で和え、焼骨や子は後に交ぜる。〔料理調法集・鮨之部〕に鮒早鮨は、酒一升に塩三合を入れて煮返し 酢一合を加え、飯は冷まして煎じ酒で塩梅する。塩は少し辛い方がよい。鮒は塩を振って一時（二時間）程染ませ、さっと洗い飯に二日程漬ける。また四五日置いて、酢を加えず塩を辛目にし二時程漬け、押しを軽くする。それより次第に重しを強くする。

〈食い合せ〉〔家内重宝記・元禄二〕は鮒に辛子を食い合わせると気腫を患う。〔永代調法記宝庫・二〕は鮒と砂糖を食い合わせると疳の虫《ひきつけ》（或は胃腸病）、芥子を食い合わせると黄疸を生ずる。〔料理調法集・当流献方食物禁戒条々〕は○鮒子、海老、雉子、鶏の食い合せを忌む。○鮒に薊草を食い合わせると忽ち死ぬ。○鮒に胡椒を食い合わせると忽ち揮える。○鮒に芹 辛子 砂糖は食い合せである。他の書にも、鮒と蒜《にんにく》を食い合せると熱が出、芥茶《からしちゃ》と同食すると腫れ病を患い、また麦門冬の入った薬を飲んでいる人は特に忌み、もし同食すると人を殺す等がある。

〈口伝〉〔料理調法集・秘事之部〕に鯉 鮒ともにごみ臭い風味を去るには紙を焼いて冷めた灰の上に置き、卸した身をその上に置くとよい。〔男女御土産重宝記〕に「小鮒の苔を早く取り様」は、笹の葉を切り擂鉢へ入れて揉むと悉く落ちる。〔嫁娶調宝記・一〕には婿方の拵え物に、打ち身「鯉の高盛」*とともに「反り鮒の図」がある（図456）。八寸の台の敷輪の上の土器に鮒一ツを載せる。

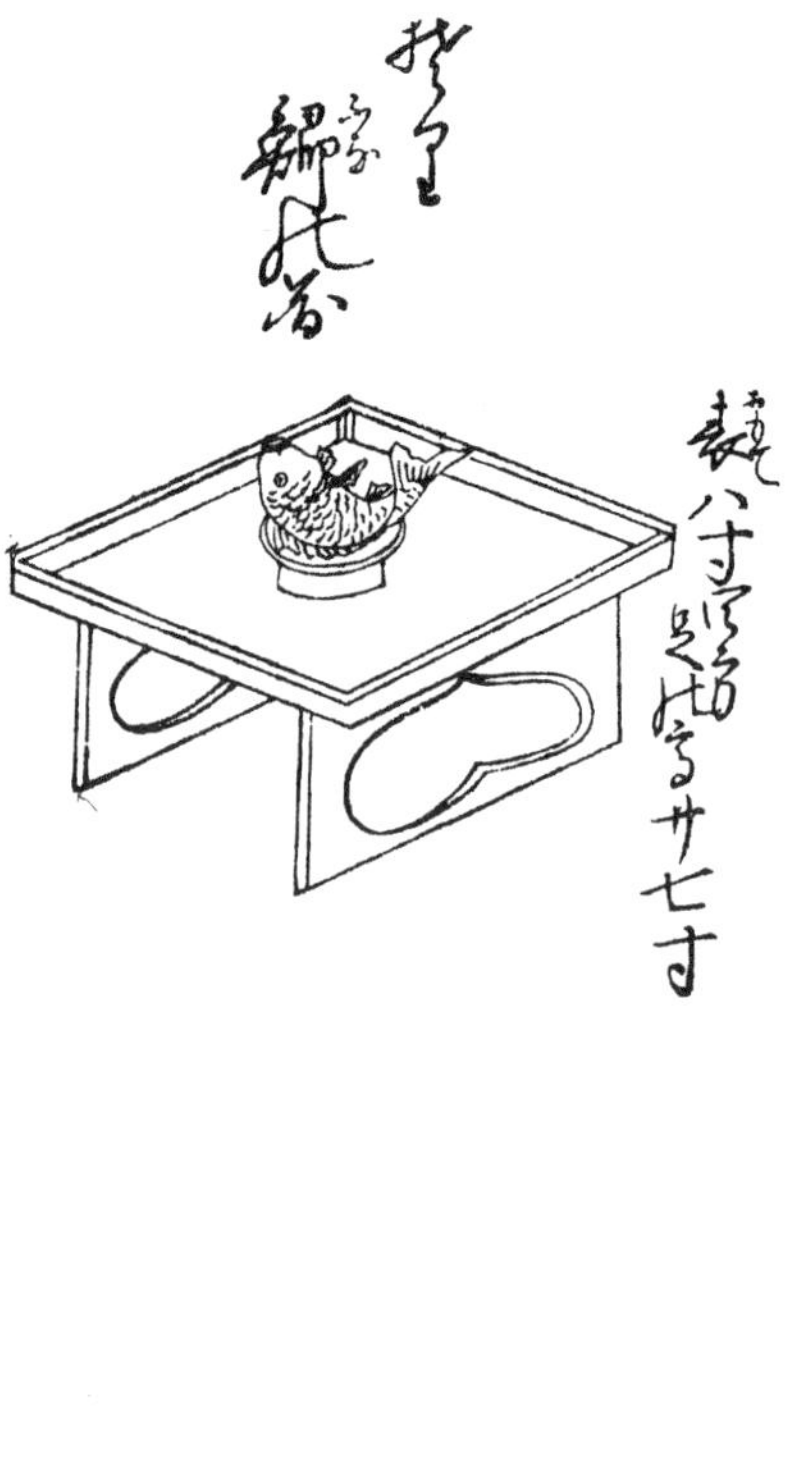

図456 「反り鮒の図」（嫁娶調宝記）

船橋【ふなばし】 大和詞。「ふなばしとは、中たゆる（絶）を云」。〔不断重宝記大全〕

鮒もどき膾【ふなもどきなます】〔世界万宝調法記・下〕に「鮒もどき膾」は、海鼠《なまこ》をなるだけ細く作り、煎り酒をぬるく温めて和え、何でも魚の焼骨を細かにし、山葵を入れて和え、酢を加える。

船呼【ふなよばい】 大和詞。「ふなよばひとは、舟よびかはす」ことである。〔不断重宝記大全〕

船遊び【ふねあそび】 船遊び（船遊山 ふなゆさん）は、五月末より八月末迄のことであるが、五月はまだ早く六月は熱さ激しく、七月をよい時節とする。〔消息重宝記・三〕の「船遊び催しの文」の現代語訳は、「一寸申

し上げます。ますますこの頃は御障りなくお過し、御目出たく存じます。さて、今夕方より川筋へ船遊びを催しますので、納涼に御出掛け下さい。今宵はよい花火もあり、評判でもありますので、御子様方を御伴い私方へ御出で下さるよう御待ち申し上げます。御返事は口上で仰って下さい。めでたくかしこ」。この返事、「御手紙拝見しました。御文面のようにこの頃は耐えがたい暑さ、同じように凌ぎ難く思います。今夕御涼みに船遊びを御催しにつき、こまごまと御示しの趣き、山々ありがたく、倅娘ども召し連れ追っつけ御宅へ参上、御供申し上げます。何もその節目に掛りまして申し上げます。めでたくかしこ」。

船の事【ふねのこと】 〔万物絵本大全調法記・上〕に「舟 しう／ふね。舩《せん》般《せん》舡《せん》。並に同。皆総名也」。「船 はく。海中の大船也。やかたぶね。いくさぶね」。「艜 たい／ひらぎ／たかせ」。「艇 てい／をぶね／はやぶね」とある。〈船の始〉〔掌中年代重宝記〕に船の始めは、○十代崇神天皇五年七月、諸国に造らせる。○猪牙舟《ちょきぶね》は万治二年（一六五九）、玉や・菊やの二人が始めて作る。〈船に乗る心得〉〔諸民必用懐中咒咀調法記〕は船に乗り、我が股座《またぐら》より船中を覗いて見て、乗客または船頭にがんち（眼二）、或は不思議な人の姿が見えたら、その船には難があると知る。○船に乗る時小便をして泡が立たなければ船に乗らない。必ず難がある。疑ってはならない。〈破損する船を知る伝〉〔調法記・四十ち〕に船に乗る時、○足の大指で船に向い「賦」の字を書き、次に両手で猪《い》の目を組みその中から船中を見て、人の首が見えない船は必ず破損する。○船中より陸上へ鼠が上ったらその船に乗ってはならない。必ず破損する。〈船酔い〉〔新板秘伝日用重宝記・上〕に船酔いに硫黄を臍に当て紙で封じて乗る、また火を点けて鼻に嗅ぎ込めば決して酔わない。〔諸民秘伝重宝記〕は船に乗る時 紙縒を鼻へ差し入れてくさめ（嚔）を三ツして乗ると酔わない。〔大増補万代重宝記〕は半夏*を湯煎にして臍へ入れ、紙で上を貼って置くと酔わない。何魚でも腹籠《はらごり》を水で呑むのもよい。鱶の干したのを飲むのもよい。

〈呪い〉〔新撰咒咀調法記大全〕には船の中に「賦」の字を書き、「武」の字の点をその人の額に打つと、少しも酔わない。硫黄を持つのもよい。〔日用調法人家必用〕は舟に酔わぬ呪いに、硫黄のついた付木を懐中する。又方は、舟に乗る前にその海でも川でも水を手に取って一口呑むと酔わない。〔男女御土産重宝記〕に船に酔った時は、梅干を食うと奇妙、梅干は血をとどめ渇をやむる功能がある。濡れ米を食うても奇妙である。〔懐中重宝記・慶応四〕に舟に酔ったのには桜の皮を焼いて白湯で用いる。実もよい。〔清書重宝記〕に舟に酔うには、我が手に「蘭」の字を書いて乗った人の数を「南兵」と舟に向かって書くとよい。〈船乗を忌む日〉〔重宝記永代鏡〕は、○毎月二十五・二十六日に雨がなければ、翌月三・四日に船を出すのを忌む。○正月九日、同二十九日は、海上風難のある日として船人が忌む。○二月七・十七・二十一・二十九日。三月七・十五・二十三・二十八日も、暴風《はやて》の吹く日として海上するのを忌む。○四月朔・八・二十三も海上するのを慎む。○五月五・十三・二十一日。六月十二・二十四日は、船に乗るのを忌む。○七月八日は海上を忌む。○八月十四・二十四日。九月九・二十七日。十月五・二十日。十一月十四・二十九日。十二月二十四日は、いずれも海上に暴風があり忌む。また十二月の大晦日は、昔から船に乗らない。これが〔永代日暦重宝記・慶応元写〕では四月二十五日・十二月十二日が入っており、五月二十四日・十月は二十七日に替る。〔男女御土産重宝記〕は一人女を船中へ乗せてはならず、大いに忌む。難風が来る。その時は、女を海へ沈めないと風は静まらない。〈紋様〉〔紋絵重宝記・上〕には「船」の字、また船の形を意匠した紋絵がある。〈船中俳諧嫌物〉〔俳諧之重宝記すり火うち〕は、返る、沈む、浪風あらき等が

ある。

舟の詞【ふねのことば】〔男女御土産重宝記〕に船を操るのに用いる専門用語がある。取梶*（左へ行く）。表梶《おもかじ》*（右へ行く）。開き*東風《こちかぜ》*。西風（まじ）*追手《おいて》*（艫〔船尾〕より吹く風）等がある。なお、一人女を船中へ乗せてはならず、大いに忌む、難風が来る。その時は女を海へ沈めないと風は静まらない。

ふの仮名【ふのかな】〔万民調宝記〕に「ふ」の仮名遣いがある。「下に書くふの字」「ひ」「ふ」「へ」の外に、入声字は「ふ」と「つ」と通ずるので法師は「ほふし」と書き、談合は「だんかふ」と書き、万葉集は「万えふしふ」と書く。「法ほふ」「合かふ」「葉えふ」「集しふ」はいずれも入声で詰むる仮名である。これらに「う」の字を書いてはならない。この類は多くはない。

麩の事【ふのこと】〈製法〉〔男女日用重宝記・下〕に麩は、粉一斗に塩三合を入れ、よい頃に水を入れて踏み、固まった時洗い、糟を取る。但し、夏は塩は四合入れるとよい。〈薬性〉〔医道重宝記〕に麩《ふ》は冷で毒なく、熱を除き、中《うち》を寛《ゆるく》し、気力を増す。〔永代調法記宝庫・四〕には脾胃を調え、腹を止め、熱気を冷ます。
〈麩料理〉麩料理に次がある。合わせ麩*按麩*梅が香麩*梅麩*何首烏麩*栗麩*胡桃麩*氷《こおり》麩*九重《ここのえ》麩*御所麩*米《こめ》麩*酒《さか》麩*思案麩*祥雲麩*薯蕷麩*土佐麩*麩田楽*法論々々麩*本成寺麩*交ぜ麩*丸揚麩*丸山麩*餅麩*紅麩*寄せ麩*葉和らか麩*など。

不のぬ文字【ふのぬもじ】〔俳諧之重宝記すり火うち〕に「不のぬ文字」は打ち消しの「ぬ」をいう。しずまぬ（不沈）。しらぬ（不知）。ふらぬ（不降）。括弧内の漢字のように、返って読まれるのを「ふのぬ」という。

麩の焼【ふのやき】〔男女日用重宝記・下〕に麩の焼仕様の事は、饂飩粉を塩水で延べ 鍋に入れ そろそろと練り、また脇で焙烙を据え 火を炊き、藁稭《わらしべ》で小さく箒を結い 先に油を少し付け、焙烙の内をそろそろと掃き、柄杓で生麩（先の練物）を汲み、焙烙に入れ、箆《へら》で廻して麩の焼にする。但し、焙烙は小盞をする。〈売り所〉〔万買物調方記〕に「江戸ニテ麩の焼」は麹町十一丁目 助惣、「大坂ニテ焼餅幷麩の焼」は天神橋米屋町筋にある。

麩の焼玉子【ふのやきたまご】〔料理調法集・鶏卵之部〕に麩の焼玉子は、玉子を割り、饂飩粉を交ぜ、薄鍋で焼く。

麩の焼豆腐【ふのやきどうふ】〔料理調法集・豆腐之部〕に麩の焼豆腐は、豆腐を水をよく絞って擂り、饂飩粉を擂り合せ、薄鍋に胡麻油を引いて焼く。

不好女子【ぷはうにいつ】唐人世話詞。「あしきむすめ（悪しき娘）といふ事を、不好女子《ぷはうにいつ》といふ」。〔男重宝記・五〕

浮白【ふはく】〈経絡要穴 頭面部〉二穴。浮白は直ぐに天衝の下一寸、耳の後ろの髪際を一寸入る所にある。針三分。灸三壮か七壮。歩行遂わず、耳聾、耳鳴、歯痛、胸痛み満ち息出来ず、胸痛み首 項《うなじ》癭癰腫れ、物言えず、肩臂挙らず、寒熱を発し、喉痺、しゃくり、痰沫を吐くのを治す。〔鍼灸重宝記綱目〕

布被【ふひ】唐人世話詞。「よぎ（夜着）*を、布被《ふひ》」と言う。〔男重宝記・五〕

吹雪【ふぶき】大和詞。「ふぶきとは、風にまじる雪」である。〔不断重宝記大全〕

ふぶき餅【ふぶきもち】菓子名。ふぶき餅、上しめし物、中羊羹、下ながし物。〔男重宝記・四〕

付分【ふぶん】〈経絡要穴 背部〉二穴。付分《ふぶん》は第二椎の下、左右へ各三寸ずつ開く所。座してとる。これより下秩辺迄十四穴は足の太陽膀胱の穴である。『銅人』に針三分、『素註』に針八分、灸五壮とする。肘痺れ、肩背強ばり、頸痛み振り返られないのを治す。〔鍼灸日用重宝記・三〕

不好少年【ぷほうとんつう】唐人世話詞。「あ（悪）しきわか（若）衆を、不好《ぷはう》童子《とんつう》」と言う。〔男重宝記・五〕

釜沸【ふぼつ】 七死の脈*の一。〔医道重宝記〕に釜沸《ふぼつ》の脈は、皮肉の上にあり、釜に煮て珠が浮くような脈である。六死の脈*に加えたものである。

風払の毛【ふぼつのけ】 鷹の名所*。〔武家重宝記・五〕に風払の毛は、鷹の肩先の端にある毛である。

文【ふみ】 「書状の事」ヲ見ル

踏合【ふみあわせ】 雑穢。〔大増補万代重宝記〕に病死 自害人、或は忌中の家に入る者は、触穢《じょくえ》とし、これを踏合《ふみあわせ》という。水を浴びる時は穢れはない（行水次第）。もし宅の中に死人のある時は、一日の穢れである。但し、未だ聞かない者は当日でも穢れはない。もし、父子が一所にいて父は忌服を受け、子は忌服を受けない者は、当日を以って踏合《ふみあい》せの穢れとする。翌日以後同居して穢れはない。〔男重宝記・四〕は当日一日の穢れであったが、行水次第となり神に参っても構わない。

踏み抜き【ふみぬき】 踏み抜きは、足の裏に刺《とげ》や釘等を踏み刺すことをいう。〔諸民秘伝重宝記〕に踏み抜きは、雪隠の虫を黒焼にして続飯で練り付けるとよい。針が身に立った時は蚯蚓の腹の土を漕《こそ》げ捨てて蚯蚓を練り付ける。〔胡椒一味重宝記〕には胡椒の粉を糊で練り付ける。

文箱の受渡し【ふみばこのうけわたし】 〔麗玉百人一首吾妻錦〕に文箱《ふみばこ》の受け渡しは、文箱を左手に据え、右手で文箱の頭を取って渡す。受け取り様は、右手で取り左手に渡し、後へ退く。主人へ参らすには、紐を解いて文を取り出して渡す。箱の上に封があれば紐を解くことなく、そのまま差し上げる。《紋様》〔紋絵重宝記・下〕に「文箱に桜」「文箱に梅」の意匠がある。

浮脈【ふみゃく】 七表の脈*の一。〔医道重宝記〕に浮脈は、脈を重く圧すと足らず、指を上げると余りがある。物を水の上に浮かべて圧す感じである。病は表にあり、力のあるのは風、力のないのは虚。中風を患う人に表れる。〔斎民外科調宝記〕は指の下に足らず、指を浮かめて余りがある。陽とし病が表にあり、風とし虚とする。腑を窺う。〔鍼灸日用重宝記・一〕には指を押しても浮けても柔かに当る。鞠を押して見る心とある。

ふめ【ふめ】 〔料理調法集・口伝之部〕に何首烏*のことを山中や田舎では、「ふめ」ともいう。根実も遣うとある。

ふ文字【ふもじ】 内裏仙洞詞。「鮒は ふもじ」。また「筆を、ふもじ」。〔女用智恵鑑宝織〕

麩餅【ふもち】 《菓子名》〔菓子調法集〕に麩餅は、小麦の粉一升、黒砂糖一斤、白砂糖半斤。二通りの砂糖を合せ、水一合程入れ、煎じて布で濾し澄まし置く。粉に古酒一合 砂糖蜜共入れ、掻き混ぜ、底のない箱に布を敷いて入れ、蒸す。砂糖蜜加減は小麦粉に合せ、堅くない程にする。〔男重宝記・四〕に麩餅は、饅頭の酒で、砂糖でながし物とある。

麩焼【ふやき】 〔料理調法集・焼物之部〕に麩焼は、鳥を大びらに作り、下汁出汁《だし》を醤油酒で仕立て、鳥を入れながら箸で引き上げ、鍋で焼きつける。秋金焼等というのも同じ類である。

蜉蝣丸【ふゆうがん】 〔丸散重宝記〕に蜉蝣丸は、婦人の瘀血（古血）、腹張り、胸の塞がるのによい。桃仁・大黄・浮石を糊で丸ずる。

冬枯餅【ふゆがれもち】 菓子名。冬枯餅、白砂糖に米の粉を交ぜ、中へくり入れる。〔男重宝記・四〕

冬の事【ふゆのこと】 〔永代調法記宝庫・四〕に冬は終《しゅう》《おわり》であり、万物 終蔵《しゅうぞう》とおさむる時である。玄英となづけ、極陰《ごくいん》の時である。〔俳諧之重宝記すり火うち〕に「異名」を元（ママ）英 上天 玄帝 律檀 羽音という。和語に「ふゆ」と云うのは「ひゆ」の意で、「ふ」と「ひ」は五音相通じ、天気寒く冷ゆると云う義である。十・十一・十二月の三ケ月。

《冬の気を見て吉凶を知る》〔重宝記・幕末頃写〕に次がある。冬の気は水で黒色である。冬の気が、亥・子（二十二時・零時）に東へ靡くと位を進める喜びがある。南へ立つと家内に死人があり、西へ立つと悪事があ

り、北へ靡くと悪く宝を失う。真直ぐに高く立つと家内富貴する。〈音信物〉〔音進重宝記〕に冬の音信物は、雁 鴨 鶏卵 かしわ 水魚 海鼠 しいら 干鮭 蜜柑 納豆 氷豆腐など。「寒気見舞」には、頭巾 焼鍋 足袋 手あぶり温石など。「歳暮」には、牛蒡 煎海鼠 鰤 串貝 切炭 屠蘇袋など。〔紋絵重宝記・上〕には冬の字の紋章と文字の意匠がある。

蜉蝣の事【ぶゆのこと】〈片言〉〔不断重宝記大全〕に「ぶゆ、蜉蝣 ふゆう」。〈蜉蝣の一期〉〔世話重宝記・四〕に命の短い譬えとする。蜉蝣は、かげろうという虫で、朝に生れ暮に死ぬ。一名を渠略《きょりゃく》といい、蛣蜣《くそむし》に似て細く長く、角があり長さ三寸、よく糞土の内に生ずる。甲の下に翼がある。「かげろう（蜻蛉）」参照

冬の脈【ふゆのみゃく】 四季の脈の*一。〔斉民外科調宝記〕に冬の脈は、微石を平脈とする。胃の気がある。但 石を病脈とする。浮 大なのを四時の逆脈という。

冬牡丹【ふゆぼたん】 草花作り様。〔昼夜重宝記・安永七〕に冬牡丹の花は薄白色で、赤色が寒の前後に咲く。土は、白 赤土に砂を少し加える。肥しは、この土に下肥を交ぜ 土を寝させ 土がよく肥えた時、細かに砕いて篩い、根廻りに用いる。分植は九月中旬より十月中旬迄がよい。

不容【ふよう】〈経絡要穴 心腹部〉〔鍼灸重宝記綱目〕に二穴、不容は幽門の傍らを一寸半去る処にある。灸三壮か五壮。針五分か八分。腹満ち、痃癖、唾血、肩脇・胸背痛み、咳をすると肩に引いて痛み、不食 疝気 不食 嘔吐 腹鳴り等を治す。〈灸穴要歌〉〔永代調法記宝庫・三〕に「腹の内引き攣り痛み不食して脇の積《しゃく》には 不容（に）灸せよ」。

付陽【ふよう】〈経絡要穴 腿却部〉二穴。付陽は飛揚*の下四寸、外踝の上三寸、筋骨の間にある。針六分、留むること七呼。灸三壮か五壮。霍乱、転筋、腰・足痛み、頭重く、寒熱のあるのを治す。〔鍼灸重宝記綱目〕

芙蓉【ふよう】〔万物絵本大全調法記・下〕に「芙蓉 ふよう／きはちす。夏」。〈草花作り様〉〔昼夜重宝記・安永七〕に芙蓉の花は、一重 八重白、薄色である。土は合せ土*がよい。肥しは魚の洗い汁がよい。分植は春、秋にする。

婦容【ふよう】 女の四ツの行い*の一。〔女用智恵鑑宝織〕に婦容は、容《かたち》は婦やかに、身持は綺麗に、衣服も垢付のないようにする。「女の四徳」参照

趺陽【ふよう】〈足の脈〉〔斉民外科調宝記〕に趺陽《ふよう》は胃脈である。足の跗（甲）の上五寸、骨の間に動脈がある。足の人差指と中指の間を上へ摩りあぐると、足の跗の中程 指の止まる処にある。病の重い時はこの脈を窺い、死生を決する。衰えが無い時は病が危くても生きる。衝陽ともいう。〈経絡要穴 腿却部〉〔鍼灸重宝記綱目〕に衝陽二穴。灸三壮。針三分、留むること十呼。もし刺《はりさ》して血が出れば死ぬ。中風で口眼歪み、足収まらず、虫歯、腹堅く、大に不食し、傷寒、狂乱等を治す。

芙蓉膏【ふようこう】〔改補外科調宝記〕に芙蓉膏は敷薬として、芙蓉葉 黄荊子（各等分）を粉にして石臼に入れて搗き爛らかし、鶏卵の白身で練り付ける。○腫物が潰れそうな時、頭を残し周りへ貼り、塗る。薬を付けて腫物から烟のように湯気が立つとよい。○癰疽 発背が錐で刺すように痛み堪え難いのに付ける。〔骨継療治重宝記〕には芙蓉膏は、打撲傷損 腫痛の紫黒色が久しく退かないものを治す。紫金皮・南星（各一両）、芙蓉葉（二両）、独活・白芷・赤芍薬（各五両）を末（粉）にし、生薑汁 茶清に調え、温めて貼り縛る。傷損、紫黒色が久しく退かないものには、肉桂（五戔）を加える。

扶陽の術【ふようのじゅつ】〔懐中重宝記・弘化五〕に、十一月*は一陽来復の時なので、陰気を抑え陽気を養い蓄えることを「扶陽の術」という。

芙蓉羊羹【ふようようかん】〔菓子調法集〕に芙蓉羊羹は、濾し粉一升に砂糖六斤を入れ、てん〆に鍋で練る。暑気を通じ風味は変わりない。

嫵烙散【ふらくさん】〔牛療治調法記〕に嫵烙散は、牛の水草が通ぜず、大屎

が乾き通じないのを治す。大黄・透山竜・地骨皮・黄連・四天笠・通草・桔梗・烛答花・茯苓・五味子・木通。これ等を末（粉）にして滝《そそ》ぐ。

ぶらここ【ぶらここ】〔消息調宝記・二〕に「ぶらこゝとは、かさはりと云たはれ（戯）也。三月から（唐）の宮の女のすること」。ぶらんこ。鞦韆。

巴西【ぶらじる】〔童蒙単語字尽重宝記〕に巴西《ぶらじる》は帝国。広さ三百万四千五百坪、民は六百六万五千人。「伯西児」「庇理些離」とも書く。里約日内路《りおぢゃねいろ》。

仏朗西【ふらんす】〔童蒙単語字尽重宝記〕に仏朗西《ふらんす》は共和国。広さ二十万四千八百坪、民は三千七百四十七万二千七百人。「仏蘭西」「法朗西」「仏国《ふらるす》」とも書く。巴勒《ぱりす》民は百六十九万六千百四十一人、（品川海より）四千七百二十里。加拉斯《からいす》民（記載ナシ）。（品川海より）四千七百九十七里。里昂《りおん》民は三十一万八千八百人。馬塞里《まるまりー》民は二十六万九百十人。

ふりかけ薬【ふりかけぐすり】〔薬種日用重宝記授〕に「元祖ふりかけ薬」は、黄伯（一匁）、光明丹・阿煎薬（各五分）。外に白磐（二分）、軽分（五厘）、烏賊の甲（四分）。日々少しずつ掛ける。〈売薬店〉〔洛中洛外売薬重宝記・上〕に「万能癒懐中良薬他家無類ふりかけ薬」は、西六条仏具や町七条上ル二丁目 梅園堂にある。第一に指の病、切り傷 瘡 腫物 床擦れ 爛れ 一切の傷の類に奇妙である。

振り放け【ふりさけ】「ふりさけとは、ふりあをむく（振仰向）也」。〔消息調宝記・二〕

振出し薬【ふりだしぐすり】〔薬種日用重宝記授〕に振出し薬は、羌活・茯苓・木通・紫蘇・忍冬（各十匁）、独活・柴胡・前胡・枳穀・桔梗・川芎・防風・荊芥・蒼朮・白朮（各六匁）、連尭・甘草（各三匁）。

振出疝気薬【ふりだしせんきやく】〔洛中洛外売薬重宝記・上〕に振出し疝気薬は、新町二条下ル丁 菊屋松影堂にある。十六文。第一に疝気、積 痞えに妙方である。

振海鼠【ふりなまこ】〔料理調法集・口伝之部〕に振海鼠《ふりなまこ》は、九月十月が賞玩である。海鼠を籠に入れ、貝殻等を入れ、振り丸めて粘液を去り、遣う。

鰤の事【ぶりのこと】〈薬性〉〔医道重宝記〕に魚師《ぶり》は、性 味 形 色は未だ分らない。魚の大きいのを魚師《ぎょし》という。毒があり、人を殺す。〔永代調法記宝庫・四〕には気力を増し 身を肥し 血をも潤すが、瘡に毒とある。〈塩引き置き様〉〔ちやうほう記〕には、よいころに切り、或は薄く切り、一ツずつ紙に二重程に包み、菰に包み、風をひかないようにする。〈料理仕様〉〔諸人重宝記・四〕に鰤の料理は、あぶら焼き、酢煎り、白刺身にする。「はまち（魬）」参照

振り延えて【ふりはえて】「ふりはへ（振延）ては、わざわざ也」。〔消息調宝記・二〕

振焼豆腐【ふりやきどうふ】〔料理調法集・豆腐之部〕に振焼豆腐は、豆腐を五分四方位の賽形に切り、角を取り笊に入れ、水の上で振り、丸くなったのを細い串に刺して焼く。

風流【ふりゅう】 風流《ふりゅう》には色々あるが、これは禁中方の即位か、その他移徙《わたまし》等の目出度い時にする。鶴亀を戴いて出るのもあり、文殊普賢の出るのもあり、蟻や桐の出るのもある。これはみな狂言の気転である。蟻の出るのは「ありう（アリユウ）とうとうとう」（『法華経五部九巻書』による語で祝意を表すという）といい、蟻の精が出る。桐は「きりきりとよくまわれとうとう」といい、桐の精が出る。この類を皆よせ風流という。〔囃子謡重宝記〕

振分髪【ふりわけがみ】 大和詞。「ふりわけがみ（振分髪）とは、結び初めぬ髪」である。〔不断重宝記大全〕

古い煙管で虫歯の根を切る呪い【ふるいきせるでむしばのねをきるまじない】〔煙草一式重宝記〕に次がある。古い煙管を、取換えべい（古釘 古金類と飴を交換した行商人）に遣り、取り換えた堅い飴を虫歯の空《うろ》へ嵌めてよく嚙み締

め、無理に口を開けると飴に着いて虫歯が抜け、一生痛むことはない。

篩絹【ふるいぎぬ】〔絹布重宝記〕に篩絹《ふるいぎぬ》は、生撰糸《きせんじ》*の清らかに薄いようなものである。巾四方ずつの所へ木綿絓糸《しけいと》を入れ、篩い一ツ宛に織り切りもあり、そうでないのもある。丈巾は定まらない。

奮い気の薬【ふるいけのくすり】〔薬家秘伝妙方調法記〕に奮い気の薬は、鼬の丸焼を茶一服程に篩い、日の寅の一ツ天にあたらして、三ツを持ち東を向いて呑む。○消渇には、耳掻二ツばかりずつ用いる。

古市場【ふるいちば】 伊勢名所。尾部坂（一の鳥居*から宇治へ行く間に尾部《おべ》〔上〕坂《さか》があり、俗に間《あい》の山ともいう）の末の町である。ここから宇治領である。〔東街道中重宝記・七ざい所巡道しるべ〕

古井戸埋む吉日【ふるいどうずむきちにち】「井戸の事」ヲ見ル

古田織部【ふるたおりべ】〔人倫重宝記・三〕古田織部は美濃出身の茶の湯の名人（天文十二～元和元、一五四三～一六一五）である。千利休*の高弟で、利休亡き後一流をなした。器物の物数寄が多く、織部焼・織部灯篭の外、『茶湯伝書』等にその名がある。信長・秀吉に仕えた大名で、関ケ原の戦では徳川方であったが、大坂の陣で豊臣方に内通していたとして自刃させられた。

古林切りの事【ふるばやしきりのこと】〔四民格致重宝記〕に次がある。古林には公儀山、地頭山、代官山、百姓山がある。○「公儀山」は、落葉を掻き取るより外、下刈もさせてはならない。○「地頭山」は、時分々々に枝を切らせて百姓に取らせることもあり、下値にして売り払いにすることもある。身木（幹）は家中の諸士 足軽等まで屋造りに下されることもある。○「代官山」は、枝を切り置いて、上下御鷹匠御餌指衆、また郡奉行代官の郷廻りの節の薪に用いるとよい。身木は方々遣い所が多いので少々のことで切ってはならない。○「百姓山」は、下刈 枝葉はその主に取らせ、身木は筋目がなくては切らしてはならない。

古本屋【ふるほんや】 本売（行商）の業態は既に中世の公卿日記類に見えるが、古本屋は近世になって〔万買物調方記〕等から、凡そ以下のように推定される。書林物本屋*歌書絵草紙（屋）*唐本屋*浄瑠璃草紙屋*浄瑠璃太夫本屋*等が兼業し、或は並立もしていて、新版物に対して経年の書物の売買をする者をいう。また「大坂ニテ書林幷古本屋」があり、出版も含め新本 古本を合せての営業があり、京都では「古本屋、一条通の東西、堀川南北に有」とある。

振舞状【ふるまいじょう】 振舞状とその礼状の範例文は〔書札調法記・一〕等にあり、貴人・同輩・下輩に分けて振舞招請状・返書・礼状、さらにそれぞれについて替え字もある。〔改正増補字尽重宝記綱目〕は（案内状）「御兼約仕り候通り、明日は弥々御連中御出成され候。尤も兼而申入り候通り何之風情も御座無く候へ共、御慰み乍ら早々ゟ御来臨 終日寛々御語り下さるべく待ち奉り候。已上」。（礼状）「昨日は召し寄せられ、種々御馳走共 殊更大酒仕 正体無く罷り帰り年中之慰み仕 忝き仕合せに存じ候。尤も早速参《さん》を以って御礼申し入るべき義に御座候へ共、夫れ迄延引に及び候間、此の如く御座候」。

不例【ふれい】 大名衆遣い詞。〔男重宝記・一〕に「御患《わづら》ひを、不例《ふれい》といふ」。下の人が言う時は「御」の字を付ける。

触折紙の事【ふれおりかみのこと】〔不断重宝記大全・二〕に「触折条 三段を本とすべし」とあり、①②③の三例があり、これより愈々分別せよとある（図457）。①は公方の御触折の写（宛名／用件／月日と差出人）。②は常の体で当世は大方この通り（用件／差出人／宛名）。③次第不同。（宛名／用件／月日差出人）。氏名の上の一二三四五は高位順を表わす。

風呂 行水の事【ふろぎょうずいのこと】〔女用智恵鑑宝織〕に次がある。風呂・行水は、二日 一日に必ず身を清めるものである。同じことなら毎日風呂に入るのがよい。夏は汗が出て身も汚れ髪も臭うので、再々湯を使い

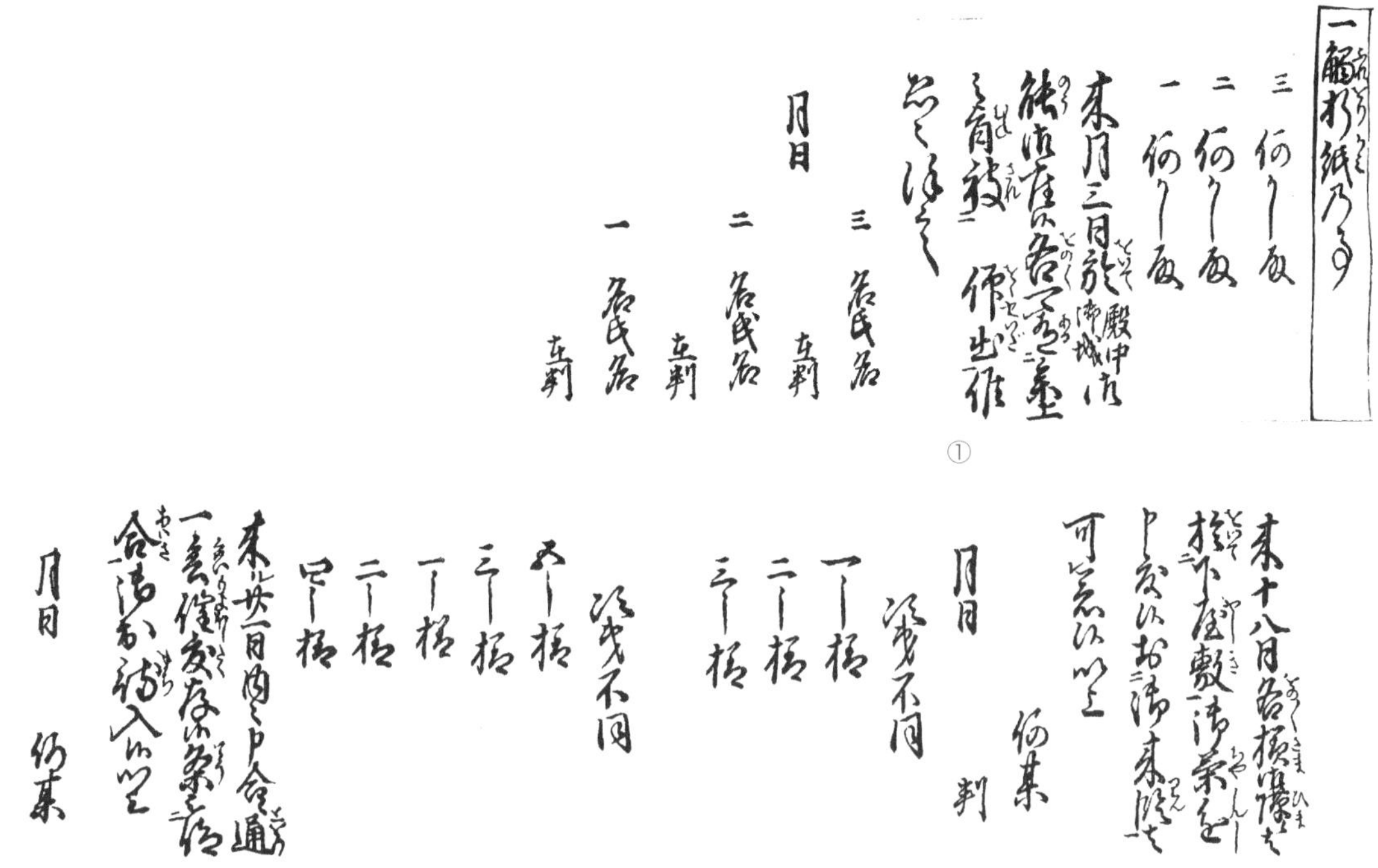
① ② ③

図457「触折紙の事」(不断重宝記大全)

帷子《かたびら》や湯具も着替える。冬は暖を取り臭いが強いので、小袖に伽羅や臭い袋を絶やさないようにする。〈風呂 水舟の漏りを止める方〉〔新撰呪咀調法記大全〕風呂桶の漏りを止める方は、水舟の漏りを止めるのと同じく、香の物のいゑ〔函〕に酒の糟の入った随分古い函に銑屑を混ぜて漆喰とし、よく乾かしてから用いると、永代損ねることはない。

不老玉壺丹【ふろうぎょくこたん】〔洛中洛外売薬重宝記・上〕に「長寿仙方不老玉壺丹」は堀川仏光寺下ル丁伏見や藤右衛門にある。第一に腎精を増し、気根を強くし、脾胃を調え、男女ともに元気を増す。

普魯社【ぷろしゃ】〔童蒙単語字尽重宝記〕に普魯社《ぷろしゃ》は帝国。広さ十三万五千九百坪、民は二千三百五十九万五百五十人。「普魯士」とも書く。白霊〔比耳林 べるりん〕民は六十三万二千四百七十九人。

風炉の事【ふろのこと】〈茶の湯〉〔里俗節用重宝記・中〕に次がある。四月朔日〔更衣「ころもがえ」*〕より九月三十日迄〔〔男重宝記・三〕は九月朔日〕は風炉で茶を立て、十月朔日より三月三十日迄は炉で出す。開炉、閉炉という。老人は九月中にも炉を開き、若人は炉も早く閉じ、三月中にも風炉に上がり十月中にも炉を開く。台子《だいす》に飾って風炉釜を置くことは四季差別はない。風炉の台子、炉の台子といい、数寄屋囲には別式がある。〈風炉前の事〉〔昼夜重宝記・安永七〕に茶の湯書は多いが、当流の書伝を改めて記している。○風炉の時も路地入*座敷入*は変わらない。しかし、座敷の運びは静かにし、風呂前の灰が崩れないようにする。○亭主も路地へ水を打たせ、数寄屋の隅々の蜘蛛や蚊等を払い、戸等を払いよく湿し、客を見掛けても又水を打つようにし、座敷の障子をはずし簾ばかりにし、中立の時風がなければ簾も取る。風炉先風炉前の障子はそのまま置く。〔不断重宝記大全〕に、○炭を置く時は会席半ば、或は菓子を出してからにする。炭取は水指の座、少し風炉近くへ寄せ、釜は我が右脇へあげ、鐶は釜の右に置く。灰焙烙は風炉前に置いて灰をし、

炭取りの前へ直す。炭を置く時は左手を添える。風炉前のよいように釜を懸ける。○客方は釜 風炉前を仕廻ってから立ち寄り見る。釜を懸ける時に先ず釜御待ちなさいと言って見ることもある。○立炭《たてずみ》等は置かない。置き合わせ 立て様は色々ある。○風炉の五徳は一ツ足を向うになし 一分余も高くする。

〈風炉の置き様／立て様〉〔新板増補男重宝記・三〕に、○「風呂置き様の図」があり（図458①）説明は、風炉に板は、風炉先を五寸ばかりに左の脇、地敷より畳の目七ツ目 九ツ目 十一目迄がよい。○水指は風炉と右の畳の縁と振り分け、鐶付の通りである。茶入 茶碗は水指を差し挟んで置く。○「風呂立て様の図」（図458②）があり、説明は蓋置に柄杓を懸けて茶碗を取り直し、茶入れの緒を前で解く。残る所は常の通りである。殊の外暑い時は、濃い茶の時に水一柄杓を差す。

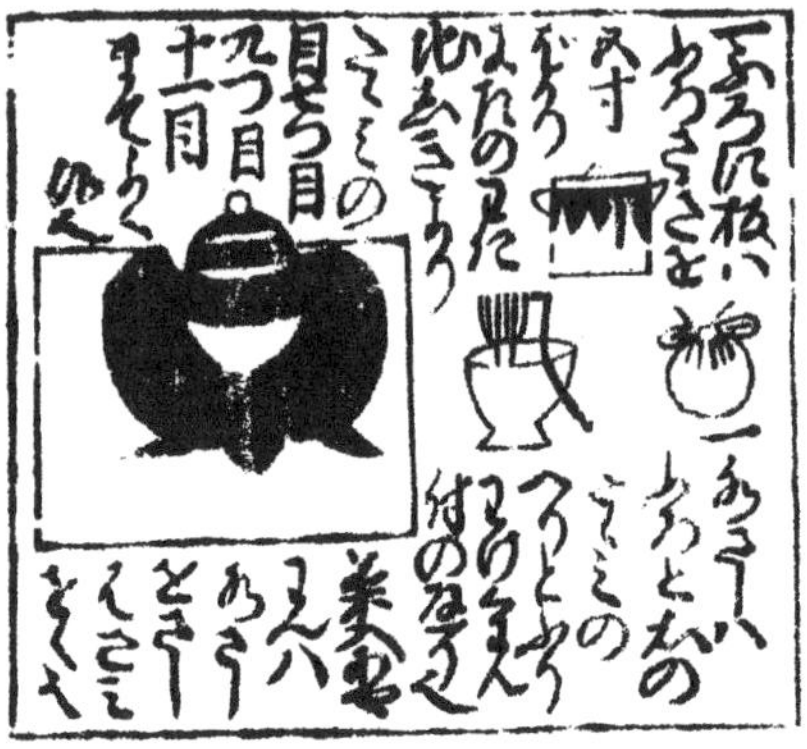

図458 ①「風呂の置き様」（新板／増補）男重宝記）

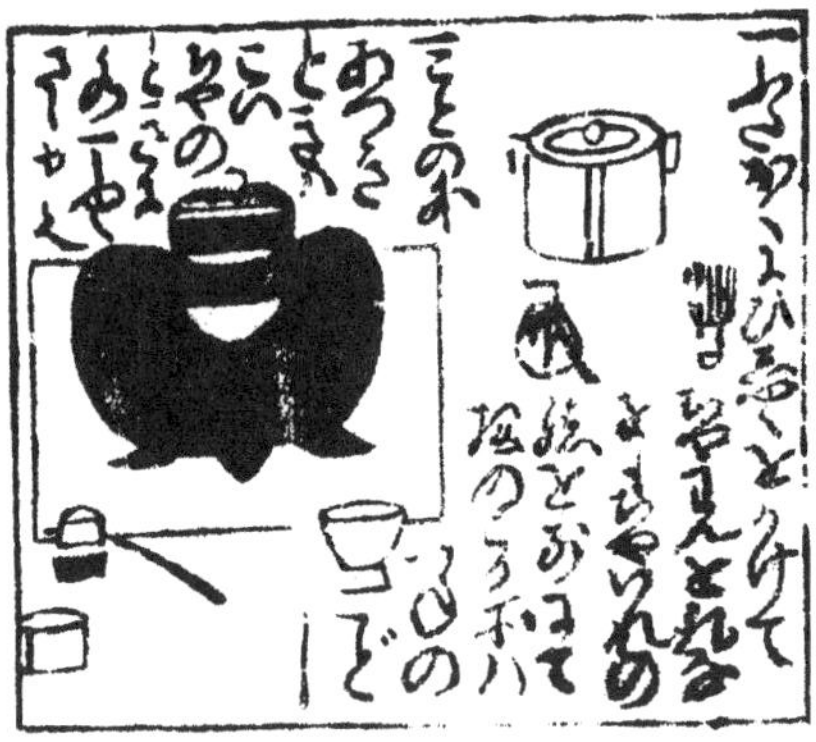

②「風呂の立て様」（新板／増補）男重宝記）

ふわふわ玉子【ふわふわたまご】〔料理調法集・鶏卵之部〕にふわふわ玉子は、玉子を割り三分の一出汁を入れ、煮酒を少し加えて掻き混ぜ、塩梅《あんばい》した下汁へ入れ、よく煮切る。また少し温まった下汁へ玉子を流し入れ、煮立つ迄箸で掻き回すと一ツに寄り、加減風味がよい。

浮和々々豆腐【ふわふわどうふ】〔料理調法集・豆腐之部〕に浮和々々豆腐は、豆腐の水を絞り摺って葛水を入れ、梔子で色をつけ、水嚢で濾し、薄下汁で煮出す。

分【ふん】〈小数の単位*〉〔童蒙単語字尽重宝記〕に、一の十分の一。十釐（厘*）である。〈長さの単位〉〔古今増補算法重宝記改成・上〕に、分は寸*の十分の一。厘*の十倍である。〈通貨銀単位〉〔万家日用調法記〕に、量を尺貫法の単位で表示したもの、一匁*の十分の一。十厘*である。〈田数*の単位〉〔永代調法記宝庫・首〕に、長さ六尺五寸、広さ六寸五分。〔算盤調法記・文政元序〕に、長さ六尺、広さ六寸である。〈合薬秤量〉〔医道重宝記〕に、一分《ぷん》は十釐《り》である。「ぶ」「ぷん」ともいう。近世では分厘毛、中世では分毛厘の順である。

噴火【ふんか】〔重宝記・儀部家写本〕に、○天明三年（一七八三）六月十九日より信州浅間山が焼け出し、山が鳴る。当国（勢州）は勿論 山城国迄も山鳴りするとの風聞がある。七月七・八日は戸障子が響き、地震のようである。死人は大分である。○寛政四年（一七九二）春 肥前国に山鳴り焼け出し、後に大水 山崩れがある。

文学を勉める事【ぶんがくをつとめること】〔日用重宝記・一〕に次のようにある。文学を勉めて仁徳を具えると、これに化せられ聖徳の人が出で来る。『論語』に「徳孤ならず 必ず隣あり」（里仁）とあり、寂寞の所へ引き籠って文学を勉めると同志の友が訊ねて来て、その及ばない所を乞い問う。又『論語』に「君子は文を以って友を会し、友を以って仁を輔《たす》く」（顔淵）とある。又「友遠方より来たることあり、また楽しからずや」（学而）とある。

分気補心湯【ぶんきほしんとう】〔医道療治重宝記〕に分気補心湯は、心気鬱

結して四肢浮腫し、上気 喘急するのを治す。大腹皮（炒）・香付子・茯苓・桔梗（各□匁）、木通・川芎・前胡・青皮・枳穀・甘草（各七分半）、細辛・木香（各五分）に姜・棗を入れて煎じ服する。按ずるに、気鬱の腫脹を主《つかさど》る方である。咳が甚しくして頭痛し、面目四肢浮腫 腹脹には桑白皮を加えるとよい。

豊後【ぶんご】 豊州。〔重宝記永代鏡〕には日高 玖珠 直入《なおり》 大野 海辺《あまべ》 大方［分］速見《はやみ》 国東《くにさき》の八郡をあげ、城下は日出《ひので》 臼杵 竹田 府内 杵築 佐伯で、一ノ宮は西寒多である。〔万民調宝記〕に居城知行高は、岡・中川佐渡七万七千石。臼杵・稲葉右京五万石。杵築・松平市正三万五千石。佐伯・毛利駿河二万石。日出・木下右衛門二万二千石。府内・松平対馬二万二千石。森・久留嶋信濃一万二千五百石。〔大増補万代重宝記〕には上管、四方二十八里。知行高四十一万七千五百十四石。〔重宝記・幕末頃写〕には知行高三十七万八千五百九十二石、四方三日。桑麻多く、衣服充ち、五穀、唐物多く、中上国である。今の大分県の大部分にあたる。〈名物〉〔万買物調方記〕に焔硝、水晶、錫・鉛、碁石（黒の浜 白の浜といい、黒白の石がある）、元結（諸人旅へ行くに用る）、黒昆布、絞り木綿、麦、赤豆、豆腐豆、浅茅酒（朝生酒共、かく土かふり共云）、鷹犬（当国で多く飼い入れ諸国に遣わす）、川童《かわろう》、油子（川魚、泥鰌に似て当国に多い）、いだ（川魚で鱸に似る）、佐賀の関切熨斗、くたみ（朽網・来田見）火打ち、佐伯梅・梅漬（紫蘇葉に包み紅のように赤い）、中津の大竹、嫗嶽の煙管竹・筆の軸（共に虎斑がある）。

文庫／挿箱【ぶんこ／はさみばこ】〔万買物調方記〕「京ニテ文庫所幷挿箱」烏丸下立売上ル 牧村豊後、同町 吉田和泉、同町 宗源山城、烏丸二条上ル 藤原宗春、同町 諸口河内、上京柳原 久保若狭。「京ニテ絹張御所文庫屋」四条御旅の後。「江戸ニテ文庫幷挿箱」は通町、同御所文庫 同断。「大坂ニテ文庫幷挿箱」難波橋筋。「大坂ニテ御所文庫」御堂の前 人形屋。〈片言〉〔不断重宝記大全〕に「ぶんこは、文夾《ぶんかう》、また文函」とある。○文庫は文匣で本や紙類を入れて置く木や紙で作った箱。○外を絹貼りしたものを御所文庫という。○挿箱*は衣服などを入れて置く箱。

ぶんかうじ【ぶんこうじ】 片言。「ぶんかうじは、仏光寺《ぶつくはうじ》」である。〔男重宝記・五〕

文庫絞り【ぶんこしぼり】〔秘伝手染重宝記〕に「ぶんこしぼり」は「江戸鹿子」*のように印をつけ、結い様はぱらぱらと巻き、巻の内へも染まるように見合わせるのがよい。

豊後橋【ぶんごばし】 伏見名所。〔東街道中重宝記・七ざい所巡道しるべ〕に奈良街道の橋で、宇治川に架かる観月橋の別名。京五条の橋へ二里。「宇治橋」ノ②ニ同ジ

踏込【ふんごみ】 鎧名所*。〔武家重宝記・三〕に踏込《ふんごみ》は踏み込み袴の略とある。裾の狭い野袴（図459）。

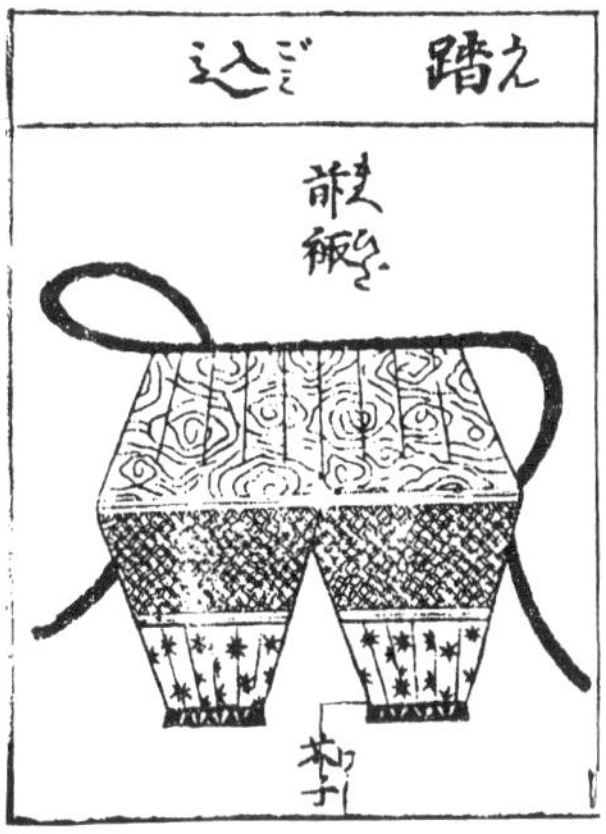
図459 「踏込」（武家重宝記）

粉刺【ふんし】「肺の諸症」〈肺風〉ヲ見ル

文室綿麿【ぶんしつわたまろ】〔大増補万代重宝記〕に文室綿麿《ぶんしつわたまろ》は弘仁（年間嵯峨）帝の時、田村麿にそえて藤原仲成を討ち、その後将軍に拝して東夷を征し、京に還って羽林大将軍となる（綿磨の蝦夷平定状献上は八一一年）。

文昌星【ぶんしょうせい】〔日用重宝記・三〕に、文昌星は北斗七星*の傍らに

あり、書籍を護るといい、和漢ともに書物の見返に朱印で押す。印は、鬼が鯉（龍）を右足で踏まえ、左足で升《ます》を北斗七星の魁星に蹴り上げ、右手に筆をかざす（図460）。『増補書物三見』には唐に始り、細長い方形の万暦式と丸形の康熙式があるという。「魁星印」ともいう。

図460 「文昌星」（日用重宝記）

分消湯【ぶんしょうとう】〔医道重宝記〕に分消湯は、水腫*脹満*を治し、或は脾虚して脹満をなし飽き悶え、飲食に傷《やぶ》られ、腫《はれ》を治す。気が血虚した腫満には用いない。蒼朮・白朮・茯苓・陳皮・厚朴・枳実（各一匁）、香付子・猪苓・沢瀉・大腹皮（各八分）、砂仁（七分）、木香（二分）に、生姜・燈心を入れて煎ずる。〔医道療治重宝記〕には諸症により加減、補薬がある。

分心気飲【ぶんしんきいん】〔医道重宝記〕に分心気飲は、諸気が和せず鬱結《むすぼ》れ、留滞《とどこお》り、病をなすのを治す。木通・肉桂・半夏・茯苓・赤芍（各三戔半）、桑白皮・青皮・大腹皮・陳皮・羌活（各三戔）、甘草（二戔半）、紫蘇（二両）に、生姜・棗・燈心を入れて煎ずる。気を散じ鬱を伸べる剤で、正気の者には用いない。〔医道療治重宝記〕には諸症により加減、補薬がある。

分寸を定むる法【ぶんすんをさだむるほう】「灸の事」ヲ見ル

文題百合【ぶんだいゆり】「かたくり（片栗）」ヲ見ル

ふんだんな【ふんだんな】片言。「不断なを、ふんだんな」という。〔世話重宝記・四〕

糞照【ぶんちゃん】〈唐人世話〉〔男重宝記・五〕に「くそくらへといふ事を、糞照《ふんちゃん》といふ」。〔新板増補男重宝記・五〕には「ふんちん」とある。

文仲子【ぶんちゅうし】〔日用重宝記・二〕に文仲子はシナ随の王通、字は文仲、また仲淹という。龍門の人。博学で蒼生（人民）を救う心がある。「太平十二策」を奏して用いられず、退いて書を作り『論語』に擬す。門人は文仲子となづけた。

文鎮【ぶんちん】〔万物絵本大全調法記・上〕に「書鎮 しよちん／文鎮 ぶんちん也」。また「圧尺 あつしやく／けさん。書尺 しよしやく也」。鎮は重しで押さえる、尺は一本で押さえる。

ふんど【ふんど】片言。「ふんどは、分銅《ふんだう》*也」。〔男重宝記・五〕

分銅【ふんどう】秤で物の重さを量る時のおもり。〔万物絵本大全調法記・上〕に「天平 てんへい／てんびん。法馬 はうば／分銅 ふんどう」とある。〔永代調法記宝庫・巻之首〕には「分銅目 一斤 三百目」とある。〈紋様〉〔紋絵重宝記・上〕には丸に三ツ分銅、および「分銅」の文字の意匠がある。〈分銅彫物師〉〔万買物調方記〕に「京ニテ分銅ほり物師」小川舟橋 渡辺四郎兵衛。「江戸ニテ分銅ほり物師」銀町三丁目北土手 後藤四郎兵衛。「大坂ニテ分銅所」本町一丁目 新右衛門。

緑豆【ぶんどう】『物類称呼・三』に「緑豆 ぶんどう」とある。○東国で「やへなり」とよび、又「とうろく」共よぶ。畿内*で「ぶんどう」という。遠江で「とうご」という。備前で「さなり」、伊勢にて「かつもり」

という。

ふんどし【ふんどし】 片言。「ふんどし、褌 ふどし」である。〔不断重宝記大全〕

ふんどん【ふんどん】 片言。「ふんどんは、分銅* ふんどう」である。〔不断重宝記大全〕

ふんばちかる【ふんばちかる】 片言。「ふんばちかる、跋扈 ふんばたかる」である。〔不断重宝記大全〕

文福茶釜に毛が生えた【ぶんぶくちゃがまにけがはえた】 〈平生ソレよく言う言語〉「文福茶釜に毛が生えた」は、正体を現した、化の皮が剝げた、の意。茂林寺の文福茶釜には伝説がある。〔小野簒譃字尽〕

文武忠孝【ぶんぶちゅうこう】 〔日用重宝記・一〕は、武家御条目の初めに「文武忠孝」に励むべきことをいう。日本は忠を第一とし、次に「孝」という。シナの経伝に「忠孝」と二字の熟語はなく、「仁義」と続けたのは『孟子』を初めとする。シナは「孝」を第一とし「忠」は次である。士は国の風を心得て迷ってはならないのである。凡人も御法度に背いてはならない。

文房雅品【ぶんぼうがひん】 〔日用重宝記・四〕に文房雅品として次の品目がある（図461）。机 硯 筆 筆筒 筆架 墨 墨台 硯屏 水滴 筆洗 厭《け》尺《さん》 文鎮 文箱 鋏 小刀 羽帚など。〔童子調宝記大全世話千字文〕に「文房の四友」は筆墨紙硯をいう。

文房の四友【ぶんぼうのしゆう】 「文房《ぶんぼう》雅《が》品《ひん》」ヲ見ル

分米【ぶんまい】 分米とは土高《つちたか》のことで、その村の公納総石高をいう。斗《と》代《だい》（一反の収穫量の内 公納分）* に総反別を掛けた石数。細かく例せば、三反五畝に十二の斗代なら、四石二斗となる。〔農家調宝記・初編〕

規【ぶんまわし】 〔万物絵本大全調法記・上〕に「規き／ぶんまわし」。〔古今増補算法重宝記改正・下〕に規は体 円を知る。「きぼ（規模）」モ見ル

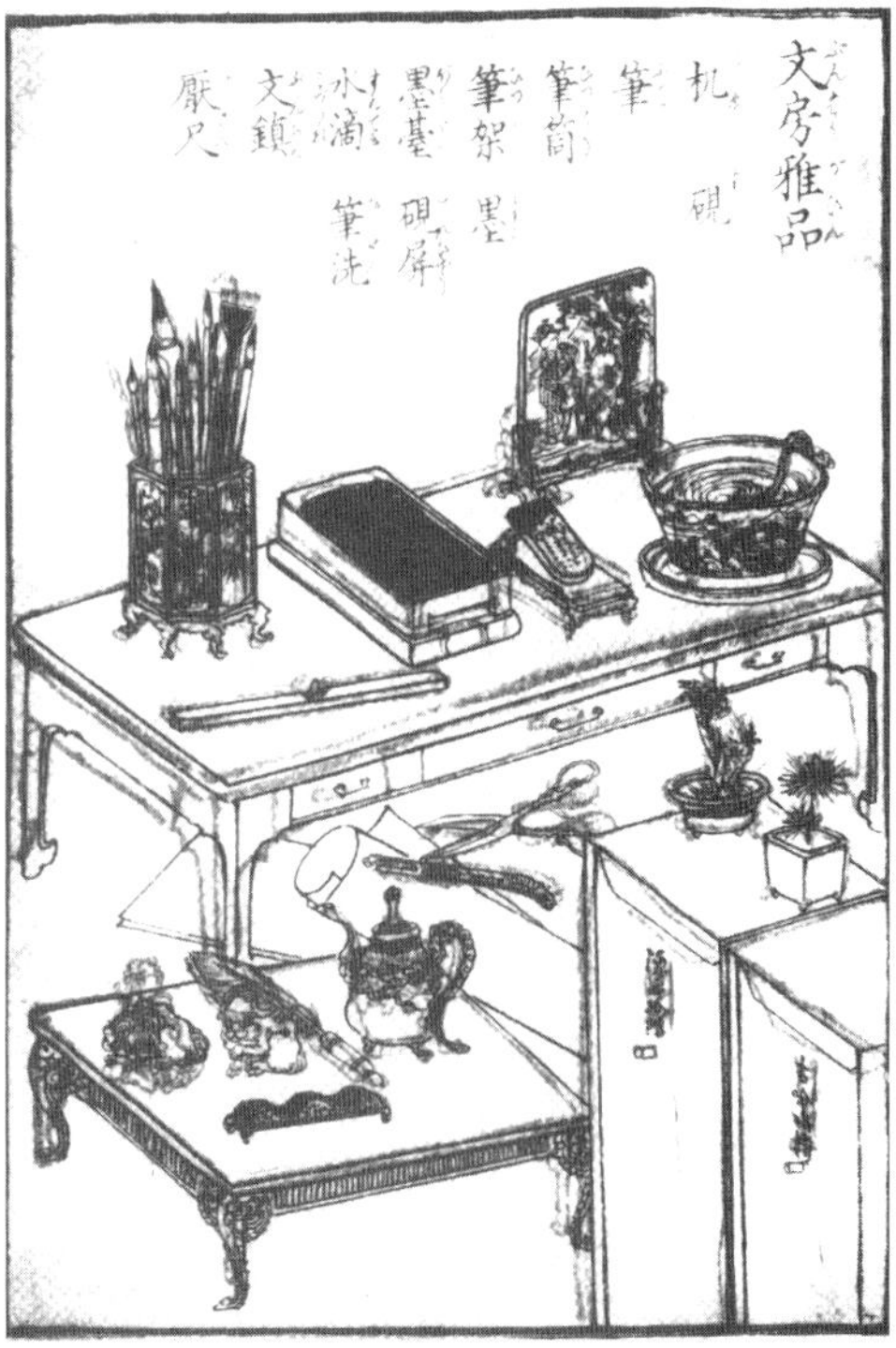

図461 「文房雅品」(日用重宝記)

文室【ふんや】 百人一首読曲。「文室」は「ふんや」と澄んで読む。「文屋」は俗字である。〔麗玉百人一首吾妻錦〕

粉瘤【ふんりゅう】 こぶの一種。粉瘤は、紅の色のようで、耳頂《うなじ》の前後に出る痰結である。〔改補外科調宝記〕

へ

秉【へい】 秉《へい》は二鍾、百六十斗。「かてのたんい（糧の単位）」ヲ見ル

併【へい】 算盤で数を合すことをいう。〔算学重宝記・嘉永四〕「か（和）」ニ同ジ

へい／へいせいし【へい／へいせいし】 〈何が不足で癇癪の枕言葉〉「壱、へい／へいせいし」。〔小野簒譃字尽〕

平安城京図【へいあんじょうきょうず】 〔日用重宝記・明和元〕に「平安城京図」がある。

平胃散【へいいさん】 〔医道重宝記〕に平胃散は、脾胃消化せず飲食進まず、

或は食の滞りを治す。蒼朮(二戔)、厚朴(一戔)、陳皮(一戔四分)、甘草(八分)に生姜・棗を入れて煎ずる。〔医道療治重宝記〕には暈目を替え、諸症により加減、補薬がある。〔小児療治調法記〕には疹毒が大腸にあり、鬱して解しないのに用いる。蒼朮・厚朴・陳皮・甘草(各等分)に生姜と棗を入れ、水で煎じ、葛根・連翹を加えて用いる。もし、疹が収まって瀉の止まないのは疹がまだ尽きないためで、平胃散に連翹・黄連・牛房子・木通・沢瀉を加える。

幣加持の事【へいかじのこと】〔増補咒咀調法記大全〕に幣加持《へいかじ》とは、総じて幣は七五三に切り、幣を拵えて、「幣たつるここも高天原なれば 祓ひ捨つるやあらぶるの儀」の歌を三遍読むことをいう。「祓を切る秘事」参照

弭冠【べいかん】〔武家重宝記・二〕に弭冠《べいかん》は、道中や旅等に持つ弓に彩皮を縫い 弭《はず》*に冠として付ける物。これは弓を射る時 壁土等に触れて損ねるのを恐れ、絹 皮の類を袋にして冠らせたのによる。神功皇后が三韓征伐の時、筑紫の国で開胎に弭を使ったのに始り、弭を赤漆にして赤い絹で包むという説は誤りである。

へいけえ【へいけえ】「俳諧《はいかい》は、へいけへ」。〔小野篁謔字尽・かまど詞大概〕

平家蟹【へいけがに】「しまむらがに(鬼蟹)」ヲ見ル

平家元祖【へいけがんそ】〔筆海重宝記〕に平家元祖は、平高望(生没年不詳)で、桓武天皇の曾孫。寛平二年(八九〇)平姓を与えられて上総介となり、土着して関東平氏の基盤を固めた。平清盛*(元永元~治承五。一一一八~八一)の通称は大相国、父は備前守平忠盛(永長元~寿永三。一〇九六~一一八四)といい(異説もある)、忠盛死後は平氏武士団を率いて対立勢力を排除、平氏政権を樹立、娘徳子を高倉天皇の中宮として入内させて栄華を極めたが、やがて反平氏勢力の挙兵にあい、敗退中に病死した。四姓*の一。

平家諸姓【へいけしょせい】〔筆海重宝記〕に平家諸姓として、筑後 長崎 村岡 三浦 山口 杉下 真田 土屋 山内 和田 高井 真野 上杉 長田《おさだ》 中村 千葉 臼井 相馬 堺 重田 豊島《てしま》 高山 小山田 土肥 鎌倉 梶原 大場 大庭 長尾 荻野 横山ら七十一の名字が出ている。

平家物語【へいけものがたり】〔日用重宝記・三〕に『平家物語』十二巻は、信濃前司行長入道が作り、生仏《しょうぶつ》という盲人に語らせたとある。長門本・嵯峨本・平家物語抄等がある。

瓶子【へいじ】 酒を入れて提子《ひさげ》*、或は土器《かわらけ》や盃に注ぐ器である。〔料理調法集・銚子提子名所〕に絵図(図462①)があり、高さ一尺二寸。肩の太さ一尺六寸廻り。肩より株台迄一尺。株台太さ一尺二寸廻り。腰の細さ九寸廻り。口広一寸。口の高さ二寸とある。〈瓶子台〉〔料理調法集・木具寸法〕には瓶子台の図絵がある(図462②)。縁惣高三寸九分。長一尺九寸。横一尺五寸。入子板より縁高八分。足高三寸十文字足。すかし上縁より一寸四分下げて透かし二筋。入子板 高底より二寸五分 瓶子こうたい入所剞りて入る。中底惣高上縁より八分下げ。以上は表金亀甲、内銀磨きである。

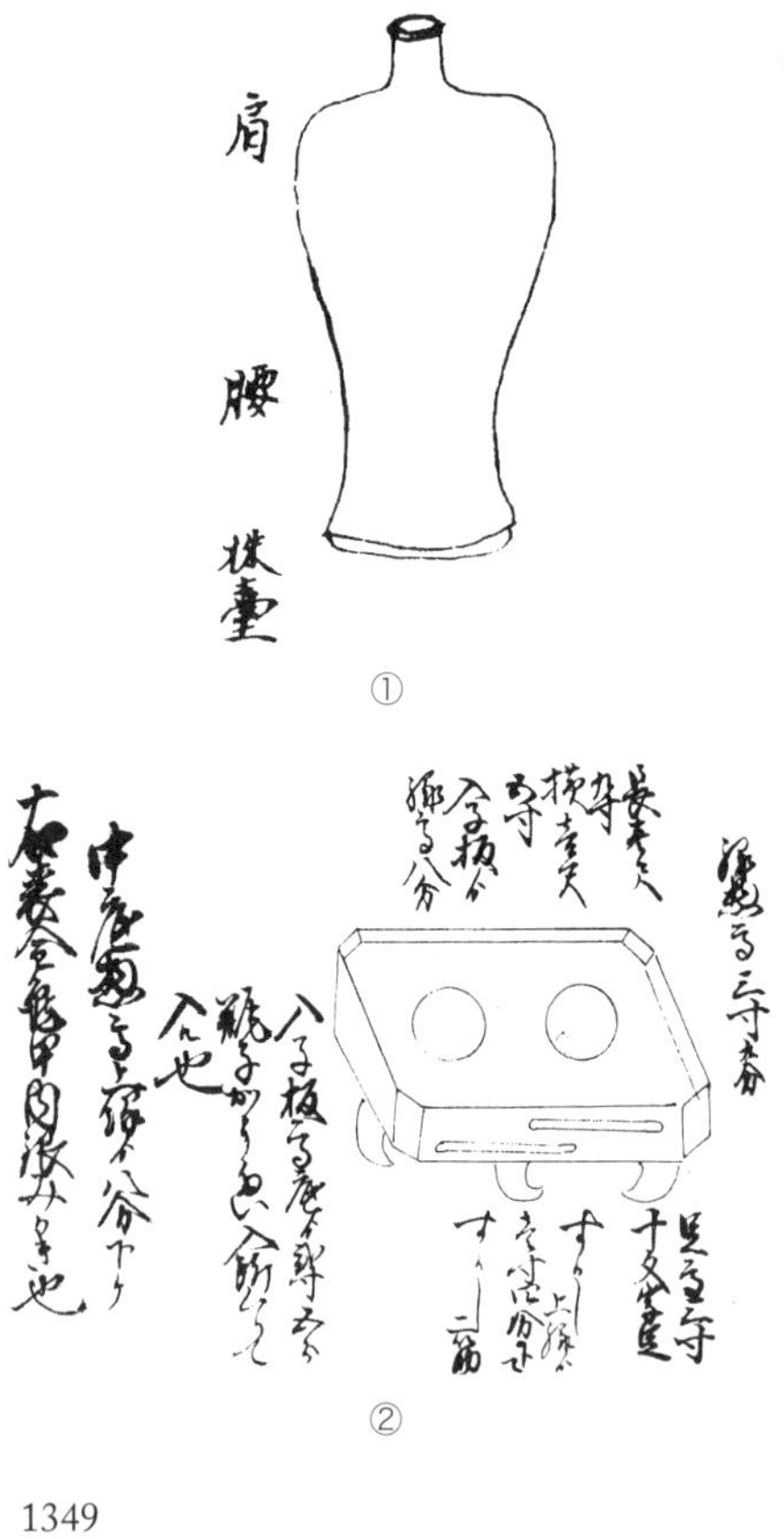

図462 「瓶子」(料理調法集)

へいしと【へいしと】 矢音詞遣。* 〔武家重宝記・二〕に笠懸《かさかけ》（乗馬し直線の馬場を走りながら左側十間程に掛けた直径一尺八寸の革張の的を射る。元、笠を懸けて的にしたことからの称）に中った時の矢音は、「へいしと」という。

へいじもん【へいじもん】 片言。「へいぢもんは、屏重門《へいぢうもん》」である。〔不断重宝記大全〕

平生書【へいぜいかき】 「けつじ（欠字）」ヲ見ル

閉蔵【へいぞう】 〔永代調法記宝庫・二〕に冬の三月《みつき》（十・十一・十二月）を閉《へい》蔵《ぞう》といい、水が氷り地が拆《ひら》（毀る）く時である。早く伏し遅く起きるのがよい。「四気《しき》調《ちょう》神大論《しんたいろん》」参照

兵卒の六具【へいそつのろくぐ】 六具*の一。〔武家重宝記・四〕に兵卒の六具は、矛《ほこ》、戟《ほこ》、利剣《りけん》、弓、箭《や》、胡簶《やなぐい》をいう。これを兵具*という。

へいないぼ【へいないぼ】 「水痘」ニ同ジ

幣帛殿【へいはくでん】 伊勢名所。「外宮」は御正殿*の戌亥（西北）の方、「内宮」は西の鳥居の未申（西南）の方、玉垣の外にあるので外幣殿ともいう。御神宝、幣物等を納める蔵である。〔東街道中重宝記・七ざい所巡道しるべ〕

へいふき竹【へいふきだけ】 「火吹竹を、へいふき竹」と言う。〔小野篡謔字尽・かまど詞大概〕

平脈【へいみゃく】 〔鍼灸日用重宝記・一〕に平脈は、凡そ一息《そく》の間に脈が四動《どう》打つのを言う。十四五歳より二十歳以上の人は四動半 五動も打つ。六十歳以上の人は四動より遅い人もある。一息とは、医者が息を鎮めて呼（出る息）吸（吸う息）する間をいう。

辟処【へえちい】 唐人世話詞。「かくし所（隠しどころ ＝男陰女陰の総名）を、辟処《へゑちい》」という。〔男重宝記・五〕

白糕【ぺえつう】 唐人世話詞。「もち（餅）を、白糕《ぺゑつう》といふ。又餅《ひん》とも」いう。〔男重宝記・五〕

秘魯【ぺーりゅー】 〔童蒙単語字尽重宝記〕に秘魯《ぺーりゅー》は連邦。広さ四十万坪、民は二百五十万人。「百露」「皮露」とも書く。利馬《りま》 民は十万人、（品川海より）四千二十一里。

冪【べき】 算盤の用字。〔算学調法塵劫記〕に冪《べき》は、同数を掛け合わせた数をいう。再自乗の品を掛け合したのを再自乗冪という。

碧玉膏【へきぎょくこう】 〔改補外科調宝記〕に碧玉膏《へきぎょくこう》は、楊梅瘡*を治す。軽粉（水銀粉）・土白粉（各一両）、乳香・没薬・章脳（各三匁）を粉にして、胡麻油（五両）・蠟（三両）を入れて常のように練る。

癖疾【へきしつ】 〔医道重宝記〕に癖疾《へきしつ》は、乳食が調わず 内に積み滞り 邪気相うち、両脇に塊《かたまり》があるのをいう。段々に飲食が減り 脾胃虚し 病が深くならない内に治さないと助からない。脈は沈細である。消癖湯*を用いる。〔小児療治調法記〕には症状を説明し、癖塊日久しく、元気 脾胃ともに虚したら、朝に補中益気湯*を、夕べに千金消癖丸*を、間に混元丹を与え、兼ねて服すると効がある。薬に浄府湯* 益児餅* 肥児丸* 白餅子* 紅丸子* 大黄膏*がある。「癖積《へきしゃく》」参照

癖積【へきしゃく】 〔鍼灸重宝記綱目〕に癖積（＝かたかい）が久しく消えなければ中脘章門に七壮、命門兪に十四壮する。賁豚《ほんとん》 身痩せ 懈惰《きむつか》しくして肩 背中が挙らなければ章門に灸をする。癥瘕《かたかい》 背強《せなこわ》ばり相引くには長強《かめのを》に灸三十壮する。脇の下満ち、瀉痢、体重く、手足収まらず、痃癖、積聚、腹痛み不食し、腹脹り背に引き、多く食しても段々に黄色に痩せるには、脾兪に七壮する。〔医道重宝記〕には「癖疾*かたかい」とある。

癖熱【へきねつ】 〔小児療治調法記〕に癖熱は、涎嗽して、水を飲む。

片木焼／折木焼【へぎやき】 「板焼《いたやき》」ニ同ジ

薜練散【へきれんさん】 〔斎民外科調宝記〕に薜練散《へきれんさん》（ばくれんさんトモ）は、乳瘻や瘤の薬である。楡白皮（三）、赤白仁《あずき》・黄栢（各二）、百霜（一）。これに陸葉《あおきば》を加えて粉にし、繁縷《はこべ》の汁で付ける。

臍草【へそくさ】〔改補外科調宝記〕に臍草《へそくさ》には、蟇《ひき》の黒焼に軽粉《はらや》を少し加えて湯で溶いて付ける。小児の臍の穴が爛れて悪瘡になり、汁が出るのには、王不留行《おうふるぎょう》*の実を黒焼きにして付ける。〔斎民外科調宝記〕には「胸草」とある。

臍膏薬【へそこうやく】 よがり薬。*〔続咒咀調法記〕に臍《へそ》膏薬は、蓖麻子を臍に一杯入れ上に白紙を灸の蓋のようにして貼って置く。女に幾人会っても、夜一夜行っても、淫の漏れることはない。

臍の緒【へそのお】〈臍の緒を切る吉凶日〉〔重宝記永代鏡〕に臍の緒を切るのに、〇吉日は、春は巳の日。夏は申の日。秋は辰の日。冬は酉の日。これを息災日*という。〇凶日は、甲酉の日は小児の衰日として大凶。出生日が凶会日《くえ》* 滅日* 没日《もつにち》*に当ったら、その日の旺する時*を考えて臍の緒を切るとよい。〔小児療治調法記〕に臍帯《ほそのお》は、刀で切ってはならず、帛《わた》絹《きぬ》の類で臍帯を包み咬み切るのがよい。或は竹刀で切ってもよい。産湯*の後で足の裏の長さ程に切るのがよい。前に切ると産湯の時切り口から臍の緒に水気が腹に入り臍風、臍瘡等を生ずる。切ってからは臍の方の切り口を糸で固く結び産湯を浴びせる。〔女重宝記・三〕に臍の緒の落ちない間は、再々湯を浴びせてはならず、湿臍から臍風撮口*となる。臍の緒が落ちて爛れる等する時は、麝香・五倍子・軽粉《はらや》を粉にして付けるとよい。〔麗玉百人一首吾妻錦〕には臍の緒が落ちたら熊の胆を水で弛めて温め、七日も十日も節々塗ると一生虫を病まない。臍の緒が落ちた跡から汁が出るには、鶏の羽を黒焼きにして付けて置くとよい。

端【へた】 大和詞。「へた、海のはたを云。(歌)何せんにへたのみるめを思ひけん沖つ玉藻をかづく身にして(後撰集・雑歌上)」。〔不断重宝記大全〕

下手上手【へたじょうず】〔世話重宝記・二〕に下手上手という詞は、碁の手から出た字である。碁に限った詞であるが、諸芸*に通じて、上手下手《じょうずへた》という。

絲瓜【へちま】「しか(絲瓜)」ヲ見ル

鱉血煎【べつけっせん】〔小児療治調法記〕に鱉血煎《べつけっせん》は、小児の疳労*を治す。黄連・胡黄連(各二匁)、柴胡・川芎(各半両)、蕪荑・人参(各三)、使君(煨＝灰に埋めて焼く。十二枚)を、鱉《すっぽん》の血(一盃)、呉茱萸(半両)で胡黄連と黄連を掻き混ぜ一晩浸し、翌朝炒り乾かし、二黄連のみで前の薬に混ぜ、末(粉)とし粟の糊で丸じ、米飲で用いる。

鼈甲【べっこう】〔薬種重宝記・上〕に和介、「鼈甲 べつかう／あしなへがめ。醋を塗りて焙り刻む」。〈薬性〉〔医道重宝記〕に鼈甲《べっこう》は酸く平で、労嗽、骨蒸(虚労内熱の症)、瘀を散じ、腫を去り、痞《ふさがり》を除く。酒に浸し、六七度焙るともろくなるのを打ち砕き用いる。

鼈甲紙の拵え様【べっこうがみのこしらえよう】〔清書重宝記〕に鼈甲紙の拵え様は、心天草《ところてんぐさ》を酒で煎じ、随分肌の密な盆に暫く冷して置くと、紙になる。模様は思い思いに染める。

鼈甲櫛笄【べっこうくしこうがい】 売り店。〔江戸流行買物重宝記・肇輯〕に「鼈甲櫛笄」は、横山町一丁メ 村田屋徳兵衛、馬喰町一丁メ 住吉屋伊右衛門、同二丁メ 紅屋弥吉、本石町三丁メ 武蔵屋伝八、大門通リ 升屋定七ら十二軒がある。

鼈甲竹の拵え様【べっこうだけのこしらえよう】〔清書重宝記〕に鼈甲竹の拵え様は、竹の皮を磨き、生麩で巻き、よく燻してまた磨き、生漆《きうるし》で上を仕上げる。

別棟を建てる心得【べつむねをたてるこころえ】〔重宝記永代鏡〕に門、小屋、別座敷、厠等の類を本宅から離れて建てたり 或は繕ったりするには、本宅の正中《ただなか》を中位として磁石で方位を測り、吉凶を定める。

辺藻【へつも】 大和詞。「へつも、海の草の事」である。〔不断重宝記大全〕

紅和え【べにあえ】〔料理調法集・和物之部〕に紅和えは、梅醬《うめひしお》に紅を加え、玉珧《たいらぎ》、或は梨子 新牛蒡の類、色白の物を加えるとよい。

紅鬱金染【べにうこんぞめ】〔万用重宝記〕に紅鬱金染は、下染めを鬱金でし、その上を蘇芳《すおう》を薄くして明礬を少し入れて染める。〔重宝綱目女要婦硯〕には絹布でも木綿でも下地を鬱金で斑なく染め、水気のない程日陰に干し、酢で地入れして紅染《べにぞめ》*のように染める。下染を鬱金でして、蘇芳を煎じて染めてもよく染まる。〔秘伝手染重宝記〕は「べにうこん」は、下地は水で湿し、鬱金の粉五十目程を赤金鍋に入れさわさわと煮立て、絹を桃色*の書きつけ通り手早く入れて掻き回し、暫く置いて取り上げ、水で濯ぎ、掛け乾しにして、その上を紅銀目二匁程桃色の通りにして乾す。また紺鬱金ならばこれも五六十目程水に二日程漬けて置き、柔らかになって細かに刻み磨り、水は見合わせ一升五六合も入れ、布でよく濾し、前の赤金鍋で煮立て染める。紅の掛けようは同じである。

紅蒲鉾【べにかまぼこ】〔料理調法集・蒲鉾之部〕に紅蒲鉾は、蒲鉾を常のように蒸して冷まし、紅を混ぜた摺身を薄く上に付け、色が変わらないように遠火で焼き上げる。「朝日蒲鉾」ともいう。また心《しん》まで赤くするには、紅麴か生臙脂を用いるが、紅粉を焼き上げた色には及ばない。

紅殻拵え様【べにがらこしらえよう】〔清書重宝記〕に紅殻（顔料）の拵え様は、金《かね》を土中へ埋め、また出して焼いて、土中へ入れるとよい。

紅葛素麺【べにくずそうめん】〔調法記・四十ゟ〕に紅葛素麺は、葛素麺*の製法で、明礬を少し加える。

紅素襖煎じ様【べにすおうせんじよう】〔清書重宝記〕に紅素襖《べにすおう》煎じ様は、素襖百目に水一斗五升を入れて煮立て、明礬六十目を入れてよく煎じ、また黄檗《きわだ》四十目を入れて煎じ、濾して使う。

紅染の粉【べにぞめのこ】〔調法記・四十ゟ〕に紅染の粉は、饂飩粉と唐紅を合せ、薬研でよく混ぜ合せ、湯を沸かして置き、二ツを入れてよく掻き合せて染める。

紅染の事【べにぞめのこと】紅梅染とも書く。①「紅の花」*の染料で染めた物。②〔日用重宝女大学〕に、中でも紅梅染の心やすく華やかに出来て紅花《べに》に勝る法は、蘇芳・ずみ（棠梨カ）（四十目）、刈安*（十二匁）、明礬（三匁）を一ツにして水二升程入れて煎じ、よく出たのを以って何度も染める。③〔重宝綱目女要婦見硯〕には紅《もみ》ぞめは絹でも布子でも、木綿酢に少しの間漬けて置き絞って濡れたまま、紅《べに》を溶き水をどれほどでも入れる。前の酢で地入れしたものを巻染にして、斑なくよく染める。後で水で洗い、日陰に干す。

〈雨漏り落し様〉〔女重宝記・四〕に紅染や藍染等に漏り雨の掛ったのは塩湯で濯ぐ。

〈紅染 紅絞売り店〉〔江戸流行買物重宝記・肇輯〕には神田今川橋 羽州屋善助、通油町 藤屋喜兵衛、大伝馬町三丁メ 村田久蔵、神田弁慶橋 枡屋重兵衛ら八軒がいる。

紅玉子【べにたまご】〔料理調法集・鶏卵之部〕に紅玉子は、煮抜玉子の殻を取り、紅煮*して、切り重ねて遣う。

紅煮【べにに】〔料理調法集・秘事之部〕に何んでも紅で煮るには、まず鍋に水を少し入れ、堅紅《かたべに》をよく溶き、焼明礬を少し入れて煮ると、紅煮になる。

紅の事【べにのこと】〔染物重宝記・天明五〕に紅色《べに》は、不浄を除けるものであり、婦人が紅裏を着し赤前垂をするのも伊達や飾りではないと言う。

〈燕脂〉〔麗玉百人一首吾妻錦〕に紅の始りは、唐の殷の美女妲妃が燕という所の紅花*を脂《やに》にして顔を麗しく粧ったのに始り、燕脂《べに》という。和名は末摘花《すえつむはな》である。また紅を頬につけることは、唐の呉の美女鄧夫人が誤って如意（＝孫の手の類）を顔に当てて血を流し、医師が白獺髄《はくだつずい》という薬方を用いて治したが、琥珀を多く加えたので痕が消えず、頬に赤い星が残ったものの、ことさら愛敬が勝ったのでこれに倣って時の美人は丹

を頬に差したという余風であろう。燕脂の赤過ぎたのは見苦しく、桜色が好ましい。〈口紅〉〔重宝女訓女今川操文庫〕に口紅を唇につけるにはほのぼのとつけるのがよい。赤みわたるのは無下に卑しく見える。

紅の花【べにのはな】〔薬種重宝記・上〕に和草、「紅花 かうくは／べにのはな。そのまま刻む、また酒にて煮る。一斤は百目」。〈薬性〉〔医道重宝記〕に紅花《こうくわ》は、辛く温、瘀血を除き、痛みを止め、多く用いると留血を破り、経閉を通ずる。少なく用いると血を養い、産後の血暈にはこれを主とする。交《ま》じりものを去るには酒をうち少し焙る。〈積み方〉〔新板増補女調法記〕には「べに袋積み方の図」がある。「積み様の事」参照

紅花飯【べにばなめし】〔料理調法集・飯之部〕に紅花飯は、「紅の花*」を水に浸し布に包んで絞り、その水で炊く。また赤く炊く時は、生燕脂《なまえんじ》を絞って炊く。紅花で炊く時は黄ばんで梔子飯*のようである。婦人が食して益がある。

紅藤【べにふじ】染色。〔万用重宝記〕に紅藤は、下地を浅黄に染めて、上を唐黍の滓（三升）蘇芳（五十匁）明礬（十匁）を早稲藁の灰汁で煎じた汁で染める。

紅焼【べにやき】〔料理調法集・焼物之部〕に紅焼は、小鯛の鱗を剥いで堅紅で焼き、明礬を少し入れて鯛へ塗り付け、その上を土で厚く塗り、蒸し焼きにする。

紅類手染【べにるいてぞめ】〔染物重宝記・文化八〕に紅類手染は、清い器に紅を入れ水に生酢《きず》を交ぜて染める。紋模様も同じであるが、伸子《しんし》に煤気灰汁気があれば色が悪くなる。紅は不浄を忌むもの故、心得て染めるべきである。○桔梗色は、下染は空色にして紅を掛ける。○花田（縹）色は、下染は花色にして紅を掛ける。○紅藤色は、下染を薄い浅黄にして紅を掛ける。○藍藤色は、下染を千草にして紅を掛ける。○紫藤色は、空色にして紅を掛ける。

べね【べね】「紅粉《べに》は、べね」。〔小野篁謳字尽・かまど詞大概〕

委内瑞拉【べねじゅえら】〔童蒙単語字尽重宝記〕に委内瑞拉《べねじゅえら》は連邦。広さ四十二万七千坪、民は百四十一万九千三百人。「威業蘇拉」とも書く。

への仮名【へのかな】〔万民調宝記〕に「への仮名」遣いがある。家＝いへ。後＝しりへ。八重＝やへ。上＝うへ。古＝いにしへ。苗＝なへ。帰＝かへる。居＝すへて。喧＝あへぐ。鼎＝かなへ。偏＝ひとへ。膚＝はだへ。白妙＝しろたへ。この外、辺部重の熟字についた仮名は皆「へ」の仮名遣いである。〔女筆重宝記・三〕に「へ」を書く仮名は、「ふ」とも「ひ」とも「へ」とも通うのを書く。「思ふ、へ、ひ」の類でハ行に活用する類である。

陰嚢【へのこ】「陰茎」ニ同ジ

蛇に足は有るべけれど下戸は有るまい【へびにあしはあるべけれどげこはあるまい】〔世話重宝記・一〕に「蛇に足は有るべけれど下戸は有るまい」という。『淮南子』に蛇は足無うして行き、魚は耳無うして聴き、蟬は口無うして鳴くとあるが、『本草』の蝮蛇《まむし》の註には蛇には皆足がある。地の焼けた熱い所へ酒を注いでその上に蛇を置くと足を出すという。『酉陽雑俎』にも同じようにすると、蛇は四足を垂れ出し鶏の足の様だとある。下戸が酒を飲むと、どうにもならなくなる。素質・能力があっても性に合わない者は、壊滅的打撃を受けるの意。

蛇の事【へびのこと】〔万物絵本大全調法記・下〕に「蛇 じや／おろちへみ／くちなは」、「蝮 ふく／はみ／又 まむし」、「蟒 まう／やまかがち／又 うはばみ」とある。〔新撰咒咀調法記大全〕に「へび」は本字は「反鼻《へんび》《はんび》」、或は「はめ」、又「まむし*」という。「くちなわ*」を「へび」というのは誤りである。人家に入り鼠を捕え、雀の巣等を窺うのは「くちなわ」である。七月の末、人の身に飛びつき歯の毒を残すのは「反鼻」「まむし」である。

〈蝮 蛇の食い付かぬ伝〉〔諸民秘伝重宝記〕に蝮《まむし》 蛇《へび》の食い付かぬ伝は、山林に入る時雄黄と大蒜《にんにく》を擂り交ぜて丸じ懐中するとよい。もし用意がなく、食い付かれた時はこの二味を噛み砕いて付けると痛みは忽ち去る。

〈蛇咬の薬〉〔世界万宝調法記〕に「へびくいの薬」は、○藜《あかざ》*を揉み擦り塗る。○煙草の葉を付ける。〔斎民外科調宝記〕は蛇に咬まれたら、○苧縄か髪毛で急いで固く縛り、毒気を上へあげないようにする。若い梨の葉を搗き爛らし酒で煮て酔う程用い、渣《かす》を咬まれた所に付ける。もし、一二日過ぎて毒が経絡に入ったら咬まれた処に蘄艾《よいもぐさ》を敷いて灸をし、痛みが止むとよい。○雄黄・五霊脂・白芷・貝母（各等分）を粉にして二匁程を熱酒で用いる。○明凡・半夏（各等分）を粉にして酢で付ける。〔胡椒一味重宝記〕は胡椒の粉を酢で練り詰めて付ける。〔家伝調方記〕は蛇・百足が螫す時も、めなもみ（豨薟）を揉んで付ける。〔里俗節用重宝記〕は蜂・蜘と同じく芋の葉を擦り付ける。〔鍼灸重宝記綱目〕は咬まれた処に大蒜の片《へぎ》を敷き灸を三壮する。〔重宝記永代鏡〕は蛇が螫した時は、露草の葉も花も一ツに揉んで付ける。〔懐中重宝記・慶応四〕は、○蛇に咬まれ時は豆の葉を揉み付ける。○小便で洗い歯糞を付けるのもよい。○陰門に入った蛇は、尾の先へ山椒（七粒）を紙に包んで封ずるとすぐに出る。○尾の先を針で刺すのもよい。

〈呪い〉〔増補咒咀調法記大全〕に蛇咬の呪いとして、歌に「あふ坂や繁みが峠のかぎ蕨 その昔の女こそ薬なりけり」「明蔵主《みょうぞうす》言ふともことを忘るるな かはたつ女《むすめ》氏は菅原」とある。〔諸民必用懐中咒咀調法記〕に蛇が家内へ入らない呪は、五月五日午の時（正午）朱砂で紙に「茶」という字を書き、門の柱に逆様に貼るとよい。「虵」除けも同じ。〔万まじない調宝記〕には「害佛白」の三字を書いて柱に逆様に貼ると、家に蛇の入ることはない。〔家伝調方記〕には「野鼠 むぐら（土竜）蛇 除け歌」として次がある。「虫 むぐら 半夏が畑へ来るならば、田守の神ぞ成敗をする」の歌を書き、半夏生*に畑の中に立て置く。

〈蛇除札〉江戸願所。〔江戸神仏願懸重宝記〕に、武州多摩郡北見村斉藤伊右衛門という百姓の家に行って小蛇の除《よけ》を乞うと、主人は自筆で小さい紙に「北見村斉藤伊右衛門」のように書いて与える。これを蛇の出る所へ貼って置くと蛇や蝮の類が出ることはない。四月八日にこの札を乞い請けるが、遠方ではこの札の類を次第に書き写して所々へ貼って置くと不思議に蛇の出ることはない。願懸けではないが出して置くとよい。

蛇轆轤首【へびろくろくび】〔女重宝記・一〕に女は、年若い内は心を嗜む所もあるが、年長《とした》け、世帯を持ち、年を過して後、多く心持の悪くなったのを蛇轆轤首《へびろくろくび》等の渾名を立てられる。下様《しもざま》では、夫に「山の神」*と言われる。

「まむし（蝮）の事」「朽蛇《くちなわ》」モ見ル

部屋見舞【へやみまい】部屋見舞とは、嫁入の翌日 又は二三日後に、親族の女達が菓子等を持って嫁に御祝いに行くことをいう。又、その贈物。隔室ともいう。〔進物調法記〕に部屋見舞の進物品は、菓子簞笥 茶箱 箱入菓子。饅頭類は おぼろ 白餡 羊羹など。餅類は柏 大仏餅 ささ餅など。砂糖尽の箱入は、氷 太白 なみ白 雪白 黒砂糖 以上五品。砂糖漬の箱入は、生姜 冬瓜 仏手柑 蜜柑 梨 蕗の薹 蓮根。このほか色々ある。菓子類を色々取り合せ、箱入詰合せにするのも一興である。

篦鷺【へらさぎ】〔料理調法集・諸鳥人数分料〕に篦鷺《へらさぎ》は、夏は出ず冬に出る。風味は常の鷺よりよい。汁 煎鳥にして十二三人前当てである。冬は水鳥が多いので遣わない。

べらなり【べらなり】「べらなり、可也《べきなり》と同じ。好《この》むまじきことば也といへり」。〔消息調宝記・二〕

比利時【べるじうむ】〔童蒙単語字尽重宝記〕に比利時《べるじうむ》は王国。広さ一万千四百坪、民は四百九十四万一千人。北義《べるぎー》とも云う。北律悉《ふりゆせる》 民は十八万七

千百五十五人、（品川海より）六千八百八十九里。

俾路芝【へるーじすたん】〔童蒙単語字尽重宝記〕に俾路芝《へるーじすたん》は、広さ十五万坪、民は二百万人。

波斯【ぺるしゃ】〔童蒙単語字尽重宝記〕波斯《ぺるしゃ》は帝国。広さ五百六十万坪、民は九百万人。「巴西」とも書く。

編【へん】〔人倫重宝記・二〕に編について、上代は唐にも筆はなく、小刀で竹片に文字を彫りつけて韋《なめしかわ》で編んで書物としたので、書物を編とも簡とも策ともいう。

弁【べん】〔万民調宝記〕に弁《べん》は、七人いる。左中弁、右中弁、左大弁、右大弁、左少弁、右少弁。この六人の外に、中少に権官一人がいる。七人は天の七人にかたどったもので、重い職である。

篇冠構字尽【へん かむり かまへ つくり じづくし】篇冠構字尽は、〔世界万宝調法記〕（約七十一字）〔永代調法記宝庫・首〕（約百四十字）〔改正増補字尽重宝記綱目〕（約七十四字）〔日用重宝記〕（約百十三字）〔寺子調法記〕（約百十五字）〔童子重宝記〕（約七十二字）〔重宝記永代鏡〕（図463）〔大増補万代重宝記〕（約百九十二字）等に載る。収録文字に、真・行・草を合せて掲げるのもある。

便易散【べんえきさん】〔改補外科調宝記〕に便易散は、疥癬瘡*の薬である。香付子（半斤）、梹榔子（三両）、胡椒・蛇床子・明礬（各一両）を粉にして、樫の油で練って付ける。

変改する【へんがえする】変改《へんがい》するというのを、「へんがへする」というのは誤りである。〔世話重宝記・一〕

弁慶【べんけい】「まきわら（巻藁）」ヲ見ル

弁慶状【べんけいじょう】「西塔武蔵坊弁慶最期書捨之一通」ヲ見ル

弁慶豆腐【べんけいどうふ】〔万用重宝記〕に弁慶豆腐（図464）は、豆腐一丁を暫く水を引かせて置き、①のように下迄切り抜けないように小庖丁で切れ目を入れて置き、次に針二本の針穴に糸を通し合せ、前の切れ目から八分ばかり中へ針を入れ両手で横に引くと豆腐内で横に切れる。又針を一寸六七分ばかり中へ入れて同じように引くと横に切れる。豆腐に②のように縦横に切目を入れ、その侭冷し一切れずつ取って使う。段々に上から取ると升のようになって夏向きの鉢肴にして珍しい仕法である。

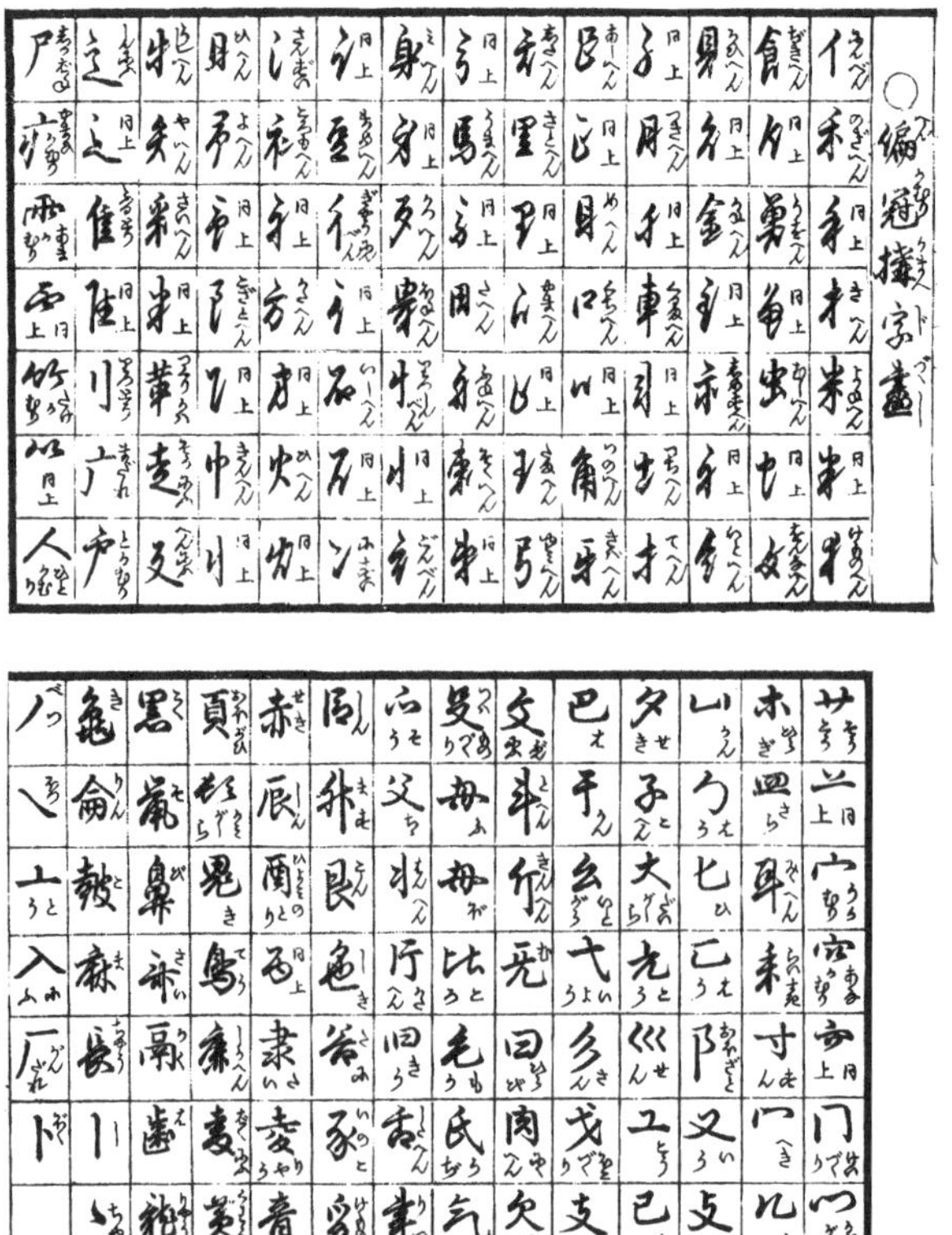

図463「篇冠構字尽」（重宝記永代鏡）

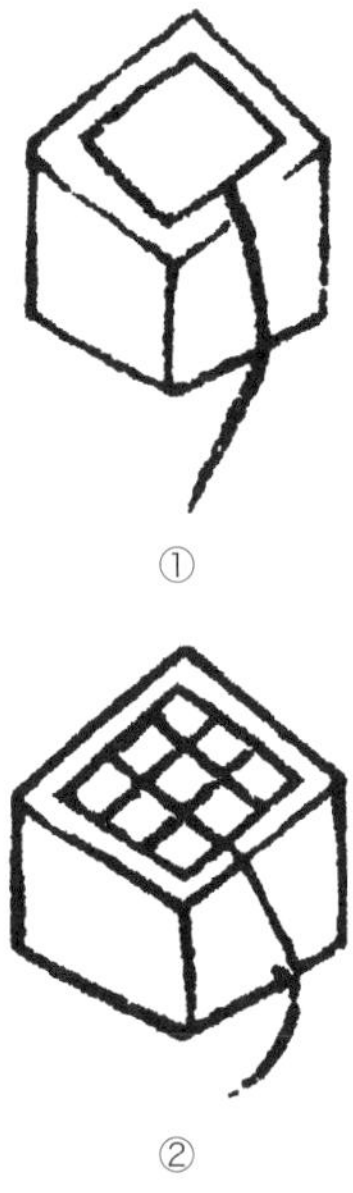

図464「弁慶豆腐」（万代重宝記）

便血【べんけつ】 経験方。「婦人の諸症」、及び「便毒《べんどく》」ヲ見ル

偏枯【へんこ】 「ちゅうぶ（中風）の事」ヲ見ル

反支月の事【へんしげつのこと】 反支月《へんしげつ》は産婦に忌むという月。〔諸人重宝記・五〕に「へんし月の事（十三の人より四十二迄）」がある。〇正・七月は、十三・十九・二十五・三十一・三十七の各歳。〇二・八月は、十四・二十・二十六・三十二・三十八の各歳。〇三・九月は、十五・二十一・二十七・三十三・三十九の各歳。〇四・十月は、十六・二十二・二十八・三十四・四十の各歳。〇五・十一月は、十七・二十三・二十九・三十五・四十一の各歳。〇六・十二月は、十八・二十四・三十・三十六・四十二の各歳。

返事の端作【へんじのはしづくり】 簡礼書法。〔大増補万代重宝記〕に次がある。「従誰様被成下御書謹而頂戴仕候（上上）」「尊書拝見仕候（中）」「御状被見申候（下）」等あり、真行草の書き様により上中下を分つ。至って敬う方へは、「御切書《きりしょ》」「剪書」等と書くことがある。少し媚びて書く時は、「御飛札（中、遠方より）」「御使札（大急ぎ態々来る状）」「御懇書」「尊墨」「貴翰」「芳簡」等、また一段と媚びて書く時は「花翰」「玉札」「翰墨」等と書く。「端作《はしづくり》」参照

返状【へんじょう】 簡礼書法。〔永代調法記宝庫・一〕に返状は、先方から来たようにして返すのが法である。先方から捻り状（捻り文*）で来れば返事も捻り状、結び状（結び文*）なら結び状で返す。貴人への返事は、先方から手紙で来ても、返状は捻り状である。

変蒸【へんじょう】 〔小児療治調法記〕に、変は異常、蒸は発熱をいう。俗には智恵熱《ちえぼとおり》と言う。初生児の血気がまだ足らず、陰陽和せず、臓腑実せず、骨節不全の時、生後三十二日目毎に五臓*（肝 心 脾 肺 腎）を変じ生じ、六腑*（大腸 小腸 胆 胃 三焦 膀胱）を蒸し養う。このように変蒸が多遍して臓腑が成り、胎毒も散じ、気血も栄え、智恵も倍して、後には痘《もがさ》を出すことも少なくなる。変蒸毎に、軽いのは発熱微汗があり虚風に似るが、五日程で解し、重いのは熱壮んに脈は乱れて数《さく》、或は吐汗し煩しく泣き 燥渇するが、八日目程で解する。或は胎気を壮んに受け、実証な児は発熱もなく、変蒸することもある。発熱の時上唇に小泡子があり、耳と尻が冷えるのは真の変蒸である。変蒸には薬は呑ませない。変蒸の熱は、身体の上下蒸し熱し 上気虚驚し 耳冷え 微汗し 唇の上下に白い泡があり 状は珠子《しゅし》のようである。重い者は身熱し 脈乱れ 腹疼み 泣き叫び 乳食できず 或は乳を余す。一歳を過ぎるとこの症はなくなる。

砭鍼【へんしん】 〔鍼灸重宝記綱目〕に腫物の口を開ける時、日腫 痃癖の血を取る時、邪気が集まって痛みをなす時に、砭鍼の鍼を刺して血を抜く。軸は一寸、穂は八分、穂の太さは麦の軸程にし、針尖《はりとがり》を三ツ目錐のようにして、針の管に入れてはじく。三稜針という。「打針の事」参照

弁舌水の流るる如し【べんぜつみずのながるるごとし】 〔世話重宝記・一〕に「弁舌水の流るる如くな」という詞は、韓退之の石鼓の歌に「願はくは弁口懸河の如くなるを借らん」より出たという。物言いの流暢さを、才知のすぐれた表徴にする。

萹蓄【へんちく】 〔万物絵本大全調法記・下〕に「萹蓄 へんちく／うしぐさ。夏」。〔薬種重宝記・上〕に和草、「萹蓄 へんちく／にはやなぎ。そのまま刻み焙る」。

弁当の饐えぬ法【べんとうのすえぬほう】 〔大増補万代重宝記〕に「弁当重箱 夏月中に物饐えらぬ法」、或は移り香を止むるには 野菜 魚 鳥等、煮た品の上に青菜を敷き、梅干を三ツ四ツ、或は五ツ六ツ見合わせて入れて置くと、漆の移り香もせず、一夜過しても損ずることはない。

便毒【べんどく】 〔改補外科調宝記〕に便毒《べんどく》を、便癰《べんよう》、よこね（横根）、血疝《けっせん》ともいう。股のつけ際、小腹《ほがみ》の間、ややもすると陰上の近くに出る。これは精血の滞り、欲念が兆して漏らさず、色を思い叶わない等、精が凝

り腫れ痛みをなす厥陰の湿熱で、悪くすると久しく癒えない。濫りに針をすると悪い。初め腫れてまだ膿まないのには山甲内消散*、膿んだら龍胆瀉肝湯*、膿み兼るには灸を二百程すると忽ち潰れて癒える。長く癒え兼ねて漏となり、穴の開いたのには蠟礬丸*を、膏薬は鶏蓮膏*も用い、婦人下疳には麻殻を煎じ腰湯にする外、症状に応じ処方がある。〔新撰咒咀調法記大全〕に便毒《よこね》の奇方として貝母と白芷を煎じて飲む。〔鍼灸重宝記綱目〕に便毒《べんどく》は手掌《てのうち》の後ろの横《よこ》文《すじ》より中指の先までの寸を採り、その寸をまた横文より臂の方へ向けて寸の尽る所に三壮灸をする。便毒が右なら右手に灸をする。〔咒咀調法記〕に便毒《べんどく》が初めて腫れかかり痛む時は、大力子と芒硝を粉にして呑むと、腹が少し下り痛みは止む。〔丸散重宝記〕は便毒《べんどく》腫痛には、貫首（数珠）の末（粉）を服する。〔好色重宝記・下〕は便毒は内薬を用いて散らすか、或は早く発しさせ、そこで膿を取るのがよい。灸を据えて膿を取るのもよい。外へ発するには、荊防敗毒散*や防風通聖散*を用いる。〔懐中重宝記・慶応四〕は「よこねの薬」に蒟蒻玉を多く煎じて飲むとよい。

片脳【へんのう】〔薬種重宝記・上〕に唐木、「片脳　へんのう。竜脳*の上品なり。唐斤、百六十目」。

蝙蝠扇【へんぷくせん】「扇の事」ヲ見ル

褊満頬【へんまんづら】〔世話重宝記・二〕に褊満頬《へんまんづら》は、痘《いも》の痕《あと》が深く引き攣ったのをいう。へんばづら（頬）というのは誤りである。偏頗《へんぱ》はひとえにかたむくと読む字である。

便癰【べんよう】「べんどく（便毒）」ヲ見ル

偏歴【へんれき】〈経絡要穴　肘手部〉二穴。偏歴は陽谿の上（肘の方）三寸にある。これより以下の穴は陽谿と曲池とを目当てにとる。針三分、留むること七呼。灸三壮。肩 肘 腕痺れ痛み、鼻血 瘧 癲癇 喉痺 耳鳴り 小便の繋いのを治す。〔鍼灸重宝記綱目〕

ほ

帆【ほ】〔万物絵本大全調法記・上〕に「帆　はん／ほ。帆席　はんせき／ほむしろ」。〈紋絵〉〔紋絵重宝記・上〕には向い合せの帆の紋、帆の字の意匠がある。

摹【ぼ】「字を写す法」*。字の上に薄紙を蓋にして、その字形大小に従って写すのを摹という。〔重法記・宝永元序刊〕

簿【ぼ】「書物の事」ヲ見ル

向帰【ほいきい】唐人世話詞。「もはやかへるといふ事を、向《ほい》帰《きい》といふ」。〔男重宝記・五〕

焙炉の料理【ほいろのりょうり】焙炉《ほいろ》は、框《かまち》（＝木枠）に厚紙を貼り、下に炉火を熾し、中棚の匣《はこ》の底に紙を貼り中に茶や料理品などを入れて乾かす道具（図465）。『易林本節用集』に「焙爐　ほいろ、茶用之」とある。

図465　「焙炉」（日本山海名物図絵）

〔料理調法集・焙炉物之部〕に次がある。○「焙炉卯の花紫蘇」漬紫蘇をぼさっと洗い、焙炉《ほいろ》に懸け乾くのに砂糖を少々加える。味噌を紫蘇穂の先へ付け、その上に煎り芥子を付け、又々焙炉に懸けるとよい。○「焙炉鰹」は二法がある。①本土佐節を荒削りして置き、湯に漬け、それより鉋で薄く削り、十枚程も掻き、また湯に漬け、また同じように

残らず削り焙炉*に懸け、程よい頃に味醂酒醤油 痰切飴を入れて煎じ詰め、とろとろにして懸ける。尤も茶筅でもよい。また筆で一枚ずつ付けて鉢でも重《じゅう》でも取ってよい。②鉋で掻く時、串に挟み炭火のよい所で焦げ目の付かないように焙り、裏表 また先までゆるり等する。照りは味醂醤油で煮詰め、照りが付き少々焙り、皿へ取るとよい。これは銅杓子で懸けるとよい。「照鰹《てりがつお》」*ともいう。

○「焙炉鱚」鱚を三枚に卸して粉葛を懸け篠竹《しのだけ》、又は平串で叩き、極く薄く伸ばして焙炉に懸け、茶筅で塩水を懸け、また焙炉に懸ける。但し、小鯛 甘鯛等も鱚の身程に切り形をし、皮を去り、仕様は同じである。魚煎餅、又は鴈雪魚等という。○「焙炉氷蒟蒻」氷蒟蒻を水に浸し、挟みで縁から細長く挟んだのを結い綿のように拵え、塩梅は生姜の絞り汁に砂糖塩を少し入れ、蒟蒻を浸し、絞り、焙炉に懸ける。

○「焙炉昆布」初雪昆布を小さく丸める時、心《しん》に浅倉山椒を一粒の半分程入れて丸め、焙炉に懸ける。元日昆布ともいう。○「焙炉紫蘇」紫蘇の穂を焙炉に懸けて乾いた時、葛水に塩を入れて振り、また焙炉に懸ける。荒布、本俵（神馬藻）も同じ。○「焙炉庄内焼麩」庄内焼麩は薄い方がよい。尤も二ツ割 打ち醤油、また雲母玉子で浮き乾く所へ引き、また焙り、それより焙炉に懸けるとよい。始めは串焼きの方がよく、どちらも茶の取り肴によい。

○「焙炉薯蕷」長芋を丸剝きにして厚さ五厘程にして切り、塩水に暫く漬けて置き、水気をよく取って焙炉に懸ける。慈姑《くわい》、栗、薩摩芋も同じ。○「焙炉鯣」五嶋鯣の尾頭を取って水を漬けてよく洗い、水気を取り、廻りへ庖丁目を入れ、四枚程に剝ぎ、二寸四方位に切り、山椒を入れ鯣の繊で結び、焙炉に懸ける。○「焙炉田作り」鱓《ごまめ》の小さいのを炮烙で煎り、湯に付けて三枚に裂き骨を去り、水気を取って焙炉に懸け、山椒醤油を振り懸け、また焙炉に懸ける。○「焙炉鶏卵」玉子を錦糸にして少し乾かし、薄板に挟んで焙炉に懸け、板を離し切り形をする。

○「焙炉海苔」よい干し海苔を一寸余の四半に切り管に巻き、紙を細かく裁ち巻いた上を一寸留め、焙炉に懸け、茶釜で醤油を打ち乾かす。

○「焙炉蜜柑」蜜柑のよく締ったのを小口に切り、竹簀などに並べて露を少し乾かして焙炉に懸け、葛に砂糖を合せ、水を少々入れて交ぜ、蜜柑が乾いた所へ刷毛で引くとよい。九年母《くねんぼ》は、古生姜を繊に切り水に漬けて置いて辛味を少々取り、乾かす。蜜柑同様である。

○「焙炉宮城野紫蘇」青漬紫蘇穂を焙炉に懸け、乾いた所へ葛 砂糖 塩を少々加えてもよい。葛は堅めがよい。葛砂糖を箸の先へ懸け、紫蘇の穂へ一粒ずつ付け、一胆手で火に焙り、掻き置く所を焙炉に入れて焙るとよい。南部松藻もよい。○「焙炉湯皮」江州（近江）の湯皮がない時は、絞り湯皮また中揚湯皮の内、醤油を茶筅で振り付け、又は刷毛で引いてもよい。近江また中揚は焙炉か鉄網の上へ美濃紙半紙を敷き、その上で焙ってもよい。この二品は薄味噌を引いてもよい。絞り湯皮は串に挟んで火取ってもよい。

補陰丹【ほいんたん】〔洛中洛外売薬重宝記・上〕に補陰丹は、室町出水上ル丁松屋伝兵へにある。第一に脾胃を強くし、肌を潤すこと妙である。

補陰湯【ほいんとう】〔医道重宝記〕に補陰湯は、腎虚して常に腰の痛むのを治す。当帰・芍薬・生地黄・熟地黄・陳皮・茴香・牛膝・破胡紙・杜仲・茯苓・人参（各一匁）、黄栢・知母（各七匁）、甘草（三分）に棗を入れて煎ずる。〔好色重宝記・下〕にも処方があるが、〔昼夜重宝記・安永七年〕が詳しく、人参（五分）、芍薬・茴香塩・破胡紙・牛膝・杜仲・知母・黄檗（以上酒炒）・生地黄・熟地黄・陳皮・当帰・茯苓（各一匁）、甘草（炙）（三分）に棗を入れて煎ずる。痛みの甚だしければ、乳香・砂仁・沈香を加えて、芍薬・生地黄・陳皮を去る。

ほう【ほう】〔農家調宝記・付録〕に「ほう」は稲虫である。稲 粟、その

他に何でも群集して穂を吸うので秕《しいな》となり、害は少なくない。駆除法は松明を作り、黄昏頃からその田の畦に灯すと飛んで来て焼け死ぬ。何回もして除く。貝原益軒は漢字は不明という。「蟊《ぼう》」参照

法【ほう】 算盤の用字。〔古今増補算法重宝記改成・上〕に法は、割算掛算をする時、見合わせる左の数をいう。目安*に同じ。

坊【ぼう】〈町〉〔万物絵本大全調法記・上〕に「坊 まち」とある。〈春宮の御所〉〔男重宝記・二〕には春宮《とうぐう》*の御所を坊《ぼう》という。

望【ぼう】〈満月〉〔万物絵本大全調法記・下〕に「望 ばう／まう／もちづき。望月 ばうげつ（十五日の月）なり」。〈診察法〉〔医道重宝記〕に病を治すのに、まず病人の形や色を望み見て知ること。〔鍼灸日用重宝記・二〕には肝 心 脾 肺 腎の五臓を病む時、顔に青色の顕れるのは腹中の痛み、赤色は腹中の熱、黄色は脾臓の弱り、白色は腹中の寒、黒色は腎気の破れとする。酒を飲まずに酔うようなのは神気の不足、手足の指が伸び節の合い過ぎた者は癒えるのが遅い。このように外相を診て内腹の病を知ることを望とも神ともいう。「四知《しち》」参照

蟊【ぼう】 稲虫。〔農家調宝記・付録〕に蟊《ぼう》は殻虫《からむし》*という。よく出来た稲に生ずることが多い。出穂の前の根の間にいる白い裸虫で、ここに度々油を入れて除く。また田水を落した後に再び増長して害することがあり、その時はまた水を仕替え油を入れ、稲の痛まないように、株毎に椀の類で繰り掛け繰り掛けして洗い落し一昼夜して水を落とす。「ほう」参照

胞衣【ほうい】「えな（胞衣）の事」ヲ見ル

防已【ぼうい】〔万物絵本大全調法記・下〕に「防已 ばうい／あをかづら。又つゞらぶち」。〔薬種重宝記・上〕に和草、「防已 ばうい／あをつづら。皮を去り、泔《しろみず》*に浸し、刻み焙る」。

保嬰百補湯【ほうえいひゃくほとう】〔小児療治調法記〕に保嬰百補湯は、痘瘡八九日後、貫膿《みずもる》*後、他症がなければ気血を調理し、脾胃を養い、実熱二痘に拘わらず、皆服する。気虚の痘には八九日後、黄芪（二匁）、肉桂（少許）を加える。もし別痘があれば虚実を審らかにし、痘にしたがい加減する。当帰・芍薬・地黄・白朮・人参・茯苓・山薬・甘草に棗を二ツ入れ、水で煎ずる。

方円の義【ほうえんのぎ】〔鍼灸重宝記綱目〕に、○「方」は気の方《かた》に盛んになろうとする方《ほう》である。気が盛んになろうとするのを見てこれを迎えて刺《はりさ》し気の実を抜く。それ故瀉には方《ほう》を用いるという。○「円」は行《こう》、移《し》である。宣《の》びない気を廻らし、復《かえ》らない脈を移して救う。虚気を扶助して補う。迎随*の義である。

法皇【ほうおう】〔男重宝記・一〕に法皇とは、院*が出家して髪をおろされたのを言う。御所を、院の御所、仙洞院などと言う。

棒押しの伝【ぼうおしのでん】〔調法記・幕末頃刊〕に棒押しの伝がある。棒の切り口に「止力」の字を指で三度書いて、それを手の平に当て、手の平を柱につけて押すと少しも痛むことはない。

報恩講【ほうおんこう】〔年中重宝記・四〕に、①十一月二十二日より二十八日迄、東西本願寺開山親鸞上人忌。これを報恩講と号する。②十二月六日から十二日迄、智積院開山覚鑁《かくばん》忌。これを報恩講という。

方角善悪【ほうがくぜんあく】〔方角重宝記〕に、「掌中図」（図466）があり、子年ならその年の支《え》より子丑寅卯の四ツ目に向イ魄絶《むかいはくぜつ》がある。辰巳午未申酉と子より十目に正当神貫《しょうとうじんかん》がある。何れの年もこの通りである。両の大悪方は永代四悪十悪である。また過去の事を考える時は何十年でも後へ繰る。例えば、子の年から五年を繰ると申に当る。これを次に示す十二の図（図467）で両大悪の「神貫」「魄絶」、幷に左右四支の「驚魂」「失善」、「蓋重」「断悦」の図に軽重のあることを考え、家作 所替 万事にわたりこの図を考えて用いる。なお、中の輪の「危」「除」等は、暦

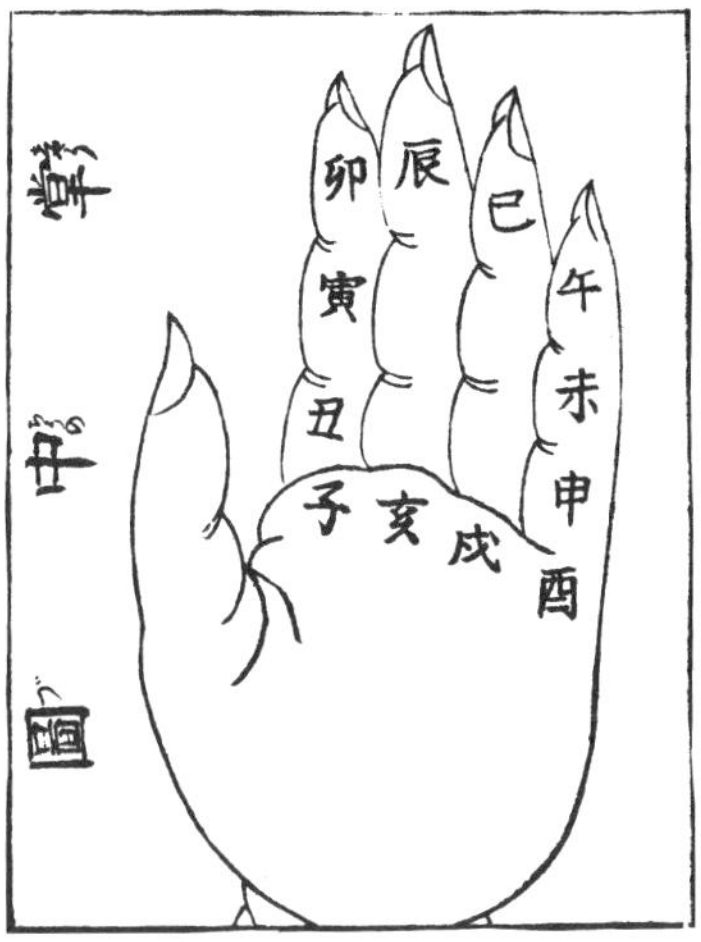

図466「掌中図」(方角重宝記)

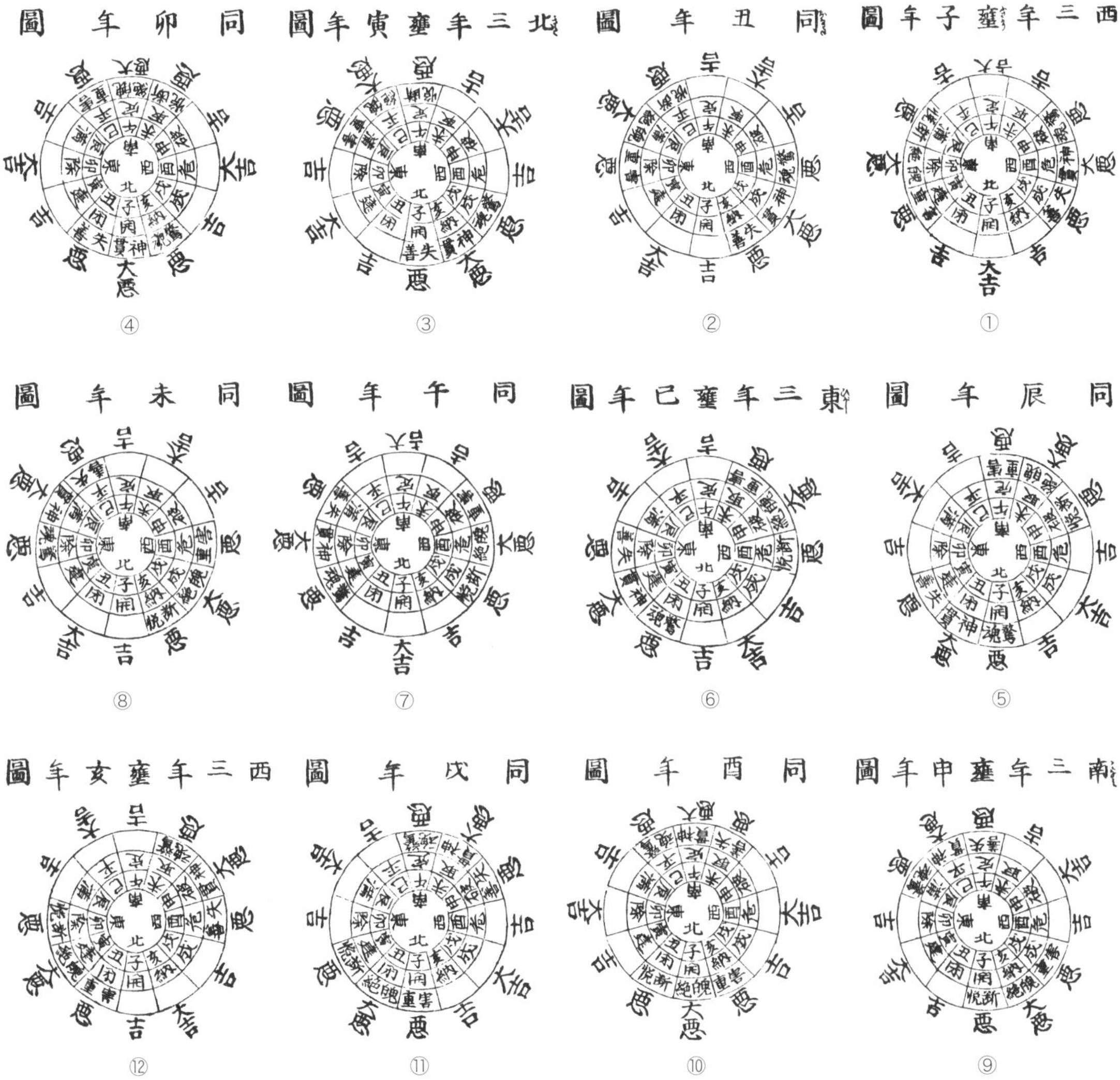

図467 「十二年塞りの図」(方角重宝記)

の中段善悪の事、十二直*である。○「天道方／天徳方」の図もある（図468）。二星は、大善万徳の大吉神で、何事にも障りはないとある。

図468 「天道方／天徳方」（方角重宝記）

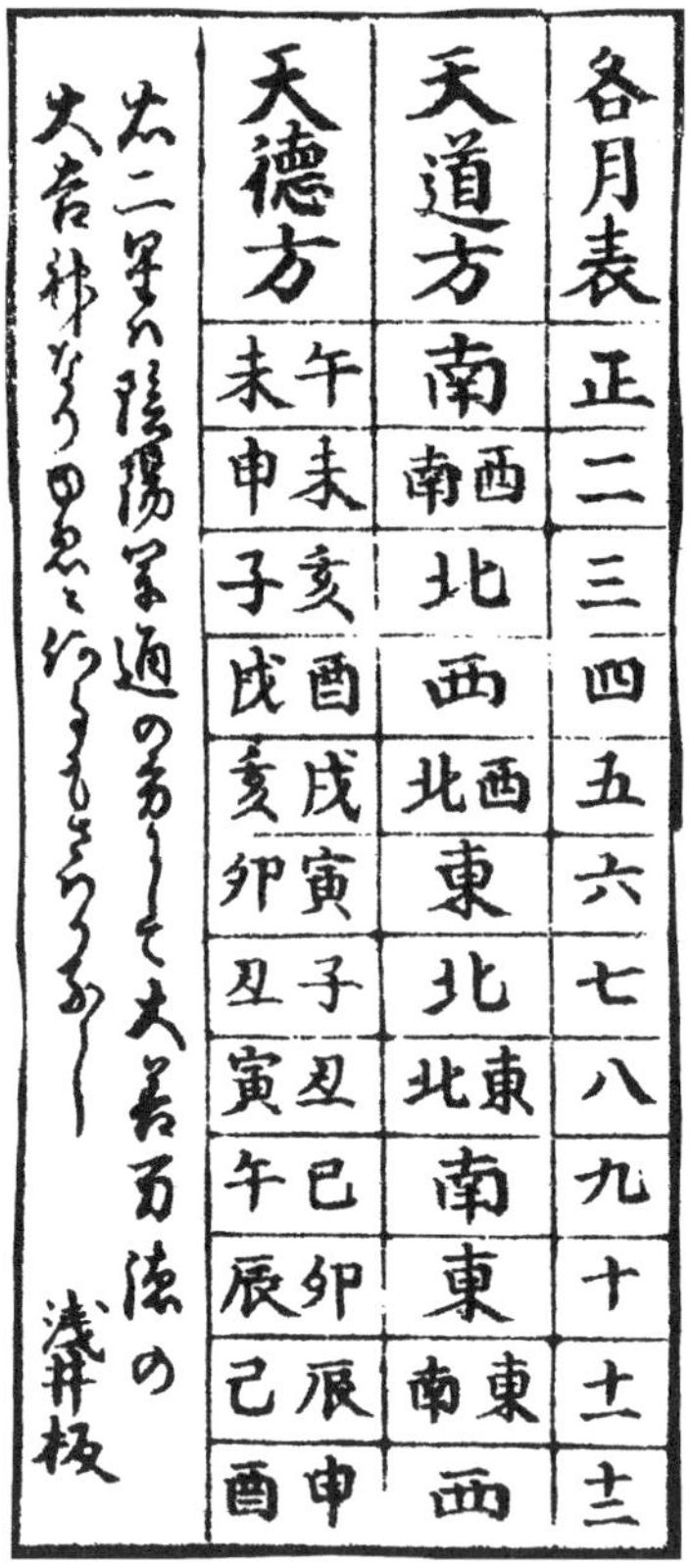

各月表	天道方	天徳方
正	南	午未
二	西南	未申
三	北	亥子
四	西	酉戌
五	西北	戌亥
六	東	寅卯
七	北	子丑
八	東北	丑寅
九	南	巳午
十	東	卯辰
十一	東南	辰巳
十二	西	申酉

○「十二年塞りの図」がある。「塞り」については「時塞りの方位」「日塞りの方位」「月塞りの方位」「金神《こんじん》の事」〈日塞りの方位〉〈三月塞りの方位〉ヲ見ル

○「西《にし》三年 壅《ふさがり》 子年図」。「亥丑 巳午未」は方も日も吉。但し、その事により大将軍金神七殺豹尾神 幷不成就日等を考えて用いる。「卯酉」は方も日も大悪。「申戌 辰虎」は方も日も悪。「子」の方は天照玉女の方と言い大吉、子の日は大悪。何れもその年の方が大吉日は大悪である。又その向イ「午」の方も問答勝利の方と言い、吉である。何年もこのようである。二八十一月は大悪、正三七九月は悪。この月日は方祟りのある月日なので、方の悪い人は慎むのがよい。○「西三年壅 丑年図」は、「午未申 子丑寅」は方も日も吉。「辰戌」は大悪。「卯巳 酉亥」は悪。「丑」の方は大吉。「丑」の日は大悪。三九十二月は大悪。二四八十月は悪。○「北三年壅 寅年図」○「北三年壅 卯年図」○「北三年壅 辰年図」○「東三年壅 巳年図」○「東三年壅 午年図」○「東三年壅 未年図」○「南三年壅 申年図」○「南三年壅 酉年図」○「南三年壅 戌年図」○「西三年壅 亥年図」も順に図の通りである（図466）。

この十二年の図のように、神貫 魄絶 幷左右両脇の四支ともに、一年中は遊行日もなく大悪日である。作事は本家を離れても続いても、両悪方へ借屋 土蔵 雪隠等はもとより、庇 窓 出入口等少しの造作 損壊を忌む。但し、元のように破損の修理はよい。本家より両悪方へ、他所で家屋敷田地等一切所領を買い求める事、或は借屋替 一切の住所を替え行く事は悪い。養子 縁辺等すると、病死や災難に遇わなくても、必ず不縁である。奉公人を召し抱えるのも悪く、奉公人は必ず病難 仕損じがある。気に入って久しく抱えたければ、節分に方違《かたたがい》*をさせるとよい。

○「方角善悪」に「方違いの仕様」がある。○「人」住所が悪いのに往来する人は節分に方違いをする。方違いの仕様は、節分が十二月にあれば節分の四五日前より帰る時の方のよい所へ出て、来る正月五日を過ぎて元の所へ帰るのがよい。○節分が正月にあれば、十二月二十日過ぎより帰るのによい所へ出て、正月の節分を五日を過ぎて帰る。○方違いに出る時は前後共に長く先に居る程よい。常に用いる椀器と夜具を持って行くが、諸道具を残らず携えて引越すには及ばない。毎年方違いする事はなく只一度でよい。○世間に方違いと言い方除《ほうよけ》の札だけを持ち 或は他所で一夜泊りし、又晦日に宿替え等するのは無益である。○方違いで必ずしも元に帰るには及ばず、親類 知音 借屋でも帰る時の方のよい所を考えて行くとよい。○他国から来た人も方が悪ければ、一度本国へ帰って重ねて方のよい年に来直すのがよい。○他国より来た方はよくても、此所で方が悪い時は、その地で方違いをする。○他国より来て方が悪く此所煩い付く時は早く本国へ帰って養生するのがよい。此所では養生も叶わず本復しても後々迄悪い。

○「家作建物」方違は一切出来ないので崩すのがよい。崩すことが出来なければ他人に売り払い、代りの家を方を選んで買い求める。○長く祟って後に初めて方の悪いことを知り、その悪いことを知った年にも作事所が又々両悪に当るなら愈々崩すのがよく、そうでないとその年必ず祟る。いつも七年目 十三年目は前の悪方へ回る。○他所に方の悪いのを知らずに買い求めた家屋敷があれば、他人に譲り 売り払うのがよい。子孫や眷属に譲ったり 或は当分の名代ばかりにする等は全くよくない。○眷属でも他所に居て方のよい人はよい。他人で買い求めた人に祟ることはない。○建物を崩すには、元空地に建てた小屋や湯殿等は崩すばかりで、重ねて方のよい年に元のように建て直すのはよい。

○「病気」悪方へ家作 或は所替えして病み付く時は、「方角善悪」の図を見て方のよい所へ出て養生する。これは仮の方違であるが、そこに居ては良薬祈念も験効がなく死ぬ。例え、一旦快気しても再発したり、一生煩い 或は不具になる。久しく薬を飲んでいる人は方違しても本復せず、月の運が悪くなると床に着き死ぬ。特に方祟りは立煩いが多く長引き死ぬ。本復しても元の所へ帰っても、必ず節分に改めて正しく方違をしないといつまでも祟りの止む事はない。○方違を嫌い、悪所を好む病人は悪相であり、自然と悪所を嫌い外へ出たいと願う病人は吉相である。この方違いの遅い病人は本復し難く、早くするのがよい。医師も悪方より招くのは悪く、薬は病人に相性の方があれば考えて用いるのがよい。

○「祟り」悪方は水中に水が沈むように必ず祟る。大祟りは、当年 又三年め 七年目と死人の年忌同事に回り祟る。当卦が悪いと家作り 所替えの月より煩死し、本人が無事でも妻子 眷属に祟り、病人は絶えず、終には血筋も絶える。火災 盗難に遭い 家屋敷を失う。一代に祟らなくても子の代に祟り、子孫の乱行 悪性の止まないのもこの祟りが多い。「塞りの符／守」モ見ル

茅花湯【ぼうかとう】〔小児療治調法記〕に茅花湯《ぼうかとう》は、麻疹発熱の時血を止めるのに用いる。茅花・当帰・牡丹皮・生地黄・甘草（各等分）を水で煎ずる。玄参・百草の霜を加える等処方がある。

ほうかばち【ほうかばち】「つらがまち」ヲ見ル

蜂窠癰【ほうがよう】〔改補外科調宝記〕に蜂窠癰《ほうがよう》は、心癰*が胸乳の上に生じていくつも穴のあるものを蜂窠癰《ほうがよう》という。心花の熱であり早く治すのがよい。鹿茸（毛を去り炙る）、付子（毛を去り包み焼き）、塩化石（各等分）を粉にし、棗肉で丸じ空き腹に服する。「心漏」参照

宝鑑瀉白散【ほうかんしゃはくさん】〔医道重宝記〕に宝鑑瀉白散《ほうかんしゃはくさん》は、咳嗽して口が乾き 煩《いき》れ 熱し 胸膈《むね》利せず、喘促《ぜんそく》するのを治す。桑白皮（二匁）、桔梗・知母・陳皮・地骨皮（各一匁）、細辛・青皮・黄芩・甘草（各二分）に生姜を入れて煎ずる。肺火を瀉する剤で肺寒喘のないのには用いない。

ほうき【ほうき】「ほうき（箒）とは、方々へ歩く事」を言う。〔増補新版名代町法記・上だん（冗談）の言葉〕

伯耆【ほうき】伯州。〔重宝記永代鏡〕には河村 久米 八橋《やつはし》 汗入《あせいり》 会見《あうみ》 日野の六郡をあげ、城下は米子で、一ノ宮は倭文《わぶみ》である。〔万民調宝記〕には大名を松平相模とする。〔大増補万代重宝記〕には上管、四方二十二里。田数八千六町、知行高十三万千六百三十九石。〔重宝記・幕末頃写〕には南北二日半、山深く、土厚く、五穀や衣帛の輪転をする。中の国である。今の鳥取県西部にあたる。〈名物〉〔万買物調方記〕に黒鉄、熊の胆、大山の黒皮竹。

法諱【ほうき】〔日用重宝記・一〕に法諱《ほうき》は、天子が法皇となり 薙髪し 仏門に入った時の名前である。法号。

崩御【ほうぎょ】〔男重宝記・一〕に、天子*の御亡くなりになることを崩御《ほうぎょ》という。「薨御」参照

包脛【ほうきょう】鷹の名所*。〔武家重宝記・五〕に包脛《ほうきょう》は、鷹の股根《ももね》の肉

のある所の細い毛をいう。

棒切【ぼうきれ】 片言。柴の折《おれ》を中国では、「ぼうきれ」という。〔不断重宝記大全〕

豊金丸【ほうきんがん】 〔洛中洛外売薬重宝記・上〕に豊金丸は、油小路五条下ル二丁目 谷月にある。第一に痞え、食傷、腹の痛み、霍乱、酒の酔い、万病によい。

望月砂散【ぼうげつしゃさん】 〔小児療治調法記〕に望月砂散《ぼうげつしゃさん》は、「痘後の余症」*で羞明《しゅうめい》*に加え 暗い所を向いても眼の開かないのを治す。○穀精草・蜜蒙花（酒洗）・蟬退（各五匁）、望月砂（一両）を細末（粉）とし、猪肝（一両）を竹刀で披き破り、薬（一匁）を肝内に入れ、水で煮熟し、汁を飲み肝を食うて効がある。○痘後の失音を治す。天花粉*・桔梗・白茯苓・柯子肉・甘草・石菖蒲を末（粉）して水に調え、半匙を碗に入れ、他に小竹（七茎）・黄荊（七条）を縛して一束とし火を点じ、煎じて臥す時に服す。

保元物語【ほうげんものがたり】 書名。〔日用重宝記・三〕に次の解説がある。『保元物語』は三巻、葉室時長卿著。保元元年（一一五六）七十七代後白河院（一一五五〜五八）と七十五代崇徳院（一一二三〜四一）の兄弟の不和に、宇治の悪左府頼長公が崇徳院を勧め 後白河院を亡ぼし、崇徳院の子重仁《しげひと》親王を天子とし、頼長が権を執る謀《はかりごと》等に、これに皇室および摂関家が絡んで対立する物語である。後白河院方は義朝・清盛ら、崇徳院方は為義・忠正（清盛伯父）父子ら、負けた崇徳院は讃岐へ配流、重仁親王は出家し、為義・忠正は誅せられた。乱の起りは七十四代鳥羽院（一一〇七〜二三）が美福門院の容色に迷ったことから始った。まず鳥羽院の位は第一皇子崇徳院が継いだが、永治年中（一一四一〜四二）には美福門院に鳥羽院の第八皇子が誕生し、三歳の皇子を位に即け七十六代近衛院（一一四一〜五五）とした。崇徳院の憤りは深く、父子の仲は悪くなり、近衛院の方は在位十四年で崩じた。この時 重仁親王が即位あるべきに、美福門院の勧めで鳥羽院第四皇子雅仁《まさひと》が、即ち後白河院になった。崇徳院とは一腹で美福門院とは継子である。これらが趣意で、崇徳院の嫉みから多くは起っている。

這子【ほうこ】 女児の玩具。〔女筆調法記・五〕に次がある。女児が余所へ行くのに必ずお伽と言って「はふこ（這子）」を側に置く。これは魔王が恐れるからで、「はふこ」「あまご（天児）」と一対の物であるが、近年は「はふこ」ばかりを用いる。「あまご」は竹等で作り内に心経《しんぎょう》を納める。

鉾【ほうこ】 片言。京の人が神事に持ち出るのを「ほうこ」と言っているが、「ほこ」がよい。但し、神事に限っては「ほうこうわたる」等と言っているが、「たてほこのほこ」を「ほうこう」と言うのは聞いたことがない。〔不断重宝記大全〕

法号【ほうごう】 「ほうき（法諱）」ニ同ジ

胞膏【ぼうこう】 〈経絡要穴 肩背部〉 二穴。胞膏《ほうこう》は第十九椎の下左右へ三寸ずつ開く処にある。針五分。灸三十五壮か五十壮。腰・背痛み、腹脹り、不消化、淋病、大小便の通じないのを治す。〔鍼灸重宝記綱目〕

膀胱【ぼうこう】 〔鍼灸重宝記綱目〕に、膀胱の重さは九両二銖、縦の広さは九寸、尿を九合九升盛る。下口の広さは二寸半、形は袋のようである。下口があり上口がない。背中の第十九椎に当り、腎下の前、大腸の傍らにあり、小腸の下口は即ち膀胱の上際で、水液《みずしる》はこれから漏れ入る。州都の官で津液を蔵め、気化する時はよく出る。上口がなく自ずから滲入《もれいる》のは皮膚に汗穴があるようである。人の気化する時通利するのは、布で濾すのに塵芥は上に留まり、清水は下に降るようである。図絵がある（図469）。〈灸穴要歌〉〔永代調法記宝庫・三〕に「腰 背中強く重くて又痺れ 腹痛便のかたき 膀胱」。膀胱の兪は第十九椎の骨の下両方へ一寸半にある。

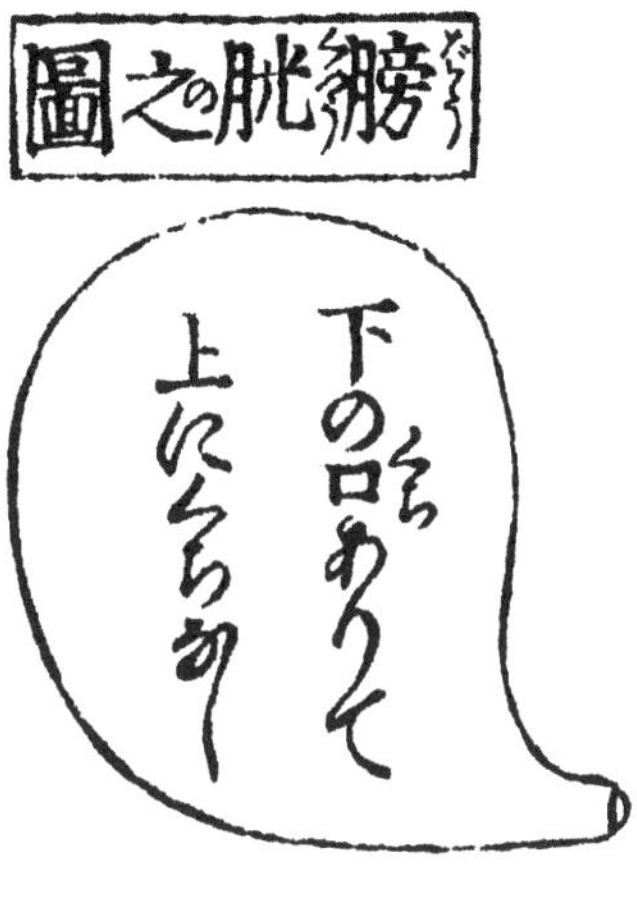

図469「膀胱の図」〈鍼灸重宝記綱目〉

防鴨河使【ぼうこうがし】〔万民調宝記〕に防鴨河使《ぼうこうがし》《ぼうがし》は、宮内省*に属し洪水の時鴨河の堤を破って京に水が入るため、これを治める司である。

奉公人心得【ほうこうにんこころえ】〈武家奉公心得〉〔武家重宝記・一〕に次がある。○「立居振舞」。主人の御座近くで高雑談、高鼻をかみ、戸の開閉荒く、足音の高いのは礼儀を欠く。御前に伺候の時は、膝を組まず、抜き手をせず、おかしいことがあっても声を立てて笑わず、扇を使わず、汗を拭わず、鼻をかまぬ（但し 難儀ならそと陰へ向いて汗を拭い、鼻をかむ）。徒歩でも御供でも、朋輩衆と物語りし手を取り組む等しない。○「若い人の心得」。朝には早々に起き 鬢をかき 髪を結い 親の前へ出、主人の所へ出仕し、退出の時も親の前へ出て 辞宜をする。○「奉公の心掛け」。主人の御気に入ろうとするのは悪い。只主人の御気に従い、仰せ付け事を違えず奉公すべきである。年寄を押し退けて主人の前に出るのは見苦しい。主人や貴人に物申す時は、我が顔を側へ振って息の掛からないようにする。人が物申す時は何となくそこを立ち退く。女中近くに何心なく伺候するのは心ないことである。奉公人が主人の心も知らず、物を披露したり、或は利根《りこん》立てするのは悪い。主人や貴人に物申すには、左膝を見守って申し承る。等輩ならば顔を見る。

〈女人奉公心得〉〔女筆調法記・六〕に○主君に仕えるには朝は夙に起き、身繕いを早く仕舞い、身持ち手足を綺麗に心掛ける。但し、奉公人の人目に立つ飾りは無益、主君の心に従う。○その日の予定をよく心掛け、一事も忘れないようにする。夕べには遅く寝てその日の所作の善し悪しを思い、明日の事を工夫する。主君の仰せをよく分別し、少しも疎略にしない。○その家の掟をよく守り、作法を猥りにせず、物事に私なく欲を慎み 正しく勤める。○万の物は断りなしに使わず、主人の心をよく悟り、その心に従って仕える。もし主君に悪事があれば退いて主君の深く思う人に訴える。幼い時から仕えて親しむ主人なら諫めてもよい。○主人の善し悪しを人に言わず、歪んだ事があれば方便を廻らして思い直すようにする。○俸禄に不足を言うのは悪いものと心得、随分慎んで仕え、主の気に違わないようにする。○世渡りの苦しみを思うなら、相応の恩給を受けて養われ、奉公に油断してはならない。

奉公の事【ほうこうのこと】〈武家奉公〉〔書札調法記・一〕に「奉公に出た人へ遣す状」の範例文が返書とともにある。貴人 同輩 下輩の内、同輩へは、「手紙を以って啓上申し候。今朝去る方ニ而承申候。貴様御事 永々之御浪人成され気の毒に候処、御身上御有付之由 珍重に存じ候。委細は晩程参を以って御悦び申し伸ぶ可く候」。その返書は「御書面之通り、能き肝煎り御座候而、少禄乍罷り出候処 首尾よく御目見え仕り、其上御懇意成る御上意共御座候而、一分に出大慶に存じ候」とある。

〈町人奉公〉〔重宝記永代鏡〕の「年季奉公人請状之事」は次の通り。「一、此梅吉与申者 生国従り能く存知慥成者ニ付 我等請人ニ罷立ち 当何の年何月より来ル何年何月迄 中年何年季相定め 貴殿江御奉公ニ差出申処実正也。御給金として唯今金何程御渡下され 慥ニ請取申候。然ル上は御商売又ハ御職分筋相覚 年季之内御暇取候儀致間敷候。御仕着之儀夏冬両度下さる可く候。一、御公儀様御法度之儀は申に及ばず 御家之

御作法急度相守らせ申す可く候。若し取逃 欠落致候ハバ 早速当人尋出し 引負之品々 請人方より相弁え急度埒明け 貴殿江少茂御損失相掛申間敷候。若し長煩仕候歟 又は御奉公勤めず致し候ハバ 早速当人引取り 是又金子相立候共 人代り差出候共 御差図次第仕可く候。一、宗旨之儀は代々〔天台 浄土 真言 禅宗 日蓮 一向〕宗ニ而 何町何寺旦那ニ紛れ御座無く候。即ち寺請状我等方江取置申候。右之外如何様之違変出来致候共請人引受埒明少茂御難儀相掛申間敷候。後日の為の請状仍件如し／年号月日／請人何町誰店　誰・人主　誰・奉公人　誰／何屋　誰殿」。この請状は詳細であるが伝承されてきた内容を踏襲している。〈奉公人年期〉〔書札調法記・五〕に、○「年切奉公人請状」は、「何之年何月より何之何月迄 丸年拾年切ニ而御奉公出し申候」とあって十年切りの奉公であり、○「半季奉公人請状」は「何之三月より同じく九月迄」とあり、三・九月の節季を出替りとしている。〔昼夜重宝記・安永七年〕は、○「午之三月より寅之三月迄丸年八年」と年季奉公の範例文があるが、年数も抱える時期も契約次第である。〈奉公人抱える吉凶日〉〔重宝記永代鏡〕に、○吉日は甲子《きのえ》〔春は忌む〕・亥の日。乙丑《きのと》・未・亥〔春は忌む〕の日。丙寅《ひのえ》・辰の日。丁卯《ひのと》・未・丑の日。戊巳《つちのえ》・子・午の日。己巳《つちのと》の日。庚辰《かのえ》・寅・子〔秋は忌む〕の日。辛未《かのと》・卯・亥〔秋は忌む〕の日。壬午《みずのえ》・寅の日。癸巳《みずのと》・卯の日。これ等の日はいずれも奴婢を抱えるのによい。また暦中段 定《さだん》* 平《たいら》* の日もよい。○凶日は、十死日* 受死日* 四季悪日* は忌む。暦中段 除《のぞく》* 閉《とず》* の日も悪い。〈奉公人目見えに出る吉凶日〉○吉日は甲の子・午の日。乙の丑・未の日。丙の辰・寅の日。丁の丑・未の日。戊の亥・午の日。己の巳・亥の日。庚の亥・辰の日。辛の未・亥の日。壬の寅・午の日。癸の卯の日。また暦中段 成《なる》* 定《さだん》* の日。○悪日は暦中段 除《のぞく》* 破《やぶる》* の日は忌む。「遊女奉公」は「山衆の事」ヲ見ル

膀胱兪【ぼうこうのゆ】〈経絡要穴 肩背部〉二穴。膀胱兪は第十九椎の下左右へ各一寸五分ずつ開く処にある。灸は一日に三壮か七壮。針は三分、留むること六呼。風労、背強ばり、小便赤く黄、遺溺、腹満ち、大便固く、腹痛み、脚膝力なく、女子の腹の聚《かたまり》等を治す。〔鍼灸重宝記綱目〕

封口薬【ほうこうやく】〔骨継療治重宝記・下〕に封口薬《ほうこうやく》は、刀斧で傷割し、喉を断たれ、耳欠け、唇傷れ、肚皮を損じ、陰嚢を跌き破る等の症を治す。乳香・没薬・児茶・当帰・杉木皮（各一両）、麝香（五厘）、片脳（□分）、豬豴聹葉（一銭 ＝葛葉毛 藤子葉でも可）。各々を別々に削り 細末（粉）にして秤り合せ、和《ま》ぜ調え 麝を入れ 削り細かにし、次に脳を入れ削り調え、磁器に収めて貯えて置く。それぞれの損傷はそれぞれの法で縫い合わせる等の処置をしてから、封口薬をつける。

茅根【ぼうこん】「つばな（茅）」ヲ見ル

宝算【ほうさん】 高貴の人の年齢を宝算という。「年賀の事」ヲ見ル

帽子【ぼうし】〔万物絵本大全調法記・上〕に「帽 ばう／まう。帽子 ばうし也。まうす」。〈帽子屋〉〔万買物調方記〕に「京ニテ帽子屋」建仁寺町松原上ル 八郎左衛門。「江戸ニテ衣袈裟 帽子」下谷 坂本弥七、本町二丁目 わくや、同 ゐつゝや、同 いせや、同 大文じや。大坂は記載ナシ

房事好き嫌いの見分け法【ぼうじすききらいのみわけほう】〔清書重宝記〕に次がある。眉毛の厚いのと歯茎を出して笑い 物言う人は、好き（房事深い）であり、眉毛が薄く口を塞いで物言う人は常である。

蓬砂【ほうしゃ】〔薬種重宝記・上〕に唐石、「蓬砂 はうしや。そのまま使ふ」。

傍若無人【ぼうじゃくぶじん】〔世話重宝記・一〕に『晋書』『史記』に出るとして、唐晋の桓温は位の高い者であるが、王猛が桓温と世上の事を語るのに、虱を捫《ひね》りながら対談した様子を傍若無人と人は言ったとし、これより出た詞とする。傍らに人も無いように、何とも思わぬ振る舞いを言う。

硇砂散【ほうしゃさん】〔改補外科調宝記〕に硇砂散《ほうしゃさん》は、鼻痔*の薬である。硇砂（一匁）、軽粉・雄黄（各三分）、竜脳（一分）を粉にして外に塗ると水になり、自ずから癒える。

芒種【ぼうしゅ】二十四節*の一。〔重宝記永代鏡〕に五月節、昼五十九刻余夜四十刻余。芒種とは芒《のぎ》のある穀類の種を皆植えることからいう。蟷螂生ず、鵙《もず》始めて啼く、反舌《よしきり》無声等という。〈耕作〉〔新撰農家重宝記・初編〕に、新暦では六月六日。六月に入ってから晩稲《おくて》を植え始める。六日頃から生姜を植える。薩摩芋を挿す。綿を蒔くとよい。小暑*の気迄稗を蒔くとよい。十一日頃入梅。人参、赤豆、晩粟、荏胡麻、芹、三ツ葉を蒔くとよい。竹の類を植え分けてよい。

保寿円【ほうじゅえん】〔洛中洛外売薬重宝記・上〕に「半井家相伝保寿円《ほうじゅ》」は、四条通長刀鉾町 潤元堂製。代一匁五分。第一に腎精を増すこと妙である。その他痰咳、頭痛一切によい。

保寿丸【ほうじゅがん】〔洛中洛外売薬重宝記・上〕に保寿丸は、さかゐ町三条下ル丁 丹後や藤兵へ にある。諸国に取り次所がある。第一に癪、痞え、腹の痛み、食傷胸の痛み、痰、咳によい。

保寿散【ほうじゅさん】保寿散は、〔綄約重宝記〕の撰者畑銀鶏家に伝来の名方で、脾胃虚弱、老人不眠、夜頻尿に特効がある。常に製して置き三度の食毎に服用すれば年中の悪癘を去り、食毒を消し、気血を廻らし、眼目を明らかにし、大小便を順利し、顔に光沢を生じ、長寿を保つこと奇中の奇である。黒胡麻（二合）、陳皮・橙皮・麻仁（各四匁）、胡麻（二匁）に黒胡麻と麻仁を炒って擂鉢でよく摺り、塩をよい程入れて擂り上げた中へ、陳皮・橙皮・胡椒の細末（粉）を交ぜて蓋物に貯えて置き、三度の食時に茶を飲む時、二箸ずつ用いる。

宝生【ほうしょう】「さるがくののう（申楽／猿楽の能）」ヲ見ル

芒消【ぼうしょう】〔薬種重宝記・上〕に唐石、「芒消 ばうせう／のぎえんせう。そのまま用ゆ。『蒙筌』に云、白きを用ゆ。黄と赤きは用いず」。

北条氏康【ほうじょううじやす】〔大増補万代重宝記〕に北条氏康《ほうじょううじやす》は、北条早雲の孫、氏綱の子。三世相承けてその門を高めた。氏康に至って上杉氏を攻め討ち、関左八州を統領した。兵威だんだんに奮い、世々小田原の城に居した。元亀二年（一五七一）、五十七歳没。

放生会【ほうじょうえ】〔商家繁栄農家豊作重宝記・元治二〕に「放生会」の始りは、養老年中（七一七〜七二四）異国来襲に日向 大隅は士民の殺傷夥しく、朝廷は宇佐八幡宮に祈願して勝利し、天下太平となった。この時、太神の御託宣に戦死者を憐れみ、放生会を執り行えとあるより始り、年々恒例になった。〔商家繁栄農家豊作重宝記・弘化二〕には亡者の追福や仏事の供養等は放生に勝るものはなく、生類一疋一羽でも助ける時は神仏も喜ばれる。中でも牛馬の放生は大善根の最上で五穀成就 民家安全の妙術である）牛馬は耕作を助け 重荷を負い遠路を運ぶ等、人の及ぶ所ではなく、それなのに病傷老牛馬の扱いは余りに酷く、慈悲善根の人々が救い方を企て官府にも聞き届けられ、家一軒より一月に米二勺ずつの御助力を仰ぐ等とある。〔民家豊饒重宝記・嘉永元〕にも牛馬の尊さを国土万民の宝とし、「牛馬放生仁徳誠」（内題）を詳説、「御免老牛馬放生飼寄進所」（巻末）の旗を掲げ、発起人 浪華森泉（住）萬貫堂、願主 同 春木屋吉兵衛、同志 同 世話方中は同一人、大坂日向町すじ銕町角を諸方寄進取扱用場とし、放生元が摂州一の谷と大阪天王寺にあった。これは〔商家繁栄農家豊作重宝記・弘化二〕に相州箱根山の永代御免の牛馬放牧所、上州碓氷碓峠の牛馬摂待所、この外信州和田峠、越前西江州、或は草津山科等の牛馬放生所が相継いで建てられたのに触発されたものという。「老牛馬放生所」参照

〔年中重宝記・三〕の八月十五日条に「八幡放生会」があり、養徳（老ノ誤リ）四年九月のこととし、宇佐八幡宮禰宜辛島が神軍を率いて敵を亡ぼしたのに因る。八幡の神託は諸国迄執行したが、中絶していたのを

近頃八幡の神官田中が再興して将軍に訴え、今は毎年行われる。〔大成筆海重宝記〕には「放生会に人を誘ふ状」の範例文もある。

北条家執権九代【ほうじょうけしっけんくだい】〔和漢年暦調法記〕に次がある。（）の内は補記。①北条時政（鎌倉幕府初代執権。代々伊豆の豪族。配流の源頼朝に娘政子を配し、頼朝挙兵 幕府開業の重臣。頼朝没後、二代源頼家を謀殺、三代源実朝を擁立 幕府を掌握、北条氏独裁体制に進めたが、実朝の廃立で失敗、隠退した。建保三年［一二一五］、七十八歳没）。②北条義時（同二代執権。時政の第二子。和田の乱後侍所別当を兼ね、実朝暗殺後は姉政子と幕府を掌握 北条氏専制の基礎を固め、承久の乱後は後鳥羽院ら三上皇を流し、幕府権力を確立した。元仁元年［一二二四］、六十二歳没）。③北条泰時（同三代執権。義時第一子。承久乱後父命で上京、六波羅探題として処理に当たった。貞永式目を制定、御家人中心の武家政権の確立を図った。仁治三年［一二四二］、六十歳没）。④北条経時（同四代執権。時氏の長子、時頼の兄。武蔵守。寛元四年［一二四六］に職を時頼に譲り薙髪安楽と法名した。寛元四年、二十三歳没）。⑤北条時頼（同五代執権。時氏の次子。宝治合戦で三浦氏を滅し北条幕政を固めた。康元元年（一二五六）に薙髪最明寺に閑居（最明寺殿という）。民政を施したので諸国巡遊僧の伝説がある。弘長三年［一二六三］、三十七歳没）。⑥北条長時［〔和漢年暦調法記〕ハ時宗ヲ立ツ。今改メタ］（同六代執権。重時の子。時頼の辞職に伴い時宗幼少の為執権を摂し、侍所別当を兼ねた。文永元年［一二六四］、三十五歳没）。⑦北条政村（［〔同前書〕ハ貞時ヲ立ツ。今改メタ］同七代執権。性温雅、和歌をよくし勅撰集にも三十七首入集。文永十年［一二七三］、六十九歳没）。⑧北条時宗［〔同前書〕ハ師時ヲ立ツ。今改メタ］（同八代執権。時頼の子。文永十一年［一二七四］・弘安四年（一二八一）の蒙古襲来を退ける等国威を発揚した。弘安七年、三十七歳没）。⑨北条貞時［〔同前書〕ハ高時ヲ立ツ。今改メタ］（同九代執権。西勝円寺殿という。将軍惟康親王を廃し久明親王を擁立、また徳政令により御家人を潤した。応長元年［一三一一］、四十一歳没）。

法城寺【ほうじょうじ】〔年中重宝記・五〕に法城寺は、安倍清明*が鴨川の洪水を祈って験《しるし》があり、建てた寺。清明の死後はこの寺に葬った。始めは真言宗であったが後に浄土宗となり、寺号を心光寺と改め、慶長十二年（一六〇七）に三条の橋東に遷した。近世までは五条川原に清明塚があった。

北条早雲【ほうじょうそううん】〔大増補万代重宝記〕に北条早雲《ほうじょうそううん》は、初めは伊勢新九郎と号した。一旦、勃起して豆州を獲り、相州を略す。その子氏綱は生所を辱めず、後の関東覇権の基礎を固めた。永正十六年（一五一九）、八十八歳没。

奉書紙【ほうしょがみ】奉書は、天皇・摂関・将軍等の意を受けて、近侍の者が奉行・側衆・老中などに下す公文書をいう。〔大増補万代重宝記〕には「簡礼書法」として次がある。竪文《たてぶみ》*折文《おりぶみ》*を、貴人また大礼の時は大奉書 中奉書等を、分に従い用いる。町家等ではたいてい上の杉原*を用いる。すべて奉書と唱えるのは奉書を認めるからである。元来は、杉原というのが本名である。〔不断重宝記大全〕に竪文・折文ともに三行半より筆を立て、上を一寸残せば下は七八分を残すが、その紙の大小による。〔万買物調方記〕に「京ニテ奉書」東洞院御池下ル町 加賀 越前の絹綿一所である。

飽食【ほうしょく】〔大増補万代重宝記〕に飽食して苦しむ時は、胡荽子（唐菜コニシの実）を末（粉）とし、塩湯で用いるとよい。

鋒鍼【ぼうしん】〔鍼灸日用重宝記・一〕に鋒鍼（針）は、長さ一寸六分。癰疽の熱に刺し、血を出すのに用いる。「鍼（針）の事」参照

豊心丹【ほうしんたん】〔丸散重宝記〕に豊心丹は、心を鎮め、気を調え、痰を消し、酒毒を解す。上逆 眩暈 霍乱 食傷 腹痛によい。人参・砂仁・木香・丁子・藿香・沈香・槟榔・蓽撥・白檀（各二匁五分）、桔梗（一匁九分）、甘草（一分）、麝香（七分五厘）、樟脳・竜脳（各三分五厘）、古茶（十五匁）を、三年になる欠き餅で丸ずる。〔昼夜重法記・正徳四〕に豊心丹

は南都西大寺の秘伝方とあり、前記病名の外に吐却 泄瀉 心痛 瘧疾《おこり》 痢病 眩暈 呃虐 悪心《むねあしく》 嘈雑を治し、諸々の毒消しとする。また更に川芎（一匁九分）を加えており、秤糧にも異同がある。〔洛中洛外売薬重宝記・上〕に豊心丹は、黒門下立売上ル丁 操存《そうし》軒にある。万ず毒消し、気つけ、吐血によい。

法親王【ほうしんのう】〔人倫重宝記・一〕に法親王は、親王*が出家し髪をおろし寺を持たれることを言い、門跡*ともいう。

好新婦【ほうしんふう】 唐人世話詞。「よき女（をんな）を、好女人《はうにいじん》と云。又好新婦《はうじんぷう》」ともいう。〔男重宝記・五〕

報身仏【ほうしんぶつ】「さんじん（三身）」ヲ見ル

坊主【ぼうず】〔人倫重宝記・五〕に寺院の坊主は、先祖の廟所を預かり、寺請《てらうけ》の判形《はんぎょう》を押し、亡者を取り置く役がある。

方錐の升数の算【ほうすいのますかずのさん】〔古今増補算法重宝記改正・上〕に次がある。①四方一尺五寸、深さ二尺の四方錐の升数を問う。答えは二斗三升一合三勺八五。四方一尺五寸を掛けて二二五となり、これに深さ二尺を掛けると四五となり、これを錐の法三で割り、又今升*の法六四八二七（一升の容積）で割ると答えを得る。②三方一尺、深さ一尺五寸の三方錐の升数を問う。答えは三升三合三勺九才六札。口一尺を両に掛け合わせ一となり、これに深さ一尺五寸を掛け、又これに三角の法（角率法）四三三を掛けて六四九五となり、これを錐の法三で割り、又今升の法六四八二七で割ると答えを得る。

方寸匕【ほうすんひ】 合薬秤量。〔医道重宝記〕に方寸匕とは、一寸四方の匕《さじ》に一掬《すく》いである。

暴喘【ぼうぜん】〔小児療治調法記〕に大小便の硬いのは牛黄奪命散*で下し、次に白虎湯*で平らぐる。「ばひふう（馬脾風）」ヲ見ル

鳳仙花【ほうせんか】 草花作り様。〔昼夜重宝記・安永七〕に鳳仙花の花は色々で、飛び入りもある。土は肥土と砂を等分にする。肥しは雨前に小便を注ぐ。分植は二月に実を蒔く。〈歯の大毒〉〔里俗節用重宝記・上〕に鳳仙花は、擬宝珠《ぎぼうし》とともに歯の大毒である。

鳳仙子【ほうせんし】〔薬種重宝記・上〕に和草、「鳳仙子 ほうせんし。噎食《いつしょく》（＝食時の喉詰り）の下らざるに、酒に三日浸し用ゆ」る。

疱瘡【ほうそう】「とうそう（痘瘡）の事」ヲ見ル

彭祖小接命薫臍秘方【ほうそしょうしょうめいくんさいひほう】〔洛中洛外売薬重宝記・上〕に彭祖小接命薫臍秘方は、寺町五条上ル丁 黄檗山香具所 山下市兵へ にある。癆瘵、疳の虫の薬である。

傍題【ぼうだい】 歌学用語。〔諸人重宝記・一〕に、「花紅葉」「月雪」によらず「恋・雑」ともに題を受け取ってからは少しもその趣きを違えず詠むべきことなのに、題の事を傍らにして、余のことを詠むのを傍題という。第一の比興言語同断の病、是非に及ばぬ義とある。〔新板増補男重宝記・二〕には「月花」という題であれば、「花」を捨てて「月」ばかりを詠むことをいうとある。

方祟りを除く呪文【ほうだたりをのぞくまじない】「塞りの符／守」ヲ見ル

棒鱈【ぼうだら】〔料理調法集・干魚調理之部〕に棒鱈は水に漬け置き、細かに揉み裂いて昆布味噌を切り混ぜ、梅が香を懸ける。干鱈も同じである。〈和らか煮様〉〔料理重宝記・下〕には鱈をよく洗い 塩をし 藁を入れ 湯煮すると、格別和らかになる。

鳳瑞丸【ほうたんがん】〔洛中洛外売薬重宝記・上〕に鳳瑞丸は、蛸薬師室町東へ入 養浩堂にある。男女共に腎精を増す妙薬である。

ぼうちぎりき【ぼうちぎりき】 片言。杖棒を、「ぼうちぎりき」というのは但馬などの詞である。「棒千切木」かとある。〔不断重宝記大全〕

庖丁の事【ほうちょうのこと】〈庖丁師〉〔万物絵本大全調法記・上〕に「膳夫せんぶ／はうちやうし。庖人はうじん。厨子ちうし。並同」。

〈世話〉〔世話重宝記・一〕には『荘子』に出るとして次がある。庖丁とは、唐人の牛をよく料理した人の名である。今、俗に魚肉を料理するのを庖丁するというのはこの意である。また料理する刀を名づけて包丁というのもこの意である。

〈庖丁始め〉〔料理調法集・年中嘉祝之飾〕年始に庖丁を初めて使うことを庖丁始めという。「鶴は千年」「鯉の滝徳」「蓬莱の鴈」等、縁起により雉子 鯛の類をその職の者が勤める。主人は熨斗目*裃を着用し、明方《あきのほう》に向き、庖丁を一覧する。

〈錆びない法〉〔大増補万代重宝記〕に包丁や剃刀類は夏日に汗や塩気の手で使うとどれ程拭っても錆が出る。これは椿の油で拭って置くと錆びない。また臭気は生姜の葉を擦って去る。

〈売り店〉〔買物調方記〕に「京ニテ庖丁 小刀類」小川竹屋町 文殊包次、同所 文殊包重、同所 春田、同所 道高。猪熊四条下ル 金英、同町 武広、同町 兼広。一条千本ノ西 菜刀 口次、同同 口定、同同 口則。この外、板木小刀、糸切鋏、毛抜、鍔、外科道具、矢根、鑢、鋸、針金引など四十四軒がある。「江戸ニテ庖丁」横山町 菊一文字、同所 文殊四郎の二軒。「大坂ニテ菜刀」道修町 一文字の一軒。

払子【ぼうつ】 唐人世話詞。「ほつす（払子）を、払子《ぼうつ》」という。〔男重宝記・五〕

ほうづくし／ほうどくしゅ【ほうづくし／ほうどくしゅ】 片言。「風毒腫《ふうどくしゅ》を、ほうどくしゆ、ほうづくし」という。〔世話重宝記・四〕

棒角木【ぼうつのぎ】〔武家重宝記・二〕に棒角木《ぼうつのぎ》は、羽《は》*のない矢である。筈《はず》*は異なる。

棒で年齢を打たす法【ぼうでねんれいをうたすほう】〔万用重宝記〕に棒で人の年齢を打たす法は、左右の手に棒一本ずつ持たせ二本の棒先にのように丸の中に一文字を三ツ指で書き、胸に鬼の字を三ツ書き、右前の紋を三遍観念して、年打て 年打てと言うと、年の数程打つ。正直柔和の人だけに効がある。

ほうど【ほうど】 諸国詞。中国地方では「入れ物ほうど」「根ほうど」というのを、京では「入れ物ぐち」「根ぐち」という。「ぐち」「ほうど」は接尾語で、ぐるみ、ごとの意。〔男重宝記・五〕

ほうどくしゅ【ほうどくしゅ】 片言。「風毒腫《ふうどくしゅ》を、ほうどくしゆ、ほうづくし」という。〔世話重宝記・四〕

ぼうとる【ぼうとる】〔洛中洛外売薬重宝記・上〕に「おらんだぼうとる」は、河原町三条下ル丁 村上氏にある。第一 に腎精を増し、脾胃を調え、気を増し、血を生ずる。

好少年【ほうとんつう】 唐人世話詞。「よきわか衆《しゅ》を、好童子《はうとんつう》と云」。〔男重宝記・五〕

好女人【ほうにいじん】 唐人世話詞。「よき女を、好女人《はうにいじん》と云。また好新婦《はうしんふう》」ともいう。〔男重宝記・五〕

好女子【ほうにいつ】 唐人世話詞。「よき娘といふ事を、好女子《はうにいつ》と云」。〔男重宝記・五〕

法然上人忌【ほうねんしょうにんき】 法然上人御忌は、正月十九日から二十五日迄。浄土宗*四ケの本地で法事がある。〔年中重宝記・一〕

豊年蕎麦【ほうねんそば】 豊年そばは、深川中丁 稲葉屋にある。〔江戸町中喰物重法記〕

法馬【ほうば】 「ふんどう（分銅）」ニ同ジ

苞飯の事【ほうはんのこと】 芳飯とも書く。〔女重宝記・二〕に苞飯は、様々の刻み物を膳の先に盛る、まず箸を取り、左で汁を受け、刻み物を入れ、一ツに搔き合せて食う。あんまり物を残してはならない。〔女用智恵鑑宝織〕に苞飯は、菜の類を色々取り合せて飯の上に置いて出す。苞飯は麦飯のように清汁《すましじる》なので初めより汁を掛けて食う。細進（＝おかわ

り）からは汁を椀に受けて置く。〔永代調法記宝庫・一〕に苞飯を食うには汁を注がせ、食を取り上げ、上の盛り物を掻き混ぜて食う。春は青い物か酸い物から、夏は赤い物か苦い物から、秋は白い物か辛い物から、冬は黒い物か鹹い物から食い始める。その後はどのように食ってもよい。食い上げて膳が上がっても湯は出ない、出ても飲んではならない。
〈芳飯汁〉〔料理調法集・汁之部〕に芳飯汁は、煮抜*がよい。蒲鉾 麩の焼花鰹 栗 生姜 揚げ昆布 茗荷 海苔をいずれも細かにしてよい。

宝瓶印【ほうびょういん】〔新撰咒咀調法記大全〕に宝瓶印は真言密教の手による印契の一。「九字の大事」ヲ見ル

防風【ぼうふう】〔万物絵本大全調法記・下〕に「防風 はうふう／はますかな／はまにがな」。〔薬種重宝記・上〕に唐・和草、「防風 ばうふう／ひやうぶぐさ。蘆頭を去り洗ひ 刻み焙る」。〈薬性〉〔医道重宝記〕に防風《ばうふう》は甘く温で、頭暈を除き、骨節の痛み、諸風、口噤むのに用いる。泔《しろみず》*に一夜浸し、土気を洗い、蘆頭と黒い皮を去り、刻み干して少し焙る。〈食合せ〉〔料理調法集・当流献方食物禁戒条々〕に防風は、松茸 平茸 椎茸 鼠茸等の茸の毒を去る。

防風丸【ぼうふうがん】〔小児療治調法記〕に防風丸は、項軟《こうなん》* 筋軟《きんなん》*の薬。天麻・防風・人参（各一両）、姜蚕・全蝎（各五匁）、雄黄・辰砂・麝香（各二匁半）、牛黄（一匁）、炙甘（二匁）を練蜜で丸じ、薄荷湯で用いる。

防風解毒湯【ぼうふうげどくとう】〔改補外科調宝記〕に防風解毒湯は、瘰癧*の薬。防風・荊芥・桔梗・牛房子・連翹・甘草・石膏・薄荷・枳殻・川芎・蒼朮・知母（各等分）に、生姜二片と灯心を入れて煎ずる。

防風膏【ぼうふうこう】〔改補外科調宝記〕に防風膏は、臀疽* 臀癰*の薬。三方がある。①硫黄・旦礬（各等分）に酢を加え、蠟と押し合せて付ける。②硫黄を粉にし紙の上に広げて巻き、紙縒にして胡麻の油に浸し、火をとぼし薬湯をしたててよく冷まし、しきりに塗るとよい。③桃仁（七分）、大風子（一）、硫黄（四分）を粉にして、胡麻の油で溶いて塗る。

防風通聖散【ぼうふうつうしょうさん】〔医道重宝記〕に防風通聖散は、中風一切の風熱 塞がりが盛んで、大便結し、小便赤く渋り、頭顔に瘡を生じ、譫妄（＝たわごと）驚き狂い、三焦みな実するものを治す。防風・川芎・当帰・芍薬・大黄・芒硝・連翹・薄苛・麻黄・荊芥・白朮・山梔子（各五分）、石膏・桔梗・黄芩（各一匁）、滑石（三匁）、甘草（三分）に生姜を入れて煎じる。一方には、芒硝を去り牛膝・人参・半夏を加える。癪熱瘡腫 気血 実し盛んにして、大満大実のものに用いる。胃が気虚するのには与えない。〔改補外科調宝記〕には楊梅瘡*に、〔小児療治調法記〕には麻疹*にも用いているが、処方が若干異なる。

苘麻【ほうま】〔童女重宝記〕に苘麻《はうま》は、「ごさいば」という白苧《はくそ》のことと ある。国々に作り、殻を麻殻《おがら》といい、盆に精霊会の箸にする。荒皮はあらそ（荒苧）といい、糸縄《ほそびき》に作る。

蜂蜜膏【ほうみつこう】和蘭陀流膏薬の方*。〔改補外科調宝記〕に蜂蜜膏《ほうみつこう》は、一切の腫物に、虚実ともに用いる。緑青・枯凡（各粉にして三十匁）、明礬（焼き返し三匁）、蜂蜜（百匁）、酢（五十匁）、甘草（粉にして）。酢ばかりを煎じ詰め 泡の立たない時に蠟を入れる。蠟の溶けた時、畦唐菜の油を十五匁入れ、四色の薬を入れて練り、木綿で濾す。

棒寄の仕様【ぼうよせのしよう】〔万用重宝記〕に次がある。六尺の寄り棒の先に㊂丸に一文字を三ツ指で書き、相手に左右の手の真中に親指を離して力を入れずに持たせ、呪文「我が里は き原 かや原 ねざゝ原 鬼食うき食う きじん食う 食うてこひとわ おうのおうせ から帰りこんづ帰りこんとわ思へども 定めなき 定めなければ」と三遍唱え、「寄ったり、寄ったり」と声を掛けると自然と棒の先が寄る。「上れ」と言えば上がり、「下れ」と言えば下る。言葉に従って棒が動くのは奇妙である。

蓬萊【ほうらい】〔年中重宝記・一〕に「元日飾り物」として、三方に栗 榧

蜜柑 柑子 伊勢海老などを積み重ねて賞する。来客にも勧める。蓬莱山は仙人の住む嶋なので寿を祝してこの三方を蓬莱という。唐では春盤《しゅんばん》といい、年始にこれを嘗める。〔料理調法集・年中嘉祝之飾〕に蓬莱は、公卿（供饗 衝重）に敷紙 白米 杠葉 裏白 藪柑子を敷き、その上に橙 蜜柑 栢 勝栗 野老 伊勢海老 柿 熨斗など山の果類は左に、昆布 飾り昆布 本俵の類など海草は右に飾る。根松 藪柑子は花包みにして向うに置く。また熨斗も包んで置く。切熨斗 切昆布は前の方に飾る（図470）。俗家では寄炭 香の大豆 梅干等も飾ることがあるとし、種類は例えば「亀甲菓子蓬莱」「蓬莱丸〔長〕州浜」等があり、「蓬莱居台（奈良蓬莱）」の寸法は指渡し一尺四寸五分 横二寸二分 筒高一尺五分とあり、「小蓬莱」（寸法略）もある。飾り物については「しまだい（嶋台）」「すはま（州浜）」参照

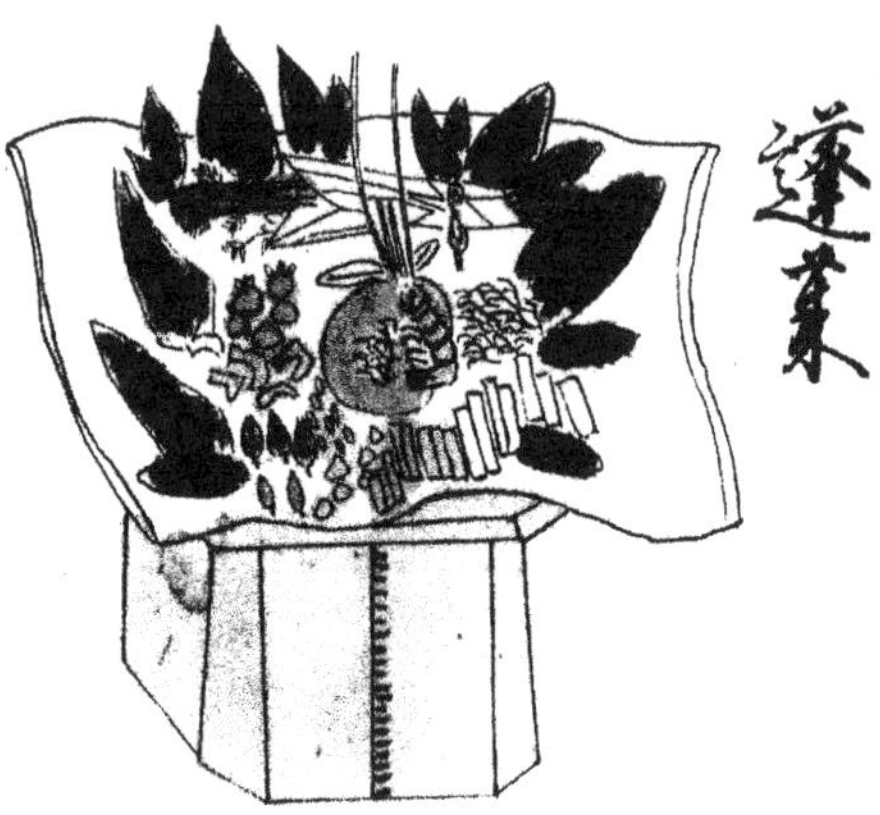

図470「蓬莱」（料理調法集・年中嘉祝之飾）

鳳来寺より御油迄道法【ほうらいじよりごゆまでみちのり】 街道。「秋葉山《あきばさん》幷鳳来寺道法」ヲ見ル

放埒【ほうらつ】〔世話重宝記・一〕に礼儀に拘わらず、我侭をすることをいう。放は はなるると読み、埒は 馬を防ぐ垣で 競馬などの矢来《やらい》である。法度に拘わらず我侭をするのは、埒を放れる馬のようだの意で、放埒という。

豊隆【ほうりゅう】〈経絡要穴 腿却部〉二穴。豊隆《ほうりゅう》は外踝の上八寸、下廉の傍ら一筋を隔てて脛骨の外廉《かど》の中にある。灸三壮か七壮。針三分。大小便堅く、胸・腹・腿・膝痛み、風痰頭痛、手足腫れ、喉痺、癲癇等を治す。〔鍼灸重宝記綱目〕

抱竜丸【ほうりゅうがん】〔小児療治調法記〕に抱竜丸は、小児の諸驚、風邪ひき、瘟疫、邪熱等に用いる。薬性は、温平で燥ならず、常に用いて風邪を駆り、痰を化し、心を鎮め、熱を解し、脾胃を和し、精神を増し、大いに効がある。牛胆星（一両）、天竺黄（五匁）、雄黄・朱砂（各二匁半）、麝香（一匁）を末（粉）し、濃く煎じた甘草水で麦粉の糊を煮、芡実の大きさに丸じ、或は雪水で糊を煮るのもよい。痰の盛んなのは薄荷湯、或は葱白湯で磨り蕩かして用いる。色々加減があが、例えば痰が塞がり、咳嗽するには生姜湯で用いる。痘疹の症の出たものには白湯で用いる。心が悸《さわ》ぎ安らかでないのには、真珠の末（粉）を入れて交ぜ調え時によらず呑む。〔丸散重宝記〕に傷風、瘟疫、身熱し昏睡、気荒く風熱、実痰、壅嗽を治す。驚風、潮熱、搐搦《ひらつき》、蠱毒（害毒）、中暑にもよい。嬰児の諸驚、四時の引き風邪、瘟疫、邪熱、煩燥安からず、痰嗽、気急、諸々の病に功がある。風邪を駆り、痰を解し、心を鎮め、熱を解し、脾胃を和し、精神を増す。雄黄（二戔五分）、辰砂（五戔）、地黄（十戔）、南星（四十戔）、麝香（二戔五分）を糊で丸ずる。

法隆寺【ほうりゅうじ】 奈良名所。大伽藍である。金堂 本尊は釈迦如来、講堂 本尊は薬師如来、伝法堂、夢殿、名高い五重塔がある。南無仏の舎利がある。毎日日中に御開帳がある。諸堂が数多あり、名木、名石等があり、構えの外も境内で拝所 見所が多い。この寺は聖徳太子御建立の

ままで火災はなく、作りも変えていないという。この辺に並松という町があり、泊り宿屋が多い。龍田へ半里。〔東街道中重宝記・七ざい所巡道しるべ〕

ほうりう餅【ほうりゅうもち】 菓子名。ほうりう餅、上うき物、中しめし物、下ながし物。〔男重宝記・四〕

ほうりょうじ【ほうりょうじ】 片言。「法隆寺《ほうりうじ》を、ほうれうじ」という。〔世話重宝記・一〕

法輪寺【ほうりんじ】 京名所。法輪寺の御堂 本尊は、虚空蔵菩薩。この寺に落星の井がある。後ろの山は嵐山で、戸難瀬の滝がある。〔東街道中重宝記・七ざい所巡道しるべ〕

鳳輦【ほうれん】 〔万物絵本大全調法記・上〕に、「輦 れん／てぐるま。鳳輦 ほうれん也」。〔男重宝記・一〕には、天子*の御輿をいう。

菠薐草【ほうれんそう】 〔万物絵本大全調法記・下〕に「菠薐 はれう／からな。又 ほれむさう」。〈薬性〉〔医道重宝記〕に菠薐菜《ほうれんそう》は冷、毒なく、胸を開き 気を下し 渇き（かつ）を止め 腸胃の熱を去り 酒毒を消す。多食すると足が弱くなり、腰を痛める。婦人の鉄漿《おはぐろ》と大いに反する。歯を染めてすぐに食うと忽ち死ぬが、歯を染めて他の物を食ってからこれを食う時は問題はない。誤って同食してはならない。

菠薐餅【ほうれんそうもち】 菓子名。菠薐餅《はうれんさう》、皆ながし物、かや粒を入れて作る。〔男重宝記・四〕

〈片言〉〔不断重宝記大全〕には「ほうれん草は、菠薐草《ほれんさう》」とある。

崩漏【ぼうろ】 〔医道重宝記〕に崩漏は、内は血気弱く 外は風冷に侵されて女子の血急に大いに下り止まず、後には血気虚脱の症となる。脈が小虚で滑なのはよく、大 緊 実 数《さく》なのは悪い。薬は、加味四物湯* 膠芥湯* 八物湯*を用いる。〔丸散重宝記〕に婦人の崩漏 帯下には、貫首（珠数）を酒に煎じて服する。大いに血気を補う要薬である。○黒炒《こくよう》の香付子を末（粉）にし米飲で下すのもよい。〈崩漏帯下食物宜禁〉〔世界万法調法記・下〕に「宜い物」は粟 大麦 芹 乾柿 牛蒡 鰻 五茄《うこぎ》 山芋 杏 枸杞 酢 鯉 鯖 鰺 炒海鼠《いりこ》 青海苔 蛸 蛎 烏賊 雲雀 鴈等。「禁物」は麺類 蕎麦 芹 蕨 黄瓜 茄 冬瓜 生菓 藕 梨 柿 烏芋《くわい》 胡瓜 飴 小豆 鮎 鮒 鶏 雉等。

焙烙【ほうろく】 火に掛けて物を炒る土鍋。〔女用智恵鑑宝織〕に、京で炒《いり》瓦《ごうら》（＝いりがわらノ音便）、大坂でほうろく（焙烙）という。

〈俗語〉〔色道重宝記〕に、年増《としま》のぼぼ（開）*に毛のないのを焙烙と言う。「かわらけ（土器）」モ見ル

炮擲火矢【ほうろくひや】 火矢*の一。〔武家重宝記・四〕に炮擲火矢は、一名を大散火矢《だいさんひや》といい、中国では団熕《だんこう》という。炮擲（素焼きの浅い土鍋）を打ち合せて火薬を仕込み、木筒で飛ばす。

墓運【ぼうん】 十二運*の一。〔金神方位重宝記〕に墓運《ぼうん》は、木性は六月（未）、火性は九月（戌）、土・水性は三月（辰）、金性は十二月（丑）生れで、出家や侍は苦労が絶えず、在家は吉である。人の憐れみを受けることがある。〔両面重宝記・寛延六〕に墓運の人は半吉。若い時から仕合せ悪く、常に苦労は絶えないが、仏神を深く信心すれば大吉である。「亡き人のその名を隠す墓じるし 見る度ごとに涙なりけり」。〔和漢年暦調法記〕に墓運に当る人は、仲人なしに縁組等するような人である。始めはよいが後は睦じからず、よくよく慎まないと悪い。田地、知行等はあるが、妻子の縁は薄い。医者か出家なら大いによい。〔日用重宝万物図解嘉永大雑書三世相〕に「墓運《むうん》」の生れの人は、夫婦の始めの縁は替り、後の縁は大いに睦まじいが、子に縁がなく育ち難い。若い内は心労が多いが、人の憐れみがあり、年寄る程仕合せがよい。心が邪であれば人の恵みがない。「む」「はか」ともいう。

補益活血湯【ほえきかっけつとう】 〔嫁娶調宝記・二〕に平産する時、補益活血湯を振り出して産婦に用いると、血の上ることもなく、古血は悉く抜け、

後々までも息災延命で憂いがない。この薬は、大内の帯解きといい、この薬を用いてからは産後に帯をしなくてもよいという。大いに験のある名方である。方は大事のためここに略するとある。

吠える【ほえる】 卑語。「泣くをとこぼへる、ほへる」。〔女用智恵鑑宝織〕

頬当【ほおあて】 〔武家重宝記・三〕に頬当は、面部、頬から下方の防護具である。鼻のあるのを面頬《めんほう》《おもつら》（図471）、鼻のないのを猿頬《さるほう》という。面頬には黒鬚 赤鬚 白鬚 書鬚等を植える。鼻は掛け外しに作る。歯は銀にしたものが多い。越中頬当は、小さくして頤《おとがい》ばかりに当てるものをいう。燕《つばめ》成《なり》というのもある。定《そ》矢《や》摺《すり》は頬に皺《しわ》のように筋を付けたもので、鎗留《やりとまり》とも作成《さくなり》ともいう。形《かたち》あり、肉あり、肉なしと言い、品々ある。「露落《つゆおとし》」の穴が頤の下にあり、汗流しの穴ともいう。「緒便金《おたよりのかね》」は忍びの緒を固めるもの故に忍緒捉《しのびのおがらみ》とも緒留釘《おどまりのくぎ》ともいう。「胸摺板《むねすりのいた》」は下《しも》第一の板である。

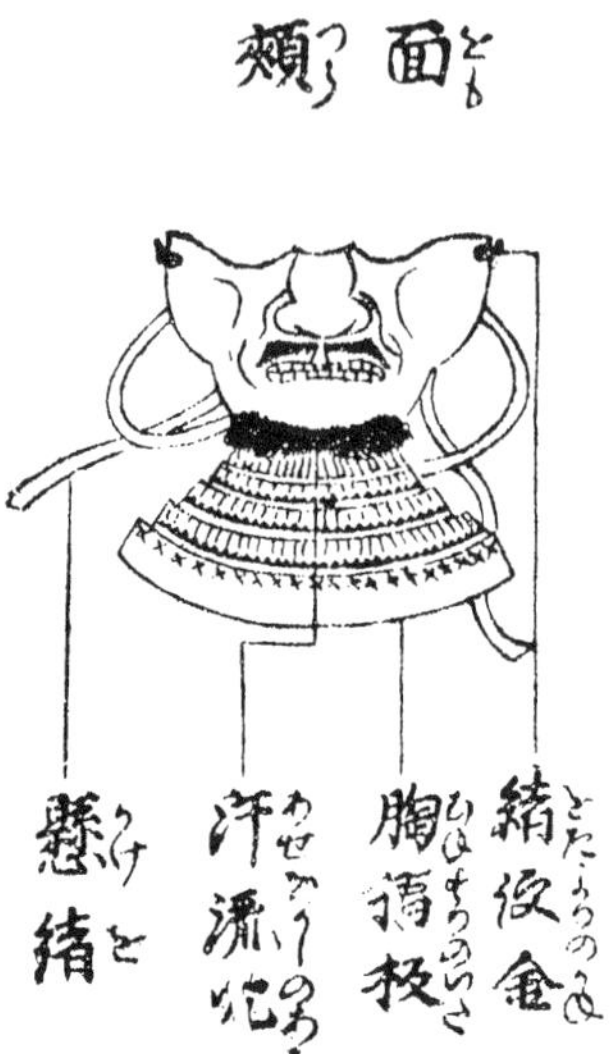

図471 「面頬」（武家重宝記）

ほおかばち【ほおかばち】 「中国では輔車《つらがまち》といふことをつらかばちといひ、東《あづま》にてつらだましいといふ。又ほうかばち共」いう。〔男重宝記・五〕

頬桁【ほおげた】 〈片言〉〔不断重宝記大全〕に「ほうげた［頬骨］このげたといへる、心得がたし」。〈卑語〉〔女用智恵鑑宝織〕に「口をほうげた」。又「物いふを…ほうげたたたく」と言う。

酸漿【ほおずき】 〔万物絵本大全調法記・下〕に「酸漿 さんしやう／かがち／ほうづき。夏」。〈貯え様〉〔料理調法記・上〕には酸漿を塩に漬けて置くと久しく持つが皺がよって悪い。糠味噌の中へ皮ともに漬けて置くと何時までも生のようである。〔ちやうほう記〕には、皮共に糠に漬けて置く。〈紋様〉〔紋絵重宝記・上〕には、枝葉の先に酸漿をつけて抱き合わせた意匠がある。

頬面【ほおづら】 片言。「ほうづらは、頬《つら》」である。〔不断重宝記大全〕

頬紅【ほおべに】 「べに（紅）の事」ヲ見ル

保和丸【ほかがん】 〔丸散重宝記〕に保和丸は、山楂子（二戔）、神麴・半夏・茯苓（各一戔）、蘿蔔子・陳皮・連翹（各五分）を糊で丸ずる。薬効は、○湿麵 魚肉 油揚等一切の湿熱の食に破られ、食を憎み 腹痛むのに。○赤白痢 食滞を兼ねるのに。○食滞がなくても湿熱 腸胃に甚しく裏急後重するのによいが、冷物に破られるのには用いない。○痰飲の湿熱には二陳湯*で下す。

穂掛【ほかけ】 暦下段。〔重宝記永代鏡〕に穂掛は、稲を刈り始める時、まず初穂を結び、田の神 及び五穀を植え初めた元祖を祭ることである。〔重宝記・暦之下段〕に田神は地神で、五穀の元祖は大唐では周の后稷を、日本では天照大神*を崇め、国によっては元三大師を物作りの本尊と奉る所もある。穂掛は、君も豊かに 民も栄え 五穀も熟するように、吉日を選ぶ。

ほかす【ほかす】 片言。「ほかすは、外ほかす」である。〔不断重宝記大全〕

ほかばち【ほかばち】 片言。「ほかばちは、［輔車《つらがまち》］*」である。〔不断重宝記大全〕

下腹【ほがみ】 「小腹」「陰上」とも書く。「したばら（下腹）」である。「陰門」ニ同意トスル事モアル

小腹の患【ほがみのわずらい】 経験方。〔丸散重宝記〕に、酒を飲み、色を犯し、小腹《ほがみ》が絞《こわば》り痛み、小便が淋のようなのには、黄芩・木通・甘草を煎じ、服して治す。

木履【ぼきい】 唐人世話詞。「ぼくりを、木《ぼき》履《い》と云」。〔男重宝記・五〕

補虚【ほきょ】 〔医道療治重宝記〕に産後の補虚には、人参を用いる。また白朮 黄芪 陳皮 当帰 川芎 甘草を用いる。もし発熱が軽い時は、茯苓を加えて淡滲すると自ずから除く。重い時は、干姜を加える。新産には芍薬を用いてはならず、黄芪を用いる。腹痛には芍薬（炒）を用いてよい。これは新産補虚の聖薬で、新産後悪寒 発熱 眼暗くして人事を知らず、汗が浴するように出、脈が滑ならば干姜を加えて煎じ、生神散*を与えると、服するに随い癒える。

墨子【ぼくし】 〔日用重宝記・三〕に墨子は名は翟。戦国 宋の大夫。よく守禦し、用を節にする。兼愛の意を以って書を著わす。孟子と同じ時代である。

朴消【ぼくしょう】 〔薬種重宝記・上〕に和唐石、「朴消 ぼくせう／あをえんせう。芒硝*を煎じて盆に入れるに、底に溜まるを云」。

北辰【ほくしん】 「北極星」ヲ見ル

僕参【ぼくしん】 〈経絡要穴 腿却部〉二穴。僕参《ぼくしん》は崑崙の下、跟《きびす》骨の割れ目陥みにある。針三分。灸七壮。足萎え、脚気、膝腫れ、転筋、吐逆、癲癇、狂言《たわごと》等を治す。〔鍼灸重宝記綱目〕

北辰妙見大菩薩【ほくしんみょうけんだいぼさつ】 大坂願所。天満東寺町西 城正寺北辰妙見大菩薩は、豊臣秀吉公が信じた開運除厄の尊像なので、諸人が開運を祈る。御縁日は十五日と午の日。〔願懸重宝記・初〕

北辰妙見菩薩【ほくしんみょうけんぼさつ】 大坂願所。世人が家業の繁栄を願い、厄難 病気を除くのを願うなら、北辰妙見菩薩を信ずると応験は灼《あらた》かである。参詣所は、大坂から八里の能勢郡野間村の妙見祠。勧請所は、大坂から二里半の久々知広済寺、大坂近辺では千日の自安寺、高津、天満、寺町等方々にある。御縁日は十五日、午の日。〔願懸重宝記・初〕

墨跡の事【ぼくせきのこと】 〔不断重宝記大全〕「茶湯名物御持来之記」に「墨跡」十六点の記載がある。大燈国師、浅野式部少補。円悟国師、尾張殿。大過善本・涌徳海、金地。運庵・開無門、大徳寺方丈、など。〈目利所〉〔万買物調方記〕に「京ニテ墨跡目利所」紫野大徳寺、室町御池下ル 玉屋甲斐・武藤十右衛門。「江戸ニテ墨跡目利所」品川東海寺 青沢和尚。

木舌【ぼくぜつ】 〔改補外科調宝記〕に木舌は、舌の下の吊り筋の脇根から大きくなり 舌のように根差し腫れ塞がるもので、針で撥ね切り、薬は百日草（黒焼）と塩を粉にし、朝汲み立ての水で練り付ける。また蒲黄を粉にして舌の上に頻りに捻り掛ける。内薬には黄連一味を煎じて用い心火を瀉《くだ》す。〔丸散重宝記〕に木舌は、口噤み 或は口中腫れ満ちて死ぬ者もある。赤芍薬・甘草（各等分）を煎じて服する。

北叟笑【ほくそわらい】 〔世話重宝記・一〕に北叟は、「人間万事塞翁が馬」*の塞翁をいい、憂《うれい》喜《よろこび》を心に留めず、いつも機嫌のよい翁であったため、北《ほく》叟《そ》笑《わらい》という詞が始ったという。「北叟づく」「北叟頭巾」等もみな塞翁よりいう詞である。「綜《お》屑《くそ》頭巾」を「ほくそ頭巾」と言い誤ったと人もある。

北斗七星の事【ほくとしちせいのこと】 〔万物絵本大全調法記・上〕に「斗《とう》 北斗《ほくと》也。七星有り一二三四を魁《くわい》とし、五六七を柄《え》とする。搖光は破軍星也。輔《ほ》星《せい》 そへぼし」（図472）。〔日用重宝記・二〕には星座、斗、北斗、七星ともいう。終夜 北にあり、時により北に深く沈むことがある。古の柄のある升の形に似て七星がある。第一は天枢、第二は天璇、第三は天璣、第四は天権、以上を魁とする。第五は天衡、第六は開陽、第七は搖光、以上を柄とする。搖光の向う方は昼夜天に随って一周し向う方を建《おざ》す*と言い、暦には毎月暮六ツ時その向う方を記すとある。

〔船乗重宝記・文政元〕に船手で四三の星と言うのは北斗星である。この北斗の魁の間に黒雲があればその夜雨が降る。北斗の前に黄の気があると翌日は風が吹く。雲気が北斗を覆い青色は大雨、黒色は風、黄色白色は明日大降り。白雲が杓の間を遮ると三日の間に大風する。

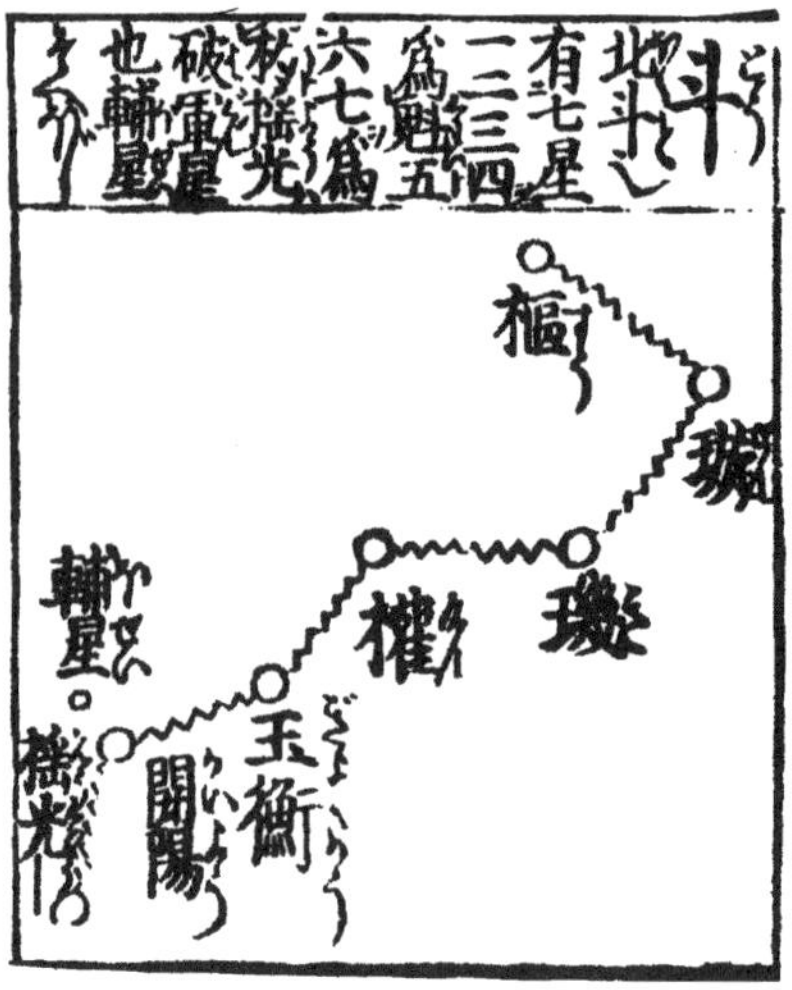
図472 「北斗七星」〔万物絵本大全調法記〕

卜の事【ぼくのこと】〔万物絵本大全調法記・上〕に「卜 ぼく／うらなひ。卜人 ぼくじん。卜者 ぼくしや 也」。〔人倫重宝記・五〕に占は、唐土では庖犠氏の時、亀を燎《や》いて吉凶を占い卜《ぼく》という。その後、洛水より龍《りゅう》馬図《ばず》を置いて出たのを見て初めて八卦を作り、その後周の文王が六十四卦を作り添えて、筮《うらな》うようになった。日本にも神代には亀で占っており、天照大神*が天の岩戸に籠られた時は、天の香久山の鹿の骨を抜き、祝り木〔祝い木〕で焼いて占ったことが神代巻にある。人代になって代占の家が伝わり、中頃は賀茂保憲の弟子安倍清明*が名人で、その頃薩摩には道満という名人もおり、清明と優劣を争った。占いの家は土御門《つちみかど》で、今は皆この門流である。また修験の流 山伏の家でも占いをするのは制外である。山伏は祈禱の家なので、直ぐに占いも頼むのが例になり、今の世では山伏が渡世のために占うようになった。ヱ順 ト逆順〔干支〕を繰り、毎月或は一代の守本尊を立て、嘘を取り交ぜて似合わしく、また人の気に懸ることを言い、終りには祈禱を頼まなければならないように言い回し、女童が騙されるのはもとより、歴々の鬢の生えた男までも銭金を取られることになった。

〔日用重宝記・二〕「俗占《ぞくせん》世を迷す事」には、世俗に生れ年の〔十干*と十二支〕*により配偶を忌む等のことは理もないこと、丙午《ひのえうま》*の女子を娶る男は難があるというが、何の年でも生質正しくなければいつも家は治まらず、信じてはならない。また十二運*六曜*人相*等は軽率のことで、吉凶を知るべきものではない。ただ、方位家相の説は理の当然、信用すべきであり、その取捨は時に臨んで、己の分別による。俗間の三世相、雑書、往来の売卜者等も吉凶を知るものはなく、無益の誤りをなし、世に毒を流すと言ってよい。

木履【ぼくり】〔万物絵本大全調法記・上〕に「屐 げき／あしだ。木履 ぼくり 也。又 がんじき」。〔人倫重宝記・四〕に「木履屋のはじまり」として次がある。木履は、唐晋の文公の臣下 介子推が、主が恩を忘れたのを恨み山に入ってしまい、改めて召したのにも応ぜず 木を抱いて焼死したのを、文公が木履に造って履いてから起った。文公は木履を履いて介子推を思い出し、常に足下《そくか》々と言ったことから、日本では木履を足下《あしだ》とも唱えるという。俗説に、弘法大師が渡唐後好んで造らせ、高野山・比叡山では稚児《ちご》や同宿まで、黒漆の足下に藍革や鞣革などを緒にす〔挿〕げて今に履く。平がけという木履は若狭で造る。

北陸海道【ほくろくかいどう】 街道。〔家内重宝記・元禄二〕に、京から今庄〔南越前町〕、越後高田、信州小諸・沓掛に至り、沓掛からは木曾海道*を経て江戸に至る道筋がある。今庄迄は東近江海道*西近江海道*があり、東近江海道は三里遠いものの道はよい、西近江海道は近いが水・川が多

く、砂道で悪いとある。今庄からは次の通り。
○今庄〈一里〉湯尾〈一里〉鯖波〈一里〉脇本〈二里〉府中〈一里〉鯖江〈一里〉浅生津〈二里〉福井〈一里〉船橋〈四里〉金津〈二里〉細呂木〈一里〉立花〈三里〉大正（聖）寺〈二里〉動橋〈一里〉月津〈二里〉小松〈二里〉粟生〈一里〉水嶋〈半里〉柏野〈一里半〉松任〈一里〉の市〈一里半〉金沢〈三里半〉津幡〈一里〉竹橋〈三里〉今石動。これより中田《ちゅうでん》海道と岩瀬《いわせ》海道に分かれ、富山で合流する。
○中田海道は、今石動〈四里〉中田〈一里〉黒川〈三里〉富山である。
○岩瀬海道は、今石動〈一里〉岩村〈一里〉福岡〈一里〉立野〈一里〉高岡〈六里〉富山である。
富山〈三里〉水橋〈一里〉滑川〈二里〉魚津〈三里〉三日市〈三里〉横山〈三里半〉泊［三日市から泊まで廻り道。浦山の宿・下立山《おりたて》・愛本の橋・舟見付］〈一里〉境〈一里〉市振〈三里〉青味〈半里〉這海〈一里半〉糸井川〈一里〉鍛冶屋敷〈二里〉熊生〈三里〉名達〈二里〉有馬川〈一里〉長浜〈三里〉高田〈三里〉新井〈二里〉松崎〈一里〉関の山〈一里〉小田切（坂）〈一里〉関川〈一里〉野尻〈一里〉柏原〈二里〉牟礼〈二里半〉荒町〈一里〉善光寺〈一里〉丹波嶋〈三里〉屋代〈一里半〉十倉〈一里半〉坂本〈三里〉上田〈二里半〉田中〈二里半〉小諸〈三里半〉追分〈一里〉沓掛。沓掛から江戸までは木曽海道*に同じ。

ほくろくじん【ほくろくじん】「福禄寿《ふくろくじゅ》は、ほくろくじん」。〔小野篁謔字尽・かまど詞大概〕

北陸道【ほくろくどう】若狭*越前*加賀*能登*越中*越後*佐渡*の七ヶ国をいう。〔重宝記永代鏡〕

黒疣抜【ほくろぬき】〈薬方〉〔俗家重宝集・後編〕に黒疣《ほくろ》抜きの妙薬は、石灰（二分）、焦炭（一分）を合せ水で練り器へ入れ糯《もちごめ》を一粒ずつ半分程差し込んで一夜置いて出し、押楊枝のようなもので黒疣の上に付ける。茶一二服呑む程置いて拭い、また跡へ付ける。二度目は甚だ痛むが、そのまま置くと自然に抜ける。
〔調法記・四十七ゟ五十七迄〕には、○蒼耳草《なもみ》を擂り潰して丹礬と練り合せて度々付ける。○丹礬を正（硝カ）石水で練り少し付ける。暫らくして紙で包むと薬とともに取れる。○灰・石灰（各等分）を水で練り、その中へ餅米を二十粒竪に植え温かい所へ一両日置くと、餅米は水銀のようになる。それを練り合せ楊枝の先で黒疣に度々付ける。一書には他へ付かないようにするとある。○七月七日午時（正午）、真桑瓜の葉を七枚取って直ぐに北側の南向きの家に入れ、南に向かって立って瓜の葉で黒疣を拭うと妙に治する。〔胡椒一味重宝記〕に黒疣の薬は、胡椒の粉（中）・天南星（大）を水で練り付ける。〔万用重宝記〕は疣 黒疣には、硫黄の花を茄子を割って切々付けると妙に取れる。〔妙薬調法記〕は、○疣面皰にも藜の灰を水で溶き、銅鍋で煮て膏薬のようにし、少し突き破って付けると三度を過ぎず落ちる。○続髄子の生を潰して付けるとよい。〔妙薬調方記〕は疣・痣にも欅の灰と石灰を付けるのが妙薬とある。「いぼぬき（疣抜）」参照

木瓜【ぼけ】〔万物絵本大全調法記・下〕に「木瓜 もくくわ／もけ／ぼけ」。〔薬種重宝記・下〕に和・唐果、「木瓜 ぼけ。鉄を忌む。核《さね》を去り、刻み焙る」。〈薬性〉〔医道重宝記〕に木瓜《もくくわ》は、酸く温、一切の筋の病を治し、湿痺 脚気を療じ、霍乱 転筋《こむらがえり》 足膝の力のないのを治す。核《さね》と穰《なかご》を去り、刻み、焙る。鉄を忌む。〔紋絵重宝記・下〕には、丸に木瓜と木瓜の文字の意匠がある。

木瓜草【ぼけくさ】草花作り様。木瓜草《ぼけくさ》の花は紫色、また紅色がある。土は合せ土*がよい。肥しは魚の洗い汁を根に注ぐ。分植は八、九月にする。

惚惚しき【ほけほけしき】大和詞。「ほけほけしきとは、惚れたる心」をいう。〔昼夜重宝記・安永七〕

〔不断重宝記大全〕

牡元丹【ぼげんたん】〔洛中洛外売薬重宝記・上〕に牡元丹は、烏丸三条上ル二丁め 近江や源兵へ にある。第一に腎精を増し、脾胃を調え、一身を潤沢にすること妙である。

保元湯【ほげんとう】〔医道重宝記〕に保元湯は、痘瘡*の起脹《やまあぐる》*しないのを治す。内外を固くし 毒を解し 虚症を治す要方である。黄芪（三匁）、人参（二匁）、甘草（一匁）に生姜を入れて煎ずる。頭・額が起張しないのには川芎を、面には升麻を、胸の辺には桔梗を、腰膝には牛膝を、両手には桂枝を、それぞれ加える等、よく虚実を弁え明らめてこの方を用いる。〔小児療治調法記〕に「保元湯、或は参芪飲《じんぎいん》と名づく」。元気虚弱、精神倦怠、肌肉柔慢、顔色青白、睡臥安静にして振るわないものを全て治し、元気を保益するので保元湯となづける。発熱《ほとおり》* 出瘡《でそろう》* の療治を仕損ったもので、ここで出るのも出ないのも全て治す。人参（一匁）、黄芪（二匁）、甘草（五分、初熱は生、熱が出て定まるのは炙る）。症状により、或は経過日数により 加減が種々ある。○『済世全書』の保元湯の加減として、もし額に起脹しないのには川芎六分を、面部には升麻四分を、胸膈には桔梗四分を、腰膝には牛膝四分を、両手には桂枝二分を、それぞれ加えて引とする。○二日で痘が乾き 紅に潤が少なければ、当帰と白芍を加え、もし毒があれば玄参と牛房子を加える。気を調えるには陳皮を加える。○二三日で根窠《ねまわり》が円くても頂きが陥むのには川芎と肉桂を加える。○四五日で根窠が起脹しても色に光沢のないものは気虚し血盛んである。芎薬肉桂 糯米を加える。○五六日で気盈ち血弱く色の紅紫なのには木香当帰 川芎を加える。 気が交わり旺せず 血が帰付しても貫膿《みずもる》*ができなければ肉桂と糯米を加えて貫膿《みずもる》を助ける。○七八日で毒水に化しても満《み》たないのは、気血の凝ることがあり、大いに振うことができない。肉桂・糯米を加える等、外にも八九日、十一二日、十三四日、十四五六日に至る迄の加減がある。

○痘が六七日で陥み起脹せず、黒色で気が絶えそうで貫膿しないのには、穿山甲を湯に泡《ほとば》して浄め、黄色に炒り末（粉）して毎服五分、木香湯或は紫草湯*で用いる。酒を入れると更に妙である。但し、瀉があるのには用いない。

○肯啓大成参芪飲加減禁忌の法（即ち、保元湯ノ事）○起脹が出て不快なのには川芎と肉桂を加え、蟬蛻・牛房子・人牙・紫草を禁ずる。○小便の赤いのには大腹皮と茯苓を加え、車前子・滑石・瞿麦・山梔子を禁ずる。短く渋るのには大腹皮・木通を加え、滑石・瞿麦を禁ずる。○大便が溏《たる》せば白朮・茯苓・肉豆蔲を加え、猪苓・訶子・竜骨・凡石を禁ずる。実秘するには酒炒の当帰を加え、大黄・枳殻・生地黄を禁ずる。○泄瀉には白朮・肉豆蔲・木香を加え、竜骨・石脂・枯凡を禁ずる。○嘔吐には乾姜・丁香・陳皮を加え、半夏禁をずる。○煩渇には麦門冬・芍薬・五味子を加え、天花粉*・葛根・烏梅・半夏を禁ずる。○食を減ずるには白朮・人参・神麯を加え、山査子・縮砂を禁ずる。○喘嗽には杏仁・麦門冬・五味子を加え、天花粉*・桑白を禁ずる。○発痒《かゆがり》には川芎・当帰・芍薬・白朮・茯苓を加え、姜蚕・蒺藜を禁ずる等々。

蒲公英酒【ほこうえいしゅ】〔改補外科調宝記〕に蒲公英酒《ほこうえいしゅ》は、蒲公英《たんぽぽ》*と忍冬《にんどう》藤《とう》の二味を刻んで、白水《しろみず》*と酒を等分に入れて煎じ、滓を去って飲む。その滓を搗き爛らかし、患部につける。

矛杉【ほこすぎ】 大和詞。「ほこすぎとは、小さき杉」をいう。〔不断重宝記大全〕

菩薩【ぼさつ】〔万物絵本大全調法記・上〕に「薩 さつ、菩薩 ぼさつ也。菩提ぼだい、薩埵 さつたと曰ふ」。

牡痔【ぼじ】〔鍼灸日用重宝記・四〕に牡痔は、尻の廻りに肉珠《にくだま》を生じ、鼠の乳のようで、膿血《うみち》を出す。

星合【ほしあい】　大和詞。「ほしあひとは、七夕の事」である。〔不断重宝記大全〕

星合の雲【ほしあいのくも】　大和詞。「ほしあひの雲とは、行きあはんとの事」である。〔不断重宝記大全〕

干鰺【ほしあじ】　〔料理調法集・国産之部〕に干鰺《ほしあじ》は、温灰に入れ、程よい時節に灰から出し、紙でごろごろと揉み、頭中骨等を除け、取り肴によい。持塩《もちじお》（＝魚に本来ある塩）で至極よろしく、暮から初春頃のもので、豊後佐伯の産がよい。

干鮎の事【ほしあゆのこと】　〈干鮎仕様〉〔料理調法集・国産之部〕に干鮎仕様は鮎を串に刺し、焦げないように焼き、固くなるのを十四五日も日に干し吊して置く。霜月（十一月）頃よりは箱に入れて置いてもよい。腸ともにし、腸を取ってよく洗い、焼いたら早く干す。いつ拵えても三十日ばかりがよい。八月より前にすると虫は入らない。〈干鰷遣い様〉〔料理調法集・干魚調理之部〕には「干鰷」を水に漬けて置いてよく洗い、酒醤油に鰹節を入れて煮る。又「焼鰷」もある。〔医道重宝記〕に「鰷《あゆ》」とある。

糒の事【ほしいいのこと】　糒《ほしいい》は、長期間保存するために蒸して乾燥した飯。〈食い様〉〔諸礼調法記大全・天〕は箸片しを取り、左に糒を取り水を受け、箸で掻き立てそろそろと呑み食う。塩は箸で刺して食う。水は何度も受けて食い、塩は二三度でそれ以上は無用である。塩を口へ打ち込んで糒を食うのはよくない。〈薬性〉〔永代調法記宝庫・四〕に胸の痞え、気の塞ぎ、霍乱、瘧によく、胃の腑を損ずる。

干魚【ほしうお】　語頭に「干」をつける以外の干し魚が、〔料理調法集・干魚調理之部〕に、棒鱈*鮟皮*河豚皮*白煮鱶*畳鰯*鰹節*なまり節*鰊*数の子*ごまめ*鰑*わかさぎ*串鮑*洲干鯵*姫鰯*沖津鯛*等がある。

干瓜の干し様【ほしうりのほしよう】　〔男女日用重宝記・下〕に干瓜の干し様は、瓜の片割れに塩を半分あて入れ、桶に積み重ね、押しを掛けて一夜置き、翌日その塩汁で洗い上げ、薄い瓜は一日厚い瓜は二日程日に干す。その後、前の塩気で又洗って干し、上げさまに茶筅で酒を少しずつ引き、桶へ積み入れて置く。〔諸民秘伝重宝記〕は白瓜を二ツに割り、よく種を取り、塩を半分程詰め、樽の内へ段々詰め入れ、重しを強く置き、漬った頃天気のよい日に一日干し、また一夜塩押しをして翌日また干し、白瓜に塩の白く浮く時炒り塩を裏から塗りつけ、壺へ詰めて貯えて置く。

干うんどん【ほしうんどん】　「うんどん」は「饂飩*」に同じ。〔江戸町中喰物重法記〕に○「干うんどん」は下谷佐久間町 叶屋辰右衛門、下総国本行徳 笹屋仁兵衛、糀町三丁目 笹屋徳水、四ツ谷伝馬丁三丁目 亀谷金兵衛、新黒門前 茗荷や平兵衛、にある。○「御膳干饂飩／干蕎麦／御菓子品々」は赤坂伝馬町弐丁目 山形近江、にある。○「御膳藤干うんどん」は麻布天真寺前 ふじ屋平兵衛。○「元祖名物干饂飩」は下総本行徳 笹屋仁兵衛出店／四橋南一丁目 笹屋東水、にある。

星蒲鉾【ほしかまぼこ】　〔料理調法集・蒲鉾之部〕に星蒲鉾は、常の擂身を丸く取り、湯煮して水気を乾かし、蟹蒲鉾*の中へ入れる。

干皮蒲鉾【ほしかわかまぼこ】　〔料理調法集・蒲鉾之部〕に干皮蒲鉾は、鮟皮を水に漬け、よく湯煮して薄味にさっと煮、常の擂身を包み蒲鉾程の大きさにして、鮟皮で包み外を簀で巻き締め蒸す。

干香草を生に仕様【ほしこうそうをなまにしよう】　〔ちやうほう記〕に干香草を生に仕様は、裏の白い香草を砂糖水に浸して置くとよい。蜜に漬けて置くと猶々よい。

干椎茸生に返し様【ほししいたけなまにかえしよう】　〔諸人重宝記・四〕に干椎茸生に返し様は、いかにも裏の白いのを砂糖水に漬けると生になる。〔料理調法集・秘事之部〕木干しの裏の白いよい椎茸を、白水*一升に酒三合、卸し生姜、砂糖二十目を入れ、一夜漬けて置く。又よい椎茸を、

煎じ出した茶に茶殻を交ぜて一時半（三時間）程漬けて置くと生のようになる。〔調法記・四十ら〕に器物に砂を入れて水を含ませ干椎茸を植えて一夜置くと、茎まで和らかく生のようになる。

干鯛和らげ様【ほしだいやわらげよう】〔ちやうほう記〕に干鯛和らげ様は、川の内の藻屑を水に浸し温めて、それに包み一夜置くと和らぐ。

〔料理調法集・干魚調理之部〕は白水*に四五日漬けて置くが、毎日水を替える。よくふやけた時引き上げ、水気を去り、又半日程日に当ててから種々に遣う。○「汁」よく日焼けしたのを小賽形に切り、又は引き裂いて汁に入れる。取り合わせは茄子牛蒡の類。○「鉢肴」酒に焼き塩を入れてよく煮、梅が香を懸けて出す。○「長皿」皮のままよい程に切り、山椒醤油つけ焼き、又山椒入り油味噌のつけ焼きがよい。

干蛸【ほしだこ】〔料理調法集・干魚調理之部〕に干蛸は、よくよく水に漬けて置き、上げて酢蛸、桜煮等にする。

干鱈の事【ほしだらのこと】〔ちやうほう記〕に干鱈の和らげ様は、川の藻屑を水に浸して温め、それに包み一夜置くと和らぐ。

〔料理調法集・干魚調理之部〕は大骨ばかりつがい（番い目）より切ると小さい車になる。これを味噌豆と鰹節を沢山入れ味醂酒と醤油を加減して煮る。但し、豆の煮える程置くと骨は和らかになる。○「丼」水に漬けた干鱈の皮を剥き、身も皮も細かに切り、酒ばかりで煮て絞り上げ、胡椒味噌で和える。○「手塩」干鱈を初めからよく洗い小短冊に切り、壺に酒を入れて漬けよく目張して六七日程経て遣う。

母死月【ぼしづき】難産の秘見。〔永代調法記宝庫・五〕に母死月《ぼしづき》に当ると、母は死んで子は生きる。母死月は六月に孕んで三月に産む時、十月に孕んで七月に産む時で、難産すると母は必ず死ぬ。平産はよい。

干菜【ほしな】〔料理調法集・口伝之部〕に干菜は、陰菜ともいう。冬より春まで用いる。時鳥《ほととぎす》の声を聞くと等しく用いない。

星抜駒井目薬【ほしぬきこまいめぐすり】〔洛中洛外売薬重宝記・上〕に「星抜《ほしぬき》駒井《こまい》目薬」は、今出川通寺町東へ入ル駒井雨戸にある。第一に星入り、目一切に用いて神のようである。疱瘡又は疳で星が入っても治らないことはない。

星の親鳩【ほしのおやごいさぎ】〔料理調法集・諸鳥人数分料〕に毛色は違うが、星の親鳩《ごいさぎ》は背黒鳩*同前のものである。鳥が年を経ると背黒鳩になり、実入も同前である。子鳩は五月から出て殊の外小さく、瓢箪鳩という。料理に遣うのに親鳩子鳩ともに風味はよい。子鳩を料理にすると、二三人前当てである。

星の事【ほしのこと】〔万物絵本大全調法記・上〕に「星せい／しやう。ほし　惣名也。星光を芒と云」。〈異名〉〔書札調法記・六〕に星の異名に、炳煥《へいかん》列宿文星がある。〈星の入りで日和を知る〉〔耕作重宝記〕に星の入るのを見て日和を知るには、六ツ（午後六時）の星の光が鮮やかで山の端に入るなら晴天である。障る雲があって、星が山の端に届かず高く隠れると日和を損ずる。〈甲冑名所〉*〔武家重宝記・三〕に筋の間にあり、大星・小星・打出《うちだし》等がある。大星は座があり、小星はない。打出は、鋲で閉じて鋲の頭を打ち返したものである。伊賀鉢の星は鋭く長いものである。これを栗の毛の類と心得て刺《いが》と書くのは誤りである。

星の窓【ほしのまど】〔耕作重宝記〕に星の窓というのは、一天が雲ると言っても、一ケ所も二ケ所も雲の絶え間の内に星が赤々として長い間見えることを言い、雨は降らない。忽ち見え忽ち消えるのは降る。

干鱧遣い様【ほしはもつかいよう】〔料理調法集・干魚調理之部〕に干鱧《ほしはも》遣い様は、四五日干鱧を水に漬けて置き、度々水を替えふやけた時に上げ、また半日程日に当てて遣う。○「長皿」骨切りにして山椒醤油で付け焼きにする。取り合せは牛蒡、長芋、うま煮。○「和え鱠」よく火取りし、庖丁で細かに叩き、卸し大根、小口胡桃を交ぜてきびしい酢で和える。

○「硯蓋」長芋、自然薯、新牛蒡等をうま煮にして鱧の皮を剥いで巻き、つけ焼きにして小口に切る。

干鰒に莧【ほしふぐにひゆ】 食い合せ。〔家伝調方記〕に干鰒に莧*を食い合せると、子供は癲癇、大人は中風となる。

干葡萄【ほしぶどう】 「名物ほしぶどう」は、吹屋町かし ふじや藤兵衛にある。〔江戸町中喰物重法記〕

干松茸生に返し様【ほしまつたけなまにかえしよう】 〔料理調法集・秘事之部〕に干松茸を生に返し様は、地を深さ一尺程掘り生松葉を敷き、その上に干松茸を並べ、又その上に松葉を沢山置き、土を懸けて一夜入れて置き、入用の時取り出して遣う。生に返る。

補瀉【ほしゃ】 〔鍼灸重宝記・一〕に「手法の補瀉*」と「虚実の補瀉*」がある。肥え実し堅・硬で痛むものには瀉法を用いる。

補瀉迎随【ほしゃこうずい】 「補瀉」「迎《こう》」「随」ヲ見ル。鍼法を論ずるには、これを間違いなく詳しく知らなければならない。

補瀉迎随温涼寒熱の刺し様【ほしゃこうずいうんりょうかんねつのさしよう】 〔鍼灸重宝記綱目〕針を刺して留むること。春夏は二十四息、秋冬は三十六息にして針を出す。但し、老人、小児、弱い人、衰えた人は、五六息で針を抜くとよい。抜き様は、少し抜き出して持ち直して抜き放す。中指で針の口を押し揉み、針口を閉ずる。

和尚【ほじゅん】 唐人世話詞。「和尚《わしやう》を、和尚《ほじゆん》と云」。〔男重宝記・五〕

星を見て吉凶を知る事【ほしをみてきっきょうをしること】 〔重宝記・幕末頃写〕に「星を候《み》て吉凶を知る事」として次がある。○徳星（めでたいしるしの星）形は常態がない。光りは大きく中空、或は三星が集り赤い気がある。景星ともいう。この星が現れるのは大吉、君として仁があり、臣として忠があり、国は大いに栄える。○寿星 大きな星が西方に出て光り、色は大いに黄である。天子の命は永く国は久しく治る。○妖星 天下に災難が起るのを予ねて現し示す星で、形の長いのは災いは大きく、小さいのは災いは少ない。留るのは暫くである。○三太星 東南に現れると盗賊が多く、西南の方に現れると綿布や五穀が高く、東北に現れると君王に愁いがあり、米価は高く民が飢える。西北の方に現れると田畑不作で人が多く死ぬ。○天狗星 赤色で上が尖り下は平である。赤い光りが出て彗星のごとく、雲が集ると光りが映って大きくなり、外は赤く内は黄で犬の形である。この星が現れると大凶、五穀は高い。○蚩尤星 色が赤く上へ尖り、星の形が雲に映ると三俣で光り赤く黄である。天下の災難を示す星である。

○天捨星 直東に現れ長さ五六尺、三月の頃現れる。必ず飢饉 疫病が流行り、万民は患い死ぬ。○六賊星 真南に現れ地を去ること六丈余。形は彗星で大いに色赤く動き回る。大凶の星で国中に盗賊多く人を悩ます。

○司危星 真西に現れ太白星*に似ている。大きく下の方は色が赤いのは下者として上を犯し、不義を以って国を乱す。○乱蓬星 西南に現れ甚だ大で、色白く赤く燎火のようである。長さは数丈で、或は四五 又は一二あり、左右の脇が尖っている。この星が現れると三年内に国は大凶し、五穀稔らず万事不作、民は飢え死にする。○国皇星 形は大で色赤く、南極の老人星に似る。この星が現れる時は五穀は大いに高い。○以上の星の外、歳星 蛍惑星 辰星 鎮星 太白星の五星も、時により日により福となり災となる星である。○星が上より下に落ちるのは飢饉、又は国主に愁があり、下から上に登るのは国主に災いがある。○星が相戦うことがあれば大いに国に祟り、人民が死ぬ。

○彗星* 天下無道の世に出て災いを示す。月の傍らに現れるのは大凶。色の白いのは田畑五穀不作で凶。黄なのは洪水があり万物を損ない破る。赤いのは大凶、五穀は高値で人民は家を離れ、財宝を失う。南に出るのを蛍惑星と言い、天下は日旱し大凶。北に出るのを大諒星と言い 大凶。

西に現れるのを金星と言い、国中に盗賊が大いに出る。東に現れるのを軍星と言い、国に大いに祟り凶。中央の空に現れるのを大乙星と言い、洪水 旱魃 火災 疫癘 蝗虫 飢饉と様々悪いことが見える。昼見えると災いは愈々烈しい。客星は二十八星の宿りに夭が入り、その座を奪う。客の星という意である。これも彗星の変じたものである。星が地に落ちると石となる。上から下へ落ちるのは流星《よばいぼし》、下から上へ登るのは飛星である。妖星に六十四種ある。

星を見て風雨を知る事【ほしをみてふううをしること】〔船乗重宝記・文政元〕に次がある。○天が穏やかで流星《りゅうせい》*が俄に消えて見えないのは大風である。○流星があちらこちらと散り行くのは大風の験し、風は流星の流れ行く方から吹き、流星に災いはなく明日風が吹くと言って飛ぶのである。○星が常よりも大きく光り、また動くように見えるなら翌日は風が強く吹く。星 或は北斗が四方から動き始め、一方から一方へ飛んで行くと厳しい風になる。○星に赤色の輪が見えると風である。星が常より大きく近く見えると風である。○星の光がきらきらとして定まらないのは風、又は雨である。○長雨の時、暮方に俄に雨が止み 雲が開けて満天に星が見えると、その夜天気は荒れて翌日は必ず雨が降る。○雨が降って後に天が曇っても、一ツでも星が出るとその夜は晴れ、翌日も天気がよい。星が多いのは言うまでもない。

補腎丸【ほじんがん】〔丸散重宝記〕に補腎丸は、腎水不足して腰痛み、足に力なく行歩の物憂きによい。杜仲（姜汁炒）・牛膝・陳皮（各二戔）、黄栢（塩酒炒）・亀板（酢炙）（各四戔）を蜜で丸ずる。夏は五味子*、冬は干姜を加える。

補腎丹【ほじんたん】〔洛中洛外売薬重宝記・上〕に補腎丹は、加州金沢上提丁 安田や忠兵へ の製薬。取り次は、二条東洞院東へ入 林伊兵へ。第一に大いに腎精を補うこと奇妙である。腎虚、中風、腰、膝痛によい。

穂薄【ほずすき】 大和詞。「ほずすき（穂薄）とは、色に出たるを云」。〔不断重宝記大全〕

母倉日【ぼそうにち】 暦下段。〔重宝記永代鏡〕に母倉日は、万事に吉日である。天より万の物を恵み育てること、母が子を憐れむことに因み母倉という。春は子の日。夏は寅・卯の日。秋は辰・丑・戌・未の日。冬は申・酉の日。例えば、春は木で、木の母は水故、春の三月は亥・子の水を母倉とし、夏は火で火の母は木故、寅・卯の木を母倉とする。十二支は、地で万物の母であり、地より生じ地に蔵めるゆえ、倉に蔵める意とする。母倉十日の内、亥の日は重日*なので婚礼、葬礼、仏事には忌む。〔昼夜重宝 両面雑書 増補永暦小筌・天保十一重刻〕には母倉日がある。正・二月は、亥・子の日。三・六・九・十二月は、巳・午の日。四・五月は、寅・卯の日。七・八月は、丑・辰・未・戌の日。十・十一月は、申・酉の日。

細川勝元【ほそかわかつもと】〔大増補万代重宝記〕に細川勝元は源義政の管領である。山名宗全は足利義視を大樹に立てようとして細川勝元と京に戦うこと数年に及んだが、宗全が病死して義視は立つことを得なかった。応仁の乱である。文明五年（一四七三）、四十四歳没。

細川定禅【ほそかわじょうぜん】〔大増補万代重宝記〕に細川定禅《じょうぜん》は源（足利）尊氏*の臣下。かって兵五百をもって、敵軍二万に勝った。寡《か》は衆《しゅう》に当らずというけれども、時あって偶然というものである。その他、戦闘においてそれぞれに功があったが、吉野朝の忠臣北畠顕家と戦って敗れた。

細川頼之【ほそかわよりゆき】〔大増補万代重宝記〕細川頼之《よりゆき》は足利義満の補佐をして、その調護の労は多大であった。南方を平らげ、九州を討ち、遂に四国の管轄となり、執事の重職についたことは有名である。元中九年（一三九二）、六十四歳没。

細久手より御嶽へ【ほそくでよりみだけへ】 木曾海道宿駅*。三里。本荷百六十一文、軽尻百六文、人足七十七文。宿悪く、山中である。山坂 谷間道

である。右方、谷々 田畑が多い。平岩村 山中である。つばせ（津橋）村、くじ上ヶ坂、長い坂で右は谷川が流れる。うとう（謡）坂 ここも長い坂である。和泉式部の屋敷跡、又うき橋とて橋の跡がある。十方（本）木、泉水、松井尻、おくる木、この間に昔関の太郎という鬼の住んだ奥の知れない大穴がある。御嶽宿の川端の丸い山は御嶽権現の山で 音よし鐘という山である。蔵王権現で惣じて山谷が多い。〔東街道中重宝記・木曾道中重宝記六十九次・享和二〕

細嶺【ほそとうげ】 所名。龍門の茶屋へ一里。この嶺《とうげ》から南の方を見ると衆山が幾重にも重なって見える。中でも大峯 釈迦嶽は最も高く、頂上は西に傾いて見える。吉野山は南西の方に見える。吉野山は南西に、花の時は山が白んで見える。吉野町の家が続いて見え、中でも蔵王堂がよく見える。奈良の桜井と吉野の境にある峠。〔東街道中重宝記・七ざい所巡道しるべ〕

細殿【ほそどの】 大和詞。「ほそどのとは、らうか（廊下）の事」である。〔不断重宝記大全〕

臍の緒【ほそのお】 「臍《へそ》の緒《お》」ヲ見ル

細臑【ほそはぎ】 馬形名所。* 〔武家重宝記・五〕に細物は、羊鬚龍《ようじゅりょう》の毛《け》*より上節《うえふし》迄の間をいう。

細物【ほそもの】 「索麺《さうめん》は、ほそもの」と言う。〔女用智恵鑑宝織〕

ほそら【ほそら】 大和詞。「ほそらとは、つめ（爪）の事」である。〔不断重宝記大全〕

細り薬【ほそりぐすり】 「瘦胎散《そうたいさん》」ニ同ジ

本代元【ぼだいもと】 〔醸造重宝記・上〕に「本《ぼ》代《だい》元」（新酒）は、本元の代になる元、また掛様も本元同事の格に似ていることから名付けたと思われると言う。格式。○元米 一石分（水一石一斗。麹十二貫目）。○添米 二石（水一石九斗。麹十八貫目）。ここで石 水 麹十貫目宛に平す。○中米 三石（水二石四斗。麹三十貫目）。ここで九斗水に平す。○留米 四石（水二石六斗。麹四十貫目）。ここで水八斗に平す。都合十石に留る。これは八斗水に汲み、麹石に十貫目。色々詳しい造り様がある。

火焼【ほたき】 〔年中重宝記・四〕に、十一月 諸社・民間で火焼《ほたき》をするのは、天照大神*が天岩戸を閉じて籠られた時、諸神は神楽を奏し 庭燎《にわび》を焼いて慰められたので、大神が面白がって岩戸を出られたことの真似である。十一月に限ることは、この月は陽気が初めて生ずる月で、燧《ひうち》を切って火を改める心である。

保田撰糸【ぼたせんじ】 〔絹布重宝記〕に保田撰糸《ぼたせんじ》は、薄羽織地とあり、ぼた絽ともいう。いかにも絽を立てた様な地組である。三分練 五分練ぐらいがよい。本練は暑苦しい。丈 巾は常巾に同じ。菱の細かい地紋を織り付けて薄羽織にするものが一種ある。

ほた煮蛸【ほたにたこ】 〔料理調法集・煮物之部〕に ほた煮蛸に二法がある。①蛸を生でよく打ち和らげ、出汁酒で和らかに疣の抜け出る程煮て、出す時醤油で塩梅する。②姿のまま和らかに煮様は鮑と同じ。煮上がる迄湯の中でも触らぬようにし、宜しい時板の上に取り上げて冷まし、切り形をし、味醂醤油で煮る。

牡丹餅【ぼたもち】 〔人倫重宝記・四〕に、牡丹餅《ぼたもち》は、日本製のもので唐土にはない。餅に小豆をつけた色や形が、牡丹の花に似るので牡丹餅という。飯を団《まる》めて餅とするので飯団餅《ぼたもち》と書く人もある。女中方は昔から「萩の花」と異名するが、「夜船」というのが勝るように思われる。何時つい（搗・着）たか知れぬという意である。鬚の生えた形により萩の花というのもおもしろい。〔日用調法人家必用〕に牡丹餅の餡の変らぬ伝は、餡を練る時水飴を少し入れるとよい。

蛍を竹の筒に入れて透けて見せる法【ほたるをたけのつつにいれてすけてみせるほう】 手品。〔万用重宝記〕に蛍を竹の筒に入れて挑灯のように外へ透けて見

せる法は、一年竹を片節を残してよい程に切り、すいも草（異名かたばみ、とんぼう草トモ）で内外ともによく磨いて蛍を入れ、暗い所に置いて見ると、蛍火はありありと見える。

ほたろ【ほたろ】 片言。「ほたろは、蛍ほたる」である。〔不断重宝記大全〕

ほたわら【ほたわら】 片言。「ほんだはらは、神高藻《ほたはら》」である。〔不断重宝記大全〕

牡丹の事【ぼたんのこと】 〔万物絵本大全調法記・下〕に「牡丹 ぼたん／ふかみぐさ／はつかぐさ。春」。〈牡丹〉〔書札調法記・六〕に牡丹の異名に、花王《かおう》 緋紅《ひこう》 姚黄《ちょうこう》 魏紫《ぎし》 鼠姑《そこ》がある。〈植え様〉〔昼夜重宝記・安永七〕に牡丹の花類は花は白色、赤色、薄白色、薄赤色、三月末に咲く。九月中旬より十月中旬頃迄分植してよい。植える時は根の高低、筋を見分け、土を高く置き上げ、根先の下るように植える。土は白・赤土に砂を十分の一加え、下肥《しもごえ》を多く切り交ぜ、百日ばかり置いて土の肥えた時細かに砕き、篩って用いる。霜月（十一月）から、花壇に馬が踏んだ藁、馬糞等を厚く置く。根廻りを掘って置くと悪い。正月末から二月中頃、雪が消えてから藁を敷く。砂ばかりに油糟を一升程交ぜて花壇に散らし、塵埃のないように払って置く。花の盛りには葦簾で日覆いをし、花の後に取る。夏は茶殻を根廻りに置き、晩景に白水 或は清水を湿る程注ぐ。牡丹の芽に泥が付いたら白水*で洗い、白虫が付いたら洗わないと木が枯れる。

〈種蒔き〉〔同書〕に実の蒔き様は、六月土用過ぎ七月始めに実を採って蒔く。〔享保四年大雑書・草木植替重宝記〕に種は秋の彼岸に蒔く。茶殻一升に土を交ぜ、一粒ずつ並べて、その上に茶殻を五分程掛けて、蛤貝を被せて置く。二月中旬頃貝を取る。

〈植え替〉〔年中重宝記・三〕に、今日（八月十五日）牡丹を移し植える。但し、根を酒でよく洗うのがよい。〔庭木重宝記〕に植え替の歌があり、「九月より十月迄に植え替える 拵えは砂と五分五分」「肥しには油の糟か膠なり 秋の彼岸に種蒔きて吉」。〈水揚げ伝〉〔調法記・四十七ゟ五十七迄〕には芍薬とともに、硫黄一匁を花筒の底に入れ熱湯を差し、活け花筒の口をよく詰めて置くと花は久しく保つ。〈紋絵〉〔紋絵重宝記・上〕には牡丹の花と文字の意匠がある。〈花火の方〉〔男女御土産重宝記〕に牡丹の花火は煙硝十匁、硫黄七分、灰八分、鉄四匁を用いる。

牡丹皮【ぼたんひ】 〔薬種重宝記・上〕に和草、「牡丹皮 ぼたんひ／ふかみぐさ／はつかぐさ。土気を洗ひ、心《しん》を去り、焙る、鉄を忌む」。〈薬性〉〔医道重宝記〕に牡丹皮《ぼたんひ》は苦く寒、血を涼しくし、血を廻らし、経を通じ、血分に熱のあるのに、汗のない骨蒸（虚労内熱の症）に用いる。泔《しろみず》*に一夜浸してよく洗い、刻み、焙る。鉄を忌む。必ず去る。

牡丹皮散【ぼたんぴさん】 〔骨継療治重宝記・下〕に牡丹皮散《ぼたんぴさん》は、跌撲 閃肭傷損 血を滞らし疼痛を治す。牡丹皮・当帰・骨砕補・紅花（酒に浸す）・続断・乳香・没薬・桃仁・川芎・赤芍薬・生地黄を水 酒で煎じて服する。却って秫米飯を用い熱して罨い縛り冷して、また熱して換え縛る。〔改補外科調宝記〕には腸癰*の脈が数《さく》で、外に熱がなく、内に痞えがなく、腹脹り押すと軟らかなのは内が虚して冷痰が集る。既に癰となるのに、或は穴の上が痛み、小便の不通は膿の滞りで、牡丹皮散を用いる。

牡丹皮湯【ぼたんぴとう】 腸癰*の薬方。〔改補外科調宝記〕に牡丹皮湯は、人参・牡丹皮・天麻・白茯苓・黄芪・木香・当帰・川芎・肉桂・桃仁（各三分）、薏苡仁・甘草（各二分）を煎じ、食前に服する。

補中益気湯【ほちゅうえききとう】 〔医道重宝記〕に補中益気湯は、形（体）神（心）疲れ、飲食に傷《やぶ》られ、身熱し手足だるく、頭痛み汗出て力のないのを治す。甘草（炙る）・人参・陳皮・白朮・当帰（各一匁）、柴胡・升麻（各二分）、黄芪（蜜炙一匁半）に、生姜と棗を入れて煎じる。○諸病の陽気が下り陥るのを升《のぼ》せあげる神方。一切の病後を調え理《おさ》める妙剤。気血

虚弱の者に、例えば中風・瘧・老人虚人に加減して用いる。〔改補外科調宝記〕は脳漏*の久しい症の薬とする。〔小児療治調法記〕は痘の結痂《ふたづくる》*の症で、誤って風寒に侵され寒熱する者に用いる。当帰・黄芪・柴胡・升麻・葛根（各一匁）、人参・甘草（各五分）、白朮（八分）に、生姜を入れ水で煎ずる。〔医道療治重宝記〕には諸症により加減、補薬がある。
〔好色重宝記・下〕には楊梅瘡*（唐瘡）の薬とし、黄芪（一匁）、人参・白朮・当帰（各七分）、陳皮（五分）、柴胡・升麻（各三分）、甘草を調合し、よい加減に分け、生姜と棗を入れて煎じる、常の如し。

補中治湿湯【ほちゅうじしつとう】〔医道重宝記〕に補中治湿湯は、腫脹が朝は寛《ゆる》く、暮に急なのは気血の虚とする。皆これを治す。脾肺が大いに虚し、或は下元虚寒の者には用いてはならない。人参・白朮（各一匁二分）、蒼朮・茯苓・陳皮・当帰・麦門冬・木通（各九分）、黄芩（六分）、厚朴・升麻（各三分）を煎ずる。〔医道療治重宝記〕には、諸症により加減、補薬もある。

発駕【ほつが】大名衆遣い詞。〔男重宝記・一〕に、大名の「旅《たび》たちを、発《ほっ》駕《が》と云」。下の者が言う時は「御」の字をつける。

ほっかい【ほっかい】片言。〔世話重宝記・一〕に「行器《ほかい》を、ほつかい」という。行器は、食物を盛り持ち運ぶ段重ねの円筒高形の曲物《まげもの》。上に蓋がありその上を紐で結び、下には外に反った三本足がある。

北極星【ほっきょくせい】〔万物絵本大全調法記・上〕に「北辰 ほくしん、北極 ほくきよく也。天枢 てんすう也」。
〔船乗重宝記・文政元〕に船手で一ツの星というのは北極星であり、動かない星である。北極は磁石の精で、その為方角針は北方を指す。

発句の事【ほっくのこと】連俳用語。〔俳諧之重宝記すり火うち〕に発句は、その時の景物を心に寄せ、五文字は逞しく、七文字は高らかに麗しく心を込め、一句の問答を肝要とする。猶又、切れ字*を確かに、等類《とうるい》（＝先行作との趣向や作意の相似）を考えるべきである。〔世界万法調法記・中〕に発句は、昔は秀句に言い掛けて手を込めてするのを専らとしたが、今は景気である。発句は一座の巻頭なので宗匠・貴人・珍客・老人等の他はしてはならない。千句、うち月並《つきなみ》等では宗匠に任せる。その時々の景気を巧みにし、切れ字の働きを第一とする。句の体は伸び伸びと和らかに詞優しく心おかしく、風雅を込めて詠む。一句中に取り合せが多く、物の名等を交えて入れたのはくだくだしく、一字でも徒な詞を入れたのは無念である。特に等類を考える。〔万民調宝記〕には面八句*に神祇 釈教 恋 名所等は嫌事とするが、発句に詠めば脇句*にも詠む。〔筆海重宝記〕に発句の仕様は季を結び、一句の内に贈答の心を要する。季、切れ字のないのは発句にならず、連歌も同じである。発句が秋の句ならば第三句迄*に月をつけてよい。月の定座は七句目*である。

法華寺【ほっけじ】奈良名所。〔東街道中重宝記・七ざい所巡道しるべ〕に法華寺は律宗の尼寺で、本尊は観世音菩薩、大きな塔があり、諸堂が多い。東門前に横笛の堂がある。この寺の尼が土で作った小さい狛犬の名物を売る。三十丁北にある大寺の海竜寺は本尊は観世音菩薩。西大寺へは五丁である。〔年中重宝記・二〕に、六月七日 南都法華寺の会式。

法花宗【ほっけしゅう】「天台宗」ヲ見ル

勃磎起す【ぼっこうおこす】大和詞。「腹立《ふくりゅう》するを ぼつこうおこすとは、勃磎おこすなり。物と争ひ怒る事」である。〔不断重宝記大全〕

法師【ほっし】〔万物絵本大全調法記・上〕に「僧 そう。法師 ほうし也」。
〔百人一首読曲〕〔麗玉百人一首吾妻錦〕に「喜撰法師」は「ほっし」とつめて読む。

法身仏【ほっしんぶつ】「さんじん（三身）」ヲ見ル

払子【ほっす】〔万物絵本大全調法記・上〕に「払塵 ふつじん／はいばらへ。払子 ほつす也、塵尾 しゆみ。同」。

法相宗の事【ほっそうしゅうのこと】 八宗*の一。〔日用重宝記・四〕に法相宗は、唯識宗また有相宗《うそう》という。六経十一論を用い、日本へは舒明天皇の朝（六二九～四一）に渡り、宗を唱える始めとなり、伝教大師も空海も元来は法相宗である。弥勒菩薩を祖とし、無着《むじゃく》 世親《せしん》が継承し、支那では那蘭陀寺の戒賢、唐の玄奘三蔵は天竺に入り十七年百三十余国を経歴して支那に帰り、大般若経六百巻を翻訳した。日本では元興寺*の道昭が法相宗の宗祖である。護法菩薩（天竺）、戒賢律師（シナ）、智鳳法師（新羅の人 日本に来る）、慈恩大師（興福寺また慈恩寺に住む 唐の高祖の時）。これらを法相宗四祖と称する。法相宗も漸く衰え、兼学となった。

法体の事【ほったいのこと】〔重宝綱目女要婦見硯〕に「法体」は、男女ともに年寄って子に家を譲り、世話を止めて子に養われ緩々と暮らすことをいう。めでたいこと限りない。〈法体名字〉〔改正増補字尽重宝記綱目〕には、昌順 卜雪 心空 閑哲 養庵 幸安 恵海 以敬 快真 乗邑など六十五名字がある。〔篇冠字引重宝記〕には宗玄 紹貞 幽閑 可休 俊碩など三十五名字がある。〔文章指南調法記・四〕には「法体の名相生の寄字并医号」がある。

没日【ぼつにち】「もつにち（没日）」ヲ見ル

発背【ほっぱい】「桑枝灸《そうしきゅう》の法」*ヲ言ウ

布袋和尚の石像【ほていおしょうのせきぞう】 大坂願所。天王寺西大門の南手の布袋和尚の石像に立願すると、婦人の乳汁をよく出すのを守られる。小児の親は必ず常に信心するとよい。〔願懸重宝記・初〕

布袋草【ほていそう】 草花作り様。布袋草の花は薄色である。土は合せ土*、肥しは魚の洗い汁がよい。分植は蕾の時にする。〔昼夜重宝記・安永七〕

ほてぶし【ほてぶし】 卑語。「手を、ほてぶし」という。〔女用智恵鑑宝織〕

颰母【ほてる】〔世話重宝記・一〕に颰母《ほてる》という詞は舟人の言う語で、風の吹き出す時に沖の海面の方がかっかっと光るのをいう。『新六帖』衣笠内大臣の歌に「山のはに颰母《ほてり》せぬ夜は 室《むろ》の浦にあすはひよりといづる舟人」と詠まれる。『白氏文集』にも颰母の字が出ている。

保童円【ほどうえん】〔昼夜調法記・正徳四〕に保童円は、諸疳を治し、食を消し、癪 虫 不食 並びに腹張りの大きなのを治す。また疳で目潰れ、鳥目になるのを治す。甚だ効がある。黄連（三分）、乾漆・青皮・莪蒾・三稜・丁香・人参・砂仁・使君子・青黛 薏苡仁（各二分）、麝香（一朱）の十二味を細かに粉にして糊で丸じ、小児の年の数ほど、日に三度用いる。世間に秘方があると雖も、この方に勝るものはない。〔丸散重宝記〕にも同様の効を記し、小児一切の万病によいとする。三稜・莪蒾・青皮・麦芽・神麹・竜胆・檳榔・白朮（各一匁）、棟子・使君子・黄連・胡黄連（各八分）、木香（四分）、蝦蟆霜（二匁）、熊胆（一匁）の十五味を丸ずる。〈売り店〉〔万買物調方記〕に保童円は、京では柳馬場三条下ル 宝蓮寺、大坂では大伝馬三丁目にある。

保童花【ほどうか】 草花作り様。保童花の花は丹色、白薄色もあり、三月に咲く。九輪草ともいう。土は肥土《こえつち》に砂を合せて用いる。肥しは茶殻の粉がよい。分植は秋にする。〔昼夜重宝記・安永七〕

痘発熱【ほとおり】 痘発熱《ほとおり》は 痘瘡*の最初の発熱である。〔小児療治調法記〕に、○痘発熱が三五日で出るのは、血気充足により毒少なく 感応し難く、痘は必ず稀疎で 癒え易い。発熱が一日か半日で出るのは、血気が怯弱で毒多く感応し易く、痘は稠密で癒え難い。発熱の初め 痘症の吉凶は皆ここに兆し、臓腑の胎毒 外感不正の気が汗とともに悉く散ずる時は、痘が出ても自然に稀少である。熱が甚しいのは毒も盛んであり、汗して身熱を悉く退けるとよい。熱毒の少いのは療治するに及ばず、妄りに汗すると痘起せず返って害となる。○痘疹で身熱を覚え、傷寒に似て疑似が不明の時は、まず惺々散*参蘇飲*を用いる。熱が甚しいのは升麻葛根湯*人参敗毒散*を与える。紅点を見《あらわ》すのは葛根湯*を忌む。○三

日以前に紅点が見られなければ必ず升麻湯*参蘇飲の類でその表を発し、務めて少し汗を出すのを限度とする。○痘瘡初出時に身発熱 耳尻冷え欠伸 咳嗽し、顔の赤いのは必ず痘の症と知り、升麻葛根湯に山査子・牛房子を加えると痘が出るのは少なく癒え易い。○発熱時に熱が壮んで憎寒《さむけ》があり 頭痛み 咳嗽し 清涕《みずばな》を流し 傷寒に似る間は、大小便の調うものは升麻葛根湯 或は参蘇飲に葱 生姜を加えて用いる。この外、症状に応じ蘇解散*敗毒散*辰砂益元散*人参羌活散*紅綿散*蘇発散*四苓散*藿香正気散*和中湯*理中湯*清肺飲*犀角地黄湯*二宝散*がある。

〈痘発熱《ほとおり》の諸症〉○発熱の時に紅紙条を胡麻油に浸し点じ照らして見て、胸頭皮肉の裏に一塊の紅があり、或は通身に塊紅があるのは八九日で必ず死ぬ。○頭面の上に一片の紅色があり 胭脂のようなのは八九日後に死ぬ。○発熱時に身に大熱がなく、腰が痛んで腹が痛まず、三日過ぎて僅かに紅点を生じ堅く手に障る者は薬を用いないでよい。○反対に腹中が大いに痛み腰を杖で打つようで、痘が出る時乾燥し、腰腹の痛みが猶病まないのは必ず死ぬ。○発熱時に身内が温暖で、時ならず驚を発する者は、痘は胸にあって出、吉である。○発熱時に一日で総身が紅点を生じ、稠密蚕種を敷くようで、手で触るのに碍のないのは 必ず死ぬ。

程ヶ谷より戸塚【ほどがやよりとつか】 東海道宿駅*。二里九丁。本荷百五十文、軽尻百一文、人足七十四文。これより坂道である。長屋村右に八幡宮、時宗寺がある。やきもち坂、しなの坂、左右は山である。坂の上下に茶屋がある。右に尼将軍の守り本尊の観音堂がある。ここは武蔵 相模の境である。境木がある。赤ま橋、だごや、柏尾村 ここにも大山道がある。五代橋、吉田茶屋がある。鎌倉への道がある。鶴が岡迄二里、長谷の観音へ二里半。矢部町。〔東街道中重宝記・寛政三〕

仏【ほとけ】〔万物絵本大全調法記・上〕に「仏 ぶつ／ほとけ、仏陀 ぶつだ也。又浮屠 ふとと曰ふ、如来 にょらい と曰ふ」。〔金持重宝記〕に、○『天地宝山集』に曰くとして、天照皇大神には三ツの位があり、上の位は花蔵《けぞう》世界に居し、中の位は梵天宮に居し、下の位は天照皇大神として顕れる。天竺国では釈迦と化生し、無量の仏を集めて法を説き、有情無情の苦しみを助ける。震旦国では世々の聖賢と生れ、人道の品を教え、畜類と違うことを知らせ、その他数多の国に出生してその国の宜しきに従い、恵みをなした。○『宝龍指南記』に曰くとして、天照皇大神宮は三界を照らし、体を仏界に遣わして仏（日本国）、心を中道《ちゅうどう》に遣わして実相《じっそう》、相貌を菩薩界に遣わして新発《しんぼつ》、左の手を天道に延べて天、右の手を人道に延べて人、用を十方に施して浄土、徳を天下に覆うて日月、左の足を餓鬼道に遣わして餓鬼、右の足を畜生道に踏んで畜生、霊《みたま》を識界に進めて有情と、それぞれに字《あざな》をつけ、十界互いに具し、不二魔訶衍の姿を飾る。全て九億四万三千七百九十二神を上首として、常に娑婆界において大神通力があり 不生神である。九万八千五百七十二神を上首として、常に神道を起し、その国を覆うて無二である。その姿は日輪、心は海、恵みは天、徳は地のごとくであり、常に善道を修し心を修めるのを先とし、神を守るには正念を本とする。一切の法は自ずから空、誠の心を失うと根の国に入る、等とある。

仏胴【ほとけどう】 鎧名所*。〔武家重宝記・三〕に仏胴《ほとけどう》は、糸がない。その形は肉を置いて、胸の辺に仏像を見るようなのでいう。錆色《さびいろ》があり、塗《ぬり》上《あげ》がある。

ぼと鴫【ぼとしぎ】〔料理調法集・諸鳥人数分料〕に次がある。○「ぼと鴫、田鴫也*」これは春出るが春は脂がなく、秋ほどに重宝しない。汁になるが、汁煎《いり》に二人前当てである。○「ほど鴫」これは汁、煎り鳥になるが、まずは焼き鳥で、二ツ割でよい。『倭漢三才図会・四十四』に「保登《ほと》鷸」。『重訂本草綱目啓蒙・四十四』に「ボトシギ、一名カヤクヾリ」。

杜鵑【ほととぎす】 郭公とも書く。〔万物絵本大全調法記・下〕に「杜鵑 と

けん／ほと丶ぎす」。〈異名〉〔書札調法記・六〕に鴟《ほとゝぎす》の異名に、杜宇《とう》蜀魄《しょくはく》子規《しき》親声《しんせい》がある。〈草花作り様〉〔昼夜重宝記・安永七〕に郭公の花は薄色に紫飛び入り、土は合せ土*がよい。肥しは魚の洗い汁を根廻りに掛ける。分植は秋にする。

程程し【ほどほどし】「ほどほどしとは、ほど（程）をふ（経）る也」。〔消息調宝記・一〕

ほどろ【ほどろ】大和詞。〔不断重宝記大全〕には「ほどろとは、天のひかりを云」。〔消息調宝記・二〕には「ほどろとは、蕨の惚けたる也」。

程ろし【ほどろし】「ほど（程）ろしとは、いちじるしき也」。〔消息調宝記・二〕

ぼに【ぼに】片言。「ぼに、盆を中国でぼにと云なり。盆帷子《ぼにかたびら》」。〔不断重宝記大全〕「撥ねる仮名」参照

穂に出る【ほにいずる】大和詞。「ほに出るとは、思ひの色顕はるる」ことである。〔不断重宝記大全〕

保日【ほにち】日取吉凶。〔重宝記永代鏡〕に保《ほ》日は、下を保つのに全てよい日である。甲《きのえ》卯の日。乙《きのと》巳の日。丙《ひのえ》戌・辰の日。丁《ひのと》丑・未の日。戊《つちのえ》申の日。己《つちのと》酉の日。庚《かのえ》子の日。辛《かのと》亥の日。壬《みずのえ》寅の日。癸《みずのと》卯の日。「儀日《ぎにち》」参照

骨蒲鉾【ほねかまぼこ】「沖蒲鉾《おきかまぼこ》」ヲ見ル

骨抜き鳥【ほねぬきどり】〔料理調法集・諸鳥之部〕に骨抜き鳥は、鴨その他小鳥でも、頭羽を取り尻や足を切って骨を抜き、半平加減の擂り身或は玉子でも中へ詰め、詰めた口を糸で縫い、塩梅下汁で煮、切り形して遣う。また蒸してもよい。

骨の数【ほねのかず】〔骨継療治重宝記・上〕に、骨数は合せて二百二十あるとし、以下の区分がある（その数は合致しない）。骨の性は寒にして燥とする。頭骨七、口中に十一、胴に二十四、大骨に五、首骨七、肋骨二十四、胸に三、鵃金骨二、同平骨二、両腕首に十六、両掌に八、指骨両手に三十、両腰に二、両股に二、両足に四、両踵に二、両足踝に四、両足首に十、両足に二十八である。骨より柔かく肉より堅いのは耳、鼻、目の蓋とする。

骨の療治法【ほねのりょうじほう】〈損傷治法〉〔骨継療治重宝記・中〕に次の事がある。①骨が砕け断《き》れ、或は砕け断れずにただ皮が破れて肉を損う時は、まず補肌散を傷口に押し込み、次に散血膏*を付ける。骨を折る時は必ず散血膏を付け挟み縛る。或は皮が破れ骨の断れるのには補肉膏を付ける。②骨が断れ皮を傷《やぶ》る時は、薬を酒で煎じてはならない。或は内を損じて皮肉を傷《やぶ》るのには破血薬*に童便を加えて服する。骨が断れて皮の破れないのには酒で損薬を煎じて服する。損傷して骨がまだ折れず、肉のまだ破れないのには消腫膏*或は定痛膏*を用いる。③皮が破れ脱臼して入らないのには、押し直して皮に近く三分、よく切れる刃で少し割開《きりひら》き、骨を押し入れる。肉を切ってはならなず、肉が自ずから破れ了って骨を入れ、補肉膏を傷の四方の腫れた所に付ける。次に瘡口を留め補肌散を押し入れる。皮肉の傷《やぶ》れないのには定痛膏*接骨膏を付ける。傷《やぶ》れ時は血が出ることがあり、力を出し整頓《なお》す時はすばやくする。④皮の裏に砕けた骨があれば、ただ定痛膏 接骨膏を付けて縛る。十分傷《やぶ》害れたのは自然に肉を爛らして開き、骨が砕けると自ずから出る。その後に補肌散を振り掛け、その上に補肉膏を付ける。⑤骨の砕けたのは、患部の平正《たいらかさ》を見計らう。大抵骨の低いのは損ねず、左右の高いのは損ねる。骨の折れたようなのは抜き伸ばし押して平正にする。次に薬を付けて正《おも》と副《そえ》で挟み結え縛り動かないようにし、患部を懸固にする。脱臼部が曲がった所なら必ず時々動かし、強ばらないようにする。⑥薬を貼り付けるには板の上で芭焦葉、或は紙に定痛膏 接骨膏を広げ、伸ばしてから患部に移す。皮の内に砕けた骨があれば後には皮肉は自ずから爛れる。まず補肌散を振り掛け、次に補肉膏を付けると

砕けた骨は自ずから出る。もし皮肉を破り断《き》ったら、まず封口薬*を塗り、糸で縫い合わせ、その上に補肉膏 散血膏を付ける。⑦平な所の骨が断れ砕け 皮の破れないのには、ただ定痛膏 接骨膏を付け、挟み縛る。手足が曲るか直な所で動き働く所は絹に包んで縛り屢々動かす。挟み括ってはならない。指の骨が砕け断れたら、ただ麻苧《からむし》で挟み縛る。腿の上には麻苧の縄で挟み縛り、冬月は熱くし 夏月は冷くし 余の月は温めて縛る。⑧抜き 伸ばし 押し正したら、必ず羊毛布の柔らかな物で単《ひとえ》に正して抜き伸ばし、骨の患部で節《ふし》を前に去らないようにして、骨の上をなお抜き伸ばし、左右の骨を相積り 各々直《すぐ》と斜《すじかい》に抜く。⑨骨の押し直しの手法は手早くし、必ず皮肉を整え平正に調えて抜く。 難と易を相積り、或は四人で懸る等軽易にしてはならない。

〔改補外科調宝記〕は骨の砕けた疵 鉄砲疵 高所落下の疵に玉子を付けると早く腐るので、まず てれめんていな*の油を少し暖めて用いる。或は牛草の花の油か人油《にんゆ》をぬるくして塗り付ける。その上に玉子白身・椰子油を合せて木綿に延べて付け、その上に酢と水と等分に合せて付ける。周りには花の油を塗り付け、二日目には てれめんていなを煎じ、玉子黄身に花の油を合せて付ける。

〈整骨〉〔骨継療治重宝記・上〕は『正骨続断秘方』を引いて十四の手法がある。①水を煎じて洗う。②損傷部を診断する。③抜 伸する。④力で骨を収め入れる。⑤押し正す。⑥黒龍散で通ずる。⑦風流散で瘡《きず》を塡《は》る。⑧挟み縛る。⑨薬を服する。⑩再び洗う。⑪再び黒龍散で通ずる。⑫或は再び瘡口を塡る。⑬再び挟み縛る。⑭前により服薬を用いて治す。次に〔骨継療治調法記・上〕の著者は愚按として大要は、抜・伸・整・入の四とし、骨構《ほねぐみ》筋絡を明確に知って違った骨を握り定め、抜き伸ばしその勢いに任せ、元の所に整え入れる。正骨科を学び 手法を練磨し 捷《て》疾《ばや》く 慎んで行う。骨違いは高所より落下、打撲 挫きの外傷の外、気血の疲れ等内より起ることもある。骨違いには多く筋違いも起り、骨違いがなくても趺撲 墜堕、或は気血 虚弱 寒熱等で筋の違うことがある。骨継ぎには必ず筋を整えるのを肝要とする。骨を継いでも筋絡に注意しないと筋が乱れ、廃人となることがある。中でも腕 臂 肩髃 足首等、屈伸する骨の辺は筋絡に心を付け、疎略にしてはならない。骨継ぎには先後の法がある。骨が二三違った時、整えるのに先後を整え、抜 入の先後を考える類である。

〈整骨薬〉〔妙薬調法記・御成敗式目所収〕に骨違いには、石灰と楊梅皮を粉にして等分を、紺屋糊で練り混ぜてつける。また、小麦粉に鶏卵を押し混ぜて付けるのもよい。

〈骨継ぎ〉〔骨継療治調法記・上〕に骨継ぎは、必ず筋を整えるのを肝要とする。骨を継いでも筋絡に注意しないと筋が乱れて廃人となることがある。腕 臂 肩髃 足首等屈伸する骨の辺は筋絡に心を付け、疎略にしてはならない。〔改補外科調宝記〕に骨継は、切り離れた骨の間へ灯心を入れて指し合いし、その上を楡柳で間を二分程ずつ開けて編んでぐるりと引き回し、後先を結い、筋渡しは蟹の甲の筋をとり、粉として筋道へ捻り掛けて置く。次にその上を薄板で挟むとよい。内薬を用いるのが肝要である。

〈薬〉〔改補外科調宝記〕には、○山薊を黒焼にし、山芋を生で擂り合せて付け、柳の皮で巻く。○肉桂の粉を膠で溶き、痛む所へ厚く塗り、その上を嗽柳《ゆやなぎ》で簀《す》を編み包んで置く。〔調法記・四十ゟ〕に骨継の妙薬として、阿炒薬（一匁）、石灰（二匁）、梅皮（四匁）、白粉（五分）を粉にし飯糊で練り、紙を引き裂いて付けると甚だ妙である。〔懐中調宝記・牛村氏写本〕に骨継薬は、檳榔子・銅（各粉二匁）、軽粉（一分）、楊梅皮（二匁）を糊で練りつける。

〈早骨継ぎ〉〔文政新刻俗家重宝集〕に早骨継ぎの方として、饂飩粉を梔子の

水で溶き、痛む所へよく塗り付け、紙を貼って置くとよい。○骨継療治用薬の口訣は、「正骨《せいこつ》科《か》用薬《ようやく》之《の》口訣《くけつ》」ヲ見ル

骨節 肘臂 腰膝の損傷治法【ほねぶしちゅうひようしつのそんしょうじほう】〔骨継療治重宝記・中〕に、骨節《ほねぶし》が損じ折れ、肘臂《ちゅうひ》 腰膝《ようしつ》の臼《つがい》を出磋跌《ちが》えば、術を用いて整頓《ととの》えて元に入れ、まず麻 薬《しびれぐすり》を呑ませて痛みを解き、その後に手法で治す。

仄暗【ほのくらし】 大和詞。「ほのくらしとは、ほのかに暗き事」である。〔不断重宝記大全〕

仄く【ほのめく】 大和詞。「ほのめくとは、確かならぬ事」である。〔不断重宝記大全〕

補脾益真湯【ほひえきしんとう】〔医道重宝記〕に補脾益真湯は、小児が生れつき体が弱く、外は実して内は虚し、乳を吐《もど》し大便の色青く 慢驚風となるもの、或は気逆上 涎潮し 目を見つめ手足搐搦《びくつく》等、或は誤って心を鎮め熱を冷す薬を服して発症する等を治す。木香・当帰・人参・黄芪・丁子・柯子・陳皮・厚朴・肉豆蔲・草菓・茯苓・白朮・肉桂・半夏・付子（各七分）、全蝎・甘草（各三分）に生姜を入れて煎ずる。脾を益し、乳食を消し、虚寒を温め補う剤である。元気の大いに虚するものには用いない等、症状による加減は〔小児療治調法記〕に記述がある。

補脾湯【ほひとう】〔小児療治調法記〕に補脾湯は、小児の脾経が不足で土《つち》破れ 肝木来て侮り、目睛（ひとみ）が少し動き、少し搐《びく》つき、或は潮熱往来し不食し、或は泄瀉 嘔吐し、顔色黄で 脈に力のないのを治す。陳皮・人参・黄芪・当帰（酒に浸す）・川芎・神麴・葛根・肉豆蔲（各五分）、半夏・白茯苓（各七分）・白芍（酒炒 一匁）、白朮（一匁三分）、黄連・炙甘（各四分）に生姜を入れ、水で煎ずる。

ぼぼ【ぼぼ】『日葡辞書』に「Bobo.（ぼぼ）女の陰部。婦女子の使う言葉」。

補法【ほほう】〔医道重宝記〕に補法は、鍼灸で針師が指で経をさすり穴《けつ》に至り、経脈の後に随《したが》い針を刺して虚を済《すく》う。左手で針の穴を閉じ、静かに針を出し、速くこれを押す。従って、済《すく》うという義で補とする。虚し疲れ気弱く痺れ痒いものには、皆補法を用いる。

誉れは毀りの基い【ほまれはそしりのもとい】〔世話重宝記・一〕に「誉《ほまれ》は毀《そしり》の基《もとい》」という詞は、韓退之の文「前に其の誉れあらんよりは、其の後《しりえ》に毀り無からんにいづれか」より出たものとある。

ほむらき鴫【ほむらきがも】〔料理調法集・諸鳥人数分料〕にほむらき鴫は飼い鳥で、神子鴫*より稀な鳥である。一名、筋鴫という。

焔を燃やす【ほむらをもやす】〔世話重宝記・一〕に焔を燃やすという詞は、怒り（瞋恚）憤《ふずく》むをいう。善導大師の『往生礼讃』に「恒に瞋恚毒害の火をもって智恵慈善根を焚照す」とある。

保命丸【ほめいがん】〔懐中重宝日用早覧・初編〕に保命丸は、腹の減らない法、飢饉に気力の衰えない法、食事の出来ない時飢えない法に用いる。餅米粉（三匁 酒に浸し干して粉にする。酒がなくてもよい）・蕎麦粉・人参末（粉）（各一匁）の細末（粉）をよく交ぜ、無患子程に丸めて一粒飲む時は二三日飢えず、気力は常より強い。試みに、枇杷の種程に丸じ一日に三粒（一度に一粒ずつ）用いて七日絶食しても気力は疲れず、力業《ちからわざ》を強くしても衰えない。咽喉の乾きには水を一杯ずつ用いる。これを貯えて置き常に用意すると、食事が無くても用弁を整え、時間を費さず、質素簡易筋も自ずから出来る。

ほ文字【ほもじ】「ほもじ、惚ほれる事」である。〔万家重宝女用花鳥文章〕

補薬【ほやく】〔調宝記・文政八写〕に次がある。①「諸虚を補う」搗栗を粉にして乳に湿し干し、また湿し干すことを二三度し、その後湯で一月に三度ずつ用いる。②「大虚の人に」羅﨟の葉を取り 陰干しにして朝夕用いる。③「脾腎の虚で腹等下るに」寒の内の自然薯の山芋を取り 竹刀で皮を剝き 陰干しにし 石臼で粉にして用いる。鉄 銅を忌む。④「臓腑

を補い、風冷を追い去り、腰膝節骨を強くし、身を軽くする延年不老薬」は、黒胡麻を少し炒り水に入れて揉み上皮を流し去る。白身一升に焼塩を少し入れて粉にし、朝夕服すると大益がある。〔重宝記・儀部家写本〕は「癪虚指疝痛の補薬」を、覆盆子を一夜酒で蒸し特と沸し、その上少し炒り、油末（粉）にし酒で飲む。即ち、虚の病状に遣う薬方である。

穂屋の薄【ほやのすすき】 大和詞。「ほやのすすきとは、心みだるる事」である。〔不断重宝記大全〕

法螺の餅【ほらのかちん】 大和詞。「法螺貝餅《ほらがいもち》は、ほらのかちん」という。〔女重宝記・一〕

鯔の事【ぼらのこと】 〔万物絵本大全調法記・下〕に「鯔し／なよし／又ぼら」。〔料理調法集・口伝之部〕には鯔の小さいのを「黒目／すばしり」「いな」という。〈異名〉〔書札調法記・六〕に鯔の異名に、子魚《しぎょ》烏魚《うぎょ》がある。〈薬性〉〔医道重宝記〕に鯔《ぼら》は平で毒なく、胃を開き、五臓を通じ、人を肥し健やかにする。〔永代調法記宝庫・四〕に、〇「ぼら」は血を狂わすもの、孕み女には慎む。〇「なよし」は下血の薬、脾熱を去り、食を進め、気虚を補う。〈料理仕様〉〔諸人重宝記・四〕に名吉《みょうきち》は、汁凝《こごり》蒲鉾膾小鳥焼き刺身生焼き吸物。いなは沖膾、雀鮓。

洞絽【ほらろ】 〔絹布重宝記〕に洞絽《ほらろ》は、多くは肩衣地とする。羽織地もあるが、これくらい程（図473）の目の透き加減である。上州より出るのは、皆肩衣地織切巾である。

図473「洞絽」
（絹布重宝記）

堀越の観世音【ほりこしのかんぜおん】 大坂願所。紀州堀越の観世音は霊験著しく、信ずれば病難の患いを除かれる。積聚で難儀の人が、三ケ年の間正月元朝の雑煮を喰わず、この観世音に立願すればどんなに強い積聚でも平癒する。毎年三月十八日から二十一日迄、大坂平野町中橋筋半丁北側煙草問屋播磨屋藤兵衛で観世音の拝《おがま》せがあり、この四日間に積聚の人は参詣し立願するとよい。〔願懸重宝記・初〕

ほり込み人とう【ほりこみにんとう】 菓子名。ほり込み人とう、上白ながし物、下黄ながし物、中山の芋。〔男重宝記・四〕

堀の内の張御符【ほりのうちのはりごふう】 江戸願所。堀の内妙法寺祖師堂で出る張り御符の札を請けて、病人の枕元に貼って置き、七日目毎に上へあげる。二十一日目には速やかに平癒するのは妙法の功力である。特に難病又は長病の人は二十一日を過ぎて古い札を返し、また新しい札を乞い請けて張り替える。〔江戸神仏願懸重宝記〕

玻里非【ぼりびや】 〔童蒙単語字尽重宝記〕に玻里非《ぼりびや》は連邦。広さ四十五万坪、民は百七十万四百人。「波利非亜」とも書く。朱圭沙加《しゅくいさか》民は二万三千九百七十九人。

ほりほり【ほりほり】 〈大和詞〉〔女重宝記・一〕に「干瓜《ほしうり》は、ほりほり」。〈料理〉〔料理調法集・口伝之部〕に「ほりほりとは、水母の水和《みずあえ》をいう」。

彫物薬【ほりものぐすり】 彫物は刺青。〔清書重宝記〕に彫物薬は、糠の油を採り、その中へ松の緑・梔子・胆礬を少々入れてよく擂って付け置く。

彫物師【ほりものし】 〔万買物調方記〕「京ニテ彫物師」押小路寺町西へ入町金具、堺町錦下る町石細工の外、油小路五条上ル町、ふや町松原上ル町にいる。「江戸ニテ彫物師」白銀町一町目（又京）後藤四郎兵衛へ、ひもの町横屋宗安、同次兵衛、元佐竹殿前なら八郎左衛門、下谷同小左衛門、三十間掘三丁目後藤高節、久保町彦右衛門、次郎兵へ。「額彫《がくぼり》師《し》」「堆朱彫物師」は別項。

葡萄牙【ぽるとがる】〔童蒙単語字尽重宝記〕に葡萄牙《ぽるとがる》は王国。広さ三万五千三百坪、民は三百九十八万八千人。力斯本《りすぼん》民は二十二万四千六十三人、(品川海より)四千八百七十二里。

ほるるという字【ほるるというじ】〔世話重宝記・一〕に「ほるるという字」はさまざまあり、次のように書く。○老にほるるという字は「耄」。○気うつけほるる時は「悦」。○女にほるる時は「慕恋」。○牛のほゆるには「吼」。○犬のほゆるには「吠」。○虎のほゆるには「虖」。

牡蠣【ぼれい】「かき(牡蠣)の事」ヲ見ル

惚れ薬【ほれぐすり】〔色道重宝記〕に「ソレほれ薬《ぐすり》、佐渡から出るがいつちきくサ」とある。即ち、金銀を言う。

惚れられるという伝【ほれられるというでん】〔清書重宝記〕に惚れられ薬がある。○十一月十二日か正月五日、或は元日か七月七日の子の刻(零時)に北の方に向い、鼠の雄を捕り、腎臓を取って陰干にし、男は左袖女は右袖の中に人知れず入れて所持すると、仮初めに願い合う人にも必ず思い付かれる。○又十一月子の日に鼠を捕え、子の刻に忍び 鼠の金玉を取り 陰干にして、黄色の絹で袋を縫って入れて置き、肘の当る所へ左右ともに縫い付けて置くと、思う人が惚れるのは奇妙である。『独床』(不明)という草紙にもあるので試してみるとよい。

母衣【ほろ】 鷹の名所*。〔武家重宝記・五〕に、鷹の背中の膨らんだ所を母《ほ》衣形《ろなり》といい、その所に生ずる毛を母衣いう。甲毛《かぶとげ》の対名。

梵論【ぼろ】〔人倫重宝記・五〕に薦僧《こもぞう》*は、昔は梵論《ぼろ》と名付ける。

哺露疳【ほろかん】〔小児療治調法記〕に哺露疳は、乳哺《にゅうほ》を消化せず、脾胃虚し、形瘦せ、骨露《あらわ》れ、虚熱往来し、頭の骨分開し、食を翻《かえ》し、虫を吐き、煩渇《かわき》、嘔穢《えづき》するのをいう。薬に十全丹《じつぜんたん》*がある。

痹子【ほろし】〔薬家秘伝妙方調法記〕に「ほろし(痹子)が出る」には、藿香・柴胡・黄芩を用いる。『日葡辞書』に「Foroxi.(痹子)身体にできて痒みを起こす、ある種の腫瘍」。「ほろせ」とも言う。「東癰の事」も参照

母羅付鐶【ほろつけのかん】〔武家重宝記・三〕に母羅付鐶《ほろつけのかん》は、総角付《あげまきつけ》の上にある。この板を佐加板(さかいた)という。

ほろと泣く【ほろとなく】〔世話重宝記・一〕にほろと泣くは「発露《ほろ》と泣く」と書く。涙の露を発して泣くのである。行基菩薩の歌に「ほろほろと泣く山鳥の声聞けば 父かとぞ思ふ母かとぞ思ふ(玉葉集・釈教歌)」とある。

亡ぶ日【ほろぶにち】 日取吉凶。〔諸人重宝記・五〕に亡ぶ日は、万事に悪い日とする。正月二月は辰・酉・亥の日。三月四月は未の日。五月は戌の日。六月~九月は寅の日。十月は丑・午の日。十一月は巳の日。十二月は丑の日。〔重宝記永代鏡〕には特に悪日で決して用いてはならない日とある。正月は辰の日。二月は亥の日。三月四月は未の日。五月は戌の日。六月は酉の日。七・八・九月は寅の日。十月十一月は丑の日。十二月は巳の日。

法論々々麩【ほろほろふ】〔料理調法集・麩之部〕に法論々々麩《はろほろふ》は、生麩に塩を交ぜ湯煮を長くすると軽石のようになるのを、細かによく叩き、酒醤油で煎り上げ、芥子を交ぜるとよい。

法論味噌【ほろみそ】〈製法〉〔料理調法集・調製味噌之部〕に法論味噌は、白味噌と赤味噌を等分にして味醂酒で練り詰め、次に芥子を煎り粉にして味噌へ練り込み、山椒の粉を少し入れ、味噌を板に薄く伸し付け遠火で焙り、焙炉《ほいろ》*に掛けぽろぽろになる時分、胡桃の皮を去り砂糖煮にしてなるだけ細かに刻み、焙炉味噌に刻み交ぜ、また丸め芥子をも刻み入れ、砂糖を加え刻むとぽろぽろになり 口中で溶けるようになる。割合は白味噌・赤味噌・胡桃(各一合)、芥子(二合)、砂糖(四十匁)、山椒の粉(少々)でよい。

〈薬性〉〔永代調法記宝庫・四〕に法論味噌は、脾胃の薬、気力を増し、鬱気を開き痰を去る。〈売り店〉〔万買物調方記〕に「京ニテ法論味噌

屋」柳ノ馬場五条上ル 源左衛門。

ほを書く仮名【ほをかくかな】〔万民調宝記〕に「ほ」を書く仮名で、「大《おほ》」の字に使う時は、いずれも「おほ」を書く。大海《おほうみ》。大方《おほかた》。大江山《おほえやま》。

ほをを読むは【ほををとよむは】〔女筆調法記・三〕に「ほ」を「を」と読むのは、その字の声が撥ねて読むのは「ほ」である。塩《えん》《しほ[を]》。庵《あん》《いほ[を]》。顔《がん》《かほ[を]》。薫《くん》《かほ[を]る》。郡《ぐん》《こほ[を]り》。

盆【ぼん】〔万物絵本大全調法記〕に「盆ぼん／ひらか／ほとぎ」。〈茶湯名物持来記〉〔不断重宝記大全〕に「盆」の名物は、内赤《うちあか》は紀伊殿や山本道具。青貝は藤重藤巌。若狭は紀伊殿や松平加賀守、酒井靭屓佐、桔梗屋七郎右衛門、平野屋宗孝らにある。

反胃【ほんい】翻胃とも書く。〔医道重宝記〕に反胃は、胃中に寒熱があり、かつ生冷え、硬いものに破られ、食して後一日或は半日して吐くのをいう。脈の浮緩なのはよく、沈濇は悪い。順気和中湯*を用いる。〔鍼灸重宝記綱目〕は憂え思い、気の疲れより生ずるもので、朝に食する物を夕べに吐《もど》し、夕べに食して晨（暁）に吐すものは病が深く治らない。鍼灸は天突 石関 三里 胃兪 胃脘 鬲兪 水分 気海 膈譆 胃倉にする。〔新撰咒咀調法記大全〕に翻胃の治方は、南京染付の皿鉢でも粉にして一匕ずつ塩湯で用いる。〔丸散重宝記〕は反胃悪心し、薬・食が咽に通らない時は煎った三稜（五戔）と丁子（一分五厘）を末（粉）し白湯で下す。

〈翻胃嘔吐宜禁〉〔世界万宝調法記・下〕に「宜い物」は大麦 大根 生姜 山椒 葛粉 枸杞 五加 海月 飛魚。「禁物」は糯 麪類 蕎麦 笋 菌《くさびら》 茄子 菘 菜 冬瓜 胡椒 魚鳥 塩 硬い物。「嘔吐 反胃 呃逆 呑酸」モ見ル

本色紛い色を見分ける事【ほんいろまがいいろをみわけること】〔染物重宝記・文化八〕にある人が言うとして、○本紅と中紅を見分けるには、端を解《ほぐ》し火に入れると本紅は黄色になり 中紅は黒くなる。○本桔梗と紛い桔梗は、端を少し酢に浸すと本色は変わらず 紛い色は変る。○黒紅は金屛風に掛けると本色は赤く光り 紛い色は黒く艶なしと紹介する。しかし、見損ずる事もあろうとし、本色と紛い色の違いは染代の価にあると説く。○極上紺は藍で染め抜き、中紺は豆汁、下紺は黒豆を使い、それより下は下染花色江戸納戸にして蘇芳をかけ、それより下は下染空色にして糊に蘇芳の淡《あわ》を合せて両面より引く。○下値の蚊帳染は椿の葉を擂って糊に合せ 裏表から引くと本色の萌黄に紛うが、三四年もすると色も損じ地のためにも悪い。誂える人は僅かの染代を減じて大切の地を損じてはならず、染める者は罪を恐れ慎み、人の目を掠める紛い色に染めてはならない。

本院【ほんいん】新院*に対して、前の院*をいう。〔男重宝記・一〕

本院様御茶師【ほんいんさまおちゃし】「本院様御茶師」は、河村宗順である。〔万買物調方記〕

本院様御呉服所【ほんいんさまおんごふくしょ】「本院様御呉服所」は、室町二条下ル いせや市左衛門である。〔万買物調方記〕

盆踊【ぼんおどり】〔麗玉百人一首吾妻錦〕に盆踊の由来を次のようにいう。七月十四日、百三十六地獄の罪人は閻魔王の赦免を得て呵責を免れる。獄卒共が罪人を返せと罵るのを、釈尊は獄卒の催促を緩めるために五百羅漢に仰せつけて太鼓 鐘で囃し立て、踊りを始めたのが盆踊とかいう。その間に釈尊は罪人を弔われるのである。又の説は、生身魂《いきみたま》を祭るとい い、己々の息災を喜んで、歓喜踊躍させるともいう。

翻花瘡【ほんかそう】〔改補外科調宝記〕に翻花瘡は、多くは腕に生ずる。瘡が癒える時元気の弱い者は肝火が乾き、風に当って生ずる。腫物は大小長短不同で、頭は大きく 根は小さい。小は豆粒程、大は菌《くさびら》程あり、痛みはなく擦り破ると血が流れる。八珍湯* 補中益気湯*に、五味子* 麦門冬*を加える。熱があれば八味逍遥散*を用いる。風薬を用いると死に、汗が

多く出ると危い。針灸をすると腫物は益々大きくなり難しい。薬方は藜《り》蘆《ろ》を粉にし豚の油で練り付ける。一日に一度ず付け替え、元気が調う迄付ける。膿毒がなくなって塗ると努肉は自ずから入る。そうしないとまた発《おこ》る。氷獅散*も用いる。

本願寺【ほんがんじ】〔男重宝記・一〕に本願寺は東 西にあり、清花門跡に准じ、大僧正に至るという。〔年中重宝記・三〕には七月七日に東・西本願寺に花があり、十四 五日に灯篭見物がある。〔農家調宝記・二編〕に法然上人の弟子親鸞聖人に在家往生の一派を弘めさせられてから高弟二十四輩が国々に法を弘め、肉縁の正統は親鸞娘覚信尼より如信上人と相承し、顕如上人の子息より二家に別れ、惣領教如上人を東本願寺*の祖とし、次男准如上人が六条本願寺を継いで西本願寺*と称した。また一身田興正寺、仏光寺等の諸派も出た。

本栗醴酒【ほんぐりあまざけ】「江戸一流名物名代本栗醴酒《あまざけ》所 根元」は、柴宇田川町 大黒屋新兵衛がある。〔江戸町中喰物重法記〕

本栗焼【ほんくりやき】「根元本栗焼」は、糀町五丁目大横丁 根川にある。〔江戸町中喰物重法記〕

本黒茶色【ほんくろちゃいろ】〔万用重宝記〕に本黒茶色は、桃皮の汁で四遍染め、上の留めには鉄漿《だしかね》に明礬を少し加えて染める。

本卦／本番【ほんけ／ほんばん】〔家内重宝記・元禄二〕に本卦は本番（「本番之事」は図474の通り）で取る。書付のように子年は坎《かん》。丑 寅年は艮《ごん》。卯年は震《しん》。辰巳年は巽《そん》。午年は离（離り）。未申年は坤《こん》。酉年は兌《だ》。戌 亥年は乾《けん》。これを生れ年の本卦と定め一代の吉凶を見る。当年の吉凶は当卦を見て占う。离 坤 兌 乾 坎 艮 震 巽。この八卦 八方の配位は本番のように八段ながら変ることはない。それ故、本卦 本番とする。一遊魂《ゆこん》 乾金。二絶命 兌金。三禍害 离火。四天医 震木。五福徳 巽木。六遊年《ゆねん》 坎水。七生家《しょうけ》 艮土。八絶体 坤土。この八ツの文字は八方の配当 八段で悉く変る。例えば、遊魂の文字は本番では戌亥の年故、亥の方 戌亥の月日に当るが、八段の内离の卦では坤宮にある。坤の卦ではまた离にある。兌の卦ではまた巽宮にある。巽の卦では又兌にある。乾の卦では坎宮にある。坎の卦では本座の乾にある。艮の卦では震宮にある。震の卦では又艮にある。このように八卦の配位は循環して悉く変る故、八々六十四卦と現れる。これは当卦こしかけ八卦を占う時、八方座位の卦 生剋配当八ツの文字の吉凶 五性*に合せてことわる。八ツの文字に吉凶がある。○「吉」。生家・福徳・遊年・天医。○「凶」。絶体・絶命・禍害・遊魂。八卦の内この文字の当りを見て吉凶を占う。「八卦」参照

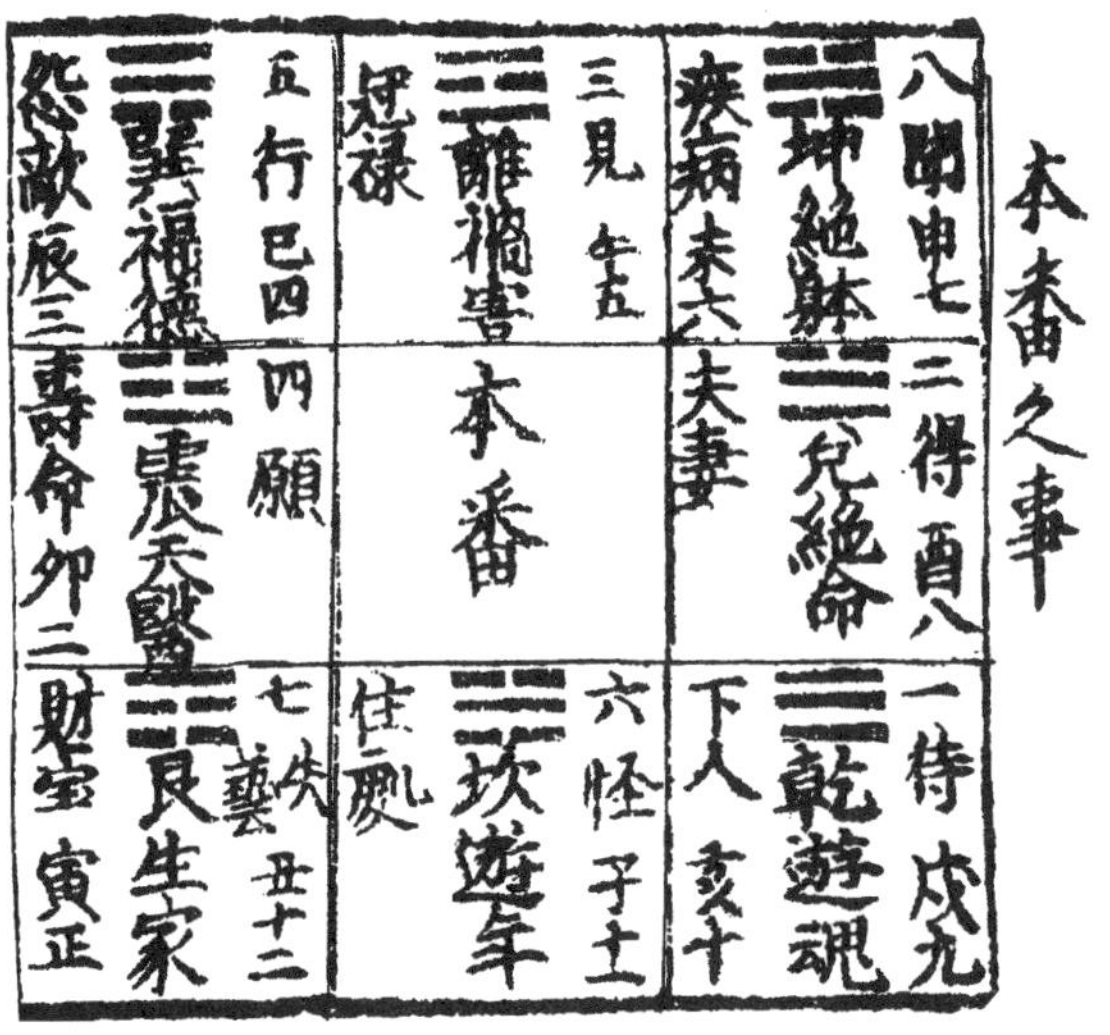

図474 「本卦／本番」（家内重宝記・元禄二）

本元錦袋円【ほんげんきんたいえん】〔洛中洛外売薬重宝記・上〕に本元錦袋円《ほんげんきんたいゑん》は、東叡山丁池之端 勧学屋大助にある。取り次、四条通寺町東へ入 勧

学寮。第一に気付、精気を増す。食傷、霍乱、渋り腹、赤腹、下腹、頭痛、胸の痛み、胸の痞え、酒の酔いによい。

本香散【ほんこうさん】〔薬家秘伝妙方調法記〕に本香散は、五疳*によい。木香・桃仁・当帰・丁子・藿香・甘草・薫陸香・沈香（各一匁）、巴豆（四粒）等を細粉して丸でも、或は絹に包み熱湯で振り出しても用いる。

本国寺【ほんこくじ】 京名所。〔改正増補字尽重宝記綱目〕に本国寺は大光山大日本国寺という。洛陽掘川五条にある。〔東街道中重宝記・七ざい所巡道しるべ〕に日蓮宗の大寺である。〔年中重宝記・二〕に六月二十七日、本国寺虫払がある。

盆栽の事【ぼんさいのこと】 盆栽は、諸種の灌木や草花（幹の朽ちた梅樹から、拳大の実が五六個も着いた橙、或は福寿草等迄）の類を小盆の中に移植して鑑賞するものである（明治三十九年一月「女学世界・第六巻第一号」定期増刊〔女重宝記〕）。〈盆栽蘇生法〉〔日用調法人家必用〕に「盆栽の木の死《かれ》かかったのを活《いか》す伝」は、木を抜いて土を篩い落とし、日に一日曝す。次にその根を溝の中に一夜浸し、再び合わせ土を入れ替えて植えると、必ず蘇生する。六七月、炎暑の時なら愈々験《しるし》がある。

本地【ほんじ】 「謡《うたい》鞁《つづみ》のこと」ヲ見ル

本地垂迹【ほんじすいじゃく】〔日用重宝記・一〕に本地垂迹《ほんじすいじゃく》は、仏法を神道に取り合せ、金剛界と胎蔵界とを陰陽に配当し、本地垂迹を立て神仏一体とするもので、その根源は聖徳太師とする。これは『法華経・寿量品』の絶対的な釈迦を本地とし、現実の釈迦を垂迹とする説を、日本の仏と神に応用した説である。諸所の神祇の本地を仏菩薩に求め、例えば伊勢大神宮の本地は大日如来、熊野の本地は阿弥陀仏、岩清水八幡宮の本地は観自在菩薩とする。その社々の縁起記録に随い守り本縁を沙汰し、神事を執り行う神主禰宜の説くところである。卜部家等は時に当り神事を執り行う役なので、卜部随役の神道ともいう。また第三の神道とする。「両部神道《りょうぶしんとう》」参照

本酌【ほんしゃく】〔嫁娶調宝記・二〕に本酌《ほんしゃく》は、（長柄）銚子の酌をすること、又その役人をいう。単に、酌ともいう。紋付の小袖、半上下。本酌は右、加え*は左に居て、本酌が立つのを見て加えが立つ。酒は、瓶子から提子《ひさげ》*に移し、銚子に入れて杯に注ぐ。

閧都拉斯【ほんじゅらす】〔童蒙単語字尽重宝記〕に閧都拉斯《ほんじゅらす》は独立国。広さ四万三千七百坪、民は三十五万人。

本条【ほんじょう】〔胡椒一味重宝記〕に本条は、蘭人は蓽茇《ひばつ》（＝蒟醬の大なる物）の属と為すとあり、一名を木叔《もくしゅく》 窟受《ぐつじゅ》 胡椒* 胡椒子 味履《すいり》。和名を「まるはじかみ」という。食する時は内を調え、諸毒を去り、また魚毒酒毒 菜果の毒を解く。月水を通じ、五臓を利し、湿を除《はら》う。多食すると気を動かし、肺を損ずる。蘭語でペープル、ペーペル、ピーペル。羅甸語でピープル、唐音でウ、ショ。

本成寺麩【ほんじょうじふ】〔料理調法集・麩之部〕に本成寺麩は、生麩を古酒を煮立てひたすら煮ると麩が溶けるのを布に包み、また滾《たぎ》った湯で煮ると固まるのを自由に使う。歯切れしてよい。

本庄より新町へ【ほんじょうよりしんまちへ】 木曾海道宿駅*。二里。本荷九十文、軽尻五十七文、人足四十六文。宿の末を小嶋村といい小幡への道がある。金久保村、勝場宿村、藤の木村、かんな（神流）川があり常は徒歩渡りである。天正年中（一五七三〜九二）、龍川左近一益と北条氏康との戦があった。〔東街道中重宝記・木曾道中重宝記六十九次 享和二〕

本汁【ほんじる】 本膳の汁*である。〔料理調法集・四季献立集 本膳之部〕に春 夏 秋 冬の汁献立各十二例の内から二例ずつを抄記する。○春「あられ鯛・根芋・嫁菜・松葉・柚子」「魚納豆・千本しめじ・みじん豆腐・こまごま菜」。○夏「さきえび・うちわなす・青三ツ葉」「巻鱸・じゅんさい・穂うど」。○秋「そぼろ鴫・かわなす・唐苣」「ひしぎ鮎・焼き

麩・つみ小菜・紅山椒」。○冬「鶴 松茸 皮牛蒡 葉付大根 芽独活」「鯛豆腐 生海苔 白皮柚子」。

本神【ほんしん】〈経絡要穴 頭面部〉二穴。本神《ほんしん》は神庭の左右へ各三寸ずつ、前の髪際より五分上にある。針三分。灸七壮。驚風、癲癇、涎 沫《あわ》を吐き、頸 項《うなじ》強ばり痛み、目眩いを主《つかさど》る。〔鍼灸重宝記綱目〕

奔走【ほんそう】〔世話重宝記・一〕に「奔走」という二字は、ともに「わしる」と読む。「馳走*」という字もともに「はせわしる」と読む。客のために亭主が、かれこれとは（馳）せわ（走）しりて饗応《もてなす》をいう。

本朝勝景并和歌【ほんちょうしょうけいならびにわか】本朝勝景。わが国の優れた景勝の地十を選んで描画し、それに代表的な和歌一首を添えている。和歌の浦* 淀の渡* 木曾の掛橋* 天の橋立* 厳島* 松島* 象潟* 須磨の浦* 明石潟* 富士の山*である。〔麗玉百人一首吾妻錦〕

ポンド【ぽんど】「度量考」ヲ見ル

本途物成【ほんとものなり】「ほんまい（本米）」ニ同ジ

本直理【ほんなおり】〔絹布重宝記〕に「本直理《ほんなおり》」の事が、鯨尺で記されている。○本直理は一尺二寸五分。長六丈五尺より七丈迄也。○中巾は一尺二寸。○直理は一尺一寸。○同 一尺一寸。長は六丈五尺位。○常巾は九寸。長は五丈四尺より六丈位。大体、鯨尺の物を呉服尺に直すには「一〇五」を掛けると直るとある。

盆に据えて差し上る時【ぼんにすえてさしあぐるとき】〔麗玉百人一首吾妻錦〕に盆に香箱等を据えて差し上げる時、或は人形を屋台の頭の方を先へして持ち出る時は御前に置きさまに取り直して屋台人形とも貴人の方へ向くように置く。金襴 緞子 唐糸 伽羅の類を据えるのも、同じ心である。

本能寺【ほんのうじ】京名所。〔東街道中重宝記・七ざい所巡道しるべ〕に本能寺は、日蓮宗の大寺である。〔年中重宝記・二〕に六月二十四日、本能寺虫払いがある。

本の事【ほんのこと】「書物の事」ヲ見ル

本の紋様【ほんのもんよう】〔紋絵重宝記〕上には「本と本の字」の意匠、下には「物本に根笹 霰」の意匠がある。「書物の事」ヲ見ル

本方白雪糕【ほんぽうはくせつこう】「御薬本方白雪糕」は、本石町十軒店角 水戸屋勘兵衛にある。〔江戸町中喰物重法記〕

本方八味地黄丸【ほんぽうはちみじおうがん】〔洛中洛外売薬重宝記・上〕に本方八味地黄丸は、本町一町目岡田仲助にある。

ぼんぼむぼんぼむ【ぼんぼむぼんぼむ】妄書かな遣。「ぼんぼむぼんぼむ、けふ（今日）あす（明日）ばかり」。〔小野篡譃字尽〕

ぼんぼりみる食【ぼんぼりみるくい】〔料理調法集・貝類之部〕に「ぼんぼりみる食」は、海松食の皮を剝き湯煮して、赤身の所は切り退けて置き、白い所を布に包み打ち揉み解《ほぐ》し、ふくめ（乾魚肉を擂り潰した物）のようにして、赤身は解れないので細かに刻んで交ぜる。

本米【ほんまい】〔農家調宝記・初編〕に、総石高に口米《くちまい》*を掛けて、本米とも本途ともいい、米の貢納額とする。この時、口米《くちまい》*何程と記す。本途物成ともいう。〔日用調法人家必用〕には取米を本途米《ほんとまい》という。又本途永《ほんとえい》ともいう。

本紫染【ほんむらさきぞめ】〔男女日用重宝記・上〕に本紫染は、下地を椿の灰汁で染め、紫の根一頭《かしら》をぬるぬるとした白湯で揉み出し、一反を五頭程の根で染める。紅《べに》を卸して沸かし、煮えている内に染める。一頭で染めては又椿の灰汁を掛け、二頭目からは臼へ入れて搗き、ぬる湯で紅を卸し 沸かして染める。もし色黒目の時は酢を少しさせば赤目になる。〔麗玉百人一首吾妻錦〕に本紫染は、紫根《しこん》に蘇芳《すおう》を加えて煎じ、椿の灰汁を和して染める。加減は難しい。「似紫《にせむらさき》」参照

本命的殺【ほんめいてきさつ】「本命的殺」は諸書に記載され、一部に相違もある。〔万代重宝記・安政六頃刊〕に記す図説は以下のようである（図

475）。「本命的殺」とは本命星が卯（東）の方にあれば的殺は反対の酉（西）の方にある。また午（南）にあれば子（北）、巽（東南）にあれば乾（西北）のように、反対なのが的殺で、両方共に大凶で、どんな吉星が廻り合すともこの方位を犯す時は防げない。その人の年により八方をめぐる大悪の方であり、中に記す年は八方塞がりである。この的殺のめぐる方へ宅地を取り、門を開き、普請、縁談、宅替、また不浄を捨て、土を動かすと三年 七年 十三年 十七年の内に必ず祟りがある。重い時はその家は亡び、その人は死ぬ方位である。

〈**的殺を避ける日**〉〔万代重宝記・安政六頃刊〕に正月～三月は酉の日。四月～六月は丑の日。七月～九月は巳の日。十月～十二月は午の日。これらの月日は年の天道星 月の天徳星遊行故、間日*になる。

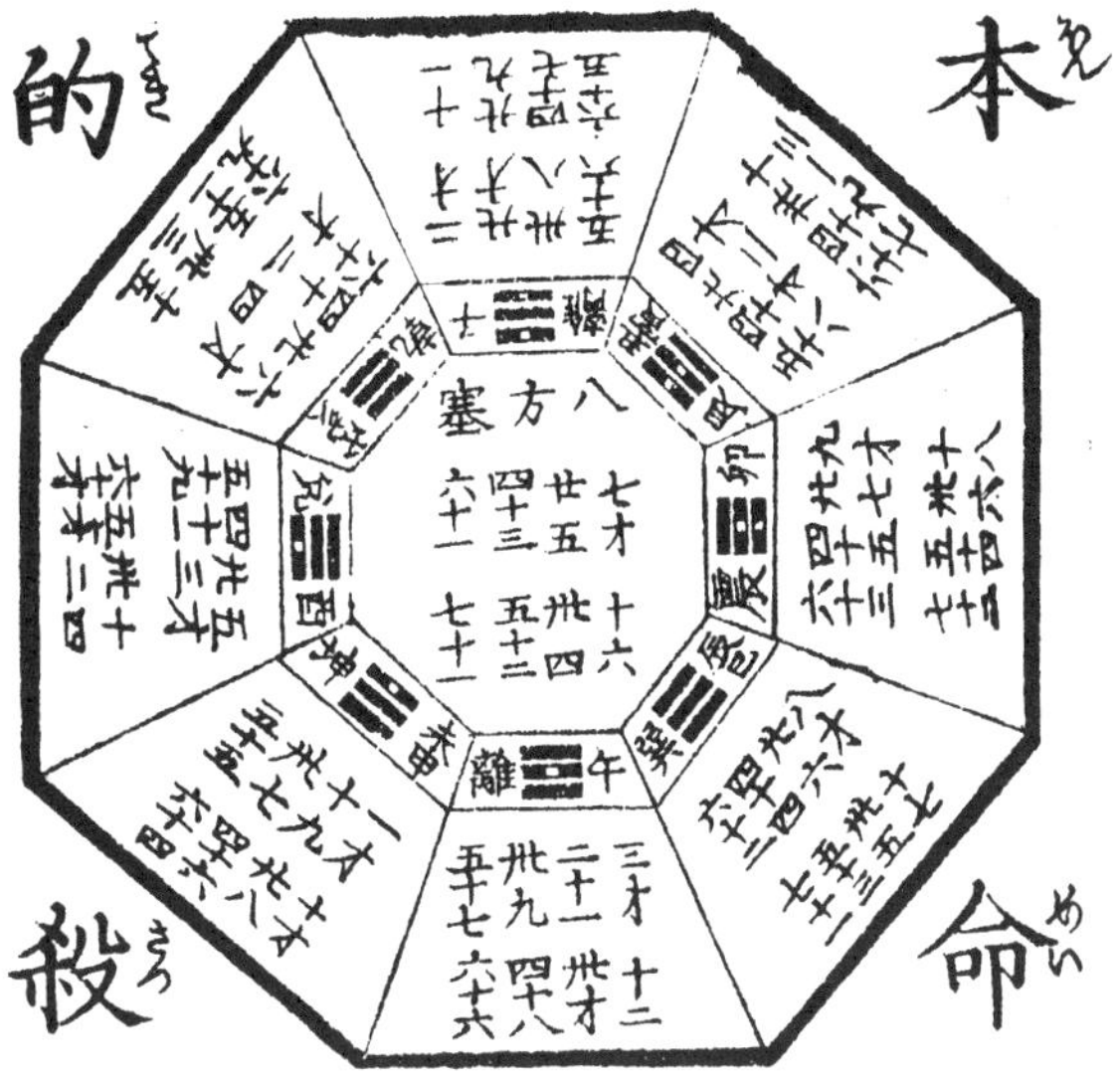

図475「本命的殺」（万代重宝記）

本命日【ほんめいび】〔万民重宝改正大ざつ書〕に本命日は大悪日で、この日に病を得ると必ず死する日である。子年の人は酉の日。丑年の人は午の日。寅年の人は未の日。卯年の人は申の日。辰年の人は亥の日。巳年の人は戌の日。午年の人は丑の日。未年の人は子の日。申年の人は卯の日。酉年の人は寅の日。戌年の人は巳の日。亥年の人はの辰の日。

本紅染【ほんもみぞめ】 染色。〔秘伝手染重宝記〕に「本もみぞめ」は、白地の上黄綿二十匁を細かに刻み、水一升五合程入れさわさわと煎じ、絹を一度染めよく乾し、「黄鬱金*」の色程に見える時、紅銀十五匁を入れる。「桃色染*」のように梅酢をよく出し、紅染*にならないように染める。

本矢【ほんや】「えびら（箙）」ヲ見ル

ま

舞扇【まいおうぎ】〔童学重宝記〕に「舞扇《まひあふぎ》」の絵がある。「舞扇屋」は「せんすや（扇子屋）」「扇の事」「能の道具」ヲ参照

まいく【まいく】「まいくは、まうでくる（詣来）也」。〔消息調宝記・二〕

毎句同【まいくどう】 歌学用語。歌の病。* 句毎《くごと》に同じ仮名のあるのを嫌う。〔男重宝記・二〕

毎月…【まいげつ…】 願成就日* 天医日* 天福日* 不成就時* 不成就日。* 「毎朔晦異名」は「日の異名」、又毎月の事など、「正月」～「十二月」ヲ見ル

毎月悪日／吉日【まいげつあくにち／きちにち】〈悪日〉〔女用智恵鑑宝織〕に「毎月悪日」は、四・十一・十八・二十五日は暮六ツ（六時）から夜九ツ（零時）迄、八・十五・二十二・二十九日は朝六ツ（六時）から昼九ツ（零時）迄、この日は毎月何事も成就しない日である。〈吉日〉〔和漢年暦調法記〕に「年中毎日吉日」は次の日。正月は丁《ひのと》の日。二月は戊《つちのえ》、未の日。三月は壬《みずのえ》の日。四月は辛《かのと》の日。五月は戊《つちのえ》、戌の日。六月は甲《きのえ》の日。七月は癸《みずのと》の日。八月は己《つちのと》、丑の日。九月は丙《ひのえ》の日。十月は乙《きのと》の日。十一月は戊（戊）、辰《たつ》の日。十二月は庚《かのえ》の日。

毎月行く方を忌む日【まいげついくほうをいむひ】〔米商売相場人調宝記〕に米商売人が行く方を忌む日がある。○我が家より出掛ける時忌む方角があれば、二・三町廻り道をするとよい。但し、九・十九・二十九日は中央故、構いなし。尤も、屋根葺は悪い。○朔・十一・二十一日は、東へ行くのを忌む。○二・十二・二十二日は、東南へ行くのを忌む。○三・十三・二十三日は、南へ行くのを忌む。○四・十四・二十四日は、南西へ行くのを忌む。○五・十五・二十五日は、西へ行くのを忌む。○六・十六・二十六日は、西へ行くのを忌む。○七・十七・二十七日は、北へ行くのを忌む。○八・十八・二十八日は、北東へ行くのを忌む。「方角善悪」参照

毎月門出を忌む日【まいげつかどでをいむひ】〔教訓女大学教草〕に旅立ち 遠行を忌む日がある。正月は申の日。二月は丑の日。三月は寅の日。四月は卯の日。五月は申の日。六月は戌の日。七月は酉の日。八月は丑の日。九月は辰の日。十月は巳の日。十一月は亥の日。十二月は子の日。〔永代日暦重宝記・慶応元写〕に、正・九月は四日。二・十月は三日。三・十一・十二月は二日。四月は一日。五月は八日。六月は七日。七月は六日。八月は五日。

毎月朔晦の異名【まいげつさくかいのいみょう】「日の異名」ヲ見ル

毎月の食薬【まいげつのしょくやく】〔家伝調方記〕に毎月の食薬がある。○正月元日に山椒七粒を食うと年中食い合せはない。同じく小豆を煮て食うと病み罷らない。○二月上の寅の日に土を取って蚕屋の上を塗るとその年の蚕はよい。○三月三日に桃の葉を晒して呑むと病を受けない。同三日に梅檀の葉を取って寝所の下へ敷くとその年中 蚤と虱を除ける。○四月に鶏を食ってはならない。韮もよくない。この日（月カ）に白髪を抜くと白髪の生えることはない。○五月五日丑（二時）の時に百草を黒焼にして置くと何に用いてもよい。この日、榧と棗を焼くと蚊を除ける。また朱で「儀方」の二字を逆様に貼ると蝿が少ない。○六月六日に梅酢と砂糖を練り合せて呑むと霍乱を病まない。二十一日でもよい。○七月七日に小豆を取り、男は七粒 女は十四粒呑むと、年の終る迄病はない。○八月は韮と青荏を食うとよい。○九月九日に菊の葉を酒に漬けて食うと悪い病を受けない。○霜月冬至に北壁の下に爪を取って捨てると指を怪我しない。○十二月大晦にそうしつ（皂漆カ）を焚くと来年疫病はない。同じく山椒を二十一粒 井戸の中へ入れると悪い病を受けない。なお、「一月」「二月」…の月名デモ見ル

迷子【まいご】「まよひ（迷）子は、まいご（迷子）」。〔小野篡譃字尽・かま

ど詞大概〕

舞阪より荒井【まいさかよりあらい】 東海道宿駅*。海上一里。舟渡しで、舟借り切り三百八十六文、乗合はこの割合で出す。七ツ（午後四時）を過ぎると舟は出ない。この海を「今切《いまぎれ》」という。〔東街道中重宝記・寛政三〕

毎日の異名【まいにちのいみょう】 「日の異名」ヲ見ル

毎日の吉凶【まいにちのきっきょう】 〔重宝記・幕末頃写〕に次がある。正月七日〇大安 雲上竜。二月八日◐竜連 木竹林。三月九日◉則吉 池魚。四月十日●赤口 火蛇。五月十一日◑少吉 銀鞍馬。六月十二日◑小妄 草中蛍。なお、十干*は「甲《きのえ》の日」「乙《きのと》の日」「丙《ひのえ》の日」…の如く、〇十二支*は「子《ね》の日」「丑《うし》の日」「寅《とら》の日」…の如く、個別に立項。〇「朔日」「二日」「三日」…は「朔日より三十日迄その日の吉凶」として纏めた。

〔家内重宝記・元禄二〕に「日用雑書」として凡そ次がある。〇朔日。長病日*。人神*は足の指にある。四・十二月朔日は大悪日。六月朔日は鬼宿日*。十月朔日は長短日。正・四・七・十月朔日は物断《ものたち》（＝願立に茶・塩等を取らない事）、人に離る。二・五・八・十一月朔日は物断、万に吉。三・六・九・十二月朔日は物断、万に悪い。〇二日。仏神造作吉。人神は外踝にある。三・十一月二日は大悪日。九月二日は長短日。正・二・四・五・七・八・十・十一月二日は物断、福徳来る。三・六・九・十二月二日は物断、下人を捨てるのは凶。〇三日。仏神造作に吉。人神は腿の内にある。二・十月三日は大悪日。五月三日は鬼宿日*。十月三日は長短日。正・三・四・六・七・九・十・十二月三日は物断、宝を得る。二・五・八・十一月三日は物断、鼠に食わる。〇四日。不成就日*、酉（十八時）より子（零時）迄。人神は左腰脇にある。正月四日は祈禱せず。正・九月四日は大悪日。二月四日は長短日。正・四・七・十月三日は物断、無病延命。二・五・八・十一月四日は物断、道に出て死ぬ。三・六・九・十二月四日は物断、火難に遭う。

〇五日。長病日。人神は口舌にある。二月五日は祈禱しない。四月五日は鬼宿日。八月五日は大悪日。正・三・四・六・七・九・十・十二月五日は物断、万に悪い。二・五・八・十一月五日は物断、道に出て大悦。〇六日。長病日*。人神は手の指にある。三月六日は祈禱しない。七月六日は大悪日。正・四・七・十月六日は物断、死罪に遇う。二・五・八・十一月六日は物断、人に乞わる。三・六・九・十二月六日は物断、病を受る。〇七日。人神は内踝にある。正月七日は鏡を求めず、祈禱せず、長短日。三月七日は鬼宿日。六月七日は大悪日。正・四・七・十月七日は物断、人と仲違う。二・五・八・十一月七日は物断、子に嘆きがある。三・六・九・十二月七日は物断、嘆きがある。〇八日。不成就日、卯（六時）より午（十二時）迄。人神は腕と足にある。二月八日は祈禱をしない。四月八日は鏡を求めない。五月八日は大悪日。七月八日は長短日。正・四・七・十月八日は物断、万に悪い。二・五・八・十一月八日は物断、主人の恩がある。三・六・九・十二月八日は物断、主祖の恩がある。〇九日。人神は尻と足の裏にある。二月九日は鬼宿日。三・四・十二月九日は長短日。七月九日は鏡を求めない。正・四・七・十月九日は物断、宝を失う。二・五・八・十一月九日は物断、人に乞る。三・六・九・十二月九日は物断、病事がある。〇十日。仏神造作に吉。人神は背中と腰脇にある。三・六月十日は長短日。正・四・七・十月十日は物断、人と遠ざかる。二・五・八・十一月十日は物断、人より恩を得る。三・六・九・十二月十日は物断、悦び事がある。〇十一日。不成就日、酉（十八時）より子（零時）迄。仏神造作に吉。人神は鼻柱にある。正月十一日は鬼宿日。正・四・七・十月十一日は物断、盗人に遇う。二・五・八・十一月十一日は物断、口舌 諍いがある。三・六・九・十二月十一日は物断、万に悪い。〇十二日。人神は髪の生え際にある。十一月十二日は長短日。正・四・七・十月十二日

は物断、子に嘆きがある。二・五・八・十一月十二日は物断、下人を捨てると悪い。三・六・九・十二月十二日は弓箭の事。○十三日。人神は牙にある。正・四・七・十月十三日は物断、人と仲違う。二・五・八・十一月十三日は物断、盗人に取られる。三・六・九・十二月十三日は物断、万に吉。○十四日。人神は胃の腑にある。二月十四日は鏡を求めない。六・十月十四日は四箇の悪日。*九月十四日は長短日。月次長病日。正・四・七・十月十四日は物断、病事がある。二・五・八・十一月十四日は物断、酒食に遇う。三・六・九・十二月十四日は物断、願いが叶う。○十五日。人神は額にある。不成就日、卯（六時）より午（十二時）迄。正・四・七・十月十五日は物断、万に吉。二・五・八・十一月十五日は物断、人の方へ出す。三・六・九・十二月十五日は物断、福徳が来る。○十六日。人神は胸血にある。五月十六日は鏡を求めない。六・十月十六日は四箇の悪日。正・四・七・十月十六日は物断、人に乞わる。二・五・八・十一月十六日は物断、官位を増し吉。三・六・九・十二月十六日は物断、万に吉。○十七日。人神は臍より下にある。正・四・七・十月十七日は物断、万に悪い。二・五・八・十一月十七日は物断、主祖に離る。三・六・九・十二月十七日は物断、主祖の恩がある。○十八日。長病日。不成就日、酉（十八時）より子（零時）迄。仏神造作に吉。人神は腿腹の内にある。八月十八日は長短日、又鏡を求めない。正・四・七・十月十八日は物断、福徳が来る。二・三・五・六・八・九・十一・十二月十八日は物断、宝を儲くる。○十九日。人神は手足にある。仏神造作に吉。正・四・七・十月十九日は物断、恋心がある。二・五・八・十一月十九日は物断、中夭に遇う。三・六・九・十二月十九日は物断、心に物あらし。

○二十日。人神は腿の内 膝節にある。六月二十日は長短日。九月二十日は鬼宿日。十一月二十日は鏡を求めない。正・四・七・十月二十日は物断、暦を見る。二・五・八・十一月二十日は物断、思人に離る。三・六・九・十二月二十日は物断、人に取らる。○二十一日。人神は手足の小指にある。正月二十一日は長短日。三月二十一日は鏡を求めない。正・四・七・十月二十一日は物断、鼠に食わる。二・五・八・十一月二十一日は物断、福徳が来る。三・六・九・十二月二十一日は物断、雨に濡らす。○二十二日。人神は臍より下目胸踝にある。不成就日、卯（六時）より午（十二時）迄。五・八月二十二日は鬼宿日。正・四・七・十月二十二日は物断、人に取らる。二・五・八・十一月二十二日は物断、物怪出来。三・六・九・十二月二十二日は物断、神事に遇う。○二十三日。長病日。人神は九の頭、外の踝にある。七・八・十一・十二月二十三日は長短日。正・四・七・十月二十三日は物断、悦びがある。二・五・八・十一月二十三日は物断、損する事がある。三・六・九・十二月二十三日は物断、大吉。○二十四日。長病日。人神は手 脇腹。六月二十四日は鏡を求めない。正・四・七・十月二十四日は物断、主祖の恩がある。二・五・八・十一月二十四日は物断、病む事がある。三・六・九・十二月二十四日は物断、人に乞わる。

○二十五日。人神は足にある。不成就日、酉（十八時）より子（零時）迄。三・四・五月二十五日は長短日。七月二十五日は鬼宿日。正・四・七・十月二十五日は物断、神祟り。二・五・八・十一月二十五日は物断、宝を儲る。三・六・九・十二月二十五日は物断、諍いがある。○二十六日。長病日。人神は胸手足にある。正・四・七・十月二十六日は物断、人に持て成される。二・五・八・十一月二十六日は物断、下人を儲る。三・六・九・十二月二十六日は物断、口に祟りがある。○二十七日。長病日。人神は膝にある。九月二十七日は鏡を求めない。正・四・七・十月二十七日は物断、諍いがある。二・五・八・十一月二十七日は物断、道に出て悦びがある。三・六・九・十二月二十七日は物断、清い事があ

る。〇二十八日。人神は隠し所（陰）にある。正・四・七・十月二十八日は物断 悦びがある。二・五・八・十一月二十八日は物断、大悦がある。三・六・九・十二月二十八日は物断、命は長い。〇二十九日。長病日。人神は膝 脛にある。不成就日、卯（六時）より午（十二時）迄。仏神造作に吉。正・四・七・十月二十九日は物断、盗人に遇う。二・五・八・十一月二十九日は物断、病事がある。三・六・九・十二月二十九日は物断、万に悪い。〇三十日。人神は臍の下 足迄にある。十二月三十日は鏡を求めない。正・四・七・十月三十日は物断、悦び事がある。二・五・八・十一月三十日は物断、酒食に遇う。三・六・九・十二月三十日は物断、大悪である。

毎日の人神【まいにちのにんじん】〔鍼灸重宝記綱目〕に人神*（人の魂）の在る所を言い、灸を避ける。一日は足の大指。二日は外踝骨。三日は股の内。四日は腰の左脇。五日は口舌。六日は手の指。七日は内踝骨。八日は足腕。九日は尻尾足裏。十日は背腰脇。十一日は鼻柱。十二日は髪際《かみのはえぎわ》。十三日は牙歯。十四日は胃の腑。十五日は額（〔重宝記永代鏡〕には体内）。十六日は胸の乳。十七日は臍の下（〔重宝記永代鏡〕には腿のつけ際）。十八日は股 腹の内。十九日は手足。二十日は股の内 膝節。二十一日は手足の小指。二十二日は臍の下 目 胸 踝。二十三日は九の推 外踝 骨。二十四日は手 脇腹（〔重宝記永代鏡〕には人差指 肘）。二十五日は足。二十六日は胸 手足。二十七日は膝。二十八日は隠し所（陰）。二十九日は膝脛。三十日は臍の下 足迄。〔重宝記永代鏡〕は若干記載が異なる。

舞人【まいびと】〔万物絵本大全調法記〕に「楽官 がくくはん、楽人 がくにん也。楽工 がくこう。楽師 がくし。並同。伶人 れいじん／まひびと」。

蝸牛螺【まいまいつぶろ】「かたつぶり（蝸牛螺）」ヲ見ル

前【まえ】「陰門」ニ同ジ

前脚【まえあし】馬形名所*。〔武家重宝記・五〕に前脚の外に「実脈」があり、内に「夜眼」がある。その形が蟬のようであるため付《ふ》蟬《せん》という。左右の節《ふし》を鏡の節という。

前置【まえおき】立花*。〔男重宝記・三〕に前置は、胴作《どうつくり》*の続きで低く使うので、花や葉の詰まった物、松・羊歯《しだ》・万年青《おもと》がよい。〔昼夜重宝記・安永七〕は「三ケの前置の事」として松・羊歯・万年青の三色とする。松に羊歯、葉遣い色移りに別して習いが多く、祝儀の物である。真向きに裏葉を立て、実を添えて挿し、立葉という。流し葉は左でも右でも釣り合い次第、葉遣いに習いがある。名人に万年青を所望ある時は、一覧の後 前置をあげて花台に置く。万年青組み入れというのは砂の物にある。実二本に葉数も多く遣い、組入れ葉ということがある。組入れ葉はなくてもよい。

まえ子【まえご】片言。「迷ひ子を、まへ子《ご》」という。〔世話重宝記・四〕

まえびき【まえびき】〈何が不足で癇癪の枕言葉〉「弐、まへびき」。眉引の訛り。〔小野篡謔字尽〕

麻黄【まおう】〔薬種重宝記・中〕に唐草、「麻黄 まわう／かくまれ」。鉄を忌む、湯に三度沸かして沫《あわ》を去り、刻み焙る。〈薬性〉〔医道重宝記〕に麻黄《まわう》は辛く苦く温、表を解し、汗を出し、風寒、頭痛、身熱し、背中強張り、咳嗽、喘逆を治す。根と節《ふし》とを去り刻み、水で煮て沫《あわ》を去り、日に干して焙る。

麻黄散【まおうさん】〔牛療治調法記〕に麻黄散は、腨肢《せんし》風病*に用いる。麻黄・当帰・桂心・川芎・半夏・乾姜・白芷・蜈蚣《むかで》・乾葛・黒付子（酒に浸し）・白付子を末（粉）し、毎服酒一升で調え温めて潅ぐ。

間男【まおとこ】亭主持ちの女が密通している男。〔色道重宝記〕に間男する奴は、何でも亭主の留守ばかりを狙って入り込む。

籬石【まがきいし】大和詞。「まがきいしとは、踏み隔つるを云」。〔不断重宝記大全〕

摩訶大々将棊【まかだいだいしょうぎ】〔男重宝記・三〕に摩訶大々将棊は、竪横各十九目、駒数は両陣で百九十二枚。指し様は分らない。

真金吹【まかねふく】 大和詞。「まかねふくとは、かね（鉄）吹くたたら（蹈鞴）」である。〔不断重宝記大全〕

真鴨【まがも】〔料理調法集・諸鳥人数分料〕に真鴨は、八月上旬から来て二月下旬迄いる。汁には渡りがけの鳥では八九人前、脂がのりよく肥えると十人前余にも遣う。煎鳥には七八人前である。小鴨の代りに遣う時は、真鴨一羽に小鴨四羽の当てである。あじ鴨*の代りには、真鴨一羽にあじ鴨*二羽半の当てである。また鷺鴨の代りには、鷺鴨一羽と小鴨一羽で、真鴨一羽の当てである。脂がのるのは当地では餌飼いして、その後にのる。まず九月より冬の内に脂がのり、正月には少し落し、また二月上旬からのる。

罷り出／罷り帰る【まかりいで／まかりかえる】 女詞遣。〔女重宝記・二〕に「よそ（余所）へ行き帰られましたを、罷出《まかりいで》られ罷《まかり》かへ（帰）られました」と言うのは、いや（嫌）である。

曲尺【まがりがね】〔万物絵本大全調法記〕に「矩く／まがりがね。曲きよくしやく也。又、定木ぢやうぎ」。〔里俗節用重宝記・上〕等には、番匠《だいく》の家に用い、歪《ひずみ》を見る。曲尺《かねざし》は鉄《かね》で作ることからの名という。商尺の営造に合せたものである。曲尺一尺二寸は、鯨尺*で九寸六分である。曲尺を鯨尺に直す時は八を掛ける。曲尺を呉服尺*に直す時は十二で割る。〔絹布重宝記〕には曲尺を用い、羽二重ばかりは呉服尺を用いる〔明治政府は曲尺《かねじゃく》一尺を約三十・〇三糎とした〕。〔農家調宝記・三編〕に、折り曲がった所の歪《ひずみ》があるかないかを知るのに三寸と四寸の所の間に別の尺を当て五寸あれば「曲端《かね》のよき」といって聊かも歪がない〔三辺を三四五の割合にした直角定規〕。番匠はこれを「三四五をふる」という。家を建て隅々に歪の有無を見るには「大曲尺《おおがね》」と言って木で作った尺を当てて改める。これも三尺と四尺の所で五尺あるように作る。この曲尺を計算尺として応用することができ、米相場、銭相場、八算、乗除などに用いる。〈紋様〉〔紋絵重宝記・上〕には丸に曲尺の紋、及び「矩」の字の意匠がある。

まかる【まかる】〈何が不足で癇癪の枕言葉〉①「行くは、まかる」。②「借《かり》る、まかる」。〔小野篤謔字尽〕

真鴈【まがん】〔料理調法集・諸鳥人数分料〕に真鴈は、八月中旬より渡来二月中旬迄野に居る。料理に遣い割り鳥にすると、真鴨*二羽に当る。料理人数に割る時は鳥の大小による。汁に遣う時は十七八人前、煎鳥には十三四人前になる。白腹というのは真鴈の若鳥で、まだら（斑）のないものをいい、まだらよりも重宝で大きなのもある。鴈に脂が乗るのは九月上旬からで、鳥の出所により乗らないのもある。渡りがけの鳥は痩せて味がなく、一羽で人数三人前も減る。白腹、腹斑《まだら》ともいう。

巻【まき】 大和詞。「粽《ちまき》は、まき」という。〔女重宝記・一〕

薪【まき】 片言。「江戸 又大坂には、一切の薪《たきぎ》をまき」という。〔不断重宝記大全〕

巻き泡雪【まきあわゆき】〔料理調法集・鶏卵之部〕に巻き泡雪は、玉子十の白身に葛の粉を絹篩いにして一匁合せ、よく掻き立て、板へ厚さ二分程につけて蒸し、上に焼き目をつけ、巻き、小口切りにして遣う。

蒔絵師【まきえし】〔万買物調方記〕に「京ニテ蒔絵師」は両替町二条下ル春正次郎兵へ、新町上立売上ル 藤本彦兵へ、小川通 光阿弥、室町一条上ル 蝶屋ら七人がいる。「京ニテ唐蒔絵師」は新町綾小路下ル町、東洞院高辻上ル町とある。「京ニテ蒔絵筆屋」は御幸町 椹木町下とある。「（江戸ニテ）塗師幷蒔絵」は いなば町 蒔絵や甚三郎、神田かわや町 家具や庄助、京橋弓町 ぬしや源太郎、ひもの町二丁目 石川甚右衛門ら二十人がいる。「大坂ニテ蒔絵屋」は難波橋すじにあり、心斎ばし 野村徳兵

へ、がいる。

蒔絵筆屋【まきえふでや】 「筆の事」ヲ見ル

巻蒲鉾【まきかまぼこ】 〔諸人重宝記・四〕に巻蒲鉾は、玉子の麩の焼に蒲鉾を付け、その上に荒布を並べきりきりと巻き、上を結い、塩を少し入れ茹でて切る。〔料理調法集・蒲鉾之部〕には常の擂身を塗り、竹木の裏に巻き上げの大小により 厚さ一分にも一分半程にも付け、焼き上げ冷ます。別して巻き留めになる方を薄く削ぎ取り、片々へ青でも黄でも色の変わった擂身を同じ厚さに付け、きりきりと巻いて外を美濃紙で包んで蒸し上げ、紙を取って切り形をする。

巻紙早継ぎ【まきがみはやつぎ】 〔万用重宝記〕に巻紙の早継ぎ様は、例えば紙百枚を継ぐ時は、その百枚の紙の後先に糊をつけ、上の紙一枚をはずしかけ 後の紙を両方合せて、干して置き 干上った時に小口から巻く。

巻鮨【まきずし】 〔料理調法集・鮨之部〕に巻鮨は、鯛や鱒の類を卸した身を薄くあけ、薄塩をして酢に漬け、飯に酢 塩を常のようにし、魚を酢より取り出し、湿りをよく取り魚の上に飯を薄く付け、きりきりと巻き、外を笹の大葉で巻き 押し締める。鮎や鰺の類についても開き、皮は引かず、前のように漬ける。

牧すだれ【まきすだれ】 菓子名。牧すだれ、ながし物、中へ 山の芋入り。〔男重宝記・四〕

巻煎餅【まきせんべい】 「巻せんべい」は、赤坂一ツ木町 中嶋屋惣兵衛にある。「巻せんべい／最中の月」は、新よし原 竹むら伊勢にある。〔江戸町中喰物重法記〕

蒔田【まきた】 〔四民格致重宝記〕に蒔田は、苗代を作らず田に直接種を蒔いて稲作すること。常の蒔田は一間の通りに五通り計りに、畑物の様に通して蒔く。坪刈をすると、一刈に五分程も少なく、また米をよく磨るので植田とは取り実は八九分も違い、摘田《つみた》*はさらに少ない。

巻き卵【まきたまご】 〔世界万宝調法記・下〕に巻き卵は、卵を切り卵*のように麩焼にして、魚の崩し身を中に塗り きりきりと巻き、上を干瓢で括り、醬油出汁で煮る。その後はどのようにも切る。

巻鳥【まきどり】 〔料理調法集・諸鳥之部〕に巻鳥は、鴈でも鴨でも身を卸して薄く剝ぎ、庖丁の刀の片《ひら》で叩き、随分平らにして魚の擂り身を薄く付け、締めてよく巻き、竹の皮に包み蒸して小口切りにする。

真木柱【まきばしら】 大和詞。「まきばしらとは、ゆかり睦まじき」をいう。〔不断重宝記大全〕

巻半平【まきはんぺい】 〔料理調法集・鱧餅真薯之部〕に巻半平は、半平*に擂り合せた身を板に付けて蒸し、焼き目を付けて巻き留めに擂り身を付け、さっと蒸して小口切りに使う。

巻藁【まきわら】 〔綟約重宝記〕に巻藁は藁を束ねた物で、魚を串刺しにして焼いたのを刺して置く。江戸でこれを弁慶というのは、七ツ道具を指すというより言い始めた俗語かという。〔女用智恵鑑宝織〕に京で粽を巻く藺殻、大坂で巻藁という。

巻藁前【まきわらまえ】 巻藁を射て弓術の練習をすること。〔弓馬重宝記・上〕に巻藁前は、一間を我が身の中墨《なかずみ》（＝中心）にして射、矢所の決まり 弦音の納まりを知るためとし、直しには色々教えがある。貴人の前で、韘《ゆがけ》をさし 弓矢を左に持ち添え 巻藁前一間程置き、両膝を居つけて射る作法の解説が細かくあり、弓は白木を本式とするが塗り木も苦しからず、矢は根矢（征矢*鏑矢*雁股*）は無礼、その他はよい。羽の有無も構わない。

馬草取場【まぐさとりば】 〔四民格致重宝記〕に馬草取場について次がある。馬草を取るのが自由な村は、牛馬を持ち易く、金銀が要らずに肥しを入れて作徳が多い。馬草取場のない村は 牛馬を持ちにくく、肥しが不自由であり、作徳は少ない。

蟆【まくなぎ】〔万物絵本大全調法記〕に「蟆 もう／まくなぎ。又 しやうじやう」とあり、その飛ぶ様が 碓《ひきうす》のような時は天風、舂《うすづく》ような時は雨が降る。

幕の紋【まくのもん】〔万物絵本大全調法記・上〕に「幕 ばく／まく」に絵図（図476）があり、〔紋絵重宝記・上〕には幕の紋と文字の意匠がある。〔永代調法記宝庫・三〕に幕の紋 その他濃墨《ごずみ》の染物が雨に濡れても落ちない法は、桐の実の生々しいのを絹布に包んで拉《ひし》ぎ、濃墨の上を摺り着けるとよい。一二月の雨に遭っても落ちない。

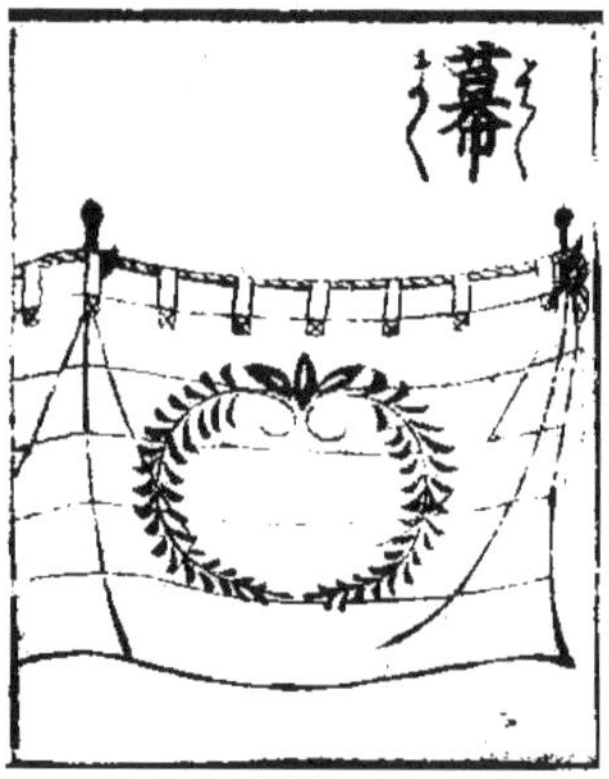

図476 「幕の紋」
（万物絵本大全調法記）

枕の事【まくらのこと】〔万物絵本大全調法記・上〕に「枕 しん／まくら。枕頭 しんとう也」。〈異名〉〔書札調法記・六〉に枕の異名に、円木《えんぼく》 虎魄 媒蝶 亀文がある。〔女中仕立物調方記〕には、天鵞絨 繻子 唐織 緞子の類で作り、巾一尺五寸の時は、深みは一尺三寸五分にもする。これで丸みがよくなる。共寝用に「愛敬の枕」*がある。〔茶屋諸分調方記〕には「枕箱」の絵がある。〈紋様〉〔紋絵重宝記〕に「枕に曲彔桜」の意匠がある。◇「主人の御寝所を取る事」は、俗に北枕は忌むというが、枕は南北へ向けるに限る。東の方へ床を取る時は南枕にする。西の方へ床を取る時は北枕にする。

海人草【まくり】〔嫁娶調宝記・二〕に海人草《まくり》（船底藻）は、暖海性の多年生海草。乾燥して甘草 蕗の根とともに煎じ、寒の紅を入れて飲ませると、腹中の胎毒が腐って疱瘡の心配がない。

海人丸【まくりがん】〔薬種日用重宝記授〕に海人丸《まくりがん》は、大黄（十匁）、茯苓（七匁）、苦連陳・セメン（各五匁）、海人草・マクネシヤ（カ）（各二匁五分）、梹榔子・甘草・百部根・黄連・白朮・厚朴（各二匁）、陳皮・青皮・胡黄連・糯皮・木香（各一匁）、呂会・肉豆蔻（各五分）、木通・梹榔子（分量不記、再出）。

甜瓜／真桑瓜【まくわうり】①〔万物絵本大全調法記・下〕に「甜瓜 てんくわ／からすうり。夏」、また「鴉瓜 あくわ／からすうり。秋」。〔薬種重宝記・中〕に和瓜、「甜爪 てんくは／まくはうり。仁《たね》を用ゆ。粉にして油を去る」。また「からすうり 王瓜 わうくは／からすうり」。また和草「瓜蔞仁 くはろにん／からすうり。鉄を忌む、皮を去り、炒る」。また和草「天花粉*からすうり。水飛して用ゆ」。記述の混同は分明にできないが、「和瓜」と「和草」による区別が必要か。②〈薬性〉〔医道重宝記〕に甜爪《まくは》は寒で小毒があり、熱を除き、渇《かわき》を止め、小便を通ずる。多食すると、黄疸を病み、眼病が発る。〈剝き様〉〔童学重宝記〕に真桑瓜の剝き様は、まず手水を使い小刀を濯ぎ、頭の方より六ツ半に皮を剝き輪切りにする。土用過ぎると竪に四ツに割り、皿に二ツずつ盛る。〈食い様〉〔女重宝記・二〕に真桑瓜を食う時は、竪に四ツに割り 楊枝を添えて皿に入れて出し、楊枝を取り 瓜の中子《なかご》を抜き出し、楊枝に差して食う。〈毒中り〉〔胡椒一味重宝記〕に甜爪の毒中りには胡椒を呑むとよい。『物類称呼』に「甜瓜 まくはうり」とあり、諸国の称呼をあげ、「真桑瓜は美濃国真桑村の産を上品とす、故になづくとぞ」。

曲紐半襟【まげひもはんえり】曲紐《まげひも》半襟は、横山町一丁メ 明石屋十兵衛、さかい町 坂本屋林兵衛にある。〔江戸流行買物重宝記・肇輯〕

負け目【まけめ】〔薬家秘伝妙方調法記〕に負け目には、細辛 地黄を使う。

麻香草【まこうぐさ】 草花作り様。麻香草《まこうぐさ》の花は薄色である。土は合せ土、*肥しは魚の洗い汁がよい。分植は春、秋。〔昼夜重宝記・安永七〕

真楮苧【まこうぞ】 「楮苧《こうぞ》の事」ヲ見ル

まごゑむ【まごえむ】 〈何が不足で癇癪の枕言葉〉「たばこ（煙草）、まごゑむ」という。〔小野簒譃字尽〕

まごさ【まごさ】 〈何が不足で癇癪の枕言葉〉「もら（貰）ふ、まごさ（孫三／孫左）」という。〔小野簒譃字尽〕

孫杓子【まごしゃくし】 江戸願所。駒込鰻谷縄手海蔵寺の境内に、越前国湯尾峠の孫杓子がある。この孫杓子を借り疱瘡の子に湯浴をさせることは、越前の国湯の尾峠の縁起に詳しいという。この寺より出る。〔江戸神仏願懸重宝記〕

馬子通辞【まごつうじ】 「馬子《まご》の事」ヲ見ル

まこと蕎麦【まことそば】 まことそば（蕎麦）は、牛天神下諏訪丁 大黒屋にある。〔江戸町中喰物重法記〕

誠の事【まことのこと】 〔金持重宝記〕に人は誠が第一とし、次の解説がある。天地・諸仏・鬼畜・草木の心も皆神で、その中でも人は万物の長であり、人に生れて誠のないのは人ではない。具体的には、誠を以って親に仕えると大孝立ち、君に仕えると大忠立ち、友に交わるといつまでも睦まじく、兄に仕えると仲和《か》して親子の如く、子を育てるとよく育ち、夫に仕えると夫婦の道和し、婦を養うと家中はよく整い、君が臣を使うと君の道立ち、国民を使うと国家は平和で君を日月と仰ぐ。誠を以って万物をみると万物の理よく明らかである。誠を知る事は習い学ぶものではなく、親が子を育てるのに誠の心で養うとよく通じ育つ。このため唯一誠の神道をよく弁え、物として誠のないものはない。

まことやわら【まことやわら】 大和詞。「まことやはらとは、ふみの事」である。〔不断重宝記大全〕

馬子の事【まごのこと】 〔武家重宝記・五〕に馬子は馬の口取る者をいう。唐土では御者《ぎょしゃ》といい、武家では皦《くちとり》（＝口取）、俗には馬御《まご》という。〇馬子通辞があり、馬を御《ぎょ》するのに掛ける詞。駓《はい》除《よ》*駟《しつ》*騧《どう》*がある。「口取《くちとり》」参照

馬御の通辞【まごのつうじ】 「口取《くちとり》」ヲ見ル

麻姑の手【まごのて】 〔万物絵本大全調法記・上〕に「爪杖 さうぢやう／まごのて」。〔世話重宝記・四〕に麻姑の手は、背中の痒いのを掻く道具。「爪杖」「掻杖」ともいう。『列仙伝』に唐 方平の妹に麻姑という仙人がいて、手は鳥の爪に似て出ており、この麻姑の手に似ていることから名づけたという。

馬込より落合へ【まごめよりおちあいへ】 木曾海道宿駅*。一里五丁。本荷六十三文、軽尻四十一文、人足三十二文。名古屋領。山坂 難所、ここから下り坂である。中のかや村 連理の松があり下り坂である。十石村、十石（曲）峠は蟹坂ともいい信濃と美濃の国境である。十石橋は蟹橋ともいい左の谷から流れ出る川である。橋の左に番所がある。薮原からここ迄右側に木曾川の端を通る。〔東街道中重宝記・木曾道中重宝記六十九次 享和二〕

鐇【まさかり】 〔万物絵本大全調法記・上〕に「鐇 ばん／たづき。斫斧 しやくふ也。まさかり」、また「鉞 ゑつ／まさかり」。「おの ておの まさかり（斧 手斧 鉞）」ヲ見ル

真崎鴨【まさきがも】 〔料理調法集・諸鳥人数分料〕に真崎鴨は、渡りがけの鳥は汁にして五六人前、煎鳥にしては四五人前、脂がのると七八人前に使う。鳥に大小があるが、割鳥にして鷺鴨一羽に小鴨二羽半の当てである。また鷺鴨の代りにあじ鴨*を遣うと二羽の当てである。脂が白くまことによい鳥である。一名を、尾長崎鴨という。

正木醬油【まさきしょうゆ】 〔料理調法集・造醸之部〕に正木醬油は、大麦一斗を煎り挽き割り、小麦三升も同じく挽き割り、大豆一斗を煮て、こ

の麦粉に合せ板の上に置く。にわとこ（接骨木）の葉を蓋にして寝かし、塩八升、水二斗で仕込む。二番には塩四升、糀四升、水一斗ずつ入れて作り込む。三十日程で絞る。

正木葛【まさきのかずら】 大和詞。「まさきのかづらとは、掛けて祈る」ことである。〔不断重宝記大全〕

柾木の綱【まさきのつな】 大和詞。「まさきのつなとは、杣木引を云。（歌）人心何につながん色かはりまさきのつなのよるもたまらず（藤原家隆）」。柾葛を合せて綱にする」。〔不断重宝記大全〕

正木醤【まさきひしお】〔料理調法集・造醸之部〕に正木醤《ひしお》は、大麦一升を一夜水に浸して煮、大豆八合を水で洗い 干して炒り 皮を去る。但し、挽き割って二品を交ぜ和らかに蒸し、厚さ五分程に斑なく広げ 上下に饂飩粉二合五勺を振って寝させ、花のよく付いた時粗々と揉み砕き、少し日に干し、花が散らないようにして紙袋に入れて置く。いつでも五日前に、糀四合 塩二合五勺 水一升を煮返して冷まし、桶でも壺でも作り込む。日当たりに置き 一日に五六度も掻き交ぜ 色の付く迄外に置く。

まさご餅【まさごもち】〔江戸町中喰物重法記〕に二種出る。○「まさご餅」は、牛込神楽坂上肴丁 真崎や十兵衛にある。神田明神前 江戸屋甚助にもある。○「御膳御折詰 御折詰 まさ古もち」は、赤坂表伝馬町一丁目 菊屋喜住にある。

正無き【まさなき】 大和詞。「まさなきとは、ほめ（誉）たる事。又たゞし（正）からぬことをも言ふ」。〔消息調宝記・二〕

まされ羹【まされかん】〔料理調法集・菓子調法集〕にまされ羹《かん》に二方が出る。①白大角豆《ささげ》一升を煮、濾し粉にして、葛二合五勺、氷砂糖二百八十目を煎じてよく交ぜ合せ、露取り布を掛け、蒸し立てる。②白ささげを濾し、粉にして、一升に上葛三分一を入れて煎じ、氷砂糖で練り合せ、箱に布を敷き甑に掛け、一時半程蒸す。中へ山芋や枝柿を入れるとよい。

まされ餅【まされもち】 菓子名。まされ餅、白羊羹、中へ 山の芋。〔男重宝記・四〕

西風【まじ】「にしかぜ（西風）」ヲ見ル

増飯塩【ましいいしお】〔ちやうほう記〕に増飯塩《ましいいしお》は、大麦五升、大豆二升五合、小麦一升五合、塩一升三合五勺、水六升を塩水で煮返し、一晩置き、手桶を菰に巻き二十一日でよい。

真鴫【ましぎ】「きょうじょしぎ（京女鴫）」ヲ見ル

麻子疔【ましちょう】 十三疔*の一。頭は黍《ひえ》のようで、少し赤く痒みが多い。〔改補外科調宝記〕

呪いの歌【まじないのうた】〔調宝記・文政八写〕に次の歌が連なる。○悪い夢を見た時に一遍詠む歌＝「今宵見し夢は獏にぞ食はせつつ 悪しきは消えてよきは栄えよ」。○何時でも起きたい時に三遍唱えると叶う歌＝「ほのぼのと明石の浦の朝霧に 島隠れ行く船をしぞ思ふ」（古今集・羇旅）。○物に墨の付いた時三遍唱えると落ちる歌＝「まかなくに何を種とて萍《みずくさ》の 波のうねうね生ひ茂るらん」（謡曲・草子洗小町）。○一日に一遍唱えるとその日の災難を遁れる歌＝「立ち返りまたも此の世に跡たれん 名も面白き和歌の白波」（和漢三才図会・七十二末。玉津島明神衣通姫詠歌）。○烏鳴きが悪いままに何遍も唱えるとよい歌＝「烏鳴く万の神の使いかよ あはほんふしよう風はふかとく」。○闇夜に烏鳴く時一遍唱えると災難を遁れる歌＝「闇の夜に鳴かん烏の声聞けば 生れぬ先の父ぞ恋しき」（謡曲・花月）。○雨の降る時唱えると日照る歌＝「理りや日の本ならば照りもせで さりとてはまた天が下かは」（狂言・業平餅）。○産前の御守で日々に唱える歌＝「天つ風 天の岩戸を押し開き 伊勢のいせなり 伊勢のいせなり伊勢のいせなり」。○麻疹を軽くする御守歌＝「麦どのは生れ内《うち》からはしか（麻疹）して ひだす残りはあとはこうなり」。○年寄らぬ歌。歌小野小町作＝「面影の変らで年の積れかし 仮令命に限りある

とも」〔諸道聴耳世間猿・四〕。〇長命の歌、蜷川新右衛門作＝「面影の変らぬ時はいかばかり変りてだにも命惜しさよ」。〇一休大和尚作歌＝「面影の変らば変れ年も寄れ無病息災しなばこつとり」。

呪い咀い【まじないのろい】〔咒咀調法記・序〕に呪いは、天竺国に疫病が流行り万民が悩み苦しむのを釈迦如来が不憫に思い、祇園精舎で経文を唱えて呪うと、忽ち一人残らず本復した。諸病に限らず、万物の事は成就しないことはなく、それより我が朝にも伝わり、神道も仏道もこれを行ない、甚だ奇特奇妙という。〔万まじない調宝記・序〕に、呪いの方は真理玄妙にして、凡智を以って測ることはできず、いわゆる我が国の真言であると言う。〔増補咒咀調法記大全〕に、①「咒咀《まじないのろふ》に負けざる符」。②「同 時四方に立てよ」は、柱に押すと必ず鎮まる。大師相伝、厳に秘すべしとする。③「咒咀を返す符」は、先より呪うと聞く時この符を手前で呑むと、先の者を呪い返す（図477）。なお、〔万まじない調宝記〕の「口伝口訣まじない虎の巻」等の二十七種については個別に出した。

真柴【ましば】大和詞。「ましばとは、けぶり（煙）のかすかなり。（歌）ましば焚くけぶりをこめて山本の里有かたは猶霞むなり〔新続古今集・続上〕」。〔不断重宝記大全〕

磨積円【ましゃくえん】〔丸散重宝記〕に磨積円は、小児の乳癖、蚘虫（口から虫が出る）、涎唾《よだれ》、酸水によい。胡黄連・青皮・木香・檳榔・神麴（各一匁）、黄連・莪蒁・三稜・白朮・香付子・使君子・黄栢・薏苡仁・萹蓄（各一匁五分）を丸ずる。

麻積丸【ましゃくがん】〔洛中洛外売薬重宝記・上〕に麻積丸は、両替町二条上ル丁成林軒製。第一に癪、痞え、疝気、腰の痛むのによい。

猿【ましら】大和詞。「ましらとは、さる（猿）の事なり。（歌）わびしらにましらなきそ足引の山のかひあるけふにやはあらぬ〔古今集・雑体〕」。〔不断重宝記大全〕

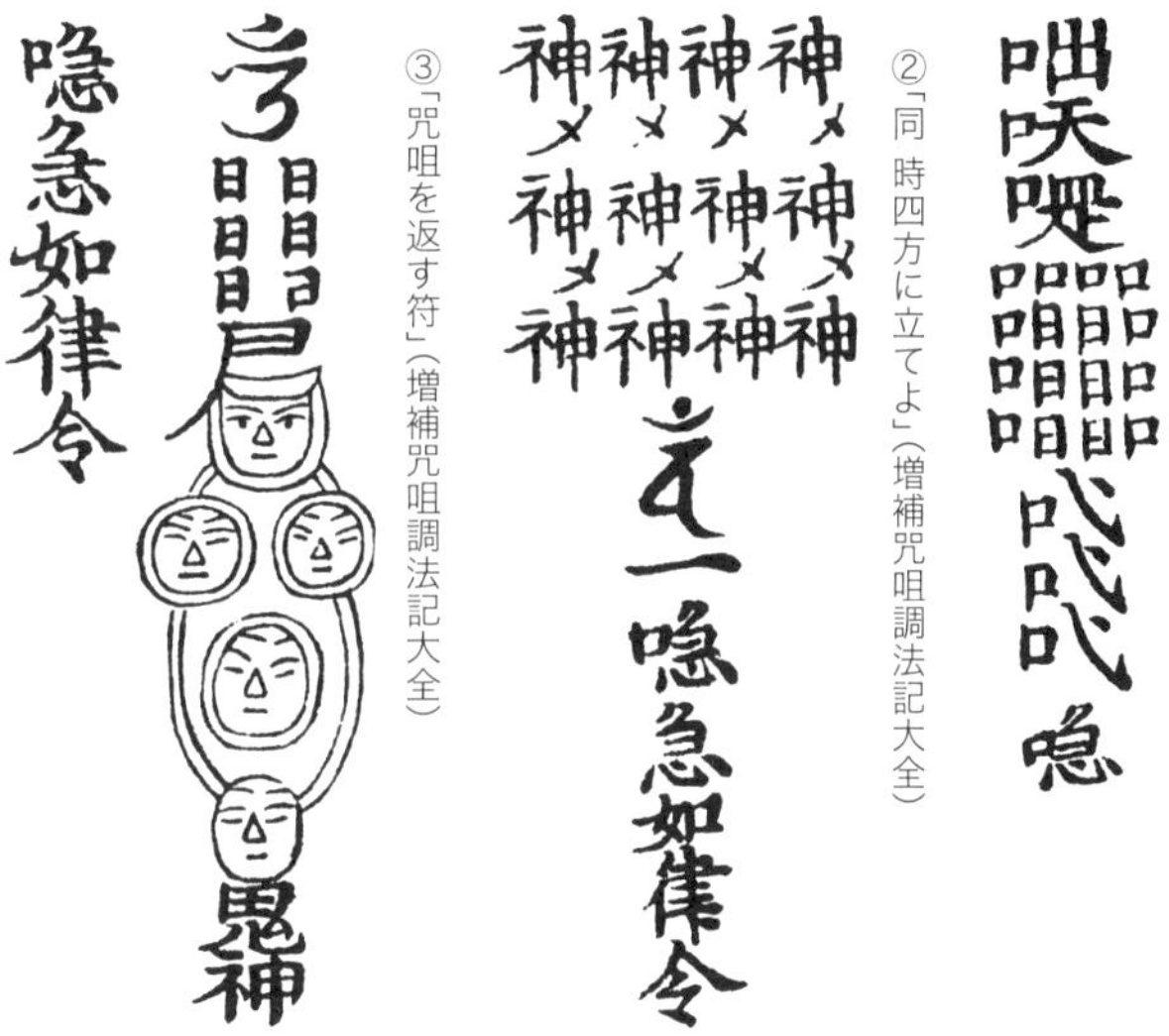

図477 呪い咀い
①「咒咀に負けざる符」〔増補咒咀調法記大全〕
②「同 時四方に立てよ」〔増補咒咀調法記大全〕
③「咒咀を返す符」〔増補咒咀調法記大全〕

雑魚油【まじりあぶら】〔農家調宝記・付録〕に雑魚油《まじりあぶら》は、除蝗駆除の油。田一反に鯨*油は五合を入れて去るのに、雑魚油は一升もその余も入れないと効能は及ばない。しかも鯨油との真偽の見分けは難しく、大いに誤ることがある。

真白【まじろ】真白《まじろ》は羽二重の極上品。「たいはく（大白）」ニ同ジ

麻疹【ましん】「はしか（麻疹）」ヲ見ル

増穂薄【ますおのすすき】「ますほのすゝき（増穂薄）は、長きすゝき也」。〔消息重宝記・四〕

ますかけ【ますかけ】片言。「ますかけは、斗格ますかき」である。〔不断重宝記大全〕

升形【ますがた】〔武家重宝記・一〕に升形は、城門の一二の内の武者屯《むしゃだまり》をいう。軍法家には、五八の矩《かね》などという習いがある。この門の内で人数をはかり出すので、升形という。城郭*の内の広平の地である。武者屯馬屯《うまだまり》ともいう。

貧しい人の符【まずしいひとのふ】呪い。〔増補咒咀調法記大全〕に「貧しき人之符」を常々に掛けると次第に福貴になる。但し、粗末にすると却って今までより貧しくなる（図478）。

図478「貧しき人之符」（増補咒咀調法記大全）

鱒の事【ますのこと】〈薬性〉〔医道重宝記〕に鱒《ます》は、温で毒はなく胃を暖め中《うち》を和す。多食すると風熱を動かし、瘡を生ずる。〔永代調法記宝庫・四〕には五疳*癖疾《かたかい》*、疸の毒となり、虫癪瘡血を破る。〈料理仕様〉〔諸人重宝記・四〕に鱒は、浜焼き刺身鱠鮨串焼きによい。〔料理調法集・鱧餅真薯之部〕に「鱒糝薯」は、鱒の身を崩し水に入れ油を抜き、布巾に包み水をよく絞り、擂って薯蕷と玉子白身を入れ、常のように仕立てる。〔料理調法集・蒲鉾之部〕に鱒蒲鉾は、鱒の身を崩し水に入れて油を抜き、麻の布巾で絞り、擂玉子、薯蕷を合せ、常のようにする。

升の事【ますのこと】度量衡器。升は、粒状粉状液体等の容関積を量る器具で、木製方形が多い。〔万物絵本大全調法記・上〕に「升しょう／ます。又とます。合、十龠を合とす」。〔永代調法記宝庫・首〕には古升《こます》*今升（新升）*武佐升《むさます》*等の解説があり、外に私升《しますs》*もある。〈糧の単位*〉〔改算重宝記〕に。升《しょう》は十合。斗の十分の一。〈升寸法〉〔算学重宝記・嘉永四〕に升の寸法がある。○一升枡（広サ四寸九分四方 深サ二寸七分）。二升枡（広サ六寸一分七厘三毛 深サ三寸四分一毛）。三升枡（広サ七寸六厘七毛 深サ三寸八分九厘四毛）。四升枡（広サ七寸七分七厘八毛 深サ四寸二分八厘五毛）。五升枡（広サ八寸三分七厘八毛 深サ四寸六分一厘六毛）。六升枡（広サ八寸九分四毛 深サ四寸九分六毛）。七升枡（広サ九寸三分七厘二毛 深サ五寸一分六厘四毛）。八升枡（広サ九寸八分三厘四毛 深サ五寸四分一厘八毛）。九升枡（広サ一尺一分六厘四毛 深サ五寸六分四毛）。○斗升（広サ一尺五分六厘四毛 深サ五寸八分一厘三毛）。○斗桶《とおけ》（深サ六寸七分八厘 口 一尺五寸五分 底 一尺五分）の寸法がある。〔算盤調法記・文政五〕には、一合枡（率 四分六厘四毛余 経二寸二分七三六 深サ一寸二分五二八）。二合五勺枡（率六分二厘九毛余 経三寸二分七八一 深サ一寸八分〇六三）。五合枡（率 七分九厘三毛余 経三寸八分八五七 深サ二寸一分四一二）等がある。〈升屋〉〔万買物調方記〕に「京ニテ升屋」で「釣かけ今極」は油小路竹屋町下ル 作左衛門。「江戸ニテ升屋」本町三丁目 北村彦右衛門。「大坂ニテ升屋」難波ばし（氏名ナシ）。〈紋絵〉〔紋絵重宝記・上〕に升の字、また升の意匠がある。

益／愈の字の上下【ますます／いよいよのじのじょうげ】簡礼書法。〔大増補万代重宝記〕に次がある。○「益《ますます》」はいよいよの心で重い。○「倍《ますます》」は一倍の意。○「愈《いよいよ》」は「益」の詞に当る。○「弥《いよいよ》」はますますという意で「愈」にくらべると少し軽い。なお、正字から略字に書いて格差を込める。

益荒男【ますらお】大和詞。〔不断重宝記大全〕には「ますらをとは、狩人を云。（歌）ますらをが高ま［円］の山をせめくれば 里に落ち来るさを鹿［むささび］の声」（古今和歌六帖・山。［ ］は元歌）。〔女用智恵鑑宝織〕には「ますらおとは強きもののふ（武士）を云。日本紀に丈夫《ますらを》と書けり」。〔女重宝記・五 弘化四〕には「ますらをとは、男の事也」。

益荒女【ますらめ】大和詞。〔不断重宝記大全〕には「ますらめとは、いやしき（卑）女」とある。〔女筆調法記・三〕には「女の事を云」とある。

南風【まぜ】「日和の事」ヲ見ル

交ぜ麩【まぜふ】〔料理調法集・麩之部〕に交ぜ麩は、生麩に胡桃の皮を去り、擂って葛を少し加え、よく擂り交ぜ、湯煮して遣う。

又間【またあい】　又合とも書く。酒席作法。〔茶屋諸分調方記〕酒を急に飲めない時、他の人に頼んで飲んでもらうことを「あい」*というが、これが断られて、さらに他の人に頼むことをいう。「差目の間」*をする内、又外の御方に「又あい」と言って頼むこと。あちらこちらで隙がいるので「又あい」をしてくれる人がいる。

又従弟【またいとこ】　〔農家調宝記・二編〕に従弟違《いとこちがい》*の子を又従弟《またいとこ》という。その子以降に続きの名はなく他人である。

又うちの侍【またうちのさむらい】　「倍臣」ニ同ジ

又甥／又姪【またおい／まためい】　〔農家調宝記・二編〕に甥*姪*の子の、男を又《また》甥《おい》、女を又姪《まためい》という。その子以降に続きはなく他人である。

まだき【まだき】　大和詞。「まだきとは、はやき（早）と云事」である。〔不断重宝記大全〕

天木蓼【またたび】　〔万物絵本大全調法記〕に「天蓼　てんれう／またたび」。〈薬性〉〔医道重宝記〕に天木蓼は温で毒なく、風邪を去り癪を消す、女の虚労によい。〔永代調法記宝庫・四〕には積聚、痰、風邪によい。足の痺れに少し食うとよい。

又寝【またね】　大和詞。「又ねとは、〔人に〕別れて又寝る」ことである。〔不断重宝記大全〕

まだ早うござんす【まだはようござんす】　「まだはや（早）ふござんすとは、帰ってもよしと言ふ事」。〔増補新版名代町法記・不断の言葉〕

斑猫【まだらむし】　「はんみょう（斑猫）」ニ同ジ

町【まち】　〔農家調宝記・初編〕に次がある。町《まち》は長さ六十間を一町《ちょう》とし、六十間《けん》四方をもって屋敷割を決め、両側奥行二十間ずつに定め、残る二十間を道敷并水道その他堺目等の料に当てる。一軒の間口の定まりはない。「村」また「町《ちょう》の事」参照

待兼【まちかね】　大和詞。「小糠《こぬか》は、まちかね（待兼）」。〔女重宝記・一〕

待兼味噌【まちかねみそ】　〔大増補万代重宝記〕に待兼味噌は、踏み込みの酒糟一貫目、糯米の糠をよく篩い酒の糟に交ぜ合せ、味噌の下へ敷くとよい。年を経る程風味がよい。

待上臈【まちじょうろう】　〔諸礼調法記大全・地〕に待上臈《まちじょうろう》は、嫁入に婿の方から女房を迎いに出て、籠の前に跪き、戸を開けて出し、案内して奥へ入れる。待上臈は、婿方の一家の内の婦人の役で、この女の位により座の末、また縁迄も迎いに出る。化粧の間へ誘い、化粧を直し、装束衣紋を改め、座敷へ出し参らす。

待ち人来る呪【まちびとくるまじない】　〔万家調法呪詛伝授嚢〕に「待ち人来る呪」は、「わがせこが来べき夜は　ながさしがにのくものふるまひ　兼ねてしるしも」（古今集・墨滅歌。元ハ「来べき宵なりささがにの」）を三遍唱え、一心に玉津嶋明神を念ずるとよい。

真中鴫【まちゅうしぎ】　〔料理調法集・諸鳥人数分料〕に真中鴫は、大体「かしらき鴫」*に同じである。

麻中の艾【まちゅうのよもぎ】　「麻につるる蓬」ヲ見ル

待宵【まち／まつよい】　月の和名。待宵《まち》《まつよい》十四日の月をいう。〔重宝記永代鏡〕

馬銭【まちん】　〔薬種重宝記・中〕に唐草、「馬銭　まちん／はせんし。鉄を忌む、湯に浸し、上皮をこそげ去り、刻む」。

松井田より坂本へ【まついだよりさかもとへ】　木曾海道*宿駅。二里。本荷百二十二文、軽尻七十七文、人足六十文。坂東巡礼所の観音がある。左に妙義山へ行く道がある。横川御関所（碓氷の御関所とも）があり、安中よりの勤番である。御改めは箱根の関所（「関所の事」参照）と同じである。〔東街道中重宝記・木曾道中重宝記六十九次 享和二〕

松江へ大坂よりの道【まつえへおおさかよりのみち】　〔家内重宝記・元禄二〕に、「大坂より雲州松江への道」がある。大坂〈三里〉尼が崎〈二里〉西宮〈五里〉兵庫〈五里〉明石〈五里〉赤穂〈四里〉姫路〈四里〉はせ（橋）

崎［これより備前へ行く］〈二里〉千本〈二里〉三ヶ月〈二里半〉佐屋〈二里半〉土井〈四里〉勝又〈三里〉津山［美作城下］〈三里〉坪井〈三里〉久世〈一里〉高田〈三里〉三鴨〈一里半〉新庄〈二里〉板屋〈二里〉根尾〈二里〉二部〈二里〉溝口〈三里〉米子〈二里〉八杉〈五里〉松江である。

松尾越【まつおごえ】 京師間道*の一。〔万民調宝記〕に洛西松尾の南から山路を過ぎて丹波に出る道である。又この道の北に細い道があり、これは丹波国保津より水の尾村の南を過ぎ嵯峨に出る道で、元来は樵夫往来の間道である。昔、天正七年（一五七九）六月二日 明智日向守光秀謀叛し、丹波亀山城から出て軍勢は老の坂に遣わし、光秀はただ一騎この道から桂川に出て軍勢と出合い、すぐに京師本能寺の旅館に押し寄せ、遂に織田信長公を殺したという。これよりこの道を「明智が新道」という。

松が枝田夫【まつがえでんぶ】〔料理調法集・田夫之部〕に松が枝田夫は、鯣又は熨斗のせん（繊）、青昆布のせん、松の実を小口にして加え、酒溜りで仕立て、粉鰹も煮て交ぜてよい。

松笠煎【まつかさいり】〔料理調法集・煎物之部〕に松笠煎《まつかさいり》は、鯛の身を鱗形に切り、筋違いに刀目を入れ、湯煮して、味噌にも澄ましにも仕立てる。

松風【まつかぜ】〈匂袋の方〉〔男女御土産重宝記〕に松風は、丁子（一匁）、茴香（八分）、白檀・甘松（各五分）、竜脳（二分）。匂袋の方は丁子・甘松の過ぎたのは匂いがしだるく、伽羅の入った掛香はよいものである。新しい小袖に留めるには、熱い湯を中に置いて留めなければ留らない。火に掛ける大事は、柔らかにし、火の末を止めてはならない。〈掛香の方〉〔新板増補女調法記・四〕に、白檀（二匁）、沈香（一匁）、菊（八分）、麝香（三分）、竜脳（一分）である。

松風煎餅【まつかぜせんべい】 松風煎餅は、深川中丁 ゑちごや万吉にある。〔江戸町中喰物重法記〕

松風玉子【まつかぜたまご】〔料理調法集・鶏卵之部〕に松風玉子は、煎餅玉子*のように、厚さ一部程に、芥子を降って焼き、長角に切り形をする。

松風の露【まつかぜのつゆ】 菓子名。松風の露、上しめし、下ながし物、山の芋入り。〔男重宝記・四〕

松風焼【まつかぜやき】〔料理調法集・焼物之部〕に松風焼は、魚の擂り身を薄結いして芥子を懸け、醤油を懸けて焼く。

松皮【まつかわ】〔紋絵重宝記〕に次の意匠がある。①松皮の紋様と「松皮」の文字の意匠（上巻）。②松皮 葵 丁子 松葉 扇の紋様（下巻）。③松皮 内に紅葉（下巻）。

松皮豆腐【まつかわどうふ】〔料理調法集・豆腐之部〕に松皮豆腐は、豆腐の竪三寸 横二寸位を、小口から厚さ一分半位に切り、布巾の上に並べ、上にも麻を懸けて水気を取り、極く細い串にうねり刺しにし、裏表より焼き目を付ける。

松皮半平【まつかわはんぺい】〔料理調法集・韞餅真薯之部〕に松皮半平は、半平に擂り合せた身を板に薄く付けて蒸し、板を離し 裏表を焼いて焦げ目をつけ、切り形をする。

松皮焼【まつかわやき】〔料理調法集・焼物之部〕に松皮焼は、魚を卸しよい程に切り 白焼きにして煮詰め、醤油を少し、胡桃、榧の小口を付けて煮る。

松塊【まつくれ】 大和詞。「まつくれ（松塊）とは、つれなき人」である。〔不断重宝記大全〕

真向【まっこう】 甲冑名所*。〔武家重宝記・三〕に真向《まつかう》は正面である。真甲と書くのは悪い。表筋《おもすじ》というのも、角本《つのもと》のある中央の筋という。三ツの鋲を配り設けて三光という。

抹香の地蔵尊【まっこうのじぞうそん】 大坂願所。北堀江四丁目と五丁目の間に、和光寺 阿弥陀池があり、門内に抹香の地蔵尊がある。諸人は立願し病

気の平癒を祈り、本復の後 御礼には抹香を供えると誓うと、必ず霊験がある。〔願懸重宝記・初〕

松坂より小俣【まつさかよりおばた】 伊勢道中宿駅*。四里。付出しなし。右方に小山薬師が見える。新茶屋といい茶屋が多くある。明星の茶店《ちゃや》*ともいう。金剛坂、くら田川、いなき川、徒歩渡りである。いつき村、田村丸の宮、閻魔堂、地蔵堂がある。右に櫛田明神がある。〔東街道中重宝記・寛政三〕

松咲く花【まつさくはな】 大和詞。「松さく花とは、心苦しきを云」。〔不断重宝記大全〕

松島【まつしま】 本朝勝景。陸奥国宮城松島。「まつしまや磯が暮れぬるあしたづの をのがさまざま見えし千代かな」の歌を挙げて、松島湾 島々の風景画がある。〔麗玉百人一首吾妻錦〕

末社【まっしゃ】 伊勢名所。「外宮」は四十末社*、「内宮」は八十末社というが、古くはまだ多かった。末社はそれぞれ二宮に付属した小神社。〔東街道中重宝記・七ざい所巡道しるべ〕

松平【まつだいら】 名氏。（徳川）将軍家は先祖は参州松平郷よりの出なので、一家は名氏を松平とした。〔人倫重宝記・一〕

松茸の事【まつたけのこと】 〈薬性〉〔医道重宝記〕に松茸《まつたけ》は平で毒なく、小便濁り 或は頻尿によい。〔永代調法記宝庫・四〕には脾胃を補い、虚の薬、多食は虫や腹に障る。〈漬け様〉〔料理調法集・漬物之部〕に次がある。①水一升に塩四合を入れ六合に煎じ詰め、松茸は軸の中まで通る程湯煮して茸の間へ松葉を敷き、漬ける。②水一升に塩五合を入れ煮立つ時松茸を入れ、煮加減を見計らい浚え上げ、水を垂らし、塩湯を冷まし、桶に漬け込む。松茸が浮かないように松の枝で押しつけ、七日程置いて汁を捨て、また前のように塩水を拵えて漬けて置く。風を引かないように桶に口張りをする。③湯を煮立てて新しい蕾の松茸を入れ、茎の和らかになる迄煮て、皿にあげ、水を取りよく冷まし、桶の底に塩を敷き松茸を入れ、このように段々に塩を敷き、松茸が擦れ合わないように漬ける。④中開きの松茸を食塩の湯でさっと煮、桶に松葉を二寸程敷き、その上に松茸を並べ霜降よりも厚く塩を振り、桶の内法に蓋をして、上に石を置く。次に飯の取り湯をよく冷まし、上に懸けて置く。尤もこの蓋の上の取り湯は一ケ月に三度程も替える。松葉も二月に一度も取り替える。このようにして漬けて置くと、いつも時節の松茸に変らない。〔男女日用重宝記・下〕の松茸漬け様は、笋*に同じで盛りの松茸を漬けるのがよく、若いのや盛りを過ぎたのは悪い。〔諸民秘伝重宝記〕に「松茸 香を失わぬ漬け様の伝」として、松茸の分量に従い、水一升に塩四合を煮立て、次に新しい松茸をそのまま茹で上げ、並べて冷まし、茹で湯も冷まし、桶 或は壺に青松葉を敷き松茸を並べ、又その上に松葉を敷き段々に漬け込む。茹で湯を入れ 風の入らないように蓋をして貯えて置く。遣う時は箸で挟んで取り出す。〔重宝記・礒部家写本〕に松茸を囲う法として、水三升 塩一升を二升に煎じ詰めて漬ける。また塩と生松葉で漬ける。〈塩出す法〉〔俗家重宝集・後編〕に塩松茸早く塩出す法は、生大根を輪切りにして松茸と一ツに水に浸して置くと即座に塩は出る。〈吸物仕様〉〔諸人重宝記・四〕は古酒でさわさわと煎り、酒気のない時白水*を注し、出汁 溜りを加えて噴かせ、吸い合せて出す。柚を輪切りにしてそのまま入れるとよい。〈食合せ〉〔万用重宝記〕は松茸に生米を食うと、大食を所望して命を失う。〈斤目〉〔算学重宝記・嘉永四〕に「松茸一斤に付二百五十目」である。

松永霜台散【まつながそうたいさん】 〔洛中洛外売薬重宝記・上〕に松永霜台散は、四条河原町東へ入丁 亀屋七兵へ にある。代二十四文。第一に痰を切り、咳を止めて妙である。目眩い、気の尽き、上気によい。取り次は、五条東洞院角 墨や久兵へ、大坂南久ほうじ町三丁め 平のや宗八、伏見

御どうの前 絹や治郎兵へ、南部南城戸 墨や又右衛門、濃州松や金三郎等九人がいる。

松尾大明神【まつのおだいみょうじん】 京名所。〔東街道中重宝記・七ざい所巡道しるべ〕に［京都］二十二社*の内。〔年中重宝記〕に、三月初卯の日松尾明神御出。三月初卯の日から未七日の間、松尾御旅所で法楽の能。四月上酉の日 松尾祭り。六月十四日 松尾神事祭り、二十三日 松尾神事能三番、二十四日は五番。八月朔日 松尾神前相撲。十月十一日 松尾神前八講、今日より十五日迄三井寺から勤む。十五日 松尾舎利開帳。

松の事【まつのこと】 〔万物絵本大全調法記・下〕に「松 しよう／まつ」。〈異名〉〔書札調法記・六〕に松の異名に、公木《こうぼく》 蒼髯《そうせん》 青牛《せいぎゅう》 翠幹《すいかん》 霜骨《そうこつ》 龍《りょう》 枝《じ》がある。〔庭木重宝記〕に、「二三月に松の緑を折り取りて、六月過ぎて葉刈りして吉」。〈立花* 松一色の事〉〔昼夜重宝記・安永七〕は、心《しん》*受《うけ》*が同じ色の松で一本に見えるように挿す。松 苔 枯れ枝の外、他の木は挿し交ぜない。変った色々の松、枯れ枝、松笠等を交えて彩りをなし、大木に見えるようにする。松は常盤の物故 四季ともに賞翫する。〈松枯れを活かす伝〉〔諸民必用懐中咒咀調法記〕に松枯れを活かすには鰑を根本に埋めるとよい。〔大増補万代重宝記〕は川芎を煎じて根に注ぐと忽ち枝葉は茂る。手長蛸を根に埋めるのも妙である。〈紋様〉〔紋絵重宝記・上〕に松三木と文字の意匠がある。〈大和詞〉〔女重宝記・一〕に「松茸《まつだけ》はまつ」という。「門松」など参照

松の根【まつのね】 大和詞。〔不断重宝記大全〕に「まつのね、ねざせよと也。（歌）我恋は岩間に蒔きし松の種 今はねざせよ千代を契らん」。〔消息調宝記・二〕に「まつのとし（松の年）とは、ねさせ（根差）よといふ心」とある。

松の雪【まつのゆき】 松の雪は、草餅に餡を包み、上に氷餅を粉にしてつける。〔菓子調法集〕

松葉餅【まつばもち】 松葉餅は、よせ菜に砂糖 青黄な粉を入れ、擂鉢で擂り、竹の水嚢で濾すと細く出るのを、きんとん（金団）のように餅につける。〔菓子調法集〕

松原の毛【まつばらのけ】 鷹の名所。*〔武家重宝記・五〕に松原の毛とは、鷹の腹の総名をいう。

末伏【まっぷく】 「さんぶくにち（三伏日）」ヲ見ル

松吹風【まつふくかぜ】 大和詞。「松ふくかぜとは、かしましき（喧）事」である。〔不断重宝記大全〕

松塊【まつほど】 「ぶくりょう（茯苓）」ヲ見ル

まつぼり作り【まつぼりつくり】 〔農家調宝記・続編〕に農家で十四五歳以上の息子・娘にまつぼり作りと言って、家で作る物以外の種類の物を作らせて、その代銭を預かって置き、必要な時入用だけずつ出して使わせる。年季の小男 小娘等の無給の者も給銀がないので、このように才覚すべきである。

まつま【まつま】 大和詞。「まつまとは、むねあはぬを云」。〔不断重宝記大全〕

松前【まつまえ】 蝦夷 渡島《おしま》半島西南端の地で、松山福山に置かれた藩。古くは松前・津軽と一括されたが、その後幕府の蝦夷交易施政等によって管轄に変化があった。〈名物〉〔万買物調方記〕に鷹、真羽、塩鶴、乾鮭、鰊、数の子、焼き鯨、昆布、ラッコ、アザラシ、オットセイ、トド、熊の皮、鹿の皮、沙金、温石など。

松前煮【まつまえに】 〔料理調法集・煮物之部〕に松前煮は、魚を白焼きにして昆布を敷いて煮、一夜留め置いて、出す時塩梅する。

松前焼鯨【まつまえやきくじら】 〔世界万法調法記・下〕は松前焼鯨は、三日程水に漬けよく洗い水を替え、三 四日過ぎると柔かになる。その時薄く切り、糠味噌を立て煮る。よく煮えた時、刺身にも汁にもする。不断の拵えには、糠味噌で煮て水で洗い、さっと日に干して置く。用いるのに

堅い時は湯で潤す。

松見草【まつみぐさ】 大和詞。「まつみぐさとは、ふじ（藤）の花」である。〔不断重宝記大全〕

松本街道【まつもとかいどう】 「塩尻より洗馬へ」ヲ見ル

松本仙翁花【まつもとせんのうげ】 草花作り様。松本仙翁花《まつもとせんのうげ》の花は紅である。土は合せ土*がよい。肥しは土に砂を交ぜて用いる。分植は春にする。〔昼夜重宝記・安永七〕

まつやね【まつやね】 片言。〔世話重宝記・四〕に「松脂《まつやに》を、まつやね」という。「鶏冠《けいかん》の雄黄」ヲ見ル

松屋橋の庚申【まつやばしのこうしん】 江戸願所。八丁堀から本材木町へ渡る松屋橋の東詰に石像の庚申塚があり、病人に限らず何事の立願にも霊験著しい。願成就には石造に塩を供する。この石像は川の泥中に紛れていて上ったのを安置したもので、遠近の老若の参詣は絶えないが、庚申の日は特に多い。〔江戸神仏願懸重宝記〕

待つ宵【まつよい】 大和詞。「まつよひとは、つれなきを云」。〔不断重宝記大全〕

十四夜餅【まつよいもち】 菓子名。十四夜《まつよい》餅、皆ながし物。〔男重宝記・四〕

松浦川【まつらがわ】 大和詞。「まつら（松浦）川とは、しほ（塩）なき事を云」。〔不断重宝記大全〕

まつりごととの【まつりごととの】 〔万物絵本大全調法記・上〕に「廳 ちやう／まつりごととの。庁《ちやう》。同」。

祭事始る時【まつりごとはじまるとき】 〔茶屋諸分調方記〕に「まつり事はじまる時」は、お山が客と一儀に及ぶことをいう。男女の性交。

馬刀貝【までがい】 〔万物絵本大全調法記・下〕に「蟶 てい／まて。又あげまき。春」。〈異名〉〔書札調法記・六〕に蟶の異名に、蟶《まて》竹蟶《ちくてい》 真蟶《しんせい》がある。〈薬性〉〔医道重宝記〕に馬刀《まて》は、寒で毒なく熱を除き渇《かわき》を止め、目を明らかにし、酒毒を解す。女の労損、下血によい。〔永代調法記宝庫・四〕に馬刀は、脾胃や虚損を補い、絞り腹を止め、傷寒後に忌む。

待乳【まてち】 所名。橋本へ一里。大和と紀伊の間の川がある。弘法大師御相伝の待地《まてち》膏薬を売る。〔東街道中重宝記・七ざい所巡道しるべ〕

待てばかんろの日和あり【まてばかんろのひよりあり】 片言。「まてばかんろのひよりありと云は、海路の日和と云事」である。〔不断重宝記大全〕

窓の青柳【まどのあおやぎ】 大和詞。「まどの青柳《あおやぎ》とは、年経て会はぬを云」。〔不断重宝記大全〕

的の数【まとのかず】 〔弓馬重宝記・上〕に「的場の施設」として次がある。六寸、七寸、八寸、九寸、一尺一寸、一尺二寸、また一尺五寸というのは大的のことである。大小は好み次第で、中と言う時はまず九寸の的を懸ける。確かに定まる式法はない。また神前の的に金銀の的があり、金は一寸二分、銀は一寸四分。五色の絵執《えどり》は大的に準ずる。また京的*の伝は別である。合串は金又は竹でもよい。的の上の縁の留めに着けてよい。口伝。

的場の間【まとばのけん】 〔弓馬重宝記・上〕に「的場の間」として次がある。弓杖十一杖（十二間二尺）が本式、口伝である。しかし、これより遠近は好次第でよいが、口伝がある。「垜《あずち》」参照

的矢／的弓【まとや／まとゆみ】 〈的矢〉〔武家重宝記・二〕に「的矢」は、甲《は》矢《や》と乙矢《おとや》があり、これを陰陽の矢という。二筋で一手《ひとて》ともいう。沓巻《くつまき》（＝蓖に鏃を差し込み糸巻きの所。矢が中った時蓖の砕けるのを防ぐ）の上に、平《いた》題《つき》（＝角木 鉄等で作った先の尖らぬ平らな鏃。）の形を入れる。これを式の的矢という。〔弓馬重宝記〕に図（図479）があり、的矢に限り陰陽の矢ということがあり、羽は朱鷺《とき》の羽を本説という故実がある。的矢ノ図ハ「矢の事」ニモ出ス。〈的弓〉〔弓馬重宝記・上〕に的弓（的を射る弓）は、白木が本式とある。口伝。的木弓は柄《え》は三節篦《の》が本式、四節でもよい（図480）。篦は酬し篦、

略して拭《のご》い箆にもする。射付の節は的矢に限る。箆は節 筈が本式である。羽は真羽 切府 中黒が本式であるが、略して何の羽でもよい。但し、まぜはぎ（交矧）にすることは的矢にはない。

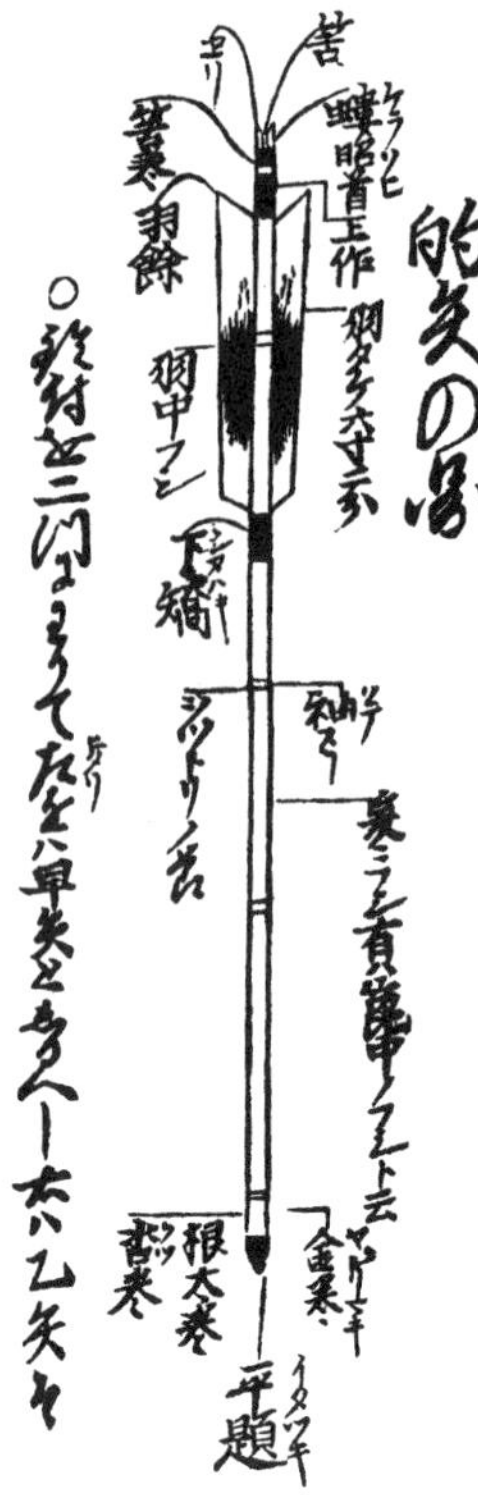
図479「的矢」（弓馬重宝記）

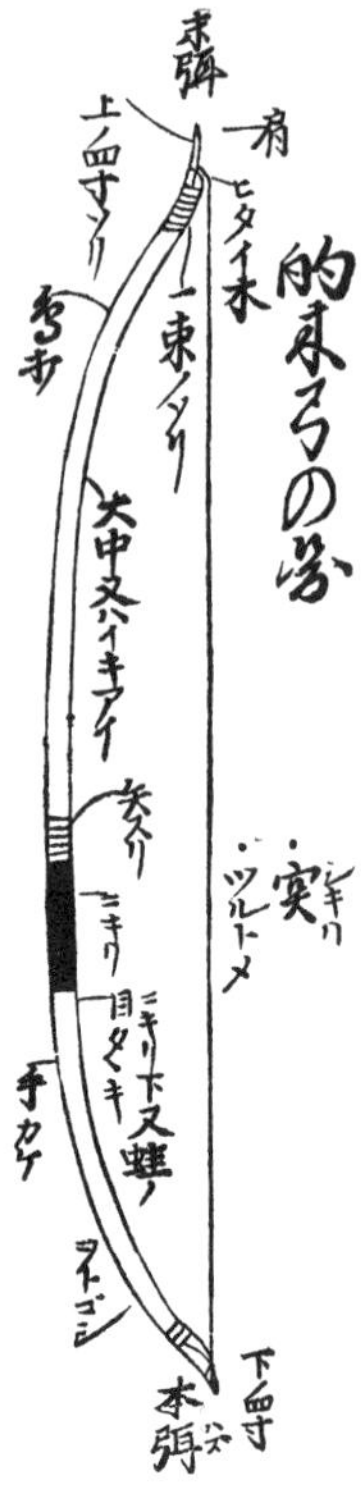
図480「的木弓」（弓馬重宝記）

砧板【まないた】〔万物絵本大全調法記・上〕に「砧板 ちんばん／まないた」。〔年中重宝記・二〕に「正月二日 摩那板始。高橋 大隅両家、禁裏にてつとむ」とある。

真魚鰹【まながつお】〔万物絵本大全調法記・上〕に「鯧 しやう／まながつを。鯿魚 しやうぎよ、同」。〈薬性〉〔医道重宝記〕に魴魚《まなかつを》は温で毒なく、胃の気を調え 脾を助け 食を進め 五臓を利す。〔永代調法記宝庫・四〕に「まながつを」は脾腎を強くし、気力を増し、虫 積聚によく、傷寒に忌む。〈料理仕様〉〔諸人重宝記・四〕に真名鰹は刺身 鮓 焼く等する。

眼【まなこ】「目」ノ関連項目ヲ見ル

無目堅間【まなしかたま】「かたま（堅間）」ヲ見ル

真鶴【まなづる】〔万物絵本大全調法記・下〕に「鶬 さう。鴰 かつ。まなづる」。〔料理調法集・諸鳥人数分料〕に真鶴は、九月上旬より渡り、その年の節分過ぎ三日迄は当地にあり、三日目より国へ帰る引鳥である。正月末二月迄は少しずついる。鶴を割り鳥にすると、真鴨*三羽に当る。料理にすると三十人前程に使われる。薄黒、白鶴も同じ。

麻仁【まにん】〔万物絵本大全調法記・下〕に「麻 ま／あさ」。〔薬種重宝記・中〕に和穀、「麻仁 まにん／あさのみ。少し炒る、皮を去る」。〈薬性〉〔万家調法呪詛伝授嚢〕に「麻の実」を粥に煮て用いると、老人 虚人婦人産後結するのによい。〈油取様幷薬性〉〔改補外科調宝記〕に麻仁《まにん》の油取り様は、粉にし蒸し 締めて絞り取る。女の乳が腫れて痛むのに付けるとすぐに散る。筋の詰ったのに塗るとよい。〈種蒔〉〔農家調宝記・初編〕に三月土用頃より麻を蒔き、夏土用に入り刈る。

麻仁円【まにんえん】〔丸散重宝記〕に麻仁円は秘結を治す。男女老若を問わず皆、大便不通のものに用いる。麻仁（二十匁）、杏仁（十匁）、牛蒡子（二匁）、芍薬・牽牛子（各四匁）を、蜜丸する。

麻仁膏【まにんこう】和蘭陀流膏薬の方。*〔改補外科調宝記〕に麻仁膏は、筋気 脚気 手足の萎えによい。又癰のあがり兼るのに、疔に膿が多い時、痰が溜まった時、骨が疼く時によい。ころはの実・麻仁・大葵の花（生で蘆頭を去り花のみ。各四十匁）、乳香・桃の脂（各十六匁）、銀の炉滓（粉で三十匁）、硼砂（二匁）、ちやん（二十五匁）、白百合の油・麻仁の油・てれめんていな・牛の油（各二十匁）、蠟（六十匁）。白百合の油・麻仁の油・牛の油を合せて煎じ、ちやんを入れ蕩けた時銀の炉滓・蠟・てれめんていなを残し、その後の薬を入れて練り、後に炉滓と蠟を入れ、加減して布で濾し、てれめんていなは後に入れる。

麻仁ころは膏【まにんころはこう】和蘭陀流膏薬の方。*〔改補外科調宝記〕に

麻仁ころは膏は、腫物が虚になり下《しも》で痛む時つけると痛を止め、上へ引きあげる。骨痛み、打ち身、こもり痛に効く。古い傷が長く癒え兼ね、悪膿があって痛むのにつけると膿をとり色をよくし、癒す。古い瘡毒が破れて癒え兼るのによい。又横根の膿がかえり痛むのによい。ころは膏・麻仁（各四匁）、金の炉滓（十五匁）、古い杉脂・蠟・乙切草の油（各十匁）、野菊の油（二十匁）。この二色の油を煎じ、ちゃん・松脂を入れ蕩けた時、炉滓・麻仁・ころはを入れ、蠟加減を見る。

まのあたり【まのあたり】 大和詞。「まのあたりとは、目の下と云ふ事」である。〔不断重宝記大全〕

真羽【まは】 〔武家重宝記・二〕に矢の羽《は》は、鷲《わし》を上とする。鷲の羽を真羽《まは》という。「矢の事」〈矢の羽の事〉参照

真羽白鴨【まはじろがも】 「羽白霜降鴨《はじろしもふりがも》」ヲ見ル

真鳩【まばと】 「つちくればと（斑鳩）」ヲ見ル

目映し【まばゆし】 大和詞。「まばゆしとは、はづかしき事」である。〔不断重宝記大全〕

間日【まび】 禁忌から解放され、事を行うのに自由な日。〔年中重宝記・四〕に次がある。①八専*の内、次の四日をいう。癸丑《みずのと》の日。丙辰《ひのえ》の日。戊午《つちのえ》の日。壬戌《みずのえ》の日。②春の土用の間日は、巳・午・酉の日。夏の土用の間日は、卯・辰・申の日。秋の土用の間日は、未・酉・亥の日。冬の土用の間日は、卯・巳・寅の日。各三日ずつ。

眉廂【まひさし】 甲冑*名所。〔武家重宝記・三〕に、眉廂《まひさし》は眼廂《まひさし》とも書く。額《ひたい》覆い。眼色を健やかにするために裏《うち》を朱に塗るのもある。また眼上《まがみ》の差しのぞむ所を見受《みうけ》という。上表《じょうひょう》を雨走《あまはしり》と呼び、皺《しわ》を設けて見上《みあげ》とも言い、看上とも書く。

真菱喰【まひしくい】 〔料理調法集・諸鳥人数分料〕に真菱喰は、鳫の内で大鳥である。鴨の代りに使う時は、大菱喰一羽に真鴨小ぶりの鳥三羽、また菱喰の小さいのには鴨二羽半にも当る。汁等には鳥の大小にもよるが、まず二十四五人前に使われる。脂は三四月よくのる。渡りより冬の内、一二月は脂は少しもない。

真経津鏡【まふつのかがみ】 「かがみ（鏡）の事」ヲ見ル

まぶれる【まぶれる】 片言。「まぶれるは、淪滑 まみれる」である。〔不断重宝記大全〕

まぼい【まぼい】 片言。京の詞で、日の光に向うのを「まぼい」という。〔不断重宝記大全〕

麻木【まぼく】 「ひしょう（痺証）」ヲ見ル

まぼそい【まぼそい】 諸国言葉。「まばゆし（羞明）」というのを、中国では「まぼそい」という。〔男重宝記・五〕

継子立の算【ままこだてのさん】 算術遊戯。〔秘術改撰算学重宝記・嘉永四〕に、先腹の子十五人、当腹の子十五人がいて、この三十人をそれぞれ白黒として、二一三五二二四一一三一二二一の順に右回りに並べて、十に当るのを除け、又二十に当るのを除け、二十九人迄除けて、残る一人に跡を譲ると言って継母が立てたもの。これを数えてゆくと先腹の子は皆除かれ、当腹の子一人が残る。余りにも先腹の子だけが除かれるので十四人迄除かれた時、一人残った先腹の子が今度は自分から数えよと言って数えると、当腹の子は除かれ、先腹の子が残る。継子算ともいい、碁石でする遊戯である。歌に「憎めども及ばぬものは知恵の海 深き親子の底は知られじ／二一三五二二四一一三一二二一なり」。古くから言い伝えられ、『徒然草・一三七』にも出る。

継子の慈愛【ままこのじあい】 〔女筆調法記・四〕に後妻が継子を我が子に替えて慈しみ、或は本妻が妾腹の子を憎まず愛しみ育てることをいう。子がなければ家は亡び、妻も子なきは去るとあり（婦人七去*）、結局家は養子に継がせることになり、妾腹の子は我が夫の子で我が子となるのであ

るから、夫を思い身を思うなら悋気を誡めて夫によく仕え、継子と睦まじくせよとある。〔女用智恵鑑宝織〕には悋気 欲心から、我が子に夫の跡を継がせたいと思い、継子を憎むのは道を知らないからである。継子は継母を懐かしみ 隔てる心がなく、継母も継子を慈しみ 二心なく、共に義を忘れないようにすべきとある。「嫡母継母《ちゃくぼけいぼ》の服忌」参照

まま道餅【ままみちもち】 菓子名。まま道餅、上しめし物、下こね物、中羊羹。〔男重宝記・四〕

蝮の事【まむしのこと】 蝮は人の身に飛び付き、歯の毒を残す。「くちはみ」ともいう。〔万物絵本大全調法記〕に「蝮 ふく／はみ。又まむし」。**〈咬まれた時〉**〔新撰咒咀調法記大全〕に蝮に螫された時の治方は、〇粉ふき柿（吊し柿）を付けると妙である。〇百足《むかで》の黒焼を付ける。〇生きた蛙を捕り搗き爛らして付ける。〔諸民必用懐中咒咀調法記〕に咬まれない方として、雄黄と蒜《にんにく》を摺り交ぜて丸じ懐に入れて置くと蝮が恐れる。螫された時は、この二味を嚙み砕いて付ける。〔俗家重宝集・後編〕は煙草の葉を湯に入れ揉み出して洗う。〔重宝記・儀部家写本〕は烏賊の黒身（黒身は干して置く）、また朝顔の花葉が妙薬とある。〔調宝記・文政八写〕は疵口の上で煙硝を焼く。〔調法記・四十七〕は蝿取蜘の生きたのを摺り付ける。〔胡椒一味重宝記〕は胡椒を付ける。〔薬家秘伝妙方調法記〕は胡椒と糯米を炒り、等分にして付ける。正月の餅はなおよい等、方が多い。〔大増補万代重宝記〕は蒜を敷いて灸をする。箒木草を絞り擦り付けると妙である。〔新板秘伝日用重宝記〕は渋柿を付ける（〔懐中重宝記・慶応四〕にはコロ柿〔豆柿〕も列挙）。赤蛙を黒焼きにして胡麻油で付ける。〔妙薬調方記〕は煙草の脂《やに》を付ける。〔万用重宝記〕は はめ（蝮）くちなわ（蛇）の毒消は、菜の葉の揉み汁を酒に酔うほど飲む。

〈咬まれぬ呪い〉〔新撰咒咀調法記大全〕に蝮 蛇を去る呪は「鹿の子斑の虫あらば 山たつ姫にかくと語らん」の歌を書いて懐中する。秋の頃、山中や草原等を行く時は「山椒 胡椒 かつてら こぶら」と唱えて行く。足元に居ても恐れて逃げて行く。

〈腫物疵薬〉〔斎民外科調宝記〕に蝮油《まむしあぶら》は、性は温、一切の腫物の痛みを止め、疵をよく癒し、古疵の色が悪くなり癒えないのによい。取り方は、首尾を切り去り、腸を出して刻み、畦唐菜の油に浸して五十日程置き、少し蒸して取る。**〈精力薬〉**〔好色重宝記・下〕に蝮《まむし》の黒焼は、男の淫を漏らさない薬として、蝮を黒焼きにして蓖麻子*の実に搗き交ぜて臍一杯に入れ、その上を紙に糊をつけて貼り塞いで置くと、行う時漏るることはない。「蛇の事」「朽蛇《くちなわ》」モ見ル

豆【まめ】 菽とも書く。〔万物絵本大全調法記・下〕に「菽 しゆく／まめ。大豆 だいづ也。秋」。〔新撰農家重宝記・二〕豆には、大豆《だいず》* 小豆《しょうず》《あずき》*がある。豆の生えたのを菽《しゆく》、殻《まめがら》を萁、さやを莢《さや》、実を豆《め》という。〔医道重宝記〕には黒豆* 豇豆《さゝげ》* 緑豆《ぶんどう》* 豌豆《えんどう》* 蚕豆《そらまめ》* 刀豆《なたまめ》*等が出ている。

忠実男【まめおとこ】 大和詞。「まめおとことは、まこと（真実）なる男」である。〔不断重宝記大全〕

大豆王巻【まめのもやし】〔薬種重宝記・上〕に和穀、「大豆王巻 だいづわうけん／まめのもやし。黒豆*を水に浸し、一日一夜にして稾苞《わらづと》に入れ、芽を生ずる時干して、皮と芽を去り、豆を炒り刻み用ゆ」る。

豆の横箸【まめのよこばし】〔諸礼調法記大全・地〕に豆の横箸とは、豆を横に挟み食うことである。豆は縦に一粒ずつ挟んで食うのがよい。単に横箸ともいう。

豆名月【まめめいげつ】「後の名月」ニ同ジ。九月十三夜。

豆を撒く【まめをまく】〔年中重宝記・四〕に節分*の夜に民間で大豆《まめ》を打つのは、追儺《ついな》*のまねびといい、鬼は陰邪のことで、春の陽を貴み陰を憎む心で、陰鬼《おに》を払う。〔日用重宝記・二〕に豆を撒くとは、豆を陽火に煎り、陰気の邪を追い、忠《まめ》に新年を迎えることである。

守開眼の事【まもりかいげんのこと】「御符守《ごふうまもり》の事」ヲ見ル

守り刀【まもりがたな】身の守りに持っている短刀。〔童女重宝記〕に守り刀というのは、三種の神器の内の一ツ、天のむら雲を写したものである。草薙剣ともいい、尾張熱田の宮に神体として崇め奉る。御影の剣を写し止めて置き、悪魔降伏のために、婦人も所持すべきである。

守の事【まもりのこと】「御符守《ごふうまもり》の事」ヲ見ル

守の鈴師【まもりのすずし】「京ニテ守の鈴師」に、三条橋東 徳田市左衛門がいる。〔万買物調方記〕

守本尊【まもりほんぞん】〈守本尊〉〔男女ちやうほう記〕に守本尊がある。○子年生れは千手（観音）。○丑・寅年生れは虚空蔵（菩薩）。○卯年生れは文殊（菩薩）。○辰・巳生れは普賢（菩薩）。○午年生れは勢至（菩薩）。○未・申年生れは大日（如来）。○酉年生れは不動（明王）。○戌・亥は八幡（菩薩）である。〈守本尊を知る歌〉〔重宝記・儀部家写本〕に「子は千手、丑寅こそは虚空蔵、卯は文殊にて、辰巳普賢よ。午勢至、未と申は大日よ。酉は不動に、戌亥八幡」とある。〔和漢年暦調法記〕は、子は文殊、卯は千手とある。

麻薬【まやく】〔骨継療治重宝記・下〕に麻薬《まやく》は、川烏・草烏・南星・半夏・川椒を末（粉）にして、唾《つばき》で調え擦り塗る。

繭【まゆ】〔万物絵本大全調法記・下〕に「繭 けん／まゆ。又やまゝゆ。夏」。〈繭作る時〉〔養蚕重宝記〕に繭作る時、雨降り続き甚だ寒い時は、戸を引き 窓を閉め 風を厭い、家内で火を炊き 暖かにすると、よく桑をくれる。

眉毛の事【まゆげのこと】〈眉毛の薬〉〔薬家秘伝妙方調法記〕に眉毛の老ゆるを治すには、松脂・葛の粉・白粉・忍冬《すいかずら》・よい茶・大黄・梅干（黒焼）・芍薬を末（粉）して丸じて与える。〈眉毛の抜け〉〔新撰児咀調法記大全〕に「眉毛抜けるを治る法」として、半夏の粉を擂って塗ると奇妙に生える。〈眉毛を生やす薬〉〔新選広益妙薬重宝記〕は蕪菁《かぶら》の実を炒り擂り細かにし、酢で溶き、度々塗ると又生える。

眉墨の事【まゆずみのこと】黛とも書く。〔童女重宝記〕に黛は、秦の始皇帝の時、宮中の官女が眉を描いたのに始るという。神功皇后が三韓を従えた時、新羅国を誉めて、眉は細々として遠山に霞の懸った如しと言ったという。余りに化粧が華々しいのは遊女めいて卑しく、当世風でないのは土佐絵を見ているようで素気ない。ただ仰山に作らないよう奥ゆかしく、心も姿も向上にありたいものである。〈眉作り〉〔女重宝記・一〕に、○「眉に心《しん》を入る事」は、霞の内に弓張り月のほのぼのと出るように薄々と引くのがよい。墨の濃く太いのは卑しく六地蔵の顔のようであり、直《すぐ》なのは素気なく、眼尻上りは気味悪く見える。人の目元に応じて作るものであり、一様には言い難い。○「眉の名」は色々あるとして、鶯眉、三日月眉、忘れ眉、霞み眉、大がた眉、さしたて眉（幼い人に作る眉）、から眉（年長けた人に作る眉）がある。○「眉作り様」。いずれも眉は左から作り始め、右から作ってはならない。〈眉作り師〉〔万買物調方記〕に「京ニテ眉作師」仁名寺、東洞院二条上ル 藤岡太郎右衛門、新町夷川上ル 西嶋七左衛門がいる。江戸と大坂では「畳紙師」が兼ねる。

迷い子を戻す法【まよいごをもどすほう】「行方不明者を戻す法」ヲ見ル

迷い箸【まよいばし】〔女用智恵鑑宝織〕に、どの菜《さい》を食わうかと、あれこれ見合すことを迷い箸といい、嫌う。

魔羅痒【まらかい】〔好色重宝記・下〕に、玉茎 玉門ともに痒みのあるのは気の毒なもので、それ故世話言葉に気の毒なことを「まらかひ」というのはこの謂れである。この痒みを去るには、二三年になる芋の茎・古い糠味噌・忍冬（各等分）を合せてよくよく煎じ出し、再々洗うと早速に治る。

鞠【まり】「蹴鞠《けまり》の事」ヲ見ル

鞠垣【まりがき】諸芸*洛陽会日の一。〔年中重宝記・五〕に鞠垣《まりがき》は、○月次

六日・二十一日、妙満寺の内 中松院。○月次 十七日、四条道場の内 慶正庵。この外、○衣棚二条下ル町 花房宗純。○祇園町 三十郎。○車屋町姉小路上ル町 意休。○新町六角下ル町 左近。○新町御池上ル町 藤次。○四条長刀鉾の町 かこ屋清兵衛がある。〔万民調宝記〕にはこの外に、室町錦上ル町 清兵衛がいる。

丸子百合【まりこゆり】 草花作り様。丸子百合の花は白色である。三月に咲く。土は真土と白砂を等分にする。肥しは茶殻の粉を土に交ぜる。分植は彼岸にする。〔昼夜重宝記・安永七〕

丸子より岡部【まりこよりおかべ】 東海道宿駅*。二里九丁。本荷二百二文、軽尻百三十一文、人足百二文。丸子川に小橋がある。この橋から六丁余行くとさいおう［柴屋］寺と言って連歌師宗長が住んでいた寺がある。元宿、矢の沢、宇津の宮［谷］は十団子の名物を売る。峠 上り下りは十六丁である。地蔵堂、蔦の細道がある。湯や口村に地蔵堂がある。坂があり、清水もある。たんかや村は小村である。横さう村大寺、河原。この先に小坂がある。〔東街道中重宝記・寛政三〕

まる【まる】 卑語。「おかわ（御廁）をまる」という。〔女用智恵鑑宝織〕

丸揚麩【まるあげふ】 〔料理調法集・麩之部〕に丸揚麩《まるあげふ》は、生麩の常の丸いのを四角に切り、油をよく滾《たぎ》らせて入れ、よく掻き回し、丸くなる時取り上げて置き、出す時また揚げ直すと、形の悪いのもよく膨れ香色になる。

丸い物食い様【まるいものくいよう】 「餅の事」ヲ見ル

丸欠餅【まるかきもち】 丸かきもち（欠餅）は、横山町 小倉屋にある。〔江戸町中喰物重法記〕

丸き石【まるきいし】 「まるきいし（丸き石）とは、ふみへだつる（踏隔）を云」。〔消息調宝記・二〕

丸木橋【まるきばし】 まろき橋とも言う。大和詞。〔女重宝記・五〕に「まる木《き》ばしとは、文《ふみ》かへすを云」。〔不断重宝記大全〕には「まろきはしとは、ふみかへすを云」。〔女用智恵鑑宝織〕も「まろきばし」。はかない恋の喩えとして用いる。○〔童蒙単語字尽重宝記〕には「独梁《ひとつばし》、孤橋《こきやう》ともいふ。丸木《まるき》ばし、一本ばし」とある。

丸の事【まるのこと】 〔武家重宝記・一〕に丸は、城郭の城《しろ》をいう。城は小さく丸いのがよいとするのは城取《しろとり》の習いであり、それ故 丸《まる》と呼ぶ。本丸、二の丸、三の丸、東の丸、西の丸といい、また総曲輪《そうくるわ》という。
〈紋様〉〔紋絵重宝記〕には丸に大、丸に半菊 半桐 半酸漿、丸に立二ツ引、丸に三ツ引、丸に升形、丸に縮み三文字等の外、色々意匠がある。

まるはじかみ【まるはじかみ】 「胡椒の事」ヲ見ル

丸額【まるびたい】 〔嫁娶調宝記・四〕に丸額《まるびたい》は振袖の顔にする。式正の時は、額の髪際に白際《しろぎわ》（＝白粉で額に半円形を描くこと）にする。祝儀の時や元三の時等の祝い日にする（図481）。

図481 「丸額」（嫁娶調宝記）

丸ぼうる【まるぼうる】 丸ぼうるは、玉子二十、饂飩粉百匁、砂糖百匁、秘事種を少し入れ、竹輪の大小で抜き、鍋で焼く。上の蓋に火を随分沢山に乗せて焼く。〔菓子調法集〕

丸山安養寺【まるやまあんようじ】 京名所。時宗で妻帯である。境内に六箇寺があり、いずれも饗応の広座敷の貸座敷がある。高い所に京中を眼下に見下ろす佳景の座敷がある。その中でも端の寮が勝れており、庭は甚だ

美で、池を吉水という。慈鎮和尚を吉水の和尚というのはここに住んでいたからである。〔東街道中重宝記・七ざい所巡道しるべ〕

丸山梅漬【まるやまうめづけ】〔料理調法集・漬物之部〕に丸山梅漬に二法がある。①青梅一斗、核と皮を取り捨て肉ばかり残し、その汁に塩五合を入れ、また青梅一斗を漬けて置く。②甘酒を常のように作り、一斗の内に塩一升を入れ、胴の銑屑を少し入れ、梅が突き合わないように葉ともに漬け、蓋をよくし、風を引かないようにして置く。「丸山《まるやま》漬」参照

丸山御醤所【まるやまおひしおどころ】丸山御醤所は、南伝馬町一町目 鳥飼善兵衛にある。〔江戸町中喰物重法記〕

丸山かるやき【まるやまかるやき】丸山かるやきは、浅草誓丸寺前 茗荷屋九兵衛にある。〔江戸町中喰物重法記〕

丸山漬【まるやまづけ】〔料理調法集・漬物之部〕に丸山漬は、梅三升を蒸して肉を取り、濾して塩を合せ、疵のないよい梅一升を漬け、風を通さないようにする。「丸山梅漬」参照

丸山麩【まるやまふ】〔料理調法集・麩之部〕に丸山麩は、生麩を丸め、油で揚げ、丸くふくれた時取り上げ、ひしげ笊等に盛り出す。白酢、山葵醤油等がよい。

丸【まろ】百人一首読曲。「丸」は、どれも「まろ」と読む。〔麗玉百人一首吾妻錦〕

客人【まろうど】「まらうどは、きやくじん（客人）の事」である。〔消息調宝記・二〕

まろき橋【まろきはし】「丸木《まるき》橋」ヲ見ル

饅【まん】大和詞。「饅頭《まんぢう》は、まん（大まん 小まん）」。〔女重宝記・一〕

万億丸【まんおくがん】〔昼夜重宝記・安永七〕に万億丸は、神仙より伝わる方と云い、小児の諸病に用い、百病百治 全て本復する。朱砂・巴豆・寒食麵（各五匁）。朱砂をよく水飛して細かに末（粉）し、巴豆は殻と膜を去り、朱砂とよく擂り合せ、寒食麵*の粉を酒で捏ねて餅とし、よく蒸し熟し、薬に合せて搗きこなし、黍の大きさに丸じ五粒三粒、人の大小を考えて用いる。例えば、○外邪 感冒 風寒 発熱するものには生姜 葱の煎じ湯で、○内が生冷の飲食物に傷れた時は茶の上澄みで、○胸が痛む時は艾葉《もぐさ》を酢で煎じた汁で、○霍乱 吐瀉には生姜の汁で、○赤痢《しやくり》には茶の上澄みで、○白痢には生姜の汁で、○赤白痢は生姜茶湯で、それぞれ用いる。この外、一切の万病には悉く茶の上澄で用いる。〔小児療治調法記〕にも同様の調合があるが、十五粒より多くは与えないとある。

万億日【まんおくにち】〔諸人重宝記・五〕に万億日は、万物の湧き出る日をいう。正・五・九月は午の日。二・六・十月は酉・午の日。三・七・十一月は子・午の日。四・八・十二月は卯・午の日。

慢驚風【まんきょうふう】〔医道重宝記〕に慢驚風は古くは陰癇という。生れつき弱く、心胆の気が盛んでなく、邪気客《やど》り、慢驚風の症をなす。或は脾胃虚し、吐瀉後に急驚風が久しく癒えず、虚する者が慢驚風となる。急驚は多くは実熱で治し易いが、慢驚風はみな虚熱で治し難い。慢驚風の脈は、沈 遅 散 緩である。薬に醒脾散* 補脾益真湯*がある。〔小児療治調法記〕は多くは乳食が節ならず脾胃を損じ、久しく吐瀉し、或は大病を煩い医師が薬を誤り 脾胃を傷《やぶ》って発《おこ》る。症状は身が冷え、顔は黄で渇せず、口鼻息が冷え、大小便が青白く、昏睡して睛を表し空目づかいをし、手足が引き攣りびくつく。手足冷え、咳嗽 吐瀉し、顔黒く、神惨《いた》む等の諸症は治せない。薬に醒脾散 黄芪湯* 益黄散* 銭氏白朮散* 鈎藤飲* 補脾湯* 紫金錠子*等がある。驚風が退いてからは定志丸* 牛黄鎮驚丸*を用いる。〔鍼灸重宝記綱目〕は長病後 或は吐瀉後、脾胃虚し 身冷え 口鼻の息涼しく 手足びくつき 昏睡して睛を顕《あらわ》し、発る時は目を見つめ涎を流す。灸を尺沢に七壮、顖会と百会に三壮する。「驚風《きょうふう》」「急驚風《きゅうきょうふう》」参照

万金膏【まんきんこう】〔骨継療治重宝記・下〕に万金膏は、癰疽 発背 諸般

の瘡癤《ねぶと》を治す。高所より墜下打撲傷損、脚膝瘡を生じ永年の臁瘡《はばきがさ》、五種の痔漏、一切の悪瘡を治す。龍骨・鼈甲・苦辛・烏賊魚骨・黄蘗・黄芩・黄連・猪牙・皂角・白芨・白斂・厚朴・木鼈子仁・草烏・川芎・当帰（洗焙る）・香白芷（各一両）、没薬（別に砕す）・乳香（別に研ろす）（各半両）、槐枝・柳枝（各四寸の長さ二十一条）、黄丹（一斤半焙り過ぎぬ）、清油（四斤）。この内、乳・没・丹を除き、他の諸薬を油の中で慢火《ゆるび》で煎じ紫赤色にし、滓を去り、浄い油三斤を鍋の内に置き、丹を下し手を止めず掻き混ぜて黒色にし、水に滴《した》で入れて散らず、手に粘り着かないようになってから乳・没の粉を下ろし、再び掻き混ぜ、もし硬ければ油を少し入れ、手に粘《つ》かないようになるのを限度とする。

万金丹【まんきんたん】〔昼夜重宝記・安永七〕に万金丹は、癰疽 発背 赤腫丹瘤、諸風 風痹《かざぼろし》、一切の毒消し、万の肉毒、鰒の毒、蛇・犬・虫に傷《やぶ》られたのに効く。山茨菰（皮尖を去り暫く清水に晒し焙る三十匁）、続随子*（土器に押し油を去り用いる十匁）、五倍子（よく虫を去り仁を取り焙る二十匁）、大戟（蘆頭を去り洗い清め刻む十五匁）、麝香（三匁）を、充分清浄に細末（粉）にして調え、正月の餅か五月の粽を糊にして捏ね、木臼で千程搗き合せ、分けて四十錠となし、毎服半錠を用いる。重いものは湯に擂って服する。万金丹は端午 重陽 七夕の日に浄室内に締めを引き、身を浄め香を炊いて修合する。修合の日は、婦人 穢《むさ》い女 僧尼の輩 犬鶏を近づけない。万金丹は急でなければ使わず、延ばすことの出来ない痢病、泄瀉によい。諸気 心気痛には酒 或は姜湯、瘧には桃柳の煎じ汁、小児驚風には薄荷湯、その他伝屍・労瘵（共に結核の一）、万死一生の者は一錠を擂り用いると数条の虫を吐く。後に蘇合円を服して癒える。一名を、万病解毒円*、太一紫金錠という。〔薬種日用重宝記授〕は阿仙薬（四十八匁）、甘草（四十目）、棍皮《ちりちり》（二匁八分）、続髄子（七匁二分）、丁子（二匁八分）、竜脳（一匁二分）、薄荷汁・麝香皮（各三分六厘）で調合する。

〈売り店〉〔洛中洛外売薬重宝記・上〕に万金丹は、麩屋丁高辻上ル丁 大和や左兵へにある。第一に気の尽き、痰咳によい。「朝熊《あさま》万金丹」モ見ル

蔓荊子【まんけいし】〔薬種重宝記・中〕に和木、「蔓荊子 まんけいし／はまほう。蔕《へた》を去り、少し炒る」。〈薬性〉〔医道重宝記〕に蔓荊子は苦く寒で、目の痛むのに、赤く腫れ涙の出るのに、歯痛 頭痛に、頭昏く悩む等によい。拘攣《ひきつり》 湿痺を治し、諸経の血を涼しくし、頭目を清くする。布の袋に入れて揉み、白い衣（皮）を去り、刻み、酒に浸し、乾かして炒る。

蔓荊子散【まんけいしさん】〔医道重宝記〕に蔓荊子散は、上焦熱し、耳の内より膿汁を出し、耳鳴りして聞こえないのを治す。蔓荊子・升麻・木通・赤芍薬・麦門冬・生地黄・赤茯苓・桑白皮・前胡・菊花・甘草（各等分）に生姜を入れて煎ずる。○風熱が上にあって、この症をなすのを治す。実症で風熱の甚しいのには防風通聖散*を用いる。○気が鬱し逆上するのには沈香降気湯*、十六味流気飲*を用いる。○血虚し火《ひ》のあるのには四物湯*を用い、山梔子・柴胡を加える。○中気の虚弱には補中益気湯*を用いる。○腎水虚し火の動くのには六味地黄丸*を用いる。

万治油【まんじゆ】〔洛中洛外売薬重宝記・上〕に「家伝万治油」は、江戸大伝馬町三丁め 大和や太右衛門／大宮今出川下ル丁 富田氏にある。第一にひび、あかぎれ、霜腫、痔、一切によい。

曼珠院【まんじゅいん】曼珠院は竹内にある。法諱、良尚。宮門跡。知行、七百二十七石余。竹内殿という。天台宗である。〔男重宝記・一〕

饅頭甘酒【まんじゅうあまざけ】〔菓子調法集〕に作り様が二法ある。①唐ほぐし餅米一升を和らかに飯に炊き、水一升二合、上白糀五合を水でよく洗い、水をしたみ、夏は三日、冬は七日程で粕を沈める。②上白米一升を飯に炊き冷まし、糀五合を水でよく洗い、水をしたみ、作る。口伝があり、二三月中は朝に作り翌朝がよく、四五月中は朝早く作り晩方がよく、六七月中は最も少し早くがよい。八九月中は二三月に同じ、十月から正

月中は朝作り翌晩がよい。全て酒の風味に口伝があり、酸く甘く辛くは、冬は少し辛口がよく、夏は甘いのがよい。辛口は饅頭は和らかであるが色黒く、甘口は色は白いが少し固い。酒の粕を絞り、徳利に熱湯を入れて口を塞ぎ、酒の中へ入れて温った時、小麦の粉を捏ね、板の上で小さく白餡を包んで形よく寝させ、炉に火を入れて上に灰を懸け、心を配って焙る。

饅頭蒲鉾【まんじゅうかまぼこ】〔料理調法集・蒲鉾之部〕に饅頭蒲鉾は、丸い盃猪口の中へ美濃紙を湿して貼り、常の擂身を入れ、中を窪め、串玉子餡を丸めて入れ、上にも擂身を付け、水を付けてよく撫で、蒸して猪口を拭き紙を剝がす。但し、玉子餡は煮抜き玉子の黄身に塩 砂糖を少し入れる。

饅頭鮨【まんじゅうずし】〔料理調法集・鮨之部〕に饅頭鮨は、饅頭の皮をぼろぼろにして、魚は何でも作り身を三塩し、酢に漬けて置いて、前のそぼろに酢を少し打ち漬ける。

饅頭の事【まんじゅうのこと】〔男女日用重宝記・下〕に饅頭の拵え様は、小麦の綺麗なのを洗って日に干し十分に挽いた粉を、甘酒と水とをよい程に合せ、粉を入れて緩くならないように捏ね、臼で搗き合せ、細長く作り、五分の厚さに切り伸して広げ、中に餡を入れて饅頭の形に作り、天日に少し干して罅《にび》が割れた時甑《こしき》にかけて蒸し、蓋をする。大きく膨れるとよい。〔ちやうほう記〕は、餅米五合を上白にして水で洗い、水一升を湯に沸かし、米を入れて粥のように焼き、その後火を引いて熟まし、冷ます。糀四合を水の澄む迄洗い、花を去り、よく交ぜ合せて桶に入れ、甘くなるまで置く。このように添えを懸け、また本作りに強く辛味がつけば一ツ程絞り、残りは捨て、また添え懸の湯を一日程置くと甘くなる。この甘酒を水嚢で濾し、その汁で小麦の粉を捏ね、餡を入れて饅頭のように包み、火を人肌に置き、蓋をして焙炉《はいろ》に掛け、皮が干からび和らかになる時蒸す。冬は火を強くする。〔菓子調法集〕に饅頭は、麦の粉を甘酒で堅く捏ねて揉み、丸く平め、中に餡を包み、囲炉裏に火を置き、夏は一時（二時間）程、冬は三時程温めてから甑に入れ蒸す。

〈饅頭の膳〉〔料理調法集・点心之巻〕に「饅頭の膳」は、①の図示があり、②は三ツ立て盛りで、上に大きなのを一ツ盛る。また二ツも三ツも盛る（図482）。〈食い様〉〔料理調法集・点心之巻〕に饅頭食い様は、汁を受けて見合せ、箸を取り直に持ち、左手で饅頭を一ツ取り揚げ、甲を向うにして中から締め割り、右の方半分は土器に入れ、左に持った方の平を前にして、割口より三口ずつに食う。餡が零れそうならば箸で直す。以下、他の作法も付記がある。〔小笠原諸礼調法記・天〕は饅頭は飯の椀に三ツ入れ、汁の椀を蓋にして出す。汁を引く時椀を直して汁を受け、次に箸を取って持ちながら右手で饅頭を二ツに押し割り、半分を椀へ入れ、半分を左に持ち、餡を零さないように食う。次に右に箸を持ちながら汁を取って吸う。返す返す色々の実を食うてはならない。菜は中の脇に置く。〔女用智恵鑑宝織〕は左手で取り、右指で締め割りに二ツに切り、右の方を下に置き、左の方を食う。割る時内にある餡を零れないようにして押し合せるとよい。又汁を添えた饅頭は箸で食う。その時は饅頭をのように三ツに切って出す。稚児等に出す時は切って出す。食べさせる人は中を一ツ取って勧める。又次をも取る。饅頭を砂糖湯や清まし汁等で煮て出すこともあるが、中が熱くなるので心得べきである。

饅頭屋【まんじゅうや】〈始り〉〔人倫重宝記・四〕に唐の諸葛武侯が孟獲を撃つ時、ある人が夷国で人の首を神に供える風俗を勧めるのを用いず、羊・豕の肉を饂飩粉に包んで蒸し人頭に似せて神に供え祭り、戦いに利があった。これが饅頭の始りで、神前に供えることになった。その後、林和靖の子孫が日本に留まり、饅頭を教えて広まり、唐のよからぬ起り

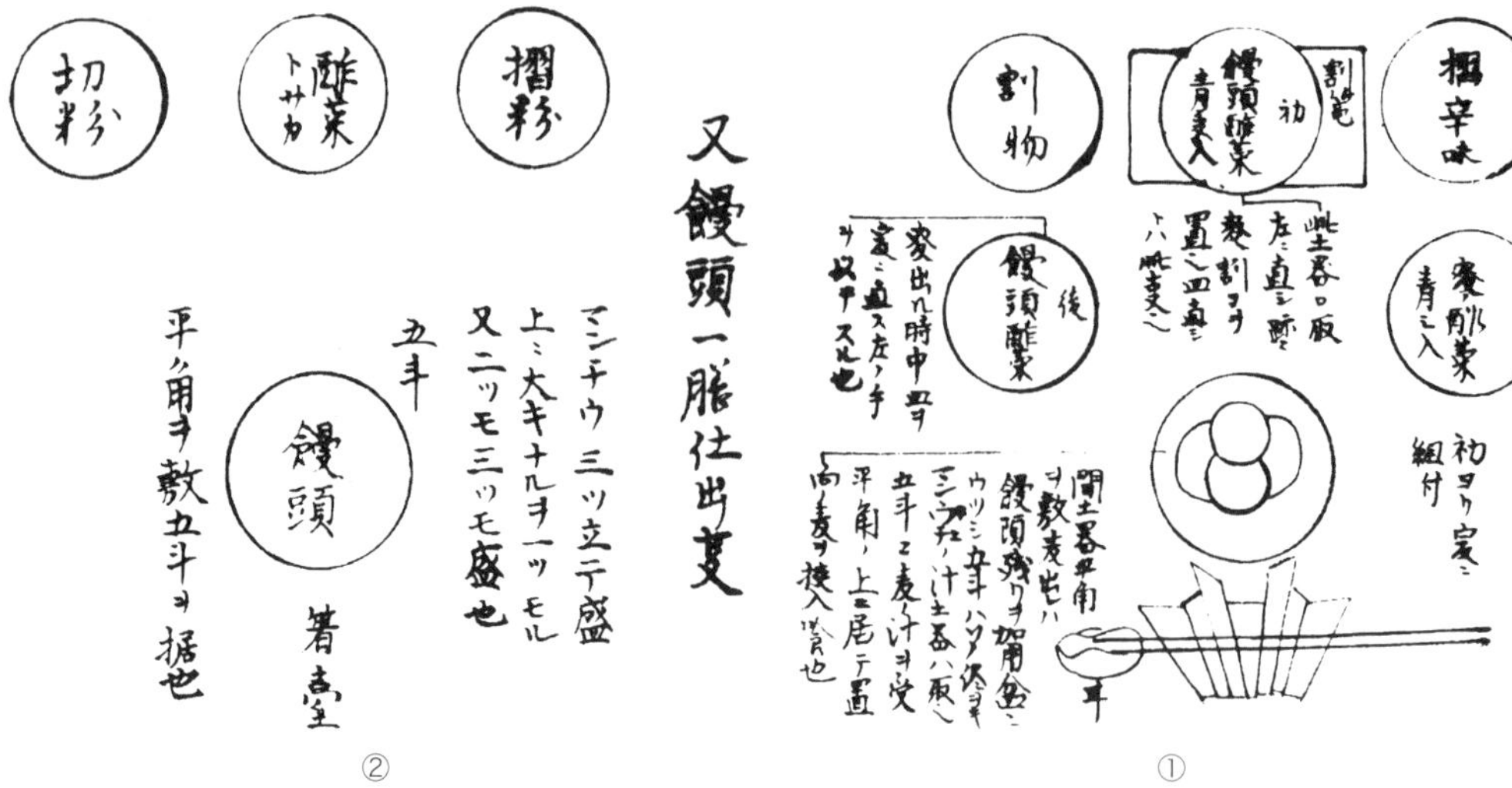

図482 「饅頭の膳」（料理調法集・点心之巻）

に比べて神前・仏前・祝儀等に用いることになったが、今その出所を知らないという。

〈売り店〉〔万買物調方記〕に京では「菓子所*」が二十数軒あり、饅頭屋は四条河原町南側に大饅頭屋のみである。「江戸ニテ饅頭屋」は茅場町／日本橋南一丁目 塩瀬山城、ふきや町 ゑびすや、浅草駒形 ほていや、同所 ゑびすや の四軒である。「江戸ニテ米饅頭」は浅草金龍山麓 鶴屋、姫饅頭は大伝馬町二町目等にある。「大坂ニテ菓子屋」は六軒の外、「饅頭屋棚売」として真斎橋、長堀南、三休橋筋、八軒屋の浜、難波天満の角、その外先々所々にある。

万体湯【まんたいとう】〔重宝記・儀部家写本〕に万体湯は、はしか（麻疹*）の薬である。唐の医者が長崎へ伝えた方で、甚だ妙である。桔梗・白朮・茯苓・陳皮・半夏・藿香・厚朴・前胡・葛根・甘草・生姜を入れ、水煎する。

曼陀羅花【まんだらげ】「朝鮮朝顔の事」ヲ見ル

まんたる【まんたる】 大和詞。「まんたるとは、春の夜の事」である。〔不断重宝記大全〕

万徳日【まんとくにち】 日取吉凶。〔重宝記永代鏡〕に万徳日は、吉慶日* 幽微日* 活幽日*とともに十二星の内の四星であり、諸事に用いて十倍の勝利を得る。正月は酉の日。二月は未の日。三月は辰の日。四月は酉の日。五月は午の日。六月は亥の日。七月は申の日。八月は丑の日。九月は戌の日。十月は卯の日。十一月は子の日。十二月は巳の日。

万日講【まんにちこう】 万日紅とも書く。草花作り様。〔昼夜重宝記・安永七〕に万日講の花は紫色である。土は肥土に砂を交ぜ合せ、肥しは馬糞を干し粉にして土によく交ぜ根廻りに散らすとよい。また、折々魚の洗い汁もよい。分植に時期はない。千日紅ともいう。〔庭木重宝記〕では二月に蒔く。

万人和合の符【まんにんわごうのふ】〔増補咒咀調法記大全〕に「万人和合の符」は「万人和合愛敬の符」ともいう（図483）。「愛敬の符」*「衆人愛敬の守」*とは別。

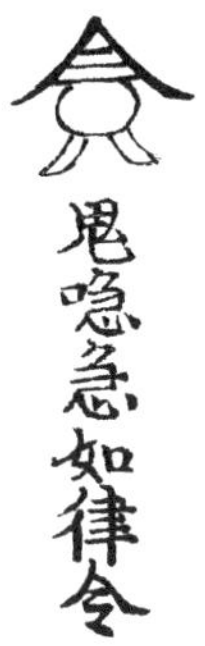

図483 「万人和合の符」（増補咒咀調法記大全）

万年草【まんねんぐさ】「玉栢 きよくはく／まんねんぐさ」。〔万物絵本大全調法記・下〕

万年酢【まんねんず】〔調法記・全七十〕に万年酢の伝は、上々酢・酒・水（各一盃）を徳利に入れてよく口を締め、日当たりに十四五日置き、吸って見る。水を少し過すと渋く出来る。この酢を他の入れ物へ移して遣う。徳利の底に白い物が厚紙のように溜るのは捨てず、これを酢の元としてこの上へ酒と水各一盃を入れ口をよく締め、また日の当る所に出すと十五日してよい酢になる。この酢は甚だ風味がよい。先繰りにこのようにすると、不断の酢は絶えない。但し、酢は最初の一盃でよく、二度目よりは入れず、酒と水ばかりでよい。最初仕掛ける時米を三粒入れ、二度目からは入れない。「酢の事」「白酢《しろず》の事」「菖蒲酢」等モ見ル

万年味噌の伝【まんねんみそのでん】〔諸民秘伝重宝記〕に万年味噌の伝は、大豆一升と搗麦五合の二品をよく蒸し、箱でも筵でも掛けて寝かし、花をつけ、その上で麹五合を上酒と醤油で合せ一升四合を入れ、よく掻き混ぜ、風の入らないように仕込んで置き、熟れ次第に嘗めてよい。

万能【まんのう】〔農家調宝記・続録〕に万能は、畿内*で用いる草削り農具*である。

万能阿蘭陀膏【まんのうおらんだこう】〔洛中洛外売薬重宝記・上〕に万能阿蘭陀膏は、河原町三条下ル丁 村上氏にある。癰疽、疔疽、風毒腫、痔漏、瘰疽、脱疽、下疳によい。

万能灸代膏【まんのうきゅうだいこう】〔洛中洛外売薬重宝記・上〕に万能灸代膏は、不明門通七条上ル丁 万屋長兵衛にある。第一に瘡《くさ》の類、一切の雁瘡、脛巾《はばき》瘡によい。

万能さんとら膏薬【まんのうさんとらこうやく】〔洛中洛外売薬重宝記・上〕に「万能さんとらかうやく」は、三条縄手 明石兵庫にある。第一番の癒え膏薬である。

万能千里膏【まんのうせんりこう】〔洛中洛外売薬重宝記・上〕に万能千里膏は、伊勢松屋 櫻井にある。取り次は、京 間の町夷川上ル丁 銭屋、江戸本町二丁目北側 越後屋、神田横大工町 丸屋、大坂堂嶋しだみ橋筋 津国屋である。一切の諸腫物によい。

万能秘伝膏【まんのうひでんこう】〔改補外科調宝記〕に万能秘伝膏の薬効は、第一に癰疽疔瘰 臁瘡 癧毒 風毒の外、一切の難腫 悪瘡に妙である。防風・荊芥・何首烏・草烏頭（各八匁）、独活・白芨・木鼈子・紅肉稍・白蘞・川芎・当帰・白芷・杏仁（各五分）、天南星・黄栢・大黄（各一両）、葳霊仙・蒲黄・胡麻仁・苦参（各三匁）、穿山甲（七片）、蜈蚣（一分）、萆麻子（三十粒）、油髪（女髪 少）。これ等を刻み、胡麻油（二斤）に一夜浸し、翌日炭火を緩くして煎じ八分目になり、薬が焦がれ乾き浮き上った時薬を上げ、細絹で滓を濾し去り、水飛の丹（一斤）水粉（三両）ともに油の内へ入れ煎じ詰める。別に竜骨（炒る）・血竭・石乳（炙る）・没薬（同）・茶・磦硝（各五分）、軽粉（二分）、珍珠（一分五厘）、麝香（五厘）、竜脳（一分）を拵えて置き、十分によく粉にして油の内へ掻き入れる。火から上げて大盥に水を入れて置き、鍋を浸し火気を冷ます前に煎じて練る時、桃 柳 槐の枝を持って手を止めず膏薬に練る。薬を拵える時から膏薬に練る迄、近所へ不孝な人、懐胎の女、鶏 猫 犬等を近寄せない。

万能百川膏【まんのうひゃくせんこう】〔洛中洛外売薬重宝記・上〕に万能百川

膏は、醒ヶ井松原下ル 西村宗樹にある。功能は痛みを和らげ、腫れを散らし、膿を吸い、腐りを除いて妙である。一切の腫ものにつけてよい。

万能無憂膏【まんのうむゆうこう】〔洛中洛外売薬重宝記・上〕に万能無憂膏は、下立売智恵光院西へ入丁 布屋藤丸にある。第一に癰疔、腫物、根太、切り傷によい。

万倍日【まんばいにち】「いちりゅうまんばいにち（一粒万倍日）」ヲ見ル

慢脾風【まんひふう】〔小児療治調法記〕に慢脾風の症は、顔青く、舌短く、頭垂れ、目を開かず、眠る内に頭を揺《うご》かし、舌を出し、頻りに生臭い物を吐き、口を噤み、歯牙《はがみ》し、少し搐《びくつ》いて休まず、或は身冷え、温かく、四肢冷え、脈は沈微である。陰気極めて盛んで、胃の気が極めて虚するため十人に一二人しか救えない。これは慢驚*の後に吐瀉し脾を損ずるにより病が伝変虚し、ただ脾が受けて脾風となる。薬は黒付湯*川烏散*補脾益真湯*前朴散*異方銀白散*四君子湯*に、付子を加える。大衝*の脈があれば百会に灸をする。

万病円【まんびょうえん】〔万買物調方記〕に「京ニテ万病円」は室町五条上ル 植村和泉、同松原上ル 同浄泉、同五条下ル 虎や大和にある。「大坂ニテ万病円」は尾張町一丁目 とらやにある。〔洛中洛外売薬重宝記・上〕に「とらや万病円」は、五条西橋詰 万屋太兵衛製。万ず虫、癪、痰、咳、胸腹の痛み、血の道、立ち眩み、小児一切によい。

万病延寿丸【まんびょうえんじゅがん】〔洛中洛外売薬重宝記・上〕万病延寿丸は、車や丁夷川上ル丁 文会堂にある。第一に気つけによい。

万病解毒円【まんびょうげどくえん】〔丸散重宝記〕に万病解毒円は、小児の疳虫、労瘵（肺結核）、諸々の解毒に妙である。五倍子（文蛤）・山慈姑（各十匁）、山豆根・続髄子（各五匁）、麝香（一匁）、硃砂・雄黄（各二戔）、大戟（七匁）を糊で丸じ、薄荷湯で用いる。諸虫の嚙傷には水で溶きつける。労瘵の初発、鬱症、胸の痞えに甚だ妙である。咳嗽が出るようになり寝汗等があるには功がない。

万病解毒丸【まんびょうげどくがん】〔改補外科調宝記〕に万病解毒丸は、銅鉄を呑んだ時の解毒に用いる。大黄・連翹・大戟・寒水石（各一両）、白玉簪・白芷・黄芩・茯苓・石羔・滑石・天瓜粉（各三両）、甘草・薄荷・乾渇（各四両）、貫衆（一両半）、山慈菰（六両）、青黛（五匁）を粉にし、菉豆粉の糊で弾子《むくろじ》の大きさに丸じ、一粒ずつ薄荷の煎じ汁で用いる。

万病神明丸【まんびょうしんみょうがん】〔洛中洛外売薬重宝記・上〕に万病神明丸は、（住所なし）光田栄寿軒にある。第一に癪、痞え、腹の痛みによい。

万病太子丸【まんびょうたいしがん】〔洛中洛外売薬重宝記・上〕に万病太子丸は、薬店名なし。第一に気つけ、毒消しによい。

万病秘伝膏【まんびょうひでんこう】〔改補外科調宝記〕に万病秘伝膏は、和蘭陀流膏薬の方*という。蠟（八十匁）、松脂（三百匁）、胡麻油（七合）を煎じ、ちゃんを蕩かし松脂を入れて溶けた時蠟を入れ、加減を見合せ布で濾す。万病秘伝膏は第一に虚を実にする。大熱で筋気や脚気によい。筋を伸べ、虚にして腫れ上らず、塊り痛む時につけるとよい。寒症で腫れ散らないのにつけ、温めると散る。癰疽が底に沈んだ時てれめんていなを加えて付け、上に木綿を被せて巻いて置くと、即ち瘡は上る。瘡が虚症になり乾く時、万病秘伝膏を付けて実にする。疔がまず痛む時はこの膏薬に銅《あかがね》吹矢《ふきや》の埃を加え口に付けると、口を開くのは妙である。瘭疽が腫れて散らないのに付けるとよい。その他虚して大事の物には用いない。

万病無憂膏【まんびょうむゆうこう】〔医道重宝記〕に万病無憂膏は、一切の腫物、疼痛を止める妙薬である。心《むね》や腹の痛む所につけてよい。咳や喘嗽には背中や胸に、下腹の渋りや腹には臍に、頭痛や目の痛みには太陽の穴につける。この外、一切の名もない腫毒、癰疔疽、発背、瘡節《ねぶと》、臁《はばき》瘡《がさ》の類を治す。毒の浅いのはよく散じ、深いのは早く膿み、既に膿が潰えたのは肉を生じてよく癒し、その効は奇妙である。川烏頭・草烏頭・

大黄（各六匁）、当帰・赤芍薬・白芷・連翹・白斂・白芨・木鼈子・烏薬・肉桂（各八匁）、槐枝・桃枝・柳枝・桑枝・棗枝（各四匁）、苦参・皂角（各五匁）を刻み、胡麻油（二斤）で薬を油に入れて一宿浸し、炭火で煎じ薬が焦色《こげいろ》になった時火から降ろし、絹で油を濾し滓《かす》を去り、その油をまた火に懸けて煎じ、水飛した丹（百二十匁）を少しずつ入れて槐樹柳の篦でそろそろと手を止めずに掻き交ぜ、練り詰める。油一滴を水に入れて珠に固まる時火から降ろし、乳香・没薬（各四匁）を粉にし、火から降ろした油の中へ入れ、よく掻き交ぜて貯え、火毒を退けて用いる。〔改補外科調宝記〕にも処方と効能書が詳しい。
〔洛中洛外売薬重宝記・上〕に万病無憂膏は、一条通堀川西へ入丁 ゑびすや九郎兵衛にある。第一に打ち身、切り傷一切、名もない腫毒、瘍疔、根太、下疳、脛巾瘡によい。

万病薬【まんびょうやく】 小児 大人の万病によい薬がある。但し、餅と油類を忌む。瘡下し、一帖目方（カレ 七分。ナマして七分）、巴豆（一匁）、大黄・黄栢（二匁）。巴豆は宜い上筋一匁を古い木綿に包み槌で叩き油を取り、大黄・黄栢を入れ、細末（粉）にし、丸薬にして白湯で用いる。

万病薬王丸【まんびょうやくおうがん】〔洛中洛外売薬重宝記・上〕に万病薬王丸は、下長者町智恵光院東へ入 中村文五郎にある。気つけによい。

万明散【まんみょうさん】〔洛中洛外売薬重宝記・上〕に万明散《まんみょうさん》は、越中富山松井屋徳右衛門にある。霞み目、爛れ目、上気目、流行り目によい。いずれも洗い様は猪口に水五匁を掛け入れ、この薬を絞り出し、目に一日に四五度ずつ五日洗うと妙である。

万葉仮字【まんようがな】『日本書紀』『古事記』『万葉集』などの古書に出ている和歌はこの文字で読まないと訓《よみ》難い。いろは順に記す漢字は図版の通り（図484）。〔女重宝記・五 弘化四〕

万葉集【まんようしゅう】〔日用重宝記・三〕に『万葉集』二十巻は、四十六代孝謙帝（七四九〜七五八）の勅を左大臣橘諸兄公が奉じ、撰し終らずに薨じた。その後、五十一代平城天皇の御宇（八〇六〜八〇九）に撰集成り、大伴家持が多く集成したかという。勅撰ではあるが、四十八首の重複があるのは議論のあるところである。漢字の側にかなの歌を添えているのは上東門院に奉るといい、法成寺関白道長公が初めて加えたという。〔消息調宝記・四〕に二十巻は四千三百十五首、この内長歌二百五十首。但し、諸本不同で決定しがたい。「万葉」の文字は『文選』『曲水詩序』等に出る。源順・大中臣能室・清原元輔・坂上望城・紀時文を照陽舎五人（梨壺の五人）といい、万葉集に和点を加えたのを古点といい、関白道長公以来の人々の点を新点という。〈訓釈〉〔日用重宝記・三〕に『万葉集』の訓釈抄は数多く、中でも『童蒙抄』八十巻があり、著者の荷田春満は契沖（『万葉代匠記』の著者）晩年の弟子、賀茂真淵の師匠であ

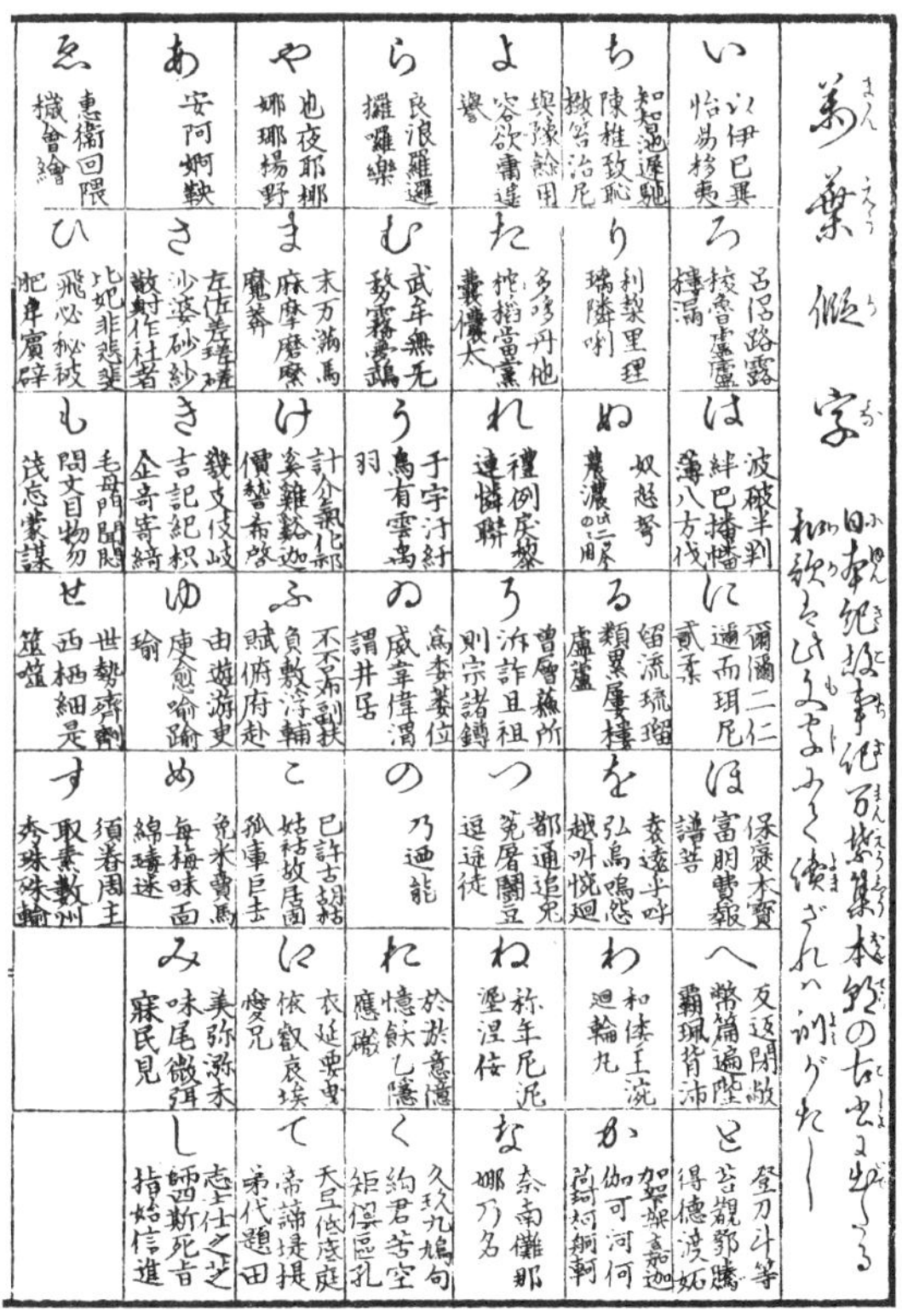
図484 「万葉仮字」（女重宝記 弘化四）

る。『万葉集略解』三十巻は橘千蔭の作である。

万良膏【まんりょうこう】〔改補外科調宝記〕に万良膏は、一切の傷によく、中でも蓮根《はすね》に付けて妙である。松脂・荷葉（黒焼き）（二両）、白粉（一分）を常のように練って置く。蓮根に付ける時は、毛を磨り退けて腫物の頭を十文字に割り、膿をよく出して付ける。

万輪丸【まんりんがん】〔洛中洛外売薬重宝記・上〕に万輪丸《まんりんがん》は、新町三条上ル丁 一文字屋八兵へにある。第一に男女気つけによい。

万霊丹【まんれいたん】〔改補外科調宝記〕に万霊丹は、痼発《こほつ》*の薬である。蒼朮（八両）、全蝎・石斛・天麻・当帰・甘草・川芎・羌活・荊芥・防風・麻黄・細辛・草烏頭（皮を去る）・川烏頭・訶首烏（各一両）、雄黄（六匁）を粉にして、蜜で鉄砲の弾程に丸じ辰砂を衣とし、葱の白根の煎じ汁で三粒用い、厚く物を被き 汗を出す。

み

巳【み】 十二支の第六。〔年中重宝記・六〕等から集成すると以下の通り。○巳（み・み・蛇）。○「月」四月とする。四月は陽気已《すで》に出て陰気已に隠れ 万物文章をなす意。○「時刻」巳《み》の時は昼の四ツ、十時 及びこの前後二時間である。禺中《ぐちゅう》という。○「方角」南南東。〈異名〉〔永代調法記宝庫・首〕に巳の異名は、大荒落 禺中《ぐちゅう》とある。「巳の日／月」参照

実【み】 御所言葉。「桃 柿などの（さね）核は み（実）」と言う。〔女用智恵鑑宝織〕

御足【みあし】「おみあし（御御足）」ヲ見ル

身痛むには【みいたむには】 加減*例。〔医道重宝記〕に身が痛むには、羌活・蒼朮・防風を加える。

三井寺【みいでら】 近江名所。〔東街道中重宝記・七ざい所巡道しるべ〕に三井寺は、大津町の北裏で湖水辺にあり、志賀の浦である。数多くの堂がある。本尊は彌勒菩薩。少し離れて高い所に御堂があり、本尊は観世音菩薩、巡礼所である。俗に高観音と称する。眼下に湖水が見えて、北に唐崎* 堅田* 沖の嶋、東に打ち出の浜 膳所 粟津*の原 矢橋*の渡舟等が見えて絶景、言語を絶する。新羅大明神、千団子の大明神、三代の御産湯の上った井、名高い釣鐘等がある。〔年中重宝記・二〕に、四月十六日 江州三井寺護法明神祭り、祭祀は鬼子母神。願ある者は団子千粒を拵えて供物とし、参詣の童女はこれを貰って帰る。俗に千団子という。京では、樵町二条下ル丁安珍寺で修する。七月十五日 今日一日三井寺は 女人参詣を許す。十月二十八日 今朝から明日迄智証大師堂で三井寺一山大衆論議。二十九日 智証大師忌。〈近江八景*の一〉〔麗玉百人一首吾妻錦〕三井晩鐘。和歌「思ふその暁近きはじめぞと まつ聞く三井の入相の鐘」。

三井寺の三門跡【みいでらのさんもんぜき】 三井寺の三門跡は、聖護院* 円満院* 実相院*で天台宗である。三井寺の長吏を代わる代わる務める。〔男重宝記・一〕

御内様【みうちさま】「奥様」ニ同ジ

御厩【みうまや】 伊勢名所。御厩《みうまや》は「外宮」の記載には木馬《もくば》があるとする。「内宮」では子良《こら》の館《たち》*より二丁ほど北とある。〔東街道中重宝記・七ざい所巡道しるべ〕

三浦介義澄【みうらのすけよしずみ】〔大増補万代重宝記〕に三浦介義澄《みうらのすけよしずみ》は、頼朝の士で、処々の軍旅に従い行き、大いに軍功があった。父義明は頼朝のために城を守って死んだ。正治二年（一二〇〇）、七十四歳没。

御影堂扇【みえいどうおうぎ】〔人倫重宝記・一〕に敦盛の御台は洛陽五条御影堂の尼となり、扇を折って世を渡る方便《たずき》とした。これより今に至るまで御影堂扇といって諸国に名高く、五条通寺町に扇屋が蔓延《はびこ》り、各種扇が売られた。〔東街道中重宝記〕には「みゑい堂 扇子《あふぎ》の名物」とある。〈片言〉〔世話重宝記・五〕に「御影堂《みゑいだう》を、みえんだう」という。「扇の

事」参照

美江寺より赤坂へ【みえじよりあかさかへ】 木曾海道宿駅*。二里八丁。本荷百六文、軽尻六十七文、人足五十一文。加納領。宿は悪い。六村、大垣村、杭瀬川に六（呂久）の渡しという舟渡しがある。川下は美濃国 早渡り川の渡しである。左方に大垣城が見える、城主は戸田徳次郎殿十万石。土手道左右打ち開き田畑川々多く橋がある。曾根、北方村、みつや村、弘福寺村、青木村、池尻村。〔東街道中重宝記・木曾道中重宝記六十九次享和二〕

みえんど【みえんど】 片言。「みえんどは、御影堂《みゑいだう》」。〔不断重宝記大全〕

澪標【みおづくし】 「みをづくし（澪標）は、海の深さをはかる木」。〔消息調宝記・二〕

未開紅【みかいこう】 「誓願寺」ヲ見ル

御炊殿【みかしきどの】 伊勢名所。御炊殿《みかしきどの》は朝夕の御供《ごくう》を炊《かし》ぎ奉る所、忌火《いんひ》屋殿《やでん》ともいう。「内宮」では桜の宮の東にある。〔東街道中重宝記・七ざい所巡道しるべ〕

身堅の六具【みがためのろくぐ】 〔武家重宝記・四〕に身堅《みがため》の六具は、鉢巻 忍《しのび》緒《のお》 上帯《うわおび》 繰〆緒《くりしめのお》 扣緒《ひかえお》 腰当緒《こしあてのお》をいう。これを一縮《いっしゅく》、一支具《いっしぐ》という。

三日月【みかづき】 〔重宝記永代鏡〕に、三日月《みかづき》は「朏《みかづき》」とあり、異名を玉鉤《ぎょっこう》 新桂《しんけい》 明弓《みょうきゅう》 玉弓《ぎょっきゅう》という。三日月は前月が大の月ならば二日、小の月ならば三日に出る。三日月は日の光を斜めに受けて地上から見ると眉か釣針のようであり、これより日輪に遠ざかる程明《あかり》を増し、十五日に遂に満月となる。〈大和詞〉〔不断重宝記大全〕に「みかづきとは、よひ（宵）に会はんと云ふ心」とある。

三日月骨【みかづきほね】 「きょうこつ（頬骨）」ニ同ジ

三日夜の餅【みかよのもち】 〔童女重宝記〕に「三日夜《みかよ》の餅《もち》」の事がある。聟入後に手掛 置取 置鯉等を舅の方へ、五百八十の餅を入れて送る。三日目の夜に五百八十の餅を送るのは古《いにしえ》よりの例とし、半切に入れるのは本式ではなく銀器に盛るという。婚礼に三日夜の餅のことは『源氏物語・葵』等にも見えるが、五百八十の数は後の定めともある。『源氏』では通婚後三日目の夜に、新郎新婦が祝って食う餅の意である。

実芥子【みがらし】 薬性。〔永代調法記宝庫・四〕に実芥子《みがらし》を好んで常に食すると気も減り、目眩い、頭痛が起る。瘧の落ちないのには実芥子を擂って額に付けると、かげぶるいはなくなる。

三河【みかわ】 三州。参州。〔重宝記永代鏡〕には碧海《あをみ》 賀茂 額田 幡豆《はず》 宝飯《ほい》 設楽《しだら》 八名《やな》 渥美《あつみ》の八郡をあげ、城下は吉田 岡崎 西尾 苅谷 田原 挙母《ころも》で、一ノ宮は砥鹿《とが》にある。〔万民調宝記〕には居城知行高を、吉田・小笠原壱岐四万五千石、岡崎・水野右衛門五万石、西尾・土井式部二万三千石、玉縄・松平備前二万二十石、大崎・松平縫殿一万六千石、挙母・本多長門一万石、伊保・本多弾正一万石、苅谷・稲垣出雲二万石である。〔大増補万代重宝記〕には大管、下々国、北西一日半。田数七千五百四町、知行高三十五万石である。〔重宝記・幕末頃写〕には山河多く、浅きこと一尺、故に五穀熟せず、国の下々小国とある。今の愛知県東部。〈名物〉〔万買物調方記〕に銀、雲母《きらら》、浅蜊《あさり》、海鼠腸《このわた》、刈谷の白魚、名倉砥、田原の矢の根、伊良湖岬の碁石貝など。

身皮和え【みかわあえ】 〔料理調法集・和物之部〕に身皮和えは、白瓜 また胡瓜でも、皮ともに小口より刻み、塩を少し入れて揉み洗い絞り、芥子味噌を煎り酒酢で伸べ、花鰹を入れて和える。強くなった時は皮を去る。

三河菅【みかわすげ】 草花作り様。三河菅《みかわすげ》の花は黄色である。土は赤土に、肥土を少し加える。肥しは魚の洗い汁を根廻りに掛ける。分植は春、秋にする。〔昼夜重宝記・安永七〕

身代りに死する日【みがわりにしするひ】 〔万民重宝大ざつ書 改正〕に「人の病を見て身代りに死する日」として次がある。正月は戊・未・申の日。二月は申

の日。三月は戌の日。四月は亥・子の日。五月は未・申の日。六月は酉の日。七月は戌・亥の日。八月は卯・辰の日。九月は未・戌の日。十月は丑・未の日。十一月は子の日。十二月は寅の日。この日は決して病人を見舞ってはならない。〔永代日暦重宝記・慶応元写〕には六月は寅の日、七月は戌の日と異同があり、この日は病人の見舞をしてはならない。

蜜柑 橘柑類の植替、継ぎ旬【みかん きんかんるいのうえかえ、つぎしゅん】 蜜柑 橘柑《きんかん》 久年母 柑子《こうじ》 花柚 橙 橘 三酢 仏手柑の類は、三月より八月迄に植え替えるとよい。内、四五月は特によい。〈継ぎ旬〉継ぎ旬は三月より四月迄、枳殻の台に継ぐとよい。〔庭木重宝記〕

蜜柑の事【みかんのこと】 〔万物絵本大全調法記・下〕に「橘 きつ／たちばな。又 蜜柑 みつかん」。〔薬種重宝記・上〕に和・唐木、「陳皮（蜜柑の皮）」を水に浸し、臍 白身を去り、刻み焙る。又〔同・下〕には和果「橘核（蜜柑の核）」を炒って用いる。〈薬性〉〔医道重宝記〕に橘《みかん》は温で毒なく、肺を潤し、渇《かわき》を止め、胃を開き、胸を利する。多食すると痰を生ずる。〔永代調法記宝庫・四〕には蜜柑は田楽によく、食を進め、脾胃を治め、肺熱を去る。〈貯え様〉〔昼夜重宝記・安永七〕によい重箱の底に摺り糠を敷き、その上へ上々の蜜柑を一ツ一ツ摺れ合わないように置き、上にも摺り糠を懸け蓋をして、箱に入れて土蔵に入れて置くとよい。但し、これでは百の内二十は損ずる。秘伝は葭《よし》を五寸程に切り、上々の蜜柑を根の方より葭一本に一ツずつ差し込む。次に地のよく乾いた所を二尺程掘り、蜜柑を地に差し込み、蜜柑が葭に一ツ一ツなった様にして置く。上には板を渡し 土を五寸程置くと、色も変わらず 皺もよらず 久しく持つ。〔里俗節用重宝記・中〕には青竹を割り一ツ一ツ傷のないのを選び抜き、節を込めて入れて置き、竹を合せ割れ目を紙貼りにして置くとよい。〈食合せ〉〔重宝記永代鏡〕に蜜柑に蕪を食い合わせると悪い。「たちばな（橘）」モ見ル

蜜柑ふわふわ【みかんふわふわ】 「柚金《ゆきん》ふわふわ」ヲ見ル

蜜柑干【みかんぼし】 〔料理調法集・調製味噌之部〕に蜜柑干がある。寒晒餅の粉・寒晒粳の粉（各三合）、赤味噌（一升）、砂糖（一斤半）（伝に、砂糖は過す程久しく置くに柔らかでよい）。これらを捏ね合せ、蜜柑の口を切り内の実をよく去り、捏ね合せた品を蜜柑へ八分目ずつ入れ、胡桃を二ツか三ツ程ずつ入れ、蓋の内へ落し込むようにして蒸す。次に日に干し、壺に詰め、口張りして貯めて置く。「金柑干」もある

御酒草【みきぐさ】 大和詞。「みきぐさとは、もも（桃）の異名」である。〔不断重宝記大全〕

みきね【みきね】 大和詞。「みきねとは、六月祓の事」である。〔不断重宝記大全〕

造酒司【みきのつかさ】 〔万民調宝記〕に造酒司《みきのつかさ》は宮内省*に属し、酒を作る奉行である。

三種の神器【みくさのかみうつわ】 〔日用重宝記・一〕に「三種《みくさ》の神器《かみうつわ》」がある。神璽（八坂瓊曲玉 やさかにのまがたま）は仁。宝剣（草薙剣 くさなぎのつるぎ）は勇。神鏡（八咫鏡 やたのかがみ）は智である。仁は衆庶を撫育し、勇は乱を治め、智は決断して迷わない。この三徳が欠けては王法は立たない。

御籤上【みくじあげ】 暦中段。御くじ（籤）上。古い御祓、牛王等は、社《やしろ》へ納めて吉とする。〔諸人重宝記・五〕

三行半【みくだりはん】 「離縁状」ヲ見ル

三国街道【みくにかいどう】 中仙道の高崎*から三国峠を経て長岡に至り、新潟へと続く。高崎〈二里半〉かねこ〈三里〉渋川〈二十八丁〉杢橋〈二里。関所〉横堀〈三里。峠〉中山〈二里。峠〉塚原〈二里半〉今宿〈一里〉須川〈一里〉相又〈一里半。関所〉永井〈三里半。三国峠〉浅貝〈二里〉二居〈二里半。峠〉三股〈二里半〉湯沢〈二里〉関〈二里半〉塩沢

〈二十七丁〉六日町〈二里。越後へ下り舟がある〉五日町〈二里〉浦佐〈三里半〉堀の内〈一里半〉川口〈三里〉妙見〈一里半。渡しがある〉六日市〈一里半〉長岡。ここから新潟へは十六里。下り舟があるが、新潟への陸路は、長岡〈三里〉与板〈四里〉地蔵度〈二里〉すき〈三里〉曾根〈二里〉内野〈三里〉新潟。〔木曾道中重宝記〕

三稜草縄【みくりなわ】 大和詞。「みくりなはとは、恋待ちわぶる事。(歌) 今ははやとをちの池のみくり縄 来る夜も知らぬ人に恋つつ (新後拾遺集・恋歌五)」。〔不断重宝記大全〕

御衣【みけし】 「みけしは、ぎよい (御衣) 也」。〔消息調宝記・二〕

御饌殿【みけどの】 伊勢名所。「外宮」御正殿*の丑寅 (東北) の方 玉垣の外にある。二所大神宮に朝夕の御饌《みけ》 (＝供物) を供える御殿である。〔東街道中重宝記・七ざい所巡道しるべ〕

眉間寺【みけんじ】 奈良名所。興福寺の西北七八丁にある。聖武天皇の建立で、御陵もある。光明皇后の御陵もある。〔東街道中重宝記・七ざい所巡道しるべ〕

巫【みこ】 〔万物絵本大全調法記・上〕に「みこ。巫 ふ／かんなぎ／いち。女 神に事《つかふ》るをいふ也」。〔女用智恵鑑宝織〕の「女子の嫁入する前に教ゆべきこと」十三条の第八に、巫《かんなぎ》 山伏等の業に迷い、神仏を汚し、近づき、濫りに祈り、諂ってはならない、とある。

神子鴨【みこがも】 〔料理調法集・諸鳥人数分料〕に神子鴨《みこがも》は料理に使うことはなく、飼い鳥である。備前 (岡山県東南部) 播磨 (兵庫県西部) から来る。

見越【みこし】 立花*。見越を出す所は決まっていない。受《うけ》*の方でも、副《そえ》*の方でも、後ろから葉を面《おもて》へ見せて、木高く使う。〔男重宝記・三〕

御輿【みこし】 女の柔な詞遣。「のり (乗) 物*を、御こし」という。〔女重宝記・一〕

御輿洗【みこしあらい】 大坂願所。住吉大明神の御輿は、毎年六月十三日 前の浜で濯ぎ洗うのを御輿洗《みこしあらい》とも、御湯ともいう。この日は前の海の潮《うしお》は湯となり、恰も沸かすようである。参詣の諸人は浜に行き 浴《ゆあみ》をし、冷え一切の病を平癒すると言い伝える。〔願懸重宝記・初〕

御輿精工【みこしせいこう】 御輿精工に、大伝馬町三丁メ 万屋利兵衛、小伝馬町一丁メ 鈴木屋松五郎がいる。〔江戸流行買物重宝記・肇輯〕

神子どうねぎ鴫【みこどうねぎしぎ】 「雀鴫」ニ同ジ

見事な【みごとな】 五色*の褒め詞。青い色の物は「みごと (見事) な」と褒める。〔男重宝記・五〕

詔【みことのり】 大和詞。「みことのりとは、天子の御詞」である。〔不断重宝記大全〕

操【みさお】 大和詞。「みさほとは、つれなきを云」。また「人の行儀をも云」。〔不断重宝記大全〕

御酒殿【みさかどの】 伊勢名所。「外宮」の記載に、御酒殿《みさかどの》は御記 (御酒) を納めて置く所とあり、「内宮」では由貴殿の西の方にある。〔東街道中重宝記・七ざい所巡道しるべ〕

諸陵寮【みささぎりょう】 〔万民調宝記〕に諸陵寮《みささぎりょう》は治部省*に属し、天子の御喪葬礼の事、代々天子の御墓を奉行することを司る。

三塩大根【みしおだいこん】 〔里俗節用重宝記・下〕に三塩《みしお》大根は、冬大根を小口切りに薄くし塩揉みにして洗い絞り、三塩に漬けて取り出し、一枚ずつ紙で湿《しとり》を取り、山椒の粉を振りぐるぐると巻く。煎餅のように白歯ぎれしてよい。硯蓋の積み合せによい。

三塩煮笋【みしおにたけのこ】 〔料理調法集・煮物之部〕に三塩煮笋《みしおにたけのこ》は、竹の子を酒一盃、味噌一匁、出汁一盃で煮る。

三嶋より沼津【みしまよりぬまづ】 東海道宿駅*。一里半。本荷九十五文、軽尻六十二文、人足四十八文。右に三嶋明神の社があり、この御神は三社ある。左に御館の跡がある。ここで古くから暦を作る者がいて、三嶋暦

〔「暦の事」*〕という。六反田 千貫樋は伊豆と駿河の境である。駿河の新宿に長沢八幡がある。右方より一丁程、亀鶴山観音は駿河三十三所の札所である。傾城亀鶴が守り本尊である。黄瀬川村 石田左に釜が渕があり、二ツ屋山王村に山王の社がある。富士の牧狩の時の釜がある。河廓 車《くるま》反《がえし》村。〔東街道中重宝記・寛政三〕

御注連縄【みしめなわ】 大和詞。「みしめなわ、かけて頼む心」である。〔女筆調法記・三〕

御正殿【みしょうでん】 伊勢名所。○「内宮」御正殿《みしょうでん》内宮と申し奉る。天照《あまてらす》皇大神《すえおおんかみ》宮である。当地へ御遷幸のあったのは『日本書紀』伝承十一代垂仁天皇（在位九十九年デ没）二十六年である。○「外宮」御正殿外宮と申し奉る。豊受《とよけ》皇大神《すえおおんかみ》宮である。丹後の与謝の宮から当地へ移したのは『同前』二十一代雄略天皇（四一八〜四七九）二十二年、内宮御鎮座から四百八十二年後である。これは豊受大神と一所に居ないと御饌《みけ》も安く食べられないとの天照皇大神宮の御告げによるものである。また御告げに我が祭りをするのに、まず豊受大神を祭り、その後に我が祭をせよとあるのにより、諸祭は皆外宮を先にし奉る。〔東街道中重宝記・七ざい所巡道しるべ〕

白白白【みしろさんばく】 異類異名尽。「白白白。みしろさんばく」。〔小野篁謔字尽〕

水和の事【みずあえのこと】 和物*の一。〔諸人重宝記・四〕に水和は、煎酒*に酢を加えるとし、次がある。ごんぎり（小鱧）、田作り、鯣、いりこ（煎海鼠）、小鳥（焼いて入れる）、乾鮭、青瓜、茗荷の粉、きくらげ（木耳）、牛蒡を取り合せて和える。山椒の葉を刻んで入れるとよい。〔料理調法集・和物之部〕には、鯣熨斗《のし》、茜根切、煎海鼠、田作り、海松食《みるくい》、玉珧《たいらぎ》、海月《くらげ》、玉子織等に、芥子葉、菊菜、土筆《つくし》、枸杞、揉み瓜、茗荷、人参葉の類を取り合せ、煎り酒に酢、醬油を少し加え掛ける。上置は胡桃、栗、花蜜柑の類、品により胡麻、芥子を振るとよい。

水葵の事【みずあおいのこと】 〈草花作り様〉〔昼夜重宝記・安永七〕に水葵《みずあおい》の花は白色、薄赤色である。土は田土を用いて水を溜める。肥しは塵埃《ごみほこり》を根に入れる。分植は三四月がよい。〈水揚げ伝〉〔調法記・四十七ゟ五十七迄〕に図版のように山椒を割って切り口より茎へ差し込み活けると、久しく萎れない（図485）。

図485 「水揚げ」（調法記・四十七ゟ五十七迄）

水揚【みずあげ】 〔色道重宝記〕に水揚《みずあげ》は、未だその道を知らぬ小娘を初めて侵し、気を遣ることを覚えさせる事とある。小開《ぼぼ》*へ入れることなので注意して点《とぼ》す*のがよい。「新鉢《あらばち》を割る」ともいう。「山衆《やましゅ》の事」参照

水浅漬【みずあさづけ】 〔料理調法集・漬物之部〕に水浅漬は、大根七十本を、塩一升で漬け、押しを懸けて三日程置く。押しを取り、水をひたひたに入れ、また重しを置く。五、六月迄は持つ。

水中り【みずあたり】 〔掌中重宝記・慶応四〕に水に中《あた》ったのには、うこぎ（五加皮*）の実と皮を末（粉）にして酒で飲むとよい。

水油の類氷らぬ伝【みずあぶらのるいこおらぬでん】 〔諸民秘伝重宝記〕に極寒の節に水油や硯石の類が壺器で氷るのには、その壺器に胡椒の粒を五六粒入れて置くとよい。

水飴【みずあめ】 〔ちやうほう記〕に水飴の製法に三方がある。①糯米一升、糀三合。糯米を和らか過ぎないように炊き、温かい内に糀を合せ、冷めた時水一升五合を入れて甘酒にし、一夜置き 翌朝水嚢で濾して練る。大方、一日程練り上げて白砂糖を三匙程入れる。夏は固くてよい。②

糯米二升をよく砕き 飯に炊き 麦の萌やし二合を粉にして、飯の冷めない内に振り交ぜ、水をひたひたに入れ、甘味が付いて布で濾して、練る。③として②を詳しくした記事もある。

水色浅黄【みずいろあさぎ】「浅黄水色染」ヲ見ル

水祝い【みずいわい】「水懸」ヲ見ル

水打たず花入【みずうたずはないれ】 水不打花入は、青磁 籠 瓢《ふくべ》 古銅花入。但し、これは中に水を入れ 花入口の蓋を閉めると、露が自ずから浸み出す。〔里俗節用重宝記・中〕

水絵砂【みずえすな】 手品。〔清書重宝記〕に、寒水石（純白の大理石）を油で煎って、色をつけ、水に書く。水留には明礬と五倍子の粉を使う。

瑞垣御門【みずがきごもん】 伊勢名所。〔東街道中重宝記・七ざい所巡道しるべ〕に次がある。瑞垣《みずがき》御門は外宮 内宮ともにある。瑞垣はこの御門へ付いていて、この御垣の続き裏の方にも御門がある。瑞垣の内が御正《みしょう》殿《でん》*である。外宮には瑞垣御門の左右に東宝殿（御幣の錦綾 御調《みつぎ》の糸等を納む）、西宝殿（御神馬の鞍 調度等を納む）がある。御正殿から第一重の門である。第二重は蕃垣御門*第三重は玉串御門*という。

水懸【みずかけ】〔年中重宝記・一〕に次がある。正月二日に、去年初めて妻を娶った男に水を掛けることがあり、これは永禄（一五五八～七〇）の頃、阿波の三好が、家臣松永弾正の姪女を、我が家の寵臣に妻合せたことから始った。しかし、京都には板倉氏が所司の時、法度に定められてから絶えて、今はない。「水祝」ともいう。

水懸け麦【みずかけむぎ】〔田畑重宝記・上〕に水懸け麦というのは、冷水が強く早く流れて田地に水の湛えがなく、早く引き、寒の内に水を沢山に三十日も四十日も懸け詰めて、至極麦が出来る地をいう。手入れや肥しが不足して麦の育つ場所は稀である。こんな所には水懸け菜を作るとよい。水菜は京辺、富士の郡にある。

水掛け論【みずかけろん】〔四民格致重宝記〕に水掛け論は、自分の田に水を多く引く争いで、身を捨てて争う事も多い。用水 取水で、早苗前後に百姓が争い、手負《ておい》など起し、少しの口論に始り、一村一郡から一国の乱れとなる事もある。用水は、取水源（川筋・池・築井等）、水道（水門・川堤・掘切等）、水質等の状況ついて、その是非・善悪等を知り、改良すべきことである。

水銀を飲んだ治方【みずかねをのんだじほう】〔万物絵本大全調法記・上〕に「水銀 すいぎん／みづかね。汞 こう。同」。〈水銀を飲んだ治方〉〔新撰咒咀調法記大全〕に「水銀《みずかね》を飲みたる治方」は、金銀箔を速やかに飲むとよい。害はない。また山椒の黒焼を、実を去り 皮を丸じながら飲むとよい。この中へ水銀を包んで下るのは奇妙である。〔万用重宝記〕に「水かねの毒消」は、焚き炭の粉と蓬の葉の煎じ汁で飲むと、即座に毒を消す。「水銀粉《はらや》の事」モ見ル

水亀【みずがめ】「石亀《いしがめ》」ヲ見ル

水際に使う草木【みずぎわにつかうくさき】 立花*。〔昼夜重宝記・安永七〕に水際に使う草木は、金仙花 寒菊 薮柑子 万年青 隅篠 蕗の薹 擬宝珠 河骨 沢桔梗 撫子 野菊 桜草 藤撫子 竜胆 鬼薊 雪の下 沈丁花 梔子 椿 山茶花 槿《むくげ》 茶の花 木瓜 柘植など五十一種が挙っており、この類は多いので推量せよとある。前置きの上迄使うものもある。

水際の瘡【みずぎわのかさ】〔馬療治重宝記〕に水際の瘡は、まええだ（前肢）屈みの節の下 烏頭《からすがしら》の下 蹄《つまふき》の辺に出る瘡で、中は少し陥んで出る。薬は、胡椒と白イ物（白粉 各一戔）を粉にして渋い酢で溶いて貼《つ》ける。その上に、韮の根・垣通・金瘡小草《きらんそう》の三色を擂り、どれも〇これ程ずつ 三ツをよく押し合せて瘡の上に押し付け、所によって手綱で結んで置く。薬を付ける前に瘡を糟湯で塩を添えて血の出る程洗い、瘡を探って見て硬く皮が強ければ刀で刮ぐ。血を絞り出し、糟湯で洗ってから薬を貼ける。

症によっては酢を用いることもある。癒えない内は水を忌む。

水際退の心【みずぎわのきのしん】 立花。* 〔新板増補男重宝記・三〕に水際退《みずぎわのき》の心《しん》は、込みより二寸四五分、三寸で曲《ゆが》むものである。

水茎の跡【みずくきのあと】 〔消息調宝記・二〕に「みづくき（水茎）とは、ふで（筆）の事」、「水茎の跡」は筆跡や手紙をいう。〔女重宝記・四〕には美しい筆跡で文章を面白く書いた手紙を見ると、その人に会ったことはなくても姿 心ばえ迄優しく艶に思い遣られる。そのために手習いせよというのではないが、水茎の跡を見て男が心を寄せた試しは多い。眉《み》目形《めかたち》が美しくても、手の拙いのは心劣りするものである。

水瀉【みずくだり】 「すいしゃ（水瀉）」ヲ見ル

水車【みずぐるま】 〔万物絵本大全調法記・上〕に「筒車 とうしや／みづぐるま」。〈紋様〉〔紋絵重宝記〕には「水車」の文字と水車の意匠がある。

水肥【みずごえ】 〔農家調宝記・続録〕に水肥《みずごえ》は、人糞 小便 魚鳥の洗い水をいう。

水心を知らずして水中を潜る伝【みずごころをしらずしてすいちゅうをくぐるでん】 〔調法記・全七十〕に水中を潜る伝は、鼠糞（八匁）、樟脳（土器に入れ七度焼き返す）・松脂（各五匁）、乳香（三匁）、杉の脂（二匁）、蟾蜍（総目方の三分の一を入る）を膏薬に練り、目鼻口耳に塗って水中に入ると、眼はよく見え 水が少しも入ることはないという。

芫花【みずさり】 〔薬種重宝記・中〕に和草、「芫花 げんくは／みずさり」とあり、酢で十数沸ほど煮、酢を去り、水に一夜浸し、曝す。古いのが効があるという。

水塩【みずしお】 〔料理調法集・国産之部〕に水塩《みずしお》は、塩一升に水一升を入れてよく煎じ返し、熱い内に薄い切溜《きりだめ》（＝入れ子作り漆塗りの木箱）様の器に入れ、天日に干し付ける。但し、夏土用中の至極よい日にする。

御厨子棚【みずしだな】 嫁入道具の一。漆塗りの棚で身の回りの品を置き、床の左に飾る。〔女重宝記・二〕に飾り様が絵図にある。○上の棚。硯箱 筆台を置き合せ、料紙は右 硯箱は左。取る時はまず料紙を両手で取り上げ、硯箱の上に置き、料紙共に蓋を取り、料紙の所に置く。石塀は水入の先に立てる。水入は亀 又は鶺鴒 蟹の内である。料紙箱は右、筆台は左に飾る。筆立は石塀の前、次に水入である。○中の棚。右は香盆、羽箒（鶴の羽を三枚、茎を竹の皮で包み、水引で六節結う）。筈刺《はずさし》一対、水引を添えて飾る。左は耳角盥 渡し金、嗽《うがい》天目を二ツ添えて飾る。○下の棚。下置には盥、露返しを前にして、中に柄長の湯桶。右には眉筆箱を飾る。図版は〔小笠原諸礼調法記・地〕による（図486）。

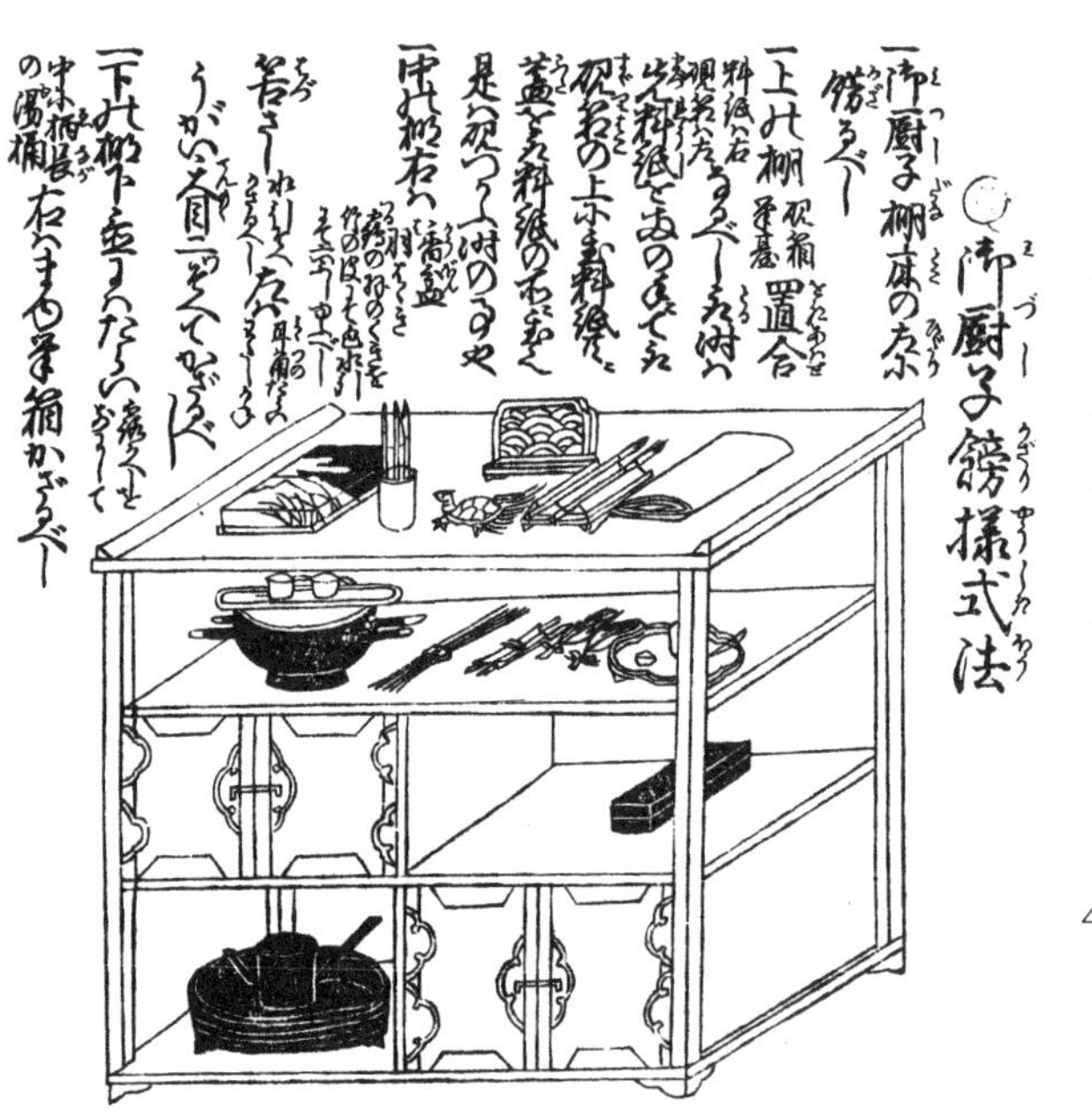
図486 「御厨子棚」（小笠原諸礼調法記）

水雑炊【みずぞうすい】 〔料理調法集・飯之部〕に水雑炊は、煎り塩で仕立てる。みじん豆腐、焼味噌等を入れるとよい。

水松明【みずたいまつ】〔男女御土産重宝記〕に水松明《みずたいまつ》は、明礬・樟脳（五匁）、鼠の糞・艾・麻の灰（各一匁）、松脂・煙硝・胆礬（各五分）の八味を細かにし、竹の筒に込み入れ十分固くして、口薬《くちぐすり》（＝火蓋等に使う火薬）で立てる。雨風 水に入れても消えることはない。音が高く忍びの者が持つのは無用である。

水出汁【みずだし】〔料理調法集・煮出煎酒之部〕に水出汁《みずだし》は、乾し鰹の出所を選び、上皮を去り血あいの黒みを除いて削り、水に浸し三時（六時間）程も置いて取り上げ、水ばかりを煮返して用いる。味は煮出したのよりも軽く、用いる品によっては一段とよい。

水玉流し【みずたまながし】〔料理調法集・鱧餅真薯之部〕に水玉流しは、摘み入*の加減にした擂り身に、輪唐辛子を入れ薄く板に付け、煮ても湯煮してもよい。

水玉を転がす妙伝【みずたまをころがすみょうでん】手品。〔調法記・四十ら〕に水玉を転がすには、蛙の子が泡（卵）の時板の上に取って日に干し、粉にし、用いる時は手を水に濡らして粉を塗り付け、水を手に掬い取って丸めると、水は玉のようになる。これを座敷へ抛り出すと玉のように転げる。但し、物に当ると砕ける。

水手向所【みずたむけどころ】高野山名所。下向の時、御廟の橋*を渡ると左の方にある。ここから御供所 幷に護摩堂へ参詣して帰ると、洗手鉢*の所へ出る。この辺に求聞持所、断食所がある。〔東街道中重宝記・七ざい所巡道しるべ〕

水帳【みずちょう】「検地」ヲ見ル

御簾所【みすどころ】〔万買物調方記〕に「京ニテ御翠簾所」富小路夷川上ル 谷口和泉、烏丸夷川上ル 徳助、同町 三右衛門、室町四条下ル 七右衛門。「江戸ニテ御翠簾所」本吉原 見すや徳方、京橋北一丁目 同 市左衛門。「大坂ニテ御すや」天満 堀川にある。

水に住む鴛【みずにすむおし】大和詞。「水にすむをし（鴛）とは、ふたり（二人）あはん（会）」という意である。〔不断重宝記大全〕

水に住む蛙【みずにすむかわず】大和詞。「歌詠む人」を言う。「花に鳴く鶯」ヲ見ル

壬【みずのえ】十干*の第九。壬《みずのえ》《じん》。〔日用重宝万物図解嘉永大雑書三世相〕に壬《じん》《みづのえ》、玄黓《げんよく》とある。壬は妊《はらむ》で冬より春に生い出る草木が芽をくぐもり、妊む心である。この干は水を通し、井戸水を替える等を忌む。〔永代日暦重宝記・慶応元写〕には水を使ってはならないという。

壬年生れの吉凶【みずのえどしうまれのきっきょう】〔日用重宝記万物図解嘉永大雑書三世相・嘉永四〕に、○「壬《みずのえ》（豊陽の枝）」に生れる人は、少し福があり 心静かである。春秋の生れは大いによい。夏冬の生れは貧で、日の食米一斗がある。前世は近江国の赤犬で、その証には右腹に黒子がある。来世は勇士に生れる。常々心持を嗜み 後世を願うとよい。三四歳で危い事があり、十一二歳で病があり、また海川を慎むとよい。三十三四歳で口舌か大事があり、また家を出る事がある。三十七八歳で盗人に遭うか、損する事がある。四十歳で福が来る。四十七八歳で眷属に口舌があり、五十一歳で福が来る。命は七十五歳で五月の亥か、酉の日に死ぬ。〔女用智恵鑑宝織〕で特に記す事は次の通りである。壬の年生れの女は福がある。前世は近江国山王の猿で、権現に仕えたので人に生れた。心を嗜み信心すれば幸いがある。十三歳で海川を慎むとよく、二十四五歳で大いに災難があり、二十八九歳で福が来る。三十二三歳で病があり、また人から無実を言い掛けられることがあり、三十七八歳で命が危く、四十歳で幸いがあり、四十三歳の春に煩いがあり、また盗人に遇い、四十七八歳で子か下人に口舌があり、五十一歳で福が来る。寿命は七十五歳。八幡宮を一代信心すれば士に生れる。邪慳であると猪となる。

壬の日【みずのえのひ】〔世界万宝調法記・下〕に「毎日之日取」として次

がある。○「壬子の日」。天恩日*。一騎当千日。金剛部日*。屋根葺、門建、倉建、物裁ち、人置く、耕作、万《よろづ》によい。但し、旅には出ない。○「壬寅の日」。万によい日。大明日*。三宝中吉日（「三宝吉日」参照）。倉建、倉に物を納め、元服、嫁取、移徙、家毀ち、耕作、物裁ち、人置く、新しい枕をする等万によい。○「壬辰の日」。万によい日。十方暮*。一騎当千日。大明日。五墓日*。物裁ち、倉に物を納め、新物を食い始め、万によい。但し、起請、誓文をせず、鐘の緒を掛けない。○「壬午の日」。大明日。天恩日。三宝双方日。耕作始、神事、物裁ち、移徙、人置くによい。三宝上吉日（「三宝吉日」参照）。元服、嫁取、立願。万によい。○「壬申の日」。万によい日。大明日。ひやうちやう日。十悪大敗日。造作、井掘、神事、倉に物を納る。万によい。○「壬戌の日」。天恩日。新しい物を着始め、新しい物を食い始めるのによい。起請、誓文をせず、鐘の緒を掛けず、神仏のことに悪い。

壬癸【みずのえみずのと】〔重宝記・宝永元序刊〕に壬《みずのえ》癸《みずのと》は水神。この日は井を掘らず、河を拵《せせ》らず、橋を架けず、船に乗らず、病人を見舞わず、死人を弔わず、衣類を染めず、衣を裁つのに悪い。家建て、蔵建て、馬屋造り、屋敷構え、薬を飲み、出行によい。〔日用重宝記・二〕にはは気の終りとある。「壬」「癸」参照

水神【みずのかみ】「みずのえみずのと（壬癸）」ヲ見ル

水の事【みずのこと】〈軽重数〉〔古今増補算法重宝記改成・上〕は、一尺四方六方の重みを七貫四百目とする。〔算学調法塵劫記〕は一升の重さは四百九十八匁とする。

〈水に渇えぬ法〉〔調法記・全七十〕〔万家調法呪詛伝授嚢〕等に「水に不渇《かつえざ》る法」は、甘草・薄荷・葛粉（蒸）・梅干（各一両）、烏梅（一両五分）、茯苓（三両）、何首烏（蒸して刻み 一両五分）を末（粉）にして丸薬とし、○これ程に丸じ、一日に三四粒用いるとどんな炎天に山野に行っても水に渇することはない。〔里俗節用重宝記・上〕は大白梅干（七十 皮を取り肉ばかり擂る）、黒砂糖（百目）、人参（三分）を練り合せて置き用いる。

〈水に中った時〉〔胡椒一味重宝記〕に「水に中った時」は、胡椒を煎じて用いる。

〈十字の秘術の一*〉〔咒咀調法記〕に「十字の秘術*」は、案内を知らぬ家、又は大酒に遇いそうな時は、「水」の字を書く。〔新撰咒咀調法記大全〕は道中の水が変わるのに、「水」の字を書いて持つとよいとある。

〈手品〉〔新板秘伝日用重宝記〕に水に絵を書く伝は、白紙へ明礬を濃く煎じて引きその上に何でも書いて水へ浮かめて晒す。この紙を沈めて抜くと、書いた絵は紙を離れて水へ浮かぶ。〔調法記・四十ち〕に水に浮石を拵える伝は、灯心に紙を貼り蠟を引く。又その種を明かさずに「水に字を浮かす」「水に銭を浮かす」「水に蠟を落し花にする」「水の上に独楽を回す」等の手品がある。〈紋絵〉〔紋絵重宝記・上〕には水の字、或は水の字と水の流れを意匠した紋絵がある。〔同・下〕には「水に沢瀉《おもだか》川《こう》骨《ぼね》」「水に菊」「水に水車」などの意匠がある。

水の過【みずのすぎ】大和詞。「みづのすぎとは、色に出ぬを云」。〔不断重宝記大全〕

みずの玉【みずのたま】大和詞。「みづの玉とは、つましき（倹）を云」。〔不断重宝記大全〕

癸【みずのと】十干*の第十。癸《みずのと》《き》。〔日用重宝万物図解嘉永大雑書三世相〕には癸《き》《みずのと》、昭維《しょうい》とある。癸は揆《はかる》で、草木が陽気が来たのを推し量って出ずべきを催すという意である。この日舟に乗り、薦を求むるのを忌む。〈吉凶〉〔永代日暦重宝記・慶応元写〕は、乗舟、訴訟事は凶である。

癸年生れの吉凶【みずのとどしうまれのきっきょう】〔日用重宝万物図解嘉永大雑書三世相・嘉永四〕に、○「癸《みずのと》（柳復《りゅうふく》の枝）」に生れる人は、耕作に縁があり、心正直な人である。常に人に嫉《そね》まれる。春の生れは日の食米三斗、夏の生れは

日の食黒米一斗八升、秋の生れは豆三斗、冬の生れは黍二斗がある。神の祟りがあり、財宝は貯え難い。前世は伊勢国安濃郡の牛で、大神宮へ仕えたので人間に生れた。信心が深いと後生も善人になる。不信心ならば元の畜生道に落ちる。六七歳で災難があり、八九歳で病、十三歳で腹を病み、二十六歳で口舌か病い、火事があり、慎むとよい。三十一歳で災難、三十七八歳で家を出る事があり、四十三歳で住居につき口舌、また火難がある。四十七八歳で財宝を得る。六十一歳でまた火難がある。命は七十三歳で五月の癸《みずのと》亥の日に死ぬ。常に地蔵尊を念ずるとよい。〔女用智恵鑑宝織〕も同様であるが、特に記す事は次である。癸《みずのと》の年生れの女は、衣食に縁があり、見目よいので人に嫉まれることがあり、慎むとよい。子は五人か七人ある。神の祟りがあり縁付は少し遠い。前世は伊勢国の鮑*で、諸人の目の薬となったので人に生れた。この世でも人を憐れむ心があれば益々よい。十三四歳で病み、十八九歳で命が危い、よく慎むとよい。二十五六歳で口舌、三十一二歳で煩い、また無実を受けることがあり、信心するとよい。三十七八歳で夫婦に諍があり離別することがあり、慎むとよい。四十二三歳で夫につき思うことがあり、四十七八歳で福が来る。寿命は七十三歳。一代の内不信心は悪い。

癸の日【みずのとのひ】〔世界万宝調法記・下〕に「毎日之日取」として次がある。○「癸丑の日」。万によい日。大明日*。金剛部日*。一騎当千日。耕作、門建、移徙《わたまし》、元服、蔵開き、屋根葺、人を置く、家毀、万《よろづ》によい。八専間日*。起請 誓文をしない。○「癸卯の日」。万によい日。大明日*。三宝下吉日（「三宝吉日」参照）。金剛部日。大敗日。移徙、立願、神事、倉建て、物裁ち、元服、人を置く、遠行、万によい。但し、人に物を取らせない。○「癸巳の日」。万によい日。三宝下吉日。十悪大敗日。大明日。甘露日。仏滅日。元服、門建、屋根葺、宝納め、人に物取らせ、物裁ち、種取る等万によい。但し、長旅は悪い。○「癸未の日」。十方暮。五墓日*。甘露日*。三宝吉日*。人を置く、屋根葺、耕作、出陣、新物を食い始めによい。○「癸酉の日」。万によい日。大明日*。金剛部日*。甘露日*。三国相応日。立願、旅出、門出、牛馬飼い、乳児の髪剃り、新しい枕する等万によい。○「癸亥の日」。万によい日。三宝吉日。大明日。十悪大敗日。移徙、立願、新物食い始め、宝を納るのによい。起請 誓文をせず、鐘の緒を掛けない。

水引【みずひき】〔日用重宝女大学〕に水引は、細い紙縒とある。造り様は杉原紙又は奉書紙を巾一寸位に切り、これを捻って長さ一尺余にして暫く米泔《しろみず》に浸し、取り出して手拭で絞《すご》引き、日に干し、後に半分に臙脂《べに》を塗るのを赤白の水引といい、白い方を本とする。近世は金箔 鬱金 藍《あい》汁を塗り、段々に彩り細箔紙《ほそはくがみ》で十条《すじ》毎に束ねて一把とする。また鳥子紙《とりのこがみ》（雁皮・楮・三椏を混ぜて漉いた厚手上質紙）を彩って捻らないのを平《ひら》水引といい、捻ったのに勝る。

御頭引【みずひき】〔囃子謡重宝記〕に能舞台の上に引くきぬ（布）を御頭引《みずひき》といい、不見引とも書く。一切太夫の悪事を隠すために引く。例えば、人家の商い棚に横暖簾を掛くるようなものである。御頭引を引くと舞台の内がこんもりとしてよく、引かないとばっとして悪い。昔は無いことである。また高官 高位の舞台には必ずないことである。

水引半平【みずひきはんぺい】〔料理調法集・鱧餅真薯之部〕に水引半平は、半平の芋を入れず、板に長さはよい程に薄くつけ、中から半分よせて菜を入れた青身を付けて蒸し上げ、細く切り揃えて、真ん中に輪唐辛子を入れ、吸物等に使う。

芡【みずぶき】〔万物絵本大全調法記・下〕に「芡 けん／みづぶき。秋」。〔薬種重宝記・中〕に和草、「芡実 けんじつ／みづふき。穀《こく》を去り 肉を使ふ」。

水舟の漏りを止める方【みずぶねのもりをとめるほう】〔新撰咒咀調法記大全〕に

水舟の漏りを止める方は、風炉桶と同じく、香の物の家〔函〕に酒の糟の入った随分古い家に銑屑を混ぜて漆喰とし、よく乾かしてから用いると、永代損ねることはない。

水本漬【みずほんづけ】〔料理調法集・鮨之部〕に水本漬《みずほんづけ》は、精進の鮨である。飯は和らかめに炊き塩と酢で加減して、茄子 青豇 竹の子 茗荷 蓮根 椎茸 蕗 松茸木耳の類を身ばかり取り合せて湯煮し、薄塩梅に煮て、渡しよく絞り、こけら鮨*のように漬ける。

水撒【みずまき】「あめまき〔雨撒〕」ヲ見ル

水見舞【みずみまい】〔進物調法記〕に水見舞は、水の不自由なもの故、よい水を遣わすのがよい。桶類 俵 縄 筵。食物は出来るだけ早く遣わすのがよい。「火事／水見舞〔かじ／みずみまい〕」参照

水虫【みずむし】〔胡椒一味重宝記〕に手に水虫が出来たのは、胡椒〔大〕・五倍子《きぶし》〔小〕を合せて練り付けるとよい。〔懐中重宝記・慶応四〕には石榴の皮で燻す。木槵子《むくろじ》の皮を浸して洗うのもよい。

水餅【みずもち】水餅は、餅に黴や罅《ひび》の生じないように水に漬けて保存して置くことである。〔日用調法人家必用〕に「水餅《みづもち》に匂ひ付かざる伝」は、裏白の葉一枚を入れた水に漬すと変わることはない。

貫膿【みずもる】〔小児療治調法記〕に次がある。貫膿《みずもる》*は起脹《やまあぐる》*の後の症である。○七日に至り痘が貫膿〔水疱になる〕になる時で、必ず膿のあるのを主とし、膿がある時は死ぬ。七日経っても頂きが陥み貫膿しないのは先の調治が悪く、回生が必要である。○形状が円満 光沢し、膿窠のあるのは毒は化して漿《みず》となり、色は緑水のようで次第に蒼蠟に変じ、手で押すと皮堅く、飲食 二便は常のようで、他の症状の無いものはよい。薬に内托散* 二物湯* 百花膏* 敗草散*がある。○貫膿三日で生死を決する例。起脹三日後に根窠紅潤して貫膿充満し、黄蠟色のような二便が常のようで、飲食の減らないのは吉候で、薬を用いるに及ばない。○紅紫黒で外を削るようで、声の啞《かれ》るのは死ぬ。○貫膿の時専ら清水で、皮白く薄く水泡と似るのは、三四日して総身を掻き破り死ぬ。○痘中が乾き枯れ、全く血水の無いのは空痘と名付け、必ず死ぬ。○貫膿の時に吐痢止まず、或は二便に血を下し、乳食を消化せず、痘が爛れて膿の無いのは必ず死ぬ。○二便が通ぜず、目閉じ、声啞れ、腹中脹満し、肌肉の黒いのは即死する。

水を山野で探す法【みずをさんやでさがす】〔大増補万代重宝記〕に他国に行き山野で水のある所を探すには、柳の生えている所、また白鷗 鷺等の近づく所、また嶮岨な下には、必ず流れがある。

水を澄ます伝【みずをすますでん】〔調法記・四十ゟ〕に水を澄ますには、明礬を入れるとよく澄むが、用いるのには役立たない。雨後の水の濁りには、桃仁と杏仁を擂り入れて澄ます。

味噌香の物漬様【みそこうのものつけよう】〔男女日用重宝記・上〕に味噌香の物を漬け様は、大根や瓜でも塩をして押して染みた時、まず生味噌に入れ、百日も置いてその後取り出し、味噌を扱き落し、よい味噌に入れて置く。又生で醤油のみに入れよく染みた時、味噌に入れる法もある。これは柔らかくなる。

味噌酒【みそざけ】「生姜酒」ヲ見ル

みそさざい【みそさざい】片言。「鷦鷯《みそさんざい》を、みそさゞい」という。〔世話重宝記・五〕

味噌漬【みそづけ】〔料理調法集・漬物之部〕に味噌漬は、魚 鳥 貝類でも薄塩を振って暫く置き、味噌を酒で緩めて漬ける。急ぐ時は味噌を醤油で緩めて漬ける。但し、味噌漬は日が経つとよくない。久しくは持たない。

味噌漬蒲鉾【みそづけかまぼこ】〔料理調法集・蒲鉾之部〕に味噌漬蒲鉾は、鯛を卸し一夜味噌に漬け、崩し擂り身にして、烏賊を入れ、その他は常のように合せて仕上げる。

味噌煮氷【みそにこおり】〔料理調法集・煮物之部〕に味噌煮氷は、味噌を薄仕立てにして、寒天を入れ、冷ます。

味噌煮笋【みそにたけのこ】〔料理調法集・煮物之部〕に味噌煮笋は、赤味噌を水で掻き交ぜ、竹の子をよく煮上げて出汁で洗い、笋羹（笋に季節の野菜等を入れて煮込む）様に用いる。

味噌煮豆腐【みそにとうふ】〔料理調法集・煮物之部〕に味噌煮豆腐は、味噌を擂り、豆腐を薄く切って漬けて置き、暫くして炭火で煮立てると、いつまでも和らかに味噌になじんでよい。〔料理調法集・豆腐之部〕には「味噌漬豆腐」とある。

味噌の事【みそのこと】〈薬性〉〔医道重宝記〕に味噌は、冷で毒はなく、脾胃を和し、諸毒を消し、腸胃を潤し、大小便を利し、五臓の血気をみな調え養う。醸造法や種類は色々あり、個有の味噌名は個別に立項したので一般的な醸造法を記す。

〈醸造法〉〔料理調法集・造醸之部〕①大豆一斗をよく煮て搗き、白麴一斗、冬は一斗五升、塩三升、冬は三升五合を搗き交ぜ、樽に仕込む。②大豆一石をさっと洗ってよく蒸し、熱い内に搗いて筵へ広げて冷めた時、麴六斗、塩四斗を交ぜて樽に仕込む。振り塩は四斗内である。また麴と飯を入れる。味噌一斗に麴三升、飯二升を中白炊きにしてよく冷まし、一ツに合せてよく搗き込み樽に押しつけて置く。五日程してまた取り出して搗く。また樽に入れ三四日して使う。このようにして用次第に一斗程ずつ順繰りに仕込むとよくできる。③大豆一斗を水に浸し皮を去り煮て揉み、糀五升、塩二升五合をよく搗き交ぜ、樽に押し付け、よく熟れる時三ツ割一ツ分に揉み、糀二升と糯米五合をよく蒸して味噌と合せ桶に押し付けて置き、五日程してまた取り出して搗き、元の樽に入れ、三四日過ぎて遣う。一段とよい味噌が出来る。

〈味噌炊き吉凶日〉〔諸人重宝記・五〕に、○「吉日」。正・二・五・六月は壬《みずのえ》癸《みずのと》の日。三・四・十一・十二月は丙《ひのえ》丁《ひのと》の日。七・八月は庚《かのえ》辛《かのと》の日。九・十月は戊《つちのえ》己《つちのと》の日。○「凶日」。大の月は十八・二十一日。小の月は二・三・二十日。子・卯・辰・巳・申・酉・の日。また暦の中段*満《みつ》*平《たいら》*の各日。〔昼夜重宝両面雑書増補永暦小筌〕には、○「吉日」。乙《きのと》酉の日。戊《つちのえ》子の日。己《つちのと》丑・未の日。壬《みずのえ》亥・子の日。癸《みずのと》丑の日。

〈使い量〉〔男女日用重宝記・上〕に、味噌の煮様は、例えば人の所帯で一箇月の扶持方米ほどの豆を煮れば、その年中は沢山である。例え振舞い等があっても不足はない。

〈早作り味噌〉〔昼夜重宝記・安永七〕に味噌の早作りは、大豆一斗を水でよく洗い、煮ても蒸しても、よく煮えた時火を引いて一夜そのまま置き、また翌日火を少し焚き、取り出して搗く。糀一升を豆の暖かな内に搗き混ぜ、物に包み暖かな所に一夜でも半日でも置いて冷まし、塩を合わす。塩は二合五勺を混ぜてそのまま使ってもよい。同じ事なら、塩を混ぜてよく搗き、桶へ入れ、翌日より使うとなおよい。夏は二時（四時間）三時でも熟れる。三十日迄は損じない。

〈味噌汁の辛いのを薄める方〉〔世界万宝調法記・下〕は何魚の汁でも魚の塩辛いか、或は味噌汁の塩辛い時、水で延べると味噌が薄くなるので、搗かぬ黒米の飯を常の飯の強飯位に炊き、茶袋程の布袋に七分目入れ、味噌汁の中へ一煮え程炊き立てると塩の辛味は忽ち取れる。急な来客等の時は袋を小さくして五ツも六ツも鍋の中へ入れるとよい。料理人等は前に拵えて用心して置くとよい。黒米の用意がない時は常の飯でも代用が効く。〔日用調法人家必用〕は塩辛い味噌を即時に甘くする伝は、甘酒を擂り交ぜて使う。〔里俗節用重宝記・上〕は辛い汁を薄めるには、飯を袋に入れて塩辛い汁の煮える中に漬けて煎じ出すと甘くなる。〔家伝調方記〕は瓜の種を黒焼きにして飴に包んで入れるとよい。

〈酸味を直す法〉〔男女日用重宝記・上〕に味噌の酸味を直すには一桶の

半分を取り出し、その後へ抹香を蓮の葉に包んで三所に置き、取り出した味噌を戻して十日程置き、その後味噌を全て取り出して抹香を捨て、麴と塩を少し入れて搗き合わせて置く。味噌一斗に抹香を三四合搗き合わせてもよい。或は、味噌の上に樒《しきび》の葉を三葉置いてその上に香炉を置き、抹香を炊き、枝を味噌に挿して置くのもよい。〔新撰咒咀調法記大全〕に味噌の損じたのを治す呪いは、大豆を煎って布袋に入れ、味噌の多い時は二ツ三ツ埋めて置くと、酢味は悉く大豆が吸い取る。肥松《こえまつ》を多く挿し込んで置くのもよい。〔万用重宝記〕に牛蒡を丸のまま味噌の中へ漬け込み、或は柿の葉を三枚入れて置くのも妙である。〔料理重法記・下〕は雌芹・雄芹を三本よく洗って水を去り、根ながら味噌桶の戌の方に植えて置き、芹が赤くなった時取り捨てると風味がよくなる。〈白味噌に見せる伝〉〔日用調法人家必用〕に常の味噌を白味噌に見せる伝は、飯を擂り交ぜ、且つ味醂酒を加えて仕立てる。〈持ち様〉〔男女日用重宝記・上〕は旅へ味噌や塩の持ち様*は、味噌をよく磨り天日に干して粉にし、紙袋に入れて保持する。一年二年置いても、少しも味は変わらない。〈味噌汁の着いたのを落す法〉〔永代調法記宝庫・三〕に味噌汁や魚の汁の付いたのを落すには、或は染みを抜くには、蕪を拉《ひし》ぎ、その汁で濯ぎ洗うとよい。

○語頭に「味噌」が付く以外の味噌に次がある。赤味噌* 秋田味噌* 一夜味噌* 魚味噌* 梅味噌* 遠州柚味噌* 和蘭陀味噌* 桂味噌* 蒲鉾味噌* 経(金)山寺味噌* 葛味噌* 慈姑《くわえ》味噌* 御前味噌* 後藤味噌* 五斗味噌* さざれ味噌* しつぽく味噌* 薯蕷巻味噌* 白味噌* 即席味噌* 鯛練味噌* 鯛味噌* 玉子味噌* 玉味噌* 垂れ味噌* 千鳥味噌* 長斎五斗味噌* 通用味噌* 椿味噌* 当座味噌* 道明寺味噌* 常盤味噌* 鳥法論味噌* 鳥味噌* 納豆味噌* 七種《ななくさ》味噌* 糠味噌* 練味噌* 八ケ月味噌* 法《ほ》論《ろ》味噌* 待兼味噌* 万年味噌* 麦味噌* 諸白味噌* 柚味噌*。

味噌の酒の方【みそのさけのほう】〔ちやうほう記〕に味噌の酒の方は、糯米一升五合（挽き割りよく蒸して）、糀二升、水二升。糀を二升の水で何遍も揉み出して殻を取り、その水へ蒸し糯米を入れて一夜置き、さっと煮立て、塩を少し入れて冷ます。

味噌松風の伝【みそまつかぜのでん】〔諸民秘伝重宝記〕に味噌松風の伝は、粳の粉一升、餅の粉四合、砂糖三百目。白味噌の溜り百目で菓子の固さに捏ね合せ、水に浸した布を絞り、棒で厚さ二分ばかりに延し、銅鍋で上火ばかりで焼く。山椒を少し入れてもよく、芥子を振ってもよい。

味噌豆煮様【みそまめによう】〔料理調法集・造醸之部〕に味噌豆煮様は、大豆一斗に水一斗六升を入れるのがよい。

霙甘酒【みぞれあまざけ】〔ちやうほう記〕に霙甘酒《みぞれあまざけ》は、青糀を二升から一升、水一升。この糀を宵から水へ入れ、翌日よく揉み出し、水嚢で濾し、よく絞り、糟は捨てる。

霙酒造り様【みぞれざけつくりよう】〔酒造重宝記・中〕に霙酒《みぞれざけ》は、南都（奈良）に限り他所にはない。霙酒を造るのは難しく、常の酒の造り様では出来ない。霙は「花」「蛍」ともいう。米は大唐糯（細長い糯米、所々で名前が違い、病人に食してよい）を随分静かにそろそろと上白米に搗いて用いる（献上用は砕け米は一々撰び出し除く）。「花」「蛍」の造り様は常の酒、中掛（西国で「わけ」という）をして留（同じく「こし」という）をする。中掛の諸味の汁を随分目の荒い水嚢で濾して採り、水の代りに用いる。白米一斗分を花のように入れたい時は中掛の汁を二斗濾して採り、その汁へ蒸を入れ、手でそろそろと掻き廻し、粒々によく砕き蓋をして置く（入れた当座は手で掻き廻すが後はしない）。蒸の冷まし加減は三分冷まし七分温みをつけて入れ、仕込み麴は少しも入れない。沸かし様は麴の室へ入れ、二～五日蓋をして置き、蓋を取って了見し、ほっこりとなるように置く。常の諸味の蓋のようになるのが霙の花で、これを採って澄《すみ》酒で洗い、地酒に浮かしたのが霙酒である。

〔男女日用重宝記・下〕に甕酒は、あらあらとした乾し飯を炒り、水で揉み洗い濁り汁を捨て、よい酒に合せる。〔ちやうほう記〕に甕の方は、糀二升、糯米一升五合（挽き割る）、水二升。心《しん》のない位に蒸し均し、二升の水で揉み糟を取り、その水へ仕込み一夜置き、煮て掻き廻し沫の立つ所へ塩を少し入れる。

御台所【みだいどころ】〔女重宝記・一〕に御台所は、公方*大臣*の妻をいう。また「北の御方」ともいうのは、祝言の夜、西枕 北向きに寝られることからの謂いである。

御嶽より伏見へ【みだけよりふしみへ】 木曾海道*宿駅。一里五丁。本荷四十八文、軽尻三十三文、人足二十三文。宿は可児郡の内にある。天台宗大寺山願興寺真誠院は 本尊は薬師如来、伝教大師作。朱印百石。可児の大寺で、惣囲いは大杉 大竹である。禅斉家の九影寺は朱印十五石。可児川があり浮橋。平岩。桶縄手は長い縄手で鬼の首塚がある。関の太郎といい、鬼の首を桶に入れて都に送るのに首は次第に重くなり、数百人の歩力に及び難く、ここに埋めたので桶縄手という。中納言行平の墓所があり、七本桜が験しである。伏身から加治田へ二里。ここの古城の跡は斎藤山城守が濃州の守護の時、子息新五の居城である。金山へ半里、信長時代の森武蔵守の居城がある。豊田へ一里、昔 肥田玄蕃の居城がある。〔東街道中重宝記・木曾道中重宝記六十九次 享和二〕

弥陀真言【みだしんごん】 真言陀羅尼*の一。「唵《おん》阿《あ》蜜《み》利《り》多《た》帝《てい》際《せい》賀《か》羅《ら》吽《うん》」と唱える。〔新撰呪咀調法記大全〕

御手洗参【みたらしまいり】〔年中重宝記・二〕六月十九日より晦日迄、下賀茂社の御手洗《みたらし》参り。名物の団子・蒲の穂を 諸人は買って帰る。

乱れ萩【みだれはぎ】 草花作り様。乱れ萩の花は白、紫、飛び入りがある。また宮城野ともいう。咲く頃は五月より七月迄。土は肥土に砂を交ぜて用いる。肥しは雨前に小便を根廻りへ掛ける。分植は実を春蒔く。苗に伏せても置く。〔昼夜重宝記・安永七〕

乱れ藤【みだれふじ】 菓子名。乱れ藤、上下ながし物、中へ小豆入り。〔男重宝記・四〕

道数に迷う【みちかずにまよう】 呪い。〔清書重宝記〕に道数があって迷う時は、切手水《きりちょうず》（=物を持つ前に手を洗い浄める事）をして、南の方へ向いて伊勢太神宮と三遍唱え、杖を立て倒す時は違うことはない。

道づれ餅【みちづれもち】 菓子名。道づれ餅、上しめし物、二ながし物、三羊羹、下こね物。〔男重宝記・四〕

道に迷わぬ伝【みちにまよわぬでん】 呪い。〔万まじない調宝記〕に道に迷わぬ伝は、「分け登る梺《ふもと》の道は多けれど同じ高嶺の月を見るかな」（難波土産・二）と書いて懐中すると迷わない。〔万用重宝記〕に既に道に迷い尋ねる人もなく即座によい方を知るには、『百人一首』の内どれでも我が口に浮んだ一首を詠んで「の」の字数が丁（偶数）なら右へ、半（奇数）なら左へ行くのがよい。道に限らず万事右左と立て、一首の歌で安堵するのは誠に和歌の利益である。

道主命【みちぬしのみこと】〔大増補万代重宝記〕に道主命《みちぬしのみこと》は、崇神帝の時、丹波の国に行き、四道の将軍*の一に居す。

道臣命【みちのおみのみこと】〔大増補万代重宝記〕道臣命《みちのおみのみこと》は、神武帝の時、東征の元帥である。本朝、武将の権輿《はじめ》かとする。

陸奥紙【みちのくがみ】「だんし（檀紙）」ヲ見ル

道本茎【みちもとくき】 大和詞。「道もとくき（本茎）とは、卯の花の事」である。〔不断重宝記大全〕

みちゆきぶり【みちゆきぶり】「みちゆきぶり 行くゆく触るる也」。〔消息重宝記・四〕

道を歩くに草臥れぬ伝【みちをあるくにくたびれぬでん】 呪い。〔清書重宝記〕に「道を歩くに草臥れぬ伝」は、家を出る時に門の石を一ツ戴いて出ると

よい。又石は踏まぬようにして歩く。

道を学ぶならば【みちをまなぶならば】〔里俗節用重宝記・下〕に何某の翁の曰くとして、道を学ぶならば、まず貧を学ぶのがよいと聞き、唐の仙医孫思邈は『千金方』を作り出した。見ると、四百四病の方論で、貧病を治す説もあり、一生を衣食住に苦しむのは一身を養うためで、唯身の皮を剥いで今日の責めを塞ぐのみとある。才に富めば財に貧しく、財に富めば才に貧しいのは、天の賦すところ、自然の道理ということ等とある。

満【みつ】十二直*の一。暦中段。〔童女重宝記〕に満は、天の倉曹 財貨の所、万物満つる吉日等とある。〔和漢年暦調法記〕等に吉とし、移徙《わたまし》 婚礼旅立元服 種蒔 神仏を祭る等に吉。薬飲み始め、土を動かす事は凶である。

蜜【みつ】〈食い合せ〉〔料理調法集・当流献方食物禁戒条々〕に蜜に分葱《わけぎ》 大蒜《にんにく》 黍餅 鮓類の食い合せを忌む。〔家内重宝記〕は蜜に砂糖を食い合わせると、霍乱を起こし腹下る。〈丸薬量〉〔医道重宝記〕に蜜一斤は七合とある。練って沫《あわ》を去ると、十二両半になる。

三鑑【みつかがみ】〔日用重宝記・三〕に『水鏡』（三巻。神武天皇から任明天皇、九世紀まで）。『大鏡』（八巻。文徳天皇［嘉祥三］から後一条天皇［万寿二］に及び、藤原道長（康保三～万寿四、九六六～一〇二七）一族の栄華を記す）。『増鏡』（二十巻。治承四～元弘三後醍醐天皇の京都還幸迄の公武の関係を公家側から記した）。この三部を三鑑《みつかがみ》という。神武帝から後醍醐帝迄の歴史記述である。これに『今鏡』を入れて四鏡という。

三日病【みっかやまい】「馬の諸痛」〈馬の血脈八動〉ヲ見ル

三月金神【みつきこんじん】「金神《こんじん》」〈三月塞りの方位〉ヲ見ル

貢物【みつぎもの】大和詞。「みつぎ物とは、帝王へ奉る物」をいう。〔不断重宝記大全〕

三具足【みつぐそく】〔諸人重宝記・一〕に三具足《みつぐそく》は、仏前の卓に供える 香炉、花瓶、燭台の一揃をいう。

三ツ毛【みつげ】鷹の名所*。〔武家重宝記・五〕に鷹の背中、風払《ふぼつ》の下方の毛を三ツ毛と言う。毛並みによって、四ツ毛ともいう。

見付より浜松【みつけよりはままつ】東海道*宿駅。四里七丁。本荷三百二十八文、軽尻二百十四文、人足百六十二文。町中に中川橋 十二間。西坂左に八幡宮、閻魔堂、森ろ明神がある。出口に加茂川橋 十三間。惣やし下八幡の社がある。舟場より二三丁行き、寺に熊野《ゆや》の石塔があり、熊野が植えた桜もある。天竜川は舟渡しで、舟賃は三十四文。薬師堂があり、右に御神森社、馬込橋。〔東街道中重宝記・寛政三〕

三盃饗膳献々本式【みつさかずききょうぜんこんこんほんしき】〔諸礼調法記大全・地〕に三盃饗膳献々本式《みつさかずききょうぜんこんこんほんしき》について次がある。床の上に予ねて飾り置くべき物は、二重《にじゅう》* 手掛《てがけ》* 饗膳 鶺鴒の台 蓬莱の台 置鳥 置鯉 瓶子* 三ツ盃 銚子* 提子《ひさげ》*等である。待女房は化粧の間で衣紋を直させ座敷へ誘引する。この時 夫は客位、女は主位に座り 余り真向《まむき》に座せず 少し角かけて直らす。まず手掛を出し、待上﨟が目出度く挨拶して二人に搗栗《かちくり》 昆布 熨斗を参らす時、同じく女房二人が出て床に飾った瓶子を一ツ宛取って下座に退《しさ》る。次に酌に立つ女房二人が銚子と提子を取り下座に着き、この時瓶子を持った女房が瓶子の女蝶を取って仰向けて下に置き、酒を提子へ移し、また男蝶を取り女蝶の上に俯向けて置き、酒を提子へ移し、また提子から銚子の中へよい程酒を移し、次に銚子と提子を 酌と加えと取って膝を直し待って居る。この時真の引渡《ひきわたし》*が出て、夫婦と待上﨟に据える。本酌*は三ツ盃を夫に持参する。三ツ重ねた上の盃で夫が二献飲む時、提子の酒を少し銚子へ加える。この時結ぶ酌の口伝がある。夫は以上三献飲んで、その盃を上﨟に差し、嫁もまた三献飲む。加えは始めと同じ（この時の盃は女より始めて男へ差すと云う説は民間に惑う説で、官家の作法を見ていないもの）。

次に、介添の女房が立って嫁が飲んだ盃を三ツ目の下に重ねて始めの様に床の上に直す。この時嫁が献《こん》献《こん》の間 介添の女房は右の方へ引き添い始終盃の捌きをする。その後、打身《うちみ》（＝魚肉の刺身）を出し引渡の右に据えると、本酌の女房は三ツ盃を持ち出て嫁の前に置く。嫁は第二の上にある土器で三献飲んで夫に差す。また夫が三献飲んで土器を下に重ねる時酌は後へ退る。この時腸煎《わたいり》（＝鯉の腸を垂味噌でからりと煮た物）を出し左に据える。酌が又三ツ盃を夫の前に持参すると、夫は第三の盃で又三献飲んで嫁に差す。嫁は又三献飲んで収める。酌 盃を本座に置き、前の三膳を上げる時、夫は座を立って寛ぐ。嫁はそのまま座に居る。次に鰭の吸物が出て、待上臈と局の方へ盃事がある。この盃は土器一ツを三方に据え、銚子 取肴が別に勝手より出る。この盃が済んで嫁は奥へ入り、色直《いろなおし》*を着し、別に座に着く。

又夫婦と待上臈に雑煮と吸物を出し、この時金銀の土器を高砂の台に据えて出し、銚子も提子もそれぞれ金銀の蝶に替える。今度の盃は上臈が飲んで夫に差す。互に三献ずつ飲む。この時待女房は押えの肴を夫婦へ参らし、待上臈に賜り、以上三三九度の献献《こんこん》がある。その次に湯漬*鯛の吸物が出、酒を温めて出す。ここで饗膳十二組の菓子 茶が出て、次に本膳となり、七五三の膳を出す。「婚礼の事」「通いの事」モ見ル

〈町家作法〉〔諸礼調法記大全・地〕に続けて町家作法がある。手掛*三盃を出し、引渡*が出て、三献は前に同じ。次に雑煮 三献は常の通り、次に鰭の吸物 又三献も同じ。三ツ盃の次第も前の通り。座を立つ時 吸物が出て待女房等と盃事があり、次に色を直す。次に膳が出るが大方は五五三である。尤も高砂の台を出し、菓子 茶が出て、男は立って休む。

密陀漆の伝【みつだうるしのでん】〔諸民秘伝重宝記〕に密陀漆の伝は、密陀僧（二両）、白礬（三分）、滑石（五分）、樒の葉（二枚）、荏の油（一合）を使い、荏の油に四味を入れて煎じ詰め、樒の葉の焦げてぽろぽろするのを合図に布で濾し、壺に入れ貯えて置く。年を経る程よい。塗物は何色でも絵具を混ぜて塗り、日に干して乾かす。絹切や紙等へ引くと煙草入等に甚だよい。

密陀僧【みつだそう】〔薬種重宝記・下〕に唐金、「密陀僧 みつだそう／しろかねのねりそこ。砕き一日煮、干して用ゆ」る。

みっちゃ【みっちゃ】 妄書かな遣。「みつちや、あばたづらを云」。〔小野篁謔字尽〕

疱瘡の治法【みっちゃのじほう】〔大増補万代重宝記〕に疱瘡《みっちゃ》*を癒す法は、白粉（十匁）、蛇骨（三匁）、はらや（二匁）、葛粉（一匁）を細末（粉）にして、大根の絞り汁で溶き、夏毛の筆で凹みに付けると妙に癒える。密陀僧*の粉を水でよく練って塗るのも甚だ妙である。

蜜漬【みつづけ】〔男女日用重宝記・下〕に蜜漬は、砂糖を煎じて鍋の内に何程なりとも心持ち次第に汲み分けて置く。後の鍋に、薑（生姜）をよく洗い、竹の串で穴をいくつも開け、石灰を極く薄く水に入れ一夜漬けてよく洗い上げ、前の鍋に入れて煮過ぎないようにして蜜を入れ、焼物の壺に入れて置く。〔ちやうほう記〕は灰汁を取った砂糖一斤（砂糖の灰汁の取り様は玉子の白身と皮を入れて火を弱くして煎じ布で濾す）、榧 冬瓜 蜜柑 九年母 金柑 生姜 天門冬を作り、細々に卸す。生姜はあちこちに穴を開けて十日漬ける。湯煮をして七日水に浸し、何度も水を替える。これらを砂糖に入れ早々に煎じ、漬ける。

三ツの去らざる法【みっつのさらざるほう】「婦人七去《しちきょ》」ヲ見ル

三ツ目【みっつめ】〈婿入り〉〔新板増補女調法記・二〕に婚礼祝言が済んで三日目に三ツ目《みつめ》といい、聟が舅の家に聟入りをし、嫁は里返りをする。五日目には舅入りがある。草《そう》（＝略式）の祝言の時は、祝言の夜 嫁の色直しの間に聟入 舅入ともに済ます事もある。

〈斤目〉〔泰平武将年代重宝記・文久元〕に実綿について摂津 河内の内

では多くは三百目を一斤とし、これを三ツ目という。「平野目《ひらのめ》」参照

三ツ道具【みつどうぐ】 三種で一揃いとする道具。〔武家重宝記・四〕に、禁獄の三道具*上古の三道具*捕り手の三道具*番所の三道具*がある。

三ツの山陰【みつのやまかげ】 大和詞。「みつの山陰とは、須磨 宇治 小野の山陰、以上の三」である。〔不断重宝記大全〕

三ツ葉焼【みつばやき】 「鍋焼」ヲ見ル

三ツ引【みつびき】 「ともびきにち（友引日）」ニ同ジ

三ツ物【みつもの】 「具足の事」ヲ見ル

三津八幡猿田彦社【みつやわたさるだひこしや】 大坂願所。嶋の内三津八幡の末社 猿田彦大神へ、小児の疱瘡を軽くなされよと立願を込め、御礼には土細工の猿 又は猿の絵馬を奉納する。〔願懸重宝記・初〕

蜜梨噙【みつりきん】 〔小児療治調法記〕に蜜梨噙《みつりきん》は、咳嗽や痰喘を治す。甜《てん》梨《し》一箇を二ツに切り離さずに刀で割り、内へ蜜を入れ、麵粉に包み、灰火に埋めて熟し、麵粉を去り、梨を食わせるとよい。

御幣【みてぐら】 「みてぐらは、ごへい（御幣）也」。〔消息調宝記・二〕

水戸、棚倉へ江戸よりの道【みと、たなくらへえどよりのみち】 〔家内重宝記・元禄二〕に「江戸より水戸棚倉、三春、その外諸方への道」がある。江戸〈二里三丁〉千住〈一里半〉笠井〈一里半〉松戸〈一里半〉児金〔水戸と常陸との追分あり〕〈三里半〉我孫子〈一里半〉取手〈二里〉藤代〈一里〉あかしば（若芝）〈一里〉牛久〈三里〉中村〈一里〉土浦〈二里〉稲石〈二里〉府中〔〈四里〉宍戸〈二里〉笠間〕。◇府中〈一里七丁〉高原〈一里七丁〉片倉〈一里五丁〉小畑〈二里〉長岡〈三里〉水戸〈二里〉勝倉。これより奥州赤館*（棚倉）迄は同じ道である。

御堂【みどう】 大坂名所。表《おもて》御堂と裏《うら》御堂があり、共に甚だ大きな御堂である。四ツ橋へよって見ると、四丁余の周りである。周辺は参詣人目当ての店屋で賑わう。〔東街道中重宝記・七ざい所巡道しるべ〕

蒼鷺【みとごい】 〔料理調法集・諸鳥人数分料〕に蒼鷺《みとごい》は、本鵁（あおさぎ）*程にはおらず人々は余り知らない。店では本鵁の子等と言って売る。鳥の大きさは子鵁程であるが、料理には本鵁がよい。

神田【みとしろ】 大和詞。「みとしろ（神田）とは、神の田」である。〔不断重宝記大全〕

御田代の錦【みとしろのにしき】 大和詞。「みとしろの錦、神のとちやう（戸帳）」である。〔不断重宝記大全〕

御門の目合【みとのまぐわい】 大和詞。〔不断重宝記大全〕「みとのまぐはひ（御門目合）、夫婦の和合」である。〔女用智恵鑑宝織〕には「みとのまくばい」とある。

三留野より妻籠へ【みとのよりつまごへ】 木曾海道*宿駅。一里半。本荷九十五文、軽尻六十二文、人足四十八文。名古屋領。野頭村、まご村、和地村、河渡村、中戸村、白なき 城坂ともいう木曾の城山である。惣回り堀である。左の方に河渡の観音堂がある。木曾川は左より流れる。山坂道で難所である。〔東街道中重宝記・木曾道中重宝記六十九次 享和二〕

身ども同前【みどもどうぜん】 大和詞遣。「わたくしもおなじ事と云を、み（身）ども同前《どうぜん》といふは男らしゝ」。〔女重宝記・一〕

美どり【みどり】 菓子名。「美どり」の作り様は、小麦粉一升、砂糖一合を、水で固く捏ね揉み和え、板の上で押し、長さ三寸にも切り、鍋で焼き、また平鍋に入れ、下に火を置き 金平糖のように氷砂糖を煎じ 幾重もかけると、松の緑のようになる。〔菓子調法集〕

緑り児【みどりご】 大和詞。「みどり子、二三歳の男女」である。〔不断重宝記大全〕

三鳥揃【みとりそろえ】 「じんどう（神頭）」ヲ見ル

翠の黛【みどりのまゆ】 「すいたい（翠黛）」ヲ見ル

みな川餅【みながわもち】 菓子名。みな川餅、上しめし物、下 ながし物。

〔男重宝記・四〕

水口より石部【みなくちよりいしべ】　東海道*宿駅。三里半。本荷二百七文、軽尻百三十一文、人足百二文。ここで葛籠《つづらごり》を色々売る。宿中に二筋道がある。右は大岡寺の観音へ行く、左は甲賀村へ、馬場崎、八幡宮へ行く道である。横田川 舟渡し、時により仮橋がある。泉縄手、ゑぼし岩がある。田川村 信楽焼の問屋がある。荒川、三雲村、よしなが村 弘法の折れ箸の杉がある。〔東街道中重宝記・寛政三〕

皆子の餅【みなこのもち】　〔農家調宝記・三編〕に次がある。婚礼が済んで、三ツ目《みつめ》*に餅を行器《ほかい》に入れて取り交わす。この使は、同じ刻に差し出し、道で行き違うようにするのを皆子《みなこ》の餅《もち》という。肴か干肴の類を添える。略して干肴ばかりを取り交わすのもある。武家は結び状*で干鯛等を送るが、猶々書*はしない方がよい。先の家内へ悦びの伝言等があれば、本文の末に書き続ける。*聟取の祝儀もこの方でよい。その他、女同士は婚姻後、里方よりも竪文《たてふみ》*で生肴を送り祝儀を述べる。この文に返す書（追而書*）をせず猶々と書く。又同じ様な事を半切《はんきり》文に書くのを添書《そえがき》*という。

実無し麦【みなしむぎ】　〔薬種重宝記・中〕に和穀、「浮麦 ふばく／みなしむぎ、刻み焙る」。

水無瀬餅【みなせもち】　菓子名。水無瀬餅、上羊羹、中しめし物、ながし物。〔男重宝記・四〕

水無月祓【みなづきばらえ】　〔年中重宝記・二〕に六月三十日に水無月祓があり、天武天皇の時（六七二〜六八六）に始る。昔は百官が朱雀門に集り祓をしたというが今はなく、今日は家々に［茅］輪を越える事がある（図487）。「水無月の夏越《なごし》の祓する人は千歳の命延ぶといふなり」の歌を唱えると言い伝える。『法性寺関白記』に「思ふこと皆つきねとて麻の葉を切りに切りても祓へつる金」という歌を詠ずると見え、『八雲抄』には邪神を払えなだむる故に和儺祓《なごしのはらえ》と言う。河辺に五串《いくし》（＝斎串）を立て、麻の葉等でする。今の人が下鴨御手洗《みたらし》に詣でるのは、水無月祓の心という。俗に、今日麪糕《こむぎもち》を食う謂れは、どういう訳か所見がない。〔料理調法集・年中嘉祝の飾〕に六月晦日「名越の祓」は、六月は夏の終り、七月は秋でその体は金である。夏は火で、火剋金とし、晦日に夏の火気を払い初秋の金水へ至る寿きである。この日、瓢瓜の類、水菓子を銀器に入れて奉る。都でも古来、加茂川でこの祓があり、陰陽師や神職が勤めたが、今では奥方の内々の御祝として見える。

図487　「茅の輪」（(俳諧之／重宝記)すり火うち）

源氏【みなもとうじ】　「清和《せいわ》源氏」ヲ見ル

源顕家【みなもとのあきいえ】　〔大増補万代重宝記〕に源顕家は村上源氏累世の搢紳《しんしん》（公卿）で、北畠顕家である。弱干（二十歳）にして三品（左大臣）に叙せられ、黄門（中納言）に任ぜられ、かつ陸奥守を兼ねた。建武の乱に軍を率いて洛に入り源尊氏*を破り、鎮守府将軍に拝せられ、その後再び賊を討って勝利を得たが、延元三年（一三三八）遂に破れ、東に没した。年二十一。

源実朝【みなもとのさねとも】　〔万代重宝記・安政六頃刊〕に源実朝は鎌倉幕府

三代将軍、頼家*同母の弟とある。建仁三年（一二〇三）父兄の業を嗣いで征夷大将軍に任じ、承久元年（一二一九）鶴岡に参詣の折、別当公卿（＝前将軍頼家の男）に殺された。年二十八。万葉調の歌をよくし『金槐和歌集』がある。

源尊氏【みなもとのたかうじ】〔大増補万代重宝記〕に源尊氏は、元弘の乱に後醍醐帝の詔（命令）により六波羅及び北条の余寇を平らげ、自ら征夷大将軍と称して京に入り、光明帝を奉じ、義貞、正成等と戦い、功なって累世幕府を開いた。正平十三年（一三五八）五十四歳没。

源為朝【みなもとのためとも】〔大増補万代重宝記〕に源為朝は為義*の八男。かって鎮西にあり、保元の乱（一一五六年）に崇徳帝を護り、既に上皇は南狩（変を遁れる事）し、伊豆の大島に流された。その後、為朝は官軍に攻められ自害した。嘉応二年（一一七〇）三十一歳没。

源為義【みなもとのためよし】〔大増補万代重宝記〕に源為義は義家*の子。六条判官と号する。常に京都にいて禁衛にあたった。南都（奈良）の群僧が蜂起した時、わずか十余騎を率いて退けた。保元の変（一一五六年）に、志を得ず死した。

源経基【みなもとのつねもと】武将。〔大増補万代重宝記〕に源経基は清和帝の孫、桃園親王の子。六孫王と号した。承平の年中（九三一～九三八）、早く将門が反くのを知り、副使を拝して東征した。また小野好古*と共に藤原純友を征した。応和元年（九六一）四十五歳没。

源満仲【みなもとのみつなか】武将。〔大増補万代重宝記〕に源満仲は六孫王の子。高明公の不虞にあたり禁中を警衛し、やがて高明公を左遷した。長徳三年（九九七）八十九歳没。

源義昭【みなもとのよしあき】武将。〔万代重宝記・安政六頃刊〕に源義昭は義輝*弟。初め釈門に入り覚慶と号し南都一乗院の門主であったが、義輝*が害に会う時江州に逃れ、還俗して義昭と号した。永禄十一年（一五六八）織田信長*の扶助により上洛、征夷大将軍に任ずるも、信長と隙を生じ芸州の毛利輝元の客になり、慶長八年（一六〇三）年六十一歳没。建武三年（一三三六）より元亀三年（一五七五）に至る迄、足利家十五代は年数二百三十八年で亡ぶ。

源義家【みなもとのよしいえ】〔大増補万代重宝記〕に源義家は頼義*の子。雄勇があり、よく騎射をする。頼義に従い奥州で安部貞任、宗任を誅し、その後武衡、家衡を討ち平げる。源氏の嫡流八幡太郎である。嘉承元年（一一六〇）六十八歳没。

源義貞【みなもとのよしさだ】〔大増補万代重宝記〕に源義貞は、鎌倉を攻めて高時を伏誅した。その後足利の乱を征し破る。越前の黒丸の城下に落命した。

源義助【みなもとのよしすけ】〔大増補万代重宝記〕に源義助は義貞*の弟。義貞が初めて高時を討つ時亡ぼして功があり、駿河国を給う。その後、源尊氏*を伏し累年軍労があり、義貞戦死の後吉野に至り、南帝の命を受け、南海に大軍を率いようとしたが、間もなく死んだ。

源義経【みなもとのよしつね】〔大増補万代重宝記〕に源義経は義朝*の末子。戦えば勝ち、攻めると獲り、本朝古来、右に出る者はないと言える。孫呉に暗合し韓白を厭倒する、とその事蹟を口碑に載せる。文治五年（一一六三）三十一歳没。

源義輝【みなもとのよしてる】〔大増補万代重宝記〕に源義輝は義晴の長男。天文十五年（一五四六）征夷大将軍。永禄八年（一五六五）三好松永等の強暴誅伐を謀ったが、漏れて却って殺された。

源義朝【みなもとのよしとも】〔大増補万代重宝記〕に源義朝は、鎌倉右大将頼朝*の父。保元の乱（一一五六年）に戦功があり、東海道諸州の士卒を支配した。永暦三年（一一六二）三十八歳没。

源義仲【みなもとのよしなか】〔大増補万代重宝記〕に源義仲は兵を信州に起し、

しばしば平軍と戦って遂に北陸を経営し、その後京に入った。平族は西に走り、朝廷は賞して征夷将軍とした。驕慢の余り、上皇を攻めて追い、その後頼朝*に破られて死す。元暦元年（一一八四）三十一歳没。

源義光【みなもとのよしみつ】〔大増補万代重宝記〕に源義光は新羅三郎と号する。奥州に赴く兄義家*に属して、武衡 家衡を討ち、軍功があった。喜んで、騎射の礼式を知る。その子孫は世々に伝わる。大治二年（一一二七）没。

源義満【みなもとのよしみつ】〔大増補万代重宝記〕に源義満は細川頼之*の誠忠を以っての輔佐により、幼年にして威権があった。近くは内野の戦いに勝ち、遠くは筑紫を残らず攻めて領したほか、南北朝合一を成就した（天授四・永和四。一三七八）。いわゆる鹿苑院の相国 足利義満である。延文三年（一四〇八）五十一歳没。

源頼家【みなもとのよりいえ】鎌倉幕府二代将軍。〔万代重宝記・安政六頃刊〕に源頼家は源頼朝*長子。母は政子。建仁二年（一二〇二）征夷大将軍、変により伊豆修善寺に退き落飾、元久元年（一二〇四）二十三歳没。

源頼朝【みなもとのよりとも】鎌倉幕府初代将軍。〔大増補万代重宝記〕に源頼《より》朝《とも》は源義朝*三男。東国に義兵を起こし、その後 義仲*及び平家を追伐し、泰衡を討ち、文治二年（一一八六）六十余州の惣追補使となったのは武家が日本中を管領する始めである。正治元年（一一九九）五十三歳没。

源頼信【みなもとのよりのぶ】〔大増補万代重宝記〕に源頼信は清和源氏の嫡流である。平忠常を下総の国で討った時、海を渡るのに深浅を知って先駆し、諸卒はこれに従った。忠常は大いに驚き恐れ、降った。永承三年（一〇四八）八十一歳没。

源頼光【みなもとのよりみつ】〔大増補万代重宝記〕に源頼光は満仲*の長子。勇名は世に高い。鎮守府将軍となる。伊吹山の凶賊を伏誅し、また市原野の鬼童丸の首を抜く。治安元年（一〇二一）七十四歳没。

源頼義【みなもとのよりよし】〔大増補万代重宝記〕に源頼義は頼信*の子。永承年中（一〇四六〜五三）、東夷がしばしば叛くのに、頼義は陸奥守に鎮守府将軍を拝して、西長《ゆうちょう》安部頼時、その子貞任を討ち、後に伊予守となる。承保二年（一〇七五）七十七歳没。

皆紅葉【みなもみじ】「紅葉《もみじ》の事」〈立花 紅葉一色の事〉ヲ見ル

峯の白雲【みねのしらくも】大和詞。「みねのしら雲とは、よそに見て過るなり。（歌）「よそにのみ見てややみなん葛城の高間の山の嶺の白雲」（『新古今・恋歌一』）。〔不断重宝記大全〕

美濃【みの】濃州。〔重宝記永代鏡〕には多芸《たき》 石津《いしつ》 不破 安八 池田 大野 本巣 席田《むしろだ》 厚見 各務《かがみ》 山県 武芸《むけ》 郡上 賀茂 可児《かに》 土岐 恵那 方県《かたがた》の十八郡をあげ、城下は大垣 加納 岩村 八幡 苗木《なえぎ》。一ノ宮は一ノ宮、南宮である。〔万民調宝記〕には居城知行高を、大垣・戸田采女十万石、加納・松平丹波七万石である。〔大増補万代重宝記〕には羽栗 中嶋 海西が加わり二十一郡となる。四方 三十五里。田数一万五千四百四町、知行高五十八万五百二十三石。〔重宝記・幕末頃写〕には南北三日半。山 原 田 畠多く、綿帛豊か、五穀生え百倍する。今の岐阜県の南部にあたる。〈名物〉〔万買物調方記〕に糸、綿、絹、中折紙（天具帖）、地紙、奉書（丈長元結紙）、藍玉、小豆（当国のも大納言と云）、真桑瓜（根本である）、宮代の根深、鉢屋の吊り柿・木練り、瀬戸の焼物、関の剃刀・小刀・爪切、岐阜鮎・鵜、墨俣の鯉など。

身の一寸【みのいっすん】「鍼灸の事」の内「鍼灸穴法分寸」ヲ見ル

身の疼き【みのうずき】〔薬家秘伝妙方調法記〕に次がある。〇「疼き痛む」には官桂（肉桂 ＝麁皮を去り刻む）当帰 乳香 没薬を使う。〇「疼き攣る」には麻黄を使う。

美濃海道【みのかいどう】街道。木曾海道*の垂井*から東海道*の宮*に出る道筋である。垂井〈二里半。駄賃七十六メ〉大垣〈二里。六十六メ〉洲ノ

股〈二里。八十四メ〉起《おこし》〈一里。三十メ〉萩原〈一里半。四十六メ〉稲葉〈一里半。四十六メ〉清洲〈一里。六十メ〉名古屋〈一里半。四十六メ〉宮。これより東海道になる。「中山道」ともいう。〔家内重宝記・元禄二〕

美濃紙【みのがみ】『日葡辞書』に「Minogami.〈美濃紙〉、美濃の国産の紙」。『和漢三才図会・十五』には「障子紙〈美濃紙〉、濃州寺尾より出る者最佳なり、故に呼んで美濃紙と称し、以て書籍と為す。書翰を裹《つつ》み、障子紙及び燈籠を張るに、之に加《まさ》る者無し。防州之に次ぐ。奥州岩城 野州那須 芸州広島 又之に次ぐ」とある。美濃は郡上が本場で八十六軒の紙漉家があったとの記録もあり、次いで八幡、岐阜に多い。標準の寸法は、縦九寸三分、横一尺三寸五分。これを二ツ折にして美濃判本の大きさとする。直紙《なおし》ともいう。

身の癖【みのくせ】〔女筆調法記・六〕に誰の身の上にも一ツの癖はあるとし、目・鼻・口・顔・手・気等に癖があり、面々に品々の癖があるが、少しでも見えたら大きな癖と思って嗜み治すのがよい。

美濃縮緬【みのちりめん】〔絹布重宝記〕に美濃縮緬は、絹は至って器用である。しぼ（絞）は細く、浜縮緬*程 畦《うね》は立たず 糸の縷《より》は若い方である。錆糸《さびいと》が交じることがあり、注意がいる。大方は美濃で練って上り、全体少し赤味のある方である。紋付には京で滊《ふか》し青味をつけ、染付は浜縮緬より少し映えのある方で、小紋にして最上の絹である。値段付は目廻《めまわり》*故、丈は不定である。美濃で絹を織ることは久しく、『庭訓往来』に美濃の上品と見え、年始に春駒が来て「春蚕」等と唱歌する本文がある。曾田井縮緬ともいう。

美濃漬鮎【みのづけあゆ】〔料理調法集・鮨之部〕に美濃漬鮎は、鮎の腹を開け少しも洗わず、一夜塩して押しを置き、翌日その塩水で洗い、鰓を去りまた清水で洗い、鮎を焼く。塩は少し辛目がよい。次に上白米の飯をよく冷まし 握り、腹へ一杯に詰め、外の飯を水で一遍洗い 水気をよく去り 飯を沢山にして漬ける。早く食べるには押しを軽くし、長く置くには押しを強くして蓋の上に塩水を溜め置き、取り出す時は塩水を明け、残りを置く時にはまた塩水を溜めて置く。

巳の時生れ【みのときうまれ】〔大増補万代重宝記〕に巳時（十時）に生れる人は、心いらち短気であるが仕官すると手柄を顕し 名を上げ 加増を得る事がある。又 人の家督を受けて思わぬ福を得る故、親類の力を借りず自分で身上を仕上げる。〔女用智恵鑑宝織〕での特記事項は、心を慎み夫を大切に敬い夫婦仲が睦まじい時は四方に名を挙げる。慳貪邪険なら災い絶えず末はよくない。

巳の年生れ【みのとしうまれ】〔大増補万代重宝記〕に巳年生れの人は、一代の守本尊は普賢菩薩である。前生は白帝の娘で、北斗の武曲星より大豆二石と金子六貫目を受けて今世に生れる。前世は女人で業深く、今世でも思い事絶えず、人を誇り嫉み心がある。よく慎み、心を正しく持つのがよい。子は二人あって大いに力となる。二十五六歳で福が来、三十五六歳 四十八九歳で災難があり、五十歳で命が危い。慎むとよい。命は七十四歳 又は八十二三歳で死ぬ。地蔵菩薩は寿命を守り、虚空蔵菩薩は福徳を授け、勢至菩薩は智恵を授ける。一代の内よく信心するのがよい。一説に、初めは衣食足り、中年に貧しく、晩年には繁盛する。四方に名を上げ 自ら家業を始める。三十六七歳で厄がある。慎むとよい。〔女用智恵鑑宝織〕にも同趣の記事があり、前世は西都国の王女で、天から豆二石と金子六貫目を受けてこの世に生れる。前世は女人で物思い深く、縁付は遅いが、今よりもよい所へ縁付く。始めは悪くても段々によくなる。但し、油断して昔を忘れ怠る時は悪い。子は四人か八人あり躾をよくし よい友に添わせ 道を教え育てると、果報は木の芽の出る如く、威勢は風に草がなびくようになる。〔日用重宝万物図解嘉永大雑書三世相〕に

巳歳の守本尊は普賢菩薩。卦は巽下断。

美濃煮【みのに】 吸物仕様。〔諸人重宝記・四〕に美濃煮は、玉子をあけ 杓子に受け 砕けないのを煮え湯へ入れる。出汁に溜りを少し落し 吸い合わせて出す。つまは色々にする。

巳の日／月【みのひ／つき】 〈巳の日〉〔家内重宝記・元禄二〕に「日用雑書」として次がある。巳の日、釜を塗るのは悪い。耳が鳴るのは口舌がある。犬の長吠は万に吉。病は男は軽く女は重い。西が塞がり。人神*は手にある。味噌に凶。寅辰戌の年の屋造りは凶。行方は東は病、南は凶、西は口舌、北は半吉。正月巳の日は大利日*。二月巳の日は願成就日*。二・六・十月巳の日は師旦絶命日*。二・五・八・十一月巳の日は神内*にあり吉。三・六・九・十二月巳の日は神外*にあり凶。三・九月巳の日は福徳日*。三・七・十一月巳の日は地福日*。四・八・十二月巳の日は如意宝珠日*。四月巳の日は黒日*。また千億日*。五月巳の日は一粒万倍日*。六月巳の日は運虚日*、また万福日*。乙巳の日は南に門を建てるのを忌む。己巳の日は東西に門を建てるのを忌む。太刀 武具を初めて着るのに吉。乙《きのと》・癸《みずのと》の巳の日は神吉日*、また利銭商いに吉。己《つちのと》・癸の巳の日は大明日*。また入学に吉。物裁ちに凶。土公神*は己巳の日は北に、辛《かのと》巳の日は東にある。また伐（罰）日*である。売買をしない。〔重宝記・宝永元序刊〕巳は蛇である。この日弓始め、宇賀神祭（福の神の総称。特に弁財天の別称）、日祭によし。出行を忌む。

〈巳の月〉〔日用重宝 万物図解嘉永大雑書三世相〕に「巳《み》、四月、大荒落《だいこうらく》」とある。巳《み》は已《し》で「すでに」である。この月は、陽気已《し》に発して、陰気が既に隠れる意。この日は家立、移徙《わたまし》を忌む。婿・嫁取りを忌む。

身延へ沖津よりの道【みのぶへおきつよりのみち】 〔家内重宝記・元禄二〕に「駿河沖津より甲州身延の道」がある。沖津〈四里〉獅子原〈四里〉万沢〈三里〉南郭〈三里〉身延である。尚 万沢〈四里〉松野〈一里〉岩淵への道がある。

美濃紋縮緬【みのもんちりめん】 〔絹布重宝記〕に美濃紋縮緬は、沢山に織り出す。世間に多く用いるのは大方美濃紋縮緬である。

蓑焼【みのやき】 〔料理調法集・焼物之部〕に蓑焼《みのやき》は、松皮焼*のようにして煮、詰めを引いた上に、榧の繊《せん》或は柳 鰹などを毛のように煮つける。

身の災いを知る伝【みのわざわいをしるでん】 〔万用重宝記〕に「楠秘法知身当之伝」として、寝込み、押込み、盗賊、火事の外、悪事 災難がある節、暫く前に知ること神の如しとする仕様がある。常づね寝様に、臥床の天井に丸に一文字を三ツ（㊂）、指で書く真似をし、我が胸には鬼の字三ツ鬼鬼鬼を指で書き、呪文にいう。「我が里は き原 かや原 ねざゝ原 鬼食うき食う きじん食う 食うてこひとわおうのおうせから帰りこんづ 帰りこんとわ思へども 定めなき 定めなければ」と三遍胸の内に観念して寝る。昼夜いつでも災難がある時は、事前に心身動転して災いを知る。旅や他国の時は、尚用心が第一である。

見果てぬ夢【みはてぬゆめ】 大和詞。「見はてぬ夢とは、残り多きを云」。〔不断重宝記大全〕

三幅物羽織【みはばものはおり】 〔麗玉百人一首吾妻錦〕に「三幅物《みはばもの》羽織」は、裏表両面裁ち。一丈二尺余り。羽織の襟 肩二寸五分落し、三寸五分の廻しである。男帯 一筋を採る（図488）。

瞚【みはり】 馬形名所*。〔武家重宝記・五〕に瞚《みはり》は、両目の上の小高い所である。「眼骨《がんこつ》」参照

三春へ赤館よりの道【みはるへあかたちよりのみち】 街道。〔家内重宝記・元禄二〕には、赤館（棚倉）より三春へ、本道と近道の二筋がある。①本道。赤館［また棚倉という］〈一里半〉堤〈一里半〉釜の子〈一里〉川原田〈二里〉中畠〈一里半〉矢吹〈一里半〉久米寺（石）〈一里半〉笠石〈一里〉須加川〈一里半〉佐々川〈二里〉郡山［舟渡し］〈五里〉三春である。

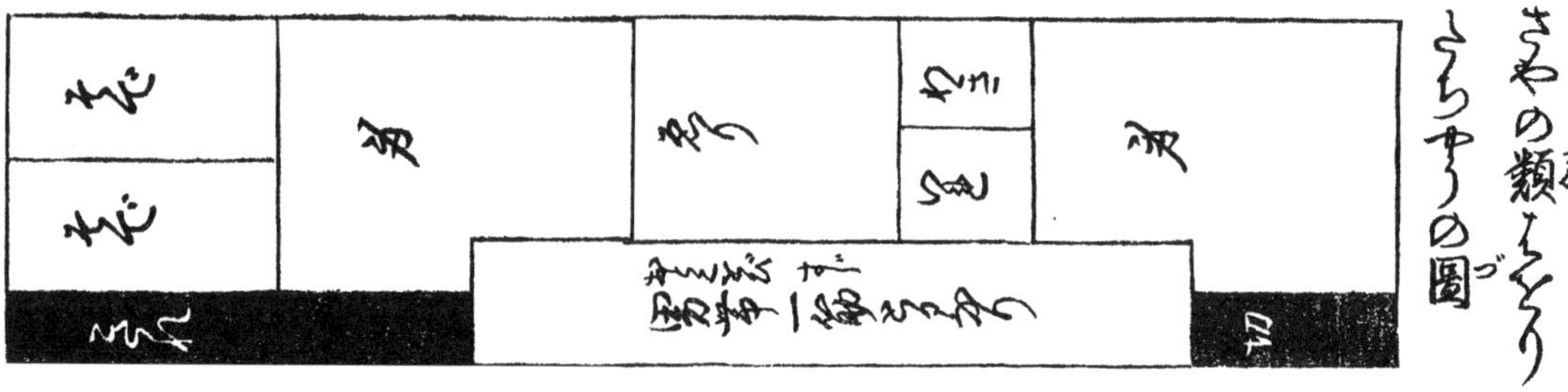

図488 「紗綾の類羽織裁ち様」(麗玉百人一首吾妻錦)

棚倉から十九里である。②近道。赤館〔棚倉〕(棚倉の出口より一里半の所に川があり、川から竹貫へ四里ある)〈五里半〉竹貫〈三里半〉蓬田〈一里半〉田母神〈一里半〉中津〈一里〉根本〈二里〉三春である。棚倉から十五里である。三春より二本松、本宮へ出る道は三里半で、舟渡し。

身冷ゆるには【みひゆるには】 加減例*。〔医道重宝記〕に、○身冷ゆるには、乾姜・肉桂・当帰を、○手足の冷え上るには、付子・干姜・肉桂を、○上気するには、香付子・陳皮・山梔子を、それぞれ加える。

壬生【みふ/ぶ】 百人一首読曲。「壬生忠峯」の「壬生」は、氏《うじ》の時は澄み、名所の時は濁る。〔麗玉百人一首吾妻錦〕

壬生寺【みぶじ】 京名所。〔東街道中重宝記・七ざい所巡道しるべ〕に壬生寺の本尊は地蔵尊である。〔年中重宝記〕に、○三月十四日から二十四日迄、壬生の念仏が始る。○十一月二十二日から二十四日迄、壬生寺仏名会。○毎年正月、壬生寺に団子餅を高く盛り、本尊 地蔵菩薩に供える修正の法事がある。参詣者は米をもって餅に換え、この餅を勝《かち》の餅と称し、この餅を食する時は諸事勝利する。これは将軍地蔵の心をとる微意である。

三保の松原【みほのまつばら】 大和詞。〔不断重宝記大全〕に「みほの松ばらとは、おくふか(奥深)きを云」、また「たのみ(頼)かひなき」をいう。名所は「江尻より府中」ヲ見ル

見舞状の事【みまいじょうのこと】 簡礼書法。〔大増補万代重宝記〕に次がある。○「病人見舞状」に、「四」の字、かすり字は決して書いてはならない。煩いの様子・痛み・疵悪しく、はっきりしないのは墨薄く書き、病人の名・平癒等の事は墨濃く書くのが法である。病人見舞状と返事の範例文は、使用文字例も含め上・中・下輩に分けて、〔書札調法記・四〕〔文章指南調法記・四〕等にある。〈病人見舞範例文〉〔改正増補字尽重宝記綱目〕の病人見舞状は、「貴様御儀 頃日ハ御持病気ニ而御引籠リ成され

候由、寒天之砌御心元無く存じ奉リ候。御油断成されず 随分針灸等 又は煎薬御服用ニ而御養生専一ニ御座候。御本復ニ成され候はば 御養生乍御出で成さるべく候」とある。○「火事見舞文」には猶々 返々 重而 又将 又扠 又頓て 近々 切々 細々の類の文字は心して書いてはならない。〔音信重宝記〕の範例文は「夜前 貴辺火災御座候而大分焼失之有り候処、風能く候而、御遁れ成され候断承り安堵仕り、大悦之に過ぎず候。遠方故御見舞いも申上げず候」。

美作【みまさか】 作州。〔重宝記永代鏡〕には英多 苫東 苫西 勝田 久米 大庭 真島の七郡をあげ、城下は津山 勝山で、一ノ宮は中山である。〔万民調宝記〕に居城知行高は、津山・森美作十八万六千石。〔大増補万代重宝記〕には十二郡をあげ勝田 久米 苫東 苫西がなく、勝南 勝北 東南条 東北条 粂北条 西北条 吉野がある。四方二十五里。田数一万千六百十六町、知行二十二万七千七百十石である。〔重宝記・幕末頃写〕には東西三日余。四境寒く、風無く、草木繁り、衣食多く、中の上国等とある。北条県から、今の岡山県東北部にあたる。〈名物〉〔万買物調方記〕に焰硝、木地、高田硯、誕生寺の誕生木（法然上人誕生の所。浄土宗の珠数に用る）。

蚯蚓の事【みみずのこと】〔万物絵本大全調法記・下〕に「蚯蚓 きういん／みゝず。夏」。〈蚓の毒療治〉〔改補外科調宝記〕には蚯蚓の毒に中ったら眉髪が落ちる。水に石灰を入れて身を浸すとよい。また鶏の糞を塗る。塩湯で腫れた所を洗い浸すのもよい。

〈呪い〉〔増補咒咀調法記大全〕に蚯蚓に小便をし掛けて陰部が腫れた時の咒は、常に使用する火吹竹で小便の出る穴を吹くとよい。

みみせせ【みみせせ】 片言。「みゝせゝ、完骨《みゝせゝ》（=耳の後の高い骨）」である。〔不断重宝記大全〕

耳塚【みみつか】 京遺跡。豊臣秀吉の朝鮮征伐の時（十六世紀末）、敵を討ち取った証拠に耳を削ぎ取り 埋めたとされる塚。洛東方広寺大仏殿前にある。この辺に名物の大仏餅*がある。高さ五間、五輪の高さ三間。〔東街道中重宝記・七ざい所巡道しるべ〕。

耳筒【みみつつ】 馬形名所。*〔武家重宝記・五〕に耳筒は、両耳が管のようなので、耳管《にかん》ともいう。耳は短いのがよい。人を見て耳を伏するのは悪相である。

耳弦のある花生【みみつるのあるはないけ】 立花。*耳弦のある花生には、枝葉が耳弦の上へ掛らないようにするのがよい。弦のあるものには、枝が垂れるものを生けてはならない。〔男重宝記・三〕

耳無山【みみなしやま】 所名。八木から五丁程東にある。里人は天神山という。この辺に、かつら子の池、姿の池がある。〔東街道中重宝記・七ざい所巡道しるべ〕

耳の事【みみのこと】〈器官〉〔骨継療治重宝記・上〕に、○「耳の穴」。穴の広さは二三分までで、脳中に透《とお》りがあり、これにより万籟（万ずの物音）を聞く。○「耳の損傷脱落」。耳を打ち砕き切り 打ち落され、或は上・下が離れ脱けた時は封口薬*を振り掛け 上に散血膏*を付ける。脱落した時は鷲翎を横に挾み、上に竹挾子を置き括る。○「耳病」。耳は腎の主《つかさど》る穴で、多くは腎虚*により耳病をなす。また、気逆上 労傷 風痰湿熱は皆耳病をなす。左の尺脈をとり浮脈*を風とし、洪脈*を熱とする。腎虚すると濇脈*を表す。滋腎通耳湯*蔓荊子散*等を用いる。〔鍼灸重宝記綱目〕も耳は腎に属して穴を少陽の部に開く会《え》、手の三陽の間に通ずるとある。○耳は腎に与かり脳を貫く故、腎虚する時は耳は聞こえず鳴る。○両耳が腫れ痛み 或は膿を出すのは、腎経の風熱である。○口苦く 脇痛み 寒熱が往来《さしひき》するのは、少陽 胆経の風熱である。○左耳の聞こえないのは、忿怒胆の火を動かす。○右耳の聞こえないのは、色欲相火を動かす。○両耳ともに聞こえないのは、厚味胃火を動かす。○気により閉ずるもの、痰火により耳鳴るものもある。○小児の耳

腫れ・耳痛み・耳垂れは三陽の風熱で、灸は腎兪 百会にする。○耳聾で鳴る時は 聴会に五壮、耳聾で耳が痛む時は 翳風に七壮、耳門に三壮する。○針は陽谷 前谷 液門 商陽 少海 聴宮 肩貞を選んで刺す。耳廻りの穴図が〔鍼灸重宝記綱目〕にある（図489）。

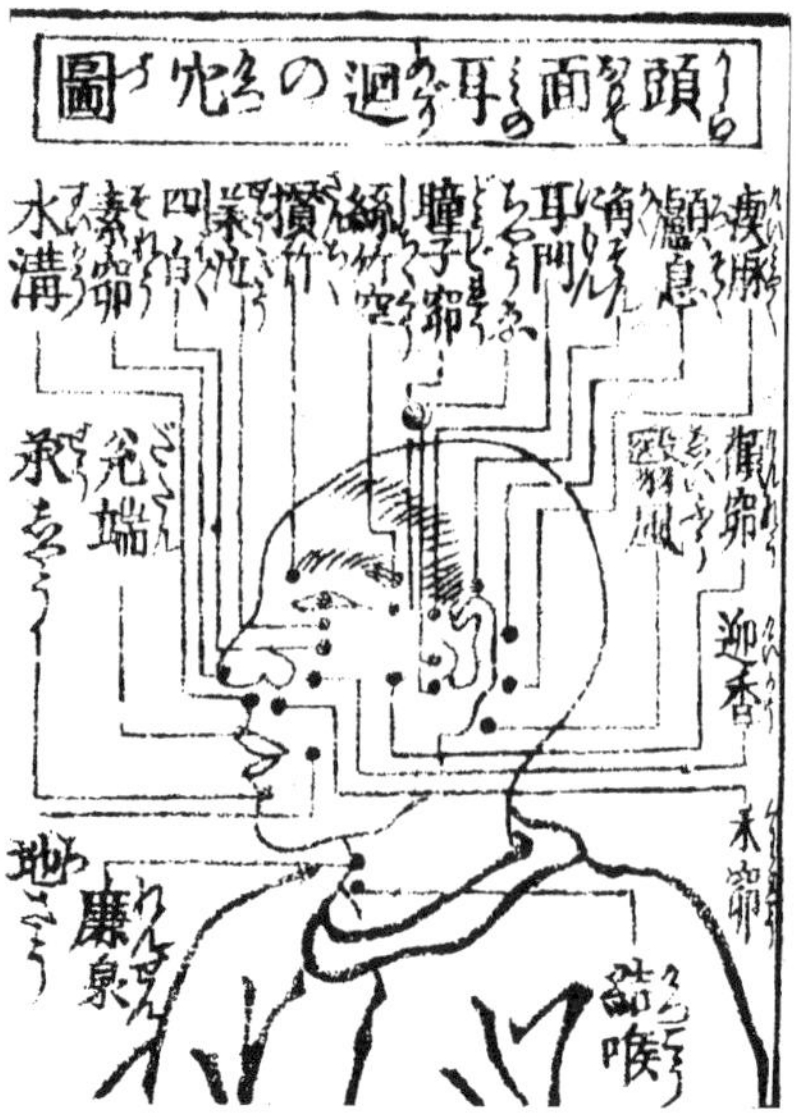

図489「耳廻りの穴図」〔鍼灸重宝記綱目〕

〈耳へ虫や物が入った時〉〔改補外科調宝記〕に虫や物が入った時は、○桃の葉を揉み 砕き 耳を塞ぐと出る。○葱の汁を耳の中へ注ぐと自ら出る。○耳に何でも物が入ったら弓の弦を切って切り口を広げて柔かにし、膠を湯かして付け 耳の内へ入れ暫くして引き出す。〔秘密妙知伝重宝記〕に虫の入った時は、何の木でも青葉を焙って栓にする。〔大増補万代重宝記〕に虫や豆粒が入った時は、○胡麻の油を入れる。○生韮の汁を酢と合せて一滴入れると虫は忽ち飛び出る。〔調法記・四十七ゟ五十七迄〕は、○半夏《はんげ》を粉にして胡麻油で溶いて紙縒の先へ付けて耳に入れる。○石菖で耳を塞ぐのもよく、竹の管できつく吹いても出る。〔万用重宝記〕に耳へ物が入った時は、竹の管で強く吸い出し、その後へ胡麻の油を入れる。〈蚤虱が入った時〉〔増補咒咀調法記大全〕に蚤や虱が耳の中に入った時は、石菖で耳を塞ぐ。〈水の入らぬ伝〉〔清書重宝記〕に目や耳に水が入らない伝は、椿の油を綿に湿して縁《ふち》に塗るとよい。

〈耳の諸症〉〔改補外科調宝記〕に、○耳の中が俄に大変痛み虫が這うような時、或は乾き痛み耐え難い時、或は血水が出る時は、蛇退皮を黒焼き粉にして耳へ管で吹き入れる。○耳瘡は、三焦肝の風熱から生じ 或は腎虚火動の症もある。まず発熱し火《ほ》めき痛む時は柴胡清肝湯*を用い、外には軽粉・朴硝・白礬を粉にして胡麻油で付ける。○内熱で痒く痛み膿が出・小便繁く・胸脇へ引き攣り痛むのは、肝火の虚であり、八味逍遥散*を煎じて用いる。○耳の中の膿（腎の熱の滞りという）或は小児が湯浴後に水が耳に入り膿となる時は、黄龍散*を用いる。〔懐中重宝記・慶応四〕に、○空耳《からみみ》（非炎症性耳病）には石菖の本の方を一寸程切り、胡麻油で暖めて耳に挿す。〔薬家秘伝妙方調法記〕には生姜に厚朴を加える。〔増補咒咀調法記大全〕に、○俄に耳が聞こえない時は、香付子を煎って粉にし、萊菔子を煎じた汁で飲む。〔新撰咒咀調法記大全〕には蚯蚓を黒焼きにし胡麻の油で溶いて耳へ入れるとよく、亀の尿を耳に入れるのもよい。

〈耳鳴の薬〉〔改補外科調宝記〕に、○常に耳鳴りがする時は、通穴湯*を用いる。〔薬家秘伝妙方調法記〕に、○耳に松風が鳴る時は白芷・川芎を、○耳の上がとんとんと鳴る時は生姜・桔梗・白芷を、○耳と頭が蟬のような時は川芎・当帰を用いる。〔大増補万代重宝記〕に、○耳の鳴る妙薬は、生地黄を削り、唐辛子を耳の中へ差し込んで置き、度々取り替える。

〈耳垂れ〉〔妙薬調法記〕に、○耳垂れの薬は、紅《べに》を濃く溶いて耳の中へ入れる。○沈《じん》の灰を髪の油で練り入れるのもよい。〔妙薬調方記〕に、○耳垂れや耳一切の患いは、蟬の脱け殻を煎じて入れる。〔世界万宝調法記〕に、○聤耳《ていじ》（＝耳垂れ）は、大根の絞り汁を紙縒の先に付けて入

れる。〔昼夜弁要万宝二面鑑・寛政十二〕は、○耳垂れは熊胆を水で溶いて入れる。〔調法記・四十ち〕は耳垂れに、○青黛と黄栢を等分にして麝香を加えて耳へ吹き入れる。○桃仁を焼いて粉にし吹き入れる。○枯凡（五匁）、黄丹（五分）を末（粉）にして吹き入れる。○血が出るのには竜骨粉を少し吹き入れる。○節分の鰯の頭の影干を黒焼き粉にして胡麻の油で溶き入れる。○百足の油もよい。〔薬法重宝記〕には、熊の胆（干した胆嚢）を溶き耳の内へ入れる。〔諸民秘伝重宝記〕は、○焼明礬の粉（一匁）、黄丹（五分）を合せて管で吹き入れる。腫れ痛むのにもよい。〔大増補万代重宝記〕にも同様の記述があるが、○蟬の脱け殻は油に浸して耳へ入れる。○鰯の頭を黒焼きにして飯粒に押し交ぜ、耳垂れの耳の付け根に貼りつける。〔懐中重宝記・慶応四〕は、○蚯蚓を干し末（粉）にして布に包み耳の穴を塞ぐ。○耳の霜焼には生姜の絞り汁を温めてつける。

〈疾耳垂〉〔万用重宝記〕に疾耳垂で耳潰れ聾になったのを忽ち治す法は、麝香（一分）、じこう（くまたけ）（五厘）を茶碗に水を三倍程入れ、箱の中に火鉢を入れて薬鍋を仕込み 蓋へ穴を開けて管を刺し 薬の蒸気を一筋にして耳の中へ入れると、どれ程難しい疾耳垂でも耳を貫き 暫くの間に治る。

〈呪い〉〔女用智恵鑑宝織〕に耳鳴りする日に善悪を占う事は、子の日は客人が来る。丑の日は大吉、寅・巳・申の日は口舌事があり、辰の日は何事もよく、卯・午・酉・亥日の日は吉、未の日は半吉である。戌の日は凶である。〔万用重宝記〕に耳鳴りする善悪の呪いは、土器《かわらけ》に穴を開けて家の棟へ上げて置く。〔改正万民重宝大ざつ書〕に耳が鳴り吉凶を知る事もほぼ同様であるが、戌の日は牛が死ぬが加わる。〔増補咒咀調法記大全〕に次がある（図490）。①「耳俄かに聞へざる時呑む符」。②「耳の聞へざるに呑む符」。

図490 耳
①「耳俄かに聞へざる時呑む符」（増補咒咀調法記大全）
②「耳の聞へざるに呑む符」（増補咒咀調法記大全）

〈耳病食物宜禁〉〔世界万宝調法記〕に「宜い物」は牛蒡 韮 柿 栗 柑子 萵苣《ちさ》 芹 茐 鯛 烏賊 海鼠。「禁物」は棗 枇杷 桃 梨 杏 石榴 楊梅 蕨 茄子 胡瓜 蕎麦。

耳の損傷治法【みみのそんしょうじほう】「唇耳鼻《くちびるみみはな》の損傷治法」「耳の事」ヲ見ル

耳の貧窮【みみのびく】〔世話重宝記・五〕に「耳の貧窮《びく》」は『神相全編』を引き、耳が薄く紙のようなのは貧窮《ひんきゅう》にして倚《よる》（＝たのみ）ことなしとあり、また耳の垂珠《たぶ》が口の辺まで下ったのは財宝多く寿命は長い。

耳鼻擦り落ちを治す【みみはなすりおちすをじす】〔骨継療治重宝記・下〕に耳鼻を擦り落ちたのを治すには、髪を礶子《ときもの》に入れて塩泥《しおどろ》で固《かた》済め、煆《や》き通して末（粉）とし、急に混ぜて擦り落した耳鼻に灰を蘸《ひた》して括り定め、柔らかな絹で縛ると効能がある。シナの江懐禅師が鼻を落したとき、この治で効があった。

御廟の橋【みみょうのはし】 高野山名所。御廟《みみょう》の橋は、大師の冥慮に適わない人は必ず障りがあって渡ることはできない。橋の右の方に明遍杉があり、橋から少し行った左の方の堂の内に彌勒石《みろくせき》がある。又此処から左方川の向いに帝《みかどの》 御石塔《おんせきとう》がある。〔東街道中重宝記・七ざい所巡道しるべ〕

三室戸【みむろと】 宇治名所。御堂 本尊は観世音菩薩。第十番巡礼所である。この前に茶師の大きな家がある。この間に蜻蛉の石、無明の橋がある。〔東街道中重宝記・七ざい所巡道しるべ〕

御諸別王【みむろわけのおう】〔大増補万代重宝記〕に御諸別王《みむろわけのおう》は、崇神帝の子の豊城《とよき》命より出る。景行帝に仕えて命を奉り、東国を領し、蝦夷を討って、その地を取った。

御裳濯川【みもすそがわ】「洗手所《ちょうずどころ》」ヲ見ル

身持八景【みもちはっけい】「一生《いっしょう》身持八景」ヲ見ル

宮【みや】〈社祠〉〔万物絵本大全調法記・上〕に「宮きう／みや。社しや／やしろ。祠し／ほこら」。〈禁中での称〉〔男重宝記・一〕に天子*にもつかれず、親王*内親王*の宣旨にも合われない方々をいう。また皇子とも諸王ともいう。一の宮、二の宮等といい、皇女は女一の宮、女三の宮等という。

宮城野【みやぎの】大和詞。①〔不断重宝記大全〕に「みやぎのとは、ふかきの（深き野）なり。萩の名所」。②「みだれはぎ（乱萩）*」の異名。

脈痔【みゃくじ】〔鍼灸重宝記綱目〕に脈痔は、尻の周りにかたまり、つぶつぶと生じ、痛み痒く、膿血を出す。治法は「痔の事」ヲ見ル

脈絶【みゃくぜつ】〔鍼灸重宝記綱目〕に脈絶は、脈の絶していることをいう。脈が微細で探し求められず、或は絶えて無いかのようなのは少陰の経、復溜の穴に針する。円利鍼で針が骨の処に至り、針を順《めぐ》らし下し刺す。陽を回《かえ》し脈を窺い、脈を生ずる時は徐に針を出すとよい。絶脈ともいう。「脈の事」参照

脈の事【みゃくのこと】心臓の収縮で押し出される血液によって起る動脈壁の拍動。その回数や強弱によって診断する。脈拍。四季の脈*五臓*の脈六死の脈*七死の脈*七表の脈*八要の脈*八裏の脈*九道《きゅうどう》の脈*などがある。〔鍼灸日用重宝記・二〕は、〇脈が一息の間に四動《どう》打つのは平脈、十四五歳より二十歳以上は四動半から五動も打つ。六十歳より以上は四動より遅いのもある。一息とは医者が息を静めて呼吸する間をいう。呼は出る息、吸は入る息をいう。〇浮《ふ》で力のあるのは風《かぜ》、力のないのは虚である。浮《ふ》は指を押しても浮かしても柔らかに当る。鞠を押してみる心である。〇沈《ちん》にして力のあるのは積《しゃく》、力のないのは気である。沈は沈んで指の腹に当るか当らないかというように底で打つ。〇遅《ち》で力のあるのは痛み、力のないのは冷えである。遅く一息の間に二三動程打つ。〇数《さく》で力があるのは熱、力のないのは腫物である。一息の間に五六動も打つ。この四脈は脈の祖《おや》なので祖脈という。〈絶脈〉〔鍼灸日用重宝記・五〕に脈が微細で見《あらわ》れず絶したのには少陰の経 復溜を刺す。骨の所に至り針を廻らし下に向って刺し陽脈を返す。脈の生じた所で針を抜く、とある。「診脈《しんみゃく》」参照

都春錦【みやこはるにしき】〔料理調法集・口伝之部〕に都春錦は、田麩（「田夫／田麩」*）の一で、都方で専ら称する。〔料理調法集・田夫類之部〕に都春錦は、鮭の皮 田作り 鰹節 黒豆 銀杏 辛皮（山椒の若枝の皮）むかご 青昆布 生姜 麩 陳皮 梅干 椎茸 木海月等の類を取り合せ、何も酒醤油でよく煮て砂糖を加える。汁は梅と鰹を煮た汁を用いる。また、青昆布を一寸程のせん（籤）に切り、酒塩で仕立て木口榧 小口胡桃 紫蘇の実を交ぜて出す。素性法師の歌に「見渡せば柳桜をこき交ぜて 都ぞ春の錦なりける」（古今集・春歌上）とある。

都風【みやこふう】〔女重宝記・一〕に都風とは、御所の上代風、上京《かみぎょう》の町風、下げ髪、打掛のはずれはずれが見えて、輿駕《こしのりもの》の内もゆかしく、伽羅の薫りがほのぼのとし、被き物塗り笠の下も艶めかしいのをいう。

宮崎文庫【みやざきぶんこ】伊勢名所。〔東街道中重宝記・七ざい所巡道しるべ〕に宮崎文庫は、一の鳥居と二の鳥居の間、宮崎高神山《こうじんやま》の麓、参宮の右方にある。祠官の学舎である。朝家 神宮の記録を始めとして、諸書を納めている。「林崎《はやしざき》文庫」参照

御息所【みやすどころ】〔男重宝記・一〕に御息所《みやすどころ》は、春宮*の妻をいう。

宮滝【みやたき】吉野名所。宮滝は高い所から落ちる滝ではない。両岸は屏

風を立てたような高さ五間程の大岩で、両岸の間川の面三間程の所に橋がある。大河はここで狭くなるので水は甚だ深く、その景色は甚だ妙である。古歌が多く、名所も多い。ここから桜木の宮*は五丁程である。〔東街道中重宝記・七ざい所巡道しるべ〕

宮地商人【みやちあきんど】 符帳*。神社の祭礼等で境内に臨時に小屋掛けした店物屋宮《みや》地《ち》商人《あきんど》の符帳。チギ（一）。ハラ（二）。ダイク（三）。マヤ／メツタ（四）。長半（五）。ミヅ（六）。ヲキガサ（七）。アツタ（八）。キハ（九）。〔万法重宝秘伝集〕

宮仕え【みやづかえ】 女の柔かな詞遣。「奉公《ほうこう》を、宮つかへ」という。〔女重宝記・一〕

宮の越より福嶋へ【みやのこしよりふくしまへ】 木曾海道*宿駅。一里半。本荷八十八文、軽尻五十六文、人足四十六文。名古屋領。この宿も、薮原も家作りは板ばかりで、近辺に竹はなく、山中の道である。十町程先に巴が渕、山吹が渕があり、左方に義仲の城跡があり、森の内に義仲勧請の八幡社がある。なんこの宮の後ろに駒が嶽があり、夏も雪がある。原野村。上野村。小嶋村。栗本村、大原川があり駒が嶽の奥から流れ出る川である。大板橋は橋杭がなく、跳ね橋である。荒なら林。福島関所は山村甚兵衛勤番で、女人幷鉄砲を改める。ここから福島の宿迄町続きである。〔東街道中重宝記・木曾道中重宝記六十九次 享和二〕

雅び【みやび】 大和詞。〔不断重宝記大全〕に、◯「みやびとは、情をかは（交）す事」である。◯「みやびたるとは、うつく（美）しきを云」。

宮へ甲州よりの道【みやへこうしゅうよりのみち】〔家内重宝記・元禄二年〕に「甲州府中より尾州宮への道」として、次がある。府中〈三里〉韮崎〈四里〉台か原〈二里半〉津た木〈二里半〉青柳〈二里〉高遠〈二里〉稲部〈二里〉宮田〈三里半〉伊田〈二里〉片桐〈二里〉市田〈一里半〉飯田〈三里〉小まんば（駒場）〈三里〉浪合［関が有］〈三里〉平屋〈三里〉ねはや（埴谷）〈三里〉伏地［これより三州］〈二里〉阿須川〈二里〉下利〈三里〉伊保〈三里〉平針〈二里〉宮である。

宮へ関が原より舟路【みやへせきがはらよりふなじ】〈舟路〉〔家内重宝記・元禄二〕に「美濃関が原より尾州宮まで舟路」として次がある。関ヶ原〈一里半〉蒔田〈二里半〉横曾根〈十三里〉宮である。この間、舟渡し五里は川、八里は海。これへ乗れば、桑名へ渡る。

宮参【みやまいり】 生土詣《うぶすなもうで》ともいう。〔嫁娶調宝記・三〕に宮参りの習があり、小児誕生日より男子は三十一日目、女子は三十二日目に、日取時取なしに氏神*へ参らす。侍であれば乗物（「乗物と駕籠*」）の内へ乳母が小児を懐に抱き、上に産着を二ツ重ねて着せ、乗物の前には松竹譲り葉を本の方を括り折形で巻き、その上に末広を差す。下には男子なら犬張子*を一ツ置き、女子ならほうこ（這子＝天児《あまご》*）を小児の方へ向けて置く。乗物の飾や御供等は身分や身代に応じる。〔童女重宝記〕は児子《しょうに》が生れてから三十日目に生髪《うぶかみ》を剃り、男子は三十二日目、女子は三十三日目に産土《うぶすな》氏神に詣でる。心を落ち着け、物驚きさせず、風に当らないようにする。初めての外出なので大事に心がける。この日から多く病気が出る。〔女用智恵鑑宝織〕は「生土詣《うぶすなもうで》」として男子は三十二日目女子は三十三日目、今はどちらも三十日目にその生れた地主の神へ参る。下向には親類或は親しい友達の方へ連れて行き、先々では金銀銭等を包み、長い苧に結び産着の紐に繋ぎ付ける。苧は白髪を表し長寿を祝い、金銀は禄であり、その子を祝して贈る。家へ帰って仏神に供えて後、その子を供奉する女に与える。この宮参りより神楽の音に驚き、人声に恐れ、また供奉の者が路次を静かに歩まないと病を生ずることがある。遠方へは行かず、近辺に連れて行くのがよい。

宮門跡【みやもんぜき】〔男重宝記・一〕に宮門跡は、法親王*のおられる寺をいう。

宮より桑名【みやよりくわな】 東海道*宿駅。〔東海道中重宝記・寛政三〕に宮より桑名は、海上七里。昼七ツ（午後四時）過ぎてからは舟は出さない。この渡しは木曾川の果てであり、水が出ると上り難く、潮が差すと心易いものの、風が激しい時は乗り難く佐屋廻り*（佐屋街道）となる。大黒の社がある。つき出し町橋十二間、雷の宮、白こう寺、三途川の木像がある。名古屋へ別れ道がある。熱田大明神社が右方にある。ここから十丁余、名古屋の白鳥の宮がある。

〈桑名舟賃付〉○四十人乗 四人水主／代二貫六百二十四文／十四人前 供間九百十八文／二十六人前 表間一貫七百六文。○四十七人乗 五人水主／代三貫八十三文／十七人前 供間一貫百十五文／三十人前 表間一貫九百十六文。○五十三人乗 六人水主／代三貫四百七十五文／十九人前 供間一貫二百四十五文／三十四人前 表間二貫二百三十文。○駄荷一駄（駄馬につけて送る荷物、四十貫目）百五十一文。○乗下一駄 八十四文。○鐙付一駄 六十三文。○長持一棹 二百六十文。○乗物一挺 二百六十文。○丸棒駕一挺 百九十三文。○打上駕 百三十七文。○分持一荷 六十三文。○人一人 六十三文。○挟箱 六十三文。○増水主一人 四百九十一人。

〈船中の掟〉〔万民調宝記・元禄五〕に「桑名より宮迄 七里舟わたし 船中之定」がある。○あぶ（鐙）付［小荷物］・徒荷・人一人は三十五文。○一駄荷は七十文。○乗物・長持は百二十四文。○挟箱は三十文。○乗掛は五十五文。○三人水子は一貫二百三十五文。艫の間は三百七十六文、胴の間は六百八十四文。○四人水子は一貫四百五十六文。胴の間は八百十二文、半分は四百六文、三ケ一は二百六十八文。艫の間は四百三十六文、半分は二百十八文。○三十四人乗は五百六十五文。○四十人乗は六百六十四文。○五人水子は一貫七百十一文。胴の間は五百三十六文、半分は四百六十六文、三ケ一は三百十二文、四ケ一は二百二十三文。艫の間は五百三十文、半分は二百六十三文。○四十七人供は七百八十文。○六人水子は一貫九百三十一文。五十三人乗は八百七十二文。一駄荷は八十一文。人一人は三十五文。乗物一ツは百四十五文。長持は百四十文。乗掛は四十六文。挟箱は三十五文。

みゆるなぷりかちい【みゆるなぷりかちい】〔蘭学重宝記〕に、「みゆるなぷりかちい」は「九九相乗」とある。

妙【みょう】〔女重宝記・一〕に寺方で妻を妙といい、大黒という。

妙応丸【みょうおうがん】〔小児療治調法記〕に妙応丸は、蚘疳《かいかん》*を治す。檳榔・腹子・黄連（各半両）、黒豆・白豆蔲（各一両）、木香・白蕪荑・史君肉（各二匁半）。これ等を末（粉）とし、皂角湯で丸じ白湯で用いる。

茗荷【みょうが】 蘘荷とも書く。**〈薬性〉**〔医道重宝記〕に蘘荷《みょうが》は温で小毒がある。諸虫の毒や蛇毒を消し、瘧《おこり》によい。多食すると、神明（精神）を薄くし、薬力を損ずる。〔妙薬調方記〕には「茗荷をば焼いて多年に食すれば 時季をば受けぬ薬とぞ知れ」。**〈料理〉**〔料理調法集・口伝之部〕に茗荷は六七月を賞翫とする。

冥加の事【みょうがのこと】〔世話重宝記・五〕に「冥加」は、神明の恵みで人の冥《くらき》を加護されるという意味である。「冥加がない」というのは誤りである。

妙儀大権現【みょうぎだいごんげん】 大坂願所。北野太融寺の境内 妙儀大権現へ立願すると、歯の痛みは忽ち平癒する。御礼には絵馬を奉納する。〔願懸重宝記・初〕

妙香散【みょうこうさん】「安神散《あんじんさん》」ニ同ジ

妙光散御目薬【みょうこうさんおめぐすり】〔洛中洛外売薬重宝記〕に妙光散御目薬は、大仏七条通さや町西へ入る 大こくや清兵衛にある。一包一廻り代は、三十二文である。

名字と苗氏の事【みょうじ】〔武家重宝記・一〕に次がある。「苗字」を「名字」と書くのは誤りである。今武家に、称号在名《しょうごうざいみょう》を「名字」というのは

理のない事である。例えば、一色《いっしき》は三河の一色という所から出、二階堂は二階堂という堂の側らに居たからであり、皆 称号在名である。「苗氏」は、いわゆる源《みなもと》の苗裔で、新田氏《にったうじ》 足利氏の類である（「清和源氏新田足利末葉」参照）。〔日用重宝記・二〕には「名字俗名の事」があり、俗間に今名字というのは、中興の祖が居地の所名を名字としたが在名が多いので読み難いのがある。例えば、木曾街道を行くと信州に薮原《やごはら》の駅があり、これは「やぶはら」であり「やごはら」と読むのは所の通用による。この類はいくらもあり、或は読み紛らわしいものとして四百近い列挙がある。〔重宝記永代鏡〕の「名字尽」は四百を超える。

〈名字書出し〉〔不断重宝記大全・二〕に口伝として「名字書出し」とは、所望により名氏を人に遣わすことで、名乗りと違い状で遣わし、図版のように折り紙を三ツに折り、真中に調える（図491）。添状を遣わす事もあり、別紙に二字とか 或は名氏之儀と書き、奥に「進覧之」と調えるが、時に従い様子よく調えるのが肝要、等とある。

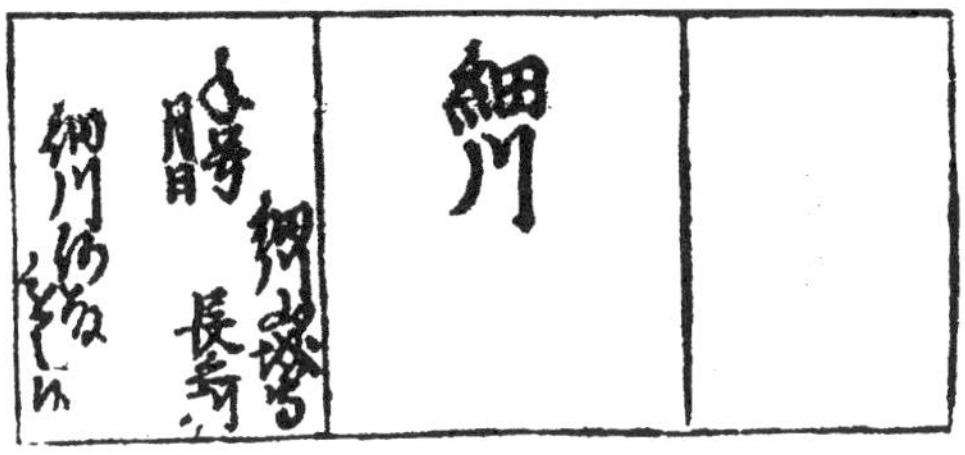
図491 「名字書出し」（不断重宝記大全）

明星【みょうじょう】「たいはくせい（太白星）」ヲ見ル

妙正大明神【みょうしょうだいみょうじん】大坂願所。天王寺内元三大師堂の前鏡の池の中に鎮座の妙正大明神は疱瘡を軽く守られる。即ち、御守は同所の妙見堂から出るので、小児の親は必ず請けて置くのがよい。〔願懸重宝記・初〕

明星の茶店【みょうじょうのちゃや】伊勢参宮道。小俣《おばた》へ一里。明星の茶店《ちゃや》はあけのが原にある。明星庵が茶店より少し前にあり、茶店を清めの火というのはこの庵から起った。明星の茶店で、何処の者に見えるかと尋ねると、何国 何処の者と見分けるのは 奇妙である。少し行くと新明星の茶店がある。共にきれいな茶店である。〔東街道中重宝記・七ざい所巡道しるべ〕

冥助の気【みょうじょのき】「軍中に霊煙の気を見て吉凶を知る事」ヲ見ル

明神【みょうじん】〔農家調宝記・二編〕に『淮南子』を引いて明神《みょうじん》とは、人の見えないところを見るのを明といい、人の知りえない処を知るのを神という。

妙心寺【みょうしんじ】京名所。〔東街道中重宝記・七ざい所巡道しるべ〕に妙心寺は禅宗の大寺、禁中様直御支配の寺である。四派《しは》の松という名木がある。〔年中重宝記〕に、六月二十八日、妙心寺方丈虫払い。九月十四日、妙心寺門前天王祭り。十二月十二日、妙心寺開山忌。

女夫石【みょうといし】「ばんばのみょうといし（番場の女夫石）」ヲ見ル

みょうとつがい【みょうとつがい】片言。「めうとつがいは、妻夫番《めをつがひ》」である。〔不断重宝記大全〕

みょうはち【みょうはち】片言。「めうはちは、鐃鉢《ねうはち》」である。〔男重宝記・五〕

妙法院【みょうほういん】〔男重宝記・一〕に妙法院は、東山 大仏にある。法諱、堯恕。宮門跡。知行、千六百三十三石五斗。天台宗で、山門の座主を兼ね、叡山の三門跡の一である。

明法博士【みょうほうはかせ】〔万民調宝記〕に明法博士は大学寮*に属し、二人。律令、格式を、読み教える職である。

明兪膏【みょうゆこう】〔洛中洛外売薬重宝記・上〕に明兪膏は、東洞院五条下ル丁野口氏にある。風寒や湿気に傷《やぶ》れたのによい。その他、打ち身によい。

妙蘭【みょうらん】草花作り様。妙蘭の花は白である。養植は蘭*と同じである。〔昼夜重宝記・安永七〕

みょうりかんのん【みょうりかんのん】片言。「めうり観音は、如意輪観音」である。〔不断重宝記大全〕

三好長慶【みよしちょうけい】〔大増補万代重宝記〕に三好長慶《みよしちょうけい》は、万松院（足利十代将軍義晴の諡号）の時、同族宗三を討ち殺して後、京に入る。武将を侮り、管領を蔑《ないがしろ》にする。その威権は一時輝やかしかった。その子義継は足利義輝（十三代将軍）を殺し、足利氏を滅ぼした。永禄七年（一五六四）、四十二歳没。

三芳野【みよしの】〈菓子名〉〔男重宝記・四〕に、三芳野、角、中羊羹、山の芋入り、脇白ながし物とある。〈香の名〉〔女筆調法記・六〕には名所香の図「みよし野」がある。

みよし餅【みよしもち】みよし餅は、寒晒粳米の粉（九合）、寒晒糯米の粉（一合五勺）、太白砂糖を煎じて二百目を入れ、上一段を白にして、中一段は紅、下一段は黄色にして蒸し立てる。葛でもこのように仕立てる。早外郎*と同じ仕様にして、紅・白・黄と三段に角につねる。〔菓子調法集〕

味淋酒【みりんしゅ】〔料理調法集・造醸之部〕に味淋酒は、糯米一斗を上白にして強飯に蒸し冷まし、糀一斗を壺底に敷き、強飯一遍、このように段々入れ、上に糀を置き、落し蓋をしてその上に常の焼酎一斗を入れ、壺の上蓋に口張りして土に埋め四十日程経て使う。用いる時はよく上下へ掻き廻し、絞って使う。

水松【みる】海松とも書く。〔万物絵本大全調法記・下〕に「水松 すいせう／みる」。〈薬性〉〔医道重宝記〕に水松《みる》は寒で毒はなく、水腫を治す、谷水の毒を去る。〔永代調法記宝庫・四〕に「みる」は、腹が熱《いき》り、気も痞え、鬱熱のある人が食するとよい。〈食い合せ〉〔料理調法集・当流献方食物禁戒条々〕に海松に五八草（『譬喩尽』ニ干乾した蝮トアル）入りの薬は凶とある。〈紋様〉〔紋絵重宝記・下〕に「みるに帆立貝」の意匠の紋がある。

海松食【みるくい】〔万物絵本大全調法記・下〕に「淡菜 たんさい／みるくひ」。〈刺身仕様〉〔諸人重宝記・四〕は海松喰を造って湯掻き、山葵に酢味噌がよい。〈食合せ〉〔料理調法集・当流献方食物禁戒条々〕に海松喰は、枇杷・棗の食い合せを大いに忌む。

海松茶染【みるちゃぞめ】染色。〔家内重宝記・元禄二〕に海松茶染《みるちゃぞめ》は、海松茶は一反に刈安*一把程煎じ、椿の灰汁を煎じ、その汁で紙を染め、香色になったら石灰を一匙入れて取り上げて洗う。青みを着けたい時は、唐竹の葉、茶の生葉を煎じて上を染める。〔秘伝手染重宝記〕に「みるちゃいろ」は、渋木（山桃）を三度引きよく乾し、水一升に素鉄を二合程入れ、斑無く引く。また水一升に明礬の細かなのを引く。茶三服程入れ斑無く引く。水でよく濯ぎ張る。

見るはしの面【みるはしのめん】大和詞。「見るはしの面とは、すずり（硯）の事」である。〔不断重宝記大全〕

みるめのうら【みるめのうら】〈大和詞〉〔不断重宝記大全〕に「見るめのうらとは、よるを云」。〈地名〉『文明本節用集』に「海松目浦 ミルメノウラ 壱岐《いき》」。『国花万葉記・十四下』には「下松ら（浦）に見るめのうらといふあり」。

弥勒真言【みろくしんごん】真言陀羅尼*の一。〔新撰咒咀調法記大全〕に弥勒真言は、「唵毎怛隷野娑嚩賀《おんまいだれいやそわか》」と唱える（振仮名ノ「みだ」ヲ「みろく」ニ直シテ掲出シタ）。

三輪【みわ】　大和所名。〔東街道中重宝記・七ざい所巡道しるべ〕に、御宮はなく、拝殿の後ろに低い山があり杉多く、これに向かい拝する。鳥居は三ツを一ツに組み合わせたようであり、板で閉じて通路はなく、験《しるし》の杉が二本ある。衣掛杉は八抱え半ある。竜宮から上がったという石がある。三輪山平等寺は本尊は地蔵尊である。山の北の奥を檜の原といい、山陰に玄賓僧都の住居跡がある。町は素麵が名産である。柳本へ一里十丁、この間右方に穴師山（纏向山）が見え、穴師の里、纏向珠城宮（垂仁天皇の都）がある。小手巻塚等がある。〈小謡〉〔童学重宝記〕に小謡名と作り物が載る。

三輪の山【みわのやま】　大和詞。〔不断重宝記大全〕「三わの山とは、たづねてとへ（尋問）と云ふ心。（歌）恋しくはたづねてもこよ我やどは三輪の山もとすぎ立るかど（『梁塵秘抄』ニハ「恋しくは疾う疾うおはせ 我が宿は三輪の山もと杉立てる門」ガアル）」。「わが庵は三輪の山もと恋しくはとぶらひ来ませ杉立てる門（古今集・雑歌下）」。

身を知る雨【みをしるあめ】　大和詞。「身をしるあめとは、なみだ（涙）を云」。〔不断重宝記大全〕

みんなさま【みんなさま】　片言。「皆様《みなさま》を、みんなさま」という。〔世話重宝記・五〕

民部省【みんぶしょう】　八省*の一。〔万民調宝記〕に民部省は万民の訴えを聞き、憂苦をやすめることを司る。卿《かみ》大輔《たゆう》権《ごんの》大輔、各一人である。主計《かぞえ》寮*主税寮*がある。

む

墓【む】　十二運*の一。「墓運《ぼうん》」ヲ見ル

夢遺【むい】　〔医道重宝記〕に、夢に交合して精を漏らすのを夢遺という。清心湯*で治す。〔新撰咒咀調法記大全〕に夢に精を漏す盲想は、牡蠣殻を炙り粉にして酒で飲むと治る。〔鍼灸重宝記綱目〕に灸は脾兪 肺兪 腎兪 気海 三里に、針は関元 曲泉 然谷 大赫 三陰交にする。「遺精」モ見ル

迎い小袖【むかいこそで】　〔諸礼調法記大全・地〕に嫁入の夜に、婿の方から迎い小袖といい、小袖 酒 肴を遣わす。この時の小袖は襟と襟とを合せて糸で綴じつけて台に積む。

零余子【むかご】　片言。〔世話重宝記・二〕「零余子《ぬかご》を、むかご」という。〈薬性〉〔医道重宝記〕に零余子《むかご》は、温で毒なく、虚損を補い、腰、足を強くし、腎を増し、飢えさせない。

零余子飯【むかごめし】　〔料理調法集・飯之部〕に零余子飯は、零余子を擂り、鉢で掻き回して皮がよく取れるようにし、次に湯にする時に塩を加えて煮、米に交ぜて炊く。

昔の形見【むかしのかたみ】　大和詞。「むかしのかたみとは、かきつばた（杜若）を云。植置きし昔の宿の杜若色ばかりこそ形見なりけれ（謡・杜若）」〔不断重宝記大全〕

昔物【むかしもの】　大和詞。「むかしものとは、きのふ（昨日）と云ふ心」である。〔不断重宝記大全〕

百足の事【むかでのこと】　蜈蚣とも書く。〔万物絵本大全調法記・下〕に「蜈蚣 ごこう／むかで」。〈百足油〉〔改補外科調宝記〕には。○百足の油を取り薬にするには、畦《あぜ》唐菜《とうな》の油に二十日程浸して後 湯煎《ゆせん》して取る。○百足油は、諸々の毒虫や毒獣に破られ痛むのに塗ると痛みが止まり、腫れがよく引く。○火傷や寒風に中り、腫れ痛むのにもよい。〈百足螫の治方〉〔同書〕に○鶏の糞を塗るとよい。○雄黄を酒で用い、外にもつける。○犬蓼を摺って塗る。○塩を嚙んでつけると痛みは止む。次に雄黄の粉を水で用いる。〔俗家重宝集・後編〕は鶏糞のほか、蕨の鎰の所を嚙み砕き唾ともにつける。〔新版秘伝日用重宝記〕は、○螫し

た所へ歯糞をつける。〇小便で洗う。〇豆の葉を揉んでつける。〔家伝調方記〕は蛇・百足が螫す時も、めなもみ（豨薟）を揉んでつける。〔重宝記永代鏡〕に百足が螫した時は、鶏卵を潰して再々つける。〇鶏冠の血を取ってつけてもよい。〔懐中重宝記・慶応四〕は、〇塩 或は大蒜を噛んでつける。〇傷口へ灸を据えるのもよい。〔斎民外科調宝記〕は誤って百足を呑んだら、猪の血を飲ませ、暫くして生酢《きず》と油を口中に注ぐと吐き出す。指で地の乾いた所に「王」（一書に「十」とも）の字を書き、王の字の真ん中の土を取り、刺された所に塗ると忽ち治る。

〈呪い〉〔新撰咒咀調法記大全〕に百足を去る呪いは、〇五月五日午時《ひる》紙に辰砂で「茶」の字を書いて柱に逆さに貼って置く。〇北へ流れる水で墨を磨り「龍」の字を書いて柱に貼って置くのもよい。

むき【むき】〈何が不足で癇癪の枕言葉〉「着物、むき」。〔小野簒譃字尽〕

麦熟【むぎうらし】「ぎょぎょし」ヲ見ル

麦菓子【むぎがし】〔家伝調方記・天保八写〕に麦菓子拵え様は、大麦を搗いてヨバシテ（煮て。或は蒸して）干し、粉に挽き、黒砂糖を溶かして入れて練り、打板で延ばす。

麦切【むぎきり】〔世界万宝調法記・下〕に麦切は、大麦*の粉を念を入れて篩い、水で捏ね好みに合わせて打つ。食べる時は蕎麦切料理に同じである。〔ちやうほう記〕に麦切は、大麦を粉にして山芋を擂り捏ね、蕎麦切のように切り、湯煮をする。〔料理調法集・麺類之部〕に切麦は大麦の粉を、山芋を卸したのと水で捏ね 打ち伸べ 切り、湯煮して出す。汁や薬味は饂飩に同じ。

麦醤油と鯉【むぎしょうゆとこい】 食い合せ。〔永代調法記宝庫・二〕に麦醤油と鯉を食い合わせると、咽喉に瘡を生ずる。

剝き玉子【むきたまご】〔料理調法集・鶏卵之部〕に剝き玉子は、小さい玉子を煮抜き、殻を取り、雷 星のように切り回し、中に黄身のあるまま吸物に遣う。

麦餻【むぎだんご】〔人倫重宝記・四〕に、「餻《だんご》」の字は『礼記』に見えるので唐の上代よりあり、「麦餻《むぎだんご》」は晋より始った。晋の文公が国を出奔し飢えに及ぶ時、臣下の介子推が股を切り割いて食べさせて救ったが、その後本国に帰ってからはこの恩を忘れて奉禄を与えなかったため、介子推は恨んで綿上山に引き籠った。文公は思い出し呼び戻したが応じないので、山に火を掛けると木を抱いて焼死していた。十一月の冬至から百五日目、三月の清明節に当り、所の者は哀れんで毎年その日を違えず、前日から餻餅《こむぎもち》を拵えて食い、前後三日介子推を祭った。これを寒食《かんしょく》というのに始る（〔鄴中記〕）。

麦鳥【むぎとり】〔料理調法集・諸鳥人数分料〕に麦鳥というのは、四月に出る焼鳥で、二ツ割にする。

麦索【むぎなわ】〔人倫重宝記・四〕に索麺《そうめん》*は、唐の魏の世に始り 湯餅《とうべい》といい、日本では麺索《むぎなわ》という。索《なわ》に似ているからで、素《そう》索《さく》は同音で、日声《にっしょう》である。

麦の事【むぎのこと】〔万物絵本大全調法記・下〕に「麦 ばく／むぎ、夏」。〈異名〉〔書札調法記・六〕に麦の異名に、芒穀《ぼうこく》布亥《ふかい》来牟《らいむ》がある。〈麦田地〉〔田畑重宝記・上〕に麦田は何国でも上地の部であり、麦を作ると稲作が不足になるので、晩田には大方は麦作はしない。しかし、田地の悪い所でも麦作する所があるのは、麦作には田地を深く打ち起し 大分に肥し等を仕掛け、丈夫に作るので肥しが残り、麦作をしないと稲のために悪いという所もある。〈麦蒔〉〔農家調宝記・初編〕は秋の土用の頃に小麦を、土用明け二十日程日和次第大麦を蒔く。春の彼岸十日頃から麦の肥しの用意をし、五月中夏至十日程前より麦を刈る。殻は肥し、小麦の藁は家の葺草にする。〔昼夜重宝両面雑書増補永暦小筌・慶応二〕に麦蒔吉日は、甲《きのえ》寅の日。乙《きのと》卯・亥の日。戊《つちのえ》午・寅・辰・申の日。己《つちのと》亥の日。庚《かのえ》寅

の日。辛《かのと》亥の日。壬《みずのえ》寅・申の日。癸《みずのと》卯・亥の日。

〈麦年貢納《い》れ始め〉〔農家調宝記・初編〕に往古は夏の麦作は民の徳分であったが、嵯峨天皇弘仁二年（八一一）に菅原清公、内麻呂、空海（弘法大師）に命じて税賦を定め、この時から正税となった。後代は永文で収納すことになり、今は夏物成*という。「小麦の事」「大麦」参照

麦蘖【むぎのもやし】〔薬種重宝記・上〕に和穀、「麦蘖 ばくげ／むぎのもやし、能く炒り芽と皮を揉み出し刻む」。

麦味噌【むぎみそ】〔料理調法集・造醸之部〕に麦味噌の造り様は、大麦一斗の内、二升を炒って挽き割り、残りは宵から水に浸し翌日蒸して、先の粉を振り、醤油のように寝させて花が付く時、大麦（一書は「豆」）五升をよく煮て、塩四升六合を入れて搗き合せ、常のように仕立てる。この味噌は漬け込みによい。

麦飯の事【むぎめしのこと】〔料理調法集・飯之部〕に麦飯に四方がある。①上々麦を一夜水に浸して置き、一時（二時間）程煮て笊に上げ、水を一二遍懸け布で絞って置く。米は二時程水に浸して置き、桶に入れ煮え立った湯を懸けて置く。笊に上げ、麦五合に米二合の割で交ぜ、食う半時（一時間）前に蒸しに懸る。米は古河米の三年古に美濃米を交ぜるとよい。②麦を一夜水に漬け、炊く時水を多くして茹で、よく煮えた時湯を去り、麦一升に米三合を交ぜ、水をひたひたにして炊く。③常に用いる方として、麦を一夜、又は半日水に漬け浸し、それより釜へ水を沢山にして蓋が沸き上る程煮上がった時、下火ばかり置き薪木を引き、半時（一時間）余蒸らして置く。それより笊に、湯また桶に入れ、水で度々流し手の平で揉み 粘りを去り 笊に上げて置き、浸した米と交ぜ、ひたひたにして水で炊く。割合は好きにする。④引割麦飯は、麦飯のように炊く。米麦飯の割合よりも多い方がよい。〔綟約重宝記〕に、三度の食は粥飯を炊き、昼夜は割り麦を食う。麦飯はオランダ人が常に食するように、米よりも人身を養うのによいからである。米は煮て糊に用いるが、麦は糊にはならない。粘るものは人身に害がある。〈麦飯〉〔江戸町中喰物重法記〕に「むぎめし」は、飯田町中坂 菊川にある。「（御膳／晒／ひきわり）大むぎ」は、御蔵前はたご丁二丁目 本屋庄次郎にある。

無翹日【むぎょうにち】日取吉凶。〔金神方位重宝記〕に無翹日は婚礼に用いない日とする。正月は亥の日。二月は戌の日。三月は酉の日。四月は申の日。五月は未の日。六月は午の日。七月は巳の日。八月は辰の日。九月は卯の日。十月は寅の日。十一月は丑の日。十二月は子の日。〔重宝記永代鏡〕に厭日*の翌日で、位を定めず、吉凶厭日に従うので、翹《つばさ》のない鳥の意といい、この日は神を祭り、軍を出し、嫁娶に忌む。

⿰犭農犬【むくいぬ】〔万物絵本大全調法記・下〕に「⿰犭農犬 のうけん／むくげいぬ／むくいぬ」。〔画本重宝記〕にも絵図があり、毛が多く長い犬である。

報い日【むくいび】〔諸人重宝記・五〕に報い日は、正月は七日・寅の日。二月は十四日・未の日。三月は二十一日・辰の日。四月は八日・亥の日。五月は十六日・卯の日。六月は二十四日・午の日。七月は九日・寅の日。八月は十八日・子の日。九月は二十七日・辰の日。十月は十日・未の日。十一月は子・丑・戌の日。十二月は酉・辰の日。又、その月の節から七日目ともいう。

むくしき【むくしき】「むくしきは、むくつけきにて、おどろしき（恐）也」。〔消息調宝記・二〕

鼹【むぐらもち】「鼹《うごろもち》の事」ヲ見ル

蒙古国裏の鬼【むくりこくりのおに】〔万物絵本大全調法記・上〕に「蒙古 まうこ／むくり。韃靼 たつたん也」。〈世話〉〔世話重宝記・三〕に後宇多院の弘安四年（一二八一）の秋、日本を攻めに蒙古国から六万艘の兵船が平戸に着いたが、八月一日俄に神風が吹いて悉く破損した。世に、むくりこくりの鬼といって恐ろしく言うのは、日本を攻める蒙古国裏《むくりこくり》

と言うことからである。鬼とは夷賊《いぞく》を言い、実の鬼ではない。田村将軍が勢州鈴鹿の鬼神を平らげたと言うのも夷賊のことである。『王代一覧』に見える。

鼹鼠【むぐろもち】 諸国詞。〔男重宝記・五〕に「中国にて鼹鼠《うごろもち》といふ事を、むぐろもち」という。「鼹《うごろもち》の事」ヲ見ル

無卦【むけ】 「うけむけ（有卦無卦）」ヲ見ル

無価散【むげさん】 〔小児療治調法記〕に無価散《むげさん》は、風熱 喘促し、悶乱 安からず、俗にいう馬脾風*を治す。硃砂（二匁半）、軽粉（半匁）、甘遂（一匁半 麵に包み煮焙り乾かす）を末（粉）とし、香油一滴を温漿水*少量の中へ浮かべ、その油の上にこの薬末（粉）一字を掬い置き、薬末（粉）が下に沈んだら漿水で用いる。一方に、滑石二匁を加えて、油隧膏《ゆつい》という。

聟入【むこいり】 〔童女重宝記〕に聟入（入聟）は、舅の方へ手掛 置鳥 置鯉等を、五百八十の餅（三日夜の餅*）を銀器に盛って遣わす。半切（桶）に入れるのは本式ではない。始めに夫婦の盃の三三九度の時、介添の女房はその度毎に手掛の昆布 巻鯣を紙に取り参らすなど、分限相応に必ず礼を用いる。

紫の上【むらさきのうえ】 〔女筆調法記・四〕に紫の上について、『源氏物語・若紫』に源氏の君が瘧《わらわやみ》で北山へ祈りに籠って居られた頃、紫の上も乳母君に具して居られたのを源氏が見初め、十歳で迎えて御子のように養育され、葵の上に遅れられて後十五歳で新枕があり、源氏の上に定まった。御方々が数多あり、折節につけて恨めしがられたが、色にも出されず押し静め、有り難い評判があった。貞女 賢女の手本にするのも尤もとある。

武蔵【むさし】 武州。〔重宝記永代鏡〕には、久良《くら》 都筑《つずき》 多摩 橘樹《たちばな》 荏原《えばら》 豊島 足立 新坐《にいくら》 入間 高麗《こま》 比企《ひき》 横見 埼玉《さきたま》 大里《おおさと》 男衾《おぶすま》 幡羅《はんら》 榛沢《はんざわ》 那河《なか》 児玉 賀《か》美《み》 秩父 葛飾の二十二郡をあげ、城下は江戸 忍《おし》 川越 岩槻《いわつき》、一ノ宮は氷《ひ》川《かわ》である。〔万民調宝記〕には居城知行高を、宇都宮・奥平美作九万石、忍・阿部豊後九万石、川越・松平伊豆七万石、岩付・松平伊賀四万八千石とある。〔大増補万代重宝記〕には葛飾を記さず二十一郡とし、大管、四方五日半、大上々国。田数五万千九百二十町、知行高八十万石。〔重宝記・幕末頃写〕にも二十一郡とし、八十四万石、山には良材を欠き、田畠は豊かで野菜類が多い。東京府、熊谷県、神奈川県、埼玉県から、今の東京都と埼玉県の大部分、神奈川県の東部に当る。〈名物〉〔万買物調方記〕に、江戸葵売り（葵の御紋があるという）、根深、蕎麦切、芝雑魚、川口蜆、蛤、鮟鱇、筋鰹、鯛、白魚などの海産物、つくみ野老、こが素麵、浅草嶋・海苔、岩つき綿・木綿嶋など。

武蔵鐙【むさしあぶみ】 大和詞。〔不断重宝記大全〕に「むさしあぶみ（武蔵鐙）、思ひあつかふ心」とある。〔女重宝記・五〕には「むさし鐙とは、とふ（問）もうるさし、とわぬも辛き」ことをいう。

武蔵守満季末葉【むさしのかみみちすえばつよう】 諸氏名字。〔筆海重宝記〕に武蔵守満季末葉に、高屋 小原《おはら》 坂東 阿曲《あくま》 柳 和田 奥 岸本 平井 栗田 御園 林田 梅林 森 山上《やまがみ》 大町等二十名字が出ている。

武佐升【むさます】 天文十三年（一五四四）春、近江の領主佐々木義実が一国で作った京升 八合入りの一升枡。八合盤ともいう。〔永代調法記宝庫・首〕に武佐升は、指渡し 四寸六分五厘、深さ 二寸三分九厘八毛。武佐升法五一八六（不尽*を加入）、この容積をいう。「武者升」とも書く。

武佐より守山へ【むさよりもりやまへ】 木曾海道*宿駅。三里半。本荷百六十六文、軽尻百十文、人足八十二文。この宿は馬道具が多く、墨も出る。西地川右方に明智日向守の城跡がある。右方に安土村八幡山がある。織田信長公の城跡が海手の方にある。八幡村、津田村、舟木村は右方である。馬渕村、砂川は徒歩渡りである。野馬村、横関村 川があり、星宿の山峯がある。善光寺川は大河である。お町村、鏡山 古今集 雑歌上

「鏡山いざ立ち寄りて見て行かん 年経ぬる身は老いやしぬると」〔大伴黒主〕。鏡山村 茶屋がある。鳴海橋村 篠原村ともいい、篠原堤がある。鳴海が橋がある。鏡の宿。小笹見村、大笹原村、屋の棟村 川がある。甲山、辻町村 左方に百足山があり、小坂茶屋がある。安村川 徒歩渡りであるが、洪水には舟渡しである。〔東街道中重宝記・木曾道中重宝記六十九次享和二〕

蒸【むし】 大和詞。「みそ〔味噌〕は、むし〔蒸〕」という。〔女重宝記・一〕

蝗送り【むしおくり】〔農家調宝記・付録〕に蝗《むし》送りは、黄昏より一村中集り、松明を灯し、鐘 太鼓を鳴らし、或は藁で人形を拵え 紙旗を持ち、法螺を吹き 鯨波《ときのこえ》を上げ、蝗逐《むしおひ》と言って 田の畦を巡り、その松明を引いて田に遠い野辺 或は河原に捨てると、付いて来た蝗《むし》は悉く焼かれて死ぬ。蝗《いなむし》*、ウンカの駆除である。

蒸薬【むしぐすり】〔世界万宝調法記・中〕に蒸薬は、風寒 湿に感じて身節痛み 痺れ、或は打ち身 挫き 脚気の痛みを治す。蕗《つわ》の葉〔三十匁〕、忍冬〔二十匁〕、甘草〔十匁〕を刻み、踏み込みの酒の糟百匁を用い、三味を搗き混ぜて釜へ入れ、炭火でそろそろと炊くと、上へ湯気が出る。どこでも痛む所を釜の上に置いて蒸す。尤も外の所へ湯気の散らないように覆いをする。

虫酸【むしず】〔胡正一味重宝記〕にむしず〔虫酸〕の走るには、胡椒〔大〕・桑〔皮〕の二味を煎じて用いるとよい。

蒸し竹の子【むしたけのこ】〔昼夜重宝記・安永七年〕に蒸し竹の子は、新しい竹の子を皮共に大釜に立て倒れないように詰め、摺り糠を入れ、水を釜八分程入れ、釜の上に桶を蓋にして息の出ないようにして三時〔六時間〕程火をそろそろ焚いて、蒸し煮にする。よく蒸せた時取り出し、板の上に押しひしぎ、その後立てかけて雫を垂らして置く。二十日余は悪くならない。上は黴びても中はよい。料理にはそのまま和え物、刺し身、汁にも遣う。

枲垂【むしたれ】〔消息調宝記・二〕に「むしたれ〔枲垂〕」とは、笠《かさ》のとう〔幀〕に絹を垂れ、顔を見せぬ為也」。「枲垂衣〔むしたれぎぬ〕」である。

狢【むじな】〔万物絵本大全調法記・下〕に「貉 かく／むじな」。穴熊の事。〈狢の憑いた時〉〔万用重宝記〕に人に、狸 狢《むじな》 猫又、その外獣類が憑いてそれが何か判らない時は、鹿の角を粉にして膠を水で呑ませると、自然とその品〔正体〕をいう。

狢汁【むじなじる】〔料理調法集・汁之部〕に狢汁は、狢の腸を抜き、酒の粕を腹の内に入れて縫い塞ぎ、泥土を緩くして毛の上にも塗り、下に糠を敷き 上にも懸けて、蒸し焼きにして土を落とすと、毛ともに皆土に移るのをそのまま四足をおろして使う。焼皮料理ともいう。

虫の事【むしのこと】〈字尽し〉〔童蒙単語字尽重宝記〕には、虫について約百六十名字が載る。〈虫害〉〔調法記・四十七ゟ五十七迄〕には、○樹木が虫害で枯れる時は、陽に向う地の上三寸の所に灸をすると多く生きる。○虫が入って枯れかかる時は、杉を釘に削り虫の穴へ差し込んで置くと枯れない。○木の根に魚の洗い水を掛けると毛虫は生じない。○松の枯れる時は、川芎を煎じて根に注ぐと忽ち葉が繁る。〈呪い〉〔増補呪咀調法記大全〕に、①「万物に虫つく時の符」。②「万虫の類災ある時の札」は栗の木に書いて立てる。その札の裏に③を書く〔図492〕。この札より前に災いする所を塩水で祓う。次に加持は不動の陀羅尼がよい。〈隠語〉〔色道重宝記〕に、代地《だいち》辺の出会茶屋*で後家のために淫水を吐かせるのを、虫《むし》というが、これは蛇程《うわばみ》という。後家の愛人。情人。

虫の症〔寄生虫〕【むしのしょう】〈寄生虫の症〉〔鍼灸重宝記綱目〕に人の腹中の虫は、人とともに生じ 人に害をなす。虫の症は胸を雑《か》き、腹が痛み、涎《よだれ》沫《あわ》を嘔吐し、顔色は痿れ 黄ばみ、瞼・鼻の下は青黒く、食は少なく、

図492 虫の事

①「万物に虫つく時の符」（増補咒咀調法記大全）

②「万虫の類災ある時の札」（増補咒咀調法記大全）

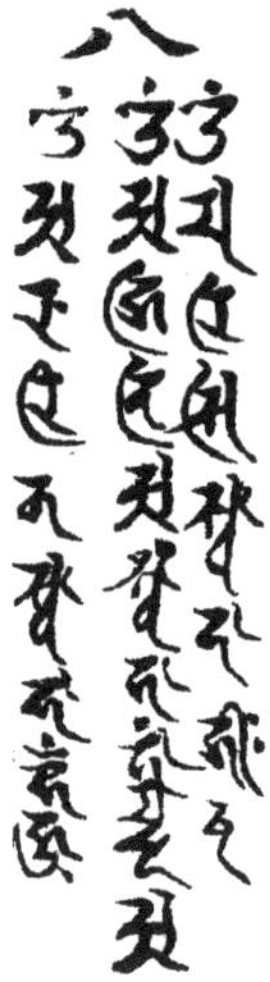

③「②の裏に書く符」（増補咒咀調法記大全）

色黒く痩せ、或は寒熱・咳嗽をなす。虫には九虫*があり、皆頭を下に向けているが、上半日（子より辰の刻＝零時～八時）は頭を上に向けているという。凡そ諸虫を治すには、寒熱虚実を察して脈と症を弁え、詳らかにして針をする。三陰交 三里 内関 陰谷 行間 太白 腹溜 気海 脾兪 梁門 天枢 滑肉門にする。虫の発《おこ》った時痛みの上に刺してはならず、足の穴《けつ》で気を下す。諸虫は気血の集まりで邪気に感じて、その時節の気に応じて色々の形をなすので、気を引き下す時は虫は自ずから治る。〈寄生虫の薬〉〔胡椒一味重宝記〕に「殺虫薬《むしころし》」として、胡椒の粉（小）に熊胆《くまのい》（大）を丸じて用いるとよい。〔調法記・四十ら〕に「虫の妙薬」は肉桂・気黄丸（奇応丸カ）の二品を飴で練り、木切《きぎれ》に一寸五分ばかり巻き、尻の穴へ指し入れると総虫を下す。〈虫下し〉〔薬家秘伝妙方調法記〕に三方がある。①海人草・木香・莪朮・大蓮・甘草・檳榔子・節人参（各等分）を合せ煎じて呑ます。②海人草・苦楝皮・山椒・漆木皮を刻み煎じ、白茶に一服程に掻き立てて用いる。③胡椒（二分）・苦楝皮（三匁）・海人草（二両）を合せ、水五杯入れ半分に煎じて用いる。〈呪い〉〔秘術妙知伝重宝記〕に「一生積虫根を切る術」は「彭候尸 彭常尸 命児尸 悉入窈冥去我身離」。庚申の夜に唱えるのを法とする。まず歯を食い縛り、奥歯を三十三度嚙み、この文を七遍まで唱える。総じて虫の病一切に妙法である。

虫の症（虫気）【むしのしょう】〔鍼灸日用重宝記・四〕に、内臓が虚し、脾胃弱く、生冷《なま》もの 甘肥《あま》いもの、油け海藻の類を交えて食し、時節悪く滞って発る。その症状は空吐《からえず》きし、酸水《すみず》を吐き、涎多く、痛みの発り醒めがある。『千金方』を引き、五臓が労する時は熱を生じ、熱する時は諸虫を生ずるという。〈虫気食物宜禁〉〔世界万宝調法記・中〕に「宜い物」は辛夷《こぶし》 榧 山椒 胡桃 大蒜 葱 芥子《からし》 莧 茄 木通《あけび》 酢 鰻 亀。「禁物」は餅 麺類 飴 砂糖 油 茄子 真桑 白瓜 胡瓜 甜瓜《かもうり》 瓢 芋 菱 蕨 蕎麦 笋 柑類 棗 杏 梅 桃 梨 白酒 鮨 鱠 鮭 鯉 鱸 鱒 海老 蛸 鮑 鯖 雉 鴨 兎 猪。また飽食 晩食 夜食 生の冷え物等を挙げている。

虫歯【むしば】「歯の諸症」ヲ見ル

蒸し蛤【むしはまぐり】〔料理調法集・貝類之部〕に蒸し蛤は、蛤の砂を噴かせてよく洗い、鍋に水をひたひたに入れて煮立て、蛤の口が開いた時酒塩を差して出す。塩は入れないのがよい。開いたのは座席により冷めることがあると言い、目を切って蒸すと口は開かない。

むしばみ鴫【むしばみしぎ】〔料理調法集・諸鳥人数分料〕に、むしばみ鴫は一ツ焼鳥である。汁、煎鳥にもなる。脂が乗るとよいものである。

虫腹の呪い【むしばらのまじない】〔増補咒咀調法記大全〕に「虫腹の呪ひの事」は、次の二首の歌を読めば不思議奇妙である。「秋過ぎて冬の始めは十月に霜枯れ焚けば虫の子もなし」「秋風は冬の始めに立つものを木草も枯るる虫も静まる」。

蒸麦一膳仕出【むしむぎいちぜんしだし】 蒸麦は蒸した饂飩である。〔料理調法集・点心之巻〕に配膳図絵があり、今案ずるに汁を土器の所へ麦を据え、辛味 割物を向うに付け、酢菜を中に付け、汁の器は膳の右端に組み付け、胡椒包みも肩に付けるか、とある（図493）。○「食い様」は、始めは汁の器を下に置ながら胡椒粉を汁に入れ（若い人は胡椒は入れない）、紙は元のように畳んで膳の右端に寄せて置き、摺辛味は一色とし、麦を挟んで入れて食い、二度目からは汁の器を持ち上げ、麦を挟み入れて食う。

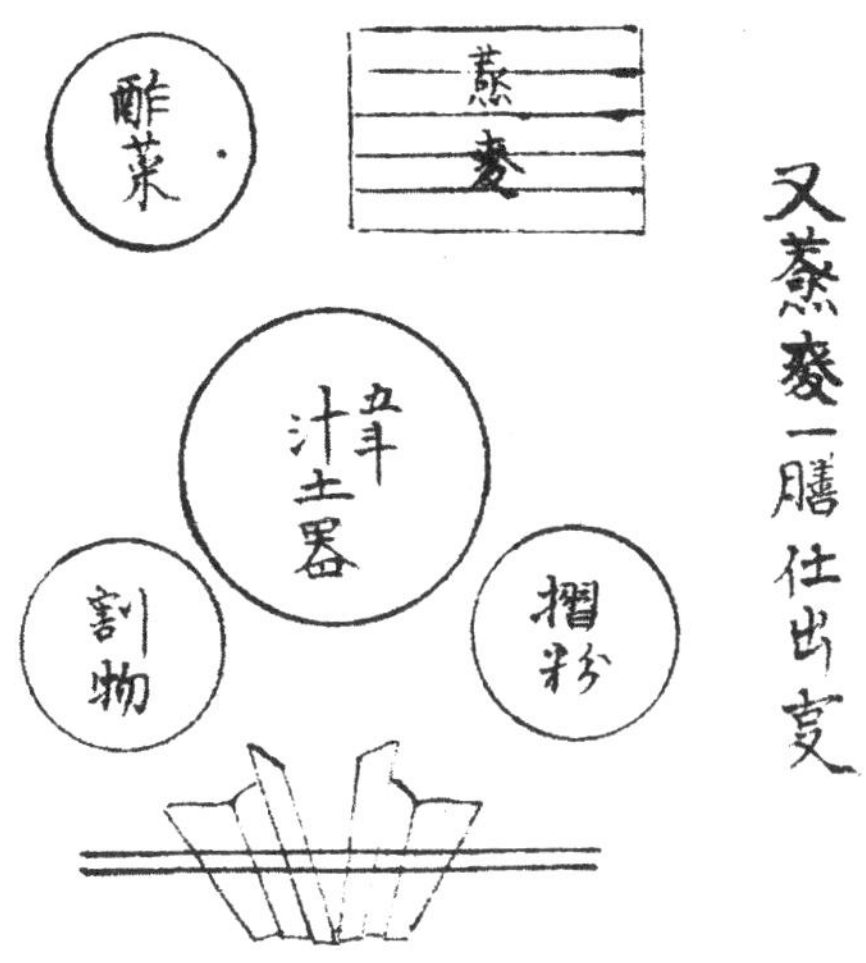

図493 「蒸麦一膳仕出」（料理調法集・点心之巻）

蒸物積り【むしものつもり】「赤蒸飯積《あかめしめしつも》り」「白蒸飯の積り」ヲ見ル

武者屯【むしゃだまり】「ますがた（升形）」ニ同ジ

武者走【むしゃばしり】〔武家重宝記・一〕に、城の塀の内の方、土台際《きわ》横行の道を武者走という。一二の門の間に雁木《がんぎ》があり、階段のように段々に造る。「いぬばしり（犬走）」参照

無性こくたい【むしょうこくたい】 片言。〔世話重宝記・三〕に、「無性《むしやう》なを、無性こくたいといふはいかが。剋躰《こくたい》か。無理やんぼうといふもいかが」。

筵敷く吉凶日【むしろしくきっきょうび】「畳／筵の新しいのを敷く吉凶日」参照。〔万物絵本大全調法記〕に「席せき／むしろ」とある。

無尽講を早く取るには【むじんこうをはやくとるには】 呪い。〔秘密妙知伝重宝記〕に無尽（講）を早く取るには、七本塔婆の切れを懐中して行く。また文銭一文を臍に当てて行くのもよい。

無尽灯【むじんとう】 燈火用具の一。従来の行灯*のように油の入った火皿に灯を浸して火を灯すのではなく、火を灯す部分まで油を絶えず補給する装置にしたのが無尽灯である。〔重宝無尽灯用法器〕（嘉永三年 一八五〇刊）は京都の田中儀右衛門（久重）が製造し売り出した無人灯の宣伝 取り扱い説明書で、次のような特色を挙げている。○油の循環は滞りなく減りも少ない。○光は蠟燭に勝れ蠟は流れない。○蠟燭の三分の一の値用をなす。○書見には机上に、酒宴には食卓台に置いて明光があり、風前に置いて火を煽らず、虫も寄り付かない（ランプが付く）。○四方に夜行珠を張ると白昼の如く、細密なものも鮮明になり、一灯で数人の用をなす。○大平心にすると、八畳十畳以上の大座敷でも座中を照らし、実に神妙の器である。○常用するのがよく、永く用いないと油が粘り、煙が悪い（図494）。

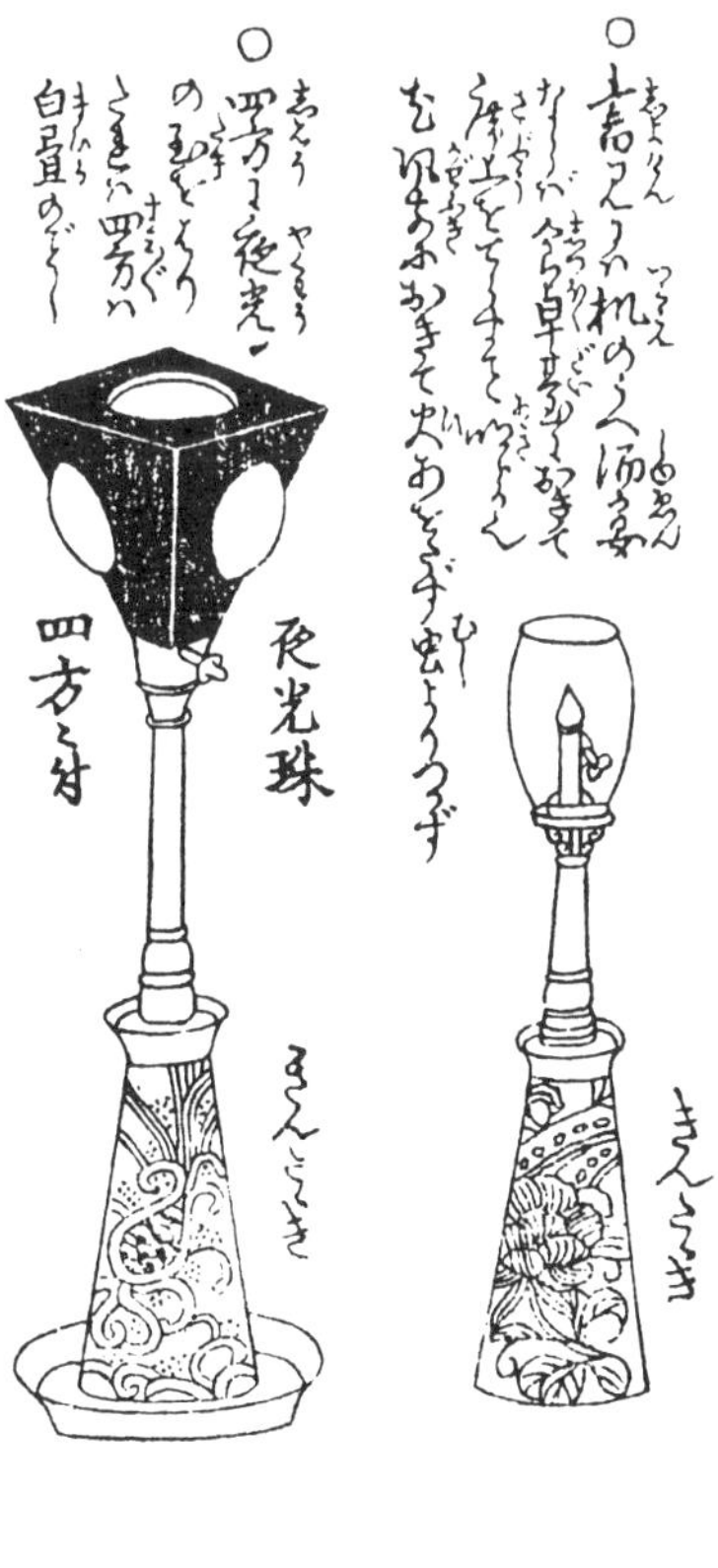

図494 「無尽灯」（重宝無尽灯用法器）

無尽油【むじんゆ】〔洛中洛外売薬重宝記・上〕に無尽油は、本家紫野大徳寺前／麩屋丁三条下ル丁 いせや十平へ にある。第一に切り傷、打ち傷によい。火傷一切の虫、四ツ足に咬まれたのによい。

矛杉【むすぎ】 大和詞。〔不断重宝記大全〕に「むすぎとは、若き杉」。〔女用智恵鑑宝織〕には「若き杉」とある。

結び【むすび】 大和詞。〔女重宝記・一〕には「焼飯《やきめし》は、むすび」という。〔女寺子調法記・文化三〕には「にぎり飯を、むすび」。〔料理手造り本〕（私版）にやきめし（焼飯）は小さく結び、能くこんがりと焼きて、茶碗に二つ程入れ、焼味噌を丸じて一つ入れ、能き煮花掛けて、茶碗に蓋して出す、とある。

結び泡雪【むすびあわゆき】〔料理調法集・鶏卵之部〕に結び泡雪は、巻き泡雪玉子*のように、板につけて蒸し、長く切り、水の中で切る。

結び鱚【むすびきす】〔重宝記・礒部家写本〕に結び鱚は、鱚を生で結び遠火で焼き、少しも焦げないようにして、清まし汁、御吸物によい。

結び竹【むすびたけ】〔新板秘伝日用重宝記〕に結び竹は、灯油と焔硝をよく混ぜ、その火で竹を焙り、そろそろと曲げると自由になる。

結び豆腐【むすびどうふ】〔料理調法集・豆腐之部〕に結び豆腐は、豆腐を堅く絞り 水気を取り 擂り、玉子の白身を合せて濾し、厚さは板へよい程に付けて蒸し、巾は好み次第に切り、水の中で結び、吸物等に遣う。〔重宝記・礒部家写本〕は豆腐を水に入れ 塩を少々入れて煮る。これをよい程に切り、結ぶ。どのようにも結ばれる。

結び半平【むすびはんぺい】〔料理調法集・鱧餅真薯之部〕に結び半平は、半平の擂り身を常より少し堅く合せ、厚さは程よく板に付けて蒸し、厚さ一分程に縦に切って結ぶ。但し、上に紅か青の擂り身を付け合せて結び、蒸すのもよい。取合せは時宜による。

結び文【むすびぶみ】「捻り結び文」ヲ見ル

娘の躾【むすめのしつけ】〔万物絵本大全調法記・上〕に「女 ぢよ／をんな／むすめ。未だ嫁せざるを女と曰ふ」。〈娘子の育ち〉〔嫁娶調宝記・三〕に、九歳までは男子女子共に何事も同じ、十歳になると男子女子と変る。女子は十歳から外へ出さず姆《かしずき》をつけて「女の四徳」*を教える。女は苧《お》績《う》み、綿摘み習い、物縫い習うことを第一の技《わざ》とし、例え身代よろしく人に言いつける立場でも、自身に勤めた経験がなくては徹底できない。この外には手習 算用 歌の道を習わせ、琴 三味線、勝手方の料理、四季のまくりの品々、学文をそろそろさせる。今の代は、不学は女でも頼もしくない。四書五経 又は詩文などを習うのは真の女の心がけである。〔女筆調法記・四〕には「ある母の娘の方へ教訓の歌」がある。その主意。○人愛を常に嗜め。○夫は女のしなし（為成）である。○今日よりは明日のことを賄え。○夫の留守に出歩くな。○高笑い 口利き顔は、はしたない。○姑の悪しきは常として敬え。○立居は静かに。○嫉む事が続くのは世の習いと思い、慰め。

夢精【むせい】「夢遺《むい》」ヲ見ル

噎せ馬の事【むせうまのこと】〔馬療調法記〕に噎《む》せ馬の事は、まず左の耳へ油を入れ、赤小豆ノ花（干）を粉にして、山の芋を卸して水に掻き立てて合せ、小茶碗に一盃を一筒用いる。但し、強く噎せて筒で飼えない時は、たかぶち（竹鞭）の先に薬を絡め 喉半分へ入れる。治しても糠草を喰わないのには、「手負馬」*の内薬を用いる。

夢泄【むせつ】「遺精」ヲ見ル

噎せ病【むせやまい】〔薬家秘伝妙方調法記〕に噎《む》せ病の薬に、二方がある。①羚羊の角を粉にして飲ませる。②犀角・蕪荑仁・木香を加える。

噎せる弾き鉄砲の方【むせるはじきてっぽうのほう】〔里俗節用重宝記・上〕に噎せる弾き鉄砲の方は、藜蘆・丹礬・胡椒・唐辛子（椿灰の灰汁で洗う）（各四匁）、蠟梅皮・灯台草・はなひ草（各十匁）。陰干にし 皆粉にして、蝿の

掛け干、鼠の糞を十分一入れる。砂をよく篩い、清水で丸じるのもよく、乾かす。「むせるはじきてつはう方」の効力については不明。

夢想引出し箱【むそうひきだしばこ】 手品。〔清書重宝記〕に夢想引出し箱は、中は二重引出し、奥に閂《かんぬき》があり、向うへ傾けて開けると物が出、前へ傾けて開けると内の物が出る。

六玉川【むたまがわ】 歌に詠まれる六ツの玉川の総称。〔童女重宝記〕には次がある。①井手（山城）玉川。「駒とめてなほ水かはん山吹の 花の露そふ井出の玉川（新古今集・春歌下）」。②調布《たつくり》（武蔵）玉川。「たづくりやさらす垣根の朝つゆを つらぬきとめぬ玉川の里（拾遺愚草・藤原定家）」。③高野《たかの》（紀伊）玉川。「忘れても汲やしつらん旅人の 高野の奥のたま川の水（風雅集・雑歌中）」。④擣衣《ころもうつ》（摂津三島）玉川。「松風の音だに秋はさびしきに 衣うつなり玉川の里（千載集・秋歌下）」。⑤千鳥（陸奥の野田）玉川。「夕されば汐風越て陸奥の 野田の玉川千鳥なくなり（新古今集・冬歌）」。⑥萩（近江の野路）玉川。「あすもこん野路の玉川萩こえて 色なる浪に月宿りけり（千載集・秋上）」。

無地高【むちだか】〔新撰農家重宝記・初編〕に無地高は、在来の反別に石盛を付す時、従前の高より不足し、その不足高の地所がないこと。つまり、高があって地所のないことをいう。

鞭の事【むちのこと】〔万物絵本大全調法記・上〕に「鞭 べん／むち。策 さく。筴 さく。檛 くわ。並に同」。〔武家重宝記・五〕には馬を走らせるため叩くのに使う竹の杖。節《ふし》を皆おろしたのを「無節の鞭」といい、節のまま塗ったのを埋鞭《うずみむち》という。責め馬の鞭は二尺七寸である。一本《いっぽん》と数える。「むち」は策・箠・筴などと書く。〔弓馬重宝記・下〕に鞭は梅・藤・熊柳等を遣い、大将が俄かに梨の木で拵えるのを利木《りぼく》という。鞭の長さは二尺八寸、太さは定まらないが、一寸五分廻り、末口で一寸三分がよい。取柄は六寸、黒皮で包む。大将の鞭は錦で包み 上を籐で巻く等、拵え方は色々である。或る説として、鞭に品形七本がある。勝木《ぬるで》一尺二寸は高位の鞭。南天二尺八寸は軍中の鞭。熊柳二尺八寸は馬上の鞭。竹の根三尺三寸は古法は犬追鞭。紫竹二尺は社神流鏑馬《やぶさめ》の鞭。芝竹二尺六寸は行《おこない》の鞭。藤の茎二尺二寸は鷹匠の家の鞭等とある。鞭の図がある（図495）。〈片言〉〔男重宝記・五〕には「馬《むま》のぶちは鞭《むち》」である。

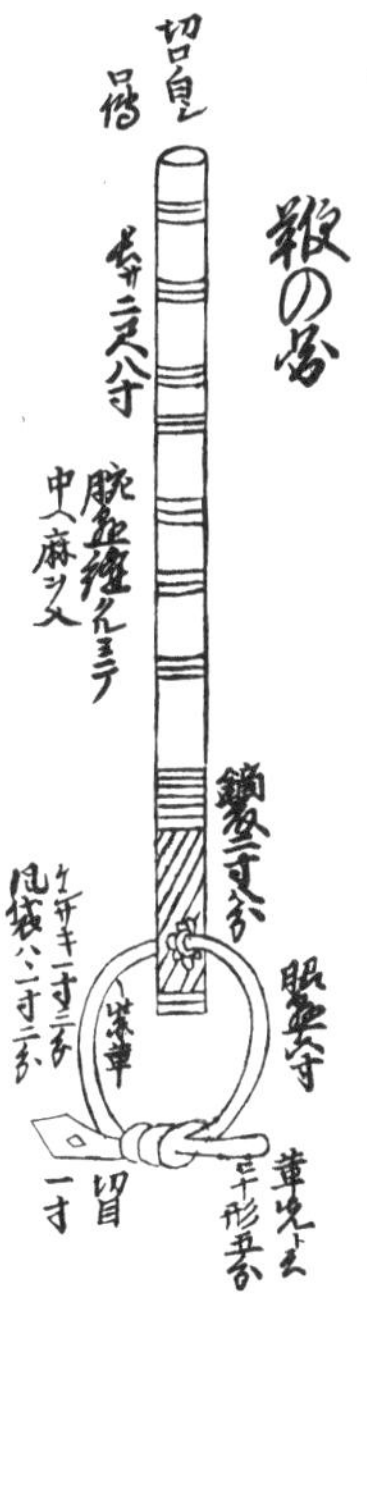

図495 「鞭の図」（弓馬重宝記）

陸奥【むつ】 奥州。〔重宝記永代鏡〕に白川、黒川、磐瀬《いわせ》、宮城、会津、耶摩、小田、安積《あさか》、安達、柴田、刈田、遠田《とおだ》、名取、信夫《しのぶ》、菊多、標葉《しば》、阿曾沼、行方《なめかた》、磐井、和賀、河内、稗継、高野、亘理、玉造、大名門《おおなと》、加美、志多、栗原、江刺、膽沢《いさわ》、長岡、登米《とよね》、牡鹿、郡載、鹿角《かどの》、階上《はしかみ》、津軽、宇多、伊具、本吉《もとよし》、石川、大沼、色摩《しかま》、稲我《いなが》、斯波、磐前《いわまえ》、金原、新田、伊達、閉伊《へい》、桃生《もものう》、気仙、星河の五十四郡。〇城下は、仙台、白川、若松、稲苗代《いなしろ》、三春、平、中村、二本松、福嶋、白石、棚倉、盛岡、弘前、八戸。〇一ノ宮は、都古和介《つつこわけ》である。

〔万民調宝記〕に居城知行高は、仙台・松平陸奥六十二万石。会津・保科肥後二十三万石。小松・保科兵庫二万石。白川・松平下総十五万石。若松・松平出雲三万石。米沢・上杉弾正十五万石。二本松・丹羽若狭十万石。中村・相馬弾正六万石。福島・堀田下総十万石。盛岡・南部大膳大夫十万石。八戸・南部近江二万石。岩瀬・本多出雲一万石。棚倉・内藤紀伊五万石。岩城・内藤能登七万石。新田・遠山主殿一万五千石。三春・秋田信濃五万石とある。〔大増補万代重宝記〕には五十二郡をあげ

ており、新しく磐城、岩手、北、河沼、田村、二戸《にべ》、三戸《さんべ》、九戸《くべ》の地名が出、小田、河内、稗継、高野、長岡、登米、郡載、本吉、金原、新田、閉伊がない。大管、四方二百里。田数四万五千七十七町、知行高百七十二万九千石。〔重宝記・幕末頃写〕には、東西六十日、市城宮室は数えられない。鳥怪獣が充ち、漆を以って貢とする等のことがある。磐城、岩代、陸前、陸中、陸奥から、今の青森県、岩手県、宮城県、福島県と秋田県の一部にあたる。

〈名物〉〔万買物調方記〕に、仙台紬、紙布（奉書紙を縒って織る）、砂金、雑紙、埋木の灰（香炉に用る）、干飯、大蕪、牡蠣貝、金鼠《きんこ》（金花山と云う嶋にあり、腸は金色で海鼠、腸共に用いる）、子籠りの塩引（衣川の鮭）、熊の一丈皮、小斑の駒、馬の尾（諸国へ商う）、縮布、蠟燭、忍ぶ摺、会津漆、蠟燭、南部の水晶（外よりよい）、琥珀、雄勝の硯石など。

憤る【むつがる】 大和詞。「むつがるとは、はらたち（腹立）泣くを云」。〔不断重宝記大全〕

むっさと／むったと【むっさと】 片言。「無左《むさ》とを、むっさと。むったと」という。〔世話重宝記・三〕

六連の星【むっつれのほし】 農家で「六連《むつつれ》の星」というのは、二十八宿の昴《ぼう》（スバル）*である。〔農家調宝記・初編〕

陸奥守満政末葉【むつのかみみちまさばつよう】 諸氏名字。〔筆海重宝記〕に陸奥守満政末葉は、駿河・美濃・尾張・源氏。佐渡 木田 出羽 東《ひがし》 冨塚 小嶋 辻岡 原 豊田 辻 吉野 浦野 開田 山田 八嶋 泉 平野 高田 彦坂 小河 白河 伊達ら三十二名字が出ている。

六ツの小嶋【むつのこじま】 〔大成筆海重宝記〕に六ツの小嶋は次をいう。吉備児嶋。小豆嶋。大嶋。姫嶋。血鹿嶋《ちかのしま》（＝平戸島五島列島）。両児嶋《ふたごしま》。

六ツの花【むつのはな】 大和詞。「むつ（六）の花とは、ゆき（雪）を云」。〔不断重宝記大全〕

六ツ星【むつぼし】 〈何が不足で癇癪の枕言葉〉「六、むつぼし」。〔小野簒譃字尽〕

睦まじ【むつまじ】 大和詞。「むつまじとは、ねんごろ（懇）なる心」である。〔不断重宝記大全〕

無冬【むとう】 「しゅんさん（春三）」ヲ見ル

胸板【むないた】 鎧*名所。〔武家重宝記・三〕に胸板《むないた》は、前胸の上である。三ケ月《みかづき》の板《いた》ともいう。めぐりを矢留《やとめ》の捻 返《ひねりかえし》という。また矢返《やかえし》を帯廻《おめり》ともいう。第一の板を弦走《つるはしり》とも、一の寄連《きれ》ともいう。第二を千旦《せんだん》の板《いた》とも二の寄連ともいう。

靷【むながい】 馬具。〔武家重宝記・五〕に靷《むながい》は、胸前から鞍*に懸け渡す飾りの組紐である。胸懸《むながき》ともいう（図496）。

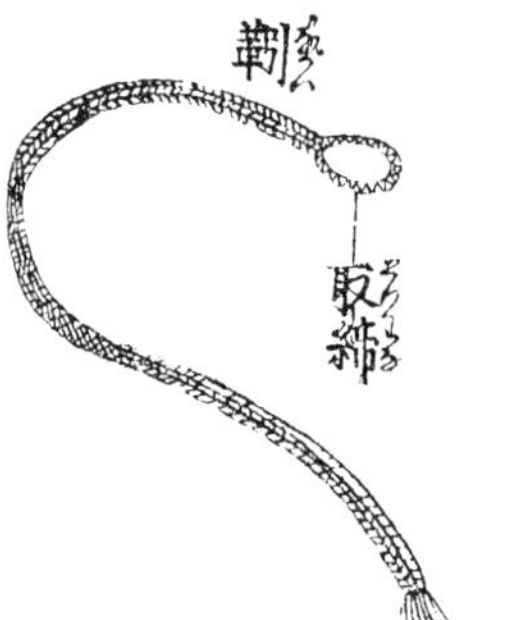

図496　「靷」（武家重宝記）

胸騒ぎ【むなさわぎ】 怔忡とも書く。〔医道重宝記〕には心脾が虚し 消耗し、意思安からず、怔忡（胸騒ぎ）することをいう。脈は大にして結とする。薬は清暈化痰湯*帰脾湯*を用いる。〈加減例〉〔医道重宝記〕に怔忡で心血の虚には当帰・生地黄を、心気を補うには遠志・茯神を加える。〔鍼灸日用重宝記綱目〕に怔忡は、心中憂え恐れ 踊り 動く、心脾の虚損である。灸は膈兪 肝兪 肺兪 脾兪 腎兪に、針は神門 大陵 巨闕 上脘 三里にする。〈薬〉〔薬家秘伝妙方調法記〕は胸騒ぎに麦門冬がある。〈怔悸食物宜禁〉〔世界万法調法記・下〕に「宜い物」は生姜 山椒 牛蒡

五加蚚鯉。「禁物」は糯 麵類 蕎麦 飴 砂糖 生菓 鯨 鮒 海豘 鮹 鶏 雉 栗。

〈呪い〉〔麗玉百人一首吾妻錦〕に「胸騒ぎする時の符」がある（図497）。

図497 「胸騒ぎする時の符」（麗玉百人一首吾妻錦）

無二膏【むにこう】〔洛中洛外売薬重宝記・上〕に無二膏の薬店に次がある。①「阿蘭陀万能無二膏」は、新町三条下る町 高橋氏にある。癰 疔 疽 諸腫物の痛みを和らげ、腫を散し、腐るのを除く。その効は神のようである。②「無二膏」は、車屋町二条下る 雨森良意にある。一切の痛みを和らげ、腫れを散し、膿を吸い、腐りを除き、癒え肉を生ずる。一切の瘡腫れにつけて神のようである。③「無二膏」は、車屋町二条下る七軒め 雨森良寂 同良意にある。第一に痛みを和らげ、腫れを散らし、その他一切の腫物に付けてよい。④「無二膏」は、縄手大和橋上ル丁 井上氏にある。第一に癰疽 瘭疽 疔疽 下疳 石淋 陰瘡、その他一切の腫物を治す。

上棟の事【むねあげのこと】〔万物絵本大全調法記・上〕に「棟とう／むね／むなぎ／屋棟也。又 おにがわら」。〔金神方位重宝記〕には次の日を選ぶ。甲子《きのえ》・午・辰の日。乙卯《きのと》・酉・亥の日。庚子《かのえ》・午・辰・戌の日。辛《かのと》丑・亥の日。壬申《みずのえ》の日。癸丑《みずのと》・酉・亥の日。神外《かみそと》*は大吉日である。◯上《むね》棟《あげ》は三本の御幣を挟む。中の御幣を六寸高くして南の柱を打ち叩き、その後御幣を三度振って槌を打ち始める。槌を打つ時唱える文は、一の槌で寿命、二の槌で長運、三の槌で福徳自在と打ち止め、その後中の御幣を打って正座《しょうざ》へ整《ただ》し 拝して退く。別文は「ヲンコロコロセンダリマトウギソワカ」を三返唱えて建てる。◯「上棟《むねあげ》音信物」は「普請」ヲ見ル

胸黒【むねぐろ】「かしらき鴫」ニ同ジ

むねしきこと【むねしきこと】「むねしきこととは、そら（空）言を云」。〔消息調宝記・一〕

むねつち【むねつち】大和詞。「むねつちとは、とそつ（都卒）天の事」である。〔不断重宝記大全〕

棟包【むねづつみ】「むねあげ（上棟）の事」ニ同ジ

胸の膈【むねのかく】「そうざつ（髆雑）」ヲ見ル

胸の諸症【むねのしょしょう】〈胸の損傷治法〉〔改補外科調宝記〕に胸疵《きず》は、胴へ血が落ちないようにし、血が落ちて入ったら早く疵の方を下にして酢と水を合せて温め飲ませ、吐逆させ胴へ落ちた血を吐き出さす。その後、疵の一方は縫い綻ぶようにして栓を挿し、玉子を付け、上を包んで置く。胸疵として、他に肺*胃*肝*脾*腎*大腸*等の疵がある。〔骨継療治重宝記・中〕には、①胸前を跌き骨を出して入らない時は、患者をしっかりとした処に寄り掛からせ、医師は両足で患者の足を踏みしめ、手を脇の下から背の外に廻して抱き締め、患者の手を肩に置いて胸を抱き起こすと、骨は自ずから入る。定痛膏*、接骨膏を付ける。②胸脇の骨が拳や槌で傷《やぶ》られ、外は腫れ内が痛む時は、外には定痛膏を、内には破血の薬で瘀血を下す。次に消血草を擂り酒で服する。③刃物の傷《やぶれ》は、まずその骨を調え 皮を定め、口をもみ 平生《たいら》にして封口薬*を瘡口に振り掛け、その上に補肌散を鶏卵の白身で調えてつける。内には補損の薬・活血丹*の類を服する。④肋骨が切れたのは、まず破血薬*を用い、定痛膏 接骨膏をつける。皮の傷《やぶ》れたのは補肉膏をつける。⑤胸脇の破れが重く血の出ないのには、菉豆汁に生薑を交ぜて服する。又 力の強い人に後ろから抱き締めさせて自らその血を吐かせ、次に破血薬を用いる。〈胸の薬〉〔新撰咒咀調法記大全〕に胸腹が強《こわ》張り死にそうなのを治す方は、延胡索を粉にして酒で飲む。難治のものには川楝子《せんれんし》の粉を等分に入れて用いる。干姜の細末（粉）を白水*で用いるのもよい。〔重宝記・儀

部家写本〕に、急に胸へ痞え癪の差し上る時に用いる薬は、蒼朮・三稜・莪朮・乾姜（黒焼）・陳皮・厚朴・半夏・茯苓・甘草（各等分）を常のように煎ずる。急な時は振り出して用いる。数度で覚えがある。

〈胸焼け〉〔調法記・四十ら〕に胸焼けの治薬に、明礬・葛の粉（各々粉にし）を舌の上に少し置くとすぐに治る。〔諸民必用懐中咒咀調法記〕に「胸の焼を直す伝」は牡蠣の粉を丸じて飲む。「胸焼け食痞えの方」は塩を少し箸につけて舐めるとよい。〔俗家重宝集・後編〕は定香盤の油煙を耳掻に一ツばかり飲むと治す。〔妙薬調方記〕は胸が痛み或は焼けて苦しければ、竜骨と砂糖を白湯で飲む。〔万用重宝記〕は胸の焼ける呪いは、水に酒を少し合せるとよい。〈胸痞塞の加減例〉〔医道重宝記〕に胸《むね》痞塞《ふさがり》の実するには枳実・厚朴を、虚するには芍薬・陳皮を、湿熱には黄連・沢瀉を、痰には前胡・半夏を、痰熱には半夏・黄連を、痰気には枳殻・檳榔子を、気滞るには青皮・木香・香付子・枳殻を、食には蒼朮・神麯・山査子・枳実を、それぞれ加える。

〈胸の按摩〉〔医道重宝記〕に「寿保按摩法」に、○心胸《むね》の間の風邪《ふうじゃ》を去り諸疾を除く按摩*は、両手を組んで足で手の中を踏み、各々六度ややや久しくして目を閉じ、三度唾を呑み、歯を鳴らし止める。○心蔵の患いを去るには、平かに座して両手ともに拳にし、力を出して左右へ各六度突く。〈胸の灸〉〔鍼灸日用重宝記・四〕に胸の諸症の灸点は、○胸が満つるのには経渠 陽谿 後谿 三間 陽凌泉 三里 曲泉等九点に、○胸が痺れるのには大淵に、○胸が悶えるのには肩井に、○胸脇が痛むのには、天井 支溝 間使 太白 三里 大陵 丘廃墟 陽輔に、○胸脇が引き満つるのには、腹下廉 丘墟 俠谿 腎兪に、○胸中が煩れば期門 亶中に、○胸中が痛むのには尺沢 内関 大陵に、それぞれ灸をする。

〈呪い〉〔増補咒詛調法記大全〕に、男・女胸の病に呑む符がある（図498）。〔大増補万代重宝記〕には「胸痛む時の歌」がある。「胸の上の植木を切れば枯れにけりこひの雨振れ植木生さん」。

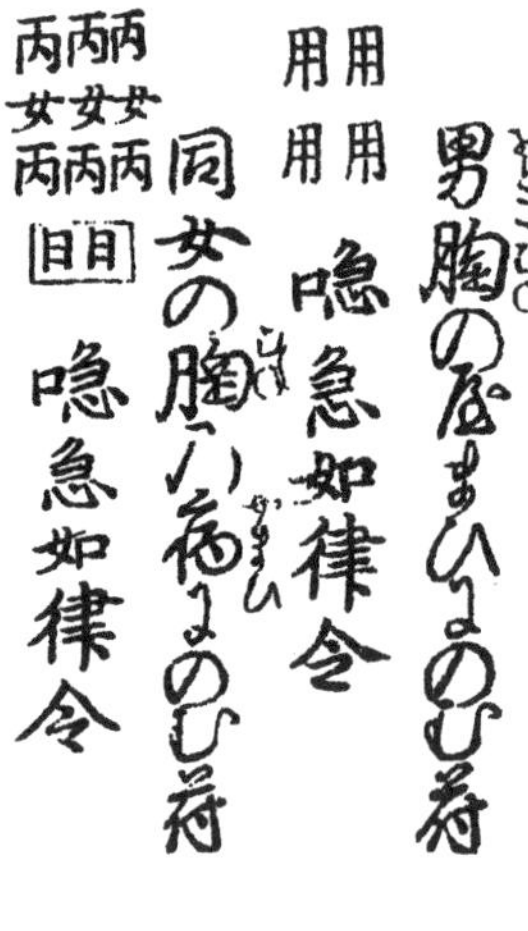

図498「男・女胸の病に呑む符」（増補咒咀調法記大全）

心虫【むねむし】「かいちゅう（蛔虫）」ヲ見ル

むばたま【むばたま】 大和詞。「むば玉」とは、夜をいう。〔新板増補女調法記・五〕

むば玉の筋【むばたまのすじ】 大和詞。「むば玉のすぢとは、髪の事」である。〔不断重宝記大全〕

無比山薬円【むひさんやくえん】〔丸散重宝記〕に『医林 虚損門』を引いて、無比山薬円は、男女の諸々の不足、五労*、七傷*、頭痛、目暈、手足逆冷、煩熱が出、冷痺、骨痛み、腰痛み萎えて叶わず、多飲食で肌肉が痩せ、少食で脹満し皮膚艶なく、陽気衰え陰気の晴れないのによいとする。経脈を補い、魂魄を安んじ、積聚を破り、腸胃を厚くし、筋骨を強くし、身を軽くし、目を明らかにし、風邪を除く主剤である。調合は、赤石脂（酸に浸し焼くこと七度）・茯苓・巴戟・熟地黄・山茱萸・牛膝（酒製）・沢瀉・五味子（各五匁）、山薬（蒸）（十匁）、杜仲・菟絲子（各十五匁）、肉蓯蓉（二十匁酒に一宿浸し塩気を去る）を蜜丸にする。

無病の薬法【むびょうのやくほう】〔薬法重宝記〕に無病の薬法は、文月（七月）七日に小豆を呑むと無病である。男は七粒、女は十三粒を呑む。

無病平安湯【むびょうへいあんとう】〔万用重宝記〕に無病平安湯として、海人草（一匁二分）、苦楝根皮（八分）、唐の大黄（六分）、黄蘗（二分）、甘草

（一分）、くまたけ（五厘）を煎薬にし、当歳子より十五歳迄の子供に一度用いると、成人後に悪い諸病が起ることはない。奇妙秘法の薬である。伝染病、流行病は是非に及ばず、大人に用いてもよい。

宣【むべ】　大和詞。「むべとは、道理と云ふ事」である。〔不断重宝記大全〕

無方者【むほうもの】〔世話重宝記・三〕に『史記・礼書』により、「礼に法《のっと》らざるは礼とするに足らず、之を無方の民と謂ふ」とあるより出た詞という。礼儀を知らぬ者をいう。

無品【むほん】〔男重宝記・一〕に無品《むほん》は、親王*で位階に叙されないことをいう。四品まではあるが五品はなく、無品である。

無名散【むみょうさん】〔洛中洛外売薬重宝記・上〕に無名散は、二条通いのくま西へ入丁香具や善四郎にある。取り次は、大坂心斎橋南二丁目。一切の疝気、寸白を治す。

無名腫【むみょうしゅ】〔改補外科調宝記〕に無名腫《むみょうしゅ》は、癰*でもなく、疽*でもなく、腫物の出様は悪瘡のようで、或は痿《い》え、或は痛みが甚だしい。

むみょうのはし【むみょうのはし】片言。「御廟《みべう》の橋《はし》を、むみやうのはし」という。〔世話重宝記・五〕

無名油【むめいゆ】〔洛中洛外売薬重宝記・上〕に無名油は、東堀川中立売下ル丁栽松堂製。第一に諸々の瘡《くさ》の類、癰疔肥前横根の類、女人陰門陰茎怪我腫れ痛むのによい。また痔脱肛にもよい。「むみょうゆ」ともある。

む文字【むもじ】　大和詞。「むぎ（麦）は、むもじ」。〔女重宝記・一〕

村【むら】〔農家調宝記・初編〕に次がある。民《たみ》の戸口《ここう》は一家を一戸とし、五十戸を一里《ひとさと》し、一里ごとに長《ちょう》一人を置いて検校させる。今は、里《さと》を村といい、長を名主《なぬし》*庄司《しょうや》*（＝多く関東でいう）という。〔童蒙単語字尽重宝記〕に、「村人の集り居る所也。村落そんらくと云」とある。「里《さと》」「町《まち》」参照

村国男依【むらくにおより】〔大増補万代重宝記〕に村国男依《むらくにおより》は、天武帝の軍将。壬申の乱（六七六）に大友皇子の兵を瀬田に攻め勝ち、大友維経を殺した。この功が最も高い。

紫草【むらさきぐさ】　大和詞。〔不断重宝記大全〕に「むらさき草とは、ふぢ（藤花）の事」である。「しそう（紫草）」とは別。

紫式部【むらさきしきぶ】　和国賢女。〔麗玉百人一首吾妻錦〕には越前守為時の娘、父に学才があったので幼より書物を読み習い和漢の歴史に通じ、また天台山の学僧に止観の旨を伝受し、仏法の至理を極めたという。始めは藤式部と言ったが、加茂の斎院から上東門院へ珍しい草紙なぞありますかと尋ねられたのに、門院は式部にこのことを言って『源氏物語』五十四帖を書かせて届けたが、若紫が特に優れて見事に書かれており、賞して紫式部と改めて召された。式部は石山寺観世音の化現という。〔女筆調法記・二〕に紫式部は、一条院后上東門院の女房、『源氏物語』の作者で、江州石山寺に籠り大悲の恵みにより作った。須磨と明石の様子が湖水に写って見えたのを書いたのでこの二巻が筆始めという。当初は六十帖*であったのを、六帖*は世に秘めた。六帖の名は「雲がくれ」「巣守」「桜人」「法の師」「ひはり子」「八橋」である。

紫根【むらさきね】「むらさき（紫草）*」のこと。〔男女日用重宝記・上〕*に「目利き」の事があり、むらさき（紫根）の先を少し嚙み、紙に五筋程引き、五筋とも赤く色よいなら紅がよく出る。末程薄くなると紅は少ない。

紫の事【むらさきのこと】〔永代調法記宝庫・三〕に紫は、偽紫*の汁で合せ使う。〔薬種重宝記・下〕に和草、「紫草しさう／むらさき。根蘆頭を去り火を忌」とある。**〈紫の染め色〉**〔万用重宝記〕に紫の染め色は、下地を浅黄に染め、中染は茜で三遍染め、又その上を茜に鉄漿《だしがね》を少し入れて一遍染め、上の留めには蒸し焼きの灰汁で染める。**〈紫染め直し〉**〔染物重宝記・文化八〕に「色上げ染直し紫の分」として次がある。○紫の上は鳶類によい。紺に染めると色はよいが地のために大いに悪い。茶類にはなり難い。**〈大和詞〉**〔不断重宝記大全〕に「むらさきとは、ゆ

かり（縁）を云」。『日葡辞書』の「Murasaqi」に次がある。①紫色。②「Vonago.（女）」。③「Iuaxi.（鰯）。これは婦人語である」。

紫の塵【むらさきのちり】「むらさきのちり（紫塵）は、わらび（蕨）也」。〔消息調宝記・二〕

紫野安良花【むらさきのやすらいはな】〔年中重宝記・一〕に、三月十日、高尾の法華会《ほっけえ》、伝教太子より始る。○「紫野《むらさきの》安良花《やすらい》」、これは紫野で人が多く集り、「高雄は法華会やすらにはてよ」、というべきを誤り、「安良花《やすらい》」よと囃す、とある。

村雨餅【むらさめもち】 菓子名。村雨餅、品川餅も同じ形、白と黄である。つまみ物。白羊羹。〔男重宝記・四〕

叢薄【むらずすき】 大和詞。「むらずすき（叢薄）とは、さびしきを云」。〔不断重宝記大全〕

村々見分の事【むらむらけんぶんのこと】〔四民格致重宝記〕には郷村を支配する役人の知るべき事として、次の項目がある。○田畑上中下の反別幷永荒引。○石盛分米。○屋別、本屋 水呑の分け。○人別 男女下人 幷牛馬。○馬草取場 薪場分量。○公儀林 何木。○小物成。○堤何程 河除 道橋 堰 堀等の普請場の分量。○大工 木挽。○寺社数 除地 年貢地。○百姓富貴の所は薮 垣根も茂り、林も深い。○小家でも壁は厚く屋根は漏らず、公儀の沙汰なく、出家 山伏 神主等繁昌し、初勧進 非人等出入する（草臥れた村はこれに違う）。○村は東西へ長く家居の南に田地を構え 北に山があり 馬草薪を取るのを上郷とする（下郷はこれに背く）。○土目の善悪。○村々の広狭。○永高の反歩。○男女稼ぎの有無。

無理やんぼう【むりやんぼう】「無性《むしょう》こくたい」ヲ見ル

無量【むりょう】 大数*の単位。万万不可思議を無量という。十無量、百無量、千無量。〔改算重宝記〕

無類本胡麻揚豆腐【むるいほんごまあげどうふ】「無類本胡麻揚豆腐」は、牛込寺町赤城入口横町松源寺門前 丸屋治郎兵衛にある。〔江戸町中喰物重法記〕

室の友君【むろのともぎみ】 大和詞。「むろのとも（室友）君とは、けいせい（傾城）の事」である。〔不断重宝記大全〕

むをうの声に読む【むをうのこえによむ】「む」を「う」の声に読むのは、口を詰めて読む字は「う」の声の読みである。梅《むめ》《うめ》 埋木《むもれぎ》《うもれぎ》 生産《むまる》《うまる》 馬《むま》《うま》。鰻《むなぎ》《うなぎ》。烏羽玉《むばたま》《うばたま》。祖母《むば》《うば》の類。〔女筆調法記・三〕

め

目口歪み攣る【めくちゆがみつる】〔薬家秘伝妙方調法記〕に目や口が歪み攣るには、木通・麻黄・黄芪を加える。

目当【めあて】〔武家重宝記・四〕に目当は、鉄砲の見渡しの矩《かね》（照準）を定めるためにある。先と前とにあり、また無いのもある。の形を剣頭《けんとう》といい、の形を「桶格《ひかく》」とも「摺割《すりわり》」ともいう。

命【めい】 十字の秘術*の一。〔増補咒咀調法記大全〕に他家等で、茶 酒 食に毒等があると危ぶまれることがあれば、左手に命の字を書いて、日月*の二字を合せて念じ、難を逃れることをいう。

姪【めい】〔農家調宝記・二編〕に兄弟の子の女を姪《めい》という。男を甥*という。

茗【めい】〔薬種重宝記・下〕に和果、「茗 めい／ちやのき（茶の木）。苦水《にがみず》を去り用ゆ。若婆を絞りて、水を去る」。「茶の事」「名茶」参照

螟【めい】〔農家調宝記・付録〕に螟《めい》は、稲虫。イナゴの一。螟は心《しん》を食うというけれども、イナゴが稲を害するのは心のみならず、葉も茎も食う。螟の害は逆に少ないと思われる。

明医と名医【めいいとめいい】〔日用重宝記・四〕に、○明医は、診脈に達し治療に的中の効を顕す者をいう。○名医は、世に用いられ昼夜病家に馳せ 薬取が門前に市をなす者をいう。名医は多いが、明医は甚だ少ない。医学には達し療治には効のない者があり、文盲ながら治療に功者もい

る。「薮医者と野巫医者」参照

明異名訣【めいいめいけつ】 強半*大半*中半*小半*弱半*の規定をいう。

名家【めいか】〔世界万宝調法記・上〕に名家は、日野、広橋、甘露寺、万里小路《までのこうじ》、烏丸《からすまる》、葉室《はむろ》、小川《こがわ》、坊城、勧修寺《かんじゅじ》、中御門《なかみかど》、清閑寺《せいがんじ》、竹屋《たけのや》、以上十二家とする。公卿の家柄で文筆を主とし、大納言に迄登り得る家柄である。

命関【めいかん】 小児の診断法。「ここうさんかん（虎口三関）」ヲ見ル

命期算【めいきさん】〔重宝記永代鏡〕に命期算《めいきさん》は、病人の年と病み付いた月日を合せて九で割り、残る数で病人の生死を知る法をいう。例えば、病人が十六歳三月九日に病み付いたのを占うには、十六を置き、三月九日の三と九を加えて二十八となるのを九で割ると一が残ることから、病人は程なく本復するとする。三残るのは、病軽く早く治す。六残るのは、病重く遅く治す。九残るのは、命が危い。「命期日《めいごにち》」参照

名月【めいげつ】〔年中重宝記・三〕に「八月十五日」の夜を仲秋という。秋 九十日の最中で、月も一入金気を得て清み明らかなので、今夜を名月として、詩人 歌人が賞する。今夜を名月と称することは唐の世から始った。「九月十三日（「後の月」）」*を、和俗に名月として賞するのは八月十五夜の月に同じく、『徒然草・二三九』に「八月十五夜（日）九月十三夜（日）は婁宿《ろうしゅく》なり。この宿（星）清明なる故に、月を玩ぶに良夜とす」とある。十三夜の月を賞することは昔はないのか三代集には所見がなく、『源氏・夕霧』『金葉集』『風雅集』等に見え、唐 明の詩に多いとある。

〔料理調法集・十七〕には「名月 十五日／十三日」とあり、万民共に月を詠み、遊宴する。それ程儀式の沙汰に及ばず、八月十五日は枝豆を公卿の膳に据え奉り、九月十三日には里芋・栗を奉る。〔日用重宝記・二〕には八月十五夜、九月十三夜に月を賞するのは、秋は金気の天に月光もすぐれるからである。『神代巻』には月読尊《つきよみのみこと》を祭るより出たとし、十五十三の団子を献ずるのは七五三と五五三の料理で保食《うけもち》の神の馳走にかたどったというのは穿鑿に過ぎた説とする。

明月餅【めいげつもち】 菓子名。明月餅、上羊羹、下ながし物、下しめし、脇に白ながし。〔男重宝記・四〕

命期日【めいごにち】〔万民重宝改正大ざつ書〕に命期日《めいごにち》は、病者の年が十ならば三十と算盤に置き、又 日数が十日ならば三十と置く。これを合して六十を九ツ払いにして、残りが三ツ余れば吉、九ツは半が吉、六ツ残るとその病人は必ず死ぬ。「命期算《めいきさん》」参照

目医師【めいし】〔万買物調方記〕に「京ニテ目医師」車屋町夷川上ル 真嶋好庵、釜ノ座御池下ル 嶋林休意、河原町二条上ル 法雲寺廟翁、油小路中立売下ル 青木芳庵、高倉三条上ル 堺海乗坊ら八人がいる。「江戸ニテ目医師」白銀町二丁目 笠原養仙がいる。「大坂ニテ目医師」津村西之町馬嶋碩庵、内平野町二丁め 榎並道仙、びんご町 小嶋玄知、今橋二丁目真嶋安斎、南御堂前 六段意休、安堂寺町三丁目 日出玄通、内淡路町二丁目 山本孫右衛門ら十一人がいる。

名酒【めいしゅ】「酒の事」ヲ見ル

名所香の図【めいしょこうのず】 各地の名所の名をつけた名香。〔女筆調法記・六〕には、背景にその地を象徴的に描いて掲出している（図499）。①八橋。②住吉。③三芳野。④春日の里。⑤塩竃。⑥野の宮。⑦須磨。⑧桂の里。⑨小野の里。⑩三笠山。⑪尾上の里。⑬宇治橋。

名人戯作者六家撰【めいじんげさくしゃろっかせん】〔稗史家不重宝記〕に次の掲出がある。喜三二。恋川春町。万象亭。通笑。芝全交。唐来三和。

名茶【めいちゃ】〔人倫重宝記・三〕に茶は、唐土では漢 南唐より、専ら植えて飲むようになり、龍鳳、石乳等の名茶が出、外にも羅漢洞の初番、天台茶、建渓の秋前《あきまえ》、浮梁の小葉《こは》がある。日本では栂尾の千金、黄《おう》

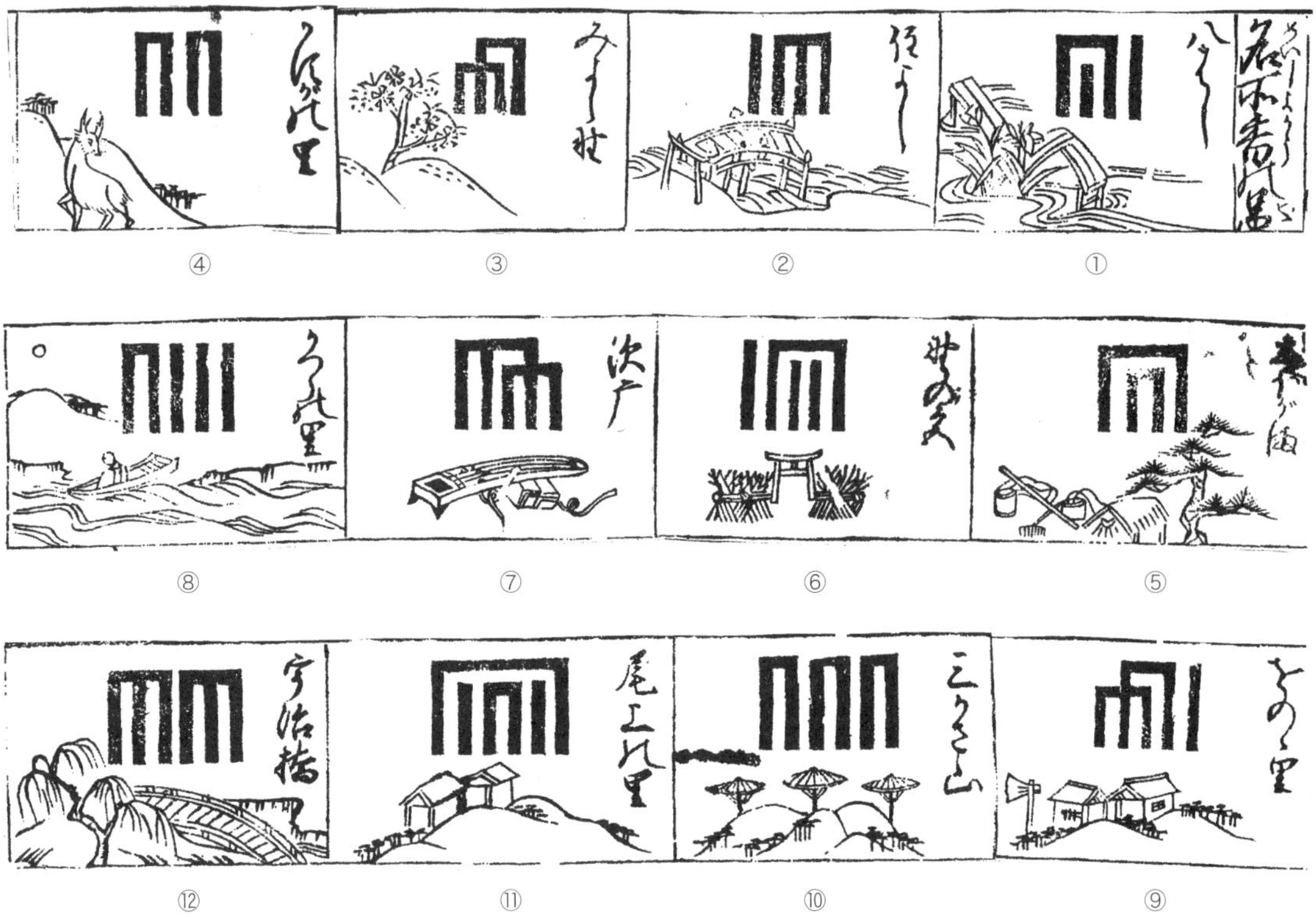

図499 「名所香の図」（女筆調法記）

金《こん》、焼香、雨前《うぜん》。大和室生寺の風肝、皐盧、白雪《はくせつ》、春雪。般若寺の鵦山、水厄《すいえき》。伊勢小山寺の雲映、雀舌《じゃくぜつ》、鷹爪《たかのつめ》。丹波神尾寺の鎗鍱小葉《そうきのこば》。宇治の朝日山。仁和寺の初番上葉《しょばんのじょうば》。葉室の走摘《はしりつみ》。醍醐の脇萌《わきもえ》。石山寺の茶。武蔵の河越。駿河の関茶《せきちゃ》。伊賀の服部。伊勢の河井。近江比叡の茶。この外に深瀬、小畠、天狗谷、一瀬、外畑《とばた》、岩伝《いわつたい》、門不見《かどみず》等茶の名所がある。〔江戸町中喰物重法記〕に、例えば次の店がある。「名茶所」（新橋竹川丁 山城屋清七）。「（宇治／信楽／蘆久保）御銘茶品々」（麴町七丁目 久米屋弥三郎）。「名茶所」（麴町二丁目伊勢屋与八）。「茶の事」「茗」モ見ル

目疣の症【めいぼのしょう】〔増補咒咀調法記大全〕に目疣は、鹿の角を鮫皮で卸し、水で捏ねて呑ませる。

〈呪い〉〔調法記・四十七ゟ五十七迄〕には次がある。〇目疣を藁薬で括る真似を三度しながら、「隣の御方は何しやる、こちは目疣を括ります」を縛る毎に詠み、その藁薬を門口で焼き捨てる。〇目疣の出来た方の手の大指の爪に、「いろは」の三字を書き、その上に「無」という字を一字書く。〇目疣の先へ杓の柄の先を当て、「目治れ 犬の糞」と三度唱える。いずれも妙に治る。

〔万用重宝記〕は、柘植の櫛の棟を火に温め目疣に当てると奇妙である。〔文政新刻俗家重宝集〕は目疣の出た方の親指の爪先の肉尖り真ん中に三稜針を打ち、血を出す。もっとも指の爪岸を糸で結ばないと血は出ない。〔諸民秘伝重宝記〕に「目疣を治す伝」は、目疣の出来た方の足の大指の爪に「鸓」の字を三ツ書くと治る。

明目補腎円【めいもくほじんえん】〔洛中洛外売薬重宝記・上〕に明目補腎円は、醒ヶ井松原上ル丁 堅山氏にある。腎経を補い気血を廻らす妙薬である。

名餅【めいもち】 名餅の造り様、及び名餅の品々。「外郎餅《ういろう》」「牛房餅」「栗餅」「水飛餅《すいひ》」ヲ見ル。

命門【めいもん】〈経絡要穴 肩背部〉〔鍼灸重宝記綱目〕に一穴。命門は第

十四椎の下にある。針の刺しは五分、灸は一日に二壮ずつ、五十壮から百壮する。久しい瘧・頭痛、腰 腹痛み、発熱、五臓熱、下血、小児驚風、癲癇等を治す。〈灸穴要歌〉〔永代調法記宝庫・三〕に「虚熱して頭痛 寒熱 瘧《おこり》病み 腰腹痛は命門をせよ」。三壮する。〈命門の脈〉〔鍼灸日用重宝記・二〕に医者の左の食指の下は肺脈とある。

命門の脈【めいもんのみゃく】 六脈*の一。〔鍼灸日用重宝記・一〕に命門の脈は、医者の左手の無名指《くすりゆび》の下の脈をいう。

明愈膏【めいゆこう】 〔洛中洛外売薬重宝記・上〕に明愈膏は、東洞院五条下る町 野口氏にある。一切の痛みを治す妙薬である。

雌黄鶏【めがしわ】 薬性。〔永代調法記宝庫・四〕に雌黄鶏は、五臓を補い、腎元の虚を補い、積聚にもよい。「にわとり（鶏）の事」モ見ル

眼鏡【めがね】 〔万物絵本大全調法記・上〕に「眼鏡 がんきやう／めがね」。〔童蒙単語字尽重宝記〕には「眼鏡《めがね》」の部に十四種が見える。ヤアルトー（里数計り）。テレスコツプ（星を見る）。縞見（毛類 織物の縞を見る）。オランダ遠眼鏡。鉄砲眼鏡（見当をつける）。筒見眼鏡（筒の中の傷見）等。〔万買物調方記〕に「江戸ニテめがね師」京橋南四丁目 印判や市郎兵へがいる。〔江戸流行買物重宝記・肇輯〕に「老若眼鏡」として通油町 加賀屋吉兵衛、浅草駒形町 美濃屋平六、同黒舟町 栗原佐太郎がいる。

目神の八幡【めかみのはちまん】 大坂願所。北野目神の八幡宮は眼病を平癒されるので、目神の八幡という。御礼には土の鳩を献ずる。〔願懸重宝記・初〕

目離る【めかる】 大和詞。「めかる（目離）とは、久敷くあ（会）はぬ」ことである。〔不断重宝記大全〕

目利き【めきき】 『日葡辞書』に「Meqiqi.（目利き）物を見て非常によく見分ける人。即ち、物を鑑定する立派な眼力を備えている人」。〔万買物調方記〕に「京ニテ諸道具目利」新町松原下ル 大文字や市兵へ、四条柳ノ馬場東へ入 福田権左衛門、新在家浦井町 石野長右衛門、柳馬場姉小路上ル 平野由無、烏丸二条下ル 大和や重右衛門。「京ニテ絵の目利」四条柳馬場東へ入 弓削や半兵へ。「江戸」では直ぐに絵師の許に尋ねよとある。「江戸ニテ諸道具目利」京橋南一丁目 片倉道悦、幸橋外兼房 岡本重右衛門。「江戸ニテ目貫彫物目利又糸」本銀町北土手 後藤四郎兵へ。

墨是哥【めきしこ】 〔童蒙単語字尽重宝記〕に墨是哥《めきしこ》は帝国。広さ八十三万坪、民は八百万人。「点時科」とも書く。墨是哥 民は二十万五千人。角《か》利弗尓聶亜《りほるにや》民は三十九万三千人。

目釘【めくぎ】 「めぬき（目貫）」ヲ見ル

目薬の事【めぐすりのこと】 〔万用重宝記〕に目薬は、炉甘石の焼き返し・硼砂・白礬（各一匁）を粉にして絹に包み、水に少し出して洗うとよい。腐り目 爛れ目 霞み目等を明らかにし、その他眼病一通りに奇妙である。〔調宝記・文政八写〕には三方がある。①小便の下《お》り・辰砂・黄蘗（各等分）を粉にして絹に包んで洗う。②大黄・黄檗・黄連・山梔子《くちなし》・薄荷・焼明礬・紅花を煎じ、むし薬とする。〈服薬〉〔丸散重宝記〕には車前子・熟地黄（各三戔）・菟絲子（酒浸 五戔）を末（粉）して蜜で丸じ温酒で服する。虚を補い 目を明らかにし、久しく服すると肝腎を増し、目の力を強くする。

〔家伝調方記・天保八写〕には八方がある。①「目薬」。黄連・黄芩・焼明礬・菊花の煎じ汁で洗う。②「突目妙薬」。紅《べに》・辰砂を萩の泡（生萩を日にくべると切口から泡が出る）で溶く。③「洗薬法」。枯礬（三匁）、明礬（四匁）、寒水石（一匁五分）、竜骨（一匁）、硼砂（五分）、辰砂（色付）。④「洗薬法」。生地黄・明礬・紅花・石菖（根葉とも黒焼）を細末（粉）に切り絹に包み洗う。⑤「洗薬法」。紅花・黄連・黄芩・枯礬を煎じて用いる。⑥「洗薬」。当帰・黄連（各一匁）、赤芍薬・防風（各五分）、杏仁（三匁）を刻み絹に包み熱い湯で洗う。薄荷（五分）程を加える。⑦「目差

薬」。炉岩石（一匁火で焼く）、寒水石（一匁）、枯礬（二分）、硼砂（一匁）を細末（粉）にして辰砂を少し入れ、蜜で練り指す。⑧「目差薬」。炉岩石（一匁焼く）、海螵蛸（三匁）、硼砂（一匁）、竜脳（二分）、辰砂（二匁）を細末（粉）する。

〈目薬屋〉〔万買物調方記〕に、「京ニテ目薬」（大明流差し残し）室町五条上ル町。「江戸ニテ目薬」本町四丁目五霊香益田、木挽町五丁目 真嶋隠居、たき山町 いねや、本郷 益田隠居、銀町三丁目 笠原養仙。「大坂ニテ目薬」北渡部町 入残妙珍、同通に数多ある、御堂の前、中ノ嶋田辺橋洗い薬岡部孫平。

〔洛中洛外売薬重宝記・上〕に「目薬之部」に二十二種の目薬・売り店・値段付がある。仙伝白竜香（二種）* 家伝金竜香* 御目薬（五種）* 天行眼薬* 星抜駒井目薬* 万明散* 精眼散* 御目あらひ薬* 王明散（二種）* 立功散* 妙光山御目薬* めいしや* 一切の目ニ吉さしのこし* 諸眼病俄発リたるに吉* 眼病療治御目薬* 金竜膏。*「御目薬《おめぐすり》」モ見ル

目黒の滝壺【めぐろのたきつぼ】 江戸願所。小児が月代《さかやき》を剃るのを甚だしく嫌い、泣き叫び 虫を驚かし 病の起ることがままある。目黒不動の滝壺へ行って水を取り 湯に沸かし 頭を濡らして月代を剃ると、少しも驚くことがない。試した古老の話に、「不動」の文字を、動かずと読む字義より出たとし、これを信じて誠《まこと》とすれば、その験はないことでもなく、俗説と思われるものをそのまま記して置くとある。〔江戸神仏願懸重宝記〕

目刺【めざし】 大和詞。「めざしとは、いやしき（卑）女」である。〔不断重宝記大全〕

目覚し【めさまし】 呪い。〔万用重宝記〕に、よい時分に目を覚ます呪いは、「海」という字を腹に三ツ書いて寝るとよい。

目覚友餅【めさめとももち】 菓子名。目覚友餅、上 羊羹、中 赤ながし物、下 黄ながし物。〔男重宝記・四〕

飯行李【めしごうり】 「骨柳《ごり》の事」ヲ見ル

眼凌ぎの法【めしのぎのほう】 「楠眼《くすのき》凌ぎの法」ヲ見ル

飯の事【めしのこと】 〈飯炊き様〉〔料理調法集・飯之部〕に飯は、膳部第一の主物なので一層心を用いるべきである。米一升を磨《と》いで置き、水一升二合を湯に煮立てて炊く。古米のよく乾れたのと、新米の俄か磨ぎの米には水を控える。〈飯炊く心得〉〔日用調法人家必用〕に「飯を炊く心得」は、○炊き加減が悪いと思えば、早く酒を振って蒸らすと必ずふっくらとなる。○焦げた時は、蓋の上に藁束子を乗せて置くと焦げ臭い匂いは通らない。○夏向き米を磨ぐのに、汲みたての水を用いると変り易く、汲み置きの水を用いるのがよい。

〈飯の呪い〉〔新撰咒咀調法記大全〕に○飯の片煮えの呪いは、酒を少し打ち蓋をして火気をさっと通すとよく煮える。○夏の頃、飯の悪くならない呪いは、飯を櫃へ移し、飯の上に唐辛子を七ツ八ツ載せて置くとよい。○焦げ付いて臭いのを直す呪いは、釜の下の熾《おき》を取って飯の上に置き、蓋をして暫く置くと臭いはなくなる。〔万用重宝記〕に飯に火が入った時は、釜の蓋の上に「叶」という字を三ツ書くと奇妙な呪いになる。

〈飯食い様〉〔諸礼調法記大全・天〕は、まず右手で箸を取り直し、右手で飯椀の蓋を取り左に渡し、また右手で汁椀の蓋を取り左に持った飯椀の蓋に重ねて左脇に置き、右で飯椀を取り上げ左に渡し、少しずつ二箸食い、また右で汁椀を取り上げ左に渡し 汁ばかりを一口吸い 右に渡し、また右で飯椀を取り左に渡し二箸食い 右で下に置き、また右で汁椀を取り左に渡し 汁を吸い身を食い 右で下に置く。以上二度で、三度目からは左で飯椀を取り上げ二箸食い、次に汁を吸い、次に本膳の菜《さい》を食う。この後からは飯、次に二の汁、次に二の膳の菜を食う。また飯を食い、本膳の汁 菜を食い、また飯を食い、三の膳と移る。向詰《むこうつめ》も又このようにする。左にある菜を左で取り上げ、右にある菜を箸を取り直し

て右で取り、左に移して食い、右に移し下に置く。本膳の物を取り上げて食ってはならない。膳の上に少しも食い零《こぼ》し、汁等食い散してはならない。食い終る時は食い始めた菜で食い納める。椀を取り上げて食う時は少しも俯かず、左の臂を安らかにして、右の臂を張るのがよい。臂を張らない時は、箸は斜めになって長く口中に入り、多く汚れて悪い。〔女重宝記・二〕は七五三の膳*、五五三の膳*、饗応の膳でも、まず飯から食う。祝の膳等は飯を大きく盛るので通いの女 介添えの女が、片側に分けて参らす。飯を二箸三箸食い、汁の身を食い、汁は吸わない。次に左隅にある精進物より食う。また飯を食い 二の汁の身を食い 二の膳の菜を食う。菜は何でも一色二色食う。遠い所にある物を膳を越えて食うのは悪い。菜を一度に二色続けて食うのは移り箸*と言い悪い。一色を二箸迄はよい。飯も菜も口中にある物を食い終って次を食い、口音高く食わない。焼物は通いの女が毟り取って食わせる。自ら毟り取り 或は裏を返して食わない。飯に汁を掛けて食うてはならず、もし汁を掛けて食うのなら、湯の前に汁を掛けて食う。自ら湯を飲む時は、箸を下に置いて右手で椀を持って飲み、湯は少し残した方がよく、男のように箸を持ちながら左手で掛けるのはよくない。香の物を食うてはならない。〔大増補万代重宝記〕には、特に まず和交《あえまぜ》 或は精進物等から食い始め、後に魚類を食う。菜は二色も三色も一度に食うのは移り箸*といい嫌う。飯 汁 菜、飯 汁 菜と何度も食うのがよい。二の膳 三の膳等が出る時は、まず本膳の飯 汁 菜を食い 三の汁を吸い、三の膳の菜を食う。このように何度も同じことである。全て左にある物は箸を取り直し、右で取り上げ左に渡し、食ってまた箸を取り直し、右で下に置く。但し、本膳の菜は取り上げて食うてはならない。

〈飯食い様嫌う事〉〔諸礼調法記大全・地〕に飯を食うのに嫌う事がある。重菜《じゅうさい》* 腕越《うでこし》* 谷越《たにこし》* 渡り箸* 塩の重てん* 豆の横箸* 犬食《いぬくい》* 鈍《なま》り箸* 請食《うけぐい》* 膳越《ぜんごし》*。この外、貴人より先に汁を掛けてはならない。後、再進《さいしん》（おかわり）を受けず、無造作に菜を食うてはならない。〔女用智恵鑑宝織〕は、腰を屈め、俯き、口音高く食うてはならず、飯椀の中から余所目を遣わない。味噌の物、塩辛の類、汁の垂れる物、食い難い物、歯音の高い物等には配慮がいる。辛子や山椒等、甚だ辛い物や臭いのある物は食わない。通いの人を待たせて置いて、汁を吸って出し また汁を持って出たのを取って直ぐに食うのも不作法である。〔童学調宝記〕は、膳に座り 椀の覆いを取り、次に汁、次に菜の蓋を取り、少し飯を食い、汁を吸う。蓋を取らずに置くのは無礼である（図500）。

〈飯注ぎ様〉〔諸礼調法記大全・天〕には、飯器《ひつ》を足打膳に据え、杓子の柄を右にして飯器の蓋の上に一文字に置き、足打膳の栗形（栗の実形の所）に四ツの指を入れ大指を縁に掛けて持ち出、末座に座し、飯器を前に置く。相伴の人が御鉢をという時、杓子を右手に持ち、飯注《めしつぎ》の蓋の両方を人差指と大指で取り、くるりと蓋を仰向け、飯の気露《つゆ》を飯器の内に滴らし、次に真仰向けにして右の片手に取って右の脇に直し、杓子を飯の上に俯け、柄を縁に掛け、座に持参する。客が飯椀を出す時は、右手で椀の糸底を大指と人差指で取り、中で左手に取り移し、右に杓子を取り、およそ二掬い半程飯を盛り、また右手に取り移し、左手をつき差し出す。平人へは直ぐに左で椀を取り、飯を盛り 右に移さず、その侭差し出してもよい。〔大増補万代重宝記〕はまず飯注の蓋を取り、仰向けにして下座に置く。杓子を俯け、飯注の上に置き、柄を右の縁《ふち》に持ち掛けて出す。出す時は、椀の糸底《いとぞこ》（高台）を右の大指と人差指でしっかり取り、左に渡し、飯を二掬い半程盛り、右に渡し左手を着き、出す。〔大成筆海重宝記〕に飯を注ぐ時は、夏は飯注の蓋を取り 足打折敷の縁に置いて持ち出す。寒い時分は持参して後に蓋を取る。左手を仰向けて出す。客人が飯椀を出す時、糸底をしっかりと取り、右手で杓子を持ち、

飯食い様は椀の覆を取り、次に汁、菜の蓋を取る。少し食い汁を吸う。蓋を取らずに置くのは無礼。

膳を持ち出る時は、右の大指を縁に掛け左手は左縁にあしらう。

汁替は盆で替え、勝手で他の蓋をし、蓋を取り盆の脇に置いて出す。

膳の据え様は、客の左の方へ少し筋違いに、膝へ触らぬ様にし、初め据えた所から四五分も押し入れる。

汁次は 冷汁は提子《ひさげ》に箸を入れ、弦に持ち副えて次ぐ。箸は詰まった時の用意である。

飯次は盆で替えず、椀の糸底を左手で抓み盛りその侭左手で出す。

図500 「食膳作法」(童学重宝記)

飯を左右へ分けて中を二杓子盛って出す。貴人でも飯は盆で取ってはならない。飯椀の縁へ指を懸けないためである。〔女用智恵鑑宝織〕に飯を替えるには盆では受けず、左手で椀の糸底を受けて盛り、そのまま左手で差し出す。〈飯替え様〉〔女寺子調法記〕には飯櫃の蓋の上の杓子を右手に持ち、左右の指先で蓋を取り 裏向けて傍らに置き 杓子を飯の上に置いて飯を替える。汁は盆で替える（「汁替え様」*）。飯を強いてはならず、通いはなおのこと強いてはならず、これは何でも同じことである。〔女筆調法記・六〕に飯の再進は盆では取らず、手で取り飯をそっと入れて、そのまま差し出す。汁は盆を使う。「膳の事」参照

〈飯色々〉〔料理調法集・飯之部〕に青豆飯* 小豆飯* 粟飯* 塩梅茶飯* 磯飯* 鰯飯* 茴香《ういきょう》飯* 魚飯* 埋《うずみ》飯* 海老飯* 緑豆《えんどう》飯* 鰹飯* 蕪飯* 鴨飯* 粥飯* 雉子飯* 木の芽飯* ぎば飯* 枸杞飯* 梔子飯* 栗飯* 胡椒飯* 胡麻飯* 五目皂飯* 皂莢《さいかち》飯* 椎の実飯* 潮で炊く飯* 蜆飯* 紫蘇飯* 信濃飯* 薯蕷飯* 白魚《しらうお》飯* 白茶飯* 雑炊飯* 蕎麦飯* 大豆飯* 狸飯* 田平子《たびらこ》飯* 鶏卵《たまご》飯* 茶飯* 豆腐飯* 茄子飯* 菜飯* 鶏飯* 葱飯* 海苔飯* 蓮飯* 初茸飯* 蛤飯* はんごう飯* 稗飯* ひしこ（鯷）飯* 藤飯* 二度《ふたたび》飯* 紅花《べにばな》飯* 水雑炊飯* 零余子《むかご》飯* 麦飯* 湯取飯*。

飯の湯【めしのゆ】〔料理調法集・飯之部〕に飯の湯に四法がある。①飯を移し取った釜へ水を入れ、よく煮返えらして出す。焼塩をを少し入れるのもよい。②飯を常より強わく炊いてよく水で洗い、日によく干して炒り、湯のたぎった中へ入れると湯が出る時、器の内に浮いている。③常の飯の焦《こげ》を取り、よく炒って入れ、湯をよく煮立て出す。④清水米南部霰を炒って湯に入れるのもよい。この類はどれも会席物好による。本式ではない。

召し物【めしもの】御所言葉。「はき（履）は、めしもの（召し物）」という。〔女用智恵鑑宝織〕

召す【めす】御所言葉。「乗物《のりもの》 籠 舟には、めす」という。又「人よぶは、め（召）すめします」という。〔女用智恵鑑宝織〕。

珍らか【めずらか】大和詞。「めづらかとは、めづらしき（珍敷）」ことである。〔不断重宝記大全〕

目専太織【めせんふとり】〔絹布重宝記〕に目専太織《めせんふとり》は、至って地性よく、締りのよい絹である。琥珀めいた地組の太織である。耳は白郡内によく似ている。幅も常の太織よりも余程広い。

鍍金【めっき】〔万用重宝記〕に鍍金《めっき》とは、「金銀焼つけ幷に鍍金の法」*のように、よく擦り磨き水銀を塗り、金箔を置き、焼いたのをいう。

目付【めっけ】武家名目。〔男重宝記・二〕に目付は、所司代に属し、盗賊追捕等の役である。目付の下に横目*がいる。〔武家重宝記・一〕に目付は、昔は目代《もくだい》とも 眼代《がんだい》ともいい、源頼朝の時、山本判官平兼隆は伊豆の国の目代であったという。

めっこう【めっこう】片言。「真甲《まつかう》を、めつかう」という。〔世話重宝記・四〕

滅衰日【めっすいにち】日取吉凶。〔重宝記永代鏡〕に滅衰日は、万に宜しくなく、忌み避ける日である。正・七月は卯の日。二・八月は巳の日。三・九月は未の日。四・十月は酉の日。五・十一月は寅の日。六・十二月は丑の日。

めっそう【めっそう】片言。物を目分量することを「めつさう」というのは「目相」である。〔不断重宝記大全〕

めった煎餅【めったせんべい】「めつたせんべい」は、木挽丁広小路 鈴木常政にある。〔江戸町中喰物重法記〕

滅日【めっにち】暦下段。〔諸人重宝記・五〕に滅日は、月の恵みの不足する日で大悪日、万に悪い。〔永代調法記宝庫・五〕に滅日は、正月は巳の日。二月は子の日。三月は未の日。四月は寅の日。五月は申〔〔永代調法記宝庫・五〕ハ酉トアル〕の日。六月は辰の日。七月は亥の日。八月は午の日。九月は丑の日。十月は申の日。十一月は卯の日。十二月は戌の日。

滅門日*に同じである。〔昼夜重宝 両面雑書 増補永暦小筌・天保十一重刻〕に滅日は、六十三日 六十四日めに巡り帰る。五日六十三刻とある。

滅門日【めつもんにち】 暦下段。〔永代調法記宝庫・五〕に滅門日は、大悪日で万事に用いてはならない日とある。滅日*に同じである。「滅門」は「三箇《さんこ》の悪日」参照

愛で【めで】 大和詞。〔不断重宝記大全〕に「めでとは、あひ（愛）する心」。〔女重宝記・五〕に「めでるとは、あい（愛）する事」である。

目出とう存じます【めでとうぞんじます】 女詞遣。「目出《めで》たふ存じますを、珍《ちん》重《ちやう》に存《ぞんじ》ますと云も口上らしゝ」。〔女重宝記・一〕

蓍萩水揚げ伝【めとはぎみずあげでん】 〔調法記・四十七ゟ五十七迄〕に蓍萩《めとはぎ》の水揚げの伝は、根を煮て活けるとよい。又よく焼いて水に浸して活けるのもよい。

稀薟【めなもみ】 〔万物絵本大全調法記・下〕に「稀薟 きけん／めなもみ」。〈薬性〉〔薬種重宝記・下〕に和草、「稀薟 きれん／めなもみ」、葉を用い、根 茎 花 実を去り、酒と蜜で蒸し、乾す事九度とある。『徒然草・九十六』に「めなもみといふ草あり。くちばみ（蝮）*に螫《さ》されたる人、かの草を揉みて付ぬれば、即癒ゆるとなん。見知りて置くべし」とある。

めならう【めならう】 大和詞。「めならふとは、見ならふ（習）」である。〔不断重宝記大全〕

目に見ぬ鳥【めにみぬとり】 大和詞。「めにみぬ鳥とは、蚊のまつげに住む虫」をいう。〔不断重宝記大全〕

目貫【めぬき】 刀脇差名所。鎮とも書く。〔武家重宝記・四〕に朱絵《しゅえ》の物が色々ある、という。刀身を柄に嵌めこんで留める釘、即ち目釘《めくぎ》。元々はその穴を言った。目釘には竹を用い、木は蘇木《すおう》で、星目釘もある。〔万買物調方記〕に「京ニテ目貫幷色付」間の町二条上ル 目貫彫小西吉兵へ、御池通柳馬場東へ入町、二条通ふや町より西二丁三丁の間より金具色付鍍金の類が多い。「江戸ニテ目貫師幷色付」南まき町 辻源右衛門、白銀町 奈良七兵へ。「大坂ニテ目貫彫物師」上紺屋三丁目 藤田長右衛門がいる。

目の諸病【めのしょびょう】 〈目の損傷薬〉〔骨継療治重宝記・上〕に目の性は寒湿で、目の玉を包む皮は四重ある。一は白皮で鉢（頭）を直《じき》に包んだ皮から出る。二は薄皮から出て黒眼《くろまなこ》を包む。三は薄葉から出て瞳子《まなこ》の内に通じ、物を見る役をする。〈診療治法〉〔小児療治調法記〕に眼は、五臓六腑神気の集まる所故、その両眼をみて精光なく、黒眼に運転《はたらき》の気なく、瞬《またたき》に鋒芒なく、魚の目 猫の目の形に似るのは死ぬ。〔骨継療治重宝記・中〕に眼睛《めのたま》が傷《やぶ》れても瞳神《ひとみ》さえ砕けなければ治る。眼胞《まぶた》が傷《やぶ》れ紫黒色は一紫散*或は紫金膏*を用いる。損傷の重いのには補肉膏を貼る。頭頂の中心が損じたのは治し難い。〈薬性〉〔里俗節用重宝記・上〕は秋後の茄子、八九月の生姜、番椒《とうがらし》の三味を多食すると目を損ずる。〈諸病〉〔世界万宝調法記・中〕に目の諸病によい薬は、大羊歯《しだ》の葉を煎じ辰砂を少し加え再々洗う。〔調宝記・文政八写〕に目の妙薬は、小便の澱《おり》・辰砂・黄蘗（各等分）を粉にし 絹に包んで洗う。〔文政新刻 俗家重宝集〕に目に脂《やに》の入ったのを取る法は、早く冷水を飲むとよい。〈目の腫れ〉〔児咀調法記〕に目が腫れ痛む時は、艾葉と黄連を煎じて洗う。俄に赤く腫れる時は 生姜の絞り汁を少し目の中へ差すとよい。〔丸散重宝記〕に目が俄かに赤く腫れ痛む時は、黄連と当帰を酒精で煎じて服する。又この二薬に芍薬を加えて洗う。〈物が入った時〉〔里俗節用重宝記・中〕に物が目に入った時は、生姜の粉を湯に入れて洗えば出る。車前子一粒を目頭に入れるとよい。〔女中重宝記〕に目にゴミが入った時は、目を閉じて舌で唇を舐めるとゴミは目頭へ寄るので、柔かな布を唾で湿して拭い取る。〔諸民必用 懐中咒咀調法記〕に目に物の入ったのは、柚の種を黒焼きにして舌の上に置くとそのまま出る。目を突いた時は蝿の頭を飯粒で練り混ぜ 乳汁でとろりと練り 目に差す。〔懐中重宝記・慶応四〕

に目に芒の入った時は茗荷の絞り汁を、鼠の小便が入った時は麝香を乳で溶いて、蜘蛛の巣が入った時は梅酢を、それぞれ点ずるとよい。

〈疳で目が潰れた時〉〔里俗節用重宝記・下〕に疳で目が潰れた時は、胡麻殻（十匁 黒焼）、睡木（一匁 黒焼）、光明朱（三分）を、胡麻油で練り額の真中に付ける。〔丸散重宝記〕に肝を破り眼が暗くなった時は、菟絲子*を酒に浸し乾かし末（粉）し鶏卵白で丸じ、空腹に温酒で下す。

〈爛れ目〉〔妙薬調方記〕に爛れ目 脂目《やにめ》*は、明礬に黄蘗《きわだ》を入れて煎じて洗う。〔懐中重宝記・慶応四〕に爛れ目は、黄蓮（三分）、紅花・黄蘗（各五分）を焼いて明礬を少し入れ、水二盃を入れ一盃に煎じて度々洗う。

〈流行り目 脂目〉〔文政新刻俗家重宝集〕に流行り目の奇法として、間柱《まばしら》のない一間の壁へ両手を広げて必死に抱きつき、脂目の方の手の中指へつけ、少し放し、七火灸をするとよい。もっとも灸をする間、両手とも広げて壁に抱き付いている。〔調宝記・文政八写〕にはヤミ目の薬として、黄連を煎じ渣《かす》を去り 上水で再々さす。〔妙薬調方記〕に「やに目 爛れ目等にも明礬に黄檗を入れて煎じ洗う。《新撰咒咀調法記大全》に「やに目の治方」は、黄連を煎じ滓を去り、上水《うわみず》で度々洗う。〔万まじない調宝記〕に「やに目」は、文銭で脂を拭き、四ツ辻へ捨てるとよい。〔調法記・全七十〕に「病眼《やみめ》を治す」薬は、胡粉・白礬（焼いて 各等分）、竜脳（少）を貝一ツ程に絹で濾し、一日に五六度も点《さ》すと奇妙である。〔懐中重宝記・慶応四〕に流行り目は、黄蘗・薄荷・白礬を上茶に浸し上水《うわみず》を目に点す。逆上目《のぼせめ》は辰砂を少し入れるとよい。〈眼病妙薬〉〔新選広益妙薬重宝記〕は汲み立ての水で度々洗うと妙に治る。

〈呪い〉〔万用重宝記〕に「はやり目の呪い」は、石菖の絞り汁を目の端《はた》に塗って置くと奇妙である。〔秘密妙知伝重宝記〕に目の縁《ふち》に物が出来た時は、小石を清め井戸に入れ、つい落したと言って後を見ないで帰るとよい。〔調法記・四十七ゟ五十七迄〕に目に物が入った時は、○目を塞ぎ南無阿弥陀仏を三返唱えそのまま唾を飲む。○目を塞ぎ下へ頬を三度押すと、忽ち治る。○繁縷《はこべ》の実を少し紙縒の先に付けて目の中に入れると、くるくる回り痛みはなく即座に出る。目を塞いでいても痛まない。目の白膜、虚血、怒肉もこの実について出るのを拭い取ると明らかになる。○柚の種を黒焼きにして少し舌の上に置くとそのまま出る。〔増補咒咀調法記大全〕に、①「目の病に呑む符」が二ツあり、二ツとも一度に呑む。②「眼《まなこ》俄に潰れたる符守」がある（図501）。「眼目の事」「目薬の事」モ見ル

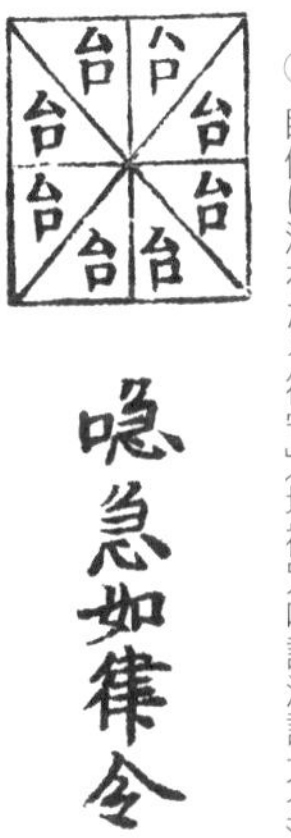

図501 目の諸病
①「目の病に呑む符」（増補咒咀調法記大全）
②「眼俄に潰れたる符守」（増補咒咀調法記大全）

茺蔚【めはじき】〔万物絵本大全調法記・下〕に「茺蔚 じゆい／めはじき。夏」。〔薬種重宝記・下〕に和草、「茺蔚子 じういし／めはじき。少し炒る」。

めはつこ【めはつこ】「京にめいぼ（目疣）、大坂 めはつこ」と言う。〔女用智恵鑑宝織〕

眼張【めばる】〔永代調法記宝庫・四〕に眼張《めばる》魚は、目を明らかにし、肝腎の邪気を退け、筋を強くする。また、大人や童の下り腹、小便も利し、気力を増す。

眩暈【めまい】「げんうん（眩暈）」ヲ見ル

布巻蒲鉾【めまきかまぼこ】〔料理調法集・蒲鉾之部〕に布巻蒲鉾は、青昆布を水に浸し薄味に煮て露をよく拭き取り、常の擂身を程よく付けて巻き、外を竹皮で巻き締め蒸し上げる。また荒目でも巻く。

布巻豆腐【めまきどうふ】〔料理調法集・豆腐之部〕に布巻豆腐は、豆腐の水を絞って擂り、葛粉を少し入れて濾し、荒布を湯煮して煮しめ、豆腐をつけ、巻くとも重ねるとも、好み次第である。

めまじ【めまじ】片言。「めまぜ、瞬 めまじ」。〔不断重宝記大全〕

女松の植替【めまつのうえかえ】〔庭木重宝記〕に女松の植替は、三月より四月迄、また八月より九月迄にするとよい。肥しは乾鮭の出し汁を掛けるとよい。

目廻り【めまわり】〔絹布重宝記〕に目廻《めまわり》は、絹の買い廻しの値段付をいう。生絹の良否、撰糸*の性、染め付、摸様柄等に応じて値段を付けることをいう。例えば、糸性がよければ地薄でも高く、絹が次なら廻りが下直なので重目地厚でも安い。廻しとは、先ず六十匁廻り等は、絹の目が百二十匁ある時、六十匁を目安に立てて掛けると代銀七十二匁と知れる。羽二重*等黒に染めて品《ひん》のある物、西陣から織り出す物等は、目廻りの値段である。「あてがい（当買）*」の対。

目耳へ水の入らぬ伝【めみみへみずのいらぬでん】〔清書重宝記〕に目や耳等へ水の入らぬ伝は、椿油を綿に湿して、目や耳の縁等に塗るとよい。

めめがよい【めめがよい】片言。「めゝがよいは、眉《みめ》なり。目の上の眉」である。〔不断重宝記大全〕

めめず【めめず】片言。「めめずは、蚯蚓 みみず」である。〔不断重宝記大全〕

目文字【めもじ】「めもじ、目御目にかかるなど云」。〔万家重宝女用花鳥文章〕

目安【めやす】算盤の用字。〔古今増補算法重宝記改成・上〕に目安は、算盤で割ったり、掛けたりする時、見合わせる左の数をいう。法*に同じ。

目安書【めやすがき】〔不断重宝記大全〕に次がある。公事訴訟《くじそしょう》のこと〔「公事沙汰」*〕を調えて奉行所へ差し出す文書。上書に「謹而粗言上 名氏名」のように、書く時は奥の月日に名乗、判ばかりを調えるとか、念を入れる時には月日の所にも名氏名を書くとか、上包の包み方等作法がある。言上書*と区別する。範例文があり、竪状包みの折りかけは上下同じ程。古来は書法も包み様も言上書と同じであった。

目病地蔵【めやみじぞう】目疾地蔵とも書く。〔年中重宝記・五〕に安貞二年（一二二八）「鴨川の洪水」*の時、後堀川院（承久三～貞永元、一二二一～三二）は勢田判官為兼に河水防護を命じられたが、為兼が茫然としている時、異僧が来て水を防ぐには賀茂川の東岸南方に夏の「禹王の廟」*を建て、北方に「弁財天の社」を造営して祀れと告げ、寺に入り見えなくなった。当寺が今の仲源寺目病みの地蔵堂で、その時は四条川原東の田間にあり畦《くろ》の地蔵と言った。異僧が地蔵の現身《うつしみ》は必定で、為兼は奇異の思いをし両社を建立すると洪水は忽ち治まった。「弁財天の社」は四条縄手大和橋の北にあったが今は絶えてなく、町となって弁才天町という。〔改正増補字尽重宝記綱目〕に目疾地蔵は桂橋寺《けいきょうじ》と言い、謡に「寺はかつらのはしばしら」（熊野）とあるのがこれである。〔東街道中重宝記・七ざい所巡道しるべ〕に、建仁寺*辺に目疾地蔵がある、ここに山越《やまごし》の如来がある、この辺に芝居があり、四条の仮橋は三条大橋の下流にある。〔不断重宝記大全〕

めり【めり】大和詞。「めりとは、なり（也）の替え詞」である。

めりやす洗い様【めりやすあらいよう】「手袋 めりやす洗い様」ヲ見ル

目を見て人の心を知る【めをみてひとのこころをしる】〔諸民秘伝重宝記〕に「人の目を見て心を知る伝」は、上を見る人の心は高ぶり、下を見る人は心に感じ思うことがある。目が転じ動くのは、言わずして心に疑い謀ることがある。こちらを横様に見るのは、我に益のない心である。

面【めん】「顔の事」ヲ見ル

免【めん】〔農家調宝記・初編〕に、免《めん》とは物成《ものなり》 年貢*をいう。〔日用調法人家必用〕に「免《めん》。或は 厘付 ともいう」は、高一石の取米を 免何程と言う。「じょうめん（定免）」参照

面打【めんうち】 面打は仮面を作る人。〔万買物調方記〕に「京ニテ面打」堀川中立売下ル 出目近江、烏丸下立売上ル 清右衛門、下立売烏丸東へ入 勘左衛門。「江戸ニテ面打」尾張町二丁目出目 洞伯、同町 同木工之助、日比谷一丁目 同源助。「大坂ニテ面打」梅檀の木筋。

麵縁干そば切【めんえんほしそばきり】 「麵縁干そば切」は、青山善光寺門前 桔梗屋善兵衛にある。〔江戸町中喰物重法記〕

眠宿【めんしゅく】 鷹の名所。*〔武家重宝記・五〕に眠宿《めんしゅく》は、鷹が眠る時頸《くび》の廻《かえり》をさす所。もっとも中間で、嘴のあたる所をいう。

沔水丸【めんすいがん】 〔丸散重宝記〕に沔水丸《めんすいがん》は、脚気 腫満 胸痛 心《しん》に付くものを治す。調合は呉茱萸・芫花・芒消（各三戔）、商陸（四戔）、甘遂（二戔）を糊で丸じ、或は煎じ服する。

面洗香【めんせんこう】 〔秘方重宝記〕に面洗香は、柘榴鼻を治し、顔色を白くし、黒斑を去る。丁香・白付子・白牽牛子・白芷・白姜蚕・白芨・白蒺藜・白茯苓の八味に、皂角弦を去り 菉豆を少し入れ 共に粉にして、朝早く起きて顔を洗う。又 蒼耳《おなもみ》*の葉を酒で蒸し 焙り 粉にして飲むのもよい。枇杷葉と山梔子を粉にして呑むのもよい。

面瘡【めんそう】 〔改補外科調宝記〕に面瘡は、男女小児の顔に細かな瘡が出て、常にたわ汁（瘡瘍の膿汁）が出る。面体が俄に赤く 或は黒く、また丹のようになったのは急に療治しないと全身に広がって死ぬ。○急いで鹿角を灰に焼き猪の油で付けるとよい。○桃の花を陰干し粉にし白湯で用いる。○杏の花の煎じ汁で洗う。○白粉（炒り）・乳香（各等分）を猪の油で練ってつける。

綿帳【めんちょう】 大和詞。〔女重宝記・一〕に「もめんかや（木綿蚊帳）は、めんちやう」という。〔女中仕立物調方記〕に「めんちやう」も、白縮緬 緋縮緬などに鶴亀松竹の外 色々の模様を染め入れ、紋も付ける。縁には板の物を用い、裾に畳縁は付けない。

面部【めんぶ】 「顔の事」ヲ見ル

めんよう【めんよう】 片言。〔不断重宝記大全〕に「めんよう、名誉 めいよなり。名誉を、めんようといふはわろ（悪）い」。何でも物の訝しいことには「めいよなこと」等という。〔世話重宝記・五〕に「名誉を、めいよう、めんよう」という。

麵類の事【めんるいのこと】 〈始り〉〔人倫重宝記・四〕に麵類は、唐土では晋の世に始り、麵とは言わず飥飩《ふたく》という。〔日用重宝女大学〕に「麵類を打つ」というのは棒で打つ故とある。〈食い様〉〔童学重宝記〕に麵類の食い様は、蕎麦 饂飩 索麵は皆同じこととし、汁を掛けて食うのは卑劣である。汁の残ったのは椀へ明けて吸うてはならない。〔女用智恵鑑宝織〕に麵類を食う時は、汁を置きながら一箸二箸掬い入れ、汁を取り上げて食う。その後は汁を持ちながら入れて食う。蕎麦切も同じで、男のように汁を掛けて食うのは女中はしてはならないことである。

〈麵類屋〉〔万買物調方記〕に「京ニテ麵類所」椹木町東洞院角 丸や、同高倉西へ入 長はまや、八幡町麩屋町西へ入 靍や、建仁寺町四条下ル 丸はしや。「江戸ニテ麵類屋」神明の前 浄雲、浅草 ひやうたんや、日本橋北西中通、芝金杉橋通、浅草橋通、新材木町南通。「大坂ニテ麵類屋」順慶町渡部の角 上手 桔梗屋佐兵へ、安土町五丁目、久太郎町五丁目、其外先々所々にある（個人名ナシ）。

〔料理調法集・麵類之部〕に麵類料理に、饂飩* 麦切* 大麦切* 葛切* 葛素麵* 鶏卵餅* 薯蕷麵* 薯蕷餅* 水瞻* 水団《すいとん》* 千歳《せんざい》蕎麦* 索麵* 蕎麦切* 浮麩* 千歳餅* けいらん餅* 汁粉* 雑煮* がある。

も

盌【もい】「もひ（盌）は、わんの事」である。〔消息調宝記・二〕

毫【もう】〈小数の単位*〉〔古今増補算法重宝記改成・上〕に、毛は釐*の十分の一、絲*の十倍。一の千分の一。〈通貨銀単位〉〔万家日用調法記〕に、量を尺貫法の単位で表示したもの。一厘（釐*）の十分の一。十絲*。〈絹布の数の単位〉〔永代調法記宝庫・首〕に、忽*の十倍、釐*の十分の一。〈田数*の単位〉〔永代調法記宝庫・首〕には長さ六寸五分 広さ六分五厘、〔算学調法塵劫記〕には長さ六寸三分 広さ六分三厘とある。毫は「ごう」とも言い、俗に「毛」とも書く。

猛気【もうき】〔重宝記・幕末頃写〕に猛気とは、軍中で雲気の形が龍虎火焔 日月、或は山林のようであり、また頭が尖って靡き、気が立って楼門のようなのを言い、大吉で天道守護の気である。「軍中に霊煙の気を見て吉凶を知る事」参照

盲亀の浮木【もうきのふぼく】〔世話重宝記・四〕に『法華経』『雑阿含経』に出る詞であり、盲亀《めくらがめ》が浮木《うきぎ》の孔《あな》にあたったようという。滅多にない仕合せに出会う譬えにいう。

孟子【もうし】〈書名〉〔日用重宝記・一〕に『孟子』は、孟子が列国の諸侯大夫と応対した詞、或は門人に示した詞を自ら筆録したものという。弟子の万章 公孫丑などが書いたという説があるが、朱子は自作であるとする。「四書」「孟母《もうぼ》の三遷」参照

猛獣に咬れ 爪傷を治す法【もうじゅうにかまれ つめきずをじすほう】〔新撰咒咀調法記大全〕に「諸の猛獣に咬れ 又は爪にて破られたるを治する方」は、栗を嚙み砕いて塗る。また、女子の月水《つきやく》の時用いた二布《ゆまき》を黒焼にして一匁ずつ酒で用いるとよい。

申の字高下【もうすのじこうげ】 簡礼書法。〔大増補万代重宝記〕に「申」の字を真行草に書き分け、真は上方に、行は同輩に、草は下輩に宛てて書き、それもそれぞれにくずし方によってさらに上 中 下を分つ。「様 殿 御候 申の字高下書き様」ヲ見ル

帽子【もうつ】 唐人世話詞。「帽子《まうす》を、帽子《まうつ》」という。〔男重宝記・五〕

猛に【もうに】 片言。物の多いことを「関東方では猛に」という。〔不断重宝記大全〕

もうのぼる【もうのぼる】「まうのぼるとは、参上《さんじやう》の事」である。〔消息調宝記・二〕

孟母の三遷【もうぼのさんせん】〔世話重宝記・二〕に「孟母の三遷」は『烈女伝』や『史記』に出るとし、唐の賢人孟子は幼時墓所の傍らに居り、朝夕見習って人を葬る真似をするのを母が見て我が子を置く所ではないと、市の傍らに移住したら今度は商人の真似をするので（〔女重宝記・二〕には墓所と市と逆順）、また家を学者の傍らに移したら今度は朝夕学問をして遂に賢人となったとある。「勧学院《かんがくいん》の雀は蒙求を囀る」「智者《ちしや》の辺の童は習わぬ経を読む」モ見ル

もうもう【もうもう】 妄書かな遣。「もうまふ、いやだいやだ。また牛の鳴き声」。〔小野篁謔字尽〕

毛利元就【もうりもとなり】〔大増補万代重宝記〕に毛利元就《もうりもとなり》は、姓は大江氏。初め陶《すえ》氏を攻めて滅ぼし、尼子に討ち勝ち、遂に山陰山陽の十余州を領した。元亀二年（一五七一）、七十四歳没。

毛琉【もうりゅう】〔料理調法集・諸鳥之部〕に毛琉《もうりゅう》は、雉子を裂き鳥にして潮煮をあいしらい、芹 繁縷 嫁菜 葱等に、銀杏を取り合せる。

萌黄染【もえぎぞめ】 染色。〔永代調法記宝庫・三〕に萌黄染は、木綿を空色に染めて、刈安*を煎じ空色の上を巻染に染めて止めに明礬をかけるとよい。さっと薄藍へ入れるとなおよい。〔秘伝手染重宝記〕は下地を空色に染め、刈安を四度引き、明礬を粉にして茶三服で加減して一度染め、

刈安を四度引き、前のように明礬を引き、水でよく濯ぐ。

もえくさ【もえくさ】 丹毒*の俗称。〔薬家秘伝妙法重宝記〕に「もゑくさの薬」として、すす（煤）と赤銅の繊屑を交ぜて、酢で度々つける。

痘瘡【もがさ】〔消息調宝記・二〕に「もがさは、はうそう（疱瘡）也」。「痘《とう》瘡《そう》の事」ヲ見ル

椀木【もぎき】 大和詞。「もぎ木とは、枝なき木」である。〔不断重宝記大全〕

沐運【もくうん】 十二運*の一。〔金神方位重宝記〕に沐運は、木性は十一月（子）、火性は二月（卯）、土・水性は八月（酉）、金性は五月（午）生れで、世に隠れない一芸がある。命長く末程仕合せがよい。〔日用重宝万物図解嘉永大雑書三世相〕にも沐運の生れは、夫婦の始めの縁は替り、後の縁が定まる。身上は繁昌し 子孫も栄える。兄弟がいても力を借るには及ばず、自身で稼ぎ努めて幸せになるのがよい。子は男二人、女子一人である。「はい」とも「おさむ」ともいう。〔両面重宝記・寛延六〕に沐運の人は万事十の物八ツ迄は悪い。綺麗好きして人に愛敬しても、人の心を背くため悪い。「楽しみも世にある程ぞ豊かなる あら嬉しやと誰に語らん」。〔和漢年暦調法記〕には夫婦の縁薄く、後の縁はよい。家栄え繁盛する。心をよく持てば愈々幸がある。心を悪しく持てば、一生思うことはままならない。

木魚【もくぎょ】〔万物絵本大全調法記・上〕に「木魚 もくぎよ」。〔万買物調方記〕に「京ニテ木魚唐物小細工」は八幡町富小路に全盛子がいる。

木偶【もくぐう】〔万物絵本大全調法記・上〕に「木偶 もくぐう、人形 にんぎやう也。木人 もくじん。傀儡子 くわいらいし。窟礧子 くつらいし。並同」。「にんぎょうあやつりからくり（人形操機）」参照

艾の拵え様【もぐさのこしらえよう】〔万物絵本大全調法記・上〕に「艾 がい／よもぎ／もぐさ。夏」。〔鍼灸日用重宝記・一〕には『本草』を引き、艾は味苦く 気少し温 陰中の陽毒無し 百病を灸す。時珍が云くとして、田の畦 又は野原に生じて茎の短いのを五月五日、又は三月三日 鶏の鳴かない前に刈り取り 陰干にし、石臼で搗き和らげ 粉を去り 綿のように揉み白けたのを用いる。年を経て古い程よい。紙に巻き 長さ二分程に切る。大きさは切り口三分程、人の気力に応じて、大小を量る。小さいと愈穴に外れることがある。小児には小麦程にする。気力の弱い人には柔らかに捻ってする。中風冷痰の症には艾に硫黄を少し交ぜる。

〔年中重宝記・六〕に、艾の高さは四五尺 茎太く葉茂り 表面は青く 裏の白いのをよしとし、石臼で木杵で搗き和らげ、細かな篩で艾の粉を篩い去り、再び搗いて綿のように和らげ、色の白けたのを熟艾といい上とする。灸をする時は土器に入れて炙り乾かして用いる。艾は古いのがよく、新しいのは肌肉 血脈を損ずる。近世は和朝の市店に、揉み抜き艾というのがあり、多くは石灰を交えて搗いて白くし、よく揉み抜いたのに似せて売る者がある。石灰が入ったような艾は、毒気が肌肉を破り、灸瘡が爛れて痛む。艾は手前で拵えた方がよい。火は火取り玉（太陽光を集めて火を取る玉。水晶の類）で天日を取る。灸箸は三月三日に東へ差した桃の枝を切り、削り乾かして用いる。艾の大きさは、医書に根の広さが三分なければ益なしとあるが、病人の壮弱 病の軽重により大小がある。艾が甚だ小さいと火気は推穴《ずいけつ》を外れるが、小児 老人 痩弱の人には却って元気に耐え兼ねることがあり、雀糞 小麦粒大で据えてよい。医書に灸何壮とあっても病の軽重により多少の加減をする。

〔万買物調方記〕に「京ニテくすりもぐさ（薬艾）」は室町綾小路下ル 上原久清、「菖蒲もぐさ」は三条白川橋南 立川清左衛門にある。なお「ゆさらしもぐさ（湯晒陳熟）」参照

木工修理【もくしゅり】〔人倫重宝記・一〕に木工《もく》修理《しゅり》《すり》（＝修繕）の職は、禁裏の造営を司る。

木舌の事【もくぜつのこと】〔改補外科調宝記〕に、○木舌は、舌の下の吊り

筋の脇根から大きくなり、舌のように根差し腫れ塞がるもので、針で撥ね切り、薬は百日草（黒焼）・塩（粉にする）を朝汲み立ての水で練り付ける。また蒲黄を粉にして舌の上に頻りに捻り掛ける。内薬には黄連を煎じて用い心火を瀉《くだ》す。○木舌風は、舌の尖り角が紅く腫れて破れ難く、針で撥ね切り地黄散*を用いるとよく、また連葛湯*を用いる。〔丸散重宝記〕には、○木舌は、口噤み或は口中が腫れ満ちて死ぬ者もある。赤芍薬・甘草（各等分）を煎じて服する。○木舌・重舌*には、白蚕《はくきょうさん》（□戔）、黄連（二戔）を末（粉）し擂って塗ると涎が出て癒える。小児の口瘡に付けて妙とする。〔小児療治調法記〕に木舌・重舌は、脾経の実火で、舌が腫れて硬いのを木舌という。雪消散*等を用いる。一方に、紫雪（二匁）、竹瀝*（平合）を擂り調え、頻りに付けると癒える。〔鍼灸重宝記綱目〕に木舌は、舌が竦み木のように硬くなるものとし、肺兪 脾兪 肝兪 膏盲に灸をする。○木舌・重舌には、舌下に紫の脈《すじ》があり、三稜針で刺し悪血を出すと癒える。

目窓【もくそう】〈経絡要穴 頭面部〉二穴。目窓は臨灸の後ろ一寸にある。針三分。灸五壮。一切の眼病、頭顔浮き腫れ、頭痛、寒熱によい。〔鍼灸重宝記綱目〕

目代【もくだい】 武家名目。「目付」ヲ見ル

木通【もくつう】「あけび（木通）」ヲ見ル

木鼈子【もくべつし】〔薬種重宝記・下〕に唐草、「木鼈子（もく）べつし／こかめぐさ。皮を去り、実《さね》を刻み、焙る」。

木朴湯【もくぼくとう】〔秘方重宝記〕に「木朴湯」は、第一に瀉によい。また夏の炎気の甚だしい時に服して置くと暑を受けず、疫病流行の時に服すると病むことはない。蒼朮・厚朴・陳皮（各一両）、神麹・山査子（各半両）、甘草（一匁五分）を煎じて服する。また散薬にして白湯で服するのもよい。

杢目鮑【もくめあわび】〔料理調法集・貝類之部〕に杢目鮑《もくめあわび》は、鮑を湯煮したのでも脹煮《ふくらに》したのでも、しまの所を切り掛け耳の所を中へ巻き込むようにして、抉り切りに切ると、杢目になる。

杢目玉子【もくめたまご】〔料理調法集・鶏卵之部〕に杢目《もくめ》玉子は、新しい玉子を針で頭の先に少し穴を開け、堅紅を差し入れてよく振ると、紅は玉子の身に交わるのを穴を擂り身で塞ぎ、蒸して皮を剝く。

杢目餅【もくめもち】〔菓子調法集〕に杢目《もくめ》餅は、紅梅餅*と同じ仕方で、白と紅二色を引き交ぜて杢目《もくめ》にする。青と黄も同じである。

木曜星【もくようしょう】 七曜星*の一。〔重宝記永代鏡〕に木曜星は木に属し大吉。歳星《せいせい》と名付ける。この日は知識の僧に布施するのがよい。入学婚姻 移徙 社寺参り、髪を洗い、草木を伐り、牛馬を求め、下人を抱え、隠居始め、家建て等、新しい衣服を裁ち着初め、全て目出たい事に大いによい。訴訟 争論等は大いに悪い。五月五日がこの星に当る年は五穀大豊年である。木曜星は春七十二日を主《つかさど》る。昼見えるとその国の縁談のことを主る。木曜星に生まれる人は官位 栄禄に会う。〈九曜星*の一〉〔昼夜懐要両面重宝記・寛延六〕には祭り日は二十五日。万ず吉であるが木を伐ってはならない。主人に口舌がある。十分慎むとよい。〔懐中重宝記・弘化五〕は月の十二日、卯の時（六時）卯の方（東）に祭る。木曜星に当る人は万事に吉。心正直なら宝を得る。小の災いは消え、大の災いは小となる。家内繁盛し万事に吉。卯の方が塞りである。

木葉の毛【もくようのけ】 鷹の名所*。〔武家重宝記・五〕に木葉《もくよう》の毛は、鷹の尾本《おもと》の上腰《うわこし》の小羽《こは》の総名である。腰巻《こしまき》の毛ともいう。

沐浴吉日【もくよくきちじつ】〔懐中重宝日用早覧初編〕に沐浴吉日がある。○五月一日、八月二日、九月九日、十月七日、十一月四日、十二月十三日に沐浴すると、悪病を除く。入湯の吉日である。○五月五日に棗葉三升を汲みたての水で搗いて汁を取り浴すると、長く悪瘡を生じない。○粉にし

て汲みたての水で足を洗うのもよい。〇六月と十一月十日は忌む。

もぐら【もぐら】　片言。〔世話重宝記・五〕に「葎《むぐら》を、もぐら」という。動物の「もぐら」は、「鼹《うごろもち》の事」ヲ見ル

木工寮【もくりょう】　〔万民調宝記〕木工寮は宮内省*に属し、番匠の司である。頭《かみ》一人がいる。

目録箱書の事【もくろくはこがきのこと】　目録は条目ばかりを記し、注文*は巨《こ》細《さい》に記す。銭ばかりの目録を折紙*という。書法は「太刀折紙」*に同じ。〔万代重宝記・安政六頃刊〕に次がある（図502）。〈魚鳥の目録〉書き様は、口に①のように「進上」と記し「目録」とは記さない（但し、同輩へは「目録」と書く）。一番に鳥類（品々あれば大鳥を先に書く）、二番に魚類（同じく川魚が先、海魚が後）、桶 曲物《まげもの》に入れた品は末に回す。祝言の方へは精進物は好まず、あれば魚類の中に書く。鳥は一二と書き一羽二羽とは書かない（但し、書く見本もある）。〈折 鳥目等の目録〉の書き様は図②の通り。折は一ツなら一合、十なら十合と書く。〈銭ばかりの目録〉折紙と言い、折紙の三ツ折の中央に「万疋」と書く。銭《ぜに》の異称を疋と言い、万疋、千疋、百疋（一貫文）と書く。男より女中方へは「万ひき」のように仮名書にする。〈女中目録〉書き様は、男から主人 貴人の女中方への目録は「しん上」と書き仮名文字ばかりで書く。女中から下の女中へは女中詞で書くが、男からは女中詞では書かない。同輩の女中へも苗字と官を除いて書く。〈結納目録、或は聟入 又は嫁の土産類の目録〉〔進物調法記〕は奉書紙、杉原紙一枚を二ツ折にして書くが、数が多い時は尺長《たけなが》に書く。上級人は十一種 或は九種。中級人は七種か五種。下級人は三種。或は金銭で御樽料 又は肴料として遣すのもよい。これを「きだる（木樽）」といい、双方の勝手がよく、なお目出度いとする。目録については故実や口伝が多い。

〔大増補万代重宝記〕の「目録並箱書付之事」は前出〔万代重宝記〕同様であり、目録の書法は別儀なく端に「目録」又は「覚」の字を書き、その品々を並べて書き、奥に「以上」と書く。結納の目録は仮名を交えた図示がある。〇「目路く（中人以下の例。上ツ方には様々の式法がある）（①参照）」。〇「進上（貴人への箱物の進上の書き様）。（同）」。「進上（二ツ折裏白の目録）（同）」がある。以下は箱書の範例である。③「進上／干鯛／何之進」。④「干鯛（中人へ遣す。進上も名も書かない）」。⑤「索麺 五十把」。⑥「大和柿（数を書くこともある）」。⑦「御菓子（足付の横箱の趣。軽重は目録に准ずる。板の木目を見て上の方を進上の方にして書く）。⑧「南京御皿（真田紐で図版のように結う。箱の類の品は敬う方でも進上名前は書かない）。⑨「鰹節」。⑩「羽二重（この類の包物は上輩に進上と書くとも名前は書かない）」。「丹後縞壱端」とは書くが「一反」とは書かない。⑪「氷砂糖（曲物は綴目と取手を上にして書く。下に一曲等とは書かない。上輩へは進上と肩に書く）」。⑫「生諸白（「宿の梅」等の銘を書く事もあるが結納の樽には「諸泊」とのみ書く）」。

目論【もくろみ】　〔世話重宝記・五〕に目論は、物の条目を評論する意とある。論を「ろみ」と読むのは灯心を「とうしみ」と言うのと同じである。唇音は相通ずる。

もこよう【もこよう】　大和詞。「もこよふとは、まどふ（惑）心」である。〔不断重宝記大全〕

桑三鼻【もさんびきゅー】　〔童蒙単語字尽重宝記〕に桑三鼻《もさんびきゅー》は小王酋長。広さ民は記載なし。

綟子【もじ】　〔絹布重宝記〕に綟子《もじ》は、もじ織（緯の打込みに経を絡める）の絹布で、紗綟子*上州綟子*天井綟子*津綟子*鬼綟子*等がある。

文字余り【もじあまり】　俳諧は五七五、和歌では五七五七七を定型の字数とするが、これより多いこと。〔俳諧之重宝記すり火うち〕に「文字余り之事」として、自然思いよらず 五文字を三三と据え、七文字を五三と据えるこ

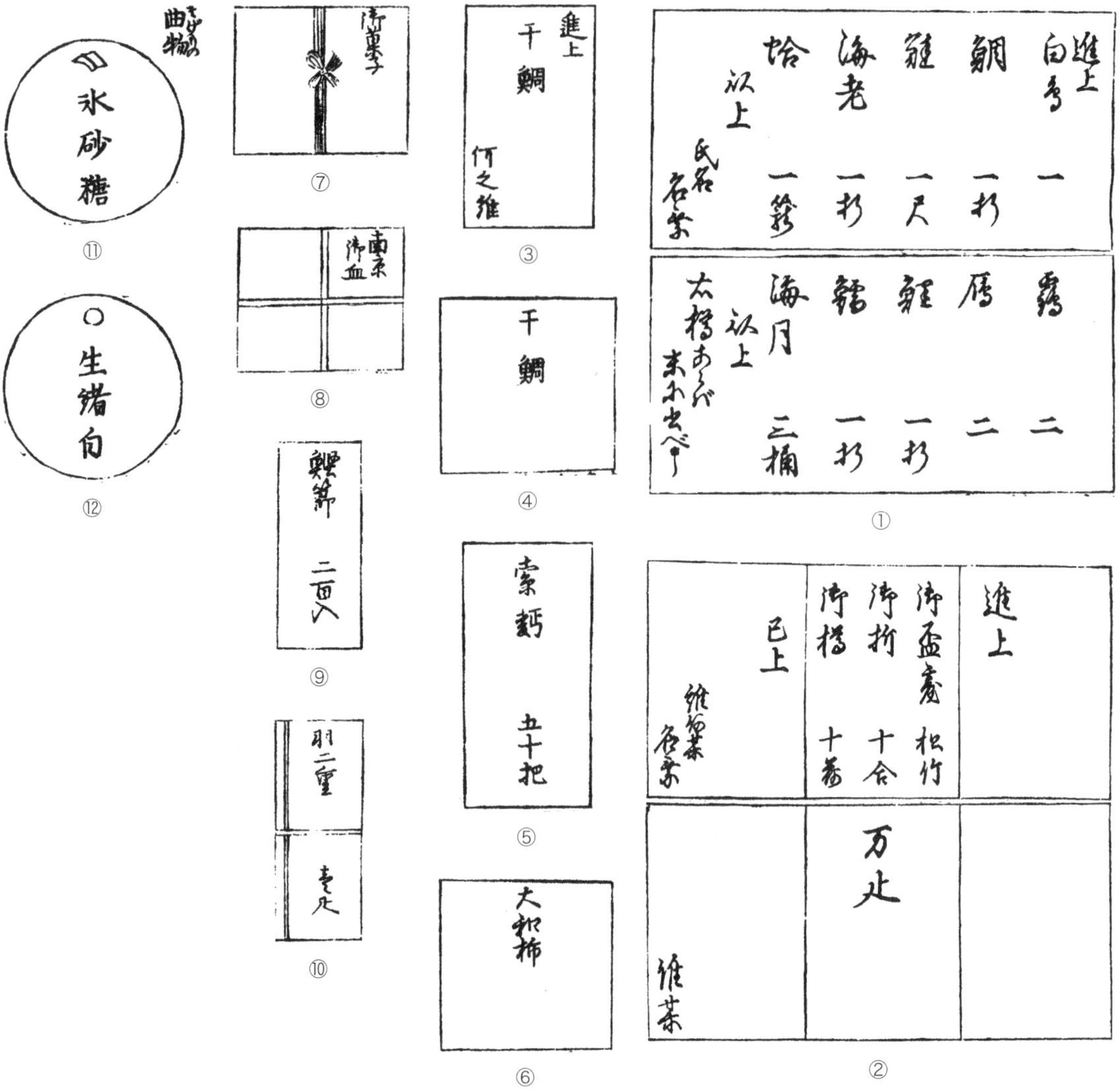

図502 「目録・箱書の事」
①②(万代重宝記)
③～⑫(大増補万代重宝記)

とをいう。当世は好まない。

藻塩の煙【もしおのけむり】 大和詞。「もしほのけふり（煙）とは、た（絶）えぬ思ひにく（悔）ゆる」ことである。〔女重宝記・五〕

戻摺【もじずり】 草花作り様。戻摺《もじずり》の花は薄色である。茎は青い。肥しは茶殻の粉、土は合せ土*がよい。分植は秋にする。〔昼夜重宝記・安永七〕

文字の事【もじのこと】 〈文字の事〉〔人倫重宝記・二〕に、文字は上古にはなく縄を結んで文字としたが、シナで蒼頡が鳥の足跡を見て文字を作り出した。これより悪筆を鳥の足形*という。〔童女重宝記〕には蒼頡が鳥の跡を見て文字を作り、文字も六書八体と多く、我が朝では唐土の字を窶《やつ》し天竺《てんじく》の声（発音）でいろはの四十七字となし、平仮名となづけて弘法大師が作り、片仮名は吉備大臣が作り始めたという。〔女重宝記・四〕にも文字に真 草 行（「真行草の事」*）があり、行文字を和らげて弘法大師が女のためにいろは四十七字の仮名（「いろはの事」*）に書き出した、これを女文字*という。

〈文字使い〉〔女用智恵鑑宝織〕に、○文字の姿を優に書こうと色々に窶し、散して読み分け難いのは無礼である。○点、引き捨て、撥ね等は、余り長く書かない。○文字下りは区切りよく書き、上に付く字を下へ付けたり、分けて書くのは悪い。「御さかな」を「御さ　かな」と分ける例。○墨継ぎも「御さかな」を「か」「な」で継ぐのはあさましい。〔永代調法記宝庫・一〕に、哉《や》、之、歟《か》、候、儀、者《は》、幷、事、通《とおり》、ニ付の類は前より書き続け、次の行《ぎょう》へ上げて書いてはならない。但し、言葉が続いたのはよい。例えば、候之故、候之由、候へ共、者也など。仮名文字も一字を離して次行の上に書いてはならない。例えば、「はな」と書くのを、「な」を切り離して次行の上に書いてはならない。

〈文字を覚える事〉〔童子重宝記〕に文字数は、凡そ三万三千百三十一字。一日に十字ずつ心懸けて覚えると一年には三千六百字、十年で全て覚え尽くせるではないか、十字覚えれると百字は覚え易く、千字は又覚え易い。千字を知って万字を覚えるのは愈々心安く、務《つとめ》として怠らず学ぶのがよいという。

〈文字の手品〉〔清書重宝記〕に、○「文字を紙木に通す伝」は、烏の血を取り胆礬を少し入れて書く。○亀の尿で墨を磨って文字を書くと、紙千枚を通す。○「文字夜光法」、文字を暗闇で光らせるには、蝙蝠の生血を取って墨に磨り交ぜて書くと光って見える。○「文字を紙に焼け抜かす伝」は、火の硝（煙硝石）を入れて書いて火をつける。〔調法記・全七十〕に○「文字を木に染み入る様に書く伝」は、葈耳《おなもみ》*の汁で墨を磨って木に文字を書くと一寸程通る。木に限らず紙にも通る。

鵙鴫【もずしぎ】〔料理調法集・諸鳥人数分料〕に鵙鴫《もずしぎ》は、尾白鴫*同前のもので、焼鳥にし二ツ割にすると少し小さく、一ツでは少し大きい。浜鴫である。

百舌の草茎【もずのくさぐき】 大和詞。「もずの草ぐき、人をたのむ事。但し、もずの鳥虫をとりて串に刺して己が餌にするなり」とある。又「人に知られじと云ふ心」である。〔不断重宝記大全〕

苔菜【もぞく】「あおのり（青海苔）」ヲ見ル

もちあそび【もちあそび】 片言。「翫《もてあそび》を、もちあそび」という。〔世話重宝記・五〕

糯米【もちごめ】 餅米とも書く。炊いた時に粘りけが強く、餅 赤飯 菓子などを作る。粳米《うるち》の対。〔薬種重宝記・上〕に和穀、「糯米 だべい／もちごめ」。そのまま用ゆ」。〈薬性〉〔永代調法記宝庫・四〕に糯米を多食すると気を塞ぎ、風も起し、眠りを催す。〈糯米の粉〉〔男重宝記・二〕に色紙 蒔絵 金箔 塗物などの上に文字を書く時、墨が着かなければ、糯米の粉を墨に入れて書くとよいという。「餅の事」参照

望月【もちづき】〔万物絵本大全調法記・上〕に「望 ばう／まう／もちづき。

望月《ぼうげつ》也」。〔重宝記永代鏡〕に望月は、十五日の月をいう。十五日は半周天百八十二度余を 日月相去って相望み、日の光が月の正中《まなか》を照らすので、月輪円《まど》かに光り隈なく見える。大の月は十六日、小の月は十五日を望月とする。異名を三五《さんご》、夜光、月姉《げっし》、素蛾《そが》という。〈大和詞〉〔不断重宝記大全〕に、「もち月とは、十五夜の月」。また「ますかがみ（増鏡）を云」。

望月より蘆田へ【もちづきよりあしたへ】 木曾海道宿駅*。一里八丁。本荷五十四文、軽尻三十四文、人足二十八文。小諸領。宿の入口坂の下に流れがあり角間川といい、二里川下で千曲川と出合う。角間川の末に月の輪の淵があり、月が入るにも出るにも常に影が映るという。この川の水上は井守が滝から流れ、川下は越後へ流れ入る。『金葉集』に「東路の香ひに出る望月の 駒にぞ宵はあふさかの関」。『新古今集』に「嵯峨の山千代のふる道跡とめて また露分くる望月の駒」〔雑歌・中〕。上田城下へ五里城主松平伊賀守殿、北方は海の平へ三里、南方は姥捨山 更科へ三里 田毎の月という名所がある。又つかねの松という名木がある。南の方布引山へ二里。ここは大岩山 下より十丈程 中段に観音堂がある。釈尊寺は西行法師が三年程住んだ。西行「望月の御牧の駒は寒からじ 布引山を北と思へば」〔信濃観音霊場御詠歌〕。望月の馬は月毛であるため、所の者は今も月毛の馬は飼わない。八百石村ともいう。昔、海野 望月 祢津兄弟三人の領知という。新田村。茂田井村 山際に無量寺いう禅寺がある。鴈取峠があり、いばら坂ともいう。〔東街道中重宝記・木曾道中重宝記六十九次 享和二〕

餅の事【もちのこと】 〈餅の始〉〔人倫重宝記・四〕に漢に始り、宣帝 霊帝が好んで食したことが諸書に見え、説苑には戦国七雄の時から始ったという。また黄帝が蚩尤の頭をかたどって拵えたという説もある。日本には神代からある。〈祝儀物〉〔嫁娶調宝記・一〕には餅は祝儀の物として、婿方の拵え物として中人以下にも小餅を台に積んで置く。〈薬性〉〔医道重宝記〕に餅《もち》は温にして毒なく、中《うち》を温め、気を増し、大便を堅くし小便を縮め、自汗を収める。小児 病人には忌む。炊いた時に粘りけが強く、餅 赤飯 菓子などを作る。〔年中重宝記・四〕には餅は性温なので、寒の入りに餅を食うのは寒気を防ぐためである。

〈貯え様〉〔万用重宝記〕に餅を搗きたてのように囲い置くには、搗きたての餅を酒樽に入れて蓋をして風が入らないように口々を紙で貼って置く。正月から七月まで搗きたてのように柔らかいのは妙である。〔新撰児咀調法記大全〕は寒《かん》の水一斗に塩八合を入れて釜で煎じて冷し、餅が乾いて上に着いた粉を水で洗い落し、よく乾かした後に煎じた水に漬けて置くとよい。壺に入れて置くと水を替えずに久しく貯えて味も変わらない。〈黴ぬ法〉〔里俗節用重宝記・上〕に餅の黴ない法は、糯米一斗搗く餅に氷砂糖一両を水に入れて搗くとよい。〔新撰児咀調法記大全〕は収める箱でも桶でも、縁へ酒を塗って蓋を堅くして入れて置くと黴びない。

〈喉に詰った時〉〔男女御土産重宝記〕に餅が喉に詰った時は水飴を食うと妙に奥へ通る。〔大増補万代重宝記〕は蚯蚓を黒焼きにして呑ます。地黄煎を食うのもよい。咽に詰り死にそうな時は酒を温めて鼻の穴に吹き込むと急に吐き出して生きる。〔筆海重宝記〕は酢を飲ます。〔俗家重宝集・後編〕には鶏の鶏冠の血を取って飲ますと即効がある。

〈各種餅屋〉〔江戸町中喰物重法記〕には「餅 御菓子所大黒屋伊勢掾」、「風流千と勢もち鶴屋折助」、「三国一流わこくもち和国屋」、「江戸名物／両ごくもち亀崎屋助七」「江戸一流椿餅那須屋」等がある。〈紋様〉〔紋絵重宝記・上〕には餅の意匠がある。

〈餅料理〉〔料理調法集・家方之部〕の餅料理に次がある、土佐雑煮* 土佐餅法* 土佐煮汁餅* 雑煮* 千歳餅* 汁粉餅*等がある。「糯米《もちごめ》」参照

餅半平【もちはんぺい】〔料理調法集・鱧餅真薯之部〕に餅半平は、魚擂り身

七分、常の餅を再び蒸して三分擂り合せ、常のように仕立てる。

餅麩【もちふ】〔料理調法集・麩之部〕に餅麩は、生麩に糯米の粉を等分に揉み交ぜ、湯煮して使う。

持ち様【もちよう】「貯え方」ヲ見ル

木瓜【もっか】〔万物絵本大全調法記・下〕に、「木瓜 もくわ／もけ／ぼけ」。〔薬種重宝記・下〕に和唐果、「木瓜 ぼけ。鉄を忌む。核《さね》を去り、刻み焙る」。〈薬性〉〔医道重宝記〕に木瓜《もくくわ》は、酸く温、一切の筋の病を治し、湿痺 脚気を療じ、霍乱 転筋《こむらがえり》 足膝の力のないのを治す。核《さね》と穰《なかご》を去り、刻み、焙る。鉄を忌む。〔紋絵重宝記・下〕には、丸に木瓜と木瓜の文字の意匠がある。

木瓜丸【もっかがん】〔小児療治調法記〕に木瓜丸は、初生の児が吐《と》するのを治す。木瓜・檳榔・木香・麝香・膩粉《はらや》（各一字）を擂り調え、麺の糊で黍の大きさに丸じ、二三丸を甘草湯で用いる。

畚【もっこ】 畚《もっこ》は、藁や葛等で四角に網目状に編み、四隅に棒を通す紐をつけ、土等を運ぶ具。〔女用智恵鑑宝織〕に、大坂でもっこ（畚）、京でかるこ（軽籠）*という。

木香【もっこう】〔薬種重宝記・下〕に唐草、「木香 われもかう。火を忌む。洗ひ、蘆頭を去り、刻む」。〈薬性〉〔医道重宝記〕に木香《もくかう》は辛く温で、脾を健やかにし、胃を和し、肝を廻らし、滞気を散じ、鬱を開き、食を消し、瀉痢を止め、諸気を調え、虫を殺し、邪を避ける。土気を去り、刻み、火を忌む。「木香丸《もっこうがん》」参照

木香丸【もっこうがん】〔丸散重宝記〕に木香丸は、諸々の虫の痛み、胸の痞え、気痛によいとし、〔永代調法記宝庫・三〕には泄瀉によいとする。香付子（三十匁）、黄檗（黒炒 二十匁）、胡黄連（十匁）、青木香（五匁）を糊で丸ずる。〔小児療治調法記〕は、①痩冷疳には、続随子（二両）、蝦蟇（性を存し 大三ツ）、麝香（一匁）、木香・青皮・檳榔・肉豆蔲（各二匁半）を末（粉）して楝で丸じ、薄荷湯で用いる。②疳痢には、黄連・木香・厚朴・夜明砂（各三分）、訶子（一匁）を末（粉）して米飲で丸じ、艾葉・生姜湯で用いる。〔重宝記・宝永元序刊〕は徳本家の秘方を、冷虫種々によいとし、楊梅皮（五匁）、蚊蛤（三匁）、莪朮・干姜・良姜・抹香・苦参（各二匁）、木香・胡椒（各一匁）を末（粉）して糊で丸じ、塩湯で用いる。「木香」参照

木香草【もっこうぐさ】 草花作り様。木香草の花は黄色である。土は合せ土*を用いる。肥しは雨前に小便を注ぐ。分植は春、秋にする。〔昼夜重宝記・安永七〕

木香散【もっこうさん】〔小児療治調法記〕に木香散に三方がある。①小児の盤腸気痛*が止まず、顔青く 手冷え 泣き叫び、小便が米泔*のようなのを治す。苦楝子（七ツ 皮核を去り 巴豆三十五粒と同じに炒り 巴豆黄色になる時巴豆を捨てる）、使君（肉）・木香・延胡索・茴香（各二匁半）を末（粉）とし、澄んだ米飲《こめのしる》で空き腹に用いる。児の大小を量り与える。②収靨《かせる》*の薬として灰陥 黒陥 白陥 嘔吐を表虚とする。嘔吐の甚しいのには白豆蔲を加える（『済世』）。黄芪・白朮・白茯苓・半夏・厚朴・木香・訶子・前胡（各一匁）、陳皮（八分）、人参（五分）、丁香（五粒）に、生姜を入れ水で煎ずる。腹が脹り渇する者。瀉して渇する者。足指冷えて渇する者。驚悸して渇する者。身温くして渇する者。身熱し顔白光りして渇する者。寒戦して渇の止まない者。気急に咬牙して渇の止まない者。飲水して愈々渇の止まない者。この九症は熱ではなく脾胃 肌肉が虚し、津液が衰え少ないためで、木香散を用いる。癒えなければ更に丁香 肉桂を加え多く煎じて服する。表裏共に実し瘡を掻き潰さず喘いで渇するのは死ぬ。③『正伝』『入門』に載せる陳氏の木香散は、木香・大腹皮・人参・桂心・青皮・赤茯苓・前胡・柯子・半夏・丁香・甘草（各三分）に、生姜（三片）棗（一ツ）を入れ水で煎ずる。〔改補外科調宝記〕は癜《なます》*の薬とする。

木香・老毒《まくり》（炒る）（各三両）、大黄・黄栢・山梔子（各二両）を常のように煎じて用いる。

木香参蘇飲【もっこうじんそいん】〔小児療治調法記〕に木香参蘇飲は、痘瘡がまだ出ず発搐《びくつく》*する者に用いる。外に風寒の邪を感じて、内に心熱を発する者に用いる。木香（一分半）、人参（三分）、半夏・紫蘇・桔梗・葛根・前胡（各四分）・陳皮・茯苓（各五分）、枳殻（三分半）に生姜を入れ水で煎ずる。痘瘡がまだ出ずに吐痢するのは中焦に寒が滞り、或は宿食（不消化物）をさし挟むからである。四君子湯*に縮砂、陳皮を加えて用いる。或は和中散*を用いる。

木香調気散／丸【もっこうちょうきさん／がん】〔医道療治重宝記〕の「木香調気散」は、気鬱を治す。その症は腹脇 脹満し、刺し痛み 伸びず、脈の沈まないのによい。男・婦が気鬱により胸痛み、胸塞り、気下陥して不快なのを治す。胸痛になったらこの煎じ湯を用いると奇効がある。烏薬・香付子・枳殻・青皮・厚朴・陳皮・川芎・蒼朮（各十匁）、木香（別ニ）・砂仁（各一匁）、肉桂・甘草（各六分）に姜を入れて木香を磨って煎じた後に入れて服する。〔丸散重宝記〕の「木香調気丸」は、川芎がなく、砂仁は縮砂五分に替り、肉桂・甘草は各三分にする違いがあり、十一味を糊で丸ずる。

木香檳榔丸【もっこうびんろうがん】〔医道重宝記〕に木香檳榔丸は、一切の熱癪、胸膈不快、腸胃不伸、気鬱癪塊を治す。黒牽牛子（二十匁）、大黄（三十匁）、木香・檳榔子・黄連・陳皮・香付子・枳殻・莪朮・黄栢・青皮（各十匁）を水で丸じ、生姜湯で用いる。一方に、当帰（十五匁）を加える。実症の人、気鬱し、大便結し、腹脹り、癪塊に用いる。虚弱するには用いない。〔丸散重宝記〕は食鬱や気滞等の痛みのある者、痢病に用いる。木香・檳榔子・青皮・白朮・陳皮（各二匁）、厚朴（四匁）、枳実（六匁）、麦芽（七匁）を神麹の糊で丸ずる。痢病には黄芩、芍薬湯で下す。

木香流気飲【もっこうりゅうきいん】〔昼夜調法記・正徳四〕に木香流気飲は、中風 脚気 虫 積聚 水腫 腫満 痛み、筋引き攣り、骨の痛み、血の道を治す。陳皮・青皮・厚朴・紫蘇・香付子（各四匁）、木通・大腹皮・半夏（各二匁）、肉桂・檳榔子・莪朮・草菓（各一匁五分）、丁香・麦門冬・白朮・木瓜・茯苓・白芷・沈香（各一匁）、枳殻・大黄（各三匁）、木香・甘草（各八分）を煎じて用いる。

勿体ない【もったいない】〔男重宝記・五〕に「勿体《もったい》といふべきを、勿体なしといふは誤り」とある。「勿《もつ》の字はなしと読む字」である。「勿体とは、正体《しやうだい》なしといふ義」とある。〔世話重宝記・五〕にも、勿体《もったい》の「勿」は無であり、そうすれば「正体《しょうたい》なき」を、勿体なしというのは重言*である。但し、昔は「物《もつ》」の字を「勿」と書いたと『六書正譌』にある。そうすると物体なしという意で、物の正体ない意になるので重言とも言いがたい。物体をつけるということもある。

もってんかみ【もってんかみ】片言。〔世話重宝記・五〕に「髻結紙《もとゆいかみ》を、もってん紙《かみ》、又はもつとい紙《かみ》といふ。ともにわろ（悪）し」。

没日【もつにち】暦下段。〔永代調法記宝庫・五〕に没日は、日の恵みの不足する日で大悪日、万に悪い。〔重宝記永代鏡〕に滅日*と共に、この日は天と日と月との巡りの遅速により出た悪日とある。万に忌み憚る。没日 滅日が積り積って閏月となる。〔昼夜重宝両面雑書増補永暦小筌・天保十一重刻〕には、七十日 七十一日めに巡り還る。年中に五日、二十四刻とある。正月にはない。

没薬【もつやく】〔薬種重宝記・下〕に唐木、「没薬 もつやく。砕き用い、丹薬に少し炒る」。〈薬性〉〔医道重宝記〕に没薬《もつやく》は、温にして、金瘡、打損《うちみ》、諸瘡を治し、瘀血を散じ、痛みを止める。交じり物を去り、そのまま刻み、火を忌む。

没薬降聖丹【もつやくごうせいたん】〔骨継療治重宝記・下〕に没薬降聖丹は、

打撲傷損 筋断 骨折 攣急 疼痛、屈伸できず、及び栄（血）・衛（気）虚弱で外の風邪を受け、内の経絡を破り、筋骨緩縦、皮肉刺し痛み、肩背拘急身体倦怠し、四肢に力の少ないのを治す。没薬（別に研す）・当帰（酒で洗い焙る）・白芍薬・骨砕補（燎り毛を去る）・川烏頭（生皮 臍を去る）・自然銅（火に煆き 酢で十二度淬ぎ 研り末とし 水飛し焙る）（各一両）、生地黄・川芎（各一両半）を細末（粉）し、生薑の自然汁で練蜜とし調え丸ずる。一両ごとに四丸となし、毎服一丸を搗き砕き、水・酒（各半鍾）を用い、蘇木（少し）を入れて煎じ、八分になる時蘇木を去り、空腹に飲む。

元香【もとこう】 酒を造る時の元米の悪香。「酒造の事」〈酒に香りのせぬ造り様〉ヲ見ル

本山より贄川へ【もとやまよりにえがわへ】 木曾海道宿駅*。二里。本荷百十二文、軽尻七十文、人足五十四文。松本領。両方 細道、跳ね橋がある。疣柳の楊枝を売る。日出潮村、桜沢村、橋の真中より東は松本領、西は名古屋領の境である。橋詰に傍示の杭がある。ここから木曾の内で、釜野坂祝《ほき》二ケ所があり、その間一里程、橋がある。片平村、若神子村、とちの木村。〔東街道中重宝記・木曾道中重宝記六十九次 享和二〕

元結草【もとゆいぐさ】 大和詞。「もとゆひ草とは、ちまき（茅巻）を云」。〔不断重宝記大全〕

もとより【もとより】 「もとよりといふべきを、元来の 根元の と言ふは子細らしゝ」。〔女重宝記・一〕

もどろく【もどろく】 ○「もどろくは、船《ふね》に云」。（針路が定まらず、もたもたすることである）。○「もどろかきは、文《ぶん》の字《じ》もとろげも云」。〔消息調宝記・二〕

物言わぬのを治方【ものいわぬのをじほう】 呪い。〔新撰咒咀調法記大全〕に「人病みて物言はれざるを治方」として、①②の符があり、呑む（図503）。

物覚え強くなる伝【ものおぼえつよくなるでん】 呪い。〔新板秘伝日用重宝記〕に壬《みずのえ》卯《う》の日に桃の枝を二寸切り、枕の中に入れて置くと、物忘れせず、記憶はよくなる。

図503 「人病みて物言はれざるを治方」（新撰咒咀調法記大全）

①

②

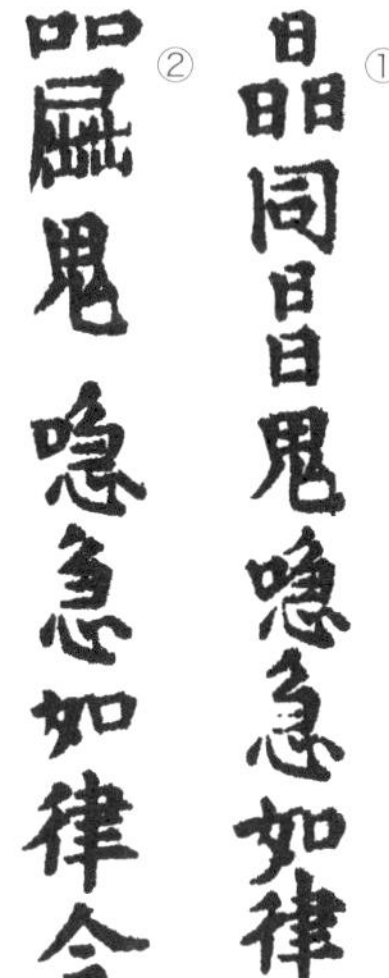

物頭【ものがしら】 〔大増補万代重宝記〕に物頭は、昔は頭人という。一切の事に物頭があり、各所官の長官である。

物狂いの符【ものぐるいのふ】 呪い。〔増補咒咀調法記大全〕「物狂ひの符」は葦毛馬の尿で呑む（図504）。

図504 「物ぐるひの符」（増補咒咀調法記大全）

物裁 縫針【ものたちぬいばり】 「衣服の事」ヲ見ル

物成【ものなり】 「年貢」ヲ見ル

物に驚くに【ものにおどろくに】 加減例。〔医道重宝記〕に物に驚くに心を鎮むるには、黄連・辰砂を、心気の虚には遠志・酸棗仁・茯神を加える。

物の縁【もののえん】 大和詞。「もののえんとは、人の縁と云ふ心」である。〔不断重宝記大全〕

物の具【もののぐ】 〔武家重宝記・四〕「攻戦の六具」*の内から鉄砲と竹束《たけたば》を除いて、持楯《もちたて》、蓋楯《かいたて》、旌旗《せいき》、螺《かい》、太鼓、鐘を加えて物具《もののぐ》という。「具足の事」参照

物部【もののふ】 〔世話重宝記・五〕に物部《もののふ》というのは、神武天皇の時、宇《う》

摩志麻治命《ましまじのみこと》と道臣命《みちとみのみこと》の両人は、武功に勝れていたので軍兵を具して内裏を警固した。宇摩志麻治命の司る軍兵を物部、道臣命の司る軍兵を久目部（＝来目部くめぶ）*という。今に至る迄、武士を「もの丶ふ」ということはこれより始ったと『王代一覧』に見える。

物の本屋【もののほん】 書林*をいう。歌書絵草紙（屋）*唐本屋*浄瑠璃草紙屋*浄瑠璃太夫本屋*古本屋*等と並立して書物を売買する者をいう。『雍州府志・七』に「倭俗、書冊を総じて物本と謂う。倭字を以ってこれを撰するを草子と謂う。これを売る家を物本屋」というとあり、また書林*に専門分野を標示しているように、儒・医・仏書等の学問教養書を売る本屋をいう。〔万買物調方記〕

物見【ものみ】 武家名目。〔武家重宝記・一〕に物見は、唐では斥候と書く。人に先んじて敵の粧《よそおい》を見定める者をいう。義経、西国下向の時、武蔵坊は物見であったことが旧記に見える。

物見鳥【ものみどり】 大和詞。〔不断重宝記大全〕に「ものみ鳥、さる（猿）の事也」。〔女用智恵鑑宝織〕には「ものみ鳥は、たか（鷹）の事也」。

物忘れ【ものわすれ】 「健忘」ヲ見ル

物を取らぬ日【ものをとらぬひ】 〔諸人重宝記・五〕に物を取らぬ日は、人の方から物を受け取らない日である。正・十月は戌の日。二月は亥の日。三月は辰の日。四・五・八月は未の日。六月は巳の日。七月は申の日。九月は丑の日。十一月は寅の日。十二月は酉の日。

物を挟み参らす事【ものをはさみまいらすこと】 〔永代調法記宝庫・一〕に貴人高人へ物を挟んで参らすことは、手の甲を下へなし肘をつけて参るのが礼である。同輩の客へは手の甲を上へなして左手を添えて出す。下輩へは左手を椀に添えて出す。

喪服【もふく】 「そうふく（喪服）」ヲ見ル

樅 栢類の植替【もみ かやるいのうえかえ】 植替。〔庭木重宝記〕に、樅栢《かや》栂槇伽羅木などの類は、三月より五月迄に植え替えるとよい。

紅絹裏の事【もみうらのこと】 〔染物重宝記・天明五〕には、婦人が紅絹*を衣服の裏地にして着し、また赤前垂をするのは伊達飾りではなく、紅は不浄を避けるからとある。

紅葉和え【もみじあえ】 「奈良和え」ヲ見ル

紅葉月【もみじづき】 大和詞。「もみぢ月とは、十月の事」である。〔不断重宝記大全〕

紅葉田楽【もみじでんがく】 〔料理調法集・焼物之部〕に紅葉田楽は、魚や貝類、麩の焼玉子*でも、粉唐辛子を交ぜた味噌をつけて焼くのをいう。

紅葉鳥【もみじどり】 大和詞。「もみぢ鳥、鹿の事」である。〔不断重宝記大全〕

紅葉の賀【もみじのが】 「年賀の事」ヲ見ル

紅葉の事【もみじのこと】 〈立花 紅葉一色の事〉〔昼夜重宝記・安永七〕に「紅葉《もみじ》の一色の事」は、紅葉を*、副え*受け*心《しん》に使うと、「まずは一色」という。全部紅葉でするのを「皆《みな》紅葉」という。色々の名の変った紅葉を挿し交ぜ色どりするのがよい。曝《しゃれ》を使う苔を用いず、一色に使う外道具にしない。二色は花紅葉といい、五一色の外である。合七の一色という。この外に一色ということは古法にはない。〈諸国詞〉〔不断重宝記大全〕には「小麦の引きかす（挽糟）を、京はから粉のかす（殻粉滓＝麩）といひ、大坂にはもみじ（紅葉）といへり。手を洗ふ粉なり」。

紅葉の名所【もみじのめいしょ】 〈紅葉名所〉〔年中重宝記・五〕は秋の末に霜が降り下り、西山、高尾山、東山、東福寺通天橋の楓葉は、もみじして洛人は奇観とする。〔文章指南調法記〕〔消息調宝記〕には紅葉見勧誘の範例文があり、前者には京都の小倉山、高雄、栂尾《とがのお》、槇尾《まきのお》、修学寺、東福寺通天橋下の紅葉を、後者には江戸の品川東海寺、鮫頭海晏寺の紅葉が出る。

紅葉麩【もみじふ】 〔料理調法集・麩之部〕に紅葉麩は、麩を酒でよく煮、

溜りで色をつけ、油揚にする。

磑【もみすりうす】〔人倫重宝記・一〕に磑《もみすりうす》は、唐で公輸般が作り始め、渡来して日本中に広まったという。

紅染【もみぞめ】「紅染《べにぞめ》の事」「紅梅染」「紅絹《もみ》の事」ヲ見ル

籾種【もみだね】〔農家調宝記・初編〕に籾種は、梨の花の咲く頃に浸す。夏至から五十日前と積る所もある。〈種蒔〉〔農家調宝記・初編〕に籾蒔きは、薄く蒔く方が利方が多く、秋の穂も早く出て稔りもよい。蒔きつけ後七日ばかりして干し、一日よい日和に会えば、例え雨が降って水を入れても干すことはない。干すと同時に雨が降ったら、再び干し直す。雨が降り出したら早く水を入れないと、雨が籾を敲いて悪い。実干は二日を限度とする。生えない内に水を深く入れるのは雀 鳥に啄ばまれない用心である。生えてから水を浅くするのは育ち易くするためである。

もみない【もみない】諸国詞。「京に味《あじ》ない、大坂 もみない」という。〔女用智恵鑑宝織〕

紅絹の事【もみのこと】本紅とも書く。紅花《べにばな》等で紅色に染めた薄い絹布。〔絹布重宝記〕に本紅《もみ》は、羽二重に限り 他の絹は用いない。尤も浜羽二重*を稀に染めることがあるが、京羽二重に劣らぬ上品であるものの、地が厚過ぎ 目方が重く 染代が過分に掛るので用いない。福嶋絹*で染めた物が一種あり 平絹紅《ひらもみ》といい、地薄く野品である。この類の本紅との差別は耳と織留とで見分ける。加賀絹を本紅に染めることもあるが、至って稀である。〈紅手染め〉〔染物重宝記・天明五〕に「紅手染の事」は、清い器に紅を入れ、水に生酢《きず》を混ぜて染める。紋 摸様物も同じことである。但し、伸子 刷毛に灰汁気があれば色が悪い。紅は不浄を忌む物なので心得て染めるべきである。〈紅を使わず染める法〉〔万用重宝記〕に紅を使わず本紅絹を染るには、唐黍の滓三升、蘇芳五十匁、明礬十匁を、早稲藁の灰汁で煎じた汁で染めると絹布 木綿の類に至る迄、本紅《ほんくれない》にも勝る。〈洗う方〉〔家内重宝記・元禄二〕には「紅絹染 藍染等に漏り雨の掛ったのは塩湯で濯ぐ。『麗玉百人一首吾妻錦』にはその他の色物の漏り雨や際付にも、早く塩湯で濯ぎ、後を清い水で振り濯ぐ。〔新撰咒咀調法記大全〕に「紅絹《もみ》洗ふ方」として、縮緬紅絹《もみ》綾等総じて紅絹緋を洗うには、山梔子《さんざし》の煎じ汁に酢を少し混ぜて洗う。色変わらず、垢が多く付いて落ちないのには、皂角《そうかく》を加えて洗う。「油の付いたのを落す方」は酸《かた》漿草《ばみぐさ》と皂角の煎じ汁で洗う。

木綿の事【もめんのこと】〈始り〉〔童女重宝記〕には木綿は、唐土では梁《りょう》の代から始り、日本では桓武天皇 延暦十八年（七九九）に崑崙国と思われる人が三河国に漂着し、持ち物の中の実を植えさせたが中頃なくなった。その後、文禄年中（一五九二～九六）に種が伝わり普及した。綿入を布子《ぬのこ》というのは、昔は布に真綿を入れて着たからである。木綿は現在は摂津 河内 近江 丹波 三河、その他国々より出る。寒国の綿の出来は悪い。〈種蒔〉〔農家調宝記・初編〕には木綿《きわた》の種は八十八夜前後に蒔く。〔懐中重宝記・慶応四〕に男種は皮厚く尖り長く、女種は丸く皮は薄く、女種が収穫が多い。半夏生*の頃間引をし、男苗（男苗は二葉に上り下りがあり、女苗は二股に出る）を抜き捨てる。〔女用智恵鑑宝織〕にも同様の事を記し、綿の耕作から収穫、紡織は皆女の手業であり、百姓 女工の苦労を知るべきとし、織物となる過程を口絵に載せている。〈木綿一夜晒し〉〔調法記・四十ろ〕に「木綿一夜晒し」は、石灰を水に入れて浮き立つのに木綿を漬けて置き、明日晒すとよい。〈糊つけを鼠の食わぬ伝〉〔万用重宝記・中〕に木綿の糊つけを鼠の食わぬ伝は、絹と同様、曼珠沙華（俗称 しぶと花）を煎じた汁で糊を溶きつける。〈加工〉〔万用重宝記・中〕に、○「地合を強くし目方を持たせる等の仕様」は、まず木綿をよく叩いて置き、その上に絹を練った練り汁を刷く

と至極よくなる。○「皮のように強くする法」は、絹も含め、桔梗の煎じ汁でよく叩くと皮のように強くなる。〈サントメ皮にする伝〉〔清書重宝記〕に木綿をサントメ皮（サントメ伝来の皺模様のある高級鞣革。後に国産品も出た）にする伝は、姫糊少しに麩糊を入れ、よく濾して引いて打ち、また霧を吹き乾すとよい。〈模様や絵を染めた様にする伝〉〔万用重宝記・中〕に模様や絵を描いて染めたようにする伝は、手拭も含めて即座にする伝として、酢（三合）白礬（二両）牛膝（二両）を煎じた汁で下地をよく刷毛で塗って置き、その上に絵具で描くと染めたように美しく色は変らない。〈文字 書画を書く伝〉〔俗家重宝集・後編〕に絹や木綿に文字書く法は、生姜の絞り汁で墨を磨ると滲まない。〔大増補万代重宝記〕に木綿に書画を書いて墨付をよくする法は、別の木綿を熱湯《にえゆ》に絞り、その木綿の上に敷いて板を上に暫く置くとよい。

股脚の寸法【ももあしのすんぽう】〈経絡要穴〉『骨度篇』を引き、髀枢（外股の竪の骨の上の外れ）以下膝中（膝の外の方膕の折目の角）の長さを一尺九寸とし十九に折り一寸とし、股の間の寸とする。膝の膕の真中以下外踝の尖り迄の長さを一尺六寸として、膝より下の外の寸とする。内輔の下廉（膝頭の内の丸く長い骨、その下かどが下廉）以下内踝迄の長さを一尺三寸として、膝から下の内の方の寸とする。太衝 衝陽等の穴の寸を取るには足の長さ一尺二寸といい、足の裏の寸を用いる。〔鍼灸日用重宝記・三〕

桃色染【ももいろぞめ】染色。〔秘伝手染重宝記〕に桃色染めは、絹 紗綾 綸子縮緬に、形紅（口紅）を銀目三匁程入れ、水を三升程入れ、桶に湯手引き加減にして一杯入れ、形紅を瀬戸物の小鉢で溜りの無いように溶き、桶へ入れて掻き回し、湯の中へ梅剥きの酢を湯で出し、少し入れて掻き回し、先の絹を水でよく湿し 絞り よく振り解き、二人程ずつに耳を取り、細い竹で手早くよく押し込み蓋をして、一時程 湯の紅気がなくなり水になる迄置く。また水でよく濯ぎ乾し張る。

百日の祝【ももかのいわい】「産前／産後の事」の「産後の忌明」ヲ見ル。「百だれ」*ともいう。

百子池【ももこいけ】大和詞。「ももこいけとは、内裏にて 百の盥に水を入れ 七夕に手向る」をいう。〔不断重宝記大全〕

腿腰の損傷治法【ももこしのそんしょうじほう】〔骨継療治重宝記・中〕に腿腰の損傷治法に次がある。○腿 腰の傷《やぶ》れは、どちらも酒を用いて気血を通ずる薬を添え、共に杜中を加える。○腿骨が臀の上から抜け出たのは、二三人に股を握り締めさせて抜き、また伸ばし、なお脚を持って押し送り入れて置き、接骨膏、定痛膏*を付ける。襠《したひも》の内から出るのは治し難い。○両腿の左右を打ち挫き骨の断れたのは、手の術で骨を整えて曳き正す。上には七分、前で下に曳くのは五分、後ろで直し定め、接骨膏定痛膏を付ける。次に挟み縛る物で括る時は、まず真中を縛り後に上中を括り、外は副の挟みを用いる。上下が腫れ痛めば全て五日で薬を換える。○腿 胯の骨が出て、内か外かの弁えは、膝につかないのは内へ出たもの、膝について離れず開かないのは外へ出たもので、前者は内より押し入れ、後者は外から押し入れて平正《たいらか》にするが、なお臨機応変にする。○婦人の腿骨が、陰門の辺に抜け出たのを踏み入れるのは悪い。寝台の上に綿衣を覆い患者を臥させ、医師は手で足を引き伸ばし、一度は押し上げ、良い足の辺に置くと元のように入る。その後に接骨膏、定痛膏をつける。

百入茶【ももしおちゃ】「羊羹色」ニ同ジ

百敷【ももしき】大和詞。〔不断重宝記大全〕に「もゝしき（百敷）とは、内裏の百官」である。〔消息調宝記・二〕には「もゝしぎ（百敷）とは百官《くわん》の座をしく。又たゞ大内のことなり」という。

百だれ【ももだれ】「忌明《いみあき》の事」「産前／産後 産後の事」〈産後の忌明〉ヲ見ル

百千鳥【ももちどり】 大和詞。「もゝちどりとは、鶯を云」。〔不断重宝記大全〕

百手的【ももてまと】 〔弓馬重宝記・下〕に百手《ももて》は、矢二百本を百回に分けて射ることで、矢二本を一手《ひとて》（甲矢と乙矢の二本一組の矢）という。的は五尺八寸、遠さ三十三杖、垜《あずち》*を払うこと、平地とあり、口伝がある。或は云うとして、諸侍 表打ち縛り、袴を着て、折烏帽子で射る。三十三人立って三十三度ずつ射る。正月六日とする。

桃井真常【もものいさねつね】 〔大増補万代重宝記〕に、桃井真常《もものいさねつね》は源尊氏*の族とある。かって楠正成を師として兵法を学び、建武の乱（一三三四年）にしばしば戦功を立てて、既にして南朝に属し、或は進んで京に義詮を破り、又は退いて越中に至り、城塁を守る等、至る所でその名を顕した。生没年未詳。

股の事【もものこと】 股は大腿部をいう。〈股の療治〉〔薬家秘伝妙方調法記〕に、①股の痺れる時は菟絲子・羌活を、②股が冷え痛む時は菟絲子・乳香を使う。〈股擦れ呪い〉〔調法記・四十七ゟ五十七迄〕に股擦《もも》れをしない呪いは、生姜を袂に入れて歩む。乾いた時は生々しいのと取り替える。

桃の事【もものこと】 〔万物絵本大全調法記・下〕に「桃たう／もゝ」。〈異名〉〔書札調法記・六〕に桃の異名に銷恨《しょうこん》 仙果 五渡《ごど》 蟠木《ばんぼく》 洞中仙《とうちゅうせん》がある。〔薬種重宝記・上〕に和木、「桃仁 たうにん／ものさね。湯に浸し、皮尖りを去り、刻み、炒る」。〈薬性〉〔医道重宝記〕に桃《もも》は熱にして微毒があり、肺に病がある者によく、多食してはならない。〔永代調法記宝庫・四〕桃を食い水を浴びると程なく淋病を起す。〈貯え様〉〔新撰咒咀調法記大全〕に桃を冬迄貯える方は、麦麸を粥のように煮て塩を少し入れて冷えた時新しい甕《かめ》に入れ、桃の赤く新しいのを（熟桃は不可）採って甕に入れ、口を十分に封じて置くと、冬月に食うても新桃同前である。〈食合せ〉〔胡椒一味重宝記〕に桃に中った時は、胡椒を煎じて用いるとよい。〔重宝記永代鏡〕は桃に蒼朮・白朮を食い合わせると悪い。〈紋様〉〔紋絵重宝記〕に桃の葉と実、桃の字の意匠と、「桃に抱き葉」の紋様がある。

桃の節句【もものせっく】 〔料理調法集・年中嘉祝之飾〕に「三月三日 上巳桃花之嘉祝」は、餅一重 大菱餅十二枚、草餅取り交ぜ小餅五枚（菱餅 小餅共十七枚）。草の菱餅十二枚を公卿に敷き、紙上に桃の花包 熨斗包を添えて置く。大菱餅十二枚の上に小菱を三枚、或は五枚飾る。桃酒銚子の渡りに桃の花を付ける。桃の花は銚子鍋に付け、また盃台の向うに包んで置く（図505）。「上巳《じょうし》」「雛祭の事」〈雛遊〉モ見ル

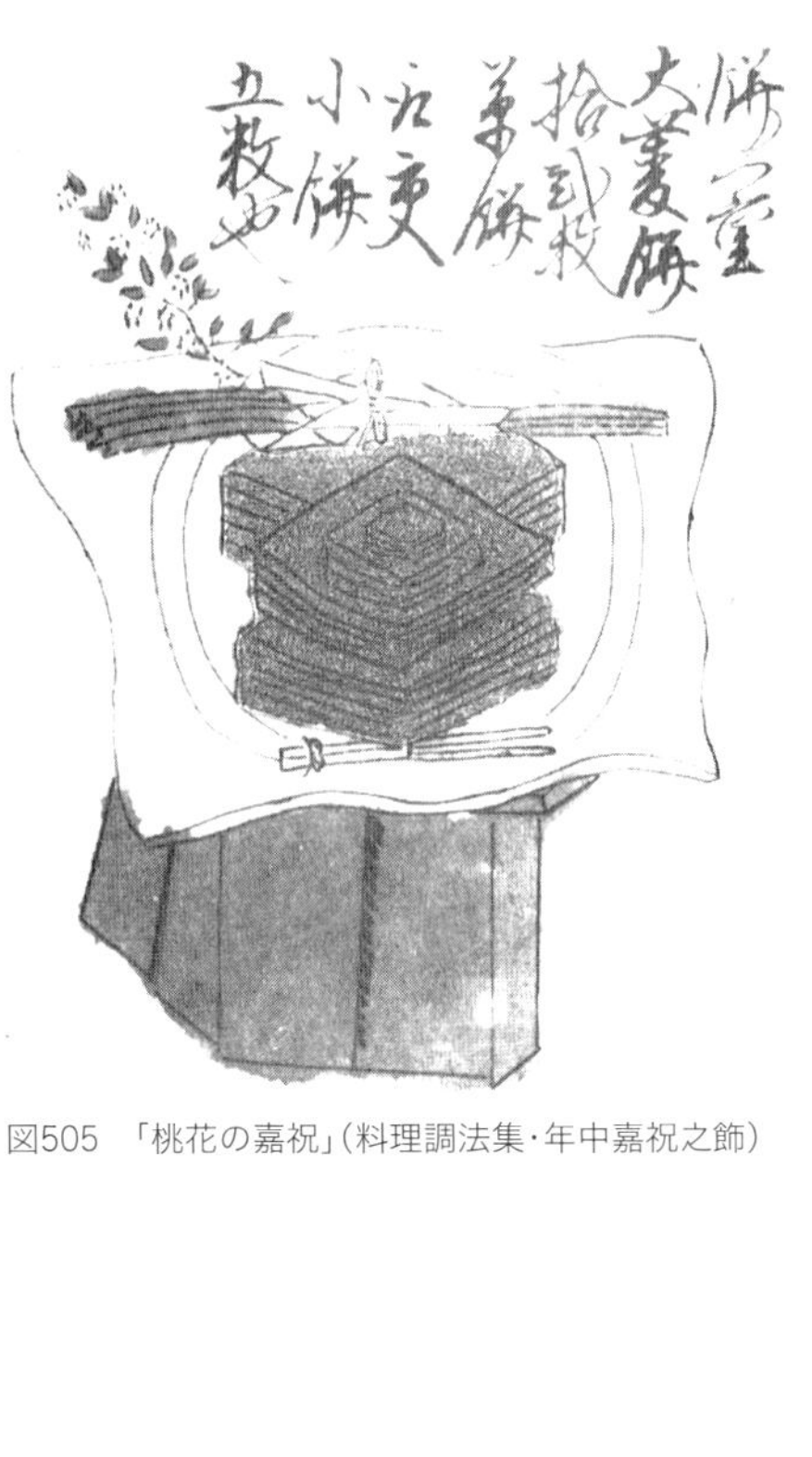

図505 「桃花の嘉祝」（料理調法集・年中嘉祝之飾）

桃花酒【もものはなさけ】 〔年中重宝記・一〕に桃花酒《たうくはしゆ》《もゝのはなさけ》は、三月三日の上巳*に、桃花を取り、酒に浸して飲むと、病を除き顔色を潤す。桃花を酒に浸すのは、一重の花を用いる。千葉を服すると鼻血が出て止らないと『本草綱目』にあるという。

桃の実／桃の心【もものみ／もものしん】 女の柔な詞遣。「桃の核《さね》を、桃の実、また心《しん》」という。〔女重宝記・一〕

股脛の寸【ももはぎのすん】 灸の分寸を定むる法。〔医道重宝記〕に股脛の寸

法は、腰と股との関節の横紋より膝膕《ひつかがみ》の外角 折れ目の横の紋迄一尺九寸を外股の寸に用いる。また陰毛の生え際の横の大骨を横骨といい、それより膝膕の内角の丸い骨の上廉《うわかど》迄一尺八寸を陰股《うちもも》の寸に用いる。また膝膕の外角の折目の横文より外踝の下廉迄一尺六寸を膝より踝迄の外側の寸に用いる。また膝膕の内廉の丸い骨の下廉より内踝の下廉迄一尺三寸を膝より踝迄の内側の寸に用いる。

萌やし【もやし】「飴萌やし」「汁飴」ヲ見ル

もよい草【もよいぐさ】大和詞。「もよひぐさとは、さくらの花」である。〔不断重宝記大全〕

盛【もり】「こくもり（石盛）*」の略。

盛岡へ仙台よりの道【もりおかへせんだいよりのみち】〔家内重宝記・元禄二年〕には、「仙台より盛岡南部山城守殿城下へ行く道」として次がある。仙台〈一里半〉七木田（北）〈二里〉新町〈一里〉吉岡〈三里〉三本木（木本）〈一里半〉古川〈一里〉あれ（ら）や〈一里〉高清水〈三里〉本木〈二里〉金森〈二里〉有壁〈二里〉一のしは（関）〈三里〉前沢〈二里〉水沢〈一里半〉金か崎〈二里〉鬼柳〈三里〉花牧（巻）〈四里五丁〉郡山〈四里五丁〉森（盛）岡である。

守口大根漬【もりぐちだいこんづけ】〔男女日用重宝記・上〕に守口大根漬は、①糟に塩を混ぜ押しつけて置く。大根を撓やかになる程干して、その後糟を置き、塩を一遍振り、大根を一重ね並べ、その上に糟 塩 大根を前のように置く。②大根をよく選んで洗い、干し加減には秘伝がある。上々夏酒の糟一樽に、塩一升をよく突き合せ、桶底に糟を敷き大根を一重ずつ並べ 塩を少し振り、その上から糟を間々に押し込み、大根が突き合わないように段々に桶八分目程に漬け、上に糟をよく置き、少し薄塩を振り、渋紙を蓋にして、その上に栗石を並べ、その上に板を置き、また石をよい加減に掛ける。但し、桶は悪くやな樽ばかりがよい。漬けた後は渋紙蓋と栗石ばかりでよい。「大坂守口漬」モ見ル

守武【もりたけ】「古風六歌仙」「しかそうでん（四家宗匠伝）」ヲ見ル

守山より草津へ【もりやまよりくさつへ】木曾海道*宿駅。一里半。本荷七十文、軽尻四十六文、人足三十六文。この宿は馬具が多く、近江菜を作る。古道、永原街道がある。町の入口左に東海道の道がある。町中右に矢橋道がある。角や 姥が餅がある。守山川は徒歩渡りである。吉川は板橋がある。閻魔堂村は右に閻魔堂がある。二可村 瀬戸村 へそ（綣）村。左方に天王の社があり、石の鳥居がある。この村は切り炭が名物である。笠川村に川橋がある。渋川村 落野井村の右に春日井大明神社がある。草津の宿の入口に札の辻がある。右は中仙道、左は東海道の追分である。〔東街道中重宝記・木曾道中重宝記六十九次 享和二〕

護良親王【もりよししんのう】〔大増補万代重宝記〕に護良親王《もりよししんのう》は、後醍醐帝の子で、元弘の乱（元弘一、一三三一）に吉野の塁《とりで》にいて、敵の急襲に逃げ去り、山中に隠れた。その間、密策数度に及び、後に征夷将軍となり、遂に潜殺された。建武二年（一三三五）、二十八歳没。

もろかずら【もろかずら】大和詞。〔不断重宝記大全〕に「もろかづらとは、女の鏡台」である。〔消息調宝記・二〕には「もろかづらは、かつら（桂）にあふひ（葵）」とある。

諸恋【もろごい】大和詞。「もろごひとは、相惚れの恋」である。〔不断重宝記大全〕

唐土【もろこし】〔万物絵本大全調法記・上〕に「中国 ちうごく／から／もろこし。中華 ちうくわ。同」。「しな（支那）」ヲ見ル 〈大和詞〉①〔不断重宝記大全〕に「もろこしとは、からこく（唐国）の事」。②〔女重宝記・一〕に「たうきびもち（唐黍餅）は、もろこし」。

蜀黍玉子【もろこしたまご】〔料理調法集・鶏卵之部〕に蜀黍《もろこし》玉子は、寒晒し蜀黍の粉を水でとろとろに溶き、粉一合に玉子五ツの分量で、玉子を割

り交ぜ塩で煮返し、味醂を加えて塩梅し、箱に入れて蒸す。

唐土の五山【もろこしのござん】「震旦の五山」ヲ見ル

脆し【もろし】　大和詞。「もろしとは、よはき（弱）事」である。〔不断重宝記大全〕

摩羅哥【もろっこ】　帝国。〔童蒙単語字尽重宝記〕に摩羅哥《もろっこ》は、広さ二十二万二千五坪、民は七百五十万人。摩羅哥《もろっこ》民は十万人。

諸葉草【もろはぐさ】「もろはぐさ（諸葉草）は、あふひ（葵）」である。〔消息調宝記・二〕

諸白味噌の煮様【もろはくみそのによう】〔男女日用重宝記・上〕に諸白《もろはく》味噌の煮様は、大豆一斗、糀一斗、諸白一升、塩二升、上白米二升を飯に炊き、塩二合を合せる。口伝があり、夏は塩三合程入れる。同じく、糀味噌の煮様は豆一斗に糀五升も六升も煮る。塩三升。豆を一日緩々と煮て搗き、一夜置いて翌日塩糀を搗き合せる。「糀《こうじ》味噌の煮様」参照

もろはのかつら【もろはのかつら】　大和詞。「もろはのかつら、しほ（塩）の事」である。〔不断重宝記大全〕

諸味酒【もろみざけ】〔調法記・四十ゟ〕に諸味酒に次がある。諸身（味）の伝は白米一升を蒸してよく冷まし、糀四合水一升をその中へ、元をどぶ酒三合五勺入れて仕込んで置く。七八日ばかりして出すとよくなる。

文【もん】〈小数の単位〉*〔改算重宝記〕に両*の次に、文《もん》がある。足袋や靴等の大きさを測る単位。約二・四糎。〈貨幣単位〉〔万家日用調法記〕に貫*の千分の一。銭の一文。

門【もん】〔万物絵本大全調法記・上〕に「門　もん／かど」。〔諸人重宝記・五〕に、○「門建て吉日」。春は戌の日。夏は丑の日。秋は辰の日。冬は未の日。春三月は丙寅《ひのえ》・辰の日。南に門を建つる吉日は、甲《きのえ》未・巳、己《つちのと》未、癸《みずのと》卯の各日。西に建つる吉日は、丙《ひのえ》午、丁《ひのと》卯、己《つちのと》酉の各日。北に建つる吉日は、己《つちのと》未、辛《かのと》酉、庚《かのえ》申、壬《みずのえ》申、癸《みずのと》酉の各日。東に建つる吉日は、丙《ひのえ》午、己《つちのと》酉・巳、丁《ひのと》亥の各日。○「忌む方角」。正・五・九月は北。二・六・十月は東。三・七・十一月は南。四・八・十二月は西。それぞれ門を建つるのを忌む。

捫【もん】　十四の鍼法の一*。捫《もん》は、補の時に針を抜き、その針口を捫《も》み閉じる。〔鍼灸重宝記綱目〕

紋【もん】〔武家重宝記・一〕に次がある。武家に紋を定めて一家の証《しるし》とするが、その数はかぞえられない。一姓の内にも、正統と庶流により紋の形を変え、或は常紋《じょうもん》、幕の紋、代紋《かえもん》等数が多い。今言う一引《ひき》二引《ひき》等は元は天子より日月の紋を下されたものである。○（ひとつ引）は日の字、○（ふたつ引）は月の字である。これを引両《ひきりょう》という。〔紋絵重宝記〕には「紋所」*は諸家の衆器の標《しるし》とあり、衣の紋により誰と知る等とし、三百九十の紋様を掲出している。

問（**診察**）【もん】〔鍼灸重日用宝記・一〕に、病人が常に何を食し、何日に病を受け、どのように病み始めたか、原因を詳しく問うて病因を知ることを「問《もん》」とも「工《こう》」ともいう。○肝は酸《すき》を、○心は苦《にがき》を、○脾は甘きを、○肺は辛《からき》を、○腎は鹹《しおはゆい》を好む。このように病人の嫌い好む味を問い、弁えて、五臓の病の起る処を知る。「四知《しち》」参照

聞（**診察**）【もん】〔鍼灸日用重宝記・一〕に、病人の音声を聞いて腹中の病を知ることを「聞」とも「聖」ともいう。例えば、○泣くのは肺の病。○洟《すすばな》（＝鼻水）垂り嚏《はなひる》（＝くしゃみ）は肺の風邪。○笑って涎の多いのは脾の病。○怒り叫び涙の多いのは肝の病。○唾を多く吐き欠伸するのは腎の虚。○汗が出て戯言を言うのは心の病。○声の軽いのは気の弱り。○声の重く濁るのは風の痛み。○ひしと声の立たないのは肺の病。○声の急なのは神の衰え。○声の塞りは痰。○声の振えるのは冷え。○声の咽ぶのは気の不順。○喘《あえ》ぐのは気の忙。○欠伸の多いのは気の疲れ。「四知《しち》」参照

門院【もんいん】「国母《こくも》」ヲ見ル

紋絹【もんぎぬ】〔絹布重宝記〕に紋絹は、上州絹とある。富岡絹*藤岡絹*の通りで小紋を織りつけている。紋柄は、紋郡内*に似たものである。こなし（扱い）は上州絹同断である。

紋郡内【もんぐんない】〔絹布重宝記〕に紋郡内は、白郡内同様の絹に紋のある物である。皆 小模様である。全て郡内より織り出す物は白縞 織色とも、耳は赤糸の織入れがある。紋郡内のこなし（扱い）は白同様である。

文字移り【もんじうつり】 簡礼書法。〔大増補万代重宝記〕に文字移《もんじうつり》と言うのは、披露状*宛状の口に自分のことを書き、奥に貴人のことを書くのを言い、嫌う。貴人 主人への披露状には、自分のことは書かないものである。

紋楸【もんしゅう】「しゅだん（手談）」ニ同ジ

文殊真言【もんじゅしんごん】 真言陀羅尼*の一。「唵阿羅跛者娜《おんあらはしやなち》」と唱える。〔新撰呪咀調法記大全〕

文殊の悪日【もんじゅのあくにち】 文殊の悪日は何事をするにも調わず、用いてはならない日である。〔文政新刻金神方位重宝記〕に、正月は八・二十日。二月は二・九日。三月は二十・二十五日。四月は九・二十三日。五月は六・二十三日。六月は十七・二十三日。七月は八・二十三日。八月は十八・二十三日。九月は三・十四日。十月は朔・三日。十一月は二・二十日。十二月は九・二十三日。但し、〔懐中重宝記・慶応四〕とは次の異同がある。正月七日。三月二十一・二十二日。四月二十二日。八月二十五日。十一月十七日。十二月二十二日。

文殊菩薩【もんじゅぼさつ】 文殊菩薩は、卯年生れの守り本尊で、御縁日は二十五日、真言は「唵阿羅跛者娜」、卦は震下連。易に震は雷とし、震*の卦の年は心正しく信心するとよいことが出来、世上に名を響かせ、諸人を雷のように驚かす。また、反対に人を驚かす程の悪事も出来する。〔永代必用両面重宝記・寛延四〕

文章博士【もんじょうはかせ】〔万民調宝記〕に文章《もんじょう》博士は大学寮*に属し、三人。万ず文章のことを司る。

門跡【もんぜき】 御門の跡の意。〔男重宝記・一〕に親王*が釈門に入り寺を持たれると法親王といい、門跡という。また、貴族の出家者が入られる特定の寺院を言い、宮門跡*摂家門跡*公方門跡*清花門跡*があり、他にも東寺（真言宗）の門跡、天台の門跡、叡山の三門跡*三井寺の三門跡*がある。

紋縮【もんちぢみ】「絹の事」〈絹縮〉ニ同ジ

もんどう【もんどう】 片言。「もんどうは、主水《もんど》」である。〔不断重宝記大全〕

門冬【もんどう】〔万物絵本大全調法記・下〕に「門冬 もんどう／やますげ。又ぜうがひげ、麦門冬ばくもんどう也」。

門冬湯【もんどうとう】〔薬家秘伝妙方調法記〕に門冬湯は、膿が流れて止らないのを治す。麦門冬・黄芪・五味子・茯苓・人参・肉桂・当帰・遠志・川芎（各一両）、甘草（三分）を生姜束で入れる。

紋所の事【もんどころのこと】〔紋絵重宝記・序〕に次がある。紋所は、諸家の衆器の標《しるし》となるもので、上一天（天皇）より下万民に至る迄、諸事の重宝となる。万家は、衣を重ねるをもって貴しとせず、その紋があるのによって誰かを知る。現在この種の書は多いが、この〔紋絵重宝記〕に過ぎるものはないと宣伝している。

〈紋所切り様〉〔日用重宝記〕に「紋所切り様」があり、皆四角の紙を図版のようにそれぞれに折り挟む（図506）。紙の折り様をよくよく考えて知る。図の通り、白い所を挟み落とし 黒い所が紋所になり、折に四ツ折り三ツ折り二ツ折りがあり、全部で二十二図が出ている。図は「四ツ折紙の小口にて十枚也／松皮にてきゝやう」「梅ばち」である。**〈紋絵の光り取る法〉**〔里俗節用重宝記・上〕に「紋の上絵摺りたる光取る法」は、茶盌に挽茶を立ててその上に覆うとよい。尤も湯を熱くするとよ

い。〈潤みを直し、洗濯心得〉〔染物重宝記・天明五〕に、○黒の紋所が潤んだのは、柚の汁を筆で注すと爆《は》ぜる。また饂飩粉の糊を塗ってもよい。濃い茶の潤んだのにもよい。○洗濯心得は、紋のある物は紋を抓んで、水で濡らして後、灰汁《あく》に漬けると紋は爆ぜてよい。〔新撰咒咀調法記大全〕には紋所の汚れを除く方として、橙《だいだい》の実の汁を紋の地白の所へ塗り、その上に饂飩粉を塗ってよく乾かして後払うと、はっきりとなる。「紋模様の事」参照

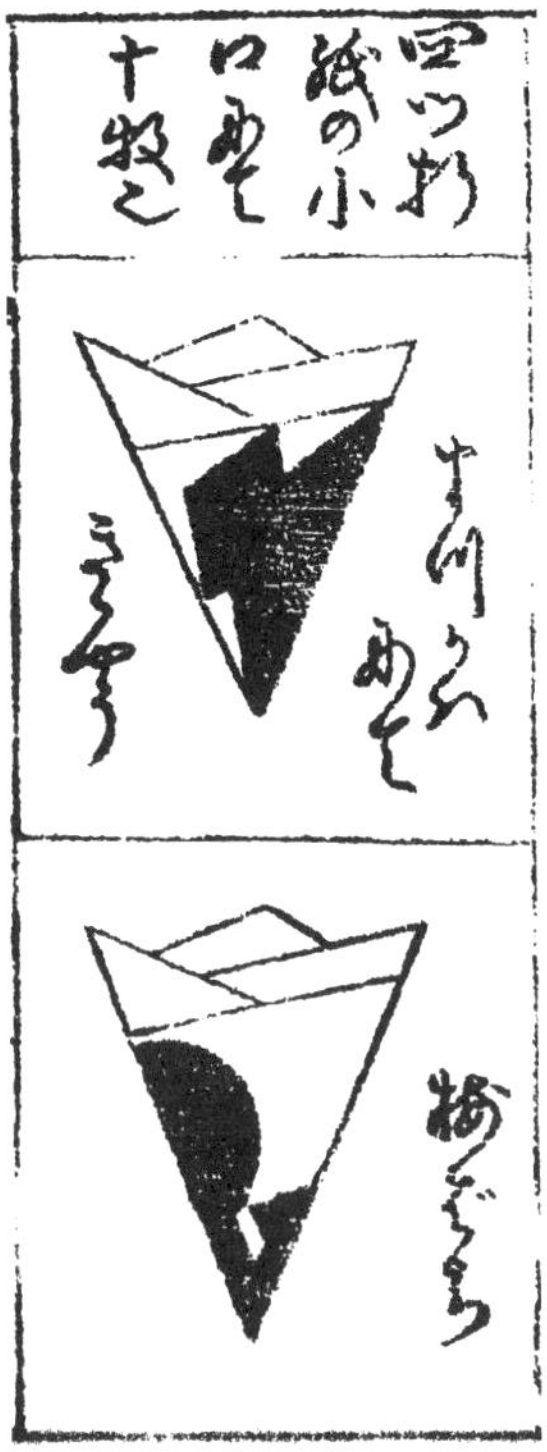
図506「紋所の切り様」(日用重宝記)

主水司【もんどのつかさ】〔万民調宝記〕に主水司《もんどのつかさ》は宮内省*に属し、六月朔日に奉る氷室司、また泉水 井水の司である。

主水木工【もんどもく】〔人倫重宝記・一〕に主水木工《もんどもく》は、大樹《たいじゅ》(=将軍)の公用を勤める。

紋羽二重【もんはぶたえ】〔絹布重宝記〕に紋羽二重は、羽二重*に地紋を織ったものである。生絹で紋柄を織りつけ、練って染め張りする。綸子《りんず》*紗《さ》綾《や》*同様のこなしである。紋柄は色々あるが、大体は大摸様である。

匁【もんめ】 文目とも書く。〔万家日用調法記〕に量を尺貫法の単位で表示したものである。①通貨銭単位。銭一文目の単位。一貫の千分の一。②通貨銀単位。銀一匁。一匁は十分《ふん》。金*一両は初めは銀五十匁替え、後には六十匁替えとしたが、八十匁迄替えもあった。

もんめん【もんめん】 片言。「もんめんは、木綿もめん」である。〔不断重宝記大全〕

紋模様の事【もんもようの事】〔染物重宝記・天明五〕に次がある。〈紋模様潤みを直す事〉雨天の時、水もと張物屋で、菖蒲 鳶色類の潤んだのは饂飩粉を水で練り、生酢《きず》を少し入れて紋模様を塗り、干上がって刮《こそ》げ落すと爆ぜる。硫黄の水を差すのは悪く、染際が剝げることがある。〈紋抜きの事〉○抜物屋はそれぞれの色により抜き汁を使うので、地の損じ様は格別ない。○素人が手抜きに、石灰 又は灰汁《あく》気で、茶染屋物 黒茶 鳶色類の色を抜くと地を大いに損ずる。これらの色を抜くには梅むきに水を加減し、焼鍋で何遍も炊いて抜くとよい。○諸色ともに締め抜きはしぼがよって悪い。何色でも抜く所に糸を十文字に入れ、茶染屋物は紋を餅糊でつけるとよい。〈紋模様を消す事〉は、諸色共に黒に染め直すのは勿論である。○藍類 萌黄等は下染めするとよい。茶類は下染めするのは悪い。○桹椰子 紺鳶 濃茶類、又どの色でも友禅彩色 豆汁《ごしる》 土気があると黒に染めても見える。○黒の紋消しは筆で差し染めにし、さらに染める程遍数がないと見える。○正平(承平染)、又は紋洗い地艶《つや》の抜けたのは充分には消え難い。「紋所の事」参照

紋綸子【もんりんず】〔万物絵本大全調法記・上〕に「綾 りよう／あや、綾《りん》子《ず》也。又紋りんず、ぬめりんず」。

紋絽【もんろ】 目を透かして薄く織った絹織物。夏の着物に用いる。〔絹布重宝記〕には「紋絽」別に子細なし、紋柄《もんがら》も定まりはない、常に絽*同様の取り扱いとある。

や

灸【やいと】「灸《きゅう》の事」ヲ見ル

八重垣【やえがき】「やくもたつ（八雲立）」ヲ見ル

八重桜【やえざくら】匂袋*の方。〔男女御土産重宝記〕に八重桜の方は、丁子（二匁）、白檀（一匁五分）、麝香・竜脳・甘松（各一匁）、茴香（一分）、君衣香（少）。これは花山院御家の方である。

八重桜餅【やえさくらもち】菓子名。八重桜餅、上ながし物、中しめし物、下こね物。〔男重宝記・四〕

八重生【やえなり】「ぶんどう（緑豆）」ヲ見ル

緑豆【やえなり】〔万物絵本大全調法記・下〕に「菉りよく／やへなり。菉豆ろくづ也。夏」。〔薬種重宝記・下〕に唐穀、「緑豆りよくづ／ぶんとう／やは（ゑ）なり、皮倶に用ゆ」とある。〈薬性〉〔医道重宝記〕に緑豆《ぶんどう》は寒で毒なく、気を下し食を消し熱を去り毒を消す。

八重成羹【やえなりかん】〔菓子調法集〕には、菉豆（一升）を煮濾し粉にして、葛（二合五勺）を粉にして入れ、太白砂糖（二百八十匁）を煎じてよく交ぜ合せ蒸し立てる。露を取り置く。

八重一重【やえひとえ】匂袋の方。〔男女御土産重宝記〕に八重一重の方は、白檀（一両一歩一朱）、辛夷（一両）、大黄（三歩二朱）、丁子・甘松（二歩二朱）、良香（三朱）、山奈・青木香・茴香（各二朱）。三袋に調合する。

矢音詞遣【やおとことばづかい】矢が物に当った時の言い方で、弁えて遣うべきである。「しと」*「ずば」*「ずんば」*「ちょうとあたる」*「とき」*「はた」*「はっし」*「はった」*「ひいふつ」*「ひょうつく」*「ぶし」*「ふしといきる」*「ぶっき」*「へいし」*がある。

八少女【やおとめ】大和詞。「八おとめとは、かぐら（神楽）の舞姫」。〔不断重宝記大全〕

家固めの符【やがためのふ】〔増補咒咀調法記大全〕に「家固《やがため》乃符」は仁王経の文である。もっとも信心渇仰して家の北の方より押し始めて次第に四方に押す（図507）。

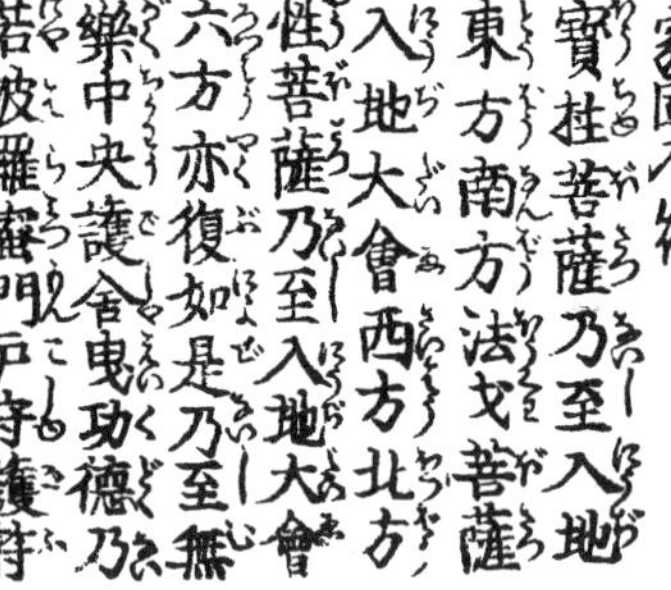
家固乃符
東方寶柱菩薩乃至入地
大會東方南方法戈菩薩
乃至入地大會西方北方
虛空性菩薩乃至入地大會
北方六方亦復如是乃至無
量音樂中央護舍曳功德乃
至般若波羅蜜門戸守護符
図507　「家固めの符」（増補咒咀調法記大全）

やかな【やかな】俳言の仙傍（訕謗）。「十ウやかな」。〔新成復古日夜重宝俳席両面鑑〕

喧しくは薬罐被れ【やかましくはやかんかぶれ】〈平生ソレよく言う言語〉「喧しい」と言った者に戯れて、喧しければ薬罐被れ、と言い返す。〔小野篁謔字尽〕

輩【やから】大和詞。①〔不断重宝記大全〕に「やからとは、一るい（類）を云」。②〔女用智恵鑑宝織〕に「やからは、妻子を云」。

射干【やかん】「からすおうぎ（烏扇）」ヲ見ル

夜眼【やがん】「まえあし（前脚）」ヲ見ル

薬罐芸【やかんげい】〔世話重宝記・一〕に薬罐芸とは、諸芸*を昼夜励み習いながら、半途で捨てるのをいう。薬罐は煮えるのも早く、冷めるのも早いという譬えである。

射干湯【やかんとう】〔小児療治調法記〕に「痘後の余症*」で、痘疹後に身熱し大便硬く口舌に瘡を生じ咽喉の腫れ痛むのを射干湯《やかんとう》治す。牛房子

（二両炒る）、升麻・甘草・射干（各三匁半）を、水で煎ずる。

八木【やぎ】 大和所名。この辺に畝傍山*があり、里人は持明寺《じみょうじ》山《やま》という。この東南に畝傍村 橿原村がある。この辺は神武天皇の橿原の都の地で、御社は畝傍山の西の麓、御陵は東北の田の中にある。〔東街道中重宝記・七ざい所巡道しるべ〕

焼泡雪豆腐【やきあわゆきどうふ】〔料理調法集・豆腐之部〕に焼泡雪豆腐は、泡雪豆腐を板に並べて置き、網杓子に火を入れ、豆腐の上で扇ぎ焼く。

焼き石【やきいし】「やきいし（焼石）とは、温石のこと」である。〔消息調宝記・二〕

焼皮料理【やきかわりょうり】「狢汁《むじなじる》」ニ同ジ

焼牛房【やきごぼう】〔料理調法集・焼物之部〕に焼牛房は、牛房を擱味噌でよく煮抜き、和らかになって引き上げ、山椒味噌をつけて焼く。擂り胡桃、堅胡桃等を懸けるのもよい。

焼米【やきごめ】〈薬性〉〔永代調法記宝庫・四〕に焼き米は、諸病の毒、虫癪腫物瘡の血をも動かす。

焼山椒【やきさんしょう】 焼山椒は、山椒・味噌・塩（各一合）を用い、味噌をよく擂り、塩を合せ、堅めに水で伸べ、山椒を和えて天日に干し萎びた時一粒ずつ砕き、葛粉を白めに懸け、また干して銅鍋でも古鍋でもよく炒って用いる。〔江戸町中喰物重法記〕

焼塩【やきしお】〔料理調法集・国産之部〕に焼塩は、塩を器物に入れ、二番白水*を一杯入れ上の濁《にごり》を捨て、また白水をとっくりと流し捨て、笊の上に紙を敷きその上に塩を置き雫を垂らし、その紙を包み炭火の中に入れ火を強くして焼く。

焼鯛【やきだい】〔料理調法集・塩魚之部〕に焼鯛は、一品で春三月の頃越後より来るのが名物である。浜で潮で直ぐに焼いて出すという。至って厚味で、そのまま遣ってよい。海の浜焼という。

焼竹の子【やきたけのこ】〔料理調法集・焼物之部〕に焼竹の子は、竹の子を皮ともに火の中に埋め、蒸し焼きにして取り上げ、切り形して生姜醤油等を懸けて出す。

焼鳥【やきとり】〔料理重法記・下〕に焼鳥は、鳥を串に刺し、薄霜のように塩を振り掛け、よく焼けた時分に醤油の中へ酒を少し加えて鳥につけ、醤油の乾かない内に食う。雉子等は始めから掛け塩をつけて焼く。〈食い様〉〔諸礼調法記大全・天〕に焼鳥も、小鳥は青串に刺さずに出すのがよい。雉子等は青串に刺し、串に刺したら箸を取り直し、串を取り食う。

焼胡蘿蔔【やきにんじん】〔料理調法集・焼物之部〕に焼胡蘿蔔《やきにんじん》は、人参を厚く切り形をして立て、塩につけ、串に挟み、遠火で火取る。

山羊の肉【やぎのにく】 食い合せ。〔世界万宝調法記・下〕に懐妊中、山羊の肉を食うと、生れる子は病が多くなる。

焼蛤【やきはまぐり】〔料理調法集・焼物之部〕に焼蛤は、大蛤を火に置いて焼き、口の開いた時、古酒を差し、よく煮やし刻み山椒を入れて出す。

焼刃餅【やきばもち】 菓子名。焼刃餅、上羊羹、下こね物、上二通りしめし物。〔男重宝記・四〕

焼き火箸【やきひばし】 手品。〔清書重宝記〕に焼き火箸を握る伝は、火箸に樟脳をよく塗って火に薫べて赤く焼き、手には蒟蒻糊に塩を交ぜて塗って置くと、火箸を握っても熱くない。塩だけでもよい。これは不思議の伝、疑ってはならない。〈焼き火箸を置かぬ呪〉〔調宝記・文政八写〕には「血の道は父と母との教へ也／血の道返す 血の道の神」を三遍唱えるとよい。

焼布【やきふ】〔料理調法集・焼物之部〕に焼布は、相良布（搗目＝かじめ）をよく砂を洗い乾かして置き、胡麻味噌に胡椒を入れて擂り合せ、相良布へ塗り付け、また相良布を掛け遠火で火取る。

やきぶき【やきぶき】 大和詞。「ふな（鮒）は、やきぶき」という。〔女重宝

記・一〕

焼骨入鳥【やきほねいりとり】〔料理調法集・諸鳥之部〕に焼骨入鳥《やきほねいりとり》は、そぼろ（鳥そぼろ*）の骨を除き身ばかりにして、骨は焼いて細かに叩き、交ぜて煮る。

焼飯【やきめし】「結び」ヲ見ル

焼餅【やきもち】〔昼夜重宝記・安永七〕に焼餅の方は、粳米上白米の粉（一升はたいて水なりに篩う）、寒晒糯米の粉（一升はたいて篩う）の二色を、常の焼餅のように水で捏ね、次に小豆をよく煮て塩を入れ、砂糖は好き次第に焼く。重箱に布を敷き、布の間へ幾重も暖かな内に入れ、蒸す。〈売り店〉〔万買物調方記〕に「大坂ニテ焼餅弁ふのやき」は、天神橋米屋町筋にある。

焼物継ぎ様【やきものつぎよう】〔新撰咒咀調法記大全〕に焼物継ぎ様は、卵の白身に饂飩粉を練り混ぜてつけるとよい。〔清書重宝記〕に焼き継ぎの伝は、唐の土・硼砂・焼き継ぎ粉［ビードロ］の三品をよく磨り、麩糊で溶く。焼き窯が大切である。〔諸民秘伝重宝記〕に焼物（瓶 土鍋の類）が罅《ひび》き漏るのを繕うには、その罅き目の方へ生姜を擂りつけて置いて、外の方を石漆《せしめうるし》*で繕い塗るとよい。漆が浸み込み乾く迄置いて使う。「石漆《いしうるし》の事」「瀬戸物の事」「継物の法」参照

焼物の事【やきもののこと】 魚・貝・鳥・獣の肉、果実・菜類・穀類などを、焙り焼いた料理。〔料理調法集・焼物之部〕には次がある。荒垣焼* 板焼* 打付焼《うちつけ》* 貝焼* 樺焼* 土器《かわらけ》焼* 雉子焼* 桜焼* 塩釜焼* 塩焼豆腐* 鴫焼* 杉焼* 雀焼* 鍋焼* 苦焼* 松風焼* 松皮焼* 紅焼* 昼夜焼* 朝鮮焼* 南蛮焼* 蛤焼* 浜焼* 一ツ焼* 蓑焼* 麩焼* 麩焼玉子* 焼竹の子* 焼布* 焼胡羅蔔《やきにんじん》* 焼牛房* 大和焼*。〈焼物食い様〉〔諸礼調法記大全・天〕に焼物で、魚全体一ツを焼き大皿に据えて出したのは、小鯛等の大きな物は上片平ばかりを食い、裏を返して食わないのが故実である。鮎や鱚等のような小魚は頭から骨を残さずに食うてよい。しかし、尾尖の所は残すのがよい。〔女用智恵鑑宝織〕に焼物は、介添 通いの女が毟《むし》って参らす。自ら毟っても裏を返してはならず、同じく手を掛けないのがよい。汁を懸けることが古法にあるが、汁は懸けないのがよい。〔大成筆海重宝記〕に引き物の内、焼物の海魚は腹を、川魚は背を客人の方へ直す。

野禽小鳥【やきんことり】〔料理調法集・諸鳥之部〕に「野禽小鳥」は、小鳥を叩きさっと煎り、鯛身を崩し細かに叩き、取り湯（重湯）を懸け上げて置き、大鮑を薄く剝ぎ、さっと湯引きすると袋のようになる。次に出汁溜りで加減した下汁を吹き立てる時、三品ともに入れて掻き混ぜると、袋鮑の中へ鳥・鯛が包まれるのを、盛り上げ置くのにそぼろ玉子を懸け、吸口を置き、出す。

薬師算【やくしざん】 薬師算は図版（図508）のように、四方に並べて一方に八ツずつある時、片一方の八ツはそのまま置いて三方は崩してまた八ツずつ並べてみると端数が四ツ残る。この端数ばかりを聞いて総数は何程と問う。答えは、二十八。解は、端数一ツを四ツずつの算用にして十六とし、この外に十二を加えて二十八を得る。但し、この十二はいつでも加える。又端数がない時は十二あるとも二十六 又は百二十あるともいう。薬師如来*が十二の誓願を起し人を救う事による。〔永代調法記宝庫・巻首〕

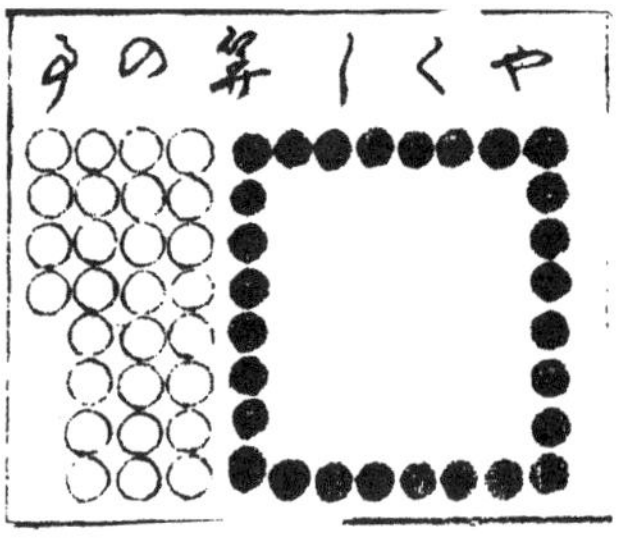
図508 「薬師算」（永代調法記宝庫）

薬師真言【やくししんごん】 真言陀羅尼*の一。「唵《をん》。呼盧呼盧《ころころ》。戦駄利《せんだり》。摩橙《まと》祇園《うぎ》。娑婆訶《そはか》」と唱える。「薬師呪」「薬師陀羅尼」ともいう。〔呪咀調法記〕

薬師如来【やくしにょらい】 大坂願所。〔願懸重宝記・初〕に二所がある。①梅田墓所の西手に薬師如来の小堂がある。歯の痛み、その他諸病を患う人が立願し土器《かわらけ》に年の数を記し奉納すると忽ち平癒する。②常安裏町玉江橋南詰東角の薬師如来は霊験著しく諸願を成就する。中でも難病の立願をすると忽ち平癒する。御礼には絵馬、或は土器《かわらけ》を繋いで奉納する。

薬種斤量【やくしゅきんりょう】 「きんめりょう（斤目量）」ヲ見ル

薬酒所【やくしゅところ】 「御名酒所御薬酒所」は、芝神明前 梅田にある。〔江戸町中喰物重法記〕

薬種万能膏【やくしゅばんのうこう】 〔洛中洛外売薬重宝記・上〕に薬種万能膏は、京三条西洞院東へ入る、赤木正学堂にある。代は十二文。横寝、下疳、臁瘡《はばきがさ》一切によい。

薬種符帳*【やくしゅふちょう】 符帳*。〡（たに 一）。〢（りゃん 二）。〣（さんな三）。〤（すう 四）。〥（うら 五）。〦（ろま 六）。〧（ちへま 七）。〨（ばま八）。〩（きゅう 九）と使う。〔早算調法記〕

薬種万能膏【やくしゅまんのうこう】 〔洛中洛外売薬重宝記・上〕に薬種万能膏は、三条西洞院東へ入 赤木正学堂にある。代十二文。横根 下疳 脛巾瘡、一切によい。

厄神日【やくじんび】 〔万民重宝大ざつ書 改正〕に次がある。毎年八月五日に厄神は日本に渡り、九月十五日に天下の衆生の数を求め記す。十一月九日に病人を定め、正月七日に厄神の使いを日本国内に放つ。この日をよくよく慎むとよい。

薬草を採る日【やくそうをとるひ】 〔年中重宝記・二〕に、五月五日 今日艾葉を採り、諸々の薬草を採り、薬を調練する。〔牛療治調法記〕には、「採薬吉日を選択《えらぶ》」として次の日がある。①天倉《てんそう》、地倉《じそう》、開日《かいじつ》、除日（大晦日）を用いるのがよいとし、正月は初一日。二月は二十五日。三月は二十日。四・十月は十六日。五・十一月は十一日。六・七月は初二日。八月は二十三日。九月は二十一日。十二月は初六日。極めて験があり至って霊とある。②正月子の日。二月丑の日。三月寅の日。以下は順にこれに従い、天開 地開の吉日を宜しく用いよとある。③春は東山に、秋は西山に、夏は南山に、冬は北山に、入って薬を採ってはならない。誤り行うと必ず凶となる。

薬袋もない【やくたいもない】 〔世話重宝記・四〕に、藪医者*の如きは一味々々の薬袋もなく、合剤にして総袋に入れて置いて用いるのにより、道理に背いたことを、薬袋もない医者のようなと譬えて言うより出た詞である。「やくちゃいもない」というのは誤りである。

益智【やくち】 〔薬種重宝記・中〕に唐草、「益智 やくち／としゝり。皮を去り炒る」。《薬性》〔医道重宝記〕に益智《やくち》は辛く温、神を安んじ腎を補い 脾を扶《たす》け 食を進め 遺溺 遺精を治す。皮を去り 布の袋に入れて押し揉み、障子を去り 少し炒る。

益智散【やくちさん】 〔薬種日用重宝記授〕に益智散の調剤は、益智（大）・木香（中）・黄連（小）。霍乱 腹痛によい。

益智二伏丸【やくちにぶくがん】 〔小児療治調法記〕に益智二伏丸は、小児の遺尿、又は小便の白く濁るのを治す。益智生・白茯苓・茯神各等分を末（粉）にして、空き腹に清米湯《すえめしのゆ》で用いる。

薬毒【やくどく】 〔丸散重宝記〕に傷寒、疫癘、老少、男女を言わず薬を誤り（薬毒）、壊症《えしょう》となり脈 沈伏し、人事 不省し、七日以後であれば奪命散*となづける独参湯*がある。新しい水に冷やして服すると鼻に汗が出てすぐに癒える。〔大増補万代重宝記〕には薬毒の妙薬として、〇白粉を水で掻き混ぜて用いると妙である。〇諸薬毒に中ったのを解す法は、急

に藍の葉を搗いて絞り汁を数椀用いるとよい。○生藍草のない時は、染物の紺の洗り汁を用いるとよい。○甘草（一匁）、黒豆（二匁）を煎じて用いる。○生姜の絞り汁を呑むのもよい。

厄年【やくどし／やくねん】〔年中重宝記・四〕に、厄とは七難九厄といい、七歳より九歳を加えて六十一歳に至るまでをいう。九歳を加えるのは九は老陽の数である。老が極まると陰に変ずる理である。七歳、十六歳、二十五歳、三十四歳、四十二歳、五十二歳、六十一歳とある（九の加算でない所も典拠通り）。「厄払／厄除の事」モ見ル

役の弓【やくのゆみ】〔弓馬重宝記・上〕に役の弓の事は、矢代《やだい》立は、差し寄り受け取り、射場の真中より少し前の方で蹲い射る。但し、例式のように肩を抜き、矢を番い、弦を抱えて立射する。

厄払／厄除の事【やくはらい／やくよけのこと】〔年中重宝記・四〕に節分の夜に厄払をする事がある。男女共に厄年《やくねん》《やくどし》*に当る者は身を払い捨てる。〔万まじない調宝記〕に「男女厄除の法」として、男は四十二歳、女は三十三歳を厄年という。この厄年になる節分の暮六ツ時（六時）に、○男は新しい褌を 女房が右手で渡すのを左手で受け取り、左袖より懐へ入れ別間へ行き、その褌で顔から身内、両手足の爪先まで残らず拭い、その後常の通りに腰に結び年越の祝いをして、その夜亥の刻（十時）に四辻の真中に行き、明日年の明きの方に向き懐の内で左手で褌を解き陰嚢をよく拭い、すぐに下へ落し捨て次の歌を三遍詠む。「今年より猶も栄えん年の暮 松はゆわひよ幾世経ぬらん」。「ゆわい」と詠むのは呪いの秘伝で、「いわひ」と詠めば却って悪事が来る。甚だ大事である。詠み終ると、その侭跡を決して見ないで逃げ帰る。○女は新しい脚布を男の左手で受けて右袖より懐中する外は、男と同じことをし四辻の真中に行き右手で脚布を解き陰門をよく拭い懐の内からすぐに下へ捨て落す等、男に同じである。男女とも分限相応に、金 銀 銭でも括り付けて落すとよい。これは或る貴家の秘法である。

疫病の事【やくびょうのこと】〈疫病の予防〉〔家内重宝記・元禄二〕に世間に疫病の流行る時、○家内で蒼朮《そうじゅつ》*を焼くと、煙に恐れて病は近づかない。また蒼朮の末（粉）を水で飲むと病は染《うつ》らない。○疫家へ入る時は、雄黄の末（粉）を鼻の中へ塗って出入りすると染らない。○松の葉を細かに切って酒で一日に三度飲むと四五年の疫を払う。〔清書重宝記〕は、○柊の葉を黒焼きにして少しずつ飲むとよい。〔万まじない調宝記〕は、○毎年寒に入る日より前に常の油煎豆腐を庭へ吊り置き、寒の風に当てた翌日、洗わずにどのようにでも煮て食うとよい。翌年の流行り病は染らない。

〈疫病を醒ます薬〉〔咒咀調法記〕に疫病の醒める薬は、○赤松の葉を細かに刻み、硫黄、五柳・皂莢《さいかち》（各黒焼）、梅干（その侭続飯に押す）、各等分を合せて丸薬とし●これ程に丸じ茶を衣に掛け、一度に十粒を茶で呑むと甚だ奇妙である。〔調宝記・文政八写〕は、○蘭の葉を干して刻み二匁ばかりを常の如く煎じて用いる。○蘭の葉を門戸に掛けて置くと疫病は家中に入らない。○艾葉《もぐさ》（五月に採って干し刻む 一匁）・甘草（上皮を削り去り刻む 五分）を合せ、常のように煎じて用いる。○熱の冷め兼ねるのには、土竜《もぐら》の爪足を黒焼きにして水か湯で用いる。○蚯蚓をよく擂り、水に立て上水《うわみず》を用いる。○蚯蚓を干して置き、刻み煎じて用いるのもよい。〔胡椒一味重宝記〕は疫病除けに、胡椒を服する。また流行る時は必ず服するとよい。

〈呪い〉〔増補咒咀調法記大全〕に次がある（図509）。①「疫病符守」は門戸にも押す。②「疫病祓ふ符」。③「疫病祓ひ除く守」。④「疫病祓ひ除く札」柳の木に書いて立てる。⑤「疫病除く符」。⑥「疫病に汗かく人の符」。〔文政新刻俗家重宝集〕に⑦「疫病除け奇法」の三字を、元日と八朔（八月一日）の両日に、井花水（汲み立ての水）で紙に書いて門戸へ貼って置くとよい。「疫癘《えきれい》」モ見ル

図509　疫病の事

①「疫病符守」〔増補咒咀調法記大全〕

②「疫病祓ふ符」〔増補咒咀調法記大全〕

③「疫病祓ひ除く守」〔増補咒咀調法記大全〕

④「疫病祓ひ除く札」〔増補咒咀調法記大全〕

⑤「疫病除く符」〔増補咒咀調法記大全〕

⑥「疫病に汗かく人の符」〔増補咒咀調法記大全〕

益母草【やくもそう】〔薬種重宝記・中〕に和草、「益母草 やくもそう。銅鉄を忌む」。〈薬性〉〔麗玉百人一首吾妻錦〕には、産前産後ともに、益母草一味を黒焼にし、火を上酒に入れて消し、そのまま細末（粉）にする。時間が経つと粉になりにくい。産前 産後の目眩い、総じて気分の悪いのによい。

八雲立【やくもたつ】 大和詞。〔女用智恵鑑宝織〕に「やくもたつとは、三十《みそ》一《ひと》もじの歌を云」。〔消息重宝記・四〕に「八雲立《やくもたつ》」は、八《やつ》は数多いことであり、雲の立ち重なることをいう。八色の雲というのは後人の注、出雲の枕詞とするのも非（歌ノ方ガ先トスル）という。八重垣《やへがき》は八《やつ》に限らず重なった垣である。歌に八雲八重垣という八雲は、八重垣を云うために置いたものである。霧の籬《まがき》というように物の盛んに起る様を雲に譬えた。

矢車【やぐるま】〔弓馬重宝記・上〕に、○「矢車」は的場の施設で矢をさして置く台。高さ一尺八寸、上の輪直径一尺、下の輪一尺二寸。置き所は的溝より一丈的の方へ一ツ、また三尺程間をおいて一ツ置く。口伝がある。「垜《あずち》」参照。○「矢車の所務」矢車の所務の人々は我が矢代を抜き取り、矢車の辺に蹲って居る。矢代を受ける人は鳥目《ちょうもく》（銭）を持ち出、射勝った人の前に置き、矢代を抜き取って帰る。両車同前である。口伝。

焼攣【やけつり】「やけど（火傷）の事」ヲ見ル

火傷の事【やけどのこと】〔斎民外科調宝記〕に火傷《やけど》には、湯《ゆ》火傷と火《ひ》火傷がある。○湯火傷・火火傷ともに、塩を酢で溶きつけて塩を繁く塗ると当分の痛みは止まる。○重いのには急に生地黄を搗き、酢で練り合せ厚く塗ると痛みは止まる。余りに冷えた物や水泥《どろ》等を塗ると熱《に》え、却って冷気を受け筋骨を爛らかす。○玉子を塗る。○大きなやけどには砂糖を湯にたてて浴びる。○昼藻（十匁）山梔子（三匁）を粉にして蜜で溶いて付けると痛みを止め、跡もなく癒える。○爛れ痛む時は生明礬を粉にして胡麻の油を溶き、間もなく塗るとよい。○柳の枝を灰に焼き粉にして塗る。〔妙術重宝記〕に一切のやけどには石膏を酢で溶いて付ける。〔妙薬調法記〕は湯やけど、火やけど共に、淡竹《はちく》の皮を黒焼きにし、里芋を焼いて押し交ぜ、胡麻油で練り付ける。小便のきこ（沈殿物）を付けると疼きは助かる。〔筆海重宝記〕に「やけどの薬」は白砂糖を焼き

灰にして水で溶いて付ける。○熱湯・油などが掛ったのには蜜を塗るとよく、○卵の白身を付けるのもよい。〔調宝記・文政八写〕に「やけつり薬」は、○男青松葉をよく磨り 青汁を麦飯で練って付ける。○青松葉を火に掛け甘皮を付ける。〔新板秘伝日用重宝記〕に、○やけどを治す伝は渋を塗る。○白砂糖を水で溶いてつける。以下、便宜上「湯火傷の薬」「火火傷の薬」と分けたが、どちらにも用いられるのもある。

〈主に湯火傷の薬〉〔重宝記・礒部家写本〕に「湯火傷 たうくわしやう／にへゆひたぶれ／やけつり薬」は、鬱金・はらや（水銀 少）、山の芋を擂り溶き紙で貼《つ》ける。大紙で一貼《つけ》にすると引っ張るので小紙で貼ける。〔調宝記・文政八写〕は、○馬の脂を塗る。○白木槿花《しろむくげ》を陰干にして黒焼きし、土器の粉を少し入れ水で溶いてつける。〔永代調法記宝庫・三〕は、○布海苔《ふのり》の黒焼を水でつける。○石膏の粉を繁縷《はこべ》の汁でつける。○生地黄を搗き爛らかし酢でつける。〔大成筆海重宝記〕は、○熱い湯、煮え油等の掛ったのは密を解いて塗る。〔薬法重宝記〕は、川柳を黒焼きしてつける。〔秘伝日用重宝記・初〕は湯火傷部を強い火で暫く焙ると甚だ熱いが、早く痛みが去り崩れず治る。

〔大増補万代重宝記〕は、木付子（五倍子）を墨で磨ってつけると忽ちひりつきを止め、跡が着かずに治る。○蓼の葉を黒焼にして墨でも渋でも溶きつけると妙である。○石膏・滑石（各等分）、玉子白身を練り合せてつけると直ぐに痛みを去る。○薯蕷《やまのいも》を卸してつける。〔調法記・四十七ゟ五十七迄〕は、○葛を玉子の白身で練りつける。○鮑貝を焼いて粉にし、薯蕷を卸し、練り合せてつける。○鰌を擂ってつけ、割き紙で貼る。○熱が出る時は柳の葉を煎じて用いる。〔調宝記・文政八写〕は、○生姜の古根と極上茶を等分に合せ、常のように煎じて用いる。〔胡椒一味重宝記〕は、杉の葉を煎じ、胡椒を少し入れて洗う。

〈主に火火傷の薬〉〔重宝記・宝永元序刊〕は火傷《やけど》に、桐の木を黒焼にして髪の油でつけるのは妙薬。〔妙薬調法記〕に火焼の薬は、○山梔子の粉を髪の油で溶きつける。○醤油を塗る。○鶏の卵を潰し朱を少し加えてつけると跡形なく癒える。〔俗家重宝集・後編〕に火傷の妙薬は、鮑貝を削り唾《つば》でつける。〔新撰咒咀調法記大全〕は、○渋を塗る。○雲丹《うに》を塗る。○干菜《ほしな》を粉にして油でつける。○山の芋を卸してつける。〔薬法重法記〕は鉄漿を塗り、その上に鍋墨をつける。〔調宝記・文政八写〕はゑぐ草を擂って水を少し入れてつける。〔改補外科調法記〕は火毒が内に入って身熱し大小便が出ないのは加味八珍湯*を用いる。〔文政新刻俗家重宝集〕は、○麸《ふすま》をよく干し末（粉）し水で練りつける。火腫《ひぶくれ》したのも ほ（熱）てらず治る。○寒晒《かんざらし》の米の粉を溶いて塗る。破れた所へは粉を振り掛けるとよい。

〔秘伝日用重宝記・初〕は、○鮑の貝を削って唾で付けると火膨れせずに治る。○胡瓜の水、生玉子の白身を付ける。○黒砂糖を塗る。○重い火傷には人参を濃く煎じた汁を鳥の羽で度々塗る。〔万まじない調宝記〕は、○灰汁の垂れ糟を付ける。○姫糊*を続飯（飯粒糊）に練ってつける。○胡瓜の赤くひね（陳）たのを器に入れて日が経つと水になるのを貯めて置きつける。○やけどに水を掛けるのは大禁物、火毒が甚だ盛んになる。小便を掛けるのはよい。反対に〔懐中重宝記・慶応四〕には直ぐに水を頻りに掛けるのがよく、ほとり（熱）が冷める迄掛ける。○崩れたのには天石の末（粉）を振り掛ける。

〈薬店〉〔洛中洛外売薬重宝記・上〕に、切傷 皹 皸等とともに火傷の薬がある。例えば、○「無二秘方やけど薬」は、四条烏丸へ入丁 立志堂にあり、第一に湯火傷、其外一切によい。○「大宝油」は大生堂製、○「千里安行散」は東洞院五条下ル三丁目 森彦三郎、○「日光脂」（一貝十文）一条通千本西へ入る二丁目田中氏春重も火傷の薬である。

〈呪い〉〔調法記・四十七ゟ五十七迄〕歌「猿沢の池の辺に有りけるがあ

じかの入道逢ふてこそ入れ」を三遍詠んで、火傷の所を口で吹く真似を三度して、また足で踏む真似を三度すると、跡なく忽ち痛治する。火傷の上に指で「火」の字を書き「水」の字に直して「アビラウンケンソハカ」を三遍唱えるとよい。〔秘密妙知伝重宝記〕は前出の歌を三遍唱え、温灰《ぬくばい》を摺りつける。〔万まじない調宝記〕は手水《ちょうず》嗽《うがい》をして、歌「池の大蛇が火にくばり 足手まじなふ蟹は入道」を三遍唱え、その息を吹き懸けると即座にひりつきは止み、愈ゆる。又「ひがし山からだの谷のもゝの木を折てくべれば水となる あびらうんけんそわか」を三遍唱えて息を吹き懸けてもよい。

焼肌の呪【やけはだのまじない】 呪い。〔増補咒咀調法記大全〕に焼肌の呪いは、「南無阿弥陀仏」の六字を、焼肌の所へ七遍書き、外に百遍唱える。

焼身の薬【やけみのくすり】〔薬家秘伝妙方調法記〕に焼身の薬に二方がある。①胡麻の油・黄檗の黒焼・黄檗香色（各等分）をそのままに合せて付ける。②桑の木の枯れ枝を、胡麻の油で付ける。

焼目の薬【やけめのくすり】〔薬家秘伝妙方調法記〕に焼目の薬は、たもの黒焼、たもをそのまま水に出し、その汁で練り合せて付ける。「たも」は『重訂本草綱目啓蒙・三十』に言う「天竺桂 やぶにっけい、だも、だま、たま、たぶ」なのか、『和漢三才図会・九十四』に言う「黄蜀葵 とろめ／俗に云う、止呂呂」の異名なのか分らない、とある。

八坂【やさか】 京名所。「八坂の塔」が有名である。〔東街道中重宝記・七ざい所道しるべ〕「京色《きょういろ》茶屋独案内」モ見ル

矢狭間【やさま】「さま（狭間）」ヲ見ル

八塩餅【やしおもち】 菓子名。八塩餅、脇しめし物、中羊羹 山の芋、下ながし、端黒胡麻。〔男重宝記・四〕

やしゃらご【やしゃらご】 片言。「玄孫《やしわご》を、やしやらご」という。〔世話重宝記・四〕

鏃【やじり】「矢の事」〈矢の根の事〉ヲ見ル

安井稲荷【やすいいなり】 大坂願所。道頓堀北側（鍛治屋町筋塀の内にある）の安井稲荷に安産の願を掛け、臨産の時が来たら早速代参を立て、只今何町何屋何兵衛という方へ御来臨下さいと念ずると、その婦人は速やかに平産する。御礼には絵馬なりと挑灯なりと奉納するとよい。〔願懸重宝記・初編〕

安井の藤【やすいのふじ】 京名所。〔年中重宝記・五〕に、三月末、東山建仁寺の後ろの安井門跡*真性院の庭の藤の景は、紫雲半天に覆い 瑛珞頂上に冠としていて、世に安井の藤という。〔東街道中重宝記・七ざい所巡道しるべ〕に安井御門跡の本堂を仏母殿と言い、本尊は観世音菩薩。この寺に崇徳天皇の像がある。藤の棚があり、大織冠*が植えた藤という。

夜須計絹【やすけぎぬ】〔絹布重宝記〕に夜須計絹《やすけぎぬ》は、俗に安下絹という。秩父絹に似て粗品である。手糊張《てばり》といい、練り上げの絹を葛粉《くず》・干米《ひめ》糊・麩糊等を合せて絹に揉み込み貼って、その上に小紋 或は上代染、色差しのある形を書き染める。染め上げた後に手糊をした所の糊が落ちず地厚にぼっとりなるが、その上を柔かに縮緬貼り等というものにすると存外効がある。この仕成しの法は京都の張物屋ならでは出来ない。手糊張は無地に染める物には全く出来ない。

休みの矢【やすみのや】「休みの矢」は「休め矢」ともいう。「えびら（箙）」ヲ見ル

矢摺【やすり】 弓の事*。張弓名所。〔武家重宝記・二〕に矢摺《やすり》は矢の摺る所をいう。弓の握革《にぎりかわ》と木との間である。

八瀬の釜風呂【やせのかまぶろ】「黒木《くろき》の事」ヲ見ル

矢代【やだい】 矢代《やだい》は、射手の矢を鬮《くじ》に使い、組み合わせや順番等を決めること。〔弓馬重宝記・上〕に詳しく、凡そを記すと次の通り。○「矢代に出す矢」。根矢（征矢*鏑矢*雁股*）は無礼で、他なら何でもよく、見分

けが付くようにするのが習いである。〇「矢代渡し様」。鏃《やじり》近くのすけ節の辺を右手で持ち羽を右にして出す。御前の通りで矢を左手へ渡し、右手を突き一礼する。左膝より立って矢代振の前へ寄り、矢頭《やがしら》を右手の内に込め、左手で本矧辺《もとはぎ》を抱えて後膝を立てながら渡す。射る矢代一本を持ち、弓次郎（弓支配の補佐役）へ渡し、弓次郎が座に着いて振る間に扇子畳紙を取り出し、肩を抜ぎ衣紋を寛げ衿袖の詰りのないようにして肩を入れ、弓を取り弦等湿し引く等弦打して待つ。弓次郎は内座で矢車を脇に置き、射手から矢一手《ひとて》（＝甲矢と乙矢の二本一組の矢）を受け取り、乙矢の分は車に入れ、早矢の分一ツにして前に並べ前より一ツずつ立って渡す。

〇矢代振が出て一礼し、矢車の通りに蹲い、矢代を持って来るのを両手で受け取り上座へ持ち行き、三足程前に蹲い矢代を身の真中に立て三度掻き混ぜ、羽並を直し、右手で逆手に取り後ろへ廻し、後ろでも少し混ぜ合せ、一ツ取出し目通りに持ち、振り羽を見て左足より踏み出し、先へ三足歩み寄り、左足を引き跪き、矢代枕*に懸け下に置く。また左足を引き二ツ置く。残れば膝を立てながら二ツずつ取り出し、下に置く。後二ツ残った時は、まず一ツ取り出し前のように下に置く。今一ツをば左方へ取り出し、両手で持ち、この矢は逆様なので取り出しさまに振り直して出す。次に立って踏み寄りさまにして左足を引き、跪き様に下に置く。後一ツ残る時も同じである。次に後へ退《しさ》り矢代を見渡し、的を見て、もし矢並に悪い所もあれば直し、座へ行き自然に的など歪んだら的を直せという。〇矢代振は、早矢を射終り、逆羽《さかば》（＝的中した証に羽の方を的の方に向けて置く）に致されよと断る。次に、上の逆羽の矢を右手に持ち左手を突き、矢を高く差し上げて見せる。その主の矢と見分けたら元のように置く。振り終って射手に相を遊ばされよと答える。その時射手は座に着き、下に置いた乙矢の分を残らず狩り取り、一ツにして矢車の所に蹲い、矢代振るようにして、前にぴっしりと並べて置く。

矢代枕【やだいまくら】 的場の施設。〔弓馬重宝記・上〕に矢代枕《やだいまくら》は、石瓦など掘り込んだのもよい。また竹を縄で巻いて伏せ目串で所々締めて置いてもよい。場所は弓溝*より一尺程間を置いて的《めあて》の方にある。二品の内では竹がよいか。「垜《あずち》」参照。

矢立【やたて】 携帯用の筆記具で、筆を入れる筒に墨壺を備え付けた物。〈墨水干ぬ法〉〔文政新刻俗家重宝集〕に矢立《やたて》の水が乾ない法は、味醂酒を少し入れて掻き混ぜて置くとよい。〈墨腐らぬ法〉〔万まじない調宝記〕に矢立の墨が腐らない法は、小さい唐辛子を入れて置くと久しく腐らない。

矢立の茶屋【やたてのちゃや】 高野山名所。矢立の杉がある。鍛字が池という小池があり、ここの茶店で用いる池水の徳は、閼伽井*の水と同じで、身口意は浄まり、煩悩の罪垢を滅し、往生浄土証菩提の縁となる。ここから五十丁行くと、二鳥居《ふたつとりい》があるのは高野山壇上の大明神の鳥居である。〔東街道中重宝記・七ざい所巡道しるべ〕

八咫鏡【やたのかがみ】 「かがみ（鏡）の事」ヲ見ル

夜中に余所へ行く時の守【やちゅうによそへゆくときのまもり】 〔増補咒咀調法記大全〕に「夜中《やちう》に余所へ行く時の守」を懐中すると、怪しいことはない（図510）。

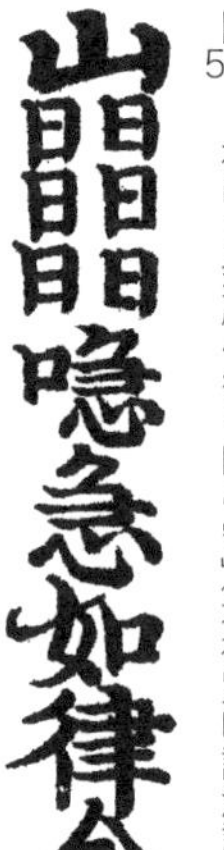

図510 「夜中に余所へ行く時の守」〔増補咒咀調法記大全〕

やっかい【やっかい】 〈何が不足で癇癪の枕言葉〉「大きい事／たくさん（沢山）［な］事、やっかい」。〔小野簒譃字尽〕

僕【やつがれ】 大和詞。「やつがれ（僕）とは、われと云ふ事」である。〔不断重宝記大全〕

やっかん【やっかん】 片言。「やつくはんは、薬鑵やくはん」である。〔不

断重宝記大全〕

家作【やづくり】「家の事」ヲ見ル

家作龍伏【やづくりりゆうぶく】「りゆうぶく（龍伏）」ヲ見ル

薬効を行かす方【やっこうをいかすほう】加減例。*〔医道重宝記〕に、薬を上へ行かすには、升麻 柴胡 防風を加える。下へ行かすには、黄栢 木通 防已を、頭や額へは川芎を、顔へは防風を、胸の間へは桔梗を、腰や膝へは牛膝を、両手へは桂枝を、瘡や腫物へは皂角刺を、それぞれ加える。

八橋煎餅【やつはしせんべい】「根元一流八橋煎餅」、〔京都の出店〕は両国薬研堀新地 八はし源七にある。〔江戸町中喰物重法記〕

やっぱり【やっぱり】片言。「矢張《やはり》を、やっぱり」という。〔世話重宝記・四〕

八ツ目鰻【やつめうなぎ】〔万物絵本大全調法記・下〕に「鱓 せん／やつめうなぎ」。〈薬性〉〔万用重宝記〕に「やつめうなぎ」は目の薬、腎を養う。

宿居【やどい】正月十六日、奉公人が主人に暇《いとま》を貰い親の家に帰って遊ぶのを宿居《やどい》という。俗に誤って「やぶいり」という。また「十六日遊び」ともいう。唐土には走百病《そうはくへい》という。〔年中重宝記・一〕

宿這入【やどばいり】「宿這入《やどばいり》」は独立して家を構えることをいう。〈音信物〉〔音信重宝記〕に宿這入〔の進物〕は、巨燵蒲団 秤 奈良茶 茶碗 吸物椀 煙草盆 行燈 盃 丸盆。これらは先でどのようにもなるので大概の値頃の物を一ツ二ツ遣る。他はこれに准ずる。

宿り木【やどりぎ】大和詞。「やどり（宿）木とは、かり（仮）初ながら枯れぬ」ことをいう。〔不断重宝記大全〕

柳【やなぎ】楊とも書く。〔万物絵本大全調法記・下〕に「楊 やう／やなぎ。総名也。春」「柳 りう／あをやぎ／しだりやなぎ。春」。〈異名〉〔書札調法記・六〕に柳の異名に、天棘《てんきょく》 鵡黄《ぶこう》 弱郎《じゃくろう》 金糸《きんし》 白綿《はくめん》がある。

柳煤竹【やなぎすすたけ】染色。〔秘伝手染重宝記〕に「やなぎすゝたけ」は、下地は浅黄に染め、その上を刈安*で両面に引き、白豆を二合程水に漬けて鉢で磨り、水を一升程入れ、木綿布でよく濾し、この中へ安墨を摺り鼠色程に見合わせ、刷毛で斑無く引き染める。

青柳茶【やなぎちゃ】染色。〔染物重宝記〕に青柳茶《やなぎちゃ》は、柳葉色がかった茶色。下染めは濃い薄浅黄にする。

柳に鞠【やなぎにまり】大和詞。〔女重宝記・一〕に「こな（小菜＝つまみ菜）にいも（芋）の汁は、柳《ななぎ》にまり」とある。〔料理調法集・汁之部〕に「柳に鞠、つまみ菜に里芋を入る也」。〈紋絵〉〔紋絵重宝記・下〕に鞠を柳の枝の抱き合わせ、或は枝に鞠二ツを吊した意匠がある。

柳葉【やなぎば】「鰌の事」及び「若鮎」ヲ見ル

柳鮠【やなぎはや】〔料理調法集・川魚料理之部〕に「柳はや（鮠）」は、叩き丸めて胡麻の油で揚げ、また焼いて大根卸し 醬油を懸けるのもよい。その他は、生臭気があってよくない。

柳本【やなぎもと】所名。丹波市へ一里八丁。この間に大和大明神《おおやまと》があり、二十二社の内である。釜の口山長岳寺が道から十丁程東にある。中山寺は本尊は観世音菩薩である。〔東街道中重宝記・七ざい所巡道しるべ〕

夜熱【やねつ】〔小児療治調法記〕に夜熱《やねつ》は、夕べに発り 朝に止む熱である。

家根葺替【やねふきかえ】〈葺替え〉〔農家調宝記・初編〕に農家は、春になると百穀を蒔く等忙しいので、冬の隙な内に昼は野山に行き茅を刈り、夜は縄を綯い、家根普請、或は葺替えも冬より春の彼岸前迄に行う。古茅は肥しにする。〈葺替え忌日〉〔諸人重宝記・五〕に葺き替えを忌む日は、春は巳・午・未・申の日（〔重宝記永代鏡〕は巳の日がない）。夏は巳・戌の日。秋は酉・辰の日（同書は寅辰の日）。冬は寅・巳・午の日。

矢の事【やのこと】〈矢の名〉〔万物絵本大全調法記・上〕に「矢鏃 しぞく／や。やさき／やじり」。〔武家重宝記・二〕に矢は、牟夷《ぼうい》が作り始めたといい、また浮游《ふゆう》が作ったともいう。矢柄《やがら》の長さ三尺、その前一尺を殺《そ》いで鏃《やじり》に、羽《は》は六寸である。矢尺は不同で一定しないが、人の長短 肥

痩により習いがある。①「矢の名所」の図がある（図511）。また、矢の種類に次がある。②尖矢《とがりや》*。③鏑矢《かぶらや》*。④鴈股《かりまた》*。⑤四目《しめ》*。⑥数神頭《かずじんどう》*。⑦一《ひと》手《て》神頭。⑧㸙《くるり》*。外に角木矢《つのぎのや》*。棒角木《ぼうつのぎ》*。的矢《まとや》*。差矢《さしや》*。繰矢《くりや》*。征矢《そや》*。中刺《なかさし》*。上刺矢《うわさしのや》*。鉼矢《びょうや》*。蟇目《ひきめ》*。篦《の》*筈《はず》*羽《は》*矯《はぐ》*などもある。〔弓馬重宝記・下〕には重複もあるが説明が付いている。⑨鏑矢。⑩笠かけの矢。⑪小笠かけ。⑫犬射蟇目。⑬一手四目。⑭一手頭矢。⑮鴈俣。⑯的矢。⑰鋒矢。⑱征矢。⑲払矢。⑳調伏之矢。㉑木ほう。

〈矢の助数詞〉〔重宝記・宝永元序刊〕に、矢一腰は四筋、一把は十六筋、また五十筋をもいう。

〈矢の羽の事〉〔弓馬重宝記・下〕に或る書に、羽は大伴挟手彦が三韓を討ち、帰朝の時 高麗より矢羽を献じ、羽の次第を極め凡そ三百余羽とあるが今は数多い。大鳥の羽は人に毒ともいう。今一般に用いる羽《は》は、○鷲を極上とし、大鳥は尾十四枚 小鳥は十二枚があり、鷲の羽を真羽《まは》というのは総名である。○鷹の羽は、鵰《くまたか》（わし）のことで、或は鶴の本白、鴻《こう》の霜降、山鳥の引尾等を用いる。○鵂鶹《ふくろう》の羽は、調伏の矢とし常用には用いず、よく飛ぶ秘事がある。○石打《いしうち》の征矢《そや》は、鷹の尾の石打の羽が強く、とりわけこれを賞する。どの鳥にも石打はあるが鷹に限る。○鴇《とう》の羽は、朱鷺《とき》の羽である。○鵠《くぐい》の羽は、世間に知る者は稀で、これは鶴の羽である。さらには両羽共に揃ったのを極上とする等、色々に名がある。別に、太刀形榴・中黒・霜降等八図が出ている。〔武家重宝記・二〕には羽本の図五十図が載る（図512）。

〈矢の根の事〉〔武家重宝記・二〕に根は的矢*に用いるのを平題《いたつき》*という。その他、尖矢《とがりや》* 鴈股《かりまた》*等品々あり、五十四図例が載る（図513）。○鍛冶は、近代 清次郎の作を珍賞するが、末裔が今に菊川にいて鏃を作る。○紀州熊野には天狗という名作者がいる。○越前の桜根口人《くちうど》という鍛冶は鴈股の名人で、関白秀次が命じて千枚作らせた関白形は最も利用に勝れる。これを同職の者が嫉み毒殺したが、今に関白形千枚鴈股と言い名物とする。○また桜には織田形《おだなり》というのがある。信長公が越前の高来根《こうらい》の世に勝れたのを称し、その一類妙工を尋ね出し、安土で切形をもって作らせたものである。当時の狂歌に「越前の高来桜つぎとめて根を絶やさじと思ふなりけり」がある。〔万買物調方記〕は「大坂ニテ矢根」上平野町三丁目平安城助信がいる。

〈矢の根抜き薬〉〔家内重宝記・元禄二〕に矢の根抜き薬は、矢の根や釘の根が胸や咽喉に留るのには、鼠の肝を取り脳に交ぜて塗る。〔大増補万代重宝記〕は、○螻蛄《けら》を続飯に擂り交ぜて付けると妙である。○瞿麦《なでしこ》を粉にして水で飲むと抜ける。嚙み砕いて塗ってもよい。〔改補外科調宝記〕は、磁石・生栗・鮫裏皮・松緑（各等分）を合せ、傷口へ余る程入れ、蒼朮の葉を蓋にして括り付けて置くとよい。〔洛中洛外売薬重宝記・上〕に「矢のねぬき御黒薬」は、黒門通下立売上ル町 とらや又市にある。釘 針 削げが立ったのに第一奇妙である。

〈矢師〉〔万買物調方記〕に「京ニテ矢師」寺町松原下ル 福井河内、同坂本や、御幸町姉小路上ル 和泉。「江戸ニテ矢師」弓町 矢師権三郎、同所 青木八左衛門、同所 福井源助。「大坂ニテ弓師弁矢師」平野町堺筋がある。〈紋様〉〔紋絵重宝記・上〕には違い矢と矢の字の意匠がある。

矢橋帰帆【やばせのきはん】 近江八景*の一。〔麗玉百人一首吾妻錦〕矢橋帰帆。和歌「真帆かけてやばせに帰る舟は今打ち出の浜を跡の追い風」。

薮【やぶ】 〔万物絵本大全調法記・上〕に「沢 たく／さわ。沢 水無きを薮やぶと云」。〔四民格致重宝記〕に百姓は大小共に屋敷の西北に薮を植えると万事に役立つ。西北に植えると夏涼しく、冬暖かく、草実もよく稔る。

薮医者と野巫医者【やぶいしゃとやぶいしゃ】 〈薮／野巫医者〉〔世話重宝記・四〕に、○薮医者は功のない医者をいい、『摩訶止観』に野巫《やぶ》とある。今の世には貧の医者を薮医者という。また田舎の医者等は薮の内に生え

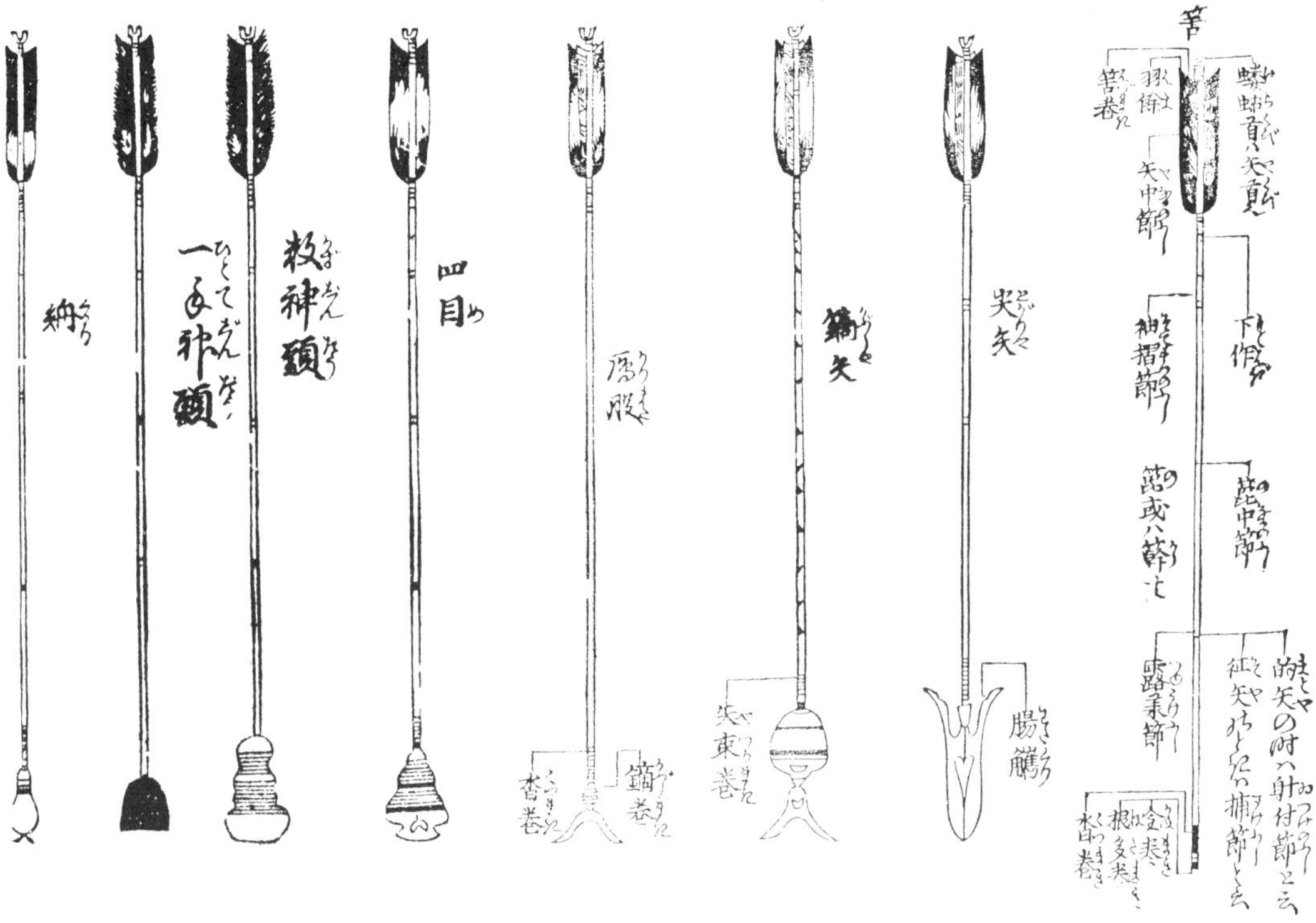

⑧　⑦　⑥　⑤　④　③　②　①

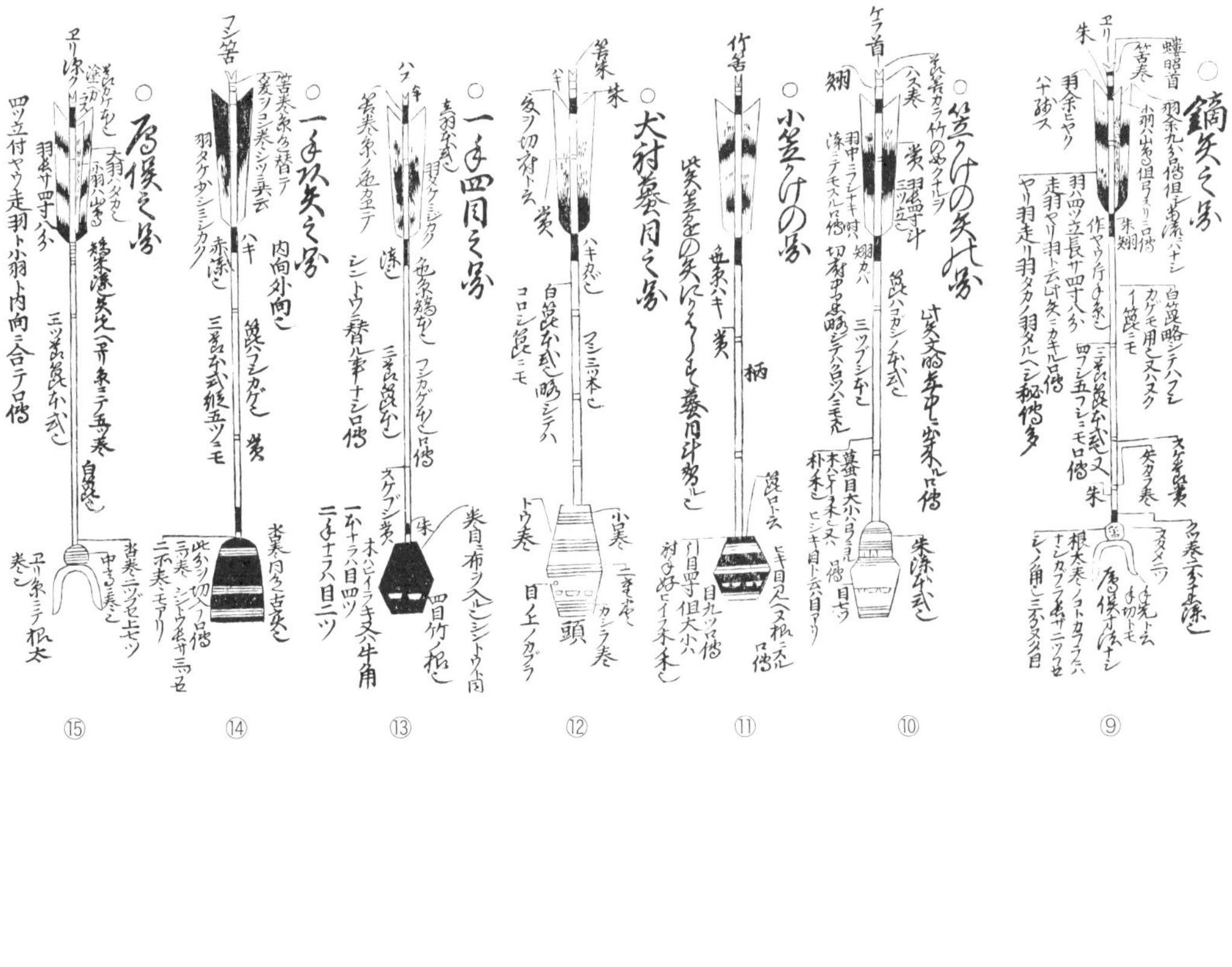

⑮　⑭　⑬　⑫　⑪　⑩　⑨

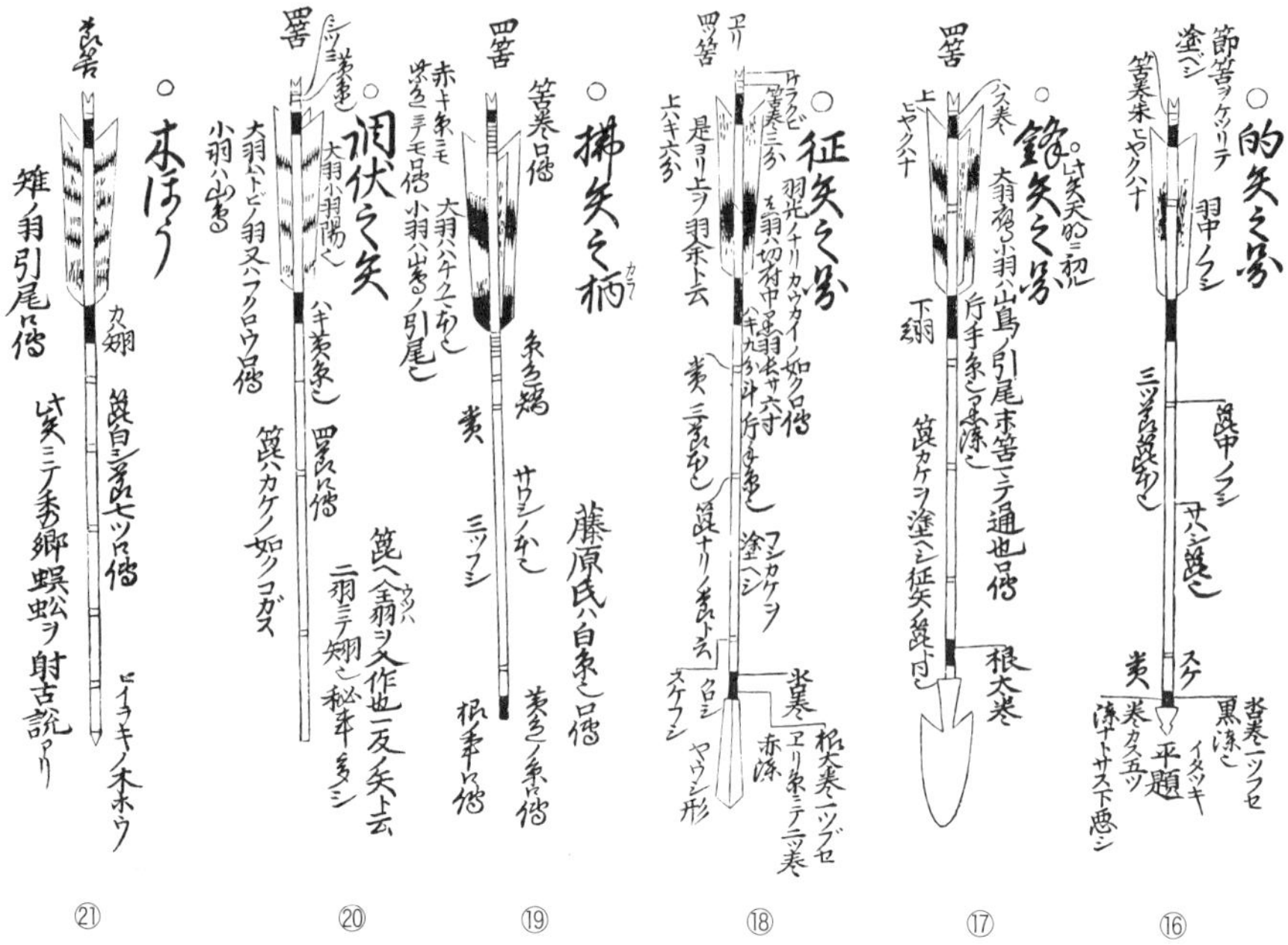

図511 「矢の名所・矢の名」
①〜⑧(武家重宝記)
⑨〜㉑(弓馬重宝記)

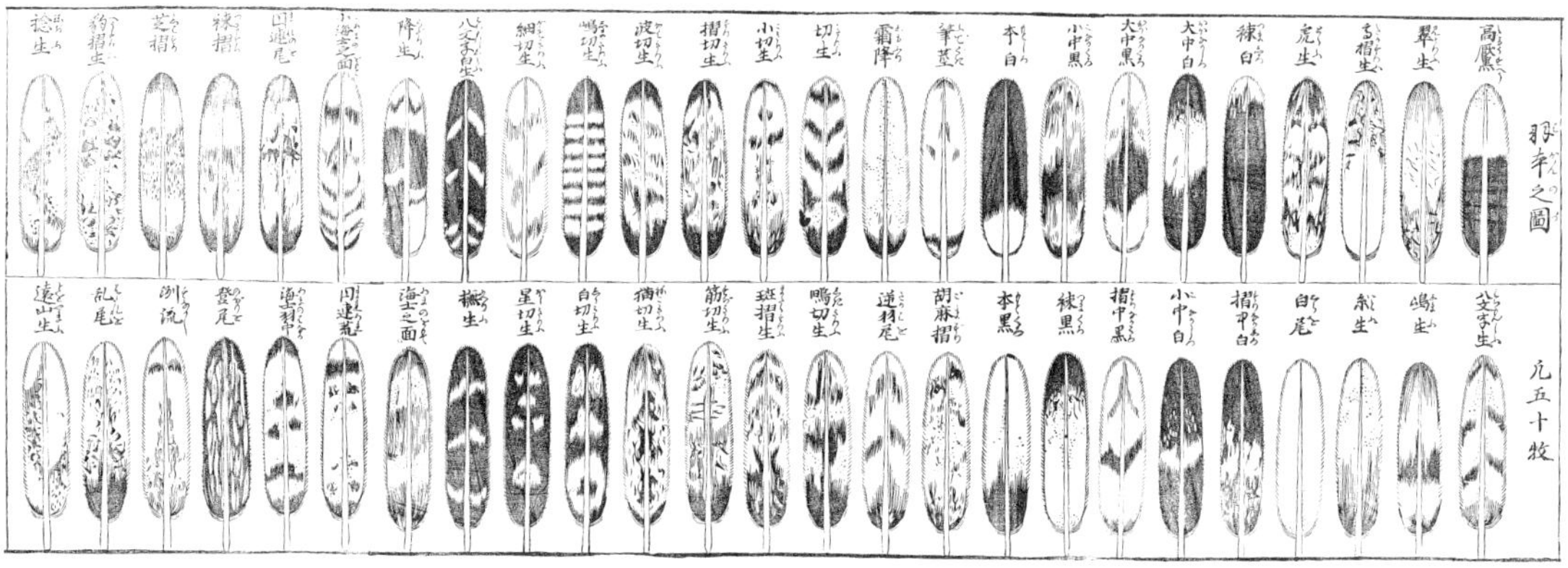

図512 「羽本の図」(武家重宝記)

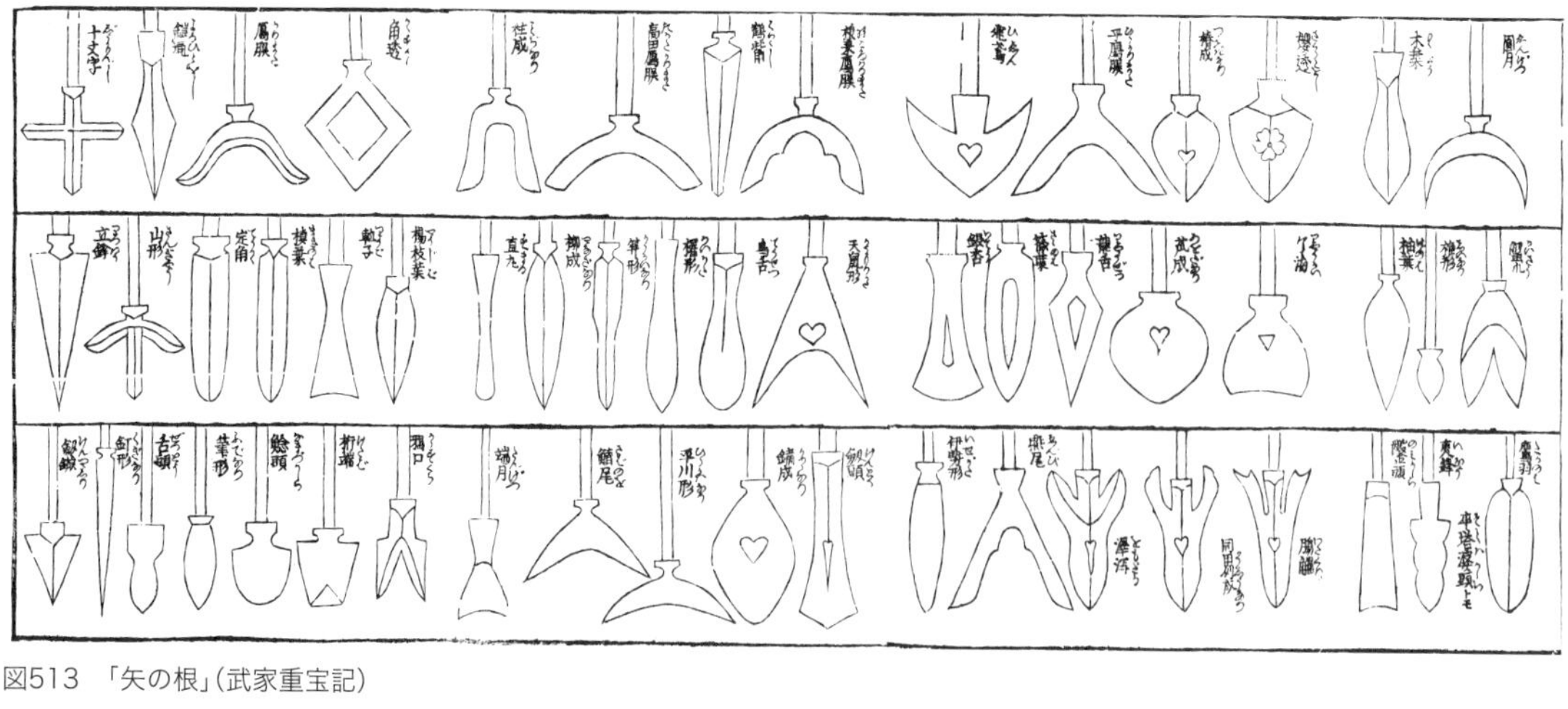

図513 「矢の根」(武家重宝記)

た和薬を採って使うので薮医者という。○野巫医者は薬をもって病を治すことを知らず、祈禱祓い等で病を退くる者をいう。野巫医者の野は卑しむ、巫は巫医として神子巫《みこかんなぎ》の類である。〔日用重宝記・四〕に下手な医を野夫医《やぶい》と云うのは、田夫 野人の医と云う意か、庸医《ようい》《つねのくすし》の義かとある。「薮に功の者」「御符祈禱人の事」、また「明医と名医」参照

養父入【やぶいり】「やどい（宿居）」ヲ見ル

蛇床【やぶじらみ】〔万物絵本大全調法記・下〕に「蛇床 じやしやう／ひるむしろ／やぶじらみ」。〔薬種重宝記・下〕に和草、「蛇床子 じやせうし／やぶじらみ。搗いて、毛を揉み去り、少し炒る」。

薮に功の者【やぶにこうのもの】〔世話重宝記・四〕に「薮に功の者」とは、薮医者*であっても、病に功手柄も間々あるという意。

薮にまんがん【やぶにまんがん】片言。〔世話重宝記・四〕に「薮《やぶ》に馬鍬《むまぐわ》を、薮にまんぐはん」という。

屋舟【やぶね】「宅神を祭る吉日」ヲ見ル

破る【やぶる】十二直*の一。暦中段。〔童女重宝記〕に破るは、斗柄相衝破する所で何事にも悪い日である。〔和漢年暦調法記〕等に凶日とするが、人に対して理屈をいい、公事 出入事、また家を破り、腫物に針を打ち、垣を破る等によい日。移徙《わたまし》婚礼 種蒔き 元服 神を祭るに凶である。

薮原より宮の越へ【やぶわらよりみやのこしへ】木曾海道宿駅*。二里。本荷九十五文、軽尻六十二文、人足四十八文。この宿は悪く、竹は一切なく、蕎麦切が名物である。美濃の落合迄は、両方生い茂った深山である。木曾道 坂を隔てて木曾川が流れ、御輿へ流れ出る大河である。この山の奥から大木 板等大分出る。名古屋から御留山《おとめやま》（動物の捕獲、林産植物の採取を禁止された山）である。吉田村 川橋がある。徳物寺村 木曾川に大橋があり、左方の寺に木曾義仲の思い者巴 山吹の古墳、在所がある。〔東街道中重宝記・木曾道中重宝記六十九次 享和二〕

夜発【やほつ】「夜鷹《よたか》」ニ同ジ

矢母羅【やほろ】〔弓馬重宝記・下〕に矢母羅《やほろ》は、箙《えびら》*又は靫《うつぼ》*にかける一種の幌《ほろ》とある。近来の物で、或は東山殿（義政公）の作意かという。紗で作り、多少を敵に見せないためのものである。図がある（図514）。

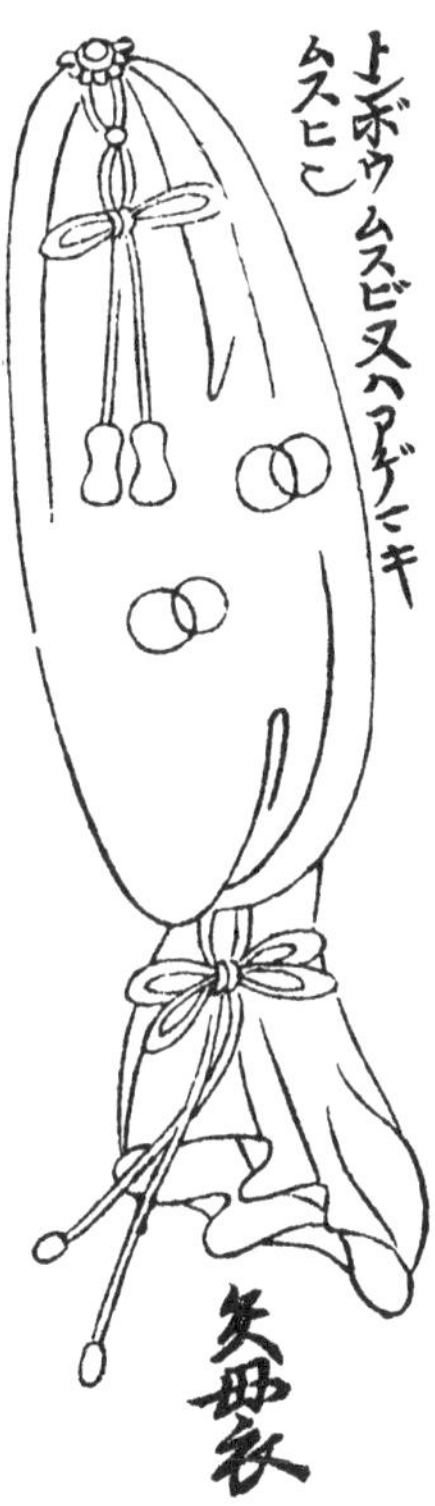

図514「矢母羅」（弓馬重宝記）

山間【やまあい】馬形名所*。〔武家重宝記・五〕に山間《やまあい》は、両耳の間をいい、頭髪《ずかみ》の高毛を残す。山間の毛とも 頭巾髪《ときんかみ》ともいう。作らないのを野髪《のかみ》、眼隠《まなかし》等という。

山秋沙【やまあいさ】〔料理調法集・諸鳥人数分料〕に山秋沙《やまあいさ》は、風味はあいさ（秋沙）*同前であるが、真鴨より大きい鳥もいる。

起脹【やまあぐる】〔小児療治調法記〕起脹《やまあぐる》は、出瘡《でそう》*後の症で、痘瘡*の発病後九日頃から紅点を見《あらわ》して三日後、先に出るものがまず起脹し、後に出るものがその後に起脹する。根窠《ねまわり》は紅く 肥満光沢があり、面目漸く腫れ、期によって貫膿《みずもる》*する。○大小の二便は常のようで、他症のないものは療治することはない。起脹しないもの、或は元気がなく毒を送ることのできないもの等には保元湯*を用いる。

○「起脹三日に生死を決する例」。起脹の時になり（以下も）根窠が全くなく、起脹せず頭面皮肉紅く腫れ、瓢瓜状のもの。痘の頂が皆黒くその中に眼があり 針の穴のように紫黒のもの。総身の痘が陥み 伏して起脹しないもの。腹中が膨張して飲食しないもの。腰腹が痛み 総身の紫

点が蚊虫が咬むようで、全く起脹しないもの。黒く陥み悶乱し神気昏暗するもの。以上は必ず死ぬ。六日の内に痘が猶紅紫、頂に満ちるものは即死する。

○痘が六七日で陥み、起脹せず黒色で気が絶えそうで貫膿しないのには、穿山甲*を湯に泡《ほとば》し浄め、黄色に炒り末（粉）して毎服五分、木香湯或は紫草湯*で用いる。酒を入れると更に妙である。但し、瀉するのには用いない。○起脹が出て不快なのには、川芎・肉桂を加え、蟬蛻・牛房子・人牙・紫草を禁ずる。○小便の赤いのには、大腹皮・茯苓を加え、車前子・滑石・瞿麦・山梔子を禁ずる。短く渋るのには、大腹皮・木通を加え、滑石・瞿麦を禁ずる。○大便が溏《たる》すれば、白朮・茯苓・肉豆蔻を加え、猪苓・訶子・竜骨・凡石を禁ずる。実秘には用いない。○「起脹の諸薬」には百祥丸*宣風散*保嬰百補湯*がある。

山嵐餅【やまあらしもち】菓子名。山嵐餅、上ながし物、中黄ながし物、下羊羹。〔男重宝記・四〕

病犬に咬まれた時の治法【やまいいぬにかまれたときのじほう】病犬《やまいいぬ》*は、「やまいぬ」*ともいう。〔骨継療治重宝記・中〕に病犬《やまいいぬ》に咬まれた時の治法に二方がある。①『千金方』を引き、春夏始めの間犬は多く狂いを発する。尾が直に下り巻かず、口中に涎を流し、舌の黒いのは狂犬《やまいいぬ》で、その傷《やぶれ》を受けたら必死の患いとなる。急に鍼を刺して血を去り、人の小便で洗い浄くし、胡桃殻半片を用い人糞を塡め満し、瘡《きず》の上に捲艾をつけて灸する。殻が焦がれ糞が乾く時換え、灸百壮に至り、次の日また百壮し、三五百壮に至るのを良とする。②『医学綱目』を引き、風狗《やまいいぬ》が咬み傷れば、まず口に漿水を含み洗い浄くし、或は熱い人尿を注ぎ生薑を嚙んで擂り塗り、また葱白を咬み爛らして塗り、また杏仁を嚙み爛らして付け、帛で縛り締める。或は馬蘭根と同じく削り細かくして総湯で洗い、後に塗って最も妙である。もし、患者の頂きの真中に一ツの紅い毛があれば抜き去る。「狂犬に咬まれた時の治法」モ見ル

病狼に食われた時の薬【やまいおおかみにくわれたときのくすり】〔調法記・四十5〕に病狼《やまいおおかみ》に食い付かれた時の妙薬は、杏仁を擂鉢で赤くよく擂り味噌のようにして、疵口より一回り広く、中は薄く付ける。疵口には湯水を忌む。この法は弘法大師による。

やまいぬ【やまいぬ】「病犬《やまいいぬ》*は、やまいぬ」。〔小野篁謔字尽・かまど詞大概〕

犲【やまいぬ】〔万物絵本大全調法記・下〕に「犲 さい／やまいぬ。犲。同」。〈犲の咬治薬〉〔新撰広益妙薬重宝記〕に瘈犬《やまいぬ》に嚙《かま》れたのを治す妙薬は、黄柏《きわだ》と鉄砂を合せ、度々付けると毒は速やかに取れて治る。

病の事【やまいのこと】〈病異名〉〔書札調法記・四〕に病の異名に、不例不予不平違例違和《いか》台体《いたい》煩《わずらい》所労痼疾少乖采薪之憂がある。

〈病を療治する吉日〉〔重宝記永代鏡〕は息災日*延命日*加護日*生気日*に、病を療じ薬を飲み始めるとよい。

〈一切の病を除く法〉〔新撰咒咀調法記大全〕に正月朔日、二月二日、三月三日のように、月と日の重なる日に、枇杷の葉を煎じて沐浴すると病状を除き顔色を麗しくして諸病を発しない。〔永代調法記宝庫・五〕は、病を悶わぬ日は巳の日を嫌う。病を見ない日は、戌の日である。

〈呪い〉〔万まじない調宝記〕は小児の頭の顋門《おどり》へ朱で「天灸」の二字を書くと、一切の病を逃れる。〔増補咒咀調法記大全〕に「長き病気止るに呑む符」がある（図515）。

図515 「長き病気とどむるに呑む符」〔増補咒調法記大全〕

〈病み着きの日時で軽重を知る〉〔重宝記永代鏡〕に、○「子の日」に病み着いた病は、男は重く女は軽い。○辰の時（八時）に病み着いたら巳

（十時）酉（十八時）の時が大事である。女が辰に病み着いたら巳酉の時から軽くなる。東の方の人を呪った罪が少しある。首の病なら子（北）卯（東）寅（東北東）の方の男の恨みである。○「丑の日」に病みついた病は、男は重く女は軽い。大将軍*の方の祟りか氏神の咎めである。また水神の咎めがある。いずれ神を祈るとよい。丑（北々東）の方の女の思い詰める恨みもある。祈るなら酉の日からがよい。○「寅の日」に病み着いた病は、男は重く女は軽い。神の咎めで病は手足の患いである。祈ると午（十二時）未（十四時）の時から少しずつよくなる。西か東の方の女の恨みがある。○「卯の日」に患い着いた病は、男は軽く女は重い。母方の氏神の咎めである。神を祈れば未の日の戌（二十時）からがよい。東か西の方の僧の恨みもある。病は腰にある。○「辰の日」に病み着いた病は、男は重く女は軽い。南の方土公神*の咎めである。申か子の日の亥（二十二時）子（零時）の時から少しずつよくなる。○「巳の日」に病み着いた病は、男は軽く女は重い。山の神の咎めがある。氏神の祟りもある。南の方の女の呪いの罪である。九日過ぎて少しずつよくなる。○「午の日」に病み着いた病は、男は重く女は軽い。荒神の咎め、また母方の霊の恨みがある。神を祈ると子戌の日、寅（四時）亥（二十）の時からよくなる。病は胸腹にある。○「未の日」に病み着いた病は、男は軽く女は重い。山の神の咎め、また母方の霊の恨みがある。神を祈ると亥丑の日の未（十四時）の時からよくなる。また悪くなるのもこの時である。打ち捨て置くと長引く。片身の病である。○「申の日」に病み着いた病は男は軽く女は重い。氏神の咎めと丑寅（東北）の方の男の呪いの仕業である。神仏を祈ると子の日からよい。また東南の方の地の事に付き人の恨みがある。○「酉の日」に病み着いた病は、男は重く女は軽い。人の地について人の恨みがある。寅（四時）の時が大事である。女は巳（十時）の時からよい。満身の病である。○「戌の日」に病み着いた病は、男は軽く女は重い。南の方の神の祟りである。家に付いた女の恨み、又は僧の呪いの罪である。南の方天満宮を祈ると戌亥の日から少しずつよくなる。病は手足である。○「亥の日」に病み着いた病は、男は軽く女は重い。東か辰巳（東南）の方の祟りである。丑寅の日、丑（二時）寅（四時）の時から少しずつよくなる。悪くなるのもこの時からである。〔万民重宝改正大ざつ書〕にも同趣の記事がある。

〈病の気〉〔重宝記・幕末頃写〕に「病の気を見て吉凶を知る」には、○病の気は煙が段々に切れて昇る。必ず病人がいる。○棟に留まって上らないもの、また家の軒を巻き返しするのも病の気である。○午（十二時）の刻に家の棟を左巻きすると家内に逆心者がいると心得よ。「鬼《たゝり》疾《やまひ》邪《つきもの》瘧《おこり》を除く法」*モ見ル。

〈唐尺の事〉*〔文政新刻金神方位重宝記〕に「病」の寸に中れば、家に病人が絶えず、災いが多い。八卦では、病は絶命である。

山蔭汁【やまかげしる】〔料理調法集・汁之部〕に山蔭汁に二方がある。①出汁に生だれを加え、雉子を入れて仕立てる。つまは山の芋、青海苔などがあり、次第に入れる。②雉子をどのようにも切り、酒をひたひたに入れ酒気のない程に煮る。塩を入れ、汁が軽る過ぎれば醤油を加える。出汁は少しも入れない。

山かけの毛【やまかけのけ】「うけがい（受飼）」ヲ見ル

山かづら【やまかずら】「山かづら」は、山の続いていることである。〔消息重宝記・四〕

山形【やまがた】〈紋様〉〔紋絵重宝記・上〕に①「山形」の字と入山形の意匠。②山形（内に富士と藤花下り二種）。③山形くるす、等がある。

山川【やまがわ】大和詞。「山川とは、しげ（繁）き思ひ」をいう。〔不断重宝記大全〕

山川酒【やまかわざけ】造り様。〔昼夜重宝記・安永七〕に山川酒は、上白米

（一斗酒飯のようによく蒸す）、白ね糀（八升）、水（八升）を半切に入れてよく掻き合せ、一日に二度ずつ掻く。よく沸いた時、壺でも桶でも入れて蓋をして置くと大泡が出、その後に細かな泡が出、沸き上る。沸き静まった時、上白米（一斗前のように蒸す）、糀（八升）、水（八升）を又入れる。この添え懸けをして、夏は三日程で大方よい。夏は酸い味が出るが、その時から灰を少し加えるとよい。〔料理調法集・料理酒之部〕に山川酒は、上白糯米（一斗強飯にして冷ます）、酒（一斗三升諸白で造るとよい）。強飯を酒に入れ、よく揉み合わせて桶に入れ、風を引かないようによく包み、二三日程置き、その後は度々揉み合わせ、二十日程置くと甘味が増す。挽き濾して遣う。三月以後は粳米で造るのがよく、糯米は酸味が出る。

山川の里【やまがわのさと】 大和詞。「山川のさととは、のち（後）くやしき（悔）を云」。〔不断重宝記大全〕

山晃【やまげり】〔料理調法集・諸鳥人数分料〕に山晃《やまげり》は稀なもの故、出る時分を知らない。自然に出ることもある。

山胡椒【やまごしょう】〔胡椒一味重宝記〕に山胡椒は、白瑞香の一種で葉は円く長く裏は白く、花も白く、実は胡椒のように大きい物である。武州道滝山中、大和、甲州の山野にある。

山牛蒡【やまごぼう】〔薬種重宝記・下〕に和草、「商陸 しやうりく／やまごぼう。鉄を忌む、泔*《しろみず》にて洗ひ 皮を去る」。〔諸人絵約重宝記〕に山牛蒡を庭へ植えて置くと二月頃から芽を吹き、段々に成長し、夏になると葉が茂り、覆い重なる。その時下葉から摘み切って汁の実にする。爪で引き裂き 塩で揉み 水に晒して用いる。庖丁で切るとえごみ（蘞）が出て食し難い。二本も植えて置けば汁の実に事欠くことはなく、その上水を利す効があるので常に食してよい。

山崎【やまざき】 名所。山崎には離宮八幡宮があり、山崎の鳩の峯という。財寺《たからでら》がある。淀*へ行かず直に八幡へ行くには狐川を渡る。淀に行くには半里の回り道であるが、有名な（淀城の）水車を見るために行く。淀へは一里である。〔東街道中重宝記・七ざい所巡道しるべ〕

山崎道【やまざきみち】 京師間道*の一。〔万民調宝記〕に山崎道は、東寺*の南唐橋を過ぎて、山崎にかかり、芥川 郡山を過ぎて、摂州に出る。

山鴫【やましぎ】〔万物絵本大全調法記・下〕に「竹鶏 ちくけい／やましぎ」。〔料理調法集・諸鳥人数分料〕に山鴫は、冬のもので汁 煎鳥にして三四人前である。脂もあり、料理に使い、まことによい物である。

山階寺【やましなでら】「こうぶくじ（興福寺）」ヲ見ル

山科社【やましなのやしろ】 城州、山科《やましなの》社は、醍醐帝の外祖 宮道氏《みやちうじ》の夫婦の霊を祀る。勧修寺家の祖廟である。〔農家調宝記・二編〕

山科餅【やましなもち】 菓子名。山科餅。粳《うる》の粉七分、糯《もち》の粉三分、砂糖蜜百匁、溜り・山椒の粉少しを入れて蒸す。〔菓子調法集〕

山路の露【やまじのつゆ】『源氏物語』の「夢の浮橋」巻の続編。〔麗玉百人一首吾妻錦〕に「山路の露」は薫の大将が浮舟の君に会うことを記しているという。「六十帖《ろくじゆうじょう》」参照

山路の時鳥【やまじのほととぎす】 大和詞。「山ぢ（路）の時鳥とは、行やらぬを云」。〔不断重宝記大全〕

山路餅【やまじもち】 菓子名。山路餅、上 ながしごま、中 山の芋入り、下 羊羹。〔男重宝記・四〕

山芍薬【やましゃくやく】 草花作り様。山芍薬の花は白、薄色。土は、真土に肥土を等分に用いる。肥しは荏の油糟を秋冬に少しずつ用いる。分植は二月の末より四月中旬迄にする。これは消え安く、戸田谷より毎年移して来たのがよい。〔昼夜重宝記・安永七〕

山衆の事【やましゅのこと】 山衆《やましゅ》は色茶屋の娼女を言う。但し、後には広く私娼も言った。〔茶屋諸分調方記〕に次がある。

〈奉公に出る事と仕込み〉渡世 暮しに詰まる人が娘を色奉公に出すより外はなくなり、娘が肝入奉公人の家に連れられ（当分の銀を渡して我が直の奉公人とする事もある）、毎日二三度行水させ 眉作り 着類も借り整え 見よげになし、奉公に出す迄抱えて置く。初心の娘は肝入の所にいる間に出入の若者を頼み、新鉢《あらばち》を割らす。「水揚（みずあげ）」参照

〈奉公人の給銀〉娘を奉公に出す時、茶屋の嬶（花車）を呼んで見せ、気に入ればその場で決める。突出し初心の娘を三年切って給銀百目の時、着類は全て親方よりする。この分銀二十匁で、内十匁は奉公人から出し、残り十匁は抱えた親方から出す。この両分の一を肝入が取り、奉公人の親が九十匁かけ取る。娘が肝入の所にいた間の飯米代一日五分を引き落し、親の取り分は僅かとなる。

〈一年切の奉公人〉百匁の時は、半銀と言って当分五十匁を渡し、内十匁を肝入が取り、残る四十匁を奉公人が受取る。この四十匁から着類等万事の拵えをし 親兄弟等の合力もする。肝入へは抱えた親方からも十匁を出し都合二十匁を受け取る。一年切の奉公人が半期勤めて出る時は、肝入は始め浮け取った分銀の半期分を親方へ返す。年期を勤め終えた時は給銀の残り半銀を親方より奉公人へ渡す。半期 或は一年切の契約で気に入らず半分で止めたり、或は病気や自分の都合で勤めを欠く時は、日算用で算用する。**〈奉公の定め様〉**娘の奉公 或は給銀、親方よりの借用銀等の扱いは必ず手形を取って念を入れる。馴染みの客が茶代を払わない時は、山衆の給銀の内から払う等のこともある。

〈山衆 上・中・下女の見分け方〉○上女は瓜ざね顔面長 鼻筋通り 顔は桜色 目元は細からず太からず 髪は黒々として嫋やか 姿も嫋やかで腰は太からず 肉付も太からず細からず 物言いも豊かで忙しからず 愛敬があり 心も素直 立居振舞いも静かで淑やかである。これらの人は上開 羨ましい限りの床をする。○「中と下の玉門有どころ 中だん下だんに有。けいだいひろくそこひろびろと取しめなく…」、以下は省略。

〈山衆の男目利き〉遊び男は親爺から息子迄、立場やその日の事情によって遊び方も変る。山衆が男目利きするにも上・中・下の見分け方がある。○上の客と見る時は、つかつかと側へ寄り、のっしりと急かず手など握り、上れとも言わず往なしもせず、ぐじぐじするも異なもの、心ある客は 口言葉いらずつかつかと上る。○中の客と見る時は、山衆の尻に石臼が着いたのか動きもせず、ようござんした上らんせんかと云う、めでたい客はそれでも喜んで上る。少し行き過ぎた方は、上らんせんかの字を咎めて客にならないくせに、立ちながら弄る者がある。ありそうなことである。○下の客が門口へ入ると、山衆は暫く物も言わず、朋輩と頭から嬲《なぶ》り、「の、字言葉」「しの字言葉」で物言う。「の、字言葉」は「らちのあかぬ客」というのを「の」の字を入れて、らのちのあのかぬきやのくの と囀るのをやたらとおかしがり、自分の事とは知らず、却って覚え習いたいと言うのもうるさい。その後の座敷の事、歌 浄瑠璃、三味線の事、床入りの前後の事、茶屋の事等の記述もある。

〈一日一夜の揚げ詰め幷泊り代〉お山を一日駕籠に乗せて名所を遊山して茶屋に帰り、盃に吸物、床取り 夜明け迄のお山の花代ばかりが十五匁。他に酒礼代を茶屋が取る。或は、夜更けて客が帰らず茶屋に泊る代銀は六匁で、この内に酒礼もこもる。

山城【やましろ】京。山州、城州、雍州ともいう。〔重宝記永代鏡〕には乙《おと》訓《くに》 葛野《かどの》 愛宕《おたぎ》 紀伊 宇治 久世《くぜ》 相良《さがら》 綴喜《つづき》の八郡。城下は二条、伏見、淀。一ノ宮は加茂である。〔万民調宝記〕には居城知行高を、京・小笠原佐渡四万五千石、淀・石川主殿六万石。〔大増補万代重宝記〕には上管。大上々国、南北百余里、田数八千九百六十一町、知行高二十一万六千七百石。〔重宝記・幕末頃写〕には珍跡多くあり、種生百余、味甘し等とある。今の京都府東南部にあたる。

〈名物〉〔万買物調方記〕に六丁余に渡って記載があり、文物・工・農等、生活全般の一大生産地である。抄例、洛陽典薬頭の屠蘇白散。延寿院の延齢丹。二条通の薬種。琵琶・琴・三味線等楽器、品々。和本印板の書物。白粉。金銀銅の飾り細工物。大原の薪（黒木）。小野炭。西山の心太。悲田院の藺金剛。三条の袈裟衣。坊門の茶筌・御綸旨紙。六条の仏具・加留多。九条の真桑瓜。室町の塗葛籠。丹波織の絹紡。山崎油。南蛮酒等。絹縮み。塗長持。挑灯。雪駄。畳大工。大徳寺の蒸素麺。竜安寺山の松茸。淀川の鯉など。宇治川の鰭子・氷魚等。蜜柑・橙等。

山菅【やますげ】大和詞。「山すげとは、ぜうがひげ（尉鬚 麦門冬）」である。〔不断重宝記大全〕

山田【やまだ】伊勢道中宿駅*。度会郡沼木の郷 山田の原で、ここから外宮参詣に二道がある。一の鳥居から参詣するのを本式とする。勅使 上使は一の鳥居から参入する。北門《きたみかど》は町から道程が近いので参詣人が多いが、近所の人はともかく、遠国からの参詣人は必ず一の鳥居から参詣すべきである。山田から外宮へ参詣する道の左右に一の鳥居まで灯籠が夥しくあり、皆木製で石や金《かね》はない。〔東街道中重宝記・七ざい所巡道しるべ 一〕

山高【やまだか】〔新撰農家重宝記・初編〕に山高《やまたか》は、全村入会の山で、山高を受け 年貢を納め、村高《むらたか》に結ぶものをいう。即ち、村中入会の山から収益に応じ、本途なみの年貢を出す事をいう。

山田五香湯【やまだごこうとう】〔重宝記・礒部家写本〕に山田五香湯は小児の諸病に用いる。川芎・黄芩・黄連・大黄・茯苓・肉桂・生地黄・河骨・檳榔子・丁子・桂心・甘草・人参（各等分）を振り出し、又煎じる。

山立【やまだち】「やまだち（山立）とは、おひはぎ（追剥）の事」である。〔消息調宝記・二〕

やまづみ【やまづみ】「おに（鬼）」ヲ見ル

大和【やまと】和州。〔重宝記永代鏡〕には添上《そうのかみ》 添下 平郡《へぐり》 広瀬 忍海《おしのうみ》 葛《かつらぎ》上《のかみ》 葛下 宇治 吉野 宇多 城上《じょうのかみ》 城下 高市《たかいち》 十《と》市《いち》 山辺《やまべ》の十五郡をあげ、城下は郡山 高取。一ノ宮は三輪である。〔万民調宝記〕には居城知行高を、郡山・本多下野十二万石、宇多・織田伊豆三万千二百石、高取・植村出羽二万五千石、小和泉・片桐主膳一万二千石、奈良・永井靫負一万石とある。〔大増補万代重宝記〕には上管、大上々国。南北百余里、田数七千五十五町、知行高四十四万四千百三十石とある。〔重宝記・幕末頃写〕には南北百余里、山陵、名所旧跡が多い。今の、奈良県にあたる。

〈名物〉〔万買物調方記〕には一丁分弱の記載があり、世に「大和国中に出る名物は八百八色」という。奈良晒。縮み。具足。鐙。暦。油煙墨。塗り桶。膠。饅頭。飯鮨。東大寺の蘭奢待。興福寺の銀杏。春日山の櫟。西大寺の豊心丹。法隆寺の沈水香。吉野漆・葛・柿・杉原。延紙。鮎の日干し。釣瓶鮨。竜田合羽。三輪素麺（太いのを賞翫）。郡山の繰り綿。高山茶筅。山の辺米。蚕豆など。

日本武命【やまとたけのみこと】〔大増補万代重宝記〕に日本《やまと》武命《たけのみこと》は景行帝の太子で、西征 東伐して夷国を平げた。天に昇り世を捨てて、その霊は神となったという。

大和守頼近世葉【やまとのかみよりちかせいよう】諸氏名字。〔筆海重宝記〕に大和守頼近世葉 大和源氏は、石川 宇野 柳津《やなぎつ》 沢田《さわだ》 成田 大森 小富《ことみ》 土方《ひじかた》 坂地 河尻《かわじり》 源《げん》 福原 広瀬 宇川十七名字が出ている。

大和の三山【やまとのさんざん】所名。畝傍山* 耳無山* 天香具山*を大和の三山という。大和の国央《くになか》にはこの外に山はない。〔東街道中重宝記・七ざい所巡道しるべ〕

倭姫【やまとひめ】和国賢女。〔麗玉百人一首吾妻錦〕に次がある。垂仁天皇第三の皇女。生れ付き端正にして賢徳備わり 世に並びない皇女で、垂仁帝即位二十三年 天照太神の御告げに従い 鎮座の地を諸国に求め、太

田命の指図で伊勢国渡会郡五十鈴の川上に鎮座させ、自らは斎宮《いつき》に備わり、太神宮に宮仕えした。伊勢の斎宮はこの姫宮より始った。

大和焼【やまとやき】〔料理調法集・焼物之部〕に大和焼は、鯛を常のように洗い塩なしに蒸籠に並べ、火を強くして三時（六時間）程蒸し、一夜留め 翌日冷めたのを挟み、串に薄く平たく刺し口から両方の腮へ通し、尾筒の所で結ぶ。つけ焼きにして出す。

山鳥【やまどり】〔万物絵本大全調法記・下〕に「山雞 さんけい／やまどり。山雉 さんち」。〈薬性〉〔永代調法記宝庫・四〕に多食は痔の毒、蕎麦と同食を嫌う。〈料理仕様〉〔諸人重宝記・四〕に山鳥は、汁、焼き鳥。この外色々、雉子に同じ。〔料理調法集・諸鳥人数分料〕には雉子同前であるが、雉子よりも人は嫌うものの、雉子が切れた時は遣っても苦しくはない。雉子も山鳥も夏は遣わない。

淫羊藿【やまとりぐさ】〔薬種重宝記・上〕に唐草、「淫羊藿 いんやうくわく／やまとりくさ。葉の四方を挟み、一夜酒に浸し、焙る」。

山鳥の尾【やまどりのお】 大和詞。「山どりのをとは、へだて（隔）あるを云」、また「ひとりね（一人寝）」をいう。〔不断重宝記大全〕

山とろろ【やまとろろ】「とろろ草」ヲ見ル

山中越【やまなかごえ】 京師間道*の一。〔万民調宝記〕に山中越は、北白川より比叡山中腹にあるこの地の山路を経て、江州大津へ通う道である。白川越・志賀越ともいう。

山名宗全【やまなそうぜん】〔大増補万代重宝記〕に山名宗全《そうぜん》は初名持豊。嘉吉年中（一四四一～四四）に赤松満祐が足利義教公を弑《しい》し、播州に走る。持豊は諸将と満祐を誅した。その後、故あって細川勝元と戦うこと数年、互いに勝敗があった。応仁の乱である。

山名時氏【やまなときうじ】〔大増補万代重宝記〕に山名時氏《ときうじ》は源尊氏*の士である。所々に軍功多く、一旦南朝に属して足利氏と戦うこと数年、その後また官軍を去り、武臣となった。建徳二年（一三七一）、六十九歳没。

山鳴る日【やまなるひ】〔永代日暦重宝記・慶応元写〕に「山鳴る日」は山の鳴動する日をいう。大の月は十一日、二十六日、二十七日。小の月は五日、七日、十八日。

山の芋／薯蕷【やまのいも】〔万物絵本大全調法記・下〕に「薯蕷 しよよ／やまついも。又やまのいも」。〈異名〉〔書札調法記・六〕に薯蕷《やまのいも》の異名に、藷薁 山藷 児草がある。『書言字考節用集・六』に「薯蕷 やまのいも（山芋）／ながいも。山薬、玉延 並に同」とある。〔薬種重宝記・下〕に「藷蕷 しよよ。山薬 さんやく」。又「山薬《さんやく》。和薬 やまのいも。豊前の小倉よし。鉄を忌む、湯にて洗ひ、刻み、焙る」。〈薬性〉〔医道重宝記〕に山薬《さんやく》は甘く平、脾を理《おさ》め 中《うち》を補い 腎を益し 精を固くし 熱を退け 瀉を止む。泔《しろみず》*に一夜浸し よく洗い 刻み焙る。鉄を忌む。〔永代調法記宝庫・四〕には物忘れや労瘵にもよいとある。〈拵え様〉〔世界万法調法記・下〕に山芋の拵え様は、山芋を布の布巾に巻いて皮を剥くと滑らずどのようにも剝け、その後酒塩に浸けて置くとどれほど煮ても砕けない。〈結び様〉〔料理重法記・上〕には薯蕷を料理に遣う時結んで出すには、薯蕷の皮をよく取り細かく切り 辛い塩水に三時（六時間）漬けて置き、これを取って結んで後、よく水に漬けて塩気を出し 煮て出す。〈食合せ〉〔家伝調方記〕に山の芋に鰻を食うと胃の腑が破れ声が出ない。〔世話重宝記・四〕に「薯蕷が鰻になる」というが、無情の草木が海中の鰻になるべき理はないものの、物皆変化の理があるので偽りとも言い難く、「腐草が化して蛍」となり、「小麦が化して蝶」となることは歴然である。荒和布《あらめ》が久しく雨滴《あましたたり》に潤うと蛭《ひる》になるのを目のあたりに見たこともある。変ずる物は化し、化する物は変ずる習いなので、薯蕷が鱣に化することは不審ではない。ある人の軽口に、皮草履を履いて遠路へ行き帰ると長刀《なぎなた》になる。皮草履が長刀になれば、薯蕷も鰻になる。

やまのがけ【やまのがけ】 片言。「山のがけ、碓がけ」である。〔不断重宝記大全〕

山の神【やまのかみ】 **〈山に居て山を支配する神〉**〔永代日暦重宝記・慶応元写〕に「山神腹立日の事」がある。正・五・九月は辰の日。二月は巳の日。三・七・十一月は戌の日。四・八・十二月は未の日。六・十月は丑の日。この日は決して山へ行ってはならない。

〈伊勢の地名〉〔東街道中重宝記・七ざい所巡道しるべ〕に山の神は、伊勢参宮で内宮宇治橋*の東の山の麓にある。ここを岩井田山という。左方に朝熊《あさま》へ行く道がある。この辺に飴を売る者が多く、美味、名産である。山の神から宇治橋に出て下向する。

〈夫から老妻の称〉〔女重宝記・一〕に、所帯を持ってから年経て、多く心持の悪くなった妻を、下様《しもざま》では夫に山の神、蛇轆轤首《へびろくろくび》*と言われる。

山畠の検地【やまばたのけんち】〔四民格致重宝記〕に山畠の検地は、登りさまに打つと歩積が多くなる。下りさまに打つとよい。見分ばかりで歩を積ると、大きい相違が出る。

山鳩【やまばと】〔万物絵本大全調法記・下〕に「青鳩 せいきう／やまばと／きばと」。〔料理調法集・諸鳥人数分料〕に山鳩は、生鳥は当地にはない。自然に出るが、専ら遣う程はない。風味はよいものである。塩鳥が日向（宮崎）より来る。一名、尺八。

山彦【やまびこ】 大和詞。「山びことは、こだま（木霊）を云」。〔不断重宝記大全〕

山人【やまびと】 大和詞。「山びととは、仙人の事」。〔不断重宝記大全〕

山ぶき【やまぶき】 大和詞。〔女重宝記・一〕に「ほし大こんによめな（嫁菜）は、山ふき」、〔万代重宝記・安政六頃刊〕に「鮒を山ぶき」。『日葡辞書』に「Yamabuqi. Funa（鮒）に同じ」又「日本酒の白酒」とある。

山吹【やまぶき】〔万物絵本大全調法記・下〕に「棣棠 ていたう／やまふき。春」。**〈草花作り様〉**〔昼夜重宝記・安永七〕に山吹の花は黄色、八重、一重があり、白色は稀である。三月に咲く。土は真土に砂を用いる。肥しは雨前に小便を少し根に注ぐとよい。分植は春と秋にする。

山吹和え【やまぶきあえ】〔料理調法集・和物之部〕に山吹和えは、鮒の身を子で和える。また、作意により玉子の黄身ばかりを煎り、水嚢で漉し鱚《きす》細魚《さより》の類を作り、少し酢をしまして和えるのもよい。上置きは生姜、防風などがよい。

山吹蒲鉾【やまぶきかまぼこ】〔料理調法集・蒲鉾之部〕に山吹蒲鉾は、常の擂身三分に煮抜玉子の黄身七分を擂り合せ、常のように漬けて蒸す。

山吹草【やまぶきそう】 草花作り様。山吹草の花は白、黄、四紫《こんう》の色がある。土は肥え土に真土を加える。肥しは魚の洗い汁がよい。分植は三月中にする。〔昼夜重宝記・安永七〕

山吹摘み入【やまぶきつみいり】〔料理調法集・鱧餅真薯之部〕に山吹摘み入は、摘み入*に擂り合せた身に、煮抜玉子の黄身を色よい程に擂り交ぜ、常のように取る。

山吹餅【やまぶきもち】 菓子名。〔男重宝記・四〕に山吹餅は、上ながし物、中羊羹、下しめし物。〔菓子調法集〕に山吹餅は、伊賀餅*と同じ仕方で、上へ黄色の道明寺を付ける。

山伏の始め【やまぶしのはじめ】〔掌中年代重宝記・文化十二〕に山伏の始めは、舒明天皇六年（六三四）大和国葛城郡茅原の産 役小角《えんのしょうかく》が、三十四歳で葛城山に登り 熊野を経て 大峯《おおみね》に至る。これを始めとして、千百三十四年になる。

山辺【やまべ】 魚名。〔新撰咒咀調法記大全〕に山辺は、詳らかではないが案ずるに、京都でアマゴという魚であろう。春、里の川から登り、深谷の間に住む。その山の川にいるので山辺の名があるかという。アマゴの皮は瘭疽*によく、疝気*に食してもよい（図516）。「山《やま》まい」「若鮎」参照

〈百人一首読曲〉〔麗玉百人一首吾妻錦〕に、「山辺赤人」は「やまべ」

図516 「山辺」（新撰咒咀調法記大全）

と読む。

山杜鵑【やまほとぎす】 大和詞。「やまほととぎすとは、おとづれ（訪）をきか（聞）ばや」ということである。また「更衣《ころもがえ》を云」。〔不断重宝記大全〕

山まい【やままい】〔料理調法集・川魚料理之部〕に「山まい」は、山まゆともいう。山川の早瀬にいる魚で、鰷《はや》より大きいのもあり、美味。山家等のなま（生）物の不自由な土地にも川魚がある。〇「中皿」。塩焼、山椒味噌つけ焼き、玉子醤油付け焼き。或は赤味噌酒で練り、火取りして煮て出す。〇「鱠皿」。身を卸し造り身白瓜短冊生盛味噌丸焦がし付け焼きにする。但し、味噌丸は味噌に芥子をよく叩き交ぜ、丸めて焼く。

山繭紬【やままゆつむぎ】〔万物絵本大全調法記・下〕に「繭けん／まゆ。又やまゝゆ。夏」。〔絹布重宝記〕に山繭で織った紬で中国から沢山に出る。この絹は特に河童《がわたろう》*が嫌うといい、これを着る時は障りや禍《わざわい》はないという。河童は上方には少ないが、九州筋には沢山おり、ことに豊後《ぶんご》河童《かわたろう》と言い、特に多い。

山繭紋縮緬【やままゆもんちりめん】〔絹布重宝記〕に山繭紋縮緬は、紋の所ばかりをぬき（緯）に山繭糸を織って紋を織り出した物である。染める時、紋柄ばかりが山繭糸なので染まらず、大方は穿ち物である。紋を織り出す緯糸は裏吹か、又は縫取といい、熨斗目《のしめ》*の紋所のように織り取らねばならず、素人の思惑とは違い、大変な手間が入るので高値な物である。

楊梅【やまもも】〔万物絵本大全調法記・下〕に「楊梅 やうばい／やまもゝ」。〔薬種重宝記・中〕に和木、「楊梅皮（やう）ばいひ／やまもゝのかは。麁皮を去り、刻む」。〈薬性〉〔医道重宝記〕に楊梅は温で毒なく、渇《かわき》を止め、腸胃を通じ、痰を去り、食を消す。〔永代調法記宝庫・四〕に「やまもゝ」は酒毒を消し、痰を去り、多食すると歯を損ずる。〈料理〉〔料理調法集・口伝之部〕には四五月頃塩にして、水貝に置き合わせ、或は浸し物等によい。〈食合せ〉〔料理調法集・当流献方食物禁戒条々〕に「楊梅に生の一文字（葱）」を食い合わせると忽ち死ぬ。〔重宝記永代鏡〕にも「楊梅に葱」は食い合わせとある。

楊梅酒【やまももざけ】〔昼夜重宝記・安永七〕に楊梅酒造り様は、楊梅を一粒ずつ押し潰し布で濾し汁を取り溜め鍋に入れ炭火の上で一泡煎じ、冷えた時焼酎でも泡盛でも三分一加え、また焼酎に砂糖を入れてこれも一泡煎じてよく冷まし、前の酒へ心次第に混ぜる。その後器物に入れて二三日置き、滓《おり》は全く残して壺に入れて置く。滓が少しでもあると酒を損じ悪くなる。よく取ると二三年は持つ。

矢廻【やまわし】「やもうし（矢申）ヲ見ル」

山忘の毛【やまわすれのけ】 鷹名所。〔武家重宝記・五〕に山忘《やまわすれ》の毛は、鷹の眦《まじり》にある毛をいう。

夜明砂【やめいしゃ】〔薬種重宝記・中〕に和鳥、「夜明砂 やめいしや／かうもりふん。水に揺り、砂を去り、干し焙る」。

やめえぬ【やめえぬ】「病犬《やまいいぬ》は、やめへぬ」という。〔小野簒謔字尽・かまど詞大概〕

矢申【やもうし】〔弓馬重宝記・上〕に「矢申し」は、垜《あずち》*の右脇、御前を後ろにして蹲う者をいう。御前へ向い、左方に鐏う者を「矢廻し」という。

矢が中った時は両人が同音に答える。矢を拭い清めて、的場の後ろより埒《ちり》の外へ廻る。例え矢を持っていても弓の半《なか》ばなら的場を横に通り切らぬ法である。口伝がある。

守宮【やもり】 片言。「守宮《いもり》を、やもり」という。〔世話重宝記・一〕

弥生の祝儀【やよいのしゅうぎ】 「雛祭《ひひなまつり》の事」ヲ見ル

弥生餅【やよいもち】 菓子名。弥生餅、上うき物、中こね物、下羊羹。〔男重宝記・四〕

やよや【やよや】 「やよやとは、しばしまて（暫し待）の事」。〔消息調宝記・二〕

やらす【やらす】 片言。「やる」を関東の言葉に「やらす」という。〔不断重宝記大全〕

鎗の事【やりのこと】 槍・鑓とも書く。〈始り〉〔武家重宝記・四〕に、唐土では漢の諸葛亮が始めて作り出し、長さは一丈二尺、鉄をもって頭とする。日本では鎗は古《いにしえ》の鋒を手長く作り出した物という説があるが、上代は文献になく、源平の戦以後合戦は度々あっても鎗の所見はなく、応仁（一四六七～六九）文明（一四六九～八七）頃から出て、それより種々の工夫があった。但し、上古には矛《ほこ》 鉄《おの》 鉞《まさかり》 鉄搭《くまで》のような物を用いており、その後に鎌鎗を製し四寸の曲《まが》りを身の楯にして矢を防ぎ、太刀 長刀を止める利があるとし、片鎌を両鎌に、また十文字に製し、長くして鍵鎗を工《たく》んだが薮林や蘆原等に障って難多く、遂に直鎗《すやり》を工み出した。鍵鎗は立鉤槍で、近世鍵鎗は柄中に鉄を貫き曲《まがり》をなし鍵《かぎ》といい、「┓┏」の形はそれぞれに利がある。また自身夜行のため、或は杖等にも挟むため袋鎗があり、これ等は近来の製作である。嘉吉元年（一四四一）、赤松満祐・教祐が京都を出奔しその所在を尋ねる時、竹の先に鉤を挿して利のあることを知り、鉤に柄を付けて山鋒《さんほう》 手盾《てほこ》と言って皆用い、これより工み柄を製して武具となった。故に、一本、一丁、一筋という。鎗は色々あり 金具も一定でなく 大概である。〔掌中年代重宝記〕に鎗の始めは、貞和五年（一三四九）に楠正成*が始めて作り、安間了願がその術を得た。管鎗は大谷刑部吉隆が始めて作ったという。

〈鎗の名所〉〔武家重宝記・四〕に次の図がある（図517）。（中央）鋒。（右側上から下へ）口金。印付ノ鐶。水返。（左側）逆輪。銅金。血留。柄。石突。○鎗の鉾は、長六寸五分、或は七寸。鎧武者《よろいむしゃ》を突く時の積りとする。形は好みによる。○柄は樫の木を用い、今棕櫚等の木を用いるが少し劣る。持ち鎗は鉾先から石突まで二間の内五寸短いのを用いる。口伝がある。○長鉾の鎗を大身《おおみ》の鎗といい、また利用によって色々な鎗がある。

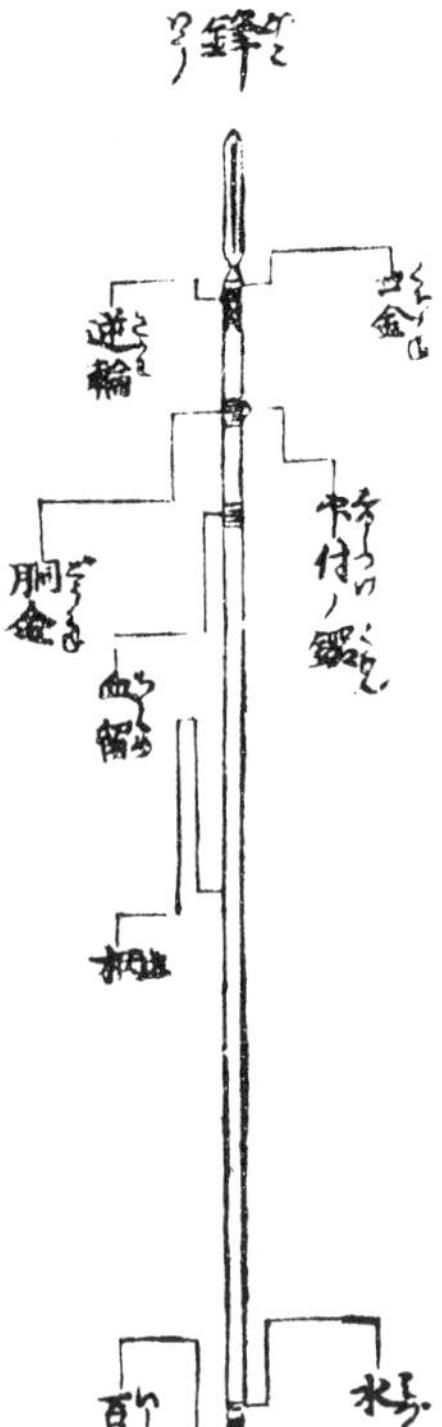

①

図517 「槍の名所」（武家重宝記）

〈鎗の種類〉種類は〔同書〕に②月剣（上代鉾トモ）。③山剣《さんけん》（今云う曲り鉾）。④立剣。⑤転丁《てんとう》（今云う片鎌）。⑥鋼叉《こうしゃ》（鎧釵。今云う十文字）。⑦徒鎗《すやり》（直鎗とも書く）。⑧長鉾（今云う大身）。⑨管鎗《くだやり》（図518）。

〈柄を虫に食わせぬ呪い〉〔増補咒咀調法記大全〕に鎗 長刀の柄を虫に食わせない呪いは、鰻の皮を陰干にして白木の柄に擦り付けるとよい。

〈鎗の請け取り渡し〉〔諸礼調法記大全・天〕に鎗の請け取り渡しは、長*刀の請け取り渡しと同然である。鎗は両刃の物故どちらに刃を向けるのではなく、長道具なので人前で穂先を物に当てないようにする。

〈諸流〉〔文章指南調法記・五〕に鑓は、寸鎗《すやり》、早鎗《くだやり》、十文字、鍵鎗《かぎやり》があり、流派に内海《うつみ》流、風電《ふうでん》流、青木流がある。〈十文字秘歌〉「啼き立ちて もとの梢にかへりけり 野中の杉の蝉の一声」。これは鎌豊蔵坊《かまほうぞうぼう》の

鑓の秘事である。〈鑓屋〉〔買物調方記〕に「京ニテ鑓屋」寺町五条上ル町、二条油小路西へ入ル町、油小路二条上ル町、六条せきだや町通にある。「江戸ニテ鑓屋」京橋鑓屋町 善太郎、南作柄木町 与三左衛門がいる。「大坂ニテ鑓屋」平の町、安土町二町目にある（個人名ナシ）。

図518「槍の種類」（武家重宝記）

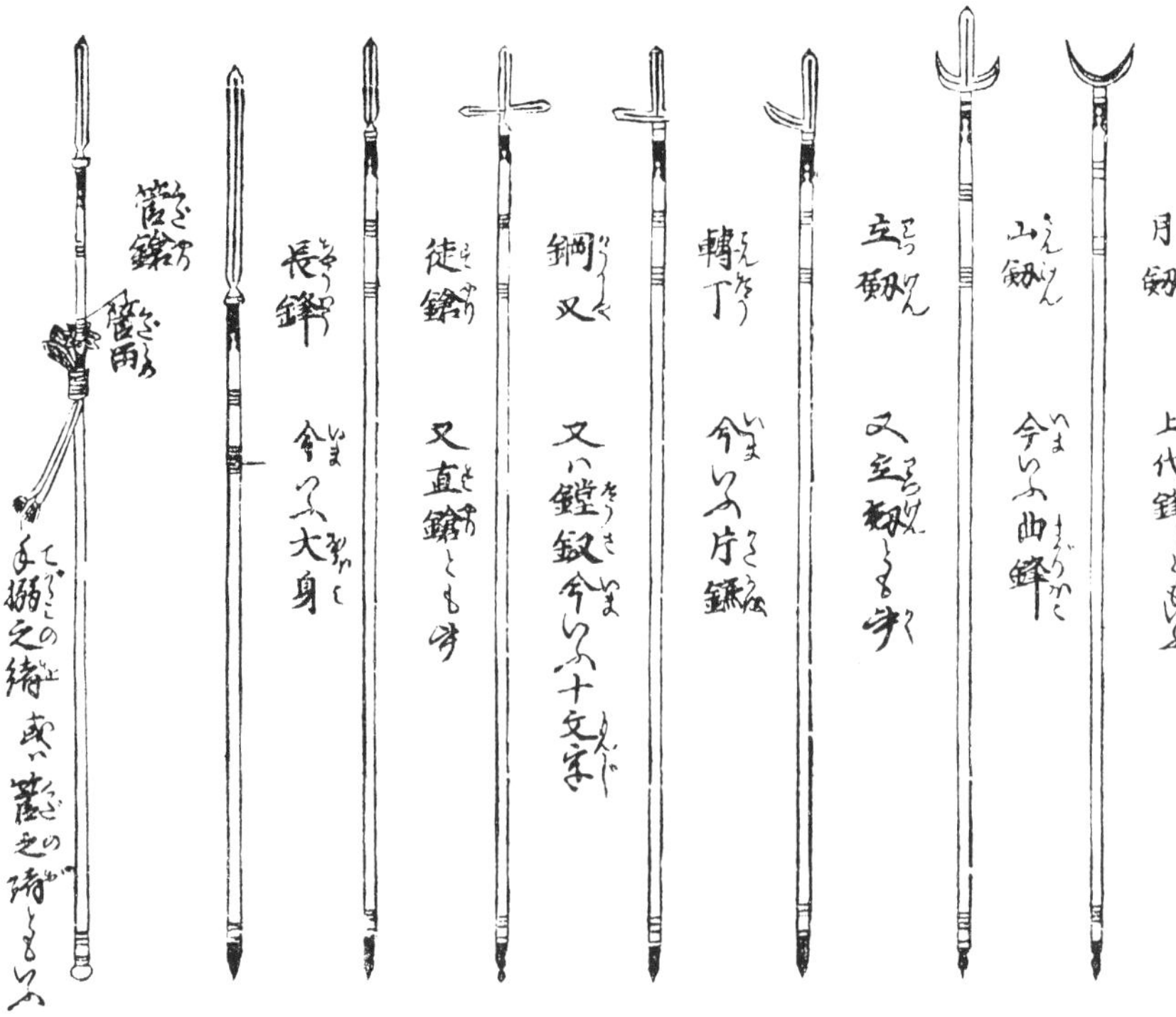

② ③ ④ ⑤ ⑥ ⑦ ⑧ ⑨

野郎の事【やろうのこと】〔人倫重宝記・四〕の野郎《やろう》の説明は次である。当初の女歌舞伎が法度になり（寛永八年、一六二九）、今の世は女方《おんながた》と名付けて男が女歌舞伎の真似をすることになった。美少年は前髪を生やして艶めかしく粧い、これにも諸寺の浮かれ僧や俗人の酒客が迷った。それ故石貝氏が美少年の前髪を降ろさせたが（承応元年、一六五二、若衆歌舞伎*禁止）、それでも歌舞伎への願望は強く美少年を野郎と名づけて、野郎に鬘帽子《かずらぼうし》を潤色して生れ付の前髪よりなお美しく見せると（野郎舞伎）、人々はさらにまた迷うことになった。次第による年であるが、三十余歳迄も長袖をかざし、白粉を衒《てら》った。「歌舞伎芝居」「若衆歌舞伎」参照

八幡【やわた】〔東街道中重宝記・七ざい所巡道しるべ〕に男山八幡の麓には町があり御宮は山上にある。男山という。岩窟より清水が湧き出るので岩清水ともいう。麓にある御本地堂は三尊の阿弥陀如来である。高良大明神がある。宇治へは二里。〔改正増補字尽宝記綱目〕には「鳩峰《はとのみね》山州男山」とある。〔年中重宝記〕に正月十九日八幡《やはた》厄神参り。武内宿祢は三百歳を保ったので厄神と祝ったものである。また高良ともいう。このついでに諸人は八幡へ参り小弓を買い、また蘇民将来とて守りを買うことがある（蘇民将来は素戔嗚尊に宿を貸した者で、汝が子孫の験しとして尊がつけられたもの）。八月十五日 八幡放生会、所々八幡祭。十一月初卯の日八幡の御神楽がある。「放生会《ほうじょうえ》」参照

八幡より望月へ【やわたよりもちづきへ】木曾海道*宿駅。三十二丁。本荷三十四文、軽尻二十五文、人足十九文。百沢村 禅寺がある。八嶋村、ふせ（布施）村、拭村、成田村、式部村 この村に長者屋敷跡がある。金山坂 ここから布引山へ行く道がある。瓜生峠という坂があり、坂下の左の方に谷々村々が多い。〔東街道中重宝記・木曾道中重宝記六十九次 享和二〕

柔柔【やわやわ】大和詞。「ぼたもち（牡丹餅）は、やはやは共、おはぎ共」という。〔女重宝記・一〕

和らか蒲鉾【やわらかかまぼこ】〔料理調法集・蒲鉾之部〕に和らか蒲鉾は、蒲鉾の擂り身を常のようにして、薄満願寺酒を煮返し米粉（玉子カ）の煮抜き二品で和らかに伸べる。玉子は大きい程よく、加減は杓子で掬い垂れる程にして、板の大きさに箱を拵え底なしにして板に乗せ、二所程糸で結び、擂り身を杓子で掬い蒸し上げて取り出し、箱の中を庖丁で廻し、箱を外し、上を蒲鉾形に庖丁して焼目を付ける。

和らか漬鮑【やわらかづけあわび】〔料理調法集・漬物之部〕に和らか漬鮑は、水一升、塩五合を煮返し、鮑を丸のまま漬ける。夏は塩七合を入れる。

和らか煮様【やわらかによう】各種の和らか煮様がある。〈貝 蛸 鱈など〉〔料理調法集・煮物之部〕①赤貝。篠竹でよく叩き、大根卸しに赤味噌を少し入れてよく煮、一夜留めると和らかになる。②鮑。貝を離し蕎麦粉を懸けて塗り物に暫く蓋をして入れて置き、その侭大根卸しを沢山に入れ、水と卸しを等分にして味噌を入れてよく煮る。味噌の分量は水一升に一合の割合である。③女貝（雌貝、鮑ノ一変種）。殻を離し腸を取りよく洗い、鮑が切れないように見える迄よく叩き、鍋に昆布を敷き、その上に鮑を置き 殻を蓋にして味噌汁で煮る。④蛸。塩を付けずによく洗い念入りに打ち、卸し大根に山査子を入れてよく煮、一夜留める。⑤蛸の足。一本に糯米二十粒程入れて湯煮すると和らかになる。大豆もよい。⑥蛸一盃。煎茶を小柄杓一杯に入れて煮るのもよい。⑦鱈。干鱈を少し焙り、糯米を擂り白水*にして干鱈を二時（四時間）程煮て一夜鍋に留める。骨ともに至極和らかになる。〈魚 鳥〉〔調宝記・文政八写〕に魚鳥の類は、さんじし（山梔子）を入れて炊くと和らかになる。

和らか麩【やわらかふ】〔料理調法集・麩之部〕に和らか麩は、生麩に糯米の粉、山の芋、塩を少し入れてよく揉み交ぜ、湯煮して使う。

やん【やん】〈何が不足で癇癪の枕言葉〉「女郎、やん」、「女郎買、やんをまふ」。〔小野篡譃字尽〕

やんがて【やんがて】片言。「頓《やが》てを、やんがて」。〔世話重宝記・四〕

やんげん【やんげん】片言。「薬研《やげん》を、やんげん」。〔世話重宝記・四〕

脂目【やんめ】「目の諸病」ヲ見ル

ゆ

庾【ゆ】「かてのたんい（糧の単位）」ヲ見ル

兪【ゆ】〔鍼灸重宝記綱目〕に針灸の穴は、一身に三百六十穴あり、その針の要穴は六十穴で、要《かなめ》となるのは二十四穴である。腑の病には各経によってその経の兪《ゆ》を刺《はりさ》す。臓の病には各経によってその合《ごう》を刺す。この十二兪と十二合を合せて二十四穴となり、兪は各経の本原であり、原穴とも言う。

柚【ゆ】〔万物絵本大全調法記・下〕に「柚 いう／あへたちばな。又柚ゆ」。〈薬性〉〔医道重宝記〕に柚《ゆ》は寒にして毒なく、腸胃の悪気を去り、食を消し、酒毒を解す。〈貯え様〉〔諸人重宝記・四〕には「来年迄置く事」として梅程の時、小糠・塩（各一升）に銅の銑屑を少し加えて漬けると青味はその侭ある。使う時は宵より塩を出す。〔男女日用重宝記・下〕に、○柚 久しく置き様は、小糠一升と塩五合を水に緩々と搔き合せて柚子を浸けると一年後迄も持つ。但し、内の実を取り捨て皮ばかりを漬ける。○柚子の青漬置き様は、柚子百に水一斗と塩三升を入れ、よく潰して鍋で擂り潰し、それに丸柚子を百漬けて壺に入れ口をよく貼って置く。銅鍋でよく煮る。八月頃がよい。〔昼夜調法記・正徳四〕に柚の持ち様は、柚の出立ちに採り、竹に吊り箱に入れ蓋をして四方をよく詰め、柚は中にあって水の入らないようにし、流れ川に漬けて置くと何時迄も持つ。〔ちやうほう記〕に柚を擂り、その中へ丸柚を漬けて置くとよい。〔料理調法集・囲方之部〕は小糠一升 塩五合に水を入れ、緩く搔き合せ、柚子の実を去り皮ばかり漬けて置くと、翌年迄も持つ。

〈紋絵〉〔紋絵重宝記・下〕には「柚のえだ折」（葉の抱き合せの中に柚子）の紋様がある。

結い【ゆい】「ゆひ（結）とは、やと（傭）ふこと也」。〔消息調宝記・二〕

唯一神道【ゆいいつしんとう】「神道《しんとう》の事」ヲ見ル

結入れ【ゆいいれ】「結納」ヲ見ル

唯識宗【ゆいしきしゅう】「ほっそうしゅう（法相宗）の事」ヲ見ル

結い柴【ゆいしば】〔料理調法集・鱧餅真薯之部〕に結い柴は、貝割菜をよく洗って水気を去り、揃えてよい程の抱えにして、元に摺り身をつけて湯煮する。

維堂【ゆいどう】〈経絡要穴 心腹部〉二穴。維堂《ゆいどう》は直に章門の下五寸三分。斜めにとる。足の少陽帯脈に経の会。『銅人』を引き、針八分、留むること六呼。灸三壮。嘔吐止まず、水腫、不食を治す。〔鍼灸日用重宝記・二〕

結納【ゆいのう】〔諸礼調法記大全・地〕に結納は、媒（仲立）が往返して縁組の契約が調い、聟の方より憑《たのみ》（＝納采 幣納）を遣わす事をいう。○上級人は唐綾小袖、幸菱の小綾練の小袖、厚板縫薄地無、以上三重ね。樽肴は七荷七種。○中級人は練小袖、厚板幸菱の白綾縫薄か地無か、以上二重ね。五荷五種。○下級人は白小袖、染小袖、以上一重ね。三種三荷。この時の小袖の積み様は各々常のように積んで袖を折り返さない。〔嫁娶調宝記・一〕に結納当日は、家に久しい家来、町人なら重手代が、上《かみ》下《しも》を着て目録の品を先に持参して座敷に飾り、舅方の家来 手代が出て、目録通り納め請けの挨拶をする等の解説がある。〔童女重宝記〕に貴人は、舅へも太刀目録 樽肴、姑へも小袖 樽肴を送る。舅よりも聟へ同格とし（この祝儀のないのは甚だ非礼）、婦から男へは遣わすに及ばない。〔女重宝記・二〕に俗に憑《たのみ》を遣わすとは、縁組が首尾して男の方から女の方へ言入《いいいれ》を遣わす事をいう。○小袖二ツ、内一ツは裏表白く、一ツは表紅に裏は何色でもよく、一反ずつにして杉原二枚で包み、中を水引で結ぶ。裏表ともに四ツである。熨斗《のし》鰹を添える。樽は五荷五種 或は三荷三種、樽は斗樽二斗樽。肴は昆布 鯣 鯛。五荷の時は鮑 鰹節を添えて五種とする。○中から下の憑には帯 又は金銀に樽 肴を添えるのもある。○それより下は手樽に綿帽子、塵を結んでも印として媒がよいように言いなして河内木綿一疋（二反）、手間銀を先借りして調え、互に物入らずづくに、田作《ごまめ》を添えて遣わすのもある。

〈結納目録書き様〉〔農家調宝記・三編〕には媒をもって熟談の上結納を遣わし、この時より双方聟と嫁の名を知り合うのが古法である。結納の品は分限に応じ多少があるが、目録の認め様を心得るのがよい。農家は豪富から小作人迄あり、格別の下に至っては無造作な仕方があるが、身分相応に目録の範例がある。〔音信重宝記〕には杉原紙でも奉書紙でも、一枚に書く。数の多い時は尺長に書く。上人は十一種か九種（範例が出る）、中人は七種か五種、下人は三種を書く。〔農家調宝記・三編〕の五種の例（図519）は図①の通り二枚重ねのまま巻いて押し平めて遣わす。帯代なら図②のように書き二枚重ねの紙を二ツに折り横の裏白の物にして長熨斗を添え贈る。竪目録も金子目録も水引は掛けない。③長熨斗は紙を二枚重ねにして水引を結び切りにする。端は細いもので巻き縮れをつける。④金子目録を折るには左の方は短く折り跡を二ツに折り畳むと図版のようになる。等分には折らず左を余程詰めて折る。憂いの目録は小口をしさらして（引き下げて）折る。祝い事は何でも小口一杯に折る。目録は白木の目録台に載せ長熨斗を置く。

〈結納鰹節〉〔江戸流行買物重宝記・肇輯〕に結納鰹節は、瀬戸物町 伊勢屋伊兵衛、呉服町 小松屋彦兵衛、小舟町三丁目 尼屋伝兵衛等十三軒がある。

〈結納日取吉凶〉〔重宝記永代鏡〕等に暦の中段、執《とる》* 成《なる》* 納《おさん》* の日は吉。破《やぶる》* 除《のぞく》* 危《あやむ》* 重日* 復日* の日は忌む。〔女重宝記・二〕には寅の日を忌み、暦の

下段では滅日*黒日*五墓日*血忌日*日蝕*月蝕*を忌む。遠国は到着日を選び定める。〈祝文〉〔消息調宝記・三〕に祝文は、結納を請けた方への手紙、返事の範例文がある。

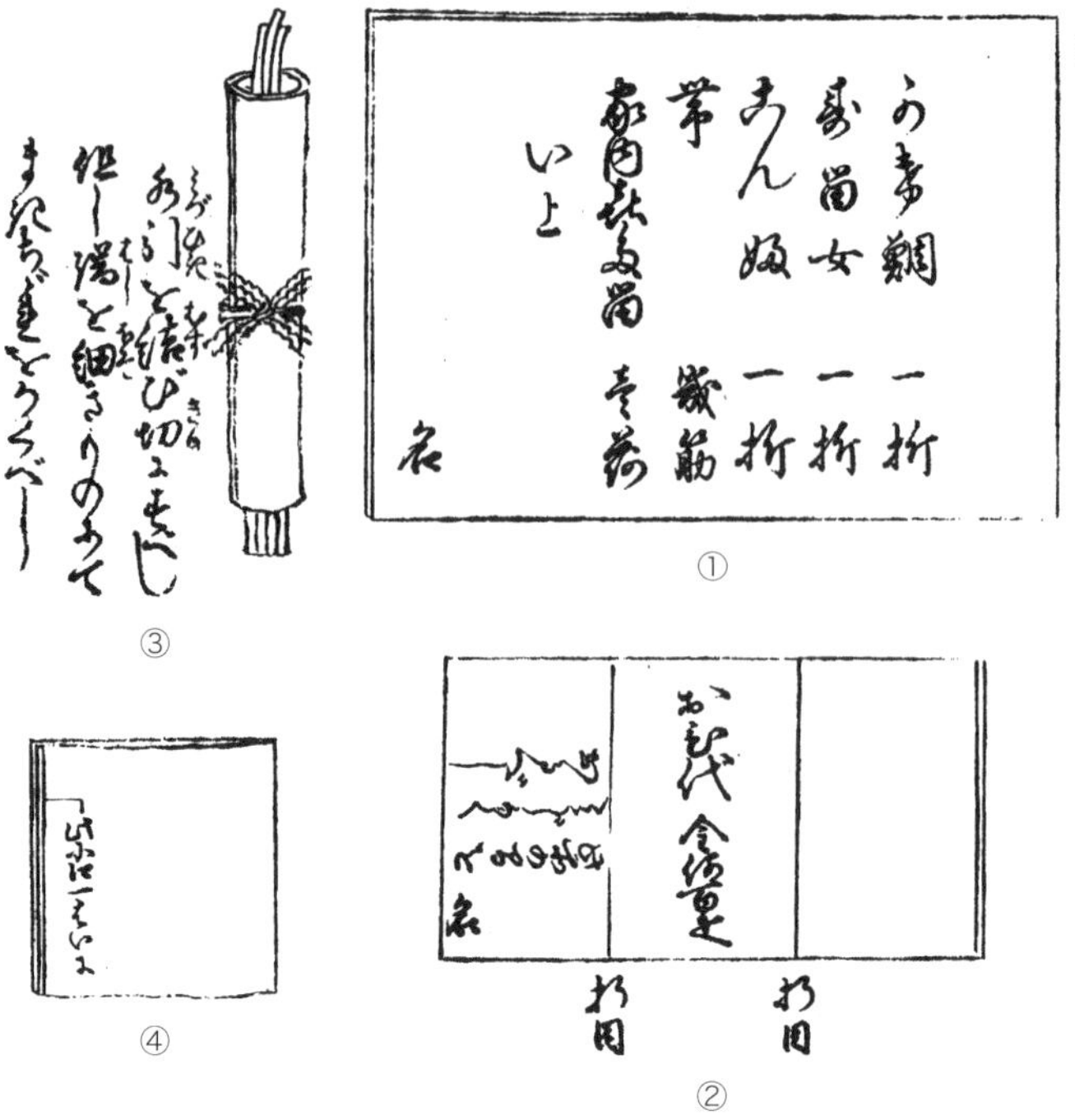

図519「結納目録」（農家調法記）

維摩会【ゆいまえ】〔年中重宝記・四〕に維摩会は、十月十日から十六日迄、南都 興福寺*に法会がある。十六日が大織冠（藤原鎌足）の御忌日による。興福寺は大織冠の立願ながら、実際はその子淡海が造り、別名を山階《やましな》寺ともいう。大織冠が病悩で今はの時、百済の尼法明が大臣に、大乗は名を維摩経といい経の中の問疾品を読誦すると病が治るというので、誦すると終りもせぬ内に治った。大臣は稽首合掌して、生々世々大乗に帰依すると誓い、維摩会は和銅七年（七一四）に淡海公が興行され今に絶えることはない。この会は唐国にも伝わっているという。

結祭【ゆいまつり】〈何が不足で癇癪の枕言葉〉「ゆひまつり（結祭）、髪結《かみゆひ》」。〔小野篁謔字尽〕

由井より興津【ゆいよりおきつ】東海道宿駅*。二里十二丁。本荷二百二十九文、軽尻百四十八文、人足百十五文。蒲原より江尻迄の海辺、三保の入江 清見潟 興津の辺迄を皆田子の浦といい、風景のよい所である。町屋原村、寺尾、倉沢 鮑を採って売る。由井川は徒歩渡りである。薩埵山地蔵堂、洞村、興津に海苔が出る。興津川は常は徒歩渡りである。大水で波の高い時は用心がいる。〔東街道中重宝記・寛政三〕

遊宴の音信物【ゆうえんのいんしんもつ】〔音進調法記〕に遊宴は、雪・月・花を愛で、四季折々の情緒を賞し一日の栄華に千歳を楽しむことをいう。遊山、船遊び、振舞い等様々ある。音信物には、毛氈 絵筵 栄螺 鼈 遠眼鏡 硯箱 色紙 小釜 釣棹 畳み床几 鳥網 鳥籠 畳み碁盤 懐合羽 醤油 酢 酒など約五十種が出ている。

夕顔漬け様【ゆうがおつけよう】〔万物絵本大全調法記・下〕に「瓠 こ／いふがほ」。〈漬様〉〔男女日用重宝記・下〕に「夕顔漬け様」として、少し彩《いろどり》のあるのを採り、下に酒の糟を敷き、その上に塩を霜の降った程振り付けて並べ、また塩を降り 糟を置き、よく押しをつけて置く。

夕方【ゆうがた】女中詞。「晩ほどを夕がた」という。〔重宝女訓女今川操文庫〕〈片言〉〔不断重宝記大全〕「ゆうがうは、夕顔ゆふがほ」である。

遊禍日【ゆうかにち】〔諸人重宝記・五〕に「遊禍 薬飲むべからざる日の事」がある。医者を招き、服薬や祈禱などをしない日で、次の各日。正・五・九月は巳の日。二・六・十月は寅の日。三・七・十一月は亥の日。四・八・十二月は申の日。

ゆうき【ゆうき】百人一首読曲。「ゐやはいぶき」は、「ゆうき」と読む。

明らかに「いぶき」とは読まない。〔麗玉百人一首吾妻錦〕

結城紬【ゆうきつむぎ】〔絹布重宝記〕に結城紬《ゆうきつむぎ》は、結城（茨城県の西部）産で紬の中の最第一、別種の佳品である。外の紬は真綿（絹綿）を引いて織るが、結城は糸を紡ぎ、糸に製して織ったもので、万事これに似る物はない。信州紬*は趣きは似るが、大きく異なる。

夕桐餅【ゆうぎりもち】 菓子名。夕桐餅、上下ながし物、中へ羊羹入り山の芋入り。〔男重宝記・四〕

夕暮餅【ゆうぐれもち】 菓子名。夕暮餅、上黒ながし物、中黄白、中ねずみ。〔男重宝記・四〕

遊魂日【ゆうこんにち】〔重宝記永大鏡〕に遊魂日は、人の魂が外を歩きその身を守らない日である。薬を飲んでも治らず、却って禍を呼ぶ。「長病日の事」ニ同ジ

遊女【ゆうじょ】〔人倫重宝記・四〕に遊女は、唐土では虞氏、楊貴妃、王昭君などから始る。代々の天子国主も、その美色に溺れて国城を傾け失うので、傾国とも傾城とも名づける。傾城と書いて城を傾むくと読む。我が国では江口の君、文殊御前、大磯の虎、黄瀬川の亀鶴、手越の少将等、遊女の始めである。今に京・大坂・江戸・津湊に傾城、遊女がいるのも故実がある。〔日用重宝女大学〕に遊女は、元は河や海の辺、例えば江口・神崎・室津・その他に居た。浮かれ女と言っても、もとより蒲泊りにいるので、川竹の流れの女と言い、うき寝の床に浪のよるよる舟差し寄りて、思わぬ人に契るのである。今も小舟に乗せて、泊りの舟を見かけて来る。

湧泉【ゆうせん】〈経絡要穴 腿却部〉「ゆせん」の読みもある。二穴。湧泉は足の掌《たなごころ》の中、脆座《かしこまりすわる》して足を仰向け指を巻き屈め、自ずから凹む所を穴とする。尸厥（卒死の一種）、胸痛み、目眩い、大便固く、声嗄れ、婦人の子なく、五指痛み地を踏まれない等を治す。針は三分五分、血を出さない。灸は日に三壮ずつする。針灸を行う時、風に当らず、窓の隙間も閉める。〔鍼灸重宝記綱目〕

木綿襷【ゆうだすき】 大和詞。「ゆふだすきとは、注連縄の事なり（歌）我たのむ七の社のゆふだすきかけても六の道にかへすな（新古今・神祇歌）」〔不断重宝記大全〕

熊胆【ゆうたん】「熊の事」ヲ見ル

熊胆丸【ゆうたんがん】〔洛中洛外売薬重宝記・上〕に熊胆丸《ゆうたんがん》は、河原町竹や町上ル丁 冨栄館にある。第一に男女痞え、胸腹の痛みによい。黒丸子*ともいう。

熊胆黒丸子【ゆうたんこくがんし】〔洛中洛外売薬重宝記・上〕に熊胆黒丸子は、麸屋町竹屋町上ル 香具や嘉兵へにある。第一に痞え、食傷腹の痛みによい。

熊胆積丸子【ゆうたんしゃくがんし】〔洛中洛外売薬重宝記・上〕に熊胆積丸子《しゃくがんし》は、二条室町東へ入ル丁 小田原や前田符にある。癪、痞え、疝気、腹、一切によい。

熊胆積治丸【ゆうたんしゃくじがん】〔洛中洛外売薬重宝記・上〕に熊胆積治丸は、寺町二条上ル丁 小田原や千寿軒にある。癪、痞え、疝気、腹など一切によい。

夕告鳥【ゆうつげどり】 大和詞。〔不断重宝記大全〕に「ゆふつげ鳥」とは、①「には（庭）鳥の事」である。②「あかぬわかれ（別）」をいう。

夕星【ゆうづつ】〔消息調宝記・二〕に「ゆふづゝは、よひ（宵）の明星（みやうじやう）也」。

夕なみ【ゆうなみ】 菓子名。夕なみ、山の芋おろし入り、中羊羹栗入り、ながし物。〔男重宝記・四〕

夕浪かわり【ゆうなみかわり】 菓子名。夕浪かわり、上ながし物、中へ山の芋入り。〔男重宝記・四〕

右筆【ゆうひつ】 武家名目。〔男重宝記・一〕等には『礼記』を引いてその言われを説明して、祐筆と書くのは悪い、武家では右筆と書くという。右筆は鎌倉で源頼朝が邦道《くにみち》という者を引付《ひきつけ》の右筆としたのが始めである。禁中では筆取の職を外記*、内記*という。

幽微日【ゆうびにち】 日取吉凶。〔重宝記永代鏡〕に幽微日《ゆうびにち》は、吉慶日*万徳日*活幽日*とともに十二星の内の四星であり、諸事に用いて十倍の勝利を得る日で次の各日。正月は亥の日。二月は辰の日。三月は丑の日。四月は午の日。五月は卯の日。六月は申の日。七月は巳の日。八月は戌の日。九月は未の日。十月は子の日。十一月は酉の日。十二月は寅の日。

遊舞の芸【ゆうぶのげい】 〔女筆調法記・五〕に遊舞の芸は、特に男子には教え習わすのがよい。友達の交わり、月見 花見 振舞 参会等の折に、謡を一節謡い、笛 皷等 所望に従い座敷の興を催すのは、よいことである。但し、過ぎると必ず身を滅ぼす。

遊面風【ゆうめんそう】 〔改補外科調宝記〕に遊面風は、頭顔に孔を生じ、臭い膿を出し、爛れるのをいう。古い砂糖を酒に掻き交ぜ、毎日三度ずつ用いる。面体の皮が爪のように破れるのには、軽粉を生姜の汁に入れて付ける。

幽門【ゆうもん】 〈経絡要穴 心腹部〉〔鍼灸重宝記綱目〕に二穴。幽門は臍の上六寸、巨闕*の左右へ各々五分（一日一寸五分ずつ）にある。針は一寸。灸は五壮。小腹脹り満ち、涎沫を嘔吐し、健忘、膿血を下し、目赤く痛む等を治す。〈灸穴要歌〉〔永代調法記宝庫・三〕に「不食して吐逆し唾《つばき》 涎垂《よだれ》れ 膿血下らば幽門の穴」とある。

夕焼け【ゆうやけ】 「雨風の事」「日の事」「日和の事」ヲ見ル

遊里の盃法【ゆうりのさかずきほう】 〔茶屋諸分調方記〕に遊里での酒盃法に、「間《あい》*」「大間《おおあい》*」「又間《またあい》*」「差目《さしめ》の間《あい》*」「押《おさえ》*」等がある。

油煙墨屋【ゆえんぼくや】 〔万買物調方記〕に三都の油煙墨屋がある。「京ニテ油煙墨屋」新町竹や町上ル 森田相摸、同町 武蔵大掾、衣棚下立売下ル 長田大和、室町二条下 陸奥大掾、烏丸通七条 井上備後、同町 岡嶋河内、東洞院五条下ル 西川和泉、同町 中村対馬、同町 光田因幡、同町 西村但馬、東洞院五条上 里村泉、二条通高倉 大黒但馬ら十八軒。「江戸ニテ油煙墨屋」日本橋南一丁目 森若狭、南大工町 大黒但馬。この外 墨筆一所に多い。「大坂ニテ油煙墨所」道修町 吹田屋小西、堺筋淡路町 太平墨 平岡や、北浜一丁目 菱や九郎兵へ、伏見町真斎筋 池田や三郎右衛門、真斎橋安堂寺 秋田や市兵へ等。

韘【ゆがけ】 〔万物絵本大全調法記・上〕に「韘 せう／ゆがけ／つるはじき。
弽極 せうきよく。並ニ同」。〔弓馬重宝記・下〕には次がある。〈弓道具〉弓を射る時、指を韜《つつ》んで弦を放すのに利がある。古来、六《ろく》具《ぐ》*の一。陰陽の指掛《ゆがけ》があり、頼朝公以来の三ツ指掛があり、多本指掛は左右のものである。口伝、左より差し、右より抜く。四家では「ゆがけ」を次のように書く。源氏は「手代」。平氏は「手陰」。藤氏は「手蓋」。橘氏は「手覆」。数え方は一具、又は一指《さし》という（図520）。〈弽師〉〔万買物調方記〕に「京ニテ弽師《ゆがけ》」寺町五条上ル町 大目備後・上松清左衛門・吉辻六左衛門・吉槌茂左衛門・大国三郎兵へ・大重がいる。「江戸ニテ弽師」京橋南一丁目 丸太喜左衛門、同弓町 吉勝市兵へ、同 久沢甚左衛門、同 橘吉久がいる。「大坂ニテ弽師」過書町に丸道・丸本・丸

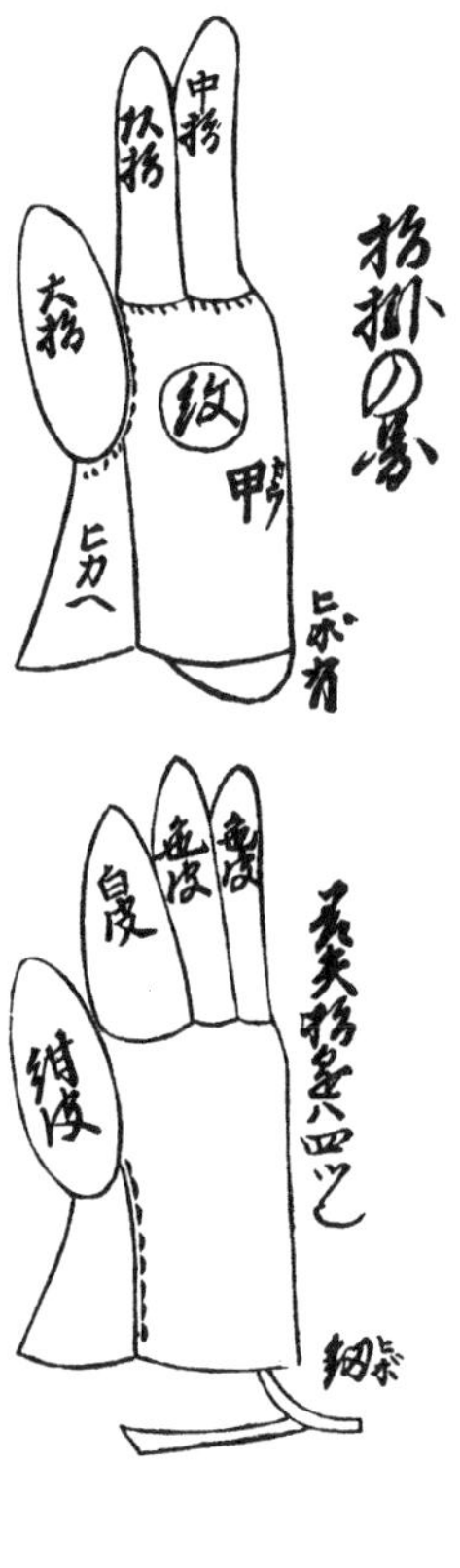

図520 「指掛」（弓馬重宝記）

定がいる。

弓懸附【ゆがけつけ】 弓の事*張弓名所。〔武家重宝記・二〕に弓懸附《ゆがけつけ》は、弓で矢摺《やすり》*の上、弽《ゆがけ》*を結びつける所をいう。

瑜伽宗【ゆかしゅう】「真言宗」ヲ見ル

浴衣絞り【ゆかたしぼり】〔秘伝手染重宝記〕に「ゆかたしぼり（浴衣絞）」は、大方は木綿である。望みの所を一尺程襞を取り、襞の中へ一々に藁一本ずつ入れ、太い糸で所々を巻き、絞り染めると見事である。

湯衣【ゆかたびら】〔万物絵本大全調法記・上〕に「浴衣 よくい／ゆかたびら。又ゆてのごい」とある。

縁【ゆかり】 大和詞。「むらさき（紫）とは、ゆかり（縁）を云」。〔女重宝記・五〕

行合の空【ゆきあいのそら】 大和詞。「ゆきあひの空、七夕の事」である。〔不断重宝記大全〕

雪串海鼠【ゆきくしこ】「子持串海鼠」ヲ見ル

雪煎餅【ゆきせんべい】〔昼夜調法記・正徳四〕に雪煎餅は、上白糯米一升をよく水で洗い笊《いがき》へ上げて乾かし、よく叩き精好《せいごう》で篩い、煮え湯で捏ねさつさ餅位に蒸し、中迄火の通った時搗く。白砂糖一斤を搗き合わせ、伸し餅のように薄く伸ばし、好みに切り、五七日程天気に干して焼く。取り粉は豆の粉がよい。

雪の御真魚【ゆきのおまな】 大和詞。「たら（鱈）は、ゆきのおまな」という。〔女重宝記・一〕

雪の賀【ゆきのが】「年賀の事」ヲ見ル

雪の事【ゆきのこと】〔万物絵本大全調法記・上〕に「雪 せつ／ゆき。霰 せん／あられ。稷雪 しょうせつ 也。冬」。〈異名〉〔書札調法記・六〕に雪の異名に、玉花《ぎょっか》 六出《りくしゅつ》 玉塵 平白《へいはく》 六花《りくか》*がある。〈女中詞〉〔万代重宝記・安政六頃刊〕には「鱈をゆき」という。〔女用智恵鑑宝織〕に「きらずは、から、ゆき」とある。〈何が不足で癇癪の枕言葉〉〔小野篁謔字尽〕「下女、ゆき」。〈俗信〉〔大増補万代重宝記〕に菜の葉の大きな年は大雪が降るという。

雪下餅【ゆきのしたもち】 菓子名。雪下餅、上うき物、下ながし物、中へ山の芋入り。〔男重宝記・四〕

雪の墨池に入る【ゆきのぼくちにいる】〔童子調宝記〕に次がある。悪い友に交わるのは、例えば雪が墨池に入るのと同じく、溶けて水になってもその色はいよいよ汚れるようなものである。それ故、仮初めの交わりにも、悪い友とは控えるのがよい。

行平餅【ゆきひらもち】 菓子名。行平餅、ながし物。〔男重宝記・四〕

雪道【ゆきみち】 大和詞。「ゆきみちとは、あと（跡）ある事」である。〔不断重宝記大全〕

雪餅【ゆきもち】〔男女日用重宝記・下〕に雪餅は、上白糯米・粳米の粉を美しく拵え、等分に合せ綰物《わげもの》の底を抜いて中に布を敷き、その上に粉を敷き平に直し、内に露を打ち粉を少し湿らかして蒸かす。〔菓子調法集〕に「近衛様雪餅」は、茯苓（一両）、白朮・山薬・蓮肉・薏苡仁（各二両）を粉にして粳粉（四分）糯粉（六分）に砂糖（四分）、餅粉（六分）に砂糖（八両）を、いずれも一ツによく搔き合せ、布を敷き蒸して切り出す。〔料理調法集・菓子調法集〕には粳の粉一升、糯三合を粉にして水でそっと湿し、蒸籠に布を敷き、米の粉を篩い入れて蒸す。中に串柿、栗、榧を入れるとよい。

遊行日【ゆぎょうにち】「金神《こんじん》」〈金神 遊行日〉、「大将軍」〈遊行日〉ヲ見ル

遊行派【ゆぎょうは】「時宗《じしゅう》」ヲ見ル

雪輪蒲鉾【ゆきわかまぼこ】〔料理調法集・蒲鉾之部〕に雪輪蒲鉾は、常の摺身を笹蒲鉾*のようにして麻布巾を濡らして包み、後先を紙縒で結んで置き、布巾の上から箸でも篠竹でも五所あて締めて蒸し上げ、水に入れ箸と布巾を取る。

雪をの水【ゆきをのみず】 大和詞。「ゆきをの水とは、ゆきへ水である。雪降らんとて青雲の立つを云」。〔不断重宝記大全〕

柚金ふわふわ【ゆきんふわふわ】〔料理調法集・鶏卵之部〕に「柚金《ゆきん》ふわふわ」は、色づいた柚子の枝付を口の所を切り中をよく浚って洗い、ふわふわに玉子を八分目程入れて蒸す。「蜜柑ふわふわ」も同じ仕方である。

内衣【ゆぐ】 御所言葉。「却布《きゃふ》は内衣《ゆぐ》。ゆもじ*と言ふべきなれども、所によりては、ゆぐもよし」。〔女用智恵鑑宝織〕

行方不明者を戻す法【ゆくえふめいしゃをもどすほう】〔万用重宝記〕に家出・駆落・逃走・迷い子・行方の分らぬ人を戻す名方は、その常々食した飯椀を門口の敷の下に埋めて置き、又その者の着類に磁石を包んで井の中に入れて置くと疑いなく戻る。〔万まじない調宝記〕に迷い子を戻す方は、四月八日の花を採って置き、迷い子を尋ねる時にその花を竿に括りつけて立てて置くと、自然と帰りは近付く。

行方吉凶【ゆくかたきっきょう】〔万民重宝改正大ざつ書〕に「行方吉凶」がある。○子の日は、東へ行けば宝を得る。西へ行けば酒を飲む。南・北へ行けば凶。○丑の日は、東へ行けば半吉。西へ行けば大吉。南・北へ行けば凶。○寅の日は、東へ行けば宝を得る。西・北へ行けば大吉。南へゆけば凶。○卯の日は、東・北へ行けば大吉。西へ行けば病い事がある。南へ行けば宝を得る。○辰の日は、東へ行けば半吉。西・北へ行けば大吉。南へ行けば凶。○巳の日は、東へ行けば病い事がある。西へ行けば口舌事がある。南へ行けば凶。北へ行けば少し吉。○午の日は、東へ行けば災いがある。西・北へ行けば凶。南へ行けば病い事がある。○未の日は、東へ行けば病い事がある。西へ行けば凶。南・北へ行けば大吉。○申の日は、東へ行けば病い事がある。西へ行けば大吉。南へ行けば病い事がある。北へ行けば宝を得る。○酉の日は、東・北へ行けば病い事がある。西へ行けば大吉。南へ行けば大吉。○戌の日は、東へ行けば宝を得る、西へ行けば少し吉。南へ行けば病い事がある。北へ行けば吉。○亥の日は、東へ行けば宝を得る。西へ行けば少し吉。南へ行けば病い事がある。北へ行けば吉。

行く水【ゆくみず】 大和詞。「ゆく水とは、思ふ事を云」。〔不断重宝記大全〕

行く道【ゆくみち】 大和詞。「ゆくみちは、あとある事なり」。〔女用智恵鑑宝織〕

ゆくらか【ゆくらか】「ゆくりなしは、ゆくらかとも云。ゆらゆらの心」。〔消息調宝記・二〕

湯気に上るに【ゆげにあがるに】〔懐中重宝記・慶応四〕に湯気に上った（入浴中の脳貧血、或は長湯によるのぼせ等）のは、総身を水で洗い酢を鼻の穴へ吹き込む。また辰砂を用いる。〔新選広益妙薬重宝記〕は水又は酢を飲ます。橙或は蜜柑の汁を飲ますのもよい。

弓小手【ゆごて】〔万物絵本大全調法記・上〕に「韝 こう／ゆごて。射韝しやこう 也」。〔武家重宝記・三〕は弓を引く時袖が弦に当るのを防ぐために、左手の肩から手首迄を覆う物。篠金物《しのかなもの》も鏁《くさり》も用いずに緞子金襴の類、又は曝し等の物で彩りを設け作る。手首の縮んだ皺《ひだ》を芥子《けし》という。長《たけ》は人による。裏を引き合せにして糸で絓《かが》る（図521）。

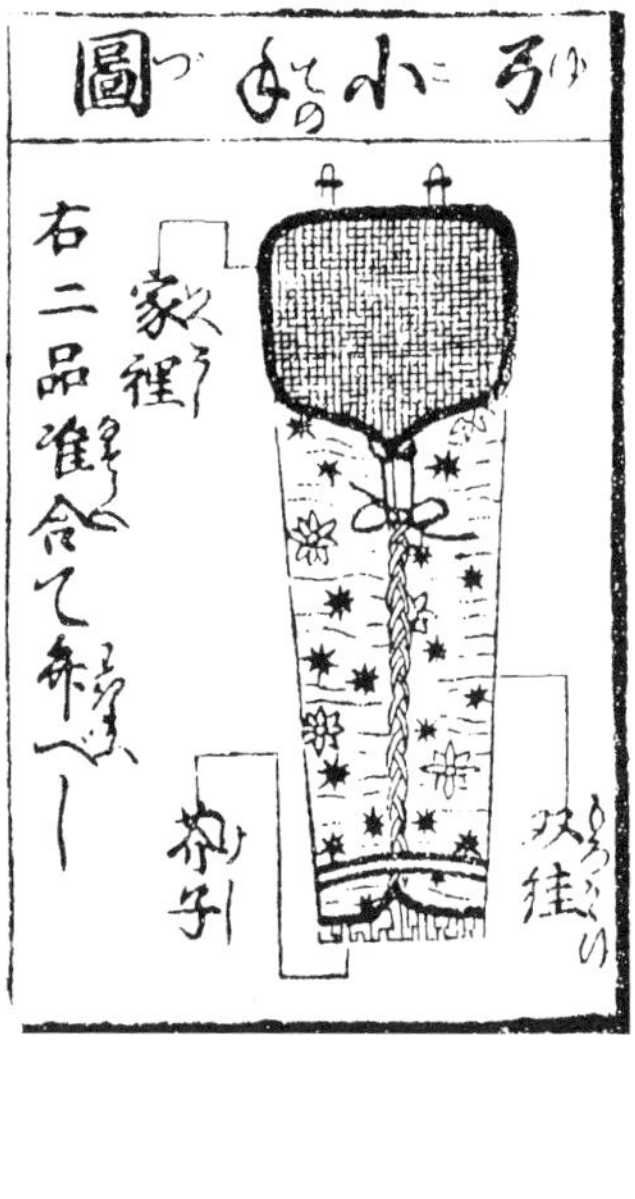

図521「弓小手」（武家重宝記）

湯晒陳熟【ゆさらしもぐさ】〔江戸流行買物重宝記・肇輯〕に湯晒陳熟《ゆさらしもぐさ》は、小網町三丁目 釜屋治左衛門、住よし町 竹村喜兵衛、矢ぐら ノ下 板坂源八郎、伝馬町二丁目 勝田新七、浅草六丁目 釜屋伝右衛門、麹町六丁目 釜屋伝右衛門、西紺屋町 目加田孫四郎ら十一軒の売り店がある。

倚子【ゆす】 片言。「倚子《いす》を、ゆす」という。〔世話重宝記・一〕

ゆすぐ【ゆすぐ】 片言。「ゆすぐは、濯《すゝぐ》」である。〔男重宝記・五〕

柚香煮【ゆずこうに】〔料理調法集・煮物之部〕に柚香煮《ゆずこうに》は、よい柚子を身ともに薄く切り、水を沢山に入れて煮出し、一夜湯鍋に留め、引き挙げて水気をよく去り 擂鉢で擂り 水嚢で濾し 砂糖蜜で練り 醤油で塩梅する。

柚香酢【ゆずのかず】〔料理調法集・煮出煎酒之部〕に柚香酢《ゆずのかず》は、柚子の色の付いたのを割り 内の実を去り よく湯煮して擂り、水嚢で濾し、酒で延べ、酢をよい程入れ、塩で加減し、砂糖をも加える。

柚干【ゆずぼし】〔料理調法集・調製味噌之部〕に柚干《ゆずぼし》は、道明寺寒晒糯粉（二升）、太白砂糖（一斤半）、赤味噌（一升）、溜り（五合）、大柚子・榧（三品は身ばかりで、四品の分量に合す）。前の四品を交ぜ合せ、十月頃の日に半日も寝かして置く。尤も、溜りと砂糖は間々入れ、砂糖は蒸し上げる時甘味が薄くなるので余計に入れる方がよい。よく潤い合う時分に、柚子の実を去り四色を詰め、榧を五ツずつも差し、柚の蓋をして一日蒸し、一夜そのまま留め置く。また翌日よく蒸し、柚の肉が親子の指で潰れる程になればよい。それから日に乾かし、よい時分に藁苞にして貯えて置く。他にも加減は多くある。

柚味噌【ゆずみそ】〔料理調法集・調製味噌之部〕に柚味噌《ゆずみそ》は、熟した柚子の枝付の所をよい程に切り、身を綺麗に刳りだし、ぬる湯で洗い置く。白味噌に赤味噌を少し加えてよく擂り濾し、柚の実をよく叩き入れ 古酒で緩め鍋でよく練り 胡麻 擂り生姜の細々、又は焼栗 刻み胡桃等入れて掻き交ぜ、柚子を釜に詰め、共蓋をして焼き出す。

柚餅【ゆずもち】〔菓子調法集〕に柚餅《ゆずもち》の作り様に二方がある。①柚子の皮ばかりを一日一夜水に浸して置いて取り上げ、湯煮して擂り絞り濾した柚子の目方程白砂糖を入れ、水を少し入れ、鍋で火を弱くして練り、よく掻き廻す。②粳の粉・糯の粉（各四合）、饂飩粉（三合五勺）、白砂糖（半斤余）を一ツに合せ、水で捏ねて白くして丸め、疵のない柚子十個の本の方を小さく明け、実を抜き湯に漬け、中を刮げ取り、前の交ぜ合せた粉を入れてよく蒸し冷まし、両脇を去り、中より二ツに輪切にして串に刺し、煎り酒を一遍かけ焼く。餅の内へ焼栗を入れるとよい。〈食合せ〉〔料理調法集・当流献方食物禁戒条々〕は柚餅に瓜の食い合せを忌む。〈売り店〉〔江戸町中喰物重法記〕に「柚餅」は、鍛冶橋御門前 真猿屋がある。

譲り状【ゆずりじょう】〔書札調法記・五〕の範例文は次の通り。「譲状之事／一 我等跡式幷家屋敷家財銀子不残惣領誰ニ譲申所実正也。次男誰は何々之諸道具 何通之家何軒 銀子何拾貫目とらせ可申候。此義何方よりも違乱妨申者在之間敷候。仍而為後日譲状如件／年号月日／父誰（判）／惣領誰 御町中参」。財産譲渡状。

楪【ゆずりは】 正月飾り物。〔年中重宝記・一〕に楪《ゆづりは》と云うのは、楪を徳まんざいともいう和名により、祝の具とするのである。通俗には、新葉が出てから古葉が落ちるのを、父子相続の意に掛けて祝う。〈紋様〉〔紋絵重宝記・下〕には「ゆづりはにわらび」の取り合せ紋様がある。

泔坏【ゆするつき】 大和詞。〔不断重宝記大全〕に「ゆするつきとは、びん（鬢）水入の事」。〔消息調宝記・二〕には「ゆするつぎとは、貴人元服に用ゆる所」とある。

ゆたのたゆた【ゆたのたゆた】「ゆたのたゆたは、船《ふね》のなみにゆらるゝ也」。〔消息調宝記・二〕

油隧膏【ゆつぃこう】「むげさん（無価散）」ヲ見ル

湯漬飯【ゆづけめし】 湯の中に飯を漬けて食うもの。〈薬性〉〔永代調法記宝庫・四〕に湯漬飯は夏に食する。その外は虫気、不食の人に毒である。〈食い様〉〔女重宝記・二〕に再進（＝おかわり）を食う時は箸を下に置き、左で飯を請ける。この時、箸の汚れる物があれば手をつけてはならない。湯を受けるのも同じである。

茹で鳥【ゆでどり】〔料理調法集・諸鳥之部〕に茹で鳥は、鴈鴨でも水ばかりで煮て取り上げ、よい程に切り、熱い内に山葵味噌の類を懸ける。また塩ばかりを振ってもよい。塩は生塩がよい。

湯殿【ゆどの】〔万物絵本大全調法記・上〕に「浴室 よくしつ／ゆどの。浴堂よくどう。同」。

湯取飯【ゆとりめし】〔料理調法集・飯之部〕に湯取飯は、淅米《かしごめ》（＝水に浸した米）に水を沢山入れ、大方煮えた時笊にあげ、水で洗いよく水気を去り、甑《こしき》で蒸す。

湯に金魚泳す伝【ゆにきんぎょおよがすでん】 手品。〔清書重宝記〕に湯の中へ金魚を泳がす伝は、鉄砲風呂では湯は上より沸き下は冷たいので金魚は働く。また水は桶の下横より差す。

湯飲み様【ゆのみよう】〔諸礼調法記大全・地〕に湯飲み様は、湯は亭主に最初に出し、次に上客に出し、それより段々に末座に至る。上客が飲む時各人が飲む。「香の物」*はこの時の菜であり、湯より先に食ってはならない。もし、湯が我が口に熱く人々と同じく飲み難い時には、香の物を湯の中に入れ、少し廻して冷まし、人並みに首尾を合すのがよい。〔女重宝記・三〕に食事中に湯を飲むには、箸を下に置き、右手に椀を持って飲む。湯は少し残った方がよい。香の物を食ってはならない。

ゆびし【ゆびし】「ゆべし（柚餅子）の事」ニ同ジ

柚醤【ゆびしお】〔料理重法記・下〕に柚醤《ゆびしお》は、柚（核を去り皮ばかりを用い六ツ）、葛粉（一合）、溜《たまり》（少）、砂糖（四十目）、胡桃（十五）。砂糖、溜、柚を一緒に煮、その後胡桃、葛粉を入れる。

ゆびすすき【ゆびすすき】「瘭疽《ひょうそ》」ヲ見ル

ゆびつなり【ゆびつなり】 片言。「ゆびつなり、飯櫃形 いびつなり」である。〔不断重宝記大全〕

指の薬【ゆびのくすり】〔洛中洛外売薬重宝記・上〕に「ゆびのくすり」は伏見海道五条上ル 綿屋五兵へ にある。二十四文。

指の事【ゆびのこと】〔鍼灸重宝記綱目〕に指の図がある（図522）。大指《おおゆび》は母指《もし》ともいう。食指《しょくし》は次指《つぎのゆび》ともいう。中指《なかゆび》。無名指《むみょうし》。小指《こゆび》。その他、上から掌《たなごころ》。腕甲《わんかう》。腕肱《わんこう》。〈指一切の奇方〉〔新撰咒咀調法記大全〕に指の患い一切には、○若和布を黒焼きにして鳥黐で練りつける。○指先が俄に痛む時は、木粘《きのやに》をつける。○鮒を潰し泥のようにしてつける。○蚯蚓を搗き爛らしてつける。○梅干をつける。〔童女重宝記〕は代指痛《ゆびはれ》む時は、甘草の煎じ汁に浸してもよい。〈指腫れ薬〉〔大増補万代重宝記〕に指腫の妙方は、○鮒の干したのを細末（粉）にし 白砂糖を少し入れ 続飯糊に混ぜてつける。○無患子を黒焼きにし蝿取黐を入れ練り合せて指へ巻く。〔懐中重宝記・慶応四〕に蚯蚓を裂き、土を去って巻く。〔胡椒一味重宝記〕に指の腫には、海蔕（大）胡椒（小）を煎じて洗う。〈指薬〉〔洛中洛外売薬重宝記〕に「ゆびのくすり 二十四文」伏見海道五条上ル 綿屋五兵衛にある。

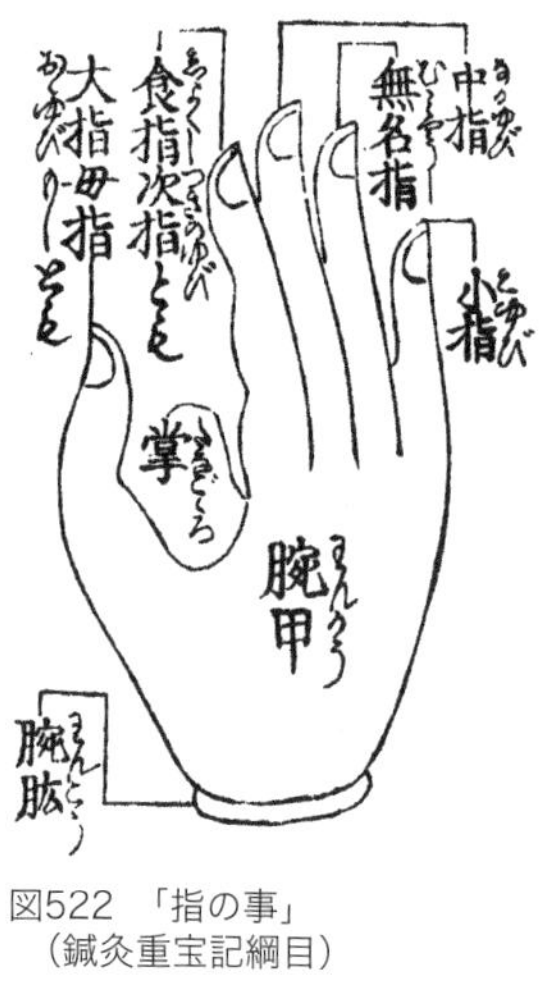

図522 「指の事」
（鍼灸重宝記綱目）

柚餅子の事【ゆべしのこと】 作り様。〔男女日用重宝記・下〕に柚餅子《ゆべし》の作り様は、○柚の核を取り捨て、実と皮を刻みよく擂り、味噌を大いに擂り交ぜた後、胡桃 生姜 胡麻等を掻き合せて堅く練り餅のようにし、細長く丸め藁で薄く包み乾し固めて置き、入り用次第に切って使う。○柚味噌のように柚の口を切り核を捨て、生姜や胡椒等をよく擂り、榧 胡麻杏仁をその侭入れて交ぜ、蓋を合せて絡げ、よく蒸し乾して天に吊って置く。〔世界万宝調法記・下〕は道明寺糒《ほしい》（細かなのがよい）、味噌（擂って）を等分にし、白砂糖を好き次第入れ、三種を生醤油でよい加減に練り合せる。柚は柚味噌のように蓋を切り、実を取り、内を温湯で洗って拭き取り、先の合せ物を柚に七分目に入れ、蓋をしてよく蒸す。陰干にして壺に入れて置くといつ迄も同じ加減で持つ。九年母でもよい。〔料理重法記・下〕は柚（皮を去り実ばかり十）、胡麻（二合）、味噌（五合）、糯米の粉（糯なら猶よい）、唐辛子（少）を一緒に擂り合せ、柚の皮へ詰めてよく蒸し、その内へ胡桃、榧でも入れる。柚の裏の皮は去る。〔ちやうほう記〕は、①糯米・粳米・味噌（各五合）、柚実（三十）、柚（五十）を古酒で練り、榧・杏仁・胡桃・胡麻・生姜・砂糖を好き次第に柚一ツに入れる。天日に乾して生乾しになる時、上下に板を置き、よい程の石を一夜置く。②仙台干飯・白砂糖・極上醬油・味噌を鍋に入れ、掻き交ぜじわじわと固まる時取り上げ、柚実の中をよく取り、柚実八分目と皮を入れる。その後、甑で蒸す。「ゆびし」ともいう。

〈柚餅子屋〉〔万買物調方記〕に「京ニテ柚餅子屋」東洞院椹木町、押小路東洞院東へ入ル八幡や長兵へ。「江戸ニテ長崎柚餅子屋」めつた町 浅草本鳥越。「大坂ニテ柚餅子屋」伏見両替町 久ほうじや又右衛門にある。

忌明【ゆみあき】 片言。「忌明《いみあき》を、ゆみあき」という。〔世話重宝記・一〕

弓置【ゆみおき】 〔弓馬重宝記・上〕に弓置の事は、矢代《やだい》振る矢を立てるには、受け取り蹲い射て、例えば二張中れば前の逆弓より次第々々に流れる。その間、懸を上げて答える。例え、人が二十人いる時、十七張目に逆弓（中った射手は末弭を上前にして逆様に掛る）の人があり、残り二三張の射手はこれを射流してはならない。口伝である。前の逆弓の人に所務があり、星をしようと断って差星《さしぼし》を射る。例え、中っても中らないでも弓は掛けない。口伝である。又、弓置に射勝った人は弓掛に行き、我が弓を取り、弓掛の脇に弓を立て射勝った人の前に置き、我が弓を取って帰る。口伝である。

弓懸【ゆみかけ】 弓掛とも書く。〔弓馬重宝記・上〕に的場*で弓を掛けて置く所をいう。高さ一尺五寸、縦横は五寸四方。置き所は右栈鋪の左側。「垜《あずち》」参照

ゆみずかへり【ゆみずかえり】 片言。「ゆみづかへりは、蘇《よみがへり》」である。〔男重宝記・五〕

弓弦【ゆみづる】 「弦《つる》の事」ヲ見ル

弓取落し弦の切れる時【ゆみとりおとしつるのきれるとき】 〔弓馬重宝記・上〕に、我が前で或る人が弓を取り落し弦等切れた時は、射てはならない。その人の仕舞うのを待って射るのが法である。尤も貴人ならばその次から三人迄、筈*を外すのが礼である（口伝）。弦が切れた時は肩を入れて取る。もし三足より遠ければ取ってはならない。矢代*の上ならば弓の末弭《うらはず》（＝上方になる弭）で取る。取り様は右手で切れた弦をまず取り、弓を持ちながら弦の切口を向うへなし、巻弓（全体を籐で巻いた弓）に持ち添えて立つ。口伝である。

弓並【ゆみなみ】 〔弓馬重宝記・上〕に弓並《ゆみなみ》の事。矢を立つには、受け取り次第々々に射場へ着いて蹲い射る。肩を入れ 弓懸*に行き両手で弓を懸け、中った射手は末弭《うらはず》（＝上になる弭）を前にして逆様に懸ける。中らない人は法（手本通り）に懸くる。何張もこのようにして、射終ったら法

に懸けた弓をば取り、逆弓（中った射手は末弭を上前にして逆様に掛る）の分を残して置く。法の弓取りを終ったら、後へ懸けた射手が先ず出て蹲い、我が弓を右手で末弭を取り、左手で握りの上を取り、弓を納めて右手をつけ、褒美があれば末弭を下げ礼を言う。次に右膝を開き立ち内へ行く。口伝がある。但し、懸銭の事は始めは山と懸け、それより次第々々に懸銭が重る。もし、末の人数が少ない時は断り多くも懸ける。口伝がある。

弓の事【ゆみのこと】〔万物絵本大全調法記・上〕に「弓人 きうじん／ゆげし／ゆみつくり」。〈弓の始〉〔人倫重宝記・二〕に、シナでは易の繋辞に黄帝 尭舜が木に弦して弧《ゆみ》とし、木を剡《ため》て矢とする等、諸説がある。仏者は 愛染明王が外道退治に多羅樹の枝で初めて弓を作ったという。日本では『日本紀・神代巻』に天照大神が手に弓弭《ゆはず》を振り立ててとあり、他にも天梔弓《あまのはしゆみ》、天羽々矢《あまのははや》、天の盤靫《いわゆぎ》があり、弓矢は神代より始った事が分る。『採梔集覧』は日本武尊の東夷征伐の時より弓矢が始ったとし、神功皇后が三韓征伐に使ったので弓の中興の祖とする説もある。それ故八幡《やわた》八幡宮を弓矢の神と崇め、武家の祖神とする。よって侍の誓言*は「弓矢八幡」という。

〔武家重宝記・二〕にも同趣の事があり、唐土の弓は半弓であるが、日本に移って竹 或は鯨の鰭《ひれ》等色々の製法があり、近時は所々で作るが紀伊国に出るのを最良とする。○日本の弓は長さ七尺五寸、矢は二尺七寸五分である。今世に七尺三寸の弓があるのは、秀次が弓に力を増すために切ったのに始り、七尺二寸もある。○弓に作る木は梔《はぜ》で、神代巻には梔弓《はしゆみ》という。梔はくちなしとは別である。○側木を漆で黒塗りする事は、軍中 又は道路往来のためで、鰾口《にべぐち》より雨露を防ぐために塗る。

〔掌中年代重宝記〕に弓矢の始めは二代綏靖帝の御宇、天稚彦が始めて作り二千三百九十余年になるという。〈種類〉〔弓馬重宝記・下〕に弓の種類に、四足弓*（重籐の弓）。太平弓*。八張弓《はっちょうきゅう》*がある。

〈名所〉〔武家重宝記・二〕に「張弓名所」（図523）として、本彇（弭*＝もとはず）から末彇《うらはず》（はず）*迄の解説がある。弦持《つるもち》*。関板《せきいた》*。手下《てした》*。握下《にぎりした》*。握革（革を巻いた所）。矢摺*。韘付《ゆがけつけ》*。（小大）鳥打《とりうち》*。押付*。相打《あいうち》*。姫反《ひめそり》*。肩*。弓の図は〔諸人重宝記・四〕にもある。

〈受け取り渡し〉〔小笠原諸礼調法記・天〕に、○弓の請取り渡しは、弦を外すのを故実とし、まず右手に矢摺の籐を持ち本彇*を畳み五六寸程にあけ、左膝 左手を突き本彇を畳に突き口上を述べ、弓を両人の中間に押し立て、左右の手を持ち替え、左で矢摺の籐を取り、右手を本彇にかけて渡す。受取人は握の所を右手で取り、左手を本彇に掛けて受け取る。

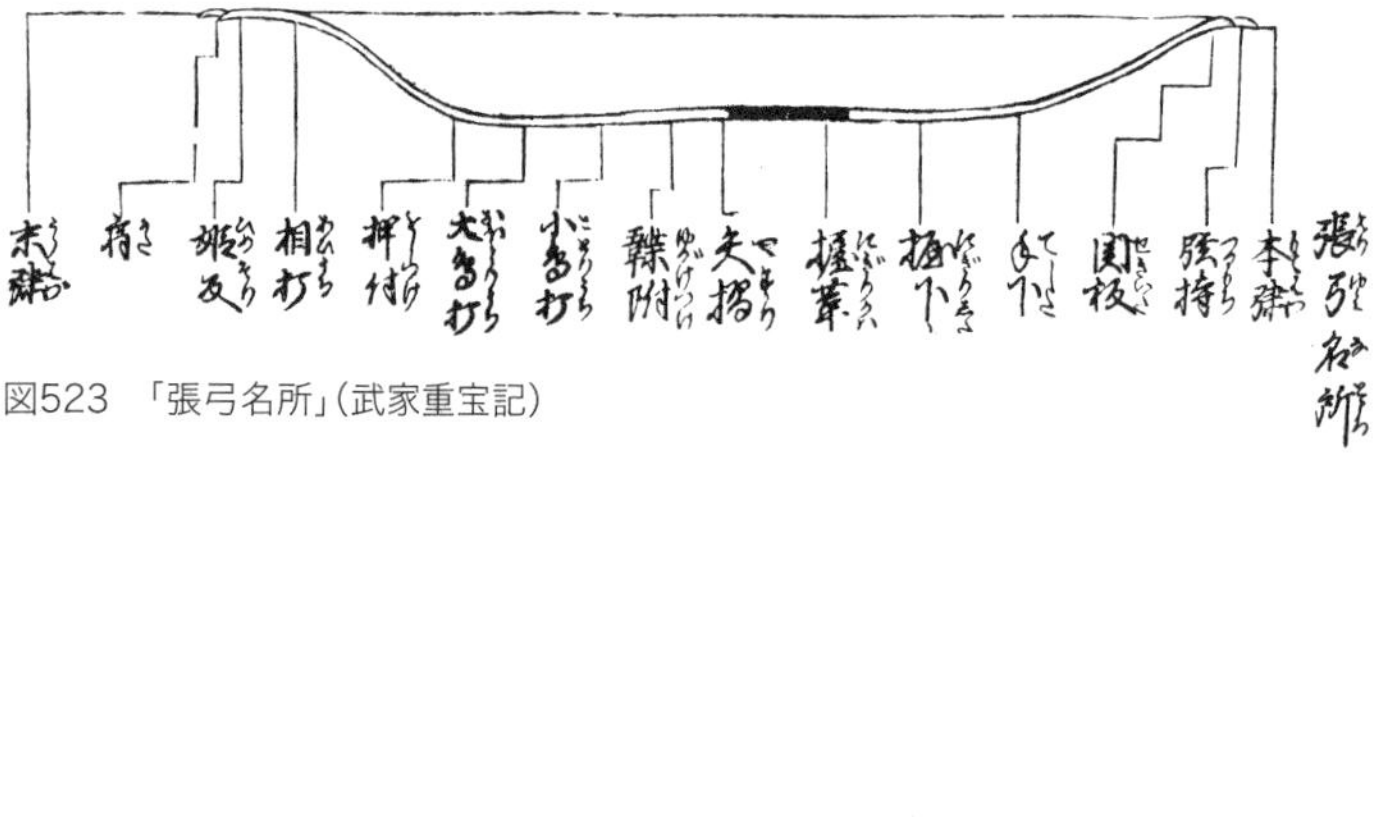

図523 「張弓名所」（武家重宝記）

外竹を人に向わせてはならない。○主人貴人に張弓差上げ様は、握革《にぎりかわ》の下を右で持ち、矢も右に持ち添えて出る。弦を上にし、左で本弭を抱え、御前近くなる時左で握の下を持ち、右で本弭を抱え左右持ち替えて、左の方へ引き添い差し上げる。

〈弓の躾〉〔武家重宝記・二〕に弓の躾で、○座敷に弓掛け様は、南向きが本《もと》で北向きに掛け、末彇《うらはず》が北へならないようにする。○塗籠と白木の弓の時は、白木を上に掛ける。○弓に何分の弓と尋ねる時は、握り革*の本の内竹と外竹との身の寸を取り何分と答える。○人前で弓を張る事は、貴人の方を後ろにしないように心得る。また北向きに向かない。○握り革は、外竹の左の方から巻き始め、七ツか九ツ等奇数に右の方で巻き止める。

〈射初め〉〔年中重宝記・一〕に正月二日は、武家の弓射初めである。〈料理調法集・年中嘉祝之飾〉に「弓初御的始之事」があり、的場の大前に餝る、大前は右の面である。瓶子一双花形包み、洗米、総引渡、三土器、数土器。的始めを射終って総引渡を主人へ奉り、神酒頂戴、射手は数土器で御酒を段々に頭戴する。御酒の錫口を花形、四方蝶、奉書一重、上水引結、水玉を寄る。

〈諸流〉〔文章指南調法記・五〕は弓の諸流に、日置《へき》流、吉田流、雪荷《せっか》流がある。〈弓師〉〔万買物調方記〕に「京ニテ弓師」松原ふや町西へ入 小松勘七・広瀬弥市、御幸町松原下ル 辻十郎右衛門・清水又吉、ふや町松原上ル 和田又市・桂新七ら九人がいる。「江戸ニテ弓師」下谷広小路栗林藤四郎、弓町 近藤久兵へ・戸塚五左衛門・小林権兵営・米村山三郎。「大坂ニテ弓師」平野町筋にいる（氏名なし）。

弓張月【ゆみはりづき】 大和詞。「ゆみはり（弓張）月とは、七日八日の月」である。上弦の月。〔不断重宝記大全〕

弓袋【ゆみぶくろ】 〔弓馬重宝記・下〕に弓袋は、昔 源頼朝が上洛の時に初めて出来、弓の役は三浦重周であった。弓は黒木が本式で、籐を使うのに口伝深く、御上洛 或は神事に用いる。仕立て様に秘事が多い。弓袋は弓衣ともいう（図524）。

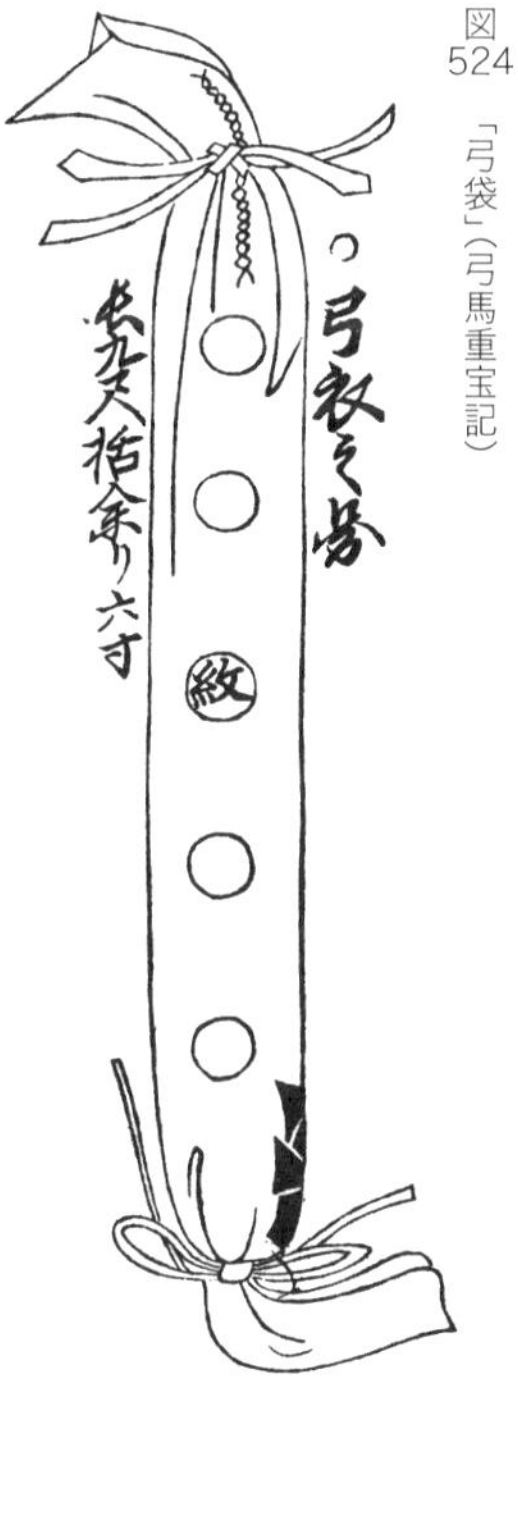

図524「弓袋」（弓馬重宝記）

弓溝【ゆみみぞ】 〔弓馬重宝記・上〕に弓溝《ゆみみぞ》は的場の施設で、巾二尺八寸、深さ三寸六分、長さはその場による。縁に青竹などを伏せ、目串で締めて置くのは悪い。但し、宜しい物を用いるのは弓法の働きである。的溝の飾りは葦等少しがよい。「垜《あずち》」参照。

弓矢台【ゆみやだい】 〔弓馬重宝記・下〕に弓矢台は百矢台ともいう。弓は二張。百矢台は矢数を挙げていうが、矢を百差すと定まるのでもなく、数多く差す意である。矢を差して飾るのは兵儀ではない。品形は一定しない（図525）。

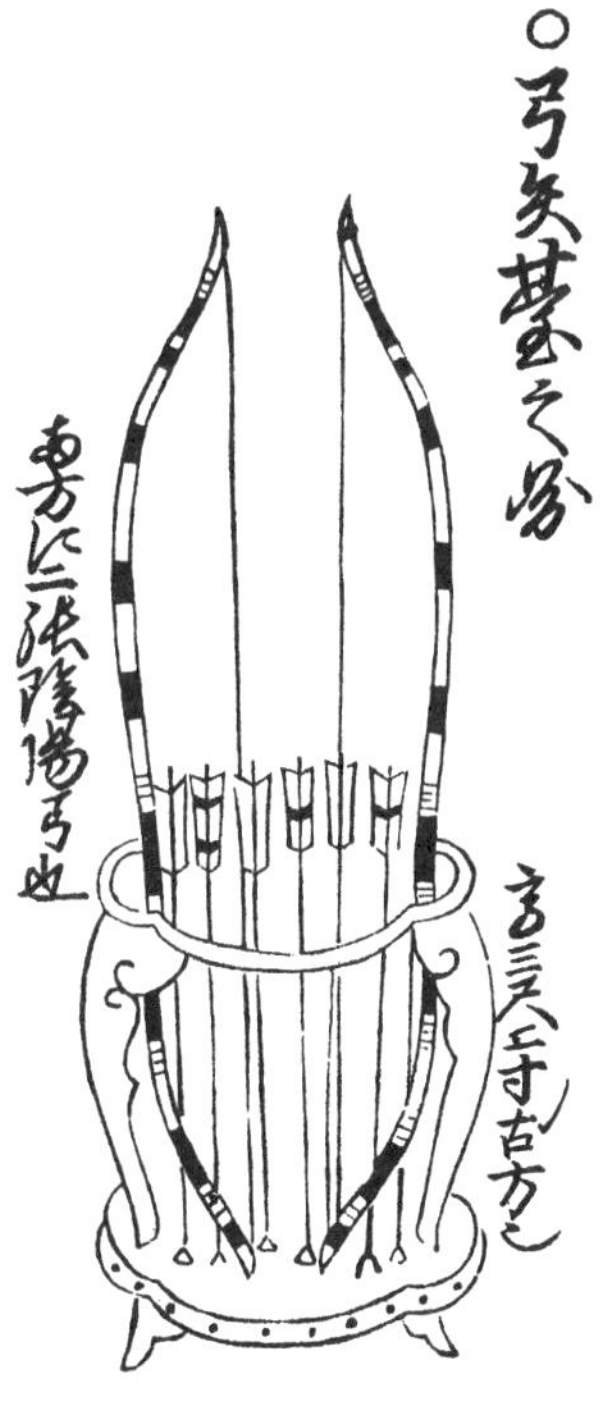
図525「弓矢台」（弓馬重宝記）

夢の浮橋【ゆめのうきはし】「橋姫の社」ヲ見ル

夢の事【ゆめのこと】〈夢の歌〉〔大増補万代重宝記〕に、○「夢祝いの歌」は「夢はみつ 難波の事もいはゞよし 誓ひやり戸の内に寝たれば」。○「夢違の歌」は「あらちを（荒乳男）のかるや（狩矢）の先にたつ鹿も 違へをすれば違ふとぞ聞く」（袋草子・上）。〔増補咒咀調法記大全〕に○悪しき夢違えの歌として「夜みつる今夜《こよい》の夢は悪しからじ たがゑる戸の下に寝ぬれば」。又「大原や三狩《みかり》の歌に立つ鹿も ちかひをすれば許されにけり」。「奥山の根なしかずらに見つる夢 ことなし草に見ゆるなりけり」を、それぞれ三遍唱え悪夢を払う。〔女中重宝記〕は、○「悪しき夢を消す伝」は早く次の歌を三遍詠んで悪夢を払う。「見し夢を貘の餌食となすからに 心も晴れし曙の空」。甚だしく悪い夢で翌日も忘れず気に掛る時はこの歌を三枚書き、流れ川へ朝四ツ時（十時）迄に流すと夢は消えて難を逃れる。〔重宝記〕は、「今宵見し夢は貘にぞ食わせつつ 悪しきは消えてよきは栄えよ」がある。

〈夢に唱える呪文〉〔懐中重宝記・弘化五〕に、○「悪しき夢みて唱える文」「あくむせうめつしやうわうとくじんべんによ来」。「夢は見つなにはのこともいはじよしちかひやりどの内に寝たれば」。「ながきよのとをのねふりのみなめさめ 浪のり舟の音のよきかな」（回文歌）の歌を三遍ずつ唱える。○「よい夢みて唱える文」「なむふくとくそうちやうしやみくどくじんべん王如来」。〔調法記・四十ち〕に「よい夢を見た時の文」は、「南無福徳幸頂弥功徳王菩薩」を三遍唱えると福徳が来る

〈呪符〉〔増補咒咀調法記大全〕に、①「悪しき夢みたる時の符」。②「同悪しき夢」。この符を男は左手、女は右手に書く（図526）。〔麗玉百人一首吾妻錦〕に悪夢を見た時 善事になる法幷秘符は、古書に曰くとして、人に語らず、まず水を含み東方に向かい足をふいて呪し、「悪夢草木に着き 好夢珠玉を得る 咎無し矣」と唱えれば善事になる。この符を男は左手、女は右手に書くのもよい。

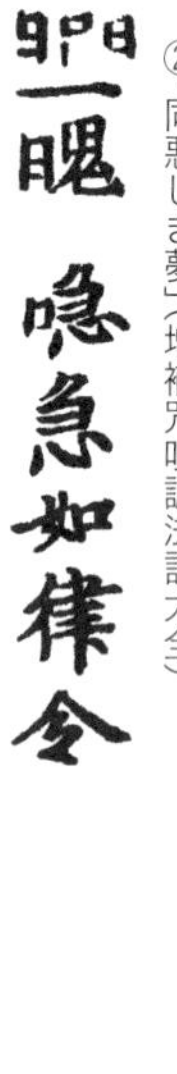

図526 夢の事 ①「悪しき夢みたる時の符」（増補咒咀調法記大全） ②「同悪しき夢」（増補咒咀調法記大全）

〈夢の善悪を語らぬ日〉〔懐中重宝記・弘化五〕は、善悪共に夢を人に語ってはならない日がある。正・十一月は申・未・戌の日。二月は申・酉・巳の日。三・十二月は午・未・亥の日。四・五月は丑・卯・午・亥の日。六月は子・丑・亥の日。七月は子・丑・辰の日。八月は寅・亥・子・辰の日。九月は子・寅・辰・亥の日。十月は巳・辰の日。これらの日は吉夢、悪夢とも人に話さない。〔麗玉百人一首吾妻錦〕には相違があり、七月は酉・戌の日、八月は丑の日がある。

夢判じ【ゆめはんじ】〔女用智恵鑑宝織〕に、○一冨士、二鷹、三茄子ハ吉とする。どれを夢見ても幸が来、大きな喜びがある。夢判じ様の秘伝もある。○金銀を拾う夢は悪く、得る夢は吉。その訳は、拾う心はうれしいが落した人の心を推察せよ。○葬礼の夢は吉。その訳は、死人を送るのは仁 義である。○水に入り、舟に乗り、湯を使う等は皆吉。○鏡を得るか磨ぐ等は吉、割れた夢は悪い。これらに準じて万事を判じるとよい。心得違いがあると吉夢も悪くなり、悪夢も判じ様で吉夢にもなる。○歯の落ちる夢は悪いというが、痛むこと等あって見る夢は何の障りもない。○笛を吹き、鼓を打つ夢等は悪いが、これも同じ等とある。

〈善悪夢の占〉〔昼夜弁要万宝二面鑑・寛政十二〕に次がある。「善夢」○身より光が出る夢は天下に名を上ぐる。○松を植ゆる夢は万に吉、命が長

い。○朝日の出る夢は万に喜びがある。○星の出る夢は万人に名を上ぐる。○神社の夢は富貴になる。○鳥居玉垣の夢は願い事が叶う。○野山に遊ぶ夢は思い事が叶う。○紙を得る夢は商い事によい。○米を内に入る夢は福が来る。○屏風の夢は命が長い。○枕をする夢は幸い事がある。○葬礼の夢は富貴を求むる。○内より人の出る夢は大いに幸いがある。○仏を拝む夢は人より恵みがある。○座敷を掃く夢は客が来る。○大雨の降る夢は万心に叶う。○雷の落つる夢は宝を得る。○火事の行く夢は大富貴になる。○家根や山に登る夢は万人に見上げられる。○谷水を飲む夢は病無し。○舟に乗る夢は家を求むる。○井戸掘る夢は宝が湧き出る。○鏡を磨ぐ夢は万に幸いがある。○扇を得る夢は家が栄える。○黄金を得る夢は万心に叶う。○衣類や袴の来る夢は人に用いられる。○米豆を食う夢は命が長い。○橋を造る夢は願望が叶う。○太刀を磨ぐ夢は眷属が集まる。
「悪夢」○家に人が集る夢は病人が来る。○障子の桟を折る夢は子に災難がある。○糸を乱す夢は心に懸る事がある。○白布を裁つ夢は悪い事がある。○障子を立つる夢は病い事がある。○矢を得る夢は人に遣われる。○鼓を打つ夢は盗人の用心をせよ。○雲が赤くなる夢は口舌事がある。○地震の揺る夢は騒ぎ事がある。○山の崩れる夢は驚き事がある。○山を下りる夢は病人が出来る。○麻を繰る夢は難しい事がある。○杖を突く夢は病事がある。○扇を落す夢は思い事が叶わない。○雙六を打つ夢は争いがある。○鏡が曇る夢は思い事は叶わない。○鏡を得る夢は苦を求むる。○帯が解ける夢は金銀を失う。○岩を引く夢は難しい事がある。○悪い夢を見る時の歌。「夢はみつ難波の事もいはばよし ちがひやり戸の内に寝たれば」一。○日月の天より落つる夢は大いに悪く、父母に離れる。○天より落つる夢、黒雲の舞下がる夢、座敷や家の内に樹木の生える夢、身より汗の出る夢、鏡の割れる夢、畳の上を蟻の這う夢は大いに悪い。○飴を食う夢は悪い。○金銀銭を拾う夢は宜しくない。○霜の降る夢、布を裁つ夢、家の内に人が多く集る夢、屏風を引き廻す夢は憂い事がある。○風が吹く夢は病事がある。○山が崩れる夢は身代が危い。○髪の抜け落ちる夢は子々に祟りがある。○歯の抜ける夢は親類に不幸がある。○糸の縺れる夢は揉め事 又は難しい事がある。○扇を落す夢は損失がある。○門の戸が割れる夢は奉公人が駆け落ちする。○弓の弦の切れる夢は兄弟に離れる。○鼓を打つ夢は驚く事がある。○杖を突く夢は病を生ずる。

〈恋人を夢に見る呪〉〔万家調法呪詛伝授囊〕に「恋人を夢に見る呪」は、夜《よ》着《ぎ》*（襟袖をつけた綿入れ。掛蒲団）の裏表を返して着て、左前に合わせ、次の歌を三遍唱えて寝入る。「いとせめて恋しき時はぬば玉の夜の衣をかへしてぞぬる」〔古今集・恋歌二〕。

ゆ文字【ゆもじ】 大和詞。「ゆぐ（湯具）は、ゆもじ」という。〔女重宝記・一〕

湯火傷【ゆやけど】 「やけど（火傷）の事」ヲ見ル

百合【ゆり】 〔万物絵本大全調法記・下〕に「百合 ひやくがう／ゆり、又さゆり」。〔薬種重宝記・下〕に和草、「百合（ひやく）がう／ゆり。洗い蘆頭《ろず》を去り、刻む」。百合の種類は多く、種別に掲出した。会津百合* 姥百合* 大鹿の子百合* 鬼百合* 鹿子百合* 唐百合* 寒百合* 黒《こく》百合* 白百合* 透《すかし》百合* 外の浜透百合* 武嶋百合* 津軽百合* 天目百合* 南蛮百合* 博多百合* 光百合* 緋百合* 姫百合* 丸子百合* 琉球百合*など。

百合練酒【ゆりねりざけ】 「練酒」ヲ見ル

ゆるして【ゆるして】 大和詞。〔不断重宝記大全〕に「ゆるしてとは、ゆだん（油断）なる事」とある。

ゆるり【ゆるり】 片言。〔不断重宝記大全〕「ゆるりは、囲炉裏 いろり」である。〔小野篡譃字尽・かまど詞大概〕「ゐろり（囲炉裏）は、ゆるり」。

ゆわいといわい【ゆわいといわい】 「やくはらい／やくよけ（厄払／厄除）の事」ヲ見ル

湯を冷ます【ゆをさます】 呪い。〔清書重宝記〕に湯を冷ますには、「亥子の方」（北々西）と三遍唱え、北という字を指で三字書くと妙である。

よ

よい月夜【よいつきよ】 「夕月夜を、よい月夜」という。〔世話重宝記・五〕

宵明星【よいのみょうじょう】 〔万物絵本大全調法記・上〕に「長庚 ちやうかう／ゆふづく。よひのみやうじやう。日入」とある。〔農家調宝記・初編〕に夕方、日が沈んでから見える星、金星をいう。「太白星《たいはくせい》」ヲ見ル

搖【よう】 十四の鍼法*の一。瀉*する時、針を出そうと欲すれば、動揺《うごかし》して後に出すとよい。〔鍼灸重宝記綱目〕

養胃丸【よういがん】 〔丸散重宝記〕に養胃丸は、酒癪、気の滞り、胸痞え、腹痛み、宿食（不消化で胃にある食物）、虫癪によい。よく食を進める。檳榔・木香・肉桂・陳皮・白朮・茯苓・厚朴・香付子・莪蒁・三稜（各二十匁）、甘草（十匁）を糊で丸じ、白湯で下す。

養胃湯【よういとう】 〔医道療治重宝記〕に養胃湯は、脾胃虚し、嘔逆、悪心、腹脇脹り痛み、腸鳴り泄瀉し、或は寒熱瘧のごとく骨節煩痛するのを治す。藿香・香朴・半夏（各一匁）、草菓・伏子・陳皮・人参（各七匁半）、白朮（五分）、甘草（少）に生姜・烏梅を入れて煎じ、服する。症状により加減もある。

養運【よううん】 十二運*の一。〔金神方位重宝記〕に養運は、木性は九月（戌）、火性は十二月（丑）、土・水性は六月（未）、金性は三月（辰）生れで、他人の一家の跡を取る。侍は立身する。始めはよく中は悪く末はよしとする。〔両面重宝記・寛延六年〕は養運の人は吉、人に恵み深く助ける心がある故に身上よく、他の家へ行くとよい。「養ひの母に連れたる鶴の子が千代をかけたる古里のもと」とある。〔和漢年暦調法記〕は夫婦が同じ年ならいよいよ栄える。始め障りがあっても後はよい。身に油断があると災い妨げがある。〔日用重宝万物図解嘉永大雑書三世相〕に養運の生れは夫婦仲は睦まじく大いによいが、始めの縁は替る。尤も夫婦が同歳であれば大によい。又、子に縁が薄く育ち難い。常々神仏を信心し、常に家にのみ居るのはよくない。他国商い等は特によい。「やしのう」ともいう。

拗音【ようおん】 〔万まじない調宝記〕に拗音は、直音*に対し、例えば「か」を「きゃ」「きゅ」「きょ」「くゎ」のように二字で書き表わす音をいう。や・ゆ・よ・わ等を書き添える。

八日【ようか】 「やうかは、八日也」。〔消息調宝記・二〕

要害の六具【ようがいのろくぐ】 六具*の一。〔武家重宝記・四〕に要害の六具は、乱杙《らんぐい》、鹿砦《さかもぎ》、菱《ひし》、勢楼《せいろう》、竹束《たけたば》、我屈洞《がくのどう》をいう。

幼学の道【ようがくのみち】 〔女筆調法記・五〕に幼学の道は、七歳迄は多くは物の差別はなく、八歳になったら何でも習わせ教える事をいう。まず手習、物読み、躾方などを教える。一般に父は恐ろしく、母をば侮り言うことを聞かないのは、母が朝夕細やかに馴れ親しむからである。それ故、親しみ深く愛する内に道を正し、義理堅く、素直なことのみ言い聞かせて教えるなら、徒らに育つことはない。「孟母の三遷*」の教えを知り、賢人に育てることである。

羊癇【ようかん】 羊癇は五癇*の一。〔小児療治調法記〕に羊癇は、目瞪《みは》り舌を吐き、羊の叫びをする。これは心である。〔鍼灸重宝記綱目〕にも目睨《にら》み、舌を吐き羊の鳴き声のするのは心とある。巨闕に三壮して全く効があり、九推の下節の間に三壮、また大推の上に三壮する。

陽関【ようかん】 〈経絡要穴 足少陽胆経〉〔鍼灸重宝記綱目〕一穴。陽関は、陽陵泉の上三寸、犢鼻の外陥みの中にある。針五分。禁灸。風痺、膝痛むのを治す。〈背の寸法〉〔鍼灸日用重宝記・三〕一穴。第十六椎の下、座してとる。『銅人』から針五分、灸三壮。膝を伸べ屈めず、風脾で筋

の緩まるのを治す、等とある。

腰眼【ようがん】〔鍼灸日用重宝記・四〕に腰眼の穴《けつ》は、癸ノ日の亥ノ時に灸する。そのため癸亥《きがい》の穴ともいう。まず病人を真っ直ぐに立たせて見ると腰の十六七椎の辺の両方に自然と少し凹い所の中に点する。或は俯せにして身足を伸ばしてもよい。両眼のようなので腰眼という。一穴に七壮或は十四壮する。労瘵*の腰の痛むのに妙である。労虫がいると必ず吐き出し、或は瀉して出る。出たら焼いて川へ流すのがよい。その他婦人の帯下を治す。労瘵に限らず虚症の腰の痛みに灸してよく、この場合は癸亥の日に限らず、癸亥の灸とは言わず、腰眼の灸という。

羊羹色【ようかんいろ】「ようかん（羊羹）色といふは、もゝしほ（百入）茶の事」である。〔染物重宝記・文化八〕

逍遥散【ようかんさん】〔薬種日用重宝記授〕に逍遥散は、茯苓（大）、当帰・白朮・芍薬・柴胡（各中）、甘草（小）。痾の諸々を治す。

羊羹製法【ようかんせいほう】〈製法〉〔男女日用重宝記・下〕に羊羹製法は、小豆をよく煮て笊の内でよく粉にし水で延べて通し、皮を取り捨て、実を布に入れ水を通し実を留めて二三合に、葛の粉一合、砂糖も少し入れ合せ、甑《こしき》に細かな布を敷きその上に前の小豆の粉を伸し広げ、又その上に葛の粉を厚さ三分程に広げて置き、上に布を掛けて蓋をする。その後、葛の粉が色の変わる程蒸せた時、藁稭《わらしべ》で通してみて、小豆葛の粉が付かなければよく、付くのは生蒸しである。

〔ちやうほう記〕には二法がある。①小豆一升をよく煮て擂り、水で濾し、滓を擂鉢で擂り、また明日笊で濾し、次に水嚢で濾し、木綿の袋で絞り、風に吹かせ、葛の粉二合、塩少し、粳の粉一合を交ぜ合せ、擂鉢でよく擂り、黒砂糖二百二十匁を鍋で煎じ、戻しで漆を濾すように濾し、前の餡に交ぜてよく揉み合わせ、次に蒸籠に布二通り敷き、直ぐに均し、上にも布一通りを置き蒸す。蒸し加減は、黒豆を置き食い加減に煮えた時がよく、一夜冷まして切る。黒砂糖の内三分一は白砂糖を交ぜてもよい。拵え馴れたら白砂糖ばかりでもよい。②小豆一升、黒砂糖二斤、葛七匁、饂飩粉十五匁、水茶碗二ツ程。黒砂糖を煎じて水嚢で濾し冷まし、餡を揉んでよく交ぜ、蒸し、冷まし、切る。

〔菓子調法集〕に①小豆一升を煮て濾し、粉にし、吉野葛二合五勺、太白砂糖二百八十目を煎じて交ぜ合せ、蒸し立てる。②生小豆三合を濾して粉にし、砂糖百目を煎じて入れ、上葛粉を七勺入れ、とろりと交ぜ合せ、竪六寸、横三寸の箱へ木綿の敷布をして流し入れる。但し、蒸籠を滾《たぎ》らして入れ、箱の上の露を取る（口伝）。布幅で上を扱《こ》く。③小豆をよく煮て擂り潰し、水で掻き混ぜ、目の荒い水嚢で揉み通し、滓を去る。次に上水を滑袋《したみぶくろ》に入れ、強く押しを懸け、水気をなくして煎じ、黒砂糖を入れ交ぜ合せ強く蒸す。また引き上げ押しを懸け、煎り砂糖に黒砂糖二合を入れて合せると絞り粉になる。次に絞り粉一升に小麦粉三分の一を入れ、上々葛粉を少し入れて煎じ、氷砂糖を入れてよく練り、甑に箱を置き、木綿布を敷き入れ、二時（四時間）も三時も蒸す。④一箱に砂糖蜜一斤、葛粉八匁とする。⑤赤小豆百目、白砂糖五十目、葛八匁、饂飩粉三匁、塩五分を交ぜ合せ、布に包み、三時（六時間）程蒸して杉楊枝で突いてみてが付かなければよい。⑥赤小豆一升の濾し粉に、砂糖一斤半、饂飩粉三分の一。濾し粉は水気を取り、丸い物に入れる（図527）。一ツ分饂飩粉を入れて揉み合わせ、砂糖一斤半に水一升五程入れて煎じ詰め、これを練り合せ、箱に入れて蒸し、上の方に蜜を引く。〔諸民秘

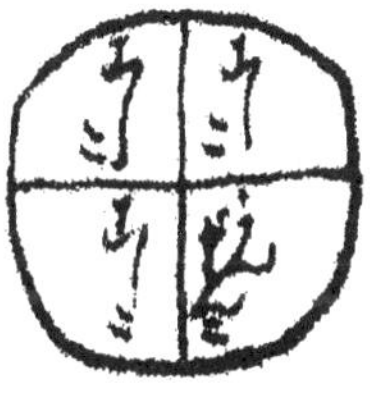

図527
「羊羹製法」⑥
（菓子調法集）

伝重宝記〕に羊羹の伝として、小豆の濾し粉二百目、砂糖三百目、饂飩粉五十目、葛粉十五匁をよく練り合せ、型に入れて蒸す。

〈切り様〉〔料理調法集・点心之巻〕に羊羹の切り様は、長さ四寸二分、巾は一寸二分、厚さ二分ずつに切る。五切を畳み かんきもり（雁木盛カ）にする。一記に、長さ三寸、巾は九分、厚さ二分にも切る。また長さ巾は前に同じ、厚さは五分に切り、三ツ盛にもする。横に二切り並べて、正中に一切れ横に置き、上に生飯を置く。

〈売り店〉〔江戸流行買物重宝記・肇輯〕に「羊羹 蔫入《たばこいれ》」の店は、日本橋四日市 竹屋清蔵、同万町 谷口正蔵、馬喰丁一丁メ 中村屋庄八、小網町二丁メ 壺屋久五郎ら七軒がある。

永観堂【ようかんどう】 京名所。〔東街道中重宝記・七ざい所巡道しるべ〕に永観堂《ようかんどう》は、本尊は阿弥陀如来、見返りの尊容は名高い尊像である。開帳は百銭。〔年中重宝記〕に正・五・九月十六日は、東山永観堂禅林寺で大般若経転読。十一月二日は禅林寺永観忌。池の大納言頼盛卿の息僧都静遍は初めは仁和寺の僧であったが、後に禅林寺永観堂に住居し、源空滅後『選択集《せんちゃくしゅう》』を披閲し一向専修の念仏に帰依し、名を改めて心円坊と号した。頼朝卿は心円坊に深く帰依、武運長久のために大般若経を転読させ、今に正・五・九月に勤める。

陽気虚損【ようききょそん】 経験方。〔丸散重宝記〕に陽気虚損は、莵絲子*と熟地黄*を等分に末（粉）にし、酒米で丸じ、人参湯で下す。

陽起石【ようきせき】〔薬種重宝記・中〕に唐石、「陽起石 やうきせき／きらゝの粉。水飛して研《す》り、焼いて酢《す》に浸すこと七次《たび》、細末（粉）す」とある。「きらら（雲母）」参照

楊貴妃薫身香【ようきひくんしんこう】〔調法記・全七十〕は楊貴妃薫身香は、丁子（五両）、梹榔子・皂角（各二両）、麝香（五分）、薫陸（二分五厘）を粉にして晒布の袋に入れ、湯を浴びて後に身を打つ。

楊弓【ようきゅう】〈始り〉〔人倫重宝記・三〕に、唐の玄宗皇帝の時 楊貴妃が玩んだので楊弓と言い、我が国では菅相丞が射たと伝える。雀小弓*とともに公家の玩物で、武射ではない。今に所々に射場があり、集るのは僧で、弓の手前を工夫し勝負を争う。楊弓・雀小弓は、野郎 傾城の玩物であり、僧の稽古はその座の為のものであり、悪性法師と知れる。

〈洛陽楊弓射場所〉〔万民調宝記〕に楊弓射場所が、大みねの辻子、小川二条上ル町、車屋町姉小路上ル町、西の洞院蛸薬師上ル町、嶋原にある。

〈売り所〉〔万買物調方記〕に「京ニテ楊弓師弁矢」寺町下御霊前 小倉出羽、四条高倉東へ入 荒井孫左衛門、同町 田村八郎四郎、御幸町押小路嶋村平十郎、同万寿寺上ル 吉田貞広、けんにん寺町 柴田奥平、御幸町竹や町 小倉久四郎。「江戸ニテ楊弓師弁矢」神田天神前 深谷勘左衛門、同所 同久左衛門、同所 藤原安仲。「大坂ニテ楊弓師弁矢」上谷町、米屋町、三休橋（個人名ナシ）にある。

陽谿【ようけい】〈経絡要穴 肘手部〉二穴。一名は、中魁。直に合谷の通り腕首《つがいめ》の屈伸する節にある。左を取るには右の大指を左の大指と人差指の間に組み入れて大指の先が当る処にある。狂言メ喜笑《ものぐるいしてよくわらい》、瘧疾《おこり》、頭痛、胸満ちて息できず、寒咳《からぜき》、喉痺、耳鳴、耳聾、肘痛み挙らず、痂疥《たむし》を治す。〔鍼灸日用重宝記・三〕

養血清心湯【ようけつせいしんとう】〔医道重宝記〕に養血清心湯は、癲《てん》*で心血が不足し、喜び笑うのが常でないのを治す。人参・白朮・茯苓・遠志・酸棗仁・当帰・川芎・生地黄・石菖蒲（各等分）、甘草（少）を煎ずる。これは心《しん》の気血を補う剤である。実熱邪気が盛んで、癲に似たものに用いてはならない。

陽交【ようこう】〈経絡要穴 腿却部〉二穴。陽交は外踝の上七寸、外丘の前にある。針六分、留むること七呼。灸三壯。胸満ち、足膝痛み、足冷え、驚き狂い、喉痺、顔の腫れるのを治す。〔鍼灸重宝記綱目〕

影向の枝【ようごうのえだ】 立花。*〔昼夜重宝記・安永七〕に、神前では受《うけ》*を「影向《ようごう》の枝」という。「神前仏前の花」参照

陽谷【ようこく】〈経絡要穴 肘手部〉二穴。陽谷は手の外側小指の後ろ外踝の下 腕首の横筋の中にある。灸三壮。針二分、留むること二三呼。目眩い、癲癇、脇痛み、頸顋腫れ、耳聴こえず、虫歯、小児舌強ばり乳を飲まないのを治す。〔鍼灸重宝記綱目〕

養蚕の道【ようさんのみち】〔農家調宝記・初編〕に「養蚕の道」は古書にあるとし、天祖が天児屋根命の姉 天市《あまのいち》千《ち》魂姫《たまひめ》に命じて天の豊岡を開き、桑を植えて養蚕を主《つかさど》らせた。今、出羽国象潟に祭る豊岡の神祠が蚕の祖神である。和漢ともに、貴人高位の婦女の業であったが、今は農家の婦女のみになった。紡績 機織も同じで、今も貴族高位の姫君の婚礼の行列に簇《しいし》 絹張を携えるのは、自らなすべき業だからである。農家の男女が業とするのに、全く軽くはない。「蚕《かいこ》の事」「豊岡姫《とよおかひめ》」参照

楊子【ようし】〔日用重宝記・三〕に楊子は名は朱。字は子居。シナ戦国時代、墨子より後の人。為我の旨（個人主義）を以って書を著す。

養子【ようし】〔嫁娶調宝記・四〕に養子は、子のない夫婦が不孝の咎がある為、人の子を貰って育て家督・家財一式を渡すことをいう。まだ産屋の内にある時貰い乳母をつける人、また二歳 三歳、或は智恵の程を見て十四五歳 二十歳ばかりで貰う人もある。その時は念を入れて証文を書き、互いに取り交わすのがよい。養子を迎えて妻が死に、後妻を迎えて子が出来ることもある故、銀子等付けて遣すには必ず証文を取るべきである。範例文、「一札之事／貴殿之御子息多門 拙子養子ニ申請候事実正明白也。手前にて育て我等家督幷家屋敷家財共に相渡可申候。若後々拙子出来申候共、多門を宗領に相立可申候。町之譲扣にも書乗置申候。多門為土産銀子弐貫目慥請取申候。後々如何様之申分候而 多門其方へ帰し申ならば、右の銀子弐貫目相添返し可申候。後日之為御証文如件／年号月日／何屋誰判・証人 誰判／何屋誰殿」。大方この心で書くのがよい。外に書き様は諸書にもある。「養女証文」の範例文は〔重宝記永代鏡〕等にある。

用事があって遣る文【ようじがあってやるふみ】〔女筆重宝記・三〕に用事があって遣る文は始めからその用事を書くのは不調法である。まず普通に書き出し、そこもと御無事 御息災、こなた変わらず 恙無く等と、ありていを書き、次に思う事を墨黒に書くべきである。或は、一ツ書、扨は、然れば、左様に候へば、等と書き出すとよい。墨色の余り濃いのは卑しく、薄いのは無礼である。全体を見合せるのがよい。墨付のよい紙は少し薄くても苦しくないものであり、墨付の悪い紙には少し濃いのがよい。

用事叶え【ようじかなえ】 卑語。「小便するを 用事かなへ（叶え）」という。〔女用智恵鑑宝織〕

羊日【ようじつ】〈暦〉〔諸礼調法記大全〕や〔重宝記・宝永元序刊〕等に正月の「三日 羊の日」とある。但し、〔年中重宝記・一〕には正月の四日を羊日《ようじつ》とする。「人日《じんじつ》」参照

楊枝の事【ようじのこと】 楊枝の作り様は、楊《やなぎ》の枝や 竹等を用い、棒の先を細かく解《ほぐ》して房状にする。歯を磨き口を清潔に保つ道具にした。

〈楊枝参らすには〉〔小笠原諸礼調法記・天〕に楊枝を参らすには、頭を我が左にして参らす。扇 鼻紙 畳紙 小刀 数珠 暦 算木 鉄漿《かね》付筆《つけふで》 女房衆の文等、全てこの類である。どれも手移しにしてはならず、扇に物を載せて参らす。〔女寺子調法記〕にはこの方法で手渡しもある。

〈楊枝使う法〉〔永代調法記宝庫・一〕は楊枝を使うには、先を短く折り短く持って、口に手を翳すようにして脇へ向いて使い、鼻紙を懐から取り出し口を拭い 楊枝を懐へ入れる。

〈売り店〉〔江戸流行買物重宝記・肇輯〕に「楊枝 歯磨」として表茅場町 岡本旭龍軒、小網町一丁メ 伊勢屋六右衛門、小網町二丁メ 伊勢屋吉

右衛門、てりふり町 猿屋七郎兵衛、浅草諏訪町 関口幸蔵ら六軒がある。

養子聟【ようしむこ】〔嫁娶調宝記・四〕に、娘子を持ち男子がない時、家相続のために養子聟を取る。総領に家を継がせると、二男三男は親同前の身代にはなり難く、余所の家を継がすと親の身代程にはなると考えて、今時は土産の金銀（両家の親の資産に随い五貫目から百貫目程）を付けて遣わし、取ることが流行る。先にも娘を嫁らすと家を継ぐ者がないので、金銀を取ると家も慥になるとの考えから、京も田舎も流行る。養子聟は武士には余りないが、町方には嫁取と同じく仲人があり、首尾が調えば結入（結納*）があり、養子聟なので絹二疋 綿二把、また郡内嶋二疋か飛驒嶋二疋、一疋に綿二把 昆布百本 掛鯛二、一斗樽二ツ、など。これも身代による。それより親と親が対面し互いに心易く、物事軽く取り行うことを申し合わせて後、養子親の方の近い一門と仲人を使として土産の銀子を遣わす。娘の親の方で吸物 酒を出し、両方の親の納得で証文を整える。その文言は次の通り。

「一札之事／貴殿之御次男 勘三郎儀養子ニ申請候事実証明白也。娘そめと夫婦ニ仕、拙子家督幷家 家財共ニ不残相渡し可申候。我等雖為死後脇より少之構有間敷候間、町之譲扣にも乗せ置申候。依之勘三郎為土産銀子弐拾貫目慥請取申候。若不縁にして其方へ帰シ申時分、右弐拾貫目不残返弁可仕候。次に子共出生仕候ハヾ、男子ならば其方江相渡し可申候。女子ならば此方に留置可申候。兎角家相続仕候様に夫婦共支付可申候。為後日証文如件／年号月日／何屋誰判・証人 誰判／何屋誰殿」。吉日良辰を選び 聟の道具を遣わす。大長持二ツ、小袖箪笥一対、葛籠一荷、挟み箱一対、書物箪笥五ツ、刀箱一ツ、旅小葛籠一対、など。どれにも油単を掛ける。吉日良辰を選び 養子 仲人 一門の内一両人同道で来る。娘の方にも座敷を飾って待つ。座付に手掛菓子、追っ付け振舞が出る。中酒が一遍出て引渡 長柄銚子 盃事がある。始めに親が盃を養子に差す。その上で脇差を養子に取らす。盃が養子より親に返る。母親が出て養子に盃を差し、盃を母親へ戻し、それより一門 仲人迄、皆々盃事がある。その晩の引渡、夫婦の盃事等は婚礼嫁入に同じである。〈進物〉〔進物調法記〕に「聟取幷養子」の音信物は「元服*」に見合す。

養寿円【ようじゅえん】〔洛中洛外売薬重宝記・上〕に養寿円は、大仏大こく町五条上ル丁 名村七郎兵へ にある。第一に痰 癪 諸病によい。取次は、江戸尾張町一丁目平松や藤兵へ。

羊鬚龍の毛【ようじゅりょうのけ】馬形名所*。〔武家重宝記・五〕に羊鬚龍の毛は、蹄《ひづめ》の後ろ毛である。

陽症【ようしょう】「陰症／陽症」ヲ見ル

陽成院【ようじょういん】百人一首読曲。陽成院は、「ようじょういん」と読む。又「ようぜいいん」と読む流もある。〔麗玉百人一首吾妻錦〕

養生湯【ようじょうとう】〔洛中洛外売薬重宝記・上〕に養生湯《ようじょうとう》は、祇園小堀丁 松本寿正軒にある。第一に五臓を調え、気血を廻らし、上気を引き下げる妙薬である。

養性の事【ようじょうのこと】〔永代調法記宝庫・二〕に次がある。○『素問』を引いて、養性《ようじょう》の道は陰陽（の気）に順うこと*。○『老子』を引いて、世間の名利に意を累《わずらわ》さず、身心が静かに安き時は、神気自ずから満ち不死の薬となる。○彭祖の言として、名利の欲を少なくし、衣服の美を求めず、食物の味を好まず、女食に耽らず、人と争わず、損得を考えず、心を苦しめず、神《たましい》を疲らさず静かな時は、命は長遠である。百病は皆気より生ずるとし、その源は七情*という。○『千金方』の主旨を考えるとして次がある。○養性の道は、久しく行き立ち伏し視聞いてはならない。久しく行くと筋を、久しく立てば骨を、久しく座すと肉を、久しく伏すと気を破る、他はこれによる。○春に薄着すると、傷寒 頭痛 霍乱 食傷を病む。○夏に顔を露《あらわ》にして伏す

と、癬面風《たむしめんふう》を病む。八月以後は足を火で少し暖めるとよい。〇冬夜には頭面を覆わず、冬は浴《ゆあみ》して汗を出さない。〇多く物言い、唾吐きせず、飽食大酒をせず、大いに飢えず渇せず、重い物を挙げず、強く走らず、酒を飲み、或は浴して風に当らず、怪しいことを好んで見ず、灯火を照らし枕上《まくらもと》に置いて寝ず、寝て後に扇がず、怒って日月を見ず、三光*に向って大小便をせず、物喰う内に言語《ものがたり》せず、熱湯《にえゆ》で髪を洗わず、冷水で足を洗わない。〇夜、人が魘《おそわ》れる時、灯火を立てて呼び起こさず、或は急に呼び起こさず、枕上に火鉢を置かない。「毎月《まいげつ》の食薬」等参照

養生餅【ようじょうもち】〔菓子調法集〕に養生餅は、①餅の粉一升に、吉野葛を少し入れて水で練り、炭火でよく練り、次に氷砂糖を煎じ詰め水飴（少）の両品で目方二斤程に煎じ詰め、よい時分に入れて練り合す。練り詰ったら箱に白麦粉を敷き、そのまま上げ、上にも振りかける。よく冷めたら水の中に入れ、洗い布で拭き、胡麻を付ける。これは加減が難しく、度々手を拭かなければ出来難い。②餅の粉に粳一割を入れ、早求肥（「求肥飴」参照）のように練る。

用心金【ようじんがね】〔武家重宝記・四〕に用心金《ようじんがね》は、鉄砲*の引金《ひきがね》の上を渡り覆うものである。芝摺《しばすり》というのは非である。

陽数の重なる日【ようすうのかさなるひ】〔消息重宝記・三〕に次がある。正月一日（元日）。三月三日（上巳*）。五月五日（端午*）。七月七日（七夕*）。九月九日（重陽*）が陽数の重なる日である。十一月十一日を祝わないのは冬至*を待って祝うからである。十一月は子の月で、シナ周代には子の月を正月としたので、冬至を唐の正月と覚えている人もある。

養精丸【ようせいがん】〔洛中洛外売薬重宝記・上〕に養精丸は、油小路通夷川上ル丁安田氏にある。第一に精気を増す薬である。癪気には常に用いて治す。薬は苦《にが》くも辛くもなく、小児に用い安い御薬である。

養清香【ようせいこう】「江戸ニテ養清香」は、神明前 堺屋太郎兵へ、神田天神前柏やにある。〔万買物調方記〕

養生湯【ようせいとう】〔洛中洛外売薬重宝記・上〕に「名方養生湯《やうせいとう》」は、西洞院姉小路上ル丁 吉田周林斎にある。第一に疝気、癪、痞え、打ち身、中風、その他一切の痛みによい。

夭疽【ようそ】「鋭毒夭疽」ヲ見ル

癰疽【ようそ】〈癰疽総論〉〔医道重宝記〕に、〇癰*は六腑（大腸 小腸 胆 胃 三焦 膀胱）に属し、毒は外にあり、発症は急で筋骨を破らず、脈は浮 数《さく》、皮は薄く、二寸から五寸迄である。〇疽*は五臓（心臓 肝臓 肺臓 脾臓 腎臓）に属し、毒は内を攻め、発症は緩やかで、筋骨を破り、脈は沈 数、皮は熱く、五寸から一尺迄である。二つを通して癰疽という。内は飲食の積熱により、外は風 寒 湿の気に破られ、或は水耗《へ》り 火動き、或は気鬱労倦によって生ずる。薬には荊防敗毒散*十六味流気飲*千金内托散*等。

〈脈法〉〔斎民外科調宝記〕に「癰疽脈法」があり、浮《ふ》数《さく》は陽、沈は陰とあり、浮 数で熱なく 寒気に侵され 痛む所を知るには、急に灸か鍼をして脈が洪《こう》数《さく》するのは病が進み 膿を持つ。滑突緊促は、内消を禁《いまし》む。

〔改補外科調宝記〕に以下がある。癰疽は、内は飲食の積熱により、外は風寒湿の気に傷《やぶ》られ、或は水耗し火動き、或は気鬱労倦によって生ずる。純陽は色赤く潰れて治し易く、純陰は色黒く腫れ 牛皮のように硬く痛まない。半陽半陰は腫れ、痛み、色、潰え等が全て中途半端で、これを薬で陽にすると治る等症状は数多い。風を差し挟むと痒み多く、気を差し挟むと痛み多く、湿の腫れ食を差し挟むと寒熱を増す。虚瘡は色白く、熱瘡は色赤くして痛む外、諸症が出る。伝として、〇疽は、堅く、皮は厚く深く、痛み強く、臓より根をさす。〇癰は、浮んで皮は浅く、腑より根をさして腫れ、年月を経て出るので若い人には出ない。大癰は頸の廻りに、連癰は内股 茎等陰部に、背癰は背に、肩癰は肩先に、粟癰は崩の下 股の付際に、虫癰は手足に、立癰は臍の廻りに、束癰は

膝の辺り外股に、亢癰は頭に、それぞれ出るものとし、これ以外の癰は軽い。ともに陰症*陽症*がある。

〈治薬〉症状に応じて灸法 鍼法 膿抜きの外、洗薬 下薬がある。薬は仙人膏* 太乙膏* 青膏* 生白散* 消毒飲* 八珍湯* 六君子湯* 補中益気湯* 十全《じつぜん》大補湯* 托裏温中湯* 参苓白朮散* 五香連翹湯*等がある。〔薬家秘伝妙方調法記〕は癰の薬として、蛙 黄牛の黒焼きに皂莢《さいかち》の甘皮を煎じて洗うとか、癰の洗い薬として、橡《くぬぎ》の甘皮を煎じて洗うと妙、等とある。

〈洗薬の方〉①乳香・没薬（各五匁）、野菊・這孤草《はうこぐさ》花・煙草（各一掴みずつ）、山帰来（十匁）、焼酎（小猪口に一杯）に、水一升五合を入れて五合に煎じ詰め、滓を去り、よい加減に温めて腫物を洗い水気を取る。②荷《はす》葉《のは》 藤胞《ふじこぶ》 忍冬 車前《おおばこ》 繁縷《はこべ》 石菖 桑 宝膏 杉葉 木瓜《ぼけ》 槐 井柳 蕎麦藁を等分に煎じて洗う。③葱（二十根）、艾葉（五戔）、甘草（二戔）を煎じて用いる。

〈腐り血止〉癰疽が腐り皮を切り血の出るのを止めるには、光明朱を巴豆の油で溶き、杉原紙に炒り付けて陰干にし、これを刮げてつける。それでも止まらない時は蝦蟇《ひきがえる》（＝四五匹）、巴豆（五十粒）、明礬（三分）を黒焼にして腫物の腐った所へ振り掛ける。

〈下し薬〉野菊（四匁）、雌黄（三匁）を細末（粉）にして湯で用いる。この薬を用いたら風邪を引かないようにする。

〈癰疽の奇方〉〔新撰咒咀調法記大全〕は青苔葉《せいたいよう》を粉にして飯の取り湯で溶きつけ、青葉を貼るとよい。〔丸散重宝記〕は癰疽で大小便が閉結する時は、紫草と括蔞仁《かつろにん》を等分に煎じて服する。癰疽 背瘡 腫毒共に豨薟草の葉を末（粉）して熱酒で下すと妙である。

〈鍼灸療治〉〔鍼灸重宝記綱目〕に、○癰疽が背に発すれば、肩井 委中に針する。初発の症は大蒜《にんにく》を片《へ》いで癰疽の上に敷いて灸をし、疼《いた》まないのには疼む迄、疼むのには疼まなくなる迄する。発症日から七日中ならば癒える。○癰が背から出るのには灸を至陰 通谷 束骨 崑崙 委中に、○髪より出るのには竅陰 夾谿 陽輔 陽陵泉に、○髭より出るのには厲兊 内庭 陥谷等に、○脳より出るのには絶骨に、○腸癰は両肘を曲め正して肘の頭の鋭骨の端に灸百壮をすると膿血を下す。○嚢癰陰腫には崑崙に灸三壮、○久しく病む陰腫には水分に灸する。○乳癰には天枢 水泉 肩井 臨泣 夾谿に灸する。

〈膿の出た時〉〔改補外科調宝記〕に癰の膿が初めて出た時は、針の跡へ杉原紙を紙縒にして生白散*を捻り掛けて差し込み、二三日も膿を引かす。これでも膿が続いた時は仙人膏* 太乙膏*で癒す。払い兼ねる時は青膏に丹盤を少し加えてつけると一夜の内に潰え、腐るのには仙人膏をつけ、粉薬を捻り掛けて膏薬をつける。

〈食物宜禁〉〔改補外科調宝記〕に「癰疽・疔・丹毒・瘡毒」に「宜い物」は、大麦 粟 酢 小豆 昆布 柘榴 棗 柿 蜜柑 白瓜 胡瓜 苺 筍 青海苔 山芋 葛の粉 砂糖 梅干 葱 鯛 鯉 鯵 鮒 牡蠣 鰻 田螺 烏賊 海月 鴈 鶉 白鳥 牛蒡 若布等四十四種。「禁物」は麵類 蕪 酒 蕎麦 蕨 豆腐 瓜 葱 芋 栗 茸 梨 梅 胡桃 桃 林檎 山桃 豌豆 炒り豆 飴 茄子 蒟蒻 昆布 茗荷 芹 糯米 蛸 鮎 鱒 鮭 飯 鰈 鯨 鱧 鰻 蛤 蜆 鰹 蝦 烏賊 螺 栄螺 雉 鴨 鷺 兎 狸 猪 鹿等七十七種。

癰疽発背【ようそほっぱい】 癰疽発背には、肩井 委中を刺す。大蒜《にんにく》を瘡の上に敷き灸をするのもよく、灸するのに痛まなければ痛む迄、灸する始めに痛めば痛の止む迄する。大蒜の厚さは銭三文の厚さに切る。また灸も三壮ずつして大蒜を取り替える。犬や蛇等に咬まれたのにも同じようにする。〔鍼灸日用重宝記・五〕

容体書の事【ようだいがきのこと】〔文章指南調法記・三〕に容体書の範例文がある。「手前病人儀、昨日御加減御薬御指図之通 頻々ニ服用仕候処、中々腹体快く覚え 痞え痛み痰涎頭痛も少々退き、粥も二椀程宛風味よく被下候而、全体適中之品罷成候。昨暮より人参増料之故か少し上焦《かみづり》に寝汗も出、暁方煩悶之気味合御座候。御薬給べ切り候。御調合被下度候。

勿論今朝飯後迚もの御儀、御出魁《でかけ》ニ御見舞可被下候。以上」。

羊唖の市【ようだのいち】〔人倫重宝記・一〕に、シナで神農が日中に交易することから市《いち》*が始り、禹風《うふう》がこの市に出て酒を売っていると、怪しい人が毎日来て買うので名を尋ねると、自分は大海に住む猩々で、潯陽の江で正体を現すというので行くと、頭は薮の形 顔は丹色で、大瓶《おおかめ》を抱いて浪間より現れ、浜辺に瓶を据えて舞い歌い酒を飲み、禹風に瓶と笹を与えて海中に帰った。禹風は瓶を家に持って帰り、酒をどれほど造っても尽きず、味は勝れ一度酒を呑めば命を延べ病を治し、これより家は富み栄え、羊唖の市として賑わった。酒林《さかばやし》もこの時から始った。

陽池【ようち】〈経絡要穴 肘手部〉二穴。陽池は小指と薬指との間を筋骨に随い押し上げて、腕で指の止る所、腕の中にある。針二分、留ること六呼。禁灸。消渇、口乾き、瘧、肩の痛み、折傷《くじき》を治す。〔鍼灸重宝記綱目〕

養中丸【ようちゅうがん】〔洛中洛外売薬重宝記・上〕に養中丸は、新町竹や町上ル 池田千歳軒にある。一包二十四銭。大人 小児の癪、痞え、腹一切によい。

葉中乾燥【ようちゅうかんそう】〔牛療治調法記〕に牛が起き臥しして水草を食わないのは、葉中乾燥と名付ける。秋の麻子（五合）を末（粉）し、水三升を二升に煎じ、二ツに分け両服して潅《そそ》ぐ。もし癒えない時はこの法で再び潅ぐ。○地黄（半斤）を末（粉）し水に調え、分けて三服して潅ぐ。

癰疔【ようちょう】〔常用奇法俗家重宝集〕に「癰疔の奇薬」は、鼠の糞（よく干して一匁）、胡麻油（三勺よく煎じ）、梅干（三分程）を入れて煎じ油ばかりを再々付けるとよい。〔調法記・四十七ゟ五十七迄〕に「癰疔幷ニ万腫物治す伝」は、○生の牛膝・柊（葉を各等分）に擂鉢でよく擂り、酢で溶き付けると実に奇妙、諸々の膏薬に勝る。○焼明礬・桃仁（各等分）を粉にして乳で溶き付けるのもよい。○疔毒で即死したのは、雄黄の粉に麝香を少し入れて酒で用いると治る。〈痛むに〉〔妙薬調方記〕に「癰疔や根太の類で痛む」には、熊の油を付けると妙である。〈薬店〉〔洛中洛外売薬重宝記・上〕に「癰疔 腫物之部 膏薬／油薬／果類」の店六十余軒が出ている。○「阿蘭陀万能無二膏」、新町三条下ル町 高橋氏製。癰疔疽、諸腫物の痛みを和らげ、腫れを散し、腐るのを除き、その効は神の如くである。○「蘭花膏」、一条千本東へ入丁 岑松堂にあり、癰疔 下疳 気腫によい。○「大日膏」、江戸本町二丁目 玉井弥右衛門にあり、一貝一匁、第一に癰疔 総じて腫物によい。食物宜禁は、丹毒瘡毒等に同じ。

腰痛【ようつう】〔鍼灸重宝記綱目〕に腰は、一身の大関、六経（人体をめぐる経脈）の懸る所である。○太陽の腰痛は、項《うなじ》背 尻に引き背中が重い。○陽明の腰痛は、左右へ顧りみられず強ばり悲しむ。○少陽の腰痛は、針で皮を裂くようで伏し仰向きできない。○大陰の腰痛は、熱して腰に横木があるようで遺尿をする。○少陰の腰痛は、張弓《はりゆみ》のように黙々として心が悪い。○脾に熱の戦う時は、腰痛み伏し仰向きができず、腹満ちて泄す。○腎に邪熱があると、腰痛み脛が痺れ舌が渇く。○腰は腎の府（集まる処）で、多くは色欲を過ごし労傷すると痛む。○日軽く夜重いのは、瘀血。○陰雨に久しく座して発るのは湿。○腰 背中 重く走り貫き痛むのは、痰。○頭痛 悪寒 発熱するのは、風寒。○腰の冷えるのは、中寒。○灸は腎兪 膀胱 腰兪 志室 崑崙に、針は崑崙 肩井 環跳 陰市 三里 陽輔の外、諸症に針灸点がある。

〔医道重宝記〕に腰は腎の府、寒 湿 風 虚し、腎を侵すものは、皆腰痛をなす。腰痛の脈は、沈 弦、薬に補陰湯、*独活寄生湯*がある。

〔万家調法呪詛伝授嚢〕に「俄に腰の痛む妙薬」は、延胡索・桂心・当帰を粉にして飲む。煎じてもよい。

〈腰痛食物宜禁〉〔世界万宝調法記・下〕に「宜い物」は栗 枸杞 黒豆 粟 蒲公 胡麻 干梅 蓮 大根 山芋 零余《むかご》 野老 鴈 鹿 鮑。「禁物」は糯 麵類 蕎麦

瓜蕨枇杷杏梨胡瓜茄子茗荷酢鮓菌《くさびら》鯛鮎鮒雉猪。

腰痛腎虚【ようつうじんきょ】 加減例。〔医道重宝記〕に腰痛腎虚には、破胡紙・杜仲・牛膝を、冷えには肉桂・亀甲を、湿熱には知母・茯苓を、気滞には乳香・青木香を、血滞には延胡・桂心・桃仁を、それぞれ加える。

壅熱 風毒【ようねつ ふうどく】〔牛療治調法記〕に壅熱 風毒は、牛の心が壅熱し頻りに頭を巻き 転ぶのは風毒である。先胳心脾骨 後胳額上に旋毛のあるのは癒える。十日前は治し易く、十日後は治し難い。○牛舌底に銭の大きさの瘡があり、上に向き透りそうなのには、狗の屎を焼灰にして用いると瘡を内へ満ち塡《うずめ》る。

癰の事【ようのこと】〔改補外科調宝記〕に伝に曰くとして次がある。癰は浮んで腫れは浅い。腑より根を差して腫れ、巾は二寸から五寸になる。年月を経て出るので若い人には出ない。大癰*連癰*背癰*肩癰*粟癰*虫癰*立癰*束癰*亢癰*等品々あるが、他は軽い。癰の皮は薄い。〈薬方〉〔薬家秘伝妙方調法記〕に色々処方がある。「癰の内薬」は蛙、飴牛の糞を何でも黒焼にし皂莢《さいかち》の甘皮で煎じて洗う。また櫟《くぬぎ》の甘皮を煎じて洗うのも妙である。沈香散等もある。〔同書〕に癰下し薬は、しやがの根（三両）、巴豆（一両早く取り焙る）を榎実程に丸じ、歯に当てず、垂れ味噌で三十粒、身の強い人は四十粒も服する。十度程下して止める時、水に味を入れる。〔懐中重宝記・慶応四〕に癰の出来たのは、生鮒の骨を取り片平ずつ貼るとよい。陰症*と陽症*がある。「癰疽《ひょうそ》」参照

遥拝【ようはい】〔日用重宝記・一〕に遥拝は、信仰する所を、その地に至らずに、遠く眺望し稽顙《ぬかずく》することをいう。宗廟と日光の御神を拝するのが理の当然である。

楊梅瘡【ようばいそう】〔医道重宝記〕に「楊梅瘡」（梅毒の古称）は、下疳*便毒*により生じ、人からも染《うつ》る。皆肝 腎の疾熱である。下疳 便毒で腫れ痛み、小便渋り 前陰痛み痒い等の症がある。治薬は柴胡（二匁）、沢瀉・車前子（各一匁五分）、木通・生地黄・当帰（各一匁）、龍胆（五分）を煎ずる外症状により加減がある。捜風解毒湯*もある。〔改補外科調宝記〕に「楊梅瘡」は病形が楊梅に似ることからの称で、「とうがさ（唐瘡）」ともいう。肝脾腎の内風湿の毒から生じ、その毒を外から受けるのもある。初発にはまず防風通聖散*を煎じて用い、又は粉薬にして白湯で用いる。この薬一剤を用いて内毒を去り、胃気が鎮まって又一剤硝黄を去り、麻黄を加えて汗を出し、外毒を去って加減通聖散（丸）*を一二剤用いる。始終第一の薬である。○楊梅毒は「結毒」とも言い、瘡毒になったのを言う。瘡が癒え損ない長い時は風毒が内に入り、或は湿をさし挟み、或は気血が破れて漏となる。或はむさと軽粉水銀等の入った薬を飲み、又不養生をし房事をなし、うそ腫れて爛れ膿汁を流すのは瘡毒の確症である。後には眼鼻等も破れ、玉茎が腐り爛れ、手足が引き攣り、癩病のようになる。薬に加減通聖散*奇験坊の方*破邪湯*升麻解毒湯*鵞黄散*五宝散*碧玉膏*生肌散*拈痛湯*仙遺糧湯*金蟾脱甲酒*がある。〈治薬〉〔調宝記・文政八写〕に「楊梅瘡《しつ》大秘薬」は大秘薬で、津 いよ町熊野屋佐介方に代百八十四文である。和山梔子（七分）、唐白鮮皮・唐蓮翹・和皂角子（各八分）、唐木瓜・和防風・和茯苓・和忍冬（一匁五分）、唐木通・和薏苡仁（一匁七分）、唐山帰来（十八匁）。煎じ様は、水五合程を滾《たぎ》らして薬目（四匁三分）を入れ、三合程に煎じ詰め、一日に二三度用い、七日分とする。年久しくどれほど難しい瘡でも治す。又、山帰来（八匁）、木通・大黄・忍冬・川芎・茯苓（各二匁）を煎じて用いる。〔増補咒咀調法記大全〕に「楊梅瘡《とうがさ》様々療治して癒えざるを治する秘事」は、土茯苓（十戔）、薏苡仁・金銀花・防風・木瓜・木通・白鮮皮（各五分）、皂角子（四分）を煎じて飲む。軽いのは半月で癒え、重いのは三十日から五十日も飲むとよい。様々に療治して久しく癒えないのにも奇妙によい。○「崩れたる所の秘事」は、烏梅を炒り焦がし油でつけるとよ

い。大風子を粉にしてはらや（水銀粉）を加えて塗ってもよい。〈付薬と洗薬〉〔改補外科調宝記〕に、○付け薬は、杏仁・半夏（各一匁）、軽粉（水銀粉二匁）を粉にして、猪《ぶた》の油で練ってつける。○洗い薬は、葱白・艾葉・甘草・干山椒（各等分）を煎じて洗薬とする。〈予防〉〔万用重宝記〕に交合後に後気味の悪い時、直ぐに我が小便で洗うと染《うつ》ることはない。〈食物〉〔家内重宝記・元禄二〕に楊梅瘡《とうがさ》に宜い物は、昆布を食うと顔に瘡が出ない。下疳*の「奇験坊一切」も楊梅瘡《とうがさ》の薬とする。

楊梅皮【ようばいひ】〔薬種重宝記・中〕に和木、「楊梅皮 ばいひ／やまもゝのかは。麁皮《あらかわ》を去り、刻む」。

楊梅皮膏【ようばいひこう】〔改補外科調宝記〕に楊梅皮膏は、第一に骨接ぎに用い、打ち砕き、打ち折りによい。柳の皮（生で五十匁）、楊梅皮《やまもも》（干し粉にし三十匁）、石灰（二十五匁）、蠟茶の花（二日干して十）、鮒の陰干（三匁）、丹（五十匁）、畦唐菜の油（八十匁）、椰子油（十匁）、ちゃんはん。椰子・ちゃんはんを一度に煎じ、柳の皮・鮒・蠟茶の油・楊梅皮を合せて練り、柳の皮が香色になる時、布で濾して滓を去り、また鍋に入れて石灰蠟を入れて、よい加減に練り固める。蠟は二十匁程の積りでよい。

陽白【ようはく】〈経絡要穴 頭面部〉二穴。陽白は瞳子の通り眉毛の上生え際より一寸上にある。針二三分。灸三壮。瞳子痒く痛み、上視《うわめづかい》、目眵《めやに》こみ、目の昏いのを主《つかさど》る。〔鍼灸重宝記綱目〕

孕婦腹痛【ようふふくつう】経験方。〔丸散重宝記〕に孕婦の腹痛には、枳実（三戔）、黄芩（一戔）を煎じて服する。

容平【ようへい】〔永代調法記宝庫・二〕に秋の三月を容平《ようへい》といい、天気爽やかに地気明らかな時である。早く伏し早く起きるのがよい。「四気《しき》調神大論《ちょうしんたいろん》」参照

陽輔【ようほ】〈経絡要穴 腿却部〉二穴。陽輔は陽交の下三寸にある。針五分、留むること七呼。灸三壮。腰足冷え、膝脛胸脇頭の角頤《おとがい》眦《まなじり》喉諸々の節、悉く痛み常の処なく萎え、痺れ身とも覚えず、口苦く、汗出、震い寒く、瘧、喉痺を治す。〔鍼灸重宝記綱目〕

浴盆【ようぼん】唐人世話詞。「足たらい（盥）を、浴《よう》‐盆《ぼん》と云」。〔男重宝記・五〕

ようめいまんじゅう【ようめいまんじゅう】「よふめいまんぢう」は、飯田町中坂大和屋伊織にある。〔江戸町中喰物重法記〕

ようめし【ようめし】片言。「ようめし、夕飯 ゆうめし」である。〔不断重宝記大全〕

羊毛餅の法【ようもうべいのほう】〔骨継療治重宝記・下〕に羊毛餅《ようもうべい》の法は、鶏卵白・桐油（各半）を打ち調え、羊毛で薄く捻り餅となし、紙様《かみのかた》のようにして、貼《つ》け患部の上に置き、散血膏*或は補肉膏をつける。

ようやく【ようやく】片言。「養育《やういく》を、やうやく」という。〔世話重宝記・四〕

腰兪【ようゆ】〈経絡要穴 肩背部〉一穴。腰兪《ようゆ》は第二十一椎の下、亀の尾の尖り骨の上の陥みにある。伏して身を伸べ両手を重ねて額《ひたい》を支え、四体を緩めて後 穴をとる。灸は一日に七壮から四十九壮迄。針二分、留むること七呼。或は八分、留むること三呼。瀉は五吸。腰・尻・背痛み、温瘧《おこり》汗出ず、足膝痺れ痛み、傷寒、手足熱し、月経通ぜず、帯下を治す。〔鍼灸重宝記綱目〕

陽陵泉【ようりょうせん】〈経絡要穴 腿却部〉二穴。陽陵泉は膝の下一寸、脛《はぎ》骨《ばね》の外廉《そとかど》、膝を屈めて外側の折目の頭より一寸下にある。灸は一日に三壮か七壮より、五十壮迄。針は六分、留むること十呼を得て瀉す。膝が伸びて屈まず、腿膝冷え痺れ、中風で半身かなわず、足筋引き攣り、頭の腫れるのを治す。〔鍼灸重宝記綱目〕

養老の方【ようろうのほう】〔医道重宝記〕に養老の方に二方がある。①七十歳を越え、元より痰飲多く大便結し小便の少ないのを治す。人参・白朮（各大）、牛膝・芍薬（各中）、陳皮・茯苓（小）。春は川芎を、夏は五味

子・黄芩・麦門冬を、冬は当帰・生姜を加えて、一日に一二服与え、小便長く快い時は薬を止める。②八十歳の老人の大・小便の通じないのには、〔補中〕益気湯*の煎湯をもって六味丸（六味地黄丸*）を与えるとよい。

欧羅巴洲【ようろっぱしゅう】〔童蒙単語字尽重宝記〕に欧羅巴洲《ようろっぱしゅう》は、広さ三百八十二万五千坪、民二億八千五百万人。凡そ十七ヶ国がある。友羅巴ともいう。

よがり薬【よがりぐすり】 催淫薬として、次を立項している。鴛鴦膏*里芋寸陰方* 如意丹* 女悦奇妙丸* ひこう方* 臍《へそ》膏薬* 蘭方女悦鴛鴦丹* 緑鶯膏* 女を悦び泣かせる伝*。別に、腎精を強くする腎精丹*や腎虚*の薬もある。「淫漏れぬ薬」モ見ル

横川【よかわ】「比叡山」ヲ見ル

斧【よき】〔万物絵本大全調法記・上〕に「斧 ふ／をの。樵斧 せうふ也。よき」、又「鈇 ふ／を。鉠」。〔紋絵重宝記・上〕に丸に斧の違い紋、また斧の文字の意匠がある。「よき（吉）」を言い掛ける。

夜着【よぎ】 衿袖のある真綿入りの衾《ふすま》。夜の物ともいう。〈種類〉〔女中仕立物調方記〕に大夜着、中夜着、（御）小寝巻（御衣《おんぞ》、［御］掻巻《かいまき》トモ）がある。①大夜着の表は、唐織御紋織りつけ、金入銀糸繻子等の切れで御紋つけ等の類。裏はいずれも紅羽二重。丈四尺五六寸か四尺三寸（鯨尺、以下モ同ジ）、袖下二尺五寸か二尺二三寸、裾ぶき八寸か五寸、袖ぶき五寸か三寸。綿は真綿ばかり一貫七百目程。②中夜着。表は綸子（染め表 無地 縫付絵様など）、紗綾（染表）、飛紗綾（色々）等の類。裏は紅羽二重、その外浅黄羽二重。丈四尺二寸か四尺。袖下二尺二三寸か二尺。裾ぶき五寸か三寸五分。袖ぶき三寸か二寸。綿は真綿ばかり一貫四五百目程。③（御）小寝巻。表は浅黄紋縮緬、無地色縮緬の類。裏は紅白の羽二重、浅黄羽二重。寸尺は中夜着より少し小振りにする、袖は丸袖にも広袖にもする。綿は真綿ばかり六百目位。〈裁ち様〉〔嫁娶調宝記・一の二〕に「夜の物裁ち様」（図528）は、①曲尺《かねざし》で絹巾一尺五寸あり、総尺四丈五尺四寸あるのを、身長《みたけ》六尺 袖下二尺五寸に立つ図。但し、裏表或る絹を裁つ図である。②曲尺で巾一尺五寸、総尺五丈九尺七寸あるのを、身長《みたけ》五尺 袖下二尺五寸の夜着の裏を裁つ図。

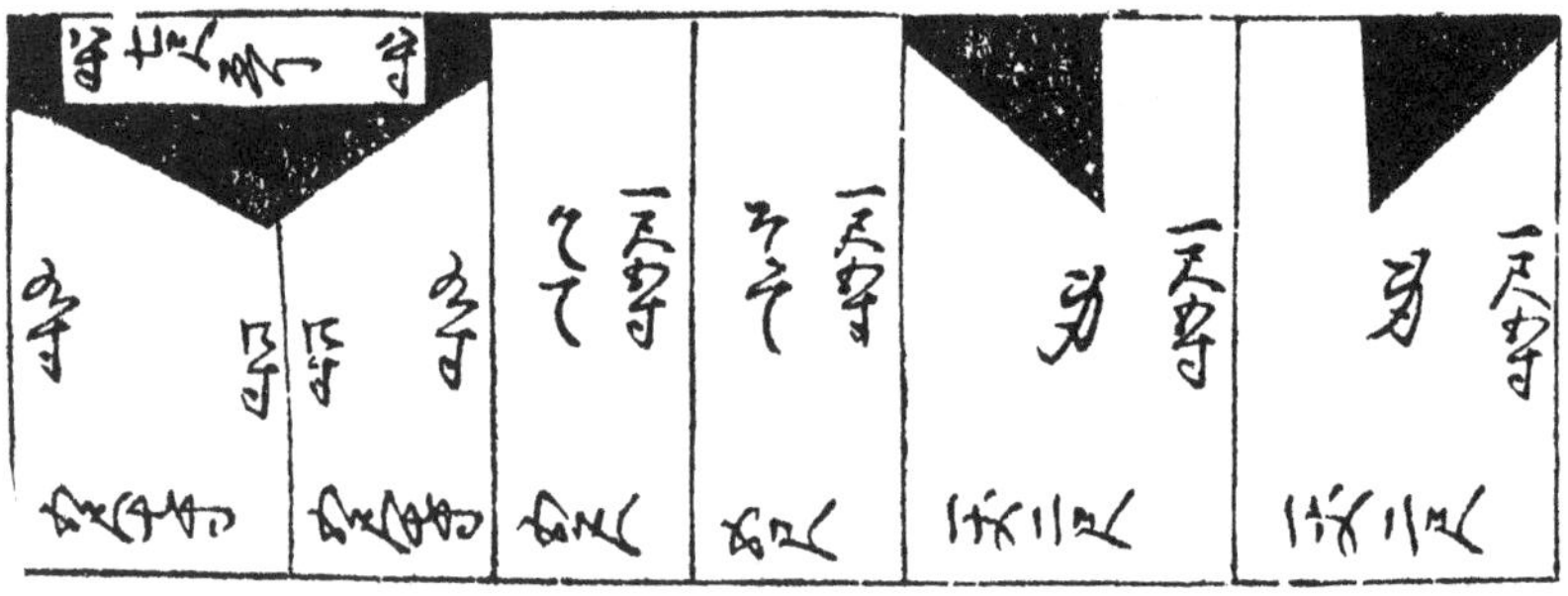
①

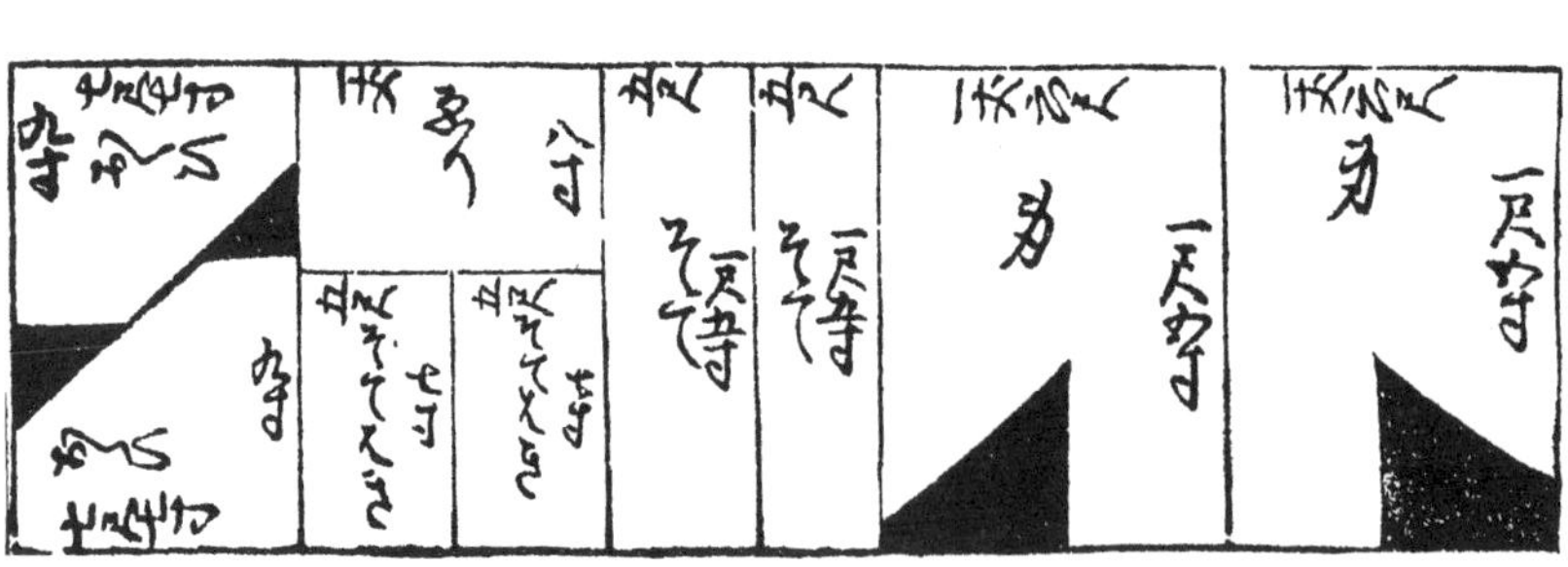
②

図528 「夜の物裁ち様」（嫁娶調宝記）

欲【よく】 七情*の一。〔女文翰重宝記〕に欲は、願うこと。人の心にはみな欲があるが、財《たから》を貪り、福《さいわい》を求めるのは愚かなことである。心正直に悪

事をしなければ、福《さいわい》があり、命も長い。歌に「心だに誠の道にかなひなば祈らずとても神や守らむ」（菅原道真作ともいうが典拠不明）とあるのを弁えるべきである。

薏苡丸【よくいがん】〔小児療治調法記〕に薏苡丸は、手拳*を治す薬とある。当帰・秦艽・薏苡仁・酸棗仁・防風・羌活（各一匁）を末（粉）とし、練蜜で鶏頭の大きさに丸じ、一度に一粒ずつ麝香荊芥湯で蕩かし用いる。

薏苡仁【よくいにん】〔万物絵本大全調法記・下〕に「薏苡 よくい／ずゝたま／づしたま。秋」。〔薬種重宝記・上〕に和穀、「薏苡仁 よくいにん／ずゞたま。殻を去り、洗ひ、砂《すな》ゆりして刻み炒る」。〈薬性〉〔医道重宝記〕に薏苡仁《よくいにん》は甘く平、湿痺を除き、筋脈の拘攣（ひきつり等の症）を治し、肺を保ち、嗽を止め、肺癰 肺痿を治す。水で洗い、殻等外の交じり物を撰り去り、刻み、焙る。鉄を忌む。〔重宝女訓女今川操文庫〕に薏苡仁を粉にし、挽茶一服程用いると難産によい。

薏苡仁湯【よくいにんとう】〔改補外科調宝記〕に薏苡仁湯は、腸癰*で既に膿となり腹痛み、脹満 不食し、小便する時刺し痛むのに用いる薬。薏苡仁・瓜蔞（各二匁）、芍薬（一匁）、牡丹皮・桃仁（各二匁）。これ等を煎じて服する。

抑陰散【よくいんさん】敷薬。〔改補外科調宝記〕に抑陰散は、草烏頭・赤芍薬・白芷・天南星（各一両）、肉桂（五匁）を粉とし熱酒で練り付ける。癰疽*、元気虚寒の症、腫れて引かず 或は潰えて口が治らず、又は筋が引き攣り、骨痛み、その他一切の冷え症に用いる。

抑肝散【よくかんさん】〔小児療治調法記〕に抑肝散は、肝経が虚熱して搐《いたみ》を発し、或は発熱して咬牙《はぎり》し、驚悸して寒熱し、肝木脾土に乗じて嘔吐し、痰涎 腹脹して不食し、安眠できないのを治す。当帰・白朮・茯苓・釣藤鈎（各一匁）、川芎（八分）、柴胡・甘草（各五分）を水で煎じ、母子ともに服す。

浴体の法【よくたいのほう】〔小児療治調法記〕に浴体の法は、肥胎* 胎怯* 胎熱*を治す。烏蛇肉（酒に浸し炙）・白礬・青黛・天麻（各二匁）、蝎尾・硃砂（各半匁）、麝香（一字）を同じく擂り末（粉）し、毎服に三匁を用いる。葉のある桃の枝一握りを煎じて浴びせるとよい。但し、背中へ浴びせてはならない。

よくぶく【よくぶく】「吉崎鴨」ヲ見ル

浴仏日【よくぶつにち】〔重宝記・宝永元序刊〕に「浴仏日、四月八日也」。「よくぶつび」とも。「灌仏」ヲ見ル

余慶【よけい】〔世話重宝記・三〕に、『易』の「積善《しゃくぜん》の家は余慶在り」から出た字という。俗に、物の多いことを余慶があるというのは少し意味が違う。余慶はあまるよろこび、と読む。

横麻上下折り切れぬ伝【よこあさかみしもおりきれぬでん】〔日用調法人家必用〕に横麻上下《かみしも》（裃）折り切れぬ伝は、仕立て上がりの時、折目々々に太白《たいはく》の砂糖水をよく引くと、保ちがよい。

よこうち【よこうち】片言。「よこうちは、横大路《よこをほぢ》」である。〔不断重宝記大全〕

横江伝丹【よこえでんたん】異類異名尽。「丹、横江伝丹。横へ出ぬ丹の字」。〔小野簒譃字尽〕

よこおりよせる【よこおりいせる】「よこおりよせる 横たわれる也」。〔消息重宝記・四〕

横木仁十郎【よこきにじゅうろう】異類異名尽。「廿郎。横木仁十郎。竪から見ると二十の字、横から読むとキの字だ」。〔小野簒譃字尽〕

横雲【よこぐも】〈菓子名〉〔男重宝記・四〕に、「横雲、かわり、皆ながし物」である。〔菓子調法集〕には、上々うどん粉一升、太白砂糖百五十目を煎じて、水をよい加減に入れ 交ぜ合わせ、焼き鍋へ流して焼き、その上に羊羹を二通り付け、小口より巻き切り、形にする。

〈大和詞〉〔不断重宝記大全〕に「よこぐもとは、引離れたる事」をいう。

横子【よこご】〔薬家秘伝妙法重宝記〕に子が横子《よこご》になって出るには、百草の黒焼に胡椒の粉を手の内につける。釜うらの土を刮げて母に呑ますとよい。「横産《おうざん》」参照

横産【よこざん】「横産《おうざん》」ヲ見ル

よこぞっぽう【よこぞっぽう】「横の方《ほう》は、よこぞつぼう」。〔小野篁謳字尽・かまど詞大概〕

横根【よこね】「べんどく（便毒）」ヲ見ル

横箸【よこばし】「豆の横箸」ヲ見ル

横藤餅【よこふじもち】菓子名。横藤餅、上しめし物、中羊羹、下ながし物小豆煎り。〔男重宝記・四〕

横文【よこぶみ】「折紙／折文」「遠い所へ遣る文」ヲ見ル

横目【よこめ】武家名目。目付*の下に横目（旗本 御家人等の監察役）がある。〔男重宝記・一〕

よさり【よさり】片言。〔不断重宝記大全〕に、「よさりは、夕去 夕されである。「よさりごんめ」又「よさりごつ」とは、「夕去毎《ゆふされごと》」である。これを深夜のことに用いるのは当らない。

夜さりごつ【よさりごつ】片言。〔男重宝記・五〕に「夜《よ》さりごつとは、夜去《ゆふされ》毎《ごと》」である。「よさり」モ見ル

葦【よし】〔万物絵本大全調法記・下〕に「葦い／あし／よし。春」。〔薬種重宝記・上〕に和草、「蘆根 ろこん／よしのね。節毛《ふしけ》を去り、日に干し刻む」。

吉岡染【よしおかぞめ】〔麗玉百人一首吾妻錦〕に吉岡染は、下地は浅黄に染め、桃皮の汁で四遍染め、上の留めは鉄漿《おはぐろ》で一遍染める。〔秘伝手染重宝記〕に「よしおかいろ」には、下地は藍で望みにし、渋木（山桃）二百目、水三升余を入れてよく煎じ出し、檳榔子*の通りに染め直す。色上げは同じである。〔染物重宝記・天明五〕には憲法染ともいい、吉岡氏が染め始めて名とし、今に西洞院四条にある。檳榔子染*常盤黒（染）*とともに、黒の上品とする。

吉賀紙漉き代【よしかがみすきだい】〔紙漉重宝記〕に、ある国で吉賀紙漉代《よしかがみすきだい》のお尋ねの答えがある。彼の地（石見国）で、半紙を吉賀《よしか》紙と言う。白大極上吉賀紙六貫入、代銀九十四五匁。同中物（同）、八十五匁。同下物（同）、七十匁より五匁。これは、不景気で漉方手許《てもと》。楮苧《こうぞ》、三貫目代銀六匁三分。この草削り取り一貫五百目に成る。件の一貫五百目で吉賀紙一貫目二千枚。灰、代銀一分六厘。糊木、代銀二分四厘。以上、一〆《しめ》の紙漉 一日に四束。すると二人半役板へつけ干すに二人役。但し、荒草削り夕鍋（夜仕事）にすると一人前に五百目でなくては出来ない。この外に、薪代四分程掛るが、山里のことで算用に入れない。勿論、女子供の手間は少しも算用に入れない。

葦鵁【よしごいさぎ】〔料理調法集・諸鳥人数分料〕に葦鵁《よしごいさぎ》は、あまり料理に使うことはない。腹薬等に使う鳥の大きさは大方鶫《つぐみ》*位のものである。

吉崎鴨【よしざきがも】〔料理調法集・諸鳥人数分料〕に吉崎鴨の料理は、真崎鴨と同じである。割鳥も同じ。真崎鴨よりも少し下であるが悪いというものでもない。脂も同じことである。一名を「よくぶく」という。

四字上下略【よじじょうげりゃく】賦物*の一。〔重宝記・宝永元序刊〕に四字上下略は、四音の語から上下の二音を省略しても意味のある詞（名詞）を得るもの。賦物の中、鶯《うぐいす》を檞《くい》。玉章《たまづさ》を松。苗代《なはしろ》を橋の類。

葭雀【よしすずめ】〔永代調法記宝庫・四〕に諸葭《よしすゞめ》は、諸病で五六歳の幼児が物言わず、口の重いのによい。

吉田通れば二階から招く【よしだとおればにかいからまねく】〈平生ソレよく言う言語〉吉田は、本所横川の西岸 法恩寺橋通りにあった吉田町。岡場所（官許の吉原遊郭以外で私娼のいた所。方々にあった）で、客引が烈しかった。〔小野篁謳字尽〕

吉田の社【よしだのやしろ】 京名所。〔東街道中重宝記・七ざい所巡道しるべ〕に吉田の社は、南都の春日社をここ（吉田神楽岡）に勧請したもの。〔年中重宝記〕に四月上亥の日 吉田祭。六月十日 吉田西天王御出とある。

吉田より御油【よしだよりごゆ】 東海道*宿駅。二里半四丁。本荷百六十四文、軽尻百九文、人足八十文。右に城、宿中に坂がある。大橋百二十間。この川から伊勢の白子へ舟で行く。左の海辺に松原の観音、四ッ屋茶屋がある。小坂井下に御油八幡がある。うどん町 茶屋、川田村、桜町、国府の甘酒は名物である。大雲寺という浄土寺がある。かけま川、御油川。〔東街道中重宝記・寛政三〕

義経笄枕の術【よしつねこうがいまくらのじゅつ】 〔万用重宝記〕に次がある。常々寝る時 寝間の天井にのような三角二重角違いの中に戌（犬）という字の点を打たずに指で書く真似をして、歌「誰も来て我に知らせん者あらば 引きや千切れや内の神々」と三遍唱えて寝るとその夜の難を一切逃れ、何事もその知らせがある。朝起きて角変えの中の犬の点を打つとよい。印文《いんもん》を解く心である。義経はこの術で一代の難を逃れた。

義経含状【よしつねふくみじょう】 義経含状は、源義経*が自刃した時、兄頼朝*に当てた口の中に含んでいた遺書とされる。平家討伐の功が梶原景時の讒言で報いられなかったこと、梶原父子の首を手向けるように願っている。腰越状*の影響のもとに作成され、既に近世初期には流布し、寺小屋等の教科書となっていた。〔童学調宝記〕には文治五年（一一八九）閏四月二十八日付の「義経含状」がある。単に「含状」ともいう。

吉野案内【よしのあんない】 吉野の町は、金峯山《きんぶせん》の尾の長く出た上のため、左右とも掛造《かけづくり》の三階建の家で、第三階は表の方は道並で平屋のようで、三階とは見えない。裏の方は谷に臨んだ客舎である。その下二階は主の居所で、竈がある。三階からは梯子で下る。その下に土座の屋があり、雑物や薪等を置く所で、浴所や厠もある。東側に、景色のよい客舎が多い。この町で売る名産は、紙は薄紙、厚紙、杉原紙等。塗物は椀、折敷、曲《まげ》物《もの》等。漆 茶 栢 葛 煙草 松茸の外、色々ある。銅《かね》の鳥居があり、高さは二丈五尺、周りは一丈一尺という。桜は日本に無比無類で、麓から咲き始め奥の院で終る迄三十日かかるというが、盛花期は立春から六十五日目に当る。山から谷底にある方二十丁程の桜を一目に見る面白さは言葉に尽くせない。吉野へは花盛りの頃に着くよう日数を数えて行くのがよい。数多い名所旧跡を見巡る道程は吉野町から六里で、早朝に出ると七ツ時（四時）には帰る。実城寺* 吉水院* 安禅寺* 西行の庵室* 奥の蔵王権現* 世尊寺* 宮滝* 桜木の宮* 如意輪寺*等々。〔東街道中重宝記・七ざい所巡道しるべ〕

吉野蒲鉾【よしのかまぼこ】 〔料理調法集・蒲鉾之部〕に吉野蒲鉾は、蒲鉾の中へ梅花蒲鉾*のように、桜の花、散り桜を交ぜて入れる。

吉野紙屋【よしのかみや】 〔万買物調方記〕に「京ニテ紙屋」の内、「吉野紙屋」として、六角通さかい町、高倉六角下ル丁が出る。

吉野川【よしのがわ】 大和詞。「よしの川とは、心ふかきを云」。〔不断重宝記大全〕

吉野酢【よしのず】 〔料理調法集・煮出煎酒之部〕に吉野酢は、煎酒酢に葛を溶いて、薄葛ほどに仕立て、冷まして遣う。

吉野すし【よしのすし】 「御膳吉野すし」は、神田すじかい御門外はたご町一丁目よし野屋武兵衛にある。〔江戸町中喰物重法記〕

芳野煎餅【よしのせんべい】 「芳野せんべい」は、糀町天神前 若松屋磐州にある。〔江戸町中喰物重法記〕

吉野だんご【よしのだんご】 〔江戸町中喰物重法記〕に次の店がある。○「よしのだんご」は、深川御船新大仏門前 大こく屋勘七。○「よし野だんご」は、糀町七丁目 亀沢屋丹波。○「名物よしのだんご」は、浅草東仲町 永田屋甚兵衛。○「よしのだんご最仲の月」は、糀町四丁め 松屋小兵

衛。

蘆の根【よしのね】〔薬種重宝記・上〕に和草、「蘆根 ろこん／よしのね。節《ふし》毛を去り、日に干し刻む」。

吉野里【よしののさと】 大和詞。「よし野ゝさとは、心ふかき事」を言う。〔女筆調法記・三〕

吉野の瀧【よしののたき】 吉野で瀧を見るには、安禅寺*の前の茶店から直ぐに行くとその先に青折《あおり》が嶽があり、ここに二筋道があり、右は大峰へ行く道、左は清明が瀧へ行く道で一里である。清明が瀧は甚だ見事である。西河《ひじごう》の瀧へは五丁程で行き、これは吉野川の上の大瀧《おおたき》、常の瀧とは違い高所から落ちるのではなく大水が岩間を漲って落ちるので近寄って見るのがよい。これより宮瀧*へは一里である。〔東街道中重宝記・七ざい所巡道しるべ〕

よしのゆき【よしのゆき】「よしのゆき」（菓子）は、かまくらかし横町 東向庵にある。〔江戸町中喰物重法記〕

よしほ餅【よしほもち】 菓子名。よしほ餅、角、上しめし物、山の芋入り、中ながし物、下こね物。〔男重宝記・四〕

吉水院【よしみずいん】 吉野名所。源義経が来た時まずこの寺に入ったのを造り変えず、即ちその侭の寺で、甚だ古く低い。延元元年（一三三六）後醍醐天皇が吉野に入られた時もこの寺を皇居とされ、後に実城寺*へ移られた。豊臣秀吉公の花見の時の宿もこの寺であった。近くに勝手明神があり、袖振山は天女が下って舞を舞った所である。〔東街道中重宝記・七ざい所巡道しるべ〕

よしむね【よしむね】 片言。〔不断重宝記大全〕に「よしむねは、善峯《よしみね》」である。峯をどこでも「むね」というのは悪い。播磨で「ひろむね」というのも「ひろみね」である。

四畳半置き合せ、立て様の図【よじょうはんおきあわせ、たてようのず】 茶の湯。〔新板増補男重宝記・三〕（図529）に、①「四畳半置合の図」の説明は、水差は炉の先の三尺四方の真中に置く。茶入 茶碗は水差の前を差し挟んで置く。②「四畳半立様の図」の説明は、茶入と茶筅は炉の左肩先のすみと、

図529 四畳半置き合せ、立て様の図

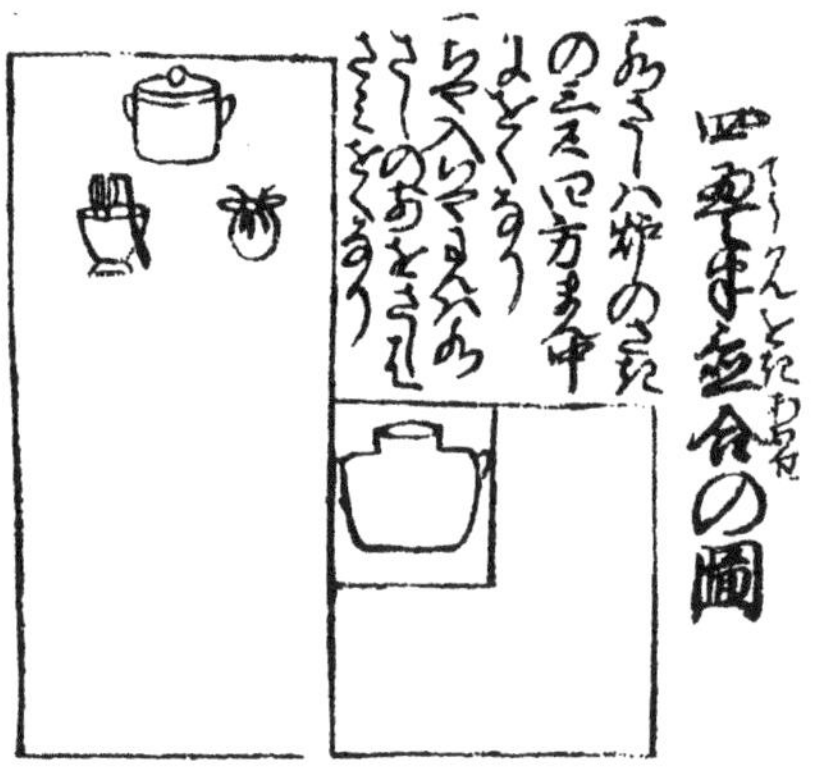

①「四畳半置合の図」（新板／増補）男重宝記

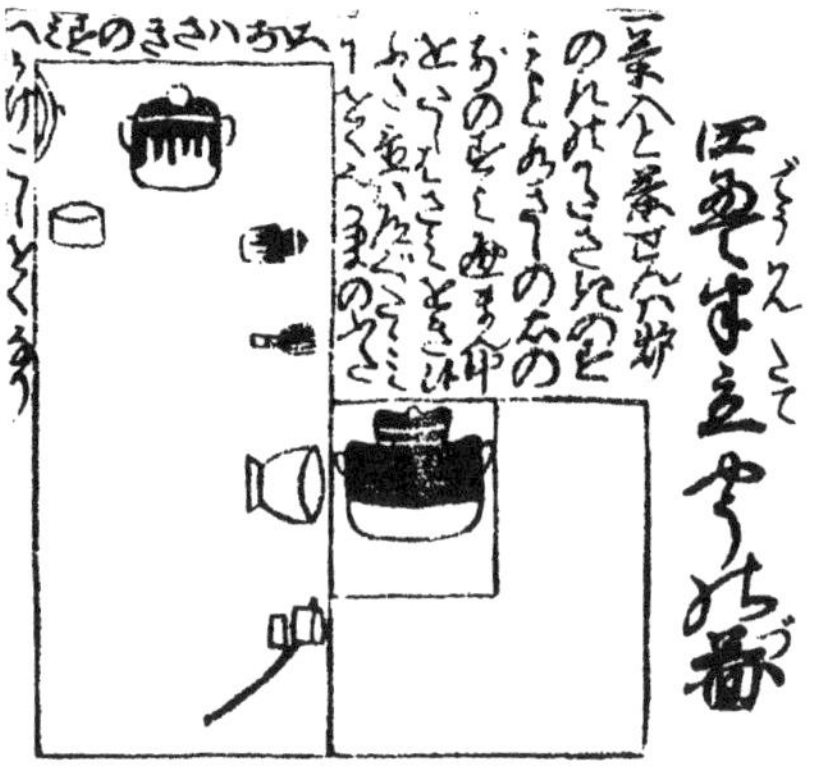

②「四畳半立様の図」（新板／増補）男重宝記

水差の右の前のすみ通り 真中を差し挟んで置く。蓋置は、道具畳に置く。釜の蓋は蘆前の先の隅へ掛けこし置く。
とある。

剖葦鳥【よしわらすずめ】「ぎよぎよし」ヲ見ル。但し、『物類称呼・二』に「剖葦鳥 よしはらすゞめ。畿内*及勢州辺、よしはら雀と云。よしはら雀といふは、葭割雀《よしはりすゞめ》なり…出雲 及西国四国にては、ぎようぎようしと呼」とある。

吉原より蒲原【よしわらよりかんばら】東海道宿駅*。二里二十五丁三十間。本荷二百十九文、軽尻百三十八文、人足百八文。宿を出右方の久野に浅間社がある。新づた、青嶋、高嶋、出口の潤川は徒歩渡りで、冬は橋がある。この川は大宮浅間の御洗より流れ、河原宿、とら木村、元市場 茶屋に山川白酒がある。平垣、いの木、かこ下、右方 久沢の善福寺に曾我兄弟の石塔 位牌がある。この辺は鷹が岡という。時宗を切った所もある。富士川は吉原と蒲原の真中である。流れは甚だ速く舟渡しで、舟賃は二十二文。岩渕に栗の粉餅を売る。ここから右へ身延道がある。中の道、小池、ここから左は吹上の浜、川中に六本松があり、上瑠璃という女の墓標という。三軒茶屋がある。〔東街道中重宝記・寛政三〕

便【よすが】大和詞。「よすがとは、たより」である。〔不断重宝記大全〕

寄せ青豆【よせあおまめ】〔料理調法集・寄物之部〕に寄せ青豆は、枝豆を湯煮して弾き、味醂酒 醤油に水を割り、寒天一本に四合位の割合で煮返し、砂糖を加え水嚢で箱に漉し入れ、枝豆の水をよく絞り寒天の中へ入れ、冷めて切り形をする。但し、枝豆は辛い塩湯で茹でる。

寄せ赤貝【よせあかがい】〔料理調法集・寄物之部〕に寄せ赤貝は、赤貝の腸と皮をよく去り、極細々に切り、板の上に塩を振り、その上に布巾を濡らして敷いた上に赤貝を厚さ二三分程に伸し、その上にも湿った布巾を懸け、塩を振って一夜置くとよく固まるのを、布巾を取り、水で洗い、賽形 或は短冊等に切り、塩酢か絞り汁で肴物によい。

寄せ梅【よせうめ】〔料理調法集・寄物之部〕に寄せ梅は、梅干の塩をよく出し、肉を取って擂り、毛水嚢で濾し、薯蕷濾し粉四分、葛粉四分を合せ、砂糖を加え、箱に入れ、蒸し上げて少し冷まし、形紅《かたべに》を掻き合せ、よく冷まし、切り形をする。又、てん〆《しめ》もする。

寄せ鱁【よせうるか】〔料理調法集・寄物之部〕に寄せ鱁《うるか》（鮎の腸の塩辛）は、鱁一合五勺の塩を抜き、魚の擂身一合、玉子十を擂り合せて蒸す。

寄せ枝柿【よせえだがき】〔料理調法集・寄物之部〕に寄せ枝柿は、枝柿の核を去り、擂鉢ですり、水嚢で濾し、葛の粉を合せ、寄せ百合根*か薯蕷と付き合せて蒸す。柿が固い時は、柿をさっと蒸して擂る。

寄せ鱚【よせきす】〔料理調法集・寄物之部〕に寄せ鱚《きす》は、鱚を三枚に卸し、すだれ骨を取り、塩水で洗い、少し乾かし、巾と厚さは好み次第に重ね、板にのせて蒸す。

寄せ銀杏【よせぎんなん】〔料理調法集・寄物之部〕に寄せ銀杏に二法がある。①銀杏を生で渋皮を去り、擂鉢ですり、水嚢で濾し、水で少し緩め、塩砂糖で塩梅し、鉢に入れて蒸し上げる。至って固くなるもの故、和らか味は好み次第に水で割る。②銀杏の皮を去り、湯煮して渋皮を取り、擂鉢ですり通して濾し、葛粉を四分の一程合せ、塩を加え、板につけ蒸し上げる。遣い方により砂糖を加える。

寄せ葛【よせくず】〔料理調法集・寄物之部〕に寄せ葛は、葛一合を水一合で溶き、雪白砂糖三十目、生姜三株程の絞り汁を入れて溶き合せ、濾して鍋に入れ、湯気の立つ時降ろし、紙を張った箱の中へ入れ、灰の上に置く。灰の厚さは五六寸でよい。よく水気が取れて切り形をする。

寄せ栗【よせぐり】〔料理調法集・寄物之部〕に寄せ栗は、大栗を蒸して皮を剝き擂り、水嚢で濾し、葛の粉を少し加え塩加減して板につけ、蒸し上げる。勝栗でもする。何首烏芋《かしゅういも》、琉球芋の類、何でも同じである。

寄せ胡桃【よせくるみ】〔料理調法集・寄物之部〕に寄せ胡桃は、胡桃をぬる

湯に浸けて渋皮を去り、味醂酒をひたひたに入れて練り、粘りが出る迄煮、醤油で塩梅し飴のようになった時鍋をおろし、竹の皮に包み外を簀で締めて又箱に竹の皮を敷いて入れ、上にも竹の皮を懸け、落し蓋を入れて押し締め、冷めて切り形をする。

寄せ慈姑【よせくわい】〔料理調法集・寄物之部〕に寄せ慈姑《くわい》は、慈姑を生で皮を剝き、山葵卸でおろし、葛の粉を少し加え、塩 砂糖で塩梅し、板につけ、蒸す。

寄せ小鳥【よせことり】〔料理調法集・諸鳥之部〕に寄せ小鳥は、小鳥を何でも骨ともによく敲《たた》き、酒 醤油で煮固まったのをよい程に千切り、刻んだ玉子の中へ入れ、箱でも鉢でも蒸して、切り形をする。

寄せ牛蒡【よせごぼう】〔料理調法集・寄物之部〕に寄せ牛蒡は、皮牛蒡でも新牛蒡でも、酒 醤油でよく煮しめ、露をよく絞り、粉葛を一ツ一ツに包み段々に合せ、よく押し付け、板に乗せ竹の皮に巻く等して蒸し上げ、冷めて切り形をする。

寄せ昆布【よせこんぶ】〔料理調法集・寄物之部〕に寄せ昆布は、昆布は水晶昆布というのをよく湯煮して、酒沢山にして透き通る様に煮上げ、昆布幅のまま粉葛を包み、段々に重ね、板にのせ、蒸し上げ、冷めて切り形をする。

寄せ大角豆【よせささげ】〔料理調法集・寄物之部〕に寄せ大角豆《ささげ》は、赤大角豆を程よく湯煮して、味醂醤油で煮上げ、次に同じ濾し粉に葛粉を三分の一合せ、塩 砂糖を適当に加え、この中へ煮た大角豆をなるだけ沢山入れ、箱に布を敷き入れ、よく押し合せて蒸し上げる。

寄せ白魚【よせしらうお】〔料理調法集・寄物之部〕に寄せ白魚は、白魚を水で洗い、少し干し、塩をぱらぱらと振り、竹の皮に包み、外を簀で巻いて蒸す。

寄せ菜【よせな】〔料理調法集・寄物之部〕に寄せ菜は、菜の葉をよく洗い擂鉢ですり、水を入れ鍋へ濾し入れ、煮立てる。前の菜が一所に寄るのを水嚢の裏へ紙を敷いて置き、杓子でこの紙の上に掬い取り遣う時、この紙で水を絞り遣う。

寄せ麩【よせふ】〔料理調法集・寄物之部〕に寄せ麩は、豆腐の水を絞り、擂り濾して葛粉を少し交ぜ合せ、簾れ麩を大きさをよい程に切り湯煮して水気を布巾で取り、先の豆腐を塗り、段々に五枚でも三枚でも厚さの好み次第に合せ、蒸して切り形をする。

寄せ富貴の薹【よせふきのとう】〔料理調法集・寄物之部〕に寄せ富貴の薹《とう》は、蕗《ふき》（＝富貴）の薹を生でよく擂り、薯蕷の濾し粉と葛粉を合せ塩を少し入れ、水嚢で濾し、板に伸ばし蒸し上げ切り形をする。

寄せ物料理【よせものりょうり】寄せ物料理は、薯蕷の粉・葛粉・小豆・米の濾し粉などで、貝 昆布 豆 柿 梅 銀杏 野菜などを寄せ蒸し上げる等した物。主に口取り料理にした。〔料理調法集・寄物之部〕には語頭に「寄せ」を冠した料理が種々あり、個別に掲出した。

寄せ柚子【よせゆず】〔料理調法集・寄物之部〕に寄せ柚子に二方がある。①粳の粉に卸し柚子を交ぜ、葛粉 砂糖 塩を加え、箱に入れ蒸し上げる。②熟した柚子を四ツ割にして実を去り、皮白身ともよく湯煮して搗き、水嚢で濾し、五合の量に粳の粉一合、葛粉一合、砂糖半斤、塩を見計い合わせ、箱に入れ蒸し上げ切り形をする。又このように濾した柚子に塩、砂糖を合せ、てん〆にもする。この時は薯蕷の濾し粉を四分の一程合せてもよい。

寄せ百合根【よせゆりね】〔料理調法集・寄物之部〕に寄せ百合根は二法がある。①百合根をよく蒸して水嚢で濾し、五合の量に葛粉七勺程砂糖を入れ、蒸し上げる。但し、紅もくめ等にする時はてん〆《しめ》にする。②小豆の濾し粉五合に饂飩粉一合五勺、塩と砂糖を合せ、百合根をきれいに拵え蒸して、この中へ花びらの侭交ぜ、蒸し上げ冷めて切り形をする。

寄せ蓮根【よせれんこん】〔料理調法集・寄物之部〕に寄せ蓮根は、蓮根の皮を竪剝きにして、長さをよい程にして、竪にどのようにも細く切り、煮染めて寄せ牛蒡*のようにする。

寄せ腸鮑【よせわたあわび】〔料理調法集・寄物之部〕に寄《よ》せ腸鮑《わたあわび》は、鮑を腸とともに湯煮して、身を太繊に切り、腸は砂をよく去り水嚢で濾し、魚の擂り身を三分合せ、煮酒 醬油で塩梅し、切った鮑を擂り合せた腸に交ぜ、板に付けて蒸す。

夜鷹【よたか】〔小野篡譃字尽〕に、「惣嫁《そうか》、夜発《やほつ》、辻君《つぢぎみ》、立君《たちぎみ》、ついころばし。アノ姉《あね》さん、能《いい》姉さん、秤《はかり》にかけて十匁、夜鷹《よたか》に出して、これを二十四紋《にじゅうしもん》といふ。暗闇で見る大に吉」。

与奪状【よだつじょう】『日葡辞書』に「Yodat.（与奪）相続によって与えること。すなわち、父が子に家や財産などを引き渡すこと」。〔不断重宝記大全〕に「与奪状」は竪文と心得、年号月日を書き、何某在判、上包は目安に同じ。当代は稀である。

よだり【よだり】片言。「涎《よだり》は、医書に多く よだれ と点せり」。〔不断重宝記大全〕

涎懸【よだれかけ】喉から下方の防護具。〔武家重宝記・三〕に涎懸《よだれかけ》は、古くは五重 総鎖、喉の下へ別に掛けた。今は頬に仕つけて鉄、又は滑革《なめしがわ》にして大概三重である。頬は一面《めん》二面という（図530）。

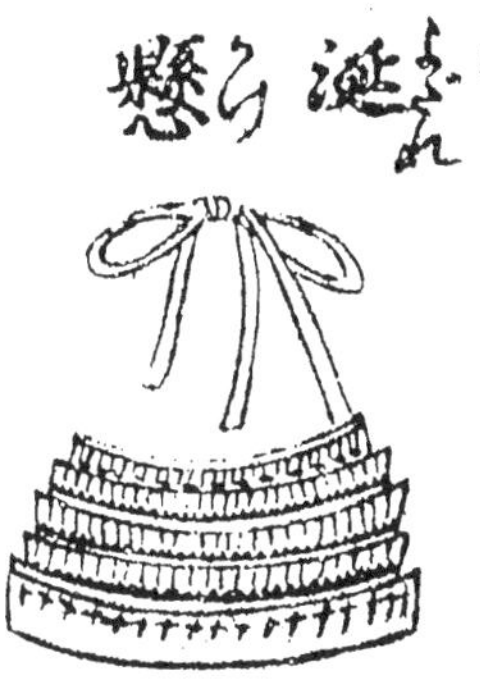

図530「涎懸」（武家重宝記）

与太郎あがく【よたろうあがく】〈何が不足で癇癪の枕言葉〉「与太郎あがく、うそ（嘘）」。〔小野篡譃字尽〕

よちつけ【よちつけ】大和詞。「よちつけとは、はじめての事」をいう。〔不断重宝記大全〕

四ツ【よつ】〈何が不足で癇癪の枕言葉〉「四、さゝき／さゝ」。佐々木氏の紋が四ツ目結いによる。〔小野篡譃字尽〕

四ツ足の類が憑いたのを落す呪い【よつあしのるいがついたのをおとすまじない】〔調法記・四十七〕に「四ツ足の類憑きたるを落す呪」がある。この符は取り憑いた獣の四足を結ぶ符である（図531）。

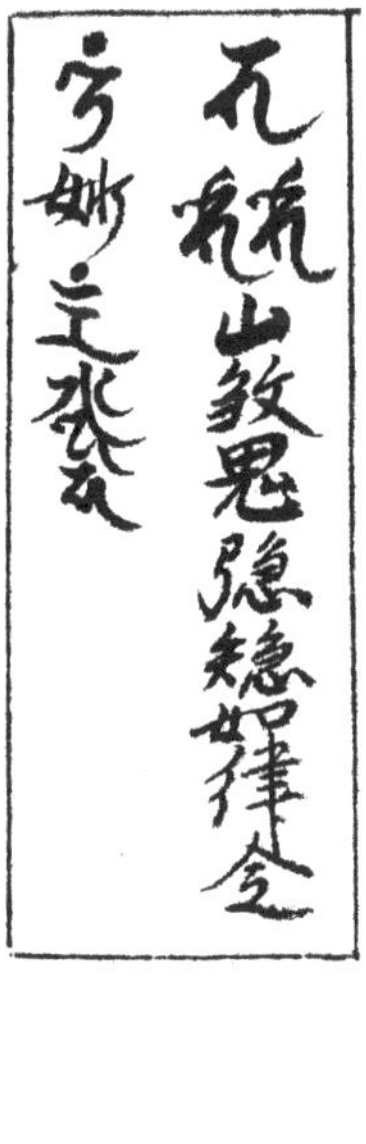
図531「四ツ足の類憑きたるを落す呪」（調法記・四十七）

四日市より石薬師【よっかいちよりいしやくし】東海道宿駅*。二里半九丁。本荷百七十六文、軽尻百十七文、人足八十五文。浜田村、しんじょう、赤堀村入口森の中に神明宮がある。かはけ川に土橋 でんばく（田畑）橋がある。松林の中に神明宮がある。とまり村、追分 茶屋がある。左に大神宮へ参る海道がある。おこぞ川、小薮、采女川 板橋五十五間、田中村、采女村、杖衝坂 茶屋があり、饅頭を売る。清水谷村、大谷 茶屋がある。上り下り坂がある。〔東街道中重宝記・寛政三〕

四ツ毛【よつげ】「三ツ毛」ヲ見ル

四ツ手籠乗り様【よつでかごのりよう】四ツ手籠は簡易な駕籠*。四本の竹を四隅の柱とし 割り竹で編み 小さい垂れが付けてある。庶民が日用に使い、また山谷（新吉原遊郭）通いに使われた。〔小野篡譃字尽譃〕に「四ツ手

籠乗り様」はいつもの乗りつけに乗るのがよい。物言わずに三枚で乗り出し、追い越す時は、若い衆御苦労というのは夜駕籠仲間の礼儀である。「乗物と駕籠」参照

夜ツ尿の薬【よつばりのくすり】 寝小便*の薬。〔重宝記・儀部家写本〕は益智・烏薬・桑螵蛸（塩を入れ炒る）（各等分）を粉にして丸じ、送り下す。遺溺《よつばり》とも書く。

よっぴと【よっぴと】 片言。〔不断重宝記大全〕に「よっぴと、終夜《よもすがら》の事にや」とある。〔世話重宝記・三〕は「夜一夜《よひとよ》を、よっぴと」という。

四ツ広物裁つには【よつひろものたつには】 〔万用重宝記〕に四ツ広物裁つには、身は着丈に裁ち切り、前から衽、後ろより衿を取ってさす。又、袖は貝割りである。

四ツ目十ヲ目は四悪十悪ということ【よつめとうをめはしあくじゅうあくということ】 〔掌中年代重宝記〕に「四ツ目十ヲ目は四悪十悪ということ」の繰り様は、例えば、子《ね》の年の人なら、卯は四ツ目で酉は十ヲ目である。丑の年の人なら、四ツ目は辰で、十ヲ目は戌である。余はこれに準えて知る。「四悪十悪」*は四歳と十歳違いの婚姻は慎むべきことをいう。

淀の事【よどのこと】 〈名所〉〔東街道中重宝記・七ざい所巡道しるべ〕に宇治川、木津川、桂川の三川が合流して淀川となり、大坂・難波に至る水路交通の要所である。近くに淀城があり、有名な水車が御城の後ろにあり、淀の大橋がある。山崎*からは水車を見て行くとよい。八幡*へは一里である。〈淀の渡〉〔麗玉百人一首吾妻錦〕。本朝勝景。山城国伏見南西部淀川の渡河点。「いづ方に鳴きてゆくらん郭公 淀の渡りのまだ夜深きに」（拾遺集・夏）の歌を挙げて、淀城等の風景画がある。

夜泣貝【よなきがい】 〔諸人重宝記・四〕に夜泣貝の刺身仕様は、夜泣貝を造って湯掻き、山葵の酢味噌がよい。

夜泣きの事【よなきのこと】 〔小児療治調法記〕に小児の夜泣きは、心経に熱があり虚がある。一方に、人参・黄連（姜炒）（各一匁半）、炙甘草（五分）、竹葉（二十片）に生姜を入れ、水で煎ずる。薬は導赤散*通心飲*龍歯散*乳頭散*黄土散*蟬花散*がある。○小児が悪鬼に触れ、犯し物が祟り、夜泣きするには、炭火に酢を灌ぎ その煙で薫べ、蘇合香丸*を呑ます。また朱砂で「甲寅」の二字を書き床の頭《ほとり》に貼って置くと止む。〔鍼灸重宝記〕は夜泣きには、百会に灸三壮、中脘に針をする。〔大増補万代重宝記〕は夜泣きの妙法に、五倍子を粉にして唾で調え臍に付ける。明鏡を小児の枕元に懸けるとよい。〈呪い〉〔増補咒咀調法記大全〕に「子夜泣きするによき符」がある（図532）。また「あし原や千原の里の昼狐 昼は鳴くとも夜はな鳴きそ」「人夜は泣くとも昼な泣きそと よみがへるなりけりなりとのへ」と二ツの歌を読み、男子は左耳、女子は右耳に吹き入れると止まる。〔秘密妙知伝重宝記〕は臍の緒の下に田の字を書くと止まる。〔調法記・四十七ゟ五十七迄〕には「天皇皇 地皇皇」と紙に書いて竈に貼って置くとよい。また青木香を粉にして白湯で用いる。〔新板秘伝日用重宝記〕は小児の寝床の天井に「虎」の字を書いて貼って置く、〔万用重宝記〕は「夜泣とはただもりたてよ」と書いて寝させる上に貼って置くと、奇妙である。

図532「子夜泣きするによき符」（増補咒咀調法記大全）

米字【よねじ】 連俳様式。「米」の字に因み、八十八句から成る。初折 表八句（七句目月）、裏十二句（七句目月・十一句目花）。二折 表十二句（十一句目月）、裏十二句（七句目月・十一句目花）。三折 表十二句（十一句目月）、裏八句（七句目花）、名残表八句（十一句目月）、裏八句（七句目花）。〔正風俳諧日夜重宝二面鏡小筌〕

余熱【よねつ】〔小児療治調法記〕に余熱は、寒邪がまだ尽きずに出る熱である。

米花餅【よねはなもち】菓子名。米花餅、上ながし物 黒胡麻入り、下羊羹で山の芋。〔男重宝記・四〕

米饅頭【よねまんじゅう】江戸ニテ米饅頭は、浅草金龍山ふもと 鶴や にある。〔万買物調方記〕

世の痴れ者【よのしれもの】大和詞。「よのしれもの、おろか（愚）なる人」である。〔不断重宝記大全〕

夜半立鳥【よはたどり】大和詞。「よはた鳥とは、ほたる（蛍）を云」。〔不断重宝記大全〕

世は元しのび【よはもとしのび】〔世話重宝記・三〕に「世は元しのび」の出所を、『新古今集・雑下』元輔の歌「ながらへば又此のごろやしのばれんうしとみし代ぞ今は恋しき」、為家の歌「何事も古き代のみぞしたはしき 思ひ合する今日ぞ悲しき」等の歌を出所とするかとあるが、典拠は不明。『徒然草・二十二段』に「何事も古き代のみぞしたはしき」がある。

夜尿【よばり】「寝小便の事」ヲ見ル。「いばり（遺溺）」*「よつばり（夜尿）」*ともいう。

呼ぶ子鳥【よぶこどり】大和詞。「よぶこ鳥とは、さる（猿）の事なり。（歌）をちこちのたづきも知らぬ山中に おぼつかなくもよぶこ鳥かな（古今集・春歌上）」。〔不断重宝記大全〕

夜船【よぶね】「ぼたもち（牡丹餅）」*の異名。

膕【よふろ】大和詞。「よふろは、禁中の下部《しもべ》」である。「よぼろ」ともいう。〔女用智恵鑑宝織〕

四方【よほう】大和詞。「ます（升）は、四（よ）ほう（方）」という。〔女重宝記・一〕

よぼし【よぼし】片言。〔世話重宝記・四〕に「烏帽子《えぼし》を、よぼしといふはわろし」。

読み書きの学問【よみかきのがくもん】〔人倫重宝記・三〕に、子を持った人は、読み書き学問の芸を教えよと言い、その外一切の芸は一ツも益なしと言う。学文とても我が勤めを捨てては固く無用である。〔男重宝記・一〕にも士 農 工 商ともに、読み書き学問の芸を第一と心得よ。物読み学文ばかりは老後蟄居の伽ともなり、徒らにこの世を盗む老耄を免れる。〔麗玉百人一首吾妻錦〕は読み書きは人間第一の嗜みとし、特に女子は室にこもって読むと、物の哀れを知る最上の芸となる。百人一首を初めとし、伊勢 源氏ほか貞女 孝婦の教訓書を常に見るとよい。手習う女子の挿絵に「書き習ふ筆に心を入れてみよ万の宝手の内にあり」とある。

四味消塊丸【よみしょうかいがん】〔丸散重宝記〕に四味消塊丸は、婦人の血塊が盤の如くになり、或は妊娠の積塊に、峻薬《するどいくすり》を用い難いのによい。香附子（四戔）、海石《かいせき》（二戔）、桃仁・白朮（各一戔）を、神麹の糊で丸ずる。

読み違う地名【よみちがうちめい】〔日用重宝記・五〕に「読違《よみたが》ふべき地名の事」として、地名の読み難く認め難いものばかり約三百を集めている。例えば、○山城《やましろ》（＝京都）では、乙訓《おとくに》。葛野《かどの》。愛宕《おだき》。綴喜《つゞき》。相楽《さがら》。邑楽森《おうあらきのもり》。彼方《おちかた》。革堂《こうどう》。太秦《うずまさ》。〆野《しめの》。殖栗《ゑくり》。物集女《もずめ》等。○尾張《おわり》（＝愛知西北部）では海部《あまべ》。三河（同東部）では碧海《あおみ》。額田《ぬかだ》。宝飯《ほい》。設楽《しだら》。○日向《ひゅうが》（＝宮崎）では、臼杵《うすき》。諸県《むらかた》（又もろかた）。飫肥《おび》。檍原《あおきがはら》等。

嫁入【よめいり】「婚礼の事」ヲ見ル。但し成語トシテ「嫁入…」ノ立項モスル

嫁入寝間座敷の事【よめいりねまざしきのこと】〔諸礼調法記大全・地〕に、○嫁入の夜に畳を敷くには、畳は角々を四ツに合せるように敷く。○嫁の居所は白縁《しろべり》を敷く。○屏風は、薄墨 薄彩《うすだみ》 花鳥の絵を用いてはならず、赤く白い絵の類である。○蠟燭 挑灯の色も白いのを用いる。○女房の出立は小袖、夏は白帷子である。〔女重宝記・二〕に寝間の灯は、行灯と

する。枕は北枕が本式である

嫁入り前に教ゆべき十三ケ条【よめいりまえにおしゆべきじゅうさんかじょう】〔女用智恵鑑宝織〕に「女子の嫁入する前に教ゆべきこと十三ケ条」がある。大略は次の通り。①我が家では父母に孝を尽し、嫁しては舅姑に孝を尽くせ。親の方を重んじ、舅姑の方を軽んじてはならない。②夫を主君と思い、敬い仕えよ、奢り不礼をしてはならない。③小舅小姑には情深く、敬え。④嫉妬心を決して起してはならず、起すと言葉も恐ろしく、却って夫に疎まれる。⑤夫の不義や過ちがあれば、顔色や声を和らげて諫めよ。諫めを聞かず怒る時は暫く止めて、後に夫の心が和らいでから又諫めよ。⑥言葉を慎しみ多言してはならない。仮にも人を謗り偽りを言ってはならない。⑦常に心遣いして身を固く慎み守ること。歌舞伎・浄瑠璃・小歌などを見聞きせず、宮・寺などの見物事、人の多く集る所へ五十歳迄はあまり行ってはならない。⑧巫《かんなぎ》・山伏等の業に迷い、神仏を汚してはならない。ただ人間の勤めをよくする時は、祈らずとても神仏は守る。⑨人の妻となってはその家をよく保つのがよい。万事約《つつま》やかにし費えをしてはならない。衣服 食物等も身の分限にせよ。⑩若い時は夫の親類 友達 下部などの若い男に打ち解け物語し、近付かず、男女の隔てを固くせよ。⑪身の飾り、衣服の染色、模様等は目立たないよう清げにせよ。ただ我が身に応じたのがよい。⑫我が親里の方に私したり 誇ったりし、夫の親類を後にしてならない。⑬下女を使うにはよくよく心を用いよ。これらの条々をよく教えるのがよい。「妻の嗜み事」参照

嫁が姑になるは程なし【よめがしゅうとめになるはほどなし】〔世話重宝記・三〕に『学範』の詩「人命百年能く幾何ぞ、後来新婦今婆《うば》と為る」に起るとし、姑の善悪を手本にして新婦《よめ》の老後を嗜め 戒めたものとある。

鶏腸草【よめがはぎ】〔万物絵本大全調法記・下〕に「鶏腸 けいちやう／よめがはぎ」。〔医道重宝記〕に鶏腸草《よめがはぎ》は平にして毒なし、腫毒を消し、遺《よう》溺《ばり》（＝寝小便*）を治す。常に食して益がある。『書言字考節用集・六上』に「薺蒿 よめがはぎ／よめな*。状は艾草の如くして香し」。「よめがはげ*」ともいう。

嫁取り吉凶日【よめとりきっきょうにち】〔昼夜重宝両面雑書増補永暦小筌・慶応二〕に嫁取り吉凶日は、○「吉日」。天赦日*天恩日*月徳日*甲乙《きのえきのと》の日。○「悪日」。正月は十六日。二月は二十日。三月は四日。四月は十八日。五月は六日。六月は七日。七月は十日。八月は十一日。九月は九日。十月は三日。十一月は二十五日。十二月は三十日。

嫁菜【よめな】大和詞。〔女重宝記・一〕には「よめがはげは、よめな（嫁菜）」という。〔料理調法集・口伝之部〕には、嫁菜を菊菜、萩菜ともいう。但し、菊菜というのはよくない。春菊の類を菊菜というとある。

よもぎ【よもぎ】〔万物絵本大全調法記・下〕に二種ある。①「蒿 かう／よもぎ。春」。②「艾 よもぎ／もぐさ。夏」。「よもぎ草 蓬《ほう》」とある。「艾菖蒲を軒に挟む事」は「端午《たんご》の事」ヲ見ル。又「艾《もぐさ》の拵え様」ヲ見ル

蓬汁【よもぎじる】〔料理調法集・汁之部〕に蓬汁は、蓬をざくざくに切り、塩を少し入れ、揉み洗い、入れる。また湯引でもよい。豆腐等を賽《さい》に切り、入れるとよい。味噌に出汁を加える。二三月の頃がよい。

蓬生【よもぎふ】匂袋の方。〔女重宝記・四〕に蓬生《よもぎふ》は、麝香（二匁）、竜脳（三匁）、菊花（五匁）で合わせる。

艾餅【よもぎもち】〔永代調法記宝庫・四〕に艾餅《よもぎもち》は、血をよく止め、腹を止める。沢山食うと虫にたたる。

四十四【よよし】連俳様式。〔筆海重宝記〕に百韻*の二・三の折を抜いて、初折と名残の折の四十四句からなる。〔正風俳諧日夜重宝二面鏡小筌〕に、初折 表八句（七句目ハ月）、裏十四句（九句目ハ月、十三句目ハ花）。二折 表十四句（十三句目ハ花）、裏八句（七句目ハ花）。

より【より】俳言の仙傍（訕謗）。「肴ヲ より」。〔新成復古日夜重宝俳席両面鑑〕

縒り蒲鉾【よりかまぼこ】〔料理調法集・蒲鉾之部〕に縒り蒲鉾は、擂身を板へ一分程の厚さに着け、焼き上げて冷やし、上へ紅の擂身を同じ厚さに又着け、焼き上げて冷まし、堅紅《かたべに》を細く小口角になるように切り、板の片端を残して板を放し、一本ずつ縒って離した片端を擂身で留めて置き、残らず前のように縒って端の止まった所を火取りする時、板を放し長さは好み次第に切り形する。

与力同心【よりきどうしん】 武家名目。〔武家重宝記・一〕に、①中古は、庄園の主や地侍等守護の被官ではなく、兵役がある時に近隣の守護人に志を通じて被官同意に力を合わせ与《くみ》するのを与力とも同心ともいう。近代迄侍大将に属し、預けらるる一騎の士を組子《くみこ》とも同心とも呼んだ。②今は、足軽*の名とする。

縒り玉子【よりたまご】〔料理調法集・鶏卵之部〕に縒り玉子は、玉子蒲鉾*のようにしたのを、板に厚さ一分半位に着けて蒸し、熱い内に縒り蒲鉾*のようにする。

よりと【よりと】〈何が不足で癇癪の枕言葉〉「ぢゝ（ヲ）、よりと」という。〔小野篡譃字尽〕

よりという字【よりというじ】〔男重宝記・四〕に「ゟ（より）」という字は、「より」と仮名で書いたのをやつ（俏）したものである。女中の文にはよいが、男の文には書いてはならない。

寄道具【よりどうぐ】〔武家重宝記・四〕に寄道具《よりどうぐ》は、害せずして人を捕える道具とある。仕寄りの道具である。上古の三《みつ》道具*、番所《ばんどころ》の三道具*があり、合せて警固《けいご》の六具《ろくぐ》*という（図533）。

夜歩く時怪しみの無い呪い【よるあるくときあやしみのないまじない】〔新撰咒咀調法記大全〕夜歩きに怪しみの無い呪いは、左手か右手の中指で、手の平に「我是鬼」の三字を書いてそのまま固く握って行くとよい。

夜寝置きの事【よるねおきのこと】〈呪い〉〔増補咒咀調法記大全〕に「夜寝て起きたい時に起きる呪い」は、夜寝さまに「大」の字を左手に三字書いて舌で舐める。次に枕に「につにんふどうゆんたいにち」を書くとよい。〔諸民秘伝重宝記〕は何時に起きると思う時を心に念じて、寝る時に男は左手、女は右手の内へ指で「大」の字を三遍書いて「打ち解けてもしもまどろむことあらば引き驚かせ我が枕神」を三遍読むと目覚めること妙である。〔新撰咒咀調法記大全〕は「人まるやまこと明石の浦ならば我にも見せよ人まるのつか」と慎んで三遍読んで寝ると何時でも目が覚める。〔諸民秘伝重宝記〕は、○「夜寝て怪しき時起きる伝」は寝所の上と下へ指で「猋」の字を三遍ずつ書いて寝る。盗賊 火事等、怪しい事があれば目覚めるのは妙である。○「夜寝ないで眠らぬ伝」は

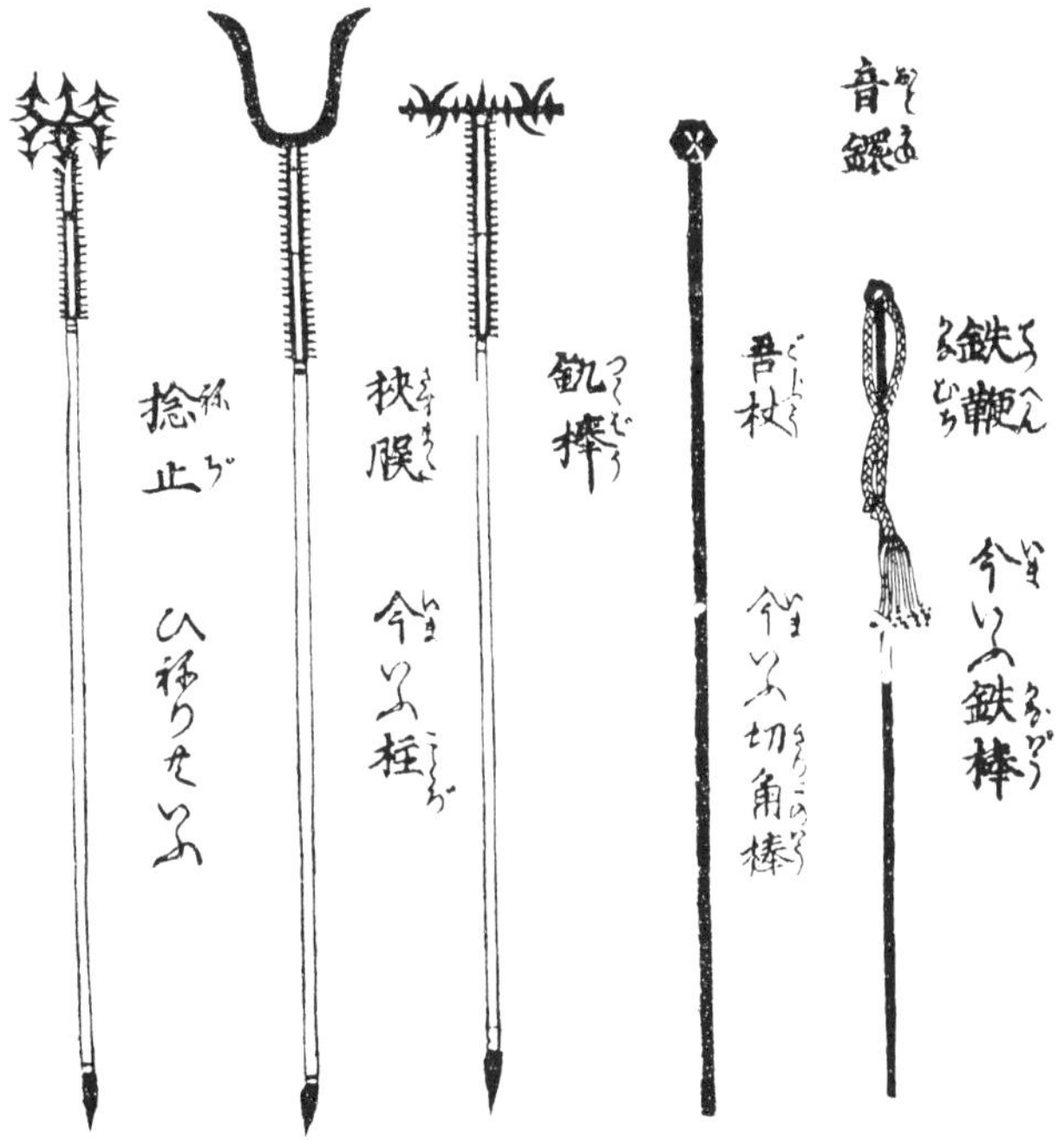

図533 「寄道具」（武家重宝記）

鼠の糞を臍に宛てその上を紙で貼って置くとよい。鼠の夜目の明らかなのに因む。

〈寝られぬ時の薬〉〔里俗節用重宝記・中〕に夜寝られない時の薬は、寝る前に焼味噌一ツをよく焦して鼻に宛て、左右に嗅ぎ込み、次に寝る足元に敷いてその上に寝るとたわいもなく寝入る。

夜のこがら【よるのこがら】 大和詞。〔不断重宝記大全〕には「よるのこがらとは、みにしむ事」を言う。〔消息調宝記・二〕には「よるの山がらとは、身にしみてといふ事」とある。

夜の錦【よるのにしき】 〔世話重宝記・三〕に「夜の錦」の詞は『漢書・朱買臣伝』に出るとして次がある。他国へ行き立身し富貴になり、故郷に帰り、昔の人に栄華の様子を見せて誇らないのは、錦を着て夜行くようである。これを見て誰も知るまいという心で夜の錦という。

夜の物【よるのもの】 大和詞。「よぎ（夜着）*は、よる（夜）の物」という。〔女重宝記・一〕

夜臥す時詠む歌【よるふすときよむうた】 〔大増補万代重宝記〕に「夜臥す時詠むベキ歌」として、「たそやたそ我に知らさぬ者あれば ひきやちぎれや内外の神」がある。（『身の鏡・上』に「たそやたそ我に知らぬ者あればひきやちぎれ屋内外の神」がある）。

寄る辺【よるべ】 大和詞。「よるべとは、頼む縁ある事」をいう。〔女用智恵鑑宝織〕

鎧【よろい】 〔武家重宝記・三〕に鎧は、介・函・甋・甲とも書く。本式の鎧に総角《あげまき》がある。常の侍は濫りに着しない。〔人倫重宝記・二〕には「具足屋の始り」として次がある。鎧《よろい》を具足《ぐそく》と名付けるのは、金物《かなもの》は十三所《ところじょうざ》 上座 上巻《あげまき》 矢返《やかえし》 志加《しか》の鐶 水呑《みずのみ》の鐶 再幣付《さいはいつけ》等、悉く備わっているので具足という。この字は法華経普門品の「具足妙相尊」の語を山門の衆徒が戦場で戯れに使ったことから始る。日本で甲《よろい》を冑《かぶと》と読むのは誤りで、昔は皮で作ったのを甲《よろい》といい、その後金《かね》を用いたので鎧《よろい》と書く。唐では黄帝の代に玄女が始めて甲冑を作ったといい、また蚩尤《しゆう》が犀兕《さいじ》の革で甲を作ったとも、葛盧《かつろ》の山を暴いて金を採り鎧を作ったともいう。日本では神功皇后が三韓征伐の時、応神天皇を懐胎中で、具足を割って腹巻の始めとした。神武天皇が日向宮崎で始めて作った鎧を筑紫鎧とい

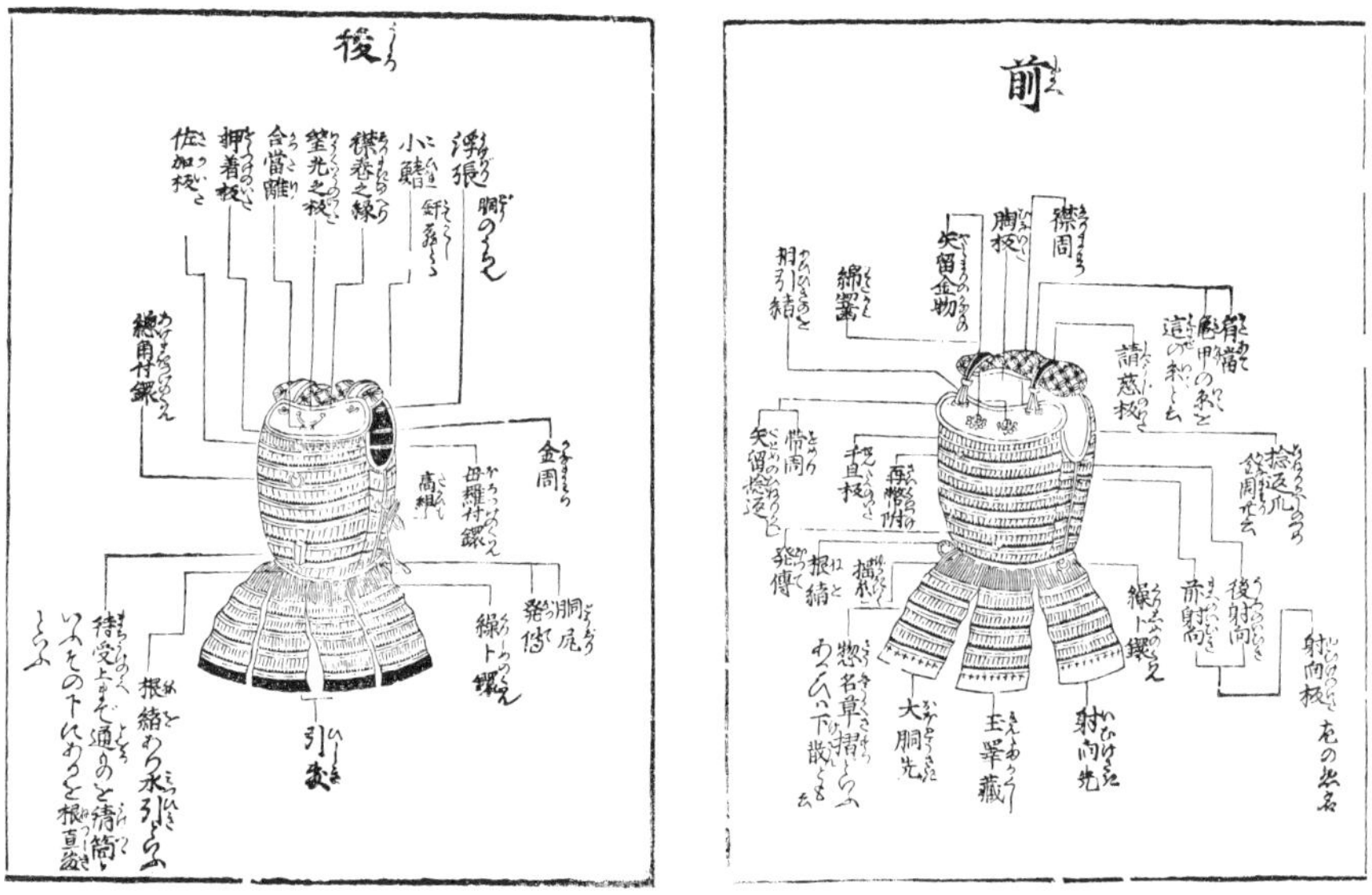

図534 「鎧 前・後」（武家重宝記）

い、上古の武士は自ら鎧を作り、頼家将軍の子息達も皆作り、左近士《さこし》、半田、岩井等の名を貰い、今の具足屋はこの流れである。源氏は黒、平家は紫、藤氏は萌黄、橘氏は黄色に威《おど》す。これを「四家の甲《よろい》*」という。鎧の図幷ニ名所付がある（図534）。

鎧草【よろいぐさ】 大和詞。「よろひぐさとは、ぼたん（牡丹）の事」である。〔不断重宝記大全〕

鎧の六具【よろいのろくぐ】 〈武具〉六具*の一。甲《かつ》。冑《ちゅう》。頬当《ほうあて》。小手《こて》。佩楯《はいたて》。脛当《すねあて》をいう。〔武家重宝記・四〕

鎧の渉の河水【よろいのわたしのかわみず】 江戸願所。小網町より茅場町へ渡る間の鎧の渉《わたし》は、川中の流れは引き汐でも湛える間がなく、大川筋へ近く殊に諸国の荷船が繁く行き通うので、水の穏やかな時がない。この渉の真中の水を汲んで湯に沸かし、疱瘡や麻疹《はしか》の前の子に湯浴みさせると至って軽いという。百日咳等、全て小児の体に注ぐと夜泣きの止むのは神のようだという。疑ってはならない。渉守《わたしもり》に尋ねると用い方を詳しく物語る。〔江戸神仏願懸重宝記〕

万吉日【よろずきちにち】 〔諸人重宝記・五〕に万吉日《よろずきちにち》は、利銭や商いによい日である。甲《きのえ》の寅・辰・戌の日。乙《きのと》丑・卯・巳・酉の日。丙《ひのえ》の酉・辰の日。庚《かのえ》の子の日。辛戊《かのとつちのえ》の寅・辰の日。癸《みずのと》の巳の日。大利益のある吉日である。

万の計らい【よろずのはからい】 女詞遣。「よろづ（万）のはからひと云べきを、万端了簡《ばんたんれうけん》と云はうるさし」。〔女重宝記・一〕

齢草【よわいぐさ】 大和詞。「よはひぐさ（齢草）とは、きく（菊）の事」である。〔不断重宝記大全〕

弱腰の寸【よわごしのすん】 灸の分寸を定むる法。〔医道重宝記〕に弱腰（腰の帯を締める所）の寸は、肋骨の終りより股と腰との関節の横の紋まで六寸を用いる。

夜渡る月【よわたるつき】 大和詞。「よわたる月とは、よもすがら（一晩中）の月」である。〔不断重宝記大全〕

世を渡る習い【よをわたるならい】 〔諸人重宝記・一〕に世を渡る習いは、殊に一芸をも嗜み人に交わると言っても、貧しくては何事も埒は明かないので、随分家業を勤め、仮初めの事にも出費を厭うべきである。一銭は求め難く十銭は捨て安い、塵積って山となる、一銭は軽いと言っても積ると重い宝となる事、よく心得べきことである。「長者教《ちょうじゃ》の歌」参照

夜殿【よんのおとど】 〔男重宝記・一〕に夜殿《よんのおとど》は、天子*の御寝所をいう。

よんべ【よんべ】 片言。〔不断重宝記大全〕に「よんべ、ゆふ（夕）べ［の］事」。〔男重宝記・五〕には「よんべは、ゆふ（夕）べ」。〔小野篁謔字尽・かまど詞大概〕に「夕《ゆふべ》を、よんべ」という。

ら

雷火神針法【らいかしんしんほう】〔鍼灸重宝記綱目〕に「雷火神針の法」は、熟《も》蘄艾《みもぐさ》の粉（一両）、乳香・没薬・川烏頭・草烏頭・川山甲・桃樹の皮の粉・硫黄・雄黄（各一匁）、麝香（五分）を末（粉）し、艾を掻き混ぜ、厚紙を截って条《すじ》にし、薬艾を内に敷き緊《きびし》く巻いて指の太さ長さ三四寸にして瓶《つぼ》に収め地中に五十日埋めて取り出す。用いる時は灯の上で灯をつけ、吹き消して紙十枚を隔て、熱に乗じて患部に針する。熱気は直ぐに病処に入り、その効はさらに速やかである。併せて冷水を呑む。〔改補外科調宝記〕に雷火神針法は付骨疽*の薬とする。艾葉（三匁）、丁香（五分）、麝香（二分）を合して揉み和らげ、紙に巻き指の太さのように長さ五六寸にして火を付け、痛む上に二三針程灸をする。七日を経て火の跡は大きく腫れ上り自ずから効がある。次に内外から薬を用いる。

雷丸【らいがん】〔薬種重宝記・中〕に唐木、「雷丸 たけほと。黒皮を去り、刻む、火を忌む」。

頼成就日【らいじょうじゅにち】「願成就日《がんじょうじゅび》」ニ同ジ

雷神【らいじん】〔農家調宝記・二編〕に雷神《らいじん》は、世俗に雷電《らいでん》と云。城州賀茂を元として、諸州に祀る。

雷頭風【らいずふう】「大頭腫《だいずしゅ》」ニ同ジ

癩病【らいびょう】「癩風《らいふう》」とも言う。〔鍼灸重宝記綱目〕に癘風《れいふう》 癩風《らいふう》 大麻風は、皆「かったい」である。癘風は天地殺物《さつもつ》の風《かぜ》である。陽明の一経に他ならず、初めて起るのは白屑《しろくず》 雲頭《くもがしら》 紫《むらさき》 黒《くろ》 疙瘩《こっとう》の膿《うみ》を流し、或は乾いて膿まず、感覚が鈍り痺れる。甚だしいものは毛が落ち、眼が爛れ、眉毛が抜け、総身に癩疹が出、鼻崩れ、肉陥り、声が嗄れる。痒いのは虫が居り、耳鳴りし、膝が腫れ、足の底を穿《うが》つ。○承漿に灸七壮をすると瘡は軽くなり、再び灸をすると癒える。三度する。○親指の筋骨縫の間、約すること五分、灸を三炷香して毒気を出す。○三稜針で委中を刺して血を二三合出す。紫黒 疙瘩の処も悪血を去るとよい。一日置きに一刺し、三度刺すと血の色が変る。このようにして三十余日で癒える。〈薬方〉〔薬家秘伝妙方調法記〕に、○「白き癩病」には烏蛇・霊天蓋。○「黒き癩病」には白花蛇・三足の蝦蟇。○「赤き癩病」には雷丸・大黄・黄芩。○「癩病の総薬」は烏蛇・白花蛇・霊天蓋がある。〔妙薬調法記〕に癩病に呑ませてよいのは大風子、これ以外の妙薬はない。〔薬種重宝記・上〕に唐木、「大風子 かったいぐすり。殻を去り 刻み 炒る」。〔丸散重宝記〕に大風 癘風には浮萍《ふへい》の末（粉）を温酒で下す。〔万家調法呪詛伝授嚢〕には生竹を切り厠の壺の中へ差し込んで置くと水が溜まるのを飲ますと妙に治す。〈癩風食物宜禁〉〔家内重宝記〕に「宜い物」は黍 大麦 黒豆 小豆 大根 すべり莧 牛蒡 独活 茶 昆布 胡麻 山芋 若布 野老《ところ》 苣 苺 青海苔 蓮 薊 田螺 鰻 亀など二十三品。「禁物」は生韮 生魚 生菓子 麦の粉 胡桃 山椒 茄子 麪類 生姜 餅 蕎麦 餅 鮒 鮭。外に忘失は大凶。酒に酔い風に当るのを禁ずる。

莱菔【らいふく】「大根《だいこん》の事」ヲ見ル

擂盆【らいぼん】大和詞。「らいぼんとは、すりばち（擂鉢）の替え名」である。〔女用智恵鑑宝織〕

羅形弓【らぎょうきゅう】八張弓*の一。〔弓馬重宝記・下〕に羅形弓《らぎょうきゅう》は、白木の的弓に籐を使った弓である。

楽【らく】七情*の一。〔女文翰重宝記〕に楽は、たのしむこと。楽しみの中にも、下戸《げこ》ではない夫婦がうち連れて春の野山で桜花を眺め、一瓢の酒の楽しみに浮世の辛さを忘れるのはよい。

落鴈【らくがん】〔昼夜調法記・正徳四〕に落鴈《らくがん》の製法は、白砂糖に水をひたひたに入れ、湯になった時木綿で濾し、この鍋でまた一沫《あわ》立てて冷まし、道明寺の干し飯を少し炒り、砂糖の汁で捏ね固め、形《なり》はどのように

も作る。菊扇 草花 生類等色々な物を彫り込んだ木の型へ、合せた砂糖道明寺を篦で擦り込み、木の型を俯向け叩くと落鴈になったのを一ツずつ並べて乾す。

絡却【らくきゃく】〈経絡要穴 頭面部〉二穴。絡却は玉枕の前一寸五分、曲差の後ろ五寸。針三分、留むること五呼。或は三鍼。灸三壮。頭ふらつき、耳鳴り、腹脹り、内障《そこひ》を生ずるのを主《つかさど》る。〔鍼灸重宝記綱目〕

落柿舎壁書【らくししゃかべがき】 落柿舎は、向井去来が貞享頃（一六八四〜八八）隠棲に嵯峨に入手した。元禄七年（一六九四）閏五月芭蕉滞在中、芭蕉を慕って来る蕉門俳人らの癖を諷した去来の戯書である。〔新成復古日夜重宝俳席両面鑑〕「〇我家の俳諧に遊ぶべし。〇世の理屈を言ふべからず。〇雑魚寝には心得あるべし。大鼾をかくべからず。〇朝夕堅く精進と思ふべし。魚鳥を忌にはあらず。〇速に灰吹を捨べし。田草《たばこ》を嫌ふには非ず。〇隣からの居膳を待べし。火の用心には及ばず。 俳諧奉行 向去来」。

落痔湯【らくじとう】〔斎民外科調宝記〕に落痔湯は、枯痔散*で治療したものに用いる。黄連・黄芩・黄栢・大黄・防風・荊芥・厚朴・苦参・芒硝・甘草（各等分）を煎じて、洗う。

落城の気【らくじょうのき】〔重宝記・幕末頃写〕軍中に、城の上に煙気が死火の灰のように出て軍の上を覆うのを「落城の気」という。軍兵は討たれ落城する。「軍中に霊煙の気を見て吉凶を知る事」「散乱の気」参照

絡石【らくせき】〔薬種重宝記・中〕に和草、「絡石 つた。毛を拭ひ去り、刻み焙る」。

落題【らくだい】 歌や俳諧等の詠み方。〔女筆調法記・三〕に落題とは、余りに深く思い詰めて題に外れること。例えば、「名月」という題で常の月に詠み、「忍ぶ恋」を余りに忍び、顕わるる体を詠むと落題になる。よくよく題を思うのがよい。〔麗玉百人一首吾妻錦〕には、題を落して詠んだ歌をいう。作者の落ち度は是非に及ばない。〔諸人重宝記・一〕に落題とは、「月前花」「花下月」等と並べた無題を、いかにも二を賞翫せずに一を次になして詠むのを落題という。作者の落ち度は是非に当らない。

落馬の事【らくばのこと】〈落馬せぬ伝〉〔諸民秘伝重宝記〕に馬に乗る前に人の見ないように、手の内へ指で「南」の字を三遍書いて乗る。〇孔雀の羽を懐中しても落馬しない。

〈落馬 或は高所より落ちた時の治法〉〔男女御土産重宝記〕は饂飩粉・石灰・楊梅皮（各等分）を続飯糊（飯粒を練り潰した糊）で丸じて飲む。急な時は散薬で、水で掻き立てて飲む。〔骨継療治重宝記・下〕に、〇「落馬及び一切の筋骨損傷を治す方」は、大黄（一両切り湯に浸す 或は半両）・緋帛・乱髪（鶏子の大の如く焼き灰にする）・敗補席（三寸）・久用炊単布（一尺焼き灰にする）・桃仁（四十九箇皮尖を去る）・甘草（中指の節の如く炙り刻む）を、童子の小便で多少を量り湯に煎じ、或は酒一大盞を入れ、次に大黄を入れて滓を去り、分ち温め三服する。まず敗補席半領を刻み、湯で煎じて湯浴し、着物で覆うと暫くして瘀血が出、即座に癒える。〈落馬の痛〉〔改補外科調宝記〕は「落馬して筋骨痛み疼く」には延胡索（一両）を擣いて粉にし、豆を酒に注ぎ一匁ずつ用いる。〔薬家秘伝妙方調法記〕に「落馬其外一切打患」は、乳香・二ツ葉茹萱・白芷・葛葉・生地黄・牡丹皮（各等分）、甘草（少）を末（粉）して酒で飲む。

落筆秘伝の事【らくひつひでんのこと】〔万宝古状揃大全・新撰童子調宝〕に「執筆秘伝鈔・十三ケ条」がある。①絹に物書く時は、別の布を湿して湿りを掛けて書くとよい。又方、餅米の粉を墨に交ぜて書くと墨は滲《にじ》まない。②板に物を書く時は、ふし（五倍子）の粉を擦りつけ、よく払って書くと墨は滲まない。③欅 栗等目のある木は、濡れた拭巾で拭い 湿して書くと墨写りがよく、はじけない。④石に書く時も同じようにして濃い墨で書く。⑤墨の滲み易い物には、全て耳の垢を墨に磨り交ぜて書

くとよい。⑥絵具の上の墨付の悪いのも同じように耳の垢を入れて描く。⑦書物の小口は少し湿して書くとよく、湿りが過ぎると滲む。⑧紙に書き損じた字を抜くには、燈心を熱湯《にえゆ》に浸し、よく絞って字を擦るとよい。灯心が湿り過ぎたのは悪い。よく絞るのがよい。⑨板に書き損じた時は指の腹に塩をつけて擦ると墨は抜ける。藁の白灰で擦るのもよい。⑩衣類に墨の付いたのは飯粒を擦りつけて洗う。搗き立ての餅で摺るとなおよい。⑪畳に墨の毀れた時、水で拭うと目に染みて悪い。その侭乾かして後に新しい藁草履で擦り落す。⑫筆は塩水で洗えば虫は食わない。⑬墨は艾《もぐさ》に包み杉の灰に埋めて久しく貯えて置くとよくなる。尚、別資料により個別に立項したものもある。〔筆海重宝記〕に「落筆墨移り」について板類*欅板*傘類*唐紙《とうし》*縮紙*箔置物*布木綿*に墨書きの法がある。

洛陽三十三番札所【らくようさんじゅうさんばんふだしょ】〔享保四年節用集〕に次がある。一番 六角堂（誓願寺通り）。二番 長金寺（誓願寺の内）。三番 下御霊（寺町竹屋町上る）。四番 革堂《こうどう》（同椹木町上る）。五番 新長谷寺（東山吉田）。六番 吉田寺《きちでんじ》（黒谷）。七番 長楽寺（祇園の南林寺）。八番 七観音院（八坂下河原）。九番 青龍寺（同高台寺南の辻子）。十番 地蔵院（清水鐘撞堂後）。十一番 清水奥の院。十二番（清水寺）本堂。十三番 朝倉堂（清水の内）。十四番 泰産寺（清水西門の内）。十五番 六波羅堂（建仁寺の南）。十六番 愛宕寺《おたぎじ》（同所）。十七番 蓮華王院（大仏三十三間堂）。十八番 善能寺（東福寺）。十九番 今熊（同所）。二十番 泉涌寺（同所）。二十一番 法性寺（伏見街道一のはし）。二十二番 常光寺（東九条）。二十三番 東寺食堂（東寺の内）。二十四番 長円寺（松原通大宮西へ入）。二十五番 妙寿院（同西の洞院西へ入）。二十六番 松雲寺（四条坊門大宮西へ入）。二十七番 観音寺（北七本松）。二十八番 西蓮寺（西の京）。二十九番 長宝寺（北野）。三十番 地蔵堂（同神屋川の辺）。三十一番 東向観音（同経堂の北）。三十二番 天王寺（同紅梅殿前）。三十三番 清和院（同七本松）。以上道法 七里。「西国三十三所」がよく知られ、大坂の三十三所など各地にある。

羅睺星【らごしょう】九曜星*の一。〔昼夜懐要両面重宝記・寛延六〕に羅睺星祭《らごしょう》り日は八日、万《よろず》慎むのがよく、大いに悪い星である。来年、羅睺に当れば前年より羅睺前といい大事である。旅に出ると口舌がある。特に正・四・七・十月を慎む。〔懐中重宝記・弘化五〕には、月の二十八日亥の時（二十二時）辰巳（東南）の方に祭る。羅睺星に当る人は災難が多い。財宝を損ずるか 人と口論して不和になるか 病事が多い。親類で老人に別れる事がある。印形事、人の世話事は大いに悪い。未申（南西）の間は塞り。

羅氏花蕋石散【らしかずいせきさん】〔骨継療治重宝記・下〕に羅氏花蕋石散は、一切の金刃《きれもの》、箭鏃《せんぞく》の傷、打撲傷損、猫犬の咬傷を治す（各症への処置もある）。石硫黄（四両）と花蕋石（二両）を搔き混ぜて調え、紙縒で塩泥に混ぜて固め、瓦焼物に薬を入れる。泥の乾くのを見て薬を入れ、再び泥で口を封じて乾く時、四方瓦の上に置き、上に八卦五行の字を書き、炭一秤を籠めて重ね取り廻し、巳午（十・十二時）より下から火を点け、段々に上せ通し、一夜を経て火が冷え、炭が尽きてまた同じく一夜して取り出し、細かに研《おろ》して絹布で篩い、磁盒《やきもの》に盛り、法により用いる。

羅紗の事【らしゃのこと】〈織り様〉〔万用重宝記〕に羅紗の織り様は、縦糸は黄蘗《きわだ》一匁に狸の毛五分を入れて打ち交ぜ、横糸は黄蘗二匁に狸の毛二匁を入れ、これで常の木綿機で織り上げ、毛を出す。鍋に入れて水で炊き、臼に入れて少しずつ搗き、白水*に入れて揉み叩くと毛が出る。毛が出ない時は麩糊をよく溶いて布に入れて揉む。本ラシャに勝る。〈染色〉〔秘伝手染重宝記〕に羅紗の染色は、下地を濃い花色に染めさせ、渋木（山桃）百目程、石榴の皮二十目、水三升程入れ、二升四五合に煎じ出し、素鉄も檳榔子（「檳榔子《びんろうじ》の事」参照）の通りに染める。

羅刹日【らせつにち】「甘露日／羅刹日」ヲ見ル

落架風【らっかふう】〔改補外科調宝記〕に落架風は、酒に酔い、或は大笑いしたり欠伸《あくび》したりして下腮がはずれて合わないのをいう。これは気血が廻らず、筋が収まらないからである。手で押し上げ、内薬には防風・荊芥・羌活・細辛・当帰・白芷・甘草節・姜蚕を煎じて用いる。又方は、まず車前草の煎じ汁で口を洗い、或は含み両手で揉み下ろし、即ち打ち上げると合う。

臈次もない【らっしもない】〔世話重宝記・三〕に僧となる者は、髪を剃り授戒してから、一夏九旬の間勤行するのを臈《ろう》といい、僧の位階は戒臈《かいろう》の前後により次第する。これにより物の次第するのを臈次《らっし》といい、臈次《らっし》もないは次第階級もないという意である。

蠟燭【らっそ】唐人世話詞。「らつそく（蠟燭）を、蠟《らっ》燭《そ》」という。〔男重宝記・五〕

蘭【らに】諸国詞。中国で「蘭《らん》をらに」という。撥ねる仮名を「に」と読む。〔男重宝記・五〕

蘿蔔子【らふし】〔薬種重宝記・中〕に和菜、「蘿蔔子らふし／だいこんのみ。炒り、末（粉）す。或は生にて擂り、用ゆ」る。

拉巴拉他【らぷらだ】〔童蒙単語字尽重宝記〕に拉巴拉他《らぷらだ》は連邦。広さ八十二万坪、民は七十五万四千人。普納塞利斯《ひゅえのすあいれす》民十二万人。

羅麻円【らまえん】〔洛中洛外売薬重宝記・上〕に「一子相伝羅麻円」は、高倉三条上ル丁百谷正莫にある。腎水を増し、男女腰の冷えによい。

下疳【らやく】陰疫《らやく》とも書く。〔改補外科調宝記〕等に「下疳《げかん》*、俗にらやく」とある。〔続咒咀調法記〕には「下疳《らやく》の類に名方」として、〇甘草・槐樹（木の皮）・葱・豆（各等分）を湯で煎じ、毎日二度ずつ洗う。〇付け薬は、黄連・黄栢を粉にして塗る。〇地骨皮を煎じて洗うのもよい。〇青黛・欵冬花を粉にして麝香を少し入れて塗る。〇鮒の肝を塗ってもよい。〔薬家秘伝妙方調法記〕に「らやくの薬」として紫檀・沈香・鬱金・黄栢（各等分）を末（粉）し髪の油で付ける。〇女子の臍の緒を黒焼にして白粉を少しかけて付ける。〇牛の皮（黒焼）・黄栢（各等分）、白粉（少）を髪の油で付ける。〇茯苓・伏子の粉・よい茶（各等分）を油で付ける。〇女のべちひ（別火、月水）の紙をつけるのは最も妙薬。〇洗い薬は忍冬《すいかずら》・よい茶・蒴藋《そくず》（各等分）に垂れ味噌で煎じて洗う。〇蓮の葉・車前子・忍冬（各等分）に塩を少し入れて洗う。

藍【らん】〔万物絵本大全調法記・下〕に「藍らん／あひ。夏」。〔薬種重宝記・中〕に和草、「藍実らんじつ／あいのみ。よく洗い、日に干し用ゆ」る。

乱火日【らんかにち】〔重宝記永代鏡〕に乱火日《らんかにち》は、家作に大悪日である。正・二・三月は戌の日。四月は酉の日。五月は午の日。六・七・八月は丑の日。九月は子の日。十月は巳の日。十一月は寅の日。十二月は未の日である。

蘭菊【らんぎく】草花作り様。蘭菊の花は紫色である。土は肥土に白砂と赤土を等分に交ぜて用いる。肥しは馬糞を干し粉にして根廻りに置く。分植は春、秋がよい。〔昼夜重宝記・安永七〕

蘭菊餅【らんきくもち】菓子名。蘭菊餅、上しめし物、下ながし物、中へ山芋入れ。〔男重宝記・四〕

卵切【らんきり】〔料理重法記〕に卵切《らんきり》に二方がある。①饂飩粉一升、卵八ツ。まず饂飩粉を卵で捏ね、饂飩のように伸して細く切り、湯煮をさっとして取り上げ、その後蒸籠で蒸し、蕎麦切料理で食う。②蕎麦粉一升、卵七ツ。①のようにすると、歯切れがよい。

蘭香散【らんこうさん】〔小児療治調法記〕に蘭香散は、外疳*の薬である。蘭香（葉茎、各二匁を焼いて性を残す）、銅青《あかがねのろくしょう》・軽粉（各半分）を末（粉）とし、乾かしてつける。

乱思【らんし】歌学用語。歌の病。*〔男重宝記・二〕に乱思《らんし》は、上の句の第

一字と下の句の第一字と同じ字を嫌う。

欄絲【らんし】 歌学用語。歌の病*。〔男重宝記・二〕に欄絲《らんし》は、初めの五文字の終りの一字と、第五句の終りの一字と同じ字を嫌う。

爛疔【らんちょう】 十三疔*の一。〔改補外科調宝記〕に爛疔は、色黒く白斑《まだら》である。

蘭の事【らんのこと】 〔万物絵本大全調法記・下〕に「藍 らん／ほたつ」。〈異名〉〔書札調法記・六〕に蘭の異名に、遺芳 士髪がある。〈草花作り様〉〔昼夜重宝記・安永七〕に蘭の花は薄紫で、七八月に咲く。土は白 赤土に白砂を等分に、田螺を殻ともに砕き大豆を煮た飴汁を等分に交ぜて四五日置き 田螺が腐って土になった時 細末（粉）にして篩い石と殻を除いて植える。焼物の鉢か箱に植え、底には水抜きの穴を開ける。水の湿り加減を常によく見て、二月中頃より九月迄は雨に当て、露のような水を注ぎ、時々日に当てる。土が乾くのは悪く、水が過ぎると根が腐る。九月末十月初めから蔵へ入れて置き、入れる時は土に湿りを打ち、少し乾かしてから桶か箱等を覆いにして気の出る程開けて置く。余寒が去り 暖気になって取り出し、日に当て土へ湿りを注ぐ。十月から正月末迄は土に湿りを掛けてはならない。根へ蚯蚓が付かないようにする。夏中は茶殻を根に置くのもよい。他の肥しは一切悪い。〈蘭囲い様〉〔享保四年大雑書・草木植替重宝記〕に、九月より茶滓を根に置き、内に入れ三月迄は水を少しずつ掛け、肥しは油糟を砂土と等分に合せ、八月に植えるとよい。

乱髪【らんぱつ】 「剃り髪」ヲ見ル

乱ひ【らんひ】 鷹名所。〔武家重宝記・五〕に乱ひは、鷹の前方、上嘴の根元の毛をいう。

蘭方女悦鴛鴦丹【らんぽうにょえつえんおうたん】 よがり薬*。〔清書重宝記〕に蘭《らん》方女悦鴛鴦丹《ぼうにょえつえんおうたん》は、丁子（六粒）、山椒（四粒）、細辛・龍骨・明礬・海螵蛸（少し）の六味を、生蜜で練り丸じ、陰中に用いる。

藍葉散【らんようさん】 〔小児療治調法記〕に藍葉散《らんようさん》は、生赤《しょうしゃく》*を治す。藍青・知母・炙甘草・杏仁・山梔子（各五匁）、黄芩・升麻・柴胡・寒水・石膏・赤芍（各四匁）、羚養角（三匁）を水で煎じる。

り

里【り】 〈道程〉〔農家調宝記・初編〕に東西六町 南北六町を一里《ひとさと》（一町）と定めるのを、道路に引き延べて六六三十六町を一里《いちり》とする。神亀元年（七二四）奥州多賀城を建て、壺碑《つぼのいしぶみ》が市川邑にあり 天平宝字六年（七六二）の月日があり、多賀城から諸国への遠近を記している。京は一千五百里という。〈里法〉〔算学調法塵劫記〕には里《り》は三十六町。或は五十町、或は四十二町、或は四十八町とある。五十町、四十八町等は往古の一里、上道《かみみち》とは三十六町、下道《しもみち》は六町一里で、東国にはままあるという。「一里塚」参照

厘【り】 小数の単位*。厘は釐*の略字。分の十分の一である。「釐《りん》」ヲ見ル

離【り】 八卦*の一。〔永代必用両面重宝記・寛延四〕に次がある（図535）。図中断の象。午年一代の卦。守本尊は徳大勢至、御縁日は二十三日。この卦を離の卦といい、離は はなるるで、明らかなという意があり、この卦に当たると心明らかになり 貪欲 執着に離れ 易く思わず法心を起し、また仮初めの事に縁を切り、後に悔いることが多い。万《よろず》慎み、二十三夜を信ずるとよい。正・十二月は火事に祟る（八卦の本尊禍害*）。二月は立願を懸けるのに吉（同、生家）。三・四月は門出に吉（同、福徳）。五月は公儀を慎む（同、遊年）。六・七月は病に祟る（同、遊年）、慎むとよい。八月は万に吉（同、天医）、九・十月は市の中を慎む（同、絶命）。十一月は住所に障りがある（同、絶対）。〈唐尺*の事〉〔文政新刻金神方位重宝記〕に離の寸に中れば、家内兄弟に離れ、山林に離れる。八卦で離は遊魂。

図535「離」（〈永代／必用〉両面重宝記・寛延四）

離縁状【りえんじょう】〔農家調宝記・二編〕に離別状は、妻でも養子でも文段は同意である。随分短く書いてよく、三行半《みくだりはん》と言い習したのも短い譬えであり、必ず三行半に書くものとの覚えは間違いである。もとより上方《うえつかた》にはないこと故、定法もない。在方では離縁が済んで村役人へ送り、落ち着き（現住所）を互いに返す。「離縁一札／其元事不熟ニ付離縁いたし候。此後何方江縁付候共差構無之候。為後日一札差遣候。以上／何ノ何月日／誰㊞／たれどの」。〔必要重宝手形証文集〕には「書き様色々有」という。なお、離縁状のない女は再婚できないので、取って置く必要があった。「婦人七去《しちきょ》」参照

利運【りおん】片言。「利運といふを、りをん」という。〔世話重宝記・二〕

驪姫【りき】〔女筆調法記・四〕にシナの晋の驪姫《りき》は、我が子を愛して継子を憎み、或は妾腹の子を憎んで犬に飼いなし、程なく報いを受けて犬になったという。この例を分別して、慈愛あるべきことを伝える。

利休蒲鉾【りきゅうかまぼこ】〔料理調法集・蒲鉾之部〕に利休蒲鉾は、蒲鉾を常のより山を低く平ために付ける。

利灸煎餅【りきゅうせんべい】「利休せんべい」は、米沢丁二丁目 鈴木常行にある。〔江戸喰物重法記〕

利休玉子【りきゅうたまご】〔料理調法集・鶏卵之部〕に利休玉子は、白胡麻の皮を取って一合程擂り、玉子十を割って入れ 塩で煮返し、酒を加え、濾して、箱蒸しにする。

利休豆腐【りきゅうどうふ】〔料理調法集・豆腐之部〕に利休豆腐は、豆腐を火取り、出汁 酒醤油でよく煮て擂り、紙に包んで蒸して紙を取り、薄塩梅に仕立てる。

利休煮相良布【りきゅうにさがらめ】〔料理調法集・煮物之部〕に利休煮相良布は、相良布（搗目・かじめ）を刻み、酒に梅の擂り肉を入れて煮る。昆布も同じ。

利驚丸【りきょうがん】〔小児療治調法記〕に利驚丸は、急驚風*を治す。天竺黄（二匁）、軽粉（水銀粉）・青黛（各一匁）、黒牽牛（頭粉半両を生で用いる）を擂り調え、煉蜜で梧子の大きさに丸じ、一歳の児には一丸、三歳の児には二丸、五歳の児には三丸を、薄荷の煎じ湯で食後に用いる。

六鬱湯【りくうつとう】〔医道重宝記〕に六鬱湯《りくうつとう》は、六鬱（気鬱 血鬱 食鬱 痰鬱 湿鬱 熱鬱）を解《け》し、火を清くし、痰を化し、気を順じ、胸膈《むね》を開く。陳皮（一匁）、半夏・蒼朮・川芎（各一匁半）、山梔子・赤茯苓（各七分）、香付子（二匁）、甘草・砂仁（各五分）に生姜を入れて煎ずる。これはまだ鬱病の深くない方で、気耗り血衰え病が既に深いものに用いてはならない。

六義【りくぎ】シナ古代の漢詩の分類法、或は形式。〔改正増補字尽重宝記綱目・数量門〕に、○風（民謡等国ぶりを詠む詩）。○賦（物事を在りの侭に詠む詩）。○比（物事に擬えて詠む詩）。○興（自然の感興を詠む詩）。○雅（正しい政を讃えて詠む詩）。○頌（徳を讃えて詠む詩）。

〈古今集六義*の歌〉〔麗玉百人一首吾妻錦〕に引くのは『古今集・仮名序』に出るものである。○風（そえ歌）「難波津に咲くや此の花冬ごもり今は春べと咲くや此の花」。○賦（かぞえ歌）「咲く花に思ひつく身のあぢきなさ 身にいたづきいるもしらずて」。○比（なぞらえ歌）「君に今朝あしたの霜のおきていなば 恋しきごとに消えや渡らん」。○興（たとえ歌）「わが恋はよむともつきじ 有儀海の浜の真砂はよみ尽すとも」。○雅（ただごと歌）「偽りのなき世なりせばいかばかり 人の言葉の嬉しからまし」。○頌（いわい歌）「此の殿はうべも富みけりさき草の みつ葉よつ葉に殿造りせり」。

〔諸人重宝記・一〕に「連歌の事」に次がある。○風とは、添え歌で物に物をよそえて詠んだ歌。○賦とは、かぞえ歌で物事に心を配り通わした歌。○比とは、物に擬えた歌。○興とは、物に譬えて興あることを詠んだ歌。○雅とは、ただごと（直言）歌で只一筋に初めから終りまで言い下す歌。○頌は、祝い歌で世を褒めて神に告げる歌である。

六芸【りくげい】〔女重宝記・弘化四〕には次がある。第一は礼方。小笠原 水嶋流の躾方、職原の故実。第二は乱舞 楽 管絃。第三は射術、帯佩、騎射、犬追物の業。第四は馬術の種々。第五は書法。唐様、俗筆。第六は算数。八算 見一 開平 開立 天元（代数の一法）暦日 推歩（天文学）など。これは昔シナで、士以上の必修科目、礼・楽・射・御（馬術）・書・数を、身近に説いたものである。

六合【りくごう】〔改正増補字尽重宝記綱目・数量門〕に、六合《りくごう》は 東・西・南・北・上（天）・下（地）をいう。〔農家調宝記・初編〕には古法は六々の数を用い、三百六十歩、東・西・南・北・天・地を合せて世界を六合《りくごう》、充満の数、天地世界円満のことをいう。満つるは闕くるの意があるとして、五六の数に直して三百歩を反《たん》としたかという。

六殺【りくさつ】〔懐中調宝記・牛村氏写本〕に六殺の方は諸事につき次凶であるが、五鬼*絶命*程ではない。家内の大切な物を置いてはならない。竃等は特に凶であるが、不浄のものを置くのは苦しくない。夫婦の合命は淫邪の災いが起る。

六出臼を挟み縛る【りくしゅっきゅうをはさみゆわえる】〔骨継療治重宝記・中〕に足の損傷、六出臼を挟み縛るには、ただ布帛で包み縛る。挟み物は用いない。時々動かすのがよく、二時間も動かさずに置くと骨は伸びない。

陸梁じた顔【りくりょうじたかお】〔世話重宝記・二〕に陸梁《りくりょう》じた顔とは、『文選』から出た字として、腹の立つ時の顔をいう。

りしませぬ【りしませぬ】〈何が不足で癇癪の枕言葉〉「し（知）らぬ、りしませぬ」。語幹の倒語。〔小野篁謔字尽〕

理傷膏【りしょうこう】〔骨継療治重宝記・下〕に理傷膏は、折撲 傷損 骨折 脱臼 刀斧 跌撲等の傷を治す。陀僧・黄丹・自然銅・黄蠟・猪油（各四両）、乳香・没薬（各一両）、松香・麻油（各一斤）を、折傷木皮（一両）を以って鍘《つ》き砕き、油に入れ数沸煎じ、濾して滓を去り、陀僧・黄丹を入れて慢火《ゆるび》で熬《い》り膏とし、次に松蠟を入れて熔《とろか》して再び熬り、水中に滴《した》で珠となるのを度とする。却って乳香・没薬・自然銅の末（粉）を入れて交ぜ調え展ばしてつける。

律義な【りちぎな】〔世話重宝記・二〕に律義《りちぎ》なというのは、法律を律というので、法令 義理に叛かぬことを律義なという。俗に、愚痴 蒙昧の者を律義者《りちぎしゃ》というのは誤りである。

理中丸【りちゅうがん】〔丸散重宝記〕に理中丸は、冷物に破られ寒邪が胃を犯し、心下が痛み、脈の沈遅なものによい。白朮（炒）・干姜（炒）・人参（各二匁）、甘草（一匁）、附子（一匁五分）を糊で丸ずる。

理中湯【りちゅうとう】〔医道重宝記〕に理中湯は、寒邪に中《あた》り口が噤んで物言えず、手足が強ばり竦み、中脘が痛み自利して渇せず、或は嘔き、喉の乾くのを治す。人参・白朮・乾姜（炒）・甘草（炙）（各二匁半）を生姜と棗を入れて煎じる。〔昼夜重宝記・安永七〕は寒瀉の症、腹痛が止まらず、色青く、脈の沈 遅なのを治す。人参・白朮・乾姜（炒）（各一匁）、肉桂（六分）、陳皮・藿香・茯苓・良姜（各七分）、烏梅（二分）、甘草（炒）（一分）に生姜と棗を入れて水で煎じる。症により加減もある。〔小児療治調法記〕は発熱《ほとおり》の症に和中湯*を用いるが、甚だしいのは理中湯を用いる。穀物を消化しなければ山査子・神麴・麦芽を加える。これを失して治らないと胃の気は益々虚し、血脈凝滞し、遂には救われない。人参・白朮・甘草・乾姜（各等分）に生姜と棗を加え、水で煎ずる。

律【りつ】〔万物絵本大全調法記・上〕に「律 りつ／づだけ。十二律とい

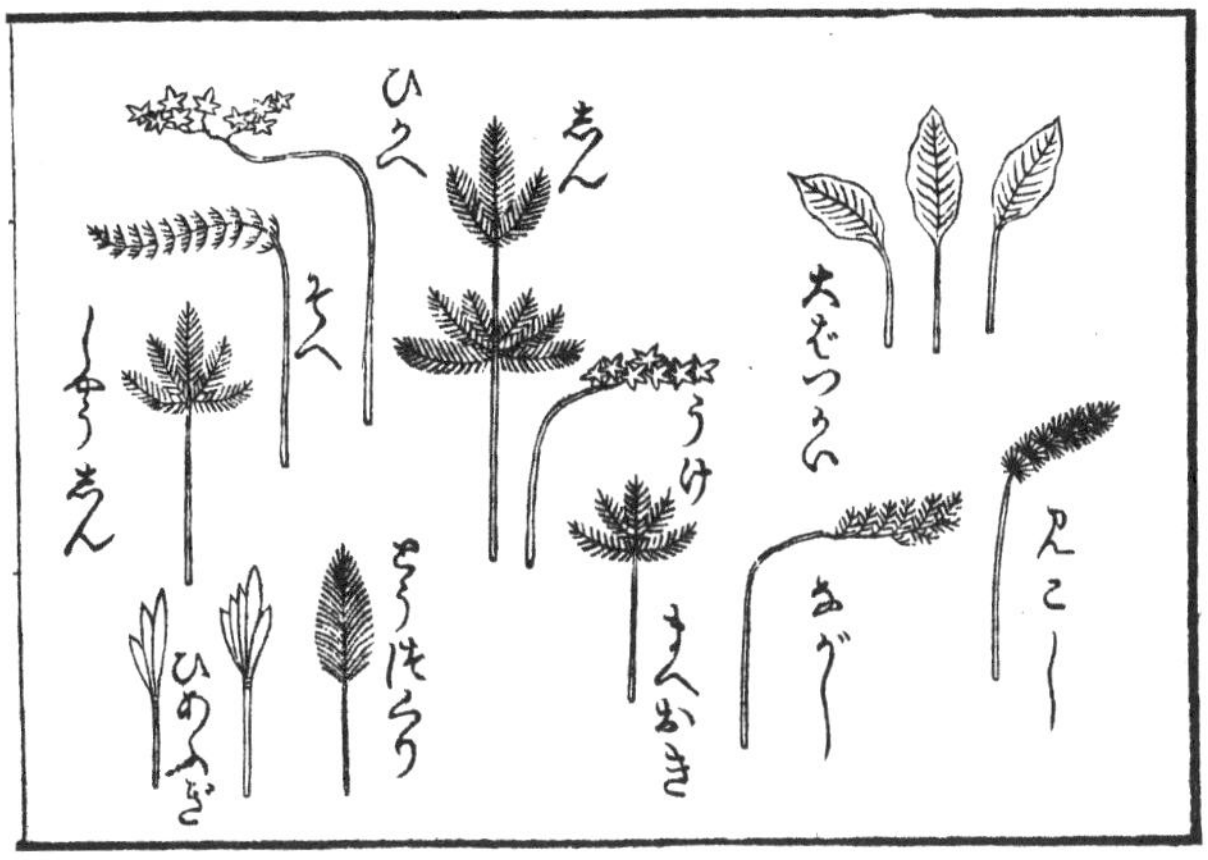

①

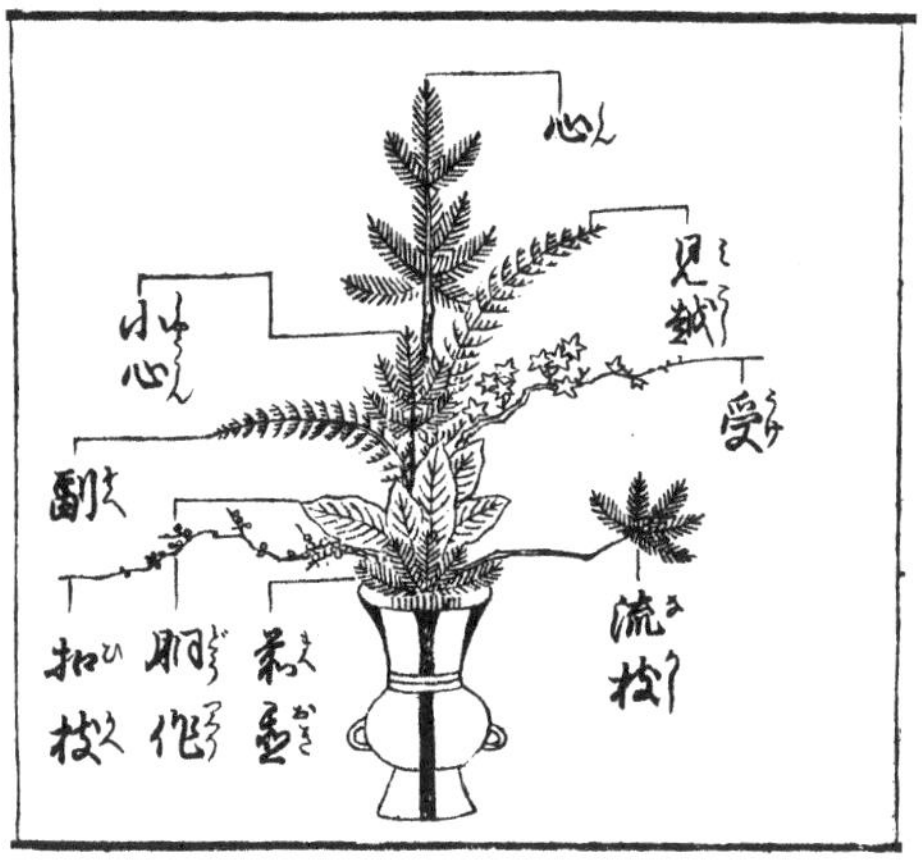

②

図536　「花拵え様」（昼夜重宝記・安永七）

ふ也」。〔古今増補算法重宝記改正・下〕に律は声音を知るとある。

〈律詩〉〔男重宝記・二〕詩に五言と七言があり、それぞれに四句と八句があり、四句あるのを絶句、八句あるのを律《りつ》という。「律詩」ヲ見ル

立夏【りっか】　二十四節*の一。〔重宝記永代鏡〕に四月節、昼五十六刻半余夜四十三刻余。立夏とは、夏の気が立つことからいう。螻《けら》蟈《ひきがえる》が鳴く、蚯蚓《みみず》が出る、王瓜《からすうり》が生ずる等々。

〈耕作〉〔新撰農家重宝記・初編〕に、新暦では五月六日。西瓜、また畑《おか》稲《ぼ》小豆 黒豆 緑豆、葱を植えるとよい。蚕豆を刈り田の肥しに入れるとよい。○十六日、早稲田植始め。晩稲《おくて》粺 小豆 胡麻 早稲黍を蒔いてよい。○松 杉 檜等、常磐木を植えてよい。乾く時は忌む。

立花の事【りっかのこと】〔昼夜重宝記・安永七〕に次がある。〈当流立花指南の要旨〉立花の道は、野山水辺の自然の姿を表し、千草万花をその出生に随える業である。しかし、格式を守り、瓶に相応する花を選び、掛物や道具の心得をし、席に臨んで花を拵え、一瓶の中無用の枝葉は一ツもなく、風流妖艶に挿すべきである。「草木拵え様」*「草木差合《さしあい》嫌い（「嫌う事」）」*「四季立花心得」*「砂の物」*「花瓶の込拵え様」*等がある（図536）。席に臨んで多く下草を切り散らすのは見苦しい。心《しん》*を挿し、それより小心 副《そえ》*受《うけ》*流枝《ながし》*見越*前置*等「七ツ道具」*の枝を釣合よく次第に挿し下し、軽い方には下草を繁く、重い方には軽くあしらい、草木の花葉は大小を挿し交え、同じ色の物を続けず、春夏は水際低く、秋冬は高く挿す。正月は梅 水仙 金仙花、三月は桃 柳 山吹、五月は菖蒲 蓬 石竹、七月は桔梗 梶の葉、九月は菊 萩 鶏頭、この内のどれか一色でも用いる。なお「前置」「大葉の事」「胴作」「祝言の花」「移徙《わたまし》の事」〈移徙の花〉「出陣の事」〈出陣の花〉「籠城の花」「追善の花」など参照

〈立花に嫌う事〉○大輪の花の類を水際に挿すこと。○花と葉と添うた間へ他の物を挿すこと。但し、色を変えるとよい。○草で木を包み、木

で草を包むこと。○長《たけ》くらべのこと。但し、一方は勢い、一方は弱い類はよい。○枝葉が水に浸かること。前へ長く枝の出ること。○壁枝《へきし》（後ろへ長く枝の出ること）。○後ろから前へ廻る枝のこと。○花瓶の口より下がる枝のこと。

〈草木差合い嫌う物の事〉○竹に柳 薄 南天 直苔《すごけ》 藤。○藤に竹 薄。○柳に南天 薄。○南天に薄 柳 竹 万年青 梅もどき 水木。○梅もどきに水木 南天 みやま（深山）樒 万年。○白梅に猪子柳。○牡丹に芍薬 芥子。○万年青に万ず赤い実の類。外にもあるが推量するとよい。薫物に赤い実の類は一瓶に一ツである。

〈立花を挿す心得〉○珍客へ花を立てる時は、色よい花 或は早咲の物を客の座へ見えるように挿す。花の右は陰、左は陽なので、床付によるが、まず流枝《ながし》は陽の方へとる。○客に、亭主方から花所望の時は、花二色ならば一花は座上の方へ、一花は正面の方へ挿す。尤も座の懸物の絵、墨跡の作意と臨機応変に配慮すべきである。○一葉一花、四葉四花、六葉六花を嫌い、同じ木を左右に立てず、一枝に花が三ツあれば二ツ、五ツあれば三ツを表へ出す。花と花との間には他の物を挿さない。外にも立花の法は色々ある。

〈立花見様〉〔永代調法記宝庫・一〕まず扇を抜いて座に置き花の傍へにじり寄り、横畳一畳を置いて両手を突き、まず心《しん》を先に目をつけ、次に左の枝から左の受枝《うけ》に、次に右の受け枝に、次に露もち 露こぼしを見、水切《みずきり》を見る。次に少し退いてまず水際、それより心、左右の受け枝を褒めるのが習いであり、その後は心得た所を褒める。〔大増補万代重宝記〕は三瓶ある時は中位を見、その後客位を見、主位で見納める。

〈立花 洛陽会日〉〔万民調宝記〕に「月次 十七日 六角堂 池之坊」。「いけばな（生花）の事」「なげいれ（投入）の事」参照

六君子湯【りっくんしとう】〔医道重宝記〕に六君子湯は、気虚して痰のあるもの、脾胃が衰えて湿のあるものを治す。人参・白朮・茯苓・陳皮・半夏（各等分）、甘草（炙少）に、生姜と棗を入れて煎ずる。脾を増し、胃を補い、痰を化し、湿を去る妙剤である。また虚弱外感の者はこの方を主とし、加減して用いる。

六経【りっけい】「ごきょう（五経）」ヲ見ル

立功散【りっこうさん】〔洛中洛外売薬重宝記・上〕に立功散は、知恩院新門前中の町 近江屋庄兵衛にある。一包代八文。御目洗い薬。

立効湯【りっこうとう】〔医道療治重宝記〕に立効湯は、胎衣の出ないのを治す。牛膝（八分）、東葵子（一分）を水で煎ずる。東井叟は常に滑石を加える。各等分。

律詩【りっし】漢詩の一体。〔世界万宝調法記・上〕律詩は絶句*の四句を繰り返して八句としたもの。一句が五言の五言律詩と、七言の七言律詩があり、四聯八句からなり、各聯を起・頷・頸・尾等といい、頷（第三 四句）と頸（第五 六句）はそれぞれ対句《ついく》となる。四声*の平字《ひょうじ》 仄字《そくじ》を置く座が決っており、図示の通りである（◑は平字 仄字任意、○は平字、●は仄字を置く所）（図537）。第一句の第二字目は平起り、第五句の第二字目は仄起りである。「絶句」参照

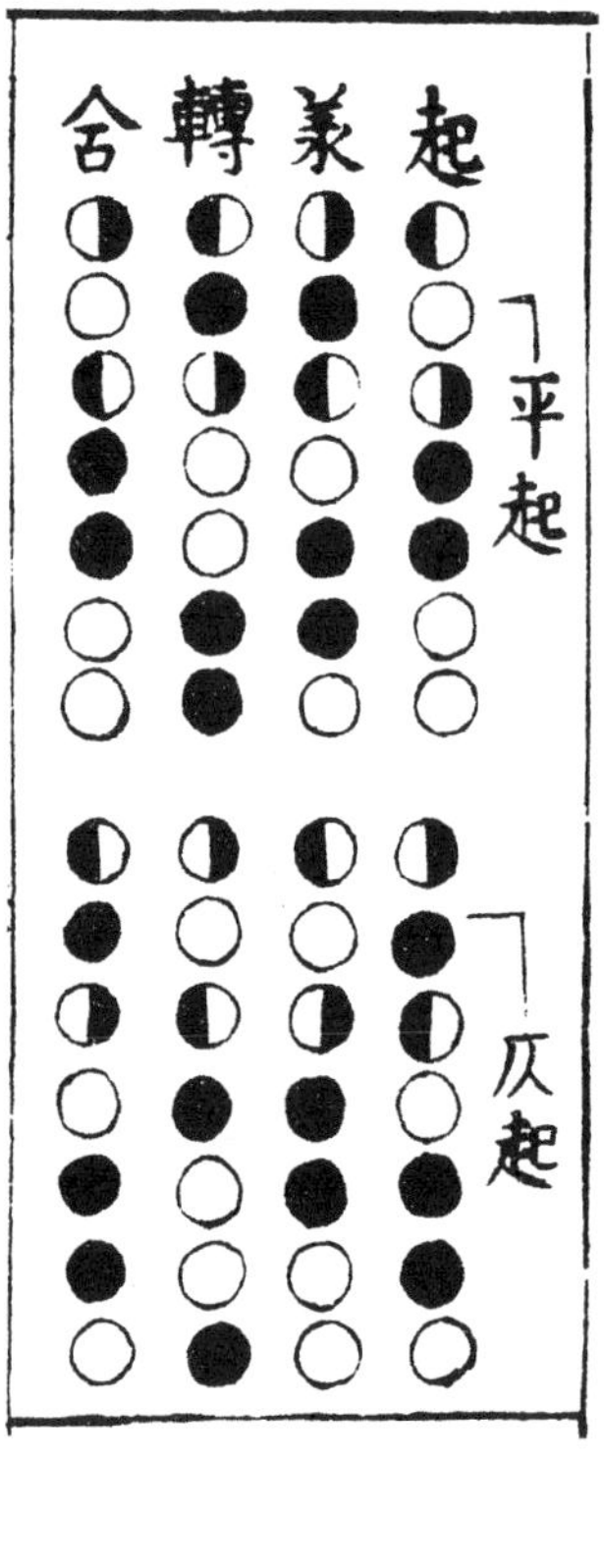

図537「律詩」（世界万宝調法記）

立秋【りっしゅう】 二十四節*の一。〔重宝記永代鏡〕に七月節、昼五十六刻半余 夜四十三刻七余。立秋とは、七月の節に秋の気が立つことからいう。物の熟するのを秋と言い、禾《いね》の熟するゆえ秋という。涼風至る、白露降《くだ》る、寒蟬《ひぐらし》鳴く、等とある。〈耕作〉〔新撰農家重宝記・初編〕に新暦では八月八日。蕎麦を晴天の日に蒔く。大根 蕪を蒔いてよい。○十三日頃から煙草の取り入れが盛んとなる。

律宗【りっしゅう】 八宗*の一。〔農家調宝記・二編〕に戒律宗は持律《じりつ》宗ともいう。釈尊より第四祖の弟子曇無徳が律宗を立て、唐土では南山の道宣和尚、日本では孝謙帝の天平勝宝六年（七五四）唐の招提寺の鑑真和尚が渡来してこの宗門を広げた。南都東大寺戒檀の始めである。

立春【りっしゅん】 二十四節*の一。〔重宝記永代鏡〕に節分*の翌日が立春で、正月の節となる。昼四十三刻五十分 夜五十六刻五十分。春陽の気立ち初め、陽気萌し、風暖かになる。東風氷を解き、蟄虫初めて震い、魚氷を負う等とある。〈呪い〉〔新撰咒咀調法記大全〕は「立春の日一年の吉凶を知る方」として、年越の日、日の出の時の雲行をよく見定めて吉凶を知る。子（北）の方は春寒く、午（南）は大いに寒く、卯（東）は万物あた（徒）、酉（西）は春寒い、辰（東南東）は秋大風、巳（南南東）は洪水。又、その日の真昼に一丈の竿を立てその長短の影で年の吉凶を知る〔『広群芳譜』〕。一尺は日照り、二尺は大日照り、八尺は時化《しけ》、九尺は大水。また、年越の夜に焙烙に豆を月数に並べ置いて火に懸け、豆が焼けてその灰の黒白を見る。白い月は天気、黒く焦げた月は渋月。大抵、年中の月々の晴雨は違えない（図538）。〔万まじない調宝記〕は、立春大吉日と書いた札を入口の裏口に貼って置くと諸々の災いはない。〈耕作〉〔新撰農家重宝記・初編〕に新暦では二月四日。この月に入り年中の植物《うえもの》を考え、農具を修覆する。麦 菜種に肥しをする。節分に独活 三ツ葉に肥しをし、この頃から麦踏みをするが、氷があれば忌む。煙草を蒔き始め、早茄子を蒔くと五月に実を結ぶ。松苗を植え、十四日頃から杉 檜の実を蒔く。

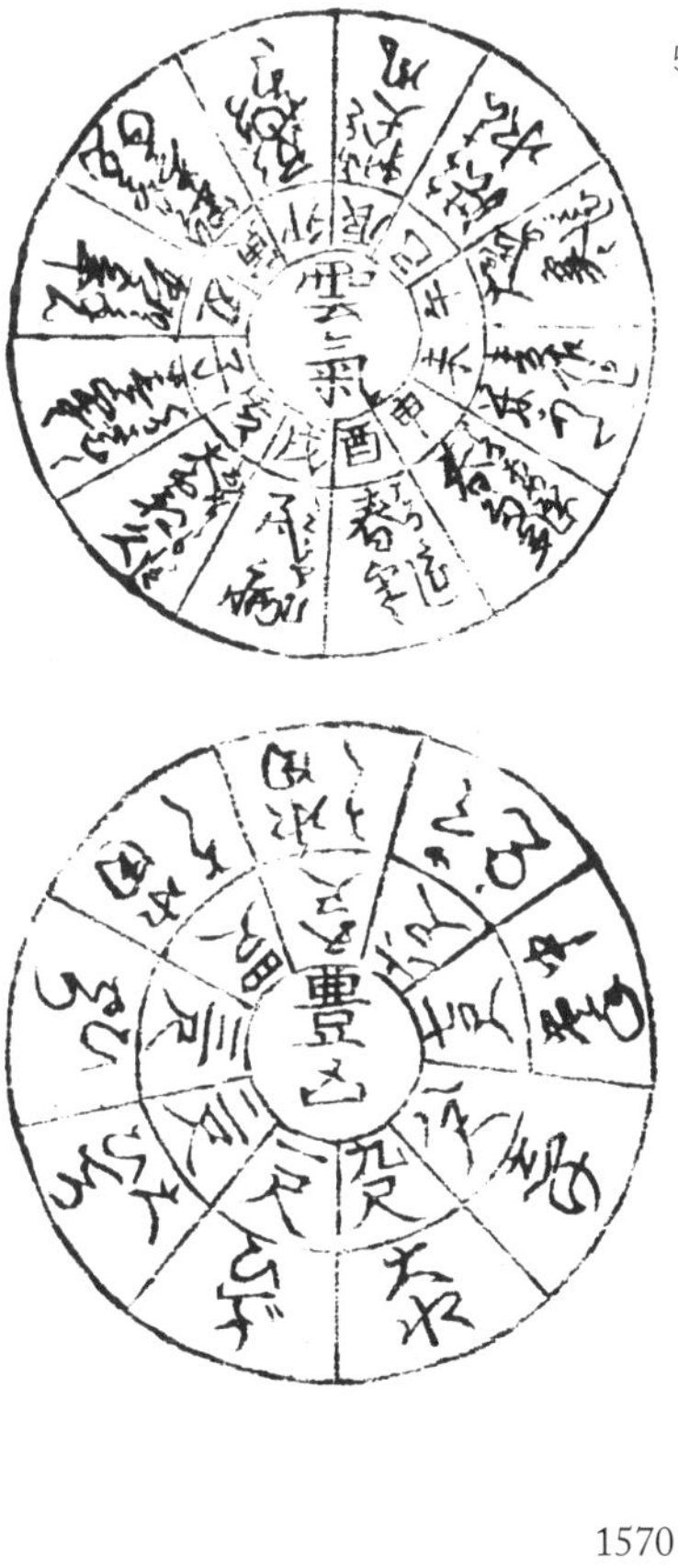

図538 「立春の日一年の吉凶を知る方」（新撰咒咀調法記大全）

立錐の並べ物積み算【りっすいのならべものつみざん】〔古今増補算法重宝記改正・上〕に次がある。①四方七ッの立錐の総数を問う。答えは百四十。方七ツに一半を加えて八半となし、これに方七ツを掛けると五十九半となり、これに半を加えると六十となる。これに又 方七ッを掛けると四百二十となり、これを三ッに割ると百四十を得る。②三方七ッの立錐の総数を問う、答えは八十四。方七ツに三を加えて十となし、これに立七ツを掛けると七十となり、これに二を加えて七十二となる。これに又方七ツを掛けると五百四となるのを、六で割り八十四を得る。

立冬【りっとう】 二十四節*の一。〔年中重宝記・四〕に十月の節。立冬は、中を小雪という。異名を孟冬・陽月・良月という。律を応鐘という。〔重宝記永代鏡〕に十月節。昼四十三刻半 夜五十六刻半。立冬とは十月の節に冬の気が立ち、愈々冷え寒くなることからいう。水・地が始めて凍り、雉大水に入りて蜃《はまぐり》となる等とある。〈耕作〉〔新撰農家重宝記・初編〕に新暦では十一月八日。この月に入ったら茶・桐の苗に霜覆いをす

る。栗が実り、芋 薩摩芋を取り入れる。〇七日頃から菜の類を蒔くと柔らかく春の食によい。夏大根を蒔く。大蒜 韮の分植によい。百合 葛 蕨の根を掘る。十七日頃、梅 李の種子を埋め、楮の枝を剪る。

栗東寺の観世音【りっとうじのかんぜおん】 大坂願所。天満東寺町竜海寺の西 栗東寺の観世音は、奈良の南円堂と同体で、大坂観音巡り第九番の札所、世に厄除の観世音と呼ぶ。信心の輩が参詣して厄難を除く。御縁日は十八日。〔願懸重宝記・初〕

立派な【りっぱな】 〔世話重宝記・二〕に立派の派は、水の分れ流れる意で、大河の水が立ち分れ流れる派《みなまた》は、遠くみれば見事なものである。

立表測景定節気者【りっぴょうそっけいていせっきしゃ】 〔童女重宝記〕に「立表測景定節気者」（表を立て 景を測り 節気を定むる者）と暦の末に記すのは、長さ八尺の表という木を立て、その景《かげ》を五月と十一月の中を旨として、その外日々の景を測り、暦算の術をもって合せ、節季を定めるもの故、毫厘の違いのない事を記したものという奥書《おくがき》（＝末尾の証明文）である。

立癰【りつよう】 癰*の一種。〔改補外科調宝記〕に立癰は、臍の廻りに出る癰である。

利徳日【りとくにち】 〔重宝記永代鏡〕に利徳日《りとくにち》は、神《かみ》日、大徳日とも言い、売買に大吉日で、次の日である。正月は申・巳の日。二月は未・午の日。三月は午・丑の日。四月は巳・亥の日。五月は辰・卯の日。六月は卯・巳の日。七月は午・子の日。八月は丑・卯の日。九月は子・午の日。十月は亥・辰の日。十一月は戌・酉の日。十二月は酉・亥の日。「大利日《だいりにち》」参照

離日【りにち】 〔重宝記永代鏡〕に離日《りにち》は悪日で、五離日*（天地・日月・国家・山河・人民の各離日）がある。「五和合日」*の裏である。

利尿【りにょう】 「通利の薬」ヲ見ル

驪馬【りば】 馬の毛色。〔武家重宝記・五〕に驪馬《りば》は、黒馬に同じである。

痢病の事【りびょうのこと】 痢病は「しぶりはら」をいう。〔医道重宝記〕に痢病は、風寒 湿熱に感じ、食積によって起る。息《いき》み後《しり》の重い症をなす。赤いのは血に属して小腸より、白いのは気に属して大腸より来る。家の雨漏り 魚の脳髄のようなのは皆死ぬ。脈の微小なのはよく、浮脈* 洪脈*は悪く、滑脈*の大なのは吉、弦脈*の急なのは凶である。薬に行和芍薬湯*調和飲* 参帰《じんき》勺薬湯* 真人養臓湯* 倉廩《そうりん》散* 補中益気湯*がある。〔里俗節用重宝記・上〕に痢病は止むる薬を用いず、食を控えるのがよい。

〔鍼灸日用重宝記・四〕に灸点は脾兪 関元 大腸兪 小腸兪 足の三里等十の灸点があり、鍼は気海 水分 天枢の三穴に五分ずつ何回もすると効があり、深く刺すと却って悪い。〔俗家重宝集・後編〕に痢病の名灸点は、手の中指（男は左 女は右）の外を真っ直ぐに寸を取り、二ツに合せ亀の尾より立てて留りに点をし、十一灸する。

〈薬方〉〔家内重宝記・元禄二〕に長く続く痢病は、①桂心《けいしん》（生姜の汁に浸し紫色になる迄焙る）・黄連（各等分）を末（粉）して呑む。始めから終り迄呑んでもよい。②巴豆《はず》の皮と楮葉《ちょよう》を同じく焼いて丸じて呑むと一切の泄瀉 痢病に妙である。〔世界万宝調法記・中〕は岩茸の上等を水に漬けて汁の澄む迄洗い、陰干にして散薬にし、薄味噌で薄茶一服ずつ一回り（七日）用いる。〔胡椒一味重宝記〕は胡椒の粉を湯で呑む。〔新撰咒咀調法記大全〕は小判魚*を削り味噌で用いるのは奇方である。〔調法記・四十七ゟ〕は白木槿《むくげ》花を呑む。但し、大便より前に血の下るのを腸風下血とも近血《きんけつ》とも言い木槿花は効があり、大便後血の下るのは効はない。〔調法記・四十七ゟ五十七迄〕には、①茹鶏卵《ゆでたまご》の黄身と生姜三分一を入れて白湯で呑む。②葱の白根を刻み米に交ぜて粥に煮、毎日食する。③黄蓮粉《おうれんこ》を水で呑む。④無患子《むくろじ》を煎じて呑む。⑤艾《もぐさ》を酢で煎じて呑む。生姜を入れ煎じて呑むと腹痛みの強いのには特によい。〔調宝記・文政八写〕は痢病に、寒の内麴をよく乾し香色に炒り粉にし

て湯で用いるとよい。又痢病・泄瀉ともに滑石（六匁）甘草（三匁）を粉にして用いる。〔秘密妙知伝重宝記〕は痢病下り腹には、柿の蔕《へた》と勺薬の根を黒焼きにして呑むと治る。〔俗家重宝集・後編〕は、①おんばく（車前）の根を葉とも摺って呑む。②柚子を丸のまま寒中に丸焼きし末（粉）して粥の上に振り掛ける。飯の取り湯にして用いる。〔懐中重宝記・慶応四〕は「痢病弁暑気当り*腹下り渋る」に、芥子殻（一匁）・甘草（三分）・天冬草《ひるむしろ》（一匁）を水で煎じて用いる。〔調法記・四十ち〕は腹下りの留らないのを治すには、烏梅を煎じて呑む。〔万まじない調宝記〕に何となく腹の下るには、鍋墨を飯の取り湯で呑むと妙である。

〈呪い〉〔新撰咒咀調法記大全〕は、①形脂《かたべに》（＝口紅）代二百文分をそのまま白湯で呑む。大病も障りなく本復する。②五月五日の朝、蛇苺を一ツ朝露にあて水で呑むと染《うつ》らない。③冬の頃から春にかけ芥子葉を味噌汁、或は浸し物等にして食すると痢病を病まない。〔万まじない調宝記〕は、①夏土用中に小豆粥に蘭の花を三ツ入れて煮て食うと痢病に罹らない。②立秋節の朝 西に向かい朝の初水で小豆七粒ずつ呑むと痢病に罹らない。③蓬莱の椻と洗い米を白粥にして用いる。〔清書重宝記〕に痢病の流行る時は、どくだめ（蕺菜）の葉を手洗場に入れて置く。〔秘密妙知伝重宝記〕は五月五日午の刻（十二時）に採った枇杷の葉は霍乱や痢疾によい。〔万家調法呪詛伝授嚢〕は八ツ手の葉を厠に釣って置くと妙に染らない。実を食してもよい。〔万代重宝記・安政六頃刊〕は鉢に浄水を汲み痢病呪の歌「長月の十日余りのみかのはら川波清くすめる月影」を三遍唱え、その息を水に吹き込み病人に少し呑ますと忽ち癒る。

〈痢病食物宜禁〉〔世界万宝調法記・下〕に「宜い物」は粟 麩 干柿 干梅 棗 柘榴 牛蒡 藕 茆 葛 青海苔 韮 鮭 鮎 鯵 烏賊 炒海鼠 鶉 雲雀 鮒 鱠。「禁物」は瓜 麵類 笋 桃 杏 茄子 醬 芋 熟柿 胡瓜 大根 酒 鱠 蝦 鴨 雁 鷺 猪 塩 鶉 蕎麦 菘菜 柑子等二十五種。「しゃくびゃくしょり（赤白諸痢）」参照

痢風【りふう】〔医道療治重宝記〕に痢風は、痢後に脚弱く緩痛して、行歩出来ないのをいう。大防風湯*を用いる。

李夫人の事【りふじんのこと】〔女筆調法記・五〕漢王の李夫人は元悪女であったが、心して『薬王品《やくおうほん》』を二十一日講じ醜い姿は類のない美女になった。漢王の后になり君恩を得たが、限りがあり、死病の床で元の姿になったのを恥じ、帝の今一度の対面の求めを断り死んだ。君恩に誇ったのは美しい姿からであり、死後にも忍ばれたいという嗜みは、実に有り難い心である。〔女用智恵鑑宝織〕には李夫人の徳で官禄を得た兄弟が、后の死後の不安から、今一度帝にまみえ我々の事を頼んで欲しいと言うのを、衰えた姿には恩寵は失せ 皆も疎まれると言い、女の身は夫に愛敬の絶えないように嗜むのが道と言い終り死んだ。帝は哀れみ深く、李夫人の姿を絵に写し、又返魂香を作らせてそれを焚き、煙の中に姿が現れるのを慕ったという。兄弟の官禄は継がせた。「反魂香《はんごんこう》の伝」参照

離別の守【りべつのまもり】「男と女の符／守」ヲ見ル

里北利【りべりや】〔童蒙単語字尽重宝記〕に里北利《りべりや》は共和国。広さ二万坪、民は二十万六百《ママ》七千人。

利木【りぼく】「鞭の事」ヲ見ル

略日時計【りゃくひどけい】〔農家調宝記・二編〕に略日時計は、図（図539）を板に貼り 平に据え（皿の中の水上に置く）、真中に針を曲がらないように立てる（竹を細く削ってもよい。長さ曲尺）。南北を正しく据えて針の影の指す所で時を知る。十一月の中《ちゅう》と十二月の節と同じく、五月の中と六月の節とは同じ。その間は各々四ずつの節季を合わす。その節と中とによってその筋の時を見る。凡例、朝日が東方に出て写る影は。暮に西方に入る時の影は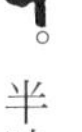。半時は。

りゃん【りゃん】「りゃん（両）とは、さむらい（士）のこと（二本差し）」。〔増補新版名代町法記・上だん（冗談）の言葉〕

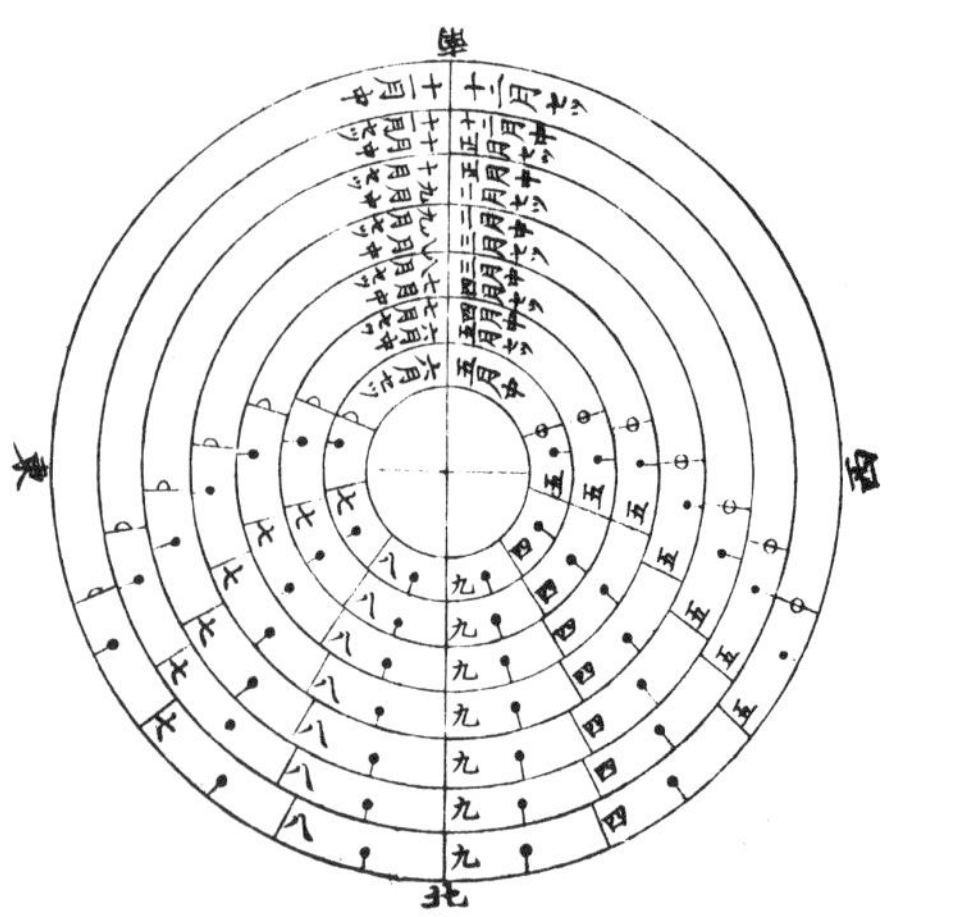

図539 「略日時計」（農家調宝記）

瘤【りゅう】〔改補外科調宝記〕に瘤《りゅう》は、瘀血痰が結《むすぼ》れて初めは梅《うめ》か李《すもも》大で、皮が柔かに光り、次第に盃大になるこぶ*を言う。骨瘤*脂瘤*肉瘤*膿瘤血瘤*石瘤の六種があるというが、筋瘤*血瘤黒砂瘤*髪瘤*も出る。ともに痛みはないが軽々しく破ってはならず、悪く切り破ると膿血が止らず死ぬ。「癭《えい》」モ見ル

留飲【りゅういん】 六症*の一。〔鍼灸日用重宝記・五〕に留飲は、背中が手の大きさ程に冷え息短く手足の骨節や腹脇が痛み、缺盆に引き咳する時は痛みが甚だしい。〔調法記・四十ゟ〕に留飲下げ薬は、黄連・黄栢・大黄を煎じて用いる。〔薬用日用重宝記授〕に「留飲／瘴気の大妙薬」は鉄粉（八分）、大黄・イヲウリハ（四分）、呂会・没薬・牛旦（各二分）、セッケン（一分）を細末（粉）でも丸薬でもよい。〔懐中重宝記・慶応四〕には大黄（四匁）・マグネシヤ（十匁）・唐芒硝（二匁）を飯糊で丸じ、正味五分ずつ朝夕に用いる。毎朝、塩湯を三年服すると治る。〔家伝調方記・天保八写〕は大黄・半夏・黄柏（各等分）を細末（粉）する。

竜眼肉【りゅうがんにく】〔万物絵本大全調法記・下〕に「竜眼 りうがん。円眼ゑんがん。同」。〔薬種重宝記・上〕に唐菓《このみ》、「竜眼肉（りう）がんにく／たつのめ。肉を用ゆ。又酒を蜜に浸す」。

流気飲瘡【りゅうきいんそう】〔薬家秘伝妙方調法記〕に流気飲瘡は、膿まない先に服すると毒が散って癒え、既に膿んでから用いると痛みを妙に止める。黄芪（塩水に浸し蒸し焙る）・人参・当帰（各二戔）、かうかく・白芷・肉桂・桔梗・防風・川芎・甘草（各一戔半）を末（粉）し、酒で服する。当帰散*は膿が出ても、出ない先でも、痛むのを治す。

琉球【りゅうきゅう】〔万物絵本大全調法記・上〕に「琉球 りうきう／一名中山国 ちうさんこく」。〔童蒙単語字尽重宝記〕には「〔西海道十一ヶ国の内〕琉球 りうきう 長崎県（石高）不詳」とある。

琉球芋【りゅうきゅういも】 食い合せ。〔重宝記永代鏡〕に琉球芋に麝香は食い合わせ。〔万用重宝記〕には琉球芋に虎杖《いたどり》は世に類なき食い合わせとある。『物類称呼』に「甘藷、りうきういも。○畿内にて、りうきういもと云。東国にて、さつまいもと云。肥前にて、からいもと云…又長崎にりうきういも、朝鮮いもと称する物有。是は別種にして藩薯なり」とある。

琉球餅【りゅうきゅうもち】 菓子名。琉球餅、上白ながし物、中黄山の芋入り、下羊羹。〔男重宝記・四〕

琉球百合【りゅうきゅうゆり】 草花作り様。琉球百合の花は赤色である。土は赤土に肥土を少し加えるとよい。肥しは、魚の洗い汁を根に注ぐ。分植は八、九月にする。〔昼夜重宝記・安永七〕

龍華越【りゅうげごえ】 京師間道*の一。〔万民調宝記〕に龍華越《りゅうげごえ》は、八瀬の里から北の山路を越えて、近江の国大溝《おおみぞ》の北に出る道である。

龍膏【りゅうこう】〔薬種重宝記・上〕に唐鱗《うろくづ》、「龍膏 たつのほね。塩をまぜ、土器にて炒り、塩を捨て用ゆ。鉄を忌む」。〔洛中洛外売薬重宝記・上〕に竜膏は、室町仏光寺上ル丁安藤氏にある。第一に癰疔、根太、下疳、

横根によい。

りゅうこし【りゅうこし】 片言。「竜骨車《りうこつしや》（＝揚水の水車）を、りうこし」という。〔世話重宝記・二〕

龍骨散【りゅうこつさん】〔改補外科調宝記〕に龍骨散は、切傷に早く付けると膿むことはなく、風邪を引かずに早く癒え、血を止めて後までよい。竜骨（三匁）、五倍子（八匁 半分は炒り 半分はその侭）、明礬（焼いて）・無明異（各四匁）、乳香・没薬・黄栢・金箔（各二匁）。これらを粉にして捻り掛ける。

流作場【りゅうさくば】〔農家調宝記・初編〕に流作場《りうさくば》は、川付《かわつき》にあって耕作の出来ない所であるが、大雨がなく時節がよく稔る時は大いに利益がある。しかし、一朝一夜の出水に種も残らず押し流されるので本田《ほんでん》の部には入れない。また、海川 魚猟 運上 金銀山の類は、高《たか》*に結ばない。浮《うき》役《やく》（＝定納でなく税額が浮動するもの）である。

流産【りゅうざん】「ながれざん（流産）」トモ。「しょうさん（小産）」ヲ見ル

竜歯【りゅうし】〔薬種重宝記・上〕に唐鱗《うろくず》、「竜歯（りう）し／たつのは。錯《す》に浸し、煆《や》く」。

龍神丸【りゅうじんがん】〔洛中洛外売薬重宝記・上〕に龍神丸は、大仏さや町五条下ル丁 松屋文次郎にある。第一に気つけ、毒消しによい。

流水の手綱【りゅうすいのたづな】「手綱の事」〈手綱執り様〉ヲ見ル

流星【りゅうせい】〔万物絵本大全調法記・上〕に「流星 りうせい／よばひぼし」。〈花火の方〉〔男女御土産重宝記〕に流星は、道薬《どうぐすり》（ママ 十匁）、鉄（六匁）を用いる。

流星綱火【りゅうせいつなび】 花火の方。〔男女御土産重宝記〕に流星綱火《りゅうせいつなび》は、煙硝（十匁）、硫黄（一匁八分）、灰（二匁五分）、鉄（十三匁）を用いる。

龍胆【りゅうたん】〔万物絵本大全調法記・下〕に「龍胆 りうたん／えやみぐさ／りんどう。夏」。〔薬種重宝記・上〕に和草、「龍胆 りうたん／えやみぐさ。鉄 火を忌む、洗ひ、刻む」。〈薬性〉〔医道重宝記〕に龍胆は苦《にが》く寒、肝経の熱を除き、眼の赤くして痛むのを治す。下焦湿熱の腫を除き、膀胱の火を瀉す。土気を洗い、髭を去り刻む、鉄 火ともに忌む。

龍胆丸【りゅうたんがん】〔小児療治調法記〕に龍胆丸《りゅうたんがん》に二方がある。①小児の心疳、頬赤く 面《おもて》黄色く 鼻乾き 心騒ぎ 口の内に瘡を生じ、驚悸するのを治す。竜胆・赤茯苓・黄連・胡黄連・朱砂（各二匁）、麝香（一字）を末（粉）とし、蒸し餅を粟かし黍《ほとば》の大きさに丸じ、毎服二十丸を食を遠ざけて白湯で用いる。②脳疳の薬。竜胆・升麻・防風・赤茯苓・蘆薈・油髪・青黛・黄連・楝根（焙る）（各等分）を末（粉）とし、猪胆汁に糕《だんご》を浸し丸じ、薄荷紫蘇湯で用いる。

龍胆瀉肝湯【りゅうたんしゃかんとう】〔改補外科調宝記〕に龍胆瀉肝湯《りゅうたんしゃかんとう》は、下疳*・婦人陰瘡*等の薬。龍胆・連翹・地黄・沢瀉（各一匁）、車前子・木通・当帰・山梔子・甘草・黄連・黄芩（各五分）、大黄（二匁）。これらに生姜と灯心を入れて煎じ服する。

龍胆湯【りゅうたんとう】〔小児療治調法記〕に龍胆湯は、癸病《き》*の薬。柴胡・龍胆・黄芩・桔梗・芍薬・茯苓・釣藤皮・炙甘草（各二匁半）、蜣蜋（二ツ）、大黄（二両 湿紙に包み煨る）。これ等を水で煎じ、児の大小を量り飲ませる。

流涕焦がれて啼く【りゅうていこがれてなく】〔世話重宝記・二〕に流涕とは、涕《なみだ》を流すと読む。

龍吐水器【りゅうどすいき】 龍吐水器は、手押しの消火ポンプ。〔江戸流行買物重宝記・肇輯〕に、本終町四軒屋敷 熊野屋太左衛門、銀座四丁メ 松本屋弥七、日本橋 吉村藤四郎、横山町二丁メ 岡崎屋茂兵衛、平松丁 冨田平吉ら六軒にある。

龍脳【りゅうのう】〔薬種重宝記・上〕に唐木、「竜脳（りう）のう／なんばんすぎ。火を忌む。そのまま用ゆ」る。

龍脳丹【りゅうのうたん】〔薬種日用重宝記授〕に龍脳丹は、生吉魚・陳皮・茯苓（各二十匁）、枳実・山梔子（各六匁）、五味子・香付子・貝母・黄芩（各五匁）、生姜（四匁）、薄荷（三匁）、甘草（二匁）、［以下は後より入れる］丁子（一匁二分）、桑白皮（十匁）、六味地黄（十匁）を蜜で練る。

竜脳の油取り様【りゅうのうのあぶらとりよう】〔改補外科調宝記〕に竜脳の油の取り様は、竜脳・白蜜・畦唐菜の油（各等分）を茶碗に入れ、よく擂り合せ、よく蓋をして三日程置き、少し湯煎にして付ける。疵に膿のある時に少しずつ塗ると、熱を去る。実症で痛みの強いのに塗ってよい。

騮馬【りゅうば】馬の毛色。騮馬《りゅうば》は、「鹿毛《かげ》」*に同じ。〔武家重宝記・五〕

龍伏【りゅうぶく】〔金神方位重宝記〕に『簠簋伝』を引き、文殊菩薩曰くとして、大地の底に一頭の量り難い程の大蛇がいて、四季により伏し様が異なり、もし頭足背に当る所に柱を立てると大いに悪く、腹に当る所に柱を立てると万福が来、七難自ずから退き、子孫繁昌し、百世安寧という。○春は腹は南、背は北、頭は東、足は西にある。○夏は腹は北、背は南、頭は西、足は東にある。○秋は腹は東、背は西、頭は南、足は北にある。○冬は腹は西、背は東、頭は北、足は南にある。「柱立《はしらたて》の事」参照

龍紋【りゅうもん】〔絹布重宝記〕に、「龍門尺巾／疋もの也」とあり、桐生*・福島*が出ている。

龍門牛相【りゅうもんぎゅうそう】牛相。〔牛療治調法記〕に龍門牛相は、牛の角闊《ひろ》く一尺なのを龍門牛と名付けている。牛の中の王である。大吉。

龍門の茶屋【りゅうもんのちゃや】所名。上市へ一里。この町の南に高山の龍門の嶽があり、頂上に石が二ツあり、遠方からよく見える。麓に龍門の滝がある。〔東街道中重宝記・七ざい所巡道しるべ〕

りゅうりゅう【りゅうりゅう】妄書かな遣。〔小野篁謔字尽〕に「りうりふ、けん（剣）のことば」。『俚言集覧』には「りうりう 刀などふり廻す声。又勢の盛なるをいふ」とある。

両【りょう】〈小数の単位*〉〔改算重宝記〕に、両《ふたつ》とある。〈通貨金単位〉小判一枚をいう。両より次第に四分の一ずつを、歩（分）*朱*字*とする。初め一両は銀五十匁替え、後には六十匁替えとしたが、八十匁程にも変動した。銭は四貫文（一文銭四千枚）と同価値とした。〔万家日用調法記〕には四匁七分六厘とする。

量【りょう】〈合薬秤量〉〔医道重宝記〕に、一両とは十匁である。〔古今増補算法重宝記改正・下〕に量は容量を知るものとある。〔童蒙単語字尽重宝記〕に量は、石（十斗）。斗（十升）。升（十合）。合（十勺）。勺。抄《さい》。撮。圭。粟《ぞく》がある。

龍【りょう】〔万物絵本大全調法記・下〕に「龍 りよう／たつ」とある。〈十字の秘術の一*〉〔増補呪咀調法記大全〕に海、川、舟橋を渡る時、左の手に「龍」の字を書いて、日月*の二字を合せて念じ、水難を逃れる。

龍安寺【りょうあんじ】京名所。禅宗。西山 龍安寺《りょうあんじ》の地に古く細川勝元が開いた池があり、冬になると、この池に鴛鴦 鴨等の諸鳥が降り浮かむ。まことに洛人の奇観である。〔年中重宝記・五〕

良医を招く【りょういをまねく】〔文章指南調法記・三〕に「良医を招く」範例文がある。「祖父儀、旧臘中旬之比より気分補理《しつらい》 寤寝《ごび》不快 食事皆黙給不申候。老衰之上之義、覚束無く存じ候。追々 数医方御配剤被下候得共、有無ニ験気付不申候。尊医様御儀 病人初め挙家共ニ強望ニ奉存候。当時御寸隙を得ざらん御儀に御座候得共、何分御駕を枉《ま》げられ、乍憚御診脈被遊被下候者生前之本望、御寛仁之処頫《ふし》て奉冀《こいねがい》候」。「医家返書格」もある。

両替屋【りょうがえや】手数料を取って金*銀*銭*各貨の相互両替を業とする店を銭両替といい、さらに貸付・預金・手形発行などをする本《ほん》両替があった。〔万買物調方記〕に次がある。「京ニテ両替屋」室町下立売上ル 大黒や善五郎、同下ル町 同善四郎、油小路下立売下ル ひのや又兵衛、三

条せと物丁 いせや勘兵へ、同埋忠町 小牧、夷川富小路東へ入 七郎兵へ、押小路柳ばゝ久郎兵へ の外、四条通富小路の地名もある。「江戸ニテ両がへ屋」本両替町駿河丁（毎月の相場は此所より立つ）、御ほりばた通、西のくぼ通、その外所々に多い。「大坂ニテ両替屋」南に八十五人。北に百九十九人。天満に二人。「大坂灰吹両替屋」今橋一丁目 平のや又右衛門、同二丁目 同利兵衛、同 誉田や九郎兵衛、同尼崎町 平のや新右衛門がいる。「金銀相場」「銭相場」参照

涼膈散【りょうかくさん】〔医道重宝記〕に涼膈散は、大熱で顔赤く、舌に瘡を生じ、煩《いき》れ渇き、小便赤く、大便結するのを治す。連翹・黄芩・山梔子・芒硝（各一匁）、薄荷・桔梗・甘草（各八分）、大黄（一戔半）を煎じ、或は散薬にして用いる。〔医道療治重宝記〕に諸症に加減の補薬がある。

涼膈湯【りょうかくとう】〔昼夜重宝記・安永七〕に涼膈湯は、傷寒の底熱が冷めかね、脈は沈で力があり、譫は醒め、戯言《たわごと》を吐き、四五日も大便の通じないのに用いる。裏熱の強いためである。

涼肝丸【りょうかんがん】「瀉青丸《しゃせいがん》」ニ同ジ

涼肝明目散【りょうかんめいもくさん】〔小児療治調法記〕に涼肝明目散は、「痘後の余症」*で羞明《しゅうめい》*を治す。当帰・龍胆草（酒洗）・蜜蒙花・柴胡・川芎・防風・黄連（酒に浸 各等分）を獖猪肝湯で煮（獖猪肝一両を竹刀で披き破り薬一匁を肝内に入れ水で煮熟する）、煎じ服する。

両儀【りょうぎ】「にぎ（二儀）」ニ同ジ

梁丘【りょうきゅう】〈経絡要穴 腿却部〉二穴。陰市の下一寸、両筋の間にある。灸三壮。針三分か五分。両足の冷え痺れ痛みを治す。〔鍼灸重宝記綱目〕

良姜【りょうきょう】〔薬種重宝記・上〕に和・唐草、「良姜（りやう）きやう／をほくれ。刻み炒る」。〈薬性〉〔医道重宝記〕に良姜《りやうきやう》は辛く熱 気を下し、中《うち》を温め、転筋 霍乱 冷積を破り、酒毒 宿食（不消化で胃にある食物）を解す。毛と蘆頭を去り、刻み、炒る。

涼驚丸【りょうきょうがん】〔丸散重宝記〕に涼驚丸は、『正伝』を引き、驚疳を治すという。巳（十時）未（十四時）の発搐、潮熱、驚悸、上目遣い、牙を嚙み、口涎を流し、手足が動き引き攣るのは、心火の盛んに高ぶるためであり、肝を補い心を瀉すのがよい。肝を補うには六味地黄丸*、心を瀉すには涼驚丸がよく、竜胆・防風・青黛（各三匁）、釣藤香（二匁）、黄連（十一戔）、竜脳（一戔）、牛黄・麝香（各二分五厘）を糊で丸ずる。〔小児療治調法記〕にも同じ処方があり、末（粉）して麵の糊で黍の大きさに丸じ、三、五丸から十二十丸を金銀の煎湯で用いる。

良姜丸【りょうきょうがん】〔丸散重宝記〕に良姜丸《りょうきょうがん》は、寒により心腹が大いに痛むのによい。良姜（二戔）、肉桂・厚朴（各一戔）。

霊気【りょうけ】「りやうけ、霊気也。たたりの事」。〔消息調宝記・二〕

涼血化毒散【りょうけつけどくさん】〔小児療治調法記〕に涼血化毒散は、出瘡《でそろう》*で色が貴く明潤にして鮮やかなのが、焦れて黒味を帯びるのは毒が血分にあるもので、その血を涼しくし毒を消す。急に療治しないと黒く陥み救いがたい。当帰尾・赤芍薬・生地黄・木通・連翹・紅花・牛房子・紫草・桔梗・山豆根を水で煎ずる。

龍虎円【りょうこえん】〔薬種日用重宝記授〕に龍虎円《りょうこえん》は、木沈香・広東人参（各四匁）、熊胆（一匁）、犀角（八分）、木香・牡丹皮・莪朮・白姜蚕・香付子・ゼンカツ・丁子・麝香・真銖（各二分）、甘草（一分五厘）、龍脳（二分）。辰砂を衣にする。又、香二分を水で溶き、金箔で衣にする。

両国寺【りょうこくじ】両国寺は、山城と近江の境にあるので寺号とする。本尊は薬師如来（京へ向かって右側）。走井《はしりい》の水 走井の茶店（同、左側）がある。追分で、伏見 大坂へ行く道がある。北方に細道があり小関越《こぜきごえ》*という。〔東街道中重宝記・七ざい所巡道しるべ〕

令旨【りょうじ】令旨は、春宮*の御言葉を紙に書き付けることをいう。宮々

たちにもいう。〔男重宝記・一〕

療治帰吉日【りょうじききちにち】〔重宝記永代鏡〕に療治帰吉日は、病を治療し、薬を呑み始め、医者を迎えるのによい日である。息災日*延命日*加護日*生気《しょうき》日*と同趣である。

龍歯散【りょうしさん】〔小児療治調法記〕に龍歯散は、夜泣*の止まないのを治す。龍歯・蟬蛻・釣藤・茯苓・人参を水で煎じる。

両死月【りょうしづき】難産の秘見。〔永代調法記宝庫・五〕に両死月《りょうしづき》にあたると母も子も死ぬ。これは正月に孕んで十月に産む時。七月に孕んで四月に産む時。難産すると、母子ともに必ず死ぬという。平産はよい。

漁人の祖神【りょうしのそじん】〔掌中年代重宝記〕に漁人《りょうし》の祖神は、「事代主《ことしろぬし》命 恵美須神」である。〔万物絵本大全調法記・上〕に「漁父 ぎよふ／いをとり。漁人 ぎよじん。漁者《しゃ》。漁郎《らう》。並ニ同」。

料紙箱【りょうしばこ】〔永代調法記宝庫・一〕に料紙は、硯箱の下に置き、硯箱の上に置くことは嫌う。〔女筆調法記・六〕に料紙箱を御前に置く時は、蓋を開けて、それそれとの御意を受けて、紙を取り出して参らす。

龍泉疽【りょうせんそ】〔改補外科調宝記〕に龍泉疽《りやうせんそ》は、虎鬚《こしゅうそ》疽*とともに、任督の二脈が外邪に侵されて生ずる。龍泉疽は、鼻の下唇の真中、人《にん》中《ちゅう》に出る。初めは粟粒程であり、次第に腫れ痛み、寒熱の甚だしい時は腮から頂へ腫れる。この二穴は最も灸を忌む。治方は、針で浅く破り、腫物の上には蟾酥（煎じ汁）を粉にして付け、上に太乙膏*を漬けて蓋にし、四方熱《ほ》めき腫れる所には如意金黄散*を塗る。初め寒熱のあるものには荊防敗毒散*、裏症があれば内踈黄連湯*を用いる。既に膿み 疼き 痛む時は針で破り、付け薬をし芎帰内托散*を用いる。

りょうたつ【りょうたつ】〈何が不足で癇癪の枕言葉〉「惣髪、りやうたつ」。〔小野篡譃字尽〕

龍蹄【りょうてい】天子*の御馬を龍蹄《りやうてい》という。〔男重宝記・一〕

寮の四分【りょうのしぶん】寮は省に属する役所で、職に次ぐ。大舎人《おおとねり》*、図書《ずしょ》寮《りょう》*等がある。下の四分は、頭《かみ》助《すけ》允《じょう》属《さかん》と書く。〔男重宝記・一〕

良品【りょうひん】大和詞。「りやうひん、からむしろ（唐筵）の事」を言う。〔不断重宝記大全〕

両部神道【りょうぶしんどう】〔日用重宝記・一〕に「両部（金剛界と胎蔵界）習合神道」は、その神その神の本地を立て、例えば天照皇大神の御本地は大日如来で、我が日の本を大日本国と名づけるのは即ち大日の本国であるためとし、仏法を並べ立てるので両部習合と名づけた。もっとも太古は仏法の名目はないが、欽明天皇の代に聖徳太子（五七四〜六二二）が初めて仏教を広めてより法灯は絶えず、伝教（最澄）弘法（空海）の両大師より習合したという。どちらも是非はなく、ただ正直に神道を保つと見奉れば必ず神明納受がある等とする。伝教 弘法 滋覚（円仁）智證（円珍）の面々は両部神道を興起、殊に弘法は儒教 書道 天文 地理に達し、書籍の不足まで補い、三教兼学の大道 両部神道の祖とし、嵯峨天皇（在位八〇九〜八二三）に両部神道の号を賜った。後世の天海僧正の『両部神道口訣抄』は偽書にもせよ、古の釈徒はいかにも博学である。仏法を神道に取り合せ、金胎両部を陰陽に配当し、神仏一体としたのは聖徳太子である。第二の神道という。「しんとう／しんどう（神道）」「本地垂迹《ほんじすいじゃく》」参照

梁門【りょうもん】〈経絡要穴 心腹部〉二穴。梁門は承満の下一寸にある。針二分。灸五壮。脇下積気、不食、渋り下るのを知らない等を治す。〔鍼灸重宝記綱目〕

両曜【りょうよう】〔童子調宝記大全世話千字文〕に両曜とは、日月《じつげつ》を言う。

両翼の毛【りょうよくのけ】鷹名所。〔武家重宝記・五〕に両翼の毛とは、鷹の両翼の根の双方、肩と羽交先との中程の毛をいう。

料理方に用いる字尽【りょうりかたにもちいるじづくし】〔男重宝記・四〕に次がある。「諸道具字尽」は庖丁 魚箸《まなばし》 魚板《まないた》（末那板トモ）盆 和卓《おしき》 猪口 行器《ほかい》、擂《すり》

木《こぎ》 小角《こかく》 楪子《へき》等約四十五字。「雑字尽」は鱠《なます》間《のけん》、酒《さけ》酣《のかん》、吸口、背越《せごし》、背《せ》切《きり》、中撲《なかうち》、色付《いろつけ》、白焼《しらやき》等百五十字。

料理献立色々【りょうりこんだていろいろ】 諸書に出るが、例えば〔昼夜重宝記・安永七〕には十二ケ月分が数種ずつ出る。その項目と正月の一例を出す。○「汁の分（鶴・独活・榎茸・根深）」。○「雑汁《ぞうしる》の分（刺し鯖・大茄子 輪切）」。○「鱠の分（鴨・針生姜・山葵・金柑・針栗）」。○「煮物の分（鱒・慈姑・土筆）」。○「刺身の分（鯛・鱒薄身・海月）」。○「和え物の分（蜆・嫁菜・芥子・山椒）」。○「和え交ぜ（田作・大根・芹・栗・蜜柑）」。○「精進酢和えの部」。○「吸物の部」「肴の類魚鳥精進」等がある。

料理酒【りょうりざけ】 料理酒に次がある。甘酒* 覆盆子酒（苺の事*）薯蕷《いも》酒* 梅酒* 何首烏酒* 栗酒* 桑実酒・桑酒（桑酒の事*）麴酒* 生姜酒* 豆淋酒* 玉子酒* つかみ酒* 鶴印酒* にんどう酒* 練酒* 鳩酒* 羽節《はぶし》酒* 葡萄酒* 山川酒*等。

料理仕様【りょうりしよう】 諸書に出るが、例えば〔諸人重宝記・四〕には個別に調理法が出る。「料理仕様煮方の事 海肴の部 約四十種（例えば鯛は、浜焼 杉焼 蒲鉾 鱠 刺身 汁 田楽 吸物 酒浸 鮨。外に色々使う。腸子は塩辛の類によい）」。「同川魚の部 十三種（例えば鯉は、刺身 鱠 汁 鮨 凝り 小鳥焼 吸物）」。「同鳥の部 十六種（例えば白鳥は、汁 炒り鳥 茹で鳥 串焼 酒浸 色々）」。さらには「同生垂れ* 出汁*の部 六種」「同鱠の仕様 六種」「指身の仕様 十余種」「煮方の仕様 八種」「吸物の仕様 三種」「肴の仕様 六種」があり、これらは個別に立項した。

料理精進崩【りょうりしょうじんくずし】 〔ちやうほう記〕に料理精進崩は、①葛山芋 豆腐。これらをよく擂り合わせ、醬油を煮立て、貝杓子で掬い入れる。②豆腐を絞り、掲鉢で藁で包み、湯煮して、好み次第に切る。

料理麩【りょうりふ】 〔ちやうほう記〕に料理麩は、麩に口を開けて玉子の黄身を入れ、葛粉を塗り、醬油酒を塩梅して煮立てて用いる。

料理麩精進【りょうりふしょうじん】 〔ちやうほう記〕に料理麩精進は、①大麩の中へ葛粉 味噌 胡麻実を入れ、糸で結び、湯煮して切り、煮物にも吸物にもよい。また、油揚にもよい。②豆腐 葛粉 山芋。これを掲板につけ、湯煮して切る。煮物にも吸物にもよい。

料理味噌の仕様【りょうりみそのしよう】 〔ちやうほう記〕に料理味噌の仕様は、常の味噌一升、糀四合、糯米四合を食に炊き、前の二ツとよく搗き合せ、夏は二三日、冬は七日でよい。

料理食の仕様【りょうりめしのしよう】 〔料理重法記・下〕に料理食の仕様は、米一升、水一升二合半、酒・醬油・水（各盃に一盃）。これを米と水ばかりでよく煮え上げる時、酒・醬油・水の三色を一緒にして入れる。

りょうりょうじき【りょうりょうじき】 「りやうりやうじきは、らうらうしくで「良々の字也」。〔消息調宝記・二〕

緑鶯膏【りょくおうこう】 よがり薬*。〔続咒咀調法記〕に惚れた女を浮かす秘薬は、常山・付子・龍骨・細辛・明礬・烏賊甲・山椒（三粒）。各等分を粉にして水で捏ね、交わる時少し玉門へ入れて行うと、開中は痒く暖くなって汁を出し悦喜する。この方を緑鶯膏と言い、秘伝の秘伝である。

緑豆【りょくず】 「やえなり（緑豆）」ヲ見ル

緑礬散【りょくばんさん】 〔改補外科調宝記〕に緑礬散は、代指*の薬である。緑礬（五両焼蕩かし）、蘆薈（一両）、麝香（二分）を粉にし、絹袋に入れ、痛む指を袋の内へ入れ、指の元を糸で括り、癒える迄置く。

旅行心得【りょこうこころえ】 〔万まじない調宝記〕に「旅行心得の事」があり、要点は次の通り。○人は若い時より暇があれば旅をし、古い名所を見廻り国々の風俗、諸民の営みを見ると、驕りの心も薄らぎ、老後の話の種にもなる。○旅に出ては心を剛に持つのがよい（荒ぶる心ではない）。事に臨んで臆せぬこと。○色・食物を慎むこと。○不要の災難に遇い、その国の土になることを覚悟すること。○旦那寺より往来手形を取り必ず持つこと。第一は途中病死の用意であるから覚悟の種とな

る。関所や宿を求めるのに障りがない。○礼儀を厚くし、雲助の類まで侮ってはならない。酒代を貪ってはならない。○一人旅は宿の問屋へ行き、身元を明らかにして差宿《さしやど》（＝紹介指定の宿）を頼むのがよい。○道中で道連になった人、或は難儀の時は村役や庄屋を頼むのがよい。○出火等の出来事に、宿を直ちに出立するな。疑われる。○その土地の地理を知るため、山等目当てを定めて方角を覚えよ。○山 海の鳴る時は早くその地を去るのがよい。山潮《やましお》（＝山津波）突浪《つなみ》の徴である。○その土地々々に尊敬すべき人のあることを知ること。

旅行餞別【りょこうせんべつ】〔進物調法記〕に旅行餞別がある。雨具、貫差し、脚絆、めりやす、万年暦、懐硯。丸薬、船 駕篭に酔わぬ薬、足の痛まぬ薬。鰹節・荒布・田螺の三品を醤油で煮しめ干して後 曲物《わげもの》に入れた物。また火打石 火口 火縄 紙 つけ木 砂糖 丸薬を取り合せて曲物に入れて「道中漬」と書く。また唐辛子・陳皮・胡麻・胡椒・山椒・紫海苔・青海苔・芥子・苧実・生姜の粉の十味を曲物に入れた物等。旅行の方角道中記。これら六十種弱の品物が出ている。〔音信重宝記〕には「旅立ち餞別」の品物がある。刻み煙草、梅がえでんぶ、鉄漿漆、弓張提灯、手帳、その道筋の紀行、小桶で香の物等、鰹を牡蠣醤油で煮詰めて乾かし袋へ入れ、また干し鱈等を切って。餞別の歌は「忘るなよ程は雲居に隔つとも空行く月の廻り遇うまで」（伊勢物語・十一）。

呂子【りょし】 秦の呂不韋。儒子を集め『呂子春秋』を作った。『呂覧』とも。『礼記月令』も多くこれより採った所がある。〔日用重宝記・三〕

呂律【りょりつ】 片言。〔不断重宝記大全〕に「不口中なるを、ろれつがわるいとは呂律《りよりつ》」である。〔男重宝記・五〕「ろれつがまわ（廻）らぬは、呂律」である。〔小野簒謔字尽・かまど詞大概〕「呂律《りよりつ》わからぬは、ろれつがまはらぬ」である。

黎蘆【りろ】〔薬種重宝記・上〕に和草、「黎蘆 りろ／をもとのね。銅鉄を忌む」とある。

臨【りん】「字を写す法」*。〔重宝記〕に、側に手本を置きその本の字の形大小 墨の薄い濃いも皆、それに従い少しも違いのないように写すのを臨という。〈九字の大事の一〉〔新撰咒咀調法記大全〕に「九字の大事」*の一「臨」。多聞天王。独古印。

釐【りん】〈小数の単位〉*〔童蒙単語字尽重宝記〕に分*の十分の一。一の百分の一。十毫*をいう。〈通貨銀単位〉〔万家日用調法記〕に量を尺貫法の単位で表示したもの。一分*の十分の一。十毛*をいう。〈田数の単位〉*〔永代調法記宝庫・首〕に釐（厘）は長さ六寸五分 広さ六寸五分四方。〔算学調法塵劫記〕には六寸三分四方とある。〈度数〉〔永代調法記宝庫・首〕に毫*の十倍、分*の十分の一。俗に、釐を「厘」とし、また「り」ともよむ。［注：近世では分厘毛、中世では分毛厘の順］

臨運【りんうん】 十二運*の一。〔金神方位重宝記〕に臨運は、木性は正月（寅）、火性は四月（巳）、土・水性は十月（亥）、金性は七月（申）生れで、百姓町人は苦労が多い。思い事 望み事は絶えず、始めは悪く末は吉である。〔両面重宝記・寛延六〕に臨運の人は大吉、弁舌明らかな生れである。信心の人は繁盛し万ず吉、不信心の人は悪い。「見る度に繁く重なる谷のむら末頼もしき心なりけれ」とある。〔和漢年暦調法記〕に臨運は夫婦相はよい。出世する。災いの来ることを思い隔てる心があれば夫婦ともによい。何事も不足はなく、信心してよい。〔日用重宝万物図解嘉永大雑書三世相〕に臨運の生れは夫婦睦まじく互いに長命、子は男女五人。知・行・財宝に縁がある。但し、臨運は文武の主どりして自然に名誉を現す。何事も望み事が叶い、末々猶々繁昌し、他人とも懇ろになる。

悋気【りんき】「嫉妬」ヲ見ル「のぞみ」ともいう。

臨泣【りんきゅう】〈禁灸*の穴〉〔鍼灸日用重宝記・一〕は二穴、臨泣は烏睛《くろまなこ》の真中の通り髪際より五分上、押すと殊の外応える所である。〈経絡要穴　腿却部〉〔鍼灸日用重宝記・四〕に臨泣二穴。足の小指 薬指の本節《もとぶし》の後ろの間陥み夾谿を一寸半を去る。禁灸。（甲乙二針）針二分、留ること五呼。灸上壮。胸痞え、目眩い、心痛、総身痺れ、息ぜりつき、瘧日々に起り、婦人は月経通ぜず、乳癰等を治す。

臨月【りんげつ】〔童女重宝記〕に懐妊から十月目を臨月という。母の胎内を生れ出る月である。阿弥陀如来が守られ、特に身持よく慎むと安産は疑いない。

綸言【りんげん】〔男重宝記・一〕に綸言は、天子*が仰せ出されることをいう。〔世話重宝記・二〕に「綸言汗の如し」は『礼記・緇衣篇』を引いて、王の言は綸の如しと言うことから、綸言の字が出た。王の言う一言は別れて万民に及ぶこと、緒《いとくず》から綸《いと》の幾筋も別れるようであるという意である。綸言という勅命は一度下ると変改のならないことは、汗が一度出て返らないという例えとする。『漢書』の号令は汗の如くして、出て反えらざるものなり、も引いている。

林檎【りんご】〔万物絵本大全調法記・下〕に「来禽 らいきん／りんごう」。〈薬性〉〔医道重宝記〕に林檎《りんご》は温で毒なく、気を下し痰を消し、渇《かわき》を止め、多食すると気を塞ぎ、瘡を生ずる。〔永代調法記大全・四〕には精の漏や霍乱によく、血筋を止め瘡を生ずる。〈貯え様〉〔万用重宝記〕には柿 梨ともに、柿の渋に漬けて置く。〈漬け様〉〔諸民秘伝重宝記〕には梨 林檎共に傷のないものを生渋《きしぶ》に漬けて置く。渋は少しも染みることはなく、味もいつまでもよい。

林檎玉子【りんごたまご】〔料理調法集・鶏卵之部〕に林檎玉子に二法がある。①煮抜き玉子の殻を、白身に疵が付かないように取り、湯に漬けて置いて丸く直し、上の所を指先で少し窪まし、次に梔子の汁でさっと煮て、また紅に秘事種を入れて煮立てた中に一寸入れて、林檎の赤味が付いたようにし、窪みの所に林檎の葉か海棠の葉枝の少し付いたのを挿して出す。②煮抜き玉子の黄身を壊れないように取り出し、細かい串の先に刺し、生の黄身を懸けて火取り、付け葉をして出す。

臨済宗【りんざいしゅう】「禅宗」参照

臨産の事【りんさんのこと】〔医道重宝記〕に既に産に臨み 産をしない時の早め薬に催生飲*、生れ難く 口噤み 危く急なのを治すには、芎帰湯*があり、それぞれ症に応じて加減がある。〔昼夜重宝記・安永七〕は産をする時、腹が痛むと言って慌てて無性に息み気張ってはならず、よく静めて腹をさすり 痛みを堪えて 自然と出るようにするのがよい。難産は早く息み或は早く催生薬を用いるためである。第一の秘事は平胃散*に紫蘇を少し加えて煎服し、自然に産するのを待てば難産はない。〔童女重宝記〕には灯火は胡麻油がよく、無事なら二三日座っていて、後に枕を高く次第に裾を低くして足を少し屈め、仰向けに臥すのがよく、横に寝るのは悪い。産屋の五香、甘物、御符、呪い、産湯の食物に至る迄、愚昧の姥嫗が利根に言うのを用いてはならない。胞衣桶二ツ、打蒔桶二ツを用意する。産屋の隙間風を固く防ぎ、安神散*を当座に用いる。小さい青石を焼き、或は堅炭の火に米酢を掛けて匂わし、血暈 目眩が来たら嗅がすとよい。古い漆もよいが女によっては嫌う。その外、童便煎、黒神散* 清魂散等 臨産の名方が数々あり、また人参を整えて置くのもよく症状によって用いるが、良医を頼んで置くのがよい。

〈臨産食物宜禁〉〔家内重宝記・元禄二〕に「宜い物」は莧《ひゆ》と飛魚のみ。「禁物」は梨 梅 桃 李 慈姑 薑 蓼 韮 菌《くさびら》 麺類 葛 餅 蓮 豆 醤 鮒 鮎 鮭 鱗のない魚 蟹 蜆 鱠 鴨 鳩 雀 海老 鶏 犬 兎 猪 鹿 雉子。「難産の事」モ見ル

綸旨【りんじ】「じょうしょ（詔書）」ニ同ジ

綸旨紙【りんじがみ】「かみやがみ（紙屋紙）」ヲ見ル

臨時の祭【りんじのまつり】 大和詞。「りんじのまつりとは、賀茂の祭」をいう。〔不断重宝記大全〕

綸子【りんず】 綸子《りんず》は、精練された生糸で織り、地は厚 滑 光沢がある。礼式用の白無垢、帯 羽織の裏地等にする。〔万物絵本大全調法記・下〕に「綾 りよう／あや。綾子 りんず也。又紋（もん）りんず。ぬめりんず」。〔絹布重宝記〕には、綸子（三丈物 八尋）、常巾（紗綾*同前）、大（丈巾）、狭御召地（丈巾）がある。染み物の落とし様*がある。〔万用重宝記〕に「張り様」は姫糊*を一文ばかり溶き、麩糊三分、白砂糖五分程を入れ、布で濾して刷毛で引く。

りんちょく【りんちょく】 片言。「廉直《れんちょく》を、りんちょく」という。〔世話重宝記・三〕

厘付【りんづけ】 「けつけめん（毛付免）」ニ同ジ。「免」モ見ル

竜胆【りんどう】 〔万物絵本大全調法記・下〕に「竜胆 りうたん／えやみぐさ／りんだう。夏」。〈草花作り様〉〔昼夜重宝記・安永七〕に竜胆の花は瑠璃色、小輪、咲く頃は菫に同じ（三月）。土は野土に赤土を少し合せるとよい。肥しは魚の洗い汁を時々掛けるとよく、分植は菫と同じ。〈紋絵〉〔紋絵重宝記・上〕に竜胆の花を意匠したものがある。

輪廻廻文【りんねかいぶん】 「輪廻の歌」ともいう。「かいぶんか（廻文歌）」ニ同ジ

りんの玉【りんのたま】 喜悦の道具。〔色道重宝記〕に、「金属製の玉」二ツ三ツを開《ぼぼ》*へ入れて置き、後よりへのこ（陰茎）を入れて行う。川柳に「りんの玉芋を洗ふがごとくなり」（川柳評万句合・明和三・仁）とある。

淋病の事【りんびょうのこと】 〈病因と症状〉〔医道重宝記〕に淋病は、脾土《ひど》の傷《やぶ》れを受け、飲食の気を運《めぐ》らし化することができず、肺金の助けなく、水道清からず、或は色欲の過度 及び七情*の憂結、又は湿熱が塞がり滞るにより淋病の症をなす。脈は盛大で堅なのは吉、巨細で濇なのは凶である。薬は五淋散* 八正散* 補中益気湯*を用い、症により加減がある。〔鍼灸重宝記綱目〕に淋は小便が渋り痛み、熱が膀胱に宿り鬱結し、滲泄できないために起る。熱淋* 沙石淋* 気淋* 血淋* 労淋*の五淋がある。針は関元 夾渓 三陰交、灸は腎兪 膀胱 小腸 中膠 三陰交の穴があり、また炒り塩を臍中に埋め満ち、大艾炷七壮をするとよい。小腹《ほがみ》*が痛み 死にそうなのには石門に灸をする。〈薬方〉〔丸散重宝記〕は五淋の痛疼 小便不利には、芍薬（一戔）、檳榔（五分）を水煎して服する。〔永代調法記宝庫・三〕は淋病には、藿香正気散*に木通と牛膝を加える。○痛みが強く堪え難いのには乳香・没薬・当帰を加える。○熱淋*なら山梔子を加える。始めの軽いのには夏枯草《かこそう》と甘草を等分に合せ一日に茶椀に五杯ずつ三日間呑む。痛みの強い時は度々腰湯を使う。○陰茎《へのこ》*が痛み死にそうなのには、牛膝を根共に削り刻み、酒で煎じて飲む。水でもよい。○五淋*病には瞿麦と山梔子を煎じて飲む。末（粉）して朝早く井戸水で飲むのもよい。〔好色重宝記・下〕は淋病が重くなると玉茎が破れ損じ憂えをなす。○象牙の粉を常の煎薬のようにして一日に三服程用いると治るのは神妙である。○胡桃を九ツ打ち割り実も皮も一ツにして、飯のように水二杯を入れ一倍に煎じ、一日に三杯程ずつ用いると早速に治る。この二ツの妙薬で治らない時は五淋散*で治す。症状により加減がある。〔男女御土産重宝記〕は女人が淋病の毒で尿が渋る時の薬は、龍胆（酒に浸し焙る）・沢瀉（各二分）、車前子（煎る）・木通・生地黄（酒に浸し）・当帰（酒で煎る）・山梔子・黄芩（焙る）（各一分）、甘草（五厘）、白朮、牡丹皮を煎じて用いる。〔調法記・四十七ゟ五十七迄〕に淋病を治す伝として、①甘草・木通・紅花（各一分）を常のように煎じて用いる。②唐大黄極斎味、卵の身を抜き、練り合せ、卵の殻に詰めて紙でよく包み、焼き呑む。③白木槿《むくげ》の花を味噌汁にして食う。④酸漿草《かたばみぐさ》を摺り絞り、その汁に酒を交ぜ食前に

用いる。⑤螻《けら》を摺り潰して臍へ入れ、上に紙を貼って置く。⑥蜂の巣（八匁）、干姜（二匁）を水で煎じて用いる。〔新撰咒咀調法記大全〕に淋病の奇方は、卵を一日一夜上酢に漬けて殻ともに潰し、掻き混ぜて用いる。○塩を炒り熱くして幣《きれ》に包み、臍の下を暖めるとよい。○干菜を茹でて暖め用いる。○葛粉と川蜷《かわにな》を等分に粉にして一匁ずつ葛水で用いる。○大麦（煎り 三合）、甘草（二匁）を煎じて用いる。〔万家調法呪詛伝授嚢〕は、○大麦（二合）、甘草（二匁）を煎じて用いる。○辛子を煎じて服する。○軽石を粉にして、甘草を煎じ、その汁で用いる。〔懐中重宝記・慶応四〕は、甘草・浮石・薏苡仁（各一匁）に水三合を入れて二合に煎じ、一日に三服ずつ用いる。〔薬法重宝記〕は淋病に、鮒を腸《わた》ともに黒焼きにして酒で用いる。〔増補咒咀調法記大全〕は辛子を、〔筆海重宝記〕は白椿の花を、〔胡椒一味重宝記〕は胡椒（大）・車前（小）を、それぞれ煎じて呑む。〔妙薬調方記〕は消渇*とあり、蜂の巣に西瓜の種を煎じて用いる。このほか諸書にも薬方が多い。

〈呪い〉〔諸民秘伝重宝記〕は常の藁で栄螺《さざえ》の蓋を三ツ、火になる程赤く焼いて、藁の上に小便をするとどれ程重い淋病でも癒える。〔文政新刻俗家重宝集〕は淋病の治法として、泉湯へ行き小桶をよく水で洗い、片脇へ伏せて置くとよい。

〈淋病食物宜禁〉〔世界万宝調法記・下〕に「宜い物」は粟 小豆 莧 冬瓜《かもうり》 葧蒲公 虎杖《いたどり》 蜜柑 葱 山芋 大豆 繁縷 蛤 海月 鮑。「禁物」は麵類 蕎麦 塩 辛 桃 芥子 胡瓜等。

林雄【りんゆう】〔女用智恵鑑宝織〕に林雄は『古今小説』に出る福州府の孝子とある。家は貧しいのに老母に孝行を尽し、母も察して不足はないと暮らしていたが、八十余になり老い惚れて自分は賤しい身ながら一度金銀の椀で食してみたいと言うのに困っていると、夢に官人が現れて汝の孝心に感じたと言い、金銀の器のある所を教え、母の望みを叶えさせた。それより林雄は次第に栄えた。孝行の人には必ず天より福を与えることは、昔も今も変わらない、と記す。

る

纍【るい】「秤の事」〈秤目名目〉ヲ見ル

瘰癧禁好物【るいれききんこうもつ】〔改補外科調宝記〕に瘰癧食物宜禁がある。「宜い物」は小豆 蒲公英 大根 昆布 甘海苔 神馬藻（ほんだわら） 牡蠣 田螺。「禁物」は麵類 豆腐 獣 茄子 瓜 蕨 林檎 鯛 菌《きのこ》 鮒 鱸 鳥。

瘰癧【るいれき】〔医道重宝記〕に瘰癧は、痰が塞がり熱が生じて火散せず、或は気鬱して痰が滞り耳の前後、頤《あご》の下、胸腋等にいくつも結核《かたまり》を生ずるのをいう。薬は五香連翹湯* 十六味流気飲* 益気養栄湯*がある。〔改補外科調宝記〕に瘰癧の症に、筋癧* 風毒 熱毒 気毒の変りがあるが療治は大方同じである。出る処は頸の前頂の片脇、或は耳の後ろ、頤の下にぐりぐりと銀杏の実程の塊を生ずる。胸脇の下に生じて石のように固いのを馬刀瘡《ばとうそう》という。多気 少血の病から発《おこ》り、風癧* 熱癧* 血癧* 痰癧* 気癧* 筋癧がある。この外に寡《やもめ》の男女や尼僧等が内に思うことがあり、志を遂げず 精力を破り 発症したのは治し難いが、帰脾湯* 又は益気養栄湯*に青皮・香付子・山梔子・貝母・木香を加えて用いる。○外治の方は、長い結塊にはまず灸をし、次の日針で塊を破り、血を出し三仙丹*を塗り、その上に紫霞膏*を用いる。薬は太平膏* 蚕繭《さんけん》散* 代灸散* 紫金散* 防風解毒湯* 連翹消毒散* 芩連二陳湯* 藿香正気散* 柴胡清肝湯*がある。○瘰癧が痛み堪え難いのには、黄連・黄栢・鬱金・片脳・朱砂・乳香・没薬（各一匁）、白芷を粉にして水で練り固め、陰干にして孔《あな》の中へ入れると痛みは止む。〔妙薬調方記〕に瘰 中風 脚気 腫満の妙薬は、鰑・甘草を煎じて飲む。〔新撰咒咀調法記大全〕に瘰癧の薬は、○鼈《すっぽん》を味噌汁で煎じて服する。○田螺を殻ともに黒焼にして白胡麻の油で溶き付ける。○黄檗粉・饂飩

粉で練り付ける。〔万家調法呪詛伝授嚢〕に瘰癧を治す法は、田螺を貝ともに黒焼にし、白絞りの油（白胡麻から精製した上精の油）で混ぜて貼る。○黄蘗を饂飩粉の糊で混ぜて貼る。〔鍼灸重宝記綱目〕は前記のような説明の後に、小さいのを結核、いくらも連なるのを瘰癧といい、少海に針をする。この穴を見極め、まず皮の上に刺すこと三十六息して後、その核の大きさ程針を入れて三上三下して針を出す。その他、天池 章門 臨泣支溝 陽輔に灸百壮、肩井は年の数手の三里 曲池 大迎等の灸点がある。〈瘰癧食物宜禁〉〔世界万宝調法記・下〕に「宜い物」は蛎 昆布 海藻 小豆 大根 昆布 紫菜《あまのり》。「禁物」は麵類 豆腐 茄子 黄瓜 蕨 橙子 林檎 菌《くさびら》 鱸 鮒 鯛 鳥 獣。

留守【るす】〔世話重宝記・二〕に「留守」は官名。唐の制法に、天子の車駕が京にない時は、留守の官を置く。俗に、主人のいないことを留守というのはもっともであるが、唐では天子に限って言う。

流注【るちゅう】〔改補外科調宝記〕に流注《るちゅう》は、気血の弱い人に瘀血 痰火があり、風寒に侵され邪気が流行してなる。初めは胸 腹に発し、手足 腰 尻臀 背 節々に所定まらず出、臍中に留まる。形は腫れ 広がり 頭なく皮の色が変わり、押してみると瘰癧*のように固くぐりぐりとして、或は去り転移するものもあり、跌撲《うちみ》の血凝り、産後の悪血が滞り発するのもある。初発には、葱の白根を搗き爛らかし炒って腫れた上を熨《の》す。実症には十六味流気飲*、虚症には六君子湯*に川芎・当帰を加える。或は補中益気湯*に木香 枳殻を加え、長く癒えないものには托裏益気湯* 十全《じっぜん》大補湯*を用いる。膿んだら針を刺して破り、内に膿穴があれば人言（砒石）・雄黄を飯で丸じ、入れて腐らかす。琥珀散*も用いる。

瑠璃草【るりくさ】草花作り様。瑠璃草の花は瑠璃色である。土は合せ土*、肥しは魚の洗い汁がよい。分植は春、秋。〔昼夜重宝記・安永七〕

瑠璃の君【るりのきみ】大和詞。「るりのきみとは、源氏の玉かづらの君の一名」である。〔女用智恵鑑宝織〕

れ

零【れい】算法用字。〔算学調法塵劫記〕に零は令とも書く。一桁《けた》数が空くのをいう。零零は二桁空くことである。例えば、千十で、千零十と書く。○を書くのも同じである。

霊応散【れいおうさん】〔牛療治調法記〕に霊応散は、脾胃が寒冷し 戦《ふる》い忙々とし 喘々眠り 頭を地に伏し 睛を翻し 口は虚しく張り涎を流し 鼻冷え 耳に瘡の生ずるのを治す。檳榔・豆蔲・白朮・桂心・黄蓍・付子・蛮姜・甘草・蒼朮を末（粉）し、毎服一両半に、生姜（半両）・水二升を和して煎じて潅ぐ。

冷疳【れいかん】〔小児療治調法記〕に冷疳は、泄瀉し 虚汗が出て止まらないものである。薬に、至聖丸* 木香丸*がある。

霊亀夢授秘法【れいきむじゅひほう】〔骨継療治重宝記・下〕に霊亀夢授秘法は、腕打ち傷《やぶ》り、筋損じ、骨痛み耐え難いのを治す。生地（一斤切）、蔵瓜薑糟（一斤）、生薑（四両切）を炒り、整えて熱し、布で傷折部を包み覆い、冷える時は取り替える。霊亀が授けた秘方という。

霊験地蔵尊【れいげんじぞうそん】大坂願所。貝屋町筋 大目橋筋一丁西 乾角道空町の霊験地蔵尊は、本山黒谷四十二世神誉上人が安永七（一七七八）戌年の夏頃、大坂御巡行の時開眼されてから日々に霊験著しく、それゆえ霊験地蔵尊と称し奉る。諸病平癒を祈る時 必ず験がある。御礼には絵馬を奉納する。百度参をするには標石が北の門際にある。〔願懸重宝記・初〕

蠡溝【れいこう】〈経絡要穴 腿脚部〉二穴。蠡溝《れいこう》は内踝の前の通りを、踝の上五寸に点をする。針二分、留むること三呼。灸三壮か七壮。疝気、臍の下に癪気が石のごとく、婦人の赤白を交えた帯下を治す。〔鍼灸重宝

記綱目〕

霊脂丸【れいしがん】〔小児療治調法記〕に霊脂丸は、脾疳*食疳を治す。五霊脂・麦芽・青皮・砂仁・使君子・白豆蔲・陳皮（白みを去る）・蝦蟇（焙り焦し）（各等分）を末（粉）し、米の糊で丸じ、米湯で用いる。

鈴杵【れいしょ】〔万物絵本大全調法記・上〕に「鈴杵《れいしょ》、鈴五鈷三鈷独鈷」。

霊生散【れいしょうさん】〔改補外科調宝記〕に霊生散は敷薬である。霊天蓋（大）、明礬（焼く中）、虎皮（小）、鹿茸（虎皮の半分）、甘草・朱・楡白皮（各小）、菊花（大）を粉にして捻りかける。癒え薬で早くつけると膿づく。黄栢散*で大方に癒えて後に用いると即時に癒える。熱がある時は少し石膏を加える。癒肉が高く上ったら黒梅を中に加える。その他、加味は黄栢散のようにする。

伶人【れいじん】〔万物絵本大全調法記・上〕に「伶人 れいじん／まひびと。楽官 がくくわん、楽人 がくにん也。楽工（がく）こう、楽師（がく）し。並同」。〔年中重宝記・一〕に正月十七日、伶人の舞御覧、並に鶴の庖丁がある。大隅 高橋、隔年にこれを勤むる。

冷泉家【れいぜんけ】〔男重宝記・二〕に次がある。歌道に二条家*と冷泉家《れいぜんけ》がある。もと定家卿*の住所が二条通と冷泉通《れいぜんどおり》（＝今の夷川通）と裏・表の家であり、それを二ツにして表の二条の方に為家が居たので二条家といい、裏の冷泉の方に為相卿が居たので冷泉家という。冷泉家は上冷泉家、下冷泉家、藤谷殿である。

厲兌【れいだ】〈経絡要穴 腿却部〉二穴。厲兌《れいだ》は足の人差指の外側、爪の甲の角を一二分去る処にある。針一分。灸一壮か二壮。口噤み、胸・腹脹り満ち、水腫、熱病に汗出ず、寒瘧、不食、喉痺、皮膚痛み、悪寒、鼻塞がり、狂走、黄疸、顔・頸腫れ、小便の黄なの等を治す。〔鍼灸重宝記綱目〕

霊台【れいたい】 禁針*禁灸*の穴。〔鍼灸重宝記綱目〕に霊台は一穴、背の第六椎の下七椎の上の間にあり、針灸ともに忌む。〔鍼灸日用重宝記・二〕には諸書は主治を載せないが、この穴は心を主《つかさど》る所なので、針灸をしてはならない。

鼈等【れいてぐ】「秤《はかり》の事」ヲ見ル

れいてんぐ【れいてんぐ】片言。〔不断重宝記大全〕「れいてんぐは、鼈等 れてぐ*」である。「鼈等」は「秤《はかり》の事」ヲ見ル

例ならぬ【れいならぬ】大和詞。〔不断重宝記大全〕に「れいならぬとは、わづら（患）ふ事」をいう。「不例」参照

礼に歩く【れいにありく】〔年中重宝記・一〕に元日に、常の人が元日に上下《かみしも》を着て臣は君を、子は親を、朋友は互いに、それぞれに拝礼して年始の嘉儀を述べるのを俗に「礼にあり（歩）く」という。「朝拝朝賀《ちょうはいちょうが》」参照

礼の事【れいのこと】〈礼の始〉〔大増補万代重宝記〕に「倭礼の始」がある。本朝礼法の始めは『日本紀』に孝徳天皇三年（六四七）に定めたことが見え、その後八幡太郎義家が武家の法式を定めた。また小笠原家和礼の始めは後醍醐天皇の時（一三一八〜三九）甲州源氏小笠原信濃守貞宗は弓馬の故実を知っていて、ある時禁中の的の会で貞宗の射礼が衆に超えており、叡感の余り昇殿を許され、弓馬の道で天下の師範と定められた。その後、貞宗の玄孫兵庫介長秀は将軍義満に仕え、今川左京太夫氏頼、伊勢平氏武蔵守満忠ら三人に命じ、長秀らは家々の秘伝や世の古礼を参考にして武家の礼法を定め、「三義一統当家弓法集」を青蓮院*の清書で天下に広め、留布した。これより小笠原家は和礼の家として代々将軍に仕え、天下の師範となった。〔男重宝記・五〕には「当流躾方五十一箇条*」が載る。〈礼の仕方〉〔童学重宝記〕に途中で貴人 主人等に遇う時は、両手を足の甲につけて俯き、礼をするのがよい。

冷秘【れいひ】〔丸散重宝記〕に冷秘とは、老人の虚損の人が下焦に寒があり、心下《しんか》の痞え、背胸の痛むもので、［補中］益気湯*に六味丸*で送り下

す。三和散*もよい。冷秘《れいひ》 虚秘*には、半夏・生硫黄（各等分）を生姜の自然汁で糊丸し、空き腹に温酒で下す。

癘風【れいふう】〈病名〉「頼病《らいびょう》」ヲ見ル

例幣【れいへい】〔年中重宝記・三〕に九月十一日、伊勢幷ニ吉田へ奉幣使天使出御、とある。〔日用重宝記〕に九月十一日、例幣とて大神宮へ例年奉幣とある。

霊方万金丹【れいほうまんきんたん】〔調法記・四十ち〕に「朝熊嶽 霊方万金丹の真方なり」として、阿煎薬（七十目）、肉桂・古茶（各十目）、丁子・木香（各八目）、甘草（六目）、続継子・縮砂（各五目）、麝香・辰砂・山茨菇（各三目）、雄黄・蝍蛆（各二目）、竜脳（一目）の調剤がある。この内、八味の薬を石臼に入れ擣き羅《ふる》い末（粉）し、次に一味を石臼に入れ擣き篩う。次に麝香 樟脳等を別に研《と》ぐ。皆合せて氷餅の糊で丸ずる。

れいまん／れんまん【れいまん／れんまん】 片言。「練磨《れんま》を、れいまん、れんまん」という。〔世話重宝記・三〕

霊屋【れいや】「戒名」ヲ見ル

羚養角散【れいようかくさん】〔小児療治調法記〕に羚養角散に二方がある。①顔赤く 唇白く 腸熱して頸の軟《な》えるのを治す。羚養角・白茯苓・熟地黄・寅脛骨酒炒・酸棗仁炒・防風・肉桂・炙甘（各等分）。これ等を末（粉）として、一度に五分 或は一匁を温酒か塩湯で用いる。②小児五六歳迄、骨気 虚弱して歩行できないのを治す。白茯苓（酢で炒る）・羚養角・虎脛（骨酢で黄色に炙る）・生地黄（各五匁）、黄芪・肉桂・防風・当帰（炒）（各二匁半）。これ等を末（粉）として、練蜜で小豆の大きさに丸じ、食前に温酒で三五丸を用いると一月後は段々に歩けるようになる。〔改補外科調宝記〕に羚養角散は、小児葡萄疫*の薬とする。羚養角・麦門冬・防風・玄参・知母・牛房子・黄芩・甘草（各等分）に竹葉を加えて煎じ用いる。

れき【れき】〈何が不足で癇癪の枕言葉〉「彼《かれ》と指す事を、れきトいふ」。あれ。それ。〔小野篤譃字尽〕

歴節風【れきせつふう】〔丸散重宝記〕に歴節風は、手の指が赤く腫れて麻木（＝しびれる）し、甚だしいのは肩 背中 両膝まで腫れて痛む。暑にあう時は大便が結する。〔改補外科調宝記〕には白虎 *竜戸《りゅうし》に似るが、痛みは少し軽いという。牛房子（三戔）、豆豉・羌活（各一戔）を末（粉）して白湯で下す。

列【れつ】「置いて」ニ同ジ

烈【れつ】 九字の大事の一。〔新撰咒咀調法記大全〕「九字の大事」*の一「陣」。広目天王。智拳印。

れっきれっき【れっきれっき】 片言。〔世話重宝記・三〕に「歴々《れきれき》を、れっきれっき」という。促音を入れて強意した。

列鈌【れっけつ】〈経絡要穴 肘手部〉二穴。列鈌《れっけつ》は腕首の上の側《かたわら》上へ一寸五分。左を取るには病人の右の人差指を左の大指と人差指との間に組み入れて右の人差指の頭の当る所、右もこのようにする。針は二三分、留むること三呼、瀉は五吸。灸は一日に三壮か七壮、四十九壮に至る。中風、口噤み、口眼歪み、咳嗽、健忘、尿に血交じり、精漏れ、驚癇等を治す。〔鍼灸重宝記綱目〕

列子【れっし】〔日用重宝記・一〕に列子は名は禦冠、何時の人か不詳。『史記』には出ない。『漢書芸文志』には『列子』八編とある。孔子より後、孟子 荘子よりは前であろう。この三子は道家の祖となるか、という。

裂目【れつもく】 馬形名所。*〔武家重宝記・五〕に裂目は、口の裂け目である。浅いのがよい。今は轡掛《くつわかけ》という。

遼来遼来【れろれろ】〔世話重宝記・三〕に「遼来遼来」は『魏志』に出るとして次がある。唐の魏の張遼は武勇勝れて度々の戦功があり人に恐れられたため、小児が泣く時、張遼が来るぞ、「遼来《れろ》 遼来」と言うと泣き止むという。これを日本に伝えて小児の泣き寝入る時に言う。日本にも

昔南都元興寺《がんごうじ》*に鬼が住むということがあり、「元興寺《がごぜ》に咬ましょ」というと、小児は恐れて泣き止むという。

連歌【れんが】〔男重宝記・二〕に連歌は、好士が和歌の詞を用いて美しく仕立てたものという。〔諸人重宝記・一〕に連歌は、六義*を弁え、発句を仕出すにも飛花落葉を見ては真如実相を観じ、春秋の移るのにも有意転変を哀しむ心を要する。連歌は、近世になって俳諧が俗語を用いて女や童まで行なった源流であり、その連歌の仕様は、大方は俳諧仕様*に受け継いでいる。

連歌会日【れんがかいび】 諸芸*洛陽会日の一。〔年中重宝記・五〕に連歌会日は、○月次 十日、京極通四条上ル町 六条堂場。○月次 二十五日、北野会所。

れんがく【れんがく】「でんがく（田楽）は、れんがく、又 おでん」。〔小野篁謔字尽・かまど詞大概〕

連葛湯【れんかつとう】〔改補外科調宝記〕に連葛湯は、内疳*の薬。黄連・升麻・桔梗・葛根・明礬・甘草（各等分）を刻み、絹に包み含む。飲んでもよい。まず針をして後に用いる。

れんぎ【れんぎ】 片言。「れんぎは、擂木 れいぎ」。〔不断重宝記大全〕

連翹【れんぎょう】〔薬種重宝記・上〕に唐草、「連翹 れんげう／いたちくさ。火を忌む。枝中のを去る」。〈薬性〉〔医道重宝記〕に連翹《れんぎやう》は苦く寒。癰疽の腫毒を消し 六経（人体をめぐる経脈）の邪火を清くし 気聚り 血凝り諸瘡痛み 痒いのを皆よく治す。瘡家の要薬である。枝と実の中の心《しん》とを去り、刻む。火を忌む。いたちくさ。

連翹消毒散【れんぎょうしょうどくさん】〔改補外科調宝記〕に連翹消毒散は、瘰癧*の薬。連翹・陳皮・桔梗・玄参・黄芩・赤芍薬・当帰・山梔子・葛根・射干・天瓜粉（各一匁）、甘草（五分）を、煎じて用いる。

連翹升麻湯【れんぎょうしょうまとう】〔小児療治調法記〕に連翹升麻湯は、出《で》瘡《そろう》*で、初めに稠密《しげく》 勢の重いのは、表を軽くし 内を涼しくするのに用いる。連翹・升麻・黄芩・葛根（各一匁）、麦門冬（二匁）を水で煎ずる。他に化毒湯*或は解毒托裏湯《げどくたくりとう》*を用いる。

れんぎょう大師【れんぎょうだいし】 片言。「れんげう大しは、伝教大師」である。〔不断重宝記大全〕

連翹湯【れんぎょうとう】〔斎民外科調宝記〕に連翹湯は、癰疔の内薬。沈香・升麻・香付子・川芎・当帰・地黄・人参（各大）、連翹・丁香・桔梗・木香（各中）、独活・木通・乳香・大黄（各小）、麝香（少）、甘草・桑寄性。この十八味を丸薬、散薬ともに用いる。振り薬でもよい。煎薬、振り薬の時は麝香を去る。この薬は膿が出て後、腫物癒えかね、血気衰え冷えたのに用いる。

連玉草【れんぎょくそう】 草花作り様。連玉草の花は黄色である。土は合せ土*を用いる。分植は春、秋にする。〔昼夜重宝記・安永七〕

蓮華部三昧耶印【れんげぶさんまやいん】 護身法大事*の一。蓮華部三昧耶印 真言三返。唵《をん》跛《はん》娜《ど》謨《ま》啲《と》婆《はん》嚩《ば》也《や》婆《そ》婆《わ》訶《か》。〔新撰咒咀調法記大全〕

蓮根【れんこん】「蓮の事」ヲ見ル

連枝【れんし】 大和詞。「れんし（連枝）とは、兄弟《きやうだい》を云。又ねんごろ（懇）なる事」。〔消息調宝記・二〕

れんじの舞【れんじのまい】 片言。「れんじの舞《まい》は、伶人《れいじん》の舞」である。〔男重宝記・五〕

連署【れんしょ】 簡礼書法。〔大増補万代重宝記〕に、○連署では、先方の名を書き並べる時は口ほど上位である。こちらの名を書き並べる時は口ほど下位である。こちらの名は月日より内に一人、後は月日の外に書く。○連状を封じての上書は、先の名もこちらの名も口ほど上である。昔は名を封の裏に書き、名乗を表に書いたので、名乗の人を裏の奥に書く。「連判《れんぱん》据え様」参照

連声【れんじょう】〔万まじない調宝記〕に連声《れんじょう》は、漢字を連ねて語を作る時、上下の音勢に引かれて転ずることをいう。観音《かんおん》→カンノン。恩愛《おんあい》→オンナイ。皇《すべらぎ》→スメラギ。日向《ひむかい》→ヒュウガ。讃岐《さんぬき》→サヌキ。備中《びちゅう》→ビッチュウ。現在は、音韻学の説明がある。

廉泉【れんせん】〈経絡要穴 頭面部〉二穴。一名、舌本。廉泉は結喉の上四寸、押すと舌の根に応える所である。仰向いて点する。灸三壮。針二三分、留むること七呼。気を得て瀉す。咳嗽、上気、喘息、舌の根腫れ、口瘡を治す。〔鍼灸重宝記綱目〕

嗛瘡【れんそう】〈病名〉「嗛瘡《はばきがさ》」ヲ見ル

恋滴【れんてき】牛相。〔牛療治調法記〕に恋滴は、牛の眼の下にある旋毛。牛の悪い相である。

蓮肉【れんにく】〔薬種重宝記・上〕に和果、「蓮肉（れん）にく／はすのみ。皮中の尖り、青きを去り、炒る」。〈薬性〉〔医道重宝記〕に蓮肉《れんにく》は甘く平、脾を健やかにし、胃を理《おさ》め、心《しん》を清くし、神《しん》を養い、瀉痢を止め、遺精を治す。竪《たて》にして二ツに割り、湯に暫く漬けて渋皮を去り、刻み、干して、焙る。はすのみ。

蓮乳癰【れんにゅうよう】〔改補外科調宝記〕に蓮乳癰は、常の乳癰のように口が開き、癒える時になり蓮房のように穴が開き痒がる。白膏薬*に鉛の粉を入れ、よく練り交ぜてつけると、次第に肉が生じて癒える。なお癒膏薬と赤膏薬*をつけると全く癒える。

連俳濫觴【れんぱいらんしょう】〔新成復古日夜重宝俳席両面鑑〕に連俳濫觴は、「『日本書紀・一』に」伊弉冉尊《いざなみ》「アナウレシニエヤウマシヲトコニアヒヌ」。伊《い》弉諾《ざなき》尊「アナウレシニエヤウマシヲトメニアヒヌ」。又、日本武尊「ニヒマリツクハヲスキテイクヨカネツル」。火の童「カ、ナヘテヨニハコ、ノヨヒニハトヲカヲ」と詠んだのが、宣長の『石上私淑言』に、この論が出る。

連判据え様【れんぱんすえよう】連判据え様。〔大増補万代重宝記〕に連名の法は下輩から先に書き、連判も先に据える。上輩の人が据えて、下輩の者が据え損ない等ある時は、無礼である。「連署《れんしょ》」参照

蓮房散【れんぼうさん】〔斎民外科調宝記〕に蓮房散は、内痔が外痔になったのに用いる。木鱉子・文蛤を粉にして、まず艾葉・蓮房・重薬・五倍子・温青（各等分）に、塩を少し入れて煎じ洗い、先の粉薬を付ける。又方、紫蘇・山梔子・沈香（黒焼き）（各等分）に挽き茶を加えて付ける。

輦輿【れんよ】大和詞。「れんよ（輦輿）とは、手ぐるまの事」である。〔不断重宝記大全〕

連癰【れんよう】癰*の一種。〔改補外科調宝記〕に連癰は、内股或は茎などに出る癰で、どれも陰分《いんぶん》に発する。

連理の枝【れんりのえだ】〔世話重宝記・二〕に連理の枝は、唐の玄宗皇帝が楊貴妃と七月七日夜の誓いの詞、「天に在らば願はくば比翼の鳥とならん、地に在らば願はくば連理の枝とならん」は『長恨歌』にある。連理の枝とは根は下で交わり、枝は上で連なる樹である。これは『捜神記』に出ていて唐の韓朋は麗しい妻を持っており、帝の康王に奪い取られたのを恨み、殺された。妻は深く悲しみ、密かに衣装が破れ易いように拵え、康王に従い高台に登り忽ち身を投げ、人々が驚いて引き留めたが、衣は千切れて死んだ。帯を取って見ると、韓朋と一所に埋められる事を願う書き付けがあり、康王が怒って別々に穴を掘って埋めたら、夫婦の墳《つか》は相臨み間もなく二ツの墳に梓の木が生じ、根は下で交わり枝は上に連なる樹となり、連理の樹と名づけ、これより夫婦の誓とする。〈大和詞〉〔不断重宝記大全〕に「れんりの枝とは深き契りを云」。「天にあらば比翼の鳥」*モ見ル

斂瘤膏【れんりゅうこう】〔改補外科調宝記〕に斂瘤膏は、瘻瘤の抜き薬*で、瘤が自然に枯れ落ちたのに付ける。鹿角霜・土龍（黒焼）・牛皮（黒焼）

（各等分）、松脂（少）。胡麻の油を少し入れて練り付ける。一日に一度、二日に一度ずつ、湯に明礬を加え洗って付ける。瘤を切り、後は金瘡のようにする。

ろ

炉【ろ】〔男重宝記・三〕に茶の湯は、九月から三月迄は炉である。卯月朔日は更衣《ころもがえ》*なので茶の湯もこの日から九月朔日迄は風炉である。〈炉開吉日〉〔重宝記永代鏡〕に炉開き吉日は、甲《きのえ》子・寅・辰・午、乙《きのと》丑・午・酉、癸《みずのと》亥、の各日がよい。「風炉《ふろ》の事」モ見ル

絽【ろ】〔絹布重宝記〕に、絽（六丈物広、八丈物狭）、大広、狭、肩衣地。全体、糸性よく羅《うすもの》にしては大変強い方である。しかし、地の薄い所は染め張りの時並が寄るので注意が要る。白生物《いけもの》は毛伏《けぶせ》*にする。これは張り湯熨斗の外で練物屋へ誂えるのがよい。生物は皆青み張りである。京絽は界限《かいきり》*が厳重で、凡そ二三寸も織留がある。上州絽は織留は僅か三五分ばかり、広い物で一寸に過ぎず粗末である。

漏【ろう】瘻とも書く。〔改補外科調宝記〕に漏《ろう》は、痔漏*の症で肛門の端《はた》四五寸の間に穴を生じ、潰えて膿血《うみ》が出る。〈治方〉付子を粉にし唾で練り餅のようにし、銭の厚さにして瘡の上に置き、腫物の大小程に艾を拵えて灸をし、少し熱さを通して痛ませない。餅が乾く時は取り替えて灸をする。もし、怠屈《たいくつ》したら止めて翌日また灸をし、肉が平らかになったら灸を止めて雲母膏*をつける。

労咳の事【ろうがいのこと】労咳（癆瘵）は、肺病の漢方名で、「労瘵」「労症」ともいう。〔女重宝記・一〕には女中が十六七歳の頃、労咳を患うことがある。この症は我も気付かず人も見付けず、日を重ねていつとなく顔容が衰え患いの色が出る。申刻（四時）より熱が出てぞうぞうと寒く、経水来ず、寝汗をかき、痰咳や不食等がある。この症状が一ツでも顕れる時は、自分から心を取り直して養生し、四火*患門*に寝汗が出ない内に灸をするとよい。

〔鍼灸日用重宝記・五〕に労瘵は、ただ一旦のことではなく、神気と形体と虚損し、心気が腎精を労傷して労瘵となる。心は血を、腎は精を主《つかさど》り、精汁尽き、血液が乾いて労瘵を生ずる。壮年の時血気充満し、精液を完全に備える間保ち慎まず、酒食を過ごし房事止まず、精元を破り、不食、盗汗《ねあせ》、白濁、遺精、顔白く乾き、頬紅に、身熱し、咳痰血、骨蒸が起る。腎虚により火邪盛んになり、金衰え、重いのは半年で、軽いのは一年で死ぬ。灸を患門 四花 章門 三里 気海にし、針は梁門をめぐり幾度も刺す。

〈治す奇方〉〔新撰呪詛調法記大全〕に労症を治す奇方は、〇黒胡麻・蒜《にんにく》の実・花鰹・味噌（各一合）を火に懸けてどろどろと次第に練り詰め、常に飯の菜にして食うと妙である。〇稲草葉を細かに刻み濃く煎じてもよい。〇手足の裏が熱する治方は、胡黄連を細末（粉）にして飯の取り湯で用いる。〇肉痩せ骨が立つのを治す方は、鰻を割き目方三百二十目を酒五合に入れ、よく煮詰め 塩と酢を少し入れて食うと極めてよい。〔重宝記・儀部家写本〕に、〇大人の咳の久しく止まらないのを癆瘵といい、陳皮（皓）・厚朴（淡中）・枳穀（奴中）・半夏（守中）・乾姜（永大）を用いる。〇小児等虫の出る症は、加減して莪朮・白朮を加える。久しい咳には五味子を加え、熱気の甚だしい咳には、柴胡を加える。

〈呪い〉〔調宝記・文政八写〕に労咳を治す奇方は、渇気を水に写し、その茶碗を大釜に落し、蓋をして石を置く（芝増上寺大僧正［浦琴鳳］の伝）。

〈売薬〉〔洛中洛外売薬重宝記・上〕に「癆瘵亡痃円」があり、三条松の木丁東多木一水にある。男女癆瘵の病虫精気一切によい。〔家内重宝記・元禄二〕は乾姜 柏子仁 酸棗仁 山茱萸の四味を末（粉）し、丸じて服する。〔妙薬調方記〕には「労咳やきのかた（気の固）等の薬に

は おばこ（車前）とかや（地膚）を煎じ飲むべし」。〈労瘵食物宜禁〉〔世界万宝調法記・下〕に「宜い物」は大根 牛房 覆盆 枸杞 山椒 莧 鰻 鮑 海月 烏賊。「禁物」は糯 麵類 茄子 蕎麦 瓜 蕨 棗 柑子 林檎 杏 枇杷 山芋 胡椒 鯛 鮒 鮎 鳥 酒 飽食 晩食 房室。

乱がわし【ろうがわし】 大和詞。「らうがはしとは、みだれ（乱）がはしき事」である。〔不断重宝記大全〕

琅玕【ろうかん】〔万物絵本大全調法記・上〕に「琅玕 らうかん。海に有を珊瑚《さんご》*と云。山に有を琅玕《らうかん》と云」。玉に次ぐ石で、真珠の色をしたもの。

労宮【ろうきゅう】〈経絡要穴 肘手部〉二穴。労宮は掌《たなごころ》の真中、動脈の中、中指と薬指とを屈めてその二の指の頭の当る間の穴とする。『素』から針三分、留め六呼。『銅』から灸三壮、針二分、気を得て瀉す。針はただ一度する。二度すると人を虚する。禁灸、誤って灸をすると息肉（肉中の寄性肉）を日々に生ずる。〔鍼灸日用重宝記・三〕

老牛馬放生所【ろうぎゅうばほうじょうしょ】 老牛馬放生所は、諸労役に従い人に役立った老牛馬を放生し 極楽の場所とした。〔商家繁栄農家豊作重宝記・弘化二〕は、五畿七道の内でまず摂州一ノ谷、大坂天王寺、大坂日向町筋鉄町角に営み、諸方の仁心 慈悲を乞い請け（一疋に付一両）、老牛馬の助命 退転のないことを志した。発起人は、春木屋吉兵衛。元は作州津山出身。万貫堂、姓は藤原、俗称は森泉（住）治郎右衛門、晴吉と号する。生質陰徳深く、予ねて難所の道を補い、或は石橋を渡し、岐道に標を立て、生涯命あるものを食わず、命を救い なお老牛馬の放生を企て、後世の善道を開く。当代の大善者とある。「放生会《ほうじょうえ》」参照

漏刻博士【ろうこくはかせ】〔万民調宝記〕に漏刻博士は中務省*に属し、時を知る役である。壺に水を入れ、中に箭《や》を入れ、壺の側らの小さい穴から水が漏れるに従って、箭に百の刻み目が現れるのを以って、昼夜百刻の移るのを知る。

労瘵【ろうさい】「労咳《ろうがい》の事」ヲ見ル。「労症」ともいう。

ろうじ【ろうじ】 片言。「ろうじ、露路 ろぢ」（上方の商宅で商用以外の客が出入りして玄関に通じる裏庭）である。〔不断重宝記大全〕

領じ【ろうじ】 大和詞。「らう（領）じとは、我が物にする」事である。〔不断重宝記大全〕

牢実【ろうじつ】 寸関尺*の脈法。牢実は大便の結である。〔鍼灸重宝記綱目〕

狼藉日【ろうじゃくにち】〔永代調法記宝庫・五〕に「狼藉日」は「暦下段」に大悪日で、一切に用いてはならない日とある。〔昼夜重宝両面雑書増補永暦小筌・天保十一重刻〕に正・五・九月は子の日。二・六・十月は卯の日。三・七・十一月は午の日。四・八・十二月は酉の日とある。「三箇《さんが》の悪日」ヲ見ル

老中【ろうじゅう】「大老」ニ同ジ

籠城の花【ろうじょうのはな】 立花。*〔昼夜重宝記・安永七〕に籠城の花には、椿、芥子の花等を嫌う（花がポトリと落ちる）。

老人の諸症【ろうじん】〔丸散重宝記〕に「老人の諸症」として、虚瀉* 虚秘* 風秘* 冷秘*を立項している。

老僧【ろうすえん】 唐人世話詞。「老僧《らうそう》といふ事を、老僧《らうすゑん》」という。〔男重宝記・五〕

狼藉【ろうぜき】〔世話重宝記・三〕に『字書』に出るとして、狼が伏す時は草を藉《しい》して伏し、起きて去る時は踏み乱して去る。これより物の乱りがわしいことを狼藉《ろうぜき》という。江相公の詩「落花狼藉たり風狂じて後、［啼鳥竜鐘たり雨の打つ時］」（和漢朗詠集・上）も、風が吹いて花が散り散りに地に敷き乱れたのは、狼が藉いた草を踏み乱したようなという意とある。

弄舌【ろうぜつ】〔小児療治調法記〕に弄舌は、小児の脾臓に少し微熱があって舌を強張らし、時々舌を延べ出し舐るのをいう。治するのに冷薬

は用いず、瀉黄散*を漸々に服し、水を飲むのを熱とするのは非で、脾が虚して津液《しんえき》が少ないためである。又もし顔が黄で肌痩せ、五心煩熱して舌を伸べ出し舐るのは疳黄《かんおう》である。胡黄連丸*を用いる。

弄せらるる【ろうせらるる】 大和詞。「らう（弄）せらるるとは、あざけらる」をいう。〔不断重宝記大全〕

狼疝【ろうせん】 七疝*の一。〔鍼灸日用重宝記・五〕に狼疝は、ほがみ（陰上）と陰へ引き、痛む。

緑衫【ろうそう】 「ろうさう（緑衫）とは、六位の袍（＝深緑色の袍）」である。〔消息調宝記・二〕

蠟燭の事【ろうそくのこと】 蠟燭は縒り糸 或は紙縒等を芯にし周囲を蠟で円柱形に固めた灯火。〈**蠟の流れぬ法**〉〔秘密妙知伝重宝記〕に蠟燭の流れるのは塩を蠟燭の影（光）の落ちる所に置けば止まる。又未だ流れない内に蠟燭の回りに塩を置くと流れない。〔大増補万代重宝記〕に、○久しくなった蠟燭を灯すとそのまま蠟が流れて用に立たないので、灯す前に桶の水に漬けて置き、引き上げて水を切り灯すと流れない。○蠟の流れる小口へ向けて小刀で船という字を三遍書くとそのまま妙に止まる。○どんなに悪い流れやすい蠟燭でも、縁へ鼻の油を塗り灯すと少しも流れない。〔諸民秘伝重宝記〕に蠟燭の流れる方へ向いて、指で「い」の字を三遍書くとそのまま蠟燭の流れは止まる。〈**芯を切る法**〉〔永代調法記宝庫・二〕には座敷に一丁ならそのまま切り取る。二丁も三丁もあれば蠟燭を取り下して取る。〈**手品**〉〔清書重宝記〕に、○蠟燭を歩かせる伝は、小さい石亀の上に蠟燭を立てて放す。○宙に灯すには、白髪針金を宙に横に引き、それへ横に切り込まして見せる。

〈**蠟燭屋**〉〔万買物調方記〕に「京ニテ蠟燭屋」は寺町六角下ル、三条室町東へ入ル町、椹木町、両替町等所々にある。「江戸ニテ蠟燭屋」は大伝馬町二丁目、京橋北一丁目、京橋南四丁目、尾張一二丁目等にある。「大坂ニテ蠟燭屋」は備後町、御堂前、今橋筋等所々にある。

漏胎【ろうたい】 〔女重宝記・三〕に漏胎《ろうたい》は、懐妊の後数月して、大血が下っても平産することをいう。

ろうたく【ろうたく】 大和詞。〔不断重宝記大全〕に「らうたくとは、いとをしき」こと。〔消息調宝記・一〕には「らうたくとは、かはゆがること也」。

ろうたけ【ろうたけ】 大和詞。「らうたけとは、苦しき事」である。〔不断重宝記大全〕

労疸【ろうたん】 五疸*の一。〔鍼灸日用重宝記・五〕に労疸は、女にあり、大熱の時房に入り 水を浴び湿を脾に受け 腎虚して気が逆上する故、額は黒く身は黄である。

労【ろうてきん】 唐人世話詞。「草臥《くたびれ》たといふ事を、労《らうてきん》」という。〔男重宝記・五〕

莨菪膏【ろうとうこう】 〔改補外科調宝記〕に莨菪膏は、和蘭陀流膏薬の方*とある。青木葉・車前草・ひましの葉（各擂って三盃）、椰子油（三盃）の薬味と油とを一ツにして、鍋で煎じ、布で濾して滓を去り、また煎じて蠟を入れ、加減を見合せ膏薬に練る。莨菪膏は、腫物実症で膿多く膿の取れない時に付ける。悪肉を取り、痛を去り、後を癒す。虚症に用いてはならない。

臘日【ろうにち】 暦下段。〔永代調法記宝庫・五〕に臘日《ろうにち》は、十二月の節に近い辰の日で、先祖の神霊を祭る。シナの夏では嘉平、殷では清祀《せいし》、周では大蜡《たいしゃく》と言い、秦代に名を臘と改めてから臘日と言うようになった。この日は魚鳥を求めて酒肉を調え、まず鬼神に供え、また先祖に進める。上一人から下万民に至る迄、相応の勤めをする。

労熱／愁寒の事【ろうねつ／しゅうかんのこと】 〔馬療調法記〕に、馬の「労熱／しう（愁カ）寒の事」として次がある。○「労熱」は、胃の腑と膀胱の間に熱が固まり、諸々の薬を飼っても熱は冷め難く、内外より水を掛け、

冷ましても冷めないのをいう。〇「しう（愁カ）寒」は、肝臓と胆腑の間に寒を生じ、諸々の薬を飼っても、その寒を温め難いのをいう。「労熱」「しう（愁カ）寒」共に、所を定めて灸治する。

蠟の油取様【ろうのあぶらとりよう】 諸薬種油取様。〔改補外科調宝記〕に蠟の油取様は、蠟一両に油一両を入れて煎じ蕩かし、布で濾し取る。又方、蠟を煎じたて細かな木綿で濾し、水に落すと蠟は滓となって沈み、油は浮くのを寄せて取る。一切の腫れ痛みに塗るとよい。急に手足の攣るのに塗るとよい。疵の癒え兼ねるのに塗るとよい。

蠟礬丸【ろうばんがん】 〔改補外科調宝記〕に蠟礬丸は、瘻瘤 痔 便毒を治す。一切の腫物の血を退け、膿を納め、肉を生じ口を収め、外科癰 第一の薬である。黄蠟（二両）、明礬粉（四両）。蠟を煎じ、明礬の粉を入れ、掻き混ぜ、大勢で急に丸薬にし●程にして三十粒ずつ食前に酒で用いる。下戸には白湯で用いる。

老楓【ろうふう】 歌学用語。〔男重宝記・二〕に老楓は歌の病*である。例えば、紅葉を題にして小倉の山の下も隠れる由を言って褒めるべきに、又外の花を題にして吉野山にも余るばかりのことをもてなすべきに、只一枝咲いているように詠むのを嫌う。

老母／老婦【ろうぷう】 唐人世話詞。〔男重宝記・五〕には「年《とし》よりたる女を、老母《らうほう》 老婦《らうふ》（読み仮名には皆半濁音〇がついている）といふ」。〔新板増補男重宝記・五〕には「年より女を、老母《らうほ》 労婦《らうふ》と云」。

牢脈【ろうみゃく】 九道の脈*の一。〔医道重宝記〕に牢脈は、強くして鼓の皮を押すようで、気が塞がり、骨肉が疼《いた》むとある。〔昼夜調法記・正徳四〕には腹 心寒痛、疝癩《せんたい》、癥瘕を主《つかさど》るとし、治し難いとある。

老柳安達振出【ろうりゅうあだちふりだし】 〔薬種日用重宝記授〕に老柳安達振出は、白朮・木通・茯苓・当帰（各十匁）を用いる。

労淋【ろうりん】 五淋*の一。〔鍼灸重宝記綱目〕に労淋は、労倦《ほねおり》すると発る。又色欲を催すのに堪え留めて漏らさず、小便が急に乗じて尿を堪えると、多く淋をなす。療治は「五淋」参照。

労労じき【ろうろうじき】 「らうらうじきとは、功者《こうしゃ》の心」をいう。〔消息調宝記・二〕

琅琅ら【ろうろうら】 妄書かな遣。「らうろふら、ふえ（笛）」をいう。〔小野篡謔字尽〕

炉置き合せ、立て様の図【ろおきあわせ、たてようのず】 茶の湯。〔新板増補男重宝記・三〕（図540）に、①「炉置合の図」の説明は、茶入は水差の前のはらと茶入のはらと脇より見てすり払いである。三分の一もかける。茶碗は茶入と四目に置く。いずれも大小の違いがある。水差は、中程と地敷居との間、真中右の縁より七目 九目 十一目 十三目に置く。但し、水差の大小による。②「炉立様の図」の説明は、茶を立てる時はこのように置き合わせて立てる。どれも身のかねと道具のかねと違いのないように覚悟する。

図540 炉置き合せ、立て様の図

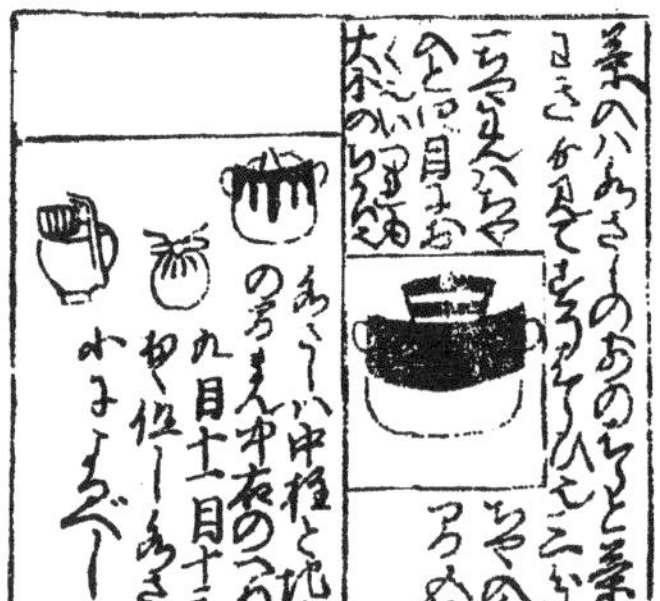

①「炉置合の図」（新板／増補）男重宝記

②「炉立様の図」（新板／増補）男重宝記

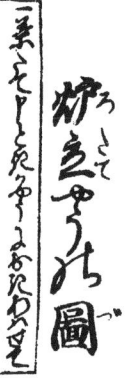

蘆会【ろかい】　蘆薈とも書く。〔薬種重宝記・上〕に唐木、「蘆会 ろくはい。土器《かわらけ》に入れ、土に塗納《ぬりこ》め穴掘り、糠廻り一寸に着せて焼く」。

蘆薈丸【ろかいがん】〔小児療治調法記〕に蘆薈丸は、疳気で腹脹り、骨熱するのを治す。木香・蘆薈・檳榔子（各二匁半）、蝦蟇（酒に浸し焙り骨を去）・黄連（各一両）、蕪荑（皮を去）・青皮・陳皮（各五匁）。黄連以下の四味は巴豆三七粒、殻を去ったのと同じく炒り、巴豆を捨て去る。これ等を末（粉）として猪胆汁で小豆の大きさに丸じ、三歳の児には二十丸を米湯で用いる。

蘆甘石【ろがんせき】〔薬種重宝記・上〕に唐石、「蘆甘石 ろがんせき。童便に浸すこと三日。又焼くこと三日。火気を去り用いる」。

六淫【ろくいん】　陰淫（寒疾）、陽淫（熱疾）、風淫（末疾）、雨淫（腹疾）、晦淫（惑疾）、明淫（心疾）の六疾をいう。

六鬱【ろくうつ】　六種の鬱症をいう。気鬱* 血鬱* 食鬱* 痰鬱* 熱鬱* 湿鬱*である。〔鍼灸重宝記綱目〕

六月【ろくがつ】〈異名〉〔改正増補字尽重宝記綱目〕を中心に他の重宝記からも集成すると以下の通り。六月《みなづき》 水無月《みなづき》《みずなしづき》 季夏 夏末 晩夏 暮夏 林鐘 炎天 赫曦《かくぎ》 瓜期《かき》 瓜月 火老 元陽 朔月《さくげつ》 金柔《きんじゅう》 庚伏《こうぶく》 伏月《ふくげつ》 但暑 亢陽 旦月《たんげつ》《みなづき》 鶉火《じゅんか》 陽《よう》氷《ひ》 小暑 大暑 酷暑 暑劇 暑月《しょげつ》 溽暑《じょくしょ》 祖暑 風待月《かぜまちづき》 待風月 鳴神月 常夏《とこなつ》月 葉月（『易林本節用集』ハ「葉月ようけつ 六月」）涼暮月《いすずくれ》《すずくれ》。〈一字異名〉旦《みなづき》。〔年中重宝記・二〕に「六月朔日の歯固め」を「正月の儀式」というのは、牛頭天王が南海から帰って祇園精舎で六月朔日より三十日の間巨旦《こたん》を調伏した故事による。食物は六月に甜瓜《まくわうり》を過食してはならず、もし過食して中《あた》ったら梅干を食い麝香を飲むと消化する。或は石首魚《いしもち》を焙って食すると消化して水にする。六月に韮を食うと目を眩ます。山葵《わさび》を食うと水瘕《すいか》《かたまり》になる。〈六月禁食〉〔料理調法集・食物禁戒条々〕等には、韮 茱萸 生葵 青胡桃を忌む。水亀 鷲 鴈 鴨を食わぬ。〈年中養生〉〔懐中重宝記・弘化五〕等に次がある。六月六日 浴すると家業を失う。入湯も悪い。土を動かすのを忌む。十九日 白髪を抜くと長く生えない。二十七日 暮時浴すると壮健、この日枸杞湯を浴すると顔色潤い 老いない。韮 鴈の肉を食わない。塩辛いのを増し、甘い苦い味を減らし、腎の臓を扶け、肺気を養う。極暑の時、掌《てのひら》を扇ぐと五体とも涼しくなる。〔永代調法記宝庫・二〕は夏月に、石や鉄物など堅い物を枕にして風に当たると、目を損ずる。夏至の日から九月迄 一夜を越した一切の食物は禁食。水を飲み 水浴びをしてはならない。夏は腎水が衰える時なので房事過多を忌む。夏に熱い物を食うと腹中が温まってよいが、生果物や水冷の物を多食すると秋には必ず瘧や痢病を煩う。衣類・書物・画筆の類は梅雨より前、天気のよい日によく晒して箱に取り納め、目張りして置くと梅雨に黴びない。「氷室《ひむろ》」参照

六月生れ吉凶【ろくがつうまれきっきょう】〔大増補万代重宝記〕に六月生れの人は、前生で杉一本を神の地に植える願を懸けて植えず、また寺の油を九升借りて返さない報いにより、身上危く目を患うことがある。よって杉の木十本を神へ上げ、油九升を寺へ寄進して、前生の因果を払うのがよい。〔女用智恵鑑宝織〕も同趣で、前世で神へ木を植える願を忘れ、人に物を借りて返さず、その報いで病があり、また損することがある。氏神を祭り、杉の木を植え、信心すれば、孝行な子を持ち繁盛する。

六観音【ろくかんのん】〔改正増補字尽重宝記綱目・数量門〕に六観音は、千手観音*。正（聖）観音。馬頭観音。十一面観音。准胝《じゅんてい》観音。如意輪観音。

六具の事【ろくぐのこと】〔武家重宝記・四〕に六具《ろくぐ》と言うのは、六は成数の始め、具は具足全備の意である。従って諺にも「六具を〆《しむる》」と言う。鎧を具足と言い、また武具と言い、物の具と言うのも、この意とする。即ち、六種で一揃いとして色々にある。相図の六具* 騎兵一己の六具* 軍馬

の六具*警固の六具*攻戦の六具*戦場の六具*備《そなえ》の六具*大将の六具*番所《ばんどころ》の六具*武士の六具*（「六具《ろくぐ》を締むる」参照）兵卒の六具*身堅《みがため》の六具*要害の六具*鎧の六具*等がある。

六具を締むる【ろくぐをしむる】〔世話重宝記・一〕に武士は武士の六具（甲《よろい》・冑・太刀・刀・弓・矢）を〆《し》めて戦場に向うべきであり、一具が欠けても軍用に利はない。人も思慮を胸中に〆めて事を捌く時は、事に臨んで欠くる事も動ずる事もなく堅固という。心で胸中に六具を〆むるという。

六根【ろくこん】六根は、眼・耳・鼻・舌・身・意を言う。〔改正増補字尽重宝記綱目・数量門〕

六斎日【ろくさいにち】〔年中重宝記・五〕に敏達天皇七年（『日本書紀』によれば五四四年）、太子が初めて奏聞して六斎日の殺生を止められた。六斎日は、智度論には悪鬼が人の命を奪う不吉の日と釈している。この故に謹んで功徳をなすべきである。八日・十四日・十五日・二十三日・二十九日・三十日は、最も善を修せよと、経論にある。

六済の市【ろくさいのいち】六斉の市とも書く。〔人倫重宝記・一〕に六済《ろくせい》の市は、聖徳太子が大和国三輪の里で、毎月六日を定めて市を立てたことをいう。我が国の市の始りという。

ろくじ【ろくじ】片言。「ろくぢ、陸路《くがぢ》」である。「りく（陸）」というのは東詞である。〔不断重宝記大全〕

録事【ろくじ】〔万民調宝記〕に録事（令 軍政の書記関係を司る）に次の官名がある。鎮守府（一国の将軍の居所）。太宰府筑紫 帥。諸衛府。（左右）近衛府。大将（近衛と同じく弓箭兵杖を帯し 天子を守り奉る）。中将（左右がある）。将監（左右がある）。衛門府（禁中外門の奉行で左右がある）。（左右）馬寮（天子の厩）。兵庫寮（武具を納る天子の蔵）。

六識【ろくしき】〔日時調法通用文則〕六識《ろくしき》に、色《しき》・声《しょう》・香《こう》・味《み》・触《しょく》・法《ほう》がある。これを識別する六種の働きとして、〔改正増補字尽重宝記綱目・数量門〕に眼識・耳識・鼻識・舌識・身識・意識がある。

六地蔵参り【ろくじぞうまいり】〔年中重宝記・三〕に七月二十四日 六地蔵参り。京の六地蔵は次を言う。洛北 御泥池の地蔵堂（後に鞍馬口通東入上善寺に移す）。四ノ宮 地蔵。上鳥羽 浄禅寺地蔵堂。常盤 源光寺地蔵堂。桂地蔵寺。伏見 六地蔵大善寺。

六死の脈【ろくしのみゃく】〔斎民外科調宝記〕に七死の脈*の内、釜沸*の脈を除いたものが六死の脈*で、弾石《たんせき》*解索*雀啄*屋漏*蝦遊*魚翔*の脈である。

漉酌男【ろくしゃくおとこ】六尺男とも書く。〔世話重宝記・一〕に酒屋の酒を作る藤次《とうじ》を言う。漉酌男は、酒を漉し酌む名で、十石 二十石入りの酒桶を振り廻す故背高く健やかなので、乗物男になぞらえて乗物舁も漉酌という。ある説に、乗物の棒は一丈二尺あり、これを二人で舁くゆえ六尺という。「とじ（杜氏）」参照

六蛇日【ろくじゃにち】日取吉凶。四季悪日*の一。〔重宝記永代鏡〕に六蛇日は、万に忌む。冬の壬子《みずのえ》、癸亥《みずのと》の日。

六社明神【ろくしゃみょうじん】〔農家調宝記・二編〕に六社明神は、武蔵、伊《い》弉諾《ざなき》、伊弉冊《いざなみ》、大己貴命《おおあなむち》、瓊々杵尊《ににぎのみこと》、大宮売命《おおみやめのみこと》を合せ、総社六社と称する。

六十甲子吉凶【ろくじゅうこうしきっきょう】〔重宝記・幕末頃写〕に「東方朔秘伝置文」から「六十甲子吉凶之事」（摂陽入窓軒考）がある。○「甲子《きのえ》の年」。二月三月は水があり、四月五月は沢水があり、六月七月は日早り、八月は雨が降り雷が鳴り、九月は風が吹く。田畑は大吉、麦 蚕は吉、盗人多く、火事があり慎むのがよい。万物熟《みの》り豊かな年である。○「乙《きのと》丑の年」。春は風があり、三月は牛馬が死し万民が飢える。五月八月は水があり、麻糸多く五穀*は吉。八月は病多く流行る。冬の気より大いによく冬を経て大いによく、十二月は大いに寒い。○「丙寅《ひのえ》の年」。水乾き田畠 蚕は吉。二月四月は雨があり、四月五月は病事があり、六月七

月は雨風があり秋は早く寒くなる。十月は盗人があり口舌事が多い。春夏は熱病が流行り、十一月十二月は大いに寒い。○「丁卯《ひのと》の年」。五穀は吉、春は疫病が流行る。正月三月は水があり、四月は病が流行り、五月六月は水があり、七月は風がある。蚕は吉。冬は暖く、万物の沢山ある年である。○「戊辰《つちのえ》の年」。麦大豆 小豆 麻糸 綿は吉。田畠 蚕は半吉。春に疫病が流行り、四月五月六月は大水があり、七月八月は大風があり、九月十月は雨風があり、十二月は寒い。盗人が多い。○「己巳《つちのと》の年」。正月五月は雨がある。麦は凶。七月八月は水がある。上田は凶、下田は吉。八月に大風がある。万民、船に乗ると多死するので慎むがよい。蚕は吉、冬の気は暖い。○「庚午《かのえ》の年」。春は寒い。五穀は凶、蚕は半吉。三月四月は雨、五月六月は大水がある。大いに熱疫病が流行り人が多く死ぬ。牛馬多く死ぬ。七月八月は雨があり、雷が多い。九月十月は草木は吉、十一月十二月は大いに寒い。○「辛未《かのと》の年」。田畠 大豆 小豆 蚕は吉。深田《ふけだ》 麦は半吉。春は風がある。三月四月は疫病が流行り、五月六月は雷風があり、七月は水があり、八月は暖い。十月は水があり、冬の気より寒い。○「壬申《みずのえ》の年」。五穀は吉、大豆は凶。春は病事流行る。二月は水がある。三月四月は雨が降り水が多い。六月は大いに日旱り草木が枯れる。世上には食い物が多いと知るがよい。○「癸酉《みずのと》の年」。春は水があり氷る。馬牛は煩う。三月四月は大いに暖く、六月は水があり、七月は風が少し吹き水がある。糸綿のない年である。麦は吉。八月十月に早く寒ずる。十一月十二月には寒風が度々吹く。○「甲戌の年」。二月三月は水がある。風熱の病が流行る。四月五月は水があり、七月八月は雨風があり、十月十二月は寒い。五穀 上田 下田吉、蚕は半吉。塩は少ない年と知るとよい。○「乙亥の年」。二月三月は水があり、風霧が度々吹き降る。五月六月は日旱り、七月八月は雨があり、九月十月は水があり、冬は暖い。五穀は吉、盗人多く、商売人は他行して多く死ぬ、慎むのがよい。

○「丙子の年」。大いに寒く時々雨風があり、二月は水があり、四月五月は雨があり、七月は沢水、八月九月は暖く病事が流行る。十一月十二月は霜が多い。麦蚕 田畠は吉、冬気に入るほど万事吉。○「丁丑の年」。二月は大風があり、三月は雨があり、牛馬には辛く多死する。四月五月は疫病が流行り、六月七月は雨が降り雷が鳴る。八月に水があり、麻糸 胡麻類は多い。冬の気に至り寒い。水は大いに氷る。○「戊寅の年」。前年の冬の気から春に至り熱病が流行る。三月は雨、四月は日旱り、五月六月は病事が流行り、七月八月は大風が吹き、九月は雨があり、十月は早く寒じ盗人が多い。十二月は風がある。五穀は吉、茶はなく、麦は悪い。

○「己卯の年」。二月三月は雨風があり、四月は病事があり、五月六月は水があり、七月は風が吹き、八月は寒く雨があり草木を損ない、九月十月は雨があり、十一月十二月は暖い。五穀 蚕は吉。○「庚辰の年」。二月三月は疫病が流行り、四月五月は大水があり、六月は寒く氷が降り水がある。七月八月は雨風があり、九月十月は大風があり熱病が流行り、十一月十二月は雪が多い。大豆 小豆 麦 麻 糸綿 蚕 五穀の類は吉。田畠は半吉。盗人が多いと知るがよい。○「辛巳の年」。二月三月は雨が降り、四月五月は寒く雨が度々降る。六月は大いに熱し、七月八月は水があり又大風がある。九月十月は雨があり、十一月十二月は暖い。麦は悪く、上田は凶。下田 蚕は吉。○「壬午の年」。二月は寒く水があり、三月は日旱り、四月五月は雨があり水があり、六月は大いに熱し風疫病に人が死ぬ。七月八月は雨が降る、九月十月は万物吉。十一月十二月は大いに寒い。蚕 五穀は半吉。○「癸未の年」。万物稔り吉。二月に風があり、三月四月は病事流行り、五月六月は雨が降り雷が鳴り水が多い。七月八月は日旱りし、九月十月は温風があり、十一月十二月は大いに寒い。

田畠よく、大豆 小豆は多い。蚕 麦は吉。○「甲申の年」。二月三月は水があり、四月は雨があり、五月六月は大いに熱し草木が枯れる。七月八月は水があり、九月十月は早く寒ずる。十一月十二月は風があり五穀吉。栢《かや》椎《しい》栗の類は多く、大豆はない。○「乙酉の年」。春は雨風があり、三月四月は大熱日旱りがあり熱病が流行る。五月六月は水があり物を害し、七月八月は風があり、九月十月は雨が度々降り、十一月十二月は暖くまた風が吹く。麦 糸綿 麻の類は吉。○「丙戌の年」。二月三月は風があり風の病が流行る。四月五月は水があり、六月は病事があり、七月八月は雨風があり、九月十月は少しずつ雨風があり、十一月十二月は寒い。五穀 蚕は吉、上田 下田は半吉。○「丁亥の年」。二月三月は水があり霜霧が多く降り、四月五月は寒雨があり、六月は日旱り、七月八月は雨が降り、九月十月は大いに寒い、十一月十二月は暖い。五穀 早稲 深田 糸綿の類は吉、麦は凶。

○「戊子の年」。二月三月は寒い、四月五月は水があり、六月七月は大いに日旱り、九月十月は雨があり 雪があり、十一月十二月は寒風が激しい。万物に吉、田畠 小麦 大麦 蚕は吉。○「己丑の年」。二月三月は風があり、四月五月は水がありまた熱病が流行り、六月七月は熱風があり、八月九月は水があり、十一月十二月は大いに寒い。五穀 糸 麻 胡麻の類は吉、麦はない。○「庚寅の年」。二月三月は悪い風が吹き人に当り患う。四月五月は雨があり、六月は大いに日旱り、七月八月九月は大雨が降り、十月に寒ずるのは極寒のようである。口舌が多い。田畠 蚕は吉。麦 綿は凶。○「辛卯の年」。二月三月は雨があり水が少しある。四月五月は大いに日旱り、六月七月は風があり、八月九月は雨があり物を害する。十一月十二月は暖い。五穀 蚕 深田《ふけだ》 大豆 共に吉。○「壬辰の年」。二月三月は病事があり、四月五月は水があり、六月七月は風 水がある。八月九月は大いに風が吹き、十一月十二月は湿病が流行る。田畠 大豆 小豆 糸の類 綿は吉。蚕は半吉。○「癸巳の年」。二月三月は風霧 霞が多い。四月五月は雨があり、六月七月は水があり、また熱風がある。八月は大いに風があり、九月十月は雨があり草木を害する。十一月十二月は暖い。蚕は吉。麦は凶。○「甲午の年」。二月三月は日旱り、四月五月は雨があり、六月は大いに熱し人は煩う。七月八月は雷 風があり、九月十月は温風があり万物が栄える。十一月十二月は寒い。五穀 蚕は吉。牛馬が多く死ぬ。○「乙未の年」。二月三月は風 雨があり、四月は寒雨があり、六月は大いに熱し草木が枯れる。七月八月は風があり、十月は寒く、十一月十二月は寒く風があり水がある。田畠 大豆 小豆の類 蚕は吉。○「丙申の年」。二月三月は水があり疫病が流行り、四月五月は雨があり、六月は涼風があり、七月八月は寒雨があり物を害する。九月十月は風があり、十一月十二月は暖い。五穀は吉。榧 桃 椎の類は多い。大豆 小豆の類は凶と知るがよい。○「丁酉の酉」。春は水が多く、四月五月は大いに熱し疫病が流行り、六月七月は大いに水 風があり、九月十月は雨があり、十一月十二月は大風がある。冬の気は暖い。麦は吉、糸綿の類は悪。○「戊戌の年」。二月三月は水があり 疫病が流行り、四月五月は日旱り、七月八月は風、九月十月は湿熱の気が蒸して病事が流行る。十一月十二月は湿風がある。五穀 蚕は吉。塩なく、麦は凶。○「己亥の年」。二月三月は風 水があり、四月五月は日旱り、六月七月は雨があり大いに熱する。十月は雨があり、十一月十二月は暖く氷らない。五穀は吉、麦は凶、茶はない。

○「庚子の年」。二月三月は寒く水があり、四月五月は雨風があり、六月は大いに熱する。七月は水があり、八月九月は雨があり雷が鳴り大風が吹き、十月は風があり万物によく、十一月十二月は大いに寒い。田畠 麦 山蚕は吉。火事があり、塩は多い。世の中半分盗人多く聚る。○「辛丑の年」。二月三月は大風があり、牛馬が多く死ぬ年である。四月

五月は大いに疫病が流行り、六月は雨があり雷が鳴り、七月は日旱りがあり、八月九月は大いに熱し、十一月十二月は寒ずる。五穀 田畠は吉、糸綿の類は多い。○「壬寅の年」。二月三月は熱して疫病が流行り、四月は雨があり、五月六月は大いに熱して草木が枯れ、また病が流行る。七月八月九月は風雨があり、十月は寒く、十一月十二月も寒くて風がある。田畠 蚕 吉。盗人が多い。世の中は吉。○「癸卯の年」。二月三月は雨 風があり、四月五月は大いに熱して疫病が流行り、六月七月は水があり、八月九月は雨があり万物を害する。十月に風があり、十一月十二月は春のごとく暖い。五穀 蚕 田畠は吉。世の中は十分である。○「甲辰の年」。二月三月は雨があり、四月は水があり、五月は熱風が吹き、六月は水があり、七月八月は雨風があり、十月は熱風が吹いて病が流行る。十一月十二月は寒く雪が多い。田畠 麦 大豆 小豆 糸綿 麻糸 胡麻の類は吉。蚕は半吉。盗人が多く集る年である。○「乙巳の年」。二月三月は風があり霧 霜が多く降り、四月五月は雨が降り、また熱する。六月は熱風 雨があり、七月八月は雨が降り、九月は熱し、また俄に雨の降ることがある。十月は雨があり、十一月十二月は暖く水は氷らない。下田は吉。蚕は半吉。五穀 麦上田は凶。塩はなく、万民は他国へ行き水に溺れ多く死ぬ。○「丙午の年」。二月三月は大いに寒く霜が多く、四月は風雨があり、五月は水があり、六月は大いに熱し水があり 人は多く風疫病を煩う。七月は日旱り、八月は雨があり雷が鳴る。九月は風があり、十月は風があり 草木万物が栄える。十一月十二月は大いに寒い。五穀 蚕 糸綿 麻 麦は吉。果物は半吉。○「丁未の年」。二月三月は風雨があり、四月は大いに疫病が流行る。五月は雨があり、六月は霰が降り、七月は水があり、八月は日旱りする。九月は水があり、十月は寒い。十一月十二月は大いに寒く、草木が枯れる。田畠 大豆 小豆 果の類蚕は吉。万事よい年である。○「戊申の年」。二月は熱風があって人を破り、三月は水があり、四月は雨があり水がある。五月は日旱り、六月は俄に熱して草木が枯れ、或は温風が吹いて草木が破られ、七月は日旱り、八月は風があり、九月は日旱り、十月は早く寒じ、十一月は日旱り、十二月は寒風が吹いて雨がある。五穀 麦 煙草 桃 榧 栗は吉。大豆 小豆は凶。○「己酉の年」。二月は風が少しあり、三月は雨風があり、四月は大いに熱して疫病が流行る。六月は雨があり、七月は清風が少し吹き、八月は大いに寒風が吹き草木を害する。九月は日旱り、十月は大いに風が吹き雨が降る。十一月は雪が多く、十二月は風が大いに吹き暖い。五穀 麦は凶。糸綿 麻の類はなく、大豆 小豆はある。○「庚戌の年」。二月は疫病が流行り、三月は水があり、四月は暖く万物生じ、五月は雨が降り、六月は大いに熱風があり雨が降り、七月は風があり、八月は雨風があり、九月は日旱り、十月は湿風があり、十一月は日旱り、十二月は大いに寒い。五穀 田畠 麦は吉。十分の年である。○「辛亥の年」。二月は風があり霜霧が多く降り、三月は水があり、四月は雨が降り、五月は日旱り、六月は熱気大いに起り、七月は雨が降り、八月は俄に雨の降ること度々である。九月は日旱り、十月は雨が降り、十一月十二月は大いに暖く水は氷らない。五穀 麦は吉。塩はなく、魚類は多く、人が口論し多く死ぬ年である。

○「壬子の年」。二月は寒く、三月は水があり、四月は雨風があり、五月は日旱り、六月は雷があり雨が降る、七月は水があり、八月は大風 雷電がある。九月は大風が吹き、十月十一月は温風があり万物は栄え、十二月は寒い。五穀田畑蚕麦は吉。大豆 小豆の類は凶。○「癸丑の年」。二月三月は風があり、四月は大いに疫病が流行り、五月は水があり、六月は雷雨があり、七月は日旱りする。八月は雨があり水があり、九月は日旱り、十月は風があり、十一月十二月は大いに寒い。五穀 麻糸 綿の類は吉。田畑 蚕は半吉。○「甲寅の年」。二月三月は熱風

があり人を破り、四月は大いに日旱り水が乾き、五月は病事があり、六月は大いに熱して草木が枯れる。七月は風があり、八月は雨が降り、九月は水があり、十月は盗賊が多い。十一月は早く寒じ、十二月は風がある。田畑 蚕 五穀 大豆 小豆は吉。麦は凶。○「乙卯の年」。二月三月は雨風があり、四月は大いに日旱り、五月は水があり、六月は風があり、七月は大風があり、八月九月は雨があり万物を害する。十月は雨風があり、十一月は日旱り、十二月は暖い。五穀 麦 蚕は吉。○「丙辰の年」。二月は疫病が流行り、三月は日旱り、四月は大水がある。五月は雨が降り、六月は霰が降り、七月は風があり、八月は雨が降る。九月は日旱り、十月は湿風があり人を破り、十一月十二月は大いに寒い。田畑は半吉。大豆 小豆 麻 糸綿の類は多い。○「丁巳の年」。二月三月は風があり、三月は日旱り、四月は雨が降り、五月は風があり雨が降り、六月は日旱り、七月は水があり、八月は風があり、九月は日旱り、十月は雨があり、十一月十二月は暖く水は氷らない。上田 蚕 糸綿の類は吉。五穀 大豆 小豆は半吉。麦 下田は凶。○「戊午の年」。二月三月は大いに寒く、四月は雨風があり、五月は大雨が降り、六月は大いに熱して水が多い。七月は日旱りし、八月は雨が降り、九月は日旱りし、十月は温風が吹いて万物栄え、十一月十二月は大いに寒い。蚕は吉。五穀は半吉。大豆 小豆の類は凶。疫病が流行り人が多く死に、牛馬も死ぬ。○「己未の年」。二月三月の間に大いに風が吹き、四月は疫病が流行り、五月は水があり、六月は風雨があり、七月は水があり、八月は大いに暖く、九月は水があり、十月は寒く、また水があり、十一月十二月は大いに寒い。田畑 五穀 大豆 小豆 蚕の類は吉。麦茶は凶。○「庚申の年」。二月に熱風が吹いて人を破り、三月は水があり、四月は雨が降り湿風がある。五月は大風 水があり、六月は大いに熱し草木は悉く枯れる。七月は日旱り、八月は風があり、霧霞が多く、九月十月は早く寒ずる、十一月十二月は寒風があり、雨が降る。五穀は吉、田畑は半吉、麦は凶、榧栗の類は多い。大豆 小豆は悪い。○「辛酉の年」。二月三月は寒く雨が降り、四月は大いに熱して疫病が流行る。五月は水があり、六月は水があり風が吹き、七月は日旱り、八月九月は寒雨があり万物を害する。十月は涼風があり雨が降る。十一月十二月は大風があり大いに暖い。田畑 麦は吉。蚕は半吉。糸綿 麻の類はない。夏の気が大いに熱して牛馬が多く死ぬと知るがよい。○「壬戌の年」。二月三月は大いに疫病が流行り、また水がある。四月は大水があり、五月は水があり、六月は大いに霰が降り、七月は風があり、八月は雨風があり、九月は日旱りする。十月に湿風があり病が流行り、十一月十二月は大いに寒い。五穀は吉。田畑 蚕は半吉。○「癸亥の年」。二月三月は風があり霧霞が降り、四月は雨が降り、五月は日旱りし、六月は大いに熱する。七月は日旱りし、八月も日旱りしまた雨が降る。九月は風があり、十月は雨が降り、十一月十二月は大いに暖い。田畑 五穀 麦 大豆 小豆は吉。綿糸の類は少い。盗人がある。

六十甲子五行の解并生れ性【ろくじゅうこうしごぎょうのかいならびにうまれしょう】〔大増補万代重宝記〕に「六十の甲子五行*の解并産性の吉凶」として次がある。○「甲《きのえ》子／乙《きのと》丑」(海中の金)。「甲／乙」は金気の始めでまだ幼稚であり、「子／丑」は北陰《きたいん》の水で、幼稚は金気に沈む心である。故に海中の金とする。この年の生れの人は心は正しいが短気であり、とかく時節を待つのがよい。海川に漁《いさどり》は悪い。

○「壬《みずのえ》寅／癸《みずのと》卯」(金箔の金)。「壬／癸」は金気の終りで金を鍛えて用をなし、「寅／卯」は東を司り、東は金気において死絶の地である。故に用をなす共力の薄い金箔の金とする。この年の生れは人に用いられるが、虚弱の生まれなのでよくよく養生するのがよい。

○「庚《かのえ》辰／辛《かのと》巳」(白鑞の金)。「庚辛」は西を司り金気の正位で色は白い、

「辰／巳」は木で火を生ずる。金は火に遇い用をなし又よく柔らぐ。故に白鑞の金とし、臘は鉛である。この年の生れ人は、心はよく和らかで人と睦まじく交わる。但し、女色に迷うことがあり慎むがよい。

○「甲午／乙未」（沙中の金）。「甲／乙」は前記のように金気がまだ弱く、「午／未」は南を司り火である。金気は火に克たず、怕れ隠れる意で沙中の金とする。この年に生れる人は才能があるといっても、内気で進み出ることが出来ない。随分努め学べば末に名を上げる。

○「壬申／癸酉」（剣の金）。「壬／癸」は金気の終りで鍛い上げた金であり、「申／酉」は西方の金の地に居てよく旺じ、酉は秋を司り、万物を枯らし殺すので、剣《つるぎ》の金とする。この年生れの人は心激しく正しいが短慮で争いを好み、よくよく喧嘩口論を慎めば人の頭となる生れつきである。

○「庚戌／辛亥」（釵《かんざし》の金）。「庚／辛」は金気の成就する物、「戌／亥」は金気の休息の地で、その鋭いのを止める。乾は貴く頭は丸いとし、この年生れの人は芸能があり、愛せられ人の頭に立つ。心聡く幸いがあるが、名高くして人に妬まれることがある。慎むがよい。

○「壬子／癸丑」（桑の木）。「壬／癸」は木の終りで老木とし、「子／丑」は北の方を司り、水に旺じて木の母である。木は北の方の母に養われて繁茂し老樹となる。故に桑の木とする。この年生れの人は心静かで度量が大きく人と同意しがたい。これを慎んで人に従うのがよい。

○「庚寅／辛卯」（松柏の木）。「庚／辛」は木気の旺んな物、「寅／卯」は東を司り木の地で独り秀《ひいで》て、霜雪にも怕れない松柏の木とする。この年に生れる人は正しい心で人に約したことを変えず、女は貞女、男は勇気があり、物の頭となり敬われる。

○「戊《つちのえ》辰／己《つちのと》巳」（森の木）。「戊／己」は木気の化する物、「辰／巳」は南東で木の長ずる地で、その地を得て茂り長ずる物故に森の木とする。この年に生れる人は心賢しく人に愛され親族も多く家業は繁盛するが、神に仕え仏を守ると大いによい。

○「壬午／癸未」（楊柳の木）。「壬／癸」は木気の終りで、「午／未」は南の火を司る。老木火気の為に絶散され中空は虚で枝は弱く、故に楊柳の木とする。この年の生れ人は女はよく、男は柔弱で、心定まらずとかく迷い怕れ心が絶えず、正真の人に従うとよい。

○「庚《かのえ》申／辛《かのと》酉」（柘榴の木）。「庚／辛」は木気の成就する物、「申／酉」は西を司り金気の地に居り、金克木の理で木の死絶の地であるが、金は秋であり菓の熟する時で、実の多いのを穫り石榴とする。この年の生れは人に愛され子も多い。財宝は乏しいが、神仏を祈れば富む。

○「戊戌／己亥」（平地の木）。「戊／己」は木気の化する物、「戌／亥」は金気の休息の地で、木を克するのを止む。故に静かな地を安んじて平地の木とする。この生れの人は人と争わず心静かである。親の家督を継ぐのはよく、所を替えるのはよくない。

○「丙子／丁丑」（澗の水）。「丙／丁」は水気の旺んな物、「子／丑」は北に位して水の源である。水の旺んなのは山の澗の水に比べられない。この年生れの人は心騒がしく、了簡が狭い。人と争い逆う性があって悪しく、よくよく学問して心を静かに持てば末はよい。

○「甲《きのえ》寅／乙《きのと》卯」（山沢の水）。「甲／乙」は水気の始めで、「寅」は山「卯」は木である。水寅卯が山中にありまだ流れ出る勢いがないので山沢の水とする。この年に生れる人は心静かで思慮深いが、人と親しからず常に尋ね来る人がなく、寂しく暮らすことを好む。

○「壬辰／癸巳」（長流の水）。「壬／癸」は水気の終り、「辰／巳」は東南を司り、地は東南を低しとする。水は自ずから東南へ流れて暫くも休息しないので長流の水とする。この年に生れる人は心広くよく人に交わるが、人のために遣われ苦労が多い。家業は栄える。

○「丙午／乙未」（天河の水）。「丙／乙」は水気の旺んな物、「午／未」

は南を司る。天の図では南を乾とし 乾は天である。水が天上にある故に天河の水とする。この年に生れる人は心広く気高く人に敬われる性であるが、思い事が絶えず また色に溺れる心がある。よく慎むのがよい。

○「甲申／乙酉」（井泉の水）。「甲／乙」は水気の幼稚な物、「申／酉」は坤の方は金母の地である。幼稚の水が金母の地に養われ、他へ流れることがないので井泉の水とする。この年生れの人は心静かで正直、奉公をするとよく主人に用いられ立身する。目上の人の力を頼むとよい。

○「壬戌《みずのえ》／癸亥《みずのと》」（大海の水）。「壬／癸」は水気の終りで老水であり、「戌／亥」は金気の休息の地、老水が他へ流れ落ちることがないので大海の水とする。この生れの人は心広く少しも怒ることなく柔和であり、もし怒れば諸人を驚かす。大勇の生れでもっとも富貴である。

○「戊午／己未」（天上の火）。「戊／己」は火気の化であり、「午／未」は南方 火に属する。天の南の乾は天の上の火で太陽であり、故に天上の火とする。この生れの人は大いに勢いがあり物の頭となるが、勢いを頼み驕る心があり、老いて零落する憂いがある。よく慎むとよい。

○「丙申／丁酉」（山下の火）。「丙／丁」は火気の旺んな物、「申／酉」は金気で秋である。故に火気が旺んになろうとするのに秋の陰に伏せられ炎上することが出来ず退き伏す。故に山下の火とする。この年生れの人は万事の思い事は叶わず引き籠り、運気は甲斐がない。医師か出家ならば人に尊まれる。

○「甲戌／乙亥」（山上の火）。「甲／乙」は火気の始めで、「戌／亥」は金気休息の地にあり、これは火の用をなさず徒に燃えるので、山上の火とする。乾は尊く地の高い物ゆえ、この年生れの人は心高い勢いで無用の事に財を散らし、また少しの事にも腹を立てる性である。慎めば末はよい。

○「戊子／己丑」（雷の火）。「戊／己」は火気の旺んな物、「子／丑」は北で水気の旺んな物、もとより火を克せんとするのを壮火がこれと戦い争う故に雷の火とする。この年生れの人は智恵 謀《はかりごと》があり、大望を遂げることがあっても身は危く、又人とは不和である。心を慎むと大いによい。

○「丙寅／丁卯」（炉中の火）。「丙／丁」は火気の漸く成長した物、「寅／卯」は東の木の地に居て、木生火の理で火の母である。火木母の地ゆえ炉中の火とする。この年生れの人は酒食に乏しくはないが 発達しがたい。しかし、よい人のためになる性なので、人に用いられ一生安楽である。

○「甲辰／乙巳」（燈籠の火）。「甲／乙」は火気の始めで、「辰／巳」は東南の木 母の木に養われるが、辰巳は風で火の力は弱く風を恐れるゆえ燈籠の火とする。この年の生れ人は学問 筆道の芸があるが、生得虚弱で臆病である。商人職人は悪く、医師か出家ならば大いによい。

○「庚子／辛丑」（壁上の土）。「庚／辛」は土気の成就する物、「子」の水と「丑」の土と交わるのは泥土の類で、万物を生む土の功はないゆえ壁の上の土とする。この年に生れる人は才芸拙く、人の下に付いて世を渡る。もっとも気重く不性である。よくよく学問して発達を求めるのがよい。

○「戊寅／己卯」（城塁の土）。「戊／己」は土気の化で、「寅」は山「卯」は木で山林である。「戊／己」は山城の土でこれも万物を生ずる土の功はない。この年生れの人はその気性高く、武士等は発達する。町人百姓は思い事絶えず、他所目は楽に見えて心苦労が甚だ多い。

○「丙辰／丁巳」（砂中の土）。「丙／丁」は土気の旺んな物、「辰／巳」は木火長養の地の土で、火のために乾かされ潤いがない。これは五穀のためにならず砂の中の土とする。この年生れの人は才気薄く、人と交わることを厭い隠遁の心がある。出家か医を業とするとよい。

○「庚午／辛未」（瓦甍の土）。「庚／辛」は土気の成就する物、「午／未」

は南の火を司る。火は土を生じまたよく土を乾かすので瓦の土とし、五穀を生む力はないものの、水を防ぐ功がある。この生れの人は智恵があり万事に聡く人を扶ける。武家は大いに発達する、そうでなくても一生安楽である。

○「戊申／己酉」（大沢の土）。「戊／己」は土気の化であり、「申／酉」は西を司り、西の兌《だ》の卦《け》で沢とする。土気の化が同性の沢に遊ぶ故に大沢の土とする。この年に生れる人は心が和やかで智恵があり人と争うことなく分《ぶん》に安んじて心豊かである。学問を励み学べば大いに名を発する。

○「丙戌／丁亥」（墓の土）。「丙／丁」は土の気旺んな物、「戌／亥」は金気の休息する所である。また「戌」は五行の墓とし、「亥」は絶で墓の土とする。この年生れの人はその心の進むことを好まず、退き隠れることを好むが、誉れは高く人に敬われる。儒者医者なら立身する。

六十帖【ろくじゅうじょう】『源氏物語』の総巻数を指す。即ち、五十四帖（「源氏物語の事」〈源氏香の図〉参照）に次の六帖を合せて六十帖という。「系図」（物語に出た人々の系図）。「引哥」（巻々に切り入れた古哥の言葉の出所などを見合せのため集めた）。「目安 上中下」（この三巻は知れ難い言葉の故事などの出所を記した）。「山路の露*」。

六十図繰り様【ろくじゅうずくりよう】六十は干支（十干*十二支*）が一巡する数で、これを円形 方形 図表、或は五指に表し、魂の数*五行*十二運*年歴を加える等して早見の便利とした。自分の生れ年の運勢を知るには、その年から後へ自分の年数程繰って当る年を見、何年生れ何性と知る。図（図541）は〈文政／新刻〉金神方位重宝記〉でのもので中心一輪目が魂の数（数を知る歌「木《き》九《く》からに 火三《ひみツ》の山に土一《つちひとツ》 七金《ななツかね》とぞ五水《ごすい》りやうあれ」）、二輪目が干支、外二輪は五行。十二運*を入れるのは〈万代重宝記〉、年歴を入れるのは〈男女ちやうほう記〉等。「六十花甲図」「年歴六十図」ともいう。

〈五指で繰り様〉〈農家調宝記・三編〉に五指で繰るには、図（図542）のように指五本に木火土金水（キヒツカミと覚える）を当て、五行の兄弟《エト》を右左、戊《つちのえ》己《つちのと》する。大指端に子丑／午未は上部、寅卯／申酉は中部、辰巳／戌亥は下部に当てると、六十図は五本の指に並ぶ。甲《きのえ》子・乙《きのと》丑は大指の一番上。壬《みずのえ》・戌 癸《みずのと》 亥は小指の一番下と知る。暗記《そらんずる》の歌がある。○大指。海と沙《いさご》の金よ 山沢また泉 燈籠峰の火 是ぞきのえと（干支）。○人《ひと》指《さし》。谷の水 天河《てんが》 囲炉裏と山の火に 沙と屋根の土はひのえと。○中指。雷と天の火 深山大駅に 森と平地《ひらち》の木は 土のえと。○薬指。壁と路《みち》 松柏 柘榴 白銀《しろかね》に簪の金《かね》 是ぞかのえと。○小指。桑と柳 金箔 剣《つるぎ》 流れの水 大海の水 みずのえと。

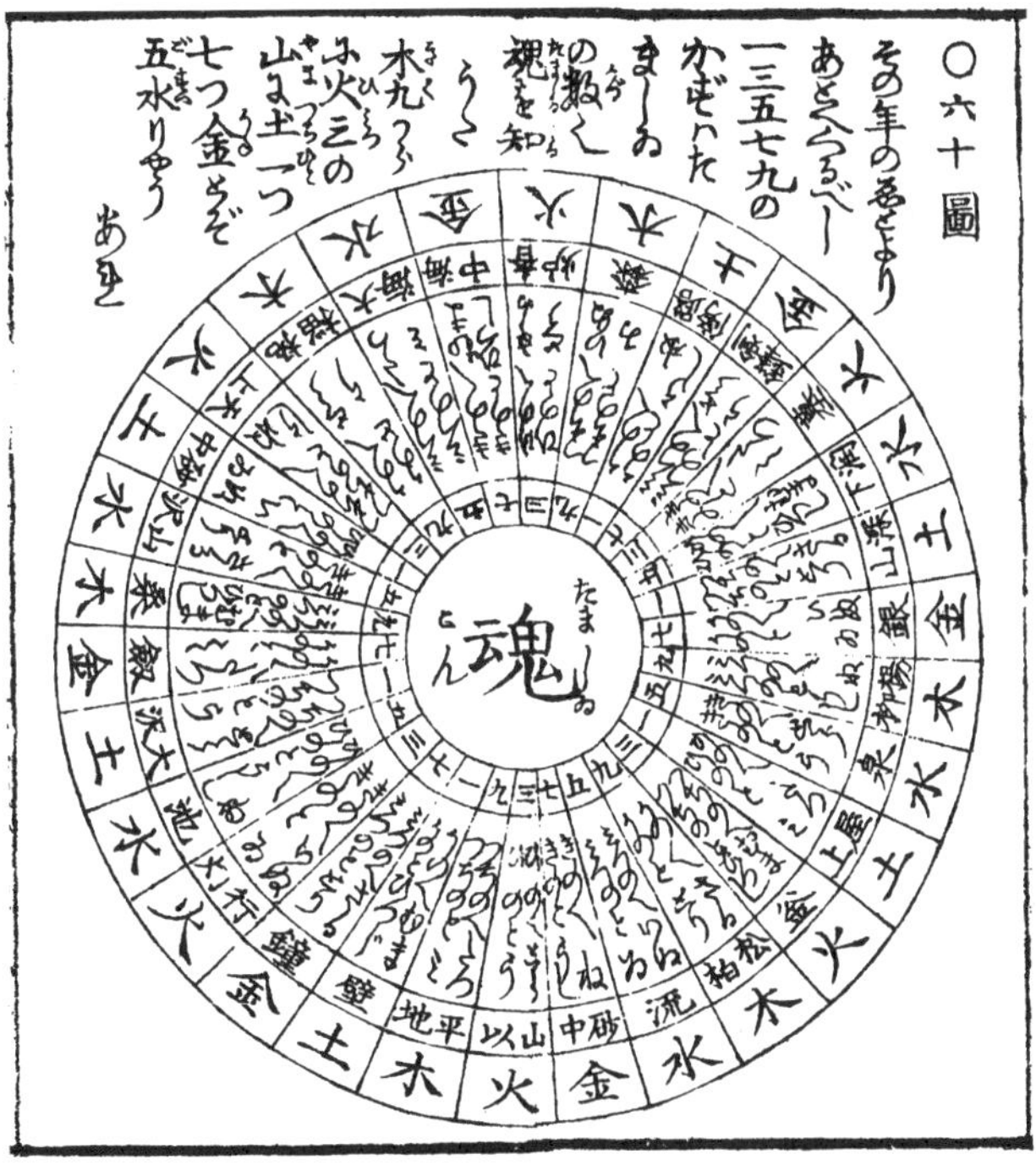

①

図541「六十図」〈文政／新刻〉金神方位重宝記

〈六十図を見ず年を聞き十干*を知る〉〔家内重宝記・元禄二〕には図（図543）のように、子指先端から親指の上下へ順に甲乙から壬癸を当て十干を知る。例えば、五十七歳の人が生年の十干を知りたければ、十の分を捨て残る端数七を数えて知る。今年が戊《つちのえ》の干なら、これより七ツ戊（1）丁（2）丙（3）乙（4）甲（5）癸（6）壬（7）と繰り戻して、壬を知る。〈六十図を見ず年を聞き十二支を知る〉〔家内重宝記・元禄二〕には図（図544）のように、人差指の下節から子丑寅卯と先端へ上り、中指（辰）薬指（巳）小指先端（午）を回り、小指の節を下り、薬指（壬）中指の下（癸）の順に十二支を当てる。例えば、五十七歳の人が生年の十二支を知りたければ、今年辰の年なら、手の辰から五十七を逆に数えて申の年、壬申の年を知る。

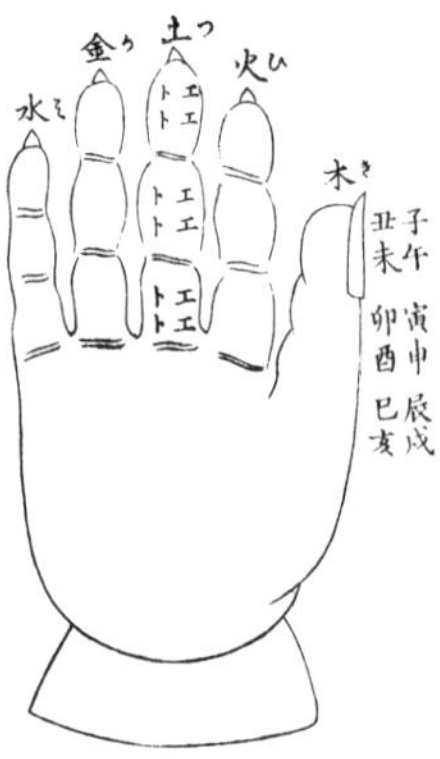
図542「五指で六十図を繰る」〔農家調宝記・三編〕
②

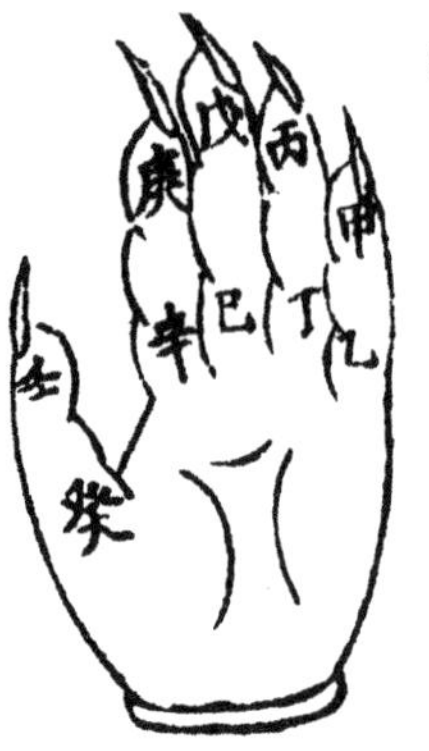
図543「五指で十二干を知る」〔家内重宝記・元禄二〕
③

図544「五指で十二支を知る」〔家内重宝記・元禄二〕
④

六十八州【ろくじゅうはっしゅう】 日本国六十六州*に、壱岐*対馬*の二嶋を国に加えて、六十八州とした。

六十六州【ろくじゅうろくしゅう】 六十六州は日本の国数である。〔重宝記永代鏡〕五畿内*五ケ国。東海道*十五ケ国。東山道*八ケ国。北陸道*七ケ国。山陰道*八ケ国。山陽道*八ケ国。南海道*六ケ国。西海道*九ケ国。これに壱岐*対馬*の二嶋を国に加えて日本国を六十八州とした。〔農家調宝記・初編〕は嵯峨天皇（八〇九〜八二三）の時迄に六十二国に定まった。王都に近い五ケ国は天子の饗膳に備える料に中央とし畿内と称し、都から使を命ずる街道七ツ、東海道*東山道*北陸道*山陰道*山陽道*南海道*西海道*を定めた。その後境論が起り、天平七年（七三五）に命があり、吉備公は中国から西国を、行基は駿州から中国を、泰澄は東国の国々の境界を定め、天平十七年に全く成った。坂東の国々三十三、関西も三十三ケ国である。
「坂東の称」参照

六症【ろくしょう】「四飲の症*」に「留飲*伏飲*の二飲を加へて六証（症）と云なり」。〔鍼灸日用重宝記・五〕

鹿茸【ろくじょう】〔薬種重宝記・上〕に和獣、「鹿茸 ろくじやう／しかのふくろつの。焙って毛を去り 刻み末（粉）す」る。〈薬性〉〔医道重宝記〕に鹿茸《ろくじやう》は甘く温、気を増し陰を慈《うるお》し、泄精 尿血 崩漏 帯下に主薬とする。火の上で毛を焼いて刻む。

六条【ろくじょう】〔男女日用重宝記・下〕に六条の拵え様は、一丁の豆腐を切らずに上下より塩をたぶたぶと付け、鉢等に入れて二日ばかり蓋をし

てよく押して置き、その後四ツに切り、串の先で胡麻油を少しずつ付け、豆腐を刺して網で干す。〈薬性〉〔永代調法記宝庫・四〕に六条は、諸病の薬となり、痰を消し脾胃を強くし、食を進める。

六帖【ろくじょう】 六帖の名については、「紫式部」、また「六十帖」ヲ見ル

六親【ろくしん】 六親は、父・母・兄・弟・妻・子を言う。〔改正増補字尽重宝記綱目・数量門〕

六塵【ろくじん】 六塵は、色・声・香・味・触《ふる》・法《のり》を言う。〔改正増補字尽重宝記綱目・数量門〕

六神日取時取法【ろくじんひどりときとりほう】 ○赤口。卯・酉年。○小吉。戌・辰年。○大安。即吉は吉良である。○即吉。寅・申年。○虚亡。巳・亥年。○留連。小吉は中吉である。○留連。巳・未年。○大安。子・午年。赤口 虚亡は大凶である。或はこれを六曜の星ともいう。○この繰り様は、酉年九月十一日を見るには、酉の年を赤口と当る、その次の小吉を正月として段々順々に数えて、九月大安に当る。次から留る連を九月朔日とし、十一日ならば留連より順に十一日数えて虚亡に当るので悪日とする。また午の時を見るには、その次の大安を子の時に当る順に数えて大安に当るので、午の時をその日のよい時と知る。他もこれに准える。〔米商売相場人調宝記〕

六孫王権現【ろくそんおうごんげん】 〔農家調宝記・二編〕に六孫王権現《ろくそんおうごんげん》は、源《みなもと》姓の氏神*とある。

六畜の事【ろくちくのこと】 〔改正増補字尽重宝記綱目・数量門〕に六畜は、鶏。犬。牛。羊。馬。豚。
〈雑穢〉〔永代調法記宝庫・首〕六畜の生れるのは三日、死ぬのは五日を忌む。
〈肉食中毒〉〔改補外科調宝記〕に牛馬の肉を食い毒を生じたら、烏柏《うきゅう》汗根《こん》・葱根（各一両）、大豆（一合）、生酒（三椀）を入れ煎じて用いる。汗が出るとすぐに癒える。もし、死んだ六畜の肉を食って毒に中ったら、焙り黄栢《おうばく》を粉にし、一二匁程用いるとよい。

六陳【ろくちん】 薬種。〔医道療治重宝記〕に六陳の陳は古いと訓ずる。六陳は古い物を用いる方が効があるという六ツの薬種で、狼毒 呉茱萸* 半夏* 陳皮* 枳実* 麻黄*をいう。

六通【ろくつう】 〔日時調法通用文則〕に六通は六種の神通力をいう。六神通ともいう。天眼、天耳、他心、宿命、漏尽、神境の通力。

勒通縄【ろくとうなわ】 馬具。〔武家重宝記・五〕に勒通縄《ろくとうなわ》は、馬の頤《おとがい》の下から鑾《くつわ》*に通じて、胸繋《むながい》の下を通り、腹帯へ結び付ける。馬の頭を上げさせないための縄である。

六道参【ろくどうまいり】 〔改正増補字尽重宝記綱目〕に、六道の辻は洛陽東山にあり小野篁が冥途に入った所である。今に及び、毎年七月十日に貴賤群衆が参詣する。聖霊の迎え鐘を撞き、帰る時に槇や早稲米等を買う。寺の閻魔王は篁の作である。近頃は篁の御影も造立がある。
〈六道参〉〔年中重宝記・三〕に七月九日の晩から翌朝迄、六道祭があり、珍皇寺（振仮名「ちんわうじ」。立項は「ちんこうじ」）*に参詣する。珍皇寺は、建仁寺の内 大昌院支配の寺で、弘法大師の開基、元は葬場《そうば》であった。小堂に薬師如来と閻魔王の像があり、庭に地蔵の石像が数多くある。世にここを六道という。諸人は今日参詣して迎鐘《むかいかね》と言い、鐘を撞き、聖霊が槇の葉に乗って来ると言い、槇の枝を求めて帰る。経に依草付木《えそうふぼく》を説く心という。

禄馬の法【ろくばのほう】 〔懐中調宝記・牛村氏写本〕に次がある。禄馬の法は玄々微妙にして、天地の間のことは皆知れる。事を占うには図版（図545）のように禄 馬の字が十字あり、大の月は上の一字目を朔日に、二字目を二日に数え、十一日目はまた上の一字を十一日目とする。小の月は下の十字目を朔日として上へ数え、病人の吉凶を知る。馬の字の直に書

いたのに当ると災いがあっても救人があり忽ち消す。馬の字の倒は病は凶、万事早く止めるのがよい。馬の字の横は災があっても身に害はなく重くても治る。禄の字の直に書いたのに当ると大病を受けて十死に一生でも本復する。禄の字の倒は災が近日に来るので、防ぎ守るとよい。病の占は死霊の祟りがあり神に祈るとよい。禄の字の横は災があり消し難い。病を占ってよい医者を得難く、病は軽くても死に至る。

図545「禄馬の法」（懐中調宝記・牛村氏写本）

六波羅【ろくはら】「しょしだい（所司代）」ヲ見ル

六波羅密【ろくはらみつ】〔日時調法通用文則〕に六波羅密は、施（布施）、戒（持戒）、忍（忍辱）、精（精進）、禅（禅定）、智（智慧）をいう。

六波羅密寺【ろくはらみつじ】〔改正増補字尽重宝記綱目〕に洛陽東山 補陀洛山六波羅密寺は、空也上人の開基である。〔東街道中重宝記・七ざい所巡道しるべ〕に六波羅密寺は、本尊は観世音菩薩、巡礼所、堂の内に平清盛入道の像、地蔵堂がある。

鹿班凶相【ろくはんきょうそう】牛相。〔牛療治調法記〕に鹿班凶相《ろくはんきょうそう》は、牛に鹿の班《まだら》のあるもので、大いに悪い。

六味地黄丸【ろくみじおうがん】〔丸散重宝記〕に六味地黄丸の効能。○腎水が不足し形痩せ衰え。○発熱し寝汗が出て五臓等しく損ずるもの。○虚煩 骨蒸（虚労内熱の症）。○手足の萎え。○下血 吐血 鼻血。○房労過度して疲れ虚熱 咳嗽。○陰水虚して消渇するもの。○骨弱り萎え痺れ。○老人の淋病。○腎水衰え虚陽上り嘔をなすもの。○腎水を増し、気力を壮んにし、老人の秘結、小児の心熱、驚風。熟地黄（八十匁）、山薬・山茱萸（各四十匁）、茯苓・沢瀉・牡丹皮（各三十匁）を蜜で丸ずる。老人の秘結には［補中］益気湯*で下す。〔薬種日用重宝記授〕には「六味丸」として、腎虚して病をなすのには皆用いてよく、水を壮んにし火を制する薬とある。〔洛中洛外売薬重宝記・上〕に「六味地黄丸」「八味地黄丸」*は京の下御霊前講堂前 川端陸奥大掾にある。第一に身を温め 脾を補い 食を増進する。「六味丸」とも「地黄丸」ともいい、症状や季節によって服用法があり、また蜜で練薬にもする。〔改補外科調宝記〕には、膿漏*の久しい症の薬とする。

六脈【ろくみゃく】〔鍼灸日用重宝記・一〕に六脈は、肝脈* 心脈* 腎脈* 肺脈* 脾脈* 命門の脈*をいう。いずれの脈が高ぶり、いずれの脈が弱いと言い、その虚実、源を考えて知る。病んで脈を病まないのは生き、脈を病む時は病まないでも死ぬ。

六曜【ろくよう】〔大増補万代重宝記〕に六曜は、暦で日の吉凶を現す六個の星をいう。○先勝《せんしょう》*（正・七月の朔日。公事 願い事凶。急ぐ事凶）。○友引《ともびき》*（二・八月の朔日。朝晩吉。相引とて勝ち負けなし）。○先負《せんぶ》*（三・九月の朔日。昼より後吉。静かな事に用いて吉）。○仏滅《ぶつめつ》*（四・十月の朔日。何事にも凶）。○大安《だいあん》*（五・十一月の朔日。出陣 移徙、何事にも吉）。○赤口《しゃくこう》*（六・十二月の朔日。午の刻吉。大方万事に凶）。毎月の朔日より二日三日と六曜を順に繰って行き、占う日の善悪を知る。

○我が心中に望むことの善悪を占うには、同じように数えて、止まり星の次から我が年の数を数えて、終る星によるものとする。但し、〔両面重宝記・寛延六〕には「先勝日」は「急ぐ願い事吉。八ツより暮六ツ迄（二時より日暮れ迄）は凶とする（図546）。「武田軍配六曜の伝」参照

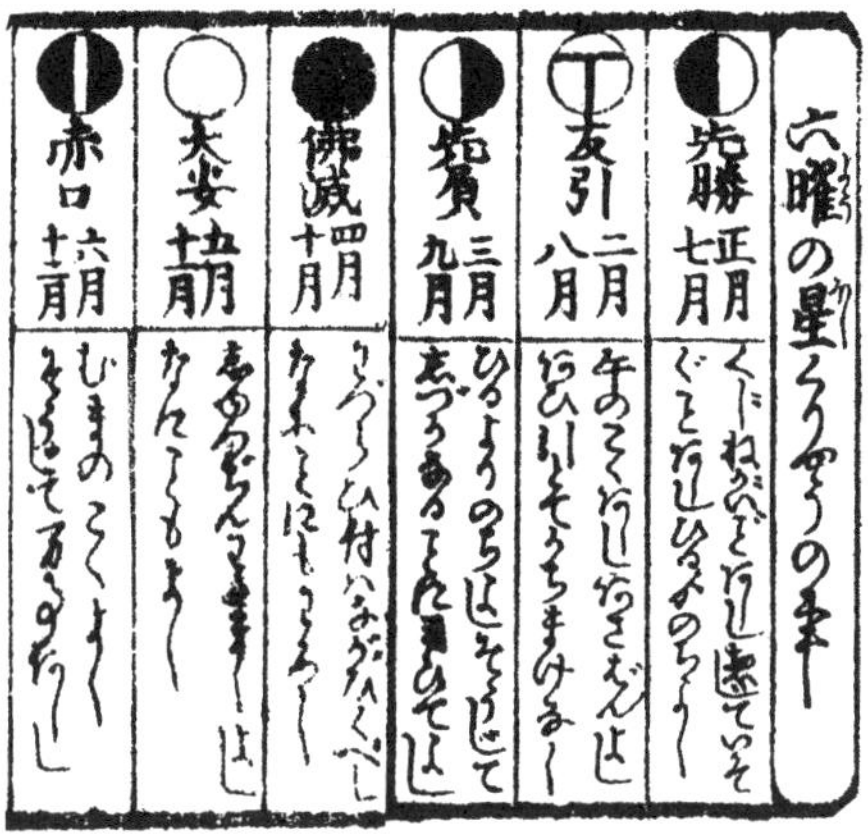

図546 「六曜」（和漢年暦調法記）

六曜の星【ろくようのほし】「六神《ろくじん》日取時取法」ヲ見ル

轆轤首【ろくろくび】〔万物絵本大全調法記〕に「轆轤 ろくろ／くるまつるべ。くるまぎ」「牽讚 けんさん／ろくろかな」。〈女の卑称〉〔女重宝記・一〕に、（女が）年取り世帯を持って後は、多くは心悪しくなり、蛇《へび》轆轤首《ろくろくび》などの仇名を立てられ、下方《しもざま》では夫には山の神、人には火車《かしゃ》と言われる類が多い。

路考茶【ろこうちゃ】「ろかう（路考）茶といふは、こぶちゃ（昆布茶）の事」である。〔染物重宝記・文化八〕

漏谷【ろこく】〈経絡要穴 腿脚部〉二穴。漏谷は足の内踝の上六寸にある。針三分。灸三壮。或は禁灸。腹鳴り、痃癖、膝痺れ歩き難いのを治す。〔鍼灸重宝記綱目〕

路地【ろじ】「しょうじ（小路）」ヲ見ル

魯西亜【ろしや】〔童蒙単語字尽重宝記〕に魯西亜《ろしあ》は帝国。広さ二百十四万二千五百坪、民は六千五百八十万人。「峩羅斯」とも書く。彼徳堡《ぺーとるひゅるぐ》民は五十四万六千人、（品川海より）五千五百八十六里。墨斯科《もすこう》、民は三十五万千六百二十七人。

顱顖【ろしん】禁針（鍼）*の穴。一穴。顱顖《ろしん》は額《ひたい》の上おどりにある。〔鍼灸重宝記綱目〕

漏瘡を洗う方【ろそうをあらうほう】〔斎民外科調宝記〕に漏瘡*を洗う方は、蜂《はち》房《のす》・白芷（又は大腹皮）・苦参を煎じ、湯気で漏を薫じ、水の出るのを拭い乾かし、東へ向う石榴の根の皮を粉にし、乾かして捻り掛けて虫を殺し、暫くして薬を付ける。

鹿角【ろっかく】「鹿の事」ヲ見ル

鹿角膠【ろっかくきょう】〔薬種重宝記・上〕に和獣、「鹿角膠 ろくかくけう／しかのつのにかは。鹿角霜、鹿角膠の粉を云」。

六角堂【ろっかくどう】京名所。六角堂は聖徳太子の開基。本尊は観世音菩薩。巡礼所である。六角堂の西の通りは烏丸通りで、この通りを北へ中立通り迄上り、中立売通りを東へ行くと、禁中の西表である。〔東街道中重宝記・七ざい所巡道しるべ〕

六歌仙【ろっかせん】〔改正増補字尽重宝記綱目・数量門〕に次の六人の歌人を六歌仙という。僧正遍照。在原業平。文屋康秀。喜撰法師。小野小町。大友黒主。いずれも『古今和歌集・序』に出る九世紀後半の六人の歌人である。「新六歌仙」参照

六極【ろっきょく】〔鍼灸日用重宝記・五〕に六極は、気 血 筋 骨 肉 精が疲れ、極まる意である。血気が破れず、精神が散じなければ十に一は治す。血気が破れ、形体 肌肉を削るように朝夕発熱 咳嗽 便泄するのは治せな

い。針を患門四花章門三里気海にし梁門をめぐって幾度も刺すとよい。

六軒屋越【ろっけんやごえ】「青越」ヲ見ル

六好日【ろっこうにち】〔万民重宝改正大ざつ書〕に六好日は、正・九月は丑の日。二・十月は子の日。三・十一月は亥の日。四・十二月は戌の日。五月は酉の日。六月は申の日。七月は未の日。八月は寅の日。この日は財宝を求め、夫妻にあい始め、万に忌む。

肋骨【ろっこつ】〔骨継療治重宝記〕に、肋骨は片方に十二骨、両方合せて二十四骨ある。第一肋よりも第二肋は濶《ひろ》く、次第に下《しも》程濶くなる。但し、皮肉のある内は濶狭は見えない。あばらぼね（図547）。〈馬形名所*〉〔武家重宝記・五〕に前足のつけ根とある。鏡台骨*に連なる。

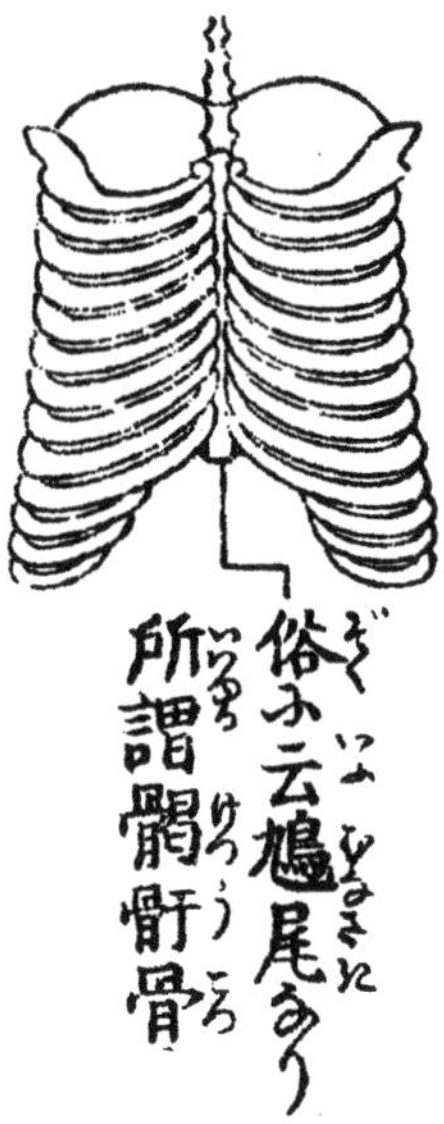

図547「肋骨」（骨継療治重宝記）

六腑【ろっぷ】〔日時調法通用文則〕に「六腑《ふ》、肺心肝脾腎命門《めいもん》」とある。「五臓六腑内経の図」参照

ろのう【ろのう】「ろなうとは、論なき也。勿論の字」。〔消息調宝記・二〕

驢馬の肉【ろばのにく】食い合せ。〔世界万宝調法記・下〕に懐妊中、驢馬の肉を食うと、生れる子は生れ月が延びる。

ろよほ汁【ろよほじる】〔料理調法集・汁之部〕に「ろよほ汁」は、酒（中茶碗一盃）、水（二盃）、醤油（二盃）、鰹節（大片に削って少し焼く）、味噌（大栗二ツ程）、これらを擂り混ぜ、水嚢で濾し、酒気のない程に煎じ、次に生姜、陳皮、根深を極く細かに刻み、大根卸しを少し入れ、先の色々を大根の絞り汁へ入れ、花鰹を少し入れて塩梅する。

呂律【ろれつ】「りょりつ（呂律）」ヲ見ル

論語の事【ろんごのこと】〔日用重宝記・一〕に『論語』は、孔子がその門人又は国々の諸侯・大夫と応対、問答した詞を、孔子門人の曾子・有子の弟子達が書き集めたものである。『論語』は儒道*の中心となる経典で、日本人の道徳規範となった。〈世話〉〔世話重宝記・一〕に「論語読みの論語読まず」がある。これは論語を読んで聖人の道を知っても、その身に行うことを知らない者を言い、知識を得れば身に行うのを当前とする。論語の素読《そよみ》も知らずして、聖人の道というのはどんなこととさえ弁えない者は世に多い。これを「論語読まずの論語読まず」という。『論語』は「四書」参照

論じ事の時に【ろんじごとのときに】〔万まじない調宝記〕は論じ事（訴訟や争論）の時に、蓬莱の榧と神馬藻《ほんだわら》を袂に入れて出るとよいという。

論ずる物は中から取れ【ろんずるものはなかからとれ】〔世話重宝記・一〕に『史記』に出る語して次がある。唐の卞荘子《べんそうし》は虎をよく刺し殺した。ある時、両虎（二匹の虎）を見つけて殺そうとする時、管堅子が止めて、両虎が今争って牛を食えば、強い虎は傷を被り 弱い虎は戦って死ぬ、その時に刺せば一度に二匹得るという。これを聞き卞荘子は果して二匹を得たという。これより、論ずる（相争う）物は中から取れという。

わ

把【わ】〈合薬秤量〉一把というのは、三両にあたる。〔医道療治重宝記〕

和【わ】「か（和）」「くわえ（加）」ヲ見ル

わいた【わいた】大和詞。〔女用智恵鑑宝織〕に「わいたは、風の名」で、強風である。どちらから吹くかは地方により異なる。

和匀【わいん】漢詩用語。〔世界万宝調法記・上〕に「人の詩に和匀《わいん》するといふ事」は、詩（絶句* 律詩*）の五言なら五字目、七言なら七字目の字を用いて返答の詩を作ることをいう。

倭音五十字【わいんごじゅうじ】「五十韻／音」ヲ見ル

若鮎【わかあゆ】「若鰷」とある「鰷」を「鮎」*に改めた。「鰷」は「はえ」であるが、説明に「あゆ」とあるのに合わないからである。〔料理調法集・川魚料理之部〕に次がある。大きくなると料理の仕方は山まいに同じ。○「吸物」柳葉という程のあゆ（ママ）がよい。二ツ程盛り、取り合せは土筆 松菜 独活の類を見合わせるとよい。○「早鱠」三枚に卸しそのまま酢に漬け、焼塩を強くして、花鰹を沢山懸ける。取り合せはない。○「本汁」若あゆ（ママ）を火取るとよい。

和歌威徳伝【わかいとくでん】〔女用智恵鑑宝織〕は和歌威徳伝に三例を出している。①允恭天皇は后衣通姫《そとおりひめ》*を和歌浦の舟遊びに召し、俄に風波が起り船が覆りそうな時、后は少しも騒がず、「日の本は天つ日嗣の詔《みことのり》我が大君の国と知らずや」と詠むと、龍神 外道は后の歌を聞きたいと思って起こした風波なので、この歌に感じ皆水底の苦しみを免れたので、そのまま波風は治まったという。②小式部（小式部内侍*）は十一歳の時、母和泉式部に具し院の住吉詣でに御供し、千鳥 鷗が波に遊ぶのを、院は北面の侍に射させ鳥が立ち騒ぐのを詠めとの仰せに、「千早振神の斎垣にあらねども 波の上にも鳥居立つなり」の詠に御感があり、小式部の内侍と召された。③中頃、月を経て雨が降らない年に貴船社司に祈願したが、効のないのに賀茂幸平（雨を乞う歌*）が社に詣で「おほみたのうるほふばかりせきかけて井堰に落せ川上の神」（新古今集・神祇）の哥を手向けると感応があり、大いに潤い雨が降ったという。

わかうら餅【わかうらもち】菓子名。わかうら餅、上ながし物 黒胡麻入り、中羊羹、下しめし物。〔男重宝記・四〕

わがえいらくのかなだらい【わがえいらくのかなだらい】「我家楽《わがいえらく》の金《かな》だらいは、わがゑいらくのかなだらい」。〔小野篁謔字尽・かまど詞大概〕

和歌仮名遣【わかかなづかい】「仮名遣」ヲ見ル

若草【わかくさ】薫物の方。「若草」に次がある。〔男女御土産重宝記〕は、沈香（八両）、丁子（三両二分）、線香（一分二朱）、貝（三匁）、甘松（一分）、白檀（三分）、麝香（二分）、薫陸（一分）。〔女重宝記・四〕は、沈香（八両）、丁香（三両）、貝（一両二分）、白檀（二分）、薫陸（一分）、麝香（一両）。

我が事を言う【わがことをいう】人倫異名*。〔大増補万代重宝記〕に、○「我が家を言う」には、拙家 愚宅 私方 愚亭 当家 愚店 当家 当店など。○「我が身を言う」には、私儀《わたくしぎ》 私共 私方 私事 拙者 下拙 愚拙 我等などがある。「少し媚びて言う」には、野夫 野人 拙夫 愚弟 拙弟（この弟は卑下である）。「今少し媚びて言う」には、僕《やつがれ》《ぼく》 不佞 小子 小人 不肖 野生 愚老など。「先の事を言う」参照

若狭【わかさ】若州。〔重宝記永代鏡〕に遠敷《おにゅう》 大飯《おおい》 三方《みかた》の三郡をあげ、城下は小浜、一ノ宮は遠敷である。〔万民調宝記〕には居城知行高を、小浜・酒井靫負十二万三千石。〔大増補万代重宝記〕には中管、四方十六里。田数三千百三十九町、知行高八万五百九十石。〔重宝記・幕末頃写〕には南北一日半、海近く温気、魚・鉄・漆等を利し、小上国である。敦賀県から、今の福井県南西部となる。〈名物〉〔万買物調方記〕に白朮、芍薬、板木、小浜酒、筆（諸国へ多く商う）、小松原のつのじ（鮫）、鼻折

小鯛、蒸鰈、三方の堀 あまさき（魚）・鮒・鰻、すが浜の黒碁石、灘の庄の厚紙など。

鰙【わかさぎ】〔料理調法集・干魚調理之部〕に鰙《わかさぎ》は、常陸から出て遣い方は少ない。醬油を振り焼いて出す。煮干にする。

若狭煮昆布【わかさにこんぶ】〔料理調法集・煮物之部〕に若狭煮昆布は、酢を煮立てて壺に入れ、菓子昆布を漬けて置く。四五日も経て引き上げ、少し乾かし、重ねて塩菰に包んで置く。

和歌三神【わかさんじん】〔万物絵本大全調法記・上〕に「和哥三神」は次をいう。住吉大明神*（「夜や寒き衣や薄きかたそぎの ゆきあひの間より霜や置くらん（新古今集・神祇）」）。玉津嶋大明神［衣通姫*］（「立ち帰り又もこの世にあとたれん 名もおもしろき和歌のうらなみ（和漢三才図会・七十二末）」）。人麿大明神［柿本人麿*］（「ほのぼのと明石の蒲の朝霧に 島隠れ行く船をしぞ思ふ（古今集・羇旅）」）。〔男重宝記・二〕に和歌の三神は、柿本人麿・住吉大明神・玉津嶋明神とある。

わかし【わかし】「若衆《わかしゅ》は、わかし」。〔小野篤謔字尽・かまど詞大概〕

若衆歌舞伎【わかしゅうかぶき】「歌舞伎芝居」「野郎の事」ヲ見ル

我夫子【わがせこ】大和詞。「わがせことは、わがつま（夫）と云事。（歌）我せこが来べき宵なりささがにの くものふるまひかねてしるしも（古今集・墨滅歌）」。〔不断重宝記大全〕

若月【わかづき】〔耕作重宝記〕に、三日より十三日の月を若月《わかづき》という。若月の入りに雲もなく 山の端まで晴れやかで 麗かに入ると日和である。山の端に雲があり 月が高く入ると降るが、星が晴れると降らない。〔船乗重宝記・文政元〕に若月には入る時禍をなし、大方、若月には降らない。「三日月」をいうことが多い。「老月《おいづき》」参照

若党【わかとう】「青侍《あおざむらい》」「青葉者《あおばもの》」ヲ見ル

若菜【わかな】「春の七草」ヲ見ル

和歌の浦【わかのうら】本朝勝景。〔麗玉百人一首吾妻錦〕に和歌の浦は紀伊国海草の海岸をいう。歌枕。「若の浦に汐満ちくれば潟をなみ 蘆辺をさして田鶴なきわたる」（万葉集・九一九）の歌を挙げて、紀三井寺*等の風景画がある。〔東街道中重宝記・七ざい所巡道しるべ〕に潮みちくれば潟をなみの歌を誤ってこの浦では 女浪なしという。この道筋に東照宮別当の寺があり庭は美である。願い出て見るとよい。玉津嶋大明神の宮がある。妹背山、伽羅岩があり、絶景の地である。紀三井寺へ半里。

和歌の事【わかのこと】〈歌の徳〉〔男重宝記・二〕には『古今集・序』を踏まえて次の説明がある。歌は我が国の風俗で、神慮にも叶い、人の心を和らげ、鬼神をも憐れと思わせ、男女の中をも親密にするのが歌である。それ故、鳥類 畜類 虫まで歌に詠まないものはない。〔女重宝記・四〕も歌は素戔鳴尊が三十一字《みそひともじ》の歌を詠んでから始り、歌を詠むと尊からずして高位に交わり、御簾・几帳の内に居ながら国々の名所を知り、男女の媒《なかだち》となり、猛き武士《もののう》の心を和らげ、目に見えない鬼神を憐れと思わせ、罪ある人をも歌の徳で身を助くる試しは多い（『古今集・序』）と言う。女は特に歌を詠み習うのがよく、見目形が悪くても歌等を詠み習うと聞くと、優しく艶に思われるので、男も見限らず夫婦の長い契りともなる。〔麗玉百人一首吾妻錦〕に和歌は日の本の風俗として神代より翫ばれる自然の道なので、この国に生れた人は尊卑によらず心懸けるべきである。歌を心得ると心も優しく、物の憐れも知り、特に女は常の言葉遣など品よく、片言も訛り詞もなくなる。歌の心懸のないのは不束で恥かしい。歌を心懸けた人は四季折々の移り行くさま、花鳥の囀り、月雪の目ざましい風情を歌に連ね、思いを述べて優しい楽しみがある。下ざまの者は俳諧もよい。〔諸人重宝記・一〕には「和歌の指南弁作法」がある。和歌は五行より読み出すことなので、天地陰陽、木火土金水の五行、青黄赤白黒の五色、宮商角徴羽の五音、山河大地平草万木鳥獣、野辺に鳴く

きりぎりす、海中に住むうろくず、風声水音迄皆歌に漏れることはないと、『古今集』の序文を引用している。〔女筆調法記・五〕には女の嗜みの一ツとして歌学をあげ、歌は和国の風俗で素盞烏尊が「八雲立つ…」と詠じて国や家を修め、賤しい身が位に臨み、男女の中媒となり、一首の歌で夫の心を和らげるのも和歌の徳とある。「和歌三神」参照

〈歌詠み様〉〔女筆調法記・三〕は歌を詠むには、古歌を多く読み覚えるのを第一とする。『百人一首』『伊勢物語』『古今集』『後撰集』『拾遺集』等の歌を口に言い慣れ、春・夏・秋・冬・恋・雑体の品々を学び覚えるのがよい。〔麗玉百人一首吾妻錦〕にも歌の詠み習いは俄には出来ないことで、幼い時から心掛け、まず昔の歌人が詠んだ古歌を覚え、多くの歌書を集めて見て覚えると、自ずから四季折々・神祇・釈教・恋・無常の歌の詠み方、詞の品を知り、昔今の歌の姿をよく心得て後、その家々の秘事多いのを集めてみるのがよい。〔男重宝記・二〕に歌の詠み様は、①正風躰に詠むこと。直にするりと詠むのをよしとする。②思案して心から出すこと。高い心を遣い少しも卑下して詠まない。③心を十方に走らかし優しい風情を求めるのがよい。心を種とするので種は自然と出て来る。④題については縁の字を求めるのがよい。例えば、「浪のよるよるめもあはず」と続ける類である。⑤「歌の病」*「首切れ歌」*「腰折れ」*を避ける。

〈歌詠む心持ち〉〔諸人重宝記・一〕に歌を詠む心持ちは極秘とある。五文字から末の七文字迄、急に詠もうとすると詞はよく続かない。二三の句からでも、また末の句からでも、面白い詞が浮かんだのを種としてよくよく吟案して次第次第に詠み続け、後々に五文字を置く。五文字は肝要の物である。〔女筆調法記・三〕に歌は上より詠むと思ってはならない。中の文字から詠むことも、終りの七文字から詠むこともある。何でもその時の趣向次第であり、五七五と詠み、七七と止める。

若葉すし【わかばすし】「御膳若葉すし」は、湯嶌切通シ下 鈴木丑太郎にある。〔江戸町中喰物重法記〕

若松煎餅【わかまつせんべい】「若松せんべい」「めつたせんべい」の外色々は、神田明神下通旅籠町一丁目 あたらしや五郎兵衛にある。〔江戸町中喰物重法記〕

若水の事【わかみずのこと】若水《わかみず》。〔年中重宝記・一〕に元朝の未明に、井戸の一番水を汲んで飲むと年中の邪気を除くという。この水は年男が汲む。年男は唐では方相氏といい、禁裏では主水司《もんどつかさ》が汲んで天子に奉る。〔重宝記・宝永元序刊〕は元朝未明にその年の恵方から汲む水を若水と名付ける。水は万化の源、諸生の始めとし、諸の食物は水でなければ調え難く、慎んで汲み上げる。〔料理調法集・年中嘉祝之飾〕は、○「若水」は寅の刻（四時）に生気の水を汲んで、瓶又は桶に入れ、銀器で奉る。御手洗 御櫛の水にも同じく奉る。○「若水御手洗初《おちょうずはじめ》」は、初手洗の御盤は年男より奉るのが法であるが、家の習いによる。仕立て様は新しい盤に裏白 杠葉《ゆずりは》 根松 南天 青石七ツを盤の底に敷き、お湯は湯桶に入れて玉女の方に向い、御手水を参らす。

我が身相応の身持ち【わがみそうおうのみもち】〔女筆調法記・四〕に我が身相応の身持ちは、女の身の飾りは その位・貧福・齢・時節により相応に装う。身の程より過ぎたのも、不足するのも理に叶わず、よき程にはからうべきである。例えば、月見 花見 見物 神参 友達交わりには伊達な装いもよいが、過ぎたのは悪い。仏参 説法 聴聞の座 病人の見舞 愁いの所へは、地味な模様で出立つのがよい。

稚彦霊命【わかみむすびのみこと】山城国 愛宕若宮に祀る稚彦霊命《わかみむすびのみこと》は、蚕・桑・穀の神である。〔農家調宝記・初編〕

若紫【わかむらさき】菓子名。若紫、上しめし物、下ながし物、白ささげ入り。〔男重宝記・四〕

若布【わかめ】 帯菜とも書く。〔万仏絵本大全調法記・下〕に「海帯かいたいあらめ／又わかめ」。〈薬性〉〔医道重宝記〕に帯菜《わかめ》は寒で毒はなく、遺精を治し、帯下《こしけ》によい。〔永代調法記宝庫・四〕は孕み女の風を治すとある。

和歌山【わかやま】 地名。和歌の浦へ半里。この間に東照大権現の宮、和歌の天神の宮がある。和歌の浦*へ半里。〔東街道中重宝記・七ざい所巡道しるべ〕

和歌山へ京よりの道【わかやまへきょうよりのみち】 街道。〔家内重宝記・元禄二〕に、京から紀州若（和歌）山への道筋がある。京・大坂・境（堺）〔石津は若山道、茂津（百舌）は高野道〕〈一里〉石津〈三里〉岸和田〈半里〉海（貝）塚〈半里〉佐野〈一里〉安松〈八丁〉樫野〈二十丁〉子立（信陸）〈三里〉山口〈一里半〉山中〈一里半〉若山。

別れの霜【わかれのしも】 八十八夜*に降る霜をいう。

和歌六体【わかろくたい】〔童子調宝記大全世話千字文〕に和歌六体は、長歌*短歌*旋頭歌*混本歌*折句*沓冠の折句歌（沓冠歌*）である。

和漢稀切【わかんまれきれ】 和漢稀切《わかんまれきれ》は、長谷川町 松屋善助にある。〔江戸流行買物重宝記・肇輯〕

和漢連句【わかんれんぐ】「誹諧漢和の法」ヲ見ル

脇当【わきあて】 鎧*名所。〔武家重宝記・三〕に脇当《わきあて》は腋楯《わいたて》ともいう（図548）。

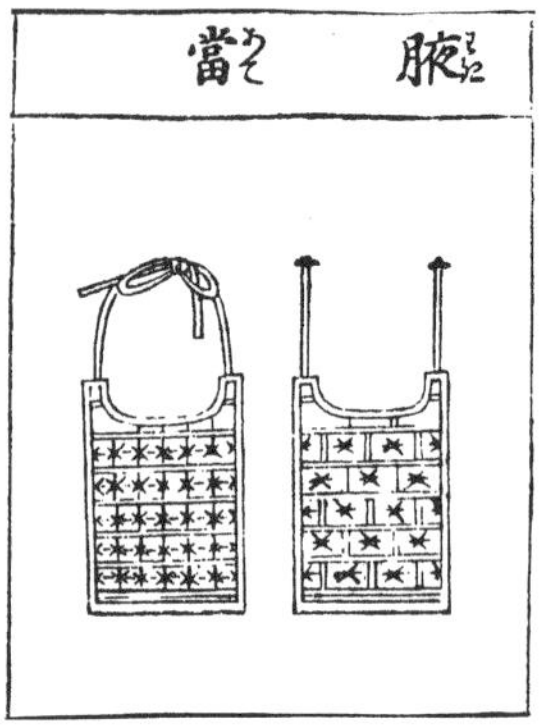

図548 「脇当」（武家重宝記）

小手下の空いた所を防ぐための具である。小さくして仕つけたのを腋楯、緒でつけたのを脇引《わきひき》という。

脇痛【わきいたみ】「脇痛《きょうつう》」ヲ見ル

腋臭の薬【わきがのくすり】〔好色重宝記・下〕に腋臭と玉門の臭いのは女の大疵、嘆いてもなお余りがある。一方は、藤瘤・竹の虫糞・丁子（各等分）を合せて粉にし、雷丸の油で練り合せてつけると速やかに治る。〔妙薬調法記〕は、○緑青・五倍子《ふし》・軽粉・白朮（黒焼）（各等分）を酒で練って絹に包み、脇の下の毛を抜いてよく洗い、ひたすら塗るといつの間にか匂わなくなる。○田螺を取り、口へ巴豆の粉を少しずつ捻り入れると泡を吐くので、脇の下の毛を抜いてよく洗い、泡をつけると爛れ痛むが、痛む間はそのままにして置き、痒くなった時湯で洗い落し、丹礬（大）・水銀粉《はらや》（中）・鹿の袋角（小）を粉にして付ける。一代腋臭の根を切る。〔家内重宝記・元禄二〕は胡臭《わきが》腋臭に、○黄丹を軽粉《はらや》に加え、唾でしきりに塗る。○礬石を末（粉）にし絹に包み、脇の下に常に降り掛ける。〔新撰咒咀調法記大全〕は、○軽粉（一匁）・石録（三匁）を粉にし、極上の酢で溶き、脇の下の毛を抜き洗ってつけると一代根を絶つ。○白緑青ばかりを塗ってもよい。○白礬を常に塗るのも妙である。〔諸民秘伝重宝記〕は丹礬の粉（五分）・軽粉（一匁）を合せ、一日に二三度ずつ塗る。三十日もすると臭いは悉く妙に去る。〔懐中重宝記・慶応四〕は、○赤金の銑屑を一夜酢に浸して置いてつける。○緑礬（十匁）を白くなる程日に乾して、又緑青（十匁）を末（粉）にして度々つけるとよい。〔重宝記・宝永元序刊〕は、とうのつち（唐の土カ）・緑青・明礬・巴豆（油を取る）（各一匁）をよい酢でつける。〔大増補万代重宝記〕は、○密陀僧を粉にして度々塗る。○明礬を末（粉）にして毎朝擦りつける。〔俗家重宝集・後編〕に「狐臭《わきが》の奇薬」は、鶏卵の白身に明礬を合せ、焼き塗る。〔胡椒一味重宝記〕に腋臭には胡椒（小）・明礬（大）を粉に

して水でつける。〔懐中調宝記・牛村氏写本〕に腋臭薬は、伽羅焼殻（四分）、蓮根（二匁）、金銀花・大黄・柯子・甘草（各一匁）を細末（粉）にして麻油で練りつける。○丹礬（三両）、明礬・密陀・丁子（各二両）、銅緑（五両）を末（粉）にして塗りつける。〔万用重宝記〕に腋臭の呪は、蝿を二三匹摺り潰して脇の下へ塗って置くと三日の内に妙に治る。〔重宝記永代鏡〕は小便をする度に両脇の下を洗うと自ずから妙に癒える。

脇句【わきく】 連俳用語。連句で発*句に付ける第二句。〔俳諧之重宝記すり火うち〕に脇句は、発句の心を受け、季を違えず、爽やかに仕立てる。居所のない発句でも、宿 軒 簾等であいしらうとよい。山類 水辺 里村の名留めはよくない。「てにをは」留はよくない。挨拶の発句なら、亭主は挨拶に取り合わない所が挨拶である。〔世界万法調法記・中〕は、発句が出来たら、譬え打ち聞こえ別儀なくとも、作者から句の心を説き顕すように挨拶をする。分明に聞こえないのを心得がましく受け取るのは本来のことではない。作者の思い入れを聞いて暫く沈吟し、脇の趣向が浮かんでも、宗匠の指図を受けて句作りし、また宗匠の添削を受けて付くべきである。第一、発句の時節に違うのは悪い。韻を「てにをは」で留めるのは巧者の技《わざ》なので初心のすることではない。唯、字留がよい。第三へ心得があって無いようにするのがよい。〔諸人重宝記・一〕は脇に、対付、打添、違い付け、心付け、比留めの五体があるという。

脇差の事【わきざしのこと】〈脇差受け渡し〉〔武家重宝記・四〕に脇差を渡すには、下げ緒を取り添え、柄を先へなして渡す。受け取り様はさし越して鞘を取る。凡そ、柄《つか》に手を掛けないようにする。〔諸礼調法記大全・天〕に「脇差の受け取り様」は、下緒を両手で持ち添え、柄頭を我が右へなし、少し横様にして渡す。受け取りは、両手を一度に出し、その侭で戴き差す。

〈手入れ〉〔清書重宝記〕に、○「脇差の刃引」は、榴の葉をよくよく煎じて塗る。○「脇差の自然と抜ける」には、鞘に糸を入れ道具で引く。〈手品〉〔清書重宝記〕に「脇差を紙に包み呑む伝」は、まず脇差の切っ先を拵え、紙に包んでこれを突き出し袖に当てる時、懐へ入れ置き、切っ先を手に握り紙を広げる。目でも口でも同じことである。

〈売り店〉〔万買物調方記〕「京ニテ拵え脇差」は油小路二条下ル町にあり、これを「油のこうぢ物」という。「江戸ニテ拵え脇差」は立売通にある。「大坂ニテ拵え脇差」は高麗橋浜 古本久兵へ。「同 脇差仕立屋」は大坂 一丁目筋北南（氏名なし）、同金や助左衛門がいる。

〔江戸流行買物重宝記・肇輯〕に「刀剣 脇差」として京橋銀座一丁メ 網屋惣兵衛、同二丁メ 網屋惣右衛門、芝口二丁目 村田治兵衛ら十二人がいる。「刀の事」「小刀の事」「太刀《たち》の事」「刀脇差の事」「腰の物」モ見ル

脇楯【わきたて】 鎧*名所。〔武家重宝記・三〕に脇楯は、古は左右の番《つがい》を覆ったことが上代の武者絵にある。

脇付の事【わきづけのこと】 簡礼書法。相手に対して、敬意や書状の趣きを示すために、宛名の後、左下に書き添える語を脇付という。人物の上 中 下、高卑により差別がある。原則は画数多く、楷書が上、行書から略書になるほど敬意が下る。

〔書札調法記・五〕からの抄録（図549）。「何左衛門様（「様」も書キ分ケル）／御小性衆御披露／参人々御中／人々御中／御中」等は直接宛名の人物を避けて側近に宛てたもの。「（同）／玉案下（玉机下／猊右／座右／足下／尊下）」等は相手の身近な事物をさして敬意を表したもの。返書には「（同）／尊答（尊酬／尊報／御返報／御返事）」等と書き表わす。封状の上書は、貴人へは表に「安房守様／参人々御中／信元（名乗）」、裏に「山下千大夫（我名）」と書く。上々以下の書状には、我が名を表に書く例示がある。

〔大増補万代重宝記〕には、封状の上書に古くは貴人の御名を書くこと

図549「脇付高下」(書札調法記)

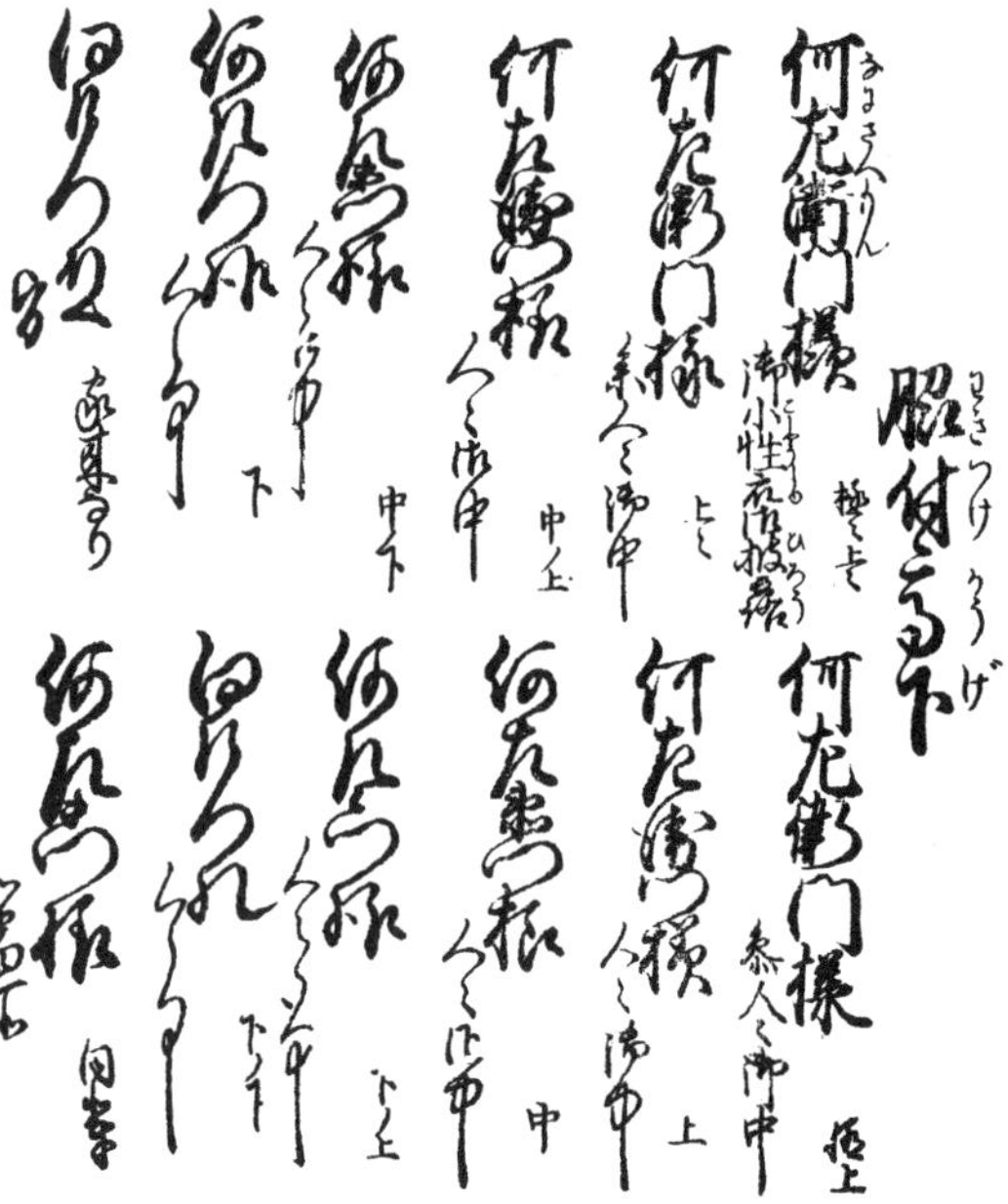

があるが、今の世では殿様の御名を書かず御用人ばかり、名乗も表に書き、御用人の名が分らない時には「御用人中様／御披露」等と書く。○下輩へは、「何左衛門様／下様」等と書く。○寺方へは、「大雲寺／侍者御中／竹村三之助」と様付をしないが、付けることは帰依次第とする。○平人からはすべて様付で、寺格により披露状*である。○町家等からは、様付にする。○禅宗への脇付は、「参侍衣閣下」「玉窓下」「足下」等。○浄土宗へは、「侍者御中」「講座中」「閣下」等。○律宗へは、「知事御中」「侍者御中」等。○天台真言宗へは、「御児御中」「御同宿中」「尊床下」等。○時宗へは、「御同宿中」「御近習中」等。○諸宗へ用いるのは、「尊床下」「玉案下」「机下」等。○寺により、「御近習御中」「御同宿中」等。○所化《しょけ》(修行中の僧)へは、「学窓中」「学机下」「机下」「梧右」等がある。○寺方の返翰脇付には、「御報人々御中」「参貴報」「御返報」「御請」。○媚びて書く時は、「奉復」「許答」「回酬」等。○平人の文通には、「尊報」「貴報」「御報」等と書く。

〔改正増補字尽重宝記綱目〕には、女中脇付の言葉、上中下の品がある。「参人々申給へ」「人々申給へ」「参る」等、見本もある。一般には、普通の書状では、人躰により真行草に書いて上中下尊卑の分ちをする。また口伝として、返状の脇付で、留守中に来て後から返事を出す時は、「参」という字を加える。但し、「尊答」から「御報」の類の脇付まで、「御返報」「御返事」以下はそれに及ばないとする。「脇書」ともいう。「当名《あてな》の事」「書法」参照

ワキとシテの謡い分け【わきとしてのうたいわけ】〔男重宝記・二〕にワキ(能狂言でシテに次ぐ役)とシテ(同主人公の役)との謡い分けは、ワキは荒々とかろがろ、シテは美しくのびのびと謡うのがよい。しかし、しだるくてはよくない。

脇の灸治【わきのきゅうじ】〈脇の灸治〉〔鍼灸日用重宝記・四〕に脇の満つるには章門に、脇の痛むのには陽谷 腕骨 支溝 申脈 足の臨泣等八点に、脇と背と引き痛むには肝兪に灸する。〈分寸を定むる法〉〔医道重宝記〕に脇の寸は、脇壺から脇骨のはずれ迄一尺二寸を脇の寸に用いる。

吾妹子【わぎもこ】大和詞。「わぎもことは、わがつま(妻)の事」である。〔不断重宝記大全〕

和京の五山【わきょうのござん】「京都五山」ヲ見ル

惑星【わくせい】〔蘭学重宝記〕に次がある。〈惑星 太陽との比例〉○太陽。地より大きく百四十四万八千倍。○金星。太陽の七分の一。○火星。太陽の一五六分の一。○木星。太陽の五十二分の一。○土星。太陽の九十五六分の一。○ウラニュス。太陽の百九十一分の一。〈太陽を一周する年月日時分秒〉○大陰(月)。二十七日七時四十三分。○地球。三百六十五日五 時四十八分五十七秒三十九秒。○水星。八十

七日六時半十五分五十三秒。○金星。二百二十四日八時四十九分二十四秒。○火星。六百八十六日六時半二十七分三十秒。○木星。四千三百三十二日六時二十分二十五秒。○土星。一万七百五十九日三時三十六分二十九秒。○ウラニュス。八十四年八日有奇。

〈地球より惑星までの遠さ〉○大陰（月）迄。地球半径の五十八倍。○太陽及び金星水星迄 同二万二千倍。○水星迄。同三万三千五百二十八倍。○木星迄。同十一万四千四百倍。○土星迄。同二十万九千八百三十六倍。

わくらば【わくらば】 大和詞。〔不断重宝記大全〕には「わくらばとは、まれ（稀）な事」。〔消息調宝記・二〕にも「たまさかといふ事」とある。

わくらはやみ【わくらはやみ】 新大和詞。「わくらはやみとは、おこり（瘧）奮を云」。〔女重宝記・五 弘化四〕

和解散【わげさん】 〔昼夜重宝記・安永七〕に和解散《わげさん》は、汗をかいて後、熱気が冷めるようであるけれども、脈は沈で数があり、小便のできないのに与える。前胡・芍薬・香付子（各三匁）、黄芩（二匁）、甘草（五分）を煎じて用いる。

わげもの【わげもの】 片言。「わげもの、棬まげもの」である。〔不断重宝記大全〕

和子【わこ】 御所言葉。「男の子は、わこ（和子）おのこゞ」。〔女用智恵鑑宝織〕

和光同塵【わこうどうじん】 〔世話重宝記・二〕に『老子経』に出るとし、智恵の光を深く隠して現わさないことを和光、世俗の塵に交じわり時を知ることを同塵という。

和合日【わごうにち】 「五和合日《ごわごうにち》」ヲ見ル

わこ左衛門【わこざえもん】 〈何が不足で癇癪の枕言葉〉「妻、わこ左衛門。わこざ。わこと。わこ」。〔小野篤譃字尽〕

わさ【わさ】 俳言の仙傍（訕謗）。「二ツヲ わさ」。〔新成復古日夜重宝俳席両面鑑〕

わざ【わざ】 俳言の仙傍（訕謗）。「医者ヲ わざ」。〔新成復古日夜重宝俳席両面鑑〕

山葵【わさび】 〔万物絵本大全調法記・下〕に「山葵 さんき／わさび」。

〈薬性〉〔医道重宝記〕に山葵《わさび》は温で毒なく、寒を去り内を温め、食を消し痰を去り、胸腹の痛みによい。〔女重宝記・二〕に生姜 山葵を食うと、肌理《きめ》が悪くなるという。

〈料理〉〔新撰呪咀重宝記大全〕に山葵のない時は、生姜と辛子を等分に合せて掻き廻して用いると、匂い風味ともによい。

〈似せ山葵〉〔日用調法人家必用〕に「山葵の似せを造る伝」は生姜を卸し、それに大根卸しを半分混ぜて遣うとよい。匂いが無いだけでよく似ている。

山葵和え【わさびあえ】 〔諸人重宝記・四〕に山葵和えは、鳫鴨 同五臓《ももげ》等を造り、塩を少し入れ、酢でふりいため、その酢を捨て、或は鮑 玉珧《たいらぎ》 鯛等を入れ、山葵酢で和える。

禍は口より起る【わざわいはくちよりおこる】 〔世話重宝記・二〕に「禍は口より起る」という語は、「病は口より入り、禍は口より出る」という古語に出るとある。

禍も三年置けば福の種【わざわいもさんねんおけばふくのたね】 〔世話重宝記・二〕に『事文類聚』に出るとして、唐の柳渾は幼時に相人《そうにん》（人相見）に、短命貧賤の相がある、僧になれば免れると言われ、父母が僧を勧めるのに肯わず、釈氏異端（仏教・外道）に従い聖人の道に背くよりは、早く死ぬ方がましと出家せず、学問をして宰相になった。邪は正に勝つことはできない。己が正しければ禍も来ず、来ても却って福となることは、必然の理であるとする。

鷲の高嶺【わしのたかね】 「わしのたかね（鷲高嶺）とは、わしのみねとも云ふて、りやうじゆせん（霊鷲山）の事」である。〔消息調宝記・二〕

和州和解湯【わしゅうわげとう】 和州和解湯《わげとう》は、振り出しの風薬である。白

朮・香付子・陳皮・厚朴・茯苓・羌活（各等分）、黄栢（少）。第一に風の妙薬である。二三度振り出してよい。〔重宝記・礒部家写本〕

萱草の事【わすれぐさのこと】〔万物絵本大全調法記・下〕に「萱 けん／わすれぐさ。又 くはんざう。夏」。〔消息調宝記・二〕に「わすれぐさとは、行者にんにくの事」とある。〈草花作り様〉〔昼夜重宝記・安永七〕に萱草の花は朽葉色である。土は野土と肥土を等分に用いる。肥しは魚の洗い汁がよい。分植は春、秋にする。〈薬性〉〔永代調法記宝庫・四〕に萱《かん》草《ぞう》は渇きの病、黄疸、淋病、喉の渇くのによい。〈大和詞〉〔女用智恵鑑宝織〕に「わすれぐさとは、ただ忘れる事」とある。「辛苦忘れ草」参照

忘れ事十項【わすれごとじっこう】〔御家宝訓女大学〕に大弐の三位（紫式部の娘、後一条院の御乳母）の曰くとして、世の人がよく忘れるものとして嗜むべき事がある。第一に我が身。第二に色好み。第三に忠孝の道。第四に病い。第五に貧しかった時の事。第六に嬉しかった時の事。第七に物が我に従わなかった時の事。第八に万ずの情心。第九に後生の道。第十に我が年の寄った事。この詞は安らかに聞こえ、しかも聖の教えにも叶い、代々伝えて称美する。

忘れ煮茄子【わすれになすび】〔料理調法集・煮物之部〕に忘れ煮茄子は、小茄子を白水*でよく煮て取り上げ、また醬油 酒 鰹を入れて煮、これを冷まして出す。

忘れぬよすが【わすれぬよすが】〔消息調宝記・二〕に「わすれぬよすがとは、本《ほん》妻《さい》の事」とある。

早稲【わせ】 早く成熟する稲を早稲という。〔農家調宝記・初編〕には「秋の彼岸より、早い処にては早稲を刈る」。〔四民格致重宝記〕には「東高く西下《ひく》き地は早稲満作なり」という。

腸和え【わたあえ】〔料理調法集・和物之部〕に腸和《わたあ》えは、鮑の腸を湯煮して擂り、焼味噌と生姜を擂り交ぜ、酒塩で緩め、鮑を薄く切り酢を掛け、炒めて和える。また、腸を生のまま擂って和えるのもよい。玉珧《たいらぎ》も同じである。

綿入【わたいれ】〔万物絵本大全調法記・上〕に「夾衣 けうい／あはせきぬ。又 わたいれきぬ」。綿入は、衣の表裏の間に綿を入れて冬の間の着物とし、更衣《ころもがえ》*に綿（「綿の事」*）を抜いた袷《あわせ》（「袷を着る」*）に着替える。表裏とも絹地の綿入を小袖《こそで》*、木綿地の綿入を布子《ぬのこ》*という。

腸蒲鉾【わたかまぼこ】〔料理調法集・蒲鉾之部〕に腸蒲鉾は、鮑の腸を湯煮してよく砂袋を取り、水嚢で濾し、擂身に色よい程に交ぜ、常のように蒸す。

綿罨【わたかみ】 鎧*名所。〔武家重宝記・三〕に綿《わた》罨《かみ》は、鎧が肩へかかる所をいう。

綿核の油【わたざねのあぶら】〔農家調宝記・付録〕に蝗《いなむし》*の駆除に、鯨*の油と同じように綿核の油を入れて用いる。綿核の油の「打ちおろし」は、絞ったままの黒色の油であるが、この油のさらしたのは大抵菜種子油の値段に劣らない。「打ちおろし」の黒油は、一升に付き一匁程下値である。〔万物絵本大全調法記・上〕に、綿核は「攪《かう》車《しや》／きわたくり」で取る。

わたし【わたし】 片言。「わたしは、わたくし（私）」である。〔男重宝記・五〕

渡しの事【わたしのこと】〔万物絵本大全調法記・上〕に「津 つ／しん。わたし／わたり。泊 はく／とまり」。また「野航 やかう／わたしふね」。〈渡し船に乗り遅れぬ法〉〔大増補万代重宝記〕に渡し船のある所に行き掛り、船の出た後へ行き、或は早く着いて人の揃うのを待つことがあり、急用を欠く時は、一町もこなたから船さえ見えたら指で「賦」の字を三ツ船に目を当てて書くと、渡し場に着く時には丁度船を出す所へ行き着くとある。

腸糝薯【わたしんじょ】〔料理調法集・鱧餅真薯之部〕に腸糝薯《わたしんじょ》は、鮑の青腸を湯煮して砂袋をよく取り捨て、水嚢で濾し糝薯*に合せる。但し、鶏卵

白身は常より多く入れるとよい。

腸酢【わたず】〔料理調法集・煮出煎酒之部〕に腸酢《わたず》は、鮑の青腸を湯煮して砂をよく去り、擂り濾して、合せ酢で延べる。

わだつうみ【わだつうみ】大和詞。〔不断重宝記大全〕に「わだつうみとは、りうくう（竜宮）」をいう。〔新板増補女調法記・五〕には「海神」とあり、〔女重宝記・弘化四〕には「海のこと」とあり、「わたづみの神とは、海《かい》神《じん》也」とある。〔女用智恵鑑宝織〕には「住吉の浦」、〔消息調宝記・二〕には「摂州住の江の浦」とある。

腸煮鮑【わたにあわび】〔料理調法集・煮物之部〕に腸煮鮑《わたにあわび》は、鮑を腸ともに湯煮して、腸の砂をよく取り、水嚢で濾し、酒醤で練り、鮑は賽形等に切り、鍋で転ばかす。

四月朔日【わたぬき】「ころもがえ（更衣）」ヲ見ル

綿の事【わたのこと】〈絹綿〉〔万物絵本大全調法記・上〕に「綿 めん／わた／まわた。又桑わた」とある。「きぬ（絹）の事」参照

〈木綿〉〔重宝記・儀部家写本〕に①明和七年（一七七〇）、諸国大日照り、綿作大秋（一畝 四貫目取）、十分余。②天明二年（一七八二）綿作 皆無。五畿内五ヶ国 備中辺も同事。名古屋で繰綿は両に一貫五百目位。泉州商人の買付値段は銀百目に三貫匁。但し、新繰は二貫七百匁という。「もめん（木綿）の事」「ぬのこ（布子）の事」参照。

綿の虫を除く薬【わたのむしをのぞくくすり】〔家伝調方記〕に「綿の虫を除く薬」は、百部根・烏頭・樟脳を煎じ、箒の先で花の咲いた所へ打つ。

和田義盛【わだのよしもり】武将。〔大増補万代重宝記〕に和田義盛は頼朝の麾下で、しばしば軍功があり、武士の衛を司る。健保元年（一二一三）、六十七歳没。

綿帽子【わたぼうし】婦人が、白綿を摘んで被《かず》くのを綿帽子という。〔日用重宝女大学〕に綿帽子の拵え様の糊加減は、姫糊よりは蕷糊《いものり》がよく、なければ水仙の根を擂って引く。都では一条の北入江殿（尼寺）、三時知恩寺《さんじちおんじ》（入江の辻子、浄土宗智恩院派）で造るのを良しとする。二尺長帯、被、帷子も拵える。今はびらり帽子、両口フナ綿等もある。

綿星【わたぼし】〔重宝記・儀部家写本〕に次の記事がある。①明和七年（一七七〇）夏、「綿星出／月ヲ行ヌケ星」。②七月二十八日夜空、遠方出火のように相見え、殊の外町中騒ぎ。五ツ時（二十時）過ぎ甚しく赤く見え、段々に広がり、四ツ半（十一時）頃より九ツ（零時）時に西東に別れて光り、八ツ（二時）時分に消えた。「彗星」「天火《てんか》／天光《てんこう》の出現」参照

移徙の事【わたましのこと】移徙《わたまし》は転宅 転居である。又その敬称。〔重宝記永代鏡〕に、〈心得〉は、移徙するにはこれ迄住んだ家の厠の糞を捨ててからする。もし長屋住で厠を共同する所はその日に厠を掃除してから移る。仮家から本宅へ移徙するのも同じ。〇移徙吉日は、暦中段 成《なる》*定《さだん》*納《おさん》*の各日。又正・七月は子 午の日。二・八月は丑 未の日。三・九月は寅 申の日。四・十月は卯 酉の日。五・十一月は辰 戌の日。六・十二月は巳 亥の日も吉日である。〇移徙忌日は、暦中段 破《やぶる》*除《のぞく》*危《あやむ》*の各日。暦下段 往亡日*五墓日*下食日*受死日*は用いない。〇移徙次第は、一番水、二番火、三番馬、四番太刀、五番眷族、六番雑物、七番人、の順に移る。

〈移徙の銚子〉〔料理調法集・銚子提子名所〕に銚子は、銀銚子に表は銀紙、裏は水色の紙である。花は浅黄 又は白色花である。赤色萌黄は禁ずる。結び数は長柄は十二、渡りは五ツ、提子は七ツである。但し、粥三献の間は棟立等も赤色を用いない。渡しの三献より色直る。これより銚子も金紙紅裏、棟立までも色を用いる。

〈移徙の花〉〔昼夜調法記・正徳四〕に、花は赤い色のある草木を嫌い、他の色で取り合わせる。檜木を必ず入れ、一瓶が賑やかになるように挿す。

〈祝儀物〉〔進物調法記〕に移徙の祝儀は、家・災害見舞・別家・出店も含め、日用家事道具から食品迄二百二十余種の品目があるが、到来物が

重なり不興もあるので、心安い友達には奉加帳のようにして所帯道具を目録にし、移徙の前にこの外で祝儀物を下さるなら勝手がよろしいと回すと好都合である。贈る方も食物なら早く遣わす等、状況をよく弁える。
〈祝儀状〉〔書札調法記・三〕に移徙の祝儀状は、上中下輩へそれぞれ進状と返状の範例文と、言い替え字の例示がある。
〈嫌物〉〔誹諧之重宝記すり火うち〕には新宅共に無き跡、零落、根絶え、焼餅、崩れ、倒る、焦る、煙る、燃ゆる等、また火の噂等を遠慮する。

腸寄せ鮑【わたよせあわび】〔料理調法集・鱧餅真薯之部〕に腸寄せ鮑は、鮑の青腸を選んで湯煮して砂袋を去り、水嚢で裏濾しにして魚の擂り身と等分に合せ、鮑は耳皮を去り賽形でも太繊にでも切って塩湯でさっと仕上げ、よく水気を絞り擂り合せた腸に交ぜ、板に付けて蒸す。全て色が着いて悪い品は塩で加減し、色の知れない品は醤油で塩梅する。風味がよい。

和田より下諏訪へ【わだよりしもすわへ】木曾海道宿駅*。五里八丁。本荷四百五文、軽尻二百六十一文、人足二百二文。山坂道で、宿の中に流れがある。甲府領。和田峠。日本にここ程地高の所はない。諏訪迄は下り坂である。所々に茶屋がある。峠 石山の間に豊橋という掛橋がある。右は山、左は谷である。また鳩の胸峠があり、空が晴れた時は富士山が見える。山下に諏訪の池があり、右方に和田義盛*の城山がある。左に上諏訪の城が見える。〔東街道中重宝記・木曾道中重宝記六十九次 享和二〕

渡り川【わたりがわ】大和詞。「わたり川とは、三づ河を云」。〔不断重宝記大全〕

亘觗【わたりつり】馬具。〔武家重宝記・五〕に亘觗《わたりつり》は、馬の頭上の首掛《こうかけ》*の両脇から靶《はなかい》*の両脇にわたる索《なわ》をいう。

渡り箸【わたりばし】〔永代調法記宝庫・一〕に同じ膳の内に菜が二ツ三ツあるのを、一度に挟んで食うのを渡り箸といい、嫌う。〔女用智恵鑑宝織〕には、菜は左の方より食い始めるが、菜より菜を食うことを渡り箸といい、嫌う。〔諸礼調法記大全・地〕に渡り箸は、同じ膳の内の菜を二ツ三ツ一度に挟んで食うことで、してはならないことである。「移り箸*」ともいう。

輪地【わち】片言。物のふち廻りを「わち（輪地）」というのは播磨の詞である。京では「はたまはり」という。〔不断重宝記大全〕

和中散【わちゅうさん】〔医道重宝記〕に和中散は、頭痛、腹痛、泄、胸の痞、食傷によい。白朮・香付子・陳皮（各十匁）、縮砂・鬱金・茴香（各五匁）を粉にし、白湯で用いる。〔小児療治調法記〕に痘瘡がまだ出ず吐痢し、中焦に寒が滞り、宿食（不消化物）をさし挟む物に用いる。厚朴（一匁）、白朮（五分）、乾姜・炙甘（各三分）に生姜を入れ、水で煎ずる。東海道宿駅「石部より草津*」の間、梅の木に本家があり、同「品川より川崎*」大森でも売っていた。

和中湯【わちゅうとう】〔医道療治重法記〕に和中湯は、痢疾で百方応ぜず脾胃益々虚弱して醤油のように下し脈弦 数《さく》のもの、或は白痢が紅痢に変ずるものに専ら用いる。芍薬（大）、厚朴・枳殻・青皮・藿香（各中）、砂仁・木香・干姜（各小）、甘草（少）を煎じて服する。この方は、産前産後の痢病にも奇効がある。〔小児療治調法記〕は発熱《ほとおり》*の乾嘔《からえずき》するものを治すとし、人参・白茯苓・甘草（各五分）、白朮（七分）、半夏（八分）、陳皮・藿香・砂仁（各一匁）に生姜*を入れ水で煎ずる。発熱し瀉痢止まず、身熱し口が渇くのには、四苓散*に黄連・痰竹の葉を加えて用いる。

和同珍開【わどうちんかい】銭の事*。銭占。〔万用重宝記〕に「和同珍開《わどうちんかい》」の銭を持つと望み事が叶うと言い、人に敬われる（図550）。〔掌中年代重宝記〕には第四十三代元明天皇が「和同珍開《わどうちんかい》」を鋳たという。『書言字考節用集』に「和同珍開 わどうちんかい。元明帝即位二年。武州秩父ノ郡始テ銅ヲ貢ス。乃用テ銭ヲ鋳ル」。

戦慄【わななく】大和詞。「わななくとは、身をふるふ事」である。〔不断重宝記大全〕

鰐の魚【わにのうお】鰐は鮫の魚と考えられている。〔永代調法記宝庫・四〕

図550 「和同珍開」（万用重宝記）

に鰐の魚は、熱気を出し、傷瘡の毒、血を減らす。

我主【わぬし】 大和詞。「わぬしとは、なんぢと云ふ事」である。〔不断重宝記大全〕

わの仮名遣い【わのかなづかい】 〔万民調宝記〕に「わの仮名遣」がある。野分→のわき（分《わく》の字故、わを書く）。三輪→みわ（輪《わ》の字故、わを書く）。仕侘畢→しわびぬ（侘《わび》の字故、わを書く）。二字仮名 三字仮名の上に書く字は皆わ文字。渡→わたる。蕨 わらび。私→わたくし。次の「わ」文字は中にあるが「わ」を書く。弱人→ひわづなる人。髪→たわつけて。稚→きびわなる。

わ文字【わもじ】 〔万家重宝女用花鳥文章〕「わもじ、脳 わずらいの事」。『易林本節用集』に「悩 ワツラフ」。

わら【わら】 内裏仙洞詞。「蕨は わら」という。〔女用智恵鑑宝織〕

草鞋の事【わらじのこと】 〔万物絵本大全調法記・上〕に「草鞋 わらぐつ」。**〈始り〉**〔人倫重宝記・四〕に鞋《わらじ》は、夏 殷の世には草で作り、周には麻で作り、晉には糸で作ったという。**〈足の痛まぬ妙伝〉**〔諸民秘伝重宝記〕は藁の節《ふし》が足に当る所が痛むので節をよく取り、草鞋をよく打ち柔らげて履くのがよい。〔諸民必用懐中咒咀調法記〕は右と左を折々取り替えて履くと足の痛むことはなく、草臥れも少ない。
〈草鞋食い込み治方〉〔世界万宝調法記・中〕に草鞋の食い込んだ妙薬は、黄蘗の粉を油で溶いて付ける。又そのまま捻って付けるのもよく、擦り傷にもよい。〔文政新刻俗家重宝集〕は常の唐辛子を火で焼き、続飯（飯粒糊）に交ぜて貼り付けると、一夜に治る。

藁人形を手の平に立つ伝【わらにんぎょうをてのひらにたつでん】 手品。〔清書重宝記〕に藁人形を手の平に立てる伝は、藁人形の足に貼り紙を曲げて挿すと立つ。

蕨のかちん【わらのかちん】 大和詞。「わらびもち（蕨餅*）は、わらのかちん」という。〔女重宝記・一〕

蕨の事【わらびのこと】 〔万物絵本大全調法記・下〕に「蕨 けつ／わらび。春」。**〈異名〉**〔書札調法記・六〕に薇《わらび》の異名に、朱棘《しゅきょく》 換骨《かんこつ》 刺紅《しこう》 野客《やかく》がある。**〈薬性〉**〔医道重宝記〕に蕨は寒で毒なく、熱を去り、水道を利し、長い間食すると気を塞ぎ、腹が張り、目が眩み、髪が落ちる。〔永代調法記宝庫・四〕に蕨は中風 脚気 腎に毒。虚して冷えた人にも忌む。幼い子には深く忌む、足が萎えて歩くことが出来ない。**〈貯え方〉**〔男女日用重宝記・下〕は若い蕨を湯煮し、その湯を水のように冷まし、蕨を入れて置く。遣う時に湯引きする。〔料理調法集・囲方之部〕は良い蕨を麦飯で鮨のように漬けて置く。入用の節に取り出し鍋で煮て遣う。色は変わらず、風味は常のようである。**〈食合せ〉**〔男女日用重宝記・下〕には蕨と鳥貝の食い合せは命取りになる。**〈紋様〉**〔紋絵重宝記・下〕に「譲り葉に蕨」「わらびて」「わらびすあま」の意匠がある。

蕨糊【わらびのり】 〔ちやうほう記〕に蕨糊《わらびのり》は、蕨粉一盃に水五盃でよく練り、渋一盃を加えて作り、葛籠《つづら》を貼るのによい。葛籠の貼り様は、軟らかな紙で貼り、上を篠竹《ささらだけ》で何度も撫で、また板目紙も湿りがある内に角々を揃え同じようにする。蕨粉一盃に水十盃は屏風を貼るのによい。蕨粉一盃に水三盃は、撓皮《いためがわ》もどきによい。

蕨餅【わらびもち】 蕨餅は、蕨粉一升に、水一升六七合を入れて練り上げる。〔菓子調法集〕

蕨より浦和へ【わらびよりうらわへ】 木曾海道宿駅*。一里半。本荷六十一文、軽尻四十一文、人足三十二文。蕨手村、白幡村 辻村 この間に坂がある。岸村の末右方に森があり、この裏に調《つき》の宮社がある。〔東街道中重宝記・木曾道中重宝記六十九次 享和二〕

藁屋根葺き様【わらやねふきよう】〔万用重宝記〕に藁屋根の葺き様は、一張りに一遍ずつ篠竹《しのだけ》を交ぜて葺くとよい。茅葺にもよい。

瘧【わらわやみ】 大和詞。〔不断重宝記大全〕に「わらはやみとは、おこり（瘧）の病」をいう。〔消息調宝記・二〕には「おこりふるひ（瘧震）の事」とある。「瘧《おこり》の事」参照

割粥【わりがゆ】〔永代調法記宝庫・四〕に割粥《わりがゆ》は、挽き割った米で作った粥。朝一度食すると胃の腑を潤し、津液を増す。

わりぎょう【わりぎょう】 片言。〔不断重宝記大全〕に「わりぎやう、樏子《わりご》、又破籠」とある。『日葡辞書』に「Varigo.（破子・破籠）道中の用に携行する軽便な食物。（中略）本来は、昔何か食物を詰めて携行する弁当として用いられた或る種の箱の意である」。「弁当の饐えぬ法」参照

破籠【わりご】「わりぎょう」ヲ見ル

割符【わりふ】〔万物絵本大全調法記・上〕に「符 ふ／わりふ」。木片や竹片に、文字 記号の証印をして二ツに割り、片方をそれぞれが持っていて、後日に合せて証拠とするもの（図551）。

図551 「割符」（万物絵本大全調法記）

割物肴菓子【わりものさかなかし】〔万買物調方記〕に「京ニテ割物さかなくわし」は、柳の馬場竹屋町上、柳の馬場四条下ル、車屋町押小路下ル、富小路四条上ル町。「江戸ニテ割物さかなくわし」は、南鍋町 靍や、堺町横町 俵屋、芝井町にある。

和霊神【われいじん】 大坂願所。大坂 中の嶋久保嶋町 予州宇和島御蔵屋敷内の鎮守の社 和霊神は、開運を守られる故、平日から信心すると災難を逃れる。御縁日は二十四日。〔願懸重宝記・初〕

割れて【われて】「われてとは、しい（強）てと云ふ心」である。〔消息調宝記・二〕

わろ【わろ】 片言。「わろは、童子《わらは》」である。〔不断重宝記大全〕

藁蓋【わろうだ】 大和詞。「わらうだとは、円座の事」である。〔不断重宝記大全〕

わんぎ【わんぎ】 片言。〔不断重宝記大全〕に「籬前をわんぎと云は中国の詞也。還 義か」とある。『日葡辞書』に「Vangui.（わんぎ）夫婦がこれ以上どうにもならなくて離婚すること」とある。

腕骨【わんこつ】〈経絡要穴 肘手部〉二穴。腕骨は手の外側小指の後ろ後谿より骨に沿って腕首の方へ押し上げると円い肉があって指の止る陥みの中にある。『銅人』に針三分、留むること三呼。灸三壮。熱病の汗出ず、脇の下痛み、頸頷腫れ、目涙出て翳を生じ、瘧り、驚風を治す。〔鍼灸日用重宝記・三〕

椀の色【わんのいろ】「膳椀《ぜんわん》の色」ヲ見ル

縕袍【わんぼ】 卑語。「きるもの（着物）をわんぼ」という。〔女用智恵鑑宝織〕

ゐ

ゐの仮名遣い【ゐのかなづかい】〔万民調宝記〕に、大方「い」は和訓の上に書くが、「ゐ」の字は書かない。為・猪・井・違・委は「ゐ」の仮名な

ので、井戸《ゐど》違逆《ゐぎやく》委細《ゐさい》猪《ゐのこ》の仮名は上に書いても「ゐ」文字である。漢呉音共に上に声によぶ時は上に「ゐ」文字を使う。院宣・印判・陰陽など声に呼ぶ時は皆上に「ゐ」文字を使う。次の類は皆「ゐ」文字の仮名遣いである。「ゐ」の仮名は中の「ゐ」で次のようである。魂↓たましゐ。初冠↓うゐかぶり。終↓つゐに。強↓しゐて。水鶏↓くゐな。新枕↓にゐまくら（但し、以上ノ「ゐ」ハ現在ハ「ひ」デアル）。雲井↓くもゐ。待居↓まちゐる。来居↓きゐり、等。

ゑ

ゑの仮名遣い【ゑのかなづかい】〈万民調宝記〉に次の類は皆「ゑ」文字の仮名遣いとある。梢↓こずゑ。声↓こゑ。杖↓つゑ。贄↓にゑ（但し、現在ハ「へ」デアル）。この外、衛・会・営・恵の熟字についた仮名は皆「ゑ」の仮名遣いである。「えの仮名遣い」参照

を

をの仮名遣い【をのかなづかい】〈万民調宝記〉に「小《を》」の字に使う時は、いずれも「を」を書く。己↓をのれ。自↓をのづから。各↓をのをの。推量↓をしはかる。置↓をく（但し、以上ノ「ヲ」ハ現在ハ「オ」デアル）。小舟↓をぶね。小倉山↓をぐら山。小手巻↓をだまき。女↓をんな。教↓をしへ。等々。「おの仮名遣い」参照

編輯の経緯と謝辞

一、本書の編集は、恩師 故森修先生（大阪市立大学名誉教授。昭和六十二年十月御逝去）の御教えに学んだものである。森先生には、企画の一つに『近松全集』の編集があり、正確な読み易い本文を作り、注は読み通すだけの簡単なものにして、詳細は別に「重宝記」類を資料にして、例えば『近松語彙』（樋口慶千代）のような事典編纂を意図されていた。先生にはこれらの他にも大きな企画がいくつかあったが、総て先生の手を離れてしまっている。

先の『重宝記資料集成』から本書の編集は森修先生の教えに基づくが、先生の目標基準には到達できていないことを遺憾とする。

森先生の御逝去後『重宝記資料集成』の諸本調査、また本書の編集迄に、二三度研究会に類するものを持ったが、どの会でも有益な成果を得ながらも、会を維持し運営する能力に欠けており、遂には単独の仕事になってしまった。その中でも、故石川了氏には資料探索等多大な援助を受けていることを、ここでも記して置かなければならない。

二、事典の項目を書くことに興味を持ったのは、『角川古語大辞典』の原稿執筆統合に参加させていただいたことが大きい。そこでは諸先生方の博覧強記に驚嘆し、衝撃を受け、圧倒されながら、教導を受けてきた。

辞典の仕事が終り、勤務先の佛教大学も停年となり、京都を引き払い愛知の春日井に帰る時、関西在住の方が内輪で夕食会を催して下さったが、席上、今後何をするのかと尋ねられ、本書に専念することを話すと、濱田啓介先生（京都大学名誉教授）は、若い時自分も雑書や実用書の類から意図したことがあったと回想され、それならその題名は『江戸の智恵』がよいと激励のあったことは忘れられないが、色々の経緯から、題名は結局本書の副題になった。さらには、矢野貫一先生（京都外国語大学名誉教授）からは、その類の事典の記述は、項目を総括して関連づけながら解説するのがよいと、基本的な取り組み方についての御教示を受けている。

三、本書は最初から退職後十年の仕事と決めていた。途中挫折しないために退職の挨拶を始め、折々に、大抵は内容を明かさないで、手懸けている仕事をやっていますと公言し、自分に遂行責任を持たせて来たが、恥ずかしさを覚えることも屢々あった。

その後、紆余曲折を経て、本書の出版については、古書通信編集長 樽見博氏から勉誠出版へ取り次いで頂くことになった。本書についても同社での旧著同様、吉田祐輔氏および同社編集部編集一課のかたがたに多大な尽力をいただいた。

なお、出版に当たっては独立行政法人日本学術振興会平成二十九年度科学研究費補助金「研究成果公開促進費」（課題番号17HP5043）の助成を受けた。

四、大容量で複雑な内容を、迅速に効率よく処理するにはパソコンに限ると、佛教大学在職中、当時大学院生であった森重善光氏（現、東山高校教諭）に教えられ、懇切丁寧な手解きを受けた。六十歳を過ぎての手習いであったが、氏の抜群の指導力の御蔭で何とか文章が綴れるようになった。退職後は田中誠二氏、牧原潤氏に頼った。

長年の間に色々と御教導御世話いただいた各位に、厚く御礼申し上げます。

平成三十年二月一日

著者識